RUSSIAN

COMPREHENS

The **RUSSIAN-ENGLISH COMPREHENSIVE DICTIONARY** includes:

- over 40,000 entries with phonetic transcription, parts of speech, and, when appropriate, idiomatic usage of the word
- Russian pronunciation and stress
- punctuation marks and their usage
- appendix of common Russian given names
- a gazetteer
- table of numbers
- metric table
- table of world monetary units
- world time zones
- Russian proverbs
- Latin words and expressions

RUSSIAN-ENGLISH
COMPREHENSIVE DICTIONARY

Oleg P. Benyukh, General Editor

HIPPOCRENE BOOKS
New York

For information, address:
HIPPOCRENE BOOKS, INC.
171 Madison Avenue
New York, NY 10016

Library of Congress Cataloging-in-Publication Data
Russian-English comprehensive dictionary / Oleg P. Benyuch, general editor.
p. cm.
ISBN 0-7818-0506-6 (alk. paper). --ISBN 0-7818-0560-0 (paper)
1. Russian language--Dictionaries--English. I. Beniukh, O.P. (Oleg Petrovich)
PG2640.R79 1997
491.73 21--dc21 96-54645
CIP

Printed in the United States of America.

CONTENTS

RUSSIAN-ENGLISH COMPREHENSIVE DICTIONARY

edited
by
OLEG BENYUKH
(editor-in-chief)
with

Andrei Ardalionskyi Dr. Sc. (economics)
Michael Dudakov Dr. Sc. (philology)
Valeryi Ganichev Dr. Sc. (philology), Professor Emeritus of Moscow State University, chief scientific consultant
Valentina Gulichenko M. A. (linguistics)
Vladimir Gulichenko Dr. Sc. (history)
Stepan Sergeev Dr Sc (literature)
Irene Tyurina M. A. (linguistics)
Nadezhda Verkina M. A. (linguistics)
Abrahame Zelikson Dr. Sc. (fine arts)
Vladimir Zolotukhin Dr. Sc. (economics), Professor of the USA & Canada Institute, Russian Academy of Sciences, chief consultant

THANKS AND ACKNOWLEDGEMENTS

First of all I would like to stress the remarkable role of a few linguistic institutions, some leading scientific researchers of which contributed a great deal to the process of shaping a general concept of this dictionary. Among those are the Institute of the Russian Language named after Alexandr Pushkin, the Moscow University of Foreign Languages, the St. Petersburg Pedagogical University, the Novosibirsk University and the University of Vladivostok. The selective work, which had been done in these institutions, helped to a considerable extent brush away a whole wave of newly coined words, that sprung into being in the revolutionary upheaval of the last decade but which have not yet, or will never have, been included into the main body of the Russian language.

The development and progress of international business and trade predetermined a noticable inflow of the corresponding lexical material, and we are thankful to the innovative efforts of the professorial staff of the Moscow University of Finance and Economy which enriched our vocabulary in those vital fields of human activity.

The resurrection of freedom of religion (this process practically embracing all faiths and demoninations) is slowly but surely assisting in the revival of the multifaceted character of the Russian nation so deeply and brightly described by Dostoevsky and Tolstoy, Gogol and Sholokhov. Hence we included a substantial number of theological entries and are greatly indebted for the invaluable help to the Publishing Department of the Moscow Patriarchy.

We live in the age of the 'semi-dictatorship' of electronics, satellite liaison and global TV net. Naturally, the dictionary contains many terms from the fields of computer science, TV and film industries. In this we received competent and generous advice and consultation from many selfless and experienced friends in Russia, USA, Britain, Canada and New Zealand for which we are wholeheartedly thankful to them all.

Last but not least, the technical editorship rendered by Ms. Marina Kondratyeva and Mr. Vladimir Guryanov, who in the course of our protracted mutual work revealed their skill and tactful perseverance, deserves all our praise and gratitude.

Oleg P. Benyukh.

EDITOR'S PREFACE

Anton Chekhov once humorously stated about a certain character: 'He invented a bicycle!' (by that time the bicycle was already in existence for a great many years).Today there are 3461 Russian-English dictionaries in use in the world. Having scrutinized the better and more reliable ones, we decided to adopt in principle the system of building the structure of this dictionary along the combined lines of a few mentioned in our list of bibliographic sources. Though it has its own positive and negative aspects, it seems best suited for a comprehensive dicitionary on the eve of the year 2000.

The above used word 'structure' does not, however, include the lexical selection. Here opinions differ greatly. What to include and what to exclude from a dictionary? Here the compilers' tastes are legion (we are not having in mind specialized dictionaries but comprehensive ones). All depends upon this or that slant in the lexicon.

This dictionary is compiled so that it's volume and scope take into consideration major trends of the development of life in Russia since 1985: the end of the Cold War, the downfall of the Berlin Wall, the initial steps in the creation of a market economy (private enterprise, big, medium and small business, convertable currency, free export and import policy, etc.); a computerization of all the spheres of human activity; the abolition of censorship; freedom of religion.

We also thought that it might be helpful to some beginning students of Russian to offer the minimum hints of the pronunciation, stress and grammar, and punctuation.

1. ПОСТРОЕНИЕ СЛОВАРЯ
STRUCTURE OF THE DICTIONARY

All Russian headwords are entered in alphabetical order. Words with a common root, if they can be arranged alphabetically within the entry, are grouped together. The common part of such words is indicated only once, in the headword, where it is marked off by vertical parallel (|), the swung dash (~) being used to indicate this part in the rest of the entry, e. g.:

горчи́|ца *ж.* mustard; **~чник** *м.* mustard plaster; ... **~чница** *ж.* mustard-pot; **~чный** mustard *attr.*

The swung dash may also be used to denote the whole of the headword, e. g.:

граб|ёж *м.* robbery; ... ~ на большо́й доро́ге highway robbery;...

Homonyms are given in separate entries, marked with Roman numerals, e. g.:

грана́т I *м.* (*плод и дерево*) pomegranate.
грана́т II *м.* (*драгоценный камень*) garnet.

Different senses of Russian words are set out after Arabic numerals in heavy type (**1.**, **2.**, etc.).

Senses of phraseological combinations and idiomatic expressions are marked off by Arabic numerals enclosed in a single bracket.

The various senses and uses of Russian words are differentiated by brief definitions (italicized in brackets) or by indications of their field of application (medical, technical, etc.), and also by reference to stylistic coloring (colloquial, poetic, etc.).

Explanatory references to English translations, stylistic, grammatical, and so on, are given in italics after the translation, e. g.: *амер.*, *разг.*, *attr.*, *etc.*

Synonymous or nearly synonymous translations are divided by commas, while more distant synonyms appear after semicolons, as do the numbered meanings.
Alternative synonyms in English word combinations are separated by a slanting stroke (/), e. g.:

бензоба́к *м.* petrol/fuel tank (*read*: petrol tank *or* fuel tank).

Alternative synonyms in Russian expressions are separated by commas, e. g.:

выки́дывать, вы́кинуть ...; **2.** (*вн.*) *разг.* ...; вы́кинуть но́мер, штýку (*read* вы́кинуть но́мер *or* вы́кинуть штýку) play a prank/trick.

If the Russian headword is used only in a certain combination, or has no equivalent in English, the combination and its English translation are given after a colon, e. g.:

баклу́ши: бить ~ idle away *one's* time; ≅ twiddle *one's* thumbs.

Phraseological units, and word combinations that do not correspond to any of the senses given under the headword are placed after a rhombus sign (◇) at the end of the entry.

Nouns are given in the nominative singular, their gender being indicated by the Russian letters *м.*, *ж.*, *с.* (*cf.* list of abbreviations). If the noun has two grammatical genders, both are shown, e. g.:

обжо́ра *м. и ж.* ...

If the noun is used only in the plural, it is given in the plural and marked *мн.*, e. g.:

часы́ мн. ...

If the noun is used more commonly, but not exclusively, in the plural, it is given in the plural and marked *мн.*, and its singular form is shown in brackets with an indication of the gender, e.g.:

гало́ши *мн.* (*ед.* гало́ша *ж.*) ...

In cases when the meanings of the Russian noun have different plural forms, these forms are shown for each meaning, e.g.:

коле́но *с.* **1.** (*мн.* ~и) knee; ... **3.** (*мн.* ~ья, ~а) *тех.* ... **4.** (*мн.* ~а) ...

If the plural of the noun has a different meaning from the singular, the translations of this meaning are given after those of the singular meaning and marked *мн.*, e. g.:

деся́ток *м.* **1.** ... **3.** *мн.* (*множество*) dozens, scores ...

When the English translation is of different grammatical number from that of the Russian, the number is noted in both cases, e. g.:

бели́ла *мн.* **1.** (*краска*) whiting *sg.*; ...

The plurals of English nouns of Latin or Greek origin are indicated in brackets, e. g.:

гипо́теза *ж.* hypothesis (*pl.* -ses).

If a noun is indeclinable its gender is shown and it is marked *нескл.*, e. g.:

пальто́ *с. нескл.* ...

Collective nouns are marked *собир.*, e. g.:

беднота́ *ж. собир.* the poor *pl.*; ...

Adjectives are normally given in their full form in the nominative singular, masculine. If the masculine form is not in use, the adjective is given in the gender which is in use, e. g.:

бере́менная pregnant; ...

If the short form of the adjective has an independent meaning, it appears as a headword followed by a reference to the full form, under which its meaning is listed, e. g.:

вели́к *см.* вели́кий.
вели́кий **1.** ... **2.** *тк. кратк. ф.* (*слишком большой*) (too) big: ...

If an English adjective is used only predicatively or must come after its noun, it is labelled *predic.* or *после сущ.* (*cf.* list of abbreviations), e. g.:

безынициати́вный ... without/lacking initiative *после сущ.*

Substantivized adjectives are marked *в знач. сущ.* and appear as a numbered meaning in the adjective entry, e. g.:

бе́дный *прил.* **1.** ... **6.** *в знач. сущ. м.* the poor man*; *мн.* the poor.

If a substantivized adjective is used in the feminine or neuter, this is shown by a gender label after the notation *в знач. сущ.*, e. g.:

гла́вный *прил.* **1.** ...; ... **3.** *в знач. сущ. с.* the great/chief thing; ...

Any substantivized adjective that has become a fully independent noun, e. g., **столо́вая**, **мастерска́я**, is given as a separate headword with its meaning.

Short-form adjectives that are used predicatively are given in the entry for the corresponding adverb after an Arabic numeral and the notation *в знач. сказ.* or *в знач. сказ. безл.* In many cases short-form adjectives are given as separate entries.

безопа́сно **1.** *нареч.* safely; ... **2.** *в знач. сказ.* it is safe...

Verbs which have an imperfective and perfective aspect are presented under the imperfective aspect, which appears as the headword in heavy type and is followed, after a comma, by the perfective aspect in lighter type. The perfective aspect is also given in its alphabetical position with a reference to the corresponding imperfective aspect, e. g.:

багрове́ть, побагрове́ть...
побагрове́ть *сов. см.* багрове́ть.

Identical perfective and imperfective aspects are labelled *несов. и сов.*

If there are two or more perfective aspects for an imperfective, all the perfective aspects are appended in ordinary type.

When only one of the perfective aspects may be used for one particilar sense of the verb, this aspect is shown under the given meaning and labelled *сов.*, e. g.:

гла́дить, вы́гладить, погла́дить (*вн.*) **1.** *сов.* вы́гладить (*утюжить*) iron (*smth.*) ...; **2.** *сов.* погла́дить (*ласкать*) stroke (*smb., smth.*) ...

If in one of its senses the verb is used only in the imperfective aspect, this is indicated after the Arabic numeral by the label *тк. несов.*, e. g.:

беле́ть, побеле́ть **1.** (*становиться белым*) turn white; **2.** *тк. несов.* (*виднеться*) show* white.

The English translations offered for verbs usually apply to both imperfective and perfective aspects. However, the label *несов. тж.* denotes a translation that will render only the imperfective aspects, and the label *сов. тж.* a rendering suitable only for the perfective, e. g.:

выве́дывать, вы́ведать (*вн.*) *разг.* find* (*smth.*) out; *несов. тж.* try to worm (*smth.*) out.
беси́ться, взбеси́ться... **2.** (*неистовствовать*) rage; *сов. тж.* fly* into a rage.

If a perfective aspect has its own independent meaning which cannot be combined with the imperfect, the translation of this meaning is given separately, under that perfective aspect.

In cases when there is no common translation for imperfective and perfective aspects, each aspect is treated separately.

Verbs with the ending -ся appear in alphabetical order with their translation. Those that have only a passive meaning are not usually given.

The following devices are used to show how verbs are governed. If the Russian verb and its English equivalent take a direct object, the Russian verb is followed by the label (*вн.*), and the direct object of the English verb is shown by the label (*smb., smth.*), e. g.:

балова́ть *несов.* (*вн.*) spoil* (*smb.*); ...

If the Russian verb takes a direct object and the English verb is governed by prepositions, the Russian verb is labelled (*вн.*), and the prepositions are given after the English verb, initalicized, in brackets, e. g.:

вызыва́ть, вы́звать **1.** (*вн.*) ...; (*посылать за кем-л.*) send* (for); ...

Where the Russian verb governs a preposition, the preposition is given in brackets initalicized, followed by the appropriate case in italics, and the English verb is dealt with as in the previous paragraph, e. g.:

глазе́ть *несов.* (*вн.*) *разг.* gape (at), stare (at).

In word combinations within the entry the government of the Russian verb is shown by the indefinite pronoun in the appropriate case in italics without brackets, e. g.:

глáсн|ость *ж.* publicity; ◇ предавáть *что-л.* ~и make* *smth.* public.

If the Russian verb takes the infinitive, it is labelled (+ *инф.*), while the corresponding English verb is labelled (+ *inf.*) *or* (+ to *inf.*), as English usage requires. If the English verb takes the -ing form, this is shown by (+ -ing), e. g.:

начинáть, начáть **1.** (*вн.*, *инф.*) begin* (*smth.*, + to *inf.*, + -ing), start (*smth.*, + ing); ...

Participial constructions are given in entries under the verb, not as separate vocables.

The pronoun *one* in translations is italicized to show that in practice any personal pronoun may be used. Similarly *oneself* stands for the reflexive pronouns myself, yourself, himself, ourselves, yourselves, and themselves;

one's stands for the possessive pronouns my, your, his, her, our and their, which corresponds to the forms of the Russian "свой";

smb. stands for any noun indicating an animate being, and also for the objective forms of the personal pronouns (me, you, him, her, us, them);

smth. stands for any noun indicating an inanimate object, and also for the personal pronouns "it" and "them";

smb.'s stands for any noun in the Saxon genitive, a possessive pronoun, and also the prepositional construction (in the latter case the noun and preposition are given after the noun preceded by *smb.'s*).

Polysyllabic Russian and English words are stressed.

If a monosyllabic headword appears in an entry in an oblique case without any indication of stress, it means that the stress falls on the first syllable, thus:

борт *м.* ...; за ~ом (*read*: за бóртом).

English nouns, adjectives, adverbs and verbs that are irregular in their habits are labelled with an asterisk (*).

In order to save space the authors have tried to avoid duplication of idiomatic phrases. If the required phrase is not to be found under its first component, the other operative words should also be consulted.

2. РУССКОЕ ПРОИЗНОШЕНИЕ И УДАРЕНИЕ

RUSSIAN PRONUNCIATION AND STRESS

Pronunciation and the Cyrillic alphabet

There are thirty-three letters in the Russian alphabet, but there are more than thirty-three sounds in the language. Most Russian sounds differ somewhat in their articulation from their English counterparts; others have no counterparts in the sound system of the English language. The similarly articulated sounds are those represented by the letters

Б, б	(pronounced 'b')
В, в	(pronounced 'v')
Г, г	(pronounced 'g', except when it occurs in the case ending of adjectives and pronouns, when it is pronounced 'v')
З, з	(pronounced 'z')
М, м	(pronounced 'm')
Н, н	(pronounced 'n')
С, с	(pronounced like 's' in *son* or *sister*)
Ф, ф	(pronounced 'f')
Ш, ш	(pronounced like 'sh' in *shut*)

The sounds represented by the letters п and к differ from the English sounds 'p' and 'k' respectively in their lack of aspiration.

For all the diversity of the Russian sound system, written Russian is actually a fairly precise and consistent reflection of pronunciation. Provided one has mastered the articulation of Russian phonemes and can remember certain variations in their pronunciation which relate to their position in the word, one will have little or no difficulty recognizing them in written form. In other words, Russian is basically spelt as it is pronounced, though there are a few general points to remember if one is to apply this rule correctly.

1 Soft and hard consonants

There are soft and hard consonants in Russian. Fifteen hard consonants have their soft counterparts. Hard consonants appear in the final position, before another hard consonant, or else before the vowels represented by the letters а, о, у, э or ы, e.g.

(house)	дом	(dog)	собака	(bottle)	бутылка

Soft consonants, when they appear before another consonant in the final position, are indicated by the letter ь (the "soft sign") written after them. Otherwise, soft consonants appear before the vowels е, ё, и, ю, я (in some cases being separated from them by the "soft sign"), e.g.

(tracing paper)	калька	(news)	весть
(coat)	пальто	(buttercup)	лютик
(day)	день	(monk's cell)	келья

Some consonants (ж, ш, д) are always hard, while others (ч, щ) are always soft, irrespective of their position and the letters around them.

2 The "soft" and "hard" signs

The "soft" and "hard" signs (ь and ъ), apart from indicating either the softness or hardness of the consonant they follow, also serve to separate it from the next sound in a word. Thus, the combination ля will be pronounced differently from лья (cf. also ня and нья; но and ньо, etc.)

(beach)	пляж	(monk's cell)	келья
(nanny)	няня	(pig)	свинья
(knife)	нож	(canyon)	каньон

The words in the right-hand column are pronounced as though the "soft sign" were the final letter in one word, and the following vowel the initial letter in the next word.

3 Voiced and unvoiced consonants

If a voiced consonant (other than л, м, н and р) immediately precedes a voiceless consonant, it tends to lose its resonant quality and turn into its voiceless counterpart. This also happens when voiced consonant appears in the final position, providing that the following word does not begin when a vowel or another voiced consonant.

(friend)	друг	(pronounced [druk])
but	друга	(pronounced [druga]) (Gen. plural)
(booth)	будка	(pronounced [butka])
but	будок	(pronounced [budok]) (Gen. plural)

The Russian letter с, unlike English s, always stands for the voiceless sound [s] no matter what position it occupies in a word, e.g.

(dew)	роса	(pronounced [rə'sa])
(table)	стол	(pronounced [stol])
(salt)	соль	(pronounced [sol])

Stress and the reduction of vowels

Russian words have one stressed syllable, no matter how long they are. Stress can fall on any syllable of a word - the first, the second, the third or the last one:

(cat)	кóшка	(impression)	впечатлéние
(picture)	картúна	(interest)	интерéс

The stress pattern of each word has to be memorized, as there is no hard and fast rule which might help to predict it. The declension of most nouns and adjectives, although it involves the addition or modification of inflexions, does not normally affect their accentual pattern as represented in the Nominative case, thus:

Nom.	*Acc.*	*Gen.*	*Dat.*	*Instr.*	*Prepos.*	
(bag)	сýмка	сýмку	сýмки	сýмке	сýмкой	сýмке
(evening)	вéчер	вéчер	вéчера	вéчеру	вéчером	вéчере
(sun)	сóлнце	сóлнце	сóлнца	сóлнцу	сóлнцем	сóлнце
(room)	кóмната	кóмнату	кóмнаты	кóмнате	кóмнатой	кóмнате
(wind)	вéтер	вéтер	вéтра	вéтру	вéтром	вéтре
(look)	взгляд	взгляд	взгля́да	взгля́ду	взгля́дом	взгля́де
(sofa)	дивáн	дивáн	дивáна	дивáну	дивáном	дивáне

However, this cannot be treated as a universal rule, for a considerable number of words do change their stress pattern with their form:

Nom.	*Acc.*	*Gen.*	*Dat.*	*Instr.*	*Prepos.*	
(table)	стол	стол	столá	столý	столóм	столé
(boot)	сапóг	сапóг	сапогá	сапогý	сапогóм	сапогé
(key)	ключ	ключ	ключá	ключý	ключóм	ключé
(ship)	корабль	корáбль	корабля́	кораблю́	кораблём	кораблé

Sometimes the shift of stress accompanies the change from the Singular to the Plural form, e.g.

	Sing.	*Plural*		*Sing.*	*Plural*
(house)	дом	домá	(window)	окнó	óкна
(cloud)	óблако	облакá	(thunderstorm)	грозá	грóзы

The stressed vowels in Russian are longer and are articulated with greater intensity than unstressed vowels. Unstressed vowels undergo considerable reduction in quantity (i.e. duration) of sound (и, е, ю, у, я), or in quality (i.e. openess and intensity) (а, о, э). The vowels а, о and э in the unstressed position are pronounced similarly to the vowel sound in the unstressed syllable of such English words as

moth<u>er</u> lett<u>er</u> <u>po</u>tato wat<u>er</u>, etc.

GRAMMAR NOTES

Russian does not use **ARTICLES**. So any noun can have three quite different meanings, depending on context. Thus:

газета

may mean 'a newspaper', 'the newspaper' or 'newspaper'.

Russian has three **GENDERS**: masculine, feminine and neuter. Gender is determinated by the noun's ending (exceptions are shown in the dictionary):

	m	*f*	*n*
ending	consonant/й	а/я	о/е

PLURALS are formed as follows:

	sing.	*plural*
m	ends in a consonant	add **ы** or **и**
	ends in **й**	change final letter to **и**
f	ending in **а**	change **а** to **ы** or **и**
	ending in **я**	change **я** to **и**
n	ending in **о**	change **о** to **а**
	ending in **е**	change **е** to **я**
m/f	ending in **ь**	change **ь** to **и**

стол/столы	table/tables	**деревня/деревни**	village/villages
флаг/флаги	flag/flags	**место/места**	place/places
музей/музеи	museum/museums	**решение/решения**	decision/decisions
стена/стены	wall/walls	**дверь/двери** (*f*)	door/doors
книга/книги	book/books	**автомобиль/автомобили** (*m*)	car/cars

Russian has six **CASES**: nominative, accusative, genitive, dative, instrumental and prepositional. Case endings are:

SINGULAR

masculine	theater	tram	car	
nom/acc	**театр**	**трамвай**	**автомобиль**	
gen	**театра**	**трамвая**	**автомобиля**	
dat	**театру**	**трамваю**	**автомобилю**	
instr	**театром**	**трамваем**	**автомобилем**	
prep	**театре**	**трамвае**	**автомобиле**	
feminine	map	tower	door	excursion
nom	**карта**	**башня**	**дверь**	**экскурсия**
acc	**карту**	**башню**	**дверь**	**экскурсию**
gen	**карты**	**башни**	**двери**	**экскурсии**
dat	**карте**	**башне**	**двери**	**экскурсии**
instr	**картой**	**башней**	**дверью**	**экскурсией**
prep	**карте**	**башне**	**двери**	**экскурсии**
neuter	place	sea	time	building
nom/acc	**место**	**море**	**время**	**здание**
gen	**места**	**моря**	**времени**	**здания**

dat	**месту**	**морю**	**времени**	**зданию**
instr	**местом**	**морем**	**временем**	**зданием**
prep	**месте**	**море**	**времени**	**здании**

Some common Russian nouns do not decline at all, eg: **такси** (taxi), **фойе** (foyer), **пальто** (overcoat), **кафе** (cafe), **кофе** (coffee), **метро** (subway), **кино** (cinema).

PLURAL

masculine			
nom/acc	**театры**	**трамваи**	**автомобили**
gen	**театров**	**трамваев**	**автомобилей**
dat	**театрам**	**трамваям**	**автомобилям**
instr	**театрами**	**трамваями**	**автомобилями**
prep	**театрах**	**трамваях**	**автомобилях**

feminine				
nom/acc	**карты**	**башни**	**двери**	**экскурсии**
gen	**карт**	**башен**	**дверей**	**экскурсий**
dat	**картам**	**башням**	**дверям**	**экскурсиям**
instr	**картами**	**башнями**	**дверями**	**экскурсиями**
prep	**картах**	**башнях**	**дверях**	**экскурсиях**

neuter				
nom/acc	**места**	**моря**	**времена**	**здания**
gen	**мест**	**морей**	**времён**	**зданий**
dat	**местам**	**морям**	**временам**	**зданиям**
instr	**местами**	**морями**	**временами**	**зданиями**
prep	**местах**	**морях**	**временах**	**зданиях**

The **NOMINATIVE** case is used for the subject of a sentence:
The **ACCUSATIVE** is used for the object of most verbs:

мы хотим посетить картинную галерею
we would like to visit the art gallery

It is also used after some prepositions which involve motion or direction (e.g. **в** to, into; **на** to, onto; **через** across, via; **за** beyond):

сегодня мы идём в театр
today we are going to the theater

The **GENITIVE** denotes possession and can usually be translated by "of":

квартира Наташи	Natasha's flat
берега Москва-реки	the banks of the Moscow river

It is also used after some prepositions (as shown in the dictionary):

номер без душа	a room without a shower
около вокзала	near the station

The **DATIVE** is used for indirect objects with the verbs of giving and sending (often corresponding to "to" in English) and with some prepositions:

я послал письмо брату	I've sent a letter to my brother
к востоку	to the East

The **INSTRUMENTAL** is used to show how an action is carried out:

мы прибыли самолётом
we arrived by plane

and also is used after some prepositions and in some time expressions:

чай с лимоном	lemon tea
зимой	in the winter
утром	in the morning

The **PREPOSITIONAL** is used with **в** in, **на** on/at, **о/об** about:

в ресторане	**на рынке**
in the restaurant	at the market

In Russian **NUMERALS** also determine the case a noun takes:

1 and all numbers ending in 1 (e.g. 71) take the nominative singular. 2, 3, 4 and all numbers ending in 2, 3, or 4 take the genitive singular. All other numbers take the genitive plural:

21 час	21.00 hours
53 километра	53 kilometers
17 фунтов стерлингов	17 pounds sterling

Except for 11, 12, 13 and 14, which take the genitive plural.
ADJECTIVES agree with the nouns to which they refer:

sing.	*m*	*f*	*n*	*plural*
nom	**старый**	**старая**	**старое**	**старые**
acc	**старый**	**старую**	**старое**	**старые**
gen	**старого**	**старой**	**старого**	**старых**
dat	**старому**	**старой**	**старому**	**старым**
instr	**старым**	**старой**	**старым**	**старыми**
prep	**старом**	**старой**	**старом**	**старых**

это очень старый дом?	is this house very old?

The **COMPARATIVE** in Russian as a rule is formed by placing the words **более** (more) or **менее** (less) before adjective and noun:

какие блюда здесь более/менее острые?
which dishes are more/less spicy?

But quite a few common adjectives have irregular comparatives:

большой (big)	**больше** (bigger)
маленький (small)	**меньше** (smaller)
старый (old)	**старше** (older)
дорогой (dear)	**дороже** (dearer)
дешёвый (cheap)	**дешевле** (cheaper)

"Than" is **чем**:

почему эта икра дороже чем та?
why is this caviar dearer than that?

The easiest way of forming the **SUPERLATIVE** in Russian is by placing the adverb **наиболее** in front of the adjective and noun:

наиболее близкая станция
the nearest station

In Russian **ADVERBS** are usually formed by removing the adjectival endings **ый** or **ий** and adding **о**:

медленный slow	**медленно** slowly
тихий quiet	**тихо** quietly

POSSESSIVE ADJECTIVES are:

мой my	**наш** our
твой your	**ваш** your
его his/its	
её her	**их** their

You are only likely to need the following cases:

m	*f*	*n*	*plural*	
nom	**мой**	**моя**	**моё**	**мои**
acc	**мой**	**мою**	**моё**	**мои**
gen	**моего**	**моей**	**моего**	**моих**
prep	**моём**	**моей**	**моём**	**моих**

nom	**наш**	**наша**	**наше**	**наши**
acc	**наш**	**нашу**	**наше**	**наши**
gen	**нашего**	**нашей**	**нашего**	**наших**
prep	**нашем**	**нашей**	**нашем**	**наших**

твой declines as for **мой**, and **ваш** as for **наш**, **его**, **её** and **их** do not decline:

уберите вашу сумку, пожалуйста	remove your bag, please
кто-то украл мою чековую книжку	someone has stolen my checkbook
мы не видели их гида	we haven't seen their guide

The possessive adjective can be omitted where the object possessed relates directly to the subject of the sentence:

я оставил ключ в номере
I left the key in my room

POSSESSIVE PRONOUNS (mine, yours etc) have the same form as possessive adjectives.
PERSONAL PRONOUNS

я	I	**мы**	we
ты	you* (fam)	**вы**	you (sing (formal)/pl)
он/она/оно	he/she/it	**они**	they

They decline as follows:

nom	*acc/gen*	*dat*	*instr*	*prep*
я	**меня**	**мне**	**мной**	**мне**
ты	**тебя**	**тебе**	**тобой**	**тебе**
он	**его**	**ему**	**им**	**нём**
она	**её**	**ей**	**ей**	**ней**
мы	**нас**	**нам**	**нами**	**нас**
вы	**вас**	**вам**	**вами**	**вас**
они	**их**	**им**	**ими**	**них**

3rd person singular and plural pronouns take the prefix **н** after prepositions:

это подарок для них
it's a present for them

*Russian has two ways of saying **you**: **ты** is informal, for speaking to one relative, friend or child (also used among young people): **вы** is more formal or for speaking to more than one person.

The word **этот** (this) agrees with the noun it precedes:

	m	*f*	*n*	*plural*
nom	**этот**	**эта**	**это**	**эти**
acc	**этот**	**эту**	**это**	**эти**
gen	**этого**	**этой**	**этого**	**этих**
dat	**этому**	**этой**	**этому**	**этим**
instr	**этим**	**этой**	**этим**	**этими**
prep	**этом**	**этой**	**этом**	**этих**

перед этим магазином
in front of this shop

There are two main patterns of **VERBS**. In the **PRESENT TIME** they are:

	1st Conj	*2nd Conj*
	читать (read)	**говорить** (speak/say)
я	**читаю**	**говорю**
ты	**читаешь**	**говоришь**
он/она	**читает**	**говорит**
мы	**читаем**	**говорим**
вы	**читаете**	**говорите**
они	**читают**	**говорят**

Verbs ending in **-ать** or **-ять** are normally conjugated like **читать**.
Some common exceptions:

	слышать	**спать**	**ждать**	**брать**
	(hear)	(sleep)	(wait)	(take)
я	**слышу**	**сплю**	**жду**	**беру**
ты	**слышишь**	**спишь**	**ждёшь**	**берёшь**
он/она	**слышит**	**спит**	**ждёт**	**берёт**
мы	**слышим**	**спим**	**ждём**	**берём**
вы	**слышите**	**спите**	**ждёте**	**берёте**
они	**слышат**	**спят**	**ждут**	**берут**

Most verbs ending in **-ить** and **-еть** conjugate in a similar way to **говорить**. But some undergo "consonant mutation" in the first person singular or add **л** between stem and ending:

	видеть (see)	любить (like)	платить (pay for)	просить (ask: favour)
я	**вижу**	**люблю**	**плачу**	**прошу**
ты	**видишь**	**любишь**	**платишь**	**просишь**
он/она	**видит**	**любит**	**платит**	**просит**
мы	**видим**	**любим**	**платим**	**просим**
вы	**видите**	**любите**	**платите**	**просите**
они	**видят**	**любят**	**платят**	**просят**

Note also some common irregular verbs:

	есть (eat)	хотеть (want)	пить (drink)	жить (live/stay)
я	**ем**	**хочу**	**пью**	**живу**
ты	**ешь**	**хочешь**	**пьёшь**	**живёшь**
он/она	**ест**	**хочет**	**пьёт**	**живёт**
мы	**едим**	**хотим**	**пьём**	**живём**
вы	**едите**	**хотите**	**пьёте**	**живёте**
они	**едят**	**хотят**	**пьют**	**живут**

Russian has no words for **to be** in the present. It's simply let out:
я из Шотландии I'm from Scotland

to have is expressed in Russian by the preposition **у** followed by the genitive of the possessor and the object possessed in the nominative:

у меня один чемодан с собой I have one case with me

Rusian verbs normally have two **ASPECTS** — imperfective and perfective. The **IMPERFECTIVE** aspect is used to form the present and past continuous tenses (expressing duration or repetition). The **PERFECTIVE** is used to form the future and the past tenses (where an action has been completed).

Both **PAST TENSES** are usually formed by removing the final **-ть** of the appropriate infinitive and adding the following endings: **-л** (masc), **-ла** (fem), **-ло** (neut) and **-ли** (plural).

So for the verb **пить/выпить** (drink):

раньше я пил кофе, а теперь пью только чай
I used to drink coffee but now I only drink tea
вчера я впервые выпила стакан кваса
yesterday I (*fem*) drank my very first glass of kvas
выпьём за дружбу и мир!
let's drink to friendship and peace!

Where the perfective aspect is formed simply by adding a prefix to the imperfective (**по-**, **на-**, **с-**, **вы-** etc), the **FUTURE** can be formed by adding present tense endings to the perfective stem:

думать/подумать to think **я подумаю об этом** I'll think about it

Some verbs however have completely different perfective aspects. Their conjugation can only be learned:

	говорить/сказать (speak/say)		брать/взять (take)	
я	**скажу**	(I will say)	**возьму**	(I will take)
ты	**скажешь**		**возьмёшь**	
он/она	**скажет**		**возьмёт**	
мы	**скажем**		**возьмём**	
вы	**скажете**		**возьмёте**	
они	**скажут**		**возьмут**	

	давать/дать	(to give)	**быть**	(to be)
я	**дам**	(I will give)	**буду**	(I will be)
ты	**дашь**		**будешь**	
он/она	**даст**		**будет**	
мы	**дадим**		**будем**	
вы	**дадите**		**будете**	
они	**дадут**		**будут**	

To make a **NEGATIVE** in Russian, insert **не** between subject and verb:

я не понимаю I don't understand

or in "have not" phrase use **нет**:

у меня нет денег I don't have any money (**нет** takes the genetive here)

3. ЗНАКИ ПРЕПИНАНИЯ И ИХ УПОТРЕБЛЕНИЕ*
(несколько основных правил)

PUNCTUATION MARKS AND THEIR USAGE
(a few basic rules)

1. Отделительные знаки

I. *Точка* в конце предложения:
Весна в Фиальте облачна и скучна.
Владимир Набоков

II. *Вопросительный знак* в конце вопросительных предложений:
Чем мне эти темные тучи прогнать?
Николай Некрасов

III. *Восклицательный знак*
а) в конце восклицательного предложения:
А с врагами речь: — Я иду на Вы!
Сергей Наровчатов

б) после обращения в начале предложения, произносимого с восклицательной интонацией:
Ах, ножки, ножки! где вы ныне?
Александр Пушкин

в) после междометий, произносимых с восклицанием:
Увы! не выдержал ты пыла мысли знойной.
Петр Вяземский

IV. *Многоточие* в конце предложения для обозначения большой паузы:
Ворочусь я в отчий дом —
Жил и не жил, бедный странник...
Сергей Есенин

2. Разделительные знаки
I. *Запятая*
а) между однородными членами при отсутствии союзов:
Все было улажено, увязано, вычитано.
Варлам Шаламов

---

* This section is meant for the advanced students of the language and due to this reason is given in Russian.

б) между однородными определениями, если они характеризуют предмет с одной стороны или один однородный член уточняет другой:

Милая, добрая, старая, нежная,
С думами грустными ты не дружись.

Сергей Есенин

в) между простыми предложениями в составе сложного:

Ночь побледнела, и месяц садится за реку красным серпом.

Иван Бунин

г) после вводных слов и перед ними, если они находятся в конце предложения:

Сергуха!
Озяб, чай. Поди, продрог.

Сергей Есенин

д) после и перед обособленными обстоятельствами и определениями:

Радостно, молодо было на небе, и на земле, и в сердце человека.

Иван Тургенев

е) после междометий:

О, кто б немых ее страданий
В сей быстрый миг не прочитал!

Александр Пушкин

ж) перед сравнительным оборотом:

О, если б прорасти глазами,
Как эти листья, в глубину!

Сергей Есенин

II. *Точка с запятой* между простыми предложениями в бессоюзном сложном предложении:

Грех — это потворство телесным похотям; соблазны — это ложное представление человека о своем отношении к миру; суеверия — это принятое на веру ложное учение.

Лев Толстой

III. *Тире*

а) между подлежащим и сказуемым при отсутствии связки:

Курить — здоровью вредить.

Пословица

б) на месте пропуска члена предложения:

Трижды три — девять.

в) перед приложением:

На платформе в кожаном пальто стоит отец Жени — полковник Александров.

Аркадий Гайдар

г) после однородных членов, за которыми идет обобщающее слово:

А там светлая речка, мостик, лужок — и приветливый деревенский народ на работе...

Владимир Короленко

д) между простыми предложениями в бессоюзном сложном предложении:

Лес рубят — щепки летят.

Пословица

е) перед репликами в диалоге:

— Не бойся, мой миленький, — сказала она с непередаваемым выражением нежной ласки и трогательной смелости. — Я никогда не попрекну тебя, ни к кому ревновать не стану... Скажи только: любишь ли?

— Люблю, Олеся. Давно люблю и крепко люблю.

Александр Куприн

IV. *Двоеточие*

а) перед однородными членами, которым предшествует обобщающее слово:

Учись, мой сын: науки сокращают нам опыты быстротекущей жизни.

Александр Пушкин

б) между простыми предложениями в бессоюзном сложном предложении:

Стал Жилин вглядываться: маячит что-то в долине.

Лев Толстой

г) после слов автора перед прямой речью:

Любимая! Сказать приятно мне:
Я избежал паденья с кручи.

Сергей Есенин

3. Выделительные знаки

I. Две запятые

а) перед и после обращения внутри предложения:

Спой, светик, не стыдись!

Иван Крылов

б) перед и после вводных слов:

— И, полно, Таня!

Александр Пушкин

в) перед и после обособленных обстоятельств и определений:

Глухарь тотчас же, почти без перерыва, заиграл вторую песню.

Александр Куприн

г) перед и после придаточного предложения внутри главного:

Толстой, я думаю, никогда не постареет.

Антон Чехов

д) перед и после сравнительных оборотов:

Не знали вы, что в сонмище людском
Я был, как лошадь, загнанная в мыле,
Пришпоренная смелым ездоком.

Сергей Есенин

II. *Два тире*

а) перед и после вводных предложений внутри простого предложения:

Мой приход — я это мог заметить — сначала несколько смутил гостью Николая Ивановича.

Иван Тургенев

б) перед и после распространенных приложений внутри предложения:

Шла поливка сада, подростки — девочки и мальчики в серых блузках и платьях — мотыжили лунки под яблонями.

Александр Фадеев

в) перед и после слов автора, находящихся внутри прямой речи:

— Где же вожатый? — спросил я у Савельича.

Александр Пушкин

III. *Двоеточие и тире*

перед и после однородных членов, находящихся внутри предложения:

И все это: и реки, и прутья верболаза, и этот мальчишка — напоминали мне далекие дни.

Аркадий Первенцев

IV. *Скобки двойные*

перед и после вводного предложения внутри простого предложения:

Орловская деревня (мы говорим о восточной части Орловской губернии) обыкновенно расположена среди распаханных полей, близ оврага, кое-как превращенного в грязный пруд.

Иван Тургенев

V. *Кавычки*

а) перед и после прямой речи:

Повсюду стали слышны речи:
«Пора добраться до картечи!»

Михаил Лермонтов

б) перед и после цитаты:

И молвил он, сверкнув очами:
«Ребята! не Москва ль за нами?
Умремте ж под Москвой,
Как наши братья умирали!»

Михаил Лермонтов

в) для выделения с обеих сторон названий произведений и т.д.:

«Беня Крик» Бабеля, леоновский «Вор», «Мотькэ Малхамовес» Сельвинского, «Васька Свист в переплете» В.Инбер, каверинский «Конец хазы», наконец, фармазон Остап Бендер Ильфа и Петрова — кажется, все писатели отдали легкомысленную дань внезапному спросу на уголовную романтику.

Варлам Шаламов

СПИСОК УСЛОВНЫХ СОКРАЩЕНИЙ
LIST OF ABBREVIATIONS

Русские:
ав. — авиация — aeronautics
авт. — автомобильное дело — motor transport
амер. — американизм — American
анат. — анатомия — anatomy
археол. — археология — archaeology
архит. — архитектура — architecture
астр. — астрономия — astronomy
бакт. — бактериология — bacteriology
безл. — безличная форма — impersonal form
библ. — библейский термин — Biblical term
биол. — биология — biology
биохим. — биохимия — biochemistry
бирж. — биржевой термин — stock market term
бот. — ботаника — botany
бран. — бранное слово, выражение — abusive
буд. — будущее время — future tense
бухг. — бухгалтерия — bookkeeping
вводн. сл. — вводное слово — parenthesis
в знач. вводн. сл. — в значении вводного слова — as parenthesis
в знач. нареч. — в значении наречия — as adverb
в знач. прил. — в значении прилагательного — as adjective
в знач. сказ. — в значении сказуемого — as predicate
в знач. сущ. — в значении существительного — as noun
вн. — винительный (падеж) — accusative (case)
воен. — военное дело, военный термин — military
вопр. — вопросительное (местоимение), вопросительная частица — interrogative
вр. — время — tense
в слож. — в сложных словах — in compounds
г. — 1) год; 2) город — 1) year 2) town
гг. — годы — years
геогр. — география — geography
геод. — геодезия — geodesy
геол. — геология — geology
гл. — глагол — verb
горн. — горное дело — mining
грам. — грамматика — grammar
груб. — грубое слово, выражение — vulgar
дет. — детская речь — children's speech
диал. — диалекты — dialect
дип. — дипломатический термин — diplomacy
др. — другой, другие — other(s)
дт. — дательный (падеж) — dative (case)
ед. — единственное (число) singular
ж. — женский (род) — feminine
жарг. — жаргон — jargon
ж.-д. — железнодорожное дело — railway
знач. — значение — sense
зоол. — зоология — zoology
инф. — инфинитив, неопределённая форма глагола — infinitive
ирон. — в ироническом смысле — ironically
иск. — искусство — art
ист. — относящийся к истории; исторический термин — historical
и т. д. — и так далее — etc., et cetera
и т. п. — и тому подобное — and so on
канц. — канцелярское выражение — officialese
карт. — термин карточной игры — card-playing
кг — килограмм — kilogram
кем-л. — кем-либо — by somebody; as somebody
кино — кинематограф — cinema
км — километр — kilometer
книжн. — книжный стиль — bookish
кратк. ф. — краткая форма — short form
кул. — кулинария — culinary
л. — лицо глагола — person of verb
л — литр — liter
лингв. — лингвистика — linguistics
лит. — литература, литературоведение — literature, literary studies
личн. — личная форма, личное (местоимение) — personal form, personal pronoun
лог. — логика — logic
м. — мужской род — masculine
м — метр — meter
мат. — математика — mathematics
мед. — медицина — medicine
межд. — междометие — interjection
мест. — местоимение — pronoun
метеор. — метеорология — meteorology
мин. — минералогия — mineralogy
мн. — множественное (число) — plural
мор. — морское дело, морской термин — maritime
муз. — музыка — music

напр. — например — e.g.
нареч. — наречие — adverb
наст. — настоящее время — present tense
научн. — научный термин — scientific term
нескл. — несклоняемое слово — indeclinable
несов. — несовершенный вид глагола — imperfective aspect
обыкн. — обыкновенно — usually
относ. — относительное (местоимение) — relative pronoun
отриц. — отрицательная частица — negative particle
охот. — охотничий термин — hunting
п. — падеж — case
перен. — в переносном значении — figurative sense
погов. — поговорка — saying
полигр. — полиграфия — printing
полит. — политический термин — political
посл. — пословица — proverb
поэт. — поэтическое слово — poetic
пр. — предложный (падеж) — prepositional case
превосх. ст. — превосходная степень — superlative
пренебр. — пренебрежительно — contemptuous
прил. — имя прилагательное — adjective
притяж. — притяжательное (местоимение) — possessive (pronoun)
прич. — причастие — participle
програм. — программирование — programming
прош. — прошедшее время — past tense
прям. — в прямом значении — in direct sense
р. — 1) река 2) род — 1) river 2) gender
радио — радиотехника — radio
разг. — разговорное слово, выражение — colloquial
рд. — родительный (падеж) — genitive (case)
рел. — религия — religion
рыб. — рыболовство, рыбоводство — fishing
с. — средний (род) — neuter
сад. — садоводство — horticulture
сказ. — сказуемое — predicate
скл. — склоняется, склонение — declinable; declension
см. — смотри — see
собир. — собирательное (существиетльное), собирательно — collective noun; collectively
сов. — совершенный вид глагола — perfective aspect
сокр. — сокращение, сокращенно — abbreviation
сочет. — сочетание — combination
спорт. — физкультура и спорт — physical culture and sport
сравнит. ст. — сравнительная степень — comparative
ст. — степень — degree
стр. — строительное дело — building
сущ. — имя существительное — noun
с.-х. — сельское хозяйство — agriculture
тв. — творительный (падеж) — instrumental (case)
театр. — театроведение, театр — theater
текст. — текстильное дело — textiles
тех. — техника — technical
тж. — также — also
тк. — только — only
тлв. — телевидение — TV
торг. — торговля — trade
употр. — употребляется — used
усил. — усилительная частица — intensifier
уст. — устаревшее слово, выражение — obsolete
утверд. — утвердительная частица — affirmative particle
ф. — форма — form
фарм. — фармацевтический термин — pharmaceutical
физ. — физика — physics
физиол. — физиология — physiology
филос. — философия — philosophy
фин. — финансовый термин — finance
фольк. — фольклор — folklore
фото — фотография — photography
хим. — химия — chemistry
церк. — церковное слово, выражение — ecclesiastical
ч. — число — number
числ. — имя числительное — numeral
шахм. — термин шахматной игры — chess
шутл. — шутливое слово, выражение — jocular
эк. — экономика — economics
эл. — электротехника — electricity
юр. — юридический термин — legal

Английские

attr. attributive атрибутивное употребление
dim. of... уменьшительное от...
etc. et cetera и так далее
inf infinitive инфинитив, неопределенная форма глагола
pl plural множественное число
predic. predicative предикативное употребление
sg. singular единственное число

БИБЛИОГРАФИЯ

References and Lexicographic Sources

Русско-английский словарь. Russian-English Dictionary. А.М. Таубе, А.В. Литвинова, А.Д. Миллер, Р.С. Даглиш. Русский язык, Москва, 1966.

A Glossary of Geographical Terms, edited by L.D. Stamp. Прогресс Москва 1976.

American Idioms dictionary. Richard A. Spears Lincolnwood Illinois 1991.

Chambers's Twentieth Century Dictionary, edited by William Geddie, W. and R. Chambers, Ltd., Edinburgh, London, 1959

Dictionary of American Slang. Richard A. Spears National Textbook Company Lincolnwood, Illinois, USA, 1991.

English-Russian Dictionary of Sports Terms and Phrases. Русский язык Москва 1979.

English-Russian, Russian-English Pocket Dictionary. "Chambers-Harrap", edited by O.P. Benyukh and G.V. Chernov, Edinburgh-Paris, 1993.

Larousse Illustrated International Encyclopedia and Dictionary; Larousse, McGraw Hill International Book Company, USA, 1972.

Longman Dictionary of Contemporary English. Русский язык Москва 1987.

Longman Dictionary of Contemporary English. Русский язык Москва 1992.

Mass Media Dictionary (словарь языка средств информации США). Москва Русский язык 1992.

Motion Picture and Television Dictionary. English-Russian, Russian-English by George Kent Published by ASC Holding Corp., Hollywood, 1980.

Roget's College. Thesaurus in Dictionary Form. Philip D. Morehead New American Library 1978.

The Collins English Dictionary. London Glasgow 1986.

The Comprehensive English-Russian Scientific and Technical Dictionary. С.М. Баринов, А.Б. Барковский Русский язык Москва 1991.

The Concise Oxford Dictionary of Proverbs. John Simpson, Oxford University Press Oxford, New York 1985.

The Harper Dictionary of Modern Thought Harper & Row Publishers NY, 1988

The Home and Office Dictionary, the Literary Press, Glasgow, Great Britain, 1966.

The International Cyclopedia of Music and Musicians. Oscar Thompson 1952 Sixth Edition - Revised.

The Oxford Dictionary of Current English. Oxford University Press. Oxford, New York.

The Oxford Russian Dictionary. Oxford University Press. Oxford, New York. 1984.

The Oxford Russian-English Dictionary by Marcus Wheller. Oxford, 1984.

The Shorter Oxford English Dictionary on historical principles, prepared by William Little. Oxford at the Clarendon Press, Great Britain, 1964.

Funk & Wagnalls Standard Dictionary. International Edition. New York 1962.

Webster Universal Dictionary edited by Henry Cecil Wyld and Eric H. Partriadge. Harver Publishing inc., New York, Toronto, 1968.

Webster's New World Dictionary of the American Language. David V. Guralnik, editor in chief. The World Publishing Company, Cleveland and New York, USA, 1963.

Webster's Seventh New Collegiate Dictionary, Springfield, Mass., USA, 1965.

Webster's Third New International Dictionary G. & C. Merriam Company, Publishers Springfield, 1976.

Webster's Third New International Dictionary. Encyclopedia Britanica, Inc. 1961.

Webster's Treasure of Synonyms, Antonyms and Homonyms. New York, Avenel Books.

Английские экономические термины. М.А. Мельникова Новосибирск Издательство Наука 1991.

Англо-русский авиационно-космический словарь. Под общей редакцией А.М. Мурашневича Москва Воениздат 1974.

Англо-русский автотракторный словарь. Б. Гольд Москва Советская энциклопедия 1971.

Англо-русский акустический словарь. Н.П. Кочеров Москва Советская энциклопедия 1965.

Англо-русский военно-технический словарь. Москва Воениздат 1965.

Англо-русский военный словарь. English-Russian Military Dictionary. В 2 томах Судзиловский Г.А. и другие. Под редакцией В.Н. Шевчука, В.М. Полюхина. 3-е издание переработанное и дополненное Москва Воениздат 1987.

Англо-русский горнотехнический словарь. Б.М. Косинский и другие. Москва Углетехиздат 1958.

Англо-русский дипломатический словарь. English-Russian Dictionary. Н.О. Волкова и другие; Под общим руководством В.С Шах-Назаровой Москва Русский язык 1989.

Англо-русский и русско-английский словарь English-Russian and Russian-English Dictionary Г.И. Бункин и другие. Под редакцией О.С. Ахмановой, & А.М. Уилсон 2-е изд. Москва, Русский язык 1989.

Англо-русский и русско-английский словарь Кеннета Кацнера. Russian-English and English-Russian Dictionary by Kenneth Katzner. Москва Поликом 1991.

Англо-русский идеографический словарь. Т.И. Шаталова Москва Русский язык 1993.

Англо-русский коммерческий словарь-справочник. Составитель И.Г. Анахина Ответственный редактор М.П. Шиманский Москва Моби 1992.

Англо-русский медицинский словарь. Москва Lingva 1992.

Англо-русский медицинский словарь. М.П. Мультановский Москва Медгиз 1958.

Англо-русский металлургический словарь. Москва, Советская энциклопедия 1974.

Англо-русский метеорологический словарь. Л.И. Мамонтова Ленинград Гидрометеоиздат 1959.

Англо-русский морской словарь. Москва Государственные иностранные и национальные словари 1951.

Англо-русский морской словарь. Под ред. П.А. Фаворова Москва, Советская энциклопедия 1973.

Англо-русский общеэкономический и внешнеторговый словарь. Е.Е Израилевич Москва Советская энциклопедия 1972.

Англо-русский патентный словарь. Составители кандидат юридических наук А.С. Берсон и другие. Научная редакция кандидат юридических наук Г.А. Матвеев Москва Советская энциклопедия 1973.

Англо-русский политехнический словарь Под ред. Л.Д. Белькинда Москва Гостехиздат 1946.

Англо-русский радиотехнический словарь. Л.П. Герман-Прозорова Москва Физматгиз 1960.

Англо-русский ракетно-космический словарь. Москва Воениздат 1986.

Англо-русский сельскохозяйственный словарь. И.В. Геминова Москва 1944.

Англо-русский синонимический словарь. Ю.Д Апресян и другие. Москва Русский язык 1979.

Англо-русский словарь американского сленга. Москва Издательство Книжный мир 1993.

Англо-русский словарь генетических и цитологических терминов. Л. Салганик Новосибирск 1973.

Англо-русский словарь глагольных словосочетаний. English-Russian Dictionary of verbal Collocations Р.С. Гинзбург и другие. Москва Русский язык 1986.

Англо-русский словарь книговедческих терминов. Москва Советская Россия 1962.

Англо-русский словарь новых автомобильных терминов, выражений, сокращений и автомобильного жаргона. English-Russian Dictionary of New Automotive Terms, Phrases, Abbreviations and Automotive slang. Живой язык, Москва, 1995.

Англо-русский словарь по авиационно-космическим материалам. И.Ф. Борисов Москва Воениздат 1972.

Англо-русский словарь по авиационно-космической медицине. А.А. Гюрджиан и другие. Москва Воениздат 1972.

Англо-русский словарь по авиационным и ракетным базам. С.М. Никитин Москва Воениздат 1962.

Англо-русский словарь по автоматике, кибернетике и контрольно-измерительным приборам. Л.К. Пташный Москва 1971.

Англо-русский словарь по антено-волновой технике. Москва Советская энциклопедия 1973.

Англо-русский словарь по животноводству. Составитель П.А. Адашенко и другие. Москва Советская энциклопедия 1972.

Англо-русский словарь по квантовой электронике и голографии. English-Russian Dictionary of Quantum Electronics and Holography. Н.Д. Воропаев Москва Русский язык 1977.

Англо-русский словарь по машиностроению и металлообработке. С.И. Кречетников Москва Советская энциклопедия 1969.

Англо-русский словарь по надежности и контролю качества. English-Russian Dictionary of Reliability and Quality Control. Е.Г. Коваленко Москва Русский язык 1972.

Англо-русский словарь по программированию и информатике (с толкованиями) Москва Издательство Московской международной школы переводчиков 1992.

Англо-русский словарь по радиоэлектронике и связи. Москва Атомиздат 1959.

Англо-русский словарь по радиоэлектронике. Москва Военное издательство Минобороны СССР 1959.

Англо-русский словарь по ракетной технике. А.М. Мурашкевич Москва Физматгиз 1958.

Англо-русский словарь по современной радиоэлектронике. Составители И.К. Калугин и другие. Москва, Советская энциклопедия 1968.

Англо-русский словарь по телевидению. English-Russian Dictionary of Television. И.С. Янкельсон Москва Русский язык 1985.

Англо-русский словарь по ядерной физике и технике. Под редакцией Э.В. Шпольского АН СССР 1955.

Англо-русский словарь рекламных терминов. English-Russian Dictionary of Advertising Terms. Составитель И.С. Сидельников. Внешнеэкономическое рекламное агенство Соверо, Москва, 1994.

Англо-русский словарь специальных терминов по радио. Составитель Н.И. Дозоров Москва-Ленинград, Государственное издательство технико-теоретической литературы 1950.

Англо-русский словарь специальных терминов по радио. Н.И. Дозоров Москва Гостехиздат 1947.

Англо-русский словарь спортивной терминологии. Т.Г. Самойлова Москва Гостелерадио 1980.

Англо-русский словарь. English-Russian Dictionary. В.Д. Аракин и другие. Москва Русский язык 1990.

Англо-русский словарь. English-Russian Dictionary. В.М. Мюллер Москва Русский язык 1988.

Англо-русский словарь. Составители О. Ахманова и другие. Русский язык Москва 1991.

Англо-русский словарь. Составитель В. Мюллер Издательство Советская энциклопедия Москва 1971.

Англо-русский строительный словарь составитель П.Г. Амбургер. Под редакцией доктора технических наук А.Я. Десова Издание 3-е переработанное и дополненное Москва Физматгиз 1961.

Англо-русский терминологический словарь по вопросам разоружения. Т.Ф. Дмитричев Москва Русский язык 1987.

Англо-русский терминологический словарь по планированию эксперимента. English-Russian Terminological Dictionary on Experimental Design. Живой выпуск, Москва, 1995.

Англо-русский физический словарь. Составитель профессор доктор физико-математических наук Д.М. Толстой и другие. Москва Советская энциклопедия 1972.

Англо-русский фразеологический словарь. English-Russian Phraseological Dictionary. А.В. Кунин Москва Русский язык 1984

Англо-русский химико-технологический словарь. Гостехтеориздат 1953.

Англо-русский химико-технологический словарь. Москва Государственное издательство технико-теоретической литературы 1953.

Англо-русский экономико-статистичяеский словарь (частотный). В.В. Морозенко Москва Статистика 1974.

Англо-русский экономический словарь. И.С. Гаврилюк, Г.А. Зломанова и другие. Москва Издательство Московского Университета 1976.

Англо-русский электротехнический словарь. Л.Б. Чейлер Москва Главная редакция иностранных научно-технических словарей 1961.

Англо-русский юридический словарь. Москва Русский язык 1993.

Англо-русский словарь по дорожному строительству. Я. Хайкин Москва Дориздат 1951.

Англо-русский словарь по телевидению. Л.П. Герман-Прозорова Москва Физматгиз 1960.

Библейская энциклопедия. Москва Герра 1990.

Большой англо-русский политехнический словарь. The Comprehensive English-Russian Scientific and Technical Dictionary. С.М. Баринов Москва Русский язык 1991.

Большой англо-русский словарь. New English-Russian Dictionary. Под общим руководством И.Р. Гальперина, Э.М. Медниковой Москва Русский язык 1987.

Великобритания: лингвострановедческий словарь. А.Р.У. Рум и другие. Москва Русский язык 1978.

Военный англо-русский словарь. А. Таубе Москва 1949.

Дополнение (второе) к англо-русскому словарю по радиоэлектронике и связи. Н.И. Дозоров Москва Атомиздат 1960.

Краткий англо-русский философский словарь. Москва МГУ 1969.

Краткий русско-английский коммерческий словарь. Short Russian-English business dictionary. И.Ф. Жданова Москва Русский язык 1991.

Краткий русско-английский коммерческий словарь. Москва Русский язык 1991.

Новый большой англо-русский словарь в трех томах под общим руководством академика Ю.Д. Апресяна. Москва Русский язык 1993-1994.

Общественно-политическая лексика: Англо-русский словарь-справочник. В.Н. Крупнов Москва Высшая школа 1985.

Орфографический словарь русского языка. Москва Государственное издательство иностранных и национальных словарей 1963.

Полный англо-русский словарь. Берлин, Товарищество Гликсман 1924.

Русский ассоциативный словарь. Москва Институт русского языка Российской Академии Наук 1994.

Русский словарь языкового расширения. Составил А.И. Солженицын Москва Голос, 1995.

Русский язык. Энциклопедия. Издательство Советская энциклопедия. Москва. 1979.

Русско-английский внешнеторговый словарь. Russian-English Foreign Trade Dictionary. И.В. Воскресенская и другие. Москва Русский язык 1986.

Русско-английский словарь крылатых слов. Russian-English Dictionary of Winged Words. И.А. Уолш, В.П. Берков Москва Русский язык 1984.

Русско-английский словарь междометий и релятивов. Russian-English Dictionary of Interjections and Response Phrases. Д.И. Квеселевич Москва Русский язык 1990.

Русско-английский словарь под общим руководством профессора А.И. Смирницкого, Москва Русский язык 1991.

Русско-английский словарь пословиц и поговорок. Russian-English Dictionary of Proverbs and Sayings. Москва Русский язык 1989.

Русско-английский технический словарь. Москва Военное издательство Минобороны СССР 1971.

Русско-английский финансово-экономический словарь. Издательство Банки и биржи Москва 1994.

Русско-английский фразеологический словарь. Пословицы и поговорки. Составители Т.П. Клюкина, М.Ю. Клюкина-Витюк Билингва, Москва 1996.

Русско-английский ядерный словарь. Д.И. Воскобойник и М.Г. Циммерман Москва Физматгиз 1960.

Русское литературное произношение и ударение, словарь-справочник. Москва Государственное издательство иностранных и национальных словарей 1960.

Слитно или раздельно? Опыт словаря-справочника Москва Русский язык 1982.

Слоаврь русского языка. С.И. Ожегов Москва Издательство Советская энциклопедия 1968.

Словарь американских употреблений английского языка. Beginner's Dictionary of American English Usage. П.Х. Коллин и другие. Москва Русский язык 1991.

Словарь английских и американских сокращений: Е. Алешин, Б. Блувштейн, Ю. Семенов. - Москва: Государственное издательство иностранных и национальных словарей, 1953.

Словарь английских и американских сокращений. Москва Государственное издательство иностранных и национальных словарей 1957.

Словарь английских личных имен. Dictionary of English Personal Names. А.И. Рыбакин Москва Русский язык 1989.

Словарь антонимов современного английского языка. Москва Международные отношения 1964.

Словарь глагольных идиом. Кортней, Розмари Москва Русский язык 1986.

Словарь новых слов. Dictionary of new words. Bloomsbury Лоренс Урдэнг, Москва Вече & Персей 1996.

Словарь по программированию. А.Б. Борковский и другие. Москва Русский язык 1963.

Словарь русского языка в четырех томах. Москва Русский язык 1981-1984.

Словарь синонимов русского языка. Москва Советская энциклопедия 1969.

Словарь современного слэнга. Dictionary of modern slang. Bloomsbury Лоренс Урдэнг, Москва Вече & Персей 1996.

Словарь трудных слов. Bloomsbury Лоренс Урдэнг, Москва Вече & Персей 1996.

Словарь ударений для работников радио и телевидения. Москва Издательство Советская энциклопедия 1970.

Словарь-справочник неологизмов в американской научно-технической литературе. А.И. Черная Москва Наука 1971.

Советский энциклопедический словарь. Москва Издательство Советская энциклопедия 1984.

Толковый англо-русский словарь сокращений по информатике и программированию. Москва Инфра 1994.

Толковый словарь живого великорусского языка. В.И. Даль Москва Государственное издательство иностранных и национальных словарей 1956.

Толковый юридический словарь бизнесмена (англо-русский, русско-английский) Москва юридическая фирма Контракт 1994.

Частотный англо-русский словарь газетной лексики. П.М. Алексеев, Л.А. Турыгина Москва, Воениздат 1974.

РУССКИЙ АЛФАВИТ

RUSSIAN ALPHABET

Аа	**Кк**	**Хх**
Бб	**Лл**	**Цц**
Вв	**Мм**	**Чч**
Гг	**Нн**	**Шш**
Дд	**Оо**	**Щщ**
Ее	**Пп**	**Ъъ**
Ёё	**Рр**	**Ыы**
Жж	**Сс**	**Ьь**
Зз	**Тт**	**Ээ**
Ии	**Уу**	**Юю**
Йй	**Фф**	**Яя**

A

а | *союз.* **1.** (*при сопоставлении, восклицаниях и вопросах*) and; *часто не переводится*; (*при противопоставлении*) but; он инженéр, а я врач he's an engineer, (and) I'm a doctor; а вот и он! (and) here he is!; а вы кудá? (and) where are you going?; а э́то кто? and who's that?; я егó ви́дел, а он меня́ нет I saw him, but he didn't see me; не..., а... not... but...; instead of; не 10, а 11 not ten, but eleven; 10, а не 11 ten — not eleven; напрáво, а не налéво to the right — not to the left; выплáчивать единоврéменно, а не по частя́м pay* not by instalments but in a lump sum, pay* in a lump sum instead of by instalments; **2.** (*в знач.* но, однако) but; *после предложений с уступительными союзами не переводится*; здесь óчень вéсело, а нáдо уходи́ть it's very nice here, but I must be going; хотя́ здесь вéсело (как здесь ни вéсело), а нáдо уходи́ть nice as/though it is here, I must be going; **3.** (*служит для усиления*) but; *обычно не переводится*; а я сам э́то ви́дел! (but) I saw it with my own eyes!; а я так и сказáл емý! I told him!, I did tell him!; потороп́ись, а (не) то опоздáешь hurry, or (else) you'll be late.

а II *частица разг. (при повторном обращении)* **1.** hi!. hi there!; мáльчик, а мáльчик! hi there, boy!; **2.** *вопр.* eh?

а III *межд.* a!, oh!, ah!

абажýр *м.* (lamp-)shade.

аббáт *м.* **1.** abbot; **2.** (*во Франции*) abbe; **~ и́сса** *ж.* abbess; **~ство** *с.* abbey.

аббревиатýра *ж.* abbreviation.

аберрáция *ж.* aberration.

абзáц *м.* **1.** (*отступ в начале строки*) indention; с (нóвого) ~а indent; (new) paragraph; **2.** (*часть текста*) paragraph.

абитуриéнт *м.*, **-ка** *ж.* university entrant, candidate for university/college admission.

абонемéнт *м.* season-ticket; межбиблиотéчный ~ interlibrary loan system.

абонéнт *м.* subscriber; (*телефона*) telephone subscriber; (*библиотеки*) reader, borrower.

абони́ровать *несов.* и *сов.* subscribe (to), take* out a booking (for), reserve a seat for (a season at a theatre, a series of concerts, etc.).

абордáж *м. мор.* boarding; взять на ~ board; ~ный boarding *attr.*; ~ный крюк *мор.* grapnel.

абориге́н *м.* aboriginal.

абóрт *м.* abortion; **~ и́вный** *биол.* abortive.

абракадáбра *ж.* abracadabra.

абрикóс *м.* **1.** (*плод*) apricot; **2.** (*дерево*) apricot tree; **~овый** apricot *attr.*

абрикоти́н *м.* apricot liqueur.

абри́с *м.* contour(s), outline.

абсéнт *м.* absinthe.

абсентеи́зм *м.* absenteeism.

абсентеи́ст *м.* absentee.

áбсида *ж. архит.* = апсида.

абсолю́т *м. фил.* the absolute.

абсолют|и́зм *м. пол.* absolutism; **~ и́ст** absolutist.

абсолю́тн|ный absolute; ~ покóй complete rest; ~ое невéжество complete/utter/abysmal ignorance: ◇ ~ое большинствó absolute/overwhelming majority; ~ слух perfect ear, absolute pitch; ~ чемпиóн absolute/overall champion.

абстрáктный abstract.

абстракцион|и́зм *м.* abstractionism; **~ и́ст** *м.* abstract artist; **~ и́стский** abstractionist.

абстрáкция *ж.* abstraction.

абсорби́ровать *несов.* и *сов.* absorb.

абсóрбция *ж.* absorption.

абстраги́ровать *несов.* и *сов.* abstract.

абсýрд *м.* nonsense; довести́ *что-л.* до ~а carry *smth.* to the point of absurdity; **~ность** *ж.* absurdity; **~ный** absurd, ridiculous, nonsensical, ludicrous.

абсцéсс *м. мед.* abscess.

абсци́сса *ж. мат.* absciss, abscisa (*pl* -sas, -sae).

абхáз|ец *м.*, **~ка** *ж.* Abkhazian; **~ский** Abkhazian; ~ский язы́к Abkhazian, the Abkhazian language.

авангáрд *м.* van, vanguard; *воен.* advance guard; идти́, быть в ~е be* in the forefront/van/vanguard.

авангард|и́зм *м.* avant-gardism; **~ и́ст** *м.* avant-gardist; **~ и́стский** avant-garde *attr.*

авангáрдный vanguard *attr.*; (*передовой, ведущий*) leading.

аванпóрт *м. мор.* outer harbor.

аванпóст *м. воен.* outpost, forward position.

авáнс *м.* advance; prepayment; ~ в счёт платежéй advance against payment; ~ задáток advance as earnest money; ~ по контрáкту advance under a contract; востребование ~а claiming an advance; вы́плата ~ a payment of an advance; получéние ~а receipt of an advance; услóвия вы́платы ~а conditions of paying an advance; вноси́ть ~ pay* an advance; получáть ~ get* an advance, receive an advance; предостáвить ~ grant an advance; погашáть ~ pay* off an advance; вы́дать ~ в размере 10% make* an advance of 10%; вы́дать *кому-л.* ~ за мéсяц advance *smb.* a month's salary; ~ в счёт зарплáты advance on *one's* salary; ◇ дéлать ~ы make* overtures/advances; **~ и́ровать** *несов.* и *сов.* (*вн.*) make* an advance/prepayment (to), advance money (to); ~ и́ровать заво́д grant credits to a factory; ~ и́ровать строи́тельство advance money for building; ~ом in advance; плати́ть ~ом pay* in advance.

авансце́на *ж.* proscenium.

авантю́р|а *ж.* adventure; (*рискованное дело тж.*) hazardous affair, gamble, venture; *разг.* shady enterprise; вое́нная ~ military adventure/gamble; **~ и́зм** *м.* adventurism; **~ и́ст** *м.* adventurer; **~ и́стка** *ж.* adventuress; **~ный** 1. (*рискованный*) risky, hazardous; (*неблаговидный*) shady, doubtful; 2. (*приключенческий*) adventure *attr.*; ~ный рома́н novel of adventure; (*литературный жанр*) picaresque novel.

ава́р|ец *м.* Avar; **~ка** *ж.* Avar woman*.

авари́йн|ость *ж.* accident rate; breakdowns *pl.*; борьба́ с ~остью accident precautions *pl.*; **~ый** 1. emergency *attr.*; ~ый сигна́л accident alarm; в ~ом состоя́нии unsafe; ~ый запа́с emergence stock; 2. (*предназначенный для устранения аварии*) breakdown *attr.*; ~ая маши́на breakdown lorry; ~ый акт survey report; ~ый бонд average bond; ~ый режи́м emergency conditions; ~ая ситуа́ция emergency.

ава́ри|я *ж.* (*порча машины, механизма*) breakdown; (*крушение*) crash; (*несчастный случай*) accident; *перен. разг.* mishap; потерпе́ть ~ю have* an accident; (*о самолёте*) crash; (*быть повреждённым*) be* damaged.

а́вгуст *м.* August; в ~е э́того го́да this/in August; в ~е про́шлого го́да last August, last year in August; в ~е бу́дущего го́да next August; ~овский August *attr.*

Августе́йший *ист.* most august *attr.*

августи́нец *рел.* Augustinian friar.

а́виа *в сложн.* air-; aircraft *attr.*

авиа|база *ж.* airbase; **~деса́нт** *м.* airborne landing; **~деса́нтный**: ~деса́нтные войска́ airborne troops; **~компа́ния** *ж.* airline; **~констру́ктор** *м.* aircraft designer; **~ли́ния** *ж.* (air-)route; **~модели́зм** *м.* aircraft modelling; **~модели́ст** *м.* model aircraft constructor; **~моде́ль** *ж.* model aircraft; **~но́сец** *м.* aircraft carrier; **~письмо** *с.* airletter; **~почта** *ж.* airmail; отправлять *что-л.* ~по́чтой send* *smth.* (by) airmail; **~съёмка** *ж.* air photography, aerial surveying; **~тра́нспорт** *м.* air transport; **~тра́нспортный** air(-transport) *attr.* **~тра́сса** *ж.* air-route; междунаро́дная ~тра́сса international air-route.

авиацио́нный aircraft *attr.*; aviation *attr. амер.*; ~ заво́д aircraft factory/works; ~ мото́р aircraft engine; ~ая промы́шленность aircraft industry; ~ая шко́ла flying school.

авиа́ция *ж.* 1. (*теория*) aviation; 2. (*воздушный флот*) aircraft *pl.*; вое́нная ~ air force; гражда́нская ~ civil air fleet; тра́нспортная ~ transport aircraft; сельскохозя́йственная ~ agricultural aircraft.

авось *разг.* perhaps, let's hope, ◇ на ~ on the off-chance.

аво́ська *ж. разг.* string (shopping) bag.

авра́л *м. мор.* all-hands job; *перен.* emergency job.

авра́льный emergency *attr.*

австрал|и́ец *м.*, **~и́йка** *ж.* Australian; ~ и́йский Australian.

австр|и́ец *м.* **~и́йка** *ж.* Austrian; ~ **и́йский** Austrian.

авто- *в сложн.* 1. (*само-, собственный*) auto-; 2. (*автомобильный*) motor-.

автоба́за *ж.* (motor-)transport depot; (*место стоянки и ремонта автомобилей*) garage.

автобиографи́ч|еский, ~ный autobiographical

автобиогра́фия *ж.* autobiography.

автоблокиро́вка *ж.* *ж.-д.* automatic block system.

авто́бус *м.* (motor) bus; (*маршрутный, туристский*) coach; е́хать на ~е go* by bus.

автовокза́л *м.* bus/coach station.

автоге́нн|ый autogenous; ~ая сва́рка autogenous welding.

автого́нки *мн.* motor racing *sg.*

автого́нщик *м. спорт.* racing motorist, race-driver.

авто́граф *м.* autograph.

автодоро́жный road transport *attr.*

автодрези́на *м.* (rail) motor trolley.

автозаво́д *м.* motor works, car factory; automobile plant *амер.*

автозапра́воч|ый: ~ая ста́нция petrol/service/filling station; gas station *амер.*

автоинспе́к|тор *м.* traffic warden/policeman; traffic cop *разг.* **~ция** *ж.* motor licensing and inspection department; (*надзор*) traffic control.

автока́р *м.* motor trolley, mechanical wheelbarrow.

автокефа́льный *рел.* autocephalous.

автокорму́шка *ж.* (automatic) feeder.

автокра́н *м.* truck crane.

автократи́ческий autocratic.

автокра́тия *ж.* autocracy.

авто́л *м.* motor oil.

автола́вка *ж.* travelling shop, shop on wheels, mobile shop.

автолюби́тель *м.* motorist, motoring fan.

автомагистра́ль *ж.* trunk road, highway.

автома́т *м.* 1. (*машина*) automatic machine; (*действующий при опускании монеты*) slot-machine; ~ для разме́на де́нег coin-exchange box; 2. (*о человеке*) automaton; robot; 3. (*оружие*) submachine-gun; tommy-gun *разг.*

автоматиз|а́ция *ж.* automation; **~ и́ровать** *несов.* и *сов.* (*вн.*) automate (*smth.*).

автома́тика *ж.* 1. (*отрасль науки и техники*) automation; 2. (*совокупность механизмов*) automatic machinery/devices.

автомати́ческий automatic.

автома́тчик *м. воен.* submachine-gunner.

автомаши́на *ж.* motor vehicle; (*легковая*) (motor-)car; (*грузовая*) lorry; truck *амер.*

автомобилестрое́ние *с.* automotive/automobile industry.

автомобил|и́зм *м.* motoring; ~ **и́ст** *м.* motorist.

автомоби́л|ь *м.* (*легковой*) (motor-)car; automobile *амер.*; (*грузовой*) lorry; truck *амер.*; санита́рный ~ ambulance; ~ техни́ческой по́мощи breakdown van; service truck *амер.*; е́хать на ~е go* by car; поста́вить ~ на стоя́нку park a car.

автомоби́льн|ый motor-(car) *attr.*; automobile *attr. амер.*; ~ая доро́га motor-road; ~ая промы́шленность motor/automobile industry.

автонакладна́я *ж.* roadway bill.

автоно́м|ия *ж.* autonomy; **~ный** autonomous; ~ная респу́блика autonomous republic; ~ная о́бласть autonomous region.

автопа́рк *м.* motor-vehicle pool; (*легковых автомобилей*) car pool.

автоперево́зки *pl.* transport by road, road carriage.

автопило́т *м.* automatic/robot pilot.

автопогру́зчик *м.* automatic loader, forklift truck.

автопо́илка *ж.* automatic drinker.

автопокры́шка *ж.* (motor-)tire.

автопортре́т *м.* self-portrait.

автопробе́г *м.* motor-race, motor rally.

а́втор *м.* author; (*литературного произведения тж.*) writer; (*музыкального произведения*) composer.

автора́лли *с. нескл.* motor rally.

авторемо́нтный motor-repair *attr.*

автора́ферат *м.* (author's) abstract.

авторизо́ванный authorized.

авторите́т *м.* authority; (*влияние тж.*) prestige; быть ~ом в *чём-л.* be* an authority on *smth.*; по́льзоваться ~ом у *кого-л.*; среди́ *кого-л.* have* authority with *smb.*; have*/enjoy prestige with/among *smb.*; завоева́ть ~ gain/win* prestige/authority; **~ный** authoritative; ~ное мне́ние competent/expert opinion; ~ный исто́чник authoritative source of information.

а́вторск|ий 1. author's; ~ое пра́во copyright; наруше́ние ~ого пра́ва infringement of copyright, piracy; ~ ве́чер recital (of *one's* own works); ~ое свиде́тельство copyright certificate, certificate of authorship; **2.** *в знач. сущ. мн. разг.* royalties, author's fees.

а́вторство *с.* authorship.

автору́чка *ж.* fountain pen.

автосе́рвис *м.* service station, garage.

автостра́да *ж.* motorway; highway *амер.*

автотра́кторный motor vehicle and tractor *attr.*

автотра́нспорт *м.* motor transport.

автотра́сса *ж.* motorway.

автотури́ст *м.* car tourist.

авуа́ры *фин. pl.* assets, holdings; блоки́рованные ~ frozen assets; де́нежные ~ cash holdings; ликви́дные ~ liquid assets; ~ в иностра́нной валю́те exchange/foreign exchange assets.

ага́ва *ж.* agave.

ага́т *м.* agate.

агглютинати́вн|ый *лингв.* agglutinative; ~ые языки́ agglutinative languages.

агглютина́ция *ж.* agglutination.

аге́нт *м.* agent; (*представитель тж.*) representative; ~ по снабже́нию supply agent; ~ уголо́вного ро́зыска police inspector; detective; **~ство** *с.* agency.

агенту́р|а *ж.* **1.** intelligence/secret service; **2.** *собир.* (*агенты*) agents *pl.*; **~ный**: ~ная разве́дка secret service; ~ные све́дения secret-service information *sg.*

агита́тор *м.* propagandist, agitator; (*агитирующий за кандидата*) canvasser.

агитацио́нный propaganda *attr.*

агита́ция *ж.* propaganda, agitation.

агитбрига́да *ж.* agitprop team.

агити́ровать, сагитировать **1.** *тк. несов.* (за *вн.*) campaign (for), agitate (for), carry on propaganda (for), make* propaganda (for); **2.** (*вн.*) *разг.* (*убеждать в чём-л.*) urge (*smb.*); *сов. тж.* persuade (*smb.*).

агитколлекти́в *м.* team of agitators.

агитма́ссов|ый mass propaganda *attr.*; ~ая рабо́та propaganda work among the masses.

агитпу́нкт *м.* agitation center; (*во время выборов*) polling station; election campaign center/office.

а́гнец *м. рел.* lamb; ~ бо́жий Agnus Dei; ◇ прики́нуться а́гнцем to feign meekness, to play the innocent.

агно́стик *м. фил.* agnostic.

агностици́зм *м. фил.* agnosticism.

агности́ческий agnostic *attr.*

аго́н|ия *ж.* (death-)agony; death-throes *pl.*, death-pangs *pl.*; быть в ~ии be* in *one's* death-agony.

агра́рий *м. ист.* landowner.

агра́рн|ый agrarian; ~ая рефо́рма agrarian reform.

агрега́т *м.* unit; set, assembly; убо́рочный ~ harvesting unit; посевно́й ~ sowing unit; силово́й ~ power unit; генера́торный ~ generating set.

агресси́вный aggressive.

агре́сс|ия *ж.* aggression; **~ор** *м.* aggressor.

агробиоло́гия *ж.* agrobiology.

агроно́м *м.* agronomist, agriculturist; ~ **и́ческий** agronomic(al); **~ия** *м.* agricultural science.

агроте́хн|ик *м.* crop specialist; **~ика** *ж.* agrotechnics, agricultural/farming practices *pl.*, scientific farming; ~ **и́ческий** agrotechnical.

агрохи́мия *ж.* agricultural chemistry.

ад *м.* hell; *перен.* bedlam; душе́вный ~ mental torment, anguish.

ада́мов: ~о я́блоко Adam's apple.

адапта́ция *ж.* adaptation.

ада́птер *м.* pick-up.

адапти́ровать *несов.* и *сов.* (*вн.*) adapt (*smth.*).

адвенти́ст *м. рел.* (Seventh-Day) Adventist.

адвока́т *м.* lawyer, attorney *амер.*; (*выступающий в суде*) barrister, advocate; (*поверенный*) solicitor; *перен.* advocate.

адвокату́р|а *ж.* 1. *собир.* lawyers *pl.*, the bar; 2. (*деятельность*) practice (as a barrister); занима́ться ~ой practice at the bar.

адеква́тный equivalent, identical, accurate.

аде́пт *м. фил.* adherent, disciple.

аджа́р|ец *м.*, **~ка** *ж.* Adzhar; **~ский** Adzharian.

администрати́вн|ый administrative; ~ аппара́т the administrative staff; ~ое зда́ние office building; ~ые расхо́ды administrative charges; ~ое взыска́ние official reprimand; ~ое деле́ние administrative division; ◇ в ~ом поря́дке by administrative means.

администр|а́тор *м.* 1. administrator; 2. (*распорядитель*) manager; **~ а́ция** *ж.* management, administration; вое́нная, гражда́нская, ме́стная ~ а́ция military, civil, local authorities *pl.*; **~ и́рование** *с.* high-handed action/measures; го́лое ~ и́рование management by decree; ~ и́ровать administer, run by means of orders and decrees.

адмира́л *м.* admiral.

адмиралте́йство *с.* the Admiralty.

адмира́льский admiral's; ~ кора́бль flagship.

а́дрес *м.* address; доста́вить письмо́ по ~у deliver a letter at the right address; по его́ ~у about him; обрати́ться не по ~у come* to the wrong shop/quarter; э́то по ва́шему ~у that is a dig at you; **~ а́т** *м.* addressee; **~ный**: ~ная кни́га directory; ~ный стол address bureau; **~ова́ть** *несов.* и *сов.* (*вн. дт.*) address (*smth.* to); **~ова́ться** *несов.* и *сов.* (к *дт.* в *вн.*) apply (to).

а́дск|и *разг.* awfully; ~ий infernal; hellish; ~ая маши́на infernal machine; ~ие му́ки torments of hell; ~ая ску́ка *разг.* intolerable boredom; ~ий шум *разг.* a hell of a noise, an infernal din.

адсо́рбция *ж. хим.* absorption.

адъю́нкт *м.* 1. junior scientific assistant; 2. advanced student in military academy.

адъюта́нт *м.* adjutant; aide *амер.*; (*генерала*) aide-de-camp.

адю́льтер *м.* adultery.

а́жио *с. фин.* agio.

ажиота́ж *м. ком.* agiotage, stock-jobbing; *перен.* stir, hullabaloo.

ажу́р *м.* I open work.

ажу́р *м.* II *ком.* up-to-date.

ажу́р *м.*: в ~е *разг.* in perfect order, tip-top.

ажу́рн|ый open-work *attr.*; ~ая стро́чка hemstitch, drawn-thread work; ~ узо́р lacy design/pattern; ~ая рабо́та filigree work.

аза́рт *м.* excitement; (*увлечение*) fervor; войти́ в ~ get* worked up, get* into the swing; в пылу́ ~а in the heat/excitement of the moment; рабо́тать с ~ом work with a will; ~но intensely, recklessly; ~но игра́ть 1) (*с увлечением*) be* a keen player; 2) (*рискованно*) play recklessly; **~ный** reckless, eager, keen; ~ный игро́к 1) (*играющий с увлечением*) keen player; 2) (*рискующий всем*) reckless gambler; ◇ ~ная игра́ game of chance/hazard.

а́збу|ка *ж.* 1. (*алфавит*) alphabet; 2. (*основы*) the ABC; 3. (*букварь*) an ABC(-book); ◇ ~ Мо́рзе Morse code; **~чный**: ~чная и́стина truism.

азербайджа́н|ец *м.*, **~ка** *ж.* Azerbaijanian; **~ский** Azerbaijan(ian) ◇ ~ий язы́к Azerbaijanian, the Azerbaijanian language.

азиа́т *м.* Asiatic; *перен.* barbarous person.

азиа́тский Asian.

азиа́тчина *ж.* barbarous manners/way of life.

а́зимут *м.* azimuth.

азо́т *м. хим.* nitrogen; о́кись ~а nitric oxide; **~истый** *хим.* nitrous.

азотноки́слый *хим.* nitric acid *attr.*; ~ на́трий sodium nitrate.

азо́тн|ый *хим.* nitric; ~ая кислота́ nitric acid.

азы́ *мн.* ABC *sg*, rudiments, elements; начина́ть с азо́в begin* at the very beginning; не знать азо́в not to know the first thing (about).

а́ист *м.* stork.

ай *разг.* oh!; ◇ ай-ай-ай! tut-tut!

айв|а́ *ж.* quince; (*дерево тж.*) quince-tree; **~ о́вый** quince *attr.*

а́йсберг *м.* iceberg.

акаде́мик *м.* member of the Academy; Academician.

академи́ческий academic; ~ час teaching period; это представля́ет чи́сто ~ интере́с that is of purely academic value.

акаде́мия *ж.* 1. Academy; Акаде́мия нау́к Academy of Sciences; 2. (*учебное заведение*) academy, college; вое́нная ~ military college/academy.

ака́фист *м. церк.* acathistus.

ака́ция *ж.* acacia; бе́лая ~ black locust.

аквала́нг *м. спорт.* aqualung; **~ и́ст** *м.* skin-diver, underwater swimmer.

аквамари́н *м.* aquamarine.

аквана́вт *м.* aquanaut, underwater explorer.

акваплан *м.* surfboard.

акваре́ль *ж.* 1. (*краски*) water-colors *pl.*; писа́ть ~ю paint in water-colors; 2. (*картина*) water-color (drawing), aquarelle; **~ный** water-color *attr.*; in water-colors *после сущ.*; ~ные кра́ски water-colors.

аква́риум *м.* aquarium.

аквато́рия *ж.* (defined) area of water.

акведу́к *м.* aqueduct, conduit.

акклиматиз|а́ция *ж.* acclimatization; **~ и́ровать** *несов.* и *сов.* (*вн.*) acclimatize (*smb.*, *smth.*); **~ и́роваться** *несов.* и *сов.* become* acclimatized.

аккомода́ция *ж.* accommodation, adjustment.

аккомпан|еме́нт *м.* accompaniment; под ~ *чего-л.* to the accompaniment of *smth.*; **~иа́тор** *м.* accompanist; **~ и́ровать** *несов.* (*дт.* на *пр.*) accompany (*smb.* on).

акко́рд *м.* chord; заключи́тельный ~ final chord; взять ~ strike* a chord.

аккордео́н *м.* accordion.

аккордеони́ст *м.* accordion player.

акко́рдн|ый: ~ая опла́та труда́ payment by the piece/job; ~ая рабо́та piecework.

аккредити́в *м. фин.* letter of credit; безотзы́вный ~ irrevocable letter of credit; ~ в нали́чной фо́рме cash letter of credit; дели́мый ~ divisible letter of credit; документа́рный ~ documentary letter of credit; долгосро́чный ~ long-term letter of credit; непереводно́й ~ untransferable letter of credit; переводно́й ~ transferable letter of credit; подтверждённый ~ confirmed letter of credit; рево́льверный ~ revolving letter of credit; ~ с гара́нтией guaranteed letter of credit; ~ с платежо́м в свобо́дно конверти́руемой валю́те letter of credit payable in freely convertible currency; ~ со сро́ком де́йствия на... letter of credit valid for...; твёрдый ~ commercial letter of credit; чи́стый ~ clean letter of credit.

аккредитова́ть *несов.* и *сов.* (*вн.*) *дип.* accredit (*smb.*).

аккумуля́тор *м.* battery, accumulator.

аккумуля́ция *ж.* accumulation; ~ средств *фин.* accumulation of funds.

аккура́тн|о 1. (*опрятно*) neatly; 2. (*тщательно*) thoroughly; он рабо́тает ~ he's a thorough worker; 3. (*осторожно*) carefully; 4. (*точно*) accurately, exactly; (*о времени и т. п.*) punctually; он всегда́ прихо́дит ~ he is always on time; 5. (*регулярно*) regularly; **~ость** *ж.* 1. (*опрятность*) neatness; 2. (*тщательность*) thoroughness, attention to detail; 3. (*точность*) accuracy; (*о времени прихода и т. п.*) punctuality; **~ый** 1. (*опрятный*) neat, tidy; 2. (*тщательный*) thorough; 3. (*точный*) accurate, exact; (*приходящий вовремя*) punctual; 4. (*исполнительный*) reliable, conscientious.

акр *м.* acre.

акроба́т *м.* acrobat; **~ и́ка** acrobatics.

акробати́ческий acrobatic.

акро́поль *м. ист.* acropolis.

акселера́тор *м.* accelerator.

аксессуа́р *м.* 1. accessory; 2. ~ы *театр.* properties *pl.*

аксио́ма *ж.* axiom; это ~ that's a truism, that's self-evident.

акт *м.* 1. (*поступок, действие*) act; 2. *театр.* act; коме́дия в трёх ~ах a three-act comedy; 3. *юр.* deed; законода́тельный ~ legislative act; нормати́вный ~ standard/normal act; обвини́тельный ~ indictment; 4. (*протокол*) statement; авари́йный ~ general average act/statement; ~ испыта́ний test report/certificate; ~ об усту́пке deed of cession; ~ о конфиска́ции груза seizure note; комме́рческий ~ commercial act; ~ ку́пли act of purchase; ~ осмо́тра inspection report; ~ прода́жи act of sale; ~ проте́ста act of protest; ~ переда́чи deed of conveyance; ~ приёмки acceptance report; ~ рекламацио́нный claim, certificate of damage; ~ тамо́женного досмо́тра custom's surveyor report; ~ эксперти́зы certificate of examination, certificate of appraisal; соста́вить ~ о *чём-л.* draw* up a statement on *smth.*; (*о неисправности и т. п.*) draw* up a report on *smth.*; 5. (*закон*) Act.

актёр *м.* actor, player; **~ский** actor's; theatrical; ~ское иску́сство the art of acting.

акти́в I *м. собир.* the activists *pl.*, the most active members *pl.*

акти́вы II *м. фин.* assets *pl.*; ба́нковские ~ resources; де́нежные ~ cash assets; заморо́женные ~frozen assets; ликви́дные ~ liquid assets; мёртвые ~ dead assets; неликви́дные ~ fixed assets; ~ предприя́тия assets of an enterprise; резе́рвные ~ reserve assets; свобо́дные ~ available assets; со́бственные ~ owned assets; теку́щие ~ current assets; в ~е on the credit side.

активизи́ровать *несов.* и *сов.* (*вн.*) activate (*smb., smth.*); stimulate (*smb., smth.*); ~ рабо́ту speed* up the work; ~ся *несов.* и *сов.* liven up.

активи́ст *м.* active member/worker, activist.

акти́вность *ж.* activity, action.

акти́вный I active.

акти́вный II *фин.*: ~ бала́нс favorable balance; ~ платёжный бала́нс active payments balance, ~ торго́вый бала́нс active trade balance.

а́ктовый: ~ зал assembly hall.

актри́са *ж.* actress.

актуа́льн|ость *ж.* 1. (*насущность*) urgency; (*злободневность*) topicality; 2. (*действительное существование*) actuality; **~ый** 1. (*насущный*) urgent; (*злободневный*) topical; ~ый вопро́с matter of current/topical interest, vital question; 2. (*существующий в действительности*) actual.

аку́ла *ж.* shark; биржева́я ~ financial shark; tycoon; ~ пера́ jackal of journalism.

аку́ст|ика *ж.* acoustics; **~ и́ческий** acoustic.

акуше́р *м.* obstetrician, accoucheur.

акуше́р|ка *ж.* midwife*; **~ский** obstetric(al); **~ство** *с.* 1. (*отдел медицины*) obstetrics; 2. (*деятельность*) midwifery.

акце́нт *м.* accent; (*ударение тж.*) stress, emphasis; ◇ де́лать ~ на *чём-л.* stress *smth.* **~ и́ровать** *несов.* и *сов.* (*вн.*) stress (*smth.*); *перен. тж.* emphasize (*smth.*).

акце́пт *м. фин.* acceptance; ба́нковский ~ bank acceptance; безусло́вный ~ clean/unconditional acceptance; долгосро́чный ~ long-term acceptance; краткосро́чный ~ short-term acceptance; ограни́ченный ~ qualified acceptance; усло́вный ~ conditional acceptance; ~ про́тив докуме́нтов acceptance against documents; ~ счёта acceptance of a bill; части́чный ~ partial acceptance; че́ковый ~ acceptance of a check.

акци́з *м. ком.* excise, excise duty; **~ный**: ~ный сбор excise; взима́ть ~ный сбор excise.

акционе́р *м.* shareholder, stockholder; **~ный**; ~ный капита́л joint stock; ~ное о́бщество joint-stock company.

а́кци|я I *ж. фин.* share; ~и поднима́ются, па́дают shares are rising, falling; ◇ его́ ~и повы́сились his stock stands high; его́ ~и па́дают his stock is going down; ~ сертифика́т stock certificate; ба́нковская ~ bank share/stock; имення́я ~ registered share/stock, nominal share;

имéющая номинáл ~ parvalue stock; неходовáя ~ inactive stock, dead stock; обесцéненная ~ unlisted stock; обы́чная ~ ordinary share/stock; погáшенная ~ share without par value; предъяви́тельская ~ bearer stock; первоклáссная ~ glamour stock; привилегирóванная ~ preferred share; учреди́тельская ~ founder's share.

акция II *ж.* (*действие*) action, demarche.

албáн|ец *м.*, **~ка** *ж.* Albanian; **~ский** Albanian; ~ский язы́к Albanian, the Albanian language.

áлгебра *ж.* algebra; **~ический** algebraic(al).

алгори́тм *м.* algorithm.

алебáстр *м.* alabaster; **~овый** alabaster *attr.*

александри́йский *геогр.* Alexandrian; ~ стих *лит.* alexandrine (verse).

александри́т *м.* alexandrite.

алéть *несов.* 1. (*становиться алым*) turn scarlet/red; redden (*о закате*) glow; 2. (*видняться*) show* red.

алжи́р|ец *м.*, **~ка** *ж.* Algerian; **~ский** Algerian.

áлиби *с. нескл. юр.* alibi; установи́ть *чьё-л.* ~ establish *smb.'s* alibi; доказáть своё ~ prove *one's* alibi.

алимéнты *мн.* alimony *sg.*

алкалóид *м. хим.* alkaloid.

алкáть *несов.* hunger (for); crave (for).

алкоголи́зм *м.* dipsomania, alcoholism.

алкогóлик *м.* dipsomaniac, alcoholic; *разг.* drunkard.

алкогóль *м.* alcohol; **~ный** alcoholic; ~ные напи́тки alcoholic/strong drinks.

Аллáх *м.* Allah; одномý ~ извéстно God alone knows.

аллегори́ческий allegorical, figurative.

аллегóрия *ж.* allegory.

аллерг|éн *м. мед.* allergen; **~ и́ческий** *мед.* allergic; **~ и́я** *ж. мед.* allergy.

аллéя *ж.* avenue; (*в парке, саду*) path, walk.

аллигáтор *м. зоол.* alligator.

аллилýйя *ж. нескл. тж. межд.* hallelujah, alleluia.

аллó hullo!; hello! *амер.*

аллопáт *м. мед.* allopath(ist).

аллопати́ческий allopathic.

аллопáтия *ж. мед.* allopathy.

аллю́р *м.* pace.

алмáз *м.* 1. diamond; 2. (*для резки стекла*) glazier's diamond; **~ный** diamond *attr.*

алóэ *с. нескл.* aloe.

алтáйский Altai *attr.*

алтáрь *м.* altar; ◇ принести́ на ~ sacrifice.

алфави́т *м.* 1. alphabet; по ~у in alphabetical order; 2. (*перечень чего-л.*) alphabetical list; ~ный указáтель index (*pl* -es, indices).

алхи́м|ик *м.* alchemist; **~ия** *ж.* alchemy.

áлчн|ность *ж.* (к *дт.*) greed (of, for); ~ к деньгáм cupidity; **~ый** (к *дт.*) greedy (of, for).

áл|ый red, scarlet; ~ая зарé crimson sky; ~ стяг scarlet/red banner; ~ые щёки red/rosy cheeks.

алычá *ж.* cherry-plum.

альбатрóс *м.* albatross.

альбини́зм *м. биол.* albinism.

альбинóс *м.* albino.

альбóм *м.* album; (*для рисунков*) sketchbook; ~ для мáрок stamp album.

альбуми́н *м. биохим.* albumen.

алькóв *м.* alcove; **~ный** alcove *attr.*, erotic.

альманáх *м.* literary miscellany.

альпáри *бирж.* at par.

альпи́йск|ий Alpine; ~ая болéзнь mountain sickness; ~ая фиáлка cyclamen; ~ие лугá Alpine grasslands/meadows.

альпин|и́зм *м.* mountain climbing, mountaineering; **~ и́ст** *м.* mountain climber, mountaineer; **~ и́стский** mountain *attr.*, mountaineer *attr.*

альт *м.* 1. (*голос, певец*) alto; 2. (*музыкальный инструмент*) viola.

альтернати́ва *ж.* alternative.

альтимéтр *м. ав.* altimeter.

альтру|и́зм *м.* altruism, unselfishness; **~ и́ст** *м.* altruist; **~исти́ческий** altruistic, unselfish.

áльфа *ж.* alpha; ~ и омéга Alpha and Omega; **~-лучи́** *мн. физ.* alpha rays; **~-части́ца** *ж. физ.* alpha particle.

алюми́н|иевый aluminium *attr.*; aluminum *attr. амер*; **~ий** *м.* aluminium; aluminum *амер.*

аляповáт|ый 1. (*грубо сделанный*) crude, tasteless; ~ая брóшка tasteless/cheap-looking brooch; 2. (*грубый, некрасивый*) coarse, ill-shaped.

амбáр *м.* barn, granary; (*для товаров*) storehouse.

амби́ци|я *ж.* pride, self-respect; (*чванство*) vanity; (*спесь*) arrogance; ◇ удáриться в ~ю *разг.* take* offense, fly* into a huff.

амбразýра *ж.* 1. *воен.* gun-port; 2. *архит.* embrasure.

амбулатóр|ия *ж.* out patient/ambulatory clinic; (*при больнице*) out patient departament; **~ный**: ~ный больнóй out patient; ~ное лечéние out patient treatment.

амвóн *м. церк.* pulpit.

амёба *ж. зоол.* amoeba.

аммиáк *м. хим.* ammonia.

аммиáчный ammoniac.

аммонáл *м.* ammonal.

аммóний *м. хим.* ammonium.

амнисти́ровать *несов.* и *сов.* (*вн.*) amnesty (*smb.*), grant an amnesty (to).

амни́сти|я *ж.* amnesty; объяви́ть ~ю announce an amnesty.

аморáльность *ж.* amorality, immorality.

аморáльный amoral; (*безнравственный*) immoral.

амортиз|áтор *м.* shock absorber; **~ áция** *ж.* 1. *эк.* depreciation; amortization; 2. *тех.* springing; (*гашение колебаний*) damping; **~ациóнный**: ~ациóнный капитáл sinking fund.

амóрфный amorphous.

ампéр *м. физ.* ampere; **~мéтр** *м. эл.* ammetre.

ампи́р *м. иск.* Empire style.

амплиту́да *ж. физ.* amplitude.

амплуа́ *с. нескл.* (special) line; его ~ характерные роли he specializes in character parts; э́то не его́ ~ it's not in his line.

а́мпула *ж.* ampule.

ампут|а́ция *ж.* amputation; **~ и́ровать** *несов.* и *сов.* (*вн.*) amputate (*smth.*).

амуле́т *м.* amulet, charm.

аму́р *м. миф.* Cupid; ~ы *pl. разг.* love affair.

аму́рный amorous; ~ные дела́ love affairs; ~ые пи́сьма love letters.

амфи́бия *ж.* **1.** *зоол., бот.* amphibian; **2.** (*самолёт*) flying boat.

амфибра́хий *м. лит.* amphibrach.

амфитеа́тр *м.* **1.** amphitheater; **2.** *театр.* (dress-)circle.

анабапти́ст *м. рел.* Anabaptist.

анабио́з *биол.* anabiosis.

ана́лиз I *м. мед.* analysis (*pl.* -ses); ~ кро́ви blood test; взять кровь на ~ take* blood counts; сде́лать ~ кро́ви на... analyze the blood for...

ана́лиз II *фин.* ~ дохо́дов и расхо́дов income-expenditure analysis; ~ спро́са demand analysis; ~ фина́нсового состоя́ния financial analysis; ~ экономи́ческой эффекти́вности cost-effectiveness analysis.

анализи́ровать *несов.* и *сов.* (*сов. тж.* проанализировать) (*вн.*) analyse (*smth.*).

анали́т|ик *м.* analyst; **~ и́ческий** analytical; ~ и́ческий ум analytical mind; ~ и́ческая геоме́трия analytic(al) geometry; ~ и́ческая хи́мия analytical chemistry; ~ и́ческие языки́ analytic languages.

ана́логи *pl. фин.* analogues; междунаро́дные ~ international standards.

аналоги́чн|ый analogous, similar; быть ~ым *чему-л.* be* analogous to/with *smth.*, be* similar to *smth.*; со мной произошёл ~ слу́чай much the same thing happened to me, I once found myself in similar case.

анало́ги|я *ж.* analogy; по ~и by analogy; проводи́ть ~ю с *чем-л.* draw* a parallel with *smth.*

анало́й *церк.* lectern.

анана́с *м.* (*плод и растение*) pineapple; **~ный** pineapple *attr.*

ана́пест *м. лит.* anapest.

анарх|и́зм *м.* anarchism; **~ и́ст** *м.* anarchist; **~ и́стский** anarchist *attr.*; **~ и́ческий** anarchic; **~ и́чный** chaotic, disorderly.

ана́рхия *ж.* anarchy; (*полный беспорядок тж.*) chaos.

ана́рхо-синдикали́зм *м.* anarcho-syndicalism.

ана́том *м.* anatomist; **~ и́ровать** *несов.* и *сов.* (*вн.*) dissect (*smth.*); **~ и́ческий** anatomical; ~ и́ческий а́тлас handbook of anatomical charts; ~ и́ческий теа́тр dissecting room.

анато́мия *ж.* anatomy.

ана́фема *ж. церк.* anathema, excommunication; преда́ть ~е to anathematize.

анахрони́зм *м.* anachronism.

анга́р *м.* hangar, airshed.

а́нгел *м.* angel; ~-храни́тель guardian angel; ~ во плоти́ (an absolute) angel; день ~а name day.

а́нгельск|ий angelic; ~ая улы́бка angelic smile; ~ое терпе́ние the patience of an angel.

ангидри́д *м. хим.* anhydride.

анги́на *ж. мед.* tonsillitis, quinsy.

англи́йск|ий English; (*относящийся к Великобритании*) British; ~ язы́к English, the English language; ~ая делега́ция British delegation; ~ая була́вка safety pin.

англика́нск|ий Anglican; ~ая це́рковь the Church of England, the Anglican Church.

англици́зм *м.* Anglicism.

англича́н|ин *м.* Englishman*; *мн. собир.* the English; (*о населении Великобритании тж.*) the British; **~ка** *ж.* Englishwoman*.

а́нгло-америка́нский Anglo-American.

англоса́кс *м.*, **~онский** Anglo-Saxon.

анго́рск|ий Angora; ~ая ко́шка Angora/Persian cat; ~ая коза́ Angora goat.

андре́евский: ~ флаг ensign of Imperial Russian Navy.

анекдо́т *м.* story, joke; хоро́ший, смешно́й ~ good*, funny story; остроу́мный ~ amusing story; это про́сто ~ it's simply ridiculous.

анекдот|и́ческий improbable, extraordinary; э́то но́сит ~ хара́ктер it seems hardly serious; **~ и́чный** improbable, comical; ~ичный случай incredible/extraordinary thing.

анем|и́чный anemic; **~ и́я** *ж.* anemia.

анестезио́лог *м.* anesthesiologist.

анестез|и́ровать *несов.* и *сов.* (*вн.*) *мед.* anaesthetize (*smth.*); **~ и́я** *ж.* anesthesia; о́бщая ~ и́я general anesthesia; ме́стная ~ и́я local anesthesia.

анили́н *м. хим.* aniline; **~овый** aniline *attr.*; ~овые кра́ски aniline dyes.

анимали́ст *м.* animal painter.

ани́с *м.* **1.** (*растение*) anise; **2.** (*сорт яблок*) anise apple; **~овый**: ~овое се́мя aniseed.

ани́совка *ж.* anisette.

а́нкер *м.* **1.** *тех.* anchor, holdfast; **2.** (*в часах*) anchor escapement.

анке́т|а *ж.* questionnaire, form; запо́лнить ~у fill in/up a form; **~ и́рование** *с.* surveying, polling (by questionnaire); **~ный**: ~ные да́нные biographical particulars.

анна́лы *мн.* annals, records.

аннекси́ровать *несов.* и *сов.* (*вн.*) annex (*smth.*).

анне́ксия *ж.* annexation.

аннот|а́ция *ж.* synopsis, summary; **~ и́ровать** *несов.* и *сов.* (*вн.*) synopsize (*smth.*).

аннули́р|ование *с.* annulment; (*постановления, решения*) cancellation; (*отмена*) abrogation; **~овать** *несов.* и *сов.* (*вн.*) annul (*smth.*); (*долг, постановление*) cancel (*smth.*); (*мандат и т. п.*) nullify (*smth.*); (*отменять*) abrogate (*smth.*); догово́р ~ован the contract is declared null and void; ~овать бронь cancel a reservation.

ано́д *м. физ.* anode; **~ный** *физ.* anodic.

анома́|лия *ж.* anomaly; **~льный** anomalous, irregular.

анони́м *м.* (*автор сочинения*) anonymous author; (*автор письма*) anonymous correspondent; **~ка** *ж. разг. презр.* anonymous letter; **~ный** anonymous; ~ное письмо́ anonymous letter; **~щик** *м. разг. презр.* anonymous-letter writer.

ано́нс *м.* announcement, notice.

анса́мбль *м.* ensemble; (*певцов и т. п. тж.*) company; (*небольшой*) group; архитекту́рный ~ architectural ensemble, group of buildings; ~ пе́сни и пля́ски Song and Dance Company.

антагони́зм *м.* antagonism.

антагонисти́чес|кий antagonistic.

Анта́рктика *ж.* the Antarctic, Antarctica.

антаркти́ческий Antarctic.

анте́нна *м.* aerial, antenna; передаю́щая ~ transmitting aerial; приёмная ~ receving aerial.

а́нти- *в сложн.* anti-.

антибио́тики *мн.* (*ед.* антибиотик *м.*) antibiotics.

антивещество́ *с.* antimatter.

антиге́н *м. биохим.* antigen.

антигосуда́рственный (directed) against the interests of the State *после сущ.; (предательский)* treasonable.

антидемократи́ческий anti-democratic.

антиистори́ческий unhistorical.

а́нтик *иск.* antique.

антиква́р *м.* 1. (*продавец*) dealer in antiques, antique dealer; 2. (*коллекционер*) antiquary, collector of antiques; **~ный** antiquarian; ~ная вещь antique; ~ный магази́н antique-shop.

антиколониа́льн|ый anti-colonial.

антиконституцио́нный unconstitutional.

антило́па *ж.*antelope.

антими́р *м.* antiworld.

антинаро́дный anti-national, anti-popular.

антинау́чный unscientific.

антиобще́ственный antisocial; ~ посту́пок antisocial action.

антипа́ти|я *ж.* (к *дт.*) antipathy (against, to), aversion (for, to), dislike (for, of, to); испы́тывать о́струю ~ю к *кому-л.* have* taken a violent dislike to *smb.*

антипо́ды *мн.* (*ед.* антипод *м.*) antipodes.

антираке́та *ж.* antimissile missile, anti-missile.

антирелигио́зный antireligious.

антисанита́рный unsanitary.

антисеми́т *м.* anti-Semite; **~ и́зм** *м.* anti-Semitism; **~ский** anti-Semitic.

антисепти́ческ|ий antiseptic; ~ое сре́дство antiseptic.

антисоциа́льный antisocial.

антите́за *ж.* antithesis (*pl.* -ses).

антите́ло *с. биохим.* antibody.

антитокси́н *м.* antitoxin.

антифаши́ст *м.* anti-fascist; **~ский** anti-fascist.

антифри́з *м. ав., авт.* antifreeze.

антиху́до́жественный inartistic; devoid of art *после сущ.*

антицикло́н *м.* anticyclone.

античасти́ца *ж. физ.* antiparticle.

анти́чн|ость *ж.* antiquity; **~ый** ancient, classical, Gr(a)eco-Roman; ~ый мир (classical) antiquity; ~ый про́филь classical profile.

антоло́гия *ж.* anthology.

анто́ним *м. лингв.* antonym.

анто́новка *ж.* antonovka apple.

антра́кт *м.* 1. interval; intermission *амер.*; 2. (*музыкальное произведение*) interlude.

антраци́т *м.* anthracite.

антреко́т *м.* rib of beef; steak.

антрепренёр *м.* impresario (*pl* -os), theatrical manager, director of a theatrical company.

антресо́ли *мн.* 1. attic *sg.*; 2. (*галерея*) gallery *sg.*

антропоморфи́зм *м.* anthropomorphism.

антропо́лог *м.* anthropologist.

антрополо́гия *ж.* anthropology.

антура́ж *м.* environment.

анфа́с *м.* full face; сня́ться ~ be* taken/photographed full face.

анфила́да *ж.*: ~ ко́мнат suite of rooms.

анчо́ус *м.* anchovy.

аншла́г *м.* the "sold out" notice; пьеса идёт с ~ом the play is drawing full houses.

аню́тин: ~ы гла́зки pansy *sg.*

ао́рта *ж. анат.* aorta.

апартеид *м.* apartheid, racial segregation.

апати́т *м. мин.* apatite; **~овый** apatite *attr.*

апати́чный apathetic; (*равнодушный*) indifferent; (*вялый*) lethargic, listless.

апа́тия *ж.* apathy; (*равнодушие*) indifference.

апелли́ровать *несов.* и *сов.* 1. *юр.* appeal; ~ в Верхо́вный Суд appeal to the Supreme Court; 2. (к *дт*; *обращаться за поддержкой и т. п.*) appeal (to); ~ к ма́ссам appeal to masses.

апелляцио́нн|ый appeal *attr.*; ~ая жа́лоба appeal; ~ый суд Court of Appeal.

апельси́н *м.* 1. (*плод*) orange; 2. (*дерево*) orange tree; **~ный, ~овый** orange *attr.*; ~овая планта́ция orange grove; ~ное варе́нье marmalade, orange marmalade.

аплоди́ровать *несов.* (*дт.*) applaud (*smb., smth.*), cheer (*smb., smth.*).

аплодисме́нт|ы *мн.* applause *sg.*; clapping *sg.*; cheers; продолжи́тельные ~ prolonged applause.

апло́мб *м.* assurance, aplomb, self-confidence; говори́ть с ~ом speak* glibly; держа́ться с ~ом be* self-assured; у него́ не хвата́ет ~а he lacks self-confidence.

апог|е́й *м. астр.* apogee; *перен.* climax, acme, zenith; ~ сла́вы height/summit/zenith of *one's* glory; дости́гнуть своего́ ~ея reach its climax.

Апока́липсис *библ.* Revelation.

апокалипти́ческий apocalyptic.

апо́криф *м. церк.* apocrypha; ~ и́ческий apocryphal *attr.*

аполити́ч|ость *ж.* political apathy, indifference to politics. **~ый** apolitical, keeping/holding aloof from politics *после сущ.*, indifferent to politics *после сущ.*

апологе́т *м.* apologist, advocate.

апо́рт *м.* **1**. Oporto apple. **2**. *межд.* fetch!

апоселе́ний *м. астр.* apolune.

апо́сто|л *м.* apostle; **~льский** apostolic.

апостро́ф *м.* apostrophe.

апофео́з *м.* apotheosis.

аппара́т *м.* **1**. apparatus; **2**. *физиол.* system; **3**. (*совокупность учреждений*) machinery; bodies *pl.*; госуда́рственный ~ State machinery, the machinery of State; **4**. *собир.* (*штат*) personnel.

аппарату́ра *ж. собир.* apparatus, equipment; (*приборы*) instruments *pl.*

аппе́ндикс *м. анат.* appendix.

аппендици́т *м. мед.* appendicitis.

аппети́т *м.* **1**. *тк. ед.* appetite; дразни́ть *чей-л.* ~ whet *smb.'s* appetite, make* *smb.'s* mouth water; прия́тного ~а! bon appetit!, I hope you enjoy your breakfast, lunch, dinner, *etc.*; есть с ~ом eat* with relish; **2**. *обыкн. мн.* (к *дт.*) *разг.* (*желание*) appetite (for); уме́рить свои ~ы curb *one's* appetite/desires; **~ный** appetizing.

аппликату́ра *ж. муз.* fingering.

аппликáция *ж.* applique work.

апре́л|ь *м.* April; в ~е э́того го́да this/in April; в ~е про́шлого го́да last April, last year in April; в ~е бу́дущего го́да next April; ◇ пе́рвое ~я All Fools' Day.

апре́льский April *attr.*

априо́р|и, ~ный a priori.

апроби́ровать *несов.* и *сов.* (*вн.*) (officially), approve (*smth.*)

а́псида *ж. архит.* apse.

апте́к|а *ж.* chemist's (shop), pharmacy; drugstore *амер.*; ◇ как в ~е *шутл.* (right) to a T; **~арский** pharmaceutical; **~арь** *м.* chemist, pharmacist; druggist *амер.*

апте́ч|ка *ж.* first-aid kit; (*ящичек с лекарствами*) medicine chest; **~ный**: ~ный за́пах smell of drugs; ~ная посу́да medicine bottles.

ара́б *м.* Arab.

арабе́ска *ж.* arabesque.

ара́бка *ж.* Arab woman*.

ара́бск|ий Arab; Arabic, Arabian; ~ие стра́ны Arab countries; ~язы́к Arabic, the Arabic language; ~ие ци́фры Arabic numerals.

арави́йский Arabian.

аранжи́р|овать *несов.* и *сов.* (*вн.*) *муз.* arrange (*smth.*); **~ о́вка** *ж. муз.* arrangement.

ара́п *м. разг.* negro.

ара́хис *м.*, *собир.* ground-nuts *pl.*, peanuts *pl.*

арба́ *ж.* wagon; (*на Кавказе*) arba, bullock cart.

арби́тр *м.* **1**. (*посредник в спорах*) arbiter, judge; **2**. *спорт.* umpire.

арбитра́ж *м.* arbitration; **~ный** arbitration *attr.*; ~ный суд court of arbitration.

арбу́з *м.* watermelon.

аргенти́н|ец *м.*, **~ка** *ж.* Argentinean; **~ский** Argentine.

арго́ *с. нескл.* argot, slang.

арго́н *м. хим.* argon.

аргуме́нт *м.* argument; **~ а́ция** *ж.* arguments *pl.*, reasoning, line of argument; **~ и́ровать** *несов.* и *сов.* (*вн.*) advance arguments (for); give* reasons (for).

А́ргус *м. миф.* Argus; *перен.* watchful guardian.

ареа́л *м. зоол.* natural habitat.

аре́на *ж.* arena (*тж. перен.*); цирково́я ~ circus ring; ~ де́ятельности field/sphere of action; междунаро́дная ~ international scene.

аре́нд|а *ж.* **1**. (*наём*) lease; (*земли тж.*) tenure; брать *что-л.* в ~у rent *smth.*; (*на длительное время*) lease *smth.*, take* *smth.* on lease; сдава́ть что-л. в ~у let* *smth.*; (*на длительное время*) lease *smth.*, grant *smth.* on lease; **2**. (*плата*) rent; **~ а́тор** *м.* tenant; lessee, leaseholder; **~ный**: ~ный догово́р lease; ~ная пла́та rent; **~ова́ть** *несов.* и *сов.* (*вн.*) rent (*smth.*); lease (*smth.*), have* a lease (on), hold* (*smth.*) on lease; долгосро́чная ~ long lease/rent; краткосро́чная ~ short (term) lease, short rent.

аре́ст *м.* **1**. arrest; взять *кого-л.* под ~ put* *smb.* under arrest; сиде́ть под ~ом be* under arrest, be* in custody; **2**. *юр.* sequestration; наложи́ть ~ на иму́щество seize/sequester property.

аресто́ванный *м.* prisoner.

арестова́ть *несов.* и *сов.* (*вн.*) arrest (*smb.*).

ари́ец *м.* Aryan.

ари́йка *ж.* Aryan woman*.

ари́йский Aryan *attr.*

аристокра́т *м.* aristocrat; **~ и́ческий, ~ и́чный** aristocratic; **~ия** *ж.* aristocracy; фина́нсовая ~ия plutocracy; **~ка** *ж.* aristocrat.

аритми́я *ж. мед.* arrhythmia.

арифме́т|ика *ж.* arithmetic; уче́бник ~ики arithmetic-book; **~ и́ческий** arithmetical; ~ и́ческая зада́ча problem, sum.

арифмо́метр *м.* arithmometer.

а́рия *ж.* aria, air.

а́рка *ж.* arch.

арка́да *ж. архит.* arcade.

арка́н *м.* lasso, lariat; лови́ть ~ом lasso.

А́рктика *ж.* the Arctic; Arctic regions *pl.*

аркти́ческий arctic.

арлеки́н *м.* harlequin.

армагеддо́н *м. библ.* Armageddon.

арма́да *ж.* armada.

армату́р|а *ж. тех.* **1**. *собир.* (*приборы*) fittings *pl.*; **2**. (*стальной каркас железобетонных сооружений*) steel reinforcement, steel framework; reinforcing bars *pl.*; **~щик** *м.* steel erector; spiderman* *разг.*

арме́йский army *attr.*

а́рмия *ж.* army; forces *pl.*; де́йствующая ~ front-line forces; Сове́тская А́рмия the Soviet Army; А́рмия Спасе́ния Salvation Army.

армяни́н *м.* Armenian.

армя́н|ка *ж.* Armenian; **~ский** Armenian; ~ский язы́к Armenian, the Armenian language.

арома́т *м.* fragrance, perfume; aroma (*тж. перен.*); **~ и́ческий, ~ и́чный, ~ный** aromatic, fragrant.

арсена́л *м.* arsenal (*тж. перен.*).

арт- *в сложн.* artillery.

арта́читься *несов.* 1. (*о лошади*) jib, balk; 2. *разг.* (*упрямиться*) kick; не арта́чься! don't be so stubborn!

артезиа́нский: ~ коло́дец artesian well.

арте́ль *ж.* 1. co-operative; ~ промысло́вой коопера́ции small producer's co-operative; сельскохозя́йственная ~ collective farm, agricultural co-operative; 2. *ист.* artel, work association.

артериа́льный *анат.* arterial.

артериосклеро́з *м. мед.* arteriosclerosis, hardening of the arteries.

арте́рия *ж.* 1. *анат.* artery; со́нная ~ carotid (artery); 2. (*путь сообщения*) arterial road; во́дная ~ waterway.

артиллер|и́йский artillery *attr.*; ~ ого́нь artillery fire; shell-fire; ~ обо́з artillery train; ~ склад ordnance depot; **~ и́ст** *м.* artilleryman*, gunner.

артилле́рия *ж.* artillery; (*орудия тж.*) ordnance, тяжёлая ~ heavy artillery; лёгкая ~ light artillery; морска́я ~ naval ordnance; самохо́дная ~ self-propelled artillery; зени́тная ~ anti-aircraft artillery; противота́нковая ~ anti-tank artillery; а́томная ~ atomic artillery.

арти́ст *м.* 1. (stage-)artist, artiste; (*драматический*) actor; (*концертный исполнитель*) performer; (*оперный*) (opera-)singer; (*балетный*) ballet-dancer; заслу́женный ~ Honoured Artist; ~ эстра́ды variety actor; 2. *разг.* (*мастер своего дела*) an artist in *one's* own line.

артисти́ческ|ая *ж.* dressing-room; (*при концертном зале*) performers' room; **~ий** 1. artistic; 2. (*искусный*) skilful.

арти́стка *ж.* artiste; (*драматическая*) actress *и т. д. ср.* артист.

артишо́к *м. бот.* artichoke.

артналёт *м.* artillery attack.

артобстре́л *м.* artillery bombardment.

артподгото́вка *ж.* preparation fire, softening-up.

артри́т *м. мед.* arthritis.

а́рф|а *ж.* harp; Эо́лова ~ Aeolian harp; **~ и́ст** *м.*, **~ и́стка** *ж.* harp-player, harpist.

арха|и́зм *м.* archaism; **~ и́ческий** archaic.

арха́нгел *м. рел.* archangel.

архео́|лог *м.* archaeologist; **~логи́ческий** archaeological; **~ло́гия** *ж.* archaeology.

архи́в *м.* 1. (*учреждение*) Archives *pl.*, Record Office; (*отдел в учреждении*) registry; 2. (*письма, документы и т. п.*) archives *pl.*; ры́ться в ~ах delve into the records, go* through the files; ◇ сдава́ть *что-л.* в ~ file *smth.*; *перен.* give* *smth.* up as a bad job; **~ный** archive(s) *attr.*

архива́риус *м.* keeper of records.

архиви́ст *м.* archivist.

архидья́кон *м. церк.* archdeacon.

архиепи́скоп *м.* archbishop.

архиере́й *м.* bishop.

архипела́г *м.* archipelago.

архите́кт|ор *м.* architect; **~ у́ра** *ж.* architecture; **~ у́рный** architectural; ~ у́рный институ́т academy/institute of architecture.

арши́н *м. уст.* archin (*=27.95 inches*); ◇ ме́рить всех на свой ~ judge/measure others by *one's* own yard-stick; сло́вно ~ проглоти́л as stiff as a poker/ramrod.

ары́к *м.* irrigation ditch/canal.

арьерга́рд *м.* rearguard; **~ный** rearguard *attr.*

ас *м.* (air) ace; *перен.* wizard.

асбе́ст *м.* asbestos; **~овый** asbestos *attr.*

асепти́ческий aseptic, sterile.

асимметр|и́ческий, ~ и́чный asymmetrical; **~ и́я** *ж.* asymmetry, want/lack of symmetry.

аске́т *м.* ascetic; **~ и́зм** *м.* asceticism; **~ и́ческий** ascetic.

аскорби́нов|ый: ~ая кислота́ *хим.* ascorbic acid.

аспе́кт *м.* aspect; в э́том ~е regarded in that light; под други́м ~ом from another angle/viewpoint.

а́спид *м.* 1. *зоол.* asp; 2. *перен.* viper.

аспира́нт *м.*, **~ка** *ж.* post-graduate (student); graduate student *амер.*; **~ у́ра** *ж.* post-graduate course.

аспири́н *м.* aspirin(e).

ассамбле́я *ж.* assembly; 20-я се́ссия Генера́льной Ассамбле́и the 20th General Assembly. 2. *ист.* ball.

ассениза́ция *ж.* clearing/emptying of cesspools, sewage disposal.

ассигн|ова́ние *с.* 1. assignation, allocation, appropriation; 2. *мн.* (*суммы*) allocations; ~овать *несов.* и *сов.* (*вн.* на *вн.*) assign (*smth.* to, for); appropriate (*smth.* for); (*вн. дт.*) allocate (*smth.* to).

ассигнова́ния *фин. pl.*; бюдже́тные ~ budget provision, budgetary appropriations; ~ на капиталовложе́ния capital appropriations.

ассимил|и́ровать *несов.* и *сов.* (*вн.*) assimilate (*smb., smth.*) **~ и́роваться** *несов.* и *сов.* (с *тв.*) become* assimilated (to); **~ я́ция** *ж.* assimilation.

ассисте́нт *м.*, **~ка** *ж.* 1. assistant; 2. (*преподаватель вуза*) assistant lecturer.

ассисти́ровать *несов.* (*дт.*) assist (*smb.*).

ассортиме́нт *м.* 1. (*подбор*) assortment range; хоро́ший ~ това́ров a large selection of goods; расширя́ть ~ товаров make* a wider variety of goods available; 2. (*комплект*) set.

ассоциа́ция *ж.* association.

ассоции́рованный associated; ~ член associated member.

ассоции́р|овать *несов.* и *сов.* (*вн.* с *тв.*) associate (*smth. with*); **~оваться** *несов.* и *сов.* (с *тв.*) associate (with); с чем э́то у вас ~уется? what do you associate it with?

астеро́ид *м. астр.* asteroid.

астигмати́зм *м. мед.* astigmatism.

а́стма *ж. мед.* asthma; **~ти́ческий** asthmatic.

а́стра *ж.* aster.

астра́льный astral.

астробота́ника *ж.* astrobotany.

астрогеоло́гия *ж.* astrogeology.

астро́лог *м.* astrologer.

астроло́гия *ж.* astrology.

астроля́бия *ж. астр.* astrolabe, circumferentor.

астрона́вт *м.* astronaut; (*космонавт тж.*) space-man*; **~ика** *ж.* astronautics.

астроно́м *м.* astronomer; **~ и́ческий** astronomical (*тж. перен.*); ◇~ и́ческие ци́фры vast sums, astronomical figures; **~ия** *ж.* astronomy.

астрофи́зик *м.* astrophysicist.

астрофи́зика astrophysics.

астрофизи́ческ|ий astrophysical; ~ая обсерва́тория astrophysical observatory; ~ие наблюде́ния astrophysical observations.

асфа́льт *м.* 1. asphalt; 2. (*дорога*) hard-surface/metalled road. **~ и́ровать** *несов.* и *сов.* (*вн.*) asphalt (*smth.*); **~овый** asphalt *attr.*; (*покрытый асфальтом*) asphalted, metalled.

атав|и́зм *м.* atavism; **~исти́ческий** atavistic.

ата́к|а *ж.* attack; (*пехотная, кавалерийская тж.*) charge; возду́шная ~ air attack; идти́ в ~у make* an attack; charge; перейти́ в ~у switch to the attack; **~ова́ть** *несов.* и *сов.* (*вн.*) attack (*smb., smth.*), make* an attack (on); charge (*smb., smth.*).

атама́н *м.* 1. *ист.* ataman, Cossack chieftain; 2. (*главарь, предводитель*) chief.

ате|и́зм atheism; **~ и́ст** *м.* atheist; **~исти́ческий** atheistic.

ателье́ *с.* 1. (*художника, фотографа*) studio; 2. (*швейная мастерская*) tailoring and dressmaking establishment; dressmaker's; (*мужской одежды*) tailor's; ~ мод fashion house; 3. ~ прока́та rental/hire service; телевизио́нное ~ television service (shop);

а́тлас *м.* 1. (*географический*) atlas; 2. (*собрание рисунков, таблиц, чертежей и т. п.*) album.

атла́с *м.* satin; **~ный** 1. (*сделанный из атласа*) satin; 2. (*похожий на атлас*) satiny.

атле́т *м.* athlete; **~ика** *ж.* athletics; лёгкая ~ика track and field athletics; тяжёлая ~ика weightlifting; **~ и́ческий** 1. athletic; 2. (*свойственный атлету*) of an athlete *после сущ.*

атмосфе́р|а *ж.* atmosphere (*тж. перен.*) **~ный** atmospheric; ~ное давле́ние atmospheric pressure; ~ные оса́дки atmospheric precipitation.

ато́лл *м.* atoll.

а́том *м.* atom; **~ник** *м. разг.* nuclear specialist; **~ный** atomic, nuclear; ~ный вес *хим.* atomic weight; ~ная бо́мба atom/atomic bomb, A-bomb; ~ное ору́жие atomic weapon; ~ная эне́ргия atomic/nuclear energy; ~ное ядро́ atomic nucleus; ~ная электроста́нция atomic/nuclear power station.

атомохо́д *м.* nuclear ice-breaker.

а́томщик *м.* 1. *см.* атомник; 2. atom-bomb warrior.

атрибу́т *м.* attribute; **~ и́вный** *грам.* attributive.

атропи́н *м. мед.* atropin.

атроф|и́рованный atrophied; **~ и́роваться** *несов.* и *сов.* atrophy; **~ и́я** *ж.* atrophy.

атташе́ *м. нескл.* attache.

аттест|а́т *м.* 1. certificate; 2. *воен.* remittance paper, family allotment; ◇ ~ зре́лости school-leaving certificate. **~ а́ция** *ж.* 1. (*действие*) certification; 2. (*присвоение звания*) rectification (as), promotion (to); 3. (*отзыв, характеристика*) reference.

аттестацио́н|ный: ~ная коми́ссия examination board.

аттестова́ть *несов.* и *сов.* (*вн.*) 1. (*давать отзыв, характеристику*) give* (*smb.*) a reference; 2. (*присваивать звание*) certify (*smb.*) as, promote (*smb.*) to; 3. (*оценивать знания учащихся*) give* (*smb.*) a report/mark.

аттракцио́н *м.* 1. (*эффектный номер*) special attraction, star turn; 2. (*карусель, тир и т. п.*) sideshow.

аудие́нц|ия *ж.* audience; дать ~ию *кому-л.* give*/grant an audience to *smb.*; получи́ть ~ию у *кого-л.* have* audience with *smb.*

аудито́рия *ж.* 1. (*помещение*) lecture/hall, lecture/room; 2. *собир.* (*слушатели*) audience.

а́укать *несов.* halloo.

а́укаться *несов.* halloo to one another.

а́ук|нуться *сов.* от ~аться; ◇ как а́укнется, так и откли́кнется serves you right; do* as you would be done by.

аукцио́н *м.* auction; продава́ть *что-л.* с ~а sell* *smth.* by auction.

а́ул *м.* aul, Caucasian village.

а́ут *м. спорт.* out.

аутенти́чный authentic.

аутодафе́ *ист. нескл.* auto-da-fe.

афга́н|ец *м.*, **~ка** *ж.* Afghan; **~ский** Afghan.

афе́р|а *ж.* speculation, trickster, swindle, fraud; shady transaction; **~ и́ст** *м.* swindler; spiv *разг.*

афи́ш|а *ж.* bill, poster; (*небольшая*) notice; театра́льная ~ playbill; **~ и́ровать** *несов.* и *сов.* (*вн.*) parade (*smth.*), advertise (*smth.*).

афори́зм *м.* aphorism.

африка́н|ец *м.*, **~ка** *ж.* African; **~ский** African; ~ские стра́сти *разг.* unbridled passions.

а́фро-азиа́тский Afro-Asian.

аффе́кт *м.* fit of passion; temporary insanity; **~ а́ция** *ж.* affectation.

ах oh! ахи *pl.* exclamations of "oh".

а́хать *несов. разг.* sigh, keep* sighing.

ахилле́сов: ~а пята́ weak point, Achilles' heel.

ахине́|я *ж. разг.* drivel, nonsense, rubbish; не́сти ~ю talk nonsense.

а́хнуть *сов.* gasp; он и ~ не успе́л before he could say knife.

ахти́ *разг.*: не ~ како́й! no great shakes! не ~ како́й актёр, врач и т. п. not much of an actor, doctor etc.; не ~ как nothing special, not up to much; не ~ что not up to much.

ацетиле́н *м.* acetylene; **~овый** acetylene *attr.*

ацето́н *м.* *хим.* acetone.

а́эро- *в сложн.* aero-, air-.

ацте́к *м.* Aztec.

аэра́рий *м.* *мед.* aerarium.

аэро́бика *ж.* aerobics.

аэро́бус *м.* aerobus.

аэровокза́л *м.* air terminal.

аэродина́м|ика *ж.* aerodynamics; **~ и́ческий** aerodynamical; ~ и́ческая труба́ wind-tunnel.

аэродро́м *м.* airfield, aerodrome; airdrome *амер.*

аэрозо́ль *м.* aerosol.

аэроклу́б *м.* amateur flying club.

аэрона́вт *м.* aeronaut; **~ика** *ж.* aeronautics.

аэро́н *м.* airsickness tablets *pl.*

аэро|пла́н *м.* *уст.* aeroplane; airplane *амер.*; **~по́рт** *м.* airport; **~са́ни** *мн.* propeller-sleigh *sg.* **~сев** *м.* aerosowing.

аэроста́т *м.* balloon.

аэроста́тика *ж.* aerostatics.

аэрофотосъёмка *ж.* air/aerial photography, aerosurveying.

АЭС (*атомная электростанция*) atomic power station.

Б

б см. бы

ба́ба I *ж.* 1. *уст.* (peasant) woman*; 2. *пренебр.* woman*; (*молодая*) wench; 3. *разг.* (*жена*) wife*, the old woman*; 4. *ирон.* (*о мужчине*) old woman*, milksop, drip; бой ~ virago; сне́жная ~ snowman*; ка́менная ~ stone idol.

ба́ба II *ж.. тех.* (*копровая*) ram.

ба́ба III *ж. кул.* ро́мовая ~ rum cake/baba.

баба́хну|ть *сов. разг.* bang; ~ло there was a bang.

ба́ба-яга́ *ж.* Baba-Yaga (*a witch in Russian folk tales*), ogress.

ба́б|ий *разг.* woman's; ◇ ~ье ле́то Indian summer; ~ьи ска́зки old wives' tales/fables.

ба́бка I *ж.* (*бабушка*) grandmother; 2. *разг.* (*старуха*) old woman*.

ба́бк|а II *ж.* (*надкопытный сустав — у лошади*) pastern; (*у других животных*) knucklebone.

ба́бочка *ж.* butterfly; ночна́я ~ moth.

бабуи́н *м. зоол.* baboon.

ба́бушка *ж.* grandmother; *ласк.* grandma, granny; ~ на́двое сказа́ла we'll see what we'll see.

бага́ж *м.* 1. luggage; baggage *амер.*; ручно́й ~ hand/small luggage; сдать ~ на хранение put* *one's* luggage in the cloakroom; 2. (*способ отправки вещей*): сдать ве́щи в ~ register *one's* luggage; отпра́вить *что-л.* ~ом send* *smth.* on; зал вы́дачи ~а́ baggage claim; ◇ интеллектуа́льный ~ intellectual resources *pl.*, mental equipment; **~ник** *м.* luggage compartment, boot; (*на крыше автомашины, в ж.-д. вагоне*) luggage rack; (*на велосипеде*) carrier; **~ный**: ~ая квита́нция luggage receipt, baggage check; ~ая теле́жка baggage cart/trolley; ~ный ваго́н luggage carrier; ~ый отсе́к luggage compartment; ~ый тари́ф baggage rate.

баге́т *м.* molding, beading.

багóр *м.* hook; (*для лодки*) boat hook; (*для рыбной ловли*) gaff.

багрове́ть, побагрове́ть grow*/turn red/crimson/purple; (*о лице тж.*) flush.

багро́вый crimson; (*с фиолетовым оттенком*) purple.

багу́льник *м.* Labrador tea, wild rosemary.

бадминто́н *м. спорт.* badminton.

бадминтони́ст *м.* badminton player.

бадья́ *ж.* bucket, tub.

ба́з|а *ж.* 1. (*основание, основа чего-л.*) basis, foundation; экономи́ческая ~ economic basis; материа́льная ~ material resources *pl.*; кормова́я ~ животново́дства fodder/food resources for stockraising; подвести́ ~у подо *что-л.* substantiate *smth.*, give* good grounds for *smth.*, place *smth.* on a sound foundation/basis; 2. (*опорный пункт*) base; вое́нная ~ military base; вое́нно-морска́я ~ naval base; ракéтная ~ missile base; 3. (*учреждение по обслуживанию чего-л.*) center; тури́стская ~ tourist hostel/center; 4. (*склад*) depot, warehouse.

база́льт *м.* basalt; **~овый** basalt *attr.*, basaltic.

база́р *м.* 1. market; (*восточный*) bazaar; *перен. разг.* beer garden; 2.: кни́жный ~ book fair/sale, пти́чий ~ bird colony on sea shore; **~ный** market *attr.*; ~ный день market day; ~ная пло́щадь market square; ◇ что за ~ what a row! ~ная ру́гань billings gate.

базе́дов: ~а боле́знь (exophthalmic) goiter.

базили́ка *ж. архит.* basilica.

бази́ровать *несов.* (*вн.* на *пр.*) base (*smth.* on, upon), found (*smth.* on, upon), ground (*smth.* on, upon), **~ся** *несов.* 1. (на *пр.*, *основываться*) rest (on), be* based/founded/grounded (on); 2. (*размещаться где-л.*) be* based, stationed, set* up base, make* *one's* base.

ба́зис *м.* basis (*pl.* -ses), foundation; ~ и надстро́йка basis and superstructure; **~ный**: ~ная валю́та base currency; ~ная цена́ basis price, base price; ~ные дохо́ды basis gains; ~ные убы́тки basis losses; ~ный сорт contract grade.

бай-бай bye-bye.

байба́к *м.* 1. *зоол.* (steppe) marmot; 2. *разг.* (*ленивый человек*) sleepyhead, lazybones.

байда́рка *ж.* kayak; ~ дво́йка kayak doubles/pairs; ~ одино́чка kayak singles; ~ четвёрка kayak fours.

ба́йк|а I *ж.* flanelette; **~овый** flanelette *attr.*

ба́йка II *ж. разг.* (выдумка) fable; *мн. тж.* old wives' tales.

бак I *м.* tank, cistern; (*для стирки белья*) boiler.

бак II *м. мор.* foredeck, forecastle.

бакале́йн|ый grocery *attr.*; ~ая ла́вка grocer's; ~ отде́л grocery department.

бакале́йщик *м.* grocer.

бакале́я *ж. собир.* groceries *pl.*

ба́кен *м.* buoy.

бакенба́рды *мн.* (*ед.* бакенба́рда *ж.*) (side-) whiskers; (*короткие*) sideburns.

ба́кенщик *м.* buoy keeper.

баккара́ *нескл.* Baccarat cut glass.

бакла́га *ж.* flask, water bottle.

баклажа́н *м.* 1. (*плод*) aubergine; 2. (*растение*) eggplant; **~ный**: ~ная икра́ aubergine paste.

бакла́н *м. зоол.* cormorant.

баклу́ши: бить ~ idle away *one's* time; twiddle *one's* thumbs.

бактерио́лог *м.* bacteriologist.

бактериологи́ческ|ий bacteriological; germ *attr.*; ~ая война germ warfare.

бактериоло́гия *ж.* bacteriology.

бакте́рия *ж.* bacterium (*pl* -ia).

бал *м.* ball; (*небольшой*) dance, dancing party; ◇ кóнчен ~ it's all over, that's that, the game is up.

балабóлка *м.* и *ж.* *разг.* chatterbox.

балагáн *м.* (*зрелище*) show; *перен.* *разг.* farce, tomfoolery.

балагýр *м.* *разг.* wag, jester, joker; **~ить** *несов.* *разг.* jest, crack jokes; **~ство** *с.* foolery, buffoonery.

балáкать *несов.* *разг.* chatter, natter.

балалáечник *м.* balalaika player.

балалáйка *ж.* balalaika.

баламýт *м.* *разг.* troublemaker; **~ить** *несов.* *разг.* trouble, stir up; *перен.* disturb, upset.

балáнс *м.* balance; бáнковский ~ bank balance sheet; бухгáлтерский ~ accounting balance sheet; внешнеторгóвый ~ balance of foreign trade; годовóй ~ annual balance; заключúтельный ~ summary balance/account; итóговый ~ overall balance; платёжный ~ balance of payments; предварúтельный ~ preliminary balance; расчётный ~ balance of claims and liabilities; самостоя́тельный ~ independent balance; свóдный ~ summary balance; торгóвый ~ balance of trade; финáнсовый ~ financial balance; подвестú ~ balance/square accounts.

балансúр *м.* 1. *тех.* beam; 2. (*в часах*) balance.

балансúровать *несов.* 1. (*сохранять равновесие*) balance, keep* *one's* balance; 2. (*вн.*; *приводить в правильное соотношение*) balance (*smth.*); coordinate (*smth.*); 3. (*вн.*) *тех.* balance (*smth.*).

балáнсов|ый balance *attr.*; ~ отчёт balance-sheet; ~ая прúбыль balance profit; ~ая стóимость book value.

балбéс *м.* *разг.* booby; **~ничать** *несов.* *разг.* idle/fritter away *one's* time.

балдá 1. *ж.* *тех.* heavy sledgehammer; 2. *м.* и *ж.* *разг.* blockhead, dunderhead.

балдахúн *м.* canopy.

балерúна *ж.* ballet-dancer, ballerina.

балéт *м.* ballet; **~мéйстер** *м.* ballet-master; **~ный** ballet *attr.*

бáлка I *ж.* (*брус*) beam, joist; (*металлическая*) girder; поперéчная ~ cross-beam.

бáлка II *ж.* (*овраг*) ravine; (*небольшая*) gully.

балкáнский Balkan.

балкáр|ец *м.*, **~ка** *ж.* Balkar; **~ский** Balkar; ~ский язы́к Balkar, the Balkar language.

балкóн *м.* 1. balcony; 2. *театр.* (*средний ярус*) upper circle; (*верхний ярус*) balcony.

балл *м.* 1.: вéтер в 6 ~ов a force-six wind; землетрясéние в 8 ~ов earthquake of magnitude eight; 2. (*отметка*) mark; óбщий ~ total mark(s); проходнóй ~ pass mark; 3. *спорт.* point.

баллáда *ж.* 1. ballad; 2. *муз.* ballade.

баллáст *м.* ballast; *перен.* (*лишнее*) lumber, dead weight.

баллúст|ика *ж.* ballistics; **~úческий** ballistic; ~úческая межконтинентáльная ракéта intercontinental ballistic missile; ~úческие снаря́ды ballistic missiles; ~úческий снаря́д срéднего рáдиуса дéйствия intermediate-range ballistic missile.

баллóн *м.* 1. cylinder; (*резиновая груша*) bulb; гáзовый ~ gas-container, gas-bag; 2. (*автомобильный*) tire; 3. (*аэростата*) envelope.

баллотúр|овать *несов.* (*кого-л.*) put* (*smb.*) up for election; (*что-л.*) put* (*smth.*) to the vote; **~оваться** *несов.* (в *вн.*) stand* for election (to); stand* for (*smth.*); **~óвка** *ж.* voting, balloting, polling.

-бáлльный 1. (*об отметке*) -mark; пятибáлльная систéма отмéток five-mark grading system; 2. *метеор.*: восьмибáлльный шторм force-eight gale.

бал-маскарáд *м.* fancy-dress ball, masked ball, masquerade.

балóванный spoiled, pampered.

баловáть *несов.* (*вн.*) spoil* (*smb.*); (*нежить тж.*) pamper (*smb.*); ~ *кого-л.* внимáнием favor *smb.* with attention; **~ся** *несов.* 1. *разг.* play about, play pranks; не бáлуйся! don't be naughty!, no nonsense!; 2. (*тв.*; *заниматься чем-л. ради удовольствия*) indulge (in); dabble (in).

бáлов|ень *м.* *разг.* pet, spoiled child; ~ судьбы́ minion of fortune, favorite/child* of fortune; **~ник** *м.* *разг.* mischievous child*, scamp, imp; **~ствó** *с.* *разг.* 1. (*потакание*) indulgence; (*потворство*) spoiling; 2. (*шалость*) naughtiness; pranks *pl.*, tricks *pl.*

балтúйский Baltic.

балы́к *м.* balyk (*cured fillet of sturgeon*).

бальзáм *м.* balsam, balm; **~úческий** balsamic, balmy; ~ вóздух balmy air.

бальзамúровать, набальзамúровать (*вн.*) embalm (*smth.*).

бальнеóлог *м.* *мед.* balneologist; **~úческий** balneological.

бальнеолóгия *ж.* balneology.

бáльн|ый ball *attr.*; ~ое плáтье ball-gown; ~ые тáнцы ballroom dances.

балюстрáда *ж.* *архит.* balustrade.

бамбýк *м.* bamboo; **~овый** bamboo *attr.*

банáльн|ость *ж.* 1. triviality, banality; 2. (*банальная мысль и т. п.*) commonplace, platitude; **~ый** commonplace, trite; ~ый разговóр trivial conversation, exchange of platitudes.

банáн *м.* (*плод и растение*) banana.

бáнда *ж.* gang, band.

бандáж *м.* 1. *мед.* surgical corset, abdominal support; (*грыжевый*) truss; 2. (*колёсный*) tire, hoop; *ж.-д.* rim.

бандерóль *ж.* 1. (*бумажная обёртка*) postal wrapper; 2. (*почтовое отправление*) printed matter; посылáть *что-л.* ~ю send* *smth.* by book-post, send* *smth.* as printed matter.

бáнджо *с.* *нескл.* banjo.

банди́т *м.* thug, cutthroat; (*разбойник*) bandit, brigand; gangster *амер.*; **~и́зм** *м.* gangsterism, thuggery; **~ский**: ~ский налёт murderous attack; ~ская ша́йка gang of thugs.

банк *м.* bank; акционе́рный ~ incorporated bank, joint-stock bank; госуда́рственный ~ State Bank; ~ да́нных data base, pool of data; депози́тный ~ deposit bank; инвестицио́нный ~ investment bank; ипоте́чный ~ mortgage bank; кли́ринговый ~ clearing bank; комме́рческий ~ commercial bank; междунаро́дный ~ international bank; национа́льный ~ national bank; промы́шленный ~ industrial bank; сберега́тельный ~ savings bank; ссу́дный ~ loan bank; торго́вый ~ merchant bank; ча́стный ~ private bank; эмиссио́нный ~ bank of issue, bank of circulation; ~-акцепта́нт acception bank; ~ гара́нт guarantor bank; ~ депозита́рий depositary bank; ~ корреспонде́нт corresponding bank; ~-кредито́р creditor bank; ~-ремите́нт remitting bank; ~-эмите́нт issuing bank.

ба́нк|а I *ж.* 1. (*стеклянная*) jar, pot; (*металлическая, консервная*) tin; can *амер.*; ~ для варе́нья jampot; ~ с варе́ньем pot of jam; 2. *обыкн. мн. мед.* cupping glass *sg.*, suction cup *sg.*; ста́вить ~и *кому-л.* cup *smb.*, apply cups to *smb.*

ба́нка II *ж.* (*сиденье на шлюпке*) thwart.

ба́нка III *ж. мор.* (*отмель*) (sand-)bank, shoal.

банке́т *м.* banquet; устра́ивать ~ give* a banquet.

банки́р *м.* banker.

банкно́та *ж.* banknote, note, bill *амер.*

ба́нковск|ий: ~ая гара́нтия bank guarantee; ~ ликви́дность bank liquidity; ~ая ста́вка bank rate; ~ капита́л banking capital; ~ слу́жащий bank employee; ~ проце́нт bank rate.

ба́нков|ый: ~ое де́ло banking; ~ биле́т banknote.

банкомёт *м.* banker (at cards), croupier.

банкро́т *м.* bankrupt; *перен. тж.* failure; объявля́ть *кого-л.* ~ом declare *smb.* bankrupt; объяви́ть себя́ ~ом go* bankrupt; **~ство** *с.* bankruptcy; *перен. тж.* failure.

ба́нный bath *attr.*

бант *м.* bow; **~ик** *м.* little bow; ◇ гу́бки ~ком Cupid's bow.

ба́нту *нескл.* Bantu.

ба́нщ|ик *м.*, **~ица** *ж.* bath-attendant.

ба́н|я *ж.* bath-house; коммуна́льные ~и public baths; крова́вая ~ blood bath; здесь настоя́щая ~! this place is like a boiler-house! ◇ зада́м ему ~ю! I'll give him what for!

бапти́зм *м. рел.* the doctrine of Baptists.

бапти́ст *м.* Baptist; **~ский** Baptist *attr.*

бар *м.* 1. bar, snack bar; 2. *физ.* bar (*единица атмосферного давления*).

бараба́н *м.* drum; **~ить** *несов.* 1. drum, tattoo; (*о дожде*) patter; ~ить па́льцами по стеклу́ drum on the windowpane; 2. *разг.* (*на рояле*) bang, thump; **~ный**: ~ный бой drumbeat, roll of drums; ~ная па́лочка drumstick; ◇ ~ная перепо́нка *анат.* eardrum; tympanic membrane *научн.*; **~щик** *м.* drummer.

бара́к *м.* barrack, hut.

бара́н *м.* ram, sheep*; кастри́рованный ~ wether; смотре́ть, как ~ на но́вые воро́та look quite lost, be completely flummoxed; **~ий** 1. ram's; (*о меховом изделии*) sheepskin *attr.*; ~ий тулу́п sheepskin coal; 2. (*о кушанье*) mutton *attr.*; ~ья котле́та mutton chop; ~ий жир mutton fat/dripping; ◇ согну́ть *кого-л.* в ~ий рог make* *smb.* knuckle under/down; **~ина** *ж.* mutton; молода́я ~ина lamb.

бара́нка *ж.* 1. baranka, bagel (ring-shaped roll); 2. *разг.* (*руль автомобиля*) the wheel.

барахло́ *с. собир. разг.* 1. (*старые вещи*) goods and chattels *pl.*; (*старая одежда*) old clothes *pl.*; 2. (*хлам*) trash, rubbish, old iron.

барахо́л|ка *ж. разг.* second-hand goods market; **~ьщик** second-hand dealer.

бара́хтаться *несов. разг.* struggle, flounder.

бара́чн|ый barrack-like; ~ая постро́йка temporary building/structure; prefab; ~ого ти́па light-construction *attr.*; prefab *attr.*

бара́ш|ек *м.* 1. lamb; 2. *мех.* lambskin; (*каракуль*) astrakhan; 3. *тех.* wing nut; **~ки** *мн.* 1. (*облака*) mackerel sky *sg.*, fleecy clouds; 2. (*гребни волн*) white horses, white caps; **~ковый** lambskin *attr.*; (*каракулевый*) astrakhan *attr.*; ~ковая ша́пка astrakhan hat; ~ковый воротни́к astrakhan collar.

барбари́с *м.* 1. *собир.* (*ягоды*) barberries *pl.*; 2. (*об отдельной ягоде*) barberry; 3. (*растение*) barberry.

бард *м.* bard.

барда́к *м. разг.* brothel; ◇ настоя́щий ~ complete chaos, mess.

барелье́ф *м.* bas-relief.

ба́ржа *ж.* barge; грузова́я ~ cargo barge; наливна́я ~ tank barge; самохо́дная ~ self-propelled barge.

ба́рий *м. хим.* barium.

ба́рин *м.* 1. *ист.* (*помещик*) landowner, squire; 2. *уст.* gentleman*; (*хозяин*) master; (*как обращение*) sir; Your Honor; 3. *разг.* lord, lounger; ◇ жить ~ом live a life of ease, live like a lord; сидеть ~ом keep/stand aloof.

барито́н *м.* baritone.

ба́рка *ж.* wooden barge.

баркаро́ла *ж. муз.* barcarole.

барка́с *м.* 1. (*весельный*) rowing-boat; рыба́чий ~ fishing-boat; 2. (*портовый*) launch.

баро́граф *ж.* barograph, self-recording barometer.

барока́мера *ж.* pressure chamber.

баро́кко *с. нескл. иск.* baroque; в сти́ле ~ in baroque.

баро́метр *м.* barometer; ~ па́дает, подника́ется the barometer is falling, rising; **~и́ческий** barometric.

баро́н *м.* baron; **~е́сса** *ж.* baroness.

баррика́д|а *ж.* barricade; стро́ить ~ы make*/erect barricades; **~и́ровать,** забаррикади́ровать (*вн.*) barricade (*smth.*); **~ный** barricade *attr.*

барс *м. зоол.* panther.

ба́рск|ий master's; (*высокомерный*) lordly; ~ дом mansion; (*в деревне*) manor(-house); ~ие зама́шки haughty/lordly ways/manners; ~ая спесь haughtiness; ~ое отноше́ние к делу lordly/supercilious attitude to the work; ◇ жить на ~ую ногу live in grand style.

ба́рство *с.* 1. (*изнеженность*) effeteness; 2. (*высокомерие*) lordliness, arrogance; 3. *собир.* (*помещики*) the gentry.

барсу́к *м.* badger.

ба́ртер *м. торг.* (*товарообменная сделка без платежа деньгами*) barter, barter agreement; прямо́й ~ direct barter; непрямо́й ~ indirect barter.

барха́ны *мн.* (*ед.* барха́н *м.*) sand hills.

ба́рхат *м.* velvet; **~и́стый** velvety; **~ный** velvet *attr.*; (*подобный бархату*) velvety; *перен.* (*о голосе*) rich, mellow; (*о глазах*) liquid; soft as a doe's *после сущ.*; ~ная ко́жа silky skin; ◇ ~ный сезо́н the mellow season.

ба́рщина *ж. ист.* corvee.

ба́рыня *ж.* 1. *ист.* (*помещица*) landed proprietress; lady of the manor; (*жена помещика*) squire's wife*; 2. *уст.* lady; (*хозяйка*) mistress; (*как обращение*) Madam, Ma'am; 3. *разг.* (fine) lady.

бары́ш *м. разг.* profit; чи́стый ~ net/clear profit; дели́ть ~и share the profits; (*о воротах и т. п.*) divide the spoil; **~ник** *м.* profiteer.

ба́рышня *ж.* 1. *уст.* young lady, girl; (*незамужняя женщина*) unmarried woman*; 2. (*обращение*) Miss.

барье́р *м.* 1. barrier; *перен.* (*преграда*) bar; тамо́женные ~ы tariff walls; 2. *спорт.* hurdle; брать ~ clear/jump a hurdle.

бас *м.* 1. (*голос, певец*) bass; 2. (*муз. инструмент*) double bass; **~и́стый** 1. deep, bass; 2. *разг.* (*обладающий басом*) deep-voiced.

баскетбо́л *м.* basketball; **~и́ст** *м.*; **~и́стка** *ж.* basketball player.

баскетбо́льн|ый basketball *attr.*; ~ая кома́нда basketball team; ~ мяч basketball; ~ая площа́дка basketball court.

баснопи́сец *м.* fable-writer, fabulist.

басносло́вн|ый fabulous, incredible; по ~ой цене́ at a fabulous price.

ба́с|ня *ж.* 1. fable; 2. *разг.* (*вымысел, небылица*) (old wives') tale, tall story, cock-and-bull story; не расска́зывай ~ен! none of your tall stories!

бассе́йн *м.* 1. (*искусственный*) pond; закры́тый ~ indoor pool, covered pool; откры́тый ~ ouldoor pool, open-air pool; пла́вательный ~ swimming pool; 2. (*реки*) basin; 3. (*угольный и т. п.*) field.

ба́ста *межд.* that'll do, that's enough.

бастио́н *м. воен. тж. перен.* bastion, bulwark.

баст|ова́ть *несов.* be* on strike; **~у́ющий** *прил.* 1. striking; on strike *после сущ.*; 2. *в знач. сущ. м.* striker.

батали́ст *м. иск.* painter of battle-pieces.

бата́льн|ый battle *attr.*; ~ая жи́вопись battle-painting; ~ая карти́на battle-piece.

батальо́н *м.* battalion; **~ный** battalion *attr.*; ~ный команди́р battalion commander.

батаре́йка *ж. эл.* battery.

батаре́я *ж.* 1. *воен.* battery; 2. *эл.* battery; ~ аккумуля́торов storage battery; суха́я ~ dry battery; 3. (*отопления*) radiator.

ба́тенька *м. разг.* old man, old chap.

бати́ст *м.* batiste; (*льняной*) cambric, lawn; **~овый** batiste *attr.*; cambric *attr.*, lawn *attr.*

батисфе́ра *ж.* bathysphere.

бато́г *м.* rod, cudgel.

бато́н *м.* 1. (*хлеб*) long loaf*; 2. (*кондитерское изделие*) stick; шокола́дный ~ stick of chocolate.

батра́к *м.* farm laborer, farm hand.

батра́чить *несов.* work as a farm hand.

баттерфля́й *м.* (*стиль плавания*) butterfly(-stroke).

бату́т *м.* trampoline.

ба́тюшк|а *м.* 1. *уст.* (*отец*) father; 2. *разг.* (*священник*) priest, parson; (*в обращении*) (holy) father; ◇ ~и! good heavens! good gracious!; как вас по ~е? what is your patronymic?

ба́тя *м. разг.* father, dad.

бау́л *м.* trunk.

бах! *межд.* bang!

бахва́литься *несов.* (*тв.*) *разг.* brag (about).

бахва́льство *с. разг.* bragging, boasting.

ба́хнуть *сов. разг.* bang, slap; **~ся** *сов.* bang, bump (oneself); ~ голово́й об стол bang *one's* head on the table.

бахрома́ *ж.* fringe.

бахча́ *ж.* melon-field.

бахчево́дство *с.* melon-growing.

бахчев|о́й: ~ые культу́ры gourds; *научн.* Cucurbitaceae

баци́лла *ж.* bacillus (*pl* -li).

бациллоноси́тель *ж.* bacillus-carrier.

ба́шенка *ж.* turret.

ба́шенный tower *attr.*; ~ кран tower crane.

башибузу́к *м. ист.* bashi-bazouk, Turkish irregular soldier; *перен.* desperado.

башка́ *ж. разг.* noddle, pate; глу́пая ~ blockhead; у́мная ~ brainy fellow.

башки́р *м.*, **~ка** *ж.* Bashkir; **~ский** Bashkir; ~ский язы́к Bashkir, the Bashkir language.

башма́к *м.* 1. boot; (*не покрывающий щиколотки*) shoe; 2. *тех.* shoe; ◇ быть под ~ом у жены́ be* henpecked.

башма́чник *м.* shoemaker, cobbler.

ба́шня *ж.* 1. tower; сторожева́я ~ watchtower; 2. (*орудийная*) (gun-)turret; Вавило́нская ~ *библ.* the tower of Babel; ~ из слоно́вой ко́сти ivory tower.

баю́кать, убаю́кивать (*вн.*) lull (*smb.*); ~ ребёнка lull/sing* a child* to sleep.

ба́юшки-баю́ *межд.* lullaby.

бая́н *м.* accordion; **~и́ст** *м.* accordion plyer.

бде́ние *с.* vigil; ночно́е ~ night watch; все́нощное ~ *церк.* all-night vigil.

бди́тельн|ость *ж.* vigilance, watchfulness; проявля́ть ~ display vigilance; усыпи́ть *чью-л.* ~ lull *smb.'s* vigilance, lull *smb.* into false sense of security; **~ый** vigilant, watchful.

бег *м.* 1. run, running; 2. *спорт.* race; ~ на коро́ткую диста́нцию sprint; ~ на дли́нную диста́нцию long-distance race; состяза́ние в ~е race; барье́рный ~ hurdle-race, hurdling; ~ на месте running on the spot; ~ трусцо́й jogging; в ~ах on the run, be in hiding.

бега́ *мн.* the races; (*рысистые испытания*) trotting matches.

бе́га|ть *несов.* 1. run*; (*взад и вперёд*) run* about; 2. (от *рд.*; *избегать*) shun (*smb.*, *smth.*), keep* away (from); 3. (*сновать*) scurry; (*о пальцах*) twinkle; (*о глазах*) shift uneasily; па́льцы её ~ют по кла́вишам her fingers twinkle over the keys; 4. (за *тв.*) *разг.* (*ухаживать*) run* after (*smb.*); chase (*smb.*).

бегемо́т *м.* hippopotamus (*pl.* -ses, -mi).

бегле́ц *м.* fugitive, runaway; (*из тюрьмы*) escaped convict.

бе́гл|о 1. (*о речи*) fluently; (*об игре на рояле*) with facility; ~ чита́ть read* quickly; ~ говори́ть по-англи́йски speak* fluent English; 2. (*поверхностно*) superficially, cursorily; ~ ознако́миться с *чем-л.* make* a cursory inspection of *smth.*; ~ посмотре́ть *что-л.* glance over/through *smth.*; **~ость** *ж.* (о речи) fluency; (*об игре на рояле*) facility; **~ый** *прил.* 1. (*о речи*) fluent; (*об игре на рояле*) facile; ~ое чте́ние rapid reading; ~ое исполне́ние (*на рояле*) facile technique; 2. (*поверхностный*) cursory; ~ый обзо́р brief survey; ~ое замеча́ние passing remark; 3. (*мимолётный*) fleeting; ~ый взгляд (passing) glance; 4. (*бежавший*) runaway, escaped, fugitive; 5. *в знач. сущ. м.* fugitive, runaway; ◇ ~ые гла́сные *грам.* "fugitive" vowels; ~ый огонь rapid/volley fire.

бегля́нка *ж.* fugitive, runaway.

бегов|о́й race *attr.*; running; ~а́я доро́жка running track; (*на ипподроме*) racecourse; ~ы́е коньки́ racing/speed skates; ~а́я ло́шадь racehorse.

бего́м at a run; running; *воен.* at the double; пусти́ться ~ start running, break* into a run; ~! run! ~ марш! *воен.* (at the) double!; бежа́ть ~ run* hard, run* for dear life.

беготня́ *ж. разг.* bustle, hurry-scurry, running about; у меня́ сего́дня це́лый день ~ I've been on the run all day.

бе́гство *с.* 1. (*поспешный уход*) flight; обраща́ть в ~ put* to flight; обраща́ться в ~ take* to flight; 2. (*побег*) escape.

бегу́н *м.* runner; ~ на дли́нные диста́нции long-distance runner; ~ на коро́ткие диста́нции sprinter.

бегуно́к *м.* 1. *разг.* clearance sheet; 2. *тех.* runner.

бед|а́ *ж.* 1. trouble; (*несчастье*) misfortune; (*бедствие*) disaster, calamity; у нас ~ we're in trouble, we've had a misfortune; быть в ~е be* in trouble; накли́кать ~у court disaster; оста́вить, поки́нуть *кого-л.* в ~е leave* *smb.* in the lurch; быть ~е! there's trouble ahead!; there's trouble in the offing! 2. *в знач. сказ.* (*плохо; горе, неприятность*): ~ ей с ним she has nothing but trouble with him, he gives her a lot of trouble; в том-то и ~! that's just the trouble; не ~! it doesn't matter! ~ (не) в том, что the trouble is (not) that; ◇ вот ~! (*неприятность*) what a nuisance!; на ~у unluckily, as luck would have it; как на ~у to make matters worse; что за ~! what does it matter!; пришла́ ~ — отворя́й ворота́ *посл.* misfortunes never come singly; it never rains but it pours; семь бед — оди́н отве́т as well be* hanged for a sheep as for a lamb; in for a penny, in for a pound.

бедне́ть, обедне́ть get* poorer, grow*/become* poor.

бе́дн|о poorly; (*скудно*) scantily; жить ~ live poorly; **~ость** *ж.* 1. (*нужда*) poverty, penury; 2. (*убожество*) poverty, poorness; **~ость** мы́сли want/poverty of intellect.

беднота́ *ж. собир.* the poor *pl.*; дереве́нская ~ the village poor; городска́я ~ the urban poor.

бе́дн|ый *прил.* 1. (*неимущий*) poor; ~ челове́к poor man*/person; 2. (*убогий*) wretched; ~ая обстано́вка scanty furniture; ~ое пла́тье cheap attire; ~ у́жин wretched/meager supper; 3. (*небогатый по содержанию; скудный*) insipid, meager, jejune; ~ая фанта́зия feeble imagination; 4. (*тв.; ограниченный*) poor (in), wanting (in), lacking (in), starved (of); 5. (*несчастный*) poor; ~! poor man*/chap!; 6. *в знач. сущ. м.* the poor man*; *мн.* the poor; **~я́га** *м.* и *ж. разг.* poor creature; (*о девушке или девочке тж.*) poor girl; (*о женщине тж.*) poor woman*; **~я́к** *м.* 1. poor man*; 2. (*о крестьянине*) poor peasant; **~я́цкий** poor peasant's.

бедо́вый *разг.* daring; (*своевольный*) headstrong; ~ па́рень a hell of a lad; он у нас ~! he's always up to something!; he's a real daredevil!

бедоку́р *м. разг.* mischief-maker; **~ить** *несов.* get* up to mischief, play jokes.

бедола́га *м. разг.* poor devil.

бе́дренн|ый *анат.* femoral; ~ая кость thighbone, femur.

бедро́ *с.* thigh; (бок) hip; ру́ки на бёдра! hips firm!

бе́дственн|ый disastrous, calamitous; ~ое положе́ние disastrous situation; быть в ~ом положе́нии be* in dire/miserable straits.

бе́дств|ие *с.* disaster, calamity; (*последствие войн, неурожаев и т. п.*) distress; сигна́л ~ия distress signal, S.O.S.; **~овать** *несов.* be* in distressed circumstances, be* destitute.

бедуи́н *м.* bedouin.

беж beige, fawn; ту́фли цве́та ~ fawn shoes.

бежа́ть *несов.* 1. run*; (*об облаках*) fly*; ~ ры́сью go* at a trot; ~ сломя́ го́лову run* at breakneck pace; ~ со всех ног run* for *one's* life; мне пора ~ I'm afraid I must run; I must fly; 2. (*о времени*) fly*; ва́ши часы́ бегу́т your watch is fast; 3. (*течь*) flow, run*; (*при кипении*) boil over; 4. *несов.* и *сов.* (*спасаться бегством*) run* away; (*совершать побег*) escape; (*отступать*) flee*, take* to flight; ~ за грани́цу fly* the country.

бе́жен|ец *м.*, **~ка** *ж.* refugee.

без 1. without; ~ исключе́ния without exception; ~ меня́ (него́, вас и т. п.) (*в отсутствие*) in my (his, your etc.) absence; ~ движе́ния motionless; (*о машине и т.п.*) stationary; ~ созна́ния unconscious; бе́з толку without achieving anything; ~ у́стали tirelessly; ~ глу́постей! no nonsense! и ~ того́ as it is; не ~ того́! a little; я́сно ~ слов it speaks for itself; быть ~ ума (от) be* crazy (about); 2. (*при обозначении часа*) to; ~ пяти́ четы́ре five minutes to four; ~ че́тверти четы́ре a quarter to four.

безала́берн|о *разг.* haphazardly, carelessly; они́ живу́т о́чень ~ there is no system in their lives, they're happy-go-lucky people; **~ость** *ж. разг.* haphazard ways; **~ый** *разг.* haphazard, slapdash; ~ая рабо́та slapdash work.

безалкого́льн|ый nonalcoholic; ~ые напи́тки alcohol-free/nonalcoholic beverages; soft drinks *амер.*

безапелляцио́нн|ый 1. (*категорический*) final, categorical; сказа́ть *что-л.* ~ым то́ном say* *smth.* in a peremptory tone; 2. *юр.* irrevocable; allowing of no appeal *после сущ.*; ~ое реше́ние final and irrevocable decision.

беза́томн|ый nuclear-free *attr.*; ~ая зо́на nuclear-free zone.

безбе́дн|о: жить ~ live comfortably, be* fairly well off; **~ый** comfortable, well-to-do; ~ое существова́ние comfortable existence/living.

безбиле́тный without a ticket *после сущ.*; ~ пассажи́р fare-dodger; (*на судне*) stowaway.

безбо́жн|ик *м.* atheist, irreligious person; **~ый** 1. godless; 2. *разг.* (*возмутительный*) outrageous; ~ые це́ны outrageous prices.

безболе́зненн|о painlessly; *перен. тж.* quietly, unnoticeably; **~ый** painless; *перен. тж.* smooth.

безбоя́зненный fearless.

безбра́чие *с.* celibacy.

безбре́жный boundless.

безве́рие *с.* unbelief.

безве́стн|ость *ж.* obscurity; жить в ~ости live in obscurity, lead* an obscure existence; **~ый** obscure; (*неизвестный*) unknown; ~ый геро́й unknown hero.

безве́тренн|ый windless, still; ~ая пого́да calm weather.

безве́трие *с.* calm.

безвку́с|ица *ж.* bad/poor taste; **~но** in bad/poor taste, vulgarly, without taste; ~но одева́ться wear tasteless clothes, have* no idea how to dress; **~ный** tasteless; (*невкусный, пресный тж.*) insipid.

безвла́ст|ие *с.* anarchy; **~ный** powerless.

безво́дн|ый 1. arid, waterless; ~ая степь arid steppe; 2. *хим.* anhydrous.

безво́дье *с.* lack of water, aridity.

безвозвра́тн|ый 1. (*утраченный навсегда*) irretrievable, irrevocable; 2. (*не подлежащий возврату*): ~ая ссу́да grant, non-repayable subsidy/loan.

безвозду́шн|ый airless; -ое простра́нство *физ.* vacuum; (*вне земли*) (outer) space.

безвозме́здн|о free (of charge), gratis; ~ по́льзоваться *чьими-л.* услу́гами enjoy *smb.'s* unpaid/gratuitous services; **~ый** free; (*невознаграждаемый*) gratuitous, unpaid; переда́ть *что-л.* в ~ое по́льзование *кому-л.* hand over *smth.* for the free use of *smb.*

безво́лие *с.* weakness of will, lack of will, spinelessness.

безволо́сый *прил.* hairless, bald.

безво́льный weak-willed, flabby, spineless.

безвре́дный harmless, innocuous; (*о человеке тж.*) inoffensive.

безвре́менн|о prematurely; ~ сконча́лся died prematurely, passed away prematurely; **~ый** untimely, premature.

безвре́менье *с.* 1. dark days *pl.*, troubled times *pl.*; 2. period of social stagnation.

безвы́ездно constantly, uninterruptedly; without quitting the place; он ~ живёт в Москве́ he has lived in Moscow all his life.

безвы́ходн|ый hopeless, desperate; ~ое положе́ние desperate situation; положе́ние каза́лось мне ~ым I could see no way out.

безгла́сный silent, dumb.

безголо́вый headless; *перен. разг.* brainless; (*забывчивый*) scatter-brained, hare-brained.

безголо́сый feeble-voiced; ~ певе́ц mediocre singer; он совсе́м ~! he has no voice at all!; ◇ ~ые а́кции *фин.* (*не дающие права голоса на собрании акционеров*) nonvoting stock(s).

безгра́мотн|о 1. (*неграмотно*) illiterately; (*с ошибками*) ungrammatically; 2. (*невежественно*) incompetently, ignorantly, without knowledge; **~ость** *ж.* 1. illiteracy; 2. (*невежество*) incompetence, ignorance; полити́ческая ~ость political ignorance; **~ый** 1. (*неграмотный*) illiterate; ~ый челове́к an illiterate; 2. (*невежественный*) incompetent, ignorant; 3. (*содержащий много ошибок*) hopelessly inaccurate; full of mistakes; ~ый чертёж botched-up drawing.

безграни́чн|ый boundless, unbounded, infinite, limitless; ~ просто́р vast/infinite/ boundless expanse; ~ая пусты́ня boundless desert; ~ая любо́вь boundless love; ~ая пре́данность infinite devotion.

безгре́шн|ость *ж.* innocence; **~ый** innocent, sinless.

бездáрн|ость *ж.* **1.** lack of talent, feebleness; **2.** (*о человеке*) a mediocrity; **~ый 1.** (*лишённый таланта*) dull, mediocre, ungifted; without a spark of talent *после сущ.*; ~ый поэт worthless versifier/rhymer; **2.** (*выполненный неталантливо*) feeble, uninspired; ~ое произведéние work of no significance; ~ая картúна picture utterly devoid of inspiration.

бездéйств|енный inactive, idle; **~ие** *с.* inaction, inactivity, inertia.

бездéйствовать *несов.* do* nothing; fail to take action; (*о станке, машине и т. п.*) stand* idle.

бездéлица *ж. разг.* (mere) bagatelle, trifle.

безделýшка *ж.* knick-knack, trinket, toy; *мн. тж.* bric-a-brac.

бездéль|е *с.* idleness; вы́нужденное ~ станови́лось для негó невыноси́мым he was beginning to find the enforced idleness unbearable; **~ник** *м.*, **~ница** *ж.* **1.** *разг.* loafer, idler, layabout; **2.** *бран.* good-for-nothing, ne'er-do-well; **~ничать** *несов.* do* nothing, idle, loaf.

бездéнежн|ый 1.: ~ые расчёты clearing operations; **2.** *разг.* (*не имеющий денег*) penniless, impecunious.

бездéнежье *с.* lack of money, impecuniousness.

бездéтн|ость *ж.* childlessness; **~ый** childless.

бездефици́тный entailing no deficit.

бездéятельн|ость *ж.* inactivity; **~ый** inactive, passive, lethargic.

бéздна *ж.* **1.** abyss, chasm; **2.** *в знач. сказ. безл. (рд.) разг.* (*множество*) heaps (of), any amount (of); у негó ~ дел he is up to his neck in work; ~ премýдрости *шутл.* a mine of information, wisdom infinite; ~ хлопóт sea of troubles.

бездоказáтельн|ый baseless, groundless, unsubstantiated; ~ые обвинéния unfounded accusations.

бездóмн|ый homeless; ~ая собáка stray dog.

бездóнн|ый bottomless; *перен. тж.* unfathomable; ~ая прóпасть bottomless pit.

бездорóжье *с.* **1.** (*отсутствие дорог*) lack of roads; **2.** (*распутица*) impassability of roads, bad roads; осéннее ~ the mud-locked roads of autumn.

бездýмный thoughtless, unthinking.

бездýш|ие *с.* callousness, heartlessness; **~но 1.** (*бессердечно*) callously, heartlessly; **2.** (*холодно, без живого чувства*) half-heartedly, indifferently; **~ный 1.** (*бессердечный*) callous, heartless; **2.** (*невыразительный, холодный*) soulless, uninspired.

безды́мный smokeless; ~ пóрох *воен.* smokeless powder.

бездыхáнный lifeless.

безé *с. нескл. кулин.* meringue.

безжáлостный pitiless, merciless; (*жестокий*) ruthless.

безжи́зненный 1. lifeless; **2.** (*о взгляде*) dull, spiritless.

беззабóтн|о lightheartedly, in a carefree manner; (*беспечно*) carelessly; **~ость** *ж.* lightheartedness; (*беспечность*) carelessness; **~ый** carefree, lighthearted; (*беспечный*) careless; ~ый человéк happy-go-lucky person; ~ое дéтство carefree, untroubled childhood; ~ый смех carefree laughter.

беззавéтн|о devotedly, selfessly; **~ый** devoted, selfless, whole-hearted, utter.

беззакóн|ие *с.* **1.** (*отсутствие законности*) illegality, lawlessness; **2.** (*поступок*) lawless act; **~ный** lawless.

беззастéнчив|о shamelessly; он ~ лжёт he's a shameless liar; **~ость** *ж.* effrontery; cheek *разг.*; **~ый** shameless, brazen; (о лжи) barefaced.

беззащи́тный defenseless, unprotected.

беззвýчный soundless, silent; ~ смех silent laughter.

безземéль|е *с.* landlessness, lack of land; **~ный** landless.

беззлóбн|о mildly, good-naturedly; ~ подшýчивать над *кем-л.* tease *smb.* gently; **~ый** kindly, good-natured, amiable; ~ый смех good-natured laughter.

беззýб|ый toothless; *перен.* feeble, weak; ~ые острóты feeble witticisms/cracks; ~ая кри́тика feeble/insipid criticism.

безлéсный unwooded, treeless.

безли́кий faceless, featureless.

безли́ственный leafless.

безли́чн|ый 1. characterless; lacking personality *после сущ.*; **2.** *грам.* impersonal; ~ глагол impersonal verb; ~ое предложéние impersonal sentence.

безлýнный moonless.

безлю́дн|ый 1. (*малонаселённый*) deserted, uninhabited, thinly populated; **2.** (*пустынный*) lonely, solitary; ~ая ýлица quet/unfrequented street.

безлю́дье *с.* scarcity/deficiency of population, absence of human life.

безмéрн|о beyond measure (*в конце предложения*); **~ый** measureless, immeasurable, immense.

безмóзглый *разг.* silly, brainless, dim.

безмóлв|ие *с.* silence, stillness; **~ный** silent; (*не выраженный в словах*) unspoken, mute; ~ное учáстие mute sympathy; **~ствовать** *несов.* maintain silence, keep* silent.

безмотóрный engineless; (*с выключенным мотором*) unpowered; ~ полёт gliding.

безмятéжн|ость *ж.* serenity, tranquility, placidity; **~ый** serene, placid, unruffled; ~ый покóй unruffled serenity, undisturbed tranquility; ~ый сон tranquil/untroubled slumber; ~ое счáстье unruffled happiness.

безнадёжный hopeless, desperate; больной безнадёжен the case is hopeless.

безнадзóрный neglected.

безнакáзанн|о with impunity; емý э́то не пройдёт ~ he won't get away with that; **~ый** unpunished; преступлéние не остáлось ~ным the crime did not go unpunished.

безнали́чн|ый: ~ расчёт *бухг.* payment by check, payment by written order; (*между банками*) clearing; по ~ому расчёту by written order.

безнача́лие *с.* anarchy.

безно́гий legless; (*с одной ногой*) one-legged.

безнра́вственн|ость *ж.* immorality; (*разврат*) depravity; **~ый** immoral; (*развращённый*) depraved.

безоби́дн|ый innocent; (*безвредный*) inoffensive, harmless; ~ая шу́тка innocent joke; ~ое существо́ harmless creature.

безо́блачн|ый cloudless; *перен.* unclouded, serene; ~ое не́бо cloudless sky; ~ое сча́стье unclouded happiness.

безобра́з|ие *с.* 1. (*уродство*) ugliness, hideousness, deformity; 2. (*отвратительное явление*) disgrace; там таки́е ~ия творя́тся disgraceful/terrible things are happening there; 3. *в знач. сказ. разг.*: ~! outrageous! it's a positive scandal!; ~, что он опозда́л it's disgraceful that he is late, it's a disgrace/shame that he is late.

безобра́з|ить, обезобра́зить (*вн.*; уро́довать) disfigure (*smb.*, *smth.*); **~ник** *м. разг.* lout, mischief-maker; *шутл.* rogue; (*о ребёнке*) (young) villain/mischief, naughty child; **~ница** *ж. разг.* mischief-maker; (*о ребёнке*) (little) mischief, bad girl; **~ничать** *несов. разг.* behave like a lout, behave outrageously/disgracefully; (*о ребёнке*) be* naughty, be* up to mischief; **~ный** 1. (*некрасивый*) ugly, hideous; (*уродливый*) deformed; ~ная вне́шность hideous appearance; 2. (*возмутительный*) outrageous, disgusting; (*постыдный*) disgraceful, shameful; ~ное поведе́ние atrocious behaviour; ~ный посту́пок disgraceful action.

безоговоро́чн|о unconditionally, unreservedly; **~ый** unconditional, unqualified; ~ая капитуля́ция unconditional surrender; ~ое согла́сие unqualified assent.

безопа́сн|о 1. *нареч.* safely, in safety; 2. *в знач. сказ.* it is safe; это совершённо ~ it is perfectly safe; **~ость** *ж.* safety; (*общественная*) security; тут мы бу́дем в ~ости we'll be safe here; госуда́рственная ~ость national/state security; Сове́т Безопа́сности ООН UN Security Council; **~ый** 1. safe; ~ое ме́сто safe place; 2. (*безвредный*) harmless; ~ое сре́дство harmless remedy; ~ая бри́тва safety razor.

безору́жный unarmed; *перен.* (*беззащитный*) defenseless.

безостано́вочный unceasing, uninterrupted; nonstop.

безотве́тн|ый 1. (*не получающий ответа*) unreciprocated, unanswered; ~ая любо́вь unrequited love; 2. (*не отвечающий*) silent, unresponsive; 3. (*покорный*) meek, submissive.

безотве́тственн|ость *ж.* irresponsiblity; **~ый** 1. irresponsible; ~ый посту́пок irresponsible action; 2. (*не несущий ответственности*) unauthoritative; ~ое лицо́ person of no authority.

безотка́зн|о smoothly, efficiently; **~ый** 1. smooth, steady, unfailing; 2. *разг.* (*о человеке*) (ever) willing.

безотлага́тельн|о urgently, without delay; э́то на́до сде́лать ~ it is urgent, it must be done at once; **~ный** pressing, urgent.

безотноси́тельно (к *дт.*) irrespective (of).

безотра́дн|ый cheerless, dreary; ~ая карти́на desolate scene.

безотчётный (*бессознательный*) instinctive, subconscious, unaccountable; ~ страх unaccountable fear.

безоши́бочн|ость *ж.* (*правильность*) correctness; (*точность*) accuracy; **~ый** unerring, faultless; (*правильный*) correct; (*точный*) accurate, precise; ~ый расчёт precise calculations *pl.*; ~ое предсказа́ние unerring prediction.

безрабо́т|ица *ж.* unemployment; **~ный** *прил.* 1. unemployed, workless, jobless; быть ~ным be* unemployed, be* out of work; 2. *в знач. сущ. м.* unemployed; *мн. собир.* the unemployed.

безра́достный joyless, cheerless, unhappy, dismal, dull.

безразде́льн|о undividedly; **~ый** undivided, complete; ~ое госпо́дство undivided rule, complete sway.

безразли́ч|ие *с.* indifference; **~но** 1. *нареч.* with indifference; относи́ться к *кому-л.* ~но be* indifferent to *smb.*; он отнёсся к э́тому ~но he remained quite unconcerned; 2. *в знач. сказ.* it's all the same, it makes no difference, it is immaterial (whether); мне э́то (соверше́нно) ~но I don't care (whether, if), it's a matter of indifference to me; **~ный** 1. (*безучастный*) indifferent, unconcerned; ~ный взгляд indifferent glance; он произнёс э́ти слова́ ~ным то́ном he spoke the words in a tone of indifference; 2. (*не стоящий внимания*) unimportant; он мне ~ен he's nothing to me; я ему совершéнно ~ен he's perfectly indifferent to me.

безразме́рн|ый stretch, one size; ~ые носки́ stretch socks.

безрассу́дн|ый reckless, imprudent; ~ное поведе́ние reckless conduct; ~ная сме́лость foolhardiness; **~ство** *с.* recklessness, folly; было бы ~ством предполага́ть... it would be folly to suppose.

безрезульта́тн|о without result, in vain, to no purpose/avail; **~ый** ineffectual, futile; (*безуспешный*) unsuccessful; ~ая попы́тка abortive attempt.

безро́г|ий hornless; without horns *после сущ.*; (об оленях) without antlers *после сущ.*; ~ое живо́тное pollard.

безро́дный 1. (*не имеющий родных*) kithless without kith or kin *после сущ.*; 2. (*утративший связь с родиной*) rootless, expatriate. 3. *уст.* of humble origin.

безро́потн|о without a murmur; **~ый** uncomplaining, unmurmuring; (*покорный*) meek, resigned, submissive.

безрука́вка *ж.* sleeveless jacket; (*из шерсти*) sleeveless cardigan.

безру́к|ий without arms/hands, armless; (*с одной рукой*) one-armed; *перен. разг.* clumsy, awkward; она́ така́я ~ая her fingers are all thumbs.

безры́бье *с.*: на ~ и рак ры́ба *погов.* half a loaf is better than no bread; among the blind the one-eyed is king.

безубы́точн|ый not entailing loss, operated/run without loss *после сущ.*; ~ое предприя́тие paying concern.

безуда́рный *лингв.* unstressed, unaccented.

безу́держн|ый unrestrained, uncontrollable; (*бурный*) impetuous; ~ое весе́лье unrestrained mirth; ~ смех uncontrollable laughter.

безукори́зненн|о irreproachably; ~ чи́стый spotlessly clean; ~ пра́вильный faultless; **~ый** (*о произношении, порядке и т. п.*) perfect, irreproachable; (*о поведении и т. д. тж.*) unimpeachable, immaculate.

безу́м|ец *м.* madman*; **~ие** *с.* 1. (*безрассудство*) madness, folly; люби́ть *кого-л.*, *что-л.* до ~ия love *smb.*, *smth.* madly, love smb., *smth.* to distraction. 2. (*сумасшествие*) madness, insanity; доводи́ть *кого-л.* до ~ия drive* *smb.* crazy, drive* *smb.* to distraction; **~но** *разг.* madly, awfully; ~но боя́ться *кого-л.*, *чего-л.* be* terrified of *smb.*, *smth.*, be* awfully afraid of *smb.*, *smth.*; ~но увлека́ться *кем-л.*, *чем-л.* be* mad/crazy about *smb.*, *smth.*; ~но увлёчься *кем-л.* be* infatuated with *smb.*; он ~но лю́бит свою́ мать he simply adores/idolizes his mother; я ~но уста́л I'm frightfully/terribly tired; **~ный** 1. *разг.* (*безрассудный*) reckless; ~ная отва́га reckless daring; ~ный день distracting day; ~ный план reckless plan; 2. *разг.* (*очень сильный*) terrible; ~ная уста́лость terrible weariness; ~ная ро́скошь extravagant luxury; 3. *уст.* mad, insane, crazy; ~ные глаза́ crazy/wild-looking eyes; там ~ные це́ны everything costs the earth there.

безу́мство *с.* folly, madness; **~вать** *несов.* rave, be* in a fury, be* raging.

безупре́чн|о irreproachably; **~ый** irreproachable, blameless, faultless, impeccable; ~ое поведе́ние irreproachable behavior/conduct; ~ая репута́ция unimpeachable/spotless/stainless reputation, unblemished record; ~ая че́стность unimpeachable honesty/integrity; ~ный вкус impeccable taste.

безусло́вн|о undoubtedly, certainly; of course; ~, он че́стен of course, he's honest; он, ~, придёт he's sure to come; ~ый absolute, unconditional; ~ое повинове́ние implicit obedience; ~ый успех unqualified success; ◇ ~ный рефле́кс unconditioned reflex.

безуспе́шн|о unsuccessfully, in vain, without success; **~ный** unsuccessful, unavailing, ineffective, abortive.

безу́сый without a moustache *после сущ.*; *перен. разг.* callow, green; ~ мальчи́шка callow youth, beardless boy.

безуте́шный inconsolable.

безу́хий earless; (*с одним ухом*) one-eared.

безуча́ст|ие *с.* indifference, apathy, unconcern; **~ный** indifferent, listless, apathetic; ~ное отноше́ние indifference; detached attitude; ~ный зри́тель indifferent onlooker; ~ный взгляд listless glance; остава́ться ~ным к *чем-л.* show* no interest in *smth.*, remain indifferent towards *smth.*

безъя́дерн|ый nuclear-free; ~ая зо́на nuclear-free zone.

безыде́йн|ость *ж.* lack of progressive ideas; **~ый** unprincipled; lacking ideological content *после сущ.*

безымя́нн|ый nameless; (*анонимный*) anonymous; гора́ ~ая unnamed peak; ~ труд anonymous work; ◇ ~ па́лец fourth finger; (*на левой руке тж.*) ring finger.

безынициати́вный unenterprising; without/lacking intitiative *после сущ.*; ~ рабо́тник stereotyped mind.

безыску́сный simple.

безыску́сственный artless, ingenuous, unsophisticated, unaffected; ~ расска́з artless tale.

безысхо́дный hopeless; (*нескончаемый*) everlasting, endless.

бейдеви́нд *нареч. мор.* close-hauled.

бейсбо́л *м. спорт.* baseball; **~и́ст** *м.*, **~и́стка** *ж.* baseball player.

бека́р *муз.* natural; до ~ C natural.

бека́с *м. зоол.* snipe.

беке́ша *ж.* winter overcoat.

беко́н *м.* bacon.

белен|а́ *ж. бот.* henbane; ◇ ~ы́ объе́сться get* crazy.

беле́сый whitish.

беле́ть, побеле́ть 1. (*становиться белым*) turn white; 2. *тк. несов.* (*виднеться*) show* white.

белиберда́ *ж. разг.* nonsense, rubbish.

белизна́ *ж.* whiteness.

бели́ла *мн.* 1. (*краска*) whiting *sg.*; свинцо́вые ~ London white, white lead *sg.*; ци́нковые ~ zinc white *sg.*; 2. (*в косметике*) ceruse *sg.*

бели́ть, побели́ть, вы́белить (*вн.*) 1. *сов.* побелить (*производить побелку*) whitewash (*smth.*); 2. *сов.* вы́белить (*о ткани*) bleach (*smth.*); 3. ~ лицо́ whiten *one's* face.

бе́лич|ий squirrel's; squirrel *attr.*; ~ мех squirrel; ~ья шу́ба squirrel coat; шу́ба на ~ьем меху́ squirrel-lined coat.

бе́лка *ж.* squirrel; верте́ться/кру́титься как ~ в колесе́ put* in much work without visible results, run* round in small circles.

белко́в|ый protein *attr.*, albuminous; ~ое вещество́ albuminous substance, protein.

белладо́нна *ж. бот.* belladonna.

беллетри́ст *м.* fiction writer; **~ика** *ж.* fiction.

белобры́сый *разг.* tow-haired.

белово́й: ~ экземпля́р fair copy.

белогварде́ец *м.* White Guard.

белогварде́йский White Guard *attr.*

бело́к *м.* 1. (*яичный*) white of egg, the white; 2. *биол.*, *хим.* protein, albumin, albumen; 3. (*глаза*) white (of the eye).

белока́менный *поэт.* (*часто эпитет Москвы*) built of white stone.

белокро́вие *с. мед.* leukemia.
белоку́р|ый fair(-haired); blond; ~ая де́вушка blonde (girl).
белоли́цый pale, white-faced.
белору́с *м.*, **~ка** *ж.* Belorussian; **~ский** Belorussian* ~ский язы́к Belorussian, the Belorussian language.
белору́чк|а *м.* и *ж. разг.* shirker; быть ~ой be* afraid of getting *one's* hand's dirty.
белоры́бица *ж.* white salmon.
белосне́жка *ж.* Snow White.
белосне́жн|ый snow-white, snowy; ~ая ска́терть snow-white tablecloth.
белошве́йка *ж.* seamstress.
белоэмигра́нт *м. пол.* White Russian emigre.
белу́г|а *ж.* beluga, white sturgeon; ◇ реве́ть ~ой bellow.
бе́л|ый *прил.* **1.** white; ~ воротничо́к white collar; **2.** *в знач. сущ. мн.* White (Guard); **3.** *в знач. сущ. мн. шахм.* White *sg.*; ◇ ~ биле́т military service exemption certificate; ~ гриб boletus (mushroom); ~ые стихи́ blank verse *sg.*; среди́ ~а дня in broad daylight; э́то ши́то ~ыми ни́тками it is all too obvious, it is quite transparent; ~ая горя́чка delirium tremens; ~ слон (*биржевая сделка, при которой расходы превышают потенциальную прибыль*) "White elephant"; ~ хлеб white bread; ~ое вино 1) white vine; 2) *разг.* vodka; ~ые ночи "white nights", midnight sun; ~ые пя́тна blanks, blank spaces; ~ая воро́на white crow, outsider; ~ая кость *ирон.* blue blood.
бельведе́р *м. архит.* belvedere.
бельг|и́ец *м.*, **~и́йка** *ж.* Belgian; **~и́йский** Belgian.
бельё *с. собир.* linen; (*для стирки, из стирки*) washing, laundry; ни́жнее ~ underwear; посте́льное ~ bed linen.
бельево́й linen *attr.*
бельме́с: он ни ~а не понима́ет he hasn't a clue.
бельмо́ *с.* wall-eye; ◇ он у меня́ как ~ на глазу́ he is a thorn in my side, he is an eyesore to me.
бельэта́ж *м.* **1.** (*второй этаж*) first floor; **2.** *театр.* dress circle.
бемо́ль *м. муз.* flat.
бенга́л|ец *м.*, **~ка** *ж.* Bengali.
бенга́льский Bengalese; ~ язы́к Bengali, the Bengali language; ◇ ~ ого́нь Bengal light.
бенедикти́н *м.* benedictine (liqueur).
бенедикти́нец *м. рел.* member of Benedictine order.
бенефи́с *м. театр.* benefit performance.
бензи́н *м.* petrol; gasoline, gas *амер.*; очи́щенный ~ benzine; **~овый** petrol.
бензоба́к *м.* petrol/fuel tank.
бензозапра́в|очный filling; **~щик** *м.* fuelling lorry.
бензоколо́нка *ж.* filling station, petrol station; gas station *амер.*
бензопрово́д *м.* fuel pipe/lead.
бензохрани́лище *с.* gas/tank.
бенуа́р *м. театр.* the (ground-floor) boxes *pl.*; ло́жа ~а (ground floor) box.
бергамо́т *м.* bergamot.
берда́нка *ж. уст.* Berdan rifle.
бе́рег *м.* (*море, озера*) shore; (*морское побережье*) coast; (*реки, пруда*) bank; ~ мо́ря seashore; (*курорт*) seaside; мы сиде́ли на ~у́ мо́ря we were sitting on the seashore; мы отдыха́ем на ~у́ мо́ря we are staying at the seaside; ~ реки́ (*прибрежная полоса*) riverside; на ~у́ ashore; on shore; вы́йти из ~о́в burst* its bank; сойти́ на ~ go* ashore.
берегов|о́й waterside *attr.*; (*при море*) coast *attr.*, coastal; (*при реке*) riverside *attr.*; (*при озере*) lakeside *attr.*; ~ ве́тер offshore wind, land-breeze; ~а́я охра́на coastguard; ~а́я ли́ния coastline, shore line.
береди́ть, разбереди́ть (*вн.*) chafe (*smth.*); *перен.* trouble (*smth.*); ~ ста́рые ра́ны reopen old sores/wounds.
бережли́в|о economically, thriftily; ~ расхо́довать сре́дства husband *one's* resources; **~ость** *ж.* thrift, economy, husbandry; **~ый** thrifty, economical; она́ о́чень ~ая хозя́йка she is a very careful housewife*.
бе́режн|о (*осторожно*) gently; (*аккуратно*) carefully, with care; (*заботливо*) tactfully, with consideration; **~ый** (*осторожный*) gentle, cautious; (*аккуратный*) careful; (*заботливый*) tactful, considerate; ~ое прикоснове́ние gentle touch; ~ое обраще́ние с кни́гами careful handling of books; ~ое отноше́ние к лю́дям consideration for people, tactful attitude to people, looking after people.
бережён|ый *разг.* guarded, preserved; ~ого и Бог бережёт God helps those who help themselves.
берёз|а *ж.* birch(-tree); **~овый** birch *attr.*; ~овая ро́ща birch grove; ◇ ~ая ка́ша flogging.
бере́менн|ая pregnant; ~ же́нщина pregnant woman*; expectant mother; **~ость** *ж.* pregnancy; она на четвёртом ме́сяце ~ости she is in her fourth month (of pregnancy).
береста́ *ж.* birchbark.
бере́т *м.* beret.
бере́чь *несов.* (*вн.*) **1.** (*хранить*) take* care of *smth.*; keep* (*smth.*); ~ ста́рые пи́сьма keep* old letters; ~ та́йну keep* a secret; **2.** (*не расходовать напрасно*) save (*smth.*), conserve (*smth.*); (*расчётливо тратить тж.*) use (*smth.*) sparingly/carefully; ~ силы save/conserve *one's* strength/energy; ~ вре́мя save time; **3.** (*заботливо оберегать*) take* (good) care (of); ~ здоро́вье take* care of oneself, take* care of *one's* health; ~ сы́на look after *межд.* son; **~ся** *несов.* take* care of oneself; береги́сь! take care!, be careful!; береги́сь по́езда! beware of the trains!
бери́ллий *м. хим.* beryllium, glucinium.
бе́ркут *м. зоол.* golden eagle.
берло́га *ж.* den, lair.

бертоле́тов: ~а соль *хим.* potassium chlorate.

берцо́в|ый: ~ая кость *анат.* tibia (*pl.* -iae); больша́я ~ая кость shinbone; ма́лая ~ая кость fibula.

бес *м.* demon* *перен.* urge; како́й ~ в тебя́ всели́лся? what's come over you?; what's biting you?; в нём сиди́т *какой-то* ~ противоре́чия he seems to have an urge/itch to contradict everyone; ◇ ме́лким ~ом рассыпа́ться пе́ред *кем-л.* lay* oneself out to please *smb.*

бесе́д|а *ж.* **1.** talk, conversation; chat *разг.*; (*интервью*) interview; **2.** (*собеседование*) discussion; проводи́ть ~ы среди́ студе́нтов lead*/hold* discussions among students; ~ по ра́дио radio talk.

бесе́дка *ж.* summerhouse, arbor; bower *поэт.*

бесе́довать *несов.* (с *тв.*) converse, have* a talk (with); have* a chat (with) *разг.*

бесёнок *м.* imp, goblin.

беси́ть, взбеси́ть (*вн.*) enrage (*smb.*), madden (*smb.*); **~ся**, взбеси́ться **1.** (*о животных*) go* mad, get* rabies; **2.** (*неистовствовать*) rage; сов. *тж.* fly* into a rage; ◇ с жи́ру ~ся grow fastidious, be* to well off.

бескла́ссовый classless.

бескозы́рка *ж.* peakless cap.

бескомпроми́ссн|о uncompromisingly, firmly; **~ость** *ж.* refusal to compromise, uncompromisingness; **~ый** uncompromising.

бесконе́чн|о **1.** infinitely; ~ ма́лый infinitesimal; ~ ма́лая величина́ infinitesimal; **2.** (*чрезвычайно длинно*) endlessly; **~ость** *ж.* infinity, infinitude; (*бесконечное пространство*) infinite/endless expanse; ; и так да́лее до ~ости and so on, and so on; **~ый** **1.** (*беспредельный*) infinite; **2.** (*длинный*) endless, interminable; ~ый расска́з interminable story; ~ая доро́га endless road; **3.** (*чрезвычайный по силе проявления*) infinite, extreme, endless; ~ое удово́льствие extreme pleasure; **4.** *разг.* (*постоянный, непрекращающийся*) perpetual; ~ые жа́лобы perpetual complaints; ◇ ~ая десяти́чная дробь *мат.* infinite decimal.

бесконтро́льн|о without control; (*без надзора*) without supervision; **~ый** uncontrolled; (*безнадзорный*) unsupervised; ~ое расхо́дование де́нег uncontrolled expenditure of money.

бескоры́ст|ие *с.* disinterestedness; **~ный** disinterested; unselfish; ~ный челове́к disinterested person; ~ная по́мощь disinterested help/assistance.

бескра́йний boundless, unlimited.

бескри́зисный crisis-free.

бескро́вн|ый bloodless; ~ая револю́ция bloodless revolution.

бескры́лый wingless; *перен.* uninspired.

бескульту́рье *с.* lack of culture.

беснова́ться *несов.* rage, rave, storm.

бесо́вский devilish, diabolical.

беспа́лый fingerless; (*без пальца*) with one finger missing *после сущ.*

беспа́мятн|ый *разг.* forgetful; **~ство** *с.* unconsciousness; впасть в ~ство lose* consciousness.

беспардо́нный shameless, brazen.

беспарти́йный *прил.* **1.** non-Party; **2.** *в знач. сущ. м.* non-Party man*; *мн.* non-Party people.

беспате́нтн|ый unlicensed; ~ая лице́нзия (*лицензия на использование ноу-хау без патента*) nonpatent license.

беспербо́йн|о uninterruptedly; without a hitch *разг.*; **~ый** steady, uninterrupted; ~ая рабо́та мото́ра smooth functioning/running of an engine; ~ое снабже́ние regular supply, continuous flow of supplies.

беспереса́дочн|ый direct, through; ~ое сообще́ние direct communication.

бесперспекти́вн|ость *ж.* lack of prospects, hopelessness; **~ый** unpromising; without promise/prospects *после сущ.*; hopeless.

беспе́чн|о carelessly, thoughtlessly; (беззаботно) light-heartedly; ~ прогу́ливаться saunter about in a carefree manner; жить ~ have* no worldly cares; ~ относи́ться к свои́м обя́занностям treat *one's* responsibilities lightly/carelesly; **~ость** *ж.* carelessness; ~ый careless, irresponsible; (*не обременённый заботами*) carefree, light-hearted; ~ое отноше́ние к *чему-л.* irresponsible attitude to *smth.*; ~ая улы́бка light-hearted smile; ~ый хара́ктер carefree disposition.

беспла́нов|ость *ж.* lack of plan(ning), haphazardness; **~ый** unplanned, planless; without a plan *после сущ.*

беспла́тн|о free (of charge), gratis; **~ый** free; ~ый биле́т free ticket; ~ое приложе́ние free supplement; ~ое обуче́ние free education; ~ое медици́нское обслу́живание free medical aid/service.

бесплацка́ртный unreserved; without reserved seats *после сущ.*

беспло́д|ие *с.* **1.** sterility; **2.** (*о почве*) infertility, barrenness; **~ность** *ж.* **1.** barrenness, sterility; **2.** (*безуспешность*) futility, fruitlessness; **~ный** **1.** sterile, barren; **2.** (*неплодородный, о почве*) barren; **3.** (*безуспешный*) futile, fruitless, aborive; ~ные попы́тки fruitless attempts; ◇ ~ная смоко́вница *библ.* barren fig tree.

беспло́тный *рел. поэт.* incorporeal.

бесповоро́тный irrevocable.

бесподо́бн|ый *разг.* inimitable, unrivalled, unequalled, peerless; ~но! *межд.* superb! splendid!

беспозвоно́чный invertebrate.

беспоко́|ить, обеспоко́ить (*вн.*) **1.** (*нарушать покой, мешать*) disturb (*smb.*), trouble (*smb.*), bother (*smb.*); (*причинять боль*) hurt* (*smb.*), give* (*smb.*) trouble; **2.** (*волновать*) worry (*smb.*), upset* (*smb.*); меня́ ~ило, что... I was afraid (that)...; **~иться**, обеспоко́иться, побеспоко́иться **1.** *сов.* обеспоко́иться (*о пр; волноваться*) be* anxious (about), worry (about), be* uneasy (about); **2.** *сов.* побеспоко́иться (*утруждать себя*) trouble, worry, fret; пожа́луйста, не ~йтесь! please, don't trouble/bother!

беспоко́йн|о **1.** *нареч.* restlessly; больно́й спал ~ the patient passed a restless night; **2.** *в знач. сказ. безл.* it is worrying/disturbing; **~ый 1.** (*тревожный, взволнованный*) restless, anxious; ~ый челове́к restless person; ~ый вид worried appearance/looks; ~ый сон troubled sleep; ~ые времена́ troubled/turbulent times; **2.** (*причиняющий беспокойство*) troublesome, worrying, tiresome; ~ая доро́га tiresome/difficult journey; ~ая рабо́та worrying work.

беспоко́йство *с.* **1.** (*волнение*) anxiety, uneasiness, unrest; с ~м anxiously; испы́тывать ~ experience/feel* anxiety; **2.** (*хлопоты*) worry; причиня́ть ~ *кому-л.* trouble *smb.*, give* *smb.*, trouble, put* *smb.* to trouble; прости́те за ~ I am sorry to trouble you.

бесполе́зн|о **1.** *нареч.* uselessly; **2.** *в знач. сказ.* it is useless, it is no good; спо́рить ~ it's useless to argue, it's no good arguing; **~ый** useless, futile, vain.

беспо́л|ый sexless, asexual; ~ое размноже́ние *биол.* parthenogenesis.

беспо́мощн|ость *ж.* helplessness; **~ый 1.** helpless, ineffectual; **2.** (*плохой*) feeble.

беспоро́дн|ый not thoroughbred, not pedigree; ~ая соба́ка (*дворняжка*) mongrel.

беспоро́чн|ый blameless, irreproachable; ~ая слу́жба irreproachable service.

беспоря́док *м.* **1.** disorder, confusion; **2.** *мн.* (*волнения*) riots, disturbances.

беспоря́дочн|о in confusion/disorder; (*непоследовательно*) without system, unsystematically; ~ чита́ть read* whatever comes to *one's* hand, read* without any system; **~ость** *ж.* disorderliness; **~ый** (*непоследовательный*) haphazard, irregular, unsystematic; ~ая жизнь irregular life.

беспоса́дочный: ~ перелёт nonstop flight.

беспо́чвенный unfounded, flimsy, groundless, unsound.

беспо́шлинный duty-free; ~ ввоз това́ров duty-free import.

беспоща́дный ruthless, merciless, relentless.

беспра́в|ие *с.* absence/lack of (legal) rights *после сущ.*

беспреде́льный boundless, infinite.

беспредме́тн|ый aimless, vague; ~ая кри́тика ill-defined criticism; ~ спор pointless argument.

беспрекосло́вн|о implicitly, unquestioningly; **~ый** unquestioning, implicit;~ое повинове́ние implicit obedience, absolute submission.

беспрепя́тственн|о without hindrance, freely; **~ый** free, unimpeded.

беспреры́вн|о ceaselessly, continuosly, uninterruptedly; without a break *разг.*; ~ лил дождь it rained without stopping; ~ый ceaseless, continuous, uninterrupted.

беспреста́нн|о continually, incessantly; ~ раздава́лись звонки́ по телефо́ну the telephone kept ringing; **~ый** incessant.

беспрецеде́нтный unprecedented.

беспри́быльный unprofitable, profitless.

беспризо́рн|ик *м.* waif, homeless child*; **~ость** *ж.* homelessness, destitution; **~ый** *прил.* **1.** (*заброшенный*) neglected, uncared for; **2.** (*о детях*) homeless, destitute; **3.** *в знач. сущ. м.* см. беспризорник.

бесприме́рн|ый unparalleled; unprecedented; ~ по́двиг unparalleled feat; ~ая хра́брость unexampled bravery.

беспринци́пн|ость *ж.* absence of (guiding) principle, unscrupulousness; **~ый** unprincipled, unscrupuluos.

беспристра́ст|ие *с.*, **~ность** *ж.* impartiality; **~ный** impartial, unbias(s)ed; ~ное мне́ние unbias(s)ed opinion; ~ная кри́тика unbias(s)ed criticism; ~ный судья́ impartial judge.

беспричи́нн|о for no reason; **~ный** groundless, causeless; ~ая грусть inexplicable sadness.

беспри́ютный homeless, shelterless.

беспробу́дн|ый 1. (*очень крепкий*) deep, dead; **2.** *разг.* (*безудержный*) hopeless; ~ое пья́нство incessant drinking.

беспро́волочный wireless; ~ телегра́ф wireless (telegraphy).

беспро́игрышн|ый safe; ~ая лотере́я prizes-for-all lottery; ~ заем repayable loan; ~ое де́ло sure thing.

беспросве́тн|ый pitch-dark; *перен.* hopeless, unrelieved; ~ая тьма utter darkness; ~ая нужда́ unrelieved poverty.

беспроце́нтный bearing no interest *после сущ.*

беспу́т|ный wayward, dissolute; (*развратный*) dissipated; **~ство** *с.* dissipation, debauchery.

бессвя́зн|ость *ж.* incoherence; **~ый** incoherent, inconsequent, rambling; ~ый расска́з incoherent story/account.

бессеме́йный having no family *после сущ.*

бессерде́ч|ие *с.* heartlessness; **~ный** heartless.

бесси́л|ие *с.* **1.** (*крайняя слабость*) feebleness, weakness, debility; **2.** (*беспомощность*) powerlessness, helplessness; impotence.

бесси́ль|ный 1. (*слабый*) weak, feeble, debilitated; **2.** (*беспомощный*) powerless, helpless; impotent; ~ гнев impotent rage; слова́ ~ны words are inadequate.

бессисте́мн|ость *ж.* lack of system; **~ый** unsystematic.

бессла́вие *с.* infamy.

бессла́вный inglorious, ignominious; ~ коне́ц inglorious end.

бессле́дн|о without (leaving) a trace; он исче́з ~ he disappeared completely; **~ый** leaving no trace *после сущ.*; ~ое исчезнове́ние complete disappearance.

бесслове́сн|ый 1. (*о животных*) dumb; **2.** (*кроткий*) meek, unprotesting; ◇ ~ая роль non-speaking part, silent part.

бессме́нный permanent.

бессме́рт|ие *с.* immortality; **~ник** *м.* immortelle; **~ный** immortal; ~ная сла́ва deathless fame, undying glory.

бессмы́сленн|о **1.** *нареч.* inanely, vacantly; ~ улыба́ться grin vacantly; **2.** *в знач. сказ.* it is pointless; ~ говори́ть, идти́, де́лать и т. п. it's no use talking, going, doing etc.; **~ость** *ж.* absurdity; **~ый 1.** (*лишённый смысла*) absurd, meaningless; ~ый набо́р слов meaningless jumble of words; 2. (*нелепый*) senseless, absurd; ~ый посту́пок senseless action; ~ая жесто́кость wanton cruelty; **3.** (*неразумный*) pointless, foolish; **4.** (*неосмысленный*) inane; ~ый смех inane laughter; ~ый взгляд vacant look, blank stare; ~ая улы́бка meaningless/vacuous smile.

бессмы́слица *ж. разг.* nonsense; это ~! that's absurd! it doesn't make sense!

бессне́жный snowless.

бессо́вестный unscrupulous; shameless.

бессодержа́тельный empty, trivial; (*о человеке*) shallow, commonplace.

бессозна́тельн|ый unconscious; (*безотчётный тж.*) instinctive; в ~ом состоя́нии unconscious.

бессо́нн|ица *ж.* sleeplessness, insomnia; **~ый** sleepless.

бесспо́рн|о 1. *нареч.* undoubtedly, unquestionably; **2.** *в знач. вводн. сл.* indeed, no doubt; **~ый** unquestionable, incontestable, indisputable.

бессре́бреник *м.* disinterested person; он ~ he is above taking money.

бессро́чн|ый permanent; ~ о́тпуск indefinite leave; ~ па́спорт life-passport; ~ая ссуда loan for an indefinite term.

бесстра́ст|ие *с.* impassivity; **~но** dispassionately; **~ный** dispassionate, calm; (*выражающий равнодушие*) impassive; ~ное лицо́ impassive face.

бесстра́ш|ие *с.* fearlessness, intrepidity; **~ный** fearless, intrepid.

бессты́д|ник *м. разг.* impudent/brazen fellow; **~ница** *ж. разг.* shameless creature; hussy; **~ный** shameless; (*непристойный*) indecent; **~ство** *с.* shamelessness, immodesty.

беста́ктн|ость *ж.* **1.** tactlessness, indelicacy; **2.** (*бестактный поступок*) indiscretion; **~ный** tactless; (*нескромный*) indelicate.

беста́ла́нный 1. untalented; **2.** (*несчастливый*) ill-starred, luckless.

бе́стия *м.* и *ж. разг.* rogue; хи́трая ~ sly rogue.

бестолко́в|о in a muddled/irrational manner; у него́ все получа́ется ~ he makes a muddle of everything he puts his hand to; **~ость** *ж.* **1.** stupidity; **2.** (*бессвязность*) incoherence; **~ый 1.** stupid, muddle-headed; **2.** (*бессвязный*) incoherent; ~ое объясне́ние muddled explanation.

бе́столочь *ж. разг.* muddle-headed person.

бесту́жевск|ий: ~ие ку́рсы *ист.* (*высшие курсы для женщин, основанные в 1879 г. в Санкт-Петербурге и названные в честь их первого директора К. Н. Бестужева-Рюмина*) "Bestuzhev courses„.

бесту́жевка *ж.* member of "Bestuzhev courses„.

бесфо́рменный shapeless, formless.

бесхара́ктерн|ость *ж.* lack of character, flabbiness; **~ый** characterless, weak(-willed), spineless.

бесхво́стый tailless; without a tail *после сущ.*

бесхи́тростный artless, ingenuous, unsophisticated.

бесхо́зн|ый ownerless; ~ое иму́щество property in abeyance.

бесхозя́йственн|ость *ж.* bad management, mismanagement; **~ый** unpractical; (*неэкономный*) thriftless, wasteful; ~ое веде́ние дел mismanagement.

бесхребе́тный *разг.* spineless, weak.

бесцве́тн|ость *ж.* colorlessness; *перен. тж.* dullness, monotony; **~ый** colorless; *перен. тж.* insipid, dull; ~ый газ colorless gas; ~ые глаза́ colorless eyes; ~ый расска́з dull/insipid tale.

бесце́ль|ный aimless, purposeless, pointless; ~ая болтовня́ idle chat.

бесце́нный invaluable, priceless.

бесце́нок *м.*: за ~ *разг.* dirt-cheap, for next to nothing; купи́ть за ~ buy* for a song.

бесцеремо́нн|о high-handedly, coolly; (*нагло*) impudently; **~ность** *ж.* high-handedness; undue familiarity; (*наглость*) impudence; **~ый** high-handed, unceremonious, cool; (*наглый*) impudent, forward; ~ое обраще́ние с фа́ктами high-handed treatment of facts.

бесчелове́чн|ость *ж.* inhumanity; **~ый** inhuman.

бесче́ст|ить, обесче́стить (*вн.*) (*позорить*) disgrace (*smb.*); (*поносить*) defame (*smb.*); **~ный** dishonorable.

бесче́стье *с.* dishonor, disgrace, infamy.

бесчи́нство *с.* outrage; **~вать** *несов.* commit outrages, make* havoc.

бесчи́сленн|ый innumerable, countless; ~ое коли́чество vast number/quantity.

бесчу́вственн|ость *ж.* **1.** (*неспособность чувствовать*) numbness, insensibility; **2.** (*бессердечие*) harshness, lack of feeling/heart; **~ый 1.** (*лишённый способности чувствовать*) numb, lifeless, insensible; (*бессознательный*) unconscious; **2.** (*бессердечный, равнодушный*) cold, unfeeling; (*безжалостный*) heartless.

бесчу́встви|е *с.* **1.** (*потеря сознания*) oblivion, loss of consciousness; пьян до ~я dead drunk; **2.** (*равнодушие*) heartlessness.

бесшаба́шный *разг.* reckless, foolhardy.

бесшу́мный noiseless, silent.

бе́та *ж.* beta; **~-лучи́** *мн. физ.* beta rays.

бе́тель *м. бот.* betel.

бето́н *м.* concrete; **~и́ровать**, забетони́ровать (*вн.*) concrete (*smth.*); **~ка** *ж. разг.* concrete road/highway; (*взлётная полоса*) concrete runway; **~ный** concrete.

бетономеша́лка *ж.* concrete mixer.

бето́нщик *м.* concrete worker.

бечева́ *ж.* tow(ing)-rope.

бечёвка *ж.* string, twine.

бе́шен|ство *с.* **1.** (*болезнь*) hydrophobia; (*у животных тж.*) rabies; **2.** (*неистовство*) rage, fury; приводи́ть *кого-л.* в ~ infuriate *smb.*; drive* *smb.* mad; приходи́ть в ~ fall* into a passion; **~ый 1.** (*о животных*) mad, rabid; ~ая соба́ка mad dog; **2.** (*неистовый, необузданный*) furious, violent; ~ый хара́ктер violent temper; ~ая ско́рость furious pace; ~ая страсть violent passion; ~ый темп furious rate/tempo; <> ~ые де́ньги money to burn, easy money; <> ~ые це́ны exorbitant prices.

бзик *м. разг.* quirk, oddity, whim.

биатло́н *м.* winter biathlon; **~и́ст** *м.* biathloner.

библе́йский biblical.

библиогра́ф *м.* bibliographer.

библиографи́ческий bibliographical.

библиогра́фия *ж.* bibliography.

библиоте́к|а *ж.* library; **~арь** *м.* librarian.

библиоте́ка-чита́льня *ж.* public library and reading room.

библиоте́чный library *attr.*

библиофи́л *м.* bibliophile.

Би́блия *ж.* Bible.

бива́к *м. воен.* bivouac, camp.

би́вень *м.* tusk.

бигуди́ *мн. нескл.* curlers.

бидо́н *м.* can; большо́й ~ для молока́ milk-churn.

бие́ние *с.* beating; (*сильное*) throbbing; ~ се́рдца heartbeat; <> ~ жи́зни the pulse of life.

бижуте́рия *ж.* bijouterie, costume jewellry.

биза́нь *ж. мор.* mizzen; ~ ма́чта mizzenmast.

бизо́н *м. зоол.* bison; buffalo *амер.*

бикфо́рдов: *тех.* ~ шнур Bickford (safety) fuse.

биле́т *м.* **1.** (*входной, проездной и т. п.*) ticket; ~ в теа́тр theater ticket, ticket to/for theater; **2.** (*членский и т. п.*) pass, card; парти́йный ~ Party (-membership) card; пригласи́тельный ~ invitation card; студе́нческий ~ student's pass; вое́нный ~ military-service card; **3.** (*экзаменационный*) paper.

билетёр *м.* ticket collector; (*в театре, кино*) attendant.

биле́тн|ый ticket *attr.*; ~ая ка́сса booking-office; (*в театре, кино*) box-office.

биллио́н *м.* thousand million, milliard; billion *амер.*

билль *м. пол.* bill; Билль о Права́х (*в Англии*) Bill of Rights.

билья́рд *м.* **1.** (*игра*) billiards *pl.*; **2.** (*стол*) billiard table; **~ная** *ж.* billiard room; **~ный** billiard.

биметалли́зм *м. экон.* bimetallism.

бино́кль *м.* binoculars *pl.*; полево́й ~ field glasses *pl.*; театра́льный ~ opera glasses *pl.*

бино́м *м. мат.* binomial; ~ Ньюто́на binomial theorem.

бинт *м.* bandage.

бинтова́ть, забинтова́ть (*вн.*) bandage (*smth.*); **~ся**, забинтоваться bandage oneself.

биогеогра́фия *ж.* biogeography.

био́граф *м.* biographer; **~и́ческий** biographic(al).

биогра́фи|я *ж.* biography, life story; кра́ткая ~ résumé; рассказа́ть свою́ ~ю give a brief account on *one's* life.

био́лог *м.* biologist; **~и́ческий** biological.

биоло́гия *ж.* biology.

био́ника *ж.* bionics.

биоста́нция *ж.* biological research station.

биосфе́ра *ж.* biosphere.

биото́ки *мн.* action currents/potential(s).

биофи́зика *ж.* biophysics.

биохи́мия *ж.* biochemistry.

би́рж|а *ж.* stock exchange; валю́тная ~ currency market; това́рная ~ commodity exchange; фо́ндовая ~ stock exchange; фью́черсная ~ futures market, contract market; чёрная ~ black market; <> ~ труда́ labor exchange; ~ це́нных бума́г securities exchange; **~ево́й**; ~ева́я игра́ stockjobbing; ~ево́й ди́лер exchange dealer; ~ево́й ма́клер stockbroker; ~ево́й спекуля́нт gambler, speculator.

би́рка *ж.* tag.

бирма́н|ец *м.*, **~ка** *ж.* Burmese, Burman; **~ский** Burmese, Burman; ~ский язы́к Burmese, the Burmese language.

бирюз|а́ *ж.* turquoise; **~о́вый 1.** turquoise; ~о́вый ка́мень turquoise (stone); ~о́вые се́рьги turquoise earrings; **2.** (*цвета бирюзы*) turquoise; ~о́вое мо́ре turquoise sea.

бирю́к *м. диал.* lone wolf; *перен.* lone wolf, unsociable person.

бирю́льки *мн.* (*ед.* бирю́лька *ж.*) spillikins, jack-straws; <> игра́ть в ~ fritter *one's* time away.

бис encore!; на ~ as an encore, by way of encore; исполня́ть *что-л.* на ~ give* *smth.* as an encore.

би́сер *м. собир.* beads *pl.*; <> мета́ть ~ пе́ред сви́ньями cast* pearls before swine; **~ный** beaded; <> ~ный по́черк fine hand, delicate handwriting, minute handwriting.

биси́ровать *несов.* и *сов.* give* an encore; (*вн.*) repeat (*smth.*).

бискви́т *м.* sponge(-cake); **~ный**: ное те́сто sponge pastry; ~ное пиро́жное, пече́нье sponge-cake.

биссектри́са *ж. мат.* bisector.

би́та *спорт.* bat.

би́тва *ж.* battle.

битко́м: ~ наби́т(ый) crammed, packed, cram-full.

бито́к *м.* rissole; meatball *амер.*

би́тум *м. минер.* bitumen.

би́т|ый 1. beaten; **2.** (*о посуде*) broken (*разбитый*); cracked (*треснувший*); <> ~ая пти́ца fresh-killed poultry/game; ~ час (for) a solid hour.

бить, поби́ть, проби́ть, разби́ть 1. *тк. несов.* (по *дт.* в *вн.; удар'ять*) strike* (*smth.*), hit* (*smth.*), knock (*smth.*); конь бьёт копы́том the horse stamps; косо́й дождь бьёт по стёклам the driving rain lashed the windowpanes; **2.** *сов.* поби́ть (*вн.*) beat* (*smb.*, *smth.*); они́ би́ли друг дру́га кулака́ми и нога́ми they punched and kicked each other; ~ кнутóм whip, flog; ~ себя́ в грудь thump *one's* chest; ~ в лицо hit in the face; 2. *тк. несов.* (*вн.*; убивáть) kill *smb.*; (*резать скот*) slaughter (*smth.*); ~ птúцу kill poultry; ~ рыбу острогой spear fish; 4. *тк. несов.* (*стрелять*) shoot*; ~ метко shoot* straight; ~ мúмо цéли miss *one's* aim; 5. *тк. несов.* (на *вн.*; *об оружии*) have* an effective range (of); револьвéр бьёт на 600 мéтров the revolver has an effective range of six hundred meters; 6. *сов.* разбúть (*вн.*; *раздроблять*) smash (*smth.*), break* (*smth.*); ~ посýду dreak/smash the crockery; ~ стёкла break*/smash windows; 7. *тк. несов.* (в *вн.*; *ударами производить звуки*) sound (*smth.*); (*глухо*) thump (*smth.*); ~ в кóлокол sound/toll a bell; ~ в барабáн beat* a drum; ~ в ладóши clap *one's* hands; ~ по столý bang on the table; 8. *тк. несов.* (*в сочет. с некоторыми сущ.: давать сигнал*) ~ зóрю sound the reveille; ~ отбóй beat* a retreat; ~ тревóгу raise the alarm; 9. *сов.* пробúть (*о часах*) strike*; часы́ бьют пóлночь the clock strikes midnight; 10. *тк. несов.* (*выбиваться с силой*) gush out, spurt out; (*о фонтане*) play; ~ струёй spurt; ; энéргия в нём бьёт ключóм he is bubbling over with energy; ~ наверня́кá only shoot* once; ~ в однý тóчку concentrate on one thing; ~ в цель hit the target; ~ на эффéкт strain after effect; ~ *кого-л.* по кармáну touch *smb.* in his/her pocket; ~ по чьему-то самолю́бию wound *smb.'s* vanity; ~ челóм *ист.* present a petition.

битьё *с.* 1. (*побои*) beating; 2. (*посуды и т. п.*) smashing, breaking.

би́ться *несов.* 1. (с *тв.*; дрáться, сражáться) fight* (*smb.*, *smth.*); 2. (о *вн.*; удар́яться) knock (against), beat* (against); ~ головóй об стéнку knock *one's* head against a wall; 3. (*разбиваться*) break*; 4. (*о сердце*) beat*; 5. (над *тв.*) sweat (over); как он ни би́лся... try as he would...; <> ~ как ры́ба об лёд struggle desperately for a living; ~ об заклáд bet*.

битю́г *м.* 1. cart horse, dray horse; 2. *перен.* strong man.

бифштéкс *м.* beefsteak.

бич *м.* whip, lash; *перен.* scourge; **~евáние** *с.* flagellation; *перен.* castigation; **~евáть** *несов.* (*вн.*) flog (*smb.*), whip (*smb.*); *перен.* chastise (*smb.*, *smth.*) scourge (*smb.*, *smth.*); ~евáть порóки censure faults, chastise evil, castigate evil.

блáг|о I *с.* 1. good, benefit; óбщее ~ common good/weal; на ~ человéчества for the benefit of mankind; 2. *мн.* goods; материáльные и духóвные ~а material and spiritual goods; произвóдство материáльных благ production of material wealth; ~а жúзни the good things in life, material benefits; <> ни за какúе ~а! not for worlds!; всех благ! good luck!; желáю вам вся́ких благ I wish you every happiness.

благо II *союз разг.* (*тем более, что*) (particularly) since.

благовéрн|ый *уст.* husband; **~ая** wife.

блáговест *м. церк.* ringing of church bells.

Благовéщен|ие *с. рел.* the Annunciation, Twelfth Day.

благови́дный proper; ~ предлóг plausible excuse.

благоволéние *с.* good will, kindness, favor; пóльзоваться *чьим-л.* ~ем be* in favor with someone.

благоволи́ть *несов.* (к *дт.*) be* well/kindly disposed (to).

благовóн|ие *с.* fragrance, aroma; **~ный** fragrant.

благовоспи́танный well-bred, well brought up.

благоглу́пость *ж.* pompous triviality.

благоговéние *с.* reverence, veneration; внушáть ~ кому-л. inspire *smb.* with profound veneration.

благоговéть *несов.* (перед *тв.*) have* a profound respect (for), revere (*smb.*).

благодарéние *с.*: День Благодарéния (*амер.*) Thanksgiving Day.

благодар|и́ть, поблагодари́ть (*вн.*) thank (*smb.*); ~ю вас! thank you!, thanks!

благодáрн|ость *ж.* 1. gratitude, thankfulness (for); в ~ за *что-л.* in acknowledgement/ recognition of *smth.*; 2. (*официальная положительная оценка чьего-л. труда*) message of thanks/ appreciation; вы́нести кому-л. ~ за *что-л.* thank *smb.* officially for *smth.*; объяви́ть ~ в прикáзе thank in an order of the day; получи́ть ~ receive an official message of thanks; **~ый** grateful, thankful; *перен.* gratifying, rewarding; ~ая аудитóрия appreciative audience; ~ый материáл rewarding material; ~ая роль good*/promising part.

благодáрственн|ый *уст.* expressing thanks; ~ молéбен thanksgiving service; ~ое письмó letter of thanks.

благодаря́ thanks to, owing to; <> ~ тому, что thanks to the fact that.

благодáтный blessed; ~ дождь the good/refreshing rain; ~ край land of plenty/abundance.

благодéнствовать *несов.* thrive*, prosper, flourish.

благодéтель *м.* benefactor; **~ница** *ж.* benefactress; **~ный** beneficial.

благодея́ние *с. уст.*boon.

благоду́ш|ие *с.* euphoria; good humor; **~ный** euphoric; gentle, good-humored.

благожелáтельн|о favorably; ~ относи́ться к кому-л. be* well-disposed towards *smb.*; **~ость** *ж.* benevolence, goodwill; **~ый** well-disposed; kindly, benevolent; (*об отзыве и т. п.*) favorable; ~ый человéк good-natured person, favorably disposed person; ~ое отношéние favorable attitude.

благозву́ч|ие *с.*, **~ность** *ж.* euphony, pleasant harmony; **~ный** harmonious, euphonious.

благ|óй I *уст.* good; ~ое дело a good job; ~ая мысль happy thought; ~ие намéрения good intentions.

благ|óй II: кричáть ~им мáтом yell for all one is worth, shout at the top of *one's* voice.

благоле́пие *с. уст.* grandeur.

благонадёжн|ость *ж. уст.* reliability, trustworthiness; **~ый** *уст.* reliable, trustworthy.

благонра́в|ие *с.* good behavior; **~ый** well-behaved.

благообра́зие *с.* good looks, noble appearance.

благообра́зный fine-looking, personable.

благополу́ч|ие *с.* well-being, prosperity; (*счастье*) happiness; **~но** safely; all right, well; всё обстои́т ~но everything is all right, all is well; они́ ~но доéхали до мéста they arrived safely at their destination; **~ный** successful, happy.

благоприобретённый acquired.

благопристо́йн|ость *ж.* decency, decorum; **~ый** decent, decorous.

благоприя́тн|ый favorable, propitious; ~ момéнт propitious moment; ~ные усло́вия favorable conditions; ~ное обстоя́тельство propitious circumstance; ~ фа́ктор conductive factor; ~ отвéт favorable answer; все дают о нем ~ные о́тзывы he is very well spoken of.

благоприя́тствован|ие *с.* режи́м наибо́льшего ~ия most-favored nation treament.

благоприя́тствов|ать *несов.* (к *дт.*) be* favorable (to); (*быть полезным*) be* conductive (to); судьба́ ~ала его́ начина́ниям fate smiled upon his efforts; кли́мат ~ал его́ выздоровлéнию the climate was conductive to his recovery.

благоразу́м|ие *с.* sense, prudence, discretion; образéц ~ия a model of discretion; **~но** sensibly; ~но умолча́ть о *чем-л.* maintain a discreet silence on *smth.*; он ~но удали́лся *разг.* he had the sense to leave; **~ный** reasonable, sensible, wise; ~ный человéк reasonable person; ~ный совéт sensible advice; быть доста́точно ~ным, что́бы... have* the sense to...; са́мое ~ное — э́то уйти́ the wisest course would be to go.

благоро́д|ный noble; (*великодушный*) generous (-hearted); ~ поры́в good/generous impulse; ~ посту́пок fine/noble action; ~ное дéло good/noble cause; ~ная красота́ refined/noble beauty; ◇ ~ные метáллы precious metals; **~ство** *с.* nobility, nobleness; (*великодушие*) generosity.

благосклóнн|о favorably; ~ вы́слушать *кого-л.* lend* a willing/favorable ear to *smb.*; ~ приня́ть *кого-л.* receive *smb.* kindly, give* *smb.* a favorable reception; относи́ться ~ к кому-л. be* favorably disposed towards *smb.*; **~ость** *ж.* favor, kindness; по́льзоваться *чьей-л.* ~остью be* in *smb.'s* good graces/books; снискáть *чью-л.* ~ость find* favor in *smb.'s* eyes; ~ый приём favorable/ cordial reception; ~ое внимáние favorable attention; ~ взгляд kindly glance.

благословлéни|е *с. рел. тж. перен.* blessing, benediction; подойти́ под ~ ask a blessing (from); с ~я with the blessing (of), with the consent (of).

благослов|и́ть *сов. см.* благословля́ть; ~ля́ть, благослови́ть (*вн.*) 1. bless (*smb.*); 2. (*одобрять*) approve (of), give* *one's* blessing/approval (to).

благосостоя́ние *с.* well-being, prosperity; welfare.

благотвори́тель *м.* philanthropist; **~ность** *ж.* charity, philanthropy; **~ный** charitable, benevolent; charity *attr.*, philanthropic; ~ный спектáкль charity performance; с ~ной цéлью for charity, with a charitable/benevolent purpose.

благотво́рный beneficial, salutary.

благоустра́ивать, благоустро́ить (*вн.*) provide amenites (for), modernize (*smth.*).

благоустро́|енный comfortable; with modern conveniences *после сущ.*; with all proper amenities *после сущ.*; (*о квартире, доме тж.*) well-appointed, well-equipped; ~ го́род city with all proper amenities; **~ить** *сов.* см. благоустра́ивать.

благоустро́йств|о *с.* improvement, provision of amenities; ~ города city/town improvement; рабо́та по ~у сéльских посёлков providing housing and amenities for rural settlements.

благоуха́н|ие *с.* fragrance; **~ный** fragrant, sweet-smelling.

благоуха́ть *несов.* be fragrant, smell* sweet/nice; **~ющий** fragrant, sweet-smelling, sweet-scented.

благочéст|ие *с.* piety; **~и́вый** pious, devout.

блажéн|ный 1. blessed; (*выражающий блаженство*) blissful; 2. *разг.* (*чудаковатый*) dotty; **~ство** *с.* bliss, felicity; быть на верши́не ~а be* in perfect bliss.

блажи́ть *несов. разг.* indulge whims, be* eccentric.

блажь *ж. разг.* whim; на него́ нашла́ ~ he was seized with a sudden whim, the fancy took him.

бланк *м.* form; ~ заявлéния application form; ~ для почто́вого перево́да postal order form; телегра́фный ~ telegraph form; запо́лните, пожа́луйста, ~ fill in the form, please.

блат I *м. разг.* (*связи, знакомство*) pull, protection, influence; у него́ есть ~ he has a pull, he has friend at court; получи́ть по ~у get* on the quiet.

блат II (*воровской язык*) thieves'* cant/Latin.

бледнéть, побледнéть 1. turn/grow*/become* pale; 2. (*перед тв.; терять свою силу, яркость*) fade/pale into insignificance (before), be* outshone/overshadowed (by).

бледноли́цый pale(-faced).

блéдн|ость *ж.* 1. pallor; 2. (*отсутствие яркости, выразительности*) feebleness, flatness, lack of force/color; **~ый 1.** pale, pallid; ~ как полотно́ white as a sheet; ~ая нéмочь chlorosis; 2. (*невыразительный*) colorless, feeble, insignificant; ~ый расскáз feeble story.

блёк|лый faded; (тусклый) pallid, dim; **~нуть**, поблёкнуть fade, wither; (тускнеть) grow* dim.

блеск *м.* glitter; *перен.* brilliance; ~! *межд.* brilliant! super!; ~ наря́да splendor/brilliance of attire; ~ умá brilliance of intellect; теря́ть ~ lose* it's lustre; ◇ во всём ~е in all *one's* splendor; с ~ом brilliantly.

блесна́ *ж.* spoon-bait.

блес|ну́ть *сов.* flash; *перен.* show* up suddenly; у меня́ ~ну́ла мысль the thought flashed through my mind; **~теть** *несов.* **1.** gleam, glitter; огни́ ~тя́т lights are gleaming; звёзды блещут stars are shining/glittering; **2.** (*о глазах*) shine*; **3.** (*отличаться какими-л. качествами*) shine*; он не бле́щет умо́м he has no special powers of intellect, he's not very bright.

блёстк|и *мн.* (*ед.* блёстка *ж.*) **1.** (*украшение*) spangles, sequins; в ~ах, укра́шенный ~ами spangled, bespangled; **2.** (*светящиеся точки*) sparkles; *перен.* flashes; ~ остроу́мия flashes of wit.

блестя́щ|ий shining; *перен.* brilliant; ~ метео́р glittering meteor; ~ие глаза́ shining eyes; ~ее образова́ние splendid education; ~ ле́ктор brilliant lecturer; ~ ум brilliant mind; ~ успе́х dazzling success.

блеф *м.* bluff; его́ угро́зы оказа́лись чи́стым ~ом his threats turned out to be pure bluff; **~ова́ть** *несов.* bluff.

бле́ять *несов.* bleat.

ближа́йш|ий 1. (*самый близкий*) the nearest; ~ ро́дственник next of kin; в ~ем бу́дущем in the very near future; в ~ие дни (with)in the next few days; в ~ие же дни as soon as possible; **2.** (*непосредственный*) immediate; при ~ем рассмотре́нии on closer inspection; при ~ем уча́стии *кого-л.* with the close cooperation of *smb.*

бли́же (*сравнит. ст. прил.* бли́зкий и *нареч.* бли́зко) nearer; (*об отношениях тж.*) closer; ~ к де́лу! stick to the point!

бли́жн|ий *прил.* **1.** near; ~яя диста́нция short range; ~им путём by the shortest route; ~ свет *авт.* dipped headlights; **2.** *в знач. сущ. перен. уст.* *one's* neighbor; люби́ть ~его love *one's* neighbor.

близ near, by, close to.

бли́зиться *несов.* draw* near, approach.

бли́зкие *мн.* (*родственники*) relatives, *one's* people/family.

бли́з|кий 1. (*на небольшом расстоянии*) near, close; (*близлежащий*) near-by, neighboring; на ~ком расстоя́нии от *чего-л.* not far from *smth.*, quite near *smth.*; **2.** (*во времени*) near, impending; ~кое бу́дущее near future; ~ отъе́зд impending departure; ~кая смерть approaching/impending death; **3.** (к *дт.*; приближа́ющийся к *кому-л.* состоя́нию) near (to)* nearly (+ inf); ~ к о́бмороку nearly fainting; **4.** (*связанный родством, дружбой*) dear, close, intimate; ~ ро́дственник near relation; ~ челове́к intimate friend, dear one; он мне ~ок I feel very close to him; ~кие отноше́ния intimate relations/terms; **5.** (*сходный*) close, similar; ~кие взгля́ды related/similar views; ~ к по́длиннику close to the original; ~ перево́д faithful translation; ~ по ду́ху kindred spirit; **~ко 1.** *нареч.* near, close; ~ко от го́рода quite near the town, not far from the town; ~ко познако́миться 1) (с *чем-л.*) get* well acquainted (with *smth.*), gain an intimate knowledge (of *smth.*); **2.** (с *кем-л.*) become* close friends (with *smb.*); э́то меня́ ~ко каса́ется I am most closely concerned; **2.** *в знач. сказ.* (*о расстоянии*) it is not far; до го́рода ~ко it is not far to the town, the town is quite close; **3.** *в знач. сказ.* (*о времени*) it is not long; у́тро ~ко morning is not far off.

близлежа́щий neighboring, nearby.

Близнецы́ I *мн. астр.* (*созвездие*) Gemini, the Twins.

близнецы́ II *мн.* (*ед.* близне́ц *м.*) twins.

близору́к|ий nearsighted, shortsighted, myopic; *перен. тж.* purblind; **~ость** *ж.* shortsightedness, myopia; *перен. тж.* purblindness.

бли́зость *ж.* **1.** (*о месте, времени*) nearness, proximity; ~ сме́рти approach of death; **2.** (*близкие отношения*) intimacy; **3.** (*сходство*) closeness, affinity; ~ взгля́дов closeness of views.

блик *м.* light spot; со́лнечные ~и игра́ли на стене the wall was dappled with sunlight.

блин *м.* pancake; ◇ пе́рвый ~ ко́мом *погов.* the first try is not always lucky, you must spoil before you spin well.

блинда́ж *м. воен.* dug-out.

бли́нчатый pancake *attr.*

бли́нчики *мн.* (*ед.* бли́нчик *м.*) (small) pancakes.

блиста́тельный brilliant.

блиста́ть *несов.* **1.** glow, scintillate. shine*; **2.** (*тв.*; *ярко проявляться*) sparkle (with), be* radiant/brilliant (with); ~ красото́й и мо́лодостью be* radiant with youth and beauty; ~ остроу́мием sparkle with wit; ◇ ~ отсу́тствием *ирон.* be* conspicuous by *one's* absence.

блицтурни́р *м.* lightning tournament.

блок I *м.* (*грузоподъёмное устройство*) pulley, block.

блок II *м.* **1.** (*объединение государств и т. п.*) bloc; **2.** *тех.* block, unit; шлакобето́нные ~и breeze blocks.

блока́д|а *ж.* **1.** siege; blockade (*тж. перен.*); экономи́ческая ~ economic blockade; прорва́ть ~у run* the blockade; снять ~у raise the blockade; **2.** *мед.* blockade; новокаи́новая ~ novocaine blockade.

блокга́уз *м. воен.* blockhouse.

блоки́ровать *несов.* и *сов.* (*вн.*) **1.** blockade (*smb.*, *smth.*); *перен.* block (*smb.*); **2.** *ж.-д.* block (*smth.*).

блоки́роваться *несов.* и *сов.* (*вступать в блок*) form a bloc.

блокиро́в|ка *ж. ж.-д.* block system; **~очный** block *attr.*; ~очная систе́ма block system.

блокно́т *м.* writing pad.

блонди́н *м.* fair-haired man*; **~ка** *ж.* blond.

бло|ха́ *ж.* flea.

бло́чн|ый: ~ое строи́тельство industrialized housing construction, system buiding.

блоши́ный: ~ уку́с fleabite; ~ ры́нок flea market.

блуд *м.* lechery, fornication; **~ить** *несов.* lecher, fornicate; **~ник** *м.* lecher, fornicator; **~ница** *ж.* fornicatress, loose woman, whore.

блу́дный: ~ сын prodigal son.

блужда́ние *с.* roving, wandering, roaming.

блужда́|ть *несов.* (*прям.* и *перен.*) rove, wander, roam; **~ющий** roving, wandering; ~ющий взгляд roving glance; ◇ ~а́ющие огни́ will-o'-the-wisp *sg.*; ~ющая по́чка *мед.* floating kidney.

блу́з|а *ж.* blouse, smock; **~ка** *ж.* blouse.

блю́дечко *с. см.* блю́дце.

блю́до *с.* **1.** (*посуда*) dish; **2.** (*кушанье*) dish; (*одно из кушаний в обеде и т. п.*) course; мясно́е ~ meat dish/course; обе́д из трёх блюд three-course dinner.

блю́дце *с.* saucer.

блюсти́, соблюсти́ (*вн.*) keep* (*smth.*), observe (*smth.*); ~ зако́н abide* by the law; ~ поря́док keep*/maintain order; **~тель** *м.*: ~тель поря́дка custodian of the law, arm of the law.

блядь *ж. бран.* whore, slut.

бля́ха *ж.* badge.

боа́ *нескл.* **1.** *м. зоол.* boa constrictor; **2.** *с.* boa; мехово́е ~ fur boa.

боб *м.* **1.** bean; **2.** *мн.* (*растение*) beans; ◇ оста́ться на ~ах get* nothing for *one's* pains.

бобёр *м.* (*мех*) beaver.

бобо́в|ый *прил.* **1.** bean *attr.*; leguminous *научн.*; ~ стручо́к bean pod; ~ые культу́ры legumes; **2.** *в знач. сущ. мн. бот.* pulses, legumes.

бобр *м.* beaver; **~о́вый** beaver *attr.*

бо́брик *м.* French crop, crewcut; постри́чься ~ом have* a French crop/crew cut.

бобсле́й *м. спорт.* bobsleigh.

бобы́ль *м. уст.* solitary/lonely man; жить ~ём lead* a solitary/lonely existence.

Бог *м.* God; ◇ изба́ви ~!, не дай ~! God forbid; сла́ва ~у! thank God! thank goodness! ~ зна́ет кто (что, куда *и т. п.*) God/goodness knows who ~what, where etc.); ра́ди ~а for God's sake! с ~ом! good luck! как ~ на ду́шу положи́т anyhow, at random; ~ с ним let it pass, good luck to him.

богаде́льня *ж.* almshouse.

богате́й *м. разг.* rich man.

богате́ть, разбогате́ть grow* rich, become* rich; (*преуспевать*) thrive*.

бога́тство *с.* **1.** (*обилие денег и т. п.*) wealth; riches *pl.*; **2.** (*роскошь, великолепие*) richness, resplendence; **3.** *обыкн. мн.* (*совокупность материальных ценностей*) wealth *sg.*, resources; **4.** (*обилие, многообразие*) wealth; ~ впечатле́ний wealth of impressions; ~ кра́сок wealth of color; ~ языка́ richness of language.

бога́т|ый *прил.* **1.** rich; (*о людях, странах и т. п. тж.*) wealthy; ~ урожа́й rich harvest; ~ о́пыт rich experience; ~ витами́нами, жира́ми rich in vitamins, fats; край, ~ леса́ми country abounding in forests; **2.** *в знач. сущ. м.* the rich man*; *мн.* the rich; ◇ чем ~ы, тем и ра́ды such as it is, you are welcome to it.

богаты́рск|ий **1.** (*об эпосе*) heroic; **2.** (*сильный, могучий*) Herculean, exuberant; ~ое здоро́вье rude/exuberant health; ~ое телосложе́ние athletic build; ◇ ~ сон *шутл.* sound sleep.

богаты́рь *м.* **1.** (*эпический*) bogatyr, warrior; **2.** (*силач*) strapping/stalwart fellow.

бога́ч *м.* rich man*; *мн. собир.* the rich.

богдыха́н *м.* Chinese Emperor.

боге́ма *ж.* Bohemians *pl.*; (*образ жизни*) bohemianism.

боге́мский **1.** *геогр.* Bohemian; **2.** ~ое стекло́ Bohemian cutglass.

боги́ня *ж.* goddess.

богобо́рец *м. церк.* theomachist.

богобоя́зненный God-fearing.

богоиска́тель *м. рел.* God-seeker; **~ство** *с.* God-seeking.

богома́з *м.* icon-dauber.

богома́терь *ж.* Mother of God.

богомо́л|ец *м.*, **~ка** *ж.* devout person, pilgrim; **~ье** *с.* pilgrimage; **~ный** religious, devout.

богоотсту́пник *м.* apostate.

богоотсту́пничество *с.* apostacy.

богоподо́бный godlike.

богопроти́вный impious.

Богоро́дица *ж.* The Virgin, Our Lady.

богосло́в *м. церк.* theologian; **~ие** *с.* theology; **~ский** theological.

богослуже́ние *с.* divine service.

боготвори́ть *несов.* (*вн.*) worship (*smb.*), adore (*smb.*), idolize (*smb.*).

богоуго́дн|ый pleasing to God; ~ое заведе́ние charitable institution.

богоху́ль|ник *м.* blasphemer; **~ный** blasphemous; **~ство** *с.* blasphemy; **~ствовать** *несов.* blaspheme.

Богоявле́ние *с. библ.* Epiphany.

бода́ться *несов.* butt.

бодиби́лдинг *м. спорт.* bodybuilding.

бодли́в|ый given to butting *после сущ.*; belligerent; ~ая коро́ва a cow that butts.

бодр|и́ть *несов.* (*вн.*) invigorate (*smb.*), stimulate (*smb., smth.*); **~и́ться** *несов.* try to keep *one's* spirits up; как он ни ~и́тся... for all his pluck...

бо́дрость *ж.* vigor; (*бодрое настроение*) cheerfulness; ~ ду́ха pluck, spirit; вселя́ть ~ в *кого-л.* put* fresh heart into *smb.*

бо́дрствовать *несов.* be*/stay awake.

бо́др|ый active, vigorous; (*весёлый, оживлённый*) cheerful, buoyant; име́ть ~ вид look very spry; ~ая похо́дка jaunty gait; ~ шаг brisk pace; ~ое настрое́ние buoyant spirits *pl.*; ~ ду́хом in good spirits, cheerful; настрое́ние солда́т ~ое the morale of the men is excellent.

бодря́щий bracing, invigorating, stimulating.

боеви́к *м.* **1.** (*фильм и т. п.*) hit; **2.** member of a fighting group.

боев|о́й **1.** fighting; ~о́е зада́ние combat operation/mission; ~а́я подгото́вка combat training; ~ патро́н live/ball cartridge; в ~ гото́вности in fighting trim, ready for action; **2.** (*воинственный*) fighting, bellicose; (*воинствующий*) militant; ~ дух fighting spirit; **3.** (*решительный,* *бойкий*) go-ahead, energetic, lively; **4**. (*особо важный*) urgent, vital; ~а́я зада́ча vital task; ~а́я те́ма important/urgent topic; ◇ ~о́е креще́ние baptism of fire.

боеголо́вк|а *ж*. (*боевая головка*) warhead; раке́та с я́дерной ~ой missile with a nuclear warhead, nuclear-tipped missile.

боеготóвность *ж*. battle readiness/ preparedness.

боёк *м*. *тех*. firing pin.

боеприпа́сы *мн*. ammunition *sg*.

боеспосо́бн|ость *ж*. fighting efficiency; **~ый** efficient; capable of fighting *после сущ*.

бое́ц *м*. **1**. (*воин*) fighter; warrior *поэт*.; **2**. (*солдат*) (private) soldier, man*; команди́ры и бойцы́ officers and men.

Бо́же oh God!; мой ~! my God!

боже́ст|венный divine; **~во́** *с*. divinity, deity.

бо́жий God's; ◇ ка́ждый ~ день every (blessed) day; я́сно как ~ день as clear as noonday; **~и́ться** *несов*. swear*; **~о́к** *м*. idol.

бой *м*. (*битва, сражение*) battle, engagement, action; (*небольшой*) fight, combat; бои́ ме́стного значе́ния local engagements; по всему́ фро́нту иду́т бои́ fighting is going on along the whole front; возду́шный ~ aerial engagement, air battle; (*небольшой*) air fight; разве́дка бо́ем fighting reconnaissance; приня́ть ~ fight*, accept battle; ввести́ в ~ но́вые си́лы bring* fresh forces into action; **2**. (*борьба, состязание*) fight, fighting; кула́чный ~ fisticuffs; ~ быко́в bullfight; *фехт*. bout; **3**. (*убой*) slaughter; **4**. (*разбивание*) breaking; **5**. *собир*. (*разбитая посуда*) breakage; **6**.: ~ часо́в striking of a clock; the chimes *pl*.; часы́ с бо́ем a striking clock; (*карманные*) repeater; ◇ взять *что-л*. с бо́ю take* *smth*. by assault; *перен*. have* to fight for *smth*.; уступи́ть без бо́я give* up without a fight; бить *кого-л*. сме́ртным бо́ем beat* *smb*. within an inch of his, her life.

бо́йк|ий 1. (*решительный и находчивый*) bold, shrewd, sharp, smart; ~ ма́лый a sharp young man*; **2**. (*живой, быстрый*) lively, brisk; ~ ум lively/ready wit; ~ая речь lively talk; **3**. (*полный движения*) busy; ~ая у́лица busy street; ~ая торго́вля brisk trade; ◇ ~ на язы́к glib, glib-tongued; ~ое перо́ у *кого-л*. he has a lively pen.

бойко́т *м*. boycott; объяви́ть ~ declare a boycott; **~и́ровать** *несов*. (*вн*.) boycott (*smb*., *smth*.); *разг*. (*не общаться*) ostracize (*smb*.).

бойни́ца *ж*. loophole, slit, embrasure.

бо́йня *ж*. **1**. slaughterhouse; **2**. (*массовое убийство людей*) carnage, massacre, butchery, manslaughter.

бой-скаут *м*. scout.

бок *м*. side; спать на пра́вом ~у́ sleep* on *one's* right side; схвати́ться за ~а́ (*от смеха*) split *one's* sides (with laughter); у него́ боли́т ле́вый ~ he has a pain in his left side; по ~а́м *чего-л*. on either side of *smth*.; ◇ ~ о ~ side by side; под ~ом near by, just round the corner; по ~у away with.

бока́л *м*. goblet, glass; ◇ поднима́ть ~ за *кого-л*., *что-л*. give* a toast to *smb*., *smth*.

боков|о́й side *attr*.; lateral *научн*.: ~ карма́н side-pocket; ~ая алле́я side-path; ◇ отпра́виться на ~у́ю go* to bed.

бо́ком sideways; стоя́ть ~ к *кому-л*. stand* sideways to *smb*.; ◇ вы́йти ~ turn out badly.

бокс I *м*. *спорт*. boxing; занима́ться ~ом go* in for boxing.

бокс II *м*. (*мужская стрижка*) short haircut, crew cut; стри́чься под ~ wear* *one's* hair close-cropped.

бокс III *м*. (*в лечебных учреждениях*) cubicle.

боксёр *м*. boxer; **~ский** boxer's; ~ские перча́тки boxing gloves.

бокси́т *м*. *мин*. bauxite.

болва́н *м*. **1**. (*деревянная форма*) block, dummy; **2**. *бран*. (*дурак*) blockhead, fool.

болва́нка *ж*. **1**. *тех*. billet, pig; **2**. (*заготовка*) blank.

болга́р|ин *м*., **~ка** *ж*. Bulgarian; **~ский** Bulgarian; ~ский язы́к Bulgarian, the Bulgarian language.

болев|о́й painful; ~ое ощуще́ние sensation of pain.

бо́лее more; ◇ ~ и́ли ме́нее more or less; все ~ и ~ more and more, increasingly; не ~ (и) не ме́нее как... neither more nor less than...; ~ того́ what is more; тем ~, что... the more so that...

боле́зненн|о: ~ пережива́ть, ощуща́ть feel* keenly; ~ относи́ться к *чему-л*. be* very sensitive/morbid about *smth*.; **~ый 1**. (*нездоровый*) delicate, sickly; ~ый ребёнок delicate child*; ~ый румя́нец unhealthy flush; **2**. (*причиняющий боль*) painful; **3**. (*преувеличенный, чрезмерный*) morbid; ~ая чувстви́тельность morbid sensibility; ~ое любопы́тство morbid curiousity; ~ое самолю́бие pathological vanity.

болезнетво́рный *мед*. morbific.

боле́зн|ь disease, illness; ~ се́рдца heart disease; ◇ ~и ро́ста growing pains.

боле́льщик *м*. *разг*. fan, supporter; ~ футбо́ла football fan.

боле́ть I *несов*. **1**. (*тв.; хворать*) be* ill (with); be* sick (with) *амер*.; *перен*. (*переживать*) be* sensitive (to, about), take* (*smth*.) to heart; ~ гри́ппом, ко́рью и *т. д*. have* influenza, measles *etc*.; 2. (за *вн*., *о пр*.; *беспокоиться*) worry (about), feel* (for); get* the success of the cause at heart; **3**. (за *вн*.) *разг*. be* a fan (of), support (*smth*.); он боле́ет за "Дина́мо„ he is a Dynamo fan; ◇ ~ душо́й, се́рдцем за *кого-л*., *что-л*. worry about *smb*., *smth*., take* *smth*. to heart.

бол|е́ть II *несов*. (*о какой-л. части тела*) ache, hurt*; у меня́ ~и́т голова́ I have a headache, my head aches; у меня́ ~и́т па́лец my finger hurts (me); у меня́ ~я́т зу́бы I have a toothache; что у вас ~и́т? what do you complain of?, where's the pain?; ◇ у меня́ ~и́т душа́, се́рдце I'm sick at heart.

болеутоля́ющ|ий sedative, analgesic; ~ее сре́дство sedative, analgesic; painkiller.

боли́д *м. астр.* bolide.

боло́нка *ж.* lapdog.

боло́нья *ж. разг.* light nylon raincoat.

боло́т|истый marshy, boggy; ~истая ме́стность marshy area/locality; **~ный** marsh *attr.*; ~ная вода́ stagnant water; ~ная пти́ца wader; ◇ ~ный газ marsh gas; methane *научн.*

боло́то *с.* marsh, bog, swamp; *перен. тж.* morass, slough; торфяно́е ~ peatbog.

болт *м.* bolt.

болта́нка *ж. ав. разг.* bumpiness, rough air.

болта́ть I *несов.* 1. (*тв.*) dangle (*smth.*), let* (*smth.*) dangle; ~ нога́ми let* *one's* legs dangle; 2. (*вн.*) *разг.* (*взбалтывать*) shake* (*smth.*), shake* up (*smth.*).

болта́ть II *несов. разг.* 1. (*говорить*) chatter; (*о детях*) prate, prattle; (*проговариваться*) blab; ~ глу́пости talk nonsense; ~ без у́молку chatter endlessly; ~ языко́м wag *one's* tongue; не на́до ~ об этом keep* it under your hat, don't say too much about it; 2. (*бегло говорить*) hold* forth, chatter away; ~ по-англи́йски hold* forth in English.

болта́ться *несов. разг.* 1. dangle, hang* loosely; 2. (*слоняться*) hang* about; ~ без де́ла loiter about.

болтли́в|ость *ж.* talkativeness, garrulity; **~ый** loquacious, garrulous, voluble; (*не умеющий хранить тайну*) long-tongued, indiscreet; он стра́шно болтли́в he's a terrible chatterbox.

болтовня́ *ж. разг.* chatter, twaddle, tittle-tattle; пуста́я ~ idle talk.

болту́н I *м. разг.* chatterbox, prattler.

болту́н II *м.* (*яйцо*) wind-egg.

боль *ж.* pain, ache; ревмати́ческая ~ rheumatic pains *pl.*; причиня́ть ~ *кому-л.* hurt* *smb.*; душе́вная ~ mental suffering, anguish (of mind); с ~ю в се́рдце with a heavy/aching heart.

больни́ца *ж.* hospital; лечь в ~у go* to the hospital; вы́писаться из ~ы be discharged from the hospital.

больни́чный hospital *attr.*; ~ лист doctor's/medical certificate, sick list.

бо́льно I 1. *нареч.* painfully; ~ прищеми́ть себе́ па́лец pinch *one's* finger badly; ~ уда́рить *кого-л.* strike* *smb.* a painful blow; 2. *в знач. сказ. безл.* it is painful; ~! it hurts! мне ~ it hurts me; мне о́чень ~ I am in great pain; ~ ви́деть его́ муче́ния it's painful to watch his sufferings; мне ~ ви́деть... it hurts me to see...; ◇ сде́лать ~ *кому-л.* hurt* *smb.*, make* *smb.* suffer.

бо́льно II *нареч. разг.* (очень); ~ мно́го rather a lot; ~ рано a bit (too) early; уж ~ день хоро́ш! it's such a lovely day!

больн|о́й *прил.* 1. (*о человеке*) ill, sick; (*о животном*) sick; (*о частях тела*) sore, bad; *перен.* sore; он бо́лен туберкулёзом he has consumption; ~а́я рука́ bad hand; ~о́е воображе́ние morbid imagination; 2. *в знач. сущ. м.* invalid, sick person, sick man*; (*пациент*) patient, case; ◇ ~ вопро́с sore subject; ~ое место sore/weak point; свали́ть с ~ головы́ на здоро́вую shift the blame onto somebody else.

бо́льше 1. *прил.* (*сравнит. ст. от* большо́й) (*о размере*) bigger, larger; (*о расстоянии, весе*) over; ~ чем bigger than; ~ тонны over a ton; 2. *нареч.* (*сравнит. ст. от* мно́го) more; не ~ чем no more than; как мо́жно ~ as much as possible; в шесть раз ~ (чем) six times as much (as); ~ всего́ most of all; это мне нра́вится ~ всего́ I like this/that the best of all; 3. *нареч.* (*с отрицанием*): ~ не... not... again, no longer, no more; его ~ нет с на́ми he is no longer in our midst; мы с ва́ми ~ не уви́димся we shall not meet again; он там ~ не рабо́тает he no longer works there, he doesn't work there any longer; я ~ не бу́ду! I won't do it again!, I won't do it any more!; ◇ ~ того́ moreover.

большев|и́к *м.* Bolshevik; **~и́стский** Bolshevik.

большеголо́вый with a big head *после сущ.*; macrocephalous *научн.*

бо́льш|ий (*сравнит. ст. прил.* большо́й) the greater; ~ая часть the greater part, most of; ◇ ~ей ча́стью, по ~ей ча́сти mainly, for the most part; са́мое ~ее at the most/outside (*в конце предложения*); ~его́ я и не жду that's all I ask.

большинств|о́ *с.* majority; (о *людях тж.*) most people; подавля́ющее ~ overwhelming majority; просто́е ~ голосо́в majority vote; ~ом голосо́в бы́ло решено́ созда́ть драмкружо́к the majority were in favor of starting a dramatics circle; в ~е слу́чаев in most cases.

больш|о́й big, large; (*значительный, важный; тж. перен.*) great; ~ го́род big/large city; ~ свет haute monde, society; ~ая река́ big/great river; ~ие глаза́ big eyes; ~ая ско́рость high/great speed; ~ ма́льчик big boy; ~ вы́бор big selection, wide choice; ~ спрос great demand; ~и́е де́ньги a lot of money; с ~и́ми промежу́тками at long intervals; ~и́е друзья́ great friends; ~ая жизнь full life; ~ успе́х great success; ~а́я по́льза great/much benefit; получи́ть ~о́е удово́льствие от *чего-л.* enjoy *smth.* very much; ◇ ~ая бу́ква capital letter; ~ па́лец (*рук*) thumb; (*ноги*) big/great toe; Большо́й теа́тр the Bolshoi Theater.

боля́чка *ж. разг.* sore, sore place.

бо́мба *ж.* bomb; зажига́тельная ~ incendiary (bomb); фуга́сная ~ demolition bomb; нейтро́нная ~ neutron bomb.

бомбарди́р *м.* 1. *спорт.* goal scorer, shooter; лу́чший ~ сезо́на top goal scorer of the season; 2. *ист.*, *воен.* bombardier.

бомбардир|ова́ть *несов.* (*вн.*) (*с воздуха*) bomb (*smb.*, *smth.*); (*обстреливать из орудий; тж. перен.*) bombard (*smb.*, *smth.*); **~о́вка** *ж.* bombing (attack), bombardment; **~о́вочный** bombing, bombardment *attr.*; **~о́вщик** *м. ав.* bomber; тяжёлый ~о́вщик heavy bomber.

бомб|ёжка *ж. разг.* bombing; **~и́ть** *несов.* (*вн.*) *разг.* bomb (*smth.*).

бомбоубе́жище *с.* air-raid shelter.

бомбра́мсель *м. мор.* royal (sail).

бом-брам-сте́ньга *ж. мор.* royal mast.

бомж *м. разг.* (*аббревиатура словосочетания "человек без определённого места жительства"*) shelterless person; ~и приме́та Сму́тного Вре́мени homeless are a sign of a Time of Trouble.

бомо́нд *м. уст.* beau monde, society.

бон *м. мор.* boom.

бонапарти́зм *м. ист.* bonapartism.

бонапарти́ст *м. ист.* bonapartist.

бо́ндарь *м.* cooper.

бонифика́ция *ж. ком.* (*надбавка к установленной договором цене*) price bonification.

бо́нза *м.* 1. (*буддийский священник*) bonze; 2. *перен.* (*важное должностное лицо, "шишка"*) bigwig.

бо́нус *м. ком.* bonus.

бор I *м.* (*лес*) pine forest; ◇ отку́да сыр-~ загоре́лся what started all the trouble?; набра́ть с ~у да с со́сенки get* together a scratch lot, take* what was, is going.

бор II *м. хим.* boron.

борде́ль *м. разг.* brothel.

бордо́ I *с. нескл.* (*вино*) claret, Bordeaux.

бордо́ II *прил.* (*цвет*) claret-colored, wine-colored; пла́тье цве́та ~ wine-colored dress.

бордо́вый *см.* бордо́ II.

бордю́р *м.* border.

бор|е́ц *м.* 1. fighter, champion; ~ за свобо́ду champion of liberty; **~цы** за мир fighters for peace; 2. *спорт.* wrestler.

боржо́ми *м.* и *с. нескл.* Borzhomi (water).

борза́я *ж.* (*русская*) Russian wolfhound, borzoi; (*английская*) greyhound.

борзопи́сец *м. ирон.* hack writer.

бормаши́на *ж.* dental drill.

бормота́ть, пробормота́ть (*вн.*) mutter (*smth.*).

бо́рн|ый boric, boracic; ~ая кислота́ boric acid.

бо́ров *м.* 1. boar, hog; 2. *перен.* obese man.

борода́ *ж.* beard; отпусти́ть ~у grow* a beard; Си́няя Борода́ (*сказочный персонаж*) Bluebeard.

борода́вка *ж.* wart.

борода́тый bearded.

борода́ч *м. разг.* bearded man*.

боро́дка *ж.* 1. small beard; ~ кли́нышком pinted beard; 2. (*ключа*) (key-)bit.

борозд|а́ *ж.* furrow; **~и́ть**, избороздить (*вн.*) furrow (*smth.*), make* furrows (in); морщи́ны ~и́ли его́ лоб his forehead was deeply lined.

борон|а́ *ж.* harrow; **~и́ть**, забoрони́ть (*вн.*) harrow (*smth.*).

боронов|а́ние *с.* harrowing; нача́ть ~ зя́би start harrowing land ploughed in autumn; **~ать** *несов. см.* борони́ть.

боро́ться *несов.* 1. struggle, fight*; ~ за свобо́ду fight* for liberty; ~ за мир struggle/fight* for peace; ~ с препя́тствиями struggle against obstacles/odds; ~ за ка́чество проду́кции strive* for quality; 2. *спорт.* wrestle.

борт *м.* 1. (*судна*) side; ле́вый ~port side; пра́вый ~ starboard side; ~ о ~ alongside (one another); за ~, за ~о́м overboard; вы́бросить *что-л.* за ~ throw* *smth.* overboard; челове́к за ~о́м! man* overboard!; на ~у́ on board; брать на ~ take* aboard; 2. (*одежды*) (coat-)breast; 3. (*бильярда*) cushion.

бортжурна́л *м.* log(-book).

бортмеха́ник *м.* flight mechanic.

бортов|о́й side *attr.*; *мор. тж.* boardside *attr.*; ~ журна́л log; ~ая аппарату́ра (*искусственного спутника*) on-board equipment.

бортпроводн|и́к *м.* air steward, **~и́ца** *ж.* stewardess, air hostess.

бортради́ст *м.* wireless/radio operator; (*в английской военной авиации*) signaller.

борщ *м.* borsch.

борьба́ *ж.* 1. struggle; ~ за свобо́ду и незави́симость struggle for freedom and independence; ~ за мир fight/struggle for peace; ~ с эпидеми́ческими заболева́ниями control of epidemics; ~ но́вого со ста́рым struggle of the new against the old; ~ противополо́жностей conflict of opposites; 2. *спорт.* wrestling; класси́ческая ~ Graeco-Roman (wrestling); во́льная ~ catch-as-catch-can, free style (wrestling).

босико́м *разг.* barefoot.

бос|о́й barefoot(ed); ~ые но́ги bare feet; ◇ на ~у́ но́гу with no stockings/socks on, barefoot(ed).

босоно́гий barefooted, barefoot; unshod *поэт.*

босоно́жки *мн.* (*ед.* босоно́жка *ж.*) (*обувь*) (open-toe) sandals.

бosто́н *м.* 1. (*ткань*) woolen suiting. 2. (*танец*) boston.

глосяк

бот *м.* (*судно*) boat.

ботанизи́рка *ж. разг.* plant collecting box.

бота́н|ик *м.* botanist; **~ика** *ж.* botany; **~и́ческий** botanical.

ботва́ *ж.* top; *собир.* tops *pl.*

ботви́нья *ж.* botvinnia, cold vegetable soup.

боти́нки *мн.* (*ед.* боти́нок *м.*) boots; high shoes *амер.*

ботули́зм *м. мед.* botulism.

ботфо́рты *мн.* (*ед.* ботфо́рт *м.*) jack boots, Hessian boots.

бо́ты *мн. см.* бо́тики.

бо́улинг *м. спорт.* bowling.

бо́цман *м.* boatswain, bos'un; **~ский** boatswain's.

бо́чк|а *ж.* 1. barrel, cask; 2. *ав.* (barrel-)roll; ◇ де́ньги на ~у cash down!

бочко́м sideway; пробира́ться ~ sidle.

бочо́нок *м.* keg, small barrel.

боязли́в|ость *ж.* timidity, apprehensiveness; **~ый** timid, nervous, apprehensive.

боя́зн|ь *ж.* fear, dread; ~ простра́нства fear of open spaces; agoraphobia *научн.*; из ~и for fear of.

боя́р|ин *м. ист.* boyar; **~ство** *с.* the boyars, the nobility; **~ыня** *ж.* boyar's wife; **~ышня** *ж.* (unmarried) daughter of boyar.

боя́рышник *м.* hawthorn, may(-bush).

боя́ться *несов.* **1.** (*рд.*, + *инф.*, *испытывать страх*) fear (*smb.*, *smth.*); be* afraid (of); ~ тру́дностей shrink* from difficulties; я бою́сь, что мы опа́здываем I'm afraid we are late; **2.** (*рд.*, *не переносить чего-л.*) suffer (from), be* sensitive (to); ◇ бою́сь вам то́чно сказа́ть I can't say for certain; не бо́йтесь, он вас прекра́сно по́нял you may be quite sure he knew what you meant.

бра *с. нескл.* wall-bracket, wall lamp.

брава́да *ж.* bravado.

брави́ровать *несов.* (*тв.*) defy (*smth.*); (*рисоваться*) flaunt (*smth.*); ~ опа́сностью brave/defy danger.

бра́в|о well done!, well played!, bravo! **~у́рный** stirring, insping; ~у́рная му́зыка bravura.

бра́вый jaunty, gallant; ~ вид jaunty air.

бразды́ *мн.*: ~ правле́ния the reins of government.

брак I *м.* marriage; wedlock, matrimony *юр.*; гражда́нский ~ civil marriage; ~ по расчёту marriage of convenience; состоя́ть в ~е с *кем-л.* be* married to *smb.*; расто́ргнуть ~ annul a marriage; рождённый вне ~а born out of wedlock.

брак II *м.* **1.** (*недоброкачественные изделия*) defective goods *pl.*, rejects *pl.*, spoilage; throw-outs *pl. разг.*; **2.** (*изъян*) flaw, defect.

бракера́ж *м. ком.* check, inspection, sorting, rejection; вы́борочный ~ selective inspection, spot check; ~ ка́чества това́ра quality inspection; ~ па́ртии това́ров inspection of a consignment; пра́вила ~а inspection rules.

брако́ванный defective.

бракова́ть, забракова́ть (*вн.*) scrap (*smth.*), condemn (*smth.*); (*отвергать*) reject (*smth.*).

бракоде́л *м.* slipshod worker.

браконье́р *м.* poacher; **~ство** *с.* poaching.

бракоразво́дн|ый: ~ое де́ло divorce case.

бракосочета́ние *с.* wedding (ceremony), matrimony.

бра́мсель *м. мор.* topsail.

брам-сте́ньга *ж. мор.* topgallant (mast).

брандспо́йт *м.* nozzle.

брани́ть *несов.* (*вн.*) scold (*smb.*); **~ся** *несов.* **1.** (с *тв.*; *ссориться*) quarrel (with); **2.** (*ругаться*) scold, swear; ◇ ми́лые браня́тся ~ то́лько те́шатся the falling out of faithful friends renewal is of love, lovers' quarrels are quickly healed.

бра́нн|ый abusive; ~ое сло́во swear word.

брань I *ж.* (*ругательство*) invective, abuse, swearing, bad language.

бран|ь II *ж.*: по́ле ~и field of battle, stricken field.

брасле́т *м.*, **~ка** *ж.* bracelet, bangle.

брасс *м. спорт.* breaststroke; плыть ~ом swim*/use the breaststroke.

брат *м.* brother; моло́чный ~ foster-brother; сво́дный ~ step brother; двою́родный ~ cousin; ~ милосе́рдия male nurse; (*как обращение*) friend, mate, chum, old man*/chap; ◇ ваш ~ писа́тель *разг.* you writers; по куску́ на ~а a slice each.

брат|а́ние *с.* fraternization; **~а́ться**, побрата́ться **1.** swear* eternal friendship; **2.** (*на фронте*) fraternize.

бра́т|ец *м.* brother; (*как обращение*) mate, chum, old chap/fellow; ~цы! (my) lads!, boys!; **~ишка** *м. разг.* little brother; (*как обращение*) friend, mate, chum.

бра́тина *ж. ист.* wine-bowl.

бра́тия *собир.* brethen.

братоуби́йст|венный fratricidal; **~во** *с.* fratricide.

бра́т|ский fraternal; brotherly *разг.*; ~ союз fraternal alliance; ~ское сотру́дничество brotherly/fraternal cooperation; ◇ ~ская моги́ла communal grave; **~ство** *с.* brotherhood, fraternity; ~ство наро́дов the brotherhood of nations.

брать, взять 1. (*вн.*) take* (*smb.*, *smth.*); ~ *кого-л.* за ру́ку take* *smb.'s* hand; ~ в рот *что-л.* put* *smth.* into *one's* mouth; ~ те́му для сочине́ния choose* a subject for an essay; ~ рабо́ту на дом do* work at home; ~ *кого-л.*, *что-л.* с собо́й take*/bring* *smb.*, *smth.* along; ~ ребёнка на воспита́ние take* a child* into *one's* home; ~ *что-л.* в долг borrow *smth.*; ~ на прока́т hire; ~ такси́ take* a taxi; ~ биле́ты в теа́тр take*/buy* tickets for the theater; где вы берёте молоко́? where do you get you milk?; **2.** (*вн.*; *взимать, взыскивать*) charge (*smth.*); *перен.* exact (*smth.*); ~ взя́тки take* bribes; ~ нало́ги levy taxes; ~ по́шлины charge duty; ~ до́рого за *что-л.* charge high for *smth.*; ~ сло́во с *кого-л.* exact a promise from *smb.*, make* *smb.* promise; **3.** (*вн.*; *заимствовать*) borrow (*smth.*), take* (*smth.*); **4.** (*вн.*; *завладевать, захватывать*) take* (*smth.*), capture (*smb.*, *smth.*); *перен.* (*овладевать, охватывать*) overcome* (*smb.*), seize (*smb.*); ~ верх get the upper hand; ~ власть seize power; го́ды беру́т своё age tells; ~ го́род take/seize a town; ~ *что-л.* при́ступом take/carry *smth.* by storm/assault; ~ *кого-л.* в плен take *smb.* prisoner; (меня́) за́висть берёт I am filled with envy; (меня́) злость берёт it makes me furious; **5.** (*вн.*; *преодолевать*) take (*smth.*); ~ препя́тствие clear an obstacle; **6.** (*тв.*; *добиваться чего-л.*) succeed (through), get* by (with); он берёт упо́рством it's his obstinancy does it; ~ наха́льством succeed through sheer arrogance; чем он берёт? what do people see in him?; **7.** (*вн.*) *разг.* (*оказывать действие*) have* an effect (on); хлеб такой чёрствый, что его́ нож не берёт the bread's so stale you can't get the knife into it; **8.** *разг.* (*направляться*) go*; бери́те леве́е! more to the left!; ~ кру́то в сто́рону turn off sharply; **9.** *с некоторыми сущ.*: ~ *что-л.* в расчёт take* *smth.* into account; ~ на пору́ки go* bail (for); ~ *кого-л.* под защи́ту take* *smb.* under *one's* protection; ~ *что-л.* под сомне́ние question *smth.*, become* doubtful of *smth.*; ~ курс, направле́ние (на) steer (for), set* course (for); ~ нача́ло originate (in, from); <> ~ приме́р с *кого-л.* follow/take* *smb.'s* example; ~ на себя undertake*; ~ на себя отве́тственность за *что-л.* assume responsibility for *smth.*; ~ сло́во (*на собрании*), rise* to speak; take* the floor; ~ себя́ в ру́ки pull *oneself* together, take* *oneself* in hand; на́ша взяла́ our side has won; с чего́ вы э́то взя́ли? what makes you think that?; where did you get that from?

бра́ться, взя́ться 1. (за *вн.*; *хвататься*) take* (*smth.*); ~ за́ руки take*/join hands; **2.** (за *вн.*; *производить работу каким-л. орудием*) take* (*smth.*), take* up (*smth.*); ~ за руль take* the wheel; ~ за ору́жие take* up arms; **3.** (за *вн.*; *приниматься за что-л.*) set* to work (on); set* about (+ -ing); tackle (*smth.*); address (*smth.*); ~ за де́ло start working; вы не так берётесь за де́ло you're not going about it in the right way; **4.** (+ *инф.*: быть в состоя́нии сде́лать *что-л.*) undertake* (+ to inf); я не беру́сь спо́рить с ним I can't undertake to argue with him; **5.** (*возникать*) come* (from); отку́да вы взяли́сь? where did you spring from? ; <> ~ за *кого-л.* take* *smb.* in hand; ~ за ум come* to *one's* senses, grow* wiser; отку́да ни возьми́сь suddenly there appeared.

брахма́н *м. рел.* Brahmin.

бра́чн|ый marriage *attr.*; conjugal; ~ сою́з marriage union; ~ые у́зы conjugal ties.

бреве́нчатый log *attr.*; made of logs *после сущ.*; ~ дом log house.

бревно́ *с.* log; *спорт.* balance beam.

брегéт *м. уст.* Breguet (watch).

бред *м.* **1.** delirium; ~ сумасше́дшего the ravings of a madman*; **2.** *разг.* (*бессмыслица*) rubbish, nonsense, poppycock, gibberish.

бре́д|ить *несов.* **1.** be* delirious, rave; больно́й всю ночь ~ил the patient spent the night in a state of delirium; **2.** (*тв.*; *увлекаться чем-л.*) be* mad (on); ~ му́зыкой be* mad on music; **~ни** *мн.* nonsense *sg.*, moonshine *sg.*; **~ово́й 1.** delirious; ~ово́е состоя́ние delirious state; ~о́вые виде́ния sick fantasies, hallucinations; **2.** (*нелепый*) nonsensical, absurd; ~о́вая мысль crazy notion, nonsensical idea.

бре́зг|ать, побре́згать (*тв.*) be* squeamish/fastidious (about); *перен. тж.* shrink* (from); как вы не ~аете пить из тако́й гря́зной ча́шки? how can you bear to drink from such a dirty cup?; он не ~ает никако́й работо́й he'll do anything, no work/job is beneath his dignity; не ~ никаки́ми сре́дствами stick* at nothing; have* no scruples; **~ли́вый** fastidious, squeamish; ~ли́вый челове́к fastidious person; ~ли́вая ми́на fastidious air; вызыва́ть ~ли́вое чу́вство у *кого-л.* make* *smb.* feel sick, repel *smb.*

брезе́нт *м.* tarpaulin; **~овый** tarpaulin *attr.*

бре́зж|ить *несов.* **1.** (*слабо светиться*) gleam faintly, glimmer; уж ~ит рассве́т day is breaking; в степи́ чуть ~ит огонёк a light can be seen glimmering faintly in the steppe; **2.** *безл.* (*светать*): чуть ~ило it was just growing light.

брек! break! *спорт.* (*команда судьи в боксе с тем, чтобы освободиться от захвата*).

бряк *межд.* bang! crash!

брело́к *м.* charm, trinket.

бре́м|я *с.* burden; ~ лет the weight of years; <> разреши́ться от ~ени be* delivered of a child*.

бре́нн|ый *уст.* transitory; ~ые оста́нки mortal remains.

бренча́ть *несов.* **1.** jungle; (*о саблях и т. п.*) clank; (*тв.*) jingle (*smth.*); **2.** (на *пр.*) *разг.* (*неискусно играть*) strum (on).

брести́ *несов.* trudge, drag along.

брете́льки *мн.* (*ед.* брете́лька *ж.*) shoulder-straps.

брехня́ *ж. разг.* nonsense, lies.

брешь *ж.* breach; проби́ть ~ в *чем-л.* breach *smth.*

бре́ющ|ий: ~ полёт zero-altitude flight; hedge-hopping *разг.*; лете́ть ~им полётом fly* at zero altitude.

брига́д|а 1. (*производственная группа*) team, brigade; *ж.-д.* crew; **2.** *воен.* brigade; **~и́р** *м.* team-leader.

бриганти́на *ж. мор.* brigantine.

бри́джи *мн.* (riding) breeches.

бриз *м. мор.* breeze.

брике́т *м.* briquette.

брилья́нт *м.* diamond, brilliant; **~овый** diamond *attr.*

брита́н|ец *м. ист.* Briton; *разг.* Britisher; *мн.* the British; **~ский** British.

бри́тв|а *ж.* razor; безопа́сная ~ safety razor; электри́ческая ~ electric razor/shaver; **~енный** shaving; ~енный прибо́р shaving set; ~енные принадле́жности shaving articles/things.

бри́тый clean shaven; (*о голове*) shaved, shaven.

бритт *м. ист.* (ancient) Briton.

брить, побри́ть (*вн.*) shave (*smb.*).

бритьё *с.* shaving.

бри́ться, побри́ться shave (oneself), have* a shave.

бров|ь *ж.* eyebrow; хму́рить ~и knit* *one's* brows, frown; он и ~ью не повёл he did not turn a hair; <> не в ~, а (прямо) в глаз that hit the mark, that went home; попа́сть не в ~, а в глаз hit* the nail on the head.

брод *ж.* ford; <> не зная, не спрося́сь ~у, не су́йся в во́ду *посл.* look before you leap.

броди́ть I *несов.* roam, rove, ramble; wander (*тж.*, *перен.*); <> ~ в потёмках be* wandering in the dark, be* at sea.

броди́ть II *несов.* (*подвергаться брожению*) ferment.

бродя́га *м.* tramp, vagrant, vagabond; hobo *амер.*

бродя́жнич|ать *несов. разг.* lead* a vagabond life; (*странствовать*) rove, roam, be on the road; **~ество** *с.* vagrancy; (*постоянные путешествия*) roaming, roving.

бродя́ч|ий roaming, roving, wandering; ~ая соба́ка stray dog; ~ие музыка́нты itinerant/strolling musicians; ~ о́браз жи́зни unsettled way of life.

броже́ние *с.* fermentation; *перен.* ferment; rumblings *pl.*; ~ умов mental ferment.

бро́кер *м. бирж.* broker, agent; биржево́й ~ stock broker, exchange broker; ве́ксельный ~ bill broker, discount broker; внебиржево́й ~ curb broker; ~ делькре́дере delcredere broker; креди́тный ~ loan broker; ~ по поку́пке buying broker; ~ по прода́же selling broker; ~ по фрахтова́нию shipping broker; страхово́й ~ insurance broker; ~ судовладе́льца shipowner's broker; ~ фо́ндовой би́ржи stock-exchange broker; ~ - член би́ржи inside broker.

бро́керск|ий brokerage; ~ дом (*маклерская, посредническая фирма*) brokerage house; ~ая коми́ссия (*вознаграждение за сделки*) broker's fee; brokerage; ~ое де́ло broking.

бром *м.* 1. *хим.* bromine; 2. (*лекарство*) bromide; **~истый** *хим.* bromine; ~истый ка́лий potassium bromide.

бронебо́йный armor-piercing; ~ снаря́д armor piercing shell.

броневи́к *м.* armored car.

броново́й armor(ed).

броненосец I *м. воен.* battleship.

броненосец II *зоол.* armadillo.

броненосный armored; ~ые войска́ armored troops.

бронетранспортёр *м.* armored personnel carrier.

бро́нз|а *ж.* 1. bronze; 2. *собир.* (изделия) bronzes *pl.*; **~овый** bronze *attr.*; ◇ ~овый век the Bronze Age.

брони́ровать *несов.* и *сов.* (*сов. тж.* заброни́ровать) (*вн.*; *места и т. п.*) book, reserve (*smth.*); ~ *чью-л.* кварти́ру reserve *smb.'s* flat.

брони́ровать *несов.* и *сов.* (*вн.*; *покрывать броней*) armor (*smth.*), protect (*smth.*) with armour.

бро́нх|и *мн.* (*ед.* бронх *м.*) *анат.* bronchial tubes; **~иа́льный** *анат.* bronchial; **~и́т** *м. мед.* bronchitis.

бро́ня *ж.* (*на место и т. п.*) reservation; (*документ тж.*) warrant; (*на сотрудника*) exemption; железнодоро́жная ~ railway warrant; ~ на жилпло́щадь warrant for retaining of accommodation.

броня́ *ж.* armor.

брос|а́ть, бро́сить 1. (*вн., тв.*) throw* (*smth.*); (*швырять*) fling* (*smth.*); (*опускать*) drop (*smth.*), cast (*smth.*); ~ грана́ту throw* a grenade; ~ снежка́ми в окно́ throw* snowballs at a window; ~ я́корь drop anchor; *перен. тж.* find* a haven; 2. *обыкн. безл.* (*сильно качать*) throw*, bump; (на море) toss; маши́ну ~а́ло из стороны́ в сто́рону the car was thrown from side to side; 3. (*вн.*; *быстро перемещать*) send* (*smb., smth.*); 4. *в сочет. с сущ.*: ~ тень cast* a shadow; ~ луч cast* a beam; ~ взгляд на *кого-л.* cast* a rapid glance at *smb.*; dart/shoot* a glance at *smb.*; 5. (*вн.*; *выкидывать*) throw* away (*smth.*); (*класть небрежно*) leave* (*smth.*) in a muddle, leave* (*smth.*) lying about; 6. (*вн.*; *покидать*) leave* (*smb., smth.*); (*в беде и т. п.*) abandon (*smb., smth.*), desert (*smb., smth.*); 7. (*вн.* + *инф.*; *прекращать*) give* up (*smth.* + -ing); leave off (*smth.* + -ing), stop (*smth.* + -ing); ~ кури́ть, куре́ние give* up smoking; ~ рабо́ту throw* up a job; quit *амер.*; бро́сь(те) э́ти глу́пости! stop that nonsense!; 8. *безл.*: его ~ало то в жар, то в хо́лод he went hot and cold by turns; его́ бро́сило в жар he felt hot all over; его́ бро́сило в пот he broke out into a sweat; ◇ ~ гря́зью в *кого-л.* fling* mud/dirt at *smb.*; ~ свет на *что-л.* throw* light on *smth.*; ~ ору́жие lay* down *one's* arms; ~ вы́зов *кому-л.* challenge *smb.*; ~ обвине́ния *кому-л.* hurl accusations at *smb.*; ~а́ться, бро́ситься 1. (*тв.*) throw* (*smth.*), fling* (*smth.*); 2. (*устремляться*) throw* oneself, rush; (на *вн.*; *нападать*) rush (at), dash (at); ~а́ться на по́мощь *кому-л.* rush to *smb.'s* help/aid; rush to the rescue; соба́ка ~а́ется на чужи́х the dog will attack strangers; ~а́ться на коле́ни fall* on *one's* knees; ~а́ться друг дру́гу в объя́тия rush into one another's arms; ~а́ться бего́м start running; 3. (*прыгать*) jump; ~аться в воду jump into the water; ~а́ться вплавь jump in and start swimming; ◇ ~аться деньга́ми throw* *one's* money about/away; ~а́ться слова́ми use words lightly; ~а́ться в глаза́ be* conspicuous/obvious; leap* to the eye; кровь бро́силась ему́ в лицо́, в го́лову the blood rushed to his face, to his head.

бро́сить(ся) *сов. см.* броса́ть(ся).

бро́ский *разг.* striking.

бро́сов|ый *разг.* trashy; ◇ ~ э́кспорт dumping; ~ые зе́мли wasteland *sg.*

бросо́к *м.* 1. throw; 2. (*стремительное движение*) rush; *воен. тж.* thrust; *спорт.* sprint; spurt; после́дний ~ final spurt; ~ вперёд forward rush; *перен.* leap forward.

бро́шка *ж.*, брошь *ж.* brooch.

брошю́ра *ж.* booklet, pamphlet; brochure.

брошюрова́ть, сброшюрова́ть (*вн.*) stitch (*smth.*).

брошюро́в|ка *ж.* stitching; **~щик** *м.*, **~щица** *ж.* stitcher.

брудерша́фт: вы́пить на ~ drink* "Bruderschaft„.

брус *м.* 1. beam; (*металлический*) girder; 2. *мн. спорт.* the bars; упражне́ния на бру́сьях exercises on the bars; паралле́льные бру́сья parallel bars.

брусни́ка *ж.* 1. *собир.* cowberries *pl.*, mountain cranberries *pl.*; 2. (*об отдельной ягоде и растении*) cowberry, mountain cranberry, red whortleberry.

брусни́чн|ый cowberry *attr.*; ~ое варе́нье cowberry jam.

брусо́к *м.* 1. (*точильный*) whetstone, hone; 2. (*кусок*) bar.

бру́ствер *м. воен.* parapet, breastwork.

брусча́т|ка *ж.* 1. *собир.* paving (stones *pl.*); 2. *разг.* (*мостовая*) paved road; **~ый** paved.

бру́тто *неизм. прил. торг.* gross; вес ~ gross weight.

бры́зг|ать, бры́знуть 1. (*тв.*) splash (*smth.*); ~ слюно́й foam at the mouth, slaver; 2. (*разлетаться*) gush out, spurt; *перен.* sparkle; вода́ ~ала из кра́на water spurted out of the tap; мо́лодость бры́зжет из её глаз her eyes sparkle with youth; 3. (*вн.; опрыскивать*) sprinkle (*smth.*); (*сильно*) splash (*smth.*); ~ водо́й в лицо́ splash *one's* face with water; **~аться** *несов.* 1. (*тв.*) splash (*smth.*); 2. (*брызгать друг на друга*) splash each other.

бры́зги *мн.* splashes; spray *sg.*

бры́зн|уть *сов.* 1. *см.* бры́згать; 2. (*хлынуть*) gush out, spurt out; ~ул дождь it suddenly started raining; слезы ~ули у неё из глаз tears spurted from her eyes.

брыка́ть, брыкну́ть (*вн.*) kick (*smb.*, *smth.*); **~ся**, брыкну́ться kick.

брыкну́ть(ся) *сов. см.* брыка́ть(ся).

бры́нза *ж.* brynza, sheep's milk cheese.

брысь shoo!, scat!

брюзг|а́ *м. и ж.* grumbler, growler, sorehead *амер.*; **~ли́вый** cantankerous, bad-tempered, peevish.

брюзжа́ть *несов.* grumble, be* grumpy.

брю́ква *ж.* swede, rutabaga.

брю́ки *мн.* trousers.

брюне́т *м.* dark-haired man*; **~ка** *ж.* brunette, dark (-haired) woman*, dark(-haired) girl.

брюссе́льск|ий Brussels; ~ая капу́ста Brussels sprouts; ~ие кружева́ Brussels lace.

брю́хо *с.* belly.

брюши́н|а *ж. анат.* peritoneum; воспале́ние ~ы peritonitis.

брюш|ко́ *с.* 1. *разг.* paunch, tummy; нагуля́ть, отрасти́ть себе́ ~ get* (quite) a paunch/ tummy; 2. (*насекомого*) abdomen; **~ной** abdominal; ~ной тиф enteric/typhoid fever.

бря́кать, бря́кнуть *разг.* 1. rattle, tinkle; (*о металлических вещах тж.*) jingle; (*о крупных предметах*) clank, clang; (*тв.; производить шум*) rattle (*smth.*), jingle (*smth.*); 2. (*вн.*; *с силой бросать, ронять*) bang (*smth.*); бря́кнуть *что-л.* на пол, на зе́млю put* *smth.* down with a bang; (*уронить*) drop *smth.* violently; 3. (*вн.*; *необдуманно говорить*) blurt out (*smth.*); **~ся**, бря́кнуться *разг.* flop (down on).

бря́кнуть(ся) *сов.* см. бря́кать(ся).

бряца́ние *с.* rattle.

бряца́ть *несов.* 1. rattle; (*о лёгких металлических вещах*) jingle; (*о тяжёлых*) clank, jingle; 2. (*тв.*; *вызывать звенящие звуки*) rattle (*smth.*); (*лёгкими предметами*) jingle (*smth.*); бряца́я шпо́рами with jingling spurs; ◇ ~ ору́жием rattle the sabre, brandish *one's* arms.

бу́бен *м.* tambourine.

бубенцы́ *мн.* bells.

бу́блик *м.* bublik, bread-ring.

бубни́ть, пробубни́ть *разг.* mumble.

бубно́вый *карт.* of diamonds *после сущ.*

бу́б|ны *мн. карт.* diamonds; шестёрка ~ён six of diamonds.

буга́й *м. разг. тж. перен.* bull.

бугор *м.* hillock, knoll, rise; **~о́к** *м.* 1. (*на земле*) mound; 2. (*на лёгочной ткани*) tubercle, nodule.

бугри́стый uneven, bumpy.

будд|и́зм *м.* Buddhism; **~и́ст** *м.* Buddhist.

бу́дет that'll do! ~ с меня́! I've had enough! I'm through! ~ шути́ть! now let's be serious!

буди́льник *м.* alarm-clock, alarm.

буди́ть, разбуди́ть (*вн.*) wake* (*smb.*), call (*smb.*); *перен.* arouse (*smth.*); разбуди́те меня́ в 7 часо́в wake me at seven.

бу́дка *ж.* box, cabin; железнодоро́жная ~ linesman's cabin, карау́льная ~ sentry box; соба́чья ~ dog kennel; суфлёрская ~ prompt box; телефо́нная ~ telephone booth.

бу́д|ни *мн.* 1. weekdays; *перен.* everyday life *sg.*; 2. (*однообразная жизнь*) drab routine *sg.*; **~ий**: ~ий день weekday; **~ичный 1.** workaday, workday; (*предназначенный для будней*) everyday; ~ичный день weekday; ~ичное пла́тье everyday dress; 2. (*скучный, однообразный*) ordinary, humdrum.

будора́жить, взбудора́жить (*вн.*) *разг.* excite *smb.*, rouse *smb.*; (*приводить в беспорядок*) upset* (*smth.*).

бу́дто 1. *союз* (*как, словно*) as if, as though; он останови́лся, ~ прислу́шиваясь к чему́-то he stopped as though listening to *smth.*; ~ бы, как ~ бы as though, as if; мне послы́шалось, ~ кто-то меня́ зовёт I thought I heard someone calling me; 2. *союз* (*что - с оттенком сомнения*) *не переводится*; он уверя́ет, ~ сам ви́дел he alleges he saw it himself; мне сни́лось, ~ я сно́ва в Москве I dreamed I was back in Moscow; я слы́шал, ~ он уе́хал I am told he has gone; 3. *частица разг.* (*кажется*) it seems; ~ бы для for the ostensible purpose (of); он ~ бы уе́хал he is said to have gone; 4. *частица разг.* (разве) indeed?, really?

бу́дущ|ее *с.* the future, time to come; **~ий** (*предстоящий*) future, coming; (*следующий*) next; ~ее поколе́ние the next/coming generation; ~ие поколе́ния future generations; на ~ий год next year; ◇ ~ее вре́мя *грам.* the future tense; **~ность** *ж.* future.

бу́ер *м.* ice yacht; **~ный** ice yacht *attr.*; ~ный спорт ice yachting.

буёк *м.* anchor buoy, life buoy.

бужени́на *ж.* cold boiled pork.

бузина́ *ж.* 1. (*ягода*) elderberry; 2. (*растение*) elder.

бузи́ть *несов. разг.* kick up a row.

бузотёр *м. разг.* rowdy.

буй *м.* buoy.

бу́йвол *м.* buffalo.

бу́й|ный 1. (*необузданный*) wild, violent, unruly; (*разгульный*) rollicking, rumbustious;

(*лихой*) boisterous, impetuous; ~ сумасше́дший violent/dangerous lunatic; ~ хара́ктер unruly character, harum-scarum; ~ное весе́лье uproarious mirth; 2. (*бурный, порывистый*) tempestuous, boisterous; ~ ве́тер boisterous wind; 3. (*быстро растущий*) vigorous; ~ рост vigorous/rapid growth; ~ная расти́тельность luxuriant/riotous vegetation; **~ство** *с.* unruly/disorderly conduct, brawling; **~ствовать** *несов.* riot, get* rough; (*о сумасшедшем*) be* violent, run* amuck.

бук *м.* beech.

бу́к|а *м.* и *ж. разг.* bogy, bug-bear; *перен.* surly person; смотре́ть ~ой look surly.

бука́шка *ж.* small insect.

бу́кв|а *ж.* letter; прописна́я ~ capital letter; upper case *полигр.*; ◇ ~ в ~у literally, to the letter; ~ зако́на the letter of the law; ~ально literally; я по́нял его́ ~ально I took what he said literally; я ~а́льно ни мину́ты не спал I haven't slept a wink; **~а́льный** literal; ~а́льный перево́д literal translation, word-for-word translation; в ~а́льном смы́сле сло́ва in the literal sense of the word.

буква́рь *м.* ABC-book; school primer.

бу́квенн|ый: ~ое обозначе́ние alphabetical symbol.

буквое́д *м. ирон.* pedant.

буке́т *м.* 1. (*цветов*) bunch, nosegay, bouquet; 2. (*совокупность вкусовых свойств чего-л.*) bouquet.

букини́ст *м.* second-hand bookseller, dealer in second-hand books; **~и́ческий** second-hand *attr.*; ~и́ческий магази́н second-hand bookshop.

бу́ков|ый beech *attr.*; ~ лес beech wood/forest; ~ая древеси́на beech (wood); ~ая ме́бель beechwood furniture.

буколи́ческий bucolic, pastoral.

бу́кса *ж. тех.* axle-box, journal box.

букси́р *м.* 1. (*канат*) tow(-line); 2. (*судно*) tug(boat); ◇ брать *кого-л.* на ~ take* *smb.* in tow; **~ный** towing *attr.*; ~ный парохо́д *см.* букси́р 2. **~овать** *несов.* (*вн.*) tow (*smth.*).

буксова́ть *несов.* skid.

булава́ *ж.* 1. mace; 2. *спорт.* Indian club.

була́в|ка *ж.* pin; англи́йская ~ка safety pin; **~очный** pin *attr.*; ~очный уко́л pinprick; величино́й с ~очную голо́вку the size of a pin's head.

була́ный Isabel, dun.

була́т *м. ист.* damask steel; *перен.* sword.

бу́лка *ж.* roll; (*сдобная*) bun.

бу́лла *ж. церк.* (Papal) bull.

бу́лочн|ая *ж.* baker's (shop); **~ый**: ~ые изде́лия rolls and buns.

бу́лочник *м.* baker.

бултыха́ться, бултыхну́ться *разг.* 1. plop, flop; 2. *тк. несов.* (*барахтаться*) flop about; 3. *тк. несов.* (*плескаться о стенки сосуда*) slop about.

бултыхну́ться *сов. см.* бултыха́ться 1.

булы́жн|ик *м.* cobblestone; *собир.* cobblestone *pl.*; **~ый** cobbled; ~ая мостова́я cobbled road.

бульва́р *м.* boulevard; **~ный 1.** boulevard *attr.*; 2. (*пошлый*) low; ~ная газе́та tabloid; ~ная пре́сса gutter press; ~ ный рома́н trashy/cheap novel.

бульдо́г *м.* bulldog.

бульдо́зер *м.* bulldozer.

бульдозери́ст *м.* bulldoze operator.

бу́лька|нье *с.* gurgle, gurgling; **~ть** *несов.* gurgle.

бульо́н *м.* broth, clear soup; (*для больного*) beef-tea.

бум *м.* 1. *разг.* (*шумиха*) boom; 2. *спорт.* beam.

бума́г|а *ж.* 1. paper; 2. (*документ*) document; *мн. разг.* (*личные документы*) papers; 3. *мн.* (*рукописи и т. п.*) papers; ◇ остава́ться на ~е come* to nothing, remain ink on paper; це́нные ~и securities.

бумагомара́|ние scrawl; **~тель** *м.* scribbler.

бумагопряд|е́ние *с.* cotton spinning; **~и́льный** cotton spinning; ~и́льная фа́брика cotton mill.

бумагоре́зальн|ый: ~ая маши́на paper-cutting machine.

бума́ж|ка *ж.* 1. bit of paper, piece of paper; 2. *разг.* (*документ*) paper; **~ник** *м.* wallet.

бума́жн|ый I 1. paper *attr.*; ~ое произво́дство papermaking, paper production; ~ые салфе́тки paper napkins; 2.: ~ая волоки́та red tape; 3. (*существующий только на бумаге*) fictitious, token; ◇ ~ые де́ньги paper currency/money, soft money.

бума́жный II *текст.* cotton.

бумазе́я *ж.* fustian.

бумера́нг *м.* boomerang.

бу́нкер *м.* bunker.

бунт *м.* rebellion; **~а́рский** rebellious; **~а́рь** *м.* rebel.

бунтов|а́ть *несов.* rebel; **~щи́к** *м.* rebel.

бур *м.* 1. *тех.* drill; (*для дерева, грунта*) auger; 2. *ист.* (*белый поселенец в Южной Африке*) Boer.

бура́ *ж. хим.* borax.

бура́в *м.* gimlet.

бура́вить *несов.* (*вн.*) drill (*smth.*).

бура́н *м.* blizzard, snowstorm.

бурда́ *ж. разг.* swill; кака́я ~! hogwash!; dishwater!

бурдю́к *м.* skin, wineskin.

буреве́стник *м.* (stormy) petrel.

бурело́м *м. собир.* fallen wood, wind-fallen trees.

буре́ние *с. тех.* boring, drilling; ~ сква́жин drilling (of wells).

буржуази́я *ж.* bourgeosie.

буржуа́зный bourgeois.

буржу́й *м. разг.* bourgeois.

буржу́йка *ж. разг.* small stove.

бури́ль|ный boring *attr.*, drilling *attr.*; **~щик** *м.* driller.

бури́ть, пробури́ть (*вн.*) bore (*smth.*), drill (*smth.*); ~ нефтяну́ю сква́жину sink*/drill an oil well.

бу́рка *ж.* felt cloak.
бу́рки *мн.* felt boots with leather soles.
бу́ркнуть *сов.* (*вн.*) *разг.* mutter (*smth.*), say* (*smth.*) gruffly.
бурла́к *м.* barge-hauler.
бурли́ть *несов.* seethe; *перен. тж.* buzz with excitement.
бу́рн|ый 1. (*о погоде, море и т. п.*) stormy, rough, tempestuous; ночь обеща́ет быть ~ой it looks like being a rough night; **2.** (*полный событий, волнений*) eventful, hectic; **3.** (*пылкий, неистовый*) wild, enthusiastic; ~ые стра́сти wild/violent passions; ~ые аплодисме́нты cheers, tempestuous applause *sg.*, storms of applause; ~ая де́ятельность furious activity; **4.** (*стремительно протекающий, развивающийся*) rapid, vigorous; ~ рост промы́шленности rapid/ vigorous growth of industry; ~ое тече́ние боле́зни rapid course of the illness.
буров|о́й boring; ~ая сква́жина bore hole; ~ая вы́шка derrick; rig; ~ молото́к bore hammer.
бурса́ *ж. ист.* seminary.
бурса́к *м.* seminarist.
бурт *м. с.-х.* clamp.
буру́н *м.* surf; *мн.*breakers.
бурунду́к *м. зоол.* chipmunk.
бурч|а́ть, пробурча́ть 1. (*бормотать*) mumble, mutter; **2.** *тк. несов.* (*о бурлящих звуках*) rumble; в животе́ ~ит my (your etc.) stomach is rumbling.
бу́рый greyish-brown; ◇ ~ медве́дь brown bear; ~ у́голь brown coal, lignite; ~ железня́к limonite, brown iron ore.
бурья́н *м. собир.* (tall) weeds, scrub.
бу́ря *ж.* storm, tempest; ~ восто́ргов storm of enthusiasm; ~ негодова́ния storm of indignation; ◇ ~ в стака́не воды́ storm in a teacup; ~ и на́тиск *лит., ист.* "Sturm und Drang„.
буря́т *м.*, **~ка** *ж.* Buryat; **~ский** Buryat; ~ский язы́к Buryat, the Buryat language.
бу́син(к)а *ж.* bead.
бу́сы *мн.* beads; bead-necklace *sg.*
бутафо́р *м.* property-man*; props man* *разг.*; **~ия** *ж.* fake; (*в театре*) stage-properties *pl.*; *перен.* window dressing, sham; **~ский** property *attr.*; *перен.* faked.
бутербро́д *м.* open sandwich; ~ с ветчино́й (open) ham sandwich.
бути́л *м. хим.* butyl.
бутиле́н *м. хим.* butylene.
буто́н *м.* bud.
бу́тсы *мн.* (*ед.* бу́тса *ж.*) football boots.
буту́з *м. разг.* chubby child*.
буты́л|ка *ж.* bottle; ~ молока́, кефи́ра bottle of milk, yogurt; **~очный** bottle *attr.*; ◇ ~очного цве́та bottle-green.
буты́ль *ж.* large bottle.
бу́фер *м.* buffer; ~ный buffer *attr.*
буфе́т *м.* **1.** (*мебель*) sideboard; **2.** (*помещение*) refreshment room; (*небольшой*) snack bar, buffet; **~чик** *м.* barman*, bartender; **~чица** *ж.* barmaid.
буфф *м. нескл.* comic, buffo; о́пера ~ comic opera.
буффона́да *ж. театр. тж. перен.* buffoonery.
бух *разг.* bang!, boom!
буха́нка *ж.* tinned loaf.
буха́ть, бухну́ть *разг.* **1.** (*издавать глухой звук*) thump, thud; бу́хнул вы́стрел there was a muffled shot; **2.** (*вн.*; *ронять что-л.*) drop (*smth.*) with a thud; thump (*smth.*) down; **~ся,** бу́хнуться *разг.* fling* oneself, throw* oneself; (*в кресло и т. п.*) flop; бу́хнуться в во́ду throw* oneself into the water.
бухга́лт|ер *м.* bookkeeper, accountant; гла́вный ~ chief accountant; ~-ревизо́р auditor; **~е́рия** *ж.* **1.** bookkeeping, accountancy; **2.** (*отдел*) accounts department; ◇ двойна́я ~е́рия bookkeeping by double entry.
бу́хнуть I *сов.* см. бухать.
бу́хнуть II, разбу́хнуть swell*, expand.
бу́хнуться *сов.* см. бухаться.
бухо́й *слэнг* sozzled, drunk.
бу́хта I *ж.* (залив) bay, bight.
бу́хта II *ж.* (троса) coil.
бу́ч|а *ж. разг.*: подня́ть ~у raise hell.
бушева́ть *несов.* rage; *перен. тж.* storm.
бу́шель *м.* (*мера ёмкости 36,3 л*) bushel.
бушла́т *м.* pea jacket.
буя́н *м.* brawler, rowdy; **~ить** *несов.* get* violent, go* berserk; raise the devil, raise a big smoke *амер.*
бы 1. (*при выражении желания*): он хоте́л бы вас повида́ть he would like to see you; я был бы рад его́ ви́деть I should be glad to see him, I'd love to see him; я хоте́л бы пое́сть I wouldn't mind a bite of something; мне бы тако́й слова́рь if only I had a dictionary like that; **2.** (*при предложении или вежливом указании*): вам бы отдохну́ть you ought to have a rest; ему́ бы уже́ пора́ быть здесь he should be here by now, he ought to be here by now; не вам бы жа́ловаться it's not for you to complain, you shouldn't complain; **3.** (*при выражении удивления*): кто бы мог поду́мать? who could have believed such a thing?; кто бы мог поду́мать, что... who could have believed that...; **4.** (*в условных оборотах - - в главных предложениях*) would; *в придаточных предложениях не переводится*; я пришёл бы, е́сли бы мог I would have come if I could.
быва́ло *разг.* would (+ inf); used (to); ~, он рабо́тал по двена́дцати часо́в в су́тки he would work twelve hours a day, he used to work twelve hours a day.
быва́л|ый 1. (*много видавший*) experienced; ~ во́ин, солда́т old campaigner/soldier, veteran; **2.** (*привычный*) usual.
быв|а́ть *несов.* **1.** (*происходить, случаться*) (sometimes) happen; (*о заседаниях и т. п.*) be* held, take* place; со мной э́того никогда́ не ~а́ло such a thing has never happened to me; с кем э́того не ~а́ло it's common enough; **2.**

(*находиться, быть*) be*; не ~ be* never; по утра́м он не ~а́ет до́ма he is never at home in the morning; он ~а́ет в институ́те с 3-х до 4-х he attends the institute from three to four; **3.** (*посещать*) go*; я нигде не ~аю I never go anywhere; он у нас ча́сто ~а́ет he often comes to see us; я там ре́дко ~а́ю I hardly ever go there; ◇ как ни в чём не ~а́ло as if nothing had happened; как не ~а́ло have* completely disappeared.

бы́вш|ий former, ex-; ~ие колониа́льные стра́ны one-time colonial countries; ◇ ~ие лю́ди has-beens.

бык I *м.* bull; здоро́в как ~ *разг.* as strong as an ox.

бык II *м.* (*моста*) pier.

"**бык,, III** (*биржевой спекулянт, играющий на повышение*) bull.

были́на *ж.* Russian epic.

были́нка *ж.* blade; как ~ as light as air; то́нкая, как ~ willowy, very thin.

были́нный epic.

бы́ло was just going to, was just on the point of; прекрати́вшийся ~ дождь вдруг сно́ва поли́л the rain, which had been about to stop, suddenly came on even harder; он чуть ~ не ушёл he was just on the point of leaving; чуть ~ не very nearly; я чуть ~ не забы́л I almost forgot.

был|о́й *прил.* **1.** past, bygone; erstwhile; ~ые времена́ past times, bygone days; ~о́е сча́стье erstwhile happiness; **2.** *в знач. сущ. с.* the past, olden time.

быль *ж.* true story; fact; э́то не ска́зка, а ~ it's not just a story, it really happened; it's a true story; сде́лать ска́зку ~ю make* dreams come true.

быстрина́ *ж.* rapids *pl.*

бы́стро quickly, rapidly, swiftly; ~ сообража́ть be* quickwitted, be* quick in the uptake.

быстрогла́зый lively, saucy, sprightly.

быстроно́гий fleet, swift-footed.

быстрорастворимый instant; ~ ко́фе instant coffee.

быстрорасту́щ|ий quick-growing; ~ие потре́бности населе́ния rapidly growing requirements of population.

быстроте́чный fleeting, transient.

быстрохо́дный fast; ~ танк cruise tank.

бы́стр|ый rapid, swift; (*быстроходный тж.*) fast; (*проворный, живой тж.*) quick; ~ое тече́ние rapid current; ~ая ло́шадь fast/swift horse; ~ым ша́гом at a smart pace; в ~ом те́мпе briskly; *муз.* in quick time; ~ ум agile mind; ~ отве́т prompt reply; ~ рост промы́шленности rapid growth of industry; ~ая речь swift flow of words.

быт *м.* **1.** (*уклад жизни*) mode/way of life; ~ и нра́вы life and manners; **2.** (*повседневная жизнь*) everyday life; дома́шний, се́льский ~ domestic, rural life.

бытие́ *с.* existence, being; ~ определя́ет созна́ние being determines consciousness; ◇ кни́га Бытия́ Genesis.

бы́тность *ж.*: в ~ мою́ в Москве́ when I was staying/living in Moscow, during my stay in Moscow; в ~ мою́ студе́нтом in my student days.

бытова́ть *несов.* exist.

бытов|о́й: ~ые удо́бства everyday amenities; ~о́е обслу́живание service; ~ы́е усло́вия living conditions; ~о́е явле́ние everyday occurrence; ~а́я дра́ма play of manners; ~а́я жи́вопись genre painting.

бытописа́ние *с.* chronicles.

бытописа́тель *м.* portrayer of ordinary life.

быть 1. (*связка и в знач.: находиться, существовать, присутствовать*) be*; он бу́дет у нас в шесть часо́в he'll be with us at six; он был рад вас ви́деть he was glad to see you; там, здесь бы́ло мно́го наро́ду many people were there, here; бы́ло о́чень жа́рко it was very hot; будь он здесь if he were here; не будь вас but for you; **2.** (*иметься*) *переводится формами гл.* have*; у него́ бы́ло мно́го друзе́й he had many friends; у него́ не было вре́мени he had no time; у него́ есть де́ти? has he any children?; **3.** (*случаться, происходить*) happen; **4.** (*об одежде и т. п.*) be* wearing, have* on; на нём была́ (се́рая) шля́па, он был в (се́рой) шля́пе he had a (grey) hat on; она́ была́ вся в чёрном she was all in black; она была́ в чёрном пла́тье she had a black dress on, she was wearing a black dress; ◇ ~ беде́! there's trouble ahead!; ~ за *кого-л.* ~ на *чьей-л.* стороне́ be* on *smb.'s* side; ~ заодно́ с *кем-л.* be* in full agreement with *smb.*; будь что бу́дет come what may, whatever happens; была́ не была́! (let) come what may!; как ~? what's to be done?; так и ~ very well, all right; что́бы э́того бо́льше не было! you're not to do that again!, don't let it happen again!; что бу́дет, то бу́дет what is to be will be.

быча́чий, бы́чий bull's; bovine *научн.*; ~ язы́к ox-tongue.

бычо́к I *м.* bull-calf*, young bull.

бычо́к II *м.* (*рыба*) goby.

бычо́к III *м. разг.* (*окурок*) cigarette butt.

бьеф *м.* reach; ве́рхний ~ head water; ни́жний ~ tail water.

бюва́р *м.* blotting-book, blotter.

бюдже́т *м.* budget; (*личный тж.*) financial resources *pl.*; finances *pl. разг.*; годово́й ~ annual budget; госуда́рственный ~ state budget; дохо́дный ~ revenue; расхо́дный ~ expenditure; теку́щий ~ operating budget; ~ капиталовложе́ний capital budget; пре́ния по ~у debate on the budget; ◇ вы́йти из ~а exceed *one's* budget; **~ный** budgetary; ~ная коми́ссия budget committee; ~ная эффекти́вность экспорта/импорта budgetary efficiency of export/import; ~ный год budget year; ~ные ассигнова́ния budget provisions; ~ные дохо́ды budget revenue; ~ сре́дства budgetary funds.

бюллете́н|ь *м.* **1.** bulletin; ~ пого́ды weather report; ~ съе́зда congress bulletin; **2.** (*избирательный*) ballot; **3.** (*периодическое издание*) bulletin; **4**. *разг.* (*больничный лист*) doctor's/medical certificate; быть на ~е be* on sick-leave.

бю́ргер *м.* burgher; *перен. ирон.* philistine.

бюре́тка *ж. тех.* burette.

бюро́ I *с. нескл.* **1**. (*название руководящей части некоторых органов*) Bureau; **2**. (*заседание*) meeting of the Bureau; **3**. (*учреждение*) agency; office; ~ путеше́ствий travel agency; ~ нахо́док lost-property office.

бюро́ II *с. нескл.* (*мебель*) bureau.

бюрокра́т *м.* bureaucracy; **~и́зм** *м.* bureaucratism; red tape; **~и́ческий** bureaucratic.

бюрокра́тия *ж.* bureaucracy.

бюст *м.* bust, bosom.

бюстга́льтер *м.* brassiere.

бязь *ж.* unbleached calico.

бя́ка *ж. разг.* nasty thing, nasty man*.

В

в 1. (*где, в чем*) in; (*при указании нестоличных городов, местечек, учреждений, заведений и т. п.*) at; в СССР, в Москве́, в Ло́ндоне in the USSR, in Moscow, in London; в Волгогра́де at Volgograd; в институ́те, кино́, клу́бе, теа́тре, универма́ге, университе́те *и т. п.* at the institute, cinema, club, theater, stores, university *etc.*; в шко́ле at school; он где-то в зда́нии (*института и и т. п.*) he is somewhere in the building; **2.** (*куда, во что*) to; (*внутрь*) into; в СССР, в Москву́, to the USSR, to Moscow; в Волгогра́де to Volgograd; в институ́т *и т. п.* to the institute *etc.*; в шко́лу to school; отпра́виться в Ки́ев leave* for Kiev; войти́ в дом go* into the house, go* indoors; **3.** (*когда — о месяце, годе*) in; (*о дне*) on; (*о часе*) at; в январе́ in January; в 1965 году́ in 1965, in the year 1965; в понеде́льник on Monday; в после́дний день ме́сяца on the last day of the month; в 2 часа́ at two o'clock; **4.** (*при указании единицы времени*) *обычно не переводится*; два ра́за в год, день, ме́сяц, час *и т. п.* twice a year, a day, a month, an hour; 20 оборо́тов в мину́ту twenty revolutions a/per minute; **5.** (*при указании размера и т. п.*) *обычно не переводится*; длино́й в три ме́тра three meters long; пье́са в трёх а́ктах play in three acts, three-act play; **6.** (*при указании расстояния от чего-л.*) at a distance of... (from); *часто не переводится*; в пяти́ киломе́трах от Москвы́ (at a distance of) five kilometers from Moscow; **7.** (*в течение*) in; он сде́лает э́то в три дня he will do it in three days, it will take him three days; в одно́ мгнове́ние in an instant, in the twinkling of an eye; **8.** (*при указании на вид или форму чего-л.*) in; в чёрном in black; заверну́ть в бума́гу wrap in paper; в фо́рме ша́ра in the form of a sphere; **9.** (*покрытый, запачканный чем-л.*) *не переводится*; ру́ки в черни́лах ink-stained hands; ска́терть в пя́тнах table-cloth covered with stains; лицо́ в прыща́х spotty face; весь в снегу́ covered with snow; **10.** (*при указании вида спорта*) *не переводится*; игра́ть в ша́хматы, те́ннис, футбо́л play chess, tennis, football.

ва-ба́нк *карт.*: игра́ть ~ stake everything; *перен.* идти́ ~ stake *one's* all.

вавило́нск|ий: ~ое столпотворе́ние babel.

ваго́н *м.* 1. (*пассажирский*) (railway) carriage, coach; car *амер.*; (*товарный*) truck; (*закрытый тж.*) (goods) van; (freight) car *амер.*; бага́жный ~ luggage van; baggage car *амер.*; купе́йный ~ compartment carriage, compartment car *амер.*; пассажи́рский ~ passenger car *амер.*; почто́вый ~ mail van; mail car *амер.*; спа́льный ~ sleeping car, Pullman *амер.*; трамва́йный ~ tramcar; streetcar, trolley *амер.*; **2.** (*количество груза*) carload, truckload; ~ угля́ truckload of coal; *разг.* а вре́мени у нас ~ we have masses of time.

вагоне́тка *ж.* truck, trolley.

ваго́нный wagon *attr.*; car *attr.*; ~ парк rolling stock.

вагоновожа́тый *м.* tram driver; motorman.

вагоноремо́нтный: ~ заво́д coach/wagon-building works; car-building plant *амер.*

ваго́н|-рестора́н *м.* dining car; diner *разг.*; **~цисте́рна** *ж.* tank car.

ваго́нчик *м.* (*на полевом стане*) caravan, trailer.

вагра́нка *ж.* *тех.* cupola furnace.

ва́жничать *несов.* *разг.* give* oneself airs, put* on airs.

ва́жн|о 1. *нареч.* pompously, with an air of importance; **2.** *в знач. сказ.* it is important; (очень) ~ знать, что ну́жно де́лать it is (extremely) important to know what to do; э́то не так ~ it doesn't really matter; **~ость** *ж.* 1. importance; (*значение*) significance; большо́й ~ости of great importance/significance; **2.** (*горделивость, надменность*) pomposity; ~остью pompously; ◇ не велика́ ~ость! that doesn't matter! э́ка ~ость! what does it matter?, who cares?; **~ый 1.** important; (*значительный*) significant; ~ое лицо́, ~ая ши́шка *разг.* bigwig, big knob, high hat *амер.*; **2.** (*горделивый, надменный*) pompous; grand; с ~ым ви́дом with an air of (the utmost) importance, pompously.

ва́за *ж.* vase; (*в форме чаши*) bowl; ~ для фру́ктов fruit bowl; ~ для цвето́в flower vase, flower bowl.

вазели́н *м.* vaseline.

вазомото́рный *мед.* vasomotor.

вака́нсия *ж.* vacancy.

вака́нтн|ый vacant; ~ое ме́сто vacancy.

вака́ция *ж.* *уст.* vacation.

ва́куум *м.* *физ.* *тех.* vacuum (*pl.* -cua, -ums); **~-насо́с** *м.* vacuum pump.

ва́кса *ж.* (shoe) polish, blacking.

вакхана́лия *ж.* Bacchanalia *pl.*; *перен.* orgy, revelry.

вакх|а́нка *ж.* 1. *миф.* Bacchante, maenad; **2.** *перен.* bawd, hussy; **~и́ческий** Bacchic.

вакци́н|а *ж.* *мед.* vaccine; **~а́ция** *ж.* *мед.* vaccination.

вал I *м.* 1. (*насыпь*) bank, earth wall; *воен.* rampart; **2.** (*волна*) billow, roller; ◇ девя́тый ~ the tenth wave, the highest wave.

вал II *м.* *тех.* shaft; приводно́й ~ driving shaft.

вал III *м. эк.* gross; вы́полнить план по ~у fulfil the plan in the gross.

вала́ндаться *несов. разг.* loiter, hang about.

вале́жник *м. собир.* windfallen wood, deadfall.

ва́ленки *мн.* (*ед.* ва́ленок *м.*) felt boots.

вале́нтность *ж. хим.* valency.

валерья́нов|ый valerian; ~ые ка́пли valerian drops; tincture of valerian *sg.*

вале́т *м. карт.* knave, Jack.

ва́лик *м.* **1.** *тех.* shaft; roller; cylinder; (*пишущей машинки*) platen; **2.** (*диванный*) bolster.

вали́ть I, повали́ть, свали́ть (*вн.*) **1.** *сов.* повали́ть, свали́ть throw* (*smb.*, *smth.*) down, knock (*smb.*, *smth.*) down, bring* (*smb.*, *smth.*) down; (*в борьбе*) throw* (*smb.*); (*деревья*) fell (*smth.*); ~ *кого-л.* с ног knock *smb.* down; ве́тром повали́ло мно́го дере́вьев the wind blew down many trees; **2.** *сов.* свали́ть *разг.* (*беспорядочно складывать*) heap (*smth.*) up, pile (*smth.*) up; **3.** *сов.* свали́ть *разг.*: ~ вину́ на *кого-л.* blame *smb.*, put* the blame on/upon *smb.*; ◇ ~ всё в одну́ ку́чу lump everything together.

вали́ть II, повали́ть **1.** (*двигаться массой*) flock, throng; наро́д ва́лом ва́лит (в, из) people are pouring (into, out of); **2.** (*подыматься — о дыме и т. п.*) belch; (*падать — о снеге*) fall* thicky/heavily, fall* in thick flakes.

вали́ться, повали́ться, свали́ться fall*, drop; ◇ ~ с ног от уста́лости be* dropping with fatigue; у меня́ сего́дня всё ва́лится из рук 1) (*не ладится*) I can't get anywhere today; 2) (*нет сил делать что-л.*) I'm fit for nothing today; у него́ (ве́чно) всё ва́лится из рук his fingers are all thumbs; на бе́дного Мака́ра все ши́шки ва́лятся (*посл.*) an unfortunate man would be drowned in a teacup.

ва́лк|ий unsteady, shaky; (*о корабле*) crank; ◇ ни ша́тко ни ~о fair to middling.

валов|о́й *эк.* gross; ~ дохо́д gross revenue/income; ~а́я при́быль gross profit; ~а́я проду́кция gross output.

валориза́ция *ж. фин.* (*повышение курса ценных бумаг с помощью государственных мероприятий*) valorization.

валто́рна *ж. муз.* French horn.

валу́н *м.* boulder.

вальва́ция *ж. фин.* (*определение стоимости иностранной валюты в национальной денежной единице*) valuation.

ва́льдшнеп *м. зоол.* woodcock.

вальс *м.* waltz; танцева́ть ~ waltz; **~и́ровать** *несов.* waltz.

вальц|ева́ть *несов.* (*вн.*) *тех.* roll (*smth.*); **~о́вка** *ж. тех.* rolling; **~о́вщик** *м.* roller; ~ы *мн. тех.* rollers.

вальяжный *разг.* weighty, imposing, impressive; ~ вид impressive presence.

валю́т|а (*денежная система*) currency; бума́жная ~ paper currency; блоки́рованная ~ blocked currency; за́мкнутая ~ inconvertible currency; иностра́нная ~ foreign currency; конверти́руемая ~ convertible/hard currency; междунаро́дная ~ international currency; национа́льная ~ national currency; неконверти́руемая ~ inconvertible/soft currency; неусто́йчивая ~ unstable currency; ~, привя́занная к до́ллару currency pegged to the dollar; резе́рвная ~ reserve currency; свобо́дно конверти́руемая ~ freely convertible currency; твёрдая ~ hard currency; усто́йчивая ~ stable currency; ~ ве́кселя currency of a bill; ~ контра́кта currency of contract; ~ креди́та currency of credit; ~ платежа́ currency of payment; ~ перево́да currency of a transfer; ~ расчёта transactions currency, clearing currency; ~ сде́лки bargain currency; ~ страны́-импортёра/экспортёра importer's/exporter's currency; ~ счёта currency of an account; ~ цены́ currency of price; **~ный** currency *attr.*; ~ная котиро́вка quotation currency; ~ная опера́ция currency transaction; ~ный курс rate of exchange, exchange; ~ный ры́нок exchange market, currency market.

валя́ть, сваля́ть, вы́валять **1.** *сов.* вы́валять (*вн.* в пр.) roll (*smth.* in); ~ котле́ты в сухаря́х roll cutlets in bread crumbs; **2.** *тк. несов.* (*вн.* по *дт.*) *разг.* roll (*smth.* in, on), drag (*smth.*) about (on); ~ по сне́гу roll in the snow; ~ по́ полу roll on the floor, drag about on the floor; **3.** *сов.* сваля́ть (*вн.*) felt (*smth.*); (*сукно*) full (*smth.*); ~ ва́ленки make* felt boots; ◇ ~ дурака́ play the fool; валя́й! go ahead!, carry on!

валя́|ться *несов.* **1.** (*кататься*) roll about, wallow; ~ в грязи́ wallow in the mud/mire; **2.** *разг.* (*лежать*) sprawl, lie*; (*бездельничать*) loll about; в посте́ли до 12 часо́в дня lie* in bed till twelve o'clock; **3.** *разг.* (*о вещах*) lie* about; всю́ду ~лись кни́ги books were scattered all over the place; *перен.* ~ в нога́х у *кого-нибудь* fall* down at *smb.'s* feet.

вам (*дт. от личн. мест.* вы) you; мы к ~ зайдём we'll call on you; мы ~ пока́жем э́ту кни́гу we'll show you the book.

ва́ми (*тв. от личн. мест.* вы) by/with you; мы пойдём с ~ we'll go with you; мы за ~ зайдём we'll come to fetch you.

вампи́р *м.* **1.** *тж. перен.* vampire; **2.** *зоол.* vampire bat.

вана́дий *м. хим.* vanadium.

ванда́л *м. ист. тж. перен.* Vandal, vandal; **~и́зм** vandalism.

вани́ль *ж.* vanilla; **~ный** vanilla *attr.*

ва́нн|а *ж.* bath; сидя́чая ~ sit-bath; со́лнечная ~ sunbath; **~ая** *ж.* bathroom; **~очка** *ж.*: де́тская ~очка baby's bath; приня́ть ~у take* a bath.

вант *м. мор.* shroud.

ва́нька-вста́нька *м.* tilting doll.

вара́н *м. зоол.* giant lizard.

ва́рвар *м.* barbarian; **~ский 1.** barbarian; **2.** (*грубый, жестокий*) barbarous, barbaric; **~ство** *с.* barbarity.

ва́рево *с. разг.* broth, slop.

ва́режки *мн.* (*ед.* ва́режка *ж.*) mittens.

варене́ц *м.* varenets (*milk baked in on oven and allowed to ferment*).

варе́ник *м.* (*клецка с фруктовой или творожной начинкой*) varenik.

варёный boiled.

варе́нье *с.* (wholefruit) jam; preserves *pl.*

вариа́нт *м.* version; (*разночтение тж.*) variant, reading; (*шахматный*) variant; ~ прое́кта alternative design.

вариа́ция *ж.* variation; *биол. тж.* modification; те́ма с ~ми *муз.* theme and variations.

вари́ть, свари́ть (*вн.*) **1.** (*отваривать*) boil (*smth.*); (*готовить*) make* (*smth.*), cook (*smth.*); ~ обе́д make*/cook the dinner; ~ варе́нье make* jam/preserves; ~ пи́во brew (beer); **2.** (*изготовлять путём плавления и т. п.*) make* (*smth.*); ~ мы́ло make* soap; ~ сталь found/make* steel; **3.** *тех.* (*сваривать*) weld; **~ся**, свари́ться boil; be* boiling; be* boiled; *сов. тж.* be* ready; суп уже́ ва́рится the soup is on now; ; ~ся в со́бственном соку́ stew in *one's* own juice.

ва́рка *ж.* **1.** (*пищи*) cooking; ~ варе́нья jam-making; ~ пи́ва brewing; **2.** (*металла*) founding.

варра́нт *м. фин.* warrant; до́ковый ~ dock warrant; складско́й ~ warehouse warrant; тамо́женный ~ customs warrant.

варьете́ *с. нескл.* variety show.

варьи́ровать *несов.* (*вн.*) vary (*smth.*); **~ся** *несов.* vary.

вас (*рд., вн., пр. от личн. мест.* вы) you; рад ~ ви́деть glad to see you; нет ли у ~ каранда́ша́? have you a pencil?; мы о ~ вспомина́ли we thought about you.

василёк *м.* cornflower, bachelor's button.

василько́вый sapphire(-colored), royal blue.

васса́л *м.* vassal; *перен. тж.* satellite.

васса́льн|ый vassal *attr.*; ~ая зави́симость vassalage.

ва́та *ж.* (*подкладочная*) wadding; (*медицинская*) cotton wool.

вата́га *ж. разг.* band, gang.

ватерли́ния *ж. мор.* waterline.

ватерпа́с *м.* water level.

ватерполи́ст *м.*, **~ка** *ж.* water-polo player.

ватерпо́ло *с. нескл. спорт.* water polo.

вати́н *м.* fleecy stockinet, sheet wadding; пальто́ на ~е wadded coat.

ва́тман *м.* Whatman (paper).

ва́тник *м. разг.* wadded jacket.

ва́тн|ый **1.** cotton wool *attr.*; *перен.* numb; **2.** (*на вате*) wadded; (*стёганый*) quilted; ~ое одея́ло quilt.

ватру́шка *ж.* cheesecake, curd tart.

ватт *м. эл.* watt; **~метр** *м. эл.* wattmeter.

ва́учер *м. фин.* voucher.

ва́фельница *ж.* waffle iron.

ва́фля *ж.* wafer, wafer cake; (*из взбитого теста*) waffle.

вахла́к *м. разг.* lout, sloven.

ва́хт|а *ж.* **1.** *мор.* watch; стоя́ть ~у, стоя́ть на ~е keep* watch; **2.** (*исполненная энтузиазма работа*) special effort, work-effort, work-drive; ~ ми́ра work-effort for peace.

ва́хтенный *прил.* 1. watch *attr.*; ~ журна́л log(book); ~ команди́р officer of the watch; officer of the deck *амер.*; **2.** *в знач. сущ. м.* messenger (of the watch).

вахтёр *м.* porter, doorkeeper; janitor *амер.*

ваш *притяж. мест.* 1. (*перед сущ.*) your; (*без сущ.*) yours; э́то ~а кни́га that is your book; ~у кни́гу я убра́л I put your book away; э́то ~? is this yours?; э́та кни́га ~а? is this book yours?; **2.** *в знач. сущ. мн.* (*родные*) your people; your folks *амер.*

вая́|ние *с.* sculpture; **~тель** *м.* sculptor.

вая́ть, изва́ять (*вн.*) sculpture (*smth.*), sculpt (*smth.*); (*высекать*) carve (*smth.*), chisel; (*лепить*) model (*smth.*).

вбега́ть, вбежа́ть come* running in, rush in; (в *вн.*) come* running (into), rush (into).

вбежа́ть *сов. см.* вбега́ть.

вбива́ть, вбить (*вн.*) drive* (*smth.*) in, knock (*smth.*) in; (*вн.* в *вн.*) drive* (*smth.* into), knock (*smth.* into); он не смог вбить гвоздь he couldn't drive the nail in; он вбил гвоздь в сте́ну he knocked the nail into the wall; ◇ ~ *что-л. кому-л.* в го́лову drive* into *smb.'s* head; вбить себе́ в го́лову get*/take* it into *one's* head.

вбира́ть, вобрать (*вн.*; *впитывать*) absorb (*smth.*), soak up (*smth.*); (*вдыхать*) inhale (*smth.*), draw* in (*smth.*).

вбить *сов. см.* вбивать.

вблизи́ **1.** *нареч.* not far off/away, near/close by; хорошо́, пло́хо ви́деть ~ see* well*, badly* at a short distance; он живёт где-то здесь ~ he lives somewhere near here; he lives somewhere in this neighborhood; **2.** *предлог* (*рд.*) by, near; ~ от not far from.

вбок *разг.* to the side.

вбра́сывание *с. спорт.*: ~ мяча́ throw-in.

вброд: переходи́ть ~ cross by fording; wade across; переходи́ть ре́ку ~ ford a river, wade across a river.

вбро́сить *сов. спорт.* ~ мяч throw* in.

вва́ливаться, ввали́ться **1.** (*становиться впалым*) be*/become* hollow/sunken; у него́ глаза́ ввали́лись he has sunken eyes; у него́ щёки ввалили́сь he has hollow cheeks; **2.** (в *вн.*) *разг.* (*входить*) burst* (into).

ввали́вш|ийся: ~иеся щёки hollow cheeks; ~иеся глаза́ sunken eyes.

ввали́ться *сов. см.* вва́ливаться.

введе́ние *с.* introduction, preamble; ~ в языкозна́ние introduction to linguistics; Введе́ние (во храм) *рел.* Feast of the Presentation of the Blessed Virgin.

ввести́ *сов. см.* ввози́ть.

ввек *разг.* never; ~ не забу́ду as long as live I shall never forget.

вверга́ть, вве́ргнуть (*вн.* в *вн.*) plunge (*smb.* into), throw* (*smb.* into); ~ *кого-л.* в отча́яние plunge *smb.* into despair, drive* *smb.* to despair.

вве́ргнуть *сов. см.* вверга́ть.

вве́рить(ся) *сов. см.* вверя́ть(ся).

вверну́ть *сов. см.* ввёртывать.

ввёртывать, вверну́ть (*вн.*) 1. screw (*smth.*) in; (*вн.* в *вн.*) screw (*smth.* into); ~ винт drive*/put* in a screw, insert a screw; ~ ла́мпочку screw/put* a bulb in; **2.** *разг.* put* (*smth.*) in; вверну́ть слове́чко put* a word in.

вверх up, upward(s); ~ по ле́стнице upstairs; ~ по реке́, *погов.* по тече́нию upstream; висе́ть ~ нога́ми hang* upside down; стоя́ть ~ нога́ми stand* on *one's* head; be* upside down; ~ дном upside-down; *перен.* at sixes and sevens, topsy-turvy; всё пошло́ ~ дном everything went topsy-turvy.

вверху́ overhead, above.

вверя́ть, вве́рить (*вн. дт.*) entrust (*smb.* with *smth.*, *smth.* to *smb.*); ~ свою́ судьбу́ *кому-л.* leave* *one's* fate in *smb.'s* hands; **~ся**, вве́риться (*дт.*) place *oneself* in *smb.'s* hands.

ввести́ *сов. см.* вводи́ть.

ввиду́ in view of, owing to; ~ того́, что... in view of the fact that..., considering that...

ввинти́ть *сов. см.* ввинчивать.

вви́нчивать, ввинти́ть (*вн.* в *вн.*) screw (*smth.* into).

ввод *м.* 1. (*действие*) putting into; ~ в де́йствие starting, putting into operation; ~ в эксплуата́цию commissioning, launching; **2.** *тех.* (*устройство*) lead-in.

вводи́ть, ввести́ 1. (*вн.*) lead* (*smb.*, *smth.*) in; (*вн.* в *вн.*) lead* (*smb.*, *smth.*, into); ввести́ *кого-л.* в ко́мнату lead* *smb.* into the room; ~ *кого-л.* в семью́ bring* *smb.* into the family; ~ войска́ bring* in troops; ~ во владе́ние put* in posession; **2.** (*вн.*; *вовлекать, ввергать*): ~ *кого-л.* в расхо́ды put* *smb.* to expense; **3.** (*вн.*; *учреждать, внедрять*) introduce (*smth.*); **4.** ~ в де́йствие но́вую ша́хту put* a new mine into operation, open a new mine; ~ *что-л.* в употребле́ние introduce *smth.*, start using *smth.*; ~ войска́ в бой engage *one's* troops; ~ *что-л.* в мо́ду bring* *smth.* into fashion; ~ в заблужде́ние mislead*; ~ в искуше́ние tempt, lead* into temptation; <> ~ *кого-л.* в курс (де́ла) put* *smb.* in the way of things; show* *smb.* the ropes *разг.*

вво́дн|ый 1. introductory; **2.** *грам.* parenthetic(al); ~ое предложе́ние parenthesis (*pl.* -ses), parenthetic clause; ~ое сло́во parenthesis.

ввоз *м.* 1. (*действие*) importation; предме́т ~а import; **2.** (*общее количество ввозимых товаров*) imports *pl.*, imported goods *pl.*; **~и́ть**, ввезти́ (*вн.*) bring* (*smth.*) in; (*импортировать*) import (*smth.*).

вво́зн|ый imported; ~ая по́шлина import duty.

вволю *разг.* to *one's* heart's content.

ввысь high into the air.

ввяза́ться *сов. см.* ввя́зываться.

ввя́зываться, ввяза́ться (в (*вн.*)) *разг.* get* involved (in), get* mixed up (in); ~ в неприя́тную исто́рию get* mixed up in a nasty business.

вглубь deep into, into the depths.

вгляде́ться *сов. см.* вгля́дываться.

вгля́дываться, вгляде́ться (в *вн.*) peer (into); (*рассматривать*) take* a good look (at); при́стально ~ во *что-л.* gaze steadily at *smth.*

вгоня́ть, вогна́ть (*вн.* в *вн.*) drive* (*smth.* into); (*молотком тж.*) knock (*smth.* into); <> вогна́ть *кого-л.* в кра́ску make* *smb.* blush; ~ кого́-ли́бо в гроб be* the death of *smb.*

вдава́ться, вдаться (в *вн.*) project (into); jut out (into); ~ кли́ном form a wedge in; мо́ре глубоко́ вдаётся в берег the sea forms a deep inlet; <> ~ в кра́йности go* to extremes; ~ в подро́бности go* into details; ~ в то́нкости split* hairs.

вдави́ть *сов. см.* вда́вливать.

вда́вливать, вдави́ть (*вн.* в *вн.*) press (*smth.* into), force (*smth.* into), squeeze (*smth.* into).

вда́лбливать, вдолби́ть (*вн.*) *разг.* hammer (*smth.*) in, ram (*smth.*) in; <> ~ *кому-л.* в го́лову drum/din into *smb.'s* head.

вдалеке́, вдали́ 1. *нареч.* in the distance; исче́знуть ~ disappear from sight, disappear out of sight; disappear into the distance; **2.** *предлог*: ~ от a long way from, far from, remote from.

вдаль into the distance.

вда́ться *сов. см.* вдава́ться.

вдвига́ть, вдви́нуть (*вн.*) push (*smth.*) in.

вдви́нуть *сов. см.* вдвига́ть.

вдво́е 1. twice, double; (с *прил.*) twice as; (с *сущ.*) twice/double the; ~ бо́льше twice as much; ~ ме́ньше half as much; ~ вы́ше twice as high/tall, twice the height; much higher, taller; ~ ни́же half the height, much lower, shorter; ~ доро́же twice as expensive, double the price; much dearer, much more expensive, double the price; ~ деше́вле twice as cheap, half the price; much cheaper; ~ бли́же much nearer; ~ до́льше twice as long; much longer; ~ ста́рше вас I'm twice your age; он ~ моло́же вас he's half your age; he's (ever so) much younger than you; увели́чить ~ double; уме́ньшить ~ halve; **2.** (*пополам*) in half; сложи́ть ~ fold in two/ half.

вдвоём the two of them (us, you); ~ веселе́е it's more fun together; остава́ться ~ be* alone together.

вдвойне́ double; doubly; плати́ть *кому-л.* ~ pay* *smb.* double; ~ до́рог doubly dear; он ~ винова́т he is doubly to blame.

вдева́ть, вдеть (*вн.*) thread (*smth.*); (*всовывать*) put* (*smth.*); ~ ни́тку (*в иголку*) thread a needle.

вде́сятеро ten times.

вдесятеро́м ten together; мы ~ ten of us.

вдеть *сов. см.* вдева́ть.

вдоба́вок *разг.* besides; (к *дт.*) in addition (to), moreover.

вдова́ *ж.* widow,; соло́менная ~ grass widow.

вдове́ц *м.* widower; соло́менный ~ grass widower.

вдо́вий widow's.

вдо́воль 1. *нареч.* (*вволю*) to *one's* heart's content; есть, пить ~ eat*, drink* *one's* fill; мы ~

поéли фрýктов we had as much fruit as we could eat; наговори́ться ~ talk to *one's* heart's content; **2.** *в знач. сказ.* (*много*) in plenty; у нас всегó ~ we have plenty of everything, we have all we need.

вдóвств|овать *несов.* be* widowed, be* a widow(er); **~ующая**: ~ императри́ца the Dowager Empress.

вдовствó *с.* widowhood, widowerhood.

вдóвый widowed.

вдогóнку *разг.* after; пусти́ться ~ за *кем-л.* run* after *smb.*; кричáть ~ *кому-л.* call after *smb.*; послáть *кого-л.* ~ за *кем-л.* send* *smb.* after *smb.*

вдолби́ть *сов. см.* вдáлбливать.

вдоль 1. *нареч.* lengthwise; **2.** *предлог* (*рд.*) along; ◇ ~ и поперёк 1) (*во всех направлениях*) far and wide; **2.** (*основательно*) thoroughly; изъезди́ть странý ~ и поперёк travel the length and breadth of a country.

вдох *м.* inhalation; сдéлать глубóкий ~ make* a deep breath; ~! (*команда*) breathe in!

вдохновéн|ие *с.* inspiration; прили́в ~ия a rush of inspiration; **~но** in an inspired manner, with inspiration; with enthusiasm, enthusiastically; ~но труди́ться work with enthusiasm; **~ный** inspired.

вдохнов|и́тель *м.* inspirer, inspiration, moving spirit; **~и́ть(ся)** *сов. см.* вдохновля́ть(ся).

вдохновля́ть, вдохнови́ть **1.** (*вн.*) inspire (*smb.*); успéх вдохнови́л егó he was encouraged by success; success lent him wings; **2.** (*вн.* на *вн.*) inspire (*smb.* to); вдохнови́ть *кого-л.* на пóдвиг inspire *smb.* to heroism; **~ся**, вдохнови́ться (*тв.*) be* inspired/encouraged (by); be* filled with inspiration (by).

вдохнýть *сов.* **1.** *см.* вдыхáть; **2.** (*вн.* в *вн.*; *внушить*) breathe (*smth.* into), instill (*smth.* into); ~ жизнь в *кого-л.* breathe new life into *smb.*; ~ си́лы, мýжество в *кого-л.* put*/instill fresh strength, courage into *smb.*; inspire *smb.* with fresh strength, courage.

вдрéбезги 1. to smithereens, to pieces; разби́ть *что-либо* ~ smash *smth.* to smithereens; разби́ться ~ be* smashed to smithereens; **2.** *разг.*: пьян ~ dead/blind drunk.

вдруг 1. (*неожиданно*) suddenly, unexpectedly; (*внезапно*) all of a sudden, all at once; ~ кóмната погрузи́лась во мрак all of a sudden the room was plunged in darkness; **2.** (*одновременно*) together; все ~ all together; не все ~! one at a time!; **3.** *разг.* (*а если*) suppose; а ~ у негó нет дéнег? suppose he hasn't any money?

вдýматься *сов. см.* вдýмываться.

вдýмчив|о thoughtfully; ~ относи́ться к *чему-л.* take* a thoughtful attitude to *smth.*; **~ый** thoughtful, serious; (*о взгляде*) pensive; ~ый человéк thoughtful person; ~ое отношéние к *чему-л.* serious attitude towards *smth.*

вдýмываться, вдýматься (в *вн.*) consider (*smth.*), think* over (*smth.*), go* into (*smth.*); вдýматься в смысл пóвести consider the meaning of the story.

вдыхáние *с.* inhalation.

вдыхáть, вдохнýть (*вн.*) breathe in (*smth.*), inhale (*smth.*).

вегетариáнский vegetarian.

вегетати́в|ный *бот.* vegetative; ~ периóд vegetation period.

Вéда *ж.* Вéды *мн.* (*священные книги индуизма*) the Veda(s).

вéд|ать *несов.* 1. (*тв.*; *заведовать*) be* in charge (of); manage (*smth.*); **2.** (*вн.*) *уст.* (*знать*) know* (*smth.*); не знáю, не ~аю I haven't the faintest idea.

вéдени|е *с.* authority, control; находи́ться в ~и *кого-л.* be* under the authority of *smb.*; не в моём ~и not within my competence.

ведéние *с.* 1. (*рд.*) conduct (of); ~ бухгáлтерских книг bookkeeping; ~ хозя́йства housekeeping; ~ собрáния conduct(ing) a meeting; ~ протокóла keeping of the minutes; **2.** *спорт.* ~ мячá (*в футболе*) dribbling.

вéдома: *с.* без *чьего-л.* ~ with, without the knowledge of *smb.*; без моегó ~ without my knowledge; с моегó ~ with my knowledge, with my consent.

вéдомость *ж.* list, register; балáнсовая ~ balance sheet; грузовáя ~ cargo sheet; комплектóвочная ~ delivery sheet; платёжная ~ pay sheet, pay roll; оцéночная ~ evaluation sheet; ~ вы́груженных грýзов outturn report; ~ издéржек cost sheet; ~ рабóт bill of work.

вéдомственн|ый departmental; ~ые барьéры bureaucratic/departmental barriers.

вéдомство *с.* (government) department.

ведóмый: ~ самолёт supporting aircraft, No 2 (of a flight).

ведр|ó *с.* pail, bucket; пóлное ~ *чего-л.* a bucketful of *smth.*; ◇ дождь льёт как из ~á it's raining cats and dogs, it's simply pouring/pelting.

ведýщ|ий *прил.* **1.** leading; ~ая óтрасль промы́шленности a leading branch of industry; игрáть ~ую роль play the chief/leading role; ~ее положéние в мировóй наýке leading place in world science; **2.** *тех.* driving; **3.** *в знач. сущ. м. ав.* leader.

ведь 1. *частица* (*всё-таки*) after all; you see; (но) but; ~ он ваш брат! after all, he is your brother; он ~ не ребёнок! he isn't a child*, after all; ~ я вам сказáл! but I told you! да ~... why...; да ~ э́то товáрищ Ивaнóв! Why, it's Comrade Ivanov!; он ~ болéл he's been ill, you know; **2.** *частица* (*при вопросе*): ~ э́то прáвда? it's true, isn't't? ~ он не придёт? he isn't coming, is he?; ~ вы егó ви́дели? you saw him, didn't you? **3.** *союз не переводится*; ~ я сам ви́дел! I saw it with my own eyes!

вéдьма *ж.* **1.** *фольк.* witch; **2.** *бран.* witch, harridan, vixen; стáрая ~ old hag.

вéер *м.* fan.

веерообрáзный fan-shaped; ~ свод *арх.* fan tracery, fan vaulting.

ве́жлив|ость *ж.* politeness, civility; (*любезность*) courtesy; элемента́рная ~ ordinary courtesy; **~ый** polite, civil; (*любезный*) courteous.

везде́ everywhere; ~ и всю́ду here, there and everywhere.

вездесу́щий ubiquitous, omnipresent.

вездехо́д *м.* cross-country vehicle, land-rover; **~ный** cross-country *attr.*, rough-country *attr.*

везти́, повести́ **1.** *тк. несов. см.* вози́ть; **2.** *безл. разг.* ему́ везёт he's lucky, he's in luck.

везу́чий *разг.* lucky.

вёдро *с.* fine weather.

век *м.* **1.** (*столетие*) century; двадца́тый ~ the twentieth century; освящённый ~а́ми time-honored; **2.** (*эпоха*) age; бро́нзовый ~ the Bronze age; желе́зный ~ the Iron age; ка́менный ~ the Stone Age; сре́дние ~а́ the Middle Ages; **3.** (*жизнь*) (span of) life; дожива́ть свой ~ live out *one's* remaining days; на наш ~ хва́тит it will last our time; на своём ~у́ in the course of *one's* life; ~ живи́ — ~ учи́сь! live and learn!; **4.** *разг.* (*очень долгое время*): це́лый ~ не вида́лись haven't seen one another for ages; ◇ во ~и ~о́в for ever and ever; до сконча́ния ~а till the end of time; в кои ~и once in a blue moon; на ~и ве́чные for ever; нахо́дка ~а the find of the century.

ве́ко *с.* eyelid.

векова́ть *несов.*: век ~ pass a lifetime.

вековéчный everlasting, eternal.

веков|о́й ancient; age-old; centuries-old; ~ы́е ча́яния наро́да the long-cherished desires of the people; ~а́я отста́лость age-long backwardness.

векселеда́тель *м. фин.* holder of a bill.

векселеполуча́тель *м. фин.* drawee of a bill.

векселепредъяви́тель *м. фин.* bearer of bill.

ве́ксель *м.* ава́нсовый ~ advance bill; акцепто́ванный ~ acceptance bill; ба́нковский ~ bank bill; бла́нковый ~ blank bill, bill in blank; встре́чный ~ counter bill; долгосро́чный ~ long-term bill; комме́рческий ~ commercial bill/paper; краткосро́чный ~ short-term bill; недокументи́рованный ~ clean bill of exchange; неопла́ченный ~ bill outstanding; опротесто́ванный ~ protested bill; первокла́ссный ба́нковский ~ fine bank bill; переводно́й ~ bill of exchange; подтова́рный ~ commodity bill; просро́ченный ~ overdue bill; просто́й ~ promissory note; сро́чный ~ time/term bill; торго́вый ~ trade bill/paper; учтённый ~ discounted bill; ~ на предъяви́теля bearer bill, bill to bearer; **~ный**: ~ный курс rate of exchange.

ве́кша *ж.* (*белка*) squirrel.

веле́ние *с.* dictates *pl.*; сде́лать *что-либо* по ~ю се́рдца follow the dictates of *one's* heart.

велеречи́вый *ирон.* bombastic, magniloquent.

вел|е́ть *несов. и сов.* tell*, order; ~и́те ему́ уйти́ tell him to go; я ~ю́ убра́ть э́то I will have it removed; де́лайте, как вам ве́лено! do as you're told; до́ктор не ~е́л мне выходи́ть the doctor won't let me go out.

вели́к *см.* вели́кий.

велика́н *м.* giant; **~ша** *ж.* giantess.

вели́к|ий **1.** great; (*при собственных именах*) the Great; Вели́кая Октя́брьская социалисти́ческая револю́ция the Great October Socialist Revolution; ~ие держа́вы the Great Powers, the superpowers; ~ учёный great scientist; Пётр Вели́кий Peter the Great; **2.** *тк. крат. ф.* (*слишком большой*) (too) big; э́ти боти́нки мне ~и́ these boots are (too) big for me; ◇ от ма́ла до ~а young and old.

великово́зрастный overgrown.

великодержа́вный Great Power *attr.*; ~ шовини́зм Great Power chauvinism.

великоду́ш|ие *с.* generosity, magnanimity; **~ный** generous, bighearted, magnanimous.

великоле́пн|о: ~! that's splendid! **~ый** **1.** (*роскошный*) magnificent, splendid; **2.** *разг.* (*отличный*) fine, splendid.

великому́ченик *м. церк.* great martyr.

великору́с *м.* great Russian.

великосве́тск|ий fashionable, society *attr.*; ~ая жизнь high life.

велича́вый stately, majestic.

велича́йш|ий greatest, extreme, supreme; де́ло ~ей ва́жности a matter of supreme importance; с ~им удово́льствием with the greatest pleasure.

велича́ние *с.* **1.** glorification, extolling; **2.** *рел.* songs of praise.

велича́|ть *несов.* **1.** *разг.* call by patronymic; как вас ~ют? what is your patronymic?; **2.** *поэт., фольк.* honor with songs.

вели́чественн|о majestically; ~ый stately, majestic, imposing; ~ое зда́ние stately building; ~ая оса́нка majestic carriage/bearing; ~ое зре́лище imposing spectacle.

вели́чество *с.* Majesty; Ва́ше ~ Your Majesty.

вели́чи|е *с.* grandeur; ~ ду́ха greatness (of soul); ◇ во всём (своём) ~и in all its grandeur; с высоты́ своего́ ~я from the peak of *one's* eminence; ма́ния ~я megalomania.

величин|а́ *ж.* **1.** (*размер*) size; звезда пе́рвой ~ы́ a star of the first magnitude; **2.** *мат.* quantity, value; бесконе́чно ма́лая ~ infinitesimal (quantity); неизве́стная ~ unknown quantity; ничто́жная ~ negligible quantity; постоя́нная ~ constant; **3.** (*выдающийся человек*) great figure.

вело́гон|ка *ж.* (bi)cycle-race; **~щик** *м.* racing cyclist.

велодро́м *м.* velodrome.

велопробе́г *м.* cycle race.

велосипе́д *м.* bicycle; cycle; bike *разг.*; **~и́ст** *м.* cyclist; **~ный**: ~ный спорт cycle-racing; ~ная езда́ cycling.

велотре́к *м.* cycle track.

вельбо́т *м.* whaleboat, whaler.

вельве́т *м. текст.* velveteen; ~ в ру́бчик corduroy; **~овый** *текст.* velveteen *attr.*

вельмо́жа *м.* 1. *уст.* great noble; grandee; **2.** *ирон.* grandee.

ве́на *ж. анат.* vein.

венге́рец *м. см.* венгр.

венге́рка I *ж.* Hungarian (woman*).

венге́рка II *ж.* (*танец*) Hungarian dance.

венге́рский Hungarian; ~ язы́к Hungarian, the Hungarian language.

венгр *м.* Hungarian.

венери́ческ|ий venereal; ~ая боле́знь venereal disease.

венеро́лог *м.* specialist in venereal diseases.

венероло́гия ж. science of venerial diseases.

венесуэ́л|ец *м.* Venezuelan; **~ка** *ж.* Venezuelan woman*.

венесуэ́льский Venezuelan.

вене́ц *м.* **1.** (*корона*) crown; *перен. тж.* crowning point, consummation; **2.** *астр.* corona, halo; вести́ под ~ marry, lead* to the altar; ◇ терно́вый ~ crown of thorns; коне́ц — де́лу ~ *посл.* the end crowns all.

ве́нзел|ь *м.* monogram; ◇ писа́ть ~я́ walk unsteadily.

ве́ник *м.* (straw)broom; (*в бане*) switch of green birch twigs.

вено́зный venous, venose.

вено́к *м.* wreath; garland.

вентили́ровать, провентили́ровать (*вн.*) ventilate (*smth.*), air (*smth.*).

ве́нтиль *м. тех.* valve.

вентиля́|тор *м.* ventilator; (*с вращающимися крыльями*) fan; **~цио́нный** ventilation *attr.*; **~ция** *ж.* ventilation.

венча́льный wedding *attr.*, marriage *attr.*, nuptial; ~ наря́д wedding dress; ~ обря́д marriage/nuptial rites *pl.*

венча́ние *с.* (*свадьба*) wedding.

венч|а́ть, повенча́ть, увенча́ть (*вн.*) **1.** *сов.* повенча́ть (*соединяться браком*) marry (*smb.*); **2.** *сов.* увенча́ть (*на царство*) crown (*smb.*); **3.** *сов.* увенча́ть (*завершать*) crown (*smth.*); **4.** *сов.* увенча́ть *архит.* top (*smth.*); **~а́ться**, повенча́ться be* married (in church).

ве́нчик *м. бот.* corolla.

вепрь м. wild boar.

ве́р|а *ж.* **1.** (*убеждённость, уверенность*) faith, belief; ~ в успе́х де́ла confidence; ~ в челове́ка belief/faith in man/humanity; **2.** (*религия*) faith; си́мвол ~ы the Creed; **3.** *разг.* (*доверие*) confidence, trust; ◇ приня́ть *что-л.* на ~у take* *smth.* on trust.

вера́нда *ж.* veranda(h).

ве́рб|а *ж.* (pussy-)willow; **~ный**: ~ное воскресе́нье *рел.* Palm Sunday.

верба́льн|ый verbal; ◇ ~ая но́та *дип.* verbal note.

верблю́|д *м.* **1.** camel; двуго́рбый ~ Bactrian camel; одного́рбый ~ dromedary; навью́чен как ~ loaded like a pack-mule; **2.** *перен.* (*мелкооптовый торговец*) "suitcase„ trader; **~жий** camel's; ~жья шерсть camel's hair.

верблюжо́нок *м.* young of camel.

верб|ова́ть, завербова́ть (*вн.*) recruit (*smb.*), enlist (*smb.*); *перен.* win* over; **~о́вка** *ж.* recruiting, enlistment; **~о́вщик** *м.* labor contractor, hirer of labor.

верди́кт *м. юр. тж перен.* verdict.

верёв|ка *ж.* rope; (*тонкая*) string cord; (*для белья*) clothesline; **~очка** *ж.* bit of string; **~очный** string *attr.*; ~очная ле́стница rope ladder.

верени́ц|а *ж.* file, string; ~ автомоби́лей string/stream of cars; дви́гаться ~ей file; проноси́ться несконча́емой ~ей pass in never-ending succession.

ве́реск *м. бот.* heather.

веретено́ *с.* spindle.

верещáть *несов. разг.* squeal.

верзи́ла *м. разг.* lanky fellow, gangling fellow.

вери́ги *мн.* chains, fetters (*тж. перен.*).

вери́тельн|ый: ~ые гра́моты *дип.* credentials; вруча́ть (свои́) ~ые гра́моты *дип.* present *one's* credentials.

ве́р|ить *несов.* **1.** (в *вн.*; *быть убеждённым в чём-л.*) believe (in); мы ~им в успе́х борьбы́ we believe we shall succeed in our efforts; ~ в правоту́ своего́ де́ла believe in the justice of *one's* cause; **2.** (*быть религиозным*) believe (in God); (в *вн.*; *дт.*; *принимать за истину*) believe (in); е́сли мо́жно ~ слу́хам if what is said is true; хоти́те ве́рьте, хоти́те нет believe it or not; **4.** (*дт.*; *доверять*) believe (*smb.*), trust (*smb.*); ~ на́ слово take* on trust; я вам и так ~ю I'll take your word for it; я не ве́рил свои́м уша́м (глаза́м) I could not believe my ears (eyes); **~иться** *несов. безл.*: мне не ~ится I can't believe; ~ится с трудо́м it is hard to believe, it is scarcely credible.

верифика́ция *ж.* (*установление подлинности*) verification.

вермише́ль *ж.* vermicelli.

ве́рмут *м.* vermouth.

верне́е **1.** *сравнит. ст. прил.* ве́рный и *нареч.* ве́рно; **2.** *в знач. ввод. сл.* or rather, at least; вчера́ но́чью, ~, сего́дня ра́но у́тром late last night, or rather, early this morning; мы рабо́тали, ~, я рабо́тал, а он смотре́л we worked ~ at least, I worked, and he looked on.

вернисáж *м.* opening day; (*предварительный просмотр*) preview.

ве́рн|о **1.** *нареч.* (*преданно*) faithfully, loyally; **2.** *бухг.* (*правильно*) correctly; right; ~ петь sing* in tune; **3.** *в знач. сказ. безл.*: э́то ~ that's true; ~! quite right; **4.** *в знач. ввод. сл.* (*вероятно*) probably; он, ~, не придёт probably he's not coming, it looks as if he's not coming; **~ость** *ж.* **1.** (*преданность*) faithfulness, fidelity, loyalty; ~ость прися́ге loyalty to *one's* oath; ~ость до́лгу devotion to duty; **2.** (*правильность*) truth, correctness, accuracy; (*о переводе тж.*) faithfulness.

вернопо́дданный *прил.* loyal, faithful; *в знач. сущ.* loyal subject.

верну́ть *сов.* (*вн.*) **1.** (*отдать обратно*) return (*smth.*), give* (*smth.*) back, bring* (*smth.*) back; (*потерянное кем-л.*) restore (*smth.*); ~ зре́ние, здоро́вье restore *one's* sight, health; **3.**

(*заставлять возвратиться*) make* (*smb.*) come back; **~ся** *сов.* 1. come* back, go* back; return; be* back; ~ся домо́й come*/go* back/home; верну́лся ли он? is he back?; когда́ он вернётся? when will he be back?; не ~ся fail to return, fail to get back; оди́н самолёт не верну́лся one aircraft is missing; **2.** (к *дт.*; *восстановиться*): к нему́ верну́лось самооблада́ние he regained/recovered his self-control.

ве́рн|ый 1. (*преданный*) faithful, true, loyal; ~ друг faithful friend; ~ сторо́нник loyal supporter/adherent; ~ свои́м убежде́ниям true to *one's* principles; **2.** (*надёжный*) reliable, safe; ~ спо́соб the best way; э́то де́ло ~ое it's a sure thing; **3.** (*точный, правильный*) correct, right, accurate; э́то ~ые часы́ this watch/clock keeps very good time; ~ое изображе́ние, описа́ние faithful desription; ~ перево́д faithful translation; ~ глаз true eye; у него́ ~ взгляд на ве́щи he sees things in their proper light; **4.** (*неизбежный*) sure, certain; ~ая ги́бель, смерть certain ruin, death; идти́ на ~ую смерть go* to *one's* death.

ве́рова|ние *с.* belief; **~ть** *несов.* (в *вн.*) believe (in).

вероисповеда́ни|е *с.* faith, religion, creed; свобо́да ~я freedom of religion.

вероло́м|ный treacherous, perfidious; **~ство** *с.* treachery.

веротерпи́м|ость *ж. рел.* toleration; **~ый** tolerant.

вероуче́ние *с. рел.* dogma (*pl.* -as, -ata).

вероучи́тель *м. рел.* religious teacher.

вероя́тн|о probably; в пять часо́в я, ~, бу́ду до́ма I expect to be home at five o'clock; **~ость** *ж.* probability, likelihood; ◇ по всей ~ости in all probability, very likely; тео́рия ~остей *мат.* theory of probability; **~ый** probable, likely.

ве́рсия *ж.* version.

верст|а́ *ж. уст.* verst (= 3,500 feet); ◇ его́ за́ ~у ви́дно you can't miss him - he towers over everybody; его́ за́ ~у слы́шно you can hear him a mile off; ◇ коло́менская ~ lanky person.

верста́к *м.* joiner's/carpenter's bench.

верста́ть, сверста́ть (*вн.*) *полигр.* make* (*smth.*) up in pages, make* (*smth.*) into pages, impose (*smth.*).

вёрстка *ж. полигр.* **1.** (*действие*) make-up; **2.** (*корректурный оттиск*) page proofs.

ве́ртел *м.* spit; осетри́на на ~е grilled sturgeon.

верте́п *м.* den.

верте́ть *несов.* **1.** (*вн.*) turn (*smth.*); (*быстро вращать*) spin* (*smth.*), twirl (*smth.*); ~ в рука́х *что-л.* fidget with *smth.*, play with *smth.*; **2.** (*тв.*) *разг.* (*распоряжаться*) lord it over (*smb.*, *smth.*); twist (*smb.*) round *one's* little finger; ~ всем до́мом rule the roost; **~ся** *несов.* **1.** turn, go* round, revolve; (*быстро вращаться*) spin*; ~ся волчко́м spin* (like a top); ~ся пе́ред зе́ркалом twist and turn before the mirror; разгово́р ве́ртится вокру́г одного́ предме́та the conversation turns upon the same subject; **2.** *разг.* (*постоянно находиться*): ~ся среди́ *кого-л.* be* always with *smb.*; ~ся о́коло *кого-л.* be* always at *smb.'s* side; он всё вре́мя ве́ртится среди́ взро́слых he's always with grown-ups; **3.** *разг.* (*увиливать*) hedge, beat* about the bush; ◇ ~ся под нога́ми keep* getting in the way; назва́ние ве́ртится на языке́ the name is on the tip of my tongue; как ни верти́сь, а придётся согласи́ться there's nothing for it but to consent; ничего́ не выхо́дит, как тут ни верти́сь it won't work, whatever you do.

вертика́ль *ж.* 1. vertical line; **2.** *шахм.* file; **~ный** vertical; ~ная марке́тинговая систе́ма vertical marketing system; ~ная реви́зия vertical audit.

вертихво́стка *ж. разг.* flirt, coquette.

вертопра́х *м. разг.* frivolous person.

вертля́вый *разг.* fidgety.

вертолёт *м.* helicopter.

верту́шка *ж. разг.* **1.** (*вращающаяся этажерка*) revolving bookcase; (*вращающаяся дверь*) revolving door; (*телефонный диск*) dial; **2.** (*легкомысленная женщина*) flighty creature.

ве́рующий *м.* believer, religious person.

верфь *ж.* shipyard, dockyard.

верх *м.* **1.** (*верхняя часть*) top, upper part; **2.** (*верхний этаж*) top floor, top story; **3.** (*экипаж*) hood; **4.** (*одежда*) outside, coat; это на подкла́дку, а э́то для ~а this is for the lining, and this is for the coat/outside; **5.** (*рд.*; *высшая степень*) the height (of); (*в положит. смысле тж.*) the acme (of); ~ глу́пости the height of folly; ~ соверше́нства the height/acme of perfection; ~ неприли́чия the height of bad manners; ~ блаже́нства the height/acme of bliss; ; быть на ~у́ блаже́нства be* in the seventh heaven; взять ~ над *кем-л.* gain the upper hand of *smth.*; его́ мне́ние одержа́ло ~ his opinion prevailed.

верх|и́ *мн. разг.* **1.** (*общество*) the upper strata; **2.** (*руководители*) leaders; совеща́ние в ~а́х summit conference, top-level conference; **3.** (*высокие ноты*) high notes; **4.**: нахвата́ться ~ов have* a mere smattering of the subject; скользи́ть по ~ам skim the surface.

ве́рхн|ий top; upper; ~ие сло́и атмосфе́ры upper layers/strata of the atmosphere; ~ пала́та *пол.* upper chamber; ~яя по́лка top shelf*; ~ эта́ж top floor/story; ~яя че́люсть upper jaw; ~ее пла́тье (over)coats *pl.*; ~ее тече́ние upper waters *pl.*; ~ее тече́ние Волги the Upper Volga; ~ реги́стр *муз.* upper register; ~ я́щик (*стола*) top drawer.

верхо́вн|ый supreme; ~ая власть supreme/sovereign power; Верхо́вный Суд Росси́йской Федера́ции Supreme Court of the Russian Federation.

верхово́д *м. разг.* ringleader; **~ить** *несов.* (*тв.*) *разг.* be* the leading spirit (among).

верхов|о́й 1. *прил.*: ~ая езда́ horseback riding; ~ая ло́шадь saddle horse; иску́сство ~ езды́ horsemanship, equestrian skill; **2.** *в знач. сущ. м.* rider; (*посыльный*) dispatch rider.

верхо́вье *с.* upper waters *pl.*; ~ Во́лги 1) the Upper Volga; **2.** (*о местности*) the upper reaches of the Volga.

верхогля́д *м. разг.* superficial person, shallow person, trifler; **~ство** *с. разг.* superficiality.

верхола́з *м.* steeplejack, spiderman* *разг.*

ве́рхом (по́ верху) along the top; пойти́ ~ take* the upper path.

верхо́м (*на лошади*) on horseback; (*на осле*) on a donkey; сесть ~ на стул sit* astride a chair; е́здить ~ (*на лошади*) ride* (on horseback).

верху́ш|ка *ж.* **1.** (*верхняя часть*) top; ~ де́рева top of a tree; ~ки дере́вьев treetops; ~ лёгкого apex of a lung; **2.** *разг.* (*руководящая часть общества, организации*) upper crust; bosses; пра́вящая ~ ruling clique.

верши́н|а *ж.* **1.** top, summit; (*остроконечная*) peak; на са́мой ~е at the very top; **2.** (*рд.*; *высшая степень*) the height (of), apex (of); ~ сла́вы summit of glory/fate; ◇ ~ угла́ *мат.* vertex (*pl.* -tices).

верши́тель *м.*: ~ су́деб ruler of destinies.

верши́ть *несов.* (*вн.*; *решать*) decide (*smth.*); (*тв.*; *распоряжаться*) direct (*smth.*); ~ чью-л. судьбу́ decide *smb.'s* fate; ~ все́ми дела́ми be* at the head of affairs; boss the show *разг.*; (*в доме*) rule the roost.

вершки́ *мн.* leafy tops of vegetables; мне ~, а тебе́ корешки́! *шутл.* ≅ that's how we are going to share the crops!

вершо́к *м.* (*единица длины = 4,4 см*) vershok.

вес I *м.* weight; живо́й ~ live weight; избы́точный ~ excess weight, overweight; контро́льный ~ check weight; отгру́зочный ~ shipping weight; погру́женный ~ shipped weight; станда́ртный ~ standard weight; факти́ческий ~ actual weight; факту́рный ~ invoice weight; ~ бру́тто gross weight; ~ не́тто net weight; *перен.* weight, influence; его ~ 65 килогра́ммов he weighs sixty-five kilograms; на ~ by weight, by the pound; име́ть ~ carry weight; ◇ цени́ться на ~ зо́лота be* worth its weight in gold.

вес II *м.*: держа́ть *что-л.* на ~у́ hold* *smth.* suspended (in midair); держа́ть винто́вку на ~у́ carry *one's* rifle at the trail.

весели́ть *несов.* (*вн.*; *радовать*) cheer (*smb.*) up; (*забавлять*) amuse (*smb.*); **~ся** *несов.* have* a good time, enjoy *oneself*; как вы весели́тесь? have you had a good time?

ве́село 1. *нареч.* gaily, merrily; ~ проводи́ть вре́мя enjoy *oneself*, have* a good time; как бы́ло ~! wasn't it fun/jolly?, haven't we had a good time?; смотре́ть на жизнь веселе́е take* a brighter view (of things); веселе́е! 1) (*бодрее*) cheer up!; 2) (*быстрее*) look alive!; **2.** *в знач. сказ. безл.*: мне ~ I'm enjoying myself; мне ~ смотре́ть на них it makes me glad to look at them.

весёленьк|ий: ~ая исто́рия! a pretty thing indeed!, that's a fine tale!; ~ое де́ло! a pretty/fine mess!

весёл|ость *ж.* gaiety, merriness, cheerfulness; **~ый 1.** (*жизнерадостный*) merry, lively, jolly; (*бодрый*) cheerful, lighthearted; ~ое лицо merry face; ~ая компа́ния merry party/band, jolly company; ~ое настрое́ние high/blithe spirits *pl.*, merry mood; ~ый хара́ктер jolly/jovial disposition; он всегда́ ве́сел he's always in good spirits; **2.** (*забавный*) amusing, entertaining; ~ая шу́тка good joke; **3.** (*приятный для взора*) cheerful, pleasing; ~ая расцве́тка cheerful pattern.

весе́ль|е *с.* 1. (*жизнерадостность*) high spirits *pl.*; **2.** (*развлечение*) merriment, merrymaking; fun; **~ча́к** *м. разг.* bright spark.

весе́нний spring *attr.*, springtime *attr.*; vernal *книжн.*

ве́с|ить *несов.* weigh; ско́лько он ~ит? what is his weight?, what does he weigh?; **~кий** weighty; ~кий до́вод weighty/formidable argument; **~ко**: ~ко говори́ть speak* with authority; ~ко возража́ть riaise serious objections.

весло́ *с.* oar; (*парное тж.*) scull; ба́ковое ~ bow oar; двухло́пастное ~ double-bladed paddle; загребно́е ~ strokeside oar; однало́пастное ~ single-bladed oar; распашно́е ~ sweep oar.

весн|а́ *ж.* spring, springtime; ~о́й in (the) spring.

весну́ш|ка *ж.* freckle; **~чатый** freckled.

весов|о́й weight *attr.*; ~а́я едини́ца weight unit, unit of weight; ~ това́р goods sold by weight; ~ая ги́ря weight; **~щи́к** *м.* weigher.

весо́м|ость *ж.* weight; *перен.* ponderability; **~ый** weighable; *перен.* weighty, ponderable.

вест *м. мор.* **1.** (*направление*) west; **2.** (*ветер*) west wind.

веста́лка *ж.* vestal (virgin).

вести́ *несов.* **1.** (*вн.*) make* (*smb.*), lead* (*smb.*); conduct (*smb.*) *книжн.*; ~ дете́й на прогу́лку take* the children out for a walk; ~ слепо́го lead* a blind man*; ~ аресто́ванного escort a prisoner; **2.** (*вн.*; *автомобиль, поезд, трамвай*) drive* (*smth.*); (*судно*) steer (*smth.*); (*самолёт*) fly* (*smth.*); **3.** (*вн.*; *руководить занятиями, делом и т. п.*) conduct (*smth.*), run* (*smth.*); ~ собра́ние preside at a meeting; ~ семина́р conduct a seminar; ~ больно́го (*о лечащем враче*) be* in charge of a patient; ~ де́ло run* a business; ~ хозя́йство do* the housekeeping, run* the house; **4.** (*тв.* по *дт.*) *см.* води́ть 3; **5.** (к *дт.*; *о дороге, двери и т. п.*) lead* (to); эта тропи́нка ведёт к ле́су this path leads to the forest; **6.** (*приводить*) lead*; не пойму́, к чему́ он ведёт? I can't think what he's driving at! **7.** (*вн.*): ~ перепи́ску correspond (with); ~ протоко́л keep* the munutes; ~ расска́з tell* a story; ~ счета́ keep* accounts; ~ дневни́к keep* a diary; ~ перего́воры conduct negotiations, carry on negotiations; ~ ми́рные перегово́ры conduct peace negotiations, negotiate for peace; ~ войну́ wage war; ~ бой be* in action; ~ ого́нь (по) fire (on); ◇ ~ своё нача́ло (от) have* its origin (in); ~ свой род от *кого-л.* trace *one's* ancestry/lineage back to *smb.*; ~ себя́ behave;

веди́ себя́ прили́чно! behave yourself! и у́хом не ~ pay no heed.

вестибуля́рный vestibular; ~ аппара́т vestibular apparatus.

вестибю́ль *м.* (*в театре, гостинице и т. п.*) lobby, vestibule, foyer; (*в жилых домах, учреждениях*) (entrance-)hall.

вести́сь *несов.*: так уж ведётся such is the custom; так уже́ у нас ведётся! it's our way!, that's how we do things!; летосчисле́ние ведётся с... time is reckoned from...

ве́стник *м.* 1. messenger, herald; harbinger *поэт.*; 2. (*в названиях журналов*) bulletin.

вестово́й *м.* runner, orderly.

ве́сточк|а news; я получи́л ~у из до́му I have heard from home; да́йте о себе́ ~у let us hear from you.

вест|ь I *ж.* news; tidings *pl. поэт.*; ◇ пропа́сть бе́з ~и disappear; go*/be* missing; он пропа́л бе́з ~и he has been reported missing.

весть II *разг.*:бог ~ goodness knows; э́то не бог ~ что такое it's nothing special.

весы́ *мн.* 1. scales; (*для больших тяжестей тж.*) weighing-machine *sg.*; 2. Весы́ *астр.* the Scales, Libra.

весь, вся, всё, все *мест.* 1. all, the entire, the whole (of); ~ день all day (long); ~ о́пыт all the experience; все на́ши ресу́рсы the whole of our resources; все кни́ги all the books; вся, всю жизнь all *one's* life, *one's* whole life; всё населе́ние the entire population; все остальны́е all the others; вся шко́ла the whole/entire school; по всему́ го́роду all over the town; во всём ми́ре in the whole world, throughout the world; 2. (*целиком*) вся в бе́лом all in white; ~ в цвета́х (*о саде и т. п.*) full of flowers; (*украшенный*) decked with flowers; ◇ он ~ в отца́ he takes after his father; мир во всём ми́ре world peace, peace across the world; во ~ го́лос at the top of *one's* voice; во всю мочь with all *one's* might; от всего́ се́рдца from the bottom of *one's* heart; всё и вся *разг.* all and everyting; вот и всё that's all.

весьма́ extremely, highly; ~ удовлетвори́тельно highly satisfactory.

ветви́стый branchy, bushy.

ветвь *ж.* 1. branch, limb, bough; 2. (*отрасль чего-л.*) branch.

ве́тер *м.* wind; встре́чный ~ head wind; боково́й ~ cross wind; попу́тный ~ following wind; ~ стих the wind dropped; подня́лся ~ the wind sprang up, the wind started to blow; ◇ броса́ть слова́ на ~ use words lightly; talk/speak* at random; идти́, куда́ ~ дует be* a weathercock; держа́ть нос по́ ветру ~ trim *one's* sails to the wind; у него́ ~ в голове́ he is a giddy/pate/feather brain; ищи́ ~а в по́ле go* on a wild-goose chase; кто се́ет ~, пожнёт бу́рю sow* the wind and reap the whirlwind.

ветера́н *м.* veteran; ~ войны́ war-veteran.

ветерина́р *м.* veterinary (surgeon); vet *разг.*; **~ия** *ж.* veterinary science; **~ный** veterinary; ~ный институ́т veterinary college.

ветеро́к *м.* breeze.

ве́тка *ж.* 1. branch; (*цветущая*) spray; 2. *ж.-д.* branch line.

ветла́ *ж.* willow.

ве́то *с. нескл.* veto; пра́во ~ right of veto; наложи́ть ~ на *что-л.* veto *smth.*, place/put* a veto on *smth.*

ве́точка *ж.* twig, sprig, shoot.

ве́тошь *ж.* rags *pl.*

ве́трен|о 1. *нареч.* frivolously; 2. *в знач. сказ. безл.* it is windy; **~ый** 1. windy; ~ая пого́да windy weater; 2. *разг.* (*легкомысленный*) frivolous; ~ое поведе́ние fickle conduct.

ветри́ло *с. поэт.* sail.

ветров|о́й wind *attr.*; ~о́е стекло́ windscreen, windshield *амер.*

ветря́нка *ж. разг.* chicken pox.

ве́тх|ий 1. dilapidated, rickety; (*о здании тж.*) ramshackle; (об одежде *тж.*) threadbare; 2. (*о человеке*) decrepit, infirm; ◇ Ветхий завет Old Testament; **~ость** *ж.* dilapidated state; прийти́ в ~ость fall* into disrepair.

ветхозаве́тный Old Testament *attr.*; *перен.* antiquated.

ветчина́ *ж.* ham.

ветша́ть, обветша́ть fall* into decay.

ве́ха *ж.* 1. stake; *мор.* spar-buoy; 2. *обыкн. мн.* (*основной этап в развитии чего-л.*) landmark *sg.*, milestone *sg.*

ве́че *с. ист.* (*народное собрание в средневековой России*) veche; **~во́й** *прил.* от veche.

ве́чер *м.* 1. evening; под ~, к ~у towards evening; 2. (*собрание*) party, evening; ~ посвящённый па́мяти Пу́шкина Pushkin memorial gathering.

вечер|е́ть *несов. обыкн. безл.*; ~е́ет dusk is falling, night is coming on.

вечери́нк|а *ж.* (evening) party; устра́ивать ~у hold*/give* a party.

вече́рн|ий evening *attr.*; ~ий звон vesper chimes *pl.*; ~яя заря́ sunset glow; ~ее не́бо evening sky; ~яя газе́та evening paper; ~ее пла́тье evening dress; ~яя шко́ла night school.

вече́рник *м. разг.* evening student, night school student.

вече́рня *ж. рел.* vespers.

ве́чером in the evening; сего́дня ~ this evening, tonight; сего́дня ~ мы идём в теа́тр we're going to the theater tonight; вчера́ ~ yesterday evening, last night; за́втра ~ tomorrow evening/night; по́здно ~ late in the evening.

вече́ря *ж. рел.* supper; та́йная ~ the Last Supper.

ве́чн|о 1. forever, eternally; жить ~ live for ever; 2. *разг.* (*постоянно*) always, perpetually; он ~ опа́здывает he is always late; **~ость** *ж.* eternity; ◇ ка́нуть в ~ость go*/disappear for ever, sink* into oblivion; мы не вида́лись (це́лую) ~ость! *разг.* we haven't met for ages!; мне пришло́сь ждать це́лую ~ость *разг.* I had to wait for an eternity; **~ый** 1. eternal, everlasting; (*непрерывный*) perpetual; ~ое владе́ние perpetual possession; ~ое пóльзование use in perpetuity; **2.** *разг.* (*постоянный*) perpetual, endless; ~ые ссóры endless quarrelling *sg.*; ~ые придúрки incessant faultfinding; ◇ ~ое перó fountain pen.

вечóрка *ж. разг.* evening paper.

вéшалка *ж.* **1.** (*для верхнего платья и головных уборов*) hat-and-coat-stand; hat-and-coat-rack (*на стене*); (*крючок*) peg; **2.** (*плечики*) hanger; **3.** (*у платья*) hanger, tab; **4.** *разг.* (*помещение*) cloakroom.

вéшать I, повéсить (*вн.*) **1.** hang* (*smth.*), hang* up (*smth.*); ~ картúну put* up a picture; hang* a picture; ~ бельё hang* up/out the washing; ~ трýбку (*телефонную*) hang* up the receiver, put* down the receiver; **2.** (*казнить*) hang (*smb.*); ◇ ~ гóлову hang* *one's* head; не нáдо ~ гóлову! chin up!, keep smiling!, never say die!

вéшать II, свéшать (*вн.*) weigh (*smth.*).

вéшаться, повéситься (*кончать с собой*) hang oneself; ◇ ~ на шéю *кому-л.* throw* oneself at *smb.'s* head, run after *smb.*

вещáть *несов. радио* be* on the air; *уст.* prophesy.

вещáние *с. радио* broadcasting.

вещевóй: ~ мешóк pack, knapsack, kit-bag; ~ склад warehouse; stores *pl.*

вещéственн|ый material; ~ые доказáтельства *юр.* material evidence *sg.*

веществó *с.* substance, matter; взры́вчатое ~ explosive; отравля́ющее ~ poison gas; ◇ сéрое ~ grey matter.

вéщий wise, prophetic.

вещúца *ж.* (*безделушка*) knick-knack, trifle, bagatelle; (*драгоценность*) bijou (*pl.* -oux).

вещ|ь *ж.* **1.** thing; **2.** *мн.* (*имущество и т. п.*) things, belongings; лúчные ~ personal items; ~, облагáемые пóшлиной things liable to duty; ~и, ограни́ченные для ввóза и вы́воза things to be declared; из всех ~éй я привёз тóлько... the only thing I brought was...; **3.** (*о пьесе, книге и т. п.*) piece, thing; чья э́то ~? who is it by?; э́то егó лýчшая ~ it's the best thing he ever did, wrote *etc.*; **4.** (*факт, дело*) thing, matter, affair; хочý сказáть вам однý ~ I have something to tell you; ◇ ~ в себé *фил.* thing in inself.

вéялка *ж. с.-х.* winnowing fan/machine.

вéяние *с.* **1.** (*ветра*) breathing, blowing; **2.** (*направление*) trend, tendency; ~ врéмени the spirit of the age; **3.** *с.-х.* winnowing.

вéять *несов.* **1.** (*о ветре*) blow* softly, breathe; **2.** *обыкн. безл.*: вéет прохлáдой there is a grateful coolness in the air; вéет веснóй the air has a breath of spring in it; **3.** (*развеваться — о знамёнах*) flutter; **4.** (*вн.*) *с.-х.* winnow (*smth.*).

вживáться, вжúться *разг.* get* used (to); ~ в óбраз *театр.* get* the feel of *one's* part.

вжив|úть *сов. см.* вживля́ть; **~лéние** *с.* implantation; **~ля́ть,** вживúть (*вн.*) implant (*smth.*).

вжúться *сов. см.* вживáться.

взад *разг.*; ~ и вперёд up and down; to and fro; back and forth; ходúть ~ и вперёд по кóмнате walk up and down the room; walk to and fro across the room; ни ~ ни вперёд at a standstill, at a deadlock, deadlocked.

взаúмн|ость *ж.* reciprocity; любóвь без ~ости unrequited love; добúться ~ости win* *smb.'s* affection; отвечáть ~остью reciprocate *smb.'s* feelings; **~ый** mutual; (*ответный*) reciprocal; ~ая пóмощь mutual aid; ~ое уважéние mutual respect; ~ые обвинéния recriminations; ~ые устýпки give and take; ~ое соглáсие mutual consent; ◇ ~ый глагóл *грам.* reciprocal verb.

взаимовы́годн|ый mutually beneficial/advantageous; ~ые экономúческие отношéния mutually advantageous economic relations.

взаимодéйств|ие *с.* **1.** (*взаимное влияние*) interaction; ~ сил прирóды the interaction of natural forces; **2.** (*согласованность действий*) cooperation; **~овать** *несов.* interact; (*действовать согласованно*) cooperate.

взаимозаменя́ем|ость *ж.* interchangeability; **~ый** interchangeable.

взаимоотношéние *с.* relation; interrelation.

взаимопóмощ|ь *ж.* mutual aid, mutual assistance; договóр о ~и agreement/treaty of mutual assistance.

взаимопонимáние *с.* common/mutual understanding.

взаимосвя́занн|ый interconnected; ~ые телевизиóнные стáнции link-up system of television stations.

взаимосвя́зь *ж.* (inter)communication.

взаймы́: давáть ~ lend*; брать ~ borrow.

взамéн **1.** *нареч.* (*вместо*) instead; (*в обмен*) in exchange; **2.** *предлог* (*рд.*) instead (of); in exchange (for); предложúть нóвое пальтó ~ стáрого offer a new coat in exchange for an old one.

взапертú **1.** (*под замком*) under lock and key; locked up; держáть *кого-л.* ~ keep* *smb.* shut up; keep* *smb.* under lock and key; **2.** (*в уединении*) in seclusion; жить ~ live in seclusion; keep* oneself to oneself.

взапрáвду *разг.* in truth, indeed.

взáпуски *разг.*: бéгать ~ run* races, chase each other.

взашéй *разг.*: вы́гнать ~ chuck/kick *smb.* out.

взбáдривать, взбодрúть cheer up, encourage.

взбáлмошный *разг.* unbalanced, eccentric, cranky.

взбáлтывать, взболтáть (*вн.*) shake* (*smth.*); пéред употреблéнием ~ shake well before taking.

взбегáть, взбежáть run* up; взбежáть на пя́тый этáж run* up to the fourth floor; ~ по лéстнице run* upstairs.

взбежáть *сов. см.* взбегáть.

взбеленúться *сов. разг.* get* enraged, get* mad *амер.*

взбесúть(ся) *сов. см.* бесúть(ся).

взбешённый furious, enraged.

взбива́ть, взбить (*вн.*) **1.** (*делать пышным*) puff up (*smth.*); взбить поду́шки shake* up the pillows; **2.** (*вспенивать*) churn up (*smth.*); взбить белки́ beat* up the whites of eggs; взбить сли́вки whip cream.

взбира́ться, взобра́ться (на *вн.* по *дт.*) go* up (*smth.* into, on to, to), climb (up) (*smth.*, into, on to, to); *сов. тж.* reach/gain (the top of), get* (to the top of); (*влезать, вставать*) get* (on to); ~ по ле́стнице go* up the stairs, ascend the stairs; (*по приставной*) climb/go* up the ladder; взобра́ться на́ гору climb (up) the mountain; взобра́ться на ве́рхний эта́ж reach the top floor; взобра́ться на кры́шу climb/get* on to the roof; взобра́ться на де́рево climb (up) a tree; взобра́ться на стол, подоко́нник get* on to the table, windowsill.

взбить *сов. см.* взбива́ть.

взболта́ть *сов. см.* взба́лтывать.

взбре|сти́ *сов.*: ему́ ~ла́ в го́лову, на ум глу́пая мысль he was seized by a foolish idea; ему́ ~ло́ в го́лову, на ум... he took it into his head...; что э́то вам ~ло́ на ум? what possessed you?

взбудора́живать, взбудора́жить (*вн.*) trouble (*smb.*, *smth.*), disturb (*smb.*, *smth.*), upset* (*smb.*, *smth.*).

взбудора́жить *сов. см.* взбудора́живать и будора́жить.

взбунтова́ться *сов.* revolt, rise* in revolt.

взбу́чк|а *ж. разг.* hiding, thrashing; (*нагоняй тж.*) wigging, reprimand; дать *кому-л.* хоро́шую ~у give* *smb.* a dressing down, give* *smb.* a good scolding.

вва́ливать, взвали́ть (*вн.* на *вн.*) **1.** hoist (*smth.* on to), heave* (*smth.* on to); ~ мешо́к себе́ на́ спину shoulder a sack; **2.** *разг.* (*обременять кого-л.*); ~ всю рабо́ту на *кого-л.* saddle *smb.* with all the work; ~ вину́ на *кого-л.* throw* the blame on *smb.*, make* *smb.* to blame.

взвали́ть *сов. см.* вва́ливать.

взве́сить(ся) *сов. см.* взве́шивать(ся).

взвести́ *сов. см.* взводи́ть.

взвесь *ж. хим.* suspension.

взве́шенн|ый *хим.* suspended; ~ое состоя́ние suspension.

взве́шивать *с.* weighing.

взве́шивать, взве́сить (*вн.*; *прям.* и *перен.*) weigh (*smth.*); (*давать взвесить*) get*/have* (*smth.*) weighed; ~ до́воды за и про́тив weigh the pros and cons; взве́сить свои́ возмо́жности take* stock of *one's* resources; взве́сив все обстоя́тельства... after due consideration...; **~ся**, взве́ситься weigh *oneself*.

взвива́ться, взви́ться **1.** (*о птице*) soar upwards; **2.** (*о флаге*) go* up, be* raised.

взви́згивать, взви́згнуть squeal; *сов. тж.* give* a shriek; (*о собаке*) yelp.

взви́згнуть *сов. см.* взви́згивать.

взвинти́ть *сов. см.* взви́нчивать.

взви́нченн|ый: ~ые це́ны inflated prices; он ве́чно взви́нчен he is in continual state of excitement/nerves.

взви́нчивать, взвинти́ть (*вн.*) *разг.* excite (*smb.*, *smth.*); ~ себе́ не́рвы get* terribly worked up; ◇ ~ це́ны jack up prices.

взви́ться *сов. см.* взвива́ться.

взвод I *м. воен.* platoon; **~ный** platoon *attr.*; *в знач. сущ. м.* platoon commander.

взвод II *м.* cocking notch; на боево́м ~е cocked, at full cock; на предохрани́тельном ~е at half cock; ◇ на ~е 1) keyed up; 2) (*слегка пьян*) light-headed.

взводи́ть, взвести́ (*вн.*): ~ куро́к cock a gun; ~клевету́ на *кого-л.* slander *smb.*; ~ обвине́ние на *кого-л.* accuse *smb.* falsely; put* the blame on *smb.*

взволно́ванн|о with emotion; **~ый** agitated, excited; (*растроганный*) moved *predic.*; у него́ ~ный вид he looks worried/perturbed.

взволнова́ть *сов. см.* волнова́ть; **~ся** *сов. см.* волнова́ться 1, 2.

взвыва́ть *сов.* howl.

взгляд *м.* **1.** glance, look; прико́вывать ~ы attract all eyes; все ~ы бы́ли устремлены́ на него́ all eyes were fixed upon him; чу́вствовать на себе́ *чей-л.* ~ have* a feeling that *smb.* is looking at you; **2.** (*выражение глаз*) look, expression; у́мный ~ intelligent expression; тяжёлый, неприя́тный ~ unpleasant look in *one's* eyes; **3.** (*точка зрения*) view, opinion; у него пра́вильный (непра́вильный) ~ на ве́щи he takes the right (a false) view of things; разделя́ть *чьи-л.* ~ы share *smb.'s* views; ~ на жизнь outlook on life; ◇ на мой ~ in my view/opinion, my view is that...; на пе́рвый ~ at first sight; с одного́ ~а at a glance; с пе́рвого ~а ви́дно бы́ло, что... it was obvious from the first that...; он мне понра́вился с пе́рвого ~а I liked him the moment I set eyes on him.

взгля́дывать, взгляну́ть (на *вн.*) look (at), glance (at) (*тж. перен.*); *несов. тж.* cast* glances (at); *сов. тж.* have*/take* a look (at) (*тж. перен.*); взгляну́ть на часы́ take* a look at the time.

взгляну́ть *сов. см.* взгля́дывать.

взгроможда́ть, взгромозди́ть (*вн.*) *разг.* hoist (*smth.*); **~ся**, взгромозди́ться (на *вн.*) *разг.* hoist oneself (onto), clamber (upon).

взгромозди́ть(ся) *сов. см.* взгроможда́ть(ся).

взгрустну́|ться *сов. безл. разг.*: мне ~лось my spirits have gone down, I feel sad all of a sudden.

вздёрнутый: ~ нос snub nose.

вздор *м. разг.* nonsense, rubbish; ~! stuff-and-nonsense!, what nonsense!; rats!; чисте́йший ~ utter nonsense; моло́ть ~ talk nonsense; **~ный** *разг.* **1.** absurd, ridiculous; **2.** (*сварливый*) quarrelsome.

вздорож|а́ние *с.* rise in prices; (*чего-л.*) rise in the price (of); ~ жи́зни increase in the cost of living; **~а́ть** *сов. см.* дорожа́ть.

вздох *м.* sigh; ~ облегче́ния sigh of relief; ◇ испусти́ть после́дний ~ breathe *one's* last.

вздохну́ть *сов.* **1.** *см.* вздыха́ть 1; **2.** *разг.* (*отдохнуть*) rest, take* a breather; он мне ~ не даёт he hardly gives me time to breathe; ◇ ~ свобо́дно breathe freely.

вздра́гивать, вздро́гнуть start, give* a start; (*от боли*) flinch, wince; (*от ужаса*) shudder; *тк. несов.* tremble, quiver.

вздремну́ть *сов. разг.* doze, have*/take* a nap.

вздро́гнуть *сов. см.* вздра́гивать.

вздува́ть, вздуть (*вн.*) **1.** (*поднимать — о ветре*) raise (*smth.*); **2.** *разг.* (*о ценах*) inflate (*smth.*); **~ся,** взду́ться swell*; (*о ценах*) jump, soar.

взду́м|ать *сов.* (+ *инф.*) *разг.* take* it into *one's* head (+ to *inf*); что (это) вы вдруг ~али отказа́ться? what made you suddenly decide to refuse?; ; и не ~айте! and don't you dare!, none of that! **~аться** *сов. безл. разг.*: ему́ ~алось... he took it into his head...; как ~ается at *one's* own sweet will; поступа́ть как ~ается follow *one's* fancy.

вздуть I *сов. см.* вздува́ть.

вздуть II *сов.* (*вн.*) *разг.* (*отколотить*) thrash (*smb.*), give* (*smb.*) a hiding/licking.

взду́ться *сов. см.* вздува́ться.

вздыма́ться *несов.* rise*; (*о волнах, груди*) heave*.

вздыха́ть, вздохну́ть **1.** sigh; (*переводить дыхание*) draw* breath; вздохну́ть по́лной гру́дью breathe deeply, fill *one's* lungs; **2.** *тк. несов.* (о, по пр.; *тосковать*) sigh (for), yearn (for).

взима́ть *несов.* (*вн.*) levy (*smth.*); ~ долги́ collect debts; ~ нало́ги levy taxes; ~ пла́ту collect payment; ~ проце́нты collect interest; ~ штраф impose a fine.

взира́ть *несов.* (на *вн.*) *уст.* gaze (at).

взла́мывать, взлома́ть (*вн.*) break* (*smth.*) open; (*сейф, замок*) force (*smth.*).

взлёт *м.* **1.** (*птицы*) flight; (*самолёта*) take-off; **2.**: ~ мы́сли elevation of thought, flight of inspiration.

взлета́ть, взлете́ть **1.** (*о птице*) take* wing; (*о самолёте*) takeoff; **2.** *разг.* (*стремительно подниматься*) run* up; взлете́ть по ле́стнице rush up the stairs; ◇ взлете́ть на во́здух blow* up, be* blown sky-high; *перен.* collapse.

взлете́ть *сов. см.* взлета́ть.

взлётно-поса́дочн|ый: ~ая полоса́ (takeoff and landing) runway.

взлётн|ый take-off *attr.*; ~ая доро́жка (take-off) runway.

взлом *м.* breaking open; breaking in.

взлома́ть *сов. см.* взла́мывать.

взло́мщик *м.* burglar, housebreaker.

взлохма́тить *сов. см.* взлохма́чивать.

взлохма́ченный dishevelled, tousled.

взлохма́чивать, взлохма́тить (*вн.*) tousle (*smth.*), ruffle (*smth.*).

взмах *м.* (*весла, косы, руки пловца и т. п.*) stroke, sweep; (*руки*) wave, movement; (*крыльев*) sweep, flap; одни́м ~ом at one stroke.

взма́хивать, взмахну́ть (*тв.*) (*крыльями*) flap (*smth.*); (*рукой, флажком*) wave (*smth.*); (*веслом, косой и т. п.*) strike* (with); make* strokes (with).

взмахну́ть *сов. см.* взма́хивать.

взметну́ться *сов.* fly up, soar.

взмоли́ться *сов.* (о пр.) beg (for), implore (for); ~ о поща́де cry quarter, beg/cry for mercy.

взмо́рье *с.* (sea)shore, seaside; (*только суша*) beach.

взмыва́ть, взмыть soar, shoot* upwards.

взмы́ленный foaming, foam-flecked; in a lather *после сущ.*

взмыть *сов. см.* взмыва́ть.

взнос *м.* **1.** (*платёж*) payment; очередно́й ~ instalment; **2.** (*внесённые деньги*) fee; dues *pl.*; арбитра́жный ~ arbitration fee; де́нежный ~ financial contribution; единовре́менный ~ lump payment; ежего́дный ~ annual installment; ме́сячный ~ monthly installment; обяза́тельный ~ mandatory contribution; регистрацио́нный ~ registration fee; страхово́й ~ insurance premium/contribution; ~ в уставно́й фонд contribution to the authorized fund.

взнузда́ть *сов. см.* взну́здывать.

взну́здывать, взнузда́ть (*вн.*) bridle (*smth.*), curb (*smth.*).

взобра́ться *сов. см.* взбира́ться.

взойти́ *сов. см.* всходи́ть и восходи́ть 1.

взор *м.* gaze, glance; впе́рить ~ (в *вн.*) stare (at); обрати́ть ~ на *кого-л.* turn *one's* eys on *smb.*; обрати́ть на себя́ все ~ы attract all eyes; поту́пить ~ drop *one's* eyes, cast* down *one's* eyes; устреми́ть ~ (на *вн.*) fix *one's* eyes (on).

взорв|а́ть *сов.* **1.** *см.* взрыва́ть 1; **2.** *разг.* (*возмутить*): его́ ~а́ло he exploded; э́то меня́ ~а́ло it infuriated/exasperated me; it made my blood boil; **~а́ться** *сов.* **1.** *см.* взрыва́ться; **2.** *разг.* (*возмутиться, рассердиться*) blow* up.

взра́щивать, взрасти́ть grow*, cultivate, nurture.

взреве́ть *сов.* let* out a roar.

взро́слый *прил.* **1.** adult; grown-up *разг.*; **2.** *в знач. сущ. м.* an adult, a grown-up.

взрыв *м.* **1.** explosion; ~ снаря́да shell-burst; **2.** (*разрушение*) blowing up; ~ моста́ blowing up of a bridge; **3.** (*внезапное, бурное проявление чего-л.*) (out)burst; ~ негодова́ния burst of indignation, outburst of wrath; ~ сме́ха outburst of laughter.

взрыва́тель *м. тех.* fuse.

взрыва́ть I, взорва́ть (*вн.*) blow* up (*smth.*); (*мину, заряд*) explode (*smth.*), detonate (*smth.*), fire (*smth.*), set* of (*smth.*); (*горную породу*) blast (*smth.*).

взрыва́ть II, взрыть (*вн.*) dig* up (*smth.*), plough (*smth.*).

взрыва́ться, взорва́ться be* blown up; (*о заряде и т. п.*) explode; *перен.* fly* into rage; он взорва́лся he flew into rage, he exploded.

взрывн|óй 1. explosive; ~áя волнá blast; ~ы́е рабóты blasting *sg.*; 2. *лингв.*: ~ звук stop; explosive/stopped sound.

взрывчáтка *ж. разг.* demolition explosive/charge(s).

взры́вчат|ый explosive; ~ое веществó explosive (substance).

взрыть *сов. см.* взрывáть II.

взрыхли́ть *сов. см.* взрыхля́ть.

взрыхля́ть, взрыхли́ть (*вн.*) loosen (*smth.*); (*мотыгой*) hoe (*smth.*).

взъерóшенный dishevelled, tousled, ruffled.

взъерóшить *сов. см.* ерóшить.

взывáть *несов.* (к *дт.*, о пр.) appeal (to *smb.*, *smth.*; for *smth.*); ~ к *чьей-л.* сóвести appeal to *smb.'s* conscience; ~ о пóмощи call for help, appeal for aid; ~ к справедли́вости demand justice.

взыскáн|ие *с.* 1. (*долга и т. п.*) recovery; ~ на имýщество claim to property, recovery against property; ~ налóгов tax collection; ~ пéни exaction of fine; ~ пóшлин collection of duties; ~ ссýды collection of a loan; ~ убы́тков recovery of damages; ~ штрáфа exaction of penalty; подáть на *когó-л.* ко ~ию proceed against *smb.*; 2. (*наказание*) penalty; наложи́ть ~ на *когó-л.* penalize *smb.*; подвéргнуться ~ию incur a penalty.

взыскáтельн|ость *ж.* high standards *pl.*; strictness; **~ый** exacting, strict; быть ~ым к себé set* *oneself* high standards.

взыскáть *сов. см.* взы́скивать.

взы́скивать, взыскáть 1. (*вн.* с *рд.*) exact (*smth.* from); взыскáть штраф с *когó-л.* exact a fine from *smb.*; ~ долг с *когó-л.* recover a debt from *smb.*; 2. (с *рд.*; *подвергать наказанию*) penalize (*smb.*); ◇ не взыщи́те! it's the best I can do!; don't expect too much!

взя́тие *с.* seizure, taking; ~ крéпости capture/taking of a fortress.

взя́тка *ж.* 1. (*подкуп*) bribe; graft *амер.*, palm-oil; дать ~ bribe, grease *smb.'s* palm; 2. (*в картах*) trick; ◇ с негó ~и глáдки you won't get anything out of him.

взя́точни|к *м.* bribe-taker, grafter *амер.*; **~чество** *с.* taking of bribes; graft.

взять(ся) *сов. см.* брать(ся).

виадýк *м.* viaduct.

вибрáция vibration.

вибри́ровать *несов.* vibrate, oscillate.

вивисéкция *ж.* vivisection.

виг *м. ист.* whig.

вигвáм *м.* wigwam.

ви́гонь *ж.* vicuna (wool).

вид I *м.* 1. (*наружность*) appearance, look; (*выражение*) air; внýтренний ~ interior; нарýжный ~ exterior; грóзный ~ formidable aspect; скрóмный ~ modest appearance; с сáмым неви́нным, равнодýшным ~м with an air of the utmost innocence, indifference; имéть такóй ~, бýдто... look as if...; у вас больнóй ~ you don't look well; 2. (*состояние*) state, condition; в испрáвном ~е in working order; в неиспрáвном ~ out of order; в пья́ном ~ in a state of intoxication; drunk; 3. (*пейзаж, перспектива*) view; ~ на мóре view of the sea; ~ сбóку side view; ~ спéреди front view; кóмната с ~ом на Вóлгу, на плóщадь a room overlooking the Volga, the square; 4. (*поле зрения*) sight; скры́ться из ~у disappear from view/sight; на ~ý *когó-л.* in sight of *smb.*; 5. *мн.* (*намерения, предположения*) prospect(s); outlook *sg.*; ~ы на урожáй prospect for the harvest; ~ы на успéх chances of success; ◇ емý на ~ (*мóжно дать*) лет 40, емý с ~у 40 лет he looks about forty; с ~у он совсéм ю́ноша he looks a mere youth; нельзя́ суди́ть о лю́дях по внéшнему ~у never judge by appearances; он ви́дывал ~ы he has seen a lot of life, he has seen a good deal of the world; под ~ом *чегó-л.* under the pretext of (*smth.*); ни под каки́м ~ом on no account; не показáть ~ show*/give* no sign (of); имéть ~ на *когó-л.* have* *one's* eye on *smb.*; имéть ви́ды на *чтó-л.* count on (*smth.*); быть на ~ý be* conspicuous; у всех на ~ý in front of everybody; накáзывать, хвали́ть *и т. п.* для ~а make* a show of punishing, praising *etc.*; имéть в ~ý 1) (*подразумевать*) mean*, imply; 2) (*помнить*) bear*/have* in mind; постáвить на ~ *комý-л.* reprimand *smb.*; не теря́ть из ~у not lose sight of.

вид II *м.* 1. (*разновидность*) form; *тех.* type, class; *спорт.* ~ спóрта event; нóвый ~ общéственных отношéний new form of social relations; 2. *биол.* species; 3. *лингв.* aspect; несовершéнный ~ imperfective aspect; совершéнный ~ perfective aspect.

вид III *м.* (*документ*) ~ на жи́тельство residence permit, identity card.

ви́данн|ый: ~ое ли э́то дéло? did you ever hear such a thing?

видáться *несов. см.* ви́деться.

ви́дение *с.* sight; ~ на расстоя́нии long sight.

видéние *с.* vision; (*привидение тж.*) apparition.

видеозáпись *ж.* videotape recording.

видеомагнитофóн *м.* video (recorder); **~ный** video, videotaped.

видеотелефóн *м.* videotelephone; **~ный** videotelephone *attr.*

ви́деть, уви́деть (*вн.*) see* (*smb.*, *smth.*); хорошó ~ see* well; я ви́жу егó как живóго I can see him before me now; уви́деть свет see* the light; что я ви́жу! what's this?, what have we here?; ~ гóрод вдали́ see* a town in the distance; я вчерá ви́дел егó два рáза I saw him twice yesterday; я мнóгое ви́дел на своём векý I have seen much in my time; ~ сон dream*, have* a dream; ~ *чтó-л.* во сне dream* of/about *smth.*; ◇ тóлько егó и ви́дели he disappeared as suddenly as he appeared, he was off again at once; ~ *когó-л.* насквóзь see* through *smb.*; ~ егó не могý I can't bear the sight of him; как ви́дите *в знач. вводн. сл.* you see; вот уви́дите, он придёт he'll come - see if he doesn't!; рад ~ (вас) glad to see you; поживём - уви́дим! we shall see what we shall see! **~ся**, уви́деться see* each other; ~ся с *кем-л.* see* *smb.*

ви́димо apparently.

ви́димо-неви́димо *разг.* lots, very many, huge numbers (of); наро́ду бы́ло ~ there was a huge crowd; you never saw such crowds!

ви́дим|ость *ж.* **1.** visibility; **2.** (*подобие*) semblance, appearance; э́то одна́ ~ it only seems so; ◇ по всей ~ости to all (outward) appearences; для ~ости purely for the sake of appearence, just for show; **~ый 1.** visible; **2.** (*явный*) apparent, manifest; без вся́кой ~ой причи́ны without apparent cause; **3.** *разг.* (*кажущийся*) apparent, seeming; ~ая весёлость apparent cheerfulness.

видне́|ться *несов.* be* discernible/visible; чуть ~ be* barely discernible; вдали́ ~ется мо́ре the sea can be discerned in the distance.

ви́дно 1. *в знач. сказ. безл.* one can see; отсю́да хорошо́ ~ one can see beautifully from here; отсю́да не ~ до́ма you can't see the house from here; по́езда не ~ (*ещё не показался*) the train isn't yet in sight; (*уже скрылся*) the train is out of sight; никого́ не ~ there's no one to be seen; (*вне помещения тж.*) there's no one in sight; ничего́ не ~ one can't see a thing; конца́ не ~ one can see no end to it; по всему́ ~ all the facts go to prove; everything points to the fact; everything indicates; **2.** *в знач. вводн. сл. разг.* apparently, evidently; ~, мне придётся пойти́ самому́ it looks as if I shall have to go myself.

ви́д|ный 1. (*видимый*) visible; (*заметный*) conspicuous; чуть ~ scarcely discernible; на са́мом ~ом месте in the most conspicuous place; (*о вещах*) conspicuously displayed; по́езд уже́ ~ен the train is already in sight; дом ~ен отсю́да you can see the house from here; коне́ц уже́ ~ен the end is in sight; **2.** (*выдающийся*) prominent; **3.** *разг.* (*представительный*) stately, impressive; ~ мужчи́на fine-looking man*, man* of handsome presence.

видов|о́й I: ~а́я кинокарти́на travel film.

видово́й II *биол.* specific.

видоизмен|е́ние *с.* **1.** modification; **2.** (*разновидность*) type; (*вариант*) variant; **~и́ть(ся)** *сов. см.* видоизменя́ть(ся).

видоизменя́ть, видоизмени́ть (*вн.*) modify (*smth.*), alter (*smth.*); **~ся**, видоизмени́ться change, alter.

видоиска́тель *м. фото, кино* viewfinder.

ви́з|а *ж.* (*разрешение и пометка*) visa; ввозна́я ~ import permit; въездна́я ~ entry visa; вывозна́я ~ export visa; выездна́я ~ exit visa; многокра́тная ~ multiple visa; обыкнове́нная ~ ordinary visa; постоя́нная ~ permanent visa; транзи́тная ~ transit visa; туристи́ческая ~ tourist visa; наложи́ть ~у на *что-л.* visa *smth.*; выдава́ть ~у grant a visa, issue a visa; отказа́ть *кому-л.* в ~е refuse (to grant) *smb.* a visa.

визави́ 1. *нареч.* vis-a-vis, opposite, facing each other; **2.** *м.* и *ж. нескл.* vis-a-vis, partner, opposite number.

византи́|ец *м.* Byzantine; **~йский** Byzantine *attr.*; Byzantinesque (*о стиле*).

визг *м.* squeal; (*многоголосый*) squealing; **~ли́вый** shrill; (*резкий*) strident; squeaky; ~ли́вый го́лос shrill voice.

визжа́ть *несов.* squeal, screech.

визи́ровать *несов.* и *сов.* (*сов. тж.* завизи́ровать) (*вн.*) visa (*smth.*); ~ па́спорт stamp/visa a passport.

визи́рь *м.* vizier.

визи́т *м.* (*официальный*) visit; (*частный тж.*) call; делово́й ~ business visit; ~ ве́жливости courtesy visit; ответный ~ return visit/call; ~ вое́нных кора́бле́й naval visit; прибы́ть с ~ом arrive on a state visit; **~ка** *ж. разг.* visiting card; **~ный** visiting; ~ная ка́рточка (visiting-)card.

ви́ка *ж. бот.* vetch.

вика́рий *м. церк.* vicar, suffragan.

вико́нт *м. ист.* viscount.

виктори́на *ж.* quizzing came, quiz.

ви́лка *ж.* **1.** fork; **2.** *тех.*: ште́псельная ~ plug.

ви́лок *м. разг.* head of cabbage.

ви́л|ы *мн.* pitchfork *sg.*; ◇ э́то ещё ~ами на воде́ пи́сано ~ it may or may not come off; it's all in the air still.

вильну́ть *сов. см.* виля́ть.

виля́ть, вильну́ть **1.** (*тв.*) wag (*smth.*); ~ хвосто́м wag its tail; *перен.* (*подлизываться*) fawn; **2.** (*двигаться по извилистой линии*) weave*, dodge; **3.** *разг.* (*лукавить*) hedge, be* evasive.

вин|а́ *ж.* **1.** fault, blame; э́то моя́, ва́ша ~ it's my, your fault; я признаю́ свою́ ~у I know I'm to blame; всему́ ~о́й его́ небре́жность it's all owing to his negligence/carelessness; по ~е́ *кого-л.* because of (*о человеке тж.*); не по мое́й, его́ ~е́ through no fault of mine, his; искупи́ть ~у́ redeem *one's* fault; поста́вить *что-л.* в ~у́ *кому-л.* reproach *smb.* with *smth.*; **2.** (*виновность*) guilt; его́ ~ была́ дока́зана his guilt was established; отрица́ть свою́ ~у́ deny *one's* guilt; *юр.* plead not guilty.

винд-се́рфинг *м. спорт.* wind-surfing.

винегре́т *м.* **1.** (*кушанье*) Russian salad (*chopped beetroot, gherkins etc., dressed with oil and vinegar*); **2.** *разг.* (*смесь разнородных предметов, понятий*) jumble, hotchpotch.

вини́тельный: ~ паде́ж *грам.* accusative (case).

вин|и́ть *несов.* (*вн.*) blame (*smb.*); во всём ~и́те самого́ себя́ you have only yourself to blame.

ви́нн|ый vine *attr.*; ~ по́греб wine cellar; ~ спирт spirits of wine; ◇ ~ ка́мень tartar; ~ая я́года fig.

вино́ *с.* **1.** (*виноградное*) wine; **2.** *разг.* (*водка*) vodka.

винова́т|ый 1. (*виновный*) guilty; я не винова́т it's not my fault; кто винова́т? whose fault is it?; никто́ не винова́т it's nobody's fault, no one is to blame; **2.** (*выражающий сознание вины*) guilty, apologetic; у него́ ~ вид he looks guilty; ~ взгляд apologetic glance; ~ым то́ном apologetically; ◇ виновáт! (*как извинение*) sorry! I beg your pardon!; (*что помешал*) excuse me! без вины ~ guilty though guiltless.

винóв|ник *м.* **1.** the guilty person; (*обвиняемый*) culprit; ~ происшéствия culprit; **2.** (*тот, кто является причиной чего-л.*) cause; ~ преступлéния perpetrator of a crime; ~ торжествá hero of the day/occasion; **~ность** *ж.* guilt, culpability; **~ный** (в пр.) guilty (of); он ни в чём не ~ен he is completely innocent; признаёте ли вы себя́ ~ным? do you admit your guilt?; признáть обвиня́емого ~ным bring* a verdict of guilty against the accused.

виногрáд *м.* **1.** *собир.* (*плоды*) grapes *pl.*; **2.** (*растение*) vine; ◇ зéлен ~! the grapes are sour!, sour grapes!

виногрáд|арство *с.* vine-growing, viticulture; **~арь** *м.* vine-grower, viticulturist; **~ник** *м.* vineyard; **~ный** vine *attr.*; ~ное винó wine; ~ая кóсточка grape-seed, pip; ~ная лозá vine; ~ный сáхар grape sugar.

винокýр *м.* distiller; **~éние** *с.* distillation; **~енный**: ~ завóд distillary.

виночéрпий *м. ист.* cupbearer.

винт *м.* screw; (*самолёта*) aircrew, propeller.

ви́нтик *м.* small screw; ◇ у негó (в головé) ~а не хватáет he has a screw loose.

винтóвка *ж.* rifle.

винтов|óй **1.** (*спиральный*) spiral; *тех.* screw *attr.*, helical; ~áя лéстница spiral staircase; ~áя нарéзка thead (of screw); **2.** (*приводимый в движение винтом*) screw *attr.*; (*о самолёте*) propeller-driven; prop *attr. разг.*

виньéтка *ж.* vignette.

виóла *ж. муз.* viol.

виолончели́ст *м.* violoncellist, cellist.

виолончéль *ж.* violoncello (*pl.* -os), cello (*pl.* -os).

вирáж I *м.* **1.** (*поворот*) turn; **2.** *спорт.* hank, hanked turn, curve, bend.

вирáж II *м. фото* toning solution.

вирáж-фиксáж *м. фото* fixer.

виртуóз *м.* **1.** virtuoso (*pl.* -sos, -si); **2.** (*знаток своего дела*) expert (at, in), past master (in); **~ность** *ж.* **1.** virtuosity; **2.** (*высокое мастерство в каком-л. деле*) skill, dexterity; **~ный** brilliant, masterly.

вирулéнтный *мед.* virulent.

ви́рус *м.* virus; **~ный** virus *attr.*, viral; ~ные заболевáния virus diseases.

вирусолóгия *ж.* virology.

ви́рши *мн. лит.* (syllabic) verses; *разг.* (*плохие стихи*) doggerel.

вис *ж. гимн.* hang; ~ лёжа supporting hang; ~ прогнýвшись bent hang; ~ сзáди back hang; ~ согнýвшись half innverted hang.

ви́селица *ж.* gallows *pl.*

ви́сельник *м. разг.* gallow's bird.

висéть *несов.* hang*, be* suspended; ◇ ~ в вóздухе be* all in the air; ~ на волоскé hang* by a thead; ~ на телефóне hang* on the phone.

ви́ски *м. нескл.* whisky.

вискóз|а *ж.* **1.** viscose; **2.** (*искусственный шёлк*) viscose rayon; **~ный** viscose; ~ный шёлк viscose rayon, viscose silk.

ви́смут *м. хим.* bismuth.

ви́снуть, пови́снуть **1.** (*свисать*) hang* down; **2.** (на пр.) hang* (on).

висóк *м.* temple.

високóсный: ~ год leap year.

висóчный temporal.

вист *м. карт.* whist.

вися́ч|ий hanging; pendent; ~ замóк padlock; ~ мост suspension bridge; в ~ем положéнии hanging, suspended.

витами́н *м.* vitamin.

витаминизи́рованный vitaminized.

витами́нный vitamin *attr.*

витáть *несов.* hover; ◇ ~ в облакáх have* *one's* head in the clouds.

витиевáтый ornate, flowery, florid.

вити́йство *с.* rhetoric, oratory; **~вать** *несов.* orate.

вит|óй twisted; *архит.* convoluted; ~áя лестница winding stairway.

витóк *м.* **1.** (*оборот спирали*) spiral, spire, turn; **2.** (*моток, свитый спиралью*) coil, winding; **3.** (*вокруг Земли*) circuit; **4.** *перен.* round.

витрáж *м.* stained-glass window.

витри́на *ж.* **1.** (*окно магазина*) shop window, show window; **2.** (*для показа музейных экспонатов*) showcase.

вить, свить (*вн.*) twine (*smth.*), twist (*smth.*); weave* (*smth.*); ~ вéнки́ make* wreaths; ~ верёвку lay* rope; ~ гнездó build*/make* a nest; ◇ ~ верёвки из *кого-л.* twist *smb.* round *one's* little finger.

ви́ться *несов.* **1.** (*о растениях*) climb, twine; **2.** (*о волосах*) curl; **3.** (*о дороге, реке*) wind*; **4.** (*о пыли, дыме и т. п.*) eddy; **5.** (*о птицах, насекомых*) circle; **6.** (*о змее*) writhe, undulate; **7.** (*развеваться*) flutter.

ви́тязь *м.* knight, hero.

вих|óр *м.* **1.** tuft; **2.** *мн. разг.* rebellious locks; отодрáть *кого-л.* за ~ры́ pull *smb.'s* hair; приглáдить ~ры́ smooth down *one's* hair; **~рáстый** *разг.* shock-headed; with rebellious hair *после сущ.*

ви́хрем like a whirwind; летéть ~ run* like the wind; влетéть ~ burst*/come* in like a whirlwind.

вихрь *м.* whirlwind; *перен.* vortex (*pl.* -xes, -tices); снéжный ~ eddy of snow; в ~е собы́тий in the vortex of events.

ви́це- в слож. vice-.

ви́це-адмирáл *м.* vice admiral.

ви́це-президéнт *м.* vice-president.

ви́це-корóль *м. ист.* viceroy.

вишнёв|ка *ж.* cherry brandy; **~ый** **1.** cherry; ~ый сад cherry orchard; **2.** (*о цвете*) dark red.

ви́шня *ж.* **1.** (*плод*) cherry; **2.** (*дерево*) cherry tree.

вкáлывать, вколóть (в *вн.*) stick* (in); *разг.* work hard.

вкати́ть(ся) *сов. см.* вкáтывать(ся).

вка́тывать, вкати́ть (*вн.*) roll (*smth.*); **~ся**, вкати́ться (в *вн.*) come* rolling (into); *перен. разг.* (*вбегать*) burst* (into).

вклад *м.* (*в банк, сберкассу*) deposit; ба́нковский ~ bank deposit; беспроце́нтный ~ noninterest (bearing) deposit; бессро́чный ~ demand deposit, sight deposit; ~ до востре́бования call deposit, demand deposit; долгосро́чный ~ long-term deposit; имено́й ~ special deposit; краткосро́чный ~ short-term deposit; проце́нтный ~ interest (bearing) deposit; сберега́тельный ~ savings deposit; сро́чный ~ time deposit; целево́й ~ purpose-oriented contribution; *перен.* conturibution; сде́лать це́нный ~ в нау́ку make* a valuable contribution to science.

вкла́дка *ж. полигр.* inset; (*в журнале и т. п. тж.*) supplement; (*вложенная репродукция*) plate.

вкла́дчик *м.* depositor, investor.

вкла́дывать, вложи́ть (*вн.* в *вн.*) **1.** put* (*smth.* into); ~ меч в но́жны sheathe a sword; ~ мно́го труда́ во *что-л.* put* a lot of work into *smth.*; **2.** (*капитал*) invest (*smth.* in).

вкле́ивать, вкле́ить (*вн.*) paste (*smth.*) in, stick* (*smth.*) in; (*вн.* в *вн.*) paste (*smth.* into), stick* (*smth.* into).

вкле́ить *сов. см.* вкле́ивать.

вкле́йка *ж.* **1.** (*действие*) pasting in; **2.** (*что-л. вклеенное*) inset.

вкли́ниваться, вкли́ниться (в *вн.*) be* wedged in; (*вторгаться*) force *one's* way (into); доро́га вкли́нилась в лес the road cut into the forest.

вкли́ниться *сов. см.* вкли́ниваться.

включа́тель *м. тех.* switch.

включа́ть, включи́ть (*вн.*) **1.** *тк. несов.* (*охватывать*) include (*smth.*); **2.** (*вн.* в *вн.*; *вводить, вносить куда-л.*) put* (*smth.* into), take* (*smth.* into); ~ *кого-л.* в кружо́к take* *smb.* into the group; ~ *что-л.* в програ́мму put*/include *smth.* in the program; **3.** (*ток, мотор*) switch (*smth.*) on, turn (*smth.*) on; ~ газ, свет turn on the gas, light; ~ ра́дио switch on the radio; **~ся**, включи́ться **1.** (в *вн.*) join in (*smth.*), take* part (in), participate (in); **2.** (*начинать действовать*) begin* operating, start.

включа́я *предлог* including; included *после сущ.*

включи́тельно inclusive; от пе́рвой до четвёртой главы́ ~ chapters one to four inclusive.

включи́ть *сов. см.* включа́ть 2, 3; **~ся** *сов. см.* включа́ться.

вкола́чивать, вколоти́ть (*вн.*) *разг.* drive* (*smth.*) in, hammer (*smth.*) in.

вколоти́ть *сов. см.* вкола́чивать.

вконе́ц *разг.* quite, altogether, totally, utterly; ~ отча́явшись... utterly despondent..., having lost all hope...

вко́панный: как ~ as if rooted to the ground; он останови́лся как ~ he stopped dead.

вкось diagonally, aslant; ◇ вкривь и ~ in all directions.

вкра́дчив|ость *ж.* insinuating ways *pl.*, subtle flattery; **~ый** ingratiating, insinuating.

вкра́дываться, вкра́сться **1.** (в *вн.*) creep*; (into); в текст вкра́лась опеча́тка a misprint has crept into the text; **2.** (*о мыслях, чувствах*) arise*; вкра́лось подозре́ние a suspicion arose; ◇ вкра́сться в *чьё-л.* дове́рие worm oneself into *smb.'s* confidence, trick *smb.* into trusting one.

вкра́пленный embedded.

вкра́плив|ать, вкрапля́ть *перен.* intersperse (with); он ~ал в речь цита́ты he interspersed his speech with quotations.

вкра́сться *сов. см.* вкра́дываться.

вкра́тце in brief, briefly.

вкривь *разг.*: ~ и вкось *см.* вкось.

вкруту́ю: яйцо́ ~ hard-boiled egg; свари́ть яйцо́ ~ boil/do* an egg hard.

вкус *м.* taste; быть прия́тным на ~ have* a pleasant taste; в моём ~е to my taste; име́ть ~ к *чему-л.* have* a taste of *smth.*; положи́те са́хару, со́ли по ~у add sugar, salt to taste; ◇ входи́ть во ~ begin* to enjoy; на ~ и цвет това́рищей нет there's no accounting for taste, tastes differ; э́то де́ло ~а it is a matter of taste; челове́к со ~ом a man* of taste.

вкуси́ть *сов. см.* вкуша́ть.

вку́сн|о: ~ гото́вить cook well, be* a good* cook; ~ есть eat well, live on good food; ~ пое́сть have* a good* meal; **~ый** nice, good*, delicious, palatable; ~ый кусо́к tasty morsel.

вкусов|о́й gustatory; ~о́е ощуще́ние sense of taste; **~щи́на** *ж. разг. неодобр.* tyranny of taste.

вкуша́ть, вкуси́ть (*вн.*, *рд.*) taste (*smth.*); ~ ра́дость taste joy.

Влади́мирк|а *ж. разг.* (*дорога в сибирскую ссылку*) the Vladimir road; идти́ по ~е be* going to exile.

вла́га *ж.* moisture, liquid.

влага́лище *с. анат. бот.* vagina (*pl.* -ae, -as).

влагозадержа́ние *с.* moisture-reteniton.

владе́|лец *м.* owner, possessor, holder; ~ аккредити́ва letter of credit holder; ~ а́кций stock owner; ~ гру́за owner of cargo; ~ пате́нта patent holder; ~ предприя́тия owner of enterprise; ~ су́дна shipowner; ~ счёта owner/holder of account; ~ це́нных бума́г holder of securities; (*недвижимости тж.*) proprietor; **~ние** *с.* **1.** (*обладание*) possession; (*недвижимостью тж.*) proprietorship; ~ на права́х аре́нды tenancy, leasehold; **2.** (*собственность*) property; (*земельное*) domain, estate; **3.** *мн.* (*территория*) possessions.

владе́ть *несов.* (*тв.*) **1.** (*иметь*) have* (*smth.*), possess (*smth.*) (*тж. перен.*); own (*smth.*); **2.** (*держать в своей власти*) hold (*smth.*); *перен.* control (*smb.*, *smth.*); ~ ума́ми sway the minds; ~ чу́вствами control *one's* feelings; **3.** (*о мыслях, чувствах*) possess (*smb.*); **4.** (*уметь обращаться с чем-л., хорошо знать*) be* able to use (*smth.*); ~ ору́жием handle a weapon with skill; ~ ру́сским, англи́йским языко́м have* a complete command of Russian, English; **5.**: (не) ~ рука́ми, нога́ми have* (lost) the use of *one's* arms, legs; ◇ ~ перо́м write* well; wield a skillful pen; уме́ть хорошо́ ~ собо́й have* plenty of self-control; не ~ собо́й have* no self-control, be* lacking in self-control.

влады́|ка *м.* **1.** sovereign, ruler; **2.** *рел.* member of higher orders of clergy; **~чество** *с.* dominion; **~чица** *ж.* mistress, sovereign.

вла́жн|ость *ж.* dampness, humidity; **~ый** damp, moist; (*о климате, воздухе тж.*) humid; ~ое бельё damp linen/washing; ~ые глаза́ liquid eyes; (*от слёз*) tear-filled eyes.

вла́мываться, вломи́ться (в *вн.*) burst* (into); ~ в ко́мнату burst* into a room; ~ к *кому-л.* burst* in on *smb.*

вла́ствовать *несов.* (*тв.*, над *тв.*) rule (over), hold* sway (over).

властели́н *м.* ruler, potentate.

власти́тель *м. уст. см.* властели́н; ◇ ~ дум acknowledged leader, inspirer, dominant influence.

вла́ст|ный **1.** (*имеющий власть*) powerful, strong; я над ни́м не ~ен I have no authority over him; он не ~ен измени́ть положе́ние he has no power to alter the situation; **2.** (*склонный повелевать; повелительный*) imperious, masterful; commanding; ~ная рука́ iron hand; ~ тон peremptory tone.

власто|люби́вый masterful, domineering; он о́чень ~люби́в he is very fond of power; **~лю́бие** *с.* love of power.

власт|ь *ж.* **1.** power; находи́ться у ~и be* in power; прийти́ к ~и come* to power; **2.** (*образ правления*) form of government; сове́тская ~ Soviet power; the Soviets *pl. разг.*; **3.** *обыкн. мн.* (*должностные лица, администрация*) the authorities; ~ на места́х local authorities *pl.*; вое́нные ~и military authorities; **4.** (*право распоряжаться*) authority; роди́тельская ~ parental authority; ◇ быть во ~и *кого-л.* be* in *smb.'s* power; име́ть ~ над *кем-л.* have* power over *smb.*; have* *smb.* in *one's* power.

власяни́ца *ж. рел.* hair shirt.

влачи́ть *несов.* (*вн.*) *уст.* drag (*smth.*); ◇ ~ жа́лкое существова́ние drag out a wretched/miserable existence; **~ся** *несов. уст.* drag (along); (*о человеке тж.*) linger.

вле́во to the left; ~ от on the left of; сверну́ть ~ turn to the left.

влеза́ть, влезть **1.** get* in; (в *вн.*) get* (into)* ~ в окно́ get*/climb in through the window; **2.** (на *вн.*; *наверх*) climb (*smth.*), scale (*smth.*); ◇ влезть в ду́шу *кому-л.* worm oneself into *smb.'s* confidence; ~ в долги́ get* into debt; ско́лько вле́зет as much as possible, as much as you like.

влезть *сов. см.* влеза́ть.

влепи́ть *сов.* stick* in, fasten in; ◇ ~ *кому-л.* пощёчину slap *smb.'s* face; ~ пу́лю в лоб *кому-л.* put* a bullet in *smb.'s* face.

влет|а́ть, влете́ть **1.** (в *вн.*) fly* in (to), come* flying in (to); в окно́ влете́ла пти́ца a bird flew in through the window; **2.** (в *вн.*) *разг.* (*быстро войти, вбежать*) burst* (into), dash (into); он влете́л в ко́мнату he burst into the room; **3.** *безл.* (*дт.*) *разг.*: ему́ здо́рово влете́ло he got it hot; э́то влете́ло ему́ в копе́ечку it cost* him dear.

влете́ть *сов. см.* влета́ть.

влече́ние *с.* (к *дт.*) bent (for), inclination (for); чу́вствовать ~ к *кому-л.* feel* *smb.'s* attraction; feel* attracted to *smb.*; ~ к му́зыке, иску́сству bent for music, art; име́ть ~ к литерату́ре have* literary leanings; име́ть ~ к нау́ке be* of a scientific turn of mind; сле́довать ~ю follow *one's* bent.

вле|чь *несов.* (*вн.*) **1.** (*тащить*) draw* (*smb.*, *smth.*); **2.** (*привлекать*) attract (*smb.*); ◇ ~ за собо́й *что-л.* bring* *smth.* in its train, entail *smth.*

влива́ние *с.* infusion, injection; ~ глюко́зы glucose injection; внутриве́нное ~ intravenous infusion.

влива́ть, влить **1.** (*вн.*, *рд.*) pour (*smth.*) in; *перен.* instill (*smth.*), infuse (*smth.*); ~ *что-л.* по ка́пле pour *smth.* a drop at a time, instill *smth.*; ~ бо́дрость instill courage; **2.** (*вн.*; *включать*) amalgamate (*smth.*) with, merge (*smth.*) with, make* (*smth.*) part of; отря́д был влит в брига́ду the detachment was made part of a brigade; **~ся**, вли́ться **1.** flow in, stream in; (в *вн.*) flow (into), stream (into); **2.** join.

влипа́ть, вли́пнуть (в *вн.*) **1.** get* into (*smth.*); **2.** *разг.*: вли́пнуть в исто́рию get* into a pretty mess.

вли́пнуть *сов. см.* влипа́ть.

вли́ть(ся) *сов. см.* влива́ть(ся).

влия́ние *с.* influence; находи́ться под ~м *кого-л.* be* under the influence of *smb.*; по́льзоваться ~м be* influential.

влия́тельный influential.

влия́ть, повлия́ть (на *вн.*) influence (*smb.*, *smth.*), have* an influence (on); (*более конкретно или быстро*) affect (*smb.*, *smth.*); ~ на свои́х това́рищей influence *one's* friends/comrades; э́то повлия́ло на их здоро́вье it affected their health.

влож|е́ние *с.* **1.** (*капитала*) investment; **2.** (*в письмо, пакет*) enclosure; **~и́ть** *сов. см.* вкла́дывать.

вломи́ться *сов. см.* вла́мываться.

влюби́ться *сов. см.* влюбля́ться.

влюблённ|ый *прил.* **1.** in love *после сущ.*; enamored, lovesick *поэт.*; ~ взгляд amorous glance; быть ~ым в *кого-л.* be* in love with *smth.*; **2.** *в знач. сущ. мн.* lovers, loving couple.

влюбля́ться, влюби́ться (в *вн.*) fall* in love (with); ~ по́ уши be over head and ears in love.

влю́бчив|ость *ж.* susceptibility; amorous disposition *книжн.* **~ый** of an amorous disposition *после сущ.*

вмени́ть *сов. см.* вменя́ть.

вменяе́м|ость *ж.* responsibility; **~ый** responsible.

вменя́ть, вмени́ть: ~ *что-л.* в вину́ *кому-л.* impute *smth.* to *smb.*; ~ *что-л.* в обя́занность *кому-л.* make* *smb.* responsible for *smth.*, make* it *smb.'s* duty to do *smth.*

вме́сте together; ~ с together with; все ~ all together; всё ~ взя́тое everything (put together); ◇ ~ с тем at the same time.

вмести́|лище *с.* receptacle; **~мость** *ж.* capacity; грузова́я ~ cargo capacity; **~тельный** (*о сосуде, карманах и т. п.*) capacious; (*о помещении*) large, spacious, roomy.

вмести́ть *сов. см.* вмеща́ть 1, 3; **~ся** *сов. см.* вмеща́ться.

вме́сто (*рд.*) instead (of); ~ меня́, вас instead of me, you; ~ э́того instead (of this); ~ того́, что́бы пойти́, отве́тить *и т. п.* instead of going, answering *etc.*; рабо́тать ~ *кого-л.* do* *smb.'s* work.

вмеша́тельство *с.* **1.** (*в чужие дела*) interference; (*в дела другого государства*) intervention; вооружённое ~ armed intervention; **2.**: хирурги́ческое ~ surgical intervention.

вмеша́ться *сов. см.* вме́шиваться.

вме́шиваться, вмеша́ться **1.** (в *вн.*) (*в чужие дела*) interfere (with), meddle (in), intervene (in); ~ не в своё де́ло meddle in other people's business; он ве́чно во всё вме́шивается he's for ever interfering; **2.** (*для пресечения нежелательных действий*) step in, intervene; вмеша́ться, что́бы предотврати́ть кровопроли́тие step/go* in to prevent bloodshed.

вмеща́ть, вмести́ть (*вн.*) **1.** (*заключать в себе*) contain (*smth.*), hold* (*smth.*); (*о помещении*) accommodate (*smb.*, *smth.*), seat (*smb.*, *smth.*), hold* (*smb.*, *smth.*); **2.** *тк. несов.* (*иметь ёмкость*) contain (*smth.*), hold* (*smth.*); **3.** (*вн.* в *вн.*; *помещать внутри*) get* (into); **~ся**, вмести́ться (в *вн.*) go* (into).

вмиг in a flash, in the twinkling of an eye, at the drop of a hat.

вмя́тина *ж.* dent.

внаём, внаймы́: брать ~ hire; отдава́ть ~ (*помещение*) let*; (*машину и т. п.*) hire out, let* out on hire.

внаки́дку: наде́ть пальто́ ~ fling*/drape *one's* coat over *one's* shoulders.

внакла́де *разг.*: оста́ться ~ be* the loser; не оста́ться ~ be* none the worse off.

внакла́дку *разг.*: пить чай ~ drink* tea with sugar in it.

внача́ле at first, at the beginning, at the outset.

вне **1.** outside; out of; ~ до́ма away from home; ~ го́рода outside the town; ~ зако́на without the law; ~ опа́сности out of danger; **2.** (*помимо*) in addition (to); ~ пла́на over and above the plan; **3.** (*минуя что-л.*) out of, beyond; ~ о́череди out of turn; ~ ко́нкурса not competing; out of competition; ; ~ игры́ offside; ~ вся́кого сомне́ния beyond all manner of doubt; ~ подозре́ний above/beyond suspicion; быть ~ себя́ от *чего-л.* be* beside oneself with *smth.*; объяви́ть *кого-л.* ~ зако́на outlaw *smb.*

внебра́чный: extramarital; ~ ребёнок natural child*, child* born out of wedlock, *разг.* love-child.

внедре́ние *с.* **1.** inculcation, adoption; ~ передово́го о́пыта introduction of advanced know-how; ~ но́вой те́хники inculcation of new techniques; ~ в произво́дство достиже́ний нау́ки adoption of scientific achievements in industry; **2.** *геол.* intrusion.

внедри́ть(ся) *сов. см.* внедря́ть(ся).

внедря́ть, внедри́ть (*вн.* в *вн.*) inculcate (*smth.* in, on); instill (*smth.* in, into); (*технику и т. п.*) introduce (*smth.* in into); **~ся**, внедри́ться take* (deep) root.

внеза́пн|о suddenly, all of a sudden; ~ замолча́ть, ~ останови́ться stop short; **~ость** *ж.* suddenness; **~ый** sudden; (*об атаке и т. п.*) surprise *attr.*

внеземно́й exraterrestrial.

внекла́ссн|ый out-of-class; extracurricular; ~ые заня́тия out-of-class work *sg.*; ~ое чте́ние home reading.

внекла́ссовый nonclass.

внеко́нкурсный out-of-competition.

внема́точн|ый: ~ая бере́менность *мед.* extra-uterine pregnancy

внеочеред|но́й out of turn *после сущ.*; (*вне установленного срока*) extraordinary; ~а́я се́ссия extraordinary session.

внепарла́ментск|ий outside parliament *после сущ.*

внеparти́йный *пол.* nonparty *attr.*

внепла́нов|ый extra; over and above the plan *после сущ.*; ~ое зада́ние task not stipulated in the plan, additional task; ~ расхо́д unforeseen expenses *pl.*

внесе́ние *с.* introduction, insertion; ~ в протоко́л insertion in the minutes; putting on record; ~ в спи́сок insertion in the list.

внеслужéбный leizure time *attr.*

внести́ *сов. см.* вноси́ть.

внешко́льн|ый out-of-school; ~ая рабо́та out-of-school work.

вне́шне outwardly.

внешнеполити́ческ|ий foreign policy *attr.*, of foreign policy *после сущ.*; ~ курс foreign policy; ~ие пробле́мы problems of foreign policy.

внешнеторго́в|ый of foreign trade *после сущ.*; ~ оборо́т foreign trade turnover; ~ое са́льдо balance of foreigh trade.

внешнеэкономи́ческий external economic.

вне́шн|ий **1.** outward, external; (*поверхностный*) superficial; surface *attr.*; ~ вид (outward) appearance; ~ мир the outside world; ~ее оформле́ние external decoration; (*книги*) cover design; ~ при́знак outward sign; ~ее схо́дство (*между людьми*) superficial resemblance; (*на портрете*) superficial likeness; ~ее споко́йствие outward calm; ~ лоск (mere) surface polish, thin veneer; ~ у́гол *мат.* exterior angle; **2.** (*относящийся к сношениям с другими государствами*) foreign; ~ заём external loan; ~яя задо́лженность foreign debt; ~ яя торгóвля foreign trade; ~яя полúтика foreign policy.

внéшность *ж.* exterior, appearance; looks *pl. разг.*; внушúтельная ~ imposing appearance/presence; непривлекáтельная ~ unprepossesing appearance/exterior; судúть по ~и judge by appearance.

внештáтный nonstaff, unsalaried, supernumerary; ~ сотрýдник, рабóтник unsalaried member of the staff; free-lance.

вниз down; downwards; спускáться ~ descend; ~ головóй 1) (*падать, прыгать в воду*) head first; 2) (*висеть*) upside-down; ~ по лéстнице downstairs; ~ по Вóлге down the Volga; ~ по течéнию downstream.

внизý 1. *нареч.* below; (*в нижнем этаже*) downstairs; **2.** *в знач. предлога* (*рд.*) (*в нижней части*) at the foot/bottom (of), underneath; (*здания*) in the lower part (of).

вникáть, вникнуть (в *вн.*) go* (into), look deep (into); ~ в суть дéла get* to the heart of the matter.

вникнуть *сов. см.* вникáть.

внимáни|е *с.* **1.** attention; слýшать с ~ем listen attentively/closely; **2.** (*забота*) attention, consideration; относúться с большúм ~ем к *кому-л.* be* very attentive to *smb.*; ◇ ~! attention! обращáть *чьё-л.* ~ на *кого-л.*, *что-л.* draw*/call *smb.'s* attention to *smb.*, *smth.*; обращáть ~ на *кого-л.*, *что-л.* pay* attention to *smb.*, *smth.*; обратúть на себя́ ~ attract *smb.'s* attention; оставúть *что-л.* без ~я pay* no attention to *smth.*, take* no notice of *smth.*, ignore *smth.*; быть в цéнтре ~я be* the center of attention; уделúть *чему-л.* (осóбое) ~ pay* (special) attention to *smth.*; он весь ~ he is all ears; принимáя во ~ taking into account.

внимáтельн|о 1. attentively, keenly, closely; ~ следúть, ~ наблюдáть за *чем-л.* follow *smth.* closely; **2.**: ~ относúться к *кому-л.* be* considerate to *smb.*; **~ость** *ж.* **1.** attentiveness; **2.** (к *дт.*; *заботливость*) consideration (towards), kindness (towards); (*любезность*) courtesy (towards); **~ый 1.** attentive; ~ый ученúк attentive pupil; ~ый взгляд intent gaze; **2.** (к *дт.*; *заботливый*) considerate (to); (*любезный*) polite (to), courteous (to).

внимáть, внять (*дт.*) *поэт.* heed (*smb.*, *smth.*); ~ гóлосу рассýдка listen to the voice of reason; ~ мольбáм heed *smb.'s* prayers.

вничью́: закóнчиться ~ end in a draw; они сыгрáли ~ their game ended in a draw.

вновь 1. (*снова*) once again, once more; **2.** (*недавно*) newly, recently; ~ прибы́вший newcomer.

внос|úть, внестú **1.** (*вн.* в *вн.*; *внутрь*) take* (*smth.* into), bring* (*smb.*, *smth.* into), carry (*smb.*, *smth.* into); он внёс чемодáн в вагóн he took the suitcase into the carriage; он внёс её в кóмнату (*на руках*) he carried her into the room (in his arms); **2.** (*вн.*; *платить, делать взнос*) pay* (*smth.*); **3.** (*вн.*; *включать, вписывать*) put* (*smb.*, *smth.*) in; внестú попрáвку в текст insert a correction in the test, correct/amend the text; ~ *кого-л.* в спúсок enter *smb.'s* name on the list; ~ нóвые услóвия в договóр insert new conditions in a treaty; **4.** (*вн.*; *представлять, предлагать*) submit (*smth.*); ~ законопроéкт introduce a bill; ~ *что-л.* на рассмотрéние *кого-л.* submit *smth.* for (the) consideration of *smb.*; ~ предложéние submit a proposal; (*на собрании*) move a proposal; **5.** (*вн.* в *вн.*; *вызывать, приносить с собой*) introduce (*smth.* into); ~ нéчто нóвое во *что-л.* introduce a fresh note into *smth.*; внестú свой вклад во *что-л.* make* *one's* contribution to *smth.*; do* *one's* bit for *smth. разг.*; ~ рáдость bring* happiness; ~ разложéние demoralize; ~ смятéние spread* confusion; ~ я́сность clarify the matter.

внук *м.* grandson, grandchild*.

внýтренне inwardly; ~ почýвствовать feel* intuitively.

внýтренн|ий 1. (*находящийся внутри*) inner, interior, internal, inside; *перен.* inner, inward; (*присущий*) intrinsic, inherent; ~ двор inner court; ~яя сторонá the inside; ~яя дверь, стенá inside door, wall; ~яя повéрхность inner surface; ~ее оформлéние interior decorations *pl.*; ~ее мóре inland sea; ~ие óбласти страны́ the interior; ~ие резéрвы internal resources; (*финансовые*) inner reserves; ~ смысл, мир inner meaning, life; ~ее чутьё intution; подъём inward elation, spontaneous urge; ~ие причúны intrinsic causes; **2.** (*внутригосударственный*) home, domestic, internal; ~ие вóдные путú inland waterways; ~ заём domestic/internal loan; ~ ры́нок home market; ~яя торгóвля internal/home trade; ~яя полúтика home/domestic policy; ~ие делá internal affairs; ◇ ~ие болéзни internal diseases; **~ость** *ж.* **1.** interior, the inside; **2.** *мн.* internal organs; guts *разг.*

внутрú 1. *нареч.* inside; **2.** *предлог* (*рд.*) within.

внутривéнный intravenous.

внутрипартúйн|ый within the party *после сущ.*

внутриполитúческ|ий internal political; ~ая обстанóвка internal political situation.

внутриэкономúческ|ий internal economic; ~ое положéние internal economic situation.

внутриядéрный intranuclear.

внутрь 1. *нареч.* in(side); internally; открывáться ~ open inwards; принимáть лекáрство ~ take* a medicine internally; **2.** *предлог* (*рд.*) in (to), inside; ~ страны́ inland.

внучáта *мн.* grandchildren.

внýчка *ж.* granddaughter, grandchild*.

внуш|áть, внушúть (*вн. дт.*) inspire (*smb.* with); ~, что... try to suggest that...; ~ уважéние *кому-л.* command *smb.'s* respect, inspire *smb.* with respect; ~ *кому-л.* опасéния, подозрéние arouse *smb.'s* apprehension, suspicion; ~ *кому-л.* мысль (+ *инф.*) put* it into *one's smb.'s* head (+ to *inf*); внушúть себé get* it into *one's* head.

внуше́ни|е *с.* **1.** (*воздействие*) instilling; для ~я стра́ха *кому-л.* to instill fear into *smb.*; **2.** (*гипноз*) (hypnotic) suggestion; лечи́ть ~ем treat by hypnosis; **3.** (*выговор*) admonition, reprimand; сде́лать *кому-л.* ~ admonish/reprimand *smb.*

внуши́тельный imposing, impressive.

внуши́ть *сов. см.* внуша́ть.

вня́тный 1. (*отчётливый*) distinct; ~ го́лос clear voice; **2.** (*понятный*) intelligible.

внять *сов. см.* внима́ть.

во *см.* в; во время during, in; во вре́мя войны́, револю́ции during the war, revolution; во что бы то ни ста́ло at all costs, at any price.

во́бла *ж.* vobla, Caspian roach.

вобра́ть *сов. см.* вбира́ть.

вове́к(и) 1. forever; ~ веко́в forever and ever; **2.** (*при гл. с отрицанием; никогда*) never.

вовлека́ть, вовле́чь (*вн.* в *вн.*) draw* (*smth.* into), involve (*smb.* in); ~ *кого-л.* в разгово́р draw* *smb.* into conversation.

вовлече́ние *с.* drawing into.

вовле́чь *сов. см.* вовлека́ть.

во́время at the right moment; in time; ~ ска́занное сло́во a word in season; не ~ inopportunely; прийти́ не ~ come* just at the wrong moment, arrive inopportunely.

во́все *разг.*: ~ не not a bit, not at all; э́то ~ не он! it isn't him!; я э́того ~ не говори́л I never said that; ~ нет! nothing of the sort!

вовсю́ *разг.* to the utmost, with might and main; гнать лошаде́й ~ drive* the horses as fast as they will go.

во-вторы́х secondly, in the second place.

вогна́ть *сов. см.* вгоня́ть.

во́гнутый concave.

вод|а́ *ж.* **1.** water; дождева́я ~ rainwater; морска́я ~ seawater; пре́сная ~ fresh/sweet water; ~о́й не разольёшь thick as thieves; выводи́ть на чи́стую ~у expose, unmask, show* up; как с гу́ся ~ like water off a duck's back; как две ка́пли ~ы́ as like as two peas; и концы́ в ~у and no one will be wiser; мно́го ~ы́ утекло́ с тех пор much water has flown under the bridge since then; молчи́т сло́вно в рот ~ы́ набра́л *разг.* he keeps mum; толо́чь ~у в сту́пе, решето́м ~у носи́ть ~ beat* the air, mill the wind, carry water in a sieve; вы́йти сухи́м из ~ы́ get* out of it; как в ~у опу́щенный crestfallen; как (бу́дто) в ~у гляде́л! he must have second sight!; с ви́ду он ~ы́ не замути́т *разг.* ~ he looks as if butter wouldn't melt in his mouth.

водвори́ть(ся) *сов. см.* водворя́ть(ся).

водворя́ть, водвори́ть (*вн.*) **1.** settle (*smb.*), install (*smb.*); (*возвращать на прежнее место*) put* (*smth.*) back; send* (*smb.*, *smth.*) back; **2.** (*устанавливать*) establish (*smth.*); **~ся**, водвори́ться **1.** install oneself, establish oneself, settle; **2.** (*устанавливаться*) be* established; наконе́ц водвори́лся поря́док order was at last (re)established; водвори́лась тишина́ silence fell.

водеви́ль *м.* vaudevile, music-hall sketch.

води́тель *м.* driver; **~ский** driver's; ~ские права́ driver's licence *sg.*

води́ть *несов.* **1.** (*вн.*) lead* (*smb.*, *smth.*), take* (*smb.*, *smth.*); ~ слепо́го lead* a blind man*; ~ сы́на в шко́лу take* *one's* son to school; ~ ребёнка гуля́ть take* a child* out for a walk; ~ в ата́ку lead* in the attack; **2.** (*вн.*; *управлять автомобилем и т. п.*) drive* (*smth.*); (*самолёт*) fly* (*smth.*); **3.** (*тв.* по *дт.*; *проводить*) draw* (*smth.* over), pass (*smth.* over); ~ смычко́м по стру́нам draw* the bow over the strings; ~ руко́й по лицу́ pass *one's* hand over *one's* face; **4.** (*вн.*; *поддерживать знакомство и т. п.*) keep* (*smth.*); keep* up (*smth.*); ~ компа́нию с *кем-л.* go* about with *smb.*; ~ дру́жбу с *кем-л.* be* friends with *smb.*, keep* up a friendship with *smb.*; ◇ ~ *кого-л.* за́ нос make* a fool of *smb.*, fool *smb.*, pull *smb.'s* leg.

води́ться *несов.* **1.** (*иметься*) be* found, be*; здесь во́дятся медве́ди there are bears in these parts, bears are to be found here; **2.** (с *тв.*) *разг.* (*дружить*) associate (with); (*о детях*) play (with); **3.** (*за тв.; наблюдаться*): за ним во́дится ма́ленькая сла́бость he has one small weakness; за ним э́то во́дится that's what you may expect from him; ◇ как во́дится as usual.

во́дка *ж.* vodka, ца́рская ~ *хим.* aquaregia.

во́дник *м.* water-transport worker.

воднолы́жн|ик *м. спорт.* water-skier; **~ый** water-ski *attr.*; ~ спорт water-skiing.

во́дн|ый 1. water *attr.*; ~ая прегра́да water obstacle; ~ое простра́нство expanse of water; ~ рубе́ж waterline; ~ тра́нспорт water transport; ~ спорт aquatic/water sports *pl.*; ~ое по́ло water poll; ~ая ста́нция water-sports center; ~ые лы́жи water skis; **2.** *хим.* aqueous, hydrous; ~ раство́р aqueous solution.

водобоя́знь *ж.* hydrophobia; (*у животных*) rabies.

водово́з *м.* water carrier.

водоворо́т *м.* whirlpool; (*речной, мелкий*) eddy; *перен.* vortex (*pl.* -xes, -tices), maelstrom.

водоём *м.* water body, reservoir.

водоизмеще́ние *с.* displacement, tonnage; ~м в 800 тонн of eight hundred tons displacement.

водока́чка *ж.* pump house.

водола́з *м.* **1.** diver; **2.** (*собака*) Newfoundland (dog); **~ный** diving; ~ный костюм diving suit/ dress.

водола́зка *ж. разг.* polo-necked sweater.

Водоле́й *м.* (*созвездие*) Aquarius, the Water carrier.

водолече́бница *ж.* hydropathic (establishment).

водолече́ние *с.* hydropathy, water cure.

водонапо́рн|ый: ~ая ба́шня water tower.

водонепроница́емый watertight, waterproof.

водоотво́д *м.* drainage system; **~ный** drain *attr.*, drainage *attr.*; ~ный кана́л drainage canal.

водootта́лкивающ|ий water-repellent; ~ая ткань water-repellent fabric.

водопа́д *м.* waterfall; (*небольшой*) cascade; cataract *поэт.*; (*с названием*) falls *pl.*, the falls of...

водопла́вающ|ий: ~ая пти́ца aquatic birds *pl.*, waterfowl.

водопо́й *м.* **1.** (*место*) watering place, pond; **2.** (*действие*) watering.

водопрово́д *м.* water supply; (*в доме*) plumbing; **~ный**: ~ный кран water tap; ~ная магистра́ль water main; ~ная сеть water system; ~ная труба́ water pipe; **~чик** *м.* plumber.

водопроница́емый permeable to water.

водоразде́л *м.* watershed; divide *амер.*

водоро́д *м. хим.* hydrogen; **~ный** *хим.* hydrogenous; hydrogen *attr.*; ~ная бо́мба hydrogen bomb, H-bomb.

во́доросль *ж.* aquatic plant; (*морская*) seaweed; alga (*pl.* -ae) *научн.*

водоснабже́ние *с.* water supply.

водосто́|к *м.* drain; (жёлоб) gutter; **~чный** drain *attr.*; ~чная труба́ drainpipe.

водохрани́лище *с.* reservoir; (*небольшой*) tank.

водочерпа́лка *ж. тех.* water engine.

водружа́ть, водрузи́ть (*вн.*) erect (*smth.*); ~ флаг set* up a flag.

водрузи́ть *сов. см.* водружа́ть.

во́ды *мн.* **1.** (*водные пространства*) rivers and lakes; **2.** (*минеральные*) waters; пить ~ take* the waters; **3.** (*курорт*) watering place *sg.*, spa *sg.*

водяни́стый **1.** watery; **2.** (*бесцветный*) colorless, wishy-washy.

водя́нка *ж.* dropsy, hydropsy *научн.*

водян|о́й I *прил.* water *attr.*; (*живущий в воде*) aquatic; ~о́е расте́ние aquatic plant; ~а́я ме́льница water mill; ~а́я турби́на hydraulic/water turbine; ◇ ~ знак watermark; ~о́е отопле́ние hot-water heating, central heating.

водяно́й II *м. фольк.* water sprite, pixy.

воева́ть *несов.* (с *тв.*) **1.** make*/wage war (on), be* at war (with); **2.** *разг.* (*стараться одолеть кого-л.*, *что-л.*) fight* (*smb.*, *smth.*).

воеди́но together; собра́ть ~ collect, gather up.

военача́льник *м.* military leader, commander.

военив|а́ция *ж.* militarization; **~и́ровать** *несов.* и *сов.* (*вн.*) militarize (*smth.*).

военко́м *м. ист.* military commissar.

военкома́т *м.* (вое́нный комиссариа́т) recruiting office.

военко́р *м.* war corrspondent.

военру́к *м.* military instructor.

вое́нно-возду́шн|ый air force *attr.*; ~ые си́лы the Air Force(s).

вое́нно-морск|о́й naval; ~и́е си́лы naval forces; ~ флот Navy.

военнообя́занный *м.* person liable to military service; (*состоящий в запасе*) reservist.

военнопле́нный *м.* prisoner of war.

военнополево́й field *attr.*; ~ суд court martial.

военнослу́жащий *м.* military man*; serviceman*.

вое́нно-экономи́ческий military and economic; ~ потенциа́л military and economic potential.

вое́нн|ый *прил.* **1.** (*относящийся к войне*) war *attr.*, martial; ~ое иску́сство art of war; ~ое положе́ние martial law; ~ое вре́мя time of war; ~ого вре́мени wartime *attr.*; ~ заво́д munition(s) factory; ~ кора́бль man-of-war (*pl.* men-), warship; ~ престу́пник war criminal; ~ые де́йствия military operations, hostilities; **2.** (*относящийся к армии, в военнослужащему*) military; ~ая слу́жба military service, service in the armed forces; ~ое учи́лище military training establishment; ~ врач army (air force, naval) doctor, medical officer; ~ый о́круг military district; ~ая вы́правка military/soldierly bearing; **3.** *в знач. сущ. м.* military man*, serviceman;; ◇ Вое́нный сове́т 1) Military Council; 2) (*совещание*) council of war; ~ коммуни́зм war communism; "~ые ри́ски„ (*особые условия страхования контрактов купли-продажи*) "war risks„.

вое́нщина *ж. собир. презр.* military clique.

вожа́к *м.* **1.** leader; (*проводник, поводырь тж.*) guide; **2.** (*животное, птица*) leader.

вожа́тый *м.* **1.** guide; **2.** *разг.* (*вагоновожатый*) tram-driver.

вожделе́|ние *с.* longing, craving; смотре́ть с ~м на *кого-л.*, *что-л.* gaze longingly at *smb.*, *smth.*; **~ть** long (for), *уст.* lust after.

вожделе́нный *поэт.* desired, longed-for.

вождь *м.* **1.** leader; **2.** (*предводитель племени*) chief, chieftan.

во́жжи *мн.* (*ед.* вожжа́ *ж.*) rein(s); ему́ ~а́ под хвост попа́ла *разг.* he has taken to acting capriciously.

воз *м.* **1.** cart; **2.** (*рд.*; *количество*) cartload (of) (*тж. перен.*); wagonload (of); ◇ а ~ и ны́не там ~ things haven't budged an inch; что с ~у упа́ло, то пропа́ло ~ it's no use crying over spilt milk.

возбран|я́ться *несов. уст.* be* forbidden, be* prohibited; никому́ не ~я́ется... everyone is allowed...

возбуди́м|ость *ж.* excitability; **~ый** excitable.

возбуди́|тель *м.* **1.** cause, stimulus (*pl.*-li), stimulant; **2.** *биол.* agent; ~ боле́зни agent of a disease; **3.** *тех.* exciter; **~ть(ся)** *сов. см.* возбужда́ть(ся).

возбужд|а́ть, возбуди́ть **1.** (*вн.*; *вызывать*) arouse (*smth.*), stimulate (*smth.*); ~ аппети́т stimulate the appetite; ~ жа́лость, негодова́ние *и т. п.* arouse compassion, indignation *etc.*; ~ любопы́тство, подозре́ние arouse/excite curiosity, suspicion; ~ в *ком-л.* интере́с к *чему-л.* stimulate *smb.'s* interest in *smth.*; ~ страсть в *ком-л.* inspire *smb.* with passion; **2.** (*вн.*; *предлагать на обсуждение*) raise (*smth.*); ~ вопро́с raise the question; ~ де́ло, иск про́тив *кого-л.* institute proceedings against *smb.*; ~ хода́тайство make* an application; **3.** (*вн.*; *волновать*) excite (*smb.*); **4.** (*вн.* против *рд.*; *восстанавливать*) stir up (*smb.* against), try to put (*smb.* against);

~áться, возбуди́ться **1.** awaken, be* aroused; **2.** (*волноваться*) get* excited; **~áющий** exciting; ~áющее срéдство stimulant; **~éние** *с.* **1.** (*состояние*) excitement; в ~éнии in a state of excitement; **2.** (*действие*) excitation; stimulation; ~éние дéятельности сердца stimulation of the action of the heart.

возбуждённ|ый excited; ~ вид excited appearance; ~ые голосá excited voices; в ~ом состоя́нии in a state of excitement, highly excited.

возведéние *с.* **1.** (*сооружение*) erection; **2.** *мат.* raising; ~ в стéпень involution; ~ в трéтью, пя́тую стéпень raising to the third, fifth power.

возвели́чивать, возвели́чить (*вн.*) exalt (*smb.*, *smth.*), glorify (*smb.*, *smth.*).

возвели́чить *сов. см.* возвели́чивать.

возвести́ *сов. см.* возводи́ть.

возвести́ть *сов. см.* возвещáть.

возвещáть, возвести́ть (*вн.*, о пр.) announce (*smth.*), proclaim (*smth.*), herald (*smth.*); ~ начáло нóвой э́ры herald/announce a new era.

возводи́ть, возвести́ (*вн.*) **1.** (*сооружать*) erect (*smth.*); **2.** (*возвышать*) elevate/promote (*smb.*) (to the rank of); ~ *кого-л.* на престóл enthrone *smb.*; **3.** *мат.* raise (*smth.*); ~ *что-л.* в квадрáт square *smth.*; ~ *что-л.* в куб cube (*smth.*); ~ *что-л.* в при́нцип make* *smth.* a principle; ~ в четвёртую стéпень raise to the fourth power; **4.**: ~ клеветý на *кого-л.* calumniate *smb.*, cast* aspersions on *smb.*; ~ обвинéние на *кого-л.* accuse *smb.*

возвráт *м.* return; (*издержек*) reimbursement; обоснóванный ~ justified return; части́чный ~ partial return; ~ вклáда return of deposit; ~ грýза return of cargo; ~ креди́та repayment of a credit; ~ пóшлины refund of dues; ~ ссýды return of a loan; ~ товáра return of goods; *юр.* restitution; к прóшлому нет ~а there's no bringing back the past; **~и́ть(ся)** *сов. см.* возвращáть(ся).

возврáтн|ый **1.** *грам.* reflexive; ~ глагóл reflexive verb; ~ое местоимéние reflexive pronoun; **2.** (*о болезни*) recurrent; **3.** (*о деньгах*) repayable; ~ая ссýда loan.

возвращ|áть, возврати́ть (*вн.*) **1.** (*отдавать*) return (*smth.*), give* (*smth.*) back; **2.** (*вновь обретать*) recover (*smth.*); возврати́ть здорóвье recover *one's* health; возврати́ть си́лы regain *one's* strength; **3.** (*способствовать возвращению*) bring* (*smb.*, *smth.*) back, recall (*smb.*, *smth.*), call (*smb.*) back; ; возврати́ть *кого-л.* к жи́зни restore *smb.* to life; **~áться**, возврати́ться **1.** go* back; come* back, return (*тж. перен.*); *сов. тж.* be* back; **2.** (к *дт.*; *к прежнему, к мысли и т. п.*) go* back (to), return (to), revert (to); **~éние** *с.* return; ~éние домóй return (home), homecoming.

возвы́сить *сов. см.* возвышáть 1, 2; **~ся** *сов. см.* возвышáться 2.

возвыш|áть, возвы́сить (*вн.*) **1.** raise (*smth.*); (*значение, положение тж.*) elevate (*smth.*); **2.** (*усиливать*) raise (*smth.*); ~ гóлос raise *one's* voice; **3.** *тк. несов.* (*облагораживать*) uplift (*smb.*), elevate (*smb.*); **~áться**, возвы́ситься **1.** *тк. несов.* (над *тв.*) tower (above, over), rise* high (above); *перен.* be* (above); **2.** (*усиливаться*) rise* ; ◇ ~áться в *чьём-л.* мнéнии rise* in *smb.'s* esteem, go* up in *smb.'s* estimation; **~éние** *с.* **1.** (*действие*) rise; **2.** (*местности*) elevation, eminence, rise; **3.** (*сооружение*) platform, dais.

возвы́шенн|ость *ж.* **1.** height, hill; Валдáйская ~ Valdai Hills *pl.*; **2.** (*благородство*) sublimity; ~ мы́слей, чувств elevation of thought, feeling; **~ый** **1.** high, elevated; **2.** (*о мыслях, чувствах*) sublime, lofty, exalted.

возглáвить *сов.* (*вн.*) take* over the leadership (of), become* the leader (of), head (*smth.*); вы должны́ ~ э́то дéло you must take the lead in this matter, you must take charge.

возглавля́ть *несов.* (*вн.*) lead* (*smth.*), head (*smth.*); ~ борьбý lead* the struggle; ~ делегáцию be* the leader of the delegation, head a delegation; ~ учреждéние be* at the head of a department; ~ экспеди́цию lead* an expedition.

вóзглас *м.* cry, exclamation.

возгóн|ка *ж. хим.* sublimation; **~я́ть** sublimate.

возгорáться, возгорéться kindle.

возгорди́ться *сов.* (*тв.*) be* proud (of), grow* proud (of); get* a swelled head (over) *разг.*

возгорéться *сов. см.* возгорáться.

воздавáть, воздáть (*вн.*) render (*smth.*); ~ дóлжное *кому-л.* give* *smb.* his (her, their) due; ~ пóчести render homage (to); ~ добрóм за зло render good for evil.

воздáть *сов. см.* воздавáть.

воздая́ние *с.* (*возмездие*) retribution.

воздвигáть, воздви́гнуть (*вн.*) set* up (*smth.*), put* up (*smth.*), erect (*smth.*), raise (*smth.*).

воздви́гнуть *сов. см.* воздвигáть.

воздви́жение *с. рел.* Exaltation of the Cross.

воздевáть, воздéть: ~ рýки *поэт.* lift up *one's* hands.

воздéйствие *с.* influence; физи́ческое ~ force, coercion; оказáть морáльное ~ на *кого-л.* bring* moral pressure to bear upon *smb.*

воздéйствовать *несов.* и *сов.* (на *вн.*) influence (*smb.*, *smth.*); bring* pressure to bear (upon); ~ на *кого-л.* лáской manage *smb.* by kindness; ~ *кого-л.* си́лой use force to influence *smb.*; ~ на ход собы́тий influence the course of events.

воздéлать *сов. см.* воздéлывать.

воздéлывать, воздéлать (*вн.*) **1.** cultivate (*smth.*), till (*smth.*); **2.** (*выращивать*) grow* (*smth.*), cultivate (*smth.*).

воздержáвш|ийся *м.* (*от голосования*) abstainer; при четырёх ~ихся with four abstentions.

воздержáние *с.* (от *рд.*) abstention (from); ~ от пи́щи abstinence; половóе ~ continence.

воздéржанн|ость *ж.* abstemiousness, moderation, temperance; **~ый** abstemious, temperate.

воздержа́ться *сов. см.* возде́рживаться.

возде́рживаться, воздержа́ться (от *рд.*) refrain (from); (*от голосования*) abstain (from); возде́ржаться от сужде́ния reserve *one's* judgement; я сове́тую вам воздержа́ться от пое́здки I advise you to refrain from making this journey.

во́здух *м.* air; в ~е in the air; подыша́ть све́жим ~ом get* a breath of (fresh) air; ◇ на (во́льном, откры́том) ~е in the open, out of doors; вы́йти на ~ go* out for a breath of air.

воздухопла́в|ание *с.* aerostatics, balloning; **~атель** *м.* aeronaut, balloonist.

возду́шно-деса́нтн|ый: ~ые войска́ airborne troops; (*парашютисты*) paratroops.

возду́шн|ый **1.** air *attr.*, aerial; ~ое простра́нство air space; ~ пото́к air current; ~ ко́декс Air laws regulations; ~ные перево́зки air service *sg.*, air-craft operations; междунаро́дные ~ ~ intercity air service; междунаро́дные ~ ~ international air service; регуля́рные ~ ~ scheduled air service; ча́ртерные ~ ~ chartered air service; ~ ~ большо́й протяжённости long-haul service; ~ ~ ма́лой протяжённости short-haul service; ~ ~ с больши́м коли́чеством остано́вок multistop service; ~ое сообще́ние air service; ~ая трасса airroute; ~ трево́га air-raid warning; ~ая я́ма air pocket; **2.** (*лёгкий*) ethereal; ~ое пла́тье aethereal/gossamery dress; ~ая похо́дка buoyant stride/gait; ~ пиро́г meringue; ◇ ~ змей kite; ~ шар balloon; ~ые за́мки castles in the air; посыла́ть ~ поцелу́й blow* a kiss, kiss *one's* hand to.

воззва́ние *с.* appeal; proclamation.

воззре́ние *с.* view; *мн.* views, opinions.

вози́ть *несов.* **1.** (*вн.*; *перевозить*) convey (*smb.*, *smth.*), transport (*smb.*, *smth.*), carry (*smb.*, *smth.*); (*с указанием места назначения*) take* (*smb.*, *smth.*); (*толкая*) push (*smth.*); (*людей в автомобиле и т. п.*) drive* (*smb.*); **2.** (*привозить*) bring* (*smb.*, *smth.*).

вози́ться *несов.* **1.** (*беспокойно ворочаться*) stir restlessly, toss; (*копошиться — о котёнке и т. п.*) scamper about; (*о птице*) hop about, flutter about; **2.** (*шуметь, резвиться*) play, romp; **3.** (с *тв.*; *заниматься*) be* busy (over, with); bother (with), take* trouble (with); мне не́когда с ва́ми ~ I have no time to bother with you; **4.** (*медленно делать что-л.*) fiddle about; что ты там так до́лго во́зишься? what are you doing there all this time?

возлага́ть, возложи́ть (*вн.* на *вн.*) **1.** lay* (*smth.* on), place (*smth.* on); возложи́ть вено́к на моги́лу lay* a wreath on a grave; **2.** (*поручать*) charge (*smb.* with); ~ зада́чу на *кого-л.* assign a mission/task to *smb.*, entrust *smb.* with a task/mission; ~ на *кого-л.* обя́занность place a duty on *smb.*; ◇ ~ наде́жды на *кого-л.*, на *что-л.* set*/pin *one's* hopes on *smb.*, *smth.*; ~ отве́тственность на *кого-л.* make* *smb.* responsible.

во́зле **1.** *нареч.* close, near by; **2.** *предлог* (*рд.*) by, near, beside, next to; ~ меня́ beside me, next to me.

возлежа́ть *несов. уст.*, *шутл.* recline.

возликова́ть *сов.* rejoice.

возлия́ние *с.* libation.

возложи́ть *сов. см.* возлага́ть.

возлюби́ть *сов.*: ~ бли́жнего своего́ love *one's* neighbor.

возлю́бленная *ж.* beloved, sweetheart; *разг.* (*любовница*) mistress.

возлю́бленный I *прил.* beloved.

возлю́бленный II *м.* beloved, sweetheart; *разг.* (*любовник*) lover.

возме́здие *с.* retrubution; получи́ть ~ get* *one's* deserts, get* what one deserves.

возмести́ть *сов. см.* возмеща́ть.

возмещ|а́ть, возмести́ть (*вн. дт.*) compensate (*smb.* for); recompense (*smb.* for); ~ *кому-л.* изде́ржки reimburse *smb.*, fund *smb.'s* expenses; ~ *кому-л.* убы́тки compensate *smb.* for losses incurred; ~ потёрянное вре́мя make* up for lost time; **~е́ние** *с.* compensation; ~е́ние изде́ржек reimbursement of expenses; ~е́ние убы́тков compensation for losses; *юр.* damages *pl.*

возмо́жно **1.** *нареч.* (с *нареч. в сравнит. ст.*) as... as possible; (с *прил.* в превосх. ст.) the... possible; ~ бо́льше, ме́ньше, лу́чше *и т. п.* as much, little, well, *etc.*, as possible; ~ бо́льший, ме́ньший, лу́чший *и т. п.* the greatest/largest, least/smallest, best, *etc.*, possible; **2.** *в знач. сказ. безл.* it is possible, it may be; (очень) ~! very likely!; наско́лько ~ as far as possible; е́сли ~ if possible; **3.** *в знач. вводн. сл.* (*вероятно*) possibly, perhaps; он, ~, придёт he may come.

возмо́жное *с.*: сде́лать всё ~ do* all one can; do* everything in *one's* power; сде́лать всё ~ и невозмо́жное move heaven and earth; leave* no stone unturned.

возмо́жн|ость *ж.* **1.** possiblility; **2.** (*удобный случай*) opportunity, chance; дава́ть, предоставля́ть *кому-л.* ~ сде́лать *что-л.* enable *smb.* to do *smth.*, give* *smb.* a chance to do *smth.*; име́ть ~ сде́лать *что-л.* be* able to do *smth.*, be* in a position to do *smth.*; не име́ть ~ости сде́лать *что-л.* be* unable to do *smth.*; е́сли предста́вится ~ should an opportunity arise; предоставля́ется ~ an opportunity presents itself; **3.** *мн.* (*внутренние силы, ресурсы*) means, resources; potential *sg.*; матери́альные ~ости means; ◇ нет никако́й ~ости there is not the faintest chance; по ~ости, по ме́ре ~ости as far as possible; при пе́рвой ~ости at the first opportunity; **~ый** **1.** (*вероятный, допустимый*) possible, likely; **2.** (*осуществимый*) possible, feasible; ~ый слу́чай a likely occasion.

возмужа́л|ость *ж.* maturity, manhood; **~ый** mature, grown-up.

возмуж|а́ть *сов.* grow* into a man*; *поэт.* come* to man's* estate; он о́чень ~а́л he looks quite grown-up.

возмути́тельн|о 1. *нареч.* disgracefully, outrageously; ~ вести́ себя́ act/behave outrageously; **2.** *в знач. сказ. безл.* it is a scandal, it is scandalous; э́то ~! disgraceful!, outrageous! it's a disgrace!, it's a perfect scandal!; **~ый** disgraceful, outrageous; ~ая несправедли́вость shocking injustice; ~ое поведе́ние disgraceful/outrageous behavior; ~ый слу́чай disgraceful incident.

возмути́ть(ся) *сов. см.* возмуща́ть(ся).

возмуща́ть, возмути́ть (*вн.*) rouse *smb.'s* indignation, outrage (*smb.*); **~а́ться**, возмути́ться be* indignant, be* outraged; **~е́ние** *с.* **1.** indignaiton; с ~е́нием indignantly; **~ённый** indignant. **2.** *астр.* perturbation; магни́тное ~ magnetic disturbance.

вознагради́ть *сов. см.* вознагражда́ть.

вознагражд|а́ть, вознагради́ть (*вн.* за *вн.*) reward (*smb.* for); ~ *кого-л.* за его́ услу́ги reward *smb.* for his services; **~е́ние** *с.* reward; (*оплата*) remuneration; а́вторское ~ изобрета́телю award to the inventor; аге́нтское ~ agent's commission; бро́керское ~ brokerage; де́нежное ~ monetary reward; единовре́менное ~ lump sum remuneration; комиссио́нное ~ commission; лицензио́нное ~ royalty, license fee; материа́льное ~ material remuneration; ~ нату́рой remuneration in kind; за небольшо́е ~е́ние for a small consideration.

возненави́деть *сов.* (*вн.*) conceive a hatred (of), begin* to detest (*smb.*).

вознес|е́ние *с.* **1.** ascent; **2.** *рел.* Ascension (Day); **~ти́сь** *сов. см.* возноси́ться.

возника́|ть, возни́кнуть spring* up; (*зарождаться*) arise*; ~ют но́вые города́ new towns are springing up; ~ет вопро́с the question arises; у меня́ возни́кла мысль (+ *инф.*) I got the idea (of + -ing), it occurred to me (+ to *inf*).

возникнове́ние *с.* origin, rise, beginning(s).

возни́кнуть *сов. см.* возника́ть.

возни́чий *м.* **1.** *уст.* coachman*; **2.** *астр.* Auriga.

возни́ца *м.* driver, coach man*.

возноси́ться, вознести́сь **1.** rise; ascend; **2.** *разг.* become conceited.

возня́ *ж. разг.* fuss, a great to-do; де́тская ~ children's romping; ~ мыше́й под по́лом the scuffling of mice under the floor; **2.** (*хлопоты*) trouble; **3.** *разг.* (*скрытная деятельность, интрига*) machinations *pl.*, petty intrigue; мыши́ная ~ rat race.

возоблада́ть *сов.* prevail (over).

возобнови́ть *сов. см.* возобновля́ть.

возобновле́ние *с.* renewal; (*после перерыва*) recommencement, resumption; (*театральной постановки*) revival; ~ подпи́ски renewal of subscription; ~ догово́ра renewal of an agreement/contract; ~ креди́та renewal of credit.

возобновля́ть, возобнови́ть (*вн.*) renew (*smth.*); (*после перерыва*) resume (*smth.*); take* up (*smth.*) again *разг.*; (*театральную постановку*) revive (*smth.*); ~ подпи́ску renew *one's* subscription; ~ догово́р renew an agreement; ~ рабо́ту resume work; ~ отноше́ния resume relations.

возо́к *м.* closed sleigh.

возомни́ть *сов.*: ~ о себе́ have* a high opinion of *oneself*, think* a lot of *oneself*; get* a swelled head *разг.*; ~ себя́ авторите́том consider *oneself* an authority.

возра́доваться *сов.* be* delighted.

возраж|а́ть, возрази́ть (*дт.*) object (to), raise objections (to); (*докладчику*) reply (to), disagree (with); е́сли вы не ~а́ете if you have no objections; я не ~а́ю I have no objections, I don't mind, I don't object (to); **~е́ние** *с.* objection; (*ответ*) retort; без ~е́ний! no arguing!

возрази́ть *сов. см.* возража́ть.

во́зраст *м.* age; одного́ ~а the same age; перехо́дный ~ awkward age; сре́дний ~ middle age; преклóнный ~ declining years; преде́льный ~ age-limit; ◇ вы́йти из ~а be* overage.

возраста́ние *с.* growth, increase.

возраста́|ть, возрасти́ grow*, increase; (*о ценах тж.*) rise; ~ющая ско́рость accelerated velocity.

возрасти́ *сов. см.* возраста́ть.

возрастно́й age *attr.*; ~а́я гру́ппа age group; ~ соста́в age structure.

возроди́ть(ся) *сов. см.* возрожда́ть(ся).

возрожд|а́ть, возроди́ть (*вн.*) revive (*smb.*, *smth.*), regenerate (*smb.*, *smth.*); ~ *кого-л.* к жи́зни restore *smb.* to life, breathe new life into *smb.*; **~а́ться**, возроди́ться revive, be* regenerated; (*чувствовать прилив новой силы*) be* born again *разг.*; **~а́ющийся** reviving, renascent.

Возрожде́ние *с.* Renaissance.

возрожде́ние *с.* regeneration, rebirth, revival,

во́зчик *м.* carter.

возыме́ть *сов.*: ~ де́йствие work, produce the desired effect; ~ жела́ние conceive a desire; ~ си́лу come* into force, take* effect.

во́ин *м.* soldier, fighting man*; warrior *поэт.*; **~ский** military; ~ский долг the duty of a soldier; всео́бщая ~ская обя́занность universal military service; ~ский уста́в army regulations *pl.*

вои́нственн|ый warlike, martial; (*связанный с войной*) aggressive; bellicose (*тж. перен.*); ~ые племена́ warlike/martial tribes; ~ое настрое́ние aggressive mood; bellicose mood *книжн.*; име́ть ~ вид look aggressive.

во́инство *с. разг.*, *уст.* host, army; ~ христо́во *рел.* Christ's army.

воинствующий militant.

вои́стину *уст.* indeed, verily; ~ воскре́с! (*ответ во время пасхальной службы*) he (Christ) is risen indeed.

вои́тель *м. поэт.* warrior; **~ница** *ж.* female warrior, Amazon.

вой *м.* **1.** howl, howling, wailing; ~ ве́тра the howling of the wind; жа́лобный ~ piteous wailing; **2.** *разг.* (*плач*) wailing, keening.

во́йл|ок *м.* felt; **~очный** felt *attr.*, felted.

войн|а́ *ж.* war; (*приёмы ведения войны*) warfare; валю́тная ~ currency war; валю́тно-фина́нсовая ~ monetary and financial war; мане́вренная ~ war of movement; позицио́нная ~ trench warfare; тамо́женная ~ tariff war; торго́вая ~ trade war; экономи́ческая ~ economic war; ~ цен price war; на ~е́ in/at the war.

войска́ *мн.* (*ед.* во́йско *с.*) troops; (military) force *sg.*

войсково́й troop *attr.*; ~ круг *ист.* Cossack assembly; ~ старшина́ (*в казацких соединениях*) lieutenant colonel.

войти́ *сов. см.* входи́ть.

вокали́з *м. муз.* exercise in vocalization.

вокали́ст *м.*, **~ка** *ж.* vocalist.

вока́льн|ый vocal; ~ая па́ртия voice (part).

вокза́л *м.* (railway) station; речно́й ~ riverboat terminal; мо́рской ~ sea terminal; **~ьный** station *attr.*

вокру́г **1.** *нареч.* round, around; about; ~ всё бы́ло ти́хо all around was silence; **2.** *предлог* (*рд.*) (a)round (*smb.*, *smth.*); ~ себя́ (all) (a)round one; ~ го́рода round/around the town; ◇ ходи́ть ~ да о́коло *погов.* ≅ beat* about the bush.

вол *м.* ox*, bullock, ◇ рабо́тать как ~ ≅ work like a horse/a Trojan.

вола́н **1.** (*на платье*) flounce; **2.** (*мячик для игры в бадминтон*) shuttlecock.

волапю́к *м.* Volapuk.

волга́рь *м.* native of Volga region.

волды́рь *м.* (*пузырь*) blister; (*шишка*) bump, swelling.

волев|о́й **1.** volitional; of the will *после сущ.*; **2.** (*решительный*) strong-willed, resolute, determined; ~ челове́к strong-willed individual; ~ команди́р determined leader; ~о́е лицо́ resolute face.

волеизъявле́ни|е *с.* will, pleasure, command; по короле́вскому ~ю at the King's pleasure, by royal command.

волейбо́л *м.* volleyball.

волейболи́ст *м.*, **~ка** *ж.* volleyball player.

во́лей-нево́лей whether *one* likes it or not, willy-nilly.

волжа́нин *м. см.* волга́рь.

во́лжский Volga, of the Volga *attr.*

волк *м.* wolf*; ◇ морско́й ~ sea dog; ~ в ове́чьей шку́ре a wolf in sheep's clothing; ~о́в боя́ться - в лес не ходи́ть *посл.* ≅ nothing venture, nothing gained; с ~а́ми жить - по-во́лчьи выть *погов.* ≅ when in Rome do as the Romans do*, who keeps company with the wolf, shall learn to howl; сде́лать так, что́бы и ~и бы́ли сы́ты, и овцы це́лы ≅ run* with the hare and hunt with the hounds.

волкода́в *м.* wolfhound.

волна́ *ж.* wave (*тж. перен.*); (*бурун*) breaker; но́вая ~ атаку́ющих fresh wave of attackers; ~ проте́ста wave of protest.

волне́ние *с.* **1.** (*движение волн*) rough water(s); (*на море*) rough sea; си́льное ~ heavy seas *pl.*; на Во́лге быва́ет си́льное ~ the Volga can be very rough at times; **2.** (*нервное возбуждение*) agitation; (*душевное*) emotion; я слу́шал её расска́з с ~м I was moved by her story; **3.** *мн.* (*народные*) unrest *sg.*, disturbances.

волни́ст|ый wavy; (*о ландшафте*) undulating, rolling; ~ые во́лосы wavy hair *sg.*; ~ое желе́зо corrugated iron; ~ая ли́ния wavy/undulating line; ~ая ме́стность rolling country, undulating ground.

волн|ова́ть, взволнова́ть (*вн.*) **1.** (*водную поверхность*) ruffle (*smth.*); **2.** (*беспокоить, тревожить*) upset* (*smb.*), worry (*smb.*); agitate (*smb.*); всё э́то меня́ о́чень ~у́ет the whole thing worries me, I'm awfully upset about it all; **~ова́ться**, взволнова́ться **1.** (*о море, озере и т. п.*) be*/get* upset; be*/become agitated; (*о пр.; беспокоиться*) be* uneasy (about); не ~у́йтесь don't get excited!, keep calm!, don't you worry!; она́ о́чень ~у́ется she is terribly worried, she's awfully upset; **3.** *тк. несов.* (*о народных массах*) be* in a ferment; наро́д ~у́ется there is trouble brewing among the people.

волнообра́зн|ый wavy, undulating; ~ое движе́ние undulation.

волноре́з *м.* breakwater.

волну́шка *ж. бот.* coral milky cap (mushroom).

волну́ющий stirring, exciting; thrilling *разг.*; (*тревожный*) perturbing, disturbing; (*трогательный*) moving.

во́лок *м.* portage; тащи́ть ~ом drag; переправля́ть ~ом portage.

волоки́та I *ж.* (*канцелярская*) red tape; bureaucratic delays *pl.*

волоки́та II *м. уст. разг.* (*любитель ухаживать*) ladies' man*, philanderer.

волокни́стый fibrous; filamentous.

волокно́ *с.* fiber; filament; льняно́е ~ flax fiber/filament; не́рвные воло́кна nerve fibers.

волоо́кий ox-eyed.

Волопа́с *м. астр.* Bootes.

во́лос *м.* hair; *мн. собир.* hair *sg.*; белоку́рые ~ы fair hair *sg.*; ша́пка воло́с a shock of hair; ко́нский ~ horsehair; ◇ ни на ~ not at all; **~а́тый** hairy; (*косматый*) hirsute, shaggy; **~но́й** capilary; ~ны́е сосу́ды *анат.* capillaries; ~на́я тре́щина hairline crack; **~о́к** *м.* **1.** hair; **2.** (*пружина*) hairspring; **3.** (*в лампочке*) filament; ◇ быть на ~о́к от ги́бели escape death by a hairbreadth; на ~о́к от сме́рти within a hairbreadth of death; висе́ть на ~ке́ hang* by a thread; **~яно́й** hair *attr.*; ~яно́й покро́в scalp.

во́лость *ж. ист.* (*административная единица в царской России*) volost.

волоче́ние *с.* dragging; *тех.* ~ про́волоки wire-drawing.

волочи́ль|ный *тех.* wire-drawing; ~ная доска́ draw-plate; **~щик** *м.* wire-drawer.

волочи́ть *несов.* (*вн.*) **1.** drag (*smth.*); **2.** *тех.* draw* (*smth.*); ◇ он е́ле воло́чит но́ги he can scarcely put one foot after the other; **~ся** *несов.* **1.** drag, trail; ~ся по земле́ trail along the ground; **2.** (*медленно идти*) drag *oneself* along;

3. (за *тв.*) *уст. разг.* (*ухаживать*) run* (after).

волхв *м.* magician, sorcerer; *библ.* wise man*; ~ы́ *библ.* the Magi, the Three Wise Men; поклоне́ние ~о́в Adoration of the Magi.

волча́нка *ж. мед.* lupus.

во́лч|ий wolfish, lupine; ~ья ста́я pack of wolves; ◇ ~ аппети́т voracious appetite; ~ья пасть cleft palate; ~ья я́года mezereon; ~ья я́ма trou-de-loup.

волчи́ца *ж.* she-wolf*.

волчо́к *м.* **1.** (*игрушка*) top; (за)пуска́ть ~ spin* a top; **2.** *физ.* gyroscope; **3.** *сад.* (*побег*) sucker.

волчо́нок *м.* wolf-cub.

волше́бн|ик *м.* magician, wizard; (*колдун*) socerer; **~ица** *ж.* enchantress; (*колдунья*) sorceress; **~ый 1.** magic; ~ый фона́рь magic lantern; ~ая па́лочка magic wand; ~ая ска́зка fairy tale; ~ое ца́рство fairy land; **2.** (*чарующий*) magical, enchanting, bewitching.

волшебств|о́ *с.* **1.** magic, wizardry; как по ~у́ as if by magic; **2.** (*очарование*) magic, charm, enchantment.

волы́нк|а *ж.* **1.** *муз.* bagpipes *pl.*; **2.** *разг.* (*канитель*) (a lot of) bother; завести́ ~у cause delays; тяну́ть ~у keep* on putting things off.

волы́нщик *м.* **1.** *муз.* piper; **2.** *разг.* dawdler.

вольго́тный *разг.* free, free-and-easy.

волье́р *м.*, волье́ра *ж.* enclosure.

во́льн|ая *ж. ист.* letter of enfranchisement; дать *кому-л.* ~ую give* *smb.* his fredom.

во́льница *ж. собир. ист.* freemen, outlaws.

во́льничать *несов. разг.* take* liberties.

во́льно 1. freely; ~ обраща́ться с фа́ктами take* liberties with the facts; stretch the facts; **2.**: ~! (*команда*) (stand) at ease!; rest! *амер.*

вольноду́м|ец *м.* free thinker; **~ный** free thinking; **~ство** *с.* free thinking.

вольнолюби́вый freedom-loving.

вольномы́слие *с.* free thought.

вольнонаёмный civilian; ~ врач contract surgeon; ~ слу́жащий civilian employee; ~ соста́в employed personnel, enrolled civilian personnel.

вольноотпу́щенник *м. ист.* freedman*.

вольнослу́шатель *м.*, **~ница** *ж.* occasional/casual student.

во́льн|ость *ж.* **1.** (*несдержанность*) familiarity, liberty; позволя́ть себе́ ~ости take* liberties; **2.** (*отступление от общих правил*) liberty; поэти́ческая ~ poetic licence; **~ый 1.** free; **2.** *тк. кратк. ф.* free, at liberty; он во́лен поступа́ть, как ему́ взду́мается let him do as he pleases!; **3.** (*фамильярный*) familiar; ~ое поведе́ние undue familiarity; ◇ он ~ая пти́ца he is his own master; ~ый го́род free city; ~ый ка́менщик free mason; ~ый перево́д free translation.

вольт *м. эл.* volt; **2.** *спорт.* vault (*гимн.*); volte (*кон. спорт.*).

вольтерья́н|ец *м. ист.* Voltairian, free thinker; **~ство** *с.* Voltairianism; free thinking.

вольтижёр *м.* equestrian acrobat.

вольтижи́ров|ать *несов. спорт.* do* acrobatics on horseback.

вольтижировка *ж.* acrobatics on horesback.

вольтме́тр *м. эл.* voltmeter.

вольфра́м *м. хим.* tungsten; **~овый** tungsten *attr.*; ~овая ла́мпочка tungsten lamp; ~овая руда́ wolfram.

волюнтари́зм *м. фил.* libertarianism; **~и́ст** *м.* libertarian.

воню́чка *м. разг.* stinker; *зоол.* skunk.

во́л|я *ж.* **1.** will; воспита́ние ~и cultivation of willpower; испо́лнить *чью-л.* ~ю obey *smb.'s* will, do* as *smb.* wishes; по свое́й до́брой ~е of *one's* free will; сде́лать по свое́й ~е do* voluntarily; не по свое́й ~е not of *one's* own will; про́тив ~и *кого-л.* against the will of *smb.*; **2.** (*свобода*) freedom; liberty; выпуска́ть *кого-л.* на ~ю set* *smb.* free; ◇ дава́ть ~ю *кому-л.* let* *smb.* loose; дава́ть ~ю воображе́нию give* (free) rein to *one's* fancy; дать ~ю слеза́м let *one's* tears flow; дава́ть ~ю рука́м use *one's* fists; рука́м ~ю не дава́й! keep your hands to yourself! ~ ва́ша just as you please; ◇ ~ею су́деб as the fates decree; ~ к жи́зни will to live; ~ к побе́де will to win.

вон I *нареч. разг.* **1.** (*прочь*) out; вы́гнать *кого-л.* ~ turn *smb.* out (of); вы́йти ~ leave*; **2.** *в знач. межд.*: ~ отсю́да! get out! ◇ из рук ~ (пло́хо) it couldn't be worse; (совсе́м) из ума́ ~ clean forgotten.

вон II *частица разг.* **1.** (*там*) there, over there; ~ он идёт! that's him!, here he comes!; **2.**: ~ вы како́й у́мный! so you're as clever as all that! ◇ вон (оно́) что! so that's it!

вонза́ть, вонзи́ть (*вн.* в *вн.*) thrust* (*smth.* into), plunge (*smth.* into); **~ся**, вонзи́ться go* into, pierce.

вонзи́ть(ся) *сов. см.* вонза́ть(ся).

вон|ь *ж. разг.* stench, stink; **~ю́чий** *разг.* smelly; putrid, stinking *груб.* **~я́ть** *несов.* (*тв.*) *разг.* reek (of), stink* (of), smell* (of).

вообража́ем|ый imaginary, imagined, fancied*, fictitious; ~ая опа́сность imaginary danger.

воображ|а́ть, вообрази́ть (*вн.*) imagine (*smth.*); ◇ ~ о себе́ think* a lot of *oneself*; вообрази́те (себе́)! just fancy!, only fancy!, try and imagine!; **~е́ние** *с.* imagination; живо́е ~е́ние lively imagination; э́то одно́ ~е́ние! (it's) pure imagination!

вообрази́ть *сов. см.* вообража́ть.

вообще́ 1. in general; **2.** (*совсем*) at all; он ~ не пришёл he didn't come at all, he never came; ◇ ~ говоря́ generally speaking.

воодушев|и́ть(ся) *сов. см.* воодушевля́ть(ся); **~ле́ние** *с.* inspiration; enthusiasm, fervor; без вся́кого ~ле́ния in a half-hearted way, without enthusiasm; **~лённый** fervent; (*вдохновенный*) inspired.

воодушевля́ть, воодушеви́ть (*вн.*) fill (*smb.*) with enthusiasm; (*вн. тв.*) inspire (*smb.* with); ~ *кого-л.* на по́двиг inspire *smb.* to heroism; **~ся**, воодушеви́ться be* inspired/filled with enthusiasm.

вооружа́ть, вооружи́ть **1.** (*вн.*) arm (*smb.*, *smth.*); **2.** (*вн. тв.*; *снабжать*) equip (*smb.* with) (*тж. перен.*); ~ промы́шленность но́вой те́хникой equip industry with new machinery; ~ *кого-л.* зна́ниями arm/equip *smb.* with knowledge; **3.** (*вн.* против *рд.*; *восстанавливать*) set* (*smb.* against); **~ся**, вооружи́ться arm (*oneself*) (*тж. перен.*).

вооруже́ни|е *с.* **1.** (*действие*) armament, arming; **2.** (*оружие*) armaments *pl.*, arms *pl.*; weaponry; принима́ть, брать *что-л.* на ~ adopt *smth.* (among *one's* weapons), add *smth.* to *one's* armory (*тж. перен.*); сокраще́ние ~й reduction of arms; **3.** (*принадлежности какого-л. устройства*) tackle; (*парусное*) rig.

вооружённ|ый armed; ~ые си́лы armed forces; ~ отря́д armed detachment; force; ~ое нападе́ние armed attack; ~ до зубо́в armed to the teeth*.

вооружи́ть(ся) *сов. см.* вооружа́ть(ся).

воо́чию with *one's* eyes; (*наглядно*) in reality; ~ убеди́ться в *чём-л.* see* *smth.* for *oneself*; see* *smth.* with *one's* own eyes; ~ предста́вить себе́ *что-л.* imagine *smth.* in reality.

во-пе́рвых first, in the first place.

вопи́ть *несов. разг.* howl, cry out; (*плакать*) wail.

вопию́щ|ий flagrant, gross, crying; ~ безобра́зие a disgrace; ~ее противоре́чие glaring contradiction; ~ая несправедли́вость crying/flagrant/gross injustice; a crying shame *разг.*

воплоти́ть(ся) *сов. см.* воплоща́ть(ся).

воплощ|а́ть, воплоти́ть (*вн.*) embody (*smth.*), incarnate (*smth.*); ◇ ~ *что-л.* be* the personification/embodiment of *smth.*; **~а́ться**, воплоти́ться (в *пр.*) be* embodied (in), be* incarnated (in); **~е́ние** *с.* embodiment, incarnation; (*олицетворение*) personification; ~е́ние в жизнь *чего-л.* (actual) realization of *smth.*; он ~е́ние здоро́вья he is the incarnation/picture of health.

воплощённ|ый incarnate *после сущ.*, personified *после сущ.*; ~ое великоду́шие the very soul of magnanimity; ~ая доброде́тель virtue incarnate; он ~ая че́стность he is honesty itself, he is the very soul of honesty.

вопль *м.* howl; (*скорбный*) wail.

вопреки́ in spite of, despite; ~ моему́ жела́нию in defiance of my wish; ~ ожида́ниям contrary to expectations; ~ рассу́дку in defiance of reason.

вопро́с *м.* **1.** question; **2.** (*проблема*) problem, issue; (*дело*) point, matter; ~ы языкозна́ния problems of linguistics; ~ большо́й госуда́рственной ва́жности a matter of the utmost importance to the State; ~ состои́т в том... the question is...; вот в чём ~ that is the question; э́то ещё ~ it remains to be seen; ~ы, стоя́щие в пове́стке дня points on the agenda; **3.** (*чего-л.*) matter, point; ~ вре́мени matter of time; ~ че́сти point of honor; ◇ под (больши́м) ~ом subject to doubt, problematic; ста́вить *что-л.* под ~ question the necessity/validity of *smth.*; ~ жи́зни и́ли сме́рти a matter of life and death.

вопроси́тельн|ый inquiring, interrogative; ~ взгляд inquiring glance; ~ знак question mark, note of interrogation; ~ое предложе́ние *грам.* question.

вопро́сник *м.* questionnaire.

вор *м.* thief*; карма́нный ~ pickpocket; магази́нный ~ shoplifter; *ист.* criminal; Ту́шинский ~ *ист.* (*второй Лжедимитрий*) "the impostor of Tushino„.

ворва́ться *сов. см.* врыва́ться.

вори́шка *м.* pilferer, petty thief*.

воркова́|нье *с.* cooing; **~ть** *несов.* coo; *перен.* bill and coo.

воркотня́ *ж. разг.* grumbling.

воробе́й *м.* sparrow; ◇ стре́ляный ~ a knowing old bird; ста́рого воробья́ на мяки́не не проведёшь *посл.* an old bird is not to be caught with chaff.

воробьи́ный sparrow's.

воро́в|анный stolen; **~а́тый 1.** thievish, light-fingered; **2.** (*опасливый*) furtive.

ворова́ть *несов.* steal*.

воро́в|ка *ж.* thief*; **~ски́** thievishly, dishonestly; (*опасливо*) furtively; like a thief*; **~ско́й** thieves'; ~ско́й язы́к, жарго́н thieves' cant; ~ско́й прито́н den of thieves; **~ство́** *с.* stealing.

во́рог *м. поэт.* foe.

ворож|ба́ *ж.* sorcery, fortune-telling; **~и́ть** practice sorcery, tell* fortunes; **~е́я** *ж.* fortune-teller.

во́рон *м.* raven.

воро́на *ж.* **1.** crow; **2.** *перен.* gaper, loafer; Johnny-head-in-air; ◇ бе́лая ~ rara avis; пу́ганая ~ куста́ бо́ится *посл.* ≅ a burnt child dreads the fire; счита́ть воро́н *разг.* gape.

воронёный burnished; ~ая сталь blued/burnished steel.

воро́ний crow's.

воро́нка *ж.* **1.** (*для наливания*) funnel; **2.** (*от взрыва*) crater; (*от снаряда тж.*) shell-hole.

во́ронов raven's.

вороно́й *прил.* **1.** black; **2.** *в знач. сущ. м.* black horse.

во́рот I *м.* (*воротник*) collar; (*рубашки тж.*) neckband; схвати́ть за ~ take* by the scruff of the neck.

во́рот II *м. тех.* windlass.

воро́та *мн.* **1.** gate *sg.*; в ~х in the gateway; **2.** *спорт.* goal *sg.*

вороти́ла *м. разг.* magnate, big-business man*; big shot *амер.*; wheeler-dealer.

вороти́ть *сов.* (*вн.*) *разг.* call (*smb.*, *smth.*) back, bring* (*smb.*, *smth.*) back; ~ нос turn up *one's* nose (at); меня́ воро́тит от э́того де́ла this business makes me sick; сде́ланного не воро́тишь what's done can't be undone; **~ся** *сов. разг.* come* back.

воротни́|к *м.*, **~чок** *м.* collar.

во́рох *м.* (*прям.* и *перен.*) heap; ~ новосте́й batch of news, lots of news.

воро́чать *несов.* **1.** (*вн.*; *сдвигать*) move (*smth.*), shift (*smth.*); **2.** (*вн.*; *перевёртывать*) turn (*smth.*) round; **3.** (*тв.*) *разг.* (*управлять*) run (*smth.*), handle (*smth.*); ~ дела́ми boss the show; **~ся** *несов. разг.* turn; (*в постели*) toss and turn.

вороши́ть, развороши́ть (*вн.*) stir (*smth.*); ~ се́но toss the hay.

ворс *ж.* (*ковра, бархата*) pile; (*сукна*) nap.

ворси́нка *ж.* fiber.

ворси́льщик *м. текст.* teaseler.

ворси́стый **1.** *тех.* fleecy, with thick pile; **2.** *бот.* lanate.

ворси́ть *несов. текст.* tease.

ворч|а́ние *с.* **1.** (*собаки и т. п.*) growling; **2.** *разг.* (*брюзжание*) grumbling; **~а́ть** *несов.* **1.** (*о собаке и т. п.*) growl; **2.** (на *вн.*) *разг.* (*брюзжать*) grumble (at, about); **~ли́вый** querulous, grumbling; grumpy *разг.*; ~ли́вый стари́к querulous old man*; ~ли́вый тон peevish tone.

ворчу́н *м.*, **ворчу́нья** *ж.* grumbler.

восвоя́си *разг.*: отпра́виться ~ go* home, take* the homeward road.

восемнадцатиле́тний **1.** (*о сроке*) eighteen-year *attr.*; of eighteen years *после сущ.*; **2.** (*о возрасте*) eighteen-year-old; of eighteen *после сущ.*

восемна́дца|тый eighteenth; **~ть** eighteen.

во́семь eight; **~десят** eighty; **~со́т** eight hundred.

воск *м.* wax; ◇ го́рный ~ mineral wax, ozocerite.

воскли́кнуть *сов. см.* восклица́ть.

восклица́|ние *с.* exclamation; **~тельный** exclamatory; ~тельный знак exclamation mark/point.

восклица́ть, воскли́кнуть exclaim.

воско́вка *ж.* wax(ed)-paper.

восков|о́й wax *attr.*; *перен.* waxen; ~а́я бле́дность waxen pallor; ~о́е лицо waxen complexion/features; ◇ ~ая спе́лость, зре́лость gold/wax ripeness.

воскреса́ть, воскре́снуть **1.** *рел.* rise* from the dead, come* back to life; *перен.* revive, return to life; **2.** (*о чувствах и т. п.*) be* revived; воскре́сли воспомина́ния memories were revived.

воскресе́ние *с. рел.* Resurrection; *перен. тж.* revival.

воскресе́нье *с.* (день) Sunday.

воскреси́ть *сов. см.* воскреша́ть.

воскре́снуть *сов. см.* воскреса́ть.

воскре́сный Sunday *attr.*

воскреша́ть, воскреси́ть (*вн.*) **1.** *рел.* resurrect (*smb.*), raise (*smb.*) from the dead; bring* (*smb.*) back to life, restore (*smb.*) to life (*тж. перен.*); **2.** (*восстанавливать в памяти*) revive (*smth.*).

воспал|е́ние *с.* inflammation; ~ брюши́ны peritonitis; ~ кишо́к enteritis; ~ лёгких pneumonia; ~ по́чек nephritis; **~ённый** **1.** inflamed; **2.** (*разгорячённый*) fevered, feverish; ~ённое воображе́ние fevered imagination.

воспал|и́тельный inflammatory; ~ проце́сс inflammatory process; **~и́ться** *сов. см.* воспаля́ться.

воспаля́ться, воспали́ться become* inflamed.

воспари́ть *сов.* soar; ~ ду́хом be* carried away.

воспаря́ть *сов. см.* воспари́ть.

воспева́ть, воспе́ть (*вн.*) praise (*smb.*, *smth.*), praise (*smb.*, *smth.*) in song; sing* (*smth.*) *поэт.*

воспе́ть *сов. см.* воспева́ть.

воспита́ние *с.* **1.** (*действие*) bringing up; (*образование*) education; (*подготовка*) training; ~ дете́й bringing up children; **2.** (*воспитанность*) breeding, upbringing.

воспи́танн|ик *м.*, **~ица** *ж.* **1.** pupil; **2.** (*приёмыш*) adopted child*, ward; **3.** (*школы*) pupil, student; (*окончивший институт*) graduate.

воспи́танн|ость *ж.* breeding; **~ый** well-bred, well brought-up; (*о мужчине тж.*) gentlemanly; пло́хо ~ый ill-bred, badly brought-up.

воспита́тель *м.* educator, tutor; **~ница** *ж.* educator, tutoress; (*в детском саду*) kindergarten/nursery-school teacher; **~ный** educational, educative; име́ть огро́мное ~ное значе́ние be* of vast educational importance; ◇ ~ный дом *уст.* foundling hospital.

воспита́ть(ся) *сов. см.* воспи́тывать(ся).

воспи́тывать, воспита́ть (*вн.*) **1.** bring* up (*smb.*), rear (*smb.*); (*давать образование*) educate (*smb.*); **2.** (*формировать чей-л. характер*) train (*smb.*); воспита́ть хоро́шего бойца́ train *smb.* to be a good soldier; **3.** (*прививать, внушать какие-л. чувства*) cultivate (*smth.*); **~ся**, воспита́ться be* brought up.

воспламен|е́ние *с.* **1.** catching fire, combustion; **2.** (*зажигание*) ignition, setting fire (to); температу́ра, то́чка ~е́ния ignition point; **~ить(ся)** *сов. см.* воспламеня́ть(ся); **~я́емость** *ж.* inflammability; **~я́емый** inflammable.

воспламеня́ть, воспламени́ть (*вн.*) set* (*smth.*) on fire; *тех.* ignite (*smth.*); *перен.* fire (*smth.*); **~ся**, воспламени́ться **1.** take/catch* fire; **2.** (*тв.*; *увлекаться какой-л. мысль и т. п.*) be* fired with a passion (for); be* fired with zeal (for).

воспо́лнить *сов. см.* восполня́ть.

восполня́ть, воспо́лнить (*вн.*) make* good (*smth.*), make* up (for); ~ пробе́л в зна́ниях fill a gap in *one's* knowledge, make* good *one's* knowledge.

воспо́льзоваться *сов.* (*тв.*) **1.** (*потребить в свою пользу*) avail *oneself* (of), profit (by), take* advantage (of); ~ *чьей-л.* нео́пытностью take* advantage of *smb.'s* inexperience; ~ *чьим-л.* приглаше́нием avail *oneself* of *smb.'s* invitation; ~ (*удобным*) слу́чаем seize the opportunity, avail *oneself* of the opportunity; **2.** (*потребить для какой-л. цели*) make* use (of).

воспомина́ни|е *с.* **1.** memory, recollection; жить ~ями live on memories; оста́лось одно́ ~

nothing but the memory remains; **2.** *мн.* (*записки*) memoirs, reminiscences.

воспрети́ть *сов. см.* воспреща́ть.

воспрещ|а́ть, воспрети́ть (*вн.*) prohibit (*smth.*), forbid* (*smth.*); **~а́ться** *несов.* be* prohibited; вход ~а́ется no entrance, no admission; кури́ть ~а́ется! no smoking! **~е́ние** *с.* prohibition.

восприе́мни|к *м. церк.* godfather; **~ца** *ж.* godmother.

восприи́мчив|ость *ж.* receptivity; (*к впечатлениям, болезням*) susceptibility; **~ый** receptive; (*к впечатлениям, болезням*) susceptible; ~ый ум receptive mind.

воспринима́ть, восприня́ть (*вн.*) perceive (*smth.*), apprehend (*smth.*), take* (*smth.*), be receptive (to); ~ молча́ние как знак согла́сия take* silence as a mark of consent.

восприня́ть *сов. см.* воспринима́ть.

восприя́тие *с.* perception, apprehension.

воспроизведе́ние *с.* reproduction.

воспроизвести́ *сов. см.* воспроизводи́ть.

воспроизводи́ть, воспроизвести́ (*вн.*) reproduce (*smth.*); ~ в па́мяти recall.

воспроизво́дство *с. эк.* reproduction; просто́е ~ simple reproduction; расши́ренное ~ extended reproduction.

воспроти́виться *сов. см.* проти́виться.

воспря́нуть *сов.* arouse *oneself*, bestir *oneself*; ◇ ~ ду́хом take* fresh heart, cheer up.

воспыла́ть *сов.* (с *тв.*) be* inflamed (with), blaze* (with); ~ гне́вом blaze* with anger; ~ любо́вью be smitten with love.

воссе́сть, восседа́ть; ~ на трон mount the throne.

воссоедин|е́ние *с.* reunion; **~и́ть(ся)** *сов. см.* воссоединя́ть(ся).

воссоединя́ть, воссоедини́ть (*вн.*) reunite (*smth.*), reunify; **~ся**, воссоедини́ться reunite.

воссоздава́ть, воссозда́ть (*вн.*) recreate (*smth.*), reconstitute (*smth.*); ~ о́бразы про́шлого reconstruct the past.

воссозда́ть *сов. см.* воссоздава́ть.

восстава́ть, восста́ть **1.** rise*; rebel, revolt; ~ с ору́жием в рука́х rise* in arms; **2.** (против *рд.*; *противиться*) revolt (against), oppose (*smth.*).

восста́вший insurgent; ~ наро́д insurgent people.

восстана́вливать, восстанови́ть **1.** (*вн.*; *приводить в прежнее состояние*) restore (*smth.*), reconstruct (*smth.*), rehabilitate (*smth.*); (*постройку*) rebuild* (*smth.*); *перен.* reconstruct (*smth.*); ~ промы́шленность, хозя́йство restore/rehabilitate industry, the economy; ~ первонача́льный текст restore the original text; ~ положе́ние retrieve the situation; ~ здоро́вье, си́лы recover *one's* health, strength; ~ дипломати́ческие отноше́ния resume diplomatic relations; восстанови́ть справедли́вость restore justice; ~ *что-л.* в па́мяти bring* *smth.* back to mind, reconstruct *smth.*, recall *smth.*; **2.** (*вн.*; *возвращать в прежнее общественное и т. п. положение*) rehabilitate (*smb.*); ~ *кого-л.* в права́х restore *smb.* to his, her rights, rehabilitate *smb.*; восстанови́ть *кого-л.* в до́лжности reinstate *smb.*; **3.** (*вн.* против *рд.*; *враждебно настраивать*) set* (*smb.* against); ~ *кого-л.* про́тив себя́ antagonize *smb.*, alienate (*smb.*) sympathies, set* *smb.* against one; он всех восстанови́л про́тив себя he set everyone against him; **~ся**, восстанови́ться **1.** (*приходить в прежнее состояние*) recover, be* restored; (*возобновляться*) be* resumed, continue as before; **2.** (*в памяти*) recur, come* back; **3.** (*в пр; в прежнем общественном положении*) be* reinstated (in); **4.** *хим.* reduce.

восста́ние *с.* uprising, rising, rebellion, insurrection.

восстанови́тельн|ый: ~ пери́од period of reconstruction; ~ые рабо́ты restoration work *sg.*

восстанови́ть(ся) *сов. см.* восстана́вливать(ся).

восстановле́н|ие *с.* restoration, reconstruction, rehabilitation; recovery; (*постройки*) rebuilding; програ́мма ~ия recovery program, rehabilitation plan; рабо́ты по ~ию restoration/rehabilitation work *sg.*

восста́ть *сов. см.* восстава́ть.

восто́к *ж.* **1.** (*страна света*) the east; к ~у (от) east (of); на ~ eastward(s); выходи́ть на ~ look east; на ~е in the east; **2.** (В.) (*восточные страны*) the East* Orient *книжн.*: Бли́жний Восто́к the Middle East; Да́льний Восто́к the Far East; Сре́дний Восто́к the Middle East.

востокове́д *м.* orientalist; **~ение** *с.* oriental studies/research; **~ческий** of oriental studies *после сущ.*, oriental.

восто́рг *м.* enthusiasm; (*восхищение*) delight; смотре́ть на *кого-л.* с ~ом gaze rapturously at *smb.*; быть в ~е от *чего-л.* be* in raptures over *smth.*, be* enthusiastic about *smth.*, be* delighted with *smth.*; приводи́ть *кого-л.* в ~ delight *smb.*; приходи́ть в ~ от *чего-л.* be* delighted with *smth.*, be* enthusiastic about *smth.*; ~ам не́ было конца́ the enthusiasm was boundless; **~а́ть** *несов.* (*вн.*) delight (*smb.*); **~а́ться** *несов.* (*тв.*) be* enthusiastic (about), be* delighted (with), be* enraptured (with).

восто́рженн|ость *ж.* **1.** (*состояние восторга*) enthusiasm, exaltation; **2.** (*склонность к восторгу*) effusiveness, excitability; **~ый** **1.** enthusiastic; ~ая встре́ча enthusiastic reception; **2.** (*склонный к восторгу*) effusive, exalted; ~ая нату́ра exalted disposition; **3.** (*выражающий восторг*) rapturous; ~ая речь effusive talk, impassioned address; ~ый взгляд rapturous glance; ~ые о́тзывы enthusiastic comment.

восторжествова́ть *сов.* triumph.

восто́чн|ый **1.** eastern*, east; ~ая грани́ца eastern frontier; ~ ве́тер east wind; **2.** (*о странах Востока*) oriental; ~ые наро́ды oriental peoples; ~ые обы́чаи oriental customs; ~ые языки́ oriental languages; Восто́чная Евро́па Eastern Europe; ~ая це́рковь the Eastern Chuch.

востре́бован|ие *с.*: до ~ия (*на письмах*) poste restante, to be called for.

востро́: держа́ть у́хо ~ be* on the alert, keep* a sharp look-out (for).

восхвале́ние *с.* eulogy.

восхвали́ть *сов. см.* восхваля́ть.

восхваля́ть, восхвали́ть (*вн.*) extol (*smb.*), laud (*smb.*), eulogize (*smb.*).

восхит|и́тельный exquisite, delightful, ravishing; **~и́ть(ся)** *сов. см.* восхища́ть(ся).

восхищ|а́ть, восхити́ть (*вн.*) delight, charm (*smb.*), enrapture (*smb.*); **~а́ться**, восхити́ться (*тв.*) admire (*smb.*, *smth.*), be* delighted (with); be* in raptures (over); **~е́ние** *с.* admiration; в ~е́нии от *чего-л.* in raptures over *smth.*; с ~е́нием with admiration.

восхо́д *м.* **1.** rise, rising; ~ со́лнца sunrise; ~ луны́ moonrise; **2.** (*восхождение на вершину горы*) ascent; **~и́ть**, взойти́ **1.** rise*, ascend; **2.** *тк. несов.* (к *дт.*; *иметь своим началом*) go* back (to); ~ к дре́вности go* back to antiquity; **~я́щий** rising, ascending; ◇ ~я́щее свети́ло rising star/genius.

восхожде́ние *с.* (на *вн.*) ascent (of), scaling (of).

восше́ствие *с.* (*на престол*) accession (to the throne).

восьмёрка *ж.* **1.** (*цифра*) an eight; **2.** (*фигура*) figure eight; **3.** (*карта*) the eight (of); **4.** (*шлюпка*) eight(-oar boat); **5.** *ав.* flight of eight aircraft.

во́сьмеро eight (persons); нас ~ there are eight of us.

восьмигра́нн|ик *м.* octahedron; **~ый** octahedral.

восьмидесятиле́т|ие *с.* **1.** (*период*) eighty years *pl.*; **2.** (*годовщина*) eightieth anniversary; **~ний** **1.** (*о сроке*) eighty-year *attr.*; of eighty years *после сущ.*; **2.** (*о возрасте*) eighty-year-old; of eighty *после сущ.*

восьмидеся́т|ый eightieth; ~ые го́ды the eighties.

восьмикла́ссн|ик *м.* boy in his eighth year at school. eighth-form boy; **~ица** *ж.* girl in her eighth year at school, eighth-form girl.

восьмикра́тный eightfold, octuple.

восьмиле́тний **1.** (*о сроке*) eight-year *attr.*; of eight years *после сущ.*; **2.** (*о возрасте*) eight-year-old; of eight *после сущ.*; ~ ребёнок child* of eight.

восьмиме́сячный **1.** (*о сроке*) eight months'; eight-month *attr.*; **2.** (*о возрасте*) eight-month-old; of eight months *после сущ.*

восьмисо́тый eight-hundredth.

восьмисти́шие *с. лит.* octave, octet.

восьмиуго́льн|ик *м.* octagon; **~ый** octagonal.

восьмичасово́й **1.** eight-hour *attr.*; ~ рабо́чий день eight-hour working day; **2.** *разг.* (*о поезде, пароходе*) eight-o'clock *attr.*

восьмо́й eighth.

вот **1.** (*здесь*) here; (*тем*) there; *иногда не переводится*; ~вам! ~, возьми́те! here you are!; ~ вам биле́т here's your ticket; ~ и я! here I am!; а ~ и он! and here he is!; вот они́! there they are!; ~ типи́чный приме́р... here is a typical example...; **2.** (с *мест.* и *нареч.*) this is, that's; *иногда не переводится*; ~ как он живёт that's how he lives; ~ где мы живём this is where we live; ~ чего́ он хоте́л that's what he wanted; ◇ ~ и всё (and) that's all; ~ как? really?; ~ так! and that's that!; вот (оно) что! so that's it; ~ так исто́рия! what a mess!; ~ тебе! take* that!; вот тебе́, ба́бушка, и Юрьев день! ≅ here's a fine how d'ye do*; ~ так так!, ~ тебе́ раз! well, well!; my, my! *амер.*; ~ ещё! I like that!

вот-вот *разг.* any moment; он ~ придёт he'll be here any minute now.

воткну́ть *сов. см.* втыка́ть.

во́тум *м.* vote; ~ дове́рия vote of confidence; ~ недове́рия vote of no confidence, vote of censure.

во́тчина *ж. ист.* inherited estate, lands, allodium, patrimony.

воцари́ться *сов. см.* воцаря́ться.

воцар|я́ться, воцари́ться **1.** (*наступать*) reign; воцари́лось молча́ние silence reigned; **2.** *уст.* (*вступать на престол*) ascend the throne.

вошь *ж.* louse*.

вощёный waxed.

вощи́ть *несов.* wax, polish with wax.

вою́ющ|ий belligerent; ~ие сто́роны the belligerents.

воя́ж *м. ирон.* journey, travels; **~ёр** *м. ирон.* traveller.

воя́ка *ж.* fighter; хра́брый ~ *ирон.* some soldier/fighter; ну како́й он ~? he's no soldier!

впада́ть, впасть **1.** *тк. несов.* (*о реке*) flow into; **2.** (*становиться впалым*) be* sunken, become* haggard; его́ глаза́, щёки впа́ли his eyes, cheeks are sunken; **3.** (в *вн.*; *доходить до какого-л. состояния*) sink* (into), lapse (into); ~ в отча́яние sink into despair; ◇ ~ в противоре́чие involve *oneself* in contradictions, contradict *oneself*.

впаде́ние *с.* (*о реке*) confluence.

впа́дина *ж.* (*в земле*) hollow, depression; (*в стене*) cavity; ◇ глазна́я ~ eyehole, eye socket.

впа́л|ый hollow, sunken; ~ая грудь hollow/puny chest; ~ щёки hollow cheeks; с ~ыми щека́ми hollow-cheeked.

впасть *сов. см.* впада́ть 2, 3.

впервы́е for the first time, first.

вперева́лку *разг.*: ходи́ть ~ waddle.

вперегонки́ *разг.*: бе́гать ~ race one another.

вперёд *нареч.* **1.** forward; ahead, on(ward); шагну́ть ~ step forward; смотре́ть ~ look ahead; вы́тянуть ру́ку ~ put* *one's* hand out; движе́ние ~ headway, advance, progress; **2.** *разг.* (*впредь*) in future; ~ э́того не де́лай! don't do it again!; **3.** (*в счёт будущего*) in advance; дать очки́ ~ *спорт.* give* points; заплати́ть ~ pay* in advance; **4.**: часы́ иду́т ~ the watch is fast; **5.** *в знач. межд.* on!; ~ к побе́де! onward to victory!

впереди́ **1.** *нареч.* in front; ~ шёл орке́стр a band led the way; there was a band in front; **2.** *нареч.* (*в будущем*) ahead; у нас ~ мно́го вре́-

мени there's plenty of time; у вас ещё це́лая жизнь ~ all your life is before you; **3.** *предлог* (*рд.*) in front of.

вперемéжку alternately; дубы́ стоя́ли тут ~ с е́лями here oaks alternated with fir trees.

вперемéшку mixed up, in a jumble; кни́ги лежа́ли на столе́ ~ с тетра́дями textbooks and exercise books lay mixed up on the table.

впéрить *сов. см.* вперя́ть.

вперя́ть, впе́рить (*вн.*) fix (*smth.*); ~ взо́р(ы) во *что-л.* fix *one's* gaze on *smth.*, fasten *one's* eyes (upon) *smth.*

впечатлéние *с.* impression; под си́льным ~ем *чего-л.* deeply impressed by *smth.*; находи́ться под ~м *чего-л.* be* unable to forget *smth.*, be* haunted by *smth.*; э́то произвело́ на меня́ глубо́кое ~ I was deeply impressed by it; под ~м всего́ ви́денного under the influence of what *one* has seen.

впечатли́тельн|ость *ж.* impressionability; **~ый** impressionable.

впирáться, впере́ться *разг.* barge (into).

впивáться, впи́ться: ~ зуба́ми во *что-л.* sink* *one's* teeth into *smth.*; ~ когтя́ми во *что-л.* dig* its claws into *smth.*; гвоздь впи́лся мне в но́гу a nail stuck in my leg; колю́чка впила́сь ему́ в ру́ку the thorn had sunk deep into his hand; ~ глаза́ми в *чего-л.* fix *one's* eyes on *smb.*

вписáть(ся) *сов. см.* впи́сывать(ся).

впи́сывать, вписа́ть (*вн.*) **1.** insert (*smth.*), add (*smth.*); вписа́ть пропу́щенное сло́во insert the omitted word; **2.** (*делать запись*) enter (*smth.*); inscribe (*smth.*) *книж.*; вписа́ть сла́вную страни́цу в исто́рию войны́ add a glorious chapter to the history of the war; **3.** *мат.* inscribe (*smth.*); **~ся**, вписа́ться (на *вн.*) blend (with).

впитáть(ся) *сов. см.* впи́тывать(ся).

впи́тывать, впита́ть (*вн.*) absorb (*smth.*), soak (*smth.*) up; imbibe (*smth.*) (*тж. перен.*); **~ся**, впита́ться soak in.

впи́ться *сов. см.* впи́ваться.

впи́хивать, впихну́ть (*вн.*) *разг.* cram (*smb.*, *smth.*) in, shove (*smb.*, *smth.*) in, push (*smb.*, *smth.*) in, stuff in.

впихну́ть *сов. см.* впи́хивать.

вплавь: ~ переправля́ться че́рез ре́ку swim* across a river.

вплести́ *сов. см.* вплета́ть.

вплетáть, вплести́ (*вн.* в *вн.*) entwine (*smth.* in), thread (*smth.* through); plait (*smth.* into); *перен.* involve (in); вы вплели́ меня́ в хоро́шенькое де́ло you have got me into a fine mess.

вплотну́ю close, closely; in immediate contact (with); *перен.* in earnest; подойти́ ~ к *кому-л.* come* right up to *smb.*; подойти́ ~ к проти́внику *воен.* come* to close quarters with the enemy; подойти́ ~ к реше́нию вопро́са be* on the verge of solving a problem.

вплоть: ~ до right until, up to; (*включая*) even; ~ до настоя́щей мину́ты up to this very munute.

впова́лку *разг.* side by side; лежа́ть ~ lie* side by side.

вполглáза *разг.* спать ~ sleep* with one eye open.

вполгóлоса in an undertone, in a low voice.

вползáть, вползти́ crawl in, creep* in.

вползти́ *сов. см.* вполза́ть.

вполнакáла at half pressure; *перен.* half-heartedly.

вполнé perfectly, quite, fully; ~ дово́льный perfectly content; ~ доста́точно quite enough; ~ заслужи́ть fully/richly deserve; ~ заслу́женный well-deserved; ~ подхо́дит will do quite well; не ~ not absolutely.

вполоборóта half-turned; (*о портрете*) half-face.

вполови́ну *разг.* half; ~ деше́вле half the price.

вполси́лы half-heartedly.

впопáд *разг.* to the point; отвеча́ть ~ answer very much to the point.

впопыхáх (*наскоро*) in a hurry, hastily; (*в спешке*) in *one's* haste; ~ он забы́л кни́гу in his haste he forgot his book.

впóру **1.** *нареч.* (*надлежащего размера*): быть ~ fit; как раз ~ (it's) an exact fit; пальто́ ему́ ~ the coat is just the right size for him; **2.** *в знач. сказ.* (+ *инф.*) the only thing to do is (+ *inf*), так поступа́ть ~ лишь дураку́ only a fool would behave like that.

впорхну́ть *сов.* (*о птицах или бабочках*) flit in (to), flutter in (to); *перен.* fly* (into).

впослéдствии later; (с гл. в прош. вр. *тж.*) subsequently.

впотьмáх in the dark; броди́ть ~ be* in the dark.

впрáве: быть ~ (+ *инф.*) have* the right (+ to *inf*); он ~ тре́бовать э́то he has a right to demand it.

впрáвить *сов. см.* вправля́ть.

вправля́ть, впра́вить (*вн.*) set* (*smth.*); *мед.* reduce.

впрáво to the right; ~ от on the right of; сверну́ть ~ turn to the right.

впредь from now on, in the future; henceforth *книжн.*; ◇ ~ до until, pending *книжн.*

вприглядку *разг. шутл.*: пить чай ~ have* tea without sugar.

вприку́ску *разг.*: пить чай ~ drink* tea with a small piece of sugar in *one's* mouth.

вприпры́жку with a hop, skip and a jump; бежа́ть ~ skip along.

вприся́дку squatting; пляса́ть ~ dance squatting.

впри́тык *разг.* edge to edge; flush.

впрóголодь half-starved, half-starving; жить ~ be* half-starved.

впрок **1.** *нареч.* (*про запасу*) for future use, in store; заготовля́ть *что-л.* ~ lay* *smth.* in store; (*о продуктах*) preserve *smth.*, cure *smth.*; **2.** *в знач. сказ.* (*быть в пользу*) be* good (for); ему́ всё ~ he turns everything to account; all is grist that comes to his mill; ◇ идти́, пойти́ *кому-л.* ~ benefit *smb.*, do* *smb.* good.

впроса́к *разг.*: попа́сть ~ put* *one's* foot in it, make* a fool of *oneself*.

впро́чем **1.** *союз* but, however; **2.** *в знач. вводн. сл.* incidentally.

впры́скив|ание *с.* injection; **~ать**, впры́снуть (*вн.*) inject (*smth.*), give* an injection (of); впры́снуть больно́му мо́рфий give the patient (an injection of) morphia.

впры́снуть *сов. см.* впры́скивать.

впряга́ть, впрячь (*вн.*) harness (*smth.*); ~ ло́шадь harness a horse; ◇ ~ *кого-л.* в рабо́ту *разг.* set* *smb.* to work; **~ся**, впря́чься harness *oneself*; ◇ ~ся в рабо́ту get* to work.

впрямь *разг.* really, indeed.

впрячь(ся) *сов. см.* впрягать(ся).

впуск *м.* admission; *тех. тж.* intake, inlet; **~а́ть**, впусти́ть (*вн.*) let* (*smb.*, *smth.*) in(to), admit (*smb.*, *smth.*) to/into; не ~а́ть *кого-л.* keep* *smb.* out; **~но́й**: ~но́й кла́пан intake/inlet valve; ~на́я труба́ intake/feed pipe.

впусти́ть *сов. см.* впуска́ть.

впусту́ю in vain, to no purpose; рабо́тать ~ plough the sand, labor in vain.

впу́тать(ся) *сов. см.* впу́тывать(ся).

впу́тывать, впу́тать (*вн.* в *вн.*) *разг.* involve (*smb.* in); он впу́тал меня́ в э́то де́ло he got me into this mess; **~ся**, впу́таться (в *вн.*) *разг.* be*/become* involved (in), get* mixed up (in); (*вмешиваться*) meddle (in); впу́таться в неприя́тную исто́рию get* mixed up in an unpleasant affair.

впя́теро five times; ~ бо́льше five times as much; ~ ме́ньше one fifth.

впятеро́м the five of them (us, you); они́ рабо́тали ~ the five of them worked in a group.

в-пя́тых in the fifth place.

враг *м.* enemy, foe *поэт.*

вражд|а́ *ж.* hostility, enmity; (*личного характера*) animosity; (*длительная*) feud; питать ~у к *кому-л.* feel* animosity against *smb.*; они́ пита́ют ~у друг к другу there is animosity between them.

вражде́бн|ость *ж.* enmity, hostility; (*личная*) animosity; **~ый** hostile, inimical; ~ые де́йствия hostile acts; быть в ~ых отноше́ниях с *кем-л.* be* on hostile/bad terms with *smb.*; be* at odds with *smb.*; ~ый прогре́ссу inimical to progress.

враждова́ть *несов.* (с *тв.*) have* a feud (with); ~ ме́жду собо́й be* at daggers drawn.

вра́жеский enemy('s), hostile.

вра́ж|ий *фолькл.*, *поэт.* enemy, hostile; ~ья си́ла Satan, the Devil.

враз *разг.* all together; simultaneously.

вразби́вку *разг.* at random; спра́шивать *кого-л.* ~ question *smb.* at random, ask *smb.* spot questions; спра́шивать *что-л.* ~ put* questions at random on *smth.*.

вразбро́д *разг.* haphazardly; (*недружно, несогласованно*) without coordination, raggedly.

вразва́лку *разг.*: ходи́ть ~ waddle.

вразре́з counter to; идти́ ~ с *чем-л.* run* counter to *smth.*, go* against *smth.*

вразря́дку *полигр.*: набра́ть ~ space.

вразуми́тельный clear, intelligible.

вразуми́ть *сов. см.* вразумля́ть.

вразумля́ть, вразуми́ть (*вн.*) put* sense (into), make* (*smb.*) listen to reason, make* understand; ◇ их ниче́м не вразуми́шь they will never learn.

вра́ки *мн. разг.* (*вздор*) nonsense *sg.*, rubbish *sg.*; (*ложь*) lies; a pack of lies *sg.*

враньё *с. разг.* **1.** (*действие*) lying; **2.** (*ложь*) lies *pl.*, a pack of lies.

врасплóх unawares, by surprise; заста́ть *кого-л.* ~ take* *smb.* unawares, take* *smb.* by surprise.

врассыпну́ю helter-skelter; пусти́ться ~ run* helter-skelter, take* off in different directions.

враста́ние *с.* growing in.

враста́ть, врасти́ (в *вн.*) grow* (into); (*оседать*) become* embedded (in); ~ корня́ми take* root, *перен.* root itself (in).

врасти́ *сов. см.* враста́ть.

врастя́жку *разг.* **1.** at full length; **2.**: говори́ть ~ drawl.

врата́рь *м. спорт.* goalkeeper.

врать, совра́ть *разг.* **1.** lie, tell* lies; ври, да знай ме́ру! ври, да не завира́йся! ~ you don't expect me to believe that, do you?; **2.** (*быть неточным*) be* wrong; мои́ часы́ врут my watch is wrong; **3.** (*фальшивить в пении и т. п.*) make* a mistake, be* out of tune.

врач *м.* doctor; physician *книжн.*; зубно́й ~ dentist.

враче́бный medical.

врачева́ть *несов. уст.* doctor, treat; *перен.* heal.

враща́тельный rotary, rotatory, gyratory.

вращ|а́ть *несов.* (*вн.*) revolve (*smth.*), rotate (*smth.*), turn (*smth.*); ◇ ~ глаза́ми roll *one's* eyes; **~а́ться** *несов.* **1.** revolve, rotate, turn; **2.** (*бывать в обществе*) move, mix; ~а́ться среди́ молодёжи mix with young people; **~е́ние** *с.* rotation, revolution, gyration.

вред *м.* damage, harm, injury; таки́е посту́пки прино́сят большо́й ~ such actions do great harm; без ~а́ для *кого-л.* without detriment/injury to *smb.*; во ~ *кому-л.*, *чему-л.* harmful to *smb.*, *smth.*, to the detriment of *smb.*, *smth.*; ~а́ от э́того не бу́дет it won't do any harm.

вреди́тель *м.* **1.** *с.-х.* pest; **2.** (*человек*) saboteur, wrecker; **~ский** sabotaging, wrecking; ~ская де́ятельность sabotage; **~ство** *с.* sabotage, wrecking.

вреди́ть, повреди́ть (*дт.*) harm (*smb.*, *smth.*), injure (*smb.*), hurt* (*smb.*), damage (*smth.*); ~ де́лу harm the cause; ~ здоро́вью damage the health, be* injurious to the health; э́то вам не повреди́т it won't hurt you, it will do you no harm.

вре́дн|о **1.** *нареч.* injuriously; (*неблагоприятно*) unfavorably; ~ отража́ться на *чём-л.*

react unfavorably upon *smth.*, have* a bad* effect on *smth.*; **2.** *в знач. сказ.* it is bad*/ harmful/injurious; ~ для здоро́вья bad* for one, bad* for *one's* health; ему́ ~ кури́ть it is bad* for him to smoke; **~ость** *ж.* harm, harmfulness, injuriousness; ~ость произво́дства unhealthy conditions of work, work injurious to the health; **~ый** harmful, injurious, bad*; deleterious *книжн.* (*нездоровый*) unhealthy; ~ый кли́мат unhealthy climate; ~ая привы́чка bad* habit; ~ое произво́дство dangerous trade/industry; ~ый для здоро́вья bad* for the health.

вреза́ть *сов. см.* вре́зать.

вре́зать, вреза́ть (*вн.*) fit (*smth.*) in.

вре́заться *сов. см.* вреза́ться.

вреза́ться, вре́заться (в *вн.*) **1.** cut* (into), run* (into); ло́дка вре́залась в бе́рег the boat ran into the bank, the boat ran up the beach; **2.** (*врываться*) cut* (into), plunge (into); маши́на вре́залась в толпу́ the car tore into the crowd; **3.** (*запечатлеваться*) be* imprinted (on), be* engraved (on); ◇ вре́заться по́ уши be* head over and heels in love.

времена́ми at times, now and then, now and again.

вре́менн|о temporarily, provisionally; ~ исполня́ющий обя́занности дире́ктора acting director; **~ый** temporary, provisional; ~ая построй́ка temporary structure; ~ое прави́тельство provisional government.

временщи́к *м.* favorite.

вре́м|я *с.* **1.** time; со́лнечное ~ solar time; промежу́ток ~ени interval; ме́стное ~ local time; полётное ~ airborne time; поясно́е ~ standard time, zone time; стали́йное ~ lay days; экра́нное ~ screen time; эфи́рное ~ air (radio) time; расчётное ~ в полёте estimated time of flight; расчётное ~ в пути́ estimated time en route; расчётное ~ прибы́тия estimated time of arrival; сре́днее ~ по Гри́нвичу Greenwich mean time; Zulu time; сре́днее ~ простóя mean down time; факти́ческое ~ вы́лета departure actual time; ~ вступле́ния в си́лу effective date, date of entering into force; ~ вы́лета off time; де́йствия лице́нзии lease period; ~ на погру́зку time for loading; ~ нача́ла регистра́ции check-in time, reporting time; ~ поса́дки пассажи́ров boarding time; ~ прибы́тия arrival time; ~ простóя downtime, demurrage; ~ в ре́йсе "block-to-block" time; ~ лети́т time flies; ~ идёт time goes by, time is passing; простра́нство и ~ space and time; до настоя́щего ~ени up to the present; до после́днего ~ени till quite recently; на бу́дущее ~ in future, henceforth; с того́ ~ени since then; в свобо́дное ~ at *one's* leisure, in *one's* spare time; у меня́ есть ~ чита́ть I have time to read; в э́то ~ at that time; (*между тем*) meanwhile; in the meanwhile; а в э́то ~ ... meanwhile...; во ~ during; во ~ рабо́ты while working; за э́то ~ in this period, since then; за коро́ткое ~ in a very short time; в то ~ at that/the time; **2.** (*пора*) time; (*года тж.*) season; лу́чшее ~ су́ток the best time of the day; вече́рнее ~ evening hours *pl.*; у́треннее ~ morning hours *pl.*; ~ жа́твы harvest time; дождли́вое ~ the rainy season; нена́стное ~ bad spell of weather; **3.** (*эпоха*) time(s), age; дух ~ени the spirit of the age/times; в на́ше ~ (*о прошлом*) in our day; (*о настоящем*) nowadays, in this day and age; в ми́рное ~ in peacetime; бы́ло ~ когда́... the time was when..., there was a time when...; во ~ена́ Екатери́ны in the days of Catherine; в те ~ена́ in those days; **4.** *грам.* tense; ◇ в после́днее ~, за после́днее ~ lately, of late; (в) пе́рвое ~ at first, in the beginning; ~ от ~ени from time to time; в своё ~ 1) (*когда-то*) at one time; 2) (*в известный период жизни*) in *one's* day; 3) (*своевременно*) in due time, when the time comes; всё в своё ~ all in good time; всему́ своё ~ there's a time for everything; (*теперь*) не ~ this is not the moment; не ~ шути́ть no time for joking; (тепе́рь) са́мое ~ it's the very moment, it's just the time; в то же ~ all the time; ра́ньше ~ени prematurely; с незапа́мятных ~ён from time immemoriale; во ~ о́но at one time; во все ~ена́ at all times; до поры́, до ~ени for the time being.

времяисчисле́ние *с.* calendar.

время́нка *ж. разг.* temporary structure.

времяпрепровожде́н|ие *с.* pastime; ра́ди ~ия to kill time, to pass the time away.

вро́вень (с *тв.*) level (with), flush (with); ~ с края́ми up to the brim.

вро́де **1.** *предлог* (*рд.*) in the nature (of), not unlike; **2.** *частица разг.* somehow; kind of, sort of; нечто ~ a sort of, a kind of; он ~ постаре́л he seems to have aged, he looks older somehow; **3.** *частица* (*перед перечислением*) such as, like.

врождённ|ый innate, inborn, congenital, inherent; ~ая скро́мность inherent modesty; ~ тала́нт inborn/natural talent.

врозь apart, separately.

врукопа́шную hand-to-hand; би́ться, сража́ться ~ engage in hand-to-hand fighting.

врун *м.*, **вру́нья** *ж. разг.* fibber, liar.

вруч|а́ть, вручи́ть (*вн.*) hand in (*smth.*), deliver (*smth.*); (*вн. дт.*) hand (*smth.* to *smb.*) deliver (*smth.* to *smb.*); (*ордена и т. п.*) present (*smb.* with); *юр.* serve (*smth.* on *smb.*); *перен.* entrust (*smth.* to *smb.*, *smb.* to *smth.*); ~ *кому-л.* пове́стку в суд serve a summons/subpoena on *smb.*; ~ прави́тельственные награ́ды present government awards; ~ свою́ судьбу́ *кому-л.* entrust *one's* destiny to *smb.*; **~е́ние** *с.* delivery; (*ордена*) presentation; **~и́ть** *сов. см.* вручать; **~и́тель** *м.* bearer.

вручну́ю by hand.

врыва́ть, врыть dig in; врыть столбы́ в зе́млю fix posts in the ground.

врыв|а́ться, ворва́ться (*куда-л.*) burst* in(to); ве́тер ~а́ется в ко́мнату the wind bursts into the room.

врыть *сов. см.* врыва́ть.

вряд ли it's unlikely; он ~ придёт he's not likely to come; он ~ зна́ет I don't suppose he knows; ~ слух был ве́рен the rumor was hardly true.

всади́ть *сов. см.* вса́живать.

вса́дник *м.* rider; horseman*, equestrian; ло́шадь без ~а riderless horse.

вса́дница *ж.* horsewoman*, equestrienne.

вса́живать, всади́ть (*вн.*) thrust* (*smth.*), stick* (*smth.*); всади́ть пу́лю (в) put* a bullet (in into); всади́ть нож в спи́ну *кому-л.* stick* a knife into *smb.'s* back, stab *smb.* in the back.

вса́сыв|ание *с.* suction; (*впитывание*) absorption; **~а́ть**, всоса́ть (*вн.*) soak (*smth.*) up, suck (in), absorb (*smth.*); ◇ всоса́ть *что-л.* с молоко́м ма́тери imbibe *smth.* with *one's* mother's milk.

все *мест.* **1.** *см.* весь; **2.** *в знач. сущ. мн.* everyone *sg.*; everybody *sg.*; all; все его́ зна́ют everybody knows him; все согла́сны, что... all are agreed that...; он всех зна́ет he knows everybody.

всё I *мест.* **1.** *см.* весь; **2.** *в знач. сказ. с.* all the, everything; всё необходи́мое all that is needed, all the necessaries/requisites; всё про́чее all the rest, everything else; всё, что на́до all that is required; всё э́то нам давно́ изве́стно we have known all that for a long time; всё в поря́дке! everything is all right!; всё! (*конец*) that's all!; и всё тако́е and all that; он всё зна́ет he knows everything; э́то ещё не всё and that's not all, there's more to come.

всё II *нареч. разг.* **1.** (*всегда, постоянно*) always, all the time; а он всё говори́л да говори́л he went on talking and talking; **2.** (*до сих пор*) still; **3.** (*только, исключительно*); это всё вы винова́ты it is all your fault, you are the one to blame; **4.** *в знач. усил. частицы*: всё бо́лее и бо́лее more and more; всё ещё still; всё лу́чше и лу́чше better and better; всё увели́чиваться be* on the increase; он всё стоя́л и смотре́л he stood there gazing; я всё ду́маю I keep thinking; всё же still; а всё же but all the same.

всеве́дение *с.* omniscience.

всеве́дущий omniscient.

всеви́дящий all-seeing.

всевла́ст|ие *с.* absolute power; **~ный** all-powerful.

всевозмо́жн|ый all kinds/sorts of, every possible, every description of; ~ые дога́дки, предположе́ния the most varied speculations, conjectures; ~ых цвето́в of every possible color.

Всевы́шний *м. рел.* the Most High.

всегда́ always; ~ гото́в! always ready!; как ~ as usual, as ever.

всегда́шний usual, customary.

всего́ 1. *нареч.* (*итого*) in all; altogether; **2.** *в знач. усил. частицы* (*лишь*) only, in all, altogether; all told; ~ то́лько only; ◇ ~-на́всего only, nothing but; то́лько и ~ and that's all.

всезна́йка *м.* и *ж. разг.* know-all.

вселе́ние *с.* installation; (*въезд в квартиру*) moving-in.

вселе́н|ная *ж.* universe, world; **~ский** ecumenical; ~ собо́р ecumenical council.

всели́ть(ся) *сов. см.* вселя́ть(ся).

вселя́ть, всели́ть (*вн.* в *вн.*) **1.** (*поселять*) move (*smb.* into), install (*smb.* in); ~ к себе́ жильца́ take* in a lodger; **2.** (*внушать*) inspire (*smb.* with); ~ наде́жду instill hope; ~ подозре́ния, трево́гу arouse suspicions, alarm; ~ уве́ренность instill confidence; **~ся**, всели́ться (в *вн.*) move (into); *перен.* take* root; в меня́ всели́лось подозре́ние I was assailed by suspicion.

всеме́рн|о in every possible way; **~ый** every kind of, all-round; comprehensive; ~ое соде́йствие every kind of assistance.

всеми́рно-истори́чес|ий world-historic; э́то бы́ло ~ое собы́тие it was an event in world history.

всеми́рн|ый world *attr.*, worldwide; ~ое движе́ние сторо́нников ми́ра the world peace movement; ~ конгре́сс world congress.

всемогу́щий all-powerful, omnipotent; *рел.* the Almighty.

всенаро́дн|ый national, nationwide; ~ое голосова́ние (nation-wide) referendum; ~ пра́здник national holiday.

все́нощная *ж. рел.* night service.

всео́буч *м.* (*аббревиатура словосочетания "всеобщее обучение"*) universal education.

всео́бщ|ий universal, general; ~ая исто́рия universal/world history; ~ая забасто́вка, ста́чка general strike; ~ая систе́ма префере́нций *эк.* general system of preferences; ~ее избира́тельное пра́во universal suffrage.

всеобъе́млющий comprehensive, all-embracing, across the board.

всеору́жи|е *с.*: во ~и well-armed, well-prepared, fully equipped; во ~и зна́ний primed with knowledge.

всепобежда́ющий all-conquering, ever-victorious.

всепроща́ющий all-forgiving.

всеросси́йский All-Russia *attr.*

всерьёз *разг.* in earnest; вы э́то ~? do you really mean it; принима́ть *что-л.* ~ take* *smth.* seriously.

всеси́льный omnipotent, all-powerful.

всесою́зный All-Union *attr.*

всесторо́нн|е thoroughly, in detail; comprehensively; ~ развиты́е лю́ди harmoniously developed people; **~ий** all-round, thorough, detailed; comprehensive; ~ие зна́ния comprehensive knowledge *sg.*; ~ее обсужде́ние thorough/detailed consideration.

всё-та́ки 1. *союз* for all that, still, nevertheless, all the same; ~ он мне понра́вился I liked him all the same; **2.** *частица обычно не переводится*; где же ~ я ви́дел э́того челове́ка? now where have I seen that man* before?

всеуслы́шание *с.*: во ~ publicly, for all to hear, from the housetops; объяви́ть во ~ announce publicly.

всеце́ло entirely, completely, wholly; ~ поглощён *чем-л.* completely wrapped up in *smth.*; я был ~ предоста́влен самому́ себе́ I was left entirely to my own devices; я ~ на его́ стороне́ I thoroughly agree with him.

всея́дный omnivorous.

вска́кивать, вскочи́ть **1.**: вскочи́ть в ваго́н leap* into the carriage; ~ на подно́жку swing* on to the footboard; **2.** (*быстро вставать*) jump up; ~ на но́ги, ~ с ме́ста jump/spring* to *one's* feet; ~ с посте́ли jump out of bed; **3.** *разг.* (*о прыщике и т. п.*) break* out, come* up; у него́ на лбу вскочи́ла ши́шка a bump came up on his forehead.

вска́пывать, вскопа́ть (*вн.*) dig* (*smth.*).

вскара́бкаться *сов.* (на *вн.*) *разг.* climb (*smth.*); clamber (on to).

вска́рмливать, вскорми́ть (*вн.*) (*животных, птиц*) rear (*smth.*), raise (*smth.*); (*детей*) bring* up (*smb.*), rear (*smb.*), raise (*smb.*); ~ гру́дью nurse, breast-feed*.

вскачь at a gallop; пусти́ться ~ break* into a gallop; нести́сь ~ gallop/charge along.

вски́дывать, вски́нуть **1.** (*вн.* на *вн.*) heave* (*smth.* on to); вски́нуть мешо́к на спи́ну heave* a sack on to *one's* back; **2.** (*вн.*; *быстро поднимать*) throw* up (*smth.*); ~ ружьё raise *one's* gun; ~ го́лову throw* up *one's* head; ◇ ~ глаза́ на *кого-л.* look up suddenly at *smb.*

вски́нуть *сов. см.* вски́дывать.

вскипа́ть, вскипе́ть **1.** come* to the boil; молоко́ вскипе́ло the milk has boiled; **2.** (*о чувстве негодования и т. п.*) flare up; ~ гне́вом fly* into a rage.

вскипе́ть *сов. см.* вскипа́ть.

вскипяти́ть *сов. см.* кипяти́ть; **~ся** *сов. разг.* flare up.

всклоко́ченн|ый dishevelled; ~ая борода́ matted beard.

всколыхну́ть *сов.* (*вн.*) stir (*smth.*); *перен.* rouse (*smb.*, *smth.*); stimulate (*smb.*) to action; **~ся** *сов.* stir; *перен. тж.* be* aroused.

вскользь casually; заме́тить ~ remark casually; косну́ться вопро́са ~ touch upon a question in passing.

вскопа́ть *сов. см.* вска́пывать.

вско́ре soon, shortly; before long.

вскорми́ть *сов. см.* вска́рмливать.

вскочи́ть *сов. см.* вска́кивать.

вскри́кивать, вскри́кнуть scream, shriek; *сов. тж.* give*/utter a cry; вскри́кнуть от стра́ха give* a scream of terror, cry out in fright.

вскри́кнуть *сов. см.* вскри́кивать.

вскруж|и́ть *сов.*: ~ *кому-л.* го́лову turn *smb.'s* head; успе́х ~и́л ему́ го́лову success went to his head.

вскрыва́ть, вскрыть (*вн.*) **1.** open (*smth.*); ~ конве́рт, письмо́ open an envelope, letter; **2.** (*выявлять*) expose (*smth.*); uncover (*smth.*), reveal (*smth.*); ~ злоупотребле́ния expose abuses; ~ и́стинный хара́ктер *чего-л.* disclose the true nature of *smth.*; 3. (*анатомировать*) dissect (*smth.*); ~ труп dissect a corpse; **4.** (*разрезать*) lance (*smth.*); ~ нары́в lance an abscess; **~ся**, вскры́ться **1.** (*обнаруживаться*) be* exposed/discovered; **2.**: река́ вскры́лась the ice is breaking up on the river; **3.** (*о нарыве*) burst*.

вскры́ти|е *с.* **1.** opening; **2.** (*разоблачение*) exposure; **3.** (*реки*) break up; ждать ~я реки́ wait for the river to break up, wait for the river to move; **4.** (*трупа*) autopsy, post-mortem (examination); **5.** (*нарыва и т. п.*) lancing.

вскры́ть(ся) *сов. см.* вскрыва́ть(ся).

всласть *разг.* to *one's* heart's content.

вслед **1.** *нареч.* after; **2.** *предлог* (*дт.*) behind; in the wake of; смотре́ть ~ *кому-л.* watch *smb.* go, follow *smb.* with *one's* eyes; ~ ему́ раздали́сь угро́зы he was pursued by threats, threats followed in his wake; ◇ ~ за тем after this, next.

всле́дствие (*по причине*) owing to, on account of; (*в результате*) in consequence.

вслепу́ю *разг.* blindly; печа́тать на маши́нке ~ touch-type; де́йствовать ~ move in the dark; игра́ть ~ *шахм.* play without looking at the board.

вслух aloud.

вслу́шаться *сов. см.* вслу́шиваться.

вслу́шиваться, вслу́шаться (в *вн.*) listen (attentively) (to); ~ в ка́ждое сло́во listen to every word, drink* in the words.

всма́триваться, всмотре́ться (в *вн.*) peer (into), scrutinize (*smth.*); *сов. тж.* take* a good look (at); при́стально ~ (*вблизи*) look closely (at); (*вдаль*) peer (into), gaze (into).

всмотре́ться *сов. см.* всма́триваться.

всмя́тку: яйцо́ ~ soft-boiled egg; свари́ть яйцо́ ~ boil an egg lightly* ◇ сапоги́ всмя́тку nonsense.

всо́вывать, всу́нуть (*вн.* в *вн.*) thrust* (*smth.* into), shove (*smth.* into), slip (*smth.* into).

всоса́ть *сов. см.* вса́сывать.

вспа́ивать, вспои́ть (*вн.*) (*животных, птиц*) rear (*smth.*), raise (*smth.*); (*детей*) bring* up (*smb.*), rear (*smb.*), raise (*smb.*); вспои́ть, вскорми́ть *кого-л.* *разг.* bring* up *smb.* with every care, nurse *smb.*

вспа́рывать, вспоро́ть rip open.

вспаха́ть *сов. см.* вспа́хивать.

вспа́хивать, вспаха́ть (*вн.*) plough (*smth.*).

вспа́шка *ж.* ploughing.

всплакну́ть *сов. разг.* shed* a tear, have* a little weep.

всплеск *м.* splash.

всплёскивать, всплесну́ть splash; ◇ всплесну́ть рука́ми fling* up *one's* hands.

всплесну́ть *сов. см.* всплёскивать.

всплыва́ть, всплыть come*/rise* to the surface, emerge; (*о подводной лодке*) surface; *перен.* (*обнаруживать*) arise*, come* up, emerge; come* to light.

всплыть *сов. см.* всплыва́ть.

вспоить *сов. см.* вспа́ивать.

всполохи *мн.* **1.** flashes of summer lightning; **2.** Nothern lights.

всполоши́ть *сов.* (*вн.*) *разг.* startle (*smb.*, *smth.*), rouse (*smb.*, *smth.*), alarm; **~ся** *сов. разг.* be* startled, take* alarm.

вспомин|а́ть, вспо́мнить (*вн.*, о пр.) remember (*smb.*, *smth.*), recall (*smb.*, *smth.*), recollect; я до́лго ~а́л, но никак не мог вспо́мнить I thought and thought, but I couldn't remember; **~а́ться**, вспо́мниться (*дт.*) come* back (to); мне ~а́ется де́тство my childhood comes back to me.

вспо́мнить(ся) *сов. см.* вспомина́ть(ся).

вспомога́тельный auxiliary; (*второстепенный*) subsidiary, ancillary; ◇ ~ глаго́л *грам.* auxiliary verb.

вспомоществова́ние *с. уст.* relief, assistance.

вспомяну́ть *сов.* mention, make* mention (of), remember.

вспорхну́ть *сов.* take* wing.

вспоте́ть *сов. см.* потеть 1.

вспры́с|кивать, вспры́снуть (*вн.*) **1.** sprinkle (*smth.*); **2.** *разг.* (*лекарство*) inject (*smth.*); **3.** *разг.* (*ознаменовывать что-л. выпивкой*) celebrate (*smth.*); вспры́снуть сде́лку wet the bargain/deal; **~нуть** *сов. см.* вспры́скивать.

вспу́гивать, вспугну́ть (*вн.*) scare (*smb.*, *smth.*) away; (*птиц тж.*) flush (*smth.*).

вспугну́ть *сов. см.* вспу́гивать.

вспыли́ть *сов. разг.* fly* into a temper, flare up.

вспы́льчив|ость *ж.* hot temper, irascibility; его́ ~ всем изве́стна he is notorious for his temper; **~ый** hot-tempered, irascible.

вспы́х|ивать, вспы́хнуть **1.** (*быстро загораться*) blaze up; (*о пламени*) flare up; (*о свете*) flash; ~ пла́менем burst* into flames; **2.** (*краснеть*) flush; лицо́ её мгнове́нно вспы́хнуло her face grew suddenly pink; **3.** (*внезапно возникать*) break* out; вспы́хнула ссо́ра a quarrel broke out; a quarrel flared up; **4.** (*раздражаться*) grow* angry, flare up; **~нуть** *сов. см.* вспы́хивать.

вспы́шк|а *ж.* **1.** (*огня*) flash; температу́ра ~и *тех.* flash point; **2.** (*проявление чего-л.*) outburst; (*эпидемии*) outbreak; ~ гне́ва angry outburst, burst of anger.

вспять backwards; нельзя́ поверну́ть колесо́ исто́рии ~ the course of history cannot be reversed.

встава́ние *с.* rising; ра́ннее ~ early rising; почти́ть па́мять ~м stand* in memory, honor the deceased by rising.

встава́ть, встать **1.** (*подниматься*) get* up; rise*; arise* *поэт.*; ~ из-за стола́ rise* from the table; ~ с посте́ли get* up; не ~ с посте́ли (*о больном*) be* bedridden; пора́ ~! time to get up!; **2.** (*ногами*) step on to; ~ на ковёр step on to the carpet; ~ на коле́ни kneel*; **3.** (*о солнце,луне*) rise*; со́лнце уже́ вста́ло the sun is up; **4.** (*на борьбу и т. п.*) rise*; arise* *поэт.*; ~ на защи́ту оте́чества spring*/rise* to the defense of *one's* country; **5.** (*возникать*) arise*, come* up; ~ пе́ред глаза́ми come* into sight; (*о прошлом*) come* back; встал вопро́с о деньга́х the question of money came up; **6.** *разг.* (*останавливаться*) stop; ◇ ~ на путь *чего-л.* enter the path of *smth.*; встать на *чью-л.* сто́рону take* *smb.'s* side, side with *smb.*; встать поперёк доро́ги *кому-л.* balk *smb.*, bar *smb.'s* road, stand* in *smb.'s* way; не встава́я without a break.

вста́вить *сов. см.* вставля́ть.

вста́вка *ж.* **1.** insertion; mounting; **2.** (*у платья*) inset.

вставля́ть, вста́вить (*вн.*) put* (*smth.*) in(to); *тех.* insert (*smth.*); (*вделывать*) fit (*smth.*); ~ стёкла put* in windowpanes; ~ *что-л.* в опра́ву mount *smth.*, set* *smth.*; ~ *что-л.* в ра́му frame *smth.*; ~ зуб get* a false tooth* made; ~ замеча́ние put* in a remark.

вставн|о́й detachable; (*о зубах*) false, artificial; ~ы́е ра́мы double windowframes, storm windows.

встарь in the old days, in olden days/times.

встать *сов. см.* встава́ть.

встревоженный alarmed, disturbed.

встрево́жить *сов. см.* трево́жить 1; **~ся** *сов. см.* трево́житься.

встрёпанный dishevelled, tousled; ◇ вскочи́ть как ~ ≅ jump up like a shot.

встрепену́ться *сов.* **1.** start; (*о птице*) open/spread* its wings; **2.** (*оживиться*) rouse *oneself*; **3.** (*о сердце*) begin* to throb.

встре́тить(ся) *сов. см.* встреча́ть(ся).

встре́ч|а *ж.* **1.** meeting; делова́я ~ business meeting; (не) официа́льная ~ (un) official meeting; ~ для перегово́ров meeting for business talks; ~ с це́лью заключе́ния сде́лки meeting to conclude a deal; (*на фестивале и т. п.*) get-together; **2.** (*приём*) welcome, reception; устро́ить торже́ственную ~у arrange a grand reception; **3.** *спорт.* match; (*по лёгкой атлетике тж.*) meeting; meet *амер.*; ◇ ~ Но́вого го́да New-Year('s) party.

встреч|а́ть, встре́тить (*вн.*) **1.** (*прям.* и *перен.*) meet* (*smb.*, *smth.*), encounter (*smb.*, *smth.*); случа́йно встре́тить *кого-л.* come* across *smb.*, happen to meet *smb.*; встре́тить подде́ржку receive support; встре́тить отпо́р encounter stiff resistance; **2.** (*принимать*) receive (*smb.*); (*приветствовать*) greet (*smb.*), welcome (*smb.*); ~ госте́й receive/greet *one's* guests; ~ делега́цию receive/greet/welcome a delegation; ~ аплодисме́нтами greet with applause; ◇ ~ Но́вый год see* the New Year in, celebrate the New Year; **~а́ться**, встре́титься **1.** meet*; ре́дко ~а́ться с *кем-л.* meet* *smb.* seldom; ча́сто ~а́ться с *кем-л.* meet *smb.* frequently; **2.** (*попадаться*) be* found; turn up, occur; таки́е оши́бки ча́сто ~а́ются that kind of mistake often occurs.

встре́чн|ый *прил.* **1.** approaching, oncoming; ~ по́езд train travelling in the opposite direction, approaching/oncoming train; ~ ве́тер contrary wind, head wind; **2.** (*ответный*) reciprocal; ~ая торго́вля balanced trade, bilateral trade; ~ое плани́рование марке́тинга counter planning; ~ые заку́пки counter purchases; ~ое обяза́тельство reciprocal undertaking; ~ план supplementary plan (proposed by the workers themselves); ~ бой encounter battle; ~ое обвинéние *юр.* counter charge; ~ иск counter claim, claim in return; **3.** *в знач. сущ. м.*: кáждый ~ и поперéчный anybody and everybody, every Tom, Dick and Harry; пéрвый ~ the first-comer.

встрóенный built-in; ~ шкаф fitted cupboard.

встря́ска *ж. разг.* shake-up, shaking; э́то былá хорóшая ~ it was a healthy jolt/shock.

встря́хивать, встряхнýть (*вн.*) shake* (*smth.*); jolt (*smth.*); *перен.* shake* (*smb.*) up; встряхнýть кудря́ми shake* *one's* curls; нас си́льно встряхнýло we got a severe jolt; **~ся,** встряхнýться shake* *oneself*; встряхни́сь!, встряхни́тесь! cheer up!, pull yourself together!; вам нýжно встряхнýться what you need is a change.

встряхнýть(ся) *сов. см.* встря́хивать(ся).

вступáть, вступи́ть (в *вн.*) **1.** enter (*smth.*); ~ в гóрод enter a town; **2.** (*поступать, зачисляться*) join (*smth.*); ~ в пáртию, в профсою́з join the Party, a trade union; **3.** (*начинать*) enter (into, upon); ~ в борьбý take* up the struggle; ~ в переговóры enter into/upon negotiations; ~ в разговóр enter into conversation; ~ в спор take* up an argument; ~ в бой с *кем-л.* engage in battle with *smb.*; ~ в дрáку start fighting; ~ в соглашéние, сою́з enter into an agreement, alliance; ~ во владéние come* into possession; ◇ ~ на престóл ascend the throne; вступи́ть в брак marry; вступи́ть в свои́ правá come* into *one's* own; зимá вступи́ла в свои́ правá winter came into its own; ~ на путь *чего-л.* take* the road of *smth.*, embark on *smth.*; **~ся,** вступи́ться (за *вн.*) intercede (for), take* *smb.'s* part; stand*/stick* up (for) *разг.*

вступи́тельн|ый 1. (*вводный*) introductory, opening, inaugural; ~ое слóво opening address; **2.** (*связанный с поступлением куда-л.*) entrance *attr.*; ~ взнос entrance fee; ~ экзáмен entrance examination.

вступи́ть(ся) *сов. см.* вступáть(ся).

вступлéние *с.* **1.** (*действие*) entry; ~ войск в гóрод entry of troops into a town; ~ в пáртию joining the Party; ~ в дóлжность inauguration; **2.** (*введение*) introduction; *муз. тж.* prelude; (*увертюра*) overture; ~ к поэ́ме introduction to the poem.

всýе: упоминáть и́мя Гóспода ~ take* the name of God in vain.

всýнуть *сов. см.* всóвывать.

всухомя́тку *разг.*: питáться ~ live on snacks, live on dry rations.

всухýю without scoring a point; сыгрáть ~ make* no score; score a duck *разг.*

всучи́ть *сов.* (*вн. дт.*) *разг.* foist (*smth.* on), fob off (*smth.* on), palm off (*smth.* on).

всхли́п|нуть *сов.* give* a sob; **~ывание** *с.* sobbing.

всхли́пывать *несов.* sob.

всходи́ть, взойти́ **1.** (на *вн.*) climb (*smth.*), mount (*smth.*), ascend (*smth.*); **2.** (*о солнце, луне*) rise*; **3.** (*о семенах*) sprout, come* up.

всхóды *мн.* shoots; дрýжные ~ vigorous young growth *sg.*; зазеленéли ~ the corn is green.

всхóжесть *ж. с.-х.* germinating power.

всхрапнýть *сов. разг.* have* a nap.

всхрáпывать *несов.* snore; (*о лошади*) snort.

всыпáть *сов.* **1.** *см.* вcы́пать; **2.** (*дт.*) *разг.* make* it hot (for), warm (*smb.*); ~ *кому-л.* по пéрвое числó ~ knock *smb.* into the middle of next week.

вcы́пать, всыпáть (*вн., рд.* в *вн.*) pour (*smth.* into).

всю́ду everywhere; (*где угодно*) anywhere.

вся *мест. см.* весь.

вся́к|ий *мест.* **1.** (*любой*) any; (*каждый*) every, each; ~ раз, как whenever; во ~ое врéмя at any time; **2.** (*разный*) all sorts of; ~ие лю́ди all sorts of people; ~ие товáры all sorts of things; **3.** (*какой-л.*) any; без ~ого сожалéния without any regret, with no regret whatsoever; **4.** *в знач. сущ. м.* (*любой*) anyone; (*каждый*) everyone; ◇ во ~ом слýчае in any case, whatever happens; at any rate; на ~ слýчай in case; to be on the safe side; as a safeguard.

вся́ческ|и *разг.* in every way; **~ий** *разг.* all sorts of.

вся́чина *ж.*: вся́кая ~ all sorts of odds and ends, all sorts of things.

втáйне in secret, secretly.

втáлкивать, втолкнýть (*вн.*) push (*smth.*) in shove (*smth.*) in; (*вн.* в *вн.*) push (*smth.* into), shove (*smth.* into).

втáптывать, втоптáть (*вн.* в *вн.*) trample (*smth.* into), tread* in; ◇ втоптáть *кого-л.* в грязь trample *smb.* underfoot, ride* roughshod over *smb.*

втáскивать, втащи́ть **1.** (*вн.*) pull (*smth.*) in, drag (*smth.*) in (*вн.* в *вн.*) pull (*smth.* into), drag (*smth.* into); **2.** (*вн.*; *наверх*) pull (*smb.*, *smth.*) up, drag (*smb.*, *smth.*) up; втащи́ть чемодáн на трéтий этáж drag a case up to the second floor.

втачáть *сов.* stitch in (to).

втащи́ть *сов. см.* втáскивать.

втемя́шиться *сов. разг.* get* into *one's* head.

втерéть(ся) *сов. см.* втирáть(ся).

втесáться *сов.* insinuate *oneself* in (to), brazen *one's* way in (to).

втирáть, втерéть (*вн.*) rub (*smth.*) in; (*вн.* в *вн.*) rub (*smth.* into); ◇ ~ очки́ *кому-л.* ~ throw* dust in *smb.'s* eyes, humbug *smb.*, pull the wool over *smb.'s* eyes; **~ся,** втерéться **1.** (*впитываться*) rub in, penetrate; **2.** (в *вн.*) *разг.* (*протискиваться*) make* *one's* way (into); *перен.* worm *oneself* (into); ~ся в компáнию insinuate *one*self, get* *oneself* accepted; ~ся в довéрие к *кому-л.* worm *oneself* into *smb.'s* confidence.

вти́скивать, вти́снуть (*вн.* в *вн.*) squeeze (*smth.* into); **~ся,** вти́снуться (в *вн.*) squeeze *oneself* (into).

вти́снуть(ся) *сов. см.* вти́скивать(ся).

втихомо́лку *разг.* on the quiet, on the sly.

втиху́ю *см.* **втихомо́лку**.

втолкну́ть *сов. см.* вта́лкивать.

втолкова́ть *сов. см.* втолко́вывать.

втолко́вывать, втолкова́ть (*вн. дт.*) *разг.* make* (*smb.*) understand (*smth.*); ника́к э́того ему́ не втолку́ешь you simply can't get it into his head.

втопта́ть *сов. см.* вта́птывать.

вторга́ться, вто́ргнуться (в *вн.*) invade (*smth.*); *перен.* intrude (upon, into); ~ в страну́ invade a country; ~ в чужи́е дела́ intrude into *smb.'s* affairs; ~ в чужу́ю о́бласть, сфе́ру trespass upon somebody else's ground.

вто́ргнуться *сов. см.* вторга́ться.

вторже́ние *с.* (в *вн.*) invasion (of); encroachment (upon); *перен.* intrusion (upon, into).

вто́рить *несов.* **1.** (*дт.*; *повторять*) echo (*smb.*, *smth.*); ~ *кому-л.*, ~ *чьим-л.* слова́м echo *smb.'s* words; **2.** *муз.* take* the second part.

втори́чн|о again, a second time; **~ый 1.** (*повторный*) second; ~ое напомина́ние second reminder; **2.** (*производный*) secondary; ~ проду́кт by-product; ~ое сырьё salvage utility, waste; ~ые го́рные поро́ды Mesozoic/secondary rocks; ~ые половы́е при́знаки secondary characteristics.

вто́рник *м.* Tuesday.

второго́дник *м.* pupil remaining in the same class for another year.

второзако́ние *библ.* Deuteronomy.

втор|о́й *прил.* **1.** second; (*после имени*) the second; **2.** (*второстепенный*) secondary; (*хуже по качеству*) second; на ~о́м пла́не in the background; ~ сорт second grade/quality; каю́та ~о́го кла́сса second-class cabin; ~ соста́в *театр.* understudies *pl.*; ~а́я скри́пка *муз.* second violin, second fiddle; **3.** *в знач. сущ. ж.*: одна́ ~а́я one half, a half; **4.** *в знач. сущ. с.* (*блюдо*) second course; ◇ ~а́я мо́лодость second youth; из ~ы́х рук at second hand.

второку́рсни|к *м.*; **~ца** *ж.* second-year student; sophomore *амер.*

второпя́х hastily, hurriedly; ~ я забыл... in my hurry I forgot...

второразря́дный second-grade; of the second grade *после сущ.*; *разг.* (*посредственный*) second-rate.

второсо́ртн|ый second-grade, second-class; of the second grade *после сущ.*; *разг.* (*посредственный*) second-rate; ~ая мука́ second-grade flour.

второстепе́нн|ый secondary; of minor importance *после сущ.*; ◇ ~ чле́ны предложе́ния *грам.* secondary parts of a sentence.

в-тре́тьих in the third place, thirdly.

втри́дорога *разг.*: плати́ть ~ pay* through the nose.

втро́е three times, threefold; ~ бо́льше three times as much; ~ ме́ньше a third of; сложи́ть ~ fold in three; увели́чить ~ increase threefold; уме́ньшить ~ reduce to a third.

втроём the three of them (us, you); они́ сде́лали э́то ~ the three of them did/made it together.

втройне́ three times as much.

вту́лка *ж.* **1.** bush, bushing, sleeve; **2.** (*пробка*) bung, plug, stopper.

вту́не *уст.* in vain.

втыка́ть, воткну́ть (*вн.* в *вн.*) thrust* (*smth.* into), diver* (*smth.* into); (*булавку и т. п.*) stick* (*smth.* into).

втю́риться *сов. разг.* fall* in love.

втя́гивать, втяну́ть **1.** (*вн.*) draw* (*smb.*, *smth.*) in; (*поднимать*) draw*/pull (*smth.*) up; **2.** (*вн.*, *вбирать в себя*) breathe (*smth.*) in; втяну́ть в себя́ во́здух inhale; **3.** (*вн.* в *вн.*) *разг.* (*привлекать к участию*) draw* (*smb.* into), get* (*smb.*) involved (in), involve (*smb.* in); втяну́ть *кого-л.* в разгово́р draw* *smb.* into conversation; втяну́ть *кого-л.* в рабо́ту get* *smb.* to join in the work; втяну́ть *кого-л.* в войну́ involve *smb.* in war; **~ся**, втяну́ться **1.** (в *вн.*; *постепенно входить куда-л.*) drift (into); **2.** (в *вн.*) become* involved (in), be* drawn (into); (*привыкать*) get* used to (*smth.*); (*в работу*) get* into *one's* stride; **3.**: его щёки втяну́лись his cheeks are drawn, he looks hollow-cheeked.

втяну́ть(ся) *сов. см.* втя́гивать(ся).

вуа́ль *ж.* **1.** veil; **2.** *фото* fog, haze.

вуз *м.* (*высшее учебное заведение*) institution of higher education/learning, college.

ву́зовск|ий college *attr.*; ~ая програ́мма college syllabus/program.

вулка́н *ж.* volcano; де́йствующий ~ active volcano; поту́хший ~ extinct volcano; жить (как) на ~е be* living on the edge of a volcano.

вулканизи́ровать *несов.* и *сов.* (*вн.*) *тех.* volcanize (*smth.*).

вулкани́ческ|ий volcanic; ~ого происхожде́ния of volcanic origin, igneous.

вульгариз|а́тор *м.* vulgarizer; **~а́ция** *ж.* oversimplification, vulgarization.

вульгаризи́ровать *несов.* и *сов.* (*вн.*) vulgarize (*smth.*), oversimplify (*smth.*).

вульгари́зм *м.* *лингв.* vulgarism.

вульга́рн|ость *ж.* vulgarity; **~ый** vulgar; ~ая латы́нь vulgar Latin.

вундеркин́д *м.*infant prodigy.

вурдала́к *м.* ghoul, werewolf, vampire.

вход *м.* **1.** (*вступление, вхождение*) entry; ~ беспла́тный admission free; ~а нет no entrance; **2.** (*дверь, ворота*) entrance, way in.

входи́ть, войти́ **1.** go* in, come* in, enter, get* in; (в *вн.*) go* (into), come* (into), enter (*smth.*), get* (into); он вошёл he came in; войди́те! come in!; ~ в порт steam/sail into port; ~ в ваго́н get* into a carriage; **2.** (*в состав, в долю и т. п.*) be* in; войти́ в спи́сок be* on the list; войти́ в соста́в прави́тельства be* in the government, become* a member of the government; **3.** (*быть составной частью чего-л.*) be* included in; расска́зы, воше́дшие в э́тот том the stories included in this volume; **4.** (*вмещаться*) go* in; э́то сюда́ не войдёт it won't go in here; **5.** (*вникать*) get* to the bottom of; войти́ в суть де́ла get* to the heart of the matter; ◇ ~ в аза́рт grow* heated; ~ в дове́рие *кому-л.* be taken into *smb.'s* confidence; ~ в колею carry on as normal; ~ в мо́ду come* into fashion; войти́ в исто́рию go* down in history, make* history; ~ в положе́ние understand* the position; ~ в поговорку become* a byword; в ~ в привы́чку (у) become* a habit (with); (*прочно*) ~ в произво́дственную пра́ктику become* an integral part of industrial technique; ~ в роль begin* to feel *one's* feet.

входн|о́й entrance *attr.*; ~а́я дверь entrance; ~ биле́т entrance ticket/car; ~ая пла́та admission (fee), charge for admittance.

входя́щая *ж.* (*бумага*) incoming mail.

вхо́жий *разг.* accepted; он вхож к ним, он вхож в их дом he is an accepted guest in their family.

вхолосту́ю: рабо́тать ~ run* idle.

вцепи́ться *сов. см.* вцепля́ться.

вцепля́ться, вцепи́ться (в *вн.*) seize (*smth.*), clutch (*smth.*); ~ в во́лосы *кому-л.* seize *smb.* by the hair.

вчера́ *нареч.* **1.** yesterday; ~ ве́чером last night, yesterday evening; ~ но́чью last night; ~ у́тром yesterday morning; **2.** *после сущ. с. нескл.* yesterday; **~шний** yesterday's; ~шний день yesterday; жить ~шним днём live on yesterdays, live in the past.

вчерне́ in (the) rough; ~ зако́нчить *что-л.* finish the rough draft of *smth.*; гото́вый ~ basically complete.

вче́тверо four times, fourfold; ~ бо́льше four times as much; ~ ме́ньше a quarter, reduced to a quarter; увели́чить ~ increase fourfold; уме́ньшить ~ quarter, reduce to a quarter.

вчетверо́м the four of them (us, you).

в-четвёртых in the fourth place, fourthly.

вчисту́ю *разг.*, *уст.* finally, definitely; он был уво́лен ~ he was pensioned off.

вчита́ться *сов. см.* вчи́тываться.

вчи́тываться, вчита́ться (в *вн.*) read* (*smth.*) carefully; (*осваиваться с чем-л.*) make* *oneself* thoroughly familiar (with).

вчу́же *уст.* disinterestedly, vicariously.

вше́стеро six times; six times as much.

вшестеро́м six of them.

вшива́ть, вшить (*вн.*) sew* (*smth.*) in.

вши́вый lice-ridden, lousy (*тж. перен.*).

вширь in breadth.

вшить *сов. см.* вшива́ть.

въеда́ться, въе́сться (в *вн.*) **1.** (*вонзаться*) bite* (into); **2.** (*впитываться*) eat* (into).

въезд *м.* **1.** (*действие*) entry; ~ запрещён no entry; **2.** (*место*) entrance; (*дорога*) drive(way); **~но́й**: ~на́я ви́за entry visa; ~ны́е воро́та entrance gate *sg.*

въезжа́ть, въе́хать **1.** drive* in, enter; (*в квартиру*) move in; (в *вн.*) drive* (into), enter (*smth.*); (*в квартиру и т. п.*) move (into); ~ в дом, кварти́ру move into a house, flat; **2.** (на *вн.*) drive* up (*smth.*); ~ на го́ру drive* up a hill.

въе́сться *сов. см.* въеда́ться.

въе́хать *сов. см.* въезжа́ть.

вы *личн. мест.* (*рд.* вас, *дт.* вам, *вн.* вас, *тв.* вами, *пр.* о вас) you.

выба́лтывать, вы́болтать (*вн.*) *разг.* blab out, blurt out (*smth.*); ~ секре́т let*/blurt out a secret; let* the cat out of the bag *идиом.*

выбега́ть, вы́бежать run* out, come* running out; ~ навстре́чу *кому-л.* run* out to meet *smb.*; ~ из до́ма run* out of the house.

вы́бежать *сов. см.* выбега́ть.

вы́белить *сов. см.* белить 2.

выбива́ть, вы́бить (*вн.*) **1.** knock (*smb.*, *smth.*) out; (*противника тж.*) dislodge (*smb.*); **2.** (*штампом*) stamp (*smth.*); **3.** *разг.* (*ударяя, очищать*) beat* (*smth.*); ~ ковёр beat* a carpet; ~ тру́бку knock out *one's* pipe; **4.** (*уничтожать градом*) beat* (*smth.*) down; **5.** (*молотком придавать новую форму*) hammer (*smth.*) out; ◇ вы́бить доро́гу break* up a road, knock a road to pieces; ~ дурь из *кого-л.* *разг.* knock the nonsense out of *smb.*; ~ *кого-л.* из колеи́ unsettle *smb.*; **~ся**, вы́биться; ~ся из сил strain every nerve/muscle; вы́биться в лю́ди *разг.* make* *one's* way in the world; ~ из колеи́ be* completely unsettled; ~ из сил be* at the end of *one's* tether; be* dead-beat; ~ся на доро́гу get* on *one's* feet; make* good; её во́лосы вы́бились изпод шля́пы, косы́нки her hair was showing from under her hat, kerchief.

выбир|а́ть, вы́брать (*вн.*) **1.** choose* (*smth.*), select (*smth.*), pick (*smth.*); (*отбирать*) sort (*smth.*); *сов. тж.* make* *one's* choice; ~а́йте по вку́су choose what you like; **2.** (*голосованием*) elect (*smb.*); **3.**: ~ снасть take*/haul in the nets; ~ я́корь weigh anchor; **4.** *разг.* (*освобождать для чего-л.*) find* (*smth.*); ~ вре́мя find* time; вы́брать удо́бную мину́ту choose* a favorable opportunity.

выбир|а́ться, вы́браться *разг.* **1.** (из *рд.*) find* *one's* way out (of); мы до́лго ~а́лись из ле́са it took us a long time to find our way out of the forest; мы наконе́ц вы́брались из ле́са at last we got/were out of the forest; **2.** (*выселяться*): ~ из кварти́ры move out of a flat; **3.** (*отыскиваться — о времени*) be* available/free; е́сли вы́берется свобо́дный час, приезжа́йте к нам come and see us if you have an hour to spare; я не могу́ вы́браться в теа́тр I have no time to go out to the theater.

вы́бить(ся) *сов. см.* выбива́ть(ся).

вы́блядок *м. бран.* illesitimate child, bastard.

вы́боин|а *ж.* hole, scar; (*на дороге*) pot-hole; зда́ние бы́ло всё в ~ах the building was badly scarred.

вы́болтать *сов. см.* выба́лтывать.

вы́бор *м.* choice; (*ассортимент тж.*) selection; (*право замены*) option; сде́лать хоро́ший ~

make* a good* choice; нет никакого ~а there is no choice; нет другого ~а there is no choice/alternative; остановить свой ~ на *чём-л.* choose* *smth.*, select *smth.*; ◇ предложить на ~ offer the choice; без ~а indisriminately; на ~ for choice.

выборка *ж.* **1.** (*сети и т. п.*) raising; (*цитат*) excerpting; **2.** *обыкн. мн.* (из *рд.*; *выписка из чего-л.*) excerpts (from), extracts (from), selections (from).

выборн|ость *ж.* electiveness; **~ый** *прил.* **1.** elective; ~ая должность elective office; ~ый судья elected judge; **2.** (*относящийся к выборам*) election *attr.*, electoral; **3.** *в знач. сущ. м.* delegate.

выборочн|ый selective; ~ая проверка spot check; ~ая рубка леса selective felling.

выборщик *м.* elector.

выборы *мн.* election *sg.*; всеобщие ~ general election; дополнительные ~ by-election *sg.*

выбрасывать, выбросить (*вн.*) **1.** throw* (*smth.*) away; (*одежду тж.*) discard (*smth.*); *перен. разг.* (*выпускать, исключать*) omit (*smth.*), leave* (*smth.*) out, exclude (*smth.*); (*тратить попусту*) throw* away (*smth.*), waste (*smth.*); выбросить на берег cast* ashore; ~ за бор heave*/throw* overboard; **2.** (*выдвигать резким движением*) throw* out (*smth.*), fling* out (*smth.*), make* a lunge (with); выбросить флаг hoist a flag; *мор.* break* a flag; **3.** (*высылать вперёд*) send* (*smb.*, *smth.*) out ahead; ◇ выбросить *что-л.* из головы get* *smth.* out of *one's* head; выбросить лозунг put* out a slogan; *кого-л.* на улицу 1) (*выгонять*) turn *smb.* out into the street, make* *smb.* homeless; 2) (*лишать работы*) fire *smb.*, throw* *smb.* out of work; ~ *что-л.* на рынок release *smth.* for sale, put* *smb.* on the market; **~ся**, выброситься **1.** throw* *oneself* out; (*с парашютом*) bale out; **2.** (*о дыме, пламени и т. п.*) gush out.

выбрать *сов. см.* выбирать.

выбраться *сов. см.* выбираться.

выбривать, выбрить (*вн.*) shave* (*smth.*); выбрить себе голову have* *one's* head shaved; **~ся**, выбриться shave*; чисто выбриться have* a close shave.

выбритый shaved; чисто ~ clean-shaved.

выбрить(ся) *сов. см.* выбривать(ся).

выбросить(ся) *сов. см.* выбрасывать(ся).

выброшенн|ый wasted; ~ые деньги money wasted; money down the drain *разг.*

выбывать, выбыть leave*; выбыть из школы leave* school; выбыть из игры retire, leave* the field; ◇ выбыть из строя be* put out of action.

выбыть *сов. см.* выбывать.

вываливать, вывалить (*вн.*) *разг.* dump (*smth.*), shoot* (*smth.*); ~ уголь из тачки empty/shoot* coal out of a barrow; **~ся**, вывалиться (из *рд.*) *разг.* fall out (of), tumble out (of).

вывалить(ся) *сов. см.* вываливать(ся).

вывалять *сов. см.* валять 1.

вываривать, выварить (*вн.*) **1.** (*лишать вкусовых или питательных свойств*) boil (*smth.*) to nothing; **2.** (*извлекать*) boil (*smth.*) out, extract (*smth.*) by boiling, decoct (*smth.*); ~ соль produce salt by evaporation; ~ жир render fat; **~ся**, вывариться be* boiled to pulp.

выварить(ся) *сов. см.* вываривать(ся).

выведать *сов. см.* выведывать.

выведывать, выведать (*вн.*) *разг.* find (*smth.*) out; *тк. несов.* try to worm (*smth.*) out; ~ тайну у *кого-л.* pump/worm a secret out of *smb.*

вывезти *сов. см.* вывозить 1, 2, 3.

вывер|ить *сов. см.* выверять; **~ка** *ж.* adjustment, regulation; (*хронометра*) rating; (*списка*) verification, checking.

вывернуть(ся) *сов. см.* вывёртывать(ся).

выверт *м.* vagary, eccentricity, mannerism; говорить с ~ами talk eccentrically.

вывёртыв|ать, вывернуть (*вн.*) **1.** (*вывинчивать*) unscrew (*smth.*); **2.** (*руку, ногу*) wrench (*smth.*), twist (*smth.*); **3.** (*наизнанку*) turn (*smth.*) inside out; **~аться**, вывернуться **1.** (*вывинчиваться*) come* unscrewed; винт легко ~ается the screw turns quite easily; **2.** (*выскальзывать, высвобождаться*) slip away; **3.** *разг.* (*из затруднительного положения*) wriggle out, extricate *oneself*.

выверять, выверить (*вн.*) regulate (*smth.*), adjust (*smth.*), set* (*smth.*); (*хронометр*) rate (*smth.*); (*список*) check (*smth.*); verify (*smth.*).

вывесить I, II *сов. см.* вывешивать I, II.

вывеска *ж.*sign, signboard; *перен.* mask.

вывести(сь) *сов. см.* выводить(ся).

выветривание *с.* **1.** ventilation, airing; **2.** *геол.* weathering, (wind) erosion.

выветривать, выветрить (*вн.*) **1.** air (*smth.*), ventilate (*smth.*); ~ запах нафталина air a room to remove the smell of naphthalene; **2.** *геол.* weather (*smth.*), erode (*smth.*); **~ся**, выветриться **1.** (*о запахе*) evaporate; *перен.* fade; выветриться из головы, из памяти be* effaced from the memory; **2.** *геол.* be* weathered/eroded.

выветрить(ся) *сов. см.* выветривать(ся).

вывешивать I, вывесить (*вн.*) **1.** hang* out (*smth.*); ~ флаги hoist flags; ~ бельё (*для просушки*) hang* out the washing; **2.** (*помещать для обозрения*) display (*smth.*), post (up) (*smth.*); ~ объявление display a notice, post (up) a notice.

вывешивать II, вывесить (*вн.*) (*определять вес*) test the weight (of).

вывинтить(ся) *сов. см.* вывинчивать(ся).

вывинчивать, вывинтить (*вн.*) unscrew (*smth.*); **~ся**, вывинтиться come* unscrewed.

вывих *м.* dislocation; ~нуть *сов.* (*вн.*) dislocate (*smth.*); ~нуть себе ногу (*в лодыжке*) dislocate *one's* ankle; (*в колене*) dislocate *one's* knee.

вывод *м.* **1.** (*увод*) withdrawal; (*удаление*) removal; **2.** (*умозаключение*) conclusion, inference; поспешить с ~ом jump to a conclusion;

прийти́ к ~у come* to a conclusion; **3.** (*выращивание*) rearing, breeding; **4.** (*высиживание*) hatching; **5.** (*истребление*) extermination; **6.** *эл.* outlet.

выводи́ть, вы́вести **1.** (*вн.*; *удалять за пределы чего-л.*) bring* (*smb.*) out, remove (*smb.*), send* (*smb.*) out, take* (*smb.*) out; (*войска*) withdraw* (*smth.*); **2.** (*вн.*; *ведя, направлять куда-л.*) lead* (*smb.*, *smth.*) out; take* (*smb.*, *smth.*) out; ~ дете́й в сад take* the children out into the garden; ~ ло́шадь из коню́шни lead* a horse out of the stable; вы́вести спу́тник на орбиту put* a satellite into orbit; **3.** (*вн.* из *рд.*; *исключать*) remove (*smb.* from); вы́вести *кого-л.* из соста́ва прези́диума remove *smb.* from the presidium; вы́вести *кого-л.* из игры́ disqualify *smb.*; ~ из стро́я disable, put* out of action; **4.** (*вн.* из *рд.*): ~ *кого-л.* из состоя́ния поко́я disturb *smb.'s* composure; ~ цех из проры́ва get* the shop/department out of difficulties; вы́вести самолёт из пике́ pull a plane out of a dive; **5.** (*вн.*; *делать вывод*) draw* (*smth.*), arrive (at); ~ фо́рмулу derive a formula; **6.** (*вн.*; *высиживать — о птицах*) hatch (*smth.*); вы́вести цыпля́т hatch chickens; **7.** (*вн.*; *выращивать*) breed* (*smth.*), raise (*smth.*); ~ но́вую поро́ду скота breed* a new strain of cattle; ~ засухоусто́йчивую пшени́цу breed* drought-resistant wheat; **8.** (*вн.*; *сооружать*) put* up (*smth.*); **9.** (*вн.*; *уничтожать*) exterminate (*smth.*); ~ пятно́ take* out a spot; **10.** (*вн.*; *старательно писать, рисовать и т. п.*) trace out (*smth.*); ~ бу́квы trace out the letters; ◇ ~ отме́тку define the average mark; вы́вести *что-л.* нару́жу bring* *smth.* out into the open; вы́вести *кого-л.* в лю́ди give* *smb.* a start in life, introduce *smb.* to the world; вы́вести *кого-л.* из себя́ infuriate *smb.*, drive* *smb.* to distraction; вы́вести *кого-л.* из равнове́сия disturb *smb.'s* balance/equilibrium, upset* *smb.*; get* *smb.* rattled *разг.*; вы́вести *кого-л.* из терпе́ния exhaust *smb.'s* patience, exasperate; вы́вести *кого-л.* на чи́стую во́ду show* *smb.* up in his true colors; **~ся**, вы́вестись **1.** (*переставать существовать*) die out, become* extinct; **2.** (*выходить из употребления*) go* out of use; (*об обычаях*) die out; go* out; **3.** (*исчезать*) disappear; (*о пятнах тж.*) come* out; **4.** (*появляться на свет — о птенцах*) hatch out.

вы́водок *м.* brood, hatch.

вы́воз *м.* **1.** (*действие*) conveyance; **2.** *эк.* export; беспо́шлинный ~ duty free exportation; ~ капита́ла export of capital, capital export; ~ зо́лота withdrawal of gold; ~ по бро́совым це́нам dumping.

вывози́ть, вы́везти (*вн.*) **1.** move (*smb.*, *smth.*) out/away; (*мусор и т. п.*) take* (*smth.*) away, remove (*smth.*); **2.** (*доставлять куда-л.*) take* (*smth.*); ~ това́ры на ры́нок take* goods to market; **3.** (*привозить с собой откуда-л.*) bring* (back) (*smth.*); **4.** *тк. несов. эк.* export (*smth.*).

вы́воз|ка *ж.* removal; **~но́й** *эк.* export *attr.*; ~ны́е по́шлины export duty *sg.*

выволáкивать, вы́волочь (*вн.*) *разг.* drag (*smth.*) out of.

вы́волочка *ж. разг.* beating, dressing down.

вы́волочь *сов. см.* выволáкивать.

выга́дывать, вы́гадать (*вн.*) (*получать выгоду*) gain (*smth.*); (*сберегать*) save (*smth.*), economize (*smth.*); вы вы́гадали you've done well for yourself; вы́гадать вре́мя save time.

вы́гиб *м.* bend, curve.

выгиба́ть, вы́гнуть (*вн.*) bend* (*smth.*), curve (*smth.*); ~ спи́ну arch *one's* back; **~ся**, вы́гнуться bend*.

вы́гладить *сов. см.* гла́дить 1.

вы́глядеть *несов.* look; ~ моло́же свои́х лет look young for *one's* age; она́ вы́глядит моло́же свои́х лет she does not look her age; ~ ста́рше свои́х лет look older than one really is; хорошо́ ~ look well; пло́хо ~ look ill; ~ хорошо́ для своего́ во́зраста bear* *one's* age well.

выгля́дывать, вы́глянуть **1.** (*смотреть откуда-л.*) look cut; (*украдкой*) peep out; **2.** (*показываться, появляться*) appear, emerge, show*; со́лнце вы́глянуло из-за туч the sun appeared from behind the clouds.

вы́глянуть *сов. см.* выгля́дывать.

вы́гнать *сов. см.* выгоня́ть.

вы́гнутый bent, convex.

вы́гнуть(ся) *сов. см.* выгиба́ть(ся).

выгова́ривать, вы́говорить **1.** (*вн.*) say* (*smth.*); (*произносить*) pronounce (*smth.*); он не мог вы́говорить ни сло́ва he could not utter a word; **2.** (*вн.*) *разг.* (*обусловливать*) stipulate (*smth.*); он вы́говорил себе́ льго́тные усло́вия he obtained favorable terms for himself; **3.** *тк. несов.* (*дт.*) *разг.* (*делать замечание*) scold (*smb.*), reprove (*smb.*); **~ся**, вы́говориться *разг.* unburden *oneself*, unburden *one's* feelings, get* it off *one's* chest.

вы́говор *м.* **1.** (*произношение*) accent, pronunciation; **2.** (*порицание*) rebuke, reprimand; объяви́ть *кому-л.* ~ give* *smb.* an official reprimand.

вы́говорить *сов. см.* выгова́ривать 1, 2; **~ся** *сов. см.* выгова́риваться.

вы́год|а *ж.* **1.** (*прибыль*) profit, gain; ра́ди ~ы for the sake of profit; **2.** (*польза*) benefit, advantage; взаи́мная ~ mutual benefit/advantage; упу́щенная ~ lost profit, lost opportunity; фина́нсовая ~ financial advantage; извлека́ть ~у из *чего-л.* derive advantage from *smth.*; без вся́кой ~ы для себя́ without the slightest benefit to *oneself*; в э́том нет никако́й ~ы nothing is gained by it; **~но 1.** *нареч.* favorably; ~но отлича́ться от compare favorably with; **2.** *в знач. сказ.* (*прибыльно*) be* profitable; (*полезно*) be* advantageous; кому́ э́то ~но? who stands to gain?; (*ожидая отрицательный ответ*) what use it is to anyone? **~ный 1.** (*доходный*) profitable, paying; ◇ ~ное де́ло fat job; **2.** (*благоприятный*) favorable, advantageous.

вы́гон *м.* pasture, meadow.

выгоня́ть, вы́гнать (*вн.*) **1.** turn (*smb.*) out; ~ *кого-л.* из до́му turn *smb.* out; **2.** *разг.* (*исключать*) expel (*smb.*); (*увольнять*) give* (*smb.*) the sack; fire (*smb.*) *амер.*; **3.**: ~ скот drive* cattle to pasture.

выгора́живать, вы́городить (*вн.*) **1.** (*отделять оградой*) fence (*smth.*) off; **2.** *разг.* (*оправдывать*) shield (*smb.*), protect (*smb.*); вы́городить прия́теля exonerate *one's* friend.

выгора́ть I, вы́гореть **1.** (*сгорать*) be* burned down; (*о траве*) be* burned up; ~ дотла́ be* burned to the ground; be* reduced to ashes; **2.** (*выцветать*) fade.

выгора́ть II, вы́гореть *разг.* (*удаваться*) come* off; де́ло вы́горело it came off; де́ло не вы́горело it fell through.

вы́гореть I, II *сов. см.* выгора́ть I, II.

вы́городить *сов. см.* выгора́живать.

выгреб|а́ть, вы́грести **1.** (*вн.*; *удалять*) clean (*smth.*) out; (*из печки*) rake (*smth.*) out; **2.** (*вёслами*) row, pull; **~но́й**: ~на́я я́ма cesspool.

вы́грести *сов. см.* выгреба́ть.

выгружа́ть, вы́грузить (*вн.*) unload (*smth.*); (*груз с корабля*) discharge (*smth.*); *войска с судна*) disembark (*smb.*); **~ся**, вы́грузиться get* off (with *one's* luggage); (*с судна*) disembark, bring* *one's* luggage/equipment off the ship; (*из вагона*) detrain.

вы́груз|ить(ся) *сов. см.* выгружа́ть(ся); **~ка** *ж.* unloading; (*с судов*) disembarkation; (*из вагона*) detraining; беспла́тная ~ free discharge; ~ за счёт фрахтова́теля free out.

выдава́ть, вы́дать **1.** (*вн.*) issue (*smth.*), give* out (*smth.*); ~ удостовере́ние issue a certificate; ~ зарпла́ту *кому-л.* pay* *smb.* his, her wages; **2.** (*вн.*; *обнаруживать; разоблачать*) give* (*smb.*, *smth.*) away, betray (*smb.*, *smth.*); ~ секре́т give* away a secret, betray a secret; улы́бка вы́дала его́ his smile gave him away; **3.** (*вн.*; *возвращать кого-л. против его воли*) hand over (*smb.*); (*другому государству*) extradite (*smb.*); вы́дать перебе́жчика hand over a deserter; вы́дать престу́пника extradite a criminal; **4.** (*вн.* за *вн.*; *неправильно представлять*) pass (*smb.*) off as (*smb.*); он вы́дал меня́ за своего́ учи́теля he pretended I was his teacher; он выдаёт себя́ за худо́жника he poses as an artist, he gives himself out to be an artist; **5.** (*вн.*; *добывать, выпускать*) turn out (*smth.*), produce (*smth.*); вы́дать у́голь на-гора́ produce coal; **6.** *разг.* (*сообщать что-л. примечательное*) come* out with (*smth.*); **7.** *разг.* (*ругать*) give* it (to); ◇ вы́дать себя́ give* *oneself* away.

выдава́ться, вы́даться **1.** (*выступать*) jut out, project, protrude; **2.** (*отличаться*) be* distinguished; он ниче́м осо́бенным не выдаётся he is in no way remarkable; there is nothing special about him; **3.** *разг.* (*случаться*): сего́дня вы́дался хоро́ший денёк the day has turned out fine.

вы́давить *сов. см.* выда́вливать.

выда́вливать, вы́давить (*вн.*) **1.** (*выжимать*) squeeze (*smth.*) out, force (*smth.*) out (*тж. перен.*); вы́давить улы́бку force a smile; ~ слезу squeeze out a tear; из него́ сло́ва не вы́давишь you can not get a word out of him; **2.** (*продавливать*) break* (*smth.*); вы́давить стекло́ break* a windowpane; **3.** (*вытиснять*) emboss (*smth.*), stamp (*smth.*).

выда́ивать, вы́доить milk.

выда́лбливать, вы́долбить (*вн.*) gouge (out) (*smth.*), hollow out (*smth.*).

вы́дать *сов. см.* выдава́ть.

вы́даться *сов. см.* выдава́ться.

вы́дача *ж.* issue, giving out; extradition; ~ ава́нса payment of an advance; ~ ви́зы issue of visa; ~ гру́за delivery/release of cargo; ~ де́нег payment; ~ зака́за placing of an order; contract award; ~ зарпла́ты payment of salary; ~ креди́та granting of a credit; ~ лице́нзии issue of a license; ~ пате́нта issue of a patent; ~ про́тив акце́пта delivery against acceptance; ~ про́тив платежа́ delivery against payment.

выдаю́щийся outstanding, distinguished; prominent, remarkable; ниче́м не ~ in no way remarkable; ~ успе́х signal success; ~ актёр distinguished actor.

выдвига́ть, вы́двинуть (*вн.*) **1.** push (*smth.*) forward; pull (*smth.*) out; ~ я́щик стола́ open a drawer; **2.** (*предлагать для обсуждения*) bring* up (*smth.*), put* (*smth.*) forward; ~ обвине́ние bring* an accusation; ~ предложе́ние bring* up a proposal; ~ тео́рию propound a theory; ~ *чью-л.* кандидату́ру propose/nominate *smb.* as a candidate; **3.** (*на более ответственную работу*) recommend (*smb.*) for promotion; ~ из свое́й среды́ produce from their ranks; **~ся**, вы́двинуться **1.** (*вперёд*) advance, move forward; вы́двинуться на пере́дний план come* to the fore; **2.** *тк. несов.* (*быть выдвижным*) slide*/pull out; я́щик легко́ выдвига́ется the drawer opens smoothly; **3.** (*по работе*) rise*, get* promoted.

выдвиже́н|ец *м.*, **~ка** *ж.* worker promoted to an administrative post.

выдвиже́ние *с.* **1.** moving forward; **2.** (*для обсуждения*) bringing up; ~ кандида́тов nomination of candidates; **3.** (*по работе*) promotion.

выдвижно́й sliding; (*об антенне и т. п.*) telescopic; ~ я́щик drawer.

вы́двинуть *сов. см.* выдвига́ть; **~ся** *сов. см.* выдвига́ться 1, 3.

вы́делать *сов. см.* выде́лывать 1, 2.

выделе́ние *с.* **1.** (*организационное*) singling out; ~ в осо́бый райо́н formation into a separate district; **2.** (*средств*) allocation; **3.** *физ.*, *физиол.* discharge; *физиол. тж.* secretion; ~ гно́я suppuration; **4.** *мн. физиол.* excretions.

вы́делить(ся) *сов. см.* выделя́ть(ся).

вы́делк|а *ж.* **1.** (*изготовление*) manufacture; ~ ко́жи dressing of leather; **2.** (*качество*) quality; finish; осо́бо про́чной ~и of extra-strong quality; **3.** (*рельефный рисунок на ткани*) embossing.

выде́лывать, вы́делать (*вн.*) **1.** make* (*smth.*), fashion (*smth.*); **2.** (*подвергать специальной обработке*) treat (*smth.*), dress (*smth.*); ~ ко́жу под за́мшу give* a suede finish to a piece of leather; **3.** *тк. несов.* (*производить*) manufacture (*smth.*); **4.** *тк. несов. разг.* (*совершать что-л. необычное*) do* (*smth.*), perform (*smth.*).

выдел|я́ть, вы́делить (*вн.*) **1.** (*отбирать, обособлять*) select (*smb.*, *smth.*), pick out (*smb.*, *smth.*), single out (*smb.*, *smth.*); ~ в отде́льный райо́н make* into a separate district; **2.** (*отличать*) distinguish (*smb.*, *smth.*); give* prominence (to); э́то ~я́ет его́ сре́ди други́х it distingushes him from the rest; ~ *что-л.* курси́вом put* *smth.* in italics; **3.** (*предназначать для какой-л. цели*) allocate (*smth.*), earmark (*smth.*); ~ сре́дства set* aside funds, allocate funds; **4.** (*часть имущества*) apportion (*smth.*); **5.** *физиол.* (*отработанное вещество*) excrete (*smth.*); (*гной*) discharge (*smth.*); (*пот*) exude (*smth.*); ~ мокро́ту cough up phlegm; **~я́ться**, вы́делиться **1.** (*тв.*; *отличаться*) be* distinguished (by, for), stand* out (for); ~я́ться на фо́не *чего-л.* stand* out against *smth.*; **2.** (*обособляться*) emerge; ~я́ться в самостоя́тельное учрежде́ние be* reorganized as a separate institution; **3.** (*об имущественных отношениях*) take* *one's* share; **4.** *физиол.* be* discharged, exude; **5.** (*о паре, газе и т. п.*) be* given off, escape.

выдёргивать, вы́дернуть (*вн.*) pull out (*smth.*), pluck (*smth.*); ~ зуб extract a tooth*; вы́дернуть себе́ зуб have* a tooth* out.

вы́держанный **1.** (*о характере, человеке*) self-controlled; **2.** (*последовательный*) sustained, consistent; ~ стиль uniform style; **3.** (*о лесоматериале*) seasoned; (*о сыре, табаке*) ripe; (*о вине*) old, mature.

вы́держать *сов. см.* выде́рживать.

выде́ржив|ать, вы́держать **1.** (*вн.*; *не поддаваться*) bear* (*smth.*), stand* (*smth.*), sustain (*smth.*); мост ~ает тя́жесть в 30 тонн the bridge can bear a weight of thirty tons; **2.** (*вн.*; *терпеть, стойко переносить*) bear* (*smth.*), endure (*smth.*), stand* (*smth.*), sustain (*smth.*); вы́держать оса́ду withstand* a siege; вы́держать пы́тку endure torture; я не могу́ э́того вы́держать I can't stand it; э́то не выде́рживает кри́тики it doesn't stand* up to criticism, it doesn't hold* water; **3.** *разг.* (*проявлять выдержку*) hold* out, bear* it; она́ не вы́держала, чтобы не поддразни́ть его́ she couldn't help/resist teasing him; **4.** (*вн.*; *удовлетворять требованиям*) pass (*smth.*); вы́держать экза́мен pass an examination; **5.** (*вн.*; *сохранять*) maintain (*smth.*), sustain (*smth.*), keep* up (*smth.*); ~ ско́рость maintain the speed; ~ те́мпы keep up the pace; ~ направле́ние (*о журнале и т. п.*) adhere to its line; **6.** (*вн.*; *для улучшения качества*) season (*smth.*); вы́держать вино́ mature wine; ◇ вы́держать не́сколько изда́ний go* through several editions; вы́держать па́узу keep* up a pause, maintain a pause; вы́держать хара́ктер stand* firm; stick* to *one's* guns.

вы́держка I *ж.* **1.** (*самообладание*) self-control, self-possesion; (*выносливость*) endurance; (*сдержанность*) reserve, restraint; **2.** *фото* exposure; больша́я ~ long exposure.

вы́держка II *ж.* (*отрывок*) extract, excerpt.

вы́дернуть *сов. см.* выдёргивать.

выдира́ть, вы́драть (*вн.*) *разг.* tear* (*smth.*) out.

вы́долбить *сов. см.* выда́лбливать.

вы́дох *м.* exhalation; ~! breathe out! **~нуть(ся)** *сов. см.* выдыха́ть(ся).

вы́дра *ж.* (*животное и мех*) otter.

вы́драть I *сов. см.* выдира́ть.

вы́драть II *сов. см.* драть 3.

вы́дрессировать *сов. см.* дрессирова́ть.

выдува́ть, вы́дуть (*вн.*) blow* (*smth.*); всё те́пло вы́дует all the heat will escape.

вы́дувка *ж. тех.* (glass) blowing.

вы́дум|анный fictitious; made-up, fabricated; ~анная исто́рия made-up story, fabrication; **~ать** *сов. см.* выду́мывать; **~ка** *ж.* **1.** (*вымысел*) fiction, invention; чи́стая ~ка pure invention, trumped-up story; **2.** *разг.* (*изобретательность*) inventiveness, invention, imagination; **3.** (*изобретение, затея*) invention; **~щик** *м. разг.* **1.** man* of ideas; **2.** (*клеветник*) tattler, gossip.

выду́мыв|ать, вы́думать (*вн.*) **1.** (*изобретать*) invent (*smth.*); think* (*smth.*) up *разг.*; **2.** (*создавать воображением*) make* (*smth.*) up, invent (*smth.*); что ты ~аешь? what have you got into your head? ◇ он по́роха не вы́думает he's no genius, he will never set* the Thames on fire.

вы́дуть *сов. см.* выдува́ть.

выдыха́ть, вы́дохнуть(*вн.*) exhale (*smth.*), breathe out (*smth.*); **~ся**, вы́дохнуться **1.** lose* its power/strength; (*о пиве*) become* flat; **2.** *разг.* (*терять силу*) peter out; наступле́ние вы́дохлось the attack came to a standstill; э́тот писа́тель выдохся this writer wrote himself out; **3.** *разг.* (*утомляться*) get* tired/exhausted, be* played out.

выеда́ть, вы́есть (*вн.*) **1.** eat* out (*smth.*), peck out (*smth.*); **2.** (*кислотой и т. п.*) corrode (*smth.*), eat* (*smth.*) away.

вы́еденн|ый: ◇ не сто́ит ~ого яйца́ it is not worth twopence/a brass farthing.

вы́езд *м.* **1.** (*отъезд*) departure; **2.** (*место, через которое выезжают*) exit road, way out; **3.** (*экипаж и лошади*) turn-out; **4.** (*в свет*) going out.

вы́езд|ить *сов. см.* выезжа́ть II; **~ка** *ж.* (*лошадей*) training, breaking in; (*в конном спорте*) dressage.

выездн|о́й: ~а́я ви́за exit visa; ~а́я се́ссия суда́ assizes *pl.*

выезжа́ть I, вы́ехать **1.** (*уезжать*) go* away, leave*; (*с квартиры*) move, leave*; **2.** (*из ворот, на прогулку и т. п.*) drive* out; **3.** (*появляться*) come* out; вы́ехать на шоссе́ come* out on to the main road; **4.** (*использовать кого-л.*) ~ на *ком-л.* make* use of *smb.*, exploit *smb.*; ◇ выезжать в свет go out.

выезжа́ть II, вы́ездить (*вн.*; *лошадь*) train (*smth.*).

вы́емка *ж.* **1.** (*действие*) taking out, excavation; (*писем*) collection; **2.** (*углубление*) depression, hollow; (*на железной дороге*) cutting; **3.** (*вырез*) opening.

вы́есть *сов. см.* выеда́ть.

вы́ехать *сов. см.* выезжа́ть I.

вы́жать *сов. см.* выжима́ть.

вы́ждать *сов. см.* выжида́ть.

вы́жечь *сов. см.* выжига́ть.

выжива́ние *с.* survival.

выжива́ть I, вы́жить (*оставаться в живых*) survive, live; (*о больном тж.*) pull through *разг.*; он вря́д ли вы́живет he is unlikely to recover, I don't suppose he'll live; ◇ вы́жить из ума́ become* feeble-minded/senile; be* as mad as a March hare.

выжива́ть II, вы́жить (*вн.*) *разг.* (*выгонять откуда-л.*) get* rid (of); ~ *кого-л.* из до́му force *smb.* to leave the house.

вы́жига *м. разг.* cunning rogue, skinflint.

выжига́ние *с.* burning; ~ по де́реву poker-work.

выжига́ть, вы́жечь (*вн.*) **1.** (*уничтожать огнём*) burn* (*smth.*), raze (*smth.*); со́лнцем вы́жгло посе́вы the young crops withered in the sun; вы́жженная со́лнцем земля́ the sun-scorched earth; **2.** (*какие-л. узоры, знаки*) burn* (*smth.*), burn* (*smth.*) out; ~ клеймо́ на *чём-л.* brand (*smth.*); ~ по де́реву do* poker-work.

выжида́ние *с.* temporizing; expectancy.

выжида́тельн|ый expectant; ~ая поли́тика temporizing policy, wait-and-see policy.

выжида́ть, вы́ждать (*вн.*) wait (for), temporize (until); ~ удо́бный слу́чай bide* *one's* time; вы́ждать вре́мя wait till the time is ripe.

выжима́ть, вы́жать (*вн.*) **1.** wring* out (*smth.*); squeeze out (*smth.*); *перен.* squeeze (*smth.*) out of, extract (*smth.*) from; ~ бельё wring* out clothes; ~ лимо́н squeeze a lemon; ~ сок из плодо́в squeeze the juice out of fruit; **2.** *спорт.* lift (*smth.*); вы́жать ги́рю lift a dumb-bell; вы́жать со́рок килогра́ммов lift forty kilograms; ◇ вы́жатый лимо́н a has-been; a sucked orange.

вы́жить I, II *сов. см.* выжива́ть I, II.

выжле́ц *м. охот.* hound.

выжля́тник *м. охот.* whipper-in.

вы́звать(ся) *сов. см.* вызыва́ть(ся).

вы́зволить *сов. см.* вызволя́ть.

вызволя́ть, вы́зволить (*вн.*) *разг.* help (*smb.*) out; ~ из беды́ get* (*smb.*) out of trouble.

выздора́влив|ать, вы́здороветь get* better, get* well, recover; он ~ает, но ещё не вы́здоровел he's getting better, but he's not well yet; **~ающий** *м.* convalescent.

вы́здоров|еть *сов. см.* выздора́вливать; **~ле́ние** *с.* recovery, convalescence.

вы́зов *м.* **1.** call; ~ ско́рой по́мощи emergency call, call for first aid; ~ по телефо́ну telephone-call; ~ на бис encore; выходи́ть на ~ы come* before the curtain; **2.** (*требование явиться*) summons; получи́ть ~ в суд receive a summons; **3.** (*на соревнование, борьбу*) challenge; приня́ть ~ take* up a challenge, take* up the gauntlet; accept a challenge; **4.** (*дт.*; *предложение вступить в борьбу*) challenge, defiance; с ~ом сказа́ть, посмотре́ть say, look challengingly/defiantly.

вы́зубрить *сов.* (*вн.*) *разг.* cram (*smth.*), swot up (*smth.*).

вызыв|а́ть, вы́звать **1.** (*вн.*) call (*smb.*); (*посылать за кем-л.*) send* (for); (*предлагать явиться*) summon (*smb.*); ~ врача́ call a doctor, send* for the doctor; ~ ско́рую по́мощь phone an ambulance, send* for an ambulance; вы меня́ ~а́ли? did you want to see me?; ~ *кого-л.* в суд subpoena *smb.*, summon(s) *smb.*; ~ *кого-л.* к доске́ call *smb.* out to the blackboard; ~ по спи́ску call people by name; ~ *кого-л.* по телефо́ну call *smb.* up; ~ актёра recall an actor; **2.** (*вн.* на *вн.* + *инф; на состязание*) challenge (*smb.* to, *smb.* + to *inf.*); **3.** (*вн.* на *вн.* + *инф.*; *побуждать*) prompt (*smb.* + to *inf.*); вы́звать *кого-л.* на открове́нность induce *smb.* to be frank, draw* *smb.* out; вы́звать *кого-л.* на разгово́р get* *smb.* to talk; **4.** (*вн.*; *быть причиной*) cause (*smth.*), bring* (*smth.*) about; (*о мыслях, чувствах и т. п.*) arouse (*smth.*), evoke (*smth.*); ~ аппети́т stimulate the appetite; ~ кровотече́ние, рво́ту cause bleeding, vomiting; ~ смех provoke laughter; ~ улы́бку evoke a smile; ~ гнев rouse *smb.*'s ire; ~ воспомина́ния evoke/arouse memories; ~ сомне́ния give* rise to doubts; ~ представле́ние о *чём-л.* suggest *smth.*; ~ большо́й интере́с evoke/rouse great interest; **~а́ться**, вы́зваться (+ *инф.*) volunteer (for + to *inf.*); э́то не ~а́ется необходи́мостью there's no need for it; **~а́ющий** provocative; ~а́ющий взгляд provocative glance; ~а́ющее поведе́ние defiant behavior.

вы́играть *сов. см.* выи́грывать.

выи́грывать, вы́играть **1.** (*вн.*) win* (*smth.*); вы́играть сто рубле́й win* a hundred rubles; ~ в ка́рты win* at cards; вы́играть па́ртию в ша́хматы win* a game of chess; вы́играть сраже́ние win* a battle; **2.** (*вн.*; *получать выгоду*) gain (*smth.*), acquire (*smth.*); населе́ние вы́играло от сниже́ния цен the public has gained by the price reduction; **3.** (*в пр; преуспевать*) gain (in); вы́играть в *чьём-л.* мне́нии rise* in *smb.'s* opinion; ◇ вы́играть вре́мя gain time; стара́ться вы́играть вре́мя play for time.

вы́игрыш *м.* **1.** (*то, что выиграно*) prize; (*в карты и т. п.*) winnings *pl.*; **2.** (*выгода*) gain, advantage; ~ во вре́мени saving of time; **3.** (*победа в чём-л.*) success, victory; ◇ быть в ~е 1) have* won some money; 2) (*извлечь выгоду*) be* the gainer; **~ный 1.** (*о займе и т. п.*) lottery *attr.*; **2.** (*выгодный*) advantageous; (*способствующий успеху*) winning; ~ная роль rewarding part, fat part; ~ный ход good move; ~ное положéние winning/strong position; ~ная нарýжность winsome appearance.

вы́искать(ся) *сов. см.* вы́искивать(ся).

вы́искивать, вы́искать (*вн.*) *разг.* look for (*smth.*); *сов. тж.* find* (*smth.*) out; **~ся,** вы́искаться *разг.* turn up; какóй ýмник вы́искался! what a clever person we have found!

вы́йти *сов. см.* выходи́ть 1, 2, 3, 4, 5, 7, 8, 9.

вы́казать *сов. см.* выкáзывать.

выкáзывать, вы́казать (*вн.*) *разг.* display (*smth.*), show* (*smth.*); ~ хрáбрость display courage.

выкáлывать, вы́колоть (*вн.*) prick out (*smth.*); (*глаз*) put* out (*smth.*); ◇ (темнó) хоть глаз вы́коли it is pitch-dark.

вы́капывать, вы́копать (*вн.*) **1.** dig* (*smth.*); вы́копать я́му dig* a pit; вы́копать пруд dig* a pond; **2.** (*извлекать из земли*) dig* (*smth.*) up; exhume (*smth.*) *книжн.*; **3.** *разг.* (*отыскивать*) dig* (*smth.*) up; откýда вы э́то вы́копали? where on earth did you get that from?

вы́карабкаться *сов. см.* выкарáбкиваться.

выкарáбкиваться, вы́карабкаться *разг.* scramble out; *перен.* get* out, extricate *oneself*; (*поправляться*) pull through, get* over.

выкáрмливать, вы́кормить (*вн.*) bring* (*smb.*, *smth.*) up; raise (*smb.*, *smth.*) *амер.*

вы́катить(ся) *сов. см.* выкáтывать(ся).

выкáтывать, вы́катить (*вн.*) roll (*smth.*) out; (*о коляске, велосипеде и т. п.*) wheel (*smth.*) out; ◇ ~ глазá *разг.* open *one's* eyes wide; stare goggle-eyed; **~ся,** вы́катиться roll out; выкáтывайся! be* off! get* out! clean off!

вы́кать *несов.* address formally, address as "вы."

вы́качать *сов. см.* выкáчивать.

выкáчивать, вы́качать (*вн.*; *прям.* и *перен.*) pump (*smth.*) out.

выки́дывать, вы́кинуть **1.** *см.* выбрáсывать; **2.** (*вн.*) *разг.* play (*smth.*); вы́кинуть из головы́ put* out of *one's* head, dismiss; вы́кинуть нóмер, штýку play a prank/trick; **3.** *разг.* (*о беременной*) have* a miscarriage.

вы́кидыш *м.* **1.** miscarriage; **2.** (*плод*) premature baby.

вы́кинуть *сов. см.* выки́дывать.

выкипáть, вы́кипеть boil away.

вы́кипеть *сов. см.* выкипáть.

вы́кладк|а *ж.* **1.** *обыкн. мн.* (*расчёты, вычисления*) computation *sg.*; **2.** *воен.* kit, equipment; с пóлной ~ой in full equipment/kit; **3.** *разг.* (*кирпичом, плитами*) facing (*снаружи*); lining (*изнутри*).

выклáдыв|ать, вы́ложить **1.** (*вн.*) put* (*smth.*) out; ~ вéщи из чемодáна take* *one's* things out of *one's* suitcase; **2.** (*вн.*) *разг.* (*высказывать, сообщать*) make* a clean breast of it; ~ нóвости give* the latest news; ~ай! out with it!; **3.** (*вн. тв.*; *обкладывать*) face (*smth.* with) (*снаружи*); line (*smth.* with) (*изнутри*); ~ *что-л.* дёрном turf *smth.*; ~ кирпичóм brick; ~ двор кáмнем pave a courtyard; ~ мозáикой inlay with mosaic.

выклáдываться, вы́ложиться *разг.* give* all one has got.

вы́клевать *сов. см.* выклёвывать.

выклёвывать, вы́клевать (*вн.*) **1.** (*вырывать клювом*) peck (*smth.*) out; **2.** (*склёвывать*) peck (*smth.*) up.

выкликáть, вы́кликнуть (*вн.*) call (*smb.*) out; ~ по спи́ску call the roll.

вы́кликнуть *сов. см.* выкликáть.

выключáтель *м.* switch; автомати́ческий ~ cut-out.

выключáть, вы́ключить (*вн.*) turn (*smth.*) off, switch (*smth.*) off; (всю сеть) cut* (*smth.*) off; ~ свет turn out the light; ~ рáдио switch off the radio; ~ сцеплéние disengage the clutch.

вы́ключить *сов. см.* выключáть.

выкля́нчивать, вы́клянчить (*вн.* у *рд.*) *разг.* cadge (*smth.* off), wheedle (*smth.* out of).

вы́клянчить *сов. см.* выкля́нчивать.

вы́ковать *сов. см.* выкóвывать.

выкóвывать, вы́ковать (*вн.*; *прям.* и *перен.*) forge (*smth.*); *перен. тж.* develop (*smth.*).

выковы́ривать, вы́ковырять (*вн.*) *разг.* pick (*smth.*) out.

вы́ковырять *сов. см.* выковы́ривать.

выколáчивать, вы́колотить (*вн.*) beat* (*smth.*) out, knock out (*smth.*); (*ковры и т. п.*) beat* (*smth.*); ~ пыль из *чего-л.* beat* the dust out of *smth.*

вы́колотить *сов. см.* выколáчивать.

вы́колоть *сов. см.* выкáлывать.

вы́копать *сов. см.* выкáпывать.

вы́кормить *сов. см.* выкáрмливать.

вы́кормыш *м. разг.* fosterling.

вы́корчевать *сов. см.* выкорчёвывать.

выкорчёвывать, вы́корчевать (*вн.*) grub up (*smth.*); uproot (*smth.*), root (*smth.*) out; *перен.* eradicate (*smth.*), root (*smth.*) out, extirpate.

выкрáивать, вы́кроить (*вн.*) cut* (*smth.*) out; *перен. разг.* find* (*smth.*); ~ врéмя make*/find* time; ~ дéньги на *что-л.* make* *one's* money run to *smth.*

вы́красить *сов.* (*вн.*) paint (*smth.*); (*о материи, волосах*) dye (*smth.*); **~ся** *сов.* dye.

вы́красть *сов.* (*вн.*) steal* (*smth.*).

вы́крест *м. разг.* convert (to Christianity).

вы́крик *м.* cry, shout.

выкри́кивать, вы́крикнуть (*вн.*) shout (*smth.*).

вы́крикнуть *сов. см.* выкри́кивать.

выкристаллизовáться crystallize (*тж. перен.*).

вы́кроить *сов. см.* выкрáивать.

вы́кройк|а *ж.* pattern; альбóм вы́кроек pattern book; снять ~у cut* out a pattern; шить *что-л.* по ~е make* *smth.* from a pattern.

выкрута́с|ы *мн. разг.* vagaries, freaks, mannerism; челове́к с ~ами an affected, pretentious person, an eccentric.

вы́крутить(ся) *сов. см.* выкру́чивать(ся).

выкру́чивать, вы́крутить (*вн.*) *разг.* **1.** (*вывинчивать*) unscrew (*smth.*); **2.**: ~ руку twist *one's* arm; **~ся**, вы́крутиться *разг.* come* unscrewed; *перен.* wriggle out; ~ из беды́ get* out of the mess.

вы́куп *м.* **1.** (*действие*) ransom, redemption; (*заложенных вещей*) buying back, repurchase; **2.** (*плата*) ransom.

вы́купать *сов. см.* купа́ть.

выкупа́ть, вы́купить (*вн.*) **1.** redeem (*smth.*), buy* (*smth.*) back, repurchase (*smth.*); **2.** (*пленного*) ransom (*smb.*), pay the ransom (for).

вы́купаться *сов. см.* купа́ться.

вы́купить *сов. см.* выкупа́ть.

выку́ривать, вы́курить (*вн.*) **1.** (*папиросу и т. п.*) smoke (*smth.*); **2.** (*выгонять дымом*) smoke (*smb.*) out; *перен. разг.* get* rid (of), drive* out.

вы́курить *сов. см.* выку́ривать.

вы́кусить *сов.*: на́кось, вы́куси! *разг.* you'll get* nothing out of me! you shan't have* it!

выла́вливать, вы́ловить (*вн.*) fish (*smth.*) out; вы́ловить бревно́ из воды́ fish a log out of the water.

вы́лазк|а *ж.* **1.** *воен.* sortie; sally (*тж. перен.*); сде́лать ~у make* a sortie; вражде́бная ~ hostile sally; **2.** (*прогулка*) excursion, outing; лы́жная ~ ski trip.

вы́лакать *сов.* lap up.

выла́мывать, вы́ломать, вы́ломить (*вн.*) wrench (*smth.*) out; вы́ломать дверь break* open a door; вы́ломать замо́к wrench out a lock.

вы́лежать *сов.* stay in bed (until one is better); **~ся** *сов.* **1.** *разг.* have* a spell in bed, have* a complete rest; **2.** (*о фруктах и т. п.*) ripen/mature in storage.

вылеза́ть, вы́лезти **1.** get* out, climb out; **2.** (*о волосах*) fall* out; ◇ из ко́жи вон lay* *oneself* out, strain every nerve.

вы́лезти, вылезть *сов. см.* вылеза́ть.

вы́лепить *сов. см.* лепи́ть 1.

вы́лет *м.* **1.** take-off; вре́мя ~а time of departure/take-off, plane departure; **2.** (*полёт*) flight; боево́й ~ sortie, operation; operational flight.

вылета́ть, вы́лететь **1.** fly* out; (*о самолёте*) leave*, take* off; (*на самолёте*) leave* (by air); (*о пробке*) pop out; *перен. разг.* fly* out; go* flying, *сов.* flung out; вы́лететь из седла́ be* flung out of the saddle; **2.** (*стремительно выезжать, выбежать*) dash out, charge out, rush out; (*о машине и т. п.*) shoot* out; ◇ ~ пу́лей take* off like a shot from a gun; у меня́ э́то вы́летело из головы́ it went right out of my head, plumb forgot it *амер.*; вы́лететь в трубу́ go* bankrupt, bust.

вы́лететь *сов. см.* вылета́ть.

выле́чивать, вы́лечить (*вн.*; *прям.* и *перен.*) cure (*smb.*); **~ся**, вы́лечиться (*прям.* и *перен.*) be* cured, recover; get* better *разг.*

вы́лечить(ся) *сов. см.* выле́чивать(ся).

вылива́ть, вы́лить (*вн.*) **1.** pour (*smth.*) out; (*опоражнивать*) empty (*smth.*); *перен.* pour (*smth.*) out, vent (*smth.*); вы́лить во́ду из ведра́ pour the water out of the pail; он вы́лил на них всё своё негодова́ние he vented his indignation on them; **2.** (*изготовлять литьём*) cast* (*smth.*); **~ся**, вы́литься **1.** flow out, run* out; **2.** (в *вн.*; *принимать какую-л. форму*) take* the shape (of), develop (into); во что вы́льется всё э́то? how will it all end? how will it shape?

вы́лизать *сов. см.* вылизывать.

вылизывать, вы́лизать (*вн.*) lick (*smth.*) clean; *перен. разг.* make* (*smth.*) spotless.

вы́линять *сов.* **1.** fade; **2.** (*о животных*) moult.

вы́литый: ~ оте́ц the image of *one's* father, a chip off the old block.

вы́лить(ся) *сов. см.* вылива́ть(ся).

вы́ловить *сов. см.* выла́вливать.

вы́ложить *сов. см.* выкла́дывать.

вы́ложиться *сов. см.* выкла́дываться.

вы́ломать *сов. см.* выла́мывать.

вы́ломить *сов. разг.см.* выла́мывать.

вы́лупиться *сов. см.* вылупля́ться.

вылупля́ться, вы́лупиться hatch out.

вылу́щивать, вы́лущить **1.** shell; **2.** *мед.* remove.

вы́маз|ать *сов.* (*вн. тв.*) smear (*smth.* with), cover (*smth.* with); ~ *что-л.* дёгтем tar *smth.*; ~ *что-л.* са́лом grease *smth.*; ~анный в грязи́ all muddy; all dirty; **~аться** *сов. разг.* (be)smear *oneself*; get* dirty; ~аться в черни́лах be* covered with ink.

вымаливать, вы́молить (*вн.*) implore (*smth.*); *сов. тж.* get* (*smth.*) by pleading; ~ проще́ние implore forgiveness; он вы́молил себе́ проще́ние his plea for pardon was granted.

выма́нивать, вы́манить *разг.* **1.** (*вн.*; *побуждать выйти*) lure (*smb.*) out/away; **2.** (*вн.* у *рд.*; *добывать лестью*) coax (*smth.* out of); (*обманом*) defraud (*smb.* of), cheat (*smb.* out of); у него́ вы́манили обеща́ние he was fooled into promising.

вы́манить *сов. см.* выма́нивать.

вы́марать *сов. см.* выма́рывать.

выма́рывать, вы́марать (*вн.*) *разг.* **1.** (*пачкать*) dirty (*smth.*), soil; **2.** (*вычёркивать*) strike* (*smth.*) out, smudge (*smth.*) out.

выма́тывать, вымотать use up, exhaust; ◇ ~ всю ду́шу wear* (*smb.*) out, tire (*smb.*) to death; **~ся** be* done up, be* worn out.

выма́чивать, вы́мочить (*вн.*) **1.** (*промачивать*) drench (*smb.*, *smth.*); **2.** (*в чём-л.*) soak (*smth.*), steep (*smth.*); *тех.* ret (*smth.*).

выме́нивать, вы́менять (*вн.* на *вн.*) barter (*smth.* for).

вы́менять *сов. см.* выме́нивать.

вы́мереть *сов. см.* вымира́ть.

вымерза́ть, вы́мерзнуть **1.** (*гибнуть от мороза*) be* destroyed by frost; **2.** (*обращаться в лёд*) freeze* solid.

вы́мерзнуть *сов. см.* вымерза́ть.

вы́мерший extinct; dead.

вы́мести *сов. см.* вымета́ть.

вы́местить *сов. см.* вымеща́ть.

вымета́ть, вы́мести (*вн.*) sweep* (*smth.*); вы́мести пол sweep* the floor; вы́мести сор sweep* up/out the litter; **~ся** *разг.* clear out, clear off.

вымеща́ть, вы́местить **1.** (*вн.*; *отплачивать*) avenge (*smth.*); ~ оби́ду avenge an insult; **2.** (*вн.* на пр.; *удовлетворять чувство злобы*) take* (it) out (on); ~ (свою́) зло́бу на *ком-л.* wreak/vent *one's* anger on *smb.*

вымира́ть, вы́мереть **1.** die out; (*о роде, виде тж.*) become* extinct; **2.** (*о селении, городе и т. п.*) perish, die; у́лицы сло́вно вы́мерли the streets seemed to be dead, there was not a living soul to be seen in the streets.

вымога́тель *м.* extortioner; **~ство** *с.* extortion.

вымога́ть *несов.* (*вн.*) extort (*smth.*).

вымока́ть, вы́мокнуть **1.** (*промокать*) be* wet through; **2.** (*в жидкости*) be* soaked, be* steeped; **3.** (*погибать от обилия влаги*) become* sodden, rot; ◇ вы́мокнуть до ни́тки be* soaked to the skin.

вы́мокнуть *сов. см.* вымока́ть.

вы́молвить *сов.* (*вн.*) *разг.* utter (*smth.*).

вы́молить *сов. см.* выма́ливать.

вы́морочн|ый *юр.* escheated; ~ое иму́щество escheat.

вы́мочить *сов. см.* выма́чивать.

вы́мпел *м.* **1.** streamer; *мор.* pennant, pendant; **2.** *ав.* message bag.

вы́мученный *разг.* (*о стиле, рифме и т. п.*) labored; (*об улыбке*) forced.

вымыва́ть, вы́мыть (*вн.*) **1.** (*мыть*) wash (*smth.*); **2.** (*размывать*) hollow out (*smth.*); **3.** (*смывать*) wash away (*smth.*).

вы́мысел *м.* fiction, figment of the imagination; (*ложь*) lie, fabrication; сплошно́й ~ pure invention.

вы́мыть *сов. см.* вымыва́ть и мыть; **~ся** *сов. см.* мы́ться.

вы́мышленный imaginary, fictitious.

вы́мя *с.* udder.

вына́шивать, вы́носить (*вн.*); ~ ребёнка be* pregnant; carry a child*; ~ мысль let* an idea ripen in *one's* mind; ~ иде́ю hatch an idea.

вы́нести *сов. см.* выноси́ть.

вынима́ть, вы́нуть (*вн.* из *рд.*) take* (*smth.*) out (of); ~ *что-л.* из я́щика take* *smth.* out of a drawer; ~ револьве́р pull out a revolver; ~ шпа́гу из но́жен unsheathe *one's* sword; draw* *one's* sword; ◇ вынь да поло́жь produce it on the spot; as if it were *one's* for the asking.

вы́нос *м.* carrying out; ~ те́ла назна́чен на 12 часо́в the funeral cortege will start at twelve.

выноси́ть *сов. см.* вына́шивать.

выноси́ть, вы́нести (*вн.*) **1.** take* (*smth.*) out, carry (*smth.*) out, remove (*smth.*); вы́нести ме́бель из ко́мнаты carry furniture out of a room; **2.** *разг.* (*доставлять куда-л.*) bring* (*smth.*); ~ *что-л.* на ры́нок bring* *smth.* to market; **3.** (*ставить на обсуждение*) submit (*smth.* for); **4.** (*выбрасывать течением*) carry (*smth.*) out, sweep* (*smth.*) out; ло́дку вы́несло на бе́рег the boat was swept up on the shore; **5.** (*выдерживать, переносить*) stand* (*smth.*), bear* (*smth.*), endure (*smth.*); ~ тяжёлые испыта́ния stand* a severe test; он не вы́нес э́того уда́ра he never recovered from the blow; не ~ посторо́ннего вмеша́тельства brook no interference; **6.**: ~ пригово́р give*/pronounce judgment; ~ реше́ние make*/give* a decision/ruling; ~ резолю́цию pass a resolution; ◇ вы́нести всю тя́жесть *чего-л.* на свои́х плеча́х bear* the burden of *smth.*; ~ за ско́бки put* outside the brackets; ~ сор из избы́ wash *one's* linen in public; я не выношу́ его́ I can't stand him.

выно́слив|ость *ж.* endurance, staying power, stamina; (*растений*) hardiness; **~ый** tough, wiry; hardy (*тж. о растениях*).

вы́нудить *сов. см.* вынужда́ть.

вынужда́ть, вы́нудить (*вн.*; вн. + *инф.*) force (*smth.*; *smb.* + to *inf.*), compel (*smth.*; *smb.* + to *inf.*); вы́нудить обеща́ние у *кого-л.* extract a promise from *smb.*; вы́нудить призна́ние у *кого-л.* extort an admission from *smb.*

вы́нужденн|ый forced; ~ое призна́ние unwilling admission; ~ая поса́дка *ав.* forced landing.

вы́нуть *сов. см.* вынима́ть.

вы́нырнуть *сов.* emerge **1.** (*тж. перен.*); come* to the surface; *перен. разг.* turn up.

вы́нянчить *сов.* (*вн.*) *разг.* bring* up (*smb.*), nurse (*smb.*).

вы́пад *м.* **1.** *зоол.* lunge, thrust; (*в фехтовании тж.*) pass, passade, passado; отве́тный ~ riposte (*тж. перен.*); **2.** (*враждебное выступление*) attack; сде́лать ~ про́тив *кого-л.* make* an attack on *smb.*; **3.** *физ.* fallout.

выпад|а́ть, вы́пасть **1.** fall* out; (*о волосах тж.*) come* out; у него́ ~а́ют зу́бы he's losing his teeth; **2.**: ~ из па́мяти, по́ля зре́ния slip *one's* mind, *one's* memory; **3.** (*об осадках*) fall*; **4.** (*дт.*; *доставаться*) fall* (to); ему́ вы́пала честь he had the honor; ему́ вы́пало сча́стье he had the good fortune; **5.** (*случаться*) happen to be; ночь вы́пала тёмная it happened to be a dark night, the night happened to be a dark one; ◇ ~ *кому-л.* на до́лю fall* to *smb.'s* lot; **~е́ние** *с.* **1.** fall; (*зубов, волос*) loss; **2.** *мед.* prolapsus.

выпа́ивать, вы́поить (с *вн.*) feed* (*smb.*, *smth.*).

вы́палить *сов. разг.* **1.** fire; ~ из ружья́ fire off a gun; **2.** (*вн.*; *сказать*) come* out (with), blurt (*smth.*) out.

выпа́ривать, вы́парить (*вн.*) **1.** evaporate (*smth.*); **2.** (*очищать паром*) steam (*smth.*); disinfect (by steaming).

вы́парить *сов. см.* выпа́ривать.
выпа́рывать, вы́пороть (*вн.*) rip out (*smth.*).
вы́пасть *сов. см.* выпада́ть.
вы́пачк|ать *сов.* (*вн.*) *разг.* get*/make* (*smth.*) dirty, soil; ~ па́льцы черни́лами get* ink on *one's* fingers; я ~ала пла́тье I got my dress dirty; **~аться** *сов. разг.* get* dirty; smudge *oneself*; ~аться в са́же make* *oneself* sooty.
выпека́ть, вы́печь (*вн.*) bake (*smth.*); **~ся**, вы́печься bake; *сов. тж.* be* baked.
выпе́ндриваться *несов. разг.* put* on, show* off.
вы́переть *сов. разг.* throw* out, kick out, sling out.
вы́печка *ж.* baking.
вы́печь(ся) *сов. см.* выпека́ть(ся).
выпива́ла *м. разг.* tippler.
выпив|а́ть, вы́пить **1.** (*вн.*) drink* (*smth.*); (*о спиртном тж.*) have* a drop (of); вы́пить стака́н ча́ю, ко́фе *и т. п.* have* a glass of tea, coffee *etc.*; вы́пить до дна drink* up; drain *one's* glass; вы́пить за́лпом gulp/toss down; **2.** *тк. несов. разг.* (*иметь склонность к спиртным напиткам*) drink*, go* in for drinking; он иногда́ ~а́ет he has a few drinks occasionally; он вы́пил ли́шнее he has had one too many, he's had one over eight.
вы́пивка *ж. разг.* **1.** (*попойка*) drinking session, drinking-bout; **2.** (*напитки*) drinks *pl.*
выпиво́ха *м. разг.* tippler, boozer.
вы́пивши *разг.* drunk.
выпи́ливание *с.* fretwork.
выпи́ливать, вы́пилить (*вн.*) **1.** (*вырезать отверстие*) saw* (*smth.*); **2.** (*изготовлять что-л. пилкой*) cut* out (*smth.*); выпи́ливать ра́мку cut* out a frame.
вы́пилить *сов.* **см.** выпи́ливать.
выпира́ть *несов. разг.* bulge, protrude; *разг.* be* obvious.
вы́писать(ся) *сов. см.* выпи́сывать(ся).
вы́писка *ж.* **1.** (*извлечение из книги и т. п.*) extract; excerpt; ~ из протоко́ла extract from the minutes; **2.** (*газет и т. п.*) subscription (to); **3.** (*из больницы*) discharge.
выпи́сывать, вы́писать (*вн.*) **1.** (*делать выписки*) extract (*smth.*), copy out (*smth.*); ~ отры́вки из кни́ги extract passages from a book, copy out passages from a book; **2.** (*тщательно писать*) write* (*smth.*) out; ~ ка́ждую бу́кву form each letter carefully; **3.** (*квитанцию, ордер и т. п.*) make* out (*smth.*); **4.** (*заказывать*) order (*smth.*); **5.** (*газету, журнал и т. п.*) take* (*smth.*), subscribe (to); **6.** (*вызывать письмом и т. п.*) write* for (*smb.*) to come; **7.** (*исключать из списка*) discharge (*smb.*); ~ *кого-л.* из больни́цы discharge *smb.* from hospital; **~ся**, вы́писаться check out; ~ся из больни́цы be* discharged from hospital.
вы́пить *сов. см.* пить 1, 3 и выпива́ть 1.
выпи́хивать, вы́пихнуть (*вн.*) *разг.* push (*smb.*) out, shove (*smb.*) out, bundle (*smb.*) out.
вы́пихнуть *сов. см.* выпи́хивать.

вы́плавить *сов. см.* выплавля́ть.
вы́плавк|а *ж.* **1.** (*действие*) smelting; ~ чугуна́ production of pig iron; **2.** (*количество выплавленного металла*) melt, output; увели́чить су́точную ~ increase the daily melt.
выплавля́ть, вы́плавить (*вн.*) smelt (*smth.*), make* (*smth.*); ~ сталь make* steel.
вы́плакать *сов.* **1.** ~ горе sob out *one's* grief; ~ все глаза́ cry *one's* eyes out; (*выпросить*) *разг.* obtain by weeping, get* by dint of *one's* tears; **2.** **~ся** *сов.* have* a good cry, cry *one's* heart out.
вы́плат|а *ж.* payment; гаранти́йная ~ guarantee payment; компенсацио́нная ~ compensatory payment; ~ ава́нсом payment in advance; ~ де́нежного возмеще́ния payment of damages; ~ дивиде́ндов payment of dividends; ~ жа́лованья payroll payment; ~ по контра́ктам contract payments; ~ по креди́там payment for credits; ~ при́были payment of profits; ~ проце́нтов payment of interests; **~ить** *сов. см.* выпла́чивать.
выпла́чивать, вы́платить (*вн.*) pay* (*smth.*); (*полностью*) pay* (*smth.*) off, pay* (*smth.*) in full; ~ в рассро́чку get* by installments, pay* on the installment plan.
выплёвывать, вы́плюнуть (*вн.*) spit* (*smth.*) out.
выплёскивать, вы́плеснуть (*вн.*) tip (*smth.*) out; ◇ вы́плеснуть с водо́й и ребёнка throw* out the baby with the (bath) water.
вы́плеснуть *сов. см.* выплёскивать.
выплыва́ть, вы́плыть **1.** (*подниматься на поверхность воды*) come* up, break* surface; (*выбираться на берег*) swim* ashore; **2.** (*возникать — о вопросе и т. п.*) emerge, come* up; **3.** (*плывя, появляться*) swim* out, emerge; (*на парусах*) sail out (*тж. перен.*) луна́ вы́плыла из-за туч the moon sailed out from behind the clouds.
вы́плыть *сов. см.* выплыва́ть.
вы́плюнуть *сов. см.* выплёвывать.
выпола́скивать, вы́полоскать (*вн.*) rinse (out) (*smth.*).
выполза́ть, вы́ползти creep* out, crawl out.
выползти́ *сов. см.* выполза́ть.
выполн|е́ние *с.* (*плана*) fulfillment, carrying-out, execution; ~ зака́за execution of an order; ~ контра́кта carrying out of a contract; ~ тамо́женных форма́льностей attendance to customs formalities; (*обязанностей*) discharge, performance; **~и́мый** feasible; capable of execution *после сущ.*
вы́полнить *сов. см.* выполня́ть.
выполня́ть, вы́полнить (*вн.*) **1.** (*осуществлять*) fulfill (*smth.*), carry out (*smth.*), execute (*smth.*); (*обязанности*) perform (*smth.*), discharge (*smth.*); ~ свой долг do*/perform *one's* duty; ~ своё обеща́ние keep* *one's* promise; ~ обяза́тельство fulfil/implement an obligation; ~ план на 110% exceed the plan by ten per cent; ~ прика́з carry out *one's* orders; не ~ прика́за fail to comply; **2.** (*создавать*) do* (*smth.*), make* (*smth.*), execute (*smth.*).

выполня́ться *несов.* be* fulfilled, be* carried out.

вы́полоскать *сов. см.* выпола́скивать.

вы́полоть *сов.* (*вн.*) pull (*smth.*) out; (*грядки и т. п.*) weed (*smth.*).

вы́пороть I *сов. см.* выпа́рывать.

вы́пороть II *сов. см.* поро́ть II.

вы́порхнуть *сов.* flutter out, flit out.

вы́потрошить *сов. см.* потроши́ть.

вы́править(ся) *сов. см.* выправля́ть(ся).

вы́правка *ж.* (*осанка*) bearing, carriage.

выправля́ть, вы́править (*вн.*) **1.** (*выпрямлять*) straighten out (*smth.*); **2.** (*исправлять*) correct (*smth.*); (*ошибку*) rectify (*smth.*); **3.** (*улучшать*) put* (*smb.*, *smth.*) right; **~ся**, вы́правиться **1.** (*выпрямляться*) straighten out; **2.** *разг.* (*исправляться*) improve.

выпра́шивать, вы́просить (*вн.* у *рд.*) cadge (*smth.* off), wheedle (*smth.* out of); *несов. тж.* try to wheedle (*smth.* out of).

выпрова́живать, вы́проводить (*вн.*) *разг.* send* (*smb.*) about his, her business, send* (*smb.*) packing; show* the door.

вы́проводить *сов. см.* выпрова́живать.

вы́просить *сов. см.* выпра́шивать.

выпры́гивать, вы́прыгнуть jump out (of); ~ в окно jump out of a window; ~ из маши́ны jump out of a car.

вы́прыгнуть *сов. см.* выпры́гивать.

выпряга́ть, вы́прячь (*вн.*) unharness (*smth.*), unhitch (*smth.*).

выпрями́тель *м. эл.* rectifier.

вы́прям|ить(ся) *сов. см.* выпрямля́ть(ся); **~ле́ние** *с.* straightening out; ~ле́ние то́ка *эл.* rectification.

выпрямля́ть, вы́прямить (*вн.*) straighten (*smth.*); ~ ток *эл.* rectify the current; **~ся**, вы́прямиться straighten *one's* back; ~ся во весь рост draw* *oneself* up to *one's* full height.

вы́прячь *сов. см.* выпряга́ть.

вы́пукло in relief; *перен.* (*выразительно*) vividly.

вы́пукло-во́гнутый convexo-concave.

вы́пукл|ость *ж.* **1.** (*свойство*) convexity; **2.** (*выпуклое место*) bulge; protuberance; **~ый 1.** convex; ~ое стекло́ convex glass; **2.** (*выдающийся вперёд*) protuberant; (*о глазах, лбе*) bulging; *перен.* (*выразительный*) vivid, clear, distinct; ~ый о́браз vivid picture.

вы́пуск *м.* **1.** (*денег, акций и т. п.*) issue; (*книг, газет*) publication; (*в продажу, на экран*) release; (*пара, воды и т. п.*) discharge; (*из учебного заведения*) graduation; **2.** *уст.* (*сокращение, исключение*) cut; **3.** (*номер журнала*) number, issue; (*часть издания*) installment; **4.** (*количество выпущенной продукции*) output; **5.** (*количество окончивших вуз*) (the number of) graduates; (*количество окончивших среднюю школу*) (the number of) leavers; ~ про́шлого го́да last year's leavers.

выпуск|а́ть, вы́пустить (*вн.*) **1.** let* (*smb.*, *smth.*) out* не ~ *кого-л.* из дому not let *smb.* out of the house; вы́пустить *что-л.* из рук let* *smth.* go, relinquish *one's* hold on *smth.*; **2.** (*дым, воду и т. п.*) discharge (*smth.*); ~ пары́ blow* off steam; **3.** (*освобождать*) release (*smb.*, *smth.*); вы́пустить *кого-л.* на свобо́ду set* *smb.* at liberty; **4.** (*из учебного заведения*) prepare (*smb.*), train (*smb.*); институ́т ~а́ет в э́том году́ 150 студе́нтов a hundred-and-fifty students will graduate from the institute this year; институ́т ~а́ет матема́тиков и фи́зиков the instiute prepares/trains mathematicians and physicists; **5.** (*изделия, товары и т. п.*) produce (*smth.*), turn out (*smth.*); ~ проду́кцию сверх пла́на exceed *one's* production target; ~ *что-л.* в прода́жу release *smth.* for sale; ~ *что-л.* на ры́нок put* *smth.* on the market; **6.** (*книги и т. п.*) publish (*smth.*); (*фильм*) release (*smth.*); **7.** (*пускать в обращение*) issue (*smth.*); ~ заём issue a loan; ~ ма́рки issue stamps; **8.** (*исключать, выкидывать*) omit (*smth.*), cut* (*smth.*); вы́пустить стро́чку omit/miss a line; **9.** (*выставлять наружу*) shoot* out (*smth.*), thrust; out (*smth.*); ~ ко́гти show* its claws; ◇ вы́пустить снаря́д eject a shell; вы́пустить в свет publish, issue.

выпускн|и́к *м.* graduate, final-year student; (*школьник тж.*) leaver; **~о́й**: ~о́й класс leavers' class; graduation-class; ~о́й курс final-year students *pl.*; ~о́й экза́мен final/passing-out examination; finals *pl.*; ~о́й ве́чер exhibition *амер.*; ~о́е отве́рстие outlet; ~о́й кла́пан exhaust-valve.

вы́пустить *сов. см.* выпуска́ть.

вы́путать *сов. см.* выпу́тывать.

выпу́тывать *несов.* disentangle; **~ся** extricate *oneself*, disentangle *oneself*.

вы́путаться *сов. см.* выпу́тываться.

вы́пуч|енный *разг.*: с ~енными глаза́ми wide-eyed, goggle-eyed.

вы́пучить *сов.*: ~ глаза́ *разг.* goggle.

вы́пытать *сов. см.* выпы́тывать.

выпы́тывать, вы́пытать (*вн.* у *рд.*) *разг.* drag (*smth.* out of), pump (*smth.* out of); *несов. тж.* try to elicit (*smth.* from).

выпь *ж. зоол.* bittern.

выпя́ливать, вы́пялить: ~ глаза́ open *one's* eyes wide, stare.

вы́пятить(ся) *сов. см.* выпя́чивать(ся).

выпя́чивать, вы́пятить (*вн.*) *разг.* thrust* out (*smth.*); *перен.* (*особо подчёркивать*) play up (*smth.*); emphasize (*smth.*), lay* stress (upon); **~ся**, вы́пятиться *разг.* protrude; stick* out (*тж. перен.*).

выраба́тывать, вы́работать (*вн.*) **1.** (*производить*) manufacture (*smth.*), produce (*smth.*); **2.** (*план и т. п.*) work (*smth.*) out; **3.** (*воспитывать*) develop (*smth.*); ~ в себе́ си́лу во́ли develop *one's* will; **4.** (*зарабатывать*) earn (*smth.*), make* (*smth.*); **~ся**, вы́работаться form, develop; у него́ вы́работалась привы́чка ра́но встава́ть he has developed the habit of getting up early.

вы́работать(ся) *сов. см.* выраба́тывать(ся).

вы́работк|а *ж.* **1.** (*производство*) manufacture; тка́ни ручно́й ~и handmade fabrics; **2.** (*ко-

личество выработанного) output, production; yield; (сре́дняя) ~ одного́ рабо́чего (average) individual output; **3.** *разг.* *(качество)* quality; гру́бая ~ coarse quality; хоро́шей ~и well made; **4.** *обыкн. мн.* *(место добычи)* workings.

выра́внивание *с.* smoothing-out, levelling, equalization; *фин.* evening up.

выра́внивать, вы́ровнять *(вн.)* **1.** *(делать ровным, гладким)* smooth *(smth.)*, level *(smth.)*; ~ доро́гу level a road, give* a road a level surface; **2.** *(выпрямлять)* steer/fly* *(smth.)* straight; *(в горизонтальной плоскости)* fly* *(smth.)* level; **3.** *(располагать в ряд)* align *(smth.)*; *воен.* dress *(smth.)*; ◇ вы́ровнять шаг keep* in step; **~ся,** вы́ровняться **1.** *(выпрямляться)* straighten out; *(горизонтально)* flatten out; **2.** *(располагаться в ряд)* line up; *воен.* dress; *спорт.* equalize; **3.** *(выправляться)* improve.

выраж|а́ть, вы́разить *(вн.)* **1.** express *(smth.)*; ~ благода́рность *кому-л.* express *one's* thanks to *smb.*; ~ проте́ст voice *one's* protest; ~ *что-л.* слова́ми put* *smth.* into words; **2.** *тк. несов.* *(обозначать)* denote *(smth.)*, express *(smth.)*; **3.** *(обозначать в каких-л. единицах)* express *(smth.)*; **~а́ться,** вы́разиться **1.** *(пр.; проявляться)* find* expression (in), manifest itself (in); *(принимать форму)* take* the form (of); ~а́ться в том, что... express itself in the fact that...; **2.** *(высказываться)* express *oneself*; *разг.* swear*, use swear words; ◇ мя́гко ~а́ясь to put it mildly; **~е́ние** *с.* expression; ~е́ние лица́ expression; си́льные ~е́ния strong language *sg.*; ◇ чита́ть без ~е́ния read* monotonously, read* without any expression; с ~е́нием with expression.

вы́раженн|ый: я́рко, ре́зко ~ pronounced, marked; сла́бо ~ slight; я́рко ~ая фо́рма боле́зни an acute form of a disease; ре́зко ~ый акце́нт very pronounced accent.

вырази́тель *м.* spokesman*, mouthpiece.

вырази́тельн|ость *ж.* expressiveness; **~ый 1.** expressive; ~ые глаза́ eloquent eyes; **2.** *разг.* *(многозначительный)* meaningful, significant.

вы́разить *сов. см.* выража́ть 1, 3; ~ся *сов. см.* выража́ться.

выраста́ть, вы́расти **1.** *(становиться больше)* grow*; как вы вы́росли! how you have grown!; де́рево вы́росло до огро́мных разме́ров the tree grew to an enormous size; ~ из оде́жды grow* out of *one's* clothes; **2.** *(достигать зрелого возраста)* grow* up; он совсе́м вы́рос he is quite grown-up now; **3.** (в *(вн.)*; *становиться кем-л.*) become *(smb.)*, develop (into); он вы́рос в кру́пного учёного he became a great scientist; **4.** *(увеличиваться)* increase, grow*; **5.** *(появляться)* appear, come* into sight; ◇ вы́расти в *чьих-л.* глаза́х grow*/improve in *smb.'s* opinion, go* up in *smb.'s* estimation.

вы́расти *сов. см.* выраста́ть.

вы́растить *сов. см.* выра́щивать.

выра́щивать, вы́растить *(вн.)* *(растения)* grow* *(smth.)*, raise *(smth.)*, cultivate *(smth.)*; *(животных)* rear *(smth.)*, breed* *(smth.)*; *(детей)* bring* up *(smb.)*; *перен.* *(кадры)* train *(smb.)*.

вы́рвать I *сов. см.* вырыва́ть I.

вы́рва|ть II *сов. безл. разг.*: его ~ло he was sick, he was ill; he vomitted.

вы́рваться *сов. см.* вырыва́ться 2, 3, 4.

вы́рез *м.* cut, slit; блу́зка с треуго́льным ~ом blouse with a V-neck; пла́тье с ни́зким ~ом low-necked dress.

вы́резать *сов. см.* выреза́ть и ре́зать 4.

выреза́ть, вы́резать *(вн.)* **1.** cut* *(smth.)* out; *(удалять)* remove *(smth.)*; **2.** *(гравировать)* carve *(smth.)* *(на дереве)*; engrave *(smth.)* *(на металле)*; **3.** *(истреблять)* slaughter *(smb., smth.)*, butcher *(smb., smth.)*.

вы́резка *ж.* **1.** *(действие)* cutting out; **2.** *(вырезанное место)* cut; газе́тная ~ press cutting; press clipping; **3.** *(часть туши)* fillet, sirloin.

вы́рисовать(ся) *сов. см.* вырисо́вывать(ся).

вырисо́вывать, вы́рисовать *(вн.)* trace *(smth.)* out, draw* in detail; *(тщательно писать)* inscribe *(smth.)*; **~ся,** вырисо́вываться be* outlined, come* into view.

вы́ровнять(ся) *сов. см.* выра́внивать(ся).

вы́родить *сов. см.* вырожда́ться.

вы́родок *м. разг.* degenerate; ◇ он ~ в на́шей семье́ he is a black sheep in our family.

вырожд|а́ться, вы́родиться degenerate; **~е́ние** *с.* degeneracy.

вы́ронить *сов.* *(вн.)* drop *(smth.)*, let* *(smth.)* fall; ~ *что-л.* из рук drop *smth.*

вы́рост *м.*: шить на ~ make* (clothes) with room for growth.

выруба́ть, вы́рубить *(вн.)* **1.** *(срубать)* cut* *(smth.)* down; *(о деревьях тж.)* fell *(smth.)*; **2.** *(извлекать, рубя)* cut* *(smth.)* out; *(топором)* hack *(smth.)* out; **3.** *(высекать)* cut* *(smth.)* out; carve *(smth.)*; **4.** *горн* . cut* *(smth.)*, dig* *(smth.)*; ◇ ~ свет *разг.* switch off the current.

вы́рубить *сов. см.* выруба́ть.

вы́рубиться *сов. разг.* faint, lose* consciousness.

вы́рубка *ж.* **1.** *(действие)* cutting; **2.** *(вырубленное место в лесу)* clearing.

вы́ругать *сов. см.* руга́ть; **~ся** *сов.* swear*.

выру́ливать *ав.* taxi.

выруча́ть, вы́ручить *(вн.)* *разг.* **1.** *(помогать)* come to the help of *smb.*, rescue *smb.*, help *(smb.)* out; ~ *кого-л.* из беды́ help *smb.* out of a difficulty; **2.** *(получать за проданное)* receive *(smth.)* (in cash).

вы́ручить *сов. см.* выруча́ть.

вы́ручк|а *ж.* **1.** *разг.* *(помощь)* aid; прийти́ на ~у *кому-л.* come* to the assistance/rescue of *smb.*; **2.** *(деньги)* receipts, returns, proceeds, takings *pl.*; ва́ловая ~ gross receipts, gross proceeds; валю́тная ~ currency earnings/returns/receipts; дневна́я ~ daily receipts; сре́дняя ~ average revenue; чи́стая ~ net avails; ~ не́тто net proceeds; ~ от прода́жи proceeds of sales, returns from sales.

вырыва́ть I, вы́рвать (*вн.*) pull (*smth.*) out; (*с большой силой*) wrench (*smth.*) out; (*о растении*) pull (*smth.*) up, tear* (*smth.*) up; *перен.* force (*smth.*); ~ *что-л.* из рук snatch *smth.* out of *smb.'s* hands; ~ зуб extract a tooth*, take* out a tooth*; ~ страни́цу tear* out a page; вы́рвать согла́сие у *кого-л.* wring* consent from *smb.*; вы́рвать призна́ние у *кого-л.* force an admission from *smb.*; вы́рвать с ко́рнем uproot.

вырыва́ть II, вы́рыть (*вн.*) **1.** (*яму и т. п.*) dig* (*smth.*); **2.** (*извлекать*) dig* up (*smth.*).

вырыва́ться, вы́рваться **1.** *тк. несов.* (*пытаться освободиться*) struggle to get free, try to break away; **2.** (*высвобождаться*) break* away; break* loose, get* away (from); вы́рваться из *чьих-л.* объя́тий tear* *oneself* away from *smb.'s* embrace; вы́рваться из *чьих-л.* рук break* loose from *smb.'s* grip; вы́рваться на свобо́ду escape, free *oneself*; вы́рваться из окруже́ния escape from encirclement; **3.** (*стремительно появляться*) escape, burst* out, break* through; (*о пламени, дыме тж.*) gush out; у меня́ нево́льно вы́рвалось э́то сло́во I didn't mean to use that word; **4.** (*уходить вперёд*) break* away, forge ahead.

вы́рыть *сов. см.* вырыва́ть II.

вы́рядиться *сов. разг.* get*/dress *oneself* up; (*о женщинах тж.*) put* on *one's* best bib and tucker.

вы́сад|ить(ся) *сов. см.* выса́живать(ся); **~ка** *ж.* **1.** (*с судна*) disembarkation, debarkation, landing; (с поезда) detrainment; ~ (возду́шного) деса́нта (airborne) landing; **2.** (*растений*) bedding out, transplanting.

выса́живать, вы́садить (*вн.*) **1.** put* (*smb.*, *smth.*) down; (*принудительно*) put* (*smb.*) off; (на берег) put* (*smb.*) ashore, disembark (*smb.*), land (*smb.*); **2.** (*растения*) bed (*smth.*) out; transplant (*smth.*); **~ся**, вы́садиться land; (из *рд.*) get* out (of), get* off (*smth.*), alight (from); (*с судна*) disembark (from).

выса́сывать, вы́сосать (*вн.*) suck dry, suck (*smth.*) out; ◇ ~ из па́льца *что-л.* make* *smth.* up, concoct *smth.*; ~ все со́ки exhaust, wear* out.

вы́свободить(ся) *сов. см.* высвобожда́ть(ся).

высвобожда́ть, вы́свободить (*вн.*) **1.** free (*smth.*), liberate (*smth.*); ~ но́гу из стре́мени take* *one's* foot* out of the stirrup; **2.** (*средства, людей*) make* (*smth.*) available, release (*smb.*, *smth.*); **~ся**, вы́свободиться **1.** free *oneself*, release *oneself*; **2.** (*о средствах и т. п.*) become* available.

высева́ть, вы́сеять (*вн.*) sow* (*smth.*).

высека́ть, вы́сечь **1.** (*вн.* на, в пр.; *вырубать*) cut* (*smth.* on, out of), hew* (*smth.* out of); **2.** (*вн.* из *рд.*; *ваять*) carve (*smth.* out of); вы́сеченный из ка́мня carved out of stone, hewn from stone; ◇ ~ ого́нь strike* fire, strike* a spark.

выселе́нец *м.* evacuee.

выселе́ние *с.* eviction.

вы́селить(ся) *сов. см.* выселя́ть(ся).

выселя́ть, вы́селить (*вн.*) evict (*smb.*); **~ся**, вы́селиться move.

вы́сечь I *сов. см.* высека́ть.

вы́сечь II *сов. см.* сечь 1.

вы́сеять *сов. см.* высева́ть.

вы́сидеть *сов. см.* выси́живать.

выси́живать, вы́сидеть **1.** *разг.* (*оставаться*) remain, stay; я не мог вы́сидеть до конца́ I simply couldn't sit it out; **2.** (*вн.*; *птенцов*) hatch out (*smth.*).

вы́ситься *несов.* (над *тв.*) tower (above).

выска́бливать, вы́скоблить (*вн.*) **1.** (*поверхность*) scrape (*smth.*); **2.** (*удалять скоблением*) scrape (*smth.*) off; (*написанное*) scrape (*smth.*) out; **3.** *мед.* curette (*smth.*).

вы́сказать(ся) *сов. см.* выска́зывать(ся).

выска́зывание *с.* statement, utterance, pronouncement.

выска́зывать, вы́сказать (*вн.*) state (*smth.*), express (*smth.*), voice (*smth.*); (*вн. дт.*) tell* (*smb.*, *smth.*); ~ предположе́ние voice a supposition; вы́сказать *кому-л.* всю пра́вду в глаза́ tell* *smb.* the truth to his, her face; вы́сказать сомне́ние express doubt; **~ся**, вы́сказаться **1.** speak* (out), express/state *one's* opinion; да́йте ему́ вы́сказаться! let him have his say!; ~ся в по́льзу *кого-л.*, *чего-л.* speak* up for *smb.*, *smth.*; предложи́ть *кому-л.* вы́сказаться invite *smb.* to state his, her opinion; **2.** (за *вн.*, против *рд.*) speak* (for, against), come* out (in favor of, against).

выска́кивать, вы́скочить **1.** jump out, leap* out; вы́скочить из окна́ jump/leap* out of a window; **2.** *разг.* (*поспешно выбегать и т. п.*) pop out; вы́скочить вперёд get* in front, forge ahead; **3.** *разг.* (с *тв.*; *раньше других ввязываться в какое-л. дело*) be* in a hurry (with + to *inf.*); ~ с замеча́ниями be* in a hurry to make remarks; **4.** *разг.* (*падать откуда-л.*) come* out; вы́скочить из рук slip out of *one's* hands; ◇ вы́скочить из головы́, из па́мяти go* right out of *one's* head, slip *one's* memory.

выска́льзывать, вы́скользнуть slip out.

вы́скоблить *сов. см.* выска́бливать.

вы́скользнуть *сов. см.* выска́льзывать.

вы́скоч|ить *сов. см.* выска́кивать; **~ка** *м.* и *ж. разг.* upstart, parvenu.

вы́слать *сов. см.* высыла́ть.

вы́следить *сов. см.* высле́живать.

высле́живать, вы́следить (*вн.*) track (*smb.*); trail (*smb.*); trace (*smb.*); *сов. тж.* track (*smb.*) down, run* (*smb.*) to earth.

вы́слуг|а *ж.*: за ~у лет for length of service.

выслу́живаться, вы́служиться (перед *тв.*) *разг.* curry favor (with); ingratiate *oneself* (with).

вы́служиться *сов. см.* выслу́живаться.

вы́слушать *сов. см.* выслу́шивать.

выслу́шивание *с. мед.* auscultation.

выслу́шивать, вы́слушать (*вн.*) **1.** listen (to); (*до конца*) listen to the whole (of); вы́слушать *кого-л.* listen to what *smb.* has to say; hear* *smb.* out; я не вы́слушал ле́кции до конца́ I didn't stay to the end of the lecture; вы́слушать о́бе сто́роны listen to both sides of the story; **2.** *мед.* examine (*smb.*, *smth.*); (*лёгкие*) sound (*smth.*).

высма́тривать, вы́смотреть (*вн.*) **1.** (*находить, замечать*) spot (*smb. smth.*), detect (*smb.*, *smth.*); **2.** (*разглядывать*) observe (*smth.*); *сов. тж.* spot (*smth.*); ◇ вы́смотреть глаза́ tire *one's* eyes out.

высме́ивать, вы́смеять (*вн.*) scoff (at), make* fun (of), ridicule (*smb.*), deride (*smb.*), mock (*smb.*).

вы́смеять *сов. см.* высме́ивать.

вы́сморкать *сов.*: ~ нос blow* *one's* nose; **~ся** *сов. см.* сморка́ться.

вы́смотреть *сов. см.* высма́тривать.

высо́вывать, вы́сунуть (*вн.*) put* out (*smth.*), thrust out (*smth.*); ~ язы́к put*/stick* out *one's* tongue; **~ся,** вы́сунуться lean* out; (*торчать*) stick* out, show*; ~ся из окна́ lean*/put* *one's* head out of the window; бежа́ть, вы́сунув язы́к run* without pausing for breath; нельзя́ вы́сунуть но́су из до́ма you can't even stick your nose (out of the house).

высо́к|ий 1. high; (*о человеке, животном*) tall; ~ ма́льчик tall boy; ~ дом tall/high building; ~ая ме́стность high locality, high ground; ко́мната с ~им потолко́м room with a high ceiling; ~ая вода́ high water; (*при приливе*) high tide; **2.** (*большой, значительный*) high; ~ урожа́й high yield, big crop, bumper crop/harvest; ~ая производи́тельность труда́ high productivity of labor; **3.** (*отличный, хороший*) great; ~ое мастерство́ great skill; ~ая оце́нка high appreciation/assessment; **4.** (*почётный, важный*) high; ~ая награ́да high award; ~ая честь great honor; ~ гость honored guest; **5.** (*возвышенный*) elevated, lofty; ~ поры́в lofty urge/impulse; **6.** (*о звуках*) high, high-pitched; ◇ Высо́кие Догова́ривающиеся Сто́роны the High Contracting Parties; ~ая грудь high breast; ~ лоб high forehead; lofty brow; ~ая та́лия short waist; быть ~ого мне́ния о *ком-л.* have* a high opinion of *smb.*, think* highly of *smb.*

высоко́ 1. *нареч.* high, high up, ~ в не́бе high (up) in the sky; (*о светилах тж.*) high in the heavens; ~ над голово́й far above *one's* head; ~ над у́ровнем мо́ря high above sea level; ~ подня́ться climb high; ~ держа́ть го́лову hold* *one's* head high; ~ цени́ть *кого-л.* value *smb.* highly, hold* *smb.* in high esteem; **2.** *в знач. сказ.* it is high; до верши́ны горы́ ещё ~ it is still a long way to the top of the mountain.

высокоблагоро́дие *с. ист.* (ваше) ~ your Honor.

высоково́льтн|ый *эл.* high voltage *attr.*, high-tension *attr.*; ~ые се́ти high-tension lines.

высокого́рный high-mountain *attr.*, high-altitude *attr.*, Alpine.

высокоиде́йный high-principled.

высокока́чественный high-quality *attr.*, high-grade *attr.*

высококульту́рный: ~ челове́к very cultivated/cultured person.

высокоме́р|ие *с.* haughtiness, superciliousness, arrogance; **~ный** haughty, supercilious, arrogant.

высокомолекуля́рный high-molecular.

высокоодарённый very talented; highly endowed; gifted.

высокопа́рный high-flown, grandiloquent.

высокопоста́вленн|ый high-ranking, high-level; ~ое лицо́ high ranker.

высокопревосходи́тельство *с. ист.* (ва́ше) ~ your Excellency.

высокопреосвяще́нство *с. церк.* (ва́ше) ~ your Eminence.

высокопреподо́бие *с. церк.* (ва́ше) ~ your Reverence.

высокопродукти́вн|ый highly productive; ~ая о́трасль се́льского хозя́йства highly productive branch of agriculture.

высокопроизводи́тельн|ый highly efficient, highly productive; ~ые станки́ highly efficient machines; ~ые ме́тоды труда́ highly productive (work) methods.

высокора́звитый highly developed; ~ая страна́ highly developed country.

высокосо́ртный high-grade, high-quality *attr.*

высокоро́дие *с. ист.* (ва́ше) ~ your Honor.

высокоуважа́емый *уст.* honored (Sir), respected (Sir).

высокоурожа́йн|ый high-yield *attr.*; ~ые культу́ры high-yield crops.

высокочасто́тный high frequency *attr.*

вы́сосать *сов. см.* выса́сывать.

высот|а́ *ж.* **1.** height; *ав., геогр., астр. тж.* altitude; **2.** (*возвышенность, холм*) elevation; height; **3.** (*звука*) pitch; ◇ быть на ~е́ положе́ния rise* to the occasion; на до́лжной ~е́ up to the mark; не на ~е́ not at *one's* best; кома́ндные ~ы commanding heights (*тж. перен.*).

высо́тник *м.* **1.** (*строитель*) spiderman*; **2.** (*о лётчике*) high-altitude pilot; (*об альпинисте*) high-altitude climber.

высо́тный 1. high-altitude *attr.*; **2.** (*о здании*) tall; ~ дом high-rise(r).

высотоме́р *м.* **1.** *ав.* altimeter; **2.** *воен.* height-binder.

вы́сох|нуть *сов. см.* высыха́ть; **~ший** dry; (*о листьях и т. п.*) shrivelled, withered; *перен.* (*о человеке*) wizened, dried-up.

высоча́йший the highest, the greatest, imperial.

высоче́нный *разг.* very high, very tall.

высо́чество *с.* (ваше) ~ your Highness.

вы́спаться *сов. см.* высыпа́ться II.

выспра́шивать, вы́спросить (*вн.* у *рд.*) *разг.* pump (*smth.* out of).

вы́спросить *сов. см.* выспра́шивать.

вы́став|ить(ся) *сов. см.* выставля́ть(ся); **~ка** *ж.* exhibition, show; exposition *амер.*; ~ в витри́не магази́на window-display; ~ карти́н exhibition of paintings; ~ соба́к dog show; всеми́рная ~ка world fair; междунаро́дная ~ international exhibition; национáльная ~ national exhibition; отраслевáя ~ sectoral/branch exhibition; промы́шленная ~ industrial exhibition; сельскохозя́йственная ~ agricultural exhibition; торгóво-промы́шленная ~ trade and industrial exhibition; худóжественная ~ art exhibition; ~-продáжа selling exhibition, exhibition-cum-sale; ~-я́рмарка fair, show.

выставля́ть, вы́ставить (*вн.*) **1.** (*вынимать вставленное*) take* (*smth.*) out, remove (*smth.*); ~ рáму remove the window frame; **2.** (*наружу*) put* (*smth.*) out; *перен. разг.* (*выгонять*) turn (*smb.*) out; ~ на свет expose to the light; ~ *кого-л.* за дверь turn *smb.* out of doors, turn *smb.* out of the house, give* the brush off; **3.** (*выдвигать вперёд*) put* (*smth.*) forward; stick* out (*smth.*); ~ кулáк put* up *one's* fist; ~ нóгу stick* out *one's* foot*; **4.** (*для обсуждения*) propose (*smth.*); bring* (*smth.*) up; ~ *чью-л.* кандидатýру propose *smb.'s* candidature; **5.** (*охрану и т. п.*) mount (*smth.*); post (*smb.*, *smth.*), set* (*smb.*, *smth.*); ~ караýл mount/post the guard; ~ охранéние place/man the outposts; ~ часовóго post a sentry; set* a sentinel *амер.*; **6.** (*помещать для обозрения*) display (*smth.*); (*на выставке*) exhibit (*smth.*), show* (*smth.*); **7.** *разг.* (*представлять, изображать*) present (*smb.*, *smth.*); ~ *что-л.* в хорóшем свéте put* *smth.* in a favorable light; ~ *кого-л.* на осмея́ние make* a laughing-stock of *smb.*; **~ся**, вы́ставиться **1.** (*помещать свои работы на выставке*) exhibit; **2.** *разг.* (*показывать свои достоинства*) show* off; **3.** *разг.* (*высовываться*) show* *oneself*, lean* out, emerge.

вы́ставочный exhibition *attr.*; ~ комитéт exhibition committee; (*выставки картин*) hanging committee; ~ зал showroom.

выстáивать, вы́стоять **1.** stand*; ~ часáми в óчереди queue for hours; **2.** (*удерживаться*) stand*; *перен.* hold* out; э́то здáние вы́стоит ещё мнóго лет that building will stand for years; **~ся**, вы́стояться **1.** (*о вине и т. п.*) mature; **2.** (*о лошади*) rest.

вы́стегать *сов. разг.* thrash, flog.

выстилáть, вы́стлать (*вн. тв.*) (*пол, землю*) cover (*smth.* with); (*изнутри*) line (*smth.* with); (*мостить*) pave (*smth.* with).

вы́стирать *сов. см.* стирáть II.

вы́стлать *сов. см.* выстилáть.

вы́стоять(ся) *сов. см.* выстáивать(ся).

вы́страд|ать *сов.* (*вн.*) **1.** suffer (*smth.*), endure (*smth.*); он мнóго ~ал he has been through a lot; **2.** (*добиться ценой страданий*) achieve (*smth.*) through suffering, conceive (*smth.*) in suffering; learn* (*smth.*) the hard way *разг.*; ~ своё счáстье achieve happiness through suffering.

выстрáивать, вы́строить (*вн.*) **1.** build* (*smth.*), put* up (*smth.*); **2.** (*располагать*) draw* up (*smb.*), form up (*smb.*); **~ся**, вы́строиться form up, line up.

выстрáчивать, вы́строчить hemstitch.

вы́стрел *м.* shot; (*звук*) report; произвести́ ~ fire a shot; ◇ без еди́ного ~ without firing a shot; на ~ within shooting distance; не подпускáть *кого-л.* на расстоя́ние пýшечного ~а от *чего-л.* not let* *smb.* get anywhere near *smth.*; **~ить** *сов.* fire (a shot); (*об оружии*) go* off; ~ить из ружья́ fire a gun; ~ить в *кого-л.*, во *что-л.* fire at/on *smb.*, *smth.*; ~ить в *кого-л.* из револьвéра fire a revolver at *smb.*

выстригáть, вы́стричь cut*, clip out; (*об овцах*) shear.

вы́строить *сов. см.* выстрáивать; **~ся** *сов.* **1.** *см.* выстрáиваться; **2.** (*возникнуть*) spring* up.

выстрýгивать, вы́строгать *тех.* plane, shave*.

вы́студить, выстýживать *разг.* chill, cool; дом вы́студило the house had grown cold.

вы́стукать *сов. см.* выстýкивать.

выстýкивать, вы́стукать (*вн.*) **1.** tap out (*smth.*); ~ сообщéния tap out messages; **2.** *мед.* percuss (*smth.*), tap (*smth.*); sound (*smb.*, *smth.*) by percussion/tapping.

вы́ступ *м.* projection; (*стены тж.*) buttress; (*горизонтальный*) ledge; *тех.* lug.

выступáть, вы́ступить **1.** (*выходить вперёд*) step out, come* forward; emerge (*тж. перен.*); **2.** (*отправляться в путь и т. п.*) march out; ~ из лáгеря leave* camp; ~ в похóд take* the field; **3.** *тк. несов.* (*важно шагать*) strut; **4.** *тк. несов.* (*выдаваться*) jut out, project; (*нависать*) overhang*; **5.**: ~ из берегóв overflow its banks; **6.** (*появляться, проступать*) appear, come* out; на лбу у негó вы́ступил пот the sweat stood out on his forehead; сыпь вы́ступила по всемý тéлу a rash broke out all over *one's* body; слёзы вы́ступили у неё на глазá tears came/rose/started to her eyes; **7.** (*публично*) speak*; (*на сцене*) appear; ~ на собрáнии address a meeting; ~ с доклáдом make* a report; (*с научным*) give* a lecture; ~ в защи́ту свои́х прав stand* up for *one's* rights; ~ в защи́ту *кого-л.* stand* up for *smb.*; speak* in defense of *smb.*; ~ в печáти с письмóм, со статьёй have* a letter, an article in the press; ~ с манифéстом issue a manifesto/statement; затéм вы́ступил Ивано́в the next to speak was Ivanov; (*об артисте*) the next performer was Ivanov.

вы́ступить *сов. см.* выступáть 1, 2, 5, 6, 7.

выступлéние *с.* **1.** (*на сцене*) appearance; (*исполнение*) performance; **2.** (*речь*) speech; (*в печати*) statement; **3.** (*отправление*) departure.

вы́сунуть(ся) *сов. см.* высóвывать(ся).

высýшивать, вы́сушить (*вн.*) dry (*smth.*); *перен.* drain (*smth.*), exhaust (*smth.*); **~ся**, вы́сушиться dry.

вы́сушить *сов. см.* высýшивать и суши́ть; **~ся** *сов. см.* высýшиваться и суши́ться.

вы́считать *сов. см.* высчи́тывать.

высчи́тывать, вы́считать (*вн.*) calculate (*smth.*); compute (*smth.*), reckon (*smth.*).

вы́сш|ий **1.** (*превосх. ст. прил.* высóкий 3, 4) the highest; (*о качестве и т. п.*) superior; ~ая тóчка climax; ~его кáчества of superior/excellent quality; top-quality; **2.** (*самый главный, руководящий*) supreme; ~ие о́рганы госуда́рственной вла́сти the supreme organs of State power; ~ая суде́бная инста́нция the supreme/highest judicial authority; **3.** (*совершенный*) the highest, perfect; ~ая фо́рма организа́ции the highest form of organization; ~ пилота́ж aerobatics; **4.**: ~ее образова́ние higher education, education at university level; ~ие учёбные заведе́ния higher educational institutions, higher schools; **5.** (*более развитой, сложный*) higher; ~ие млекопита́ющие higher mammals; ~ая матема́тика higher mathematics, calculus; ◇ ~ая ме́ра наказа́ния capital punishment, death/supreme penalty.

высыла́ть, вы́слать (*вн.*) **1.** (*отправлять*) send* (*smth.*); dispatch (*smth.*); **2.** (*изгонять*) exile (*smb.*); (*из страны*) deport (*smb.*).

вы́сылка *ж.* **1.** (*посылка*) dispatch; **2.** (*административная*) exile; (*из страны*) deportation.

вы́сыпать *сов. см.* высыпа́ть.

высыпа́ть, вы́сыпать **1.** (*вн.*) pour (*smth.*) out; (*нечаянно*) spill* (*smth.*); **2.** *разг.* (*выходить, выбегать*) pour out; они́ вы́сыпали на у́лицу they poured out into the street; **3.** (*о сыпи*) break* out.

вы́сыпаться *сов. см.* высыпа́ться I.

высыпа́ться I, вы́сыпаться fall* out, spill* out.

высып|а́ться II, вы́спаться have* a good/proper sleep; (*ночью*) have* a good night's rest; он всё э́то вре́мя не ~а́ется he still isn't sleeping properly.

высыха́ть, вы́сохнуть **1.** dry (up); **2.** (*увядать*) wither; **3.** (*худеть — о человеке*) waste away, emaciate.

высь *ж.* height; *мн.* the heights, the loftiest regions.

выта́лкивать, вы́толкнуть (*вн.*) push (*smb.*) out, hustle (*smb.*) out.

выта́пливать, вы́топить heat, melt (down).

выта́птывать, вы́топтать (*вн.*) (*портить*) trample (*smth.*) down; (*протаптывать*) tread* (*smth.*); вы́топтать тропи́нку в снегу́ tread* a path in the snow.

вы́таращить *сов. см.* тара́щить.

выта́скивать, вы́тащить (*вн.*) **1.** drag (*smth.*) out; (*вынимать, выдёргивать*) pull (*smth.*) out; *перен. разг.* get* (*smb.*) out; вы́тащить *кого-л.* гуля́ть get* *smb.* to come/go out for a walk; **2.** *разг.* (*красть, похищать*) pinch, steal* (*smth.*), take* (*smth.*).

выта́чивать, вы́точить *тех.* turn.

вы́тащить *сов. см.* выта́скивать.

вытворя́ть *несов. разг.* be up (to); ~ глу́пости do foolish things, be up to all sorts of nonsense; что он ~вытворя́ет? what he is up to?

вытек|а́ть, вы́течь **1.** (*откуда-л.*) flow* out, run* out; **2.** *тк. несов.* (из *рд.*; *брать начало — о реке и т. п.*) rise* (from), take* its sourse (from); **3.** *тк. несов.* (*являться следствием*) follow; отсю́да ~а́ет сле́дующее заключе́ние from this may be drawn the following conclusion; отсю́да ~а́ет, что... it follows that...; со все́ми ~а́ющими отсю́да после́дствиями with all the consequences ensuing therefrom.

вы́тереть(ся) *сов. см.* вытира́ть(ся).

вы́терп|еть *сов.* (*вн.*) bear, endure (*smth.*), go* through (*smth.*); *разг.* stand* it; он не ~ел и посмотре́л he could not resist taking a look; не ~ев бо́ли, он закрича́л unable to bear the pain any longer, he cried out.

вы́тертый *разг.* (*поношенный*) threadbare.

вы́тесать, вытёсывать square off.

вытесне́ние *с.* ousting, superseding, supplanting; *физ.* displacement.

вы́теснить *сов. см.* вытесня́ть.

вытесня́ть, вы́теснить (*вн.*) **1.** force (*smth.*) out; (*противника тж.*) dislodge (*smb.*); **2.** (*заменять собой*) oust (*smth.*), supersede (*smth.*); *физ.* displace (*smth.*); но́вые маши́ны вы́теснили ста́рые the old machines were superseded by new ones.

вы́течь *сов. см.* вытека́ть 1.

вытир|а́ть, вы́тереть (*вн.*) wipe (*smth.*); (*мокрое тж.*) dry (*smth.*); ~ лоб mop/wipe *one's* brow; ~ пыль dust; ~ *что-л.* до́суха wipe *smth.* dry; ~а́йте но́ги! please, wipe your feet! **~а́ться**, вы́тереться dry *oneself*; ~а́ться до́суха rub *oneself* (quite) dry; (*износиться*) wear* out, wear* threadbare.

вы́тиснить, вытисня́ть stamp, imprint, impress.

вы́толкнуть *сов. см.* выта́лкивать.

вы́топтать *сов. см.* выта́птывать.

вы́торговать, выторго́вывать **1.** gain, obtain (by bargaining); (*получить уступку*) get* a reduction; **2.** *перен.* manage to get*.

вы́точенный *тех.* turned; ◇ словно ~ (*о чертах лица*) chiselled, clear-cut; (*о формах тела*) perfectly-formed.

вы́травить, вытра́вливать **1.** (*уничтожить*) destroy, exterminate; **2.** (*удалить*) remove, get* out; ~ пятно́ remove a stain; **3.** (*на металле*) etch.

вы́требовать *сов.* (*вн.*) **1.** get* (*smth.*), obtain (*smth.*); **2.** (*заставлять явиться*) summon (*smb.*); send* (for).

вытрезви́тель *м. разг.* "sobering up" station.

вытряса́ть, вы́трясти (*вн.*) shake* (*smth.*) out.

вы́трясти *сов. см.* вытряса́ть.

вытря́хивать, вы́тряхнуть (*вн.*) shake* (*smth.*) out.

вы́тряхнуть *сов. см.* вытря́хивать.

вы́турить *сов. разг.* drive* out, chuck out.

выть *несов.* howl, (*о ветре тж.*) wail, moan.

вытя́гивать, вы́тянуть (*вн.*) **1.** stretch (*smth.*); ~ ше́ю crane *one's* neck; **2.** *разг.* (*вытаскивать*) pull (*smth.*) out; extract (*smth.*); *перен.* get* (*smth.*) out, extract (*smth.*); из него́ сло́ва не вы́тянешь you can't get a word out of him; **3.** (*удалять тягой*) draw* (*smth.*) out; дым вы́тянуло the smoke has escaped; ◇ ~ ду́шу, все жи́лы у *кого-л.* tire *smb.* out, tire *smb.* to death; **~ся**, вы́тянуться **1.** (*растягиваться*) stretch; **2.**

разг. (*вырастать*) grow*; он очень вытянулся he has grown enormously; **3.** (*выпрямляться*) stand* up straight, draw* *oneself* up; ~ в стрýнку, ~ во фронт stand* at attention; **4.** (*ложиться*) stretch *oneself*, throw* *oneself* down at full length; лежáть вы́тянувшись lie* stretched out; ◇ у негó вы́тянулось лицó his face fell.

вытяжн|óй: ~ вентилятор exhaust fan; ~ шкаф exhaust-hood; ~áя трубá exhaust pipe; ~óе кольцó у парашю́та rip-cord.

вы́тянуть(ся) *сов. см.* вытя́гивать(ся).

вы́удить *сов. см.* выýживать.

выýживать, вы́удить (*вн.*) *разг.* fish (*smth.*) out; *перен.* coax (*smth.*) out; ~ дéньги у *когó-л.* coax money out of *smb.*

вы́ученик *м.* pupil, disciple, follower.

выýчивать, вы́учить **1.** (*что-л.*) learn* (*smth.*); **2.** (*когó-л.*) teach* (*smb.*); **~ся**, вы́учиться **1.** (*дт.*, + *инф.*) learn* (*smth.* + to *inf.*); **2.** (*заканчивать учёбу*) finish *one's* education.

вы́учить(ся) *сов. см.* выýчивать(ся).

вы́учка *ж.* **1.** (*действие*) training; **2.** (*умение*) trained skill/ability; боевáя ~ fighting experience, the skill of a trained and experienced soldier.

выхáживать, вы́ходить (*вн.*) *разг.* **1.** (*больного*) nurse/pull (*smb.*) through an illness; nurse (*smb.*) back to health; **2.** (*выращивать*) bring* up (*smb.*).

вы́хватить *сов. см.* выхвáтывать.

выхвáтывать, вы́хватить **1.** (*вн.* из, у *рд.*) snatch (*smth.* from); ~ *что-л.* из рук snatch *smth.* out of *smb.'s* hands; ~ *что-л.* из-под нóса snatch *smth.* up from under the nose; **2.** (*вн.*; *вынимать*) whip out (*smth.*); ~ шáшку whip out *one's* sword; ~ цитáты quote out of context, quote at random; dig* up irrelevant quotations.

вы́хлестать *сов. разг.* drink* off, drain.

вы́хлопотать *сов.* (*вн.*) *разг.* manage to get (*smth.*), succeed in getting (*smth.*), obtain (*smth.*).

вы́ход *м.* **1.** (*действие*) going out; (*из какой-л. организации*) withdrawal; (*на сцену*) entrance; э́то был мой пéрвый ~ пóсле болéзни it was the first time I had been out (of doors) since my illness; ~ на орби́ту going (into) orbit; **2.** (*место выхода*) exit, way out; (*выходное отверстие*) outlet; в э́том дóме нéсколько ~ов the house has several exits; стоя́ть у ~а stand* at the door; ~ к мóрю an outlet to the sea; **3.** (*из затруднения и т. п.*) way out; другóго ~ нет there's no alternative; найти́ ~ find* a solution; из вся́кого положéния есть ~ there's a way out of every difficulty; **4.** (*журнала*) publication, issue; (*книги тж.*) appearance; **5.** (*продукции*) yield, output; ~ зернá с кáждого гектáра output per hectare; **6.** *геол.* (*жилы, пласта*) outcrop; ~ слóя на повéрхность outcropping (of stratum); ◇ дать ~ чýвству give* vent to *one's* feelings; знать все ходы́ и ~ы know* all the ins and outs; быть на ~ах play a supernumerary part.

вы́ход|ец *м.* **1.** emigrant, immigrant; егó роди́тели ~цы из... his parents were natives of..., his parents came from... **2.** (*социальное происхождение*) он ~ из крестья́н he is of peasant origin.

выхóдит *в знач. вводн. сл. разг.* sp; it turns out; ~, (что) я был прав I was right, after all.

вы́ходить *сов. см.* выхáживать.

выходи́ть, вы́йти **1.** go* out, leave*; (*появляться*) come* out, emerge; (*выбывать из состава*) withdraw*, leave*; (*на поверхность — о жиле, пласте*) crop out, come* to the surface; ~ из кóмнаты leave* the room; ~ на ýлицу go* out into the street; go* outside; ~ из вагóна, маши́ны get* out of the carriage, car; ~ из-за столá get* up, rise* from the table; ~ из-за туч come* out from behind the clouds; ~ в мóре put* (out) to sea; ~ со стáнции (*о поезде*) pull out; ~ на сцéну step on to the stage; appear (on the stage); make* *one's* entry; ~ в тыл проти́внику gain the enemy's rear; ~ из бóя *воен.* withdraw* from action; ~ из войны́ withdraw* from the war; вы́йти на пéрвое (вторóе) мéсто move up into first (second) place; **2.** (*издаваться*) appear, come* out; вы́йти из печáти be* published, come* off the press; **3.** (*становиться, делаться кем-л.*) be*, make*; из негó вы́йдет хорóший дóктор *и т. п.* he will make a good doctor *etc.*; он вы́шел победи́телем в э́том соревновáнии he was the winner of the competition/match; **4.** (*удаваться*) come* off; (*о задаче, фотоснимке*) come* out; **5.** (*получаться, случаться*): вы́шло так, что... (as) it turned out...; у негó никогдá ничегó не вы́йдет he'll never amount to anything; из э́того ничегó хорóшего не вы́йдет no good will come of it; как бы чегó не вы́шло something may happen; ничегó не выхóдит it's no use; что из э́того вы́йдет? what will be the good of that? **6.** *тк. несов.* (на, в (*вн.*); *быть обращённым*) look (on to), face (*smth.*); кóмната выхóдит óкнами на ýлицу the room faces/overlooks the street; óкна выхóдят на юг the windows face south; **7.**: ~ зáмуж за *когó-л.* marry *smb.*; **8.** (*происходить*) come*, be*; он вы́шел из крестья́н he comes of peasant stock; **9.** (*расходоваться*): у нас выхóдит мнóго дров we use a lot of wood; у нас вы́шел весь бензи́н, сáхар *и т. п.* we have run out of petrol, sugar *etc.*; ◇ вы́йти в лю́ди make* *one's* mark in life, achieve a position in life; ~ на пéнсию retire on *one's* pension; ~ в отстáвку resign; (*по возрасту*) retire; ~ из берегóв overflow its banks; ~ из себя́ lose* *one's* temper, lose* control of *oneself*; fly* off the handle *разг.*; ~ из затрудни́тельного положéния get* out of a tight corner, get* out of a difficulty; ~ из довéрия lose* *one's* position of trust, become* untrustworthy; ~ из мóды go* out of fashion; ~ из повиновéния get*/go* out of control, get* out of hand; ~ из употреблéния fall* into disuse, go* out of use; ~ нарýжу come* out, come* to light.

вы́ходка *ж.* trick, prank, escapade.

выходн|ой: ~ день day off; free day, rest-day; ~ое отве́рстие outlet; ~ое пла́тье best clothes *pl.*, *one's* best; ~ое посо́бие discharge pay; ~ые да́нные publisher's/printer's imprint *sg.*

выходя́щий: из ря́да вон ~ outstanding.

выхола́щивать, вы́холостить (*вн.*) geld (*smth.*), castrate (*smth.*); *перен.* emasculate (*smth.*), dilute (*smth.*); вы́холостить содержа́ние *чего-л.* destroy the substance of *smth.*

вы́холенный well-groomed; well cared-for.

вы́холостить *сов. см.* выхола́щивать.

вы́хухоль *ж.* **1.** (*животное*) muskrat; **2.** (*мех*) musquash.

вы́царапать *сов. см.* выцара́пывать.

выцара́пывать, вы́царапать (*вн.*) **1.** scratch (*smth.*) out; **2.** *разг.* (*добывать с трудом*) squeeze (*smth.*) out of *smb.*; **3.** (*царапая, написать что-л.*) scratch (*smth.*).

вы́цвести *сов. см.* выцвета́ть.

выцвета́ть, вы́цвести fade, lose* color.

вы́цветший faded.

вы́цедить, выце́живать **1.** filter, rack; **2.** *перен. разг.* drink* off, drain.

вычёркивать, вы́черкнуть (*вн.*) cross (*smth.*) out, strike* (*smth.*) out, delete (*smth.*); (*часть текста тж.*) expunge (*smth.*); ◇ ~ из свое́й жи́зни *кого-л.* strike* *smb.* out of *one's* life; ~ *кого-л.* из па́мяти erase *smb.* from *one's* memory; ~ *кого-л.* из спи́ска живы́х give* *smb.* up as dead.

вы́черкнуть *сов. см.* вычёркивать.

вы́черпать *сов. см.* выче́рпывать.

выче́рпывать, вы́черпать (*вн.*) scoop out (*smth.*); (*из лодки*) bail (out) (*smth.*).

вы́чесать *сов. см.* вычёсывать.

вы́честь *сов. см.* вычита́ть.

вычёсывать, вы́чесать (*вн.*) comb out (*smth.*).

вы́чет *м.* deduction; нало́говые ~ы tax deductions; ~ы из при́были deductions from income; ◇ за ~ом (*рд.*) exclusive (of), minus (*smth.*), allowing (for).

вычисле́ние *с.* calculation, computation.

вычисли́тель|ный computing; computer *attr.*; ~ные маши́ны computers; ~ный центр computer center; ~ная те́хника computer technology.

вы́числить *сов. см.* вычисля́ть.

вычисля́ть, вы́числить (*вн.*) calculate (*smth.*); compute (*smth.*); reckon (*smth.*), estimate (*smth.*).

вы́чистить *сов. см.* вычища́ть.

вычита́|емое *с. мат.* subtrahend; **~ние** *с. мат.* subtraction; знак ~ния subtraction mark.

вычита́ть *сов. см.* вычи́тывать.

вы́читать, вы́честь (*вн.*) **1.** *мат.* subtract (*smth.*); вы́честь семь из десяти́ subtract seven from ten, take* seven away from ten; **2.** (*удерживать*) deduct (*smth.*).

вычи́тывать, вы́читать (*вн.*) **1.** (*рукопись и т. п.*) read* (*smth.*) for the press; **2.** *разг.* (*узнавать, читая*) read* (*smth.*); вы́читать из кни́ги, что... read* in a book that...; где вы э́то вы́читали? where did you get that from?

вычища́ть, вы́чистить (*вн.*) clean (*smth.*); вы́чистить *что-л.* щёткой brush *smth.*

вы́чурный pretentious.

вышвы́ривать, вы́швырнуть (*вн.*) *разг.* throw* (*smth.*) out, chuck (*smth.*) out.

вы́швырнуть *сов. см.* вышвы́ривать.

вы́ше **1.** (*сравнит. ст. прил.* высо́кий и *нареч.* высоко́) higher; (*ростом*) taller; **2.** *нареч.* (*вверх от чего-л., сверх чего-л.*) over, above; этажо́м ~ on the floor above, on the next floor; де́ти от пяти́ лет и ~ children of five and over; **3.** *предлог* (*рд.*; *вне чего-л.*) beyond, above; э́то ~ мои́х сил it is beyond me; э́то ~ моего́ понима́ния it passes my comprehension; it beats me *разг.*; **4.** *нареч.* (*на той же странице*) above; (*на предыдущей*) on a previous page; как сказа́но ~ as stated above.

вышеизло́женн|ый: всё ~ое the above, the foregoing (statement).

вышена́званный aforenamed.

вышеприведённый the above-mentioned, the aforesaid; ~ приме́р the above-cited example.

вышестоя́щий higher, ~ о́рган higher body, higher authority.

вышеука́занный *см.* вышеприведённый.

вышиба́ла *м. разг.* chucker-out; bouncer.

вышива́ль|ный embroidery *attr.*; **~щица** *ж.* embroideress.

вышива́ние *с.* embroidery, fine needlework.

вышива́ть, вы́шить (*вн.*) embroider (*smth.*); ~ шёлком *и т. п.* embroider in silk *etc.*

вы́шивка *ж.* embroidery.

вышин|а́ *ж.* height; в ~е́ high up, aloft; (*в небе тж.*) in the sky.

вы́шитый embroidered.

вы́шить *сов. см.* вышива́ть.

вы́шка *ж.* tower; (*для прыжков в воду*) diving board; бурова́я ~ derrick; диспе́тчерская ~ *ав.* control tower; наблюда́тельная ~ watch/observation tower.

вы́школ|енный *разг.* schooled, well-trained, disciplined; **~ить** *сов. см.* (*вн.*) *разг.* train (*smb.*), discipline (*smb.*).

вы́щипать *сов. см.* выщи́пывать.

выщи́пывать, вы́щипать (*вн.*) pull (*smth.*) out.

вы́яв|ить(ся) *сов. см.* выявля́ть(ся); **~ле́ние** *с.* **1.** discovery; **2.** (*разоблачение*) exposure.

выявля́ть, вы́явить (*вн.*) **1.** reveal (*smth.*), bring* (*smth.*) to light; **2.** (*разоблачать*) expose (*smth.*), show* (*smth.*), lay* bare (*smth.*); **~ся**, вы́явиться come* to light, be* revealed.

выясне́ние *с.* elucidation, clarification; ~ отноше́ний heart-to-heart talk; show-down *разг.*

вы́яснить(ся) *сов. см.* выясня́ть(ся).

выясн|я́ть, вы́яснить (*вн.*) elucidate (*smth.*); (*устанавливать*) ascertain (*smth.*); *несов. тж.* look (into), inquire (into); *сов. тж.* find* out (*smth.*); вы́яснить вопро́с sort the matter out, clear the matter up; **~я́ться**, вы́яснить turn out;

тепе́рь ~я́ется, что..., как тепе́рь вы́яснилось... it now appears that...

вьетна́м|ец *м.*, **~ка** *ж.* Vietnamese; **~ский** Vietnam *attr.*, Vietnamese; ~ский язы́к Vietnamese, the Vietnamese language.

вью́га *ж.* snowstorm, blizzard.

вьюк *м.* pack, pack load.

вьюн *м.* **1.** (*рыба*) loach; **2.** (*о человеке*) eel, slippery fellow; ◇ ви́ться ~о́м о́коло *кого-л.* dance attendance on *smb.*

вьюно́к *м. бот.* bindweed, convolvulus; morning glory *амер.*

вьюро́к *м. зоол.* mountain finch, brambling.

вью́чн|ый pack *attr.*; ~ое живо́тное pack animal, beast of burden; ~ое седло́ packsaddle; ~ая тропа́ bridle path.

вью́шка *ж.* **1.** (*песчаная*) damper; **2.** *тех.* (*для намалывания*) reel.

вью́щ|ийся: ~иеся во́лосы curly hair *sg.*; ~ееся расте́ние creeper, climbing plant.

вя́жущий astringent; ~ вкус astringent taste.

вяз *м. бот.* elm.

вяза́льн|ый knitting; ~ая спи́ца knitting-needle; ~ крючо́к crochet hook.

вяза́льщ|ик *м.*, **~ица** *ж.* **1.** knitter; **2.** (*снопов*) binder.

вяза́ние *с.* **1.** (*связывание*) binding; ~ снопо́в binding of sheaves; ~ сетей making of nets; **2.** (*спицами*) knitting; (*крючком*) crochet work.

вяза́нка *ж.* (*дров и т. п.*) faggot; (*соломы, сена*) bundle, truss.

вяза́нье *с.* (*вещь, которая вяжется или связана*) knitting (*спицами*); crochet work (*крючком*).

вяза́ть, связа́ть **1.** (*вн.*; *связывать*) bind* (*smb.*, *smth.*), tie (*smb.*, *smth.*) up; bind* (*smth.*) together; ~ снопы́ bind* sheaves; **2.** (*вн.*; *на спицах*) knit* (*smth.*); (*крючком*) crochet (*smth.*); **3.** *тк. несов.* (*быть вяжущим*) be* astringent; вя́жет во рту it draws the mouth.

вяза́ться *несов.* (с *тв.*) (*соответствовать*) fit in (with), tally (with), be* compatible (with); э́то (как-то) не вя́жется с... it (somehow) doesn't seem compatible with..., it doesn't seem to fit in with...

вя́зка *ж.* **1.** binding, tying; **2.** (*спицами*) knitting; (*крючком*) crochet work; **3.** *разг.* (*связка чего-л.*) bundle.

вя́зк|ий **1.** (*липкий*) sticky, viscous; **2.** (*топкий*) miry, spongy, soggy; (*о почве тж.*) swampy; **~ость** *ж.* **1.** stickiness, viscosity; **2.** (*о почве*) swampiness.

вя́знуть *несов.* stick*, get* stuck; ~ в грязи́ get* stuck in the mud.

вязь *ж.* ornamental ligatured script.

вя́кать *несов. разг.* speak indistinctly, talk nonsense, blather.

вя́лен|ый sun-cured, dried; ~ое мя́со jerked meat; ~ая ры́ба dried fish.

вя́лить, провя́лить (*вн.*) dry (*smth.*); (*мясо*) cure (*smth.*), jerk (*smth.*).

вя́л|ость *ж.* sluggishness; (*мускулов*) flabbiness; **~ый** **1.** (*о растении*) faded, drooping; **2.** (*о коже, мускулах*) flabby; (*о движениях, настроении*) sluggish; ~ая рука́ limp hand; **3.** (*лишённый бодрости*) languid, spiritless; halfhearted; (*бессильный*) nerveless; **4.** (*о рынке, торговле*) slack.

вя́н|уть, завя́нуть wilt, droop, fade, wither; (*о деревьях*) turn; *перен.* (*о человеке*) fade, decline, lose* heart; ◇ у́ши ~ут I am sick and tired of hearing it.

вя́щ|ий *уст.* greater; к его, её *и т. д.* ~ему удово́льствию cap/crown his, her *etc.*, joy; для ~ей предосторо́жности make* assurance doubly/double sure; для ~ей убеди́тельности make* *smth.* more convincing.

Г

га *м.* hectare.

габарди́н *м.* gabardine; **~овый** gabardine *attr.*

габари́т *м.* 1. clearance; (*размер*) dimensions *pl.*, size; ~ы станко́в overall machine dimensions; 2. *ж.-д.* clearance gauge.

га́вань *ж.* harbor; haven *поэт.*; входи́ть в ~ enter harbor; нало́говая ~ *фин.* tax haven.

га́га *ж. зоол.* eider(-duck)/

гага́ра *ж. зоол.* loon; **~ка** *ж. зоол.* auk; razorbill.

гага́чий: ~ пух eiderdown.

гад *м.* 1. *обыкн. мн. зоол.* reptile *sg.*; 2. *бран.* skunk, reptile.

гада́лка *ж.* fortune-teller; **~ние** *с.* 1. (*предсказывание*) divination; fortune-telling; (*по картам*) cartomancy, card-reading; (*по руке*) palmistry; 2. (*предположение*) guessing, guesswork; **~тельный** conjectural; (*сомнительный*) problematic, doubtful.

гада́ть, погада́ть 1. tell* fortunes; (*дт.*) tell* (*smb.*) his, her fortune; 2. *тк. несов.* (о *пр.*, *строить догадки*) guess (at), surmise (*smth.*) conjecture (*smth.*); ~ о бу́дущем speculate about the future; ◇ ~ на кофе́йной гу́ще ≅ read* the tea leaves, tell* fortunes in a teacup; make* wild guesses; не ду́мал, не ~а́л who would have thought it.

га́дина *ж.* 1. *разг.* reptile; 2. *бран.* swine, beast.

га́дк|ий nasty; filthy; ~ая пого́да nasty/foul weather; ~ посту́пок vile act, foul deed; ~ ребёнок naughty child*, horrid little thing; он мне га́док I find him repulsive; ◇ ~ утёнок ugly duckling.

гадли́в|ость *ж.* disgust, loathing; **~ый** disgusted; э́то вызыва́ет ~ое чу́вство it's loathsome/disgusting, it's enough to make *one* sick.

га́дость *ж. разг.* 1. filth; muck; 2. (*подлость*) dirty trick; сде́лать ~ *кому-л.* play *smb.* a dirty trick, play a dirty trick on *smb.*; кака́я ~! what a nasty thing to do!; 3.: говори́ть ~и о *ком-л.* say* filthy/nasty things about *smb.*

гадю́ка *ж.* adder; viper (*тж. перен.*).

га́ечный nut *attr.*; ~ ключ spanner, wrench; ~ая резьба́ female thread.

газ I *м.* 1. gas; веселя́щий ~ laughing gas; слезоточи́вый ~ tear gas; приро́дный ~ natural gas; 2. *мн.* (*в кишечнике*) flatulence *sg.*; wind *sg. разг.*; ◇ дать ~ *разг.* press down the accelerator, step on the gas *амер.*; сба́вить ~ *разг.* slow down; на по́лном ~у́ *разг.* at full speed.

газ II *м.* (*ткань*) gauze.

газго́льдер *м.* gasholder, gasometer.

газе́т|а *ж.* newspaper; paper *разг.*; ◇ стення́я ~ wall newspaper; **~ный** newspaper *attr.*; ~ная бума́га newspaper; ~ный стиль journalese; ~ный кио́ск newsstand; **~чик** *м.* 1. *разг.* (*сотрудник газеты*) journalist, pressman*, news writer; 2. (*продавец*) news-vendor, newspaperboy, newsboy.

газиро́ванн|ый aerated; ~ая вода́ aerated water; ≅ soda water; ~ напи́ток effervescent beverage, fizzy/sparkling drink.

газифи|ка́ция *ж.* 1. (*превращение в газ*) gasification; 2. (*снабжение газовой энергией*) installation of gas; ~ городо́в и сёл installation of gas in towns and villages; **~ци́ровать несов. и сов.** 1. (*превращать в газ*) gasify (*smth.*); generate gas (from); 2. (*проводить газ*) install gas (in), lay* gas-mains; го́род ~ци́рован the city is supplied with gas.

газоаппарату́ра *ж.* gas fittings *pl.*

газобалло́н *м.* gas cylinder.

газовщи́к *м.* (*слесарь*) gas fitter; (*контролёр и т.п.*) gasman*.

га́зов|ый I gas *attr.*; ~ заво́д gasworks; ~ая коло́нка geyser; ~ая плита́ gas stove/cooker; ~ счётчик gas-meter; ~ая магистра́ль gas pipeline; ◇ ~ая гангре́на gas gangrene; ~ая ре́зка gas cutting; ~ая сва́рка acetylene/gas welding, oxyacetelyne welding; ~ая ата́ка *воен.* gas attack; ~ая ка́мера gas chamber.

га́зовый II *текст.* gause *attr.*; ~ шарф (fine) silk scarf.

газогенера́тор *м.* gas generator, gas producer.

газоли́н *м. тех.* gasoline.

газо́н *м.* lawn; по ~ам не ходи́ть ≅ keep off the grass.

газонепроница́емый (*о ткани*) gas proof; (*о соединении*) gastight.

газонокоси́лка *ж.* lawn mower.

газоно́сный gas-bearing; ~ пласт gas-bearing stratum/bed.

газообме́н *м. биохим.* interchange of gases.

газообра́зный gaseous, gasiform.

газопрово́д *м.* gas main, gas pipe.

газопроница́ем|ость *ж.* gas-penetrability; **~ый** gas-penetrating.

газоснабже́ние *с.* gas supply.

газоубе́жище *с.* gas-proof shelter.

газохрани́лище *с.* gasometer.

гайдама́к *м. ист.* haydamak (Ukrainian cossack).

гайду́к *м. ист.* heyduck.

га́йк|а *ж.* nut, female screw; у него́ в голове́ не хвата́ет ~и *разг.* he's got a screw loose.

гаймори́т *м. мед.* antritis.

га́йморова: ~ по́лость *мед.* maxillary sinus, antrum of Highmore.

гак *м. разг.*: с ~ом and over, or more.

гала́ *нескл.* gala; ~ представле́ние gala performance.

гала́ктика *ж. астр.* galaxy.

галантере́йный: ~ магази́н haberdasher's (shop), haberdashery; dry goods store *амер.*

галантере́я *ж.* haberdashery; fancy goods *pl*; dry goods *pl амер.*

гала́нтн|ость *ж.* gallantry; **~ый** gallant; courtly, civil.

галдёж *м. разг.* hubbub of voices, din; подня́ть ~ raise a din.

галде́ть *несов. разг.* chatter loudly; make* a hubbub.

гале́ра *ж.* galley; ссыла́ть на ~у send*/condemn to the galley.

галере́я *ж.* gallery; карти́нная ~ picture gallery.

галёрка *ж. театр. разг.* **1.** gallery; **2.** (*публика*) the gods *pl.*

гале́та *ж.* biscuit, ship's biscuit.

галимать|я́ *ж. разг.* rubbish, rigmarole; нести́ ~ю make* up a rigmarole; э́то сплошна́я ~ this is sheer nonsense.

галифе́ *мн. нескл.* riding breeches.

га́лка *ж.* (jack)daw.

галл *м. ист.* Gaul.

га́ллий *м. хим.* gallium.

га́лльский Gallic.

галлюцин|а́ция *ж.* hallucination; **~и́ровать** *несов.* suffer from hallucinations; see* things *разг.*

галоге́н *м. хим.* halogen.

гало́ид *м. хим.* haloid.

гало́п *м.* **1.** gallop; **2.** (*танец*) gallop; **~и́ровать** *несов.* gallop; ~ом at a gallop; скака́ть ~ом gallop.

га́лочк|а *ж. разг.* (*значок*) tick; ста́вить ~у на *чём-л.* tick (off) *smth.*

гало́ш|и *мн.* (*ед.* гало́ша *ж.*) galoshes; overshoes *разг.*; rubbers *амер.*; ◇ сесть в ~у get* into a fix/a spot.

галс *м. мор.* tack; пра́вым ~ом on the starboard tack; ле́вым ~ом on the port tack.

га́лстук *м.* (neck)tie, cravat; ~ ба́бочка bowtie.

галу́н *м.* (gold, silver) lace.

галу́шка *ж. кул.* dumpling.

гальваниз|а́ция *ж. физ.* galvanization; **~и́ровать** *несов. и сов.* (*вн.*) *физ.* galvanize (*smth.*); *тех. тж.* electroplate (*smth.*)

гальвани́ческий *физ.* galvanic; ~ элеме́нт galvanic cell; ~ ток galvanic/direct current.

гальванопла́стика *ж. эл.* electroplating.

га́льк|а *ж.* pebble; *собир.* pebbles *pl*; shingle; морско́й бе́рег был усы́пан ~ой the beach was strewn with shingle.

гам *м. разг.* hubbub, uproar; шум и ~ a terrific racket/din.

гамадри́л *м. зоол.* hamadryad (baboon).

гама́к *м.* hammock.

гама́ши *мн.* (*ед.* гамаша *ж.*) gaiters.

гамби́т *м. шахм.* gambit.

га́мм|а I *ж. муз.* scale; *перен.* gamut; ~ до мажо́р scale of C major; игра́ть ~ы play/practise scales; ~ цвето́в range of colors.

га́мма II *ж.* (*греческая буква*) gamma; ~-лучи́ *мн. физ.* gamma rays.

гангре́н|а *ж. мед.* gangrene; **~о́зный** *мед.* gangrenous; ~о́зный проце́сс mortification.

га́нгстер *м.* gangster.

гандбо́л *м. спорт.* handball; **~и́ст** *м.*, **~и́стка** *ж.* handball player.

гандика́п *м. спорт.* handicap, odds.

ганте́ль *ж. спорт.* dumbbell.

гаоля́н *м. бот.* Kaoliang.

гара́ж *м.* garage.

гара́нт *м. юр.* guarantor.

гаранти́йн|ый guarantee *attr.*; ~ ве́ксель guaranteed bill; ~ зада́ток original margin, deposit; ~ контра́кт warranty contract; ~ ресу́рс guaranteed life; ~ срок guarantee (period); ~ое письмо́ letter of guarantee/indemnity.

гаранти́рованн|ый guaranteed; ~ая опла́та труда́ guaranteed income/wages.

гаранти́р|овать *несов. и сов.* **1.** (*вн.*; *ручаться*) guarantee (*smth.*); warrant (*smth.*); я ~ую вам успе́х I'll answer for your success; **2.** (*вн.* от *рд.*; *защищать*) ensure (*smb.* against), safeguard (*smb.* against).

гара́нти|я *ж.* guarantee; ба́нковская ~ bank guarantee; безотзы́вная ~ irrevocable guarantee; безусло́вная ~ unconditional guarantee; вывозна́я ~ export guarantee; догово́рные ~и *мн.* contractual guarantees; надёжная ~ reliable guarantee; ~ безопа́сности guarantee of security; ~ до́лга guarantee for a debt; ~ иностра́нного ба́нка guarantee of a foreign bank; ~ продавца́ seller's guarantee; ~ страхово́й компа́нии guarantee of an insurance company; ~ учреди́телей guarantee of founders; ~ фи́рмы guarantee of a firm; аннули́ровать ~ю annul a guarantee; выдава́ть ~ю issue a guarantee; получа́ть ~ю obtain a guarantee; служи́ть ~ей успе́ха ensure success; ~ на год a year's guarantee; с ~ей на два го́да guaranteed for two years.

гардемари́н *м. ист.* naval cadet.

гардеро́б *м.* **1.** (*шкаф*) wardrobe; **2.** (*помещение*) cloakroom; **3.** (*одежда*) wardrobe; **~щик** *м.*, **~ица** *ж.* cloakroom attendant.

гарди́на *ж.* curtain.

га́рев|ый: ~ая доро́жка *спорт.* cinder track, cinder path.

гаре́м *м.* harem.

га́ркать, га́ркнуть (на *вн.*) *разг.* bark (at), shout (at).

га́ркнуть *сов. см.* га́ркать.

гармонизи́ровать *несов. и сов.* (*вн.*) *муз.* harmonize (*smth.*).

гармо́ника *ж.* accordion; (*концертино*) concertina; ◇ губна́я ~ mouth organ.

гармони́ровать *несов.* (с *тв.*) be* in harmony (*with*); (*о цвете*) go* (*with*).

гармони́ст *м.* accordion player.

гармони́ч|еский harmonic; (*гармоничный*) harmonious; ~ ряд harmonic series; **~ность** *ж.* harmoniousness, harmony; **~ный 1.** (*благозвуч-*

ный) harmonious, concordant, well-attuned; **2.** (*соразмерный*) harmonious.

гармо́ния *ж.* harmony; *перен. тж.* concord.

гармо́нь *ж. разг. см.* гармо́ника.

гарнизо́н *м.* garrison; нача́льник ~а garrison/post commander; **~ный** garrison *attr.*; ~ная слу́жба garrison duty.

гарни́р *м.* garnish; trimmings *pl. разг.*; (*овощной*) vegetables *pl*; с ~ом из *чего-л.* (garnished) with *smth.*

гарниту́р *м.* set; ~ ме́бели suite; спа́льный ~ bedroom suite; ~ белья́ set of underwear.

гарниту́ра *ж. полигр.* set.

га́рпия *ж.* **1.** *миф.* Harpy; **2.** *зоол.* Harpy eagle.

гарпу́н *м.* harpoon; бить ~ом harpoon.

гарт *м. полигр.* type metal.

га́рус *м.* worsted (yarn); **~ный** worsted.

гарцева́ть *несов.* prance, prance along, caracol.

гарь *ж.* **1.** fumes *pl*; па́хнет ~ю there's a smell of burning; **2.** (*остатки сгоревшего вещества*) cinder, ash, dross.

гаси́ть, погаси́ть **1.** put* out (*smth.*), extinguish (*smth.*); (*вн.*) (*электричество тж.*) switch (*smth.*) off, turn (*smth.*) off; **2.** *тех.* reduce (*smth.*); (*колебания*) damp (*smth.*); **3.** (*погашать*) cancel (*smth.*); **4.** *спорт.*: ~мяч kill the ball; <> ~ и́звесть slake lime.

гасну|ть, погаснуть fade; *перен.* (*терять силы*) weaken, fade away; sink*; **~щий**: ~щий свет dying/fading light.

гастри́т *м. мед.* gastritis.

гастри́ческий gastric.

гастрол|ёр *м.* guest performer; actor on tour; *перен. разг.* bird of passage; **~и́ровать** *несов.* tour, be* on tour.

гастро́|ли *мн.* tour *sg*; на ~лях on tour; **~льный**: ~льная поéздка tour; ~льный спекта́кль guest performance.

гастроно́м *м.* **1.** (*знаток пищи*) gourmet; **2.** (*магазин*) food store(s); **~и́ческий** gastronomical; ~ магази́н food store(s); delicatessen (store) *амер.*; **~ия** *ж.* gastronomy; **2.** (*продукты*) groceries and provisions *pl*; delicatessen *pl амер.*

гать *ж.* (*бревенчатая*) corduroy road, log-path; (*из хвороста*) brushwood-road.

га́убица *ж. воен.* howitzer.

гауптва́хта *ж. воен.* guardhouse.

гашён|ый: ~ая и́звесть slaked lime.

гаше́тк|а *ж. воен.* trigger; нажать на ~у pull the trigger.

гаши́ш *м.* hashish.

гвалт *м. разг.* hubbub, row, rumpus; поднима́ть ~ raise a hullaballoo/uproar.

гвард|еец *м.* guardsman*; **~е́йский** Guards *attr.*; ~е́йское зна́мя Guards banner; ~е́йская диви́зия Guards division, division of Guards.

гва́рди|я *ж.* Guards *pl*; ~и майо́р, капита́н, лейтена́нт, рядово́й major, captain, lieutenant, private/soldier of the Guards; <> ста́рая ~ the old guard.

гвозди́ка I *ж.* (*цветок*) pink; махро́вая ~ carnation; туре́цкая ~ sweet william.

гвозди́ка II *ж.* (*пряность*) clove.

гвозди́чн|ый: ~ое ма́сло oil of cloves.

гвозд|ь *м.* nail; <> ~ програ́ммы the highlight of the program; ~ сезо́на the hit of the season; и никаки́х ~е́й here is to it! and that's it!; ~ём засе́сть become* firmly fixed; прибива́ть ~я́ми nail.

где where; ~ бы ни, ~ бы (то) ни́ было wherever; <> ~ ему́...! he'll never...! ~ уж нам! how can we?

где|-ли́бо, **~-нибу́дь**, **~-то** somewhere; (*в вопр. предложениях*) anywhere; ~ в друго́м ме́сте somewhere else.

гегелья́н|ец *м. филос.* Hegelian; **~ство** *с.* Hegelianism.

гегемо́н *м.* predominant force/power, leader; **~ия** *ж.* hegemony, supremacy.

гедони́|зм *м. филос.* hedonism; **~ст** *м.* hedonist.

гее́нна *ж. библ.* Gehenna.

гей! *межд.* hi!

ге́йзер *м.* geyser, hot spring.

ге́йша *ж.* Geisha.

гекза́метр *м. лит.* Hexameter.

гекса́эдр *м. мат.* Hexahedron.

гекта́р *м.* hectare.

ге́кто- *в сложн.* hecto-.

гектова́тт *м. эл.* hectowatt.

гекто́граф *м.* hectograph.

ге́лий *м. хим.* helium.

гелиотро́п *м. бот. мин.* heliotrope.

гелиоцентри́|зм *м. астр.* heliocentrism; **~ческий** heliocentric.

гелиоэнерге́тика *ж.* solar power engineering.

гельминтоло́гия *ж. мед.* helmintology.

гематоло́гия *ж.* hematology.

ге́мма *ж. иск.* intaglia.

гемоглоби́н *м. физиол.* hemoglobin.

геморро́й *м. мед.* hemorroid(s); piles *pl разг.*

ген *м. биол.* gene.

генеалоги́ческ|ий genealogical; ~ое де́рево family tree.

генеало́гия *ж.* genealogy.

гене́зис *м.* genesis, origin.

генера́л *м.* general; ~ армии General of the Army.

генера́л-губерна́тор *м.* governor general.

генерали́ссимус *м.* generalissimo (*pl* -os).

генералите́т *м. собир.* the generals *pl*; the top brass.

генера́л|-лейтена́нт *м.* lieutenant-general; **~-майо́р** *м.* major-general; **~-полко́вник** *м.* colonel-general.

генера́льн|ый general; (*основной тж.*) basic; ~ ко́нсул consul-general; ~ подря́дчик general contractor; ~ поставщи́к general supplier; ~ секрета́рь general secretary; ~ секрета́рь ООН UN Secretary-general; <> ~ штаб General Staff; Генера́льная Ассамбле́я General Assembly; Генера́льное соглаше́ние по тари́фам и торго́вле General Agreement on Tariffs and Trade (GATT); ~ая репети́ция *театр.* dress rehearsal; ~ое сраже́ние general engagement.

генера́льский general's.

генера́льша *ж.* general's wife*.

генера́тор *м.* generator; ~ постоя́нного то́ка direct-current generator; ~ переме́нного тока alternator; ~**ный** generator *attr.*

гене́ти|к *м.* geneticist; ~**ка** *ж.* genetics.

генети́ческий genetic.

гениа́льн|ость *ж.* genius; greatness, brilliance; ~**ый** of genius *после сущ.*, great, brilliant, ~ый полково́дец brilliant general, military genius; ~ый худо́жник great artist; ~ая иде́я stroke of genius; ~ое предви́дение brilliant foresight; ~ое произведе́ние work of genius.

ге́ний *м.* genius; (*о человеке тж.*) man* of genius; ◇ до́брый (злой) ~ good (evil) genius.

ге́нн|ый: ~ая инжене́рия genetic engineering.

геноци́д *м.* genocide.

геншта́б *м.* (генера́льный штаб) *см.* генера́льный.

гео́граф *м.* geographer; ~**и́ческий** geographic(al); ~и́ческая ка́рта geographical map.

геогра́фия *ж.* geography.

геодез|и́ст *м.* geodesist; ~**и́ческий** geodetical.

геоде́зия *ж.* geodesy.

гео́лог *м.* geologist; ~**и́ческий** geological.

геоло́гия *ж.* geology.

геологоразве́д|ка *ж.* geological exploration/prospecting; ~**очный** (geological) prospecting *attr.*; ~очная экспеди́ция prospecting expedition.

геометри́ческий geometrical.

геоме́трия *ж.* geometry.

георги́н *м. бот.* dahlia.

геофи́зика *ж.* geophysics.

геофизи́ческий geophysical; ~ год geophysical year.

геохи́мия *ж.* geochemistry.

гепа́рд *м. зоол.* cheetah.

гера́льдика *ж.* heraldry.

геральди́ческий heraldic.

гера́нь *ж. бот.* geranium.

герб *м.* coat of arms, armorial bearings *pl*; госуда́рственный ~ State Emblem, National Emblem; короле́вский ~ royal crest.

герба́рий *м.* herbarium.

гербици́ды *мн.* (*ед.* гербицид *м.*) *хим.* herbicides, weed killers.

ге́рбов|ый: ~ая бума́га officially stamped/headed paper; ~ая ма́рка revenue stamp; ~ый сбор stamp duty.

гериатри́я *ж.* geriatrics.

геркуле́с *м.* **1.** (*силач*) Hercules; **2.** (*крупа*) rolled oats *pl*, porridge oats *pl*; ~**ов**: ~овы столпы́ the Pillars of Hercules.

герма́ний *м. хим.* germanium.

герма́нск|ий **1.** *ист.*, *лингв.* Germanic, Teutonic; ~ие языки́ Germanic languages; **2.** (*немецкий*) German.

гермафроди́т *м.* hermaphrodite.

гермети́ческ|и hermetically; ~ закупо́ренный hermetically sealed; ~**ий** hermetic, airtight, leaktight; ~ая каби́на *ав.* pressure cabin.

герои́зм *м.* heroism; (*в бою тж.*) valor.

геро́ика *ж.* heroic spirit; ~ на́ших дней heroic spirit of our time.

герои́н *м.* heroin.

герои́|ня *ж.* heroine; ~**ческий** heroic, valiant.

геро́й *м.* **1.** hero; **2.** (*действующее лицо*) character; ~ рома́на character of a novel; ◇ Геро́й Сове́тского Сою́за Hero of the Soviet Union; ~**ский** heroic; ~**ство** *с.* heroism.

геро́льд *м. уст.* herald.

геронтоло́гия *ж.* gerontology.

геру́ндий *м. грам.* gerund.

герц *м. эл.* cycle per second, hertz.

герцо́г *м.* duke; ~**иня** *ж.* duchess; ~**ский** ducal; ~**ство** *с.* duchy.

геста́по *с. нескл.* gestapo; ~**вец** *м.* gestapo policeman*.

гетероге́нный heterogeneous.

ге́тман *м. ист.* hetman*.

ге́тры *мн.* (*длинные*) gaiters, leggings; (*короткие*) spats.

ге́тто *с. нескл.* ghetto.

гешефт *м. разг.* deal, speculation.

гиаци́нт *м. бот.* hyacinth; *мин.* jacinth.

гиббо́н *м. зоол.* gibbon.

ги́бель *ж.* **1.** (*полное разрушение*) destruction, ruin; (*падение чего-л.*) downfall; (*смерть*) death, destruction; ~ су́дна the loss/wreck of a ship; э́то грози́т ему́ ~ю that may ruin him, that may be the end of him; приводи́ть *кого-л.* к гибели bring* *smb.* to ruin; он обречён на ~ he is doomed (to destruction); ~ наде́жд the wreck/ruin of *one's* hopes; **2.** *в знач. сказ.* (*рд.*) *разг.* (*множество*) heaps (of); (*о людях*) crowds (of); (*о насекомых и т.п.*) swarms (of); ~ вся́ких дел heaps of things to do; ~**ный** (*бедственный*) disastrous; (*вредный*) pernicious; ~ные после́дствия fatal consequences.

ги́бк|ий **1.** (*упругий*) flexible, supple; (*о движениях*) supple, pliable, lithe; ~ая ве́тка supple twig; ~ие па́льцы supple fingers; ~ое те́ло supple body/figure; ~ие движе́ния supple/lithe movements; **2.** (*применяющийся к обстоятельствам*) flexible; (*уступчивый*) pliable; ~ ум versatile mind; ~ хара́ктер flexible/pliable/adaptable character; ~ое руково́дство adaptable leadership; ~ое реше́ние elastic decision; ~**ость** *ж.* flexibility, suppleness, pliability, pliancy; ~ость хара́ктера flexibility/pliability of character; ~ость ума́ mental flexibility.

ги́бл|ый *разг.*: ~ое де́ло bad job, lost cause; ~ое ме́сто godforsaken spot, wretched hole.

ги́бн|уть, поги́бнуть (от *рд.*; *от болезней, нужды*) die (of), perish (from); (*от засухи, мороза*) be* killed (by); (*о государстве, цивилизации*) fall* to pieces, be* going to rack and ruin; (*о судах*) be* lost; кора́бль ~ет the ship is sinking.

гибри́д *м.* hybrid; **~иза́ция** *ж.* hybridization, cross-fertilization.

гига́нт *м.* giant; промы́шленный ~ giant factory, vast industrial plant; **~ский** gigantic; ~ские масшта́бы gigantic scale *sg*; ◇ ~ские шаги́ *спорт.* giant stride *sg*; дви́гаться вперёд ~скими шага́ми advance with giant strides; make* tremendous progress.

гигие́н|а *ж.* hygiene; ли́чная ~ personal hygiene; **~и́ческий**, **~и́чный** hygienic; (*о мерах и т. п.*) sanitary.

гигро́граф *м. физ.* hygrograph.

гигро́метр *м. физ.* hygrometer.

гигроско́п *м. физ.* hygroscope; **~и́ческий** *физ.* hygroscopic; ~и́ческая ва́та absorbent cotton wool.

гид *м.* guide.

ги́дра *ж. зоол. миф.* hydra.

гидра́вл|ика *ж.* hydraulics; **~и́ческий** hydraulic; ~и́ческий то́рмоз hydraulic brake; ~и́ческий пресс hydraulic press; ~и́ческий спо́соб добы́чи угля́ hydraulic coal mining.

гидра́т *м. хим.* hydrate.

гидри́д *м. хим.* hydride.

ги́дро- *в сложн.* hydro.

гидробиоло́гия *ж.* hydrobiology.

гидро́|граф *м.* hydrographer; **~графи́ческий** hydrographic(al); ~графи́ческое су́дно survey vessel; **~гра́фия** *ж.* hydrography.

гидродина́мика *ж.* hydrodynamics.

гидро́лиз *м.* hydrolysis (*pl* -ses); **~ный** hydrolytic.

гидро́|лог *м.* hydrologist; **~логи́ческий** hydrological; **~ло́гия** *ж.* hydrology.

гидромеханиза́ция *ж.* hydraulic mining.

гидромеха́ника *ж.* hydromechanics.

гидромонито́р *м.* hydraulic monitor.

гидропо́ника *ж.* hydroponics.

гидросамолёт *м.* seaplane; (*летающая лодка*) flying boat; (*поплавковый*) float plane.

гидроста́нция *ж.* hydroelectric (power) station.

гидротерапи́я *ж. мед.* hydropathy, hydrotherapy, hydrotherapeutics.

гидроте́хн|ик *м.* hydraulic engineer; **~ика** *ж.* hydraulic engineering; **~и́ческий** hydrotechnical.

гидротурби́на *ж.* water turbine, hydraulic turbine.

гидроу́зел *м.* hydroelectric (power) development.

гидроцентра́ль *ж.* hydroelectric plant.

гидроэлектроста́нция *ж.* hydroelectric (power) station.

гидроэнергети́ческий waterpower *attr.*; (*об установках*) water driven.

гидроэнергоресу́рсы *мн.* waterpower resources.

гие́на *ж. зоол.* hyena.

гик *м.* (*парус*) *спорт.* boom.

гикашко́т *м.* (*парус*) *спорт.* mainsheet.

ги́к|ать, ги́кнуть *разг.* whoop; **~нуть** *сов. см.* ги́кать.

ги́льд|ия *ж. ист.* guild; пе́рвой ~ии of the first guild.

ги́льза *ж.* **1.** (*патронная*) (cartridge)case; (*орудийного патрона*) shell case; **2.** (*папиросная*) (cigarette)paper.

гильоти́н|а *ж.* guillotine; **~и́ровать** guillotine.

гимн *м.* **1.** anthem; госуда́рственный ~ National Anthem; **2.** (*прославление*) hymn (of praise).

гимнази́ст *м.* schoolboy, high-school boy; **~ка** *ж.* schoolgirl, high-school girl.

гимна́зия *ж.* grammar school, high school, gymnasium.

гимна́ст *м.* gymnast; выступле́ния ~ов gymnastic display.

гимнастёрка *ж.* high-collared tunic.

гимна́ст|ика *ж.* gymnastics; спорти́вная ~ competitive gymnastics; худо́жественная ~ free callisthenics; занима́ться ~икой go* in for gymnastics; **~и́ческий** gymnastic; ~и́ческий зал gymnasium (*pl.* -siums, -sia); gym *разг.*; ~и́ческие упражне́ния gymnastic exercises, gymnastics; ~и́ческие снаря́ды gymnastics apparatus *sg.*; **~ка** *ж.* gymnast.

гинеко́лог *м.* gynecologist.

гинекологи́ческий gynecological.

гинеколо́гия *ж.* gynecology.

гине́я *ж.* guinea.

гипе́рбол|а *ж.* **1.** *мат.* hyperbola; **2.** *лит.* hyperbole; *перен.* exaggeration; **~и́ческий** **1.** *мат.* hyperbolic; **2.** *лит.* hyperbolical.

гиперинфля́ция *ж. эк.* hyperinflation.

гипертони́я *ж. мед.* hypertension, high blood pressure.

гипертроф|и́рованный hypertrophied; **~и́я** *ж.* hypertrophy.

гипно́з *м.* **1.** (*состояние*) hypnosis; **2.** (*сила внушения*) hypnotism; быть под ~ом be* in a hypnotic trance; *перен.* be* hypnotized.

гипнот|изёр *м.* hypnotist, mesmerist; **~изи́ровать**, загипнотизи́ровать (*вн.*) hypnotize (*smb.*); **~и́зм** *м.* hypnotism, mesmerism; **~и́ческий** hypnotic; ~и́ческий сон hypnotic trance.

гипосульфи́т *м. хим.* hyposulphite.

гипо́тез|а *ж.* hypothesis (*pl.* -ses); рабо́чая ~ working hypothesis; стро́ить ~ы frame/form hypotheses.

гипотену́за *ж. мат.* hypotenuse.

гипотони́я *ж. мед.* hypotension, low blood pressure.

гиппопота́м *м. зоол.* hippopotamus (*pl.* -ses, -mi).

гипс *м.* **1.** *мин.* gypsum; **2.** (*употр. в скульптуре и хирургии*) plaster (of Paris); наложи́ть ~ на *что-л.* put* *smth.* in plaster; **3.** (*скульптура*) plaster cast; **~ова́ть** *несов.* (*вн.*) **1.** *мед.* plaster (*smth.*); **2.** *с.-х.* gypsum (*smth.*) apply gypsum (to).

ги́псовый **1.** gyps(e)ous; **2.** (*сделанный из гипса*) plaster(-of-Paris) *attr.*; ~ сле́пок plaster cast.

гипю́р *м.* guipure.

гиреви́к *м. спорт.* weight lifter.

гирля́нда *ж.* garland, festoon; украша́ть *что-л.* ~ми festoon *smth.*, deck *smth.* with garlands.

гироко́мпас *м.* gyroscopic compass, gyrocompass.

гироско́п *м.* gyroscope; **~и́ческий** gyroscopic.

ги́ря *ж.* weight.

гисто́лог *м.* histologist.

гистоло́гия *ж.* histology.

гит *м. спорт.* (*заезд*) heat.

гита́р|а *ж.* guitar; гава́йская ~ ukulele; **~и́ст** *м.* guitar player.

ги́чка *ж. мор.*, *спорт.* gig.

глав- *в сложн.* **1.** (*главный*) chief; **2.** (*главное управление*) central board.

глав|а́ I 1. *м. и ж.* (*главное лицо*) head; chief *разг.*; ~ семьи́ head of the family; ~ прави́тельства head of the government, premier; ~ госуда́рства head of State; **2.** *ж.* (*купол*) cupola; ◇ во ~е́ *чего-л.* at the head of *smth.*; во ~е́ с *кем-л.* headed/led by *smb.*; ста́вить *что-л.* во ~у́ угла́ make* *smth.* the cornerstone of *smth.*; regard *smth.* as of paramount importance, assign primary importance (to *smth.*).

глава́ II *ж.* (*в книге и т. п.*) chapter.

глава́рь *м.* leader; (*зачинщик*) ringleader.

главе́нство *с.* supremacy; **~вать** *несов.* (в *пр.*) be* predominant (in); (над *тв.*) have* supremacy (over), dominate (*smth.*), control (*smth.*), hold* sway (over).

главк *м. ист.* central administrative board, Chief Directorate.

главнокома́ндующий *м.* commander in chief; Верхо́вный Главнокома́ндующий Supreme commander in chief.

гла́вн|ый *прил.* chief, main, principal; ~ го́род principal town; (*столица*) capital; ~ая у́лица main street, (*в небольшом городе*) high street; ~ уда́р *воен.* main attack/blow; ~ые си́лы *воен.* main body/forces; **2.** (*старший по положению*) head *attr.*, chief *attr.*; ~ врач head physician; (*в армии*) chief medical officer; ~ хиру́рг head surgeon; ~ инжене́р chief engineer; ~ бухга́лтер chief accountant; ~ управля́ющий general manager; **3.** *в знач. сущ. с.* great/chief thing; what really matters; са́мое ~ое — не опа́здывать the great thing is not to be late; whatever you do, don't be late!, above all, don't be late!; са́мого ~ого вы и не сказа́ли you have left out the most important part; он не ви́дит са́мого ~ого he misses the point; ◇ ~ым о́бразом mainly, in the main; ~ая кни́га *бухг.* ledger; ~ое предложе́ние *грам.* principal/main clause; ~ усло́вие key condition.

-гла́вый *в сложн.* **1.** (*о головах*) -headed; двугла́вый орёл double eagle; **2.** (*о куполах*) with... domes; трёхглавая це́рковь church with three domes.

глаго́|л *м. грам.* verb; **~льный** verbal.

глаго́лить *несов.* discourse; уста́ми младе́нца глаго́лет и́стина ◇ out off the mouths of babes and sucklings.

глаго́лица *ж.* the Glagolitic alphabet.

гладиа́тор *м.* gladiator.

глади́ль|ный ironing *attr.*, smoothing *attr.*; ~ная доска́ ironing board.

гладио́лус *м. бот.* gladiolus (*pl.* -li, -luses).

гла́дить, вы́гладить, погла́дить (*вн.*) **1.** *сов.* вы́гладить (*утюжить*) iron (*smth.*); (*верхнее платье*) press (*smth.*); **2.** *сов.* погла́дить (*ласкать*) stroke (*smb.,smth.*); ~ *кого-л.* по голове́ stroke *smb.*'s hair, pat *smb.* on the head; ◇ ~ *кого-л.* про́тив ше́рсти stroke/rub *smb.* the wrong way; *перен.* put* *smb.'s* back up, rub *smb.* up the wrong way, rub *smb.* against the grain; ~ *кого-л.* по голо́вке ≅ pat *smb.* on the back.

гла́д|кий 1. (*ровный*) smooth; ~кая доро́га smooth road; ~кая причёска simple hairstyle; **2.** (*плавный*) facile; (*о речи*) fluent; ~ стиль easy style; **3.** (*без рисунка — о ткани*) plain; **4.** *разг.* (*холёный*) sleek; **~ко** (*прям. и перен.*) smoothly; (*без задержки*) without a hitch; ~ко вы́бритый clean shaven; ~ко причёсываться wear* *one's* hair straight, do* *one's* hair simply; ~ко говори́ть be* a glib talker, be* smooth-tongued; (*об ораторе*) be* a fluent/persuasive speaker; ~ко писа́ть have* an easy style; проходи́ть, сходи́ть ~ко go* off smoothly, go* without a hitch; **~кость** *ж.* smoothness; ~кость сти́ля easy style, ease of style.

гладь I *ж.* (*водной поверхности*) smooth/mirror-like surface; ◇ тишь да ~ *разг.* peace and quiet.

гладь *ж.* (*вышивка*) satin stitch.

гла́женье *с.* ironing.

глаз *м.* **1.** eye; (*взгляд, взор*) glance, look; голубы́е ~а́ blue eyes; отвести́ ~а́ look away; подня́ть ~а́ look up, raise/lift *one's* eyes; оки́нуть *что-л.* ~а́ми look *smth.* over; смотре́ть во все ~а́ be* all eyes; у него́ ~а́ на лоб ле́зут his eyes are popping out of his head; **2.** (*зрение*) sight; плохи́е (хоро́шие) ~а́ poor (excelent) eyesight; по́ртить себе́ ~а́ spoil* *one's* eyes, ruin one's eyesight; **3.** *тк. ед.* (*особая способность видения*) eye; о́стрый ~ keen/sharp eye; дурно́й ~ evil eye; *перен. разг.* (*присмотр*) watching; ве́рный ~ good eye; за ним ну́жен ~ да ~ you can't take your eyes off him for a moment; ◇ в мои́х ~а́х to my eye, in my opinion; за ~а́ 1) (*в отсутствие*) in *smb.'s* absence; without having seen *smb.*; without *smb.'s* knowledge; 2) (*за спиной*) behind *smb.'s* back; 3) (*в избытке*) amply, quite enough; за ~а́ доста́точно enough and to spare; на ~ by eye; на ~а́х у *кого-л.* in front of *smb.*, under *smb.'s* very eyes; он вы́рос у нас на ~а́х we watched him grow up; не смыка́я глаз without getting a wink of sleep; для отво́да глаз as a blind; ра́ди прекра́сных глаз for love, for *smb.'s* (sweet) sake; с ~у на ~ in private, alone, tête-a-tête; бесе́да с ~у на ~ confidential/private talk; идти́ куда́ ~а́ глядя́т wander aimlessly; закрыва́ть ~а́ на *что-л.* connive at *smth.*, overlook smth., shut *one's* eyes to *smth.*; попада́ть не в бровь а в ~ hit* the nail on the head, hit the mock; ни в одно́м ~у́ *разг.* not at all drunk; с пья́ных глаз in a drunken condition, drunk; сме́яться в ~а́ *кому-л.* laugh in *smb.'s* face; смотре́ть во все ~а́ на *кого-л.*, *что-л.* gaze intently at *smb.*, *smth.*; смотре́ть пра́вде в ~а́ face the truth; face it *разг.*; хозя́йским ~ом with a thrifty eye; смотре́ть больши́ми ~а́ми на *кого-л.*, *что-л.* stare wide-eyed at *smb.*, *smth.*; сде́лать больши́е ~а́ ≅ raise *one's* eyebrows; с глаз доло́й — из се́рдца вон *посл.* out of sight, out of mind; вон, доло́й с глаз мои́х! get out of my sight!; у стра́ха ~а́ велики́ fear has a hundred eyes, fear takes molehills for mountains.

глаза́стый *разг.* **1.** (*большеглазый*) round-eyed, large-eyed; **2.** (*зоркий*) sharp-eyed, quick-sighted.

глазе́ть *несов.* (на *вн.*) *разг.* gape (at), stare (at).

глазиро́ванн|ый 1. (*о посуде*) glazed; **2.** (*о фруктах и т. п.*) glacé, candied; ~ые черёшни glacé cherries; ~ экле́р iced eclair; **3.** (*о бумаге*) glossy; gloss attr.

глазирова́ть *несов. и сов.* (*вн.*) **1.** (*посуду*) glaze (*smth.*); **2.** (*фрукты*) candy (*smth.*); (*кондитерские изделия*) ice (*smth.*); **3.** (*бумагу*) give* a glossy finish (to).

глазни́к *м. разг.* eye doctor.

глазни́ца *ж. анат.* eye socket.

глазн|о́й eye *attr.*; ~ые боле́зни diseases of the eye; ~ нерв optic nerve; ~ врач oculist, eye-specialist; ~а́я больни́ца eye hospital; ◇ ~ы́е зу́бы eyeteeth, canine teeth.

глаз|о́к *м.* **1.** eye; **2.** (*отверстие*) peephole; ◇ одни́м ~ко́м with half an eye; на ~ roughly, at a guess; стро́ить ~ки *кому-л.* make* eyes at *smb.*

глазоме́р *м.* eye (for distance); плохо́й ~ faulty eye.

глазу́нья *ж.* (*яичница*) fried eggs *pl.*

глазу́рь *ж.* (*на посуде*) glaze; (*сахарная*) icing; покрыва́ть *что-л.* ~ю (*посуду*) glaze *smth.*; (*печенье и т. п.*) ice *smth.*

гла́нды *мн. анат.* (*ед.* гла́нда *ж.*) tonsils; удали́ть ~ have* *one's* tonsils out.

глас *м. уст. поэт.* voice; ◇ ~ вопию́щего в пусты́не the voice (of one crying) in the wilderness.

глас|и́ть *несов.* state; зако́н ~и́т the law reads; письмо́ ~и́т the letter runs; как ~и́т посло́вица as the proverb has it, as the proverb says.

гла́сност|ь *ж.* publicity; glasnost ◇ предава́ть *что-л.* ~и make* *smth.* public.

гла́сн|ый I (*открытый, публичный*) public, open; ~ые то́рги public/open auction.

гла́сн|ый II *прил. лингв.* **1.** vowel *attr.*; **2.** *в знач. сущ. м.* vowel; ~ые пере́днего ря́да front vowels.

гла́уберов: ~а соль Glauber's salts *pl*; sodium sulphate *хим.*

глауко́ма *ж. мед.* glaucoma.

глаша́тай *м.* town crier, herald; *перен.* proclaimer, spokesman*; ~ и́стины proclaimer of the truth.

гле́тчер *м.* glacier.

гли́н|а *ж.* clay; (*гончарная*) argil, potter's clay; бе́лая ~, фарфо́ровая ~ kaolin; огнеупо́рная ~ fire-clay; **~истый** clay *attr.*, clayey; ~истая по́чва clay soil; ~истый сла́нец shale.

глиноби́тн|ый adobe; ~ая постро́йка adobe building; ~ая стена́ adobe wall, mud wall.

глинозём *м.* alumina.

глинтве́йн *м.* mulled wine; де́лать ~ mull wine.

гли́нян|ый clay *attr.*, earthen; ~ горшо́к earthenware pot; ~ая посу́да *собир.* earthenware, pottery; ~ тру́бка clay pipe.

гли́ссер *м.* hydroplane.

глист *м.* (intestinal) worm, helminth.

глистого́нн|ый vermifugal; ~ое сре́дство vermifuge.

глицери́н *м.* glycerin(e); **~овый** glyceric.

глици́ния *ж. бот.* wistaria.

глоба́льн|ый global; ◇ ~ контра́кт *фин.* prime contract.

гло́бус *м.* globe.

глода́ть *несов.* (*вн.*; *прям. и перен.*) gnaw (*smb.*, *smth.*); его́ гло́жет за́висть he is consumed with envy.

глосса́рий *м. лингв.* glossary.

глота́ть *несов.* (*вн.*) swallow (*smth.*); (*быстро*) bolt (*smth.*), gulp (*smth.*) down; *перен.* devour (*smth.*); ~ кни́ги devour books; ◇ ~ во́здух gulp air into *one's* lungs; ~ слёзы choke/gulp down *one's* tears; ~ слова́ swallow half *one's* words, mumble.

гло́тк|а *ж.* **1.** *анат.* gullet; **2.** *разг.* (*горло*) throat; ◇ заткну́ть *кому-л.* ~у gag *smb.*, shut* *smb.* up; не лезть в ~у stick* in *one's* throat; ора́ть во всю ~у yell; драть ~у bawl; заткни́ ~у hold* your tongue!, shut your mouth!

глотну́ть *сов.* take* a sip.

глот|о́к *м.* **1.** (*действие*) gulp; сде́лать ~ take* a sip; одни́м ~ко́м at a draught/gulp; **2.** (*количество*) drop; drink; (*маленький*) sip, mouthful; ~ воды́ a drink/sip of water; пить больши́ми ~ка́ми gulp; пить ма́ленькими ~ка́ми sip.

гло́хнуть, огло́хнуть, загло́хнуть **1.** *сов.* огло́хнуть (*терять слух*) go* deaf, grow* deaf, become* deaf; **2.** *сов.* загло́хнуть (*затихать*) die away; **3.** *сов.* загло́хнуть (*постепенно исчезать*) dwindle; (*о слухах*) die down; **4.** *сов.* загло́хнуть (*зарастать*) run* wild, be* overgrown; **5.** *сов.* загло́хнуть (*о моторе*) stall.

глу́бже (*сравнит. ст. прил.* глубо́кий *и нареч.* глубоко́) deeper.

глубин|а́ *ж.* depth; *перен. тж.* profundity, intensity; на ~е́ трёх ме́тров at a depth of three meters; два ме́тра в ~у́ two meters deep; измеря́ть ~у́ *чего-л.* sound (the depth) of *smth.*; (*линём*) plumb *smth.*; в ~е́ ко́мнаты at the back of the room, in the interior of the room; ~ мы́сли profundity of thought; ~ чувств depth/intensity of feeling; deep/intense feelings; ◇ в ~é души́ at heart, in *one's* heart of hearts; до ~ы́ души́ to the bottom of *one's* heart; из ~ы́ души́ *one's* innermost soul, from the bottom of *one's* soul/heart; в ~é веко́в in ancient days, in the remote past.

глуби́нка *ж. разг.* remote/out-of-the-way place.

глуби́нн|ый 1. deep; (*на глубине реки*) deep-water *attr.*; (*на глубине моря*) deep-sea *attr.*; ~ая бо́мба depth charge; **2.** *геол.* abyssal; **3.** (*отдалённый*) remote, out-of-the-way; ~ райо́н remote district.

глубо́к|ий 1. deep; *перен. тж.* profound; ~ая ша́хта deep mine/shaft; ~ая вспа́шка deep ploughing; ~ая таре́лка soup boul; ~ие морщи́ны deep wrinkles; ~ие ко́рни deep roots; ~ая ра́на deep wound; ~ая оборо́на defense in depth; в ~ом тылу́ deep in the rear, far behind the lines; ~ая разве́дка deep reconnaissance; ~ая дре́вность remote past, high/extreme antiquity; ~ие зна́ния deep knowledge *sg*; ~ мысли́тель deep thinker; ~ая мысль deep/profound thought; ~ие противоре́чия deep contradictions; ~ое неве́жество profound/utter ignorance; ~ая печа́ль deep sorrow; ~ тра́ур deep mourning; ~ сон deep/profound sleep; **2.** (*поздний*) late; ~ая о́сень late autumn; late fall амер.; ~ая ночь the dead of night; the small hours *pl.*; ~ой но́чью in the dead of night; до ~ой ночи far/deep into the night; ~ая ста́рость extreme old age, venerable age; до ~ой ста́рости till a great age; ◇ ~ая печа́ть *полигр.* intaglio.

глубоко́ 1. *нареч.* deeply; *перен. тж.* profoundly; in depth; ~ заду́маться fall* into deep thought; **2.** *в знач. сказ.* it is deep.

глубоково́дн|ый deep-water *attr.*; ~ая река deep river; ~ые иссле́дования deep-water research *sg.*; ~ые ры́бы deep-sea fish *sg*.

глубокомы́сл|енный profound, grave; ~енное выска́зывание profound statement; с ~енным ви́дом with a thoughtful air; *ирон.* with an air of profound wisdom; looking (very) wise; **~ие** *с.* depth of thought, profoundity of thought.

глубокоуважа́емый deeply respected, highly respected; (*в обращении*) honored.

глубь *ж.* the depth *pl*, the heart; в ~ ле́са into the heart of the forest; в ~ страны́ inland, towards the interior.

глум|и́ться (над *тв.*) mock (*smb.*), jeer (at); commit an outrage (upon, against); **~ле́ние** *с.* mockery (of), outrage (upon, against); **~ли́вый 1.** (*издевательский*) mocking, jeering; **2.** (*склонный к глумлению*) derisive; ~ли́вый челове́к scoffer, mocker.

глуп|е́ть, поглупе́ть get*/become stupid; **~е́ц** *м.* blockhead; **~и́ть,** сглупи́ть *разг.* be* foolish/silly, commit follies; не ~и́! don't be foolish/silly.

глупова́тый dull, not very bright; ~ па́рень dull fellow; у него́ ~ вид he doesn't look very bright.

глу́пост|ь *ж.* **1.** stupidity, foolishness; **2.** *разг.* (*поступок, слова*) foolish/silly thing; наде́лать ~ей do* a lot of foolish/silly things; **3.** (*чепуха*) rubbish, nonsense; брось э́ти ~и! stop that nonsense!; ~и! nonsense!, rubbish!

глу́п|ый stupid, silly; (*о поступке и т. п.*) foolish; (*о ребёнке*) ≅ he's too little to understand; он глуп как про́бка he is a blockhead, he is as daft as a brush; он от приро́ды глуп he was born stupid; он не так глуп, что́бы... he has more sense than to...; ~ вид foolish appearance, silly/inane look; ~ая зате́я silly idea; ~ое положе́ние embarrassing/awkward situation.

глупы́ш I *м. разг.* silly little thing, goose*.

глупы́ш II *м.* (*птица*) fulmar.

глуха́рь *м. зоол.* capercailzie, wood grouse; *перен.* deaf person.

глу́хо 1. *нареч.* (*тихо, неясно*) quietly, softly, indistinctly; **2.** *в знач. сказ. безл.* there is a hush.

глух|о́й *прил.* **1.** deaf (*тж. перен.*); ~ на о́ба у́ха deaf in both ears; ~ на одно́ у́хо deaf in one ear; он соверше́нно глух he is stone-deaf; он был глух к на́шим мольба́м he was deaf to our entreaties; **2.** (*о голосе*) toneless; (*о звуке*) dull, hollow, indistinct, muffled; ~ согла́сный *лингв.* voiceless consonant; **3.** (*смутный, скрытый*) suppressed; ~о́е недово́льство suppressed/inarticulate discontent; ~а́я молва́ vague rumors *pl.*; **4.** (*отдалённый*) remote; (*безлюдный*) lonely; ~о́е ме́сто remote/out-of-the-way place; ~а́я у́лица lonely/solitary street; **5.** (*заросший*) wild, overgrown; ~ лес dense forest; **6.** (*сплошной, без отверстий*) blind; ~а́я стена́ blank wall; **7.** *в знач. сущ. м.* deaf man*, deaf boy; *ж.* deaf woman*, deaf girl; *мн. собир.* the deaf; ◇ ~ но́чью at the dead of night; ~о́е вре́мя a time of darkness and stagnation; ~а́я пора́ slack period; ~о́й сезо́н dead season.

глухома́нь *ж. разг.* remote place/corner; out-of-the-way place/corner.

глухонемо́й *прил.* **1.** deaf-and-dumb; **2.** *в знач. сущ. м.* deaf-mute; *ж.* deaf-mute; *мн. собир.* the deaf-and-dumb.

глухота́ *ж.* deafness.

глуши́тель *м. тех.* silencer, muffler; *перен.* suppressor.

глуши́ть *несов.* (*вн.*) **1.** (*звук*) muffle (*smth.*), deaden (*smth.*); ~ радиопереда́чи jam broadcasts; **2.** (*мотор*) throttle down (*smth.*); **3.** (*не давать расти*) choke (*smth.*); *перен.* (*подавлять*) stifle (*smth.*); ~ кри́тику stifle criticism; **4.** *разг.* (*оглушать*) stun (*smb.*); ◇ ~ ры́бу stun fish.

глуш|ь *ж.* remote place; (*дикие места*) the wilds *pl*; жить в ~и́ live miles from anywhere; лесна́я ~ remote woodlands/forest; the backwoods *pl.*

глы́ба *ж.* great lump, block; ~ земли́ clod; ~ угля́ great lump of coal; ка́менная ~ boulder, block of stone.

глюко́за *ж.* glucose, dextrose, grape sugar.

гляд|е́ть, погляде́ть **1.** look; (на *вн.*) look (at); **2.** (за *тв.*) *разг.* (*присматривать*) look (after); ~ за поря́дком see*/attend to order; **3.** *тк. несов.* (на *вн.*; *выходить на*) face (*smth.*), look (on); (*об окнах*) give* (on); ◇ ~ в о́ба be* on the alert, be* on *one's* guard; ~ не́ на что it's hardly worth mentioning; ~ сквозь па́льцы shut *one's* eyes (to), turn a blind eye (to); того́ и ~и́ it's more than likely; на́ ночь гля́дя when it's nearly dark, at this time of night.

гляде́ться, погляде́ться (в *вн.*) look at *oneself* (in); ~ в зе́ркало look at *oneself* in the glass/mirror.

глядь *межд. уст.* lo and behold! hey presto!

гля́нец *м.* gloss; (*на материи и т. п.*) luster; (*на дереве, коже*) polish.

гля́нуть *сов.* (на *вн.*) *разг.* glance (at); cast* a glance (at); куда́ ни глянь whenever one looks.

гля́нцев|ый glossy, lustrous; ~ая бума́га glossy paper.

гм! ahem!, h'm!

гнать *несов.* (*вн.*) **1.** drive* (*smth.*); ~ ста́до drive* a herd; **2.** (*погонять*; *вести на большой скорости*) urge (*smth.*) on, drive* (*smth.*) on; ~ ло́шадь urge on a horse; ~ маши́ну *разг.* drive* hard, belt along; **3.** (*бысто ехать*): ~ во весь дух drive* at full speed; (*верхом*) ride* at full speed; **4.** (*преследовать зверя*) chase (*smth.*); hunt; *перен.* hound (*smth.*); **5.** (*выгонять*) drive* (*smb.*) away; ~ *кого-л.* и́з дому turn *smb.* out of the house; ~ *кого-л.* прочь drive* *smb.* away; **6.** (*добывать перегонкой*) distil (*smth.*); **~ся** *несов.* (за *тв.*) **1.** (*преследовать*) chase (*smb.*), pursue (smb.); **2.** *разг.* (*стремиться*) strive* (for), strain (after), be* out (for).

гнев *м.* anger; wrath *поэт.*; припадо́к ~a fit of anger; в ~е in (a fit of) anger; **~ли́вый** *уст.* irascible; **~ный** angry; wrathful *поэт.*; не во ~ будь ска́зано if you don't mind saying so.

гне́ваться *несов.* be* angry with.

гневи́ть *несов.* anger *smb.*, enrage *smb.*

гнедо́й bay.

гнезди́ться *несов.* **1.** nest; make* its nest; *перен.* (*ютиться*) have* one's dwelling, lodge, put* up; **2.** (*корениться*) have* its seat, be* implanted.

гнездо́ *с.* **1.** nest (*тж. перен.*); оси́ное ~ *перен.* hornet's nest; орли́ное ~ aerie; вить ~ build* a nest; **2.** (*выводок, семья*) brood; **3.** (*скопление, группа*) cluster; ~ гру́здей a cluster of milk mushrooms; **4.** (*тайное пристанище*) den; воровско́е ~ den of thieves; **5.** *тех.* seat; socket; (*для шипа*) mortise; кла́панное ~ valve seat(ing); штепсельное ~ socket; **6.** *лингв.* family; ◇ свить (себе́) ~ build* *one's* nest; **~ва́ни|е** *с.* *зоол.* nidification, nesting; пора́ ~я nesting season; **~во́й**: ~во́й посе́в *с.-х.* cluster sowing.

гнёздышко *с.* nest; свить себе́ тёплое ~ feather *one's* nest.

гнейс *м.* *геол.* gneiss.

гне|сти́ *несов.* (*вн.*) oppress (*smb.*); меня́ ~тёт тоска́ my heart is heavy with distress/grief, I am sick at heart; его́ ~ту́т забо́ты he is weighed down with cares.

гнёт *м.* (*бремя, угнетение*) oppression, yoke; под ~ом *чего-л.* under the yoke of *smth.*

гнету́щ|ий oppressive, depressing; ~ие забо́ты carking cares; ~ая мысль oppressive notion, agonizing thought; ~ая тоска́ anguish.

гни́да *ж.* nit.

гние́ние *с.* decay, rotting, putrefaction.

гнил|о́й **1.** rotten, decayed, putrid; ~óе де́рево rotting tree; (*о древесине*) rotten wood; ~ зуб decayed tooth*; **2.** (*сырой*) foul, damp; ~а́я пого́да damp weather; **3.** (*порочный*) corrupt; ~а́я тео́рия corrupt theory.

гни́л|остный **1.** (*вызываемый гниением*) putrefying; **2.** (*вызывающий гниение*) putrefactive, septic; **~ость** *ж.* rottenness, putridity.

гнилу́шка *ж.* piece of rotten wood; *разг.* (*кусок чего-л.*) rotten scrap.

гниль *ж.* **1.** rot; **2.** (*плесень*) mold.

гнильц|а́ *ж.* *разг.* rottenness; с ~о́й slightly rotten.

гнить, сгнить (*прям. и перен.*) rot, decay; ~ на корню́ rot on the stalk.

гнои́ть, сгнои́ть (*вн.*) rot (*smth.*), let* (*smth.*) rot; ~ наво́з ferment manure; ~ *кого-л.* в тюрьме́ leave* *smb.* to rot in jail; **~ся** *несов.* suppurate; (*о ране*) fester; discharge pus.

гной *м.* pus; matter *разг.*; **~ни́к** *м.* gathering, abscess; вскрыть ~ни́к open/lance/drain an abscess.

гно́йн|ый purulent; ~ая ра́на festering/suppurative wound; ~ аппендици́т suppurative appendicitis.

гном *м.* *миф.* gnome, goblin, elf*.

гносеологи́ческий epistemological, gnosiological.

гносеоло́гия *ж.* epistemology, gnosiology, theory of knowledge.

гно́стик *м.* *филос.* gnostic.

гностици́зм *м.* *филос.* gnosticism.

гну *м. и ж. нескл.* *зоол.* gnu.

гнус *м.* *собир.* (*мошкара*) midges *pl.*

гнуса́в|ить *несов.* speak*/talk with a twang/snuffle; **~о** with a nasal twang; **~ый** nasal, snuffing.

гну́сность *ж.* vileness, foulness, vile/foul action.

гну́сн|ый base, vile; (*о человеке*) villainous; ~ое зре́лище hideous spectacle; ~ая клевета́ scurrilous libel; ~ое преда́тельство base treachery; ~ое преступле́ние heinous/atrocious crime.

гну́т|ый curved; bent; ~ая ме́бель bentwood furniture.

гнуть *несов.* **1.** (*вн.*) bend* (*smth.*); (*наклонять*) bow (*smth.*); *перен.* (*подчинять своей воле*) force (*smb.*); **2.** (к *дт.*) *разг.* (*клонить к чему-л.*) be* driving (at); я понима́ю, куда́ он гнёт I see what he is driving at; ◇ ~ спи́ну toil, labor hard; ~ спи́ну, ше́ю пе́ред *кем-л.* cringe at/before *smb.*; свою́ ли́нию go* *one's* own way; **~ся** *несов.* bend*; *перен. тж.* give* way, waver.

гнуша́ться *несов.* (*тв.*; *пренебрегать*) disdain (*smth.*); (*брезгать*) have*/feel* an aversion (for, to); не ~ ничём stop at nothing; не ~ никаки́ми сре́дствами be* completely unscrupulous.

гобеле́н *м.* Gobelin (tapestry).

гобои́ст *м.* oboe player, oboist.

гобо́й *м. муз.* oboe.

гове́ть *несов. церк.* prepare for Communion (by fasting); *разг.* fast, go* without food.

говно́ *с. разг.* shit.

го́вор *м.* **1.** sound of talking/voices; *перен.* sound, murmur(ing); ~ волн murmur of the waves; **2.** (*манера говорить*) manner of speech/speaking; **3.** (*местный диалект*) dialect.

говори́льня *ж. разг. пренебр.* talking-shop.

говор|и́ть, сказа́ть **1.** *тк. несов.* (*владеть устной речью*) speak*, talk; ребёнок ещё не говори́т the child* doesn't talk yet; ~и́те (по)гро́мче! speak (a little) louder!; speak up!; ~ на не́скольких языка́х speak* several languages; ~ по-ру́сски, по-англи́йски *и т. п.* speak* Russian, English *etc.*; **2.** (*вн.*; *выражать в устной речи, сообщать*) speak* (*smth.*); не ~я́ ни сло́ва without saying a word; ~ пе́ред аудито́рией speak* to an audience; ~ пра́вду speak*/tell* the truth; ~ де́ло talk sense; ~ комплиме́нты pay* compliments; ~ с уве́ренностью speak*/talk confidently; **3.** *тк. несов.* (*дт.*; *вызывать какие-л. чувства*) appeal (to); **4.** *тк. несов.* (*разговаривать*) talk; ~ с *кем-л.* speak* to/with *smb.*; кто ~и́т? who's speaking?; нам ~я́т we are told; об э́том все ~я́т everybody is talking about it; об э́том мно́го ~я́т it is widely discussed; **5.** *тк. несов. безл.*: ~я́т (so) they say; ~я́т, (что) they say; it is said; ~я́т, что он в Москве́ he is said to be in Moscow; ~я́т, что они́ уе́хали they are believed/said to have left; **6.** *тк. несов.* (*вн.*; *свидетельствовать о чём-л.*) show* (*smth.*), reveal (*smth.*); ~ (не) в по́льзу *кого-л.*, *чего-л.* (not) do* *smb.*, *smth.* credit, (not) speak* well for *smb.*, *smth.*; фа́кты ~я́т не в ва́шу по́льзу the facts are not in your favor; всё э́то ~и́т о том, что... everything points to the fact that...; э́то ~и́т само́ за себя́ it speaks for itself, it tells its own tale; **7.** *тк. несов.* (в *пр.*; *проявляться*) come* out (in); в нём ~и́т со́бственник the property owner is coming out in him; ◇ ~и́т Москва́ *радио* this is Moscow calling; this is radio Moscow; что вы ~и́те? oh, really?; is that so?; что и ~ of course, it goes without saying; что (или как) ни ~и... say what you like...; ~ на ра́зных языка́х not speak the same language; что я вам ~и́л! I told you so!; вам хорошо́ ~! it's all very well for you!; вообще́ ~я́ generally speaking; не ~я́ (уже́) о apart from, not to mention, to say nothing of; не́чего и ~ needless to say; ина́че ~я́ in other words; открове́нно ~я́ frankly speaking; по пра́вде ~я́ to tell the truth; со́бственно ~я́ as a matter of fact; стро́го ~я strictly speaking; **~и́ться** *несов.* be* said; как э́то ~и́тся? how do you say it?; ◇ как ~и́тся as the saying goes; as the phrase is.

говорли́в|ость *ж.* talkativeness, garrulousness, loquacity; **~ый** talkative, loquacious; (*о ручейке*) babbling.

говору́н *м. разг.* great talker, chatterbox.

говя́|дина *ж.* beef; **~жий** beef *attr.*

го́гол|ь *м. зоол.* golden-eye; ◇ ходи́ть ~ем strut (like a turkey-cock).

го́голь-мо́голь *м.* gogol-mogol (*yolk of eggs and sugar beaten up together*).

го́гот *м.*, **~а́нье** *с.* **1.** (*гусей*) cackling; **2.** *разг.* (*хохот*) loud laughter; roars of laughter *pl*; **~а́ть** *несов.* **1.** (*о гусях*) cackle; **2.** *разг.* (*хохотать*) roar with laughter, guffaw.

год *м.* **1.** year; астрономи́ческий ~ astronomic year; бала́нсовый ~ balance year; бюдже́тный ~ budget year; високо́сный ~ leap year; календа́рный ~ calendar year; отчётный ~ accounting year; со́лнечный ~ solar year; теку́щий ~ current year; урожа́йный ~ good year, bumper-crop year; фина́нсовый ~ financial/fiscal year; в бу́дущем ~у́ next year; в про́шлом ~у́ last year; в 1941 ~у́ in (the year) 1941; (*в устной речи*) in nineteen forty-one; в тот же ~ that year; в э́том ~у́ this year; два ра́за в ~у́ twice a year; ему 22 ~а he's twenty-two (years old); за́ ~ during the year, in (the course of) a year; за́ ~ до a year before; за э́тот ~ in the course of the year; на оди́н ~ for one year; раз в два ~а every two years; спустя́ три ~а three years later; **2.** *мн.* (*возраст*) age *sg*; в его́ ~ы at his age, at his time of life; ра́зница в ~а́х disparity in years, age gap; **3.** *мн.*: шестидеся́тые, девяно́стые ~ы the sixties, nineties; ◇ Но́вый ~ New Year; с но́вым ~ом! happy New Year!; из ~а в ~ from year to year, year after year; в ~а́х (*о возрасте*) getting on (in years), advanced in years; с ~а́ми in the course of time, as the years go by; бе́з ~у неде́ля a very short time, but a few days; не по ~а́м beyond one's years; не по ~а́м серьёзный too serious for *one's* age, serious beyond *one's* years; ~ на ~ не прихо́дится next year is always different from this; there are no two years alike; ~ от ~а every year; ~ за ~ом year after year.

года́ми for years (on end).

го́ден *см.* годный.

годи́н|а *ж.* time, year; в ~у бе́дствий in the year of great disasters; тяжёлая ~ hard times *pl.*

годи́|ться *несов.* (на *вн.*) be* fit (for); (*о человеке*) be* fitted/suitable (for), be* fit (+ *inf.*); (*быть впору*) fit; она́ ~тся тебе́ в ма́тери she is old enough to be* your mother; э́то никуда́ не ~тся! that won't do at all, that is no good at all; так де́лать не ~тся you shouldn't do that; так поступа́ть не ~тся that's not the way to behave.

годи́чн|ый **1.** (*продолжающийся в течение года*) a year's; of a year *после сущ.*; ~ срок a year; в ~ срок within a year/twelvemonth; **2.** (*бывающий раз в год*) annual; ◇ ~ое кольцо́ (*дерева*) annual ring (of a tree).

го́дн|ость *ж.* suitability, fitness; (*о билете и т. п.*) validity; **~ый** suitable, fit (for); (*о билете и т. п.*) valid; ~ый для питья́ fit for drinking, fit to drink, drinkable; ~ый к прода́же merchantable; билет годен на завтра the ticket is valid for tomorrow; ни к чему́ не ~ый worthless, good for nothing; никуда́ не ~ый utterly worthless.

годова́л|ый one-year-old; ~ младе́нец twelve-months child*, year-old baby/child*; ~ое живо́тное yearling.

годово́й annual, yearly; ~ дохо́д annual income; (*государственный*) annual revenue; ~ отчёт annual report.

годовщи́на *ж.* anniversary.

годовы́е *мн.* (*о процентах*) per annum.

гой м. (*не еврей*) goy.

гол *м. спорт.* goal; заби́ть ~ score a goal.

голa̛вль *м. зоол.* chub.

голго́фа *ж.* Calvary *тж. перен.*

голена́стые *мн. зоол.* wading birds, waders.

голена́стый *разг.* long-legged.

голени́ще *с.* boot-top.

го́лень *ж.* shin, shank.

голла́нд|ец *м.* Dutchman*; Лету́чий ~ *миф. тж. спорт.* Flying Dutchman; *мн. собир.* the Dutch; **~ка** *ж.* Dutchwoman*; **~ский** Dutch; ◇ ~ское отопле́ние stove heating; ~ская печь tiled stove; ~ское полотно́ holland; ~ская черепи́ца pantile; ~ сыр Dutch cheese.

голов|а́ *ж.* **1.** head (*в знач. единицы счёта скота pl.* head); *перен.* (*ум*) mind; (*умственные способности*) brains *pl.*; у меня́ боли́т ~ my head aches, I have a headache; у меня́ ~ кру́жится I feel giddy; у них ~ кру́жится от успе́ха they are giddy with success; над ~о́й overhead; ~о́й вперёд head first; он ушёл в во́ду с ~о́й the water came over his head; све́тлая ~ clear/lucid mind; тупа́я ~ dull brain; не выходи́ть из ~ы́ not go out of *one's* mind; рабо́тать ~о́й use *one's* brains; не теря́ть ~ы́ keep* *one's* head; у него́ ~ хорошо́ рабо́тает he has a good head on his shoulders; his head is screwed on the right way *разг.*; э́то мне и в го́лову бы не пришло́ it would never have entered my head, it would never have occurred to me; 100 голо́в скота́ a hundred head of cattle; **2.** (*сахару*) sugarloaf*; 3.: городско́й ~ *ист.* mayor; ◇ он челове́к с ~о́й he is a man* of brains, he has brains; ~ в го́лову (*о лошадях на скачках*) neck-and-neck; с ~ы́ до ног from head to foot, from top to toe в пе́рвую го́лову first and foremost; сде́лать *что-л.* на свою́ го́лову bring* *smth.* upon *oneself*; лома́ть го́лову rack *one's* brains; на све́жую го́лову while *one* is fresh; быть на го́лову вы́ше *кого-л.* be* head and shoulders above *smb.*; свали́ть с больно́й ~ы́ на здоро́вую lay blame on *smb.* else; намы́лить *кому-л.* го́лову give* *smb.* a dressing down; поплати́ться за *что-л.* ~о́й pay for *smth.* with *one's* life; дел — вы́ше ~ы́ up to the ears in work; (*мчаться*) слома́ го́лову (go*) at breakneck speed; бежа́ть слома́ го́лову rush; run* headlong; отвеча́ть, руча́ться ~о́й за *что-л.* take* full responsibility for *smth.*; вы́дать себя́ с ~о́й give* *oneself* away; очертя́ го́лову headlong; сам себе́ ~ *one's* own master.

голова́стик *м. зоол.* tadpole.

голове́шка *ж.* firebrand; поту́хшая ~ charred brand.

голови́зна *ж.* jowl (of sturgeon *etc.*)

голо́вка *ж.* **1.** head; **2.** (*гвоздя, винта, булавки*) head; (*снаряда*) nose con, tip, point; **3.** *разг.* (*руководители*) those at the head, those on top; the leaders *pl*; big shots; **4.** *мн.* (*обуви*) vamp *sg*; **5.** (*лука, чеснока*) bulb; **5.** (*сыра*) a cheese.

головн|о́й *прил.* **1.** head *attr.*; ~а́я боль headache; ~ мозг brain; cerebrum (*pl.* -ra) *научн.*; **2.** (*находящийся впереди; ведущий*) leading; ~ отря́д vanguard; ~о́е предприя́тие headquarters plant; ~ы́е ваго́ны the front of the train, the front carriages; **3.** *в знач. сущ. м.* leader.

головня́ *ж.* **1.** *см.* головешка; **2.** *бот.* (*болезнь злаков*) smut, rust.

головокруж|е́ние *с.* dizziness, giddiness; испы́тывать ~ feel*/get* dizzy/giddy, have* fits of giddiness/dizziness; он почу́вствовал ~ his head swam; ◇ ~ от успе́хов intoxication with success; **~и́тельный** (*прям. и перен.*) dizzy; ~и́тельный успе́х intoxicating success; с ~и́тельной быстрото́й at a gidding/dizzy speed.

головоло́м|ка *ж.* puzzle, teaser; **~ный** puzzling; ~ная зага́дка puzzle, poser, brain teaser.

головомо́йк|а *ж. разг.* dressing down; зада́ть *кому-л.* ~у give* *smb.* a good dressing down; bawl *smb.* out *амер.*

головоно́гие *мн. зоол.* cephalopada.

головоре́з *м. разг.* **1.** (*сорвиголова*) daredevil; **2.** (*бандит*) cutthroat; (*хулиган*) ruffian.

головотя́п *м. разг.* muddler; **~ство** *с. разг.* muddling, (stupid) bungling.

голо́вушка *ж. поэт. разг.*: пропа́ла моя́ ~ it's all up with me; бе́дная ~ poor wretch; бу́йная ~ madcap.

го́лод *м.* **1.** hunger; (*голодание*) starvation; испы́тывать, чу́вствовать ~ be* hungry; умира́ть с ~у die of starvation, starve to death; я умира́ю от ~а I'm simply starving; **2.** (*бедствие*) famine; **3.** (*недостаток*) shortage, famine; кни́жный ~ book shortage; **~а́ние** *с.* starvation; **~а́ть** *несов.* **1.** starve, go* hungry; **2.** (*воздерживаться от пищи*) fast; **~а́ющий** **1.** *прич.* starving; **2.** *в знач. сущ. м.* starving/hungry person; (*объявивший голодовку*) hunger striker.

голо́д|ный *прил.* **1.** (*чувствующий голод*) hungry; быть ~ым be* hungry; feel* empty *разг.*; на ~ желу́док on an empty stomach; **2.** (*вызванный голодом*) hunger *attr.*; ~ая смерть death from starvation; **3.** (*неурожайный*) barren; ~ край barren region; ~ год lean year, year of famine; **4.** *разг.* (*скудный*) hunger *attr.*; scanty; ~ обе́д scanty meal; на ~ом пайке́ on short/hunger rations; **5.** *в знач. сущ. м.* hungry person; ◇ ~ как волк ≅ hungry as a hunter.

голодо́вк|а *ж.* **1.** *разг.* (*голод*) starvation; **2.** (*в тюрьме*) hunger-strike; объяви́ть ~у go* on hunger strike.

голодра́нец м. *разг.* beggar.

гололёд *м. см.* гололе́дица.

гололе́дица *ж.* black ice, ice-crusted ground; (*о погоде*) glazed frost, icing; сего́дня стра́шная ~ it's awfully slippery today.

голоногий *разг.* bare legged, barefoot.

го́лос *м.* **1.** voice; подня́ть ~ raise *one's* voice; **2.** (*при голосовании*) vote; ~а́ за и про́тив the ayes and the nos; отда́ть свой ~а́ за *кого-л.* vote for *smb.*, give* *one's* vote for *smb.*; пра́во ~а the (right to) vote; реша́ющий ~ (*при разделении голосов*) casting vote; с пра́вом реша́ющего ~а with the right to vote; с пра́вом совеща́тельного ~а with a voice but no vote; **3.** *муз.* part; пе́сня на два ~а two-part song; для ~а и хо́ра for solo voice and chorus; **4.** (*мнение*) voice, opinion; ~ масс the voice of the masses; **5.**: ~ рассу́дка the voice of reason; ~ со́вести the voice/appeal of consistence; ◇ во весь ~ at the top of one's voice; быть в ~е be* in voice; заучи́вать *что-л.* с ~а pick up *smth.* from hearing it; в оди́н ~ in one voice, unanimously; име́ть свой ~ have* *one's* say; хвали́ть в оди́н ~ unite in praising; с чужо́го ~а говори́ть echo somebody else, echo other people.

голоси́стый loud-voiced, vociferous; (*звонкий*) ringing.

голоси́ть *несов.* wail; ~ по поко́йнику keen.

голосло́вн|о without the slightest proof, on *one's* bare word, blankly; **~ый** unfounded, groundless, proofless; ~ое обвине́ние unfounded accusation; ~ое утвержде́ние mere allegation; что́бы не быть ~ым by way of proof.

голосова́н|ие *с.* voting; (*во время выборов*) poll; поимённое ~ roll-call vote; поста́вить предложе́ние на ~ put* the motion to the vote; провести́ ~ по *чему-л.* take* a vote on smth.; результа́ты ~ия results of the voting/vote; (*в англ. парламенте*) division figures; каби́на для ~ия polling booth; ◇ маши́на ~ия voting machine.

голосова́ть, проголосова́ть **1.** (*за вн.; участвовать в голосовании*) vote (for); ~ подня́тием руки́ vote by (a) show of hands; ~ за (про́тив) предложе́ния vote in favor of (against) the motion; **2.** (*вн.; ставить на голосование*) put* (*smth.*) to the vote, vote (on), take* a vote (on); (*чью-л. кандидатуру*) vote (for); **3.** *разг.* (*останавливать машину*) thumb a lift, (try to) hitch a lift.

голосов|о́й vocal; ~ы́е свя́зки *анат.* vocal chords; ~а́я щель *анат.* glottis.

голошта́нник *м. разг.* ragamuffin.

голубе́|ть *несов.* **1.** (*становиться голубым*) become*/turn blue; **2.** (*виднеться*) show* blue; вдали́ ~ло мо́ре the sea showed blue in the distance.

голубизна́ *ж.* azure, the blue.

голуби́ка *ж.* **1.** *собир.* bog whortleberries *pl*, great bilberries *pl*; **2.** (*об отдельной ягоде и растении*) bog whortleberry, great bilberry.

голуби́н|ый pigeon *attr.*; ~ая почта pigeon-post.

голуби́ный *перен.* (*кроткий*) dove-like.

голу́бка *ж.* **1.** female dove/pigeon; **2.** dear, darling.

голубогла́зый blue-eyed.

голуб|о́й **1.** light-blue, sky-blue; ~а́я кровь *перен.* blue blood; ~ песе́ц blue fox; **2.** (*идеализированный*) idealized; ◇ ~ экра́н TV, television; *в знач. сущ. жарг.* gay, homosexual.

голу́бушка *ж. ласк.* dear, darling.

голубцы́ *мн. кул.* (*ед.* голубе́ц *м.*) stuffed cabbage rolls.

голу́бчик *м.* old man*/fellow, my dear man*.

го́луб|ь *м.* pigeon, dove; ~ свя́зи, почто́вый ~ carrier pigeon, homing pigeon; гоня́ть ~е́й go in for pigeon fancying, race pigeons; ◇ ~ ми́ра the dove of peace.

голубя́т|ник *м.* **1.** (*любитель*) pigeon fancier, pigeon flyer; **2.** (*ястреб*) pigeon hawk; **~ня** *ж.* dovecote, pigeon loft, pigeon house.

го́л|ый **1.** naked, nude (*обыкн. о человеке*); (*ничем не покрытый*) bare; (*лишённый растительности*) bald, bare; ~ое те́ло naked body; ~ пол bare/uncarpeted floor; ~ые дере́вья bare trees; ~ые сте́ны bare walls; спать на ~ой земле́ sleep* on the bare ground; **2.** (*без прикрас*) naked, bare; ~ая и́стина the naked truth; ~ые фа́кты the bare facts; ◇ ~ыми руками ≅ without firing a shot; ~ое администри́рование purely bureacratic methods *pl*.

голытьба́ *собир. разг.* the poor, the ragged.

голы́ш *м.* **1.** *разг.* (*о ребёнке*) naked child*/boy; (*о кукле*) naked baby doll; **2.** (*камень*) pebble, shingle; **~о́м** *разг.* naked, with nothing on.

голь *ж. собир.*: the poor; ~ перека́тная the down-and-outers; ~ на вы́думки хитра́ ≅ necessity is the mother of invention.

гольф *м. спорт.* golf; игра́ть в ~ play golf, golf.

го́льфы *мн.* (knee-)breeches; (*чулки*) golf-stockings.

гомеопа́т *м.* homoeopath, homoeopathist; **~и́ческий** homoeopathic; в ~и́ческих до́зах minute quantities; **~ия** *ж.* homoeopathy.

гомери́ческий Homeric; ~ хо́хот Homeric laughter.

гоминда́н *м. полит.* Kuomintang; **~овец** *м.* member of Kuomintang.

гомоге́нный *хим.* homogenous.

го́мон *м. разг.* hubbub; ~ толпы́ the hum of the crowd.

гомосексуал|и́зм *м.* homosexualism; **~и́ст** *м.* homosexual.

гомосексуа́льный homosexual *attr.*

гонг *м.* gong; уда́рить в ~ strike*/sound the gong.

гондо́|ла *ж.* **1.** (*лодка*) gondola; **2.** (*дирижабля*) car; **~лье́р** *м.* gondolier.

гоне́н|ие *с.* persecution; подверга́ться ~иям be* persecuted; (*об отдельных людях тж.*) be* victimized.

гоне́ц *м.* messenger.

гони́тель *м.* persecutor, oppressor.

го́нк|а *ж.* **1.** *тк. ед. разг.* (*спешка*) hurry; **2.** *тк. ед.* (*сплав плотов*) rafting; **3.** *мн.* races; (*лодочные*) regatta *sg.*, boat race *sg.*; па́русные ~и sailing regatta; (*велос. спорт.*) кома́ндная ~ team race; многодне́вная ~ multi-stage race; эстафе́тная ~ relay race; ~ за ли́дером motorpaced race; ~ на шоссе́ road race; ~ пресле́дования pursuit race; ~ на тре́ке track race; ◇ ~ вооруже́ний armaments/arms race.

го́нор *м. разг.* arrogance; с ~ом arrogant.

гонора́р *м.* fee; а́вторский ~ author's fee; author's emoluments *pl.*; (*с тиража*) royalties *pl.*

гоноре́я *ж.* gonorrhoea.

го́ночный racing; ~ автомоби́ль racing car; ~ велосипе́д racing bicycle; racing bike *разг.*

гонча́р *м.* potter; **~ный** potter's; ~ные изде́лия earthenware *sg.*, pottery *sg.*; ~ный круг potter's wheel.

го́нчая *ж.* hound.

го́нщик *м. спорт.* racer; racing driver, rider; (*велос. спорт.*) ~ на тре́ке track rider; ~ по шоссе́ road rider.

гоня́ть *несов.* (*вн.*) **1.** drive* (*smb.*, *smth.*); drive* (*smb.*) away; ~ *кого-л.* с ме́ста на ме́сто make* *smb.* run all over the place; ≅ drive* *smb.* from pillar to post; **2.** *разг.* (*с поручениями*) send* (*smb.*) (on errands); **3.** (по *дт.*) *разг.* (*спрашивать — о преподавателе*) make* *smb.* go through *smth.*, grill *smb.* on *smth.*; **~ся** (за *тв.*) chase (*smb.*, *smth.*), pursue (*smb.*, *smth.*); (*искать*) seek* (*smth.*).

гоп hoopla; ◇ не говори́ ~, пока́ не перепры́гнешь ≅ don't halloo till you're out of the wood, don't speak too soon.

гор- *в сложн.* city *attr.*; (*о небольшом городе*) town *attr.*

гор|а́ *ж.* mountain; (*невысокая*) hill, *перен.* (*множество*) heap (of), pile; снегов́ые го́ры snow-capped mountains; америка́нские го́ры (*для катания в вагонетках*) switchback *sg*; ката́ться с гор (*на санках*) toboggan; в го́ру uphill; по́д ~у downhill; ~ бума́г heap of paper; ◇ идти́ в го́ру go* up in the world; стоя́ть ~о́й за *кого-л.*, *что-л.* stand* firm for *smb.*, *smth.*; be* solidly behind *smb.*; stick* up for *smb.*, *smth.* *разг.*; сули́ть золоты́е го́ры promise a fortune, promise a moon; ~ с плеч (*свалилась*) (it's) a load off *one's* mind; не за ~а́ми not far off; пир ~о́й lavish feast.

гора́зд *в знач. сказ. разг.*: кто во что ~ each in his own fashion and as hard as he can; он на э́то ~ he's a dab at that, that's just what he's good at.

гора́здо much, far; в ~ бо́льшей сте́пени to a far greater extent; ~ лу́чше far better.

горб *м.* hump; ◇ свои́м ~о́м ≅ by the sweat of *one's* brow; **~а́тый** *прил.* **1.** (*с горбом*) hunched, humped; **2.** (*изогнутый, с горбиной*): ~а́тый нос aquiline nose, hooked nose; ~а́тый мост humpback bridge; **3.** *в знач. сущ. м.* hunchback; ◇ ~а́того моги́ла испра́вит *погов.* ≅ can the leopard change his spots?

го́рби|ть, сго́рбить: ~ спи́ну bend* *one's* back; **~ться,** сго́рбиться stoop; не ~сь! don't stoop!

горбоно́сый with an aquiline nose *после сущ.*; hook nosed.

горб|у́н *м.*, **~у́нья** *ж.* hunchback, humpback.

горбу́ша *ж.* gorbusha, humpbacked salmon.

горбу́шка *ж.* crust/outside (of a loaf).

гордели́вый proud, haughty.

горде́ц *м.* arrogant man*.

го́рдиев: ~ узел Gordian knot.

горди́ться *несов.* **1.** (*тв.*; *испытывать гордость*) be* proud (of), take* pride (in), pride *oneself* (on); **2.** *разг.* (*быть высокомерным*) show* pride, have* a high opinion of *oneself.*

го́рд|ость *ж.* pride; **~ый** proud.

горды́ня *ж.* arrogance, aloofness, haughtiness.

гордя́чка *ж.* arrogant woman*.

го́р|е *с.* **1.** (*глубокая печаль*) grief, sorrow; в ~ sorrow-stricken, in great grief, grieving (over); поседе́ть от ~я turn grey with sorrow; причини́ть *кому-л.* мно́го ~я cause *smb.* much distress; причиня́ть *кому-л.* ~ cause *smb.* pain; хлебну́ть ~я eat* the bread of affiction; **2.**: ~ ему́! woe betide him!; ~ мне! woe is me!; ~ мне с тобо́й! you are the bane of my existence/life; **3.** (*беда, несчастье*) trouble, misfortune; её пости́гло ~ a sad thing happened to her; како́е ~! what a misfortune!; он запи́л с ~я he is drowning his sorrows; э́то для нас большо́е ~ it is a great sorrow to us; ◇ ему́ и ~я мало what does he care!; слеза́ми ~ю не помо́жешь *посл.* ≅ it is no use crying over spilt milk.

го́ре- *в сложн.* sorry; ~-поэ́т poetaster, apology for a poet.

горева́ть *несов.* (о *пр.*) mourn (for), grieve (over).

горе́лка *ж.* burner; га́зовая ~ gas burner.

горе́лки *мн.* (*игра*) catch *sg.*; игра́ть в ~ play catch.

горе́л|ый burnt; па́хнет ~ым there is a smell of burning.

горелье́ф *м.* high relief.

горемы́|ка *м. и ж. разг.* hapless creature; **~чный** *разг.* wretched, hapless, ill-starred.

горе́ние *с.* combustion, burning; жизнь его́ была́ непреры́вным ~м his whole life was an unquenchable flame.

го́рестный sad, grievous, sorrowful.

го́рест|ь *ж.* **1.** (*печаль, скорбь*) grief, distress; с ~ью sorrowfully; **2.** *мн.* (*несчастья*) sorrows; пережи́ть мно́го ~ей know* much sorrow.

гор|е́ть, сгоре́ть **1.** burn* (*тж. перен.*); (*о пожаре*) be* on fire; ~ я́рким пла́менем burn* with a clear flame; ~и́м! fire!; ~ нетерпе́нием burn* with impatience; ~ жела́нием burn* with desire; в огне́ не ~и́т и в воде́ не то́нет it passes unscathed through fire and flood; **2.** *тк. несов.*

(*давать свет, пламя*) be* burning, be* on; свет ~и́т the light is (switched) on; **3.** *тк. несов.* (*быть в лихорадке*) burn*; be* feverish; голова́ у меня́ ~и́т my head is burning/feverish; **4.** *тк. несов.* (*сверкать*) flash, blaze; глаза́ ~е́ли я́ростью the eyes blazed with anger; го́род ~и́т огня́ми the town is ablaze with light; ◇ рабо́та ~и́т в его́ рука́х he works like lightning; земля́ ~и́т под нога́ми the place is getting too hot for *one*.

го́рец *м.* mountain dweller, highlander.

го́речь *ж.* **1.** (*вкус*) bitter taste; **2.** (*что-л. горькое*) bitter stuff; **3.** (*горькое чувство*) bitterness.

горже́тка *ж.* boa, throat wrap.

горизо́нт *м.* **1.** horizon (*тж. перен.*); (*линия горизонта*) skyline; скры́ться за ~ом disappear from the horizon; (*о солнце*) sink* below the horizon; **2.** *мн.* (*круг действий, возможностей*) horizons; откры́ть но́вые ~ы в нау́ке open up new territory/horizons in science; пе́ред на́ми раскрыва́ются широ́кие ~ы vast perspectives lie before us; ~ прогнози́рования (*срок, для которого прогноз действителен с заданной точностью*) forecasting time frame.

горизонта́ль *ж.* horizontal line; (*на карте*) contour line; (*на шахматной доске*) rank; **~ный** horizontal; ~ полёт *ав.* horizontal/level flight; ~ая реви́зия (*проверка общего функционирования маркетинга фирмы*) horizontal audit.

гори́лка *ж. разг.* vodka.

гори́лла *ж. зоол.* gorilla.

горисполко́м *м.* (*исполнительный комитет городского Совета народных депутатов*) Executive (Committee) of the City/Town Soviet (of People's Deputies); City/Town Executive *разг.*

гори́стый mountainous.

горихво́стка *ж. зоол.* redstar.

горицве́т *м. бот.* lychnis.

го́рка *ж.* **1.** hill; **2.** (*шкафчик*) cabinet; **3.** *ав.* vertical climb.

го́ркнуть, прого́ркнуть go* bad, spoil*; (*о масле*) turn (rancid).

горко́м *м.* (*городской комитет*) City/Town Committee.

горла́|нить *несов. разг.* bawl; **~стый** *разг.* loud-voiced, loud-mouthed.

го́рл|инка *ж.*, **~ица** *ж. зоол.* turtledove.

го́рл|о *с.* throat; larynx *анат.*; у него́ боли́т ~ he has a sore throat; ◇ дыха́тельное ~ windpipe; быть сы́тым по ~ be* full; *перен.* be* fed up; have* had enough; крича́ть во всё ~ shout lustily, shout at the top of *one's* voice; (как) с ножо́м к ~у приста́ть к *кому-л.* pester *smb.*, badger *smb.*; стать поперёк ~а *кому-л.* make* *smb.* sick, be* a thorn in *smb.'s* flesh; промочи́ть ~ have* a drink, wet *one's* whistle; схвати́ть за ~ catch*/take* by the throat.

горлови́на *ж.* mouth, neck, manhole; ~ вулка́на crater.

горлово́й **1.** throat *attr.*; of the throat *после сущ.*; **2.** (*о голосе*) guttural, throaty.

го́рлышк|о *с.* neck; пить из ~а drink* straight from the bottle.

гормо́н *м. физиол.* hormone.

горн I *м. тех.* **1.** furnace; кузне́чный ~ forge; **2.** (*нижняя часть доменной печи*) hearth.

горн II *м.* (*сигнальный*) bugle.

го́рний *уст.* celestial, empyrean.

горни́ло *с.* crucible (*тж. перен.*).

горни́ст *м.* bugler.

го́рничная *ж.* housemaid; (*в гостинице*) chambermaid; (*на пароходе*) stewardess.

го́рница *ж.* **1.** *уст.* chamber; **2.** *разг.* clean part of peasant's house.

горново́й *м.* furnace-worker.

горнодобыва́ющий mining.

горнозаво́дский mining and metallurgical; ~ райо́н mining and smelting area.

горнозаво́дчик *м.* owner of a mine or foundry.

горнолы́жный: ~ спорт mountain skiing.

горнопромы́шленный mining *attr.*; ~ райо́н mining area.

горнопрохо́дческ|ий: ~ие рабо́ты drifting; working a mine.

горнорабо́чий *м.* miner.

горнору́дный mining.

горноспаса́тельный (mine-)rescue *attr.*

горноста́й *м.* **1.** (*животное*) stoat; **2.** (*мех*) ermine.

го́рн|ый **1.** mountain *attr.*; (*гористый*) mountainous; ~ хребе́т mountain chain/range; ~ая ре́чка mountain stream; ~ая страна́ highlands *pl*; **2.** (*добываемый из недр земли*) mineral; ~ая поро́да rock; **3.** (*относящийся к разработке земных недр*) mining; ~ое де́ло mining; ~ая промы́шленность mining industry; ~ инжене́р mining engineer; ~ институ́т mining institute; ◇ ~ая боле́знь mountain sickness; ~ хруста́ль rock-crystal; ~ лён *мин.* mountain flax, amianthus.

горн|я́к *м. разг.* (*рабочий*) miner; (*инженер*) mining engineer; **~я́цкий** *разг.* miners', mining.

го́род *м.* town; (*крупный центр*) city; ~ Москва́ the city of Moscow; столи́чный ~ capital (city); провинциа́льный ~ provincial town; за́ ~ out of town, to the country; за ~ом out of town, in the country; ~ и дере́вня town and country; в ~а́х и посёлках in (large and small) urban communities.

го́род-геро́й *м.* Hero City.

городи́ть *несов. разг.*: ~ вздор talk (a lot of) nonsense; не сто́ит огоро́д ~ ≅ it's nothing to make a song and dance about.

городи́шко *с. разг.* small town.

городи́ще *с. археол.* site of ancient town/settlement.

городки́ *мн.* gorodki (*a kind of skittles*); игра́ть в ~ play gorodki.

городни́чий *м. ист.* governor of a town.

городово́й *м. ист.* policeman.

городо́к *м.* **1.** (small) town, township; **2.**: студе́нческий ~ students' hostels *pl.*; университе́тский ~ campus; вое́нный ~ cantonment.

городск|óй town *attr.*; city *attr.*, urban; municipal; ~ жи́тель town dweller; townsman* (*pl.* townspeople, townsfolk); ~óе населе́ние urban population; ~ сад the municipal gardens *pl.*; ~ Сове́т наро́дных депута́тов City/Town Soviet (of People's Deputies); ~ тра́нспорт urban/municipal transport (system); ~óе строи́тельство town building, urban development; (*раздел архитектуры*) town planning; ~óе хозя́йство municipal facilities and services *pl.*

горожа́н|ин *м.* town dweller, townsman* (*pl.* townspeople, townsfolk); **~ка** *ж.* townswoman*.

гороно́ *м. нескл. ист.* (*городской отдел народного образования*) City/Town Board of Education.

гороско́п *м.* horoscope.

горо́х *м.* **1.** (*растение*) pea; **2.** *собир.* (*семена*) peas *pl*; лущёный ~ split peas; ◇ при царе́ Горо́хе ≅ in the year dot/one, ages ago; как об стéну ~ you might as well talk to a brick wall; **~овый 1.** pea *attr.*; ~овое по́ле field of peas; ~овый суп pea soup; **2.** (*о цвете*) pea-green; ◇ шут ~овый, чу́чело ~овое clown, buffoon.

горо́ш|ек *м.* **1.** *бот.* vetch, tare; **2.** (*крапинки на ткани*) polka dot, spots *pl*; си́тец в ~ spotted cotton stuff; ◇ зелёный ~ green peas *pl*; **~ина** *ж.* pea; с ~ину no bigger than a pea.

горсове́т *м.* (городско́й Сове́т наро́дных депута́тов) City/Town Soviet (of People's Deputies).

го́рстка *ж.* handful; ~ люде́й a (mere) handful of people.

горсть *ж.* **1.** (*руки*) *one's* cupped hand, the cup of *one's* hand; **2.** (*количество*) handful (*тж. перен.*).

горта́нный guttural, laryngeal.

горта́н|ь *ж. анат.* larynx; у него́ язы́к прили́п к ~и he was struck dumb, he was tongue-tied.

горте́нзия *ж. бот.* hydrangea.

горчи́ть *несов.* taste bitter, have* a bitter taste.

горчи́|ца *ж.* mustard, **~чник** *м.* mustard plaster; поста́вить ~чники *кому-л.* use mustard plasters on *smb.*; **~чница** *ж.* mustard pot; **~чный** mustard *attr.*

горшо́к *m.* pot.

го́рь|кий 1. bitter; ~ как полы́нь bitter as wormwood; **2.** (*горестный, тягостный*) sad, bitter; ~ о́пыт bitter experience; ~кая до́ля sad/bitter fate; ◇ ~кая и́стина the bitter truth; ~кие слёзы bitter tears; ~ пья́ница hopeless drunkard, confirmed drunkard, sot; **~ко 1.** *нареч.* bitterly; ~ко пла́кать cry bitterly, shed* bitter tears; **2.** *в знач. сказ. безл.*: ~ко во рту a bitter/bad taste in *one's* mouth; ~ко слы́шать таки́е слова́ it pains *one* to hear such words.

горю́чее *с.* fuel; (*бензин тж.*) petrol; gasoline, gas *амер.*

горю́чий I combustible; (*легко воспламеняющийся*) inflammable.

горю́чий II: ~ие слёзы scalding tears.

горя́ч|ий 1. hot; ~ие у́гли live coats; **2.** (*пылкий*) fiery, keen, eager; (*выражающий глубину чувства*) ardent, fervent; ~ие го́ловы hotheads; ~ее се́рдце warm heart; ~ая любо́вь passionate love; ~ее жела́ние ardent desire; ~ спор heated debate; ~ приём enthusiastic welcome; встре́тить ~ую подде́ржку receive whole-hearted support; **3.** (*вспыльчивый*) hot-tempered; (*резвый — о лошади*) fiery, spirited; **4.** (*при высоких температурах*) heat *attr.*; ~ая обрабо́тка мета́ллов heat treatment of metals; **5.** (*напряжённый*) busy; ~ее вре́мя busy season; crowded days *pl*; ◇ ~ая кровь fervent nature; по ~им следа́м while the scent is hot; попа́сть под ~ую ру́ку run* into a squall.

горячи́ть, разгорячи́ть (*вн.*) excite (*smb.*); **~ся**, разгорячи́ться be*/become* excited; (*раздражаться*) be*/become* angry, be* in a temper.

горя́чк|а *ж. разг.* **1.** fever; бе́лая ~ delirium tremens; роди́льная ~ puerperal fever; **2.** (*азарт*) rush; биржева́я ~ a run on the stock-market; **3.** (*спешка*) rush (and tear), hot haste; ◇ поро́ть ~у do* things in a rush, dash about in a flap.

горя́чность *ж.* **1.** (*увлечение*) zeal, fervor, eagerness; **2.** (*вспыльчивость*) hot temper.

горячо́ 1. *нареч.* fervently, eagerly, passionately; ~ говори́ть speak* with fervor; ~ приня́ться за де́ло set* to enthusiastically; ~ люби́ть *кого-л.* love *smb.* dearly; **2.** в *знач. сказ. безл.*: мне ~ it is too hot for me.

гос- *в сложн.* State.

госба́нк *м.* (Госуда́рственный банк) the State Bank.

госбезопа́сност|ь *ж.*: о́рганы ~и (State) security organs.

госбюдже́т *м.* the State Budget.

госпитализа́ция *ж.* hospitalization.

го́спиталь *м.* (military) hospital.

господа́ *мн.* **1.** gentlemen; (*в обращении*) gentlemen!; (*при наличии мужчин и женщин*) ladies and gentlemen!; (*в присутствии одной женщины*) Madam!, Gentlemen!; **2.** (*при фамилии или звании*) Messrs [mesəz]; **3.** (*хозяева*) masters; слуга́ двух госпо́д the servant of two masters.

госпо́д|ень *рел.* the Lord's; моли́тва ~ня the Lord's prayer.

го́споди! good heavens!; good Lord!; good Gracious!

господи́н *м.* **1.** gentleman*; (*в обращении*) sir!; **2.** (*при фамилии или звании*) Mr. [mɪstə]; (*в официальной речи — о французах*) Monsieur [mesjɔ:] (*сокр.* M.); (*об итальянцах*) Signor [si:njɔ:]; (*о немцах*) Herr [hɛə]; ~ председа́тель! Mr. Chairman!; ~ президе́нт! Mr. President!; **3.** (*хозяин*) master; ◇ сам себе ~ *one's* own master.

госпо́дский seignorial, manorial; ~ дом manor-house.

госпо́дств|о *с.* **1.** (*власть*) domination; **2.** (*преобладание*) supremacy; мирово́е ~ world domination; ~ в во́здухе air supremacy; ~**овать** *несов.* **1.** (над *тв.*; *властвовать*) dominate (over); **2.** (*преобладать*) prevail; **3.** (над *тв.*; *возвышаться*) command (*smth.*), dominate (*smth.*); ~**ующий 1.** (*находящийся у власти*) ruling; ~ующий класс ruling class, the class in power; **2.** (*преобладающий*) prevailing, dominant; ~ующие взгля́ды prevailing views/opinions.

Госпо́дь God, the Lord.

госпожа́ *ж.* **1.** lady; **2.** (*при фамилии*) Mrs. [mɪsɪz]; (*о незамужней женщине*) Miss; (*в официальной речи — о француженках, часто русских и др.*) Madam (*сокр.* Mme.), Mademoiselle [mædəmzel] (*сокр.* Mlle); (*об итальянках*) Signora [sɪnjɔ:rə], Signorina [sɪnjori:nə]; (*о немках*) Frau [frau], Fräulein [frolaɪn]; **3.** (*без фамилии*) Madam; **4.** (*хозяйка*) mistress.

госпо́шлина *ж. фин.* national duty.

гостев|о́й: ~ биле́т invitation card; ~ы́е места́ на трибу́не places for visitors.

гостеприи́м|ный hospitable; ~**ство** *с.* hospitality; ока́зывать ~ство *кому-л.* show* hospitality to *smb.*; be* host to *smb.*

гости́ная *ж.* **1.** drawing room; (*в небольшой квартире*) sitting room; **2.** (*в гостиницах и т. п.*) lounge; **3.** (*мебель*) drawing-room suite.

гости́нец *м. разг.* present.

гости́ниц|а *ж.* hotel, inn; первокла́ссная ~ first-class/rate hotel; ~ без пансио́на European plan hotel; ~ с пансио́ном American plan hotel; останови́ться в ~е put* up at a hotel, stay/stop at a hotel.

гости́ный: ~ двор arcade(s), row(s) of shops.

гости́ть *несов.* (у *рд.*) stay (with).

гост|ь *м.* guest, visitor; незва́ный ~ uninvited guest; ре́дкий ~ infrequent visitor; у нас ~и we have visitors; ◇ быть в ~я́х у *кого-л.* be* on a visit to *smb.*; идти́ в ~и к *кому-л.* go* to see *smb.*; прийти́ в ~и к *кому-л.* come* to see *smb.*; в ~я́х хорошо́, а до́ма лу́чше *погов.* ≅ East or West, home is best.

госуда́рственно-монополисти́ческий state-monopoly.

госуда́рственн|ость *ж.* political system, State system; (*государственный суверенитет*) statehood; ~**ый** State *attr.*; (*национальный*) national; ~ый строй political/State system; ~ое устро́йство political organization, form of government; ~ая власть State power; ~ый флаг national flag; ~ая грани́ца State frontier; ~ый язы́к official language (of the State); ~ый де́ятель statesman*; ~ый долг national debt; ~ые дохо́ды (public) revenues; ~ зака́з order for government, account; ~ креди́т public credit; ~ое регули́рование цен state price adjustment; ~ые испыта́ния state testing; ~ый слу́жащий civil servant; ~ая слу́жба public service; ~ый переворо́т coup-d'etat ~ый престу́пник State criminal, political offender; де́ло ~ой ва́жности affair of national importance; ~ые заку́пки State purchases; ◇ ~ое пра́во *юр.* constitutional law.

госуда́рств|о *с.* State; (*страна*) country, nation; ~а-уча́стники member State/nations; содру́жество госуда́рств the commonwealth of states.

госуда́рыня *ж. уст.* **1.** (*царица*) sovereign; **2.** (*в обращении*) Your Majesty, Madam.

госуда́р|ь *м. уст.* **1.** (*царь*) sovereign; **2.** (*в обращении*) Your Majesty, Sir; ◇ ми́лостивый ~ Dear Sir; ми́лостивые ~и Gentlemen.

го́т|ика *ж.* Gothic; ~**и́ческий** Gothic; ~и́ческий стиль Gothic style; ~и́ческий шрифт Gothic (type), black letter.

гото́вальня *ж.* set/case of drawing instruments.

гото́вить *несов.* (*вн.*) **1.** prepare (*smth.*); ~ торже́ственную встре́чу organize an official reception; **2.** (*обучать*) train (*smb.*); ~ ка́дры train workers/personnel; **3.** (*стряпать*) cook (*smth.*), make* (*smth.*); ~ обе́д make* dinner, get* dinner ready; хорошо́ ~ be* a good cook; уме́ть ~ know* how to cook; ~**ся** *несов.* **1.** (к *дт.*) prepare (for), make* ready (for); ~ся к бо́ю stand* by for action; ~ся к отъе́зду make* preparations for departure; ~ся к экза́мену prepare/study for an examination; ~ся к зачёту по геогра́фии revise *one's* geography; get*/read* up *one's* geography *разг.*; **2.** (*надвигаться, назревать*) approach, be* in the offing.

гото́вность *ж.* readiness, боева́я ~ combat readiness; эксплуатацио́нная ~ operational readiness; ~ су́дна к вы́грузке readiness to discharge; ~ това́ра к отгру́зке readiness for shipment; ~ това́ра к приёмке readiness for inspection; (*согласие тж.*) willingness; выража́ть ~ express *one's* readiness/willingness.

гото́в|ый 1. (к *дт.*) ready (for); (*подготовленный*) prepared (for); ~о! ready!; **2.** (на *вн.*, + *инф.*; *согласный*) willing (+ to *inf*), ready (for, + to *inf*), prepared (for, + to *inf*); мы ~ы вести переговоры we are prepared to negotiate; он для вас гото́в на всё he'd do anything for you; я был уже́ гото́в согласи́ться, когда́... I was on the point of agreeing, when...; **3.** (*сделанный, законченный*) finished; (*об одежде*) ready-made; ~ое блю́до dish ready to serve; ~ое изде́лие finished product/article; manufactured goods *pl.*; ~ое пла́тье ready-made clothes, ready-to-wear clothes *амер.*; **4.** (*заранее обдуманный*) cut-and-dried.

го́тский Gothic; ~ язы́к Gothic, the Gothic language.

гофриро́ванный crimped; (*о платье*) goffered, (*о юбке*) pleated; (*о металле*) corrugated.

гофри́ровать *несов.* (*вн.*) crimp (*smth.*); (*платье*) goffer (*smth.*); (*металл*) corrugate (*smth.*).

Граа́ль (чаша) *миф.* The (Holy) Grail.

граб *м. бот.* hornbeam.

граб|ёж *м.* robbery; (*вооружённый*) armed robbery; holdup *разг.*; ~ на большо́й доро́ге highway robbery; занима́ться ~ежо́м rob, plunder; ~**и́тель** *м.* robber; ~**и́тельский** rapacious, predatory; ~и́тельская поли́тика expansionist policy; ~и́тельские во́йны predatory wars; ~и́тельские це́ны exorbitant prices.

гра́бить *несов.* (*вн.*) rob (*smb., smth.*) (*тж. перен.*); plunder (*smb., smth.*).

гра́бли *мн.* rake *sg*; ко́нные ~ horse rake *sg*.

гравёр *м.* engraver; (*офортист*) etcher; ~ по де́реву woodcutter, wood-engraver; ~ по ка́мню lapidary.

гра́ви|й *м.* gravel; посыпа́ть *что-л.* ~ем gravel *smth.*

гравиров|а́льный engraver's, engraving; (*для офорта*) etcher's, etching; **~а́ть** *несов.* engrave; (*травлением*) etch.

гравитацио́нный gravitation *attr.*; gravitational.

гравита́ция *ж.* gravitation.

гравю́ра *ж.* engraving, print; (*офорт*) etching; ~ на де́реве woodcut; ~ на ме́ди copperplate engraving.

град I *м.* hail; *перен. тж.* volley; ~ идёт it is hailing, hail is falling; ~ пуль hail of bullets; ~ руга́тельств volley of oaths.

град II *м. уст. поэт. см.* го́род.

града́ция *ж.* gradation(s).

гра́дина *ж.* hailstone.

гради́рня *ж.* **1.** (*в производстве соли*) salt pan, salt pond; **2.** (*охладитель*) cooling tower.

гра́дом thick and fast; слёзы ка́тятся ~ tears are rolling down *one's* cheeks; пот с него́ льётся ~ the sweat is pouring off him; уда́ры сы́пались ~ the blows fell thick and fast.

градонача́льник *м. ист.* town governor.

градостро|е́ние, ~и́тельство *с.* town planning, town building, urban development.

градуи́ровать *несов. и сов.* (*вн.*) *тех.* graduate (*smth.*).

гра́дус *м.* degree; пять ~ов вы́ше, ни́же нуля́ five degrees above, below zero; пять ~ов моро́за, тепла́ five degrees of frost, above zero; ско́лько сего́дня ~ов? what is the temperature today?; у́гол в 45 ~ов an angle of forty-five degrees; ◇ под ~ом one over the eight; **~ник** *м. разг.* thermometer; поста́вить ~ник *кому-л.* take* *smb.'s* temperature.

гражд|ани́н *м.*, **~а́нка** *ж.* citizen; почётный, пото́мственный ~ honorary, hereditary citizen.

гражда́нск|ий 1. civil; ~ое пра́во civil law; ~ иск *юр.* civil action/suit; ~ ко́декс civil code; **2.** (*свойственный гражданину*) civic; ~ долг duty as a citizen; civic duty; civic obligations *pl.*; ~ая поэ́зия civic poetry; ~ое му́жество civic virtue; **3.** (*невоенный*) civilian; ~ое пла́тье civilian clothes *pl.*; ~ возду́шный флот civil air fleet; ◇ ~ая война́ civil war; ~ая панихи́да funeral meeting, civil funeral rites; ~ брак civil marriage.

гражда́нственность *ж.* civic spirit.

гражда́нств|о *с.* citizenship; получи́ть права́ ~а be* admitted to citizenship; *перен.* win* recognition, win* an acknowledged place; приня́ть росси́йское ~ become* a Russian citizen, be* naturalized as a Russian citizen.

грамза́пис|ь *ж.* (gramophone) recording; му́зыка в ~и music on gramophone records, recorded music.

грамм *м.* gram.

грамма́т|ика *ж.* grammar; (*книга*) grammar(-book); **~и́ст** *м.* grammarian; **~и́ческий** grammatical; де́лать ~и́ческие оши́бки speak*, write* ungrammatically/illiterately, make* grammar mistakes; он де́лает мно́го ~и́ческих оши́бок his grammar is bad; производи́ть ~и́ческий разбо́р *чего-л.* parse *smth.*

грамм|-а́том *м. физ., хим.* gram atom; **~-моле́кула** *ж. физ., хим.* gram molecule.

граммофо́н *м.* gramophone.

гра́мот|а *ж.* **1.** reading and writing; учи́ться ~е learn* to read and write; **2.** (*документ*) deed; ◇ фи́лькина ~ *ирон.* (*о документе*) a scrap of paper; охра́нная ~ charter of immunity; похва́льная ~ (school) certificate of good work and conduct; почётная ~ (honorary) diploma; ратификацио́нная ~ *дип.* instrument of ratification; вери́тельные ~ы *мн. дип.* credentials; **~но 1.** grammatically; писа́ть ~но write* grammatically; **2.** (*умело*) competently, skillfully; **~ность** *ж.* **1.** literacy; **2.** (*осведомлённость*) competence, expertise, skillfulness; полити́ческая ~ность political knowledge; **~ный 1.** (*умеющий читать и писать*) literate; **2.** (*не содержащий грамматических ошибок*) grammatical; **3.** (*умелый, осведомлённый*) competent, skilled, knowledgeable.

грампласти́нка *ж.* (gramophone) record, disc.

грана́т I *м.* (*плод и дерево*) pomegranate.

грана́т II *м.* (*драгоценный камень*) garnet.

грана́та *ж. воен.* grenade; (*артиллерийская*) high-explosive shell; ручна́я ~ hand-grenade; противота́нковая ~ antitank grenade.

грана́тов|ый I pomegranate *attr.*; ~ое де́рево pomegranate(-tree).

грана́товый II 1. (*о драгоценном камне*) garnet *attr.*; ~ брасле́т garnet bracelet; **2.** (*о цвете*) garnet-red.

гранатомёт *м. воен.* grenade thrower.

гранд *м. ист.* grandee.

грандио́зность *ж.* grandeur, immensity.

грандио́зн|ый (*огромный*) vast, huge, tremendous, colossal; (*внушительный*) grandiose, imposing; ~ая демонстра́ция huge demonstration; ~ое строи́тельство tremendous work of construction; ~ое зда́ние huge building; ~ое зре́лище imposing spectacle; ~ план gigantic/ huge plan; ~ые масшта́бы colossal scale *sg*.

гране́ние *с.* (*драгоценных камней*) cutting.

гранён|ый cut; (*о драгоценном камне*) faceted; ~ое стекло́ cut glass; ~ графин cut-glass decanter; ~ стакан thick glass tumbler.

грани́льщик *м.* lapidary; (*алмазов*) diamond-cutter.

грани́т *м.* granite; **~ный** granite *attr.*

грани́ть *несов.* (*вн.*) cut* (*smth.*); (*драгоценный камень тж.*) facet (*mth.*).

грани́ц|а *ж.* **1.** border; (*естественная*) boundary; (*государственная*) frontier; переходи́ть ~у cross the frontier; **2.** *обыкн. мн.* (*предел*) limit *sg*, bound *sg*, end *sg*; не знать грани́ц know* no bounds; переходить ~ы go* beyond all bounds; э́то перехо́дит все ~ы! that's the limit!; this passes the bounds!; в ~ах приличия within the bounds of decency; ◇ за ~у, за ~ей abroad; из-за ~ы from abroad.

грани́чить *несов.* (с *тв.*) border (on, upon), be* contiguous (to), adjoin (*smth.*); *перен.* verge (on), border (on); ~ с безу́мием verge on lunacy/insanity.

гра́нка *ж. полигр.* (galley)proof.

гран|ь *ж.* **1.** (*граница*) border, brink, verge; на ~и войны on the brink of war; на ~и безу́мия on the verge of insanity; **2.** (*плоскость*) side, edge; (*драгоценного камня*) facet.

граф *м.* count; (*английский*) earl.

графа́ *ж.* **1.** (*колонка*) column; **2.** (*раздел*) section, heading.

гра́фик I *м.* **1.** (*чертёж*) chart, graph; ~ движе́ния поездо́в railway timetable; **2.** (*план работ*) schedule, (time)table; ~ бухга́лтерских опера́ций bookkeeping schedule; ~ отгру́зок shipping schedule; ~ платеже́й schedule of payments; ~ поста́вок schedule of deliveries; ~ рабо́т schedule of work, operating schedule; по ~у according to schedule.

график II *м.* (*художник*) pencil artist, black-and-white artist.

гра́фик|а *ж.* **1.** drawing; black-and-white art; **2.** *собир.* drawings *pl*; вы́ставка ~и an exhibition of drawings.

графи́н *м.* (*для воды*) water bottle, carafe; (*для вина*) decanter.

графи́ня *ж.* countess.

графи́т *м.* plumbago, black lead, graphite.

графи́ть *несов.* (*вн.*) rule (*smth.*) (make lines).

графи́ческ|и in diagram form; **~ий** graphic.

графлёный ruled.

графо́лог *м.* graphologist.

графоло́гия *ж.* graphology.

графома́н *м.* graphomaniac, compulsive scribbler.

гра́фств|о *с.* (*административный район в Англии, Ирландии*) county, shire; центра́льные ~а the Midlands.

грацио́зный graceful.

гра́ция *ж.* **1.** gracefulness, grace; **2.** *миф.* три Гра́ции the Graces; **3.** (*корсет*) corset.

грач *м. зоол.* rook.

гребёнк|а *ж.* comb; стричь *кого-л.* под ~у crop *smb.'s* hair (close); ◇ стричь всех под одну́ ~у reduce everyone to the same level, treat all alike.

гре́бень *м.* **1.** comb; **2.** (*у птицы*) comb; crest; петуши́ный ~ cock's comb; **3.** (*волны*) crest; (*горы*) ridge; **4.** *тех.* comb; *текст.* card; (*для льна и т. п.*) hackle, hatchel.

гребе́ц *м.* oarsman*, rower, paddler; он хоро́ший ~ he pulls a good oar.

гребешо́к *м.* **1.** small comb; **2.** (*у птиц*) comb.

гре́бля *ж.* rowing; академи́ческая ~ *спорт.* boat racing; па́рная ~ sculling; распашна́я ~ sweeping; ~ на байда́рках и кано́э paddling; наро́дная ~ dinghy racing.

гребн|о́й: ~ *спорт.* rowing, boating; ~ кана́л rowing basin; ~а́я шлю́пка row boat; ~ винт screw propeller; ~о́е колесо́ paddle wheel.

гребо́к *м.* **1.** (*взмах весла*) stroke; **2.** (*весло, лопасть*) paddle.

гребчи́ха *ж.* oarswoman*.

грегориа́нский Gregorian; ~ календа́рь Gregorian Calendar.

грёза *ж.* dream, daydream, reverie; мир грёз dreamland, realm of fancy.

гре́зить dream*; ~ наяву́ daydream*.

гре́йдер *м.* **1.** *тех.* grader; **2.** *разг.* (*дорога*) dirt road; **~ный** grader *attr.*; ~ная доро́га dirt road.

грейпфру́т *м.* **1.** (*плод*) grapefruit; **2.** (*дерево*) grapefruit tree.

грек *м.* Greek.

гре́лка *ж.* hot-water bottle; электри́ческая ~ heating pad.

грем|е́ть, прогреме́ть thunder; (*звенеть*) rattle, clank; (*о ключах*) jingle; *перен.* resound; гром ~и́т thunder roars/crashes; ~ посу́дой rattle dishes; его́ сла́ва ~и́т по всему́ ми́ру his fame resounds/reverberates throughout the world.

грему́ч|ий rattling; ◇ ~ газ fire-damp, detonating gas; ~ая змея́ rattlesnake; ~ая ртуть fulminate of mercury.

гренадёр *м.* grenadier.

гре́нки *мн.* (*ед.* гренок *м.*) *кул.* toast *sg.*; (*для супа*) sippets.

грести́ *несов.* **1.** (*вёслами*) row; pull; (*парными вёслами*) scull; (*гребком*) paddle; **2.** (*вн.*; *граблями*) rake (*smth.*); ◇ ~ де́ньги лопа́той rake in the shekels.

гре|ть *несов.* **1.** (*излучать тепло*) give* warmth/heat, be* warm; (*сохранять тепло — об одежде*) keep* warm; со́лнце ~ет the sun is warm; печь ~ет ко́мнату the stove heats the room; моя́ шу́ба хорошо́ ~ет my fur coat keeps me nice and warm; **2.** (*вн.*; *нагревать*) warm (*smth.*) up, heat (*smth.*) up; ~ во́ду heat water; **~ться** *несов.* warm *oneself*; ~ться на со́лнце bask in the sun; ◇ ~ ру́ки на *чём-л.* *разг.* line *one's* pockets.

грех *м.* **1.** *рел.* sin; **2.** (*предосудительный поступок*) offense; мой ~! my fault!; **3.** *в знач. сказ. разг.* it's wrong; ◇ от ~а́ пода́льше out of harm's way; вы́держать экзамен с ~о́м попола́м scrape through an examination; сдела́ть *что-л.* с ~о́м попола́м make* a rough/poor job of *smth.*; что (и́ли не́чего) ~а тайть let's tell the whole story, let's face it; не ~ it would not hurt (to), there is no harm (in).

грехо́вный sinful, peccant.

грехово́дник *м. уст.* sinner.

грехопаде́ние *с. библ.* the Fall; *перен.* fall.

гре́цкий: ~ орех walnut.

греча́нка *ж.* Greek woman*.

гре́ческий Greek; (*о стиле*) Grecian; ~ язы́к Greek, the Greek language.

греч́иха *ж. бот.* buckwheat.

гре́чнев|ый buckwheat *attr.*; ~ая ка́ша buckwheat porridge; ~ая крупа́ buckwheat.

греши́ть, согреши́ть, погреши́ть **1.** *сов.* согреши́ть sin, transgress; **2.** *сов.* погреши́ть (про́тив *рд.*, *допускать ошибки*) err (from); (*тв.*; *иметь недостаток*) err (in the direction of), err (towards); ~ про́тив и́стины err from the truth, sin against the truth.

гре́ш|ник *м.*, **~ница** *ж.* sinner; **~но́** *в знач. сказ.* (+ *инф.*) *разг.* it is a sin (+ to *inf*); ~но́ так говори́ть it's a shame to talk like that; **~ный** sinful; (*о мыслях*) guilty, culpable; ~ным де́лом sad to say.

грешо́к *м.* peccadillo.

гриб *м.* fungus (*pl.* -gi, -ses); (*съедобный*) mushroom; (*несъедобный*) toadstool; собира́ть ~ы go* mushroom-picking; бе́лый ~ boletus edulis; **~ни́ца** *ж. бот.* mushroom spawn; mycelium; **~но́й** mushroom *attr.*; ~но́е ме́сто a good spot for mushrooms; ~но́й суп mushroom soup; ◇ ~но́й дождь shower of fine warm rain, rain during sunshine; **~о́к** *м.* **1.** *биол.* fungus (*pl.* -gi); **2.** (*укрытие*) (wooden) umbrella.

гри́ва *ж.* mane.

гри́венник *м. разг.* ten-kopeck piece/coin.

грим *м.* **1.** make-up; **2.** (*краски*) greasepaint.

грима́с|а *ж.* grimace; стро́ить ~ы make*/pull faces, make* grimaces; **~ничать** *несов.* grimace, mop and mow.

гримёр *м.* makeup artist/man*; **~ша** *ж. разг.* makeup artist/woman*.

гримирова́ть, нагримирова́ть, загримирова́ть **1.** *сов.* нагримирова́ть (*вн.*) make* (*smb.*) up; **2.** *сов.* загримирова́ть (*вн. тв.*) make* (*smb.*) up (as *smb.*); **~ся**, нагримирова́ться, загримирова́ться make* (*oneself*) up; загримирова́ться под *кого-л.* make* (*oneself*) up as *smb.*

Гри́нвич *м.*: 15 ч. 30 м. по ~у three-thirty (3.30) p. m. Greenwich (mean) time (*сокр.* G.M.T.)

грипп *м.* grippe, influenza; flu *разг.*; **~ова́ть** *несов. разг.* have* the flu; **~о́зный** influenzal.

гриф I *м.* **1.** *миф.* griffin; **2.** (*птица*) griffon(-vulture).

гриф II *м. муз.* neck, fingerboard.

гриф III *м.* (*печать*) (signature) stamp, seal.

гри́фель *м.* slate pencil; **~ный**: ~ная доска́ slate.

грифо́н *м.* **1.** *миф.* griffin; **2.** (*собака*) griffon terrier.

гроб *м.* coffin; идти́ за ~ом *кого-л.* follow *smb.'s* remains; ◇ до ~а all *one's* life, to the day of *one's* death, till *one's* dying day; вогна́ть *кого-л.* в ~ drive* *smb.* to his, her grave; по ~ жи́зни to the end of *one's* life; одно́й ного́й в ~у́ one foot in the grave; **~ни́ца** *ж.* tomb, sepulchre.

гробов|о́й coffin *attr.*; ◇ ~ го́лос sepulchral voice; ~о́е молча́ние dead silence; встреча́ть *кого-л.*, *что-л.* ~ы́м молча́нием receive *smb.*, *smth.* in dead silence; meet* *smb.*, *smth.* with dead silence; до ~о́й доски́ to the end of *one's* days/life; **~щи́к** *м.* coffin maker, undertaker.

грог *м.* grog.

гроза́ *ж.* **1.** thunderstorm; *перен.* storm; **2.** (*опасность*) danger; **3.** (*кто-л. или что-л., внушающее страх*) terror.

гроздь *ж.* cluster; ~ виногра́да bunch of grapes.

грози́|ть, погрози́ть **1.** *тк. несов.* (*дт.*) threaten (*smb.*); ему́ ~т опа́сность he is in grave danger; ~ катастро́фой threaten to cause disaster; **2.** (*дт. тв.*; *делать угрожающий жест*) make* threatening gestures (at); ~ *кому-л.* кулако́м, па́льцем shake* *one's* fist, finger at *smb.*; **~ться** *несов.* (+ *инф.*) *разг.* threaten (+ to *inf*).

гро́зн|ый **1.** (*угрожающий*) menacing, threatening; ~ая по́за intimidating attitude; ~ взгляд fearsome gaze; **2.** (*внушающий страх*) formidable; ~ое ору́жие formidable weapon; ~ проти́вник formidable adversary/opponent; ◇ Ива́н Гро́зный Ivan the Terrible.

грозов|о́й thundery; ~а́я атмосфе́ра thunder in the air; ~о́е о́блако, ~а́я ту́ча thundercloud, storm cloud.

гром *м.* thunder; ~ пу́шек the roar/thunder of the guns; ~ аплодисме́нтов storm/thunder of applause; ◇ ~ побе́ды the thunders of victory; как ~ом поражённый thunderstruck; ~ среди́ я́сного не́ба a bolt from the blue; мета́ть ~ы и мо́лнии fulminate, rage, storm.

грома́д|а *ж.* mass, bulk; enormous thing; се́рые ~ы незако́нченных постро́ек the huge grey shapes of unfinished buildings; **~ный** huge, enormous, vast, immense; ~ное зда́ние enormous building; ~ное значе́ние immense significance.

громи́ла *м. разг.* **1.** (*вор-взломщик*) burglar, housebreaker; **2.** (*погромщик*) thug.

громи́ть, разгроми́ть (*вн.*) **1.** (*разрушать, разорять*) break* (*smth.*) up, smash (*smth.*) up, wreck (*smth.*), ransack (*smth.*); **2.** (*разбивать врага*) rout (*smb.*, *smth.*), defeat (*smb.*, *smth.*), smash (*smb.*, *smth.*); **3.** *разг.* (*обличать*) flay (*smb.*), belabor (*smb.*), make* a slashing attack (on); (*теорию и т.п.*) annihilate (*smth.*).

гро́мк|ий **1.** loud; ~им го́лосом in a loud voice; **2.** (*известный*) notorious, famous; ~ое де́ло notorious case; ~ое и́мя famous name; ~ая побе́да resounding victory; **3.** (*высокопарный*) high-flown, grandiloquent; ~ие слова́, фра́зы high-sounding phrases; *ирон.* big words.

гро́мко loud, loudly; ~ болта́ть chatter loudly; ~ крича́ть shout; ~ петь sing* at the top of *one's* voice; ~ разгова́ривать talk loud; ~ смея́ться laugh aloud.

громкоговори́тель *м.* loudspeaker.

громове́ржец *м.* (*эпитет бога Зевса*) *миф.* the Thunderer.

громов|о́й thunder *attr.*; *перен.* thunderous; ~ы́е раска́ты peals of the thunders; ~ го́лос voice of thunder, stentorian voice.

громогла́сн|о loudly; **~ый 1.** (*о голосе, пении и т.п.*) loud, thunderous; **2.** (*о человеке*) loud-voiced.

громозд|и́ть *несов.* (*вн.*) heap (up) (*smth.*), pile (up) (*smth.*); **~и́ться** *несов.* **1.** tower; го́ры ~я́тся одна́ за другу́ю the peaks rise in majestic succession; **2.** (на *вн.*) *разг.* (*влезать*) clamber (on to).

громо́здкий cumbersome, bulky, unwieldy; ~ бага́ж bulky luggage.

громоотво́д *м.* lightning conductor; (*в аппарате*) lightning arrester.

громоподо́бный thunderous.

гро́мче (*сравнит. от прил.* гро́мкий *и нареч.* гро́мко) louder.

громыха́ть *несов. разг.* rumble.

гроссбу́х *м. бухг.* ledger.

гроссме́йстер *м.* **1.** *шахм.* grandmaster; **2.** *ист.* Grand Master (*рыцарского ордена в средние века*).

грот I *м.* (*пещера*) grotto (*pl.* -oes, -os).

грот II *м.* (*парус*) mainsail.

гроте́ск *м.* the grotesque; **~ный** grotesque.

грот-ма́чта *ж. мор.* mainmast.

гро́хнуться *сов. разг.* fall* with a bang, come* crashing down.

гро́хот I *м.* thunder.

гро́хот II *м.* (*решето*) screen, riddle.

грохота́ть, загрохота́ть thunder.

грош *м.* **1.** *уст.* half-kopeck piece; **2.** *обыкн. мн.* (*маленькая сумма денег*) penny *sg*, farthing *sg*; за ~и́ for a song; ◇ ~а́ ло́манного не сто́ит ≅ not worth a rap/scrap; без ~а́ (в карма́не) penniless; оста́ться без ~а́ be* penniless, be* stone-broke, be* broke to the world; не име́ть ни ~а́ за душо́й have* not a penny to bless *oneself* with; ни в ~ не ста́вить *кого-л.*, *что-л.* not give*/care tuppence/a fig for *smb.*, *smth*; **~о́вый** *разг.* cheap, twopenny-halfpenny.

грубе́ть, огрубе́ть coarsen; *перен.* get* coarse.

груби́ть, нагруби́ть (*дт.*) be* rude (to); (*о ребёнке*) answer back.

грубия́н *м. разг.* rude fellow, boor.

гру́б|о rudely, roughly; ~ обходи́ться с *кем-л.* treat/handle *smb.* roughly, be* rough to *smb.*; ~ отвеча́ть answer rudely; ◇ ~ говоря́ roughly speaking; **~ость** *ж.* rudeness; (*о лице, материи, пище*) coarseness; говори́ть ~ости be* rude; отве́тить ~остью answer rudely; допусти́ть ~сть *спорт.* play rough.

грубошёрстный (*о сукне*) coarse; (*о костюме и т.п.*) of coarse cloth *после сущ.*

гру́б|ый 1. (*недостаточно отделанный; приблизительный*) rough; *перен.* crude, gross; ~ая рабо́та rough work; ~ подсчёт rough estimate; ~ая лесть gross flattery; **2.** (*жёсткий, шероховатый*) rough, coarse; ~ые ру́ки horny/calloused hands; **3.** (*резкий — о голосе, смехе*) harsh, rough, gruff; **4.** (*малокультурный*) rude; (*об обращении тж.*) rough; ~ое сло́во bad word, swearword; **5.** (*недопустимый*) gross, glaring; ~ обма́н gross deception; ~ое искаже́ние фа́ктов gross distortion of the facts; ~ое наруше́ние догово́ра gross/flagrant violation of a treaty; ~ая оши́бка bad*/gross mistake, blunder; ~ая си́ла brute force.

гру́да *ж.* pile, heap; ~ камне́й heap of stones; ~ обло́мков pile of wreckage; ~ книг pile of books.

груда́стый *разг.* broad chested, big bosomed.

груди́на *ж. анат.* breastbone.

груди́нка *ж.* breast, brisket; (*копчёная свинина*) bacon; теля́чья ~ breast of veal.

грудни́ца *ж.* mastitis.

грудн|о́й 1. chest *attr.*; pectoral *научн.*; ~а́я железа́ *анат.* milk gland; mamma *научн.*; ~а́я клéтка *анат.* thorax; **2.**: ~ младе́нец baby, infant in arms; ◇ ~ го́лос deep voice, resonant voice; ~а́я жа́ба *мед.* angina pectoris.

груд|ь *ж.* **1.** chest; *поэт.* breast, bosom; **2.** (*женская*) breast; корми́ть ~ью give* the breast, nurse; отня́ть от ~и́ wean; **3.** (*верхняя часть рубашки*) shirtfront; ◇ встать ~ью за *кого-л.*, *что-л.* stand* up for *smb.*, *smth.*

гружёный loaded; *мор.* laden.

груз *м.* **1.** *тк. ед.* (*тяжесть*) load; поле́зный ~ pay-load; мёртвый ~ dead weight; с тяжёлым ~ом heavily loaded; *мор.* heavily laden; **2.** (*товары*) goods *pl.*; (*судовой*) cargo, freight; адресо́ванный ~ directed cargo; беспо́шлинный ~ duty free cargo; беста́рный ~ bulk cargo; вы́брошенный за борт ~ jettison; вы́ставочный ~ exhibition goods; габари́тный ~ cargo without loading range; генера́льный ~ general cargo; застрахо́ванный ~ insured cargo; контейнерный ~ containerized cargo; нава́лочный ~ bulk cargo, cargo in bulk; наливно́й ~ tanker cargo, fluid cargo; негабари́тный ~ oversize cargo; не облага́емый по́шлиной ~ free goods; не опла́ченный по́шлиной ~ bonded goods, goods in bond; одноро́дный ~ uniform cargo; опцио́нный ~ optional cargo; пакети́рованный ~ palletized cargo; па́лубный ~ deck cargo; парце́льный ~ parcels; рефрижера́торный ~ refrigerated goods; складско́й ~ warehouse goods, goods in store; скоропо́ртящийся ~ perishable goods; сме́шанный ~ mixed cargo; транзи́тный ~ transshipment cargo, transit cargo; упако́ванный ~ packed cargo; штабели́рованный ~ stacked cargo; шту́чный ~ packed cargo, parcels; ~ в ки́пах bailed goods; ~ в коро́бках cartonized cargo; ~ в мешка́х bagged cargo; ~ в обрешётке crated cargo.

грузд|ь *м.* milkmushroom, peppery milk cap; ◇ назва́лся ~ем, поле́зай в ку́зов ≅ you can't back out now that you've begun.

грузи́ло *с. рыб.* plummet, sinker.

грузи́н *м.*, **~ка** *ж.* Georgian; **~ский** Georgian; ~ский язы́к Georgian, the Georgian language.

грузи́ть, нагрузи́ть, погрузи́ть **1.** *сов.* нагрузи́ть (*вн. тв.*; *наполнять что-л. грузом*) load (*smth.* with); **2.** *сов.* погрузи́ть (*вн.*; *складывать груз куда-л.*) load (*smth.*); (*людей на суда*) embark (*smb.*); (*в поезд*) entrain (*smb.*); ~ся, погрузи́ться **1.** load; (*о пароходе тж.*) take* on cargo; ~ся углём coal; **2.** (*о людях — на суда*) embark; (*в вагоны*) entrain.

гру́зный heavy; (*о человеке тж.*) corpulent, thickset; (*о походке*) ponderous.

грузови́к *м.* lorry; truck *амер.*

грузовладе́лец *м.* cargo/freight owner.

грузов|о́й cargo *attr.*, freight *attr.*; ~ отсе́к cargo compartment; ~ трюм cargo hold; ~а́я маши́на lorry; truck *амер.*; ~о́е движе́ние goods traffic; ~о́е су́дно freighter, cargo boat; cargo vessel.

грузонапряжённость *ж.* traffic density, load intensity.

грузооборо́т *м.* freight turnover/traffic; ~ речно́го, мо́рского тра́нспорта river-borne, seaborne freight.

грузоотправи́тель *м.* consigner (of goods).

грузоподъёмность *ж.* carrying capacity.

грузополуча́тель *м.* consignee.

грузопото́к *м.* goods/freight traffic; мо́щность ~ов volume/amount of goods traffic.

гру́зчик *м.* freight handler; (*портовый*) docker, stevedore; longshoreman* *амер.*; (*на лесоскладе*) timber handler.

грум *м.* groom.

грунт *м.* **1.** (*почва*) soil; (*дно*) bed, ground; песча́ный ~ sandy soil; **2.** *жив.* priming; (*первый слой краски тж.*) primer, first coat (of paint); **~ова́ть** *несов.* (*вн.*) *жив.* prime (*smth.*); **~о́вка** *ж. жив.* priming; **~ово́й**: ~овы́е во́ды subsoil waters; ~ова́я доро́га unmetalled road; dirt road *амер.*

гру́ппа *ж.* group; ~ дере́вьев clump/cluster of trees; деса́нтная ~ landing party; ~ кро́ви *биол.* blood group.

группирова́ть, сгруппирова́ть (*вн.*) group (*smb., smth.*); (*классифицировать*) classify (*smth.*); **~ся**, сгруппирова́ться group; ~ся вокру́г *кого-л., чего-л.* form a group round *smb.*, *smth.*

группиро́вк|а *ж.* **1.** (*действие*) grouping; **2.** (*группа*) group, grouping, alignment; полити́ческие ~и political groups; вое́нные ~и troop concentrations.

группов|о́й group *attr.*; ~ы́е заня́тия group study *sg.*; ~ косми́ческий полёт group space flight; ~ы́е интере́сы interests of a narrow group/set, factional interests; ~ сни́мок group photograph.

групповщи́на *ж.* clique-formation, cliquishness.

грусти́ть *несов.* grieve, be* sad; ~ по *кому-л.* miss *smb.*; (*по умершем*) mourn for the loss of *smb.*

гру́стн|о **1.** *нареч.* sadly, sorrowfully; **2.** *в знач. сказ. безл.* (*дт.*): мне ~ I am sad; **~ый** sad, sorrowful, melancholy; ~ая пе́сня sad/mournful song; ~ое настрое́ние melancholy mood; ~ая карти́на melancholy/sad spectacle; име́ть ~ый вид look sorry for *oneself.*

грусть *ж.* grief, sorrow.

гру́ша *ж.* **1.** (*плод*) pear; **2.** (*дерево*) pear-tree; **3.** (*резиновая*) bulb; ◇ земляна́я ~ Jerusalem artichoke.

грушеви́дный pear-shaped, pyriform.

гры́жа *ж.* rupture; hernia *научн.*; ущемлённая ~ strangulated hernia.

грызня́ *ж. разг.* **1.** (*драка между животными*) fight; **2.** (*перебранка, мелочный спор*) squabbling, bickering.

грыз|ть *несов.* (*вн.*) **1.** (*раскусывать*) gnaw (*smth.*); (*откусывать понемногу*) nibble (*smth.*); ~ оре́хи eat* nuts; ~ пече́нье nibble (at) a biscuit; ~ себе́ но́гти bite* *one's* nails; ~ се́мечки eat* sunflower seeds; **2.** *разг.* (*докучать придирками*) nag (*smb.*); **3.** (*терзать*) torture (*smb.*), torment (*smb.*); его ~ёт раска́яние he is tormented by remorse; его ~ёт тоска́ he is eating his heart out; **~ться** *несов.* **1.** (*о собаках*) fight*; **2.** *разг.* (*постоянно ссориться*) bicker, squabble, wrangle.

грызу́н *м. зоол.* rodent.

гряда́ *ж.* **1.** (*садовая*) (flower)bed; (*огородная*) (vegetable) bed; **2.** (*гор*) range; **3.** (*ряд однородных предметов*) bank, ridge.

гря́дк|а *ж. см.* гряда́ **1**; копа́ть ~и dig* beds.

гряду́щ|ее *с.* the future, the time/days to come; ~ий coming; to come *после сущ.*; ◇ на сон ~ий before going to sleep, at bedtime; чита́ть на сон ~ий read* in bed, read* *oneself* to sleep.

грязев|о́й mud *attr.*; ~а́я ва́нна mud bath.

грязе|лече́бница *ж.* mud baths *pl.*; ~лече́ние *с.* mud cure, mud treatment.

грязни́ть, загрязни́ть (*вн.*) **1.** (*пачкать*) soil (*smth.*), make* (*smth.*) dirty; **2.** *перен.* (*чернить*) sully, besmirch; **~ся**, загрязни́ться become*/get* dirty/soiled.

гря́зно *нареч.* dirtily; э́то ~ напи́сано it is untidily written; **2.** *в знач. сказ. безл.* it is dirty; на у́лице ~ it is muddy outside.

грязну́|ля *м. и ж.*, **~ха** *м. и ж. разг.* dirty creature; (*о мужчине тж.*) dirty fellow; (*о женщине тж.*) slut; (*о ребёнке*) dirty little thing, little pig.

гря́зн|ый **1.** (*покрытый грязью*) dirty; (*о дороге, земле тж.*) muddy, slushy; ~ая у́лица muddy street; **2.** (*запачканный*) soiled, dirty; (*о детях*) untidy, grubby; ~ое бельё soiled linen; **3.** (*непристойный*) dirty, sordid, filthy; ~ая исто́рия *разг.* unpleasant affair, nasty business; ~ые мы́сли unclean thoughts; ~ые разгово́ры filthy talk *sg.*, smut *sg.*

гряз|ь *ж.* **1.** *тк. ед.* (*нечистота, сор*) dirt; filth (*тж. перен.*); въе́вшаяся ~ grime; **2.** *тк. ед.* (*размокшая земля*) mud; (*слякоть*) slush; mire *поэт.*; весь в ~и́ all muddy; **3.** *мн.* (*лечебное средство*) mud *sg.*; лечи́ть *кого-л.* ~ями bathe *smb.* in mud; ◇ меси́ть ~ squelch through the mud; забра́сывать *кого-л.* ~ью fling*/throw* mud at *smb.*; не уда́рить лицо́м в ~ not disgrace *oneself.*

гря́ну|ть *сов.* **1.**: ~л вы́стрел a shot rang out; ~ла му́зыка the music blared/pealed; ~л гром there was a clap of thunder; **2.** (*разразиться*) break* out.

гуа́но *с. нескл.* guano.

гуа́шь *ж. иск.* **1.** (*краска*) gouache; **2.** (*картина, рисунок*) gouache painting.

губа́ I *ж.* lip; наду́ть гу́бы pout; ◇ у него́ губа́ не ду́ра he knows a good thing when he sees it, he knows what's good for him; у него́ молоко́ на губа́х не обсо́хло he is still green.

губа́ II *ж. геогр.* bay, birth.

губерна́тор *м.* governor; **~ский** governor's, gubernatorial; ◇ положе́ние ху́же ~ского critical situation.

губерна́торша *ж.* governor's wife*.

губе́рн|ия *ж. ист.* province; ◇ пошла́ писа́ть ~ everything is in commotion; **~ский** provincial; ~ский го́род principal town of a province.

губи́тельный destructive, disastrous, ruinous; ~ ого́нь murderous/withering fire.

губи́ть, погуби́ть, сгуби́ть (*вн.*) ruin (*smb.*, *smth.*); (*портить*) spoil* (*smb.*, *smth.*); (*разрушать*) destroy (*smth.*)

гу́бк|а *ж.* **1.** sponge; вытира́ть ~ой sponge; **2.** (*на дереве*) fungus (*pl* -gi, -ses).

губн|о́й **1.** lip *attr.*; ~а́я пома́да lipstick; **2.** *лингв. о звуке* labial.

губошлёп *м. разг.* mumbler.

гу́бчат|ый porous, spongy; ~ая рези́на foam rubber; ~ое желе́зо sponge/porous iron.

гуверна́нтка *ж.* governess.

гувернёр *м.* tutor.

гугено́т *м. ист.* Huguenot.

гугу́: ни ~! *разг.* mum's the word!; он (сиди́т и) ни ~ he is keeping mum.

гуде́ние *с.* hum; (*громкое*) roar; (*глухое*) drone, droning; (*ветра*) moaning.

гуде́ть, прогуде́ть **1.** hum, buzz; (*о низком звуке*) drone; **2.** (*давать сигнал*) hoot; (*об автомобиле тж.*) honk.

гуд|о́к *м.* (*автомобильный*) horn; (*пароходный*) siren; (*паровозный*) whistle; (*фабричный*) siren, hooter; дава́ть ~ки́ hoot; (*об автомобиле*) toot/honk the horn; по ~ку́ when the whistle blows.

гудро́н *м. тех.* tar, petroleum asphalt; **~и́рованный**: ~и́рованное шоссе́ tarmac road; **~и́ровать** *несов. и сов.* (*вн.*) *тех.* tar (*smth.*); (*о дорогах тж.*) tar macadamize (*smth.*).

гуж *м.* (*в упряжи*) tug, trace; ◇ взя́вшись за ~, не говори́, что не дюж *посл.* ≅ never give up once you've started; **~ево́й** animal-drawn; ~ево́й тра́нспорт carting; cartage; на ~ево́й тя́ге animal-drawn; **~о́м** (*конной тягой*) by animal-drawn transport.

гу́зка *ж.* (*у птицы*) rump.

гул *м.* drone, droning; (*машины тж.*) hum; ~ голосо́в hum of voices.

гулкий **1.** (*имеющий сильный резонанс*) resounding, hollow, echoing; **2.** (*громкий*) loud.

гульба́ *ж. разг.* idling, revelry.

гу́льбище *с. уст.* promenade.

гу́льден *м.* **1.** *ист.* (*монета*) gulden; **2.** (*денежная единица Дании*) guilder.

гуля́ка *м. и ж.* reveller, rake.

гуля́нка *ж. разг.* fête; outdoor party.

гуля́нье *с.* **1.** walking, taking a walk; **2.** (*празднество*) open-air party, garden fête/festival; народное ~ festival.

гуля́|ть **1.** (*совершать прогулку*) have*/take* a walk; (*быть не дома*) be* out (for a walk); (*о детях*) be* out-of-doors; води́ть *кого-л.* take* *smb.* out, take* *smb.* for a walk; (*о детях*) take* *smb.* out-of-doors; идти́ ~ go* for a walk; в па́рке ~ет мно́го наро́ду the park is full of strollers; **2.** *разг.* (*быть свободным от работы*) have* time-off, have* free time; **3.** (*веселиться, развлекаться*) enjoy *oneself*; be* on the spree *разг.*

гуля́ш *м. кул.* goulash, stew.

гуля́щ|ий idle; *в знач. сущ.* **~ая** streetwalker.

гуман|и́зм *м.* humanism; **~и́ст** *м.* humanist.

гуманита́рн|ый humanistic, humane; ~ые нау́ки the humanities; the Arts.

гума́нн|ость *ж.* humaneness, humanity; **~ый** humane.

гуммиара́бик *м.* gum, glue.

гумно́ *с. с.-х.* threshing floor.

гу́мус *м. с.-х.* humus.

гундо́сить *несов. разг.* speak* through *one's* nose.

гунн *м. ист.* Hun.

гу́рия *ж. поэт.* houri.

гурма́н *м.* gourmet, gourmand; **~ство** connoisseurship.

гурт *м.* herd, drove; **~овщи́к** *м.* drover, herdsman*; **~о́м** *разг.* **1.** (*оптом*) en block; **2.** (*всей компанией*) in a bunch.

гурьб|а́ *ж.* crowd; ~о́й in a crowd.

гуса́к *м.* gander, *тж. перен.*

гуса́р *м. ист.* hussar; **~ский** hussar *attr.*

гу́сени|ца *ж.* **1.** *зоол.* caterpillar; **2.** *тех.* track, caterpillar track; **~чный** caterpillar *attr.*, track-laying *attr.*; ~чный тра́ктор caterpillar/crawler tractor; на ~чном ходу́ caterpillar *attr.*, track-laying *attr.*

гусёнок *м.* gosling.

гуси́н|ый goose *attr.*; ~ое са́ло goose fat; ◇ ~ая ко́жа gooseflesh, goose skin; ~ое перо́ quill pen.

гуси́т *м. ист.* Hussite.

гу́сл|и *мн. муз.* psaltery *sg.*; **~я́р** *м.* psaltery player.

густе́ть *несов.* thicken, get*/grow* thicker.

гу́сто thickly, densely; (*изобильно*) in abundance; ~ покрасне́ть flush crimson; у меня́ де́нег не ~ I am a bit hard up.

густ|о́й **1.** thick; (*плотный*) dense; ~ы́е бро́ви bushy eyebrows; ~ы́е во́лосы thick hair *sg*; ~ лес dense/thick forest; ~ суп thick soup; ~ дым dense smoke; ~о́е населе́ние dense population; ~а́я листва́ thick foliage; ~а́я толпа́ dense crowd; **2.** (*о голосе, цвете*) deep, rich; ~ бас deep bass.

густоли́ственный with thick foliage *после сущ.*; leafy.

густонаселённый populous, densely populated.

густота́ *ж.* thickness, density; (*о звуке или цвете*) deepness, richness.

гусы́ня *ж.* goose*.

гусь *м.* goose*; ◇ ~ ла́пчатый sly rogue; как с гу́ся вода́ ≅ like water off a duck's back; хоро́ш ~! he's a queer customer.

гусько́м in single file.

гуся́тина *ж.* goose(-flesh).

гуся́тница *ж.* poultry casserole.

гутали́н *м.* boot-polish, shoe-polish.

гуттапе́рч|а *ж.* gutta-percha; **~евый** gutta-percha *attr.*

гуцу́л *м.* Huzul; **~ка** Huzul(woman*); **~ьский** Huzul *attr.*

гу́щ|а *ж.* **1.** (*осадок*) dregs *pl.*; lees *pl.*, sediment; кофе́йная ~ coffee grounds; ◇ гада́ть на кофе́йной ~е make* wild guesses; **2.** в са́мой ~е *чего-л.* in the thick of *smth.*

гу́ще (*сравнит. ст. прил.* густо́й *и нареч.* гу́сто) thicker.

гюйс *м. мор.* (stem-)jack.

гяу́р *м.* giaour.

Д

да I *частица* **1.** *утверд.* yes; *переводится тж. вспомогательным гл. в утверд. предложении* yes, I do!; yes, he is!; yes, they will; (*в утверждении отрицания*) no; вам э́то не нра́вится? — Да, не нра́вится don't you like it? No, I don't; **2.** *вопрос. переводится вспомогательным гл. в вопрос. предложении* do you?; is he?; will they?; can('t) she?; have you?; он ушёл. — Да? he's gone. — Has he?; **3.** *усил. обычно не переводится*; да вот и он! here he is/comes!; да что вы говори́те! you don't say so!; really?; вот это да! splendid! super!; **4.** (*пусть*): да бу́дет вам изве́стно, что... allow me to inform you that...; да здра́вствует..! long live..!

да II *союз* **1.** *соед.* and; ко́жа да ко́сти skin and bones; он да я he and I; то́лько сосна́ да оси́на only pine trees and a few aspens; **2.** *противит.* (*в условных оборотах*) but; я бы пошёл, да он не хо́чет I would like to go, but he doesn't want to; ◇ да и 1) (*а кроме того*) besides; 2) (*и наконец*) and (at last); ду́мал, ду́мал, да и наду́мал I thought and thought, and at last I made up my mind.

да́бы *уст.* in order (to).

дава́ть, дать (*вн.*) **1.** give* (*smth.*); дать *кому-л.* кни́гу give* a book to *smb.*, give* *smb.* a book; ~ *кому-л. чей-л.* а́дрес, телефо́н give* *smb.'s* address, telephone number to *smb.*; ~ *кому-л.* зада́ние give* *smb.* an assignment, set* *smb.* a task; ~ *кому-л.* взя́тку bribe *smb.*; ~ взаймы́ lend (money); ~ на во́дку, на чай tip; ~ уро́ки give* lessons; **2.** (*наносить удар*) give* (*smth.*); ~ *кому-л.* пощёчину slap/smack *smb.'s* face, box *smb.'s* ears; **3.** (*устраивать*) give* (*smth.*); ~ обе́д give* a dinner; ~ конце́рт give* a concert; **4.** (*приносить как результат*) yield (*smth.*); ~ урожа́й yield a harvest; ~ плоды́ bear*/yield fruit; ~ дохо́д be* profitable; **5.** *в сочет. с некоторыми сущ.* (*производить, делать*): ~ сигна́л give* a signal; ~ звоно́к ring*; ~ отбо́й 1) (*по телефону*) ring* off; 2) (*тревоги*) sound the all clear; ~ залп fire a volley; **6.** *в сочет. с рядом сущ. имеет знач. действия*: ~ распоряже́ние *кому-л.* give* instructions to *smb.*, instruct *smb.*; ~ обеща́ние give* a promise, promise; ~ отсро́чку grant a delay; **7.** (*дт.* + *инф.*; *предоставлять возможность*) let* (*smb.* + *inf.*); не ~ спать *кому-л.* not let *smb.* sleep; да́йте мне поду́мать let me think; ~ *кому-л.* говори́ть let* *smb.* speak; дать *кому-л.* вы́сказаться let* *smb.* have his, her say; **8.** *тк. несов. повел.*: дава́й(те) (*пойдём, сделаем и т. п.*) let's (+ *inf.*); (*начинайте, действуйте*) go ahead!; дава́йте я вам помогу́ let me help you; **9.** *разг.* (*определять возраст по внешнему виду*) give* (*smth.*); ему́ нельзя́ дать бо́льше 30 лет he doesn't look a year over thirty; ◇ дать знак *кому-л.* let* *smb.* know; дать себя́ знать make* itself felt; го́ды даю́т себя́ знать the years are beginning to tell; ~ нача́ло *чему-л.* give* a start to *smth.*; дать себе́ труд trouble, take* the trouble; он не дал себе́ труда́ поду́мать he did not trouble to think; ~ *кому-л.* поня́ть give* *smb.* to understand; ~ сло́во 1) (*обещать*) give* *one's* word; 2) (*оратору*) give* *smb.* the floor; ~ себе́ сло́во не... vow not to...; ~ показа́ния bear* witness; give* evidence; **~ся,** да́ться *разг.* **1.**: не ~ся в ру́ки *кому-л.* (*увертываться*) dodge *smb.*; **2.** (*дт.*; *легко усваиваться*) come* easy (to) э́то ему́ легко́ даётся it comes easy/naturally to him; э́то мне нелегко́ даётся it's not easy for me; I find it very difficult; ◇ дай ему́ па́лец и он ру́ку отку́сит give* him an inch and he'll take a yard.

да́веча *разг.* lately, recently.

да́вешний *разг.* recent, late.

дави́ль|ный: ~ пресс winepress; **~щик** presser, treader.

дави́ть *несов.* **1.** (*вн.*, на *вн.*; *нажимать*) press (*smth.*); (*тяжестью*) weigh (*smth.*) down, weigh down (on), weigh heavily (on); *перен.* (*угнетать*) oppress (*smb.*); **2.** (*вн.*; *разминать, выжимая сок*) squeeze (*smth.*), crush (*smth.*); ~ лимо́н squeeze a lemon; **3.** (*вн.*; *сбивая с ног. убивать*) run* (*smb.*) over, kill (*smb.*); **4.** (*стискивать, сжимать*) be* (too) tight; pinch; пра́вый боти́нок мне да́вит the right shoe pinches; **~ся** *несов.* **1.** (*тв.*) be* choked (by); ~ся ко́стью get* a bone in *one's* throat; **2.** (от *рд.*) choke (with); ~ся от сме́ха choke with laughter.

да́вка *ж. разг.* throng, press, crush, jam.

давле́ние *с.* (*прям. и перен.*) pressure; высо́кое ~ high pressure; кровяно́е ~ blood pressure.

да́вн|ий old, ancient; (*существующий с давних пор*) of long standing *после. сущ.*; с ~их пор for a long time, for ages.

давни́шн|ий *см.* да́вний; ~ знако́мый old acquaintance; ~яя ссо́ра ancient feud, quarrel of long standing.

давно́ 1. (*много времени тому назад*) long ago, a long time ago; не так ~ not so long ago; **2.** (*долго*) for a long time, for ages; я (так) ~ вас не ви́дел I haven't seen you for ages; it's ages since we met; ◇ ~ бы так!, пора́! and high time it is!

давнопроше́дш|ий: ~ее вре́мя *грам.* past perfect.

да́вност|ь *ж.* **1.** (*отдалённость по времени совершения*) remoteness (in time), antiquity; э́то де́ло име́ет большу́ю ~ it's a very old affair; **2.** (*длительность существования*) long duration/standing; двадцатиле́тней ~и of twenty years' standing; **3.** *юр.* prescription; и́сковая ~ limitation; де́ло бы́ло прекращено́ за ~ью the case was dismissed under the statute of limitations; потеря́ть си́лу за ~ью become* void by prescription; де́йствие ~и prescription in force; срок ~и period of limitation.

давны́м-давно́ *разг.* ever so long ago, ages ago.

дагерроти́п *м.* daguerrotype.

дагеста́н|ец *м.*, **~ка** *ж.* Daghestan; **~ский** Daghestan.

да́же even; (*при усилении тж.*) actually; он ~ не попроща́лся he didn't even say good-bye; э́то ~ хорошо́ it's actually a good thing; е́сли ~ even if.

да́кать *несов. разг.* keep* saying "yes".

дактили́ческий dactylic.

дактилоскопи́я *ж.* dactyloscopy.

да́ктиль *м. лит.* dactyl.

дала́й-ла́ма *м.* Dalai Lama.

да́лее further; ◇ и так ~ and so on, et cetera (*сокр.* etc.); и так ~ , и так ~ and so on, and so forth; не ~ как вчера́ only yesterday.

далёк|ий **1.** distant; (*имеющий большое протяжение*) long; ~ бе́рег distant shore; ~ друг distant friend; ~ое путеше́ствие long journey; ~ое расстоя́ние long distance; **2.** (*отдалённый большим промежутком времени*) distant, remote; ~ое про́шлое, бу́дущее distant/remote past, future; **3.** (*имеющий мало общего с кем-л.*) dissimilar; with little in common *после сущ.*; **4.** (от *рд.; не думающий делать что-л.*) far (from), by no meant inclined (to); он далёк от и́стины he has no inkling of the truth; он не о́чень далёк от и́стины he's not far wrong; ~ от действи́тельности far from reality; я далёк от того, чтобы... I am far from...; он далёк от подозре́ний he has not the faintest suspicions; ◇ он не о́чень далёкий челове́к he is not very clever/bright.

далеко́ **1.** *нареч.* far*; (*о расстоянии тж.*) a long way; он живёт (*очень*) ~ he lives a long way off/away; он уехал ~ he has gone away (on a long journey), he's gone far away; оставля́ть *кого-л.* ~ позади́ leave* *smb.* far behind; **2.** *в знач. сказ.* it's a long way; до до́му ещё ~ it's still far to home, home is a long way off; **3.** *в знач. сказ.* (*о времени*) it is a long time (to); ◇ ~ за... 1): ~ за́ полдень, за́ полночь far/well into the afternoon, night; 2): е́му ~ за 40 he is well over forty; ~ не... far from...; by no means...; я ~ не уве́рен в э́том I'm by no means sure of that; зайти́ сли́шком ~ go* too far; ~ ходи́ть за приме́ром не ну́жно one does not have to look far for an example; он ~ пойдёт he will go far; ему́ ~ до соверше́нства he is far from being perfect; ему́ ~ до неё he is not a patch on her; он ~ не дура́к he is far from being a fool; he is anything but a fool.

даль *ж.* expanse, distance; голуба́я ~ the blue distance; зелёная ~ поле́й the green expanse of the fields; ◇ така́я ~ such a long way off; куда́ нам е́хать в таку́ю ~! how can we go so far away!

дальневосто́чный Far-Eastern.

дальне́йш|ий further, subsequent; ◇ в ~ем 1) (*в будущем*) in the future, subsequently; 2) (*ниже в тексте*) henceforth, hereafter; below; в ~ем имену́емый... (*в документе*) hereinafter referred to as...

да́льн|ий **1.** (*о расстоянии*) distant; far-off; (*имеющий большое протяжение*) long; ~ие райо́ны distant/far-off regions; ~ его́ де́йствия long-range; авиа́ция ~его де́йствия long haul aircraft; ~ая доро́га long journey; ~ее пла́вание long voyage, ocean cruise; по́езд ~его сле́дования long-distance frain; ~ая (телефо́нная) связь long-distance (telephone) service; **2.** ~ ро́дственник distant relative. **3.**: ~ свет *авт.* undipped headlights; ◇ поли́тика ~его прице́ла far-reaching policy; без ~ их слов without more/further ado.

дальнобо́й|ный long-range; ~ая артилле́рия long-range artillery.

дальнови́дн|ость *ж.* foresight.; **~ый** farseeing, farsighted.

дальнозо́рк|ий longsighted, farsighted; **~ость** *ж.* long sight, longsightedness; ста́рческая ~ presbyopia.

дальноме́р *м.* range finder.

да́льность *ж.* distance; (*действия, стрельбы*) range; ~ пла́вания, полёта (cruising-)range.

дальтони́зм *м.* daltonism, color-blindness; страда́ть ~ом be* color-blind.

дальто́ник *м.* color-blind/green-blind person.

да́льше **1.** (*сравнит. ст. прил.* далёкий *и нареч.* далеко́) farther; **2.** *нареч.* (*затем, потом*) then, а ~ что?, а что же ~? well, what next?, and then (what)?; **3.** *нареч.* (*продолжая начатое*) further; расска́зывать ~ tell* further, go* on with *one's* story; он продолжа́л чита́ть ~ he went on reading further; ~! (продолжа́йте) go on!; ◇ не ви́деть ~ своего́ но́са not see beyond *one's* nose; ~ — бо́льше it gets worse and worse; не ~ как..., не ~ чем... only; не ~ как на днях no more than a few days ago; ~ не́куда that's the limit; ти́ше е́дешь, ~ бу́дешь *посл.* ≅ more haste, less speed; make* haste slowly.

да́ма *ж.* **1.** lady; **2.** (*в танцах*) partner; **3.** *карт.* queen; ~ се́рдца *шутл.* lady-love.

да́мба *ж.* dam; (*защитная*) dike.

да́мк|а *ж.* (*в шашках*) king; провести (*шашку*) в ~и crown a (draughts)man*.

да́мский woman's, lady's; ~ портно́й ladies' tailor; ~ парикма́хер (ladies') hairdresser.

да́нн|ые *мн.* **1.** data, facts: information *sg.*; цифровы́е ~ figures; по всем (име́ющимся) ~ым according to information (available); мы име́ем ~, что... we are in possession of information showing that..., ~ разве́дки secret information; **2.** (*свойства, способности*) makings; (*качества*) qualities; внéшние ~ appearance *sg.*; у негó все ~, чтóбы стать хорóшим инженéром he has the makings of a first-rate engineer; у негó отсу́тствуют необходи́мые ~ he lacks the necessary qualities; **~ый** given; (*настоящий*) present; ~ый вопрóс the question before us, the question under consideration; в ~ую минýту, в ~ое врéмя, в ~ый момéнт at present; в ~ом слу́чае in the present instance; ◇ ~ая величинá *мат.* given quantity/value.

дантист *м.* dentist.

дань *ж.* **1.** *ист.* tribute; облагáть *кого-л.* ~ю lay* *smb.* under contribution; **2.** (*должное*) tribute, homage; ◇ отдáть, заплати́ть, ~ *кому-л. чему-л.* pay* tribute to *smb. smth.*, acknowledge *smb.*, *smth.*; отдáть ~ врéмени appreciate the time| age, take* cognizance of time| age.

дар *м.* **1.** (*подарок*) gift; **2.** (*способность, талант*) gift, power; ~ красноречия gift of eloquence; ◇ ~ рéчи, ~ слóва power of speech; потеря́ть ~ рéчи lose* the power of speech, be* speechless; ~ы данáйцев Greek gift.

дарвини́зм *м.* Darwinism.

дарён|ый *разг.* gift *attr.*; ◇ ~ому коню́ в зу́бы не смóтрят *посл.* don't look a gift horse in the mouth.

дари́ *ж. нескл.* Dari.

дари́тель *м.*; **~ница** *ж.* donor, grantor.

дари́ть, подари́ть (*вн. дт.*) give* (*smb.*, *smth.*), present (*smb.* with).

дармовщи́н|а *ж.* на ~у *разг.* for nothing.

дармоéд *м. разг.* sponger, drone, parasite; **~ничать** *несов. разг.* lead* the life of a sponger/drone.

даровáни|е *с.* gift, talent: прирóдное ~ natural ability; рéдкое ~ unusual talent; ю́ные ~я gifted young people.

даровáть *несов. и сов.* (*вн.*) *уст.* grant (*smth.*); *кому-л.* жизнь, свобóду grant *smb.* his, her life, liberty.

дарови́т|ость *ж.* talent; **~ый** gifted, talented.

даров|óй free (of charge); ~óе зрéлище free entertainment; ~ы́е билéты на спектáкль free tickets to a performance.

дáром 1. (*бесплатно*) free of charge, gratis, for nothing; отдáть *что-л.* ~ give* *smth.* away; доставáться ~ cost* nothing; емý э́то не ~ далóсь he didn't get it for nothing; **2.** *разг.* (*очень дёшево*) for next to nothing, for a trifle, for a song; он купи́л э́то совсéм ~ he paid next to nothing for it; 3. (*напрасно*) all for nothing, in vain; ~ трáтить врéмя waste one* time; все нáши труды́ пропáли ~ all our work went for nothing; ◇ э́то емý ~ не пройдёт he'll pay for that, he won't get away with that.

даронóсица *ж. церк.* tabernacle.

дáрственн|ый donative; ~ акт grant; ~ая зáпись deed, settlement; ~ая нáдпись dedicatory inscription.

дáт|а *ж.* date; без ~ы undated; постáвить ~у на *чём-л.* date *smth.*

дáтельный: ~ падéж *грам.* the dative (case).

дати́ровать *несов. и сов.* (*вн.*) date (*smth.*); ~ письмó пя́тым мáя date the letter the fifth of May; ~ *что-л.* бóлее пóздним числóм postdate *smth.*; ~ *что-л.* бóлее рáнним числóм antedate *smth.*; невéрно ~ *что-л.* misdate *smth.*

дáт|ский Danish; ~ язы́к Danish, the Danish language; **~чáнин** *м.*, **~чанка** *ж.* Dane.

дáтчик *м. эл.* date unit, sensing element, sensor, transmitter.

дать *сов. см.* давáть 1, 2, 3, 4, 5, 6, 7, 9; **~ся** *сов. см.* давáться.

дáч|а I *ж.* **1.** (*загородный дом*) country house, house in the country; (*небольшая*) country cottage; **2.** (*загородная местность*) the country; на ~е in the country, out of town; éхать на ~у go* to the country; go* out of town; жить на ~е live out of town.

дáча II *ж.* (*действие*) giving; ~ показáний deposition.

дáчник *м.* summer resident.

дáчн|ый country *attr.*; ~ая мéстность out-of-town resort; ~ сезóн summer season.

дашнáк *м. ист.* (*член армянского националистского движения*) Dashnak.

два two; в двух словáх to make a long story short; расскажи́те мне в двух словáх tell me briefly; в двух шагах от) within a few steps (of); ◇ в ~ счёта *разг.* in (less than) no time, in a tick; ни ~ ни полторá ~ neither one thing, nor another.

двадцатилéтние *с.* **1.** (*период*) twenty years *pl.*, score of years; **2.** (*годовщина*) twentieth anniversary; **~ний 1.** (*о сроке*) twenty-year *attr.*; of twenty years *после сущ.*; **2.** (*о возрасте*) twenty-year-old; of twenty *после сущ.*

двадцáт|ый twentieth; ~ые гóды the twenties; нóмер ~ number twenty; емý ~ год he is in his twentieth year.

двáдц|ать twenty; a score (*два десятка*); ~ оди́н twenty-one; ~ пéрвый twenty-first; емý óколо ~ти́ лет he is about twenty.

двáжды twice; ~ два — четы́ре twice two is four; ~ Герóй Совéтского Сою́за twice Hero of the Soviet Union; ◇ как ~ два четы́ре ~ as plain as a pikestaff, as plain as the nose on your face.

двенадцатилéтний 1. (*о сроке*) twelve-year *attr.*; of twelve years *после сущ.*; **2.** (*о возрасте*) twelve-year-old; of twelve *после сущ.*

двенадцатипéрстн|ый: ~ая кишкá duodenum.

двенáдц|атый the twelfth; **~ать** twelve.

двер|нóй: door *attr.*; ~ проём door way; ~áя ру́чка door handle.

двéрца *ж.* door.

двер|ь *ж.* door; (*дверной проём*) doorway: стоя́ть в ~я́х stand* in the doorway; ◇ при закры́тых ~я́х behind closed doors, in private: при откры́тых ~я́х in public (session); ломи́ться в откры́тую ~ force an open door, knock at an open door; поли́тика откры́тых ~éй open-door policy; показáть *кому-л.* на ~ show* *smb.* the door.

двéсти two hundred.

двигатель *м.* motor, engine; ~ внýтреннего сгорáния internal-combustion engine; ракéтный ~ jet engine; **~ный** motive; ~ный нерв motor (nerve); ~ная сила motive power/force, impetus.

двигать, двинуть 1. (*вн.; перемещать, толкая*) move (*smth.*); ~ мéбель move furniture; **2.** (*тв.; шевелить*) move (*smth.*); ~ ногóй, рукóй move *one's* foot*, hand; **3.** (*вн.; развивать, совершенствовать*) promote (*smth.*); ~ вперёд наýку и тéхнику advance science and technology; **~ся, двинуться 1.** (*перемещаться, идти вперёд*) move; врéмя движется вперёд time moves on; дéло не движется things are not moving; **2.** (*делать движения, шевелиться*) stir; не ~ся с мéста not budge; **3.** *разг.* (*трогаться с места*) start, move; порá ~ся! it's time to go!; ~ся в путь start on *one's* way, set* out; ◇ ~ся по слýжбе rise* steadily in *one's* career.

движéние *с.* **1.** (*перемещение*) motion, movement; (*действие какого-л. механизма тж.*) working, functioning; вращáтельное ~ rotary motion; в ~ии in motion; без ~ия motionless; лежáть без ~ия lie* motionless; приводить в ~ set*/put* in motion, get* going; приходить в ~ start moving; begin* to move, get* under way; (*оживляться*) come* to life; ~ войск troop movement; **2.** (*изменение положения тела*) movement; ~ головы movement of the head; ~ руки gesture; **3.** (*общественное*) movement; всенарóдное ~ national/nation-wide movement; ~ в защиту мира peace movement; **4.** going; большóе ~ heavy traffic; одностороннее ~ one-way traffic; ~ поездóв rail traffic; train services *pl.*; **5.** (*внутреннее побуждение*) impulse; душéвные ~ия emotions: **6.** *филос.* motion.

движим|ость *ж.* movables *pl.*, movable property; personal belongings *pl.*; chattels *pl.*; **~ый** movable; ~ое имýщество *см.* движимость.

движóк *м.* **1.** (*движущаяся деталь в механизмах*) slide; **2.** *разг.* (*небольшой двигатель*) motor.

движущ|ий motive; ~ая сила motive power; *перен.* driving/motive force; ~ие силы истóрии the driving forces of history.

двинуть(ся) *сов. см.* двигать(ся).

двó|е two (people); нас ~ there are two of us; ◇ на своих (на) ~их ≅ on Shanks's mare/pony.

двоебóрье *с.* (*в тяжёлой атлетике*) snatch, clean and jerk combination; (*лыжное*) Nordic/Winter combination; Alpine combination; biathlon.

двоевлáстие *с.* diarchy.

двоежён|ец *м.* bigamist; **~ство** *с.* bigamy.

двоетóчие *с.* colon.

дво|иться *несов.* **1.** (*раздваиваться*) fork; **2.** (*казаться двойным*) go* out of focus; become* blurred; в глазáх ~ится I am seeing double, everything is out of focus.

двóйк|а *ж.* **1.** (*цифра*) a two; **2.** (*отметка*) two, "poor"; он получил ~у по áлгебре he got two for algebra; у негó ~ по истóрии he has a "poor" for history; **3.** (*карта*) the two (of); **4.** *спорт.* (*распашная*) pair-(oar boat); (*парная*) double sculls.

двойник *м.* double; ◇ *чей-л.* ~ *one's* other dyad.

двойн|óй 1. double; ~ые рáмы double glazing, storm windows; **2.** (*удвоенный*) double, twofold; ~ подбородóк double chin; ~áя плáта double pay; это ~áя трáта врéмени it takes double the time; в ~óм размéре twice as much; **3.** (*двойственный*) two-faced, double; вести ~ýю игрý play a double game; ◇ ~áя бухгалтéрия bookkeeping by double entry; *перен.* double-dealing.

двóйня *ж.* twins *pl.*

двойняшка *ж. разг.* twin.

двóйственность *ж.* duality, ambivalence, duplicity.

двóйственн|ый 1. (*противоречивый*) ambivalent; ~ харáктер ambivalent character; **2.** (*двуличный*) double-faced; **3.** (*касающийся двух*) dual; bilateral; ~ое соглашéние bilateral/bipartite agreement.

двор I *м.* **1.** (*при доме*) yard, courtyard; во ~é in the yard; **2.** (*крестьянское хозяйство*) homestead; скóтный ~ farm-yard; птичий ~ poultry-yard; ◇ на ~é (*вне дома*) out-of-doors, outdoors, out; на ~é темнó it's dark outside; на ~é непогóда it's a very bad day; веснá на ~é spring has come; быть, прийтись ко ~ý fit in well; быть не ко ~ý not fit in; remain an outsider, not to be* wanted.

двор II *м.* (*короля и т. п.*) court; при ~é at court; при ~é *кого-л.* at the court of *smb.*

дворéц *м.* **1.** palace; **2.**: ~ культýры Palace of Culture, community center; ~ бракосочетáний Marriage Palace.

дворéцкий *м.* butler, major-domo.

двóрник *м.* **1.** (*работник*) yard keeper, caretaker; janitor *амер.*; **2.** *разг.* (*на автомашине*) windscreen wiper.

двóрня *собир. ист.* servants, menials *pl.*

дворня́|га *ж.*, **~жка** *ж.* mongrel.

дворóв|ый *прил.* **1.** yard *attr.*; ~ пёс watchdog; ~ые пострóйки outbuildings; **2.** *в знач. сущ. м. ист.* house serf.

дворцóвый palace *attr.*; ◇ ~ переворóт palace revolution; coup d'etat, coup.

дворянин *м.* nobleman*, noble, member of the gentry.

дворя́н|ка *ж.* noblewoman*; **~ский** nobleman's, noble; **~ство** *с.* **1.** (*сословие*) nobility; (*звание*) noble rank; **2.** *собир.* (*дворяне*) nobility; nobles *pl.*; (*мелкое и среднее*) gentry.

двою́родн|ый: ~ брат, ~ая сестрá (first) cousin; ~ дя́дя, ~ая тётя (first) cousin once removed.

двоя́|кий double; **~ко** in two ways.

двояко|вóгнутый concavo-concave, ~выпуклый convexo-convex.

двубóртный double-breasted; ~ пиджáк double-breasted coat.

двуглáв|ый two-headed/bicephalous; ~ая мышца *анат.* biceps; ~ орёл, double-headed eagle.

двуго́рбый: ~ верблю́д Bactrian camel.
двугри́венный *м. разг.* twenty-copeck piece.
двужи́льный *разг.* strong, hardy, tough.
двузна́чн|ый ~ое число́ two-digit number.
двуко́лка *ж.* two-wheeled cart, two-wheeler.
двукра́тн|ый two-fold; (*произведённый два раза*) reiterated, twice(-repeated); в ~ом разме́ре double the amount; ~ чемпио́н twice champion; по́сле ~ого предупрежде́ния after the second warning.
двукры́л|ый dipterous; *в знач. сущ.* **~ые** *зоол.* Diptera.
двули́кий two-faced, bifaceal; ◇ ~ Янус two-faced Janus.
двули́ч|ие *с.*, **~ность** *ж.* duplicity; **~ный** two-faced, double-faced; two-tongued; быть ~ным be two-faced.
двуно́гий two-legged; biped *научн.*
двуо́кись *ж хим.* dioxide.
двуро́г|ий two-horned; ~ая луна́ crescent moon.
двуру́шни|к *м.* double-dealer; **~ичать** play double game; **~ческий** double-dealing; **~чество** *с.* double-dealing.
двуска́тн|ый: ~ая кры́ша gabled/ridged roof.
двусло́жн|ый *лингв.* two-syllable, disyllabic; ~ая стопа́ disyllable; ◇ ~ ямб iambic dimeter.
двусмы́сленн|ость *ж.* **1.** ambiguity; **2.** (*непристойность*) innuendo, double entendre; **~ый** **1.** ambiguous, equivocal; **2.** (*непристойный*) dubious; ~ая шу́тка dubious joke.
двуспа́льн|ый: ~ая крова́ть double bed.
двуство́лка *ж.* double-barrelled gun.
двуство́рчаты|ый: ~ая дверь double-doors pl.
двусти́шие *с.* couplet, distich.
двусто́пный *лит.* of two feet.
двусторо́нн|ий **1.** double; ~ее воспале́ние лёгких double pneumonia; ~ее у́личное движе́ние two-way triffic; ~ драп double-sided cloth; **2.** (*обоюдный*) bipartite, bilateral; ~ее соглаше́ние bipartite/bilateral agreement; ~ие перегово́ры bilateral negotiations; **3.**: ~яя радиосвя́зь two-way radio communication.
двууглеки́сл|ый *хим.* bicarbonate; ~ая со́да sodium bicarbonate.
двухвёсельн|ый: ~ая шлю́пка, ло́дка pair(-oar boat).
двухгод|и́чный two-year *attr.*, biennial; ~и́чное пла́вание two-year voyage; **~ова́лый** two-year-old; of two *после сущ.*
двухдне́вный two-day *attr.*
двухдю́ймовый two-inch.
двухза́льный two-screen *attr.*; ~ кинотеа́тр two-screen cinema.
двухкварти́рный containing two flats.
двухколе́йн|ый: ~ая желе́зная доро́га double-track railway/railroad.
двухколёсный two-whee(ed).
двухко́мнатн|ый two-room *attr.*; ~ая кварти́ра two-room flat.
двухле́тн|ий **1.** (*о сроке*) two-year *attr.*; of two years *после сущ.*; **2.** (*о возрасте*) two-year-old, of two *после сущ.*; **3.** *бот.* biennial; ~ее расте́ние biennial.
двухма́чтов|ый two-master; ~ое су́дно two-master.
двухме́стн|ый: ~ое купе two-berth compartment; ~ая каю́та two-berth cabin; ~ая маши́на two-seater.
двухме́сячный **1.** (*о сроке*) two months; two-month *attr.*; **2.** (*о возрасте*) two-month-old; of two months *после сущ.*; **3.** (*об издании*) published every two months *после сущ.*; bimonthly.
двухмото́рный two-engine *attr.*, two-engined.
двухнеде́льный **1.** (*о сроке*) two-week *attr.*; two weeks'; **2.** (*о возрасте*) two-week-old; of two weeks *после сущ.*; **3.** (*об издании*) fortnightly; ~ журна́л fortnightly (magazine).
двухпала́тный two-chamber *attr.*
двухпа́лубн|ый having two decks; ~ое су́дно two-decker.
двухпарти́йный *полит.* two-party *attr.*
двухря́дный double-row.
двухсме́нный two-shift *attr.*
двухсотле́т|ие *с.* bicentenary; **~ний** bicentenary, bicentennial.
двухсо́тый two-hundredth.
двухта́ктный *тех.* two-stroke *attr.*
двухто́мник *м.* two-volume book/edition.
двухцве́тный two-color *attr.*, dichromatic.
двухчасово́й **1.** (*продолжающийся два часа*) two-hour *attr.*; **2.** (*назначенный на два часа*) two o'clock *attr.*
двухэта́жный two-story *attr.*; ~ авто́бус double-decker (bus).
двучле́н *м. мат.* binomial.
дебарка́дер *м.* landing-stage.
дебати́ровать *несов.* (*вн.*, о *пр.*) debate (*smth.*).
деба́ты *мн.* debate *sg.*
дебе́лый *разг.* plump, corpulent.
дебенту́ра *ж. фин.* (*долговое обязательство*) debenture.
де́бет *м. бухг.* debit; ~ счёта debit side of an account; ~-но́та debit note.
деби́т *м. тех.* discharge.
дебито́р *м. бухг.* debtor.
деблоки́ровать *несов. и сов. техн.* relieve.
дебо́ш *м.* row, shindy, uproar; пья́ный ~ drunken brawl.
дебоши́р *ж.* rowdy, brawler.
дебоши́рить *несов.* make* an uproar, kick up a row.
де́бри *мн.* jungle *sg.*, thickets; *перен.* maze *sg.*, labyrinth *sg.*
дебю́т *м.* **1.** debut; **2.** *шахм.* opening; **~а́нт** *м.* debutant; **~а́нтка** *ж.* debutante; **~и́ровать** *несов. и сов.* make* *one's* debut, make* *one's* first appearance.
де́ва *ж.* **1.** *поэт.* maiden; ◇ ста́рая ~ old maid, spinster; **2.** *рел.* the Virgin; **3.** *астр.* (*созвездие*) Virgo.
дева́|ть, деть (*вн.*) *разг.* put* (*smth.*); куда́ вы де́ли кни́гу? where on earth did you put the

book? ◇ не знать, куда́ глаза́ деть not know where to hide oneself; не знать, куда́ деть себя́ not know what to do with oneself; **~ться**, де́ться *разг.* go*, get*, куда́ ~лось письмо́? where on earth is the letter?, where has that letter got to?; куда́ он ~лся? what's become of him?; ◇ не знать, куда́ ~ться (*от смущения и т. п.*) feel* utterly at a loss, wish the earth would open and swallow one up; никуда́ не де́нешься (*от чего-л.*) there is no getting away from it.

де́верь *м.* husband's brother, brother-in-law (*pl.* brothers-).

девиа́ция *ж.* deviation.

деви́з *м.* motto; (*в геральдике*) device.

деви́з|а *ж. фин.*: ~ы (*платёжные средства в иностранной валюте, предназначенные для международных расчётов*) (foreign) exchange; ~ в до́лларах dollar exchange.

деви́ца *ж.* girl; *поэт.* damsel.

деви́ческий *см.* девичий.

деви́чество *с.* girlhood.

де́вич|ий girlish; ~ья фами́лия maiden name; ~ья па́мять memory like a sieve.

деви́чник *м.* party for girls only.

де́вка *ж. разг.* girl, wench; засиде́ться в ~х remain a long time unmarried; оста́ться в ~х become* an old maid.

дево́н *м. геол.* Devonian period, age of fishes; **~ский** Devonian *attr.*

де́вочка *ж.* (little) girl, girlie.

де́вственн|ик *м.*, **~ица** *ж.* virgin; **~ость** *ж.* virginity, chastity; **~ый** virgin, virginal; ~ый лес virgin/primeval forest.

де́в|ушка *ж.* girl; lass, lassie *разг.*; **~-ча́та** *мн. разг.* girls, lasses; **~чо́нка** *ж. разг.* girl; kid *разг.*

девчу́шка *ж. разг.* little girl.

девяно́сто ninety.

девяностоле́т|ие *с.* **1.** (*период*) ninety years *pl.*; **2.** (*годовщина*) ninetieth anniversary; **~ний** **1.** (*о сроке*) ninety-year *attr.*; of ninety years *после сущ.*; **2.** (*о возрасте*) ninety-year-old; of ninety *после сущ.*

девяно́ст|ый ninetieth; ~ые го́ды the nineties.

девятикра́тный nine-fold.

девятиле́тний **1.** (*о сроке*) nine-year *attr.*; of nine years *после сущ.*; **2.** (*о возрасте*) nine-year-old, of nine *после сущ.*

девятисо́тый nine-hundredth.

девя́тка *ж.* **1.** (*цифра*) a nine; **2.** *карт.* the nine (of).

девятнадцатиле́тний **1.** (*о сроке*) nineteen-year *attr.*; of nineteen years *после сущ.*; **2.** (*о возрасте*) nineteen-year-old; of nineteen *после сущ.*

девятна́дца|тый nineteenth; **~ть** nineteen.

девя́тый the ninth; ◇ ~ вал the ninth wave.

де́вять nine.

девятьсо́т nine hundred.

дегаза́тор *м.* decontaminator.

дегаз|а́ция *ж.* decontamination; **~и́ровать** *несов. и сов.* (вн.) decontaminate (*smth.*).

дегенера́т *м.* degenerate; **~и́вность** *ж.* degeneracy; **~и́вный** degenerate *attr.*

дёготь *м.* tar; древе́сный ~ wood-tar; каменноу́гольный ~ coal-tar; ◇ ло́жка дёгтя в бо́чке мёда ~ a fly in the ointment.

деград|а́ция *ж.* degradation; **~и́ровать** *несов. и сов.* become* degraded.

дегтя́р|ный tar *attr.*; ~ное мы́ло coal-tar soap.

дегуста́|тор *м.* taster; **~ция** *ж.* tasting; ~ция вин wine-tasting.

дед *м.* **1.** grandfather; **2.** *разг.* (*старик*) old man*; **3.** *мн.* (*предки*) forefathers; ◇ ~-моро́з Jack Frost; (*на ёлке*) Father Christmas, Santa Claus.

дедве́йт *м.* (*полная грузоподъёмность судна*) dead-weight.

де́довский grandfather's.

дедукти́вный *лог.* deductive.

деду́кция *ж. лог.* deduction.

дедуци́ровать *несов. и сов.* deduce.

де́душка *м.* grandfather; (*обращение тж.*) grandad, grandpa.

дееприча́стие *с. грам.* adverbial participle.

дееспосо́бн|ость *ж.* **1.** ability, efficiency; **2.** *юр.* competence; **~ый** **1.** able, efficient; **2.** *юр.* competent; ~ый граждани́н competent citizen.

дежу́р|ить *несов.* **1.** be* on duty; **2.** (*неотлучно находиться где-л.*) watch; ~ у посте́ли больно́го watch by a sick-bed; **~ный** *прил.* **1.** (*о людях*) of duty *после сущ.*; ~ный администра́тор (*гостиницы*) receptionist; ~ный офице́р officer of the day, duty officer; orderly officer амер.; **2.** (*об учреждении*): ~ный магази́н shop with extended business hours; **3.** (*заранее приготовленный*) ~ное блю́до standing dish, plat du jour; **4.** *неодобр.* (*постоянно употребляемый*) run-of-the-mill; **5.** *в знач. сущ. м.* official on duty, man* on duty; (*в школе*) monitor; ~ный по полётам *ав.* duty pilot; ~ный по ста́нции *ж.-д.* assistant stationmaster on duty; **~ство** *с.* duty; ночно́е ~ство night duty/watch.

дежу́рка *ж. разг.* duty room.

дезабилье́ *нескл.* deshabille.

дезавуи́ровать *несов. и сов.* repudiate, disavow.

дезерти́р *м.* deserter; *перен.* shirker, quitter; **~овать** *несов. и сов.* desert; *перен.* shirk, quit; **~ство** *с.* desertion; *перен.* shirking, quitting.

дезинсекцио́нн|ый: ~ые сре́дства insecticide.

дезинсе́кция *ж.* insecticide.

дезинфекцио́нн|ый disinfection *attr.*; ~ая ка́мера disinfection chamber.

дезинфе́кция *ж.* disinfection.

дезинфици́р|овать *несов. и сов.* (вн.) disinfect (*smth.*); **~ующий** disinfectant; (*для ран и т. п.*) antiseptic; ~ующее сре́дство disinfectant.

дезинформа́ция *ж.* misinforming, misleading; brainwashing.

дезинформи́ровать *несов. и сов.* (вн.) misinform (*smb.*), mislead* (smb); brainwash (smb).

дезодора́нт *м.* deodorant.

дезодора́ция *ж.* deodorization.

дезорганиза́тор *м.* disorganizer.

дезорганиз|а́ция *ж.* disorganization; вноси́ть ~а́цию cause disorganization; (*намеренно тж.*) spread* confusion; **~ова́ть** *несов. и сов.* (*вн.*) disorganize (*smth.*).

дезориент|а́ция *ж.* disorientation; **~и́ровать** *несов. и сов.* (*вн.*) confuse (*smb.*).

де́йственн|ость *ж.* efficacy, effectiveness; **~ый** effective, efficacious.

де́йстви|е *с.* **1.** action; (*деятельность тж.*) activity; activities *pl.*; руково́дство к ~ю a guide to action; план ~й plan of action; самово́льные ~я arbitrary action(s); **2.** (*о работе механизма и т. п.*) operation, functioning; в ~и in operation; вступа́ть в ~ (*о заводе и т. п.*) come* into operation; (*о контракте*) come* into force; commissioned; приходи́ть в ~ come* into operation; ~ кише́чника movement of the bowels; **3.** (*применение на практике*) effect; ввести́ зако́н в ~ put* the law into effect; **4.** (*воздействие*) effect; под ~ем under the influence; **5.** (*события*) action; ~ происхо́дит в Москве́ the scene is laid in Moscow; **6.** *театр.* act; пье́са в пяти́ ~ях five-act play; **7.** *мат.* operation, process; четы́ре ~я арифме́тики the four rules of arithmetic; ◇ вое́нные ~я hostilities; (military) operations.

действи́тельн|о 1. *нареч.* really, actually; э́то ~ случи́лось it actually happened; **2.** *в знач. вводн. сл.* indeed; ~, вы пра́вы indeed, you are right; **~ость** *ж.* reality; совреме́нная ~ость modern conditions *pl.*, modern life; ◇ в ~ости in reality; в ~ости произошло́ то, что... what actually happened was that...; **~ый 1.** (*реальный*) real, actual; (*истинный*) true, genuine; ~ая жизнь real life; ~ый факт actual fact; ~ое происше́ствие true story, real-life incident/occurrence; **2.** (*имеющий законную силу*) valid; биле́т действи́телен на два ме́сяца the ticket is valid for two months; **3.** *грам.*: ~ый зало́г active voice; ◇ ~ая вое́нная слу́жба active service, service with the colors; ~ое число́ *мат.* real number; ~ый член Акаде́мии нау́к (full) Member of the Academy of Sciences.

де́йств|овать, поде́йствовать **1.** *тк. несов.* (*совершать что-л.*) act; (*о войсках*) be* in action, operate; ~ реши́тельно take* firm action, act resolutely; ~ нереши́тельно hesitate to take action, act irresolutely; ~уй(те)!; go ahead!; **2.** *тк. несов.* (*функционировать*) work, function; (*о машине тж.*) run*; ~ безотка́зно work/run* perfectly; прибо́р не ~ует the instrument is out of order, the instrument does not work; **3.** *тк. несов. (иметь силу — о законах и т. п.)* be* in force, be* valid; **4.** *тк. несов. (тв.) разг. (двигать, управлять)* use (*smth.*); ~ вёслами use *one's* oars, row; ~ лопа́той use a spade; **5.** (на *вн.; влиять*) work (on), have* an effect (on), effect (*smb.*); не ~ have* no effect; ~ благотво́рно have* a good/favorable effect; сре́дство не ~ует the remedy doesn't work; э́то лека́рство хорошо́ ~ует this medicine is effective; на меня́ э́то (ниско́лько) не ~ует it doesn't affect me (in the least): на него́ никаки́е угово́ры не ~уют he is not to be prevailed upon, nothing will sway him; ~ *кому-л.* на не́рвы get* on *smb.*'s nerves.

де́йствующ|ий: ~ вулка́н active volcano; ~ая а́рмия Army in the Field; Field Forces *pl. амер.*; ~ее лицо́ *театр.* character; ~ие ли́ца *театр.* dramatis personae.

дейте́рий *м. хим.* deuterium, heavy hydrogen.

де́ка *ж. муз.* sounding board.

декабри́ст *м. ист.* Decembrist.

дека́бр|ь *м.* December; в ~е́ э́того го́да this/in December; в ~е́ про́шлого го́да last December, last year in December; в ~е́ бу́дущего го́да next December.

дека́брьский December *attr.*

дека́да *ж.* **1.** ten days; **2.**: ~ литерату́ры и иску́сства Ten-day Festival of Literature and the Arts.

декаде́нт *м.* decadent; **~ский** decadent; **~ство** *с.* decadence.

декали́тр *м.* decaliter.

дека́н *м.* dean; **~а́т** *м.* dean's office.

деквалифици́роваться *несов. и сов.* lose* *one's* skill.

деклам|а́тор *м.* reciter; **~ацио́нный** declamatory; **~а́ция** *ж.* recitation; *перен.* (*напыщенная речь*) rant, harangue; **~и́ровать,** продеклами́ровать **1.** (*вн.*) recite (*smth.*); **2.** *тк. несов.* (*говорить напыщенно*) declaim, rant.

деклар|ати́вный declarative; **~а́ция** *ж.* declaration; валю́тная ~ currency declaration; генера́льная ~ general declaration; грузова́я ~freight declaration; нало́говая ~ tax declaration; тамо́женная ~ customs declaration; э́кспортная ~ export declaration; ~ грузоотправи́теля shipper's declaration; ~ капита́на captain's declaration; ~ продавца́ (на би́рже) docket; ~ судово́го гру́за ship's manifest; ~ экипа́жа на прово́з багажа́ crew baggage declaration; прави́тельственная ~а́ция government statement; **~и́ровать** *несов. и сов.* (*вн.*) declare (*smth.*).

деклассиро́в|анный declasse.

декоди́рова|ние *с.* decoding; **~ть** decode.

декольт|е́ *с. нескл.* **1.** low neck, decollete; **2.** *в знач. неизм. прил.* low-necked; **~и́рованный 1.** (*о платье*) low-necked; **2.** (*о женщине*) in a low-necked dress *после сущ.*

декорати́вно-прикладн|о́й: ~о́е иску́сство decorative and applied art; arts and crafts *pl.*

декорати́вн|ый decorative; (*служащий для украшения и т. п.*) ornamental; ~ое иску́сство decorative art; ~ое расте́ние ornamental plant.

декор|а́тор *м.* **1.** (*театральный*) scene-painter; **2.** (*помещений*) interior decorator; **~а́ция** *ж.* set, stage set; *мн.* scenery *sg.*; *перен.* show; trimmings *pl.*; всё э́то одна́ ~а́ция it's all for show; ◇ переме́на ~а́ций change of scene; **~и́ровать** *несов. и сов.* (*вн.*) decorate (*smth.*).

деко́рум *м.* decorum.

декре́т *м.* decree; ~ о ми́ре the Decree on Peace; ~ о земле́ the Decree on Land; **~ный**: ~ный о́тпуск maternity leave.

декстрин *м. хим.* dextrine.

деланн|ость *ж.* affectation, artificiality; **~ый** affected, forced; ~ая улыбка forced smile.

дел|ать, сделать (*вн.*) do* (*smth.*); (*изготовлять, совершать*) make* (*smth.*); ~ полезное дело do* useful work; ~ *что-л.* посвоему do* *smth.* in *one's* own way; ~ 100 оборотов в минуту do* one hundred revolutions per minute; поезд ~ает 60 километров в час the train does sixty kilometers an hour; ~ упражнения do* exercises; ~ прыжки jump; ~ уроки do* *one's* lessons; ~из *кого-л.* посмешище make* a laughing-stock of *smb.*; *кого-л.* своим помощником make* *smb. one's* assistant; ~ *кого-л.* счастливым make* *smb.* happy; ~ ошибки make* mistakes; ~ выводы draw* conclusions; ~ наблюдения make* observations; ~ выговор *кому-л.* reprimand *smb.*; ~ попытки make* attempts; ~ всё для того, чтобы... do* everything to...; ◇ ~ вид pretend; он ~ает вид, что очень испуган, что спит he pretends to be afraid, to be asleep; ~ комплимент pay a compliment; ~ предложение propose; ~ честь *кому-л.* 1) (*оказывать уважение*) do* *smb.* an honor; 2) (*являться заслугой*) do* *smb.*, credit; это ~ает ему честь it does him credit; это не ~ает ему чести it is not to his credit; ~ нечего it can't be helped, nothing can be done about it; от нечего ~ for want/lack of anything better to do, out of sheer idleness; **~аться**, сделаться **1.** (*становиться*) become*, get*; **2.** (*происходить*) be* going on, happen; не знаю, что со мной ~ается I don't know what's happening to me; что там ~ается? what's going on there?; ◇ что ему сделается! he'll be right!

делегат *м.*, **~ка** *ж.* delegate; **~ский** delegate *attr.*

делегация *ж.* delegation.

делегировать *несов. и сов.* (*вн.*) send* (*smb.*) as a delegate, delegate.

делёж *м.*, **~ка** *ж. разг.* sharing.

делени|е *с.* **1.** division (*тж. мат.*); ~ общества на классы the division of society into classes; **2.** *биол.* fission; **3.** (*на шкале*) point, division; ртуть в термометре поднялась на одно ~ (the mercury in) the thermometer went up a point; наносить ~я subdivide, graduate.

делец *м.* business man*; operator *разг.*

деликатес *м.* dainty, delicacy, titbit.

деликатн|ичать *несов. разг.* treat too gently; ~ с *кем-л.* stand* on ceremony with *smb.*; **~ость** *м.* delicacy, tact; **~ый 1.** (*вежливый, предупредительный*) considerate; tactful; **2.** *разг.* (*щекотливый*) delicate; ticklish; ~ый вопрос delicate problem/matter.

делим|ое *с. мат.* dividend; **~ость** *ж.* divisibility; ~ость клетки cell division; признаки ~ости *мат.* dividing signs; **~ый** dlvisible.

делитель *м. мат.* divisor, denominator; общий наибольший ~ the greatest common divisor.

делить *несов.* **1.** (*вн.; на части*) divide (*smth.*); ~ *что-л.* на три части divide *smth.* into three parts; ~ *что-л.* пополам divide *smth.* in half, halve *smth.*; ~ *что-л.* поровну share/divide *smth.* equally; **2.** (*вн. на вн.*) *мат.* divide (*smth.* by); **3.** (*вн.* с *тв.*) share (*smth.* with); ~ деньги с *кем-л.* share the money with *smb.*; ~ с *кем-л.* и радость и горе share *one's* joys and sorrows with *smb.*; ◇ нам ~ нечего we have nothing to quarrel over; ~ шкуру неубитого медведя count *one's* chickens before they are hatched; **~ся** *несов.* **1.** (на *вн.*) divide (into); **2.** (*тв.* с *тв.*) share (*smth.* with) (*тж. перен.*); ~ся с *кем-л.* куском хлеба share a crust with *smb.*; ~ся впечатлениями compare notes; ~ся новостями exchange news; ~ся опытом работы share/pool *one's* know-how; **3.** (*разделять имущество*) divide the property; **4.** (на *вн.*) *мат.* be* divisible (by).

делишки *мн. разг.* affairs, dealings; тёмные ~ shady dealings; ◇ как ~? how goes it?

дел|о *с.* **1.** affair; (*занятие*) work, business; (*чего-л.*) matter (of); ~ спорится the work goes with a swing; у меня много дел I have a lot to do; сидеть без ~а 1) be doing nothing; **2.** (*быть без работы*) have* nothing to do; по ~у on business; ~ привычки, вкуса a matter of habit, taste; как (ваши) ~а? how are you?, how's everything?; вмешиваться не в своё ~ interfere in other people's affairs; не суйся не в своё ~! mind your own business!; **2.** (*поступок, деяние*) deed, act, action; и на словах и на ~е in word and deed; **3.** (*специальность*) business; (*круг знаний*) science; военное ~ military science; military skills *pl.*; **4.** (*цель, интересы*) cause; служить ~у мира serve the cause of peace; **5.** (*предприятие*) business; открыть своё ~ start *one's* own business, start up on *one's* own; **6.** *юр.* case; **7.** *канц.* file; подшить *что-л.* к ~у file *smth.*; ◇ в чём ~? what's the matter?; это (совсем) другое ~! that's quite another thing!; that's different!; какое мне ~? what do I care?; в самом ~е really, indeed; между ~ом at odd moments; он занимается этим между ~ом he does it as a sideline; ~ за вами it depends on you; it is up to you; ~ за материалом *и т. п.* it's now only a matter of material, *etc.*; за нами ~ не станет there will be no hindrance from our side, there will be no lack of cooperation on our part; иметь ~ с *кем-л.* have* to deal with *smb.*; на ~е in practice; на самом ~е as a matter of fact, in reality; первым ~ом first of all; то и ~ incessantly, perpetually; он то и ~ смотрел в окно he kept looking out of the window; то ли ~ but it is quite a different matter; ~ не в том, что it isn't that; ~ в том, что the point is that; не в этом ~ that's not the point; за чем ~ стало? what's holding things up?; такие-то ~а so that's how it is!; ~ в шляпе it's in the bag; ~ сделано the pot is in the fire; я ~ говорю I am talking sense.

деловит|ость *ж.* practical nature, business ability; **~ый** businesslike.

делов|ой 1. (*связанный с работой*) business *attr.*; ~ая активность business activity; ~ая атмосфе́ра businesslike atmosphere; ~а́я корреспонде́нция business correspondence; ~а́я пое́здка business tour/trip; ~о́е письмо́ business letter; ~ы́е свя́зи business connections; ~ы́е ка́чества professional qualities; **2.** (*касающийся существа*) practical, realistic; ~а́я кри́тика practical criticism; ~о́е обсужде́ние realistic discussion; ~ подхо́д realistic/practical approach; **3.** (*деловитый*) business-like, practical; ~ тон businesslike tone; **4.** (*занятый коммерческой деятельностью*) business *attr.*; ~ челове́к business man*; ~ы́е круги́ business circles.

делопроизво́дство *с.* office-work; clerical work.

делькре́дере *с. нескл. ком.* del credere.

де́льн|о to the point; **~ый 1.** (*способный, деловой*) able, efficient; ~ый челове́к able person; **2.** (*заслуживающий внимания*) practical, sensible; ~ая мысль sensible idea; ~ое предложе́ние sensible proposal; ~ый сове́т sensible/practical advice.

де́льта I *ж.* (*реки*) delta.

де́льта II *ж.* (*греческая буква*) delta; ~ лучи́ *мн. физ.* delta rays.

де́льта III *бирж.* (*отношение изменения премии к изменению биржевой котировки*) delta.

дельтапла́н *м.* hang glider; **~ери́зм** *м.* hang gliding.

дельтови́дн|ый delta-shaped; ~ая мы́шца *анат.* deltoid muscle.

дельфи́н *м.* dolphin.

деля́нка *ж.* allotment, plot (of land); piece of woodland.

деля́че|ский ~ подхо́д *см.* деля́чество; **~ство** *с.* utilitarian approach.

демаго́г *м.* demagogue; **~и́ческий** demagogic; **~ия** *ж.* demagogy.

демаркацио́нн|ый demarcation *attr.*; ~ая ли́ния line of demarcation.

дема́рш *м. дип.* demarche.

демилитариз|а́ция demilitarization; **~о́ванный** demilitarized.

демилитаризова́ть *несов. и сов.* (*вн.*) demilitarize (*smth.*).

демисезо́нн|ый: ~ое пальто́ overcoat.

демиу́рг *м. фил.* demiurge, creator.

демобилиз|а́ция *ж.* demobilization; **~о́ванный** *прич.* **1.** demobilized; demobbed *разг.*; **2.** *в знач. сущ. м.* ex-serviceman*.

демобилизова́ть *несов. и сов.* (*вн.*) demobilize (*smb.*); demob (*smb.*) *разг.* **~ся** *несов. и сов.* be* demobilized.

демо́граф *м.* demographer.

демографи́ческий demographic; ◇ ~ взрыв population explosion; ~ая сегмента́ция (ры́нка) (*методика анализа рынка на основе демографических признаков*) demographic segmentation.

демогра́фия *ж.* demography.

демокра́т *м.* **1.** democrat; **2.** Democrat (*член демократической партии*) *амер.*; **~изи́ровать** *несов. и сов.* (*вн.*) democratize (*smth.*); **~и́ческий** democratic; **~ия** *ж.* democracy.

де́мон *м.* demon; **~и́ческий** demonic, demoniacal.

демонстра́нт *м.* demonstrator, marcher.

демонстрати́вн|о pointedly, ostentatiously; ~ поки́нуть зал leave* the hall as a sign of protest; **~ый 1.** (*нарочито подчёркнутый*) pointed, ostentatious; ~ый отка́з pointed refusal/rejection; ~ый ухо́д walkout in protest; **2.** (*основанный на показе чего-л.*) demonstration *attr.*

демонстр|ацио́нный: ~ зал lecture hall; (*для показа изделий и т. п.*) showroom; **~а́ция** *ж.* **1.** demonstration; устро́ить ~а́цию make* a demonstration; **2.** (*показ*) display, show; (*фильма*) showing; состои́тся ~а́ция но́вого фи́льма a new film will be shown; **~и́ровать** *несов. и сов.* **1.** demonstrate; **2.** *сов. тж.* продемонстри́ровать (*вн., показывать*) display (*smth.*); ~и́ровать фильм show* a film.

демонт|а́ж *м. тех.* dismantling; ~ предприя́тий dismantling of industrial plants; **~и́ровать** *несов. и сов.* (*вн.*) *тех.* dismantle (*smth.*).

деморализ|а́ция *ж.* demoralization; **~о́ванный** demoralized, dispirited; **~ова́ть** *несов. и сов.* (*вн.*) demoralize (*smb., smth.*).

де́мпинг *м. эк.* dumping.

денатура́т *м.* denatured alcohol; methylated spirits *pl.*

денацифика́ция *ж. ист.* denazification.

дендра́рий *м.* arboretum.

де́нежка I *ж. ист.* half-copeck coin.

де́нежка II *ж. разг.* bit of money, ◇ ~ счёт лю́бит take* care of the pence; пла́кали ва́ши ~и you can kiss your money good-bye, you can whistle for your money.

де́нежно-креди́тн|ый; ~ая систе́ма monetary and credit system.

де́нежн|ый 1. monetary; (*выражающийся в деньгах*) money *attr.*; ~ое обраще́ние *эк.* money circulation; ~ые сре́дства financial/money resources; ~ аккредити́в money credit; ~ая едини́ца monetary unit; ~ая ма́сса money supply; ~ая нали́чность cash; ~ начёт money deficit; ~ фонд purse; в ~ом выраже́нии in terms of money; ~ая рефо́рма monetary/currency reform; ~ перево́д money order; ~ знак currency note; ~ые затрудне́ния pecuniary difficulties; ~ая по́мощь financial aid; ~ го́лод shortage of money; **2.** *разг.* (*богатый*) moneyed, well-to-do; ~ челове́к moneyed man*; ◇ ~ мешо́к money bag.

денни́ца *ж. поэт.* dawn, break of day.

де́нно: ~ и но́щно day and night.

деномина́ция *ж. фин.* denomination.

денонс|а́ция *ж. дип.* denouncement; **~и́ровать** *несов. и сов.* denounce.

денщи́к *м.* batman, striker *амер.*

день *м.* day; пра́здничный ~ holiday; ~ вы́дачи зарпла́ты payday; ~ о́тдыха restday; День Побе́ды Victory Day; ~ откры́тых двере́й (*в учебных заведениях*) open day; в ~ a day, per day; он зараба́тывает де́сять рубле́й в ~ he makes ten rubles a day; в оди́н ~ in the course of one day; в оди́н и тот же ~ the same day; в э́тот, тот ~ that day; како́й сего́дня ~? what day is it today?; за́ ~ (*в продолжение дня*) during the day; за́ ~ до (того́) the day before; по сей ~ still; to this day; с ка́ждым днём every day; <> ~ за днём, изо дня в ~ day after day; со дня на ~ 1) from one day to the next; 2) (*в ближайшее время*) any day; откла́дывать *что-л.* со дня на ~ keep* putting *smth.* off till another day; мы ждём его́ со дня на́ ~ we are expecting him any day now; ~ ото дня́ (with) every (passing) day, from day to day; на чёрный ~ for/against a rainy day; *чьи-л.* дни сочтены́ *smb.*'s days are numbered; (и) ~ и ночь day and night; в оди́н прекра́сный ~ one fine day; не по дня́м, а по часа́м every day, every hour; ма́льчик растёт не по дням, а по часа́м the boy is shooting up like a beanstalk; среди́ бе́ла дня in broad daylight; на днях 1) (*о предстоящем*) in a day or two, one of these days; 2) (*о прошлом*) a few days ago, the other day; <> его днём с огнём не сы́щешь he is nowhere to be seen/found, there is no trace of him anywhere.

де́ньг|и *мн.* money *sg.*; бума́жные ~ paper money, soft money; депони́рованные ~ deposit; карма́нные ~ pocket money; мелкие ~ (small) change money; металли́ческие ~ hard money; нали́чные ~ cash, effective/ready money; не обеспе́ченные зо́лотом ~ money unbacked by gold; отступны́е ~ smart money; подъёмные ~ travelling expenses; полноце́нные ~ full-value money; фальши́вые ~ adulterated/bogus/counterfeit money; <> ни за каки́е ~ not for (all the money in) the world; э́того не доста́ть ни за каки́е ~ you can't get it for love or money; быть при ~а́х have* money; быть не при ~а́х be* short of cash/money.

деньско́й: день-~ all day long; the livelong day *поэт.*

департа́мент *м.* department.

депе́ша *ж. дип.* dispatch.

депо́ *с. нескл.* depot; пожа́рное ~ fire station.

депози́т *м. фин.* deposit; ба́нковский ~ bank deposit; гаранти́йный ~ guarantee deposit; сро́чный ~ time deposit, fixed deposit; ~ до востре́бования call deposit, deposit at short notice.

депозита́рий *м.* (*финансовое или юридическое лицо, которому вручены на хранение депозиты*) depositary.

депози́тн|ый deposit *attr.*; ~ сертифика́т certificate of deposit; ~ая проце́нтная ста́вка deposit rate of interest; ~ое свиде́тельство depositary receipt, warehouse receipt.

депоне́нт *м. фин.* depositor.

депони́рова|ние *с.* deposition, depositing; **~ть** deposit.

депо́рт *м. фин.* (*скидка с обусловленного биржевого курса*) deport.

депре́сси|я *ж.* **1.** *мед.* depression; **2.** *эк.* depression, recession, decline; (*большая*) slump; находи́ться в ~и be* in low spirits, be* depressed.

депут|а́т *м.* deputy; **~а́тский** deputy *attr.*, deputy's **~а́ция** *ж.* deputation.

дёр *м. разг.*: зада́ть, дать ~у take* to *one's* heels.

де́рби *нескл. спорт.* Derby.

де́рвиш *м.* dervish.

дёрг|ать, дёрнуть **1.** (*вн.*) pull (*smth.*), jerk (*smth.*); (за *вн.*) tug (at); ~ во́жжи jerk the reins; ~ *кого-л.* за во́лосы, за рука́в pull *smb.*'s hair, sleeve; **2.** *тк. несов.* (*вн.*) *разг.* (*выдергивать*) pull (*smth.*) out; ~ гво́зди pull out nails; ~ зуб pull out a tooth*; **3.** (*тв.: резко двигать какой-л. частью тела*) jerk (*smth.*); **4.** *безл.*: его́ всего́ ~ает he is twitching all over; **5.** *тк. несов. (вн.; надоедать)* harass (*smb.*), pester (*smb.*); **~аться**, дёрнуться twitch; у него́ ~алась бровь one of his eyebrows kept twitching.

дерга́ч *м.* (*птица*) corncrake, landrail.

дёргающ|ий: ~ая боль shooting/throbbing pain; *мед.* lancinating pain.

деревене́ть *несов.* grow* stiff, numb.

деревéнский village *attr.*; (*характерный для деревни*) country *attr.*, rural, rustic; ~ жи́тель countryman*, country dweller.

деревéнщина *м. и ж.* bumpkin, hick *амер.*

дере́вн|я *ж.* **1.** (*селение*) village; жи́тель ~и villager; **2.** (*сельская местность*) the country; **3.** (*сельское население*) country folk/people, rural population.

де́рево *с.* **1.** tree; **2.** *тк. ед.* (*материал*) wood; кра́сное ~ mahogany; чёрное ~ ebony; <> за дере́вьями не ви́деть ле́са not to see* the wood for the trees.

деревобде́лочн|ик *м.* wood-worker; **~ый** woodworking.

деревообраба́тывающ|ий: ~ая промы́шленность timber industry.

деревýшка *ж.* hamlet.

де́ревце *с.* sapling.

деревя́нн|ый wooden (*тж. перен.*); ~ го́лос toneless voice; ~ое лицо́ wooden countenance/face; ~ая похо́дка stiff stride.

деревя́шка *ж.* chunk/piece/bit of wood; *разг.* wooden leg.

держа́в|а *ж.* **1.** State, Power; вели́кие ~ы the Great Powers; **2.** *ист. (эмблема монарха)* orb; **~ный** sovereign; *перен.* majestic.

держа́тель *м.* holder.

держа́ть *несов.* **1.** (*вн., не выпускать, не отдавать*) hold* (*smth.*); ~ *что-л.* в рука́х hold* *smth.* (in *one's* hands); ~ *что-л.* в зуба́х hold* *smth.* between *one's* teeth; ~ рубе́ж hold* the line; **2.** (*вн.; поддерживать*) support (*smth.*); hold (*smth.*) up; ~ *чью-л.* сто́рону side with *smb.*; (*сдерживать напор*) stop (*smth.*), hold* back (*smth.*); ба́лка де́ржит кры́шу the beam supports the roof; **3.** (*вн., заставлять находиться где-л.*) keep* (*smb.*), hold* (*smb.*); ~ *кого-л.* в плену́ hold*/keep* *smb.* prisoner; держи́ во́ра! stop thief*! *кого-л.* до́ма keep* *smb.* at home, keep* *smb.* indoors; **4.** (*вн.; хранить где-л.*) keep* (*smth.*); ~ де́ньги в сберба́нке keep* money in the savings-bank; **5.** (*вн.; владеть*) keep* (*smth.*); ~ собаку keep* a dog; **6.** (*двигаться в определённом направлении*) steer; ~ на запад steer west; ◇ ~ слово keep* *one's* word; be* true to *one's* word; не ~ слова break* *one's* word; ~ речь make*/deliver a speech; ~ пари make* a bet; ~ связь maintain communication; keep* in touch; ~ экзамен go* in for an examination, sit* for an examination; ~ себя (*вести себя*) behave; ~ себя в руках keep* *oneself* in hand; ~ *кого-л.* в руках keep*/have* *smb.* well in hand; ~ *кого-л.* в курсе *чего-л.* keep* *smb.* informed of *smth.*, keep* *smb.* advised/posted on *smth.*; ~ под контролем maintain a hold upon; ~ *что-л.* про себя keep* *smth.* to *oneself*; ~ ухо востро be* on *one's* guard, keep* *one's* weather eye open; ~ язык за зубами hold* *one's* tongue; ~ курс (на) set* *one's* course (for), steer (for); ~ курс на запад steer a westerly course; ~ путь (на) head (for), be* headed (for); так ~! *мор.* steady!; **~ся** *несов.* **1.** (за *вн.*) hold* on (to); cling* (to) (*тж. перен.*); ~ся руками за перила hold* on to the rail; **2.** (*быть укреплённым*) stay in place, stay on, keep* on; мост держится на быках the bridge is supported/carried by piers; пуговица держится на одной ниточке the button is hanging by a thread; держится? will it hold?; **3.** (*в каком-л. положении*) stay; ~ся на воде stay afloat, float; **4.** (*занимать какое-л. место, положение*) keep*, stay; ~ся вместе keep* together; ~ся в стороне, на расстоянии keep* away; *перен.* hold* *oneself* aloof; **5.** (*сохранять определённое положение тела*) hold* *oneself*; ~ся прямо hold* *oneself* straight/erect, stand* straight; **6.** (*вести себя*) behave; ~ся просто be* straightforward in *one's* manner; **7.** (*сохраняться, удерживаться*) last; несколько дней держалась хорошая погода the fine weather held for several days; **8.** (*не сдаваться*) hold* out; ~ся из последних сил be* just holding out, be* at the end of *one's* tether; **9.** (*придерживаться определенного направления*) keep*; ~ся правой стороны keep* to the right; **10.** (*рд. следовать чему-л.*) adhere (to), stick* (to); ~ся прежнего мнения adhere to *one's* former opinion; ~ся темы keep*/stick* to the subject; упорно ~ся *чего-л.* stick* to *smth.*; ◇ едва ~ся на ногах be* scarcely able to stand; держись! steady! stand firm!

дерз|ание *с.* daring, enterprise; *мн.* daring attempts; **~ать**, дерзнуть dare.

дерзить, надерзить *разг.* be* insolent, talk back.

дерзк|ий 1. (*грубый, вызывающий*) insolent, impertinent, impudent; ~ мальчишка rude boy; ~ая девочка minx, hussy; с ~им видом with an insolent air; ~ ответ impertinent answer; **2.** (*смелый*) daring, bold, audacious.

дерзнуть *сов. см.* дерзать.

дерзост|ь *ж.* **1.** insolence, impertinence, impudence; **2.** (*дерзкий поступок, высказывание*) impertinence; говорить ~и be* rude, be* insolent, talk back; **3.** (*смелость*) daring, audacity.

дермантин *м.* leatherette.

дерматолог *м.* dermatologist.

дерматология *ж.* dermatology.

дёрн *м.* turf.

дёрн|уть *сов.* **1.** *см.* дёргать 1, 3, 4; **2.** (*тронуться с места*) start off; лошади ~ули the horses started off; **~уться** *сов.* **1.** *см.* дёргаться; **2.** *см.* дёрнуть 2; **3.** (*резко податься куда-л.*) start with a jerk, jerk into motion.

дерюга *ж.* burlap, sacking, sackcloth.

дерьмо *с. груб. тж. перен.* dung, muck, shit.

дерябнуть *сов. разг.* drink* up.

десант *м. воен.* **1.** (*войска*) expeditionary force; (*небольшой*) landing/raiding party; воздушный ~ airborne force; высадка ~а landing of troops; **2.** (*высадка войск*) landing, landing operation, **~ник** *м.* commando (*pl.* -os, -oes); **~ный** landing *attr.*

десерт *м.* dessert; **~ный** dessert *attr.*; ~ная ложка dessert-spoon; ~ное вино dessert/after-dinner wine, sweet-wine.

десна *ж.* gum.

десница *ж. поэт.* right hand.

деспот *м.* despot; **~изм** *м.* despotism; **~ический** despotic.

дестабилиз|ация *ж.* destabilization; **~ировать** *несов. и сов.* destabilize.

десятиборье *с. спорт.* decathlon.

десятидневный ten-day *attr.*

десятиклассн|ик *м.* tenth-form boy, **~ица** *ж.* tenth-form girl.

десятикратн|ый tenfold; в ~ом размере ten times the amount.

десятилет|ие *с.* **1.** (*период*) decade; **2.** (*годовщина*) tenth anniversary; **~ка** *ж.* (*школа*) (ten-year) secondary school; **~ний 1.** (*о сроке*) ten-year *attr.*; of ten years *после сущ.*; **2.** (*о возрасте*) ten-year-old, of ten *после сущ.*

десятина I *ж. уст.* dessiatina (*old Russian measure = 2.7 acres*).

десятина II *ж. ист.* (*налог*) tithe.

десятичн|ый decimal; ~ая дробь decimal (fraction).

десятка *ж.* **1.** (*цифра*) a ten; **2.** *разг.* ten-ruble note; **3.** *карт.* the ten (of).

десятник *м.* foreman*.

десят|ок *м.* **1.** ten, half a score; ~ яиц ten eggs; **2.** ему уже седьмой ~ he is past sixty, he is in his seventies; **3.** *мн.* (*множество*) dozens, scores; ~ки километров болотных земель mile after mile of bogland; ~ки людей dozens/scores of people; ◇ он не робкого ~ка he is no coward.

десят|ый the tenth; ◇ рассказывать *что-л.* с пятого на ~ое give* a disjointed account of *smth.*; это дело ~ое *разг.* that's a small matter.

десять ten; ~ заповедей *библ.* Ten Commandments, Decalogue.

детализация *ж.* detailed elaboration; working out in details.

детализи́ровать *несов.* и *сов.* (*вн.*) work (*smth.*) out in detail, work out details (of); ~ план строи́тельства work out the details of a building program.

дета́ль *ж.* **1.** detail; **2.** (*механизма*) part; вдава́ться в дета́ли go* into details.

детвора́ *ж. собир. разг.* children *pl.*, kids *pl.*, kiddies *pl.*

детдо́м *м.* (*детский дом*) children's home.

детекти́в *м.* **1.** (*сыщик*) detective; **2.** (*произведение*) detective story/novel; **~ный** detective.

дете́ктор *м.* detector; ~ лжи lie detector; ~ный приёмник crystal receiver.

детёныш *м.* baby(-animal); (*крупного хищника*) cub, calf; *собир.* the young.

детермин|и́зм *м. фил.* determinism; **~и́ст** *м.* determinist.

де́т|и *мн.* children; кни́га для ~е́й children's book; они́ ~ своего́ ве́ка they are children of the age they live in.

дети́на *м. разг.* sturdy/husky fellow.

дети́шки *мн.* children; kiddies *разг.*

де́тище *с.* child*, offspring; *перен.* (*творение*) creation; brain-child *разг.*

детон|а́тор *м.* detonator; **~а́ция** *ж.* detonation.

детони́ровать I *несов. тех.* detonate.

детони́ровать II *несов. муз.* be* off pitch, be* out of tune.

деторо́дный: ~ о́рган genital.

деторожде́ние *с.* childbirth, procreation.

детоубий|ство *с.* infanticide; **~ца** *м.* и *ж.* infanticide, baby-killer.

детса́д *м.* (*детский сад*) nursery school, kindergarten; **~овский** kindergarten *attr.*

де́тск|ий **1.** children's, child's; ~ крик the cry of a child; ~ие и́гры children's games; ~ие боле́зни children's diseases; ~ая сме́ртность infant mortality; ~ие го́ды childhood *sg.*; ~ая игру́шка plaything, toy; ~ая кни́га for children, children's book; ~ая кли́ника children's clinic; ~ая ко́мната (*на вокзалах и т. д.*) room for mothers and children; **2.** (*свойственный детям*) child's, childlike; *перен.* (*ребяческий, незрелый*) childish; неви́нная ~ая улы́бка innocent, childlike smile; ~ по́черк childish hand(writing); ◇ ~ дом children's home; ~ сад nursery school, kindergarten; ~ие я́сли nursery, creche; ◇ ~ое ме́сто *мед.* placenta.

де́тств|о *с.* ~а from chiidhood; ◇ впасть в ~ enter *one's* second childhood, grow* childish, be* in *one's* dotage, become* senile.

де́ть(ся) *сов. см.* дева́ть(ся).

де-фа́кто de facto; призна́ние ~ de facto recognition.

дефе́кт *м.* defect; вну́тренний ~internal defect; скры́тый ~ latent/hidden defect; ~ заво́да-изготови́теля defect of manufacturing works; ~ в констру́кции defect in the design; **~и́вный** defective; **~ный** imperfect.

дефекта́ция *ж.* fault detection, survey of defects.

дефиле́ *нескл. воен.* defile.

дефили́ровать, продефили́ровать defile, march past.

дефини́ция *ж.* definition.

дефи́с *м.* hyphen.

дефици́т *м.* **1.** *эк.* deficit; внешнеторго́вый ~ foreign trade deficit; фина́нсовый ~ financial deficit; ~ бюдже́та budget deficit; ~ валю́ты currency deficit; ~ платёжного бала́нса deficit of payment balance; ~ рабо́чей си́лы shortage of manpower; ~ теку́щего счёта deficit of current accounts; ~ торго́вого бала́нса deficit of balance of trade; покрыва́ть ~ make* good the deficit; **2.** (*товаров*) shortage; ~ в то́пливе shortage of fuel, fuel shortage; **~ный** **1.** (*убыточный*) unprofitable; running at a loss *после сущ.*; ~ное предприя́тие enterprise sustaining losses; **2.** (*не имеющие в достаточном количестве*) scarce; ~ный това́р scarce commodity, critical commodities *амер.*; быть ~ным be* in short supply.

дефля́ция *ж.* **1.** *эк.* deflation; **2.** *геол.* deflation, wind erosion.

дефоли|а́нт *м.* defoliant; **~а́ция** *ж.* defoliation.

деформ|а́ция *ж.* distortion, deformation; **~и́ровать** *несов. и сов.* (*вн.*) change the shape (of); **~и́роваться** *несов. и сов.* lose* shape.

децентрализ|а́ция *ж.* decentralization; **~ова́ть** *несов. и сов.* (*вн.*) decentralize (*smth.*).

деци- *в сложн.* deci-.

дешев|е́ть, подешеве́ть become* cheaper, fall* in price; **~и́зна** *ж.* low prices *pl.*

дешёвк|а *ж. разг.* **1.** low price, bargain; купи́ть *что-л.* по ~е buy* *smth.* dirt cheap, get* *smth.* for a song; **2.** (*нечто безвкусное*) trash, cheap stuff.

дёшево cheap; ~ купи́ть *что-л.* get* *smth.* cheap; ◇ ~ отде́латься come*/get* off lightly; ~ и серди́то cheap but good, a good bargan.

дешёв|ый (*прям. и перен.*) cheap; ~ая электроэне́ргия cheap electricity; купи́ть *что-л.* по ~ой цене́ buy* *smth.* cheap; ~ успе́х cheap/easy success; ~ая остро́та cheap witticism; ◇ дешёвле па́реной ре́пы dirt-cheap.

де-ю́ре de jure.

дея́ние *с.* deed, act.

де́ятель *м.* figure; ~ иску́сства artist; ~ нау́ки scientist, man* of science; **~ность** *ж.* **1.** (*занятия, труд*) activities *pl.*, work; внешнеторго́вая ~ foreign trade activity; внешнеэкономи́ческая ~ foreign economic activity; комме́рческая ~ commercial activity; хозя́йственная ~ economic activity; обще́ственная ~ность public/social activities; врачёбная ~ность medical practice; **2.** (*о работе каких-л. органов, о действии сил природы*) activity, action; ~ность се́рдца action/functioning of the heart; вы́сшая не́рвная ~ность higher nervous activity; ~ность ве́тра и воды́ the action of wind and water; **~ный** active; принима́ть ~ное уча́стие в *чём-л.* take* an active part in *smth.*

джаз *м.* **1.** (*оркестр*) jazz band; **2.** (*музыка*) jazz.

джем *м.* jam.
дже́мпер *м.* jumper; (*мужской*) pull-over.
джентльме́н *м.* gentleman*; **~ский** gentlemanly; <> ~ское соглаше́ние gentleman's agreement.
джерси́ *с. нескл. и неизм. прил.* jersey; костю́м ~ jersey suit.
джингои́зм *м. полит.* jingoism.
джи́у-джи́тсу *с. нескл. спорт.* ju-jutsu.
джи́нсы *мн.* (blue) jeans.
джо́ббер *м.* (*дилер, заключающий сделки в биржевом ринге за свой счёт*) jobber.
джо́нка *ж.* (*китайская рыбачья лодка*) junk.
джо́уль *с. физ.* joule.
джу́нгли *мн.* jungle *sg.*
джут *м.* jute.
дзот *м. воен.* pillbox.
дзюдо́ *с. нескл. спорт.* judo.
дзюдои́ст *м.* judoist.
диабе́т *м. мед.* diabetes; **~ик** *м.* diabetic; **~и́ческий** diabetic.
диа́гноз м. diagnosis (*pl.*-oses); поста́вить ~ give* a diagnosis.
диагона́|ль *ж.* **1.** diagonal; **2.** (*материя*) diagonal (cloth); <> по ~ли diagonally; **~льный** diagonal.
диагра́мма *ж.* diagram, chart, graph.
диакрити́ческий: ~ знак *лингв.* diacritical mark/sign.
диале́кт *м.* dialect.
диале́ктика *ж.* dialectics; материалисти́ческая ~ materialist dialectics; ~ собы́тий the dialectics of events.
диалекти́ческий dialectical.
диале́ктный dialectal.
диало́г *м.* dialogue; в фо́рме ~а in dialogue.
диа́метр *м.* diameter.
диаметра́льн|о diametrically; ~ противополо́жный diametrically opposed; **~ый** diametrical; ~ая пло́скость diametral plane; ~ая противополо́жность diametrical opposite.
диапазо́н *м.* range, scope; (*голоса, инструмента тж.*) compass; ~ часто́т *радио* frequency range; ~ зна́ний intellectual scope; актёр большо́го ~а highly versatile actor.
диапозити́в *м. фото* slide; **~ный** slide *attr.*; ~ный фильм slide film.
диатерми́я *ж. мед.* diathermy.
диатони́ческ|ий *муз.* diatonic; ~ая га́мма diatonic scale.
диафи́льм *м.* slide film.
диафра́гма *ж.* **1.** *анат.* diaphragm; **2.** (*в оптике*) stop; **3.** (*в фотографии*) aperture.
дива́н *м.* sofa, couch.
дива́н-крова́ть *м.* divan (-bed).
диверс|а́нт *м.* saboteur, wrecker; **~ио́нный** wrecking; ~ио́нный акт act of sabotage.
диверсифика́ция *ж. эк.* diversification; ~ торго́вли diversification of trade; ~ э́кспорта export diversification.
диве́рсия ж **1.** *воен.* (*тактическая*) diversion; **2.** (*вредительская*) sabotage.
divиде́нд *м. эк.* dividend; выпла́чиваемые из основно́го капита́ла ~ы dividends paid out of capital; выпла́чиваемые из чи́стого дохо́да ~ы dividends paid out of income after tax; выпла́чиваемые нали́чными ~ы cash dividend; выпла́чиваемые а́кциями ~ы stock dividends; годово́й ~ annual dividend; ~ы к вы́плате dividend payable.
дивизио́н *м.* (артиллери́йский) battery; (artillery) battalion *амер.*; **~ный** battery *attr.*; battalion *attr. амер.*
диви́зия *ж.* division.
диви́ться *несов.* (*дт.*) marvel (at), wonder (at).
ди́вн|ый marvellous, wonderful; ~ая пого́да glorious weather; ~ день glorious/fine day.
ди́в|о *с.* marvel; не ~ (it is) no wonder; ~у даёшься one can but marvel (at); на ~ marvellously.
дидакти́ческий didactic.
диез *м. муз.* sharp; до ~ C sharp.
дие́т|а *ж.* diet; быть на ~е be* on a diet; посади́ть *кого-л.* на ~ put* *smb.* on a diet; соблюда́ть ~у keep* a diet.
диетвра́ч *м.* dietican.
диети́ческий dietetic, dietary.
дието́лог *м.* dietician.
диза́йнер *м.* (art) designer.
ди́зель *м. тех.* diesel engine.
ди́зель-мото́р *м.* diesel engine.
ди́зельный diesel *attr.*; ~ тра́ктор diesel tractor.
ди́зель-электрохо́д *м.* diesel-electric ship.
дизентер|и́йный *мед.* dysenteric; **~и́я** *ж. мед.* dysentery.
дика́р|ка *ж.* savage; *перен. разг.* shy girl, shy woman*; **~ский** savage.
дика́рь *м.* **1.** savage; *перен. разг.* shy boy, shy man*; **2.** *разг.* holiday-maker with no advance booking.
ди́к|ий **1.** wild; ~ зверь wild animal/beast; ~ виногра́д wild grapes; ~ая я́блоня crab (tree); ~ое я́блоко crab (apple); ~ие, угрю́мые го́ры wild and somber mountains; **2.** (*первобытный*) savage, wild; ~ие племена́ savage tribes: **3.** (*необузданный*) wild; ~ нрав wild temperament; с ~им ви́дом wildly; **4.** (*невероятный*) wild; прийти́ в ~ восто́рг become* wildly enthusiastic; ~ая зло́ба frenzied anger; ~ая боль agonizing pain; **5.** (*странный, нелепый*) absurd; ~ая мысль monstrous idea; (*застенчивый, нелюдимый*) shy, unsociable; **7.** *разг.* (*действующий самостоятельно*) independent; <> ~ое мя́со proud flesh; ~ ка́мень rock.
дикобра́з *м. зоол.* porcupine.
дико́вин|(к)а *ж. разг.* marvel; <> э́то ему́ в ~(к)у he has never seen anything like it; э́то ему́ не в ~(к)у he sees nothing out-of-the-way in it; **~ный** *разг.* odd, bizarre.
дикорасту́щий wild; in its native state *после сущ.*
ди́кость *ж.* **1.** (*некультурность*) wildness, uncivilized stale; ~ нра́вов uncivilized/barbaric

ways; 2. (*нелюдимость*) shyness, unsociability; 3. *разг.* (*нелепость*) absurdity; э́то совершённая ~ it is quite absurd, it is simply preposterious.

дикта́нт *м.* dictation.

дикта́т *м.* dictates *pl.*; diktat; поли́тика ~ policy of dictation; **~ор** *м.* dictator; **~орский** dictatorial.

диктату́ра *ж.* dictatorship.

диктова́ть, продиктова́ть (*вн.*) dictate (*smth.*).

дикто́в|ка *ж.* dictation; писа́ть под ~ку *кого-л.* take* down from *smb.'s* dictation; ◇ под *чью-л.* ~ку at *smb.'s* bidding, just because one is told by *smb.*

ди́ктор *м.* announcer.

диктофо́н *м.* dictophone, dictating machine.

ди́кция *ж.* enunciation, diction; хоро́шая ~ clear/good articulation; плоха́я ~ poor/bad articulation.

диле́мма *ж.* dilemma.

ди́лер *м. см. тж.* маклер dealer; биржево́й ~exchange dealer; ~ по прода́же подéржанного иму́щества second-hand dealer.

дилета́нт *м.* amateur; *неодобр.* dilettante, dabblier; **~и́зм** *м.* amateurishness; **~ский** amateurish; **~ство** *с.* amateurishness.

дилижа́нс *м.* (stage)-coach; почто́вый ~ mail-coach.

дилю́вий *м. геол.* diluvium.

дилювиа́льный diluvial; ~ пери́од diluvial period/epoch.

ди́на *ж. физ.* dyne.

динами́зм *м.* dynamism, dynamic power.

дина́мик *м. радио* loud speaker.

дина́мика *ж.* 1. (*наука*) dynamics *sg.*; 2. (*состояние движения, ход развития чего-л.*) the dynamics *pl.*; ~ внешнето́рговых цен dynamics of foreign trade prices; 3. (*движение, действие*) movement, action.

динами́т *м.* dynamite; подрыва́ть *что-л.* ~ом dynamite *smth.*

динами́ч|еский, ~ный dynamic.

дина́мо *с. нескл. тех.* dynamo.

дина́р *м.* (*денежная единица в Ираке, Тунисе и Югославии*) dinar.

династи́ческий dynastic.

дина́стия *ж.* dynasty.

ди́нго *м. и ж. нескл. зоол.* dingo.

диноза́вр *м.* dinosaur.

дио́птрика *ж. мед.* dioptrics.

диоптри́ческий dioptric.

дио́птрия *ж.* diopter.

диора́ма *ж.* diorama.

дипкурье́р *м.* (*дипломатический курьер*) diplomatic courier; (*английский*) Queen's messenger.

дипло́м *м.* 1. diploma; (*университетский*) first degree; ~ с отли́чием first-class diploma; 2. *разг.* (*работа*) graduation work.

диплома́т diplomat, diplomatist; **~и́ческий** (*прям. и перен.*) diptomatic; ~и́ческие отноше́ния diplomatic relations; ~и́ческий ко́рпус diplomatic corps*; ~и́ческий отве́т diplomatic answer; ~ая неприкоснове́нность diplomatic immunity; **~и́чный** diplomatic, tactful; **~ия** *ж.* diplomacy.

дипломи́рованный graduate *attr.*

дипло́мн|ик *м.*, **~ица** *ж.* student engaged on degree thesis.

дипло́мн|ый: ~ прое́кт graduation project, gradualion thesis; ~ая рабо́та graduation essay/work.

директи́в|а *ж.* directive; **~ный** directive; ~ное письмо́ letter of instructions; ~ные указа́ния directions, instructions.

дире́ктор *м.* director, manager; генера́льный ~ general manager; исполни́тельный ~ executive manager; ~ распоряди́тель managing director; ~ шко́лы director of a school; school principal; (*мужчина тж.*) head master; (*женщина тж.*) head mistress; **~ский** director's, managerial.

директо́рия *ж. ист.* Directory.

директри́са I *ж. разг.* head mistress.

директри́са II *ж. мат.* directrix.

дире́кция *ж.* 1. the management; 2. director's/manager's office, management office.

дирижа́бль *м.* dirigible, airship.

дирижёр *м.* conductor; (*духового оркестра*) brass-band master; ~ хо́ра choirmaster; **~ский**: ~ская па́лочка conductor's baton; ~ский пульт conductor's desk/stand.

дирижи́ровать *несов.* (*тв.*) conduct (*smth.*).

дисгармони́ровать *несов.* be* out of harmony; (с *тв.*) *перен.* clash (with), be* out of keeping (with).

дисгармо́ния *ж.* disharmony, discordance.

диск *м.* 1. disk, disc; 2. *спорт.* discus; ~ луны́ moon's disk.

ди́скант *м.* treble.

дисквалифи|ка́ция *ж.* disqualification; *спорт.* suspension; **~ци́ровать** *несов.* и *сов.* (*вн.*) disqualify (smb); **~ци́роваться** *несов. и сов.* lose* *one's* professional qualification/skill.

дискобо́л *м.* discus thrower.

диско́нт *м. фин.* (*учёт векселей в банке; учётный процент за операцию учёта векселя*) discount; ба́нковский ~ bank discount; ~ векселе́й discount of bills; проце́нтная ста́вка ~а discount rate; **~ный** discount *attr.*, ~ная поли́тика discount policy.

диско́нтер *м.* (*лицо учитывающее вексель*) discounter.

дискоте́ка *ж.* discotheque.

дискредит|а́ция *ж.* discrediting; **~и́ровать** *несов. и сов.* (*вн.*) bring* discredit (on), discredit (*smb.*), compromise (*smb.*).

дискримин|а́ция *ж.* discrimination; **~и́ровать** *несов. и сов.* (*вн.*) discriminate (against).

дискуссио́нн|ый debatable; в ~ом поря́дке as a basis for discussion.

диску́ссия *ж.* discussion, debate.

дискути́ровать *несов.* (*вн.*, о *пр.*) discuss (*smth.*), debate (*smth.*).

дислока́ци|я *ж.* **1.** *мед.* dislocation; *геол. тж.* shifting; **2.** *воен.* distribution (of troops); в райо́не ~и диви́зии in the area when the division is stationed.

дислоци́ровать *несов.* и *сов.* (*вн.*) воен. station, (*smth.*); **~ся** *несов.* и *сов.* be* stationed.

диспа́нсер *м.* prophylactic center, health center *амер.*; **~иза́ция** *ж.* prophylactic system; **~ный**: ~ное наблюде́ние regular medical check-up.

диспе́псия *ж. мед.* dyspepsia.

диспе́тчер *м.* controller; (*на железной дороге*) dispatcher; **~ская** *ж.* controller's office; *ав.* control tower; ~ский control *attr.*; ~ский пункт contoller's office.

диспле́й *м.* display.

диспропо́рция *ж.* disproportion, disparity.

ди́спут *м.* disputation, debate.

диссерта́|нт *м.* author of a thesis/dissertation; **~ция** *ж.* thesis (*pl.* -ses), dissertation; кандида́тская ~ция master's thesis.

диссиде́нт *м.*; **~ка** *ж. пол.* dissident.

диссон|а́нс *м. муз.* discord, dissonance; discordant note (*тж. перен.*); внести́ ~ bring* discord; **~и́ровать** *несов. муз.* be* dissonant.

дистанцио́нн|ый remote; ~ое управле́ние remote control; ~ая тру́бка (time-)fuse.

диста́нц|ия *ж.* **1.** distance; **2.** *воен.* range; **3.** *ж.-д.* (railway) division; ◇ сойти́ с ~ии *спорт.* fall* out of the race.

дистилл|иро́ванный distilled; ~иро́ванная вода́ distilled water; **~и́ровать** *несов. и сов.* (*вн.*) distill (*smth.*); **~я́ция** *ж.* distillation.

дистрибью́тор *м. торг.* (*оптовый торговец, оптовая фирма*) distributor.

дистрофи́я *ж. мед.* dystrophy.

дисципли́на I *ж. тк. ед.* (*установленный порядок*) discipline.

дисципли́на II *ж.* (*отрасль науки*) discipline, branch (of knowledge); subject.

дисциплин|а́рный disciplinary; ~а́рное взыска́ние summary punishment; **~и́рованный** disciplined; **~и́ровать** *несов. и сов.* (*вн.*) discipline (*smb.*).

дитя́ *с.* child*; ~ приро́ды child* of nature.

дифира́мб *м.* dithyramb; петь ~ы *кому-л.* sing* the praises of *smb.*, laud *smb.* to the skies, eulogize *smb.*

дифтери́т *м. мед.* diphteria; **~ный** *мед.* diphtheria *attr.*

дифто́нг *м. лингв.* diphthong.

диффама́ция *ж. юр.* defamation, libel.

дифференци|а́л *м.* **1.** *мат.* differential; **~а́льный** differential; ~а́льное исчисле́ние *мат.* differential, calculus; ~а́льный тари́ф differential duties *pl.*; **2.** *фин.* differential; фикси́рованные ~ы fixed differentials/differences; комме́рческие ~ commercial differentials/differences.

дифференциа́ция *ж.* differentiation.

дифференци́рованный differentiated; ~ подхо́д individual approach/treatment.

дифференци́ровать *несов.* и *сов.* (*вн.*) differentiate (*smth.*).

диффу́зия *ж. физ.* diffusion.

дич|а́ть, одича́ть **1.** (*о растениях*) run* wild; (*о животных*) become*/grow* wild; **2.** (*о людях*) become* shy/unsociable; она́ совсе́м одича́ла she has become a perfect savage; **~и́ться** *несов.* (*рд.*) *разг.* be* shy (of), shun; **~о́к** *м.* бот. wilding.

дичь *ж. тк. ед.* **1.** *собир.* game; кру́пная ~ big game; **2.** (*мясо дичи как пища*) game; **3.** *разг.* (*чепуха*) nonsense; поро́ть ~ talk rot/rubbish.

диэле́ктрик *м. физ.* dielectric, nonconductor.

длань *ж. уст. поэт.* palm (of hand).

длин|а́ *ж. тк. ед.* length; ме́ры ~ы́ measures of length; ~ окру́жности circumference; в ~у́ lengthwise; име́ть в ~у́ 15 ме́тров be* fifteen meters long; ~ волны́ *радио* wavelength; наибо́льшая ~ *тех.* overall length.

длинно|воло́сый long-haired; **~но́гий** long-legged; **~но́сый** long-nosed; **~ру́кий** with long arms *после сущ.*

длинно́ты *мн.* prolixities.

длинно|хво́стый long-tailed; **~шёрст(н)ый** long-haired.

дли́нн|ый long; ◇ ~ язы́к long tongue; гна́ться за ~ым рублём be* after a big pay-packet.

дли́тельн|ость *ж.* duration; **~ый** protracted, prolonged, long; ~ая боле́знь lingering illness.

дли́ться, продли́ться last, go* on, continue.

для **1.** for; он э́то сде́лает ~ неё he will do it for her; **2.** (*по отношению к*) to, for; поле́зно ~ дете́й good* for children; ~ него́ э́то типи́чно that's typical of him; **3.** (*с целью*) for, for the purpose of (+ -ing); ~ изуче́ния for the purpose of studying; не ~ (э)того that's not what... for; я не ~ э́того пришёл сюда́ that's not what I've come here for; ◇ ~ того́, что́бы (перед *инф.*) (in order) to; (*перед подлежащим или дополнением*) in order that, so that; ~ того́, что́бы мы по́няли э́то in order that we should understand it, to make us understand it; ~ чего́? why?, what for?; ~ чего́ э́то? what's it for?

днева́льный *м. воен.* man* on duty.

днева́ть *несов.*: ~ и ночева́ть *разг.* spend* all *one's* time.

дневни́к *м.* **1.** diary; ~ боевы́х де́йствий war diary; вести́ ~ keep* a diary; **2.** (*ученический*) pupil's mark book.

дневн|о́й **1.** day *attr.*; diurnal *астр., поэт.*; ~о́е вре́мя day-time; ~ свет daylight, the light of day; ~ спекта́кль matinee; ~а́я сме́на day-shift; **2.** (*приходящийся на один день*) daily, day's; ~ за́работок daily earnings *pl.*; ~ оборо́т daily sales; ~а́я вы́ручка daily receipts.

днём by day, in the daytime; (*после полудня*) in the afternoon; сего́дня ~ this afternoon; ◇ ~ с огнём не найти́ it's nowhere to be found.

дни́ще *с.* bottom; (*судна тж.*) bilge.

дно *с.* bottom; (*моря, реки тж.*) bed; на дне at the bottom; пить до дна drain the cup; drink* to the dregs; пей до дна! bottoms up! ◇ вверх дном upside-down; topsy-turvy; идти́ ко дну́ go* to the bottom, founder; золото́е ~ gold mine; чтоб тебе́ ни дна, ни покры́шки! bad luck to you!

до I *нескл. муз.* do, C.

до II *предлог* **1.** (*указывает предел распространения действия*) to, up to, down to; as far as; до верши́ны далеко it's a long way to the top; проводи́ть *кого-л.* до угла́ see* *smb.* to the corner; до Ло́ндона 100 киломе́тров it is one hundred kilometers to London; от Москвы́ до Калу́ги from Moscow to Kaluga; **2.** (*указывает временной предел действия*) till, until, up to, to; до после́дней мину́ты to the very last; на́до ждать до обе́да we must wait till dinner time; с утра́ до ве́чера from morning till night; **3.** (*раньше чего-л.*) before; он встал до рассве́та he got up before dawn; **4.** (*указывает степень действия*) to, to the point of; (*целиком, полностью*) to; они́ дошли́ до дра́ки they came to blows; промёрзнуть до косте́й be* frozen to the bone; мо́крый до ни́тки wet to the skin; вы́пить *что-л.* до после́дней ка́пли drink* *smth.* to the last drop; **5.** (*указывает количественный предел*) as much as; (*не больше*) up to; (*приблизительно*) about; зараба́тывать до ста рубле́й earn as much as one hundred rubles; на собра́нии бы́ло до пяти́десяти челове́к there must have been about fifty people at the meeting; де́ти до шестна́дцати лет children under sixteen; **6.** (*указывает предмет, лицо, к которому относится действие*); до нас дошли́ слу́хи rumors have reached us; ◇ до тех пор, пока́ till, until; до того́, что till; до сих пор 1) (*по времени*) up to now, to this day; (*пока*) so far; 2) (*по месту*) up to here; мне не до того́ I have no time for that, I am in no mood for that.

доба́вить *сов. см.* добавля́ть.

доба́в|ка *ж. разг.* addition; (*при еде*) another helping; **~ле́ние** *с.* addition; в ~ле́ние ко всему́ on top of everything; он сде́лал не́которые ~ле́ния к статье́ he made some additions to the article.

добавля́ть, доба́вить (*вн.*) add (*smth.*).

доба́вочный additional, extra.

добега́ть, добежа́ть (до *рд.*) reach (*smth.*), run* (to).

добе́г|аться *сов. разг.*: ~ался! now he's in trouble!

добежа́ть *сов. см.* добега́ть.

добела́ to a white heat; раскалённый ~ white hot; раскали́ть *что-л.* ~ make* *smth.* white-hot.

добива́ть, доби́ть (*вн.*) **1.** kill (*smb.*, *smth.*), finish (*smb.*, *smth.*) off; (*вражескую армию*) complete the destruction (of); **2.** (*разбивать*) break* (*smth.*), finish (*smth.*) off.

добива́|ться *несов.* (*рд.*) strive* (for, + to *inf.*); try/strive* to get (*smth.*), seek* (*smth.*); ~ встре́чи с *кем-л.* try to meet *smb.*; seek* out *smb.*; он всегда́ ~лся своего́ he always got what he wanted; ~ призна́ния strive* for recognition; ◇ ~ реше́ния seek* a decision, try to get a decision; ~ сла́вы seek* fame.

добира́|ться, добра́ться arrive, get* there; (до *рд.*) reach (*smth.*), arrive (at, in), get* (to) (*тж. перен.*); ~ до бе́рега мо́ря reach the seashore; мы до́лго ~лись до до́му it took us a long time to get home; добра́ться до гор get* to the mountains, reach the mountains; не добра́ться fail to get there; (до *рд.*) fail to get (to); fall to reach (*smth.*); ~ до и́стины get*/arrive at the truth; ◇ я ещё до него́ доберу́сь wait till I have a go at him.

доби́ть *сов. см.* добива́ть.

доби́ться *сов.* (*рд.*) obtain (*smth.*), achieve (*smth.*), succeed in getting (*smth.*); он доби́лся встре́чи с ним he succeeded in getting an interview with him; ~ отве́та succeed in getting an answer я не доби́лся отве́та I couldn't get an answer, I failed to get an ansver; ~ (по́лного) успе́ха succeed; achieve (complete) success; ~ реше́ния obtain a decision; ~ своего́ succeed in getting *one's* own way, get* *one's* own way; achieve/attain *one's* object; не ~ *чего-л.* fail to get *smth.* fail to achieve *smth.*; ничего́ не ~ gain nothing, get* nothing for *one's* pains; ~ попада́ний *воен.* get* on target.

до́блестный valiant; ~ труд valiant labor.

до́блесть *ж.* valor, courage.

добра́сывать, добро́сить (*вн.*) throw* (*smth.*) so far; (*вн.* до *рд.*) throw* (*smth.* as far as); не добро́сить not throw far enough; (до *рд.*) throw* short (of).

добра́ться *сов. см.* добира́ться.

добре́ть, подобре́ть become kinder; ~ к *кому-л.* soften towards *smb.*

добр|о́ I *с. тк. ед.* **1.** (the) good; де́лать ~ do* good; жела́ть ~а́ *кому-л.* wish *smb.* well; э́то до ~а́ не доведёт nothing good will come of it; от ~а́ ~а́ не и́щут *посл.* one ought to know when one is well off; нет ху́да без ~а́ every cloud has a silver lining, blessing in disguise; **2.** *разг.* (*имущество, пожитки*) things *pl.*, possessions *pl.*, property; ◇ помина́ть *кого-л.* ~о́м *разг.* recall *smb.'s* good points; speak* well of *smb.*; э́то не к ~у́ that's a bad omen/sign; дать (получи́ть) ~ на *что-л.* give* (get*) the go-ahead for *smth.*

добро́ II *нареч. разг.* **1.** *в знач. сказ. безл.* all right!; **2.**: ~ бы it would be a different matter; ~ бы но́чью, а то средь бе́ла дня it would have been a different matter at night but this was in broad daylight; ◇ ~ пожа́ловать! (you are) welcome!

доброво́лец *м.* volunteer.

доброво́льн|о voluntarily; of *one's* own free will; **~ость** *ж.* voluntary nature, absence of compulsion; **~ый** voluntary; на ~ых нача́лах on a voluntary basis.

доброво́льческий volunteer *attr.*, voluntary; ~ батальо́н volunteer battalion.

доброде́тель *ж.* virtue; **~ный** virtuous.

доброду́ш|ие *с.* good nature; **~ный** good-natured, kindly; с самым ~ным ви́дом with an air of the utmost good humor.

доброжела́тель *м.* well-wisher; **~ность** *ж.* benevolence; **~ный** (*желающий добра*) well-meaning, benevolent; (*выражающий расположение*) friendly, well-disposed; ~ная улы́бка friendly smile; **~ство** *с.* goodwill.

доброка́чествен|ость *ж.* sound/good quality; soundness; **~ый 1.** good-quality *attr.*; of good quality *после сущ.*; **2.** *мед.* benign, nonmalignant.

добро́м *разг.* of *one's* own accords; of *one's* own free will.

добросерде́ч|ие *с.*, **~ность** *ж.* kindheartedness; **~ный** kindhearted.

добропоря́дочный respectable.

добро́сить *сов. см.* добра́сывать.

добросо́вестн|ость *ж.* conscientiousness; **~ый** conscientious; (*старательный*) painstaking.

добрососе́дск|ий good-neighbor, neighborly; ~ие отноше́ния friendly relations, good-neighbor relations.

доброта́ *ж.* kindness, goodness.

добро́тн|ость *ж.* soundness, (good) quality; **~ый** (good) sound, durable; ~ая ткань good sound material.

доброхо́т *м. уст.* well-wisher.

до́бр|ый 1. good*, kind; ~ знако́мый good friend; ~ое се́рдце kind heart; ~ые лю́ди kindly souls; ~ые наме́рения good intentions; ~ые дела́ kindness *sg.*, kind deeds; ~ое и́мя good name/reputation; ~ая сла́ва good fame; **2.** *разг.*: ~ых два (три) часа́ a full two (three) hours; ~ час a solid hour; ~ая полови́на a good half; ◇ ~ ма́лый *разг.* a good sort; бу́дьте ~ы́ would you mind (+ -ing), be so kind (as + to *inf.*); в ~ час! good luck!; всего́ ~ого! good-bye!; ~ ве́чер! good evening!; ~ день! good morning!; (*после полудня*) good afternoon!; ~ой но́чи! good night!; по ~ой воле of *one's* own accord; визи́т ~ой во́ли goodwill visit; чего́ ~ого I'm afraid; пойдём скоре́е, а то, чего́ ~ого, дождь пойдёт hurry up! I'm afraid it's going to rain; наде́ньте пальто́, а то, чего́ ~ого, просту́дитесь put on your coat if you don't want to catch cold: бюро́ ~ых услу́г personal services bureau.

добря́к *м. разг.* good/kindly soul, good-natured person.

добуди́ться *сов.* (*рд.*) *разг.* succeed in rousing/waking (*smb.*).

добыв|а́ние *с.* **1.** gaining, obtaining; **2.** (*из недр и т. п.*) extraction; **~а́ть**, добы́ть (*вн.*) **1.** manage to get* (*smth.*), obtain (*smth.*), pin (*smth.*); ~а́ть све́дения obtain/elicit information; ~а́ть сре́дства к существова́нию earn *one's* living/bread; **2.** (*извлекать*) extract (*smth.*); (*в рудниках*) mine (*smth.*); (*в карьерах*) quarry (*smth.*); **~ающий**: ~а́ющая промы́шленность extractive industry.

добы́тчик *м. разг.* **1.** getter; **2.** breadwinner.

добы́ть *сов. см.* добыва́ть.

добы́ч|а *ж.* **1.** (*действие*) getting; (*угля и т. п. тж.*) extraction; вы́йти на ~у (*о зверях*) go* hunting, go* out in search of prey; **2.** (*добытое из недр земли*) output; **3.** (*захваченное*) booty, plunder, loot: **4.** (*хищника*) bag; quarry.

дова́ривать, довари́ть (*вн.*) finish boiling (*smth.*); (*суп*) finish making (*smth.*); **~ся**, довари́ться finish boiling; (*о супе*) be* bolted enough.

довари́ть(ся) *сов. см.* дова́ривать(ся).

довезти́ *сов. см.* довози́ть.

дове́ренн|ость *ж.* letter/power of attorney, warrant; ~ на и́мя... warrant in the name of...; ~ на получе́ние... warrant for receipt of...; по ~ости under a power of attorney; **~ый** *прил.* **1.** confidential; ~ое лицо́ (confidential) agent, accredited representative, fiduciary; **2.** *в знач. сущ. м.* proxy, agent.

дове́р|ие *с.* confidence, trust, faith; пита́ть ~ к *кому-л.* have* faith/confidence in *smb.*; оказа́ть ~ *кому-л.* put* confidence in *smb.*; отсу́тствие ~ия credibility gap.

довери́тель *м.* principal, trustee.

дове́рить *сов. см.* доверя́ть 2; **~ся** *сов. см.* дове́риться.

до́верху to the top.

дове́рчив|ость *ж.* trustfulness; (*наивная*) credulity; **~ый** trusting, trusting; confiding; (*наивный*) credulous.

доверш|а́ть, доверши́ть (*вн.*) complete (*smth.*); **~е́ние** *с.* completion, consummation; ◇ в ~е́ние всего́ to crown all, on top of it all; **~и́ть** *сов. см.* доверша́ть.

доверя́ть, дове́рить **1.** *тк. несов.* (*дт.; верить*) trust (*smb.*, *smth.*), have* confidence/faith (in *smb.*, *smth.*); не ~ *кому-л. чему-л.* not trust *smb.*, *smth.*, have* no confidence/faith in *smb.*, *smth.*; mistrust *smb.*, *smth.* distrust *smb.*, *smth.*; **2.** (*вн. дт.; поручать*) entrust (*smb.* with, *smb.*, *smth.* to); (*сообщать тж.*) confide (*smth.* to); ~ *кому-л.* своего́ ребёнка entrust *one's* child* to *smb.'s* care; ~ *кому-л.* та́йну confide a secret to *smb.*; **~ся**, дове́риться (*дт.*) trust (in), put* *one's* trust (in).

дове́сок *м.* makeweight.

довести́ *сов. см.* доводи́ть; **~сь** *сов. см.* доводи́ться 1.

до́вод *м.* argument, reason; ~ы за и про́тив the pros and cons; приводи́ть ~ы advance/adduce reasons.

доводи́ть, довести́ (*вн.*) **1.** (*вн.* до; *ведя, доставлять*) bring* (*smb.* to), take* (*smb.* to); ~ *кого-л.* до угла́ take* *smb.* to the corner; go* as far as the corner with *smb.*; **2.** (*достигать какого-л. предела*) bring* (*smth.*); ~ *что-л.* до соверше́нства bring* *smth.* to perfection, perfect *smth.*; ~ *что-л.* до конца́ see* *smth.* through, go* through with *smth.*; ~ *что-л.* до то́чки кипе́ния bring* *smth.* to the boiling point; ~ *что-л.* до ми́нимума reduce *smth.* to the minimum; **3.** (*приводить в какое-л. состояние*) reduce (*smb.*), drive* (*smb.*); ~ *кого-л.* до отча́яния drive* *smb.* to despair; ~ до сумасше́ствия drive* mad; ~ до слёз reduce to tears; ~ себя́ до *чего-л.* work *oneself* into *smth.*; **4.** (*сообщать, передавать*) get* (*smth.*); ~ *что-л.* до потреби́теля get* *smth.* to the consumer; ~ до све́дения *кого-л.* что... bring* it to *smb.'s* notice that.... inform *smb.* that...; ~ся, довести́сь **1.** *безл.* (+ *инф.*) *разг.*: мне не доводи́лось, не довело́сь там быва́ть I have never been there; вот как нам довело́сь встре́титься! this is how we meet!; нам довело́сь заста́ть его́ до́ма we happened to catch him in; мне не доводи́лось его́ ви́деть I never had occasion to meet him; **2.** *тк. несов.* (*дт. тв.; о родстве*) be* (*smth.* of); он дово́дится мне бра́том he's my brother.

дово́дка *ж.* finishing, lapping.

довое́нный prewar.

довози́ть, довезти́ (*вн.*) take* (*smb.*, *smth.*) there.

дово́льн|о **1.** *нареч.* (*с удовольствием*) contentedly, with satisfaction; **2.** *нареч.* (*достаточно*) enough; с нас ~ we've had enough; (*надоело тж.*) we're fed up; **3.** *в знач. сказ. безл.* it is enough; (*как восклицание*) enough!; enough (of it)!; that'll do!: **4.** *нареч.* (*порядочно*) rather, fairly, quite; ~ далеко́ a good way off/away; ~ далеко́ от *чего-л.* a fair distance from *smth.*, rather a long way from *smth.*; ~ до́лго rather a long time; ~ хорошо́ not bad, quite/fairly good; чу́вствовать себя́ ~ хорошо́ feel* pretty well; **~ый 1.** (*тв.*) pleased (with); (*удовлетворенный*) content (with), satisfied (with); он всем дово́лен he's easily pleased; **2.** (*выражающий довольство*) contented; ~ое лицо́ contented face, the look of pleasure on *one's* face; ~ый вид satisfied/pleased expression.

дово́льств|ие *с. воен.* allowance; allowances *pl.*; вещево́е ~ clothing allowance; де́нежное ~ money allowances *pl.*; принима́ть *кого-л.* на ~ put* *smb.* down for allowances; снима́ть *кого-л.* с ~ия deprive *smb.* of his allowances.

дово́льство *с.* **1.** (*удовлетворение*) contentment, content; **2.** *разг.* (*достаток*) ease, prosperity.

дово́льствоваться *несов.* **1.** (*тв.; удовлетворяться*) be* content (with); ~ ма́лым be* content with very little, be* easily satisfied; **2.** *воен.* draw* allowances; (*получать лишние*) mess.

довы́боры *мн.* by-election.

дог *м.* Great Dane.

догада́ться *сов. см.* дога́дываться.

дога́д|ка *ж.* surmise, conjecture, guess; *мн. тж.* guesswork *sg.*; стро́ить ~ки conjecture, make* conjectures; теря́ться в ~ках be* lost in conjectures, be at loss; **~ливость** *ж.* shrewdness/sharpness; **~ливый** shrewd, quick-witted, sharp.

дога́дливый quick-witted, shrewd.

дога́дыв|аться, догада́ться guess, form a pretty good idea; (+ *инф.*) have* the sense (+ to *inf.*); вы не ~аетесь? can't you guess?; я ~аюсь о его́ наме́рениях I think I know what he's up to; я не зна́ю, но ~аюсь I don't know but I can guess; он догада́лся вы́ключить во́ду he had the sense to turn off the water.

догляде́ть *сов. разг.* (*вн.*; *до конца*) stay to the end (of); see* the end (of).

до́гм|а *ж.* dogma; **~ати́зм** *м.* dogmatism; **~а́тик** *м.* dogmatist; **~ати́ческий** dogmatic.

догма́т *м. рел.* doctrine, dogma; ~ непогреши́мости па́пы the doctrine of the infallibility of the Pope.

догна́ть *сов. см.* догоня́ть.

догнива́ть, догни́ть rot, decay.

догни́ть *сов. см.* догнива́ть.

догова́рив|ать, договори́ть **1.** finish telling; не договори́ть break* off, stop short; **2.** (*вносить ясность*) speak* out; ~ай (же)! out with it!; не ~ *чего-л.* keep* *smth.* back; **~аться**, договори́ться **1.** (с *тв. о пр.*) make* arrangements (with *smb.* about *smth.*); *сов. тж.* come* to an agreement/understanding (with *smb.* about *smth.*); договори́лись? is it settled?; **2.** (*вести переговоры*) negotiate; **3.** (до *рд.*) go* as far as to say (*smth.*); он договори́лся до абсу́рда his arguments landed him in absurdity; **~а́ющийся**: высо́кие догова́ривающиеся сто́роны the High Contracting Parties.

догово́р *м.* agreement; *юр.* contract: (*между государствами*) treaty, pact; аге́нтский ~ agency agreement; двусторо́нний ~ bilateral contract; долгосро́чный ~ long-term agreement; креди́тный ~ credit agreement; лицензио́нный ~ license contract; межгосуда́рственный ~ interstate agreement; многосторо́нний ~ multilateral contract; торго́вый ~ commercial treaty; ~ аре́нды lease agreement; ~ ку́пли-прода́жи bargain and sale contract; ~ морско́го страхова́ния contract of marine insurance; ~ морско́й перево́зки contract of sea carriage; ~ на́йма contract of employment; ~ о торго́вле treaty on commerce; ~ о фрахтова́нии charter party; ~ подря́да contract agreement; ~ о дру́жбе и взаи́мной по́мощи treaty of friendship/amity and mutual assistance; ~ о ненападе́нии nonaggression pact.

договорённость *ж.* understanding.

договори́ть(ся) *сов. см.* догова́ривать(ся).

догово́р|ный contractual; (*о договоре между государствами*) treaty *attr.*; ~ая цена́ agreed price; ~ые обяза́тельства contracted commitments; treaty obligations; на ~ых нача́лах on a contractual basis.

догола́: разде́ть(ся) ~ strip to the skin, strip naked.

догон|я́ть, догна́ть (*вн.*) overtake* (*smb.*, *smth.*), catch* up (with) (*тж. перен.*); *несов. тж.* gain on (*smb.*, *smth.*); ~я́й его́! catch him!

догора́ть, догоре́ть burn* out, burn* down; (*гаснуть*) go* out; дрова́ догоре́ли the logs had burnt out.

догоре́ть *сов. см.* догора́ть.

додава́ть, дода́ть (*вн.*) give* (*smth.*) to make up the amount, add on (*smth.*).

дода́ть *сов. см.* додава́ть.

доде́лать *сов. см.* доде́лывать.

доде́лывать, доде́лать (*вн.*) finish (*smth.*), put* the finishing touch (to).

доду́ма|ться *сов.* (до рд.) hit* upon (the idea of), arrive (at); он до́лго ду́мал, но (так) ни до чего́ (и) не ~лся he racked his brains but could arrive at no conclusion.

доеда́ть, дое́сть (*вн.*) eat* (*smth.*) up, finish (*smth.*) up.

доезжа́|ть, дое́хать (до *рд.*) arrive (at); (*до какого-л. пункта тж.*) reach (*smth.*); не ~я до... before you get to...; не ~я трёх киломе́тров до го́рода within three kilometrse of the town.

дое́ние *с.* milking.

дое́сть *сов. см.* доеда́ть.

дое́хать *сов. см.* доезжа́ть.

дож *м. ист.* doge.

дожа́ривать, дожа́рить (*вн.*) finish frying (*smth.*); (*до готовности*) do* (*smth.*) to a turn; **~ся**, дожа́риться be* properly fried.

дожа́рить(ся) *сов. см.* дожа́ривать(ся).

дожа́ть *сов.* (*вн.*; *кончить жатву*) reap (*smth.*), finish reaping (*smth.*).

дожд|а́ться *сов.* (*рд.*) **1.** wait till (*smb.*, *smth.*); ~ до́ктора wait till the doctor comes; ~ наступле́ния темноты́ wait till nightfall; он не ~а́лся нас he left before we came; я до́лго ждал (его́), но так и не ~а́лся I waited (for him) till I could wait no longer; I waited (for him) in vain; он вас ждёт не ~ётся he's dying to see you; наконе́ц мы его́ ~али́сь at long last he came; **2.**: ты у меня́ ~ёшься! you'll catch it one day!

дождева́льн|ый: ~ая устано́вка sprinkler.

дождевик *м.* I. *разг.* (*плащ*) raincoat, waterproof; 2. (*гриб*) puffball.

дождев|о́й rain *attr.*; ~а́я ка́пля raindrop; ~а́я вода́ rainwater, ~о́е о́блако rain cloud, nimbus.

дождеме́р *м.* rain gauge.

до́ждик *м.*, до́ждичек *м. см.* дождь; ◇ по́сле до́ждичка в четве́рг one fine day when it's raining, in a month of Sundays.

дождли́в|ый rainy; ~ая пого́да rainy/wet weather.

дождь *м.* rain (*тж. перен.*); ме́лкий ~ drizzle; проливно́й ~ downpour; ~ идёт it rains, it is raining; идёт си́льный ~ it is raining heavily; в ~, под дождём in the rain; ~ льёт как из ведра́ it is raining cats and dogs; ~ переста́л the rain has stopped, it has stopped raining; золото́й ~ искр a golden rain of sparks.

дожива́ть, дожи́ть **1.** live; дожи́ть до глубо́кой ста́рости live to a ripe old age; дожи́ть до седы́х воло́с be* going grey (with age), live till one is grey-headed; не дожи́ть (не дожда́ться) not live to see; ему́ не дожи́ть до э́того дня he won't live as long as that; **2.** *тк. несов.*: ~ свою́ жизнь live out the remainder of *one's* days.

дожида́ться *несов.* (рд.) *разг.* wait (*smb. smth.*); be* waiting (for); await (*smb.*); он уже́ давно́ (вас) ~а́ется he has been waiting (for you) a long time.

дожи́ть *сов. см.* дожива́ть 1.

до́за *ж.* dose; *перен. тж.* share; сли́шком больша́я ~ overdose; смерте́льная ~ lethal dose; ~ облуче́ния radiation dose; небольши́ми ~ми in small doses.

дозва́ться *сов.* (*вн.*) *разг.*: наконе́ц я его́ дозва́лся at last he responded to my repeated calls; его́ ника́к не дозовёшься I simply can't get him; he never comes when he's called.

дозволе́ние *с.* permission.

дозво́ленн|ый *прил.* **1.** permissible; **2.** *в знач. сущ. с.* the allowable; переходи́ть грани́цы ~ого overstep the bounds of decency.

дозволя́ть, дозво́лить permit, allow.

дозвон|и́ться *сов.* (*у двери*) go* on ringing till the door is opened; (к *дт.; по телефону*) get* (*smb.*) on the phone; не ~ get* no answer to *one's* ringing; к нему́ ника́к не ~и́шься (*по телефону*) you simply can't get him on the phone.

дози́ровать *несов.* measure out (in doses).

дозиро́вка *ж.* dosage.

дознава́ться, дozна́ться find* out, ascertain.

дозна́ние *с. юр.* preliminary investigation; (*в случае внезапной смерти*) inquest; производи́ть ~ hold* an inquest (on).

дозна́ться *сов. см.* дознава́ться.

дозо́р *м.* patrol; уходи́ть в ~ go* out on patrol; ◇ быть, находи́ться в ~е be* (out) on patrol; **~ный** *прил.* **1.** patrol *attr.*; ~ное су́дно patrol boat; **2.** *в знач. сущ. м.* scout.

дозрева́ние *с.* maturing, ripening.

дозрев|а́ть, дозре́ть ripen; *сов. тж.* be* ripe; я́блоки ~а́ют the apples are nearly ripe.

дозре́ть *сов. см.* дозрева́ть.

доигр|а́ть *сов. см.* дои́грывать; **~а́ться** *сов.* (до *рд.*) play (until); *перен.* get* into trouble; ~а́лся! now he's in trouble!, now he's done it!

дои́грыв|ать, доигра́ть (*вн.*) finish (playing) (*smth.*); (*кончать туры игр*) play off (*smth.*); вчера́ они́ ~али па́ртию в тече́ние трёх часо́в it took them three hours to finish their game yesterday; за́втра мы бу́дем ~ остальны́е ма́тчи we'll play off the remaining matches tomorrow.

до́йльн|ый milking attr/; ~ая маши́на milking machine, milker.

доиска́ться *сов.* (*рд.*) *разг.* **1.** (*найти, отыскать*) find* (*smth.*); **2.** (*разузнать о чём-л.*) find* out (*smth.*), get* at (*smth.*), seek* out (*smth.*); ~ пра́вды get* at the truth.

дои́скиваться *несов.* (*рд.*) *разг.* try to find out (*smth.*).

доисторический prehistoric.

дои́ть, подои́ть (*вн.*) milk (*smth.*); **~ся** *несов.* yield milk; хорошо́ ~ся be* a good* milker.

до́йка *ж.* milking.

до́йная milch; ~ коро́ва milking cow, milker; (*перен.*) milch cow.

дойти́ *сов. см.* доходи́ть.

док *м.* dock; вводи́ть кора́бль в ~ dock a ship; стоя́ть в ~е be* docked.

до́ка *м.* и *ж. разг.* expert, authority.

доказа́тель|ный demonstrative, conclusive; **~ство** *с.* **1.** (*подтверждение*) evidence; документа́льное ~ documentary evidence; убеди́тельное ~ convincing evidence; в ви́де ~ства by way of proof/evidence; в ~ство чего́... in proof of which...; приводи́ть ~ furnish proofs; служи́ть ~ством *чего-л.* be* evidence of *smth.*, serve as evidence of *smth.*; я́ркое ~ство *чего-л.* striking evidence of *smth.*; **2.** *лог., мат.* demonstration, proof.

доказáть *сов. см.* докáзывать.

докáзывать, доказáть (*вн.*) prove (*smth.*), demonstrate (*smth.*); *несов. тж.* argue (*smth.*), seek* to prove (*smth.*); доказáть *что-л.* на прáктике prove *smth.* in practice; что и трéбовалось доказáть which was to be demonstrate; *мат.* Q.E.D.

докáнчивать, докóнчить (*вн.*) finish (*smth.*); *несов. тж.* finishing (*smth.*).

докапиталистúческий precapitalist.

докáпываться *несов.* (до *рд.*) dig* down (to); *перен.* try to find out (*smth.*), try to worm out (*smth.*).

докатúться *сов.* (до *рд.*) **1.** reach (*smth.*); (*о мяче и т. п.*) roll as far as (*smth.*); **2.** *разг.* (*опускаться*) sink* (to, into); ~ до преступлéния sink* into crime; вот до чегó он докатúлся! that's what he has come to!

дóкер *м.* docker.

доклáд *м.* **1.** (*устный*) lecture; (*письменный*) paper; дéлать ~ о *чём-л.* speak* on *smth.*, address the meeting on *smth.*, lecture on *smth.*, give* a lecture on *smth.*; read* a paper on *smth.*; **2.** (*официальное сообщение руководителю*) report; **3.**: входúть без ~а enter unannounced; **~ной**: ~нáя запúска report, memorandum (*pl.* -da); **~чик** *м.* speaker, lecturer; (*на конференциях и т. п.*) rapporteur.

доклáдывать I, доложúть **1.** (*вн.*, о *пр.; сообщать*) report (on *smth.*); доложúть обстанóвку report on a situation; **2.** (*о пр.; о посетителе*) announce (*smb.*).

доклáдывать II, доложить (*вн.*, *рд.; добавлять*) add (*smth.*).

доклáссовый before the formation of classes *после сущ.*

дóков|ый: ~ые сбóры (*плата за стоянку в доке*) dockage, dock dues.

докон|áть *сов.* (*вн.*) *разг.* finish (*smb.*, *smth.*); (*погубить*) ruin, destroy; э́то егó ~áло that finished him, that did for him.

докóнчить *сов. см.* докáнчивать.

докопáться *сов.* (до *рд.*) **1.** dig* down (to); **2.** *разг.* (*разузнать*) find* out (*smth.*); ~ до сýти дéла get* to the root of the matter; get* at the heart of matters.

дóкрасна to redness: раскалённый ~ red-hot; раскалúть *что-л.* ~ make* *smth.* red-hot.

докрич|áться *сов.* **1.** (*рд.*) *разг.* make* (*smb.*) hear, make* *one's* shouts heard; никогó не ~úшься you can't make anyone hear; **2.**: ~ до хрипотьí shout *oneself* hoarse.

дóктор *м.* **1.** (*учёная степень*) doctor; ~ филологúческих наýк Doctor of Philology; **2.** (*врач*) physician, doctor; **~áнт** *м.* aspirant/candidate for a doctor's degree; **~ский** doctor's, doctoral; ~ская диссертáция thesis for a doctor's degree, doctor's, doctoral thesis; ~ская стéпень Ph. D. degree, doctorate.

дóкторша *ж.* **1.** doctor's wife*; **2.** woman-doctor.

доктрúна *ж.* doctrine.

доктринёр *м.* doctrinaire, doctrinarian; **~ский** doctrinaire; **~ство** *с.* doctrinairism.

докумéнт *м.* document; *юр.* deed; *мн. тж.* papers, credentials; ~ы documents, records; бухгáлтерские ~ы accounting records; грузовьíе ~ы shipping documents; нормативные ~ы normative documents; оборóтные ~ы negotiable documents; перевóзочные ~ы carriage traffic documents; платёжные ~ы payment documents; погрýзочные ~ы shipping documents; расчётные ~ы accounting documents; складскúе ~ы warehous documents; сопроводúтельные ~ы accompanying documents; страховьíе ~ы insurance documents; тамóженные ~ы customs documents; товарораспорядúтельные ~ы founder's documents; ~ прóтив акцéпта documents against acceptance; вáши ~ы! show your papers (please)!; провéрка ~ов examination of papers; **~áльный** documentary; ◇ ~áльный фильм documentary (film); **~áция** *ж.* documentation.

документáция *ж.* documentation, documents; входнáя и выходнáя ~ "in" and "out" documents; заявочная ~ application forms; патéнтная ~ patent documentation; платёжная ~ payment documents; проéктная ~ design documentation; проéктно-смéтная ~ designing estimates; сертификациóнная ~ certification documents; смéтная ~ estimate documentation; тéндерная ~ tender documents; технúческая ~ technical documentation; трáнспортная ~ transport documentation, instruction manuals.

документúровать *несов.* и *сов.* (*вн.*) document (*smth.*).

докýривать, докурúть (*вн.*) finish smoking (*smth.*); ~ папирóсу finish *one's* cigarette.

докурúть *сов. см.* докýривать.

докучáть *несов. разг.* bother (with), pester (with).

докýчлив|ость *ж.* tiresomeness; (*назойливость*) importunity; **~ый** tiresome, importune.

дол *м. поэт.* vale, dale; за горáми, за ~áми far and wide; по горáм, по ~áм up a hill and down a dale.

долбёжка *ж. разг.* swotting.

долбúть *несов.* **1.** (*вн.*; *пробивать отверстие*) gouge (*smth.*), hollow out (*smth.*); **2.** (*вн.*; *ударять*) hump (*smth.*); hammer (*smth.*); **3.** (*вн.*, *дт.*) *разг.* (*повторять*) tell* (*smb.*, *smth.*) again and again, hammer it into *smb.*; ~ однó и тó же keep* repeating the same thing.

долг *м.* **1.** *тк. ед.* (*обязанность*) duty; **2.** (*взятое взаймы*) debt; безвозврáтный ~ non-recoverable debt; безнадёжный ~ bad debt; непогáшенный ~ active/outstanding debt; обеспéченный залóгом ~ debt on pawn; основнóй ~ principal debt; погáшенный ~ paid debt; просрóченный ~ stale debt; сомнúтельный ~ doubtful debt; текýщий ~ current debt; надéлать ~óв incur debts; обременённый ~áми dept-laden; heavily in debt; ◇ давáть в ~ lend*; быть в ~ý пéред *кем-л.* be* indebted to *smb.*; быть в~ý у *кого-л.* be* in *smb.'s* debt; влезть в ~и́ get*/run* into debt; не оста́ться в ~у́ пе́ред *кем-л.* give* as good as *one* gets; в ~у́ как в шелку́ over head and ears in debt; по́ уши в ~а́х up to *one's* neck in debt; пе́рвым ~ом the first thing to do; по ~у слу́жбы officially, in *one's* official capacity; отда́ть после́дний ~ *кому-л.* pay* the last honors to *smb.*; ~ платежо́м кра́сен *посл.* one good turn deserves another; ~ че́сти debt of honor.

до́л|гий long; по́сле ~гой разлу́ки after being apart for a long time; ◇ откла́дывать *что-л.* в ~ я́щик keep* putting *smth.* off, procrastinate over *smth.*, shelve *smth.*

до́лго *нареч.* long, a long time; ◇ ~ ли до беды́ accidents easily happen.

долгове́чн|ость *ж.* **1.** longevity; **2.** (*прочность*) durability; **~ый 1.** long-lived; **2.** (*прочный*) lasting, durable.

долгов|о́й: ~а́я распи́ска bill of debts; ~о́е обяза́тельство promissory note, debenture.

долговре́менный 1. prolonged; **2.** *воен.* (*о сооружениях*) permanent.

долговя́зый *разг.* lanky, leggy; gangling *амер.*

долгожда́нный long-awaited, long-expected.

долгоигра́ющ|ий: ~ая пласти́нка long-playing record, long-player.

долголе́т|ие *с.* longevity; **~ний** long; of many years *после сущ.*, of long standing *после сущ.*

долгоно́сик *м. зоол.* weevil.

долгосро́чный long-term; ~ креди́т long-term credit: ~ные инвести́ции long-term investments; ~ые обяза́тельства long-term liabilities, fixed liabilites; ~ о́тпуск long leave.

долгота́ *ж.* **1.** (*продолжительность*) length; **2.** *геогр.* longitude.

долгуне́ц *м.*: (*лён*) ~ long-stalked flax.

долев|о́й ~ взнос contribution; ~о́е уча́стие share-holding.

долеза́ть, доле́зть (до *рд.*) climb up (to), reach (*smth.*).

доле́зть *сов. см.* долеза́ть.

долета́ть, долете́ть **1.** (*о камне, снаряде и т. п.*) reach its mark; (*о самолёте тж.*) reach its destination, complete its flight; (до *рд.*) reach (*smth.*), fly* as far as (*smth.*); не доле́зть до *чего-л.* fail to reach *smth.*; (*о камне, снаряде и т. п.*) fall* short of *smth.*; **2.** (*доноситься — о звуках и т. п.*) reach.

долете́ть *сов. см.* долета́ть.

долечи́ть *сов.* (*вн.*) finish treating (*smb.*); **~ся** *сов.* finish *one's* treatment; он вы́шел из больни́цы не долечи́вшись he came out of the hospital without finishing his treatment.

до́лж|ен *в знач. сказ.* **1.** (+ *инф.*; *обязан*) must (+ *inf.*), ought (+ to *inf.*), have (+ to *inf.*); ты ~ ко́нчить э́ту рабо́ту you must finish this work; так ~но быть и так бу́дет it must and shall be so; так ~но бы́ло быть it had to be, it was to be; э́того не ~но быть that ought not to be, that's wrong; он не ~ был говори́ть, де́лать э́того he should not have said, done it; he ought not to have said, done it; **2.** (+ *инф.*; *для выражения возможности, вероятности*) should (+ *inf.*), ought (+ to *inf.*); он ~ ско́ро верну́ться he should be back soon; э́то ~но ему́ понра́виться that ought to please him; э́то не ~но служи́ть препя́тствием it shouldn't be an impediment; **3.** (*дт.; задолжал*) owe (*smb.*); он ~ мне 20 рубле́й he owes me twenty rubles; я ~ ему... I owe him...; ◇ ~но быть (*вероятно*) probably, I dare say; ought to; should (+ *inf.*), mist (+ *inf.*); вы, ~но быть, встреча́ли его́ you must have met him; он, ~но быть, до́ма he is probably at home, he ought to be at home, he should/must be at home.

должни́к *м.* debtor; несостоя́тельный ~ insolvent debtor.

должностн|о́й: ~о́е лицо́ official functionary; ~о́е преступле́ние breach of trust, malfeasance.

до́лжность *ж.* post, postion; занима́ть ~ hold* a post; он занима́ет отве́тственную ~ he occupies a major post.

до́лжн|ый *прил.* **1.** due, proper; ~ым о́бразом properly, duly; на ~ой высоте́ up to the mark; заня́ть ~ое ме́сто take* *one's* proper place; воздава́ть ~ое do* justice; относи́тся к *чему-л.* с ~ым внима́нием give* due attention to *smth.*; **2.** *в знач. сущ. с.* due.

долива́ть, доли́ть (*вн.*, *рд.*) top up (*smth.*), fill up (*smth.*); доли́ть молока́ в стака́н fill up a glass with milk; доли́ть ча́йник fill up a kettle.

доли́на *ж.* valley; *поэт.* vale, dale.

доли́ть *сов.* см долива́ть.

до́ллар *м.* dollar.

доложи́ть I, II *сов. см.* докла́дывать I, II.

доло́й *разг.* down with; с глаз мои́х ~! out of my sight!; ~ войну́! down with war! ша́пки ~! hats off!

долото́ *с.* chisel.

до́лька *ж.* (*чеснока*) clove; (*апельсина*) segment, quarter.

до́льше (*сравнит. ст. прил.* до́лгий *и нареч.* до́лго) longer.

до́л|я *ж.* **1.** (*часть*) share, part, quota; ~ в акционе́рной компа́нии stake in a company; ~ в капита́ле share in capital; ~ при́были share of profits; ~ уча́стия contribution; дели́ть *что-л.* на ра́вные ~и divide *smth.* into equal parts; кни́га в четвёртую ~ю листа́ quarto; to; вноси́ть свою́ ~ю contribute *one's* quota/share; в э́том есть ~ пра́вды there's a grain of truth in it; в его́ слова́х не́ было и ~и и́стины there was not a particle of truth in what he said, ◇ в ~ю секу́нды in a fraction of a second; **2.** (*судьба*) fate, lot; вы́пасть *кому-л.* на ~ю fall* to *smb.'s* lot; ◇ войти́ в ~ю с *кем-л.* go* share with *smb.*

дом *м.* **1.** (*здание*) building; house; жило́й ~ (dwelling-)house; дойти́ до ~а reach the building; **2.** (*домашний очаг*) home; в родно́м ~е in *one's* own home; вы́йти из ~у leave* the home, go* out, дойти́ до ~у get*/reach home; **3.** (*семья*) house, home; мы знако́мы ~а́ми our familles are acquainted; **4.** (*хозяйство одной семьи*) house, household; она́ ведёт весь ~ she runs the house;

5. (*учреждение*); ~ культу́ры cultural center, House of Culture; ~ о́тдыха guesthouse, rest home; ~ тво́рчества писа́телей, худо́жников *и т. п.* guesthouse for writers, artists *etc.*; ~ ребёнка infant's home; ◇ ~ терпи́мости brothel; на ~у́ at *one's* own house; по́мощь на ~у́ out-relief, home medical attendance; уро́ки на ~у́ private lessons; брать рабо́ту на ~ take* work home.

до́ма at home; ~ ли он? is he in?, is he at home?; его́ нет ~ he's not at home; ◇ быть как ~ make* *oneself* at home; у него́ не все ~ he's not quite all there, he is off his rocker.

дома́шн|ие *мн.* (*семья*) *one's* people; **~ий 1.** home; ~ий а́дрес home address; ~ий телефо́н home (telephone) number; **2.** (*об одежде, обуви*) house *attr.*; ~ий костю́м house clothes *pl.*; **3.** (*относящийся к хозяйству семьи*) domestic; household *attr.*; ~ее иму́щество household goods *pl.*; ~ие дела́ domestic affairs; ~ие расхо́ды household/housekeeping expenses; ~ее хозя́йство housekeeping: **4.** (*приготовленный дома*) home; ~ обе́д home-cooked dinner; **5.** (*семейный, частный*) home, private; по ~им обстоя́тельствам for domestic reasons; **6.** (*прирученный, не дикий*) domestic; ~яя пти́ца *собир.* poultry; ◇ ~ий аре́ст house arrest; *воен.* arrest in quarters; ~ий оча́г *one's* own wine and fig tree.

до́мен|ный: ~ная печь blast furnace; **~щик** *м.* blast-furnace worker/operative.

до́мик *м.* **1.** *уменьш. от* дом small house; **2.** *прям. и перен.* ка́рточный ~ house of cards.

доминио́н *м.* dominion.

домини́р|овать *несов.* **1.** (*преобладать*) predominate, prevail, be* uppermost; **2.** (над *тв.; возвышаться*) command (*smth.*), dominate (*smth.*); **~ующий** dominant, prevalent; ~ующее положе́ние leading position; игра́ть ~ующую роль play a leading part, be* an important factor.

домино́ I *с. нескл* (*костюм*) domino.

домино́ II *с. нескл.* (*игра*) dominoes *pl.*

домици́лий *м. юр.* (*юридический адрес лица или фирмы*) domicile.

доми́шко *м. разг.* wretched house, hovel.

домкра́т *м. тех.* (lifting) jack; поднима́ть *что-л.* ~ом jack *smth.* up.

до́мна *ж. тех.* blast furnace.

домови́на *ж. разг.* coffin.

домови́т|ый thrifty, careful; ~ая хозя́йка good housewife*.

домовладе́л|ец *м.*, **~ица** *ж.* householder, proprietor.

домово́дств|о с, housekeeping; housecraft; курс ~а housecraft/domestic science course.

домово́й *м. фольк.* hobgoblin, goblin, brownie.

домо́в|ый house *attr.*; ~ая кни́га house-register.

домога́|тельство *с.* solicitations *pl.*, importunity; **~ться** *несов.* (*рд.*) solicit (*smth.*), raise an outcry (for); ~ться *чего-л. у кого-л.* press/pester/importune *smb.* for *smth.*; ~ться *чьей-л.* любви woo *smb.*

домо́й home; (*в сторону дома тж.*) homewards; ему́ пора́ ~ it's time for him to go home.

доморо́щенный 1. home-bred; **2.** *ирон.* amateur *attr.*; primitive.

домосе́д *м.*, **~ка** *ж.* stay-at-home.

домострое́ние *с.* house-building.

домострои́тель|ный (house-)building *attr.*; **~ство** *с.* house-building, housing construction.

домостро́й *м. ист.* domestic tyranny.

домотка́ный homespun.

домоуправле́ние *с.* house managements; (*помещение*) house-management office.

домохозя́|ин *м.* householder, landlord; **~йка** *ж.* **1.** (*домовладелица*) householder, landlady; **3.** (*ведущая хозяйство*) housewife*.

домоча́дцы *мн.* household *sg.*

до́мра *ж. муз.* domra (Russian mandoline-type instrument).

домрабо́тница *ж.* daily help.

domу́шник *м. разг.* burglar, housebreaker.

домча́ть *сов.* (*вн. куда-л.*) *разг.* take* (*smb.* somewhere) in no time; **~ся** *сов.* (*куда-л.*) *разг.* get*/be* (somewhere) in no time.

домыва́ть, домы́ть (*вн.*) finish washing (*smth.*).

до́мысел *м.* conjecture, invention.

домы́ть *сов. см.* домыва́ть.

донага́ stark naked.

дона́шивать, доноси́ть (*вн.*) **1.** (*одежду*) wear* (*smth.*) out; **2.** (*ребёнка*) give* normal birth (to); **~ся**, доноси́ться be* worn out.

Донба́сс *м.* (Доне́цкий у́гольный бассе́йн) Donets coalfield(s).

доне́льзя *разг.* to the utmost, utterly, as can be; он ~ уста́л he was tired as could be; он ~ упря́м he is obstinate in the extreme.

донесе́ние *с.* report; (*письменное*) dispatch.

донести́ I, II *сов. см.* доноси́ть I, II.

донести́сь *сов. см.* доноси́ться II.

дон-жуа́н *м.* philanderer, Don Juan; **~ство** *с.* philandering.

до́низу to the bottom; све́рху ~ from top to bottom.

донима́ть, доня́ть (*вн.*) *разг.* pester (*smb.*), wear* (*smb.*) out, annoy (*smb.*), exasperate (*smb.*).

донкихо́тство *с.* quixotry.

до́нный bottom *attr.*; ◇ ~ лёд ground ice; ~ заря́д base charge.

доно́с *м.* denunciation, report to the authorities, delation.

доноси́ть I, донести́ (*вн.*; *приносить*) bring* (*smth.*), carry (*smth.*); донести́ бага́ж до ваго́на take* the luggage as far as the carriage.

доноси́ть II, донести́ I. (о *пр.; сообщать*) report (*smth.*); **2.** (на *вн.*; *делать донос*) inform (against), denounce (*smb.*), delate.

доноси́ть III *сов. см.* дона́шивать.

доноси́ться I *сов. см.* дона́шиваться.

доноси́ться II, донести́сь (*о звуке и т. п.*) be* heard; (до *рд.*) reach (*smb. smth.*).

доно́сч|ик *м.*, **~ица** *ж.* informer, delator.

доны́не to this day, hitherto.

доня́ть *сов. см.* донима́ть.

допека́ть, допе́чь (*вн.*) **1.** bake (*smth.*) to a turn: **2.** *разг. см.* донимать; **~ся**, допе́чься be* well baked, be* baked to a turn.

допе́ть *сов.* (*вн.*) finish (singing) (*smth.*), sing* the rest (of).

допеча́тать *сов. см.* допеча́тывать.

допеча́тывать, допеча́тать (*вн.*) **1.** (*докончить печатание*) finish printing (*smth.*), print the rest (of); (*на машинке*) finish typing (*smth.*), type the rest (of); вы должны́ бы́ли допеча́тать де́сять страни́ц you should have typed the remaining ten pages; **2.** (*дополнительно*) print additional copies (of).

допе́чь(ся) *сов. см.* допека́ть(ся).

допива́ть, допи́ть (*вн.*) drink* (*smth.*) up, finish (*smth.*) up; **~ся**, допи́ться (до *рд.*) *разг.* drink* *oneself* into a state (of), get* *smth.* from drinking; ◇ ~ до чёртиков see* snakes.

дописа́ть *сов. см.* допи́сывать.

допи́сыв|ать, дописа́ть (*вн.*) **1.** finish writing (*smth.*); он ~ал письмо́, статью́ he was finishing a letter, an article; он дописа́л письмо́, статью́ he (has, had) finished a letter, an article; **2.** (*писать дополнительно*) add (*smth.*); дописа́ть не́сколько строк к письму́ add a few lines to a letter.

допи́ть(ся) *сов. см.* допива́ть(ся).

допла́т|а *ж.* additional charge; (*за билет*) excess fare; (*за письмо*) excess postage; **~и́ть** *сов. см.* допла́чивать; **~но́й**: ~но́е письмо́ unstamped letter.

допла́чивать, доплати́ть (*вносить остающуюся часть платы*) pay* the rest/remainder; (*уплачивать всё до конца*) pay* in full; (*вносить дополнительную плату*) pay* the extra/excess доплати́ть два рубля́ pay* the remaining two rubles.

доплыва́ть, доплы́ть make* the distance; get* there, make* it *разг.*; (*о пловце*) swim* so far; (до *рд.*) reach (*smth.*); (*о пловце*) swim* (to *smth.*, as far as *smth.*).

доплы́ть *сов. см.* доплыва́ть.

допо́длинн|о *разг.* for certain; мне э́то ~ изве́стно I know it for certain; **~ый** *разг.* authentic, real, genuine.

дополза́ть, доползти́ crawl so far, creep* so far; get* there *разг.*; (до *рд.*) crawl (to, as far as), creep* (to as far as).

доползти́ *сов. см.* доползза́ть.

дополне́ние *с.* **1.** addition; (*предложение*) addendum, supplement; ~ к контра́кту addendum to a contract; **2.** *грам.* object; ко́свенное ~ indirect object; прямо́е ~ direct object; ◇ ~ к *чему-л.* in addition to *smth.*

дополни́тельн|о in addition; **~ый** **1.** additional (*дополняющий*) supplement; ~ о́тпуск extra leave, extension of leave; ~ые изде́ржки обраще́ния *фин.* extra expenses of circulation; ~ые расхо́ды extra charges/expenses; ~ые све́дения further information; ~ капита́л capital surplus; ~ платёж after-payment; ~ое вре́мя *спорт.* extra time; ~ое разъясне́ние further explanations *pl.*; ~ый у́гол *мат.* (до 90) complement; (до 180) supplement; ~ые цвета́ *физ.* complementary colors; **2.** *грам.*: ~ое прида́точное предложе́ние object clause.

допо́лнить *сов. см.* дополня́ть.

дополня́ть, допо́лнить (*вн.*) supplement (*smth.*); ~ слова́рь expand a dictionary; ◇ ~ друг дру́га be* the complement of one another.

дополуча́ть, дополучи́ть (*вн.*) receive (*smth.*), get* (*smth.*); дополучи́ть недостаю́щую су́мму receive the remainder.

дополучи́ть *сов. см.* дополуча́ть.

допото́пный antediluvian; (*старомодный тж.*) antiquated.

допра́шивать, допроси́ть (*вн.*) interrogate (*smb.*), question (*smb.*), examine (*smb.*); ~ пле́нного, свиде́теля interrogate/question a prisoner, a witness.

допризы́вн|ик *м.* preconscription trainee; **~ый** preconsciption *attr.*

допро́с *м.* interrogation, examination; перекрёстный ~ cross-examination; ~ свиде́теля interrogation/examination of a witness.

допроси́ть *сов. см.* допра́шивать.

допроси́ться (*рд.; рд.* + *инф.*) *разг.* persuade/get* (*smth.*) out of *smb.*; persuade (*smb.* + to *inf*), get* (*smb.* + to *inf.*); мы е́ле допроси́лись обе́да we had to ask a long time before we got a meal; его́ не допро́сишься дверь закры́ть no amount of asking will induce him to shut the door.

до́пуск *м.* **1.** (*право входа*) admission, admittance; access; **2.** *тех.* tolerance, allowance.

допуск|а́ть, допусти́ть **1.** (*вн.* до *рд.*; *вн.* к *дт.*) admit (*smb.* to); ~ *кого-л. к кому-л.* admit *smb.* to *smb.'s* presence; ~ *кого-л.* до экза́менов admit *smb.* to the examinations; ~ *кого-л.* к ко́нкурсу allow *smb.* to enter a competition; не ~ (до) keep* (from); **2.** (*вн.*; *позволять*) allow (*smth.*), permit (*smth.*); (*терпеть*) tolerate (*smth.*); **3.** (*вн.; предполагать*) assume (*smth.*); ~аю что... I can well believe that...; допустим, что... let us assume that...; не ~ мы́сли о *чём-л.* refuse to admit the possibility of smth; ◇ ~ оши́бку make* a mistake, go* wrong: здесь была́ допу́щена оши́бка a mistake has crept in here.

допусти́м|ый admissible, permissible; ~ые тра́ты allowable costs.

допусти́ть *сов. см.* допуска́ть.

допуще́ние *с.* assumption.

допыта́ться *сов. разг.* find* out.

допы́тываться *несов. разг.* try to find/worm out.

до́пьяна *разг.*: напи́ться ~ drink* *oneself* stupid; напои́ть *кого-л.* ~ make* *smb.* rolling drunk, make* *smb.* dead drunk.

дораба́тывать, дорабо́тать (*вн.*) finish (*smth.*), put* the finishing touches (to), polish up (*smth.*).

дорабо́тать *сов. см.* дораба́тывать.

дорастáть, дорасти́ **1.** grow* as high as; **2.** (*достигать какого-л. возраста*) reach (the age of); *перен.* attain; не дорасти́ до *чего-л.* fail to come up to *smth.*

дорасти́ *сов. см.* дорастáть.

дорвáться *сов.* (до *рд.*) *разг.* get* (to), fall* greedily (upon).

дореволюци́онный pre-revolutionary.

дорисовáть *сов. см.* дорисóвывать.

дорисóвывать, дорисовáть (*вн.*) finish (drawing) (*smth.*); complete (*smth.*); пусть вáше воображéние дорисýет остальное I leave the rest to your imagination.

дори́ческий *иск.* Doric, Dorian; ~ óрдер *архит.* Doric order.

дорóг|а *ж.* **1.** road; way; большáя, шоссéйная ~ main/high road, highway; ~ шла лéсом the road passed through a forest, the road was wooded; при ~е by the roadside; **2.** (*место прохода или проезда*) way, path; стул стоя́л на сáмой ~е the chair was just in the way; **3.** (*путешествие*) journey; в ~е on the way; на ~у for the journey; отдохнýть с ~и have* a rest after *one's* journey; устáть с ~и be* tired from the journey, be* travel-weary, ◇ желéзная ~ *см.* желéзный; идти́ своéй ~ой go* *one's* own way; по ~е 1) on the way; 2): нам с вáми по ~е we are going the same way; нам с вáми не по ~е we are going different ways; *перен. тж.* your way is not our way; быть на хорóшей ~е have* made a good start; перебежáть *кому-л.* ~у steal* a march on *smb.*; станови́ться *кому-л.* поперёк ~и stand* in *smb.'s* path; скáтертью ~ good riddance; тудá емý и ~! it serves him right!; дать *кому-л.* ~у make* way for *smb.*; *перен.* give* *smb.* a free hand.

дóрого dear; *перен. тж.* dearly; ~ заплати́ть pay* dearly, pay* a lot; э́то емý ~ обойдётся it will cost him dearly; ◇ он ~ бы дал, заплати́л he would give a lot, he would pay a lot; ~ отдáть свою́ жизнь sell* *one's* life dearly.

дорогови́зна *ж.* high prices *pl.*; (*чего-л.*) high price (of); ~ жи́зни high cost of living.

дорóгой on the way.

дорог|óй *прил.* **1.** dear, expensive; (*ценный*) costly; ~и́е кни́ги expensive books; ~и́е кáмни costly jewels; по ~ ценé at a high price; **2.** (*которым дорожат*) precious; ~áя побéда dearly-bought victory; емý дóрог ваш совéт he values your advice; **3.** (*милый*) dear; ~ друг! (my) dear friend!; **4.** *в знач. сущ. м.* dear, darling.

дорогостóящий expensive.

дорóдный burly, beefy; (*полный*) portly, corpulent.

дорож|áть, вздорожáть rise* (in price); жизнь ~áет the cost of living is going up.

дорóже *сравнит. ст. прил.* дорогóй и *нареч.* дóрого.

дорожи́ть *несов.* (*тв.*) **1.** (*ценить*) value (*smb.*, *smth.*), prize (*smb.*, *smth.*); **2.** (*беречь*) cherish (*smb.*, *smth.*), treasure (*smb.*, *smth.*); take* care (of); ~ кáждой минýтой treasure every minute; не ~ *чем-л.* not care for *smth.*, care nothing for *smth.*; не ~ жи́знью place no value on *one's* life.

дорóжка *ж.* **1.** path; (*в саду тж.*) walk; **2.** *спорт.* track; гáревая ~ cinder track; деревя́нная ~ wooden-board track; жёсткая ~ hard track; óбщая ~ track without lines; тартáновая ~ tartan track, ~ для разбéга approach; **3.** (*половик*) strip of carpet; (*скатерть*) runner; **4.** *кино* звуковáя ~ sound track; ◇ вóдная ~ lane; лётная ~ runway.

дорóжник *м.* road worker.

дорóжный **1.** (*относящийся к дороге*) road *attr.*; of the road *после сущ.* ~ знак road sign; **2.** (*для путешествия*) travelling *attr.*; ~ костю́м travelling clothes *pl.*; ~ чек *фин.* traveler's check.

ДОСААФ *м.* (Добровóльное óбщество содéйствия áрмии, áвиации и флóту) *ист.* Voluntary Association/Society for Assisting Army, Air Force and Navy.

досáд|а *ж.* vexation, annoyance; какáя ~! how annoying!, what a nuisance!; с ~ы out of annoyance, from annoyance; **~ить** *сов. см.* досаждать; **~но** *в знач. сказ. безл.* it is regrettable; как ~но! what a nuisance!, what a bore!; мне ~но, что... I deeply regret (that)...; **~ный** regrettable; (*раздражающий*) annoying; ~ный слýчай regrettable incident; ~ная опечáтка regrettable mistake; ~ное чýвство annoying feeling.

досáдовать *несов.* (*на кого-л.*) be* annoyed/vexed (with *smb.*); (*на что-л.*) be* annoyed/vexed (about *smth.*), be* irritated (by *smth.*).

досаждáть, досади́ть (*дт.*) annoy (*smb.*), vex (*smb.*).

досéле *нареч.* up to now.

досидéть *сов. см.* доси́живать.

доси́живать, досидéть (до *рд.*) stay (till); ~ до концá stay till the end; sit* it out *разг.*; не ~ (*до конца*) leave* before the end.

доск|á *ж.* board; (*строительная тж.*) plank; ~ объявлéний notice board, bulletin board; мéдная ~ brass plate; мрáморная ~ marble plaque; откиднáя ~ flap; ◇ ~ почёта roll of honor; от ~и до ~и from cover to cover; стáвить на однý дóску с *кем-л.* put* on a level with *smb.*; как ~ (худóй) thin as a rake.

досказáть *сов.* (*вн.*) tell* (*smth.*) as far as, get* (to); (*окончить*) finish (*smth.*); тепéрь он доскáжет свою́ истóрию now he will tell the rest of his story; ~ скáзку до середи́ны get* to the middle of the tale.

доконáльн|о thoroughly; мне всё ~ извéстно I know everything about it; **~ый** thorough.

друслáть *сов. см.* досылáть.

дослéдование *с. юр.* supplementary examination, further inquiry; напрáвить дéло на ~ remit a case for further inquiry.

дослóвно word for word; (*о переводе тж.*) literally; **~ый** literal, verbatim; ~ый перевóд literal translation; ~ая передáча verbatim report.

дослужи́ться *сов.* (до *рд.*) rise* to the rank (of).

дослу́ш|ать *сов.* (*вн.*) listen (to *smth.*) to the end; я не ~ал докла́да I didn't stay to the end of the lecture; он не ~ал меня́ he didn't listen to the rest (of what I was saying).

досма́тривать, досмотре́ть (*вн.*) **1.** *тк. несов.* (*осматривать*) examine (*smth.*); **2.** (*до конца*) stay to the end (of), sit* (*smth.*) out; (*о книге, журнале и т. п.*) look through (*smth.*) to the end, look all the way through (*smth.*).

досмо́тр *м.* examination; тамо́женный ~ customs examination.

досмотре́ть *сов. см.* досма́тривать 2.

досмо́трщик *м.* (*на таможне*) examiner, customs official.

досо́хнуть *сов.* dry up.

доспа́ть *сов. см.* досыпа́ть 1.

доспе́хи *мн.* armor *sg.*

досро́чн|о ahead of schedule/time; ~ вы́полнить план fulfill the plan ahead of schedule; **~ый** advance *attr.*; ahead of schedule *после сущ.*; ~ое выполне́ние пла́на completion of the plan/program ahead of shedule/time.

достав|а́ть, доста́ть **1.** (до *рд.*) reach (*smth.*), touch (*smth.*); он достаёт руко́й до потолка́ he can touch the ceiling with his hand; **2.** (*вн.* из, с *рд.; брать, извлекать что-л.*) get* (*smth.* out of), take* (*smth.* out of), produce (*smth.* from); (*снимать*) get* (*smth.* from); **3.** (*вн., рд.; приобретать, получать*) get* (*smth.*), obtain (*smth.*); **~а́ться**, доста́ться (*дт.*) **1.** (*поступать в чью-л. собственность*) fall* to *smb.'s* share; ему́ доста́лась в насле́дство ты́сяча рубле́й he came into a thousand rubles; **2.** *безл. разг.* (*о наказании*); ему́ доста́лось he caught it; и доста́лось же ему́! what a hiding/beating he got!

доста́в|ить *сов. см.* доставля́ть; **~ка** *ж.* delivery, conveyance; (*на большое расстояние*) carriage; ~ка на дом delivery; с ~кой на дом (*о цене*) including delivery: carriage paid.

доставля́ть, доста́вить (*вн.*) **1.** (*привозить, приносить*) deliver (*smb., smth.*); ~ *что-л.* на́ дом deliver *smth.*; ~ *кого-л.* домо́й на маши́не take* *smb.* home in a car; ~ све́дения furnish information; **2.** (*причинять*) give* (*smth.*), cause (*smth.*); ~ *кому-л.* беспоко́йство give*/cause *smb.* trouble; **3.** (*предоставлять*) give* (*smth.*), afford (*smth.*); ~ *кому-л.* удово́льствие afford/give* *smb.* the pleasure.

доста́т|ок *м.* **1.** prosperity; жить в ~ке be* in easy circumstances, be* comfortably off; **2.** *разг.* (*достаточное количество чего-л.*) sufficiency; **3.** *мн. разг.* (*доходы*) income *sg.*

доста́точн|о **1.** *нареч.* enough *после прил.*; sufficiently; (*порядочно*) rather, fairly; он ~ си́льный he is rather strong; **2.** *в знач. сказ. безл.* it's enough; э́того (бу́дет) ~ that will do, that will be enough; э́того бы́ло ~, что́бы... no more was required to..., that sufficed to...; у нас всего́ ~ we have enough of everything; ~ сказать suffice it to say; **~ый** sufficient; быть ~ым suffice, be* enough.

доста́ть(ся) *сов. см.* достава́ть(ся).

достиг|а́ть, дости́гнуть, дости́чь (*рд.*) **1.** reach (*smth.*); никто́ не ~а́л верши́ны (э́той горы́) nobody has ever reached the top (of that mountain); дости́гнуть совершенноле́тия attain *one's* majority, come* of age; дости́гнуть ста́рости reach old age; дости́гнуть вы́сшего преде́ла reach its climax; дости́гнуть соглаше́ния reach an understanding; **2.** (*успеха, цели и т. п.*) achieve (*smth.*), attain (*smth.*); не дости́гнуть *чего-л.* fail to achieve *smth.*; э́тим вы ничего́ не дости́гнете you won't get anywhere by doing that, that won't get you anywhere.

дости́гнуть *сов. см.* достига́ть.

достиж|е́ние *с.* **1.** (*действие*): для ~е́ния свое́й це́ли to achieve *one's* object; по ~е́нии *чего-л.* on reaching *smth.*; **2.** (*успех*) achievement, attainment; ~е́ния нау́ки и те́хники scientific and technical achievement(s); **~и́мый** attainable; within the bounds of possibility *после сущ.*

дости́чь *сов. см.* достига́ть.

достове́рн|о for certain, for sure; мне (э́то) ~ изве́стно I know (it) for a fact; **~ость** *ж.* authenticity, reliability; **~ый** authentic, reliable; trustworthy; из ~ых исто́чников from reliable sources; нам сообща́ют из ~ых исто́чников we are credibly informed, we have it on the best authority.

досто́инств|о *с.* **1.** *тк. ед.* dignity; ни́же своего́ ~а beneath *one's* dignity; **2.** (*хорошее качество*) merit; **3.** (*стоимость, ценность*) denomination, value, worth; облига́ция ~ом в 25 рублей 25-ruble bond; ◇ оцени́ть *кого-л., что-л.* по ~у appreciate *smb., smth.*

досто́йн|о in a fitting manner, (be) fittingly; ~ отме́тить *что-л.* celebrate *smth.* in a fitting manner; **~ый** **1.** (*рд.; заслуживающий, стоящий*) worthy (of), deserving (*smth.*); быть ~ым *чего-л.* be* worthy of *smth.*, deserve *smth.*, merit *smth.*; ~ый внима́ния noteworthy; ~ый похвалы́ praiseworthy; **2.** (*заслуженный*) merited, well-deserved; ~ая награ́да well-deserved reward; **3.** (*почтенный*) worthy.

достопа́мятный memorable.

достопочте́нный *уст.* venerable; *ирон.* worthy.

достопримеча́тельн|ость *ж.* one of the sights; осма́тривать ~ости го́рода see* the sights of the town; go* sight-seeing; **~ый** *уст.* noteworthy, remarkable; ~ый слу́чай remarkable incident; ~ый факт noteworthy fact.

достоя́ни|е *с. тк. ед.* property; *перен. тж.* birthright; о́бщественное ~ public property; сде́лать *что-л.* ~ем *кого-л.* make* *smth.* accessible to *smb.*

достра́ивать, достро́ить (*вн.*) complete (*smth.*), finish building (*smth.*).

достро́ить *сов. см.* достра́ивать.

до́ступ *м.* access; ~ к ры́нкам market access; откры́ть *кому-л.* ~ к *чему-л.* make* *smth.* accessible to *smb.*; получить ~ (на, в *вн.*) gain access (to *smth.*).

досту́пн|ость *ж.* **1.** accessibility; **2.** (*простота*) simplicity, intelligibility; **3.** (*внимательь-

ность к другим) approachability, affability; **~ый** **1.** (*по которому можно пройти*) negotiable; (*к которому можно подойти*) accessible; тропа́ ~ая то́лько для пешехо́дов footpath only; **2.** (*подходящий для всех*) available; ~ые це́ны reasonable/popular prices; **3.** (*соответствующий силам, возможностям*) within the capacity (of), within reach (of); **4.** (*лёгкий для понимания*) simple, intelligible; изложи́ть свою́ мысль в ~ой фо́рме find* a simple form of expression for *one's* idea; **5.** (*о человеке*) approachable, affable.

достуч|а́ться *сов.* knock till one is heard; ~ у две́ри knock till the door is opened; ~у́сь ли я? will they hear my knocking?; не ~ knock in vain.

досу́|г *м.* **1.** leisure; часы́ ~га leisure (hours); на ~ге at leisure; **2.** *в знач. сказ.* (*дт.*) *разг.* one has the time; **~жий** *разг.* idle; ~жие разгово́ры ilde talk.

до́суха thoroughly dry; ~ вы́тереть ру́ки dry *one's* hands thoroughly; вы́тереться ~ wipe *oneself* dry, dry *one*self thoroughly.

досчита́ть *сов.* finish counting; (до *рд.*) count (to).

досыла́ть, досла́ть (*вн.*) (*остаток*) send* the remaining (*smth.*); (*дополнительно*) send* (*smth.*) additionally: досла́ть недостаю́щий том словаря́ send* the remaining volume of the dictionary; ~ 10 рубле́й send* the ten roubles due.

досыпа́ть *сов. см.* досы́пать II.

досыпа́ть I, доспа́ть *разг.* sleep*.

досы́пать II, досыпа́ть (*вн.*, *рд.*) (*добавлять*) add (*smth.*) to; (*доверху*) fill (*smth.*) up.

до́сыта to *one's* heart's content, to satiety; есть, нае́сться ~ eat* *one's* fill; ~ наговори́ться talk to *one's* heart's content.

досье́ *с. нескл.* dossier, file.

досю́да *разг.* up to here.

досяга́ем|ость *ж.* reach; *воен.* range; в преде́лах ~ости within reach; вне преде́лов, за преде́лами ~ости beyond reach, out of reach; *воен.* out of range; **~ый** attainable, accessible.

дот *м.* (*аббревиатура словосочетания* "долговре́менная огнева́я то́чка") pillbox.

дота́ция *ж.* subsidy, grant.

дотащ|и́ть *сов.* (*вн.*) drag (*smth.*); он еле́ ~и́л мешо́к he barely managed to drag the sack there; **~и́ться** *сов. разг.* drag oneself.

дотемна́ *нареч.* until it gets dark.

дотла́: сгоре́ть ~ be* burned to the ground; сжечь *что-л.* ~ reduce *smth.* to ashes.

дото́ле *нареч. уст.* hitherto, until then.

дото́шный *разг.* keen, meticulous; (*пытливый*) inquisitive; ~ челове́к a stickler for detail; како́й вы ~! what a stickler you are!

дотра́гиваться, дотро́нуться (до *рд.*) touch (*smb.*, *smth.*).

дотро́нуться *сов. см.* дотра́гиваться.

дотуда *разг.* up to there.

дотя́гивать, дотяну́ть **1.** (*вн.* до *рд.*; *тащa, доставлять*) drag (*smth.* to, as far as); **2.** (*вн.*) *разг.* (*доставлять машину, самолет и т. п.*) manage to bring (*smth.*); он дотяну́л повреждённую маши́ну до аэродро́ма he managed to fly the damaged aircraft to the aerodrome; **3.** *разг.* (*с трудом доезжать и т. п.*) make*; мы не дотяну́ли до Москвы́ we didn't make Moscow; **4.** (*вн.* до *рд.*; *протягивать*) stretch (*smth.* to); они́ дотяну́ли верёвку до столба́ they stretched the rope to the post; **5.** *разг.* (*до какого-л. времени*) last out, hold*-out; дотяну́ть до весны́ live to see the spring; дотяну́ть до утра́ last/hold*-out till morning, last out the night; **6.** (*вн.* до *рд.*) *разг.* (*медлить с чем-л.*) spin* (*smth.*) out (till); **~ся**, дотяну́ться (до *рд.*) **1.** (*доставать*) reach (*smth.*); *несов. тж.* try to reach (*smth.*); **2.** *разг.* (*простираться*) stretch (to, as far as *smth.*); **3.** *разг.* (*доводить*) make* *one's* way (to), get* as far as (*smth.*).

дотяну́ть(ся) *сов. см.* дотя́гивать(ся).

доу́чивать, доучи́ть **1.** (*кого-л.*) round off *smb.*'s training/education; **2.** (*что-л.*) learn (*smth.*); (*до конца*) finish learning (*smth.*); вы доучи́ли стихотворе́ние? have you finished learning the poem?; **~ся**, доучи́ться **1.** (*кончать учиться*) complete *one's* studies; **2.** (до *рд.*; *до какого-л. срока*) continue *one's* studies (till); доучи́ться до седьмо́го кла́сса go* throug six classes, leave* at the end of *one's* sixth year.

доучи́ть(ся) *сов. см.* доу́чивать(ся).

доха́ *ж.* fur coat.

до́хлый **1.** (*о животном*) dead; **2.** *разг.* (*слабый, больной - о человеке*) puny, sickly, ailing.

дохля́тина *ж.* carrion; *перен.* feeble, sickly person.

до́хнуть *несов.* die; ~ с го́лоду die of hunger.

дохну́ть *сов.* breathe; ◇ ~ не́когда there isn't time to breathe; боя́ться ~ be* afraid to breathe.

дохо́д *м.* income; (*государственный тж.*) revenue, receipts; валово́й ~ gross income; валю́тный ~ foreign exchange earnings; годово́й ~ annual income; госуда́рственный ~ public revenue; де́нежный ~ cash income; налогооблага́емый ~ taxable income; национа́льный ~ national income; ожида́емый ~ expected return; проце́нтный ~ interest income; реа́льный ~ real income; ре́нтный ~ rental income; скры́тый ~ hidden income; теку́щий ~ current income; ча́стный ~ private income; чи́стый ~ net profit/return; фикси́рованный ~ fixed income; ~ от прода́жи sales revenue; ~ы от прода́жи пате́нтов, лице́нзий и техни́ческого о́пыта (*статья платёжного баланса*) Fees and Royalties; ~ по́сле упла́ты нало́гов after tax earnings, disposable income.

доход|и́ть, дойти́ **1.** (до *рд.*) reach (*smb.*, *smth.*), go*/get* as far as (*smth.*); (*о письмах и т. п.*) arrive (at); они́ дошли́ до ста́нции за 15 мину́т they reached the station in fifteen minutes; не ~я́ this side of, just before you get to; **2.** (до *рд.*; *достигать — о звуках, известиях и т. п.*) reach (*smb.*, *smth.*); **3.** (до *рд.*) *разг.* (*становиться понятным*) come* across (to); э́то до меня́ не дохо́дит, не дошло́ I don't see the point, I didn't get it; му́зыка не дохо́дит до слу́шателей the music doesn't come across to the audience; **4.** (до *рд.; о преданиях и т. п.*) come* down (to); **5.** (до *рд.; достигать какого-л. предела*) reach (*smth.*), come* up (to), ~ до коле́н reach to the knee; **6.** (до *рд.*) *разг.* (*додумываться*) reach (*smth.*), arrive (at); до всего́ сам дошёл it is all his own achievement; дойти́ до э́того свои́м умо́м think* it out *oneself*, reach this conclusion unaided; **7.** (до *рд; приходить в какое-л. состояние, положение*) be* reduced (to); ~ до отча́яния be* reduced to despair; ~ до драк come* to blows; до чего́ он дошёл! look what he's come to!, how low he has fallen!. **8.** *безл.*: де́ло дошло́ до... it came to...; дойти́ до того́, что... reach a point where...; **4.** *разг.* (*ослабевать, обессиливать*) be* on *one's* last legs; ◇ ~ до абсу́рда run* into absurdity; у меня́ не дохо́дят ру́ки до э́того I have no time for that.

дохо́дн|ость *ж.* profit-making capacity, profitableness; ~ предприя́тия the capacity of an enterprise to make a profit; **~ый 1.** credit *attr.*; ~ая статья́ бюдже́та revenue item; **2.** (*прибыльный*) profit-yielding, profitable, paying, remunerative; ~ая о́трасль хозя́йства profitable branch of the economy.

дохо́дчивый understandable, easily understood.

дохристиа́нский pre-Christian.

доце́нт *м.* (university) reader; assistant professor *амер.*

доче́рн|ий 1. daughter's, filial; **2.** (*о предприятиях и т. п.*) branch *attr.*; ~ее о́бщество *юр.* affiliate company, subsidiary; **3.** *биол.* daughter *attr.*

до́чиста clean; вы́мыть *что-л.* ~ clean *smth.* perfectly, leave* *smth.* spotless; ~ огра́бить *кого-л.* clean *smb.* out, rob *smb.* of everything.

дочита́ть(ся) *сов. см.* дочи́тывать(ся).

дочи́тывать, дочита́ть (*вн.*) read* (*smth.*) through; *несов. тж.* be* finishing (*smth.*), (*вн.* до *рд.*) read* (*smth.* as far as), дочита́ть кни́гу, письмо́ finish a book, a letter, come* to the end of a book, a letter; ~ до второ́й главы́ read* as far as the second chapter; не дочита́ть not finish; **~ся**, дочита́ться *разг.*: дочита́ться до головно́й бо́ли give* *oneself* a headache from reading.

дочь *ж.* daughter.

дошко́льн|ик *м.*, **~ица** *ж.* child* under school age; **~ый** preschool; де́ти ~ого во́зраста children under school age; ~ые учрежде́ния preschool institutions.

до́шлый *разг.* cunning, shrewd.

доща́ник *м.* flat-bottomed boat.

доща́тый board *attr.*, plank *attr.*; ~ мо́стик plank bridge; ~ насти́л duck boards *pl.*

доще́чка *ж.* **1.** *уменьшительная форма слова* доска; **2.** doorplate, nameplate.

доя́рка *ж.* milkmaid.

дра́га *ж. тех.* dredge, drag.

драгоце́нн|ость *ж.* **1.** jewel; *мн.* jewels, jewelry *sg.*; **2.** (*то, что дорого*) precious thing/object; precious; **~ый** precious (*тж. перен.*); ~ый ка́мень precious stone; (*гранёный*) gem, jewel.

драгу́н *м. ист.* dragoon.

дража́йш|ий: ~ая полови́на "better half".

драже́ *нескл.* dragee; шокола́дное ~ chocolate drop.

дразни́ть *несов.* (*вн.*) **1.** tease (*smb.*, *smth.*). (*животное тж.*) bait (*smth.*); **2.** (*возбудить*) whet (*smth.*); ~ *чей-л.* аппети́т whet *smb.*'s appetite.

дра́ить *несов.* (*вн.*) мор. scrub (*smth.*).

дра́ка *ж.* fight, brawl, scuffle.

драко́н *м.* dragon; **~овский** Draconian, Draconic; ~овские зако́ны rigorous laws.

дра́м|а *ж.* drama; *перен. тж.* tragedy; теа́тр ~ы theatre; семе́йная ~ domestic tragedy.

драматизи́ровать *несов.* и *сов.* dramatize.

драмат|и́зм *м.* **1.** *лит.* dramatic effect/tension; **2.** (*напряженность чего-л.*) drama; ~ положе́ния the drama of the situation; **~и́ческий** dramatic; ~и́ческое иску́сство dramatic art; ~и́ческое произведе́ние dramatic work; ~и́ческие же́сты dramatic gestures; ~и́ческий слу́чай dramatic incident; ~и́ческим то́ном in a dramatic tone.

драмату́рг *м.* playwright, dramatist; **~и́я** *ж.* **1.** (*искусство*) dramatic art; **2.** *собир.* (*совокупность драматических произведений*) plays *pl.*; сове́тская ~и́я Soviet plays; ~и́я Го́голя the plays of Gogol.

драмкружо́к *м.* (драмати́ческий кружо́к) dramatic circle.

драндуле́т *м. разг. шутл.* old, dilapidated conveyance; jalopy *амер.*

дра́нка *ж.* **1.** *тк. ед. собир.* (*штукатурная*) laths *pl.*; (*кровельная*) shingles *pl.*; **2.** (*одна дощечка*) shingle.

дра́н|ый *разг.* ragged, tattered; с ~ыми локтя́ми out-at-elbows; ходи́ть с ~ыми локтя́ми be* out-at-elbows.

драп *м.* heavy woolen cloth.

драпир|ова́ть *несов.* (*вн.*) drape (*smth.*); **~о́вка** *ж.* draperies *pl.*, hangings *pl.*; **~о́вщик** *м.* upholsterer.

дра́пов|ый (made) of heavy woolen cloth *после сущ.*; ~ое пальто́ heavy overcoat.

драпри́ *нескл.* draperies *pl.*, curtains *pl.*

дра́тва *ж. тк. ед.* wax-end, waxed thread.

драть, вы́драть (*вн.*) *разг.* **1.** *тк. несов.* (*рвать*) tear* (*smth.*); **2.** *тк. несов.* (*отрывать, снимать*) strip (*smth.*); **3.** (*сечь*) thrash (*smb.*), give* (*smb.*) a thrashing/whipping; ~ *кого-л.* за во́лосы pull *smb.'s* hair; ~ *кого-л.* за́ уши tweak *smb.'s* ears; ◇ — втри́дорога charge exorbitant prices, charge the earth; ~ гло́тку yell, bawl; ~ шку́ру с *кого-л.* skin *smb.* alive; от э́того моро́з по ко́же дерёт it makes *one's* flesh creep; у меня́ го́рло дерёт I have a sore throat.

дра́ться, подра́ться **1.** fight*; come* to blows, have* a fight; я с ним подра́лся we had a fight; мальчи́шки ка́ждый день деру́тся друг с другом the boys fight every day; ~ на кула́чках have* a fist fight; **2.** *тк. несов.* (*сражаться*) fight*; ~ на дуэ́ли fight* a duel; **3.** *тк. несов.* (за *вн.*; *бороться за что-л.*) fight* (for).

дра́хма *ж.* **1.** (*денежная единица Греции*) drachma; **2.** (*1/8 унции в аптекарском весе*) dram.

драчли́вость *ж.* pugnacity.

драч|ли́вый *разг.* pugnacious; **~у́н** *м. разг.* fighter, pugnacious fellow; он большо́й ~у́н he loves fighting, he's always ready for a fight.

дребеде́нь *ж. разг.* nonsense; ◇ сплошна́я ~ absolute rubbish.

дребезж|а́ть *несов.* jingle, rattle; **~а́щий**; ~а́щий го́лос tremulous voice.

древеси́на *ж. тк. ед.* **1.** wood; **2.** *собир.* (*лесоматериалы*) timber, lumber.

древе́сн|ый wood *attr.*; ~ая ма́сса wood-pulp; ~ спирт wood spirit; ~ у́голь charcoal.

дре́вко *с.* shaft; (*знамени*) staff.

древнеангли́йский Old English; ~ язы́к Old English.

древнегре́ческий (ancient) Greek; (*об архитектуре*) Grecian; ~ язы́к (ancient) Greek.

древнеевре́йский Hebrew.

древнеру́сский Old Russian.

дре́вние *мн.* the ancients.

дре́вн|ий **1.** ancient; ~яя исто́рия ancient history; ~ие языки́ classical languages; **2.** (*очень старый*) aged, very old; ~ стари́к aged man*; **~ость** *ж.* **1.** antiquity; (*вещь*) antique; **2.** *мн.* antiquities.

дре́во *с. поэт.* tree; ~ позна́ния tree of knowledge.

древови́дный tree-like; ~ па́поротник tree fern.

древонасажде́ние *с.* planting of trees.

дрези́на *ж. ж.-д.* trolley; (railroad) handcar *амер.*

дрейф *м. мор.* **1.** drift; **2.** (*действие*) drifting; **3.**: лечь в ~ lie* to; **~ова́ть** *несов.* drift; **~у́ющий** drifting; ~ лёд drift ice; ~у́ющая ста́нция drifting station.

дрель *ж.* drill.

дрем|а́ть *несов.* doze, nod, *перен.* slumber; ◇ не ~ be* on the alert, keep* *one's* wits about one; **~ота́** *ж.* drowsiness, somnolence; **~о́тный** drowsy, somnolent, sleepy.

дрему́чий dense, thick (*тж. перен.*).

дрен|а́ж *м.* **1.** *мед., тех.* drainage. **2.** *мед.* (*трубка*) drain; **~и́ровать** *несов. и сов.* (*вн.*) drain (*smth.*).

дрессиро́в|анный trained; (*для цирка*) performing; **~а́ть**, вы́дрессировать (*вн.*) train (*smth.*); **~ка** *ж.* training; **~щик** *м.*, **~щица** *ж.* animal trainer.

дриа́да *ж. миф.* dryad.

дроби́лка *ж. тех.* crusher.

дроби́льн|ый crushing; ~ая маши́на crusher.

дроби́нка *ж.* pellet.

дроби́ть, раздроби́ть (*вн.*) **1.** (*размельчать*) crush (*smth.*), pound (*smth.*); **2.** (*делить*) divide (*smth.*) up, split* (*smth.*) up; ~ си́лы dismember/scatter *one's* forces; **~и́ться**, раздроби́ться **1.** (*размельчаться*) be* crushed/pulverized; (*раскалываться*) splinter, (*о волнах*) break*; **2.** (*делиться*) divide up, split* up; **~лёный** crushed.

дро́бный **1.** (*расчленённый*) separate: **2.** (*частый — о звуках, шагах и т. п.*) rhythmic; ~ стук дождя́ steady patter of rain; ~ цо́кот копы́т drumming of hoofs; ме́лким ~ым ша́гом with short quick steps; **3.** *мат.* fractional; ~ое число́ fractional number.

дробови́к *м.* shotgun.

дробь *ж.* **1.** *мат.* fraction; проста́я ~ vulgar fraction; пра́вильная (непра́вильная) ~ proper (improper) fraction; **2.** *собир. охот.* shot; кру́пная ~ buckshot; мелкая ~ small shot, bird shot: **3.** (*частые прерывистые звуки*) tap(ping); ча́стая ~ каблуко́в a drumming of heels; бараба́нщики отбива́ли суро́вую, ме́рную ~ the drummers beat out a grim tattoo.

дрова́ *мн.* firewood *sg.*; берёзовые ~ birch logs; наколо́ть дров chop firewood; налома́ть дров *разг.* be* a complete blunderer.

дро́вни *мн.* wood sledge *sg.*

дровян|о́й wood *attr.*; ~ сара́й woodshed; ~ склад wood store; ~ое отопле́ние wood firing.

дро́ги *мн.* dray cart *sg.*; похоро́нные ~ hearse *sg.*

дро́гнуть I *несов.* (*мёрзнуть*) shiver; полчаса́ он дрог на моро́зе he shivered in the cold for half an hour.

дро́гн|уть II *сов.* **1.** (*вздрогнуть*) tremble, quiver; ни оди́н му́скул не ~ул на его́ лице́ not a muscle in his face moved; се́рдце у него́ ~уло his heart missed a beat; his heart gave a shudder; **2.** (*поколебаться*) waver, flinch, falter; не ~ never flinch, stand* *one's* ground; неприя́тель ~ул the enemy wavered; ◇ рука́ не ~ет without a qualm.

дрожа́ние *с.* trembling, (*вибрация*) vibration.

дрожа́|ть *несов.* **1.** (*трястись*) tremble, shake*, quiver; (*о голосе тж.*) break*; ~от хо́лода shake*/shiver with cold; ~ ме́лкой дро́жью tremble all over; be* in a tremor; ~ от возбужде́ния shake*/tremble with excitement; **2.** (*бояться*) tremble, shudder; (перед *тв.*) live in fear (of); ~ от стра́ха shake*/shudder/tremble with fear, **3.** (за *вн.*; *оберегать*) tremble (for); **4.** (над *тв.*) watch anxiously (over), fuss (over); ~ над ка́ждой копе́йкой grudge every copeck; **~щий** trembling; tremulous, ~щим го́лосом in a tremulous voice; ~щими рука́ми with shaking/trembling hands.

дро́жжи *мн.* yeast *sg.*; пивны́е ~ brewer's yeast, barm.

дро́жки *мн.* droshky *sg.*; беговы́е ~ racing sulky *sg.*

дрожь *ж.* trembling; shivering; (*нервная*) tremor; с ~ю в го́лосе (with) a tremor in *one's* voice; его́ броса́ет в ~ при (одно́й) мы́сли об э́том he shudders at the (mere) thought of it, it gives him the shudders (merely) to think of it.

дрозд *м.* thrush; пе́вчий ~ song-thrush; чёрный ~ blackbird; ◇ дать ~а́ *кому-л. разг.* give* *smb.* a wigging.

дрок *м.* бот. genista, broom.

дро́ссель *м. тех.* throttle, choke; эл. choking coil; **~ный** throttling; ~ная засло́нка butterfly valve.

дро́тик *м.* javelin.

дрофа́ *ж. зоол.* great bustard.

друг I *м.* friend; ~ де́тства childhood friend, playfellow; ~ до́ма friend of the family; ◇ ста́рый ~ лу́чше но́вых двух *посл.* an old friend is better than two new ones.

друг II: ~ ~а each other, one another; ~ без ~а without each other; ~ за ~ом one after the other; ~ про́тив ~а opposite one another, vis-a-vis; ~ с ~ом with each other.

друг|о́й *прил.* **1.** (*не этот*) other, another; (*не такой*) different; (ещё оди́н) another; кто-то ~ someone else; никто́ ~ как... none other than... who but...; оди́н за ~и́м one after the other; соверше́нно ~а́я те́ма a wholly different subject/topic; быть ~и́м челове́ком be* a changed man*; **2.** (*следующий, второй*) next; на ~ день the next day, the day after; в ~ раз another time; на ~ год for another year; **3.** *в знач. сущ. м.* another person, a different person; (*из двух*) the other; **4.** *в знач. сущ. с.* another thing; **5.** *в знач. сущ. мн.* other people; (*остальные*) the rest, the others; ◇ ~и́ми слова́ми in other words: смотре́ть ~и́ми глаза́ми на *что-л.* look differently upon *smth.*, take* a different view of *smth.*; ни тот ни ~ neither; и тот и ~ both; с ~ стороны́ on the other hand; с одно́й стороны́..., с ~ стороны́ on the one hand..., on the other hand.

дру́жб|а *ж.* friendship; быть в ~е с *кем-л.* be* friends with *smb.*

дружелю́б|ие *с.* friendliness, friendly/amicable spirit; **~ный** friendly, amicable.

дру́жеск|и in a friendly way, amicably; **~ий** friendly, amicable; ~ий тон amicable/friendly tone; ~ое уча́стие the sympathy of a friend; оказа́ть ~ую услу́гу do* a friendly service; быть на ~ой ноге́ be* on friendly terms.

дру́жественн|ый friendly, amicable; ~ые стра́ны friendly countries.

дружи́на *ж.* **1.** (*группа, отряд*) squad, group; пожа́рная ~ volunteer fire-fighting squad; наро́дная ~ volunteer public order squad; **2.** *ист.* bodyguard; fighting men *pl.*

дружи́нник *м.* **1.** volunteer; наро́дные ~и public order volunteers; **2.** *ист.* bodyguard, fighting man*, man* at arms.

дружи́ть *несов.* (с *тв.*) be* friends (with).

дружи́ще *м. разг.* old chap.

дру́жка *м.* (*на свадьбе*) best man.

дру́жн|о **1.** (*в согласии*) amicably, in a friendly way/manner; жить ~ live in harmony; live in concord, get* on well; **2.** (*одновременно*) in unison, (all) together; ~ принима́ться за де́ло set* to work all together; раз-два ~! altogether — heave!.. **~ый** **1.** (*связанный дружбой*) harmonious, friendly; ~ая семья́ united family; они́ о́чень ~ы they're great friends; ~ый коллекти́в harmonious group; **2.** (*согласованный*) concerted; (*с участием всех*) general; ~ый смех general laughter; ~ая рабо́та (perfect) teamwork; ~ыми уси́лиями by *one's* united/concerted efforts (with); **3.** (*быстро возникающий, протекающий*) sudden; ны́нче, ожида́ется ~ая весна́ spring is expected to come with a rush this year; на поля́х появи́лись ~ые всхо́ды the fields were suddenly green with young shoots.

дружо́к *м.* pal; мой ~! (*обращение*) my dear!

друзья́ *мн. ч. от* друг friends.

дры́гать *несов.* (*тв.*) *разг.* jerk (*smth.*); ~ нога́ми kick.

дря́бл|ость *ж.* flabbiness, flaccidity; **~ый** flabby, flaccid.

дря́зги *мн. разг.* squabbles.

дрянн|о́й *разг.* worthless; rotten; (*о материале*) shoddy; ~ челове́к worthless fellow; ~а́я пого́да rotten weather.

дрянь *ж. разг.* **1.** *собир.* trash, rubbish; **2.** (*о человеке*) skunk, a bad lot; **3.** *в знач. сказ.*: де́ло ~ things are looking bad.

дряхле́ть, одряхле́ть become* senile, grow* decrepit.

дря́хл|ость *ж.* decrepitude, senility; **~ый** decrepit, senile.

дуали́зм *м.* dualism.

дуб *м.* **1.** (*дерево*) oak(-tree); **2.** *тк. ед.* (*древесина*) oak; **3.** *разг.* (*о человеке*) block of wood: square; ◇ дать ~а kick it, kick the bucket.

дуба́сить, отдуба́сить *разг.* **1.** (*вн.*) clobber (*smb.*); ~ друг дру́га pummel each other; **2.** *тк. несов.* (по *дт.*; в *вн.*; *сильно стучать*) knock violently (at); ~ в дверь hammer/thump on the door.

дуби́льн|ый tanning, tannic; ~ая кислота́ tannic acid; ~ое вещество́ tannin.

дуби́н|а *ж.* **1.** cudgel; **2.** *разг.* (*о тупом человеке*) blockhead, numbscull; **~ка** *ж.* cudgel, club, truncheon.

дублёнка *ж.* sheepskin coat.

дублён|ый tanned; ~ые ко́жи tanned leathers; ~ полушу́бок sheepskin (coat).

дублёр *м.* **1.** duplicate, counterpart; opposite number *разг.*; (*о космонавте*) backup (man*), заво́д-~ duplicate factory, factory operating in parallel with another; **2.** *театр.* understudy; **3.** *кино* dubbing actor, voice; (*актёр для отдельных эпизодов*) stand-in.

дубле́т *м.* **1.** duplicate; **2.** (*два выстрела*) doublet.

дублика́т *м.* duplicate, replica, copy; ~ ве́кселя duplicate of a bill; ~ дове́ренности warrant duplicate; ~ накладно́й waybill duplicate.

дубли́рованный dubbed; ~ фильм dubbed film.

дубли́ровать *несов.* (*вн.*) **1.** duplicate (*smth.*); ~ рабо́ту друго́го предприя́тия duplicate the work of another enterprise; **2.** *театр.* understudy (*smb.*); **3.** *кино* dub (*smth.*); ~ фильм dub a film.

дубль *м.* **1.** *кино* take; **2.** *спорт.* double (victory); **3.** *спорт. разг.* (*второй состав команды*) reserves *pl.*

дубня́к *м.* oak wood.

дуб|о́вый 1. oak *attr.*; of oak *после сущ.*; ~о́вая ро́ща grove of oak trees; ~ стол oak table; **2.** *разг.* (*грубый, тяжеловесный*) wooden; ~ стиль wooden style; **~ок** *м.* oak-sapling.

дубра́ва *ж.* **1.** oak forest/wood; **2.** (*лиственная роща*) leafy grove.

дуг|а́ *ж.* **1.** (*часть конской упряжи*) shaft-bow; **2.** (*часть окружности*) arc; описа́ть ци́ркулем ~у́ draw* an arc with compasses; бро́ви ~о́й arched brows; изогну́ться ~о́й arch *one's* back; ~ реки́ bend/curve of a river; ◇ согну́ть в ~у́ compel *smb.* to submit, bring* *smb.* under; Ку́рская ~ Kursk Bulge; электри́ческая ~ *физ.* electric arc; **~ово́й** arc *attr.*; ~ова́я печь arc furnace; ~ова́я сва́рка arc welding; ~о́вая электри́ческая ла́мпа arc lamp.

дугообра́зный arched, curved, bow-shaped.

дуде́ть *несов. разг.* pipe, fife.

ду́дк|а *ж.* pipe; ◇ пляса́ть под *чью-л.* ~у dance to *smb.'s* tune.

ду́дки *межд. разг.* not if I know it! not on your life!

ду́жка *ж.* hoop.

дука́т *м.* ducat.

ду́ло *с.* barrel; (*выгодное отверстие*) muzzle; под ~м пистоле́та at pistol point.

ду́ма *ж.* **1.** (*мысль*) thought; **2.** *лит.* elegy, ballad; **3.** *ист.* council, duma; городска́я ~ city/town council, municipal council; Госуда́рственная ~ State Duma.

ду́м|ать, поду́мать **1.** (над *тв.*, о *пр.; размышлять*) think* (about, of), consider (*smth.*), reflect (upon); ponder (*smth.*); ~ над пробле́мой think* about a problem; о ком вы ~али? who were you thinking of?; об э́том сле́дует поду́мать that is worth thinking about; я поду́маю об э́том I'll think it over; да́йте мне вре́мя поду́мать give me time to think it over; **2.** *тк. несов.* (*полагать, считать*) think*; вы так ~аете? do you think so?; как вы ~аете? what do you think?, what's your opinion?; **3.** *тк. несов.* (+ *инф.*; *намереваться сделать что-л.*) think* of (+ -ing), intend (+ to *inf.*, + -ing); когда́ вы ~аете е́хать в дере́вню? when are you thinking of going to the country?; **4.** (о *пр.; заботиться, беспокоиться*) think* (of), be* concerned (about); он ~ает то́лько о себе́ he thinks only of himself; **5.** (на *вн.*) *разг.* (*подозревать*) suspect (*smb.*); напра́сно вы на него́ ~али you were quite wrong to suspect him; ◇ я ~аю! (*конечно*) I should think so!; не ~аю! (*едва ли*) I don't think so!, hardly!; и не ~аю! (*вовсе нет*) nothing of the kind; не зна́ю, что об э́том и ~ I don't know what to make of it; мно́го ~ о себе́ *разг.* have* a high opinion of *oneself*, think* a lot of *oneself*; не до́лго ~ая without stopping to think; **~аться** *несов. безл.* seem; мне ~ается it seems to me.

ду́мец *м.* member of the Duma.

ду́мка *ж.* **1.** *разг.* small pillow; **2.** (*украинский фольклорный журнал*) dumka.

думпка́р *м. тех.* dump-car.

дунове́ние *с.* puff, breath.

ду́нуть *сов.* blow*.

дупло́ *с.* hollow; (в зубе) cavity.

ду́р|а *ж.*, **~а́к** *м. разг.* fool; ◇ оста́вить *кого-л.* в ~ака́х fool *smb.*; оста́ться в ~ака́х be* duped, be* a fool for *one's* pains; валя́ть ~ака́ play the fool; ~ака́м зако́н не пи́сан *посл.* fools rush in where angels fear to tread; ~а́к ~ако́м an utter fool; нашёл ~ака́! no thanks; не ~а́к (+ *инф.*) *шутл.* be* a great one for (+ -ing); без ~ако́в without any nonsense, on the level; **~а́цкий** *разг.* idiotic; ~а́цкое положе́ние idiotic situation; ~а́цкая привы́чка foolish habit; **~а́чество** *с. разг.* tomfoolery; **~а́чить**, одура́чить (*вн.*) *разг.* fool (*smb.*); **~а́читься** *несов. разг.* play the fool; **~ачо́к** *м. разг.* **1.** goose*; **2.** (*слабоумный*) half-wit, imbecile; **~а́шливый** *разг.* foolish; (*шаловливый*) playful.

дурале́й *м.* = дура́к.

ду́рень *м. разг.* fool, simpleton.

дуре́ть, одуре́ть *разг.* **1.** become* stupid; go* crazy; **2.** (*одурманиваться*) grow* bemused.

дур|и́ть *несов. разг.* fool about; не ~и́! stop fooling!

дурма́н *м. бот.* thornapple, stramonium; *перен.* fuddle; **~ить**, одурма́нить (*вн.*) intoxicate (*smb.*, *smth.*), stupefy (*smb.*); *перен.* fuddle (*smb.*); ~ить го́лову *кому-л.* make* *smb.'s* head swim; **~ящий** intoxicating, heady.

дурне́ть, подурне́ть lose* *one's* (good) looks, go* off; она́ о́чень подурне́ла she is not nearly so good-looking.

ду́рно 1. *нареч.* badly, bad*, ill*; ~ вести́ себя́ misbehave, behave badly; ~ говори́ть, отзыва́ться о *ком-л.* speak ill of *smb.*; ~ обраща́ться с *кем-л.* treat *smb.* badly; **2.** *в знач. сказ. безл.*: ей ~ she feels faint; почу́вствовать себя́ ~ feel* faint/ill.

дурн|о́й 1. (*плохой*) bad*; (*нравственно*) wicked, evil*; ~ вкус nasty taste; ~ посту́пок wicked action/act, piece of wickedness; ~о́е поведе́ние misbehavior, bad* behavior; ~о́е воспита́ние bad* upbringing; ~а́я сла́ва bad* reputation; о нём идёт ~а́я сла́ва he is held in bad* repute, he has a bad* reputation; ~ы́е мы́сли evil thoughts; ~ы́е привы́чки bad habits; **2.** (*некрасивый*) plain, homely *амер.*; ◇ ~о́й глаз evil eye; ~о́й сон bad dream; ~а́я боле́знь venereal disease.

дурнот|а́ *ж. разг.* faintness, giddiness; почу́вствовать ~у feel* faint.

дурну́шка *ж. разг.* plain girl; homely girl *амер.*

ду́рочка *ж. разг.* **1.** silly (young) creature, goose*; **2.** (*слабоумная*) half-wit.

дуршла́г *м.* colander.

дурь *ж. разг.* nonsense; ◇ вы́бить ~ из *кого-л.* knock the nonsense out of *smb.*; вы́кинь э́ту ~ из головы́! get rid of those nonsensical ideas!

ду́ся *м.* и *ж. разг.* darling.

ду́т|ый 1. (*о стекле, металле*) blown; ~ые ши́ны pneumatic tires; **2.** (*преувеличенный*) exaggerated; ~ые ци́фры exaggerated figures; ~ые це́ны inflated prices, fancy prices.

дуть, поду́ть blow*; ду́ет си́льный ве́тер a high wind is blowing, it's blowing hard; как здесь ду́ет! what a draught!; от окна́ (си́льно) ду́ет there's a terrible draught coming from the window; ◇ ~ гу́бы pout, sulk; и в ус себе́ не ~ not turn a hair, not give a damn.

дутьё *с. тех.* blast; горя́чее ~ hot blast.

ду́ться *несов.* (на *вн.*) sulk (at), be* sulky (with).

дух *м.* **1.** *тк. ед.* spirit; мора́льный ~ morale; пасть ~ом lose* heart, be* dejected, become* down-hearted; поднима́ть ~ raise morale; собра́ться с ~ом take* heart; pluck up *one's* courage; в том же ~е on the same lines; что-то в э́том ~е words to that effect; **2.** (*сознание, мышление*) mind; **3.** *тк. ед.* (*дыхание*) breath; перевести́ ~ get* *one's* breath; не переводя́ ~а without stopping to rest; **4.** (*сверхъестественное существо*) spirit, ghost; свято́й ~ the Holy Ghost; злой ~ evil spirit; ◇ быть в ~е be* in high spirits; быть не в ~е be* in low spirits, be* depressed; во весь ~, что есть ~у with all *one's* might; одни́м ~ом in a flash; ни слу́ху ни ду́ху о *ком-л.* not a sound from *smb.*; у меня́ ~у не хвата́ет I nave not the heart (to); э́то не в моём ~е it is not to my taste; расположе́ние ~а mood, temper; прису́тствие ~а presence of mind.

духи́ *мн.* perfume *sg.*, scents *sg.*

духобо́р *м. рел.* Dukhobor; **~ство** *с.* the Dukhobor religious sect.

ду́хов: *церк.* Ду́хов день Whit Monday.

духове́нство *с. тк. ед. собир.* clergy, priesthood.

духо́вка *ж.* oven.

духо́вн|ый 1. spiritual; ~ о́блик spiritual makeup, soul; ~ая бли́зость community of feeling, spiritual affinity; ~ мир inner development; **2.** (*церковный*) ecclesiastical; ~ая му́зыка sacred music; ~ое лицо́ clergyman*, cleric; ~ оте́ц confessor; ~ сан holy orders; ~ое завеща́ние (last) will, testament.

духов|о́й: ~ инструме́нт wind-instrument; деревя́нные ~ы́е инструме́нты the wood-wind *sg.*; ~ орке́стр brass band; ~о́е ружьё air gun.

духота́ *ж.* sweltering heat: (*в помещении*) stuffiness; кака́я ~! how stuffy!; how hot it is!

душ *м.* shower; принима́ть ~ have*/take* a shower.

душ|а́ *ж.* **1.** soul; до́брая ~ kindly soul; ни́зкая ~ low/mean creature; с ~о́й (*играть, петь*) with feeling; говори́ть от ~и́ speak* straight from the heart; ~ о́бщества the life and soul of the party; **2.** *разг.* (*человек*) person; на ду́шу each; на ду́шу населе́ния per head of the population; произво́дство на ду́шу населе́ния per capita production; ни ~и́ not a soul; се́мьи из семи́ душ a family of seven; ◇ ~ в ду́шу in perfect harmony; ~и́ не ча́ять в *ком-л.* idolize *smb.*, dote (upon); ~о́й и те́лом heart and soul; в ~е́ in *one's* heart; всей ~о́й, от всей ~и́ with all *one's* heart; разгово́р по ~а́м heart-to-heart talk; ско́лько ~е́ уго́дно to *one's* heart's content; у него́ за ~о́й ни гроша́ he hasn't a penny to his name; вложи́ть ~у put* *one's* heart (into); изли́ть, отвести́ ~у pour out *one's* heart; **3.** (*обращение*) ~ моя! my dear, darling.

душева́я *ж.* shower room.

душевнобольно́й *прил.* **1.** insane; **2.** *в знач. сущ. м.* insane, mental patient; *мн.* the insane *sg.*

душе́вный 1. emotional; ~ое состоя́ние state of mind; ~ая бо́дрость fortitude; ~ое потрясе́ние emotional shock; ~ подъём elation, elevation of spirits; **2.** (*искренний*) sincere; (*прочувствованный*) heartfelt; ~ челове́к warm-hearted person; ~ое отноше́ние considerate/cordial attitude; ◇ ~ая боле́знь mental disorder, insanity.

душегу́б *м. разг.* murderer; **~ство** *разг.* murder.

душегу́бка *ж.* **1.** (*для умерщвления людей газом*) mobile gas chamber; **2.** (*лодка*) canoe.

ду́шенька *м.* и *ж. разг.* darling.

душераздира́ющий heart-rending; ~ крик blood-curdling shriek.

душеспаси́тельный *рел. тж. ирон.* salutary, edifying.

души́стый fragrant; ◇ ~ горо́шек *бот.* sweet peas *pl.*

души́тель *м.* strangler, suffocator; *перен.* suppressor.

душ|и́ть I, задуши́ть (*вн.*) **1.** (*убивать*) strangle (*smb.*, *smth.*), throttle (*smb.*, *smth.*); **2.** (*подавлять*) strangle (*smth.*), crush (*smth.*), suppress (*smth.*); ~ свобо́ду strangle freedom; **3.** *тк. несов.* (*затруднять дыхание; тж. перен.*) choke (*smb.*) stifle, suffocate (*smb.*); его́ ду́шит ка́шель his cough is choking him; его́ ду́шит смех he is choking with laughter; зло́ба ~и́ла его́ he choked with anger; ◇ ~ в объя́тиях hug.

души́ть II, надуши́ть (*вн.*; *духами*) put* scent/perfume (on), scent (*smb.*, *smth.*); **~ся**, надуши́ться ся use scent/perfume, scent *oneself.*

ду́шка *м.* и *ж. разг.* dear (person); он тако́й ~, она така́я ~ he, she is such a dear.

ду́шн|о *в знач. сказ.* **1.** *безл.*: здесь ~ it's stuffy here; **2.** (*дт.*): мне ~ I can hardly breathe, I feel suffocated; **~ый** close, stuffy; ~ый день close/oppressive day; ~ая ко́мната stuffy room.

душ|о́к *м. разг.* bad smell; *перен. тж.* taint, tinge; э́то мя́со с ~ко́м the meat is high/tainted.

душо́нка *ж. пренебр.*: ни́зкая, по́длая ~ mean soul, base creature.

дуэ́нья *ж.* duenna.

дуэ́т *м.* duet; (*спортивный*) pair; **~ом**: спеть *что-л.* ~ sing* *smth.* as a duet; петь ~ом sing* a duet.

ды́ба *ж. ист.* rack.

ды́биться *несов.* stand* on ends; (*о лошади*) rear, prance.

ды́бом: во́лосы вста́ли ~ *one's* hair stood on end.

дыбы́: станови́ться на ~ rear; *перен.* bristle up, kick.

ды́лда *м.* и *ж. разг.* spindle-shanks; great hulking fellow/girl.

дым *м.* smoke; ◇ ~ коромы́слом *разг.* hullaballoo; нет ~а без огня́ *погов.* there's no smoke without fire; **~и́ть** *несов.* smoke; плита́ ~и́т the stove is smoking; ~и́ть папиро́сой puff away at *one's* cigarette; **~и́ться** *несов.* **1.** smoke; **2.** (*испускать пар*) steam; **3.** (*о тумане и т. п.*) rise*, roll, billow.

ды́мка *ж.* haze.

ды́мный smoky; ~ по́рох black powder, gunpowder.

дымов|о́й smoke *attr.*; ~а́я труба́ chimney; (*паровозная, судовая*) funnel, smokestack; ~ снаря́д *воен.* smokeshell; ~ая заве́са *воен.* smoke screen.

дымо́к *м.* tin column of smoke; (*от папиросы*) wisp/thread of smoke.

дымохо́д *м.* flue, smoke duct.

ды́мчат|ый smoky, grey; ~ая ко́шка grey cat; ~ые очки́ tinted glasses.

ды́ня *ж.* melon.

ды́рка *ж. разг.* hole.

дыроко́л *м.* hole puncher, punch.

дыря́в|ый torn; full of holes *после сущ.*; ~ая кастрю́ля a saucepan with a hole in it.

дыха́ни|е *с.* breathing, respiration; (*воздух при выходе*) breath (*тж. перен.*); иску́сственное ~ artifical respiration; уде́рживать ~ hold* *one's* breath; ~ весны́ breath of spring; ◇ второе ~ second wind; до после́днего ~я to the last moment of *one's* life.

дыха́тельн|ый respiratory; ~ое го́рло *анат.* wind pipe; ~ые пути́ respiratory ducts; боле́знь ~ых путе́й respiratory disease.

дыш|а́ть *несов.* **1.** breathe; (*тв.*) *перен.* be* fragrant (with), emanate (*smth.*); тяжело́ ~ breathe hard, pant; чуть ~а́ hardly daring to breathe; **2.** (на *вн.*, *дуть*) blow* (on); **3.** (*тв.; выражать что-л.*) radiate (*smth.*), breathe (*smth.*); ~ дово́льством breathe contentment; ◇ ~ на ла́дан be* at death's door, have* one foot in the grave, be* on *one's* last legs; не ~а with bated breath.

ды́шло *с.* pole, shaft.

дья́вол *м.* devil; како́го ~а? why the devil? why the deuce?

дья́вольск|и devilish(ly); ~ тру́дно devilishly hard; **~ий** devilish, diabolical.

дья́вольщина *ж. разг.* devilment; что за ~? what the hell's going on?

дьяк *м.* **1.** *ист.* (prince's) scribe; **2.** clerk, secretary.

дья́кон *м. церк.* deacon.

дьячо́к *м. церк.* sacristan, sexton reader.

дю́жий *разг.* strapping.

дю́жина *ж.* dozen; ◇ чёртова ~ baker's dozen.

дюйм *м.* inch.

-дюймо́вый *в сложн.* ~inch; трёхдюймовый three-inch *attr.*

дю́на *ж.* dune.

дюралюми́ний *м.* duraluminium; duralumin *амер.*

дюше́с *ж. бот.* Duchess pear.

дя́дька *м.* **1.** *разг.* = дя́дя; **2.** *ист.* (*в знатных семействах*) tutor; (*в мужских частных школах*) usher.

дя́дя *м.* uncle.

дя́тел *м. зоол.* woodpecker, зелёный ~ greenpeak.

Е

Ева́нгел|ие *с.* the Gospel; ~ от Матфе́я (Ма́рка, Луки́, Ио́анна) the Gospel according to St. Matthew (St. Mark, St. Luke, St. John); *перен. ирон.* gospel; **~и́ческий** evangelical; ~и́ческая це́рковь Evangelical Church.

е́внух *м.* eunuch.

евре́й *м.* Jew; **~ка** *ж.* Jewish woman*; (*девушка*) Jewish girl; **~ский** Jewish; (*древнееврейский*) Hebrew.

европ|е́ец *м.* European; **~е́йский** European.

е́герь *м.* **1.** huntsman*; **2.** *воен.* chasseur.

еги́петск|ий Egyptian; ~ая тьма pitch darkness.

египтя́н|ин *м.*, **~ка** *ж.* Egyptian.

его́ **1.** (*рд., вн. от личн. мест.* он *и* оно́) (*о мужчинах, самцах*) him; (*о младенцах, животных тж.*) it; (*о неодушевленных предметах*) it; (*о судах*) it, her; ~ здесь нет he's not here; ~ нет he's out; (*уехал надолго*) he's away; **2.** *в знач. притяж. мест.* (*о мужчинах, самцах*) his; (*о младенцах, животных тж.*) its; (*о неодушевленных предметах*) its; (*о судах*) its, hers.

егоз|а́ *м. и ж. разг.* fidget; **~и́ть** *несов. разг.* fidget, fuss about.

еда́ *ж.* **1.** (*принятие пищи*) meal; во вре́мя еды́ during a meal, while eating; **2.** *разг.* (*пища*) food.

едва́ **1.** *нареч.* (*с трудом*) hardly, scarcely; я ~ разыска́л его́ I could hardly/scarcely find him; я ~ дышу́ (от уста́лости) I can hardly/scarcely move; **2.** *нареч.* (*чуть*) barely; ~ заме́тный barely noticeable/perceptible, scarcely visible; ~ избежа́ть *чего-л.* barely escape *smth.*; **3.** *нареч.* (*только что*) only just; hardly, scarcely; **4.** *союз* no sooner... than, scarcely/barely... when; ~ вста́ло со́лнце, как... hardly/scarcely had the sun risen, when...; no sooner had the sun risen than...; ~ не... almost...; no sooner hardly; он ~ ли придёт he's not likely to come; он ~ ли зна́ет, хо́чет *и т. д.* I don't suppose he knows, wants to *etc.*; ~ ли э́то возмо́жно it's hardly possible; ~ ли не (*с превосх. ст.*) probably; ~ ли не лу́чший шахмати́ст в стране́ probably the best chess-player in the country.

едине́ние *с.* unity.

едини́ц|а *ж.* **1.** unit; ~ измере́ния unit of measurement; **2.** (*цифра*) one; **3.** (*плохая отметка*) bad mark; **4.** *мн.* (*немногие*) individuals: то́лько ~ы only a few.

едини́ч|ный **1.** (*единственный*) single; ~ слу́чай single/solitary instance; э́тот слу́чай не ~ен this case is not the only one; **2.** (*отдельный*) isolated, individuals; ~ные фа́кты isolated facts.

единобо́жие *с. рел.* monotheism.

единобо́рство *с.* single combat; вступа́ть в ~ engage in single combat.

единобра́ч|ие *с.* monogamy; **~ный** monogamous; *бот.* monogamian, monogynous.

единове́р|ец *м. рел.* coreligionist; **~ный** of the same faith.

единовла́ст|ие *с.* autocratic power; **~ный** autocratic; ~ное правле́ние autocratic rule.

единовре́менн|о (*один раз*) once; (сразу) in a lump, all at once; уплати́ть *что-л.* ~ pay* *smth.* in a lump sum; **~ый** lump-sum *attr.*; ~ое посо́бие single-payment grant, lump-sum grant.

единогла́с|ие *с.* unanimity; **~но** unanimously; при́нято ~но passed unanimously; **~ный** unanimous.

единоду́ш|ие *с.* accord, unanimity; **~ный** unanimous.

единокро́вн|ый *уст.* consanguineous; ~ брат half-brother; ~ая сестра́ half-sister.

единоли́чн|ик *м. ист.* individual peasant; farmer; **~ый** **1.** *ист.* individual peasant *attr.*; **2.** (*осуществляемый одним лицом*) individual; ~ое реше́ние individual decision.

единомы́|слие *с.* agreement, like-mindedness; **~шленник** *м.* **1.** like-minded person, sympathizer; **2.** (*сообщник*) ally.

единонача́лие *с.* one-man management, undivided authority.

единообра́з|ие *с.* uniformity; **~ный** uniform.

единопле́менник *м.* fellow-tribesman*; (*принадлежащий к той же народности*) fellow-countryman*.

единоро́г *м.* **1.** *миф.* unicorn; **2.** *ист.* (*пушка*) unicorn; **3.** *зоол.* narwhal.

единоро́дный *уст.* only-begotten; ~ сын only son.

единоутро́бн|ый *уст.* uterine; ~ брат half-brother; ~ая сестра́ half-sister.

еди́нственн|о only; ~ возмо́жное реше́ние the only possible solution; ~ о, чём говоря́т... the sole subject of discussion is...; ~, о чём я прошу́ all I ask: ~, что я могу́ сказа́ть all I can say is; **~ый** *прил.* **1.** only, sole; ~ый ребёнок only child*; ~ый в своём ро́де unique; ~ая наде́жда sole hope; **2.** *в знач. сущ. с.* the only thing; ~ое, что остаётся де́лать, э́то... the only thing left is to...; ◇ ~ое число́ *грам.* singular.

еди́нство *с.* unity; ~ взгля́дов unity of opinion/views.

еди́н|ый **1.** (*один, единственный*) a single; там не бы́ло ни ~ой души́ there wasn't a soul in the place; он не произнёс ни ~ого сло́ва he didn't utter a (single) word; **2.** (*объединённый, цельный*) united; unified; ~ое це́лое united/integral whole; ~ фронт united front; ~ технологический процéсс unified/integrated technological process; 3. (*общий, одинаковый*) common; ~ое мнéние common opinion; ◇ все до ~ого everyone without exception; они́ яви́лись все до ~ого they turned up to a man; ~ (*проездной*) билет bus-tram-and-metro ticket.

éдк|ий 1. *хим.* corrosive, caustic; 2. (*раздражающий*) pungent, acrid; ~дым acrid smoke; 3. (*колкий, язвительный*) caustic, cutting, biting, ~ое замечáние caustic/cutting remark; ~ая ирóния biting irony; **~ость** *ж.* 1. *хим.* corrosiveness, causticity; 2. (*колкость*) acrimony, sarcasm.

едóк *м.* 1. (*потребитель*) consumer; (*в семье*) a mouth to feed; коли́чество продýктов на ~á food per person/consumer; сéмьи из трёх ~óв family of three (people); 2. *разг.* eater; плохóй ~ poor eater.

её 1. (*рд., вн. от личн. мест.* онá) (*о женщинах, самках*) her; (*о младенцах, животных тж.*) it; (*о неодушевлённых предметах*) it; её здесь нет she's not here; 2. *в знач. притяж. мест.* (*перед сущ.*) (*о женщинах, самках*) her; (*о младенцах, животных тж.*) its; (*о неодушевлённых предметах*) its; (*без сущ.*) hers, its.

ёж *м.* hedgehog; ◇ морскóй ~ sea-urchin.

ежеви́ка *ж.* 1. *собир.* blackberries *pl.*; 2. (*об отдельной ягоде*) blackberry; 3. (*растение*) blackberry-bush, bramble.

ежегóдник *м.* yearbook, annual.

ежегóдн|о yearly, every year; **~ый** yearly, annual.

ежеднéвн|о daily, every day; **~ый** daily; ~ая газéта daily (paper); ~ые забóты daily/everyday cares.

ежемéсяч|ник *м.* monthly (magazine); **~но** monthly, every month; **~ный** monthly; ~ный отчёт monthly report; ~ный журнáл monthly (magazine).

ежеминýтн|о 1. every minute; 2. (*постоянно*) perpetually; **~ый** 1. at one-minute intervals *после сущ.*; occurring every minute *после сущ.*; 2. (*непрерывный*) constant, perpetual; мне надоéли э́ти ~ые звонки́ по телефóну I'm sick of these everlasting telephone calls.

еженедéльник *м.* weekly (magazine); **~ый** weekly, every week.

ежесекýндно 1. every second; 2. (*постоянно*) incessantly, constantly.

ежечáсн|о hourly; **~ый** hourly.

ёжиться *несов.* 1. shiver (with); 2. *разг.* (*стесняться*) be* shy; (*колебаться*) hesitate, waver.

ежóв|ый: держáть *кого-л.* в ~ых рукави́цах rule *smb.* with a rod of iron.

езд|á *ж.* 1. (*в машине*) driving; (*верховая, на велосипеде*) riding; (*по железной дороге, водой*) travelling; дóлгая ~ в маши́не утоми́ла егó the long drive tired him; 2.: в двух часáх ~ы́ от *чего-л.* two hours journey from *smth.*

éзд|ить *несов.* go*; (*в машине, экипаже*) drive*; (*верхом, на велосипеде*) ride*; (на *пр.*) go* (by); (*по железной, дороге*) travel (by); он кáждый день ~ит в гóрод he goes to town every day; ~ на трамвáе go* by tram; ~ на олéнях ride* in a reindeer sledge; **~ка** *ж. разг.* journey; run.

ездов|óй *прил.* draught; ~ы́е собáки draught/sledge dogs.

ездóк *м.* (*верхом*) rider, horseman*; (*на велосипеде*) cyclist; (*на мотоцикле*) motorcyclist; хорóший ~ good* rider; плохóй ~ bad* rider; ◇ тудá я бóльше не ~ you don't catch me going there any more.

ей (*дт. от личн. мест.* он) (*о женщинах, самках*) (to) her; (*о младенцах, животных тж.*) (to) it; *в безл. выражениях обычно* she; ей хóлодно she is cold; ей все равно she doesn't care; it's all the same to her.

ей-бóгу *разг.* really, by George!

ей-ей! *межд.* truly! in very truth!

ёкать, ёкнуть *разг.* miss a beat.

ёкнуть *сов. см.* ёкать.

ектéнья *ж. церк.* (*часть православного богослужения*) ectenia.

éле hardly, scarcely; ~ слы́шный звук hardly audible sound; я ~ дошёл сюдá I could hardly drag myself here; ◇ он ~ ды́шит he's half dead; он ~ спáсся he had a very narrow escape.

éле-éле hardly.

елéй *церк.* anointing oil, chrism; *перен.* unction.

елéйн|ый unctuous, sanctimonious; ~ым гóлосом unctuously, sanctimoniously.

елéц *м.* (*рыба*) dace.

ели́ко *нареч. уст.* as far as; ~ возмóжно as far as possible.

ёлка *ж.* I. fir(-tree); 2. (*новогодняя*) New Year's tree; (*рождественская*) Christmas tree; 3. (*празднество*) (children's) New Year's party.

елóв|ый fir *attr.*, spruce *attr.*; ~ая ши́шка fir-cone.

елóзить *несов.* crawl.

ёлочка *ж.* fir(-tree).

ёлочн|ый: ~ые украшéния New Year's tree decorations; Christmas-tree decorations.

ель *ж.* spruce, fir(-tree); **~ник** *м.* 1. (*лес*) fir-grove; 2. (*ветка*) twigs/branches of fir *pl.*

ёмк|ий capacious; **~ость** *ж.* capacity; (*резервуар*) container, tank, reservoir.

емý (*дт. от лич. мест.* он) (*о мужчинах, самцах*) (to) him; (*о младенцах, животных тж.*) (to) it; *в безл. выражениях обычно* he; ~ хóлодно he is cold; ~ всё равнó he doesn't care; it's all the same to him.

ендовá *ж. ист.* flagon.

енóт *м.* 1. (*зверь*) ra(c)coon; 2. (*мех*) ra(c)coon fur, coonskin; **~овый** racoon *attr.*, coonskin *attr.*

епанчá *ж. ист.* cloak, mantle.

епархиáльн|ый *церк.* diocesan, eparchial; ~ое учи́лище *уст.* church secondary school for girls.

епáрхия *ж. церк.* diocese; (*в православной церкви*) eparchy.

епи́скоп *м.* bishop; **~а́льный** episcopalean.

епити́мья *ж. церк.* penance.

епитра́хиль *ж. церк.* stole.

ерала́ш *м. разг.* muddle, mess, jumble; у него́ в голове́ по́лный ~ his thoughts are in complete confusion.

ерепе́ниться *несов. разг.* bristle up.

е́ресь *ж.* heresy, heterodoxy; впасть в ~ fall* into heresy; *перен. разг. (чушь)* rubbish, rot; ◇ что за ~! what nonsense!

ерет|и́к *м.* heretic; **~и́ческий** heretical, heterodox.

ёрзать *несов. разг.* fidget.

ермолка *ж.* scullcap.

еро́шить, взъеро́шить (*вн.*) *разг.* ruffle (*smth.*), rumple (*smth.*), dishevel (*smth.*); **~ся** *несов. разг.* bristle up.

еро́шить *несов. разг.* rumple, ruffle, dishevel; **~ся** *несов. разг.* stick* up, bristle.

ерунд|а́ *ж. разг.* **1.** (*чепуха*) rubbish, (stuff and) nonsense; говори́ть ~у́ talk nonsense; **2.** (*пустяк*) trifle; ~! never mind that!

ерунди́стика *ж. разг.* nonsense.

ерундо́вый foolish, trifling.

ёрш *м.* **1.** (*рыба*) ruff; **2.** (*щётка*) *см.* ёршик; **3.** (*напиток*) *разг.* mixture of beer and vodka; **~ик** *м.* (*проволочный*) wire brush; (*щетинный*) bristle-scourer.

ерши́стый *разг.* **1.** bristling, sticking up; **2.** *перен.* obstinate, unyielding.

ерши́ться *несов. разг.* bristle up; *перен. тж.* get* into a temper.

есау́л *м. ист.* cossack capitain.

е́сли **1.** if; ~ вы за́няты, приходи́те за́втра if you are busy come tomorrow; ~ не хоти́те, не приходи́те don't come if you don't want to, don't come unless you want to; ~ бы if; ~ бы он был свобо́ден, он пришёл бы сего́дня he would have come today if he had been free; о ~ бы..! If only..!; что, ~ бы... what if...; ~ не if... not, unless; ~ бы не *кто-л.*, *что-л.* but for *smb.*, *smth.*, ~ он и был там, я его́ не ви́дел even if he was there I didn't see him; **2.** (*при сопоставлении*) *обычно не переводится*; ~ до войны́ здесь бы́ло де́сять школ, то сейча́с их уже́ два́дцать before the war there were ten schools here, now there are twenty; ◇ ~ бы да кабы́ if ifs and ans were pots and pans.

есте́ственн|о **1.** *нареч.* naturally; **2.** *в знач. вводн. сл.* naturally, of course; **~ость** *ж.* naturalness, simplicity; **~ый** natural; (*непринуждённый тж.*) unaffected; ~ые бога́тства страны́ the country's natural resources; ~ые нау́ки natural sciences; ~ая смерть natural death; ~ый цвет лица́ natural complexion; ~ отбо́р *биол.* natural selection.

естествозна́ние *с.* science; natural sciences *pl.*

естествоиспыта́тель *м.* naturalist.

есть I, съесть (*вн.*) **1.** (*питаться*) eat* (*smth.*); мне хо́чется ~ I am hungry; не ~ мя́са eat* no meat; **2.** *тк. несов. (разъедать)* corrode (*smth.*), eat* (into); **3.** *тк. несов. (раздражать — о дыме и т. п.)* sting* (*smth.*); ~ глаза́ *кому-л.* make* *smb.'s* eyes smart; **4.** *разг.* (*попрекать*) nag (*smb.*); ◇ ~ *кого-л.* глаза́ми devour *smb.* with *one's* eyes; ~ чужо́й хлеб sponge, live on other people.

есть II (*наст. вр. гл.* быть) **1.** is; ~ о чём говори́ть! it's not worth mentioning!; **2.** *в знач. сказ. (имеется)* there is, there's; there are *мн.*, *переводится также личными формами глагола* have*; у меня (него́ *и т. д.*) ~ мно́го книг I have (he has etc.) many books; ~ ли? is there?; are there? мн.; ~ ли у *кого-л.* каранда́ш? has anyone got a pencil?; ◇ так и ~! and there you are!

есть III *межд. (ответ на команду)* very good!, yes, sir.

ефре́йтор *м.* corporal.

е́хать *несов.* **1.** *см.* е́здить; он е́дет в Москву́ he's going to Moscow; ~ бы́ло о́чень ве́село we had a very pleasant journey; **2.** (*уезжать*) go* off; сейча́с е́ду! I'm off; **3.** *разг. (сдвигаться, скользить)* slip, slide*; ◇ да́льше ~ не́куда! it's the limit!

ехи́дна *ж.* **1.** (*животное*) echidna, porcupine anteater; **2.** *разг. (о злом, язвительном человеке)* viper, spiteful/venomous creature.

ехи́дн|ичать, съехи́дничать *разг.* be* spiteful, be* sarcastic; **~ый** spiteful, malicious; ~ый челове́к malicious person; ~ое замеча́ние malicious remark.

ехи́дство *с.* spite, malice, malevolence.

ещё **1.** *нареч.* (*дополнительно, больше*) (some) more, another; ~ хле́ба some more bread; ~ ча́шку ча́ю another cup of tea; хоти́те ~? will you have some more?; ~ немно́го a little more; подожди́те ~ немно́го wait a little longer; ~ оди́н just one more; ~ оди́н! yet another!; ~ полчаса́ another half-hour; ~ раз once more; ~ раз! (*сделайте*) (do it) again!; (*скажите*) say it again!; остаётся ~ мно́го сделать much yet remains to be done; **2.** *нареч.* (*до сих пор, пока*) still; ~ есть вре́мя there's still time; вре́мени ~ доста́точно there's plenty of time; ~ не по́здно it's not too late; он ~ мо́лод he's still young, ~ не not yet; ~ не вре́мя the time is not ripe, the time has not yet come; он ~ не пришёл he hasn't come yet; **3.** *нареч. (уже)*: ~ в 1917 году́ as far back as 1917; as long ago as 1917; он уе́хал ~ на про́шлой неде́ле, в про́шлом году́ he left nearly a week, a year ago; **4.** *нареч.* (*при сравнит. ст.*) still, even; ~ бо́льше, лу́чше *и т. п.* still more, better *etc.*; **5.** *усил. частица*; како́й ~..! what a..!; э́то ~ ничего́! that's not so bad!; ◇ ~ бы!, да ~ как! I should think/ say so; and how! *амер.*; ~ бы он отказа́лся! as if he would refuse!; ~ и ~ more and more, increasingly; всё ~ still.

ею (*тв. от личн. мест.* она́) by her; (*о неодушевлённых предметах*) by it; э́та рабо́та сде́лана ~ this work was done by her; он ~ дово́лен he is pleased with her; он ~ кома́ндует she is ruled by him.

Ж

ж I, II *см.* же I, II.

жа́ба *ж.* I toad.

жа́ба *ж.* II *мед.* quinsy; грудна́я ~ angina pectoris.

жабо́ *с. нескл.* jabot.

жа́бры *мн.* gills, branchia; ◇ взять *кого-л.* за ~ put* the screws on *smb.*

жа́воронок *м. зоол.* lark, skylark.

жа́дина *м.* и *ж. разг. пренебр.* greedy-guts.

жа́дничать, пожа́дничать *разг.* be* greedy; (*скупиться*) be* mean/stingy.

жа́дн|о greedily; *перен.* (*с интересом*) eagerly; ~ есть eat* greedily; ~ слу́шать listen eagerly; **~ость** *ж.* **1.** (к *дт.* на *вн.*, до *рд.*) greed (for, of), avarice (for), cupidity (for); **2.** (*прожорливость*) greediness; **3.** (*скупость*) meanness, stinginess; **~ый** **1.** (на *вн.*, до *рд.*, к *дт.; страстно желающий чего-л.*) greedy (for), hungry (for); **2.** (*жаждущий удовлетворения*) avid, eager; ~ое любопы́тство eager curiosity; **3.** (*прожорливый*) greedy, voracious; **4.** (*выражающий жадность*) yearning, hungry; **5.** (*скулой*) mean, grasping, avaricious, miserly.

жа́жд|а *ж.* (*прям.* и *перен.*) thirst; испы́тывать ~у be* thirsty; ~ зна́ний thirst for knowledge; **~ать** *несов.* (*рд.*) thirst (for), long (for), hunger (for), crave (for).

жадю́га *м.* и *ж. см.* жа́дина.

жаке́т *м.*, ~ка *ж.* jacket.

жале́|ть, пожале́ть **1.** (*вн.; чувствовать жалость*) pity (*smb.*); be* sorry (for), feel* sorry (for); **2.** (о *пр.*, *что; сожалеть*) regret (*smth.*), be* sorry (about); (*о несделанном*) wish one had, be* sorry one didn't; (*о сделанном*) wish one hadn't, be* sorry one did; **3.** (*вн., рд., беречь*) spare (*smth.*); (*скупиться*) grudge (*smth.*); не ~ уси́лий (что́бы) spare no pains (+ to *inf.*); не ~ затра́т spare no expense; не ~я затра́т regardless of expense; **4.** *разг.* (*любить*) be* kind/good (to), care tenderly (for).

жа́лить, ужа́лить (*вн.*) sting* (*smb.*, *smth.*), (*о змее*) bite* (*smb.*, *smth.*).

жа́лк|ий **1.** (*вызывающий жалость*) pitiful, pitiable; (*страдальческий*) pathetic; ~ое зре́лище sorry/pitiful sight; её лицо́ вдруг ста́ло ста́рым и ~им she suddenly looked old and pathetic; **2.** (*невзрачный, бедный*) wretched, miserable; (*ничтожно малый тж.*) paltry; ~ вид wretched appearance; име́ть ~ вид look wretched, cut* a poor figure; ~ие оста́тки pitiful remains/remnants; ~ая су́мма paltry sum; **3.** (*презренный, мелкий*) miserable; ~ая попы́тка pitiful attempt; игра́ть ~ую роль play a sorry part; ~ трус miserable coward.

жа́лко *см.* жаль.

жа́ло *с.* sting; ~ клеветы́ sting of a calumny.

жа́лоб|а *ж.* complaint; приноси́ть ~у lodge/make* a complaint; рассмотре́ть ~у consider a complaint; **~ный** **1.** plaintive; doleful; ~ный го́лос plaintive voice: **2.** (*с жалобой на кого-л.*) complaints *attr.*; ~ная кни́га complaints book; **~щик** *м. юр.* plaintiff; person lodging complaint.

жа́лованье *с.* salary; (*рабочих*) wages *pl.*

жа́л|овать, пожа́ловать **1.** (*вн. тв., дт. тв.*) *уст.* (*давать*) grant (*smb.*, *smth.*, *smth.* to *smb.*); **2.** *тк. несов.* (*вн.*) *разг.* (*уважать*) like (*smb.*), care (for); про́сим люби́ть да ~ we rely on your good offices; он вас не ~ует you're not among his favorites.

жа́л|оваться, пожа́ловаться (на *вн.*) complain (of); на что вы ~уетесь? what's your complaint?, what's the matter?; where does it hurt you?

жа́лостливый *разг.* **1.** soft-hearted, compassionate; (*выражающий сострадание*) sympathetic; **2.** (*печальный*) sad, mournful.

жа́лостный *разг.* **1.** pitiful, plaintive; **2.** (*сострадательный*) sympathetic.

жа́лост|ь *ж.* pity, compassion, sympathy; на ~и к *кому-л.* out of compassion for *smb.*; ◇ кака́я ~! what a pity!

жаль **1.** *в знач. сказ. безл.*: как ~! what a pity!; мне вас ~ I'm sorry for you; мне не ~ про́шлого I have no regrets for the past; ~, что... it's a pity..., what a pity...; ~ потё́рянного вре́мени a pity so much time has been wasted; **2.** *в знач. сказ. безл.* (*рд.*, + *инф.*, *о нежелании лишаться чего-л.*) grudge (*smth.*, + -ing), мне ~ отдава́ть де́ньги I grudge the money; **3.** *в знач. вводн. сл.* unfortunately.

жалюзи́ *с. нескл.* Venetian blinds *pl.*, jalousie.

жанр *м.* **1.** genre; **2.** *иск.* genre painting; **3.** (*манера*) style, manner.

жанда́рм *м.* gendarme; **~е́рия** *ж.* gendarmerie.

жанри́ст *м. иск.* genre painter.

жа́нров|ый: ~ая жи́вопись genre painting; ~ая карти́на conversation (piece).

жар *м.* **1.** heat; **2.** *разг.* (*горячие угли*) live coals *pl.*, embers *pl.*; **3.** (*повышенная температура*) (high) temperature; в ~у́ in a high fever; у него́ ~ he has a temperature; **4.** (*лихорадочное состояние*) fever of exeitement; броса́ет в ~ и в хо́лод it makes *one* go hot and cold: **5.** (*рвение*) ardour, fervor; (*горячность*) warmth; ◇ говори́ть с ~ом speak* with animation/heat; с ~ом приня́ться за де́ло set* to work with enthusiasm; зада́ть ~у *кому-л.* give* it *smb.* hot; чужи́ми рука́ми ~ загреба́ть ≅ make* others do the dirty work for one.

жар|а́ *ж.* heat, в са́мую ~у́ at the hottest time of the day, in the heat of the day.

жарго́н *м.* slang, jargon; cant; **~ный** slang *attr.*, jargon *attr.*

жа́рен|ый (*на сковороде*) fried; (*на пламени*) grilled; (*в духовке*) roast; ~ая ры́ба, fried fish; ~ая карто́шка fried potatoes *pl.*, chips *pl.*

жардинье́рка *ж.* flower stand, jardiniere.

жа́р|ить *несов.* **1.** (*вн.*) (*на сковороде*) fry (*smth.*); (*на пламени*) grill (*smth.*), broil (*smth.*); (*в духовке*) roast (*smth.*); **2.** *разг.* (*обжигать лучами*) scorch; неща́дно ~ит со́лнце the sun is fierce; **~иться** *несов.* **1.** (*на сковороде*) fry; (*в духовке*) roast; **2.** *разг.*: ~иться на со́лнце roast in the sun.

жа́рк|ий **1.** hot, torrid; ~ день hot day; ~ие стра́ны hot/tropical countries; ~ по́яс *геогр.* torrid zone; **2.** (*пылкий страстный*) ardent; **3.** (*бурный*) heated; ~ спор heated argument, hot discussion; **4.** (*сильный, интенсивный*) fierce; intense; ~ие бои́ fierce fighting.

жа́рко **1.** *нареч.*: ~ нато́пленная печь hot stove; **2.** *в знач. сказ. безл.* it is hot; **3.** *в знач. сказ. (дт.)*: мне ~ I'm hot.

жарко́е *с.* roast, roast meat.

жаро́вня *ж.* brazier.

жаропонижа́ющее *с.* febrifuge, cooling medicine.

жаросто́йкий *см.* жароупо́рный.

жароупо́рный heatproof, heat-resistant.

жар-пти́ца *ж. фольк.* firebird.

жары́нь *ж. разг.* intense heat, very hot weather.

жасми́н *м.* jasmin(e), jessamin(e).

жа́тв|а *ж.* **1.** (*действие*) reaping; **2.** (*время уборки хлебных злаков*) harvesttime; **3.** (*урожай*) harvest; **~енный** harvesting.

жа́тка *ж. с.-х.* harvester; reaper.

жать I *несов.* **1.** (*вн.; давить*) press (*smth.*), squeeze (*smth.*), ~ *кому-л.* ру́ку press *smb.'s* hand; **2.** (*быть тесным*) be* tight; (*об обуви*) pinch.

жать II, сжать (*вн.*) *с.-х.* reap (*smth.*).

жа́ться *несов.* **1.** huddle up; (*тесниться*) be* huddled together; ~ от хо́лода stand* huddled up in the cold; **2.** (к *дт.; льнуть*) press (against), cling* (to); ~ к ма́тери cling to *one's* mother; ~ в у́гол cower in the corner; **3.** *разг.* (*проявлять нерешительность*) dither, hesitate; **4.** *разг.* (*скупиться*) skimp, scrimp.

жбан *м.* jug.

жва́ч|ка *ж.* **1.** cud; жева́ть ~ку chew the cud; ruminate; *перен.* grind* the organ; **2.** *разг.* chewing gum; bubble gum; **~ный**: ~ное живо́тное ruminating animal, ruminant.

жгут *м.* **1.** rope; соло́менный ~ twist of straw, wisp; сверну́ть *что-л.* ~о́м twist *smth.* into a rope; **2.** *мед.* tourniquet.

жгу́ч|ий burning; ~ее со́лнце scorching/baking sun; ~ая крапи́ва stinging nettles *pl.*; ~ая боль smarting pain; ~ стыд burning shame; ~ие слёзы scalding tears; ◇ ~ брюне́т raven-head; ~ вопро́с burning question.

ждать *несов.* **1.** (*вн., рд.*) wait (for); await (*smb., smth.*); ~ по́езда wait for a train; **2.** (*вн., рд.; рассчитывать на что-л.*) expect (*smb., smth.*); ~ пи́сем от *кого-л.* expect letters from *smb.*; а мы вас и не жда́ли we weren't expecting (to see) you; **3.** (*вн.; предстоять*) be* in store (for), await (*smb.*); что ждёт его́ в жи́зни? what has life in store for him?; ◇ ~ от козла́ молока́ milk the bull/ram; ~ не дожда́ться *кого-л., чего-л.* just can't wait for *smb., smth.* to come; не заста́вить себя́ ~ be* not long in coming; того́ и жди any time now, any moment.

же I *союз* **1.** (*при противоположении*) but, and; в не́которых же слу́чаях in some cases, indeed; если же... if, however...; или же... or (perhaps)...; **2.** (*ведь*): э́то же совсе́м друго́е де́ло (but) that's quite different; я же вам сказа́л but I told you; я же вам говори́л i told you so.

же II *частица усил.*: он тогда́ же посла́л письмо́ he sent the letter at once; приходи́те же! do come!; сего́дня же today.

жёваный chewed; *перен. разг.* crumpled.

жева́ть *несов.* (вн.) chew (*smth.*), masticate (*smth.*); (*о жвачных тж.*) ruminate (*smth.*); *перен. разг.* jaw (about); ◇ жва́чку repeat *smth.* monotonously.

жезл *м.* baton, staff; (*эмблема власти*) warder.

жела́ем|ый: принима́ть, выдава́ть ~ое за действи́тельное mistake* the wish for the reality; indulge in wishful thinking.

жела́н|ие *с.* desire; (*сильное*) longing (for); по ~ию at will; про́тив ~ия against *one's* will; по ~ию пу́блики at the request/desire of the public; по со́бственному ~ию at *one's* own request; при всём моём ~ии much as I should like to; горе́ть ~ием be* bursting with a desire; **~ный** *прил.* **1.** longed-for, welcome; ~ный гость welcome guest; **2.** (*милый, дорогой*) darling, dearest; **3.** *в знач. сущ. м. разг.* darling; мой ~ный my best beloved.

жела́тельн|о *в знач. сказ. безл.* it is desirable; it is to be hoped, preferably; ~, что́бы вы уе́хали it might be as well for you to leave; **~ый** desirable; (*необходимый*) desired.

желати́н *м.* gelatin; **~овый** gelatinous.

жел|а́ть, пожела́ть **1.** (*вн., рд., + инф.*) wish *smth.*), desire (*smth.*); (*страстно*) long (for); **2.** (*дт. рд.*) wish (*smb., smth.*); ~а́ю вам всего́ хоро́шего I wish you luck, good luck to you; не ~ зла *кому-л.* not wish *smb.* any harm; э́то оставля́ет ~ лу́чшего it leaves much to be desired.

жела́ющ|ие *мн.* those who wish; anyone who wishes *sg.*; откры́то для всех ~их open to all.

желе́ *с. нескл.* jelly.

железа́ *ж. анат.* gland; же́лезы вну́тренней секре́ции endocrine glands.

желе́зистый I *хим.* ferrous.

желе́зистый II *анат.* glandular.

желе́зка I *ж. разг.* piece of iron, iron bar.

желе́зка II *ж.* (*карточная игра*) chemin-defer.

желе́зка III *ж. разг.*: жми на всю ~у! go* hell for leather.

желе́зно *нареч. разг.* without fail, no nonsense!

железнодоро́жн|ик *м.* railwayman*; railroader *амер.*; **~ый** railway *attr.*; railroad *attr. амер.*; ~ый путь track; rails *pl.*, permanent way; ~ый тра́нспорт railway transport; ~ое движе́ние rail traffic; ~ый у́зел rail junction.

желе́зн|ый iron (*тж. перен.*); *хим.* ferrous; ~ая руда́ iron ore; ~ая стру́жка iron shaving; ~ колчеда́н *мин.* iron pyrites; ~ купоро́с green vitriol, sulphate of iron; ~ая кры́ша metal roof; ~ая ба́нка tin; can *амер.*; ~ая во́ля will of iron, iron will; ~ челове́к iron-willed person; ~ая вы́держка iron self-confrol; ~ая ло́гика cast-iron logic; ◇ ~ая доро́га railway; railroad *амер.*; по ~ой доро́ге by rail, by train.

железа́ *ж. анат.* glandule.

железня́к *м.* ironstone; кра́сный ~ hematite.

желе́зо *с.* (*металл, тж. лекарство*) iron; *собир.* (*изделия*) ironmongery, hardware; листово́е ~ sheet iron; сва́рочное ~ wrought iron; ~ в болва́нках pig iron.

железобето́н *м.* reinforced concrete, ferroconcrete; **~ный** reinforced-concrete *attr.*, ferroconcrete *attr.*

железопрока́тный: ~ заво́д rolling mill.

железоплави́льный: ~ заво́д iron foundry.

жёлоб *м.* chute, shoot, trough; (*на крыше*) gutter.

желобо́к *м. тех.* groove, channel; *архит.* flute.

желт|е́ть, пожелте́ть **1.** (*становиться желтым*) yellow, turn yellow, sallow; **2.** *тк. несов.* (*виднеться*) show* yellow; **~изна́** *ж.* yellow hue, yellowness.

желтова́тый yellowish; (*о цвете лица*) sallow.

желто́к *м.* yolk.

желтоко́жий yellow-skinned.

желторо́тый yellow-beaked; *перен. разг.* callow; ~ птене́ц callow fledg(e)ling, greenhorn.

желту́ха ж. *мед.* jaundice, icterus.

жёлт|ый yellow (*тж. перен.*); ~ая лихора́дка yellow fever; ~ая пре́сса yellow press; ◇ ~ дом *разг.* lunatic asylum.

желудёвый acorn *attr.*; ~ ко́фе acorn coffee.

желу́д|ок *м.* stomach; на голо́дный ~ on an empty stomach/bell; несваре́ние ~ка indigestion; ~очек *м. анат.* ventricle; **~очный** gastric; ~очный сок gastric juice.

жёлудь *м.* acorn.

жёлч|ный bilious, jaundiced: *перен.* jaundiced, bitter; ~ пузы́рь gall bladder; ~ челове́к bitter/acrimonious person.

жёлч|ь *ж.* **1.** bile; (*животных*) gall: у него́ разлила́сь ~ he has a bilious attack; **2.** (*раздражение*) spleen, bile, bitterness; по́лный ~и embittered; изли́ть ~ на *кого-л.* vent *one's* spleen on *smb.*

жема́н|иться *несов. разг.* mince, simper; ~ный mincing, simpering, prim and proper; **~ство** *с.* airs and graces *pl.*, finicality.

жема́нница *ж.* affected creature.

же́мч|уг *м.* pearls *pl.*; ме́лкий ~ seed-pearls; **~у́жина** *ж.* (*прям. и перен.*) pearl; **~у́жный 1.** (*из жемчуга*) pearl *attr.*; **2.** (*напоминающий жемчуг*) pearly.

жена́ *ж.* wife*; **~тый** married.

же́нин *one's* wife's.

жени́ть *несов. и сов.* (*вн.*) marry off (*smb.*); (*вн. на пр.*) marry (*smb.* to); ◇ без меня́ меня́ жени́ли I was roped in without being consulted; **~ба** *ж.* marriage; **~ся** *несов. и сов.* marry; (на *пр.*) marry (*smb.*), get* married (to).

жени́х *м.* fiance; (*в день свадьбы*) bridegroom.

жениха́ться *несов. разг.* be* engaged, be* courting *smb.*

женолю́б *м.* ladies man; **~и́вый** ladies man *attr.*; **~ие** *с.* weakness for fair sex.

женоненави́стни|к *м.* woman-hater, misogynist; **~ческий** misogynous; **~чество** *с.* misogyny.

женоподо́бный effeminate.

же́нск|ий 1. woman's, female; ~ пол the female sex; ~ие боле́зни gynaecological diseases; Междунаро́дный ~ день International Women's Day; **2.** (*свойственный женщине*) a woman's, womanly, feminine; ~ая ло́гика a woman's logic; ◇ ~ род *грам.* feminine gender; ~ая ри́фма double/feminine rhyme.

же́нственн|ость *ж.* femininity, feminity, womanliness; **~ый** feminine, womanly.

же́нщина *ж.* woman*.

женьше́нь *м. бот.* ginseng.

жёрдочка *ж.* perch.

жердь *ж.* pole; дли́нный как ~ lanky; *спорт.* bar.

жерёбая in foal *после сущ.*

жереб|ёнок *м.* foal; **~е́ц** *м.* stallion; (до 4-х лет) colt; **~и́ться**, ожереби́ться foal.

жеребьёвка *ж.* casting of lots; *спорт.* draw, drawing of lots.

жереба́чий foal; *attr.*; ◇ ~ смех horselaugh.

же́рло *с.* mouth; (*дуло тж.*) muzzle.

жёрнов *м.* millstone.

же́ртв|а *ж.* **1.** sacrifice; ценó́й бо́льших жертв at great sacrifice; **2.** (*пострадавший*) victim; ~ы войны́ victims of war; быть ~ой *чего-л.* be* the victim of *smth.*; ◇ приноси́ть ~у *чему-л.* make* a sacrifice to *smth.*, приноси́ть *что-л.* в ~у sacrifice *smth.*, пасть ~ой *чего-л.* fall* a prey to *smth.*; **~енник** *м.* altar, credence table; **~енный** sacrificial.

же́ртвовать, поже́ртвовать **1.** (*вн.; дарить*) give* (*smth.*), donate (*smth.*); **2.** (*тв.*) sacrifice (*smb.*, *smth.*); ~ собо́й sacrifice *oneself*; ~ жи́знью sacrifice *one's* life.

жертвоприноше́ние *с.* sacrifice, offering, oblation.

жест *м.* gesture; краси́вый ~ fine gesture.

жестикул|и́ровать *несов.* gesticulate; **~я́ция** *ж.* gesticulation.

жёстк|ий 1. hard; (*о материи*) harsh; (*о волосах*) wiry, coarse; (*об органической ткани, пище*) tough; ~ матра́ц hard mattress; ~ая ко́жа tough skin; **2.** (*суровый, резкий*) hard; ~ хара́ктер hard nature; дул холо́дный, ~ ве́тер the wind blew cold and hard; **3.** (*строгий*) rigid, strict; ~ гра́фик rigid timetable; ~ие сро́ки strict time limits; ~ое пра́вило rigid rule, hard and fast rule; ~ие усло́вия hard terms; ◇ ~ ваго́н carriage with (uncushioned) seats; е́хать ~им travel 2nd class, travel hard; ~ая вода́ hard water; мя́гко сте́лет, да жёстко спать ~ honey is sweet but the bee stings; honey tongue, heart of gall.

жесткокры́лый: ~ые *в знач. сущ.* Coleoptera.

жесто́к|ий 1. cruel; (*грубый*) brutal; ~ челове́к cruel person; ~ие нра́вы cruel customs; учини́ть ~ую распра́ву над *кем-л.* deal* brutally with *smb.*; **2.** (*очень сильный*) fierce, violent; ~ уда́р crushing/savage blow; ~ое сопротивле́ние fierce resistance; ~ое пораже́ние punishing/crushing defeat; ~ие страда́ния terrible sufferings; ~ое разочарова́ние bitter/cruel disappointment; ~ моро́з cruel/severe frost; ◇ ~ая необходи́мость dire necessity; **~ость** *ж.* **1.** cruelty, inhumanity; **2.** (*жестокий поступок*) cruelty, brutality; cruel act/deed, act of cruelty; **3.** (*суровость, резкость*) severity.

жест|ь *ж.* tin(-plate); **~я́нка** *ж.* tin, can; **~яно́й** tin(-plate) *attr.*; **~я́нщик** *м.* whitesmith, tinsmith.

жето́н *м.* counter.

жечь *несов.* **1.** (*вн.*) burn* (*smth.*); (*здания*) burn* down (*smth.*); **2.** (*припекать -- о солнце*) be* fierce; **3.** (*причинять боль*) burn*, sear; (*о крапиве и т. п.*) sting*; **~ся** *несов. разг.* **1.** get* hot; (*о крапиве и т. п.*) sting*; **2.** (*обжигаться*) burn* *oneself*, get* burned; (*обжигать язык*) burn* *one's* tongue.

жже́ние *с.* burning sensation.

жжёнка *ж. разг.* hot punch.

жжёный burnt.

живи́тельн|ый invigorating; (*о воздухе тж.*) bracing; ~ая вла́га intoxicating liquor; ~ая си́ла life-giving force.

жи́вность *ж. собир. разг.* living creatures, life; (*домашняя птица, мелкий скот*) livestock.

жи́во 1. (*ярко*) vividly; ~ описа́ть *что-л.* give* a vivid description of *smth.*; **2.** (*сильно, остро*) keenly, strongly; э́то всех ~ заинтересова́ло it aroused keen interest; **3.** (*оживлённо*) animatedly, spiritedly; **4.** *разг.* (*быстро*) quickly; ~! quick!, look alive!

живодёр *м.* knacker; *перен.* fleecer, flayer.

живодёрня *ж.* knacker's yard, knackery.

жив|о́й 1. living, live; alive *predic.*; ~о́е существо́ living being, animated being; ~а́я ры́ба fresh fish; оста́ться в ~ы́х remain alive, survive; он как ~ (*на портрете, фотокарточке и т. п.*) it's the living image of him; **2.** (*органический*) living, animate; natural; ~а́я приро́да animate nature; ~ органи́зм living organism; ~а́я и́згородь hedge; ~ы́е цветы́ real/natural flowers; **3.** (*полный жизненных сил*) lively; (*подвижный*) agile, spritely; (*о чертах лица*) mobile; ~ нрав, хара́ктер lively disposition; ~а́я бесе́да animated discussion/discourse, lively talk/conversation; ~ обме́н мне́ниями lively/animated exchange of opinion; ~ ребёнок lively child*; ~ы́е глаза́ bright eyes; ~о́е лицо́ lively/mobile face; **4.** (*подлинный, реальный*) living, real; ~а́я действи́тельность real life; **5.** (*жизненный, насущный*) vital; **6.** (*интенсивно проявляющийся*) lively; (*остро переживаемый*) intense; ~о́е воображе́ние lively/vivid imagination; прояви́ть ~ интере́с к *чему-л.* show* a lively/keen interest in *smth.*; ~ о́тклик на *что-л.* lively response to *smth.*; **7.** (*яркий, выразительный*) vivid; ~о́е воспомина́ние vivid memory; ◇ ~ вес live weight; ~а́я си́ла living force; ~ ум quick mind; quick wits *pl.*; ~ язы́к living language; ~а́я ра́на open wound; жив и здоро́в safe and sound; ни жив ни мёртв paralysed with fear; ~ портре́т speaking likeness; заде́ть *кого-л.* за ~о́е sting* *smb.* to the quick; стоя́ть в ~о́й о́череди queue in person; на нём не́ было ~о́вого ме́ста he was all battered and bruised; ◇ ~ уголо́к pets' corner; ~ труп walking corpse.

живописа́ть *несов. и сов. уст.* describe vividly, paint a vivid picture (of).

живопи́сец *м.* painter, artist.

живопи́сный picturesque.

жи́вопис|ь *ж.* **1.** painting; **2.** *собир.* (*картины*) painting(s), pictures *pl.*; вы́ставка ~и exhibition of painting(s); ◇ стенна́я ~ murals.

живородя́щий зоол. viviparous.

жи́вость *ж.* **1.** (*подвижность*) liveliness, agility; ~ ума́ mental agility/alertness, **2.** (*оживлённость*) animation, vivacity, movement; **3.** (*острота, сила*) intensity; (*яркость*) vividness; ~ чувств intensity of feeling.

живо́т *м.* belly, stomach; abdomen *книжн.*; *уст.* life; не щадя́ ~а́ своего́ not counting the cost.

живо́тик *м. разг.* tummy.

животи́на *ж. разг.* domestic animal.

животново́д *м.* stockbreeder; **~ство** *с.* stockbreeding, animal husbandry; **~ческий** stockbreeding *attr.*

живо́тное *с.* animal; *перен. тж.* brute, beast.

живо́тный 1. animal; ~ мир the animal kingdom; fauna; **2.** (*низменный, грубый*) bestial; ~ страх animal fear.

животрепе́щущий 1. (*живой*) living; quivering with life *после сущ.*; (*зыбкий*) quivering; **2.** (*злободневный*) vital; ~ вопро́с vital issue, burning question.

живу́ч|есть *ж.* vitality, power of survival; (*выносливость*) hardiness; **~ий** hardy; *перен.* enduring; ~ее расте́ние hardy plant; ста́рые привы́чки ~и old habits die hard; ◇ живу́ч как ко́шка *погов.* he has as many lives as a cat.

жи́вчик *м. разг.* lively person; *биол.* spermatozoid.

живьём *разг.* alive; взять *кого-л.* ~ take *smb.*, *smth.* alive.

жид *м. уст.* или *пренебр.* Jew; **~óвка** *ж.* Jewess; **~óвский** Jewish.

жи́дк|ий 1. liquid; (*текучий*) fluid; ~ое тóпливо liquid fuel, oil fuel; **2.** (*негустой*) thin; (*водянистый*) watery, weak; ~ая кáша tin gruel; ~ суп watery soup; ~ чай weak tea; **3.** (*редкий*) thin, scanty; ~ие вóлосы thin/sparse hair; ~ лес thinly scattered wood; **~ость** *ж.* liquid, fluid.

жи́жа *ж.* mess, slush; грязная ~ liquid mud.

жизнедéятельн|ость *ж. биол.* vital functions *pl.*; *перен.* vital activity; **~ый** *биол.* capable of life *после сущ.*, viable; *перен.* active, vigorous.

жи́зненн|ость *ж.* **1.** *см.* жизнеспосóбность; **2.** (*близость к действительности*) nearness to life; **~ый 1.** of life после сущ.; ~ый путь path/road in life; ~ый опыт experience of life; (высокий) ~ый уровень (high) standard of living; **2.** (*близкий к действительности*) lifelike; **3.** (*общественно необходимый*) vital; ~ые интересы vital interests.

жизнеописáние *с.* biography.

жизнерáдостн|ость *ж.* buoyancy, cheerfulness, ability to enjoy life; **~ый** buoyant, cheerful; ~ый харáктер bright disposition; ~ый человéк optimistic person, buoyant personality.

жизнеспосóбн|ость *ж.* viability, vitality; ~ семя́н germinating power of seed; **~ый** viable; ~ый органи́зм viable organism; ~ый коллекти́в viable collective; ~ое предприя́тие going concern.

жизнестóйкий tenacious of life, tough, durable.

жизнеутверждáющ|ий life-asserting; ~ие идéи life-asserting ideas.

жизн|ь *ж.* life*; возникновéние ~и на Землé the origin of life on Earth; ~ мéдленно возвращáлась к немý life slowly returned to his body; при ~и during *one's* lifetime; зарабáтывать на ~ earn *one's* living; лиши́ть себя́ ~и take* *one's* life; начáть нóвую ~ start a new life; борьбá за ~ fight for life; в течéние всей ~и in all *one's* life/days; на всю ~ for life; образ ~и way of life; вести бродя́чую ~ lead* a nomadic existence; пóлный ~и full of life; ◇ никогдá в ~и never in *one's* life; (*ни за что на свете*) not on your life!; мéжду ~ью и смéртью within an inch of death; не на ~, а на смерть for dear life; как ~? how are you?

жиклёр тех. (carburetor) jet.

жи́ла *ж.* **1.** vein; (*сухожилие*) tendon, sinew; **2.** *горн.* vein, seam; ◇ тянýть жи́лы из *кого-л.* torment, rack *smb.*

жилéт *м.*, **~ка** *ж.* waistcoat, vest; вя́заный ~ cardigan.

жилéц *м.* lodger, tenant; ◇ он не ~ (*на белом свете*) he has not long to live.

жи́лист|ый stringy; (*мускулистый*) sinewy; ~ое мя́со stringy meat; ~ые рýки sinewy arms.

жили́чка *ж. разг.* lodger, tenant.

жили́щ|е *с.* home, dwelling, habitation; **~ный** housing; ~ный вопрóс housing problem; ~ное строи́тельство house building, construction of houses; ~ые услóвия living conditions; ~ный отдéл housing department.

жи́лка *ж.* vein; *перен.* flair, bent; романти́ческая ~ romantic streak.

жил|óй dwelling *attr.*; (*обитаемый*) habitable; ~ масси́в housing estate; ~óе здáние dwelling house; кóмната имéет ~ вид the room looks lived-in.

жилплóщадь *ж.* (*жилая площадь*) living-space.

жиль|ё с. 1. (*жилое место*) inhabited place; пригóдный для ~я́ fit for habitation; **2.** *разг.* (*жилище*) home, dwelling.

жим *м. спорт.* the press.

жи́молость *ж. бот.* honeysuckle, woodbine.

жир *м.* fat, grease; (*от жаренья*) dripping; расти́тельный ~ vegetable oil; живóтный ~ animal fat.

жирáнт *м. фин.* endorser, transferer.

жирáт *м. фин.* endorsee.

жирáф *м.*, **~а** *ж.* giraffe.

жирéть, разжирéть get*/grow* fat.

жи́рн|ный 1. (*содержащий много жира*) fat; (*о пище*) rich; ~ое мя́со fat/fatty meat; ~ суп rich soup; **2.** (*сальный*) greasy; (*лоснящийся*) shiny, ~ое пятнó grease spot/stain; **3.** (*толстый, тучный*) fat, fleshy; **4.** (*насыщенный*) rich; ~ая земля́ rich soil; **5.** (*толстый — о линии, черте*): ~ шрифт bold/heavy type; ~ым шри́фтом in bold type, boldly printed; ◇ ~о бýдет! that's too much!

жи́ро *нескл. фин.* endorsement.

жирови́к *м.* **1.** *мед.* fatty tumor; **2.** *мин.* stratite, soapstone.

жирóвка *ж. разг.* rent bill.

жиров|óй fatty; ~áя ткань adipose tissue; ~óе перерождéние fatty degeneration.

жирондист *м. ист.* Girondist.

житéйск|ий worldly; everyday; ~ая мýдрость worldly wisdom; ◇ ~ое мóре ups and downs of life; дéло ~ое that's an everyday occurence.

жи́тель *м.* inhabitant, dweller, resident; **~ство** *с.* residence; мéсто постоя́нного ~ства place of residence, permanent address; вид на ~ство residence permit.

жити|é *с.* life, biography; ~я́ святы́х Lives of the Saints, hagiography.

жи́тница *ж.* granary.

жи́то *с. только ед.* corn.

жить *несов.* live; (*быть в живых*) be* alive; скýченно ~ live in crowded conditions; ~ вéсело lead* a gay life; ~ пóлной жи́знью live a full life; ~ свои́м трудóм keep* *oneself*, live on *one's* own earnings; ~ воспоминáниями live on *one's* memories; ~ надéждами live in hopes; ◇ ~ свои́м умóм live as one thinks fit, ~ припевáючи be* in clover; ~ на ширóкую нóгу live in style; ~ искýсством live for art; жил-был... once upon a time, there lived...

жить|ё *с. разг.* (way of) life, existence; ◇ ~я́ от негó нет he makes life intolerable.

житьё-бытьё *с. разг.* the way one lives.

жи́ться *безл. разг.*: ему́ живётся непло́хо he is well off; как вам живётся? how are things with you?: how are you getting on?; ему́ не живётся на одно́м ме́сте he is never content to stay in one place.

жмот *м. разг.* miser.

жму́рить *несов.*: ~ глаза́ *см.* жму́риться; **~ся** *несов.* screw up *one's* eyes; (*от солнца, яркого света*) blink.

жму́рки *мн.* blindman's buff *sg.*

жмых *м. обыкн. мн.* oilcake.

жне́йка *ж. с.-х.* reaper, harvester.

жнец *м.* reaper.

жнивьё *с.* **1.** (*поле с остатками соломы на корню*) stubble field; **2.** (*солома*) stubble.

жни́ца *ж.* reaper.

жоке́й *м.* jockey.

жоке́йка *ж.* jockey cap.

жонгл|ёр *м.* juggler; **~ёрство** *с.* jugglery, sleight of hand; **~и́ровать** *несов.* (*тв.; прям. и перен.*) juggle (*smth.* with); ~и́ровать фа́ктами juggle with facts.

жо́па *ж. груб.* arse.

жратва́ *ж. груб.* grub.

жрать, сожра́ть (*вн.*) **1.** (*о животном*) gobble up (*smth.*), devour (*smth.*); **2.** *груб.* (*о человеке*) guzzle (*smth.*) hog (*smth.*).

жре́бий *м.* lot, ticket; *перен.* (*судьба*) fate, lot; бросать ~ cast* lots; тяну́ть ~ draw* lots; ~ бро́шен the die is cast.

жрец *м.* priest; ◇ ~ы́ иску́сства art-pundits; ~ы́ нау́ки the high priests of science.

жри́ца *ж.* priestess; ~ любви́ woman* of easy virtue.

жу́желица *ж. зоол.* ground beetle*.

жужж|а́ние *с.* hum, buzz; **~а́ть** *несов.* hum, buzz, drone.

жуи́р *м.* playboy; **~овать** lead* a gay life, lead* a life of pleasure.

жук *м.* **1.** beetle; bug *амер.*; ма́йский ~ may-bug, cockchafer; **2.** *разг.* rogue.

жу́лик *м.* (*вор*) thief*; (*мошенник*) swindler, cheat; *разг.* crook, trickster.

жулико́ватый *разг.* shady, crooked.

жульё *собир. разг.* rogues.

жу́льнич|ать *несов. разг.* cheat, swindle; **~еский** *разг.* underhanded, **~ество** *с. разг.* swindling, cheating, swindle.

жу́пел *м.* bugaboo, bugbear.

журавлёнок *м.* young crane.

журавли́н|ый crane *attr.*; *перен.* crane-like; ~ая ста́я flock of cranes; ~ые но́ги spindly legs.

жура́вль *м.* **1.** (*птица*) crane; **2.** (*у колодца*) well-sweep.

жури́ть *несов.* (вн.) *разг.* chide* (*smb.*), reprove (*smb.*), take* *smb.* to task.

журна́л *м.* **1.** magazine, journal, periodical; (*трёхмесячный*) quarterly; ~ мод fashion-magazine; **2.** (*книга для записи*) diary; кла́ссный ~ class register; ~ боевы́х де́йствий war-diary; ~ заседа́ний minutes; ва́хтенный ~ leg-book.

журнали́ст *м.* journalist, newspaperman*; **~ика** *ж.* **1.** journalism; **2.** *собир.* (*периодические издания*) periodicals *pl.*

журна́льн|ый magazine *attr.*; ~ая статья́ magazine article.

журча́ние *с.* murmur, babbling.

журфи́кс *м. уст.* at-home.

журча́ть *несов.* murmur, babble.

жу́ткий ghasty, horrible, terrible, eerie.

жу́тко *в знач. сказ. безл.*: нам бы́ло ~ we were frightened/terrified; ему́ ~ he has the creeps.

жуть *ж. разг.* horror; ◇ меня́ ~ берёт I am awe-stricken.

жу́х|лый withered; (*о краске*) faded; **~нуть** *несов.* dry up, wither: (*о красках*) fade.

жу́чить *несов. разг.* scold.

жу́чка *ж. разг.* house dog.

жучо́к *м.* **1.** *уменьш. форма от* жук; **2.** древе́сный ~ (*насекомое*) wood engraver; **3.** *разг.* homemade electrical fuse; **4.** (*подслушивающее устройство*) bug.

жюри́ *с. нескл. собир.* jury.

З

за **1**. (*по ту сторону*) beyond, the other side of; (*через*) across, over; (*позади*) behind; жить за рекой live on the other side of the river: уéхать зá реку go* away across the river; вы́йти за дверь go* outside the door; постáвить *что-л.* за шкаф put* *smth.* behind the wardrobe; стоя́ть за шкáфом stand* behind the wardrobe; за кули́сами behind the scenes; **2**. (*около, у*) at, to; сесть за стол sit* down to/at table; сидéть за столóм sit* at the table; за роя́лем at the piano; **3**. (*указывает на направление действия*) for; борóться за свобóду fight* for freedom; беспокóиться за детéй be* worried about the children; наблюдáть за детьми́ watch the children; **4**. (*по причине, вследствие*) for, on account of; цени́ть *кого-л.* за ум value *smb.* for his intelligence; за отсу́тствием врéмени for lack of time; **5**. (*употребляется при указании лица, предмета, до которого дотрагивается*) by; (*при обозначении действия, которое начинают*) to; взять *кого-л.* зá руку take* *smb's* hand; вести́ *кого-л.* зá руку lead* *smb.* by the hand; держáться за пери́ла hold* the rail; приня́ться за рабóту set* to work; **6**. (*свыше какого-л. предела*) over; ему́ ужé за 30 he is already over thirty; **7**. (*на расстоянии*) at a distance of или *не переводится* за пять киломéтров отсю́да five kilometers from here; **8**. (*до какого-л. временного предела*) *не переводится*; за дéсять дней до срóка ten days before schedule; **9**. (*в течение*) during, in; иногда *не переводится*; мнóгое сдéлано за послéдний год much has been done during the past year; за послéднее врéмя in recent times, of late; э́то мóжно сдéлать за час it can be done in an hour; **10**. (*вместо кого-л.*) for; (*в качестве кого-л.*) as; я за тебя́ всё сдéлаю I will do everything for you; рабóтать за секретаря́ work as a secretary; **11**. (*в возмещение, в обмен*) for; плати́ть за рабóту pay* for the work; купи́ть *что-л.* за дéсять рублéй buy* *smth.* for ten rubles; **12**. (*ради, в пользу, во имя*) for; сражáться за Рóдину fight* for one's country; голосовáть за предложéние vote for the proposal; **13**. (*одно вслед за другим; преследуя*) after; год за гóдом year after year; читáть кни́гу за кни́гой read* book after book; бежáть, гнáться за *кем-л.* run* after *smb.*, chase *smb.*; **14**. (*во время чего-л.*) at; поговори́ть за обéдом have* a talk at dinner: **15**. (*с целью получить, достать что-л.*) for; послáть за дóктором send* for a doctor; пойти́ за билéтами go* for the tickets; **16**.: кни́га чи́слится за мной the book is registered in my name; за тобóй долг you have a debt to pay; дéло за деньгáми it's a question of money; за пóдписью (*о документе*) signed by.

заалéть *сов.* gleam red/scarlet.

заатланти́ческий transatlantic.

забáва *ж.* amusement, pastime; э́то для негó дéтская ~ it is child's play to him.

забавля́ть *несов.* (*вн.*) amuse (*smb.*), entertain (*smb.*); **~ся** *несов.* amuse *oneself.*

забáвник *м. разг.* amusing chap, entertaining person.

забáвн|о **1**. *нареч.* amusingly, funnily, in a funny manner; **2**. *в знач. сказ.* (*дт.*): мне ~ I find it fun, I enjoy it; **~ый** amusing, funny.

забаллоти́ровать *сов.* (*вн.*) reject (*smb.*), blackball.

забарабáнить *сов.* begin* to drum.

забаррикади́ровать *сов. см.* баррикади́ровать.

забастовáть *сов.* go* on strike, strike*; come* out *разг.*

забастóв|ка *ж.* strike; всеóбщая ~ general strike; италья́нская ~ strike on the job; сидя́чая ~ sit-down strike; объяви́ть ~ку declare a strike; прекрати́ть ~ку call off a strike; **~очный** strike *attr.*; ~очный комитéт strike committee; ~очное движéние strike movement; **~щик** *м.* striker.

забвéни|е *с. уст.* **1**. (*утрата воспоминаний*) oblivion, forgetfulness; **2**. (*невнимание к чему-л.*) neglect; ~ дóлга dereliction of duty; ~ прили́чий contempt for conventions; ◇ предáть *что-л.* ~ю consign *smth.* to oblivion, bury *smth.* in oblivion.

забéг *м. спорт.* heat, round; предвари́тельный ~ trial; ~ на 100 мéтров hundred-meter race, the 100 meters.

забегáловка *ж. разг.* snack bar.

забегáть *сов.* begin* to bustle (about), begin* scurry; (*о глазах*) become* shifty, assume a shiffy expression.

забегáть, забежáть **1**. (*бегом входить*) run*; **2**. *разг.* (*заходить*) drop in, забежáть к *кому-л.* drop in to see *smb.*; **3**. (*убегать далеко*) run* off; ◇ ~ вперёд 1) go* too fast, run* ahead; 2) (*опережать кого-л. в чём-л.*) anticipate *smb.*, forestall *smb.*; beat* *smb.* to it *разг.*

забéгаться *сов. разг.* be* run off *one's* legs.

забежáть *сов. см.* забегáть.

забели́ть *сов.* whiten, paint white; *разг.* add milk, creame (to); ~ чай молокóм add milk to tea.

забеременéть *сов.* become* pregnant.

забеспокóиться *сов.* begin* to worry.

забетони́ровать *сов. см.* бетони́ровать.

забивáть, заби́ть (*вн.*) **1**. (*вбивать*) drive* (*smth.*) in; (*молотком*) hammer (*smth.*) in; ~ свáи sink* piles; ~ гвóзди в стéну knock nails into a wall; **2**. (*закрывать наглухо*) nail up/down (*smth.*); ~ я́щик гвоздя́ми nail up/down a box; ~ óкна дóсками board up the windows; **3**.

(*заполнять*) block up (*smth.*); (*засорять тж.*) choke (*smth.*), choke up (*smth.*); все прохо́ды бы́ли заби́ты (толпо́й) all the aisles/gangways were blocked/thronged; **4**. *спорт.* drive* in (*smth.*), score (*smth.*); ~ мяч в воро́та score a goal; **5**. *разг.* (*превосходить в чём-л.*) outdo* (*smb.*); он нас всех заби́л he outdid us all; **6**. (*о скоте*) slaughter; ◇ ~ *кому-л.* го́лову *чем-л.* worry *smb.'s* head with *smth.*

забива́ться, заби́ться *разг.* **1.**: ~ в у́гол huddle in a corner; **2.** (*засоряться*) become* obstructed, get* blocked up; **3.** (*проникать, попадать — о снеге, пыли*) cake, clog, lodge.

забинтова́ть(ся) *сов. см.* бинтова́ть(ся).

забира́ть, забра́ть **1.** (*вн.*) take* (*smth.*); **2.** (*вн.*; *арестовывать*) arrest (*smb.*), take* (*smb.*); **3.** (*отклоняться от прямого направления*) bear*; забра́ть впра́во bear* (to the) right; **4.** (*уменьшать*) gather; ~ в шов gather at the seam; ◇ забра́ть себе́ *что-л.* в го́лову take* *smth.* into *one's* head.

забира́ться, забра́ться **1.** (*залезать, карабкаться*) get*; (*наверх*) climb (on); (*внутрь*) creep*; ~ на де́рево climb (up) a tree; ~ под одея́ло creep* under the bedclothes; **2.** (в *вн.*; *проникать куда-л.*) get* (into), penetrate (into); в дом забрали́сь во́ры thieves broke into the house; **3.** (*уходить, уезжать далеко*) go* away/off; (*прятаться*) hide*.

заби́тый (*запуганный*) downtrodden; ~ вид hangdog expression; ~ челове́к downtrodden individual.

заби́ть I *сов. см.* забива́ть.

заби́ть II *сов.* (*начать бить*) begin* to strike; (*о фонтане*) gush forth; ◇ ~ трево́гу sound the alarm.

заби́ться I *сов. см.* забива́ться.

заби́ться II *сов.* (*начать биться*) begin* to beat.

забия́ка *м. и ж. разг.* fighter, gamecock; (*задира*) tease, squabbler.

заблаговре́менно in good time; (*заранее*) beforehand, in advance; предупреди́ть ~ warn in advance.

заблаговре́менн|ый timely, done in good time; ~ое уведомле́ние prior notice.

заблагорассу́ди|ться *сов. безл.* seem fit; как ему́ ~тся as he thinks fit; ско́лько ему́ ~тся as much as he likes/chooses.

заблесте́|ть *сов.* **1.** (*выделяться своим блеском*) show* up brightly, gleam; **2.** (*стать блестящим*) shine*, begin* to shine; его́ глаза́ ~ли his eyes shone; **3.**: глаза́ ~ли слеза́ми *one's* eyes grew bright with tears.

заблуди́ться *сов.* lose* *one's* way, get* lost, go* astray; ◇ ~ в трёх со́снах lose* *one's* way in broad daylight.

заблу́дш|ий stray; ◇ ~ая овца́ lost sheep*.

заблужд|а́ться *несов.* err, be* mistaken, be* under a misapprehension; **~а́ющийся** misguided; **~е́ние** *с.* error, fallacy, delusion, misconception; вводи́ть *кого-л.* в ~е́ние mislead* (*smb.*); выве́сти *кого-л.* из ~е́ния undeceive *smb.*, disillusion *smb.*; находи́ться в ~е́нии be* under a misapprehension/delusion, be* in error.

забод|а́ть *сов.* (*вн.*) gore (*smb.*); его́ ~а́л бык he was gored by a bull.

забо́й *м. горн.* face; (*угольный*) coal-face; **~ный** *горн.* coal-face *attr.*, face *attr.*; **~щик** *м.* coal-cutter, face-worker.

забола́чивать, заболо́тить (*вн.*) make* (*smth.*) boggy; **~ся**, заболо́титься become* boggy.

заболев|а́емость *ж.* morbidity, sick rate; ~ ра́ком cancer rate; **~а́ние** *с.* disease, illness; **~а́ть**, заболе́ть fall* ill/sick, be* taken ill; заболе́ть гри́ппом catch*/get* the flu.

заболе́ть I *сов. см.* заболева́ть.

заболе́|ть II *сов.* (*начать болеть*; *о какой-л. части тела*) begin* to hurt/ache, ache; у него́ ~ла голова́ he has a headache.

за́болонь *ж.* alburnum, sapwood.

заболо́тить(ся) *сов. см.* забола́чивать(ся).

заболо́ченный marshy, boggy; waterlogged; ~ луг waterlogged meadow.

заболт|а́ться *сов. разг.* (*увлечься болтовнёй*) have* a long chat; ну и ~а́лись! what a talk we've had!

забо́р *м.* fence.

забо́ристый *разг.* strong (*о спиртных напитках*); ~ анекдо́т risque story; ~ моти́в racy tune.

забورони́ть *сов. см.* борони́ть.

забо́т|а *ж.* **1.** (*тревога*) anxiety, worry; **2.** (о *пр.*; *попечение, хлопоты*) care (for); concern (for); ~ о челове́ке concern for the individual; ~ о лю́дях concern for people's wellbeing; ◇ э́то уже́ ва́ша ~ that's your lookout; ему́ ма́ло ~ы what does he care?; **~ить** *несов.* (*вн.*) worry (*smb.*); **~иться**, позабо́титься (о *пр.*) **1.** (*тревожиться*) be* worried/anxious (about); он ни о чём не ~ится he shows no concern for anything, he takes no interest in anything; ~иться о том, что́бы... see* to it that...; **2.** (*окружать заботой*) look after (*smb.*), take* care (of); ~иться о де́тях take* care of children; **~ливость** *ж.* solicitude, care, thoughtfulness; **~ливый** (*внимательный*) considerate, solicitous, thoughtful; (*старательный*) careful; ~ливое отноше́ние к де́лу careful attitude to *one's* work.

забракова́ть *сов. см.* бракова́ть.

забра́ло *с.* visor; ◇ с откры́тым ~м openly, frankly.

забра́сывать I, заброса́ть (*вн. тв.*; *осыпать, покрывать*) cover (*smth.* with), throw* (*smth.* over); (*закидывать*) pelt (*smb.*, *smth.* with); *перен.* bombard (*smb.* with); ~ ров землёй fill a ditch with earth; ~ *кого-л.* вопро́сами ply/bombard *smb.* with questions.

забра́сывать II, забро́сить (*вн.*) **1.** (*бросать далеко*) throw* (*smth.*), fling* (*smth.*), toss (*smth.*); *перен.* take* (*smb.*); судьба́ забро́сила его́ на се́вер fate took/brought him to the north; **2.** (*оставлять без внимания*) neglect (*smb.*, *smth.*); (*переставать заниматься*) give* up (*smth.*), abandon (*smth.*); **3.** *разг.* (*доставлять*) deliver (*smth.*); (*по дороге*) drop (*smb., smth.*)

забра́ть *сов. см.* забира́ть.

забра́ться *сов. см.* забира́ться.

забре́зжить *сов.* begin* to grow light.

забрести́ *сов. разг.* **1.** (*сбившись с пути*) stray, wander, drift; **2.** (*зайти мимоходом*) drop in; ~ к *кому-л.* drop in at *smb.'s* house.

заброни́ровать *сов.* (*вн.*) reserve (*smth.*).

заброса́ть *сов. см.* забра́сывать I.

заброси́ть *сов. см.* забра́сывать II.

забро́шенн|ый neglected; deserted, godforsaken; ~ая ша́хта derelict mine.

забры́згать *сов.* (*вн.*) splash (*smb., smth.*); (*мелкими брызгами*) sprinkle (*smb., smth.*); ~ водо́й sprinkle with water; ~ *что-л.* гря́зью splash/bespatter *smth.* with mud.

забубённ|ый *разг.* reckless; ~ая голо́вушка desperate fellow, reprobate.

забулды́га *м. разг.* debauchee, profligate.

забуя́нить *сов.* become* unruly, get* out of hand.

забыв|а́ть, забы́ть **1.** (*вн.* о *пр.*) forget* (*smb., smth.*); (*упускать*) overlook (*smth.*); ~ оби́ду forgive* an injury; forgive* and forget*; нельзя́ ~ о том, что... we must not overlook the fact that...; **2.** (*вн.*; *оставлять где-л.*) leave* (*smth.*); я забы́ла у вас су́мку I left my bag at your house; ◇ об э́том и ду́мать забу́дь! get that right out of your head!; забу́дь туда́ доро́гу! never go there again!; **~а́ться**, забы́ться **1.** (*не удержаться в памяти*) be* forgotten, pass; (*о ссоре*) blow* over; **2.** (*засыпать*) doze off; ~а́ться трево́жным сном fall* into an uneasy sleep; **3.** ~а́ться в мечта́х lose* *oneself* in dreams; **4.** (*терять самообладание*) forget* *oneself*.

забы́вчив|ость *ж.* absent-mindedness, forgetfulness; **~ый** absent-minded, forgetful.

забы́тый **1.** forgotten; **2.** (*заброшенный*) neglected; **3.** (*оставленный где-л.*) lost.

забы́ть *сов. см.* забыва́ть.

забытьё *с.* **1.** (*неполная потеря сознания*) (state of) semi-consciousness; **2.** (*полусон*) trance, drowsiness; **3.** (*глубокая задумчивость*) reverie, muse, (fit of) abstraction; **4.** (*сильное возбуждение*) transport.

забы́ться *сов. см.* забыва́ться.

зава́л *м.* obstruction; сне́жный ~ snowdrift.

зава́ливать, завали́ть (*вн.*) **1.** (*засыпать*) cover (*smth.*); (*наполнять*) fill up (*smth.*); (*упав, засыпать*) bury (*smth.*); (*загромождать*) block up (*smth.*); доро́гу завали́ло сне́гом the road is snowbound; платфо́рма зава́лена чемода́нами the platform is piled high with cases; **2.** *разг.* (*снабжать в изобилии*) flood (*smth.*); магази́ны зава́лены това́рами the shops are overflowing with goods; **3.** *разг.* (*обременять*) overload (*smb.*); он зава́лен рабо́той he is up to his eyes in work; **4.** *разг.* (*обрушивать*) pull (*smth.*) down; **5.** *разг.* (*проваливать*) spoil* (*smth.*), wreck (*smth.*); make* a mess of (*smth.*); **~ся**, завали́ться **1.** (*падать за что-л.*) fall* behind, slip behind; be* mislaid; **2.** *разг.* (*запрокидываться*) drop, slip to one side; (*всем телом*) slump; **3.** (*обрушиваться, падать*) collapse, tumble down; **4.** *разг.* (*ложиться*) flop down; завали́ться спать flop into bed; **5.** *разг.* (*терпеть неудачу*) collapse, fall* through.

завали́ть(ся) *сов. см.* зава́ливать(ся).

заваля́|ться *сов. разг.* be* mislaid; (*остаться непроданным*) remain unsold; письмо́ ~лось на по́чте the letter got mislaid in the post; кни́га где-то ~лась the book must be mislaid somewhere; **~щий** *разг.* old, rubbishy, unwanted; (*об одежде*) discarded.

зава́ривать, завари́ть **1.** (*вн.*, *рд.*; *чай, кофе*) make* (*smth.*); (*обдавать кипятком*) pour boiling water (over); **2.** (*вн.*) *тех.* weld (*smth.*); ◇ сам завари́л ка́шу, сам и расхлёбывай! you got yourself into the mess, so get yorself out of it!, you made the broth, now sup it!; **~ся**, завари́ться: чай завари́лся the tea is made/ready; завари́лось де́ло! *разг.* now the fat is in the fire!; now we are in for it!

завари́ть(ся) *сов. см.* зава́ривать(ся).

зава́рк|а *ж. разг.* brew; ча́ю оста́лось на одну́ ~у there is only enough tea for one more brew/pot.

завару́ха *ж. разг.* commotion, stir.

заведе́ние *с.* establishment, institution.

заве́довать *несов.* (*тв.*) manage (*smth.*), be* in charge (of).

заве́дом|о (*явно*) obviously; (*известно*) known to be *после сущ.*; дава́ть ~ ло́жные показа́ния give* evidence known to be false, give* deliberately falsified evidence; **~ый** (*явный*) obvious; (*известный*) notorious; ~ая ложь obvious lie; ~ый лжец notorious liar.

заве́дующий *м.* manager, director; ~ учёбной ча́стью director of studies; ~ магази́ном shop manager.

завезти́ *сов. см.* завози́ть.

завербова́ть *сов. см.* вербова́ть.

завере́ние *с.* assurance.

завере́нн|ый certified; ~ая ко́пия certified copy.

завери́тель *м.*; **~ница** *ж. юр.* witness (*to signature etc.*).

заве́рить *сов. см.* заверя́ть.

заверну́ть(ся) *сов. см.* завёртывать(ся).

заверте́ть I *сов.* (*вн.*) *разг.* (*увлечь*) turn *smb.'s* head.

заверте́ть II *сов.* (*вн.*; *начать вертеть*) set* (*smth.*) spinning, set* (*smth.*) in rotation.

заверте́ться I *сов. разг.* (*захлопотаться*) be* in a spin/whirl, be* very busy.

заверте́ться II *сов.* (*начать вертеться*) begin* to rotate/spin.

завёртывать, заверну́ть **1.** (*вн.*; *обёртывать*) wrap (*smth.*), wrap up (*smth.*); ~ *кого-л.* в одея́ло wrap a blanket round *smb.*, roll *smb.* up in a blanket; ~ пакéт wrap a parcel; **2.** (*поворачивать*) turn; ~ зá угол turn a corner; **3.** (к *дт.*) *разг.* (*заходить*) drop in (at *smb.'s* house/place); **4.** (*вн.*; *завинчивать*) screw up (*smth.*); ~ кран turn off the tap; ~ крышку screw on the cap/top; **~ся**, завернýться **1.** (*закутываться*) wrap *oneself* up; ~ся в платóк wrap *one's* shawl round *one*; **2.** (*загибаться*) turn up, get* turned up.

заверш|áть, завершить (*вн.*) complete (*smth.*), accomplish (*smth.*); **~áться** *несов.* be* near completion; ~áться *чем-л.* end with *smth.*; **~áющий** finishing, final, crowning; ~áющий удáр finishing stroke; coup de grace; **~éние** *с.* consummation, completion; в ~éние on conclusion.

завершить *сов. см.* завершáть; **~ся** *сов.* be* completed.

заверять, завéрить **1.** (*вн.* в *пр.*; *уверять*) assure (*smb.* of); **2.** (*вн.*; *удостоверять подлинность чего-л.*) certify (*smth.*), authenticate (*smth.*); ~ пóдпись witness a signature.

завéс|а *ж.* **1.** screen, curtain; **2.** (*то, что скрывает собой*) veil; снéжная ~ veil of snow; ◇ дымовáя ~ smoke screen; огневáя fire curtain; приподнять ~у lift the veil; **~ить** *сов. см.*: завéшивать I.

завести(сь) *сов. см.* заводить(ся).

завéт *м.* **1.** precept; behest; **2.** *рел.* Вéтхий, Нóвый ~ the Old, the New Testament.

завéтн|ый **1.** (*сокровенный*) cherished, fondest; ~ые желáния cherished aspirations; ~ая мечтá fondest dream; ~ая цель cherished goal; **2.** (*связанный с обещанием, тайным условием*) secret, pledged.

завéшать *сов. см.* завéшивать.

завéшивать I, завéсить (*вн.*) veil (*smth.*), curtain (*smth.*), cover (*smth.*); ~ картину cover up a picture; ~ окнó curtain a window.

завéшивать II, завешáть (*вн. тв.*; *вешать повсюду*) hang* (*smth.* with); стéны были завéшаны чертежáми the walls were covered with drawings.

завещáн|ие *с.* will, testament; сдéлать ~ make* *one's* will; умерéть, не остáвив ~ия die intestate.

завещáтель *м. юр.* legator, testator; **~ница** *ж.* testatrix.

завещáть *несов. и сов.* **1.** (*вн. дт.*; *имущество*) leave* (*smb. smth.*) in *one's* will, bequeath (*smth.* to), devise (to), legate; **2.** (*дт.* + *инф.*; *выражать предсмертную волю*) adjure (*smb.* + to *inf.*).

завзятый *разг.* inveterate; ~ курильщик inveterate/confirmed smoker.

завивáть, завить (*вн.*) **1.** (*волосы*) wave (*smth.*); (*локонами*) curl (*smth.*); ~ себé вóлосы wave/curl *one's* hair; **2.** (*закручивать*) twist (*smth.*), coil (*smth.*); ◇ завить гóре верёвочкой pack up *one's* troubles; **~ся**, завиться **1.** (*о волосах*) wave, curl; **2.** (*делать завивку*) wave/curl *one's* hair; (*у парикмахера*) have* *one's* hair waved/curled.

завивка *ж.* **1.** (*действие*) waving; (*локонами*) curling; **2.** (*причёска*) hairdo; холóдная ~ water/finger wave; шестимéсячная ~ permanent wave.

завидеть *сов.* (*вн.*) catch* sight (of).

завидки *мн. разг.*: меня ~ берýт I am green with envy.

зáвидно **1.** *нареч.* enviably; **2.** *в знач. сказ. безл.* (*дт.*): мне ~ I am envious; емý дáже ~ стáло he felt quite envious.

завидный enviable.

завид|овать, позавидовать (*дт.*) envy (*smb., smth.*); ~ую егó здорóвью I envy his health; я не ~ую егó успéху I don't grudge him his success.

завидýщ|ий *разг.*: глазá ~ие covetous eyes.

завизжáть *сов.* (*начать визжать*) begin* to scream/squall.

завизировать *сов.* (*вн.*) visa (*smth.*), give* a visa (to).

завинтить *сов. см.* завинчивать.

завинчивать, завинтить (*вн.*) screw/tighten up (*smth.*).

завис|еть *несов.* (от *рд.*) depend (on); он ни от когó не ~ит he is not dependent on anyone; мы сдéлали всё, что от нас ~ело we have done everything in our power; сиé от них не ~ит it doesn't depend upon them.

зависим|ость *ж.* dependence; находиться в ~ости от *кого-л.* be* dependent on/upon *smb.*; ~ в ~ости от обстоятельств depending on circumstances; **~ый** dependent.

завистлив|о enviously, with envy; **~ый** envious, covetous.

зáвисть *ж.* envy; возбуждáть в *ком-л.* ~ arouse envy in *smb.*, arouse *smb.'s* envy; ◇ лóпаться от зáвисти be* bursting with envy.

завит|óй **1.** curled, waved; with *one's* hair curled/waved *после сущ.*; **2.** (*закрученный*) twisted; **~óк** *м.* **1.** (*локон*) ringlet; **2.** (*у растения*) tendril; **3.** (*украшение*) scroll, flourish; *архит.* volute; **4.** (*росчерк*) flourish; **5.** (*ушной раковины*) *анат.* helix.

завить(ся) *сов. см.* завивáть(ся).

завихрéние *с.* **1.** (*образование вихрей*) eddying, eddy; **2.** *разг.* (*мозгов*) fancy, odd notion, wild idea.

завкóм *м.* (*заводской комитет*) factory (trade-union) commitee.

завладевáть, завладéть (*тв.*) **1.** take* possession (of), seize (*smb., smth.*); *воен. тж.* capture (*smb., smth.*); прóчно завладéть *чем-л.* get* a firm hold of *smth.*, get* a firm grip on *smth.*; **2.** (*сильно увлекать*) grip (*smth.*); завладéть *чьим-л.* вниманием compel *smb.'s* attention; завладéть умáми sway the minds; **3.** (*подчинять себе*) take* possession (of), captivate (*smb.*), grip (*smb.*).

завладéть *сов. см.* завладевáть.

завлекáтельный *разг.* alluring, fascinating, captivating.

завлекáть, завлéчь (*вн.*) **1.** entice (*smb.*), lure (*smb.*), tempt (*smb.*); **2.** (*пленять*) captivate (*smb.*), enthrall (*smb.*), carry (*smb.*) away, fascinate.

завле́чь *сов. см.* завлека́ть.

заво́д I *м.* **1.** works, factory, plant, mill; машинострои́тельный ~ engineering works/plant; чугунолите́йный ~ iron works; маслобо́йный ~ creamery; ~ изготови́тель manufacturer, factory of origin; ~ поставщи́к supplying factory; ~ сме́жник subcontractoring factory; **2.**: ко́нный ~ stud farm.

заво́д II *м.* (*механизм*) winding mechanism; ~ ко́нчился (*у часов*) the watch has run down.

заводи́ла *м. и ж. разг.* instigator, live-wire.

заводи́ть, завести́ (*вн.*) **1.** (*вводить куда-л.*) bring* (*smb., smth.*), take* (*smb., smth.*), lead* (*smb., smth.*); **2.** *разг.* (*отводить куда-л. мимоходом*) take* (*smb.*) *somewhere* on *one's* way, drop (*smb.*) *somewhere*; **3.** (*уводить далеко*) take* (*smb.*) far away; *перен.* lead* (*smb.*) far astray; куда́ ты нас завёл? where on earth have you brought us?; объясне́ние причи́н далеко́ бы завело́ меня́ it would lead me far from the point to explain all the causes; **4.** (*приобретать*) get* (*smth.*), acquire (*smth.*); ~ но́вое обору́дование install new equipment; ~ соба́ку get* *oneself* a dog; **5.** (*вводить*) introduce (*smth.*); ~ но́вые поря́дки introduce/establish new procedure; lay* down new rules; **6.** (*начинать*) start (*smth.*); ~ знако́мство с *кем-л.* strike* up an acquaintance with *smb.*, get* to know *smb.*; ~ разгово́р с *кем-л.* get* talking to *smb.*; **7.** (*приводить в действие*); wind* up (*smth.*); ~ маши́ну start a car; **8.** *разг.* (*будоражить*) get* (*smb.*) worked up; ◇ завести́ *кого-л.* в тупи́к put* *smb.* in an impossible position; **~ся**, завести́сь **1.** (*появляться*): у него́ завели́сь де́ньги he has got hold of some money; у него́ завели́сь но́вые знако́мства he has got to know new people; **2.** *разг.* (*устанавливаться*) be* established; завели́сь но́вые поря́дки a new system came into being; ◇ у нас так заведено́ this is our custom; **3.** (*о моторе*) start; (*о часах и т. п.*) be* wound (up); мото́р не заво́дится the engine won't start; **4.** *разг.* (*приходить в возбуждение*) get* worked up.

заводн|о́й **1.** mechanical; ~а́я игру́шка clockwork/mechanical toy; **2.** (*служащий для завода*) winding, cranking, starting; ~ механи́зм winding mechanism; ~а́я рукоя́тка starting handle; **3.** *разг.* (*легко возбудимый*) lively.

заводоуправле́ние *с.* factory/works management.

заво́дск|ий, заводско́й factory *attr.*; ~ие корпуса́ factory building.

заво́дчик *м.* factory owner, mill owner.

за́водь *ж.* creek, backwater; ти́хая ~ quiet backwater.

завоева́ние *с.* **1.** conquest; **2.** *обыкн. мн.* (*достижения*) achievements, gains.

завоева́тель *м.* conqueror.

завоева́тельный expansionist, aggressive.

завоева́ть *сов. см.* завоёвывать.

завоёвывать, завоева́ть (*вн.*) conquer (*smth.*); *перен.* win* (*smth.*); *несов. тж.* try to get (*smth.*); ~ побе́ду attain a victory; завоева́ть пе́рвое ме́сто *спорт.* take*/gain first place, come* first; завоева́ть *чьё-л.* расположе́ние win*/gain *smb.'s* sympathies; завоева́ть всео́бщее уваже́ние win* universal respect.

заво́з *м. разг.* delivery; ~ сырья́ delivery of raw materials.

завози́ть, завезти́ (*вн.*) **1.** (*привозить по пути*) deliver (*smth.*) en route, drop (*smb.*) on the way; **2.** (*отвозить далеко*) take* (*smb.*) miles away; **3.** *разг.* (*доставлять что-л. куда-л.*) deliver (*smth.*).

завола́кивать, заволо́чь (*вн.*) cloud (*smth.*); не́бо заволокло́ ту́чами the sky became a mass of clouds; слёзы заволокли́ её глаза́ her eyes were clouded with tears; **~ся**, заволо́чься be*/become* shrouded (in), cloud over.

заво́лжский (situated, living) on the left bank of the Volga.

заволнова́ться *сов.* (*встревожиться*) get* worried/upset; (*прийти в возбуждение*) get* excited; (*о море*) get*/become* rough.

заволо́чь(ся) *сов. см.* завола́кивать(ся).

завопи́ть *сов.* cry out; yell, give* a cry.

завора́живать, заворожи́ть (*вн.*) cast* a spell (over), charm (*smb.*), bewitch (*smb.*).

заворож|ённый spellbound, enchanted; **~и́ть** *сов. см.* завора́живать.

за́ворот *м.*: ~ кишо́к *мед.* volvulus.

заворо́чаться *сов. разг.* begin* to toss and turn, stir restlessly.

заворча́ть *сов.* begin* to grumble.

завра́ться *сов. разг.* become* entangled in lies, become* an inveterate liar.

завсегда́ *нареч. разг.* always.

завсегда́тай *м.* frequenter (of), habitue (of).

за́втра *нареч.* **1.** tomorrow; **2.** *в знач. сущ. с нескл.* tomorrow; откла́дывать на ~ put* off till tomorrow; ◇ до ~! goodbye till tomorrow!, see you tomorrow!

за́втрак *м.* (*первый*) breakfast; (*второй*) lunch(eon); вку́сный ~ a nice/tasty breakfast/lunch; взять с собо́й ~ take* *one's* breakfast/lunch with one, take* a packed lunch; ◇ корми́ть ~ами feed* with empty hopes; **~ать**, поза́втракать (*утром*) breakfast, have* breakfast; (*днём*) lunch, have* lunch.

за́втрашн|ий the next day's, tomorrow's; ~ее число́ tomorrow's date; ~ день tomorrow; начина́я с ~его дня beginning from tomorrow; ~ забо́титься о ~ем дне take* thought for the morrow.

завуали́ровать *сов.* (*вн.*) veil (*smth.*); *перен.* disguise (*smth.*); ~ фа́кты disguise the facts.

за́вуч *м. разг.* director of studies.

завхо́з *м. разг.* supply manager.

завши́веть *сов.* become* infested with lice.

завыва́ние *с.* howling, wailing.

завыва́ть *несов.* howl, wail, make* a wailing sound.

завы́сить *сов. см.* завыша́ть.

завы́ть *сов.* start howling, howl.

завыш|а́ть, завы́сить (*вн.*) overstate (*smth.*), set* (*smth.*) too high; ~ но́рмы set* the quotas too high; **~е́ние** *с.* overstating, setting too high.

завы́шенн|ый overstated; ~ые но́рмы excessive quotas; ~ые оце́нки marks that are too high.

завяза́ть(ся) *сов. см.* завя́зывать(ся).

завя́зка *ж.* **1.** (*тесёмка*) tape; (*лента*) ribbon; **2.** (*литературного произведения*) plot, build-up; **3.** (*начало*) start, outset; ~ боя initial fighting.

завя́знуть *сов.* (*прям. и перен.*) get* stuck; ~ в долга́х sink* into debt.

завя́зывать, завяза́ть (*вн.*) **1.** tie (*smth.*); (*пакет, шнурок*) do* up (*smth.*), tie up (*smth.*); ~ га́лстук knot a (neck)tie; ~ глаза́ *кому-л.* blindfold *smb.*; ~ *что-л.* узло́м knot *smth.*; **2.** (*начинать*) start (*smth.*); завяза́ть бой start fighting, engage in a fight; завяза́ть знако́мство с *кем-л.* strike* up an acquaintance with *smb.*; ~ отноше́ния с *кем-л.* enter into relations with *smb.*; завяза́ть разгово́р с *кем-л.* enter into a conversation with *smb.*; start a conversation with *smb.*; **~ся**, завяза́ться (*начинаться*) start; (*о дружбе, знакомстве*) spring* up.

за́вязь *ж.* **1.** *бот.* ovary; **2.** (*образование плода*) fruiting.

завя́нуть *сов. см.* вя́нуть.

загада́ть *сов. см.* зага́дывать.

зага́дить *сов.* (*вн.*) foul (*smth.*), befoul (*smth.*); *перен.* besmirch (*smth.*).

зага́д|ка *ж.* riddle; *перен. тж.* enigma, mystery; **~очный** enigmatic, mysterious; (*о выражении лица тж.*) inscrutable; (*о словах*) mysterious, cryptic; ~очный слу́чай mysterious incident/case.

зага́дывать, загада́ть **1.**: ~ зага́дку set* a riddle; **2.** (*вн.*; *задумывать что-л.*) think* (of); **3.** *разг.* (*предполагать что-л. сделать*) think* ahead.

загазо́ванный (*загрязнённый газами*) gas-polluted, smogged-up; thick with fumes *после сущ.*

зага́р *м.* (sun)tan, sunburn.

загво́здка *ж. разг.* snag; вот в чём ~! that's the snag!, that's just it!

загерметизи́ровать *сов.* (*вн.*) seal (*smth.*) hermetically.

заги́б *м.* **1.** (*поворот*) bend, curve; *перен.* devision; **2.** (*загнувшееся место*) crease.

загиба́ть, загну́ть **1.** (*вн.*) (*вверх*) turn up (*smth.*); (*вниз*) turn down (*smth.*); ~ страни́цу turn down the page; ~ па́льцы (*для счёта*) tick off on *one's* fingers; **2.** *разг.* (*высказывать что-л. нелепое*) go* a bit too far; **~ся**, загну́ться curl, turn up; **3.** *разг.* (*умереть*) turn up *one's* toes.

загипнотизи́ровать *сов. см.* гипнотизи́ровать.

загла́в|ие *с.* title; heading; **~ный**: ~ный лист title-page; ~ная бу́ква capital letter; ~ная роль *театр.* title role, name part.

загла́дить *сов. см.* загла́живать.

загла́живать, загла́дить (*вн.*) **1.** (*делать гладким*) smooth out (*smth.*); (*утюгом*) iron out (*smth.*); ~ скла́дки iron out the creases; **2.** (*смягчать*) soften (*smth.*); (*искупать*) atone (for), make* up (for); ~ свою́ вину́ atone for *one's* offense.

заглаза́ *нареч. разг.* behind *smb.'s* back.

загла́зн|ый *разг.* done, said in *smb.'s* absence, behind *smb.'s* back; ◇ ~ое реше́ние *юр.* judgement by default.

загла́тывать, заглота́ть swallow, gulp (down).

загло́хнуть *сов. см.* гло́хнуть **2, 3, 4, 5.**

загло́хший (*запущенный*) neglected, overgrown.

заглуша́ть, заглуши́ть (*вн.*) **1.** (*звук*) deaden (*smth.*), muffle (*smth.*), smother (*smth.*); (*более громким звуком*) drown (*smth.*); шум ве́тра заглуши́л его́ слова́ the noise of the wind drowned his words; **2.** (*ослаблять какое-л. чувство, ощущение*) deaden (*smth.*); ~ боль deaden pain; **3.** (*растения*) choke (*smth.*); 4. (*подавлять*) stifle (*smth.*); ~ го́лос со́вести stifle the voice of conscience.

заглуши́ть *сов. см.* заглуша́ть.

заглу́шка *ж. тех.* choke, plug, stopper.

загляде́нье *с. разг.* lovely sight; feast for the eyes *идиом.*; она́ про́сто ~! she's simply lovely.

загляде́ться *сов. см.* загля́дываться.

загля́дывать, загляну́ть **1.** (*смотреть*) look; (*незаметно*) peep, peer; загляну́ть *кому-л.* в лицо́ peer/look into *smb.'s* face; ~ в слова́рь look in a dictionary; **2.** (*бегло прочитывать*) take* a look/glance (at), glance through; **3.**: ~ в ду́шу челове́ка seek* an insight into a person's heart, try to penetrate a person's innermost feelings; **4.** *разг.* (*заходить куда-л.*) look in (at), drop in (at); ◇ ~ вперёд look ahead; ~ в бу́дущее get* a glimpse of the future.

загля́дываться, загляде́ться (на *вн.*) be* lost in contemplation (of); (*любоваться*) be* lost in admiration (of).

загляну́ть *сов. см.* загля́дывать.

за́гнанный **1.** (*о лошади*) overworked, exhausted; (*затравленный*) hunted; ~ зверь hunted animal; **2.** (*запуганный, забитый*) persecuted, downtrodden.

загна́ть *сов.* **1.** *см.* загоня́ть I; **2.** (*вн.*; *утомить быстрой ездой*) overdrive* (*smth.*); ~ ло́шадь overdrive* a horse; (*до смерти*) ride* a horse to death.

загнив|а́ть, загни́ть rot; decay (*тж. перен.*); **~а́ющий** decaying.

загни́ть *сов. см.* загнива́ть.

загну́ть(ся) *сов. см.* загиба́ть(ся).

загова́ривать I *несов.* (*вступать в разговор*) open the conversation; address (*smb.*) first.

загова́ривать II, заговори́ть (*вн.*) **1.** (*утомлять разговором*) talk *smb.'s* head off, talk (*smb.*) silly *разг.*; **2.** (*действовать заговором*) bewitch (*smb.*); ~ зу́бы *кому-л.* tell* *smb.* the tale, talk *smb.* around.

заговáриваться, заговори́ться *разг.* **1.** *тк. несов.* (*говорить бессвязно*) wander (in *one's* speech), become* incoherent; **2.** (*завираться*) let* *one's* tongue run away with one; говори́, да не заговáривайся! don't let your tongue run away with you!

зáговор I м. (*тайный сговор*) plot, conspiracy; быть в ~е be* in a conspiracy/plot; состáвить ~ make* a plot, plot, conspire; ◇ ~ молчáния conspiracy of silence.

зáговор II *м.* (*заклинание*) charm.

заговори́ть I *сов. см.* заговáривать **II**.

заговори́ть II *сов.* **1.** (*начать говорить*) speak*, begin* to speak; **2.** (*овладеть речью*) begin* to talk.

заговори́ться *сов.* **1.** forget* the time in conversation, talk too long; **2.** *см.* заговáриваться 2.

заговóрщи|к *м.* conspirator, plotter; **~ческий** conspiratorial.

загоготáть *сов.* begin* to cackle, begin* to guffaw.

загогу́лина *ж. разг.* flourish.

зáгодя *нареч. разг.* in good time.

заголóвок *м.* heading, headline.

загóн *м.* **1.** (*действие*) driving; **2.** (*для крупного скота*) enclosure, pen; (*для овец*) sheepfold; ◇ быть в ~е be* neglected.

загóнщик *м. охот.* beater.

загоня́ть I, загнáть (*вн.*) **1.** drive* (*smth.*); (*скот тж.*) round up (*smth.*); загнáть корóву в сарáй drive* a cow into a shed; **2.** (*заставлять уйти, уехать очень далеко*) send* (*smb.*) far away; **3.** *разг.* (*вбивать что-л. с силой*) drive* (*smth.*), knock (*smth.*); **4.** *разг.* (*продавать*) flog (*smth.*).

загоня́ть II *сов.* (*вн.*) *разг.* (*утомить работой и т. п.*) run* (*smb.*) off his, her feet.

загорáжив|ать, загороди́ть (*вн.*) **1.** (*обносить оградой*) fence in (*smth.*); ~ двор забóром enclose a yard, fence in a yard; **2.** (*преграждать*) block (*smth.*), obstruct (*smth.*), bar (*smth.*); ~ *кому-л.* дорóгу block *smb.'s* way; **3.** (*заслонять*) shield (*smth.*); ~ *кому-л.* свет be* in *smb.'s* light; не ~айте мне свет would you mind keeping out of my light; **~аться**, загороди́ться **1.** fence *oneself* off, shut* *oneself* off; **2.** (*заслоняться*) screen *oneself*, shield *oneself*.

загор|áть, загорéть get sunburnt; *несов. тж.* sunbathe, bask in the sun; кáждое у́тро мы ~áем на сóлнце we sunbathe every morning; как он загорéл! how brown/bronzed he is!

загорáться, загорéться **1.** catch* fire, take* fire; на чердакé загорéлось the attic's on fire; **2.** (*зажигаться*) glow*, shine* forth; в óкнах загорéлись огни́ lights came on in the windows; **3.** (*появляться, излучая свет*) begin* to glow; загорéлись пéрвые звёздочки the first stars came out; **4.** (*тв.*; *о глазах*) light* up (with); **5.** (*тв.*, от *рд.*; *покрываться румянцем*) flush (with), burn* (with); на егó щекáх загорéлся румя́нец a flush appeared in his cheeks; **6.** (*тв.*; *быть охваченным каким-л. чувством*) conceive (*smth.*), be* consumed (with); загорéться желáнием сдéлать *что-л.* conceive a desire to do *smth.*; **7.** *безл.* (*дт.* + *инф.*) *разг.* (*сильно захотеться*) have* a violent urge (+ to *inf*); мне вдруг загорéлось уви́деть егó I suddenly had a violent urge to see him; **8.** (*о споре и т. п.*) break* out, flare up.

загорди́ться *сов. разг.* get* a swelled head, get*/be* stuck-up.

загорéлый sunburnt, tanned, brown.

загорéть *сов. см.* загорáть.

загорéться *сов. см.* загорáться.

загороди́ть(ся) *сов. см.* загорáживать(ся).

загорóдка ж. fence, railing; (*внутри помещения*) partition.

зáгородн|ый out-of-town *attr.*, country *attr.*; ~ дом house in the country; ~ая прогу́лка trip to the country, trip out of town.

загости́ться *сов. разг.* stay too long, overstay *one's* time.

заготáвливать, заготóвить *см.* заготовля́ть.

заготови́тель *м.* purveyor; official in charge of State purchases; ~**ный**: ~ная организáция purchasing organization; ~ный пункт purveying center; ~ная ценá purchase price.

заготóвить *сов. см.* заготовля́ть *и* заготáвливать.

заготóвка *ж.* **1.** (*действие*) laying in, stocking up, stockpiling; (*закупка*) purchasing/purveyance; procurement *амер.*; **2.** (*полуфабрикат*) intermediate product; (*сапожная*) upper; *тех.* blank, billet.

заготовля́ть, заготóвить (*вн.*) **1.** (*приготовлять заранее*) prepare (*smth.*) in advance, have* (*smth.*) ready; **2.** (*запасать*) lay* in (*smth.*), store up (*smth.*); build* up stocks (of); ~ дровá нá зиму lay* in firewood for the winter.

заграбáстать *сов. разг.* seize, grab, make* off with.

заградúтельный fencing *attr.*; *воен.* defensive, covering; ~ аэростáт barrage balloon; ~ огóнь barrage.

загради́ть *сов. см.* заграждáть.

загражд|áть, загради́ть (*вн.*) block (*smth.*); **~éние** *с.* barrier, block, obstruction; *воен. тж.* barrage; возду́шное ~éние balloon-barrage; ми́нное ~éние minefield.

заграни́ца *ж. разг.* foreign countries *pl.*, abroad.

заграни́чный foreign; ~ пáспорт passport for travelling abroad; ~ товар foreign goods *pl.*

загребáть, загрести́ (*вн.*) *разг.* rake up (*smth.*); *перен.* rake in (*smth.*); ~ сéно rake up hay; ~ жар bank (up) the fire; ~ дéньги make* heaps of money, rake in the money.

загребн|óй *прил. мор.* **1.** stroke *attr.*; ~óе веслó stroke-oar; **2.** *в знач. сущ. м.* stroke; быть ~ы́м be* at stroke.

загребу́щи|й *разг.* greedy; ру́ки ~е greedy hands.

загремé|ть I *сов.* (*начать греметь*) roar, rumble; ~л гром the thunder roared; ~ посу́дой make* a clatter with the dishes; его́ го́лос ~л на весь зал his voice resounded through the hall.

загреме́ть II *сов. разг.* (*упасть*) fall* with a crash, come* down with a crash, crash to the floor.

загрести́ *сов. см.* загреба́ть.

загри́вок *м.* **1.** (*у лошади*) withers *pl*; **2.** *разг.* (*у человека*) nape of the neck.

загримирова́ть *сов. см.* гримирова́ть 2; **~ся** *сов. см.* гримирова́ться.

загриппова́ть *сов. разг.* catch* the flu.

загро́бн|ый: ~ая жизнь life beyond the grave; ~ мир the next world; ~ го́лос sepulchral voice.

загроможда́ть, загромозди́ть (*вн.*) clutter up (*smth.*); *перен.* cram, overload (*smth.*); ~ ко́мнату ме́белью clutter up a room with furniture; ~ *что-л.* нену́жными подро́бностями burden *smth.* with unnecessary detail.

загромозди́ть *сов. см.* загроможда́ть.

загрохота́ть *сов.* **1.** *см.* грохота́ть; **2.** (*начать грохотать*) begin* to rattle/rumble.

загрубе́л|ый 1. (*жёсткий*) coarsened, calloused; ~ые ру́ки calloused/horny hands; **2.** (*ставший грубым*) rough; (*ставший чёрствым*) callous, coarse.

загрубе́ть *сов.* coarsen, become* coarsened.

загружа́ть, загрузи́ть (*вн.*) **1.** load (*smth.*); по́лностью *что-л.* load *smth.* to capacity; ~ печь charge a furnace; **2.** *разг.* (*обеспечивать работой*) keep (*smb.*) busy; ~ преподава́телей give* teachers a full program; ~ рабо́чий день fill up *one's* day; он загру́жен рабо́той he has plenty of work, he has plenty to do.

загру́женность *ж.* program (of work), workload, commitment.

загрузи́ть *сов. см.* загружа́ть.

загру́зк|а *ж.* **1.** (*действие*) loading, filling; (*печи*) charging; **2.** *разг.* (*загруженность*) workload; (*машин и т. п.*) charge, load; заво́д име́ет по́лную ~у the factory is working at full capacity.

загрунто́ванный: ~ холст primed canvas.

загрусти́ть *сов.* grow* sad; (*о пр.*) miss (*smb.*).

загры́з|ть *сов.* (*вн.*) bite* to death, kill (*smth.*); tear* (*smth.*) (to pieces); *перен. разг.* make* *smb.'s* life a hell; его́ ~ла тоска́ he is eating his heart out.

загрязн|е́ние *с.* soiling; (*воды*) pollution, contamination; **~и́ть(ся)** *сов. см.* загрязня́ть(ся) *и* грязни́ть(ся).

загрязня́ть, загрязни́ть (*вн.*) soil (*smth.*), make* (*smth.*) dirty; (*воду*) pollute (*smth.*), contaminate (*smth.*); **~ся**, загрязни́ться get* dirty, make* *oneself* dirty.

ЗАГС *м.* (отде́л за́писи а́ктов гражда́нского состоя́ния) registry office.

загуби́ть *сов.* (*вн.*) **1.** (*погубить*) ruin (*smb., smth.*): **2.** *разг.* (*истратить напрасно*) waste (*smth.*); ◇ ~ *чью-л.* жизнь ruin *smb.'s* life.

загуде́ть *сов.* begin* to hoot.

загу́л *м. разг.* drinking (bout).

загуля́ть *сов. разг.* go* on the spree.

загуля́ться *сов. разг.* (*долго гулять*) stay out walking, stay out late.

загусте́ть *сов.* thicken.

зад *м.* **1.** (*задняя часть*) back; rear; бить ~ом (*о лошади*) kick; поверну́ться к *кому-л.* ~ом turn *one's* back on *smb.*; **2.** (*седалище*) behind, backside; (*у животного*) rump; hind quarters *pl.*

зада́бривать, задо́брить (*вн.*) get* round (*smb.*); (*уговаривать*) cajole (*smb.*), coax (*smb.*).

задава́ть, зада́ть (*вн.*) give* (*smth.*), set* (*smth.*); ~ уро́к set* homework; ~ зада́чу set* a problem; что задано? what is the homework?; ~ рабо́ту assign some work; ~ пир give* a banquet; ~ корм give* fodder; ~ тон set* the tone; ~ стра́ху strike* terror (into); ◇ ~ вопро́с ask/put* a question; я тебе́ зада́м! I'll give it to you!; **~ся**, зада́ться: ~ся це́лью сде́лать *что-л.* set* *oneself* the task of doing *smth.*; ~ся вопро́сом ask *oneself* a question; пое́здка не задала́сь the trip was not a success.

задави́ть *сов.* (*вн.*) kill (*smb., smth.*); (*автомобилем и т. п.*) run* (*smb., smth.*) over, knock (*smb., smth.*) down.

зада́н|ие *с.* task, assignment; (*плановое*) target; (*упражнение, урок*) task; рабо́тать по *чьему-л.* ~ию work under *smb.'s* orders; дома́шнее ~ homework.

зада́ривать, задари́ть (*вн.*) **1.** (*подносить много подарков*) lavish/heap gifts (upon); **2.** (*подкупать*) bribe (*smb.*) with gifts.

задари́ть *сов. см.* зада́ривать.

зада́ром *разг. см.* да́ром.

зада́тки *мн.* inborn qualities, instincts, potentialities; у него́ хоро́шие ~ there's good stuff in him, he has the makings.

зада́т|ок *м.* deposit; earnest (money), down payment; дать ~ leave* a deposit; в ви́де ~ка in earnest.

зада́ть(ся) *сов. см.* задавать(ся).

зада́ч|а *ж.* **1.** task; (*цель*) goal; боева́я ~ tactical task; combat mission *амер.*; вы́полнить ~у carry out a task, accomplish a task/mission; поста́вить ~у set* a task; ста́вить ~у пе́ред *кем-л.* brief *smb.*; поста́вить пе́ред собо́й ~у (+ *инф.*) make* it one's aim (+ to *inf*), set* *oneself* the task of (+ *-ing*); **2.** (*упражнение*) problem; (*арифметическая тж.*) sum; реша́ть ~у work on a problem; реша́ть ~и do* sums; реши́ть ~у solve a problem; **~ник** *м.* book of (mathematical) problems.

задвига́ть *сов.* begin* to move.

задви́гать, задви́нуть (*вн.*) push (*smth.*); (*о дверях, ящиках*) close (*smth.*).

задви́гаться *сов.* begin* to move.

задви́ж|ка *ж.* bolt; (*маленькая*) catch; *тех.* slide valve; закры́ть дверь на ~ку bolt a door, put* a door on the catch; **~но́й** sliding, slidable.

задви́нуть *сов. см.* задвига́ть.

задво́рк|и *мн.* backyards, backs; *перен.* the back of beyond; ◇ на ~ах in the background.

задева́ть I, заде́ть **1.** (*вн.*, за *вн.*) (*касаться*) brush (against); (*цепляться*) catch* (*smth.*); пу́ля заде́ла кость the bullet grazed the bone; заде́ть за гвоздь catch* on a nail; заде́ть ного́й за ковёр catch* *one's* foot* in the carpet, trip over the carpet; **2.** (*волновать*) affect (*smb.*), wound (*smb.*).

задева́ть II *сов.* (*вн.*) *разг.* (*затерять*) mislay* (*smth.*).

заде́л *м.* **1.** (*начатая работа*) start; **2.** (*запас*) reserve, margin, surplus.

заде́лать *сов. см.* заде́лывать.

заде́лка *ж.* patching up, stopping up, sealing.

заде́лывать, заде́лать (*вн.*) (*smth.*), stop up (*smth.*); ~ дверь wall up the door; ~ *что-л.* до́сками board up *smth.*; ~ *что-л.* кирпичо́м brick up *smth.*; ~ пробо́ину fill up a hole, seal a hole; ~ течь stop a leak; **~ся**, заде́латься become*, turn; он заде́лался писа́телем he has become/turned into a writer.

задёргать I *сов.* (*вн.*) *разг.* (*измучить, утомить*) wear* (*smb.*) out, nag (*smb.*) to death.

задёргать II *сов.* (*начать дёргать*) begin* to pull; (*заболеть*) begin* to throb.

задёргивать, задёрнуть **1.** (*вн.*) draw* (*smth.*); ~ занаве́ску draw* the curtain; **2.** (*вн. тв.*; *закрывать чем-л.*) cover (*smth.* with); mask (*smth.* with); **~ся**, задёрнуться draw*, be* drawn.

задеревене́лый *разг.* numbed, stiff.

задеревене́ть *сов. разг.* become* numb/stiff.

задержа́ние *с.* retention; *юр.* detention; ~ престу́пника detention of a criminal.

задержа́ть(ся) *сов. см.* заде́рживать(ся).

заде́рживать, задержа́ть (*вн.*) **1.** (*воспрепятствовать*) detain (*smb.*), delay (*smb., smth.*); impede (*smth.*), check (*smth.*); *перен.* (*мешать чему-л.*) hold* up (*smth.*); меня́ задержа́ли I was delayed/detained; я вас до́лго не задержу́ I won't keep you long; ~ доста́вку *чего-л.* hold* up (the) delivery of *smth.*; ~ проти́вника *воен.* delay the enemy; **2.** (*замедлять что-л.*) slow (*smth.*) down, retard (*smth.*); ~ шаги́ slow *one's* steps/pace; ~ дыха́ние hold* *one's* breath; **3.** (*не выдавать вовремя*) withhold* (*smth.*), delay (*smth.*), keep* (*smth.*) back; ~ зарпла́ту fail to pay out salaries/wages on time, withhold* salaries/wages; ~ упла́ту до́лга get* into arrears; **4.** (*арестовывать*) arrest (*smb.*), take* (*smb.*) in charge; **~ся**, задержа́ться **1.** be* delayed, be* kept; (*намеренно*) linger; до́лго не заде́рживайтесь! don't be long!; **2.** (*затягиваться, откладываться*) lag, be* late.

заде́ржка *ж.* delay; вре́менная ~ time delay; вы́нужденная ~ induced delay; ~ в доста́вке delay in delivery; ~ в отгру́зке delay in shipment; ~ в откры́тии аккредити́ва delay in opening a letter of credit; ~ в разгру́зке delay in discharge; ~ платежа́ delay in payment; (*помеха*) setback, hitch.

задёрнуть(ся) *сов. см.* задёргивать(ся).

заде́ть *сов. см.* задева́ть I.

задира *м. и ж. разг.* tease, bully; troublemaker.

задира́ть, задра́ть (*вн.*) **1.** *разг.* (*поднимать кверху*) lift (*smth.*), stick* up (*smth.*); ~ го́лову crane *one's* neck; **2.** (*кожу, ноготь и т. п.*) scratch (*smth.*), tear* (*smth.*) off; **3.** *тк. несов. разг.* (*дразнить*) tease (*smb.*); ◇ задра́ть нос put* on airs.

задне|нёбный *лингв.* velar; **~прохо́дный** *анат.* anal; **~язы́чный** *лингв.* velar, back.

за́дн|ий back, rear; (*о конечностях*) hind; ~ее колесо́ rear wheel; ~яя нога́ hind leg; ~ карма́н hip pocket; ~ ход reverse; backward movement; идти́ ~им хо́дом back; move backwards; (*о судне*) go* astern; ~ прохо́д *анат.* anus; ◇ ~яя мысль ulterior motive; э́то бы́ло сказа́но не без ~ей мы́сли that was not said without a purpose; без ~их ног ready/fit to drop; ~им умо́м кре́пок wise after the event; ~им число́м after the event, in retrospect; подписа́ть *что-л.* ~им число́м antedate *smth.*; ходи́ть на ~их ла́пах (*перед кем-л.*) *разг.* dance attendance (on *smb.*).

за́дник *м.* **1.** (*обуви*) back; **2.** *театр.* backdrop, backcloth.

задо́брить *сов. см.* зада́бривать.

задо́лго long before; (*заранее*) well in advance (of).

задолж|а́ть *сов.* be* in debt, get* into debt; он ~а́л мне 100 рубле́й he owes me a hundred rubles.

задо́лженность *ж.* debts *pl.*, indebtedness; *фин.* дебито́рская ~ debtor indebtedness, debit indebtedness; ипоте́чная ~ hypothecary/mortgage debt; кредито́рская ~ creditor indebtedness; ликви́дная ~ liquid debt; накопи́вшаяся ~ accumulated debt; необеспе́ченная ~ unsecured debt; о́бщая ~ total debt; просро́ченная ~ overdue repayment of debts; теку́щая ~ current/floating debt; чи́стая ~ net debt; ~ ба́нку bank indebtedness, overdraft; ~ по ве́кселю debt on bill; ~ по креди́ту credit indebtedness; ~ по ссу́дам loan indebtedness; ~ по счёту arrears; ~ предприя́тия debts of an enterprise; (*по выполнению заказов*) backlog; академи́ческая ~ failure to take examinations/test papers at the required time.

задо́лжник *м. разг.* defaulter.

за́дом (*о движении*) backwards; идти́ ~ walk backwards; ◇ ~ наперёд back to front.

задо́р *м.* ardor, vigor, zeal; молодо́й ~ youthful ardor; **~ный** bold, fervent, lively; (*бойкий*) perky; ~ный моти́в lively/rousing tune.

задохну́ться *сов. см.* задыха́ться.

задра́ивать, задра́ить (*вн.*) *мор.* batten down (*smth.*).

задра́ить *сов. см.* задра́ивать.

задрапирова́ть *сов.* drape (with).

задра́ть *сов.* **1.** *см.* задира́ть 1, 2; **2.** (*вн.*; *растерзать*) kill (*smb., smth.*).

задрема́ть *сов.* doze off, fall* into a doze.

задри́панный *пренебр.* bedraggled.

задрожа́ть *сов.* begin* to tremble; (*от холода*) begin* to shiver.

задры́гать *разг. сов.* begin* to jerk/twitch.

задува́ть I, заду́ть (*вн.*; *гасить*) blow* out (*smth.*), extinguish (*smth.*), put* out (*smth.*).

задува́ть II, заду́ть (*вн.*) *тех.* blow* in (*smth.*); заду́ть до́мну blow* in a blast furnace.

задува́ть III *несов.* **1.** (*о ветре*) blow*; **2.** (*проникать*) get* in, blow* in, cause a draft; **3.** (*вн.*; *заносить дуновением*) blow* (*smth.*) in.

заду́мать(ся) *сов. см.* заду́мывать(ся).

заду́мчив|ость *ж.* thoughtfulness, pensiveness; в глубо́кой ~ости in deep thought, in a reverie; **~ый** thoughtful, pensive; с ~ым ви́дом with a thoughtful/pensive air.

заду́мыв|ать, заду́мать **1.** (*вн.*, + *инф.*) think* (of, + *-ing*), plan (+ to *inf.*), conceive (*smth.*); **2.** (*вн.*; *мысленно выбирать что-л.*) think* of (*smth.*); заду́майте како́е-нибу́дь число́ think of a number; **~аться**, заду́маться **1.** (над *тв.*, о *пр.*) ponder (over), brood (over); о чём вы заду́мались? what are you so thoughtful about?; **2.** (*впадать в задумчивость*) become* thoughtful, grow* pensive, plunge into a reverie, be* deep in thought; **3.** (*колебаться*) hesitate; отве́тить не ~аясь answer without a moment's hesitation.

заду́ть I, II *сов. см.* задува́ть **I, II**.

заду́ть III *сов. разг.* (*начать дуть*) begin* to blow.

задуше́вн|ость *ж.* sincerity, soul, feeling; **~ый** (*о людях*) kind, genuine, sincere; (*о чувствах*) heartfelt; (*сокровенный*) intimate; ~ый разгово́р heart-to-heart talk.

задуши́ть *сов. см.* души́ть **I, 1, 2**.

зад|ы́ *мн.* **1.** (*дворов*) the back (of the houses) *sg.*; пробира́ться ~а́ми go* round the back way; **2.**: повторя́ть ~ go* over old ground.

задыми́ть I *сов.* (*начать дымить*) begin* to smoke, begin* to emit/discharge smoke, start belching smoke.

задыми́ть II *сов.* (*вн.*; *закоптить дымом*) blacken (*smth.*) with soot; (*заполнять дымом*) fill (*smth.*) with smoke.

задымлённый smoky.

задыха́ться, задохну́ться (от *рд.*) choke (with); be* suffocated (by); (*от утомления*) be* out of breath; ~ от сме́ха choke with laughter.

заеда́ть, зае́сть **1.** (*вн.*; *загрызать*) kill (*smb., smth.*); (*мучить укусами*) plague (*smb.*); нас зае́ли комары́ we were plagued by mosquitoes; **2.** (*вн. тв.*; *закусывать*) eat (*smth.* with) to take away the taste; **3.** (*вн.*) *разг.* (*изводить*) get* (*smb.*) down; **4.** (*вн.*; *пагубно влиять*) drag (*smb.*) down, corrupt (*smb.*), demoralize (*smb.*); его́ зае́ла среда́ he was corrupted by his environment; **5.** *обыкн. безл. разг.* (*застревать*) stick*, jam; **6.** *обыкн. безл. разг.* (*задевать самолюбие*) get* on *one's* nerves.

зае́зд *м.* **1.** visit; без ~а (в) without calling/stopping (at); с ~ом (в) calling/stopping (at); **2.** *спорт.* heat; полуфина́льный ~ the semifinal; **3.** (*приезд отдыхающих*) arrival.

зае́здить *сов.* (*вн.*) *разг.* (*лошадь*) overdrive* (*smth.*); *перен.* (*человека*) overwork (*smb.*), overdrive* (*smb.*)

заезжа́ть, зае́хать **1.** (*останавливаться по пути*) stop (at), break* *one's* journey (at); (к *дт.*; *посещать*) drop in (at *smb.'s*), look in (at *smb.'s*); **2.** (за *тв.*) come* and fetch (*smb.*); **3.** (*уезжать далеко или не туда, куда следует*) stray into; **4.** (*подъезжать со стороны*) approach; он зае́хал с ле́вой стороны́ he approached from the left, he rode in from the left.

зае́зженный *разг.* (*о лошади*) overworked, overdriven; *перен.* (*банальный*) hackneyed.

зае́зжий *прил.* **1.** visiting; **2.** *в знач. сущ. м.* passing traveller, person passing through.

заём *м.* loan; ба́нковский ~ bank loan; беспроце́нтный ~ interest-free loan; валю́тный ~ currency loan; вне́шний ~ foreign loan; госуда́рственный ~ state loan; де́нежный ~ cash/money loan; компенсацио́нный ~ back to back loan; облигацио́нный ~ funded loan; ~ на льго́тных усло́виях loan on easy terms; ~ под зало́г loan against pledge.

заёмн|ый loan *attr.*; ~ капита́л liabilities; ~ое письмо́ *юр.* acknowledgement of debt.

заёмщик *м. юр.* borrower, loan debtor.

заёрзать *сов. разг.* begin* to fidget.

зае́сть *сов. см.* заеда́ть.

зае́хать *сов. см.* заезжа́ть.

зажа́ривать, зажари́ть (*вн.*) roast (*smth.*); (*на сковороде*) fry (*smth.*); **~ся**, зажа́риться be* fried.

зажа́рить(ся) *сов. см.* зажа́ривать(ся).

зажа́ть *сов. см.* зажима́ть.

зажд|а́ться *сов.* (*рд.*) *разг.* be* waiting impatiently (for), be* tired of waiting (for); мы вас зажда́ли́сь! ≅ you've come at last!

зaже́чь(ся) *сов. см.* зажига́ться.

зажива́ть, зажи́ть heal.

зажива́ться, зажи́ться *разг.* live too long, live beyond *one's* time.

заживи́ть *сов. см.* заживля́ть.

заживля́ть, заживи́ть (*вн.*) *разг.* heal (*smth.*).

за́живо alive; ~ погребённый buried alive.

зажига́|лка *ж.* (*для сигарет*) (cigarette) lighter; **~ние** *с.* **1.** (*действие*) lighting; **2.** *тех.* ignition; **~тельный 1.** igniting *attr.*; (*о снаряде, бомбе*) incendiary; **2.** (*возбуждающий*) rousing, stirring; ◇ ~тельная речь inflammatory speech.

зажиг|а́ть, заже́чь (*вн.*) **1.** light* (*smth.*); ~ свет (*электрический*) turn on the light; ~ спи́чку strike* a match; **2.** (*вызвать подъём энергии и т.п.*) stir (*smb.*), fire (*smb.*), rouse (*smb.*); **~а́ться**, заже́чься **1.** light* up, be* lit; когда́ ~а́ются огни́ when the lights go on, when the lights are turned on; зажгла́сь спи́чка a match flared; **2.** (*появляться*) come* out; зажгла́сь пе́рвая звезда́ the first star came out; **3.** (*тв.*; *о глазах*) flare (with), blaze (with); её глаза́ зажгли́сь не́навистью hatred glittered in her eyes; **4.** (*возникать- о чувствах и т.п.*) blaze up, flame up; в его́ душе́ зажгло́сь вдохнове́ние he was fired with inspiration.

зажи́лить *сов.* fail to return.

зажи́м *м.* **1.** (*приспособление*) clip; (*большой*) clamp; **2.** (*стеснение, подавление*) restriction; ~ кри́тики restriction/supression of criticism; **~а́ть**, зажа́ть (*вн.*) **1.** (*стискивать*) squeeze (*smth.*); grip (*smth.*), hold* (*smth.*) tight; ~а́ть *что-л.* в руке́ clasp *smth.* tightly in *one's* hand; **2.** (*затыкать*) stop (*smth.*); ~а́ть нос hold* *one's* nose; ~а́ть у́ши stop *one's* ears; ~а́ть *кому-л.* рот руко́й put* *one's* hand over *smb.'s* mouth; **3.** *разг.* (*стеснять, подавлять*) restrict (*smth.*), supress (*smth.*), hamper (*smth.*); ~а́ть инициати́ву restrict initiative; ◇ зажа́ть рот *кому-л.* silence *smb.*, gag *smb.*; **~щик** *м. разг.* supressor.

зажи́точн|ость *ж.* prosperity; ~ый well-to-do, prosperous; ~ая жизнь prosperity.

зажи́ть I *сов. см.* залива́ть.

зажи́ть II *сов.* (*начать жить*) begin* to live; ~ но́вой жи́знью begin* a new life.

зажи́ться *сов. см.* залива́ться.

зажму́рить *сов.*: ~ глаза́ *см.* зажму́риться; ~ся *сов.* screw up *one's* eyes.

зажужжа́ть *сов.* begin* to buzz.

зазва́ть *сов. см.* зазыва́ть.

зазвене́ть *сов.* begin* to tinkle.

зазвон|и́ть *сов.* begin* to ring; (*о будильнике*) go* off; ~и́л телефо́н the telephone rang.

заздра́вный: тост toast; ~ кубо́к (toast)-cup.

зазева́ться *сов.* (на *вн.*) *разг.* gape (at).

зазелене́ть *сов.* **1.** (*стать зелёным*) turn green; **2.** (*показаться — о чём-л. зелёном*) show* green.

заземл|е́ние *с.* **1.** (*действие*) earthing; **2.** (*приспособление*) earth; **~и́ть** *сов. см.* заземля́ть.

заземля́ть, заземли́ть (*вн.*) earth (*smth.*), ground (*smth.*).

зазнава́ться, зазна́ться *разг.* get* a swelled head, get* conceited, give* *oneself* airs.

зазна́йство *с. разг.* conceit.

зазна́ться *сов. см.* зазнава́ться.

зазно́ба *м. и ж.* sweetheart.

зазо́р *м. тех.* clearance; допусти́мый ~ allowance, permissible clearance.

зазо́рн|ый shameful, disgraceful; в э́том нет ничего́ ~ого there is nothing to be ashamed in that.

зазре́ни|е *с.*: без ~я (со́вести) shamelessly, without compunction, without any scruples.

зазу́бренный I (*имеющий зазубрины*) notched.

зазу́бренный II *разг.* (*заученный*) parroted, mugged up.

зазу́бривать I, зазубри́ть (*вн.*; *делать зазубрины*) notch (*smth.*).

зазу́бривать II, зазубри́ть (*вн.*) *разг.* (*заучивать*) learn* (*smth.*) mechanically/parrot-fashion, mug up (*smth.*).

зазу́брина *ж.* notch; с ~ми notched.

зазубри́ть I, II *сов. см.* зазу́бривать **I, II.**

зазыва́ть, зазва́ть (*вн.*) *разг.* press (*smb.*) to come.

заи́гранн|ый 1. (*ставший негодным*) worn, defaced; ~ая пласти́нка worn record; **2.** (*избитый*) hackneyed.

заигра́ть I *сов. см.* заи́грывать **I.**

заигра́ть II *сов.* (*начать играть*) begin* to play; (*об оркестре*) strike* up.

заигра́ться *сов. см.* заи́грываться.

заи́грывание *с. разг.* flirting, flirtation.

заи́грывать I, заигра́ть (*вн.*) **1.** (*приводить в негодность*) wear* out (*smth.*), deface (*smth.*); заигра́ть пласти́нку wear* out a record; **2.** (*опошлять*) make* (*smth.*) hackneyed, play (*smth.*) to death.

заи́грывать II *несов.* (с *тв.*) *разг.* **1.** (*кокетничать*) make* advances (to), flirt (with); **2.** (*заискивать*) make* up (to).

заи́грываться, заигра́ться be* carried away with *one's* game.

заи́ка *м. и ж.* stammerer, stutterer.

заик|а́ние *с.* stammer(ing), stutter(ing); **~а́ться**, заикну́ться **1.** *тк. несов.* stammer, stutter; си́льно ~а́ться have* a bad stammer; **2.** *разг.* (*запинаться на полуслове*) stop short; **3.** (о *пр.*) *разг.* (*намекать*) breathe/utter a word (about), hint (at); он да́же не заикну́лся об э́том he did not so much as hint at it.

заикну́ться *сов. см.* заика́ться **2, 3.**

заимода́вец *м. юр.* lender, creditor.

заимообра́зно as a loan; брать *что-л.* ~ borrow *smth.*

заи́мствов|ание *с.* **1.** adoption, borrowing; **2.** *лингв.* (*слово*) loanword; **~ать** *несов. и сов.* (*вн.*) borrow (*smth.*), adopt (*smth.*); ~ать о́пыт передовико́в borrow from the experience of advanced workers.

заиндеве́|вший rime-covered, frosted; covered with hoarfrost *после сущ.*; **~ть** *сов.* be* covered with rime/hoarfrost.

заинтересо́ванн|ость *ж.* interest; материа́льная ~ material interest/incentive; **~ый** interested; ~ые ли́ца people with interests at stake; ~ые сто́роны the parties concerned; быть ~ым в *чём-л.* have* an interest/stake in *smth.*

заинтересова́ть *сов.* (*вн. тв.*) interest (*smb.* in); ~ *кого-л.* расска́зом win*/gain *smb.'s* attention with a story; **~ся** *сов.* (*тв.*) become*/get* interested (in), take* an interest (in).

заинтригова́ть *сов. см.* интригова́ть 2.

заи́скив|ать (перед *тв.*) try to ingratiate *oneself* (with), curry favor (with); **~ающий** ingratiating.

заискри́ться *сов.* begin* to sparkle.

зайти́ *сов. см.* заходи́ть.

за́йчик *м.* **1.** *уменьш. от* за́яц; **2.** (*световой*) *разг.* patch of sunlight, reflection of a sunbeam; ◇ пуска́ть ~ов catch* a/in a sunbeam by mirror.

зайч|и́ха *ж.* doe-hare; **~о́нок** *м.* young hare, leveret.

закабал|е́ние *с.* enslavement; **~и́ть(ся)** *сов. см.* закабаля́ть(ся).

закабаля́ть, закабали́ть (*вн.*) enslave (*smb.*); **~ся**, закабали́ться tie *oneself* down.

закавка́зский Transcaucasian.

закавы́ка *ж. разг.* hitch.

зака́дровый: ~ го́лос (*в кино, телевидении*) voice-over.

закады́чный *разг.*: ~ друг, прия́тель bosom friend.

зака́з *м.* **1.** order; госуда́рственный ~ government/state order; обяза́тельный ~ rated order; о́пытный ~ pilot order; про́бный ~ trial order; ра́зовый ~ single order; сро́чный ~ pressing/rush order; твёрдый ~ standing/firm order; ~ на поста́вку purchase/delivery order; ~-наря́д order, warrant; ~ на това́р order for goods, indent; ~ по образцу́ sample order; отде́л ~ов delivery-order department; **2.** *разг.* (*заказанная вещь*) order, job; ваш ~ уже́ гото́в your order is ready; ◇ на ~ to order; по ~у to order; изгото́вленный по осо́бому ~у made to order, custom-made; не могу́ писа́ть по ~у I can't write to order.

заказа́ть *сов. см.* зака́зывать.

зака́зник *м. охот.* (game) reserve.

заказн|о́й registered; ~о́е письмо́ registered letter; посла́ть письмо́ ~ы́м send* a letter by registered post, register a letter; ◇ ~о́е уби́йство contract killing.

зака́зч|ик *м.*, **~ица** *ж.* customer, client.

зака́зывать, заказа́ть (*вн.*) order (*smth.*), book (*smth.*); ~ биле́т book a ticket.

зака́л *м. тех.* temper; *перен.* cast, stamp; челове́к ста́рого ~а a man* of the old school.

закалённый **1.** hardened; (*о стали тж.*) tempered; **2.** (*обладающий выдержкой*) seasoned, toughened, well-tried.

зака́ливать(ся) *несов. см.* закаля́ть(ся).

закали́ть(ся) *сов. см.* закаля́ть(ся).

зака́л|ка *ж.* **1.** hardening, tempering; **2.** (*физическая*) training; получа́ть ~ку get* into good training, get* fit; **3.** (*выдержка, стойкость*) trained endurance, acquired toughness.

зака́лывать, заколо́ть (*вн.*) **1.** (*убивать*) stab (*smb.*); (*животных*) slaughter (*smth.*); **2.** (*закреплять*) pin up (*smth.*), fasten (*smth.*) with a pin; ~ во́лосы pin up *one's* hair.

закаля́ть, закали́ть (*вн.*) **1.** (*путём нагрева*) harden (*smth.*), temper (*smth.*); ~ сталь temper/harden steel; **2.** (*делать выносливым*) steel (*smb., smth.*); ~ во́лю steel *one's* will; закалённый в бою́ battle-hardened, steeled in battle; **3.** (*делать физически крепким*) train (*smb.*); **~ся**, закали́ться **1.** (*о стали*) be* tempered/hardened; **2.** (*делаться выносливым*) make* *oneself* fit, improve *one's* endurance; *сов. тж.* get* fit.

зака́нчивать, зако́нчить (*вн.*) end (*smth.*), finish (*smth.*); (*завершать*) complete (*smth.*); (*отделывать*) put* the finishing touches (to), round off (*smth.*); ~ речь, письмо́ conclude a speech, a letter; **~ся**, зако́нчиться **1.** come* to its close; **2.** *тк. несов.* (*тв.*) end (in, with), terminate (in).

зака́пать I *сов.* (*вн.*) **1.** (*забрызгать*) spot (*smth.*); ~ стол черни́лами spot the table with ink; **2.** *разг.* (*лекарство и т. п.*) put* (a few) drops (of).

зака́п|ать II *сов.* (*начать капать*) begin* to drip; слёзы ~али из глаз the tears began to flow.

зака́пывать, закопа́ть (*вн.*) **1.** bury (*smb., smth.*); (*прятать*) hide* (*smth.*); **2.** (*заполнять землёй*) fill in (*smth.*); ~ я́му fill in a hole/pit; **~ся**, закопа́ться bury *oneself*; (*о войсках*) entrench *oneself*, dig* *oneself* in.

зака́рмливать, закорми́ть (*вн.*) overfeed* (*smb., smth.*), stuff (*smb., smth.*).

зака́т *м.* (*солнца*) sunset; *перен.* decline; ◇ ~ жи́зни downhill; на ~е дней in the evening of life, in *one's* declining years.

заката́ть *сов. см.* зака́тывать II.

закати́ть *сов. см.* зака́тывать I.

закати́ться *сов. см.* зака́тываться.

зака́тывать I, закати́ть (*вн.*) **1.** roll (*smth.*); **2.** *разг.* (*устраивать*): ~ сканда́л make* a scene; ~ закати́ть глаза́ roll *one's* eyes; ~ исте́рику go* off into hysterics, throw* a fit of hysterics.

зака́тывать II, заката́ть (*вн. в вн.*; *обёртывать, обматывать*) roll up (*smth.* in); wrap up (*smth.* in); ~ рукава́ roll up *one's* sleeves.

зака́тываться, закати́ться **1.** roll; **2.** (*о солнце*) set*, go* down; ◇ его́ сла́ва давно́ закати́лась his fame has long since waned; моя́ звезда́ закати́лась my luck is out.

закач|а́ть *сов.* (*вн.*) **1.** rock (*smb.*) to sleep; **2.** (*вызвать головокружение*) make* (*smb.*) sick; его́ ~а́ло the rocking has made him sick.

закача́ть *сов.* (*начать качать*) begin* to rock/sway; ◇ закача́ешься! *разг.* terrific!, great!

зака́шл|ять *сов.* begin* to cough; **~яться** *сов.* have* a fit of coughing; я ~ялся от ды́ма the smoke made me cough.

заква́ска *ж.* leaven; *перен.* strain, stock; (*плохая тж.*) taint, streak; у него́ хоро́шая ~ he promises well.

заква́шивать(ся) *несов. см.* кваси́ть(ся).

закида́ть *сов. см.* заки́дывать I.

заки́дывать I, закида́ть (*вн. тв.*) *разг.* scatter (*smb., smth.* with), strew* (*smb., smth.* with); (*снегом, грязью и т. п.*) plaster (*smb., smth.* with); ~ камня́ми stone; bespatter (*smb., smth.* with); pelt (*smb., smth.* with); *перен.* bombard (*smb.* with), shower (*smb.* with); закида́ть вопро́сами bombard with questions.

заки́дывать II, заки́нуть **1.** *см.* забра́сывать II; **2.**: ~ го́лову throw* back *one's* head; ~ но́гу на́ ногу put* *one's* leg over *one's* knee; ~ ру́ки за́ голову put* *one's* hands behind *one's* head; ◇ ~ у́дочку cast* a line; *перен.* put* out a feeler.

заки́нуть *сов. см.* заки́дывать II.

закипа́ть, закипе́ть begin* to boil; boil; *перен.* seethe; вода́ закипе́ла the water is boiling; рабо́та закипе́ла work is in full swing, the job got under way.

закипе́ть *сов. см.* закипа́ть.

закиса́ть, заки́снуть turn sour; *перен. разг.* become* apathetic, grow* rusty/passive/indifferent.

за́кись *ж. хим.* protoxide.

закла́д: би́ться об ~ bet, wager.

закла́дка *ж.* **1.** (*действие*) laying; ~ го́рода founding of a city; ~ корабля́ laying of a ship's keel; ~ си́лоса filling of a silo; ~ са́да making of a garden; **2.** (*в книге*) bookmark.

закладна́я *ж. юр.* mortgage; складска́я ~ warehouse bond; тамо́женная ~ customs bond.

закла́дывать, заложи́ть **1.** (*вн.*; *засовывать, класть*) put* (*smth.*); (*терять*) mislay* (*smth.*); (*помещать куда-л. с какой-л. целью*) lay* (*smth.*), set* (*smth.*); ~ ми́ны lay* mines; **2.** (*вн.*; *основывать*) lay* (*smth.*); ~ фунда́мент lay* the foundations; ~ кора́бль lay* a ship's keel; заложи́ть но́вый го́род found a new town/city; **3.** (*вн. тв.*; *заполнять чем-л.*) stop (*smth.* with.), block up (*smth.* with); заложи́ть дымохо́ды кирпичо́м brick up the chimneys; заложи́ть стол кни́гами pile a table with books; **4.**: ~ лошаде́й harness horses; **5.** (*вн.*; *отдавать в залог — вещи*) pawn (*smth.*); (*недвижимость*) mortgage (*smth.*); ◇ заложи́ть осно́ву *чего-л.* lay* the foundation of *smth.*

закла́ние *с.* immolation, sacrifice; ◇ идти́ как на ~ go* to the slaughter.

заклева́ть *сов.* (*вн.*) peck (*smb., smth.*) to death; *перен. разг.* persecute (*smb.*), bully the life out (of).

заклева́ть *сов.* (*начать клевать*) begin* to peck.

закле́ивать, закле́ить (*вн.*) stick* (*smth.*); (*запечатывать*) seal (*smth.*); ~ конве́рт stick* down an envelope, seal an envelope; ~ око́нные ра́мы seal the window frames; **~ся,** закле́иться stick*.

закле́ить(ся) *сов. см.* закле́ивать(ся).

заклейми́ть *сов. см.* клейми́ть.

заклепа́ть *сов. см.* заклёпывать.

заклёпка *ж.* **1.** (*действие*) riveting; **2.** (*металлический стержень*) rivet.

заклёпывать, заклепа́ть (*вн.*) rivet (*smth.*).

заклин|а́ние *с.* **1.** charm, spell; (*слова тж.*) incantation; **2.** (*мольба, просьба*) conjuration, entreaty; **~а́тель** *м.* charmer; ~ зме́й snake charmer; **~а́ть** *несов.* **1.** (*вн.*; *заколдовывать*) charm (*smb., smth.*), bewitch (*smb., smth.*); **2.** (*вн. + инф.*; *умолять, просить*) entreat (*smb.* + to *inf*), implore (*smb.* + to *inf*).

закли́нивать, закли́нить (*вн.*) **1.** (*вбивать клин*) drive*/fix a wedge (into); **2.** (*повреждать*) jam.

закли́нить *сов. см.* закли́нивать.

заключа́ть, заключи́ть **1.** *тк. несов.* (*вн.*; *содержать*) contain (*smth.*); **2.** (*вн.*; *лишать свободы*) lock up (*smb.*), confine (*smb.*); ~ *кого-л.* в тюрьму́ imprison (*smb.*), jail (*smb.*); ~ под стра́жу take* into custody; **3.** (*вн.* в *вн.*; *помещать*) put* (*smth.* in), enclose (*smth.* in); ~ *что-л.* в ско́бки put *smth.* in brackets; **4.** (*вн. тв.*; *заканчивать*) conclude (*smth.* with), end (*smth.* with); **5.** (*делать вывод*) conclude, deduce; **6.** (*вн.*; *вступать в соглашение*) conclude (*smth.*); заключи́ть мир make* peace; заключи́ть сою́з form an alliance; ~ соглаше́ние, догово́р conclude an agreement, a treaty; ~ сде́лку strike* a bargain; **~ся** *несов.* **1.** (в *пр.*; *находиться*) be* (in), be* contained (in); **2.** (в *пр.*; *содержаться*) be* (in); lie* (in), consist (in); **3.** (*тв.*; *заканчиваться*) end (in), conclude (with, in).

заключе́ни|е *с.* **1.** (*соглашения и т. п.*) conclusion; ~ догово́ра the conclusion of a treaty; ~ сою́за the forming of an alliance; ~ ми́ра conclusion of peace, signing a peace treaty; **2.** (*лишение свободы*) confinement; одино́чное ~ solitary confinement; находи́ться в ~и be* in prison; **3.** (*вывод*) conclusion, deduction, inference; **4.** (*конец чего-л.*) conclusion, end; ◇ в ~ in conclusion.

заключённый *м.* prisoner; (*осуждённый*) convict.

заключи́тельн|ый closing, final; ~ое сло́во concluding speech, summing up; ~ая часть ре́чи peroration; ~ая сце́на *театр.* last/final scene; ~ акко́рд *муз.* finale.

заключи́ть *сов. см.* заключа́ть 2, 3, 4, 5, 6.

закля́тый irreconcilable; ~ враг sworn enemy.

закова́ть *сов. см.* зако́вывать.

зако́вывать, закова́ть (*вн.*) chain (*smb.*), shackle (*smb.*), fetter (*smb.*); *перен.* lock (*smth.*) fast, hold* (*smth.*) fast, imprison (*smth.*); ~ *кого-л.* в кандалы́ shackle *smb.*; chain *smb.*, put* *smb.* in irons.

заковыля́ть *сов.* begin* to hobble.

заковы́ристый *разг.* puzzling, fishy.

закоди́рованный coded, encoded.

закола́чивать, заколоти́ть (*вн.*) *разг.* **1.** nail down (*smth.*); ~ дом board up the windows and doors of a house; **2.** (*избивать*) beat* (*smb.*).

заколдо́ванный charmed, enchanted; ◇ ~ круг vicious circle.

заколдова́ть *сов. см.* заколдо́вывать.

заколдо́вывать, заколдова́ть (*вн.*) cast* a spell (over).

зако́лка *ж. разг.* kirby-grip, slide, hair-pin.

заколоти́ть I *сов. см.* закола́чивать.

заколот|и́ть II *сов.* (в *вн.*; *начать колотить*) start knocking (at); в дверь ~и́ли there was/came a sharp knocking at the door.

заколоти́|ться *сов.* begin* to beat; се́рдце у неё ~лось her heart began to thump.

заколо́ть I *сов. см.* зака́лывать.

заколо́|ть II *сов. безл.* (*начать колоть*): у меня́ ~ло в боку́ I have the stitch.

заколо́ться *сов.* stab *oneself.*

зако́н *м.* law; де́йствующие ~ы the law(s) in force; объяви́ть, поста́вить *кого-л.* вне ~а outlaw *smb.*; обходи́ть ~ evade the law; подчиня́ться ~у abide* the law; соблюда́ть ~ observe the law; ~ сохране́ния эне́ргии the law of the conservation of energy.

зако́нник *м. разг.* one versed in law, lawyer.

законнорождённый *юр.* legitimate (child).

зако́нн|ость *ж.* **1.** legality; lawfulness, legitimacy; ~ докуме́нта legality of a document; **2.** (*общественная деятельность в соответствии с законами*) legality, rule of law; укрепля́ть ~ strengthen legality; **~ый 1.** legal, lawful, legitimate; ~ый докуме́нт legal document; ~ый владе́лец lawful owner; **2.** (*справедливый, обоснованный*) legitimate, natural; ~ое тре́бование legitimate demand; ~ое возмуще́ние natural indignation; ◇ ~ый брак lawful wedlock.

законове́д *м.* jurist; **~ение** *с.* jurisprudence.

законода́тель *м.* legislator, lawgiver, lawmaker; *перен.* arbiter; ~ мод arbiter of fashion; **~ный** legislative; ~ная власть legislative power; **~ство** *с.* legislation.

закономе́рн|о normally; развива́ться ~ develop in conformity to/with certain laws; **~ость** *ж.* law-governed nature, (objective) regularity; law; ~ость разви́тия о́бщества the law-governed nature of social development; ~ости поведе́ния behavioral patterns; **~ый** law-governed; (*естественный*) natural, regular, normal; ~ое явле́ние natural phenomenon; исто́рия как ~ый проце́сс history as a process governed by certain laws; э́то вполне́ ~о that's quite in the order of things, that's quite normal.

законопа́тить *сов. см.* законопа́чивать.

законопа́чивать, законопа́тить (*вн.*) caulk (*smth.*).

законопослу́шный law-abiding.

законопрое́кт *м.* bill, draft law.

законоуче́ние *с. рел.* religious instruction.

законоучи́тель *м. рел.* religious teacher.

законсерви́ровать *сов.* (*вн.*) **1.** (*продукт*) preserve (*smth.*); (*в жестяных банках*) tin (*smth.*); can (*smth.*) *амер.*; **2.** (*предприятие и т. п.*) lay* up (*smth.*).

законспекти́ровать *сов.* (*вн.*) make* a synopsis (of).

законспири́ровать *сов.* keep* secret, keep* dark.

законтрактова́ть *сов.* (*вн.*) make*/have* a contract (for); **~ся** *сов.* contract, put* *oneself* under contract.

зако́нч|енный 1. completed, complete; ~ негодя́й complete scoundrel/rogue; **2.** (*достигший совершенства*) consummate, accomplished; **~ить** *сов. см.* зака́нчивать; **~иться** *сов. см.* зака́нчиваться I.

закопа́ть(ся) *сов. см.* зака́пывать(ся).

закопёрщик *м. разг.* ringleader.

закопте́лый soot-covered, sooty, smoke-blackened.

закопти́ть I *сов.* (*вн.*) **1.** (*покрыть копотью*) blacken (*smth.*) with soot; **2.** (*приготовить копчением*) smoke (*smth.*).

закопти́ть II *сов.* (*начать коптить*) begin* to smoke.

закопти́ться *сов.* **1.** (*покрыться копотью*) be* covered/thick with soot; **2.** (*о рыбе, мясе*) be* well smoked.

закопчённый sooty; thick with soot *после сущ.*

закорене́лый 1. (*укоренившийся*) inveterate, deep-seated, deep-rooted; **2.** (*упорный, неисправимый*) hardened, inveterate, confirmed.

закорене́ть *сов.* **1.** (*укорениться*) become* deep-seated, take* deep root; **2.** (в *пр.; стать упорным*) be*/become* confirmed (in); ~ в предрассу́дках be* steeped in prejudice.

зако́рк|и *разг.* shoulders; на ~ах on *one's* shoulders.

закорми́ть *сов. см.* зака́рмливать.

закорю́чка *ж. разг.* **1.** (*почерка*) flourish; **2.** (*трудность*) snag.

закосне́л|ый 1. (*застарелый*) inveterate; ~ое неве́жество rank ignorance; **2.** (*неисправимый*) hardened, inveterate, incorrigible.

закостене́лый numbed, stiff.

закоу́лок *м.* **1.** (*глухой переулок*) back street; **2.** (*потайной уголок*) nook, cranny.

закочене́лый numb (with cold), frozen stiff.

закочене́ть *сов. см.* коченеть.

закра́дываться, закра́сться steal*; в его́ ду́шу закра́лось подозре́ние a suspicion crept into his mind.

закра́сить *сов. см.* закра́шивать.

закра́сться *сов. см.* закра́дываться.

закра́шивать, закра́сить (*вн.*) paint (*smth.*), cover (*smth.*) with paint, paint (*smth.*) over.

закрепи́тель *м. фото* fixing agent.

закрепи́ть(ся) *сов. см.* закрепля́ть(ся).

закре́пка *ж.* clip, fastener.

закрепля́ть, закрепи́ть **1.** (*вн.*) secure (*smth.*), fasten (*smth.*), fix (*smth.*); **2.** (*вн.* за *тв.*; *обеспечивать права на кого-л., что-л.*) attach (*smb.* to); assign (*smth.* to); **3.** (*вн.*; *упрочивать*) consolidate (*smth.*); *воен. тж.* reinforce (*smth.*); ~ побе́ду consolidate a victory; ~ успе́х consolidate a success; follow up a success; **4.** (*вн.*) *фото* fix (*smth.*); **5.** (*вн.*; *желудок*) steady (*smth.*), bind* (*smth.*); **~ся**, закрепи́ться **1.** (*принимать устойчивое положение*) hold* firm; **2.** (*упрочиваться*) take* root; **3.** *воен.* mount defenses, dig* in; ~ся на захва́ченной пози́ции consolidate the position.

закрепости́ть *сов. см.* закрепоща́ть.

закрепоща́ть, закрепости́ть (*вн.*) enslave (*smb.*).

закрича́ть *сов.* **1.** (*издать крик*) cry out, shout, give* a cry; **2.** (*начать кричать*) begin* to shout.

закро́йщик *м.*, **~ица** *ж.* cutter.

закро́м *м.* bin, corn bin.

закругл|éние *с.* **1.** (*действие*) rounding off; **2.** (*изгиб*) curve; **~ённый** rounded; **~и́ть(ся)** *сов. см.* закругля́ть(ся).

закругля́ть, закругли́ть (*вн.*) make* (*smth.*) round; round (*smth.*); *перен.* round off (*smth.*); **~ся**, закругли́ться become*/grow* round; (*о пути*) curve.

закружи́ть I *сов.* (*вн.*) whirl (*smb.*); ~ *кого-л.* в та́нце make* *smb.* dizzy with dancing.

закружи́ть II *сов.* (*начать кружить*) begin* to whirl/spin.

закружи́ться I *сов.* whirl round; *перен. разг.* be* in a whirl, be* in a spin.

закруж|и́ться II *сов.* (*начать кружиться*) begin* to whirl, begin* to spin; у меня́ ~и́лась голова́ my head is going round, I'm dizzy.

закрути́ть *сов. см.* закру́чивать.

закру́чивать, закрути́ть (*вн.*) **1.** twist (*smth.*); закрути́ть ус twirl *one's* moustache; **2.** *разг.* (*завинчивать*) tighten (*smth.*) up, make* (*smth.*) tight.

закрыва́ть, закры́ть (*вн.*) **1.** (*делать недоступным*) shut* (*smth.*), close (*smth.*); ~ шкаф close a cupboard; ~ дверь close/shut* a door; ~ грани́цу close the frontier; ~ путь bar the way; **2.** (*покрывать*) cover (*smb., smth.*); shield (*smth.*); ~ *что-л.* кры́шкой put* the lid on *smth.*; ~ *что-л.* от со́лнца shield *smth.* from the sun; **3.** (*складывать, смыкать*) close (*smth.*), shut* (*smth.*); ~ глаза́ close *one's* eyes; ~ зо́нтик close *one's* umbrella; **4.** (*запирать*) lock (*smb., smth.*) in; shut* (*smb.*) in; ~ дете́й в ко́мнате shut* children in a room; **5.** (*прекращать действие*) turn (*smth.*) off, shut* (*smth.*) off; ~ газ turn off the gas; **6.** (*прерывать деятельность*) close down (*smth.*); ~ заво́д close down a factory; ~ собра́ние declare a meeting closed; ◇ ~ глаза́ на *что-л.* shut* *one's* eyes to *smth.*, blink at *smth.*; ~ счёт close an account; закры́ть рот *кому-л.* stop *smb.'s* mouth; **~ся**, закры́ться **1.** shut*, close; (*о сезоне*) come* to an end, come* to its close; **2.** (*тв.*; *укрываться, накрываться*) wrap/cover *oneself* up (in); (от *рд.*; *защищаться*) protect/shield *oneself* (from); **3.** (*оставаться в помещении*) shut* *oneself* up in; **4.** (*прекращать деятельность*) close down; (*о собрании*) end, come* to end.

закры́т|ие *с.* closing, close; ~ театра́льного сезо́на the close/end of the theater season; вре́мя ~ия магази́нов shop closing-time; **~ый** close; кран закры́т the tap is turned off; ~ое пла́тье high-necked dress; ~ое заседа́ние closed meeting; (*съезда и т.п*) closed/private/secret session; ~ое учёбное заведе́ние private school; ~ый просмо́тр private view; ~ое голосова́ние secret ballot; в ~ом помеще́нии indoors; ~ое мо́ре inland sea.

закры́ть(ся) *сов. см.* закрыва́ть(ся).

закули́сн|ый backstage *attr.*; *перен.* backstairs, clandestine, underhand, undercover; ~ые перегово́ры clandestine negotiations.

закупа́ть, закупи́ть (*вн.*) buy a stock (of).

закупи́ть *сов. см.* закупа́ть.

заку́пк|а *ж.* purchase; встре́чные ~и counter purchases; госуда́рственные ~и state purchases; ма́ссовые ~и bulk purchases; о́птовые ~и wholesale purchases.

закупо́р|ивать, заку́порить (*вн.*) stopper up (*smth.*); (*пробкой*) cork (*smth.*); **~ить** *сов. см.* закупо́ривать; **~ка** *ж.* **1.** corking; plugging; **2.** *мед.* obstruction; ~ка вен venous thrombosis.

заку́п|очный purchasing; ~очная цена́ purchase price; **~щик** *м.* wholesale purchaser/buyer.

заку́рив|ать, закури́ть (*вн.*) light* up (*smth.*); ~ папиро́су, тру́бку light* a cigarette, a pipe; заку́рим! shall we light up?, let's have a smoke!; разреши́те закури́ть? do you mind if I smoke? **~аться**, закури́ться light*; папиро́са не ~ается the cigarette won't light.

закури́ть *сов.* **1.** *см.* заку́ривать; **2.** (*начать курить*) begin* to smoke; **~ся** *сов.* **1.** *см.* заку́риваться; **2.** (*начать куриться*) begin* to smoke.

закуса́ть *сов.* (*вн.*) *разг.* maul (*smb.*), bite* (*smb.*) to death.

закуси́ть I,II *сов. см.* заку́сывать **I,II**.

заку́с|ка *ж.* snacks *pl.*; (*перед обедом*) hors d'oeuvres *pl.*; appetizers *pl.*, starters *pl.*; ◇ на ~ку as a (final) titbit; **~очная** *ж.* lunch counter, snack bar.

заку́сывать I, закуси́ть **1.** (*есть немного, наскоро*) have* a snack, have* a bite; закуси́ть на ско́рую ру́ку have* a quick snack; **2.** (*вн. тв.*; *заедать*) eat (*smth.* with); **3.** *разг.* (*перед обедом*) have* the hors d'eouvres.

заку́сывать II, закуси́ть (*вн.*) (*захватывать зубами*) bite* (*smth.*); ~ губу bite* *one's* lip; ◇ закуси́ть уди́ла take* the bit between *one's* teeth; *перен. тж.* be* well away; прикуси́ть язы́к stop short.

заку́танный muffled.

заку́тать(ся) *сов. см.* заку́тывать(ся).

закуто́к *м. разг.* hook, corner.

заку́тывать, закута́ть (*вн.*) wrap up (*smb., smth.*), muffle (*smb., smth.*); **~ся**, заку́таться wrap *oneself* up, muffle *oneself* up.

зал *м.* **1.** (*помещение*) hall; (*танцевальный*) ballroom; вы́ставочный ~ exhibition hall; демонстрацио́нный ~ demonstration hall; транзи́тный ~ transit hall; ~ заседа́ний суда́ court-room; ~ ожида́ния waiting room; **2.** (*в частном доме*) drawing room.

зала́д|ить *сов. разг.* **1.** (*повторять одно и то же*) repeat the same thing over and over again; **2.** (+ *инф.*; *делать одно и то же*) take* to (+ -ing); он ~ил ка́ждый день ходи́ть в кино́ he took to going to the cinema every day.

зала́мывать, заломи́ть (*вн.*) *разг.* charge up (*smth.*); ~ цену jack up the price; ◇ ~ ша́пку cock *one's* hat; заломи́ть ру́ки wring* *one's* hands; заломи́ть ру́ки за́ спину twist *one's* arms behind *one's* back.

заласка́ть *сов.* (*вн.*) *разг.* smother (*smb.*) with caresses.

залата́ть *сов. см.* лата́ть.

зала́ять *сов.* begin* to bark.

залег|а́ние *с. геол.* occurence, bedding, bed; **~а́ть** *несов. геол.* lie*; пласт ~а́ет на глубине́ 25 ме́тров the seam lies 25 meters down.

заледене́лый 1. (*покрывшийся льдом*) iced-up; **2.** (*холодный*) icy, ice-cold.

заледене́ть *сов.* **1.** (*покрыться льдом*) be* covered with ice; **2.** (*закоченеть*) freeze*, become* numb.

залежа́лый *разг.* long-kept; stale; ~ това́р old stock; (*о продуктах питания*) stale goods *pl.*

залежа́ться *сов. см.* залёживаться.

залёживаться, залежа́ться be* kept a long time, lie* a long time; *эк.* find no market, become* stale; пи́сьма залежа́лись на по́чте the letters got delayed in the post; э́тот това́р не залежи́тся these goods won't lie long on the shelves.

за́лежн|ый long-fallow; ~ые зе́мли long-fallow land sg.

за́лежь *ж.* **1.** (*месторождение*) deposit; **2.** *мн.* (*завал*) accumulations; **3.** *с.-х.* long-fallow land, abandoned land.

залеза́ть, зале́зть **1.** (на *вн.*; *взбираться*) climb (on to); (*на дерево и т.п.*) climb (*smth.*); зале́зть на кры́шу climb on to the roof; **2.** (в *вн.*; *прятаться*) creep* (into); зале́зть в кана́ву creep* into a ditch; **3.** (в *вн.*; *проникать куда-л.*) get* (into); во́ры зале́зли в дом thieves got into the house; **4.** (в *вн.*; *забираться рукой*) put* *one's* hand (into); ~ *кому-л.* в карма́н put*/slip *one's* hand into *smb.'s* pocket; ◇ зале́зть *кому-л.* в ду́шу intrude on *smb.'s* feelings; ~ в долги́ run* into debt.

зале́зть *сов. см.* залеза́ть.

залепета́ть *сов.* begin* to babble.

залепи́ть *сов. см.* залепля́ть.

залепля́ть, залепи́ть (*вн. тв.*) **1.** (*заделывать*) paste up (*smth.* with), stick* up (*smth.* with), plug (*smth* with); **2.** (*облеплять*) plaster (*smth.* with); ~ сте́ну объявле́ниями stick* notices all over the wall.

залета́ть, залете́ть **1.** (в *вн.*; *влетать куда-л.*) get* (into), fly* (into); (*о брошенном*) fall* (into); **2.** (*подниматься высоко*) soar, fly* high.

залете́ть *сов. см.* залета́ть.

залётн|ый: ~ая пти́ца bird of passage; ◇ ~ гость unexpected visitor.

зале́чивать, залечи́ть (*вн.*) **1.** heal (*smth.*), remedy; **2.** *разг.* doctor (*smb.*) to death; **~ся**, залечи́ться heal.

залечи́ть(ся) *сов. см.* зале́чивать(ся).

зале́чь *сов.* **1.** lie* down; ~ в берло́гу take* to its den; **2.** *воен.* drop flat, take* cover; (*занимать позицию*) take up *one's* position; **3.** *геол.* lie, be* deposited.

зали́в *м.* (*глубоко вдающийся*) gulf; (*открытый*) bay; (*мелкий*) creek.

залива́ть, зали́ть **1.** (*вн.*; *затоплять, покрывать*) flood (*smth.*) (*тж. перен.*); overflow (*smth.*); (*судно и т.п.*) swamp (*smth.*); ~ све́том flood with light; ко́мната была́ залита́ со́лнцем the room was bathed in sunlight; кра́ска залила́ её лицо́ the color flew into her cheeks; лицо́ её бы́ло зали́то слеза́ми her face was wet with tears; **2.** (*вн. тв.*; *обливать*) pour (*smth.* over); (*нечаянно*) spill* (*smth.* on); **3.** (*вн.*; *тушить*) put* out a fire; **4.** (*вн. тв.*; *покрывать чем-л. жидким*) coat (*smth.* with), cover (*smth.* with); ~ *что-л.* асфа́льтом asphalt *smth.*

залив|а́ться I, зали́ться **1.** (*тв.*; *покрываться водой*) be* flooded (with); **2.** (*проникать*) trickle; вода́ ~а́ется за воротни́к water is trickling down *one's* neck.

залива́ться II, зали́ться; зали́ться ла́ем (begin* to) bark violently; ~ сме́хом rock with laughter; зали́ться пе́сней burst* into song; зали́ться пла́чем, сме́хом burst* out crying, laughing.

заливно́е *с. кул.* jelly; fish or meat in aspic.

заливн|о́й 1.: ~ луг water meadow; **2.** (*о кушанье*) jellied; ~а́я осетри́на jellied sturgeon.

зали́занный sleek, sleeked-down.

зализа́ть *сов. см.* зали́зывать.

зали́зывать, зализа́ть (*вн.*) **1.** (*лизаньем очищать*) lick (*smth.*) clean; **2.** *разг.* (*гладко причёсывать*) sleek down (*smth.*); ~ ра́ны lick the wounds.

зали́ть *сов. см.* залива́ть.

зали́ться I, II *сов. см.* залива́ться I, II.

залихва́тск|ий *разг.* boisterous, rollicking; ~ вид devil-may-care appearance; jaunty air; ~ая пе́сня rollicking song.

зало́г I *м.* **1.** (*вещей*) pawning; (*недвижимости*) mortgaging; под ~ *чего-л.* on the security of *smth.*; **2.** (*заложенная вещь*) guarantee, security; **3.** (*свидетельство чего-л.*) guarantee, pledge, warrant; ~ дру́жбы pledge of friendship; **~овый** mortgage, hypothecation *attr.*; ~овая сто́имость hypothecation value; ~овое письмо́ letter of deposit/hypothecation; ~ сертифика́т mortgage deed.

зало́г II *м. грам.* voice.

залогода́тель *м.* mortgager, pledger.

залогодержа́тель *м.* pledgee, mortgagee, pawnee.

заложи́ть *сов. см.* закла́дывать.

зало́жн|ик *м.*, **~ица** *ж.* hostage.

заломи́ть *сов. см.* зала́мывать.

залосни́ться *сов.* become* shiny.

залп *м.* volley; (*орудийный*) salvo; дать ~ fire a volley/salvo.

за́лпом 1. in a volley; вы́стрелить ~ом fire a volley; **2.** *разг.*: вы́пить *что-л.* ~ drink* *smth.* at a gulp; сказа́ть всё ~ blurt out everything, rattle off.

залуча́ть, залучи́ть (*вн.*) *разг.* entice (*smb.*, *smth.*); залучи́ть *кого-л.* в го́сти entice *smb.* to pay *one* a visit.

залучи́ть *сов. см.* залуча́ть.

залы́сина *ж.* high temple.

залюбова́ться (*тв.*) gaze with admiration (at); be* lost in admiration (of); ею мо́жно ~ one could look at her forever.

заля́пать *сов.* make* dirty.

зама́зать(ся) *сов. см.* зама́зывать(ся).

зама́зка *ж.* putty.

зама́зывать, зама́зать (*вн.*) **1.** (*краской и т. п.*) paint (*smth.*) out; **2.** *разг.* (*умышленно скрывать*) gloss (*smth.*) over, cover up (*smth.*); ~ недоста́тки cover up defects; **3.** (*залеплять*) seal (*smth.*), fill up (*smth.*); ~ о́кна seal windows; ~ щель fill up a crevice; **4.** (*пачкать*) dirty (*smth.*), get* (*smth.*) dirty; make* a mess (of), smear, soil (*smth.*); ~ся, зама́заться get* *oneself* dirty.

зама́ливать *несов.* pray for forgiveness; ~ грехи́ pray for forgiveness of *one's* sins.

зама́лчивать, замолча́ть (*вн.*) *разг.* hush up (*smth.*), gloss over (*smth.*).

зама́нивать, замани́ть (*вн.*) lure (*smb.*); (*противника*) draw* (*smb.*) in; замани́ть *кого-л.* в лову́шку entrap *smb.*; ensnare (*smb.*).

замани́ть *сов. см.* зама́нивать.

зама́нчив|ый tempting, alluring; ~ые перспекти́вы alluring prospects.

замара́ть *сов. см.* мара́ть **1.**; ~ся *сов. см.* мара́ться.

замара́шка *м. и ж. разг.* slob, sloven; (*о детях*) dirty little piggy.

замаринова́ть *сов. см.* маринова́ть.

замаскиро́ванный disguised, camouflaged.

замаскирова́ть(ся) *сов. см.* маскирова́ть(ся).

зама́сленный grease-stained, greasy.

зама́слить, зама́сливать oil, grease, make* oily/greasy; ~ся, зама́сливаться become* oily/greasy.

заматере́лый hardened; ~ престу́пник hardened criminal.

зама́тывать, замота́ть (*вн.*) *разг.* wind* (*smth.*); **~ся**, замота́ться **1.** be* wound up; **2.** *разг.* (*уставать*) be* worn out.

замаха́ть *сов.* begin* to wave.

зама́хиваться, замахну́ться (на *вн.*) make* as if to strike (*smb.*); ~ кула́ком draw* back *one's* fist; ~ па́лкой на *кого-л.* brandish a stick at *smb.*

замахну́ться *сов. см.* зама́хиваться.

зама́чивать, замочи́ть (*вн.*) **1.** wet (*smb., smth.*); не замочи́в ног without getting *one's* feet wet; **2.** (*опускать в жидкость*) steep (*smth.*), soak (*smth.*).

зама́шки *мн. разг.* ways, manners.

зама́яться *разг.* be* tired out, be* exhausted.

замая́чить, мая́чить loom.

замедле́ни|е *с.* **1.** (*хода*) slowing down, deceleration; *физ.* moderation; **2.** *уст.* (*задержка*) delay; без ~я at once, without delay.

заме́дленн|ый slowed up; бо́мба ~ого де́йствия delay(ed)-action bomb; ~ая съёмка slow-motion shot.

заме́длить(ся) *сов. см.* замедля́ть(ся).

замедля́ть, заме́длить **1.** (*вн.*) slow down (*smth.*); *физ.* moderate (*smth.*); ~ ход slow down, decelerate; коло́нна заме́длила ход the column slowed its pace; **2.** (*вн.*; *задерживать*) delay (*smth.*), hold* up (*smth.*), slow up (*smth.*); **3.** (с *тв.*,+ *инф.*; *запаздывать*) be* slow (with, + to *inf*); заме́длить с отве́том be* slow in replying; слу́чай не заме́длил предста́виться it was not long before an opportunity presented itself; **~ся**, заме́длиться **1.** slow down; **2.** (*задерживаться*) be* delayed.

заме́на *ж.* **1.** (*действие*) substitution, replacement; ~ спекта́кля change of program; **2.** (*заменяющее лицо или предмет*) substitute.

замени́мый replaceable.

замени́тель *м.* substitute; ~ ко́жи substitute for leather.

замени́ть *сов. см.* заменя́ть.

заменя́ть, замени́ть **1.** (*вн. тв.*; *сменять*) substitute (*smth.* for), change (*smth.* for), replace (*smth.* by/with); ~ мета́лл пластма́ссой substitute plastics for metals, replace metals by/with plastics; **2.** (*вн.*; *замещать*) replace (*smb., smth.*), take* the place (of); (*о вещах*) do* duty as (*smth.*); serve as (*smth.*); она́ замени́ла сиро́там мать she became a mother to the orphans.

замере́ть *сов. см.* замира́ть **1, 2.**

замерза́ни|е *с.* freezing; ◇ то́чка ~я freezing-point; на то́чке ~я at a standstill.

замерза́ть, замёрзнуть **1.** (*превращаться в лёд*) freeze*; (*покрываться льдом*) be* frozen over, be* covered with ice; вода́ замёрзла the water froze; окно́ замёрзло the window is all frosted up; **2.** (*погибать от мороза*) freeze* to death; (*о растениях*) be* killed by frost, die in the frost; **3.** (*сильно зябнуть*) get*/be* frozen; я совсе́м замёрз! I am frozen!

замёрзнуть *сов. см.* замерза́ть.

за́мертво as if dead; он упа́л ~ he fell down in a dead faint.

замеси́ть *сов. см.* заме́шивать **II.**

замести́ *сов. см.* замета́ть **I.**

замести́тель *м.*, **~ница** *ж.* **1.** (*могущий заменить*) substitute; **2.** (*должность*) deputy; ~ нача́льника, дире́ктора deputy chief, director.

замести́ть *сов. см.* замеща́ть **I.**

замета́ть I, замести́ (*вн.*) **1.** (*подметать*) sweep* (*smth.*); **2.** (*засыпать — снегом, песком*) cover up (*smth.*); сне́гом замело все доро́ги all the roads are deep in snow; ◇ ~ следы́ преступле́ния conceal all traces of a crime.

замета́ть II *сов. см.* замётывать.

замета́ться *сов.* get* into flurry; ~ по ко́мнате start rushing about the room; ~ в посте́ли begin* to toss about in bed; ~ в отча́янии ≅ be* frantic with despair.

заме́тить *сов. см.* замеча́ть.

заме́тк|а *ж.* **1.** (*знак*) mark; **2.** (*запись*) note; **3.** (*в газете*) paragraph; ◇ взять *что-л.* на ~у make* a note of *smth.*

заме́тн|о **1.** *нареч.* perceptibly, appreciably, noticeably; он ~ вы́рос he has grown appreciably; **2.** *в знач. сказ. безл.* it is noticeable, it is seen, one can see; **~ый** **1.** (*видимый*) visible, noticeable; (*ощутительный*) perceptible, appreciable; **2.** (*видный, известный*) notable, noted, conspicuous.

замётывать, заметáть (*вн.*) baste (*smth.*), sew* up (*smth.*); ◇ замётано! all right! agreed!

замечáн|ие *с.* **1.** (*высказывание*) remark, observation; comment; **2.** (*выговор*) reproof; дéлать ~ *кому-л.* reprove *smb.*; tell* *smb.* off *разг.*; он не выносит никаких ~ий he can't stand a word of criticism.

замечáтельн|о splendid, fine; **~ый 1.** splendid; (*исключительный*) remarkable; *разг.* (*очень хороший*) fine; ~ая побéда splendid/signal victory; **2.** (*примечательный*) noteworthy.

замечáть, замéтить **1.** (*вн.*; *видеть*) notice (*smb., smth.*), perceive (*smb., smth.*); be* conscious (of); *сов. тж.* catch* sight (of); он замéтил две лóдки в бýхте he noticed two boats in the bay; не ~ *кого-л., чего-л.* fail to notice *smb., smth.*; (*намеренно*) ignore (*smb., smth.*); **2.** (*вн.*; *обращать внимание*) observe (*smth.*), note (*smth.*); **3.** (*вн.*; *запоминать*) take* note (of), make* a note (of), mark (*smth.*); замéтьте mind (you); **4.** (*делать замечание*) remark, observe.

замечтáться *сов.* be* lost in dreams/reverie.

замéшанный mixed up, involved, implicated.

замешáтельство *с.* confusion, embarrassment; (*растерянность тж.*) consternation, dismay; привестú *кого-л.* в ~ disconcert *smb.*, throw* *smb.* into confusion; прийтú в ~ be* disconcerted, be* put off, be* embarrassed.

замешáть *сов. см.*; замéшивать I.

замешáться *сов. см.* замéшиваться.

замéшивать I, замешáть (*вн.*; *вовлекать в какое-л. дело*) implicate (*smb.*).

замéшивать II, замесúть (*вн.*) mix (*smth.*); ~ тéсто knead dough.

замéшиваться, замешáться (в *пр.*; *быть причастным к чему-л.*) be* implicated (in), get* involved (in), be* mixed up (in).

замéшкаться *сов. разг.* linger, hang* about.

замещ|áть, заместúть **1.** (*вн. тв.*) substitute (*smth.* for), replace (*smb., smth.* with); **2.** *тк. несов.* (*вн.*; *временно исполнять обязанности*) act (for); **~éние** *с.* substitution.

замúнк|а *ж. разг.* (*задержка*) hitch; произнестú с ~ой say* hesitantly; ◇ без ~и without a hitch; есть какáя-то ~ there is some problem.

замирáние *с.* dying away; *радио* fading; ◇ с ~м сéрдца with *one's* heart in *one's* mouth.

замир|áть, замерéть **1.** (*становиться неподвижным*) stand* still; (*о серце*) sink*; он зáмер от ýжаса he froze with horror; замереть на месте stop short/dead, stand* rooted to the spot; **2.** (*прекращаться*) stop, come* to a standstill; (*о звуках*) die away, fade; **3.** *тк. несов.* (*прерываться*) falter; ~áющим гóлосом in a faltering voice.

замирéние *с.* peacemaking.

замирúть *сов.* pacify, reconcile; **~ся** make* peace (with).

зáмкнут|ый 1. (*обособленный*) exclusive; secluded; ~ кружóк exclusive circle; вестú ~ую жизнь lead* a secluded life; **2.** (*необщительный*) reticent, reserved, unsociable; **3.** (*смыкающийся*) closed; ~ нáкоротко short-circuited; ~ая электрúческая цепь closed circuit.

замкнýть(ся) *сов. см.* замыкáться.

замогúльн|ый *разг.*: ~ым гóлосом in sepulchral tones.

зáм|ок *м.* castle; ◇ воздýшные ~ки castles in the air, castles in Spain.

зам|óк *м.* lock; висячий ~ padlock; цилиндрúческий (америкáнский) ~ Yale lock; заперéть дверь на ~ lock the door; на ~кé locked; под ~кóм under lock and key; ◇ за семью ~кáми sealed and guarded, under seven seals.

замóлвить *сов. разг.*: ~ слóво, словéчко за *кого-л.* put* in a word for *smb.*

замолк|áть, замóлкнуть fall* silent; (*о звуках*) cease, be* hushed; птúцы замóлкли the birds fell silent; the birds stopped singing; разговóр не ~áл ни на минýту the conversation never flagged for a moment; шагú на лéстнице замóлкли the footsteps died away on the staircase.

замóлкнуть *сов. см.* замолкáть.

замолчáть I *сов.* stop (talking, crying, singing *etc.*); (*во время разговора*) lapse into silence; (*о пушках и т. п.*) stop firing; застáвить ~ *кого-л.* silence *smb.*

замолчáть II *сов. см.* замáлчивать.

заморáживан|ие *с.* freezing; ~ пищевых продýктов food freezing; ◇ ~ зáработной плáты *эк.* wage freezing, wage freeze; не допускáть ~ия материáльных ресýрсов not allow material resources to lie idle.

заморáживать, заморóзить (*вн.*) **1.** (*давать замёрзнуть*) freeze* (*smth.*); (*вино*) chill (*smth.*); **2.** *разг.* (*давать озябнуть*) get* (*smb., smth.*) frozen, make* (*smb., smth.*) numb with cold; **3.** (*оставлять неиспользованным*) keep* (*smth.*) idle; заморóзить срéдства keep* funds idle.

замордовáть *сов. разг.* torment.

заморёный emaciated; ~ вид emaciated appearance.

заморúть *сов.* (*вн.*) *разг.* **1.** (*плохо кормить*) starve (*smb., smth.*), underfeed* (*smb., smth.*); **2.** (*изнурить*) overwork (*smb., smth.*); ◇ ~ червячкá stay the pangs of hunger, have* a bite/snack.

заморóженн|ый: ~ напúток iced drink; ~ые фрýкты chilled/quick-frozen fruit *sg*; ~ое мясо chilled/refrigerated meat.

заморóзить *сов. см.* заморáживать.

зáморозки *мн.* frost(s); осéнние ~ early frosts; весéнние ~ late frosts; ~ на пóчве ground frost(s).

замóрский oversea(s).

замóрыш *м. разг.* starveling, weakling.

замотáть(ся) *сов. см.* замáтывать(ся).

замочúть *сов. см.* замáчивать.

замóчн|ый lock *attr.*; ~ая сквáжина keyhole.

зáмуж: выдать *кого-л.* ~ за *кого-л.* give* *smb.* in marriage to *smb.*; consent to *smb.'s* marrying *smb.*; ~ем married; быть ~ем за *кем-л.* be* married to *smb.*

заму́ж|ество *с.* marriage, married life; **~няя** married.

заму́рзанный *разг.* slovenly; име́ть ~ вид look untidy/scruffy.

замурова́ть *сов. см* замуро́вывать.

замуро́вывать, замурова́ть (*вн.*) wall (*smb., smth.*) up, immure (*smb., smth.*).

замусо́лить *сов.* (*вн.*) *разг.* soil (*smth.*), besmear (*smth.*), beslobber (*smth.*).

замути́ть(ся) *сов. см.* мути́ть(ся).

замухры́шка *м. и ж.* pathetic/feeble specimen.

заму́ч|ить *сов.* (*вн.*) **1.** (*до смерти*) torture (*smb., smth.*) to death; **2.** (*заставить страдать*) torture (*smb.*), torment (*smb.*); (*изнурить*) wear* (*smb.*) out, pester (*smb.*) to death; боле́знь ~ила ребёнка the disease sapped all the child's strength; **~иться** *сов.* have* a bad/terrible time.

за́мш|а *ж.* suede, doeskin, chamois; (*для вытирания*) washleather; **~евый** suede *attr.*

замше́лый mossy, moss-covered.

замыва́ть, замы́ть (*вн.*) wash out (*smth.*).

замы́зганный filthy, dirty.

замыка́ние *с.*: коро́ткое ~ *эл.* short circuit.

замыка́ть, замкну́ть (*вн.*) **1.** *разг.* lock (*smb., smth.*); **2.** (*смыкать*) close (*smth.*); ~ цепь close the circuit; **3.**: ~ коло́нну bring* up the rear; **4.** (*окружать*) surround (*smth.*), ring (*smth.*) round, encircle (*smth.*); **~ся**, замкну́ться **1.** (в *вн.*, в *пр.*; *обособляться*) withdraw* (into); ~ся в семе́йном кругу́ immerse *one*self in family affairs; **2.** (*смыкаться*) close; ◇ ~ся в себе́ retire into *one*self.

за́мысел *м.* **1.** (*намерение*) intention, scheme, design; вели́чественный ~ grandly conceived plan; стратеги́ческий ~ strategic idea; ~ опера́ции concept of an operation, tentative plan of an operation; **2.** (*художественного произведения*) idea, conception; ~ пье́сы the main/underlying idea of a play; худо́жественный ~ artistic conception.

замы́слить *сов. см.* замышля́ть.

замыслова́т|ый intricate, ingenious; ~ые ре́чи round-about talk *sg.*

замы́ть *сов. см.* замыва́ть.

замышля́ть, замы́слить (*вн.* + *инф.*) contemplate (*smth.*, + -ing).

замять *сов.* (*вн.*) *разг.* hush up (*smth.*), suppress (*smth.*), smother (*smth.*); ~ де́ло hush up an affair; ~ разгово́р change the subject.

замя́ться *сов. разг.* **1.** (*смутиться*) become* confused; **2.** (*остановиться, подыскивая нужное слово*) stumble, stop short.

за́навес *м.* curtain; ◇ под ~ at the last moment.

занаве́с|ить *сов. см.* занаве́шивать; **~ка** *ж.* curtain.

занаве́шивать, занаве́сить (*вн.*) drape (*smth.*), curtain (*smth.*).

зана́шивать, заноси́ть (*вн.*) wear* out (*smth.*); *что-л.* до дыр wear* *smth.* into holes.

занемо́чь *сов.* be* taken ill, fall* ill.

занести́ *сов. см.* заноси́ть I.

занести́сь *сов. см.* заноси́ться.

занижа́ть, зани́зить (*вн.*) understate (*smth.*), set* (*smth.*) too low; ~ но́рму understate the quota.

зани́женный understated, artificially lowered.

зани́зить *сов. см.* занижа́ть.

занима́тельный entertaining, interesting.

заним|а́ть I, заня́ть (*вн.*) **1.** (*пространство*) take* up (*smth.*), occupy (*smth.*); ~ мно́го ме́ста take* up a lot of room/space; ~ ко́мнату have* a room; я ~а́ю э́ту ко́мнату this is my room; заня́ть ме́сто для *кого-л.* keep* a place for *smb.*; ~а́йте свои́ места́! take your seats!; **2.** (*должность, положение*) hold* (*smth.*); ~ высо́кий пост hold* a high post; ~ пе́рвое ме́сто head the list, be* first; ~ второ́е ме́сто be* second, take* second place; **3.** (*овладевать территорией и т. п.*) occupy (*smth.*); ~ го́род occupy a town; **4.** (*время*) take* (*smth.*), take* up (*smth.*); **5.** (*давать занятие*) employ (*smb.*); **6.** (*развлекать*) entertain (*smb.*); ~ дете́й keep* the children amused; ~ *кого-л.* разгово́ром keep* *smb.* engaged in conversation; ◇ ~ оборо́ну *воен.* hold* a defensive position/line; ~ пози́цию *воен.* hold* a position, be* in position; каку́ю пози́цию он ~а́ет в э́том вопро́се? what is his attitude to this question?; его́ ~а́ет мысль (о) he is taken up with the idea (of +-ing), he is contemplating (+ -ing).

занима́ть II, заня́ть (*вн.* у *рд.*; *брать взаймы*) borrow (*smth.* from).

заним|а́ться I, заня́ться **1.** (*тв.*; *быть занятым чем-л.*) do* (*smth.*), be* occupied/busy (with); чем он сейча́с ~а́ется? what is he doing now?; ~ де́лом do* some work; ~ упако́вкой веще́й do* the packing, be* busy with the packing; **2.** (*тв.*; *выполнять какую-л. работу*) be* engaged (in), be* concerned (with), have* to do (with); (*посвящать себя чему-л.*) devote *oneself* (to), take* up (*smth.*), go* in (for); ~ поли́тикой be* engaged in politics; ~ иску́сством be* concerned with art; он реши́л ~ медици́ной he decided to go in for medicine; вы должны́ ~ спо́ртом you ought to take up sport; **3.** *тк. несов.* (*учиться*) study, learn*; (у *рд.*) take* lessons (from); ~ англи́йским языко́м learn* English; не меша́йте ему́ ~ let him get on with his work; **4.** (с *тв.*; *учить*) teach* (*smb.*), give* lessons (to); ~ с отстаю́щими ученика́ми give* special attention to backward pupils; **5.** (*тв.*; *заботиться*) look (after); ~ покупа́телем attend to a customer.

заним|а́ться II, заня́ться **1.** (*загораться*) catch* fire; за́нялся хво́рост, и вско́ре костёр разгоре́лся the twigs caught and soon a fire was blazing; **2.** (*наступать*) begin*; ~а́ется день day is breaking; ◇ дух ~а́ется it takes *one's* breath away.

за́ново all over again; (*по-новому*) afresh, anew; переде́лывать *что-л.* ~ do* *smth.* all over again, recast* *smth.*; написа́ть *что-л.* ~ rewrite *smth.*; отде́лывать *что-л.* ~ renovate *smth.*

зано́з|а 1. *ж.* splinter; **2.** *м. и ж. разг.* (*о человеке*) prickly character, thorn in the flesh; **~истый** *разг.* rough, jagged; *перен.* prickly; **~и́ть** *сов.* (*вн.*) get* a splinter (in).

зано́с *м.* drift; сне́жные ~ы snowdrifts.

заноси́ть I, занести́ (*вн.*) **1.** (*приносить*) bring* (*smth.*); ~ зара́зу bring*/carry (the) infection; **2.** (*доставлять по пути*) drop in with (*smth.*), drop (*smth.*) in; това́рищ занёс мне кни́гу a friend dropped in with a book for me; **3.** *разг.*: каки́м ве́тром вас занесло́ сюда́? what brings you here?; куда́ нас занесла́ судьба́? look where fate has landed us!; **4.** (*записывать*) enter (*smth.*) in; ~ *что-л.* в протоко́л enter *smth.* in the minutes; ~ *что-л.* в спи́сок put* *smth.* down on the list; **5.** (*поднимать или отводить в сторону*) lift (*smth.*); ~ ру́ку для уда́ра raise *one's* hand to strike; ~ но́гу в стре́мя swing* *one's* foot* into the stirrup; ~ коне́ц бревна́ slue the end of the log round; **6.** *безл.*: маши́ну всё вре́мя зано́сит the car keeps skidding; **7.** (*засыпать, заметать чем-л.*): доро́гу занесло́ сне́гом the road is blocked with snow.

заноси́ть II *сов. см.* зана́шивать.

заноси́ться, занести́сь *разг.* **1.** (*далеко заходить в мыслях*) be* carried away; **2.** (*гордиться*) get* stuck-up.

зано́счив|ость *ж.* arrogance; **~ый** arrogant, proud, haughty.

заночева́ть *сов.* spend* the night, stay the night.

зано́шенный worn out, threadbare.

зану́да *м. и ж. разг.* tiresome person, pain in the neck.

заня́т|ие *с.* **1.** (*дело, труд, работа*) profession, trade, occupation; (*в учреждении и т. п.*) work; практи́ческие ~ия по *чему-л.* practical work in *smth.*; род ~ий occupation; вы́брать себе́ ~ по вку́су choose* the profession *one* prefers; **2.** *мн.* (*учебные*) lessons, studies; нача́ло ~ий 1-го сентября́ the term begins on the first of September; нача́ло ~ий в 9 часо́в lessons begin at nine; опозда́ть к нача́лу ~ий be* late for school; часы́ ~ий school hours; **3.** (*города, страны и т. п.*) occupation; **4.** *разг.* (*времяпрепровождение*) pastime.

заня́тный *разг.* amusing, interesting.

занято́й busy.

за́нятость *ж.* **1.** employment; **2.** (*перегруженность работой*) pressure of work.

за́нят|ый 1. (*несвободный*) engaged; (*делами*) busy; я за́нят I'm busy; э́то ме́сто ~о 1) this seat is taken; 2) (*о должности*) this post is already filled; телефо́н у них всегда́ за́нят their number is always engaged; **2.** (*войсками*) occupied; ◇ быть ~ым то́лько собо́й be* interested only in *oneself*, be* self-centerd.

заня́ть I, II *сов. см.* занима́ть I, II.

заня́ться I *сов.* 1. *см.* занима́ться I 1, 2, 4, 5; **2.** (*тв.*; *приступить*) start (*smth.*), set* to work (on); take* up (*smth.*); ~ подгото́вкой к конфере́нции start preparing for the conference.

заня́ться II *сов. см.* занима́ться.

зао́блачн|ый ethereal; ~ая высь regions beyond the clouds; ~ые мечты́ ethereal dreams.

заодно́ *нареч.* **1.** together, in concert; де́йствовать ~ с *кем-л.* act in concert with *smb.*; **2.** *в знач. сказ.*: мы с ним ~ we understand each other; **3.** *разг.* (*кстати, попутно*) at the same time.

заокеа́нский 1. overseas, transoceanic; **2.** (*американский*) transatlantic.

заора́ть *сов.* begin* to bawl/yell.

заострённый (sharp)-pointed; (*суживающийся к концу*) tapering.

заостри́ть(ся) *сов. см.* заостря́ть(ся).

заостря́ть, заостри́ть (*вн.*) sharpen (*smth.*); *перен.* (*подчёркивать*) accentuate (*smth.*); (*обострять*) concentrate (*smth.*); заостри́ть *чьё-л.* внима́ние на *чём-л.* draw* *smb.'s* special attention to *smth.*; заостри́ть вопро́с accentuate the importance of a question; **~ся**, заостри́ться narrow to a point, become* pointed; taper; *перен.* become* acute.

зао́хать *сов.* begin* to groan.

зао́чн|ик *м.*, **~ица** *ж.* correspondence/extramural student.

зао́чн|о 1. (*в отсутствие*) in *smb.'s* absence; суди́ть *кого-л.* ~ try *smb.* in his, her absence; суди́ться ~ be* tried in *one's* absence; **2.** (*об обучении*) by correspondence; ~ око́нчить институ́т take* an external degree; **~ый**: ~ый пригово́р judgement by default; ~ые ку́рсы correspondence course; ~ое обуче́ние tuition by correspondence.

за́пад *м.* **1.** the west; находи́ться к ~у от *чего-л.* be* west of *smth.*; с ~а from the west; **2.** (*Западная Европа*) the West; the Occident.

запада́ть, запа́сть **1.** stick* (inside); кла́виши запада́ют the keys are sticking; **2.** (*становиться впалым*) become* sunken; её щёки запа́ли her cheeks were sunken/hollow; **3.** (в *вн.*; *запечатлеваться*) make* a deep impression (on), sink* (into); запа́сть в ду́шу sink* into *one's* heart.

за́падни|к *м.* Westernist; **~чество** *с.* Westernism.

западно|герма́нский West German; **~европе́йский** West-European.

за́падн|ый 1. western, occidental, *поэт.* Hesperian; ~ая грани́ца western frontier; в ~ом направле́нии westward(s), in a westerly direction; ~ ве́тер west wind; **2.** (*о странах Запада*) Western; За́падная Евро́па Western Europe; ◇ ~ая це́рковь Roman Catholic Church.

западн|я́ *ж.* (*прям. и перен.*) trap, snare; пойма́ть *кого-л.* в ~ю trap *smb.*; попа́сть в ~ю fall* into a trap.

запа́здывать, запозда́ть **1.** be* late; **2.** (с *тв.*; + *инф.*) be* late (with; in + -ing); *тех.* lag.

запа́ивать, запая́ть (*вн.*) solder (*smth.*).

запакова́ть *сов. см.* запако́вывать.

запако́вывать, запакова́ть (*вн.*) pack (*smth.*).

запа́л I *м.* **1.** fuse, primer; **2.** *разг.* (*горячность*) the heat of the moment.

запа́л II *м.* (*одышка у животных*) broken wind; the heaves *pl.*

запалённый (*о лошади*) broken-winded.

запали́ть I *сов.* set* fire (to), kindle, light.

запали́ть II *сов.* (*о лошади*) water when overheated; override*.

запа́льчив|ость *ж.* irascibility, quick temper; (*задор*) vehemence; **~ый** irascible, hasty, quick-tempered; (*задорный*) fiery.

запа́мятовать *сов.* forget*.

запанибра́та *разг.*: быть ~ с *кем-л.* be* on equal terms with *smb.*, be* free-and-easy with *smb.*; be* hail-fellow(-well-met) with *smb.*

запа́рить *сов.* put* into a sweat; **~ся** get* into a sweat; (*устать*) be* worn out.

запарши́веть *сов. см.* парши́веть.

запа́с *м.* **1.** reserve, stock; (*о сырье тж.*) stockpile; золото́й ~ gold reserve; нали́чный ~ available supplies; страхово́й ~ reserve stock; ~ гото́вой проду́кции stock of finished products; ~ горю́чего, то́плива fuel reserves/stocks *pl.*; ~ боеприпа́сов stock of ammunition; де́лать ~ы lay* in supplies; ~ безопа́сности, про́чности *тех.* margin of safety; ~ слов vocabulary; име́ть большо́й ~ слов have a rich vocabulary; ~ впечатле́ний store of impressions; рассчита́ть с ~ом leave* a wide margin; **2.** *разг.* (*излишек ткани за швом*) hem; **3.** *воен.* reserve; ◇ в ~е in reserve; у нас ещё два часа́ в ~е we still have two hours to spare; про ~ as a reserve; оставля́ть *что-л.* про ~ keep* *smth.* for future use.

запаса́ть, запасти́ (*вн., рд.*) store (*smth.*), lay* in (*smth.*); (*сырьё и т. п.*) stockpile *smth.*; **~ся**, запасти́сь (*тв.*) store (*smth.*), build* up reserves (of), lay* in (*smth.*), lay* in a stock/supply (of); ◇ ~ся терпе́нием be* patient; possess *one's* soul in patience.

запа́сливый thrifty, provident.

запа́сник *м.* **1.** reservist; **2.** (*хранилище в музее*) reserve (stock).

запасн|о́й *прил.* **1.** *см.* запа́сный; ~ игро́к reserve, substitute, stand-in, replacement; ~а́я покры́шка spare (tire); ~ы́е ча́сти spare parts, spares; **2.** *воен.* reserve *attr.*; **3.** *в знач. сущ. м. воен.* reservist.

запа́сный spare; ~ вы́ход emergency exit; ~ путь *ж.-д.* siding, shunting track; переводи́ть на ~ путь sidetrack, shunt.

запасти́(сь) *сов. см.* запаса́ть(ся).

запа́сть *сов. см.* запада́ть.

за́пах *м.* smell; odor *книжн.*

запаха́ть *сов. см.* запа́хивать I.

запа́хивать I, запаха́ть (*вн.*) **1.** (*вспахивать*) plow (*smth.*); **2.** (*заваливать землёй при вспашке*) plow (*smth.*) in.

запа́хивать II, запахну́ть: ~ шу́бу wrap *one's* coat closer round *one*; **~ся**, запахну́ться: ~ся в шу́бу wrap/huddle *oneself* up in *one's* coat.

запахну́ть *сов. см.* запа́хивать II; **~ся** *сов. см.* запа́хиваться.

запа́чкать *сов.* (*вн.*) dirty (*smth.*), make* (*smth.*) dirty; *перен.* stain (*smth.*); **~ся** *сов.* get* *oneself* dirty.

запа́шка *ж. с.-х.* **1.** (*вспашка*) plowing; **2.** (*количество запаханного*) plowed area, tillage.

запашо́к *м. разг.* faint smell.

запая́ть *сов. см.* запа́ивать.

запе́в *м.* introduction (to song), solo part.

запева́ла *м. и ж.* leading singer, soloist; *перен.* leading spirit, instigator.

запев|а́ть *несов.* lead* the singing/chorus, strike* up the first notes; ~а́ет Петро́в solo part by Petrov.

запека́нка *ж.* **1.** (*кушанье*) baked pudding; карто́фельная ~ shepherd's pie; **2.** (*наливка*) zapekanka (*kind of brandy*).

запека́ть, запе́чь (*вн.*) bake (*smth.*); **~ся**, запе́чься **1.** bake; **2.** (*о губах*) parch; **3.** (*о крови*) clot, coagulate.

запёкш|ийся: ~иеся гу́бы parched lips; ~аяся кровь clotted blood, gore.

запелена́ть *сов.* (*вн.*) swaddle (*smb.*).

запере́ть(ся) *сов. см.* запира́ть(ся).

запе́ть *сов.* begin* to sing; ◇ ~ по друго́му change *one's* tune.

запеча́тать *сов. см.* запеча́тывать.

запечатлева́ть, запечатле́ть: запечатле́ть собы́тие на карти́не commemorate an event on canvas; ~ *что-л.* в памяти fix *smth.* in *one's* memory; **~ся**, запечатлеться (в *пр.*) impress itself (on), imprint itself (in), stamp itself (in).

запечатле́ть(ся) *сов. см.* запечатлева́ться.

запеча́тывать, запеча́тать (*вн.*) seal (*smth.*).

запе́чь(ся) *сов. см.* запека́ть(ся).

запива́ть, запи́ть (*вн. тв.*) take* (*smth.* with), drink* (*smth.* with); wash down (*smth.* with) *разг.*; запи́ть лека́рство водо́й take* medicine with water.

запин|а́ться, запну́ться hesitate; stumble in *one's* speech; *сов. тж.* stop short; говори́ть ~а́ясь falter; ~ о ка́мень stumble on/against a stone; ~ о поро́г trip/stumble over the threshold.

запи́нк|а *ж.*: без ~и glibly.

запира́тельство *с.* denial, refusal to confess.

запира́ть, запере́ть (*вн.*) **1.** (*на замок*) lock (*smth.*), lock up (*smth.*); (*засовом*) bolt (*smth.*); ~ дверь lock the door; ~ дом lock up a house; ~ замо́к turn the key in the lock; **2.** (*где-л.*) lock in (*smb., smth.*); **3.** (*прекращать доступ, лишать выхода*): ~ проли́вы block the straits; ~ флот проти́вника blockade the enemy fleet; **~а́ться**, запере́ться **1.** (*в помещении*) lock *oneself* up; запере́ться в свое́й ко́мнате lock *oneself* in *one's* room; **2.**: замо́к не ~а́ется the lock doesn't work; я́щик ~а́ется на замо́к the box has a lock; the box can be locked; **3.** *разг.* (*не сознаваться*) deny *one's* guilt, persist in *one's* denial.

записа́ть(ся) *сов. см.* запи́сывать(ся).

запи́ск|а *ж.* **1.** note; любо́вная ~ love letter, billet-doux; **2.** (*официальное сообщение о чём-л.*) memorandum (*pl.* -da); пода́ть докладну́ю ~у submit a report; **3.** *мн.* (*воспоминания*) memoirs; учёные ~и (*издание*) transactions, proceedings; чита́ть ле́кцию по ~ам lecture from notes.

записн|о́й I: ~а́я кни́жка notebook.

записн|о́й II *разг.* (*рьяный*) out-and-out, thorough-going.

запи́сывать, записа́ть (*вн.*) **1.** write* *smb.*, down *(smth.)*, record (*smb., smth.*); (*поспешно*) jot (*smth.*) down; (*со слов*) take* (*smth.*) down; (*систематически*) keep* a record (of); записа́ть а́дрес take* down an address; **2.** (*на пластинку, на плёнку*) record (*smth.*); **~ся**, записа́ться (на *вн.*) put* *one's* name down (for); put* *oneself* down (for); ~ся доброво́льцем enlist as a volunteer, volunteer; ~ся к врачу́ make* an appointment at the doctor's; ~ся в библиоте́ку join a library.

за́пис|ь *ж.* **1.** (*действие*) registration; (*на пластинку*) recording; (*на плёнку*) tape-recording; **2.** (*записанное*) entry; (*систематическая*) record; *мн.* notes; ◇ в литерату́рной ~и *кого-л.* as told to *smb.*; сде́лать ~ в кни́ге о́тзывов write*/enter the visitor's book.

запи́ть I *сов. см.* запива́ть.

запи́ть II *сов. разг.* (*запьянствовать*) take* to drink, go* on the bottle.

запиха́ть *сов. см.* запи́хивать.

запи́хивать, запиха́ть, запихну́ть *(вн.) разг.* thrust* (*smth.*), cram (*smth.*), stuff (*smth.*).

запихну́ть *сов. см.* запи́хивать.

запища́ть *сов.* begin* to squeak.

запла́канн|ый: ~ые глаза́ eyes red with weeping; с ~ыми глаза́ми red-eyed; ~ое лицо́ tear-stained face.

запла́кать *сов.* begin* to cry.

заплани́ровать *сов. см.* плани́ровать I.

запла́т|а *ж.* patch; поста́вить ~у на *что-л.* patch *smth.*, put* a patch on *smth.*

заплати́ть *сов.* **1.** (*вн.* за *вн.*) pay (*smth.* for); **2.** (*тв.*; *отплатить*) replay* (with).

заплева́ть *сов.* (*вн.*) soil (*smth.*) with spittle; ~ (весь) пол spit* all over the floor.

заплесневе́лый moldy, mildewed.

заплесневе́ть *сов. см.* плесневе́ть.

заплести́ *сов. см.* заплета́ть.

заплет|а́ть, заплести́ *(вн.)* **1.** plait (*smth.*), braid (*smth.*); ~ ко́су plait *one's* hair; **2.** (*оплетать*) weave* round (*smth.*); **~а́ться** *несов.* stumble; у него́ но́ги ~а́ются he is staggering, he can't walk straight; у него́ язы́к ~а́ется he can only mumble, his speech is slurred.

заплёчн|ый: ~ мешо́к rucksack; ◇ ~ых дел ма́стер *ист.* executioner.

запломбирова́ть *сов. см.* пломбирова́ть.

заплы́в *м. спорт.* race; (*часть состязания*) heat.

заплыва́ть I, заплы́ть swim*; (*о судах*) sail; (*о вещах*) float.

заплыва́ть II, заплы́ть (*тв.*) **1.**: его́ глаза́ заплы́ли his eyes were mere slits (amid thick folds of fat); **2.** swell* (with), become* bloated (with); ~ жи́ром become* bloated.

заплы́вший (*отёкший*) swollen; (*жиром*) bloated.

заплы́ть I, II *сов. см.* заплыва́ть.

запляса́ть *сов.* begin to dance.

запну́ться *сов. см.* запинаться.

запове́дн|ик *м.* reserve, preserve; (*птичий*) sanctuary; **~ый 1.** (*охраняемый законом*) protected; ~ый лес protected forest, forest reserve; **2.** (*сокровенный*) secret; **3.** (*заветный*) cherished.

за́поведь *ж.* commandment; *перен. тж.* precept; де́сять за́поведей *библ.* the Ten Commandments.

заподо́зрить *сов.* **1.** (*вн.* в *пр.*; *считать кого-л. виновным в чём-л.*) suspect (*smb.* of); ~ *кого-л.* в кра́же suspect *smb.* of stealing; **2.** (*вн.*; *предположить*) suspect (*smth.*); ~ обма́н suspect trickery.

запо́ем *разг.* nonstop; ~ чита́ть read* avidly, be* an avid reader; пить ~ have* fits of drinking, be* a heavy drinker.

запозда́лый belated.

запозда́ние *с.*: с ~м на три мину́ты three minutes late.

запозда́ть *сов. см.* запа́здывать.

запо́|й *м.* fit of drinking; страда́ть ~ем be* given to drink, drink* heavily.

заполза́ть, заползти́ (в, под *вн.*) crawl, creep* (into, under).

заползти́ *сов. см.* заполза́ть.

запо́лнить(ся) *сов. см.* заполня́ть(ся).

заполня́ть, запо́лнить (*вн.*) **1.** (*наполнять*) fill (*smth.*), fill up (*smth.*); зри́тели запо́лнили зал spectators filled the hall, the hall was filled with spectators; ~ вре́мя fill in the time; **2.** (*вписывать*) fill in (*smth.*); ~ бланк make* out a form, fill in a form; ~ пробе́л fill a gap; **~ся**, запо́лниться fill, fill up; пло́щадь запо́лнилась наро́дом the square filled with people.

заполя́рный polar, transpolar.

заполя́рье *с.* polar regions.

запомин|а́ть, запо́мнить (*вн.*) remember (*smb., smth.*); твёрдо запо́мнить *что-л.* fix *smth.* in *one's* mind; **~а́ться**, запо́мниться (*дт.*) remain in *smb.'s* memory; мне э́то хорошо́ запо́мнилось it has remained firmly in my memory; тру́дно ~а́ться be* hard to remember; **~а́ющий**: ~а́ющее устро́йство memory, memory device.

запо́мнить(ся) *сов. см.* запомина́ть(ся).

за́понка *ж.* (*для воротника*) stud; (*для манжеты*) cuff link.

запо́р I *м.* bolt; (*замок*) lock; дверь на ~е the door is bolted.

запо́р II *м. мед.* constipation.

запоро́ж|ец *м. ист.* Zaporozhian Cossack; **~ский** Zaporozhian.

запоро́ть *сов.* flog to death.

запорош|и́ть *сов.* (*вн.*) powder (*smth.*), dust (*smth.*); доро́гу ~и́ло сне́гом the road was powdered with snow.

запот|ева́ть, запоте́ть become* damp; (*о стекле и т. п.*) cloud over, mist over; **~е́вший**, **~е́лый**: ~е́вшее стекло́ misted glass.

запоте́ть *сов. см.* запотева́ть *и* поте́ть.

заправи́ла *м. разг.* ringleader, boss.

запра́вить *сов. см.* заправля́ть 1, 2, 3; **~ся** *сов. см.* заправля́ться.

запра́вка *ж.* **1.** (*кушанья*) seasoning; **2.** (*автомашины*) refueling, filling(-up).

заправля́ть, запра́вить **1.** (*вн.*; *засовывать*) tuck (*smth.*) in; **2.** (*вн. тв.*; *класть приправу*) season (*smth.* with), flavor (*smth.*); ~ сала́т dress a salad; **3.** (*вн.*; *автомашину*) refuel (*smth.*), fill up (*smth.*); **4.** *тк. несов.* (*тв.*) *разг.* (*быть заправилой*) run*/boss the show; ◇ запра́вить ко́йку make* a bed; **~ся**, запра́виться *разг.* **1.** (*горючим*) fill up; **2.** (*есть досыта*) eat*, have* a square meal.

запра́вочный filling *attr.*; ~ пункт filling station.

запра́вский *разг.* regular; ~ игро́к confirmed gambler.

запра́шивать, запроси́ть **1.** (*вн.* о *пр.*; *осведомляться*) send* an inquiry (to *smb.* about *smth.*); **2.** (*вн.*; *называть высокую цену*) ask the exorbitant sum (of); запроси́ть вдво́е ask double the price.

запреде́льный *уст.* lying beyond the bounds, otherwordly, fantastic.

запре́т *м.* prohibition, ban; (*на вывоз*) embargo; наложи́ть ~ на *что-л.* veto *smth.*; ◇ быть, находи́ться под ~ом be* strictly prohibited; держа́ть *что-л.* под ~ом maintain a ban on *smth.*; **~и́тельный** prohibitive; ~ тари́ф prohibitive tariff; **~и́ть** *сов. см.* запреща́ть; **~ный** forbidden, prohibited, banned; ~ная зо́на restricted area; ~ная те́ма forbidden ground; ◇ ~ный плод forbidden fruit.

запрещ|а́ть, запрети́ть (*вн.*) forbid* (*smth.*); (*чаще законом и т. п.*) ban (*smth.*); **~е́ние** *с.* prohibition, ban; ~е́ние я́дерного ору́жия prohibition/banning of nuclear weapons; **~ённый** forbidden; (*законом тж.*) banned, prohibited; ~ённый приём *спорт.* foul; (*в борьбе*) barred hold; ~ённый уда́р foul blow.

заприхо́довать *сов. см.* прихо́довать.

запрограмми́ров|анный program; **~ать** *сов. см.* программи́ровать.

запрода́жа *ж.* *торг.* sale; conditional/provisional sale; аннули́рованная ~ invalid conditional sale; вы́годная ~ profitable sale; офо́рмленная догово́ром ~ sale confirmed by an agreement/contract; сро́чная ~ urgent sale.

запроекти́ровать *сов.* (*вн.*) design (*smth.*); (*наметить*) plan (*smth.*).

запроки́дывать, запроки́нуть (*вн.*) *разг.*: ~ го́лову throw* *one's* head back; **~ся**, запроки́нуться *разг.* fall* back.

запроки́нуть(ся) *сов. см.* запроки́дывать(ся).

запропаст|и́ться *сов. разг.* get* lost, disappear; куда́ он ~и́лся? what can have become of him?

запро́с *м.* **1.** (*вопрос*) inquiry; обрати́ться *куда-л.* с ~ом make* an inquiry at; **2.** *обыкн. мн.* (*спрос*) demands, requirements; expectations; ~ы потреби́телей requirements of the consumer; **3.** *обыкн. мн.* (*стремления*) aspirations; духо́вные ~ы spiritual needs/requirements; име́ть больши́е ~ы have* great aspirations; **4.** *разг.* (*о цене*) overcharging; цена́ без ~а reasonable price; **~и́ть** *сов. см.* запра́шивать.

за́просто *разг.* without fuss/ado, quite informally, unceremoniously, without ceremony.

запру́да *ж.* **1.** (*плотина*) weir, dam; **2.** (*запруженный водоём*) pond, reservoir; ме́льничная ~ millpond.

запруди́ть *сов. см.* запру́живать.

запру́живать, запруди́ть (*вн.*) **1.** (*воду*) dam up (*smth.*); **2.** *разг.* (*заполнять*) throng (*smth.*), block (*smth.*); толпа́ запруди́ла у́лицы crowds thronged the streets.

запры́гать *сов.* begin* to jump.

запряга́ть, запря́чь (*вн.*) **1.** (*лошадь, собак и т. п.*) harness (*smth.*); (*повозку и т. п.*) put* the horses (to); **2.** *разг.* (*нагружать тяжёлой работой*) make* (*smb.*) work; **~ся**, запря́чься *разг.* get* down to; ~ся в рабо́ту get* down to work.

запря́жка *ж.* **1.** (*действие*) harnessing; **2.** (*сбруя, упряжь*) harness.

запря́тать *сов.* (*вн.*) hide* (*smth.*) away; ~ся *сов.* hide* *oneself*.

запря́чь(ся) *сов. см.* запряга́ть(ся).

запу́ганный cowed, browbeaten, broken-spirited.

запуга́ть *сов. см.* запу́гивать.

запу́гивать, запуга́ть (*вн.*) intimidate (*smb.*), cow (*smb.*), browbeat* (*smb.*).

запу́дрить *сов.* powder.

запузы́ривать *несов. разг.* do* something vigorously.

запули́ть *сов.* sling*, chuck; ~ ка́мнем sling* a stone.

за́пуск *м.* (*мотора*) starting; (*ракеты*) launching; ~ косми́ческого корабля́ launching of a spaceship, space launching.

запуска́ть I, запусти́ть (*вн.* в *вн.*, *тв.* в *вн.*; *бросать*) hurl (*smth.* at), fling* (*smth.* at); **2.** (*вн.*; *заставлять взлетать*) send* up (*smth.*); ~ змей fly* a kite; запусти́ть иску́сственный спу́тник Земли́ launch an artificial Earth satellite; **3.** (*вн.*; *приводить в действие*) start (*smth.*); ~ мото́р start an engine; **4.** (*вн.* в *вн.*) *разг.* (*засовывать, вонзать*) plunge (*smth.* into); ~ ко́гти dig* its claws in.

запуска́ть II, запусти́ть (*вн.*; *доводить до состояния упадка, разрушения*) neglect (*smth.*), not look after (*smth.*), let* (*smth.*) slide.

запусте́ни|е *с.* desolation; (*заброшенность*) state of neglect/disrepair; дом в ~и the house has gone to rack and ruin; прийти́ в ~ fall* into a state of neglect.

запусти́ть I, II *сов. см.* запуска́ть I, II.

запу́танн|ость *ж.* confusion; **~ый** tangled; *перен.* intricate, involved; ~ый вопро́с knotty question; оказа́ться ~ым в *чём-л.* become* involved in *smth.*

запу́тать(ся) *сов. см.* запу́тывать(ся).

запу́тывать, запу́тать (*вн.*) **1.** tangle (*smth.*), entangle (*smth.*); *перен.* confuse (*smth.*), muddle (*smth.*); запу́тать ни́тки tangle the threads; запу́тать де́ло confuse the issue, bungle the affair, muddle matters; **2.** *разг.* (*сбивать с толку*) confuse (*smb.*); **3.** *разг.* (*впутывать*) involve (*smb.*), implicate (*smb.*); **~ся**, запу́таться **1.** get* into a tangle; *перен.* (*усложняться*) become* confused/complicated; верёвка запу́талась the rope got tangled; де́ло запу́талось complications arose; **2.** (в *пр.*; *оказываться опутанным чем-л.*) get* tangled up (in), get* caught (in); **3.** *разг.* (*сбиваться с толку*) get* mixed up; запу́таться в отве́тах give* conflicting answers, contradict *oneself*.

запу́щенн|ый neglected, uncared-for; ~ сад neglected garden; ~ая боле́знь neglected illness.

запыла́ть *сов.* blaze up, flare up.

запыли́ть *сов.* (*вн.*) make* (*smth.*) dusty; **~ся** *сов.* become* dusty.

запыха́ться *сов. разг.* be* out of breath, puff and pant.

запя́стье *с. анат.* wrist.

запята́я *ж.* comma; *перен.* difficulty, snag.

запятна́ть *сов. см.* пятна́ть.

зараба́тывать, зарабо́тать (*вн.*) earn (*smth.*); дать *кому-л.* зарабо́тать give* *smb.* a chance to earn some money; ~ на жизнь earn/make* *one's* living, make* *one's* bread.

зарабо́тать I *сов. см.* зараба́тывать.

зарабо́тать II *сов.* (*начать работать*) start (working), begin* to work.

зарабо́т|аться *сов. разг.* be* overworked, overwork *oneself*; мы ~ались до по́здней но́чи we worked far into the night; он совсе́м ~ался he is terribly overworked.

за́работн|ый: ~ая пла́та wages *pl.*; (*служащих*) salary; акко́рдная ~ая пла́та piece wages; годова́я ~ая пла́та annual wage; ме́сячная ~ая пла́та monthly wage/salary; основна́я ~ая пла́та basic wage; повременна́я ~ая пла́та time wages; почасова́я ~ая пла́та hourly wage; реа́льная ~ая пла́та actual/real wage; сде́льная ~ая пла́та pieces wages; твёрдая ~ая пла́та fixed/set wage, чи́стая ~ая пла́та take-home pay.

за́работ|ок *м.* earnings *pl.*; ◇ лёгкий ~ easy money; уходи́ть на ~ки go* off in search of a living.

зара́внивать, заровня́ть (*вн.*) level (*smth.*).

зараж|а́ть, зарази́ть (*вн. тв.*) infect (*smb.* with) (*тж. перен.*); (*воздух и т. п. тж.*) contaminate (*smth.* with); зарази́ть *кого-л.* скарлати́ной infect *smb.* with scarlet fever; ~ *кого-л.* свои́м приме́ром infect *smb.* by *one's* example; **~а́ться**, зарази́ться (*тв.*) be* infected (with) (*тж. перен.*); catch* (*smth.*); зарази́ться гри́ппом от *кого-л.* catch* the flu from *smb.*; зарази́ться о́бщим весе́льем be* infected with the general merriment, enjoy the fun; **~е́ние** *с.* infection; (*воздуха и т. п.*) contamination; ~е́ние кро́ви blood poisoning, toxemia *научн.*; ~е́ние ме́стности contamination of the locality.

зара́з|а *ж.* infection; (*через прикосновение*) contagion; **~и́тельный** infectious; ~и́тельный смех infectious laughter; **~и́ть(ся)** *сов. см.* заража́ть(ся); **~ный** infectious; (*передающийся через прикосновение*) contagious; ~ный больно́й infectious patient.

зара́нее in advance, beforehand; ~ обду́мать *что-л.* consider *smth.* beforehand.

зарапортова́ться *сов. разг.* let* *one's* tongue run away with one, talk through *one's* hat.

зараста́ть, зарасти́ **1.** (*тв.*) be* overgrown (with); ~ сорняка́ми be* choked/overrun with weeds; **2.** *разг.* (*заживать*) heal.

зарасти́ *сов. см.* зараста́ть.

зарва́вшийся presumptious, high-handed.

зарва́ться *сов. см.* зарыва́ться II.

зарде́ться *сов.* be* flushed, redden, grow* red; (*румянцем*) flush, blush.

зареве́ть *сов.* **1.** (begin* to) roar; (*о быке*) (begin* to) bellow; **2.** *разг.* (*начать плакать*) burst out crying.

за́рево *с.* glow; (*заката*) afterglow; ~ пожа́ра glow of fire.

зарегистри́ровать *сов.* (*вн.*) register (*smb., smth.*); **~ся** *сов.* **1** register *one*self; **2.** (*оформить брак*) get* married (at a registry office); register *one's* marriage.

заре́з *м. разг.*: мне до ~у ну́жно вас ви́деть! I must see you!, I've simply got to see you!; мне до ~у нужны́ э́ти де́ньги I badly need this money.

заре́зать *сов. см.* ре́зать 3; **~ся** *сов. разг.* cut* *one's* throat.

зарека́ться, заре́чься (+ *инф.*) vow not (+ to *inf.*), pledge *oneself* not (+ to *inf.*); ~ кури́ть vow not to smoke any more.

зарекомендова́ть *сов.*: ~ себя́ с хоро́шей, плохо́й стороны́ make* a good, bad showing; ~ себя́ хоро́шим рабо́тником show* *oneself* to be good worker.

заре́чься *сов. см.* зарека́ться.

заржа́в|еть *сов. см.* ржа́веть; **~ленный** rusty.

заржа́ть *сов.* (begin* to) neigh.

зарис|ова́ть *сов. см.* зарисо́вывать; **~о́вка** *ж.* **1.** (*действие*) sketching; **2.** (*рисунок*) sketch.

зарисо́вывать, зарисова́ть (*вн.*) sketch (*smth.*).

зарни́ца *ж.* summer lightning.

заровня́ть *сов. см.* зара́внивать.

зародиться *сов. см.* зарожда́ться.

заро́дыш *м.* embryo (*pl.* -os), fetus; *бот.* germ; ◇ в ~е in embryo; подави́ть *что-л.* в ~е nip *smth.* in the bud; уви́деть *что-л.* в ~е perceive *smth.* in its first stages; **~евый** embryonic.

зарожд|а́ться, зароди́ться originate; ~а́ется но́вая жизнь a new life is dawning; у него́ зародилась мысль he conceived the idea; э́то у него́ зароди́лась така́я мысль it was he who originated the idea.

заро́к *м.* pledge, vow, solemn promise; взять ~ с *кого-л.* make* *smb.* promise; дать ~ не кури́ть pledge *oneself* never to smoke.

за́росл|ь *ж.* growth; (*чаща*) thicket; ~и куста́рника dense bushes *pl.*

заро́сший overgrown.

зарпла́та *ж. разг.* wages *pl.*; (*служащих*) salary.

заруб|а́ть, заруби́ть (*вн.*) **1.** (*убивать*) slash/saber (*smb.*) to death; (*топором*) kill (*smb.*) with an axe; **2.** (*делать зарубку*) notch (*smth.*), nick (*smth.*); ◇ ~и́ себе́ на носу́ bear it/that in mind, put that in your pipe and smoke it, don't you forget it.

зарубе́жн|ый foreign; ~ая делега́ция foreign delegation, delegation from abroad.

зарубе́жье *с.*: бли́жнее ~ former Soviet republics; да́льнее ~ foreign countries.

заруби́ть *сов. см.* заруба́ть.

зару́бка *ж.* (*метка*) notch, nick.

зарубцева́ться *сов. см.* зарубцо́вываться.

зарубцо́вываться, зарубцева́ться cicatrize, form a scar; (*заживать*) heal.

зарумя́нить *сов. см.* румя́нить 1, 3; **~ся** *сов. см.* румя́ниться 1, 3, 4.

заруча́ться, заручи́ться (*тв.*) secure (*smth.*); заручи́ться подде́ржкой *кого-л.* enlist *smb.'s* aid.

заручи́ться *сов. см.* заруча́ться.

зарыва́ть, зары́ть (*вн.*) bury (*smth.*); ~ тала́нт в зе́млю bury *one's* talents; ≅ hide *one's* light under a bushel.

зарыва́ться I, зары́ться (в *вн.*) bury *oneself* (in), burrow (into); (*прятать лицо, голову*) bury *one's* face (in).

зарыва́ться II, зарва́ться *разг.* go* too far, overdo* things; overstep the mark; зарва́ться в свои́х тре́бованиях become* more and more exacting, lose* all sense of moderation.

зарыда́ть *сов.* begin* to sob.

зары́ть *сов. см.* зарыва́ть; **~ся** *сов. см.* зарыва́ться I.

зар|я́ *ж.* **1.** (*утренняя*) dawn; (*вечерняя*) afterglow; встава́ть с ~ёй rise* with the dawn; на ~е́ at dawn; **2.** (*начало, зарождение*) dawn; ~ но́вой жи́зни the dawn of a new life; **3.** *воен.* (*сигнал*) retreat; игра́ть зо́рю sound the retreat; ◇ от ~и́ до ~и́ (*с вечера до утра*) from dusk to dawn; (*с утра до вечера*) from dawn to dusk.

заря́д *м.* charge; *перен.* fund, supply, store; ~ эне́ргии store of energy.

заряди́ть I *сов. см.* заряжа́ть.

заряд|и́ть II *сов. разг.*: ~ одно́ и то́ же keep* harping on the same string; дождь ~ надо́лго the rain had set in for a long time.

заря́дк|а *ж.* **1.** (*аккумулятора*) charging; **2.** *спорт.* (setting-up) exercises; он получи́л ~у на це́лый день he felt set up for the rest of day.

заря́дный: ~ я́щик *воен.* ammunition wagon; caisson *амер.*

заряжа́ние *с.* loading.

заряжа́ть, заряди́ть (*вн.*) **1.** (*оружие, фотоаппарат и т.п.*) load (*smth.*); **2.** (*электричеством*) charge (*smth.*).

заряжа́ющий *в знач. сущ. воен.* loader.

заса́д|а *ж.* ambush, сиде́ть в ~е lie* in ambush; устро́ить ~у lay* an ambush.

засади́ть *сов. см.* заса́живать.

заса́живать, засади́ть **1.** (*вн. тв.*; *растениями*) plant (*smth.* with); **2.** (*вн.*) *разг.* (*подвергать заключению*) shut* up (*smb.*); засади́ть *кого-л.* в тюрьму́ clap *smb.* in gaol; **3.** (*вн.* за *вн.*, *вн.*+ *инф.*) *разг.* (*заставлять делать что-л.*) make* (*smb.*) get down (to *smth.*); засади́ть *кого-л.* за кни́ги make* *smb.* study; **4.** (*вн.* в *вн.*) *разг.* (*вонзать*) stick* (*smth.* in).

заса́ленный greasy.

заса́ливать I, засали́ть (*вн.*) make* (*smth.*) greasy.

заса́ливать II, засоли́ть (*вн.*) salt (*smth.*); (*мясо*) corn (*smth.*).

заса́ливаться, засали́ться become* greasy.

засали́ть *сов. см.* заса́ливать I; **~ся** *сов. см.* заса́ливаться.

заса́сывать, засоса́ть (*вн.*) suck in (*smth.*); *перен.* swallow up (*smb.*, *smth.*).

заса́харенный candied, crystallized.

заса́хар|ивать, заса́харить (*вн.*) candy (*smth.*); **~иваться**, ~иться: варе́нье заса́харилось the jam has sugared/crystallized; **~ить(ся)** *сов. см.* заса́харивать(ся).

засверка́ть *сов.* begin* to sparkle/twinkle.

засвети́ть I *сов.* (*вн.*) light* (*smth.*).

засвети́ть II *сов. см.* засве́чивать.

засвети́ть III *разг.* hit*, strike*; ◇ ~ *кому-л.* в физионо́мию stick* *one's* fist in *smb.'s* face.

засвети́ться I *сов.* light* up.

засвети́ться II *сов. см.* засве́чиваться.

за́светло during daylight; before dark, before nightfall.

засве́чивать, засвети́ть (*вн.*) *фото* expose (*smth.*), let* the light (into); **~ся**, засвети́ться *фото* get* exposed.

засвиде́тельствовать *сов.* (*вн.*) testify (*smth.*); (*документ*) certify (*smth.*), witness (*smth.*).

засвисте́ть *сов.* begin* to whistle.

засева́ть, засе́ять (*вн.*) sow* (*smth.*).

заседа́ни|е *с.* conference, meeting; (*суда, парламента и т.п.*) session, sitting; ~ Верхо́вного Сове́та session/sitting of the Supreme Soviet; на у́треннем ~и at the morning session.

заседа́тель *м.* assessor; ◇ наро́дный ~ People's assessor; прися́жный ~ juryman*.

заседа́ть *несов.* sit*, be* in conference/session.

за́сека *ж.* abat(t)is.

засека́ть I, засе́чь (*вн.*) **1.** (*делать засечки*) notch (*smth.*), nick (*smth.*); **2.** (*установив местоположение, нанести на план, на карту*) plot (*smth.*); map (*smth.*); ◇ засе́чь вре́мя note the time.

засека́ть II, засе́чь (*вн.*) (*до смерти*) flog (*smb.*) to death.

засекре́|тить *сов. см.* засекре́чивать; ~**ченный** secret; hush-hush *разг.*

засекре́чивать, засекре́тить (*вн.*) **1.** (*сведения, документы*) restrict (*smth.*), make* (*smth.*) secret; **2.** *разг.* (*работника*) give* (*smb.*) access to secret documents, entrust (*smb.*) with secret work.

заселе́ние *с.* (*края, области*) setting; (*дома*) putting tenants in; ~ но́вого до́ма начнётся в декабре́ people will start moving into the house in December, the tenants will take over the house in December; ~ но́вых земе́ль setting of new territory.

засели́ть *сов. см.* заселя́ть.

заселя́ть, засели́ть (*вн.*) (*область, край*) settle (*smth.*); populate; (*дом*) put* tenants (into); occupy (*smth.*), tenant (*smth.*); (*чужую страну*) colonize.

засе́сть *сов. разг.* **1.** (*усесться где-л.*) sit* down; **2.** (за *вн.*, + *инф.*; *приняться за что-л.*) settle* down (to, + to *inf*); ~ за рабо́ту settle down to *one's* work; ~ писа́ть settle down to write; **3.** (*надолго расположиться где-л.*) bury/hide* *oneself*; ~ до́ма bury *oneself* indoors, stay at home; **4.** *воен.* take* up a position, dig in; **5.** (*застрять*) lodge; пу́ля засе́ла у него́ в боку́ a bullet has lodged in his side; моти́в засе́л у меня́ в голове́ the tune has stuck in my head.

засе́чка *ж.* notch, mark.

засе́чь I, II *сов. см.* засека́ть **I, II**.

засе́ять *сов. см.* засева́ть.

засиде́ться *сов. см.* заси́живаться.

заси́женный: ~ му́хами fly-blown.

заси́живаться, засиде́ться stay late; ~ за рабо́той sit* long over *one's* work; (*ночью*) sit* up working.

заси́лье *с.* domination, preponderance, dominating influence.

заси́м *нареч. уст.* hereafter, after this.

заси|я́ть *сов.* **1.** shine*; *перен.* become* radiant; **2.** (*показаться*) gleam; вдали́ ~я́л ку́пол це́ркви the gleaming dome of a church rose in the distance.

заскака́ть *сов.* begin* to jump, break* into a gallop.

заска́кивать *несов.* gallop, jump; *перен.* drop in.

заскирдова́ть *сов. см.* скирдова́ть.

заско́к *м. разг.* whim, mental block.

заскору́зл|ый hardened, horny; ~ые ру́ки calloused hands.

заскрежета́ть *сов.*: ~ зуба́ми grind*/gnash *one's* teeth.

заскуча́ть *сов.* feel* miserable, get* depressed.

засла́ть *сов. см.* засыла́ть.

засло́н *м.* **1.** (*преграда*) barrier; сне́жный ~ snow wall; **2.** *воен.* covering force.

заслони́ть(ся) *сов. см.* заслоня́ть(ся).

засло́нка *ж.* **1.** (*печи*) door; **2.** (*щит в шлюзах*) gate.

заслоня́ть, заслони́ть (*вн.*) shield (*smb., smth.*), screen (*smb., smth.*); *перен.* overshadow (*smth.*); ~ свет be* in the light; ~**ся**, заслони́ться: ~ся от све́та shield *one's* eyes from the light.

заслу́г|а *ж.* service; ~и пе́ред Ро́диной services to *one's* country; ~и в о́бласти нау́ки services to science; э́то ва́ша ~ it's all thanks to you; ◇ по ~ам according to *one's* deserts.

заслу́женн|ый **1.** well-deserved, well-earned; (*справедливый*) deserved; ~ая награ́да well-deserved reward; ~ упрёк deserved/merited reproach; **2.** (*имеющий заслуги*) celebrated, distinguished; ~ челове́к distinguished person, man* of merit; **3.** (*в составе звания*) Honored; ~ арти́ст респу́блики Honored Artist of the Republic.

заслу́живать, заслужи́ть **1.** (*вн.*; *какого-л. отношения*) deserve (*smth.*); заслужи́ть любо́вь deserve love; заслужи́ть награ́ду deserve a reward; заслужи́ть всео́бщее дове́рие win* universal confidence; **2.** *тк. несов.* (*рд.*; *быть достойным чего-л.*) merit (*smth.*), deserve (*smth.*); ~ дове́рия be* perfectly credible; **3.** (*вн.*) *разг.* (*зарабатывать*) earn (*smth.*).

заслужи́ть *сов. см.* заслу́живать 1, 3.

заслу́шать(ся) *сов. см.* заслу́шивать(ся).

заслу́шивать, заслу́шать (*вн.*) hear* (*smth.*); заслу́шать отчёт hear* a report; ~**ся**, заслу́шаться (*рд.*) listen to (*smb., smth.*) with delight.

заслы́ш|ать *сов.* (*вн.*) catch* the sound (of); я и́здали ~ал их голоса́ I could hear their voices in the distance.

засма́триваться, засмотре́ться (на *вн.*) be* lost in contemplation (of), be* unable to take *one's* eyes off (*smb., smth.*); be* carried away (by the sight of).

засмея́ть *сов.* (*вн.*) *разг.* hold (*smb.*) up to ridicule, scoff (at).

засмея́ться *сов.* laugh, begin* to laugh.

засмотре́ться *сов. см.* засма́триваться.

засне́женный snow-covered.

засну́ть *сов. см.* засыпа́ть I.

засня́ть *сов.* (*вн.*) *разг.* take* a photograph (of); (*в кино*) shoot* (*smb., smth.*).

засо́в *м.* bolt.

засо́веститься *сов.* feel* ashamed.

засо́вывать, засу́нуть (*вн.*) thrust* (*smth.*); я куда́-то засу́нул его́ письмо́ I put his letter away somewhere.

засо́л *м.* **1.** (*действие*) salting; pickling; **2.**: вку́сный ~ tasty pickle.

засоли́ть *сов. см.* заса́ливать.

засоре́ние *с.* clogging, obstruction; (*сорными травами*) choking; ~ рек и водоёмов clogging of rivers and reservoirs; ◇ ~ желу́дка clogging (of the bowels).

засори́ть(ся) *сов. см.* засоря́ть(ся).

засоря́ть, засори́ть (*вн.*) **1.** (*загрязнять*) litter (*smth.*); **2.** (*повреждать чем-л.*) clog (*smth.*); ~ желу́док clog (the bowels); засори́ть себе́ глаз get* something in *one's* eye; **3.** (*заполнять собой — о сорных травах*) choke (*smth.*) with weeds; **4.** (*заполнять чем-л. ненужным*) clutter up (*smth.*); ~ язы́к clutter up the language; **~ся**, засори́ться be* clogged.

засоса́ть I *сов. см.* заса́сывать.

засос|а́ть II *сов. разг.* (*начать сосать*) suck; у меня́ ~а́ло под ло́жечкой I have a sinking sensation in the pit of my stomach.

засо́хнуть *сов. см.* засыха́ть.

за́спанн|ый sleepy; heavy with sleep *после сущ.*; у него́ ~ вид he looks half-asleep; ~ые глаза́ sleepy eyes.

заспа́ть *сов. разг.* smother (a baby) in *one's* sleep.

заспа́ться *сов. разг.* oversleep (*oneself*).

заспиртова́ть *сов.* preserve in alcohol.

заспо́рить *сов.* begin* to argue.

заспо́риться *сов.* go* well, be* a success.

засрами́ть *сов.* put* to shame.

заста́ва *ж. воен.* picket; пограни́чная ~ frontier post; сторожева́я ~ outpost.

застава́ть, заста́ть (*вн.*) find* (*smb., smth.*); (*застигать*) catch* (*smb.*); ~ врасплóх take unawares; ~ на ме́сте преступле́ния catch* red-handed; не заста́ть *кого-л.* до́ма not find *smb.* at home.

заста́вить I, II *сов. см.* заставля́ть I, II.

заста́вка *ж.* headpiece, vignette; музыка́льная ~ signature tune.

заставля́ть I, заста́вить (*вн.* + *инф.*; *принуждать*) make* (*smb.* + *inf.*), force (*smb.* + *inf.*); не могу́ заста́вить себя́ прочита́ть э́ту кни́гу I can't bring myself to read that book; ~ *кого-л.* замолча́ть silence *smb.*; ~ до́лго ждать себя́ be* a long time (coming), keep* *one* waiting; ~ до́лго проси́ть себя́ be* hard to persuade.

заставля́ть II, заста́вить (*вн.*) **1.** (*загораживать*) block (*smth.*); ~ дверь шка́фом block a doorway with a cupboard/wardrobe; **2.** (*загромождать*) clutter (*smth.*); заста́вить ко́мнату ме́белью clutter a room with furniture, overfurnish a room.

заста́иваться, застоя́ться **1.** (*о лошади*) become* restive; **2.** (*о воде, воздухе*) become* stale/stagnant.

застаре́лый inveterate; (*о болезни*) chronic.

заста́ть *сов. см.* застава́ть.

застёгивать, застегну́ть (*вн.*) fasten (*smth.*), do* up (*smth.*); (*на пуговицы тж.*) button up (*smth.*); (*на крючки тж.*) hook up (*smth.*); **~ся**, застегну́ться **1.** (*застёгивать на себе одежду*) do* *one's* coat up; do* *oneself* up *разг.*; застегну́ться на все пу́говицы button *one's* coat up tight; **2.** (*о пуговицах и т. п.*) fasten, do* up.

застегну́ть(ся) *сов. см.* застёгивать(ся.)

застёжка *ж.* fastener; clasp, hasp, frog.

застекли́ть *сов. см.* застекля́ть.

застекля́ть, застекли́ть (*вн.*) glaze (*smth.*), put* glass (in).

засте́нок *м.* torture chamber.

засте́нчив|ость *ж.* shyness, timidity; **~ый** shy, timid, bashful.

застига́ть, засти́гнуть, засти́чь (*вн.*) catch* (*smb.*); overtake (*smb.*); засти́чь *кого-л.* врасплóх catch* *smb.* unawares; засти́чь *кого-л.* на ме́сте преступле́ния catch* *smb.* in the act, catch* *smb.* red-handed; гроза́ засти́гла нас в лесу́ we were in the woods when the storm overtook/caught us.

засти́гнуть *сов. см.* застига́ть.

застила́ть, застла́ть (*вн.*) **1.** (*покрывать*) spread* (*smth.*); ~ стол ска́тертью put*/spread* a tablecloth on the table; 2. (*о тумане*) veil (*smth.*); (*о слезах*) dim (*smth.*); **~ся**, застла́ться (*туманом*) be* veiled; (*слезами*) become* dim.

застира́ть *сов. см.* засти́рывать.

засти́рывать, застира́ть (*вн.*) **1.** (*отмывать*) wash (*smth.*) out; застира́ть пя́тна на ска́терти wash the spots out of a tablecloth; **2.** (*портить плохой стиркой*) spoil* (*smth.*) in the wash; ~ бельё spoil* the linen in the wash.

засти́чь *сов. см.* застига́ть.

застла́ть(ся) *сов. см.* застила́ть(ся).

засто́й *м.* immobility, standing still; *перен.* standstill, stagnation; ~ в промы́шленности stagnation/standstill in the industry; **~ный** stagnant.

засто́льн|ый table *attr.*; ~ая бесе́да table talk; ~ая пе́сня drinking song.

застона́ть *сов.* begin* to moan/groan.

засто́поривать, засто́порить (*вн.*) stop (*smth.*); **~ся**, засто́пориться stop, come* to a standstill.

засто́порить(ся) *сов. см.* засто́поривать(ся).

застоя́ться *сов. см.* заста́иваться.

застра́ивать, застро́ить (*вн.*) put* up buildings (on, all over), develop (*smth.*), build* (on); **~ся**, застро́иться be* built over, be* developed.

застрахова́ть *сов. см.* страхова́ть 1; **~ся** *сов. см.* страхова́ться.

застра́чивать, застрочи́ть (*вн.*) seam (*smth.*), stitch (*smth.*).

застраща́ть *сов.* frighten, intimidate.

застрева́ть, застря́ть **1.** stick* (fast); **2.** *разг.* (*задерживаться где-л.*) be* held up; ◇ застря́ть в го́рле stick* in *one's* throat.

застрели́ть *сов.* (*вн.*) shoot (*smb., smth.*); **~ся** *сов.* shoot* *oneself.*

застре́льщ|ик *м.*, **~ица** *ж.* initiator, pioneer; *ист.* skirmisher.

застре́ха *ж.* eaves.

застро́|енный built-up, developed; **~ить(ся)** *сов. см.* застра́ивать(ся).

застро́й|ка *ж.* building; пра́во ~ки the right to build; **~щик** *м.* person building his own house.

застрочи́ть I *сов. см.* застра́чивать.

застрочи́ть II *сов. разг.* (*о пулемёте*) (begin* to) chatter.

застря́ть *сов. см.* застрева́ть.

застуди́ть(ся) *сов. см.* засту́живать(ся).

засту́живать, застуди́ть (*вн.*) chill (*smth.*), make* (*smb., smth.*) cold; застуди́ть лёгкие catch* a chill on *one's* chest; **~ся**, застуди́ться catch* a chill.

засту́кать I *сов.* (*поймать*) catch*, get*.

засту́кать II *сов.* (*начать стучать*) begin* to knock, begin* to clatter.

за́ступ *м.* spade.

заступа́ться, заступи́ться (за *вн.*) intercede (for), take* the part (of), stand* up (for).

заступи́ться *сов. см.* заступа́ться.

засту́пн|ик *м.*, **~ица** *ж.* intercessor, protector; **~ичество** *с.* intercession, protection.

застыва́ть, засты́ть **1.** (*сгущаться*) thicken, congeal; *кул.* jelly; **2.** *разг.* (*замерзать*) freeze*, be* cold, be* frozen; **3.** (*оставаться без изменения*) freeze*, stiffen; на его́ лице́ засты́ла улы́бка his face set in a fixed smile; ~ на ме́сте be* rooted to the spot, stop dead.

застыди́ться *сов.* be* embarrassed.

засты́ть *сов. см.* застыва́ть.

засуети́ться *сов.* begin* to bustle about, begin* to fuss.

засу́нуть *сов. см.* засо́вывать.

за́суха *ж.* drought.

засухоусто́йчивый drought-resistant.

засу́чивать, засучи́ть (*вн.*) roll up (*smth.*); засучи́ть рукава́ roll up *one's* sleeves.

засучи́ть *сов. см.* засу́чивать.

засу́шивать, засуши́ть (*вн.*) **1.** dry (*smth.*); (*цветы*) press (*smth.*); **2.** *разг.* (*кушанье*) overdo* (*smth.*).

засуши́ть *сов. см.* засу́шивать.

засу́шлив|ый droughty, dry; ~ые райо́ны arid/waterless districts; ~ год dry year.

засчита́ть *сов. см.* засчи́тывать.

засчи́тывать, засчита́ть (*вн.*) count (*smth.*); ~ в упла́ту до́лга 50 рубле́й count fifty rubles towards payment of a debt.

засыла́ть, засла́ть (*вн.*) *разг.* send* (*smb., smth.*).

засыпа́ть *сов. см.* засы́пать II.

засыпа́ть I, засну́ть go* to sleep, fall* asleep; <> ~ ве́чным сном go* to *one's* eternal rest.

засы́пать II, засыпа́ть (*вн.*) **1.** (*заполнять*) fill in (*smth.*), fill up (*smth.*); **2.** (*покрывать*) cover (*smth.*), heap (*smth.*); **3.** (*вн., рд.*) *разг.* (*насыпать*) pour (*smth.*); ~ крупу́ в суп stir a cereal into a soup; засы́пать овса́ ло́шади give* a horse some oats; **4.**: ~ *кого-л.* пода́рками shower *smb.* with gifts; ~ *кого-л.* вопро́сами bombard/pelt *smb.* with questions.

засы́паться I, II *сов. см.* засыпа́ться I, II.

засыпа́ться I, засы́паться **1.** trickle; песо́к засы́пался за воротни́к sand trickled down *one's* neck; **2.** (*тв.*; *покрываться*) be* covered/sprinkled over (with).

засыпа́ться II, засы́паться *разг.* **1.** (*попадаться*) be* caught; **2.** (*проваливаться на экзамене*) fail, flunk.

засыха́ть, засо́хнуть **1.** dry, get* dry; (*о грязи*) cake; **2.** (*о растениях*) wither.

затаённ|ый secret; (*сдерживаемый*) suppressed; <> ~ая не́нависть smouldering hatred.

затаи́ть *сов.* (*вн.*) **1.** (*утаить что-л.*) keep* (*smth.*) for *oneself*; **2.** (*чувство, мысль*) harbor (*smth.*); ~ оби́ду harbor a grievance, nurse a grudge; <> ~ дыха́ние hold* *one's* breath; **~ся** hide; <> ~ в себе́ become* reserved, withdraw* into *oneself*.

зата́лкивать, затолкну́ть (*вн.*) push (*smb., smth*) shove (*smb., smth.*).

зата́пливать, затопи́ть (*вн.*) light* (*smth.*).

зата́птывать, затопта́ть (*вн.*) **1.** stamp (*smth.*), tread* down (*smth.*); **2.** *разг.* (*оставлять следы*) leave* dirty footmarks (on); <> затопта́ть *кого-л.* в грязь drag *smb.* in/through the mud.

зата́сканный *разг.* (*заношенный*) shabby, worn out; *перен.* (*избитый, опошленный*) stale, hackneyed, trite.

затаска́ть *сов. см.* зата́скивать I.

зата́скивать I, затаска́ть (*вн.*) *разг.* (*занашивать*) wear* out (*smth.*); *перен.* overwork (*smth.*), make* (*smth.*) hackneyed.

зата́скивать II, затащи́ть (*вн.*) (*уносить куда-л.*) carry (*smth.*) off.

затащи́ть *сов. см.* зата́скивать II.

затвердева́ть, затверде́ть harden; (*о жидкости*) solidify.

затверде́|лый hard, solid; **~ние** *с.* (hard) lump; *мед.* induration, callosity.

затверде́ть *сов. см.* затвердева́ть.

затверди́ть I *сов.* (*вн.*) (*заучить*) get* (*smth.*) by heart.

затверди́ть II *сов.* (*вн.*) *разг.* (*начать твердить*): ~ одно́ и то же keep* on repeating the same thing, harp on one string.

затво́р *м.* **1.** *разг.* (*засов*) bolt; **2.** (*фотоаппарата*) shutter; (*винтовки*) bolt; (*орудия*) breechblock.

затвори́ть(ся) *сов. см.* затворя́ть(ся).

затво́рни|к *м.* hermit, anchorite, recluse; **~ческий** solitary; ~ческая жизнь the life of a recluse; **~чество** *с.* seclusion, solitary life.

затворя́ть, затвори́ть (*вн.*) shut* (*smth.*); **~ся**, затвори́ться **1.** (*о двери и т.п.*) shut* ; **2.** (*о человеке*) shut* *oneself* up.

затева́ть, зате́ять (*вн.*, + *инф.*) *разг.* start (*smth.*, + -ing), undertake* (*smth.*, + to *inf*); ~ возню start scuffling about, start making a noise; ~ дра́ку start a fight; ~ игру́ start a game; ~ спор start an argument.

зате́й|ливый (*замысловатый*) elaborate; (*лишённый простоты*) intricate, ingenious; ~ рису́нок elaborate pattern; **~ник** *м.* **1.** entertaining fellow; **2.** (*руководитель массовых развлечений*) amusement organizer.

затека́ть, зате́чь **1.** (*попадать, проникать*) leak, trickle; вода́ затекла́ в подва́л the water leaked through into the cellar; **2.** (*распухать*) swell*; **3.** (*неметь*) grow* numb; у меня́ затекла́ нога́ my leg has gone dead/numb.

зате́м 1. (*потом*) then; **2.** (*для того*): я ~ и пришёл that's what I've come for; <> ~, что́бы to.

затемн|е́ние *с.* **1.** darkening; **2.** (*маскировка света*) blackout; **3.** (*затемнённое место*) dark patch/spot; **~ить** *сов. см.* затемня́ть.

за́темно *разг.* **1.** (*до рассвета*) before dawn, before daybreak; **2.** (*когда стемнеет*) after dark.

затемня́ть, затемни́ть (*вн.*) **1.** darken (*smth.*); *перен.* obscure (*smth.*); **2.** (*маскировать свет*) black out (*smth.*).

затени́ть *сов. см.* затеня́ть.

затеня́ть, затени́ть (*вн.*) shade (*smth.*).

зате́плиться *сов.* begin* to gleam.

затере́ть *сов. см.* затира́ть.

затеря́вшийся lost; ~ в лесу́ до́мик a hut buried in the heart of the forest.

зате́рянный lost.

затеря́ть *сов.* (*вн.*) *разг.* lose* (*smth.*), mislay* (*smth.*); **~ся** *сов. разг.* **1.** (*потеряться*) be* lost, go* astray; **2.** (*скрыться, пропасть из виду*) vanish, disappear; **3.** (*оказаться неприметным среди кого-л., чего-л.*) be* lost, be* dwarfed to insignificance.

зате́чь *сов. см.* затека́ть.

зате́|я *ж.* **1.** (*замысел*) idea, intention; (*предприятие*) venture; но́вая, очередна́я ~ latest whim, new fad; **2.** (*забава*) game, amusement; ребя́чьи ~и childish tricks; ◇ попросту, без ~й quite informally/ simply.

зате́ять *сов. см.* затева́ть.

затира́ть, затере́ть (*вн.*) **1.** (*стирать*) rub (*smth.*) out, efface (*smth.*); **2.** (*теснить*) hold* (*smb., smth.*) fast, trap (*smb., smth.*); затёртый льда́ми stuck in the ice, ice-bound; **3.** *разг.* (*не давать хода*) push (*smb.*) into the background, keep* (*smb.*) down, upstage (*smb.*).

затиха́ть, зати́хнуть **1.** grow* quiet, quieten down; (*переставать слышаться*) die away; го́род опусте́л и зати́х the city became deserted and quiet; шаги́ зати́хли the steps died away; **2.** (*прекращаться*) die down, abate; бу́ря зати́хла the storm abated.

зати́хнуть *сов. см.* затиха́ть.

зати́шье *с.* **1.** (*безветрие*) calm, lull; **2.** (*тишина*) hush; **3.** (*тихое место*) sheltered spot; **4.** (*приостановка, ослабление*) lull; ~ пе́ред грозо́й calm/lull before the storm.

заткну́ть *сов. см.* затыка́ть.

затмева́ть, затми́ть (*вн.*) darken (*smth.*), eclipse (*smth.*); *перен.* put* (*smb.*) in the shade, outshine*; ~ *чью-л.* сла́ву eclipse *smb.'s* fame.

затме́ние *с.* **1.** eclipse; по́лное ~ total eclipse; **2.** *разг.* blackout; на него́ нашло́ ~ his mind went blank.

затми́ть *сов. см.* затмева́ть.

зато́ but; но ~ but, on the other hand.

затова́р|ивание *с.* overstocking, dead stock; **~ивать**, затова́рить (*вн.*) stock too much (of); **~ить** *сов. см.* затова́ривать.

затолка́ть *сов.* (*вн.*) **1.** (*толчками замучить*) jostle (*smb.*); **2.** (*толкая, заставить войти, въехать куда-л.*) push (*smb., smth.*).

затолкну́ть *сов. см.* зата́лкивать.

зато́н *м.* backwater; (*место стоянки и ремонта судов*) boatyard.

затону́ть *сов.* sink*, go* down; (*о корабле тж.*) founder.

затопи́ть I *сов. см.* зата́пливать.

затопи́ть II *сов. см.* затопля́ть.

затопле́ние *с.* flooding.

затопля́ть, затопи́ть (*вн.*) **1.** (*заливать*) flood (*smth.*), inundate (*smth.*); **2.** (*пускать ко дну*) sink* (*smth.*), scuttle (*smth.*).

затопта́ть *сов. см.* зата́птывать.

зато́р *м.* block, congestion; (*при сплаве леса*) logjam; ~ в у́личном движе́нии traffic jam; ледяно́й ~ ice blockage.

затормоз|и́ть *сов.* (*вн.*) **1.** brake (*smth.*), put* on the brake(s); води́тель ре́зко ~и́л the driver braked sharply; **2.** *разг.* (*задержать развитие*) slow down (*smth.*), check (*smth.*), hold* up (*smth.*).

затороп́иться *сов.* begin* to bustle about.

заточ|а́ть, заточи́ть (*вн.*) *уст.* incarcerate (*smb.*), confine (*smb.*); **~е́ние** *с. уст.* incarceration, confinement; (*в монастыре*) seclusion; (*в тюрьме*) imprisonment.

заточи́ть I *сов. см.* заточа́ть.

заточи́ть II *сов.* (*вн.*) *разг.* sharpen (*smth.*).

затошн|и́ть *сов. безл.*: его́ ~и́ло he began to feel sick.

затрави́ть *сов.* (*вн.*) hunt down (*smth.*); *перен.* hound (*smb.*), persecute (*smb.*).

затра́вка *ж. тех.* priming-tube.

затра́гивать, затро́нуть (*вн.*) **1.** (*касаться*) touch (*smb., smth.*); *перен. тж.* affect (*smb., smth.*); пу́ля затро́нула кость the bullet touched the bone; ~ *чьё-л.* самолю́бие wound *smb.'s* vanity; ~ больно́е ме́сто touch *smb.* on the raw, touch a sore spot; **2.** (*касаться чего-л. в разговоре и т.п.*) touch (upon).

затра́|та *ж.* expenditure, expenses *pl.*, cost; *мн.* outlay *sg.*; авари́йные ~ты accident (cost(s); возмеща́емые ~ты reimbursable expenses; годовы́е ~ты annual cost(s); единовре́менные ~ты lump-sum costs(s); нормати́вные ~ты capital cost(s); прямы́е ~ты direct cost(s); скры́тые ~ты hidden cost(s); факти́ческие ~ты actual expenses; ~ты капита́ла capital investments; ~ты в конверти́руемой валю́те expenses in convertible currency; ~ты труда́ expenditure of labour; не щадя́ ~т regardless of expense, sparing no cost; **~тить** *сов. см.* затра́чивать.

затра́чивать, затра́тить (*вн.* на *вн.*) expend (*smth.* on), spend* (*smth.* on).

затре́бовать *сов.* (*вн.*) demand (*smth.*); ~ *что-л.* по телефо́ну order *smth.* by telephone; ~ све́дения demand information.

затрепа́ть *сов.* wear* out (*тж. перен.*); ~ *чьё-л.* и́мя give* *smb.* a bad name.

затре́щина *ж. разг.* box on the ears.

затро́нуть *сов. см.* затра́гивать.

затрудн|е́ние *с.* difficulty; (*препятствие*) impediment; материа́льные ~е́ния money/financial difficulties; быть в ~е́нии be* in difficulty; **~ённый** labored, impeded; ~ дыха́ние labored breathing; (*содержащий трудности*) difficult, awkward; **~и́тельный** difficult, embarrassing; ~и́тельное положе́ние awkward predicament, embarrassing situation.

затрудн|и́ть(ся) *сов. см.* затрудня́ть(ся); **~я́ть**, затрудни́ть **1.** (*что-л.*) make* (*smth.*) difficult; **2.** (*кого-л.*) bother (*smb.*), trouble (*smb.*); ◇ е́сли вас не затрудни́т if it is not too much trouble; **~я́ться**, затрудни́ться find* it difficult; я ~я́юсь сказа́ть I hardly know what to say.

затума́н|ивать, затума́нить (*вн.*) veil (*smth.*) in mist, mist (*smth.*); (*слезами*) dim (*smth.*); *перен.* fuddle (*smth.*); **~иваться**, затума́ниться be* veiled in mist; (*о стекле*) be* misted over; *перен.* be* fuddled; её глаза́ затума́нились her eyes grew misty; **~ить(ся)** *сов. см.* затума́нивать(ся).

затупи́ть *сов.* (*вн.*) *разг.* blunt (*smth.*), dull (*smth.*); **~ся** *сов. разг.* get* blunt.

зату́ркать *сов. разг.* nag.

затух|а́ние *с.* (*о радиоволнах и т. п.*) fade, fading, damping; **~а́ть**, зату́хнуть **1.** *разг.* (*переставать гореть*) go* out; ~а́ть от дождя́ be* put out by the rain; **2.** (*о радиоволнах и т. п.*) subside, fade.

зату́хнуть *сов. см.* затуха́ть.

затушева́ть *сов. см.* затушёвывать.

затушёвывать, затушева́ть (*вн.*) **1.** (*покрывать тушёвкой*) shade (*smth.*) in; **2.** (*сглаживать*) veil (*smth.*), gloss (*smth.*) over; ~ социа́льные противоре́чия veil social contradictions.

затуши́ть *сов.* (*вн.*) *разг.* put* out (*smth.*), extinguish (*smth.*).

за́тхлый musty, fusty; ~ во́здух stale air.

затыка́ть, заткну́ть (*вн.*) **1.** (*закрывать*) stop up (*smth.*); (*пробкой*) cork (*smth.*); **2.** *разг.* (*засовывать*) thrust* (*smth.*); ◇ заткну́ть за по́яс *кого-л.* eclipse *smb.*, outshine* *smb.*, outdo* *smb.*; ~ рот *кому-л.* stop *smb.'s* mouth, gag *smb.*; **~ся** shut up; заткни́сь! shut up!

заты́лок *м.* back of the head; почеса́ть ~ scratch *one's* head; сдви́нуть ша́пку на ~ push *one's* hat on to the back of *one's* head, tilt *one's* hat backwards; ◇ станови́ться в ~ form up in file.

заты́чка *ж. разг.* plug; *перен.* stopgap.

затя́гивать I, затяну́ть **1.** (*вн.*; *натягивать, стягивать концы*) tighten (*smth.*); **2.** (*вн. тв.*; *покрывать*) cover (*smth.* with); **3.**: ра́ну затяну́ло the wound has healed over; **4.** (*вн.*; *засасывать*) draw* in (*smb., smth.*); **5.** (*вн.*; *задерживать*) drag out (*smth.*).

затя́гивать II, затяну́ть (*вн.*) *разг.* strike* up (*smth.*); ~ пе́сню start singing, strike* up a song.

затя́гив|аться, затяну́ться **1.** (*стягиваться*) belt *oneself*, buckle *one's* belt; он ту́го затяну́лся ремешко́м he drew his belt tight; **2.** (*тв.*; *покрываться*) be* covered (by); не́бо ~ается ту́чами the sky is clouding over; **3.**: ра́на ~ается the wound is healing over; **4.** (*задерживаться*) drag on; собра́ние затяну́лось the meeting dragged on; **5.** (*при курении*) inhale; ~ папиро́сой inhale the smoke of a cigarette.

затяжеле́ть *сов. разг.* become* pregnant.

затя́ж|ка *ж.* **1.** (*промедление*) delay; **2.** (*при курении*) inhalation, draw; он сде́лал не́сколько ~ек he took a few puffs/drags.

затяжн|о́й protracted, drawn out; ~а́я боле́знь lingering illness; ◇ ~ прыжо́к *спорт.* free-fall jump, delayed jump.

затя́нутый tightly buttoned, corseted.

затяну́ть I, II *сов. см.* затя́гивать **I, II**.

затяну́ться *сов. см.* затя́гиваться.

зау́мный abstruse.

зауны́вн|ый mournful, doleful; ~ая пе́сня mournful song.

заупоко́йн|ый for the repose of the soul; *перен.* mournful; ~ая слу́жба funeral service, requiem.

заупря́миться *сов.* be* obstinate; (*о человеке тж.*) dig* *one's* heels in *идиом.*

зауря́дный ordinary, mediocre, commonplace.

заусе́н|ец *м.*, **~ица** *ж.* **1.** (*у ногтя*) agnail, hangnail; **2.** (*на металле*) burr.

зау́треня *ж. церк.* prime, matins.

зау́ченный studied, mechanical; ~ жест studied gesture.

зау́чивать, заучи́ть (*вн.*) memorize (*smth.*); ~ *что-л.* наизу́сть learn* *smth.* by heart; **~ся**, заучи́ться *разг.* study too hard, overstudy.

заучи́ть(ся) *сов. см.* зау́чивать(ся).

зафикси́ровать *сов.* (*вн.*) fix (*smth.*).

заха́живать *несов. разг.* drop in.

заха́пать *сов. разг.* grab, lay* hold of.

захва́ливать, захвали́ть (*вн.*) *разг.* overpraise (*smb.*), give* (*smb.*) too big an idea of himself.

захвали́ть *сов. см.* захва́ливать.

захва́т *м.* seizure, capture; (*территории тж.*) annexation; *тех.* claw; *спорт.* grip, hold, lock.

захва́т|анный *разг.* soiled; (*о книге*) much-thumbed; **~а́ть** *сов. см.* захва́тывать I.

захвати́ть *сов. см.* захва́тывать II.

захва́тническ|ий predatory, rapacious, expansionist; ~ие во́йны wars of conquest; ~ая поли́тика annexationist/expansionist policy.

захва́тчик *м.* invader, aggressor; (*власти*) usurper.

захва́тывать I, захвата́ть (*вн.*) *разг.* soil (*smth.*), leave* dirty finger-marks (on).

захва́т|ывать II, захвати́ть (*вн.*) **1.** (*брать какое-л. количество чего-л.*) take* (*smth.*), seize (*smth.*); (*крепко зажимать*) grasp (*smth.*), get* hold (of); **2.** (*брать с собой*) bring* (*smth.*) (*приходя*); take* (*smth.*) (*уходя*); **3.** (*завладевать*) seize (*smth.*), capture (*smth.*); (*территории тж.*) annex (*smth.*); захвати́ть власть seize power; захвати́ть инициати́ву capture the initiative; **4.** (*увлекать*) engross (*smb.*); рабо́та захвати́ла его́ целико́м he is completely engrossed in his work; **5.** *разг.* (*вовремя принять меры*): во́время захвати́ть боле́знь check an illness in time; ◇ захвати́ть *кого-л.* врасплó х take* *smb.* unawares, take* *smb.* by surprise; дух ~ывает it takes *one's* breath away.

захва́тывающ|ий absorbing, thrilling; с ~щим интере́сом with absorbing interest; ~ая сце́на thrilling scene.

захвора́ть *сов. разг.* fall* ill; (*тв.*) be* down (with), have* (*smth.*).

захире́лый faded, ailing.

захире́ть *сов. см.* хире́ть.

захлебну́ться *сов. см.* захлёбываться.

захлёбыв|аться, захлебну́ться **1.** choke; захлебну́ться кро́вью choke in *one's* own blood; он захлебну́лся и утону́л his lungs filled with water and he drowned; **2.** (от *рд.*; *испытывать затруднение в дыхании*) choke (with); ~ от волне́ния splutter with excitement, be* almost choking with excitement; говори́ть ~аясь splutter; **3.** (*прекращаться*) stop, peter out; **4.** *разг.* (*о моторе*) stall; ата́ка захлебну́лась the attack misfired.

захлестну́ть *сов. см.* захлёстывать.

захлёстывать, захлестну́ть **1.** (*вн. тв.*; *верёвкой и т. п.*) fling* (*smth.* over, round); **2.** (*вн.*; *обдавать — о воде*) sweep* over (*smb.*); (*заливать*) swamp (*smth.*).

захло́пать *сов.* begin* to clap, start clapping; ~ в ладо́ши clap.

захло́пнуть(ся) *сов. см.* захло́пывать(ся).

захлопота́ться *сов. разг.* be* run off *one's* legs.

захло́пывать, захло́пнуть (*вн.*) bang (*smth.*), slam (*smth.*); захло́пнуть дверь bang the door to; ~ кры́шку bang the lid down; **~ся**, захло́пнуться bang shut, slam to.

захо́д *м.* **1.**: ~ со́лнца sunset; **2.** (в *вн.*; *куда-л.*) stop (at); ~ в порт putting in to a port; без ~а (в) without stopping (at); ~ на цель *ав.* run over the target.

заход|и́ть, зайти́ **1.** (в *вн.*) call (at), drop in (at); (к *дт.*) call (on *smb.*), look in (at *smb.'s*), call in (at *smb.'s*); не ~я́ домо́й without going home first; **2.** (за *тв.*) call (for), come* (for), call round (for); ~и́(те) за мной call for me, come and fetch me; ~и(те) за кни́гами call round for the books; **3.** (*подходить со стороны*) go* round (to the other side), approach from the other side; зайти́ за́ угол go* round the corner; зайти́ с друго́й стороны́ маши́ны go* round to the other side of the car; зайти́ в тыл проти́внику take* the enemy in the rear; **4.** (за *вн.*; *скрываться*) go* (behind); со́лнце зашло́ за ту́чу the sun went behind a cloud; **5.** (*попадать, оказываться*) get*, find* *oneself*; куда́ мы зашли́? where have we got to?; ~ сли́шком далеко́ go* too far (*тж. перен.*); **6.** (*о небесных светилах*) set*; **7.**: разгово́р зашёл о нём the conversation touched on him; ◇ де́ло зашло́ далеко́ the matter has gone too far.

захолу́стный out-of-the-way, provincial.

захолу́стье *с.* out-of-the-way place.

захоте́ть(ся) *сов. см.* хоте́ть(ся).

захохота́ть *сов.* begin* to laugh, burst* out laughing.

захребе́тник *м. разг.* parasite.

захрипе́ть *сов. разг.* begin* to croak.

захрома́ть *сов. разг.* begin* to limp; (*о лошади*) go* lame.

захуда́лый (*незначительный*) insignificant, shabby; *уст.* (*обедневший*) impoverished.

заца́пать *сов.* grab, lay* hold of.

зацвести́ I *сов.* burst into blossom, blossom.

зацвести́ II *сов. см.* зацвета́ть.

зацвета́ть, зацвести́ **1.** (*о стоячей воде*) turn green; **2.** *разг.* (*покрываться плесенью*) become* covered with mildew.

зацелова́ть *сов.* (*вн.*) *разг.* smother (*smb.*) with kisses.

зацепи́ть(ся) *сов. см.* зацепля́ть(ся).

заце́пка *ж. разг.* **1.** (*крючок*) catch, hook; **2.** (*предлог*) pretext.

зацепля́ть, зацепи́ть **1.** (*вн.* за *вн.*) get* hold (of); **2.** (за *вн.*; *задевать*) catch* (on); **~ся**, зацепи́ться **1.** get* caught; (за *вн.*) catch* (on); зацепи́ться ного́й за ковёр catch* *one's* foot in the carpet; **2.** (за *вн.*) *разг.* (*ухватиться*) get* hold (of).

зачаро́ванный spellbound.

зачаро́вывать, зачаровать bewitch, enchant, captivate.

зачасти́ть *сов. разг.* **1.** (*стать более частым*) become* more frequent; **2.** (*заговорить быстро*) rattle on, speed* on; **3.** (к *дт.*) become* a frequent visitor (at *smb.'s* house).

зачасту́ю *разг.* often, frequently.

зача́тие *с.* conception; непоро́чное ~ *библ.* Immaculate Conception.

зача́т|ок *м.* **1.** embryo (*pl.* -os); **2.** *обыкн. мн.* (*начало чего-л.*) rudiments; **~очный** rudimentary; в ~очном состоя́нии in an embryonic state.

зача́ть *сов.* conceive.

зача́хнуть *сов. см.* ча́хнуть.

заче́м what... for, why; ~ вы пришли́? what did you come for?; what made you come?; вот ~ он пришёл! so that's why he came! ~-то for some purpose.

зачерви́веть *сов.* become* worm-eaten.

зачёркивать, зачеркну́ть (*вн.*) delete (*smth.*), cross out (*smth.*), strike* out (*smth.*).

зачеркну́ть *сов. см.* зачёркивать.

зачерпну́ть *сов. см.* заче́рпывать.

заче́рпывать, зачерпну́ть (*вн.*) scoop up (*smth.*), laddle.

зачерстве́лый stale; *перен.* hard, crabbed.

зачерстве́ть *сов. см.* черстве́ть I.

зачеса́ть *сов. см.* зачёсывать.

зачеса́ться *сов.* begin* to itch, begin* to scratch *oneself*.

заче́сть *сов. см.* зачи́тывать I; **~ся** *сов. см.* зачи́тываться I.

зачёсывать, зачеса́ть (*вн.*) comb (*smth.*).

зачёт *м.* test; поста́вить ~ *кому-л.* pass *smb.*; сдава́ть ~ по матема́тике take* a test in mathematics; сдать, получи́ть ~ pass a test; **~ный**: ~ная кни́жка student's record book; ~ная рабо́та paper; ~ная стрельба́ *воен.* classification shoot.

зачина́тель *м.* initiator.

зачи́нщ|ик *м.*, **~ица** *ж.* instigator.

зачисля́ть, зачи́слить (*вн.*) enter (*smb.*); ~ *кого-л.* на рабо́ту take* *smb.* on; ~ *кого-л.* на до́лжность секретаря́ take* *smb.* on as secretary; ~ *кого-л.* в штат take* *smb.* on the staff; ~ *кого-л.* в спи́ски enter *smb.* on the list; *воен.* take* *smb.* on the strength; **~ся** join, enter.

зачи́ст|ить, зачища́ть clean up/out; **~ка** *ж.* *воен.* cleansing operation.

зачита́ть *сов. см.* зачи́тывать II; **~ся** *сов. см.* зачи́тываться II.

зачи́тывать I, заче́сть (*вн.*) **1.** (*учитывать*) count (*smth.*); э́та су́мма должна́ быть зачтена́ в упла́ту до́лга this sum must be counted as payment of the debt; **2.** (*признавать выполненным*) accept (*smth.*), pass (*smth.*).

зачи́тывать II, зачита́ть (*вн.*) **1.** (*оглашать*) read* out (*smth.*); **2.** *разг.* (*читая, истрепать*) read* a book to tatters; **3.** *разг.* (*не возвращать*); зачита́ть кни́гу never return a book, appropriate a book.

зачи́тываться I, заче́сться be* counted; (*дт.*) be* put/placed to *smb.'s* credit.

зачи́тываться II, зачита́ться *разг.* (*увлекаться чтением*) be* absorbed in *one's* reading; (*тв.*) be* an enthusiastic reader (of); зачита́ться до утра́ read* the whole night through.

зачумлённый infected with plague.

зашага́ть *сов.* step out.

зашата́ться *сов.* sway, stagger, begin* to stagger.

зашевели́ть *сов.* (*тв.*) stir (*smth.*), begin* to stir (*smth.*); **~ся** *сов.* stir.

зашива́ть, заши́ть (*вн.*) **1.** (*чинить*) mend (*smth.*), stitch up (*smth.*); ~ ра́ну put* stitches in a wound; **2.** (*упаковывать*) sew* up (*smth.*).

заши́ть *сов. см.* зашива́ть.

зашифрова́ть *сов. см.* зашифро́вывать.

зашифро́вывать, зашифрова́ть (*вн.*) cipher (*smth.*), code (*smth.*).

зашнурова́ть *сов. см.* зашнуровыва́ть.

зашнуро́вывать, зашнурова́ть (*вн.*) lace up (*smth.*).

зашпаклева́ть *сов.* putty (*smth.*).

зашпи́л|ивать, зашпи́лить (*вн.*) fasten (*smth.*) with a pin, pin up (*smth.*); ~ во́лосы pin up *one's* hair; **~ить** *сов. см.* зашпи́ливать.

зашта́тный: ~ го́род downgraded town.

злашто́панный darned.

зашто́пать *сов.* (*вн.*) darn (*smth.*).

заштрихова́ть *сов. см.* штрихова́ть.

заштукату́ривать, заштукату́рить plaster (*smth.*).

зашуме́ть *сов.* begin* to make a noise.

защёлка *ж.* latch, hatch.

защёлкивать, защёлкнуть (*вн.*) snap (*smth.*); click (*smth.*) to; **~ся**, защёлкнуться close with a snap, snap shut.

защёлкнуть(ся) *сов. см.* защёлкивать(ся).

защеми́ть I *сов. см.* защемля́ть.

защем|и́ть II *сов. безл.*: у него́ се́рдце ~и́ло he felt a twinge at heart, his heart ached.

защемля́ть, защеми́ть (*вн.*) squeeze (*smth.*), pinch (*smth.*), crush (*smth.*).

защи́т|а *ж.* **1.** protection; defense; ~ ми́ра defense of peace; бу́дь(те) мое́й ~ой be my protector; иска́ть ~ы у *кого-л.* seek* *smb's* protection; **2.** *собир. юр., спорт.* defense; ◇ брать *кого-л.* под ~у take* *smb.* under *one's* protection, protect *smb.*; ~ дипло́мных прое́ктов defense of graduation work; свиде́тели ~ы witnesses for the defense.

защити́тельн|ый defensive; ~ая речь speech for the defense.

защити́ть *сов. см.* защища́ть 1, 2; **~ся** *сов. см.* защища́ться.

защи́тник *м.* **1.** protector, defender; (*теории, мероприятия*) advocate; **2.** *юр.* counsel for the defense; колле́гия ~ов Board of Counsels; **3.** *спорт.* back; ле́вый ~ left back; пра́вый ~ right back; центра́льный ~ center back.

защи́тн|ый 1. protective; ~ые очки́ protective goggles; ~ экра́н реа́ктора protective screen of a reactor; ~ скафа́ндр protective suit; ~ шлем crash helmet; **2.** *разг.* (*о цвете*) khaki; ◇ ~ цвет khak; ~ая окра́ска *зоол.* protective coloring.

защища́ть, защити́ть (*вн.*) **1.** (*от нападения и т. п.*) defend (*smb., smth.*); (*отстаивать тж.*) uphold* (*smth.*), maintain (*smth.*); **2.** (*предохранять от чего-л.*) protect (*smb., smth.*); ~ от хо́лода keep* the cold out; **3.** *тк. несов. юр.* plead (for); ~ подсуди́мого defend the accused, be* counsel for the defense; ◇ ~ диссерта́цию defend *one's* thesis/dissertation; **~ся**, защити́ться **1.** (*от нападения*) defend *oneself*; **2.** (*предохранять себя от чего-л.*) protect *oneself*; **3.** *разг.* (*публично защищать диссертацию и т. п.*) defend *one's* thesis/dissertation.

заяви́тель *м. юр.* declarant, applicant.

заяви́ть *сов. см.* заявля́ть.

заяви́ться *сов. разг.* appear, turn up.

зая́в|ка *ж.* **1.** (*заявление о правах*) claim; ~ на изобрете́ние claim/application for invention rights; **2.** (на *вн.*; *требование, заказ*) application (for), order (for); сделать ~ку на *что-л.* place an order for *smth.*; **~ле́ние** *с.* **1.** statement; сде́лать ~ле́ние make* a statement; **2.** (*письменная просьба*) request application; пода́ть ~ле́ние submit an application.

заявля́ть, заяви́ть (*вн.* о *пр.*) state (*smth.*), declare (*smth.*); ~ о своём жела́нии make* *one's* wishes known; ~ о свое́й реши́мости proclaim *one's* determination; ~ о своём согла́сии signify *one's* consent; ~ прете́нзию lodge/make* a complaint; ~ проте́ст enter/file a protest.

зая́длый *разг.* confirmed.

за́я|ц *м.* **1.** hare; **~чий** hare's; ~чий мех rabbit-skin; **2.** *разг.* stowaway, gate-crasher; е́хать за́йцем travel without paying for ticket; ◇ ~чья губа́ *мед.* harelip; ~чья капу́ста *бот.* stonecrop.

зва́ние *с.* rank; (*почётное*) title; учёное ~ academic rank; во́инское ~ military rank.

зва́ный invited; ~ гость invited guest; ~ обе́д format dinner party, banquet.

зва́тельный: ~ паде́ж *грам.* vocative (case).

звать, позвáть **1.** (*вн.*) call (*smb.*); ~ на пóмощь call for help; ~ *когó-л.* на пóмощь summon *smb.* to *one's* aid; **2.** (*вн.*; *приглашать*) ask (*smb.*), invite (*smb.*); **3.** *тк. несов.* (*тв.*; *называть*): егó зовýт Петрóм his name is Peter; как вас зовут? what's your name?; **~ся** *несов.* be* called.

звездá *ж.* star; óрден Крáсной Звезды́ Order of the Red Star; ◇ морскáя ~ starfish; он звёзд с нéба не хватáет he's no genius, he won't set the Thames on fire; роди́ться под счастли́вой звездóй be* born under a lucky star.

звёздн|ый 1. star *attr.*; sidereal *научн.*; ~ая кáрта star map, astronomical chart; ~ год *астр.* sidereal year; **2.** (*покрытый звёздами*) starry; ~ое нéбо 1) starry sky; starry firmament *поэт.*; 2) *астр.* the night sky; ~ая ночь starry/starlit night; **3.** *спорт.* converging; ~ пробéг converging race; ◇ ~ час hour of triumph; ~ая болéзнь *шутл.* star fever, bigheadedness.

звездолёт *м.* spaceship, spacecraft.

звездо|лётчик *м.*, **~плáватель** *м.* spaceman*, astronaut.

звездочёт *м. уст.* astrologer.

звёздочк|а *ж.* **1.** star; **2.** *полигр.* asterisk; отмечáть *что-л.* ~ой asterisk *smth.*

звенéть *несов.* (*о голосе, звонке*) ring*; (*тв.*) clink (*smth.*), jingle (*smth.*); ~ монéтами jingle coins.

звенó *с.* **1.** (*цепи*; *тж. перен.*) link; (*конструкции*) section; ~ мостá bridge section; **2.** (*группа*) section; ~ самолётов flight of aircraft.

звеньев|áя *ж.*, **~óй** *м.* section leader.

зверёк *м.* little animal/beast.

зверéть, озверéть become* like an animal, lose* human shape; (*приходить в ярость*) fly* into a rage.

зверёныш *м. уст.* young of wild animal.

звери́нец *м.* menagerie.

звери́н|ый animal *attr.*; (*свойственный зверю*) brutish; *перен.* (*жестокий*) ferocious, brutal; (*очень сильный*) wild; ~ая шкýра animal skin, pelt; ~ая нéнависть ferocious hatred; ~ое числó *библ.* number of the beast.

зверобóй I *м.* sea hunter.

зверобóй II *м.* (*трава*) St. John's wort.

зверобóйный: ~ прóмысел sea-hunting industry.

зверовóдство *с.* fur farming, fur breeding.

зверолóв *м.* trapper.

звероподóбный animal-like, brutish, bestial.

звéрск|ий ferocious; ~ постýпок inhuman act; ~ое убúйство atrocious/brutal murder; ◇ ~ аппети́т tremendous appetite.

звéрство *с.* **1.** (*жестокость*) ferocity; **2.** *обыкн. мн.* (*крайне жестокие поступки*) atrocities; **~вать** behave with brutiality, commit atrocities.

звер|ь *м.* **1.** (wild) animal; пушнóй ~ fur-bearing animal; **2.** (*жестокий человек*) beast, brute; ◇ смотрéть ~ем have* a baleful/ferocious look in *one's* eye.

зверьё *с. собир. разг.* wild animals *pl.*; *перен.* brutes, beasts.

звон *м.* (*металла*) ring, ringing; (*мелких колоколов, монет*) jingling; (*посуды*) clattering; ~ колоколóв sound of bells; (*монотонный*) tolling of bells; ~ бокáлов clink of glasses; ◇ ~ в ушáх ringing in *one's* ears; слы́шал ~, да не знáет, где он he does not know what he is talking about.

звонáрь *м.* bell ringer.

звони́ть, позвони́ть 1. ring*; (*о колоколе тж.*) toll; ~ в кóлокол ring*/toll a bell; **2.** (*дт.; по телефону*) ring* (*smb.*) up, call (*smb.*) up; ◇ ~ во все колоколá set* all the bells a-ringing.

звóнк|ий ringing, clear; (*издающий громкие звуки*) sonorous, resounding; ◇ ~ соглáсный *лингв.* voiced consonant; ~ая фрáза resounding phrase; ~ая монéта hard cash.

звóнница *ж.* belfry.

звон|óк *м.* **1.** (*прибор*) bell; двернóй ~ doorbell; **2.** (*звук*) ring; вы́звать *когó-л.* ~кóм ring* for *smb.*; два ~кá ring twice; по ~кý when the bell rings; вставáть по ~кý be* roused by a bell; раздáлся ~ a bell rang; ~ по телефóну telephone call.

звук *м.* **1.** sound; ~ вы́стрела sound of a shot; report; под ~и оркéстра th the strains of a band; **2.** *лингв.*: глáсный ~ vowel; соглáсный ~ consonant; ◇ ни ~а not a sound; пустóй ~ meaningless/empty phrase.

звуков|óй sound *attr.*; *физ. тж.* sonic; ~áя волнá *физ.* sound wave; ~óе кинó talking pictures *pl.*; talkies *pl. разг.*; ~áя дорóжка *кино* soundtrack; ~ фильм talking film; talkie; ~ барьéр sound barrier; ~ сигнáл sonic signal, audible signal; ~ые закóны *лингв.* rules of phonetics.

звукозáпись *ж.* (sound) recording.

звуконепроницáемый soundproof.

звукооперáтор *м.* sound producer, sound technician; ~ дубляжá dubber.

звукоподражá|ние *с.* onomatopoeia; **~тельный** onomatopoeic.

звукопровóд|ность *ж.* sound transmission, sound-conductivity; **~ящий** sound transmitting, sound-conducting.

звукоря́д *м. муз.* scale.

звукоснимáтель *м.* pickup.

звукоулáвливатель *м.* sound locator.

звучáние *с.* **1.** *линг.* phonation; **2.** sound(s).

звуч|áть, прозвучáть **1.** ring*; sound (*тж. перен.*); ~ убеди́тельно ring* true; в егó гóлосе ~áла тревóга his voice sounded anxious; **2.** (*раздаваться, быть слышным*) be* heard; ~áла пéсня a song was heard.

звýчн|ость *ж.* **1.** sonority; (*отчётливость*) clarity; **2.** (*музыкальных инструментов и т.п.*) resonance, fine tone; **~ый 1.** sonorous; (*отчётливый*) clear, ringing; **2.** (*издающий звонкий звук*) resonant; (*о музыкальных инструментах тж.*) fine-toned.

звя́канье *с.* jingling, tinkling.

звя́кать, звя́кнуть jingle, clink; (*о цепях и т.п.*) clank; звя́кнуть шпóрами jingle one's spurs.

звя́кнуть *сов. см.* звя́кать.

зги: ни зги не ви́дно it is pitch-dark.

зда́ние *с.* building; edifice.

здесь **1.** (*в этом месте*) here; (*о стране тж.*) in this country; есть ~ кто-нибу́дь? is there anybody here?; ~ никого́ нет there's nobody here; **2.** (*в этом случае*) at this point; ~ на́до сказа́ть... at this point it should be mentioned...; ~ нет ничего́ предосуди́тельного I see nothing wrong in this.

зде́шний *разг.* of this place *после сущ.*, local; ~ жи́тель local resident; он ~ жи́тель he lives here.

здоро́в|аться, поздоро́ваться (с *тв.*) greet (*smb.*); (*взаимно*) greet one another; exchange greetings; ~ за́ руку shake* hands; он никогда́ не ~ается he never says good morning.

здорове́нн|ый *разг.* robust, muscular, big, strong; ~ая ба́ба muscular woman*.

здорове́ть, поздорове́ть *разг.* grow* strong and healthy.

здо́рово *разг.* **1.** (*хорошо, ловко*) fine; вот э́то ~! that's fine!; **2.** (*сильно, очень*): сего́дня ~ хо́лодно it's awfully cold today; ему́ ~ попа́ло he got a terrific blast; мы ~ уста́ли we're awfully tired.

здоро́во *разг.* hullo!; (за) ~ живёшь for nothing; without rhyme or reason.

здоро́в|ый **1.** healthy, sound; *перен.* sound, wholesome; ~ое се́рдце sound/strong heart; ~ые лёгкие good lungs; ~ вид robust appearance; ~ая атмосфе́ра healthy atmosphere; ~ая иде́я sound idea; ~ая кри́тика sound criticism; **2.** (*полезный*) healthy; (*о пище*) wholesome; ~ кли́мат healthy climate; **3.** *разг.* (*крепкий, сильный*) strapping, husky; ~ па́рень big lad; ◇ бу́дьте ~ы (*до свидания*) cheerio!; (*при чихании*) bless you!

здоро́вье *с.* health; кре́пкое ~ splendid health; сла́бое ~ poor health; как ва́ше ~? how are you?, how are you keeping?; ◇ (за) ва́ше ~! your health!; пить (за) ~ *кого-л.* drink* to smb.'s health; на ~! you're welcome!

здоровя́к *м. разг.* healthy person, strapping fellow.

здра́вие *с. уст.* health; ◇ нача́ть за ~, а ко́нчить за упоко́й start on merry note but finish on a sad one, start *smth.* well and end badly.

здра́виц|а *ж.* toast; провозгласи́ть ~у proclaim a toast.

здра́вница *ж.* sanatorium (*pl.* -ria), resort.

здра́во sensibly, rationally; ~ рассужда́ть have* sound views; ~ суди́ть о *чём-л.* take* a sane view of *smth.*; поступа́ть ~ act/behave sensibly.

здравомы́слящий sane, reasonable, judicious.

здравоохране́ни|е *с.* protection of health; health services *pl.*; Министе́рство ~я Ministry of Health; о́рганы ~ (public) health services.

здра́вств|овать *несов.* be* in good health; ◇ да ~ует..! long live..!; ~уй(те)! good morning/afternoon/evening!; (*при первом знакомстве*) how do you do!

здра́в|ый sound; ~ая мысль sound idea; ~ смысл common sense; ~ ум sound mind; быть в ~ом уме́ be* of sound mind; здрав и невреди́м safe and sound.

зе́бра *ж.* zebra.

зев *м. анат.* pharynx.

зева́ка *м. и ж. разг.* idler, idle onlooker, gaper.

зева́ть, зевну́ть, прозева́ть **1.** *сов.* зевну́ть yawn; сла́дко зевну́ть yawn luxuriously; **2.** *тк. несов. разг.* (*глазеть*) gape; **3.** *сов.* прозева́ть *разг.* (*упускать, не замечать*) miss *one's* chance; (*вн.*) overlook (*smth.*); не ~а́й! look alive!, keep your eyes open!

зевну́ть *сов. см.* зева́ть 1.

зево́к *м.* yawn; **~о́та** *ж.* yawning.

зелене́|ть, позелене́ть **1.** *тк. несов.* (*покрываться зеленью*) turn green; **2.** (*становиться зелёным*) become* green; **3.** *тк. несов.* (*виднеться*) show* green; вдали́ ~ла ро́ща a coppice showed green in the distance; **~ющий** verdant.

зеленова́тый greenish.

зеленогла́зый green-eyed.

зеленщи́к *м.* greengrocer.

зелён|ый green; ~ горо́шек green peas; ~ые насажде́ния trees and shrubs; ~ые щи (*из шпината*) spinach soup; (*из щавеля*) sorrel broth; ◇ ~ая молодёжь callow youth; дать ~ую у́лицу give* the green light, give* the go ahead.

зе́лень *ж. собир.* **1.** (*растительность*) greenery, green; verdure *поэт.*; **2.** (*овощи*) green vegetables *pl.*; greens *pl. разг.*

зе́лье *с. уст.* (*яд*) poison; (*напиток*) poison draft, poisonous concoction; ◇ приворо́тное ~ philter.

земе́льн|ый **1.** land *attr.*; **2.** (*относящийся к землевладению*) agrarian; ~ая рефо́рма agrarian reform; ~ая со́бственность landed property.

зе́мец *м. ист.* member of a zemstvo.

землевладе́|лец *м.* landowner; кру́пный ~ big landowner; ме́лкий ~ petty landowner, smallholder; **~льческий** landowners'; **~ние** *с.* ownership of land.

земледе́|лец *м.* farmer, crop grower; **~лие** *с.* crop-growing; agriculture; **~льческий** agricultural.

землеко́п *м.* navvy, digger.

землеме́р *м.* land surveyor.

землепа́ш|ество *с. уст.* tillage; ~ец *м.* tiller.

землепо́льзование *с.* land use, land-tenure.

землепрохо́дец *м.* explorer.

землеро́йка *ж. зоол.* shrew.

землеро́йный digging *attr.*; excavating *attr.*; ~ая маши́на excavator, mechanical shovel.

землесо́с *м.* suction dredger.

землетрясе́ние *с.* earthquake.

землеустро́йство *с.* system of land use/utilization, land-tenure regulations.

землечерпа́лка *ж.* dredge(r).

земли́стый earthy; ~ цвет лица́ sallow complexion.

земл|я́ *ж.* 1. earth; на ~é in this world; мир на ~é peace on earth; 2. (З.) (*планета*) the Earth; 3. (*суша, страна, владения*) land; больша́я ~ the mainland; чужи́е зе́мли foreign lands; 4. (*почва*) soil; плодоро́дная ~ rich/fertile soil; 5. (*поверхность земли*) ground; сиде́ть на ~é sit* on the ground; ◇ сло́вно из ~и́, из-под ~и́ вы́расти appear from nowhere; ~и́ под собо́й не слы́шать be* walking on air.

земля́к *м.* (fellow)countryman*; мы с ним ~и́ we come from the same part of the country.

земляни́|ка *ж.* 1. *собир.* (*садовая*) strawberries *pl.*; (*лесная*) wild strawberries *pl.*; 2. (*об отдельной ягоде*) (wild) strawberry; 3. (*куст*) (wild) strawberry plant; **~чный** strawberry *attr.*

земля́нка *ж.* dug out.

землян|о́й earth *attr.*, earthen; ~ пол earthen floor; ~ы́е рабо́ты earthwork *sg.*; ~о́е укрепле́ние earthworks *pl.*; ~ оре́х groundnut, peanut; ~ червь earthworm.

земля́чество *с.* national community.

земля́чка *ж.* countrywoman*.

земново́дные *мн. зоол.* amphibia; **~ый** amphibian; ~ое живо́тное amphibian.

земн|о́й 1. terrestrial; of the earth *после сущ.*; ~а́я ось the earth's axis; 2. (*относящийся к земле как месту жизни*) earthly; *перен.* earthy, down-to-earth; ~ы́е блага́ earthly blessings.

зе́мск|ий land *attr.*; ~ нача́льник land captain; ~ое ополче́ние militia; Зе́мский Собо́р (*в Московской Руси*) Assembly of the Land.

земснаря́д *м.* (suction) dredger.

зе́мство *с. ист.* zemstvo (*an elected body of local power in Russia in 1864-1917*).

зени́т *м.* (*прям. и перен.*) zenith, heyday; в ~е сла́вы at the height of *one's* fame.

зени́т|ка *ж. разг.* anti-aircraft gun; **~ный** 1. *астр.* zenithal; 2. *воен.* anti-aircraft; **~чик** *м.* anti-aircraft gunner.

зени́ц|а *ж.*: бере́чь *кого-л.*, *что-л.* как ~у о́ка guard *smb.*, *smth.* like the apple of *one's* eye.

зе́ркал|о *с.* looking-glass; mirror (*тж. перен.*); ~ проже́ктора reflector; как в ~е as in s mirror/glass; ◇ криво́е ~ distorting/false mirror.

зерка́льн|ый mirror *attr.*; *перен.* smooth, unruffled; ~ое стекло́ plate glass; ~ шкаф wardrobe with a mirror; ~ая гладь unruffled surface; ◇ ~ карп mirror carp.

зерни́ст|ый granular; ◇ ~ая икра́ soft/granulated caviar.

зерн|о́ *с.* grain; *перен. тж.* kernel, core; хлеб в ~é grain; семенно́е ~ grain; ко́фе в зёрнах coffee beans; ~ и́стины a grain/atom of truth; рациона́льное ~ *филос.* rational kernel.

зернобобо́в|ый: ~ые культу́ры leguminous crops.

зернов|о́й *прил.* 1. grain *attr.*; ~о́е хозя́йство grain(-growing) farm; ~ы́е культу́ры grain crops; 2. *в знач. сущ. мн.* grain crops.

зерно|дроби́лка *ж.* cornmill, mill; **~суши́лка** *ж.* grain dryer; **~храни́лище** *с.* granary.

зёрнышко *с.* grain.

зефи́р *м.* 1. *уст. поэт.* (*ветерок*) zephyr; 2. (*ткань*) zephyr; 3. (*род пастилы*) marshmallow.

зигза́г *м.* zigzag.

зигзагообра́зный zigzag *attr.*

зи́ждиться *несов.* (на *пр.*) be* based (on), be* founded (on), rest on.

зим|а́ *ж.* winter; всю зи́му the whole winter; к ~é by the winter; (*для зимы*) for the winter; на́ зиму for the winter.

зи́мн|ий winter *attr.*; ~ ве́чер winter evening; ~яя оде́жда winter clothing.

зимова́ть, прозимова́ть spend* the winter; (*о животных*) hibernate.

зимо́вк|а *ж.* 1. wintering; подгото́виться к ~é prepare to stay the winter; 2. (*место, помещение*) winter camp; winter quarters *pl.*

зимо́вщик *м.* winterer.

зимо́вье *с.* 1. winter quarters *pl.*; 2. (*животных*) wintering place.

зимо́й in (the) winter.

зиморо́док *м.* kingfisher.

зимосто́йкий winter-hardy.

зипу́н *м.* homespun coat.

зия́ние *с. лингв.* hiatus.

зия́|ть *несов.* gape; **~ющий** gaping; ~ющая бе́здна yawning abyss.

злак *м.*: хле́бные ~и cereals; **~овый** cereal.

златогла́вый gold-domed; with gold cupolas.

златокры́лый *поэт.* gold(en)-pinioned.

златоку́дрый *поэт.* golden-haired.

златоу́ст *м. ирон.* silver-tongued orator; Иоа́нн-Златоу́ст *библ.* John the Chrysostom.

зле́йший: ~ враг *one's* worst enemy.

злить, обозли́ть (*вн.*) make* (*smb., smth.*) cross; anger (*smb., smth.*); **~ся**, обозли́ться (на *вн.*) be* cross (with), get* annoyed (with); что ты зли́шься? what makes you so cross?

зло *с.* 1. *тк. ед.* (*всё дурное*) evil; не по́мнить зла bear* no ill-will; причиня́ть зло *кому-л.* harm *smb.*; причини́ть мно́го зла *кому-л.* do* *smb.* great harm; 2. (*несчастье, неприятность*) evil, harm, ill; ко́рень зла root of all evils; из двух зол выбира́ть ме́ньшее choose* the lesser of two evils; 3. *разг.* (*досада*) spite; зло берёт it makes one furious; сде́лать *что-л.* со зла do* smth. out of spite.

зло *нареч.* maliciously; ~ подшути́ть над *кем-л.* play *smb.* a mean trick; ~ посме́иваться make fun of maliciously.

зло́б|а *ж.* malice, spite; (*гнев*) anger, fury; бесси́льная ~ impotent rage; пита́ть ~у к *кому-л.* bear* *smb.* ill-will; ◇ ~ дня the topic of the day; на ~у дня on a topical subject; **~ный** malicious; ~ный взгляд malignant glance; ~ный враг vicious enemy.

злободне́вный topical; ~ вопро́с burning question.

зло́бствовать *несов.* bear* malice.

злове́щий ominous, sinister, ill-omened.

злово́н|ие *с.* stench; **~ный** fetid, stinking.

зловре́дный malicious, vicious, spiteful.

злоде́й *м.*, **~ка** *ж.* villain, scoundrel; **~ский** scoundrelly, rascally; ~ское уби́йство foul murder; **~ство** *с.* 1. villainy; 2. (*злодейский поступок*) evil deed, evil act; **~ствовать** act villainausly.

злодея́ние *с.* crime, evil deed.

злой 1. cruel, wicked, vicious; (*о людях тж.*) ill-natured; ~ челове́к ill-natured/vicious person; 2. (*выражающий злобу*) spiteful, malicious; злы́е глаза́ malicious eyes; зла́я улы́бка sarcastic/nasty smile; у него́ ~ вид he looks cross; 3. *тк. кратк. ф. в знач. сказ.* cross, angry, bad-tempered; он зол на вас he's cross with you; как вы сего́дня злы! how bitter/nasty you are today!; 4. (*вызванный злобой*) spiteful, malicious; ~ у́мысел malicious intention; зла́я шу́тка mean trick; зла́я во́ля evil intent; пита́ть зло́е чу́вство к *кому-л.* harbor ill feelings against *smb.*; 5. (*свирепый — о животных*) savage, fierce; 6. (*приносящий беду*) evil; зло́е вре́мя evil days *pl.*; time of evil; зла́я судьба́ cruel fate; 7. (*приносящий боль*) painful, agonizing; ~ неду́г cruel sickness; 8. *разг.* (*едкий, острый*) hot; *перен.* (*язвительный*) biting, savage; зла́я горчи́ца hot/strong mustard; зла́я иро́ния savage irony; зла́я насме́шка cruel jest; зла́я сати́ра biting satire; ~ язы́к wicked tongue; ◇ злы́е языки́ evil tongues; ~ ге́ний evil genius.

злока́чественн|ый *мед.* malignant; ~ая о́пухоль malignant tumor; ~ое малокро́вие pernicious anemia.

злоключе́ние *с.* misadventure, mishap; *мн. тж.* tribulations.

злоко́зненный *уст.* crafty, wily, perfidious.

злонаме́ренный ill-intentioned, malevolent, malicious; ~ посту́пок malicious act.

злопа́мят|ный unforgiving; **~ство** *с.* unforgivingness.

злополу́чный ill-fated; (*о человеке тж.*) ill-starred, hapless.

злопыха́тель *м.* malignant person, faultfinder; **~ский** snappish; ~ская кри́тика carping/prejudiced criticism; **~ство** *с.* spite, faultfinding.

злора́д|ный spiteful; gloating *attr.*; **~ство** *с.* fiendish pleasure/delight; **~ствовать** *несов.* gloat (over)/

злосло́вие *с.* scandal, malignant gossip; backbiting; **~ить** *несов.* talk scandal.

зло́стный 1. malicious; ~ая клевета́ scurrilous libel; ~ клеветни́к slanderer; ~ые наме́рения evil intentions; 2. (*сознательно недобросовестный*) deliberate; ~ неплате́льщик persistent/deliberate defaulter; ~ наруши́тель дисципли́ны persistent offender.

злость *ж.* malice, rancor; fury; меня́ ~ берёт it makes me furious; говори́ть со ~ю о *ком-л.* speak* angrily about *smb.*

злосча́стный ill-starred, ill-fated.

зло́тый *м.* (*денежная единица Польши*) zloty.

злоумы́шленн|ик *уст.* plotter, criminal; **~ый** with criminal intent.

злоупотреб|и́ть *сов. см.* злоупотребля́ть; **~ле́ние** *с.* (*тв.*) abuse (of); (*пищей и т. п.*) overindulgence (in).

злоупотребля́ть, злоупотреби́ть (*тв.*) abuse (*smth.*); (*пищей и т. п.*) overindulge (in); ~ *чьим-л.* дове́рием abuse *smb.'s* confidence; ~ *чьим-л.* гостеприи́мством abuse *smb.'s* hospitality; ~ *чьей-л.* доброто́й impose upon *smb.'s* kindness; ~ вла́стью abuse of power/authority.

злы́день *м.* wicked creature, rogue.

злю́|ка *м. и ж.*, **~чка** *м. и ж. разг.* spitfire.

злю́щий furious, enraged, seething with anger.

змееви́дный serpentine.

змееви́к *м.* 1. *тех.* coil (pipe); 2. *мин.* serpentine.

змеёныш *м.* young snake.

змеин|ый snake *attr.*; snake's; reptilian *зоол.*; *перен.* cunning, sinister; ~ая ко́жа snakeskin; ~ая улы́бка sinister smile.

змей|ться *несов.* wind*; на губа́х его́ ~лась презри́тельная улы́бка his lips curved in a contemptuous smile.

змей *м.* 1. *фольк.* dragon; 2. (*бумажный*) kite.

зме|я́ *ж.* snake, serpent; грему́чая ~ rattlesnake; очко́вая ~ cobra; ◇ ~ подколо́дная *разг.* viper, snake-in-the-grass; пригре́ть змею́ на груди́ cherish snake in *one's* bosom.

зми́й *м. уст.* serpent, dragon; *библ.* the Serpent.

знава́ть *несов.* used to know.

знак *м.* 1. sign, mark; (*условное обозначение*) symbol; ~ ра́венства equal sign; фабри́чный ~ trade mark; ~ внима́ния mark of esteem/respect; дурно́й ~ *разг.* bad sign; 2. (*сигнал*) sign, signal; ~ руко́й a sign with *one's* hand; подава́ть ~и make* signs; 3. (*след*) mark; ~и вре́мени mark of time; 4. (*значок*) badge; ◇ ~и препина́ния punctuation marks; ~и отли́чия decoratons (and medals); ~и разли́чия insignia; ~и зодиа́ка signs of the Zodiac; под ~ом *чего-л.* guided by *smth.*; в ~ *чего-л.* to signify *smth.*; в ~ дру́жбы as a token/sign of friendship; в ~ призна́тельности as a mark of gratitude; в ~ согла́сия as a sign of assent/consent.

знако́мить, познако́мить 1. (*вн. с кем-либо*) introduce (*smb.* to); меня́ познако́мили с ним I was introduced to him; 2. (*вн. с чем-л.*) acquaint (*smb.* with), tell* (*smb.* about); **~ся**, познако́миться 1. (*с кем-либо*) get* to know (*smb.*); 2. (с *чем-л.; получать сведения*) acquaint *oneself* (with), make* *oneself* familiar (with), get* to know (*smth.*); ~ся с го́родом see* the sights, have* a look at the town; ~ся с обстано́вкой make* *oneself* familiar with the circumstances/situation.

знако́мство *с.* 1. acquaintance; пе́рвое ~ с *кем-л.* introduction to *smb.*; 2. (*круг знакомых*) acquaintances *pl.*; больши́е ~а numerous acquaintances, wide circle of friends; 3. (*наличие знаний*) knowledge; ~ с исто́рией, математикой *и т. п.* knowledge of history, mathematics *etc.*

знаком|ый *прил.* **1.** (*известный*) familiar; ~ почерк familiar handwriting; **2.** (с *тв.*; *дт.*; *испытавший, знающий что-л.*) acquainted (with), familiar (with); всё это нам давно ~о we have known all about that for a long time; я знаком со всей литературой по этому вопросу I am familiar with all the literature on the subject; I know all the literature on the subject; **3.** (с *тв.*; *состоящий в знакомстве с кем-л.*) acquainted (with); быть ~ым с *кем-л.* be* acquainted with *smb.*; мы с ним давно ~ы we've known each other for some time; **4.** *в знач. сущ. м.* acquaintance; он мой ~ he's a friend of mine.

знаменател|ь *м. мат.* denominator; приводить к общему ~ю reduce to a common denominator.

знаменательный great, memorable; (*значительный*) significant.

знамение *с. уст.* sign; (*предзнаменование*) omen; ◇ ~ времени sign(s) of the times.

знаменит|ость *ж.* celebrity; стать ~остью become* famous, become* a celebrity; **~ый** famous, notable, celebrated; ~ый учёный famous scientist.

знаменовать *несов.* (*вн.*) mark (*smth.*), signify (*smth.*).

знаменосец *м.* standard-bearer.

знам|я *с.* banner; ◇ высоко держать ~ *чего-л.* raise high the banner of *smth.*; под ~енем *чего-л.* under the banner of *smth.*

знани|е *с.* **1.** *тк. ед.* knowledge; ~ дела skill; руководить *чем-л.* со ~ем дела direct/manage *smth.* with skill, be* a skillful/capable organizer; область ~я field of knowledge; **2.** *мн.* knowledge *sg.*; обширные ~я extensive knowledge *sg.*; обладать ~ями be* well-informed; приобрести ~я acquire knowledge.

знатность *ж. уст.* exalted station.

знатн|ый **1.** (*выдающийся*) distinguished, outstanding, noted; ~ые люди нашей страны the distinguished men and women of our country; ~ шахтёр noted miner; **2.** *ист.* (*принадлежащий к знати*) high-born (*о человеке*); noble (*о роде*).

знаток *м.* connoisseur; он ~ своего дела he knows his job; с видом ~а with a knowledgeable air.

знать I *несов.* (*вн.*) know* (*smb., smth.*); ~ английский язык know* English; ~ много людей know* many people; ~ в лицо know* by sight; ~ своё дело know* *one's* job; ◇ ~ меру know* when to stop; во всём надо ~ меру the great thing is moderation; ~ что к чему know* what's what; кто его знает! who knows?; как ~? who can tell? how should I know; ~ толк в *чём-л.* know* what *smth.* is about; ~ цену *кому-л., чему-л.* know* what *smb., smth.* is worth.

знать II *ж.* nobility, aristocracy.

знаться *несов.* (с *тв.*) *разг.* associate (with), have* to do (with).

знахарка *ж.* sorceress, wise woman*.

знахарь *м.* sorcerer, wise man*, Powwow (*у сев.-амер. индейцев*); (*лекарь*) quack, witch doctor.

значени|е *с.* **1.** (*смысл*) meaning, sense, significance; в буквальном ~и слова in the literal sense of the word; **2.** (*важность*) importance, significance; иметь (большое) ~ be* of great significance/importance; не иметь (никакого) ~я be* of no importance, not matter (in the least); придавать большое ~ *чему-л.* attach great importance to *smth.*; не придать ~я *чему-л.* attach no importance to *smth.*; приобретать большое ~ acquire great significance.

значим|ость *ж.* significance; **~ый** significant.

значит *разг.* so, then; ~, вы ничего не видели! so you saw nothing!; ~, он придёт so/then he's coming.

значительн|ость *ж.* importance, significance; **~ый** **1.** (*большой*) considerable; в ~ой степени to a great extent; **2.** (*важный*) important, significant.

знач|ить *несов.* mean*, signify; что это ~ит? what does it/this mean?; what is the meaning of this?; what's all this about?; это не ~ит, что... it doesn't mean that..., this is not to say that..., мало, много ~ be* of little, great importance; **~иться** *несов.* be* listed (as); он ~ится в отпуске he is listed as on leave; он нигде не ~ится he isn't listed/registered anywhere.

значок *м.* **1.** (*носимый на одежде*) badge; **2.** (*пометка*) mark.

знающ|ий able; competent; ~ие люди well-informed people.

знобить *несов. безл.*: меня (сильно) ~ит I feel feverish/shivery.

зной *м.* scorching/intense heat; **~ный** burning, sultry; ~ное лето sultry summer.

зоб *м.* **1.** (*у птицы*) crop; **2.** (*болезнь*) goiter, wen.

зов *м.* **1.** appeal; **2.** *разг.* (*приглашение*) call; прийти по первому ~у come* at the first call.

зодиак *м. астр.* Zodiac; **~альный** Zodiacal.

зодч|ество *с.* architecture; **~ий** *м.* architect.

зола *ж.* ash(es).

золовка *ж.* husband's sister, sister-in-law (*pl.* sisters-).

золотистый golden.

золотить, позолотить (*вн.*) gild* (*smth.*).

золотник I *м. тех.* valve, slide.

золотник II *м.* (*старая мера веса в России*) zolotnik; ◇ мал ~да дорог small but precious.

золот|о *с.* gold; листовое ~ goldleaf; ◇ не всё то ~, что блестит *посл.* all is not gold that glitters; на вес ~а worth its weight in gold.

золотоискатель *м.* gold prospector, golddigger.

золот|ой *прил.* **1.** gold; (*похожий на золото*) golden (*тж. перен.*); ~ слиток gold bullion; ~ые россыпи placer *sg.*; ~ые часы gold watch *sg.*; ~ая валюта gold currency; ~ые кудри golden curls/locks; ~ое сердце heart of gold; ~ работник invaluable worker; **2.** *в знач. сущ. м.* gold coin, gold piece; ◇ ~ стандáрт the gold standard; ~óе содержáние валю́ты gold content of a currency, extent to which a currency is backed by gold; ~ запáс gold reserve(s); ~ы́х дел мáстер *уст.* goldsmith; ~ век the Golden Age; ~áя молодёжь golden youth; ~áя óсень golden autumn; ~áя порá golden days; ~áя среди́на the golden mean; ~áя ры́бка goldfish; ~óе дно goldmine; ~óе рунó golden fleece; ~óе сечéние golden section; ~ы́е ру́ки a wonderful pair of hands; у негó ~ы́е ру́ки he is a wizard with his hands/fingers.

золотонóсный auriferous, gold-bearing; ~ песóк gold-bearing gravel.

золотопромы́шленн|ик *м.* **1.** (*работник*) worker in the gold-mining industry; **2.** (*владелец золотых приисков*) owner of a goldmine; **~ость** *ж.* gold mining

золоту́ха *ж. уст. разг.* scrofula; **~шный** *разг.* scrofulous.

золочёный gilt, gilded.

Зóлушка *ж. фольк.* Cinderella.

зóльник *м. тех.* ash pit.

зóна *ж.* zone; беспóшлинная ~ duty free zone; валю́тная ~ currency zone; дóлларовая ~ dollar zone; свобóдная экономи́ческая ~ free economic zone; ~ свобóдной торгóвли free trade zone; ~ совмéстного предпринимáтельства joint enterprise zone; ~ дéйствий *воен.* zone of operation; ~ поражéния area under fire.

зонáльный zonal; ~ое совещáние zonal conference.

зонд *м.* probe; **~и́ровать** *несов.* (*вн.; прям. и перен.*) sound (*smth.*); *мед.* probe (*smth.*); ◇ ~и́ровать пóчву find* out the lay of the land, find* out how things stand.

зонт *м.* **1.** *см.* зóнтик; **2.** (*навес*) awning; **~ик** *м.* (*от дождя*) umbrella; (*от солнца*) sunshade, parasol.

зоóлог *м.* zoologist; **~и́ческий** zoological.

зоолóгия *ж.* zoology.

зоомагази́н *м.* pet shop.

зоопáрк *м.* zoological gardens *pl.*; the Zoo *разг.*

зоотéхни|к *м.* livestock expert; stock breeder; **~ка** *ж.* zootechnics.

зóркий 1. (*о глазах*) sharp, keen; (*о человеке*) sharp-eyed, lynx-eyed; **2.** (*проницательный*) far-seeing, clear-sighted, perceptive.

зрачóк *м.* pupil.

зрéлищ|е *с.* **1.** spectacle, sight; печáльное ~ pathetic/mournful sight; **2.** (*представление*) show, performance; **~ный** entertainment *attr.*; ~ые предприя́тия shows, entertainments.

зрéл|ость *ж.* **1.** (*спелость*) ripeness; **2.** (*полное развитие организма*) maturity (*тж. перен.*); половáя ~ puberty; **~ый 1.** (*спелый*) ripe; **2.** (*достигший полного развития*) mature (*тж. перен.*); ~ый вóзраст mature age; ~ое решéние decision taken after mature deliberation; ~ый ум mature mind, well-developed mind.

зрéни|е *с.* sight, eyesight; лиши́ться ~я lose* one's sight; ◇ пóле ~я sight, field of vision; обмáн ~я optical illusion; *перен.* scope; тóчка ~я point of view, standpoint; с тóчки ~я from the point of view (of), from the standpoint (of), as regards.

зреть *несов.* **1.** (*стать спелым*) ripen; **2.** (*достигать полного развития*) mature (*тж. перен.*).

зри́мый visible.

зри́тель *м.* **1.** onlooker, spectator; **2.** (*в театре, кино*) member of the audience; *собир.* audiences *pl.*; *мн.* audience *sg.*; **~ный 1.** visual, optic(al); ~ный сигнáл visual signal; **2.**: ~ный зал hall, auditorium; ~ная трубá telescope.

зря *разг.* for nothing, in vain; ~ трáтить *что-л.* waste *smth.*; болтáть ~ chatter idly; рабóтать ~ plough the sand; вы э́то ~! there you're wrong!

зря́чий sighted.

зря́шн|ый to no purpose, wasted; ~ая рабóта wasted work; (*о человеке*) good-for-nothing, wastrel.

зуáв *м.* zouave.

зуб *м.* **1.** (*мн.* зу́бы) tooth*; молóчный ~ first-tooth*, milk-tooth*; ~ му́дрости wisdom tooth*; лечи́ть ~ы have* dental treatment; в ~áх between *one's* teeth; **2.** (*мн.* зу́бья) tooth*; (*шестерни тж.*) cog; ◇ не по ~áм too hard for *one*, a hard nut to crack; имéть ~ прóтив *кого-л.* bear* a grudge against *smb.*; класть ~ы на пóлку ≅ tighten *one's* belt; у меня́ ~ нá ~ не попадáет my teeth are chattering; ни в ~ (ногóй) not know a thing about it; ви́дит óко, да ~ неймёт there's many a slip 'twixt the cup and the lip.

зубáстый *разг.* sharp-toothed; *перен.* sharp-tongued.

зубéц *м.* **1.** (*грабель*) tooth*; (*колеса*) tooth*, cog; (*вил, вилки*) prong; (*пилы*) (saw-)tooth*; **2.** *обыкн. мн.* (*на стене башни*) battlement.

зуби́ло *с. тех.* chisel, point-tool.

зу́бно-гу́бной *лингв.* labio-dental.

зубн|óй 1. tooth *attr.*, dental; ~ нерв the nerve of a tooth; ~áя боль toothache; ~ врач dentist; ~ протéз dental plate; dentures *pl. амер.*; ~áя щётка toothbrush; ~áя пáста tooth paste; ~ порошóк tooth powder; **2.** *лингв.* dental; ~ соглáсный dental consonant.

зубóвный: ~ скрéжет gnashing of teeth*.

зубоврачéбный dental; ~ кабинéт dental surgery.

зубóк *м. уменьш. от* зуб; ◇ вы́учить на ~ learn by rote.

зубоскá|л *м. разг.* scoffer; **~лить** *несов. разг.* scoff; **~льство** *с.* scoffing, derision.

зубочи́стка *ж.* toothpick.

зубр *м.* **1.** *зоол.* European bison; **2.** (*о крайнем реакционере*) diehard, backwoodsman*; **3.** *разг.* (*об опытном специалисте*) pundit.

зубр|ёжка *ж. разг.* cramming; **~и́ла** *разг.* crammer; **~и́ть** *несов.* (*вн.*) *разг.* cram (*smth.*), grind (*smth.*); ~и́ть урóки grind* away at *one's* studies.

зубрóвка *ж.* (*водка*) zubrovka.

зу́бчат|ый toothed; ~ое колесо́ cogwheel; ~ая шестерня́ pinion, gear wheel.

зуд *м.* (*прям. и перен.*) itch; писа́тельский ~ the literary urge, the itch to write.

зуда́ *м. и ж. разг.* bore.

зуд|е́ть *несов.* itch; ру́ки ~я́т (+ *инф.*) *one* is itching (+ to *inf.*); у него́ язы́к ~е́л сообщи́ть об э́том he was itching to tell about it.

зулу́с *м.* Zulu; **~ский** Zulu *attr*.

зу́ммер *м. тех.* buzzer.

зурна́ *ж. муз.* (*разновидность кларнета*) zurna.

зы́бка *ж. разг.* cradle.

зы́бк|ий unsteady; unstable; ~ая по́чва shifting soil; ~ое боло́то quaking bog; ◇ ~ое положе́ние tricky situation.

зыбу́ч|ий unsteady, unstable; ◇ ~ие пески́ quicksands.

зыбь *ж.* lop; (*после бури*) swell; лёгкая ~ ripples *pl.*

зык *м. разг.* loud voice/cry; **~ать, ~нуть** shout, cry out.

зы́чный stentorian, loud, shrill.

зэк *м. разг.* prisoner, convict.

зюйд *м. мор.* **1.** South; **2.** (*ветер*) south (wind).

зюйд|-ве́ст *м. мор.* **1.** southwest; **2.** (*ветер*) southwest wind, southwester; **~вестка** *ж. разг.* (*шапка*) sou'wester.

зюйд-о́ст *м. мор.* **1.** southeast; **2.** (*ветер*) southeast wind, southeaster.

зя́бкий *разг.* chilly.

зя́блев|ый: ~ая вспа́шка autumn ploughing.

зя́блик *м. зоол.* chaffinch.

зя́бнуть *несов.* **1.** feel* the cold, be* chilled; **2.** (*о растениях*) suffer from frost.

зябь *ж. с.-х.* **1.** autumn ploughing; **2.** (*поле*) land ploughed in autumn.

зять *м.* (*муж дочери*) son-in-law (*pl.* sons-); (*муж сестры*) brother-in-law (*pl.* brothers-).

И

и I *союз* **1.** (*соединительный*) and; го́род и дере́вня town and country; дождь шёл сильне́е и сильне́е it was raining faster and faster; ста́рые и ма́лые young and old; **2.** (*перечислительный*) and; на мо́ре, и на земле́, и в во́здухе at sea, on land and in the air; я́блоки, гру́ши и апельси́ны apples, pears and oranges; и то и друго́е both (the one and the other); **3.** (*усилительный*) *не переводится*; и как он бежа́л! how he ran!; и как вы его́ не ви́дели? I just don't know how you could have missed him; **4.** (*уступительный в знач.* хотя) though; *часто не переводится*; и хо́чется пойти́ в кино́, да не́когда I want to go to the cinema, but I have no time; и мой ты сын, а не пойму́ я тебя́ I can't understand you, though you are my son; **5.** (*именно*) that is...; так он и сде́лал that is what he did; вот об э́том я и говори́л that is what I was talking about.

и II *частица* **1.** (*употр. для усиления*) *не переводится*; и како́й ты счастли́вый! how lucky you are!; **2.** (*тоже, также*) too; (*при отрицании*) either; он и к нам зашёл he came to see us too; он и туда́ не пошёл he did not go there either; **3.** (*даже*) even; он и не попроща́лся he didn't even say good-bye.

ибе́р *м. ист.* Iberian; **~ский** Iberian *attr.*

и́бис *м. зоол.* ibis.

и́бо for, because.

и́ва *ж.* willow; плаку́чая ~ weeping willow.

Ива́н *м.* John; ~ Купа́ла *рел.* John the Baptist's Day; ночь на ~а Купа́лу Midsummer Night.

ива́н-да-ма́рья *ж. бот.* cow wheat.

ива́н-чай *м. бот.* willow herb, rosebay.

иваси́ *ж. нескл.* ivashi.

ивня́к *м.* **1.** (*заросли ивы*) willow bed, osier bed; **2.** *собир.* (*ивовые прутья*) willow (branches).

и́вовый willow *attr.*

и́волга *ж.* oriole.

иври́т *м.* Hebrew.

игла́ *ж.* **1.** needle (*тж. хвойных деревьев*); (*у животных*) quill; spine *научн.*; вяза́льная ~ knitting needle; хирурги́ческая ~ suture needle; **2.** (*остроконечный предмет*) spire.

иглови́дный needle-shaped.

иглоко́жи|й: ~е *зоол.* Echinodermata.

иглообра́зный *см.* иглови́дный.

иглоука́лывание *с.* acupuncture.

игнори́ровать *несов. и сов.* (*вн.*) ignore (*smb., smth.*); (*не обращать внимания*) disregard (*smb., smth.*); (*пренебрегать*) defy (*smb., smth.*); ~ *чьи-л.* распоряже́ния defy *smb.'s* orders; ~ фа́кты ignore the facts.

и́го *с.* yoke; тата́рское ~ Tatar yoke.

иго́л|ка *ж.* needle; ~ сиде́ть как на ~ках be* on tenterhooks; **~очка** *ж.* needle; ◇ с ~очки brand-new; костю́м с ~очки brand-new suit; одет с ~очки dressed up to the nines.

иго́льн|ый needle *attr.*; ~ое ушко́ the eye of a needle.

иго́рный gambling; ~ дом gambling/gaming house; ~ стол gaming table.

игр|а́ *ж.* **1.** play; **2.** (*вид игры тж. спорт. — партия*) game; **3.** (*исполнение*) acting; performance; (*на муз. инструменте тж.*) playing; слу́шать ~у́ на роя́ле, скри́пке listen to the piano, violin; **4.** (*интриги*) intrigue, trickery; ulterior motives *pl*; ◇ ~ воображе́ния the work of *smb.'s* imagination; биржева́я ~ stock-exchange gambling, speculation; делова́я ~ business game; ры́ночная ~ market game; управле́нческая ~ management game; ~ на повыше́ние bull speculation, dealings for a rise; ~ на пониже́ние bear speculation, dealings for a fall; ~ на бега́х, на ска́чках race-betting; ~ приро́ды freak of nature; ~ слов play on words, pun; ~ с огнём playing with fire; ~ судьбы́ a trick of fate; ~ не сто́ит свеч the game is not worth the candle.

игра́льн|ый: ~ые ка́рты, (playing)cards; ~ые ко́сти dice.

игр|а́ть, сыгра́ть **1.** *тк. несов.* (*забавляться*) play; де́ти ~а́ют в саду́ children are playing in the garden; **2.** (в *вн.*; *в какую-л. игру*) play (*smth.*); ~ в ша́хматы play chess; ~ в футбо́л play football; ~ в пря́тки play hide-and-seek; ~ в ка́рты на де́ньги play cards for money; **3.** (*вн.*, на *пр.*; *исполнять музыкальное произведение*) play (*smth.*); (на *пр.*) *перен.* play (on); ~ вальс play a waltz; ~ на роя́ле play the piano; ~ на *чьих-л.* сла́бостях play on *smb.'s* weaknesses; **4.** (*вн.*) *театр.* act (*smb., smth.*), perform (*smth.*), play (*smb.*); ~ роль *кого-л.* play/take* the part of *smb.*; **5.** *тк. несов.* (*тв.*) play (with); (*вертеть в руках*) toy (with); он стоя́л, ~а́я плётью he stood toying with his whip; **6.** *тк. несов.* (*искриться*) sparkle; ◇ ~ пе́рвую скри́пку play first fiddle; ~ большу́ю роль play the important part; э́то не ~а́ет (никако́й) ро́ли! it doesn't matter (in the least)!; ~ на́ руку *кому-л.* play into *smb.'s* hands; ~ свое́й жи́знью take* *one's* life in *one's* hands; ~ на не́рвах у *кого-л.* get*/play on *smb.'s* nerves; ~ коме́дию *перен.* act; ~ глаза́ми flash *one's* eyes; ~ слова́ми play upon words; ~ на чу́вствах play on the emotions; ~ *чьими-л.* чу́вствами trifle with *smb.*; ~ с огнём play with fire.

игра́ючи *разг.* without effort, effortlessly; он де́лает э́то ~ it's child's play to him.

игри́в|ый playful; ~ котёнок frisky/playful kitten; ~ое настрое́ние playful mood.

игри́стый sparkling.

игрово́й: ~ фильм fiction film/picture.

игро́к *м.* player; атаку́ющий ~ *спорт.* attacking player; запасно́й ~ *спорт.* substitute, stand-in, replacement; пасу́ющий ~ *спорт.* passer; перспекти́вный ~ *спорт.* up-and-coming player; ~ второ́го соста́ва *спорт.* second-string player; ~ высо́кого кла́сса *спорт.* top player; ~ за́дней ли́нии *спорт.* back-line player; ~ сре́дней ли́нии *спорт.* midfield player; (*в азартные игры*) gambler.

игроте́ка *ж.* collection of children's games.

игру́шечный toy *attr.*; *перен.* (*маленький*) tiny; ~ парово́з toy locomotive; ~ до́мик doll's house.

игру́ш|ка *ж.* toy; plaything (*тж. перен.*); магази́н ~ек toyshop.

и́гры *pl спорт.* games; всеафрика́нские ~ All-Africa Games; всеазиа́тские ~ All-Asian Games; панамерика́нские ~ Pan-American Games; студе́нческие ~ University Games; ~ до́брой во́ли Goodwill Games.

игу́мен *м. церк.* Father Superior; **~ья** *ж.* Mother Superior.

идеа́л *м.* ideal; **~иза́ция** *ж.* idealization; **~изи́ровать** *несов. и сов.* (*вн.*) idealize (*smb., smth.*).

идеал|и́зм *м.* idealism; **~и́ст** *м.* idealist; **~исти́ческий** **1.** idealist; ~исти́ческая филосо́фия idealist philosophy; **2.** *разг.* (*свойственный идеалисту*) idealistic.

идеа́льный ideal; (*превосходный тж.*) perfect.

иде́йн|ость *ж.* moral substance/fiber, high-mindedness; **~ый** **1.** (*идеологический*) ideological; ~ая борьба́ ideological struggle; **2.** (*выражающий основную мысль*): ~ое содержа́ние пье́сы the message of the play; **3.** (*о человеке*) high-minded.

идентифика́ция *ж.* identification.

идентифици́ровать *несов. и сов.* identify.

иденти́чн|ость *ж.* identity; **~ый** identical.

идеогра́|мма *ж. лингв.* ideograph, ideogram; **~фи́ческий** *лингв.* ideographic(al); **~фи́я** *ж. лингв.* ideography.

идео́|лог *м.* ideologist; **~логи́ческий** ideological; **~ло́гия** *ж.* ideology.

идёт! *разг.* all right!

иде́|я *ж.* idea; (*понятие*) conception, concept, notion; ~ добра́ conception of good; передовы́е ~и progressive/advanced ideas; полити́ческие ~и political concepts; ~ рома́на underlying idea/theme of a novel; навя́зчивая ~ obsession, idee fixe; счастли́вая ~ happy thought; что за ~! what an idea!

идилли́ческий idyllic.

иди́ллия *ж.* idyll.

идио́м *м.*, **~а** *ж. лингв.* idiom.

идиома́тика *ж. лингв.* **1.** (*учение*) study of idiom; **2.** (*совокупность идиом*) idioms *pl.*

идиомати́ческ|ий *лингв.* idiomatic; ~ое выраже́ние idiomatic expression.

идио́т *м.* idiot; **~и́зм** *м.* idiocy; **~ка** *ж.* idiot; **~ский** idiotic; **~ство** *с. разг.* idiocy, imbecility.

и́диш *м. нескл.* yiddish (language).

и́дол *м.* idol.

идолопокло́н|ник *м.* idolater; **~ство** *с.* idolatry.

идти́, пойти́ **1.** *тк. несов.* go*; он шёл по у́лице he was going down/up/along the street; она́ шла по мосту́ she was going across the bridge, she was crossing the bridge; она́ шла в го́ру she was going uphill; ему́ пришло́сь ~ пешко́м he had to walk, he had to go on foot; ло́шадь идёт ры́сью, гало́пом the horse is trotting, galloping; **2.** *тк. несов.* (*двигаться, перемещаться*) move, go*, travel; по́езд идёт бы́стро the train is going/travelling at high speed; та́нки иду́т пря́мо на нас the tanks are coming/moving straight towards us; самолёты шли на восто́к the planes were flying east; флот шёл на всех паруса́х the fleet was in full sail; по не́бу ме́дленно иду́т облака́ the clouds are moving/drifting slowly across the sky; лёд идёт по реке́ the ice is going down the river; **3.** *тк. несов.* (*о моменте отправления поезда и т. п.*) go*, leave*; по́езд идёт в 12 часо́в но́чи the train goes/leaves at midnight; **4.** *тк. несов.* (*доставляться*) come*; пи́сьма до́лго иду́т the mail is very slow, letters take a long time to arrive; **5.** *тк. несов.* (*приближаться, появляться*) come*; *перен. тж.* approach; по́езд идёт! the train is coming; весна́ идёт spring is on the way; **6.** (в, на *вн.*, + *инф.*; *направляться с какой-л. целью*) go* (to, + to *inf.*, + -ing); ~ гуля́ть go* for a walk; ~ в шко́лу go* to school; ~ на охо́ту go* hunting; **7.** (на *вн.*; *нападать*) march (on), advance (on); *перен.* attack (*smb.*); враг идёт на Москву́ the enemy is advancing on Moscow; **8.** (в, на *вн.*; *вступать, поступать куда-л.*) join (*smth.*), enter (*smth.*); ~ на биологи́ческий факульте́т enter the biology faculty; ~ в а́рмию join the army; **9.** *тк. несов.* (*развиваться*) progress, head; (*действовать тем или иным образом*) march, go*; ~ по пути́ техни́ческого прогре́сса take* the path of technical progress; всё идёт к лу́чшему everything is for the best; **10.** *тк. несов.* (за *тв.*; *следовать*) follow (*smb., smth.*); ~ за толпо́й follow the crowd; **11.** *тк. несов.* (от, из *рд.*; *распространяться, исходить*) come* (from); (*о слухах, вестях*) go* around; из трубы́ идёт дым there is smoke coming from the chimney; идёт слух, что... a rumor is going around that...; **12.** *тк. несов.* (*поступать, подаваться*) be* on, flow; ток идёт the current is on; **13.** *разг.* (*находить сбыт*) sell*; э́тот това́р хорошо́ идёт these goods are in demand; ~ за бесце́нок go* for a song; **14.** *тк. несов.* (*простираться, пролегать*) run*, stretch; доро́га идёт по́лем the road runs across the field; го́рная гряда́ идёт с се́вера на юг the mountain range stretches from north to south; **15.** *тк. несов.* (*находиться в действии — о механизме*) go*, work; часы́ иду́т то́чно the watch keeps exact time; **16.** *тк. несов.* (*об осадках*) fall*; дождь, снег идёт it is raining, snowing; **17.** *тк. несов.* (*протекать, проходить*) go* by, pass; шли неде́ли the weeks went by; **18.** *тк. несов.* (*длиться, продолжаться*) be*; идёт 1965 год it is the year nineteen (hundred and) sixty-five; **19.** *тк. несов.* (*иметь место, происходить*) be* in progress, proceed; (*ставиться — о пьесе и т. п.*) be* on; иду́т экза́мены the examinations are in progress; идёт но́вый фильм there is a new film on; **20.** (на *вн.*; *соглашаться*) agree (to); пойти́ на предло́женные усло́вия agree to the terms offered; **21.** (в, на *вн.*; *предназначаться, использоваться*) be* used (for); лучи́на идёт на расто́пку the sticks are used for fuel; **22.** (на *вн.*; *расходоваться*) be* spent (on); go* (on); мно́го де́нег идёт на кни́ги a lot of money goes for books; на костю́м пойдёт три ме́тра тка́ни it takes three meters of material to make a suit; **23.** (*дт.*; *подходить*) suit (*smb., smth.*); пиджа́к ему́ не идёт the jacket doesn't suit him; **24.** *разг.* (*получаться, ладиться*) go* right; рабо́та не шла the work wouldn't go right; **25.** (*тв.*, с *рд.*; *делать ход в игре*) play (*smth.*); (*в шахматах*) move (*smth.*); тепе́рь ~ вам now it's your move, now it's your turn/go; ~ с туза́ play the ace; ◇ ~ в но́гу keep* in step; ~ на сме́ну *кому-л., чему-л.* take* the place of *smb., smth.*, replace *smb., smth.*; не ~ да́льше *чего-л.* not go further than; речь идёт о том, что... the point is that...

и́ды *мн. ист.* Ides; ◇ ма́ртовские ~ the Ides of March.

иегови́ст *м. церк.* Jehovah's witness.

иезуи́т *м.* Jesuit; **~ский** Jesuitical.

ие́на *ж.* (*денежная единица в Японии*) yen.

иера́рх *м. церк.* hierarch.

иерархи́ческий hierarchic(al).

иера́рхия *ж.* hierarchy.

иере́й *м. церк.* priest.

иеро́глиф *м.* **1.** hieroglyph; *мн.* hieroglyphics, characters; **2.** *обыкн. мн.* (*о непонятном письме*) scrawl *sg*; **~и́ческий** hieroglyphic; ~и́ческое письмо́ hieroglyphic writing.

иеромона́х *м. церк.* (*священник в монастыре*) father.

иждиве́н|ец *м.* dependent; **~ие** *с.*: состоя́ть на ~ии у *кого-л.* be* dependent on *smb.*; **~чество** *с.* dependence.

из, изо **1.** (*откуда*) from; (*изнутри*) out of; прие́хать из Волгогра́да come from Volgograd; выходи́ть из до́му come out of the house; цита́та из газе́ты a quotation from a newspaper; **2.** (*при указании материала, состава*) of; (*о сырье*) from; э́ти боти́нки сде́ланы из ко́жи these shoes are made of leather; из одно́го куска́ де́рева made from a single piece of wood; ма́сло де́лается из молока́ the butter is made from milk; буке́т, вено́к из роз bunch, wreath of roses; аппара́т состои́т из двух часте́й the machine is in two parts; обе́д из двух блюд two-course dinner; **3.** (*после сравнит. или превосх. ст.*) of; лу́чший из всех the best of all; мла́дший из бра́тьев (двух) the younger of the two; **4.** (*по причине*) out of, for; из уваже́ния (к) out of respect (for); из любопы́тства out of curiosity; из стра́ха пе́ред *кем-л., чем-л.* fearing *smb., smth.*, for fear of *smb., smth.*; из любви́ ко мне for me, for my sake; ◇ одно́ из двух one or the other; оди́н из ты́сячи one in a thousand; изо всех сил with *one's* might, with might and main.

изба́ *ж.* **1.** izba, peasant's house/cottage, log cabin; **2.** *ист.* (*в Моск. Руси*) government office.

избави́тель *м.*, **~ница** *ж.* deliverer, saviour.

изба́в|ить(ся) *сов. см.* избавля́ть(ся); **~ле́ние** *с.* deliverance (from).

избавля́ть, изба́вить (*вн.* от *рд.*) save (*smb.* from); ~ *кого-л.* от сме́рти, опа́сности save *smb.* from death, danger; ~ *кого-л.* от необходи́мости де́лать *что-л.* save *smb.* the trouble of doing *smth.*; ~ *кого-л.* от хлопо́т save *smb.* trouble; изба́вьте меня́ от него́! can't you get rid of him for me?; изба́вьте меня́! spare me that, please!; изба́вьте меня́ от своего́ прису́тствия! kindly take yourself off! избави Бог! God forbid! **~ся**, изба́виться (от *рд.*) get* rid (of), shake* off (*smb., smth.*); изба́виться от неприя́тностей rid* *oneself* of trouble; изба́виться от привы́чки get* out of the habit; изба́виться от просту́ды shake* off a cold.

избало́ванный spoiled.

избалова́ть *сов.* (*вн. тв.*) spoil* (*smb.* by, with); **~ся** *сов.* become/get* spoiled.

избега́ть, избе́гнуть, избежа́ть (*рд.*) **1.** (*уклоняться*) avoid (*smb., smth.*), shun (*smb., smth.*); ~ *чьего-л.* взгля́да avoid *smb.'s* eye; ~ о́бщества *кого-л.* shun the society of *smb.*; ~ просту́ды try not to catch cold; ~ встре́чи с *кем-л.* keep* out of *smb.'s* way; избежа́ть неприя́тного разгово́ра avoid an unpleasant interview; **2.** (*спасаться, избавляться*) escape (*smth.*), evade (*smth.*), elude (*smth.*); избежа́ть ги́бели be* saved; (*о людях тж.*) escape death.

избега́ться *сов. разг.* exhaust *oneself* by running.

избе́гнуть *сов. см.* избега́ть.

избеж|а́ние *с.*: во ~ *чего-л.* to prevent *smth.*; во ~ недоразуме́ния in order to prevent a misunderstanding; so that there should be no misunderstanding; во ~ нарека́ний to avoid criticism; **~ать** *сов. см.* избегать.

изби|ва́ть, изби́ть (*вн.*) beat* (*smb.*), give* (*smb.*) a terrible beating; ~ *кого-л.* до неузнава́емости beat* *smb.* to pulp; beat* up (*smb.*) *разг.*; **~е́ние** *с.* beating; beating-up *разг.*; ~ младе́нцев *библ.* massacre of the Innocents.

избира́тель *м.* elector, voter; *мн. собир.* the electorate *sg*; **~ный** electoral; election *attr.*; ~ный бюллете́нь ballot; ~ная кампа́ния election campaign; ~ная коми́ссия election commitee; ~ный о́круг electoral district, constituency; ~ный уча́сток 1) polling district; 2) (*помещение*) polling station; ~ное пра́во suffrage, right to vote; ~ный зако́н electoral law; ~ная систе́ма electoral system, election system; ~ная у́рна, ~ный я́щик ballot box; ~ный ценз voting qualification.

избира́ть, избра́ть (*вн.*) **1.** (*выбирать*) select (*smb., smth.*), choose* (*smb., smth.*); **2.** (*на выборах*) elect (*smb., smth.*).

изби́т|ый **1.** (*проторённый*) beaten, familiar; ~ая доро́га the beaten track; **2.** (*опошленный*) trite, stale, hackneyed; ~ сюже́т outworn theme; ~ая фра́за trite phrase.

изби́ть *сов. см.* избива́ть.

избороздить *сов. см.* борозди́ть.

избра́н|ие *с.* election; **~ник** *м.* chosen one; *мн.* the elect *sg*; наро́дный ~ник chosen representative of the people.

и́збранн|ый *прил.* **1.** select; ~ круг люде́й a select circle; ~ые произведе́ния selected works; **2.** *в знач. сущ. мн.* the chosen ones; для ~ых for the elite.

избра́ть *сов. см.* избира́ть.

избу́шка *ж.* hut, log cabin.

избы́т|ок *м.* **1.** (*излишек*) surplus; ~ хле́ба grain surplus; **2.** (*обилие, полнота*) abundance; ~ усе́рдия excess of zeal; от ~ка чувств out of the ful(l)ness of one's heart; ◇ в ~ке, с ~ком in abundance; **~очный** surplus *attr.*, excess *attr.*

извая́ние *с.* statue, sculpture.

извая́ть *сов. см.* вая́ть.

изве́дать *сов.* (*вн.*) experience (*smth.*), know* (*smth.*); ~ сча́стье know* happiness, taste of happiness.

и́зверг *м.* fiend, monster; ◇ ~ ро́да челове́ческого scum of the earth.

изверга́ть, изве́ргнуть (*вн.*) **1.** erupt (*smth.*), spout (*smth.*), eject (*smth.*); (*о пище*) vomit (*smth.*); **2.** (*изгонять*) expel (*smb.*); **~ся** *несов.* erupt.

изве́ргнуть *сов. см.* изверга́ть.

изверже́ние *с.* eruption, ejection.

изве́риться *сов.* (в *пр.*) lose* faith (in); ~ в лю́дях lose* faith in people.

изверну́ться *сов. см.* изворáчиваться.

извести́ *сов. см.* изводи́ть.

изве́сти|е *с.* **1.** news; tidings *pl книжн.*; прия́тное ~ good* news; после́дние ~я latest news; **2.** *мн.* (*периодическое издание*) proceedings.

извести́сь *сов. см.* изводи́ться.

извести́ть *сов. см.* извеща́ть.

извёстка *ж. разг.* lime; (*для побелки стен*) whitewash.

известко́вый lime *attr.*; ~ раство́р solution of lime, slaked lime.

изве́стно *в знач. сказ. безл.* it is known; хорошо́ ~ it is well known, it is common knowledge; всему́ ми́ру ~ the whole world knows; наско́лько мне ~ as far as I know.

изве́стн|ость *ж.* popularity; (*слава*) fame, renown; по́льзоваться ~остью be* well-known, be* popular; ◇ поста́вить *кого-л.* в ~ inform *smb.*, notify *smb.*; **~ый** **1.** (*знакомый*) known; ~ый факт known fact; ~ый свои́м мастерство́м known for *one's* skill; ~ый как хоро́ший учи́тель known as a good teacher; **2.** (*знаменитый*) well-known, popular, famous; (*с плохой стороны*) notorious; ~ый писа́тель well-known writer; ~ый моше́нник notorious swindler; **3.** (*определённый*) certain; в ~ой ме́ре to a certain extent; при ~ых усло́виях under certain conditions.

известня́к *м.* limestone.

и́звесть *ж.* lime.

изве́чн|ый perennial; ~ые скотово́ды cattle-breeders since earliest times.

извещ|а́ть, извести́ть (*вн.* о *пр.*) inform (*smb.* of, about), notify (*smb.* of, about); (*дать знать*) let* (*smb.*) know (of, about); **~е́ние** *с.* notice, notification; инка́ссовое ~ advise of collection; ~ об отгру́зке notification of shipment; ~ об отпра́вке notification of dispatch; ~ о платеже́ advise of payment; ~ о прибы́тии су́дна notice of a vessel's arrival; ~ по по́чте notification by post; ~ по те́лексу notification by telex.

изви́в *м.* bend, twist; **~а́ться** *несов.* wriggle; (*о реке, дороге*) wind*, meander.

изви́ли|на *ж.* bend; convolution *научн.*; ~ны мо́зга convolutions of the brain; **~стый** winding, meandering; ~стые у́лицы winding streets; ~стая ре́чка meandering/winding stream.

извине́ни|е *с.* **1.** apology; приноси́ть (свои́) ~я за *что-л.* offer (*one's*) apologies for *smth.*; проси́ть ~я у *кого-л.* beg *smb.'s* pardon; **2.** (*оправдание*) excuse.

извини́тельный pardonable.

извин|и́ть(ся) *сов. см.* извиня́ть(ся); **~я́ть**, извини́ть (*вн.*) excuse (*smb., smth.*), pardon (*smb., smth.*); ~и́те! (I'm) sorry!, excuse me!, I beg your pardon!; **~я́ться**, извини́ться (перед *тв.*) apologize (to); я извини́лся I said I was sorry.

извиня́ющийся apologetic.

извлека́ть, извле́чь (*вн.* из *рд.*) extract (*smth.* from); *перен.* derive (from); ~ пу́лю из ра́ны extract a bullet from a wound; ~ по́льзу из *чего-л.* derive benefit from *smth.*; ~ удово́льствие derive/extract pleasure; ◇ ~ ко́рень *мат.* extract the root; ~ уро́к (из) learn a lesson (from).

извлече́ние *с.* **1.** extraction; **2.** (*выдержка*) extract; ◇ ~ ко́рня *мат.* extraction of the root.

извле́чь *сов. см.* извлека́ть.

извне́ from outside; без по́мощи ~ without outside help.

изводи́ть, извести́ (*вн.*) **1.** (*тратить*) waste (*smth.*), spend* (*smth.*); **2.** (*мучить*) torment (*smb.*), worry (*smb.*) to death; **~ся**, извести́сь tire *oneself* out, exhaust *oneself*.

изво́зчик *м.* **1.** (*кучер*) cabman*; cabby *разг.*; **2.** (*экипаж*) cab; взять ~а take* a cab; е́хать на ~е go* by cab.

изволе́ни|е *с. уст.* will, pleasure; по Бо́жьему ~ю Deo volente.

изво́ли|ть *сов. уст. или ирон.* wish, desire; ~ чего́ ~те? what can I do for you?

извора́чиваться, извернýться twist and turn; *перен.* wriggle, shift, dodge.

изворо́тливый 1. (*увёртливый*) slippery, nimble, agile; **2.** (*находчивый, ловкий*) resourceful, shrewd.

изврати́ть *сов. см.* извраща́ть.

извращ|а́ть, изврати́ть (*вн.*) distort (*smth.*), pervert (*smth.*); ~ фа́кты distort/twist the facts; **~е́ние** *с.* **1.** (*искажение*) distortion; **2.** (*болезненное отклонение от нормы*) perversion.

извращённ|ость *ж.* perversity; **~ый 1.** (*искажённый*) distorted; **2.** (*противоестественный*) perverted, perverse; ~ый вкус depraved taste.

изги́б *м.* bend, curve.

изгиба́ть, изогнýть (*вн.*) bend* (*smth.*), curve (*smth.*); ~ спи́ну arch *one's* back; **~ся**, изогнýться bend*, curve.

изгла́дить(ся) *сов. см.* изгла́живать(ся).

изгла́живать, изгла́дить (*вн.*) efface (*smth.*), obliterate (*smth.*), blot (*smth.*) out; ◇ изгла́дить *что-л.* из па́мяти obliterate *smth.* from *one's* memory; **~ся**, изгла́диться disappear, efface *one*self, become* obliterated, be* blotted out; ◇ изгла́диться из па́мяти fade from memory.

изгна́н|ие *с.* **1.** (*действие*) expulsion, banishment; **2.** (*ссылка*) exile, banishment; ◇ ~ дýхов exorcism; **~ник** *м.*, **~ица** *ж.* exile, outlaw.

изгна́ть *сов. см.* изгоня́ть.

изго́й *м.* social outcast.

изголо́вь|е *с.* head of the bed; сиде́ть у ~я sit* at the bedside.

изголода́ться *сов.* **1.** be* starving; **2.** (по *дт.*) be* yearning/longing (for).

изгоня́ть, изгна́ть (*вн.*) **1.** drive* (*smb.*, *smth.*) out; (*ссылать*) exile (*smb.*), banish (*smb.*); **2.** (*искоренять*) do* away (with); ◇ ~ нечи́стую си́лу, бе́са exorcize.

и́згородь *ж.* fence; жива́я ~ hedge.

изготови́тель *м.* manufacturer, maker.

изгота́вливать *несов. см.* изготовля́ть.

изгото́вить *сов. см.* изготовля́ть.

изготовл|е́ние *с.* manufacture; **~я́ть**, изгото́вить (*вн.*) manufacture (*smth.*), make* (*smth.*).

издава́ть I, изда́ть (*вн.*) **1.** (*выпускать в свет*) publish (*smth.*); bring* (*smth.*) out, issue (*smth.*); **2.** (*обнародовать*) issue (*smth.*), promulgate (*smth.*); ~ прика́з issue an order; ~ зако́н promulgate a law.

издава́ть II, изда́ть (*вн.*) (*звук*) emit (*smth.*), utter (*smth.*); (*запах*) give* (*smth.*) off, exhale (*smth.*); он не изда́л ни звýка he did not utter a word.

и́здавна long, long since; from time immemorial; ~ знать *кого-л.* have* known *smb.* for a long time; ~ знать (что) have* long known (that); ~ установи́вшийся long-established.

издалека́ from afar; (*издали тж.*) from a distance; ~ докати́лся гро́хот орýдий from afar came the rumble of artillery; он уви́дел его́ ~ he saw him from a distance; прие́хать ~ come* from far away; го́сти ~ guests from afar, guests from distant parts; ◇ нача́ть (разгово́р) ~ take* a roundabout approach to the subject.

и́здали from a distance, from afar.

изда́ние *с.* **1.** (*действие*) publication, publishing; (*закон*) issue, promulgation, issuing; **2.** (*печатное произведение*) publication; **3.** (*род издания*) edition; дешёвое ~ cheap edition; второ́е ~ 2nd edition; испра́вленное ~ revised edition.

изда́тель *м.* publisher; **~ский** publishing; ~ское де́ло the publishing trade; **~ство** *с.* publishing house.

изда́ть I, II *сов. см.* издава́ть **I, II**.

издева́тель|ский jeering, derisive; (*оскорбительный*) insulting; ~ское отноше́ние derisive attitude; ~ тон tone of derision/ridicule; **~ство** *с.* **1.** (*действие*) (vicious) mockery; jeering, derision; **2.** (*злая насмешка*) malicious insult; ~ство над людьми́ violation of human dignity.

издева́ться *несов.* (над *тв.*) treat (*smb.*, *smth.*) with contempt; jeer (at), mock (*smb.*, *smth.*), taunt (*smb.*), scoff (at).

издёвк|а *ж. разг.* gibe, taunt; посмотре́ть с ~ой на *кого-л.* look tauntingly at *smb.*

изде́ли|е *с.* **1.** (*выделка*) make; часы́ ме́стного ~я watch of local make, locally made watch; **2.** (*предмет, вещь*) article, product; goods *pl.*; бездефе́ктное ~ defect-free unit; брако́ванное ~ spoiled/tagged unit; гото́вые ~я finished products; дефе́ктное ~ defective unit; коне́чное ~ end production unit; ма́рочные ~я top-quality articles; некондицио́нные ~я sub-standard products, патентноспосо́бное ~ patentable product; промы́шленное ~ industrial product; сопýтствующие ~я related products; фабри́чные ~я factory-made goods, manufactured articles; желе́зные ~я hardware *sg*, ironmongery *sg*.

издёрганн|ый *разг.* harried, harassed; ~ые не́рвы overtaxed nerves, shattered nerves.

издёргать *сов.* (*вн.*) *разг.* harass (*smb.*); **~ся** *сов. разг.* get* into a bad state of nerves.

издержа́ть *сов.* (*вн.*) spend* (*smth.*), expend (*smth.*); **~ся** *сов.* have* spent all *one's* money.

изде́ржки *мн.* costs, charges, expenses, outlay *sg*; авари́йные ~ accident costs; ко́свенные ~ indirect expenses; непроизво́дственные ~ nonmanufacturing costs; сме́тные ~ budget costs;, estimated costs; судéбные ~ legal costs, law expenses; текýщие ~ carrying/current costs; торго́вые ~ sales expenses; тра́нспортные ~ transportation expenses/costs; ~ произво́дства manufacturing/production costs; нести́ ~ incur costs; сокраща́ть ~ reduce costs; ценóй больши́х изде́ржек at heavy cost.

издо́льщи|к *м. ист. экон.* share-cropper; **~на** *ж.* share-cropping.

издо́хнуть *сов. см.* издыха́ть.

издре́вле *уст.* from the earliest times.

издыха́ни|е *с.* last breath; до после́днего ~я to *one's* last breath; при после́днем ~и at *one's* last gasp.

издыха́ть, издо́хнуть die.

изжа́рить *сов.* (*вн.*) (*на сковороде*) fry (*smth.*); (*в духовке, на вертеле*) roast (*smth.*); **~ся** *сов.* be* ready.

изжёванный **1.** crumpled; **2.** *перен.* hackneyed.

изжева́ть, изжёвывать chew up.

изжива́ть, изжи́ть (*вн.*) get* rid (of), eliminate (*smth.*); ◇ изжи́ть себя become* obsolete.

изжи́ть *сов. см.* изжива́ть.

изжо́га *ж.* heartburn.

из-за **1.** (*откуда*) from, from behind; ~ мо́ря from across the sea, from overseas; ~ двере́й from the other side of the door; встать ~ стола́ rise* from the table, get* up; ~ угла́ вы́ехала маши́на a car came round the corner; ~ о́блака вы́плыла луна́ the moon came out from behind a cloud; **2.** (*по причине*) because of, owing to; (*по вине*) through; ~ вас (all) because of you; ~ дождя́ on account of the rain; ◇ ссо́риться ~ пустяко́в fall* out over trifles; жени́ться ~ де́нег marry for money.

иззя́бнуть *сов. разг.* be* frozen stiff, be* chilled to the bone.

излага́ть, изложи́ть (*вн.*) expound (*smth.*), state (*smth.*), set* (*smth.*) forth; ~ своё де́ло state *one's* case; ~ про́сьбу frame a request; ~ *что-л.* в пи́сьменной фо́рме state/put* *smth.* in writing; ~ *что-л.* своими словами put* *smth.* in *one's* own words, paraphrase *smth.*

излени́ться *сов. разг.* get* lazy.

излёт *м.*: пу́ля на ~е spent bullet.

излече́ни|е *с.* **1.** (*лечение*) treatment, cure; находи́ться на ~и be* under medical treatment; **2.** (*выздоровление*) recovery.

изле́чивать, излечи́ть (*вн.*) cure (*smb.*, *smth.*); **~ся**, излечи́ться **1.** (от *рд.*) be* cured (of); **2.** *тк. несов.* (*поддаваться лечению*) respond to treatment.

излеч|и́мый curable; **~и́ть** *сов. см.* изле́чивать; **~иться** *сов. см.* изле́чиваться **1**.

излива́ть, изли́ть (*вн.*) pour (*smth.*) out/forth, effuse (*smth.*); ~ гнев на *кого-л.* vent *one's* anger on *smb.*, pour out (the vials of) *one's* wrath upon *smb.*; ~ *кому-л.* свои́ чу́вства pour out *one's* feelings to *smb.*; ~ душу unbosom *oneself*; ~ся в выраже́ниях благода́рности pour out *one's* gratitude/thanks, be* profuse in *one's* thanks.

изли́ть(ся) *сов. см.* излива́ть(ся).

изли́ш|ек *м.* **1.** (*то,что остаётся*) surplus; ~ки хле́ба surplus grain; **2.** (*чрезмерное количество*) excess; ◇ э́того хва́тит с ~ком that'll be enough and to spare; **~ество** *с.* excess, over-indulgence; архитекту́рные ~ства architectural extravagances; **~ний** **1.** (*чрезмерный*) superfluous, excessive; ~ние подро́бности superfluous detail *sg*; **2.** (*ненужный*) unnecessary; ~няя предосторо́жность unwarranted precaution.

излия́ния *мн.* outpourings; ~ чувств effusions.

излови́ть *сов.* (*вн.*) *разг.* catch* (*smb.*, *smth.*), get* (*smb.*, *smth.*).

изловчи́ться *сов.* (+ *инф.*) *разг.* manage (+ to *inf.*), contrive (+ to *inf*).

излож|е́ние *с.* **1.** exposition, interpretation; **2.** (*пересказ*) paraphrase, rendering in *one's* own words; **~и́ть** *сов. см.* излага́ть.

изло́жница *ж. тех.* mold.

изло́м *м.* **1.** (*место разлома*) crack, break; **2.** (*болезненный надрыв*) breakdown; душе́вный ~ psychological collapse, mental unbalance.

изло́манн|ый **1.** (*сломанный*) broken; *тех.* fractured; **2.** (*непрямой*) zigzag *attr.*; ~ по́черк angular/uneven hand (writing); ~ая ли́ния zigzag line; **3.** (*неестественный*) affected; (*изуродованный*) deformed; (*о языке*) broken.

излома́ть *сов.* (*вн.*) **1.** (*сломать*) break* (*smth.*), break* up (*smth.*), smash (*smth.*) to pieces; **2.** *разг.* (*сделать неестественным*) deform (*smb.*, *smth.*), warp (*smb.*, *smth.*); ~ челове́ку жизнь warp a person's life; **~ся** *сов.* break* up.

излуч|а́ть *несов.* (*вн.*) emit (*smth.*), radiate (*smth.*), eradiate (*smth.*); **~а́ться** *несов.* radiate, emanate; **~е́ние** *с.* radiation, eradiation, emanation.

излу́чина *ж.* bend, wind.

излю́бленн|ый favorite; ~ое выраже́ние pet expression.

изма́зать *сов.* (*вн.*) smear (*smb.*, *smth.*), dirty (*smb.*, *smth.*); ~ пла́тье dirty *one's* dress; ~ ру́ки dirty *one's* hands; ~ себе́ лицо́ get* *one's* face all dirty; **~ся** *сов.* get* dirty; ~ся черни́лами get* ink all over *oneself*; ~ся кра́сками get* *oneself* covered with paint.

изма́тывать, измота́ть (*вн.*) *разг.* exhaust (*smb.*, *smth.*), wear* (*smb.*, *smth.*) out; **~ся**, измота́ться *разг.* be* worn out.

изма́яться *сов. разг.* be* exhausted, be* tired out.

измельча́ние *с.* growing small/shallow; *перен.* becoming shallow/superficial.

измельча́ть I *сов. см.* мельча́ть.

измельча́ть II, измельчи́ть (*вн.*) reduce (*smth.*) to fragments; (*рубить*) chop (*smth.*) fine; (*толочь*) pound (*smth.*); измельчи́ть *что-л.* в порошо́к grind* *smth.* to a powder, pulverize *smth.*

измельчи́ть *сов. см.* измельча́ть **II**.

изме́на *ж.* **1.** (*предательство*) treason; breach of faith; госуда́рственная ~ high treason; **2.** (*отказ от чего-л.*) betrayal; **3.** (*нарушение верности в любви*) unfaithfulness; супру́жеская ~ adultery.

измене́ни|е *с.* **1.** (*действие*) changing, alteration; ~ ассортиме́нта assortment change; ~ к контра́кту alteration to a contract; ~ ку́рса валю́т change in the exchange rate; ~ пла́на change of plan, alteration in the plan; ~ направле́ния change in/of direction; **2.** (*поправка*) change, alteration, amendment; без ~я unchanged; вноси́ть ~я в констру́кцию самолётов modify the design of the aircraft.

измени́ть I, II *сов. см.* изменя́ть **I, II**.

измени́ться *сов. см.* изменя́ться.

изме́нни|к *м.* traitor; ~ ро́дины traitor to *one's* country; **~ческий** traitorous, treacherous.

изме́нчив|ость *ж.* changeability, inconstancy; **~ый** changeable, inconstant; (*о человеке тж.*) fickle, unstable.

изменя́ем|ый variable; ~ые величи́ны *мат.* variables.

изменя́ть I, измени́ть (*вн.*) alter ~ (*smth.*), change (*smth.*); (*видоизменять*) modify (*smth.*); измени́ть курс alter the course; ~ о́браз жи́зни change *one's* mode of living; измени́ть своё мне́ние о *ком-л., чём-л.* change *one's* opinion about *smb.*, *smth.*; не́сколько измени́ть своё отноше́ние к *кому-л.* modify *one's* attitude towards *smb.*; ~ ход собы́тий alter the course of events.

измен|я́ть II, измени́ть (*дт.*) **1.** (*предавать*) betray (*smb.*, *smth.*); измени́ть ро́дине betray *one's* country; **2.** (*нарушать верность чему-л.*) betray (*smth.*); ~ прися́ге break* *one's* oath; измени́ть своему́ до́лгу fail in *one's* duty; **3.** (*нарушать верность в любви*) be* unfaithful (to); **4.** (*переставать действовать*) fail (*smb.*); е́сли па́мять мне не ~я́ет if my memory does not deceive me, if my memory serves me well; па́мять ему́ ~я́ет his memory is failing; си́лы измени́ли ему́ his strength failed him; сча́стье нам измени́ло our luck is out.

изменя́ться, измени́ться change; измени́ться к лу́чшему change for the better; ◇ измени́ться в лице́ change countenance.

измере́ние *с.* **1.** (*действие*) measuring; (*землемерное*) survey; (*глубины*) sounding; (*температуры*) taking; **2.** *мат.* (*измеряемая величина*) dimension.

измери́мый measurable.

измери́тель *м.* gauge, measure; **~ный** measuring.

изме́рить *сов. см.* измеря́ть.

измер|я́ть, изме́рить (*вн.*) measure (*smth.*); (*землю*) survey (*smth.*); (*глубину*) sound (*smth.*), fathom (*smth.*); (*температуру*) take* (*smth.*); **~я́ться** *несов.* be* measured; вре́мя ~я́лось тепе́рь секу́ндами every second counted now; запа́сы ~я́ются то́ннами supplies may be estimated by the ton.

изможде́нный emaciated, haggard.

измока́ть, измо́кнуть *разг.* be* wet through, be* sodden, get* soaked/drenched.

измо́кнуть *сов. см.* измока́ть.

измо́р *м.*: брать, взять *кого-л.* ~ом starve *smb.* into surrender; *перен.* wear* down *smb.'s* resistance.

и́зморозь *ж.* (*иней*) hoarfrost, rime.

и́зморось *ж.* drizzle.

измота́ть(ся) *сов. см.* изма́тывать(ся).

измоча́ливать, измоча́лить reduce to shreds; **~ся** become* frayed, be* in shreds; *перен. разг.* be* worn to shreds, go* to pieces.

изму́ченный worn out, exhausted; у него́ ~ вид he looks worn out, he looks played out.

изму́чить *сов.* (*вн.*) break* (*smb.*) by torture; (*утомить*) wear* (*smb.*) out; **~ся** *сов.* be* tired out, be* worn out.

измыва́тельство *с.* mocking, scoffing.

измыва́ться *сов.* (над *тв.*) *разг.* jeer (at), poke fun (at), scoff (at).

измы́згать *сов. разг.* make* dirty all over; **~ся** get* dirty all over.

измы́слить *сов. см.* измышля́ть.

измышл|е́ние *с.* invention, fabrication; (*ложь*) lie, falsehood; **~я́ть**, измы́слить (*вн.*) invent (*smth.*), fabricate (*smth.*); (*придумывать*) think* up (*smth.*), invent (*smth.*).

измя́тый crumpled, creased; (*с вмятинами*) dented, battered; *перен.* haggard, jaded.

измя́ть *сов.* (*вн.*) **1.** crumple (*smth.*); (*постель*) rumple (*smth.*); (*покрыть вмятинами*) dent (*smth.*), batter (*smth.*); **2.** (*придавить*; *прям. и перен.*) crush (*smb.*, *smth.*); **~ся** *сов.* be* crumpled/creased.

изна́нк|а *ж.* wrong side; seamy side (*тж. перен.*); ◇ с ~и on the inside, on the underside; ~ жи́зни seamy side of life.

изнаси́лов|ание *с.* rape, violation, assault; **~ать** *сов. см.* наси́ловать 1.

изнача́льный primordial.

изна́шивать, износи́ть (*вн.*) wear* (*smth.*) out; **~ся**, износи́ться be* worn out; *перен.* be* used up.

изне́женн|ость *ж.* delicacy, softness; (*о мужчине тж.*) effeminacy; **~ый** delicate, soft, coddled; (*о мужчине тж.*) effeminate.

изне́живать, изне́жить (*вн.*) coddle (*smb.*), make* (*smb.*) soft; **~ся**, изне́житься grow* soft.

изне́жить(ся) *сов. см.* изне́живать(ся).

изнемога́ть, изнемо́чь be* exhausted; *сов. тж.* break* down; ~ от уста́лости be* faint with exhaustion/fatigue, be* tired out, drop with exhaustion.

изнеможе́ни|е *с.* exhaustion, prostration; рабо́тать до ~я work to the point of exhaustion.

изнеможённый exhausted.

изнемо́чь *сов. см.* изнемога́ть.

изне́рвнича|ться *сов.* wreck *one's* nerves; она́ совсе́м ~лась her nerves are all to pieces, she is a nervous wreck.

изно́с *м.* **1.** (*изношенность*) wear, wear and tear, depreciation; есте́ственный ~ natural wear; мора́льный ~ obsolescence; норма́льный ~ normal wear and tear; физи́ческий ~ wear and tear; эксплуатацио́нный ~ service wear; **2.** (*изнашиваемость*) wear; э́той мате́рии нет ~а this stuff can never wear out, this stuff will stand any amount of wear.

износи́ть(ся) *сов. см.* изна́шивать(ся).

изно́шенный worn out; (*о ткани тж.*) threadbare.

изнур|е́ние *с.* exhaustion; **~ённый** exhausted, enfeebled, enervated, worn out.

изнури́тельн|ый exhausting, gruelling; ~ая жара́ enervating heat; ~ая боле́знь wasting disease.

изнури́ть *сов. см.* изнуря́ть.

изнуря́ть, изнури́ть (*вн.*) exhaust (*smb., smth.*), enervate (*smb.*), wear* (*smb., smth.*) out.

изнутри́ from (the) inside; (*с внутренней стороны*) on the inside; дверь заперта́ ~ the door is locked on the inside.

изныва́ть *несов.* languish, droop; ~ от жа́жды be* tormented by thirst; ~ от жары́ be* languishing in the heat; be* dying of heat; ~ от ску́ки be* dying of boredom; ~ от тоски́ pine with grief.

изо *см.* из.

изоба́ра *ж. геогр., физ.* isobar.

изоби́л|ие *с.* abundance, plenty; в ~ии in abundance, plenty of; ◇ рог ~ия cornucopia; **~овать** *несов.* (*тв.*) abound (in, with), be* rich (in).

изоби́льный abundant, plentiful.

изоблич|а́ть, изобличи́ть (*вн.*) **1.** (*уличать в чём-л.*) expose (*smb., smth.*); unmask (*smb.*); изобличи́ть *кого-л.* во лжи catch* *smb.* out in a lie, prove *smb.* a liar; **2.** *тк. несов.* (*ясно показывать*) reveal (*smb., smth.*); только́ меч ~а́л в нём во́ина only the sword revealed him as a warrior; **~е́ние** *с.* exposure; **~и́ть** *сов. см.* изоблича́ть 1.

изображ|а́ть, изобрази́ть (*вн.*) **1.** portray (*smb., smth.*); (*графически тж.*) represent (*smb., smth.*); (*в литературе тж.*) delineate (*smb., smth.*), depict (*smb., smth.*); **2.** (*на сцене*) act/play the part (of); **3.** (*выражать*) show (*smth.*); его́ лицо́ изобрази́ло тревогу his face displayed anxiety; **4.** *тк. несов.* (*быть изображением*) represent (*smb., smth.*); ◇ ~ из себя́ give* *oneself* out to be; **~а́ться**, изобрази́ться: на его́ лице́ изобрази́лось кра́йнее изумле́ние his face/features expressed extreme astonishment; **~е́ние** *с.* portrayal, representation, delineation; (*то, что изображено тж.*) picture; (*оптическое*) image.

изобрази́тель|ный representational; ◇ ~ые иску́сства the fine arts.

изобрази́ть *сов. см.* изображать **1, 2, 3**; ~ся *сов. см.* изобража́ться.

изобрести́ *сов. см.* изобрета́ть.

изобрета́тель *м.* inventor; **~ность** *ж.* inventiveness; **~ный** inventive; **~ство** *с.* invention.

изобрет|а́ть, изобрести́ (*вн.*) invent (*smth.*); **~е́ние** *с.* invention.

изо́гнутый bent, curved, winding.

изогну́ть(ся) *сов. см.* изгиба́ть(ся).

изо́граф *м.* icon painter.

изогра́фия *ж.* icon-painting.

изо́дранный tattered.

изойти́ *сов. см.* исходи́ть **III**.

изолга́ться *сов.* become* an incorrigible liar.

изоли́рованный **1.** (*обособленный*) isolated; **2.** *тех.* insulated, sealed; ~ про́вод insulated wire.

изоли́ровать *несов. и сов.* (*вн.*) **1.** (*обособлять*) isolate (*smb., smth.*); **2.** *тех.* insulate (*smth.*), seal (*smth.*).

изоля́|тор *м.* **1.** *эл.* insulator; **2.** (*больничный*) isolation ward; **~цио́нный** insulating *attr.*; **~ция** *ж.* **1.** isolation; **2.** *эл.* insulation.

изоляцион|и́зм *м. полит.* isolationism; **~и́ст** *м.* isolationist.

изо́рванный tattered, torn.

изорва́ть *сов.* (*вн.*) tear* up (*smth.*); **~ся** *сов.* get* torn, come* to pieces.

изоте́рм|а *ж. геогр., физ.* isotherm; **~и́ческий** isothermal.

изото́п *м.* isotope.

изощрённ|ость *ж.* subtlety, refinement; ~ый acute, subtle; ~ый слух acute ear; ~ый ум subtle/perceptive mind.

изощри́ть(ся) *сов. см.* изощря́ть(ся).

изощря́ть, изощри́ть (*вн.*) perfect (*smth.*), refine (*smth.*); ~ свой вкус, ум train *one's* taste, mind; **~ся**, изощри́ться: ~ся в остроу́мии exercise *one's* wits, strain *one's* ingenuity; (*стараться быть остроумным*) try to be witty.

из-под **1.** (*откуда*) from under, from beneath; вы́лезти ~ стола́ crawl out from under the table; **2.**: буты́лка ~ молока́ milk-bottle; коро́бка ~ конфе́т sweet-box; **3.** (*из района, города, деревни*) from somewhere near; ~ Ку́рска from somewhere near Kursk; ◇ сде́лать *что-л.* ~ па́лки do* *smth.* under the lash; укра́сть ~ но́са steal* under *smb.'s* nose; ~ полы́ on the sly, under the counter.

израз|е́ц *м.* tile; **~цо́вый** tiled.

изра́ильский Israeli.

израильтя́н|ин *м.*, **~ка** *ж.* Israeli.

изра́ненный lacerated; covered with wounds *после сущ.*

израсхо́довать *сов. см.* расхо́довать.

и́зредка **1.** (*иногда*) every now and then, from time to time; **2.** (*местами*) here and there.

изре́занный (*о береге и т. п.*) indented, jagged.

изре́з|ать *сов.* (*вн.*) **1.** (*на куски*) cut* (*smth.*) up; **2.** (*сделать много порезов*) gash (*smth.*), slash (*smth.*); (*стол, доску и т. п.*) hack (*smth.*) about; **3.** (*пересечь*) cut* (*smth.*) across, incise (*smth.*); ме́стность ~ана овра́гами the country is scarred with ravines.

изре|ка́ть, изре́чь (*вн.*) pronounce (*smth.*), utter (*smth.*); ~ и́стину utter a truth; **~че́ние** *с.* dictum (*pl.* -ums, -ta), saying; ~че́ния вели́ких люде́й the utterance/sayings of great men.

изре́чь *сов. см.* изрека́ть.

изрешети́ть *сов.* (*вн.*) riddle (*smb., smth.*).

изрисова́ть *сов.* (*вн.*) cover (*smth.*) with drawings.

изруби́ть *сов.* (*вн.*) **1.** chop (*smth.*); ме́лко ~ *что-л.* cut*/chop *smth.* up (into little bits), mince *smth.*; **2.** (*шашками*) put* (*smb., smth.*) to the sword; cut* down (*smb., smth.*) with *one's* sword.

изруга́ть *сов.* (*вн.*) heap abuse (on), revile (*smb.*)

изрыг|а́ть, изрыгну́ть (*вн.*) **1.** belch (*smth.*) out; *перен.* spout (*smth.*); **2.** (*произносить, вы-*

крикивать) mouth (*smth.*); **~нуть** *сов. см.* изрыгать.

изрытый churned up; ~ оспой pitted with smallpox scars *после сущ.*; pock-marked.

изрыть *сов.* (*вн.*) churn (*smth.*) up, tear* (*smth.*) up.

изрядн|о *разг.* considerably, rather, much; я ~ устал I am pretty tired; **~ый** *разг.* fair, quite a; ~ое расстояние quite a distance, ~ая сумма денег quite a sum, quite a lot of money; ~ое количество a fair amount.

изувер *м.* bigot, fanatic, monster; фашистские ~ы fascist monsters; **~ский** fanatical, fanatically cruel; **~ство** *с.* fanaticism, fanatical cruelty, bigotry.

изувечить *сов.* (*вн.*) maim (*smb., smth.*), mutilate (*smb., smth.*).

изукрасить *сов.* decorate (lavishly).

изумительный (*удивительный*) amazing, astounding; (*замечательный*) marvellous, wonderful.

изум|ить(ся) *сов. см.* изумлять(ся); **~ление** *с.* amazement; (*неприятное*) consternation, dismay; **~лённый** amazed, astounded; быть (*неприятно*) ~лённым be* dismayed; **~лять**, изумить (*вн.*) amaze (*smb.*), astound (*smb.*); **~ляться**, изумиться be* amazed/astounded.

изумруд *м.* emerald; **~ный** emerald *attr.*

изуродованный disfigured, maimed.

изуродовать *сов. см.* уродовать.

изуч|ать, изучить (*вн.*) study (*smb., smth.*); (*исследовать тж.*) investigate (*smth.*); ~ вопрос go* into the question; **~ение** *с.* study; внимательное ~ение scrutiny; **~ить** *сов. см.* изучать.

изъеденный eaten; (*кислотой, ржавчиной*) corroded; ~ молью moth-eaten; ~ мышами nibbled by mice *после сущ.*

изъездить *сов.* (*вн.*) *разг.* travel all over (*smth.*).

изъявительн|ый: ~ое наклонение *грам.* indicative (mood).

изъязвление *с. мед.* ulceration.

изъязвлённый ulcered, ulcerous.

изъяв|ить *сов. см.* изъявлять; **~ение** *с.* expression.

изъявлять, изъявить (*вн.*) express (*smth.*), declare (*smth.*); ~ желание express a wish; ~ согласие give* *one's* consent, consent (to).

изъян *м.* flaw, defect; без ~а flawless; товар с ~ом defective article.

изъясняться *несов.* speak*, make* *oneself* understood.

изъяти|е *с.* **1.** (*действие*) withdrawal; (*конфискация*) confiscation; ~ *чего-л.* из употребления, обращения withdrawal of *smth.*; ~ банкнот из обращения withdrawal of banknotes from circulation; ~ контрабанды seizure of contraband; **2.** (*исключение*) exception; все без ~я everyone without exception.

изъять *сов. см.* изымать.

изымать, изъять (*вн.*) withdraw* (*smth.*); (*конфисковать*) confiscate (*smth.*); изъять *что-л.* из обращения withdraw* *smth.* from circulation.

изыскание *с.* **1.** (*действие*) finding, procuring; ~ средств finding/procuring of funds; **2.** *обыкн. мн.* (*научные исследования*) research *sg.*, investigation *sg.*; **3.** *обыкн. мн.* (*исследование местных условий*) surveying *sg*; (*геологические*) prospecting *sg.*

изысканность *ж.* refinement.

изысканный exquisite, subtle, refined.

изыскать *сов.* (*вн.*) (*деньги, средства*) obtain (*smth.*); (*способ, средство*) find* (*smth.*), discover (*smth.*).

изыскивать *несов.* (*вн.*) seek* (*smth.*), look for (*smth.*).

изюбр *м.* Manchurian deer.

изюм *м.* raisins *pl*; **~ина** *ж.* raisin; **~инка** *ж.* **1.** *см.* изюмина; **2.** (*своеобразие*) piquancy; (*у человека*) spark; в ней есть ~инка she has a spark.

изящ|ество *с.* elegance; (*движений*) grace; (*стиля, манеры и т. п.*) polish; **~ный** elegant; (*о движениях*) graceful; ~ное платье smart dress; ~ная фигура graceful figure; ◇ ~ные искусства fine arts; ~ная литература belles-lettres.

икать, икнуть hiccough, hiccup.

икнуть *сов. см.* икать.

икона *ж.* icon.

иконобор|ец *м. ист.* iconoclast; **~ческий** iconoclastic; **~чество** *с.* iconoclasm.

иконография *ж.* **1.** iconography; **2.** *собир.* portraits.

иконописец *м.* icon painter.

иконопись icon-painting.

иконостас *м. церк.* iconostasis.

икот|а *ж.* hiccoughs *pl*, hiccups *pl*; припадок ~ы fit/attack of hiccoughs.

икра I *ж.* **1.** roe; **2.** (*кушанье*) caviare; зернистая ~ soft caviar; паюсная ~ pressed caviar; баклажанная ~ aubergine pâté; метать икру spawn; *перен.* rage.

икра II *ж.* (*ноги*) calf*.

икринка *ж.* grain of roe.

икрометание *с.* spawning.

ил *м.* silt.

или or; ~... ~... either... or...

илистый silty.

илот *м. ист.* helot.

иллюз|ия *ж.* illusion; **~орный** illusory.

иллюминатор *м. мор.* porthole; *ав.* window.

иллюмин|ация *ж.* illuminations *pl*; праздничная ~ festive illuminations; **~ировать**, ~овать *несов. и сов.* (*вн.*) illuminate (*smth.*).

иллюстр|ативный illustrative; ~ материал illustrative material; **~атор** *м.* illustrator; **~ация** *ж.* illustration; **~ировать** *несов. и сов.* (*сов. тж. проиллюстрировать*) (*вн.*; *прям. и перен.*) illustrate (*smth.*).

ильм *м. бот.* elm.

им 1. (*тв. от личн. мест.* он) by him; **2.** (*дт. от личн. мест.* они) (to) them.

имажин|изм *м. лит.* imagism; **~ист** *м.* imagist.

имáм *м.* imam.

имби́рный ginger *attr.*

имби́рь *м.* ginger.

имéние *с.* estate, (landed) property.

имени́нн|ик *м.*, **~ица** *ж.* person celebrating his, her name-day; *перен.* hero of the day; он ~ it's his name-day; *перен.* he is the hero of the day.

имени́ны *мн.* name-day *sg.*

имени́тельный: ~ падéж *грам.* nominative (case).

имени́тый eminent, distinguished.

и́менно **1.** (*как раз*) precisely, exactly, just; ~ он э́то сказа́л it was he who said it, he was the one who said it; ~ э́то он сказа́л that's precisly/exactly/just what he said; вы ~ тот, кого́ я хоте́л ви́деть you're the very person I wanted to see; ~ вас пошлю́т it'll be you they'll send; ~ потому́, что... it is (precisly) because...; ~ так и сле́дует понима́ть that's just what it means; **2.** (*при перечислении*) namely (*сокр.* viz.); три цвета, а ~: кра́сный, си́ний и жёлтый three colors, namely: red, blue and yellow; я получи́л прия́тное изве́стие, а ~, что мой прое́кт при́нят I have had good news — my design has been accepted; **3.**: кто, что ~? who, what, may I ask?; ско́лько ~? how many, much may I ask? вот ~! exactly!, that's right!, that's just the point!

именн|о́й **1.** inscribed; (*о металлических вещах*) engraved; ~ы́е часы́ watch with the owner's name engraved on it; ~ биле́т, про́пуск ticket, pass made out in *smb.'s* name; ~ы́е а́кции inscribed stock *sg.*; **2.** *грам.* nominal; ◇ ~ спи́сок nominal list; ~ чек cheque payable to person named; ~ экземпля́р autographed copy.

имено́ванн|ый: ~ое число́ *мат.* concrete number.

именова́ть *несов.* (*вн.*) name (*smb.*); **~ся** *несов.* be* called, bear* the name.

име́ть *несов.* (*вн.*) have* (*smth.*); ◇ ~ ме́сто take* place; ~ це́лью have* as its aim (+ *noun*), be* aimed at (+ -ing); ~ в виду bear* in mind, mean*; ничего́ не ~ про́тив *чего-л.* have* nothing against *smth.*, have* no objection to *smth.*; **~ся** *несов. переводится действительными формами гл.* have *или оборотами* there is, there are; у меня́, у вас име́ется I, you have; име́ются в прода́же (are) on sale; в прода́же име́ются но́вые радиоприёмники new radios are on sale; име́ется в *чьём-л.* распоряже́нии is at *smb.'s* disposal; е́сли таковы́е име́ются if available; здесь име́ется в виду́... the reference is to..., by this is meant...

име́ющ|ийся available; ~иеся фа́кты подтвержда́ют the available facts prove; кни́ги, ~иеся налицо́ the books available.

и́ми (*тв. от личн. мест.* они́) by them.

имит|а́тор *м.* imitator; **~а́ция** *ж.* imitation; **~и́тировать** *несов.* (*вн.*) imitate (*smb., smth.*).

имманéнтный *филос.* immanent.

иммигр|а́нт *м.*, **~а́нтка** *ж.* immigrant; **~ацио́нный** immigration *attr.*; ~ацио́нные зако́ны immigration laws; **~а́ция** *ж.* **1.** (*действие*) immigration; **2.** *собир.* (*иммигранты*) immigrants *pl.*; **~и́ровать** *несов. и сов.* immigrate.

иммуниз|а́ция *ж.* immunization; **~и́ровать** *несов. и сов.* (*вн.*) *мед., юр.* render (*smb.*) immune, immunize (*smb.*).

иммуните́т *м. мед., юр.* immunity; врождённый ~ natural immunity; дипломати́ческий ~ diplomatic immunity; приобретённый ~ acquired immunity; по́льзоваться ~ом enjoy immunity; име́ть ~ к о́спе be* immune against/to smallpox.

иммýнный immune.

императи́в *м. филос. грам.* imperative; категори́ческий ~ categorical imperative.

импера́т|ор *м.* emperor; **~орский** imperial; **~ри́ца** *ж.* empress.

импери́ал *м. уст.* (*русская золотая монета*) imperial.

империал|и́зм *м.* imperialism; **~и́ст** *м.* imperialist; **~исти́ческий**, **~и́стский** imperialistic, imperialist.

импе́р|ия *ж.* empire; **~ский** imperial.

импоза́нтн|ый imposing; у него́ ~ая фигу́ра he is a person of imposing appearence.

импони́ровать *несов.* (*дт.*) impress (*smb.*), inspire *smb.'s* respect.

и́мпорт *м.* import; **~ёр** *м.* importer; **~и́ровать** *несов. и сов.* (*вн.*) import (*smth.*); **~ный** imported; import *attr.*; ~ли́зинг import leasing; ~ная кво́та import quota; ~ная по́шлина import duty, duty on import; ~ная сто́имость това́ра import cost of commodity; ~ные ограниче́ния import restrictions; ~ные сде́лки import transactions.

импоте́нт *м.* impotent person; *юр.* spado; **~ный** impotent.

импоте́нция *ж. мед.* impotence.

импресса́рио *м. нескл.* impresario.

импрессион|и́зм *м.* impressionism; **~и́ст** *м.* impressionist; **~и́стский** impressionistic.

импровиз|а́тор *м.* improvisator, improviser; **~а́ция** *ж.* improvisation; **~и́рованный** improvised, extempore; **~и́ровать** *несов. и сов.* (*вн.*) improvise (*smth.*), extemporize.

и́мпульс *м.* **1.** impulse, impetus; **2.** *физ.* pulse; ◇ не́рвный ~ nervous impulse; электри́ческий ~ electric pulse/impulse; **~и́вный** impulsive; **~ный** pulsed; ~ный реа́ктор pulsed reactor; ~ная фотола́мпа photoflash lamp.

иму́щественный property *attr.*; ~ ценз property qualification.

иму́щество *с.* property, belongings; аре́ндное ~ leased property; дви́жимое ~ personalty, personal property; ли́чное ~ personal assets; недви́жимое ~ realty, real estate.

иму́щ|ий propertied; ◇ власть ~ие those in power, powers that be.

и́м|я *с.* **1.** name; (*в отличие от фамилии тж.*) first name; given name *амер.*; по ~ени Ива́н named Ivan; изве́стный под ~енем Ивано́ва known as Ivanov; **2.** (*известность, популярность*) name, reputation; учёный с мировы́м ~енем world-famous scientist; **3.** *грам.*: ~ существи́тельное noun; ~ прилага́тельное adjective; ~ числи́тельное numeral; ◇ заво́д ~ени Ки́рова the Kirov works/plant; (адресо́ванный) на ~ addressed to; оста́вить *что-л.* на *чьё-л.* ~ leave* *smth.* for; перевести́, положи́ть де́ньги на *кого-л.* credit money to *smb.'s* account; ~енем зако́на in the name of the law; во ~ *чего-л.* in the name of *smth.*; во ~ ми́ра in the name of world peace; от ~ени *кого-л.* on behalf of *smb.*; называ́ть ве́щи свои́ми ~ена́ми call things by their proper names; call a spade a spade *идиом.*

имяре́к *м.* so-and-so.

инакомы́слящий heterodox, dissident.

ина́че 1. *нареч.* differently, in a different way, otherwise; ду́мать, поступа́ть ~ think*, act otherwise; ~ обстои́т де́ло с... quite different is the case of...; **2.** *в знач. союза разг.* otherwise, or else; ◇ так или ~ in any case, anyhow; так или ~, приходи́те! you come, anyhow!

инвали́д *м.* invalid, disabled person; ~ войны́ disabled soldier; ~ труда́ disabled worker; **~ность** *ж.* disablement; disability; пе́нсия по ~ности disability pension; **~ный** invalid's; ~ный дом home for invalids.

инвекти́ва *ж.* invective.

инвентариз|а́ция *ж.* taking stock; про(из)води́ть ~а́цию *чего-л.* draw* up an inventory of *smth.*; (*проверять*) take* stock of *smth.*; **~ова́ть** *несов. и сов.* (*вн.*) draw* up an inventory (of); (*проверять*) take* stock (of).

инвента́рн|ый: ~ая кни́га inventory; ~ но́мер inventory number.

инвента́рь *м.* **1.** (*предметы*) inventory, stock; **2.** (*опись*) inventory; ◇ живо́й ~ livestock; мёртвый ~ implements *pl.*

инве́рсия *ж. лингв.* inversion.

инвести́ровать *несов. и сов.* (*вн.*) *эк.* invest (*smth.*).

инвести́ци|я *ж. фин.* investment; ~и investment(s), capital investment(s); прямы́е ~и direct investments; совме́стные ~и joint investments; ча́стные ~и private investments; **~о́нный** investment *attr.*; ~ банк investment bank; ~ траст investment trust; ~о́нная компа́ния investment company.

инве́стор *м. фин.* investor.

ингаля́|тор *м.* inhaler; **~ция** *ж. мед.* inhalation.

ингредие́нт *м.* ingredient.

ингу́ш *м.* Ingush; **~ка** *ж.* Ingush(woman*); **~ский** Ingush *attr.*

инде́ец *м.* American Indian.

инде́йка *ж.* turkey(-hen).

инде́йский (American) Indian; ◇ ~ пету́х turkey(-cock).

и́ндекс *м.* index (*pl.* -es; *эк., мат.* indices); о́бщий ~ general index; средневзве́шенный ~ average weight index; ~ ку́рсов а́кций index of stocks; ~ ку́рсов це́нных бума́г index of securities; ~ покупа́тельной спосо́бности purchasing power index; ~ сто́имости value index; ~ До́у-Джо́нса Dow-Jones index; ~ нью-йо́ркской фо́ндовой би́ржи NYSE common stock index; ~ потреби́тельских цен consumer price index; ~ ро́зничных цен retail price index, RPI; ~ сто́имости жи́зни cost of living index; ~ цен price index.

индекса́ция *ж. эк.* indexation, indexing.

инде́нт *м. торг.* (*ордер на отпуск товара, заказ на товар*) indent.

индиа́нка I *ж.* Indian woman*.

индиа́нка II *ж.* (American) Indian woman*.

индивидуал|изи́ровать *несов. и сов.* (*вн.*) individualize (*smb., smth.*); **~и́зм** *м.* individualism; **~и́ст** *м.* individualist.

индивидуа́льн|ость *ж.* **1.** individuality; **2.** (*человек*) person, individual; **~ый** individual; ~ые осо́бенности individual peculiarities; ~ое хозя́йство individual/private farm/holding; ~ое жили́щное строи́тельство individual/private building; ~ый подхо́д individual approach; ~ый слу́чай individual/single case.

индиви́дуум *м.* individual.

инди́го *с. нескл.* indigo.

индиец *м.* Indian.

и́ндий *м. хим.* indium.

инди́йский Indian.

индикати́в *м. грам.* indicative.

индика́тор *м. тех., хим.* indicator, marker; **~ный** *тех.* indicator *attr.*; indicated; ~ная бума́га indicator/test paper.

индифферéнт|ность *ж.* indifference; **~ый** indifferent.

индоевропе́йск|ий Indo-European; ~ие языки́ Indo-European languages.

индонез|и́ец *м.*, **~и́йка** *ж.* Indonesian; **~и́йский** Indonesian; ~и́йский язы́к Indonesian, the Indonesian language.

индоссаме́нт *м. эк.* endorsement, backing.

индосса́нт *м. эк.* endorser, transferer.

индосса́тор *м. эк.* endorsee, transferee.

индукти́вный inductive.

инду́ктор *м. эл.* inductor, field magnet; **~ный** inductor *attr.*; ~ вы́зов induction call; ~ телефо́нный аппара́т magneto telephone.

индукцио́н|ный induction *attr.*; ~ная кату́шка induction coil.

инду́кция *ж.* induction.

инду́с *м.*, **~ка** *ж.*, **~ский** Hindu.

индустриализ|а́ция *ж.* industrialization; **~и́ровать** *несов. и сов.* (*вн.*) industrialize (*smth.*).

индустриа́льный industrial.

индустри́я *ж.* industry.

индю́|к *м.* turkey(-cock); **~шка** *ж.* turkey(-hen); **~шо́нок** *м.* turkey-poult.

и́ней *м.* hoarfrost, rime.

ине́ртн|ость *ж.* inertia, inertness, slackness, sluggishness; **~ый 1.** *физ.* inert; **2.** (*бездеятельный*) sluggish, slothful.

ине́рци|я *ж.* **1.** *физ.* inertia; (*движущегося тела*) momentum; моме́нт ~и moment of inertia; по ~и by *one's* own momentum; *перен.* mechanically; **2.** (*бездеятельность*) sluggishness, inertia.

инжене́р *м.* engineer; ~-меха́ник mechanical engineer; ~-строи́тель civil engineer; ~-эле́ктрик electrical engineer; **~ный** engineering; ~ные войска́ engineer troops, engineers; sappers *разг.*; ~ная психоло́гия industrial psychology.

инженю́ *ж. нескл. театр.* ingenue.

инжи́р *м.* **1.** (*плод*) fig; **2.** (*дерево*) fig(tree).

инициа́лы *мн.* initials.

инициати́в|а *ж.* initiative; по ~е *кого-л.* on the initiative of *smb.*; прояви́ть ~у show* initiative; взять ~у в свои́ ру́ки take* the initiative; тво́рческая ~ creative initiative; **~ный** resourceful; ~ный челове́к person with initiative; ~ная гру́ппа organizing body, action committee.

инициа́тор *м.* initiator; быть ~ом *чего-л.* take* the lead in *smth.*

инкасса́тор *м. фин.* collector, receiver.

инкассация *ж. фин.* encashment, collection, receipt.

инкасси́рование *с. см.* инкасса́ция.

инкасси́ровать *несов. и сов.* encash, collect, receive.

инка́ссо *с. нескл. фин.* collection, collection of payments; документа́рное ~ documented collection; чи́стое ~ clean encashment; ~ про́тив докуме́нтов collection of documents; ~ с неме́дленной опла́той collection with immediate payment; ~ с после́дующим акце́птом collection with subsequent acceptance; ~ с предвари́тельным акце́птом collection with prior acceptance; **~вый**: ~вое извеще́ние advice of collection; ~вое поруче́ние order of collection.

инквизи́|тор *м.* inquisitor; **~торский** inquisitorial; **~ция** *ж.* inquisition.

инко́гнито *с. нескл. и нареч.* incognito.

инкримини́ровать *несов. и сов.* (*вн. дт.*) accuse (*smb.* of), charge (*smb.* with).

инкруст|а́ция *ж.* inlay, inlaid work; **~и́ровать** *несов. и сов.* (*вн.*) inlay (*smth.*).

инкуба́|тор *м.* incubator; **~торный** incubator *attr.*

инкубацио́нный incubation *attr.*; ~ пери́од (*болезни*) incubation (period), latency.

инкуба́ция *ж.* incubation.

инове́рец *м. рел.* adherent of different faith/creed.

иногда́ sometimes.

иногоро́дн|ий **1.** (*живущий в другом городе*) living in another town *после сущ.*; **2.** (*о корреспонденции*): ~ее письмо́ nonlocal letter.

инозе́м|ец *м.*, **~ка** *ж. уст.* foreigner; **~ный** *уст.* foreign.

ин|о́й *прил.* **1.** (*другой, не такой*) other, another; ~ы́ми слова́ми in other words; **2.** (*некоторый*) some (*с сущ. во мн. ч.*); **3.** *в знач. сущ. м.* some (people) *pl.*; ~о́му э́то мо́жет не понра́виться some people may not like it; ◇ совсе́м ~ое де́ло quite another thing, quite different; не кто ~, как none other than; не что ~ое, как nothing but; ~ раз sometimes.

и́нок *м.* monk.

иноплане́тный of another planet *после сущ.*

инопланетя́нин *м.* person from another planet.

иноплеме́нник *м. уст.* member of a different tribe/nationality.

иноро́д|ец *м. ист.* non-Russian; **~ческий** non-Russian *attr.*

иноро́дн|ый heterogeneous; ◇ ~ое тело foreign body.

иносказа́|ние *с.* allegory; **~тельный** allegorical.

иностра́н|ец *м.*, **~ка** *ж.* foreigner; **~ный** foreign; ~ный капита́л foreign funds; ~ креди́т foreign credit; ~ по́дданный foreign subject; ~ная валю́та foreign currency.

инохо́дец *м.* pacer, ambler.

и́ноходь *ж.* amble; идти́ ~ю amble.

иноязы́чн|ый (*о населении*) speaking another language *после сущ.*; **2.** (*о выражении, обороте*) belonging to another language *после сущ.*; ~ое заи́мствование foreign borrowing.

инсину|а́ция *ж.* insinuation; **~и́ровать** *несов. и сов.* insinuate.

инспекти́ровать *несов.* (*вн.*) inspect (*smb.*, *smth.*).

инспе́к|тор *м.* inspector; нало́говый ~ tax inspector; порто́вый ~ surveyor of the port; страхово́й ~ insurance inspector; тамо́женный ~ customs inspector; **~торский** inspector's; **~цио́нный** inspection *attr.*; ~цио́нная пое́здка tour of inspection; ~цио́нные о́рганы inspection bodies; **~ция** *ж.* **1.** inspection; **2.** (*учреждение*) inspection board; госуда́рственная ~ state inspection; санита́рная ~ sanitary inspection; тамо́женная ~ customs inspection.

инспи́ратор *м.* inciter.

инспири́ровать *несов. и сов.* (*вн.*) inspire (*smth.*).

инста́нц|ия *ж.* instance; department; *воен.* echelon; вы́сшая ~ higher authority; переда́ть де́ло в вы́сшую ~ию *юр.* refer the matter to higher authority; по ~иям through all the stages.

инсти́нкт *м.* instinct; **~и́вный** instinctive.

институ́т *м.* **1.** (*учреждение, учебное заведение*) institute; **2.** *юр.* institution; ~ бра́ка, ча́стной со́бственности the institution of marriage, private property.

инструкт|а́ж *м. разг.* **1.** (*действие*) instruction, instructing; **2.** (*руководящие указания*) instructions *pl*; **~и́вный** instructional.

инструкти́ровать *несов. и сов.* (*сов. тж.* проинструкти́ровать) (*вн.*) instruct (*smb.*), give* (*smb.*) instructions.

инстру́к|тор *м.* instructor; **~торский** instructor's; **~ция** *ж.* instructions *pl*, directions *pl*; должностна́я ~ция job description; ве́домственные ~ции departmental instructions; де́йствующие ~ции standing instructions; заводски́е ~ции manufacturer's instructions; ~ции по эксплуата́ции operation instructions.

инструме́нт *м.* instrument; *собир.* instruments *pl.*, tool kit; хирурги́ческие ~ы surgical instruments; ◇ музыка́льный ~ musical instrument;

~а́льный **1.** *тех.* tool *attr.*, instrument *attr.*; **2.** *муз.* instrumental; **~а́льщик** *м.* toolmaker; **~а́рий** *м. тех.* set of tools, instrument set.

инструментова́ть *несов. и сов.* (*вн.*) *муз.* instrument (*smth.*); (*для оркестра*) orchestrate (*smth.*).

инструменто́вка *ж. муз.* instrumentation; (*для оркестра*) orchestration.

инсули́н *м. мед.* insulin.

инсу́льт *м. мед.* cerebral thrombosis; stroke *разг.*

инсурге́нт *м. уст.* insurgent.

инсцени́ровать *несов. и сов.* (*вн.*) **1.** (*переделывать в пьесу*) dramatize (*smth.*), produce (*smth.*) for the stage; ~ рома́н dramatize a novel; **2.** (*притворно изображать что-л.*) feign (*smth.*); ~ боле́знь feign illness; ~ о́бморок stage a faint; ~ суде́бный проце́сс rig a trial.

инсцениро́вка *ж.* **1.** (*переделка в пьесу*) dramatization; **2.** (*симуляция*) pretense, act; ~ суде́бного проце́сса frame-up; **3.** (*инсценированное произведение*) stage version.

интегра́л *м. мат.* integral.

интегра́льн|ый *мат.* integral; ~ое исчисле́ние integral calculus.

интегра́ция *ж. полит. мат.* integration; экономи́ческая ~ economic integration.

интегри́ровать *несов. и сов.* (*вн.*) *полит. мат.* integrate (*smth.*).

интелле́кт *м.* intellect; **~уа́л** *м.* intellectual; **~уа́льный** intellectual; ~ная со́бственность intellectual property.

интеллиге́нт *м.* an intellectual, cultivated person; **~ность** *ж.* cultural level; **~ный** intellectual; (*культурный тж.*) cultured, cultivated.

интеллиге́нция *ж.* intelligentsia; intellectuals *pl.*

интенда́нт *м.* quartermaster; **~ский** quartermaster's; service corps *attr.*; **~ство** *с.* service corps*.

интенси́вн|ость *ж.* intensity; ~ зву́ка intensity of sound; ~ све́та intensity of light; ~ труда́ intensiveness of labor, labor intensity; **~ый** intensive.

интенсифика́ция *ж.* intensification; **~ци́ровать** *несов. и сов.* intensify (*smth.*).

интерва́л *м.* interval, space; с ~ом в пять мину́т at five-minute intervals.

интерве́н|т *м.* interventionist; **~ция** *ж.* intervention; ба́нковская ~ banking support.

интерви́дение *с.* Intervision.

интервью́ *с. нескл.* interview; дать *кому-л.* ~ grant *smb.* an interview; **~и́ровать** *несов. и сов.* (*сов. тж.* проинтервьюи́ровать) (*вн.*) interview (*smb.*).

интере́с *м.* interest; ~ к иску́сству interest in art; в ~ах де́ла for the good of the cause; в *чьих-л.* ~ах in *smb.'s* interests; э́то в ва́ших ~ах it is to/in your interest; представля́ть большо́й ~ be* of the utmost interest, be* of great interest.

интере́сн|о **1.** *нареч.* in an interesting manner; ~ расска́зывать be* a good talker; ~ расска́зывать о *чём-л.* give* an interesting description of *smth.*; **2.** *в знач. сказ. безл.* it is interesting; э́то не ~ there's no point in it; **~ый** **1.** interesting; как ~о! how interesting!; **2.** *разг.* (*красивый*) attractive, good-looking; ~ая же́нщина attractive woman*.

интерес|ова́ть *несов.* (*вн.*) interest (*smb.*); э́то меня́ ~у́ет it interests me, I am interested in it, I take an interest in it; э́то меня́ не ~у́ет! I'm afraid that doesn't interest me!; не э́то меня́ ~у́ет that's not what interests me; меня́ не ~у́ет их мне́ние! I don't care what they think about it!; **~ова́ться** *несов.* (*тв.*) be* interested (in), take* an interest (in); жи́во ~ова́ться *чем-л.* take* a lively interest in *smth.*

интерлю́дия *ж. муз.* interlude.

интерме́дия *ж. театр.* interlude.

интерна́т *м.* **1.** (*школа*) boarding-school; **2.** (*общежитие при школе*) (school-)hostel.

Интернациона́л *м.* **1.** International; **2.** (*пролетарский гимн*) the Internationale.

интернационал|изи́ровать *несов. и сов.* (*вн.*) internationalize (*smth.*); **~и́зм** *м.* internationalism; **~и́ст** *м.* internationalist; **~и́стский** internationalist *attr.*

интернациона́льный **1.** international; **2.** (*соответствующий принципам интернационализма*) internationalist *attr.*; ~ долг internationalist duty.

интерни́ров|ание *с.* internment; **~анный** *в знач. сущ.* internee; **~ать** *несов. и сов.* (*вн.*) intern (*smb., smth.*).

интерпрета́тор *м.* interpreter.

интерпрет|а́ция *ж.* interpretation; **~и́ровать** *несов. и сов.* (*вн.*) interpret (*smth.*).

интерье́р *м.* interior.

инти́мн|ость *ж.* intimacy; **~ый** intimate; ~ый разгово́р intimate conversation; ~ая те́ма intimate subject; ~ая обстано́вка intimate surroundings *pl.*

интоксика́ция *ж. мед.* intoxication; ◇ алкого́льная ~ alcoholic poisoning.

интона́ция *ж.* **1.** (*в речи*) intonation; (*модуляция*) inflection; **2.** *муз.* intonation.

интри́г|а *ж.* **1.** intrigue; plot; вести́ ~у про́тив *кого-л.* plot/intrigue against *smb.*; **2.** (*в пьесе, книге*) plot.

интрига́н *м.*, **~ка** *ж.* schemer, intriguer; **~ство** *с.* plotting, scheming, intrigue.

интригова́ть, заинтригова́ть *тк. несов.* (против *рд.*) plot (against), scheme (against), intrigue (against); (*вн.*; *возбуждать любопытство*) rouse the curiosity (of).

интроду́кция *ж. муз.* introduction.

интуитиви́зм *м. филос.* intuitivism.

инту|ити́вный intuitive; **~и́ция** *ж.* intuition; по ~и́ции by intuition, intuitively.

интури́ст *м.* foreign tourist, tourist/visitor from abroad.

инфанте́рия *ж. уст.* infantry.

инфантили́зм *м.* infantilism.

инфанти́льный infantile.

инфа́ркт *м. мед.* infarction; heart attack *разг.*

инфекцио́нн|ый *мед.* infectious; (*передающийся через прикосновение*) contagious; ◇ ~ая больни́ца isolation hospital; ~ое заболева́ние infectious disease.

инфе́кция *ж.* infection.

инферна́льный infernal, of hell.

инфильтра́ция *ж.* infiltration.

инфинити́в *м. грам.* infinitive.

инфици́рование *с.* infecting.

инфляцио́нный inflation *attr.*; ~ риск price risk.

инфля́ция *ж.* inflation; безу́держная ~ runaway inflation; контроли́руемая ~ controlled inflation; потенциа́льная ~ hidden inflation; свя́занная с чрезме́рной эми́ссией ~ inflation of currency; скры́тая ~ hidden/latent inflation; усто́йчивая ~ steady inflation.

информа́тор *м.* informant.

информацио́нн|ый information *attr.*; ~ое сообще́ние bulletin.

информа́ция *ж.* information; (*сообщение*) report.

информи́рованн|ый well-informed; ~ые круги́ well-informed circles.

информи́ровать *несов. и сов.* (*сов. тж.* проинформи́ровать) (*вн.*) inform (*smb.*), keep* (*smb.*) informed.

инфракра́сн|ый infrared; ~ые лучи́ infrared rays.

инфраструкту́ра *ж.* infrastructure; организацио́нная ~ organizational infrastructure; произво́дственная ~ production infrastructure.

инфузо́рия *ж. зоол.* infusorian (*pl.* -ria).

инциде́нт *м.* incident.

инъе́кци|я *ж. мед.* injection; сде́лать ~ю give* an injection.

ио́н *м. физ.* ion; **~иза́ция** *ж. физ.* ionization; ~ный *физ.* ionic; ion *attr.*

ио́ний *м. хим.* ionium.

** иони́ческий** *лит. арх.* Ionian, Ionic; ~ая коло́нна *арх.* Ionic column.

ионосфе́ра *ж.* ionosphere.

ипоста́сь *ж. рел.* hypostasis.

ипоте́|ка *ж. эк.* mortgage; **~чный** *эк.* mortgage *attr.*; ~ банк mortgage bank; ~ креди́т hypothecary credit.

ипохо́ндрик *м.* hypochondriac.

ипохо́ндрия *ж.* hypochondria.

ипподро́м *м.* racecourse, hyppodrome.

ипри́т *м.* mustard gas.

ира́кский Iraqi.

ира́н|ец *м.*, **~ка** *ж.* Iranian; **~ский** Iranian.

ири́дий *м. хим.* iridium.

ири́с *м.* toffee.

и́рис *м. бот.* iris.

ирла́нд|ец *м.*, Irishman*; **~ка** *ж.* Irishwoman*; **~ский** Irish.

и́род *м. разг.* tyrant, monster.

ирон|изи́ровать *несов.* (над *тв.*) speak* ironically (of), be* sarcastic (about); **~и́ческий** ironical; quizzical.

ирони́я *ж.* irony; ◇ ~ судьбы́ the irony of fate.

иррациона́льн|ый irrational; ~ое число́ *мат.* irrational number.

иррегуля́рный irregular.

ирригацио́нный irrigation *attr.*

ирригáция *ж.* irrigation.

иск *м.* claim, action; suit; встре́чный ~ counterclaim, counter-action, countercharge; иму́щественный ~ claim of ownership; пате́нтный ~ patent action; суде́бный ~ action of law, legal action; иск об убы́тках claim for damages; предъявля́ть ~ *кому-л.* sue *smb.*, lodge a claim against *smb.*; bring* an action against *smb.*

искаж|а́ть, искази́ть (*вн.*) **1.** (*сильно изменять*) distort (*smth.*); боле́знь искази́ла то́нкие черты́ его́ лица́ his fine features had been deeply changed by illness; **2.** (*извращать*) distort (*smth.*), garble (*smth.*), twist (*smth.*); ~ фа́кты twist facts; **~а́ться**, искази́ться become* distored; (*о лице тж.*) twist; **~е́ние** *с.* **1.** (*действие*) distortion; misrepresentation; **2.** (*неправильность, ошибка*) distortion; **~ённый** **1.** (*о лице, наружности*) distorted; **2.** (*неправильный, извращённый*) garbled, misrepresented.

искази́ть(ся) *сов. см.* искажа́ть(ся).

искале́ченный maimed, crippled; *перен.* ruined.

искале́чить *сов.* (*вн.*) maim (*smb.*, *smth.*), cripple (*smb.*); *перен.* ruin (*smb.*).

иска́ния *мн.* search (after) *sg.*, quest (for) *sg.*

иска́тель *м.*, **~ница** *ж.* seeker (after); ~ жемчуга pearl-diver; ◇ ~ приключе́ний adventurer.

иска́ть *несов.* **1.** (*вн.*) look (for), search (for); **2.** (*рд.*; *добиваться чего-л., стремиться*) seek* (*smth.*); ~ сове́та seek* advice; ~ по́вода seek* an excuse/pretext.

исключ|а́ть, исключи́ть **1.** (*вн.* из *рд.*) exclude (*smb., smth.* from); (*удалять из состава*) expel (*smb.* from); ~ *кого-л.* из спи́сков strike* *smb.'s* name off the lists; исключи́ть *кого-л.* из шко́лы expel *smb.* from school; **2.** *тк. несов.* (*вн.*; *устранять, не допускать*) eliminate (*smth.*); rule out (*smth.*); ~ возмо́жность *чего-л.* rule out the possibility of *smth.*; **~а́ться** *несов.*: взаи́мно ~а́ться be* mutually exclusive; ~а́я except, with the exception of, barring; не ~а́я not excepting; **~е́ние** *с.* **1.** (*удаление*) expulsion, exclusion; **2.** (*отступление*) exception; ~е́ние из пра́вил exception to the rule; нет пра́вил без ~е́ния there is always an exception to the rule; в ви́де ~е́ния as an exception; все без ~е́ния everyone without exception; ◇ за ~е́нием *кого-л., чего-л.* except *smb.*, *smth.*, with the exception of *smb.*, *smth.*; по ме́тоду ~е́ния by process of elimination.

исключи́тельн|о **1.** (*лишь, только*) exclusively; nothing but; **2.** (*особенно*) exceptionally; он ~ тала́нтлив he's exceptionally gifted; **~ость** *ж.* **1.** (*особенность*) exceptional nature, exceptionality; **2.** (*обособленность*) exclusiveness; **~ый** **1.** (*особенный, необыкновенный*) exceptional; ~ый слу́чай exceptional case; **2.** (*единст-

венный) sole, exclusive; ~ое пра́во the sole/exclusive right.

исключ|и́ть *сов.* **1.** *см.* исключа́ть **1**; **2.**: не ~ена́ возмо́жность it's quite possible; э́та возмо́жность ~ена́ any such contingency may be dismissed (as impossible); э́то ~ено́ it's out of the question.

исковéрканн|ый 1. *(изло́манный)* misshapen, twisted; **2.** *(нра́вственно изуро́дованный)* corrupted; ruined; ~ая жизнь ruined life; **3.** *(непра́вильный)* distorted; на ~ом англи́йском языке́ in broken English.

исковéркать *сов. см.* ковéркать.

исколеси́ть *сов.* *(вн.)* *разг.* travel all over *(smth.)*.

исколот|и́ть *сов.* *(вн.)* *разг.* **1.** beat* *(smb.)* up, rain blows (on); его́ ~и́ли he was beaten up; **2.** *(вкола́чивая, испо́ртить)* chip and dent *(smth.)* all over; вся дверь была́ исколо́чена the door was chipped and dented all over.

исколо́ть *сов.* *(вн.)* **1.** *(изра́нить)* prick and scratch *(smb., smth.)* all over; **2.** stud *(smth.)*; ка́рта была́ иско́лота флажка́ми the map was dotted/studded with flags.

иско́м|ое *с.* *мат.* an unknown (quantity); ~ый **1.** sought-for; **2.** *мат.* sought *после сущ.*, to be found *после сущ.*

искони́ *уст.* from time immemorial.

иско́нный long-standing, time-honored.

ископа́ем|ый *прил.* **1.** *(добыва́емый)* mineral; ~ое сырьё mineral raw materials; **2.** *в знач. сущ. мн.*: поле́зные ~ые (economic) minerals; **3.** *(о живо́тном, расте́нии)* fossil; **4.** *в знач. сущ.* *(о челове́ке)* fossil, old fossil; **5.** *шутл.* *(допото́пный)* fossilized.

ископа́ть *сов.* *(вн.)* dig* up *(smth.)*.

искорёженный twisted; *(о де́реве)* warped.

искорене́ние *с.* eradication, extirpation.

искорени́ть *сов. см.* искореня́ть.

искореня́ть, искорени́ть *(вн.)* root out *(smth.)*, eradicate *(smth.)*, extirpate *(smth.)*; ~ зло root out an evil; ~ предрассу́дки eradicate prejudices.

и́скоса sideways, askance; ~ посмотре́ть на *кого́-л.* look askance at *smb.*; ◇ взгляд ~ sidelong glance.

и́скр|а *ж.* spark; ~ наде́жды gleam/glimmer of hope; ◇ у меня́ ~ы из глаз посы́пались I saw stars.

и́скренн|е sincerely, candidly; ~ Ваш Yours sincerely; **~ий** sincere; **~ость** *ж.* sincerity.

искриви́ть(ся) *сов. см.* искривля́ть(ся).

искривле́ние *с.* twist, curvature; distortion *(тж. перен.)*; ~ позвоно́чника curvature of the spine; ~ полити́ческой ли́нии distortion of the political line.

искривля́ть, искриви́ть *(вн.)* *(де́лать криво́ым)* twist *(smth.)*, bend* *(smth.)*; *(о черта́х лица́)* distort *(smth.)*; **~ся**, искриви́ться become* twisted, twist; become* distorted; его́ лицо́ искриви́лось от бо́ли his face twisted with pain.

искри́стый sparkling.

искри́ться *несов.* sparkle.

искрогаси́тель *м.* *тех.* spark-arrester.

искромётный sparkling; ◇ ~ взгляд flashing glance.

искромса́ть *сов. см.* кромса́ть.

искроши́ть *сов.* *(вн.)* crumble *(smth.)*, pulverize *(smth.)*; *перен. разг.* slash *(smb., smth.)* to pieces; **~ся** *сов.* crumble, fall* to pieces.

искря́щийся sparkling.

искупа́ть I, искупи́ть *(вн.)* **1.** redeem *(smth.)*, expiate *(smth.)*; atone (for); ~ свою́ вину́ atone for *one's* guilt; **2.** *(возмеща́ть)* make* up (for), make* amends (for), compensate (for).

искупа́ть II *сов.* *(вн.)* *разг.* *(вы́купать)* give* *(smb.)* a bath.

искупа́ться I, искупи́ться **1.** be* redeemed (by), be* atoned (by); **2.** *(возмеща́ться)* be* made up for (by), be* compensated (by).

искупа́ться II *сов. разг.* have* a bath.

искупи́тель *м.* *рел.* redeemer.

искупи́тельн|ый expiatory, redemptive; ~ая же́ртва peace offering, sin offering.

искупи́ть *сов. см.* искупа́ть I; **~ся** *сов. см.* искупа́ться I.

искупле́ние *с.* redemption, expiation, atonement.

искуса́|ть *сов.* *(вн.)* bite* *(smb.)* (badly); комары́ меня́ ~ли I've been bitten all over by mosquitoes.

искус|и́тель *м.* tempter; **~и́ть** *сов. см.* искуша́ть.

иску́сн|ик *м.*, **~ица** *ж.* *разг.* past master, expert.

иску́сный skillful; ~ стрело́к skilled marksman*.

иску́сственн|ость *ж.* artificality; **~ый 1.** artifical; *тех.* *тж.* synthetic; ~ое ороше́ние artifical irrigation; ~ое пита́ние artifical feeding; ~ые цветы́ artifical flowers; ~ое волокно́ synthetic/man-made fiber; **2.** *(притво́рный)* affected, artifical; ~ая улы́бка affected smile; ◇ ~ый спу́тник Земли́ artifical Earth satellite, sputnik.

иску́сств|о *с.* **1.** art; произведе́ние ~а work of art; драмати́ческое ~ dramatics; ора́торское ~ elocution; **2.** *(уме́ние, мастерство́)* skill, art; ~ находи́ть покупа́телей salesmanship; ~ верхово́й езды́ horsemanship; владе́ть ~ом ша́хматной игры́ be* proficient at chess; де́лать *что́-л.* из любви́ к ~у do* *smth.* for its own sake.

искусствове́д *м.* art critic; **~ение** *с.* art criticism; **~ческий** art *attr.*

искуш|а́ть, искуси́ть *(вн.)* tempt *(smb., smth.)*; ◇ ~ судьбу́ tempt fate; **~е́ние** *с.* temptation.

искушённый experienced; ◇ ~ о́пытом well-tried.

исла́м *м.* Islam.

исла́нд|ец *м.*, **~ка** *ж.* Icelander; **~ский** Iceland *attr.*, Icelandic; ~ский язы́к Icelandic, the Icelandic language.

испа́н|ец *м.* Spaniard; **~ка** *ж.* Spanish woman*; она́ ~ка she's Spanish; *(грипп)* *разг.*

Spanish flu; ~ский Spanish; ~ский язы́к Spanish, the Spanish language.

испаре́ни|е *с.* **1.** (*действие*) evaporation; **2.** *обыкн. мн.* (*испаряющееся вещество*) fume, vapor; вре́дные ~я harmful/noxious fumes.

испа́рина *ж.* perspiration.

испари́ть(ся) *сов. см.* испаря́ть(ся).

испаря́ть, испари́ть (*вн.*) evaporate (*smth.*); ~ся, испари́ться evaporate; *перен.* vanish into thin air.

испа́чкать *сов.* (*вн.*) make* (*smb.*, *smth.*) dirty; **~ся** *сов.* make* *oneself* dirty.

испепели́ть *сов. см.* испепеля́ть.

испепел|я́ть, испепели́ть (*вн.*) reduce (*smb.*, *smth.*) to ashes; lay* (*smth.*) waste, incinerate; ~я́ющий: ~я́ющий взгляд withering glance.

испе́чь *сов. см.* печь **II 1**; **~ся** *сов. см.* пе́чься **I 1**.

испещри́ть *сов. см.* испещря́ть.

испещря́ть, испещри́ть (*вн. тв.*) spot (*smth.* with), dot (*smth.* with), cover (*smth.* with).

исписа́ть(ся) *сов. см.* испи́сывать(ся).

испи́сывать, исписа́ть (*вн.*) **1.** fill up (*smth.*), cover (*smth.*) with writing; он исписа́л три тетра́ди he filled up three notebooks; **2.** *разг.* (*израсходовать*) use up (*smth.*); она́ исписа́ла после́дний каранда́ш she has used up her last pencil; **~ся**, исписа́ться **1.** (*расходоваться*) be* used up; каранда́ш исписа́лся the pencil is worn to a stump; **2.** (*о писателе*) exhaust *one's* powers/inspiration, write* *oneself* out.

испито́й *разг.* haggard, emaciated, gaunt.

испи́ть *сов.* (*вн.*) drain (*smth.*); ~ го́рькую ча́шу страда́ний drain the cup of woe.

испове́довать *несов. и сов.* (*вн.*) **1.** *тк. несов.* (*следовать учению*) profess (*smth.*); **2.** *церк.* hear* *smb.'s* confession; *перен.* (*расспрашивать*) question (*smb.*) closely; **~ся** *несов. и сов. церк.* confess; *перен.* unbosom *one*self.

и́сповед|ь *ж.* confession; быть на ~и be* at confession.

и́сподволь *разг.* little by little, gradually, at *one's* leisure; ~ гото́виться к *чему-л.* prepare well in advance for *smth.*

исподло́бья: смотре́ть ~ на *кого-л.*, *что-л.* scowl at *smb.*, *smth.*, frown at *smb.*, *smth.*

испо́дн|ий *уст.* under; ~ее *в знач. сущ.* undergarment, underwear.

исподтишка́ *разг.* stealthily, surreptitiously, on the quiet, on the sly; ◇ смея́ться ~ laugh in *one's* sleeve.

испоко́н: ~ веко́в, ~ ве́ку from time immemorial, since time began.

исполи́н *м.* giant; **~ский** huge, gigantic; челове́к ~ского ро́ста huge man*.

исполко́м *м.* (исполни́тельный комите́т) executive committee.

исполне́ни|е *с.* **1.** (*выполнение*) execution, fulfillment, performance; ~ приказа́ния execution of an order; ~ до́лга fulfillment of duty; ~ жела́ния, обеща́ния fulfillment of a wish, promise; при ~и служе́бных обя́занностей in the performance of *one's* duties, in line of duty; не при ~и служе́бных обя́занностей when off duty; **2.** (*модификация оформления*) version; тропи́ческое ~ tropical version; э́кспортное ~ export version; **3.** (*передача художественного произведения*) performance, rendering; те́хника ~я execution; ~ рома́нса rendering a song; ви́деть пье́су в хоро́шем (плохо́м) ~и see* a good* (bad*) performance of play; в ~и *кого-л.* performed by *smb.*

испо́лненн|ый (*рд.*) full (of); ~ жела́ния filled with the desire; глаза, ~ые печа́ли sorrowful eyes, sorrowing eyes.

исполни́м|ый feasible; ва́ше жела́ние вполне́ ~о! your wish can easily be gratified; э́то вполне́ ~о! that's perfectly feasible!

исполни́тель *м.* **1.** doer, executor; ~ после́дней во́ли executor; **2.** (*артист*) performer; ◇ суде́бный ~ bailiff, officer of the law; **~ница** *ж.* **1.** executrix (*pl.* -ixes, -ices); **2.** (*артистка*) performer; **~ность** *ж.* assiduity.

исполни́тельн|ый executive; ~ая власть the executive (power); ~ комите́т executive committee; **2.** (*о человеке*) efficient, conscientious; ◇ ~ лист court order, writ, warrant.

исполни́тельск|ий: ~ое мастерство́ technical skill/brilliance; mastery.

испо́лнить *сов. см.* исполня́ть; **~ся** *сов. см.* исполня́ться 1, 3, 4.

исполн|я́ть, испо́лнить (*вн.*) **1.** (*осуществлять*) execute (*smth.*), fulfill (*smth.*); (*обязанность*) discharge (*smth.*); attend (to), perform (*smth.*); ~ *чьё-л.* жела́ние fulfill/meet* *smb.'s* wish; ~ долг discharge *one's* duty; ~ обеща́ние keep* a promise; ~ приказа́ние carry out an order, execute an order; ~ про́сьбу comply with a request; **2.** (*пьесу, музыкальное произведение*) perform (*smth.*); (*о пении тж.*) sing* (*smth.*); ~ роль take* the part; *перен.* play the role; **~я́ться**, испо́лниться **1.** (*осуществляться*) be* fulfilled; **2.** *тк. несов.* (*о пьесе, музыкальном произведении*) be* performed; ~я́ется впервы́е performed for the first time; **3.** (*о времени, сроке*) be*; испо́лнилось 30 лет со дня оконча́ния войны́ thirty years have passed since the end of war; **4.** *безл.* (*о возрасте*): ему́ то́лько что испо́лнилось 18 лет he is just eighteen; за́втра ему́ исполня́ется 18 лет he will be eighteen tomorrow.

исполня́ющий: ~ обя́занности дире́ктора acting director.

испо́льзование *с.* utilization, employment; ~ всех возмо́жных средств the employment of all possible means.

испо́льзовать *несов. и сов.* (*вн.*) use (*smth.*); utilize (*smth.*); make* use (of), employ (*smth.*); ~ слу́чай, возмо́жность take* the opportunity; ~ своё влия́ние use *one's* influence; ~ отхо́ды произво́дства utilize waste materials; ~ резе́рвы make* use of (*one's*) reserves; ~ своё преиму́щество exploit *one's* advantage; ~ специали́стов make* use of experts; ~ все средства employ all means; полностью ~ *что-л.* make* full use of *smth.*

испортить(ся) *сов. см.* портить(ся).

испорченность *ж.* depravity.

испорченный 1. spoiled; (*о зубе*) decayed; (*о продуктах*) tainted; ~ замок broken lock; **2.** (*распущенный*) depraved; ~ ребёнок spoiled child.

испошлить *сов. разг.* vulgarize.

исправим|ый remediable, rectifiable; (*о человеке*) corrigible; это ~о that can be set right.

исправительно-трудовой corrective-labor.

исправительн|ый corrective; ~ая колония reformatory, approved school; ~ые меры corrective measures.

исправить(ся) *сов. см.* исправлять(ся).

исправлени|е *с.* **1.** (*действие*) correction, correcting; (*починка*) repair; **2.** (*поправка*) correction; вносить ~я make* corrections.

исправлять, исправить (*вн.*) **1.** (*чинить*) repair (*smth.*); ~ радиоприёмник repair a radio; **2.** (*устранять недостатки*) correct (*smth.*), put* (*smth.*) right; ~ ошибку correct a mistake; издание исправленное и дополненное revised and enlarged edition; **3.** (*улучшать*) reform (*smth.*); исправить характер reform *one's* character; **~ся**, исправиться improve, reform, mend *one's* ways; он совсем исправился he is quite a reformed character.

исправн|ость *ж.*: в ~ости in working order; (*в хорошем состоянии*) in good condition; **~ый 1.** (*в порядке*) in working order *после сущ.*, in good repair *после сущ.*; эта машина ~а this machine is in good working order; **2.** (*старательный*) conscientious.

испражн|ения *мн.* excrements, feces; **~иться** *сов. см.* испражняться; **~яться**, испражниться evacuate the bowels, defecate.

испробовать *сов.* (*вн.*) **1.** (*проверить качество, годность*) test (*smth.*); **2.** *разг.* (*на вкус*) taste (*smth.*); **3.** (*испытать*) try (*smth.*); ~ все возможности try everything, leave* no stone unturned.

испуг *м.* fright; в ~е in a fright; с ~у in *one's* fright.

испуганн|о in fright; (*робко*) timidly; **~ый** frightened, scared, terrified.

испугать(ся) *сов. см.* пугать(ся).

испускать, испустить (*вн.*) give* off (*smth.*); ~ запах give* off an odor; испустить крик utter a cry; ◇ испустить дух expire, breath *one's* last.

испустить *сов. см.* испускать.

испытани|е *с.* **1.** test, trial; гарантийные ~я guarantee tests; государственные ~я state testing, official tests; заводские ~я factory tests; контрольные ~я check tests, penalty tests; лабораторные ~я laboratory tests; приёмочные ~я acceptance tests; пробные ~я proof tests; пусковые ~я commissioning tests; эксплуатационные ~я performance/maintenance tests, in-service testing; ~я в условиях рынка market tests; производить ~ *чего-л.* test *smth.*; ~ ядерного оружия nuclear-weapon test; проводить ~я conduct tests; выдержать ~ временем stand* the test of time; **2.** (*экзамен*) examination; **3.** (*тягостное переживание*) ordeal, trial.

испытанн|ый tried; ~ое средство well-tried remedy; ~ друг tried friend; ~ в боях tried in battle, battle-tested.

испытатель *м.* tester; лётчик-~ test pilot.

испытательный test *attr.*, trial *attr.*, probationary; ~ полигон proving ground; ~ полёт test-flight; ~ срок period of probation; ~ рейс trial run.

испыт|ать *сов. см.* испытывать 1, 2; **~ующий** searching, scrutinizing; ~ующий взгляд searching look.

испытывать, испытать (*вн.*) **1.** (*проверять*) try (*smth.*), test (*smb., smth.*); ~ мотор test an engine; ~ *чьё-л.* терпение try *smb.'s* patience; **2.** (*узнавать на собственном опыте*) feel (*smth.*), experience (*smth.*); undergo* (*smth.*); испытать *что-л.* на себе have* personal experience of *smth.*; ~ лишения experience/know* hardship; **3.** *тк. несов.* experience; ~ недостаток в *чём-л.* be* short of *smth.*

исследова|ние *с.* **1.** (*действие*) research (into); investigation (of); (*страны*) exploration (of); *хим.* analysis (of); ~ больного medical examination; ~ния в области использования ядерной энергии research into the uses of nuclear energy; ~ космического пространства space exploration; **2.** (*научный труд*) work (on), study (of); **~тель** *м.* researcher; scientist, expert; (*страны*) explorer; **~тельский** research *attr.*

исследовать *несов. и сов.* (*вн.*) investigate (*smth.*); (*изучать*) study (*smth.*); (*территорию*) explore (*smth.*); *хим.* analyze (*smth.*); ~ больного examine a patient.

исстари since olden days; так ~ ведётся it's an ancient custom.

исстрадаться *сов.* suffer bitterly, be* worn out with suffering.

исступл|ение *с.* frenzy; в ~ении in a frenzy; приходить в ~ fly* into a rage; **~ённый** frenzied, frantic, frenetic.

иссуш|ать, иссушить (*вн.*) dry up (*smth.*); (*о растении*) wither (*smth.*); *перен.* consume (*smb.*); горе иссушило её she is wasted with grief; **~ить** *сов. см.* иссушать.

иссякать, иссякнуть **1.** (*об источнике, воде*) dry up; **2.** (*кончаться*) run* out; (*о терпении и т. п.*) give* out, be* exhausted; его силы иссякли his strength gave out.

иссякнуть *сов. см.* иссякать.

истаптывать, истоптать (*вн.*) **1.** (*мять*) trample (*smth.*); **2.** *разг.* (*пачкать*): истоптать пол leave* footprints on the floor; **3.** *разг.* (*об обуви*) wear* out (*smth.*).

истаять *сов.* melt (completely); ◇ ~ от тоски pine, languish.

истекать, истечь **1.** (*кончаться, проходить*) expire, elapse; время истекло time is up; **2.**: ~ кровью be* bleeding to death; *перен.* pour out *one's* lifeblood.

истёкш|ий past; за ~ год (*о сроке*) for the past year; (*о периоде*) during/in the past year; ци́фры за ~ год the figures for the past year, last year's figures; за ~ год мно́го сде́лано much has been done during the past year; 20-го числа ~его ме́сяца on the 20th ult(imo).

истерзанный (*израненный*) lacerated, gashed; (*о чувствах, нервах*) lacerated; (*измученный*) worn out, tormented; (*изуродованный*) torn, twisted; (*растрёпанный*) bedraggled.

истерза́ть *сов.* **1.** (*изранить*) tear* (*smb.*) to pieces; **2.** (*измучить*) wear* (*smb.*) out, torment (*smb.*).

исте́р|ик *м.* hysteric; **~ика** *ж.* fit of hysteria; би́ться в ~ике be* in hysterics; ◇ впада́ть в ~ику, зака́тывать ~ику go* into hysterics, make* a hysterical scene; **~и́ческий** hysterical; **~и́чка** *ж.* hysterical woman*; она́ ~и́чка she gets hysterical; **~и́чный** hysterical.

истери́я *ж.* histeria; вое́нная ~ war histeria.

исте́ц *м. юр.* plaintiff, petitioner; ~ в суде́ plaintiff before the court.

истече́ни|е *с.* **1.** flow; **2.** (*окончание*) termination, expiration; по ~и двух часо́в after two hours, two hours later; по ~и изве́стного вре́мени after a certain lapse of time.

исте́чь *сов. см.* истека́ть.

и́стин|а *ж.* truth; в э́том есть до́ля ~ы there is a grain of truth in that; ◇ свята́я ~ gospel truth; изби́тая ~ truism.

и́стинн|о truly, veritably; **~ый** true; ~ая пра́вда the truth; ~ый друг true friend; ~ое со́лнечное вре́мя *астр.* apparent solar time; э́тот ребёнок — ~ое наказа́ние! the child's veritable infliction!

истлева́ть, истле́ть **1.** (*гнить*) rot; **2.** (*сгорать*) be* reduced to ashes; у́гли истле́ли the coals had burned to ashes.

истле́ть *сов. см.* истлева́ть.

и́стово *уст.* devoutly, fervently, zealously; ~ый devout, assiduous.

исто́к *м.* **1.** source; **2.** *обыкн. мн.* (*начало чего-л.*) source, root.

истолков|а́ние *с.* interpretation; **~а́тель** *м.* interpreter, commentator, expounder; **~а́ть** *сов. см.* истолко́вывать.

истолко́выва́ать, истолкова́ть (*вн.*) interpret (*smth.*); непра́вильно истолкова́ть *что-л.* misinterpret *smth.*, misread* *smth.*, put* a wrong construction on *smth.*

истоло́чь *сов.* (*вн.*) pound (*smth.*), grind* (*smth.*).

исто́ма *ж.* languor, lassitude.

истоми́ть *сов.* (*вн.*) weary (*smb.*), exhaust (*smb.*); **~ся** *сов.* be* wearied.

истомлённый exhausted, worn-out.

истопи́ть *сов.* (*вн.*) (*печь*) heat (*smth.*).

истопни́к *м.* stoker.

истопта́ть *сов. см.* истаптывать.

истори́йка *ж. разг.* anecdote, story, episode, incident.

исто́рик *м.* historian.

историо́граф *м.* historiographer.

историогра́фия *ж.* historiography.

истори́ческ|ий **1.** historical; ~ая нау́ка the science of history; ~ факт historical fact; ~ая эпо́ха historical period/epoch; ~ рома́н historical novel; ~ подхо́д к изуча́емым явле́ниям historical approach to *one's* subject; ~ая геогра́фия historical geography; **2.** (*значительный*) historic, epoch-making; ~ая речь historic speech; ~ое реше́ние epoch-making decision.

исто́ри|я *ж.* **1.** history; зако́ны ~и laws of history; ~ сре́дних веко́в history of the Middle Ages, medieval history; ~ иску́сства history of art; ~ э́того де́ла такова́ the truth about this affair is as follows; войти́ в ~ю go* down in history; **2.** (*повествование*) story; **3.** *разг.* (*происшествие*) event, thing; episode; попа́сть в неприя́тную ~ю run* into trouble; ◇ ~ боле́зни case history; ве́чная ~! always the same old story!; вот так ~! what a nuisance!

истоскова́ться *сов.* grow* sick with longing; (по *дт.*) miss (*smb., smth.*); ~ по ро́дине, по семье́ yearn for home, be* homesick.

источа́ть *несов.* (*вн.*) shed* (*smth.*), yeld (*smth.*).

исто́чник *м.* **1.** (*родник*) spring; горя́чий ~ hot spring; нефтяно́й ~ oil well; **2.** (*то, что даёт начало чему-л.*) origin, source; ~ информа́ции source of information; достове́рный ~ reliable source; ~ све́та source of light; ~и сырья sources of raw materials; ~ повыше́ния дохо́дов means of increasing income, source of increased income; **3.** (*письменный памятник*) source, source book.

источникове́дение *с.* source study.

исто́шн|ый *разг.* blood-curdling; закрича́ть ~ым го́лосом give* a blood-curdling shriek.

истощ|а́ть, истощи́ть (*вн.*) exhaust (*smb., smth.*); ~ по́чву impoverish the soil; истощи́ть запа́сы exhaust stocks; ~ си́лы drain/sap energy; **~а́ться**, истощи́ться **1.** (*ослабевать*) weaken, dwindle; (*о почве*) be* impoverished/exhausted; **2.** (*приходить к концу*) be* exhausted, get* low, run* out; (*о залежах, ископаемых*) run* thin; моё терпе́ние истощи́лось my patience is exhausted, my patience is at an end; **~е́ние** *с.* **1.** (*изнурение*) exhaustion; (*о почве тж.*) impoverishment; не́рвное ~е́ние nervous exhaustion; **2.** (*уменьшение*) depletion; ~е́ние месторожде́ния желе́зной руды́ depletion of iron deposits.

истощ|ённый **1.** exhausted; **2.** (*ослабевший*) emaciated; **~и́ть(ся)** *сов. см.* истоща́ть(ся).

истра́тить(ся) *сов. см.* тра́тить(ся).

истреби́тель *м.* **1.** destroyer; **2.** (*самолёт*) fighter (aircraft); **~ный** **1.** destructive; ~ная война́ war of extermination/annihilation; **2.** *ав.* fighter *attr.*; ~ная авиа́ция fighter aircraft; fighter force.

истреби́ть *сов. см.* истребля́ть.

истребл|е́ние *с.* destruction, extermination; ~ лесо́в wholesale destruction of forests; **~я́ть**, истреби́ть (*вн.*) destroy (*smb., smth.*), exterminate (*smb., smth.*).

истре́бовать *сов.* obtain on demand.

истрёпанный *разг.* dilapidated, tattered; very much the worse for wear *после сущ., идиом.*; *перен.* worn, jaded, frayed.

истрепа́ть *сов.* (*вн.*) *разг.* (*об одежде и т. п.*) wear* (*smth.*) to rags; (*о книгах и т. п.*) spoil* (*smth.*), wear* (*smth.*) out; ◇ ~ не́рвы fray *one*'s nerves; **~ся** *сов. разг.* **1.** get* worn out; **2.** (*измучиться*) wear* *oneself* out, wear* *oneself* to a shadow.

истука́н *м.* idol; ◇ стоять ~ом 1) (*неподвижно*) stand* stock-still; 2) (*ничего не понимая*) stand* like a dummy.

и́стый true, genuine; ~ учёный a true scholar.

истяз|а́ние *с.* torture; **~а́тель** *м.* torturer; **~а́ть** *несов.* (*вн.*) torture (*smb.*).

исхо́д *м.* **1.** (*способ разрешить затруднение*) way out, solution; э́то для меня́ еди́нственный ~! it's my only way out; **2.** (*завершение*) end, close; (*результат*) outcome, issue, culmination; смерте́льный ~ fatal outcome; ◇ день на ~е the day is drawing to its close; на ~е дня towards evening; съестны́е запа́сы бы́ли на ~е food supplies were running out; **3.** Исхо́д *библ.* (the Book of) Exodus.

исходи́ть I *сов.* (*вн.*; *обойти*) go* all over (*smth.*).

исходи́ть II *несов.* **1.** (от, из *рд.*; *происходить*) come* (from); (*о слухе*) originate (with, from); **2.** (из *рд.*; *основываться*) proceed (from); ~ из предположе́ния... proceed from the supposition..., start with the assumption...

исходи́ть III, изойти́: ~ слеза́ми be* in floods of tears; sob *one's* heart out; изойти́ кро́вью bleed* to death.

исхо́дн|ый starting; ~ материа́л source material; ~ моме́нт, пункт starting point; ~ые да́нные initial data; ~ое положе́ние 1) point of departure; 2) (*в гимнастике*) starting position; ~ рубе́ж starting line, starting point.

исхуд|а́лый wasted, emaciated, haggard; **~а́ть** *сов.* become* emaciated.

исходя́щ|ий: ~ но́мер reference number; ~ая *в знач. сущ.* outgoing paper.

исцара́панный lacerated, badly scratched.

исцара́пать *сов.* (*вн.*) scratch (*smb., smth.*); ~ ру́ки scratch *one's* hands badly; **~ся** *сов. разг.* scratch *oneself*, get* scratched all over.

исцел|е́ние *с.* **1.** cure; healing; **2.** (*выздоровление*) recovery; **~и́тель** *м.* healer; **~и́ть(ся)** *сов. см.* исцеля́ть(ся).

исцеля́ть, исцели́ть (*вн.*) cure (*smb.*), heal (*smb.*); **~ся**, исцели́ться (от *рд.*) be* cured (of), be* healed (of), recover (from).

исча́дие *с.*: ~ а́да devil incarnate.

исча́хнуть *сов.* waste away.

исчез|а́ть, исче́знуть disappear, vanish; боль исчезла the pain disappeared; куда́ вы исче́зли? where did you disappear to?; **~нове́ние** *с.* disappearance.

исче́знуть *сов. см.* исчеза́ть.

исчерпа́ть *сов. см.* исче́рпывать.

исче́рпыв|ать, исчерпа́ть (*вн.*) **1.** exhaust (*smth.*), drain (*smth.*); **2.** (*доводить до конца*) complete (*smth.*); вопро́с исче́рпан the matter is settled; ◇ ~ себя́ reach the limit of *one's* resources; **~а́ться** *несов.*: э́тим де́ло не ~ается the matter will not rest here; э́тим не ~ается значе́ние его́ труда́ his work has importance beyond this; **~ающий** exhaustive; ~ающий отве́т exhaustive/comprehensive answer; ~ающее объясне́ние exhaustive explanation.

исчерти́ть *сов. см.* исче́рчивать.

исче́рчивать, исчерти́ть (*вн.*) cover (*smth.*) (with lines).

исчисле́ние *с.* **1.** (*вычисление*) calculation, computation; ~ нало́га *фин.* calculation of a tax, tax calculation; **2.** *мат.* calculus.

исчи́слить *сов. см.* исчи́слить.

исчисля́ть, исчи́слить (*вн.*) estimate (*smth.*), calculate (*smth.*); compute (*smth.*); ~ расхо́ды estimate/calculate expenses.

исчисл|я́ться *несов.* (в *пр.*) come* (to), amount (to); сто́имость ~я́ется в 500 рублей the cost is calculated/estimated at five hundred rubles.

ита́к so, thus; ~, вопро́с решён so the question is settled.

италья́н|ец *м.*, **~ка** *ж.* Italian; **~ский** Italian; ~ский язы́к Italian, the Italian language; ◇ ~ская забасто́вка sit-down strike.

и т. д. (и так да́лее) and so on; etc.

ито́г *м.* **1.** (*сумма*) total; о́бщий ~ grand total; подвести́ ~ sum up; **2.** (*результат*) result; ~и разви́тия наро́дного хозя́йства the general result of the development of the national economy; ◇ в ~е as a result; в коне́чном ~е in the long run, in the end.

итого́ in all; sum-total *бухг.*

ито́гов|ый **1.** total; ~ая су́мма total amount; ~ые да́нные summarized data; **2.** (*заключающий*) final; ~ые заня́тия final lessons/studies.

и т. п. (и тому подобное) and the like, and so on (and so forth).

итте́рбий *м. хим.* ytterbium.

и́ттрий *м. хим.* yttrium.

иудаи́зм *м. рел.* Judaism.

иуде́й *м.* (*по религии*) Jew; **~ка** *ж.* Jew; **~ский** Judaic.

их 1. (*рд., вн. от личн. мест.* они́) them; **2.** *в знач. притяж. мест.* (*при сущ.*) their; (*без сущ.*) theirs.

ихтиоза́вр *м.* ichthyosaurus.

ихтио́л *м. мед.* ichtyol.

ихтиоло́гия *ж.* ichthyology.

иша́к *м.* donkey, ass, *тж. перен.*

ишиа́с *м. мед.* sciatica.

ишь *разг.*: ~ ты! fancy that!; ~ ты како́й! what a one you are!

ище́йка *ж.* bloodhound, tracker dog, sleuthhound; *перен.* sleuth.

и́щущий searching; ~ взгляд searching look.

ию́л|ь *м.* July; в ~е э́того го́да this/in July; в ~е про́шлого го́да last July, last year in July; в ~е бу́дущего го́да next July.

ию́льский July *attr.*; ~ день day in July, July day.

ию́н|ь June; в ~е э́того го́да this/in June; в ~е про́шлого го́да last June, last year in June; в ~е бу́дущего го́да next June.

ию́ньский June *attr.*; ~ день day in June, June day.

Й

йе́ти *м. нескл.* (*снежный человек*) Yeti, yeti.

йог *м.* yogi.

йо́га *ж.* yoga.

йо́гурт *м.* yogurt.

йо́д *м.* iodine; **~истый** iodic; ~ ка́лий potassium iodide; **~ный**: ~ная насто́йка tincture of iodine.

йодофо́рм *м. фарм.* iodoform.

йо́т *м. лингв.* letter J.

йо́т|а *ж.* iota, jot; ◇ де́ло ни на ~у не сдви́нулось things haven't budged (an inch); положе́ние ни на ~у не измени́лось the situation hasn't changed a bit; он ни на ~у не усту́пит he will not yield one iota/an inch.

К

к **1.** (*указывает на направление движения*) to; (*при подчёркивании направления*) towards; спуска́ться к реке́ go* to the river; плыть к бе́регу swim* to the shore; е́хать к сестре́ go* to see *one's* sister; поверну́ться к окну́ turn towards the window; наклони́ться к ребёнку bend* down to the child*; на пути́ к on the way to; обраще́ние к молодёжи an appeal to young people; ходи́ть от до́ма к до́му go* from house to house; **2.** (*для обозначения лица, предмета, с которым соприкасается кто-л., что-л.*) to; прислони́вшись к стене́ leaning against the wall; парохо́д приста́л к бе́регу the ship came in to the shore; припа́сть к земле́ stoop to the ground; лицо́м к лицу́ face to face; к двум приба́вить три add two and three together; ко всем про́чим неудо́бствам in addition to other inconveniences; **3.** (*при указании на срок совершения или завершения действия*) by; towards; к утру́ бред прошёл the delirium passed off by the morning; к ве́черу жара́ спа́ла towards evening the heat subsided; вам ну́жно прийти́ к трём часа́м you must be here by three o'clock; он яви́лся к отхо́ду по́езда he arrived in time for the train's departure; **4.** (*для обозначения побуждения, мотива, при указании на назначение действия или предмета*) for; гото́виться к се́ву, к экза́менам prepare for the sowing, the examinations; приучи́ть *кого-л.* к поря́дку teach* *smb.* regular habits; пода́рок ко дню рожде́ния present for *smb.'s* birthday; предисло́вие к кни́ге introduction/preface to a book; **5.** (*при обозначении предмета, лица, с которыми связано какое-л. действие, признак, отношение*) for, towards; любо́вь к ро́дине love for *one's* country; гото́вность к бо́ю readiness for battle/action; приго́дный к употребле́нию fit for use; **6.** (*в заглавиях*) towards; *часто не переводится*; "К кри́тике Го́тской програ́ммы" A Contribution to the Critique of the Goth Program; **7.** (*в призывах*) to; вперёд, к побе́де! forward, to the victory!; **8.** *с некоторыми сущ.*: к сча́стью fortunately; к несча́стью unfortunately; к сло́ву (сказа́ть) by the way; ◇ к чему́ э́то? what use is that?; э́то ни к чему́ that's no use/good; к тому́ же moreover, besides, furthermore; всё к лу́чшему it's all for the best; ~ к ва́шим услу́гам at your service.

-ка **1.** (*при повел.*) come on; *часто не переводится*; доста́нь-ка кни́гу с по́лки! come on, fetch the book; ну-ка, покажи́! let's see it!; спо́й-ка! do sing!, give us a song; **2.** (*при будущем времени*): напишу́-ка я ему́ what if I write to him.

каба́к *м. уст.* public house, pub, tavern; *перен. разг.* beer garden, pigsty.

кабал|а́ *ж.* bondage, servitude; быть в ~е́ у *кого-л.* be* in bondage to *smb.*; пойти́ в ~у́ к *кому-л.* sell* *oneself* into bondage to *smb.*

каба́льн|ый enslaving, fettering; ~ая зави́симость forced dependence (on), bondage; ~ые усло́вия enslaving/crippling terms.

каба́н *м.* **1.** (*дикий*) wild boar; **2.** (*самец домашней свиньи*) boar.

кабарга́ *ж. зоол.* musk deer.

кабарди́н|ец *м.*, **~ка** *ж.* Kabardian; **~ский** Kabardian; ~ский язы́к Kabardian, the Kabardian language.

кабаре́ *с. нескл.* cabaret.

каба́тчик *м. уст.* publican, tavern keeper.

кабачо́к I *м.* (*овощ*) vegetable marrow.

кабачо́к II *м.* small restaurant.

каббал|а́ *ж. рел.* cab(b)ala; **~и́стика** *ж.* cab(b)alism; **~исти́ческий** cab(b)alistic.

ка́бель *м.* cable; **~ный** cable *attr.*; ~ кана́т cable-laid rope; ~ное телеви́дение cable television.

ка́бельтов *м. мор.* **1.** (*мера*) cable('s) length; **2.** (*трос*) cable.

кабеста́н *м. тех.* capstan.

каби́на *ж.* booth, box, cubicle; (*на самолёте*) cabin; (*открытая*) cockpit; ~ води́теля driver's cab; купа́льная ~ bathing hut, cabana, dressing cubicle; душева́я ~ shower cubicle; ~ ли́фта lift car.

кабине́т *м.* **1.** (*в учреждении*) (private) office; (*дома*) study; ~ дире́ктора the director's office; **2.** (*специальный*) room; ~ врача́ doctor's consulting room; зубовраче́бный ~ dental surgery; физи́ческий ~ physics laboratory; отде́льный ~ (*в ресторане*) private room; **3.** (*правительство*) cabinet; ~ мини́стров the Cabinet; **4.** *разг.* (*мебель*) (office, study) suite; **~ный**: ~ный роя́ль baby grand; ~ный страте́г armchair strategist; ~ный учёный mere theoretician; ◇ ~ный портре́т cabinet photograph.

каблогра́мма *ж.* cablegram, cable.

каблу́к *м.* heel; ту́фли на высо́ких ~а́х high-heeled shoes; ◇ быть под ~о́м *у кого-л.* be* under *smb.'s* thumb.

кабота́ж *м. мор.* coastal-trade, cabotage; большо́й ~ large coastal shipping; ма́лый ~ small coastal shipping; **~ный** coasting; ~ное су́дно coasting vessel, coaster; ~ное пла́вание coastal navigation.

кабриоле́т *м.* cabriolet.

ка́бы *разг.* **1.** (*если*) if; **2.** (*если бы только*) if only; ◇ е́сли бы да ~ if its and ans were pots and pans.

кавалéр I *м.* 1. (*в танцах*) partner; 2. *разг.* (*поклонник*) admirer.

кавалéр II *м.* (*награждённый орденом*) holder, knight; геóргиевский ~ holder of the St. George Cross.

кавалергáрд *м.* horse-guardsman*.

кавалер|и́йский cavalry *attr.*; **~и́ст** *м.* cavalryman*.

кавалéрия *ж.* cavalry.

кавалькáда *ж.* cavalcade.

кавардáк *м. разг.* mess, muddle.

кáверз|а *ж.* intrigue; (*злая шалость*) mean trick; устрóить ~у *кому-л.* play a mean trick on *smb.*; **~ный** tricky; ~ный вопрóс tricky question; ~ный человéк schemer.

кавéрна *ж.* cavity.

кавкáз|ец *м.*, **~ский** Caucasian.

кавы́чк|и *мн.* (*ед.* кавы́чка *ж.*) quotation marks, inverted commas; откры́ть (закры́ть) ~ open (close) the quotation marks; ◇ учёный в ~ах so-called scientist; pseudoscientist.

кагáл *м. ист.* Kahal; *перен. разг.* bedlam, uproar.

кадáстр *м. юр.* cadastre; земéльный ~ land cadastre.

кадéнция *ж. муз.* 1. (*гармонический оборот*) cadence; 2. (*сольная вставка в концерте с оркестром*) cadenza.

кадéт I *м. ист.* (*воспитанник кадетского корпуса*) cadet.

кадéт II *м. ист.* (*член конституционно-демократической партии*) Constitutional Democrat.

кадéтский: ~ кóрпус *ист.* military school/college.

кади́ло *с. церк.* censer, thurible.

кади́ть *несов.* cense, burn* incense, thurify; (дт.) *перен. разг.* flatter (*smb.*).

кáдка *ж.* tub, vat.

кáдмий *м.* cadmium.

кадр *м. кино* 1. frame; за кáдром off screen; 2. (*отдельная сцена*) sequence; (*фотография кадра*) still.

кадри́ль *ж.* quadrille.

кáдровый 1. trained; ~ рабóчий trained worker; 2. *воен.* regular; ~ офицéр regular officer.

кáдр|ы *мн.* 1. (trained) personnel; подбирáть ~ select personnel; воспи́тывать ~ train personnel; молоды́е (стáрые) ~ young (old) personnel; 2. *воен.* regulars, cadres; cadre *sg*; ◇ отдéл ~ов personnel department; начáльник отдéла ~ов personnel/staff manager.

кады́к *м.* Adam's apple.

каёмка *ж.* edging, border.

каждоднéвный daily, everyday.

кáжд|ый *мест.* 1. each, every; ~ из each of; ~ день, с ~ым днём every day; 2. *в знач. сущ. м.* everyone, everybody; ~ дóлжен знать everyone must know.

кáжется 1. *см.* казáться; 2. *в знач. ввод сл.* it seems; ~, холодно it seems to be cold; он, ~, прав he seems to be right.

кáжущийся apparent.

казáк *м.* Cossack.

казáлось 1. *см.* казáться; 2. *в знач. вводн. сл.* it seemed; ~ бы it would seem.

казáрм|а *ж.* barrack; *мн. воен.* barracks; **~енный** barrack *attr.*; ~ вид barrack-like appearance; ~ ю́мор barrack-room humor.

казáть *несов. разг.*: он к нам не кáжет глаз he never comes near us.

казáться, показáться 1. seem, appear; (*выглядеть*) look; ~ стáрше свои́х лет look older than *one* is, be* old for *one's* age; он мне показáлся óчень стáрым he seemed very old to me; 2. *безл.* (*дт.*): мне кáжется, что... it seems to me (that)...; 3. *обыкн. безл.* (*чудиться, мерещиться*) seem; мне всё казáлось, что кто-то стучи́т в ворóта I kept imagining someone was knocking at the gate; вам показáлось! it's your imagination.

казáх *м.* Kazakh; **~ский** Kazakh; ~ский язы́к Kazakh, the Kazakh language.

казáцкий Cossack *attr.*

казáч|ество *с.* the Cossack *pl.*; **~ий** Cossack *attr.*

казачóк I *м. уменьш. от* казáк; *ист.* page, boy-servant.

казачóк II *м.* (*украинский танец*) Kazachok.

казáшка *ж.* Kazakh woman*.

казеи́н *м. хим.* casein.

каземáт *м.* casemate.

казён|ный 1. (*государственный*) government *attr.*; за ~ счёт at government expense; ~ные дéньги public funds; 2. (*бюрократический, формальный*) bureaucratic; ~ язы́к official jargon; officialese; ◇ ~ная часть (*оружия*) breech; **~щина** *ж. разг.* red tape.

казинó *с. нескл.* casino.

казнá *ж. ист.* Exchequer, Treasury; public purse, coffers; *фольк. поэт.* property, money.

казначéй *м.* treasurer; **~ский** treasury *attr.*; ~ский билéт treasury note; ~ский вéксель treasury bill; **~ство** *с.* treasury.

казначéйша *ж. разг.* wife* of treasurer.

казни́ть *несов. и сов.* (*вн.*) execute (*smb.*); *перен.* torture (*smb.*), torment (*smb.*), **~ся** *несов.* torment *oneself*.

казнокрáд *м.* embezzler of public funds.

казн|ь *ж.* execution; смéртная ~ capital punishment; death penalty; приговори́ть *кого-л.* к смéртной ~и sentence *smb.* to death.

казуáр *м. зоол.* cassowary.

казуи́ст *м.* casuist (*тж. перен.*); **~ика** *ж.* casuism (*тж. перен.*); **~и́ческий** casuistical.

кáзус *м. разг.* incident; неприя́тный ~ awkward incident.

каймá *ж.* edge, border.

как 1. *нареч.* how; ~ это случи́лось? how did it happen?; я забы́л, ~ э́то дéлается I have forgotten how to do it; ~ давнó э́то бы́ло? how long ago was it?; ~ я рад! how glad I am!; 2. *частица* (*для выражения удивления, негодования*) what!; 3. *союз.* (*сравнительный*) as; бéлый ~

снег white as snow; 4. *союз* (*в качестве*) as; совéтую вам э́то ~ друг I advise you as a friend; 5. *союз* (*всякий раз, когда*) when, every time; (*с того времени, когда*) since; 6. *союз* (*кроме, только*) but, except; кому́ ~ не тебé who else but you; 7. *союз* (*присоединяет дополнительные придаточные предложения*) *не переводится*; он не замéтил, ~ вы вошли́ he did not notice you come in; ◇ ~ бу́дто 1) (*как если бы*) as if, as though; ~ бы as if, as though; 2) (*кажется*) it looks as if; ~ бы as if, as though; ~ бы то ни́ было at all events, at any rate; ~ вдруг when all of sudden; ~ же of course; ~ когдá it depends; пиши́ ~ мóжно чáще write as often as possible; ~ нельзя́ лу́чше extremely well; ~ ни though, no matter how.

какаду́ *м. зоол. нескл.* cockatoo.

какáо *с. нескл.* 1. (*растение*) cacao; 2. (*порошок, напиток*) cocoa.

кáк-либо somehow (or other).

кáк-нибудь 1. (*так или иначе*) somehow (or other); 2. *разг.* (*кое-как*) anyhow; 3. *разг.* (*когда-нибудь в будущем*) some day/time; ~ вечерко́м one evening; ~ в другóй раз some other time.

какóв *мест.* 1. *вопр.* what?; ~ он собóй? what's he like to look at?; 2. *относ.* (*присоединяет придаточные определительные*) as; (*присоединяет придаточные дополнительные*) what (kind of); мы вы́яснили, ~ы́ нáши ресу́рсы we estimated what resources we had; ~.., такóв... like... like; ◇ он-то ~! he-'s a fine one!; ~ поп такóв и прихóд ≅ like master, like man.

каковó: ~! well!; ~ ему́ тепéрь! what must his feelings be now!; ~ нам э́то слу́шать! to think we should have to listen to this!

как|óй 1. (*в вопросах*; *что за*) what sort of (*какого рода*); what (*о названии, назначении*); ~у́ю му́зыку вы лю́бите? what sort of music do you like? ~óе э́то здáние? what is this building?; ~áя сегóдня погóда?; what's the weather like today?; ~ сéгодня день? what's today? ~óе сегóдня числó? what's the date?; 2. (*который из многих*) what; (*из двух*) which?; 3. (*в восклицании*) what (a); (*при прил. и при отвлечённом сущ.*) how; ~ человéк! what a man!; ~áя (чу́дная) погóда! what (lovely) weather!; ~ он дóбрый! how kind he is!; ~áя рáдость! how lovely; ~ у́жас! how awful!; ~áя прéлесть! how sweet!; (*о живом существе*) what a darling/pet!; 4. (*в риторическом вопросе*): ~ же он учёный? call him a scientist?; ~ э́то парк? is that what you call a park? ~ я инженéр? what kind of an engineer would I make; ◇ ~ ни на есть just any; ~ угóдно any you like; ~ бы то ни́ было any... whatsoever; ~ бы whatever; ~у́ю бы оши́бку он не соверши́л whatever mistake he might commit, whatever mistake he has committed.

какóй-либо some; (*в отрицательных или условных предложениях*) any.

как|óй-нибудь 1. (*тот или иной*) *см.* какóй-ли́бо; 2. *разг.* (*с числ.*) only about, not more than; остáлось ~и́х-нибу́дь два киломéтра there's only about two kilometers more to go.

как|óй-то 1. some... or other; a/some sort of; ~ человéк вас спрáшивал somebody has been asking for you; он сегóдня ~ стрáнный he's in a queer mood today; он сегóдня ~ устáлый, несчáстный *и т. п.* he seems to be tired, unhappy, *etc.* today; иногдá они выражáют ~ протéст sometimes they make a sort of protest; 2. (*в вопрос. употреблении*) what kind/sort of?; лéто бы́ло дождли́вое, ~áя-то бу́дет óсень? we had a wet summer, what sort of autumn are we going to have?

как раз just, exactly; ~ то, что мне ну́жно just what I need; ~ вас я искал you are the very person I was looking for; э́ти ту́фли мне ~ these shoes are just right.

какофóния *ж.* cacophony.

кáк-то 1. (*каким-то образом, необъяснимо*) somehow; ему́ ~ удалóсь вы́рваться he somehow managed to escape; здесь ~ неую́тно somehow it's not very cosy hear; он ведёт себя́ ~ стрáнно there's something strange in his behavior; 2. (*однажды*) once; ~ вéчером one evening; ~ раз я был у негó I happened to be at his place; 3. *разг.* (*а именно*) namely; *часто не переводится* 4. (*риторический вопрос*) I wonder how...; how... I wonder!; ~ они́ живу́т там без нас? how are they getting on there all by themselves, I wonder!

кáктус *м.* cactus.

кал *м. тк. ед.* excrements *pl.*

каламбу́р *м.* pun.

каланчá *ж.* (fireman's) watchtower; *перен. разг.* (*о высоком человеке*) lamp post.

калáч *м.* kalatch (*small white loaf shaped like a padlock*); ◇ тёртый ~ tough customer; меня́ тудá ~óм не замáнишь! I wouldn't go there for anything!, nothing would make me go there! **~иком:** сверну́ться ~иком curl up in a ball.

калейдоскóп *м.* kaleidoscope.

калéка *м. и ж.* cripple.

календáрный calendar *attr.*; ~ план schedule, timing.

календáрь *м.* calendar.

калéни|е *с.* (*окраска раскалённого металла*) incandescence; бéлое ~ white heat, incandescence; крáсное ~ red heat; ◇ довести́ *кого-л.* до бéлого ~я make* *smb.* frantic (with rage).

калён|ый 1. (*раскалённый*) red-hot; 2. (*поджаренный*) roasted; ~ые орéхи roasted nuts; вы́жечь *что-л.* ~ым желéзом ≅ root out *smth.* mercilessly, extirpate *smth.*

калéчить *несов.* (*вн.*) cripple (*smb.*); disable (*smb.*), maim (*smb.*); *перен.* (*портить*) ruin (*smb., smth.*).

кали́бр *м.* 1. (*оружия*) caliber, bore; 2. *тех.* gauge, standard; **~ováть** *несов.* (*вн.*) *тех.* calibrate (*smth.*).

кáлий *м.* potassium; хлóристый ~ potassium chloride.

калийн|ый potassium *attr.*; potash *attr.*; potassic; ~ые удобрения potash fertilizers.

калика *м. ист.* pilgrim; *фольк. поэт.* ~ и перехожие wandering minstrels.

калина *ж.* (*куст*) guelder rose, viburnum.

калитка *ж.* wicket(gate), wicket door.

калиф *м.* caliph; ◇ ~ на час ≅ king for a day.

каллиграфический calligraphic; ~ почерк copybook hand.

каллиграфия *ж.* calligraphy.

калмы|к *м.* Kalmyk; **~цкий** Kalmyk; ~цкий язык Kalmyk, the Kalmyk language; **~чка** *ж.* Kalmyk.

калорийн|ость *ж.* calorific value; **~ый** high-calorie *attr.*; ~ая пища food rich in calories; ~ое топливо high-calorie fuel.

калорифер *м.* radiator, heater.

калория *ж.* calorie; большая ~ large (kilogram) calorie, малая ~ small (gram) calorie; британская ~ British thermal unit.

калош|и *мн.* (*ед.* калоша *ж.*) *см.* галоши; ◇ сесть в ~у make* a fool of *oneself*.

калым *м.* bride money; **~ить** *несов. разг.* make* extra money on the side.

кальвин|изм *м.* Calvinism; **~ист** *м.* Calvinist.

кальк|а *ж.* 1. (*чертёж*) tracing; 2.: бумажная ~ tracing paper; полотняная ~ tracing cloth; 3. *лингв.* loan translation, calque; **~ировать** *несов. и сов.* (*вн.*) 1. trace (*smth.*), make* a tracing (of); 2. *лингв.* make* a loan translation (of).

калькул|ировать *несов.* (*вн.*) calculate (*smth.*), compute (*smth.*); **~ятор** *м.* calculator; **~яция** *ж.* calculation, estimate.

кальсоны *мн.* drawers, pants.

кальций *м. хим.* calcium.

кальян *м.* hookah.

калякать *несов. разг.* chat.

камарилья *ж.* camarilla, clique.

камаринская *ж.* (*русский народный танец*) Kamarinskaya.

камбала *ж.* plaice, flatfish.

камбий *м. хим.* cambium.

камбуз *м.* galley, caboose.

камвольный *текст.* worsted.

камедь *м.* gum.

камелёк *м. уст.* 1. (*камин*) small fireplace; 2. (*небольшой очаг*) hearth.

камелия *ж.* camelia.

каменеть *несов.* 1. petrify, turn to stone; 2. (*становиться неподвижным*) be* petrified, stiffen; 3. (*становиться бесчувственным*) harden, become* hard/callous.

каменистый stony; (*с большими камнями*) rocky.

каменка *ж.* (*в бане*) stove.

каменноугольн|ый coal *attr.*; ~ая промышленность coal industry, coal-mining industry; ~ бассейн coalfield, coal-mining district; ~ые копи coal mines.

каменн|ый 1. (*из камня*) stone *attr.*; (*из кирпича*) brick *attr.*; ~ век Stone Age; ~ая кладка masonry, stonework; ~ая болезнь *мед.* gravel; ~ые плиты flagstones, paving stones; 2. (*неподвижный*) set; 3. (*бесчувственный*) hard, callous, stony; ~ое сердце heart of stone/flint; ◇ ~ уголь coal; ~ мешок prison cell.

каменоломня *ж.* quarry.

камнетёс *м.* stonecutter.

каменщик *м.* (stone)mason, bricklayer.

кам|ень *м.* 1. *тк. ед.* (*порода*) stone, rock; 2. (*отдельный кусок*) stone; 3. (*гнетущее чувство*) load; у меня на сердце ~ my heart is heavy; сердце не ~ one isn't made of stone, one has a heart; 4. *мн. мед.* gall stones; ~ни в печени stones in the liver; ◇ ~ня на ~не не оставить raze it to the ground; (*раскритиковать*) tear* it to shreds; держать ~ за пазухой harbor a grudge (against); ~ с души моей свалился a load has been taken off my mind.

камера *ж.* 1. chamber; тюремная ~ cell; ~ хранения багажа cloakroom; lost-and-found office; check room *амер.* 2. (*шины*) inner tube; (*мяча*) bladder; 3. *фото* camera; скрытая ~ hidden/concealed camera.

камергер *м.* chamberlain.

камердинер *м.* valet.

камеристка *ж.* lady's maid.

камерн|ый chamber *attr.*; ~ая музыка chamber music.

камертон *м.* tuning fork.

камешек *м.* small stone, pebble; ◇ бросить ~ в *чей-л.* огород make* digs at *smb.*

камея *ж.* cameo.

камзол *м.* camisole.

камилавка *ж.* (*головной убор православного священника*) kamelaukion.

камин *м.* fireplace; (*горящий*) fire; ◇ электрический ~ electric fire.

камнедробилка *ж.* stone breaker, stone crusher.

каморка *ж.* tiny room, closet.

кампания *ж.* campaign; рекламная ~ advertising campaign; (*общественная тж.*) drive; *мор.* cruise.

камуфляж *м. воен.* camouflage.

камф|ара *ж.* camphor; ~арный camphor *attr.*; ~арный спирт spirits of camphor; ~арное масло camphorated oil.

камчат(н)ый damasked.

камыш *м.* rush, reed.

канава *ж.* ditch, trench; сточная ~ gutter.

канавокопатель *м.* ditcher, trench digger.

канад|ец *м.*, **~ка** *ж.*; **~ский** Canadian.

канал *м.* 1. canal; 2. *тех.* channel; 3. *анат.* canal, duct; 4. *мн.* (*пути, способы к достижению чего-л.*) channels; дипломатические ~ы diplomatic channels; торговые ~ы trade channels; ~ы сбыта sales channels.

каналья *м. и ж. разг.* rascal, scoundrel.

канализ|ационный sewage *attr.*; **~ация** *ж.* sewage system; sanitation *разг.*

канареечный canary *attr.*; canary(-colored).

канаре́йка *ж.* canary.

кана́т *м.* rope; (*якорный*) cable; **~ный** rope *attr.*; cable *attr.*; ◇ ~ная доро́га cableway.

канатохо́дец *м.* rope walker.

канва́ *ж.* (*для вышивания*) canvas; *перен.* groundwork, sketch, outline, skeleton.

кандалы́ *мн.* shackles, fetters, irons; ручны́е ~ handcuffs, manacles; закова́ть *кого-л.* в ~ fetter *smb.*, put* *smb.* in fetters/irons.

канделя́бр *м.* candelabrum, sconce.

кандида́т *м.* **1.** (*намеченный к избранию*) candidate, nominee; ~ в депута́ты городско́го Сове́та candidate for election to the town Soviet; **2.** (*учёная степень*) Candidate (*roughly equivalent to Master*); ~ нау́к Candidate of Science (*сокр.* Cand. Sc.); **~ский** Candidate's ◇ ~ский ми́нимум requirements for a Candidate's degree; **~у́ра** *ж.* **1.** candidacy; снять свою́ ~у́ру withdraw* *one's* candidacy; **2.** (*кандидат*) candidate; подходя́щая ~у́ра suitable candidate; вы́ставить *чью-л.* ~у nominate *smb.* for election.

кани́кул|ы *мн.* holidays; vacation *sg.*; **~я́рный** holiday *attr.*; vacation *attr.*

кани́телиться *несов. разг.* fiddle about; dawdle.

кани́те́ль *ж.* **1.** purl; золота́я ~ gold purl; **2.** *перен. разг.* long drawn-out proceedings *pl*; разводи́ть, тяну́ть ~ dawdle; spin out; procrastinate; ~ный *разг.* long drawn-out; tedious, tiresome; ~ное де́ло long/tedious business; **~щик** timewaster.

канифо́ль *ж.* rosin, colophony.

канка́н *м.* cancan.

каннелю́ра *ж. архит.* flute.

каннибáл *м.* cannibal; **~и́зм** cannibalism.

кано́н *м.* canon.

канона́да *ж.* cannonade.

канонéрка *ж.* gunboat.

канониза́ция *ж. рел.* canonization.

канонизи́ровать *несов. и сов.* (*вн.*) canonize (*smth.*).

кано́ник *м. церк.* canon.

канони́р *м.* gunner.

канони́ческ|ий canonical; ~ое пра́во canon low.

кано́э *с. спорт.* canoe.

кант *м.* **1.** (*на одежде*) piping; **2.** (*окантовка*) binding.

канта́та *ж.* cantata.

кантиле́на *ж. муз.* cantilena.

канто́н *м.* (*административная единица*) canton.

кану́н *м.* eve; *церк.* vigil; ~ Но́вого го́да New-Year's eve; в ~ *чего-л.* on the eve of *smth.*

ка́нуть *сов.* sink*; ◇ как в во́ду ~ ≅ vanish into thin air.

канцеляри́ст *м.* clerk.

канцеля́р|ия *ж.* office; (*в посольстве и т. п.*) chancellery; **~ский** office *attr.*; ~ские принадле́жности stationery *sg*; ~ский слу́жащий clerk; ~ский слог bureaucratic style; ~ский стиль руково́дства bureaucratic style of leadership/management; ~ская кры́са office drudge; **~щина** *ж.* red tape.

канцероге́н *м.* carcinogen; **~ный** carcinogenic.

ка́нцлер *м.* chancellor.

канцо́на *ж. муз.* canzonet.

каньо́н *м.* canyon.

каню́к *м. зоол.* buzzard.

каню́чить *несов.* pester with requests/*one's* grievances.

каоли́н *м. мин.* kaolin, china-clay.

ка́п|ать, ка́пнуть **1.** (*падать каплями*) be* dripping (from); (*о слезах*) fall*; с крыш ~ает water is dripping from the roofs; **2.** (*вн.*, *тв.*; *лить по капле*) pour (*smth.*) out drop by drop; ~ лека́рство в стака́н pour a few drops of medicine into a glass; **3.** (*вн.*, *тв.*; *проливать*) spill* (*smth.*), drip (*smth.*); не ~ай на ска́терть don't make spots on the tablecloth; **4.** (на *вн.*) *разг.* (*доносить*) tell* tales (about); ◇ над на́ми не ~лет there's plenty of time; there's no hurry.

капе́лла *ж.* **1.** choir; **2.** *архит.* chapel.

капелла́н *м.* chaplain.

капе́ль *ж.* dripping of melted snow/ice.

капельди́нер *м.* usher, box-keeper.

ка́пельк|а *ж.* **1.** droplet; **2.** *разг.* (*маленькое количество*) grain, little bit; ◇ ни ~и not the least (bit).

капельме́йстер *м.* conductor; (*духового оркестра*) bandmaster.

ка́пельница *ж. мед.* (medicine) dropper.

капилля́р *м.* capillary; **~ный** capillary *attr.*

капита́л *м.* capital, funds, stock, assets; акционе́рный ~ stock/joint capital; заёмный ~ borrowed capital; инвести́рованный ~ invested capital; ликви́дный ~ available capital; номина́льный ~ nominal capital; оборо́тный ~ circulating capital; основно́й ~ fixed capital; резе́рвный ~ reserve funds; со́бственный ~ ownership capital; ссу́дный ~ loan capital; уставно́й ~ authorized capital; ча́стный ~ private funds; ~ предприя́тия funds of an enterprise; ~ и проце́нты principal and interest.

капитал|и́зм *м.* capitalism; **~и́ст** *м.* capitalist; **~исти́ческий** capitalist *attr.*, capitalistic; ~исти́ческое хозя́йство capitalistic economy.

капиталовложе́ния *мн.* (*ед.* капиталовложе́ние *с.*) investments.

капита́льн|ый capital; ~ труд fundamental work; ◇ ~ая стена́ main wall; ~ое иму́щество capital property; ~ое строи́тельство capital construction; ~ ремо́нт major repairs *pl*; (*машины, механизма*) overhaul; ~ые вложе́ния capital investments; ~ые расхо́ды capital expenditures.

капита́н *м.* captain; (*торгового судна*) master; skipper *разг.*; **~ский** captain's.

капите́ль *ж.* **1.** *архит.* capital; **2.** (*шрифт*) small capitals *pl.*

капитул|и́ровать *несов. и сов.* capitulate, surrender; **~я́нт** *м.* defeatist, capitulator; **~я́ция** *ж.* capitulation, surrender.

ка́пище *с.* heathen, temple.

капка́н *м.* trap.

ка́пл|я *ж.* 1. drop; по ~е a drop at a time; 2. *тк. ед.* (*рд.*) *разг.* (*малое количество чего-л.*) grain (of); ни ~и благоразу́мия not a grain of sense; 3. *мн.* (*лекарство*) drops; ◇ ~ в мо́ре a drop in the ocean; ~, перепо́лнившая ча́шу the last drop which overflowed the cup; после́дняя ~ ≅ the last straw; би́ться до после́дней ~и кро́ви flight* to the last; ~ за ~ей drop by drop; ни ~и not in the least; как две ~и воды́ ≅ like two peas (in a pod).

ка́пнуть *сов. см.* капать.

капо́р *м.* bonnet.

капо́т *м.* 1. *уст.* (*одежда*) dressing gown; 2. *тех.* bonnet, hood.

капра́л *м.* corporal.

капри́з *м.* whim; caprice (*тж. перен.*), vagary; **~ничать** *несов.* be* wayward, be* fretful; ~ный capricious, fickle, fretful; *перен.* (*неустойчивый*) uncertain.

капро́н *м.* kapron; **~новый** kapron *attr.*; ~овое волокно́ kapron fiber.

ка́псула *ж.* capsule.

ка́псюль *ж.* cap; primer.

капу́ста *ж.* cabbage; ки́слая ~ sauerkraut; ◇ брюссе́льская ~ Brussels sprouts *pl.*; морска́я ~ (edible) seaweed; цветна́я ~ cauliflower.

капу́стник *м.* (*самодеятельное представление*) (amateur) concert party.

капу́стница *ж.* (*бабочка*) cabbage butterfly.

капу́стный cabbage *attr.*

капу́т *м. нескл. разг.* kaput; ему́ (пришёл) ~ he's done for.

капуци́н *м.* 1. *рел.* Capuchin (friar); 2. *зоол.* Capuchin monkey.

капюшо́н *м.* hood, cowl.

ка́ра *ж.* punishment, penalty; (*возмездие*) retribution.

караби́н *м.* carbine.

карабине́р *м.* car(a)bineer.

кара́бкаться *несов.* (на *вн.*) clamber (up).

карава́й *м.* round loaf*.

карава́н *м.* 1. caravan; 2. *мор.* convoy.

карава́н-сара́й *м.* caravanserai.

карага́ч *м. бот.* elm.

караим *м.*, **~ка** *ж.* Karaite; ~*ский* Karaite.

каракалпа́к *м.* Karakalpak; **~ский** Karakalpak; ~ский язы́к Karakalpak, the Karakalpak language.

каракалпа́чка *ж.* Karakalpak woman*.

карака́тица *ж.* (*моллюск*) cuttlefish.

кара́кулевый astrakhan *attr.*

кара́куль *м.* astrakhan.

кара́куля *ж.* scrawl; scribble.

караме́ль *ж.* 1. *собир.* (*конфеты*) caramel; 2. (*жжёный сахар*) caramel, burnt sugar.

каранда́ш *м.* pencil; ◇ в ~е́ in pencil; **~ный** pencil *attr.*; ~ рису́нок pencil drawing.

каранти́н *м.* 1. quarantine; 2. (*санитарный пункт*) quarantine station.

карапу́з *м. разг.* little tot, toddler.

кара́сь *м.* crucian.

кара́т *м.* carat.

кара́тель *м.* member of a punitive expedition; **~ный** punitive; ~ная экспеди́ция punitive expedition.

кара́ть, покара́ть (*вн.*) punish (*smb.*), chastise (*smb.*).

карау́л *м.* 1. *воен.* guard; быть в ~е be* on guard duty; нести ~ be* on guard (duty); смени́ть ~ relieve the guard; 2. *в знач. межд.* (*помогите!*) help!; ◇ почётный ~ guard of honor; стоя́ть в почётном ~е be* in the guard of honor; (брать) на ~ present arms; про́сто хоть ~ кричи́! it's simply unbearable! **~ить** *несов.* (*вн.*) 1. (*охранять*) guard (*smb.*, *smth.*); 2. *разг.* (*подстерегать*) be* on the watch/ lookout (for).

карау́льн|ый *прил.* 1. guard *attr.*; ~ное поме́щение guardroom; ~ная слу́жба guard duty; 2. *в знач. сущ. м. воен.* sentry, sentinel; **~щик** *м. разг.* watchman*.

кара́чки *мн.* на ~, на ~ах on all fours; стать на ~ get* on all fours.

карбо́лка *ж. разг.* carbolic acid.

карбору́нд *м.* carborundum.

карбункул *м. мин. мед.* carbuncle.

карбюра́тор *м.* carburetor.

карга́ *ж. разг.* hag.

ка́рго *с. нескл.* (*груз без указания его наименования*) cargo.

кардамо́н *м.* cardamom.

кардина́л *м.* cardinal.

кардина́льный cardinal.

кардио|гра́мма *ж.* cardiogram; **~хирурги́я** *ж.* heart/cardiac surgery.

каре́л *м.*, **~ка** *ж.* Karelian.

каре́льск|ий Karelian; ~ая берёза Karelian birch.

каре́т|а *ж.* coach; ◇ ~ ско́рой по́мощи ambulance; **~ка** *ж. тех.* carrier, carriage.

кариати́да *ж. архит.* caryatid.

ка́рий brown, hazel.

карикату́р|а *ж.* caricature; (*политическая тж.*) cartoon; *перен.* parody; нарисова́ть ~у на *кого-л.* make* a caricature of *smb.*; **~и́ст** *м.* caricaturist; cartoonist; **~ный** grotesque, ludicrous; ~ная фигу́ра ludicrous figure.

ка́рканье *с.* 1. cawing; 2. *разг.* (*зловещее предсказание*) croaking.

карка́с *м.* frame(work); shell; железобето́нный ~ structural frame of reinforced concrete; **~ный** frame *attr.*; ~ная констру́кция frame construction.

ка́ркать, ка́ркнуть 1. caw; 2. *тк. несов. разг* (*предсказывать неприятности*) croak, cast gloom, prophecy ill.

ка́ркнуть *сов. см.* ка́ркать 1.

ка́рлик *м.* dwarf; (*о незначительном человеке*) pigmy; **~овый** dwarfish, dwarflike; (*очень маленький*) dwarf *attr.*; ~овый рост dwarflike/diminutive stature; ~овая па́льма dwarf palm.

карма́н *м.* pocket; ◇ не по ~у beyond *one's* means, too dear for *one*; мне это не по ~у I can't afford it, it's beyond my means, it's too dear for me; держи́ ~ (шире)! no hope!; not a hope! **~ник** *м. разг.* pickpocket; **~ный** pocket *attr.*; ~ные часы́ (pocket-)watch *sg*; ~ный слова́рь pocket dictionary; ◇ ~ные де́ньги pocket money.

карми́н *м.* carmine, crimson.

карми́нный carmine, crimson.

карнава́|л *м.* carnival; **~льный** carnival.

карни́з *м. архит.* cornice.

карп *м.* carp.

карт *м. спорт.* go-cart.

ка́рт|а *ж.* 1. (*географическая*) map; (*морская*) chart; 2. (*игральная*) card; ◇ поста́вить всё на ~у stake everything, stake *one's* all; раскры́ть свои́ ~ы show* *one's* hand/cards.

карта́в|ить *несов.* burr; **~ость** *ж.* burr; **~ый** 1. (*о человеке*) burring; with a burr in *one's* voice *после сущ.*; 2. (*о произношении*) burred.

карт-бланш *м.* cartblanche.

картёжн|ик *м.*, **~ица** *ж.* cardplayer.

карте́ль *ж. эк.* cartel; **~ный** cartel *attr.*; ~ная цена́ cartel price; ~ные соглаше́ния cartel agreements.

карте́чь *ж.* 1. *воен.* case shot; 2. (*дробь*) buckshot.

карти́н|а *ж.* 1. (*художника*) painting, picture; ~ы Ре́пина the paintings of Repin; 2. (*изображение, зрелище*) picture, scene; ~ бы́та scene from life; 3. (*часть действия*) scene; 4. *разг.* (*кинофильм*) film, picture; **~ка** *ж.* (*иллюстрация к книге*) picture; переводна́я ~ transfer; кни́га с ~ами picture book; **~ный** 1. picture *attr.*; ~ная галере́я art gallery; 2. (*живописный*) picturesque.

ка́ртинг *м. спорт.* go-carting.

карто́граф *м.* cartographer, mapmaker; **~и́ческий** cartographic(al).

картогра́фия *ж.* cartography, mapmaking.

карто́н *м.* cardboard; (*толстый*) millboard; **~а́жный** cardboard *attr.*; **~ка** *ж.* carton, cardboard box; (*фанерная*) plywood box; **~ный** cardboard *attr.*; в ~ном переплёте with a stiff binding, bound in boards.

картоте́к|а *ж.* card index; библиоте́чная ~ card catalogue; составля́ть ~у compile a card-index; составле́ние ~и card-indexing.

картофелесажа́лка *ж.* planter.

картофелеубо́рочный: ~ комба́йн potato harvester.

карто́фелина *ж. разг.* potato, spud.

карто́фель *м.* potatoes *pl.*; жа́реный ~ fried potatoes; молодо́й ~ new potatoes; ~ в мунди́ре potatoes boiled in their skins; хрустя́щий ~ potato crisps/chips *pl.*; **~ный** potato *attr.*; ~ная мука́ potato flour.

ка́рточка *ж.* 1. card; визи́тная ~ visiting card; креди́тная ~ credit card; продово́льственная ~ food-card, ration card; 2. (*фотографическая*) photo(graph).

ка́рточный card *attr.*; ~ катало́г card catalogue.

карто́шк|а *ж. разг.* 1. *собир.* (*картофель*) potatoes *pl*; сажать ~у plant potatoes; 2. (*отдельная картофелина*) potato.

карту́з *м.* cap.

карусе́ль *ж.* merry-go-round, roundabout, whirligig.

ка́рцер *м.* punishment cell.

карье́р I *м.* (*ход лошади*) charging pace; ~ом at a charging pace; ◇ с ме́ста в ~ straight away.

карье́р II *м.* (*каменоломня*) quarry; песча́ный ~ sand pit.

карье́р|а *ж.* career; сде́лать ~у make* *one's* career; get* to the top *разг.*; **~и́зм** *м.* careerism; **~и́ст** *м.*; **~и́стка** *ж.* careerist, climber, self-seeker.

каса́ни|е *с.* contact; ◇ то́чка ~я *мат.* point of contact.

каса́тельная *ж. мат.* tangent.

каса́тельств|о *с.* relation, connection; не име́ть никако́го ~а к *чему-л.* have* nothing to do with *smth.*

каса́тка *ж. зоол.* 1. swallow; 2. killer whale; 3. *фолькл. поэт.* darling.

кас|а́ться, косну́ться (*рд.*) 1. (*дотрагиваться*) touch (*smb.*, *smth.*); ~ дна touch bottom; 2. (*упоминать*) touch (upon); ~ вопро́са о *чём-л.* touch upon the problem of (*smth.*); 3. (*иметь отношение*) concern (*smb.*); э́то вас не ~а́ется 1) (*не затрагивает*) it doesn't refer to you; 2) (*не ваше дело*) it's no concern of yours, it is not your business; ◇ что ~а́ется as to/for; что ~а́ется меня́ as for me, for my part, as far as I am concerned.

ка́ска *ж.* helmet.

каска́д *м.* cascade; ◇ ~ гидроэлектроста́нций series of hydroelectric stations; ~ красноре́чия flood of eloquence.

каскадёр *м.* stunt man.

ка́сса *ж.* 1. (*в учреждении*) cashier's office; (*в магазине*) cash desk; (*железнодорожная*) booking office; (*театральная*) box-office; ticket office *амер.*; 2. (*кассовый аппарат*) cash register; 3. (*учреждение*): сберега́тельная ~ savings bank; 4. (*деньги*) cash; 5. *полигр.* case; ◇ ~ взаимопо́мощи mutual assistance fund.

кассацио́нн|ый *юр.*: ~ая жа́лоба appeal; ~ суд Court of Appeal/Cassation.

касса́ци|я *ж.* cassation; пода́ть ~ю *разг.* appeal.

кассе́та *ж. фото* (*для плёнки*) cassette, drum; (*для пластинок*) plate holder, dark slide; **~ный** cassette *attr.*; ~ магнитофо́н cassette tape-recorder.

касси́р *м.* cashier; (*в банке тж.*) teller; (*продающий билеты*) booking clerk; (*в театре*) box office clerk.

ка́ссов|ый cash *attr.*; ~ая кни́га cashbook.

ка́ста *ж.* caste.

кастеля́нша *ж.* linen mistress.

ка́стовый caste *attr.*

касто́р|ка *ж. разг.* castor oil; **~овый:** ~овое ма́сло castor oil; ~овая шля́па beaver (hat).

кастра́т *м.* eunuch; *юр.* spado.

кастр|а́ция *ж.* castration; **~и́ровать** *несов. и сов.* (*вн.*) castrate (*smb.*, *smth.*); (*животное тж.*) geld (*smth.*)

кастрю́ля *ж.* saucepan, pan.

катако́мбы *мн.* (*ед.* катакомба *ж.*) catacombs.

ката́лиз *м. хим.* catalysis; **~а́тор** *м. хим.* catalyst.

катало́г *м.* catalogue; сво́дный pre-file catalogue; фи́рменный ~ catalogue of firm; ~ аукцио́на auction bill; ~ образцо́в това́ра catalogue of samples of goods; **~изи́ровать** *несов. и сов.* (*вн.*) catalogue (*smth.*)

катамара́н *м.* catamaran.

ката́ние *с.* 1. rolling; 2.: ~ в экипа́же driving; ~ верхо́м riding; ~ на ло́дке boating; (*под парусами*) sailing; ~ на саня́х sleighing; ~ на конька́х skating; фигурное ~ figure skating.

ка́танье *с.*: не мытьём, так ~м by hook or by crook.

катапу́льт|а *ж.* catapult; взлёт самолёта с ~ы catapult start/launching.

катапульти́ровать *несов. и сов.* (*вн.*) catapult (*smb.*); **~ся** *несов. и сов.* catapult.

катапульти́рующ|ий: ~ее устро́йство catapult (device).

ката́р *м. мед.* catarrh; ~ желу́дка gastritis, gastric catarrh.

катара́кта *ж. мед.* cataract.

катара́льный *мед.* catarrhal.

катастро́ф|а *ж.* disaster, catastrophe; железнодоро́жная ~ railway accident; авиацио́нная ~ plane crash; **~и́ческий** disastrous.

ката́ть *несов.* (*вн.*) roll (*smth.*); ~ мяч roll a ball; ~ те́сто roll pastry/dough; ~ мета́лл roll metal; 2. (*возить*) drive* (*smb.*); take (*smb.*) out; ~ *кого-л.* на маши́не take* *smb.* for a drive; **~ся** *несов.* 1. roll, roll about; 2. (*ездить*) drive*; (*верхом*) ride*, ~ся на велосипе́де go* for a cycle ride; ~ся на конька́х skate; ~ся на маши́не go* for a car ride; ~ся на ло́дке go* out in a boat, go* boating; ◇ ~ся со́ смеху rock with laughter; ~ от бо́ли roll in pain.

катафа́лк *м.* catafalque; (*погребальная колесница*) hearse.

категори́ческ|и categorically, flatly; ~ возража́ть strongly object; ~ запреща́ть absolutely forbid*; **~ий** categorical, explicit, ~ий отве́т categorical/explicit answer; ~ий отка́з categorical/flat refusal; ~ое возраже́ние unqualified objection.

катего́рия *ж.* category, class.

ка́тер *м.* launch; (*парусно-гребной*) cutter; мото́рный ~ motor boat; сторожево́й ~ patrol boat.

ка́тет *м. мат.* leg/side of a triangle.

кате́тер *м. мед.* catheter.

катехи́зис *м. церк.* catechism.

кати́ть *несов.* 1. (*вн.*) roll (*smth.*); (*на колёсах*) push (*smth.*); (*обруч*) bowl (*smth.*); 2. *разг.* (*ехать*) drive*; **~ся** *несов.* 1. roll; (*скользить*) slide*; 2. (*ехать - об автомобиле и т. п.*) move; 3. (*разноситься - о звуках*) roll, echo; гро́хот кати́лся по уще́лью the roar echoed through the ravine; 4. (*течь, струиться*) roll; пот кати́лся у него́ со лба the sweat was rolling down his forehead; ◇ кати́сь отсю́да! get* out!

като́д *м. физ.* cathode; **~ный** *физ.* cathode *attr.*; ~ная тру́бка cathode-ray tube; ~ные лучи́ cathode rays.

като́к *м.* 1. (*ледяная площадка*) skating rink; 2. (*машина*) roller; (*для белья*) mangle.

като́л|ик *м.* catholic, Roman Catholic; **~ици́зм** *м. см.* католичество; **~и́ческий** Roman Catholic; **~и́чество** *с.* catholicism.

католико́с *м.* (*глава Армяно-Григорианской церкви*) Catholicos.

ка́тор|га *ж.* penal servitude, hard labor; (*место*) penal/convict colony; отбыва́ть ~гу serve a penal sentence, do* hard labor; **~жа́нин** *м.* (*обычно политический*) State convict; ex-convict; **~жник** *м.* convict; **~жный:** ~жные рабо́ты penal servitude *sg*; hard labor *sg*; ~жная жизнь *перен.* unbearable life; ~жный труд *перен.* killing work, drudgery.

кату́шка *ж.* bobbin, reel; *эл.* coil.

катю́ша *ж. воен. разг.* Katyusha, multiple rocket projector/launcher.

кау́рый light-chestnut.

ка́уст|ик *м.* caustic soda; **~и́ческий** caustic.

каучу́к *м.* rubber, caoutchouc; **~овый** rubber *attr.*

каучуконо́сы *мн.* (*ед.* каучуконо́с *м.*) rubber-bearing plants.

КАФ (сто́имость и фрахт) *м.* CAF, cost and freight.

кафе́ *с. нескл.* cafe.

ка́федр|а *ж.* 1. (*возвышение*) pulpit, reading desk, rostrum (*pl.* -ra, -rums); говори́ть с ~ы speak* from the rostrum; 2. (*научная отрасль как предмет преподавания в вузе, объединение учёных одной специальности*) chair, department; ~ органи́ческой хи́мии chair of organic chemistry; получи́ть ~у get the chair, заве́довать ~ой hold the chair; заве́дующий ~ой head of the chair; заседа́ние ~ы faculty meeting; **~а́льный:** ~а́льный собо́р cathedral.

ка́фель *м.* tile; **~ный** tiled.

кафе́-моло́чная *с.* milk bar.

кафете́рий *м.* cafeteria.

кафешанта́н *м.* cafe shantant.

кафта́н *м.* caftan.

кача́лка *ж.* rocking chair.

кача́ние *с.* 1. swaying, swinging; 2. (*воды насосом*) pumping; 3. (*колебание маятника и т. п.*) swing.

кач|а́ть *несов.* 1. (*вн.*, *тв.*) sway (*smth.*); rock (*smth.*), swing (*smth.*); ~ ного́й swing* *one's* foot*; ~ колыбе́ль rock a cradle; ве́тер ~а́ет верху́шки дере́вьев the wind is swaying the treetops; the treetops are swaying in the wind; 2. *безл.*: его́ ~а́ет во все сто́роны he staggers from side to side; лóдку, сýдно ~áет the boat, ship is rolling and pitching; сúльно ~áет (*на море*) the sea is very rough; совсéм не ~áет it's quite calm; 3. (*вн.*; *подбрасывать*) toss (*smb.*); 4. (*вн.*; *убаюкивать*) dandle (*smb.*); 5. (*вн.*; *воду и т. п. насосом*) pump (*smth.*); ◇ ~ головóй shake* *one's* head; **~ся** *несов.* 1. sway, rock; (*на качалке*) rock *oneself*; (*на качелях*) swing* *oneself*; ~ся на волнáх rock on the waves; 2. (*пошатываться*) sway, stagger.

качéли *мн.* swing *sg.*

кáчественный 1. qualitative; 2. (*высокого качества*) high-quality *attr.*, high-grade *attr.*; ◇ ~ анализ *хим.* qualitative analysis.

кáчеств|о *с.* quality; неотъéмлемое ~ essential quality; ~ продýкции the quality of the product; ◇ в ~е as; в ~е доказáтельства by way of evidence; в ~е совéтника as an adviser, in an advisory capacity; (*в шахматах*) вы́играть, проигрáть ~ gain, lose* an exchange.

кáчка *ж.* motion; бортовáя ~ *мор.* rolling; килевáя ~ *мор.* pitching.

качнýть *сов.* (*вн.*) give* (*smth.*) a push; **~ся** *сов.* lurch, give* a lurch.

кáш|а *ж.* 1. porridge; (*жидкая*) pap, gruel; варúть ~у make* porridge; 2. (*полужидкая масса*) (soggy) mass; 3. (*путаница*) muddle, hodgepodge; hotchpotch *амер.*; ◇ сапогú ~и прóсят *smb.'s* boots are gaping; с ним ~и не свáришь you won't get anywhere with him; заварúть ~у get* into a mess, start something; расхлёбывать ~у put* things right; у него во рту ~ he mumbles.

кашалóт *м.* cachalot, sperm whale.

кашевáр *м.* cook.

кáшель *м.* coughing; (*болезнь*) cough; сухóй, хрúплый ~ dry, hoarse coughing.

кашемúр *м.* cashmere.

кáшица *ж.* thin gruel.

кáшка *ж.* *разг.* (*клевер*) clove.

кáшлянуть *сов.* cough, give* a (slight) cough.

кáшлять *несов.* cough.

кашнé *с.* *нескл.* scarf*, muffler.

кашпó *с.* *нескл.* cachepot, ornamental pot.

каштáн *м.* chestnut; (*дерево тж.*) chestnut-tree; кóнский ~ horse chestnut; **~овый** 1. chestnut *attr.*; 2. (*каштанового цвета*) chestnut(-colored); ~овые вóлосы auburn hair.

каю́к *м.*: тут емý и ~ пришёл that's the end of him, he's done for.

каю́р *м.* dog-team (reindeer-team) driver.

каю́та *ж.* cabin, stateroom.

каю́т-компáния *ж.* *мор.* (*на военном корабле*) wardroom; (*на пассажирском судне*) saloon.

кáяться, покáяться 1. repent; 2. (в *пр.*; *сознаваться*) confess (*smth.*); 3.: кáюсь, виновáт! sorry, my fault!

квадрáт *м.* square; возвестú в ~ square; в ~е squared; дурáк в ~е doubly a fool.

квадрáтно-гнездовóй square-cluster *attr.*

квадрáт|ный square; ~ное уравнéние quadratic education; кóрень ~ (из) square root (of); **~ýра**: ~ýра крýга squaring the circle.

квáк|анье *с.* croaking; **~ать** *несов.* croak; **~нуть** *сов.* give* a croak.

квакýшка *ж.* *разг.* frog.

квалификациóнн|ый: ~ аттестáт certificate of competence; ~ая комúссия board of experts.

квалификáц|ия *ж.* qualification(s); (*навык*) skill; приобрестú ~ию become* qualified (in a profession/trade); повы́сить ~ию improve *one's* qualifications.

квалифицúров|анный skilled, qualified; ~ рабóтник skilled worker; ~ труд skilled labor; **~ать** *несов. и сов.* (*вн.*) 1. (*определять степень чего-л.*) qualify (*smth.*); 2. (*выяснять квалификацию*) test/determine *smb.'s* qualification.

квант *м.* *физ.* quantum (*pl.* -ta).

квáнтов|ый quantum *attr.*; ~ генерáтор maser; ~ая теóрия quantum theory.

квáрта *ж.* 1. (*мера жидкости*) quart; 2. *муз.* fourth; 3. (*фехтование*) quart.

квартáл *м.* 1. (*четверть года*) quarter; 2. (*часть города*) district, neighbourhood; *разг.* (*часть улицы между двумя перекрёстками*) block.

квартáльный quarterly; ~ отчёт quarterly account; *в знач. сущ.* *ист.* noncommissioned police officer.

квартéт *м.* quartette.

квартúр|а *ж.* 1. (*часть жилого дома*) flat; apartment *амер.*; lodgings *pl.* (*нанимаемое помещение*); сдавáть ~у let* a flat; жить на ~е live in lodgings; ~ из трёх кóмнат three-room flat; 2. *мн.* *воен.* billets; ◇ коммунáльная ~ "communal" flat; глáвная ~ *воен.* *уст.* General Headquarters; **~áнт** *м.* lodger; **~ный:** ~ная плáта rent; ~ные услóвия housing conditions; ~ный вопрóс housing problem; **~овáть** *несов.* (у *рд.*, в *пр.*) 1. *разг.* (*жить на квартире*) lodge (with, in); 2. *воен.* be* billeted (on, at).

квартирмéйстер *м.* *воен.* quartermaster.

квартиросъёмщик *м.* tenant.

квартплáта *ж.* rent.

кварц *м.* quartz; **~евый** quartz *attr.*; ~евая лáмпа quartz lamp.

квас *м.* kvass.

квáсить *несов.* (*вн.*) ferment (*smth.*); (*о тесте*) leaven (*smth.*); ~ капýсту pickle cabbage; **~ся** *несов.* ferment.

квасцы́ *мн.* alum *sg.*

квáшен|ый: ~ая капýста sauerkraut.

квашня́ *ж.* dough trough.

квéрху up, upward(s); поднять глазá ~ raise *one's* eyes.

квёлый *разг.* weak, poor.

квúнта *ж.* *муз.* fifth.

квинтéт *м.* *муз.* quintet.

квинтэссéнция *ж.* quintessence.

квитáнци|я *ж.* receipt; багáжная ~ luggage receipt; грузовáя ~ goods receipt; депозúтная ~ deposit receipt; железнодорóжная ~ railway receipt; почтóвая ~ postal receipt; складскáя ~ warehouse receipt; товаросопроводúтельная ~

freight warrant; ~ в получе́нии де́нег money receipt; ~ об упла́те тамо́женной по́шлины docket; ~ о подпи́ске на а́кции scrip; выдава́ть *кому-л.* ~ю give* *smb.* a receipt.

квито́к *м. разг.* ticket, check.

квиты *в знач. сказ. разг.*: тепе́рь мы ~ now we are quits.

кво́рум *м.* quorum.

кво́та *ж. эк.* quota; и́мпортная ~ import quota; нало́говая ~ tax quota; налогооблага́емая ~ taxable quota; ры́ночная ~ marketing quota; тари́фная ~ tariff quota; э́кспортная ~ export quota.

квоти́рование *с. фин.*: ~ валю́ты allocation of currency.

кегельба́н *м.* bowling alley.

ке́гли *мн.* (*ед.* ке́гля *ж.*) skittles.

кегль *м. полигр.* point.

кедр *м.* cedar; гимала́йский ~ deodar; лива́нский ~ cedar of Lebanon; сиби́рский ~ Siberian pine; **~о́вый** cedar *attr.*; ~о́вый оре́х cedar nut.

ке́ды *мн. спорт.* rubber-soled sports boots.

кекс *м.* plum cake, fruitcake.

ке́ларь *м. церк.* cellarer.

келе́йно in secrecy; **~ный** secret; ~ная жизнь hermit's existence.

кельт *м.* Celt; **~ский** Celtic; ~ские языки́ the Celtic languages.

ке́лья *ж.* cell.

кем (*тв. от мест.* кто) by whom, who by.

ке́мпинг *м.* camping site.

кенгуру́ *м. нескл. зоол.* kangaroo.

кента́вр *м. миф.* centaur.

ке́пка *ж. разг.* cap.

кера́мика *ж. собир.* ceramics *pl.*

керами́ческий ceramic.

keрогáз *м.* paraffin stove, oil stove.

кероси́н *м.* kerosene; paraffin *разг.*; **~ка** *ж.* oil stove; **~овый** kerosene *attr.*; ~овая ла́мпа oil lamp.

ке́сарево: ~о сече́ние Caesarian section.

ке́сарь *м.* Caesar, monarch, lord; ◇ ке́сарю ке́сарево render to Caesar the things that are Caesar's.

кессо́н *м.* caisson; **~ный:** ~ная боле́знь *мед.* caisson disease; the bends *pl. разг.*

кет|а́ *ж.* Siberian/chum salmon; **~о́вый:** ~о́вая икра́ red caviar.

кефа́ль *ж.* grey mullet.

кефи́р *м.* kefir (*kind of yogurt*).

киберне́тик *м.* cyberneticist, cybernetician.

киберне́тика *ж.* cybernetics.

киби́тка *ж.* kibitka, covered wagon; nomad tent.

кива́ть, **кивну́ть** 1. nod; ~ голово́й nod; 2. (на *вн.*; *указывать кивком*) nod in the direction (of); *перен. разг.* hint (at).

ки́вер *м.* shako.

кивну́ть *сов. см.* кивать.

киво́к *м.* nod.

кид|а́ть, ки́нуть 1. (*вн.*, *тв.*; *бросать*) throw* (*smth.*); (*тж. перен.*); fling* (*smth.*), cast (*smth.*); ~ ка́мешки в во́ду throw* pebbles into the water; ~ не́вод cast* a net; 2. *обыкн. безл.* (*сильно качать*) toss; су́дно ~а́ло из стороны́ в сто́рону the ship was tossed from side to side; 3. (*вн.*; *направлять, устремлять*) cast* (*smth.*), throw* (*smth.*); ~ тень cast* a shadow; ~ взгляд throw* a glance; 4. (*вн.*; *небрежно класть*) fling* (*smth.*), toss (*smth.*); 5. *безл. в сочет. с сущ.*: меня́ в сон ~а́ет I keep dropping off to sleep; его́ ~а́ло в дрожь he felt shaky all of a sudden; **~а́ться**, ки́нуться 1. *тк. несов.* (*тв.*; *бросаться*) throw* (*smth.*) at one another; *перен. разг.* (*не дорожить*) treat (*smb.*, *smth.*) lightly, trifle (with); 2. (*устремляться*) rush, fling*/throw* *oneself*; ~а́ться на ше́ю *кому-л.* rush to embrace *smb.*; 3. (*метаться*) dart about, prance about; ◇ ~а́ться в го́лову (*о вине*) go* to *one's* head; кровь ки́нулась в го́лову the blood rushed to *one's* head.

кизи́л(ь) *м.* (*ягода и растение*) cornelian cherry.

кизя́к *м.* pressed dung.

кий *м.* (billiard) cue.

кики́мор|а *ж.* (*жена домового в русской мифологии*) kikimora; вы́глядеть ~ой look a fright.

кило́ *с. нескл. разг.* kilo(gram).

килова́тт *м. эл.* kilowatt; ~-час *м. эл.* kilowatt-hour.

килогра́мм *м.* kilogram.

киломе́тр *м.* kilometer.

киль *м.* 1. *мор.* keel; 2. *ав.* fin.

кильва́тер *м. мор.* wake; идти́ в ~е, в ~ follow in the wake of; строй ~ line ahead; column *амер.*

ки́лька *ж.* sprat.

кимва́л *м. муз.* cymbal.

кимоно́ *с. нескл.* kimono.

кингсто́н *м.* kingston valve; откры́ть ~ы scuttle.

кинема́тика *ж. физ.* kinematics.

кинемато́граф *м.* 1. cinematograph; 2. (*киноискусство*) the cinema; **~и́чный** cinematic.

кинематогра́фия *ж.* cinematography, the cinema.

кинеско́п *м.* television tube, kinescope.

кине́т|ика *ж.* kinetics; **~и́ческий** kinetic; ~и́ческая эне́ргия kinetic energy.

кинжа́л *м.* dagger.

кино́ *с. нескл.* 1. (*искусство*) cinematography, the cinema; films; the movies *амер.*; 2. *разг.* (*фильм*) film; 3. *разг.* (*кинотеатр*) cinema; ходи́ть в ~ go* to the cinema/pictures; go* to the movies *амер.*

кино|актёр *м.* film actor; **~актри́са** *ж.* film actress; **~аппара́т** *м.* motion-picture camera; **~аппарату́ра** *ж.* motion-picture equipment; **~боеви́к** *м.* film hit, smash hit.

кинова́рь *ж.* cinnabar, vermilion.

кино|докуме́нт *м.* documentary (film); **~журна́л** *м.* film magazine; **~звезда́** *ж.* film/movie star; **~зри́тель** *м.* filmgoer, cinemagoer, moviegoer *амер.*; **~иску́сство** *с.* the (art of the) cinema, cinematic art; ~**кадр** *м.* frame; ~**ка́мера** *ж.* motion-picture camera, (movie-)camera; ~**карти́на** *ж.* film, picture; movie *амер.*; ~**коме́дия** *ж.* comedy film; ~**кри́тика** *ж.* film criticism; ~**ле́нта** *ж.* (cinema) film; ~**люби́тель** *м.* amateur filmmaker; ~**ма́ния** *ж.* cinemania; ~**меха́ник** *м.* cinema operator; ~**опера́тор** *м.* cameraman; ~**панора́ма** *ж.* cinerama; кругова́я ~панора́ма ciclorama; ~**передви́жка** *ж.* portable film projector; ~**плёнка** *ж.* film; ~**продю́сер** *м.* film producer; ~**прока́т** *м.* film distribution; ~**промы́шленность** *ж.* film industry; ~**режиссёр** *м.* (film) director; ~**сеа́нс** *м.* (cinema) performance, show; ~**сту́дия** *ж.* film studio; ~**сцена́рий** *м.* film script, screenplay; ~**съёмка** *ж.* shooting, filming; ~**теа́тр** *м.* cinema; ~**устано́вка** *ж.* projecting machine; ~**фестива́ль** *м.* film festival.

кинофика́ция *ж.* provision of film shows.

кинофи́льм *м.* film, picture; movie *амер.*

кинофици́ровать *несов. и сов.* (*вн.*) bring* the cinema (to).

кино|хро́ника *ж.* newsreel; ~**экра́н** *м.* (cinema) screen; ~**эпопе́я** *ж.* film epic.

ки́нуть *сов. см.* кида́ть; ~**ся** *сов. см.* кида́ться 2, 3.

кио́ск *м.* kiosk, booth; газе́тный ~ newsstand, newsstall; кни́жный ~ bookstall.

киоскёр *м.* newsagent; newsdealer *амер.*

кио́т *м. церк.* icon case.

ки́па *ж.* 1. (*пачка, связка*) bundle; (*груда*) pile, heap; ~ книг bundle of books; ~ бума́г sheaf* of papers; 2. (*упаковочная мера*) bale; ~ хло́пка bale of cotton.

кипари́с *м.* cypress; ~**овый** cypress *attr.*

кипе́ни|е *с.* boiling; то́чка ~я boiling point.

кипе́|ть *несов.* boil, seethe; (*о работе*) be* in full swing; доса́да так и ~ла в нём he was seething with annoyance.

кипу́ч|ий seething; *перен. тж.* ebullient; ~ая де́ятельность ebullient/tireless activity; ~ая нату́ра impetuous character.

кипяти́льник *м.* kettle, boiler.

кипят|и́ть, вскипяти́ть (*вн.*) boil (*smth.*); bring* (*smth.*) to the boil; ~**и́ться** *несов.* 1. (*нагреваться*) be* boiling; 2. *разг.* (*волноваться, горячиться*) be* worked up, get* worked up, get* excited; ~**о́к** *м.* boiling water.

кипяч|е́ние *с.* boiling; ~**ёный** boiled; ~ёная вода boiled water.

кира́са *ж. ист.* cuirass.

кираси́р *м. ист.* cuirasser.

кирги́з *м.*, ~**ка** *ж.* Kirghiz; ~**ский** Kirghiz; ~ский язы́к Kirghiz, the Kirghiz language.

кири́ллица *ж.* Cyrillic alphabet.

кирка́ *ж.* pick(-axe).

кирпи́ч *м.* 1. brick; облицо́вочный ~ facing bricks *pl.*; класть ~и́ lay bricks; 2. *разг.* no-entry sign; ~**ный** 1. brick *attr.*; ~ный заво́д brickyard, brickfield; 2. (*о цвете*) brick red, ruddy; ◇ ~ный чай brick-tea.

ки́рха *ж.* (Protestant) church.

киря́ть *несов. разг.* booze.

кисе́йн|ый muslin *attr.*; ◇ ~ая ба́рышня ≅ bread-and-butter miss.

кисе́л|ь *м.* 1. kissel (fruit juice, milk etc. thickened with potato flour); 2. *разг.* (*о человеке*) wet rag; он тако́й ~ he's so spineless; ◇ седьма́я вода́ на ~е́ second cousin twice removed; за семь вёрст ~я́ хлеба́ть go* a long way for nothing, go* on a fool's errand.

кисе́т *м.* tobacco pouch.

кисея́ *ж.* muslin.

ки́ска *ж. разг.* puss, pussycat.

кис-кис puss-puss!

кислова́тый sourish.

кислоро́д *м. хим.* oxygen; ~**ный** oxygen *attr.*, oxygenous; ~ное голода́ние oxygen starvation; ◇ ~ная поду́шка oxygen/breathing bag.

ки́сло-сла́дкий sour-sweet.

кислота́ *ж.* 1. (*свойство*) acidity; 2. *хим.* acid.

кисло́тн|ость *ж.* acidity; ~**ый** acid.

кислотоупо́рный acid-proof, acid resistant.

ки́сл|ый 1. (*прям. и перен.*) sour; ~ые я́блоки sour/tart apples; ~ое молоко́ sour milk; ~ое те́сто leavened dough; ~ая улы́бка acid smile; де́лать ~ое лицо́ make* a sour face; 2. *хим.* acid; ◇ ~ые щи sauerkraut soup; ~**я́тина** *ж. разг.* sour stuff.

ки́снуть *несов.* turn sour; (*о молоке тж.*) turn, go* off; *перен. разг.* mope.

киста́ *ж. мед.* cyst.

кисте́нь *м.* bludgeon, flail.

ки́сточка *ж.* 1. brush; ~ для бритья́ shaving-brush; 2. (*украшение*) tassel.

кист|ь *ж.* 1. (*часть руки*) hand; то́нкая ~ slender hand; 2. (*гроздь*) bunch, cluster; 3. (*украшение*) tassel; с ~я́ми tasseled; 4. (*для краски, клея и т. п.*) brush; ~ для бритья́ shaving brush; 5. (*искусство живописи*) the brush (of the artist).

кит *м.* whale.

китаеве́д *м.* sinologist; ~**ение** *с.* sinology.

кита́ец *м.* Chinese, Chinaman*.

китаи́ст *м. см.* китаеве́д.

китаи́стика *ж. см.* китаеве́дение.

кита́йский Chinese; ~ язы́к Chinese, the Chinese language; ◇ ~ая гра́мота double-dutch.

китая́нка *ж.* Chinese woman*.

ки́тель *м.* high-necked tunic.

китобо́ец *м.* whaler, whaleboat, whaling ship.

китобо́й *м.* 1. (*занимающийся китобойным промыслом*) whaler; 2. (*судно*) *см.* китобо́ец.

китобо́йный whaling; ~ое су́дно whaleboat; whaling ship; ~ про́мысел whaling, whaling industry.

кито́вый whale *attr.*; ~ жир blubber; ◇ ~ ус whalebone.

китоло́вный *см.* китобойный.

кичи́ться *несов.* (*тв.*) boast (of), pride *oneself* (on).

кичли́в|ость *ж.* conceit; ~**ый** vain, conceited, bumptious, arrogant.

киш|е́ть *несов.* (*тв.*) swarm (with); teem (with); (*паразитами*) be* infested (with).

кише́чн|ик *м.* bowels *pl.*, intestines *pl.*; **~ый** intestinal.

кишка́ *ж.* 1. *анат.* intestine, gut; двенадцатипе́рстная ~ duodenum; пряма́я ~ rectum (*pl.* -ta); 2. *разг.* (*резиновая трубка*) rubber tube; (*шланг*) hose; пожа́рная ~ fire hose; ◇ ~ тонка́! he (she) isn't up to that!; вы́пустить кишки́ disembowel.

кишла́к *м.* kishlak (*village in Central Asia*).

кишми́ш *м. ед.* raisins, sultanas.

кишмя́: ~ кише́ть *кем-л.*, *чем-л.* be* teeming with *smb.*, *smth.*

клавеси́н *м. муз.* harpsichord.

клавиату́ра *ж.* keyboard.

клавико́рды *мн. муз.* clavichord.

кла́виш *м.*, **~а** *ж.* key; **~ный**: ~ные инструме́нты keyboard instruments.

клад *м.* hidden treasure; *перен.* treasure.

кла́дб|ище *с.* cemetery, graveyard; **~и́щенский** cemetery *attr.*

кла́дезь *м.*: ~ прему́дрости *шутл.* fountain of wisdom.

кла́дка *ж.* laying; ка́менная ~ masonry; кирпи́чная ~ bricklaying, brickwork.

кладов|а́я *ж.* storeroom; (*для продуктов тж.*) larder; **~щи́к** *м.* storekeeper.

кладь *ж. собир.* load; ручна́я ~ hand luggage.

кла́к|а *ж. собир. театр.* claque; **~ер** *м.* claquer.

клан *м.* clan.

кла́няться, поклони́ться 1. (*дт.*; *делать поклон*) bow (to); не ~ с *кем-л.* not be* on speaking terms with *smb.*; ни́зко ~ *кому-л.* bow low to *smb.*; 2. (*дт.*; *посылать привет*) send* greetings (to); кла́няйтесь им от меня́ remember me kindly to them; он проси́л вам ~ he sends you his regards/greetings; 3. (*дт.*, пе́ред *тв.*; *просить*) beg (of).

кла́пан *м.* 1. valve; выхлопно́й ~ exhaust valve; 2. *анат.*: серде́чный ~ cardiac valve; 3. (*на одежде и т. п.*) flap; 4. (*духового инструмента*) vent.

кларне́т *м. муз.* clarinet; **~и́ст** *м.* clarinettist.

класс I *м.* (*социальная группа*) class.

класс II *м.* 1. (*группа, разряд*; *тж. биол.*) class; 2. (*в школе*) class, form; grade *амер.* 3. (*комната*) classroom.

кла́ссик *м.* 1. classic, classic(al) author; 2. classical scholar.

классифи|ка́тор *м.* classifier; **~ка́ция** *ж.* classification, grouping; пате́нтная ~ patent classification; ~ това́ров и услу́г classification of goods and services; **~ци́ровать** *несов. и сов.* (*вн.*) classify (*smth.*), group (*smth.*).

классици́зм *м.* classicism.

класси́ческ|ий 1. classical; ~ая ру́сская литерату́ра classics of Russian literature, the great works of Russian literature; ~ая му́зыка classical music; ~ие языки́ classical languages; ~ие черты́ лица́ classical features; 2. (*типичный, характерный*) classic; ~ образе́ц classic example.

кла́ссн|ый 1. (*учебный*) class *attr.*; ~ руководи́тель form master; ~ая доска́ blackboard; 2. *спорт.* (*квалифицированный*) top-level; classy *амер.*

кла́ссов|ый class *attr.*; ~ая борьба́ class struggle, class war; ~ые противоре́чия contradictions between classes; ~ые разли́чия class differences.

класть, положи́ть, сложи́ть (*вн.*) 1. *сов.* положи́ть put* (*smb.*, *smth.*); lay* (*smb.*, *smth.*), place (*smb.*, *smth.*); ~ де́ньги в карма́н put* money in *one's* pocket; ~ *кого-л.* в больни́цу put* *smb.* in the hospital; ~ ра́неного на стол lay* an injured man* on a table; ~ кра́ски на холст put* paint on canvas, apply paint to a canvas; ~ печа́ть на *что-л.* rubber-stamp *smth.*; *перен.* leave* its mark on *smth.*; ~ саха́р в чай put* sugar in *one's* tea; ~ но́гу на́ ногу cross *one's* legs; 2. *сов.* сложи́ть (*строить*) build* (*smth.*) make* (*smth.*); ~ печь build/make* a stove; ~ сте́ну build* a wall; ~ фунда́мент lay* a foundation; ◇ ~ я́йца lay* eggs; положи́ть слова́ на му́зыку put*/ set*words to music; положи́ть жизнь за ро́дину lay* down *one's* life for *one's* country; ~ под сукно́ shelve.

кла́ссы *мн.* (*детская игра*) hopscotch.

клёв biting, bait-taking; вече́рний ~ the evening rise.

клева́ть, клю́нуть 1. (*вн.*; *о птицах*) peck (*smth.*); 2. (*о рыбе*) bite*; ◇ ~ но́сом nod, be* nodding, be* drowsy; *безл.* клюёт things are going well/better.

кле́вер *м.* clover.

клевет|а́ *ж.* slander, calumny; (*в печати тж.*) libel; **~а́ть** *несов.* (на *вн.*) slander (*smb.*); (*в печати тж.*) libel (*smb.*); **~ни́к** *м.* slanderer; **~ни́ческий** slanderous, libellous, defamatory.

клево́к *м.* peck.

кливре́т *м.* minion, myrmidon, creature.

клёвый *разг.* nice, attractive.

клеев|о́й glue *attr.*; ~а́я кра́ска nonwashable distemper, color wash.

клеён|ка *ж.* (*скатерть*) oilcloth; (*для компресса и т. п.*) oilskin; **~чатый** oilcloth *attr.*; (*из тонкой клеёнки*) oilskin *attr.*

кле́|ить *несов.* (*вн.*) glue (*smth.*); (*клейстером*) paste (*smth.*); (*растительным клеем*) gum (*smth.*); **~иться** *несов.* 1. stick*; 2. *разг.*: де́ло не ~ится it isn't working out; разгово́р не ~ился the conversation flagged; 3. (*ухаживать за кем-л.*) court, pay/make* court to *smb.*

клей *м.* glue.

кле́йкий sticky; ~ая бума́га (*для мух*) flypaper; **~ость** *ж.* stickness.

клейкови́на *ж.* gluten.

клейм|ёный branded; **~и́ть**, заклейми́ть (*вн.*) brand (*smth.*); *перен. тж.* stigmatize (*smb.*, *smth.*); **~и́ть** *кого-л.* позо́ром hold* *smb.* up to shame/ignominy, brand *smb.* with infamy.

клеймо́ *с.* (*знак*) stamp; (*выжженное*) brand (*тж. перен.*); ~ позо́ра the brand of shame, stigma.

кле́йстер *м.* paste.

клекота́ть *несов.* (*о птицах*) scream.

клёкот *м.* (*птиц*) scream.

кле́мма *ж. эл.* terminal.

клён *м.* maple.

клепа́ть I *несов.* (*вн.*) *тех.* rivet (*smth.*).

клепа́ть II, наклепа́ть *разг.* slander.

клёпка *ж.* **1.** *тех.* riveting; **2.** (*бочечная*) stave.

клептома́н *м.*, **~ка** *ж.* kleptomaniac; **~ия** *ж.* kleptomania.

клерика́л *м. полит.* clerical; **~и́зм** *м.* clericalism.

клёст *м.* crossbill.

кле́тк|а *ж.* **1.** cage; посади́ть *кого-л.* в ~у put* *smth.* in cage, cage *smth.*; **2.** (*рисунок*) square; (*на материи*) check; в ~у checked; **3.** *биол.* cell; ◇ грудна́я ~ chest; thorax *анат.*

кле́точный 1. cage *attr.*; **2.** *биол.* cellular.

клету́шка *ж. разг.* cubbyhole.

клетча́тка *ж.* cellulose.

кле́тчатый 1. (*в клетку*) checked; **2.** *биол.* cellular.

клеть *ж.* (*в шахте*) cage.

клёцки *мн. кул.* (*ед.* клёцка *ж.*) dumplings.

клёш *м.*: брю́ки ~ bell-bottomed trousers; ю́бка ~ cloth skirt, flared skirt.

клешня́ *ж.* claw, nipper.

клещ *м. зоол.* mite; (*крупный*) tick.

клещеви́на *ж. бот.* castor-oil plant.

кле́щи *мн.* pincers, nippers, tongs.

кли́вер *м. мор.* jib; генуэ́зский ~ Genoa jib.

клие́нт *м.* client; (*покупатель тж.*) customer; иностра́нный ~ foreign client; перспекти́вный ~ prospective customer; потенциа́льный ~ potential client/customer; **~у́ра** *ж.* clientele.

кли́зм|а *ж.* enema; поста́вить *кому-л.* ~у give* *smb.* an enema.

клик *м. поэт.* cry, call.

кли́ка *ж. неодоб.* clique, (tight) set, bunch.

клику́ша *ж. разг.* hysterical woman*.

клику́шество *с.* hysterics; **~вать** *несов.* vituperate loudly and demagogically, talk querulously.

кли́макс *м. физиол.* climacteric.

климактери́ческий *физиол.* climacteric.

кли́мат *м.* climate; **~и́ческий** climatic.

клин *м.* **1.** wedge; вбить ~ во *что-л.* drive* a wedge into *smth.*; **2.** (*участок*) field; ози́мый ~ area under winter crops; посевно́й ~ sown area; яро́вой ~ area under spring crops; **3.** (*материи*) gusset; ◇ ~ ~ом вышиба́ют *погов.* like cures like; на нем свет ~ом не сошёлся there are plenty more fish in the sea.

кли́н|ика *ж.* clinic; **~и́ческий** clinical.

клинови́дн|ый wedge-shaped; ~ые письмена́ cuneiform characters.

клино́к *м.* blade.

кли́ном: борода́ ~ wedge-shaped/pointed beard.

кли́нопись *ж.* cuneiform.

кли́пер *м. мор.* clipper.

кли́псы *мн.* (*ед.* клипс *м.*) earclips, earrings.

кли́ринг *м. фин.* clearing; ба́нковский ~ bank clearing; валю́тный ~ currency clearing; двусторо́нний ~ bilateral clearing; многосторо́нний ~ multilateral clearing; односторо́нний ~ unilateral clearing; принуди́тельный ~ compulsory clearing; ~ с безусло́вной конве́рсией clearing with unconditional conversion; ~ с усло́вной конве́рсией clearing with conditional conversion.

кли́ринг-банк *м. фин.* clearing bank.

клич *м.* call, appeal; боево́й ~ war cry; ◇ кли́кнуть ~ issue an appeal.

кли́чка *ж.* **1.** (*животного*) name; **2.** (*прозвище человека*) nickname; конспирати́вная ~ assumed name, alias.

клише́ *с. нескл. полигр.* cliché (*тж. перен.*).

клоа́ка *ж.* **1.** cesspit, sink, sewer; **2.** *зоол.* cloaca.

клобу́к *м. церк.* (*головной убор православного монаха*) klobuk (*ortodox monastic headwear*).

клозе́т *м. разг. уст.* water closet, W.C.

клок *м.* **1.** (*волос*) wisp, tuft; (*шерсти*) tuft, flock; ~ се́на wisp of hay; **2.** (*обрывок*) shred; (*о бумаге*) scrap; *перен.* cluster; разорва́ть *что-л.* в кло́чья tear* *smth.* to shreds.

клокот|а́ть *несов.* **1.** (*о жидкости*) splutter, bubble; **2.** *безл.*: в груди́ ра́неного ~а́ло a gurgling sound rose from the chest of the wounded man*; **3.** (*бурно проявляться*) seethe, boil; (*о радости*) bubble; в нём клоко́чет гнев he is seething with anger; ра́дость ~а́ла в нём he was bubbling with joy.

клон|и́ть *несов.*: ве́тер кло́нит дерёвья the trees bow/bend before the wind; к чему́ он кло́нит? what's he driving at?; меня́ кло́нит ко сну́ I feel sleepy/drowsy; **~и́ться** *несов.* **1.**: де́рево кло́нится от ве́тра the tree is bending in the wind; со́лнце ~и́лось к зака́ту the sun was going down; **2.** (к *дт.*; *приближаться*) near (*smth.*); день ~и́лся к ве́черу the day was waning/declining; **3.** (к *дт.*; *иметь своей целью*) lead* up (to); я ви́жу, к чему́ э́то кло́нится I can see what that's leading up to; де́ло кло́нится к развя́зке matters are coming to a head.

клоп *м.* **1.** bug; (*постельный*) bedbug; **2.** *разг.* (*малыш*) mite.

клопо́вник *м. разг.* bug-infested place.

кло́ун *м.* clown; **~ский** clown *attr.*; ~ колпа́к fool's cap.

клоуна́да *ж.* clownery, clowning.

клохта́ть *несов.* cluck.

клочкова́тый tufted, shaggy.

клоч|о́к *м.* **1.** *см.* клок; **2.**: ~ земли́ bit of land; разорва́ть *что-л.* в ~ки́ tear* *smth.* into little pieces.

клуб I *м.* **1.** (*общественная организация*) club; **2.** (*здание*) clubhouse.

клуб II *м.* (*дыма, пара и т. п.*) cloud, mass, eddy; (*небольшой*) puff.

клу́бень *м. бот.* tuber.

клуби́ться *несов.* swirl, eddy; (*о дыме тж.*) curl.

клубни́|ка *ж.* 1. *собир.* strawberries *pl.*; 2. (*об отдельной ягоде*) strawberry; 3. (*куст*) strawberry plant; **~чный** strawberry *attr.*; ~чное варе́нье strawberry jam.

клуб|о́к *м.* ball; *перен.* tangle; ◇ сверну́ться ~ко́м roll *oneself* up into a ball; ~ в го́рле a lump in the throat; ◇ ~ противоре́чий mass of contradictions.

клу́мба *ж.* (flower-)bed.

клык *м.* 1. (*у животного*) fang; (*бивень*) tusk; 2. (*у человека*) canine (tooth*).

клюв *м.* beak, bill.

клюка́ *ж.* walking stick.

клю́кать *несов. см.* клю́кнуть.

клю́кв|а *ж.* 1. *собир.* cranberries *pl.*; 2. (*об отдельной ягоде*) cranberry; 3. (*куст*) cranberry (shrub); **~енный** cranberry *attr.*; ~ кисе́ль cranberry jelly; ~ морс cranberry water.

клю́кнуть *сов. разг.* take* a drop.

клю́нуть *сов. см.* клева́ть.

ключ I *м.* 1. key; *перен. тж.* clue; запере́ть *что-л.* на ~ lock *smth.*; га́ечный ~ spanner, wrench; ~ к зада́чнику solutions *pl.*, answers *pl.*; ~ к реше́нию пробле́мы the key to the problem; 2. *муз.* clef.

ключ II *м.* (*родник*) spring; ◇ жизнь бьёт ~о́м things are going with a swing, the place is throbbing with life; жизнь в нём бьёт ~о́м he's brimming over with life.

ключев|о́й I 1.: ~а́я пози́ция key position; ~а́я о́трасль промы́шленности key (branch of) industry; 2. *муз.*: ~ знак clef.

ключево́й II: ~а́я вода́ springwater.

ключи́ца *ж. анат.* collarbone, clavical.

клю́чница *ж. уст.* housekeeper.

клю́шка *ж. спорт.* hockey stick; (*для гольфа*) club.

кля́кс|а *ж.* blot; посади́ть ~у make* a blot.

кля́нчить *несов. разг.* beg; (*вн.* у *рд.*) pester (*smb.* for).

кляп *м.* gag; засунуть ~ в рот gag.

клясть *несов.* (*вн.*) curse (*smb.*, *smth.*); **~ся**, покля́сться swear*; vow *книжн.*; ~ся в ве́чной дру́жбе swear* eternal friendship, ~ся в ве́рности vow fidelity; ~ся че́стью swear* on *one's* honor.

кля́тв|а *ж.* oath, vow; взять ~у с *кого-л.* make* *smb.* swear; дать ~у swear*, make*/take* an oath; нару́шить ~у break* *one's* oath; **~енный**: ~енное обеща́ние solemn oath; дать ~енное обеща́ние give* a solemn oath/promise, swear*.

кля́уз|а *ж. разг.* smear, false report; **~ник** *м. разг.* backbiter, muckraker, sneak; **~ничать** *несов. разг.* smear, muckrake, speak* evil; **~ный** *разг.*: ~ное де́ло dubious affair, dirty business.

кля́ча *ж.* jade, nag, hack.

кни́г|а *ж.* 1. book; 2.: бухга́лтерская ~ ledger; прихо́дно-расхо́дная ~ cash receipts and payments book; ~ зака́зов order book; ~ за́писей а́ктов гражда́нского состоя́ния register; ~ образцо́в sample book; ~ о́тзывов visitor's book; ◇ ему́ и ~и в ру́ки he knows best, he ought to know; ~ за семью́ печа́тями a sealed book.

книгове́дение *с.* bibliology, bibliography.

книгоизда́тель|ский: ~ое де́ло book publishing; **~ство** *с.* publishing house.

книгоно́ша *м. и ж.* 1. (*продавец*) book vendor; 2. (*библиотекарь*) mobile-library assistant.

книгообме́н *м.* book exchange.

книгопеча́тание *с.* (book-)printing.

книготорго́вля *ж.* book trade.

книгохрани́лище *с.* 1. book depository; 2. (*библиотека*) library.

кни́жк|а *ж.* book; расчётная ~ paybook; сберега́тельная ~ bank book; че́ковая ~ chequebook, checkbook *амер.*; чле́нская ~ membership card; положи́ть де́ньги на ~у (*в сбербанк*) put* money in the savings bank.

кни́жник *м.* 1. connoisseur of books, booklover; *ирон.* bookish person, bookworm; 2. *библ.* scribe.

кни́жн|ый 1. book *attr.*; ~ая торго́вля book trade; ~ шкаф bookcase; ~ магази́н bookshop; 2. (*отвлечённый, далёкий от жизни*) bookish; ~ые выраже́ния bookish expressions; ~ стиль, язы́к bookish style; ◇ Кни́жная пала́та Central Institute of Bibliography.

кни́зу down, downwards; опусти́ть ~ lower.

кни́ксен *м.* curts(e)y.

кно́пк|а *ж.* 1. (*канцелярская*) drawing-pin; 2. (*нажимная*) (push-)button; (*звонка*) bell-push; нажа́ть ~у press the button; 3. (*застёжка*) dress stud, dress fastener.

кнут *м.* whip, knout; поли́тика ~а́ и пря́ника policy of treats and bribery, policy of stick and carrot.

кнутови́ще *с.* whip handle.

княги́ня *ж.* princess; вели́кая ~ *ист.* Grand Duchess.

кня́жес|кий prince's; **~тво** *с.* principality, princedom.

княжна́ *ж.* princess.

князь *м.* prince; вели́кий ~ *ист.* Grand Duke.

ко *см.* к.

коагуля́ция *ж.* coagulation.

коалицио́нн|ый coalition *attr.*; ~ое прави́тельство coalition government.

коали́ц|ия *ж.* coalition; заключать ~ию form a coalition.

ко́бальт *м.* 1. *хим.* cobalt; 2. (*краска*) cobalt blue.

кобе́ль *м.* (male) dog.

кобе́ниться *несов.* be* capricious/obstinate.

кобза́ *ж.* kobza (*Ukrainian musical instrument*); **~рь** *м.* kobza player.

кобура́ *ж.* holster.

кобы́л|а *ж.* 1. (*старше 4 лет*) mare; (*до 4 лет*) filly; 2. *спорт.* vaulting horse; **~ка** *ж.* 1.

(*молодая лошадь*) filly; 2. (*у струнного инструмента*) bridge.

ко́ваный 1. (*сделанный посредством ковки*) forged; 2. (*обитый железом*) iron-bound.

кова́р|ный treacherous; (*таящий в себе опасность и т. п.*) perfidious, insidious; ~ враг treacherous enemy; ~ная улы́бка insidious smile; **~ство** *с.* 1. guile, deceit; 2. (*поступок*) treachery.

кова́ть *несов.* (*вн.*) 1. forge (*smth.*) (*тж. перен.*); ~ побе́ду forge victory; 2. (*подковывать*) shoe (*smth.*); ◇ куй желе́зо, пока́ горячо *посл.* strike while the iron is hot, make* hay while the sun shines.

ковбо́й *м.* cowboy.

ковбо́йка *ж. разг.* checked sports shirt.

ковёр *м.* carpet (*тж. перен.*); (*небольшой*) rug; ◇ ~-самолёт magic carpet.

ковéркать, исковéркать (*вн.*) deform (*smth.*), distort (*smth.*); *перен.* spoil* (*smb.*, *smth.*); (*неверно произносить*) mispronounce (*smth.*); ~ язы́к butcher the language.

коверко́т *м.* covert coat.

коверно́т *м. фин.* covering note, cover note.

ко́вк|а *ж.* 1. forging; 2. (*лошадей*) shoeing; **~ий** malleable; **~ость** *ж.* malleability.

коври́|га *ж.* large round loaf*; **~жка** *ж.* gingerbread; ◇ ни за каки́е ~жки ≅ not for the world.

ко́врик *м.* rug, mat; (*у двери*) doormat.

ковро́в|щица *ж.* carpet maker; **~ый** carpet *attr.*

ковче́г *м. библ.* ark; Но́ев ~ Noah's ark.

ковш *м.* scoop, dipper; (*экскаватора тж.*) bucket; лите́йный ~ ladle.

ковы́ль *м.* feather grass.

ковыля́ть *несов. разг.* limp, hobble; (*о ребёнке*) toddle.

ковыря́ть *несов.* (*вн.*) *разг.* pick (at); (*тв.* в *пр.*) pick (*smth.* with); ~ ры́бу pick at piece of fish; ~ в зуба́х зубочи́сткой pick one's teeth with a toothpick; **~ся** (в *пр.*) *разг.* (*рыться*) rummage (in).

когда́ I *нареч.* 1. when; ~ он придёт? when will he come?; он не зна́ет, ~ э́то бы́ло he doesn't know when it was; в (тот) день, ~ мы... the day we...; 2.: ~... ~... *разг.* sometimes... sometimes; он рабо́тает ~ у́тром, ~ ве́чером sometimes he works in the morning, sometimes in the evening; 3.: ~ бы ни whenever; ~ бы вы ни пришли́ whenever you come; ◇ есть ~! there's no time! ре́дко ~ very rarely.

когда́ II *союз* when; (*в то время как*) while; (*с прошедшем временем тж.*) as; ~ б(ы) if; ~ б я знал if I had only known; он уе́дет, ~ ко́нчит рабо́ту he will leave when he has finished his work.

когда́-ли́бо, ~-нибу́дь (*в будущем*) one day; (*в вопросительных и условных предложениях*) ever.

когда́-то 1. (*в прошлом*) at one time; я ~ встреча́лся с ним I used to meet him; я ~ чита́л э́ту кни́гу I did read that book once; 2. (*в будущем*): ~ мы опя́ть уви́димся! who knows when we shall meet again!; ~ он придёт! will he ever come!

кого́ (*рд., вн. от мест.* кто) whom, who.

кого́рта *ж.* cohort.

ко́г|оть *м.* claw; ◇ держа́ть *кого-л.* в ~тя́х have* *smb.* in one's clutches; показа́ть свои́ ~ти ≅ show* *one's* claws.

код *м.* code.

ко́да *ж. муз.* coda.

ко́декс *м.* code; мора́льный ~ moral code; уголо́вный ~ criminal code.

коди́ровать *несов. и сов.* (*вн.*) encode (*smth.*).

кодифици́ровать *несов. и сов.* (*вн.*) codify (*smth.*).

ко́е-где here and there.

ко́е-как 1. (*как-нибудь*) somehow or other; (*небрежно*) just anyhow; 2. (*с трудом, еле-еле*) somehow.

ко́е-како́й some.

ко́е-когда́ sometimes.

ко́е-кто some people *pl.*; somebody.

ко́е-куда́ somewhere.

ко́е-что something.

ко́ж|а 1. skin; (*крупного животного тж.*) hide; 2. (*материал*) leather; теля́чья ~ calf*, calfskin; ◇ из ~и вон лезть lay* *oneself* out, do* *one's* utmost; гуси́ная ~ gooseflesh; ~ да ко́сти skin and bone.

ко́жанка *ж. разг.* leather coat; (*куртка*) leather-jacket.

ко́жаный leather *attr.*

кожгалантере́я *ж. собир.* haberdashery and leather goods *pl.*

коже́венн|ый leather processing; ~ая промы́шленность leather industry; ~ заво́д tannery; ~ това́р leatherware.

ко́жица *ж.* skin; (*у ногтей*) cuticle; (*у фруктов*) peel.

ко́жн|ый skin *attr.*; cutaneous *научн.*; ~ покро́в skin; ~ые боле́зни skin diseases.

кожура́ *ж.* peel, skin; (*апельсина, лимона тж.*) rind.

ко́жух *м.* 1. (*тулуп*) leather coat; 2. *тех.* housing, casing.

коза́ *ж.* (she-)goat, (nanny-)goat.

козёл *м.* (he-)goat; ◇ ~ отпуще́ния scapegoat; от него́ то́лку как от козла́ молока́ he is good for nothing.

козеро́г *м. астр.* Capricorn.

козе́тка *ж.* settee.

ко́з|ий goat's; **~лёнок** *м.* kid; **~ли́ный** goat's; ~ли́ная боро́дка goatee.

ко́злы *мн.* 1. (*экипажа*) box *sg.*; 2. (*подставка*) trestle *sg.*; 3. (*для пилки дров*) sawhorse *sg.*

ко́зни *мн.* machinations; строи́ть ~ *кому-л.*, про́тив *кого-л.* plot against *smb.*

козырёк *м.* peak (of a cap); vizor *амер.* ◇ взять под ~ salute.

козырн|ой trump *attr.*; ~áя кáрта trump card; ~ýть *сов. см.* козырять I, II.

козы́рный *см.* козырной.

кóзыр|ь *м.* (*прям. и перен.*) trump, trump card; бить, крыть ~ем take* with a trump, trump; откры́ть свой ~и *перен.* lay *one's* cards on the table.

козыря́ть I, козырну́ть 1. *карт.* trump; 2. (*тв.*; *хвастаться*) show* off (*smth.*); ~ свои́ми знáниями air *one's* knowledge.

козыря́ть II, козырну́ть *разг.* (*отдавать честь*) salute.

козя́вка *ж. разг.* small insect.

кой *уст.* which; до кóих пор? how long? ни в кóем слу́чае! on no account; на ~ чёрт ? why in the world, what the devil for?

кóйка *ж.* 1. (*кровать*) bed, bunk; палáта на пять кóек ward containing five beds; 2. (*подвесная*) hammock.

кок *м.* (ship's) cook.

кокаи́н *м.* cocaine; **~и́ст** *м.* cocaine addict.

кóка-кóла *ж.* Coca-Cola; coke *разг.*

кокáрда *ж.* cap badge, cockade.

кóкать, кóкнуть *разг.* break*, crack.

кокéт|ка *ж.* 1. coquette; 2. (*верхняя часть платья*) yoke; **~ливый** 1. coquettish, arch; ~ливая дéвушка flirtatious/coquettish girl; ~ливая улы́бка winsome smile; 2. (*имеющий нарядный вид*) attractive, smart; ~ливый наря́д fetching getup/attire; **~ничать** *несов.* 1. (с *тв.*) flirt (with); 2. (*тв.*; *рисоваться*) parade (*smth.*), flaunt (*smth.*); **~ство** *с.* coquetry.

коклю́ш *м. мед.* whooping cough.

коклю́шка *ж.* bobbin.

кóкон *м.* cocoon.

кокóс *м.* 1. coco; 2. (*плод*) coconut; **~овый** coconut *attr.*; ~овый орéх coconut; ~овое мáсло coconut oil; ~овый трос coir-rope; ◇ ~овая пáльма coconut palm, coconut tree.

кокóтка *ж.* courtesan, cocotte.

кокóшник *м.* kokoshnik (*woman's-dress in old Russia*).

кокс *м.* coke.

кокс|овáние *с. тех.* coking; **~овáть** *несов.* (*вн.*) *тех.* coke (*smth.*); **~овáться** *несов. тех.* coke; **~ýющийся:** ~ýющийся ýголь coking coal.

кóксов|ый coking; ~ая печь coke oven; ~ое числó coking value.

коктéйль *м.* cocktail.

кол I picket, stake; ◇ хоть ~ на головé теши́ *кому-л.* you can't knock it into *smb.'s* head; стоя́ть ~óм в гóрле stick* in *one's* throat.

кол II *м.*: ни ~á ни дворá neither house, nor home, not a penny to bless *oneself.*

кóлба *ж.* retort.

колбасá *ж.* sausage.

колбасный sausage *attr.*; ~ яд ptomaine.

колгóтки *мн.* tights; panty hose *амер.*

колдов|áть *несов.* practise witchcraft; *перен.* be* mysteriously busy/engaged; **~ство** *с.* sorcery, witchcraft.

колдý|н *м.* sorcerer, wizard; **~нья** *ж.* sorceress.

колебá|ние *с.* 1. (*качание*) oscillation; (*вибрация*) vibration; 2. (*неустойчивость*) валю́тные ~ния currency fluctuations; конъюнкту́рные ~ния market fluctuations; ку́рсовые ~ния exchange-rate fluctuations; 3. (*нерешительность*) hesitation; **~тельный** oscillatory; (*вибрирующий*) vibratory.

колебáть, поколебáть (*вн.*) shake* (*smth.*), rock (*smth.*), sway (*smth.*); *перен.* shake* (*smb.*, *smth.*); **~ся,** поколебáться 1. *тк. несов.* (*покачиваться*) sway; oscillate; (*раскачиваться*) swing*; (*вибрировать*) vibrate; 2. (*терять прежнее значение*) totter; 3. *тк. несов.* (*меняться*) fluctuate; 4. (*не решаться*) waver, hesitate; dither *разг.*; dilly-dally *разг.*

колéнка *ж. разг.* knee.

коленкóр *м.* calico; ◇ э́то другóй ~ that's another matter.

колéнный knee *attr.*

колéн|о *с.* 1. (*мн.* ~и) knee; встать на ~и kneel* down; стоя́ть на ~ях kneel*; 2. *мн.* (~и) (*сидящего*) knees; lap *sg*; посади́ть *кого-л.* к себé на ~и take* *smb.* on *one's* knees/lap; 3. (*мн.* ~ья, ~а) *тех.* (*отрезок*) length, section; (*изгиб*) elbow; 4. (*мн.* ~а) (*поколение*) generation; 5. (*мн.* ~а) *муз.* phrase; (*фигура в танце*) figure; 6. *уст.* generation; рóдственники до пя́того ~а cousins five times removed; двенáдцать колéн изрáилевых the twelve tribes of Israel; ◇ емý мóре по ~ he couldn't care less, he's absolutely reckless.

колéнчат|ый *тех.*: ~ вал crankshaft; ~ая трубá knee pipe.

колéнце *с.*: вы́кинуть ~ play a trick.

кóлер *м.* color, shade.

колеси́ть *несов. разг.* 1. (*ехать непрямым путём*) zigzag; 2. (*много ездить*) rove about.

колесни́ца *ж.* chariot.

колёсн|ый wheel *attr.*, wheeled; ~ая мазь cart grease; ~ мáстер wheelwright.

колес|ó с. wheel; рулевóе ~ steering wheel; ведýщее ~ driving wheel; вставля́ть *кому-л.* пáлки в колёса put* a spoke in *smb.'s* wheel; ◇ как бéлка в ~é вертéться be* constantly on the go; грудь ~óм bulging chest; нóги ~óм bandy legs; ходи́ть ~óм turn somersaults.

колесовáние *с.* breaking on the wheel.

колéчко *с.* ringlet.

коле|я́ *ж.* 1. (*наезженная*) rut; 2. *ж.-д.* track; ◇ войти́ в ~ю resume *one's* natural course, get* back into *one's* routine; вы́бить *кого-л.* из ~и́ unsettle *smb.*, upset* *smb.'s* routine; вы́биться из ~и́ be* unsettled, have* *one's* routine upset.

кóли *уст. разг.* if; (уж) ~ на то пошлó for that matter, if that is the case.

коли́бри *м. и ж. нескл.* hummingbird.

кóлики *мн.* (*ед.* кóлика *ж.*) colics; ◇ смея́ться до кóлик make* *oneself* ill with laughter.

коли́т *м. мед.* colitis.

колúчественный quantitative; ◇ ~ анáлиз *хим.* quantitative analysis.

колúчеств|о *с.* quantity, amount; (*число*) number; большóе ~ нарóда great many people; перехóд ~а в кáчество the transformation of quantity into quality.

кóлкий I 1. (*колючий*) prickly; **2.** (*язвительный*) caustic, biting, sharp.

кóлкий II *разг.* (*легко раскалывающийся*) easily split.

кóлкост|ь *ж.* caustic remark; говорúть ~и make* caustic remarks.

коллаборационúзм *м. полит.* collaboration; **~úст** *м.* collaborationist.

коллáж *м.* collage.

коллéга *м. и ж.* colleague.

коллегиáльн|о collectively, jointly; **~ость** *ж.* collegiality; (*руководства*) collective leadership; **~ый** collective, joint, collegial; ~ое решéние collective decision.

коллéгия *ж.* board, collegium.

коллéдж *м.* college.

коллéжский collegiate; ~ совéтник *ист.* collegiate councillor.

коллектúв *м.* collective (body), group; наýчный ~ body/team of scientists, scientific body; ~ завóда the factory's workforce; рабóчий ~ work collective, body of workers.

коллективиз|áция *ж.* collectivization; **~úровать** *несов. и сов.* (*вн.*) collectivize (*smth.*).

коллективúзм *м.* collectivism.

коллектúвн|ость *ж.* collective nature; **~ый** collective; ~ое владéние joint ownersnip; ~ое хозя́йство collective farm, kolkhoz; ~ое руковóдство collective leadership; систéма ~ой безопáсности system of collective security; ◇ ~ый договóр collective agreement.

коллéктор *м.* **1.** (*учреждение*) distribution center; библиотéчный ~ central office for the distribution of books to libraries; **2.** *тех.* collector.

коллекционéр *м.* collector; **~úровать** *несов.* (*вн.*) collect (*smth.*).

коллéкция *ж.* collection.

коллúзия *ж.* clash.

коллóдий *м.* collodium.

коллóид *м. хим.* colloid; **~áльный, ~ный** *хим.* colloidal.

коллóквиум *м.* tutorial.

колобóк *м.* small round loaf.

колобрóдить *несов. разг.* gad about, roam, wander, loaf.

коловорóт *м. тех.* brace.

колóд|а I *ж.* **1.** (*лежащее бревно*) log; *перен.* (*о неповоротливом человеке*) (great) lump; **2.** (*обрубок бревна*) block; ◇ чéрез пень ~у half-heartedly, in a slipshod manner.

колóда II *ж.* (*комплект карт*) pack; deck *амер.*

колóдец *м.* well.

колóдка *ж.* **1.** block; **2.** (*тормоза*) shoe; **3.** (*тормозная*) last; (*для сохранения обуви*) boot tree; **4.** (*орденская*) medal holder; *разг.* (*планка, носимая вместо ордена, медали*) medal ribbon(s).

колóк *м. муз.* peg.

кóлокол *м.* bell.

колокóль|ный: ~ звон ringing of bells; (*монотонный*) tolling of bells; **~ня** *ж.* church tower, bell tower, steeple; ◇ смотрéть на всё со своéй ~ни see* only *one's* own point of view; **~чик** *м.* **1.** handbell, bell; **2.** (*цветок*) bluebell.

колониалúзм *м.* colonialism.

колониáльн|ый colonial.

колониз|áтор *м.* colonizer; **~áция** *ж.* colonization; **~úровать** *несов. и сов.* (*вн.*) **1.** (*превращать в колонию*) make* a colony (of); turn (*smth.*) into a colony; **2.** (*заселять*) colonize (*smth.*).

колонúст *м.* settler, colonist.

колóния *ж.* **1.** colony, settlement; **2.** (*исправительная*) reformatory.

колóнка *ж.* **1.** (*столбец*) column; **2.** (*для нагрева воды*) geyser; **3.** (*водопроводное устройство*) pump; ◇ заправóчная ~ filling station.

колóнн|а *ж.* column; *архит. тж.* pillar; с ~ами columned; похóдная ~ marching column; ~ демонстрáнтов column of demonstration; **~áда** *ж.* colonnade; **~ый** columned; ~ый зал hall of columns.

колонóк *м. зоол.* Siberian polecat.

колонтúтул *м. полигр.* running title.

колорáдский: ~ жук Colorado beetle.

колоратýр|а *ж. муз.* coloratura; **~ный** *муз.* coloratura *attr.*; ◇ ~ное сопрáно coloratura soprano.

колорúст *м. иск.* colorist.

колорúт *м.* color (*тж. перен.*); coloring; ~ эпóхи historical atmosphere; мéстный ~ local colour; **~ный** colorful, picturesque.

кóлос *м.* ear, spike; ~ пшенúцы car/spike of wheat; **~úстый** full-eared; **~úться** *несов.* be* forming ears/spikes.

колосникú *мн.* (*ед.* колоснúк *м.*) **1.** *тех.* fire bars; **2.** *театр.* flies; gridiron *sg.*

колосникóв|ый: ~ая решётка *тех.* fire grate.

колосовы́е *мн. бот.* headed grains.

колóсс *м.* colossus (*pl.* -si), giant; **~áльный** colossal, huge, enormous.

колотúть *несов.* **1.** (по *дт.*, в *вн.*; *ударять*) thump (*smth.*), bang (at); **2.** (*вн.*) *разг.* (*бить*) hit* (*smb.*), thrash (*smb.*), give* (*smb.*) a drubbing/hiding; **3.** (*вн.*) *разг.* (*разбивать*) break* (*smth.*), smash (*smth.*); **~ся** *несов. разг.* **1.** (*о сердце*) pound, thump; **2.** (*ударяться*): ~ся головóй обо *что-л.* bang *one's* head on *smth.*

колотýшка *ж.* (wooden) rattle, clapper.

кóлот|ый I (*проколотый*) perforated; ~ая рáна stab(-wound).

кóлотый II (*разбитый на куски*) broken; ~ сáхар lump sugar.

колóть I, кольнýть (*вн.*) **1.** (*остриём*) prick (*smth.*); **2.** *тк. несов.* (*пронзать оружием*) stab (*smb.*); **3.** (*задевать язвительными замечани-

ями) taunt (*smb.*), gibe (at); **4**. *тк. несов.* (*убивать скот*) slaughter (*smth.*); **5**. *безл.* у меня́ ко́лет в боку́ I have a stitch in my side; ◇ пра́вда глаза́ ко́лет *посл.* the truth hurts.

коло́ть II *несов.* (*вн.*; *дробить*) split* (*smth.*); ~ дрова́ split*/chop wood; ~ оре́хи crack nuts; ~ са́хар break* sugar into lumps.

коло́ться I *несов.* (*вызывать ощущение укола*) prick; (*о растении*) be* prickly.

коло́ться II *несов.* (*поддаваться колке*) split*.

колошма́тить *несов. разг.* beat*, thrash.

колпа́к *м.* **1**. cap; **2**. (*абажур*) lamp shade; **3**. *тех.* cowl; (*защитный*) hood; стекля́нный ~ glass cover; ◇ держа́ть *кого-л.* под (стекля́нным) ~о́м ≅ keep* *smb.* in cotton wool; жить под стекля́нным ~о́м live in the public view, have* no privacy.

колумба́рий *м.* columbarium (*pl.* -ia).

колу́н *м.* woodchopper, axe.

колхо́з *м.* collective farm, kolkhoz; **~ник** *м.*, **~ница** *ж.* collective farmer, member of a collective farm; **~ный** collective-farm *attr.*, kolkhoz *attr.*

колча́н *м. ист.* quiver.

колчеда́н *м. мин.* pyrites.

колчено́гий 1. lame; **2.** (*о мебели*) rickety, wobbly.

колыбе́ль *ж.* cradle; **~ный**: ~ная (пе́сня) lullaby, cradle song.

колыма́га *ж.* heavy, unwieldy carriage; *ирон.* wagon, bus.

колыха́ть, колыхну́ть (*вн.*) (*листья и т. п. - о ветре*) sway (*smth.*); (*покачивать*) rock (*smth.*); **~ся**, колыхну́ться sway; (*о флаге*) flutter, wave; (*о лодке*) rock; (*о груди*) heave*; (*о пламени*) leap*, blaze.

колыхну́ть(ся) *сов. см.* колыха́ть(ся).

ко́лышек *м.* peg.

коль *см.* ко́ли; ◇ ~ ско́ро (*если*) if; (*как только*) as soon as.

колье́ *с. нескл.* necklace.

кольну́ть *сов. см.* коло́ть I 1, 3, 5.

кольра́би *ж. нескл.* kohlrabi.

кольт *м.* colt.

кольцев|а́ние *с.* ringing; **~а́ть** *несов.* (*вн.*) ring (*smth.*); **~о́й** circular.

кольцо́ *с.* 1. ring; ~ для ключе́й key ring; годи́чное ~ *бот.* ring; обруча́льное ~ wedding ring; 2. *мн.* (*гимнастический снаряд*) the rings; 3. (*маршрут метро, автобуса*) circular route; circle; **4**. (*кольцевая дорога*) ring road; ◇ сверну́ться ~о́м coil up.

кольчу́га *ж. ист.* chain mail, hauberk.

колю́ч|ий 1. (*с колючками*) prickly, thorny; ~ая про́волока barbed wire; **2**. (*колющийся*) prickly; ~ая пыль stinging dust; **3**. (*язвительный злой*) caustic biting; ~ взгляд savage look; **~ка** *ж.* thorn, prickle, bur(r).

ко́лющ|ий: ~ая боль shooting pain.

коляда́ *ж.* kolyada, carol (song).

колядова́ть *несов.* go* round carol singing.

коля́ск|а *ж.* **1**. (*экипаж*) carriage; **2**. (*детская*) perambulator, pram; baby carriage *амер.*; 3.: мотоци́кл с ~ой motocycle and side-car.

ком I *м.* lump; сне́жный ~ lump of snow; пе́рвый блин ~ом ≅ practice makes perfect.

ком II *м.* (*пр. от мест.* кто) about whom, who about.

ко́ма *ж. мед.* coma; **~то́зный** comatose.

кома́нда *ж.* **1**. (*приказание*) command; по ~е at the command; **2**. (*начальствование*) command; под ~ой *кого-л.* under the command of *smb.*, under *smb.*; приня́ть ~у над *кем-л.* take* command of *smb.*, **3**. (*воинская часть*) party; **4**. (*группа лиц, выполняющих определённое задание*) squad, team; **5**. (*экипаж судна*) crew, ship's company; **6**. (*спортивный коллектив*) team; ◇ как по ~е as if at a command; пода́ть ра́порт по ~е *воен.* report to *one's* superior officer.

команди́р *м.* **1**. *воен.* commander, commanding officer; ~ полка́ regiment commander; **2**. *мор.*: ~ корабля́ captain of the ship, ship's captain; ~ подво́дной ло́дки submarine captain; **3**. (*руководитель*) leader.

командиро́ванный *м.* person on business, business traveller.

командир|ова́ть *несов. и сов.* (*вн.*) send* (*smb.*) (on a mission); **~о́вка** *ж.* mission, business trip; зарубе́жная ~о́вка business trip abroad; нау́чная ~о́вка study tour; в ~о́вке, в ~о́вку on a mission; on a business trip; получи́ть ~о́вку be* sent on a mission; **~о́вочный:** ~о́вочные деньги traveling allowance *sg*; ~о́вочное удостовере́ние credentials *pl.*, traveling papers *pl.*

команди́рский officer's, commander's.

кома́ндн|ый: **~ая** высота́ commanding height/position; ~ пункт command post; ~ соста́в the officers; ~ приз *спорт.* team prize.

кома́ндование *с.* **1**. (*действие*) command; приня́ть ~ take* command; сдать ~ relinquish command; под ~м *кого-л.* under *smb.*, under *smb.'s* command; **2**. *собир.* command; headquarters *pl.* (*сокр.* H.Q.); гла́вное ~ High Command, General Headquarters.

кома́ндовать *несов.* **1**. give* orders; *воен.* command; **2**. (*тв.*) command (*smth.*), be* in command (of); ~ полко́м command a regiment; **3**. (*тв.*, над *тв.*) *разг.* give* orders (to), manage (*smb.*).

командо́р *м.* **1.** *ист.* (Knight) Commander; **2**. (*яхт-клуба*) Commodore.

кома́ндующий *прил.* **1**. commanding; **2**. *в знач. сущ. м.* general officer commanding (*сокр.* G.O.C.); ~ а́рмией army commander.

кома́р *м.* mosquito; gnat; ◇ ~ но́су не подто́чит *погов.* there's not a weak spot anywhere.

комба́йн *м.* combine; **~ер** *м.* combine operator.

комба́т *м.* **1**. (*командир батальона*) battalion commander; **2**. (*командир батареи*) battery commander.

комбико́рм *м.* (*комбинированный корм*) mixed feed.

комбина́т *м.* 1. (*промышленный*) integrated plant; complex; combine; целлюло́зно-бума́жный ~ integrated pulp-and-paper mill; мя́со-моло́чный ~ integrated meat-and-dairy products plant; 2. (*учебный*) training center; ◇ ~ бытово́го обслу́живания service shop.

комбина́тор *м. разг.* manipulator, schemer.

комбинато́рный *мат.* combinative.

комбина́ция *ж.* 1. combination; *перен.* scheme; 2. (*бельё*) slip; 3. *спорт.* (*в шахматах*) combination; (*в футболе и т. п.*) movement, maneuver.

комбинезо́н *м.* overalls *pl.*

комбини́рованн|ый combined; ~ уда́р combined attack; ~ое пла́тье two-color dress.

комбини́ровать, скомбини́ровать 1. (*вн.*) combine (*smth.*); 2. *разг.* (*строить комбинации*) manipulate, scheme.

комди́в *м.* divisional commander.

комедиа́нт *м.* 1. actor, comedian; (*шут*) mountebank; 2. (*притворщик*) playactor, hypocrite; **~ство** *с.* playacting, hypocrisy.

комеди́йный comedy *attr.*

коме́ди|я *ж.* comedy; *перен. тж.* farce; музыка́льная ~ musical comedy; ~и плаща́ и шпа́ги *театр.* cloak and sword plays; разы́грывать ~ю put* on an act; брось лома́ть ~ю! stop playacting!

коменда́нт *м.* 1. *воен.* commandant; ~ го́рода town major; ~ кре́пости commandant, governor of a fortress; 2. (*здания, общежития*) superintendent, warden.

коменда́нтский: ~ час curfew.

комендату́ра *ж. воен.* commandant's office/headquarters *pl.*

комендо́р *м. мор.* seaman*, gunner.

коме́та *ж.* comet.

ко́ми *нескл.* Komi; язы́к ~ Komi, the Komi language.

коми́зм *м.* comic(al) side/element; ~ положе́ния the funny side of a situation.

ко́мик *м.* (*актёр*) comic actor; *перен. разг.* humorist, wit.

ко́микс *м.* comic (paper); (*серия рисунков*) comic strip.

комисса́р *м.* 1. commissar; вое́нный ~ enlistment officer; 2. (*за границей*) commissioner; **~иа́т** *м.* commissariat; вое́нный ~иа́т military registration and enlistment office.

комиссионе́р *м.* commission-agent, agent, broker.

комиссио́нн|ый *прил.* 1. commission *attr.*; ~ое вознагражде́ние commission; ~ магази́н secondhand shop; ~ая прода́жа commission sale; 2. *в знач. сущ. мн.* commission *sg.*

коми́сси|я *ж.* 1. (*орган*) committee; (*временная*) commission; аге́нтская ~ agency commission; акце́птная ~ acceptance commission; арбитра́жная ~ arbitration commission; ба́нковская ~ bank commission; бро́керская ~ brokerage; инка́ссовая ~ commission for collection; парла́ментская ~ parliamentary committee; прави́тельственная ~ govenment commission; ревизио́нная ~ auditing commission; экзаменнацио́нная ~ board of examiners; экспе́ртная ~ expert commission; 2. (*поручение*) commission; брать на ~ю *что-л.* accept *smth.* for sale on a commission basis, take on commission.

комите́нт *м.* client, customer.

комите́т *м.* committee; исполни́тельный ~ executive committee.

коми́ческий comic; ◇ ~ актёр comic actor, comedian.

коми́чный comical, funny.

ко́мкать, ско́мкать (*вн.*) (*мять*) crumple (*smth.*); *перен. разг.* hurry/rush through (with), cut* (*smth.*) short.

коммент|а́рий *м.* 1. commentary, explanatory note; 2. *мн.* (*рассуждения*) comments; ◇ ~а́рии изли́шни it speaks for itself, no comment needed; **~а́тор** *м.* commentator; **~и́ровать** *несов. и сов.* (*сов. тж.* прокомменти́ровать) (*вн.*) 1. (*текст, книгу*) annotate (*smth.*); 2. (*толковать*) comment (on).

коммерса́нт *м.* merchant, business man*.

коммерциализа́ция *ж.* commercialization.

комме́р|ция *ж.* commerce, trade; **~ческий** commercial; ~ дом business house; ~ креди́т commercial credit; ~ риск risk of losses, commercial risk; ~ ди́сконт commercial discount; ~ код (*например, штриховой код товаров*) commercial code; ~ческая та́йна commercial secret; ~ческий дире́ктор financial/commercial manager.

коммивояжёр *м.* commercial traveler.

комму́на *ж.* commune; ◇ Пари́жская ~ the Paris Commune.

коммуна́льн|ый 1. (*общественный*) communal; 2. (*связанный с городским хозяйством*) municipal; ~ые услу́ги public utilities; ~ое хозя́йство municipal services *pl.*

коммуна́р *м. ист.* Communard.

коммуни́зм *м.* communism.

коммуника́бельн|ость *ж.* approachability, sociability; **~ый** approachable, sociable.

коммуникацио́нн|ый: ~ая ли́ния line of communication.

коммуника́ция *ж.* communication; *воен. тж.* line of communication.

коммуни́ст *м.* communist.

коммунисти́ческ|ий communist; ~ая па́ртия Communist Party.

коммута́тор *м.* 1. (*телефонный*) switchboard; 2. (*переключатель тока*) commutator.

коммюнике́ *с. нескл.* communique.

ко́мнат|а *ж.* room; кварти́ра из трёх ко́мнат three-room flat; ◇ ~ ма́тери и ребёнка mother's room; **~ный**: ~ное расте́ние indoor plant; ~ная соба́ка lapdog; ~ная температу́ра room temperature.

комо́д *м.* chest of drawers.

комо́к *м.* lump; ◇ ~ не́рвов a bundle of nerves; ~ в го́рле a lump in *one's* throat.

комо́л|ый *разг.* polled, cropped, sheared; ~ая коро́ва poll-cow.

компактди́ск *м.* (компа́ктный диск) compact disk.

компа́ктн|ость *ж.* compactness; **~ый** compact.

компане́йский *разг.* sociable, companionable.

компа́ни|я *ж.* 1. (*о людях*) company, party; соста́вьте нам ~ю won't you join us?; keep us company; не ~ *кому-л.* no company for *smb.*; 2. (*торговое или промышленное товарищество*) company, corporation; акционе́рная ~ joint stock company; доче́рняя ~ subsidiary company; сме́шанная ~ mixed (capital) company; стивидо́рная ~ stevedoring company; страхова́я ~ insurance company; торго́вая ~ trading company; тра́нспортная ~ carrier transport company; хо́лдинговая ~ holding company; ча́стная ~ private company; ~ с неограни́ченной отве́тственностью unlimited company; ~ с ограни́ченной отве́тственностью limited liability company; ◇ за ~ю to be sociable; for company(s) sake; води́ть ~ю с *кем-л.* associate with *smb.*; поддержа́ть ~ю join in.

компаньо́н *м.* 1. (*сотоварищ*) companion; 2. (*деловой партнер*) partner.

компа́ртия *ж.* Communist Party.

ко́мпас *м.* compass.

компенс|а́ция *ж.* compensation; де́нежная ~ monetary compensation; cash indemnity; ~ за уще́рб compensation for damage; ~ поте́рь compensation for losses; **~и́ровать** *несов. и сов.* (*вн.*) compensate (*smth.*).

компете́нтн|ость *ж.* competence, authority; **~ый** competent, authoritative.

компете́нци|я *ж.* competence; (*круг полномочий тж.*) jurisdiction; входи́ть в *чью-л.* ~ю be* within *smb.'s* competence; вне (сфе́ры) *чьей-л.* ~и outside *smb.'s* competence; вне ~и суда́ beyond the court's jurisdiction.

компил|и́ровать *несов.* (*вн.*) compile (*smth.*); **~я́тор** *м.* compiler; **~я́ция** *ж.* compilation.

ко́мплекс *м.* complex, group; архитекту́рный ~ architectural complex; ◇ ~ неполноце́нности inferiority complex; **~ный** integrated, composite; ~ная механиза́ция integrated mechanization; ~ная экспеди́ция composite/combined expedition; ~ная брига́да combined team; ~ное соглаше́ние package deal; ~ый обе́д set meal; ~ое число́ complex number.

компле́кт *м.* 1. (*набор предметов*) set; ~ белья́ set of underwear; ~ инструме́нтов set of tools, tool kit; 2. (*предельное число лиц*) full complement; сверх ~а extra; **~ный** complete.

комплектов|а́ние *с.* 1. collecting, making up into sets; 2. (*дополнение до комплекта*) making up, completing; (*кадров и т. п.*) bringing up to strength; **~а́ть** *несов.* (*вн.*) 1. make* (*smth.*) up into sets; 2. (*дополнять до комплекта*) make* up (*smth.*), complete (*smth.*); (*кадры и т. п.*) make* (*smth.*) up to strength; ~а́ть библиоте́ку collect a library; make* up (the missing volumes in) a library; ~а́ть полк bring* a regiment up to strength.

компле́кция *ж.* build, constitution.

комплиме́нт *м.* compliment; сказа́ть ~ pay* a compliment; напра́шиваться на ~ fish for a compliment.

компо́зер *м.* composer.

компози́тор *м.* composer.

композ|ицио́нный compositional; **~и́ция** *ж.* composition.

компоне́нт *м.* component.

компон|ова́ть, скомпонова́ть (*вн.*) make* up (*smth.*); **~о́вка** *ж.* arrangement; (*способ, метод тж.*) makeup.

компо́ст *м. с.-х.* compost.

компо́стер *м.* punch.

компости́ровать, прокомпости́ровать (*вн.*) date (*smth.*); ~ биле́т date/punch a ticket.

компо́т *м.* (*из варёных фруктов*) stewed fruit; sweet fruite potable.

компре́сс *м.* compress; согрева́ющий ~ hot compress; поста́вить ~ apply a compress.

компре́ссор *м.* compressor, blower; **~ный** compressor *attr.*

компромети́ровать, скомпромети́ровать (*вн.*) compromise (*smb.*).

компроми́сс *м.* compromise; пойти́ на ~ make* a compromise; **~ный** compromise *attr.*; ~ное реше́ние, соглаше́ние compromise agreement.

компью́тер *м.* computer; персона́льный ~ personal computer; портати́вный ~ notebook; **~иза́ция** *ж.* computerization.

комсомо́л *м.* the Komsomol, the Young Communist League; **~ец** *м.*, **~ка** *ж.* member of the Komsomol, member of the Young Communist League, YCLer; **~ьский** Komsomol *attr.*

комсо́рг *м.* (комсомо́льский организа́тор) Komsomol organizer.

кому́ (*дт. от мест.* кто) to whom, who to.

комфо́рт *м.* comfort.

комфорта́бельн|ый comfortable; ~ое кре́сло cosy armchair; ~ая кварти́ра comfortable flat, well-appointed flat.

кон *м.* (*в азартных играх*) kitty; поста́вить де́ньги на́ ~ place *one's* stake, put* *one's* money in (the kitty).

конве́йер *м.* conveyor; сбо́рочный ~ assembly line; ~ом, по ~у by conveyor, on the conveyor belt; **~ный** conveyor *attr.*; ~ная систе́ма conveyor system.

конве́нци|я *ж.* convention; подписа́ть ~ю sign a convention.

конверге́нция *ж.* convergence.

конверсио́нн|ый conversion *attr.*; ~ ма́ркетинг conversion marketing; ~ые валю́тные опера́ции switching currency operations.

конве́рсия *ж. фин.* conversion; ~ валю́ты switching currency.

конве́рт *м.* envelop, cover.

конверти́р|овать *несов. и сов. фин.* convert; **~уемый** convertible; ~уемая валю́та convertible/hard currency.

конве́ртор *м. тех.* converter.

конвои́р *м.* escort; **~овать** *несов.* (*вн.*) escort (*smb., smth.*); (*о кораблях и т. п. тж.*) convoy (*smth.*).

конво́й *м.* escort; **~ный** *прил.* **1.** escort *attr.*; ~ное су́дно escort ship; **2.** *в знач. сущ. м.* escort.

конвульси́вный convulsive.

конву́льсия *ж.* convulsion.

конгениа́льный congenial, in harmony (with) *после сущ.*

конгломера́т *м.* **1.** conglomeration; **2.** *геол.* conglomerate.

конгре́сс *м.* **1.** congress; Всеми́рный ~ сторо́нников ми́ра World Peace Congress; **2.** (*законодательный орган в США*) Congress.

конгрессме́н *м.* Congressman*.

конденс|а́тор *м.* condenser; **~а́ция** *ж.* condensation; **~и́ровать** *несов. и сов.* (*вн.*) condense (*smth.*).

конди́тер *м.* confectioner; **~ская** *ж.* confectioner's (shop); **~ский:** ~ские изде́лия confectionery *sg.*; ~ская фа́брика confectionery.

кондиционе́р *м.* air conditioner.

кондициони́ров|ание *с.*: ~ание во́здуха air-conditioning; **~ать** *несов. и сов.* (*вн.*) condition (*smth.*).

конди́ция *ж. торг.* condition, standard.

кондо́вый (*о деревьях*) solid, close-grained; (*старинный, прочный*) of the good old-fashioned sort.

ко́ндор *м. зоол.* condor.

кондотье́р *м. ист.* condottiere, soldier of fortune.

конду́ктор *м. ж.-д.* guard; (*в городском транспорте*) conductor; **~ский** conductor's.

конево́д *м.* horse breeder; **~ство** *с.* horse-breeding; **~ческий** horse-breeding *attr.*; ~ческая фе́рма stud farm.

конёк I *м.* **1.** (*излюбленный предмет разговоров*) pet subject, hobbyhorse; **2.** (*крыши*) ridge; **3.** *зоол.* морско́й ~ hippocampus, sea-horse; ◇ сесть на своего́ конька́ be*/get* on *one's* pet subject.

конёк II *м. см.* коньки́.

кон|е́ц *м.* **1.** end; подходи́ть к ~цу́ draw* to its close, come* to an end; день бли́зится к ~цу́ the day is drawing to its close; в ~це́ сороковы́х *и т. п.* годо́в in the late forties *etc.*; **2.** (*смерть, кончина*) end; ему́ прихо́дит ~ his end is approaching; **3.** (*расстояние*) way; в о́ба ~ца́ there and back; де́лать больши́е ~цы́ cover great distances; **4.** *мор.* rope's end; ◇ до ~ца́ to the end/last; без ~ца́ endlessly; говори́ть без ~ца́ speak* without stopping; под ~ towards the end; в ~це́ ~цо́в after all; всё равно́ оди́н ~! it all comes to the same thing in the end; взя́ться не с того́ ~ца́ have* got the wrong end of the stick, begin*/start at the wrong end; не знать, с како́го ~ца́ нача́ть not know where to begin; своди́ть ~цы́ с ~ца́ми make* both ends meet*; со всех ~цо́в from every quarter; из ~ца́ в ~ from one end to the other; во все ~цы́ in all directions; и де́ло с ~цо́м and there's an end to it; и ~цы́ в во́ду and nobody was (will be) a penny the wiser; ~ца́-кра́ю нет there is no end to it; па́лка о двух ~ца́х something that cuts both ways, a double-edged weapon; на худо́й ~ at the worst.

коне́чно 1. *вводн. сл.* of course, naturally; он, ~, прав he is right, of course; **2.** *утверд. частица* of course; certainly; мо́жно мне войти́? - ~! may I come in? Why, of course.

коне́чности *мн.* (*ед.* коне́чность *ж.*) limbs, extremities; ни́жние (ве́рхние) ~ lower (upper) limbs.

коне́чн|ый 1. (*находящийся в конце*) end *attr.*, last; ~ая остано́вка the last stop; ~ая ста́нция terminus; **2.** (*окончательный, завершающий*) final, ultimate; ~ая цель ultimate aim, final goal; ◇ ~ая величина́ *мат.* finite quantity.

кони́на *ж.* horseflesh.

кони́ческ|ий conic(al); ~ое сече́ние conic section.

ко́нка *ж.* horse-drawn tram.

конкла́в *м.* conclave.

конкретизи́ровать *несов. и сов.* (*вн.*) concretize (*smth.*), render (*smth.*) concrete.

конкре́тн|ость *ж.* concreteness, solidity, substance; ~ руково́дства effective leadership; **~ый** concrete, specific; ~ая цель specific aim; ~ое предложе́ние concrete proposal.

конку́р *м. спорт.* jumping competition.

конкуре́н|т *м.* competitor, rival; **~ция** *ж.* (market) competition; скры́тая ~ latent competition; ценова́я ~ price competition; ◇ вне ~ции beyond compare, unrivalled.

конкурентоспосо́бност|ь *ж.* competitiveness; показа́тель ~и index of competitiveness.

конкури́ровать *несов.* (с *тв.* в *пр.*) compete (with *smb.* in).

ко́нкурс *м.* competition; ~ на лу́чшую пье́су competition for the best play; быть при́нятым в университе́т по ~у be* admitted to the university by competitive examination; замеща́ть до́лжность по ~у fill a post by open competition; **~ный** competitive; ~ный экза́мен competitive examination.

ко́нн|ик *м.* cavalryman*; **~ица** *ж.* cavalry.

конногварде́ец *м. воен.* horse guardsman*.

коннозаво́дство *с. см.* конево́дство.

коннозаво́дчик *м.* owner of stud farm.

ко́нн|ый 1. horse *attr.*; ~ая тя́га horse traction; **2.** (*состоящий из всадников*) mounted; ~ая мили́ция mounted militia; ◇ ~ заво́д stud (farm); ~ спорт equestrian sports, equestrianism.

конова́л *м.* **1.** horse doctor, farrier; **2.** *пренебр.* quack (doctor).

коновя́зь *ж.* **1.** tethering post/rail; **2.** (*верёвка для спутывания лошади*) hobble.

конокра́д *м.* horse thief*, horse stealer; **~ство** *с.* horse-stealing.

конопа́тить *несов.* (*вн.*) caulk (*smth.*).

конопа́тый freckled.

конопля́ *ж.* hemp.

конопля́нка *ж. зоол.* linnet.

конопля́н|ый: ~ое ма́сло hemp-seed oil.

коносаме́нт *м. торг.* bill of lading; бортово́й ~ on board bill of lading; о́рдерный ~ order bill of lading; прямо́й ~ direct bill of lading; речно́й ~ river bill of lading; складско́й ~ custody bill of lading; тра́нспортный ~ consignment note, waybill; ~ без пра́ва переда́чи nonnegotiable bill of lading; ~ "при́нято на борт" "received-on-board" bill of lading; ~ с огово́рками claused bill of lading; сквозно́й ~ through bill of lading; чи́стый ~ clean bill of lading.

конса́лтинг *м.* consulting.

консе́нсус *м.* consensus.

консерват|и́вный conservative; **~и́зм** *м.* conservatism.

консерва́тор *м.* **1.** conservative; **2.** (*член партии консерваторов*) tory, conservative.

консервато́рия *ж.* conservatoire, conservatory.

консерви́рованный tinned, preserved.

консерви́ровать *несов. и сов.* (*вн.*) **1.** preserve (*smth.*); **2.** (*предприятие и т. п.*) temporarily close (*smth.*); mothball (*smth.*).

консе́рвн|ый: ~ая ба́нка tin; can *амер.*; ~ нож tin opener, can opener *амер.*; ~ая фа́брика cannery.

консе́рвы *мн.* tinned foods; canned foods *амер.*; мясны́е, овощны́е, ры́бные ~ tinned/canned meat, vegetables, fish.

консигна́нт *м. торг.* consigner, consignor.

консигна́тор *м. торг.* consignee, commission merchant.

консигна́ция *ж. торг.* consignment.

конси́лиум *м.* consultation.

консисте́нция *ж.* consistency.

ко́нский horse *attr.*

консолид|а́ция *ж.* consolidation; **~и́ровать** *несов. и сов.* (*вн.*) consolidate (*smth.*).

консо́ль **1.** *ж. архит.* corbel, console; **2.** *ж. эл.* console, control panel; **3.** *м. тех.* cantilever.

консо́рциум *м. торг.* consortium.

конспе́кт *м.* synopsis (*pl.* -ses), precis, abstract, notes *pl.*; **~и́вный** concise, brief; **~и́ровать**, проконспекти́ровать (*вн.*) summarize (*smth.*), make* a summary/abstract (of).

конспир|ати́вный secret; ~ати́вная кварти́ра secret address; **~а́тор** *м.* conspirator; **~а́ция** *ж.* secrecy.

конста́нта *ж. мат. физ.* constant.

констат|а́ция *ж.* statement; **~и́ровать** *несов. и сов.* (*вн.*) establish (*smth.*); ascertain (*smth.*); verify; (*отмечать*) note (*smth.*); ~и́ровать смерть certify death; ~и́ровать факт establish/ascertain a fact.

конституцио́нный constitutional.

конститу́ция *ж.* **1.** (*основной закон*) constitution; **2.** (*строение организма*) constitution, physical makeup, build.

конструи́ровать, сконструи́ровать (*вн.*) **1.** (*проектировать*) design (*smth.*); **2.** (*учреждать*) organize (*smth.*), form (*smth.*).

конструктиви́зм *м. иск.* constructivism.

конструкти́вн|ый constructive; ~ое предложе́ние constructive suggestion.

констру́ктор *м.* **1.** designer; **2.** (*детская игра*) meccano; **~ский:** ~ское бюро́ designer's office.

констру́кция *ж.* **1.** (*взаимное расположение частей сооружения и т. п.*) design; **2.** (*сооружение*) structure; **3.** *грам.* construction.

ко́нсул *м.* consul; генера́льный ~ consul general.

ко́нсуль|ский consular; ~ская конве́нция the Consular Convention; **~ство** *с.* consulate; генера́льное ~ство consulate-general.

консульт|а́нт *м.* consultant; (*врач тж.*) consulting physician; ~ по торго́вле това́рами (*на бирже*) commodity trading adviser; **~а́ция** *ж.* **1.** (*совет специалиста*) expert opinion; **2.** (*помощь преподавателя учащимся*) personal tuition; **3.** (*учреждение*): де́тская ~а́ция infant welfare center; же́нская ~а́ция maternity advice bureau; юриди́ческая ~а́ция legal advice office; **~и́ровать**, проконсульти́ровать (*вн.*; *давать советы*) advise (*smb.*), give* (*smb.*) advice; **~и́роваться**, проконсульти́роваться (с *тв.*) consult (*smb.*), ask *smb.'s* advice.

конта́кт *м.* 1. contact; вступа́ть в с *кем-л.* come* into contact with *smb.*, get* in touch with *smb.*, устана́вливать ~ с *кем-л.* establish contact with *smb.*, ли́чные ~ы personal contacts; **2.** *тех.* contact; **~ный** contact; ~ рельс contact/live rail; ~ная сва́рка point welding; ~ные ли́нзы contact lenses.

конта́нго *с. бирж.* contango.

конте́йнер *м.* container.

конте́кст *м.* context; ◇ вы́рвать *что-л.* из ~а wrench *smth.* out of its context.

континге́нт *м.* **1.** (*группа, категория*) contingent, batch; **2.** (*определённое количество*) quota; ввозны́е ~ы import quotas.

контине́нт *м.* continent; **~а́льный** continental; ◇ ~а́льный кли́мат continental climate.

контокорре́нт *м. фин.* current account.

конто́р|а *ж.* office; ауди́торская ~ audit office; гла́вная ~ head/main office; **~ский** office *attr.*; ~ское помеще́ние office premises *pl.*

конто́рка *ж.* (writing-)desk, bureau.

конто́рщик *м.* clerk.

контраба́нд|а *ж.* **1.** (*занятие*) smuggling; занима́ться ~ой smuggle; **2.** *собир.* (*предметы*) contraband; **~и́ст** *м.* smuggler, contrabandist; **~и́стский** smuggler's; **~ный** contraband *attr.*; *перен.* illegal; ~ный ввоз illegal import; ~ные това́ры contraband, smuggled goods.

контраба́с *м. муз.* double bass.

контраге́нт *м.* contractor, contracting party.

контр-адмира́л *м.* rear admiral.

контра́кт *м.* contract; акко́рдный ~ blanket contract, package deal; долгосро́чный ~ long-term contract, краткосро́чный ~ short-term contract; фьючерсный ~ futures contract; ~ ку́пли-прода́жи sale-and-purchase contract; ~ на строи́тельство под ключ turnkey contract; заключа́ть ~ sign a contract, enter into a contract; **~а́ция** *ж.* contracting; **~ова́ть** *несов.* (*вн.*) contract (for).

контра́льто *с. нескл.* contralto.

контрама́рка *ж.* free pass, complimentary ticket.

контрапу́нкт *м. муз.* counterpoint.

контрассигн|а́нт *м. юр.* countersignatory; **~а́ция** *ж.* countersign.

контра́ст *м.* contrast; **~и́ровать** *несов.* (с *тв.*) contrast (with); **~ный** 1. contrasting; 2. *фото* contrast *attr.*

контрата́к|а *ж.* counterattack; предпринима́ть, произвести́ ~у deliver a counterattack; **~ова́ть** *несов. и сов.* (*вн.*) counterattack (*smb.*, *smth.*).

контрга́йка *ж. тех.* locknut, check nut.

контрибу́ци|я *ж.* 1. (*по мирному договору*) indemnity; 2. (*принудительный побор с населения*) contribution; наложи́ть ~ю impose/levy a contribution.

контр-манёвр *м. воен.* countermaneuver.

контрма́рш *м. воен.* countermarch.

контрнаступле́ние *с. воен.* counteroffensive; перейти́ в ~ launch a counteroffensive.

контролёр *м.* 1. (*на производстве*) examiner, inspector; фина́нсовый ~ auditor; 2. (*билетный*) ticket collector, inspector.

контроли́ровать, проконтроли́ровать (*вн.*) check (*smb.*, *smth.*); ~ *чью-л.* рабо́ту check *smb.'s* work; ~ отчётность check accounts.

контро́л|ь *м.* 1. control, checking; визово́й ~ visa inspection; вы́борочный ~ percentage/sampling inspection; заводско́й ~ factory inspection; па́спортный ~ passport control; приёмочный ~ acceptance inspection; тамо́женный ~ customs control; ~ ка́чества quality inspection; взять *что-л.* под ~ set* up control over *smth.*, put* *smth.* under control; ~ рублём control by the ruble, financial control; 2. (*учреждение*) Control; госуда́рственный ~ State Control; отде́л техни́ческого ~я checking/examining department; 3. *собир.* (*контролёры*) inspectors *pl.*

контро́льн|ый 1. (*осуществляющий контроль*) control *attr.*; inspection *attr.*; 2. (*служащий для контроля*) test *attr.*; check *attr.*; ◇ ~ые ци́фры estimated/scheduled figures; ~ный паке́т controlling interest.

контрофе́рта *ж. юр.* counteroffer.

контрразве́д|ка *ж.* counterintelligence, counterespionage; security service; **~чик** *м.* counterintelligence agent; security man*.

контрреволюц|ионе́р *м.* counterrevolutionary; **~ио́нный** counterrevolutionary.

контрреволю́ция *ж.* counterrevolution.

контрста́лия *ж.* demurrage.

контруда́р *м.* counterstroke.

контрфо́рс *м. архит.* buttress, counterfort.

конту́женный contused; (*при разрыве снаряда*) shell-shocked.

конту́з|ить *сов.* (*вн.*) contuse (*smb.*); (*при разрыве снаряда*) shell (*smb.*); **~ия** *ж.* contusion; (*при разрыве снаряда*) shell shock; (*сотрясение*) concussion.

ко́нтур *м.* 1. outline; *мн. тж.* contours; 2. *эл.* circuit, loop; **~ный** outline *attr.*, contour *attr.*; ◇ ~ная ка́рта outline map, skeleton map.

конура́ *ж.* kennel (*тж. перен.*); doghouse *амер.*

ко́нус *м.* cone.

конфедера́т *м. ист.* (*сторонник южных штатов в войне 1860-1865 г.г.*) confederate.

конфедерати́вный confederative.

конфедера́ция *ж.* confederation.

конфекцио́н *м.* ready-made clothes shop.

конфера́нс *м. театр.* comfering.

конферансье́ *м. нескл.* master of ceremonies, compere.

конфере́нц-зал *м.* conference hall.

конфере́нция *ж.* conference; ми́рная ~ peace conference.

конфе́т|а *ж.* sweet; candy *амер.*; **~ный** sweet *attr.*; candy *attr. амер.*; *перен.* (*слащавый*) chocolate-box *attr.*; sugary.

конфетти́ *с. нескл.* confetti.

конфигур|а́ция *ж.* configuration; ~ ме́стности configuration of ground.

конфиденциа́льн|о in confidence, confidentially; **~ость** *ж.* confidentiality; соблюда́ть ~ keep* *smth.* confidential; **~ый** confidential.

конфирм|а́нт *м. церк.* confirmation candidate; **~а́ция** *ж.* confirmation.

конфиск|а́ция *ж.* confiscation; **~ова́ть** *несов. и сов.* (*вн.*) confiscate (*smth.*).

конфли́кт *м.* conflict; **~ный:** ~ная коми́ссия disputes committee; **~ова́ть** *несов. и сов. разг.* (с *тв.*) clash (with).

конфо́рка *ж.* (cooking-)ring; га́зовая ~ gas ring.

конформи́зм *м.* conformism.

конфронта́ция *ж.* confrontation.

конфу́з *м.* embarrassment; како́й ~! how embarrassing! **~ить**, сконфу́зить (*вн.*) embarrass (*smb.*); **~иться**, сконфу́зиться be* embarrassed; (*рд.*) be* shy (of); **~ливый** shy.

концентра́т *м.* 1. concentrated product; пищевы́е ~ы food concentrates; 2. *с.-х.* concentrate; кормовы́е ~ы concentrated feed/fodder *sg.*

концентрацио́нный: ~ ла́герь concentration camp.

концентр|а́ция *ж.* 1. concentration; ~ произво́дства concentration of industry; 2. *хим.* strength; **~и́ровать**, сконцентри́ровать (*вн.*) concentrate (*smth.*); **~и́роваться**, сконцентри́роваться concentrate.

концентр|и́ческий, ~и́чный concentric.

конце́пция *ж.* conception.

конце́рн *м. эк.* combination, concern.

конце́рт *м.* 1. concert; (*одного исполнителя тж.*) recital; 2. (*музыкальное произведение*) concerto; ◇ коша́чий ~ caterwauling; *перен.* hooting.

концерт|и́ровать *несов.* give* concerts; **~ме́йстер** *м.* 1. (*руководитель группы исполнителей в оркестре*) leader; 2. (*аккомпаниатор на репетиции*) accompanist.

концéртный concert *attr.*; ~ зал concert hall; ◇ ~ роя́ль concert grand.

концесси|онéр *м.* concessionaire, concession-holder; **~óнный** concession *attr.*

концéссия *ж.* concession.

концóвка *ж.* 1. *полигр.* (*украшение в книге*) tall piece; 2. (*заключительная часть*) ending.

кончáть, кóнчить 1. (*вн.*, с *тв.*, + *инф.*) finish (*smth.*, + -ing); кóнчить ремóнт finish the repair(s); кóнчить писáть, читáть кни́гу finish (writing, reading) a book; 2. (*вн., тв.*, на *пр.*; *завершать чем-л.*) end (*smth.*, with, by -ing) conclude (*smth.*, with, by + -ing); ~ речь призы́вом end *one's* speech with an appeal; 3. (*вн.*; *высшее учебное заведение*) graduate (from, at); (*школу, курс и т. п.*) finish (*smth.*); (*тв.*; *получать какую-л. квалификацию*) qualify (as); кóнчить Москóвский университéт graduate from Moscow University; 4. (*вн., с тв.*; *прекращать что-л.*) stop (*smth.*); ~ рабóту по гудкý stop working at the sound of the whistle; ◇ ~ самоуби́йством commit suicide; **~ся, кóнчиться** 1. (*приходить к концу*) come* to an end; be* over; 2. (*тв.*; *завершаться*) end (in), result (in); 3. (*умирать*) die.

кóнчен|о *в знач. сказ. безл.* 1. (*обыкн. с тв.*) *разг.*: боюсь, что с нáми ~ I fear it is all up with us; 2. (*довольно, достаточно*) that'll do! ◇ всё ~! it's all over! **~ый** *разг.* finished; ◇ ~ый человéк failure, also-ran, no-good, goner.

кóнчик *м.* tip; (*остриё*) point; ~и пáльцев fingertips; ~ языкá tip of *one's* tongue.

кончи́на *ж.* death, passing, decease, demise.

кóнчить(ся) *сов. см.* кончать(ся).

коньюнктиви́т *м. мед.* conjunctivitis.

конъюнктýр|а *ж.* situation; *эк. тж.* conjuncture, state of the market, business climate; креди́тная ~ credit conditions; мировáя финáнсовая ~ world finance markets; ~ ры́нка market situation; **~ный** marketeering; ~ные цéны prices at a given moment; ~ные исслéдования market investigation; принципиáльная поли́тика вмéсто ~ных решéний a principled policy instead of ad hoc decisions; **~щик** *м. разг.* trimmer, opportunist, timeserver.

кон|ь *м.* 1. horse; *поэт.* steed, charger; 2. (*в шахматах*) knight; 3. *спорт.* (vaulting) horse; ◇ не в ~я́ корм wasted effort.

коньки́ *мн.* (*ед.* конёк *м.*) skates; рóликовые ~ roller skates.

конькобéж|ец *м.* skater; **~ный** skating; ~ный спорт skating.

конья́к *м.* cognac, brandy.

кóнюх *м.* groom, stableman*.

конюш|ня *ж.* stable; Авгиевы ~ни *миф. перен.* Augean stables.

кооперати́в *м.* 1. cooperative, cooperative society; жили́щный ~ housing cooperative; 2. *разг.* (*магазин*) cooperative store; **~ный** cooperative.

коопер|áтор *м.* cooperative official; employee of a cooperative; **~áция** *ж.* 1. (*форма организации труда*) cooperation; 2. (*производственное, торговое и т. п. объединение*) cooperative; потреби́тельская ~áция consumers' cooperative; произвóдственная ~áция production cooperation; прямáя ~áция direct cooperation; сельскохозя́йственная ~áция agricultural cooperative organization *pl.*

коопери́ров|ать *несов. и сов.* (*вн.*) draw* (*smth.*) into cooperative organizations; **~аться** *несов. и сов.* form a cooperative.

коопт|áция *ж.* co-optation; **~и́ровать** *несов. и сов.* (*вн.*) co-opt (*smb.*).

координáтный coordinate.

координáтор *м.* coordinator.

координáты *мн.* 1. (*ед.* координáта *ж.*) coordinates; 2. *разг.* (*местонахождение*) whereabouts.

координ|áция *ж.* coordination; **~и́ровать** *несов. и сов.* (*вн.*) coordinate (*smth.*).

копáть *несов.* (*вн.*) 1. dig* (*smth.*); ~ зéмлю dig* the earth/ground; 2. (*выкапывать*) dig* up (*smth.*); ~ картóфель dig* up potatoes; **~ся** *несов.* 1. (в *пр.*; *рыться*) dig* (*smth.*); *перен.* (*ворошить*) rummage (in); 2. (*тщательно разбираться*) probe (into); ~ся в душé analyse one's feelings, indulge in self-analyzis; 3. *разг.* (*мешкать*) dawdle; вéчно он копáется! he's such a dawdler; что ты там копáешься? what are you dawdling over?

копéеч|ка *ж.*: стать, обойти́сь в ~ку cost* *one* a pretty penny; **~ный** copeck *attr.*; (*недорогой*) cheap; *перен.* petty; ~ный расхóд trifling expense; ~ные счёты petty calculations.

копéйк|а *ж.* 1. copeck; 2. *собир. разг.* (*денежные средства*) funds *pl.*, purse; берéчь нарóдную ~у guard the public purse; ◇ ~ в ~у exactly; до (послéдней) ~и to the last farthing; без ~и penniless; дрожáть над кáждой ~ой grudge every penny; ~ рубль бережёт ≅ take* care of the pence, the pounds will take care of themselves.

копёр *м. тех.* piledriver.

кóпи *мн.* (*ед.* копь *ж.*) mines; соляны́е ~ (rock-)salt mines.

копи́лка *ж.* money box.

копи́рк|а *ж. разг.* carbon paper; писáть под ~у make* carbon copies.

копировáльн|ый copying; ~ аппарáт copying device/machine, duplicator; ~ая бумáга carbon paper.

копи́ровать, скопи́ровать (*вн.*) copy (*smth.*); (*подражать тж.*) imitate (*smb., smth.*).

копирóв|ка *ж. разг.* copying; **~щик** *м.* copyist.

копи́ть *несов.* (*вн.*) save up (*smth.*), accumulate (*smth.*); *перен.* build* up (*smth.*); ~ дéньги save up; ~ си́лы build* up *one's* strength.

кóпи|я *ж.* 1. copy; завéренная ~ certified copy; снимáть ~ю с *чего-л.* make*/take* a copy of *smth.*; 2. *разг.* (*о ком-л. похожем*) the image; он тóчная ~ своего отца he's the (living/spitting) image of his father.

копн|**á** *ж.*: ~ céна haycock; ~ снопóв shock; ◇ ~ волóс shock of hair; **~и́тель** *м. с.-х.* shocker; **~и́ть** *несов.* (*вн.*) *с.-х.* shock (*smth.*).

кóпоть *ж.* soot.

копоши́ться *несов.* 1. stir; (*о насекомых*) crawl about; 2. (*возиться*) potter about.

кóпр|**а** *ж.* copra; **~овый** copra *attr.*

коптéть *несов.* smoke.

копти́лка *ж.* wick light.

копти́льная *ж.* smokehouse, curing house.

копти́ть *несов.* 1. (*испускать копоть*) smoke; 2. (*вн.*; *покрывать копотью*) make* (*smth.*) black/smoky; 3. (*вн.*; *рыбу и т. п.*) smoke (*smth.*), cure (*smth.*); ◇ ~ нéбо *разг.* idle *one's* life* away.

копчéние *с.* smoking, curing.

копчён|**ости** *мн.* (*ед.* копчёность *ж.*) smoked products; **~ый** smoked; ~ая сельдь smoked herring.

кóпчик *м. анат.* coccyx.

копы́тный *прил.* 1. hoof *attr.*; 2. *в знач. сущ. мн. зоол.* hoofed animals, ungulates.

копы́то *с.* hoof*.

копьё *с.* spear; *спорт.* javelin; метáние копья́ javelin throwing; ◇ не стóит из-за э́того кóпья ломáть it's not worth making an issue out of it.

копьеметáтель *м. спорт.* **~ница** *ж.* javelin thrower.

корá *ж.* 1. (*древесная*) bark; 2. (*корка*) crust; ◇ головнóго мóзга cortex; земная ~ *геол.* the earth's crust.

корабéл *м.* shipbuilder.

корабéльн|**ый** ship *attr.*; ship's; ~ая верфь shipyard; ~ая авиáция shipborne aircraft; ~ лес ship-timber; ~ мáстер shipwright.

корабле|**вождéние** *с.* navigation; **~крушéние** *с.* shipwreck; **~строéние** *с.* shipbuilding; **~строи́тель** *м.* shipbuilder; (*конструктор тж.*) naval architect; **~строи́тельный** shipbuilding *attr.*

корáблик *м.* 1. *уменьш.* от корáбль; 2. toy boat; 3. *зоол.* (*моллюск*) argonaut.

корáбл|**ь** *м.* 1. ship; на ~é on board (ship); линéйный ~ battleship; воéнный ~ warship; флáгманский ~ flagship; ~ на подвóдных кры́льях (passenger-carrying) hydroplane; 2. (*летательный аппарат*) ship, vehicle; космúческий ~ spacecraft, spaceship; ◇ сжечь ~и́ burn *one's* boats, burn *one's* bridges behind *one*; большóму ~ю́ большóе плáвание a great ship needs deep waters.

корáбль-спýтник *м.* orbital spacecraft.

корáлл *м.* coral; **~овый** coral *attr.*; ~овый риф coral reef.

Корáн *м. рел.* the Koran.

корвéт *м. мор.* corvette.

кордебалéт *м. театр.* corps de ballet.

кордóн *м.* 1. (*заградительный отряд*) cordon; 2. (*местопребывание охраны*) (guard-) post, compound; 3. (*граница*) border.

корéец *м.* Korean.

корёж|**ить** *несов. разг.* bend, warp; егó ~ило от бóли he was writhing with pain; **~иться** *несов.* bend, warp; ~ от бóли writhe with pain.

корéйка *ж.* brisket.

корéйский Korean; ~ язы́к Korean, the Korean language.

коренáстый thickset, stocky.

корени́ться *несов.* (в *пр.*) be* rooted (in).

коренни́к *м.* shaft/thill horse, wheeler.

коренн|**óй** 1. (*основной, постоянный*) native; indigenous; ~ москви́ч native of Moscow; ~óе населéние the native population; 2. (*существенный*) fundamental, radical; ~ вопрóс fundamental problem; ~ы́е вопрóсы совремéнности fundamental issues of the present day; ◇ ~ зуб molar (tooth*); ~áя лóшадь shaft-horse; ~ы́м óбразом radically.

кóр|**ень** *м.* root; ◇ вырывáть *что-л.* с ~нем eradicate *smth.*, root out *smth.*, в ~не пресéчь *что-л.* nip *smth.* in the bud; пустить (глубóкие) ~ни strike*/take* (deep) root; изменúть *что-л.* в ~не change *smth.* radically; смотрéть в ~ look below the surface, get* to the root of things; хлеб на ~ню́ standing crops *pl.*

корéнья *мн. кул.* culinary roots.

кóреш *м. разг.* pal, mate, buddy.

корешóк *м.* 1. (*корень*) rootlet; 2. (*переплёта*) back; 3. (*квитанции*) counterfoil.

корея́нка *ж.* Korean woman*.

кóржик *м.* shortbread.

кори́нфский Corinthian; ~ óрдер *архит.* Corinthian order.

корзи́на *ж.* basket; ~ валю́т *фин.* basket of currencies; ~ потребúтельских товáров market basket, basket of goods; (*с крышкой*) hamper; бельевáя ~ linen/laundry basket; ~ для бумáги wastepaper basket; wastebasket *амер.*

коридóр *м.* corridor, passage; hallway *амер.*; **~ный** *прил.* 1. corridor *attr.*; 2. *в знач. сущ. м.* floor attendant.

кори́нка *ж.* currants *pl.*

кори́ть *несов.* (*вн.* за *вн.*) *разг.* (*упрекать*) reproach (*smb.* for).

корифéй *м.* coryphaeus, luminary, leading light; ~ наýки luminary of science.

кори́ца *ж.* cinnamon.

кори́чневый brown.

кóрк|**а** *ж.* 1. (*твёрдный слой*) crust; ~ хлéба crust of bread; ~ сы́ра cheese rind; 2. (*плода*) rind, peel; апельси́нная ~ orange peel; арбýзная ~ watermelon rind; ◇ от ~и до ~и from cover to cover.

корм *м.* feed, forage; (*сухой*) fodder; грýбые ~á roughage *sg*; сóчные ~á succulent fodder *sg.*; ◇ на поднóжном ~ý at grass.

кормá *ж. мор.* stern, poop.

кормёжка *ж. разг.* feeding.

корми́л|**ец** *м.* (*семьи*) breadwinner; **~ица** *ж.* 1. (*няня*) wet-nurse; foster mother; 2. (*семьи*) breadwinner.

корми́л|**о** *с.*: стоя́ть у ~а влáсти, правлéния be* at the helm (of State).

кормить, накормить (*вн.*) 1. feed* (*smb.*, *smth.*); 2. (*ребёнка, детёныша своим молоком*) suckle (*smb.*, *smth.*); (*ребёнка тж.*) nurse (*smb.*) ~ с ложки spoon feed*; 3. *тк. несов.* (*содержать*) keep* (*smb.*, *smth.*); <> ~ обещаниями keep* promising; **~ся** *несов.* 1. feed*, eat*; (*пастись*) graze; 2. (*тв.*) live (on); ~ся своим трудом keep* *oneself*, live by *one's* work; make* a living by *one's* work.

кормление *с.* 1. feeding; 2. (*своим молоком*) suckling; nursing.

кормов|ой I fodder attr.; ~ые травы fodder grass *sg.*; <> ~ая база fodder supply.

кормов|ой II *мор.* stern *attr.*, after; ~ое весло steering oar; ~ая часть after-body.

кормушка *ж.* feeding trough; (*для сена*) manger; (*для птицы*) seed can.

кормчий helmsman; *поэт.* pilot.

корнать *несов. разг.* crop, cut* short.

корневище *с.* rootstock, rhizome.

корнев|ой root *attr.*; <> ~ые языки isolating languages.

корнеплоды *мн.* (*ед.* корнеплод *м.*) edible roots, root crops.

корнишон *м.* gherkin.

короб *м.* basket, hamper; <> целый ~ новостей a budget of news; наговорить с три ~а talk nineteen to the dozen.

коробейник *м. уст.* peddler.

короб|ить, покоробить (*вн.*) warp (*smth.*); *перен.* jar (upon), grate (on); меня ~ит его неискренность, меня ~ит от его неискренности his insincerity grates on me; **~иться**, покоробиться 1. warp; 2. (*об одежде и т. п.*) curt.

коробка *ж.* 1. box; 2. (*остов здания*) frame; 3.: дверная ~ door frame; <> ~ передач, скоростей *тех.* gearbox; черепная ~ *анат.* cranium.

коробок *м.* box; ~ спичек box of matches.

корова *ж.* cow; дойная ~ milker, milch cow; морская ~ sea cow.

коров|ий cow attr., cow's; ~ье масло butter; ~ка *ж.*: божья ~ка ladybird; **~ник** *м.* cowshed, byre.

королев|а *ж.* queen; **~ич** *м.* king's son; **~на** *ж.* king's daughter; **~ский** royal; **~ство** *с.* kingdom.

королёк *м.* 1. (*птица*) kinglet, golden-crested wren; 2. (*апельсин*) blood orange; 3. *мин.* regulus.

король *м.* king.

коромысло *с.* 1. (*для вёдер*) yoke; 2. (*весов*) beam; 3. *тех.* rocker; <> дым ~м all hell is let loose.

корон|а *ж.* 1. crown; 2. *астр.* corona; солнечная ~ corona; **~ация** *ж.* coronation.

коронк|а *ж.* 1. (*зуба*) crown; поставить ~у crown a tooth*; 2. (*бура*) bit.

коронн|ый crown *attr.*; <> ~ номер star turn/performance; ~ая роль best part.

коронов|ание *с. см.* коронация; **~ать** *несов. и сов.* (*вн.*) crown (*smb.*).**~аться** *несов. и сов.* be* crowned.

короста *ж.* scab.

коростель *м.* landrail, corncrake.

коротать, скоротать: ~ время while away the time.

коротк|ий 1. short; (*непродолжительный тж.*) brief; 2. (*близкий, дружественный*) intimate; ~ое знакомство intimate friendship; 3. (*быстрый, решительный*) quick, sharp; ~ая расправа short shrift; у него расправа ~а he will show no mercy; <> ~ая волна short wave; ~ая память short/bad memory; быть на ~ой ноге с *кем-л.* be* on intimate/good terms with *smb.*; руки коротки у *кого-л.* *smb.* hasn't got the power; ум короток limited intelligence.

коротко 1. short; ~ остриженный close-cropped; 2. (*вкратце*) briefly; ~ говоря to put it briefly; ~ и ясно! plainly; without making any bones about it; 3. (*близко*) intimately.

коротковолновый *радио* shortwave *attr.*; ~ передатчик shortwave transmitter.

короткометражный short; ~ фильм short (film).

коротконогий short-legged, stumpy.

короткохвостый short-tailed.

короткошёрст(н)ый shorthaired.

коротышка *м. и ж.* punch, runt, squab.

короче (*сравнит. ст. прил.* короткий *и нареч.* коротко) shorter; говорите ~ be as brief as possible; <> ~ говоря to be brief, in short.

корпеть *несов.* (над *тв.*) *разг.* drudge (at), plod away (at).

корпорация *ж.* corporation; акционерная ~ stock corporation; акционерная ~ закрытого типа close corporation; единоличная ~ sole corporation; транснациональная ~ multinational corporation; частная ~ private corporation.

корпус *м.* 1. (*мн.* ~ы) (*туловище*) trunk, torso; держите ~ прямо! hold the trunk upright!; податься всем ~ом вперёд lean* right forward; прийти к финишу на два ~а вперёд (*о лошади*) win* by two lengths; 2. (*мн.* ~а) (*оболочка механизмов, приборов и т. п.*) body, mounting, frame; 3. (*мн.* ~а) (*судна, танка*) hull; 4. (*мн.* ~а) (*здание*) block; главный ~ the main building; 5. (*мн.* ~а) *воен.* corps*; 6. *тк. ед.* (*совокупность лиц одной профессии и т. п.*) corps*; корреспондентский ~ press corps*; дипломатический ~ diplomatic corps*.

корректив *м.* correction, amendment; внести ~ы во *что-л.* amend *smth.*

корректиров|ание *с.* 1. correction; ~ стрельбы adjustment of fire, spotting; 2. (*исправление ошибок в корректуре*) proofreading; **~ать**, прокорректировать (*вн.*) 1. correct (*smth.*); ~ать стрельбу adjust the fire, spot for the guns; 2. (*исправлять ошибки в корректуре*) read* the proof.

корректн|ость *ж.* correctness, property; **~ый** correct, proper.

коррект|ор *м.* proofreader; **~ура** *ж.* 1. (*исправление ошибок*) correction; 2. (*гранки*) proofs *pl.*; **~урный** correction *attr.*; ~урный лист proof sheet page; ~ные знаки proof symbols.

корре́кция *ж. мед.* correction.

корреспонде́нт *м.* correspondent; (*журналист тж.*) newspaper man*, reporter; специа́льный ~ special correspondent; ◇ член-корреспонде́нт corresponding member; **~е́нтский** press *attr.*; ~е́нтское удостовере́ние press card; ~е́нтские счета́ *фин.* correspondent accounts; **~е́нция** *ж.* 1. (*переписка*) correspondence; 2. *собир.* (*почта*) letters *pl.*, mail; 3. (*сообщение в газете*) report, news item.

корро́зия *ж.* corrosion.

коррумпи́рованный corrupt.

корру́пция *ж.* corruption.

корса́ж *м.* bodice, corsage.

корса́р *м.* corsair.

корсе́т *м.* 1. stays *pl.*, corsets *pl.*; 2. (*лечебный*) corset, surgical bandage.

корт *м. спорт.* (tennis-)court.

корте́ж *м.* procession; (*автомобилей*) motorcade.

ко́ртик *м.* dirk.

ко́рточк|и *мн.*: присе́сть на ~, сиде́ть на ~ах squat (down).

кору́нд *м.* corundum.

корчева́ть *несов.* (*вн.*) stub up (*smth.*), grub up (*smth.*), root out.

ко́рчить, скорчить 1. *безл.*: его́ ко́рчит от бо́ли he is writhing with pain; 2. *тк. несов.* (*вн.*; *прикидываться кем-л.*) pose as (*smb.*); ~ из себя́ *кого-л.* give* *oneself* airs; ~ грима́сы, ро́жи make*/pull faces; **~ся**, ско́рчиться (от *рд.*) writhe (with).

корчма́ *ж. уст.* inn, tavern.

ко́ршун *м.* kite.

коры́стн|ый selfish; ~ые побужде́ния mercenary/sordid motives; ~ челове́к mercenary/selfish person; ◇ ~ная любо́вь cupboard love.

корыстолюби́вый mercenary, covetous, avaricious.

корыстолю́бие *с.* mercenary spirit, love of gain, cupidity.

коры́сть *ж.* 1. (*выгода*) advantage, profit; кака́я мне в э́том ~? what good would it do me?, what would I gain by it?; 2. *см.* корыстолю́бие

коры́т|о *с.* tub; (*как кормушка*) trough; ◇ оста́ться у разби́того ~ a be* no better off than when *one* started, be* back where *one* started.

корь *ж. мед.* measles *pl.*

ко́рюшка *ж.* (*рыба*) smelt.

коря́вый 1. (*неровный, уродливый - о растениях*) gnarled, twisted, rugged; 2. (*загрубевший, узловатый - о руках, пальцах*) gnarled; 3. *разг.* (*неумелый, неискусный*) clumsy; (*о почерке*) crabbed.

коря́га *ж.* snag.

коса́ I *ж.* (*волос*) plait, braid.

коса́ II *ж.* (*с.-х. орудие*) scythe; ◇ нашла́ ~ на ка́мень *погов.* ≅ it's case of diamond-cut diamond, he's met his match this time.

коса́ III *ж.* (*мыс*) spit (of land).

коса́рь *м.* (*косец*) mower.

коса́рь *м.* (*нож*) chopper.

ко́свенн|ый indirect; ~ нало́г indirect tax; ~ые ули́ки circumstantial/indirect evidence *sg.*; ◇ ~ паде́ж *грам.* oblique case; ~ая речь *грам.* indirect/oblique speech.

косе́канс *м. мат.* cosecant.

коси́лка *ж. с.-х.* mower.

ко́синус *м. мат.* cosine.

коси́ть I, скоси́ть (*вн.*; *траву*) mow (*smth.*); *перен.* mow down (*smb.*, *smth.*); коси́ коса́ пока́ роса́ ≅ make* hay while the sun shines.

коси́ть II, скоси́ть 1. (*вн.; кривить*) twist (*smth.*); ~ рот make* a wry face; 2.: глаза́, глаза́ми squint; 3. (*быть косым*) squint; **~ся**, покоси́ться (на *вн.*) 1. squint (at); cast* a sidelong glance (st); 2. *тк. несов. разг.* (*относиться неодобрительно*) take* a dim view (of).

косма́тый shaggy.

косме́т|ика *ж.* 1. (*мероприятия*) beauty treatment; 2. *собир.* (*средства*) cosmetics *pl.*; **~и́ческий** cosmetic; ~и́ческий кабине́т beauty parlor; ~и́ческий ремо́нт redecoration; ~и́ческое сре́дство cosmetic.

косми́ческ|ий 1. space *attr.*; cosmic; ~ое простра́нство outer space; ~ полёт space flight; ~ аппара́т space vehicle; ~ие лучи́ cosmic rays; ~ая радиа́ция cosmic radiation; пе́рвая ~ая ско́рость orbital velocity; втора́я ~ая ско́рость escape velocity; 2. (*грандиозный*) cosmic, vast.

космого́ния *ж.* cosmogony.

космодро́м *м.* spacedrome, launching site.

космона́вт *м.* cosmonaut, astronaut, spaceman*.

космона́втика *ж.* astronautics, space exploration.

космона́втка *ж.* spacewoman*.

космополи́т *м.* cosmopolitan, cosmopolite; **~и́зм** *м.* cosmopolitanism; **~и́ческий** cosmopolitan.

космопсихоло́гия *ж.* space psychology.

ко́смос *м.* (outer) space, the cosmos; покоре́ние, освое́ние ~а space exploration.

космо|фи́зика *ж.* space physics; ~ хи́мия space chemistry, cosmochemistry.

космоце́нтр *м.* space center.

ко́смы *мн. разг.* dishevelled locks.

косне́ть *несов.* 1. (в *пр.*; *пребывать в состоянии застоя*) stagnate (in); ~ в неве́жестве wallow in ignorance; 2. (*терять гибкость, подвижность*) stiffen.

ко́сность *ж.* inertness, sluggishness, bigotry; (*застой*) stagnation.

косноязы́ч|е *с.* inarticulateness; **~ный** tongue-tied; (*невнятный - о речи*) inarticulate.

косну́ться *сов. см.* касаться.

ко́сный inert, sluggish; ~ ум slow/sluggish mind; ~ челове́к bigot.

ко́со obliquely; смотре́ть ~ look askance.

кособо́кий lopsided.

косови́ца *ж.* 1. (*косьба*) mowing; 2. (*время косьбы*) mowing(-time).

косоворо́тка *ж.* blouse (with side collar fastening).

косоглáзие *с.* squint; strabismus *научн.*; **~ый** cross-eyed.

косогóр *м.* slope.

кос|óй 1. (*расположенный наклонно*) slanting, oblique; ~áя чертá oblique stroke; ~ дождь driving/slanting rain; ~ пóчерк sloping handwriting; **2.** (*искривлённый*) crooked; ~ плетéнь crooked fence; ~ пробóр side parting; **3.** (*косоглазый*) cross-eyed; (*косящий - о глазах*) squinting; он ~ he squints; у негó ~ глаз he has a squint in one eye; **4.** (*недоверчивый, недружелюбный*) scowling; ~ взгляд scowl; <> ~ пáрус fore-and-aft sail; ~ ýгол *мат.* oblique angle; ~áя сáжень в плечáх broad-shouldered.

косолáпый pigeon-toed; *перен. разг.* (*неуклюжий*) awkward, clumsy; ~ медвéдь lumbering bear.

косоугóльный *мат.* oblique-angled; ~ треугóльник oblique triangle.

костенéть, окостенéть **1.** (*о трупе*) stiffen; **2.** (от *рд.*: *терять чувствительность*) grow* numb (with); *перен.* be* petrified (with).

костёл *м. церк.* (Roman-Catholic) church.

костёр *м.* (camp)fire; (*большой*) bonfire.

кост|и́стый, ~ля́вый bony.

кости́ть *несов. разг.* abuse.

кóстный osseous; ~ турберкулёз tuberculosis of the bones; ~ мозг *анат.* bone marrow.

костоéда *ж. мед.* caries.

кóсточк|а *ж.* **1.** bone; **2.** (*плода*) stone; (*мелкая*) pip; <> перемывáть ~и *кому-л.* pick *smb.* to pieces; по ~ам разбирáть *кого-л.*, *что-л.* dissect *smb.*, *smth.*; воéнная ~ old soldier, military man*.,

кострéц *м.* leg of meat.

косты́л|ь *м.* **1.** crutch; ходи́ть на ~я́х go*/walk on crutches; **2.** (*гвоздь*) spike.

кост|ь *ж.* **1.** bone; **2.** *собир.* (*бивни, клыки*) tusks *pl.*; слонóвая ~ ivory; **3.** *мн.* (*игральные*) dice, bones; **4.** (*шарик на счётах*) bead; <> кóжа да ~и, однú ~и nothing but skin and bones; лечь костьми́ 1) be* killed; lay* down *one's* life; 2) *обыкн. шутл.* kill *oneself*; ~éй не собрáть you'll never come out alive.

костю́м *м.* **1.** (*одежда*) dress; вечéрний ~ dress suit; косми́ческий ~ space suit; маскарáдный ~ fancy dress; парáдный ~ full dress; **2.** (*вид одежды*) suit; (*женский тж.*) costume; <> в ~е Адáма, Евы in *one's* birthday suit.

костюмéр *м.*, **~ша** *ж. театр.* costumier.

костюми́рованный in fancy dress *после сущ.*; ~ бал fancy dress ball.

костя́к *м.* **1.** *анат.* skeleton; **2.** (*рд.*; *основа, опора*) backbone (of), main body (of).

костянóй bone *attr.*; ~ клей bone glue.

костя́шка *ж.* **1.** (*на пальцах*) knuckle; **2.** (*шарик на счётах*) bead, ball.

косýля *ж.* roe deer*.

косы́нка *ж.* (three-cornered) scarf, kerchief.

косьбá *ж.* mowing.

кося́к I *м.* (*двери, окна*) jamb; (*двери тж.*) doorpost.

кося́к II *м.* **1.** (*лошадей*) herd; **2.** (*рыб*) shoal, school; **3.** (*птиц*) flock.

кот *м.* tomcat; морскóй ~ sea-bear; <> не всё ~ý мáсленица! life isn't all beer and skittles!, you can't always be lucky!; купи́ть ~á в мешкé ≅ buy* a pig in a poke; ~ наплáкал nothing to speak of, practically nothing.

котáнгенс *м. мат.* cotangent.

кот|ёл *м.* **1.** (*кухонный*) large saucepan, boiler; (*большой*) cauldron; из óбщего ~лá from the same pot; **2.** *тех.* boiler; áтомный ~ nuclear reactor; **3.** *воен.* (*окружение*) pocket; <> óбщий ~ common stock.

котелóк *м.* **1.** pot, saucepan; **2.** (*походный*) mess tin; **3.** (*шляпа*) bowler (hat).

котéль|ная *ж.* boiler-room; **~ный** boiler *attr.*; ~ный завóд boiler works; ~ное желéзо boiler-plate.

котёнок *м.* kitten.

кóтик *м.* **1.** *ласк.* (*кот*) pussy; **2.** *зоол.* fur-seal; **3.** (*мех*) sealskin; **~овый** sealskin *attr.*

коти́ровать *несов. и сов.* (*вн.*) *фин.* quote (*smth.*); **~ся** *несов. фин.* **1.** (*оцениваться*) be* quoted; *перен.* be* regarded; **2.** (*иметь хождение*) be* in demand.

котирóвка *ж. фин.* quotation; биржевáя ~ exchange quotation; валю́тная ~ currency quotation; попозициóнная ~ itemized quotation; предвари́тельная ~ pro forma quotation; ры́ночная ~ market(ing) quotation; ~ áкций stock/share quotation; ~ при закры́тии би́ржи closing quotation; ~ при откры́тии би́ржи opening quotation.

коти́ться, окоти́ться give* birth; (*о кошке*) have* kittens.

котлéта *ж.* (*отбивная*) cutlet, chop; (*рубленая*) rissole, meatball; hamburger *амер.*; свинáя ~ pork chop; теля́чья ~ veal cutlet; ры́бная ~ fish burger.

котловáн *м.* foundation pit.

котлови́на hollow.

котóмка ж. knapsack, wallet.

котóр|ый 1. *вопр.* (*по порядку, при выборе*) which; (*какой*) what; ~ час? what's the time?; **2.** *относит.* (*о неодушевл.*) which, that; (*об одушевл.*) who; *часто не переводится*; та кни́га, ~ая стóит на пóлке the book (that is) on the shelf*; мой брат, ~ живёт в Петербýрге my brother, who lives in Petersburg; тот человéк, ~ ... the man* who...; человéк, ~ого вы ви́дели вчерá the man* (whom) you saw yesterday; пьéса, о ~ой вы мне говори́ли the play (which) you told me about; (та) гости́ница, ~ая нахóдится напрóтив вокзáла the hotel (that is) opposite the railway station; лýчшая в гóроде гости́ница, ~ая нахóдится на глáвной плóщади the best hotel in the town, which is in the main square; <> ~ раз я тебé говорю́? how many times have I told you?; уж ~ раз э́то с ним случáется it's always happening to him.

коттéдж *м.* (suburban) villa.

котýрн *м. театр. ист.* buskin; <> становúться на ~ы assume a tragic/pathetic tone.

ко́фе *м. нескл.* coffee; чёрный ~ black coffee; раствори́мый ~ instant coffee; ~ в зёрнах coffee beans.

кофева́рка *ж.* coffee machine; espresso; percolator; coffee maker *амер.*

кофеи́н *м.* caffeine.

кофе́йн|ик *м.* coffeepot; **~ица** *ж.* 1. (*ручная мельница*) coffee mill; 2. (*банка*) coffee jar/tin; **~ый** 1. coffee *attr.*; ~ая гу́ща coffee grounds *pl.*; ~ая ме́льница coffee mill; 2. (*о цвете*) coffee-colored.

кофемо́лка *ж.* (electric) coffee grinder.

ко́фт|а *ж.*, **~очка** *ж.* blouse; (*вязаная*) pullover, sweater.

коча́н *м.*: ~ капу́сты head of cabbage.

кочева́ть *несов.* 1. roam, wander; (*о птицах и т. п.*) migrate; 2. *разг.* (*часто менять местожительство*) be* always on the road/move.

кочёв|ник *м.* nomad; **~о́й** nomadic.

кочевря́житься *несов. разг.* pose, put* on airs.

коче́вье *с.* 1. (*действие*) migration; 2. (*стоянка*) nomad camp; 3. (*местность*) nomad area/territory.

кочега́р *м.* stoker, fireman*; **~ка** *ж.* stokehold; fire room *амер.*

кочене́ть, закочене́ть, окочене́ть 1. (*замерзать*) become*/get* stiff, grow* numb (with cold); 2. *сов.* закочене́ть (*о трупе*) stiffen.

кочерга́ *ж.* poker.

кочеры́жка *ж.* stump of cabbage.

ко́чет *м.* cock.

ко́чк|а *ж.* hummock, tussock; **~ова́тый** hummocky, tussocky.

коша́чий cat's; feline *научн.*; (*свойственный кошке*) catlike.

кошелёк *м.* purse.

ко́шечка *ж.* cat, pussy.

ко́шк|а *ж.* 1. cat; 2. *тех.* grapnel; 3. (*плеть*) cat-o'-nine-tails; ◇ жить как ~ с соба́кой live a cat-and-dog life; ме́жду ни́ми пробежа́ла чёрная ~ they have fallen out; у него́ на се́рдце ~и скребу́т he is sick at heart.

ко́шки-мы́шки: игра́ть в ~ play cat-and-mouse; *перен.* play hide-and-seek.

кошма́ *ж.* large piece of felt.

кошма́р *м.* nightmare; **~ный** ghastly; nightmare *attr.*; horrible, awful.

кошт *м. уст.* expense; на казённом ~е́ at government expense.

кощу́нственный sacrilegious, blasphemous.

кощу́нство *с.* sacrilege, blasphemy; **~вать** *несов.* blaspheme, commit a sacrilege.

коэффицие́нт *м.* coefficient, ratio, factor; ~ поле́зного де́йствия efficiency.

краб *м.* crab.

кра́ги *мн.* 1. (*на ноги*) leggings; 2. (*у перчаток*) gauntlets.

кра́ден|ое *с. собир.* stolen goods *pl.*; **~ый** stolen.

кра́дучись stealthily; идти́ ~ creep*, slink.

краеве́д *м.* regional ethnographer; **~ние** *с.* regional studies/ethnography; **~ческий:** ~ческий музе́й museum of regional studies/ethnography.

краево́й regional.

краеуго́льный basic; ◇ ~ ка́мень cornerstone.

кра́еш|ек *м. разг.* edge; слы́шать *что-л.* ~ком у́ха *разг.* chance to hear *smth.*

кра́жа *ж.* theft; ~ со взло́мом burglary; ме́лкая ~ pilfering, petty larceny.

кра|й *м.* 1. edge, border; (*обрыва, пропасти*) brink; (*сосуда*) brim; ~ доро́ги wayside, roadside; ле́вый, пра́вый ~ left, right edge; пере́дний ~ *воен.* first line, forward position; по́лный до ~ёв full to the brim, brimfull; 2. (*страна, местность*) land, region; в э́тих ~я́х in these parts; родно́й ~, родны́е ~я́ *one's* own country; в чужи́х ~я́х in foreign parts; 3. (*административно-территориальная единица*) Krai territory; Краснода́рский ~ Krasnodar Krai/Territory; ◇ с ~ю from the end; че́рез ~ in plenty; ~ем у́ха слы́шать *что-л.* chance to hear *smth*; на ~ю́ ги́бели on the brink/verge of ruin; на ~ю́ све́та at the world's end; быть на ~ю́ моги́лы have* one foot in the grave.

край|исполко́м *м.* (исполни́тельный комите́т краево́го Сове́та наро́дных депута́тов) Executive (Committee) of the Krai/Territory Soviet (of People's Deputies); **~ко́м** *м.* (краево́й комите́т) Krai/Territory Committee.

кра́йне extremely; ~ необходи́мый absolutely essential.

кра́йн|ий 1. extreme; ~яя ле́вая, пра́вая *полит.* the extreme left, right; ~яя нужда́ dire need; extreme poverty; ~ срок the last/latest date; ~яя цена́ the lowest price; на Кра́йнем Се́вере in the Far North; ~яя плоть *анат.* foreskin, prepuce; 2. *спорт.* outside, wing *attr.*; ~ напада́ющий outside forward; ◇ ~ие ме́ры extreme measures; в ~ем слу́чае in the last resort, if the worst comes to the worst; по ~ей ме́ре at any rate; **~ость** *ж.* 1. extreme; 2. (*опасное положение*) extremity; ◇ до ~ости excessively; впада́ть в ~ость go* to extremes.

крам|о́ла *ж. уст.* sedition; **~о́льник** *м.* seditionary, plotter; **~о́льный** seditious.

кран I *м.* (*водопроводный и т. п.*) tap, cock; faucet *амер.*; ~ с горя́чей водо́й hot-water tap.

кран II *м.* (*подъёмный*) crane.

кра́нец *м. мор.* fender.

крановщ|и́к *м.*, **~и́ца** *ж.* crane operator.

крап *м.* specks *pl.*

кра́пать *несов.* spatter; дождь кра́плет it is spitting with rain.

крапи́в|а *ж.* (stinging-)nettle(s); **~ница** *ж.* nettle-rash; urticaria *мед.*; **~ный** nettle *attr.*

крапи́вник *м. зоол.* wren.

кра́пинк|а *ж.* dot, spot; си́тец в ~у dotted cotton.

краплёный (*о картах*) marked.

крас|а́ *ж.* 1. *поэт. уст.* (*красота*) beauty; *мн.* (*прелести*) charms; 2. (*украшение*) ornament; ~ и гордость the pride and joy; ◇ во всей своей ~é 1) in all *one's* beauty; 2) *ирон.* in all *one's* glory.

краса́в|ец *м.* **1.** good-looking/handsome fellow; *разг.* looker *амер.*; **2.**: ~-го́род a beautiful city; **~ица** *ж.* **1.** beauty; *разг.* looker *амер.*; **2.**: ~ица-ло́шадь splendid horse, fine specimen of a horse.

краса́вчик *м.* **1.** *см.* краса́вец; **2.** *ирон.* dandy.

краси́в|о beautifully; **~ый 1.** beautiful, lovely; (*о женщине и ребёнке тж.*) pretty; (*о мужчине*) good-looking, handsome; он ~ый? is he good-looking? она́ ~ая? is she pretty/beautiful?; **2.** (*хороший в нравственном отношении*) fine; ~ый посту́пок fine action; **3.** (*эффектный*) ~ые слова́ fine words.

краси́вость *ж.* (mere) prettiness.

краси́ль|ный dye *attr.*; ~ заво́д dye works; **~ня** *ж.* dye house; **~щик** *м.* dyer.

краси́тель *м.* dyestuff.

кра́с|ить, покра́сить (*вн.*) **1.** (*покрывать краской*) paint (*smth.*); (*волосы, материю*) dye (*smth.*); (*щёки*) paint (*smth.*), rouge (*smth.*); ~ гу́бы put* on lipstick, paint *one's* lips; **2.** *тк. несов.* (*украшать*) improve (*smb.*, *smth.*); это пла́тье её о́чень ~ит this dress shows her to great advantage; **~иться** *несов.* **1.**: мате́рия хорошо́ ~ится the stuff takes the dye well; **2.** (*красить лицо, губы*) use/wear* makeup; (*красить волосы*) dye *one's* hair; **3.** *разг.* (*пачкать краской*) run*, stain.

кра́ск|а I *ж.* **1.** (*вещество*) color, paint, pigment; акваре́льная ~ water-colour; ма́сляная ~ oil-color; типогра́фская ~ printer's ink; (*для тканей, волос*) dye; писа́ть ~ами paint; ~ для ше́рсти wool dye; **2.** (*цвет*) color; *мн.* coloring *sg.*, tints; **3.** *мн.* (*выразительные средства*) colors; не жале́я кра́сок laying it on thick; опи́сывать *что-л.* в я́рких (мра́чных) ~ах paint *smth.* in bright (dark) colors; сгуща́ть ~и lay* it on thick; вогна́ть *кого-л.* в ~у make* *smb.* blush; **4.** (*румянец*) flush; (*стыда, смущения*) blush(es); ~ удово́льствия a flush of pleasure.

кра́ск|а II *ж.* *разг.* (*окрашивание*) dyeing; отда́ть *что-л.* в ~у have* *smth.* dyed.

красне́|ть, покрасне́ть **1.** (*становиться красным*) redden, grow*/turn red; **2.** (*от прилива крови к коже*) redden; (*о лице*) flush; (*от смущения, стыда тж.*) blush; ру́ки ~ют от хо́лода *one's* hands grow red with cold; **3.** *тк. несов.* (*стыдиться*) be* ashamed; мне за тебя́ прихо́дится ~ you make me ashamed of you; **4.** *тк. несов.* (*виднеться*) show* red.

красноарме́ец *м.* *ист.* Red Army man*; **~е́йский** Red Army *attr.*

краснобáй *м.* *разг.* windbag, rhetorician; **~ство** *с.* eloquence.

красногварде́ец *м.* *ист.* Red Guard.

краснодере́вщик *м.* cabinetmaker.

краснознамённый Red Banner *attr.*; awarded the Order of the Red Banner; ~ полк Red Banner regiment.

краснопе́сье *с.* conifers *pl.*

краснолúцый red-faced, rubicund.

красноречи́вый eloquent; ~ ора́тор eloquent speaker; ~ взгляд eloquent look.

красноре́чие *с.* eloquence.

краснота́ *ж.* redness.

краснофло́тец *м.* *ист.* Red Navy man*, Red sailor.

краснощёкий red-cheeked, apple-cheeked.

красну́ха *ж.* *мед.* German measles *pl.*

кра́сн|ый red; (*о лице тж.*) ruddy, rubicund; ~ое зна́мя Red Banner; ◇ О́бщество Кра́сного Креста́ и Кра́сного Полуме́сяца Red Cross and Red Crescent Society; Кра́сная пло́щадь Red Square; Кра́сная А́рмия *ист.* Red Army; ~ая ры́ба sturgeons *pl.*; ~ая икра́ red caviar; ра́ди ~ого словца́ for the sake of a witty remark; ~ая строка́ new paragraph; (э́тому) ~ая цена́ ample/fair price (for that); проходи́ть ~ой ни́тью be* the keynote; ~ая де́вица fair/lovely maiden; Кра́сная Ша́почка Little Red Riding Hood; ~ое со́лнышко the golden/bright sun; ~ де́рево mahogany; ~ный у́гол place of honor.

красова́ться *несов.* **1.** stand* out beautifully, stand out in all its beauty; **2.** (*рисоваться*) show* off.

красот|а́ *ж.* beauty; ~о́ты приро́ды the beauties of nature.

красо́тка *ж.* *разг.* beauty.

кра́сочн|ый 1. paint *attr.*; dye *attr.*; ~ое произво́дство dyestuffs industry; **2.** (*исполненный красками*) colored; **3.** (*яркий*) colorful, picturesque; ~ое описа́ние colorful description.

красть, укра́сть **1.** (*вн.*) steal* (*smth.*); **2.** *тк. несов.* (*заниматься кражами*) be* a thief*; **~ся** *несов.* steal*, prowl; ~ся вслед за *кем-л.* creep* up behind *smb.*, stalk *smb.*

кра́сящ|ий: ~ее вещество́ coloring matter.

крат: во сто ~ a/one hundredfold.

кра́тер *м.* crater.

кра́тк|ий 1. (*непродолжительный по времени*) short, brief; ~ая встре́ча brief meeting; **2.** *лингв.* short; ~ие гла́сные short vowels; **3.** (*недлинный — о дороге*) short; ~ путь the short way/route; **4.** (*изложенный коротко*) brief, concise; ~ое изложе́ние concise/brief summary; в ~их слова́х in a few words; ◇ ~ое прилага́тельное *грам.* the short form of the adjective.

кра́тко briefly, with brevity.

кратковре́менный short, brief, short-lived; of short duration *после сущ.*; ~ое пребыва́ние short stay; ~ успе́х short-lived success.

краткосро́чн|ый short-term, short-dated; ~ о́тпуск short leave (of absence); ~ая ссу́да short-term loan; ~ ве́ксель short-dated bill.

кра́ткость *ж.* brevity.

кра́тн|ое *с.* *мат.* multiple; о́бщее наиме́ньшее ~ least common multiple; **~ый** *мат.* multiple.

крах *м.* crash, failure, bankruptcy; *перен.* failure, collapse; ~ ба́нка failure of a bank; потерпе́ть по́лный ~ fail utterly.

крахма́л *м.* starch; **~ить**, накрахма́лить (*вн.*) starch (*smth.*).

крахма́льный 1. starch *attr.*; **2.** (*накрахмаленный*) starched; ~ воротничо́к stiff collar.

кра́ше: ◇ ~ в гроб кладу́т *погов.* ≅ like death warmed up.

кра́шеный painted; (*о материи, волосах*) dyed.

краю́ха *ж. разг.*: ~ хле́ба hunch/hunk of bread.

креату́ра *ж.* creature, minion.

креве́тка *ж.* shrimp.

кре́дит *м. бухг.* credit.

креди́т *м.* **1.** credit; акце́птно-ра́мбурсный ~ reimbursement credit; акце́птный acceptance credit; ба́нковский bank credit; беспроце́нтный ~ noninterest bearing credit; бла́нковый ~ blank credit; валю́тный ~ currency credit; ве́ксельный ~ paper credit; госуда́рственный ~ public/state credit; диско́нтный ~ discount credit; долгосро́чный ~ long-term credit; комме́рческий ~ commercial credit; краткосро́чный ~ short-term credit; льго́тный ~ soft loan; необеспе́ченный ~ unsecured credit; обеспе́ченный ~ secured credit; онко́льный ~ on-call credit; отзывно́й ~ revocable credit; потреби́тельский ~ consumer credit; револьве́рный ~ revolving credit; резе́рвный ~ standby credit; предоста́вить ~ *кому-л.* give* *smb.* credit ; **2.** *мн.* (*ассигнования*) allocation *sg.*, appropriation *sg.*; ◇ госуда́рственный ~ State loan system; в ~ on credit; **~ный** credit *attr.*; ~ риск credit risk; ~ ры́нок credit market; ~ные де́ньги credit money; ~ные ограниче́ния credit restrictions; ~ные сре́дства proceeds of credit; ~ные учрежде́ния credit agencies.

креди́т-но́та *ж. фин.* (*кредитовое авизо*) credit note.

кредит|ова́ть *несов. и сов.* (*вн.*) **1.** (*давать в долг*) credit (*smb.*), give* (*smb.*) credit; ~ *кого-л.* большо́й су́ммой credit a large sum to *smb.*, credit *smb.* with a large sum; **2.** *фин.* finance (*smth.*), grant credits (to); ~ строи́тельство finance building; **~óр** *м.* creditor.

кредитоспосо́бн|ость *ж.* solvency; **~ый** solvent.

кре́до *с. нескл.* creed.

кре́йсер *м.* cruiser; лине́йный ~ battle cruiser; **~ский** cruising *attr.*; **~ство** *с.* cruise.

крейси́ровать *несов.* cruise.

кре́кер *м.* cracker; (*картофельный*) crisp.

кре́кинг *м. тех.* cracking.

крем *м.* cream; сапо́жный ~ shoe polish, boot-polish.

крем|ато́рий *м.* crematorium (*pl.* -ms, -la); **~а́ция** *ж.* cremation.

креме́нь *м.* **1.** flint; **2.** *разг.* (*о человеке с твёрдым характером*) man* of iron; (*о скупом человеке*) skinflint; не челове́к, а ~ he has a heart of flint.

кремль *м.* Kremlin; (*в Москве*) the Kremlin.

кре́мний *м. хим.* silicon.

кремни́стый I (*каменистый*) stony; *перен.* (*непреклонный*) hard.

кремни́стый II *хим.* siliceous.

кре́мовый 1. cream *attr.*; **2.** (*о цвете*) cream-colored.

крен *м.* list; (*при качке*) heel; (*самолёта*) bank; парохо́д идёт с си́льным ~ом the ship is listing heavily.

кре́ндел|ь *м.* twist of bread; ◇ выпи́сывать ~я stagger, lurch.

крени́ть, накрени́ть (*вн.*) give* (*smth.*) a list; (*при качке*) make* (*smth.*) heel over; парохо́д си́льно ~ло the ship was listing heavily; **~ться,** накрени́ться list, heel over.

креозо́т *м. хим.* creosote.

крео́л *м.*, **~ка** *ж.* Creole.

креп *м.* **1.** (*ткань*) crepe; **2.** (*траурный*) crape.

крепдеши́н *м.* crepe de Chine.

крепёжный: ~ лес timber, (pit)props *pl.*

креп|и́ть *несов.* **1.** (*вн.*; *укреплять*) fix (*smth.*), fasten (*smth.*); **2.** (*вн.*) *горн.* shore up (*smth.*) (with pit props); **3.** (*вн.*) *мор.* (*привязывать*) lash (*smth.*) down; **4.** (*вн.*; *делать прочным, усиливать*) strengthen (*smth.*); ~ оборо́ну strengthen the defense(s); **5.** (*о желудке*) constipate, make* *one* constipated; его́ ~и́т he is constipated; **~и́ться** *несов.* (*сдерживаться*) hold* out; ~и́тесь! keep your chin up!, bear up!

кре́пк|ий 1. strong; (*твёрдый*) tough, hard; ~ оре́х tough nut; ~ая верёвка strong/stout rope; **2.** (*неизношенный*) sound; ~ие сапоги́ sound boots; **3.** (*здоровый, выносливый*) hardy, strong; ~ органи́зм strong constitution; **4.** (*стойкий, непоколебимый*) firm; **5.** (*надёжный*) reliable; (*неизменный, глубокий*) lasting, enduring; ~ая любо́вь enduring love; **6.** (*насыщенный*) ~ чай strong tea; ~ таба́к strong tobacco; ◇ ~ сон sound sleep; ~ое словцо́ swearword, strong language.

кре́пко firmly; ~ сложённый sturdily built; ~ выража́ться use strong language; ~ полюби́ть *кого-л.* become* very fond of *smb.*; ~ спать (*в данный момент*) be* fast asleep; (*вообще*) sleep* soundly, be* a sound/heavy sleeper; ~ целова́ть *кого-л.* give* *smb.* a big/real kiss; ~ (вас) целую (*в письме*) love and kisses! ~ на́крепко *разг.* very firmly.

крепле́ние *с.* **1.** (*действие*) fastening; *мор.* lashing; **2.** *горн.* timbering, casing; **3.** (*у лыж*) binding.

кре́пнуть, окре́пнуть be*/grow* strong, get* stronger, grow*/increase in strength; (*после болезни*) recover *one's* strength.

крепостни́чество *с.* serfdom.

крепостн|о́й I *прил.* **1.** serf *attr.*; feudal, based on serfdom *после сущ.*; ~а́я зави́симость serfdom, bondage; ~о́е пра́во serfdom; ~ труд serf labor; ~о́е хозя́йство economy based on serfdom, feudal economy; **2.** *в знач. сущ. м.* serf.

крепостно́й II *воен.* fortress *attr.*

кре́пость I *ж.* (*прочность, сила*) strength.

кре́пость II *воен.* fortress; *перен.* bulwark, citadel.

крепча́ть *несов.* (*о морозе*) increase in severity, tighten its grip; (*о ветре*) blow* harder.

крепы́ш *м. разг.* sturdy fellow.

крепь *ж. горн.* timbering.

кре́сло *с.* armchair, easy chair *амер.* (*в театре*) stall.

кре́сло-крова́ть *с.* bed chair.

крест *м.* cross; ◇ поста́вить ~ на *чём-л.* give* *smth.* up (as a bad job, as a hopeless case); осени́ть себя́ ~о́м cross *oneself.*

кресте́ц *м. анат.* sacrum (*pl.* -rums, -ra).

крести́ны *мн.* 1. (*обряд*) christening *sg.*; 2. (*празднество*) christening-party *sg.*

крести́ть, окрести́ть (*вн.*) 1. *сов.* окрести́ть baptize (*smb.*); 2. *тк. несов.* (*быть крёстным у кого-л.*) stand* godfather to *smb.'s* child*; 3. *сов.* перекрести́ть (*делать знак креста*) make* the sign of the cross (over); **~ся,** окрести́ться, перекрести́ться 1. *сов.* окрести́ться (*принимать христианство*) be* baptized; 2. *сов.* перекрести́ться (*делать знак креста*) cross *oneself.*

крест-на́крест crosswise.

крёстная *ж. разг.* godmother.

кре́стн|ик *м.* godchild*, godson; **~ица** *ж.* godchild*, goddaughter.

кре́ст|ный: ~ое знаме́ние sign of the cross; ~ный ход (religious) procession; с на́ми ~ная си́ла! good heavens!

крёстн|ый *прил.* 1.: ~ая мать godmother; ~ оте́ц godfather; 2. *в знач. сущ. м.* godfather.

крестови́на *ж.* 1. crosspiece; 2. *ж.-д.* frog.

кресто́в|ый: ~ похо́д *ист.* crusade.

крестоно́сец *м. ист.* crusader.

крестообра́зно crosswise; **~ый** cross-shaped, cruciform.

крестцо́вый: ~ая кость *анат.* sacral bone.

крестья́нин *м.* peasant; **~ка** *ж.* peasant woman*; **~ский** peasant *attr.*; **~ство** *с.* peasantry.

крети́н *м.* 1. cretin; 2. *разг.* nitwit, imbecile; **~и́зм** *м.* 1. cretinism; 2. idiocy, imbecility.

кре́чет *м.* gerfalcon.

креще́ние *с.* 1. *рел.* (*обряд*) baptism; 2. *церк.* (*праздник*) twelfth day, Epiphany; ◇ боево́е ~ baptism of fire, first time under fire.

креще́н|ский: ~ские моро́зы severe frost.

крещёный baptized; *в знач. сущ.* Christian.

крива́я *ж.* curve; ~ температу́ры temperature curve; ~ сбы́та *торг.* curve of sale; ◇ ~ вы́везет we might be lucky.

кри́вда *ж. уст. поэт.* falsehood, injustice.

кривизна́ *ж.* curvature.

криви́ть, скриви́ть, покриви́ть (*вн.*) twist (*smth.*); ◇ ~ душо́й play the hypocrite, dissemble (*one's* feelings); ~ рот, гу́бы twist *one's* mouth, curl *one's* lip, make* a wry face; **~ся,** скриви́ться go* out of shape, lose* its shape; (*о лице, рте, губах*) twist.

кривл|я́ка *м. и ж. разг.* affected person; она́ така́я ~ she's full of airs and graces, she's so affected; **~я́нье** *с.* affectation; **~я́ться** *несов.* be* affected; не ~я́йся! don't be so affected; none of your airs and graces!

кривобо́кий lopsided.

крив|о́й 1. (*изогнутый*) curved; (*перекошенный*) crooked, leaning over; ~а́я ли́ния curve; ~ые но́ги bandy legs; 2. *разг.* (*слепой на один глаз*) one eyed; blind in one-eye *после сущ.*; ◇ ~а́я улы́бка wry/ironic smile; ~о́е зе́ркало distorting mirror.

криволине́йный *мат.* curvilinear.

кривоно́гий bandy-legged, bowlegged.

кривото́лки *мн.* false rumors.

кривоши́п *м. тех.* crank, crank shaft.

кри́зис *м.* crisis (*pl.* -ses); *эк. тж.* depression; ◇ прави́тельственный ~ cabinet crisis; полити́ческий ~ political crisis.

крик *м.* 1. cry; (*громкий*) shout; (*пронзительный*) scream, shriek, yell; (*шум голосов*) shouting, clamor; 2. (*животных, птиц*) cry; ◇ ~ души́ cri de coeur; после́дний ~ мо́ды the latest fashion/style, the latest thing out.

крикли́вый 1. noisy; 2. (*о голосе*) shrill; (*о птицах и т. п.*) ranting, loud-voiced; 3. (*вычурный*) garish; ~ наря́д flashy/garish attire.

кри́кн|уть *сов.* give* a cry/shout; cry out; **~у́н** *м.*, **~у́нья** *ж. разг.* noisy person; ребёнок у вас ~у́н! how your baby cries!

криминали́ст *м.* criminalist; **~ика** *ж.* criminalistics.

кримина́льный criminal.

криминоло́гия *ж.* criminology.

кри́нка *ж. см.* кры́нка.

криноли́н *м.* crinoline.

криптогра́|мма *ж.* cryptogram; **~фия** *ж.* cryptography.

криста́лл *м.* crystal; *эл. тж.* chip; **~иза́ция** *ж.* crystallization; **~изова́ться** *несов. и сов.* crystallize; **~и́ческий** crystalline.

кристаллографи́ческий crystallographic.

кристаллогра́фия *ж.* crystallography.

криста́льн|ый crystal, crystal clear; ~ая душа́ pure soul; ~ой чистоты́ челове́к a man* of perfect integrity.

крите́рий *м.* criterion (*pl.* -ia).

кри́тик *м.* critic; стро́гий ~ severe critic; театра́льный ~ theater/drama critic.

кри́тик|а *ж.* 1. criticism; (*исследование тж.*) critique; ~ те́кста textual criticism; 2. *собир.* (*критики*) the critics *pl.*; э́то не выде́рживает ~и ≅ it is wide open to criticism; it doesn't hold water; э́та тео́рия не выде́рживает ~и the theory doesn't hold water; ни́же вся́кой ~и beneath contempt; **~а́н** *м.* criticizer, faultfinder, criticaster; **~а́нство** *с.* carping/ill-natured criticism; **~ова́ть** *несов.* (*вн.*) criticize (*smb.*, *smth.*).

критици́зм *м.* criticism.

крити́ческ|ий I (*содержащий критику*) critical; ~ая статья́ criticism, critique; ~ие замеча́ния critical remarks; ~ ум critical mind.

крити́ческ|ий II 1. (*переломный*) critical, decisive; ~ во́зраст critical age; **2.** (*трудный, опасный*) critical; ~ моме́нт critical/crucial moment; ◇ ~ая температу́ра *физ.* critical temperature.

крич|а́ть *несов.* **1.** cry; (*громко*) shout, bawl; (*пронзительно*) cry out, stream, shriek, yell; (*об осле*) bray; ~ от бо́ли shriek with pain; **2.** (на *вн.*; *бранить*) shout (at); **3.** (*вн.*; *звать*) call (*smb.*); **4.** (*бросаться в глаза*) stick* out; (о *пр.*; *быть ярким свидетельством чего-л.*) proclaim (*smth.*); **5.** (о *пр.*) *разг.* (*обсуждать*) shout (about), raise a clamor; **~а́щий** glaring, loud; blatant; ~а́щие цвета́ loud/glaring colors; ~а́щий наря́д gawdy attire.

кров *м.* shelter, roof оста́ться без ~а be* homeless, be* left without a roof over one's head.

крова́в|ый 1. bloody; (*окровавленный тж.*) blood-stained; (*кровопролитный тж.*) murderous; ~а́я ра́на bloody/bleeding wound; ~ое пятно́ bloodstain; ~ая би́тва, ~ бой bloody battle; **2.** (*ярко-красный*) bloodred; ◇ ~ые слёзы bitter tears; ~ая ба́ня bloodbath; ~ая Мэ́ри (*смесь водки и томатного сока*) Bloody Mary.

крова́тка *ж.* cot.

крова́ть *ж.* bed; (*остов*) bedstead.

кро́вель|ный roofing *attr.*; ~ материа́л roofing; **~щик** *м.* (*по настилу железных крыш*) roofer; (*по настилу черепичных крыш*) tiler.

кровено́сн|ый: ~ сосу́д blood vessel; ~ая систе́ма circulatory system.

крови́нк|а *ж.*: ни ~и в лице́ deathly pale; not a drop of blood in *one's* face.

кро́вл|я *ж.* roofing; (*черепичная*) tiling; жить под одно́й ~ей live under the same roof.

кро́вн|о: ~ свя́занный bound by ties of blood/kinship; ~ заинтересо́ванный vitally interested; ~ оби́деть *кого-л.* mortally offend/wound *smb.*; **~ый 1.** (*родственный*) blood *attr.*; ~ое родство́ blood relationship; **2.** (*чистокровный, породистый*) purebred, thoroughbred; **3.** (*насущный*) vital; ~ый интере́с vital interest; ~ое де́ло immediate concern; **4.** *разг.* (*добытый тяжёлым трудом*) hard-earned; ~ые де́ньги hard-earned money; ◇ ~ая оби́да mortal/grievous offence; ~ый враг deadly enemy; ~ая месть blood feud, vendetta.

кровожа́дн|ость *ж.* bloodthirstiness; **~ый** bloodthirsty.

кровоизлия́ние *с.* haemorrhage; ~ в мозг cerebral hemorrhage.

кровообраще́ние *с.* circulation (of the blood).

кровоостана́вливающ|ий styptic; ~ее сре́дство styptic.

кровопи́йца *м.* и *ж.* bloodsucker.

кровоподтёк *м.* internal bruise/contusion.

кровопроли́т|ие *с.* bloodshed; **~ный** bloody; ~ные во́йны bloody/murderous wars.

кровопуска́ние *с.* bloodletting, bleeding; *мед.* phlebotomy.

кровосмеше́ние *с.* incest.

кровосо́с *м.* *разг.* bloodsucker.

кровотече́ние *с.* bleeding, hemorrhage *научн.*; ~ и́з носу nosebleed; bleeding at the nose; у меня́ ~ и́з носу my nose is bleeding.

кровоточ|а́щий bleeding; **~и́ть** *несов.* bleed*.

кровоха́рканье *с.* spitting of blood; *мед.* hemoptysis.

кров|ь *ж.* **1.** blood; gore *поэт*; останови́ть ~ stop the blood, stop the wound; налито́й ~ью bloodshot; **2.** (*порода животных*) breed, strain; бульдо́г чи́стых ~е́й thoroughbred bulldog; **3.** (*о происхождении людей*) descent; по ~и by descent; **4.** (*кровопролитие*) bloodshed, blood; ◇ э́то у него́ в ~и́ it runs in his blood; по́ртить себе́ ~ upset* *oneself*, worry unnecessarily; по́ртить ~ *кому-л.* upset* *smb.*; ~ с молоко́м blooming; in the pink of health; се́рдце ~ью облива́ется *one's* heart bleeds, it makes *one's* heart bleed; ~ сты́нет в жи́лах *one's* blood freezes, it's enough to make *one's* blood freeze; ~ игра́ет the blood is fresh in *one's* veins, *one* has plenty of good red blood in *one*; бифште́кс с ~ью rare steak; **~яно́й** blood *attr.*; ~яно́е давле́ние blood pressure.

кровяни́стый containing some blood.

крои́ть, скрои́ть (*вн.*) cut* out (*smth.*).

кро́йк|а *ж.* cutting(-out); ку́рсы ~и и шитья́ dressmaking school.

кроке́т *м.* croquet.

кроки́ *с.* *нескл.* (rough) sketch.

крокоди́л *м.* crocodile; **~ов:** ~овы слёзы crocodile tears; **~овый** crocodile *attr.*

кро́кус *м.* *бот.* crocus.

кро́лик *м.* rabbit.

кроликово́д *м.* rabbit breeder; **~ство** *с.* rabbit-breeding; **~ческий** rabbit *attr.*; ~ческая фе́рма rabbit-breeding.

кро́лич|ий rabbit *attr.*; ~ мех rabbit skin; ~ья нора́ rabbit hole, rabbit burrow; ~ садо́к rabbit warren.

крол|ь *м.* *спорт.* crawl; пла́вать ~ем swim* the crawl.

крольч|а́тник *м.* rabbit hutch; **~и́ха** *ж.* doe-rabbit, mother rabbit; (*в сказках*) bunny rabbit

кро́ме 1. (*исключая*) except(ing); **2.** (*вдобавок*) besides; ◇ ~ того́ besides, moreover, what is more; ~ шу́ток joking apart.

кроме́шн|ый: ~ ад perfect hell; тьма ~ая pitch darkness.

кро́мка *ж.* **1.** (*материи*) selvage, selvedge; **2.** (*металла и т. п.*) edge; **3.** (*край чего-л.*) edge; ~ льда the edge of the ice; ~ тротуа́ра kerb.

кромса́ть, искромса́ть (*вн.*) *разг.* hack (*smth.*); cut* (*smth.*) jaggedly.

кро́на I *ж.* (*верхушка дерева*) crown, top.

кро́на II *ж.* (*монета*) crown.

кронци́ркуль *м.* callipers *pl.*

кроншне́п *м.* *зоол.* curlew.

кронште́йн *м.* bracket, holder, corbel.

кропа́ть *несов.* *разг.* mend, patch; (*писать*) scribble.

кропи́ло *с.* *церк.* aspergillum.

кропи́ть *несов.* (*вн. тв.*) sprinkle (*smth* with).

кропотли́в|ый laborious; (*о человеке*) painstaking, diligent; ~ая рабо́та close/intricate work.

кросс *м.* cross-country race; (бег *тж.*) steeplechase; лы́жный ~ cross-country ski race.

кроссво́рд *м.* crossword (puzzle).

кроссо́вки *мн.* (*ед.* кроссо́вка *ж.*) training/sports shoes, trainers, track shoes.

крот *м.* **1.** (*животное*) mole; **2.** (*мех.*) moleskin.

кро́ткий meek, gentle.

кротóв|ый 1. mole *attr.*; ~ мех moleskin; ~ая но́рка mole's burrow; **2.** (*сделанный из меха крота*) moleskin *attr.*

кро́тость *ж.* meekness, gentleness, mildness.

кро́ха *м. и ж. см.* кро́шка.

крохобо́рство *с.* **1.** (*скупость*) petty meanness; **2.** (*мелочность*) hairsplitting.

кро́хотный *разг.* tiny.

кро́шечный tiny.

кроши́ть *несов.* **1.** (*вн.*) chop up (*smth.*), chop (*smth.*) fine; (*хлеб*) crumble (*smth.*); ~ карто́шку в суп chop up potatoes and put* them in the soup; **2.** (*вн.*) *разг.* (*ломать*) smash (*smth.*) up; *перен.* cut* (*smb.*) to pieces; **3.** (*сорить*) make*/drop a lot of crumbs; **~ся** *несов.* crumble.

кро́шк|а 1. *ж.* crumb; ~ хле́ба bread-crumb; **2.** *м. и ж. разг.* (*о ребёнке*) little one, mite; dot of a child; ◇ ни ~и not a morsel/scrap.

круг *м.* 1. circle; вычислить площадь ~а calculate the/a area of the circle; де́лать, опи́сывать ~(и́) (*в воздухе*) circle; **2.** (*сомкнутая цепочка людей*) ring; стать в ~ form a ring; **3.** (*предмет, имеющий форму круга*) ring, round; ~ колбасы́ ring of sausage; ~ сыра a cheeze; спаса́тельный ~ life buoy; ~и́ на воде́ ripple (on water); **4.** (*цепь действий, событий*) round, course; **5.** (*перечень чего-л.*) list; ~ вопро́сов class of problems; **6.** (*сфера деятельности*) sphere; ~ де́ятельности sphere/scope/range of activity; **7.** (*группа людей*) circle; прави́тельственные ~и́ government circles; в ~у́ семьи́ in the family circle; в те́сном ~у́ among intimates; ◇ ~и́ под глаза́ми rings round *one's* eyes; ~и́ пе́ред глаза́ми плыву́т *one* feels dizzy; голова́ идёт кру́гом *one's* head is spinning; сде́лать ~ make* a detour, go* a roundabout way; на ~ on the/an average; ~ почёта lap of honor.

кру́гленьк|ий 1. round; **2.** (*толстенький*) plump; ◇ ~ая су́мма big sum of money, a round sum.

кругле́ть *несов.* become* round.

круглоли́цый round-faced, chubby.

круглосу́точн|ый round-the-clock *attr.*; day-and-night *attr.*

кру́гл|ый 1. round; **2.** (*толстый*) plump; **3.**: ~ год all the year round; ~ые су́тки all day and night, round the clock; **4.**: ~ дура́к utter fool; ~ неве́жда complete ignoramus; ◇ конфере́нция ~ого стола́ round-table conference; ~ сирота́ orphan; ~ отли́чник pupil/student with distinctions in every subject; учи́ться на ~ые пятёрки have* excellent marks in every subject; ~ые ско́бки round brackets; ~ая су́мма round sum; ~ым счётом, для ~ого счёта in round figures; де́лать ~ые глаза́ open *one's* eyes wide, goggle.

кругов|о́й circular; ~а́я оборо́на *воен.* all-round defense; ~а́я пору́ка 1) (*коллективная ответственность*) collective responsibility; 2) (*взаимное укрывательство*) mutual protection.

круговоро́т *м.* rotation, cycle; ~ собы́тий the constant flow of events.

кругозо́р *м.* outlook, range of vision; челове́к с широ́ким (у́зким) ~ом broad (narrow)-minded person; person of broad (narrow) views.

круго́м 1. *нареч.* (*вокруг*) (all) around; ~ леса́, мно́го лесо́в all around there are forests; ~ всё ти́хо all around is quiet; посмотре́ть ~ look (a)round; поверну́ться ~ turn (right) round; *воен.* turn about; ~! about turn!; **2.** *нареч. разг.* (*полностью*): вы ~ винова́ты it's all your fault; он ~ до́лжен he's in debt all round; он ~ обма́нут he has been thoroughly taken in, he has been thoroughly fooled; **3.** *предлог* (*рд.*) around.

кругооборо́т *м.* circulation.

кругосве́тн|ый round-the-world *attr.*; ~ое путеше́ствие voyage/tour around the world, world tour.

кружа́ло *с. архит.* bow member, curve piece.

кружев|а́ *мн. см.* кру́жево; **~но́й** lace *attr.*; *перен.* lacy, lace-like.

кружевни́ца *ж.* lace maker.

кру́жево *с.* lace.

кружи́ть *несов.* **1.** (*вн.*; *вертеть*) whirl (*smb.*, *smth.*), spin* (*smb.*, *smth.*); ~ *кого-л.* в та́нце dance with *smb.*; **2.** (*о птице, самолёте*) circle; **3.** (*блуждать*) wander around; ◇ ~ *кому-л.* го́лову turn *smb.'s* head; **~ся** *несов.* **1.** go* round; (*быстро вращаться, нестись*) whirl, spin*; *перен. разг.* hang* about; **2.** (*о птице, самолёте*) circle; ◇ у меня́ голова́ кру́жится my head is going round; I'm dizzy (*тж. перен.*)

кру́жка *ж.* mug; (*металлическая*) tankard.

кру́жн|ый: е́хать ~ым путём make* a detour, go* round; узна́ть ~ым путём get* to know in a roundabout fashion.

кружо́к *м.* **1.** (small) circle; деревя́нный ~ wooden disc, circular piece of wood; **2.** (*группа людей*) group, circle; дру́жеский ~ the circle of *one's* friends; литерату́рный ~ literary circle/group; ◇ стри́чься в ~ have* *one's* hair bobbed.

круи́з *м.* cruise.

круп I *м.* (*лошади*) crupper, croup.

круп II *м.* (*болезнь*) croupe.

круп|а́ *ж.* **1.** cereals *pl.*; гре́чневая ~ buckwheat; ма́нная ~ semolina; овся́ная ~ oatmeal; перло́вая ~ pearl barley; **2.** (*снег*) tiny pellets of snow; **~и́нка** *ж.* grain; ~и́нка песка́ grain of sand; ни ~и́нки пра́вды not a grain of truth; ни ~и́нки здра́вого смы́сла not a grain of common sense.

крупи́ца *ж. см.* крупи́нка.

кру́пно: ~ наре́зать *что-л.* cut* *smth.* in large pieces; ~ писа́ть write* large; ◇ ~ поговори́ть, поспо́рить с *кем-л.* have* (high) words with *smb.*

крупнобло́чн|ый large-block *attr.*; ~ое строи́тельство large-block construction.

крупнокали́берный large-caliber *attr.*

крупнопане́льн|ый large-panel *attr.*; ~ое строи́тельство large-panel construction.

кру́пн|ый 1. coarse(-grained); ~ песо́к coarse sand; 2. (*большой*) big, large; (*рослый тж.*) heavily built, strapping, massive; ~ые черты́ лица́ massive features; 3. (*многочисленный*) large, strong; ~ отря́д large detachment; 4. (*большого масштаба*) large-scale *attr.*; ~ая промы́шленность large-scale industry; ~ая буржуази́я upper bourgeoisie; 5. (*значительный*) important, prominent; ~ учёный prominent/distinguished scientist; 6. (*важный, существенный*) great, massive; ~ая побе́да great victory; ~ успе́х great/huge success; ~ое достиже́ние great/massive achievement; ◇ ~ые де́ньги large money/notes; ~ая су́мма large sum (of money); ~ разгово́р high words *pl.*; show-down *разг.*; ~ рога́тый скот horned cattle; вести́ ~ую игру́ play high, play for high stakes; снима́ть *кого-л.* ~ым пла́ном take* a close-up of *smb.*

крупо́зн|ый: ~ое воспале́ние лёгких croupous/lobar pneumonia.

крупору́шка *ж.* hulling mill.

крупье́ *м. нескл.* croupier.

крутизна́ *ж.* steepness; (*крутой спуск*) steep (slope).

крути́ть *несов.* 1. (*вн.*; *вращать, вертеть*) turn (*smth.*), whirl (*smth.*); twirl (*smth.*); 2. (*вн.*; *скручивать*) twist (*smth.*); (*свёртывать*) roll up (*smth.*); ~ папиро́су roll a cigarette; 3. (*вн.*; *вздымая, кружить*) whip up (*smth.*), swirl (*smth.*); 4. (*тв.*) *разг.* (*распоряжаться*) order (*smb.*) about, have* *one's* way (with); 5. *разг.* (*иметь интимные отношения*) go* out (with), have* an affair (with); ◇ ~ *кому-л.* ру́ки twist *smb.'s* arms; (*связывать*) tie *smb.'s* hands behind *his* back; **~ся** *несов.* 1. (*вертеться*) twirl round; 2. (*скручиваться*) spin*; 3. (*вздымаясь, кружиться*) whirl, twist.

кру́т|о 1. (*внезапно*) suddenly; ~ останови́ться pull up short; ~ поверну́ть make* a sharp turn; 2. (*туго*) tightly, firmly; **~о́й 1.** (*отвесный*) steep; 2. (*резкий, внезапный*) sharp, sudden, abrupt; ~о́й поворо́т sharp/abrupt turn; ~о́й перело́м abrupt/sudden change; 3. (*суровый*): ~о́й нрав, ~о́й хара́ктер inflexible/harsh temper, character; ~ы́е ме́ры drastic measures; ~о́й ве́тер high wind; ~о́й моро́з sharp frost; 4. (*густой*) thick; ~о́е те́сто heavy dough; ~о́е яйцо́ hard-boiled egg; ◇ ~о́й кипято́к fast-boiling water; **~ость** *ж.* 1. (*отвесность*) slope; 2. (*характера*) harshness.

кру́ча *ж.* steep slope, cliff.

кручён|ый twisted; ~ая ни́тка lisle thread.

круше́ние *с.* crash; (*судна*) loss; *перен.* downfall, collapse; ~ по́езда train crash, railway accident, derailment.

крыжо́вник *м.* 1. *собир.* (*ягоды*) gooseberries *pl.*; 2. (*об отдельной ягоде*) gooseberry; 3. (*куст*) gooseberry bush.

крыла́т|ый winged; ◇ ~ые слова́ winged words.

крыло́ *с.* 1. wing; взма́хивать кры́льями flap its wings; ~ до́ма wing of a house; ~ самолёта aircraft wing; 2. (*ветряной мельницы*) arm, sail; 3. (*автомашины, велосипеда и т. п.*) mudguard; ◇ подре́зать кры́лья *кому-л.* clip *smb.'s* wings; опусти́ть кры́лья mope.

крыльц|о́ *с.* the steps *pl.*; (*с навесом*) porch; стоя́ть на ~е́ stand* on the steps, stand* in the porch.

кры́нка *ж.* earthenware jar.

кры́с|а *ж.* rat; **~и́ный** rat's; rat *attr.*; ~и́ная нора́ rat hole; ◇ канцеля́рская ~ *разг.* quill driver.

крыси́ный rat *attr.*; ~ яд rat poison.

крысоло́в *м.* rat catcher.

крысоло́вка *ж.* 1. (*ловушка*) rattrap; 2. (*собака*) ratter.

кры́тый covered; ~ ры́нок covered market.

крыть, покры́ть (*вн.*) cover (*smth.*); (*крышу*) roof (*smth.*); ~ кры́шу желе́зом roof the house with sheet-iron; 2. (*бранить, критиковать кого-л.*) scold *smb.*, rail at *smb.*; ◇ ~ не́чем *one* has not a leg to stand on; **~ся** *несов.*: причи́на кро́ется в... the cause lies in...; здесь кро́ется недоразуме́ние there is some misunderstanding here; здесь что-то кро́ется there's something behind this.

кры́ш|а *ж.* roof; соло́менная ~ thatched roof; черепи́чная ~ tiled roof; ◇ под одно́й ~ей under the same roof.

кры́шка *ж.* 1. lid; (*верхняя часть*) top; 2. *в знач. сказ. разг.*; ему ~ he's done for!, it's all up with him!, he's had it!

крюк *м.* 1. hook; 2. *разг.* (*окольный путь*) detour; сде́лать большо́й ~ make* a big detour, go* a long way round.

крю́ч|ить, скрю́чить *обыкн. безл. разг.*: его́ ~ит от бо́ли he is racked with pain; его́ скрю́чило от бо́ли he is/was doubled up with pain; **~иться,** скрю́читься *разг.* be* doubled up; он весь скрю́чился he is all doubled up.

крючкова́тый hooked.

крючкотво́р *м. уст.* pettifogger; **~ство** *с. уст.* pettifoggery; юриди́ческое ~ство chicanery.

крючо́к *м.* hook; (*дверной тж.*) catch; (*в механизме*) claw.

крюшо́н *м.* cold fruit punch; (*с вином*) hock cup.

кря́ду *разг.* running, in succession; 5 часо́в ~ five hours running/on end.

кряж *м.* 1. (*горный*) ridge; 2. (*бревно*) stump.

кря́жистый thickset.

кря́канье *с.* 1. (*утки*) quacking; 2. (*человека*) grunting.

кря́кать, кря́кнуть 1. (*об утках*) quack; 2. *разг.* (*о человеке*) grunt.

кря́ква *ж. зоол.* mallard, wild duck.

кря́кнуть *сов. см.* кря́кать.

кряхте́ть *несов. разг.* groan.

ксёндз *м.* Roman Catholic priest (in Poland).

ксилогра́фия *ж.* wood engraving.

ксилофо́н *м. муз.* xylophone.

кста́ти *нареч.* 1. (*уместно*) to the point; о́чень ~ very much to the point; э́то о́чень ~! that is just what was wanted!; it'll in come very handy!; э́то случи́лось о́чень ~ it came in the nick of time; 2. (*заодно*) while *one* is at it; когда́ пойдёте гуля́ть, ~ зайди́те к нему́ while you're taking your walk, you might as well drop in and see him; 3. *в знач. вводн. сл.* (*между прочим*) by the by, by the way; incidentally; ~, где он сейча́с? by the way, where is he?

кто *мест.* (*рд.*, *вн.* кого́, *дт.* кому́, *тв.* кем, *пр.* о ком) 1. *вопр.*, *относ.* who; ~ тако́й? who's that?; ма́ло ~ зна́ет few people know; 2. *неопр.* anybody, anyone; ~ чита́л, а ~ писа́л пи́сьма some read, some wrote letters; кому́ что нра́вится everyone to his taste; ◇ ~-~, а он не мог сде́лать э́того others might have done it, but not he; ~-~, а он знал, что тако́е аркти́ческая зима́ he knew, if anyone did, what an Arctic winter was like; кому́-кому́, а вам на́до бы знать you ought to know if anyone does; они́ разбежа́лись ~ куда́ they scattered in all directions; ~ где some here, some there; ~ как in various ways; ~ что whatever anyone; ~ кого́ who beats who; ~ ни, ~ бы ни whoever; ~ бы то ни́ был whoever it may be; ~ ни на есть anyone; ◇ ~ в лес, ~ по дрова́ all at sixes and sevens.

кто-ли́бо somebody, someone; (*в вопросе и при отрицании*) anyone, anybody.

куб I *м.* 1. *мат.* cube; ~ двух ра́вен восьми́ the cube of two is eight, two cubed makes eight; 2. *разг.* (*кубический метр*) cubic meter.

куб II *м.* (*котёл*) boiler; перего́нный ~ still.

ку́барем *разг.*: кати́ться ~ roll head over heels.

кубату́ра *ж.* cubic capacity.

куби́зм *м. иск.* cubism.

куби́к *м.* 1. cube; 2. *разг.* (*кубический сантиметр*) cubic centimeter; 3. *мн.* (*детская игрушка*) bricks.

куби́н|ец *м.* Cuban; ~ка *ж.* Cuban woman*; ~ский Cuban.

куби́ческ|ий cubic; ~ ко́рень *мат.* cube root; ◇ ~ие ме́ры cubic measures.

ку́бок *м.* 1. goblet; 2. (*как приз*) cup; переходя́щий ~ challenge cup.

кубоме́тр *м.* cubic meter.

ку́брик *м. мор.* mess deck; crew's quarters *pl.*; *ист.* orlop deck.

кубы́шк|а *ж.* 1. (*копилка*) money-box; держа́ть де́ньги в ~е hoard one's money; 2. *разг.* (*толстушка*) plump girl, whopper.

ква́лда *ж.* beetle, sledgehammer.

кувши́н *м.* jug, pitcher, ewer.

кувши́нка *ж.* water lily.

кувырк|а́ться *несов.* turn somersaults, turn head over heels; ~ну́ться *сов.* turn a somersault; ~о́м *разг.* head over heels.

куда́ *нареч.* 1. *вопр. относ.* where; whither *поэт.*; 2. *неопр. разг.* somewhere; 3. *в знач. частицы разг.* (*гораздо*) much, far; ~ лу́чше much/far better; ◇ ~ бы ни бы wherever; ~ то ни́ было anywhere.

куда́|-ли́бо somewhere; ~-нибу́дь somewhere or other; ~-то somewhere.

куда́хтанье *с.* cackle, cluck.

куда́хтать *несов.* cackle.

куде́сник *м.* magician, sorcerer.

кудла́тый shaggy.

кудрева́тый rather curly; *перен.* florid, ornate.

ку́др|и *мн.* locks, curls; ~я́вый 1. curly; ~я́вые во́лосы curly hair; 2. (*о человеке*) curly-headed; ~я́вый ма́льчик curly-headed boy.

кудря́шки *мн. разг.* ringlets.

кузе́н *м.* cousin.

кузи́на *ж.* cousin.

кузне́ц *м.* blacksmith.

кузне́чик *м.* grasshopper.

кузне́чный blacksmith's; ~ные меха́ bellows.

ку́зница *ж.* smithy, forge.

ку́зов *м.* 1. (*лукошко*) basket; 2. (*автомашины*) back, body.

кукаре́кать *несов.* crow.

кукареку́ cock-a-doodle-doo.

ку́киш *м. разг.* fig; ◇ получи́ть ~ с ма́слом come* away empty-handed, receive a snub.

ку́кла *ж.* doll; (*театральная*) puppet (*тж. перен.*).

кукова́ть *несов.* cuckoo.

ку́колка *ж.* 1. dolly; 2. (*насекомое*) chrysalis (*pl.* -ices, -ides), pupa (*pl.* -ae).

ку́коль I *м. бот.* cockle.

ку́коль II *м. церк.* cowl.

ку́кольник *м. разг.* puppeteer.

ку́кольный doll's; (*похожий на куклу*) doll-like; *перен.* tiny; ~ теа́тр puppet show; puppet theater.

ку́кситься *несов. разг.* be* in the dumps.

кукуру́з|а *ж.* maize; corn *амер.*; возду́шная ~ popcorn; ~ный maize *attr.*; corn *attr. амер.*; ~ный си́лос maize silage; ~ные хло́пья cornflakes.

куку́шк|а *ж.* 1. cuckoo; 2. *разг.* (*небольшой паровоз*) shunting engine, dinkey *амер.*; часы́ с ~ой cuckoo clock.

кула́к I *м.* 1. (*руки*) fist; 2. (*войска, сосредоточенные в одном месте*) striking force; брони́рованный ~ the mailed fist; ◇ держа́ть *кого-л.* в ~е́ keep* *smb.* under *one's* thumb.

кула́к II *м. ист.* kulak.

кулачк|и́ *мн.*: би́ться на ~а́х engage in fisticuffs.

кула́чн|ый: ~ бой fistfighting, fisticuffs *pl.*; ~ое пра́во club law.

кулачо́к *м.* 1. small fist; 2. *тех.* cam, tappet.

кулебя́ка *ж. кул.* kulebyaka, savory patty (*with meat, fish or cabbage filling*).

кулёк *м.* bag.

кýли *м. нескл.* coolie.

кули́к *м. зоол.* sandpiper.

кулина́р *м.* specialist in cookery.

кулинар|и́я *ж.* **1.** cookery, the culinary art; **2.** *собир.* (*кушанья*) cuisine, cooking; магази́н ~и́и delicatessen shop, prepared-food shop; **~ный** culinary; ~ное искýсство the art of cooking; ~ная кни́га cookbook.

кули́с|а *ж. обыкн. мн. театр.* wings; ◇ за ~ами, за ~ы behind the scene.

кули́ч *м.* kulich, Easter cake.

кули́чк|и *мн.*: у чёрта на ~ах *разг.* on the other side of the world; in the back of beyond; к чёрту на ~ *разг.* to the other side/end of the world.

куло́н I *м.* (*украшение*) pendant.

куло́н II *м.* (*единица количества электричества*) coulomb.

кулуа́рн|ый unofficial; behind-the scenes *attr.*; ~ые интри́ги wire-pulling (in the lobby).

кулуа́ры *мн.* lobby *sg.*

куль *м.* sack, matbag.

кульминацио́нный culminating; ~ пункт climax, culmination, culminating point.

кульмина́ция *ж.* culmination.

культ *м.* cult, worship; ~ ли́чности personality cult, cult of personality; служи́тели ~а ministers of religion.

культива́|тор *м. с.-х.* cultivator; **~ция** *ж.* treatment of the ground with cultivator.

культиви́ровать *несов.* (*вн.*) **1.** *с.-х.* cultivate (*smth.*); **2.** (*разводить растения*) grow* (*smth.*); **3.** (*развивать, совершенствовать*) cultivate (*smth.*), encourage (*smth.*), foster (*smth.*).

культма́ссов|ый: ~ая рабо́та cultural work among the masses.

культпохо́д *м.* (cultural) outing/excursion.

культрабо́тник *м.* cultural organizer.

культтова́ры *мн.* recreational goods.

культу́р|а *ж.* **1.** culture; ~ дре́вних гре́ков the culture of Ancient Greece; челове́к высо́кой ~ы man* of culture; **2.** (*уровень, степень развития чего-л.*): ~ земледе́лия efficiency in agriculture; ~ произво́дства production/efficiency; ~ ре́чи speech habits *pl.*; ~ труда́ workmanship; ~ бы́та culture in everyday life; **3.** (*разведение растений*) cultivation, growing; (*обработка земли*) cultivation, tilling; **4.** (*растение*) crop; зерновы́е ~ы cereals; кормовы́е ~ы forage crops; техни́ческие ~ы industrial crops; **5.** *бакт.* culture.

культу́рно in a cultured/civilized manner.

культу́рно-бытов|о́й: ~ое обслу́живание provision of cultural and personal services.

культу́рно-воспита́тельн|ый cultural and educational; ~ая рабо́та cultural and educational work.

культу́рно-ма́ссовый for spreading culture among the masses *после сущ.*

культу́рно-просвети́тельный cultural and educational.

культу́рн|ость *ж.* culture; высо́кая ~ high level of culture; **~ый 1.** (*относящийся к культуре*) cultural; ~ый у́ровень cultural level; ~ые запро́сы intellectual interest *sg.*; ~ые свя́зи cultural relations; **2.** (*образованный*) cultured; ~ый челове́к man* (woman*) of culture, cultivated/cultured person; ~ый о́тдых holiday/recreation with cultural opportunities; **3.** *с.-х.* cultivated; ~ые расте́ния cultivated plants.

культя́ *ж.* stump.

кум *м.* godfather of *one's* child*; **~а́** *ж.* godmother of *one's* child*.

кума́ч *м.* red cotton.

куми́р *м.* idol; **~ня** *ж.* heathen temple.

кумовство́ *с. разг.* nepotism.

кумуляти́вн|ый cumulative; ~ заря́д hollow charge; снаря́д ~ого де́йствия hollow-charge projectile; ~ные а́кции cumulative stock(s).

ку́мушка *ж.* (*сплетница*) gossip.

кумы́с *м.* koumiss.

куна́к *м.* (*у кавказских народов*) friend.

кунжу́т *м. бот.* sesame; **~ный:** ~ное ма́сло sesame oil.

куни́ца *ж.* (*животное и мех*) marten.

кунстка́мера *ж.* cabinet of curiosities.

купа́льник *м. разг.* bathing suit, swimsuit.

купа́льн|ый *attr.*; ~ костю́м bathing suit; **~ня** *ж.* bathhouse; **~щик** *м.* bather.

купа́ни|е *с.* bathing; морски́е ~я sea-bathing *sg.*

купа́ть, вы́купать (*вн.*) give* (*smb.*) a bath, bathe (*smb.*); **~ся,** вы́купаться bathe, have* a bath.

купе́ *с.* нескл. compartment.

купе́ль *ж. церк.* font.

купе́|ц *м.* merchant; **~ческий** merchant's; **~чество** *с.* **1.** (*сословие*) merchantry; **2.** *собир.* (*купцы*) the merchants *pl.*

купи́на *ж.*: неопали́мая ~ *библ.* the burning bush.

купи́рованный compartment *attr.*; ~ ваго́н compartment carriage.

купи́ть *сов. см.* покупа́ть.

купле́т *м.* couplet; ~ы satirical songs.

ку́пля *ж.* purchase; ◇ ~-прода́жа sale and purchase.

ку́пол *ж.* cupola; dome (*тж. перен.*); ~ парашю́та canopy.

куполообра́зный dome-shaped.

купо́н *м.* **1.** coupon; *театр.* ticket; **2.** suit-length.

купоро́с *м.* vitriol; ме́дный ~ blue/copper vitriol.

ку́пчая *ж. фин.* bill of sale, deed of conveyance.

купю́ра I *ж.* (*сокращение*) cut, excision.

купю́ра II *ж. фин.* bond, denomination.

ку́ра *ж. см.* ку́рица.

курага́ *ж. собир.* dried apricots.

кура́ж *м.* boldness, spirit; для ~а́ summon up dutch courage; **~иться** *несов.* swagger, boast; (*издеваться над кем-л.*) bully *smb.*

кура́нты *мн.* chime *sg.*

кура́тор *м.* curator.

ку́рва *ж. бран.* whore, tart.

курга́н *м.* burial mount, tumulus.

кургу́зый *разг.* short, stumpy.

курд *м.* Kurd; **~ский** Kurd *attr.*

курдю́|к *м.* fat tail; **~чный**: ~чные о́вцы fat-tailed sheep.

ку́рево *с. собир.* tobacco, something to smoke.

куре́ние *с.* **1.** (*действие*) smoking; **2.** (*благовоние*) incense.

курёнок *м. разг.* chicken.

куре́нь *м.* **1.** hut, shanty; **2.** (*войсковая единица у запорожских казаков*) Kuren.

кури́лка I *ж. разг.* smoking room.

кури́лка II *ж.*: жив ~! there's life* in the old dog yet.

кури́льщик *м.* smoker.

кури́н|ый hen's; ~ бульо́н chicken broth; ~ое яйцо́ (hen's) egg; ◇ ~ая грудь chicken breast, pigeon breast; ~ая слепота́ 1) (*болезнь глаз*) night blindness; 2) (*название цветка*) chickweed.

кури́тельный smoking *attr.*

кури́ть *несов.* (*вн.*) **1.** smoke (*smth.*); ~ ла́дан burn incense; ◇ ~ фимиа́м *кому-л.* burn incense to *smb.*, praise *smb.* to the skies; **2.** (*добывать перегонкой*) distill (*smth.*); **~ся** *несов.* **2.** (*тв.*; *выделять испарения, туман, пар*) give* off (*smth.*); **3.** (*носиться в воздухе — о дыме, тумане и т. п.*) swirl, roll.

ку́рица *ж.* hen, fowl; *кул.* chicken; холо́дная ~ cold chicken; ◇ мо́края ~ 1) bedraggled creature; 2) (*бесхарактерный человек*) weakling, spineless creature; milksop; у него́ де́нег ку́ры не клюю́т ≅ he is rolling in money; ку́рам на́ смех ≅ it's enough to make a cat laugh.

куркума́ *ж.* curry.

курлы́кать *несов.* call (*of cranes*).

курно́сый *разг.* **1.** (*о носе*) turned-up; **2.** (*о человеке*) snub-nosed.

куро́к *м.* cock, hammer; (*винтовки*) cocking-piece; спусти́ть ~ pull the trigger; взвести́ ~ cock the gun.

куропа́тка *ж.* partridge; бе́лая ~ white grouse, ptarmigan.

куро́рт *м.* health resort, (*с минеральными водами*) spa; **~ник** *м. разг.* visitor at/to a health resort; **~ный:** ~ное лече́ние treatment at a health resort; ~ный сезо́н holiday season.

курс *м.* **1.** (*направление движения*) course; *перен.* policy; взять ~ на *что-л.* set* *one's* course for *smth.*, steer for *smth.*; взять ~ на се́вер steer/set* a northerly course, steer north; **2.** (*год обучения*) year; на пе́рвом (второ́м *и т. д.*) ~е in *one's* first (second *etc.*) year; **3.** (*учебник*) handbook, manual; **4.**: ~ лече́ния course of treatment; cure; **5.** (*денежный*) rate of exchange, exchange; ~ рубля́ rate of exchange of the ruble; ◇ быть в ~е know* all about it; быть в ~е поли́тики be* well informed about politics; держа́ть *кого-л.* в ~е keep* *smb.* informed (as to).

курса́нт *м.* student.

курси́в *м.* italics *pl.*; вы́делить сло́во ~ом put* a word in italics; **~ный** italic.

курси́ровать *несов.* run*, ply.

курси́стка *ж.* girl student.

курсо́вка *ж.* entitlement to treatment and board at a sanatorium and outside accommodation.

курсово́й: ~а́я рабо́та undergraduate's thesis (*pl.* -ses).

ку́рсы *мн.* school *sg.*; вы́сшие ~ higher courses; подготови́тельные ~ preuniversity courses; факультати́вные ~ optional courses; ~ зао́чного обуче́ния correspondence college; ~ повыше́ния квалифика́ции extension courses.

куртиза́нка *ж.* courtesan.

ку́ртка *ж.* jacket; (*спортивная с капюшоном*) anorak; parka *амер.*; ко́жаная ~ leather jacket.

курча́вый **1.** (*о волосах*) curly; **2.** (*о человеке*) curly-headed.

ку́ры *мн.*: стро́ить ~ *несов. разг.* flirt (with), pay court (to).

курьёз *м.* strange/queer thing; **~ный** strange, queer; (*о вещах тж.*) curious.

курье́р *м.* messenger, courier; **~ский**: ~ский по́езд express train; как на ~ских at top speed, posthaste.

куря́т|ина *ж.* chicken; **~ник** *м.* henhouse, chicken coop.

куря́щ|ий *м.* smoker; ваго́н для ~их smoking carriage; smoker *разг.*

куса́ть *несов.* (*вн.*) **1.** bite* (*smb.*, *smth*); (*ранить жалом тж.*) sting* (*smb.*, *smth*); (*ранить клювом*) peck (*smb.*, *smth*); ~ себе́ гу́бы bite* *one's* lip; **2.** *разг.* (*о крапиве*) sting* (*smb.*); (*о морозе*) nip (*smb.*); (*о шерсти*) irritate (*smb.*), tickle (*smb.*); ◇ ~ себе́ ло́кти be* whipping the cat; **~ся** *несов.* **1.** bite*; (*о ценах*) be* exorbitant; **2.** (*кусать друг друга*) bite* each other.

куса́чки *мн.* pliers, wirecutters.

кусково́й lump attr.; ~ са́хар lump sugar.

кусо́к *м.* **1.** piece, bit; (*пищи*) morsel; ~ льда chunk of ice; ~ мы́ла cake of soap; ~ са́хара lump of sugar; **2.** (*часть чего-л.*) part; ~ хле́ба (*заработанного*) bread, livelihood; зараба́тывать на ~ хле́ба make* *one's* bread, earn *one's* livelihood; ~ в го́рло не идёт *one* can't eat a morsel.

кусо́чек *м.* bit.

куст *м.* bush, shrub; ◇ спря́таться в ~ы back out; **~а́рник** *м. собир.* bushes *pl.*; shrubbery, undergrowth.

куста́рн|ый **1.** homemade; ~ые изде́лия handicraft wares; ~ про́мысел home industry, cottage craft; **2.** (*примитивный*) crude, amateurish.

куста́рщина *ж.* crude/amateurish work.

куста́рь *м.* handicraftsman*, artisan.

ку́тать *несов.* (*вн.*) muffle (*smb.*, *smth.*), wrap (*smb.*, *smth.*); (*одевать слишком тепло*) muffle (*smb.*) up; **~ся** *несов.* **1.** (в *вн.*) wrap *oneself* up (in); ~ся в плато́к wrap *one's* shawl round *one*, wrap *oneself* up in *one's* shawl; 2. (*одеваться слишком тепло*) muffle *oneself* up, dress too warmly.

кутёж *м*. drinking (bout), carousing.

кутерьма́ *ж*. *разг*. fuss, confusion, hubbub.

кут|и́ла *ж*. *разг*. rake, fast liver; **~и́ть** *несов*. drink*, be* on the loose, carouse; booze; *шутл*. be* on the spree.

куха́рка *ж*. cook.

ку́х|ня *ж*. 1. kitchen; 2. (*подбор кушаний*) cuisine; 3. *перен*. intrigues, machinations; **~онный** kitchen *attr*.; ~онные принадле́жности kitchen utensils, pots and pans.

ку́цый 1. (*о хвосте*) short, docked; 2. (*о животных, птицах*) stumpy-tailed; 3. (*об одежде*) short, skimpy; 4. *ирон*. (*ограниченный*) curtailed.

ку́ч|а *ж*. 1. head; pile; 2. *разг*. (*множество*) a lot (of), heaps (of), piles (of); вали́ть всё в одну́ ~у lump everything together; у него́ ~ де́нег he has heaps of money; ~ мала́ (*детская игра*) sacks on the mill.

кучево́й: ~ы́е облака́ cumulus cloud *sg*.

ку́чер *м*. coachman*; (*возница*) driver, carter.

кучеря́вый curly, curly-haired.

ку́чка *ж*. 1. heap; 2. (*небольшая группа*) bunch; ~ люде́й handful of people; собира́ться ~ми gather in small groups.

куша́к *м*. sash, girdle.

ку́ш|анье *с*. food; (*блюдо*) dish; **~ать** *несов*. (*вн*.) eat* (*smth*.), take* (*smth*.), have* (*smth*.).

куше́тка *ж*. (studio) couch, sofa.

кюве́т *м*. ditch.

Л

лаба́з *м. уст.* corn-chandler's shop, warehouse; grain merchant's shop; **~ник** *м. уст.* corn-chandler, grain merchant.

лабиализ|а́ция *ж. лингв.* labialization; **~ова́ть** *несов.* и *сов. лингв.* labialize.

лабиа́льный *лингв.* labial.

лабири́нт *м.* maze, labyrinth.

лабора́нт *м.*, **~ка** *ж.* laboratory assistant.

лаборато́р|ия *ж.* laboratory (*тж. перен.*) ~ по обрабо́тке киноплёнки *кино* processing laboratory; ~ по программи́рованию *програм.* programming laboratory; **~ный** laboratory *attr.*; ~ кра́сный свет *кино* ruby light; ~ная рабо́та laboratory research; ~ные о́пыты laboratory experiments; ~ное испыта́ние *тех.* bench test.

ла́ва I *ж.* (*вулкана*) lava; *перен.* flood, avalanche.

ла́ва II *ж. горн.* drift, drive.

лава́нд|а *ж. бот.* lavender; **~овый** lavender *attr.*; ~овая ко́пия *кино* lavender print.

лави́н|а *ж.* (*прям.* и *перен.*) avalanche; ~ой in an avalanche.

лави́ровать *несов. мор.*, *спорт.* tack; *перен.* manoeuvre; ~ по́ ветру buck and fill; ~ про́тив ве́тра beat against the wind.

ла́вка I *ж.* (*скамья*) bench, seat.

ла́вка II *ж.* (*магазин*) shop; store *амер.*

ла́вочка I *ж.* (*скамейка*) bench, seat.

ла́вочк|а II *ж.* **1.** (*небольшой магазин*) shop; **2.** *разг.* (*нечестное предприятие*) racket; ◇ закры́ть ~у shut* up shop.

ла́вочник *м.* shopkeeper; storekeeper *амер.*; shopster.

лавр *м.* **1.** laurel; **2.** (*дерево тж.*) bay tree; ◇ почи́ть на ~ах rest on *one's* laurels; пожина́ть ~ы win* (*one's*) laurels.

ла́вра *ж. церк.* monastery.

лавро́в|ый laurel *attr.*, bay *attr.*; ~ая ро́ща laurels *pl.*, laurel grove; ◇ ~ вено́к wreath of laurels; ~ лист bay leaf*.

ла́вровые *мн. скл. как прил. бот.* Lauraceae.

лавса́н *м.* lavsan; **~овый** lavsan *attr.*; ~овое волокно́ lavsan fiber.

лаг I *м. мор.* log; broadside.

лаг II *м. (временной лаг-показатель, отражающий отставание одного явления по сравнению с другим, с ним связанным)* lag.

ла́герн|ый camp *attr.*; ~ая жизнь nomad existence; ~ая те́ма (*как жанр русской литературы*) the (concentration) camp theme.

ла́гер|ь *м.* camp (*тж. перен.*); раски́нуть ~ pitch a camp; снять ~ break* (up) camp, strike* tents; стать ~ем camp; стоя́ть ~ем be* encamped; ◇ концентрацио́нный ~ concentration camp; пионе́рский ~ Young Pioneer camp; ~ сезо́нных рабо́чих labor camp; жить в ~я́х camp out; де́йствовать на два ~я have* a foot in both camps; **~ник** *м.* inmate of camp.

лагу́на *ж.* lagoon.

лад *м.* **1.** *разг.* (*гармония, согласие*) harmony; быть не в ~а́х not get* on, get* on very badly; он с ней не в ~а́х they don't get* on; **2.** (*способ, манера*) way; на свой ~ in one's own way; повторя́ть одно́ и то же на все ~ы be* always harping on the same string/note; **3.** *муз.* (*тональность*) mode, key; мажо́рный ~ major key; **4.** *обыкн. мн.* (*на струнных инструментах*) stop *sg.*, fret *sg.*; **5.** *обыкн. мн.* (*клавиши гармоники и т. п.*) keys; перебира́ть ~ы́ run* *one's* fingers over the keys; ◇ петь в ~ sing* in tune; петь не в ~ sing* out of tune; де́ло идёт на ~ things are looking up; де́ло не идёт на ~ things are not going well; жить в ~у́ (с) live in harmony (with).

ла́д|ить *несов.* (с *тв.*) get* on (with); мы с ним ~им we get on very well; они́ (совсе́м) не ~ят they don't get on (at all); как вы с ним ~ите? how do you get on?; ~ одно́ и то́ же harp on the same string.; **~ся** *несов.* succeed, go* well; дело не ла́дится nothing goes right.

ла́дан *м.* incense, frankincense; ро́сный ~ benzoine; кури́ть ~ом burn incense; дыша́ть на ~ have* (*one's*) foot in the grave.

ла́данка *ж. уст.* amulet.

ла́дно *разг.* **1.** (*хорошо*) well; **2.** (*согласованно*) harmoniously; **3.** (*хорошо!*) all right! okay! O. K. *амер.*; ◇ всё ко́нчилось ~ everything ended happily.

ла́дный *разг.* **1.** (*хорошо сложенный, сделанный*) well-built; **2.** (*дельный*) smart, sharp; **3.** (*ловкий*) agile, light-footed; **4.** (*согласованный, согласный*) harmonious.

ладо́|нь *ж.* palm; ◇ ви́дно как на ~ни plainly/clearly visible, plain to see; ~нью вверх palm up; **~ши** *мн.*: бить, хлопать в ~ши clap *one's* hands.

ладья́ I *ж. шахм.* castle, rook.

ладья́ II *ж. поэт.* boat.

лаж *м. бирж.* agio.

лаз *м.* **1.** *разг.* hole; **2.** *тех.* manhole.

лазаре́т *м.* infirmary; sick quarters *pl.*; (*полевой*) field ambulance; *мор.* sick bay.

ла́зать *несов. см.* ла́зить.

лазе́йк|а *ж.* hole; *перен.* loophole; оста́вить себе́ ~у leave* oneself a loophole.

ла́зер *м. тех.* laser; ~ на твёрдом те́ле solid laser; **~ный** laser *attr.*; ~ный диск laser disk; ~ный луч laser beam; ~ное сварно́е соедине́ние laser weld.

ла́з|ить, лезть, поле́зть *несов.* climb; (*неуклюже*) clamber; (на *вн.*; на *стену, воз-*

вышенность) climb (*smth.*), climb up (*smth.*), scale (*smth.*); ~ по дере́вьям climb trees; ~ в окно́ get* in by the window; он ~ил на голубя́тню he climbed up to the pigeon loft.

лазо́ревый, **лазу́рный** azure.

лазу́рь *ж.* azure.

лазу́тчик *м. уст.* spy, scout.

ла|й *м.* bark(ing); броса́ться с ~ем на *кого-л.* rush at *smb.* barking.

ла́йка I *ж.* (*собака*) Eskimo dog, husky.

ла́йк|а II *ж.* (*кожа*) kid. **~овый** kid *attr.*; ~овые перча́тки kid gloves.

ла́йнер *м.* liner; (*многоместный самолёт*) airliner.

лак *м.* varnish, lacquer; покрыва́ть *что-л.* ~ом lacquer *smth.*, varnish *smth.*; ~ для ногте́й nail varnish/polish.

лака́ть *несов.* (*вн.*) lap (*smth.*).

лаке́й *м.* footman*, manservant; *перен.* lackey, flunkey; **~ский** footman's, manservant's; *перен.* servile.

лакиро́в|ка *ж.* 1. (*действие*) varnishing, lacquering; *перен. тж.* embellishment, touching-up; 2. (*слой лака*) varnish; 3. (*блеск, глянец*) gloss, polish; ~очная маши́на *кино* lacquering machine; **~щик** *м.* varnisher; *перен.* embellisher, whitewasher.

лакиро́ванн|ый varnished, lacquered; *перен.* lustrous, dazzling; ~ая ко́жа patent leather; ~ые ту́фли patent-leather shoes.

лакирова́ть *несов.*(*вн.*) varnish (*smth.*); lacquer; *перен. тж.* embellish (*smth.*), touch up (*smth.*); ◇ ~ действи́тельность put* a glossy appearance on things.

ла́кмус *м.* litmus; **~овый**: ~овая бума́га litmus paper.

ла́ков|ый 1. varnish *attr.*; ~ое де́рево *бот.* varnish tree; 2. (*покрытый лаком*) varnished, lacquered; 3. (*о кожаных изделиях*) patent leather *attr.*

ла́комиться, **пола́комиться** (*тв.*) enjoy (*smth.*), regale oneself (on), treat oneself (to).

ла́комк|а *м. и ж.* gourmand, lover of food; быть ~ой have* a sweet tooth*.

ла́ком|ство *с.* 1. *обыкн. мн.* (*сласти*) sweetmeats *pl.*, sweets *pl.*; 2. (*вкусная пища*) dainty, delicacy; **~ый** 1. (*очень вкусный*) tasty, tempting; 2. (до *рд.*; *падкий на что-л.*) fond (of), partial (to); ~ый кусо́чек tidbit.

лакон|и́зм *м.* terseness, conciseness, brevity; **~и́ческий** terse, concise; (*о речи тж.*) laconic; **~и́чно** laconically; **~и́чность** *ж.* terseness; **~и́чный** *см.* лакони́ческий; ~и́чный стиль concise style.

лакро́сс *м. спорт.* lacrosse.

лакто́за *ж.* lactose.

ла́ма I *ж.* (*животное*) llama.

ла́ма II *м.* (*буддийский монах*) lama.

ла́мпа *ж.* lamp; *радио* valve, tube; электри́ческая ~ electric bulb; ~ дневно́го све́та fluorescent lamp/bulb; ~ залива́ющего све́та photo flood; ~-вспы́шка *фото* flash bulb; ~ кинопрое́ктора projection lamp; ~ нака́ливания incandescent bulb; предохрани́тельная ~ safety-lamp; рудни́чная ~ Davy lamp; ~ тле́ющего разря́да glow lamp; ~ схе́мы выключа́теля кана́ла *кино* color picture lamp.

лампа́д|а *ж.*, **~ка** *ж.* icon lamp; **~ный** icon lamp *attr.*, ~ое ма́сло lamp oil.

лампа́с *м.* stripe.

ла́мп|овый lamp *attr.*; *радио* valve *attr.*; ~ выпрями́тель tube rectifier; ~ генера́тор valve oscillator, vacuum tube gererator; ~ приёмник valve receiver; ~овое стекло́ (lamp-)chimney; **~очка** *ж.* bulb; ◇ до ~очки *разг.* to hell (with it).

ланге́т *м.* (long) flank steak.

ландо́ *с. нескл.* landau.

ландша́фт *м.* 1. (*вид местности*) view, landscape; scenery; 2. (*картина*) landscape; 3. *геогр.* landscape; **~ный** scenic.

ла́ндыш *м.* lily of the valley.

лани́та *ж. уст.* cheek.

ланоли́н *м. фарм.* lanolin.

ланце́т *м.* lancet; **~ный** lancet *attr.*

ланцетови́дный *бот.* lanceolate.

лань *ж.* 1. (*порода оленей*) fallow deer*; 2. (*самка оленя*) doe.

ла́п|а *ж.* 1. paw, foot*; (*лисицы, зайца тж.*) pad; 2. (*ветвь хвойного дерева*) branch, bough; 3. *тех.* claw; ~ я́коря anchor fluke; попа́сть в ~ы к *кому-л.* fall* into *smb.'s* clutches; быть в ~ах у *кого-л.* be* in smb.'s clutches; наложи́ть свою́ ~у на *что-л.* get* one's paws on *smth*; **~ка** *ж.* paw; ◇ ходи́ть на за́дних ~ках пе́ред *кем-л.* dance attendance on *smb.*; **~ник** *м. разг.* fir branches *pl.*

лапида́рный lapidary, terse; ~ стиль terse style.

лапла́нд|ец *м.*; **~ка** *ж.* Lapp, Lapplander; **~ский** Lappish, Lapponian.

ла́поть *м.* bast shoe, bast sandal; ◇ ходи́ть в ~тя́х wear* bast shoes, sandals.

лапта́ *ж.* 1. (*игра*) lapta (*a game similar to rounders*); 2. (*бита*) bat.

ла́пчатый palmate; (*имеющий лапы с перепонками тж.*) web-footed; ◇ гусь ~ sly fellow.

лапша́ *ж.* 1. noodles *pl.*; 2. (*суп*) noodle soup.

лапшёвник *м.* noodle pudding.

ларе́ц *м.* casket.

ларёк *м.* stall; **~чник** *м.* stall-holder.

ларинги́т *м. мед.* laryngitis.

ларинго́лог *м.* laryngology.

ларингоско́п *м.* laryngoscope.

ларингофо́н *м.* laryngophone.

ла́рчик *м.* casket; ◇ а ~ про́сто открыва́лся the explanation was quite simple.

ларь *м.* 1. bin, chest, coffer; ~ с муко́й bin containing flour; 2. *уст.* stall.

ласк|а́ть *несов.* (*вн.*) caress (*smb., smth.*), fondle (*smb., smth.*), comfort, console. *перен.* please (*smb., smth.*), soothe (*smb., smth.*); ~ слух soothe the ear; **~а́ться** *несов.* (к *дт.*) make* up (to); (*о собаке*) fawn (upon); **~а́ющий** soothing.

ла́ска I *ж.* 1. caress, endearment; 2. (*ласковое отношение*) kindness, affection.

ла́ска II *ж. зоол.* weasel.

ласка́тельн|ый 1. (*нежный*) affectionate; caressing; ~ое и́мя pet name; 2. *грам.* diminutive; 3. *книжн.* cajoling, unctuous.

ла́сков|ый 1. (*о человеке*) affectionate; (*о голосе, взгляде и т. п.*) tender; ~ ребёнок affectionate child*; ~ приём cordial reception; 2. (*ласкающий*) gentle, caressing; ~ ветеро́к gentle breeze; ~ое сло́во term of affection.

лассо́ *с. нескл.* lasso.

ласт *м.* 1. flipper; 2. *мн. спорт.* flippers, fins.

ла́стик *м.* india-rubber, eraser.

ла́стовица *ж.* (*рубашки*) gusset.

ластоно́гие *мн. скл. как прил. зоол.* Pinniped.

ла́сточк|а *ж.* swallow; ◇ пе́рвая ~ the first signs/portent; одна́ ~ ещё не де́лает весны́ *посл.* ◇ one swallow does not make a summer; **~ин** swallow's.

ла́та *ж.* (*паруса*) *спорт.* batten.

ла́таный worn, patched.

лата́ть, залата́ть (*вн.*) *разг.* patch (*smth.*), patch up (*smth.*).

латви́йский Latvian.

латенсифика́ция *ж. кино.* latensification.

латиниз|а́ция *ж.* latinization; **~и́ровать** *несов. и сов.* latinize.

латини́зм *м.* 1. Latin construction (*заимствованная другими языками латинская* конструкция); 2. Latin loanword.

латини́ст *м.* Latin scholar; (*преподаватель*) Latin teacher.

лати́ница *ж.* Roman alphabet, Roman letters.

латиноамерика́нск|ий: ~ие стра́ны Latin-American countries, countries of Latin America.

лати́нский Latin; ~ алфави́т Roman alphabet; ~ язы́к Latin.

лати́нянин *м.* 1. inhabitant of Latium; 2. *уст.* Roman Catholic.

латифу́нд|ия *ж.* latifundia; **~и́ст** *м.* 1. large landowner in South America; 2. feudal-type, exploiting landowner.

лату́к *м. бот.* lettuce.

лату́н|ный *ж.* brass *attr.*; **~ь** brass.

ла́ты *мн. ист.* armor *sg.*, cuirass *sg.*

латы́нь *ж. разг.* Latin.

латы́ш *м.*, **~ка** *ж.* Lett; **~ский** Lettish; ~ский язы́к Lettish, the Lettish language.

лауреа́т *м.* prizewinner, laureate.

лафа́ *разг. в знач. сказ. безл.* (*тебе, ему и т. д.*) you are, he is, etc., in clover, having a wonderful time.

лафе́т *м.* gun carriage.

ла́цкан *м.* lapel.

лачу́га *ж.* hovel, shanty, shack.

ла́ять *несов.* bark; **~ся** *груб.* (на) rail, snarl (at).

лганьё *с.* 1. (*действие*) ling; 2. (*ложь*) lies *pl.*, falsehood.

лгать, солга́ть lie, tell* lies, slander.

лгун *м.* liar; **~и́шка** *пренебр.* paltry liar.

лебеда́ *ж.* goose-foot, orach.

лебеди́н|ый 1. swan *attr.*; ~ая стая flock of swans; 2. (*напоминающий лебедя*) swanlike, swan's; ~ая ше́я swanlike neck; ~ая по́ступь graceful walk; ◇ ~ая пе́сня swan song.

ле́бедь *м.* swan; (*самец*) cob; (*молодой*) cygnet.

лебези́ть *несов.* (перед *тв.*) *разг.* fawn (on), kowtow (to); cringe (to).

лебёдка I *ж. зоол.* female swan, pen(-swan).

лебёдка II *ж. тех.* winch.

лебя́жий swan *attr.*, swan's; *перен. тж.* swanlike; ~ пух swan's down.

лев I *м. зоол.* lion; ◇ морско́й ~ sea lion; муравьи́ный ~ ant lion.

лев II *м. фин.* (*болгарская денежная единица*) lev.

лева́да *ж.* 1. meadow; 2. riparian woodlands (*на юге России*).

лева́|к *м.* 1. *полит.* leftist; 2. *разг.* moonlighter, black marketeer; **~цкий** *полит.* ultra-left.

лев|е́ть *несов.* go* left; **~изна́** *ж.* radicalism.

ле́в|ый *прил.* 1. (*о стороне, направлении*) left; left-hand *attr.*; *мор.* port *attr.*; ~о руля́! port helm! ~о на борт! hard a port! в ~ом углу́, я́щике in the left-hand corner, drawer; ~ая сторона́ left side; ~ карма́н left-hand pocket; ~ борт *мор.* port side; ~ фланг left flank/wing, the left; 2. *полит.* left-wing *attr.*; 3. *разг.* (*о работе, заработке*) unofficial; on the side *после сущ.*; 4. *в знач. сущ. м. полит.* left-winger; *мн. собир.* the Left, left-wingers.

леве́нтик *м. спорт.* head wind.

ле́вередж *м. бирж.* leverage, debt to equity ratio.

левиафа́н *м. библ.* leviathan.

левизна́ *ж. полит.* leftishness.

левко́й *м. бот.* stock; gillyflower.

левобере́жный left-bank *attr.*

левре́тка *ж. зоол.* Italian greyhound.

левша́ *м. и ж.* left-handed person; left-hander; он ~ he's left-handed.

лега́в|ый *прил.* 1. ~ая соба́ка (*длинношерстная*) setter; (*короткошёрстная*) pointer; 2. *в знач. сущ. м. разг.* police spy, informer.

легализ|а́ция *ж. юр.* legalization; **~и́ровать** *несов. и сов.* (*вн.*) legalize (*smth.*); **~и́роваться** *несов. и сов.* become* legal.

лега́льн|ость *ж.* legality; **~ый** legal.

лега́т м. legate.

леге́н|да *ж.* 1. legend; 2. (*вымысел*) fairy tale; 3. (*разведчика*) story, legend; **~а́рный**; 1. legendary; *перен. тж.* fabulous; 2. (*породивший легенду*) renowned, celebrated; ~а́рный го́род city of renown; 3. (*вымышленный*) fictitious.

легио́н *м.* legion; иностра́нный ~ the Foreign Legion; о́рден Почётного ~ a Legion of Honor; и́мя им ~ their name is legion.

легионе́р *м.* legionary.

леги́рованн|ый alloy(ed); ~ая сталь alloy steel.

леги́ровать *несов. и сов.* alloy.

легислату́ра *ж. юр.* term of office.

легитим|и́зм *м.* legitimism; **~и́ст** *м.* legitimist; **~а́ция** *ж. юр.* legitimation.

легко́ 1. *нареч.* lightly; (*без труда*) easily; (*беззаботно*) airily; (*немножко, слегка*) slightly; ~ ра́нен slightly wounded; **2.** *в знач. сказ. безл.* it is easy; ◇ ~ сказа́ть it's all very well (to talk), it's easier said than done.

легкоатле́т *м.* track and field athlete; **~и́ческий** track and field *attr.*

легкове́р|ие *с.* credulity, gullibility; **~ный** credulous, gullible, superficial.

легкове́с *м. спорт.* lightweight; **~ный** lightweight *attr.*; light; *перен.* flimsy, trivial; ~ный до́вод flimsy argument.

легков|о́й: ~ автомоби́ль, ~ая маши́на (passenger-)car, motor.

легкомы́сленн|ый frivolous, light-minded, thoughtless; ~ челове́к light-minded person; ~ посту́пок thoughtless action; ~ое отноше́ние к де́лу irresponsibility.

легкомы́слие *с.* frivolity, frivolousness, light-mindedness, levity.

легкопла́вкий fusible, easily melted.

легча́ть, полегча́ть *разг.* **1.** abate; lessen; **2.** *безл.* (*о боли*) go* off, ease, get* better, feel* better; мне полегча́ло I began to feel better.

ле́гче 1. (*сравнит. ст. прил. лёгкий и нареч. легко*) (*по весу*) lighter; (*по трудности*) easier; **2.** *в знач. сказ. безл.*: ему́ ~ he is feeling better; больно́му ~ the patient is feeling better; ◇ мне от э́того не ~ it is no comfort to me; час о́т часу не ~ things are going from bad to worse; ~! (*осторожнее*) not so fast! ~ на поворо́тах! watch your step!, mind what you say!

леда́щий *разг.* puny, feeble.

леден|е́ть *несов.* **1.** turn to ice; **2.** (*замерзать, коченеть*) be* chilled to the bone, become* numb with cold; ру́ки ~е́ют my hands are freezing; **3.** (*цепенеть*) freeze*; ~ от у́жаса freeze* with horror; ◇ кровь ~е́ет в жи́лах (*one's*) blood runs cold.

ледене́ц *м.* fruit-drop, lollipop.

леден|и́ть *несов.* (*вн.*) freeze* (*smth.*) (*тж. перен.*); turn (*smth.*) to ice; **~я́щий** icy (*тж. перен.*); freezing, chilling; ~я́щее дыха́ние ве́тра icy blast of wind; ~я́щий взгляд icy look; его́ охвати́л ~я́щий у́жас he was chilled with horror.

ле́ди *ж. нескл.* lady.

ле́дник *м.* icehouse; (*комнатный*) refrigerator, icebox *амер.*

ледни́к *м.* glacier.

леднико́вый glacial; ~ пери́од glacial period, ice age.

ледови́тый: Се́верный ~ океа́н the Arctic Ocean.

ледо́в|ый 1. ice *attr.*; ~ покро́в ice cover; **2.**: ~ые пла́вания Arctic voyages; ◇ ~ая разве́дка ice-reconnaissance; ~ая обстано́вка ice conditions *pl.*; ~ая огово́рка (*в чартер-партии*) *торг.* ice clause; Ледо́вое побо́ище the Battle on the Ice (*битва между войсками Александра Невского и Тевтонского ордена 5 апреля 1242 г.*).

ледоко́л *м.* icebreaker; ~ный icebreaker *attr.*; ~ный флот icebreaker fleet; ~ьная слу́жба *юр.* icebreaking service.

ледоре́з *м.* **1.** (*сооружение*) starling; **2.** (*судно*) icebreaker.

ледору́б *м.* ice-axe.

ледоста́в *м.* freeze-up, freezing-over (*реки*).

ледохо́д *м.* drifting/floating of ice; начался́ ~ the ice has begun to move.

леды́шк|а *ж. разг.* lump of ice; у него́ ру́ки как ~и his hands are like ice.

ледян|о́й 1. ice *attr.*; **2.** (*холодный; тж. перен.*) icy; ~ взгляд icy/chilling look; ~ ве́тер icy wind; ~а́я вода́ icy-cold water; ~а́я гора́ icy slope; ~о́е стекло́ frosted glass; ~ приём icy reception; ~ы́м то́ном in icy tones.

лее́р *м. мор.* taut rope, yard.

лежа́к *м.* plank bed; chaise-longue, deck chair.

лежа́л|ый stale, old, ~ая киноплёнка stale film.

лежа́нка *ж.* stove-bench *(длинный выступ для лежания на русской печи).*

леж|а́ть *несов.* lie*; ~ в лихора́дке be* down with fever; ~ в посте́ли be* in bed, be* laid up; врач веле́л мне ~ the doctor told me to stay in bed; (*о больном*) keep* one's bed; ~ в больни́це be* in hospital; кни́га ~и́т на столе́ the book is on the table; ~ без употребле́ния lie* idle; ~ на боку́, на печи́ ilde away one's time; э́то ~и́т на мое́й со́вести it lies heavy on my conscience; на нас ~и́т отве́тственность за э́то it is our responsibility; ~ в разва́линах lie* in ruins; у меня́ душа́ не ~и́т к э́тому my heart isn't in it; ~ под сукно́м lie* on the shelf; **~а́чий** *прил.* **1.** recumbent; ~а́чий больно́й bed-patient; **2.** *в знач. сущ. м.*: ~а́чего не бьют don't hit a man* when he's down; ◇ под ~а́чий ка́мень вода́ не течёт help yourself and others will help you; в ~а́чем положе́нии lying, in a lying position.

ле́жбище *с.* **1.** (*морских животных*) rookery; breeding ground; **2.** *охот.* bed.

лежебо́ка *м. и ж. разг.* lazybones, lie-abed.

ле́жень *м. тех.* **1.** ledger, foundation beam, mud sill; **2.** *(ж.-д;)* sleeper.

лежмя́ *нареч.* ~ лежа́ть lie* without getting up, lie* helpless.

лёжа *нареч.* lying down, in lying position.

лёжк|а *ж.* **1.** *разг.* lying; **2.** lying position; лежа́ть в ~у be* on *one's* back; напи́ться в ~у become* dead drunk; **3.** (*дикого зверя*) lair.

ле́звие *с.* **1.** blade, edge (*режущего инструмента*); **2.** safety razor blade.

лезги́н *м.* Lezghin; **~ский** Lezghin.

лезги́нка I *ж.* Lezghin woman*.

лезги́нка II *ж.* (*танец*) lezghinka.

лез|ть *несов.* **1.** *см.* ла́зить; **2.** (*внутрь*) get* in; ~ в окно́ get* in through the window; **3.** (*в вн.*) *разг.* (*проникать рукой внутрь чего-л.*) put* *one's* hand (into); **4.** *разг.* (*настойчиво* *идти, продвигаться*) push; ~ вперёд push forward; 5. (к *дт.*) *разг.* (*надоедать, вмешиваться*) butt in (on); ~ в чужи́е дела́ poke *one's* nose into other people's affairs; 6. (*выпадать ~ о волосах и т. п.*) come* out, fall* out; (*расползаться ~ о материи*) wear* thin; 7. (*быть впору*) go* on; сапо́г не лезет the boot won't go on, I can't get the boot on; ~ в дра́ку be* looking for a fight; куда́ ле́зешь? *груб.* where do you think* you're going? ~ вон из ко́жи lay* oneself out; ~ в пе́тлю stick* *one's* neck out; в го́лову ле́зут ра́зные мы́сли all sorts of thoughts pass through one's mind; ~ на глаза́ push *one*self forward; не ~ за сло́вом в карма́н have* a ready tongue; ~ на сте́ну от *чего-л.* be* frantic with *smth.*, be* beside oneself with *smth.*

лей *м. фин. (румынская денежная единица)* lei.

лейб-гва́рдия *ж. ед. ист.* Lifeguards *pl.*

лейб-ме́дик *м. ист.* physician in ordinary.

лейбори́ст *м.* member of the Labour Patry, Laborite; **~ский** Labour *attr.*; ~ская па́ртия the Labour Party.

ле́йдейс *(сталийные дни) мн. торг.* lay days.

ле́йденск|ий: ~ая ба́нка Leyden jar.

ле́йка I *ж.* 1. (*для поливки*) watering-can; 2. *разг.* (*воронка*) funnel; 3. *мор.* (*черпак*) scoop, bail.

ле́йка II *ж. (род плёночного фотоаппарата)* Leica.

лейкеми́я *ж. мед.* leukemia.

лейкоци́т *м. физиол.* leukocyte, white blood corpuscle.

лейтена́нт *м.* lieutenant; ста́рший ~ senior lieutenant; (*в английской армии*) first lieutenant; мла́дший ~ junior lieutenant; (*в английской армии*) second lieutenant.

лейтмоти́в *м. муз.* leitmotif; *перен.* burden, the leading theme.

лека́л|о *с.* (*для черчения*) curve; **~ьщик** *м.* pattern maker.

лека́рственн|ый medicinal, officinal; гото́вые ~ые препара́ты officinal drugs; ~ые тра́вы medicinal herbs.

лека́рство *с.* medicine; дава́ть ~ give*/administer medicine; принима́ть ~ take* one's medicine.

ле́карь *м. уст.* doctor, physician.

ле́ксика *ж.* vocabulary.

лексико́|граф *м.* lexicographer; **~графи́ческий** lexicographical; **~гра́фия** *ж.* lexicography; ~лог *м.* lexicologist; **~ло́гия** *ж.* lexicology.

лексико́н *м.* 1. *уст.* lexicon, 2. (*запас слов*) vocabulary.

лекси́ческий lexical.

ле́ктор *м.* lecturer; **~ство** *с.* lecturing, lectureship.

лекто́рий *м.* 1. lecturing bureau (*pl* -eaux, -eaus); 2. (*помещение*) lecture hall.

ле́кторский lecturing; ~ о́пыт lecturing experience.

лекцио́нн|ый *прил.* lecture *attr.*; ~ ме́тод препода́вания teaching method, based on lectures; ~ые часы́ lecture hours/times; ~ зал lecture hall, lecture room, ~ая *в знач. сущ. ж.* lecturer's common room.

лекцио́нно-демонстрацио́нный: ~ зал lecture hall (equipped with demonstration apparatus).

ле́кци|я *ж.* lecture; ~ по языкозна́нию lecture on linguistics; посеща́ть ~и attend lectures; проче́сть ~ю give*/deliver a lecture; чита́ть ~и lecture.

леле́ять *несов.* (*вн.*; *прям. и перен.*) coddle, pamper, cherish (*smb., smth.*); ~ мечту́ cherish the hope.

ле́мех *м. с.-х.* ploughshare.

ле́мма *ж. мат., лит.* lemma.

ле́мминг *м. зоол.* lemming.

лему́р *м. зоол.* lemur.

лен *м. ист.* fief, fee; отдать в ~ give* in fee; **~ный** feudatory, feudal; **~ник** *м.* vassal, feudatory.

лендло́рд *м.* landlord, landowner.

лени́в|ец *м.* 1. (*лентяй*) idler, lazy fellow; lazybones *разг.*; 2. (*животное*) sloth; 3. *тех.* idler; idling sprocket; **~ый** 1. (*избегающий труда*) lazy, idle; ~ый учени́к lazy pupil; 2. (*выражающий лень*) indolent; ~ая по́за indolent attitude; 3. (*медлительный*) sluggish, slow (*тж. перен.*); ~ая похо́дка saunter, sauntering gait; 4. *кул.* prepared in accordance with a hasty recipe; ~ые щи soup of fresh cabbage.

ленинииа́на *ж* Leniniana (*произведения литературы и искусства, посвященные В. И. Ленину*).

ленини́зм *м. ист.* Leninism.

лен|и́ться *несов.* be* lazy; не ~и́сь! don't be so lazy; ~ рабо́тать be* too lazy to work.

ле́ность *ж.* laziness, sloth.

ле́нт|а *ж.* 1. ribbon (*тж. перен.*); ~ на шля́пе hatband; 2. *тех.* tape; ~ для магни́тной за́писи зву́ка *кино* magnetic recording tape; ~ для юстиро́вки голо́вок head aligning tape; ~ с магни́тным сло́ем coated tape; ~ы Ван Аллена *мн. кино* Van Allen belts; измери́тельная ~ tape measure; изоляцио́нная ~ insulating tape; конве́йерная ~ conveyor belt; 3. (*кинофильм*) film; пулемётная ~ machine-gun belt, ви́ться ~ой twist, meander; ~отя́жный механи́зм *тех.* tape transport mechanism.

лентостира́тель *м. кино* tape eraser.

ле́нточк|а *ж.* ribbon; фи́нишная ~ *спорт.* finishing tape; каса́ться фи́нишной ~и breast/hit the tape.

ле́нточн|ый 1. ribbon *attr.*; 2. (*в форме ленты*): ~ые че́рви tapeworms; 3.: ~ перфора́тор *кино* tape punch; ~ то́рмоз *тех.* band brake; ~ная застро́йка ribbon development; ~ая пила́ band saw; ~ая пода́ча belt feed; ~ая скле́йка *кино* tape splice.

лентя́й *м.*, **~ка** *ж. разг.* slacker, sluggard, lazybones; он ~ he's laze; **~ничать** *несов. разг.* loaf, idle, slack.

ленц|а́ *ж. разг.*: с ~ой rather lazy; рабо́тать с ~ой work half-heartedly, slack.

лень *ж.* 1. laziness, indolence, sloth; 2. *в знач. сказ. разг.*: ему́ (ей) ~ (+ *инф.*) he (she) is too lazy (+ to *inf*); ◇ ~ мать всех поро́ков *погов.* idleness is the root of all evil; (все) кому́ не ~ anyone who feels like it, anyone who will take the trouble.

леопа́рд *м.* leopard.

лепест|о́к *м.* petal; ~ розы rose-leaf*; **~ко́вый** *бот.* petalled.

ле́пет *м.* babbling; (*ребенка*) prattling; (*нежный; тж. перен.*) murmuring; де́тский ~ prattle, drivel; ~ волн *поэт.* the murmur of waves; **~а́ть** *несов.* babble; (*о ребёнке*) prattle; (*нежно говорить; тж. перен.*) murmur.

лепёшк|а *ж.* 1. (*из теста*) scone; 2. (*лекарство, конфета*) lozenge, tablet, pastille; 3. (*что-л. плоское и круглое*) clot; ~ гря́зи clot of mud; ◇ разби́ться в ~у strain every nerve.

ле́п|ка *ж.* modelling; **~но́й**: ~но́й потоло́к molded celling; ~ны́е рабо́ты plaster work *sg.*; ~ны́е украше́ния stucco molding *sg.*; **~щик** *м.* modeller, sculptor.

лепи́ть, вы́лепить, слепи́ть (*вн.*) 1. *сов.* вы́лепить model (*smth.*); ~ бюст make*/model a bust; 2. *сов.* слепи́ть build* (*smth.*); ~ гнёзда build* nests; ~ из гли́ны model in clay; **~ся** *несов.* (к *дт.*) cling* (to); до́мики ле́пятся по скло́ну горы́ the houses hug the slope.

лепрозо́рий *м.* leper hospital.

ле́пт|а *ж.* mite, contribution; внести́ свою́ ~у во *что-л.* make* one's contribution to smth.

лес *м.* 1. wood; (*обширный*) forest; хво́йный ~ coniferous forest; ли́ственный ~ deciduous forest; ~ на корню́ standing timber; прогу́лка в ~у́ a walk in the woods; 2. *тк. ед.* (*материал*) timber; lumber *амер.*; как в ~у́ ◇ all at sea; кто в ~, кто по дрова́ *погов.* ◇ all at sixes and sevens; ~ ру́бят, ще́пки летя́т you can't make* omlettes without breaking eggs.

леса́ I *мн. см.* лес 1.

леса́ II *мн.* (*строительные*) scaffolding *sg.*, staging *sg.*; (*в шахте*) pit props.

леса́ III *ж.* (*для рыбной ловли*) fishing line.

лесби́йск|ий Lesbos *attr.*; ~ая любо́вь Lesbianism.

лесбия́н|ка *ж.* Lesbian; **~ство** *с.* Lesbian vice.

ле́сенка *ж. разг.* short flight of stairs, short ladder.

леси́на *ж.* trunk.

леси́ст|ый wooded; ~ая ме́стность wooded locality, woodland.

ле́ска *ж. см.* леса́ III.

лесн|о́й forest *attr.*, woodland *attr.*; timber *attr.*; ~ жи́тель forest dweller; ~ пейза́ж woodland scenery/landscape; ~ы́е бога́тства timber resources; ~а́я тропа́ forest/woodland path; ~а́я земляни́ка wild strawberries *pl.*; ~а́я промы́шленность timber industry; lumber industry *амер.*; ~ пито́мник forest nursery, tree nursery.

лесни́|к *м.* forest guard; forestry officer; forest ranger *амер.*; **~чество** *с.* forestry; **~чий** *м.* forester, forest warden.

лесово́д *м.* forestry expert, graduate of forestry institute; **~ство** *с.* forestry; **~ческий** forestry *attr.*

лесово́з *м.* timber ship, timber lorry.

лесозаво́д *м.* timber mill.

лесозаготовки *мн.* (*ед.* лесозаготовка *ж.*) 1. logging *sg.*; lumbering *sg.*, *амер.*; 2. state timber purchasing.

лесозащи́тный forest-protection *attr.*

лесоматериа́л|ы *мн.* (*ед.* лесоматериа́л *м.*) timber *sg.*; склад ~ов timber yard.

лесомелиора́ция *ж.* forest amelioration.

лесонажсаде́н|ие *с.* 1. (*действие*) afforestation; 2. *обыкн. мн.* (*посаженные деревья*) plantaion *sg.*; полезащи́тные ~ия shelter belts; protective afforestation *sg.*

лесопа́рк *м.* forest park; **~овый** forest-park *attr.*

лесо|пи́лка *ж. разг.* sawmill; **~пи́льный** wood-sawing; ~пи́льный заво́д sawmill.

лесопито́мник *м.* forest nursery, tree nursery.

лесополоса́ *ж.* woodland belt, forest belt.

лесопоса́дочн|ый: ~ые материа́лы saplings *pl.*; ~ые маши́ны tree-planting machines.

лесопромы́шленн|ость *ж.* timber industry; **~ый** of the timber industry *после сущ.*; **~ик** *м.* timber merchant.

лесоразрабо́тки *мн.* (*ед.* лесоразрабо́тка *ж.*) logging *sg.*; (*место*) logging area.

лесору́б *м.* logger, woodcutter; lumberjack *амер.*; lumber-man*.

лесо|се́ка *ж.* felling area; (wood) cutting area; **~сплав** *м.* rafting.

лесо|степно́й: ~степны́е райо́ны partially-wooded steppe districts; **~степь** *ж.* partially-wooded steppe; **~ту́ндра** *ж.* wooded tundra, forest tundra.

лесота́ска *ж. тех.* log conveyer.

леспромхо́з *м.* (*лесное промышленное хозяйство*) timber industry enterprise.

ле́стни|ца *ж.* 1. (*постоянная*) stairs *pl.*, staircase; (*переносная*) ladder; steps *pl.*; верёвочная ~ rope ladder; пара́дная ~ front staircase; пожа́рная ~ fire escape; чёрная ~ backstairs *pl.*; 2. (*последовательное расположение*) ladder, order; обще́ственная ~ the social ladder; ◇ иерархи́ческая ~ the scale of rank; **~чный**: ~чная кле́тка staircase, well (of stairs).

ле́стн|о 1. *нареч.* flatteringly; (*одобрительно*) approvingly, in complimentary terms; 2. *в знач. сказ. безл.*: мне о́чень ~ слы́шать... I have been deeply gratified to hear...; **~ый** 1. flattering; 2. (*одобрительный*) complimentary, gratifying.

лесть *ж.* flattery; (*превозношение*) adulation, cajolery; то́нкая ~ delicate flattery; ни́зкая ~ base flattery.

лет|á *мн.* 1. (*годы*) years; 2. (*возраст*) age *sg.*; ско́лько вам лет? how old are you?; мне 30 лет I'm thirty; мне бы́ло 20 лет, когда... I was twenty (years old) when...; с де́тских лет from childhood; его́ ~ не позволя́ют э́того he's too old for that, he can't do that at his age; ◇ в ~х elderly; он уже́ в ~х he's getting on in years; на ста́рости лет in one's old age; по мо́лодости лет on account of one's youth; он ра́звит не по ~м he's very intelligent for his age; he's a little precocious.

ле́т|а *ж. миф.* Lethe; ка́нуть в ~у sink into oblivion.

лета́льный *мед.* lethal, fatal.

летарг|и́ческий *мед.* lethargic; ~ сон lethargic sleep; **~и́я** *ж.* lethargy.

лета́тельный flying; ~ аппара́т flying machine; ~ аппара́т ле́гче во́здуха lighter-than-air craft; ~ аппара́т тяжеле́е во́здуха heavier-than-air craft.

лет|а́ть *несов.* fly*.

лет|е́ть *несов.* 1. *см.* лета́ть; 2. (*мча́ться*) fly* along; 3. *разг.* (*па́дать*) go* flying, fall*; а́кции ~я́т вниз shares are dropping; 4. (*о времени*) fly* (by).

ле́т|ний summer *attr.*; ~ сад pleasure garden(s).

ле́тник *м. бот.* annual.

ле́то *с.* summer; ◇ ско́лько лет, ско́лько зим! fancy meeting you after all this time!, it's been ages since we met!; ба́бье ~ Indian summer.

лето́к *ж.* bee-entrance *(в улье)*.

ле́том in (the) summer; ~ 1965 го́да in the summer of 1965.

летопи́с|ец *м.* chronicler, annalist; ~ный annalistic.

ле́топись *ж.* chronicle*, annals *pl.*

летосчисле́ние *с.* (system of) chronology, era.

лету́н *м. разг.* flyer; *перен.* rolling-stone; drifter.

летуч|есть *ж.* volatility; **~ий** 1. flying (*тж. перен.*); ~ий отря́д flying column; 2. (*легко испаряющийся*) volatile; 3. (*мимолётный*) fleeting, ephemeral, brief; 4. *мед.* shifting; ◇ ~ая мышь 1) bat; 2) (*фонарь*) storm lantern; ~ий ми́тинг on-the-spot meeting; ~ий ревмати́зм shifting rheumatism; **~ка** *ж. разг.* (*краткое собрание*) quick briefing.

ле́чащий: ~ врач doctor in charge of the case.

лече́бн|ица *ж.* (special) hospital clinic; **~ый** (*врачебный*) medical; (*целебный*) medicinal; ~ое заведе́ние medical estabishment; ~ые тра́вы medicinal herbs; ~ая физкульту́ра therapeutic physical training.

лече́бник *м.* book of home cures.

лече́ние *с.* treatment; амбулато́рное ~ out-patient treatment.

лечи́ть *несов.* (*вн.*) treat (*smb.*, *smth.*); (*вн.* от *рд.*) treat (*smb.* for); кто вас ле́чит? who's your doctor?; ~ се́рдце treat the heart; ~ туберкулёз treat tuberculosis; **~ся** *несов.* take* a cure; (от *рд.*) undergo* treatment (for), be* treated (for); он лечи́лся у до́ктора N he was Dr. N's patient; у кого́ вы ле́читесь? who's your doctor?

лечь *сов. см.* ложи́ться.

ле́ш|ий *м. фольк.* goblin (of the woods); ◇ к ~ему! *разг. груб.* go to the devil! како́го ~ его! what (why) the devil!

лещ *м.* bream.

лещи́на *ж. бот.* hazel.

лёгк|ий 1. (*по весу*) light; ~ грузови́к van; боре́ц ~ого ве́са lightweight; 2. (*ловкий, изящный*) light, light-footed, graceful; (*быстрый*) fleet-footed; ~ие шаги́ light footsteps; 3. (*нетрудный*) easy; (*развлекательный*) light; ~ уро́к easy lesson; ~ая му́зыка light music; ~ое чте́ние light literature/reading; ~ успе́х easy life; 4. (*незначительный, слабый*) light, slight; ~ моро́з light frost; ~ое наказа́ние light punishment; ~ая боль slight pain; ~ на́сморк slight cold; ~ое заболева́ние mild case; ~ таба́к mild tobacco; ~ая фигу́ра *шахм.* minor piece; 5. (*поверхностный, несерьезный*) light/light-minded, frivolous; ~ие нра́вы easy/loose morals; же́нщина ~ого поведе́ния woman* of easy virtue; 6. (*покладистый*) nice, easygoing; ~ хара́ктер sweet/nice disposition; ◇ ~ая промы́шленность light industry; у него ~ая рука́ he brings luck; с ва́шей ~ой руки́ once you start(ed) the ball rolling; с ~им се́рдцем, с ~ой душо́й with a light heart; лёгок на поми́не! talk of the devil (and he is sure to appear).

лёгк|ое *с.* 1. lung; боле́знь ~их pulmonary disease, lung disease; воспале́ние одного́ ~ого и́ли обо́их ~их single or double pneumonia; 2. *тк. ед.* (*как кушанье*) lights *pl.*

лёгкост|ь *ж.* 1. lightness, easiness; ~ в рабо́те easy operation; 2. (*работы, задачи и т. п.*) ease, facility; с ~ю with ease; 3. (*подвижность*) nimbleness.

лёгочный pulmonary; ~ больно́й lung patient.

лёд *м.* ice; ~ идёт the ice has begun to move; затёртый льда́ми caught in the ice; ◇ слома́ть ~ *тж. перен.* break* the ice, start the ball rolling; ~ тро́нулся things are moving.

лён *м.* flax; ~-долгуне́ц long-fibered flax; го́рный ~ *мин.* asbestos.

лёсс *м. геол.* loess.

лёт *м.*: на лету́ in the air, on the wing; ◇ хвата́ть *что-л.* на лету́ take* *smth.* in *one's* stride, grasp *smth.* at once.

лётка *ж. техн.* tap hole, slag notch.

лёт|ный flying *attr.*; ~ соста́в flying personnel; ~ костю́м flying suit; ~ая го́дность airworthiness; удовлетворя́ть но́рмам ~ой го́дности meet the airworthiness standards. ~ая пого́да flying weather; ~ая шко́ла flying school; ◇ ~ое по́ле airfield.

лётчик *м.* airman*, pilot, flyer, flying man*; **~-испыта́тель** *м.* test pilot; **~-истреби́тель** *м.* fighter pilot; **~-космона́вт** *м.* space pilot; **~-наблюда́тель** *м.* air observer.

лётчица *ж.* airwoman*, woman* pilot/flyer.

лженау́|ка *ж.* pseudo-science; **~чный** pseudo-scientific.

лжеприся́га *ж. юр.* perjury.

лжесвиде́тель *м. юр.* **~ница** *ж.* perjurer, perjured witness; **~ство** *с.* false witness, perjury; **~ствовать** *несов.* commit perjury.

лжетео́рия *ж.* false theory.

лже|уче́ние *с.* false doctrine; **~учёный** *м.* pseudo-scientist.

лжец *м.* liar.

лжи́в|ость *ж.* mendacity, falsity; **~ый** mendacious; (*о человеке тж.*) untruthful; ~ые ре́чи false words; ~ый язы́к lying tongue.

ли 1. *частица* (*в прямом вопросе выражается обычной вопр. формой*): нра́вится ли вам э́то? do you like it?; плати́л ли он? has he paid?; придёт ли он? is he coming?; **2.** *союз* if, whether; (*после отрицания*) whether; посмотри́, пришёл ли он go and see if/whether he's come; я не зна́ю, пришёл ли он I don't know whether he's come. **3.** ~ ... ~ whether ... or: сего́дня ~, за́втра ~ whether to-day or tomorrow; ра́но ~, по́здно ~, но я приду́ I shall come sooner or later.

либера́л *м.* liberal; **~и́зм** *м.* liberalism; гнило́й ~ rotten liberalism.

либерализа́ция *ж.* liberalization; ~ внешнеэкономи́ческих свя́зей *эк.* liberalization of foreign economic ties; ~ и́мпорта liberalization of imports; ~ торго́вли liberalization of trade.

либера́льн|ичать *несов. разг.* be* over-tolerant; **~ость** *ж.* liberalism, liberal views *pl.*; **~ый** liberal.

ли́бо or; ~ ... ~ ... either... or... ◇ ~ пан, ~ пропа́л all or nothing.

ли́бор *м. торг.* libor.

libре́тт|о *с. нескл.* libretto, book; (*краткое изложение оперы и т. п.*) story; **~и́ст** *м.* librettist.

ли́в|ень *м.* downpour; (*кратковременный*) heavy shower; *перен.* hail; **~невый** *метеор.* cumulonimbus.

ли́вер I *м.* pluck, liver; **~ный** pluck *attr.*; ~ная колбаса́ liver sausage, liverwurst.

ли́вер II *м. тех.* siphon, pipette.

ливре́|я *ж.* livery; в ~е liveried; **~йный** livery *attr.*; ~йный слуга́ livery servant.

ли́га *ж.* league; *ист.* ~ на́ций League of Nations.

лигату́ра *ж.* **1.** (*примесь*) alloy; **2.** *лингв., мед.* ligature.

лигни́н *м. хим.* lignin(e).

лигни́т *м. мин.* lignite.

ли́дер *м.* **1.** leader (*политической партии*); **2.** *спорт.* ~ забе́га race leader; **3.** *мор.* flotilla leader; **~ство** *с.* **1.** leadership; **2.** (*первенство*) the lead, first place.

лиди́ровать *несов. и сов.* be* in the lead.

лиза́ть, лизну́ть (*вн.*) lick (*smth.*); ◇ ~ ру́ки (но́ги, пя́тки) *кому-л. пренебр.* lick someone's boots; **~ся** *несов.* **1.** lick oneself; **2.** (*лизать друг друга*) lick one another.

ли́зинг *м. торг.* leasing; ~овый leasing *attr.*; ~овая компа́ния leasing company.

ли́зис *м. мед.* lysis.

лизну́ть *сов. см.* лиза́ть.

лизоблю́д *м. пренебр.* lickspittle.

лизо́л *м. хим.* lysol.

лик I *м. уст.* countenance; (*на иконах*) image; *перен.* face; ~ луны́ face of the moon.

лик II *м. уст.* (*сонм, собрание*) communion, причи́слить *кого-л.* к ~у святы́х canonize *smb.*

ликвид|а́тор *м.* liquidator; **~а́ция** *ж.* **1.** (*прекращение деятельность чего-л.*) liquidation; ~а́ция контра́кта closing out a contract; ~а́ция предприятия *эк.* liquidation, closing down of an enterprise; принуди́тельная ~а́ция *юр.* compulsory winding up; ~а́ция по постановле́нию суда́ *юр.* winding up by the court; ~а́ция сде́лок stock exchange settlement; **2.** (*уничтожение*) abolition; **~и́ровать** *несов. и сов.* (*вн.*) **1.** (*прекращать что-л.*) liquidate (*smth.*), wind* up (*smth.*); **2.** (*уничтожать*) abolish (*smth.*), eliminate (*smth.*), wipe out (*smth.*); ~и́ровать задо́лженность wipe out a debt; ~и́ровать безгра́мотность put* an end to illiteracy, do* away with illiteracy; **~и́роваться** *несов. и сов.* be* liquidated, be* wound up.

ликвид|ность *ж. эк.* liquidity; валю́тная ~ current liquidity; избы́точная ~ excess liquidity; о́бщая ~ overall liquidity; ча́стная ~ private liquidity; коэффицие́нт ~ности liquidity ratio; ~ ба́нка bank liquidity; **~ный** liquid; ~ные акти́вы liquid assets; ~ные сре́дства means of liquidity; ~ные убы́тки liquidated damages; ~ный долг liquid debt; ~ный ры́нок liquid market.

ликёр *м.* liqueur.

ликов|а́ние *с.* rejoicing, jubilation, exultation; **~а́ть** *несов.* rejoice, exult, triumph.

лику́ющий jubilant, exultant, triumphant.

лилипу́т *м.* Lilliputian, dwarf.

ли́лия *ж.* lily; ◇ водяна́я ~ water lily.

лилова́тый lilac-tinged.

лило́вый purple, mauve, lilac, violet.

лима́н *м.* lagoon.

лимб *м. тех.* limb, graduated circle.

лими́т *м.* limit; *фин.* ~ капита́льных вложе́ний limit of investment; ~ кредитова́ния credit limit; ~ отве́тственности limit of liability; ~ позицио́нный position limit; ~ расхо́дов limit of expenses; ~ страхова́ния limit of insurance; ~ финанси́рования limit of financing; ~ ценово́й price limit; **~ и́рованный** зака́з limit order; **~и́ровать** *несов. и сов.* (*вн.*) limit (*smth.*)

лимо́н *м.* (*плод и дерево*) lemon; ◇ вы́жатый ~ *разг.* has-been; **~а́д** *м.* lemonade; **~ный 1.** lemon *attr.*; ~ная кислота́ citric acid; **2.** (*цвета лимона*) lemon-colored.

лимузи́н *м.* limousine.

ли́мфа *ж. физиол.* lymph; **~ти́ческий** *физиол.* lymphatic.

лингафо́н *м.* linguaphone; **~ный** linguaphone *attr.*

лингви́ст *м.* linguist; **~ика** *ж.* linguistics; **~и́ческий** linguistic; ~и́ческий кабине́т linguistic laboratory.

лингвострановéдение *с. ед.* language learning through study of a country's customs and institutions.

лине́й|ка I *ж.* **1.** (*линия*) line; тетра́дь в ~ку lined notebook; **2.** (*чертёжная*) ruler; **3.** логарифми́ческая ~ slide rule. **4.** набо́рная ~ setting rule. **5.** (*строй в одну шеренгу*) line; parade; выстра́иваться в ~ку form up in line, go* on parade; **6.** (*сбор пионеров, военных*) parade; вечéрняя ~ evening parade; торжéственная ~ ceremonial parade.

лине́йка II *ж. уст.* (*экипаж*) break, wagonette.

лине́йно|сть *ж.* linearity; ~ по горизонта́ли *кино* raster linearity; ~ развёртки scan linearity; **~ый 1.** linear; ~ное искаже́ние *кино* linear distortion; ~ное усиле́ние linear amplification; ~ное ускоре́ние linear acceleration; ~ные ме́ры linear measures; **2.** *в знач. сущ. м. воен.* marker.

ли́нза *ж.* lens; ~ Френе́ля Frensel lens; **~овый** lens *attr.*; ~овый прожéктор *кино* spotlight; ~овый растр lentification; ~ора́стровый *кино* lenticular; ~ экра́н *кино* lenticular screen.

ли́ни|я *ж.* line; провести́ ~ю draw* a line; ~ желе́зной доро́ги railway line; railroad track *амер.*; ~ поведе́ния line of action; policy; ~ разме́тки *спорт.* separation line; ~ фи́ниша finish line; ~ воро́т *спорт.* goal line; ~врата́рской площа́дки goal-area line; ~ свобо́дного броска́ free throw line; ~ ожида́ния waititng line; ~ стрельбы́ shooting line; ~ предупрежде́ния warning line; ~ защи́ты full-back line; ~ нападе́ния forward line; ~ прице́ливания *спорт.* line of sight; ~ штрафно́й площа́дки boundary of penalty area; бокова́я ~ touch (side) line; сре́дняя ~ *спорт.* half-way line; ~ заде́ржки *кино* delay line; ~ ка́дра frame line; ~ по́ля зре́ния *кино* line of sight; ~ возду́шного тра́нспорта *торг.* air carrier; ~ судохо́дная shipping line; ~ тра́мповая tramp service; тра́нспортная ~ *торг.* transport service; ~ управле́ния line drive; ◇ вести́ свою́ ~ю pursue *one's* own policy; по ~и наиме́ньшего сопротивле́ния along the line of least resistance.

линко́р *м.* battleship.

лино-бати́ст *м.* lawn, cambric.

лино́ванный ruled, lined.

линова́ть, налинова́ть (*вн.*) rule (*smth.*), line (*smth.*).

линогравю́ра *ж.* linocut.

лино́леум *м.* linoleum.

линоти́п *м. полигр.* linotype.

Линч *м. ед. юр.* зако́н и суд ~а lynch law.

линчев|а́ние *с.* lynching; **~а́ть** *несов. и сов.* (*вн.*) lynch (*smb.*).

линь I *м.* (*рыба*) tench.

линь II *м. мор.* line.

ли́нька *ж.* molting.

лин|ю́чий *разг.* fading; ~ю́чая мате́рия material that runs (in the wash); **~я́лый** *разг.* faded, discolored; **~я́ть**, полиня́ть **1.** molt; (*о животных тж.*) lose* its fur/coat; **2.** (*терять окраску*) fade, lose* color; (*при стирке*) run*.

ли́па I *ж.* lime(-tree), linden.

ли́па II *ж. разг.* (*фальшивка*) forgery.

ли́пка *ж. разг.* ободра́ть как ~ у fleece.

ли́п|кий sticky; adhesive *тех.*; ~ пла́стырь sticking/adhesive plaster; **~нуть** *несов.* (к *дт.*) stick* (to), cling* (to); *перен. разг.* fasten (on to), cling* (to).

липня́к *м. разг.* lime grove.

ли́повый lime *attr.*; ◇ ~ мёд white honey; ~ цвет (dried) lime-blossom; ~ чай lime-leaf tea.

липу́ч|ий разг. sticky; **~ка** *ж. разг.* fly-paper, sticker.

ли́ра I *ж.* lyre.

ли́ра II *ж. фин.* (*денежная единица Италии, Мальты и Турции*) lira.

Лира *ж.* (*созвездие*) the Lyra.

ли́рик *м.* lyric poet.

ли́рик|а *ж.* **1.** lyricism; **2.** (*стихи*) lyric poetry; **3.** *разг.* (*чувствительность*) sentiment; пуска́ться в ~у indulge in sentiment.

лири́ч|еский 1. (*о поэзии*) lyric; **2.** (*чувствительный*) lyrical; ◇ ~еское отступле́ние lyrical digression; **~ность** *ж.* lyricism; **~ный** *см.* лири́ческий 2.

лирохво́ст *м. зоол.* lyre-bird.

лис|а́ *ж.* fox, чернобу́рая ~ silver fox; ◇ прики́дываться ~о́й fawn, toady; **~ёнок** *м.* fox-cub.

ли́сий fox *attr.*; ~ след fox tracks *pl.*; ли́сьи но́ры fox holes; ли́сья шу́ба coat lined with fox-fur.

лиси́|ца *ж.* fox; (*самка*) vixen; **~чка** *ж.* **1.** fox; **2.** (*гриб*) chanterelle; **3.** *спорт.* paper-chase.

лист *м.* **1.** (*мн.* ли́стья и листы́) (*растения*) leaf*; **2.** (*мн.* листы́) (*бумаги, металла*) sheet; **3.** (*мн.* листы́) (*документ*): похва́льный ~ testimonial; закладно́й ~ *юр.* mortgage bond; исполни́тельный ~ *юр.* writ of execution; расчётный ~ *торг.* paysheet; та́льманский ~ tally sheet; **4.** (*мн.* листы́) *полигр.* (*16 страниц*) sheet (*contaning sixteen pages*); свёрстанные ~ы page proofs; корректу́ра в ~а́х page proofs; ◇ охра́нный ~ safe conduct; опро́сный ~ questionnaire; а́вторский ~ signature (*containing 40.000 characters*); петь, игра́ть с ~а sing*, play at sight; **~а́ж** *м.* number of sheets (in a book).

листа́ть *несов.* (*вн.*) *разг.* go* through the pages (of), turn the pages (of).

листва́ *ж. собир.* foliage; leaves *pl.*

ли́ственн|ица *ж.* larch; **~ый** deciduous, broad-leaved; ~ый лес deciduous/broad-leaved forest.

ли́стик *м.* leaf*.

ли́стинг *м. ед. бирж.* (*включение акций компании в число котирующихся на фондовой бирже, внесение фирмы в бирж. список*) listing.

листо́вка *ж.* leaflet.

листов|о́й 1. leaf *attr.*; **2.** sheet *attr.*; ~а́я лату́нь leaf-brass; ~а́я сталь steel plate; sheet steel; ◇ ~ таба́к leaf tobacco.

листо́к *м.* **1.** leaf*; **2.** (*бумаги*) sheet (of paper).

листопа́д *м.* fall of the leaf, turn of the year.

лита́вр|ы *мн.* (*ед.* лита́вра *ж.*) *муз.* kettledrum *sg.*; **~щик** *м.* kettle drummer.

лите́й|ный foundry *attr.*; ~ заво́д foundry; ◇ ~ двор casting bed; **~щик** *м.* founder, foundryman*.

ли́тер *м. разг.* travelling warrant.

ли́тера *ж.* **1.** *полигр.* type; **2.** *уст.* (*буква*) letter.

литера́тор *м.* man* of letters, literary man*.

литерату́р|а *ж.* literature; техни́ческая ~ technical publications *pl.*; **~ный** literary; ~ный ве́чер literary gathering; ~ый сцена́рий *кино* film treatment, script, story; ~ный язы́к literary language; ~ое насле́дство literary legacy; ~ная переда́ча (*по радио*) literary/book program; ◇ ~ная со́бственность copyright.

литературове́д *м.* literary scholar; **~ение** *с.* history and criticism of literature; literary studies *pl.*; **~ческий** literature *attr.*

ли́терный (*обозначенный буквой*) lettered.

литерова́ть *несов. и сов.* rate by system of letters.

ли́тий *м. хим.* lithium.

лито́в|ец *м.*, **~ка** *ж.* Lithuanian; **~ский** Lithuanian; ~ский язы́к Lithuanian, the Lithuanian language.

лито́граф *м.* lithographer; **~и́ровать** *несов. и сов.* (*вн.*) lithograph (*smth.*).

литогра́ф|ия *ж.* **1.** (*печатание*) lithography; **2.** (*оттиск*) lithograph; **3.** (*предприятие*) lithographical works *pl.*; **~ский** lithographic.

лит|о́й cast; ~о́е желе́зо ingot iron.

литр *м.* liter; **~о́вый** liter *attr.*; ~о́вая буты́лка one-liter bottle.

литра́ж *м.* capacity.

литурги́я *ж. церк.* liturgy, mass.

лить *несов.* **1.** (*вн.; жидкость*) pour (*smth.*); *перен.* shed* (*smth.*), cast* (*smth.*); ~ во́ду в стака́н pour water into a glass; **2.** (*течь*) pour; вода́ льёт из кра́на water is pouring out of the tap; ◇ дождь льёт как из ведра́ *погов.* ◇ it rains cats and dogs; **3.** (*вн.*) *тех.* cast* (*smth.*); ◇ ~ слёзы shed* tears.

литьё *с. тех.* **1.** (*действие*) casting, founding; **2.** *собир.* (*изделия*) castings *pl.*

ли́ться *несов.* flow, stream, pour.

лиф *м.* bodice; **~чик** *м.* (*детский*) bodice; (*бюстгальтер*) brassiere; bra *разг.*

лифо́ *с. нескл. бухг.* (*метод бухгалтерского учета, дающий возможность изменять сумму прибыли в балансе с учетом конъюнктуры рынка*) LIFO (last-in-first-out).

лифт *м.* lift; elevator *амер.*

лифтёр *м.* lift-boy, lift-man*, lift operator; elevator boy *амер.*; **~ша** *ж. разг.* lift-girl; elevator girl *амер.*

liха́ч *м.* **1.** (*храбрый человек*) dare-devil; **2.** (*на автомобиле*) reckless driver; road hog *разг.*; **~ество** *с.* recklessness.

лихв|а́ *ж.*: с ~о́й with interest.

ли́х|о I *с. разг.* evil; ◇ не помина́й(те) ~ом! don't think badly of me; не буди́ ~, пока́ оно́ ти́хо *погов.* ◇ don't trouble trouble until trouble troubles you; узна́ть, почём фунт ~а have* a taste of misfortune, fall* on hard times.

ли́хо II *нареч. разг.* **1.** (*смело, храбро*) daringly. dashingly, with dash; **2.** (*быстро*) at a spanking pace; **3.** (*бойко*) jauntily; **4.** (*ловко*) smartly, deftly.

лиходе́й *м. разг.* evildoer; **~ство** *с. уст.* evildoing.

лихоим|ец *м. уст.* usurer, extortioner; **~ство** *с. уст.* extortion, bribe-taking, bribery and corruption.

лих|о́й I *разг.* (плохой) evil; ◇ ~а́ беда́ нача́ло it's the first step that counts.

лихо́й II *разг.* **1.** (*удалой*) daring, dashing; **2.** (*быстрый*) fast; (*о лошадях*) spirited; **3.** (*бойкий*) jaunty; **4.** (*ловкий*) smart, deft.

лихора́д|ить *несов. безл.*: меня́ ~ит I am feverish; **~ка** *ж.* fever; **~очность** *ж.* feverishness; *перен. тж.* feverish excitement; **~очный** feverish; ~очная поспе́шность feverish haste.

ли́хость *ж.* **1.** (*смелость*) daring, dash; **2.** (*быстрота*) speed; **3.** (*бойкость*) jauntiness; **4.** (*ловкость*) deftness.

ли́хтер *м мор.* lighter; погру́зка/разгру́зка посре́дством ~а lighterage.

лицев|о́й **1.** (*анат.*) facial; **2.** (*наружный, верхний*): ~а́я сторона́ the right side (*ткани*); facade, front (*здания*); obverse (*монеты, медали*); **3.** *фин.*: ~ счёт personal account.

лицеде́й *м.* **1.** actor; **2.** *перен.* hypocrite, dissembler; **~ство** *с.* **1.** acting; **2.** *перен.* playacting, dissembling; **~ствовать** *несов.* **1.** act; **2.** dissemble.

лицезре́ть *несов.* (*вн.*) *ирон.* behold* (*smb., smth.*).

лице́|й *м.* **1.** Lyceum (*привилегированное учебное заведение*); **2.** lycee (*среднее учебное заведение во Франции и некоторых других странах*); **~и́ст** *м.* pupil of Lyceum or lycee.

лицеме́р *м.* hypocrite; **~ие** *с.* hypocrisy; **~ить** *несов.* be* hypocritical; **~ный** hypocritical; ~ная улы́бка hypocritical smile; ~ный челове́к hypocritical person.

лицензиа́р *м. торг.* licensor.

лицензиа́т *м. торг.* licensee.

лицензи́|рование *с. эк.* licensing; взаи́мное ~ mutual licensing; догово́рное ~ contractual licensing; паке́тное ~ package licensing; **~о́нный** licensing *attr.*; ~о́нное соглаше́ние licensing agreement; ~о́нный платёж royalty, payment under a licensing agreement.

лице́нзи|я *ж. эк.* license; заку́пленная ~ purchased license; пате́нтная ~ patent license; приобретённая ~ obtained license; про́данная ~ license that has been sold; ~ на ввоз/вы́воз това́ра import/export license; ~ на изобрете́ние license for an invention; ~ на обору́дование license for equipment; ~ на технолóгию произвóдства license for industrial technology; кýпля-продáжа ~й purchase and sale of licenses; срок дéйствия ~й validity of licenses; стóимость ~и cost of a license; э́кспорт ~й export of licenses.

лиц|ó *с.* 1. (*часть головы*) face; 2. (*отличительные черты*) character; не имéть своегó ~á have* no character; сохранить своё ~ preserve *one's* identity/image; 3. (*человек*) person; граждáнское ~ civilian; физи́ческое ~ *юр.* natural person; должнóстное ~ official, functionary; перемещённое ~ *юр.* displaced person; подставнóе ~ *разг.* dummy, man of straw; юриди́ческое ~ juridical person; довéренное ~ *юр.* authorized person; 4. (*лицевая сторона*) right side; 5. *грам.* person; ◇ невзирáя на ~а without respect of persons; перемени́ться в ~é change countenance; пéред ~óм *кого-л.*, *чего-л.* in the face of *smb.*, *smth.*; в ~ *кому-л.* to *smb.'s* face; в ~é *кого-л.* in the person of *smb.*; ~óм к *кому-л.*, *чем-л.* facing *smb.*, *smth.*; ~óм к ~ý face to face; повернýться ~óм к *чем-л.* turn to face *smth.*; показáть товáр ~óм make* the best of what one has; ~óм в грязь не удáрить not disgrace oneself; знать *кого-л.* в ~ know* *smb.* by sight; смотрéть в ~ *чему-л.* face *smth.*; в ~é... in the person of...

ли́чико *с.* (little) face.

личи́н|а *ж.* mask; под ~ой дрýжбы under the guise of friendship; сорвáть ~у unmask (*smb.*).

личи́нка *ж. зоол.* grub; larva (*pl.* -vae), maggot.

ли́чно personally; ~ ознакóмиться с *чем-л.* get* a first-hand view of *smth.*; see* *smth.* for oneself; быть ~ заинтересóванным в *чём-л.* have* a personal stake in smth.

личн|óй face *attr.*; ~óе полотéнце face towel.

ли́чн|ость *ж.* 1. (*индивидуальность*) personality; (*в сочетании с определением*) person, character; загáдочная ~ mysterious person; 2. (*индивидуум*) individual; роль ~ости в истóрии the role of the individual in history; тёмная ~ shady person; удостоверéние ~ости identity card; установи́ть ~ establish someone's identity; 3. *мн.* **~ости** personal remarks, personalities; переходи́ть на ~ости become* personal; **~ый** personal; (*принадлежащий только данному лиц тж.*) private; ~ая сóбственность personal property; ~ый секретáрь private secretary; ~ое мнéние personal opinion; ~ое клеймó (*рабочего*) personal stamp; ~ый состáв staff personnel; members *pl.*; ~ое дéло personal records/documents *pl.*; dossier; по ~ому дéлу on private business; ~ое страховáние *юр.* personal insurance.

лишáй *м.* 1. *мед.* herpes; стригýщий ~ ringworm; 2. *бот.* lichen.

лиш|áть, лиши́ть (*вн. рд.*) 1. deprive (*smb.* of); deny (*smb., smth.*); ~ *кого-л.* наслéдства deprive *smb.* of his, her inheritance; ~ *кого-л.* свобóды imprison *smb.*; ~ *кого-л.* слóва deprive *smb.* of the right to speak; ~ себя́ удовóльствия forego* the pleasure; ~ённый избирáтельных прав disenfranchised; 2.: он ~ён воображéния he is inimaginative, he has no imagination; он ~ён чýвства ю́мора he has no sense of humor; ~ённый (вся́кого) смы́сла (wholly) void of sense; ◇ ~ *кого-л.* жи́зни take* away *smb.'s* life; ~ себя́ жи́зни commit suicide; **~ся** (*рд.*) lose* (*smth.*); ~ имýщества have* *one's* property confiscated; ~ зрéния lose* *one's* sight; ~ дáра рéчи lose* the power of speech; ~ сознáния lose* consciousness, faint; ◇ ~ рассýдка lose* *one's* reason, go* out of *one's* mind.

ли́ш|ек *м. разг.*: с ~ком odd, just over, or more; сóрок киломéтров с ~ком forty odd kilometers, just over forty kilometers, forty kilometers or more.

лишéние|е *с.* 1. (*действие*) deprivation; ~ избирáтельных прав disfranchisement; ~ прáва вы́купа залóженного имýщества *юр.* fore closure; ~ свобóды imprisonment; 2. *мн.* (*нужда*) privation *sg.*, privations; hardships; терпéть ~я suffer hardship.

лиши́ть(ся) *сов. см.* лишать(ся).

ли́шн|ий *прил.* 1. superfluous; ~ие дéньги superfluous cash, money to spare; 2. (*ненужный*) unnecessary; ~ие расхóды unnecessary expense *sg.*; это совершéнно ~ее that's quite unnecessary; 3. (*добавочный, дополнительный*) extra; 4. *в знач. сущ. с.* more than necessary; вы́пить ~ее have* had a drop too much; ◇ не ~ее it would not come amiss; позвóлить себé ~ее go* too far; не позволя́ть себé ~его not go* too far; не говори́те ~его! be* careful what you say!; сказáть ~ее let* *one's* tongue run away with *one*; с ~им more than; 300 рублéй с ~им more than three hundred rubles; емý 50 с ~им лет he is over fifty; ~ие лю́ди superfluous/unwanted people, ~ раз once more.

лишь 1. *частица* (только) only; всегó ~ раз only once; я ~ коснýлся э́того I only/just touched it; ~ бы if only; ~ бы отдéлаться от simply/just to get rid of; 2. *союз* (*едва, как только*) as soon as; ~ только as soon as.

лоб *м.* forehead; brow *поэт.*; покáтый ~ receding forehead; откры́тый ~ open forehead; цéлиться пря́мо в ~ *кому-л.* aim straight at *smb.'s* face; атаковáть в ~ attack frontally; пусти́ть себé пýлю в ~ blow* *one's* brains out; на лбý напи́сано writ large on *one's* face; будь он семи́ пя́дей во лбу ◇ be he a Solomon; что в ~, что пó лбу *погов.* ◇ it is all one, it comes to the same thing; **~áстый** having a large forehead.

лóбб|и *с. нескл.* lobby; **~и́рование** lobbying; **~и́ровать** lobby; ~ и́ровать с цéлью внесéния изменéний в законодáтельство lobby for a change in the law; **~и́ст** *м.* lobbyist.

лобзá|нье *поэт.* kiss; **~ть** *несов. поэт.* kiss.

лóбзик *м.* fretsaw.

лóбн|ый *анат.* frontal; ~ая кость frontal/coronal bone; ◇ ~ое мéсто *ист.* place of execution.

лобов|óй frontal; ~áя атáка *воен.* frontal attack; ~óе сопротивлéние *ав.* drag.

лобогре́йка *ж. с.-х.* reaper.

лоб|о́к *м. анат.* pubis; **~ко́вый** pubic.

лоботря́с *м. разг.* lazybones, idler.

лов *м.* catching.

ловела́с *м. разг.* Lovelace, lady killer.

лов|е́ц *м.* hunter; (*рыбак*) fisherman*; ◇ на ~ца́ и зверь бежи́т *посл.* ◇ just what I, he, she, etc., was after.

лови́ть, пойма́ть (*вн.*) **1.** catch* (*smb., smth.*); *несов. тж.* try to catch* (*smb., smth.*); ~ ры́бу fish; **2.** (*изобличать*) catch* (*smb.*) out; ◇ ~ ка́ждое сло́во hang* on *smb.'s* lips; ~ *кого-л.* на сло́ве 1) take* smb. at his, her word; 2) (*придираться*) twist smb.'s remark; ~ *чей-л.* взгляд catch* smb.'s eye; ~ на себе́ *чей-л.* взгляд notice *smb.'s* glance; ~ волну́, ста́нцию pick up a wavelength, a station; ~ в му́тной воде́ ры́бу & fish in troubled waters.

ловка́ч *м. разг.* sharp fellow, dodger.

ло́вк|ий 1. (*искусный*) dexterous, deft, adroit; ~ ход master stroke; **2.** *разг.* (*сообразительный*) sharp(-witted), smart; (*изворотливый*) srafty, slippery.

ло́вк|о 1. *нареч.* neatly; ~ вы́вернуться из *чего-л.* wriggle adroitly out of *smth.*; ~ пойма́ть *кого-л.* catch* *smb.* neatly; **2.** *в знач. межд. разг.*: вот это ~! well done!, very neat!; **~ость** *ж.* **1.** dexterity, deftness, adroitness; **2.** *разг.* (*изворотливость*) cunning, slipperiness; ◇ ~ость рук sleight of hand.

ло́вля *ж.* catching, hunting; ~ силка́ми snarling; ры́бная ~ fishing.

лову́шк|а *ж.* trap, pitfall; попа́сть(ся) в ~у fall* into a trap; пойма́ть в ~у ensnare, entrap.

ло́вчий I 1. hunting; **2.** serving as snare, trap.

ло́вчий II *скл.* как *прил. ист.* huntsman, master of hounds.

ловчи́ть, словчи́ть *разг.* dodge.

лог *м.* ravine, broad gully.

логари́фм *м. мат.* logarithm; табли́ца ~ов table of logarithms; **~и́ровать** *несов.* find the logarithm; **~и́ческий** *мат.* logarithmic; ~и́ческая линейка slide rule; ~и́ческое уравне́ние logarithmic equation.

ло́гика *ж.* logic; ~ веще́й the logic of things; ~ собы́тий the logic of events; у него́ своя́ ~ he acts according to a logic of his own.

логи́ч|еский logical; ~ вы́вод logical conclusion; **~ность** *ж.* logic; **~ный** logical.

ло́гов|ище *с.*, **~о** *с.* (*прям. и перен.*) lair, den.

ло́джия *ж.* loggia.

ло́дк|а *ж.* boat; го́ночная ~ *спорт.* racing boat; па́рная ~ scull; распашна́я *спорт.* sweep-oar boat; мото́рная ~ motorboat, powerboat; подво́дная ~ submarine; спаса́тельная ~ life-boat; ката́ться на ~е go boating.

ло́дочка *ж.* **1.** small boat; **2.** *мн.* (*туфли*) pumps.

ло́дочн|ик *м.* boatman*; **~ый** boat *attr.*; ~ые го́нки boat races; ~ая ста́нция boat-house.

лоды́жка *ж.* ankle.

ло́дырничать *несов. разг.* loaf, idle away *one's* time.

ло́дыр|ь *м. разг.* shirker, slacker; ◇ гоня́ть ~я *разг.* idle/kick *one's* heels.

ло́жа I *ж.* (*театральная*) box; ~ почётных госте́й VIP box; ~ пре́ссы press box.

ло́жа II *ж. тж.* ло́же *с.* (*ружейное*) stock.

ложби́на *ж.* depression, hollow.

ло́же *с.* bed; ◇ Прокру́стово ~ Procrustean bed.

ло́жечк|а *ж.* **1.** small spoon; **2.**: под ~ой in the pit of the stomach; у меня́ сосёт под ~ой I have a sinking sensation.

ложи́ться, лечь **1.** lie* down; ~ спать go* to bed; **2.** (*покрывать собой что-л.*) fall* (on), spread* over; **3.** (*о морщинах, загаре*) form; **4.** (*располагаться тем или иным образом*) set* (in); во́лосы легли́ волна́ми the hair set in waves, the hair turned wavy; **5.** (*брать направление о самолетах и т. п.*) get*; ~ на курс get* on course; ~ на но́вый курс change course; **6.** (на *вн.*; *об ответственности и т.п.*) rest (with), fall* (on); ◇ ~ тяжёлым бре́менем на *кого-л.* be* a heavy burden to *smb.*; ~ в осно́ву underlie*; ~ в дрейф heave* to.

ло́жк|а *ж.* **1.** spoon; десе́ртная ~ dessert spoon; столо́вая ~ tablespoon; ча́йная ~ teaspoon; разлива́тельная ~ ladle; **2.** (*как мера*) spoonful; ◇ чере́з час по ча́йной ~е *погов.* ◇ in microscopic doses; ~ дёгтя в бо́чке мёда a fly in the ointment.

ложноκласс|ици́зм *с. лит.* pseudo-classicism; **~и́ческий** pseudo-classical.

ло́жн|ость *ж.* falsity; **~ый** false, error, dummy; (*ошибочный*) mistaken, erroneous; ~ая скро́мность false modesty; ~ые показа́ния *юр.* false testimony *sg.*; ~ые вы́воды erroneous arguments; ~ые обвине́ния false/spurious charges; ~ое со́лнце mock-sun, parhelion; ◇ ~ая трево́га false alarm; ~ый око́п dummy trench; ~ое самолю́бие false pride; ~ое положе́ние false/ambiguous position; ~ый шаг false step; представля́ть *что-л.* в ~ом све́те present *smth.* in a false light, distort *smth.*; идти́ по ~ому пути follow a mistaken path.

ложь *ж.* falsehood; (*вымысел*) tale; на́глая ~ outrageous lie; неви́нная ~ fib; ◇ ~ во спасе́ние, свята́я ~ white lie.

лоз|а́ *ж.* **1.** (*ива*) willow(s); **2.** (*тонкий стебель*) switch; ве́рбная ~ willow switch; виногра́дная ~ vine; **~ня́к** *м.* willows *pl.*, osiers *pl.*

ло́зунг *м.* **1.** (*призыв*) slogan, watchword, catchword; **2.** (*плакат*) slogan; вы́двинуть ~ advance a slogan.

локализ|а́ция *ж.* localization; **~и́ровать(ся)** *несов.* и *сов. см.* локализова́ть(ся).

локализова́ть *несов.* и *сов.* (*вн.*) localize (smth.); **~ся** *несов. и сов.* become* localized.

лока́льный local.

лока́тор *м.* radar.

лока́ут *м.* lock-out.

локомоби́ль *м. тех.* traction-engine, portable engine.

локомоти́в *м.* locomotive, engine.

ло́кон *м.* lock, curl, ringlet.

ло́к|оть *м.* 1. elbow; ~ чу́вство ~тя *воен.* touch, contact; *перен.* esprit de corps, comradeship; рабо́тать ~я́ми elbow *one's* way; бли́зок ~, да не уку́сишь ◇ so near and yet so far; 2. *ист.* (*мера длины*) cubit, ell; **~тево́й** cubital; ~тева́я кость ulna; funny bone *разг.*

лом I *м.* (*орудие*) crowbar.

лом II *м. собир.* fragments *pl.*, waste, scrap; желе́зный ~ scrap iron.

лома́ка *м. и ж. разг.* simpering/affected person, simperer, poseur.

ло́ман|ый 1. broken; ~ое кре́сло broken armchair; говори́ть на ~ом англи́йском, францу́зском и *т. п.* языке́ speak* broken English, French etc; 2. (*изогнутый под углом*) crooked; ~ая ли́ния *мат.* broken line; ◇ ~ого гроша́ не сто́ит *погов.* ◇ it is not worth a brass fartning.

лома́нье *с.* affected airs *pl.*, affectation, simpering, posing, mincing.

лома́ть, слома́ть (*вн.*) 1. break* (*smth.*); (*на куски*) break* up (smth.); (*сносить постройку*) pull (*smth.*) down, demolish (*smth.*); 2. *тк. несов.* (*добывать камень и т. п.*) quarry (*smth.*), break* (*smth.*); 3. (*уничтожать*) sweep* away (*smth.*), do* away (with), destroy (*smth.*); ~ тради́ции destroy traditions; ~ ста́рые обы́чаи sweep* away old customs; 4. (*резко, круто изменять*) transform (*smth.*), alter (*smth.*); force (*smth.*) into a new mold; ~ хара́ктер alter the character; 5. (*изменять в худшую сторону*) wreck (*smth.*); ~ свою́ жизнь wreck *one's* life; ◇ ~ себе́ ру́ки wring* one's hands; ~ го́лову над *чем-л.* rack/cudgel one's brains over *smth.*

лом|а́ться, слома́ться 1. break*; get* broken; игру́шки ча́сто ~а́ются toys often get broken; 2. *тк. несов.* (*быть ломким, хрупким*) break*, be* breakable; 3. (*уничтожаться*) be* swept away, crumble, totter, disappear; ~слома́лся ста́рый вековóй обы́чай the old customs were swept away; 4. (*резко, круто изменяться*) undergo* a sudden change, be* transformed; 5. (*меняться в худшую сторону*) collapse, be* ruined; 6. *тк. несов.* (*о голосе*) break*; 7. *тк. несов.* (*кривляться*) make* faces, simper, pose; 8. *тк. несов.* (*заставлять себя просить*) pretend, make* a fuss, play hard-to-get.

ломба́рд *м.* pawnshop; заложи́ть в ~ pawn; ~ный pawn *attr.*; ~ная квита́нция pawn-ticket.

ло́мберный: ~ стол card table.

ломи́ть *несов. разг.* 1. break*; 2. *безл.* (*болеть*) ache; у меня ло́мит поясни́цу I have pains in the small of my back; ◇ ~ це́ну **~ся** *несов.* 1. (от *рд.*) be* weighed down (with); сундуки́ ло́мятся от веще́й the trunks are bursting with things; 2. *разг.* (*стараться проникнуть*) try to force; ◇ ~ в откры́тую дверь knock at an open door.

ло́мка *ж.* breaking; break-up; destruction; ~ ме́бели во вре́мя съёмки фи́льма без вреда́ арти́стам *кино* breakaway; ~ ста́рого бы́та the break-up of the old ways; ~ хара́ктера change of character.

ло́мкий brittle, fragile.

ломов|о́й *прил.* 1. dray; ~ изво́зчик carter, drayman*; ~ая ло́шадь cart horse, dray horse; 2. *в знач. сущ.* carter.

ломоно́с *м. бот.* clematis.

ломота́ *ж.* aches and pains *pl.*

лом|о́ть *м.* chunk, hunk; ◇ отре́занный ~ person not longer dependent.

ло́мтик *м.* slice.

лонжеро́н *м. тех.* longeron, (wing) spar.

ло́н|о *с.* bosom, lap; ◇ на ~е приро́ды out in the country, alone with nature, in the open air; ~ семьи́ the bosom of the family.

ло́пасть *ж.* 1. blade, fan valve; ~ оси́ axle tree; 2. *бот.* lamina; ~ обтюра́тора *кино* shutter blade; (*гребного колеса*) paddle.

лопа́т|а *ж.* spade; (*совковая*) shovel; грести́ де́ньги ~ой rake money in; **~ка** *ж.* 1. *см.* лопа́та; ~ка штукату́ра trowel; 2. *анат.* shoulder blade; ◇ положи́ть *кого-л.* на о́бе ~ки; 1) (*в борьбе*) pin smb. down, pin *smb.* to the floor; 2) (*одержать полную победу над кем-л.*) beat* *smb.*; положи́л он тебя́ на о́бе ~ки! he's got you beat!; во все ~ки at full speed.

ло́пать, сло́пать *разг.* gobble up.

ло́п|аться, ло́пнуть 1. burst*; (*о нарыве тж.*) break*; (*о веревке, струне и т. п.*) snap, break*; 2. *разг.* (*терпеть неудачу*) go* bankrupt, crash, go* caput, collapse; ◇ ~ от сме́ха split* *one's* sides with laughter; моё терпе́ние ло́пнуло I can't stand it any more, my patience is exhausted; **~нуть** *сов. см.* ло́паться.

лопота́ть *несов. разг.* jabber, gabble; *перен.* murmur, whisper, mutter, mumble.

лопоу́хий *разг.* lop-eared.

лопу́х *м.* 1. *бот.* dock, burdock; 2. *разг.* (*простак, глупый человек*) noddy, goof, boob.

лорд *м.* lord; ~-ка́нцлер Lord Chancellor; ~-мэр Lord Mayor.

лорне́т *м.* lorgnette.

лоси́н|а *ж.* 1. (*кожа*) elk-skin, buckskin, chamois leather; 2. (*мясо*) elk meat, venison. 3. *мн. воен. ист.* buckskin breeches; **~ый** elk *attr.*; (*из кожи лося*) buckskin *attr.*; ~ые рога́ elk antlers.

лоск *м.* (*прям.* и *перен.*) gloss, luster, shine; в ~ completely, entirely; пья́ный в ~ blind drunk.

лоску́т *м.* rag, shred, scrap; **~ный** scrappy, made of scraps. *ист.* ~ая мона́рхия Austro-Hungarian Empire; ~ное одея́ло blanket, made of scraps.

лосни́ться *несов.* shine*, glisten; ~ от жи́ра be* shiny with grease, shine* with grease.

лосня́щийся shiny, glistening.

лососи́на *ж.* salmon.

лосо́сь *м.* salmon; каспи́йский ~ Caspian sea-trout.

лось *м.* elk.

лосьо́н *м.* face lotion.

лососёвый salmon *attr.*

лот I *м. бирж.* lot.

лот II *м. мор.* lead, plummet; бросáть ~ cast* the lead.

лотерéйный lottery *attr.*; ~ билéт lottery ticket.

лотерé|я *ж.* lottery; (*на вечере и т. п.*) raffle; закóнная ~ lawful lottery; мошéнническая ~ rigged lottery; разы́грывать в ~ю raffle, dispose of by lottery.

лóтлинь *м. мор.* leadline.

лотó *с. нескл.* lotto.

лотóк *м.* 1. (*разносчика*) (street-vendor's), stand, tray; 2. (*прилавок*) (street-)stall; 3. (*жёлоб*) chute, shoot; мéльничный ~ mill-race.

лóтос *м. бот.* lotus.

лотóчник *м.* hawker, peddler, street-vendor.

лох *м. жарг.* simpleton, chump.

лохáн|ка *ж. см.* лохáнь; пóчечная ~ *анат.* renal pelvis; воспалéние пóчечных ~ок pyelitis.

лохáнь *ж.* (wash-)tub.

лохмáтить, взлохмáтить tousle; **~ся** become* tousled, dishevelled.

лохмáтый 1. shaggy; ~ пёс shaggy dog; 2. (*непричесанный*) dishevelled, tousled.

лохмóтья *мн.* rags, tatters; в ~х in rags.

лóц|ия *ж. мор.* sailing directions *pl.*; **~ман** *м.* pilot; **~манский** pilot's; ~манское сýдно pilot vessel; **~манство** *с.* pilotage.

лошади́|ный 1. horse *attr.*; 2. (*похожий на лошадь*) horsy; equine *книжн.*; ~ое лицó equine features *pl.*; ~ая си́ла *физ.* horsepower (*сокр. h. p.*); ~ая дóза huge dose.

лошáдник *м. разг.* 1. horse-fancier; 2. (*торговец*) horse-dealer.

лóшад|ь *ж.* horse; на ~и on horseback, mounted; беговáя ~ race horse; верховáя ~ saddle horse; вы́езжанная ~ trained (schooled) horse; вы́данная по жеребьёвке *спорт.* ~ horse drawn; вьючная ~ pack horse; кавалери́йская ~ cavalry horse; кореннáя ~ shaft horse; полукрóвная ~ half-bred horse; рéзвая ~ fast horse; пристяжнáя ~ outrunner; чистокрóвная ~ thoroughbred horse; сади́ться на ~ mount a horse; седлáть ~ saddle a horse; спéшиваться с ~и dismount a horse; *спорт.* управля́ть ~ью в движéнии control the horse in motion.

лошáк *м.* hinny.

лощёный glossy; *перен.* polished.

лощи́на *ж.* dell, hollow.

лоя́льн|ость *ж.* loyalty, fairness, honesty; **~ый** loyal, fair, honest.

луб *м.* bast*; **~янóй** bast *attr.*

луб|óк *м.* 1. *мед.* splint(s); наклáдывать ~ на *что-л.* splint *smth.*, put* in splints; 2. (*доска*) wood-block; 3. (*картинка*) popular print; **~óчный**: ~очная карти́нка popular print; ~очная литератýра cheap literature.

луг *м.* meadow, grassland; заливнóй ~ water-meadow, flood plain; ~овóй meadow *attr.*, prassland *attr.*

луд|и́льщик *м.* tinner; **~и́ть** *несов.* tin.

лýж|а *ж.* puddle, pool; ◇ сесть в ~у get* into a mess.

лужáйка *ж.* meadow; (*перед домом*) grass, lawn; sward *поэт.*; (forest) glade.

луж|éние *с.* tinning; **~ёный** tinned; ◇ *разг.* ~ёная глóтка throat of cast iron, iron palate.

лужóк *м.* grass plot.

лýза *ж.* pocket.

лук I *м.* 1. (*растение*) onion; 2. *собир.* onions *pl.*; зелёный ~ spring onions *pl.*; ~-порéй leek; голóвка ~а onion.

лук II *м.* (*оружие*) bow; натянýть ~ bend, draw a bow.

лукá *ж.* 1. (*реки, дороги*) bend; 2. (*седла*): зáдняя ~ cantle; перéдняя ~ pommel.

лукáв|ить, слукáвить be* sly, be* cunning; (*притворяться*) dissemble; **~ство** *с.* 1. (*коварство, хитрость*) archness, slyness; 2. (*задор*) roguishness; **~ый** 1. (*коварный, хитрый*) arch, cunning; 2. (*задорный*) roguish.

лýков|ица *ж.* 1. bulb; 2. (*головка лука*) onion; 3. *арх.* "onion" cupola (*в русских церквях*). 4. *разг.* "turnip" watch; **~ичный** bulbous; ~ичные растéния bulbous plants; **~ый** onion *attr.*; of onions *после сущ.*

лукомóрье *с. поэт.* cove, creek.

лукóшко *с.* bast basket, punnet.

лýмпсум *м. торг.* lump sum; ~-фрахт lump-sum-freight; ~-чáртер lump sum-charter.

лун|á *ж.* moon; полёт на Лунý flight to the Moon.

лунати́зм *с.* sleepwalking, *мед.* somnambulism.

лунáтик *м.* sleepwalker; *мед.* sommambulist.

лýнка *ж.* 1. (*углубление*) hollow; (*отверстие*) hole; 2. *анат.* alveole, socket.

лýнн|ый moon *attr.*; *научн.* lunar; ~ свет moonlight; ~ое затмéние lunar eclipse; ~ая ночь moonlit night; ~ мéсяц lunar month; ~ая повéрхность lunar/moon's surface; *мин.* ~ кáмень moonstone.

лунохóд *м.* Lunokhod, Mooncar.

лунь *м. зоол.* harrier; ◇ седóй, как ~ ◇ white-haired, white as snow.

лýпа *ж.* magnifying glass.

лупи́ть, облупи́ть, отлупи́ть (*вн.*) 1. *сов.* облупи́ть (*очищать от шелухи, сдирать*) peel (*smth.*); 2. *сов.* отлупи́ть *разг.* (*бить*) thrash (*smb., smth.*). 3. *сов. разг.* слупи́ть с когó-то втридóрога make* *smb.* pay through the nose; **~ся** *несов. разг.* (*шелушиться*) peel; (*о краске, штукатурке и т. п. тж.*) peel off, flake off, come* off; у негó лýпится лицó his face is peeling.

лупоглáзый *разг.* popeyed, goggle-eyed.

луч *м.* 1. ray, beam; *перен.* ray; ~ свéта shaft of light; ◇ ~ надéжды ray of hope; 2. *мн.физ.* rays; рентгéновские ~и́ X-rays, Röentgen rays; ультрафиолéтовые ~и́ ultra-violet rays; ◇ расходи́ться ~áми radiate; **~евóй** 1. *физ.* radiation *attr.*; ~евóй ток beam current; 2. (*расходящийся лучами*) radial; ◇ ~евáя кость *анат.* radius (*pl.* -dii); ~евáя болéзнь radiation sickness.

лучеза́рный radiant.

лучи́на *ж.* **1.** splinter, chip; **2.** torch.

лучи́ст|ый 1. softly radiant; ~ые глаза́ softly radiant eyes; **2.** *физ.* radiant; ~ая эне́ргия radiant energy.

лучи́ться *несов.* shine* brightly, sparkle.

лучко́в|ый bow-shaped; ~ая пила́ frame-saw.

лу́чник *м.* archer.

лу́чше 1. (*сравнит. ст. прил.* хоро́ший и *нареч.* хорошо́) better; ~ всего́ best of all; **2.** *в знач. сказ. безл.* it is better; больно́му сего́дня ~ the patient is better today; **3.** *в знач. частицы*: вам ~ подожда́ть you'd better wait; вам бы ~ уйти́ you'd better go; ~ не спра́шивай! better not ask!; тем ~ all the better; ◇ тем ~ для него́ so much the better for him; как мо́жно ~ as well as possible; как нельзя́ ~ to perfection.

лу́чш|ий *прил.* **1.** (*сравнит. ст.* от хоро́ший) better; ~ из двух the better of the two; **2.** (*превосх. ст.* от хоро́ший) the best; ~ее ка́чество the best quality; **3.** *в знач. сущ. с.* something better; я хоте́л ~его I wanted something better; за неиме́нием ~его for want of anything better; ◇ в ~ем слу́чае at the best; всего́ ~его! goodbye!; все к ~ему it's all for the best.

лущи́ть *несов.* (*вн.*) **1.** (*очищать от скорлупы и т. п.*) shell (*smth.*); (*семечки*) husk, nibble; (*орехи*) crack; (*горох*) hull, pod; **2.** *с.-х.* (*стерню*) remove the stubble.

лы́ж|и *мн.* **1.** (*ед.* лы́жа *ж.*) skis; ходи́ть на ~ах ski; **2.** *разг.* (*вид спорта*) skiing; во́дные ~ water skis; **~ник** *м.*, **~ница** *ж.* skier; **~ный** ski *attr.*; ~ный спорт skiing; ~ный костю́м ski suit; ~ная мазь ski wax; ~ые крепле́ния ski bindings; ~ная ба́за skiing lodge/center; **~ня́** *ж.* ski track; ◇ навостри́ть ~ show* a clean pair of heels.

лы́к|о *с.* bast; драть ~ bark lime-trees; ◇ не вся́кое ~ в стро́ку *погов.* you mustn't be too exacting/finicky; он ~а не вя́жет *прост.* he's dead drunk; он не ~ом шит *прост.* he's no fool.

лысе́ть, облысе́ть, полысе́ть go* bald, grow* bald, bald.

лы́с|ина *ж.* bald patch/spot; **~ый** bald, bald-headed.

лысу́ха *с. зоол.* coot.

лы́чки *мн.* badges of rank.

ль *частица см.* ли 1, 2.

льв|ёнок *м.* lion cub; **~и́ный** lion's; ◇ ~и́ная до́ля the lion's share; ~и́ный зев *бот.* snapdragon, antirrhinum; **~и́ца** *ж.* lioness.

льго́т|а *ж.* privilege, advantage; ~ы нало́говые *мн. эк.* tax privileges; ~ы по новизне́ grace for novelty; ~ы преференциа́льные preferential advantages; ~ы тамо́женные customs privileges; ~ы тари́фные tariff preferences; ~ы фра́хтовые freight reduction; ~ы фина́нсовые cost benefit; **~ный** special; favorable; ~ный срок special time-limit; ~ые дни days of grace; ~ый тари́ф reduced tariff; ~ные усло́вия favorable conditions; на ~ных усло́виях on favorable terms, at reduced rates.

льди́|на *ж.* ice floe, block of ice; **~стый** icy, ice-covered.

льново́д *м.* flax-grower; **~ство** *с.* flax-growing; **~ческий** flax-growing attr.; ~ческий райо́н flax-growing district.

льноволокно́ *с.* flax fiber.

льнопряд|е́ние *с.* flax-spinning; **~и́льный** flax-spinning *attr.*; ~и́льная фа́брика flax-mill.

льноубо́рочн|ый flax-pulling *attr.*; ~ые маши́ны flax-pulling machines, flax-pullers.

льнуть, прильну́ть (к *дт.*) **1.** cling* (to), snuggle up (to), stick* (to); **2.** *тк. несов. разг.* (*испытывать влечение*) feel* drawn (to), make* (to).

льнян|о́й 1. flax *attr.*; (*о холсте и т. п.*) linen; ~а́я промы́шленность linen industry; ~о́е ма́сло linseed oil; **2.** (*о цвете волос*) flaxen.

льст|е́ц *м.* flatterer; **~и́вый** flattering; ~и́вый челове́к flatterer, sycophant, smooth-tongued; ~и́вые ре́чи flattering speeches.

льсти́ть, польсти́ть (*дт.*) **1.** flatter (*smb.*); **2.** (*быть приятным*) flatter (*smb., smth.*); ~ самолю́бию flatter *one's* vanity; ◇ ~ себя́ наде́ждой flatter oneself with the hope; **~ся** (на) be tempted (with).

лэ́ндинг *м. торг.* landing.

любвеоби́льный loving, full of love.

любе́зн|ичать *несов.* (с *тв.*) *разг.* pay* compliments (to), make* up (to); **~ость** *ж.* **1.** courtesy, amiability; **2.** *обыкн. мн.* (*комплименты*) compliments; **3.** (*одолжение*) favor, kindness; окажи́те ~ость, не откажи́те в ~ости be so kind (as to); **~ый 1.** courteous, amiable, genial; **2.** (*в обращении*) *уст. теперь ирон.* my man*; ~ый чита́тель gentle reader; ◇ бу́дьте ~ы please, be so kind (as to).

люби́м|ец *м.*, **~ица** *ж.* favorite; **~чик** *м. разг.* pet; **~ый** *прил.* **1.** dearly loved; **2.** (*предпочитаемый*) favorite; ~ое заня́тие hobby; **3.** *в знач. сущ. м.* sweetheart, dearest, darling; beloved *поэт.*

люби́тель *м.* **1.** lover, fan, fancier; ~ соба́к dog-fancier; ~ му́зыки music-lover; быть больши́м люби́телем *чего-л.* be* very fond of smth.; **2.** (*непрофессионал*) amateur; **~ский 1.** amateur; ~ский спекта́кль amateur perfomance; ~ская кинематогра́фия amateur cinematography; ~ская кинока́мера amateur movie camera; ~ская фотока́мера amateur camera; по-~ски *нареч.* in an amateurish manner/way; **2.** (*для знатоков*) choice; **~ство** *с.* amateurisnness.

люби́ть *несов.* (*вн.*) **1.** love (*smb., smth.*); ~ свои́х дете́й love *one's* children; ~ свою́ ро́дину love one's country; **2.** (*чувствовать склонность к чему-л.*) be* fond (of); like (*smth.*); ~ чита́ть be* fond of reading; ~ му́зыку like music; **3.** (*быть довольным чем-л.*) like; он не лю́бит, что́бы ему́ возража́ли he does not like being contradicted; ◇ лю́бишь ката́ться, люби́ и са́ночки вози́ть *посл.* ◇ after the feast comes the reckoning.

лю́бо *в знач. сказ. безл. разг.* ~ смотре́ть на *кого-л.*, *что-л.* it's a pleasure to look at *smb.*, *smth.*; ◇ ~-до́рого it's a real pleasure.

любова́ться, полюбова́ться (*тв.* на *вн.*) admire (*smb.*, *smth.*); полюбу́йтесь на него́! just look at him!

любо́вн|ик *м.* lover; *театр.* пе́рвый ~ jeune-premier; **~ица** *ж.* mistress; **~ый** 1. amorous; love *attr.*; ~ое письмо́ love letter; ~ая песнь love song; ~ая ли́рика love lyrics; ~ый взгляд amorous glance; 2. (*заботливый, бережный*) loving; ~ое отноше́ние loving care.

люб|о́вь *ж.* love; ~ к ро́дине love of/for *one's* country; ~ к де́тям love of/for chidlren; матери́нская ~ maternal love; ~ без взаи́мности unrequired love; э́то его́ пре́жняя ~ she is an old flame of his; из ~ви́ (к) for the love (of), for sake (of); ~ с пе́рвого взгля́да love at first sight; ~ к му́зыке love of music; жени́ться по ~ви́ marry for love.

любозна́тельн|ость *ж.* love of knowledge, intellectual curiosity, ~ый curious; with a taste for knowledge *после сущ.*; быть ~ым be* of an inquiring turn of mind, have* a love of knowledge.

любо́й *прил.* 1. any; в ~ день any day; ~ ценой at any price; 2. *в знач. сущ. м.* anyone; ~ из вас any (one) of you.

любопы́т|но 1. *нареч.* (*интересно*) interestingly; (*странно*) curiously, strangely; 2. *в знач. сказ. безл.* it is curious/strange; oddly enough; ~, что никто́ не заме́тил его́ oddly enough, no one noticed him; **~ный** *прил.* 1. (*нескромный*) inquisitive; (*интересующийся*) curious; 2. (*интересный*) interesting; ~ное собы́тие curious incident; он челове́к ~ный he's an interesting/unusual man*; 3. *в знач. сущ. м.* curious person; **~ство** *с.* curiosity; пра́здное ~ство idle curiosity; **~ствовать** *несов.* be* curious/inquisitive.

любостяжа́ние *с рел.* cupidity.

лю́бящий loving, affectionate; (*в письмах*) ~ Ваc yours affectionately.

лю́гер *м. мор.* lugger.

люд *м. собир. разг.* people, folk; ме́лкий городско́й ~ the petty townsfolk.

лю́д|и *м.* people; *воен. уст. тж.* men; ◇ ~ до́брой во́ли people of good will; делов́ые ~ businessmen; вы́биться (вы́йти) в ~ make* *one's* way (in life); вы́вести в ~ put* someone on his feet; на ~ях и смерть красна́ two in distress make sorrow less; **~ный** 1. (*с большим населением*) populous; 2. (*многолюдный*) crowded.

людое́д *м.* cannibal; **~ство** *с.* cannibalism.

людско́й human; род ~ the human race, mankind.

люк *м.* 1. hatch; (*на улице*) manhole; 2. (*для орудия*) gun-port; 3. (*театральный*) trap; светово́й ~ sky light.

люкс *ж. переводится через прил.* de luxe; каю́та ~ de luxe cabin.

лю́лька I *ж.* cradle.

лю́лька II *ж.* pipe.

лю́лька III *ж. воен. (часть лафета)* gun-cradle.

люмба́го *с. нескл. мед.* Lumbago.

лю́мен *м. техн.* lumen; ~-час lumen-hour; ~-ватт lumen per watt.

люминисц|е́нтный luminiscent; **~и́рующий** fluorescent.

люминофо́р *м. хим.* phosphor.

люпи́н *м. бот.* lupin.

лю́рекс *м.* lurex.

лю́стра *ж.* chandelier, candelabrum (*pl* -ra).

лютера́н|ин *м. рел.* Lutheran; **~ка** *ж.* Lutheran; **~ский** Lutheran; **~ство** *с.* Lutheranism.

лю́тик *м. бот.* buttercup, crowfoot.

лю́тня *ж.* lute.

лю́т|ость *ж.* ferocity; **~ый** 1. ferocious; ~ый враг ruthless/vicious enemy; 2. (*мучительный*) excruciating; (*тяжкий*) intense; 3. (*сильный*) severe; ~ный моро́з severe/withering frost.

люфа́ *ж. бот.* loofah.

люфт *м. тех.* clearing.

люце́рна *ж. бот.* alfalfa, lucerne.

ля *с. нескл. муз.* la, A; ~ диез A sharp; ~ бемо́ль A flat.

ляг|а́ть, лягну́ть (*вн.*) kick (*smb.*, *smth.*); **~ся** kick; э́та ло́шадь ~а́ется this horse kicks; **~ну́ть** *сов. см.* ляга́ть.

лягуша́тник *м. разг.* (*бассейн для начинающих*) paddle pool.

лягуша́ч|ий, лягу́шеч|ий frog'a; ~ья икра́ frog-spawn.

лягу́шка *ж.* frog.

ля́жка *ж.* thigh, haunch.

лязг *м.* clanging, clanking; **~ать**, ля́згнуть clang, clank; (*зубами*) chatter.

ля́згнуть *сов. см.* ля́згать.

ля́мк|а *ж.* strap; *мн.* ~и для трапе́ции kicking straps; ◇ тяну́ть ~у drudge, bear* the burden.

ля́пать, ля́пнуть 1. (*вн.*) *разг.* blurt (*smth.*) out; 2. (*делать кое-как*) *разг.* botch, bungle.

ля́пис *м.* silver nitrate, lunar caustic.

ля́пис-лазу́рь *ж. мин.* lapis lazuli.

ля́пнуть *сов.* см. ляпать.

лярд *м.* lard.

ля́псус *м.* blunder, slip (of the tongue).

ля́сы *мн. разг.* точи́ть ~ chatter, talk idly.

М

мавзоле́й *м.* mausoleum.

мавр *м.* Moor ◇ ~ сде́лал своё де́ло, ~ мо́жет уйти́ The Moor has done his duty, let him go; **~ита́нский** 1. Moorish; (*архитект.*, *др.*) Moresque. 2. Mauritanian.

маг *м.* 1. (*волшебник*) magician, wizard; 2. *ист.* magus; Magian; *шутл.* ~ и волше́бник a wonder of efficiency.

магази́н *м.* 1. (*лавка*) shop; store *амер.*; универса́льный ~ department store; бакале́йный ~ grocery; ~ вы́ставка но́вых това́ров exibition shop; гастрономи́ческий ~ grocery and provision shop, delicatessen *амер.*; ~ гото́вого пла́тья ready-made clothes shop; ~ москате́льных това́ров chandlery; ~ на дому́ у торго́вца parlor shop; обслу́живаемый чле́нами семьи́ владе́льца ~ family operated store; парфюме́рный ~ perfumes (shop); писчебума́жный ~ stationer's (shop); ~ самообслу́живания self-service store/shop; ~ со сме́шанным ассортиме́нтом mixed shop; 2. (*в оружии*) magazine; 3. *тех.*: ~ сопротивле́ния resistance box; ди́сковый ~ cartridge drum.

магази́н|ный 1. shop *attr.*; 2. ~ вор shop lifter; 3. (*об оружии*) magazine *attr.*; ~ая коро́бка magazine.

магара́джа *м.* Maharaja.

магары́ч *м.* *разг.* entertainment (*угощенье при сделках и продажах, род взятки, побора*); распи́ть ~ wet the bargain; с вас ~! you owe us a drink!

маги́стерский *прил.* от маги́стр.

маги́стр *м.* 1. Master ~ иску́сств Master of Arts (сокр. M.A.) 2. head of a knightly or monastic order (*глава военно-духовного ордена или братства*).

магистра́ль *ж.* 1. (*дорожная*) main road, arterial road; железнодоро́жная ~ main line, trunk line; во́дная ~ main waterway; га́зовая ~ gas main; 2. (*водопроводная и т.п.*) main; нефтяна́я ~ oil pipeline; **~ный** arterial, main; ~ный локомоти́в long-haul locomotive.

магистра́т *м.* (*городское управление*) city/town council; **~у́ра** *ж.* *тк. ед. собир.* the magistrates *pl.*

маги́ческий magic; *перен.* magical; ◇ ~ круг magic circle.

ма́гия *ж.* magic ◇ чёрная ~ black magic; бе́лая ~ white magic.

ма́гма *ж.* magma.

магна́т *м.* magnate; baron *амер.* tycoon.

магне́зия *ж.* magnesia.

магнети́зм *м.* magnetism; ◇ земно́й ~ terrestrial magnetism.

магнети́т *м.* magnetite, magnetic iron ore.

магне́то *с.* *нескл.* magneto.

ма́гниевый magnesian.

ма́гний *м.* *хим.* magnesium.

магни́т *м.* magnet; **~ный** magnetic; ◇ ~ная анома́лия magnetic anomaly; local attraction; ~ная бу́ря magnetic storm; ~ный железня́к magnetic iron ore, magnetite; ~ный меридиа́н magnetic meridian; ~ное по́ле magnetic field; ~ный по́люс magnetic pole; ~ное наклоне́ние angle of dip/inclination; ~ная звукозапи́сывающая (стира́ющая) голо́вка magnetic sound recording (erase) head; ~ное отклоне́ние magnetic deflection.

магни́тно-электри́ческий electromagnetic.

магнитофо́н *м.* tape recorder; **~ный** tape(-recorder) *attr.*; ~ная за́пись tape(-recording); ~ная ле́нта recording tape; ~ный ште́кер phono plug.

магно́лия *ж.* *бот.* magnolia.

магомета́н|нин *м.*, **~ка** *ж.* Mohammedan; **~ский** Mohammedan; **~ство** *с.* Mohammedanism, the Mohammedan creed.

мада́м *ж.* *нескл.* madam(e).

мадемуазе́ль *ж.* *фр.* 1. mademoiselle; 2. *уст.* governess.

маде́ра *ж.* madeira.

мадо́нна *ж.* madonna.

мадрига́л *м.* madrigal.

мадья́р *м.*, **~ка** *ж.* Magyar; **~ский** Magyar.

мажо́р *м.* 1. *муз.* major key; га́мма ля ~ the scale of A-major; 2. *разг.* (*весёлое настроение*) good spirits/mood; быть в ~ be* in (good form) high spirits; **~ный** 1. *муз.* major. 2. cheerful.

ма́занка *ж.* clay-walled cottage/house.

ма́заный 1. *разг.* (*грязный*) grubby; 2. (*сделанный из глины*) clay-walled, adobe.

ма́зать, пома́зать (*вн.*) 1. (*чем-л. жидким, жирным*) spread* (*smth.*) on; (*стену и т. п. красками*) paint (*smth.*); ~ хлеб маслом butter *one's* bread; 2. *тк. несов. разг.* (*пачкать*) dirty (*smth.*); (*вн. тв.*) smear (*smth.* with), stain (*smth.* with), **~ся**, пома́заться 1. (*мазью и т. п.*) smear *oneself*; 2. *тк. несов. разг.* (*пачкаться*) get* *oneself* dirty; 3. *разг.* (*краситься*) put* on make-up.

ма́зер *м.* maser.

мазня́ *ж.* 1. (*о картине*) daub; (*о плохой работе*) botching, botched/patchy work; 2. (*неумелая игра*) fumbling.

мазо́к *м.* 1. (*кистью*) dab, stroke, touch; 2. *мед.* smear.

мазохи́зм *м.* *мед.* masochism.

мазохи́ст *м.* masochist.

мазу́рик *м.* rogue, swindler.

мазу́рка *ж.* mazurka.

мазу́т *м.* black oil, mazut; **~ный** black oil *attr.*, mazut *attr.*

маз|ь *ж.* ointment; сапо́жная ~ blacking; ◇ де́ло на ~и everything is going smoothly.

маи́с *м.* maize, Indian corn; **~овый** maize *attr.*

май *м.* May; в ма́е э́того го́да this/in May; в ма́е про́шлого го́да last May; last year in May; в ма́е бу́дущего го́да next May; ◇ Пе́рвое ма́я the first of May, May Day.

ма́йка *ж.* (sleeveless) vest; (*спортивная тж.*) football shirt; sports shirt *амер.*

майо́лика *ж.* majolica.

майоне́з *м. кул.* mayonnaise.

майо́р *м.* major; **~ский** major *attr.*

майора́т *м. юр.* **1.** *тк. ед.* (*система*) right of primogeniture; **2.** (*имение*) entailed estate.

ма́йский May *attr.*; ~ день day in May; ◇ ~ жук cockchafer.

мак *м.* **1.** (*цветок*) poppy; **2.** (*семена*) poppy seeds *pl.*

мака́ка *ж.* macaque.

макаро́ны *мн.* macaroni *sg.*

мака́ть *несов.* (*вн.*) dip (*smth.*)

македо́н|ец *м.* Macedonian; **~ский** Macedonian; Алекса́ндр ~ Alexander the Great.

маке́т *м.* **1.** model, mock-up; **2.** *воен.* dummy, lay out, гото́вый ~ рекла́мы comprehensive model.

ма́клер *м.* broker, dealer, jobber, agent, mediator; биржево́й ~ stock jobber, trader, stock-broker; ве́ксельный ~ bill broker; постоя́нный биржево́й ~, веду́щий бухга́лтерские кни́ги regular specialist; страхово́й ~ insurance broker; тамо́женный ~ custom-house broker; помо́щник биржево́го ~а, не име́ющий пра́ва самостоя́тельно принима́ть зака́зы ~а, вре́менно замеща́ющий постоя́нного ~а (в его отсу́тствие) и веду́щий его́ кни́ги relief specialist; ~ това́рной би́ржи pit trader; **~ство** *с.* brokerage, broking.

ма́ков: как ~ цвет poppy-red; кра́сный как ~ цвет red as a rose.

ма́ков|ка *ж.* **1.** (*плод мака*) poppyhead; **2.** (*купол*) cupola; **3.** *разг.* (*головы*) crown, pate. **~ый** poppy *attr.*

макроко́см *м.* macrocosm.

макроми́р *м.* the great world, macrocosm.

макроскопи́ческий macroscopic.

ма́кси- *в сложн.* maxi-.

макси́м *м.* Maxim gun.

максимали́зм *м. ист.* maximalism.

максимали́ст *м. ист.* maximalist.

максима́льный maximum *attr.*, maximal; greatest; top *attr.*

ма́ксимум *м.* **1.** maximum; **2.** *в знач. нареч.* at most; ~, что я могу́ сде́лать the most I can do.

макулату́ра *ж.* **1.** (*негодная бумага*) spoilage, wastepaper; **2.** *разг.* (*бездарное литературное произведение*) rubbish, pulp.

маку́шка *ж.* **1.** top; **2.** (*головы*) crown, pate; ша́пка на ~е with *one's* hat on the back of one's head; ◇ у него́, у неё у́шки на ~е *разг.* he/she is all ears.

мал *см.* ма́лый I.

мала́|ец *м.*, **~йка** *ж.* Malayan.

мала́йский Malayan.

малахи́т *м. мин.* malachite; **~овый** malachite *attr.*

малева́ть, намалева́ть **1.** (*вн.*) paint (*smb., smth.*); **2.** *разг.* (*плохо рисовать*) daub; ◇ не так стра́шен чёрт, как его́ малю́ют *посл.* the devil is not so black as he is painted.

мале́йш|ий (*превосх. ст. прил.* ма́лый) the slightest, the faintest; ни ~ей опа́сности not the slightest danger; ни ~его́ поня́тия not the faintest idea.

малёк *м.* young fish; *собир.* fry.

ма́леньк|ий *прил.* **1.** little*; (*обычно только о размере*) small; (*низкорослый тж.*) short; **2.** (*незначительный*) slight, little*; ~ие моро́зы light frosts; ~ая неприя́тность slight unpleasentness, spot of trouble; **3.**: ~ие лю́ди people of no importance; **4.** (*малолетний*) little*; **5.** *в знач. сущ. м.* child, little one.

мали́н|а *ж.* **1.** *собир.* (*ягоды*) raspberries *pl.*; **2.** (*об отдельной ягоде*) raspberry; **3.** (*растение*) raspberry(-cane); **~ник** *м.* patch of raspberries; **4.** *фиг. разг.* ◇ у нас житьё ~ we are in clover.

мали́новка *ж. зоол.* robin.

мали́нов|ый I 1. raspberry *attr.* ~ое варе́нье raspberry jam; **2.** (*о цвете*) crimson; **II** ~ звон mellow chime.

ма́лка *ж. тех.* bevel.

ма́ло *нареч.* **1.** (*немного*) little*; он говори́л ~ he said little*, he had little* to say; он ~ чита́ет he doesn't read much; **2.** (*недостаточно*) not enough; ~! that's not enough!; ра́зве э́того ~? isn't that enough?; пяти́ дней бу́дет ~ five days won't be enough; ~ сказа́ть - на́до показа́ть it's not enough to explain - you must show how it's done; **3.** *в знач. числ.* not much; not many, (only a) few (*с сущ. во мн. ч.*); ~ де́нег not much money; ~ книг, наро́да not many books, people; ~ посети́телей only a few visitors; о́чень ~ книг very few books; о́чень ~ наро́да very few people; **4.** *с мест. и нареч.*: ~ кто hardly anybody, few (people); ~ что hardly anything; ~ где hardly anywhere; ~ когда́ hardly ever; ~ ли чего́ челове́к не наговори́т a person may say anything ; ~ ли кто придёт anyone may come; ~ ли что мо́жет случи́ться anything might happen; ◇ ~ того́ and what's more; ~ того́ что... not only...; ~ ли что! what of it?, that doesn't mean anything!

малоавторите́тный insufficiently, authoritative.

малоазиа́тский Asia Minor.

малоблагоприя́тный unfavorable.

малова́жный insignificant, unimportant.

малова́т *разг.* on the small side; ~ ро́стом undersized.

малова́то *разг.* not quite enough; not very much.

малове́р *м.* sceptic.

малове́рие *с. ед.* lack of faith, scepticism.

маловероя́тный improbable, scarcely probable.

малове́сный lightweight, light, short-weight.

маловóдный 1. (*о реке и т.п.*) shallow; **2.** (*о местности*) arid, dry (of land).

маловóдье **1.** shortage of water; **2.** low water-level, shallowness.

маловы́годный unprofitable, unrewarding.

малогабари́тн|ый compact, small; ~ приёмник small radio set; ~ая мéбель compact furniture, furniture of convenient size.

малоговоря́щий not enlightening, not illuminating.

малогрáмотн|ость *ж.* semi-literacy; **~ый** **1.** semi-literate, half-educated; **2.** (*сделанный без достаточных знаний*) unskilled; ~ый чертёж unskilled drawing.

малодéйственный ineffective.

малодоказáтельный not persuasive, unconvincing.

малодостовéрный improbable, not well founded.

малодохóдный unprofitable.

малоду́шествовать *несов.* lose* heart, be* faint-hearted.

малоду́|шие *с.* faint-heartedness, craven spirit; **~ный** faint-hearted, craven, pusillanimous; (*о поступке*) cowardly.

малоéзженный **1.** (*о лошади*) little ridden; **2.** (*о дороге*) little used, unfrequented.

малозамéтный **1.** unobtrusive; **2.** (*мало себя проявляющий*) insignificant, undistinguished.

малоземéль|е *с.* land-hunger; **~ный** land-starved, land-hungry.

малознакóмый unfamiliar.

малозначи́тельный insignificant.

малоизвéстный little-known.

малоиму́щий needy, poor.

малоинтерéсный uninteresting.

малокали́берный small-caliber; (*об огнестрельном оружии*) small-bore *attr*.

малокрóв|ие *с.* anaemia; **~ный** anaemic.

малолéт|ний *прил.* **1.** young, underage; **2.** *в знач. сущ. м.* juvenile; **~ство** *с. разг.* childhood.

малолитрáжка *ж. разг.* mini-car.

малолитрáжный: ~ автомоби́ль small(-displacement) car.

малолю́дный (*о крае*) thinly populated; (*об улице*) empty, deserted; (*о собрании*) poorly attended.

мáло-мáльски *разг.* a little bit, in the slightest degree; ~ культу́рный человéк anyone with the slightest pretensions to culture.

маломóщн|ый **1.** (*физически слабый*) feeble; **2.** (*бедный*) small; ~ое крестья́нское хозя́йство small peasant farm; **3.** (*небольшой мощности*) low-powered.

малонадёжный unreliable, undependable.

малонаселённый sparsely/thinly populated.

малообщи́тельный unsociable, uncommunicative.

малоосвóенный little-developed; ~ райóн little-developed area.

малооснова́тельный unfounded, undependable.

малоподви́жный slow, inactive; sluggish; ~ сустáв stiff joint.

малоподéржанный little used, almost unused.

мáло-помáлу *разг.* little by little.

малопоня́тливый *разг.* not very bright, slow in the uptake.

малопоня́тный not very comprehensible, obscure.

малопри́быльный bringing little profit, of little profit.

малопригóдный of little use.

малопродукти́вн|ый **1.** unproductive; ~ая рабóта unproductive work; **2.** *с.-х.* low-yield; ~ скот poor-yielding/low-yield cattle.

малопроизводи́тельный unproductive; ~ ручнóй труд unproductive manual labor.

малорáзвитый **1.** (*физически*) undeveloped, half-grown; **2.** (*недостаточно развитый*) underdeveloped; **3.** (*недостаточно образованный*) half-educated, uncultivated.

малоразговóрчивый taciturn.

малорóслый undersized, stunted.

малорóсс *м. уст.* Little Russian (Ukrainian).

малоросси́йский *уст.* Little Russian (Ukrainian).

малороссия́нин *м. уст.* = малорóсс.

малору́сский *см.* малоросси́йский.

малосвéдующий ill-informed.

малосемéйный with a small family *после сущ.*

малоси́льный **1.** weak; **2.** (*о машине и т. п.*) low-powered.

малосодержáтельный empty, unsubstantial, uninteresting.

малосóльный midly salted.

малосостоя́тельный **1.** (*небогатый*) not very prosperous; **2.** (*неубедительный*) not very convincing.

мáлость *ж. разг.* **1.** trifle; сáмая ~ остáлась there's hardly any left; **2.** *в знач. нареч.* a bit, a little.

малосущéственный of small importance, immaterial.

малотирáжный small-circulation *attr*.

малоубеди́тельный not very convincing.

малоупотреби́тельный rarely-used.

малоурожáйн|ый low-yield; ~ые культу́ры low-yield crops.

малоуспéшный unsuccessful.

малоутеши́тельный not very consoling/comforting.

малоцéнный of little worth *после сущ.*, of little value *после сущ.*

малочи́сленный small, not numerous.

малоэффекти́вный ineffective.

мáл|ый I *прил.* **1.** (*по величине, возрасту*) small; ~ые дéти small children; **2.** (*незначительный*) slight, light; **3.** *тк. кратк. ф.* (*не впору, тесный*) (too) small; пальтó ~о the coat is too small; **4.** *в знач. сущ. с.* a little; довóльствоваться ~ым be* satisfied with a little; ◇ ~ая скóрость *ж.-д.* low speed; ~ ход *мор.* slow speed; ~ые фóрмы *театр.* short plays; с ~ых лет from childhood, ever since one was a child; (*с младенчества*) from infancy; са́мое ~ое at least; без ~ого nearly, almost; за ~ым де́ло ста́ло one thing is missing; мал ~а меньше one smaller than the other.

ма́лый II *м. разг.* (*парень*) fellow, boy, lad; kid *амер.*

малы́ш *м. разг.* **1.** kiddy, little one; **2.** (*о человеке маленького роста*) little man*, short fellow.

ма́льва *ж. бот.* mallow; (*садовая*) hollyhock.

ма́льчик *м.* boy; ◇ ~ с па́льчик hop-o'-my-thumb.

мальчи́ш|еский boyish; (*ребяческий*) childish; **~ество** *с.* childishness; (*шалость*) (childish) prank; **~ка** *м. разг.* boy; вести́ себя́ как ~ка behave like a boy; *разг.* urchin; в сравне́нии с однокла́ссниками он ~ by comparison with his classmates, he is a child.

мальчи́шник *м.* stag party.

мальчуга́н *м. разг.* little chap, little fellow.

малю́сенький *разг.* tiny, wee.

малю́тка *м. и ж.* baby.

маля́р *м.* **1.** (house-)painter; **2.** (*о плохом художнике*) daubster.

маляр|и́йный malarial; **~и́я** *ж. мед.* malaria.

маля́рн|ый: ~ые рабо́ты painting *sg.*; ~ая кисть paintbrush.

ма́м|а *ж.* mummy; **~а́ша** *ж. разг.* mother; **~енькин** *разг.* mother's; ◇ ~енькин сыно́к mother's darling, milksop.

ма́монт *м.* mammoth; ~ое де́рево *бот.* sequoia, Wellingtonia.

ма́мочка *ж. разг.* mummy.

мана́т *м.* (*денежная единица Азербайджанской республики*) manat.

мана́тки *с. мн. жар.* possessions, goods and chattels.

ма́нго *с. бот.* mango.

ма́нгровый *бот.* mangrove.

мангу́ста *ж. зоол.* mongoose.

мандари́н *м.* **1.** (*плод*) tangerine; **2.** (*дерево*) tangerine tree.

мандари́новый tangerine *attr.*

манда́т *м.* mandate; (*на съезд и т. п.*) credentials *pl.*; **~ный** mandate *attr.*; ~ная коми́ссия Credentials Commission; ~ная систе́ма голосова́ния card vote system; ~ная террито́рия mandated territory.

мандоли́н|а *ж.* mandolin; **~и́ст** *м.* mandolin player.

мандри́л *м. зоол.* mandrill.

манёвр *м.* **1.** *воен.* maneuver; *перен. тж.* device, wile; **2.** *мн. воен.* (*тактические занятия*) maneuvers; **3.** *мн. ж.-д.* shunting *sg.*

манёвренный **1.** maneuverable; **2.** *воен.* maneuver *attr.*

мане́врировать *несов.* **1.** maneuver; *перен.* (*хитрить*) dodge; **2.** *ж.-д.* shunt.

маневро́вый *ж.-д.* shunting *attr.*

мане́ж *м.* **1.** (*для верховой езды*) riding-school; (*крытый тж.*) riding hall; **2.** (*в цирке*) ring; **3.** (*для детей*) play pen; **~ить** *несов.* (*вн.*) *разг.* keep* putting (*smb.*) hanging about.

мане́жик *м.* play pen.

манеке́н *м.* dummy.

манеке́нщ|ик *м.*, **~ица** *ж.* model, mannequin.

мане́р *м. разг.* way, manner; на ~ *чего-л.* like *smth.* на свой ~ in *one's* own manner.

мане́ра *ж.* **1.** manner; (*привычка, способ*) way; ~ держа́ть себя́ behavior, bearing; **2.** *мн.* (*внешние формы поведения*) manners; **3.** (*особенности творчества, исполнения*) manner, style.

мане́рничать *несов. разг.* behave affectedly.

мане́рн|ость *ж.* affectation; preciosity; **~ый** affected; precious.

манже́та *ж.* cuff.

маниака́льный maniacal.

маникю́р *м.* manicure; **~ша** *ж.* manicurist.

манипул|и́ровать *несов.* (*тв.*) manipulate (*smth.*); **~я́тор** *м.* manipulator; **~я́ция** *ж.* manipulation.

мани́ть, помани́ть (*вн.*) **1.** (*звать*) signal (*smb.*, to); (*пальцем*) beckon (*smb.*); **2.** *тк. несов.* (*привлекать*) attract (*smb.*), have* an attraction (for); мо́ре ма́нит меня́ the sea draws me.

манифе́ст *м.* manifesto.

манифеста́ция *ж.* demonstration.

мани́шка *ж.* shirt-front; (*пристёгивающаяся*) dicky.

ма́ния *ж.* mania; ~ вели́чия megalomania; ~ пресле́дования persecution mania.

манки́ровать *несов. и сов.* **1.** (*тв.*; *пренебрегать*) neglect (*smth.*); ~ свои́ми обя́занностями neglect *one's* duties; ~ заня́тиями neglect *one's* studies; **2.** *уст.* (*не посещать*) fail to attend; be* irregular in *one's* attendance; (*о школьниках*) play truant.

ма́нн|ый: ~ая крупа́ semolina; ~ая ка́ша cooked semolina.

мано́метр *м.* manometer, pressure gauge.

манса́рда *ж.* attic(-room).

манти́лья *ж.* mantilla.

ма́нтия *ж.* cloak.

манто́ *с. нескл.* coat.

мануфакту́р|а *ж. тк. ед.* (*ткани*) textiles *pl.*; **~ный** textile; ~ный магази́н drapers'; dry-goods store *амер.*; ~ные изде́лия textiles.

маньчжу́р *м.*, **~ка** *ж.* Manchurian; **~ский** Manchurian.

манья́к *м.* maniac.

мара́зм *м.* debility, marasmus; ста́рческий ~ senile debility.

мара́ть, замара́ть, намара́ть (*вн.*) *разг.* **1.** *сов.* замара́ть dirty (*smth.*), make* (*smth.*) dirty; *перен.* soil (*smth.*), cast* a slur (on); ~ репута́цию soil one's reputation; **2.** *сов.* намара́ть (*неряшливо писать, рисовать*) scribble (*smth.*), scrawl (*smth.*); ◇ ~ бума́гу waste paper, scribble; ~ ру́ки об *кого-л.*, обо *что-л.* soil *one's* hands on *smb.*, *smth.*;

~ся, замара́ться get* oneself dirty, dirty oneself.

марафо́н|ец *м.* Marathon runner; **~ский**: ~ бег Marathon race.

ма́рган|ец *м. хим.* manganese; **~цевый** manganesian; manganese *attr.*

маргари́н *м.* margarine; **~овый** margarine *attr.*

маргари́тка *ж. бот.* daisy.

ма́рево *с.* **1.** mirage; **2.** (*дымка, туман*) haze.

мари́ *м. и ж. нескл. см.* мари́ец, мари́йка.

мар|и́ец *м.*, **~и́йка** *ж.* Mari; **~и́йский** Mari; ~и́йский язы́к Mari, the Mari language.

марина́д *м.* **1.** marinade; **2.** *обыкн. мн.* (*маринованный продукт*) marinade *sg.*; (*овощи*) pickles.

марини́ст *м.* painter of seascapes.

марин|о́ванный marinated, pickled; **~ова́ть**, замаринова́ть (*вн.*) **1.** marinate (*smth.*), pickle (*smth.*); **2.** *разг.* (*задерживать исполнение чего-л.*) shelve (*smth.*); (*заставлять ждать*) keep* (*smb.*) waiting; ~овать де́ло put* things off.

марионе́т|ка *ж.* marionette; puppet (*тж. перен.*); **~очный** puppet *attr.*; ~очное прави́тельство puppet government.

марихуа́на *ж.* marijuana; pot *разг.*

ма́рк|а *ж.* **1.** (*почтовая*) (postage-)stamp; **2.** (*клеймо*) mark; brand; **3.** (*сорт, тип изделия, товара*) make; ◇ высшей ~и of the first water; под ~ой *чего-л.* under the guise of *smth.*; держа́ть ~у maintain *one's* reputation (for); **4.** торго́вая ~а trade mark.

марке́тинг *м. эк.* marketing; **~овая** информацио́нная систе́ма marketing information service; ~овая реви́зия marketing audit; ~овая слу́жба marketing service; ~овое иссле́дование marketing research.

маркизе́т *м.* marquisette.

ма́ркий easily soiled; э́то ~ материа́л this stuff shows the dirt.

маркиро́вк|а (*груза*) *ж.* marking; mark; ~ грузова́я shipping marks; ~ тра́нспортная transport marking; ~ э́кспортная export marking; дополни́тельная ~ additional marking; недоста́точная ~ insufficient marking; пра́вильная ~ correct marking; специа́льная ~ special marking; чёткая ~ clear marking; ~ отправи́теля consignor's mark(ing); ~ получа́теля consignee's mark(ing); наноси́ть ~у mark, grade, do* the marking; ука́зывать ~у в накладно́й specify marking in a waybile.

маркита́нт *м. ист.* sutler.

маркси́зм *м.* Marxism.

маркси́ст *м.* Marxist; **~ский** Marxist, Marxian.

маркше́йдер *м.* mine surveyor; **~ский**, ~ская съёмка mine surveying.

ма́рля *ж.* gauze; (*для процеживания*) cheesecloth.

мармела́д *м.* fruit jellies *pl.*

мармори́ровать *несов. тех.* marble.

мародёр *м.* looter, marauder; **~ство** *с.* looting; **~ствовать** *несов.* loot; **~ский** marauding; ~ские це́ны *разг.* exorbitant prices.

ма́р|очный: ~очное вино́ fine wine.

Марс *м. астр., миф.* Mars.

марс *м. мор.* top.

марса́ла *ж.* Marsala (wine).

марсе́ль *м. мор.* topsail.

марселье́за *ж.* Marseillaise.

марсиа́нин *м.* Martian.

март *м.* March; в ~е э́того го́да this/in March; в ~е про́шлого го́да last March; last year in March; в ~е бу́дущего го́да next March.

марте́н *м.* open-hearth furnace.

марте́новск|ий open-hearth; ~ая печь *см.* марте́н; ~ проце́сс open-hearth process; ~ая сталь open-hearth steel.

мартенси́т *м. тех.* martensite.

мартинга́л *м.* martingale.

мартиро́лог *м.* martyrology.

ма́ртовский March *attr.*

марты́шка *ж.* marmoset.

марципа́н *м.* marzipan.

марш I *м.* **1.** march (*тж. муз.*); **2.** (*лестницы*) flight (of steps).

марш II *межд.*: ша́гом ~! quick march!; ~ отсю́да! off with you.

ма́ршал *м.* marshal; ~ Росси́йской Федера́ции Marshal of the Russian Federation.

ма́ршальский marshal's.

ма́ршальство *с.* rank of marshal.

ма́рш|евый: ~ поря́док marching order; ~евые ча́сти drafts, reinforcements.

маршир|ова́ть *несов.* march; **~о́вка** *ж.* marching, foot drill.

маршру́т *м.* itinerary, route; **~ный**: ~ный по́езд *ж.-д.* through goods train; ~ное такси́ shuttle.

маршрутиза́ция *ж.* conveyance by through goods-train.

ма́ск|а *ж.* mask; посме́ртная ~ death mask; ◇ наде́ть (*на себя*) ~у put* on a mask, mask *oneself*; сбро́сить (*с себя*) ~у throw* off the mask; сорва́ть ~у *с кого-л.* unmask *smb.*, expose *smb.*

маскара́д *м.* **1.** (*бал*) fancy dress ball, costume ball, masquerade; **2.** (*необычный костюм*) fancy dress; *перен.* playacting; **~ный** fancy dress *attr.*; ~ный костю́м fancy dress.

маскир|ова́ть, замаскирова́ть (*вн.*) **1.** mask (*smb.*), disguise (*smb.*); **2.** (*закрывать, прикрывать*) camouflage (*smth.*); conceal (*smth.*) (*тж. перен.*); **~ова́ться**, замаскирова́ться **1.** put* on a mask; (*тв.*) dress up (as); **2.** (*закрываться, прикрываться*) camouflage *oneself*; *перен.* bluff; **~о́вка** *ж.* **1.** (*действие*) concealment; **2.** (*то, чем маскируют*) camouflage; **~о́вочный** camouflage *attr.*

ма́сленица *ж.* Shrovetide; ◇ не житьё, а ~ this is the life! ◇ не всё коту́ ~ *см.* *кот.*

маслёнка *ж.* **1.** (*посуда*) butter dish; **2.** *тех.* lubricator; (*ручная*) oilcan.

маслёнок *м.* (*гриб*) Boletus luteus.

ма́сленый **1.** buttered, rich; (*запачканный маслом*) oily, greasy; **2.** *разг.* oily, unctuous; **3.** *разг.* voluptuous, sensual.

масли́на *ж.* **1.** (*плод*) olive; **2.** (*дерево*) olive(-tree).

ма́слить *несов.* **1.** butter; **2.** oil, grease.

ма́слиться *несов.* **1.** leave greasy marks; **2.** *разг.* shine; glisten.

ма́сличн|ый oil-bearing; oleaginous *научн.*; ~ые культу́ры oil-producing crops; ~ая гора Mount of Olives.

ма́сл|о *с.* **1.** (*растительное*) oil; (*коровье*) butter; **2.** *жив.* oil; писа́ть ~ом paint in oils; <> как по ~у swimmingly.

масло|бо́йка *ж.* churn; **~о́йня** *ж.* oil mill; ~де́лие *с.* butter making; **~де́льный** butter-making *attr.*; ~де́льный заво́д butter factory, creamery; ~де́л *м.* **1.** butter manufacturer; **2.** oil manufacturer; **~заво́д** *м.* **1.** creamery, butter dairy; **2.** oil-mill; **~ме́р** *м.* oil gange, dipstick; **~про́вод** *м.* oilpipe, oilpipeline; **~ро́дный** газ *хим.* ethylene; **~систе́ма** *ж.* lubrication system.

масляни́стый **1.** oily; **2.** (*лоснящийся*) greasy-looking.

ма́слян|ый oily, greasy; ~ое пятно́ grease spot, <> ~ая кра́ска oil paint; oils *pl.*

масо́н *м.* freemason, mason; **~ский** masonic; ~ство *с.* freemasonry.

ма́сс|а *ж.* **1.** mass; **2.** (*тестообразное вещество*) mass; dough, pulp, substance; **3.** (*большинство*) the bulk; (*скопление*) mass; основна́я ~ *чего-л.* the bulk of *smth.*; в ~е as a whole, the majority (of); муравьи́ густо́й ~ой копоши́лись в траве́ the grass was a seething mass of ants; **4.** (*рд.*) *разг.* (*множество*) a lot (of); heaps (of) *pl.*

масса́ж *м.* massage; **~и́ст** *м.* masseur; **~и́стка** *ж.* masseuse.

масси́в *м.* **1.** (*горный*) massif, mountain mass; **2.** (*большое пространство*) tract; лесно́й ~ tract of forest, large forest area; торфяно́й ~ peat bog.

масси́вный massive.

масси́рованный mass *attr.*, massed.

масси́ровать I *несов. и сов.* (*вн., делать массаж*) massage (*smb., smth.*).

масси́ровать II *несов. и сов.* (*вн.*) *воен.* (*сосредоточивать*) mass (*smth.*), concentrate (*smth.*).

массови́к *м. разг.* organizer of mass cultural and sports activities.

массо́вка *ж. разг.* **1.** mass meeting; **2.** group excursion; **3.** crowd scene/inplay, film

ма́ссов|ость *ж.* mass character; **~ый** mass *attr.*; (*общедоступный*) popular; ~ая демонстра́ция mass demonstration; ~ые и́гры popular games; ~ое произво́дство large-scale production; ~ые сре́дства информа́ции mass media; ~ый чита́тель the general reader; това́ры ~ого потребле́ния consumer goods; ~ые сце́ны crowd scenes.

ма́ссы *мн.* the masses.

маста́к *м. разг.* expert, past master.

ма́стер *м.* **1.** skilled craftsman*; maker; сапо́жный ~ shoemaker; **2.** (*большой специалист своего дела*) master, expert; ~ худо́жественного сло́ва skilled reciter; ~ своего́ де́ла expert, a great master in one's line; **3.** (*на вн.*) *разг.* (*искусный человек*) good hand (at); он ~ на вы́думки he's very inventive; **4.** (*цеха и т.п.*) foreman*; сме́нный ~ shift foreman*; **5.** (*звание*): ~ спо́рта Master of Sport, Sport-Master; <> ~ на все ру́ки versatile worker, jack-of-all-trades; де́ло ~а бои́тся you've only got to know how, clever hands make light work.

мастер|и́ть, смастери́ть (*вн.*) *разг.* make* (*smth.*), contrive (*smth.*); **~ская** *ж.* **1.** workshop; ремо́нтная ~ская repair shop; **2.** (*на заводе*) shop; **3.** *мн.* workshops; железнодоро́жные ~ские railway workshops; **4.** (*художника, скульптора*) studio (*pl.* -os).

мастер|ско́й masterly; **~ство** *с.* **1.** (*ремесло*) handicraft, trade; **2.** (*искусство, умение*) skill, mastery.

мастерски́ skilfully; in masterly fashion.

мастика *ж.* **1.** mastic; **2.** (*для натирания полов*) floor polish.

масти́к|овый: ~овое де́рево mastik (tree).

масти́т *м. мед.* mastitis.

масти́тый venerable.

мастодо́нт *м.* mastodon.

мастурби́ровать *несов.* masturbate.

масть *ж.* **1.** (*животного*) coat; **2.** (*в картах*) suit; ходи́ть в ~ follow suit.

масшта́б *м.* scale; в большо́м ~е on a large scale; в междунаро́дном ~е on an international scale; **~ность** *ж. перен.* (large) scale, range, dimensions.

мат *м.* **1.** *шахм.* checkmate; объяви́ть ~ mate; **2.** (floor-, door-)mat; **3.** *тк. ед.* (*матовость*) mat; навести́ ~ (на) roughen mat (to); (*о стекле*) frost; **4.** крича́ть благи́м ~ом *разг.* shout at the top of one's voice; **5.** *разг.* (*неприличная брань*) foul/obscene language.

матема́тик *м.* mathematician.

матема́т|ика *ж.* mathematics; вы́сшая ~ higher mathematics; **~и́ческий** mathematical; ~и́ческое обеспече́ние software.

матере́ть *несов. разг.* **1.** grow to full size; **2.** *перен.* become* hardened.

матереуби́йство *с.* matricide (act).

материа́л *м.* material; (*ткань тж.*) stuff, fabric.

материал|и́зм *м.* materialism; истори́ческий ~ hictorical materialism; диалекти́ческий ~ dialectical materialism; **~и́ст** *м.* materialist; **~исти́ческий** materialist; **~исти́чный** materialistic.

материализова́ться *несов. и сов.* materialize.

материа́льность *ж.* materiality.

материа́льно-техни́ческ|ий material and technical; ~ая ба́за the material and technical basis.

материа́льн|ый material; (*денежный тж.*) financial, pecuniary; ~ мир material universe; ~ые ресу́рсы material resources; ~ое положе́ние financial position; затрудни́тельное ~ое положе́ние pecuniary embarrassment; быть в хоро́шем ~ом положе́нии be* well off; ~ая заинтересо́ванность material incentives *pl.*; ~ые це́нности material values; ~ая отве́тственность financial responsibility; ~ые и духо́вные потре́бности material and intellectual/spiritual needs; ◇ ~ая часть material, equipment.

матери́к *м.* continent; (*в отличие от острова*) mainland.

матери́нский 1. (*принадлежащий матери*) mother's; **2.** (*свойственный матери*) maternal, motherly.

матери́нство *с.* maternity, motherhood.

матери́ться *несов. разг.* use foul language.

матери|я *ж.* **1.** matter; строе́ние ~и structure of matter; **2.** (*ткань*) fabric, stuff; **3.** (*тема, разговор*) subject.

ма́терный *разг.* obscene, abusive.

матеро́й: ~ волк adult/full-grown wolf*; ~ дуб ancient oak.

мате́рчатый *разг.* fabric *attr.*

матерщи́на *ж. разг.* foul language.

матёрый 1. *см.* матерой; **2.** *разг.* (*опытный*) veteran, experienced; **3.** (*закоренелый*) inveterate; ~ враг inveterate enemy.

ма́тица *ж. тех.* tie-beam, joist.

ма́тка *ж.* **1.** (*самка*) female; (*пчелиная*) queen(-bee); **2.** *анат.* womb; uterus *мед.*

ма́товый 1. (*тусклый*) lusterless, dull; (*о цвете лица*) mat; **2.** (*о стекле*) frosted.

ма́точник *м.* **1.** queen bee's cell; **2.** *бот.* style, ovary.

ма́точный uterine.

матра́с *м.*, **матра́ц** *м.* mattress.

матрёшка *ж.* matryoshka (*русская игрушка из деревянных кукол различных размеров, вставляющихся одна в другую*).

матриарха́|т *м.* matriarchy.; **~льный** matriarchal.

ма́триц|а *ж.* matrix (*pl.* -ices, -ixes); **~ировать** *несов. полиг.* make* matrix(-moulds).

матро́на *ж.* matron.

матро́с *м.* seaman*; sailor *разг*; **~ка** *ж.* (*блуза*) sailor's blouse; **~ский** sailor *attr.*; sailor's; ~ский костю́м sailor-suit.

ма́тушка *ж.* mother.

матч *м. спорт.* match; ~ на пе́рвенство ми́ра по футболу match for the World Football Championship, the World Cup match.

матч-турни́р *м.* tournament.

мать *ж.* mother.

мать-и-мачеха *ж. бот.* coltsfoot.

ма́фия *ж.* Mafia.

мах *м.* **1.** stroke; (*колеса*) turn; ◇ одни́м ~ом at one stroke; at a single bound (*прыжком*); с ~у rashly; дать ~у fail, make* a blunder; **2.** *спорт.* swing; большо́й ~ giant swing; ~ вперёд forward swing; ~ дуго́й undershoot, hang*; ~ом вперёд сгиба́ние и разгиба́ние рук dip swing to the front (bars); ~ом наза́д back swing; промежу́точный ~ intermediate swing; подъём ~ом вперёд (назад) underswing forward (backward).

маха́льный *воен. спорт.* signaller.

маха́ть, махну́ть (*тв.*) wave (*smth.*); (*крыльями*) flap (*smth.*), flutter (*smth.*); ~ руко́й *кому-л.* wave (*one's* hand) to *smb.*; ~ хвосто́м swish its tail; (*о собаке*) wag its tail.

ма́хина *ж. разг.* bulky and cumbersome object.

махина́ция *ж.* trick, machination; *мн. тж.* machinations.

махну́ть *сов.* **1.** *см.* махать; **2.** *разг.* (*прыгнуть*) leap*; **3.** *разг.* (*поехать*) go*; (*в другой город*) dash over (to); ◇ ~ руко́й на *кого-л.*, *что-л.* give* *smb.*, *smth.* up (as hopeless, as a bad job).

ма́хов|ой 1. *тех.* ~ое колесо́ fly-wheel; **2.** *зоол.* ~ые пе́рья wing feathers.

махов|и́к *м. тех.* fly-wheel; **~ой**: ~ое колесо́ *см.* махови́к.

ма́хонький *разг.* wee.

махо́рка *ж.* makhorka (*род табака*).

махро́в|ый 1. (*о цветах*) double; **2.** (*отъявленный*) diehard *attr.*; ~ реакционе́р diehard reactionary; **3.** *текст.* terry; ~ое поло́тенце terry towel.

маца́ *ж.* matzoth.

ма́чеха *ж.* stepmother.

ма́чт|а *ж.* mast; (*высотная конструкция для антенн и т. п. тж.*) tower; **~овый** mast *attr.*; ~овый лес ship-timber.

машбюро́ *с.* (*машинописное бюро*) typing pool.

маши́н|а *ж.* **1.** machine; (*двигатель*) engine; *мн. собир.* machinery *sg.*; *перен.* (*организация*) machine; военная ~ war machine; **2.** (*автомобиль*) (motor) car; (*грузовик*) lorry; е́хать на ~е drive*, go* by car.

машина́льный mechanical.

машини́ст *м.* **1.** operator, machinist; ~ экскава́тора excavator operator; **2.** *ж.-д.* engine-driver; engineer *амер.*

машини́стка *ж.* typist.

маши́нк|а *ж.* **1.** machine; **2.** (*для стрижки*) clippers *pl.*; **3.** *разг.* (*пишущая*) typewriter; печа́тать на ~е type.

маши́нн|ый machine *attr.*; ~ое произво́дство engine room; ~ое ма́сло machine/lubricating oil.

машинопи́сный: ~ текст typewritten text.

маши́нопись *ж.* typewriting.

машиностро|е́ние *с.* mechanical engineering; **~и́тельный** machine-building.

машиносчётный computer *attr.*

маэ́стро *м. неск.* master; maestro.

мая́к *м.* lighthouse; beacon (*тж. перен.*).

ма́ятник *м.* pendulum; (*ручных часов*) balance.

ма́яться *несов. разг.* **1.** (*заниматься утомительной работой*) sweat; (*переносить лишения*) rough it; **2.** (*мучиться, томиться*) suffer.

мая́чить *несов. разг.* loom.

мгл|а *ж.* **1.** (*пелена тумана и т.п.*) haze; **2.** (*сумрак*) gloom, darkness; **~и́стый** hazy.

мгнове́н|ие *с.* instant; ◇ в одно́ ~ instantly; в ~ о́ка in the twinkling of an eye; **~но** instantly, in a trice; **~ный** instantaneous; (*быстро проходящий*) momentary.

ме́бель *ж. собир.* furniture; **~ный** furniture *attr.*; ~ный магази́н furniture shop.

меблиро́ванный furnished.

меблирова́ть *несов. и сов.* (*вн.*) furnish (*smth.*).

меблиро́вка *ж.* **1.** (*действие*) furnishing; **2.** *собир.* (*мебель*) furniture.

мегаге́рц *м. радио* megahertz.

мегафо́н *м.* megaphone.

меге́ра *ж.* termagant.

мёд *м.* **1.** honey; **2.** (*напиток*) mead; ◇ ва́шими бы уста́ми да ~ пить *погов.* if only it were true!, would it were so!

медали́ст *м.*, **~ка** *ж.* medallist.

меда́л|ь *ж.* medal; золота́я ~ gold medal; ◇ оборо́тная сторона́ ~и the reverse side of the medal.

медальо́н *м.* medallion, locket.

медбра́т *м.* male nurse (*ж.* медсестра́).

медве́дица *ж.* she-bear; ◇ Больша́я Медве́дица *астр.* the Great Bear; Ма́лая Медве́дица *астр.* the Little Bear.

медве́дка *ж.* **1.** *зоол.* mole-cricket; **2.** hand-cart; **3.** *тех.* punchpress.

медве́|дь *м.* bear; белый ~ white/polar bear; **~жий 1.** bear *attr.*; ursine *научн.*; **2.** (*похожий на медведя*) bear-like; ◇ ~жий у́гол forsaken place; оказа́ть ~жью услу́гу *кому-л.* confer a dubious benefit upon *smb.*; **~жо́нок** *м.* (bear-)cub.

медвя́н|ый 1. *поэт.* honeyed; **2.** smelling of honey; **3.** ~ая роса́ honey-dew.

меделя́нск|ий: ~ая собака mastiff.

медеплави́льный: ~ заво́д copper works.

меджли́с *м.* (*законодательное собрание в ряде исламских государств*) Mejalis.

медиа́на *ж. мат.* median.

ме́дик *м.* medical man*.

медикаме́нты *мн.* medicaments, drugs.

медици́н|а *ж.* medicine; **~ский** medical; ~ский пункт first-aid station, medical room; ~ский институ́т medical institute; ◇ ~ская сестра́ (trained) nurse; (*в больнице*) hospital nurse.

меди́чка *ж. разг.* (woman*) medical student.

ме́дленный slow.

медли́тельн|ый sluggish, slow; (*неторопливый*) leisurely; ~ ум sluggish brain; ~ челове́к slow-moving person; ~ые движе́ния leisurely movements.

ме́длить *несов.* linger; (*откладывать*) delay; ~ с отве́том delay *one's* answer, be* slow in answering.

ме́дно-кра́сный copper-coloured.

меднолите́йный copper-smelting.

ме́дн|ый 1. copper *attr.*; (*из желтой меди*) brass *attr.*; ~ сли́ток copper bar; ~ая руда́ copper ore; ~ колчеда́н copper pyrites; ~ые де́ньги copper (coin/money); ~ые пу́говицы brass buttons; **2.** (*о цвете*) coppery; **3.** (*о звуке*) metallic; (*о голосе*) brassy; ◇ ~ век the age of Copper; ~ лоб blockhead.

медо́в|ый honey *attr.*; *перен.* honeyed; ~ые со́ты honeycomb *sg.*; ~ пря́ник honey cake; ~ые ре́чи honeyed words; ◇ ~ ме́сяц honeymoon.

медо́к *м.* **1.** *уменьш. от* мёд; **2.** Medoc (wine).

медоно́сн|ый honey-bearing; ~ые пчёлы honey bees.

медосмо́тр *м.* medical examination.

медпу́нкт *м.* first-aid station, medical room.

меду́за *ж. зоол.* jelly fish.

мед|ь *ж.* **1.** copper; жёлтая ~ brass; кра́сная ~ red copper; **2.** *собир. разг.* (*медные деньги*) coppers *pl.*; **~як** *м. разг.* copper (coin).

медя́нка *ж. зоол.* **1.** (*змея*) grass snake; (*гадюка*) viper; **2.** (*краска*) verdigris.

меж = ме́жду.

меж. inter.

межа́ *ж.* boundary(-line); (*нераспаханная полоса*) balk.

междоме́тие *с. грам.* interjection.

междоусо́б|ица *ж.* internecine war; **~ный** internecine.

между 1. between; **2.** (*среди*) among; ◇ ~ на́ми (говоря́) between you and me, between ourselves; ~ тем meanwhile; ~ тем как while, whereas; ~ про́чим 1) *нареч.* in passing; 2) *вводн. сл.* by the way, incidentally; ~ де́лом while *one* is about it, in odd moments.

междуве́домственн|ый interdepartmental; ~ая коми́ссия joint committee; ~ая перепи́ска correspondence between departments.

междугоро́дный interurban; ~ телефо́н trunk-line; ~ телефо́нный разгово́р trunk-call, long-distance call.

междунаро́дник *м.* specialist on international law or affairs.

междунаро́дн|ый international; Междунаро́дная демократи́ческая федера́ция же́нщин International Federation of Democratic Women; ~ое пра́во international law, law of nations; ~ые платёжные сре́дства international means of payment; ~ые то́рги international tenders.

междупу́тье *с. ж.-д.* track spacing.

междуря́д|ный *с.-х.* interrow; between rows *после сущ.*; **~ье** *с. с.-х.* space between rows.

междуца́рствие *с.* interregnum.

межев|а́ние *с.* fixing of boundaries, land-surveying; **~а́ть** *несов.* (*вн.*) set*/fix boundaries (to); **~о́й**: ~ой знак landmark, boundary-mark; ~ой столб boundary-post.

межеви́к *м.* surveyor.

меже́нь *ж.* **1.** lowest water level (*в реке или в озере*); **2.** midsummer.

межзвёздн|ый: ~ое простра́нство interstellar space.

межзона́льный: ~ турни́р *шахм.* interzonal tournament.

межзу́бный *лингв.* interdental.

межкле́точный *биол.* intercellular.

межколхо́зный serving several collective farms *после сущ.*

межконтинента́льный intercontinent(al).

межобластн|о́й: ~ авто́бусная ли́ния interregional bus service.

межплане́тн|ый interplanetary; ~ полёт interplanetary flight; ~ое простра́нство interplanetary space; ~ая ста́нция interplanetary station.

межреспублика́нск|ий interrepublic; ~ие хозя́йственные о́рганы interrepublic economic organs.

межрёберный *анат.* intercostal.

межсезо́нье *с.* off-season.

мезозо́йский *геол.* mesozoic.

мезони́н *м.* mezzanine.

мексика́н|ец *м.*, **~ка** *ж.* Mexican; **~ский** Mexican *attr.*

мел *м.* chalk; (*для побелки*) whitewash; писа́ть ~ом write* in chalk.

мела́нжев|ый *текст.* blended; ~ая ни́тка blended yarn; ~ое произво́дство blended yarn fabric production.

меланхо́л|ик *м.* melancholy person; **~и́ческий** melancholy; **~ия** *ж.* melancholy, depression.

меле́ть, обмеле́ть become* shallow.

мелиор|ати́вный reclamation *attr.*; **~а́ция** *ж.* reclamation, improvement.

мели́ть *несов.* chalk; polish with whiting.

ме́лк|ий **1.** (*состоящий из малых частиц*) small, fine; ~ дождь fine rain, drizzle; ~ песо́к fine sand; **2.** (*небольшой*) small; ~ие оре́хи small nuts; ~ие черты́ лица́ small features; ~ скот sheep and goats; **3.** (*экономически маломощный*) small(-scale), petty; ~ие единоли́чные хозя́йства small individual farms, small holdings; ~ое хозя́йство small farming; ~ со́бственник small/petty proprietor; ~ая буржуази́я petty bourgeoisie; **4.** (*незначительный*) petty; ~ие расхо́ды minor expenses; ~ая кра́жа petty theft/ larceny, pilfering; **5.** (*неглубокий*) shallow river; ~ая таре́лка (meat-)plate; **6.** (*низменный, пошлый*) narrow, little, mean-spirited; ~ая душо́нка mean soul; ◇ ~ой ры́сью at a gentle trot; ~ие де́ньги (small) change *sg.*; ~ая со́шка pip-squeak.

ме́лко **1.** (*некрупно*) fine, small; ~ моло́ть grind* fine/small; ~ писа́ть write a fine/small hand; **2.** (*неглубоко*) shallow.

мелкобуржуа́зн|ый petty-bourgeois; ~ые взгля́ды narrow views/opinions.

мелково́дный shallow.

мелково́дье *с.* shoal-water; shallows *pl.*

мелкозерни́стый fine-grained, small-grained.

мелкокали́берный small-bore *attr.*

мелколе́сье *с.* small forest.

мелкопоме́стный *ист.* small (*of landowners*).

мелкосо́бственнический small property-owner *attr.*

мелкота́ *ж. собир. разг.* small fry.

мелкотова́рн|ый *эк.* small-scale; ~ое хозя́йство petty economy.

мелов|о́й chalk *attr.*; ~ые го́ры chalk hills; ◇ ~ая бума́га art paper; ~ пери́од *геол.* the Cretaceous period.

мелодекlама́ция *ж.* recitation to music.

мело́дика *ж.* melodics.

мелод|и́ческий **1.** (*относящийся к мелодии*) melodic; **2.** (*благозвучный*) melodious, tuneful; **~и́чный** *см.* мелоди́ческий; **2.**

мело́дия *ж.* melody, tune.

мелодра́ма *ж.* melodrama.

мелодрамати́ческий melodramatic.

мело́к *м.* piece of chalk; игра́ть на ~ *карт. разг.* play on credit.

мелочи́ться *несов. разг.* fritter away *one's* energy; waste time on trifles; niggle; не мелочи́сь! don't niggle!

мелочн|о́й **1.** petty; ~ая торго́вля petty trading; pedlary; **2.** *см.* ме́лочный.

ме́лочн|ость *ж.* pettiness; **~ый** **1.** petty; ~ые интере́сы petty interests; ~ые приди́рки petty objections; **2.** (*о человеке*) small-minded.

ме́лоч|ь *ж.* **1.** small articles *pl.*, small things *pl.*; (*о рыбе*) small fry; вся́кая ~ all sorts of odds and ends *pl.*; **2.** *собир.* (*мелкие деньги*) change; **3.** (*пустяк*) trifle; ◇ по ~ам on trifles; разме́ниваться на ~и fritter away *one's* energy.

мел|ь *ж.* shoal; на ~и stranded, high and dry (*тж. перен.*); снять с ~и́ set* afloat, float; посади́ть на ~ ground.

мелька́ние *с.* flashing.

мелька́ть, мелькну́ть **1.** (*показываться*) show* (up); (*попадаться*) turn up; *перен.* come*; у него́ мелькну́ла мысль the thought flashed through his mind; **2.** (*быстро следовать*) flash; **3.** (*мерцать*) glimmer, gleam.

мелькну́ть *сов. см.* мелька́ть.

ме́льком: ви́деть *кого-л.* ~ see* *smb., smth.* for a moment; заме́тить, уви́деть *кого-л., что-л.* ~ catch* a glimpse of *smb., smth.*; взгляну́ть ~ на *кого-л., что-л.* cast* a perfunctory/heedless glance at *smb., smth.*; слы́шать *что-л.* ~ hear* *smth.* mentioned.

мелькомбина́т *м.* milling/grinding plant.

ме́льни|к *м.* miller; **~ца** *ж.* mill; ◇ лить во́ду на *чью-л.* ~цу bring* grist to *smb.'s* mill.

мельтеши́ть *несов. разг.* flicker.

мельхио́р *м.* cupro-nickel, German silver; **~о́вый** German silver *attr.*

мельча́йш|ий (*превосх. ст. прил.* мелкий) the smallest; до ~их подро́бностей down to the minutest details.

мельча́ть, измельча́ть **1.** (*становиться мельче по величине*) get smaller; *перен.* deteriorate, go* off; **2.** (*о реке и т. п.*) grow* shallow.

ме́льче (*сравнит. ст. прил.* мелкий *и нареч.* мелко) **1.** (*по величине*) smaller; **2.** (*о реке и т. п.*) shallower.

мельчи́ть *несов.* (*вн.*; *дробить*) crush (*smth*).

мелюзга́ *ж. собир. разг.* small fry; tiny creatures *pl.*

мембра́на *ж.* diaphragm.

меморандум *м.* memorandum (*pl.* -da).

мемориа́л *м.* **1.** (*соревнования*) memorial match; **2.** (*архитектурный ансамбль*) memorial.

мемориа́льн|ый memorial; ~ая доска́ tablet, memorial table.

мемуа́рн|ый: ~ая литерату́ра memoirs *pl.*; ~ стиль style of personal reminiscence.

мемуа́ры *мн.* memoirs.

ме́на *ж.* barter, exchange (in kind).

ме́нее less; ◇ тем не ~ none the less, nevertheless.

менестре́ль *м. ист.* minstrel.

мензу́ла *ж. геод.* plane-table.

мензу́рка *ж.* measuring-glass.

менинги́т *м. мед.* meningitis.

менов|о́й exchange *attr.*, barter *attr.*; ~ая сто́имость exchange value; ~ая торго́вля exchange in kind, barter.

менструа́|ция *ж.* menstruation; **~а́льный** *физиол.* menstrual.

менто́л *м.* menthol.

ме́нтор *м.* mentor; **~ский** edifying, didactic; ~ским то́ном in edifying tones.

менуэ́т *м.* minuet.

ме́ньше 1. (*сравнит. ст. прил.* ма́ленький, ма́лый) smaller; **2.** (*сравнит. ст. нареч.* мало) less; немно́го ~ 50-ти лет (*о возрасте*) a little under 50, a little short of 50; как мо́жно ~ движе́ний as little movement as possible; как мо́жно ~ дви́гаться move as little as possible; ◇ ~ всего́ least of all.

меньшев|и́зм *м. ист.* Menshevism; **~и́к** *м.* Menshevik; **~и́стский** Menshevik *attr.*, Menshevist.

ме́ньш|ий 1. (*сравнит. ст. прил.* ма́лый, ма́ленький) lesser; **2.** (*превосх. ст. прил.* ма́лый, ма́ленький) the least; **3.** *разг.* (*младший*) younger; ◇ по ~ей мере to say the least of it; са́мое ~ее at least; not less than.

меньшинств|о́ *с.* minority; оказаться в ~е be* outnumbered; (*при голосовании*) be* outvoted.

меньшо́й *разг.* youngest.

меню́ *с. нескл.* menu, bill of fare.

меня́ (*рд., вн. от личн. мест.* я) me.

меня́льный *комм.* money-changing.

меня́ть *несов.* (*вн.*) change (*smth.*); ~ свою́ вне́шность change *one's* appearance; **~ся** *несов.* **1.** (*тв.*; *обмениваться*) exchange (*smth.*); **2.** (*изменяться*) change; **3.** (*замещать друг друга*) relieve one another, be* changed; ◇ ~ся в лице́ change countenance.

мер|а *ж.* **1.** measure; ~ы пло́щади square measures; ~ жи́дкости liquid measures; **2.** (*мероприятие*) measure, step; принима́ть ~ы take* action; приня́ть все ~ы take* all due measures; ~ взыска́ния disciplinary measure; **3.** (*предел, граница чего-л.*) limit; всему́ есть ~ everything has a limit; сохраня́ть чувство ~ы retain a sense of proportion; ◇ по ~е того́ как as; по ~е возмо́жности as far as possible; по ~е необходи́мости as the necessity arises, if necessary; в значи́тельной ~е to a considerable extent; в изве́стной ~е to a certain extent; в ~у 1) (*столько, сколько нужно*) moderately; 2) (*сообразуясь с чем-л.*) in accordance with; всё в ~у everything in moderation; не в ~у beyond measure, inordinately; в по́лной ~е competely; в той ~е, в какой... to the extent that...

ме́ргель *м. геол.* marl.

мере́жка *ж.* drawn-work.

мере́нга *ж.* meringue.

мере́щит|ься, помере́щиться (*дт.*) *разг.* seem (to); ему ~ся, что... he fancies (that)..., it seems to him (that)...

мерза́в|ец *м.*, **~ка** *ж. разг.* scoundrel, rascal.

ме́рзкий 1. (*вызывающий отвращение*) loathsome, disgusting, filthy; ~ посту́пок vile act; **2.** *разг.* (*очень плохой*) awful, foul.

ме́рзко 1. *нареч.* disgustingly, revoltingly, in a vile manner; **2.** *в знач. сказ. безл.*: ему́ ста́ло ~ he felt disgusted/revolted.

мерзлота́ *ж.*: ве́чная ~ permafrost, eternal frost.

мёрз|лый frozen; **~нуть** *несов.* freeze*.

ме́рзость *ж.* **1.** vileness; **2.** (*то, что вызывает отвращение*) abomination, loathsome/abominable thing; ◇ ~ запусте́ния abomination of desolation.

меридиа́н *м.* meridian.

мери́ло *с.* criterion.

ме́рин *м.* gelding; врёт как си́вый ~ *разг.* he's an out-and-out liar.

мерино́с *м.* **1.** (*порода овец*) merino (sheep); **2.** (*шерсть*) merino (wool); **~о́вый** merino *attr.*

ме́рить, сме́рить (*вн.*) **1.** measure (*smth.*) (*тж. перен.*); ~ *кому-л.* температу́ру take* *smb.'s* temperature; ~ глубину́ sound the depth; **2.** *тк. несов.* (*примерять*) try on (*smth.*); ~ ту́фли try on a pair of shoes; **~ся**, поме́риться: ~ся си́лами с *кем-л.* try their (our, your) strength on each other, engage in a trial of strength.

ме́рк|а *ж.* **1.** measurements *pl.*; снять ~у с *кого-л.* take* *smb.'s* measurements; **2.** (*предмет для измерения*) measure (*тж. перен.*); ме́рить *кого-л.* своей ~ой judge *smb.* by *one's* own standard/yardstick.

меркантил|и́зм *м.* **1.** mercantilism; **2.** *перен.* mercenary spirit; **~ьный** mercantile; *перен. тж.* mercenary; ~ьная систе́ма mercantile system; ~ дух mercenary spirit.

ме́ркнуть, поме́ркнуть fade, grow* dim.

Мерку́рий *миф. астрон.* Mercury.

мерла́н *м. рыб.* whiting.

мерлу́шк|а *ж.* lambskin; **~овый** lambskin *attr.*

ме́рн|ый measured; ~ая по́ступь measured steps *pl.*; ~ая речь measured words *pl.*, rounded periods *pl.*

мероприя́тие *с.* measure; законода́тельное ~ legislative enactment.

мерсериз|а́ция *ж. тех.* mercerization; **~ова́ть** *несов. тех.* mercerize.

ме́ртвенно-бле́дный deathly pale.

мéртвенный lifeless; *перен.* deathly.

мертв|éть, омертвéть, помертвéть **1.** *сов.* омертвéть (*о клетках, тканях*) die; (*неметь*) grow*/be* numb; рýки ~éют от хóлода *one's* hands grow numb with cold; **2.** *сов.* помертвéть (*приходить в оцепенение*) be* paralysed; помертвéть от ýжаса be* paralysed with terror.

мертвéц *м.* corpse, dead man*; **мн.** the dead; ~ки: ~ки пьян *разг.* dead drunk.

мертвéцкая *разг.* mortuary, morgue.

мертвéцки *разг.*: ~ пьян dead drunk; напи́ться ~ become* dead drunk.

мертвечи́на 1. *ж. разг.* carrion; **2.** *перен. разг.* deadness, (a) dead thing.

мертви́ть *несов.* deaden.

мертворождённый (*прям. и перен.*) stillborn.

мёртв|ый *прил.* **1.** dead; *перен.* (*безжизненный*) lifeless; ~ая тишинá deathly silence; **2.** *в знач. сущ. м.* dead man*/person; *мн.* the dead; ◇ спать ~ым сном sleep* like the dead; ~ая зыбь groundswell; ~ капитáл dead stock; ~ язы́к dead language; ~ая пéтля *ав.* loop; дéлать ~ую пéтлю *ав.* loop the loop; на ~ой тóчке at dead center; сдви́нуть *что-л.* с ~ой тóчки get* *smth.* moving; ~ое пространство *воен.* dead ground.

мерц|áние *с.* twinkling, shimmering, flickering, scintillation; **~áть** *несов.* twinkle, shimmer, flicker.

мéсиво *с. разг.* **1.** mess; (*грязь*) mire; **2.** (*корм для скота*) mash.

меси́ть, смеси́ть (*вн.*) (*тесто*) mix (*smth.*), knead (*smth.*); (*глину*) puddle (*smth.*); ◇ ~ грязь plough through mud.

мéсса *ж.* mass.

мессиáнс|кий Messianic; **~тво** *с.* Messianism.

месси́я *ж.* Messiah.

местáми *разг.* here and there, in places.

местéчко *с.* **1.** place; ◇ тёплое ~ cushy/snug job; **2.** (*селение*) township.

мести́ *несов.* (*вн.*) **1.** sweep* (*smth.*); ~ сор sweep* up/away the rubbish; ~ пол sweep* the floor; **2.** (*гнать*) sweep* (*smth.*), drive* (*smth.*); **3.** *безл.*: метёт (*о метели*) the wind is driving the snow.

месткóм *м.* (*местный комитет профсоюза*) local trade-union committee.

мéстничес|кий, ~тво 1. *ист.* order of precedence (*based on birth and service*); **2.** regionalism, giving priority to local interests.

местн|ость *ж.* **1.** locality, country; гористая ~ hily country; **2.** (*край, район*) district, region; **~ый** local; ~ый жи́тель local inhabitant; ~ый урожéнец native; ~ый гóвор local dialect; ~ое сырьё local raw materials *pl.*; ~ые óрганы власти local authorities; ~ый наркóз local anestesia; ~ая валю́та local currency; ◇ ~ое врéмя local time; ~ый колори́т local color; ~ая промы́шленность local industry; ~ый падéж *грам.* locative (case).

мéст|о *с.* **1.** (*пространство*) place, spot; (*свободное пространство*) room; (*для постройки, сада и т. п.*) site; (*действия, происшествия*) scene; ~ преступлéния scene of the crime; быть на ~е be* on the spot, be* present; **2.** (*сиденье, кресло*) seat; зри́тельный зал на 500 мест hall seating five hundred; заня́ть ~ take* *one's* seat; **3.** *обыкн. мн.* (*местность*) locality *sg.*, area *sg.*; знакóмые ~а familiar locality; **4.** *мн.* (*периферия*) the provinces; provincial organizations; на ~ах in the provinces; **5.** (*часть, отрывок книги и т. п.*) part (of) place (in); **6.** (*положение*) position; (*в спорте*) place; **7.** (*должность*) post, place, work; **8.** (*отдельный предмет багажа*) piece, bag; сдать в багáж пять мест register five pieces of luggage; ◇ я бы на вáшем ~е... in your place I would...; стоя́ть, оставáться на ~е stand* still; уби́ть *кого-л.* на ~е kill *smb.* on the spot; застáть, поймáть *кого-л.* на ~е преступлéния catch* *smb.* in the act, cath* *smb.* red-handed; дéтское ~о placenta; ~а óбщего пóльзования (public) conveniences; не находи́ть себé ~а not know what to do with *oneself*; к ~у suitable for/to the occasion; знать своё ~о know* *one's* place; постáвить *кого-л.* на ~ put* *smb.* in his, her place; нет ~а, не должнó быть ~а *кому-л., чему-л.* there should be no place for *smb., smth.*; óбщее ~ platitude, commonplace; на (своём) ~е doing what *one* should be doing; не на (своём) ~е be* a misfit, be* a square peg (in a round hole); не к ~у out of place, irrelevant; не ~ 1) (*кому-л.*) this is no place (for *smb.*); 2) (*чему-л., + инф.*) this is no place (for + *-ing*), this isn't the place (for); ни с ~а 1) stay where you are; 2) (в том же положении) not a scrap of progress.

местоблюсти́тель *м.* locum tenens.

местожи́тельство *с.* place of residence.

местоимéн|ие *с. грам.* pronoun; **~ный** *грам.* pronominal.

местоимéнный *грам.* pronominal.

местонахождéние *с.* location; whereabouts *разг.*

местоположéние *с.* situation, site; location *амер.*

местопребывáние *с.* residence, abode, seat; ~ прави́тельства the seat of Government.

месторождéние *с. геол.* deposit.

месть *ж.* revenge.

мéсяц *м.* **1.** (*календарный*) month; янвáрь, феврáль *и т. п.* ~ the month of January, February *etc.*; **2.** (*луна*) moon; ~ на ущербе the moon is on the wane; молодóй ~ new moon.

месяцеслóв *м.* calendar.

мéсячник *м.* month; ~ безопáсности движéния road-safety month.

мéсяч|ный month's; (*ежемесячный*) monthly; ~ óтпуск a month's leave; ~ план a month's plan, plan for the month; ~ая зарплáта monthly salary/wages; ~ые *разг.* (menstrual) period.

метáлл *м.* metal; презрéнный ~ filthy lucre.

металлиз|ация *ж. тех.* metallization; **~и́ровать** *несов.* metalize.

металли́ст *м.* metal worker.

металли́ческ|ий metal *attr.*; *перен.* metallic; ~ие издéлия metal goods; ~ гóлос metallic voice; ~ая болвáнка pig metal; ~ая отли́вка cast metal.

металлолóм *м.* scrap metal.

металлонóсный metalliferous.

металлообрабáтывающ|ий metal-working *attr.*; ~ая промы́шленность metal-working industry.

металлоплави́льн|ый smelting; ~ая печь smelting furnace; ~ завóд foundry.

металлопрокáтный metal-rolling *attr.*; ~ цех rolling department/shop.

металлопромы́шленность *ж.* metal industry.

металлорéжущий metal-cutting *attr.*

металлýрг *м.* metallurgist; **~и́ческий** metallurgical; ~ завóд metallurgical works/plant; **~ия** *ж.* metallurgy.

метаморфóза *ж.* metamorphosis (*pl.* -ses), transformation.

метáн *м. хим.* methane, marsh gas.

метáние *с.* **1.** throwing; ~ ди́ска *спорт.* discus-throwing; **2.**: ~ икры́ spawning.

метанóл *м. хим.* methanol, methyl ulcohol.

метастáз *м. мед.* metestasis (*pl.* -ses).

метáтель *м. спорт.* thrower; ~ ди́ска discus thrower; **~ный** missile; ~ снаря́д missile.

метáть I, метнуть (*вн.*) **1.** (*бросать*) throw* (*smth.*), cast* (*smth.*), fling* (*smth.*); ~ диск throw* the discus; ~ копьё throw*/fling* the javelin; **2.** *тк. несов.*: ~ икрý spawn; ◇ ~ банк keep* the bank; рвать и ~ be* in a flying rage.

метáть II, сметáть (*вн.; шить*) baste (*smth.*), tack (*smth.*); ◇ ~ пéтли make* buttonholes.

метáться *несов.* rush about; (*в постели*) toss and turn; ~ по кóмнате fling* *oneself* about the room.

метафи́з|ик *м.* metaphysician; **~ика** *ж.* metaphysics; **~и́ческий** metaphysical.

метáфор|а *ж. лит.* metaphor; **~и́ческий** *лит.* metaphorical.

метацéнтр *м. физ.* metacenter; **~и́ческий** *физ.* metacentre; ~и́ческая высотá metacentric height.

метаязы́к *м.* metalanguage.

метéлица *ж.* = метéль.

метéльчатый *бот.* panicular, paniculate.

метéльщик *м.* sweeper.

метемпсихóз *м.* metemphychosis.

метёлк|а *ж.* **1.** whisk, broom; под ~у *перен. разг.* entirely, to the last particle; **2.** *бот.* ear, panicle.

метéль *ж.* snowstorm, driving snow.

метеопрогнози́рование *с.* weather forecasting.

метеóр *м.* meteor, shooting star.

метеори́зм *м. мед.* flatulence.

метеори́т *м.* meteorite.

метеори́ческий meteoric.

метеорóлог *м.* meteorologist; **~и́ческий** meteorological.; ~и́ческая стáнция meteorological station.

метеоролóгия *ж.* meteorology.

метеосвóдка *ж.* weather report.

метео|слýжба *ж.* meteorological/weather service; **~спýтник** *м.* weather satellite.

метизáция *ж. биол.* crossbreeding.

мети́зный metalware, hardware.

мети́зы *мн. сокр.* of металли́ческие издéлия metalwares, hardware.

мети́л *м. хим.* methyl.

метилéн *м. хим.* methylene; **~овый** *прил. к* метилéн; ~овая синь methylene blue.

мети́ловый methyl; ~ спирт wood spirit.

мети́с *м.* **1.** halfbreed; **2.** (*в антропологии*) metis.

мéтить I *несов*, (*вн.*; *ставить знак, метку*) mark (*smth.*); (*скот*) brand (*smth.*); ~ бельё mark linen.

мéти|ть II *несов.* (*вн.*; *целиться*) aim (at); **2.** (на *вн.*) *разг.* (*намекать*) hint (at); **3.** (в *вн.*) *разг.* (*стремиться*) aspire (to); он всегдá ~л в профессорá it had always been his aim (ambition) to become a professor.

мéтк|а *ж.* **1.** (*действие*) marking; **2.** (*знак*) mark; без ~и unmarked.

мéтк|ий **1.** accurate; (*о пуле, ударе и т. п.*) well-aimed; ~ стрелóк good shot; marksman*; ~ая стрельбá accurate fire; ~ глаз true/keen eye; **2.** (*выразительный*) keen, intelligent; ~ое замечáние apt remark; **~ость** *ж.* **1.** (*стрелка*) marksmanship; (*стрельбы*) accuracy; **2.** (*выразительность*) keenness, intelligence.

метлá *ж.* broom; ◇ новая ~ чи́сто метёт *посл.* a new broom sweeps clean.

метнýть *сов. см.* метать II.

мéтод *м.* method.

методи́зм *м. рел.* Methodism.

метóд|ика *ж.* **1.** (*наука о методах преподавания*) methodics; **2.** (*совокупность методов выполнения чего-л.*) methods *pl.*; **~и́ст** *м.*, **~и́стка** *ж.* specialist in educational methods.

методи́ческ|ий **1.** methodics *attr.*; ~ кабинéт methodics department; ~ое посóбие textbook of methodics; **2.** (*последовательный*) methodical.

методи́чный *см.* методи́ческий 2.

методóлог *м.* methodologist.

методол|оги́ческий methodological; **~óгия** methodology.

метони́мия *ж. лит.* metonymy.

метóп *м. архит.* metope.

метр I *м.* **1.** (*единица длины*) meter; **2.** (*линейка*) meter measure/rule.

метр II *м. лит.* meter.

метрáж *м.* **1.** (*длина чего-л. в метрах*) length (in meters); ~ фи́льма length of film, footage; **2.** (*площадь чего-л. в кв. метрах*) measurements *pl.*, (metric) area.

метранпáж *м.* makeup person.

метрдотéль *м.* head waiter.

мéтрика I *ж. лит.* meter.

мéтрика II *ж.* (*документ*) birth-certificate.

метри́ческ|ий I metric; ~ая систéма мер the metric system.

метри́ческ|ий II *лит.* metrical; ~ое стихосложéние metrical versification.

метри́ческ|ий III: ~ая кни́га register of birth, deaths and marriages; ~ое свидéтельство birth-certificate.

метрó *с. нескл. см.* метрополитéн.

метрологи́ческий metrological.

метроло́гия *ж.* metrology.

метроно́м *м.* metronome.

метрополите́н *м.* the underground; the Metro; subway *амер.*

метропо́лия *ж.* parent state, mother country.

Метростро́й *м.* Metrostroi (*the organization concerned with the building of underground railways*).

ме́тчик *м. тех.* **1.** punch, stamp; **2.** marker.

ме́тчик *м. тех.* tap-borer, screw-tap.

мех I *м.* **1.** (*шкура*) fur; на ~у, подбитый ~ом fur-lined; **2.** (*для вина*) skin.

мех II *м. см.* мехи́.

механиза́тор *м.* **1.** mechanizer, mechanization expert; **2.** (*в сельском хозяйстве*) machine operator; **~ский** operating *attr.*

механиз|а́ция *ж.* mechanization; **~и́рованный** mechanized; **~и́ровать** *несов. и сов.* (*вн.*) mechanize (*smth.*).

механи́зм *м.* mechanizm; часово́й ~ clockwork (device); дви́жущий ~ driving-gear; госуда́рственный ~ machinery of State; ~ Бе́ла и Хауе́лла *кино* Bell and Howell mechanizm; ~ для устано́вки ка́дра *кино* framer; ~ преры́вистого движе́ния *кино* intermittent mechanizm; ~ синхро́нной свя́зи *кино* synchronizing clutch mechanizm; ~ фи́рмы Ми́тчелл *кино* Mitchell mechanizm.

меха́ник *м.* **1.** mechanical engineer; **2.** (*тот, кто обслуживает машины*) mechanic.

меха́н|ика *ж.* (*прям. и перен.*) mechanics; **~и́ческий** mechanical; ~и́ческая обрабо́тка machining; ~и́ческий синхрониза́тор *кино* mechanical synchronizer; ~и́ческий фильтр *кино* mechanical filter; ~и́ческое откры́тие *кино* mechanical opening; ~и́ческое развёртывающее устро́йство *кино* mechanical scanner.

механи́ст *м. филос.* mechanist.

мехи́ *мн.* (*ед.* мех *м.*) bellows.

мехов|о́й fur *attr.*; ~ая шу́ба fur coat; ~ая промы́шленность fur industry; **~щик** *м.* furrier.

мецена́т Maecenas, patron of the arts; **~ство** *с.* patronage (of the arts).

ме́ццо-сопра́но *с. нескл.* mezzo-soprano.

ме́ццо-ти́нто *с. худож.* mezzotint.

меч *м.* sword; blade *поэт.*; ◇ вложи́ть ~ в но́жны sheathe the sword; обнажи́ть ~, подня́ть ~ take* up one's sword; Дамо́клов ~ the sword of Damocles; преда́ть ~у put* to the sword; скрести́ть ~и cross/measure swords (with).

мечено́сец *м.* **1.** sword bearer; **2.** *ист.* member of German order of Knights of the Sword.

ме́чен|ый marked; ◇ ~ые а́томы tagged atoms.

мече́ть *ж.* mosque.

меч-ры́ба *ж.* swordfish.

мечта́ *ж.* **1.** dream; несбы́точная ~ vain dream; **2.** (*предмет сильного желания*) ambition; его ~ стать капита́ном корабля́ his ambition is to become a ship's captain; **3.** *в знач. сказ. разг.* : это не пла́тье, а ~! it's a dream of dress!; **~ние** *с.* **1.** dreams *pl.*, dreamings *pl.*, reverie; **2.** (*мечта*) dream; **~тель** *м.*, **~тельница** *ж.* dreamer; **~тельность** *ж.* **1.** dreaminess; **2.** (*мечтание*) dreams *pl.*, dreamings *pl.*, reverie.

мечта́тельн|ый **1.** dreamy; ~ челове́к dreamy/imaginative person; ~ое выраже́ние dreamy expression; **2.** (*созданный мечтой*) dream *attr.*; (*несбыточный*) fantastic.

мечта́ть *несов.* dream*.

меша́лка *ж. разг.* mixer, stirrer; agitator (in washing machine).

мешани́на *ж. разг.* hotchpot(ch), hodgepodge; (*в голове*) muddle.

меш|а́ть I, помеша́ть (*дт.*) (*препятствовать*) prevent (*smb.*), interfere (with), hinder (*smb.*); (*беспокоить*) be* in the way (of); ~ *кому-л.* be* in *smb.'s* way; не ~ай! leave me, him, *etc.* alone! don't interrupt!; не ~айте мне рабо́тать! let me work!; ◇ не ~ало бы..., не ~ает... there would be no harm in...

меша́ть II, помеша́ть (*вн.*) **1.** (*размешивать*) stir (*smth.*); **2.** *тк. несов.* (*соединять в одно*) mix (*smth.*); ~ кра́ски mix colors.

меша́ться I *несов. разг.* **1.** (*быть помехой*) get* in the way; ~ под нога́ми be* in the way; **2.** (*вмешиваться*) interfere, intervene.

меша́ться II *несов.* **1.** (с *тв.*; *соединяться*) mingle (with); **2.** (*сливаться в одну массу*) be* blurred, blur; **3.** (*путаться*) become* confused.

ме́шк|ать *несов. разг.* loiter, linger; (*медлить*) be* slow (+ to *inf*); не ~ай! hurry up!; он ~ал с отве́том he delayed his reply, he was slow to reply.

мешкова́тый **1.** (*об одежде*) baggy; **2.** (*о человеке*) clumsy.

мешкови́на *ж.* sacking, sackcloth.

мешко́тный *разг.* **1.** sluggish, slow; **2.** long (of a job).

меш|о́к *м.* **1.** bag; (*из мешковины*) sack; **2.** (*как мера*) sack of, sackful; **3.** (*окружение*) pocket, encirclement; попа́сть в ~ get* caught in a pocket; огнево́й ~ fire pocket; ◇ сиде́ть ~ом hang* loosely on *one's* limbs; be* baggy; костю́м сиди́т на нём ~ом the suit is far too loose for him, the suit is baggy; ~ки под глаза́ми bags under the eyes.

мешо́чек *уменьш. от* мешо́к; sac, follicle, utricle.

мещ|ани́н *м.* **1.** petty bourgeois, middle-class person; **2.** (*обыватель*) Philistine, vulgarian; **~а́нский** narrow-minded, vulgar; **~а́нство** *с.* **1.** (*сословие*) middle classes *pl.*; **2.** (*обывательщина*) middle-class conventionality.

мзда *ед. ж.* recompense, payment (*ирон.* = bribe).

ми *с нескл. муз.* mi, E.

миг *м.* moment, instant; ◇ в один ~ in the same instant.

мига́тельн|ый ~ая перепо́нка nictitating membrane.

мига́ние *с.* **1.** winking, twinkling; **2.** blinking.

мига́ть, мигну́ть 1. (*непроизвольно*) blink; **2.** (*дт.*; *подавать знак*) wink (at); **3.** (*мерцать*) twinkle, blink, glimmer.

мигну́ть *сов. см.* мига́ть.

ми́гом *разг.* in a trice/flash.

мигра́ц|ия *ж.* migration; **~ио́нный** migratory; ~ио́нная тео́рия law of migration; ~ио́нное движе́ние migratory movement.

мигре́нь *ж.* migraine.

мигри́ровать *несов.* migrate.

мид *м. сокр.* Министе́рство иностра́нных дел Ministry of Foreign Affairs, Foreign Office.

ми́дель *ж. мор.* midship section.

миел|и́н *м. анат.* myelin(e); **~ит** *м. мед.* myelitis.

мизансце́на *ж. театр.* stage setting, set.

мизантро́п *м.* misanthrope; **~и́ческий** misanthropic; **~ия** *ж.* misanthropy.

мизги́рь *м. диал.* spider.

ми́зерн|ость *ж.* scantiness; **~ый** scanty, wretched; ~ый за́работок scanty earnings.

мизи́н|ец *м.* (*на руке*) little finger; (*на ноге*) little toe; он не сто́ит ва́шего ~ца he is not a patch on you.

мика́до *м. нескл.* mikado.

микани́т *м. эл.* micanite.

миколо́гия *ж.* mycology.

микроавто́бус *м.* minibus.

микроампе́р *м.* microampere (*фр.*).

микро́б *м.* microbe.

микробио́лог *м.* microbiologist; **~ия** *ж.* microbiology.

микроволно́в|ый: ~ радиотелефо́н microwave radio telephone; ~ печь microwave stove.

микрово́льт *м. эл.* microvolt.

микрогра́фия *ж.* micrography.

микроиссле́дование *с. физ. тех.* microexamination.

микрокалькуля́тор *м.* microcalculator.

микрока́рта *ж.* microfiche.

микрокли́мат *м.* microclimate.

микроко́кк *м. биол., мед.* micrococcus.

микроко́см *м.* microcosm.

микролитра́ж|ка *ж. разг.* minicar; **~ный** автомоби́ль minicar.

микро́метр *м.* micrometer; **~и́ческий** micrometrical.

микроми́р *см.* микроко́см.

микро́н *м.* micron.

микрооргани́зм *м. биол.* microorganism.

микроплёнка *ж.* microfilm.

микропо́ристый microcellular.

микропроце́ссор *м.* microprocessor.

микрорайо́н *м.* micro-district.

микроско́п *м.* microscope; **~и́ческий** microscopic.

микроспо́ра *ж. бот.* microspore.

микрострукту́ра *ж.* microstructure.

микрото́м *м.* microtome.

микрофарада́ *ж. эл.* microfarad.

микрофо́н *м.* microphone; the mike *разг.*; mouthpiece (*телефона*); у́гольный ~ *радио* carbon microphone; ле́нточный ~ *радио* ribbon microphone.

микрофотогра́фия *ж.* microphotography.

микро|хими́ческий microchemical; **~хи́мия** *ж.* microchemistry.

микроцефа́л *м. мед.* microcephalic; **~ия** *ж. мед.* microcephaly.

ми́ксер *м.* mixer.

миксту́ра *ж.* mixture; ~ от ка́шля cough mixture.

мила́шка *ж.* **1.** *разг.* pretty girl; nice girl; **2.** *вульг.* sweatheart, tart.

ми́лая *ж.* (*возлюбленная*) sweetheart, darling.

миле́ди *ж. нескл.* milady.

ми́ленький *прил. разг.* **1.** (*хорошенький*) sweet little, nice little; **2.** (*родной, любимый*) dear, sweet; **3.** *в знач. сущ. м.* darling.

милитариз|а́ция *ж.* militarization; **~и́ровать** *несов. и сов.* (*вн.*) militarize (*smth.*).

милитар|и́зм *м.* militarism; **~и́ст** *м.* militarist; **~исти́ческий** militaristic.

милице́йск|ий militia *attr.*; ~ая фо́рма militia uniform.

милиционе́р *м.* militiaman*.

мили́ция *ж.* **1.** militia; **2.** *собир. разг.* (*работники милиции*) the militia; **3.** (*милиционная армия*) territorial army.

миллиампе́р *м. эл.* milliampere *фр.*

миллиа́рд *м.* milliard; billion *амер.*; два ~а рубле́й two milliard rubles, two thousand million rubles.

миллиарде́р *м.* multimillionaire.

миллиа́рдный 1. *числ.* milliardth; billionth *амер.*; **2.** *прил.* (*исчиляемый миллиардами*) running into milliards/billions *после сущ.*

миллиба́р *м. метеор.* millibar.

милливо́льт *м. эл.* millivolt.

миллигра́мм *м.* milligram.

миллиме́тр *м.* millimeter.

миллиметро́вка *ж. разг.* = миллиметро́вая бума́га *см.* миллиметро́вый.

миллиметро́в|ый: ~ая бума́га square(d) paper.

миллимикро́н *м.* millimicron.

миллио́н *м.* **1.** million; **2.** *обыкн. мн.* (*большое количество*) millions.

миллионе́р *м.* **1.** millionaire; **2.** (*о колхозе*) millionaire collective farm (in terms of annual income).

миллио́нн|ый 1. *числ.* millionth; **2.** *прил.* (*оцениваемый, исчисляемый миллионами*) worth a million *после сущ.*; running into millions *после сущ.*; **3.** *прил.* (*о большом количестве*) millions-strong; counting millions of men *после сущ.*; ~ые а́рмии millions-strong armies.

мило 1. *нареч.* (*хорошо*) nicely; (*приятно, приветливо*) sweetly; **2.** *в знач. сказ. безл.*: о́чень ~! very nice!; как ~! how sweet!

ми́ловать *несов. поэт.* caress, fondle; **~ся** *поэт* exchange caresses.

милови́дный pretty.

мило́рд *м.* milord.

милосе́рд|ие *с.* mercy; ◇ сестра́ ~ия *уст.* sister of mercy, hospital nurse; ~ный merciful.

ми́лостив|ый *уст.* merciful; (*выражающий снисходительность*) kind; gracious; ◇ ~ госуда́рь (*в обращении*) sir; (*в письме*) Sir; (*менее официально*) Dear Sir; ~ая госуда́рыня (*в обращении*) madam; (*в письме*) Madam; (*менее официально*) Dear Madam.

ми́лостын|я *ж.* alms; просить ~ю beg alms; подава́ть ~ю give* alms.

ми́лост|ь *ж.* **1.** (*хорошее отношение*) kindness, goodness; (*сострадание, снисхождение*) favor; сде́лать *кому-л.* ~ do* *smb.* a favor; **2.** (*пощада, помилование*) mercy; **3.** (*доброе дело, благодеяние*) charity; из ~и out of charity; **4.** *разг.* (*полное доверие, расположение*) favor; быть в ~и у *кого-л.* be* in *smb.'s* good graces; втере́ться в ~ к *кому-л.* worm *one*self into *smb.'s* favor; ◇ сда́ться на ~ победи́теля give* *one*self up to the tender mercies of the enemy; ~и про́сим! *разг.* I'll, we'll be delighted to see you!, welcome to my house!, you are welcome!; скажи́те на ~! (*выражение удивления*) well, I never!, would you believe it!; по *чьей-л.* ~и thanks to *smb.*

ми́лочка *ж.* *разг.* dear, darling.

мильто́н *м.* *жар.* cop, fuzz.

ми́лый I *прил.* **1.** sweet, nice; **2.** (*дорогой, любимый, тж. как обращение*) dear.

ми́лый II *м.* sweetheart, darling.

ми́ля *ж.* mile.

мим *м.* *театр.* mime; **~и́ческий** mimic.

мимео́граф *м.* duplicating machine.

миметú́зм *м.* *биол.* mimesis, mimicry.

ми́мика *ж.* expression (of *smb.'s* face); бога́тая ~ mobile features *pl.*

мимикри́я *ж.* *биол.* mimicry.

ми́мо 1. *нареч.* past, by; прое́хать, пройти́ ~ go* past, pass by; бить ~ miss; ~! missed! a miss!; **2.** предлог (*рд.*) past, by; ~ це́ли beside the mark, wide of the mark; ◇ пропусти́ть *что-л.* ~ уше́й pay* no attention to *smth.*, turn a deaf ear to *smth.*; пройти́ ~ *кого-л., чего-л.* 1) miss *smb., smth.*, fail to notice *smb., smth.*; 2) (*обходить молчанием*) pass over *smth.*

мимое́здом *разг.* on the way.

мимо́за *ж.* *бот.* mimosa.

мимолётн|ый fleeting, ephemeral, transient; ~ое впечатле́ние hasty impression; ~ взгляд hasty glance; ~ое знако́мство fleeting acquaintance.

мимохо́дом 1. on the way, in passing; **2.** (*между прочим*) in passing.

ми́н|а I *ж.* *воен.* **1.** (*для установки в земле, воде*) mine; **2.** (*для стрельбы*) mortar bomb; ◇ подложи́ть ~у *кому-л.* undermine *smb.'s* reputation.

ми́н|а II *ж.* (*выражение лица*) expression; сде́лать ки́слую ~у pull a wry face; ◇ де́лать весёлую, хоро́шую ~у при плохо́й игре́ put* a good face on the matter.

минаре́т *м.* minaret.

мингре́л *м.*, **~ка** *ж.* Mingrelian.

миндалеви́дн|ый almond-shaped; ~ая железа́ tonsil.

минда́лина *ж.* **1.** almond; **2.** *анатом.* tonsil.

минда́ль *м.* **1.** *собир.* (*плоды*) almonds *pl.*; **2.** (*дерево*) almond tree; **~ный** almond *attr.*; ~ные оре́хи almonds; ~ное ма́сло almond oil; ~ное молоко́ milk of almonds.

минда́льничать *несов.* *разг.* sentimentalize, be* excessively soft.

минёр *м.* **1.** miner, sapper; **2.** (*на корабле*) torpedo-man*.

минера́л *м.* mineral.

минерало́гия *ж.* mineralogy.

минера́льный mineral.

минздра́в *м.* *сокр.* Министе́рство здравоохране́ния Ministry of Health.

ми́ни- *в сложн.* mini-.

миниатю́р|а *ж.* miniature; ◇ в ~е in miniature; сде́лать в ~е моде́ль *чего-л.* make* a small-scale model of *smth.*; **~ный 1.** miniature; **2.** (*очень маленький*) tiny; **~ист** *м.* miniature-painter.

минима́льный minimum *attr.*

ми́нимум *м.* **1.** minimun; прожи́точный ~ subsistence/living wage; доводи́ть *что-л.* до ~а reduce *smth.* to a minimum; **2.** (*совокупность знаний и т.п.*) minimum qualification; **3.** *в знач. нареч.* at least, at the minimum.

мини́ровать *несов. и сов.* (*вн.*) mine (*smth.*).

министе́рский ministerial.

министе́рство *с.* ministry, office; department *амер.*; Министе́рство вну́тренних дел Ministry for Internal Affairs; Home Office (*в Англии*); Department of the Interior (*в США*); Министе́рство иностра́нных дел Ministry for Foreign Affairs; Foreign Office (*в Англии*); Department of State, State Department (*в США*); Министе́рство торго́вли Ministry of Trade; Board of Trade (*в Англии*).

мини́стр *м.* minister; Secretary (*в США*); ~ иностра́нных дел Minister for Foreign Affairs; Foreign Secretary (*в Англии*); Secretary of State (*в США*); ◇ ~ без портфе́ля minister without portfolio.

ми́ни-ю́бка *ж.* miniskirt.

ми́нный mine *attr.*

мин|ова́ть *сов.* **1.** (*вн.*; *проехать, пройти мимо*) pass (*smth.*); **2.** *с отрицанием* (*рд.*; *избежать*) escape (*smth.*); ему́ э́того не ~ he can't escape it; **3.** (*окончиться*) be* over, be* past; опа́сность ~ова́ла the danger is over/past; зима́ ~ова́ла the winter is over; ◇ ~уя подробности omitting details; двум смертя́м не быва́ть, а одно́й не ~ова́ть *посл.* you can only die once.

мино́га *ж.* *зоол.* lamprey.

миноиска́тель *м.* *воен.* **1.** mine detector (apparatus); **2.** *воен.* sapper.

миномёт *м.* *воен.* mortar; **~ный** *воен.* mortar *attr.*; **~чик** *м.* mortar man*, mortar gunner.

миноно́сец *м.* torpedo boat; эска́дренный ~ destroyer.

мино́р *м.* **1.** *муз.* minor key; га́мма соль ~ the scale of G-minor; **2.** *разг.* (*грустное настроение*) melancholy/sad mood; **~ный** *1. муз.* minor; **2.** *разг.* (*грустный*) sad.

миносбра́сыватель *м.* mine-release slip mechanism.

мину́вш|ее *с.* the past; ~ий past; ~ий ме́сяц the past month; ~им ле́том last summer; ~ие дни bygone days, days gone by.

ми́нус *м.* **1.** *мат.* minus; пять ~ четы́ре равно́ одному́ four from five leaves one; **2.** (*о температуре*): сего́дня ~ 20 it is twenty below today; **3.** *разг.* (*недостаток*) defect, drawback; **~овый** *эл.* negative.

мину́т|а *ж.* **1.** minute; без 10-и мину́т семь ten minutes to seven; 20 мину́т пя́того twenty minutes past four; **2.** (*мгновение*) moment; подожди́те ~у! wait a minute!; я ни ~ы не спал I haven't closed an eye, I haven't slept a wink; <> в одну́ ~у in no time; ~ в ~у on the dot; с ~ы на ~у at any minute; сию ~у! (*как ответ*) in a minute!; (*как приказ*) at once!; одну́ ~у just a minute; **~ный 1.** minute's; of a minute *после сущ.*; ~ная стре́лка minute hand; **2.** (*длящийся минуту*) minute's; (*кратковременный*) short-lived, momentary, transient; ~ная па́уза a pause of a minute; ~ная заба́ва short-lived amusement; <> ~ное де́ло the work of a minute, it won't take a minute.

ми́нуть *сов.* **1.** (*пройти*) pass; уже пять лет ми́нуло с тех пор, как... five years have passed since...; **2.** (*о возрасте*): ему ми́нуло три́дцать лет he is over thirty.

миньо́н *м.* minion (7-point type).

миока́рд *м. анат.* myocardium; инфа́ркт ~а *мед.* myocardial infarction.

миокарди́т *м. мед.* myocarditis.

мио́лог *м.* myologist; **~ия** *ж.* myology.

мио́ма *ж. мед.* myoma.

миопи́я *ж. мед.* myopia, shortsightedness.

миоце́н *м. геол.* Miocene.

мир I *м.* world, universe; происхожде́ние ~а the origin of the universe; со всего́ ~а from all over the world; окружа́ющий ~ the outside world; органи́ческий ~ the organic world; <> не от ~а сего́ unworldly; ходи́ть по ~у live by begging.

мир II *м.* (*отсутствие вражды, войны*) peace; в ~е at peace; де́ло ~а the cause of peace; угро́за ~у a menace to peace; защи́та ~а a defense of peace.

мирабе́ль *ж.* **1.** *собир.* (*плоды*) mirabelle plum; **2.** (*дерево*) mirabelle plum tree.

мира́ж *м.* (*прям. и перен.*) mirage.

мира́кль *м. ист. театр.* miracle play.

мирво́лить *несов. разг.* connive, be* over-indulgent (towards).

мириа́ды *мн.* myriad.

мири́ть, помири́ть (*вн.*) reconcile (*smb.*); **~ся**, помири́ться, примири́ться **1.** *сов.* помири́ться (*взаимно*) be*/become* reconciled; make* it up; дава́й ~ся! let's make it up!; **2.** *сов.* примири́ться (с *тв.*; *терпимо относиться к чему-л.*) resign *one*self (to); reconcile *one*self (to).

ми́рн|ый 1. (*миролюбивый*) peaceable, peaceful, peace-loving; ~ челове́к man* of peace; ~ разгово́р peaceable conversation; **2.** (*невоенный*) peace *attr.*; ~ое вре́мя time of peace, peace time; в ~ых усло́виях under peace time conditions; ~ое населе́ние civilians *pl.*; ~ая поли́тика policy of peace; ~ догово́р peace treaty; **3.** (*спокойный*) peaceful, peaceable.

ми́р|о *с. ед. церк.* chrism; <> одни́м ~ом ма́заны tarred with the same brush.

миров|а́я *ж. разг.* amicable settlement; пойти́ на ~ую settle the matter amicably.

мировоззре́ние *с.* world outlook, world view.

миров|о́й I world *attr.*; ~ое простра́нство outer space; ~ ры́нок world market; ~ая война́ world war; ~ реко́рд world record.

миров|о́й II (*примирительный*): ~ судья́ Justice of the Peace.

мирозда́ние *с.* the universe.

миролюби́в|ый peace-loving; ~ые наро́ды peace-loving peoples; ~ая поли́тика peaceful policy.

миролю́бие *с.* peaceableness, peacefulness.

мироощуще́ние *с.* attitude to the world.

миропома́зание *с. ед. церк.* anointing, unction.

миропонима́ние *с.* interpretation of the world/universe.

миросозерца́ние *с.* = мировоззре́ние.

миротво́рец *м.* peacemaker.

ми́рра *ж. бот.* myrrh.

мирск|о́й 1. mundane; ~ая молва́, что морска́я волна́ *посл.* rumor is a bubble that soon bursts; **2.** *уст.* (*светский*) secular, lay/ temporal; **3.** *ист.* (*относящийся к сельской общине*) village-comminity; ~ская схо́дка peasants' meeting.

мирт *м. бот.*, **~овый** myrtle.

миря́нин *м. уст.* layman.

ми́ска *ж.* bowl; (*большая*) basin.

мисс *ж. нескл.* Miss.

миссионе́р *м.* missionary; **~ство** *с.* missionary work.

ми́ссис *ж. нескл.* missis, missus, Mrs.

ми́ссия *ж.* **1.** mission; ~ до́брой во́ли goodwill mission; **2.** (*дипломатическое представительство*) legation; **3.** (*делегация*) delegation, mission; торго́вая ~ trade delegation; вое́нная ~ military mission.

ми́стер *м.* mister, Mr.

мисте́рия *ж.* mystery, miracle play.

ми́стик *м.* mystic.

ми́стика *ж.* mysticism.

мистифи|ка́тор *м.* mystifier, hoaxer; **~ка́ция** *ж.* mystification, hoax; practical joke; **~ци́ровать** *несов. и сов.* mystify.

мист|ици́зм *м.* mysticism; **~и́ческий** mystical.

мистра́ль *м. геогр.* mistral (wind).

ми́тинг *м.* meeting.

митингова́ть *несов. разг.* hold* a meeting; *перен.* conduct endless discussions.

миткáль *м. текст.* calico.

мúтра *ж. церк.* miter.

митрополúт *м. церк.* Metropolitan.

миф *м.* (*прям. и перен.*) myth; **~úческий** (*прям. и перен.*) mythical.

мифо|лóгический mythological; **~лóгия** *ж.* mythology.

мифотвóрчество *с.* myth-making.

мúчман *м.* warrant officer.

мицéлий *м. бот.* mycelium.

мишéнь *ж.* (*прям. и перен.*) target; служúть *кому-л.* ~ю для насмéшек be* the butt of *smb.*

мúшка *м.* (*уменьшит. от* Михаил); **1.** *разг.* bear; **2.** teddy bear.

миш|урá *ж.* tinsel; *перен.* trumpery; **~ýрный** tinsel; *перен.* tawdry, trumpery.

миэлúт *м. мед.* myelitis.

младéн|ец *м.* infant, baby; **~ческий** infantile; **~чество** *с.* infancy.

млад|óй *поэт.* = молодóй young; ◇ стар и ~ one and all (without respect of age); **~ость** *ж.* *поэт. уст.* youth.

млáдший 1. (*по возрасту*) the younger; (*самый младший*) the youngest; **2.** (*по службе*) junior; ~ научный сотрýдник junior research worker; ~ комáндный состáв junior officers; ~ партнёр junior partner.

млекопитáющие *мн.* (*ед.* млекопитáющее *с.*) *зоол.* mammals.

млеть *несов.* **1.** (*томиться*) melt; languish, go* limp; (*быть расслабленным*) relax, nod; **2.** *разг.* (*становиться нечувствительным*) go* numb.

млéчный: Млéчный Путь *астр.* the Milky Way.

мне 1. (*дт. от лич. мест.* я) (to) me; *в безл. выражениях обычно* I; ~ хóлодно, жáрко *и т. п.* I am cold, hot *etc.*; **2.** (*пр. от лич. мест.* я) (about, of) me.

мнемóн|ика *ж.* mnemonics; **~úческий** mnemonic.

мнéни|е *с.* opinion; быть хорóшего, плóхого ~я о *ком-л.* have* a high, low opinion of *smb.*; по моему ~ю in my opinion, as I see it.

мнимоýмерший apparently dead.

мнúмый 1. (*воображаемый*) imaginary, illusory; **2.** (*притворный, ложный*) feigned, affected.

мнúтельн|ость *ж.* hypochondria; (*подозрительность*) suspiciousness; **~ый** hypochondriac, health-conscious; (*подозрительный*) suspicious, mistrustful.

мнить *несов. уст.* think*, imagine; ~ себя *кем-л., чем-л.* imagine *oneself* to be *smb., smth.*; слишком много ~ о себе think* a lot of *oneself.*

мнóгие *прил. мн.* **1.** many; **2.** *в знач. сущ.* many (people); ~ сочýвствовали нáшему дéлу there were many who sympathized with our cause; ~ дýмают, что... many people consider that...

мнóго *нареч.* **1.** (*в большом количестве; с гл.*) a lot; (*с прил. и нареч.*) much; он ~ рабóтает he works a lot; слúшком ~ too much; too many (*с сущ. во мн. ч.*); он слúшком ~ рабóтает he works too much; óчень ~ a great deal of; a great many, lots of (*с сущ. во мн. ч.*); так ~ so much; so many, such a lot of (*с сущ. во мн. ч.*); **2.** (*больше, чем нужно*) too much; **3.** *в знач. числ.* much; many (*с сущ. во мн. ч.*); plenty of (*с собир. сущ. и с сущ. во мн. ч.*); lots of, a lot of *разг.*; у менý ~ свобóдного врéмени I have plenty/lots of time; у вас ещё ~ рабóты? have you got much work (to do)?; ~ бумáги, карандашéй much paper, many pencils; бы́ло ~ нарóду there were a great many people present, a lot of people were there; ~ раз many times; во ~ раз much, a great deal; **4.**: ~ ли вам нáдо? do you need much?; **5.** (*не больше, чем*) no more than; пройдёт год, ~ два a year or two will pass, not more; ◇ ни ~ ни мало as much as.

многоáтомный *физ.* polyatomic.

многобóжие *с.* polytheism.

многобóрец *м.* all-round competitor.

многобóрье *с. спорт.* all-round event(s).

многобрáч|ие *с.* polygamy; **~ный** polygamous.

многовáто *разг.* a bit too much, rather much (many).

многовековóй ancient, centuries-old.

многовлáстие *с.* = многоначáлие.

многовóдн|ый 1. full-flowing; ~ые реки deep/full-flowing rivers; **2.** (*хорошо орошаемый*) well-watered.

многоголóв|ый many-headed; ~ое чудóвище hydra-headed monster.

многоголóсый 1. of (many) voices *после сущ.*; (*исполняемый многими голосами*) sung by many voices *после сущ.*; ~ гул roar of voices; **2.** *муз.* polyphonic.

многогрáнн|ик *м. мат.* polyhedron; **~ый 1.** polyhedral; **2.** (*разносторонний*) many-sided, versatile.

многодéтн|ый: ~ая мать mother of a large family.

мнóго|е *с.* much; a lot *разг.*; во ~м in many respects; он ~го не знает ещё there is much of which he is still ignorant.

многожéн|ец *м.* polygamist; **~ство** *с.* polygamy.

многожúльный *тех.* multiple.

многоземéльный land-rich; rich in land *после сущ.*

многозначúтельн|о meaningly, significantly; **~ый** meaning, significant.

многознáчн|ость *ж. лингв.* polysemy; **~ый 1.** *мат.* multiciphered; ~ое числó multidigit number; **2.** *лингв.* polysemantic.

многоканáльный multichannel.

многокаскáдный *радио* multistage.

многоквартúрный: ~ дом tenement house.

многоклéточный *биол.* multicellular.

многоковшóвый: ~ экскавáтор chainbucket excavator.

многоколéйный: ~ая желéзная дорóга multiple-track railway.

многоколёсный multiwheel.

многокра́сочн|ый *полиг.* polychromatic, polychromic, many-colored; *перен.* full, rich.

многокра́тн|о repeatedly; **~ый** repeated, frequent; ~ый о́пыт repeated experience; ◇ ~ый глаго́л frequentative verb.

многола́мповый *радио* multivalve.

многолепестко́вый *бот.* polypetalous.

многоле́тн|ий 1. of long standing *после сущ.*; ~яя безупре́чная рабо́та long and distinguished service; **2.** *бот.* perennial.

многоли́кий many-sided.

многолю́дн|ый populous, crowded; ~ое собра́ние well-attended meeting; crowded meeting; ~ го́род populous city.

многоме́стный with extensive seating capacity *после сущ.*; roomy.

многомиллио́нный of many millions *после сущ.*

многонача́лие *с.* multiple authority (*absence of clearly-defined spheres of authority*).

многонациона́льн|ый multinational; ~ое госуда́рство multinational state.

многоно́жка *ж. зоол.* myriapod.

многообеща́ющ|ий promising; ~ хиру́рг promising surgeon; ~ая улы́бка promising smile.

многообра́з|ие *с.* variety, diversity; **~ный** varied, diverse.

многообъекти́вный *опт.* multilens.

многоо́пытный highly experienced.

многоотраслев|о́й: versatile; ~о́е хозя́йство varied/diversified economy; ~ое се́льское хозя́йство diversified farming/ agriculture.

многоparти́йность *ж.* multiparty system.

многопо́лье *с. с.-х.* crop-rotation system involving seven or eight fields.

многопо́люсн|ый *эл.* multipolar; ~ая динамомаши́на multipolar dynamo; ~ выключа́тель multipole switch.

многопрогра́ммный multiprogram *attr.*; (*об аппарате, выполняющем много заданий тж.*) versatile.

многоречи́вый garrulous, loquacious.

многосеме́йный with a large family *после сущ.*

многосери́йный serial; ~ телефи́льм TV serial.

многосло́в|ие *с.* verbosity; **~ный** verbose.

многосло́жн|ый polysyllabic; ~ое сло́во polysyllable.

многостано́чник *м.* worker operating several machines simultaneously.

многоство́льный multiebarrelled.

многостепе́нн|ый: ~ые вы́боры election by several stages.

многосторо́нн|ий 1. *мат.* polygonal; **2.** (*о договоре и т. п.*) multilateral; ~ее соглаше́ние multilateral agreement; **3.** (*разнообразный*) versatile, many-sided; ~ая де́ятельность versatile activity.

многострада́льный long-suffering.

многоступе́нчат|ый: ~ая раке́та multistage rocket.

многотира́жка *ж. разг.* factory newspaper.

многотира́жн|ый large-circulation *attr.*; ~ая газе́та large-circulation newspaper.

многото́мный multivolume; in many volumes *после сущ.*

многото́чие *с.* dots *pl.*

многоуважа́емый deeply respected; (*в письме*) dear.

многоуго́льн|ик *м. мат.* polygon; **~ый** *мат.* polygonal.

многофа́зный multiphase; ~ электри́ческий ток multiphase current.

многоцве́тный 1. multicolor(ed); **2.** *полигр.* polychromatic, polychromic; **3.** *бот.* multiflorous.

многоцили́ндровый multicylinder.

многочи́сленн|ость *ж.* large number, great size; ~ а́рмии the great size of the army; ~ о́пытов the large number of experiments; **~ый 1.** (*состоящий из большого числа кого-л., чего-л.*) large; ~ая толпа́ large crowd; **2.** (*имеющийся в большом количестве*) numerous.

многочле́н *м. мат.* multinomial, polynomial.

многоэта́жный multistory, many-storyed; ~ дом tall building.

многоязы́чный polyglot.

многоя́русный multitier.

мно́жественн|ый plural; ~ое число́ *грам.* the plural.

мно́жество *с.* large number, host, multitude, any amount.

мно́жи|мое *с. мат.* multuplicand; **~тель** *м. мат.* factor.

мно́жительный multuplying; ~ аппара́т (print) duplicator, duplicating machine.

мно́жить, помно́жить, умно́жить (*вн.*) **1.** *мат.* multiply (*smth.*); **2.** *сов.* умно́жить (*увеличивать*) increase (*smth.*); **~ся** *несов.* (*увеличиваться*) increase, grow*, multiply.

мной, мно́ю (*тв. от лич. мест.* я) by me.

мобилиз|ацио́нный mobilization *attr.*; **~а́ция** *ж.* mobilization; **~о́ванный** *м.* enlisted man*.

мобилизова́ть *несов. и сов.* **1.** (*вн.*) mobilize (*smb., smth.*); **2.** (*вн.* на *вн.*; *поднимать, воодушевлять*) rally (*smb.* to); **~ся** *несов. и сов.* (на *вн.*) mobilize *oneself* (for), brace *oneself* (for).

моби́льн|ый mobile; ~ая гру́ппа *воен.* mobile unit.

могика́|не *мн.* (*ед.* могика́нин *м.*) the Mohicans; ◇ после́дний из ~н the last of the Mohicans.

моги́л|а *ж.* grave; ◇ бра́тская ~ common grave; найти́ (себе́) ~у perish; рыть ~у *кому-л.* dig* a pit/grave for *smb.*; ~ Неизве́стного солда́та grave/tomb of the Unknown Soldier.

моги́ль|ный 1. grave *attr.*; ~ холм grave mound; ~ная плита́ gravestone, tombstone; **2.** (*напоминающий могилу*) sepulchral; ~ная тишина́ the silence of the grave, tomb-like siience; **~щик** *м.* grave digger.

могу́чий powerful; mighty *поэт.*

могу́щест|венный powerful; mighty *поэт.*; **~во** *с.* might, power.

мо́д|а *ж.* fashion; vogue; быть в ~е be* in a fashion; по ~е fashionable, fashionably; не по ~е unfashionable, unfashionably; по после́дней ~е in the latest fashion; вводи́ть ~у set* the fashion (for); ◇ это что ещё за ~? now what have you taken into your head?

мода́льн|ость *ж. филос.* modality; **~ый** modal.

модели́зм *м.* modelling.

модели́ровать *несов. и сов.* (*сов. тж.* смоделировать) (*вн.*) 1. (*изготовлять образец*) design (*smth.*), model (*smth.*); ~ пла́тье design a dress; 2. (*представлять в виде модели*) simulate (*smth.*); **~ся** *несов. и сов.* be* simulated, be* reproduced.

модели́рующ|ий: ~ее устро́йство simulator.

моде́ль *ж.* model; де́йствующая ~ working model; ~и вне́шней торго́вли models of foreign trade; ~и де́нежных дохо́дов населе́ния population income models; ~и конкуре́нции competition models; ~и сфе́ры потребле́ния consumption models; ~и ценообразова́ния pricing models; ~и эконо́мики models of economics; **~ер** *м.* modeller.

моде́льн|ый quality *attr.*, fashion *attr.*; ~ая о́бувь fashion shoes *pl.*

модера́тор *м. тех.* governor.

моде́рн *м.* modernist style; the modern.

модерниз|а́ция *ж.* modernization; ~ обору́дования modernization of equipment; **~и́ровать** *несов. и сов.* (*вн.*) modernize (*smth.*)

модерни́стск|ий modernistic; ~ое иску́сство modernistic art.

модерно́вый, моде́рный modern; up-to-the-minute *attr.*

модифи|ка́ция *ж.* modification; **~ци́ровать** *несов. и сов.* modify.

мо́дник *м. разг.* dandy.

мо́дн|ый fashionable; ~ое пла́тье fashionable dress; ~ое увлече́ние the latest craze; ~ журна́л fashion magazine.

модул|и́ровать *несов.* **1.** *муз.* change key; **2.** (*вн.*) *физ.* modulate (*smth.*); **~ь** *м. мат.* modulus; **~я́ция** *ж.* modulation; сеточная ~ *радио* grid modulation; частóтная ~ *радио* frequency modulation; ~ амплиту́ды *кино* amplitude modulation; ~ изображе́ния *кино* picture modulation; ~ по ско́рости *кино* velocity modulation; ~ проводи́мости *кино* conductivity modulation; ~ фо́куса focus modulation.

моё *притяж. мест. с. см.* мой.

мо́жет *3 л. ед. см.* мочь **I.**

можжеве́льник *м.* juniper.

мо́жно *в знач. сказ. безл.* **1.** (*возможно*) one/you can, it can be; всё, что ~ everything that is possible, all in *one's* power; **2.** (*позволительно*) one/you may; (*в вопросах*) may one?, may I?; здесь ~ кури́ть one/you may smoke here; здесь ~ кури́ть? may one smoke here?; окно́ ~ откры́ть you may/can open the window; ~ откры́ть окно́? may I open the window?; е́сли ~ так вы́разиться if one may say so; ~ (мне войти́)? may I come in?; ◇ как ~ бо́льше as much as possible; как ~ мо́жно лу́чше as well as possible; как ~ ра́ньше as early as possible; как ~ скоре́е as soon as possible; как ~! incredible!; you don't say so!

моза́ика *ж.* mosaic, inlay.

моза́ичный mosaic *attr.*, tessellated, inlaid.

мозг *м.* **1.** brain (*тж. перен.*); спинно́й ~ spinal cord; **2.** (*костный*) marrow; **3.** *мн.* (*кушанье*) brains; ◇ до ~а косте́й to *one's* very marrow; продро́гнуть до ~а косте́й be* chilled to the bone/marrow; шевели́ть ~ами use *one's* brains.

мозгов|о́й *анат.* cerebral; brain *attr.* (*тж. перен.*); ~ое заболева́ние cerebral disease, disease of the brain; ~ая рабо́та brain-work.

мозжечо́к *м. анат.* little brain, cerebellum.

мозжи́ть *несов. разг.* ache; мозжи́т нога́ my leg is aching.

мозоли́н *м.* corn cure.

мозо́листый callooused, horny.

мозо́лить, намозо́лить: ~ глаза́ *кому-л. разг.* be* an eyesore to *smb.*

мозо́ль *ж.* corn; ◇ наступа́ть *кому-л.* на люби́мую ~ tread* on *smb.'s* pet corn.

мой *притяж. мест.* **1.** (*перед сущ.*) my; (*без сущ.*) mine; по моему́ мне́нию in my opinion; **2.** *в знач. сущ. мн.* (*родные*) my people; "моё сло́во - моё обяза́тельство" (*девиз устных биржевых сделок, не подтверждённых письменными документами*) dictum meum cactum (*лат.*).

мо́йка *ж.* **1.** washing; **2.** (*устройство*) washer.

мо́йщик *м.* washer.

мокаси́ны *мн.* (*ед.* мокаси́н *м.*) moccasins.

мо́кко *м. нескл.* mocha (coffee).

мо́кнуть *несов.* **1.** get* wet; ~ под дождём be* out in the rain; **2.** (*быть погружённым в жидкость*) soak.

мокри́ца *ж. зоол.* wood louse*.

мо́кро **1.** *нареч.* wetly; **2.** *в знач. сказ. безл. разг.* it is wet.

мокрова́тый moist, damp.

мокрота́ *ж. разг.* **1.** (*сырость*) damp, wet; **2.** (*мелкий дождь, мокрый снег*) drizzle, sleet.

мокр|ый wet; ◇ у неё глаза́ на ~ом ме́сте she's always ready to cry; she's a crybaby.

мол I *м.* breakwater, pier; (*небольшой*) jetty.

мол II *частица разг.*: он, ~, не винова́т he says it's not his fault.

молва́ *ж.* rumor; дурна́я ~ bad reputation.

мо́лвить *сов. уст. поэт.* say*.

молдава́н|ин *м.*, **~ка** *ж.* Moldavian; **~ский** Moldavian; ~ язы́к Moldavian, the Moldavian.

моле́бен *м.* service; public prayers *pl.*; отслужи́ть ~ hold* a service.

моле́кул|а *ж.* molecule; **~я́рный** molecular; ~я́рный вес molecular weight.

молески́н *м. текст.* moleskin.

молибде́н *м. хим.* molybdenum.

моли́тв|а *ж.* prayer; (*перед едой и после еды*) grace; **~енник** *м.* prayer book.

моли́ть *несов.* (*вн.*) beg (*smb.*), entreat (*smb.*), implore (*smb.*); ~ о поща́де cry (for) mercy, implore pardon; cry quarter *идиом.* **~ся**, помоли́ться **1.** (*дт.*) pray (to); **2.** *тк. несов.* (на *вн.*; *боготворить*) idolize (*smb., smth.*).

мо́лкнуть *несов. поэт.* fall silent.

моллю́ск *м.* mollusk.

моллюскообра́зный *зоол.* molluscous.

молниено́сн|о instantly, at lightning speed; **~ый** lightning *attr.*; с ~ой быстрото́й at lightning speed; ~ая война́ blitzkrieg.

молниеотво́д *м.* lightning conductor, lightning rod.

мо́лни|я *ж.* **1.** lightning; **2.** (*телеграмма*) express telegram; **3.** (*застёжка*) zipper, zip-fastener; slide-fastener *амер.*; **4.** (*стенная газета*) news-flash; ◇ с быстрото́й ~и at lightning speed; распространя́ться с быстротой ~и spread* like wildfire.

молода́я *ж.* bride.

моло́денький *разг.* (very) young.

молоде́ц *м. поэт.* brave.

молодёжный youth *attr.*; teenage *attr.*; (*состоящий из молодёжи тж.*) young people's.

молодёжь *ж. собир.* youth; young people *pl.*; the young (ones *pl*); уча́щаяся ~ the students *pl.*

молоде́ть, помолоде́ть get* younger and younger.

мо́лод|ец *м.* **1.** young stalwart; fine fellow; **2.** *в знач. сказ. разг.*: ~! well done!, good lad!; ◇ ~ к ~цу fine fellows to a man, every one of them a stalwart.

молоде́|чество *с.* (*удаль*) daring; (*ухарство*) foolhardiness, recklessness, bravado; **~цкий** *разг.* dashing, spirited.

молоди́ть *несов.* (*вн.*) make* (*smb.*) look younger; **~ся** *несов.* try to look younger than *one* is, put* on youthful airs.

молод|и́ца, ~у́ха *ж. разг.* young married (peasant) woman*.

молодня́к *м.* **1.** (*лес*) saplings *pl*; **2.** *собир.* (*молодые животные*) young animals *pl.*; cubs *pl.* (*львята, тигрята, медвежата и т. п.*); calves (*телята, слонята и т. п.*); yearlings (*жеребята, ягнята и т. п.*); **3.** *собир.* (*птицы*) young birds *pl.*; **4.** *собир. разг.* (*молодёжь*) the younger generation.

молодожёны *мн.* young couple *sg.*, newly-weds.

молодо́й *прил.* **1.** young; (*юный*) youthful; (*о неодушевлённых предметах*) new; (*свежий*) fresh; ~ карто́фель new potatoes; **2.** *в знач. сущ. мн.* young people, the young; **3.** *в знач. сказ. разг.* too young; вы ещё молоды, чтобы так разгова́ривать you are too young to talk like that.

мо́лодост|ь *ж.* youth; ◇ не пе́рвой ~и past *one's* prime.

молодцева́тый dashing.

молодцо́м *разг.*: вести́ себя ~ behave magnificently.

моло́дчик *м. разг.* tough, thug.

молодчи́на *м. и ж. разг.* brick, trump.

молоды́е *мн.* (*супруги*) the young couple *sg.*

моложа́в|о: ~ вы́глядеть ~ be* very young-looking; **~ый** young-looking; име́ть ~ый вид look young for *one's* age; **~ость** *ж.* youthful appearance (for *one's* years).

моло́зиво *с. тк. ед.* colostrum; (of cow) beestings.

моло́ки *мн.* soft roe *sg.*, milt *sg.*

молоко́ *с.* milk; ◇ у него ~ на губа́х не обсо́хло ≅ he is very green.

молокову́з *м.* milk lorry.

молокосо́с *м. разг. ирон.* stripling, a raw youth; green horn; *бран.* young puppy.

мо́лот *м.* hammer; парово́й ~ steam hammer; кузне́чный ~ sledgehammer; ◇ ме́жду ~ом и накова́льней between the hammer and the anvil; between the devil and the deep (blue) sea.

молоти́|лка *ж.* threshing machine; **~льщик** thresher.

молоти́ть, смолотить (*вн.*) thresh (*smth.*).

молотобо́ец *м.* hammerer, hammerman*, hammersmith; blacksmith's striker.

молот|о́к *м.* hammer; ◇ прода́ть с ~ка sell* by auction; пойти́ с ~ка come* under the hammer.

молото́чек *м.* **1.** *уменьшит. от* молото́к; **2.** *анат.* malleus.

мо́лот-ры́ба *ж.* hammer-fish, hammerhead shark.

мо́лотый ground; ~ ко́фе ground coffee.

моло́ть, смоло́ть (*вн.*) grind* (*smth.*); ◇ ~ вздор talk nonsense, drivel, talk drivel.

молотьба́ *ж.* **1.** (*действие*) threshing; **2.** (*время, пора*) threshing-time.

молоча́й *м. бот.* spurge, euphorbia.

моло́чн|ая *ж.* dairy; **~ик** *м.* **1.** (*посуда*) milk-jug; **2.** (*продавец*) milkman*; **~ица** *ж.* milk-woman*, milkmaid; **~ица** *ж. мед.* thrush.

моло́чно-восков|о́й: ~ая спе́лость milk-wax ripeness.

моло́чн|ый **1.** (*дающий, производящий молоко*) dairy *attr.*; ~ скот dairy cattle; ~ая коро́ва milking cow; ~ое хозя́йство dairy farm; ~ая промы́шленность dairy industry; **2.**: поросёнок sucking pig; **3.** (*приготовленный из молока*) milk *attr.*; ~ые проду́кты dairy/milk produce *sg.*; ~ая ка́ша milk pudding; ~ая дие́та milk diet; **4.** (*похожий на молоко*) milky; **5.** *хим.* lactic; ~ая кислота́ lactic acid; ◇ ~ брат foster-brother; ~ые зу́бы milk teeth.

мо́лча silently, without a word; *перен.* in silence, unprotestingly.

молчали́в|ый **1.** (*неразговорчивый*) taciturn, short-spoken, reticent; silent (*тж. перен.*); **2.** (*понимаемый без слов*) tacit; ~ое согла́сие tacit consent.

молча́льн|ик *м.*, **~ица** *ж.* **1.** *церк.* one who has taken a vow of silence; **2.** *разг.* (*молчаливый человек*) taciturn uncommunicative person.

молча́ние *с.* silence; храни́ть (упо́рное) ~ maintain a (stubborn) silence; ◇ обойти *что-л.* ~м pass *smth.* over in silence; ~ - знак согла́сия silence gives consent.

молча́нк|а *ж.*: играть в ~у *разг.* keep* *one's* mouth shut, refuse to commit oneself by expressing an opinion; fail to keep up social chit-chat.

молча́ть *несов.* **1.** be* silent; ~! hold your tongue!; **2.** (*скрывать*) say* nothing, keep* silent; **3.** (*безропотно терпеть что-л.*) make* no complaint.

молчо́к *в знач. сказ. разг.*: об э́том ~! not a word!, keep it under your hat!

моль *ж.* meth.

мольб|а́ *ж.* prayer, entreaty; внять ~е hear* one's prayer.

мольбе́рт *м.* easel.

моме́нт *м.* **1.** (*о времени*) moment; удо́бный ~ opportunity, suitable moment; в тот ~, когда́ just when; **2.** (*аспект какого-л. явления*) feature; ◇ в (оди́н) ~ in a moment; в да́нный ~ at the given moment; в любо́й ~ at any moment.

момента́льн|о immediately; **~ый** instantaneous; ~ый сни́мок snapshot.

моме́нтами *разг.* now and then.

мона́да *ж. филос.* monad.

мона́рх *м.* monarch; **~и́зм** *м.* monarchism; **~и́ст** *м.* monarchist; **~и́ческий** monarchical.

мона́рхия *ж.* monarchy.

мона́рший *прил. от* монарх.

монасты́рский monasterial; (*о женском монастыре*) conventual.

монасты́рь *м.* monastery; (*женский*) nunnery, convent; ◇ в чужо́й ~ со свои́м уста́вом не хо́дят ≅ when you go to Rome, do as Rome does; подвести́ *кого-л.* под ~ get* *smb.* into trouble.

мона́х *м.* monk; постри́чься в ~и take* monastic vows; **~иня** *ж.* nun; постри́чься в ~ини take* the veil.

мона́шеский monastic, monkish.

монго́л *м.*, **~ка** *ж.* Mongol(ian); **~ове́дение** *с.* Mongolian studies.

монго́льский Mongolian; ~ язы́к Mongolian, the Mongolian language.

моне́т|а *ж.* coin; ме́лкая ~ small coin; ◇ отплати́ть *кому-л.* той же ~ой pay *smb.* in his, her own coin; **~ный** monetary; ◇ ~ный двор the mint; приня́ть за чи́стую ~у *разг.* take* at face value, take* in good faint.

монето|разме́нник *м.* coin(-exchange) box; **~приёмник** *м.* coin box (of automatic machine).

моне́тчик *м.* coiner.

мони́зм *м. филос.* monism.

мони́сто *с.* necklace.

монито́р *м. мор.* monitor.

монога́мия *ж.* monogamy.

моногени́зм *м. биол.* monogenism.

моногра́мма *ж.* monogram.

моногра́фия *ж.* monograph, study.

моно́кль *м.* monocle.

моноко́к *м. ав.* monocoque.

монокульту́ра *ж. с.-х.* one crop, single crop system, monoculture.

моноли́т *м.* monolith; **~ность** *ж.* monolithic character; **~ный** **1.** monolithic; **2.** (*сплочённый*) massive, united.

моноло́г *м.* monologue, soliloquy.

моно́м *м. мат.* monomial.

монома́н *м. мед.* monomaniac; **~ия** *ж. мед.* monomania.

монометалли́|зм *м. эк.* monometallism; **~и́ческий** *эк.* monometallic.

монопла́н *м.* monoplane.

монополиз|а́ция *ж.* monopolization; **~и́ровать** *несов. и сов.* (*вн.*) monopolize (*smth.*)

монополи́ст *м.* monopolist; **~и́ческий** monopolistic; ~и́ческий капита́л monopoly capital.

монопо́лия *ж.* monopoly; ~ вне́шней торго́вли foreign-trade monopoly.

монопо́льн|ый monopoly *attr.*, exclusive; ~ое пра́во exclusive right; ~ая цена́ monopolistic/exclusive price; ~ая ре́нта exclusive rent.

моноре́льсов|ый monorail *attr.*; ~ая доро́га monorail.

монотеи́|зм *м. филос.* monotheism; **~сти́ческий** *филос.* monotheistic.

моноти́п *м. полигр.* monotype; **~ный** *полигр.* monotype *attr.*

моното́нн|ость *ж.* monotony; **~ый** monotonous; ~ый го́лос expressionless voice; ~ая жизнь uneventful life.

монофто́нг *м. линг.* monophthong.

монохо́рд *м. муз.* monochord.

монпасье́ *с. нескл. мн.* fruit drops.

монстр *м.* monster.

монта́ж *м.* **1.** *тех.* assembly; (*установка*) installation; ~ электроста́нции assembly of a powe station; **2.** (*фильма, литературного произведения и т. п.*) editing; **3.** (*о фильме, произведении и т. п.*) montage, arrangement; литерату́рный ~ book program; **~ёр** *м. кино, фото* montage specialist.

монта́ж|ник *м.* assembly worker, fitter; **~ная** *ж. тех.* assembly shop, *кино* clipping room.

монтёр *м.* **1.** (*монтажник*) fitter; **2.** (*электромонтёр*) electrician.

монти́ровать, смонти́ровать (*вн.*) **1.** *тех.* assemble (*smth.*); (*устанавливать*) install (*smth.*); ~ маши́ну install/assemble a machine; **2.** (*о фильме*) edit (*smth.*), mount.

монуме́нт *м.* monument; **~а́льный** monumental; ~а́льное зда́ние building on the grand scale; ~а́льная фигу́ра monumental figure; ~а́льный труд monumental work.

мопе́д *м.* moped.

мопс *м.* pug(-dog).

мор *м. разг.* wholesale deaths, high mortality.

моралите́ *с. нескл. ист. театр.* morality play.

мора́л|ь *ж.* **1.** (*нравственность*) morals *pl.*, morality; при́нципы ~и moral precepts; **2.** (*вывод*) moral; **3.** *разг.* (*нравоучение*) moral instruction; чита́ть ~ *кому-л.* preach to *smb.*; ◇ прописна́я ~ copybook maxims/morality; **~изи́ровать** *несов.* moralize; **~и́ст** *м.* moralist.

мора́льно morally.

мора́льн|ый moral; (*духовный тж.*) spiritual; ~ое состоя́ние mental state, morale; ◇ ~ изно́с (*машины и т. п.*) *эк.* obsolescence.

морато́рий *м. фин., полит.* moratorium; объяви́ть ~ grant a moratorium.

морг *м.* morgue.

морганати́ческий morganatic.

морга́ть, **моргну́ть** **1.** blink; **2.** (*дт.*; *подавать знак*) wink (at); **3.** (*мерцать*) glimmer, wink, blink; ◇ гла́зом не моргну́ть without batting an eyelid.

моргну́ть *сов. см.* моргать.

мо́рда *ж.* **1.** muzzle; (*кошачья*) face; **2.** *груб.* (*о лице*) mug.

морда́стый **1.** *разг.* with a large muzzle; **2.** (*о человеке*) with a big, fat face.

мордва́ *ж. собир.* the Mordva, the Mordvinians.

мордви́н *м.*, **~ка** *ж.* Mordvinian.

мордобо́й *м. разг.* fight, scuffle.

мордова́ть *несов.*, замордова́ть *сов. разг.* **1.** (*избивать*) beat* up; **2.** (*зло преследовать*) persecute, victimize.

мордо́вский Mordvinian; ~ язы́к Mordvinian, the Mordvinian language.

мо́р|е *с.* sea; *перен.* (*большое количество*) ocean; вы́йти в ~ put* to sea; в откры́том ~ on the open sea, on the high seas; у ~я at the seaside; ◇ ждать у ~я пого́ды indulge in vain hopes.

море́н|а *ж. геол.* moraine; **~ный** *геол.* morainal, moranic; ~ный ландша́фт moraine landscape.

морепла́в|ание *с.* navigation, high-seas navigation; **~атель** *м.* navigator; **~ательный** nautical.

морехо́д|ность *ж.* seaworthiness; **~ный** seaworthy; **~ство** *с.* navigation.

морёный (*о дереве*) stained; ~ дуб fumed oak.

морж *м.* **1.** walrus; **2.** *разг.* (*купальщик*) winter bather; отви́сшие усы́ “как у моржа́” *разг.* walrus moustache.

Мо́рзе *нескл.* а́збука ~ Morse code; аппара́т ~ Morse apparatus.

морз|и́ст *м. разг.* Morse code signaller; **~я́нка** *разг.* Morse code.

мори́лка *ж. тех.* mordant.

мори́ть *несов.* (*вн.*) **1.** (*истреблять*) exterminate (*smth.*) ~ тарака́нов exterminate cockroaches; **2.** *разг.* (*изнурять*) wear* down (*smb.*); ~ го́лодом *кого-л.* starve *smb.*; **3.** (*о дереве*) stain.

морко́вный *1.* carrot *attr.*; ~ сок carrot juice; **2.** (*цвета моркови*) carroty.

морко́вь *ж.* **1.** carrot; **2.** *собир.* carrots *pl.*

моро́жен|ое *с.* ice cream; шокола́дное ~ chocolate ice cream; **~щик** *м.* ice-cream vendor; **~ый** frozen; ~ое мя́со frozen meat.

моро́з *м.* frost; си́льный ~ hard/bitter frost; 20 гра́дусов ~а twenty below zero; ◇ ~ по ко́же продира́ет ≅ it's enough to make *one's* flesh creep; **~ить** *несов.* **1.** (*вн.*) freeze* (*smth.*); (*об овощах и т. п.*) put* *smth.* in cold storage; **2.** *безл.*: **~ит** it is freezing, there is a frost; **~но** *в знач. сказ. безл.* there's a frost; **~ный** frosty; **~и́льник** *м.* deep-freezer; ~и́льный траулер refrigerator trawler; **~и́льщик** *разг.* refrigerator ship.

морозосто́йк|ий frost-resistant, frost-hardy; ~ая ози́мая пшени́ца frost-resistant winter wheat.

морозоусто́йчив|ость *ж.* = морозосто́йкость; **~ый** = морозосто́йкий.

моро́ка *ж. разг.* no end of trouble, confusion; с ним одна́ ~ you can get no sense out of him.

морос|и́ть *несов.* **1.** drizzle; **2.** *безл.*: ~ит it is drizzling.

моро́чить *несов. разг.* fool (*smb.*); pull the wool over the eyes of; ◇ ~ голову *кому-л.* take* *smb.* for a ride.

моро́шка *ж.* **1.** *собир.* cloudberries *pl.*; **2.** (*об отдельной ягоде и растении*) cloudberry.

морс *м.* fruit drink; клю́квенный ~ cranberry water.

морск|о́й **1.** sea *attr.*; (*живущий, растущий в море тж.*) marine; ~ая вода seawater; ~ая ка́рта chart; sea map; ~ во́здух sea air; ~ берег seashore; ~ие живо́тные marine animals; ~ие расте́ния marine plants; ~ая держа́ва sea power; **2.** (*связанный с военным флотом*) naval; ~ флот navy; ~ офице́р naval officer; ~ ая пехо́та marines *pl.*; ~ бой naval engagement; ~ое учи́лище naval college/school; ◇ ~ая боле́знь seasickness; страда́ть ~ боле́знью be* seasick; ~ кли́мат maritime climate.

морти́ра *ж. воен.* mortar.

морфе́ма *ж. лингв.* morpheme.

мо́рфи|й *м. фарм.* morphia; впры́снуть ~ inject morphia; **~ни́зм** *м. мед.* addiction to morphine; **~ни́ст** *м.*, **~ни́стка** *ж. мед.* morphine addict.

морфо|логи́ческий morphological; **~ло́гия** *ж.* **1.** (*наука о строении организмов*) morphology; **2.** *лингв.* morphology, accidence.

морщи́н|а *ж.* wrinkle; (*на ткани и т. п. тж.*) crease; ~ы у глаз crow's-feet; **~истый** wrinkled; (*о лице тж.*) lined.

мо́рщить, намо́рщить, смо́рщить (*вн.*) **1.** *сов.* намо́рщить wrinkle (up) (*smth.*); ~ лоб wrinkle *one's* forehead; **2.** *сов.* смо́рщить wrinkle (*smth.*); ~ нос wrinkle *one's* nose; ~ гу́бы purse *one's* lips; **3.** *сов.* смо́рщить (*образовывать рябь на воде*) ripple (*smth.*); **~ся**, намо́рщиться, смо́рщиться **1.** *сов.* намо́рщиться wrinkle, break* into wrinkles; **2.** *сов.* смо́рщиться (*делать гримасы*) frown, make*/pull faces; *сов. тж.* make*/pull a face; **3.** *сов.* смо́рщиться (*об одежде*) crease, crumple; (*о водной поверхности*) ripple, be* ruffled.

моря́к *м.* seaman*; sailor *разг.*

москате́льн|ый chandlery *attr.*, chandler's; ~ые това́ры chandlery *sg.*; ~ая лавка chandlery-shop, chandler's.

москви́ч *м.*, **~ка** *ж.* **1.** Muscovite, inhabitant of Moscow; **2.** (*марка легкового автомобиля*) Moskvich.

моски́т *м.* mosquito; **~ный** mosquito *attr.*; ~ная се́тка mosquito net.

моско́вка *ж.* coal tit.

моско́вск|ий Moscow *attr.*; ~ая о́бласть Moscow Region; ~ая Русь; *ист.* Muskovy.

мост *м.* **1.** bridge; возду́шный ~ *ав.* air bridge; железнодоро́жный ~ railway bridge; плаву́чий ~ floating bridge; подъёмный ~ drawbridge; разводно́й ~ opening bridge, drawbridge; навести́ ~ build* (make*) throw* a bridge; перебро́сить ~ чере́з ре́ку span a river with a bridge; вре́менный ~ temporary bridge; **2.** (*для зубов*) plate; **3.** *тех.* end; за́дний ~ rear end.

мо́стик *м.* **1.** small bridge, footbridge; **2.**: капита́нский ~ the captain's bridge.

мости́льщик *м.* pavior.

мости́ть *несов.* (*вн.*) pave (*smth.*); на~ to lay a floor; ~ (*булыжником*) cobble.

мостки́ *мн.* board-walk *sg.*; (*на судне*) gangway *sg.*; planked footway; ~ для освети́тельных прибо́ров *кино* platform for spotlights.

мостов|а́я *ж.* road, roadway, carriage way, асфа́льтовая ~ asphalt road; булы́жная ~ cobblestone road, cobbled roadway; ~ой выпрями́тель bridge rectifiar.

мо́ська *ж. разг.* pug dog.

мот *м. разг.* prodigal, spendthrift, squanderer, wastrel.

мота́льный *м. тех.* winding; ~ая маши́на winding-machine.

мота́ть *несов.* **1.** (*вн.*; *нитки и т. п.*) wind* (*smth.*); reel (*smth.*); **2.** (*тв.*) *разг.* (*качать, махать*) shake* (*smth.*); ~ хвосто́м wag its tail; ◇ ~ (себе́) на ус *что-л.* make* a mental note of *smth.*, get* *smth.* into *one's* head.

мота́ться *несов. разг.* dangle; to rush about; ~ по све́ту to knock about the world.

моте́ль *м.* motel.

моти́в *м.* **1.** (*причина*) motive; **2.** (*довод*) reason; привести́ ~ы в по́льзу предложе́ния to adduce reasons in support of an assertion; **3.** (*тема*) theme; **4.** (*мелодия*) tune.

мотиви́р|овать *несов. и сов.* (*вн.*) explain (*smth.*), give* reasons (for), find* a motive (for); **~о́вка** *ж.* reasons *pl.*, explanation, justification.

мотну́ть *сов.* shake*.

мо́то **1.** *сокр. от* мото́рный motor; **2.** *сокр.* motorized; **3.** *сокр.* motorcycle.

мотобо́т *м.* motorboat.

мотови́ло *с. тех.* reel.

мото́в|ка *ж. разг.* extravagant woman*; **~ской** *разг.* wasteful, extravagant; **~ство** *с.* prodigality, extravagance.

мотово́з *м.* petrol engine (*на железной дороге*).

мотого́н|ки *мн.* motorcycle races; (*на стадионе*) speedway races; **~щик** *м.* racing motorcyclist.

мотодрези́на *ж.* motor trolley (*на железной дороге*).

мотодро́м *м.* motorcycle racing track.

мото́к *м.* ball, skein, hank; cut.

мотоклу́б *м.* motorcycle club.

мотоколя́ска *ж.* motorized wheelchair.

мотокро́сс *м.* cross-country motorcycle race.

мотолопа́та *ж.* motor shovel.

мотопе́д *м.* moped.

мотопехо́та *ж.* motorized infantry.

мотопробе́г *м.* motorcycle rally.

мото́р *м.* engine, motor; останови́ть ~ stop the engine; подвесно́й ~ outboard engine; пусти́ть в ход ~ start a motor.

мотора́лли *с.* motorcycle rally.

моторесу́рс *м. тех.* life (of an engine *etc.*).

моториза́ция *ж.* motorization.

моторизо́ванный motorized

моторизова́ть *несов.* motorize.

мотори́ст *м.* motor mechanic.

мото́рка *ж. разг.* motorboat.

мото́рн|ый motor *attr.*; ~ ваго́н front-car; ~ная ло́дка motor boat; ~ная устано́вка power plant, power unit; ~ *физиол.* motor.

моторо́ллер *м.* (motor) scooter.

моторосбо́рочный engine assembly *attr.*

моторострое́ние *ж.* motor-building.

моторострои́тельный engine-building; ~ заво́д engine-building works.

мотоса́ни *мн. ж.* motor sledge.

мотоци́кл *м.* motor cycle; ~ с коля́ской motorcycle with sidecar attached; **~и́ст** *м.* motorcyclist.

мотошлем *м.* crach helmet.

моты́|га *ж.* hoe, mattock; **~жить** hoe.

мотылёк *м.* butterfly; ночно́й ~ moth.

моты́ль **1.** *м.* mosquito grub (*used to feel fish in aquaria*); **2.** *тех.* crank; **~ковые** *бот.* Papilionaceal.

мох *м.* moss; заро́сший мхом moss-grown; ◇ ~ом обрасти ≅ run*/go* to seed.

мохе́р *м.* mohair; ~овый mohair *attr.*

мохна́т|ый **1.** (*обросший шерстью*) shaggy, hairy, furry; **2.** (*из густых прядей волос, шерсти*) bushy, shaggy (*тж. перен.*); ~ые бро́ви shaggy/bushy eyebrows; **3.** (*с густым ворсом*) rough, fluffy; (*о ковре*) thick-pile *attr.*; **4.**: ~ое полоте́нце Turkish towel.

мохови́к *м. (гриб)* mossiness, mushroom.

моцио́н *м.* exercise, constitutional; соверша́ть ~ to take exercise.

моч|а́ *ж.* urine, water; ана́лиз ~и urinoscopy.

моча́лить *несов.* **1.** strip into fibers; **2.** *разг.* torment, vex.

моча́лка *ж.* bast, washrag, washing up mop.

моча́ло *с.* bast.

мочеви́на *ж. хим.* urea.

мочев|о́й urinary; ~ пузы́рь (urinary-)bladder.; ◇ ~ая кислота́ uric acid; ~ые ка́мни *мед.* stone (in the blander); ~ой песо́к *мед.* gravel.

мочего́нн|ый: ~ое сре́дство diuretic.

мочеиспуска́|ние *с.* urination; **~тельный**: ~тельный кана́л *анат.* urethra.

мочеотделе́ние *с. физиол.* urination.

мочеполово́й urinogenital.

мочето́чник *м. анат.* ureter.

мочён|ый soaked; ~ые я́блоки soaked apples.

мочи́ть *несов.* **1.** wet (*smb., smth.*), make* (*smb., smth.*) wet; **2.** (*вымачивать*) soak (*smth.*), steep (*smth.*); ~ лён ret flax; ~ селёдку to soake herring; **~ся** *несов.* (*испускать мочу*) urinate, make* water.

мо́чка *ж.* (*часть уха*) lobe.

мочь I смочь be* able; мо́жет ли он пойти́ туда́? (*возможно ли это?*) can he go there?; (*позволено ли это?*) may he go there?; я не могу́ прийти́ сего́дня I shall not be able to come today; мо́жете ли вы э́то сде́лать? can you do that?; е́сли (с)могу́ if I can, if I am able (to); ◇ мо́жет быть, быть мо́жет perhaps; не мо́жет быть! not really!; как живёте-мо́жете? how are you?, how are you getting along?

мочь II *ж. разг.* power, might; во всю ~ with all *one's* might, with might and main; ◇ ~и никако́й нет! it's unbearable!

моше́нн|ик *м.* swindler; **~ичать**, смоше́нничать cheat, swindle; **~ичество** *с.* swindle; **~ический** rascally, swindling.

мошка́ *ж.* midge; **~ра** *ж. собир.* midges *pl.*

мошкара́ *мн. собир.* (swarm of) midges.

мош|на́ *ж.* purse, pouch; больша́я, туга́я ~ *разг.* well-filled purse; наби́ть ~ну *разг.* fill *one's* purse.

мошо́н|ка *ж. анат.* scrotum; **~очный** scrotal.

моще́ние *с.* paving.

мощёный paved; ~ булы́жником cobbled.

мо́щи *мн.* relic *sg.*; ◇ живы́е ~ walking skeleton *sg.*

мо́щн|ость *ж.* **1.** power; **2.** *физ., тех.* capacity; (*производительность*) output; фа́брика рабо́тает на по́лную ~ the factory is working at full capacity; **3.** (*толщина жилы, пласта*) depth, thickness; **4.** *мн.* (*производственные объекты*) capacities; **~ый 1.** powerful; (*о физической силе тж.*) strong; **2.** (*о жиле, пласте и т. п.*) thick, massive.

мощь *ж.* power, might.

мо́ющ|ий: ~ие сре́дства detergents.

моя́ *притяж. мест. ж. см.* мой.

мразь *ж. разг. собир.* rubbish; dregs, scum.

мрак *м.* gloom, darkness, obscurity; ◇ покры́тый ~ом неизве́стности wrapped in mystery; у него́ на душе́ ~ he is in the dumps, in a black mood.

мракобе́с *м.* obscurantist; **~ие** obscurantism.

мра́мор *м.* marble; **~ный** marble *attr.*

мра́морщик *м.* marble-cutter.

мрачне́ть, помрачне́ть become* gloomier; (*о лице*) darken.

мра́чн|ый gloomy, somber, dismal; (*о человеке тж.*) morose; име́ть ~ хара́ктер be* of a morose disposition; име́ть ~ вид look glum; ~ое настрое́ние somber mood.

мсти́тель *м.* avenger; **~ность** *ж.* vindictiveness, revengefulness; **~ный** vindictive, revengeful.

мсти́ть, отомсти́ть (*dm.*) revenge *oneself* (on), take*/have* revenge (on), pay* (**smb.**) back; я отмщу́ за него́ I will avenge him.

муа́р *м.* moire, watered silk; **~овый** moire.

мудрено́ *в знач. сказ. безл.* (+ *инф.*) it is hard/dificult (+ to *inf.*); ~ поня́ть его́ he's hard to understand; ◇ не ~, что... no wonder...; ~ ли? is it any wonder?

мудр|ёный *разг.* **1.** (*трудный для понимания*) intricate; **2.** (*трудный для выполнения*) all but impossible; **3.** (*странный*) queer; (*о вещах*) outlandish; ◇ в э́том ничего́ ~ёного нет it's perfectly simple; у́тро ве́чера ~ене́е *посл.* an hour in the morning is worth two in the evening; ≅ better sleep on it!

мудре́ц *м.* sage; ◇ на вся́кого ~а дово́льно простоты́ ≅ everyone has a fool in his sleeve.

мудр|и́ть *несов. разг.* be* over-subtle, subtilize; не ~ите! don't try to be subtle!, don't make a puzzle of it!, don't split hairs!; не ~ите! don't try to be clever.

му́дрост|ь *ж.* wisdom; наро́дная ~ folk wisdom; ◇ зуб ~и wisdom tooth; в э́том нет никако́й ~и *разг.* there is nothing mysterious about it.

му́дрств|овать *несов. разг.* philosophize; ◇ не ~уя лука́во without further ado.

му́др|ый wise; ~ челове́к wise man*; ~ое реше́ние wise decision; ~ сове́т sage counsel.

муж *м.* **1.** husband; **2.** man; госуда́рственный ~ statesman; ~ нау́ки man of science.

мужа́ть *несов.* mature; grow up; reach manhood.

мужа́|ться *несов.* take* heart/courage; ~йтесь! courage!

мужело́ж|ец *м.* bugger, sodomite; **~ество** *с.* buggery, sodomy.

муженёк *м. разг.* hubby.

мужеподо́бный mannish; masculine.

му́жес|кий = ~ско́й *м. грамм.* род masculine gender.

му́жественн|ый brave, courages; valiant; ~ наро́д courages people, ~ая же́нщина brave woman*; ~ хара́ктер brave character; ~ая фигу́ра manly figure; ~ая пе́сня valiant song.

му́жество *с.* courage; (*стойкость*) fortitude.

мужеуби́йство *с.* killing one's husband; **~ца** *ж.* husband killer.

мужи́к *м.* **1.** *уст.* (*крестьянин*) peasant; **2.** *разг.* (*мужчина*) man*; **3.** *разг.* (*муж*) husband.

мужикова́тый *разг. прил.* loutish, boorish.

муж|ско́й masculine; (*мужского пола*) male; (*предназначенный для мужчин*) men's; в ~ компа́нии in the company of men, in male company; ~ портно́й gentlemen's tailor; ~ая шко́ла boy's school.

мужчи́на *м.* man*.

му́за *ж.* muse.

музееве́дение *с.* museum management studies.

музе́й *м.* museum; **~ный** museum *attr.*; ◇ ~ная ре́дкость rare/priceless object; сде́латься ~ной ре́дкостью become* a rarity.

музе́й-уса́дьба *ж.* country-house museum, memorial estate.

му́зык|а *ж.* **1.** music; положи́ть *что-л.* на ~у set *smth.* to music; занима́ться ~ой learn* music, have* music lessons; танцева́ть под ~у dance to music; люби́ть ~у be* fond of music; люби́тель

~и music-lover; **2.** инструментáльная ~ instrumental music; **3.** *разг.* band; воéнная ~ millitary-band; ◇ он испóртил всю ~у he upset the apple cart; ~ для кинофи́льма *кино* score; ~ для реклáмы *кино* jingle.

музыкáльн|ость *ж.* musicality; (*талант тж.*) gift for music; **~ый** musical; (*имеющий отношение к нотам*) music *attr.*; ~ое сопровождéние accompaniment; ~ый человéк musical person; ~ая шкóла music scool; ~ый магази́н music shop; ~ый слух an ear for music; ~ый фильм musical film; ~ый фон *кино* background music.

музыкáнт *м.* musician.

музыковéд *м.* musicologist.

музыковéдение *с.* musicology.

мýк|а *ж.* **1.** torment, torture; *мн.* pangs; ~и гóлода pangs of hunger; ~и твóрчества throes of composition; родовы́е ~и birth pangs; **2.** *в знач. сказ.* it is (sheer) torture; однá ~ nothing but trouble; ◇ хождéние по ~ам the road of sorrows; **3.** *рел.* Purgatory; ◇ ~и Тантáла, тантáловы ~и the torments of Tantalus.

мукá *ж.* flour; ~ (*грубого помола*) meal; картóфельная ~ potato flour, potato starch; ◇ перемéлется — ~ бýдет *разг.* it will all come right in the end.

мукомóл *м.* miller.

мукомóльн|ый: ~ое произвóдство flour-milling.

мул *м.* mule.

мулáт *м.*, **~ка** *ж.* mulatto.

муллá *рел.* mullah.

мýльда *ж.* **1.** *геол.* flexure; **2.** *тех.* charging box, charging through.

мультикáмера *ж.* animation camera, cartoon camera.

мультимиллионéр *м.* multimillionaire.

мультиплáн *м. ав.* multiplane.

мультипликациóнн|ый: ~ое оборýдование animation equipment; ~ фильм animated cartoon; ~ая съёмка animation/cartoon work.

мультипликáция *ж. кино* (making of an) animated cartoon.

мультстанóк *м. кино* animation stand.

муля́ж *иск.* plaster cast.

мумификáция *ж.* mummification.

мумифици́роваться *несов.* be* (become*) mummified.

мýмия *ж.* mummy.

мунди́р *м.* (full-dress) uniform; ◇ картóфель в мунди́ре potatoes cooked in their skins; полковóй ~ regimentals; честь ~а the honor of the regiment.

мундштýк *м.* **1.** (*твердая часть папиросной гильзы*) mouthpiece; **2.** (*для сигар*) cigar holder; (*для сигарет*) cigarette holder; **3.** (*духового инструмента*) mouthpiece; **4.** (*для лошадей*) curb.

муниципализи́ровать *несов.* municipalize.

муниципалитéт *м.* municipality.

муниципáльный municipal.

мурá *ж. разг.* mess; nonsense.

муравá *ж.* **1.** *поэт.* grass, sward; **2.** *тех.* glaze.

муравéй *м.* ant; **~ник** *м.* anthill.

мурáвить *несов.* glaze (pottery).

мурáвленный *тех.* glazed.

муравьéд *м. зоол.* anteater.

муравьи́н|ый ant *attr.*; ◇ ~ая кислотá *хим.* formic acid.

мурáшк|а *ж.*: ~и бéгают по спинé it makes *one's* flesh creep, it enough to give *one* the shivers/creeps.

мурлó *с. разг.* (ugly) mug.

мурлы́к|анье *с.* purring; **~ать** *несов.* **1.** *purr*; **2.** *разг.* (*напевать*) hum.

мускáт *м.* **1.** (*орех*) nutmeg; **2.** (*виноград*) muscat; **3.** (*вино*) muscat wine; **~ный** muscat *attr.*, nutmeg *attr.*; ◇ ~ный орех nutmeg; ~ный цвет mace.

мýскул *м.* muscle; **~атýра** *ж.* muscles *pl.*; **~и́стый** muscular.

мýскус *м.* musk; **~ный** *прил.* musky; ~ бык musk-ox; ~ная крыса muskrat, musquash; ~ная утка musk-duck.

мусли́н *м.*, **~овый** muslin.

мусóлить *несов.* (*замусолить, намусолить*) **1.** beslaver, beslobber, thumb; **2.** procrastinate; ~ вопрóс drag out a question.

мýсор *м.* dust, rubbish, refuse, garbage; строи́тельный ~ builders' refuse; **~ный**: ~ный я́щик dustbin; garbagecan *амер.*; ~ная я́ма rubbishheap.

мусоропровóд *м.* rubbish chute.

мусоросжигáтельн|ый ~ая печь incinerator.

мýсорщик *м.* dustman*, refuse collector.

мусс *м. кул.* mousse.

мусси́ровать *несов.* (*вн.*) **1.** exaggerate (*smth.*); whip up, make* to foam; **2.** puff up (reports); ~ слýхи exaggerate/spread* rumors.

муссóн *м.* monsoon.

мустáнг *м. зоол.* mustang.

мусульмáн|ин *м.* Moslem, Mussulman; **~ский** Moslem, Mussulman; **~ство** *с.* Moslemism, Mohammedanism, Islam.

мутáнт *м.* mutant; **~ный** mutant *attr.*

мутáция *ж.* mutation.

мут|и́ть, замути́ть **1.** (*вн.*; *делать мутным*) stir up (*smth.*), muddy (*smth.*); **2.** *тк. несов. безл.*: меня́ ~и́т I feel sick/queer; ◇ ~ вóду stir up trouble; **~и́ться**, замути́ться, помути́ться **1.** *сов.* замути́ться grow* muddy/turbient; **2.** *сов.* помути́ться grow* dull; егó сознáние помути́лось his brain went dull; ◇ у меня́ в головé, глазáх ~и́тся I feel dizzy.

мутнéть, помутнéть (*о жидкости*) become* turbid; (*о стекле*) become* dim, mist over, be* misted.

мýтн|ый **1.** (*непрозрачный*) turbid; muddy; **2.** (*потускневший*) dim, dull; óкна, ~ые от дождя́ rain-dimmed windows; **3.** (*неясный, окутанный туманом*) misty, bleary; в ~ой водé ры́бу лови́ть fish in troubled waters; **~ость** *ж.* **1.** turbidity; **2.** dullness.

мутóвка *ж.* **1.** whisk, churn staff; **2.** *бот.* whorl.

мýтор|ный *разг.* disagreeable; dreary, somber; емý бы́ло ~но на душé he was in a somber mood.

муть *ж.* dregs; *перен.* darkness.

муфлóн *м. зоол.* moufflon.

мýфта *ж.* **1.** muff; **2.** *тех.* coupling, connection; ~ кабеля cable box.

мýх|а *ж.* fly; ◇ дéлать из ~и слонá ≅ make* mountains out of molehills; слы́шно, как ~ пролетúт you could hear a pin drop; какáя ~ егó укусúла? *перен. разг.* what's bitten him?; быть под ~ой *разг.* be* three sheets in the wind; зашибúть ~у hit the bottle.

мýфтий *м. рел.* mufti.

мухолóвка *ж.* **1.** flypaper; **2.** *бот.* Venus's flytrap, sundew; **3.** *зоол.* flycatcher.

мухомóр *м.* **1.** fly agaric; **2.** *разг.* decrepit old person.

мухóртый (*о масти лошади*) bay with yellowish markings.

мучéние *с.* torture, torment; (мне) с ним однó ~ I have nothing but trouble with him.

мýчен|ик *м.*, **~ица** *ж.* martyr; **~ический** martyr's; **~ичество** *с.* martyrdom.

мучúтель *м.* tormentor; **~ный** excruciating, racking, agonizing; ~ная боль excruciating pain; ~ная зубнáя боль racking toothache; ~ный кáшель excruciating cough; ~ное ожидáние agonizing suspense; ~ные сомнéния agonizing doubts; ~ная процедýра (*лечение*) painful treatment.

мýч|ить *несов.* (*вн.*) torment (*smb., smth.*), torture (*smb., smth.*); (*дразнить*) tease (*smb., smth.*); (*беспокоить*) worry (*smb.*); меня́ ~ит сóвесть I am conscience-stricken; меня́ ~ит неизвéстность I can't bear the suspense; **~иться** *несов.* **1.** suffer, be* in agony; ~иться пéред смéртью die in agony; **2.** (*тв.*; *томиться*) be* tortured (by), be* worried (by); ~иться сомнéниями be* tortured by doubts, be* a prey to doubt; ~иться угрызéниями сóвести be* racked/tortured by remorse; **3.** (с, над *тв.*) *разг.* (*испытывать затруднения*) have* a hard time (with).

мучнúстый mealy, floury, farinaceous; ~ картóфель mealy/floury potato.

мýшка I. *ж. уменьш. от* муха; шпáнская ~ *мед.* Spanish fly, cantharides.

мýшк|а II. *ж.* **1.** (*на оружии*) bead; взять *кого-л.* на ~у aim at *smb.*, draw* a bead on *smb.*

мýшка III *ж.* (*на лице*) beauty spot.

мушкéт *м. ист.* musket; **~ёр** *м. ист.* musketeer.

мушмулá *ж.* (*растение и плод*) medlar.

муштáбель *м. жив.* maulstick.

муштр|á *ж.* drill; **~овáть** *несов.* (*вн.*) drill (*smb.*), discipline (*smb.*); **~óвка** *ж.* drill.

муэдзúн *м. рел.* muezzin.

мчать *несов.* (*вн.*) rush (*smb.,smth.*); (*уносить быстрым движением*) sweep* (*smb., smth.*) along; пóезд мчал меня́ на юг the train rushed me to the south; вéтер мчит облакá the wind is driving the clouds; **~ся** *несов.* rush, race; ~ся по ýлице race down the street.

мшúстый *м.* mossy.

мщéние *с.* vengeance, revenge.

мы *личн. мест.* (*рд. вн.* нас, *дт.* нам, *тв.* нами, *пр.* о нас) we; мы все we all, all of us; we are all; мы устали we are all tired; мы с брáтом my brother and I; мы с вáми you and I; мы с ним he and I.

мы́за *ж.* farmstead, country house (*в Эстонии и других скандинавских странах*).

мы́згать *несов. разг.* to soil, crumple.

мы́кать *несов. тех.* ripple, hackle (flax); горе ~ *перен. разг.* to lead a dog's life.

мы́каться *несов. разг.* roam, wander.

мы́лить, намы́лить (*вн.*) soap (*smb., smth.*). **~ся**, намы́литься **1.** soap oneself; **2.** *тк. несов.* (*о мыле*) lather.

мы́лкий soft, dissolvent, freely lathering.

мы́л|о *с.* **1.** soap; туалéтное ~ toilet soap; ~ для бритья́ shaving-soap; **2.** *тк. ед.* (*пот у лошади*) foam, lather; лóшадь вся в ~е the horse is in a lather.

мыловáр *м.* soapboiler.

мыловарéние *с.* soap-boiling.

мыловáренн|ый *с.* soap *attr.*; ~ завóд soap works; ~ая промы́шленность soap industry.

мы́льн|ица *ж.* soap dish; **~ый 1.** soap *attr.*; ~ая пéна lather; soapsuds *pl.*; ~ый пузы́рь soap bubble; пускáть ~ые пузырú blow* soap bubbles; **2.** (*намыленный*) soapy; ~ые руки soapy hands.

мыльня́нка *ж. бот.* soapwort, soap root.

мыс *м.* cape, headland, promontory.

мы́сленн|о in one's thoughts/mind, mentally; **~ый 1.** (*воображаемый*) imaginary; **2.** (*существующий в мыслях*) mental.

мы́слим|ый conceivable, possible; ◇ ~ое ли э́то дéло? ~о ли э́то? can one think of such things?, is such a thing possible?, did you ever hear of such a thing?

мыслúтель *м.* thinker.

мы́слит|ь *несов.* think*; как вы ~е себé э́то? what are your ideas about it?

мысл|ь *ж.* thought; (*размышление*) cogitation; (*идея*) idea; (*мнение*) view; интерéсная ~ interesting idea; основнáя ~ (*произведения*) underlying/fundamental idea; счастлúвая, удáчная ~ good idea, happy thought; прийтú к ~и arrive at the idea; погрузúться в свой ~и become * lost in thought; give * *one*self up to *one's* thoughts; ◇ óбраз ~ей outlook, way of thinking; не допускáть дáже ~и о *чём-л.* not even admit the thought of *smth.*; there can be no question of *smth.*; у меня́ э́того и в ~ях нé было I didn't mean that for a moment, it never crossed my mind.

мы́слящий thinking.

мытáрить *несов.* (*вн.*) *разг.* torment (*smb.*), make* (*smb.*) suffer; **~ся** *несов. разг.* have* a rough time; go* through the mill *идиом.*

мыта́рств|о trial, trying experience, ordeal; пройти́ че́рез все ~а endure every ordeal.

мы́тарь *м. библейск.* **1.** publican; **2.** *ист.* collector of transit dues.

мыть, вы́мыть, помы́ть (*вн.*) wash (*smth.*); ~ посу́ду wash up (the dishes); ◇ ~ зо́лото wash gold; рука́ ру́ку мо́ет *погов.* ≅ you scratch my back and I'll scratch yours.

мытьё *с.* washing; ~ головы́ shampoo; ~ посу́ды washing-up; ◇ не ~ём, так ка́таньем by hook or by crook.

мы́ться, вы́мыться, помы́ться wash (*oneself*); (*в ванне*) have* a bath.

мыч|а́ние *с.* **1.** lowing; mooing *разг.*; (*быка*) bellowing; **2.** *разг.* (*неясные звуки*) mumbling; **~ать** *несов.* **1.** low; moo *разг.*; (*о быке*) bellow; **2.** *разг.* (*издавать неясные звуки*) mumble.

мыша́стый mouse-colored, mousey.

мышело́вка *ж.* mousetrap.

мы́шечн|ый muscular; ~ые тка́ни muscle tissues.

мыши́н|ый **1.** mouse *attr.*; of mice *после сущ.*; ~ писк squeaking of mice; **2.** (*напоминающий мышь*) mouse-like; **3.** (*серый*) grey; ◇ ~ая возня fuss about nothing; подня́ть ~ую возню́ вокру́г *чего-л.* make* a great fuss about *smth.*

мы́шк|а *ж.*: под ~ой, под ~у under *one's*/the arm; пла́тье порвало́сь под ~ой the dress has torn under the arm; он взял ша́пку под ~у he put his cap under his arm.

мышле́ние *с.* **1.** thought, mentality; **2.** (*действие*) thinking.

мышо́нок *м.* young mouse.

мы́шца *ж.* muscle.

мышь *ж.* mouse*; полевая ~ field mouse; летучая ~ bat.

мышья́к *м.* arsenic; **~о́вистый** arsenious; **~о́вый** *хим.* arsenic(al).

мэр *м.* mayor.

мю́зикл *м.* musical.

мю́зик-хо́лл *м.* music hall.

мя́гк|ий **1.** soft; (*о металлах*) malleable; ~ие во́лосы silky hair *sg.*; **2.** (*свежий, нечёрствый*) fresh; ~ хлеб fresh bread; **3.** (*приятный для глаз, слуха, плавный*) gentle, mellow; ~ го́лос gentle voice; ~ свет gentle light; ~ая похо́дка gentle tread; light footsteps *pl.*; **4.** (*о чувствах, настроениях*) mild; **5.** (*с неопределёнными чертами, границами*) gentle; ~ие черты́ лица́ gentle features; **6.** (*кроткий, уступчивый*) pliable, adaptable; ~ челове́к gentle person; ~ хара́ктер pliable character; **7.** (*сердечный, отзывчивый*) kind, responsive; **8.** (*нестрогий*) mild, lenient; ~ пригово́р mild sentence; ~ое наказа́ние mild punishment; ~ое обраще́ние lenient treatment; **9.** (*вежливый*) mild; ~ упрёк mild reproach; **10.** (*о погоде, климате*) mild, clement; ◇ ~ ваго́н upholstered carriage, first-class carriage; ~ое кре́сло easy chair; ~ая ме́бель upholstered furniture; ~ая вода́ soft water; ~ знак soft sigh; ~ие согла́сные зву́ки soft consonants.

мя́гко softy; ◇ ~ выража́ясь to put it mildly.

мягкосерде́ч|ие *с.* softheartedness; **~ный** softhearted.

мя́гкость *ж.* softness; *перен.* gentleness.

мягкоте́лый flabby, spineless.

мягкоше́рстный *м.* soft-haired.

мягчи́ть *несов.* soften.

мяки́н|а *ж.* chaff; *посл.* ста́рого воробья́ на ~е не проведёшь an old bird is not caught with chaff.

мя́киш *м.* the crumb.

мя́кнуть *несов. разг.* get* soft; *перен.* droop, go* limp.

мя́коть *ж.* **1.** flesh; **2.** *разг.* (*мясо без костей*) meat; **3.** (*фруктов, ягод*) pulp.

мя́лка *ж. тех.* brake (for flax or hemp).

мя́млить, промя́млить *разг.* **1.** (*вяло говорить*) mumble; **2.** *тк. несов.* (*действовать медлительно*) dither.

мя́мля *м. и ж. разг.* mumbler; (*нерешительный человек*) ditherer.

мяси́ст|ый **1.** (*с большим количеством мяса*) fleshy, meaty; ~ая белу́га fleshy sturgeon; **2.** *разг.* (*о частях тела*) fleshy; ~ нос fleshy nose.

мясни́к *м.* butcher.

мясн|о́й *прил.* **1.** meat *attr.*; ~ая ла́вка butcher's shop; ~ая пи́ща meaty food; ~ бульон meat broth, beef tea; **2.** *в знач. сущ. с.* meat, something with meat in it.

мя́с|о *с.* flesh; (*как еда*) meat; бе́лое (чёрное) ~ white (brown) meat; ◇ вы́рвать с ~ом (*пуговицу и т. п.*) tear* off the cloth.

мясое́д *м. церк.* time from Christmas to Shrovetide (*когда можно есть мясо*).

мясозаготó вки *мн.* (*ед.* мясозаготó вка *ж.*) meat purveyance.

мясокомбина́т *м.* meat-packing factory.

мясоконсе́рвн|ый *м.* meat-preserving, meat-packing; ~ая промы́шленность meat-preserving industry; ~ комбина́т meat-preserving/meat-packing factory.

мясо-моло́чный *м.* meat and milk.

мясопоста́вки *мн.* (*ед.* мясопоста́вка *ж.*) deliveries of meat.

мя́ться *несов.* **I.** помяться be* crumpled (easily); rumple easily; **II.** *разг.* hesitate, hum and haw.

мясопу́ст *м. церк.* Shrovetide (*масленица; неделя перед великим постом, в течение которого православные христиане не употребляют скоромную пищу*).

мясору́бка *ж.* (*прям. и перен.*) mincing machine; meat grinder *амер.*; *перен.* slaughter house*.

мя́та *ж.* mint.

мяте́ж *м.* mutiny, rebellion, revolt; подня́ть ~ raise a revolt; **~ник** *м.* mutineer, rebel; **~ный** **1.** (*причастный к мятежу*) rebel *attr.*, mutinous, rebellious; **2.** (*бурный*) rebellious, tempestuous; ~ный хара́ктер rebellious nature.

мя́тн|ый mint *attr.*; ~ые пря́ники peppermint cakes; ~ые леденцы́ peppermints.

мяту́щ|ийся, ~аяся душа́ restless soul.

мя́т|ый **1.** (*негладкий*) crumpled, rumpled; ~ая бума́га crumpled paper; ~ая посте́ль rumpled bedclothes *pl.*; ~ая трава́ trampled grass; **2.** (*раздавленный*) crushed, smashed; (*слегка*) bruised; ~ая я́года crushed berries *pl.*

мять *несов.* (*вн.*) **1.** (*делать неровным*) crush (*smth.*) crumple (*smth.*), rumple (*smth.*); ~ бума́гу crumple paper; ~ посте́ль rumple the bedclothes; ~ траву́ trample down the grass; **2.** (*давить, размягчая*) smash (*smth.*); (*слегка*) bruise (*smth.*); ~ гли́ну knead clay; **~ся** *несов.* **1.** get* rumpled/crumpled/crushed; э́тот материа́л о́чень мнётся this stuff creases/crushes easily; **2.** (*проявлять нерешительность*) hesitate; (*уклончиво говорить*) hem and haw.

мя́ться *несов.* **1.** помя́ться be* crumpled (easily); rumple easily; **2.** *разг.* hesitate, hem and haw.

мяу́к|анье *с.* mewing; **~ать** *несов.* mew, meow.

мяч *м.*, **мя́чик** *м.* ball; играть в ~ play ball; ~ в игре *спорт.* ball in play; мёртвый ~ *спорт.* dead ball; ~, приземли́вшийся в преде́лах площа́дки *спорт.* in ball; ~ за преде́лами площа́дки *спорт.* "out" ball; владе́ть ~ом follow the ball; принима́ть ~ receive the ball; заде́рживать ~ hold* the ball; гаси́ть ~ kill the ball; подава́ть ~ serve the ball; бить по ~у spike (smash) on the ball.

Н

на I *предлог* 1. (*сверху, на поверхности*) on; на стене́, на сте́ну on a wall; 2. (*при обозначении стран, местностей, улиц*) in; (*при обозначении учреждений, занятий и т. п.*) at; на Кавка́зе in the Caucasus; на Се́вере in the North; на по́люсе at the Pole; на у́лице in the street; (*вне дома*) out-of-doors, outdoors; дом стои́т на (са́мой) доро́ге the house is right on the road; го́род на Во́лге a town on the Volga; его́ сла́ва греме́ла на весь мир his fame resounded throughout the world; на рабо́те at work; на заво́де at a factory; на конце́рте, уро́ке at a concert, lesson; 3. (*при обозначении направления*) to, for; на Кавка́з to the Caucasus; доро́га на Москву́ the road to Moscow; по́езд на Москву́ the train for Moscow; 4. (*при обозначении средств передвижения*) by; е́хать на по́езде, парохо́де, маши́не go* by train, steamer, car; 5. (*при обозначении времени*) in; during; (*при обозначении дня*) on; (*при обозначении срока*) for; на кани́кулах in/during the holidays; на тре́тьем году́ in the third year; на Но́вый год on New Year's Day; на Рождество́ at Christmas; на Па́сху at Easter; на друго́й день (the) next day; собра́ние назна́чено на сре́ду the meeting is fixed for Wednesday; о́тпуск на два дня two days' leave; он прие́хал на неде́лю he has come for a week; 6. (*для*) for; на́ зиму for the winter; про́пуск на два лица́ a pass for two; на чёрный день for a rainy day; 7. (*при обозначении предметов, являющихся опорой, основанием чего-л.*) on; челове́к на костыля́х a person on crutches; матра́ц на пружи́нах spring mattress; 8. (*при обозначении лица, на которое падает работа, ответственность и т. п.*) on, upon; вся рабо́та ложи́тся на меня́ all the work is on my shoulders; отве́тственность ложи́тся на него́ the responsibility falls on him, the responsibility is laid upon him; 9. (*при обозначении предмета, на который направлено действие*) to; подписа́ться на заём subscibe to a loan; 10. (*при указании на средство, с помощью которого кто-л., что-л. работает, действует, что-л. делается, производится*) with; (*о топливе*) on; гото́вить на ма́сле use butter in cooking; жа́рить на ма́сле fry in butter/oil; заво́д рабо́тает на у́гле the factory works on coal; на ва́те padded; 11. (*при определении средств к существованию*) on; жить на (свой) за́работок live on *one's* earnings; 12. (*при выражении чего-л. денежной суммой*) worth (of *smth.*); на рубль почто́вых ма́рок a ruble's worth of stamps; 13. (*при обозначении средства измерения*) by; продава́ть на вес sell* by weight; продава́ть на ме́тры sell* by the meter; 14. (*при умножении и делении*) by; in, into; помно́жить (раздели́ть) пятна́дцать на три multiply (divide) fifteen by three; раздели́ть на три ча́сти divide into three (parts); 15. (*при сравнит. ст. чаще не переводится*) на го́лову вы́ше a head taller (than); моло́же на два го́да two years younger (than); ◇ оши́бка на оши́бке one mistake after another, nothing but mistakes, blunder upon blunder; запла́та на запла́те a mass of patches; на э́тот раз for this once; слепо́й на оди́н глаз blind in one eye; положи́ть на му́зыку set to music; на его́ глаза́х before his eyes; на его́ па́мяти within his recollection.

на II *частица в знач. сказ. разг.* here; на, возьми́! here, take this; ◇ вот тебе́ и на́! well!

наба́в|ить *сов. см.* набавля́ть; **~ка** *ж.* additional/extra charge, extra.

набавля́ть, наба́вить (*вн.* на *вн.*) add (*smth.* to); (*увеличивать*) increase (*smth.*), rise* (*smth.*); ~ зарпла́ту rise* wages; ~ ша́гу quicken *one's* pace.

набалда́шник *м.* cane head, knob.

набал|ова́ть *сов. разг.* 1. (*вн.*, *избаловать*) spoil*; 2. make* mischief.

набальзами́ровать *сов. см.* бальзами́ровать.

наба́т *м.* alarm bell, tocsin; ◇ бить в ~ sound the alarm.

набе́г *м.* raid, inroad, foray (*грабительский*), incursion.

набега́ть, набежа́ть 1. (*о тучах*) gather; (на *вн.*; *о волнах*) surge (towards); 2. (на *вн.*; *о слезах*) flood (*smth.*); (*о морщинах*) line (*smth.*), furrow (*smth.*); 3. (*о ветре*) spring* up, blow* up; 4. *разг.* (*скопляться где-л.*) come* running up, congregate; набежа́ло мно́го наро́ду people came running up; 5. *разг.* (*натечь*): набежа́ло по́лное ведро́ воды́ the pail was soon full.

набе́гаться *сов. разг.* have*/do* plenty of running about.

набедоку́рить *сов. разг.* play havoc.

набежа́ть *сов. см.* набега́ть.

набекре́нь *разг.*: с ша́пкой ~ with *one's* hat on one side; *перен.* у него́ мозги́ ~ he is crack-brained.

на́бело: *нареч.* clean, without corrections and erasures; переписа́ть *что-л.* ~ make* a clean copy of *smth.*

на́бережная *ж. скл. как прил.* embankment, quay; (*морская*) seafront.

набива́ть, наби́ть 1. (*вн. тв.*; *наполнять*) stuff (*smth.* with), pack (*smth.* with); ~ по́греб льдом pack a cellar with ice; ~ тру́бку fill *one's* pipe; 2. (*вн.* на *вн.*; *приколачивать*) fix (*smth.* to); ~ о́бручи на бо́чку bind* a cask/barrel with hoops; 3. (*вн.*) *текст.* print (*smth.*); ◇ наби́ть оско́мину 1) (*вызвать вяжущее ощущение*) draw* the mouth, make* *one's* mouth sore; 2) (*надоесть*) bore to death; наби́ть ру́ку на *чём-л.* get* *one's* hand in at *smth.*, become* a dab hand; ~ це́ну на *что-л.* jack up the price of *smth.*; наби́ть себе́ це́ну make* oneself sought after, enhance *one's* reputation; **~ся**, наби́ться **1.** (*заполнять собой до тесноты*) crowd into *smth.*; (*проникать — о грязи и т. п.*) clod *smth.*; **2.** (*тв.*; *наполняться*) be* packed (with), be* crammed (with); **3.** *разг.* (*навязываться*); ~ся на знако́мство force *one's* acquaintance on; force *oneself* on; ~ся в го́сти fish for an invitation.

наби́в|ка *ж.* **1.** (*действие*) stuffing, packing; (*папирос, трубки и т. п.*) filling; **2.** (*то, чем набито*) stuffing, padding; **~но́й** printed; ~но́й си́тец printed calico.

набира́ть, набра́ть **1.** (*рд.*, *вн.*; *собирать, брать*) gather (*smth.*), pick (*smth.*); take* (a lot of) (*smth.*); набра́ть корзи́ну грибо́в gather a basket of mushrooms; набра́ть зака́зов take* a lot of orders; **2.**: ~ высоту́ climb, gain height/ altitude; ~ очко́ *спорт.* score a point; ~ ра́вное коли́чество очко́в *спорт.* tie on points; ~ ско́рость gather speed, pick up speed; ~ те́мпы рабо́ты achieve a good pace of work; **3.** (*вн.*, *рд.*; *принимать, нанимать*) take* on (*smb.*); (*вербовать*) recruit (*smb.*), enlist (*smb.*); ~ рабо́чих на заво́д take* on workers at a factory; ~ уча́щихся в те́хникум enroll students (for technical school); **4.** (*вн.*; *комплектовать*) make* up (*smth.*); набра́ть тру́ппу make* up a company; **5.** (*вн.*) *полигр.* set* up (*smth.*); **6.**: ~ но́мер телефо́на dial a number; ◇ набра́ть в рот воды́ keep* mum; **~ся**, набра́ться **1.** (*скапливаться*) accumulate; в трамва́й набрало́сь мно́го наро́ду the tram has filled up; **2.** (*рд.*; *достигать какого-л. количества*) amount (to); набрало́сь мно́го жела́ющих изуча́ть стеногра́фию there are a great many applicants for the shorthand class; **3.** (*рд.*; *находить в себе внутренние качества*) muster (*smth.*); набра́ться хра́брости screw up (*one's*) courage, muster/gather *one's* courage; набра́ться сил muster *one's* strength; **4.** (*рд.*) *разг.* (*приобретать, заимствовать что-л.*) pick up (*smth.*); набра́ться предрассу́дков pick up prejudices; набра́ться блох pick up fleas.

наби́тый **1.** *прич. см.* набива́ть; **2.** *прил.* (*наполненный*) well packed, stuffed; (*народом*) crowded; зал был битко́м наби́т the hall was crowded out; ◇ ~ дура́к *разг.* utter fool

наби́ть(ся) *сов. см.* набива́ть(ся).

наблюда́тель *м.* observer, spectator; **~ность** *ж.* power of observation; **~ный** **1.** (*о человеке*) observant; **2.** (*служащий для наблюдения*) observation *attr.*; ~ный пункт observation post.

наблюд|а́ть *несов.* **1.** (*вн.* за *тв.*; *смотреть*) watch (*smb.*, *smth.*); **2.** (*вн.*; *изучать, исследовать*) observe (*smb.*, *smth.*), study (*smb.*, *smth.*); врач ~а́ет больно́го the doctor is keeping the patient under observation; **3.** (за *тв.*; *следить, надзирать*) keep* an eye (on); ~ за поря́дком keep* order; ~ за ребёнком keep* an eye on the child*; **~а́ться** *несов.* may be observed; **~е́ние** *с.* observation; под ~е́нием врача́ under medical observation; вести́ ~е́ние keep* a lookout; взять *кого-л.* под ~е́ние put*/keep* *smb.* under observation.

набо́б *м.* nabob.

на́божн|ость *ж.* piety; **~ый** pious, devout.

набо́йк|а *ж.* **1.** (*на каблуке*) heel; ста́вить ~и на ту́фли heel a pair of shoes; **2.** *текст.* printed cloth, printed pattern on cloth.

на́бок on one side, awry.

наболе́вший sore; ~ вопро́с urgent porblem, sore point.

набол|е́ть *сов.* become* painful/unbearable; на душе́, се́рдце ~е́ло *one's* heart aches with the burden, it has been worrying one for so long.

наболта́ть I *сов. разг.* **1.** (*вн.*, *рд.*) talk (a lot of) (*smth.*); **2.** (на *вн.*; *наклеветать*) tell* a pack of lies (about).

наболта́ть II *сов.* (*рд.* в *вн.*) *разг.* (*взбалтывая, прибавить*) mix (*smth.* into).

набо́р *м.* (*куда-л.*) enrollment; **2.** (*комплект*) set, kit, collection; **3.** *полигр.* (*процесс*) typesetting; (*текст*) composed type/matter; сдать ру́копись в ~ send* the manuscript to the printer's; ◇ ~ слов mere verbiage; **~ный** *полигр.*: ~ная ка́сса case; ~ная маши́на composing machine, typesetting machine; **~щик** *м.*, **~щица** *ж.* compositor; (*на наборной машине тж.*) typesetter.

набра́сывать I, наброса́ть (*вн.*) **1.** (*бросать в большом количестве*) throw* (*smth.*), heap (up) (*smth.*); наброса́ть ку́чу камне́й heap up stones; **2.** (*намечать*) sketch (*smth.*), outline (*smth.*); (*наскоро записывать*) jot down (*smth.*).

набра́сывать II, набро́сить (*вн.*; *накидывать сверху*) throw* (*smth.*), fling* (*smth.*).

набра́сываться, набро́ситься (на *вн.*) **1.** (*нападать*) attack (*smb.*), pounce (on); **2.** *разг.* (*с жадностью приниматься за что-л.*) pounce (on); ~ на еду́, кни́гу pounce on the food, book; **3.** *разг.* (*упрекать, бранить*) jump (on); ~ на *кого-л.* jump on *smb.*, go* for *smb.*

набра́ть(ся) *сов. см.* набира́ть(ся).

набрести́ *сов.* (на *вн.*) come* across (*smb.*, *smth.*), happen (on, upon); ~ на след pick up the trail/scent; ~ на мысль hit* on an idea.

наброса́ть *сов. см.* набра́сывать I.

набро́сить *сов. см.* набра́сывать II.

набро́ситься *сов. см.* набра́сываться.

набро́сок *м.* **1.** (*рисунок*) sketch; **2.** (*черновик*) outline, rough draft, rough copy.

набры́згать *сов.* (*вн.*, *рд.*) splash (*smth.*).

набрю́шник *м.* abdominal band.

набуха́ть, набу́хнуть swell*.

набу́хнуть *сов. см.* набуха́ть.

нава́га *ж.* navaga, Polar cod.

наважде́ние *с.* delusion, hallucination.

нава́ливать, навали́ть *разг.* **1.** (*вн.*, *рд.* на *вн.*) heave* (*smth.* on to); *перен.* (*обременять*) impose (*smth.* on), burden (*smb.*, with); 2. (*вн.*, *рд.*; *в кучу*) heap up (*smth.*), pile up (*smth.*); навали́ть ку́чу камне́й make* a pile of stones; 3. *безл.*: навали́ло мно́го сне́гу there was a heavy fall of snow; сне́гу навали́ло до са́мых о́кон the snow was as high as the windows; **~ся**, навали́ться (на *вн.*) 1. (*опираться*) lean*/thrust* *one's* weight (upon); *перен.* (*обременять*) be* imposed (on); он навали́лся всей свое́й тя́жестью на дверь he brought his whole weight to bear on the door; на меня́ навали́лось мно́го забо́т I came in for a lot of responsibilities; 2. *разг.* (*нападать*) attack (*smth.*); 3. *разг.* (*с жадностью набрасываться*) tear* into (*smth.*); навали́ться на еду́ tear* into the food.

навали́ть(ся) *сов. см.* нава́ливать(ся).

нава́лк|а *ж.* loading, lading; в ~у loose, unpacked.

нава́лом *нареч.* (*без упаковки*) in bulk; грузи́ть ~ load in bulk.

нава́р *м.* (*настой*) brew; (*жир*) fat; суп с ~ом rich/nourishing soup.

нава́ристый rich, nourishing.

навари́ть *сов.* (*вн.*, *рд.*; *сварить много*) make* (a lot of) (*smth.*).

нава́р|ка *ж. тех.* welding (on); **~но́й** welded (on).

навева́ть, наве́ять (*вн.*) bring* (*smth.*), waft (*smth.*); *перен.* bring* (*smth.*), evoke (*smth.*), induce (*smth.*); ве́тер неве́ял прохла́ду the breeze cooled the air; ~ тоску́ make* the heart sick; ~ сон make* *one* sleepy; ~ сны evoke dreams.

наве́даться *сов. см.* наве́дываться.

наведе́ние *с.* 1. *филос. уст.* induction; 2. (*действие*) ~ ло́ска, гля́нца varnishing, polishing; 3. *воен.* laying, pointing (a gun); ◇ ~ спра́вок making inquiries; ~ поря́дка putting in order.

наве́дываться, наве́даться (к *дт.*) *разг.* visit (*smb.*), go* and see* (*smb.*), call on (*smb.*); наве́дайтесь к нам как-нибу́дь come and see us one day.

навезти́ *сов.* (*вн.*, *рд.*) bring* (a lot of) (*smth.*).

наве́к(и) forever, eternally.

на́вель *м.* navel orange.

навербова́ть *сов.* (*рд.*, *вн.*) enroll, recruit (a number of).

наве́рно(е) probably, very likely; он, ~, уже́ там he is probably there by now, he should/must be there by now; ~! (*вероятно*) very/most likely!; (*несомненно*) oh, yes!. of course!

наверну́ться *сов. см.* навёртываться.

наверняка́ *разг.* 1. (*несомненно*) for sure, for certain; ~ никто́ ничего́ не знал nobody knew anything for sure; мо́жно ~ сказа́ть you may be quite sure; 2. (*с верным расчётом*) on a certainty; де́йствовать, игра́ть ~ take* no chances/risks.

наверста́ть *сов. см.* навёрстывать.

навёрстывать, наверста́ть (*вн.*) make* up (for); наверста́ть поте́рянное вре́мя make* up for lost time; наверста́ть упу́щенное catch* up on what *one* has missed.

навёртываться, наверну́ться 1. (*обвиваться*) wind* round; 2. (*надеваться*) screw on; 3. (*выступать*) well up; слёзы наверну́лись на её глаза́ her eyes filled with tears, tears welled up in her eyes.

наве́рх up; (*по лестнице*) upstairs.

наверху́ above; (*в здании*) upstairs.

наве́с *м.* roof; (*из парусины*) awning.

навеселе́ *разг.* merry, a bit tight, tipsy.

наве́сить *сов. см.* наве́шивать.

наве́с|ка *ж. тех.* (*дверная*) hinge plate; ~но́й: ~на́я дверь door on hinges; ~на́я пе́тля hinge; ~ный: ~ный ого́нь *воен.* plunging fire.

навести́ *сов. см.* наводи́ть.

навести́ть *сов. см.* навеща́ть.

навесу́ *нареч.* hanging, suspended; держа́ться ~ hang* in midair, be* balanced.

наве́т *м. уст.* slander, calumny; **~чик** *м. уст.* slanderer.

наве́тренн|ый windward, exposed to the wind; weather *attr.*; ~ая сторона́ weather side; ~ая я́хта *спорт.* windward yacht.

наве́чно forever, for good; in perpetuity *юр.*

наве́шивать, наве́сить (*вн.*; *прикреплять*) hang* (*smth.*); ~ дверь hang* a door.

навеща́ть, навести́ть (*вн.*) visit (*smb.*), call on (*smb.*), go* and see* (*smb.*).

наве́ять *сов. см.* навева́ть.

на́взничь on *one's* back.

навзры́д: пла́кать ~ sob violently, sob as if *one's* heart would break.

навиг|а́тор *м.* navigator; **~ацио́нный** navigation *attr.*; **~а́ция** *ж.* navigation; возду́шная ~а́ция air navigation; морска́я ~а́ция marine navigation; досту́пный для ~а́ции navigable.

навида́ться *сов.* (*рд.*) ~ вся́кого *разг.* have had all kinds of experiences.

навинти́ть(ся) *сов. см.* нави́нчивать(ся).

нави́нчивать, навинти́ть (*вн.*) screw on (*smth.*); **~ся**, навинти́ться screw on.

нависа́ть, нави́снуть 1. (на *вн.*) hang* (over); 2. (над *тв.*; *о тучах*) hang* low (over); (*о скалах*) tower (over), overhang* (*smth.*); 3. (над *тв.*; *об опасности и т. п.*) threaten (*smb.*, *smth.*); над ним нави́сла угро́за he came under a threat.

нави́снуть *сов. см.* нависа́ть.

нави́сш|ий overhanging, beetling; ~ие бро́ви shaggy/beetling brows; ~ие ту́чи lowering clouds.

навлека́ть, навле́чь (*вн.* на *вн.*) bring* (*smth.* upon); навле́чь на себя́ подозре́ние bring* suspicion upon *oneself*, incur suspicion.

навле́чь *сов. см.* навлека́ть.

наводи́ть, навести́ 1. (*вн.* на *вн.*; *указывать направление*) guide (*smb.* to), direct (*smb.* to); ~ *кого-л.* на след put* *smb.* on the scent/track; 2. (*вн.* на *вн.*; *вызывать что-л.*) give* (*smb.* *smth.*); навести́ *кого-л.* на размышле́ния о *чём-л.* set* *smb.* thinking of *smth.*; навести́ *кого-л.* на мысль give*/suggest an idea to *smb.*; 3. (*вн.*;

внушать, вызывать) evoke (*smth.*), arouse (*smth.*); ~ страх на *кого-л.* put* terror into *smb.*; intimidate *smb.*; ~ тоску́ evoke despair; **4.** (*вн.*; *оружие, приборы*) point (*smth.*), aim (*smth.*); **5.**: ~ мост че́рез ре́ку build*/throw* a bridge over/across a river; **6.** (*вн.*; *покрывать, красить*) put* (*smth.*); ~ гля́нец, лоск на *что-л.* polish *smth.*; **7.** *разг.* (*давать частную информацию*) tip off; ◇ ~ спра́вки make* inquiries; ~ поря́док put* things in order, straighten things out; ~ красоту́ make* *oneself* beautiful.

наво́дк|а *ж.* **1.** (*моста*) building **2.** *воен.* laying, training; прямо́й ~ой point-blank, at point-blank range, over open sights; **3.** *разг.* tip.

наводн|е́ние *с.* flood, inundation; **~и́ть** *сов. см.* наводня́ть.

наводня́ть, наводни́ть (*вн. тв.*) deluge (*smth.* with), flood (*smth.* with), inundate (*smth.* with); наводни́ть ры́нок това́рами flood the market with goods.

наво́дчик *м.* **1.** (*орудия*) gun-layer; **2.** (*пособник воровской шайки*) spotter, tipper-off.

наводя́щий: ~ вопро́с leading question.

наво́з *м.* manure, dung; **~ить** *несов.* (*вн.*) manure (*smth.*), dung (*smth.*).

навози́ть *сов.* (*вн., рд.*) bring* in (a supply of) (*smth.*); ~ дров на́ зиму bring* in (a supply of) wood for the winter; ~ се́на bring* in a lot of hay.

наво́зн|ый manure *attr.*, dung *attr.*; ~ая ку́ча manure heap, dung heap; dunghill; ◇ гром не из ту́чи, а из ~ой ку́чи *погов.* ≅ his bark is worse than his bite; ~ жук dung beetle.

навозоразбра́сыватель *м.* *с.-х.* manure spreader.

наво́й *м.* *текст* beam, weaver's beam; холосто́й ~ empty beam.

на́волочка *ж.* pillowcase, pillow slip.

навоня́ть *сов.* *разг.* stink* (of); spread* a stench.

навора́чивать, наворoти́ть *разг.* (*вн., рд., прям.* и *перен.*) heap (*smth.*), pile (*smth.*) up.

наворова́ть *сов.* (*вн., рд.*) steal* (a lot of) (*smth.*).

навостри́ть *сов.* *разг.*: ~ у́ши prick up *one's* ears; ~ лы́жи ≅ pack up *one's* traps; **~ся** *разг.* become* good (at), become* adept (at); он навостри́лся пляса́ть he has become a good dancer.

навощи́ть *сов. см.* вощи́ть.

навра́ть *сов.* *разг.* **1.** (*налгать*) (tell* a) lie, tell* a pack of lies; ~ небыли́ц tell* all manner of tales; **2.** (в *пр.*; *сделать ошибку*) make* a mistake (in); **3.** (на *вн.*; *наклеветать*) tell* lies (about), make* up a lot of rubbish (about).

наврели́ть *сов.* (*дт.*) *разг.* cause (*smb.*, *smth.*) a lot of harm.

навря́д ли *разг.* hardly, it's not likely.

навсегда́ for ever, for good; уе́хать ~ go* for good; ◇ раз (и) ~ once (and) for all.

навстре́чу to meet, towards; идти́ ~ *кому-л.* go* towards *smb.*; *перен.* meet* *smb.* halfway; идти́ ~ опа́сности go* to meet danger; идти́ ~ *чьим-л.* пожела́ниям respond to *smb.'s* wishes.

навы́ворот *нареч.* **1.** inside out, wrong side out; **2.** *перен.* *разг.* ши́ворот-~ wrong way round.

на́вык *м.* skill; *мн.* practical knowledge *sg.*; приобрета́ть но́вые ~и acquire new skills; трудовы́е ~и skills.

навы́кат(е): глаза́ ~ bulging/prominent/protuberant eyes.

навы́лет right through; ра́нен в грудь ~ shot right through the chest.

навы́нос *нареч.* for consumption off the premises.

навы́пуск *нареч.* outside (*one's* boots, trousers, skirt etc.); руба́шка ~ shirt worn outside trousers.

навы́рез *нареч.* *разг.* купи́ть арбу́з ~ buy* a watermelon with the right to sample a section.

навы́тяжку: стоя́ть ~ stand* at attention.

навь *ж.* *фольк.* ghost, spirit.

навью́чивать, навью́чить (*вн. тв.*) load (*smb.*, *smth.* with).

навью́чить *сов. см.* навью́чивать.

навяза́ть I *сов. см.* навя́зывать.

навяза́ть II, навя́знуть clog; гли́на навя́зла на колёсах the wheels are clogged with clay; ◇ э́то у всех навя́зло в зуба́х everyone is sick and tired of it.

навяза́ться *сов. см.* навя́зываться.

навя́знуть *сов. см.* навяза́ть II.

навя́зчив|ый **1.** tiresome; (*назойливый*) importunate; ~ челове́к a tiresome person, a nuisance; **2.** (*неотступный*) obsessive, haunting; ~ моти́в haunting melody; ~ая иде́я obsession, fixed idea.

навя́зывать, навяза́ть **1.** (*вн.* на *вн.*; *прикреплять*) fasten (*smth.* on); (*завязывать*) tie (*smth.* on); **2.** (*вн., рд.*; *наготовить вязанных изделий*) knit* (a lot of) (*smth.*); **3.** (*вн. дт.*; *заставлять принять*) impose (*smth.* upon), thrust* (*smth.* on), foist (*smth.* on); свои́ взгля́ды *кому-л.* force *one's* ideas upon *smb.*; ~ сове́т thrust* advice on *someone*; **~ся**, навяза́ться *разг.* impose (*oneself*); ~ся в го́сти get* *oneself* invited, fish for an invitation.

нагада́ть *сов.* (*вн., рд.*) foretell*, predict.

нага́дить *сов. см.* га́дить.

нага́йка *ж.* whip, lash.

нага́н *м.* revolver.

нага́р *м.* scale, (carbon) deposit; (*на свече*) snuff; (*пороховой*) fouling, powder residue; снять ~ со свечи́ snuff a candle.

на́гель *м.* *тех.* wooden pin.

нагиба́ть, нагну́ть (*вн.*) bend* (*smth.*); **~ся**, нагну́ться stoop, bend* down.

нагишо́м *нареч.* *разг.* stark naked.

нагла́зник *м.* **1.** (*шора*) blinker, eye flap; **2.** (*у оптического прибора*) eyeshade.

нагле́ть, обнагле́ть become* more and more insolent.

нагле́ц *м.* impudent/insolent fellow.

на́глост|ь *ж.* insolence, impudence, effrontery, impertinence; cheek *разг.*; име́ть ~ сказа́ть... have* the cheek to say...; э́то верх ~и! it is brazen impudence! the cheek of it!

наглота́ться *сов.* (*рд.*) swallow (*smth.*); ~ пы́ли get* a mouthful of dust.

на́глухо 1. (*очень плотно*) firmly; ~ заби́ть дверь nail up a door; 2. (*на все пуговицы и т. п.*) tightly; ~ застегну́ться button oneself up tightly, do* up all *one's* buttons.

на́гл|ый insolent, impudent, impertinent; ~ая ложь barefaced lie, outrageous lie.

нагляде́ться *сов.* (на *вн.*) see* enough (of); я не могу́ ~ на него́ I can't take my eyes off him, I never tire of looking at him; ну и нагляде́лся я у́жасов *и т. п.* I have seen enough horrors *etc.*

нагля́дн|о clearly, graphically, by demonstration; **~ость** *ж.* 1. clearness; 2. use of visual methods; **~ый** 1. (*основанный на показе*) visual; ~ое обуче́ние demonstration, visual teaching methods; ~ые посо́бия visual aids; ~ый уро́к object lesson; 2. (*убедительный*) obvious, graphic, clear; ~ый приме́р graphic example; ~ое доказа́тельство clear proof.

нагна́ть *сов. см.* нагоня́ть.

нагнести́ *сов. см.* нагнета́ть.

нагнета́ть, нагнести́ (*вн.*) force (*smth.*), pump (*smth.*).

нагно|е́ние *с.* suppuration, festering; вы́звать ~ (*рд.*) fester (*smth.*); **~и́ться** *сов.* fester, suppurate.

нагну́ть(ся) *сов. см.* нагиба́ть(ся).

нагова́ривать, наговори́ть 1. (на *вн.*) *разг.* slander (*smb.*); ~ на *кого-л.*, что он взял, сде́лал *и т. п.* say* *smb.* took, did *etc.*; 2.: ~ пласти́нку record *one's* voice.

наговóр *м.* 1. *разг.* slander, muckraking, tittle-tattle; 2. incantation.

наговор|и́ть *сов.* 1. *см.* нагова́ривать; 2. (*вн.*, *рд.*; *сказать много чего-л.*) talk (a lot of) (*smth.*); ~ глу́постей talk a lot of nonsense; ~ де́рзостей say* a lot of rude things; 3. pronounce incantations (over); **~иться** *сов.* have* a good talk; они́ ника́к не ~я́тся they can't stop talking.

наго́й naked, nude; (*без растительности тж.*) bare.

на́голо *нареч.* bare; остри́женный ~ closely cropped; остри́чься ~ have* *one's* head shaved.

наголó bared; с ша́шками ~ with bared swords.

наго́льный: ~ тулу́п uncovered sheepskin coat.

на́голову *нареч.*: разби́ть ~ wipe out, utterly defeat, rout, smash.

наголода́ться *сов. разг.* be* half-starved, have starved a long time.

нагоня́й *м. разг.* rating, ticking-off, scolding; дать *кому-л.* ~ rate *smb.*; получи́ть ~ get* a good ticking-off.

нагоня́ть, нагна́ть 1. (*вн.*; *догонять*) overtake* (*smb.*, *smth.*); catch* (*smb.*, *smth.*) up (*тж. перен.*); 2. (*вн.*; *навёрстывать*) make* up (for); нагна́ть упу́щенное вре́мя make* up for lost time; 3. (*вн.*, *рд.*; *сосредоточивать в одном месте*) bring* up (*smb.*, *smth.*); ве́тер нагна́л ту́чи the wind brought up storm clouds; 4. (*рд.*, *вн.* на *вн.*) *разг.* (*внушать какое-л. чувство*) put* (*smth.* into); нагна́ть сон на *кого-л.* make* *smb.* sleepy; нагна́ть на *кого-л.* стра́ху put* the fear of God into *smb.*, scare *smb.* stiff; ~ тоску́ bore to death.

на-гора́ *нареч. горн.* to the surface, to the top; вы́дать у́голь ~ hoist coal.

нагора́ть, нагоре́ть 1. (*дать нагар*) begin* to splutter, need snuffing; 2. *безл.* (*израсходоваться — об электричестве и т. п.*) be* burned/comsumed, be* used up; 3. *безл. разг.* (*доставаться за что-л.*): нагори́т тебе́ за э́то you'll get into hot water for it, you'll catch it for this.

нагоре́ть *сов. см.* нагора́ть.

наго́рн|ый 1. (*гористый*) mountainous, high; ~ бе́рег mountainous coast; 2. (*расположенный на горах*) upland, highland; ◇ ~ая про́поведь *библ.* Sermon on the Mount.

нагороди́ть *сов.* (*рд.*, *вн.*) 1. (*настроить*) put* up (*smth.*); erect (*smth.*); 2. *разг.* (*нагромоздить*) pile up (*smth.*); ◇ ~ вздо́ра talk a lot of rubbish.

наго́рье *с.* plateau, upland, tableland.

нагот|а́ *ж.* nudity, nakedness; ◇ во всей (свое́й) ~е́ naked and unadorned.

нагото́ве *нареч.* in readiness, ready to hand, on call; быть ~ hold* *oneself* in readiness, be* on call.

нагото́вить *сов.* (*вн.*, *рд.*) 1. (*запасти*) lay* in (*smth.*); ~ проду́ктов lay* in provisions; 2. (*настряпать*) cook (a lot of) (*smth.*); смотри́те, ско́лько я нагото́вила! look what a lot I've cooked!

награ́б|ить *сов.* (*вн.*, *рд.*) amass/get* by robbery (*smth.*), steal* (a lot of) (*smth.*); **~ленный** stolen.

награ́д|а *ж.* reward; (*в школе*) prize; (*знак отличия*) decoration; в ~у as a reward; де́нежная ~ gratuity.

награди́ть *сов. см.* награжда́ть.

награжда́ть, награди́ть (*вн.*) reward (*smb.*); (*вн. тв.*) confer (*smth.* on); *перен.* endow (*smb.* with), bestow (*smth.* upon); ~ *кого-л.* о́рденом confer an order on *smb.*; приро́да награди́ла его́ необыкнове́нной си́лой nature had endowed him with remarkable strength.

награжде́ние *с.* rewarding, decorating (with).

нагре́в *м. тех.* heat, heating; пове́рхность ~а heating surface; **~а́ние** *с.* heating, warming; **~а́тельный** heating; ~а́тельные прибо́ры heating appliances..

нагрева́ть, нагре́ть (*вн.*) 1. heat (*smth.*), warm (*smth.*); со́лнце нагре́ло песо́к the sand was warm from the heat of the sun; ◇ нагре́ть ру́ки line *one's* pocket; feather *one's* nest; 2. *разг. перен.* swindle (*smb.*); они́ нагре́ли меня́ на 5 рубле́й they swindled me out of 5 rubles; **~ся**, нагре́ться get* warm, warm up; get* hot.

нагре́ть(ся) *сов. см.* нагрева́ть(ся).

нагримирова́ть *сов. см.* гримирова́ть 1.; **~ся** *сов. см.* гримирова́ться.

нагромажд|а́ть, нагромозди́ть (*вн.*, *рд.*) pile up (*smth.*); **~е́ние** *с.* 1. (*действие*) piling up; 2. (*груда*) conglomeration.

нагромозди́ть *сов. см.* нагромажда́ть.

нагруби́ть *сов. см.* груби́ть.

нагру́дн|ик *м.* 1. (*детский*) bib; 2. (*в латах*) breastplate; 3. (*пробковый*) lifebelt; 3. (*в упряжи*) breast-collar; **~ый** chest *attr.*, breast *attr.*; ~ый знак (chest) badge.

нагружа́ть, нагрузи́ть (*вн. тв.*) 1. load (*smth.* with); 2. *разг.* (*работой, поручениями*) keep* (*smb.*) busy (with); **~ся**, нагрузи́ться (*тв.*) load *oneself* up (with).

нагрузи́ть(ся) *сов. см.* нагружа́ть(ся).

нагру́зка *ж.* 1. (*действие*) loading; 2. (*груз*) load; 3. (*степень занятости*) amount of work to be done; парти́йная ~ *полит.* party work/obligations; преподава́тельская ~ teaching load; у меня́ больша́я ~ I have a lot of work to do; 4. *тех.* load; допусти́мая ~ allowable load; поле́зная ~ *ав.* aircraft useful load; преде́льная эксплуатацио́нная ~ *ав.* limit operating load.

нагрязни́ть *сов.* make* a mess.

нагря́нуть *сов.* descend out of the blue; (к *дт.*) descend (upon), turn up (at).

нагу́л *м. с.-х.* fattening.

нагу́ливать, нагуля́ть 1. (*вн.*, *рд.*; *прибавлять в весе*) put* on (*smth.*); 2. (*вн.*) *разг.* (*гуляя, приобрести*) walk up (*smth.*); нагуля́ть аппети́т, румя́нец walk up an appetite, a color.

нагуля́ть *сов. см.* нагу́ливать.

нагуля́ться *сов.* have* enough walking.

над over; (*выше*) above; ла́мпа виси́т ~ столо́м there is a lamp over the table; ~ го́родом пролете́л самолёт an aircraft flew over the town; име́ть власть ~ *кем-л.* have* power over *smb.*; засну́ть ~ кни́гой fall* asleep over a book; возвыша́ться ~ *чем-л.* rise* above *smth.*; (*о горе, башне и т. п.*) tower over *smth.*; ~ у́ровнем мо́ря above sealevel; рабо́тать ~ прое́ктом work on a plan; смея́ться ~ *кем-л.* laugh at *smb.*

надава́ть *сов.* (*дт.*, *рд.*, *вн.*) (*в большом количестве*) give* a large quantity of; ~ (*кому-л.*) поруче́ний load (*smb.*) with commisions; ~ обеща́ний promise all kinds of things; <> ~ шлепко́в give* (*smb.*) slapping/spanking.

надави́ть *сов. см.* нада́вливать.

нада́вливать, надави́ть (*вн.*, на *вн.*) press (*smth.*), squeeze (*smth.*).

нада́ивать, надои́ть receive a milk yield; ~ по́лное ведро́ milk a pailful.

надари́ть *сов.* (*вн.*, *рд.*, *дт.*) present (*smth.* to) give* a lot of presents (to).

надба́в|ить *сов. см.* надбавля́ть; **~ка** *ж.* addition; ежего́дная ~ка к зарпла́те annual increase; ~ка за вы́слугу лет long-service increment/bonus; премиа́льная ~ка bonus; сезо́нная ~ка seasonal surcharge; ~ка за повы́шенное ка́чество *торг.* quality bonus; ~ка за риск risk premium; ~ка за тропи́ческое исполне́ние surcharge for tropical version; ~ка за э́кспортное исполне́ние surcharge for export quality; ~ка к ста́вкам тамо́женных по́шлин surcharge on the rates of customs duties; ~ка к цене́ premium price, bonus to a price; ~ка к цене́ нали́чного това́ра в фью́черсных сде́лках contango; ~ка к цене́ това́ра за ка́чество grade price differential; ~ка ве́са *спорт. (тяжелая атлетика)* increase of weight.

надбавля́ть, надба́вить (*вн.*) increase (*smth.*).

надбива́ть, надби́ть crack, chip (*smth.*).

надби́ть *сов. см.* надбива́ть.

надбро́вный *анат.* superciliary.

надвиг|а́ть, надви́нуть: надви́нуть шля́пу pull *one's* hat over *one's* eyes; **~аться**, надви́нуться approach; *перен. тж.* be* impending, be* imminent; ту́чи надви́нулись clouds have gathered; ночь ~ала́сь night was approaching.

надви́нуть(ся) *сов. см.* надвига́ть(ся).

надво́дный surface *attr.*; above-water; ~ борт free board; ~ кора́бль surface ship.

на́двое *нареч.* 1. in two; доро́га раздели́лась ~ the road forked; 2. ambiguously; <> ба́бушка ~ сказа́ла *погов.* you never can tell.

надво́рный 1. situated in the yard; 2. ~ сове́тник (*гражданский чин седьмого класса в царской России*) court counsellor.

надвяза́ть *сов. см.* надвя́зывать.

надвя́зывать, надвяза́ть (*вн.*) 1. (*увеличивать, довязывая*) add (to) by knitting; (*чулки тж.*) refoot (*smth.*); 2. (*верёвку и т. п.*) add a piece (to).

надгорта́нник *м. анат.* epiglottis.

надгро́б|ие *с.* 1. *уст.* epitaph; 2. gravestone; **~ный** placed on, over a grave, funeral, graveside; ~ный ка́мень gravestone, tombstone; ~ное сло́во graveside oration.

надгрыза́ть, надгры́зть (*вн.*) nibble (at).

надгры́зть *сов. см.* надгрыза́ть.

наддава́ть, надда́ть *разг.* (*рд.*, *вн.*) add, increase, enhance; ~ хо́ду increase the pace; ~ жа́ру add heat; надда́й! get a move on!

надда́ть *сов. см.* наддава́ть.

надду́в *м. ав.* supercharge.

надева́ние *с.* putting (on).

надева́ть, наде́ть (*вн.*) put* (*smth.*) on; ~ боти́нки put* on *one's* shoes; ~ очки́ put* on *one's* spectacles.

наде́жд|а *ж.* hope, prospect; <> подава́ть больши́е ~ы be* very promising, show* great promise; в ~е на *что-л.* in the hope of *smth.*; пита́ть ~у cherish the hope.

надёванный *разг.* (*об одежде*) worn, used, secondhand.

надёжн|ость *ж.* 1. reliability, safety; 2. trustfullness; ~ ба́нковской ссу́ды *фин.* credit quality; эксплуатацио́нная ~ *ав.* operational reliability; ~ экономи́ческих прогно́зов reliability of economic forecasting; повыша́ть ~ improve reliability; **~ый** 1. (*внушающий доверие*) reliable, dependable; ~ый друг reliable friend; 2. (*крепкий, прочный*) firm; ~ый фунда́мент firm/reliable foundation; 3. (*верный*) sure, effective; ~ое сре́дство effective remedy.

наде́л *м.* allotment, land holding.

наде́л|**ать** *сов.* (*вн., рд.*) **1.** make* (a lot of) (*smth.*); ~ игру́шек make* a lot of toys; **2.** (*доставить, причинить*) do* (a lot of) (*smth.*), cause (a lot of) (*smth.*); ~ оши́бок make* a lot of mistakes; ~ мно́го шу́ма make* a stir; что ты ~ал! look what you've done!; ~ глу́постей do* a lot of silly things.

наделе́ние *с.* allotment.

надели́ть *сов. см.* наделя́ть.

наделя́ть, надели́ть (*вн. тв.*) (*предоставлять как долю*) allot (*smth.* to); (*дарить*) provide (*smb.* with); *перен.* (*одарять*) endow (*smb.* with); приро́да ще́дро надели́ла его́ тала́нтами nature has showered gifts on him.

надёргать *сов.* (*вн., рд.*) **1.** pull (*smth.*); **2.** *разг.* (*набрать произвольно, неумело*) wrench (*smth.*); ~ цита́т drag in quotations.

надерзи́ть *сов. см.* дерзи́ть.

наде́ть *сов. см.* надева́ть.

наде́|яться *несов.* **1.** (на *вн.* + *инф*; *рассчитывать на что-л.*) expect (*smth.* + to *inf*); hope (for + *inf*); ~ на лу́чшее hope for the best; ~ на возвраще́ние hope to return; я не ~ялся его́ уви́деть I did not expect to see him; **2.** (на *вн.*; *полагаться*) rely (on).

надзвёздный *поэт.* above the stars *attr.*, above *после сущ.*; ~ мир the world above.

надзе́мн|ый overhead, overground; above (the) ground *после сущ.*; (*над поверхностью земли*) overhead; ~ая желе́зная доро́га overhead/elevated railway.

надзира́тель *м.*, **~ница** *ж.* overseer, supervisor; кла́ссный ~ *уст.* form-master; тюре́мный ~ chief warder; тюре́мная ~ница prison matron.

надзира́ть *несов.* (за *тв.*) supervise (*smb.*, *smth.*).

надзо́р *м.* **1.** supervision; (*слежка*) surveillance; госуда́рственный ~ *юр.* state surveillance; техни́ческий ~ engineering (technical) supervision; устано́вленный госуда́рством ~ supervision approved by the state; под о́бщим ~ом *юр.* under general supervision; быть под ~ом be* under surveillance/supervision; установи́ть ~ за *кем-л.* put*/keep* *smb.* under surveillance/ supervision; **2.**: санита́рный ~ sanitary inspection; (*группа людей*) sanitary inspectors *pl.*; прокуро́рский ~ *юр.* procuratorial supervision, supervision by the public prosecutor.

надиви́ться *сов. разг.*: не могу́ ~ на *кого-л.*, *что-л.* (*удивляюсь*) I am amazed at *smb.*, *smth.*, (*восхищаюсь*) I am lost in admiration for *smb.*, *smth.*

нади́р *м. астр.* nadir.

надкла́ссов|ый independent of class *после сущ.*; standing adove classes *после сущ.*; ~ая идеоло́гия ideology independent of class.

надко́жица *ж. бот.* cuticle.

надколе́нн|ый *анат.*: ~ая ча́шка kneecap, kneepan; *научн.* patella.

надко́стниц|а *ж. анат.* periosteum; воспале́ние ~ы periostitis.

надкры́лья *мн. зоол.* elytra, wing cases.

надкуси́ть *сов. см.* надку́сывать.

надку́сывать, надкуси́ть (*вн.*) bite* (*smth.*); (*откусывать*) bite* a piece (out of); надкуси́ть я́блоко bite* a piece out of an apple.

надла́мывать, надломи́ть (*вн.*) partly break* (*smth.*), crack (*smth.*); (*о кости тж.*) fracture (*smth.*); *перен.* (*силы*) overtax (*smth.*); (*здоровье*) ruin (*smth.*), cripple (*smth.*); **~ся**, надломи́ться crack; *перен.* collapse, have* a breakdown; crack up *разг.*

надлеж|а́ть *безл.*: рабо́ту ~и́т сдать в двухнеде́льный срок the work must be ready in two weeks; **~а́щий** proper, fitting; ~а́щие ме́ры appropriate measures; в ~а́щем поря́дке in good order; ~а́щим о́бразом properly, thoroughly, suitably; в ~а́щий срок in due course, at the appointed time.

надло́м *м.* break, crack; (*кости*) greenstick fracture; *перен.* collapse, breakdown, wretchedness.

надломи́ть(ся) *сов. см.* надла́мывать(ся).

надло́мленный broken; *перен. тж.* enfeebled, wretched.

надме́нн|ость *ж.* haughtiness, arrogance, superciliousness; **~ый** haughty, arrogant, supercilious.

на дня́х *нареч.* **1.** (*о предстоящем*) in a day or two, before long, one of these days; **2.** (*о прошлом*) the other day, lately, recently.

на́до I *в знач. сказ. безл.* **1.** (*следует*) it is necessary; one must; *переводиться тж. личными формами гл.* have* (+ to *inf*); ~ учи́ться, слу́шаться *и т. п.* you must study, obey *etc.*; it is necessary to study, obey *etc.*; ~ бы́ло всё стро́ить за́ново everything had to be rebuilt from the foundations; мне, ему́ *и т. д.* ~ I, he, *etc.* must; I have, he has, *etc.* to; не ~! don't (do that); **2.** (*о потребности*): мне *и т. д.* ~... I, *etc.* want...; что вам ~? what do you want? ◇ так ему́ и ~! it serves him right; очень мне ~! what do I care!, why should I?; о́чень ему́ ~ приходи́ть! catch him coming here! что ~! *разг.* the best there is! ~ ду́мать, ~ полага́ть 1) it must be assumed; 2) (*как ответ*) probably.

на́до II *предлог см.* над.

на́добн|ость *ж.* necessity, need; в слу́чае ~ности if necessary; без ~ности unnecessarily; по ме́ре ~ости as required; **~ый** *уст.* neccessary, requisite, needful.

надоед|а́ть, надое́сть **1.** (*дт.*) bother (*smb.*), pester (*smb.*); bore (*smb.*); ~ *кому-л.* про́сьбами pester *smb.* with requests; он всем надое́л everyone is sick of him; он надое́л мне до чёртиков! *разг.* I'm sick to death of him! **2.** *безл.* ~ает безде́льничать one gets sick of doing nothing; мне ~а́ет напомина́ть ему́ I'm sick of reminding him.

надое́дливый tiresome, importunate; ~ челове́к, собесе́дник bore, nuisance.

надое́сть *сов. см.* надоеда́ть.

надои́ть *сов. см.* нада́ивать.

надо́й *м. с.-х.* milk yield.

на́долб|а *ж.* stake; противота́нковые ~ы anti-tank obstacles.

надо́лго for long, for a long time.

надо́мн|ик *м.*, **~ица** *ж.* person working at home, home worker.

надорва́ть *сов. см.* надрыва́ть; **~ся** *сов.* 1. *см.* надрыва́ться 1; 2. *разг.* (*повредить себе внутренние органы*) overstrain *oneself*; 3. (*измучиться нравственно*) break* down; crack up *разг.*

надоу́м|ить *сов.* (*вн.*) *разг.* suggest (to), put* in into *smb.'s* head; он ~ ил меня́ обрати́ться к... he suggested to me that I apply to...

надпа́рывать, надпоро́ть (*вн.*) unpick/unstitch (*несколько стежков*); (*об упаковке*) rip (*smth.*) partly open.

надпи́ливать, надпили́ть (*вн.*) make* an incision by sawing (in).

надписа́ть *сов. см.* надпи́сывать.

надпи́сывать, надписа́ть (*вн.*) write on (*smth.*); (*снабжать своей надписью*) put* *one's* name (on), autograph (*smth.*); ~ тетра́дь put* *one's* name on an exercise book; ~ фотогра́фию write* an inscription on a photograph.

на́дпис|ь *ж.* inscription, superscription; (*на монете, медали, карте*) legend; (*внизу монеты*) coin exergue; (*по окружности монеты*) coin circumscription; ~и на ка́ртах *кино* live titles.

надпоро́ть *сов. см.* надпа́рывать.

надпо́чечн|ик *м. анат.* adrenal (gland); **~ый** *анат.* adrenal; ~ая железа́ adrenal gland.

надра́ть *сов.*: ~ у́ши *кому-л. разг.* tweak (violently) *smb.'s* ears.

надре́з *м.* incision, notch; **~а́ть** *сов. см.* надреза́ть.

надреза́ть, надре́зать (*вн.*) make* an incision (in), notch (*smth.*).

надруба́ть, надруби́ть (*вн.*) hew* in (*smth.*), notch (*smth.*).

надруга́тельство *с.* (над *тв.*) outrage (of, upon).

надруга́ться *сов.* (над *тв.*) outrage (*smb.*, *smth.*), commit an outrage (upon).

надры́в *м.* 1. tear; 2. (*чрезмерное усилие*) (great) effort; с ~ом with a great effort; 3. (*резкое ослабление сил*) collapse; (*подавленное состояние*) depression; 4. violent expression of emotion; он говори́л с ~ом he spoke as if his heart was breaking; **~ный** 1. hysterical; ~ный смех hysterical laughter; 2. (*душераздирающий*) heart rending.

надрыв|а́ть, надорва́ть (*вн.*) 1. tear* (*smth.*) slightly, make* a tear (in); ~ го́лос overstrain *one's* voice; 2. (*повреждать*) strain (*smth.*), overstrain (*smth.*); <> ~ живо́тики от сме́ха *разг.* split* *one's* sides with laughter; ~ си́лы overtax *one's* strength; ~ здоро́вье undermine *one's* health; ~ ду́шу, се́рдце *кому-л.* break* *smb.'s* heart; **~а́ться**, надорва́ться 1. have* a tear in it, be* torn slightly; паке́т надорва́лся the packet was slightly torn; 2. *тк. несов.* (*делать что-л. с большим напряжением сил*) labor; ~а́ясь, он тащи́л ра́неного в око́п he struggled to drag the wounded man* into the trench; 3. *тк. несов.* (*кричать*) yell; пла́кать — ~а́ться cry as if *one's* heart would break; 4. *тк. несов.* (от *рд.*; *страдать*) suffer (*smth.*); <> се́рдце, душа́ ~а́ется *one's* heart is breaking.

надса́д|а *ж. разг.* strain, effort; **~ный** heart-rending.

надсади́ть *сов. см.* надса́живать.

надса́живать, надсади́ть *разг.* overstrain; ~ го́лос overstrain *one's* voice.

надсека́ть, надсе́чь (*вн.*) make* cuts (in), incise (*smth.*) slightly.

надсе́чь *сов. см.* надсека́ть.

надсма́тривать (над, за *тв.*) control (*smb.*, *smth.*), oversee* (*smb.*, *smth.*), inspect, supervise.

надсмея́ться *сов. разг.* (над) make* a laughing-stock (of), deride (*smth.*).

надсмо́тр *м.* supervision; **~щик** *м.* overseer, supervisor; (*в тюрьме*) jailer; (*над рабами*) slave driver.

надста́в|ить *сов. см.* надставля́ть; **~ка** *ж.* patch, piece put on; extention (piece).

надстав|ля́ть, надста́вить (*вн.*) lengthen (*smth.*); **~но́й** put on/patched on.

надстра́ивать, надстро́ить (*вн.*) increase the height (of), add (a superstructure) (to); ~ эта́ж add a story to a house.

надстро́ить *сов. см.* настра́ивать.

надстро́йка *ж.* 1. (*действие*) building on; 2. (*надстроенная часть чего-л.*) superstructure (*тж. филос.*).

надстро́ч|ный superlinear; ~ые зна́ки diacritical marks.

надтре́снутый cracked (*тж. перен.*); ~ го́лос cracked voice.

надува́|ла *м. и ж. разг.* swindler, cheat, trickster; **~тельский** *разг.* swindling; underhand; **~тельство** *с. разг.* trickery, cheating, swindling.

надува́ть, наду́ть (*вн.*) 1. (*наполнять воздухом, газом*) inflate (*smth.*); blow* up (*smth.*); (*натягивать действием ветра*) fill (*smth.*); 2. *разг.* (*обманывать*) dupe (*smb.*), cheat (*smb.*); swindle (*smb.*); <> наду́ть гу́бы *разг.* pout; наду́ть щёки puff up *one's* cheeks; **~ся**, наду́ться 1. become* inflated; (*о парусе*) fill; (*раздувать щёки*) puff up *one's* cheeks; 2. (*набухать*) swell*.

надувн|о́й inflatable; ~а́я ло́дка rubber inflatable boat; ~ая поду́шка air cushion.

наду́льник *ж. воен.* muzzle attachment; (*пламегаситель*) flash-hider.

наду́манный forced; (*об образах, сравнениях и т. п.*) farfetched.

наду́мать *сов.* (+ *инф.*) *разг.* make* up *one's* mind (+ to *inf*); (*придумать*) take* it into *one's* head (+ to *inf*).

надури́ть *сов. разг.* do* foolish things.

наду́тый 1. (*набухший*) swollen; 2. (*надменный*) puffed up; 3. (*обиженный*) sulky.

наду́|ть *сов.* 1. *см.* надува́ть; 2. *безл.*: ему́ ~ло в у́хо the draught gave him earache; **~ться** *сов.* 1. *см.* надува́ться 2; 2. (*обидеться*) make* a sulky face, sulk; 3. *разг.* (*принять важный вид*) put* *one's* nose in the air.

надуш|енный scented, perfumed; **~и́ть** *сов. см.* души́ть II; **~и́ться** *сов. см.* души́ться.

надчереп|но́й: ~ная оболо́чка *анат.* pericranium.

надшива́ть, надши́ть (*вн.*) 1. sew* a piece on (to); 2. (*делать длиннее*) lengthen (*smth.*).

надши́ть *сов. см.* надшива́ть.

надыми́ть *сов.* smoke, make* a lot of smoke.

надыша́ть *сов.* make* it warm with *one's* breath; (*сделать душным*) make* it stuffy; **~ся** *сов.* (*тв.*) breathe *one's* fill (of); ◇ не ~ся на *кого-л.* dote on *smb.*

наеда́ться, нае́сться 1. (*досыта*) eat* enough, have* *one's* fill; я нае́лся I've had enough; 2. (*тв.*, *рд.*; *есть что-л. в большом количестве*) eat* plenty (of); gorge (*oneself*) (on); нае́сться сла́дкого gorge on sweets.

наедине́ *нареч.* alone; (*без свидетелей*) in private, under four eyes, privately.

нае́зд I *м.* 1. (*посещение*) flying visit; быва́ть ~ом pay* flying visit (to); 2. (*набег*) raid.

нае́зд II *м. кино, тлв.* dollying in; ~ ка́мерой *кино* track in.

нае́здник I *м.* (*насекомое*) ichneumon-fly.

нае́здн|ик II *м.* jockey, rider, horseman*, equestrian; прекра́сный ~ splendid horseman*; цирково́й ~ circus rider; **~ица** *ж.* horsewoman*; equestrienne.

нае́здом on a flying visit; быва́ть ~ pay* flying visits.

наезжа́ть, нае́хать 1. (на *вн.*; *наталкиваться*) run* (into); (*на неодушевлённый предмет тж.*) collide (with); (*встречать кого-л., что-л. во время езды*) come* upon (*smb.*, *smth.*); 2. *разг.* (*приезжать в каком-л. количестве*) come*, arrive; нае́хало мно́го госте́й a lot of guests arrived; 3. *тк. несов. разг.* (*бывать наездом*) pay flying visits (to).

нае́зженн|ый wheel-worn; ~ая доро́га wheel-worn track; (*зимняя*) smooth/firm sleigh-road.

нае́зж|ий *разг.* newly-arrived; ~ие лю́ди newcomers.

нае́сться *сов. см.* наеда́ться.

нае́хать *сов. см.* наезжа́ть 1, 2.

наём *м.* 1. (*рабочих*) hiring; рабо́тать по на́йму work for wages/hire; пла́та за ~ rent; 2. (*помещения*) renting; **~ник** *м.* hireling; **~ный** 1. hired; ~ный труд wage/hired labor; ~ный рабо́чий hired laborer, *с.-х.* hand, hired worker; 2. (*подкупленный*) mercenary; ~ные войска́ mercenaries, hired troops; ~ный писа́ка *разг.* penny-a-liner; ~ный уби́йца hired assassin.

нажа́ловаться *сов.* (на *вн.*) *разг.* complain (of).

нажа́ривать, нажа́рить (*вн.*) *разг.* heat (*smth.*) to excess; **~ся** *разг.* (*на солнце*) bask, warm *oneself* in the sun for a long time.

нажа́рить I *сов. см.* нажа́ривать.

нажа́рить II *сов.* (*рд.*, *вн.*) (*какое-то количество*) roast, fry (a quantity of).

нажа́тие *с.* pressure.

нажа́ть I *сов. см.* нажима́ть.

нажа́ть II *сов.* (*вн.*, *рд.*; *сжать какое-л. количество*) reap (a lot of) (*smth.*), harvest (a lot of) (*smth.*).

нажда́|к *м.* emery; **~чный** emery *attr.*; ~чная бума́га emery paper; ~чный порошо́к emery powder.

наже́чь *сов.* (*рд.*, *вн.*), (*какое-то количество*) burn* (a quantity of).

нажи́в|а I *разг.* acquisition; gain; profit; пого́ня за ~ой greed for gold/gain; лёгкая ~ easy money.

нажи́ва II *ж. см.* нажи́вка.

нажива́ть, нажи́ть 1. (*вн.*; *приобретать постепенно*) get* (*smth.*), acquire (*smth.*); (*получать прибыль и т. п.*) make* (*smth.*), amass (*smth.*); ~ состоя́ние amass/make* a fortune; 2. (*вн.*, *рд.*; *получать что-л. неприятное*): нажи́ть боле́знь contract a disease; нажи́ть враго́в make* enemies; нажи́ть себе́ хлопо́т let* *oneself* in for a lot of trouble; **~ся**, нажи́ться get* rich, make* a fortune.

наживи́ть *сов. см.* наживля́ть.

нажи́вка *ж. охот. и рыб.* (live-)bait, ledger-bait; (*искусственная*) fly.

наживля́ть, наживи́ть (*вн.*) bait (*smth.*)

нажи́м *м.* 1. pressure; 2.: писа́ть с ~ом press on *one's* pen.

нажима́ть, нажа́ть 1. (*вн.* на *вн.*; *надавливать*) press (*smth.*); (*ногой тж.*) tread* (on); ~ на акселера́тор press the accelerator; 2. (на *вн.*) *разг.* (*оказывать воздействие*) put* pressure (on), bring* pressure to bear (on); 3. (на *вн.*) *разг.* (*энергично приниматься за что-л.*) exert *oneself* (over), put* *one's* back into (*smth.*); нажмём и вы́полним э́ту рабо́ту! let us press on and finish this job!

нажира́ться, нажра́ться (*тв.*, *рд.*) *груб.* gorge *oneself* (with).

нажи́ть(ся) *сов. см.* нажива́ть(ся).

нажра́ться *сов. см.* нажира́ться.

наза́втра *разг.* the next day.

наза́д 1. (*в противоположном направлении*) backward(s); шаг ~ a step backward; 2. (*в обратную сторону*) back; огляну́ться ~ look back; заложи́ть ру́ки ~ put* *one's* hands behind *one's* back; перевести́ часы́ ~ put* a watch/clock back; ~! back! stand back! 3. (*обратно*) back; взять ~ своё обеща́ние withdraw *one's* promise; отда́ть *что-л.* ~ give* *smth.* back; 4. (*тж.* тому ~) ago.

назади́ *разг.* behind.

назализ|а́ция *ж. лингв.* nasalization; **~ова́ть** *несов. и сов.* (*вн.*) *лингв.* nasalize (*smth.*).

наза́льный *лингв.* nasal; ~ звук nasal sound.

назва́нивать *разг.* (*по телефону и т. п.*) keep* ringing.

назва́ние *с.* name; (*книги тж.*) title; ~ де́ла *юр.* case name; ~ корпора́ции corporate name; ~ ста́нций *кино* call letters; географи́ческое ~ geographical denomination; патенто́ванное ~ *юр.* patent name; торго́вое ~ (*товара*) *торг.* trade name; фи́рменное ~ (*товара*) *торг.* brand name.

назва́ный *уст.* sworn, adopted; *перен.* он мой ~ брат he is my sworn brother.

назва́ть I *сов. см.* называ́ть.

назва́ть II *сов.* (*вн.*, *рд.*; *пригласить многих*) invite (a lot of) (*smb.*).

назва́ться I *сов. см.* называ́ться I 2, 3.

назва́ться II *сов. см.* называ́ться II.

назе́мн|ый (*существующий, действующий на земле, суше*) land *attr.*; (*невоздушный*) ground *attr.*; ~ые войска́ land/ground forces; ~ая желе́зная доро́га surface railway.

назём *м. диал.* dung, manure.

на́земь *нареч. разг.* to the ground.

назида́|ние *с.* edification; *мн.* sermons; сказа́ть *что-л.* в ~ *кому-л.* say* *smth.* for *smb.'s* edification; **~тельный** edifying, didactic; ~тельный тон didactic tone of voice.

на́зло́ out of spite; как ~ as ill luck would have it; ~ *кому-л.* to spite *smb.*; они́ сде́лали э́то ~ мне they did it just to spite me.

назнач|а́ть, назна́чить (*вн.*) **1.** (*заранее намечать*) fix (*smth.*); назна́чить день отъе́зда fix the day of departure; назна́чить свида́ние make* a date; **2.** (*устанавливать, определять*) allot (*smth.*), allocate (*smth.*), assign (*smth.*); ~ пе́нсию, посо́бие grant a pension, subsidy; ~ це́ну fix/name a price; **3.** (*на должность*) appoint (*smb.*); **4.** *разг.* (*предписывать*) prescribe (*smth.*), order (*smth.*); **~е́ние** *с.* **1.** (*пособия и т. п.*) assigment, allocation; **2.** (*на должность*) appointment; **3.** (*функция*) function, purpose; отвеча́ть своему́ ~е́нию answer/serve its purpose; испо́льзовать *что-л.* по ~е́нию use *smth.* properly, use *smth.* for its proper purpose; **4.** (*лечебное*) prescription; по ~е́нию врача́ on doctor's orders; ◇ ме́сто ~е́ния destination.

назна́чить *сов. см.* назнача́ть.

назо́йлив|ость *ж.* importunity; **~ый** importunate; (*о человеке*) tiresome, pushing; ~ая мысль intrusive thought; ~ая мело́дия haunting tune.

назрева́ть, назре́ть **1.** (*становиться неизбежным*) become* imminent, come* to a head; кри́зис назре́л the crisis is imminent; **2.** *разг.* (*о нарыве*) gather.

назре́вш|ий urgent, pressing; ~ие вопро́сы urgent questions.

назре́ть *сов. см.* назрева́ть.

назубо́к *разг.*: знать *что-л.* ~ have*; *smth.* at *one's* fingertips, be* word perfect in *smth.*, know* (*smth.*) by heart/rote; знать роль ~ be* word perfect.

называ́емый: так ~ **1.** (*как обычно называют*) what is know as; **2.** *ирон.* the so-called.

называ́ть, назва́ть (*вн.*) **1.** (*давать имя*) name (*smb.*); (*определять каким-л. словом*) call (*smth.*); **2.** (*произносить имя, название*) give* the name (of); ~ себя́ give* *one's* name, say* who one is; он не назва́л себя́ he did not reveal his name; **3.** (*объявлять*) name (*smth.*), state (*smth.*); ~ день name a day; ◇ ~ ве́щи свои́ми имена́ми call things by their proper names; call a spade a spade.

называ́ться I, назва́ться **1.** *тк. несов.* (*иметь название*) be* called; как э́то называ́ется? what is it called? **2.** (*присваивать себе какое-л. название*) call *oneself*; **3.** (*сообщать своё имя и т. п.*) give* *one's* name, say* who one is.

называ́ться II, назва́ться *разг.* (*напрашиваться*) invite *oneself*; (*предлагать своё участие в чём-л.*) volunteer, take* it upon *oneself*.

наибо́лее the most; ~ удо́бный the most convenient.

наибо́льш|ий the largest, the greatest; ~ее благоприя́тствование *торг.* nation treatment.

наи́вн|ость *ж.* naïvete, naïvety; credulousness; (*безыскусственность*) artlessness; **~ый** naïve, credulous; (*безыскусственно-простой*) ingenuous, artless, unsophisticated; ~ый ребёнок credulous child*; ~ая улы́бка artless/ingenuous smile; ~ый вопро́с naïve question.

наивы́сш|ий the greatest; ~ курс (*ценных бумаг*) *бирж.* ceiling/highest/maximum price; ~ие достиже́ния the highest achievments; в ~ей сте́пени to the utmost extent.

наи́гранн|ый affected, assumed; ~ жест affected gesture; ~ая весёлость assumed gaiety.

наигра́ть *сов. см.* наи́грывать 2, 3; **~ся** *сов.* play to *one's* heart's contents.

наи́грывать, наигра́ть **1.** *тж. несов.* (*играть тихо*) play softly; **2.** (*вн.*) *разг.* (*передавать основную мелодию*) run* through (*smth.*); наигра́ть моти́в run* through a tune; **3.** (*вн.*; *для звукозаписи*): наигра́ть пласти́нку make* a recording.

на́игрыш *м.* **1.** folk tune; **2.** *разг. театр.* artificiality.

наизна́нку inside out; вывора́чивать ~ (*вн.*) turn inside out.

наизу́сть by heart; знать ~ know* by heart/by rote; know* from memory.

наилу́чший the best.

наиме́нее the least.

наименова́|ние *с.* **1.** appellation, name; **2.** (*вид*) denomination, type; ~ отправи́теля *торг.* name of consignor; ~ получа́теля name of consignee; ~ това́ра description of goods; ~ това́ра, охраня́емое а́вторским пра́вом copyrighted name; ~ това́ра, явля́ющееся со́бственностью фи́рмы proprietary name; усло́вное ~ conditional name; ~ фи́рмы *торг.* business name, trade name, firm's name; **~ть** *сов. см.* именова́ть.

наиме́ньш|ий the least, the shortest; ~ курс це́нных бума́г *бирж.* lowest/minimum price; ~ее расстоя́ние ме́жду двумя́ то́чками the shortest distance between two points.

наипа́че *нареч. уст.* still more; in particular.

наискосо́к *разг. см.* на́искось.

на́искось obliquely, slantwise.

наи́ти|е *с. уст.* inspiration; по ~ю *разг.* instinctively, intuitively.

наиху́дший the worst.

найдёныш *м. уст.* foundling.

наймит *ж. пренебр.* hireling.

найти́ I, II *сов. см.* находи́ть I, II.

найти́сь *сов.* **1.** *см.* находи́ться I 1,2; **2.** (*не растеряться*) never be* at a loss (for); он бы́стро нашёлся he reacted quickly to the situation, he rose to the occasion; он не нашёлся, что отве́тить he was at a loss.

найто́в *м. мор.* lashing, seizing; **~и́ть** (*вн.*) *мор.* lash (*smth.*).

нака́з *м.* **1.** order, instruction; **2.** mandate; ~ избира́телей депута́ту deputy's mandate from his electors/constituents.

наказ|а́ние *с.* punishment; альтернати́вное ~ *юр.* alternative punishment; дисциплина́рное ~ *воен.* authority punishment; жесто́кое ~ brutal/cruel punishment; мя́гкое ~ lenient punishment; теле́сное ~ *юр.* corporal punishment; ~ тюре́мным заключе́нием penitentiary punishment; ~ сме́ртной ка́знью capital punishment; ~ в ви́де де́нежного штра́фа mulctary punishment; совоку́пность ~а́ний cumulative punishment; отбыва́ть ~ *юр.* endure punishment; под стра́хом ~а́ния on pain of punishment; <> ~ мне с тобо́й! you'll drive me mad!; не ребёнок, а су́щее ~! the child* is a perfect nuisance!

наказ|а́ть *сов. см.* нака́зывать; **~у́емость** *ж. юр.* punishability; **~у́емый** *юр.* punishable.

нака́зывать, наказа́ть (*вн.*) punish (*smb.*); он сам себя́ наказа́л it was himself he hurt.

нака́л *м.* **1.** incandescence; бе́лый, кра́сный ~ white, red heat; ла́мпочка гори́т не в по́лный ~ the bulb is using diminished current; **2.** (*состояние крайнего напряжения*) tension.

накалённ|ый **1.** overheated, red-hot; ~ая земля́ the baking/roasted earth; ~ песо́к the scorching sand; **2.** (*напряжённый, неспокойный*) tense; ~ая атмосфе́ра strained/tense atmosphere.

нака́лива|ть, накали́ть (*вн.*) heat (*smth.*), incandesce (*smth.*), bring* (*smth.*) to a high temperature; *перен.* strain (*smb.*, *smth.*), make* (*smth.*) strained/tense; накали́ть *что-л.* до́красна make* *smth.* red-hot; **~ние** *с. тех.* incandescing; ла́мпочка ~ния incandescent/glow lamp; **~ться**, накали́ться get* very hot; *перен.* become* heated.

накали́ть(ся) *сов. см.* нака́ливать(ся).

нака́лывать, наколо́ть **1.** (*вн.*; *повреждать*) prick (*smth.*); **2.** (*вн.* на *вн.*; *прикреплять*) pin (*smth.* to); **~ся**, наколо́ться prick oneself.

накаля́ть(ся) *несов. см.* нака́ливать(ся).

накану́не I *нареч.* the day before; **2.** *предлог* (*рд.*) on the eve (of); ~ Рождества́ on Christmas Eve.

нака́пать *сов.* **1.** (*вн.*, *рд.*) pour drops (of); measure (*smth.*) out in drops; **2.** (*вн.*, *тв.*; *пролить*) spill* (*smth.*).

нака́пливать, накопи́ть (*вн.*) accumulate (*smth.*); *перен. тж.* gain (*smth.*); (*о деньгах*) save up (*smth.*), amass (*smth.*); ~ о́пыт gain experience; **~ся**, накопи́ться accumulate, pile up.

нака́ркать *сов. разг.* evoke evil by making evil prophecies.

нака́т *м.* **1.** *стр.* dead floor, counter floor; **2.** (*ряд бревен*) layer.

наката́ть I *сов. см.* нака́тывать I.

наката́ть II *сов.* **1.** (*рд. вн.; наготовить катая*) roll (*некоторое количество*); **2.** (*вн.*) *разг.* (*быстро написать*) write* hurriedly (*smth.*); ~ письмо́ dash off a letter.

наката́ться *сов.* have had enough (of driving); ~ вдоволь have had as long a drive, as one liked.

накати́ть *сов. см.* нака́тывать II.

нака́тывать I, наката́ть (*вн.*) **1.** (*о дороге*) roll up, make* smooth; **2.** *сов. разг.* write* off hurriedly; **3.** *воен.* (*об орудии*) return into battery.

нака́тывать II, накати́ть (*вн.* на *вн.*) roll up (*smth.*), move (by rolling) (*smth.*); <> на него́ накати́ло *разг.* he is not himself, he is out of his senses.

накача́ть *сов. см.* нака́чивать.

нака́чивать, накача́ть (*вн.*) pump up (*smth.*); ~ ши́ну pump up a tire; накача́ть бо́чку воды́ fill a barrel (at a pump); накача́ть воды́ pump up water; **~ся** *разг.* get* drunk.

накида́ть *сов.* (*вн.*; *кидая, наполнить что-л.*) fill (*smth.*); (*вн.*, *рд.*; *набросать*) throw* (*smth.*), heap (up) (*smth.*).

наки́дка *ж.* **1.** (*одежда*) cape; (*длинная*) cloak; **2.** (*покрывало*) pillow cover; **3.** *разг.* (*надбавка к цене*) surcharge, extracharge; ~ на непредви́денные обстоя́тельства *торг.* contingency allowance.

наки́дывать, наки́нуть (*вн.*) **1.** throw* on (*smth.*); он наки́нул пальто́ и вы́шел he threw on his coat and walked out; **2.** *разг.* (*набавлять*) put* on (*smth.*); **~ся**, наки́нуться (на *вн.*) pounce on (*smb.*, *smth.*), attack (*smb.*, *smth.*).

наки́нуть(ся) *сов. см.* наки́дывать(ся).

накипа́ть, накипе́ть form a scum; *перен.* rise*, ferment; в душе́ у него́ накипе́ло he was seething with resentment.

накипе́ть *сов. см.* накипа́ть.

на́кипь *ж.* **1.** (*пена*) scum; **2.** (*в котле*) fur, scale; счища́ть ~ с котла́ scale, fur a boiler.

накла́д *разг.* быть/остава́ться в ~е be* down, come* off loser.

накла́дка *ж.* **1.** (*искусственные волосы*) hairpiece; **2.** *разг.* (*ошибка*) blunder.

накладн|а́я *ж.* invoice; (*корабельного груза*) *торг.* bill of lading, bill, bill of parcels, consignment, invoice, waybill; авиагрузова́я ~ air waybill; автодоро́жная ~ road waybill; во́дная ~ marine waybill; грузова́я ~ invoice, bill of lading; да́та ~о́й waybill date; железнодоро́жная ~ rail consignment note, waybill; ко́пия ~о́й waybill copy; но́мер ~о́й waybill number; оформля́ть ~у́ю draw up a waybill; переда́ть ~у́ю transfer a waybill; получе́ние гру́за по ~о́й cargo receipt against a waybill; речна́я ~ river bill of lading; сквозна́я ~ through bill of lading; тра́нспортная ~ motor waybill.

накла́дно *нареч. разг.* э́то бу́дет ему́ о́чень ~ he will have to pay* a pretty penny for it, it will set him back a lot; э́то ему́ не бу́дет ~ he will be none the worse for it.

накладн|о́й superimposed, additional; ~о́е серебро́ plated silver; ◇ ~ы́е расхо́ды overhead expenses, overheads; ~ы́е во́лосы false hair sg.

накла́дывать, наложи́ть (*вн.*) **1.** put* (*smth.*); ~ себе́ на таре́лку *что-л.* help oneself to *smth.*; **2.** *мед.* apply (*smth.*); ~ повя́зку *кому-л.* bandage *smb.*; ~ швы put* in stitches; **3.**: ~ резолю́цию append *one's* decision; ◇ ~ на себя́ ру́ки *уст.* commit suicide; ~ отпеча́ток leave* an imprint; ~ печа́ть apply a seal.

накле́ивать, накле́ить (*вн.*) stick* (*smth.*) on; ~ ма́рку put* a stamp on, stamp a letter/envelope; ~ афи́ши paste up notices.

накле́ить *сов. см.* накле́ивать.

накле́йка *ж.* **1.** (*действие*) sticking on; **2.** (*ярлычок*) (sticky) label.

накли́кать *сов. см.* наклика́ть.

накликáть, накли́кать (*вн.*) *уст.* ~ беду́ court disaster; ~ на себя́ bring* up on *oneself*.

накло́н *м.* (*действие*) sideways motion; movement sideways **2.** (*наклонное положение*) slope, declivity; **3.** *тех.* pitch; **4.** *спорт.* bend.

наклоне́ние *с. грам.* mood.

наклони́ть(ся) *сов. см.* наклоня́ть(ся).

накло́н|ность *ж.* tendency, inclination, bent, propensity; **~ный** slanting, inclined; ~ная пло́скость inclined plane; ◇ кати́ться по ~ной пло́скости go* downhill, rapidly deteriorate; go* to the dogs.

наклоня́ть, наклони́ть (*вн.*) bend* (*smth.*), incline (*smth.*), lean* (*smth.*); **~ся**, наклони́ться bend*, lean*; она́ наклони́лась ко мне she bent/leaned over me.

накова́льн|я *ж.* anvil; ◇ ме́жду мо́лотом и ~ей ≅ between the devil and the deep sea.

нако́жн|ый *мед.* cutaneous; ~ая боле́знь skin disease.

наколе́нн|ик *м.* **1.** knee guard; **2.** *тех.* knee piece; **~ый** worn on the knee.

нако́лка *ж.* **1.** headdress; **2.** *жарг.* tip-off; **3.** *жарг.* tattoo.

наколо́ть I *сов. см.* нака́лывать.

наколо́ть II *сов.* (*вн., рд.*) (*дров*) chop (a lot of) (*smth.*); (*сахару*) break* (a lot of) (*smth.*).

наколо́ться *сов. см.* нака́лываться.

наконе́ц **1.** *нареч.* at last, eventually; (*в заключение*) finally; **2.** *ввод сл.* at last; (*при перечислении*) finally; **3.** *ввод сл.*: да уходи́те же, ~! oh, go away, do!; ◇ ~-то! at (long) last!

наконе́чник *м.* tip; (*карандаша*) top; (*стрелы*) arrow head; *спорт.* (*фехтование*) point d'arret.

накопа́ть *сов.* (*вн., рд.*) **1.** (*копая, сделать углубления*) dig* up (a lot of) (*smth.*); **2.** (*выкопать*) dig* up (a lot of) (*smth.*).

накопи́ть(ся) *сов. см.* нака́пливать(ся).

накопле́ни|е *с.* **1.** (*действие*) accumulation; ~ капита́ла *эк.* accumulation of capital; первонача́льное ~ primary accumulation; но́рма ~я *эк.* ratio of accumulation; **2.** *мн.* (*сбережения*) accumulation *sg.*

накопля́ть(ся) *несов. см.* нака́пливать(ся).

накорми́ть *сов. см.* корми́ть 1, 2.

накра́пыв|ать *несов.* sprinkle down; ~ает дождь raindrops begin to fall; it is spitting *разг.*

накра́сить *сов.* **1.** (*вн.*) make* up (*smth.*); **2.** (*вн., рд.*; *выкрасить в каком-л. количестве*) paint (a lot of) (*smth.*); **~ся** *сов. разг.* make* up.

накрахма́л|енный starched; **~ить** *сов. см.* крахма́лить.

накрени́ть(ся) *сов. см.* накреня́ть(ся) *и* крени́ть(ся).

накреня́ть, накрени́ть **1.** (*вн.*) make* (*smth.*) lean over; (*корабль*) give* a list (to); **2.** *безл.*: ло́дку накрени́ло the boat heeled over; дом накрени́ло the house is leaning over on one side; **~ся**, накрени́ться (*о корабле*) heel over, take* a list; (*о стене, здании*) lean*.

на́крепко **1.** fast, firmly; **2.** *разг.* (*решительно*) strictly; кре́пко-~ dead fast.

на́крест crosswise; сложи́ть ру́ки крест-~ cross *one's* arms.

накрича́ть *сов.* shout; (на *вн.*; *выругать*) scold (*smb.*); go* for (*smb.*) *разг.*

накроши́ть *сов.* **1.** (*вн., рд.*) crumble (*smth.*); ~ таре́лку мя́са chop up a plate of meat; **2.** (*насорить*) make* a lot of crumbs; ~ на столе́ cover the table with crumbs.

накрыва́ть, накры́ть (*вн.*) **1.** cover (*smb.*, *smth.*); **2.** *разг.* (*захватить врасплох*) catch* (*smb.*) in the act, catch* (*smb.*) red-handed; **3.** *воен.* hit* (*smth.*), knock out (*smth.*); ◇ ~ на стол lay* the table; **~ся**, накры́ться (*тв.*) cover *oneself* (with).

накры́ть(ся) *сов. см.* накрыва́ть(ся).

накто́уз *м. мор.* binnacle.

накупи́ть *сов.* (*вн., рд.*) buy* (a lot of) (*smth.*).

наку́рен|ный smoky; full of smoke *после сущ.*; как тут ~о! how smoky it is here!

накури́ть *сов.* make* (a room) smoky; **~ся** *сов.* smoke to *one's* heart's content, smoke as much as one likes.

налага́ть, наложи́ть (*вн.*) impose; ~ на себя́ бре́мя undertake* a burden; ~ штраф *юр.* set*/impose a fine (on, upon); ~ наказа́ние inflict a penalty/punishment; наложи́ть аре́ст на иму́щество *юр.* seize/sequester property.

налади́ть(ся) *сов. см.* нала́живать(ся).

нала́д|ка *ж.* *тех.* adjustment; setting up; **~чик** *м.* adjuster; **~очный**: ~очные рабо́ты *мн.* adjustment and alignment.

нала́жив|ать, нала́дить (*вн.*) **1.** (*исправлять, делать пригодным*) put* (*smth.*) in order; (*регулировать*) adjust (*smth.*); нала́дить маши́ну adjust a machine; **2.** (*создавать, организовывать*) organize (*smth.*); ~ дела́ set* things going; ~ произво́дство маши́н organize the production of machinery; **~аться**, нала́диться come* right; всё нала́дится everything will come right; рабо́та ещё не нала́дилась the work has not got going properly yet; дела́ постепе́нно ~аются things are gradually beginning to take shape.

налга́ть *сов.* **1.** (*наговорить лжи*) tell* a pack of lies; **2.** (на *вн.*; *наклеветать*) tell* lies (about), slander (*smb.*).

нале́во **1.** to the left; ~ от *чего-л.* on the left of *smth.*; ~ от меня́ to/on my left; ~! (*команда*) left turn!; **2.** *разг.* *неодобр.* (*незаконно используя служебные возможности*) on the side.

налега́ть, нале́чь (на *вн.*) **1.** (*с силой опираться*) lean* (on); (*придавливать*) press (on); **2.** (*с силой нажимать на что-л.*) push (*smth.*) hard, pull (*smth.*) hard; ~ на вёсла ply the oars with a will; **3.** *разг.* (*приниматься за что-л.*) get* down (to); нале́чь на рабо́ту get* down to work.

налегке́ **1.** (*без багажа*) without luggage; путеше́ствовать ~ travel light; **2.** (*в лёгкой одежде*) lightly clad.

налёт *м.* **1.** (*нападение*) raid; (*с целью грабежа тж.*) burglary; возду́шный ~ air attack/raid; **2.** (*тонкий слой чего-л.*) film; (*на бронзе*) patina; ~ пы́ли film of dust; **3.** (*оттенок*) tinge; touch; с ~ом иро́нии with a touch of irony; **4.** *мед.*: ~ в го́рле patch; ~ на языке́ fur; ◇ с ~а, с ~у at full speed; with a swoop; *перен.* in a flash.

налета́ть, налете́ть **1.** (на *вн.*) swoop (on); *перен.* *разг.* (*наскакивать*) run* into (*smb.*, *smth.*); **2.** (на *вн.*) *разг.* (*обрушиваться с обвинениями и т. п.*) jump on (*smb.*); **3.** (*внезапно начинаться*) blow* up; налете́л ве́тер there was a sudden gust of wind.

налете́ть *сов.* *см.* налета́ть.

налётчик *м.* robber, burglar, raider.

нале́чь *сов.* *см.* налега́ть.

нали́в *м.* **1.** pouring in; **2.** ripening.

налива́ть, нали́ть **1.** (*вн.*; *наполнять*) fill (*smth.*); нали́ть ведро́ воды́ fill a pail with water; **2.** (*вн.*, *рд.*; *вливать во что-л.*) pour (*smth.*); нали́ть во́ду в стака́н pour some water into a glass; **3.** (*вн.*; *рд.*; *разливать*) spill* (*smth.*); нали́ть воды́ на́ пол spill* water over the floor; **~ся**, нали́ться **1.** (в *вн.*; *натекать во что-л.*) flow (into); вода́ сра́зу налила́сь ему́ в рот, в нос, в у́ши he got his mouth, nose, ears full of water at once; **2.** (*наполняться*) fill; её глаза́ нали́лись слеза́ми her eyes filled with tears; **3.** (*созревать*) ripen; *несов.* *тж.* swell*; ◇ нали́ться кро́вью become* bloodshot.

нали́вка *ж.* cordial, liqueur.

наливн|о́й: ~о́е я́блоко juicy apple; ~о́е су́дно tanker; ~ груз liquid cargo/freight.

нали́м *м.* burbot, eelpout; **~ий** burbot *attr.*

налинова́ть *сов.* *см.* линова́ть.

налит|о́й **1.** juicy, ripe; **2.** fleshy, well-fleshed; ◇ ~ые кро́вью глаза́ bloodshot eyes; как ~о́е (*о теле*) plump; как свинцо́м ~ leaden.

нали́ть(ся) *сов.* *см.* налива́ть(ся).

налицо́ available, to hand; ули́ки ~ there is ample proof, there's no getting away from it; все ~ everybody is here; преступле́ние ~ it is clear that a crime has been committed.

нали́чи|е *с.* availability; (*существование*) existence; при ~и кво́рума if there is a quorum; при ~и де́нег if *one* has the money; ◇ быть в ~и be* available.

нали́чник *м.* *стр.* casing, jambs and lintel of a door or window.

нали́чн|ость *ж.* **1.** amount available; това́рная ~ *торг.* stock-in-hand; ~ това́ров в магази́не *торг.* stock-in-trade; **2.** (*о деньгах*) cash; ба́нковская ~ *фин.* cash-at-bank; де́нежная ~ cash-in-hand; золота́я ~ gold holding; ка́ссовая ~ cash-in-hand; резе́рвная ~ reserve cash; свобо́дная ~ *фин.* spare cash; това́рная ~ stock-in-hand; **3.** *см.* нали́чие; все маши́ны в ~ости all available vehicles; **~ый** *прил.* **1.** available; ~ые де́ньги ready money, cash; ~ый расчёт cash-payment; за ~ый расчёт for cash (down); **2.** *в знач. сущ. мн.*: плати́ть ~ыми pay* (in) cash; получе́ние ~ых по че́ку *фин.* cash of check; чи́стый платёж ~ыми net cash; получе́ние ~ыми encashment; прода́жа за ~ые cash sale; продава́ть за ~ые *фин.* sell* for cash; **3.** (*состав*) available personnel/staff; *воен.* effectives *pl.*

нало́бник *м.* (*часть упряжи*) frontlet.

налови́ть *сов.* (*вн.*, *рд.*) catch* (a lot of) (*smth.*).

наловчи́ться *сов.* (*в пр.*, + *инф.*) *разг.* become* proficient (at), get* the knack (of + -ing).

нало́г *м.* *фин.* due, duty, levy, imposition, tax; госуда́рственный ~ state (national) tax; дополни́тельный ~ surtax, surcharge, surcharge tax; дополни́тельный ~ на сверхпри́быль excess profit levy; иму́щественный ~ assessed tax; и́мпортный ~ import tax; ко́свенный ~ indirect tax; ме́стный ~ local tax; натура́льный ~ tax in kind; подохо́дный ~ income tax, tax on income; поду́шный ~ capitation tax; прямо́й ~ direct tax; тамо́женный ~ customs tax; э́кспортный ~ export tax; ~ на дивиде́нды dividend tax; ~ на доба́вленную сто́имость value-added tax; ~ на жа́лование слу́жащих salary tax; ~ на ли́чное (дви́жимое) иму́щество personal property tax; ~ на недви́жимое иму́щество real estate tax; ~ на нераспределённую при́быль undistributed profit tax; ~ на це́нные бума́ги tax on investments; ~ на со́бственность за вы́четом долго́в net worth tax; ~ по соцстра́ху tax on social security; ~ с насле́дства и даре́ния legacy tax; ~ с нетовáрных операций tax on non-commercial operations; ~ с оборóта sales tax; облагáть ~ом tax, levy taxes on, impose taxes on, lay* taxes on; освобождéние от уплáты ~а tax exemption; освобождённый от уплáты ~а free of tax; отменить ~ abolish a tax; после удержáния ~а after tax; прáвила взимáния ~а tax treatment; систéма сбóра ~ов путём вы́чета из зáработной плáты pay-as-you-earn system; скидка с ~а tax relief; уплáта ~а payment of tax; уклоня́ющееся от уплáты ~а лицó tax evader; **~овый** tax *attr.*; ~овая декларáция tax return, tax declaration; предстáвить ~овую декларáцию file an income tax return; ~овая льгóта tax incentive, tax credit, tax deduction; ~овая оговóрка tax clause; ~овая систéма fiscal system; ~овая стáвка tax rate; предéльная ~овая стáвка marginal tax rate; снижéние ~овых стáвок tax rebate; ~овое прáво fiscal law; ~овое управлéние taxation authority, tax office; ~овые поступлéния tax revenues; ~овый иммунитéт immunity from taxes; ~овый инспéктор tax collector, assessor; ~овый режи́м tax order; <> "налóговый рай" (*страна, куда переводятся капиталы с целью уменьшения налоговых платежей*) "tax heaven".

налогообложéни|е *с. фин.* taxing, taxation; прогресси́вная шкалá стáвок ~я ascending tax scale; подлежáщий ~ю taxable, subject to taxation; регресси́вная шкалá стáвок ~я descending tax scale; структýра ~я tax structure; шкалá стáвок ~я *фин.* tax scale; уклоня́ться от ~я defraud the revenue.

налогоплатéльщик *м.* taxpayer.

наложéние *с.* **1.** *юр.* imposition; ~ штрáфа imposition of a fine; ~ арéста seizure; **2.** *мед.* ~ швов suture, stitching of a wound; **3.** *мат.* superposition; **4.** *кино* overlay.

налóженн|ый: ~ платёж C. O. D., cash on delivery; отпрáвить груз ~ым платежóм send* a consignment cash on delivery; ~ая встáвка *кино* overlay insertion.

наложи́ть *сов. см.* наклáдывать *и* налагáть.

налóжница *ж. уст.* concubine.

налóй *м. рел. см.* аналóй.

наломáть *сов.* (*вн.*, *рд.*) **1.** break* off (a lot of) (*smth.*); **2.** (*ломая, привести в негодность*) break* (a lot of) (*smth.*); <> ~ дров make* a real mess of things.

налóпаться *сов. разг.* gorge *oneself.*

налюбовáться (*тв.* на *вн.*) admire, gaze to *one's* heart's content (at *smb.*, *smth.*); он не мóжет ~ э́тим he is lost in adimiration of it.

нам (*дт. от личн. мест.* мы) to us; ~ бы́ло скáзано we were told.

намагни́тить *сов. см.* намагни́чивать.

намагни́чивать, намагни́тить (*вн.*) magnetize (*smth.*).

намáз *м. рел.* Mohammedan prayer.

намáзать *сов.* **1.** (*вн.*, *тв.*; *покрыть слоем чего-л.*) put* (*smth.* on); spread* (*smth.* on); ~ хлеб мáслом butter bread, put* butter on *one's* bread; **2.** (*вн.*) *разг.* (*накрасить*) make* up (*smth.*); ~ гýбы use lipstick; **3.** *разг.* (*напачкать*) make* a mess; **4.** *разг.* (*небрежно нарисовать*) daub, botch up; **~ся** *сов.* **1.** (*тв.*) smear *oneself* (with); **2.** *разг.* (*накраситься*) make* (*oneself*) up.

намалевáть *сов. см.* малевáть.

намарáть *сов. см.* марáть 2.

намариновáть *сов.* (*вн.*, *рд.*) pickle (a lot of) (*smth.*); ~ грибóв pickle some mushroooms.

намáтывание *с.* winding, reeling.

намáтывать, намотáть (*вн.*) wind* (*smth.*), spool (*smth.*), reel (*smth.*); намотáть нéсколько клубкóв шéрсти wind* a few balls of wool; ~ ни́тки на катýшку wind* cotton on a reel; <> намотáй э́то себé на ус ≅ make a note of it, don't you forget it, put it into your pipe and smoke it.

намая́ться *сов. разг.* have had a lot of trouble/pains; (*устать*) be* tired out.

намéдни *нареч. уст.* the other day, lately.

намёк *м.* **1.** hint; поня́ть ~ take* a hint; сдéлать ~ give*/drop a hint; нея́сные ~и vague/covert hints; тóнкий ~ delicate/gentle hint; ни ~а (на *вн.*) not a hint (of); с ~ом (на *вн.*) with a suggestion (of); **2.** *перен.* faint resemblance.

намек|áть, намекнýть (на *вн.*) hint (at); *сов. тж.* drop a hint (at); на что вы ~áете? what are you driving at?; **~нуть** *сов. см.* намекáть.

намеревáться *несов.* (+ *инф.*) intend (+ -ing, + to *inf*).

намéрен *в знач. сказ.*: он ~ (+ *инф.*) he intends (+ to *inf*, + -ing); он ~ уéхать сегóдня he intends to leave today.

намéрени|е *с.* intention; <> с ~ем intentionally; без ~я unintentionally; дóбрые ~я good resolutions; твёрдое ~ fixed/steady purpose; с зарáнее обдýманным ~ем deliberately; *юр.* of malice prepense.

намéренный intentional, deliberate.

нáмертво *нареч. разг.* tightly, fast.

намести́ *сов. см.* наметáть.

намéстни|к *м.* deputy, vice-regent; governor-general; **~чество** *с.* **1.** vice-regency; **2.** region ruled by vice-regent/governor-general.

наметáть, намести́ **1.** (*вн.*, *рд.*) sweep* together (*smth.*); **2.** (*вн.*; *наносить ветром*) drift (*smth.*); намелó цéлые сугрóбы снéга the snow was packed in huge drifts, great drifts of snow had formed.

намéтить I, II *сов. см.* намечáть I, II.

намéтиться *сов. см.* намечáться I.

намечáть I, намéтить (*вн.*) **1.** (*обозначать метками*) mark (*smth.*); намéтить дорóгу вéшками mark a road with posts; **2.** (*обозначать штрихами*) outline (*smth.*) (*тж. перен.*); ~ пути́ подъёма сéльского хозя́йства outline ways of advancing agriculture.

намечáть II, намéтить (*вн.*; *заранее назначать*) **1.** plan (*smth.*); намéтить день отъéзда fix *one's* day of departure; **2.** nominate, select; егó намéтили кандидáтом в председáтели he has been nominated for chairman*.

намеча́ться I, наме́титься (*обозначаться*) show*; *перен.* be* outlined, emerge, form, take* shape.

намеча́ться II *несов.* (*предполагаться*) be* planned.

намеша́ть *сов. см.* наме́шивать.

наме́шивать, намеша́ть (*вн.*, *рд.*, в *вн.*) add (to), admix (to).

намёт *м. диал.* gallop.

намётанный: ~ глаз practised eye.

намётка I *ж.* (*предварительный план*) outline.

намётка II *ж.* **1.** basting, tacking; **2.** basting/tacking thread.

на́ми (*тв.* от *личн. мест.* мы) by us; с ~ with us; он пойдёт за ~ he'll follow us.

намно́го much, far; out and away; стать ~ сильне́е become* much stronger.

намозо́лить *сов. см.* мозо́лить.

намока́ть, намо́кнуть get* wet, be* soaked.

намо́кнуть *сов. см.* намока́ть.

намола́чивать, намолоти́ть (*вн.*, *рд.*) thresh (*smth.*); намолоти́ть мешо́к ржи thresh a sackful of rye.

намоло́т *м. с.-х.* amount of threshed grain.

намолоти́ть *сов. см.* намола́чивать.

намоло́ть *сов.* (*вн.*, *рд.*) (*размолоть какое-л. количество*) grind* (*smth.*); ~ ко́фе grind* some coffee.

намо́рдник *м.* muzzle; наде́ть ~ на соба́ку muzzle a dog.

намо́рщить *сов. см.* мо́рщить 1; **~ся** *сов. см.* мо́рщиться 1.

намота́ть *сов. см.* нама́тывать.

намо́тка *ж. см.* нама́тывание; ~ киноплёнки сло́ем внутрь *кино* A-wind; ~ киноплёнки сло́ем нару́жу *кино* B-wind.

намочи́ть *сов.* **1.** (*вн.*; *пропитать водой*) soak (*smth.*); **2.** (*наплескать*) splash, make* the place wet.

наму́сорить *сов. см.* му́сорить.

наму́читься *сов. разг.* have* an awful lot of trouble, have* a hell of a time.

наму́шник *м. спорт.* (*стрельба*) sight cover.

намы́в *м. геол.* alluvium, alluvion; **~но́й** *геол.* alluvial, wave-built; ~ны́е отложе́ния deposit *sg.*

намыва́ть, намы́ть (*вн.*) **1.** (*наносить течением*) deposit (*smth.*); **2.** (*добывать*) pan out (*smth.*); намы́ть золото́го песку́ pan out gold-bearing gravel.

намы́ливать, намы́лить (*вн.*) soap (*smth.*); ◇ намы́лить *кому-л.* го́лову rap *smb.* over the knuckles, give* it (to) *smb.* hot; **~ся**, намы́литься soap *oneself*.

намы́лить *сов. см.* намы́ливать *и* мы́лить; **~ся** *сов. см.* намы́ливаться *и* мы́литься 1.

намы́ть *сов. см.* намыва́ть.

нанесе́ние *с.* **1.** (*на карту, план*) drawing, plotting, marking; ~ кра́сок на полотно́ putting color/paint on canvas; ~ кра́ски *кино* inking; ~ магни́тной звуково́й доро́жки striping, track laying; ~ отме́ток cueing; ~ эмульсио́нного сло́я *кино* emulsion coating; **2.** infliction; ~ оскорбле́ния insult; ~ побо́ев *юр.* assault and battery; ~ уве́чья disabling; ~ уще́рба *юр.* damaging.

нанести́ *сов.* **1.** *см.* наноси́ть II; **2.** (*вн.*, *рд.*; *принести много чего-л.*) bring* (a lot of) (*smth.*); **3.** (*вн.*, *рд.*; *снести много яиц — о птицах*) lay* (a lot of) (*smth.*).

нанниза́ть *сов. см.* нани́зывать.

нани́зывать, нниза́ть (*вн.*, *рд.*) thread (*smth.*).

нанима́тель *м.* **1.** (*рабочего*) employer; **2.** (*квартиры*) tenant.

нанима́ть, наня́ть (*вн.*) **1.** (*на работу*) hire (*smb.*), employ (*smb.*), engage (*smb.*); **2.** (*автомобиль, экипаж и т. п.*) hire (*smth.*); (*помещение*) rent (*smth.*); **~ся**, наня́ться take* a job; *несов. тж.* apply for a job.

на́нк|а *ж. текст.* nankeen; **~овый** nankeen *attr.*

на́ново *разг.* anew, afresh.

нано́с *м.* alluvium (*pl.* -ums, -ia), deposit.

наноси́ть I *сов.* (*вн.*, *рд.*) bring* (a lot of) (*smth.*); ~ бо́чку воды́ fill a barrel with water pail by pail; ~ гру́ду камне́й pile up a heap of stones.

наноси́ть II, нанести́ **1.** (*вн.*; *нагромождать*) pile up (*smth.*); (*о снеге, песке*) pile up (*smth.*) into drifts; вода́ нанесла́ на бе́рег мно́го во́дорослей the water piled up a lot of seaweed on the shore; **2.** *безл.*: нанесло́ мно́го сне́га there are heavy drifts of snow everywhere; **3.** (*вн.*; *обозначать, отмечать*) trace (*smth.*), outline (*smth.*); ~ *что-л.* на ка́рту mark/trace *smth.* on the map; **4.** (*вн.*; *причинять*) inflict (*smth.*); ~ оскорбле́ние *кому-л.* insult *smb.*; ~ ра́ну inflict a wound (on); ~ уще́рб cause damage; ~ вред *кому-л., чему-л.* cause harm to *smb.*, *smth.*, damage injure *smb.*, *smth.*; ~ пораже́ние *кому-л.* defeat *smb.*, inflict a defeat on *smb.*; ◇ нанести́ визи́т *кому-л.* pay* a visit to *smb.*, visit *smb.*, call on *smb.*

нано́сн|ый **1.** alluvial; **2.** (*не свойственный кому-л., чему-л., привнесённый со стороны*) extraneous, superficial; borrowed; ~ое влия́ние extraneous influence; **3.** *уст.* slanderous.

наня́ть(ся) *сов. см.* нанима́ть(ся).

наобеща́ть *сов.* (*вн.*, *рд.*) *разг.* promise (a lot of) (*smth.*); ◇ ~ с три ко́роба promise more than one can do.

наоборо́т *нареч.* **1.** (*совершенно иначе*) the wrong way, the other way round; как раз ~ just the other way about; де́лать ~ do* just the opposite; он всё понима́ет ~ he puts a wrong construction on everything; **2.** (*противоположной стороной*) the wrong side out; (*задом наперёд*) back to front; **3.** *в знач. вводн. сл.* on the contrary, quite the reverse, vice versa.

наобу́м *разг.* at random, without thinking.

нао́тмашь with the full swing of *one's* arm; уда́рить *кого-л.* ~ deal* *smb.* a swinging/smashing blow.

наотре́з flatly; отказа́ть ~ refuse pointblank, flatly refuse.

напа́д|ать *сов.*: ~ало мно́го сне́га a lot of snow has fallen.

напада́ть, напа́сть (на *вн.*) **1.** attack (*smb.*, *smth.*) assault (*smb.*, *smth.*); **2.** (*наталкиваться*) come* across (*smb.*, *smth.*), come* upon (*smb.*, *smth.*); **3.** (*овладевать*) come* over (*smb.*); на него́ напа́л страх he was seized with fear; на меня́ напа́ла тоска́ I am sick at heart; **4.** *разг.* (*обрушиваться с упрёками и т. п.*) jump on (*smb.*).

напада́ющий *м. спорт.* (*в футболе и т.п.*) forward (*фут.*); центра́льный ~ central forward; ле́вый (пра́вый) полусре́дний left (right) inside; ле́вый (пра́вый) кра́йний left (right) outside.

нападе́ни|е *с.* **1.** attack, assault; внеза́пное ~ *юр.* sudden assault; группово́е ~ assault in concert; непристо́йное ~ indecent assault; престу́пное ~ criminal assault/attack; просто́е ~ (*без отягчающих обстоятельств*) common/simple assault; разбо́йное ~ assault related to robbery; та́йное ~ (*из засады*) secret assault; физи́ческое ~ physical assault; ~ при отягча́ющих обстоя́тельствах aggravated assault; ~ с причине́нием теле́сного поврежде́ния assault, causing bodily harm; ~ с причине́нием тя́жкого теле́сного поврежде́ния assault causing grievous bodily harm; ~ с наме́рением соверши́ть уби́йство murderous assault; ~ со злым у́мыслом malicious assault; ~ с примене́нием наси́лия *юр.* violent assault; **2.** *спорт.* forwards *pl.*, the forward line; центр ~я center forward; ~ на игрока́ с мячо́м charging; позицио́нное ~ set-play attack.

напа́дки *мн.* attacks.

напа́ивать, напая́ть (*вн.*) solder (*smth.*).

напа́льчник *м. спорт.* (*у спортсмена-стрелка из лука*) finger tab.

напа́рник *м.* fellow worker, mate.

напа́сть I *сов. см.* напада́ть.

напа́сть II *ж. разг.* misfortune, disaster; что за ~! this is really too bad!

напая́ть *сов. см.* напа́ивать.

напе́в *м.* tune, melody.

напева́ть, напе́ть **1.** *тк. несов.* (*петь вполголоса*) hum, croon; **2.** (*вн.*) *разг.* (*мелодию и т. п.*) sing* (*smth.*); напе́ть моти́в sing* a tune; **3.** (*вн.*; *для звукозаписи*) record (*smth.*); напе́ть а́рию на пласти́нку record an aria.

напе́вный melodious, tuneful.

наперебо́й *разг.*: говори́ть ~ interrupt one another; расска́зывать *что-л.* ~ vie with each other in telling *smth.*

наперевե́с *воен.* atilt; с ру́жьями ~ with arms atilt.

наперегонки́: бе́гать ~ race one another, chase each other.

напере́д *разг.* **1.** in advance; **2.** in front; ◇ за́дом ~ back to front.

наперекóр **1.** *нареч.* contrarily; идти ~ be* contrary; **2.** *предлог*: ~ *чему-л.* in defiance of *smth.*; ~ *кому-л.* to spite *smb.*

напере́з: идти́ *кому-л.* ~ cut* across *smb.'s* path; бежа́ть ~ cut* across.

наперечёт **1.** *нареч.*: знать всех ~ know* every single one; **2.** *в знач. сказ.* few; таки́е, как он, ~ there are not many like him.

напе́рсн|ик *м. уст.* confident; **~ица** *ж. уст.* confidante; **~ый** pectoral; ~ый крест *церк.* pectoral cross.

наперстя́нка *ж. бот.* foxglove.

напе́ть *ссз. см.* напева́ть 2, 3.

напеча́тать *сов. см.* печа́тать.

напе́чь *сов.* (*вн.*, *рд.*) bake (a lot of) (*smth.*).

напёрсток *м.* thimble.

напива́ться, напи́ться **1.** drink* *one's* fill, quench *one's* thirst; **2.** (*допьяна*) get* drunk.

напили́ть *сов.* (*вн.*, *рд.*) saw* (*smth.*); ~ тёсу, дров saw* some boards, firewood.

напи́лок, напи́льник *м. тех.* file.

напира́ть *несов. разг.* **1.** (*теснить*) press hard; **2.** (на *вн.*; *делать упор*) come* down (on); (*подчёркивать*) put* the emphasis (on); stress (*smth.*).

написа́|ние *с.* **1.** writing; ~ киносцена́рия treatment; **2.** spelling; **~ть** *сов. см.* писа́ть 1, 3.

напи́т|ок *м.* drink; beverage *книжн.*; кре́пкие ~ки strong drinks; прохлади́тельные ~ки soft drinks; спиртны́е ~ки (alcoholic) liquor *sg.*, alcoholic drinks.

напи́ться *сов. см.* напива́ться.

напиха́ть *сов. см.* напи́хивать.

напи́хивать, напиха́ть *разг.* **1.** (*вн.*, *рд.* в *вн.*) cram (*smth.* into); напиха́ть веще́й в чемода́н cram things into a case; **2.** (*вн. тв.*) stuff (*smth.* with); напиха́ть шкаф бельём stuff a wardrobe with linen.

напи́чкать *сов. см.* пи́чкать.

напла́|каться *сов.* **1.** (*вдоволь поплакать*) have* a good cry; **2.** (с *тв.*) *разг.* (*получить много неприятностей*) have* trouble (with); он ещё напла́чется! there is trouble in store for him yet!

напластова́ние *с.* stratification, bedding.

наплева́тельск|ий *разг.*: ~ое отноше́ние slapdash attitude, couldn't-care-less attitude, devil-may-care attitude.

наплева́ть *сов.* **1.** spit*; **2.** *разг.* ему́ ~ he doesn't care; ему́ ~ на всё he doesn't give a damn for anything; ~! to hell with it! who cares!

наплести́ *сов.* (*вн.*, *рд.*) **1.** (*изготовить плетением*) weave* (a lot of) (*smth.*); **2.** *разг.* (*наговорить вздора*) talk (a lot of) nonsense.

напле́чн|ик *м.* shoulder strap; **~ый** worn on the shoulder(s).

наплы́в *м.* **1.** (*большое количество*) flow, wave; (*приезжих*) influx; **2.** *бот.* (*нарост на деревьях*) excrescence; **3.** *кино* dissolve; ~ обтюра́тором shutter dissolve.

напова́л: уби́ть *кого-л.* ~ kill *smb.* outright, on the spot.

наподо́бие like, resembling, in the likeness of.

напои́ть *сов.* (*вн.*) **1.** (*дать пить*) give* (*smb.*) a drink; (*скот*) water (*smth.*); ~ *кого-л.* ча́ем, молоко́м *и т. п.* give* *smb.* some tea, milk *etc.*; **2.** (*спиртным*) make* (*smb.*) drunk; **3.**

(*наполнить, насытить чем-л.*) fill (*smth.*), impregnate.

напока́з 1. on show; выставля́ть това́ры ~ put* goods on show; **2.** (*для виду*) for show; де́лать *что-л.* ~ do* *smth.* for show; *тж. перен.* вы́ставить ~ show* off.

наполза́ть, наползти́ (на *вн.*) crawl (against, over) come* crawling (across).

наползти́ I *сов. см.* наполза́ть.

наползти́ II *сов.* crawl in (*в большом количестве*).

наполне́ни|е *с.* filling; пульс хоро́шего ~я strong/normal pulse; ~ аэроста́та inflation.

напо́лнить(ся) *сов. см.* наполня́ть(ся).

наполня́ть, напо́лнить (*вн.*) fill (*smth.*); ~ га́зом *ав.* gas/inflate; ~ корзи́ну гриба́ми fill a basket with mushrooms; **~ся,** напо́лниться fill, be* filled; ~ слеза́ми be* suffused with tears.

наполови́ну half; сде́лано то́лько ~ only half done; зал ~ пуст the hall is half empty.

напомин|а́ние *с.* **1.** (*действие*) mention; при одно́м ~а́нии о... at the mere mention of...; **2.** (*извещение*) reminder; ~ о встре́че reminder of an appointment; ~ о заседа́нии reminder of a meeting; ~ о совеща́нии reminder of a conference; напра́вить ~ forward/send* a reminder; получа́ть ~ receive a reminder; **~а́ть,** напо́мнить **1.** (*дт. вн.*, о *пр.*) remind (*smb.* of, about); не забу́дь напо́мнить мне об э́том don't forget to remind me about it; письмо́ напо́мнило про́шлое the letter brought back the past; **2.** *тк. несов.* (*вн.*; *быть похожим*) look like (*smb., smth.*); resemble (*smb., smth.*); он ~а́ет мне моего́ бра́та he reminds me of my brother.

напо́мнить *сов. см.* напомина́ть I.

напо́р *м.* **1.** (*давление*) pressure, thrust; ~ воды́ the pressure/head of the water; **2.** (*решительное действие*) pressure; под ~ом врага́ under enemy pressure; **3.** *разг.* (*настойчивость*) energy, drive; со сво́йственным ему́ ~ом with his customary energy.

напо́рист|ость *ж.* drive, energy, assertiveness; ~ хара́ктера forceful character; **~ый** forceful, vigorous, pushing, energetic; ~ый челове́к go-ahead person.

напорный: ~ бак pressure tank; ~ кла́пан pressure valve; ~ насо́с force pump.

напоро́ться *сов.* (на *вн.*) **1.** *разг.* run* (on, upon, against); *перен.* run* up (against); **2.** cut* *oneself* (on); он напоро́лся руко́й на гвоздь he cut his hand on a nail.

напо́ртить *сов. разг.* **1.** (*вн.*) spoil* (*smth.*); **2.** (*причинить ущерб кому-л.*) wreck/bungle *smb.'s* plans or undertakings.

напосле́док *разг.* (*под конец*) towards the end; finally, after all; (*на прощание*) by way of farewell.

напра́вить(ся) *сов. см.* направля́ть(ся).

направле́н|ие *с.* **1.** direction (*тж. перен.*); по всем ~иям in all directions; по ~ию к in the direction of; ~ поли́тики direction of policy; **2.** (*течение*) trend; ~ мы́слей the trend of *one's* thoughts; ~ ума́ turn of mind; литерату́рное ~ literary school; либера́льное ~ liberal tendency; **3.** (*документ*) order, permit, warrant, directive; получи́ть ~ на заво́д be* assigned to a factory, be* directed to work at a factory; ~ в санато́рий certificate, approving treatment at a sanatorium; **4.** (*участок фронта*) sector; line of advance.

напра́вленн|ость *ж.* **1.** direction, tendency, trend; **2.** purposefulness, sense of purpose; иде́йная ~ sense of ideological purpose; **~ый 1.** *радио* directional; ~ый микрофо́н gun microphone; ~ый свет *кино* directed light; **2.** purposeful, unswerving.

направля́ть, напра́вить (*вн.*) **1.** direct (*smb., smth.*); (*устремлять*) turn (*smth.*); (*оружие*) aim (*smth.*), level (*smth.*); ~ внима́ние direct *one's* attention (to); ~ свой путь bend* *one's* steps (towards); свои́ си́лы на *что-л.* direct *one's* energies to *smth.*; ~ уда́р про́тив *кого-л., чего-л.* aim/direct a blow at *smb., smth.*; ~ струю́ на *что-л.* turn a jet of water upon *smth.*; **2.** (*посылать*) send* (*smb., smth.*); ~ заявле́ние send* an application; ~ *кого-л.* к врачу́ send* *smb.* to a doctor; **3.** sharpen; ~ бри́тву set* a razor; **~ся,** напра́виться set* off (for); ~ся к две́ри move towards the door, move in the direction of the door.

напра́во to the right; ~ от *чего-л.* on the right of *smth.*; ~ от меня́ on my right hand; ~! (*команда*) right turn; ~ и нале́во right and left.

напрактикова́ться *сов. см.* практикова́ться I.

напра́слин|а *ж. ед. разг.* wrongful accusation, false imputation, возводи́ть ~у (на *рд.*) slander.

напра́сн|о 1. *нареч.* (*зря*) without reason; ~ вы ему́ рассказа́ли you shouldn't have told him; ~! you shouldn't have (done that)!; **2.** *в знач. сказ.* (*тщетно, бесполезно*) in vain; всё бы́ло ~ it was no use/good; **~ый 1.** (*тщетный*) vain; ~ая наде́жда vain hope; **2.** (*ненужный*) unwarranted, unnecessary; **3.** *уст.* (*несправедливый*) unjust; ~ое обвине́ние wrongful accusation.

напра́шива|ться, напроси́ться **1.** (*добиваться*) ask for; ~ в го́сти fish for an invitation; **2.** (на *вн.*; *вызывать что-л.*) ask (for); ~ на комплиме́нты fish for compliments; ~ на неприя́тности ask for trouble; ~ на оскорбле́ние ask for a snub; **3.** *тк. несов.* (*о мысли и т. п.*) suggest itself; вы́вод ~ается сам собо́й the conclusion is forced upon one; нево́льно ~ается сравне́ние a comparison suggests itself.

наприме́р for example, for instance (*сокр.* e. g.).

напрока́зить *сов. см.* прока́зить.

напрока́зничать *сов. см.* прока́зничать.

напрока́т: брать *что-л.* ~ hire *smth.*; (от)дава́ть *что-л.* ~ hire out *smth.*, let* *smth.* out on hire.

напролёт *разг.*: весь день ~ all day long; the whole day; проси́живать но́чи ~ sit* up night after night.

напроло́м *разг.* straight through/ahead; идти́ ~ go* straight ahead, break* through.

напропалу́ю *разг.* recklessly, all out, regardless of the consequences, desperately; весели́ться ~ have *one's* fling, go* the whole hog.

напроро́чить *сов. см.* проро́чить.

напроси́ться *сов. см.* напра́шиваться 1, 2.

напро́тив 1. *нареч.* opposite; (*на противоположной стороне улицы*) across the street, over the way; он сидéл ~ he sat opposite; **2.** *нареч.* (*наоборот*) on the contrary; **3.** *предлог* (*рд.*) opposite, facing.

на́прочь *разг.* completely.

напряга́ть, напря́чь (*вн.*) **1.** (*делать упругим*) brace (*smth.*), tauten (*smth.*); ~ му́скулы brace/tauten the muscles; **2.** (*повышать степень проявления чего-л.*) brace (*smth.*), exert (*smth.*), strain (*smth.*); ~ все уси́лия strain every nerve; use/exert every effort, do* *one's* utmost; ~ слух strain *one's* ears; ~ зре́ние strain *one's* eyes; **~ся**, напря́чься **1.** (*становиться упругим*) tauten, become* taut, tighten; **2.** (*собрать все свои силы*) brace *oneself*, exert *oneself*; **3.** (*усиливаться в своём проявлении*) be* intensified.

напряже́ние *с.* **1.** (*усилие*) effort, strain, exertion; слу́шать с ~м listen with strained attention; **2.** (*трудное положение*) pressure, strain; ~ на тра́нспорте в часы́ пик strain on transport during the rush hours; **3.** *тех.* stress; **4.** *эл.* tension, voltage; высо́кое ~ high tension/voltage; ~ видеосигна́ла *кино* videovoltage; ~ лентопротя́жного механи́зма tape tension guide; ~ ле́нты *кино* skew.

напряжённ|ость *ж.* **1.** intensity; **2.** (*натянутость*) tension; **~ый 1.** (*неослабевающий*) intense, tense; (*интенсивный*) strenuous, intensive; ~ое внима́ние strained attention; ~ая рабо́та hard/strenuous work; **2.** (*затруднительный, натянутый*) strained, tense; ~ая атмосфе́ра tense atmosphere; ~ые отноше́ния strained relations; **3.** (*принуждённый, неестественный*) forced, strained.

напрями́к *разг.* **1.** by the direct way; идти́ ~ take* a short cut; (*за городом*) go* across country; ~ бу́дет два киломе́тра it's two kilometers as the crow flies; **2.** (*откровенно*) straight (out), pointblank; сказа́ть *кому-л.* ~ tell* *smb.* pointblank, tell* *smb.* straight.

напря́чь(ся) *сов. см.* напряга́ть(ся).

напу́ганный frightened, scared.

напуга́ть *сов.* (*вн.*) frighten (*smb.*), terrify (*smb.*); **~ся** *сов.* be* frightened, be* terrified.

напу́дрить(ся) *сов. см.* пудрить(ся).

напу́льсник *м.* wristband.

на́пуск *м.* **1.** *тех.* lap joint, overlapping; **2.** (*на платье*) full front; **3.** letting in; **4.** *охот.* letting loose, slipping from leash.

напуска́ть, напусти́ть **1.** (*вн.*, *рд.*) admit (*smb.*, *smth.*) let* in (*smb.*, *smth.*); (*о воде, дыме и т. п.*) let* (*smth.*); напусти́ть жильцо́в в дом take* in a lot of lodgers; напусти́ть по́лную ва́нну воды́ fill a bath with water; напусти́ть ды́ма в ко́мнату let* a lot of smoke into the room; **2.** *разг.*: ~ на себя́ ва́жность put* on airs; ~ стра́ху на *кого-н.* strike* fear into *someone*; **3.** (*вн.* на *вн.*) *разг.* (*натравливать*) set* (*smth.* on); **~ся**, напусти́ться (на *вн.*) *разг.* pitch into (*smb.*).

напускн|о́й assumed, affected; ~о́е равноду́шие studied indifference.

напусти́ть(ся) *сов. см.* напуска́ть(ся).

напу́т|ать *сов.* (*вн.*) *разг.* muddle (*smth.*); ~ в а́дресе get* the address wrong; ~ в вычисле́ниях make* mistakes in calculation; здесь *что-то* ~ано there's some mistake here; он всё ~ал he has muddled everything up.

напу́тственн|ый: ~ое сло́во *см.* напу́тствие.

напу́тствие *с.* parting words/injuctions *pl.*

напу́тствовать *несов. и сов.* say* in parting; ~ до́брыми пожела́ниями bid* farewell, wish bon voyage.

напыли́ть *сов. см.* пыли́ть.

напы́житься *сов. см.* пы́житься.

напы́щенный 1. pompous; **2.** (*о речи, стиле*) bombastic, highflown, grandiloquent.

напя́ливать, напя́лить (*вн.*) *разг.* don/get* on *smth.*; ~ на себя́ *что-л.* те́сное struggle into *smth.* that is too small for one.

напя́лить *сов. см.* напя́ливать.

нарабо́тать *сов.* (*вн.*, *рд.*) *разг.* **1.** (*произвести*) make* (a lot of) (*smth.*); **2.** (*заработать*) earn (*smth.*); **~ся** *сов. разг.* work enough; (*устать от работы*) be* tired of working.

наравне́ 1. (*на одном уровне*) on the same level (as), level (with); **2.** (*на равных правах*) in equal terms.

нара́доваться *сов.* rejoice, delight sufficiently (in); не ~ на *кого-то* dote (up) on *smb.*; она не нара́дуется на сы́на she dotes on her son.

нараспа́шку *разг.* unbuttoned; он но́сит пальто́ ~ he wears his coat unbuttoned, he does not button his coat; ◇ у него́ душа́ ~ he is openhearted, he wears his heart upon his sleeve.

нараспе́в in a singsong, singingly.

нараста́ние *с.* increase, growth; ~ революцио́нного движе́ния the mounting activity of the revolutionary movement; ~ те́мпов acceleration, speeding-up.

нараста́ть, нарасти́ **1.** (*вырастать на чём-л.*) grow*, form; **2.** *тк. несов.* (*увеличиваться*) increase, grow*; (*о звуке*) swell*; **3.** (*накапливаться — о процентах и т. п.*) accumulate.

нарасти́ *сов. см.* нараста́ть 1, 3.

нарасхва́т: биле́ты беру́т ~ the tickets are selling like hot cakes; э́ту кни́гу покупа́ют, беру́т ~ this book is in great demand, there is a run on this book.

нараще́ние *с.* **1.** growth, increase, augmentation; **2.** *грам.* augment.

нара́щива|ние *с.* **1.** increase; ~ те́мпов произво́дства stepping up the rate of production; **2.** *мед.* grafting; **3.** *тех.* joint; ◇ ~ вое́нных сил accumulation of strength/forces; **~ть**, нарасти́ть (*вн.*) **1.** intensify, increase; **2.** graft; lengthen.

нарва́л *м. зоол.* narwhal.

нарва́ть I *сов. см.* нарыва́ть.

нарва́ть II *сов.* (*вн., рд.*) **1.** (*цветов, плодов и т. п.*) pick (a lot of) (*smth.*); **2.** (*разорвать на куски*) tear* up (*smth.*).

нарва́ться *сов. см.* нарыва́ться.

нард *м.* (*растение и ароматическое вещество*) nard, spikenard.

наре́зать *сов.* **1.** *см.* нареза́ть; **2.** (*вн., рд.; какое-л. количество*) cut* (a lot of) (*smth.*); ~ таре́лку ветчины́ cut* a plate of ham; **~ся** *разг.* get* drunk.

нареза́ть, наре́зать (*вн.*) **1.** cut* (*smth.*); (*хлеб*) slice (*smth.*); cut* (*smth.*) into slices; (*мясо за столом*) carve (*smth.*); **2.** (*винт*) thread (*smth.*); (*ствол оружия*) rifle (*smth.*); **3.** (*участки земли*) allot (*smth.*).

наре́з|ка *ж.* **1.** cutting (into pieces), slicing; **2.** *тех.* thread; rifling; **~но́й** *тех.* threaded, rifled; ~но́й ствол rifled barrel.

нарека́ни|е *с.* reproach, reproof; reprimand, censure; вы́звать ~я evoke unfavorable criticism.

нарека́ть, наре́чь (*вн. тв.*) *уст.* name; ма́льчика нарекли́ Петро́м they named the boy Pyotr; the boy was named Pyotr.

наречённ|ый **1.** betrothed; **2.** *в знач. сущ. м.* fiance; **~ая** *ж.* fiancee.

наре́чие I *с. лингв.* dialect.

наре́ч|ие II *с. грам.* adverb; **~ый** *грам.* adverbial.

наре́чь *сов. см.* нарека́ть.

нарза́н *м.* (*название минеральной воды*) Narzan; **~ный** Narzan *attr.*

нарисова́ть *сов. см.* рисова́ть.

нарица́тельн|ый: имя ~ое *грам.* common noun; ~ая сто́имость *эк.* nominal value, nominal cost; ~ая цена́ *эк.* nominal price, face value.

нарко́з *м.* **1.** *мед.* narcosis, anaesthesia; под ~ом under (an) anaesthetic; ме́стный ~ local anaesthetic; о́бщий ~ general anaesthetic; **2.** *разг.* (*средство*) anaesthetic, narcotic.

нарко́м *м. ист.* (*сокр. от* наро́дный комисса́р) people's commissar; **~а́т** *м. ист.* (*сокр. от* наро́дный комиссариа́т) people's commissariat.

наркома́н *м.* drug addict; **~ия** *ж.* drug addiction; **~ка** *ж.* drug addict.

наркотиз|а́ция *ж. мед.* narcotization; **~и́ровать** *несов. и сов.* (*вн.*) *мед.* narcotize (*smb.*), anesthetize (*smb.*).

нарко́т|ик *м.* (narcotic) drug; злоупотребле́ние ~иками drug abuse; **~и́ческий** narcotic; ~и́ческие сре́дства narcotics, drugs.

наро́д *м.* **1.** (*население государства*) the people; ру́сский ~ the Russian people; **2.** (*нация*) a people; все ~ы ми́ра all peoples/nations; **3.** *тк. ед.* (*основная, трудовая масса населения*) the people; ◇ просто́й ~ the common people; на ~е in public; челове́к из ~а a man of the people; *разг.* вы — ~ упря́мый you are a stubborn lot.

народи́ть *сов.* (*рд., вн.*) give* birth (to a number of); **~ся** *сов. см.* нарожда́ться.

наро́дни|к *м. ист.* narodnik, populist; **~ческий** narodnik *attr.*; **~чество** *с. ист.* narodnik movement, populism.

наро́дность *ж.* **1.** nationality; **2.** *тк. ед.* (*национальная, народная самобытность*) national character; national roots *pl.*; kinship with the people; ~ поэ́зии Пу́шкина the national character of Pushkin's poetry.

народнохозя́йственный national economic.

наро́дн|ый of the people *после сущ.*, people's; (*принадлежащий народу, стране тж.*) folk *attr.*; ~ые ма́ссы the people; ~ое хозя́йство national economy; ~ое достоя́ние property of the people; ~ое тво́рчество popular/folk art; ~ая пе́сня folk song; ~ суд People's Court;~заседа́тель assessor; ~ судья́ judge in People's Court; ~ арти́ст People's Artist; ~ое ополче́ние national volunteers; ~ университе́т культу́ры public lecture center; ◇ "Наро́дная во́ля" *ист.* "Narodnaya Volya" ("People's Will"); Наро́дный фронт Popular Front.

народове́дение *с.* ethnology.

народовла́стие *с.* democracy, sovereignty of the people.

народово́лец *м. ист.* member of the "Narodnaya Volya" ("People's Will").

народонаселе́ние *с.* population.

нарожда́ться, народи́ться **1.** *разг.* be* born; **2.** *перен.* come* into being, arise*.

наро́ст *м.* **1.** excrescence; **2.** (*опухоль*) growth.

нарочи́тый deliberate; (*показной*) affected.

наро́чно **1.** (*сознательно*) on purpose; (*специально*) purposely; **2.** *разг.* (*в шутку*) for fun; ◇ как ~ of course, it had to happen.

на́рочн|ый *м.* courier; с ~ым (by) special delivery.

на́рт|а *ж.*, ~ы *мн.* sledge; (*для езды на собаках*) dog-sledge.

наруби́ть *сов.* (*вн., рд.*) (*срубить в каком-л. количестве*) fell (a lot of) (*smth.*), cut* down (a lot of) (*smth.*); (*рубя, приготовить*) chop/cut* (a lot of) (*smth.*).

нару́жно *нареч.* outwardly; ~он споко́ен he is outwardly calm.

наружное *с. скл. как прил.* (*лекарство*) medicine for external use only; "not to be taken".

нару́жн|ость *ж.* **1.** appearance; looks *pl.*; прия́тной ~ости of pleasant appearance; ~ быва́ет обма́нчива appearances are deceptive; **2.** (*внешний вид чего-л.*) exterior; **~ый** **1.** exterior, external; (*обращённый наружу тж.*) outside; (*производимый снаружи*) from outside; **2.** (*показной*) outward; ~ое споко́йствие outward calm/composure; **3.** (*о лекарстве*) for external use only.

нару́жу out, outside; on the outside; *перен.* in(to) the open; вы́йти ~ come* out *перен.* come* to light, be* revealed; вы́вести ~ bring* to light;

◇ весь ~ completely open; всё ~ everything in the open.

нарука́вн|ики *мн.* (*ед.* нарука́вник *м.*) oversleeves; **~ый** worn on the sleeve*; ~ая повя́зка armband.

на́руку *разг.* ему́, ей *и т. д.* э́то ~ it serves his, her *etc.* purpose.

нарумя́нить *сов. см.* румя́нить 2; **~ся** *сов. см.* румя́ниться 2.

нару́чники *мн.* (*ед.* нару́чник *м.*) handcuffs, manacles.

наруш|а́ть, нару́шить (*вн.*) **1.** (*не соблюдать*) break* (*smth.*), violate (*smth.*); (*закон, договор и т. п. тж.*) infringe (*smth.*); ~ дисципли́ну violate discipline; ~ госуда́рственную грани́цу violate the state frontier; **2.** (*мешать, прерывать*) disturb (*smth.*); ~ тишину́ break*/disturb the stillness; **~е́ние** *с.* **1.** breach, violation; (*договора и т. п.*) infringement; неумы́шленное ~е́ние *юр.* unintentional infringement; ~е́ние контра́кта breach of contract; ~е́ние обяза́тельств default on obligation; ~е́ние поря́дка платеже́й violation of payment order; ~е́ние пра́ва infringement of a right; де́мередж за ~е́ние сро́ков погру́зки *торг.* demurrage for violation of scheduled delivery time; штраф за ~е́ние penalty for violation; ~е́ние сходи́мости *кино* misconvergence; ~е́ние обще́ственного поря́дка breach of the peace; ~е́ние грани́цы illegal crossing of the frontier, border violation; **2.** (*покоя*) disturbance; **~и́тель** *м.* offender; ~и́тель грани́цы frontier intruder/violator; ~и́тель обще́ственного поря́дка disturber of the peace.

нару́шить *сов. см.* наруша́ть.

нарци́сс *м. бот.* narcissus (*pl.* -ssi); жёлтый ~ daffodil.

на́ры *мн.* plank bed *sg.*

нары́в *м.* boil; (*внутренний*) abscess; gathering *разг.*

нарыв|а́ть, нарва́ть fester; gather *разг.*; у меня́ па́лец ~а́ет my finger is beginning to fester.

нарыва́ться, нарва́ться (на *вн.*) *разг.* run* (into).

наря́д I *м.* (*одежда*) attire, apparel; *мн.* clothes.

наря́д II *м.* **1.** (*документ*) order; (*на получение товаров*) warrant; заводско́й зака́з-~ factory order; ремо́нтный зака́з-~ repair order; ~ на отгру́зку shipping order; **2.** *воен.* (*задание*) duty; ~ вне о́череди extra duty; расписа́ние ~ов roster, duty detail; **3.** (*группа лиц*) (special-duty) squad; detail.

наряди́ть I, II *сов. см.* наряжа́ть I, II.

наряди́ться *сов. см.* наряжа́ться.

наря́дн|ый smart, well-dressed; (*празднично убранный*) gaily decorated, festive; ~ое пла́тье smart dress; ~ая де́вушка well-dressed girl.

наряду́: ~ с on a level with; (*на одинаковых правах*) together with; ~ со все́ми like everyone else; ◇ ~ с э́тим at the same time.

наряжа́ть I, наряди́ть (*вн.*; *одевать*) dress (*smb.*) up.

наряжа́ть II, наряди́ть (*вн.*) **1.** (*давать наряд*) assign (*smb.*); send* (*smb.*); **2.** (*назначать в наряд*) detail (*smb.*); ~ карау́л put* on guard; ~ сле́дствие set* up, order an inquiry.

наряжа́ться, наряди́ться dress up.

нас (*рд.*, *вн. от личн. мест.* мы) us; ~ дво́е (тро́е *и т. п.*) there are two (three *etc.*) of us.

насади́ть *сов.* (*вн.*) **1.** (*растения*) plant (*smth.*); **2.** (*плотно надеть что-л.*) fix (*smth.*); **3.** *см.* насажда́ть.

насажд|а́ть, насади́ть (*вн.*) (*распространять*) spread* (*smth.*); ~ нау́ку spread* knowledge; **~е́ние** *с.* **1.** (*растений*) planting; **2.** (*распространение*) spreading, propagation; **3.** *обыкн. мн.* (*посаженные деревья и т. п.*) plantations.

насви́стывать *несов.* **1.** pipe; **2.** (*о птицах*) pipe, twitter.

наседа́ть, насе́сть **1.** (*о пыли*) settle (on); **2.** (на *вн.*) *разг.* (*наваливаться*) fall* on (*smb.*); *перен.* (*требовать*) press (*smb.*); *сов. тж.* pounce on (*smb.*); **3.** *тк. несов.* (на *вн.*) *разг.* (*теснить*) press (*smb.*) hard.

насе́дка *ж.* broody (hen), sitting hen.

насеко́мое *с.* insect.

насекомоя́дный *зоол., бот.* insectivorous.

населе́ние *с.* population; inhabitants *pl.*

населённ|ость *ж.* density of population; **~ый** **1.** (*тв.*) populated (with); inhabited (by); **2.** (*имеющий много жителей*) populous; (*о квартире*) crowded; ◇ ~ый пункт populated area/locality.

насели́ть *сов. см.* населя́ть **1.**

насе́льни|к *м. уст.*, **~ица** *ж.* inhabitant.

населя́ть, насели́ть (*вн.*) **1.** (*заселять*) populate (*smth.*), put* people (into); ~ но́вый дом put* people/tenants into a new house; **2.** *тк. несов.* (*составлять население*) inhabit (*smth.*), populate (*smth.*).

насе́ст *м.* roost, perch; сиде́ть на ~е roost, perch.

насе́сть *сов. см.* наседа́ть 1, 2.

насе́чка *ж.* **1.** (*действие*) incising; **2.** (*украшение на металле*) inlay, damascene; **3.** *мед.* scarification.

наси́женн|ый: ~ое яйцо fertilized egg; *перен.* ~ое ме́сто comfortable perch, old haunt.

наси́л|ие *с.* violence; (*принуждение*) coercion; соверша́ть ~ *юр.* do* violence; ~ над ли́чностью personal violence; ~, приве́дшее к сме́рти deadly violence; ~ со стороны́ поли́ции police violence; группово́е ~ gang violence; неправоме́рное ~ unlawful violence; неспровоци́рованное ~ unchallenged violence; скло́нный к ~ию violence-prone; спровоци́рованное ~ *юр.* challenged violence; **~овать**, изнаси́ловать (*вн.*) **1.** (*женщину*) rape (*smb.*); **2.** *тк. несов.* (*принуждать*) coerce (*smb.*, *smth.*); ~овать чью-л. во́лю coerce *smb.*; ~овать себя́ force *oneself.*

наси́лу *разг.* only just, hardly; я ~ добра́лся (до) I thought I should never get (here, there, home *etc.*); ~ я вас дожда́лся I thought you would never come.

наси́ль|ник *м.* tyrant, oppressor; **~но** by force, against *one's* will; ~но мил не бу́дешь *погов.* love cannot be forced.

наси́льственн|ый forcible, violent; ◇ ~ая смерть death by violence, violent death; умере́ть ~ой сме́ртью come* to a violent end.

наска́кивать, наскочи́ть (на *вн.*) **1.** (*натыкаться*) run* into (*тж. перен.*); наскочи́ть на ми́ну strike* a mine; **2.** (*набрасываться, нападать*) pounce on (*smb.*); **3.** *разг.* (*накидываться с упрёками*) jump at (*smb.*), fly* at (*smb.*).

наска́льн|ый rock *attr.*; ~ые изображе́ния rock carvings.

насканда́лить *сов. см.* сканда́лить.

насквозь **1.** through; ~ прогни́вший *презр.* rotten to the core; **2.** (*через всё протяжение чего-л.*) from end to end; овра́г ~ простре́ливался проти́вником the whole ravine, from one end to the other, was exposed to enemy fire; **3.** *разг.* (*полностью*) completely, throughout; промо́кнуть ~ get* wet through; *перен.* ви́деть *кого-л.* ~ see* through *smb.*

наско́к *м.* **1.** swoop, sudden attack, descent; де́йствовать ~ом act on impulse; с ~а *разг.* with a swoop; **2.** *перен. разг.* attack.

наско́лько as far as; (*в вопросах, восклицаниях*) how much; ~ мне изве́стно as far as I know; ~ второ́е изда́ние лу́чше пе́рвого! how much better the second edition is than the first one!

на́скоро *разг.* hastily, hurriedly; (*о работе тж.*) in a slapdash manner; ~ пообе́дав... after a hurried dinner...

наскочи́ть *сов. см.* наска́кивать.

наскрести́ *сов.* (*вн.*; *прям. и перен.*) scrape (*smth.*) up/together, scratch (*smth.*) up/together.

наску́ч|ить *сов.* (*дт.*) tire (*smb.*), weary (*smb.*); мне э́то ~ило I am tired of it.

наслади́ться *сов. см.* наслажда́ться.

наслажд|а́ться, наслади́ться (*тв.*) enjoy (*smth.*), revel (in); **~е́ние** *с.* delight, pleasure, enjoyment.

насла́иваться, наслои́ться form layers; *перен.* accumulate, accrete.

насла́ть I *сов. см.* насыла́ть.

насла́ть II *сов.* (*рд.*, *вн.*) send* (*какое-то количество*).

насле́дие *с.* legacy, heritage; отцо́вское ~ patrimony; ~ про́шлого the heritage of the past.

наследи́ть *сов. см.* следить II.

насле́д|ник *м.* **1.** heir; legatee; зако́нный ~ *юр.* heir-at-law; ~ недви́жимости devisee; **2.** (*преемник*) successor; **~ница** *ж.* heiress; **~ный**: принц crown prince; **~ование** *с.* inheritance; пра́во ~ования *юр.* succession.

насле́довать *несов. и сов.* **1.** (*вн.*; *получать в наследство*) inherit (*smth.*); **2.** (*дт.*) be* heir (to), succeed (to).

насле́дственн|ость *ж.* heredity; **~ый** hereditary.

насле́дств|о *с.* **1.** inheritance; (*по завещанию*) legacy; лиши́ть *кого-л.* ~а disinherit *smb.*; получи́ть в ~, по ~у inherit; **2.** (*наследие*) legacy; ◇ культу́рное ~ cultural heritage.

насло|е́ние *с. геол.* stratification, layer; *перен.* accretion; **~и́ться** *сов. см.* насла́иваться.

наслу́шаться *сов.* (*рд.*) **1.** (*услышать много чего-л.*) hear* (a lot of) (*smth.*); **2.** (*вдоволь послушать*) hear* enough (of, *smth.*).

наслы́ш|аться *сов.* (о *пр.*) *разг.* hear* enough (about); **~ка**: по ~ке by hearsay.

насма́рку *разг.*: идти́ ~ come* to nothing.

на́смерть mortally; *перен.* to the last; разби́ться ~ be* killed (in a crash); have* a fatal accident; стоя́ть ~ make* *one's* last stand; испуга́ть ~ frighten to death.

насмеха́ться *несов.* (над *тв.*) mock (*smb.*, *smth.*), jeer (at), taunt (*smb.*), gibe at.

насмеши́ть *сов.* (*вн.*) make* (*smb.*) laugh.

насме́ш|ка *ж.* gibe, sneer, taunt; *мн. тж.* mockery *sg.*, derision *sg.*, в ~ку derisively; **~ливый** **1.** (*склонный к насмешкам*) sarcastic, sardonic; ~ливый челове́к sarcastic person; **2.** (*выражающий насмешку*) derisive, mocking; ~ливый тон derisive tone; **~ник** *м. разг.* scoffer, mocker.

на́сморк *м.* cold (in the head); схвати́ть ~ catch* a cold (in the head).

насмотре́ться *сов.* **1.** (на *вн.*) (*вдоволь посмотреть на*) gaze *one's* fill (upon), gaze long enough (at); **2.** (*рд.*, *увидеть много чего-л.*) see* (plenty of) (*smth.*).

насоба́читься *сов. разг.* (+ *инф.*) become* adept (at), become* a good hand (at).

насол|и́ть *сов.* **1.** (*вн.*, *рд.*) salt (a lot of) (*smth.*), pickle (a lot of) (*smth.*); ~ грибо́в на́ зиму pickle a good supply of mushrooms for the winter; **2.** (*вн.*) *разг.* (*сильно посолить*) oversalt (*smth.*); **3.** (*дт.*) *разг.* (*сделать неприятность*) make* trouble (for); он э́то сде́лал, что́бы ~ мне he did it to spite me; он мне поря́дком ~и́л he did me a lot of harm.

насори́ть *сов.* litter; ~ на́ пол litter the floor with rubbish.

насо́с I *м.* pump; **~ный** pump *attr.*

насо́с II *м.* (*опухоль на нёбе лошади*) lampas.

на́спех in a hurry, hastily, carelessly.

наспле́тничать *сов. см.* спле́тничать.

наст *м.* frozen snow, ice-encrusted snow.

настава́ть, наста́ть come*; наста́ла ночь night has fallen; вре́мя ещё не наста́ло the time has not yet come.

настави́тельный didactic; ~ тон didactic tone.

наста́вить I *сов.* **1.** *см.* наставля́ть I; **2.** (*вн.*, *рд.*; *поставить в большом количестве*) put* (a lot of) (*smth.*).

наста́вить II *сов. см.* наставля́ть II.

наставле́ние *с.* **1.** injunction; **2.** (*руководство, инструкция*) directions *pl.*; **3.** *воен.* manual.

наставля́ть I, наста́вить (*вн.*, *удлинять*) lengthen (*smth.*); ~ не́сколько сантиме́тров add a few centimeters.

наставля́ть II, наста́вить (*вн.; поучать*) admonish (*smb.*); ◇ ~ *кого-л.* на путь и́стинный set* *smb.* on the right way.

наста́вни|к *м.* teacher, instructor; tutor; кла́ссный ~ form master; **~ческий**: ~ческий тон edifying tone; **~чество** *с.* tutorship.

наста́ивать I, настоя́ть (на *пр.*) insist (on); настоя́ть на своём get* *one's* way.

наста́ивать II, настоя́ть (*вн.*; *приготавливать настой чего-л.*) make* an infusion (of).

наста́иваться, настоя́ться draw*; (*о чае*) brew.

наста́ть *сов. см.* настава́ть.

на́стежь wide open; окно́ бы́ло (откры́то) ~ the window was wide open.

настига́ть, насти́гнуть, насти́чь (*вн.*) overtake* (*smb.*), catch* up (with).

насти́гнуть *сов. см.* настига́ть.

насти́л *м.* flooring; (*из досок*) planking; (*палубный*) blanketing.

настила́ть, настла́ть (*вн.*, *рд.*) **1.** (*расстилать*) spread* (*smth.*); **2.** (*плотно укладывать*) lay* (*smth.*); ~ пол lay* a floor.

насти́лка *ж.*: ~ поло́в laying floors,

насти́чь *сов. см.* настига́ть.

настла́ть *сов. см.* настила́ть *и* стлать 2.

насто́й *м.* infusion; (*лекарственный*) extract.

насто́йка *ж.* **1.** (*спиртной напиток*) liqueur; **2.** (*раствор*) tincture.

насто́йчив|ость *ж.* perseverance, persistence; **~ый 1.** (*о человеке*) persevering, persistent, dogged; **2.** (*выражающий настойчивость*) insistent; ~ые про́сьбы insistent/pressing requests.

насто́лько so; не ~ умён, силён *и т. п.* not clever, strong, *etc.* enough; ~, наско́лько as much as.

насто́льн|ый 1. desk *attr.*; ~ая ла́мпа desk lamp; (*на ночном столике*) reading lamp; ~ те́ннис table tennis; **2.**: ~ая кни́га handbook; (*любимая*) favorite book, bedside book, desk companion.

насторáживать, насторожи́ть (*вн.*) put* (*smb.*) on his, her guard*; ~ у́ши prick up *one's* ears; **~ся**, насторожи́ться be* alerted.

насторо́же on the alert; быть ~ be* on the alert; be* on *one's* guard, be* on the qui vive.

насторожённый tense, watchful; ~ взгляд guarded look.

насторожи́ть(ся) *сов. см.* насторáживать(ся).

настоя́н|ие *с.* insistence; по ~ию *кого-л.* on *smb.'s* insistence; по ~ию врача́ on doctor's orders.

настоя́тель *м.* **1.** (*монастыря*) abbot, prior, superior; **2.** (*старший священник собора*) dean; (*церкви*) senior priest; **~ница** *ж.* prioress, mother superior.

настоя́тельн|ый 1. (*настойчивый*) insistent; (*упорный*) persistent; ~ое тре́бование pressing demand; **2.** (*насущный*) urgent, pressing; ~ая необходи́мость urgent necessity.

настоя́ть I, II *сов. см.* наста́ивать I, II.

настоя́ться *сов. см.* наста́иваться.

настоя́щ|ее *с.* the present; **~ий 1.** (*теперешний*) present; в ~ее вре́мя at present; (*в наши дни*) today; **2.** (*подлинный*) real, true; (*истинный тж.*) genuine; regular *разг.* ~ая цена́ fair price; (*натуральный*) real; ~ий ко́фе real coffee; ~ее зо́лото real gold; **3.** (*этот, данный*) the present; ~ая кни́га the present book, this book; **4.** *разг.* utter, complete, absolute; он ~ий дура́к he is an absolute fool; ◇ ~ее вре́мя *грам.* present (tense).

настрада́ться *сов.* suffer much, go* through much.

настра́ивать, настро́ить (*вн.*) **1.** (*музыкальный инструмент*) tune (*smth.*); *спорт.* ~ я́хту tune a yacht; **2.** (*налаживать станок и т. п.*) adjust (*smth.*); **3.** (*радиоприёмник*) tune in (*smth.*); **4.** (*в пользу кого-л.*) influence (*smb.*) in *smb.*'s favor; (*против кого-л.*) set* (*smb.*) against; **2.** (*приводить в какое-л. настроение*); ~ *кого-л.* на гру́стный лад put* *smb.* in a melancholy frame of mind; **~ся**, настро́иться **1.** (*испытывать какое-л. чувство по отношению к кому-л.*) feel* disposed; он сра́зу настро́ился про́тив воше́дшей he took an immediate dislike to the newcomer; **2.** (на *вн.*, + *инф.*; *намереваться*) be* just going (+ to *inf*), intend (+ to *inf*); get* into the mood (for).

на́стриг *с.-х.* **1.** shearing, clipping; **2.** clip; ~ ше́рсти wool clip.

на́строго *разг.* strictly.

настрое́ни|е *с.* mood; frame of mind; (*дух*) spirits *pl.*; у меня́ нет ~я игра́ть I am not in the mood for playing, I am in no mood to play; испо́ртить ~ *кому-л.* put* *smb.* out of humor; в дурно́м (хоро́шем) ~и in low (high) spirits; ◇ быть не в ~и be* in a bad mood, be* off form; челове́к ~я person/man* of moods, person of changeable disposition; ~ умо́в state of opinion, public mood.

настро́ить I *сов.* (*вн.*, *рд.*) build* (a lot of) (*smth.*).

настро́ить II *сов. см.* настра́ивать; **~ся** *сов. см.* настра́иваться.

настро́й|ка *ж.* **1.** (*музыкального инструмента*) tuning; **2.** (*радиоприёмника*) tuning (in); **3.** ~ ка́меры *кино* camera alignment; **4.** (*станка*) tooling; **~щик** *м.* **1.** (*роялей*) piano-tuner; **2.** (*станков*) adjuster.

настропали́ть *сов. разг.* incite (*smb.*), set* on (*smb.*).

настрочи́ть *сов. см.* строчи́ть 2.

наступа́тельн|ый offensive; ~ бой offensive; ~ая война́ war of offence; ~ая поли́тика vigorous/active policy.

наступа́ть I, наступи́ть **1.** (на *вн.*; *ногой*) tread* (on); ~ на́ ногу *кому-л.* step on *smb.'s* foot; **2.** *тк. несов. воен.* advance, attack; undertake*/launch an offensive (*тж. перен.*); **3.** *тк. несов.* (на *вн.*; *подступать с просьбами и т. п.*) pester (*smb.*), nag (*smb.*); **4.** *тк. несов.* (на *вн.*; *вплотную подходить к чему-л.*) begin* to encroach (on); ◇ медве́дь ему́ на́ ухо наступи́л he has absolutely no ear for music; ~ на пусты́ню launch an offensive against the desert.

наступа́ть II, наступи́ть (*начинаться, наставать*) come*, set* in; (*о вечере, тишине*) fall*; наступи́ло ле́то summer has come.

наступи́ть I *сов. см.* наступа́ть I 1.

наступи́ть II *сов. см.* наступа́ть II.

наступле́ние I *с. воен.* offensive, advance, attack; перейти́ в ~ assume the offensive; стреми́тельное ~ violent offensive.

наступле́ни|е II *с.* (*начало*) coming; (*приближение*) approach; с ~ем но́чи when night came; с ~ем темноты́ with the coming of darkness; до ~я зимы́ before winter sets in.

насту́рция *ж. бот.* nasturtium.

насу́пить *сов.*: ~ бро́ви frown, knit* *one's* brows; **~ся** *сов.* **1.** (*принять суровый вид*) scowl; **2.** (*сдвинуться — о бровях*) draw* together, contract, knit*.

на́сухо dry; вы́тереть *что-л.* ~ wipe *smth.* dry.

насуши́ть *сов.* (*вн.*, *рд.*) dry (a lot of) (*smth.*).

насу́щн|ый vital, essential; ~ вопро́с question of vital importance, vital issue; ~ые потре́бности vital/essential needs; ◇ хлеб ~ daily bread (*тж. перен.*).

насчёт *разг.* about, as regards; concerning; ~ э́того on that score.

насчита́ть *сов. см.* насчи́тывать I.

насчи́тыв|ать, насчита́ть (*вн.*) **1.** count (*smth.*); ско́лько страни́ц вы насчита́ли? how many pages do you make it?; **2.** *тк. несов.* (*содержать*) number (*smth.*); го́род ~ает три́дцать ты́сяч жи́телей the town has thirty thousand inhabitants; **~аться** *несов.* number; в на́шем селе́ ~ается не бо́лее двухсо́т жи́телей the population of our village numbers no more than two hundred.

насыла́ть, насла́ть (*вн.*, *рд. о бедствиях и т. п.*) send* (*smth.*), inflict (*smth.*).

насы́пать *сов. см.* насыпа́ть.

насыпа́ть, насы́пать **1.** (*вн.*; *наполнять*) fill (*smth.*); насы́пать мешо́к ро́жью fill a sack with rye; **2.** (*вн.*, *рд.*; *всыпать в каком-л. количестве*) pour (*smth.*); насы́пать мешо́к муки́ pour a sackful of flour; **3.** (*вн.*, *рд.*; *набросать*) strew* (a lot of) (*smth.*); **4.** (*вн.*; *возводить*) make* (*smth.*), erect (*smth.*); ~ плоти́ну make* a dam.

насыпно́й poured; piled (up); ~ холм artificial mound.

на́сыпь *ж.* embankment.

насы́тить(ся) *сов. см.* насыща́ть(ся).

насыщ|а́ть, насы́тить (*вн.*) **1.** (*пищей*) fill (*smb.*); satiate (*smb.*, *smth.*) (*тж. перен.*); **2.** *хим.* saturate (*smth.*); **~а́ться**, насы́титься **1.** (*пищей*) have* had enough, be* satisfied; **2.** *хим.* saturate; **~е́ние** *с.* **1.** (*едой*) satiation, satiety; **2.** *хим.* saturation; **3.** *торг.* ~е́ние спро́са demand saturation.

насы́щенн|ость *ж.* **1.** saturation; **2.** *перен.* richness; **~ый** **1.** *хим.* saturated; **3.** *перен.* meaningful, concentrated.

ната́лкивать, натолкну́ть (*вн.* на *вн.*) incite (*smb.* to); натолкну́ть *кого-л.* на мысль give* *smb.* the idea, suggest the idea to *smb.*; **~ся**, натолкну́ться (на *вн.*) **1.** knock (against), run* (into); strike* (*smth.*); *перен.* come* up (against); ~ся на неожи́данное сопротивле́ние meet* with unexpected resistance; **2.** (*неожиданно находить, обнаруживать*) come* arcoss (*smb.*, *smth.*).

натаска́ть I *сов.* (*вн.*, *рд.*) fetch/bring* (a lot of) (*smth.*).

натаска́ть II *сов. см.* ната́скивать.

ната́скивать, натаска́ть (*вн.*) (*собаку*) train; *перен. разг.* (*человека*) coach; ~ к экза́мену coach for an examination.

натвор|и́ть *сов.* (*вн.*, *рд.*) *разг.* do* (*smth.*), be* up to (*smth.*); что вы ~и́ли! look what you've done!; ~ глу́постей get* up to every sort of stupid tricks.

на́те *разг.* here you are! there! take it!

нате́льн|ый worn next to the skin; ~ое бельё body linen, underclothes.

натере́ть *сов.* **1.** *см.* натира́ть; **2.** (*вн.*, *рд.*; *измельчить*) grate (*smth.*); ~ морко́вь grate some carrots.

натерпе́ться *сов.* (*рд.*) *разг.* have* suffered a great deal (of); ~ стра́ху have* a terrible fright.

натира́ть, натере́ть (*вн.*) **1.** rub (*smth.*); ~ грудь скипида́ром rub *one's* chest with turpentine; **2.** (*раздражать, повреждать*) rub (*smth.*) sore, make* (*smth.*) sore; натере́ть себе́ мозо́ль get* a corn; хому́т натёр ше́ю ло́шади the horse's neck has been galled by the collar; **3.** (*начищать*) polish (*smth.*), wax (*smth.*).

на́тиск *м.* onslaught, onset.

наткну́ться *сов. см.* натыка́ться.

натолкну́ть(ся) *сов. см.* ната́лкивать(ся).

натоло́чь *сов.* (*вн.*, *рд.*) crush (a lot of) (*smth.*), pound (a lot of) (*smth.*), powder (a lot of) (*smth.*).

натопи́ть *сов.* (*вн.*) heat (*smth.*) (well, thoroughly).

натопта́ть *сов. разг.* (*наследить*) leave* footmarks.

наточи́ть *сов. см.* точи́ть 1.

натоща́к on an empty stomach.

натр *хим.* natron; е́дкий ~ caustic soda.

натрави́ть *сов. см.* натра́вливать.

натра́вливать, натрави́ть (*вн.* на *вн.*) set* (*smth.* on); *перен.* set* (*smb.* against).

натренирова́ть(ся) *сов. см.* тренирова́ть(ся).

на́трий *м. хим.* sodium, natrium; углеки́слый ~ sodium carbonate; хло́ристый ~ sodium chloride.

на́трое in three.

нату́га *ж.* effort, strain.

на́туго tightly; ту́го-~ very tightly.

нату́жный strained; forced.

нату́р|а *ж.* **1.** (*характер*) disposition, nature; он по ~е до́брый челове́к he is a kind man* by nature; **2.** *иск.* real life; рисова́ть с ~ы paint/draw* from life; **3.** (*натурщик*) (artist's) model; **4.** *кино* location; на ~е on location; **5.**: плати́ть ~ой pay* in kind; ◇ привы́чка - втора́я ~ habit is second nature.

натурал|иза́ция *ж. юр.* naturalization; индивидуа́льная ~ individual naturalization; коллекти́вная ~ collective naturalization; непосре́дственная ~ direct naturalization; произво́дная ~ derivative naturalization; упрощённая ~ privileged naturalization; **~и́зм** *м.* naturalism; **~изо́ванный**: ~изо́ванный иностра́нец denizen; **~изова́ть(ся)** (*вн.*) *несов. и сов.* naturalize; **~и́ст** *м.* **1.** (*естествоиспытатель*) naturalist; ю́ный ~и́ст young naturalist; **2.** (*последователь натурализма*) exponent of naturalism; **~исти́ческий** naturalistic.

натура́льн|ый **1.** (*настоящий*) real; ~ шёлк real silk; ~ мёд pure honey; **2.** (*соответствующий действительности*) natural, true; ~ цвет natural color; в ~ую величину́ life-size *attr.*; **3.** (*естественный, искренний*) natural; **4.** (*оплачиваемый натурой*) in kind *после сущ.*; ~ нало́г tax in kind; ◇ ~ое хозя́йство subsistence economy; ~ обме́н barter.

нату́рн|ый: ~ая кинодекора́ция *кино* exterior set; ~ая сце́на outdoor scene; ~ое освеще́ние outdoor lighting; ~ый кинофи́льм nature film; ~ый фон outdoor background; вы́ехать на ~ые съёмки *кино* go* on location.

натуропла́та *ж.* payment in kind.

нату́рщ|ик *м.*, **~ица** *ж.* (artist's) model.

натыка́ться, наткну́ться (на *вн.*) **1.** run* (into); наткну́ться на гвоздь catch* *oneself* on a nail; наткну́ться на заса́ду run* into an ambush; **2.** *разг.* (*неожиданно найти, встретить*) come* across (*smb.*, *smth.*).

натюрмо́рт *м.* still life.

натя́гивать, натяну́ть **1.** (*вн.*) tighten (*smth.*); tauten (*smth.*); (*прикреплять*) put* (*smth.*) on/up; ~ верёвку для белья́ put* up a clothesline; ~ но́вую струну́ на скри́пке put* a new string on a violin; натяну́ть во́жжи tighten/pull the reins; ~ холст на ра́мку stretch a canvas on a frame; **2.** (*вн.* на *вн.*) pull (*smth.* over), draw* (*smth.* over); ~ на себя́ одея́ло pull up the bedclothes; **3.** (*вн.*; *надевать*) pull on (*smth.*); ~ чулки́, сапоги́ pull* on *one's* stockings, boots; **~ся**, натяну́ться tighten, tauten.

натя́жк|а *ж.* irregularity; (*в толковании*) strained interpretation; э́то ~! that would be to stretch a point!; с ~ой by stretching a point, at a pinch.

натя́нут|ость *ж.* tension, tensity; *перен.* stiffness; **~ый** tight; *перен.* strained; ~ая улы́бка forced/strained smile; ~ые отноше́ния strained relations; ~ое сравне́ние farfetched simile.

натяну́ть(ся) *сов. см.* натя́гивать(ся).

науга́д at random; идти́ ~ go* at random; сде́лать *что-л.* ~ do* *smth.* by guesswork.

наудалу́ю *разг.* at a venture.

науда́чу on the off chance.

нау́к|а *ж.* **1.** science; гуманита́рные ~и scholarship *sg.*, humanities; обще́ственные ~и social studies; прикладны́е ~и applied sciences; то́чные ~и exact sciences; лю́ди ~и scholars; **2.** (*как профессия*) study, learning; посвяти́ть себя́ ~е devote *oneself* to study/learning; **3.** (*навыки, знания*) knowledge; **4.** (*нечто поучительное*) lesson; э́то вам ~! let that be a lesson to you!

наукообра́зный scientific-looking.

"НАУ" счета́ *мн. фин.* "NOW" accounts.

нау́ськать *сов. см.* нау́ськивать.

нау́ськивать, нау́ськать (*вн.*) *разг.* set* (*smth.*) on; *перен.* egg (*smb.*) on.

наутёк *разг.* in flight, on the run; пусти́ться ~ take* to *one's* heels.

нау́тро the next morning.

научи́ть *сов.* **1.** (*вн. дт.*, *вн.* + *инф.*) teach* (*smb.*, *smth.*), teach* (*smb.* + to *inf*); **2.** (*вн.*) *разг.* (*подговорить сделать что-л.*) put* (*smb.*) up to it, give* (*smb.*) the hint; **3.** (*вн.*; *убедить в чём-л.*) teach* (*smb.*); **~ся** *сов.* (*дт.* + *инф.*) learn* (+ to *inf*).

нау́чно-иссле́довательск|ий (scientific) research; ~ институ́т research institute; ~ая рабо́та research work; занима́ться ~ой рабо́той be* engaged in research.

нау́чно-популя́рн|ый popular science *attr.*; ~ая литерату́ра popular-science literature; ~ые фи́льмы popular-science films.

нау́чно-техни́ческ|ий scientific and technical; ~ая литерату́ра scientific and technical literature; ~ая интеллиге́нция scientists and engineers; ~ая револю́ция scientific and technological revolution.

нау́чно-фантасти́ческий science fiction *attr.*; ~ рома́н science-fiction novel.

нау́чн|ый scientific; ~ая рабо́та scientific work; ~ая кинемато́графия scientific cinematoghraphy; ~ ме́тод scientific method; ~ рабо́тник scientific/research worker, scientist; ~ труд scientific work; (*в области литературы и т. п.*) work of scholarship, study; ~ое обоснова́ние scientific basis/substantiation; ~ые учрежде́ния scientific institutions.

нау́шник I *м. разг. пренебр.* (*доносчик*) telltale, informer, whisperer.

нау́шник II *м.* **1.** earflap, earmuff; **2.** earphone, head-phone; *жарг.* can, headset.

нау́шничать (*кому-л.* на *вн.*) tell* tales (to *smb.* about).

нафтали́н *м.* naphthalene; (*в шариках*) mothballs *pl.*; **~овый**: ~ый ша́рик camphor ball, mothball.

наха́л *м.* impudent/insolent fellow; **~ка** *ж.* impudent woman*.

наха́льничать *разг.* be* impudent/be* insolent.

наха́ль|ный impudent, impertinent, insolent; ~ челове́к impudent person; ~ посту́пок impertinent action; ~ вид impudent appearance; **~ство** *с.* impudence, impertinence, insolence; cheek *разг.*

нахами́ть speak* offensively.

нахва́ливать, нахвали́ть (*вн.*) extol.

нахвали́ть *сов. см.* нахва́ливать.

нахи́мов|ец *м.* pupil of the Nakhimov Naval College; **~ский**: ~ское учи́лище Nakhimov Naval College.

нахле́бник *м.* hanger-on (*pl.* hangers-), sponger.

нахлеста́ться *разг.* get* sloshed.

нахлобу́чивать, нахлобу́чить (*вн.*) *разг.* cram (*smth.*) on; нахлобу́чить ша́пку pull *one's* cap over *one's* ehes.

нахлобу́чить *сов. см.* нахлобу́чивать.

нахлобу́чка *ж. разг. см.* нагоня́й.

нахлы́н|уть *сов.* surge; *перен. тж.* assail; к нему́ ~ула молодёжь he was assailed on all sides by young people; на него́ ~ули воспомина́ния memories of his past life came surging into his mind; слёзы ~ули на глаза́ tears welled (in my, her *etc.*, eyes).

нахму́ренн|ый **1.** frowning; ~ое лицо́ gloomy face; **2.** (*суровый*) grim.

нахму́рить(ся) *сов. см.* хму́рить(ся).

нахо|ди́ть I, найти́ (*вн.*) **1.** find* (*smb.*, *smth.*); (*обнаруживать тж.*) discover (*smb.*, *smth.*); ~ примене́ние find* application, be* used; я не ~жу́ слов, что́бы... I can find no words to...; **2.** (*полагать, считать, что*) find* (*smth.*, that), consider (*smth.*, that); его́ нахо́дят глу́пым he is considered stupid; ◇ найти́ свою́ смерть meet* *one's* end/death.

находи́ть II, найти́ (на *вн.*) **1.** (*надвигаться*) cover (*smth.*); нахо́дят ту́чи heavy clouds are gathering; **2.** *разг.* (*овладевать*) overcome* (*smb.*); на меня́ нахо́дит тоска́ I am overcome by melancholy/depression.

находи́ться I, найти́сь **1.** (*обнаруживать в результате поисков*) be* found/discovered, turn up; **2.** (*оказываться налицо*) be*, be* found; не найдётся ли у вас..? do you happen to have..?; у вас, наве́рное, найдётся... you probably have...; **3.** *тк. несов.* (*быть*) be*; он нахо́дится сейча́с в Москве́ he is now in Moscow.

находи́ться II *сов.* (*много ходить*) do* a lot of walking, walk a long way.

нахо́дка *ж.* **1.** a find; **2.** (*о ком-л. о чём-л. удачно найденном*) discovery, a (happy) find.

нахо́дчив|ость *ж.* ingenuity, resourcefulness; **~ый** ingenious, resourceful; ~ый челове́к resourceful person; быть ~ым be* ready-witted; ~ый отве́т resourceful answer, smart reply.

нахра́пом *разг.* unceremoniously, insolently, with a high hand.

на́цело *разг.* entirely, without remainder.

наце́нка *ж. торг.* extra charge, margin, addition; ро́зничная ~ mark up; страхова́я ~ insurance margin; това́рная ~ increase of a price; торго́вая ~ marketing margin; тра́нспортная ~ *торг.* transportation margin.

нацепи́ть *сов. см.* нацепля́ть.

нацепля́ть, нацепи́ть (*вн.*) **1.** fasten (*smth.*); **2.** *разг.* (*надевать что-л., приколов, пристегнув*) pin (*smth.*) on; stick* (*smth.*) on.

наци́|зм *м.* nazism; **~ст** *м.* nazi; **~стский** nazi *attr.*

национализ|а́ция *ж.* nationalization; **~и́ровать** *несов. и сов.* (*вн.*) nationalize (*smth.*).

национал|и́зм *м.* nationalism; **~и́ст** *м.* nationalist; **~исти́ческий** nationalistic; **~и́стка** *ж. см.* национали́ст.

национа́льно-освободи́тельн|ый national-liberation *attr.*; ~ое движе́ние national-liberation movement, movement for national liberation.

национа́льност|ь *ж.* nationality; како́й он ~и? what's his nationality?; он ру́сский по ~и he is of Russian nationality.

национа́льн|ый **1.** national; ~ вопро́с the problem of nationalities; ~ое движе́ние national movement; ~ая культу́ра national culture; ~ о́круг national area; **2.** (*государственный*) national; State *attr.*; ~ суверените́т national sovereignty; ~ гимн national anthem; ~ дохо́д *эк.* national income; ~ банк national bank; ~ая де́нежная систе́ма *эк.* national monetary system; ~ые нормати́вы *юр., торг.* national regulations; ◇ ~ое меньшинство́ national minority.

на́ция *ж.* nation.

нацме́н *разг. м.*, **~ка** *ж.* member of a national minority.

начади́ть *сов. см.* чади́ть.

нача́л|о *с.* **1.** beginning; outset, start; положи́ть ~ *чему-л.* mark the beginning of *smth.*; ~ карти́ны *кино* picture head; ~ киносъёмки strike* up, start filming; ~ конце́рта в 8 часо́в the concert begins at eight o'clock; с са́мого ~а right from the start/outset; в ~е сороковы́х *и т. п.* годо́в in the early forties *etc.*; **2.** (*источник*) origin, source; река́ берёт ~ в... the river rises in...; **3.** (*основа чего-л.*) source, element; организу́ющее ~ organizing element; **4.** *мн.* (*принципы*) principles; **5.** *мн.* (*способы, методы*) lines; basis *sg.*; ◇ под ~ом у *кого-л.* under *smb.*'s authority; отдава́ть под ~ put* under, place in charge (of); лиха́ беда́ ~ ≅ the first step is the hardest; до́брое ~ полде́ла откача́ло *погов.* ≅ a good beginning is half the battle.

нача́льни|к *м.* chief, head; **~ца** *ж.* chief, head; *воен.* commander; ~ отде́ла head of a department; ~ свя́зи *воен.* chief signal officer; ~ ста́нции stationmaster; ~ це́ха shop superintendent; **~ческий** overbearing, imperious.

нача́льн|ый **1.** (*находящийся в начале чего-л.*) first, initial; ~ кадр *кино* starting frame; ~ раккóрд head leader; **2.** (*первоначальный*) primary, elementary; ~ая шко́ла elementary/primary school; ~ая цена́ *торг.* starting price; ~ые затра́ты *торг.* initial cost; ~ое образова́ние primary education.

нача́льственный authoritative, dictatorial; ~ тон peremptory tone.

нача́льство *с.* **1.** *собир.* (*начальники*) the authorities *pl.*; **2.** *разг.* (*начальник*) chief; **3.** (*власть начальника*) command, authority.

нача́льствующ|ий: ~ие ли́ца commanders, people in charge/authority.

нача́тки *мн.* rudiments, elements.

нача́ть *сов. см.* начина́ть; **~ся** *сов. см.* начина́ться 1.

начеку́ on the alert, on the lookout.

на́черно roughly; написа́ть *что-л.* ~ make* a rough draft/copy of *smth.*

начерта́|ние *с.* outline; (*внешняя форма*) outward shape; **~те́льный**: ~те́льная геоме́трия descriptive geometry.

начерти́ть *сов.* **1.** *см.* черти́ть; **2.** (*вн.*, *рд.*, *какое-л. количество*) draw* (a lot of) (*smth.*).

наче́сть *сов. см.* начи́тывать.

начёс *м.* (*причёска*) back-combing; **2.** *текст.* nap.

начёт *м. бухг.* recovery of unauthorized expenditure; recovery of deficit in account; сде́лать ~ на *кого-л. бухг.* recover unauthorized expenditure from someone.

начётничество *с.* dogmatism, based on uncritical, mechanical reading; **~чик** *м.* assiduous reader of the Bible; *перен.* uncritical reader, dogmatist.

начина́ние *с.* undertaking, project, initative.

начина́тельный: ~ глаго́л inchoative/inceptive verb.

начина́ть, нача́ть **1.** (*вн.* + *инф*) begin* (*smth.* + to *inf*, + -ing), start (*smth.*, + to inf, + -ing), commence (+ -ing); ~ рабо́ту begin* work, begin* to work, begin* working; ~ ле́кцию begin* *one's* lecture; ~ кампа́нию open/start/launch a campaign; ~ но́вую жизнь make* a fresh start; turn over a new leaf*; ~ всё снача́ла begin*/do* *smth.* all over again; **2.** (*вн.*, *тв.*, с *рд.*) begin* (with), start (with); нача́ть с того́, что... in the first place..., to begin with...; **~ся**, нача́ться **1.** begin*, start; (*тв.*, с *рд.*) begin* (with), start (with); ле́кция начала́сь в 9 часо́в the lecture began at nine; **2.** *тк. несов.* begin*; река́ начина́ется в боло́тах the river rises in the marshes.

начина́ющий *прил.* **1.** beginner *attr.*; ~ писа́тель beginner writer; **2.** *в знач. сущ. м.* beginner.

начиная́: ~ с (beginning) from; ~ с сего́дняшнего дня from today, from this day forth.

начини́ть *сов. см.* начиня́ть.

начи́нк|а *ж.* stuffing; (*сладкая*) filling; пиро́г с мясно́й ~ой meat pie.

начиня́ть, начини́ть (*вн.*) stuff (*smth.*), fill (*smth.*).

начисле́ни|е *с.* **1.** (*действие*) charging extra; **2.** (*начисляемое*) extra charge; ~я на зарпла́ту charges on payroll; ~ проце́нтов calculation of interest.

начи́слить *сов. см.* начисля́ть.

начисля́ть, начи́слить (*вн.*) *бухг.* **1.** (*проценты и т. п.*) add (*smth.*); **2.**: начи́слить трудодни́ *кому-л.* credit *smb.* with workday units.

на́чисто **1.** clean, cleanly; переписа́ть *что-л.* ~ make* a clean/fair copy of *smth.*; **2.** *разг.* (*полностью*) completely; огра́бить *кого-л.* ~ clean *smb.* out.

начистоту́ frankly, openly; without equivocation; поговори́ть ~ speak* *one's* mind.

начи́танн|ость *ж.* erudition; **~ый** well-read; он челове́к ~ый he is well-read, he is a man* of some erudition.

начита́ться *сов.* read* enough; ~ рома́нов have* *one's* head full of novels.

начи́тывать, наче́сть (*вн.*) *бухг.* charge extra.

наш *притяж. мест.* **1.** (*перед сущ.*) our; (*без сущ.*) ours; э́то на́ша полови́на that's our half; это на́ше! that's ours!; э́та полови́на на́ша that half is ours; по на́шему мне́нию in our opinion; **2.** *в знач. сущ. с. разг.* what is ours; 3. *в знач. сущ. мн.* на́ши ещё не прие́хали our people/lot, haven't come yet; ◇ на́ша взяла́! our side won!; он и на́шим и ва́шим he runs with the hare and hunts with the hounds; знай на́ших! *разг.* that's the sort we are! we'll show you! на́ше вам! *разг.* hello there!; на́ше де́ло that's our business; не на́ше де́ло that's none of our business, that's nothing to do with us.

нашаты́рный: ~ спирт (liquid) ammonia.

нашаты́рь *м.* sal ammoniac.

нашепта́ть *сов. см.* нашёптывать.

нашёптывать, нашепта́ть (*вн.*, *рд.*) whisper *smth.* in *smb.'s* ear.

наше́ствие *с.* invasion.

нашива́ть, наши́ть (*вн.*) sew* on (*smth.*).

наши́вка *ж.* badge; (*полоса*) stripe, chevron, tab.

нашивно́й sewed (sewn) on.

наши́ть *сов.* **1.** *см.* нашива́ть; **2.** (*вн.*, *рд.*; *сшить в каком-л. количестве*) get* (a lot of) (*smth.*) made; ~ себе́ мно́го пла́тьев get* a lot of dresses made.

нашлёпать *сов.* (*вн.*) *разг.* spank (*smb.*), give* a spanking.

нашпи́ливать, нашпи́лить (*вн.* на *вн.*) pin on (*smth.*).

нашпи́лить *сов. см.* нашпи́ливать.

нашуме́вш|ий sensational, much talked-of; ~ее де́ло much talked-of case; ~ая исто́рия notorious affair, affair that caused a great stir.

нашуме́ть *сов.* **1.** (*произвести шум*) make* a noise; **2.** (*вызывать много толков*) make* a sensation, cause a stir.

нащёлкать *сов.* **1.** (*вн.*, *рд.*, *орехов и т. п.*) crack (some nuts); **2.** (*вн.*) *разг.* (*дать щелчков*) fillip.

нащу́п|ать *сов.* (*вн.*) **1.** (*отыскать ощупью*) grope (for) and find (*smth.*); он ~ал ка́мень his groping hand touched a stone; **2.** (*обнаружить в результате поисков*) find* (*smth.*) sniff out (*smth.*); ◇ ~ по́чву judge the lie of the land;

наэлектризова́ть *сов.* (*вн.; прям. и перен.*) electrify (*smb., smth.*); ~ зри́телей electrify the audience; **~ся** *сов.* (*прям. и перен.*) be* electrified.

ная́бедничать *сов. см.* я́бедничать.

наяву́ when awake; это сон ~ it is like a dream; ви́деть не во сне, а ~ see* with *one's* own eyes; actually see*; гре́зить ~ daydream.

ная́да *ж. миф.* naiad.

наяривать *несов. разг.* bash out (a tune, *etc.*).

не I *частица* **1.** (*сообщает слову значение полного отрицания*) not; (*при сравнит. ст.*) no, not... any; (*при именном сказ.*) no; (*при деепричастии*) without (+ -ing); он не зна́ет he does not know; he doesn't know *разг.*; он не пойдёт he will not go; he won't go *разг.*; мы не придём we shall not come; we shan't come *разг.*; ра́зве вы не зна́ете? do you not know?; don't you know? *разг.*; ей не ху́же she is no worse, she is not any worse; нам от э́того не ле́гче that doesn't make it any easier for us; он не ге́ний he is no genius; не долете́в до це́ли without reaching the target; он ничего́ не сказа́л he said nothing, he did not say anything; ~ в ка́дре *кино* out of frame; ~ в фа́зе out of phase; ~ в фо́кусе out of focus; ~ в це́нтре *кино* out of center; **2.** (*придаёт значение неполного отрицания*) (*в положении между повторяющимися сущ.*) perhaps not (*опускается первое сущ.*); (*между повторяющимися гл.*) whether... or not; сча́стье не сча́стье, а что́-то о́чень похо́жее perhaps not happiness, but something very much like it; хо́чешь не хо́чешь, а придётся сде́лать whether you like it or not, you'll have to do it; **3.** (+ *инф.*; *в значении невозможности*) will never; ему́ э́того не сде́лать he'll never (be able to) do it; ему́ не уйти́ he won't escape; его́ не узна́ть you would never know him; **4.** (*придаёт выражению утвердительное значение*) *обыкн. не переводится*; каки́е тут цветы́ не расту́т! there are so many flowers growing here!; как не ра́доваться! how can one help being pleased!, one cannot help being pleased!; кто не лю́бит пое́сть! everyone likes a good meal!, who doesn't enjoy a good meal!; **5.** (*с предлогом* без *придаёт значение ограниченного утверждения*) not; *часто передаётся утвердительным оборотом*; не без тру́дностей not without difficulty, with some difficulty; не без сожале́ния not without regret, with some regret.

не II *в сочетании с предлогами является отделяемой частью местоимений* не́кого, не́чего; не́ с кем поговори́ть there is nobody to talk to; вы́брать бы́ло не́ из чего there was nothing to choose from, there was no choice.

неаккура́т|ность *ж.* **1.** (*неточность*) unpunctuality; **2.** (*небрежность*) carelessness; **3.** (*неопрятность*) untidiness; **~ый 1.** (*неточный*) unpunctual; **2.** (*небрежный*) careless; **3.** (*неопрятный*) untidy.

неандерта́|лец Neanderthal man*; **~льский** Neanderthal.

неантагонисти́ческий non-antagonistic.

неаполита́н|ец *м.*; **~ка** *ж.*; **~ский** Neapolitan.

неаппети́тный unappetizing.

небезопа́сный rather dangerous.

небезоснова́тельный not entirely unfounded; not without foundation/ground *после сущ.*

небезразли́чный not indifferent, rather interested.

небезрезульта́тный not entirely fruitless; not without result *после сущ.*

небезупре́чный not entirely blameless.

небезуспе́шный not unsuccessful.

небезызве́стн|о: ~, что... it is no secret that...; вам, вероя́тно, ~, что... you are probably aware that..., your can scarcely be unaware that...; **~ый** well-known.

небезынтере́сный rather interesting.

небелён|ый unbleached; *текст.* ~ое полотно́ brown Holland.

небеса́ *мн. см.* не́бо.

небескоры́стный not disinterested.

небе́сн|ый celestial, heavenly; ~ая сфе́ра celestial sphere; ~ свод firmament, sky; heavens *pl.*; ~ая меха́ника celestial mechanics; ~ые свети́ла heavenly bodies; Ца́рство ~ое Kingdom of Heaven; ◇ ~ цвет sky-blue (color).

небесполе́зный rather useful; of some use *после сущ.*

неблагови́дный unseemly.

неблагода́рн|ость *ж.* ingratitude; **~ый** ungrateful; *перен.* thankless; unrewarding; ~ый труд thankless task.

неблагозву́ч|ие *с.* disharmony, discordance; **~ный** inharmonious, disharmonious, discordant; ~ный акко́рд tuneless chord.

неблагонадёжный *уст.* **1.** (*ненадёжный*) unreliable, untrustworthy; **2.** (*политически*) suspect, politically unreliable.

неблагополу́чие *с.* troubles *pl.*

неблагополу́чн|о 1. *нареч.* badly; дела́ обстоя́т ~ the affairs are in a bad way; **2.** *в знач. сказ. безл.*: у нас ~ things are not well with us; **~ый** unhappy, unfortunate, unlucky; ~ый год unfortunate year; де́ло име́ло ~ый исхо́д the affair had a bad ending.

неблагоприя́тн|ый unfavorable; ~ая пого́да unfavorable weather; ~ отве́т unfavorable reply; ~ые усло́вия освеще́ния *кино* adverse lighting conditions.

неблагоразу́м|ие *с.* imprudence; **~ый** imprudent, unwise.

неблагоро́дн|ый ignoble, base; ~ посту́пок ignoble action; ◇ ~ые мета́ллы base metals.

неблагоустро́енный ill-provided; lacking amenities *после сущ.*; without modern conveniences *после сущ.*

не́б|о *с.* the sky; (*небеса*) the heavens *pl.*; на ~е in the sky; ◇ попа́сть па́льцем в ~ ≅ get* the wrong sow by the ear; miss the point by a mile; с ~а свали́ться drop from the clouds; превозноси́ть *кого-л.* до ~а laud/praise *smb.* to the skies; быть на седьмо́м ~е be* in the seventh heaven.

небога́т|о in a small way; **~ый 1.** of modest means *после сущ.*; **2.** (*скромный*) modest, unpretentious; **3.** (*скудный*) poor, limited; ~ый запа́с зна́ний limited knowledge, smattering; ~ый вы́бор poor choice.

небожи́тель *м. миф.* celestial being, god.

небольш|о́й 1. (*по величине, размерам*) (rather) small; (*о расстоянии*) (rather) short; ~ая ко́мната room of modest size; ~а́я глубина́ comparative shallowness; ~а́я высота́ low altitude; ~ая су́мма де́нег moderate/small sum of money; ~ тира́ж small/limited circulation; **2.** (*непродолжительный по времени*) brief, short; **3.** (*незначительный*) small; у меня́ к вам ~а́я про́сьба I have a small request to make of you; **4.** (*не имеющий веса в обществе*) minor; of no great importance *после сущ.*; **2.**: я ~ люби́тель ша́хмат I don't care much for chess, I'm not particularly keen on chess; ◇ с ~и́м a little over, odd; ему́ бы́ло лет 20 с ~и́м he was a little over twenty; де́ло за ~и́м one small thing is lacking.

небосво́д *м.* firmament, sky.

небоскло́н *м.* horizon.

небоскрёб *м.* skyscraper.

небо́сь *разг.* probably, surely, I dare say.

небре́жн|ость *ж.* carelessness; (*халатность тж.*) negligence; (*пренебрежительность*) aloofness; допусти́ть оши́бку по ~ости make* a mistake through carelessness/negligence; ~ то́на casual tone; вменённая ~ *юр.* imputed negligence; ~ потерпе́вшего contributory negligence; ~, заслу́живающая порица́ния blameworthy negligence; престу́пная ~ *юр.* criminal negligence; **~ый** careless; (*халатный тж.*) negligent; slipshod *разг.*; (*пренебрежительный*) aloof, casual; ~ая причёска carelessly done hair, untidy hair; ~ая рабо́та slipshod work; ~ый тон casual tone.

небри́т|ый unshaven; ~ая борода́ unshaven chin.

небыва́лый unprecedented, unheard of, prodigious.

небыва́льщина *ж.* **1.** *уст.* fable; **2.** fantastic story.

небыли́ца *ж.* **1.** (*выдумка*) cock-and-bull story; **2.** (*фантастический рассказ*) (tale of) fantasy.

небытие́ *с.* nonexistense.

небьющ|ийся unbreakable; *тех.* shatterproof; ~аяся посу́да unbreakable crockery; ~ееся стекло́ safety glass, unsplinterable glass.

неважне́цкий *разг.* so-so.

нева́жн|о 1. *нареч.* not very well; он себя́ ~ чу́вствует he doesn't feel very well; **2.** *в знач. сказ.* (*несущественно*) it doesn't matter!; **~ый 1.** (*несущественный*) insignificant, unimportant; ~ый вопро́с unimportant matter; **2.** *разг.* (*посредственный*) poor; ~ое здоро́вье poor health.

невдалеке́ not far off.

невдомёк *разг.*: мне ~ it never occurred to me.

неве́дени|е *с.* ignorance; по ~ю out of ignorance, through ignorance; пребыва́ть в ~и know* nothing about it.

неве́дом|о *разг.*: ~ заче́м no one knows/knew why; ~ отку́да there is/was no knowing where from, no one knows/knew where from; **~ый** unknown; (*таинственный*) mysterious; по ~ой причи́не for some unknown reason.

неве́жа *м. и ж.* boor, lout.

неве́жда *м. и ж.* ignoramus.

неве́жественный ignorant.

неве́жеств|о *с.* **1.** ignorance; гру́бое ~ rank ignorance; по своему́ ~у through *one's* ignorance; **2.** *разг.* (*невежливый поступок*) impoliteness.

неве́жлив|ость *ж.* impoliteness, incivility; **~ый** rude, impolite, discourteous; ~ый челове́к rude person; ~ый отве́т rude/impolite answer.

невезе́ние *с. разг.* bad luck.

невели́к|ий *обыкн. кратк. ф.* **1.** (*небольшой*) no great; невели́к ро́стом not very tall, rather short; **2.** (*пустяковый*) insignificant; ~а́ беда́! it doesn't matter!, no harm done!

неве́рие *с.* lack of faith (in).

неве́рн|о 1. *нареч.* incorrectly, wrong; **2.** *в знач. сказ. безл.* it is not true; **~ость** *ж.* **1.** (*ошибочность*) incorrectness; **2.** (*измена*) infidelity, unfaithfulness; **~ый 1.** (*ошибочный*) incorrect, wrong, erroneous; ~ая но́та false note; **2.** (*вероломный*) unfaithful; faithless *книжн.*; **3.** (*подверженный ошибкам*) erratic; ~ый глаз erratic eye; **4.** (*нетвёрдый*) unsteady; ~ая рука́ unsteady hand; ~ая похо́дка uneven gait.

невероя́тн|ость *ж.* incredibility; ◇ до ~ости unbelievably; **~ый** incredible.

неве́рующий *прил.* **1.** unbelieving; Фома́ ~ *разг.* doubting Thomas; **2.** *в знач. сущ. м.* disbeliever, atheist.

неве́село 1. *нареч.* not very cheerfully, cheerlessly, gloomily; **2.** *в знач. сказ. безл.* it is gloomy, it is not very cheerful.

невесёл|ый 1. cheerless, joyless; ~ смех mirthless laughter; ~ые мы́сли cheerless thoughts; ~ое положе́ние unhappy situation; ~ое заня́тие cheerless occupation; что́-то ты сего́дня ~ you seem rather low-spirited today; **2.** (*мрачный, безрадостный*) gloomy, dreary, glum.

невесо́м|ость *ж.* weightlessness; состоя́ние ~ости (state of) weightlessness; ~ый weightless.

неве́ста *ж.* fiancee; (*незадолго до дня свадьбы*) bride.

неве́стка *ж.* (*жена сына*) daughter-in-law (*pl.* daughters-); (*жена брата*) sister-in-law (*pl.* sisters-).

неве́сть *разг.* (+ кто, что, сколько *и т. д.*) God knows, heaven knows.

невеще́ственный immaterial.

невзго́да *ж.* adversity, misfortune, affliction.

невзира́я: ~ на in spite of, notwithstanding, regardless of; ~ ни на что in spite of everything; ~ на ли́ца without respect of persons.

невзлюби́ть *сов.* (*вн.*) take* a dislike (to).

невзнача́й *разг.* by chance, unintentionally.

невзно́с *м.* nonpayment.

невзра́чный unattractive, plain; (*о предметах*) unsightly.

невзыска́тельный lax, easygoing, undemanding.

не́видаль *ж. разг.* wonder, prodigy; э́ка ~! a prodigy indeed!

неви́данный prodigious, unprecedented; (*таинственный*) mysterious; ~ урожа́й bumper harvest.

невиди́мк|а 1. *м. и ж.* invisible person, invisible being; стать ~ой become* invisible; челове́к-~ the invisible man*; ша́пка-~ cap of darkness; 2. *ж.* (*шпилька*) invisible hairpin.

неви́димый invisible.

неви́дный 1. (*невидимый*) invisible; 2. *разг.* (*незначительный*) insignificant; 3. *разг.* (*некрасивый*) unimposing, unimpressive.

неви́дящ|ий unseeing; (*слепой*) sightless; он смотре́л ~им взо́ром he stared with unseeing eyes.

неви́нн|ость *ж.* 1. innocence; 2. (*целомудрие*) virginity; **~ый** 1. innocent; ~ая же́ртва innocent victim; (*безвредный*) harmless, innocuous; ~ая шу́тка harmless joke; ~ые удово́льствия innocent pleasures; 2. (*целомудренный*) virgin.

невино́вн|ость *ж.* innocence; ло́жная ~ *юр.* feigned innocence; **~ый** innocent, not guilty; ~ый в соверше́нии преступле́ния *юр.* innocent of crime; ~ по зако́ну innocent in law; факти́чески ~ innocent in fact; призна́ть ~ым acquit; ~ая сторона́ *юр.* party not in fault.

невку́сн|о: ко́рмят ~ the food is unpalatable, the food is bad; **~ый** tasteless, unpleasant.

невменя́ем|ость *ж.* irresponsibility; *юр.* diminished responsibility; быть в состоя́нии ~ости not be responsible for *one's* actions; **~ый** 1. irresponsible; *юр.* of diminished responsibility; 2. (*раздражённый*) beside *oneself predic.*

невмеша́тельств|о *с.* noninterference; nonintervention; поли́тика ~а policy of noninterference; ~ во вну́тренние дела́ (*какой-л. стороны*) noninterference in internal affairs.

невмоготу́ *разг.* unbearable (to, for); ему́ ста́ло ~ he couldn't stand it any more.

невмо́чь *см.* невмоготу́.

невнима́ние *с.* 1. (*рассеянность*) inattention; 2. (*равнодушие, пренебрежение*) lack of consideration, neglect.

невнима́тельн|ость *ж.* 1. (*рассеянность*) inattentiveness; 2. (*равнодушное отношение*) inconsiderateness, lack of consideration; **~ый** 1. (*рассеянный*) inattentive; (*небрежный тж.*) careless; 2. (*равнодушный, нелюбезный*) inconsiderate.

невня́тный indistinct, inariticulate.

не́вод *м.* seine, sweep-net.

невозвра́тн|ый irretrievable; ~ая поте́ря irretrievable loss; ~ые го́ды years that will never return.

невозвраще́нец *м. полит.* defector.

невозде́ланный untilled, uncultivated.

невозде́ржанн|ость *ж.* lack of self-restraint, intemperance; **~ый** intemperate, immoderate, unrestrained; он невозде́ржан на язы́к he is intemperate in his speech.

невозде́ржный *см.* невозде́ржанный.

невозмо́жн|о 1. *нареч.* impossibly; *разг.* (*чрезвычайно*) very; 2. *в знач. сказ. безл.* it is impossible; **~ость** *ж.* impossibility; ~ость исполне́ния (*договора*) impossibility of performance; за ~остью owing to the impossiblility (of); до ~ости *разг.* to the last degree; в слу́чае ~ости should it be found impossible; **~ый** 1. (*неосуществимый*) impossible; 2. *разг.* (*невыносимый*) intolerable; ~ая боль intolerable pain.

невозмути́м|ость *ж.* coolness, imperturbability; **~ый** 1. (*спокойный*) cool, imperturbable, unruffled; ~ый челове́к self-possessed person/individual; cool customer *разг.*; ~ый тон nonchalant tone; ~ый взгляд impassive gaze; 2. (*ничем не нарушаемый*) undisturbed; ~ая тишина undisturbed tranquillity; ~ое споко́йствие perfect/undisturbed calm, unruffled composure.

невознагради́м|ый 1. (*непоправимый*) irreparable; 2. (*очень значительный*) irrepayable.

нево́лей *уст.* against *one's* will; во́лей-~ willy-nilly, like it or not.

нево́лить *несов.* (*вн.*) *разг.* compel (*smb.*), force (*smb.*).

нево́льн|ик *м.*, **~ица** *ж.* slave; **~ичество** *с.* slavery, bondage; **~ичий** slave *attr.*; ~ичий ры́нок slave market; ~ичий труд slave labor.

нево́льн|о 1. (*неумышленно*) unintentionally, unwittingly, accidentally; 2. (*непроизвольно*) involuntarily, automatically; **~ый** 1. (*неумышленный*) unintentional, unwitting; ~ая ложь unintentional lie; 2. (*непроизвольный*) involuntary; ~ая улы́бка involuntary smile; 3. (*принуждённый*) forced, unwilling.

нево́л|я *ж.* 1. (*рабство*) slavery, bondage; (*плен*) captivity; содержа́ться в ~е be* shut up, be* in captivity; 2. *разг.* (*необходимость, нужда*) need; охо́та пу́ще ~и *посл.* ≅ desire is stronger than compulsion.

невообрази́мый unimaginable, inconceivable; ~ беспоря́док incredible disorder.

невооружённ|ый unarmed; ◇ ~ным гла́зом with the naked eye.

невоспи́танн|ость *ж.* ill breeding; **~ый** ill-bred.

невоспламеня́ем|ый uninflammable, non-inflammable; ~ая киноплёнка non-flame film.

невосприи́мчивый 1. (*плохо усваивающий*) dull, slow(-witted); 2. (*к болезни*) not susceptible *после сущ.*

невостре́бованн|ый unclaimed; ~ое письмо́ unclaimed letter.

невпопа́д at the wrong moment; out of turn, quite inappropriately; отвеча́ть ~ answer absent-mindedly.

невприме́р *разг.* 1. (*дт.*) in contradistinction (to); ~ остальны́м он о́чень мно́го рабо́тает he works very much in contradistinction to the others; 2. (+ *сравнит. ст.*) far more; его́ расска́з был ~ интере́снее his story was far more interesting.

невпроворо́т *разг.* **1.** a lot, a great deal; **2.** too much.

невразуми́тельный unintelligible, obscure; ~ отве́т unintelligible reply.

невралги́ческий *мед.* neuralgic.

невралги́я *ж. мед.* neuralgia; ~ лица́ face-ache; ~ седа́лищного не́рва sciatica.

неврасте́н|ик *м.* neurotic; **~и́ческий** neurotic; **~и́я** *ж. мед.* neurasthenia.

невреди́мый unharmed; (*целый*) intact.

невре́дн|о *в знач. сказ. разг.* it does no harm (+ to *inf*); вам бы́ло бы ~ погуля́ть иногда́ it would do you no harm to go out for a walk occasionally; **~ый** harmless.

неври́т *м. мед.* neuritis.

невро́з *м. мед.* neurosis (*pl.* -ses).

невро|ло́гический *мед.* neurologic; **~ло́гия** *ж. мед.* neurology.

невропато́лог *м.* neurologist, nerve specialist.

невтерпёж *разг.* unbearble; мне ста́ло ~ I cannot stand it any longer.

невы́года *ж.* disadvantage.

невы́годн|о **1.** *нареч.* at a loss; он ~ про́дал маши́ну he sold the car at a loss; **2.** *в знач. сказ.* (*не даёт прибыли*) it is not profitable, it does not pay; **3.** *в знач. сказ.* (*не даёт преимуществ*) it is not good, it is no good; э́то вам бу́дет ~ it will do you no good; **~ый** **1.** (*не приносящий прибыли*) unremunerative, unprofitable; ~ая сде́лка unprofitable deal/transaction; **2.** (*неблагоприятный*) unfavorable, disadvantageous; ~ые усло́вия unfavorable terms; **3.** (*непривлекательный*) unattractive; показа́ть себя́ с ~ой стороны́ show* *oneself* at a disadvantage, show* *oneself* in an unfavorable light; ста́вить *кого-л.* в ~ое положе́ние (*вн.*) place *smb.* at a disadvantage, handicap; ◇ в ~ом све́те in an unfavorable light.

невы́деланн|ый undressed; ~ая ко́жа undressed/raw hide.

невы́держанн|ость *ж.* **1.** lack of self-control; **2.** (*о стиле и т. п.*) inconsistency, short-windedness; **~ый** **1.** (*не владеющий собой*) unrestrained; **2.** (*непоследовательный*) inconsistent, uneven, short-winded; ~ый стиль uneven style; **3.** (*не совсем готовый*) new; ~ое вино́ new wine.

невыноси́м|о **1.** *нареч.* unbearably, intolerably; **2.** *в знач. сказ. безл.* it is unbearable/intolerable/impossible; **~ый** unbearable, intolerable; (*о боли тж.*) excruciating.

невы́плаканн|ый: ~ые слёзы unshed tears.

невыполн|е́ние *с.* nonfulfillment, failure to fulfill; ~ обяза́тельств *юр.* default on obligations; *юр.* nonfeasance; **~и́мость** *ж.* impracticability; **~и́мый** impracticable; ~и́мое жела́ние impossible desire.

невырази́мый inexpressible; ~ у́жас unspeakable horror.

невырази́тельн|ость *ж.* inexpressiveness, flatness, vapidity; **~ый** inexpressive, flat, insipid, feeble.

невы́сказанный unexpressed, unvoiced, unsaid; (*тайный*) hidden, secret.

невысо́к|ий low; (*о росте*) short; быть ~ого мне́ния о *чём-л.* have* a low opinion of *smth.*; ~ое ка́чество poor quality; ~ая пла́та moderate price; ~ая оце́нка low rating.

невы́ход *м.* failure to appear; ~ на рабо́ту absence from work.

не́га *ж.* **1.** voluptuousness, languor; **2.** comfort.

негармони́чный inharmonious.

негаси́мый ever-burning, eternal, unquenchable (*тж. перен.*).

негати́в *м.* negative; ~ звуковы́х эффе́ктов *кино* sound effects negative; ~ изображе́ния для иностра́нных фильмоко́пий foreign picture release negative; ~ изображе́ния для ма́ссовой печа́ти picture release negative; ~ музыка́льной фоногра́ммы music negative; ~ на́дписи title negative; ~ переза́писи re-recorded negative; ~ фоногра́ммы sound negative; ~ фоногра́ммы для печа́ти ма́ссовых ко́пий *кино* sound release negative; **~ный** negative; ~ная за́пись зву́ка *кино* negative recording; ~ная киноплёнка motion picture negative; ~ная неэкспони́рованная киноплёнка raw stock; ~ная перфора́ция negative perforation; ~ное изображе́ние negative image; ~ный киноматериа́л negative material; ~ный проце́сс negative process; ~ный прояви́тель *кино, фото* negative developer; ~ный спрос *торг.* negative demand.

негашён|ый: ~ая и́звесть quicklime.

не́где nowhere; ~ поверну́ться there's scarcely room to turn round; ему ~ жить he has nowhere to live; ◇ я́блоку ~ упа́сть ≅ there is not an inch of room.

неги́бкий inflexible; *перен. тж.* rigid.

негигиени́ч|еский, ~ный unhygienic, unsanitary.

негла́сн|ый private; secret; ~ые торги́ *мн. торг.* private auction.

неглиже́ *нескл. с.* negligee, undress.

неглижи́ровать *уст.* (*тв.*) neglect (*smth.*).

неглубо́к|ий **1.** shallow; **2.** (*поверхностный*) superficial; ~ие зна́ния superficial knowledge *sg.*; ~ сон light slumber.

неглу́пый **1.** (*довольно умный*) sensible, quite intelligent; ~ челове́к quite an intelligent person; no fool; **2.** (*о содержании*) sound; ~ сове́т a sound piece of advice.

него́ **1.** (*рд., вн. от личн. мест.* он) him; **2.** (*рд., вн. от личн. мест.* оно́) it.

него́дн|ик *м.*, **~ица** *ж. разг.* reprobate, ne'er-do-well; **~ость** *ж.* unfitness; прийти́ в ~ become* useless, be* unfit for use; (*износиться*) fall* into disrepair, wear* out; **~ый** **1.** (к, для) unfit (for), not fit (for); ~ый к вое́нной слу́жбе ineligible/unfit for military service; **2.** *разг.* (*плохой*) worthless; (*о человек тж.*) good-for-nothing; ~ный чек dud cheque; ~ая ко́пия *кино* scratch print.

негодова́ние *с.* indignation; привести́ *кого-л.* в ~ infuriate *smb.*; с ~м indignantly.

негод|ова́ть *несов.* (на *что-л.*, про́тив *чего-л.*) be* indignant (at), rail (at); (на, про́тив *кого-л.*) be* indignant (with); **~ующий** indignant, outraged.

негодя́й *м.* scoundrel, blackguard.

негостеприи́мный inhospitable.

негоциа́нт *м. уст.* merchant.

негоциа́ция: *ж. фин.* ~ тратт (*покупка переводных векселей*) negotiation of bills.

негр *м.* Negro.

негра́мотн|ость *ж.* **1.** illiteracy; *перен.* (*отсутствие знаний в какой-л. области*) ignorance; ликвида́ция ~ости abolition of illiteracy; техни́ческая ~ technical ignorance; **2.** (*наличие грамматических ошибок*) grammatical ignorance; *перен.* (*несоответствие основным требованиям*) incompetence; ~ сочине́ния the grammatical ignorance displayed in the essay; ~ чертежа́ the technical incompetence displayed in the drawing; **~ый** *прил.* **1.** illiterate; *перен.* (*малоопытный, неумелый*) ignorant (of); **2.** (*содержащий ошибки*) ungrammatical; *перен.* (*выполненный без знания дела*) inaccurate, incompetent; ~ая речь ungrammatical/uneducated speech; **3.** *в знач. сущ. м.* an illiterate.

негр|итёнок *м.* Negro child*; **~итя́нка** *ж.* Negro woman*; **~итя́нский** Negro *attr.*

негро́мк|ий low; ~о, ~им го́лосом in a low voice.

не́гус *м.* Negus.

неда́вн|ий recent; ~ие собы́тия events of recent date; с ~его́ вре́мени quite recently; до ~го вре́мени until quite recently; ~ее знако́мство recent acquaintance.

неда́вно recently, not long ago; ~ при́бывший recently arrived.

недалёк|ий **1.** not distant, nearby; (*о путешествии, расстоянии и т. п.*) short; **2.** (*близкий по времени*) the not very distant; в ~ом бу́дущем in the not very distant future; в ~ом про́шлом quite recently, not so long ago; недалёк тот день, когда́... the day/time is not far off, when... **3.** (*неумный*) limited; он ~ челове́к he is a rather limited person.

недалеко́, недалёко **1.** *нареч.* not far; им ~ идти́ they haven't got far to go; **2.** *в знач. сказ. безл.* it is not far; за приме́ром идти́ ~ one doesn't have to search far for an example; недалеко́ то вре́мя... the time is not far-distant...

недальнови́дн|ость *ж.* lack of foresight; **~ый** short-sighted; ~ый челове́к short-sighted person, person of no foresight; ~ая поли́тика short-sighted policy.

неда́ром **1.** (*не без оснований*) not for nothing, not without reason; он ~ так говори́л he had a reason for speaking as he did; **2.** (*не без цели, не без умысла*) for some purpose/reason; он ~ сюда́ приезжа́л he came here for some reason; **3.** (*не напрасно, небесполезно*) not for nothing, not in vain; он ~ рабо́тал his work was not in vain, his work was not wasted.

недви́жим|ость *ж.* real estate; immovables *pl.*; зало́женная ~ *юр.* pledged assets; дохо́д с ~ости rent; **~ый** **1.** immovable; ~ое иму́щество real estate; immovables *pl.*; **2.** (*неподвижный*) motionless; (*неспособный двигаться*) immobile.

недвусмы́сленн|о in no uncertain terms; **~ый** unequivocal; unambiguous, unmistakable; ~ый отве́т unequivocal/unambiguous answer; ~ый намёк unmistakable hint; ~ая угро́за unmistakable/obvious threat.

недееспосо́бн|ость *ж.* **1.** (*неспособность к действию*) ineffectiveness; **2.** *юр.* incapacity; **~ый** **1.** (*неспособный к действию*) ineffective; **2.** *юр.* incapable.

недействи́тельн|ый invalid, null, void; ~ая сде́лка *юр.* invalid transaction; де́лать ~ым *юр.* invalidate.

неделика́тн|ость *ж.* indelicacy; (*нетактичность*) tactlessness; ~ обраще́ния inconsiderate treatment; **~ый** indelicate; (*нетактичный*) tactless.

недели́м|ость *ж.* indivisibility; **~ый** indivisible; ~ые чи́сла prime numbers; ◇ ~ый догово́р *юр.* entire contract; ~ый фонд nondistributable fund.

неделово́й unbusinesslike.

неде́льный week's; ~ срок a week; ~ о́тпуск a week's leave/holiday.

неде́л|я *ж.* week; две ~и two weeks, a fortnight; че́рез ~ю in a week, in a week's time; на э́той ~е this week.

недержа́ние *с.* incontinence.

недёшево not cheap, rather dear/expensive; *перен.* at no little cost, at great cost.

недисциплини́рованный undisciplined; ~ учени́к undisciplined pupil.

недобо́р *м.* shortage; (*денежный*) arrears *pl.*; ~ нало́гов arrears of taxes *pl.*

недоброжела́тель|ный unfriendly; hostile, ill disposed; **~ство** *с.* ill will; относи́ться с ~ством show* ill will (towards).

недоброка́чественн|ый inferior, poor; ~ая рабо́та inferior piece of work; ~ые това́ры inferior/shoddy goods; ~ материа́л poor material.

недобросо́вестн|о unconscientiously; (*нечестно*) unscrupulously; (*небрежно*) carelessly; negligently; **~ость** *ж.* lack of conscientiousness; (*нечестность*) unscrupulousness; lack of integrity; (*небрежность*) carelessness, negligence; **~ый** unconscientious; (*нечестный, непорядочный*) unscrupulous; (*небрежный*) careless; ~ый приобрета́тель *юр.* mala fide purchaser; ~ая конкуре́нция *торг.* unfair competition.

недо́бр|ый **1.** (*злой*) unkind; (*выражающий неприязнь*) hostile; пита́ть ~ые чу́вства к *кому-л.* bear* *smb.* ill will; ~ые наме́рения hostile/evil intentions; ~ взгляд hostile glance; **2.** (*плохой*) evil, bad; ~ая весть bad/ominous news; ~ая пора́ unfavorable/unpropitious time; ~ая сла́ва evil reputation; ~ые лю́ди wicked men*, brigands.

недова́ривать, недовари́ть (*вн.*) not cook (*smth.*) properly; **~ся**, недовари́ться not cook properly.

недовари́ть(ся) *сов. см.* недова́ривать(ся).

недове́р|ие *с.* (к *дт.*) distrust (of), mistrust (of), lack of confidence (in); во́тум ~ия vote of no confidence; пита́ть ~ к *кому-л.* feel* no confidence in *smb.*; вы́разить ~ express distrust; отнести́сь с ~ием treat with distrust, distrust; **~чиво** distrustfully; относи́ться ~чиво к *кому-л.* feel* distrustful of *smb.*; **~чивость** *ж.* distrust, lack of confidence (in); **~чивый** distrustful, mistrustful; (*о человеке тж.*) untrusting.

недове́с *м.* short weight, underweight; **~ить** *сов. см.* недове́шивать.

недове́шивать, недове́сить (*вн.*, *рд.*) give* short weight (of).

недово́ль|но discontentedly; **~ный** 1. discontented (*тв.*) dissatisfied (*with*); displeased (*with*); он был недово́лен тем, что... he was displeased, that... 2. *как сущ. м.* malcontent; **~ство** *с.* dissatisfaction, discontent; ~ство собо́й dissatisfaction with *oneself*; вызыва́ть *чьё-л.* ~ displease *smb.*

недовыполне́ние *с.* failure to fulill; shortfall.

недовы́полнить *сов.* (*вн.*) not quite fulill (*smth.*), fail to fulfil (*smth.*), fall* short of fulfilling (*smth.*).

недога́длив|ость *ж.* lack of perception, impercipience; **~ый** slow(-witted), unobservant, unperceptive, dense, thick *разг.*

недогляде́ть *сов. разг.* 1. (*вн.*, *рд.*; *пропустить*) overlook (*smth.*); 2. (за *тв.*; *не уберечь*) fail to look after (*smb.*), fail to keep an eye on (*smb.*).

недогова́ривать, недоговори́ть (*вн.*, *рд.*) hold* (*smth.*) back, leave* (*smth.*) unsaid.

недоговорённость *ж.* 1. (*несогласованность*) failure to come to an agreement; 2. (*умалчивание*) reticence.

недоговори́ть *сов. см.* недогова́ривать.

недогру́зка *ж.* underloading, undershipment.

недодава́ть, недода́ть 1. (*дт. вн.*, *рд.*) fail to supply (*smb.* with), fail to deliver (*smth.* to); (*недоплачивать*) pay* (*smb. smth.*) short; 2. (*вн.*, *рд.*; *изготовлять меньше, чем требуется*) fail to produce (*smth.*), fall* short of producing (*smth.*).

недода́ть *сов. см.* недодава́ть.

недоде́л|анный unfinished; **~ать** *сов.* (*вн.*, *рд.*) not finish (*smth.*) off; **~ка** *ж.* 1. unfinished (item of) work; 2. (*упущение*) fault in workmanship; defect; bug *разг.*

недо|держа́ть (*вн.*) 1. *фото*, *кино* underexpose, underdevelop; 2. keep* for too short a time in the necessary place; **~де́ржка** *ж. фото*, *кино* underexposure.

недоеда́ние *с.* malnutrition; undernourishment.

недоеда́ть, недое́сть 1. *тк. несов.* (*не иметь достаточного питания*) be* undernourished; not get enough to eat; 2. (*есть не досыта*) not eat enough.

недое́сть *сов. см.* недоеда́ть 2.

недозво́ленный illicit, unlawful.

недозре́лый unripe, green; *перен. тж.* immature.

недои́м|ка *ж.* arrears; **~щик** *м.* person in arrears.

недока́з|анность *ж.* failure to prove; ~обвине́ния *юр.* failure to prove a charge; **~анный** not proved, not evident; **~а́тельный** not serving as proof, failing to prove; **~у́емый** undemonstrable.

недолга́ *разг.* вот и вся ~ as that is all there is to it.

недо́лгий brief, short.

недо́лго 1. *нареч.*: я бу́ду там ~ I won't be there long; он жил ~ he did not live long; ~ ду́мая without pausing to think; 2. *в знач. сказ. разг.* (*легко, нетрудно*) only too easy; ~ и утону́ть it's only too easy to get drowned; ~ и до греха́ serious trouble could easily happen.

недолгове́чный short-lived; (*непрочный*) makeshift.

недолёт *м. воен.* falling short; short round, minus round.

недолю́бливать *несов.* (*вн.*) be* not very fond (of), have* little liking (for).

недоме́рок *разг. пренебр.* undersized obiect.

недомога́ние *с.* indisposition; чу́вствовать ~ feel* out of sorts, be* indisposed.

недомога́ть *несов.* feel* unwell; feel* off color *разг.*

недомо́лвка *ж.* reticence.

недомы́слие *с.* lack/want of understanding, thoughtlessness.

недонесе́ние failure to give informantion; ~ о преступле́нии *юр.* misprison of felony.

недоно́|сок 1. *м.* premature baby; 2. *разг. пренебр.* retarded person, immature person; **~шенный** premature.

недооце́нивать, недооцени́ть (*вн.*, *рд.*) underestimate (*smb.*, *smth.*), underrate (*smb.*, *smth.*).

недооцени́ть *сов. см.* недооце́нивать.

недооце́нка *ж.* underestimation.

недопечённый half-baked.

недополуча́ть, недополучи́ть (*вн.*, *рд.*) receive/get* less than required.

недополучи́ть *сов. см.* недополуча́ть.

недопоста́вка *ж. эк.* short delivery.

недопотребле́ние *с. эк.* underconsumption.

недопроизво́дство *с. эк.* underproduction.

недопусти́м|ый inadmissible, impermissble; ~ое поведе́ние impossible behavior.

недопуще́ние *с.* nonadmission.

недорабо́танн|ый only half finished/completed; ~ые пье́сы plays that are only half completed.

недорабо́тка *ж. см.* недоде́лка.

недора́звитый underdeveloped; (*умственно отсталый*) backward, retarded.

недоразуме́ние *с.* misunderstanding.

недо́рого (quite) cheap, for a reasonable price.

недорого́й cheap (*тж. перен.*); inexpensive.

недоро́д *м. с.-х.* harvest failure.

не́доросль *м.* young ignoramus.

недосе́в *м. с.-х.* insufficient sowing.

недослы́шать *сов.* **1.** (*вн.*) not (quite) hear; **2.** *разг.* (*быть глуховатым*) be* a little hard of hearing.

недосмо́тр *м.* oversight; по ~у by an oversight.

недосмотре́ть *сов.* (*вн., рд.*) overlook (*smth.*); (за *тв.*) neglect (*smb., smth.*).

недосо́л *м.* insufficient salting; ◇ ~ на столе́, пересо́л на спине́ ≅ better too little than too much.

недоспа́ть *сов. см.* недосыпа́ть.

недоста|ва́ть *несов. безл.* **1.** (*не хватать*) lack (*smth.*); be* lacking, be* missing; ему́ ~ёт терпе́ния he lacks patience; чего́ вам ~ёт? what do you need?, what haven't you got?; чего́-то ~ёт there is something lacking; **2.** (*быть необходимым*) miss (*smb., smth.*); be* much needed; нам о́чень ~ва́ло вас we missed you very much; ◇ э́того ещё ~ва́ло! I call that the limit!, if that isn't the limit!

недоста́т|ок *м.* **1.** (*нехватка*) deficiency; lack, shortage; shortcoming; ~ чёткости *кино* lack of resolution; име́ть ~ в рабо́чей си́ле be* short-handed; за ~ком *чего-л.* for lack/want of *smth.*; он ни в чём не испы́тывал ~ка he wanted for nothing; **2.** (*изъян*) defect; deficiency; физи́ческий ~ bodily defect; ~ зре́ния defective eyesight; *мн. тж.* shortcomings; **3.** *обыкн. мн. разг.* (*нужда*) want *sg.*, poverty *sg.*

недоста́точн|о **1.** *нареч.* insufficiently; (*слабо, не очень хорошо*) not... well enough; not fully, inadequately; **2.** *в знач. сказ. безл.* there is not enough; ~ то́плива there is not enough fuel; **~ость** *ж.* insufficiency; серде́чная ~ость cardiac insufficiency; **~ый** insufficient; (*слабый, малый*) inadequate; ~ые запа́сы *чего-л.* inadequate supplies of *smth.*; ~ые сре́дства *фин.* insufficient funds; ~ый о́пыт insufficient experience, lack of experience; ~ые све́дения inadequate information *sg.*; ~ая причи́на для огорче́ния insufficient cause for disapointment; ~ый глаго́л грам. defective verb.

недоста́ч|а *ж. разг.* **1.** shortage; **2.** (*обнаруженная при проверке*) deficit; ~ в поста́вке short delivery; ~ гру́за shortage of cargo; ~ при доста́вке гру́за short delivery; ~ това́ра shortage of goods; возмеща́ть ~у make* up deficiency.

недостаю́щий missing.

недостижи́мый unattainable, unachievable.

недостове́рный unreliable, doubtful.

недосто́йно **1.** *нареч.* badly, unworthily; **2.** *в знач. сказ. безл.* (*рд.*) it is unworthy (of).

недосто́йный **1.** (*рд.*) unworthy (of); **2.** (*не заслуживающий уважения*) worthless, unworthy, despicable.

недостро́енный unfinished, half-finished.

недосту́пн|ый **1.** inaccessible; **2.** (*превышающий чьи-л. возможности*) unattainable (for), beyond the powers (of); (*в денежном отношении*) beyond the means (of); **3.** (*трудный для понимания*) too difficult (for), incomprehensible (to), beyond the comprehension (of); э́то ~о моему́ понима́нию that's beyond me, that's beyond my understanding; **4.** (*о человеке*) unapproachable, aloof.

недосу́г: мне ~ I have no time.

недосчита́ться *сов. см.* недосчи́тываться.

недосчи́тываться, недосчита́ться (*рд.*) be* short (of); недосчита́лись трои́х three were (found to be) missing; он недосчита́лся трёх рублей he (found he) was three roubles short, he was short of three roubles.

недосыпа́ть, недоспа́ть not get enough sleep; я недоспа́л haven't had enough sleep.

недосяга́емый unattainable; (*недоступный*) inaccessible.

недотёпа *м. и ж. разг.* duffer, muff.

недотро́га *м. и ж.* touchy person; она́ така́я ~ she is such a touch-me-not.

недоу́здок *м.* halter; наде́ть ~ (на *вн.*) halter (*smth.*).

недоумев|а́ть *несов.* be* bewildered, be* puzzled, wonder; **~а́ющий** bewildered, puzzled.

недоуме́н|ие *с.* bewilderment; (*озадаченность*) perplexity; останови́ться в ~ии halt/stop in bewilderment; **~ный** perplexed, puzzled; ~ный вопро́с puzzled question.

недоу́чка *м. и ж. разг.* half-taught person, half-trained person.

недочёт *м.* **1.** (*недостача*) deficit; **2.** *обыкн. мн.* (*недостаток*) deficiency *sg.*, shortcoming *sg.*

не́дра *мн.* **1.** depths; ~ земли́ bowels of the earth; разве́дка недр prospecting of mineral wealth; **2.** (*внутренняя часть чего-л.*) heart; deepest recesses *pl.*; в ~х души́ in the inmost recesses of *one's* soul; в ~х ста́рого о́бщества in the womb of the old society.

недрема́нн|ый *уст.* unwinking, unslumbering; ~ое о́ко *перен., ирон.* the unwinking eye (of authority).

недре́млющий vigilant, watchful.

не́друг *м.* enemy.

недружелю́б|ие *с.* unfriendliness; **~ный** unfriendly.

недý́г *м.* illness.

неду́рно **1.** *нареч.* fairly well; **2.** *в знач. сказ. безл.* it is not bad; ~! that's not bad!, I like that! **3.** *в знач. сказ. безл.* (+ *инф.*) it's not a bad idea/ thing (+ to *inf*); ~ бы... it wouldn't be a bad idea...

недурно́й **1.** not bad*; **2.** *обыкн. кратк. ф.* (*о наружности*) quite pretty, not bad-looking.

недю́жинный unusual, uncommon; ~ ум uncommon intelligence.

неесте́ственн|ый unnatural; (*деланный тж.*) affected; ~ая улы́бка affected/unnatural smile.

неё (*вн., рд. от личн. мест.* она́) her.

нежда́нн|о *разг.* unexpectedly; ~-нега́данно quite unexpectedly; **~ый** unexpected.

нежела́н|ие *с.* unwillingness, reluctance, disinclination; **~ный** undesirable; ~ное освеще́ние *кино* light spill; ~ный горизонта́льный и́мпульс glitch; ~ный съёмочный шум *кино* shot noise.

нежела́тельный indesirable, unwanted, objectionable; ~ сигна́л *кино* unwanted signal.

не́жели than.

нежена́тый unmarried, single.

не́женка *м. и ж. разг.* molly-coddle, mother's darling.

неживо́й 1. (*мёртвый*) dead, lifeless; 2. (*неорганический*) inanimate; 3. (*вялый*) lifeless, dull.

нежи́зненный 1. (*нереальный*) impracticable; 2. (*неправдоподобный*) unlifelike, unreal.

нежизнеспосо́бный (*прям. и перен.*) unviable.

нежило́й 1. (*в котором не живут*) that is not lived-in *после сущ.*; (*неуютный*) unlived-in; 2. (*необитаемый*) uninhabited; 3. (*негодный для жилья*) uninhabitable.

не́жить I *ж. собир. фольк.* the spirits.

не́жить II *несов.* (*вн.*) pamper (*smb.*), coddle (*smb.*); **~ся** *несов.* enjoy *one's*/the comfort, luxuriate; ~ся на со́лнце bask in the sun.

не́жничать *разг.* indulge in caresses.

нежн|о́сть *ж.* 1. tenderness; 2. *мн. разг.* (*ласковые слова, поступки*) endearments; **~ый** 1. (*ласковый*) gentle, tender-hearted; ~ые взгля́ды tender glances; 2. (*мягкий*) tender; ~ая кожа tender skin; 3. (*приятный*) gentle, pleasant; ~ый арома́т delicate fragrance; ~ый го́лос gentle/caressing voice; 4. (*слабый, хрупкий*) frail; ◇ ~ный во́зраст tender age; ~ый пол the weaker sex.

незабве́нный never-to-be-forgotten.

незабу́дка *ж. бот.* forget-me-not.

незабыва́емый unforgettable.

незаве́ренный uncertified.

незавершённ|ый unfinshed, incomplete; ~ая рабо́та work in process; ~ое строи́тельство construction in process.

незави́дн|ый unenviable; ~ое положе́ние unenviable position.

незави́сим|о independently; держа́ть себя́ ~ behave independently; ◇ ~ от *чего-л.* regardless of *smth.*, irrespective of *smth.*; **~ость** *ж.* independence; **~ый** independent; ~ые стра́ны independent countries; ~ый вид independent/casual air; air of detachment; ~ый экспе́рт *юр.* independent expert; ~ый спрос *торг.* independent demand; ~ые ка́дры *кино* independent frames.

незави́сящ|ий independent (of); по ~им от меня́ обстоя́тельствам owing to circumstances beyond my control.

незада́ч|а *ж. разг.* bad luck; **~ливый** *разг.* unlucky; hapless.

незадо́лго shortly before, not long before.

незаинтересо́ванный 1. (*не проявляющий интереса*) indifferent, uninterested; 2. (*бескорыстный*) disinterested.

незаконнорождённ|ость *ж. юр.* illegitimacy; **~ый** illegitimate; ~ый ребёнок illegitimate child.

незако́нн|ый illegal, illicit, unlawful; (*юридически не оформленный*) illegitimate; ~ое лише́ние владе́ния недви́жимостью *юр.* disseisin.

незако́нченный *см.* незавершённый.

незамедли́тельн|о without delay; **~ый** immediate.

незамени́мый irreplaceable; (*очень нужный тж.*) indispensable.

незамерза́ющий nonfreezing, ice-free.

незаме́тн|о 1. *нареч.* imperceptibly; (*неприметно*) inconspicuously, quietly; вре́мя прошло́ ~ the time passed unnoticed; 2. *в знач. сказ. безл.* it is not noticeable; ~ для себя́ without noticing it; **~ый** 1. imperceptible; (*неприметный*) inconspicuous; 2. (*незначительный*) insignificant; ~ый челове́к insignificant person.

незаме́ченный unnoticed.

незаму́жняя unmarried, single.

незамыслова́тый simple, uncomplicated; ~ узо́р simple pattern.

neза́нятый unoccupied; (*свободный*) free.

незапа́мятн|ый: с ~ых времён from time immemorial.

незапя́тнанный unblemished, insullied.

незара́зн|ый noninfectious; ~ая болe´знь noninfectious disease; ~ больно́й noninfectious patient.

незаслу́женн|о undeservedly; **~ый** undeserved, unmerited; ~ый упрёк undeserved reproach.

незастрахо́ванный uninsured.

незастро́енный vacant; ~ уча́сток vacant site/lot.

незата́сканный *перен.* original, fresh, not trite.

незате́йливый simple, unpretentious.

незауря́дн|ый outstanding; ~ые спосо́бности outdstanding ability *sg.*, ~ая ли́чность outstanding personality.

не́зачем *разг.* there's no need; there's no point; мне ~ идти́ туда́ there's no need for me to go there.

незащищённый (от *рд.*) unprotected (from); exposed (to).

незва́ный uninvited, unbidden; ~ гость self-invited guest.

незде́шний *разг.* alien, strange; я ~ I am a stranger here.

нездоро́в|иться *несов. безл.* (*дт.*): мне ~ится I don't feel well; **~ый** unhealthy; (*о пище, климате тж.*) unwholesome; он нездоро́в he's not well.

нездоро́вье *с.* ill health; (*недомогание*) indisposition, illness.

незло́й not unkindly.

незлопа́мятный forgiving.

незнако́м|ец *м.* stranger; **~ый** 1. unfamilar; ~ые места́ unfamilar locality *sg.*; 2. (*о людях*) strange; (с *тв.*) unacquainted (with); ~ый челове́к stranger; быть ~ым с *кем-л.* not know *smb.*, be* unacquainted with *smb.*

незна́ние *с.* ignorance; ~ пра́ва *юр.* ignorance of law; ~ факти́ческих обстоя́тельств ignorance of fact; добросо́вестное ~ (*заблуждение*) *юр.* bona fide ignorance.

незначи́тельный insignificant; (*небольшой*) small, slight; (*маловажный*) trivial.

незре́л|ый 1. (*неспелый*) unripe; ~ виногра́д unripe grapes; **3.** (*не достигший полного развития*) immature (*тж. перен.*); ~ ю́ноша immature young man*, raw youth; ~ая мысль immature idea; ~ое произведе́ние immature work.

незри́мый invisible.

незы́блемый firm, unshak(e)able, stable.

неизбе́жн|о inevitably; **~ость** *ж.* inevitability; **~ый** inevitable.

неизбы́вный permanent, inescapable.

неизве́дан|ный (*незнакомый*) unknown; (*неизученный*) unexplored; novel; ~ное чу́вство novel feeling

неизве́стн|о *в знач. сказ. безл.* it is not known; ему́ ~ he doesn't know; (никому́) ~! nobody knows! ~ почему́ for some unknown reason; ~ где no one knows where; **~ость** *ж.* **1.** uncertainty; **2.** (*скромное, незаметное существование*) obscurity; жить в ~ости live in obscurity; **~ый** *прил.* **1.** unknown; **2.** *в знач. сущ. м.* stranger; **3.** *в знач. сущ. с. мат.* unknown quantity.

неизглади́мый ineffaceable, indelible.

неи́зданный unpublished.

неизлечи́мый incurable.

неизме́нный 1. (*постоянный*) invariable, immutable, fixed, firm; **2.** (*всегдашний*) customary; **3.** (*преданный*) constant, unfailing.

неизменя́емый immutable.

неизмери́м|о infinitely, ever so much; **~ый** immeasurable; в ~ых глуби́нах in the unfathomable/fathomless depths.

неизрасхо́дованный unexpended.

неизреченный *уст.* ineffable.

неизъясни́мый ineffable, indescribable.

неиме́ние *с.*: за ~м *чего-л.* for lack of *smth.*; за ~м лу́чшего in default of anything better.

неимове́рный incredible.

неиму́щий *прил.* **1.** indigent, poor, needy; **2.** *в знач. сущ. мн.* the poor.

неинтере́сный 1. uninteresting, dull; ~ расска́з feeble tale; **2.** *разг.* (*некрасивый*) unattractive; он совсе́м ~ he is nothing to look at.

неискорени́мый ineradicable.

неи́скренн|ий insincere; **~ость** *ж.* insincerity.

неискушённый unsophisticated; (*неопытный*) inexperienced; ~ в поли́тике inexperienced in politics.

неисповеди́мый *уст.* inscrutable.

неисполне́ние *с.* nonperformance; failure to carry out; (*о правилах и т. п.*) nonobservance; *юр.* умы́шленное ~ willful default; ~ контра́кта nonfulfillment of a contract; ~ обяза́тельств default of obligations; ~ ввиду́ форсмажо́рных обстоя́тельств default caused by force-majeure circumstances; неусто́йка за ~ в срок damages for delayed fullfilment.

неисполни́м|ый impracticable; ~ое жела́ние impossible desire.

неисполни́тельный inefficient, slack, careless.

неиспо́льзован|ный unused; ~ные мо́щности idle capacities.

неиспо́рченный unspoiled, pure, fresh; ~ ребёнок innocent child.

неисправи́мый incorrigible, hopeless.

неиспра́вн|ость *ж.* disrepair; defect, fault, failure, trouble, malfunction; отыска́ть ~ find*/locate a fault; устраня́ть ~ clear/rectify a fault, correct malfunction, remove a trouble; **~ый 1.** (*повреждённый*) faulty; out of order *predic*; ~ые механи́змы faulty mechanisms; маши́на ~ the car is out of order; **2.** (*неаккуратный*) careless, slovenly.

неиспы́танный 1. (*непроверенный*) untried; **2.** (*непережитый*) novel.

неиссле́дованный unexplored.

неиссяка́ем|ый inexhaustible; ~ родни́к unfailing source; ~ые бога́тства inexhaustible wealth sg.

неи́стов|о frantically; **~ство** *с.* **1.** fury, rage, frenzy; прийти́ в ~ство fly* into a rage; **2.** (*жестокость*) atrocity; **~ствовать** *несов.* rage, storm; **~ый** frantic; ~ый гнев towering/frenzied rage; ~ые аплодисме́нты frenzied applause *sg.*

неистощи́мый inexhaustible; он неистощи́м на вы́думки he has an inexhaustible fund of inventiveness.

неисчерпа́емый inexhaustible, infinite.

неисчисли́мый innumerable, numberless, countless.

ней 1. (*рд. от личн. мест.* она́) to her; **2.** (*тв. от личн. мест.* она́) by her; **3.** (*пр. от личн. мест.* она́) about her.

нейзи́льбер *м. тех.* German silver.

нейло́н *м.* nylon; **~овый** nylon *attr.*

неймёт *тк. в посл.* ви́дит о́ко, да зуб ~ ≅ there's many a slip ('twixt cup and lip).

неймётся *безл.* (*дт.*) *разг.* ему́ ~ he cannot be kept from it, there is no holding him, he will not sit still.

нейро́н *анат.* neuron.

нейрохиру́рг *м.* neurosurgeon.

нейрохирурги́я *ж.* neurosurgery.

нейтрализа́ция *ж.* neutralization

нейтрализова́ть *несов. и сов.* (*вн.*) neutralize (*smth.*).

нейтралите́т *м.* neutrality; вооружённый ~ armed neutrality.

нейтра́льн|ость *ж.* neutrality; **~ый** neutral.

нейтри́но *с. нескл. физ.* neutrino.

нейтро́н *м. физ.* neutron *attr.*; ~ая бо́мба neutron bomb.

некази́стый *разг.* plain, homely, unprepossessing.

некапиталисти́ческий noncapitalist.

нека́чественн|ый low-quality *attr.*; ~ые изде́лия low-quality articles.

неквалифици́рованный unskilled, unqualified; ~ рабо́чий general/unskilled worker; ~ труд unskilled work/labor.

не́кем *мест. тв. см.* не́кого.

не́кий *мест.* a certain.

некле́точн|ый *биол.* noncellular; ~ые фо́рмы живо́го вещества́ noncellular forms of living matter.

не́когда I *в знач. сказ.* there is no time; мне ~ I have no time.

не́когда II *нареч.* (*когда-то*) once, at one time, in former times.

не́кого *мест.* (*рд.* не́кому, *тв.* не́кем, *пр.* не́ о ком) (+ *инф.*) there is no one (+ to *inf*).

неколеби́мый *поэт. см.* непоколеби́мый.

некомпете́нтн|ость *ж.* incompetence; **~ый** not competent, incompetent.

не́кому *мест. дт. см.* не́кого.

неконверти́руем|ый *эк.* inconvertible; ~ая валю́та inconvertible currency, nonconvertible currency, soft currency.

некороно́ванный uncrowned.

некорре́ктный tactless, impolite.

не́котор|ый *мест.* **1.** a certain; *мн.* some; ~ое вре́мя, с ~ых пор for some time; в ~ой сте́пени, ме́ре to a certain extent; ~ым о́бразом in some way; **2.** *в знач. сущ. мн.* some (people).

неко́шеный unmown.

некраси́в|ый 1. ugly; (*о человеке тж.*) unattractive, plain; **2.** *разг.* (*о поступке, поведении*) unseemly, improper; (*подлый*) low; это ~о that's not nice.

некредитоспосо́б|ность *ж.* insolvency; **~ный** insolvent.

некре́пкий 1. (*непрочный*) weak, frail; (*о ткани*) thin; (*шаткий*) unsteady; **2.** (*нездоровый*) frail, delicate.

некрити́ческий uncritical.

некробио́з *м. биол.* necrobiosis.

некро́з *м. мед.* necrosis.

некроло́г *м.* obituary (notice).

некрома́тия *ж.* necromancy.

некро́поль *м.* necropolis.

некросси́рованный *фин.* open; ~ чек open check.

некру́пный meduim-sized, not large.

некры́тый roofless.

некста́ти at the wrong moment, inopportunely, irrelevant, malapropos; ~ ска́зано quite irrelevant; замеча́ние бы́ло ~ the remark was most untimely; вот ~!, как ~! what a nuisance!

нekта́р *м.* nectar.

не́кто *мест.* someone; ~ Смирно́в one Smirnov, a certain Smirnov; ~ в се́ром a person in a grey coat.

не́куда there is nowhere; ему́ ~ дева́ться, пойти́ he has nowhere to go; ~ дева́ться (от) there's no escape (from).

некульту́рн|о in an uncultured/uncivilized way; **~ость** *ж.* lack of culture, cultural backwardness, low level of culture; ~ость поведе́ния uncultured behavior; **~ый 1.** uncultured, uncivilized, uncultivated; ~ый челове́к an uncultured person, a boor; ~ое поведе́ние uncivilized/ uncultured behavior; **2.** (*о растениях*) uncultivated.

некуря́щ|ий *прил.* **1.** who does not smoke *после сущ.*; я ~ I don't smoke; **2.** *в знач. сущ. м.* non-smoker; ваго́н для ~их nonsmoking carriage, nonsmoker.

не́ к чему (+ *инф.*) there is no need; ~ спра́шивать there is no need to ask.

нела́дн|о 1. *нареч.* badly, in a poor way; я дела́ ~ повёл I made a poor job of things; **2.** *в знач. сказ.*: что́-то ~ there's something wrong/amiss; ◇ будь он нела́ден! blast him!; **~ый 1.** bad; wrong, amiss *predic*; **2.** (*неуклюжий*) clumsy, awkward.

нелады́ *мн. разг.*: у них ~ they don't get on, they have fallen out.

нела́сковый reserved, unfriendly.

нелега́ль|но illegally; **~ность** *ж.* illegality; **~ный** illegal; ~ перейти́ на ~ное положе́ние go* underground; **~щина** *ж. разг.* illegal activities, illegal literature.

нелёгкая *ж. скл. как прил. разг.* ~ его́ сюда́ несёт! what the devil brings him here!

нелёгк|ий 1. (*тяжёлый*) heavy; **2.** (*трудный*) hard, not easy; ~ая зада́ча no easy task, task of some difficulty.

неле́п|ость *ж.* absurdity; кака́я ~! how ridiculous!; **~ый** absurd, ridiculous.

несле́стн|ый unflattering; быть ~ого мне́ния о *ком-л.* have*/hold* an unflattering opinion of *smb.*

нелётный nonflying; unfit for flying *после сущ.*

нелету́чий *хим.* nonvolatile.

неликвиди́рованн|ый *эк.* open; ~ые сро́чные контра́кты *мн.* open positions.

неликви́д|ный *эк.* nonliquid; ~ные акти́вы long-term assets, risk assets; ~ные убы́тки unliquidated damages; **~ы** *мн.* illiquid assets.

нели́шн|е *в знач. сказ.* (+ *инф.*) it does no harm (+ to *inf*); ~ бы́ло бы ещё раз посмотре́ть *one* had better have another look at it; **~ий** useful, necessary.

нело́вк|ий 1. (*неуклюжий*) clumsy, awkward; он о́чень нело́вок he is very clumsy/awkward; сде́лать ~ое движе́ние make* an awkward movement; **2.** (*неприятный*) awkward, uncomfortable, embarrassing; ~ое молча́ние awkward silence; поста́вить *кого-л.* в ~ое положе́ние put* *smb.* in an awkward position.

нело́вк|о 1. *нареч.* awkwardly; чу́вствовать себя́ ~ feel* awkward; **2.** *в знач. сказ. безл.* it is uncomfortable; о́чень ~ сиде́ть на э́том сту́ле this chair is uncomfortable to sit on; **3.** *в знач. сказ. безл.* (*дт.*; *о чувстве стеснения, стыда*) it is awkward/embarrassing (for); мне ~ говори́ть об э́том! I hardly like to mention it; **~ость** *ж.* awkwardness; (*неловкий поступок*) blunder; почу́вствовать ~ость feel* awkward.

нелоги́чный illogical.

нело́яльный disloyal.

нелужёный untinned.

нельзя́ *в знач. сказ.* (*обыкн.* + *инф.*) **1.** (*невозможно*) it is impossible (+ to *inf*); ~теря́ть ни минуты there's not a minute to lose; иначе ~ it's the only way; ~ было предполагать... no one could have supposed...; **2.** (*запрещено*) it is not allowed; здесь ~ курить smoking is not allowed here; ему ~ курить he is not allowed to smoke; ~ трогать! don't touch!; ~ входить! you can't come in!; ◇ ~ не согласиться, признаться *и т. п.* it must be agreed, admitted *etc.*; ~ сказать, что мне это нравится I can't say I like it; ~ сказать, что он умён nobody could call him clever; ~ ли потише? couldn't you be a little quieter?; ◇ как ~ лучше in the best possible way, splendidly.

нельма *ж. зоол.* white salmon.

нелюбезный ungracious, aloof; ~ ответ ungracious answer; ~ приём ungracious reception.

нелюбимый that *one* does not love/like *после сущ.*; ~ ребёнок unloved child.

нелюбовь *ж.* dislike.

нелюбопытный **1.** incurious; **2.** uninteresting.

нелюдим *м.* unsociable person, bad mixer; он такой ~ he's very unsociable; **~ый** unsociable.

нём **1.** (*пр от личн. мест.* он) about/of him; **2.** (*пр. от личн. мест.* оно) about/of it.

немало **1.** (*довольно много*) much, a good deal (of), quite a number/lot (of); (*вполне достаточно*) plenty (of); **2.** (*очень, довольно сильно*) considerably, to quite an extent.

немаловажный not unimportant, by no means unimportant.

немалый considerable.

немаркий that does not show the dirt *после сущ.*

нематериальн|ый nonmaterial; ~ые активы предприятия *мн. эк.* goodwill *sg.*, intangible assets *pl.*

немедленн|о immediately, at once; (*тут же*) then and there, on the spot; forthwith *книжн.* **~ый** immediate.

немеркнущий unfading, immortal.

неметалл *м. хим.* nonmetal, metalloid.

неметчина *ж. уст.* **1.** Germany; foreign parts; **2.** *пренебр.* German or foreign way of life.

неметь, онеметь **1.** become* dumb; *перен.* be* speechless, be* struck dumb; онеметь от изумления be* dumbfounded; **2.** (*цепенеть, коченеть*) grow* numb.

немец *м.* German.

немецкий German; ~ язык German, the German language.

немигающий unwinking.

немилосердный merciless, unmerciful (*тж. перен.*).

немилост|ь *ж.* disfavor, disgrace; быть в ~и у *кого-л.* be* out of favor with *smb.*; впасть в ~ fall* into disgrace.

немилый unloved, hated.

неминуемый inevitable.

немка *ж.* German (woman*).

немног|ие *мн.* (very) few people; ~им известно few people are aware; ~им дано... it is given to few.

немног|ий: в ~их словах in a few words; ~им больше a little more; ~им меньше a little less.

немного **1.** a little; only a little, not much; few, not many (*с сущ. во мн. ч.*); **2.** (*слегка*) rather, slightly, somewhat, a little.

немногое *с.* the little.

немногословный **1.** (*краткий*) laconic; terse; **2.** (*о человеке*) taciturn; of few words *после сущ.*

немногочисленн|ый **1.** small; ~ая семья small family; ~ые замечания a few remarks; **2.** *мн.* the few; ~ые пассажиры дремали the few passengers were dozing.

немнущ|ийся uncrushable; ~иеся ткани uncrushable fabrics.

нем|ой *прил.* **1.** dumb; *перен.* mute; **2.** *в знач. сказ. безл. м.* dumb person; *мн.* the dumb; ◇ ~ фильм silent picture/film; в эпоху ~ого кино in the days of silents; ~ вариант *кино* silent version; ~ кадр silent frame; ~ кинопроектор *кино* silent projector; ~ое обожание mute adoration; ~ призыв mute appeal; ~ая азбука sign language; ~ая карта outline/skeleton map; ~ая сцена dumb show.

немолодой elderly; getting on in years *после сущ.*

немолчный *поэт.* incessant, unceasing.

немота *ж.* dumbness.

немочь *ж. разг.* illness, sickness; бледная ~ *мед.* chlorosis, greensickness; чёрная ~ falling sickness (epilepsy).

немощёный unpaved.

немощный feeble.

немощь *ж. разг.* sickness, feebleness.

нему **1.** (*дт. от личн. мест.* он) to him; **2.** (*дт. от личн. мест.* оно) to it.

немудрено *в знач. сказ.* no wonder; ~, что no wonder (that).

немудрён|ый *разг.* simple, easy; это дело ~ое it is a simple matter.

немыслим|ый unthinkable, impossible; это ~о! that's impossible!

ненавидеть *несов.* (*вн.*) hate (*smb.*, *smth.*), detest (*smb.*, *smth.*).

ненавистн|ик *м.*; **~ица** *ж.* hater, bitter enemy; **~ый** **1.** (*вызывающий ненависть*) hated, hateful; **2.** (*выражающий ненависть*) hate-filled; full of hate *после сущ.*

ненависть *ж.* hatred; hate *поэт.*; ~ к *кому-л.* hatred of *smb.*

ненаглядный darling, beloved.

ненадёванный *разг.* new, not yet worn.

ненадёжный unreliable; (*о человеке тж.*) untrustworthy.

ненадлежащ|ий not right, improper; ~ая тара *торг.* improper packing; ~им образом improperly.

ненадобность *ж.*: за ~ю as superfluous; выбросить *что-л.* за ~ю throw* *smth.* away as being of no further use.

ненадолго for a short while/time, not for long.

ненаказуем|ость *ж. юр.* nonpunishability; **~ый** *юр.* nonpunishable.

ненаме́ренный unintentional.
ненападе́ни|е *с.* non-aggression; пакт о ~и nonaggression pact.
ненаро́ком *разг.* unintentionally, accidentally.
ненаруши́мый inviolable.
нена́стный wet, rainy, bad*.
ненастоя́щий artificial, counterfeit.
нена́стье *с.* wet/rainy weather.
ненасы́тный insatiable (*тж. перен.*).
ненасы́щенный unsaturated; ~ раство́р *хим.* unsaturated solution.
ненатура́льный 1. (*искусственный*) artificial; **2.** (*неественный*) unnatural.
нена́учный unscientific.
не́нец *м.* Nenets; **~кий** Nenets; ~кий язы́к Nenets, the Nenets language.
не́нка *ж.* Nenets woman*.
ненорма́льн|ость *ж.* abnormality; **~ый 1.** abnormal; **2.** *разг.* (*психически больной*) mad.
ненорми́рованный: ~ труд work with no fixed hours; ~ рабо́чий день irregular working hours *pl.*
нену́жный unnecessary; (*о человеке тж.*) unwanted.
необде́ланный *разг.* untrimmed, unfinished; (*о драгоценных камнях*) unmounted.
необду́манн|ый rash, unconsidered; ~ посту́пок unconsidered action; ~ое реше́ние rash decision.
необеспе́ченн|ость *ж.* insecurity, lack of means; ~ существова́ния ill-provided existence; ~ый without means *после сущ.*; он челове́к ~ый he has no regular livelihood; ~ая ссу́да *фин.* unsecured loan; ~ый заём *фин.* straight loan.
необита́емый uninhabited; ~ о́стров desert island.
необла́гаемый *эк.* not taxable, untaxed.
необозна́ченный not indicated; (*на карте*) unmapped, unplotted; *мор.* uncharted.
необозри́м|ый boundless, vast; ~ые да́ли boundless expanse *sg.*
необосно́ванный groundless, baseless, unfounded; ~ вы́вод unfounded conclusion; ~ упрёк unjustified reproach.
необрабо́танный 1. (*о земле*) uncultivated, untilled; **2.** (*не подвергшийся обработке*) crude, unwrought; **3.** (*о произведении*) rough, unfinished.
необразо́ванн|ость *ж.* lack of education, ignorance; **~ый** uneducated, ignorant.
необрати́мый irreversible.
необстоя́тельный superficial.
необстре́ливаем|ый *воен.* unshelled; ~ое простра́нство *воен.* dead ground.
необстре́лянн|ый that has never been under fire *после сущ.*; untested, inexperienced; ~ые войска́ raw troops.
необу́зданный unbridled, ungovernable.
необу́тый unshoed, shoeless.
необу́ченный untrained.
необходи́м|о *в знач. сказ.* (+ *инф.*) it is necessary/essential (+ to *inf*), one must (+ to *inf*); **~ость** *ж.* necessity, need; по ~ости from necessity, out of necessity; по ме́ре ~ости as required; **~ый 1.** (*очень нужный*) necessary, essential; that *one* needs *после сущ.*; **2.** (*неизбежный*) necessary, inevitable; ◇ ~ое для пра́вильной экспози́ции вре́мя *фото, кино* latitude of exposure; ~ый сервиту́т *юр.* easement of necessity.
необщи́тельный unsociable.
необъекти́вн|ый bias(s)ed; ~ая оце́нка bias(s)ed judgement/assessment.
необъясни́мый inexplicable, unaccountable.
необъя́тный boundless.
необыкнове́нн|ый extraordinary, uncommon; (*странный*) strange; в э́том нет ничего́ ~ого there's nothing special/unusual in that.
необыча́йный extraordinary, remarkable.
необы́чн|ость *ж.* **1.** (*особенность*) singularity; **2.** (*непривычность*) unfamiliarity, strangeness; **~ый 1.** (*особенный*) unusual; **2.** (*непривычный*) unfamiliar, strange, odd.
необяза́тельный 1. not essential *predic*; (*не подлежащий обязательному изучению*) optional; ~ станда́рт *юр.* permissive standard; **2.** (*о человеке*) unreliable.
неограни́ченн|ый unlimited. unrestricted; (*о власти*) absolute; ~ая власть absolute power; ~ая мона́рхия absolute monarchy; ~ое коли́чество unlimited quantity; ~ые полномо́чия unrestricted powers, plenary powers.
неоде́тый undressed.
неодина́ков|ый (*неравный*) unequal; (*разный*) different; они́ ~ы they are not the same.
неоднокра́тн|о more than once, repeatedly; **~ый** repeated.
неодноро́дный 1. (*несходный*) dissimilar; **2.** (*разнородный по составу*) heterogeneous.
неодобре́ние *с.* disapproval, disapprobation.
неодобри́тельн|о disapprovingly; **~ый** disapproving.
неодоли́мый irrepressible, irresistible; (*непобедимый*) invincible.
неодушевлённый inanimate.
неожи́данн|о unexpectedly; (*вдруг*) suddenly; ~ для самого́ себя́ to *one's* own surprise; **~ость** *ж.* **1.** unexpectedness; (*внезапность*) suddenness; **2.** (*события и т. п.*) surprise; больша́я ~ость great surprise; вздро́гнуть от ~ости give* a start of surprise; **~ый** unexpected; (*внезапный*) sudden; ~ая ра́дость unlooked-for pleasure.
неозо́йский *геол.* neozoic.
неокантиа́нство *с. филос.* neo-Kantianism.
неокапитали́зм *м.* neocapitalism.
неоклассици́зм *м.* neoclassicism.
неоколониал|и́зм *м.* neocolonialism; **~и́стский** neocolonialist.
неоконча́тельный inconclusive, not final, tentative.
неоко́нченный unfinished.
неоли́т *м. археол.* late Stone Age; **~и́ческий** neolithic.
неологи́зм *м. лингв.* neologism, new word.
нео́н *м.* **1.** *хим.* neon; **2.** (*свет*) neon light.

неонац|и́зм *м.* neo-Nazism; **~и́ст** *м.* neo-Nazi; **~и́стский** neo-Nazi.

нео́нов|ый neon *attr.*; ~ свет neon lighting; ◇ ~ая ла́мпа neon tube.

неопа́сн|о 1. *нареч.* safely, without danger; **2.** *в знач. сказ.* it is quite safe; **~ый** safe; ~ое путеше́ствие safe journey; ~ый проти́вник safe opponent; ра́на была́ ~ая the wound was not dangerous.

неопера́бельный inoperable.

неопери́вшийся *прям. и перен.* unfledged; callow; ~ птене́ц fledg(e)ling.

неопису́емый indescribable; *перен. тж.* unspeakable.

неопла́тный unpayable; ~ долг unpayable debt.

неопла́ченн|ый unpaid; ~ая часть акционе́рного капита́ла *фин.* uncalled capital, unpaid capital; ~ ве́ксель *фин.* outstanding bill.

неопо́знанный unidentified.

неопоро́ченный blameless, unstained.

неопра́вданный unwarranted, unjustified; ~ое обвине́ние unwarranted accusation.

неопределённ|ость *ж.* **1.** (*нея́сность*) vagueness; **2.** (*неопределённое положе́ние*) uncertainty; ~ му́чит меня́ the suspense is killing me; **~ый 1.** indefinite, indeterminate; идти́ в ~ом направле́нии go* nowhere in particular; челове́к ~ых заня́тий person of no definite occupation; он уе́хал на ~ое вре́мя he has gone away for an indefinite period; **2.** (*сму́тный, нея́сный*) vague; **3.** (*ничего́ не выража́ющий*) vacant; ◇ ~ые местоиме́ния *грам.* indefinite pronouns; ~ая фо́рма глаго́ла *грам.* the infinitive; ~ый арти́кль indefinite article.

неопровержи́м|ый incontrovertible, irrefutable; ~ые доказа́тельства incontrovertible proof(s).

неопря́тн|ость *ж.* slovenliness, untidiness; **~ый** slovenly, untidy; frowzy *разг.*; (*о же́нщинах*) statternly; ~ый вид unkempt/slovenly appearance; ~ый костю́м shabby suit; ~ый ребёнок untidy child*.

неопублико́ванный unpublished.

нео́пытн|ость *ж.* inexperience; **~ый** inexperienced; ~ый челове́к inexperienced person; (*нови́чок*) novice.

неорганизо́ванн|ость *ж.* lack of organization; **~ый** unorganized.

неоргани́ческ|ий inorganic; ◇ ~ая хи́мия inorganic chemistry.

неореали́зм *м.* neorealism.

неосведомлённость *ж.* ignorance, lack of information.

неосведомлённый badly informed, ill-informed.

неосе́длый nomadic.

неосла́бн|ый unremitting, assiduous; ~ое внима́ние unremitting attention.

неосмотри́тельн|ость *ж.* imprudence; **~ый** imprudent; ~ый челове́к imprudent person; ~ый посту́пок imprudent action.

неоснова́тельн|ый 1. unfounded, tenuous, flimsy; **2.** *разг.* (*легкомы́сленный*) happy-go-lucky; ◇ ~ое промедле́ние в предъявле́нии и́ска *юр.* laches; ~ое приобрете́ние *фин.* groundless acquisition.

неоспори́м|ость *ж.* incontestability, indisputability; **~ый** unquestionable, undeniable; ~ый факт undeniable fact; ~ый до́вод irrefutable argumen ~ое доказа́тельство *юр.* uncontrovertible proof.

неосторо́жн|ость *ж.* carelessness; (*неблагоразу́мие*) imprudence; **~ый** careless; (*неблагоразу́мный*) imprudent, incautious.

неосуществи́мый unfeasible, impracticable.

неосяза́ем|ый intangible, impalpable; ~ые акти́вы *фин.* intangible assets.

неотврати́мый inevitable.

неотвя́з|ный haunting; nagging; **~чивый** persistent, nagging.

неотдели́мый: ~ от *чего́-л.* inseparable from *smth.*

неотёсанный rough; *перен. разг.* uncouth.

неотзы́вчивый not responsive *predic*, unresponsive.

не́откуда there is nowhere; ~ ждать по́мощи there is nowhere to expect help from; ~ ему́ знать э́то he couldn't know that, there was no way he could know that.

неотло́жка *ж. разг.* ambulance (service).

неотло́жн|ый urgent, pressing; ~ое де́ло urgent matter; ~ая по́мощь first aid.

неотлу́чн|о continually, constantly; **~ый** ever-present, permanent.

неотрази́мый irresistible; ~ уда́р crushing/irresistible blow; ~ до́вод irresistible argument.

неотсту́пн|ый insistent, importunate; ~ое пресле́дование relentless pursuit; ~ая мысль inescapable thought.

неотчётлив|ость *ж.* vagueness, indistinctness; **~ый** vague, indistinct.

неотчужда́ем|ость *ж. юр.* inalienability; **~ый** *юр.* inalienable.

неотъе́млем|ый inalienable; ~ая часть integral part; ~ая часть догово́ра *эк.* integral part of the contract; ~ое пра́во imprescriptible/inalienable right.

неофаш|и́зм *м.* neofascism; **~и́ст** *м.* neofascist; **~и́стский** neofascist.

неофициа́льный unofficial; ~ биржево́й ма́клер *бирж.* outside broker.

неохо́т|а *ж.* **1.** (*нежела́ние*) reluctance, unwillingness* **2.** *в знач. сказ.* (*дт.* + *инф.*) *разг.*: ~ мне говори́ть с ним I don't feel like speaking to him; **~но** with reluctance, unwillingly; **~ный** reluctant, unwilling.

неоцени́м|ый invaluable, inestimable; ~ вклад inestimable contribution; оказа́ть ~ую услу́гу render an invaluable service.

неощути́мый intangible; (*незначи́тельный*) inappreciable.

непа́рный odd; that does, do not match *после сущ.*

непарти́йн|ый (*не состоя́щий в па́ртии*) nonparty.

непереводи́мый untranslatable.

непередава́емый inexpressible, unutterable.

непереходный: ~ глаго́л *грам.* intransitive verb.

неперспекти́вный lacking in prospects *после сущ.*; unpromising.

непи́саный unwritten; ~ зако́н unwritten law.

неплатёж *м.* failure to pay, nonpayment, default

неплатёжеспосо́бн|ость *ж. юр.* insolvency; **~ый** *юр.* insolvent.

неплате́льщик *м.* defaulter; зло́стный ~ incorrigible defaulter.

неплодоро́дный barren, infertile.

непло́тно: ~ закры́тый half-closed; ~ закрыва́ть(ся) not shut porperly.

непло́хо 1. *нареч.* not badly, quite well; **2.** *в знач. сказ. безл.* it is not bad.

неплохо́й quite a good.

непобеди́м|ость *ж.* invincibility; **~ый** invincible, unconquerable.

непова́дно (*кому-л.* + *инф.*) *разг.* чтобы ~ было teach* *smb.* not to do *smth.* again.

непови́нный innocent.

неповинове́ние *с.* disobedience, refusal to obey.

неповоро́тливый (*неловкий*) clumsy; (*медлительный*) slow, sluggish.

неповтори́мый inimitable, unique.

непого́да *ж.* bad weather.

непогреши́м|ость *ж.* infallibility; **~ый** infallible.

неподалёку not far off; ~ от *чего-л.* not far from *smth.*

неподáтливый unyielding; stubborn, intractable, tenacious.

неподви́жн|о motionless, still; **~ый** motionless, still; (*медлительный*) immobile, sluggish; ~ое лицо́ stony face; ~ый взгляд fixed stare; ~ый челове́к sluggish/stolid person.

неподгора́ющ|ий: ~ая кастрю́ля nonstick saucepan.

неподде́льн|ый 1. (*подлинный*) genuine, authentic; ~ые докуме́нты authentic papers; **2.** (*искренний*) sincere, unfeigned; ~ая ра́дость sincere joy.

неподку́пный incorruptible.

неподоба́ющ|ий improper, unbecoming; (*неприличный*) unseemly, indecorous; ~им о́бразом improperly, unbecomingly, in an improper manner.

неподража́емый inimitable.

неподходя́щий unsuitable; (*некстати*) inappropriate.

неподчине́ние *с.* insubordination; ~ суде́бному постановле́нию *юр.* contempt of court.

непозволи́тельный impermissible.

непознава́емый *филос.* unknowable.

непокла́дистый 1. obstinate, uncompromising; **2.** *разг.* clumsy.

непоко́йный *разг.* anxious, worried.

непоколеби́мый unshakeable, steadfast.

непоко́рный unruly, rebellious.

непокры́т|ый uncovered; с ~ой голово́й bareheaded; (*без шляпы*) hatless.

непола́дки *мн.* (*ед.* непола́дка *ж.*) **1.** defects; trouble *sg.*, something wrong; организацио́нные ~ organizational difficulties; **2.** *разг.* (*ссоры, нелады*) trouble sg.

неполнопра́вный underprivileged; not enjoying full rights *после сущ.*

неполнота́ *ж.* incompleteness; ~ све́дений insufficient information.

неполноце́нн|ость *ж.* defectiveness; ко́мплекс ~ости *психол.* inferiority complex; **~ый** defective.

непо́лн|ый 1. (*занятый чем-л. не до краёв*) that is not full *после сущ.*; ~ое ведро a pail that is not full; **2.** (*не достигший определённого размера, предела и т. п.*) incomplete; с тех пор прошло́ ~ых два́дцать лет since then not quite twenty years had passed; ~ая семья́ single-parent family; ~ое сре́днее образова́ние incomplete secondary education; ~ пе́речень *чего-л.* incomplete list of *smth.*; по ~ым да́нным according to incomplete data; ~ вес short weight; ~ая за́нятость (*рабочей силы*) underemployment; ~ая рабо́чая неде́ля short week.

непоме́рный excessive; (*о цене*) exorbitant.

непонима́ние *с.* incomprehension, inability/failure to understand; взаи́мное ~ lack of understanding, inability to understand one another.

непоня́тливый slow-witted; dense *разг.*

непоня́т|о 1. *нареч.* incomprehensibly, unintelligibly; **2.** *в знач. сказ. безл.*: ~, что он хо́чет сказа́ть it's not quite clear what he means; мне ~ I don't understand; **~ый** unintelligible, incomprehensible.

непопада́ние *с. спорт.* (*стрельба*) miss.

непоправи́м|ый irretrievable, irreparable, irremediable; ~ шаг irretrievable step; ~ая оши́бка fatal mistake.

непопуля́рный unpopular.

непоро́чный innocent, pure.

непоря́док *м.* disorder.

непоря́дочный dishonorable.

непосвящённый uninitiated.

непосе́д|а *м. и ж. разг.* fidget, restless person; **~ливый** fidgety, restless.

непосе́щение *с.* nonattendance; ~ ле́кций non-attendance at lectures.

непоси́льн|ый exhausting, back breaking; ~ая рабо́та work beyond *one's* strength, work that is too much for *one.*

непосле́довательн|ость *ж.* inconsistency; **~ый** inconsistent.

непослуша́ние *с.* disobedience.

непослу́шн|ый disobedient; *перен.* unruly; ~ые ку́дри unruly curls.

непосре́дственн|ость *ж.* (*непринуждённость*) spontaneity; (*простота*) ingenuousness, naturalness; **~ый 1.** direct, immediate; ~ый нача́льник immediate superior; ~ый ба́ртер *эк.*

direct barter; **2.** (*непринуждённый, естественный*) spontaneous; (*простой*) ingenuous, natural.

непостижи́м|ый incomprehensible, inconceivable, unfathomable; ◇ уму́ ~о beyond human understanding.

непостоя́н|ный changeable; (*о человеке тж.*) unstable, fickle; ~ная пого́да changeable weather; **~ство** *с.* changeability; instability; inconstancy.

непоти́зм *м.* nepotism.

непотопля́емый unsinkable.

непотре́б|ный *уст.* obscene, indecent; ~ые слова́ obscenities; **~ство** *с. уст.* obscenity, indecent conduct.

непохо́жий unlike, different.

непоча́т|ый untouched; *перен.* untapped, abundant; ~ая буты́лка unopened bottle; ◇ ~ край abundance; рабо́ты — ~ край there's no end of work to be done.

непочте́ние *с.* disrespect.

непочти́тельн|ость *ж.* disrespect; **~ый** disrespectful.

непра́вда *ж.* **1.** untruth, lie; это ~! it's a lie!, it's not true!; **2.** (*обман, мошенничество*) deception; ◇ все́ми пра́вдами и ~ми by fair means or foul; ≅ by hook or by crook.

неправдоподо́б|ие *с.* improbability; **~ный** unlikely, improbable.

непра́ведный *уст.* unjust, iniquitous.

непра́вильн|о **1.** wrong, incorrectly; ~ отвеча́ть answer wrong; ~ написа́ть а́дрес на конве́рте address the letter incorrectly, put* the wrong address on the letter; ~ указа́ть но́мер, фами́лию *и т. п.* give* the wrong number, name *etc.*; **2.** *в сочетании с гл.* информи́ровать, истолко́вывать, понима́ть, представля́ть, суди́ть, цити́ровать, произноси́ть *переводится приставкой* mis-, *напр.*: misinform, mispronounce *etc.*; ~ указа́ть доро́гу *кому-л.* misdirect *smb.*; **~ый** **1.** (*отклоняющийся от обычных норм*) abnormal; (*непропорциональный*) irregular; *разг.* (*не соблюдающий правил морали*) wayward; **2.** (*ошибочный*) wrong, incorrect, false; **3.** (*несправедливый*) unjust, unfair; ◇ ~ое описа́ние (това́ра) *торг.* false trade description, misdescription; ~ые черты́ лица́ irregular features; ~ые глаго́лы *грам.* irregular verds; ~ая дробь *мат.* improper fraction.

неправоме́рн|ость *ж.* illegality; **~ый** illegal; illegitimate; ~ый по свое́й приро́де *юр.* illegal in itself.

неправомо́ч|ость *ж. юр.* incompetence; **~ый** *юр.* incompetent, without authority *после сущ.*

неправоспосо́бн|ость *ж. юр.* disability, incapacity; гражда́нская ~ civil incapacity; **~ый** *юр.* disabled, disqualified; вре́менно ~ый temporarily incompetent.

неправота́ *ж.* **1.** (*несправедливость*) wrongness, injustice; **2.** (*заблуждение*) error.

непра́в|ый **1.** *обыкн. кратк. ф.* wrong; вы ~ы you are wrong; **2.** (*несправедливый*) unjust.

непракти́чный impractical.

непревзойдённ|ый unsurpassed, matchless, second to none *predic.*; ~ ма́стер unsurpassed master; ~ая глу́пость matchless stupidity.

непредвзя́тый unprejudiced, unbias(s)ed.

непредви́денн|ый unforeseen; ~ые обстоя́тельства unforeseen circumstances; ~ расхо́д unforeseen expense.

непреднаме́ренн|ый unintentional; *юр.* unpremeditated; ~ое оскорбле́ние unintentional insult.

непредубеждённый unbias(s)ed, unprejudiced.

непредумы́шленн|ый *юр.* unpremeditated; ~ое уби́йство *юр.* manslaughter.

непредусмо́тренный unprovided for, unenvisaged; not provided for *после сущ.*

непредусмотрительн|ость *ж.* improvidence; ~ый improvident.

непреклo'нн|ость *ж.* inexorability, determination; **~ый** inexorable, indomitable, unyielding; ~ая воля inflexible will; ~ый в достиже́нии свои́х це́лей indomitable in the pursuit of *one's* aims.

непрекраща́ющийся incessant.

непрело́жн|ый immutable; (*неоспоримый*) indisputable, incontestable; ~ зако́н indefeasible law; ~ая и́стина incontestable truth.

непреме́нн|о certainly, surely, without fail; он ~ придёт he is sure to come; **~ый** indispensable; ~ое усло́вие indispensable condition, a sine qua non; ◇ ~ый секрета́рь permanent secretary.

непреобори́мый insuperable, irresistable.

непреодоли́м|ый insuperable, insurmountable; ~ое жела́ние overmastering desire; ~ая си́ла *юр.* irresistible force, act of God, act of providence, force majeure; ~ое препя́тствие insurmountable barrier/obstacle.

непререка́емый indisputable; ~ авторите́т indisputable authority; ~ тон peremptory tone.

непреры́вн|о continuously, uninterruptedly; **~ость** *ж.* continuity; **~ый** continuous, uninterrupted; ~ая цепь собы́тий unbroken chain/succession of events; ~ый рост произво́дства uninterrupted growth of production; ~ая кинорегистра́ция *кино* continuous recording; ~ая пода́ча кинофи́льма continuous film; ~ пода́ча раство́ра *кино* continuous replenishment.

непреста́нн|о incessantly; **~ый** incessant, ceaseless.

неприве́тлив|ый **1.** ungracious, unfriendly; ~ челове́к ungracious person; ~ взгляд unwelcoming glance; **2.** (*мрачный, угрюмый*) unhospitable, uninviting; ~ая ме́стность inhospitable locality.

непривлека́тельный unattractive.

неприы́чк|а *ж. разг.* lack of habit; с ~и being unaccustomed (to), not being used (to); э́то с ~и it's because *one* is not used to it.

непривы́чн|о *в знач. сказ. безл.* it seems strange; ~ ему́ на но́вом ме́сте he feels strange in his new surrounings; **~ый** **1.** (*новый, чуждый для кого-л.*) strange, unaccustomed; ~ая обстано́вка unaccustomed circumstances/situation; **2.** (*о человеке*) of little experience *после сущ.*

непригля́дный unattractive, unprepossessing.

неприго́дный useless; ~ к *чему-л.* unfit for *smth.*, good for nothing.

неприе́млем|ый 1. unacceptable; ~ые усло́вия unacceptable terms; 2. (*недопустимый*) inadmissible.

непри́знанный unrecognized, unacknowledged.

неприка́янный *разг.* restless, unable to find anything to do; ходи́ть как ~ go* about, wander about like a lost soul.

неприкоснове́нн|ость *ж.* inviolability; (*дипломатическая*) immunity; ~ ли́чности inviolability of person; депута́тская ~ the inviolability of a deputy; ~ жили́ща the sanctity/inviolability of the home; **~ый** 1. untouchable; ~ый запа́с untouchable reserve; (*продовольствия*) emergency/ iron ration; 2. (*находящийся под защитой закона*) inviolable; ~ое лицо́ protected person.

неприкра́шенн|ый unvarnished; ~ая и́стина unvarnished/unadulterated truth; в ~ом ви́де as it is.

неприкры́т|ый 1. (*неплотно закрытый*) slightly open; оста́вить дверь ~ой leave* the door ajar; 2. (*непокрытый сверху*) bare, uncovered; (*оставленный без защиты*) unprotected, undefended; 3. (*явный*) open, unconcealed; ~ая агре́ссия naked aggression; ~ая пра́вда naked truth; ~ая ложь barefaced lie.

неприли́ч|ие *с.* impropriety; (*непристойность*) indecency; груб до ~ия scandalously rude; ~но improperly, not properly; ~но вести́ себя́ behave improperly/shockingly; **~ый** improper; (*непристойный*) indecent.

непримени́мый inapplicable.

неприме́тн|ый 1. (*незаметный*) imperceptible; ~ая ра́зница imperceptible difference; 2. (*непримечательный*) inconspicuous.

непримири́м|ый irreconcilable; ~ враг irreconcilable/sworn enemy; ~ые противоре́чия irreconcilable contradictions.

непринуждённ|ость *ж.* easiness, freedom; ~ обстано́вки cordial atmosphere; **~ый** natural, easy; ~ый тон natural tone; ~ая по́за easy posture/attitude.

непри́нятие *с.* nonacceptance, rejection; ~ надлежа́щих мер failure to take/undertake necessary measures.

неприсоедине́ни|е *с.* nonalignment.

неприсоедени́вш|ийся: ~иеся госуда́рства the nonaligned countries.

неприспосо́бленный impractical.

непристо́йн|ость *ж.* 1. indecency; ~ поведе́ния indecent/bawdy behavior; 2. (*поступок, речь и т. п.*) obscenity; говори́ть ~ости make* indecent remarks; **~ый** indecent, obscene, lewd.

непристу́пн|ый 1. unassailable, impregnable; ~ая высота́ unassailable peak; 2. (*о человеке*) unapproachable, aloof.

непрису́тственный: ~ день (general) holiday.

непритво́рный unaffected, unfeigned, undisguised.

непритяза́тельный undemanding; (*простой*) unassuming, modest.

неприхотли́в|ый 1. (*нетребовательный*) not hard to please *после сущ.*, unfastidious; (*о растениях*) hardy; 2. (*простой, незатейливый*) plain, simple; ~ рису́нок simple drawing; ~ая пи́ща plain food.

неприча́стн|ый not implicated (in), not privy (to); быть ~ым к де́лу *юр.* be* privy to a cause.

неприя́зненный unfriendly, hostile.

неприя́знь *ж.* dislike; hostility.

неприя́тель *м. собир.* enemy; **~ский** enemy *attr.*

неприя́тн|о 1. *нареч.* unpleasantly; 2. *в знач. сказ. безл.* (*дт.*) it is unpleasant (for); ему́ бы́ло ~ слу́шать э́то he found it unpleasant to listen; э́то бу́дет вам ~ it will be unpleasant for you; **~ость** *ж.* mishap; *мн.* (*огорчения*) trouble *sg.*, unpleasantness *sg.*; какая ~ость! how unpleasant! **~ый** unpleasant, disagreeable; ~ый па́рень unpleasant fellow; ~ый разгово́р unpleasant conversation.

непробива́емый impenetrable *тж. перен.*

непробу́дн|ый 1. wakeless; ~ сон deep sleep; *перен.* (*смерть*) the eternal sleep; спать ~ым сном be* fast asleep; *перен.* sleep* the sleep of death; 2. (*о пьянице*) inveterate.

непроводни́к *м. физ.* nonconductor.

непрогля́дн|ый impenetrable; (*тёмный*) pitch-dark; ~ая ночь impenetrable night.

непродолжи́тельн|ый short, brief; в тече́ние ~ого вре́мени for a short time.

непродукти́вн|ый unproductive (*тж. лингв.*); ~ труд unproductive work; ~ая тра́та вре́мени waste of time; ~ые су́ффиксы unproductive suffixes.

непроду́манный ill-considered.

непрое́зжий impassable; (*затруднительный для езды*) difficult.

непрозра́чный opaque.

непроизводи́тельн|ость *ж.* unproductiveness; **~ый** unproductive; ~ый труд unproductive labor; ~ая тра́та вре́мени waste of time; ~ые расхо́ды unproductive expenditure.

непроизво́льный involuntary.

непрола́зн|ый *разг.* impassable; по доро́гам была́ ~ая грязь the roads were a sea of mud.

непромока́емый waterproof; ~ плащ waterproof mackintosh.

непроница́ем|ость *ж.* impenetrability; **~ый** 1. impenetrable; (*для воды, газов тж.*) impervious; ~ый для зву́ка soundproof; ~ый мрак impenetrable darkness; 2. (*скрытный*) enigmatic.

непропорциона́льн|ость *ж.* disproportion; **~ый** disproportionate.

непросвещённый unenlightened.

непрости́тельн|о unforgiveable; **~ый** unpardonable, inexcusable.

непротивле́ние *с.* nonresistance; ~ злу nonresistance to evil.

непроторённ|ый unexplored, unusual; пойти́ по ~ому пути́ *перен.* take* an unexplored path.

непрофессиона́л *м.* nonprofessional, amateur.

непроходи́м|ый 1. impassable; ~ лес impenetrable forest; **2.** *разг.* (*совершенный, полный*) utter, rank; ~ дура́к utter fool; ~ая глу́пость rank stupidity.

непро́чный 1. flimsy; (*о сооружениях*) unstable, insecure; **2.** (*о чувствах*) fleeting, precarious.

непро́шен|ый uninvited; (*нежелательный*) unasked for; (*невольный*) unbidden, involuntary; ~ гость uninvited guest; ~ сове́т unasked for advice; ~ые мы́сли unbidden thoughts.

непрямо́й 1. indirect; **2.** (*неоткровенный*) not straightforward; ~ отве́т evasive answer.

неработоспосо́бный incapacitated, disabled; unable to work *predic.*

непутёвый *разг.* good-for-nothing, useless; ~ челове́к bad lot, ne'er-do-well.

непутём *разг.* badly; де́лать всё ~ make* a mess of everything.

непью́щий nondrinking, temperate, abstemious in relation to alcoholic liquor, teetotal.

нерабо́ч|ий 1.: ~ее происхожде́ние nonworking-class origin; ~ая оде́жда leisure clothes; **2.** (*о скоте*) nonworking; **3.** (*о времени*) nonworking, off; ~ день nonworking day, off day; **4.** (*не располагающий к работе*) distracting; ~ая обстано́вка not the right atmosphere for work.

нера́венство *с.* inequality; социа́льное ~ social inequality.

неравноду́шный (к *дт.*) not indifferent (to).

неравноме́рн|ость *ж.* unevenness; ~ разви́тия unevenness of development, uneven development; **~ый** uneven; ~ое разви́тие uneven development.

неравнопра́в|ие *с.* (social) inequality; **~ный** unequal; possessing unequal rights *после сущ.*

нера́вн|ый unequal; ~ые си́лы unequal forces; пасть в ~ом бо́ю die fighting against odds; ~ брак misalliance.

нерад|е́ние *с.* negligence, remissness, carelessness; **~и́вость** *ж. см.* нераде́ние; **~и́вый** slack, halfhearted; (*небрежный*) careless; ~и́вое отноше́ние к заня́тиям halfhearted attitude to *one's* studies; ~и́вый учени́к, рабо́тник slack pupil, workman*.

неразбери́ха *ж. разг.* muddle.

неразбо́рчивый 1. (*о почерке*) illegible; (*невнятный*) incomprehensible; **2.** (*невзыскательный*) undiscriminating; **3.** (*беспринципный*) unscrupulous; ~ в сре́дствах unscrupulous.

неразвито́й undeveloped; (*умственно*) backward.

неразга́данный unsolved; (*нерасшифрованный*) undeciphered.

неразгово́рчив|ость *ж.* taciturnity; **~ый** taciturn, silent; ~ый челове́к man* of few words.

неразделим|ый, нераздéльн|ый indivisible, inseparable; нераздéльное иму́щество *юр.* common estate.

неразличи́мый indistinguishable.

неразлу́чники *мн. зоол.* lovebirds.

неразлу́чн|ый inseparable; ~ые друзья́ inseparable friends.

нерazме́нный (*о деньгах*) unchangeable, whole.

неразреш|ённый 1. (*запрещённый*) prohibited, forbidden; **2.** (*нерешённый*) unsolved; ~ вопро́с unsolved problem; **~и́мый** insoluble.

неразруши́мый indestructible.

неразры́вн|ый indissoluble, inseparable; ~ая связь indissoluble ties *pl.*; ~ая дру́жба indissoluble friendship.

неразу́м|ие *с.* folly, foolishness; **~ный** unreasonable, unwise, irrational; ~ный челове́к irrational/unreasonable person; ~ный посту́пок unwise action.

нераская́нный *уст.* impenitent, unrepentant.

нерасположе́ние (к *дт.*) dislike (of, for).

нераспоряди́тельн|ость *ж.* inefficiency; **~ый** inefficient; ~ый челове́к bad organizer.

нераспростране́ние *с.* nonproliferation; ~ я́дерного ору́жия nonproliferation of nuclear weapons.

нерассуди́тельный irrational, unreasonable; ~ челове́к irrational person; ~ посту́пок irrational/unreasonable action.

нерастворúмый insoluble.

нерасторжи́мый indissoluble.

нерастoро́пный slow, languid.

нерасчётливый improvident; (*в денежном отношении тж.*) thriftless, extravagant.

нерациона́льный irrational.

нерв *м.* nerve; кре́пкие ~ы strong nerves; ◇ де́йствовать *кому-л.* на ~ы get* on *smb.'s* nerves.

нерви́ровать *несов.* (*вн.*) make* (*smb.*) nervous.

не́рвничать *несов.* be* nervous, feel* nervous, be* excited; (*волноваться*) worry.

нервнобольно́й *м.* nerve patient, neurotic.

не́рвн|ость *ж.* nervousness; **~ый** nervous; ~ая систе́ма nervous system; ~ый припа́док fit of nerves; ~ый челове́к nervous person; ~ое состоя́ние nervous state of mind; ~ая рабо́та trying/harassing work.

нерво́зн|ость *ж.* (nervous) tension; **~ый** nervy, highly strung; jittery *разг.*

нереа́льн|ость *ж.* **1.** unreality; **2.** (*невыполнимость*) impracticability; **~ый 1.** (*фантастический*) unreal; **2.** (*невыполнимый*) impractical, unrealistic.

нерегули́руемый: ~ спрос *эк.* unadjusted demand.

нерегуля́рн|ость *ж.* irregularity; **~ый** irregular.

нере́дк|ий not infrequent; (*обычный*) not unusual; **~о** not infrequently; quite often.

нере́зк|ий blurry; ~ое изображе́ние *кино* blurred image; **~ость** *ж.* fuzziness; *кино* blur.

нерекламúруем|ый: ~ая ма́рка *торг.* wildcat brand.

нерента́бельный *эк.* unprofitable.

не́рест *м.* spawning; **~и́лище** *с.* spawning-ground; **~и́ться** spawn.

нереши́тельн|о hesitantly; **~ость** *ж.* indecision; быть в ~ости be* hesitating, be* in doubt, vacillate; **~ый** indecisive, irresolute, hesitant; ~ый челове́к irresolute person; ~ый тон hesitant tone.

нержаве́йка *ж. разг.* stainless steel.

нержаве́ющ|ий rustproof; ~ая сталь stainless steel.

неритми́чн|ый unrhythmical; ~ые движе́ния unrhythmical/erratic movements; ~ая рабо́та unsteady work, working in fits and starts.

неро́бк|ий brave, fearless; ◇ он челове́к ~ого деся́тка he is no coward.

неро́вн|ый **1.** (*негладкий*) uneven, rough; ~ая ме́стность rough/rugged country; **2.** (*кривой*) crooked, not straight; ~ая ли́ния crooked line; **3.** *разг.* (*неодинаковый*) unequal; **4.** (*неравномерный, прерывистый*) uneven, unsteady; ~ пульс unsteady pulse; ~ое дыха́ние uneven breathing; **5.** (*неустойчивый*) erratic, eccentric; ~ хара́ктер erratic temper; ◇ *разг.* не ро́вен час who knows what may happen, one never knows.

неро́вня *м. и ж. тк. ед.* он ей ~ he is not her equal.

не́рпа *ж. зоол.* ringed seal.

нерукотво́рный *поэт.*, *рел.* not made by human beings; *церк. (название иконы)* Спас Нерукотво́рный The Icon of Our Saviour, Not Made by Hands.

неру́сский non-Russian; (*не свойственный русским*) not Russian *predic.*, un-Russian.

неруши́мый inviolable, indestructible.

неря́|ха *м. и ж.* sloven; (*о женщине тж.*) slattern, slut; **~шество** *с.*; **~шливость** *ж.* slovenliness; **~шливый** **1.** (*неопрятный*) slovenly; ~шливый челове́к slovenly person; ~шливый вид slovenly appearance; **2.** (*небрежный*) careless, slipshod; ~шливая рабо́та careless/slipshod work.

несамостоя́тельный **1.** lacking in initiative *после сущ.*, characterless; (*материально зависимый*) not self-supporting, dependent; ~ челове́к person lacking in initiative; **2.** (*о труде, произведении*) unoriginal, imitative.

несбы́точн|ый unrealizable; ~ые мечты́ castles in the air; ~ые наде́жды unfounded hopes.

несваре́ние *с.*: ~ желу́дка indigestion.

несве́дущий uninformed, ill-informed; (в *пр.*) ignorant (of), unconversant (with).

несве́ж|ий **1.** (*испорченный*) stale; ~ее мя́со meat that is not fresh, tainted meat; **2.** (*лишённый свежести*) not fresh *predic.*; име́ть ~ вид look tired; **3.** *разг.* (*устарелый*) old; ~ но́мер газе́ты back number; **4.** (*нечистый*) soiled.

несвобо́дн|ый: ~ное сочета́ние *лингв.* set phrase.

несвоевре́менн|ый unpunctual, irregular; (*неуместный*) inopportune, ill-timed; ~ая я́вка на рабо́ту unpunctual/irregular attendance (at work).

несво́йственн|ый not characteristic; unusual; с ~ым оживле́нием with unusual animation; э́то ему́ ~о! it is not like him!

несвя́зный incoherent, disconnected.

несгиба́ем|ый inflexible; *перен. тж.* unbending; ~ая во́ля inflexible will.

несгово́рчивый intractable, obstinate.

несгора́емый incombustible; fireproof; ~ шкаф safe.

несде́ржан|ность *ж.* lack of restraint; **~ный** **1.** (*об обещании и т. п.*) unfulfilled; **2.** (*о характере*) uncontrolled; (*резкий*) unrestrained, violent; ~ый челове́к excitable/impetuous person; ~ный тон violent tone.

несдоброва́ть *сов.* ему́ ~ he is heading for trouble.

несе́ние *с.*: ~ обя́занностей performance of duties.

несерьёзн|ый **1.** (*легкомысленный*) light-minded, trivial, superficial, shallow; ~ые лю́ди shallow/trivial people; ~ вид frivolous apperance; ~ое отноше́ние к де́лу light-minded/superficial attitude to the matter; **2.** (*незначительный*) unimportant, trivial; ~ое де́ло trivial matter, trifle; ~ая ра́на slight wound.

несессе́р *м.* dressing case.

несимметри́чный asymmetric(al).

несинхро́нн|ый *кино* out of sync., O.O.S.; ~ая звукова́я доро́жка wild footage; ~ мото́р wild motor.

несказа́нн|о unspeakably, ineffably; **~ый** unspeakable, ineffable.

несскла́дн|ый **1.** (*неуклюжий*) ungainly, awkward; ~ая фигу́ра bad/awkward figure; **2.** (*неудачно выраженный*) clumsy, disjointed; ~ое предложе́ние clumsy sentence; **3.** (*неудачный*) futile.

несклоня́емый *грам.* indeclinable.

не́скольк|о I *числ.* several; (*немного*) a few; ~ раз several times; в ~их места́х in several places; сказа́ть ~ слов say* a few words; ◇ в ~их слова́х in a few words.

не́сколько II *нареч.* slightly, somewhat, a little.

несконча́емый interminable, endless, perpetual.

нескро́мный **1.** immodest, presumptuous; **2.** (*бесцеремонный, нетактичный*) indiscreet, rude; **3.** (*неприличный*) indecent, improper, immodest.

нескрыва́емый unconcealed, undisguised.

несло́жн|ый simple; ~ механи́зм simple mechanism; ~ая нату́ра simple/uncomplicated nature; ~ вопро́с simple/easy question.

неслы́ханн|ый prodigious, unheard-of; ~ая уда́ча prodigious success; ~ое преступле́ние unheard-of/unprecedented crime.

неслы́шн|ый inaudible; ~ыми шага́ми with noiseless steps.

несме́лый timid.

несменя́ем|ость *ж. юр.* irremovability; **~ый** irremovable.

несме́тн|ый countless, vast; ~ое бога́тство vast wealth; ~ые сокро́вища countless treasures.

несмолка́емый ceaseless, unceasing.

несмотря́: ~ на in spite of, despite, notwithstanding; ~ на то, что... despite the fact that...; ◇ ~ ни на что in spite of all.

несмыва́емый indelible; ~ позо́р indelible disgrace.

несмышлёный *разг.* **1.** slow-witted; **2.** very young and unexperienced.

несно́сный intolerable, unbearable; (*о человеке*) insufferable.

несоблюде́ни|е *с.* nonobservance; (*нарушение*) infringement; неоднокра́тное ~ *юр.* repeated nonobservance; основа́ния для ~я grounds for nonobservance; после́дствия ~я consequences of nonobservance; причи́на ~я cause of nonobservance; предъявля́ть иск о ~и fill a legal action for nonobservance.

несовершеннолéт|ие *с.* minority; **~ний** *прил.* **1.** under age *после сущ.*; **2.** *в знач. сущ. м.* minor.

несоверше́нный I imperfect.

несоверше́нный II: ~ вид *грам.* imperfective aspect.

несоверше́нство *с.* imperfection.

несовмести́м|ость *ж.* incompatibility; ~ тка́ней *мед.* incompatibility of tissues; **~ый** incompatible; ~ые поня́тия incompatible ideas.

несовмещённый: ~ видеосигна́л *кино и тел.* noncomposite video signal.

несогла́с|ие *с.* **1.** disagreement, difference of opinion; **2.** (*разлад, ссора*) disagreement; **3.** (отказ) refusal, dissent; **~ный 1.**: быть ~ным not agree, disagree; **2.** (*несогласованный*) uncoordinated; (*о пении*) discordant.

несогласо́ванн|ость *ж.* lack of coordination; **~ый** uncoordinated; ~ые де́йствия uncoordinated actions.

несозву́чный dissonant; ~ эпо́хе not in the spirit of the times.

несозна́тельн|ость *ж.* **1.** thoughtlessness, mental immaturity; **2.** (*политическая отсталость*) political unawareness/ignorance; **3.** (*безответственность*) irresponsibility; **~ый 1.** thoughtless; (*неосознанный*) unconscious; ~ый ребёнок thoughtless child*; **2.** (*политически отсталый*) politically ignorant; ~ые ма́ссы politically ignorant masses; **3.** (*безответственный*) irresponsible; ~ое отноше́ние к де́лу irresponsible attitude.

несоизмери́м|ый incommensurable; *перен.* incompatible; ~ые величи́ны incommensurable quantities; ~ые поня́тия incompatible ideas.

несокруши́м|ый invincible; ~ая во́ля unconquerable will.

несоли́дный unimpressive, lightweight.

несоло́но: уйти́ ~ хлеба́вши *разг.* get* nothing for one's pains.

несомне́нн|о undoubtedly, indisputably; он ~ придёт he's sure to come; **~ость** *ж.* certainty; **~ый** undoubted, unmistakable, indisputable; ~ый успе́х an indisputable/indubitable success.

несообрази́тельный slow(-witted); dense *разг.*

несообра́зн|ость *ж.* incongruity; (*нелепость*) absurdity; **~ый** incongruous; (*нелепый*) absurd, preposterous.

несоотве́тствие *с.* disparity (between), discrepancy (between); ~ хара́ктеров incompatibility (of temperament).

несопряже́ние *с. кино* mistracking.

несоразме́рный disproportionate.

несортов|о́й: ~ы́е семена́ low-grade seeds.

несостоя́тельн|ость *ж.* **1.** insolvency; объяви́ть о ~ости declare *oneself* insolvent/bankrupt; **2.** (*необоснованность*) unsoundness, flimsiness; **~ый 1.** insolvent, bankrupt; ~ый должни́к insolvent; **2.** (*небогатый*) of modest means *после сущ.*; **3.** (*необоснованный*) unsound; ~ая тео́рия unsound/bankrupt theory.

неспе́лый unripe.

неспе́шный unhurried.

неспо́дру́чный *разг.* inconvenient; awkward.

неспоко́йн|о 1. *нареч.* restlessly, anxiously; **2.** *в знач. сказ. безл.* it is disturbing/worrying; на се́рдце у меня́ бы́ло ~ I felt disturbed/uneasy; **3.** *в знач. сказ. безл.* (*о нарушении спокойствия где-л.*): в до́ках ~ the atmosphere at the docks is tense; **~ый** restless, anxious, troubled.

неспосо́бн|ость *ж.* inability; **~ый** incapable; (*к учению*) dull; not clever *predic.*, not bright *predic.*; ~ый ма́льчик dull/backward boy; ~ый к рисова́нию with no ability to draw; ~ый на жéртвы incapable of sacrifice; ~ый на ложь incapable of a lie.

несправедли́в|ость *ж.* injustice; **~ый** unjust, unfair.

неспроста́ *разг.* with a definite purpose, with an ultimate aim; э́то ~! there's more in this than meets the eye!; он ~ заговори́л об э́том there was something behind what he said.

неспряга́емый *грам.* that does not conjugate *после сущ.*

несравне́нн|о 1. (*замечательно*) superbly; **2.** (*гораздо*) much, far; **~ый** incomparable, matchless.

несравни́мый 1. (*очень хороший*) incomparable; **2.** (*различный, непохожий*) that cannot be compared *после сущ.*

нестанда́ртн|ый unstandardized, nonstandard; ~ая проду́кция *эк.* nonstandard production.

нестерпи́мый intolerable, unbearable.

нести́ I, понести́ (*вн.*) **1.** (*перемещать на себе*) carry (*smb.*, *smth.*); *перен.* bring* (*smth.*); ~ мешо́к на спине́ carry a sack on *one's* back; ~ культу́ру в ма́ссы bring* culture to the masses; ~ мир наро́дам bring* peace to the world; **2.** (*быстро передвигать, мчать*) carry (*smb.*, *smth.*) swiftly, bear* (*smb.*, *smth.*) swiftly; (*о ветре, течении тж.*) sweep* (*smth.*) (along), drive* (*smth.*); (*о лошади*) bolt; ве́тер несёт ту́чи the wind drives the clouds; тече́ние несёт ло́дку the current bears/sweeps the boat along; **3.** *безл.* (*тв.*): с мо́ря несло́ сыры́м во́здухом damp air drifted in from the sea; от него́ несёт табако́м he reeks of tobacco; **4.** *тк. несов.* (*выполнять*) perform (*smth.*); ~ обя́занности perform the duties; ~ слу́жбу *воен.* serve; **5.**

(*терпеть что-л.*) bear* (*smth.*); ~ потéри bear/sustain losses; ~ расхóды bear* the expense; ~ убы́тки lose* money; ~ наказáние undergo* punishment; **6.** *разг.* (*говорить что-л. неразумное*) burble (*smth.*); что ты несёшь? what are you drivelling about?; ~ вздор, чепуху́ talk nonsense; <> ~ отвéтственность bear* the responsibility; высокó ~ гóлову hold* *one's* head high.

нести́ II, снести́: ~ я́йца lay* eggs.

нести́сь I, понести́сь **1.** (*мчаться*) rush (along), tear* along; пóезд нёсся с необыкновéнной быстротóй the train rushed along at terrific speed; ту́чи несу́тся по небу́ clouds are scudding across the sky; **2.** *разг.* (*быстро бежать*) rush, tear*.

нести́сь II, снести́сь (*о птицах*) lay* (eggs).

нестóйк|ий unstable; ~ие духи́ weak perfume *sg*.

нестóящ|ий trivial; это ~ее дéло it's not worth while; ~ человéк worthless fellow.

настроев|óй I *прил. воен.* **1.** noncombatant; ~áя слу́жба noncombatant service; **2.** *в знач. сущ. м.* noncombatant.

нестроевóй II (*не годный для постройки*) that is not fit for building *после сущ.*

нестрóйн|о discordantly; **~ый 1.** (*лишённый стройности*) ill-proportioned; **2.** (*беспорядочно расположенный*) disorderly; ~ые ряды́ disorderly ranks; **2.** (*неслаженный*) discordant.

несуди́мост|ь *ж. юр.* absence of previous charge; свидéтельство о ~и certificate of absence of previous charge.

несудохóдный unnavigable.

несурáзный *разг.* **1.** (*нелепый, бессмысленный*) absurd; ~ разговóр absurd conversation; **2.** (*неуклюжий*) clumsy, awkward.

несусвéтн|ый *разг.* extreme, utter, unimaginable; ~ая чушь utter nonsense.

несу́шка *ж. разг.* laying hen, hen in lay.

несущéственн|ый unimportant, unessential; ~ое заблуждéние *юр.* error in accidentia.

несу́щ|ий *тех.* carrying, supporting; ~ винт rotor; ~ая частотá carrier wave; <> ~ая звýка *кино* voice carrier, sound carrier.

несхóдство *с.* dissimilarity.

несчастли́вый unhappy; (*неудачный*) unlucky.

несчáстн|ый *прил.* **1.** unhappy, unfortunate, miserable; сдéлать когo-л. ~ым make* *smb.'s* life miserable; **2.** *разг.* (*злополучный*) ill-starred; **3.** *разг.* (*жалкий*) wretched; ~ слу́чай accident; **4.** *в знач. сущ. м.* wretch, unfortunate person.

несчáсть|е *с.* misfortune; (*бедствие*) calamity, disaster; <> к ~ю unfortunately; я имéл ~ (+ *инф.*) I had the bad luck (+ to *inf*).

несчётный innumerable.

несъедóбн|ый inedible; (*невкусный*) uneatable; ~ые грибы́ inedible fungi.

нет I *отриц. частица* **1.** (*при ответе*) no; (*как опровержение отрицательного предположения*) yes; вы соглáсны поéхать тудá? — Нет (не соглáсен) do you agree to go there? — No (I do not); пойдёшь в кинó? — Нет (не пойду́) will you go to the cinema? — No (I won't); он нé был сегóдня в шкóле? — Нет, был he wasn't at school today, was he? — Yes, he was; **2.** (*в начале реплики — с оттенком возражения, удивления*) but; ~, вы егó не ви́дели but you didn't see him; **3.** (= не + *данное сказ. — при том же подлежащем*) not; (*в безл. предложении после союза* или *тж.*) no; (*при другом подлежащем*) *передаётся через сокращённое сказ.* + not; ку́пит он кни́гу и́ли ~? will he buy the book or not?; совсéм ~, вóвсе ~ not at all, not in the least; ещё ~, ~ ещё not yet; почему́ ~? why not?; хорошó и́ли ~, но э́то так good or no/not, it is so; я читáл э́ту кни́гу, а он ~ I have read this book, but he hasn't; он мóжет э́то сдéлать, а онá ~ he can do it, but she can't; <> ~-~ да и... once in a while...; ни да ни ~ neither yes, nor no; свести́ на ~ bring* to nought; сойти́, свести́сь на ~ come* to nought/ nothing; на ~ и судá ~! ~ *погов.* what cannot be cured, must be endured; быть в ~ях *разг.* be* missing, be* adrift; пирóг с ~ом *ирон.* pie without filling.

нет II *в знач. сказ. безл.* **1.** (*не имеется*) there is/are no...; ~ оши́бок there are no errors; у меня́, у негó ~ ... I have, he has no...; **2.** (*отсутствует — о местонахождении человека*) is/are not; вáшего брáта здесь ~ your brother is not here; никогó ~ дóма there is nobody at home; <> ~ и ~, ~ да ~ still no sign, not a sign; ~ как ~ nowhere to be seen; чегó (тóлько) ~! the amount of stuff there!

нетакти́чн|ость *ж.* tactlessness; **~ый** tactless; ~ый вопрóс tactless/indiscreet question.

нетала́нтливый untalented, mediocre.

нетвёрд|о: ~ знать *что-л.* not know *smth.* properly; ~ стоя́ть на ногáх be* unsteady/shaky on *one's* legs; **~ый 1.** (*мягкий*) soft; **2.** (*неустойчивый*) unsteady, shaky; ~ая похóдка unsteady gait; ~ый пóчерк a shaky hand; **3.** (*нерешительный, неуверенный*) irresolute; ~ый харáктер irresolute character; он нетвёрд в матемáтике his mathematics are shaky.

нетерпели́в|ость *ж.* impatience; **~ый** impatient.

нетерпéние *с.* impatience; ждать с ~м *когo-л., чегo-л.* wait impatiently for *smb.*, *smth.*; (*о чём-л. приятном*) look forward to *smth.*; выражáть ~ express impatience.

нетерпи́м|ость *ж.* intolerance; **~ый 1.** (*недопустимый*) intolerable; ~ое положéние intolerable situation; **3.** (*о человеке*) intolerant.

нетлéнн|ый imperishable; ~ые мóщи *мн. церк.* imperishable relic of a saint's body.

нетовáрищеск|ий uncomradely, unfriendly; ~ое отношéние uncomradely attitude.

нетопы́рь *м. зоол.* bat.

неторопли́в|о unhurriedly, taking *one's* time; он ~ откры́л я́щик he took his time opening the box; **~ость** *ж.* leisureliness, unhurried manner; **~ый** leisured, deliberate; (*медлительный*) unhurried, slow; ~ые шаги́ measured tread *sg.*

нето́чн|ость *ж.* inaccuracy; (*ошибка тж.*) error; **~ый** inaccurate, inexact; ~ая фикса́ция в ка́дровом окне́ *кино* misregistration.

нетре́бовательный 1. (*не предъявляющий больших требований*) unexacting, lax; ~ учи́тель unexacting teacher; **2.** (*неприхотливый*) undemanding; easy to please *predic.*

нетре́зв|ый drunk, intoxicated; в ~ом ви́де drunk, in a state of intoxication.

нетро́нутый untouched; *перен.* fresh, unsullied.

нетру́дн|ый not difficult, quite easy; э́то ~ая зада́ча it is not a difficult task.

нетрудов|о́й 1. nonworking; ~ элеме́нт nonworking elements *pl.*; **2.** (*получаемый не от своего труда*) unearned; ~ые дохо́ды unearned income *sg.*

нетрудоспосо́бн|ость *ж.* disability, incapacity for work; по́лная (части́чная) ~ permanent (partial) disability; **~ый** disabled; быть ~ым be* unable to work.

не́тто *прил. неизм. торг.* net; вес ~ net weight; ~ ста́вка *фин.* net premium.

не́ту *разг. см.* нет.

неубеди́тельн|ый unconvincing; ~ое доказа́тельство *юр.* inconclusive evidence.

неу́бранн|ый: ~ая ко́мната untidied room; ~ая посте́ль unmade bed; ~ урожа́й ungathered harvest; ~ые поля́ unreaped fields.

неуваж|е́ние *с.* disrespect, lack of respect; ~ к зако́ну disrespect for law; **~и́тельный 1.** (*недостаточно основательный*) inadequate; ~и́тельная причи́на insufficient/inadequate excuse; **2.** *разг.* (*непочтительный*) disrespectful; ~и́тельный тон disrespectful tone.

неуве́ренн|ость *ж.* lack of confidence; (*в пр.*) uncertainty (as to); ~ в себе́ diffidence; **~ый** uncertain, hesitant; ~ый в себе́ diffident, not sure of *oneself.*

неувяда́ем|ый unfading, undying; ~ая сла́ва undying fame, everlasting fame.

неувя́зка *ж. разг.* hitch, lack of coordination; ~ в рабо́те hitch.

неугаси́мый inextinguishable; *перен. тж.* unquenchable.

неуго́дный disareeable, objectionable.

неугомо́нный *разг.* restless; (*подвижный, шумливый*) boisterous; (*непрекращающийся*) ceaseless, unceasing.

неуда́ч|а *ж.* failure, reverse; потерпе́ть ~у suffer a reverse; (*о плане и т. п.*) fail, miscarry; **~ник** *м.*, **~ница** *ж.* a failure; **~ный 1.** unsuccessful; **2.** (*неудовлетворительный*) poor, unsuccessful; ~ный перево́д unhappy translation; ~ный фотосни́мок poor photograph; ~ое выраже́ние unfortunate expression; ~ое нача́ло bad start; **~ливый** unlucky.

неудержи́мый irrepressible, irresistible.

неудиви́тельно *в знач. сказ.* it is not surprising.

неудо́бн|о 1. *нареч.* awkwardly; uncomfortably; **2.** *в знач. сказ. безл.* (*об ощущении неудобства*) it is uncomfortable; сиде́ть бы́ло ~ it was an uncomfortable seat; **3.** *в знач. сказ. безл.* (*дт.*) (*о чувстве смущения*): мне ~ I feel awkward/embarrassed; мне бы́ло ~ за него́ his behavior embarrassed me, I found his behavior embarassing; **4.** *в знач. сказ. безл.* (+ *инф.*) (*о сознание неуместности чего-л.*) it is awkward (+ to *inf*); ~ начина́ть тако́й разгово́р в маши́не a car is not the place for a conversation of that kind; **~ый 1.** uncomfortable, inconvenient; **2.** (*неловкий*) awkward; **3.** (*неприятный, затруднительный*) awkward, embarrassing.

неудобо|вари́мый *тж. перен.* indigestible; **~поня́тный** unintelligible, obscure; **~произноси́мый** unpronounceable, unrepeatable, risque; **~чита́емый** unreadable.

неудовлетворе́ние *с.* noncompliance; ~ про́сьбы, хода́тайства failure/refusal to grant *smb's* request, petition; ~ и́ска *юр.* rejection (of action).

неудо́бство *с.* **1.** inconvenience; *мн.* discomforts; **2.** (*смущение, неловкость*) embarrassment.

неудовлетворённ|ость *ж.* dissatisfaction; **~ый** unsatisfied; (*недовольный*) dissatisfied; ~ое любопы́тство unsatisfied curiosity; ~ый спрос *эк.* insatisfied demand.

неудовлетвори́тельн|о *нареч.* **1.** unsatisfactorily; **2.** *в знач. сущ. с. нескл.* unsatisfactory mark; **~ый** unsatisfactory.

неудово́льствие *с.* displeasure.

неуёмный (*о темпераменте, энергии*) indefatigable.

неуже́ли really; ~ он хо́чет пойти́ туда́? does he really want to go there?, surely he doesn't want to go there; ~ э́то пра́вда? is it really true?, do you really mean it?; ~! really?, you don't mean it!

неужи́вчивый unsociable, difficult; ~ челове́к difficult person; ~ хара́ктер unsociable character.

неу́жто *разг. см.* неуже́ли.

неузнава́ем|ость *ж.*: до ~ости beyond recognition; **~ый** unrecognizable; он стал совсе́м неузнава́ем you wouldn't know him.

неукло́нн|о steadily, unswervingly; (*непрерывно*) uninterruptedly, steadily; **~ый** steady; (*непоколебимый*) steadfast, unswerving.

неуклю́жий clumsy, awkward.

неукосни́тельный strict, rigorous.

неукроти́мый indomitable; (*о животных*) untamable; ~ гнев ungovernable anger.

неулови́мый 1. elusive; он неулови́м he is difficult to catch; **2.** (*незаметный*) barely perceptible, subtle; ~ звук barely audible sound.

неуме́|лый unskilful; (*сделанный неумело*) clumsy; **~ние** *с.* inability, lack of skill.

неуме́ренн|ость *ж.* lack of moderation, immoderation; (*в еде, питье*) intemperance, excess; **~ый 1.** (*о человеке*) intemperate, immoderate; **2.** (*чрезмерный*) immoderate, excessive; ~ый аппети́т immoderate appetite.

неуме́стн|ый inappropriate; out of place *predic.*; ~ое замеча́ние irrelevant remark.

неу́мн|ый not clever, unintelligent, misguided; ~ челове́к unintelligent person; ~ые ре́чи misguided talk *sg.*

неумоли́мый relentless, inexorable.

неумолка́емый incessant, ceaseless.

неумы́шленный unintentional.

неупла́т|а *ж.* failure to pay; nonpayment; в слу́чае ~ы failing payment; ~ в срок *фин.* failure to pay in time; ~ задо́лженности по креди́ту default of credit; ~ нало́гов nonpayment of taxes; ~ проце́нтов *фин.* default of interest; ~ со стороны́ покупа́теля *торг.* nonpayment on the part of customer.

неупоря́доченный unsystematic, unregulated.

неупотреби́тельн|ый unusual, uncommon, not in use *predic.*; ~ые выраже́ния expressions not in common use, little-used expressions.

неуправля́емый out of control *после сущ.*, uncontrollable; uncontrolled.

неуравнове́шенн|ость *ж.* instability, lack of balance; ~ хара́ктера unbalanced character; **~ый** unbalanced.

неурожа́й *м.* cropfailure, bad harvest; ~ пшени́цы bad wheat harvest, wheat cropfailure; **~ный** low-yield *attr.*; ~ный год a year of poor crops, bad year.

неуро́чн|ый unusual; в ~ое вре́мя at an unusual hour.

неуря́дица *ж. разг.* **1.** muddle, confusion; **2.** *обыкн. мн.* (*ссоры*) squabbling *sg.*

неуси́дчивый unpersevering; (*подвижный*) restless; ~ ребёнок restless child*.

неуспева́емость *ж.* poor progress, lagging behind.

неуспева́ющий *прил.* **1.** backward, lagging; ~ студе́нт backward student; **2.** *в знач. сущ. м.* backward pupil/student.

неуспе́х *м.* failure, lack of success.

неуста́нный tireless, indefatigable, untiring.

неусто́йк|а *ж. юр.* forfeit, penalty; ~ по контра́кту penalty under a contract; штрафна́я ~ penalty; вы́платить ~у в ви́де пе́ни pay* a fine; признава́ть ~у чрезме́рной consider the penalty excessive; иск о невы́плате ~и *юр.* claims of nonpayment of a penalty.

неусто́йчив|ый 1. (*шаткий*) unsteady, unstable; **2.** (*непостоянный*) changeable, unsettled; ~ая пого́да unsettled weather; **3.** (*колеблющийся*) unstable, wavering; ~ хара́ктер wavering character; ~ые це́ны *эк.* unsettled prices; ~ое изображе́ние *кино* unsteady image; ~ изображе́ние при кинопрое́кции flutter; ◇ ~ое равнове́сие *физ.* unstable equilibrium.

неустрани́м|ый ineradicable; ~ые противоре́чия ineradicable/inherent contradictions; ~ое препя́тствие unavoidable/insuperable obstacle.

неустраши́мый fearless, intrepid.

неустро́енный ill-provided; (*плохо устроенный*) poorly organized; ~ челове́к a person with no established position; lame duck *разг.*

неустро́йство *с.* muddle, disorder.

неусту́пчивый unyielding, obstinate; ~ челове́к obstinate person; ~ хара́ктер unyielding character.

неусы́пный vigilant, indefatigable.

неутеши́тельный unconsoling, not very comforting.

неуте́шный inconsolable.

неутоли́мый unquenchable; *перен.* relentless.

неутоми́м|ый indefatigable, untiring, tireless; ~ая де́ятельность tireless activity; ~ иссле́дователь indefatigable explorer.

не́уч *м. разг.* ignoramus.

неучти́в|ость *ж.* impoliteness, discourtesy; **~ый** impolite, discourteous.

неую́тн|о *в знач. сказ. безл.* **1.** it is uninviting; в кварти́ре бы́ло ~ the flat was uninviting; **2.** (*дт.*; *о неприятном чувстве*) it is not very agreeable (for); **~ый** uncomfortable, bleak, uninviting.

неуязви́мый invulnerable.

неф *м. архит.* nave.

нефри́т I *м. мед.* nephritis.

нефри́т II *м. мин.* nephrite, jade.

нефтега́зовый oil and gas *attr.*

нефтедобыва́ющ|ий oil extracting; ~ая промы́шленность oil-extracting industry.

нефтедобы́ча *ж.* oil extraction.

нефтеналивн|о́й: ~ое су́дно (oil-)tanker.

нефтено́сн|ый oil bearing; ~ые пласты́ oil-bearing strata.

нефтеперего́нн|ый: ~ заво́д oil refinery; ~ая аппарату́ра oil-refining equipment.

нефтеперераба́тывающ|ий oil-processing; ~ые заво́ды oil refineries.

нефтепрово́д *м.* oil pipeline.

нефтепроду́кты *мн.* (*ед.* нефтепроду́кт *м.*) oil products.

нефтепро́мысел *м.* oil-extracting enterprise, oil field.

нефтепромы́шленн|ость *ж.* oil industry; **~ый** oil producing *attr.*

нефтехими́ческий petrochemical.

нефтехи́мия *ж.* petrochemistry.

нефтехрани́лище *с.* oil tank.

нефть *ж.* oil, petroleum(-oil); ~-сыре́ц crude oil.

нефтя́ник *м.* oil industry worker, oilman*.

нефтян|о́й oil *attr.*, petroleum *attr.*; ~ та́нкер oil ship/tanker; ~ фонта́н oil gusher; ~ая вы́шка derrick, rig.

нехва́тка *ж. разг.* shortage.

нехи́трый 1. (*о человеке*) guileless, artless; **2.** *разг.* (*простой, незатейливый*) simple.

нходово́й *торг.* unsaleable; ~ това́р unsaleable article.

нехоро́ший bad*.

нехорошо́ 1. *нареч.* badly; **2.** *в знач. сказ. безл.* it is bad, it is wrong; ~! that's not right; ~ так поступа́ть it's wrong to do that; **3.** *в знач. сказ. безл.* (*о самочувствии*): мне ~ I feel ill/rotten.

не́хотя 1. (*неохотно*) reluctantly; **2.** (*невольно*) willy-nilly.

не́христь *м. и ж.* **1.** *уст.* unbeliever; **2.** *разг.* brute, hard-hearted person.

нецелесообра́зн|ый inexpedient; ~ая тра́та вре́мени waste of time.

нецензу́рн|ый unprintable, unquotable; ~ое сло́во obscene word.

нечáянн|о by accident, by mistake, inadvertently; **~ый 1.** (*неожиданный*) unexpected; chance *attr.*; ~ая встре́ча chance encounter; **2.** (*случайный*) accidental; chance *attr.*; ~ый вы́стрел random shot.

не́чего I *мест.* (*дт.* не́чему, *тв.* не́чем, *пр.* не́ о чем) (+ *инф.*) there is nothing (+ to *inf*); там ~ смотре́ть there's nothing to be seen there; there's nothing worth seeing there; мне ~ сказа́ть вам I have nothing to tell you; мне ~ скрыва́ть (от вас) I have nothing to conceal (from you); нам не́чем похва́статься we have nothing to boast of; мне не́чем писа́ть I have* nothing to write with; не́чему ра́доваться! it's nothing to rejoice about!; тут не́чему удивля́ться! there's nothing surprising in it! ◇ де́лать ~! it can't be helped; ~ дела́ть, де́лать ~, придётся... there's nothing for it but (+ to *inf*); ~ и говори́ть certainly, of course; ~ сказа́ть, прия́тное положе́ние! a fine mess, I must say; от ~ де́лать having nothing better to do; for want of something to do; to while away the time.

не́чего II *в знач. сказ.* (+ *инф.*; *незачем*) it's no use/good (+ -ing); (*нет надобности*) there is no need (+ to *inf*); ~ беспоко́иться there's nothing to worry about; вам ~ беспоко́иться you have nothing to worry about; ~ спеши́ть there's no hurry; ~ рассужда́ть! it's no use arguing!; об э́том и ду́мать ~ that's out of the question.

нечелове́ческ|ий 1. (*не свойственный человеку*) inhuman; **2.** (*очень сильный*) superhuman; ~ие уси́лия superhuman efforts.

не́чем *мест. тв. см.* не́чего I.

не́чему *мест. дт. см.* не́чего II.

нечести́вый impious, profane.

нече́стн|ость *ж.* dishonesty; **~ый** dishonest.

не́чет *разг.* odd number; чёт и ~ odd and even.

нечёсаный unkempt.

нечётк|ий indistinct, vague; (*о почерке*) illegible; ~ая рабо́та careless/slipshod work; ~ое изложе́ние *чего-л.* vague/unclear exposition of *smth.*

нечётный odd.

нечистокро́вный half-bred.

нечистопло́тный dirty; *перен.* unscrupulous, shady.

нечистота́ *ж. тк. ед.* dirtiness.

нечисто́ты *мн.* sewage *sg.*; garbage *sg.*

нечи́ст|ый 1. dirty, unclean; **2.** (*с примесью*) adulterated; **3.** (*неправильный, неточный*) faulty; ~ое произноше́ние faulty articulation; **4.** (*нечестный*) dishonorable; ~ая со́весть soiled/guilty conscience; ~ коносаме́нт *торг.* claused bill of lading; ~ое де́ло suspicious affair; **5.** (*нечистая сила*) *как сущ.* the Evil one, the Evil Spirit; ◇ он на́ руку нечи́ст he's a bit of a thief.

не́чисть *ж. собир. разг.* **1.** evil spirits *pl.*; **2.** *перен. пренебр.* scum, vermin.

нечленоразде́льный inarticulate.

не́что *мест.* something; ~ вро́де something like; a kind of.

нечувстви́тельный insensitive.

нечу́ткий insensitive; (*неотзывчивый тж.*) hard, unfeeling.

неширо́кий rather narrow.

နешта́тный supernumerary, not on the regular staff.

нешу́точн|ый *разг.* formidable, serious; де́ло ~ое! it's no laughing matter!, it's no joke!

нещáдн|о ruthlessly, mercilessly; **~ый** ruthless, merciless.

неэконо́мн|ый uneconomical; ~ая хозя́йка poor/bad* housekeeper; ~ое расхо́дование средств uneconomical use of resources.

неэкспони́рованн|ый *фото, кино* raw, unexposed; ~ая киноплёнка unexposed film stock.

неэти́чн|ый unethical; ~ посту́пок unethical act; ~ое поведе́ние improper conduct.

не́ю (*тв. от личн. мест.* она́) by her.

нея́вка *ж.* absence, failure to appear.

неядови́тый 1. nonpoisonous; **2.** *хим.* nontoxic.

нея́рк|ий faint, dim; subdued (*тж. перен.*); ~ие цвета́ subdued colors.

нея́сн|о 1. *нареч.* dimly, faintly, indistinctly; **2.** *в знач. сказ. безл.* it is not clear; **~ый 1.** (*тусклый*) indistinct, dim; **2.** (*неразборчивый*) muffled, faint; **3.** (*неопределённый*) vague, indefinite.

нея́сыть *ж. зоол.* tawny owl.

нёб|ный 1. *анат.* palatine, **2.** *лингв.* palatal; ~ные согла́сные palatal consonants; **~о** *с. анат.* palate; мя́гкое ~о soft palate; твёрдое ~о hard palate.

ни I 1. *союз*: ни... ни neither... nor (*отрицание* не *не переводится*); ни он, ни его́ брат не пришли́ neither he nor his brother came; он не говори́т ни по-францу́зски, ни по-неме́цки he speaks neither French nor German; **2.** *частица* (*перед сущ. в ед. числе, перед словом* оди́н *или* еди́ный) not a (*отрицание* не *не переводится*); не упа́ло ни (одно́й) ка́пли not a (single) drop fell; ни сло́ва не́ было ска́зано not a word was uttered; ни зву́ка! not another sound!; ни с ме́ста! don't stir!; **3.** *частица*: ни оди́н, ни одна́, ни одно́... не (*даже один... не*) not a; (*никакой... не*) no; не... ни одного́, ни одно́й *передаётся через отрицание при глаголе* + a single; ни оди́н челове́к не пошевели́лся not a person stirred; ни оди́н челове́к не мо́жет сде́лать э́того no man can do that; он не сказа́л ни одного́ сло́ва he did not utter a word; ◇ ни в мале́йшей сте́пени не... not in the least...; не име́ть ни мале́йшего представле́ния have* not the slightest idea; ни то ни друго́е! neither!; ни то ни сё neither one thing nor the other: ни с того́ ни с сего́ all of a sudden, for no apparent reason; ни взад ни вперёд it won't move either way; э́то ни к селу́ ни к го́роду that is neither here nor there.

ни II (*в сочетании с предлогами является отделяемой частью местоимений* никто́, ничто́, никако́й, ниче́й, нико́й) ни ... како́го, ни... како́й *и т. п.* не по (... whatever); *или передаётся через отрицание при гл.* + any (... whatever); ни... кого́, ни... кому́ *и т. п.* не nobody; *или передаётся через отрицание при гл.* + anybody; ни... чего́, ни... чему́ *и т. п.* не nothing; *или передаётся через отрицание при гл.* + anything; э́то ни к чему́ не приведёт no good will come of it; ◇ ни за что! not for the world; я ни за что туда́ не пойду́! nothing will induce me to go there!; I wouldn't go there for the world; я бы ни за что туда́ не пошёл I would never have gone there; ни гу-гу́! *разг.* not a word! mum's the word!.

ни́ва *ж.* cornfield; *перен.* field, sphere.

нивели́р *м.* level; **~овать** *несов. и сов.* (*вн.*) *тж. перен.* level (*smth.*); **~о́вка** *ж.* levelling.

нигде́ nowhere; (*при гл. с отрицанием тж.*) not... anywhere; он ~ не мог найти́ их he could find them nowhere, he could not find them anywhere; его́ ~ нет he is nowhere to be found.

нигил|и́зм *м.* nihilism; **~и́ст** *м.* nihilisist; **~исти́ческий** nihilistic.

нидерла́нд|ец *м.*, **~ка** *ж.* Netherlander; **~ский** Netherlands *attr.*; ~ский язы́к Dutch, the Dutch language.

нижа́йший *превосх. ст. см.* ни́зкий; ваш ~слуга́ your very humble servant.

ни́же 1. (*сравнит. ст. прил.* ни́зкий *и нареч.* ни́зко) lower; **2.** *нареч.* (*вниз от чего-л.*) lower, below; этажо́м ~ on the floor below; окта́вой ~ an octave lower; **3.** *нареч.* (*далее, позже*) below, further on; смотри́ об э́том ~ see below; **4.** *в знач. предлога* (*рд.*) below; ~ нуля́ below zero; **5.** *предлог* (*рд.*; *вниз по течению реки*) downstream (from); below; ◇ ~ *чьего-л.* досто́инства beneath *smb.'s* dignity.

нижеизло́женный set forth below.

нижеподписа́вшийся the undersigned.

нижесле́дующий the following.

нижестоя́щий lower-ranking.

ни́жн|ий lower; ~ие но́ты low notes; ~ее бельё underclothes *pl.*, underwear; ~ая ю́бка petticoat, underskirt; ~ая по́лка bottom shelf*; ~ая ступе́нька bottom step; ~ эта́ж lower floor; ~ие боковы́е по́лосы *кино* lower side bands; ~яя боби́на/кату́шка lower/bottom reel.

низ *м.* lower part; (дно) bottom.

низа́ть *несов.* (*вн.*) thread (*smth.*).

низверга́ть, низве́ргнуть (*вн.*) overthrow* (*smb., smth*); **~ся,** низве́ргнуться come* rushing down, hurtle down.

низве́ргнуть(ся) *сов. см.* низверга́ть(ся).

низверже́ние *с.* overthrow.

низвести́ *сов. см.* низводи́ть.

низводи́ть, низвести́ (*вн.* до *рд.*) reduce (*smb.*, *smth.* to).

низи́на *ж.* low ground, depression, bottom.

ни́зк|ий 1. low; ~ дом low-built house; ~ забо́р low fence; ~ каблу́к low heel; ~ бе́рег low band; ~ая температу́ра low temperature; ~ое давле́ние low pressure; ~ лоб low forehead; ~ая производи́тельность труда́ low productivity of labor; ~ое ка́чество poor quality; ~ сорт inferior grade; ~ая культу́ра low level of culture; ~ го́лос deep voice; **2.** (*подлый*) base, mean; ~ посту́пок mean action; ◇ ~ покло́н low bow.

ни́зко 1. low; **2.** (*подло*) meanly, basely.

низково́льтный *эл.* low-tension *attr.*

низколо́бый low-browed.

низкооплачиваемый low-paid.

низкопокло́н|ство *с.* servility (towards), self-abasement (before), grovelling (before).

низкопро́бный low-grade; *перен.* second-rate.

низкоро́слый undersized, dwarfish; (*о растениях*) stunted.

низкосо́ртный low-grade.

низлага́ть, низложи́ть (*вн.*) overthrow* (*smb.*, *smth.*), depose (*smb.*).

низлож|е́ние *с.* overthrow; **~и́ть** *сов. см.* низлага́ть.

ни́зменн|ость *ж.* **1.** lowland; **2.** (*бесчестность*) baseness; **~ый 1.** low-lying; **2.** (*бесчестный*) base, vile; **3.** (*животный*) brute, brutish.

низов|о́й (*периферийный*) local; ~ая печа́ть local press.

низо́вье *с.* the lower reaches *pl.*; ~ Во́лги the Lower Volga.

ни́зом low, by the lower path.

ни́зость *ж.* baseness, meanness; э́то ~ it is mean.

ни́зш|ий 1. (*превосх. ст. прил.* ни́зкий) the lowest; **2.** (*подчинённый*) junior; ~ая инста́нция junior department; **3.** (*простейший*) lowest; ~ие органи́змы the lowest organisms; **4.** (*начальный*) primary.

низы́ *мн.* **1.** (*непривилегированные круги общества*) the masses; **2.** (*нижние ноты*) low notes.

ника́к I *нареч.* simply, just; ~ (*никаким образом не*) simply (+ *гл. в отрицательной форме*) ~ не могу́ I simply can't; он ~ не мог откры́ть я́щик he simply couldn't open the box; э́то ~ не подойдёт that won't do at all; ~ нельзя́ допусти́ть it cannot be allowed.

ника́к II *частица разг.* (*как будто*); ~ он просну́лся! look - he's awake!

никак|о́й *мест.* **1.** no; нет ~о́го сомне́ния there can be no doubt; нет ~ наде́жды there is no hope; ~о́го беспоко́йства it's no trouble; **2.** *разг.* (*в сочетании с частицей не + сущ.*) no; я ~ не социо́лог I am no sociologist; **3.** *в знач. прил. разг.* (*плохой*) no good at all; до́ктор он ~ he's no good at all as a doctor.

никелиро́ванный nickel *attr.*, nickel-plated.

никелирова́ть *несов. и сов.* (*вн.*) plate (*smth.*) with nickel.

ни́кел|ь *м.* nickel.

никéм *мест. тв. см.* никтó.

ни́кнуть, пони́кнуть; *тж. перен.* droop, flag.

никогдá never; (*при отрицательно подлежащем*) ever; ~ в жи́зни (*в будущем*) never; (*в прошлом*) never in *one's* life; как ~ в жи́зни as never before; никтó ~ не ви́дел егó no one has ever seen him.

никогó *мест. рд., вн. см.* никтó.

ник|óй: ~óим óбразом on no account, never, by no means; ни в кóем слу́чае on no account.

никому́ *мест. дт. см.* никтó.

никоти́н *м.* nicotine.

никтó *мест.* (*рд., вн.* никогó, *дт.* никому́, *тв.* никéм, *пр.* ни о ком) **1.** no one, nobody; никогó, никому́, никéм не *передаётся тж. через отрицание при гл.* + anybody; ~ э́тому не повéрит no one will ever believe that; он никогó там не ви́дел he didn't see anybody there; **2.** *в знач. сущ. м. разг.* (*ничтожная личность*) a nobody; **3.** *в знач. сущ. м. нескл.* (*дт.*) *разг.* (*о родственных отношениях*) nobody (to), no one (to).

никудá nowhere; ~ не nowhere; *или передаётся через отрицание при гл.* + anywhere; мы сегóдня ~ не идём we are going nowhere today, we are not going anywhere today; ◇ э́то ~ не годи́тся! this won't do!; ~ негóдный perfectly useless, worthless.

никуды́шный *разг. см.* негóдный.

никчёмный *разг.* useless.

ним 1. (*тв. от личн. мест.* он) by him; **2.** (*дт. от личн. мест.* они́) to them.

ними́ло not a bit, not in the least; ◇ ~ не not in the least, not at all.

нимб *м.* halo, nimbus.

ни́ми (*тв. от личн. мест.* они́) by them.

ни́мфа *ж. миф.* nymph.

нимфомáн|ия *ж. мед.* nymphomania; **~ка** *ж.* nymphomaniac.

ниóбий *м. хим.* niobium.

ниоткýда: ~ не not from anywhere; я ~ письмá не ожидáл I was not expecting a letter from anywhere.

нипочём *разг.*: емý всё ~ it's nothing to him, he's not afraid of anything; емý ~ хóлод he doesn't mind cold; ему ~ солгáть he thinks nothing of telling a lie.

ни́ппель *м. тех.* nipple.

нирвáна *ж. рел.* nirvana.

нискóлько not in the least, not a bit; ~ не not in the least, not a bit; *передаётся тж. через отрицание при гл.* + at all, a bit, in the least; я ~ не устáл I'm not a bit tired; я ~ не удивля́юсь I'm not a bit surprised; емý сегóдня ~ не лу́чше he is not any better today.

ниспадáть *несов.* fall*.

ниспослáть *сов. см.* ниспосылáть.

ниспосылáть, ниспослáть (*вн.*) *уст.* grant (*smb.*).

ниспровергáть, ниспровéргнуть (*вн.*) overthrow* (*smb., smth.*).

ниспровéргнуть *сов. см.* ниспровергáть.

ниспровержéние *с.* overthrow.

нистáгм *м. мед.* nystagmus.

нисходя́щ|ий descending; в ~ем поря́дке in descending order; (*о числах*) in decreasing/descending series.

нитеви́дный thread-like, filiform; ~ пульс *мед.* thready pulse.

ни́тк|а *ж.* **1.** cotton; (*толстая*) thread; **2.** (*бус, жемчуга*) string; ◇ на живу́ю ~у roughly; промóкнуть до ~и be* wet through, be* dripping wet; обобрáть *когó-л.* до ~и clean *smb.* out; бéлыми ~ами ши́то transparent, obvious; вытянуться в ~у *разг.* stand* in line.

ни́точк|а *ж.* (bit of) thread; ◇ висéть на ~е hang* by a thread; ходи́ть (как) по ~е be* as quiet as a mouse, go* about on tip-toe; по ~е разобрáть *(вн.) перен.* analyse minutely (*smth.*).

нитрáт *м. хим.* nitrate.

нитроглицери́н *м. хим.* nitroglycerine.

нитроклетчáтка *ж. хим.* nitrocellulose.

нитросоединéние *с. хим.* nitro-compound.

нит|ь *ж.* **1.** thread; **2.** (*то, что похоже на нитку*) thread, filament; ~ лáмпы накáливания bulb filament; нéрвные ~и nerve fibers; **3.** (*то, что соединяет одно с другим*) thread; потеря́ть ~ разговóра lose* the thread of the conversation; путевóдная ~ clue; ~ Ариáдны *миф.* Ariadne's clue; ~и дру́жбы bonds of friendship; проходи́ть крáсной ~тью stand* out, run* through; **4.** ~ канáла *кино* filament.

нитянóй cotton *attr.*

них 1. (*рд. вн. от личн. мест.* они́) them; **2.** (*пр. от личн. мест.* они́) about/of them.

ниц: (у)пáсть ~ prostrate *oneself.*

ничегó I *мест. рд. см.* ничтó.

ничегó II *разг.* **1.** *нареч.* (*довольно хорошо*) not badly, so-so; ~ себé not bad; **2.** *в знач. сказ.* (*не имеет значения*) it doesn't matter; ~! never mind!, it doesn't matter!

ничегонедéлание *с. разг.* idleness.

ничéй *мест.* **1.** nobody's; ничья́ земля́ no man's land; **2.** (*любой, всякий*) anybody's; не нýжно вам ничьи́х совéтов you need no advice from anyone.

ничéйн|ый 1. *разг.* nobody's; **2.** *спорт.* drawn; ~ результáт draw.

ничéм *мест. тв. см.* ничтó.

ничемý *мест. дт. см.* ничтó.

ничкóм prone, prostrate; лежáщий ~ prone; упáсть ~ fall* face downwards; лежáть ~ lie* prone, lie* face downwards.

ничтó *мест.* (*рд.* ничегó, *дт.* ничемý, *тв.* ничéм, *пр.* ни о чём) nothing; ничегó, ничемý, ничéм не *передаётся тж. через отрицание при гл.* + anything; ~ не моглó помóчь nothing could (have) help(ed); он ничегó не знáет 1) (*вообще*) he doesn't know a thing; 2) (*не осведомлён*) he knows nothing about it; 3) (*ещё не узнал*) he knows nothing, he has heard nothing; я ничегó подóбного не ви́дел I never saw anything like it; э́то ничегó не знáчит that's nothing; он ничéм не отличáется от други́х he is no different from anyone else; я ничéм не могý вам помóчь there is nothing I can do for you; егó ничéм не проймёшь nothing makes any impression on him; он никогдá ничéм не бывáет довóлен he's never satisfied; ◇ ни во чтó не стáвить set* at nothing; ничегó подóбного! nothing of the sort!

ничтóже: ~ сумня́шеся *ирон.* without a second's hesitation.

ничтóж|ество *с.* (*о человеке*) nonentity, a nobody; **~ный 1.** (*очень маленький*) infinitesimal, trifling, ; ~ная дóля расхóда an infinitesimal part of the income; ~ное меньшинствó tiny minority; **2.** (*незначительный*) trivial, contemptible; ~ная сдéлка *эк.* null transaction; ~ная роль trivial role; **3.** (*о человеке*) worthless.

ничýть *разг.* not a bit, not in the least; ◇ ~ не бывáло! nothing of the sort!

ничь|я́ *ж. спорт.* a draw, drawn game; нулевáя ~ scoreless draw; они́ сдéлали ~ю́ it was a draw.

ни́ша *ж.* niche, recess.

нищáть, обнищáть become* impoverished/destitute, be* reduced to poverty.

ни́щая, ни́щенка *ж.* beggar-woman*.

ни́щен|ский beggarly; *перен. тж.* wretched; ~ская плáта pittance; **~ство** *с.* **1.** begging; **2.** (*крайняя бедность*) beggary, destitution; **~ствовать** *несов.* **1.** beg; **2.** (*жить в крайней бедности*) be* destitute, pass a beggarly existence.

нищетá *ж.* **1.** destitution, extreme poverty; *перен.* poverty; душéвная ~ spiritual poverty; **2.** *собир. разг.* (*нищие люди*) the beggars *pl.*

ни́щ|ий I *прил.* poverty-stricken, destitute; *перен.* mean; ~ дýхом mean-spirited; ~ая брáтия the poor.

ни́щий II *м.* beggar.

но I 1. *союз* but; *в главном предложении после уступительного придаточного с* хотя́, как ни *и т. п. не переводится*; как ни трýдно, но нáдо сдéлать hard though it may be, it must be done; **2.** *в знач. нескл. сущ.* тут есть однó "но" there is a "but" in it; *разг.* никаки́х "но"! but me no "buts"!

но II *межд.* **1.** gee-up; **2.** (*предостережение*) now then!, now, now!

новáтор *м.* innovator; ~ы произвóдства innovators in industry, production innovators; **~ский** innovatory; ~ские мéтоды new/innovative methods; **~ство** *с.* innovation.

новáция *ж. юр.* novation; ~ контрáкта revival of a contract.

новéйш|ий the latest; (*современный*) recent; ~ая истóрия recent history.

новéлла *ж.* short story.

новелли́ст *м.* short-story writer.

нóвенький *прил.* **1.** new; **2.** *в знач. сущ. м.* newcomer; (*в университете*) freshman*; (*в школе*) new boy.

новизнá *ж.* novelty; ~ изобретéния *юр.* novelty of invention.

нови́к *м.* **1.** *ист.* young courtier; **2.** *уст.* novice.

нови́на *ж. диал.* **1.** virgin soil; **2.** freshly reaped corn; **3.** piece of unbleached linen.

нови́нк|а *ж.* something new; ~и литератýры recent publications; ~и мóды the latest fashions; ◇ в ~у something new, a novelty.

новичóк *м.* **1.** novice, beginner; **2.** (*о школьнике*) new boy.

новобрáнец *м.* recruit.

новобрáчн|ая *ж.* the bride; **~ые** *мн.* newly married couple *sg.*; **~ый** *м.* the young husband.

нововведéние *с.* innovation.

новогóдний New Year('s).

новогрéческий: ~ язы́к modern Greek.

новозавéтный New Testament *attr.*

новозелáнд|ец *м.*, **~ка** *ж.* New Zealander; **~ский** New Zealand *attr.*

новоиспечённый *разг. ирон.* newly made; newly fledged.

новолýние *с.* new moon.

новообразовáние *с.* new growth; new formation; neoplasm *научн.*

новообращённый *рел.*, *тж перен.* newly converted.

новопрестáвленный *церк.* the late, the late-lamented.

новоприбы́вший *прил.* **1.** newly-arrived; **2.** *в знач. сущ. м.* newcomer, new arrival.

новорождённый *прил.* **1.** newborn; **2.** *в знач. сущ. м.* newborn child*, the new baby.

новосёл *м.* new settler; (*в доме*) new tenant.

новосéлье *с.* **1.** (*новое жилище*) new home/dwelling; **2.** (*празднование*) house-warming.

новострóйк|а *ж.* **1.** (*новое здание*) new building; жить в ~е live in a new building; шкóла-~ newly-built school; **2.** (*строительство*) new building; building development/project.

нóвост|ь *ж.* **1.** (*известие*) news; э́то для меня́ (не) ~! that's (no) news to me!; **2.** (*что-л. ранее неизвестное*) discovery, novelty; ~и наýки и тéхники discoveries in science and engineering; ◇ э́то что ещё за ~и!, вот ещё ~и! what's all this about?

новоя́вленный *рел.*, *тж.*, *ирон.*, newly brought to light.

нóвшество *с.* innovation, novelty.

нóв|ый *прил.* **1.** new; ~ костю́м new suit; ~ продýкт *эк.* pioneer product; ~ые знакóмые new friends; ~ое изобретéние new invention; ~ое для *кого-л.* дéло new work to *smb.*; начáть ~ую жизнь begin* a new life; ~ урожáй new harvest; ~ картóфель new potatoes *pl.*; **2.** (*современный*) modern, new; ~ые языки́ modern languages; ~ая истóрия modern history; **3.** *в знач. сущ. с.* the new, what is new; (*новость*) news; чýвство ~ого sense of what is new, feeling for the new борьбá стáрого с ~ым the contest between old and new; что ~ого? what's the news?; что у вас ~ого? what's your news?; ◇ ~ стиль New Style; *библ.* Нóвый завéт the New Testament.

новь *ж.* virgin soil.

ног|á *ж.* leg; (*ступня*) foot*; положи́ть но́гу на́ ногу cross *one's* legs; опо́рная ~ *спорт.* (*лёгкая атлетика*) support foot; пере́дняя ~ leading leg; толчко́вая ~ *спорт.* take-off foot; ◇ на ~áх on *one's* feet; перенести́ боле́знь на ~ах have* an illness without lying up; в ~ах at the foot; идти́ в но́гу keep* in step; (*не отставать от кого-л., чего-л.*) keep* pace with; идти́ в но́гу с жи́знью, со вре́менем be* in step with life, with the times; со всех ног as fast as one can; сбить *кого-л.* с ног knock *smb.* down; быть без (за́дних) ног (*от усталости*) be* a dead-beat; подня́ть всех на́ ~и raise the alarm; поста́вить *кого-л.* на́ ~и set* *smb.* on his, her feet; стать на́ ~и 1) (*оправиться после болезни и т. п.*) get* on *one's* feet again; 2) (*стать самостоятельным*) find* *one's* feet, become* independent; жить на широ́кую но́гу live in (grand) style; вверх ~а́ми upside-down; стоя́ть одно́й ~о́й в моги́ле have* one foot in the grave; встать с ле́вой ~и́ get* out of bed on the wrong side; не чу́вствовать под собо́й ног (от ра́дости) be* walking on air; наступи́ть *кому-л.* на́ ногу tread* on *smb.'s* foot; (*сделать кому-л. неприятное*) do* *smb.* harm; он е́ле волочи́т но́ги he can hardly drag himself along; с тех пор я туда́ ни ~о́й I've never set foot there since then.

ноготки́ *мн. бот.* marigold *sg.*

ногото́к *м. уменьш. от* но́готь; мужичо́к с ~ ≅ Tom Thumb.

но́готь *м.* nail; (*на руке тж.*) fingernail; (*большого пальца*) thumbnail; (*на ноге*) toenail; куса́ть но́гти bite* *one's* nails.

ногтое́да *ж. мед.* whitlow.

нож *м.* knive*; ◇ ~ в спи́ну a stab in the back; быть на ~áх с *кем-л.* be* at daggers drawn with *smb.*; как ~о́м по́ сердцу like a stab in the heart; ~ о́стрый *кому-л.* ≅ it is death to *smb.*

ножев|о́й knife *attr.*; ~а́я ра́на knife wound.

но́жик *м.* knife*.

но́жк|а *ж.* **1.** little leg; (*ступня*) tiny foot*; коро́тенькие ~и short legs; ма́ленькие ~и tiny feet; **2.** (*у мебели*) leg; (*у рюмки*) stem; ~ сту́ла chair leg; **3.** (*у гриба, растений*) stem.

но́жницы *мн.* **1.** scissors; a pair of scissors *sg.*; (*садовые, для стрижки животных*) shears; да́йте мне ~ pass me the scissors; купи́ть ~ buy* a pair of scissors; **2.** *тех.* cutters, clippers; **3.** (*резкое расхождение*) sharp divergence, discrepancy; ~ цен *эк.* price scissors; **4.** *спорт.* (*тяжёлая атлетика*) split; (*борьба*) leg scissors.

ножн|о́й foot *attr.*; ~а́я ва́нна footbath; ~а́я (шве́йная) маши́на treadle-machine.

но́жны *мн.* scabbard *sg.*, sheath *sg.*

ножо́вка *ж.* handsaw; (*узкая*) compass saw.

ноздрева́тый porous.

ноздря́ *ж.* nostril.

нока́ут *м. спорт.* (*бокс*) knockout.

нокаути́ровать *несов. и сов.* (*вн.*) *спорт.* knock (*smb.*) out.

нокда́ун *м. спорт.* (*бокс*) knockdown.

ноктю́рн *м. муз.* nocturne.

нолево́й *см.* нулево́й.

ноль *м.* **1.** *см.* нуль; **2.** *спорт.* nil; счёт ноль — ноль there is no score; они́ вы́играли со счётом три — ноль they won three nil; ◇ ~-~: он придёт в пять ~-~ he will arrive at 05.00 hours.

номенклату́р|а *ж.* nomenclature; ~ гру́за *эк.* cargo nomenclature; ~ проду́кции range of products; ~ това́рного ры́нка *эк.* nomenclature of a commodity market; **~ный** nomenclatural; ~ный спи́сок nomenclature; ~ный рабо́тник top official (appointed by higher authority).

но́мер *м.* **1.** number; ~ до́ма house number; ~ телефо́на telephone number; авто́бус ~ 17 bus number seventeen, number seveteen bus; ста́ртовый ~ *спорт.* start number; ~ кинока́дра *кино* frame number; **2.** (*ярлычок, планка*) check; ~ маши́ны car license plate; **3.** (*размер*) size; **4.** (*газеты и т. п.*) issue number; **5.** (*в гостинице*) room; **6.** (*часть концерта и т. п.*) item, piece; (*выход*) turn; объяви́ть сле́дующий ~ програ́ммы announce the next item on the program; **7.** *разг.* (*неожиданный, странный поступок*) trick; ◇ э́тот ~ не пройдёт! that won't do!, that won't wash!

номерно́й 1. number *attr.* *тж.* numbered; **2.** *в знач. сущ.* valet (*в гостинице*).

номеро́ванный *см.* нумеро́ванный.

номеро́к *м.* check.

номина́л *м. фин.* nominal price, face value; по ~у at face value, at par.

номина́льн|ый *эк., фин.* nominal; ~ая цена́ nominal price; ~ая сто́имость nominal value; ~ая разреша́ющая спосо́бность *кино* rated resolving power.

нонпаре́ль *ж. полигр.* nonpareil.

нора́ *ж.* burrow, hole; (*крупного зверя*) lair, den.

норве́ж|ец *м.*, **~ка** *ж.* Norwegian; **~ский** Norwegian; ~ский язы́к Norwegian, the Norwegian language.

норд *м. мор.* **1.** (*направление*) North; **2.** (*ветер*) north (wind).

норд-вест *м. мор.* **1.** (*направление*) northwest; **2.** (*ветер*) northwest wind, northwester.

норд-ост *м. мор.* **1.** (*направление*) northeast; **2.** (*ветер*) northeast wind, northeaster.

но́рк|а *ж.* (*животное и мех*) mink; **~овый**: ~овый мех mink.

но́рм|а *ж.* **1.** standard, norm; ~ поведе́ния rule of conduct; ~ы литерату́рного языка́ literary standards; ~ы междунаро́дного пра́ва *юр.* the standards/rules of international law; **2.** (*размер чего-л.*) quota, rate; ~ амортиза́ции *эк.* amortization quota; ~ вре́мени time rate; ~ вы́грузки *торг.* rate of discharge; ~ вы́работки *эк.* production rate; ~ грузовы́х рабо́т *торг.* rate of stevedoring operations; ~ накопле́ния *эк.* rate of accumulation; ~ погру́зки *торг.* rate of loading; ~ при́были norm of profit; ~ обяза́тельных резе́рвов *фин.* rate of mandatory reserves; ~

обяза́тельных резе́рвов ба́нков *фин.* standard of emergency funds; ~ приба́вочной сто́имости *эк.* rate of surplus value; ~ при́были на акти́вы assets profit rate; ~ при́были на инвести́ции *эк.* investments profit rate; ~ы есте́ственной у́были *торг.* rates of natural loss; выполня́ть ~у fulfil *one's* quota; ◇ войти́ в ~у get* back to normal.

нормализа́ция *ж.* normalization; ~ междунаро́дной обстано́вкки normalization of the international situation.

нормализова́ть *несов. и сов.* (*вн.*) normalize (*smth.*); **~ся** *несов. и сов.* become* normal, return to normal.

норма́ль *ж. мат., физ.* normal.

норма́льн|ый **1.** normal; ~ая температу́ра normal temperature; ~ рост normal height; ~ контра́ст *кино* normal contrast; ~ сигна́л normal signal; ~ая ско́рость *или* светочувстви́тельность *кино* normal speed; **2.** (*психически здоровый*) sane, normal.

норма́нд|ец *м.*, **~ка**, *ж.*, **~ский** Norman; ◇ *геогр.* Норма́ндские острова́ Channel Islands.

норма́н|н *м. ист.* Northman*, Norseman*; **~ский** *ист.* Norse.

нормати́в *м. эк.* specification, norm, normative, standard; заводски́е ~ы plant's norms; ме́стные ~ы local norms; отраслевы́е ~ы branch norms; промы́шленные ~ы industrial norms; те́хнико-экономи́ческие ~ы technical and economical norms; типовы́е ~ standard norms; экономи́ческие ~ы economic standards; ~ы валю́тных отчисле́ний rates for currency allocations; ~ы рента́бельности profitability rates; **~ный** normative; ~ный акт *юр.* normative act.

норми́рован|ие *с.* standardization, rate setting; ~ ввоза/вы́воза *эк.* regulation of import/export; (*снабжения*) rationing; **~ный**: ~ рабо́чий день fixed working hours *pl.*

норми́ровать *несов. и сов.* (*вн.*) standardize (*smth.*), set* the rate/quota (of); (*снабжение*) ration (*smth.*).

нормиро́вщик *м.* regulator; ~ труда́ norm-setter.

но́ров *м.* **1.** *уст.* custom; **2.** obstinacy; челове́к с ~ом difficult person; **3.** (*о лошади*) restiveness; **~и́стый** restive, jibbing.

норов|и́ть *несов. разг.* contrive; так и ~и́т (+ *инф.*) always contrives (+ to *inf*).

нос *м.* **1.** nose; у него́ кровь идёт и́з ~у his nose is bleeding; **2.** (*клюв птицы*) beak; **3.** (*судна*) bows *pl.*, bow; (*самолёта*) nose; на ~у́ in the bows; ◇ говори́ть в ~ speak* through *one's* nose, speak* with a twang; показа́ть ~ *кому-л.* make* a long nose at *smb.*; thumb *one's* nose at *smb.*; да́льше своего́ ~а не ви́деть not see an inch beyond *one's* nose; из-под са́мого ~а from under *one's* very nose; оста́ться с ~ом be* left in the lurch, be* made a fool; сова́ть свой ~ в чужи́е дела́ poke *one's* nose into other people's business; закрыва́ть дверь пе́ред са́мым ~ом shut* the door in *smb.'s* face; зима́ на ~у́ winter is just round the corner; задра́ть ~ *разг.* cock *one's* nose; клева́ть ~ом nod; пове́сить ~ (на кви́нту) be* crestfallen; уткну́ться ~ом во *что-л.* bury* *one's* face in *smth.*

носа́тый *разг.* long-nosed.

но́сик *м.* **1.** little nose; **2.** (*у чайника*) spout; (*у кувшина*) lip.

носи́лки *мн.* stretcher *sg.*; (*для песка и т. п.*) tray *sg.*

носи́льн|ый for personal wear; ~ое бельё personal linen.

носи́льщик *м.* porter.

носи́тель *м.* **1.** bearer, vehicle; (*инфекции*) (germ-)carrier; ~ языка́ native speaker (of the language); **2.** *вчт.* medium; ~ да́нных data medium.

носи́|ть *несов.* (*вн.*) **1.** carry (*smb.*, *smth.*); *перен.* bear* *smth.*; ~ ребёнка на рука́х carry a child* in *one's* arms; ~ мешки́ carry sacks; **2.** (*гнать — о ветре, течении*) bear* (*smth.*) along, drive* (*smth.*); ветеро́к ~л по во́здуху семена́ the seeds were borne along on the breeze; **3.** (*иметь на себе*) wear* (*smth.*), have* (*smth.*) on; ~ пла́тье, шля́пу, кольцо́ wear* a dress, hat, ring; ~ очки́ wear* spectacles/glasses; ~ часы́ have* a watch on; ~ коро́ткую причёску wear* *one's* hair short; ~ усы́ have* a moustache; **4.**: ~ фами́лию му́жа use *one's* husband's name, go* under *one's* husband's name; **5.** (*характеризоваться чем-л.*) bear* (*smth.*), have* (*smth.*); ~ хара́ктер *чего-л.* be* in the nature of *smth.*; ~ следы́ *чего-л.* bear* the traces of *smth.*; ◇ ~ ору́жие bear*/carry arms; ~ *кого-л.* на рука́х make* much of *smb.*; он но́сит её на рука́х he makes much of her, he can't do enough for her.

носи́ться *несов.* **1.** (*быстро двигаться*) rush about; rush up and down; (*скакать*) gallop about; gallop up and down; (*по воздуху, воде*) float, drift; в во́здухе но́сятся снежи́нки snowflakes are flying about; **2.** (*об одежде и т. п.*) wear*; э́то пла́тье хорошо́ но́сится this dress wears well; **3.** (*тв.*) *разг.* (*уделять много внимания*) make* a great fuss (over), make* too much (of); ~ с тео́рией peddle a theory.

noски́ *мн.* (*ед.* носо́к *м.*) socks.

но́ск|ий **1.** *разг.* (*прочный*) hard-wearing; **2.** (*о птицах*) fertile, prolific; ~ая ку́рица good layer.

носов|о́й **1.** nasal; ~ые зву́ки nasal sounds; **2.** (*на носу судна*) forward; ~а́я па́луба the forward deck; ◇ ~ плато́к (pocket) handkerchief.

носогло́т|ка *ж. анат.* nasopharynx; **~очный** *анат.* nasopharyngal.

носогре́йка *ж. разг.* (*короткая трубка*) nose warmer.

нос|о́к *м.* **1.** (*передняя часть ступни, тж. обуви, чулка*) toe; на ~ка́х on *one's* toes; **2.** *см.* носки́.

носоро́г *м.* rhinoceros.

ностальги́я *ж.* homesickness.

носу́ха *ж. зоол.* coati.

но́т|а I *ж.* **1.** note (*тж. перен.*); взять ~у sound a note; **2.** *мн.* (*музыкальный текст*) music *sg.*; игра́ть, петь по ~ам play, sing* from the music; ◇ как по ~ам разыгра́ть *что-л.* perform *smth.* with clockwork precision; на одно́й ~е always on the same string.

но́та II *ж. дип.* note; ~ проте́ста note of protest; обме́н ~ами exchange of notes.

нотабе́не *нескл.* nota bene (N. B.); поста́вить ~ mark (*smth.*).

нотариа́льн|ый notary's, notarial; ~ая конто́ра notary's office; ~ое свиде́тельство certificate of acknowlegement.

нота́риус *м.* notary (public).

нота́ци|я I *ж.* (*нравоучение*) reprimand, lecture; чита́ть ~ю *кому-л.* lecture *smb.*

нота́ция II *ж.* (*система обозначений*) notation.

но́тис *м. торг.* (*извещение фрахтователя*) notice; ~ о гото́вности това́ра к отгру́зке notice of goods ready for shipment; ~ о предполага́емым подхо́де су́дна notice of expected arrival.

нотифика́ция *ж. юр.* (*уведомление о неоплате, опротестовании векселя*) notification.

но́тка *ж.* note; ~ недове́рия note of distrust.

но́тн|ый music *attr.*; ~ магази́н music shop; ~ая тетра́дь music book; ~ая бума́га music paper.

"но́у-ха́у" *торг.* know-how; контра́кт на ~ contract on the know-how; ро́ялти за ~ know-how royalty.

ночева́ть *несов. и сов.* stay the night, stay overnight, put* up (for the night); ~ под откры́тым не́бом spend* the night in the open; ~ на сенова́ле sleep* in a hayloft.

ночёвк|а *ж.* spending the night; оста́ться на ~у stay the night.

ночле́г *м.* **1.** a place to sleep; иска́ть ~а seek* shelter for the night; **2.** (*ночёвка*) spending the night; останови́ться на ~ (*в доме*) put* up for the night; (*в лесу и т. п.*) halt for the night.

ночле́жка *ж. разг.* flophouse.

ночни́к *м.* night-light.

ночно́е *с.* night watch (*over horses at grass*).

ночн|о́й night *attr.*; nocturnal; of the night *после сущ.*; в ~о́е вре́мя at night; пусты́нная ~а́я у́лица dark deserted street; ~ сто́лик bed table; ~а́я рабо́та night work; ~ сто́рож night watchman*; ~ по́езд night train; ~ эффе́кт *кино* night effect; ~а́я сце́на night scene; ~ы́е киносъёмки night filming.

ноч|ь *ж.* night; по ~а́м at night, in the night; до по́здней ~и till late at night, late into the night; ◇ бе́лые ~и the midnight sun; Варфоломе́евская ~ night of terror; на ~ before (going to) bed, at bedtime.

но́чью at night, by night; днём и ~ day and night.

но́ша *ж.* burden, load.

но́шеный worn, secondhand.

но́щно *тк.* де́нно и ~ day and night.

но́ющ|ий: ~ го́лос whining voice; ~ая боль dull pain.

ноя́бр|ь *м.* November; в ~е́ э́того го́да this/in November; в ~е́ про́шлого го́да last November; last year in November; в ~е́ бу́дущего го́да next November.

ноя́брьский November *attr.*

нрав *м.* **1.** (*характер*) disposition; **2.** *обыкн. мн.* (*обычаи, уклад жизни*) ways; the manners and customs; ◇ э́то ему́ не нра́ву it's not to his liking; it goes against the grain with him.

нра́в|иться, понра́виться (*дт.*) please (*smb.*); мне (нам *и т. п.*) ~ится I (we *etc.*) like; мне (нам *и т. п.*) не ~ится I (we *etc.*) don't like; он мне о́чень не ~ится I dislike him intensely; как вам ~ится..? how do you like..?, what do you think of..?; вам э́то понра́вится you'll like it; мне здесь ~ится I like it here; мне ~ится его́ сме́лость I admire his courage; карти́на ему́ не понра́вилась he did not like the picture; вы ему́ о́чень понра́вились he is greatly taken with you; **~ный** testy, peppery.

нравоописа́тельный descriptive of manners; ~ рома́н novel of manners.

нравоуче́ни|е *с.* preaching; чита́ть ~я *кому-л.* read* *smb.* a lecture, preach at *smb.*

нравоучи́тельный moralizing; ~ рома́н moral tale.

нра́вственн|ость *ж.* **1.** morality; **2.** (*моральные качества*) morals *pl.*; **~ый** moral.

ну why, well; ну хорошо́! very well, then!; ну, скоре́е! do come on!; ну, так что же! well, what about it!; ну, не серди́сь! don't be cross now!; ну так вот as I was saying; ну вот ещё! come now!; ну да! yes, indeed; (*с недоверием*) tell me another!; go on!; ну коне́чно! why, certainly; да ну? you don't say so!; да ну тебя́! stop that!; а ну его́! to hell with him; ну, погоди́ же! just you wait!

нуби́йский Nubian.

нуди́|зм *м.* nudism; **~ст** *м.* nudist, naturist.

ну́дить *разг.* force, compel.

ну́дн|о *разг.* **1.** *нареч.* monotonously, tiresomely; **2.** *в знач. сказ. безл.* it is boring/tedious; **~ый** *разг.* boring, tedious; како́й он ~ый! what a bore he is!

нужд|а́ *ж.* **1.** *тк. ед.* (*бедность*) need, want; жить в ~е́ live in poverty; терпе́ть ~у́ endure poverty; **2.** (*надобность*) need, necessity; испы́тывать ~у́ в *чём-л.* feel* the need of *smth.*; без ~ы needlessly; нет ~ы it is unnecessary, there is no need; в слу́чае ~ы in case of need; ◇ ~ы нет never mind; ~ всему́ нау́чит ≅ necessity is the mother of invention.

нужд|а́ться *несов.* **1.** (*находиться в бедности*) be* poor; он о́чень ~а́ется he is extremely poor; **2.** (в *пр.*) need (*smb.*, *smth.*), require (*smth.*), be* in need (of); о́чень ~ в деньга́х be* in great need of money; он ~а́ется в по́мощи he need assistance; он переста́л в нём ~ he no longer had any need of him.

ну́жник *м. разг.* latrine.

ну́жн|о *в знач. сказ. безл. см.* на́до 1.; **~ый** necessary; ~ая кни́га indispensable book; сон ну́жен для здоро́вья sleep is essential for health; он здесь ну́жен he is wanted here; как раз то, что ~ the very thing; всё, что ~ everything necessary; ~ ли это? is it really necessary?

ну́-ка *разг.* come on!

ну́кать *несов. разг.* urge, say* "come on!".

нулев|о́й zero *attr.*; ~а́я температу́ра zero temperature.

нуллифика́ция: ~ де́нег *ж. фин.* money nullification.

нул|ь *м.* **1.** zero, nought; (*при обозначении телефонного номера*) о [ou]; ни́же ~я́ below zero; своди́ть *что-л.* к ~ю́ bring* *smth.* to nought; **2.** (*о ничтожном человеке*) a nobody, a nonentity.

нумер|а́ция *ж.* numbering; **~о́ванный** numbered; ~о́ванные ка́дры *кино* numbered frames; ~о́ванное ме́сто reserved seat; **~ова́ть**, пронумерова́ть (*вн.*) number (*smth.*); ~ова́ть страни́цы number the pages.

нумизма́т *м.* numismatist; **~ика** *ж.* numismatics, numismatology; **~и́ческий** numismatic.

ну-ну́ *разг.* **1.** now then! **2.** (*выражает негодование*) well! **3.** (*выражает согласие*) now.

ну́нций *м.* nuncio.

ну́трия *ж.* **1.** (*водяная крыса*) coypu (rat); **2.** (*мех*) nutria.

нутр|о́ *с. разг.* inside(s); *перен.* essence, core; чу́вствовать всем ~о́м feel* instinctively; понима́ть ~о́м understand* intuitively; игра́ть ~о́м *театр. жарг.* live the part; ◇ э́то ему́ не по ~у́ it goes against the grain with him.

ны́не now, at present.

ны́нешн|ий *разг.* present; ~ год this year; в ~ие времена́ nowadays; ~яя молодёжь the young people of today.

ны́нче **1.** *разг.* nowadays; **2.** *уст.* (*сегодня*) today; ◇ не ~ — за́втра any day now.

нырну́ть *сов. см.* ныря́ть.

ныро́к *м. зоол.* pochard.

ныря́ть, нырну́ть **1.** dive, plunge; **2.** (*о лодке, самолёте*) pitch.

ны́тик *м. разг.* whiner, moaner.

ныть *несов.* **1.** (*жаловаться*) whine, whimper; **2.** *разг.* (*издавать жалобные звуки*) whine; **3.** (*болеть*) ache.

нытьё *с.* **1.** (*надоедливые жалобы*) moaning; **2.** (*жалобные звуки*) whining; **3.** (*тупая боль*) dull pain, ache.

ньюфа́ундленд *м. зоол.* (*порода собаки*) Newfoundland dog.

нэп *м.* (но́вая экономи́ческая поли́тика) *ист.* NEP (the New Economic Policy); **~ман** *ист.* "Nepman," profiteer; **~овский** NEP *attr.*

нюа́нс *м.* nuance, shade, subtle difference.

ню́ни *тк. мн.* распусти́ть ~ *разг.* snivel, whimper.

ню́ня *м. и ж. разг.* sniveller, crybaby.

нюх *м.* scent; *перен.* flair; ◇ соба́чий ~ extraordinary nose (for); име́ть ~ have* a nose (for).

ню́хать, поню́хать (*вн.*) smell* (*smth.*); ~ таба́к take* snuff; не ~ *чего-л. разг. перен.* have no experience (of *smth.*); он матема́тики и не ню́хал he does not know the first thing about mathematics; он по́роха не ню́хал *перен.* he is still wet behind the ears.

ня́нчить *несов.* (*вн.*) nurse (*smb.*); **~ся** *несов.* (с *тв.*) nurse (*smb.*); *разг.* (*возиться*) fuss (over).

ня́н|ька *ж. разг.* (*прям. и перен.*) babysitter, nursemaid; ◇ у семи́ ~ек дитя́ без гла́зу *посл.* ≅ too many cooks spoil the broth.

ня́ня *ж.* **1.** nurse; **2.** *разг.* (*в больнице*) nurse's assistant.

О

о I, об, обо *предлог* **1.** (*относительно*) about, of; (*на тему тж.*) on; о чём вы говори́ли? what were you talking about?; поду́мать, вспо́мнить *о чём-л.* think* of *smth.*; ле́кция о диалекти́ческом материали́зме a lecture on dialectical materialism; кни́га о живо́тных a book about/on animals; забо́титься *о ком-л.* have* consideration for *smb.*; пла́кать о поги́бших weep* for the fallen; **2.** (*при обозначении числа однородных частей*) with; стол о трёх но́жках a table with three legs; **3.** (*указывает на соприкосновение и т. п.*) against, on; опере́ться о стол lean* against the table; споткну́ться о ка́мень stumble on/over a stone; ◇ па́лка о двух конца́х ≅ a double-edged weapon.

о II *межд.* oh!; *поэт.* o!

оа́зис *м.* oasis (*pl.* oases).

об *см.* о I.

о́ба, о́бе both, the two; ~ бра́та both brothers, the two brothers; мы, вы, они́ ~ both of us, you, them; ухвати́ться за *что-л.* обе́ими рука́ми seize *smth.* with both hands; *перен.* jump at *smth.*; ◇ смотре́ть в о́ба keep *one's* eyes open, be* on guard.

оба́биться *сов. разг.* **1.** (*о мужчине*) become* effeminate; **2.** (*о женщине*) become* sluttish; become* coarse.

обагрённый crimsoned, red-stained; stained/dyed red *после сущ.*; ~ кро́вью crimsoned with blood, blood-stained.

обагри́ть(ся) *сов. см.* обагря́ть(ся).

обагря́ть, обагри́ть *(вн.)* crimson *(smth.)* ; stain *(smth.)* red; обагри́ть ру́ки в крови́ stain *one's* hands with/in blood; ~ **ся,** обагри́ться turn crimson/red.

обалдева́ть, обалде́ть *разг.* go* out of *one's* mind, lose* *one's* wits, become* dulled/crazed, be* stunned/struck with surprise.

обалде́лый *разг.* dazed, stupefied, stunned.

обалде́ть *сов. см.* обалдева́ть.

обанкро́титься *сов.* go* bankrupt, fail; *перен.* be* discredited.

обая́ние *с.* charm; *(чего-л. тж.)* appeal, attraction.

обая́тельн|ость *ж.* charm; **~ый** charming.

обва́л *м.* **1.** *(падение)* collapse; **2.** *(груда камней и т.п., обрушившаяся с гор)* landslide; *(лавина снега)* snowslide, snowslip, avalanche.

обва́ливать I, обвали́ть *(вн.)* **1.** (*обрушивать*) cause (*smth.*) to fall, crumble; **2.** (*заваливать кругом*) heap round.

обва́ливать II, обваля́ть (*вн.* в *пр.*) roll *smth.* in.

обва́ливаться, обвали́ться collapse, fall*, cave in; *(осыпаться)* break* off, come* off.

обвали́ть *сов. см.* обва́ливать I; **~ся** *сов. см.* обва́ливаться.

обваля́ть *сов. см.* обва́ливать II.

обва́ривать, обвари́ть *(вн.)* **1.** (*обдавать кипятком*) pour boiling water (over); **2.** (*ошпаривать*) scald (*smb.*, *smth.*); ~ себе́ ру́ку scald *one's* hand; **~ся** scald *oneself.*

обвари́ть(ся) *сов. см.* обва́ривать(ся).

обвева́ть, обве́ять *(вн. тв.; воздухом, ветром)* fan (*smb.* with, by); *перен.* infuse (*smth.* with).

обве́ивать, обве́ять *(вн.) с.-х.* winnow *(smth.)*, fan *(smth.)*, sift *(smth.)*

обвенча́ть *сов. (вн.* с *тв.)* marry (*smb.* to); **~ся** *сов.* (с *тв.)* be* married (to).

оберну́ть *сов. см.* обвёртывать.

обвёртывать, оберну́ть *(вн.)* wrap *(smth.)*, wrap *(smth.)* up.

обве́с I *м. разг.* false/wrong weight.

обве́с II *м. мор.* bridge cloth, dodger.

обве́сить I, II *сов. см.* обве́шивать I,II.

обвести́ *сов. см.* обводи́ть.

обве́тр|енный 1. weathered, wind-eroded; **2.** *(огрубевший)* chapped; *(о лице тж.)* weather-beaten; ~енные ру́ки chapped hands; **~иться** *сов.* **1.** be* eroded by the wind; **2.** *(огрубеть от ветра)* get* chapped, get* rough, become* weather-beaten.

обветша́лый dilapidated; ramshackle (*тж. перен.*).

обветша́ть *сов.* become* dilapidated, go* to pieces.

обве́шать *сов. см.* обве́шивать I.

обве́шивать I, обве́шать, обве́сить *(вн. тв.)* hang* *(smth.)* all over *(smth.)*, load *(smth.* with*)*; он обве́шал все сте́ны карти́нами he hung pictures all over the walls; ~ побряку́шками cover/load (*smth.*) with tinsel.

обве́шивать II, обве́сить *(вн. ; недовешивать)* give* *(smb.)* short weight, cheat *(smb.)*.

обве́ять *сов. см.* обвева́ть *и* обве́ивать.

обвива́ть, обви́ть *(вн. тв.)* twine (*smth.* round), wind* (*smth.* round); *(о растениях)* entwine (*smth.* with), wreathe (*smth.* with); ~ но́ги сопе́рника *спорт.* (*борьба*) grapevine the legs of the opponent; обви́ть ше́ю рука́ми put* *one's* arms round *smb.'s* neck, twine/wind* *one's* arms round *smb.'s* neck; **~ся,** обви́ться wind*/wrap *itself* round; *(обхватывать — о руках)* encircle.

обвине́ни|е *с.* **1.** (в *пр.*) accusation (of), charge (of); по ~ю в уби́йстве on a charge of murder; бро́сить ~ *кому-л.* hurl an accusation at *smb.*; ло́жное ~ *юр.* false accusation; официа́льное ~ formal accusation; первонача́льное ~ initial accusation; ~, не подкреплённое доста́точными доказа́тельствами unsatisfactory accusation; предъяви́ть встре́чное ~ *юр.* retaliate accusation; состря́пать ~ concoct an accusation; **2.** (*приговор*) verdict of guilty; вынести ~ pass a verdict of guilty; **3.** *тк. ед. юр. (обвиняющая сторона на суде)* prosecution.

обвини́тель *м.* accuser; *юр.* prosecutor; **~ный** accusatory; ~ный пригово́р verdict of guilty; ~ный акт indictment; ~ное заключе́ние indictment; ~ная речь denuciation; *юр.* speech for the prosecution.

обвини́ть *сов.* **1.** *см.* обвиня́ть 1, 2, 3; **2.** *(вн.; осудить)* declare *(smb.)* guilty, condemn *(smb.)*.

обвиня́емый *м.* the defendant, the accused.

обвиня́ть, обвини́ть **1.** *(вн. в пр.; считать виновным)* consider *(smb.)* to blame (for); **2.** *(вн. и пр.; привлекать к судебному разбирательству)* charge (*smb.* with); bring* a charge (against); accuse (*smb.* of); prosecute (*smb.*), indict (*smb.*); ~ в соверше́нии преступле́ния, кара́емого сме́ртной ка́знью *юр.* accuse capitally; ~ в уголо́вном поря́дке accuse criminally; ~ противопра́вно *юр.* accuse wrongly; **3.** *(вн. и пр.; упрекать)* accuse (*smb.* of); **4.** *тк. несов. юр. (выступать обвинителем)* conduct the case for the prosecution, represent the prosecution.

обвиса́ть, обви́снуть droop, flop; (*под тяжестью чего-л.*) sag; (*о подоле*) hang* down; (*о щеках и т.п.*) become* pendulous, sag.

обви́слый *разг.* drooping, sagging; (*о щеках тж.*) pendulous.

обви́снуть *сов. см.* обвиса́ть.

обви́ть(ся) *сов. см.* обвива́ть(ся).

обво́д *м. воен.* enclosing, surrounding; (*судна*) line.

обводи́ть, обвести́ **1.** (*вн.; вокруг чего-л.*) take* (*smb.*) round; lead* (*smb.*) round; обвести́ *кого-л.* вокру́г са́да take* *smb.* round the garden; **2.** (*вн.; в футболе, хоккее*) dodge (*smb.*), dribble past (*smb.*), side-step (*smb.*); **3.** (*вн. тв.; делать круговое движение*) pass (*smth.*) round (*smb., smth.*); ~ *что-л.* руко́й pass *one's* hand round *smth.*; ~ *что-л.* взгля́дом cast* a look round *smth.*, survey* *smth.*, look round *smth.*; **4.** (*вн., тв.; окаймлять*) ring (*smth.* with); **5.** (*вн. по намеченным контурам*) go* over (*smth.*) , trace (*smth.*) out; (*чернилами, тушью*) ink (*smth.*) in; ~ чертёж ту́шью ink in a drawing; ◇ обвести́ *кого-л.* вокру́г па́льца ≅ pull the wool over *smb.'s* eyes.

обво́дка *ж. спорт.* (*в футболе, хоккее*) dribbling.

обводн|е́ние *с.* irrigation; **~и́тельный** irrigation *attr.*; ~и́тельная систе́ма irrigation system; **~и́ть** *сов. см.* обводня́ть.

обво́дный: ~ кана́л by-pass canal.

обводня́ть, обводни́ть (*вн.*) irrigate (*smth.*).

обвола́кивать, обволо́чь (*вн.*) envelop (*smth.*), cover (*smth.*); ту́чи обволокли́ не́бо heavy clouds enveloped the sky; **~ся**, обволо́чься be*/become* enveloped (in), be*/become* covered (with).

обволо́чь(ся) *сов. см.* обвола́кивать(ся).

обворова́ть *сов. см.* обворо́вывать.

обворо́вывать, обворова́ть (*вн.*) *разг.* rob (*smb., smth.*).

обворожи́тельн|ость *ж.* fascination, charm; **~ый** entrancing, enchanting, bewitching; ~ая улы́бка bewitching/enchanting smile.

обворожи́ть *сов.* (*вн.*) enchant (*smb.*), bewitch (*smb.*).

обвяза́ть I, II *сов. см.* обвя́зывать I, II.

обвяза́ться *сов. см.* обвя́зываться I.

обвя́зывать I, обвяза́ть (*вн. тв.; обматывать*) tie (*smth.* with), bind* (*smth.* round); ~ *что-л.* верёвкой tie a rope round *smth.*; ~ го́лову платко́м tie/bind* a kerchief round *one's* head; **~ся**, обвяза́ться (*тв.*): ~ся верёвкой tie a rope round *one's* waist.

обвя́зывать II, обвяза́ть *(вн.)* (*крючком*) crochet round *(smth.)*; (*обмётывать*) edge in chain-stitch *(smth.)*.

обгла́дывать, обглода́ть (*вн.*) pick (*smth.*), (*о животных*) gnaw (*smth.*).

обгло́данн|ый bare, picked; ~ая кость bare/picked bone.

обглода́ть *сов. см.* обгла́дывать.

обго́н *м.* passing, overtaking; идти́ на ~ overtake; ~ запрещён! do not overtake!, no passing!

обгоня́ть, обогна́ть (*вн.*) pass (*smb.*), outdistance (*smb.*); *перен.* surpass (*smb.*), outstrip (*smb.*); ~ в полёте outfly*; сильно ~ have* a long start (over); ~ сле́ва (спра́ва) overtake* on the inside (outside); посмо́трим, кто кого́ обго́нит! let's see who gets there first!

обгора́ть, обгоре́ть **1.** be* partly burnt down; be* scorched/blackened with fire; **2.** *разг.* (*на солнце*) get* burned by the sun.

обгоре́лый 1. charred; **2.** *разг.* (*обожжённый солнцем*) sunburned.

обгоре́ть *сов. см.* обгора́ть.

обгрыза́ть, обгры́зть (*вн.*) nibble/bite* round the edge (of); ~ но́гти bite* *one's* nails.

обгры́зть *сов. см.* обгрыза́ть.

обдава́ть, обда́ть (*вн.*) sweep* over (*smb., smth.*); (*вн. тв.*) splash (*smb., smth.* with), douche (*smb., smth.* with); ~ *что-л.* кипятко́м pour hot water over *smth.*; ~ *кого-л.* гря́зью splash/bespatter *smb.* with mud; splash/spatter mud on/over *smb.*; ~ за́пахом *чего-л.* envelop in the scent/smell of *smth.*; ◇ обда́ть *кого-л.* хо́лодом snub *smb.*, give* *smb.* the cold shoulder; обда́ть *кого-л.* презре́нием fix *smb.* with a look of scorn.

обда́ть *сов. см.* обдава́ть.

обде́лать *сов. см.* обде́лывать.

обдели́ть *сов. см.* обделя́ть.

обде́лывать, обде́лать *(вн.)* **1.** finish *(smth.)*; (*о коже*) dress; (*о драгоценных камнях*) set*; **2.** *разг.* (*выгодно устраивать*) fix/manage/ arrange *smth.*; ~ де́ло clinch a deal; *разг.* ~ дели́шки manage *one's* affairs with profit; он ма́стер ~ свой делишки he is an expert at taking care of number one.

обделя́ть, обдели́ть (*вн. тв.*) cheat/deprive *(smb.)* (of his, her lawful share); *перен.* deprive (*smb.* of); он не был обделён умо́м he was not wanting in intelligence.

обдёргивать, обдёрнуть *разг.* (*о платье и т.д.*) adjust *(smth.)*, pull *(smth.)* down.

обдёрнуть *сов. см.* обдёргивать.

обдира́ла *м. разг.* swindler, fleecer.

обдира́ть, ободра́ть (*вн.*) **1.** strip *(smth.)*; (*тушу*) skin *(smth.)*, flay *(smth.)*; ~ кору́ де́рева bark a tree; **2.** *разг.* (*царапать*) graze *(smth.)*; ободра́ть лицо́ graze *one's* face; **3.** *разг.* (*обирать, брать непомерную цену*) rook *(smb.)*, fleece *(smb.)*; <> ободра́ть *кого-л.* как ли́пку strip *smb.* of his, her belongings; **~ся**, ободра́ться rub off (*smth.*); be* scratched.

обди́рный peeled, hulled.

обдува́ть, обду́ть *(вн.)* blow* on *(smth.)*; (*сдувая, очищать*) blow* *(smth.)* off.

обду́манн|о deliberately; **~ый** considered, deliberate; ~ое реше́ние considered decision; с зара́нее ~ым наме́рением with deliberate intent.

обду́мать *сов. см.* обду́мывать.

обду́мывать, обду́мать *(вн.)* think* *(smth.)* over, consider *(smth.)*; зара́нее обду́мать *что-л.* think* *smth.* out in advance.

обдури́ть *сов. см.* обдуря́ть.

обдуря́ть, обдури́ть *(вн.) разг.* cheat *(smb.)*.

обду́ть *сов. см.* обдува́ть.

о́бе *см.* о́ба.

обе́гать *сов. см.* обега́ть I.

обега́ть I, обе́гать *(вн.)* **1.** make* a quick round (of); **2.**(*посещать многих*) call (on many people); see* (many people).

обега́ть II, обежа́ть **1.** run* (round); обежа́ть вокру́г до́ма run* round a house; **2.** (*мимо*) run* past *smb.*, *smth.*; <> обежа́ть *кого-л.*, *что-л.* глаза́ми, взгля́дом run* *one's* eyes over *smb.*, *smth.*, scan *smb.*, *smth.*

обе́д *м.* dinner; вку́сный ~ good* dinner; зва́ный ~ dinner-party; пригласи́ть *кого-л.* на ~ invite *smb.* to dinner; за ~ом at/over dinner; по́сле ~а after dinner; (*после полудня*) in the afternoon; до ~а before dinner; прие́хать в са́мый ~ come* just at dinner-time; <> ~ы на́ дом take-home meals.

обе́д|ать, пообе́дать have* (*one's*) dinner, dine; ~ вне до́ма dine out; оста́ться ~ stay to dinner; **~енный** dinner *attr.*; ~енный стол dinner table; ~енный переры́в lunch break.

обедне́|вший impoverished; **~ние** *с.* impoverishment.

обедне́ть *сов. см.* бедне́ть.

обе́дн|я *ж. церк.* mass; liturgy; <> испо́ртить всю ~ю *кому-л. разг.* spoil* *smb.'s* game, put* a spoke in *someone's* wheel.

обедня́ть, обедни́ть *(вн.)* impoverish *(smb.)*, make* scanty *(smb.)*; *перен.* water down.

обежа́ть *сов. см.* обега́ть II.

обезбо́лив|ать, обезбо́лить *(вн.)* anesthetize *(smth.)*; (*роды и т.п.*) relieve the pain (of); **~ающий** anesthetic; ~ающее сре́дство anesthetic; painkiller.

обезбо́лить *сов. см.* обезбо́ливать.

обезво́деть *сов.* become* waterless/arid.

обезво́дить *сов. см.* обезво́живать.

обезво́живать, обезво́дить *(вн.)* deprive *(smth.)* of water; (*продукты и т.п.*) dehydrate *(smth.)*.

обезвре́дить *сов. см.* обезвре́живать.

обезвре́живать, обезвре́дить *(вн.)* render (*smb.*, *smth.*) harmless.

обезгла́вить *сов. (вн.)* behead *(smb.)*, decapitate *(smb.)*; *перен.* destroy the brain-center (of).

обезде́нежеть *сов. разг.* be*/run* short of money.

обездо́ленный destitute, indigent.

обездо́ливать, обездо́лить *(вн.)* make* *(smb.)* destitute.

обездо́лить *сов. см.* обездо́ливать.

обезжи́р|енный deprived of fat, fatless, skimmed; *тех.* degreased; **~ивать**, обезжи́рить skim, deprive of fat, remove fat (from); *тех.* degrease (*smth.*); **~ить** *сов. см.* обезжи́ривать.

обеззара́|живать, обеззара́зить (*вн.*) disinfect (*smth.*); **~живающий** disinfectant; **~зить** *сов. см.* обеззара́живать.

обезле́с|ение *с.* deforestation; **~ить** *сов. (вн.)* deforest *(smth.)*.

обезли́чивать, обезли́чить *(вн.)* **1.** (*лишать индивидуальных особенностей*) take* away *smb.'s* individuality, depersonalize *(smb.)*; **2.** (*работу и т.п.*) eliminate personal responsibility (in).

обезли́чить *сов. см.* обезли́чивать.

обезлю́деть *сов.* be*/become* depopulated/deserted.

обезобра́живать, обезобра́зить *(вн.)* disfigure (*smb.*, *smth.*).

обезобра́зить *сов. см.* обезобра́живать *и* безобра́зить.

обезопа́сить *сов. (вн.)* protect (*smb.*, *smth.*) make* (*smb.*, *smth.*) safe, make* *(smth.)* secure; **~ся** *сов.* make* *oneself* safe.

обезору́живать, обезору́жить (*вн.*; *прям. и перен.*) disarm *(smb.)*.

обезору́жить *сов. см.* обезору́живать.

обезу́мевш|ий (от *рд.*) maddened (with); смотре́ть на *что-л.* ~ими глаза́ми stare wild-eyed at *smth.*

обезу́меть *сов.* (от *рд.*) be* mad (with); be* crazed (with).

обезья́н|а *ж.* monkey; (*человекообразная*) ape; **~ий** monkey *attr.*, ape-like; **~ник** *м.* monkey-house; **~ничать**, собезья́нничать **1.** *(вн.) разг.* copy *(smth.)*; **2.** *тк. несов.* ape; **~оподо́бный** ape-like.

обели́ск *м.* obelisk.

обели́ть *сов. см.* обеля́ть.

обеля́ть, обели́ть *(вн.)* whitewash *(smb.)*, vindicate *(smb.)*, justify *(smb.)*.

оберега́ть *несов.* (*вн.* от *рд.*) protect (*smb.*, *smth.* from, against), guard (*smb.*, *smth.* from, against), shield (*smb.*, *smth.* from, against); **~ся** *несов.* (от *рд.*) shield/protect *oneself* (from).

оберну́ть(ся) *сов. см.* обёртывать(ся) *и* обора́чивать(ся).

обёртка *ж.* wrapper, cover; (*книги*) dust-jacket, paper-cover.

обёрточн|ый wrapping; ~ая бума́га wrapping-paper; (*неотбелённая*) brown paper.

обёртывать, оберну́ть *(вн.)* **1.** (*завёртывать*) wrap *(smth.)* up; **2.** (*обвивать*) wrap (*smth.*) round, wind* *(smth.)* round; оберну́ть шарф вокру́г ше́и wrap a scarf round *one's* neck; **3.** (*поворачивать*) turn *(smth.)* (*тж. перен.*); оберну́ть де́ло в свою́ по́льзу turn matters into *one's* favor; ◇ оберну́ть *кого-л.* вокру́г па́льца twist *smb.* round *one's* little finger; **~ся**, оберну́ться **1.** (*повёртываться*) turn round, look round; **2.** (*о делах, событиях и т.п.*) turn out; неизве́стно, как обернётся де́ло who knows what turn matters will take, who knows how things will turn out; **3.** (*ехать и возвращаться обратно*) get* there and back (again); я оберну́сь за два часа́ I shall be back in two hours; **4.** turn into, become* *тж. перен.* ~ вампи́ром turn into a vampire.

обескро́вить *сов. (вн.)* **1.** bleed (*smb.*, *smth.*) white; **2.** *перен.* weaken *smb.*; emasculate *(smth.)*.

обескура́женный discouraged.

обескура́живать, обескура́жить *(вн.)* discourage *(smb.)*; dishearten *(smb.)*, dispirit *(smb.)*.

обескура́жить *сов. см.* обескура́живать.

обеспе́чен|ие *с.* **1.** (*действие*) ensuring; (*чем-л.*) provision; ~ вы́грузки/погру́зки *торг.* ensuring of unloading/loading; ~ това́рами *торг.* provision of goods; ~ промы́шленности у́глем keeping industry supplied with coal; материа́льно-техни́ческое ~ а́рмии army's logistical support; **2.** (*материальные средства к жизни*) security; пра́во на материа́льное ~ в ста́рости the right to material security in old age; социа́льное ~ social security; **3.** *юр.* (*гарантия*) guarantee, security; ~ до́лга cover of debt; ~ доста́вки guarantee of delivery; ~ за́йма cover of loan; ~ и́ска *юр.* security for a claim; ~ в ви́де ба́нковской гара́нтии/векселе́й/облига́ций *фин.* security in form of a bank guarantee/bills/bonds; гаранти́рованное ~ guaranteed security; зало́говое ~ pledged security; материа́льное ~ material security; необходи́мое ~ necessary security; основно́е ~ major/basic security; правово́е ~ legal security; реа́льное ~ real security; фина́нсовое ~ financial security; ~ выполне́ния обяза́тельств provision/security for the fulfilment of obligations; ~ догово́рных обяза́тельств security of contract obligations; ~ зада́тком security by an advance; ~ зало́гом security by a pledge; ~ гара́нтии поручи́тельством security for a guarantee by a pledge; ~ и́ска судо́м security for a claim through the court; ~ тре́бований security for requirements; ~ и́ска путём наложе́ния аре́ста на иму́щество отве́тчика security for a claim by seizing the property of a respondent/defendant; вид ~ия type of security; вы́бор фо́рмы ~ия selection of security; разме́р ~ия amount of security; су́мма ~ия sum of security; усло́вия ~ия terms of security; фо́рма ~ия form of security; аре́ст су́дна в це́лях ~ия тре́бований кредито́ра seizure of a vessel to secure the demands of a creditor; наложе́ние аре́ста на иму́щество должника́ в це́лях ~ия тре́бований кредитора́ *юр.* seizure of a debtor's property to secure the demands of a creditor; ~ высо́кого ка́чества поставля́емого това́ра guarantee of a high quality of delivered goods; ~ доста́вки/перево́зки guarantee of delivery/transportation; **4.** *воен.* security, protection; боево́е ~ security; **~ность** *ж.* **1.** (*степень обеспечения*) provision; э́то зави́сит от ~ности школ кни́гами it depends on how well the schools are provided with books; **2.** (*достаток*) security; **~ный** (*зажиточный*) well-to-do, comfortably off; ◇ ~ная ссу́да *юр.* secured loan.

обеспе́чивать, обеспе́чить **1.** (*вн.*; *гарантировать*) secure *(smth.)*, ensure *(smth.)*; ~ безопа́сность движе́ния achieve safety on the roads; ensure road safety; ~ мир во всём ми́ре ensure/secure world peace; ~ успе́х ensure success; обеспе́чить дальне́йший подъём эконо́мики ensure futher economic progress; **2.** (*вн. тв.*; *снабжать*) provide (*smb.*, *smth.* with); ~ *кого-л.* всем необходи́мым provide *smb.* with everything he needs; **3.** (*вн.*; *материально*) provide for (*smb.*, *smth.*); **~ся**, обеспе́читься (*тв.*) provide *oneself* (with).

обеспе́чить(ся) *сов. см.* обеспе́чивать(ся).

обеспло́дить *сов. (вн.)* sterilize (*smb.*, *smth.*), render (*smb.*, *smth.*) barren/sterile.

обеспоко́ить *сов. см.* беспоко́ить; **~ся** *сов. см.* беспоко́иться 1.

обесси́л|еть *сов.* become* weak/enfeebled, lose* *one's* strength; (*совсем*) collapse, break* down; **~ивать**, обесси́лить *(вн.)* weaken, enfeeble (*smb.*, *smth.*); **~ить** *сов. см.* обесси́ливать.

обессла́вить *сов. (вн.)* defame (*smb.*, *smth.*), disgrace (*smb.*, *smth.*).

обессме́ртить *сов. (вн.)* immortalize *(smth.)*.

обессмы́сл|ивать, обессмы́слить *(вн.)* make* senseless *(smth.)*.

обессу́дить *сов. уст.*: не обессу́дьте (*обыкн. при угощении кого-л., предложении чего-л.*) please, don't take it amiss, don't judge too severely.

обесцве́тить *сов. см.* обесцве́чивать.

обесцве́чивать, обесцве́тить *(вн.)* take* the color out (of).

обесце́н|ение *с.* depreciation; ~ де́нег *фин.* depreciation of money, money devaluation; **~ивать**, обесце́нить (*вн.*) depreciate (*smth.*); **~иваться**, обесце́ниться depreciate.

обесце́нить(ся) *сов. см.* обесце́нивать(ся).

обесче́стить *сов. см.* бесче́стить.

обе́т *м.* vow, promise; дава́ть ~ vow, promise; дава́ть ~ молча́ния take* a vow of silence; **~ова́нный**: земля́ ~ова́нная *библ.* the Promised Land.

обеща́ние *с.* promise; дать ~ (*дт.*) (give* a) promise; сдержа́ть ~ keep* a promise; вы́полнить ~ redeem a pledge/promise; торже́ственное ~ solemn promise; кля́твенное ~ oath*.

обещ|а́ть *несов. и сов.* (+ *инф, вн.*) **1.** (*сов. тж. пообещать*) promise (+ to *inf*, *smth.*) ; он ~а́л прийти́ во́время he promised to be punctual; **2.** *тк. несов.* (*подавать надежды*) promise (+ to *inf.*, *smth.*); день ~а́ет быть я́сным the day promises to be clear; **~а́ться** *сов. и несов.* (*сов. тж. пообещаться*) *разг.* promise.

обжа́ловани|е *с. юр.* appeal (against); ~ пригово́ра appeal against a sentence; без пра́ва ~я without right of appeal; пригово́р ~ю не подлежи́т the sentence carries no right of appeal; возмо́жное ~ possible appeal; повто́рное ~ repeated/second appeal; рассмо́тренное ~ appeal considered; ~ пе́ред вышестоя́щими суде́бными о́рганами appeal before higher legal authorities; возмо́жность ~я possibility of appealing; оформле́ние ~я filing an appeal; поря́док ~я order of appeal; сро́ки ~я term of appeal; регистра́ция ~я registration of/filing an appeal; пра́во на ~ right of appeal; рассмотре́ние де́ла по́сле ~я proceedings after granting an appeal; пода́ть заявле́ние на ~ реше́ния appeal against a decision; рассмотре́ть де́ло в арбитра́же по́сле ~я *юр.* consider a case in arbitration after an appeal.

обжа́ловать *сов.* *(вн.)* appeal (against).

обжа́ривать, обжа́рить *(вн.)* fry *(smth.)* (on both sides); **~ся**, обжа́риться be* fried on both sides.

обжа́рить(ся) *сов. см.* обжа́ривать(ся).

обжа́ть I *сов. см.* обжима́ть.

обжа́ть II *сов. см.* обжина́ть.

обже́чь(ся) *сов. см.* обжига́ть(ся).

обжива́ть, обжи́ть *(вн.)* *разг.* render habitable *(smth.)*; **~ся**, обжи́ться make* *oneself* at home, grow* roots, feel* at home.

о́бжиг *м. тех.* burning; (*поливы*) glazing; (*глины*) baking; (*руды*) roasting; (*кирпича*) firing; (*извести*) calcining; **~а́тельный** *тех.* glazing, baking, roasting; ~а́тельная печь kiln.

обжига́ть, обже́чь *(вн.)* **1.** burn*; *(smth.)*, sear *(smth.)*; **2.** (*повреждать огнём*) burn* (*smb.*, *smth.*); (*вызывать ощущение жжения*) sting* *(smth.)*; *перен.* sear (*smb.*, *smth.*); **3.** (*кирпич*) fire *(smth.)*; ◇ не бо́ги горшки́ обжига́ют *посл.* ≅ a cat may look at a king; **~ся**, обже́чься burn* *oneself*; (*напитком*) burn* *one's* tongue/mouth; (*крапивой и т.п.*) get* stung; *перен.* burn* *one's* fingers; ◇ обжёгшись на молоке́ бу́дешь дуть и на́ воду *посл.* ≅ the burned child dreads the fire; once bitten twice shy.

о́бжиговый *см.* обжига́тельный.

обжи́м *м. тех.* (*действие*) wringing out.

обжима́ть, обжа́ть *(вн.)* wring* out *(smth.)*; press out *(smth.)*.

обжи́мка *ж. тех.* (*инструмента*) cap tool; (*для заклёпок*) riveting set.

обжина́ть, обжа́ть *(вн.)* reap (the whole of).

обжира́ться, обожра́ться (*тв.*) *груб.* glut *oneself* (with), guzzle *(smth.)*, overeat*, gormandize.

обжито́й that has been lived in *после сущ.*; (*уютный*) homelike; име́ть ~ вид look homelike; have* a lived-in apearance.

обжо́р|а *м. и ж. разг.* glutton, gormandizer; **~ливый** *разг.* gluttonous; **~ный**: ~ный ряд *уст. разг.* refreshment stall (*на рынке*); **~ство** *с. разг.* gluttony.

обжу́л|ивать, обжу́лить *(вн.)* *разг.* cheat *(smb.)*, swindle *(smb.)*; **~ить** *сов. см.* обжу́ливать.

обзаведе́ние *с.* **1.** acquisition; **2.** establishment; fittings *pl.*; appointments *pl.*; paraphernalia *pl.*

обзавести́сь *сов. см.* обзаводи́ться.

обзаводи́ться, обзавести́сь (*тв.*) *разг.* provide *oneself* (with); ~ хозя́йством set* up house; ~ семьёй start a family; обзавести́сь знако́мыми acquire friends.

обзва́нивать, обзвони́ть *(вн.)* *разг.* ring* up/telephone (everyone of them), ring* round *(smb.)*.

обзвони́ть *сов. см.* обзва́нивать.

обзо́р *м.* **1.** (*действие*) observation, observing; **2.** (*возможность обозреть*) view, field of vision; **3.** (*сжатое сообщение*) review, survey, roundup; **~ный** **1.** (*содержащий* обзор) summarizing; ~ная ле́кция summarizing lecture **2.** (*позволяющий обозревать*) observation *attr.*; look-out; ~ная пози́ция look-out post.

обзыв|а́ть, обозва́ть (*вн.*, *тв.*) call (*smb.*, *smth.*); его́ по вся́кому ~а́ют they call him all sorts of names.

обива́ть, оби́ть (*вн. тв.*) cover (*smth.* with); (*мебель тж.*) upholster (*smth.* with); ~ *что-л.* желе́зом sheet *(smth.)* with iron; ◇ ~ поро́ги camp on the doorstep; **~ся**, оби́ться *разг.* (*о подоле и т.п.*) be* worn out on hem; (*о штукатурке и т.п.*) break* off.

оби́вка *ж.* (*действие*) upholstering; (*материал*) upholstery.

оби́д|а *ж.* injury, wrong, insult; (*чувство досады*) resentment; (*горестное чувство*) sense of injury; wounded feelings *pl.*, grievance; го́рькая ~ deep mortification; затаи́ть ~у nurse a grievance; нанести́ ~у *кому-л.* give* offense to *(smb.)*; ◇ не дава́ться в ~у not allow *oneself* to be put upon; be* quite able to stand/stick up for *oneself*; не дава́ть *кого-л.* в ~у see* that no harm comes to *(smb.)*; take* care of *(smb.)*; быть в ~е на *кого-л.* have* a grudge against *(smb.)*; не в ~у бу́дет ска́зано no offense meant; проглоти́ть ~у swallow an insult; кака́я ~! what a nuisance!

оби́деть(ся) *сов. см.* обижа́ть(ся).

оби́дн|о 1. *нареч.* offensively, insultingly; **2.** *в знач. сказ. безл.* (*дт.*): мне, ему́ *и т.д.* ~ it offends me, him *etc.*, it hurts me, him *etc.*; мне ~слу́шать I am pained to hear; мне ~ за него́ I feel (very) sorry on his account; ~, что ... it is a pity that ...; ~, что вы не могли́ прийти́! it is a pity, that you couldn't be there! **~ый 1.** (*оскорбительный*) offensive, slighting, wounding; ~ое замеча́ние slighting remark; сказа́ть *что-л.* в ~ой форме say* *smth.* in an offensive way; **2.** *разг.* (*досадный*) annoying, regrettable; ~ая опеча́тка regrettable misprint; ~ая оши́бка stupid oversight/mistake.

оби́д|чивость *ж.* touchiness, susceptibility; **~чивый** touchy, susceptible; **~чик** offender.

обижа́ть, оби́деть **1.** (*вн.*; *нанести обиду*) offend *(smb.)*; hurt*/wound *smb.'s* feelings; **2.** *вн. разг.* (*наносить ущерб кому-л.*) do* *(smb.)* down; **3.** (*вн. тв.*) *разг.* (*лишать чего-л.*): приро́да не оби́дела его́ си́лой he was no weakling, he had plenty of strength; **~ся**, оби́деться take* offense; (на *вн.*) be* hurt/offended (with); be*/get* huffy (with).

оби́женн|о offendedly; huffily *разг.*; (*недовольно*) resentfully; **~ый 1.** (на *вн.*; *обидевшийся*) offended (with); он на вас оби́жен he's offended with you; он оби́жен тем, что ... he is offended that ...; **2.** (*выражающий обиду*) offended, resentful, hurt; ~ым го́лосом resentfully, in a resentful/injured tones; с ~ым ви́дом with an air of resentment; ◇ ~ый Богом not overblessed with talents, ill-starred.

оби́лие *с.* **1.** (*большое количество*) abundance; ~ ди́чи an abundance of game; **2.** (*достаток*) plenty.

оби́льн|о lavishly; **~ый 1.** (*отличающийся обилием*) abundant, plentiful; (*щедрый, роскошный*) lavish; ~ый урожа́й abundant harvest; ~ый у́жин lavish supper; **2.** (*тв.*; *изобилующий чем-л.*) rich (in), abundant (in), richly/generously endowed (with); (*о дичи и т.п.*) teeming (with).

обиня́к *м.*: говори́ть ~а́ми beat* about the bush; сказа́ть *что-л.* без ~о́в tell* *smth.* plainly; not mince matters.

обира́ловка *ж. разг.* sheer robbery.

обира́ть, обобра́ть *(вн.) разг.* **1.** pick *(smth.)*, gather *(smth.)*; ~ я́годы pick berries; **2.** (*обкрадывать*) rob (*smb.*), fleece *(smb.)*, clean *(smb.)* out.

обита́|емый inhabited; **~лище** *с. уст.* dwelling-place, abode; **~тель** *м.*, **~тельница** *ж.* inhabitant, resident; ~тели до́ма the occupants of the house.

обита́ть *несов.* dwell*, live.

оби́тель *ж. уст.* **1.** dwelling-place, abode; **2.** (*монастырь*) cloister.

оби́ть *сов. см.* обива́ть.

обихо́д *м.* course, way of life; (*употребление*) use, usage; войти́ в ~ come* into general use; вы́йти из ~а go* out of use; дома́шний ~ domestic use; предме́ты ~а articles of (daily) use; **~ить** *сов. (вн.) разг.* take* care (of); **~ный** everyday; ~ное выраже́ние common/everyday expression.

обка́лывать I, обколо́ть *см.* (*ранить уколами*) prick all round *(smth.)*.

обка́лывать I, обколо́ть *(вн.)* (*скалывать снаружи*) cut* away *(smth.)*; ~ лёд у при́стани cut* away ice round the landing stage.

обка́пывать, обкопа́ть *(вн.) разг.* dig* round *(smth.)*.

обка́рмливать, обкорми́ть *(вн.)* overfeed* *(smb.)*.

обката́ть *сов. см.* обка́тывать.

обка́тка *ж.* **1.** (*дороги*) rolling; **2.** (*автомашины и т.п.*) run-in.

обка́тывать, обката́ть *(вн.)* **1.** (*дорогу*) roll *(smth.)* (smooth); **2.** (*автомашину и т.п.*) run* *(smth.)* in.

обка́шивать, обкоси́ть *(вн.)* mow round *(smth.)*.

обкла́дка *с.* facing; (*дёрном*) turfing.

обкла́дывать, обложи́ть **1.** (*вн. тв.*; *окружать чем-л.*) surround (*smb.*, *smth.* with); обложи́ть больно́го поду́шками put* pillows under a sick man's back; ~ дёрном turf; **2.** (*вн.*; *обволакивать*) cover *(smth.)*; всё не́бо обложи́ли ту́чи the whole sky was banked with clouds; **3.** *безл.:* всё не́бо обложи́ло the sky is overcast; язы́к обложи́ло the tongue is furred; **4.** (*вн. тв.*; *облицовывать*) face (*smth.* with); ~ сте́ны мра́мором face walls with marble; **~ся**, обложи́ться (*тв.*) surround *oneself* (with); обложи́ться кни́гами surround *oneself* with books.

обкле́|ивать *см.* окле́ивать; **~ить** *сов. см.* окле́ивать, окле́ить.

обко́м *м.* (*областной комитет*) Regional Committee; **~овский** *разг.* Regional Committee *attr.*

обкра́дывать, обокра́сть *(вн.)* rob (*smb.*, *smth.*).

обкуса́ть *сов. см.* обку́сывать.

обку́сывать, обкуса́ть *(вн.)* nibble *(smth.)*, bite* *(smth.)* (round the edges).

обла́ва *ж.* **1.** round-up; поли́цейская ~ police swoop/raid; **2.** *охот.* battue, round-up, drive; (*цепь загонщиков*) ring of beaters.

облага́емый taxable; ~ дохо́д taxable income.

облага́ть, обложи́ть: ~ *кого-л.* нало́гами tax *(smb.)*, impose taxes on *(smb.)*; **~ся**: ~ся нало́гом be* taxable, be* liable to tax.

облагоде́тельствовать *сов. (вн.) уст.*, *ирон.* show* much favor, do* much good.

облагора́живать, облагоро́дить *(вн.)* **1.** exert an elevating/ennobling influence (on); **2.** (*улучшать породу животных, качество растений*) improve *(smth.)*; **~ся**, облагоро́диться **1.** be* ennobled; **2.** (*о животных, растениях*) improve.

облагоро́диться *сов. см.* облагора́живаться.

облада́|ние *с.* possesion; **~те́ль** possessor, owner; (*кубка, титула*) holder.

облада́ть *несов.* (*тв.*) have* *(smth.)*, possess *(smth.)*; ~ пра́вом have*/possess the right; ~

большим талантом have* great talent; ~ хорошим здоровьем enjoy good* health; ~ источником сырья possess sources of raw materials.

обладить *сов. см.* облаживать.

облаживать, обладить (*вн.*) *разг.* arrange/manage *(smth.)*.

облазить *сов.* *(вн.)* *разг.* climb round/climb all over *(smth.)*.

облак|о *с.* cloud; под ~ами just beneath the clouds; дождевые ~а rain clouds, nimbi; слоистые ~а strata; перистые ~а cirri, cirrus cloud *sg.*; кучевые ~а cumuli, cumulus cloud *sg.*; покрываться ~ами be* covered with clouds; ◇ витать в ~ах be* up in the clouds, go* woolgathering; свалиться с ~ов appear from nowhere.

обламывать, обломать, обломить *(вн.)* **1.** break* off *(smth.)*; **2.** *сов.* обломать (*уговорить*) break *smb.'s* resistance/will; **~ся** обломаться, обломиться break* off.

облапить *сов.* *(вн.)* *разг.* **1.** put* *one's* paws round (*smb.*, *smth.*); **2.** (*обнять*) hug *(smb.)*.

облапош|ивать, облапошить *(вн.)* *разг.* swindle; **~ить** *сов. см.* облапошивать.

обласкать *сов.* *(вн.)* show* kindness (to), be* nice (to).

областн|ой **1.** regional; ~ центр regional center; **2.** (*диалектный*) dialect *attr.*, dialectal; ~ое слово dialect word.

область *ж.* **1.** (*часть страны*) region, area; **2.** (*административно-территориальная единица*) oblast, region; Московская ~ the Moscow Region; **3.** (*отрасль знаний, деятельности*) sphere, field, province; новая ~ знаний new field of knowledge; это не моя ~ that is not (within) my province; **4.** *анат.* region, tract; ранение в ~ сердца wound in the region of the heart.

облат|ка *ж.* **1.** *церк.* wafer, host; **2.** *фарм.* capsule; **3.** paper seal; **~очный** wafer/host/capsule *attr.*

облачать, облачить **1.** *(вн.)* *церк.* robe *(smb.)*; **2.** *разг.* get* *(smb.)* up (in), array (*smb.* in); **~ся**, облачиться **1.** *церк.* robe/put* on robes; **2.** *разг.* array *oneself*.

облач|ение *с.* **1.** (в *вн.*) (*действие*) robing (in), investing (in, with); **2.** *церк.* (*одежда*) vestment(s) (*pl.*); sacerdotal robes *pl.*; **~иться** *сов. см.* облачать(ся).

облачн|ость *ж.* cloud, cloudness; сплошная ~ unbroken cloud; низкая ~ low cloud; **~ый** cloudy; ~ день cloudy day.

облаять *сов.* *(вн.)* **1.** bark (at); **2.** *разг.* (*обругать*) swear* (at).

облег|ать *несов.* fit closely; (*о пальто и т.п.*) fit snugly; платье плотно ~ает фигуру the dress is close-fitting, the dress outlines the figure; **~ающий** clinging, tight-fitting.

облегч|ать, облегчить *(вн.)* **1.** (*уменьшить вес чего-л.*) lighten *(smth.)*, reduce the weight (of), make* *(smth.)* lighter; **2.** (*упрощать*) simplify *(smth.)*; **3.** (*делать менее трудным*) facilitate *(smth.)*, make* *(smth.)* easy; облегчить условия труда improve working conditions; ~ решение задачи facilitate the solution of the problem; **4.** (*смягчать, ослаблять*) relieve *(smth.)*, ease *(smth.)*; ~ боль ease the pain; ~ наказание *юр.* mitigate/commute punishment; ~ чью-л. участь ease *smb.'s* lot; **5.** (*успокаивать*) relieve (*smb.*, *smth.*); облегчить душу relieve *one's* feelings; **~ение** *с.* **1.** (*действие*) making lighter; simplification; ~ение веса reduction of weight; **2.** (*чувство успокоения*) (sense of) relief; вздохнуть с ~ением draw*/heave* a sigh of relief.

облегчённ|о: ~ вздохнуть draw* a sigh of relief; **~ый** **1.** (*более лёгкий*) light-weight *attr.*; **2.** (*упрощённый*) simplified; постройка ~ого типа lightly built structure, lightly constructed building; **3.** (*выражающий облегчение*) relived; ~ый вздох sigh of relief.

облегчить *сов. см.* облегчать.

обледене|лый ice-coated; **~ние** *с.* *ав.* ice formation, icing.

обледенеть *сов.* ice up, be* coated with ice.

облезать, облезть *разг.* **1.** (*лишаться волос, шерсти и т.п.*) moult, lose* *one's* hair, fur *etc.*; **2.** (*о краске, лаке и т.п.*) come*/peel off; (*о стенах*) peel.

облезл|ый *разг.* shabby, bare; ~ая кошка mangy cat.

облезть *сов. см.* облезать.

облекать, облечь **1.** (*вн.*, *тв.*; *окружать чем-л.*) envelop (*smth.* in); ~ *что-л.* тайной envelop *smth.* in mystery **2.** (*вн.*; *выражать, воплощать*) clothe *(smth.)*; ~ мысли словами, в слова clothe thoughts in words, put* thoughts into words; **3.** (*вн. тв.*; *наделять*) (in)vest (*smb.* with), furnish (*smb.* with); ~ *кого-л.* полномочиями (in)vest *smb.* with powers, commission (*smb.*); ◇ облечь *кого-л.* доверием place trust in *smb.*; **~ся**, облечься (в *вн.*) be* embodied (in), be* clothed (in); ~ся в форму *чего-л.* take the form of *smth.*, assume the appearance of *smth.*

облениться *сов.* get* lazy/slack.

облепить *сов. см.* облеплять.

облепиха *ж.* *бот.* sea-buckthorn.

облеплятть, облепить **1.** (*вн.*; *прилипать со всех сторон*) stick* all over *(smth.)*; ботинки облепила грязь the shoes were plastered with mud; **2.** (*вн. тв.*; *покрывать со всех сторон*) cover (*smth.* with); **3.** *(вн.)* *разг.* (*окружать*) cling* (to); (*о мухах и т.п.*) swarm all over *smth.*

облес|ение *с.* afforestation; **~ить** *сов.* *(вн.)* afforest *(smth.)*.

облетать I, облететь **1.** (*вн.*; *вокруг*) fly* round *(smth.)*; **2.** (*вн.*; *пролетать стороной*) skirt *(smth.)*, pass over *(smth.)*; **3.** (*вн.*; *распространяться*) spread* (through); облететь город с быстротой молнии spread* through the town like wildfire; **4.** (*опадать - о листьях*) fall*; (*оставаться без листьев*) become* bare, lose*/shed* it's leaves.

облет|áть II *сов.* *(вн.)* **1.** (*летая, побывать всюду*) fly* all over *(smth.)*; ~ всю странý fly* all over the country; **2.** *разг.* я ~áл все магазúны I've been all round the shops **3.** *ав.* (*испытывать самолёт и т.п.*) put* *(smth.)* through its trials.

облетéть *сов. см.* облетáть I.

облеч|éние *с.* (*тв.*) invest (with); ~ влáстью invest with power; **~ённый** invested; ~ённый влáстью invested with power; ◇ ~ённое ударение *грам.* slurred/rising-falling/circumflex accent.

облéчь(ся) *сов. см.* облекáть(ся).

облёт *м.* **1.** *ав.* (*самолёта*) test/trial flight; **2.** (*местности*) flying around (an area).

обливáние *с.* dousing, sluicing; ~ холóдной водóй dousing with cold water, cold shower.

обливáть, облúть (*вн. тв.*) **1.** pour (*smth.* over); облúть *кого-л.* водóй pour water over *(smb.)*, douse *(smb.)* with water; **2.** (*покрывать собой — о росе, слезах и т.п.*) drench (*smth.* with, in); **3.** (*проливать что-л.*) spill* (*smth.* over); облúть скáтерть чернúлами spill*/pour ink all over the tablecloth; ◇ облúть *кого-л.* помóями, грязью fling* mud at *(smb.)*; **~ся**, облúться (*тв.*) pour *(smth.)* over *oneself*; (*покрываться чем-л.*) be* covered (with); облúться хóлодной водóй take* a shower-bath, sluice *oneself* down with cold water; ~ся пóтом be* drenched in sweat; ~ся слезáми be* drowned in tears; ~ся крóвью bleed* profusely; ◇ у меня сéрдце крóвью обливáется my heart bleeds.

облúвка *ж. тех.* (*глазурью*) glaze, glazing.

облигациóнный bond *attr.*; ~ сертификáт *фин.* bond certificate.

обливн|óй: ~ые гончáрные издéлия glazed pottery *sg.*

облигáция *ж. фин.* bond; балáнсовая ~ book-entry bond; бескупóнная ~ zero-coupon bond; гарантúрованная ~ guaranteed bond; ~ государственного зáйма state(-loan) bond; именнáя ~ registrated bond; индексúрованная ~ indexed bond; купóнная ~ coupon bond; муниципáльная ~ municiple bond; необеспéченная ~ unsecured bond; обеспéченная ~ secured bond; промышленная дохóдная ~ industrial revenue bond; процéнтная ~ interest bearing bond; реорганизóванная ~ adjustment bond; спекулятúвная ~ speculative bond; ~ вы́игрышного зáйма premium bond; ~, дающая сверх процéнтного дохóда прáво на учáстие в распределяемой прúбыли participating bond; ~ инвестициóнного клáсса investment grade bond; ~ корпорáций corporate bond; ~ на предъявúтеля bearer bond; ~ с дохóдом на прúбыль income bond; ~ федерáльного правúтельства federal government bond.

облизáть *сов. см.* облúзывать; **~ся** *сов. см.* облúзываться 2.

облúзывать, облизáть *(вн.)* lick *(smth.)*; пáльчики облúжешь it'll make you long for more; **~ся**, облизáться **1.** *тк. несов.* lick *one's* lips; (на *вн.*) *перен.* eye *(smth.)* hungrily; **2.** (*о животных*) lick itself.

óблик *м.* appearance; (*характер*) character, makeup; *перен.* face, appearance; нрáвственный ~ mortal character; ~ гóрода the face of a city; принять ~ (*рд.*) assume the aspect (of).

облипáть, облúпнуть (*тв.*) *разг.* be*/become* covered (with); колёса облúпли грязью the wheels are covered with mud.

облисполкóм *м.* (исполнúтельный комитéт областнóго Совéта нарóдных депутáтов) Executive (Committee) of the Oblast/Regional Soviet (of Peoples Deputies).

облúть(ся) *сов. см.* обливáть(ся).

облицевáть *сов. см.* облицóвывать.

облицóвка *ж.* facing; (*кафелем*) tiling; (*деревом*) panelling.

облицóвочн|ый facing; ~ кирпúч ashlar brick; ~ая плúтка decorative tile.

облицóвывать, облицевáть (*вн. тв.*) face (*smth.* with); (*кафелем*) tile (*smth.* with); (*деревом*) panel (*smth.* with).

облич|áть *несов.* *(вн.)* **1.** (*разоблачать*) expose *(smth.)*; **2.** (*показывать*) reveal (*smb.*, *smth.*); **~éние** *с.* exposure; **~úтель** *м.* denouncer; **~úтельный** accusatory; full of denunciation *после сущ.*; ~úтельная речь diatribe, tirade.

облúчье *с. см.* óблик.

облобызáть *сов.* *(вн.)* *разг.* kiss *(smb.)*; **~ся** *сов. разг.* kiss.

обложéние *с.* imposition; (*налогами*) *эк.* taxation; ~ пóшлиной imposition of a duty; тамóженное ~ imposition of customs duties; ~ штрáфом penalizing.

обложúть *сов. см.* обклáдывать *и* облагáть; **~ся** *сов. см.* обклáдываться.

oблóжка *ж.* **1.** cover; **2.** (*для документа*) case; **3.** *разг.* (book) jacket.

обложнóй *разг.*: ~ дождь steady downpour, incessant rain.

облокáчиваться, облокотúться (на *вн.*) put*/lean* *one's* elbows (on), lean* (on).

облокотúться *сов. см.* облокáчиваться.

облóм *м. разг.* clodhopper, bumpkin, yokel.

облóмовщина *ж. ед.* oblomovism the state of laziness and apathy called by the name of the main hero of I. Goncharov's novel "Oblomov").

обломáть(ся) *сов. см.* облáмывать(ся).

обломúть *сов. см.* облáмывать 1; **~ся** *сов. см.* облáмываться.

облóмок *м.* **1.** fragment; *мн.* debris *sg.*, wreckage *sg.*, rubble *sg.*; **2.** (*остаток чего-л. исчезнувшего*) vestige, fragment.

облупúть *сов. см.* лупúть 1.

облуч|áть, облучúть *(вн.)* irradiate *(smth.)*, expose (*smb.*, *smth.*) to rays; ~ кварцем treat with ultraviolet light; **~áться**, облучúться be* exposed to radiation; **~éние** *с.* irradiation, exposure to rays; (*лечебное*) radiation treatment; **~úть(ся)** *сов. см.* облучáть(ся).

облучóк *м.* coachman's seat.

облы́жный *разг.* false.

облысе́ть *сов. см.* лысе́ть.

облюбова́ть *сов. (вн.)* take* a fancy (to).

обма́зать(ся) *сов. см.* обма́зывать(ся).

обма́зка *ж.* **1.** (*действие*) plastering, coating; **2.** (вещество) plaster, coating.

обма́зывать, обма́зать (*вн. тв.*) **1.** cover (*smth.* with), coat (*smth.* with); **2.** *разг.* (*пачкать*) dirty (*smth.* with); **~ся**, обма́заться *разг.* get*/make* *oneself* dirty.

обма́кивать, обмакну́ть *(вн.)* dip *(smth.)*.

обмакну́ть *сов. см.* обма́кивать.

обма́н *м.* **1.** (*действия, поступки*) deception, trickery, fraud; (*ложь*) lies *pl.*; доби́ться *чего-л.* ~ом gain/achieve *smth.* by deception, acquire *smth.* fraudulently; **2.** (*заблуждение, ошибка*) delusion, illusion; вводи́ть *кого-л.* в ~ deceive *smb.*; ~ зре́ния optical illusion; ~ чувств hallucination; **3.** *спорт. (финт)* feint; **~ный** fraudulent; ~ым путём fraudulently, by fraud.

обману́ть(ся) *сов. см.* обма́нывать(ся).

обма́нчив|ый deceptive; (*мнимый*) illusory; нару́жность ~а appearances are deceptive.

обма́нщ|ик *м.*, **~ица** *ж.* deceiver.

обма́ныв|ать, обману́ть*(вн.)* **1.** (*вводить в заблуждение*) deceive *(smb.)*; (*не выполнять обещание*) let* *(smb.)* down; (*поступать нечестно по отношению к кому-л.*) cheat *(smb.)*; *перен.* betray *(smb.)*, disappoint *(smb.)*; обману́ть *чью-л.* бди́тельность throw* *smb.* off his, her guard; ~ дове́рие betray *smb.'s* trust; ~ *чьи-л.* надёжды disappoint *smb.'s* hopes; е́сли па́мять меня́ не ~ает if my memory doesn't deceive me; **2.** (*изменять мужу, жене*) deceive *(smb.)*; **3.** (*соблазнять*) seduce *(smb.)*; **~аться**, обману́ться be* deluded, be* mistaken; ~аться в *ком-л.* be* mistaken in *smb.*; я в нём о́чень обману́лся I was greatly mistaken in him; ~аться в *чём-л.* be* deceived in *smth.*, be* disappointed in *smth.*

обмара́ть *сов. см.* обма́рывать.

обма́рывать, обмара́ть *(вн.) разг.* soil *(smth.)*, dirty *(smth.)*.

обма́тывать, обмота́ть (*вн. тв.*) wind* (*smth.* around); (*окутывать*) wrap (*smth.* around); **~ся**, обмота́ться (*тв.*) *разг.* wrap *oneself* (in).

обма́хивать *несов. (вн.)* fan *(smth.)*; ~ лицо́ ве́ером fan *one's* face; **~ся** *несов.* fan *oneself.*

обмеле́ть *сов. см.* меле́ть.

обме́н *м.* **1.** exchange; ~ докуме́нтов renewal of papers; ~ о́пытом exchange/sharing/pooling of (*one's*) experience; ~ мне́ниями exchange/interchange of views; ~ информа́цией exchange of information; в ~ на ... in exchange for ...; в поря́дке ~а by way of exchange; **2.** *эк.* exchange; ~ валю́ты exchange of currency; ~ взаимодополня́ющей проду́кцией exchange of mutually compatible products; ~ лице́нзиями exchange of licenses; ~ пи́сьмами exchange of letters; ~ поста́вками exchange of supplies; ~ на осно́ве взаи́мных расчётов exchange on the basis of clearing accounts;~ техноло́гией technological exchange; ба́ртерный ~ barter, swapping; внешнето́рговый ~ foreign trade exchange; неэквивале́нтный ~ nonequivalent exchange; пригранй́чный ~ border trade; прямо́й ~ *эк.* direct exchange; ~ видеопрогра́мм ме́жду ста́нциями *тлв.* bicycling; *спорт.* (*бокс*) ~ уда́рами exchange of blows; ◇ ~ веще́ств metabolism.

обме́нивать, обменя́ть (*вн.* на *вн.*) exchange (*smth.* for); **~ся**, обменя́ться (*тв.*) exchange *(smth.)* (*тж. перен.*); ~ся с *кем-л.* фотогра́фиями exchange photographs with *smb.*, give* *smb. one's* photograph in exchange for *his*; ~ся шу́тками bandy jokes; ~ся впечатле́ниями compare notes.

обмени́ть *сов. см.* обме́нивать; (*случайно*) (accidentally) exchange some article (of clothing *etc.*) with *smb.* else; **~ся** *сов. см.* обме́ниваться; он обмени́лся гало́шами he has taken *someone's* galoshes by mistake.

обме́нный exchange *attr.*

обменя́ть(ся) *сов. см.* обме́нивать(ся), меня́ть(ся).

обме́р I *м.* measurement.

обме́р II*м. разг.* (*обман*) false measure.

обмере́ть *сов. см.* обмира́ть.

обмерза́ть, обмёрзнуть be* covered with ice, be* frosted over.

обме́ривать I, обме́рить *(вн.)* (*измерять*) measure *(smth.)*.

обме́ривать II, обме́рить (*вн.*) *разг.* cheat in measuring (*smb.*), give* short measure.

обме́рить *сов. см.* обме́ривать I, II.

обмеря́ть *несов. см.* обме́ривать I.

обмести́ *сов. см.* обмета́ть I.

обмета́ть I, обмести́ *(вн.)* sweep* off *(smth.)*; (*о пыли*) dust, do* some dusting.

обмета́ть II *сов. см.* обмётывать I.

обмёрзнуть *сов. см.* обмерза́ть.

обмётывать I, обмета́ть *(вн.)* (*обшивать*) overstitch *(smth.)*, whipstitch *(smth.)*, overcast* *(smth.)*.

обмётывать II, обмета́ть *безл. разг.*: у него́ обмета́ло гу́бы his lips are cracked with cold sores.

обмира́ть, обмере́ть *разг.*: ~ от стра́ха *и т. п.* be* paralyzed with fear *etc.*

обмозгова́ть *сов. см.* обмозго́вывать.

обмозго́вывать, обмозгова́ть *(вн.) разг.* turn over in *one's* mind *(smth.)*, ponder *(smth.)*, think* over *(smth.)*.

обмола́чивать, обмолоти́ть *(вн.) с.-х.* thresh *(smth.)*.

обмо́лв|иться *сов.* **1.** (*оговориться*) use the wrong word; я ~ился it was a slip of the tongue (on my part); **2.** (*проговориться*) let* (it) out; ◇ не ~ (ни еди́ным) сло́вом, что ... not say a word about the fact that ..., not give the slightest intimation that ...; **~ка** *ж.* slip of the tongue, chance remark.

обмоло́т *м. с.-х.* **1.** (*действие*) threshing; **2.** (*обмолоченное зерно*) threshed grain.

обмолоти́ть *сов. см.* обмола́чивать.

обмора́живать, обморо́зить: обморо́зить себе́ лицо́ *и т.п.* get* *one's* face *etc.* frostbitten; **~ся**, обморо́зиться get* frostbitten.

обморо́женный frostbitten.

обморо́зить(ся) *сов. см.* обмора́живать(ся).

о́бморок *м.* faint, fainting-fit; глубо́кий ~ dead faint; па́дать в ~ faint, fall* down in a faint.

о́бморочн|ый: ~ое состоя́ние faint, state of unconsciousness.

обмота́ть(ся) *сов. см.* обма́тывать(ся).

обмо́тка *ж.* **1.** *эл.* winding; **2.** *мн.* (*для ног*) puttees, leg wrappings.

обмундирова́ние *с.* **1.** (*действие*) receiving uniform(s), kitting up; **2.** (*комплект одежды*) uniform, outfit, kit.

обмундирова́ть *сов.* *(вн.)* clothe (*smb., smth.*), fit (*smb., smth.*) out, kit (*smb., smth.*) up; **~ся** *сов.* get* fitted out, get* kitted up.

обмусо́ливать, обмусо́лить (*вн.*) *разг.* wet (*smth.*), moisten with saliva (*smth.*), beslobber (*smth.*).

обмыва́ть, обмы́ть *(вн.)* wash *(smth.)*, bathe *(smth.)*; **~ся**, обмы́ться **1.** have* a wash all over; **2.** (*о предметах*) be* washed clean.

обмы́лок *м. разг.* remnant of a cake of soap.

обмы́ть(ся) *сов. см.* обмыва́ть(ся).

обмя́кнуть *сов. разг.* go* limp, become* flabby; *перен.* soften.

обнагле́ть *сов. см.* нагле́ть.

обнадёживать, обнадёжить *(вн.)* raise *smb.'s* hopes.

обнадёжить *сов. см.* обнадёживать.

обнаж|а́ть, обнажи́ть *(вн.)* **1.** (*оголять*) bare *(smth.)*, uncover *(smth.)*; обнажи́ть го́лову bare *one's* head; **2.** (*лишать листвы*) bare *(smth.)*, denude *(smth.)*; **3.** (*освобождать от покрова*) lay* *(smth.)* bare, expose *(smth.)* (*тж. перен.*); **4.** (*вынимать из ножен*) bare *(smth.)*, unsheathe *(smth.)*; **5.** (*открыть правду*) expose *(smth.)*, reveal *(smth.)*; **~а́ться**, обнажи́ться **1.** (*обнажать своё тело*) strip naked; **2.** (*о какой-л. части тела*) be* exposed, be* uncovered; **3.** (*лишаться листвы, хвои*) become* bare; **4.** (*оказываться ничем не прикрытым*) be* exposed, be* laid bare; *перен.* (*обнаруживаться*) reveal itself; **~е́ние** *с.* baring, uncovering, *перен.* revealing; **~ённый** **1.** (*о теле*) naked; (*о частях тела*) bare; ~ённая спина́ bare back; с ~ённой голово́й bareheaded; **2.** (*лишённый листвы, растительности*) bare, naked; **3.** (*ничем не прикрытый*) exposed; *перен.* undisguised, barefaced.

обнажи́ть(ся) *сов. см.* обнажа́ть(ся).

обнаро́дов|ание *с.* publication; (*закона*) promulgation; **~ать** *сов.* *(вн.)* publish *(smth.)*; (*закон*) promulgate *(smth.)*.

обнару́же́ние *с.* **1.** disclosure, revealing; **2.** (*открытие*) discovery; (*раскрытие*) detection.

обнару́живать, обнару́жить *(вн.)* **1.** (*находить*) discover (*smb., smth.*); (*раскрывать*) detect *(smth.)*; обнару́жить проти́вника spot/find* the enemy; **2.** (*открывать взору; проявлять*) display *(smth.)*; ~ свою́ ра́дость betray *one's* joy; ~ тала́нт (к) show* a talent (for); **~ся**, обнару́житься **1.** (*отыскиваться*) be* found, be* discovered; come* to light; turn up *разг.*; **2.** (*проявляться*) reveal itself, come* out; **3.** (*становиться видимым*) be* revealed.

обнару́жить(ся) *сов. см.* обнару́жить(ся).

обнести́ *сов. см.* обноси́ть.

обнима́ть, обня́ть *(вн.)* **1.** (*заключать в объятия*) embrace (*smb., smth.*), give* *(smb.)* a hug; (*обхватывать руками что-л.*) put* *one's* arm(s) (about, around); **2.** (*охватывать взглядом*) take* in *(smth.)*; не обня́ть гла́зом farther then the eye can see; **3.** (*захватывать — о чувствах*) overcome* *(smb.)*; **4.** (*охватывать*) take* in *(smth.)*, embrace* *(smth.)*; ◇ ~ умо́м comprehend *(smth.)*; **~ся**, обня́ться embrace.

обни́м|ка: в ~ку *разг.* with arms round each other in an embrace.

обнищ|а́лый impoverished; (*о человеке тж.*) destitute; **~а́ние** impoverishment; (*о человеке тж.*) destitution.

обнища́ть *сов. см.* нища́ть.

обно́ва *ж. разг.* new acquisition; (*об одежде*) new dress.

обнови́ть(ся) *сов. см.* обновля́ть(ся).

обно́вка *ж. разг. см.* обно́ва.

обновл|е́ние *с.* **1.** (*восстановление первоначального вида*) renovation, restoration; *разг.* (*возрождение*) regeneration; **2.** (*замена новым*) renewal; ~ основно́го капита́ла *эк.* renewal of fixed capital; **~ённый** renovated, renewed.

обновля́ть, обнови́ть *(вн.)* **1.** (*восстанавливать первоначальный вид*) renovate *(smth.)*; *перен.* (*возрождать*) regenerate *(smth.)*; ~ свои́ зна́ния refresh *one's* knowledge; **2.** (*заменять, пополнять новым*) renew *(smth.)*, replenish *(smth.)*; ~ репертуа́р renew *one's* repertoire; **3.** *разг.* (*впервые употреблять новую вещь*) put* on *(smth.)* for the first time; обнови́ть пла́тье put* on a new dress for the first time; обнови́ть лы́жи try out *one's* new skis; **~ся**, обнови́ться **1.** be* reborn, be* born anew; **2.** (*становиться новым по составу*) be* renewed, be* replenished.

обнос|и́ть, обнести́ **1.** (*вн. тв.*; *окружать*) enclose (*smth.* with) ~ *что-л.* забо́ром fence *smth.* in/round; ~ *что-л.* стено́й put* a wall round *smth.*; **2.** (*вн. тв.*; *угощать всех*) serve *smb.* with); их ~и́ли фру́ктами the fruit was served round; **3.** (*вн.*; *пропускать при угощении*) pass *(smb.)* over; (*вн. тв.*) not serve (*smb.* with).

обнос|и́ться *сов. разг.* **1.** (*износить одежду, обувь*) wear* out *one's* clothes; я совсе́м ~и́лся I have absolutely nothing to wear; **2.** (*истрепаться — об одежде, обуви*) be* worn out.

обно́ски *мн. разг.* cast-off/old clothes.

обню́хать *сов. см.* обню́хивать.

обню́хивать, обню́хать *(вн.)* sniff (at).

обня́ть(ся) *сов. см.* обнима́ть(ся).

обо *см.* о I.

обобра́ть *сов. см.* обира́ть; **~ся** *сов.*: не оберёшься *разг.* ≅ beyond count; innumerable; у нас дел не оберёшься our hands are full, we are swamped with work.

обобщ|а́ть, обобщи́ть *(вн.)* **1.** *(объединять)* unite *(smth.)*, make* *(smth.)* into a whole; **2.** *(вскрывать общее в отдельных явлениях и т.п.)* draw* a general conclusion (from), generalize (from); **~е́ние** *с.* generalization; сме́лые ~е́ния bold generalizations; **~ённый** generalized; *(не затрагивающий деталей)* summarized, general.

обобществ|и́ть *сов. см.* обобществля́ть; **~ле́ние** *с.* socialization; ~ле́ние средств произво́дства socialization of the means of production; ~лённый socialized; ~лённый труд socialized labor.

обобществля́ть, обобществи́ть *(вн.)* socialize *(smth.)*.

обовши́веть *сов. см.* become* lousy.

обогати́тельн|ый *горн.* concentrating; ~ая фа́брика concentrating mill, ore-dressing plant.

обогати́ть(ся) *сов. см.* обогащать(ся).

обогащ|а́ть, обогати́ть*(вн.)* **1.** *(прям. и перен.)* enrich (*smb.*, *smth.*) **2.** *(повышать полезные качества чего-л.)* dress *(smth.)*; *(о рудах тж.)* concentrate *(smth.)*; ~ по́чву азо́том dress soil with nitrogen; ~ руду́ concentrate ore; **~а́ться**, обогати́ться **1.** *(прям. и перен.)* get*/grow* richer; *(тв.)* be* enriched (by); ~а́ться за счёт *кого-л.* enrich *oneself* at *smb.'s* expense; **2.** *(о почве)* be* enriched; *(о руде и т.п.)* be* concentrated; **~е́ние** *с.* **1.** *(прям. и перен.)* enrichment; **2.** *(почвы, руды и т.п.)* dressing; *(руды тж.)* concentration.

обогна́ть *сов. см.* обгоня́ть.

обогну́ть *сов. см.* огиба́ть.

обоготвори́ть *сов. см.* обоготворя́ть.

обоготворя́ть, обоготвори́ть *(вн.)* idealize (*smb.*, *smth.*), deify (*smb.*, *smth.*).

обогре́в *м.*, **~а́ние** *с.* warming, heating.

обогрева́ть, обогре́ть *(вн.) разг.* heat *(smth.)*; **~ся**, обогре́ться *разг.* warm *oneself*; *(о помещении)* get* warmer.

обогре́ть(ся) *сов. см.* обогрева́ть(ся).

о́бод *м.*, **~о́к** *м.* rim; **~о́чный**: ~о́чная кишка *анат.* colon.

ободра́нец *м. разг.* ragamuffin, ragged fellow.

обо́дранн|ый *разг.* ragged; *(о человеке тж.)* in rags *после сущ.*; ~ые обо́и torn wallpaper.

ободра́ть(ся) *сов. см.* обдира́ть(ся).

ободре́ние *с.* encouragement.

ободри́|тельный encouraging, reassuring; **~ть(ся)** *сов. см.* ободря́ть(ся).

ободр|я́ть, ободри́ть *(вн.)* encourage *(smb.)*; put* heart (in); **~я́ться**, ободри́ться take* heart; **~я́ющий** encouraging.

обо́его: ~ по́ла of both sexes.

обоепо́лый bisexsual; *бот.* monoecious.

обожа́|ние *с.* adoration, worship; **~тель** *м.*, **~тельница** *ж.* adorer, admirer.

обожа́ть *несов. (вн.)* adore (*smb.*, *smth.*), worship (*smb.*, *smth.*).

обожда́ть *сов. (вн.) разг.* wait (for).

обожеств|и́ть *сов. см.* обожествля́ть; **~ле́ние** *с.* deifying, idolizing.

обожествля́ть, обожестви́ть *(вн.)* deify (*smb.*, *smth.*), worship (*smb.*, *smth.*).

обожра́ться *сов. см.* обжира́ться.

обо́з *м.* wagon train, string of carts, sledges *etc.*; ◇ быть/плести́сь в ~е bring up the rear, be* left behind; **~ный** wagon train *etc. attr.*

обозва́ть *сов. см.* обзыва́ть.

обозли́ть(ся) *сов. см.* зли́ть(ся).

обознава́ться, обозна́ться *разг.* take* *(smb.)* for somebody else; прости́те, я обозна́лся! excuse me, I took you for somebody else!

обозна́ться *сов. см.* обознава́ться.

обознач|а́ть, обозна́чить *(вн.)* **1.** *(помечать)* mark *(smth.)*, denote *(smth.)*, designate *(smth.)*; **2.** *(указывать, называть)* indicate *(smth.)*; **3.** *тк. несов.* *(значить)* mean* *(smth.)*, signify *(smth.)*; **4.** *(делать заметным)* delineate *(smth.)*, emphasize *(smth.)*, bring* out *(smth.)*; **~а́ться**, обозна́читься **1.** *(намечаться, делаться видимым)* take* shape, come* into view, appear; **2.** *(становиться ощутимым)* be* felt, make* itself felt; **~е́ние** *с.* designation; усло́вное ~е́ние conventional sign.

обозна́чить *сов. см.* обознача́ть 1, 2, 4; **~ся** *сов. см.* обознача́ться.

обозрева́тель *м.* commentator, observer; спорти́вный ~ sports commentator.

обозрева́ть, обозре́ть *(вн.)* survey *(smth.)*.

обозре́ние *с.* **1.** *(действие)* viewing, looking over; **2.** *(в газете, по радио и т. п.)* review, commentary; спорти́вное ~ sports roundup; кни́жное ~ review of books; **3.** *(эстрадное представление)* revue.

обозре́ть *сов. см.* обозрева́ть.

обозри́мый visible.

обо́|и *мн.* wallpaper *sg.*; окле́ить ко́мнату ~ями paper the room.

обо́йма *ж.* holder; *(патронная)* clip, charger; *перен.* range.

обо́йный **1.** wallpaper *attr.*; **2.** *(применяемый для обивки)* used for upholstering.

обойти́ *сов. см.* обходи́ть.

обойти́сь *сов. см.* обходи́ться.

обо́йщик *м.* upholsterer.

о́бок **1.** *нареч.* close by, near; **2.**: ~ с *предл.* *(тв.)* side by side (with).

обокра́сть *сов. см.* обкра́дывать.

оболва́нивать, оболва́нить *(вн.) разг.* **1.** make* a fool (of); **2.** *(плохо стричь)* cut* *smb.'s* hair too short.

оболва́нить *сов. см.* оболва́нивать.

оболга́ть *сов. (вн.)* slander *(smb.)*, calumniate *(smb.)*.

оболо́чка *ж.* **1.** envelope, outer skin, shell; *биол.* capsule; *разг.* (outward) form, appearance; **2.** *анат.* ра́дужная ~ iris; рогова́я ~ cornea; се́тчатая ~ retina; сли́зистая~ mucous membrane.

обо́лтус *м. разг.* blockhead, booby, dunce.

обольсти́тель *м. уст.*, **~ница** *ж. уст.* seducer; **~ный** seductive.

обольсти́ть *сов. см.* обольща́ть; **~ся** *сов. см.* обольща́ться 2.

обольща́ть, обольсти́ть *(вн.)* tempt *(smb.)*; (*соблазнять*) seduce *(smb.)*; **~ся**, обольсти́ться (*тв.*) **1.** *тк. несов.* delude *oneself* (with); flatter *oneself* (that); **2.** (*поддаваться соблазну*) be* carried away (by); ~ся наде́ждами delude *oneself* with hopes; ~ся успе́хами have* *one's* head turned by success.

обольще́ние *с.* temptation, charm, delusion.

обомле́ть *сов. разг.* be* stupefied; ~ от у́жаса be* stupefied/frozen with terror.

обомше́лый moss-grown.

обоня́|ние *с.* sense of smell; то́нкое ~ a keen sense of smell, a good nose; о́рганы ~ния olfactory organs; **~тельный** *анат.* olfactory.

обоня́ть (*вн.*) smelt* (*smth.*).

обора́чиваемост|ь *ж. эк.* turnover; ~ депози́тов deposit turnover; ~ гото́вой проду́кции finished goods turnover; ~ капита́ла turnover of capital; ~ материа́льно-произво́дственных запа́сов inventory turnover; ~ незавершённого произво́дства work-in-process turnover; ~ основно́го капита́ла plant turnover; ~ судо́в turnaround; ~ товарных запа́сов stock turnover; ~ тра́нспортных средств route turnover; коэффицие́нт ~и гото́вой проду́кции finished goods turnover; ско́рость ~и депози́тов rate of deposit turnover.

обора́чивать, оберну́ть *(вн.)* turn *(smb.)*; *перен. тж.* give* *(smth.)* a turn/twist; **~ся**, оберну́ться **1.** turn round; *эк.* (*о капитале*) turn over; быстро ~ся swing* round; ~ся на го́лос turn at *smb.'s* voice; (*делать круг вращений*) revolve; **2.** (*принимать тот или иной характер*) turn out; **3.** (*тв.; выливаться во что-л.*) end (in), result (in), entail *(smth.)*; **4.** *разг.* (*съездив, сходив куда-л., возвращаться назад*) go* there and back; **5.** *разг.* (*справляться о чём-л.*) manage; **6.** (*тв.*; *превращаться — в сказках*) turn (into).

оборва́нец *м. разг.* ragamuffin; ragged fellow.

обо́рванный **1.** ragged **2.** (*незаконченный*) fragmentary, scattered.

оборва́ть(ся) *сов. см.* обрыва́ться.

обо́рвыш *м. разг.* ragamuffin.

обо́рка *ж.* frill; (*широкая*) flounce.

обормо́т *м. разг.* blockhead.

оборо́н|а *ж.* **1.** (*действие*) defense; перейти́ от ~ы к нападе́нию switch from defense to attack; акти́вная ~ active/agressive defense; долговре́менная ~ permanent defense; подви́жная ~ elastic defense; противота́нковая anti-tank defense; противохими́ческая ~ gas defense; **2.** (*совокупность оборонительных средств*) defense(s); **3.** (*линия оборонительных сооружений*) defense(s); кругова́я ~ all-round defense; держа́ть ~у hold* the line; прорва́ть ~у проти́вника breach/pierce the enemy's defenses.

оборони́тельн|ый defensive; ~ые бои́ defensive actions; ~ое сооруже́ние defense/defensive work; *мн. тж.* defenses; ~ая та́ктика defensive attitude; ~ рубе́ж defensive belt/line.

оборони́ть(ся) *сов. см.* обороня́ть(ся).

оборо́нный defense *attr.*

обороноспосо́бность *ж.* defense(s), defense capacity/potential.

обороня́ть, оборони́ть (*вн.*) defend *(smth.)*; **~ся**, оборони́ться **1.** hold* the line; **2.** *разг.* (*защищать себя*) defend *oneself.*

оборо́т *м.* **1.** turn, revolution; коли́чество ~ов в мину́ту number of revolutions per minute, R. P. M.; **2.** (*цикл*) rotation; turnover; (*совокупность работ, операций*) cycle of operations; бы́стрый ~ quick return; ~ капита́ла turnover of capital; **3.** (*коммерческая операция*) operation; пусти́ть де́ньги в ~ put* money into operation; **4.** (*денежные суммы как итог коммерческих операций*) turnover; годово́й ~ annual turnover; де́нежный ~ money turnover; торго́вый ~ trade turnover; ско́рость ~а a rate of turnover; ~ а́кций stock turnover; ~ вне́шней торго́вли foreign trade turnover; ~ по и́мпорту import turnover; ~ по э́кспорту export turnover; ~ средств по счёту account turnover; **5.** (*употребление, использование*) use; **6.** (*поворот*) bend; **7.** (*новое направление в ходе, развитии чего-л.*) turn, stage; де́ло при́няло дурно́й ~ things have taken a turn for the worse; **8.** (*обратная сторона*) the back; на ~е on the other side, on the back; смотри́ на ~е *пишется* P. T. O. (*т.е.* please turn over); **9.** (*словесное выражение*) expression, construction; ~ ре́чи phrase, locution, turn of speech; **10.** *спорт.* rotation, somersault; ◇ брать *кого-л.* в ~ take* *(smb.)* in hand.

о́боротень *м. фолк.* werewolf.

оборо́тистый *разг.* resourceful, shifty.

оборо́тн|ый **1.** (*находящийся в обращении*) circulating; ~ые акти́вы current assets; ~ые докуме́нты negotiable instruments; ~ые сре́дства circulating/working assets/capital; **2.** (*являющийся нелицевой стороной*) reverse, wrong; ~ая сторона́ листа́ the back of the page; ~ая сторона́ клю́шки *спорт.* reverse (rounded) side of the stick.

обору́дов|ание *с.* **1.** (*действие*) equipping; зако́нчить ~ заво́да finish equipping a factory; **2.** (*предметы*) equipment, plant; ~, заку́пленное в счёт креди́та *торг.* equipment, purchased with credit funds; вы́ставочное ~ exhibition equipment; и́мпортное ~ imported equipment; компле́ктное ~ complete equipment; комплекту́ющее ~ accessory equipment; ~ для обрабо́тки гру́зов cargo-handling equipment; ~ для техни́ческого обслу́живания maintenance facilities; ~ для тамо́женного досмо́тра clearance facilities; ~ для дождево́го эффе́кта *кино* rain cluster; ~ для печа́ти кинофи́льмов printing equipment; обнови́ть ~ це́ха re-equip a department/shop; **~ать** *несов. и сов. (вн.)* equip *(smth.)*, fit out *(smth.)*; ~ать мастерску́ю equip a workshop; ~ать площа́дку для игр fit out a playground.

обоснова́ние *с.* **1.** (*действие*) basing; (*рд.*) (*закона, положения и т. п.*) substantiation **2.** (*доводы*) basis, ground(s), reason(s), documentation, feasibility, validity, justification; документа́льное ~ documentation; те́хнико-экономи́ческое ~ feasibility study/report; техни́ческое ~ technical justification; ~ с це́лью получе́ния при́были justification to gain profit.

обосно́в|анность *ж.* validity; **~анный** well-founded; (*веский*) substantiated, valid; ~анный вы́вод well-founded conclusion; **~а́ть** *сов. см.* обосно́вывать.

обоснова́ться *сов. см.* обосно́вываться.

обосно́вывать, обоснова́ть *(вн.)* substantiate *(smth.)*, give* proof (of); обоснова́ть своё предложе́ние substantiate/motivate *one's* proposal.

обосно́вываться, обоснова́ться (в *пр.*) *разг.* (*поселяться*) settle down (in).

обособле́ние *с.* **1.** (*действие*) setting apart, isolating; **2.** (*состояние*) isolation; **3.** *грам.* isolation.

обосо́бленн|о apart, aloof, by *oneself*; **~ость** *ж.* isolation; **~ый** isolated, (*замкнутый тж.*) exclusive.

обособля́ть, обосо́бить *(вн.)* isolate (*smb.*, *smth.*); **~ся**, обосо́биться stand* apart, keep* aloof.

обостре́ние *с.* **1.** (*чувств, ощущений*) intensification, sharpening; **2.** (*ухудшение*) worsening; ~ боле́зни acute attack of a disease; **3.** (*отношений и т.п.*) aggravation; ~ противоре́чий sharpening/aggravation of contradictions.

обострённ|ый 1. (*о чертах лица*) sharp, tapering, pointed; **2.** (*об ощущении, восприятии и т.п.*) heightened, enhanced; ~ слух straining ears; ~ое внима́ние heightened attention; **3.** (*враждебно напряженный*) tense, aggravated; ~ые отноше́ния strained/tense relations.

обостри́ться *сов. см.* обостря́ться.

обостря́ть, обостри́ть *(вн.)* **1.** (*о чувстве, ощущении*) intensify *(smth.)*, heighten *(smth.)*; (*о слухе, зрении и т.п.*) sharpen *(smth.)*; **2.** (*ухудшать*) worsen *(smth.)*; **3.** (*делать более напряжённым*) aggravate *(smth.)*, exacerbate *(smth.)*, sharpen *(smth.)*; ~ отноше́ния strain relations; **~ся**, обостри́ться **1.** (*о чертах лица*) become* sharp/angular; **2.** (*о чувстве, ощущении*) be* intensified, become* more acute; (*о слухе, зрении и т.п.*) become* keener/sharper; **3.** (*о болезни*) get*/become* worse; **4.** (*становиться более напряжённым*) become* more acute, be* aggravated; отноше́ния обостри́лись до преде́ла relations were strained to the breaking point.

обо́чина *ж.* (*дороги*) side of the road, road side; (*тротуара*) curb.

обою́дно mutually; **~сть** *ж.* mutuality.

обою́дн|ый mutual; ~ое соглаше́ние mutual consent.

обоюдоо́стр|ый (*прям. и перен.*) double-edged; ~ое ору́жие double-edged weapon.

обраба́тыв|ать, обрабо́тать *(вн.)* **1.** process *(smth.)*; (*на станке*) machine *(smth.)*; обрабо́тать дета́ль machine a part; ~ киноплёнку process film; **2.** (*возделывать*) till *(smth.)*, cultivate *(smth.)*; **3.** (*придавать законченный вид*) work up *(smth.)*, polish *(smth.)*; ~ материа́лы для статьи́ work up (the materials for) an article, put* an article together; **~ающий:** ~ающая промы́шленность manufacturing industry.

обрабо́т|ать *сов. см.* обраба́тывать; **~ка** *ж.* **1.** processing; (*на станках*) machining; ~ка гру́зов *торг.* handling, cargo handling; назе́мная ~ка гру́зов ground handling operation; предвари́тельная ~ка гру́зов prehandling; поря́док ~ки гру́зов *торг.* handling procedure; ~ка обрати́мой киноплёнки reversal film process; ~ка информа́ции information processing; **2.** (*земли*) tilling, cultivation; **3.** (*статьи и т.п.*) putting into shape, editing; ~ка статисти́ческих да́нных statistical analysis; ◇ взять *кого-л.* в ~ку get* to work on *smb.*

обра́довать(ся) *сов. см.* ра́довать(ся).

о́браз I *м.* **1.** *тк. ед.* (*внешний вид, облик кого-л.*) aspect, appearance; **2.** *обыкн. мн.* (*живое представление о ком-л., чем-л.*) image, conception; све́тлые ~ы бу́дущего the bright outlines of the future; **3.** (*тип, характер в художественном произведении*) character, type; **4.** (*характер, склад*) mode, way; ~ де́йствия mode of action; ~ жи́зни mode/way of life; ~ мы́слей attitude of mind, way of thinking; ~ правле́ния form of government; ◇ каки́м ~ом? how? таки́м ~ом (*так*) and so, thus; нико́им ~ом by no means; ра́вным ~ом equally; не́которым ~ом in some way; по своему́ ~у и подо́бию in *one's* own image, after *one's* likeness; мы́слить ~ами think* in images.

о́браз II *м. церк.* (*мн.* ~а́) icon, sacred image.

образ|е́ц *м.* **1.** specimen, sample; ~цы́ но́вых изде́лий samples (of new products); а́вторский ~ author's copy; арбитра́жный ~ arbitration sample; беспла́тный ~ free sample; вы́ставочный ~ exhibition sample; запатенто́ванный ~ patented sample; о́пытный ~ prototype; ~ без цены́ sample of no value; ~ в натура́льную величину́ full-size sample; ~ по́дписи sample signature; **2.** (*рд.*) (*пример*) model (of); ~ доброде́тели a model/pattern of virtue; сле́довать ~цу́ follow the pattern; брать за ~ follow the example; **3.** *тех.* model, pattern; ◇ нове́йшего ~ца́ of the latest pattern.

образи́на *м. и ж. разг. бран.* ugly mug, scum.

о́бразн|ость *ж.* imagery; (*яркость*) color, vividness; **~ый** colorful, graphic, evocative; ~ое выраже́ние graphic phrase; (*метафора*) figure of speech.

образова́ни|е I *с.* **1.** (*действие*) formation; ~водяны́х паро́в formation of steam; ~госуда́рства formation of a State; **2.** (*то, что образовано*) formation; го́рные ~я hill formation.

образова́ние II *с.* (*просвещение*) education; пра́во на ~ right to education; специа́льное ~ specialized education; всео́бщее обяза́тельное сре́днее ~ universal compulsory secondary education; беспла́тное ~ free education; комме́рческое ~ business education; профессиона́льное ~ professional education; ~ без отры́ва от произво́дства in-service education; ~ для взро́слых adult education; дать ~ *кому-л.* give* *smb.* an eduction, educate *smb.*; получи́ть ~ be* educated.

образо́ванность *с.* erudition.

образо́ванный educated.

образова́тельный educational; ◇ ~ ценз educational qualification.

образова́ть *несов. и сов. (вн.)* **1.** (*создать*) form *(smth.)*; (*организовать*) organize *(smth.)*; ~ коми́ссию set* up a committee.

образова́ться *несов. и сов.* **1.** (*получаться*) form, be* formed; (*возникать*) come* into being; из воды́ образу́ется пар steam is generated from water; **2.** (*организоваться*) be* organized; be* set up; **3.** *разг.* (*улаживать*) come* out right, turn out right; ◇ всё образу́ется *разг.* it will all come out right in the end.

образу́мить *сов. (вн.) разг.* bring* *(smb.)* to reason, bring* *(smb.)* to his, her senses; **~ся** *сов. разг.* come to *one's* senses; sober up.

образцо́в|ый model *attr.*; (*отличный тж.*) exemplary; ~ поря́док perfect order; ~ая типогра́фия model printing works; ~ое поведе́ние exemplary conduct.

обра́зчик *м.* (*прям. и перен.*) sample, specimen.

обрамле́ние *ж.* **1.** (*действие*) framing, mounting; **2.** (*то, что обрамляет что-л.*) frame, framework, surround.

обрамля́ть *несов. (вн.)* frame *(smth.)*, mount *(smth.)*, set* *(smth.)* (in a framework of), surround *(smth.)*.

обраста́ть, обрасти́ (*тв.*) **1.** (*зарастать*) be*/become* overgrown (with); ка́мень обро́с мо́хом the rock became overgrown with moss; **2.** *разг.* (*покрываться волосами, шерстью*): ~ бородо́й let* *one's* beard grow; **3.** *разг.* (*покрываться слоем чего-л.*) be*/become* covered (with); ~ жи́ром put* on fat; ~ гря́зью be* encrusted with mud.

обрасти́ *сов. см.* обраста́ть.

обра́т *м. с.-х.* skim milk.

обрати́м|ость *ж.* **1.** (*о процессе*) reversibility; **2.** (*о валюте*) *эк.* convertibility; **~ый 1.** (*о процессе*) reversible; ~ая киноплёнка *кино* reversal film; **2.** (*о валюте*) convertible; ~ые депози́тные сертифика́ты *фин.* negotiable certificates of deposit.

обрати́ть *сов. см.* обраща́ть; **~ся** *сов. см.* обраща́ться 1, 2.

обра́тн|о 1. back; поверну́ть ~ turn back; получи́ть *что-л.* ~ get* *smth.* back; **2.** *разг.* (*наоборот*) the other way around; **3.**: ~ пропорциона́льный *чему-л.* in inverse ratio to *smth.*; **~ый 1.**: в ~ом направле́нии in the opposite direction; ~ый ход reverse motion, ~ая перемо́тка *кино* roll back; ~ая синхро́нность back tuning; ~ое движе́ние фи́льма reverse film travel; ~ый ход ка́дровой развёртки *кино* vertical retrace; ~ый путь way back, return jorney; ~ый по́езд a train back; ~ый рейс backhaul; ~ый фрахт *торг.* home freight; ~ый и́ндекс *програм.* reverse index; ~ое выполне́ние *програм.* reverse executions; **2.** (*противоположенный*) opposite; ~ый смысл opposite sense; в ~ом поря́дке in reverse order; **3.** (*оборотный*) reverse; ~ая сторона́ the back; **4.** *мат.* inverse; ~ая пропо́рция inverse proportion; ◇ ~ый а́дрес return address; ~ый биле́т return ticket;~ая си́ла зако́на *юр.* retrospective action of a law; ~ая связь feedback.

обраща́ть, обрати́ть **1.** *(вн.)* turn *(smth.)*; обрати́ть взгляд на *кого-л.*, *что-л.* turn *one's* eyes upon *smb.*, *smth.*; ~ взо́ры (на) look (to); **2.** (*вн. в вн.*; *превращать*) turn (*smth.* into); ~ *что-л.* в шу́тку turn *smth.* into a joke; **3.** *рел.* convert; ~ в свою́ ве́ру convert to *one's* faith; ◇ *кого-л.* в бе́гство put* *smb.* to flight; **~ся**, обрати́ться **1.** (к *дт.*) appeal (to); (*заговаривать*) address *(smb.)*; ~ся к *кому-л.* с про́сьбой appeal to *smb.* address a request to *smb.*; ~ся к *кому-л.* за по́мощью appeal to *smb.* for aid; ~ся к *кому-л.* за сове́том ask *smb.'s* advice, come* to *smb.* for advice; ~ся к врачу́ see* a doctor; ~ся к *кому-л.* с письмо́м write a letter to *smb.*; **2.** (*вн.*; *превращаться*) turn (into); **3.** *тк. несов.* (с *тв.*; *обходиться с кем-л.*) treat *(smb.)*; пло́хо ~ся с *кем-л.* ill-treat *(smb.)*; **4.** *тк. несов.* (*с тв.; пользоваться чем-л.*) use *(smth.)*; уме́ть ~ся инструме́нтом know* how to handle tools; осторо́жно обраща́йтесь с огнём! take no risk with fire!; **5.** *тк. несов. эк.* (*находиться в употреблении*) circulate;◇ обрати́ться в слух be* all ears.

обраще́ни|е *с.* **1.** (к *дт.*; *призыв*) appeal (to), address (to); (*в письме*) form of address; **2.** (с *тв.*; *поступки по отношению к кому-л.*) treatment (of); плохо́е ~ с *кем-л.* ill-treatment of *smb.*; жесто́кое ~ с *кем-л.* cruelty to *smb.*; **3.** (с *тв.*; *пользование чем-л.*) handling (of); неосторо́жное ~ с огнём carelessness with fire, careless handling of fire; **4.** (*употребление*) use, circulation (*тж. эк.*); изъя́ть *что-л.* из ~я prohibit the use of *smth.*; де́нежное ~ фин. currency/money circulation; ~ бума́жных де́нег paper circulation; ~ векселе́й paper circulation; ~ това́ров/де́нег circulation of commodities/banknotes; изъя́тие банкно́т из ~я redemption of banknotes; изъя́ть де́ньги из ~я retire money from circulation; това́рное ~ commodity circulation; **5.** *рел.* (в *вн.*) conversion (to, into); ~ в ве́ру conversion to faith; **6.** *кино* reversal, inversion; ~ изображе́ния picture inversion; **7.** *грам.* form of address.

обре́з *м.* **1.** (*у книги*) edge; с золоты́м ~ом gilt-edged; **2.** (*оружие*) sawed-off rifle; ◇ в ~

very short; де́нег в ~ money is very short; вре́мени в ~ time is very short.

обре́зан|ие *с.* **1.** *библ.* circumcision; **2.** *церк.* (*праздник*) ~ Госпо́дне the Circumcision.

обреза́ние *с.* cutting, paring, trimming; (*досок*) edging.

обре́зать *сов. см.* обреза́ть.

обреза́ть, обре́зать *(вн.)* **1.** cut *(smth.)*, clip *(smth.)*; (*деревья*) prune *(smth.)*, trim *(smth.)*; **2.** (*ранить*) cut* *(smth.)*; обре́зать па́лец cut* *one's* finger; **3.** *разг.* (*обрывать кого-л.*) cut* *(smb.)* short; ◇ обре́зать кры́лья *кому-л.* clip *smb.'s* wings.

обре́заться *сов. разг.* cut* *oneself*; ~ оско́лком стекла́ cut* *oneself* on a piece of glass.

обре́зка *с. кино* cropping.

обре́зок *м.* scrap; *мн. тж.* ends; *кино* waste *sg.*

обрека́ть, обре́чь (*вн.* на *вн.*) doom (*smb.*, *smth.* to), condemn (*smb.*, *smth.* to); обре́чь *что-л.* на прова́л doom *smth.* to failure.

обремен|ённый (*тв.*) loaded (with), burdened (with); *перен. тж.* encumbered (with); ~ семьёй burdened with a (large) family; with a family on his hands; **~и́тельный** onerous; burdensome.

обремени́ть *сов. см.* обременя́ть.

обременя́ть, обремени́ть (*вн. тв.*) burden (*smb.* with); чрезме́рно ~ *кого-л.* overburden *smb.*

обрести́ *сов. см.* обрета́ть.

обрета́ть, обрести́ *(вн.)* find* *(smth.)*; обрести́ сча́стье find* happiness; обрести́ ве́рных друзе́й find* faithful friends, be* blessed with faithful friends.

обрета́ться *разг.* (*находиться*) abide*, pass *one's* time.

обречённ|ость *ж.*: чу́вство ~ости sense of doom; **~ый** doomed; он был ~ым челове́ком he was a doomed man*.

обре́чь *сов. см.* обрека́ть.

обрисова́ть(ся) *сов. см.* обрисо́вывать(ся).

обрисо́вывать, обрисова́ть *(вн.)* **1.** (*очерчивать*) pencil in *(smth.)*; (*чернилами*) ink in *(smth.)*; **2.** (*облегать — об одежде*) fit *(smth.)*; пла́тье хорошо́ обрисо́вывает её фигу́ру the dress gives her a good figure; **3.** (*описывать, охарактеризовать*) outline *(smth.)*, describe *(smth.)*; обрисова́ть своё положе́ние describe the position *one* is in; **~ся**, обрисова́ться **1.** be* outlined, take* shape; вдали́ обрисова́лись го́ры the outlines of mountains could be seen in the distance; **2.** (*выявляться*) become* clear, take* clear shape; я́сно обрисова́лись зада́чи пое́здки the aims of the journey took clear shape.

обри́ть *сов. (вн.)* shave* *(smth.)* off; **~ся** *сов.* have* *one's* head shaved.

обро́к *м. ист.* quit-rent; натура́льный ~ metayage; де́нежный ~ quit-rent; быть на ~е be* liable for quit-rent.

оброни́ть *сов. (вн.)* **1.** drop (and lose*) *(smth.)*; **2.** (*сказать небрежно*) let* fall *(smth.)*; ~ замеча́ние let* fall a remark.

обруба́ть, обруби́ть *(вн.)* chop the end off *(smth.)*, lop off *(smth.)*; ~ су́чья lop off the branches.

обруби́ть *сов. см.* обруба́ть.

обру́бок *м.* **1.** (*отрубленная часть чего-л.*) log; **2.** (*обрубленный кусок чего-л.*) stump.

обруга́ть *сов. (вн.)* swear* (at); call *(smb.)* names; (*раскритиковать в печати*) criticize (*smb.*, *smth.*), attack (*smb.*, *smth.*).

обрусе́|вший, ~лый Russified.

обрусе́ть *сов.* become* Russified.

о́бруч *м.* hoop; (*для волос*) band; наби́ть ~и на бо́чку hoop a cask; ката́ть ~и trundle hoops.

обруча́льн|ый wedding *attr.*; ~ое кольцо́ wedding ring; ~ обря́д betrothal.

обруч|а́ть, обручи́ть *(вн.)* betroth *(smb.)*; **~а́ться**, обручи́ться (с *тв.*) be* engaged/betrothed (to); **~е́ние** *с.* betrothal; **~и́ть(ся)** *сов. см.* обруча́ть(ся).

обру́ш|ить *сов.* **1.** *(вн.)* bring* *(smth.)* down; **2.** (*вн.* на *вн.*; *с силой направлять*) hurl (*smth.* at); ~ уда́р на врага́ bring* crushing force to bear on the enemy; **~иться** *сов.* **1.** fall*, collapse; (*тяжело упасть*) crash down; *перен.* (*о несчастье*) descend on; дом ~ился the house collapsed; **2.** (на *вн.*; *стремительно напасть*) fall (up)on *(smb.)*, swoop on *(smb.)*; (*наброситься с упрёками и т.д.*) attack *(smb.)*, set* (upon).

обры́в I *м.* precipice; (*на берегу*) bluff, cliff.

обры́в II *м.* (*провода и т.п.*) break, rupture.

обрыва́ть, оборва́ть *(вн.)* **1.** tear *(smth.)* off; (*верёвку и т.п.*) break* *(smth.)*; (*цветы, плоды*) pick *(smth.)*; **2.** (*резко прекращать*) break* off *(smth.)*; прекраща́ть разгово́р на полусло́ве break* off in the middle of *one's* sentence; **3.** *разг.* (*заставлять замолчать*) cut* *(smb.)* short; **~ся**, оборва́ться **1.** (*о верёвке и т. п.*) break*; **2.** (*внезапно прекращаться*) break* off; разгово́р оборва́лся the conversation came suddenly to an end; **3.** (*падать откуда-л.*) lose* *one's* grip.

обры́вистый **1.** (*крутой, отвесный*) steep, precipitous, abrupt; 2. (*прерывающийся*) disjointed, disconnected.

обры́в|ок *м.* scrap; (*материи тж.*) shred; ~ верёвки bit/end of string; ~ки фраз scraps of conversation; broken phrases; ~ки мы́слей stray thoughts; ~ки пе́сни snatches of song; ~ки све́дений scraps of knowledge.

обры́вочный disjointed, scrappy.

обры́днуть *сов. разг.* bore, repel.

обры́згать(ся) *сов. см.* обры́згивать(ся).

обры́згивать, обры́згать (*вн. тв.*) splash (*smth.* over); обры́згать *что-л.* духа́ми sprinkle scent over *smth.*; **~ся**, обры́згаться (*тв.*) get* splashed (with).

обры́скать *сов. (вн.) разг.* go* through *(smth.)* in search of *(smth.)*, hunt *(smth.)*.

обрю́зг|лый flabby, flaccid, bloated; **~нуть** *сов.* get* flabby; **~ший** *см.* обрю́зглый.

обря́д *м.* rite, ritual, ceremony; **~ность** *ж.* (ceremonial) rites *pl.*; **~ный, ~овый** ritual.

обряжа́ть, обряди́ть (*вн.* в *вн.*) *разг. шутл.* get* up (*smb.* in), trick out (*smb.* in); **~ся**, обряди́ться get* *oneself* up (in).

обсади́ть *сов. см.* обса́живать.

обса́живать, обсади́ть (*вн. тв.*) plant (*smth.* with).

обса́сывать, обсоса́ть *(вн.)* suck *(smth.)*; *перен.* chew over *(smth.)*.

обсемен|е́ние *с.* **1.** *с.-х.* sowing; **2.** *бот.* going to seed, producing seeds; **~и́ть(ся)** *сов. см.* обсеменя́ть(ся).

обсеменя́ть, обсемени́ть *(вн.)* *с.-х.* sow* *(smth.)*; **~ся**, обсемени́ться *бот.* go* to seed.

обсервато́рия *ж.* observatory.

обсерва́ция *ж.* observation.

обсе́сть *сов.* *(вн.)* *разг.* sit* round, encircle sitting.

обскака́ть *сов.* *(вн.)* **1.** (*кругом*) gallop round *(smth.)*; **2.** (*обогнать*) pass *(smth.)* at a gallop; *перен.* outdo* *(smb.)*.

обскура́нт *м.* obscurant, obscurantist; **~и́зм** *м.* obscurantism.

обсле́дование *с.* inspection; investigation; ~ путём опро́са opinion polling; лечь в больни́цу на ~ go* into the hospital for a check-up.

обсле́довать *несов. и сов.* *(вн.)* inspect (*smb., smth.*); (*исследовать*) investigate *(smth.)*, inquire (into).

обслу́живани|е *с.* service, attendance; техни́ческое ~ servicing; медици́нское ~ населе́ния public medical/health service; medical attendace for the population; бытово́е ~ consumer service; гаранти́йное ~ *торг.* guarantee maintenance; послепрода́жное ~ after-sale service; предпрода́жное ~ before-sale service; профилакти́ческое ~ routine maintenance; расчётное ~ settlement service; се́рвисное ~ services; тра́нспортное ~ transport service; тра́нспортно-экспеди́торское ~ forwarding service; ~ экспорти́руемой те́хники *торг.* maintenance of exported machinery and equipment.

обслу́жив|ать, обслужи́ть *(вн.)* **1.** serve *(smb.)*; (*за столом тж.*) wait on *(smb.)*; ~ покупа́теля serve a customer, attend to a customer **2.** (*машину, станок*) operate *(smth.)*, handle *(smth.)*; tend *(smth.)*; ~ одновреме́нно не́сколько ста́нков operate several lathes simultaneously; **~ающий** opertating; ~ающий персона́л (operating) staff.

обслужи́ть *сов. см.* обслу́живать.

обслюни́ть *сов.* *(вн.)* *разг.* slobber *(smth.)* all over.

обслюня́вить *сов. см.* обслюни́ть.

обсоса́ть *сов. см.* обса́сывать.

обсо́хнуть *сов. см.* обсыха́ть.

обста́вить(ся) *сов. см.* обставля́ть(ся).

обставля́ть, обста́вить **1.** (*вн. тв.*; *окружать*) surround (*smth.* with), encircle (*smth.* with); **2.** (*вн.*; *меблировать*) furnish *(smth.)*; обста́вить кварти́ру furnish a flat; **3.** (*вн.*; *устраивать*) arrange *(smth.)*; **4.** *(вн.)* *разг.* (*обманывать*) cheat *(smb.)*; **5.** *(вн.)* *разг.* (*обгонять*) get* ahead (of); **~ся**, обста́виться *разг.* **1.** (*тв.*; *окружать себя*) be* surrounded (by); **2.** (*обставлять жилище мебелью*) fit *oneself* out; он о́чень хорошо́ обста́вился he's made his place very nice.

обстано́вк|а *ж.* **1.** (*комнаты и т.п.*) furniture; *театр.* set, setting; **2.** (*положение*) situation, atmosphere; set-up *разг.*; де́ти живу́т в здоро́вой ~е the children live in a healthy atmosphere; междунаро́дная ~ international situation; торже́ственная ~ impressive atmosphere/setting.

обстира́ть *сов. см.* обсти́рывать.

обсти́рывать, обстира́ть *(вн.)* *разг.* do* all the washing (for).

обстоя́тельн|о thoroughly, in detail; **~ый 1.** (*подробный*) detailed, circumstantial, thorough; **~ый** отве́т detailed/well-grounded reply; **2.** *разг.* (*о человеке*) thorough, reliable.

обстоя́тельственн|ый *грам.* adverbial; ~ое прида́точное предложе́ние adverbial clause.

обстоя́тельств|о *с.* **1.** (*событие, факт*) circumstance; благоприя́тное ~ favorable circumstance; непредви́денное ~ unforseen circumstance; отягча́ющее ~ *юр.* aggravating circumstance; побо́чное ~ collateral circumstance; сложи́вшиеся ~а the circumstances; случа́йное ~ accidental circumstance; смягча́ющее ~ attenuating circumstance; сопу́тствующее ~ attendant circumstance; улича́ющее ~ incriminating circumstance; ~ непреодоли́мой си́лы *юр.* force majeure circumstance; все ~а де́ла all the facts of the case; вы́яснить все ~а де́ла find* out all about the case; то ~, что ... the fact that ...; **2.** *мн.* (*условия, обстановка*) circumstances; при таки́х ~ах under the circumstances; при други́х ~ах under any other circumstances; при всех ~ах all things considered; ни при каки́х ~ах я не приду́ under no circumstances will I come; по незави́сящим от *кого-л.* обстоя́тельствам owing to circumstances outside *one's* control; **3.** *грам.* adverbial modifier; ~ вре́мени, ме́ста, о́браза де́йствия adverbial modifier of time, place, manner; ◇ смотря́ по ~ам according to circumstances; (*как ответ*) it all depends.

обсто|я́ть *несов.*: как ~и́т де́ло? how are things going?; всё ~и́т благополу́чно all's well, everything is all right; де́ло ~и́т так ... it's like this ...

обстра́иваться, обстро́иться *разг.* **1.** (*строить для себя жильё*) build* a house for *oneself*; **2.** (*застраиваться*) acquire new buildings.

обстре́л *м.* fire; артеллери́йский ~ artillery bombardment; попа́сть под ~ (*прям. и перен.*) come* under fire.

обстре́ливать, обстреля́ть *(вн.)* fire (on); (*из орудий тж.*) shell (*smb., smth.*); ~ *кого-л.* из пулемётов machine-gun *smb.*

обстре́лянный battle-hardened; ~ солда́т battle-hardened soldier; ~ полк regiment with experience of battle.

обстреля́ть *сов. см.* обстре́ливать.

обстрога́ть *сов. (вн.)* plane *(smth.)*; (*заострить*) whittle *(smth.)*.

обстро́иться *сов. см.* обстра́иваться.

обструкцион|и́зм *м.* obstructionism; **~и́ст** *м.* obstructionist.

обструкцио́нный obstruction *attr.*

обстру́кц|ия *ж.* obstruction; *полит. тж.* filibuster; устро́ить *кому-л.* ~ию obstruct *smb.*

обстря́пать *сов. разг.* ~ де́льце fix *smth.*; я э́то де́льце в два счёта обстря́паю I'll polish that off in two ticks.

обступа́ть, обступи́ть *(вн.)* crowd round (*smb., smth.*), cluster round (*smb., smth.*).

обступи́ть *сов. см.* обступа́ть.

обсуди́ть *сов. см.* обсужда́ть.

обсужд|а́ть, обсуди́ть *(вн.)* discuss *(smth.)*, debate *(smth.)*; тща́тельно обсуди́ть вопро́с give* careful consideration to a problem, thrash the matter out; ~ законопрое́кт debate a bill; **~е́ние** *с.* discussion; предложи́ть *что-л.* на ~е́ние put* *smth.* forward for discussion; приня́ть уча́стие в ~е́нии take* part in a discussion.

обсуши́ть *сов. (вн.)* dry *(smth.)*; **~ся** get* dry.

обсчита́ть(ся) *сов. см.* обсчи́тывать(ся).

обсчи́тывать, обсчита́ть *(вн.)* cheat *(smb.)*; ~ся, обсчита́ться make* a mistake in calculation.

обсы́пать *сов. см.* обсыпа́ть.

обсыпа́ть, обсы́пать (*вн. тв.*) sprinkle (*smth.* with), powder (*smth.* with), dust (*smth.* with).

обсыха́ть, обсо́хнуть dry off; ◇ у него́ молоко́ на губа́х не обсо́хло ≅ he is still green, he is wet behind the ears.

обта́ивать, обта́ять melt away (around).

обта́чивать, обточи́ть *(вн.)* (*на токарном станке*) turn *(smth.)*; (*на точильном камне*) grind* *(smth.)* smooth.

обта́ять *сов. см.* обта́ивать.

обтека́ем|ый streamlined; *ав. тж.* aerodynamic(al); *перен. разг.* evasive, glib; придава́ть *чему-л.* ~ую фо́рму streamline *smth.*; ~ отве́т evasive reply.

обтека́ть, обте́чь *(вн.)* flow round *(smth.)*; *разг.* bypass *(smth.)*.

обтере́ть(ся) *сов. см.* обтира́ть(ся).

обтеса́ть *сов. см.* обтёсывать.

обте́чь *сов. см.* обтека́ть.

обтёсывать, обтеса́ть *(вн.)* trim *(smth.)*, rough-hew *(smth.)*; *разг.* lick *(smb.)* into shape.

обтира́ни|е *с.* rubdown, sponge-down; холо́дные ~я cold sponge bath.

обтира́ть, обтере́ть *(вн.)* wipe *(smth.)*, wipe *(smth.)* dry; **~ся**, обтере́ться (*вытираться*) rub *oneself* down; ~ся холо́дной водо́й have* a cold sponge-down/sponge bath.

обти́рочный: ~ материа́л wiping/rubbing cloth.

обточи́ть *сов. см.* обта́чивать.

обто́чка *ж.* turning, grinding.

обтрепа́ть *сов. (вн.)* wear* *(smth.)* out; ~ рукава́ fray *one's* sleeves; **~ся** *сов.* fray, be* frayed, ravel.

обтрёпанный shabby; (*о человеке тж.*) shabbily dressed.

обтюр|а́тор *м. тех.* obturator, seal; *воен. тж.* gas-check; *кино* shutter; ~ с механи́змом напла́ва *кино* dissolving shutter; **~а́ция** *ж.* obturation, sealing.

обтя́гивать, обтяну́ть *(вн.)* **1.** cover *smth.*; **2.** (*прилегать — об одежде*) sheathe *(smth.)*; **~ся**, обтяну́ться **1.** (*покрываться чем-л.*) become* covered/coated/sheathed; **2.** (*о лице*) become* drawn.

обтя́жк|а *ж.*: пла́тье в ~у skin-tight/close fitting dress.

обтяну́ть(ся) *сов. см.* обтя́гивать(ся).

обтя́пать *сов. см.* обтя́пывать.

обтя́пывать, обтя́пать *(вн.) разг.* fix *(smth.)*.

обув|а́ть, обу́ть *(вн.)* **1.** put *smb.'s* shoes on (for him, her); обу́ть ребёнка put* a child's shoes on for him; **2.** *разг.* (*снабжать обувью*) provide *(smb.)* with shoes/boots; **~а́ться**, обу́ться put* *one's* shoes/boots on; **~но́й** shoe *attr.*; ~но́й магази́н shoe shop; ~на́я промы́шленность shoe-manufacturing (industry).

обу́вка *ж. разг.* footwear.

обувщи́к *м.* boot and shoe operative.

о́бувь *ж.* footwear; boots and shoes *pl.*; ко́жаная ~ leather footwear; ле́тняя ~ summer shoes; изя́щная ~ elegant shoes; спорти́вная ~ sports footwear; носи́ть хоро́шую ~ wear* good shoes.

обу́гленный charred.

обу́гливание *с.* carbonization.

обу́гливать, обу́глить *(вн.)* **1.** (*обжигать*) char *(smth.)*; **2.** (*превращать в уголь*) carbonize *(smth.)*; **~ся**, обу́гливаться be*/become* charred, char.

обу́глиться *сов. см.* обу́гливаться.

обу́живать, обу́зить *(вн.)* make* *(smth.)* too tight; обу́зить пла́тье make* a dress too tight.

обу́з|а *ж.* burden, encumbrance; быть ~ой для *кого-л.* be* a burden on/to *smb.*

обузда́ть *сов. см.* обу́здывать.

обу́здывать, обузда́ть (*вн.*; *прям. и перен.*) curb (*smb., smth.*); обузда́ть агре́ссоров curb the agressors; обузда́ть свой хара́ктер/себя́ restrain/control *oneself*.

обу́зить *сов. см.* обу́живать.

обурева́|ть *(вн.)* overwhelm *(smb.)*; его́ ~ют сомне́ния he is a prey to doubts; его́ ~ют стра́сти he is racked by violent passions.

обусло́вить(ся) *сов. см.* обусло́вливать(ся).

обусло́вленность *ж.* conditionality.

обусло́вливать, обусло́вить **1.** (*вн. тв.*; *ограничивать каким-л. условием*) make* *(smth.)* dependent (on), limit (*smth.* by), stipulate (*smth.* in, by); **2.** (*тв.*; *вызывать что-л.*) bring* about *(smth.)*, cause *(smth.)*; **~ся**, обусло́виться (*тв.*) be* conditioned (by), depend (on).

обу́тый with (*one's*) shoes on *после сущ.*; (*обеспеченный обувью*) provided with shoes *после сущ.*

обу́ть(ся) *сов. см.* обува́ть(ся).

о́бу́х *м.* blunt side, butt; ◇ как ~ом по голове́ ≅ like a bolt from the blue; плётью ~а не перешибёшь *посл.* ≅ you cannot chop wood with a penknife.

обуч|а́ть, обучи́ть (*вн. дт.*) teach* (*smb., smth.*), instruct (*smb.* in); **~а́ться**, обучи́ться **1.** (*дт.*, + *инф.*) learn (*smth.*, + to *inf*); ~а́ться стрельбе́ be* learning to shoot; **2.** *тк. несов.* (*получать образование где-л.*) study, be* educated; **~е́ние** *с.* instruction, education; ~е́ние гра́моте instruction in reading and writing; всео́бщее обяза́тельное ~е́ние general compulsory education; произво́дственное ~е́ние industrial training; профессиона́льно-техни́ческое ~е́ние professional (trade) training; центр ~е́ния special education center; ~е́ние по ме́сту рабо́ты shop training, on the job training.

обучи́ть *сов. см.* обуча́ть; **~ся** *сов. см.* обуча́ться 1.

обушо́к *м. горн. уст.* pick.

обуя́|ть *сов.* (*вн.*) seize (*smb.*); его́ ~л страх he was seized with terror.

обха́живать *несов.* (*вн.*) *разг.* make* up (to); cultivate (*smb.*), coax (*smb.*), cajole (*smb.*).

обхами́ть *сов.* (*вн.*) *разг.* offend (*smb.*) by boorish conduct; be* rude (to).

обхва́т *м.* **1.** full stretch (of the arms); (*толщина ствола дерева*) girth, circumference; де́рево в три ~а tree of great girth; **2.** *спорт.* (*борьба*) embracing, hold; ~ ту́ловища double body hold.

обхвати́ть *сов. см.* обхва́тывать.

обхва́тывать, обхвати́ть (*вн.*) clasp (*smb., smth.*), put* *one's* arm(s) round (*smb., smth.*).

обхо́д *м.* **1.** (*для осмотра*) rounds *pl.*; соверша́ть ~ go*/make* *one's* rounds; **2.** (*кружный путь*) detour; **3.** *воен.* turning movement, wide envelopment; ◇ в ~ 1) (*обходя стороной*) skirting; 2) (*уклоняясь от соблюдения чего-л.*) by evasion; в ~ зако́на by evasion/circumvention of the law; в ~ соглаше́ния bypassing the agreement.

обходи́тельный courteous, affable, urbane.

обходи́ть, обойти́ (*вн.*) **1.** (*проходить вокруг чего-л.*) go* round (*smth.*), walk round (*smth.*); он обошёл дом he walked round the house; **2.** *воен.* outflank (*smb., smth.*); обойти́ проти́вника с фла́нга turn the enemy's flank; **3.** (*проходить стороной, огибать*) avoid (*smth.*), go* round (*smth.*), skirt (*smth.*); *перен.* (*не затрагивать кого-л.*) pass over (*smb.*); обойти́ лу́жу go* round a puddle; сча́стье вас не обойдёт happiness will not pass you by; **4.** (*избегать*) avoid (*smth.*), get* round (*smth.*), pass (*smth.*) over; обойти́ вопро́с pass over a question, evade the issue; **5.** (*уклоняться от исполнения чего-л.*) evade *smth.*; **6.** (*оставлять без повышения*) pass (*smb.*) over; **7.** (*проходить по всему пространству*) go* all over (*smth.*), go* all round (*smth.*); обойти́ весь сад go* all round the garden; обойти́ все ко́мнаты go* into every room; go* from room to room; **8.** *разг.* (*обгонять*) pass (*smb., smth.*), outpace (*smb., smth.*); *перен.* outdo* (*smb.*); **9.** *разг.* (*обманывать*) take* (*smb.*) in, diddle (*smb.*); **10.** (*распространяться*) spread* (all over) (*smth.*); но́вость обошла́ весь го́род the news spread all over the town.

обходи́ться, обойти́сь **1.** (с *тв.*; *обращаться с*) treat (*smb.*); **2.** *разг.* (*стоить*) cost*, come* to; ~ недо́рого not cost much; ~ сли́шком до́рого be* too expensive; во ско́лько э́то обойдётся? how much will it come to? э́то до́рого вам обойдётся that will cost you a lot of money; *перен.* you'll pay dearly for that; **3.** (*тв.*) *разг.* (*удовлетворяться чем-л.*) manage (with); (без *рд.*; *довольствоваться*) do* without (*smth.*).; отли́чно ~ без *чего-л.* do* very well without *smth.*; ~ без *чьей-л.* по́мощи, услу́г dispense with *smb.'s* assistance, services; **4.** (*благополучно заканчиваться*): всё обошло́сь благополу́чно everything turned out all right; как-нибу́дь обойдётся one way or another things will settle themselves.

обходно́й, обхо́дный **1.** (*кружный*) roundabout (*тж. перен.*); обхо́дный путь roundabout way; **2.** *воен.* turning, outflanking; ◇ обходно́й лист clearance chit.

обхо́дчик *м.* inspector; путево́й ~ trackman*, trackwalker.

обхожде́ние *с.* (с *тв.*) treatment (of), manner.

обхохота́ться *сов. разг.* laugh till *one's* sides ache, laugh *oneself* silly/sick.

обчи́стить(ся) *сов. см.* обчища́ть(ся).

обчища́ть, обчи́стить (*вн.*) **1.** clean (*smth.*); (*щёткой*) brush (*smth.*); **2.** *разг.* (*обкрадывать*) rob (*smb., smth.*); clean out (*smb.,smth.*); **~ся**, обчи́ститься clean *oneself*; (*щёткой*) brush *oneself*.

обша́ривать, обша́рить (*вн.*) *разг.* ransack (*smth.*).

обша́рить *сов. см.* обша́ривать.

обша́рпанный ragged, frayed, worn out/away.

обшива́ть, обши́ть **1.** (*вн. тв.*; *отделывать*) trim (*smth.* with); (*зашивать во что-л.*) sew* *smth.* up (in); обши́ть воротни́к ка́нтом bind* a collar; обши́ть посы́лку холсто́м sew* up a parcel in canvas; **2.** (*вн. тв.*; *покрывать, обтягивать*) cover (*smth.* with), encase (*smth.* in); ~ *что-л.* до́сками lag *smth.* with boards; **3.** (*вн.*) *разг.* (*шить одежду для кого-л.*) make* clothes (for); она́ обшива́ет всю семью́ she makes clothes for the whole family.

обши́вка *ж.* **1.** (*отделка*) trimmings *pl.*; **2.** (*покрвытие*) casing, sheathing; (*досками, войлоком*) lagging; *ав.* covering; (*фанерой*) veneering; нару́жная ~ skin plating.

обши́рн|ость *ж.* exstensiveness; *перен.* magnitude; **~ый** spacious, vast, extensive, enormous; ~ое простра́нство enormous area; ~ые знако́мства vast circle of acquaintances; ~ые зна́ния *мн.* vast knowledge *sg.*

обши́тый **1.** (*отделанный*) trimmed; **2.** (*покрытый*) cased, encased; ~ бронёй armor-plated; ~ асбе́стом asbestos-sheathed; ~ ме́дью copper-sheathed.

обши́ть *сов. см.* обшива́ть.

обшла́г *ж.* cuff.

обща́ться *несов.* (с *тв.*) associate (with), be* associated (with).

общевойсков|о́й *воен.* common to all arms; ~ое кома́ндование combined command.

общегородско́й town *attr.*; city *attr.*

общегосуда́рственн|ый nation-wide, national; ~ые интере́сы interests of the whole country, interests of the country at large.

общедосту́пн|ый 1. generally available; (*недорогой*) moderate, popular; по ~ым це́нам at popular prices; **2.** (*понятный*) popular, generally comprehensible.

общежи́т|ие *с.* **1.** (*помещение*) hostel; жить в ~ии live in a hostel; **2.** (*общественный быт*) society; community/social life; (*повседневная жизнь*) everyday life.

общеизве́стн|ый well-known, notorious, of common/public knowledge; ~ые фа́кты well-known facts, generally known facts.

общекома́ндный team *attr.*, for the team as a whole.

общенаро́дн|ый national; of the whole people *после сущ.*; ~ое досто́яние the property of the whole people.

общенациона́льн|ый national; ~ая ма́рка *эк.* national brand; ~ рефере́ндум nation-wide referendum; ~ые зада́чи national problems, tasks involving the whole naiton.

обще́ни|е *с.* intercourse; dealings *pl.*, contacts *pl.*; *програм.* communication; ~ с людьми́ contact/mixing with people; язы́к как сре́дство ~я language as a means of intercourse.

общеобразова́тельн|ый of general education *после сущ.*; ~ые предме́ты general subjects; ~ая шко́ла school, providing general education.

общепи́т *м.* (обще́ственное пита́ние) public catering.

общеполити́ческий general political.

общепоня́тный popular, comprehensible to all.

общепри́знанный generally acknowleged, universally recognized.

общепри́нят|ый (generally) accepted; в ~ом смы́сле сло́ва in the accepted sense of the term.

общеросси́йский All-Russian.

обще́ственник *м.* socially active person.

обще́ственно|-полити́ческий social and political.

обще́ственност|ь *ж. собир.* **1.** (*передовая часть общества*) the public; мне́ние ~и public opinion; театра́льная ~ the theatrical world; нау́чная ~ the scientific world; **2.** (*общественные организации*) social organizations *pl.*, socially active members *pl.*

обще́ственно-экономи́ческий social-economic.

обще́ственн|ый 1. (*относящийся к обществу*) social, of society *после сущ.*; (*протекающий, возникающий в обществе тж.*) public; ~ строй social order/system; зако́ны ~ого разви́тия laws of social development; ~ые отноше́ния social relations; ~ая жизнь social/public life; (*в философии и т.п.*) the life of society; ~ые интере́сы social interests; ~ долг public duty, duty to the community; ~ое положе́ние social status; опро́с ~ого мне́ния public opinion poll; ~ые нау́ки social sciences; ~ де́ятель public figure, civic leader; **2.** (*связанный с обслуживанием нужд коллектива*) social, voluntary; for the community *после сущ.*; ~ые организа́ции social organizations; вести́ ~ую рабо́ту do* work for the community; ~ое поруче́ние social assignment; **3.** (*принадлежащий обществу*) public, socialized; ~ые фо́нды public funds; ~ая со́бственность public ownership; ~ое иму́щество public property; **4.** *разг.* (*любящий общество*) sociable, gregarious; ◇ ~обвини́тель prosecutor (*representing a trade union organization, etc.*) ~ое порица́ние public reprimand; на ~ых нача́лах as a social/public service; ~ое пита́ние public catering.

о́бществ|о *с.* **1.** society; интере́сы ~а the interests of society; первобы́тное ~ primitive society; **2.** (*окружение*) social circle(s); **3.** (*компания*) company; быва́ть в ~е frequent society, be* a socialite; в ~е свои́х друзе́й in the company of *one's* friends; **4.** (*организация*) society; company; спорти́вное ~ sports society; Общество Кра́сного Креста́ и Кра́сного Полуме́сяца Red Cross and Red Crescent Society; Общество инжене́ров кино́ и телеви́дения *амер.* Society of Motion Picture and Television Engineers; акционе́рное ~ *эк.* joint stock company; сме́шанное ~ mixed company; ~ взаимопо́мощи friendly society; ~ с ограни́ченной отве́тственностью *эк.* limited liability company (Ltd).

обществове́д *м.* teacher of social sciences; **~ение** *с.* social science; **~ческий** social science *attr.*

общетеорети́ческий general theoretic.

общеупотреби́тельный in general use *predic.*, widely used.

общечелове́ческий human; common to humanity *после сущ.*

о́бщ|ий 1. general; ~ее пра́вило general rule; ~ вид general view; в ~их слова́х in outline, in general terms; в ~их черта́х in broad outline; ~ее впечатле́ние general impression; ~ее мне́ние general opinion; ~ее бла́го general good; **2.** (*совместный, сходный*) common, in common *после сущ.*; ~ старт *спорт.* massed start; ~ая анте́нна для телеви́дения community antenna television (CATV); ~ие интере́сы interests in common; ~ее де́ло common cause; ~ими си́лами, ~ими уси́лиями by combined efforts; ~ие знако́мые friends in common; оди́н из на́ших ~их знако́мых a friend of ours; наш ~ друг our mutual friend; **3.** (*весь, целый*) total, overall, aggregate; ~ая су́мма sum total, total (amount); ~ее коли́чество заби́тых и пропу́щенных мяче́й *спорт.* goal aggregate; ~ая авáрия *юр.* general average, gross average; ~счёт joint account; ~ая рентáбельность произвóдства *эк.* common production profitability; ~ая ценá *эк.* blanket price; ~ее освещéние *кино* overall illumination; ~ее прáво *юр.* common law; ◇ ~ее собрáние general meeting; в ~ей слóжности altogether; ~ее мéсто commonplace, platitude; в ~ем, в ~ем и цéлом on the whole; мнóго ~его much in common; э́то не имеéт ничегó ~его с *кем-л.*, *чем-л.* it has no connection with *smb.*, *smth.*; найти́ ~ язы́к learn* to understand one another, find* common ground; на ~их основáниях on the same basis as everyone else, in accordance with the general practice.

óбщина *ж.* community, commune.

общи́нн|ый common, communal; ~ая землá common (land).

общипáть *сов. см.* общи́пывать.

общи́пывать, общипáть *(вн.)* pluck *чего-л.*; общипáть гýся pluck a goose*.

общи́тельн|ость *ж.* sociability; **~ый** sociable; ~ый человéк sociable person.

óбщность *ж.* community, communality; ~ владéния *юр.* community of goods/ownership; ~ интерéсов community of interests; ~ взглядов common outlook; ~ задáч community of aim.

общó *разг.* generally; он сли́шком ~ изложи́л свои́ взгля́ды he expounded his views too generally.

объегóрить *сов. (вн.) разг.* cheat *(smb.)*, swindle *(smb.)*.

объедáть, объéсть *(вн.) разг.* (*быть в тягость*) eat* *(smb.)* out of house and home; **~ся**, объéсться overeat* (*oneself*); eat* too much; ~ся *чем-л.* have* *one's* fill of *smth.*

объедéние *с.* **1.** (*неумеренность в пище*) overeating; **2.** *разг.* (*о чём-то вкусном*) *something* delicious; э́то прóсто ~ this is delicious.

объедин|éние *с.* **1.** (*действие*) unification, consolidation; (*ресурсов и т. п.*) pooling; **2.** (*союз*) association; *эк.* ~ предпринимáтелей employers' association; ~ мéлких промы́шленных фирм small-scale industrial association; внешнеторгóвое ~ foreign trade association; произвóдственное ~ production association; промы́шленное ~ industrial association; совмéстное ~ *эк.* joint asssociation; **~ённый 1.** united, amalgamated; **2.** (*совместный*) joint; ~ённое заседáние joint session; Организáция Объединённых Нáций United Nations Organization; ~ённое комáндование joint/unified command; **~и́тельный** unifying, uniting; **~и́ть(ся)** *сов. см.* объединя́ть(ся).

объединя́ть, объедини́ть *(вн.)* unite (*smb.*, *smth.*); (*предприятия и т.п.*) amalgamate *(smth.)*; объедини́ть си́лы ми́ра unite/consolidate the forces of peace; **~ся**, объедини́ться unite, be* consolidated; (*о предприятиях и т. п.*) be* amalgamated.

объéдки *мн.* (*ед.* объéдок *м.*) *разг.* leavings, leftovers, scraps.

объéзд *м.* **1.** (*действие*) going/riding/driving around; (*с целью посещения, доставки*) round; **2.** (*место*) detour; diversion.

объéзд|ить *сов. см.* объезжáть 1, 3; **~ка** *ж.* (*лошадей*) breaking in (horses); **~нóй 1.** (*окольный*) roundabout *attr.*; **2.** (*для охраны*) patrol(ling); **~чик** *м.* **1.** forest ranger; **2.** (*лошадей*) horse breaker.

объезжáть, объезди́ть, объéхать *(вн.)* **1.** go* round *(smth.)*, drive* around *(smth.)*; (*с целью посещения, доставки*) make* the around (of); (*путешествуя*) tour *(smth.)*, travel all over *(smth.)*; (*верхом*) ride* around *(smth.)*; объéхать всё поберéжье tour the whole coast; **2.** *сов.* объéхать (*проехать стороной*) skirt *(smth.)*, go* around *(smth.)*; объéхать болóто skirt a bog; **3.** *сов.* объéздить (*лошадь*) break* in *(smth.)*.

объéзж|ий: ~ая дорóга detour.

объéкт *м.* **1.** object; *воен.* objective; ~ изучéния object of study; **2.** (*предприятие, стройка и т.п.*) installation, project.

объекти́в *м.* lens, objective; (*в телескопе*) object lens.

объективи́зм *м.* objectivism.

объекти́вн|ость *ж.* **1.** objective nature, objectivity; ~внéшнего ми́ра the objective nature of the external world; **2.** (*беспристрастность*) impartiality; ~ суждéний impartial reasoning; **~ый 1.** objective; ~ая действи́тельность objective reality; ~ые причи́ны objective causes; **2.** (*беспристрастный*) impartial, fair, objective; ~ая оцéнка fair/impartial assessment; ~ый ответ impartial/unbias(s)ed reply.

объéктный: ~ падéж *грам.* objective case.

объём *м.* volume; (*ёмкость*) cubic capacity; *перен.* amount, scope; ~ кóмнаты cubic area of a room; ~ рабóт amount/scope of the work; ~ воздýшных перевóзок airlift tonnage; ~ взаи́мных постáвок *эк.* volume of reciprocal deliveries; ~ запродáж volume of sales; ~ креди́та volume of credit; ~ перевóзок traffic volume; ~ расчётов amount of payment; ~ сдéлки size of deal; ~ финанси́рования amount of financing; ~ э́кспорта/и́мпорта volume of export/import; постáвка в пóлном ~е *эк.* delivery in full volume; **~истый** voluminous, capacious; (*большой*) bulky; **~ный 1.** volumetric; ~ное измерéние volumetric measurement; **2.** (*связанный с передачей трёхмерности предмета*) three-dimensional, 3-D, stereo; ~ное изображéние three-dimensional projection; ~ая мультипликáция marionette film; **3.** *текст.* high-bulk; ~ная пря́жа high-bulk yarn.

объéсть(ся) *сов. см.* объедáть(ся).

объéхать *сов. см.* объезжáть 1, 2.

объяв|и́ть(ся) *сов. см.* объявля́ть(ся); **~лéние** *с.* **1.** (*действие*) declaration; ~лéние при́были *эк.* declaration of profit; ~лéние войны́ declaration of war; ~лéние решéния судá pronouncement of a verdict; ~лéние благодáрности в прикáзе public acknowledgement (of *smb.'s* services) in orders of the day; **2.** (*извещение*) announcement; (*о спросе и предложении, рекламное*) advertisement, ad; advert; ~ле́ние результа́тов *спорт.* announcement of results; дать ~ле́ние в газе́ту put* an ad/advertisement in the paper; переда́ча ~ле́ний по ра́дио broadcasting of announcements/adverts.

объявля́ть, объяви́ть **1.** (*вн.*; о *пр.*; *заявлять*) declare *(smth.)*; объяви́ть *кому-л.* о своём реше́нии tell* *smb.* of *one's* decision; **2.** (*вн.*; *оглашать*) announce *(smth.)*; объяви́ть пригово́р announce a verdict; объяви́ть прика́з issue an order; **3.** (*вн.*; *официально устанавливать, заявлять*) declare *(smth.)*; ~ войну́ *кому-л.* declare war on *smb.*; ~ подпи́ску на газе́ты announce newspaper subscription dates; **4.** (*вн. тв.*; *официально признавать кем-л., чем-л.*) declare (*smb. smth.*, *smth. smth.*); объяви́ть собра́ние закры́тым declare a meeting closed; объяви́ть себя́ *кем-л.* proclaim *oneself smb.*; **~ся**, объяви́ться **1.** *разг.* show up; **2.** *безл.*: объявля́ется, что ... it is announced/proclaimed that ...

объясне́ние *с.* explanation; (*разговор*) discussion; having things out; ◇ ~ в любви́ declaration of love.

объясни́мый explicable.

объясни́тельный explanatory; ~ая запи́ска explanatory note, note of explanation.

объясни́ть *сов. см.* объясня́ть; **~ся** *сов. см.* объясня́ться 1, 2.

объясн|я́ть, объясни́ть **1.** *(вн.)* explain *(smth.)*, make* *(smth.)* clear; объясни́ть *кому-л.* зада́ние explain a job/task to *smb.*; **2.** (*вн. тв.*; *устанавливать причину*) attribute (*smth.* to); put* *(smth.)* down (to) *разг.*; чем вы ~я́ете то, что ...how do you account for (the fact that) ..? как объясни́ть его́ поведе́ние? what is the explanation of his behavior?; **~я́ться**, объясни́ться **1.** (с *тв.*; *улаживать недоразумения*) have* it out (with); **2.** (*выясняться*) become* clear, be* accounted for; **3.** *тк. несов.* (*разговаривать, беседовать*) converse; ~я́ться по-англи́йски *и т. п.* make* *oneself* understood in English, *etc.*; **4.** *тк. несов.* (*тв.*; *находить себе объяснение в чём-л.*) be* due (to); ◇ объясни́ться *кому-л.* в любви́ declare *one's* love to *smb.*

объя́ти|е *с.* embrace; заключи́ть *кого-л.* в свои́ ~я throw* *one's* arms round *smb.*, hug *smb.*; ◇ приня́ть, встре́тить *кого-л.* с распростёртыми ~ями receive *smb.* with open arms.

объя́|ть *сов.* *(вн.)* **1.** seize *чего-л.*; ~тый пла́менем enveloped in flames; ~тый тоско́й filled with anguish; ~тый у́жасом seized with terror, terror stricken; **2.** (*понять*) grasp *чего-л.*

обыва́тель *м.* **1.** the average man*, citizen; **2.** *уст.* (*постоянный житель*) resident, inhabitant; **3.** Philistine; **~ница** *ж. см.* обыва́тель 1, 2, 3; **~ский** Philistine, petty, narrow; ~ское рассужде́ние narrow-minded arguments *pl.*; ~ская то́чка зре́ния narrow outlook; **~щина** *ж. пренебр.* Philistinism.

обыгра́ть *сов. см.* обы́грывать.

обы́грывать, обыгра́ть *(вн.)* **1.** (*одержать верх в игре*) beat* *(smb.)*; обыгра́ть *кого-л.* в ша́хматы beat* *smb.* in chess; обыгра́ть *кого-л.* на кру́пную су́мму win* a large sum of money from *smb.*; **2.** *театр.* use *(smth.)* to the best effect; **3.** *разг.* (*использовать в своих целях*) take* advantage (of), play up *(smth.)*.

обы́денн|ый everyday; ~ое явле́ние everyday occurrence.

обыдённщина *ж. пренебр.* prosiness, commonness, uneventfulness.

обыкнове́н|ие *с.* habit, custom; име́ть ~ де́лать *что-л.* be* in the habit of doing *smth.*; be* wont to do *smth.*; ◇ по ~ию, по своему́ ~ию as usual; про́тив ~ия contrary to custom; торго́вое ~ *торг.* commercial usage.

обыкнове́нн|о usually; как ~ as usual; **~ый 1.** (*постоянно встречающийся*) usual; **2.** (*ничем не примечательный*) ordinary; ~ая исто́рия common tale; ◇ ~ые а́кции *фин.* common stock, common shares; ~ый киносъёмочный аппара́т *кино* ordinary camera; ~ый комме́рческий сорт *торг.* good ordinary brand; ~ый покупа́тель consumer, buyer; ~ое э́кспортное ка́чество shipping quality; ~ые усло́вия *торг.* usual terms.

о́быск *м.* search; зако́нный ~ *юр.* legal search; незако́нный ~ illegal search; правоме́рный ~ lawful search; ~ без о́рдера search without warrant; ~ при аре́сте search incidental to arrest; о́рдер на ~ *юр.* warrant of search; произвести́ ~ make* a search.

обыска́ть *сов. см.* обы́скивать.

обы́скивать, обыска́ть *(вн.)* search (*smb.*, *smth.*); (*помещение, предметы тж.*) go* through *(smth.)*; (*тк. помещение*) raid *(smth.)*.

обы́чай *м.* custom; (*привычка тж.*) habit; usage.

обы́чн|о usually; **~ый 1.** (*постоянный, привычный*) usual, customary; **2.** (*ничем не примечательный*) ordinary; ~ое явле́ние/usual thing; ◇ ~ые вооруже́ния conventional armaments *pl.*; ~ое пра́во *юр.* common law, customary law, tacit law.

обя́занн|ость *ж.* **1.** duty, responsibility; счита́ть свое́й ~остью ... consider it *one's* duty/responsibility ...; **2.** *мн.* duties; work *sg.*; исполня́ть ~ости *кого-л.* 1) work as *smb.*, do* the work of *smb.*; 2) (*заменять*) act for *smb.*; исполня́ющий ~ости дире́ктора acting director.

обюрокра́тить *сов.* *(вн.)* *разг.* make* bureaucratic; **~ся** *сов. разг.* become* a bureaucrat, become* bureaucratic.

обя́зан|ный 1. (+ *инф.*) obliged (+ to *inf.*); bound (+ to *inf.*); вы ~ы сде́лать э́то you are bound to do it; **2.** (*дт.*) indebted (to); я мно́гим ему́ обя́зан I am much indebted to him; э́тим я обя́зан вам I have you to thank for this; ◇ ~ по зако́ну *юр.* lawfully bound.

обяза́тельн|о without fail; приходи́те ~! be* sure to come!; он ~ придёт he will come without fail; не ~ not necessarily; **~ый 1.** compulsory, obligatory; (*неизменный*) inevitable; ~ое усло́вие obligatory condition; ~ое обуче́ние compulsory education; в ~ом поря́дке without fail; ~ые резе́рвы ба́нка *фин.* emergency funds; ~ый станда́рт *эк.* mandatory standard; ~ые поста́вки *эк.* obligatory deliveries; ~ый суде́бный запре́т *юр.* mandatory injunction; **2.** (*услужливый*) obliging.

обяза́тельственн|ый: ~ое пра́во *юр.* liability law.

обяза́тельство *с.* **1.** obligation, undertaking, commitment; договорно́е ~ contractual obligation; долгово́е ~ promissory note; долгосро́чное ~ long-term (fixed) obligation; краткосро́чное ~ short-term obligation; ~, вытека́ющееее из догово́ра за печа́тью covenant; взаи́мные ~а (*по договору и т. п.*) mutual commitments; ~ с долево́й отве́тственностью several obligation; ~ с солида́рной отве́тственностью *юр.* solidarity obligation; дать ~ give* an undertaking; взять на себя́ ~ сде́лать *что-л.* undertake* to do *smth.*, commit *oneself* to do *smth.*; вы́полнить ~ meet *one's* obligations/commitments, fulfill *one's* pledge; ~а сторо́н obligations of the parties; ~а об обра́тном ввóзе иму́щества *юр.* guarantee of the return of property; **2.** *эк.* (*заёмный документ*) liabilities *pl.*; бессро́чные ~а (*по предъявлению*) sight liabilities; де́нежные ~а liabilities; ~а пе́ред акционе́рами liabilities to stockholders; ~а по акце́птам acceptance liabilities; ~а по векселя́м liabilities on bills; ~а по долга́м liabilities for debts; ~а по закры́тию контра́кта termination liabilities; креди́тные ~а credit instruments; первокла́ссные де́нежные ~а prime papers; ~а, обраща́ющиеся на де́нежном ры́нке креди́тов money market instruments.

обяза́ть *сов. см.* обя́зывать 1, 3; **~ся** *сов. см.* обя́зываться 1.

обя́зыв|ать, обяза́ть *(вн.)* **1.** (*заставлять*) charge *(smb.)*, make* *(smb.)*; **2.** *тк. несов.* (*налагать известные обязанности*) bind* *(smb.)*, make* it incumbent (upon); положе́ние ~ает noblesse oblige; э́то вас ни к чему́ не ~ает this does not bind you in any way; его́ дове́рие нас ко мно́гому ~ает his confidence imposes a deep obligation upon us; **3.** (*оказывать услугу*) oblige *(smb.)*; вы меня́ о́чень обя́жете you will greatly oblige me; **~аться**, обяза́ться **1.** (+ *инф.*) undertake* (+ to *inf*); commit *oneself* (+ to *inf*) **2.** *тк. несов.* (*дт., перед; становиться обязанным кому-л.*) be* beholden (to).

обя́зывающ|ий: пи́сьма, слова́ *и т. п.*, ни к чему́ его́ не ~ие letters, words, *etc.* that commit him to nothing, non-commital letters, words, *etc.*

ова́л oval; ~ лица́ shape of the face.

ова́льный oval.

ова́ц|ия *ж.* ovation; устро́ить ~ию *кому-л.* give* *smb.* an ovation; до́лго не смолка́ющая ~ prolonged applause.

овдове́вший widowed.

овдове́ть *сов.* (*о мужчине*) become* a widower; (*о женщине*) become* a widow, be* left a widow.

овев|а́ть, ове́ять *(вн.)* fan *(smth., smb.)*; ◇ ове́янный сла́вой covered with glory.

Ове́н *м. астр.* Aries, the Ram.

овердра́фт *м. фин.* overdraft; креди́т в фо́рме ~а loan on overdraft; непокры́тый ~ unsecured overdraft; ~-"но́стро" nostro overdraft; проце́нт по ~у overdraft rate.

ове́ч|ий sheep's; ◇ волк в ~ьей шку́ре a wolf* in sheep's clothing; **~ка** *ж.* lamb; *перен.* harmless creature.

овеществи́ть *сов. см.* овеществля́ть.

овеществля́ть, овеществи́ть *книжн.* *(вн.)* materialize *(smth.)*, reify *(smth.)*.

ове́ять *см.* овева́ть.

овёс *м.* oats *pl.*

ови́н *м. с.-х.* barn.

овладева́ть, овладе́ть (*тв.*) **1.** (*захватывать*) seize *(smth.)*, capture *(smth.)*, take* *(smth.)*; овладе́ть городо́м capture a town; **2.** (*подчинять себе*) seize (*smb., smth.*), grip (*smb., smth.*), take* hold (of); овладе́ть внима́нием слу́шателей take* hold of the audience; овладе́ть разгово́ром take* over the conversation; **3.** (*о мыслях, чувствах*) seize *(smb.)*, overcome* *(smb.)*; мно́ю овладе́л страх I was overcome with terror, fear gripped me; им овладе́ло беспоко́йство he was overcome with anxiety; **4.** (*усваивать*) master *(smth.)*; овладе́ть зна́ниями acquire knowledge; овладе́ть но́вой профе́ссией master a new trade; ◇ овладе́ть собо́й control *oneself*, exercise self-control.

овладе́ние *с.* **1.** (*захват*) seizure, capture; **2.** (*усвоение*) mastering; ~ зна́ниями acquiring knowledge.

овладе́ть *сов. см.* овладева́ть.

о́вод *м.* gadfly.

овощево́д *м.* vegetable grower; **~ство** *с.* vegetable growing; **~ческий** vegetable-growing.

овощеперераба́тывающ|ий: ~ая промы́шленность vegetable-preserving industry.

овощехрани́лище *с.* vegetable-storage cellar/shed.

о́вощ|и *мн.* (*ед.* о́вощ *м.*) vegetables; ◇ вся́кому о́вощу своё вре́мя *посл.* ≅ there is a time for everything; everything in good season; **~но́й** vegetable; ~ны́е культу́ры vegetable crops; ~но́й магази́н greengrocer's/vegetable shop; ~ы́е консе́рвы canned vegetables.

овра́|г *м.* ravine, gully; **~жистый**: abounding in ravines, cut with ravines.

овсю́г *м. бот.* wild oats *pl.*

овся́нка I *ж.* **1.** (*крупа*) oatmeal; **2.** (*каша*) (oatmeal) porridge.

овся́нка II *ж.* (*птица*) bunting.

овсян|о́й oat *attr.*; ~о́е по́ле oatfield.

овся́н|ый oatmeal *attr.*; ~ая ка́ша (oatmeal) porridge; ~ая крупа́ oatmeal; ~ые хло́пья rolled oats.

овуля́ция *ж. биол.* ovulation.

овца́ *ж.* sheep*; ewe; *бирж. жарг.* "овца" (*спекулянт, ведущий игру на бирже вслепую*) lamb *амер.*; ◇ заблу́дшая ~ *библ.* lost sheep.

овцебы́к *м. зоол.* musk-ox*.

овцево́д *м.* sheep breeder; **~ство** *с.* sheep breeding; **~ческий** sheep *attr.*; sheep-breading *attr.*

овча́р *м.* shepherd.

овча́рка *ж.* sheep-dog; неме́цкая, восто́чно-европе́йская ~ Alsatian.

овча́рня *ж.* sheepfold.

овчи́н|а *ж.* sheepskin; **~ка:** ~ка вы́делки не сто́ит ≅ the game is not worth the candle; не́бо с ~ку показа́лось *кому-л.* *smb.* saw stars; **~ный** sheepskin *attr.*; ~ный тулу́п sheepskin coat.

ога́рок *м.* candle-end.

огиба́ть, обогну́ть *(вн.)* go* round *(smth.)*, skirt *(smth.)*; *мор.* double *(smth.)*.

оглавле́ние *с.* (table of) contents.

огласи́ть(ся) *сов. см.* оглаша́ть(ся).

огла́ск|а *ж.* publicity; де́ло получи́ло ~у the matter was made public; избега́ть ~и avoid/shun publicity; преда́ть *что-л.* ~е make* *smth.* public.

оглаша́ть, огласи́ть **1.** (*вн.*; *объявлять*) proclaim *(smth.)*, announce *(smth.)*; ~ телегра́мму read* a telegram; огласи́ть прика́з read* out an order; **2.** (*вн. тв.*; *наполнять звуками*) make* *(smth.)* resound/ring* (with); **~ся**, огласи́ться (*тв.*) resound (with), ring* (with).

оглаше́ни|е *с.* proclamation; ~ пригово́ра pronouncement of a verdict; не подлежи́т ~ю not for publication/circulation; (*надпись на документе*) confidential; *церк.* (publication of) banns *pl.*

оглаше́нный: как ~ *разг.* like *one* possessed.

огло́бл|я *ж.* shaft; в ~ях in/between the shafts; ◇ поверну́ть ~и ≅ go* away (empty-handed).

оглоу́шивать, оглоу́шить *(вн.)* *разг.* hit* violently on the head, crown *(smb.)*.

оглоу́шить *сов. см.* оглоу́шивать.

огло́хнуть *сов. см.* гло́хнуть 1.

оглуша́ть, оглуши́ть *(вн.)* **1.** (*звуком*) deafen *(smb.)*; **2.** (*ударом и т.п.*) stun *(smb.)*; *перен.* *тж.* stagger *(smb.)*.

оглуши́тельный deafening.

оглуши́ть *сов. см.* оглуша́ть.

огляде́ть *сов. см.* огля́дывать; **~ся** *сов.* **1.** *см.* огля́дываться 2; **2.** (*освоиться*) get* *one's* bearings, settle down.

огля́дк|а *ж.*: с ~ой with caution; без ~и recklessly; бежа́ть без ~и run* for *one's* life, bolt.

огля́дывать, огляде́ть, огляну́ть *(вн.)* survey (*smb., smth.*), glance over (*smb., smth.*), look over (*smb., smth.*), glance round (*smb., smth.*), look round (*smb., smth.*); ~ *кого-л.* с головы́ до ног examine *smb.* from head to foot; огляде́ть ме́стность survey the surrounding country; огляде́ть дом look over the building; огляде́ть ко́мнату glance round the room; **~ся**, огляде́ться, огляну́ться **1.** *сов.* огляну́ться look round; **2.** *сов.* огляде́ться look around/about, take* a glance round *one*; ◇ не успе́ешь огляну́ться как ... before you know where you are ...

огляну́ть *сов. см.* огля́дывать; **~ся** *сов. см.* огля́дываться 1.

огнев|о́й *воен.* fire *attr.*; ~а́я заве́са curtain fire; ~а́я то́чка weapon emplacement; ~а́я пози́ция firing position.

огнеды́шащ|ий fire-spitting; ~ая гора́ volcano.

огнемёт *м.* flame-thrower.

о́гненн|ый fiery; *перен.* *тж.* ardent; ~ые глаза́ burning eyes; ~ взгляд fiery glance; ~ое сло́во ardent words *pl.*

огнеопа́сный inflammable.

огнепокло́нни|к *м.*, **~ца** fire worshipper; **~ческий** fire worshipper *attr.*; **~чество** *с.* fire worship.

огнесто́йкий fireproof.

огнестре́льн|ый: ~ое ору́жие fire arm(s); ~ая ра́на gunshot wound.

огнетуши́тель *м.* fire extinguisher.

огнеупо́рн|ый fireproof, refractory; ~ая гли́на fireclay; ~ кирпи́ч firebrick(s).

огнёвка *ж.* (*бабочка*) pyralid, snout moth.

огни́во *с.* steel.

огни́ще *с.* burned-out spot.

ого́ *межд.* oho!

огова́ривать, оговори́ть *(вн.)* **1.** (*обусловливать*) specify *(smth.)*, stipulate *(smth.)*; **2.** *разг.* (*клеветать*) slander *(smth.)*; **~ся**, оговори́ться **1.** (*делать оговорку*) specify; **2.** (*ошибаться*): я оговори́лся ≅ it was a slip of the tongue.

огово́р *м. разг.* slander; **~ить(ся)** *сов. см.* огова́ривать(ся).

огово́р|ка *ж.* **1.** (*условие*) *юр.* clause, provision, proviso (*pl.*-os, oes), reserve, reservation, stipulation; арбитра́жная ~ arbitration clause; безоборо́тная ~ "without recourse" clause; бу́нкерная ~ bunkering clause; валю́тная ~ currency clause; ледо́вая ~ ice clause; мультивалю́тная ~ multiple currency clause; ~ о всех ри́сках all risks clause; ~ о войне́ ~ war clause; ~ о забасто́вке strike clause; ~ о ли́хтерном сбо́ре lighterage clause; ~ о наибо́льшем благоприя́тствовании most favored nation clause; ~ о паде́нии цен price fall clause; ~ о повыше́нии цен price escalation clause; ~ о прекраще́нии опла́ты аре́нды breakdown clause, off-hire clause; ~ о скользя́щей цене́ escalation clause; ~ о суброга́ции subrogation clause; ~ о форс-мажо́ре force majeure clause; ~ об отве́тственности за просто́й су́дна в ожида́нии прича́ла berthing clause; (*в биржевом заказе*) clause; ~ о пра́ве бро́кера де́йствовать по своему́ усмотре́нию *бирж.* "Not Held, Market Not Held"; ~ "испо́лнить и́ли отмени́ть" "Fill or Kill"; ~ "испо́лнить неме́дленно и́ли отмени́ть" "Immediate or Cancell"; ~ "то́лько в по́лном объёме" "All of None"; ~ "в моме́нт откры́тия/закры́тия" "At the Opening/At the Close"; ~ "це́ну не снижа́ть/не повыша́ть" *бирж.* "Do Not Reduce (DNR)/Do Not Increase (DNI)"; генера́льная ~ *юр.* paramount clause; ~ о пра́ве фрахтова́теля переуступи́ть догово́р друго́му лицу́ cession clause; ~ о прекраще́нии отве́тственности фрахтова́теля *юр.* cease clause; де́лать ~ку make* a proviso; с ~кой with reserve/reservations; без ~ок without reserve/reservation; **2.** (*обмолвка*) slip of the tongue.

огол|е́ние *с.* denudation; **~ённый** nude, naked, bare; ~ённый про́вод bare conductor/wire.

оголе́ц *м. разг.* lad, young fellow.

оголи́ть(ся), *сов. см.* оголя́ть(ся).

оголте́лый *разг.* unbridled, frenzied, wild.

оголя́ть, оголи́ть (*вн.*) **1.** (*обнажать*) bare (*smth.*), uncover (*smth.*); **2.** (*лишать покрывающего слоя*) strip (*smth.*); (*лишать листвы тж.*) denude (*smth.*); оголи́ть прово́д strip the wire; **3.** (*делать беззащитным*) expose (*smth.*); ~фланг *воен.* expose the flank; **~ся**, оголи́ться **1.** *разг.* strip; **2.** (*о какой-л части тела*) be* exposed, be* bared; **3.** (*лишаться листвы*) be* stripped, be* bare; **4.** (*становиться видимым*) be* exposed (to view).

огонёк *м.* **1.** little flame, flicker; *перен.* (*увлечение, задор*) spark/touch of inspiration; **2.** (*свет*) (gleam/glimmer of) light; *разг.* (*блеск глаз*) gleam; у него́ в глаза́х загоре́лись весёлые огоньки́ sparks of amusement/merriment glowed in his eyes; ◇ зайти́ на ~ drop in for a chat (and a song); рабо́тать с огонько́м put* vim into *one's* work; блужда́ющий ~ will-o'-the wisp; *научн.* ignis fatuus.

ого́нь *м.* **1.** *тк. ед.* fire (*тж. перен.*); (*о человеке*) firebrand, live wire; развести́ ~ make* a fire; сгоре́ть в огне́ go* up in flames, be* burnt in a fire; гре́ться у огня́ warm *oneself* at/by a fire; **2.** (*свет*) light; *разг.* (*блеск глаз*) gleam; зажéчь ~ light* a lamp; (*об электричестве*) put*/switch on the light; погаси́ть ~ put* out the light; в дома́х уже́ засвети́лись огни́ lights were already burning in the windows; горе́ть огнём (*о глазах*) glow; **3.** *тк. ед.* (*стрельба, обстрел*) fire; (*из тяжёлых орудий*) gunfire; откры́ть ~ open fire; вести́ ~ fire; под огнём under fire; ◇ в огне́ 1) (*в жару*) in a fever; 2) (*в бою*) under fire; в ~ и в во́ду за *кого-л.* would go through fire and water for *smb.'s* sake; из огня́ да в по́лымя out of the fryingpan into the fire; ме́жду двух огне́й between two fires; огнём и мечо́м пройти́ ravage with fire and sword; боя́ться *кого-л.* как огня́ be* scared to death of *smb.*; пройти́ ~ и во́ду have* been through the mill; игра́ть с огнём play with fire; его́ днём с огнём не найдёшь there's not a trace of him anywhere.

огора́ж|ивание *с.* enclosure, enclosing, fencing in; **~ивать**, огороди́ть (*вн.*) fence in (*smth.*), enclose (*smth.*); **~иваться** fence *oneself* in.

огоро́д *м.* (*при доме*) kitchen garden; (*большой*) market garden; truck garden *амер.*

огороди́ть *сов. см.* огора́живать.

огоро́дн|ик *м.*, **~ица** *ж.*; market gardener, truck gardener *амер.*; **~ичество** *с.* market gardening, truck-gardening *амер.*; **~ый** market garden *attr.*; ~ый уча́сток vegetable allotment; ~ые расте́ния vegetables; ~ые культу́ры vegetable crops.

огоро́шивать, огоро́шить (*вн.*) *разг.* bowl (*smb.*) over, take* aback (*smb.*).

огоро́шить *сов. см.* огоро́шивать.

огорч|а́ть, огорчи́ть (*вн.*) distress (*smb.*), grieve (*smb.*), disappoint (*smb.*); **~а́ться**, огорчи́ться (*тв.*) be* distressed (about); grieve (over); не ~а́йтесь! don't take it to heart! **~е́ние** *с.* grief, distress, affliction; к моему́ вели́кому ~е́нию much to my regret; **~ённый** aggrieved, disappointment; ~ённый вид the disappointment on *smb.'s* face; **~и́тельный** grievous, distressing; **~и́ть(ся)**, *сов. см.* огорча́ть(ся).

огра́бить *сов.* (*вн.*) rob (*smb.*); *разг. тж.* fleece (*smb.*, *smth.*), plunder (*smth.*).

ограбле́ние *с.* robbery; *перен. тж.* fleecing, plunder.

огра́да *ж.* fence, enclosure.

огради́ть *сов. см.* огражда́ть.

огражд|а́ть, огради́ть **1.** (*вн.*; *отгораживать*) fence off (*smth.*); **2.** (*вн.* от *рд.*; *защищать*) protect (*smb.*, *smth.*, against); shield (*smb.*, *smth.* from); огради́ть *кого-л.* от напа́док shield *smb.* from attack; **~е́ние** *с.* **1.** barrier; ~е́ние се́ктора *спорт.* cage; **2.** (*защита*) protection.

ограниче́ни|е *с.* limit, limitation, restriction; без ~й without restriction, unrestrictedly; ~ ско́рости speed limit; ~ стратеги́ческих наступа́тельных вооруже́ний strategic arms limitation; валю́тные ~я *эк.* exchange restrictions; и́мпортные ограниче́ния import restrictions; (не)тарифные ~я (non)tariff restrictions; ~ произво́дства limitation of production; ~ разме́ра при́были restriction of profit margin; торго́вые ~я trade restrictions; э́кспортные ~я *эк.* export restrictions; ~ отве́тственности liability limitation.

ограни́ченн|ость *ж.* **1.** (*средств и т. п.*) insufficiency; **2.** (*узость*) narrow-mindedness, narrowness; **~ый 1.** (*небольшой, незначительный*) limited; в ~ом коли́честве in limited quantities; ~ые возмо́жности limited opportunities; ~ая отве́тственность *юр.* limited liability; о́бщество с ~ой отве́тственностью limited liability company; ~ый индоссаме́нт *юр.* restrictive endorsement; 2. (*недалёкий*) narrow, bigoted; ~ый ум narrow mind; ~ый челове́к narrow-minded person.

ограни́чивать, ограни́чить (*вн.*) limit (*smb.*, *smth.*), restrict (*smb.*, *smth.*); ~ себя́ в *чём-л.* stint *oneself* of *smth.*; ~ ора́тора вре́менем give* the speaker a time-limit; **~ся**, ограни́читься (*тв.*) **1.** (*довольствоваться чем-л.*) confine *oneself* (to); do* no more than (+ *inf*); ограни́читься то́лько рукопожа́тием confine *oneself* to a brief handshake; **2.** (*сводиться к чему-л. незначительному*) amount to nothing more than, be* confined (to); boil down (to) *разг.*; де́ло ограни́чилось тем, что ... the matter ended in ...

ограничи́тельн|ый restrictive; ~ое усло́вие *юр.* restrictive condition; ~ запре́т *юр.* restrictive injunction.

огранѝчить(ся) *сов. см.* огранѝчивать(ся).

огра́н|ка *ж.* cut, cutting, facetting; **~щик** *м.* diamond cutter.

огреба́ть, огрести́ *(вн.)* rake in *(smth.)*; *(перен. тж.)* amass *(smth.)*; ~ де́ньги, огрести́ це́лый капита́л rake in a lot of money, amass a fortune.

огрести́ *сов. см.* огреба́ть.

огре́ть *сов. (вн.) разг.* deal*/fetch a blow.

огре́х *м.* **1.** *с.-х.* gap in sowing or ploughing; **2.** *разг.* fault.

огро́мн|ый enormous, huge, immense; (*обширный*) vast; ~ зверь enormous beast; челове́к ~ого ро́ста enormous man*; ~ое простра́нство vast expance; ~ая ра́зница huge/enormous difference; ~ успе́х enormous/huge success; ~ое сча́стье immense happiness; ~ое большинство́ large majority.

огрубе́л|ый **1.** (*о коже*) calloused, rough; ~ые ру́ки toil-hardened hands; **2.** (*о человеке*) coarsened.

огрубе́ть *сов. см.* грубе́ть.

огрыза́ться, огрызну́ться snarl; *разг. тж.* snap.

огрызну́ться *сов. см.* огрыза́ться.

огры́зок *м.* **1.** (*недоеденный кусок*) gnawed bit; ~ я́блока gnawed apple; **2.** *разг.* (*остаток предмета*) stump; ~ карандаша́ pencil stub.

огу́зок *м.* rump.

огу́лом *разг.* **1.** in a crowd; **2.** (*всё вместе*) pell-mell, in a heap; **3.** *уст.* wholesale.

огу́льн|о indiscriminately; **~ый** **1.** *разг.* (*касающийся всех, всего*) indiscriminate; **2.** (*не имеющий основания*) sweeping; ~ое обвине́ние sweeping/unfounded accusation.

огуре́ц *м.* cucumber; (*небольшой*) gherkin.

огуре́чн|ый cucumber *attr.*; ~ая трава́ borage.

огу́рчик *м. см.* огуре́ц; ◇ он вы́глядит как ~ *разг.* ≅ he looks fine.

о́да *ж. лит.* ode.

ода́лживать *разг. см.* одолжа́ть.

одали́ска *ж.* odalisque.

одарённ|ость *ж.* talents *pl.*, giftedness; endowments *pl.*; **~ый** gifted, talented; ~ый ребёнок gifted child.

ода́ривать *сов. см.* одаря́ть I.

одари́ть *сов. см.* одаря́ть.

одаря́ть, одари́ть **1.** (*вн.*; *дарить*) give* presents (to); (*вн. тв.*) present (*smb.* with); **2.** (*вн. тв.*; *наделять*) endow (*smb.* with).

одева́ть, оде́ть **1.** dress *(smb.)*; (*вн. тв.*; *наряжать кем-л.)* dress up (*smb.* as); оде́ть ребёнка dress a child*; **2.** *разг.* (*обеспечивать одеждой*) clothe *(smb.)*, provide *(smb.)* with clothing; оде́ть всю семью́ provide clothes for the whole family; **3.** (*покрывать*) cover *(smth.)*, clothe *(smth.)*; **4.** *тк. несов.* (*обеспечивать одеждой того или иного качества*) dress *(smb.)*; ~ ребёнка со вку́сом dress a child* properly; **~ся**, оде́ться **1.** dress (*oneself*); (в *вн.*), put* on *(smth.)*; (*тв.*; *наряжаться кем-л.*) dress up (as *smb.*); **2.** (*приобретать необходимую одежду*) fit *oneself* out (with clothes); **3.** (*покрываться*) be* clothed, be* clad; дере́вья оде́лись листво́й the trees were clothed in foliage; **4.** *тк. несов.* (*носить одежду*) dress; хорошо́ ~ся dress well; про́сто ~ся dress plainly, wear* simple clothes.

оде́жда *ж.* clothes *pl.*; ве́рхняя ~ street clothes *pl.*, outwear; фо́рменная ~ uniform.

одеколо́н *м.* eau de cologne; **~ить**, наодеколо́нить *(вн.)* sprinkle (*smb.*, *smth.*) with eau de cologne; **~иться**, наодеколо́ниться *разг.* sprinkle *oneself* with eau de cologne.

одели́ть *сов. см.* оделя́ть.

оделя́ть, одели́ть (*вн. тв.*) present (*smb.* with); endow (*smb.* with).

одеревене́лый **1.** hardened; **2.** (*онемелый*) numb; **3.** (*безучастный*) numb, apathetic.

одеревене́ть *сов.* **1.** become* hard, harden; *перен. тж.* stiffen; **2.** (*онеметь*) go* numb; (*оцепенеть*) freeze*; **3.** (*стать безразличным*) lose* interest, dry up.

одержа́ть *сов. см.* оде́рживать.

оде́рживать, одержа́ть: одержа́ть верх gain the upper hand; одержа́ть побе́ду win* a victory.

одержи́мый *прил.* **1.** (*тв.*) possessed (by); obsessed (by); ~ стра́хом ridden by fear; ~ навя́зчивой иде́ей obsessed by ideé fixe; **2.** *в знач. сущ. м.* one possessed.

одесну́ю *уст.* to the right, on the right hand.

оде́тый **1.** dressed; (*в одежде, не голый*) clothed; with *one's* clothes on *после сущ.*; я ещё не оде́т I have no clothes on; хорошо́ ~ smartly dressed; **2.** (*обеспеченный одеждой*) having clothes to wear *после сущ.*; **3.** (*покрытый, окутанный*) clad, covered; ~ сне́гом, листво́й snow-clad, leaf-clad; ~ и́неем rime-covered.

оде́ть *сов. см.* одева́ть 1, 2, 3; **~ся** *сов. см.* одева́ться 1, 2, 3.

одея́ло *с.* blanket; (*стёганое*) quilt; (*лоскутное*) patchwork quilt; (*покрывало*) counterpane.

одея́ние *с.* attire, raiment, garb, garment.

одёж|а *ж. разг.* clothes.

одёжк|а *ж. разг.*: по ~е протя́гивай но́жки cut* *one's* coat according to *one's* cloth; **~ный** clothes *attr.*; ~ный шкаф warderobe; ~ная щётка clothes brush.

одёр *м. разг.* (*лошадь*) old hack.

одёргивать, одёрнуть *(вн.)* **1.** (*поправлять платье и т.п.*) pull *(smth.)* straight; **2.** *разг.* (*заставлять замолчать*) check *(smb.)*, pull *(smb.)* up.

одёрнуть *сов. см.* одёргивать.

оди́н (одна́, одно́, *мн.* одни́) *числ.* **1.** one (*тж. цифра*); ~ -два one or two; ~ еди́нственный раз just once; **2.** *в знач. прил.* (*какой-то*) a, an; одна́ кни́га, кото́рая мне понра́вилась a book (which) I liked; там я ви́дел одного́ челове́ка, кото́рый ... I met a man*, who ...; ~ писа́тель сказа́л ... a certain writer once said ...; it was a writer who once said ...; **3.** *в знач. прил.* (*наедине, сам*) alone; by *oneself*; вы одни́? are you alone?; совсе́м ~ all by *oneself*, quite alone;

4. *в знач. прил.* (*тот же самый*) the same; одного́ го́да рожде́ния born in the same year; одного́ разме́ра the same size; **5.** *в знач. прил.* (*никто другой, ничто другое*) no one but, nobody but (*о человеке*); nothing but (*о животных, предметах*); only; alone (*обыкн. употребляется перед глаголом*); там бы́ли одни́ де́ти there was no one but children there; круго́м бы́ли одни́ ка́мни there was nothing but stones all around; он рабо́тает с одно́й молодёжью he works only with young people; (то́лько) он ~ мо́жет, зна́ет *и т. п.* he alone can, knows, *etc.*; **6.** *в знач. сущ. м.* one, *мн.* some people; ~ из ста, ты́сячи *и т.п.* one in a hundred, thousand, *etc.*; ~ из них (нас *и т. п.*) one of them (us *etc.*); по одному́ one at a time; ко́мната на одного́ single room; ни ~ no one, nobody; одни́ хотя́т идти́ в теа́тр, други́е не хотя́т some want to go to the theater, some don't; **7.** *в знач. сущ. с.* one thing; одно́ и то́ же the same thing; одно́ мне изве́стно one thing I do know; ◇ ~ на ~ (*наедине*) quite alone; face to face; сража́ться ~ на ~ meet* in single combat; все до одного́ to a man*; все как ~ like one man*; одно́ из двух one thing or the other (you can't have both); одно́ вре́мя at one time; одни́м сло́вом in a word; ~-одинёшенек all alone; ~ в по́ле не во́ин *посл.* ≅ the voice of one man is the voice of no one; one can not conquer alone.

одина́ков|о equally; относи́ться ко всем ~ treat everyone equally; **~ый** the same; equal; в ~ой ме́ре equally.

одина́рный single.

одиннадцатиле́тний 1. (*о сроке*) eleven-year; of eleven years *после сущ.*; **2.** (*о возрасте*) eleven-year-old; of eleven *после сущ.*

одиннадцатичасово́й 1. of eleven hours; **2.** eleven o'clock *attr.*; ~ по́езд the eleven o'clock train.

оди́ннадц|атый eleventh; ~ год eleventh year; **~ать** eleven.

оди́ножды one times; ~ пять-пять one times five is five.

одино́к|ий *прил.* **1.** solitary, lonely; lone *поэт.*; **2.** (*бессемейный*) single, unmarried; ~ая мать unmarried mother; **3.** *в знач. сущ. м.* (*бессемейный*) single/unmarried man*, bachelor; **~о**: жить ~о lead* a solitary life; ~о стоя́щий дом solitary house.

одино́честв|о *с.* solitude; (*чувство*) loneliness; оказа́ться в ~е find* *oneself* isolated/in isolation.

одино́чк|а *м. и ж.* **1.** person by himself, person on his, her own; (*действующий один*) individual; запозда́вшие ~и lone stragglers; **2.** (*человек, живущий без семьи*) single man*; **3.** *ж. разг.* (*тюремная камера*) solitary confinement cell; **4.** *ж.* (*лодка*) single sculls *pl.*; ◇ в ~у 1) (*по одному*) singly, individually; 2) (*своими силами*) single-handed.

одино́чник *м. спорт.* (*фигурное катание*) individual/solo figure skater.

одино́чн|ый 1. (*о насекомых, животных*) lone, single; **2.** (*отдельный, случайный*) solitary, isolated; ~ые вы́стрелы solitary/single shots; **3.** (*совершаемый силами одного*) single-handed, single, individual; ~ бой single combat; **4.** (*предназначенный для одного человека*) single; (*о камере, заключении*) solitary.

одио́зный odious, offensive.

одиссе́я *ж.* Odyssey.

одича́|вший, ~лый 1. half-wild; that has (been allowed to) run wild *после сущ.*; ~лая ко́шка stray cat, half-wild cat; **2.** panic-stricken; **~ние** *с.* becoming/running wild, return to it's native state; *перен.* degeneration.

одича́ть *сов. см.* despite дича́ть.

одна́ *см.* оди́н.

одна́жды 1. (*один раз*) once; **2.**(*как-то раз*) once, one day.

одна́ко (*часто* ~ *же*, ~ *ж*) **1.** *союз.* however; but (*тк. в начале фразы*); though (*тк.в конце фразы*); ~ он не пришёл however he didn't come; but he didn't come; he didn't come, though; вы, ~, не забу́дьте обе́щанного but don't forget what you promised; **2.** *в знач. межд.* indeed!, is that so!, oh, is it!, oh, does it!

одни́ *см.* оди́н.

одно́ *см.* оди́н.

одно- *в сложн.* one.

одноа́ктн|ый one-act *attr.*; ~ая пье́са one-act play.

одноа́томный monoatomic.

однобо́кий lop-sided; *перен.* one-sided.

однобо́ртный single-breasted; ~ пиджа́к single-breasted jacket.

одновале́нтный *хим.* univalent.

одновёсельный single-oared.

одновре́менн|о simultaneously, at the same time; **~ость** *ж.* simultaneity; **~ый** simultaneous; ~ synchronous.

одногла́зый one-eyed; with only one eye *после сущ.*

одногоди́чный one-year *attr.*

одного́дки *мн.* (*ед.* одного́док *м.*) *см.* однолётки.

одноголо́с|ный, ~ый one-voice *attr.*

одного́рбый:~ верблю́д one-humped/Arabian camel, dromedary.

однодво́р|ец *м.*, **~ка** *ж. ист.* small-holder.

одноднёвка *ж.* **1.** (*насекомое*) ephemeron; **2.** *разг.* (*нечто недолговечное*) something ephemeral; сло́во-~ nonce word.

однодне́вный one-day *attr.*; ~ дом о́тдыха one-day/weekend guest house; ~ займ *эк.* day-to-day loan.

однозаря́дн|ый *воен.* single loading; ~ое ору́жие single loader.

однозву́чный monotonous.

однозна́чн|ый 1. synonymous; ~ые выраже́ния synonymous expressions; **2.** (*имеющий только одно значение*) monosemantic, unequivocal; **3.** *мат.* simple; ~ое число́ digit.

одноимённ|ый of the same name *после сущ.*; по ~ому рома́ну after the novel of the same name.

однокали́берный of the same caliber.

однока́шник *м. разг.* schoolfellow, schoolmate; (*о студентах*) fellow student.

однокварти́рный one-flat *attr.*; сбо́рный ~ дом small prefabricated house*.

однокла́ссн|ик *м.*, **~ица** *ж.* classmate, formmate.

однокле́точный *биол.* unicellular.

одноклу́бник *м. разг.* player of the same club; вы́играть у свои́х ~ов beat* a team from *one's* own club.

одноковшо́вый *тех.* single-bucket *attr.*; single-scoop *attr.*

одноколе́й|ка *ж. разг.* single-track railway; **~ный** *ж.-д.* single-track *attr.*

одноко́лка *ж.* gig.

одноко́мнатн|ый one-room *attr.*; ~ая кварти́ра one-room flat.

одноко́нный one-horse *attr.*

однокопы́тный *зоол.* solid-hoofed.

одноко́рпусный *мор.* single-hull *attr.*

однокра́тный single; ~ вид *грамм.* momentary aspect.

однеку́рсни|к *м.*, **~ца** *ж.* classmate; person in the same year (at university).

однолéтки *мн.* (*ед.* однолéток *м.*) children of the same age.

однолéтний **1.** year-old; **2.** (*о растении*) annual.

однолю́б *м.* man* loving only one woman all his life.

однома́стный of one color, of the same color.

однома́чтовый single-masted.

одномéстн|ый single-seater *attr.*; ~ая каю́та single cabin.

одномото́рный single-engine(d); ~ самолёт single-engine aircraft.

одноно́гий one-legged; with only one leg *после сущ.*

однообра́з|ие *с.*, **~ность** *ж.* monotony; **~ный** monotonous.

однопала́тн|ый single-chamber *attr.*; **~ая** парла́ментская систéма single-chamber parliamentary system.

однопа́лубн|ый single-decked *attr.*; ~ое су́дно single-decked ship.

однополча́н|ин *м.* regimental comrade, brother-soldier; (*офицер*) brother-officer; мы с ним ~е we served in the same regiment; we were soldiers together.

однопо́лый *бот.* unisexual.

однопо́люсный *физ.* unipolar.

однора́зовый nonpermanent, valid for one occasion only; disposable.

одноро́гий one-horned, unicornous.

одноро́дн|ость *ж.* **1.** homogeneity; **2.** (*сходство*) similarity, uniformity; **~ый** **1.** (*одинаковый во всех своих частях*) homogeneous; ~ое тéло homogeneous body; **2.** (*сходный*) similar, uniform; of the same kind *после сущ.*; ~ые явлéния phenomena of the same kind; ~ая стати́стика uniform statistics; ◇ ~ые члéны предложéния *грам.* similar parts of a sentence.

однору́кий one-armed; with one arm *после сущ.*; with only one hand *после сущ.*

односельча́н|ин *м.* man* from the same village; **~ка** *ж.* woman* from the same village.

односка́тн|ый lean-to; ~ая кры́ша lean-to roof.

односло́жн|о curtly; отвеча́ть ~ answer in one word; **~ый** monosyllabic; *перен. тж.* brief; ~ое сло́во monosyllable.

односпа́льн|ый single; ~ая крова́ть single bed.

одноство́льн|ый single-barreled; ~ое ружьё single-barrelled gun.

одноство́рчат|ый **1.** (*о моллюске*) univalve; **2.**: ~ая дверь single door.

односторо́нн|ий **1.** one-sided; ~ее движéние тра́нспорта one-way traffic; ~ее воспалéние лёгких single pneumonia; ~ее разви́тие lopsided development; ~ее воспита́ние one-sided education;~яя ткань irreversible fabric; ~ ум one-track mind; ~ее мышлéние one-sided thinking; ~ий ры́нок *эк.* one-sided market; ~ий докумéнт за печа́тью *юр.* deed-poll; **2.** (*совершаемый одной стороной, одним лицом*) unilateral; ~ее прекращéние воéнных дéйствий unilateral cessation of military operations.

однoти́пн|ый of the same type/model *после сущ.*; ~ые маши́ны machines of the same type.

однoто́мн|ик *м. разг.* one-volume edition; **~ый** one-volume *attr.*

одноу́хий one-eared.

однофа́мил|ец *м.*, **~ица** *ж.* person of the same name; namesake.

одноцвéтн|ый one-color *attr.*; unicolor(ed) *научн.*; ~ая ткань one-color fabric; plain fabric; ~ая печа́ть *полигр.* monochrome.

одночлéн *м. мат.* monomial.

одноэта́жный one-story(ed).

одноязы́чный: ~ слова́рь *лингв.* unilingual dictionary; (*толковый*) defining dictionary.

одобрéние approval.

одобри́тельн|о approvingly, with approval; **~ый** approving; ~ый о́тзыв favorable response; ~ый взгляд glance of approval.

одо́брить *сов. см.* одобря́ть.

одобря́ть, одо́брить *(вн.)* approve (of); не ~ disapprove (of), not approve (of).

одолева́ть, одолéть *(вн.)* **1.** (*побеждать*) overpower (*smb., smth.*); одолéть проти́вника overpower *one's* opponent; **2.** *разг.* (*овладевать чем-л.*) master *(smth.)*; get* through *(smth.)* одолéть курс фи́зики get* through a course of physics; **3.** (*о каком-л. состоянии*) overcome* *(smb.)*; его́ одолéла лень laziness got the better of him; **4.** *разг.* (*лишать покоя*) try (*smb.'s*) patience, get* *smb.* down; меня́ комары́ одолéли I'm sick of these mosquitoes.

одолéть *сов. см.* одолева́ть.

одолж|áть, одолжи́ть *(вн., рд.)* lend* *(smth.)*; **~éние** *с.* favor; проси́ть *кого-л.* об ~éнии ask *smb.* a favor; ◇ сдéлайте ~éние! 1) *(просьба)* would you mind (+ *-ing*)?; 2) *(ответ)* of course (you may)!; please, do!

одолжи́ть *сов. см.* одолжáть.

одомáшнивание *с.* domestication; ~ живóтных domestication of animals.

одомáшнивать, одомáшнить *(вн.)* domesticate, tame; **~ся** become* domesticated.

одомáшнить(ся) *сов. см.* одомáшнивать(ся).

одонтолóгия *ж.* odontology.

одр *м.*: на смéртном ~é on *one's* death-bed.

одряхлéние *с.* decrepitude, flagging strength.

одряхлéть *сов. см.* дряхлéть.

одувáнчик *м. бот.* dandelion.

одýматься *сов.* **1.** *(изменить свои намерения)* think* better of it, change *one's* mind; ~ в послéднюю минýту change *one's* mind at the last minute; **2.** *разг.* *(опомниться)* come* to *one's* senses, collect *oneself.*

одурáчивание *с.* fooling.

одурáчивать, одурáчить *(вн.) разг.* fool *(smb.)*, bamboozle *(smb.)*, dupe *(smb.)*.

одурáчить *сов. см.* одурáчивать *и* дурáчить.

одурé|лый *разг.* dazed; у негó ~ вид he looks dazed; **~ние** *с. разг.* stupor; до ~ния till *one* is blue in the face.

одурéть *сов. см.* дурéть.

одурмáнивать, одурмáнить *(вн.)* intoxicate *(smb.)*, stupefy *(smb.)*.

одурмáнить *сов. см.* одурмáнивать *и* дурмáнить.

óдурь *ж. разг.* stupor, torpor.

одуряющий stupefying, overpowering; ~ зáпах stupefying/heavy scent.

одутловáт|ость *ж.* puffiness; **~ый** puffy.

одухотворённость *ж.* spirituality; **~ый** exalted, inspired; ~ое лицó exalted face.

одушев|и́ть(ся) *сов. см.* одушевля́ть(ся); **~лéние** *с.* animation; **~лённый** animated; ~лённый предмéт *грам.* animate object.

одушевля́ть, одушеви́ть *(вн.)* animate *(smb., smth.)*; **~ся,** одушеви́ться be*/become* animated.

оды́шк|а *ж.* shortness/lack of breath; страдáть ~ой have* difficulties in breathing.

ожереби́ться *сов. см.* жереби́ться.

ожерéлье *с.* necklace.

ожесточ|áть, ожесточи́ть *(вн.)* embitter *(smb.)*, harden *smb.'s* heart; **~áться,** ожесточи́ться *(озлобляться)* become* embittered; *(черстветь)* grow* hard; *(становиться жестоким)* become* violent/cruel; **~éние** *с.* **1.** *(озлобление)* bitterness; *(очерствение)* hardness; **2.** *(упорство, рьяность)* frantic zeal; дéлать *что-л.* с ~éнием do* *smth.* with demonic energy, go* at *smth.* tooth and nail; **~ённый 1.** *(безжалостный, суровый)* embittered; **2.** *(исполненный упорства, напряжения)* fierce, frantic; ~ённый бой fierce fight; ~ённое сопротивлéние fierce/violent/desperate resistance; ~ённый спор frantic argument.

ожесточи́ть(ся) *сов. см.* ожесточáть(ся).

оживáть, ожи́ть revive, come* back to life.

ожив|и́ть(ся) *сов. см.* оживля́ть(ся); **~лéние** *с.* **1.** *(действие)* resuscitation, reanimation; ~лéние органи́зма reanimation of the organism; **2.** *(весёлость, живость)* liveliness, excitement, jollity; **3.** *(движение, суета)* animation, excitement, coming and going; на ýлицах цари́ло большóе ~лéние there was great excitment in the streets; ◇ ~лéние на ры́нке *фин.* activity on the market; **~лённый 1.** *(весёлый, возбуждённый)* excited, bright, lively; perky *разг.*; ~лённый вид lively appearance; ~лённая бесéда excited conversation; **2.** *(исполненный жизни, движения)* animated, busy; ~лённые ýлицы busy streets; ◇ ~лённый спрос *эк.* brisk/active/fair demand; ~лённая торгóвля *эк.* brisk trade.

оживля́ть, оживи́ть *(вн.)* **1.** *(возвращать к жизни)* resuscitate *(smb.)*, reanimate *(smb.)*; **2.** *(восстанавливать физические и душевные силы)* revive *(smb., smth.)* *(тж. перен.)*; **3.** *(лицо, глаза)* animate *(smth.)*; **4.** *(наполнять жизнью движением)* bring* life (to) **5.** *(делать более активным, ярким)* enliven *(smth.)*, brighten up *(smth.)*, give* *(smth.)* a lift *разг.*; **~ся,** оживи́ться become* animated, liven up, come* to life; *(становиться более весёлым тж.)* brighten up.

ожидáни|е *с.* **1.** waiting; пóсле дóлгого ~я after a long period of wating; в ~и *чего-л.* pending *smth.*; в ~и переговóров pending the negotiations; в ~и пóезда while waiting for the train; ~ причáла *торг.* waiting for berth; **2.** *обыкн. мн.* *(пред положение, надежда)* expectations; прóтив ~й contrary to expectations; сверх (вся́ких) ~й beyond all expectations; обманýть *чьи-л.* ~я disappoint/dash *smb.'s* expectations/ hopes.

ожидáть *несов.* **1.** *(вн., рд.)* wait (for); с нетерпéнием ~ *чего-л.* look forward eagerly to *smth.*; **2.** *(вн.; надеяться, предполагать)* expect *(smth.)*; от негó э́того мóжно бы́ло ~ it's just what was to be expected of him; **3.** *(вн.; предстоять кому-л.)* be* in store (for), await *(smb.)*.

ожирéние *с.* obesity; ~ сéрдца adipose/fatty heart, fatty deterioration of the heart.

ожирéть *сов.* run* to fat.

ожи́ть *сов. см.* оживáть.

ожóг *м.* burn; *(кипящей жидкостью тж.)* scald.

озабóтить *сов. (вн.)* give* *(smb.)* something to worry about.

озабóтиться *сов.* (о *пр.*) take* care (of); *(тв.)* attend (to), see* (to); ~, чтóбы ... see* to it that ...

озабóченн|ость *ж.* anxiety; **~ый** worried, anxious; ~ый вид anxious looks *pl.*

озаглáвить *сов. см.* озаглáвливать.

озаглáвливать, озаглáвить *(вн.)* provide *(smth.)* with a title; *(главу тж.)* entitle *(smth.)*, head *(smth.)*.

озада́чивать, озада́чить *(вн.)* perplex *(smb.)*, bewilder *(smb.)*.

озада́чить *сов. см.* озада́чивать.

озаре́ние *с.*: на него́ нашло́ ~ it suddenly dawned upon him.

озари́ть(ся) *сов. см.* озаря́ть(ся).

озаря́ть, озари́ть *(вн.)* **1.** illuminate *(smb., smth.)*, light* up *(smth.)*; *разг. тж.* brighten (up) *(smb., smth.)*; **2.** *(приходить в голову)* strike* *(smb.)*, dawn (upon); его́ озари́ла дога́дка, мысль it suddenly dawned upon him (that); **~ся**, озари́ться *(прям. и перен.)* be* illuminated, light* up.

озвере́|вший, ~лый brutal, ferocious; **~ние** *с.* brutality; дойти́ до ~ния become* brutalized.

озвере́ть *сов. см.* звере́ть.

озву́ченный: ~ фильм sound film.

озву́ч|ение, ~ивание *с.*: ~ фи́льма *кино* cinema scoring.

озву́чивать, озву́чить: ~ фильм score for sound/make* the sound track for a film.

озву́чить *сов. см.* озву́чивать.

оздорови́тельн|ый health-improvement *attr.*, sanitary; ~ые мероприя́тия sanitary measures; ~ые лагеря́ для дете́й health camps for children.

оздоров|и́ть *сов. см.* оздоровля́ть; **~ле́ние** *с.* making healthier, improvement of sanitary conditions; *перен.* improvement, normalization.

оздоровля́ть, оздорови́ть *(вн.)* make* *(smb., smth.)* healthier; *перен.* *(улучшать)* improve *(smth.)*, normalize *(smth.)*.

озелен|е́ние *с.* planting trees and shrubs; ~ городо́в planting trees and shrubs in towns; **~и́тель** *м.* worker, engaged in planting trees and gardens.

озелени́ть *сов. см.* озеленя́ть.

озеленя́ть, озелени́ть *(вн.)* plant trees and shrubs (in).

о́земь *перен. разг.* to the ground, down; уда́риться ~ strike* the ground, fall* to the ground.

озёрный lake *attr.*; ~ край lake-land.

о́зеро *с.* lake.

ози́м|ый *прил.* **1.** winter *attr.*; ~ые культу́ры winter crops; ~ая пшени́ца winter wheat; ~ое по́ле field of winter crops; **2.** *в знач. сущ. мн.* winter crops.

о́зимь *ж.* (young) winter crop(s).

озира́ть *(вн.)* view *(smth., smb.)*; **~ся** *несов.* look back; *(вокруг)* look/gaze round; ~ся по сторона́м look around.

озли́ться *разг. см.* зли́ться.

озло́б|ить(ся) *сов. см.* озлобля́ть(ся); **~ле́ние** *с.* bitterness; (про́тив *рд.*) animosity (against); *(злость)* rage; **~ленный** embittered, hardened.

озлобля́ть, озлоби́ть *(вн.)* embitter *(smb.)*; **~ся**, озло́биться **1.** become* embittered; **2.** *разг.* *(раздражаться)* fly* into a temper.

ознако́м|ить(ся) *сов. см.* ознакомля́ть(ся); **~ле́ние** *с.* acquaintance; непосре́дственное ~ле́ние с *чем-л.* first-hand acquaintance with *smth.*, first-hand view of *smth.*; ~ле́ние клие́нта (с.) *торг.* familiarizing a client (with); ~ле́ние по образцу́ familiarizing *smb.* with *smth.* on the basis of samples; ~ с ассортиме́нтом това́ра familiarizing *smb.* with an assortment/range of goods; просмо́тр катало́гов с це́лью ~ле́ния *торг.* looking through catalogues to familiarize *oneself* (with).

ознакомля́ть, ознако́мить (*вн.* с *тв.*) acquaint (*smb.* with); **~ся**, ознако́миться (с *тв.*) acquaint/familiarize *oneself* (with); ознако́миться с резолю́цией acquaint *oneself* with a resolution.

ознаменов|а́ние *с.*: в ~ *чего-л.* on the occasion of *smth.*; to celebrate *smth.*; *(в память)* in commemoration of *smth.*; **~а́ть** *сов.* **1.** (*вн.*; *явиться свидетельством чего-л.*) mark *(smth.)*; **2.** (*вн. тв.*; *сделать памятным*) mark (*smth.* by); *(отметить)* celebrate (*smth.* with); **~а́ться** *сов.* (*тв.*) be* marked (by).

означа́ть *несов.* *(вн.)* mean* *(smth.)*, signify *(smth.)*.

озно́б *м.* fit of shivering; the shivers *pl. разг.*; почу́вствовать си́льный ~ experience a severe fit of shivering.

озокери́т *м. мин.* ozocerite, ozokerit, mineral wax.

озолоти́ть *сов.* *(вн.)* *разг.* load with money *(smb.)*.

озо́н *м.* ozone; **~а́тор** *м.* ozonizer; **~и́рование** *с.* ozonization; **~и́ровать** *несов. и сов.* (*вн.*) ozonize.

озорн|и́к *м.* **~и́ца** *ж.* *разг.* **1.** *(о ребёнке)* mischievous child*; **2.** *(буян, скандалист)* gay dog; **~ича́ть** *несов.* be* up to some mischief or other; **~о́й** mischievous, naughty; *(буйный)* wild.

озорств|о́ *с.* *разг.* **1.** mischief, skylarking; tricks *pl.*; из ~а́ out of mischief; **2.** *(бесчинство)* violence, wild conduct.

озя́бнуть *сов. разг.* be* chilly.

ой oh; ой-ой-ой! oh, dear! ◇ о́й ли? really/ is it possible?

о́йкать *разг.* exclaim “oh, oh”.

оказа́ни|е *с.* rendering; ~ медици́нской по́мощи rendering of medical aid; для ~я по́мощи to render assistance; ~ пе́рвой по́мощи rendering first aid.

оказа́ть *сов. см.* ока́зывать.

оказа́ться *сов. см.* ока́зываться 1, 2, 3, 4.

ока́зи|я *ж.*: посла́ть письмо́ с ~ей find* *smb.* to take a letter; что за ~! what an odd thing!

ока́зывать, оказа́ть *(вн.)* render *(smth.)*, show* *(smth.)*; ~ влия́ние на *кого-л.* exercise influence on *smb.*; ~ внима́ние *кому-л.* show* *smb.* attention; ~ давле́ние на *кого-л.*, *что-л.* exert pressure upon *smb.*, *smth.*; bring* pressure to bear upon *smb.*, *smth.*; ~ де́йствие на *кого-л.*, *что-л.* have* an effect on *smb.*, *smth.*; ~ соде́йствие, по́мощь *кому-л.* render *smb.* assistance, help; ~ подде́ржку give* *one's* support; ~ предпочте́ние *кому-л.* show* (a) preference for *smb.*; ~ сопротивле́ние offer resistance; ~ упо́рное, отча́янное сопротивле́ние put* up a desperate fight; ~ услу́гу *кому-л.* render *smb.* a service; ~ честь *кому-л.* do* *smb.* the honor; ~ по́чести *кому-л.* receive *smb.* with honor.

ока́зыв|аться, оказа́ться **1.** (*быть налицо*) be*; turn* out to be; в гости́нице не оказа́лось свобо́дных номеро́в there turned out to be no room in the hotel; кни́га оказа́лась на ме́сте the book was in its place (all the time); спи́чек у него́ не оказа́лось he had no matches; **2.** (*очутиться где-л., в каком-л. состоянии*) find* *oneself*; оказа́ться в опа́сности find* *oneself* in danger; магази́н оказа́лся закры́тым the shop was shut; **3.** (*являться на деле кем-л., чем-л.*) prove to be, turn out to be; он оказа́лся о́чень ми́лым челове́ком he turned out to be a very nice man*; мои́ опасе́ния оказа́лись напра́сными my fears proved groundless; **4.** *безл.* (*выясняться*) it turns out, it transpires; как оказа́лось as things turned out; **5.** *тк. несов.*: ~ается *в знач. вводн. сл.* it turns out; ~ается, что ... it appears that ...

окайми́ть *сов. см.* окаймля́ть.

окаймля́ть, окайми́ть (*вн. тв.*) border (*smth.* with), edge (*smth.* with), hem (*smth.* with).

ока́лина *ж. тех.* scale, dross.

окамене́л|ость *ж.* fossil; **~ый 1.** petrified; *перен.* (*твёрдый, чёрствый — о пище*) rock-hard, iron-hard; **2.** (*безучастный*) wooden, fixed; (*суровый*) stony; ~ое се́рдце stony heart; ~ый взгляд fixed stare.

окамене́ть *сов.* **1.** turn into stone, be* turned into stone; *перен.* (*стать чёрствым — о хлебе и т. п.*) become* as hard as a rock; **2.** (от *рд.*; *застыть, оцепенеть*) be* petrified (with); **3.** (*стать безучастным*) be* numbed; **4.** (*ожесточиться*) harden, become* hard.

окантова́ть *сов.* (*вн.*) mount (*smth.*).

окanто́вка *ж.* mount.

ока́нчив|ать, око́нчить (*вн.*) finish (*smth.*), end (*smth.*), complete (*smth.*), round off (*smth.*); око́нчить рабо́ту round off *one's* work; око́нчить заседа́ние end a meeting; око́нчить шко́лу finish school; око́нчить университе́т graduate (from/at university); **~аться**, око́нчиться **1.** finish, end, be* over; **2.** *тк. несов.* (*тв.* на *вн.*; *иметь своим окончанием*) end (with, in); сло́во ~ается на гла́сную the word ends in a vowel.

о́канье *с. лингв.* retention of unstressed "o" (*в диалектах русского языка*).

ока́пи *зоол.* okapi.

ока́пывать, окопа́ть (*вн.*) **1.** dig*/trench round (*smth.*); ~де́рево trench round a tree; **2.** *воен.* entrench (*smth.*); **~ся**, окопа́ться dig* in; entrench *oneself* (*тж. перен.*).

окати́ть(ся) *сов. см.* ока́чивать(ся).

о́кать *лингв.* retain the unstressed "o" (*в диалектах русского языка*).

ока́чивать, окати́ть (*вн.*) douse (*smb., smth.*); окати́ть *кого-л.* холо́дной водо́й throw* cold water over *smb.*; *перен.* discourage *smb.*; **~ся**, окати́ться (*тв.*) douse *oneself* (with).

окая́нный *разг.* dammed, cursed.

океа́н *м.* ocean; ◇ возду́шный ~ the atmosphere.

океана́вт *м.* deep-sea/ocean explorer.

океани́ческ|ий oceanic; ocean *attr.*; ~ая ры́ба oceanic/salt-water fish.

океанографи́ческий oceanographic(al).

океаногра́фия *ж.* oceanography.

океаноло́гия *ж. см.* океаногра́фия.

океа́нский ocean *attr.*; ~ла́йнер ocean liner.

оки́дывать, оки́нуть: оки́нуть *кого-л.* взгля́дом cast* a glance at *smb.*.

оки́нуть *сов. см.* оки́дывать.

о́кисел *м. хим.* oxide.

окисле́ние *с. хим.* oxidation.

окисли́тель *м. хим.* oxidizing agent, oxidizer; **~ный** oxidizing.

окисли́ть(ся) *сов. см.* окисля́ть(ся).

окисля́ть, окисли́ть (*вн.*) *хим.* oxidize (*smth.*); **~ся**, окисли́ться *хим.* oxidize.

о́кись *ж. хим.* oxide; ~ углеро́да carbon (mon)oxide.

оккульти́зм *м.* occultism.

окку́льтный occult.

оккуп|а́нт *м.* invader; *мн.* occupation troops. **~ацио́нный** occupation *attr.*; **~а́ция** *ж.* occupation; **~и́ровать** *несов. и сов.* (*вн.*) occupy (*smth.*).

окла́д I *м.* (*размер заработной платы*) (rate of) wages/salary; pay.

окла́д II *м.* (*металлическое покрытие на иконе*) setting, mounting, framework.

окла́дистый: ~ая борода́ broad and thick beard.

оклевета́ть *сов.* (*вн.*) slander (*smb.*); calumniate (*smb.*), defame (*smb.*); smear (*smb.*) *разг.*

окле́ивать, окле́ить (*вн.*) paste (*smth.*) all over; ~ ко́мнату обо́ями paper a room.

окле́ить *сов. см.* окле́ивать.

окле́йка *ж.* pasting, glueing; (*обоями*) papering.

о́клик *м.* hail, call; ~ часово́го sentry's challenge.

оклика́ть, окли́кнуть (*вн.*) hail (*smb.*), call (to); (*о часовом*) challenge (*smb.*).

окли́кнуть *сов. см.* оклика́ть.

окн|о́ *с.* **1.** window; ко́мната в три ~а́ room with three windows; откры́ть ~ open a window; без о́кон windowless; стоя́ть под ~о́м stand under a window; вы́бросить *что-л.* в ~ throw* *smth.* out of the window; **2.** *разг.* (*подоконник*) windowsill; положи́ть *что-л.* на ~ put* *smth.* on the windowsill; цветы́ на о́кнах flowers on the windowsills; **3.** (*просвет, отверстие*) gap, opening; **4.** *разг.* (*промежуток времени между уроками, лекциями*) break, free period.

о́ко *с. поэт.* eye; ◇ ~ за ~, зуб за зуб an eye for an eye, and a tooth for a tooth, tit for tat.

окова́ть *сов. см.* око́вывать.

око́вы *мн.* (*прям. и перен.*) shackles, fetters, chains.

окóвывать, оковáть*(вн.)* bind* *(smth.)*; *перен. тж.* seal *(smth.)*.

околáчиваться *разг.* lounge about, kick *one's* heels.

околдовáть *сов. см.* околдóвывать.

околдóвывать, околдовáть *(вн.)* bewitch *(smb.)*. cast* a spell (upon); *перен.* entrance (*smb.*), enchant (*smb.*).

околевáть, околéть die, perish.

околéсиц|а *ж. разг.* rubbish; нести́ ~у talk a lot of rubbish, talk at random.

околéть *сов. см.* околевáть.

окóлица *ж.* **1.** (*изгородь*) village fence; (*ворота*) village gate **2.** (*окраина селения*) edge/outskirts of the village.

околи́чност|ь *ж.* innuendo; без ~ей *разг.* plainly, straight; говори́ть без ~ей speak* without beating about the bush.

óколо **1.** *предлог* (*рд.*) (*возле*) close to, beside; (*недалеко от*) not far from; (*рядом*) next to, beside, by; **2.** *предлог* (*рд.*) (*приблизительно*) about; сейчáс ~ двух часóв it's about two; ~ тогó thereabouts; **3.** *нареч.* close by, quite near.

околозéмн|ый near-Earth; ~ое прострáнство near-Earth space; ~ая орби́та near-Earth orbit.

околосердéчн|ый: ~ая сýмка *анат.* pericardium.

околóток *м. уст.* **1.** (*окрестность*) neighborhood; **2.** (*район города*) ward, town district; **3.** (*полицейский участок*) police station.

околóточный *уст.* **1.** police station *attr.*; **2.** *м. в значении сущ.* police-officer.

околоýшн|ый *анат.* parotid; ~ая железá parotid (gland).

околпáчивать, околпáчить (*вн.*) *разг.* fool (*smb.*), dupe (*smb.*).

околпáчить *сов. см.* околпáчивать.

окóлыш *м.* hatband.

окóльничий *м. ист.* okolnichy (*one of the highest Boyar ranks in Ancient Russia*).

окóльн|ый roundabout; ~ путь roundabout way; ~ыми путя́ми in a roundabout way.

окольцевáть *сов. см.* кольцевáть.

оконéчность *ж.* extremity.

окóнн|ый window *attr.*; ~ая рáма window-frame, sash; ~ое стеклó (*в раме*) windowpane; (*не вставленное в раму*) windowglass.

оконфýзить *сов. (вн.) разг.* embarass *(smb.)*; cause *(smb.)* to blush; confuse *(smb.)*; **~ся** *сов. разг.* be* embarassed, cover *oneself* with shame.

окончáни|е *с.* **1.** (*завершение*) completion; по ~и шкóлы on leaving school; по ~и университéта on graduating from/at the university; **2.** (*конец*) end; ~ в слéдующем нóмере final installment in (our) next issue; **3.** *грам.* ending.

окончáтельн|о definitively; (*совсем*) finally; ~ додéлать *что-л.* put* the final/finishing touches to *smth.*; ~ убеди́ться в *чём-л.* be* finally persuaded of *smth.*; **~ый** final; (*полный*) complete; ~ый вы́вод final conclusion; ~ый отвéт definitive/final answer.

окóнчить *сов. см.* окáнчивать; **~ся** *сов. см.* окáнчиваться 1.

окóп *м.* trench, entrenchment; рыть ~ы dig* trenches.

окопáть(ся) *сов. см.* окáпывать(ся).

окорáчивать, окороти́ть *(вн.) разг.* make* too short *(smth.)*, curtail *(smth.)*.

окорми́ть *уст. сов. (вн.)* **1.** overfeed* *(smb.)*; **2.** (*отравить*) poison *(smb.)* with bad food.

окорнáть *сов. (вн.) разг.* dock *(smth.)*, crop *(smth.)*.

óкорок *м.* (*ветчины*) ham; (*телятины*)leg of veal; (*баранины*) leg of mutton.

окороти́ть *сов. см.* окорáчивать.

окосéть *сов. разг.* become* cross-eyed; *перен.* be* boozed up.

окостенé|лый **1.** ossified (*тж. перен.*); ~ум ossified mind; **2.** (*утративший гибкость*) stiff; **~ние** *с.* **1.** ossification; **2.** numbness.

окостенéть *сов. см.* костенéть.

окóт *м.* (*об овцах, козах*) lambing; (*о кошках*) having kittens.

окоти́ться *сов. см.* коти́ться.

окоченéлый stiff, numb.

окоченéть *сов. см.* коченéть I.

окочýриться *сов. разг.* croak, peg out, kick the bucket.

окóшко *с.* window.

окрáин|а *ж.* **1.** (*населённого пункта*) the outskirts *pl.*; **2.** (*страны*) borderlands *pl.*; outlying districts *pl.*; далёкая ~ remote part of the country; **~ный** on the edge of town *после сущ.*, on the outskirts *после сущ.*; (*периферийный*) borderland *attr.*

окрáсить(ся) *сов. см.* окрáшивать(ся).

окрáск|а *ж.* **1.** (*действие*) painting, coloring; (*материи, волос*) dyeing; **2.** (*цвет, краска*) color, coloration, coloring *научн.*; *перен.* complexion; придавáть совсéм другýю ~у *чему-л.* put* a very different complexion on *smth.*; принимáть совсéм другýю ~у assume a very different complexion.

окрáшивать, окрáсить *(вн.)* paint *(smth.)*; color *(smth.)* (*тж. перен.*); (*материю, волосы*) dye *(smth.)*; ~ *что-л.* в крáсный цвет paint/color *smth.* red; **~ся**, окрáситься take* paint; (*материю, волосы*) dye; (*принимать какой-л. цвет*) be* tinged; верши́ны гор окрáсились в рóзовый цвет the mountaintops were tinged pink.

окрéп|нуть *сов. см.* крéпнуть; **~ший** much stronger, fortified in health.

окрéст *нареч. и предл. уст.* (*вн.*) around, about.

окрести́ть *сов.* **1.** *см.* крести́ть 1; **2.** (*вн. тв.*) *разг.* (*дать прозвище*) nickname (*smb. smth.*); **~ся** *сов. см.* крести́ться 1.

окрéстн|ость *ж.* **1.** (*прилегающая к чему-л. местность*) neighborhood; (*города*) environs *pl.*; **2.** (*окружающее пространство*) locality; **~ый** **1.** (*расположенный в окрестности*) neighboring; ~ые дерéвни neighboring villages;

~ые лесá surrounding forests; **2.** (*живущий в соседней местности*) local; ~ые жи́тели local inhabitants.

окриве́ть *сов. разг.* go* blind in one eye.

о́крик *м.* **1.** (*оклик*) hail, call; **2.** (*грубый*) threatening shout, bawled order.

окрова́вленный bloodstained.

окроп|и́ть *сов. см.* окропля́ть; **~ля́ть**, окропи́ть *(вн.)* (be)sprinkle *(smth.)*.

окро́шка *ж.* **1.** okroshka (*soup made of kvass, greenstuff and meat and served cold*); **2.** *разг. перен.* (*смесь*) medley, mix-up; hodge-podge, jumble.

о́круг *м.* district; вое́нный ~ military district.

окру́г|а *ж. разг.* the neighborhood; по всей ~е all through the neighborhood.

округли́ть(ся) *сов. см.* округля́ть(ся).

округля́ть, округли́ть *(вн.)* **1.** (*делать круглым*) make* *(smth.)* round; *перен. разг.* (*придавать законченную форму фразе и т.п.*) round off *(smth.)*, complete *(smth.)*; ~ глаза́ stare wide-eyed; **2.** (*выражать в круглых цифрах*) express *(smth.)* as a whole number; округли́ть десяти́чную дробь round off the decimal, carry over the decimal to the nearest whole number; **~ся**, округли́ться **1.** (*приобретать округлую форму*) grow* round; (*становиться полным*) fill out; *перен. разг.* (*о речи, мыслях и т.п.*) take* final shape; **2.** *разг.* (*увеличиваться*) mount up.

окруж|а́ть, окружи́ть **1.** *тк. несов.* (*вн., прям. и перен.*) surround (*smb., smth.*); пруд ~а́ли дере́вья the pond was surrounded by trees, there were the trees all round the pond; его́ ~а́ло всео́бщее уваже́ние he was the object of universal respect; **2.** (*вн.*; *распологаться вокруг кого-л., чего-л.*) gather round (*smb., smth.*); окружи́ть расска́зчика gather round the storyteller; **3.** (*вн. тв.*; *обносить, обводить чем-л.*) encircle (*smth.* with); ~ *что-л.* рвом encircle *smth.* with a moat; **4.** *(вн.) воен.* encircle (*smb., smth.*); окружи́ть и уничто́жить проти́вника encircle and destroy the enemy; **5.** (*вн. тв.*; *создавать какую-л. обстановку*) surround (*smb.* with); его́ окружи́ли внима́нием и забо́той he had every care and attention; **6.** *тк. несов.* (*вн.*; *составлять чьё-л. общество*): его́ ~а́ли только и́збранные his circle was confined to the elite; нас ~а́ли хоро́шие лю́ди we were in good* company; **~а́ющий** *прил.* **1.** surrounding; ~а́ющая среда́ environment; surroundings *pl.*; **2.** *в знач. сущ. мн.* the people of *one's* circle/acquaintance; **3.** *в знач. сущ. с.* *one's* surroundings *pl.*; всё ~а́ющее everything around one.

окруже́ни|е *с.* **1.** (*среда, обстановка*) environment; **2.** *воен.* encirclement; вы́йти из ~я break* out of encirclement; попа́сть в ~ be* encircled, be* hemmed on all sides ◇ в ~и *кого-л.* accompanied by *smb.*

окружи́ть *сов. см.* окружа́ть 2,3,4,5.

окружн|о́й **1.** district *attr.*; ~ая избира́тельная коми́ссия district electoral committee; ~ центр district center; **2.** (*окружающий*) circular; ~а́я желе́зная доро́га circular railway.

окру́жност|ь *ж.* circumference; име́ть 10 ме́тров в ~и have* a circumference of ten meters, be* ten meters round; на 10 киломе́тров в ~и within a ten-kilometer radius.

окрути́ть *сов. см.* окру́чивать.

окру́чивать, окрути́ть **1.** (*тв.*) wind* round *(smth.)*; **2.** (*кого-л.*) *уст. разг.* (*обвенчать*) splice *(smb.)*.

окрылё|нный elated; inspired; ~ наде́ждой buoyant with hope.

окрыли́ть(ся) *сов. см.* **окрыля́ть(ся).**

окрыл|я́ть, окрыли́ть *(вн.)* elate *(smb.)*, inspirit *(smb.)*; его́ ~я́ля наде́жда hope lent him wings; **~я́ться**, окрыли́ться acquire wings; *перен. тж.* be* uplifted.

окры́ситься *сов.* (на *вн.*) *разг.* snap (at).

окта́ва *ж.* **1.** *муз. лит.* octave; **2.** (*разновидность баса*) deep bass.

окта́эдр *м. мат.* octahedron.

октя́бр|ь *м.* October; в ~е́ э́того го́да this/in October; в ~е́ про́шлого го́да last October, last year in October; в ~е́ бу́дущего го́да next October.

октя́брьский October *attr.*; Вели́кая Октя́брьская социалисти́ческая револю́ция The Great October Socialist Revolution.

окули́ст *м.* oculist; eye doctor *разг.*

окульту́ривать, окульту́рить *(вн.) с.-х.* cultivate *(smth.)*, domesticate (*smth.*).

окульту́рить *сов. см.* окульту́ривать.

окуля́р *м.* eye piece, eye lens; ~ периско́па eye piece of a periscope.

окуна́ть, окуну́ть *(вн.)* plunge (*smb., smth.*), dip (*smb., smth.*); **~ся**, окуну́ться dip; *перен.* plunge, be* plunged.

окуну́ть(ся) *сов. см.* окуна́ть(ся).

о́кунь *м.* perch.

окупа́емост|ь *ж. эк.* recoupment; pay back; cover of expenditure; ~ капита́льных вложе́ний recoupment of capital investments; коэффицие́нт ~и капиталовложе́ний rate of return; минима́льный коэффицие́нт ~и капита́льных вложе́ний *эк.* cut-off rate of return; ~ вкла́да в уставно́й фонд recoupment of contributions to the authorized fund.

окупа́ть, окупи́ть *(вн.)* pay* *(smth.)*, cover *(smth.)*; ~ расхо́ды cover the expense; **~ся**, окупи́ться pay* for itself, repay*/recoup the investment; *перен.* be* repaid/rewarded.

окупи́ть(ся) *сов. см.* окупа́ть(ся).

оку́ривать, окури́ть *(вн.)* fumigate *(smth.)*.

окури́ть *сов. см.* оку́ривать.

оку́рок *м.* (cigarette-) butt, stub, fag end.

оку́тать(ся) *сов. см.* оку́тывать(ся).

оку́тывать, оку́тать *(вн.)* wrap *(smth.)*; *перен. тж.* shroud *(smth.)*; оку́тать ше́ю ша́рфом wrap a scarf* round *one's* neck; **~ся**, оку́таться wrap *oneself* up.

оку́чивание *с. с.-х.* earthing.

оку́чивать, оку́чить *(вн.) с.-х.* earth *(smth.)* up, bank *(smth.)*.

окýчить *сов. см.* окýчивать.

олáдья *ж.* thick pancake; ~ с яблоками apple fritter.

олеáндр *м. бот.* oleander.

оледенéлый (*прям. и перен.*) frozen.

оледенéть *сов.* (*застывать*) freeze*; (*покрыться льдом*) be* coverd with ice.

оленевóд *м.* deer breeder; **~ство** *с.* deer-breeding; **~ческий** deer breeding *attr.*

оленёнок *м.* young deer*.

олéн|ий deer's; ~ьи рогá antlers; ~ьи пи́мы deerskin boots; **~и́на** *ж.* venison; **~ýха** *ж.* doe, hind, female deer*.

олéнь *м.* deer*; (*самец*) buck, hart; (*крупных пород*) stag; (*самка*) doe, hind; благорóдный ~ stag, red deer*; безрóгий ~ pollard; сéверный ~ reindeer*.

оли́в|а *ж.* **1.** (*плод*) olive; **2.** (*дерево*) olive tree; **~ка** *ж.* dive; **~ковый 1.** olive *attr.*; ~ковое мáсло olive oil; ~ковая ветвь olive branch; ~ковая рóща olive grove; **2.** (*о цвете*) olive-green.

олигáрх *м.* oligarch; **~и́ческий** oligarchic(al); **~ия** *ж.* oligarchy.

олимп|иáда *ж.* **1.** (*Олимпийские игры*) the Olympic Games, the Olympics; **2.** (*соревнование, смотр*) contest, review; **~иéц** *м.* **1.** *миф.* Olympian; **2.** *разг.* (*участник Олимпийских Игр*) Olympic competitor/athlete.

олимпи́йск|ий Olympian; Olympic; ◇ Олимпи́йские и́гры the Olympic Games, the Olympics; ~ая дерéвня Olympic village; ~ая клятва Olympic oath; ~ая медáль Olympic medal; ~ая эмблéма Olympic emblem; ◇ ~ое спокóйствие Olympian calm.

оли́фа drying oil.

олицетвор|éние *с.* personification, embodiment; **~ённый** personified *после сущ.*; он ~ённая добротá, любéзность *и т.п.* he is kindness, politeness, *etc.* itself; he is the soul of kindness, politeness, *etc.*; **~и́ть** *сов. см.* олицетворя́ть 1, 2.

олицетворя́ть, олицетвори́ть *(вн.)* **1.** (*представлять в образе живого существа*) personify *(smth.)*, embody *(smth.)*; **2.** (*воплощать в каком-л. образе*) portray *(smth.)*, create *(smth.)*; **3.** *тк. несов.* (*являться совершенным образцом чего-л.*) personify *(smth.)*; ~ собóй *что-л.* be* the embodiment/personification of *smth.*

óлово *с.* tin.

оловя́нный tin *attr.*

óлух *м. разг.* oaf; blockhead; ◇ ~ царя́ небéсного a perfect fool, a dumbbell.

ольх|á *ж.* alder; **~óвый** alder *attr.*

ольшáник *м.* alder thicket(s).

ом *м. эл.* ohm.

омáр *м.* lobster.

омéга *ж.* omega.

омéла *ж. бот.* mistletoe.

омерз|éние *с.* loathing; внушáть ~ inspire loathing (in); **~и́тельно** sickeningly; **~и́тельный** loathsome, revolting, sickening.

омертвéлый 1. dead; *мед.* necrotic **2.** (*неподвижный*) fixed, stiff; **3.** (*опустевший*) (deathly) still.

омертвéть *сов. см.* мертвéть 1.

омлéт *м.* omelet(te).

омертви́ть *сов. (вн.)* **1.** deaden *(smth.)*; necrotize *(smth.)*; **2.** *эк.* (*о капитале*) withdraw* from circulation *(smth.)*.

омёт *м.* stack of straw.

óмнибус *м. уст.* (horse-drawn) omnibus; **~ный**: ~ счёт *бирж.* omnibus account.

омовéние *с.* ablution; ~ рук (*обряд*) lavabo.

омолáживать, омолоди́ть *(вн.)* rejuvenate *(smb., smth.)*; **~ся**, омолоди́ться rejuvenate.

омолоди́ть(ся) *сов. см.* омолáживать(ся).

омоложéние *с. биол.* rejuvenation.

омóним *м. лингв.* homonym; **~и́ческий** *лингв.* homonymous.

омоними́я *ж. лингв.* homonymy.

омрачáть, омрачи́ть *(вн.)* darken *(smth.)*, cloud *(smth.)*; ~ прáздничный день cast* gloom over the festivities; **~ся**, омрачи́ться darken.

омрачённый gloomy; ничéм не ~ unclouded.

омрачи́ть(ся) *сов. см.* омрачáть(ся).

óмуль *м.* (*рыба семейства лососёвых*) omul.

óмут *м.* pool; (*водоворот*) whirlpool; *перен.* slough; ◇ в ти́хом ~е чéрти вóдятся *посл.* ≅ still waters run deep.

омывáть, омы́ть *(вн.)* **1.** wash *(smth.)*; **2.** *тк. несов.* (*о реках, морях*) wash *(smth.)*, surround *(smth.)*; **~ся** *несов.* (*тв.*) (*о береге*) be* washed (by).

омы́ть *сов. см.* омывáть 1.

омшáник *м.* place for housing bees in winter.

он *личн. мест.* (*рд., вн.* егó, негó, *дт.* емý, немý, *тв.* им, ним, *пр.* о нём) (*о мужчинах, самцах*) he; (*о младенцах, животных тж.*) it; (*о неодушевлённых предметах*) it; (*о месяце*) it; she *поэт.* ; (*о судах*) she.

онá *личн. мест.* (*рд., вн.* её, неё, *дт.* ей, ней, *тв.* éю, ей, нéю, ней, *пр.* о ней) (*о женщинах*) she; (*о животных*) it; (*о неодушевлённых предметах*) it; (*о странах*) she, it; (*о луне*) it, she *поэт.*

ондáтра *ж.* musk-rat; (*мех*) musquash.

онемéлый *разг.* numb(ed).

онемéть *сов. см.* немéть.

онемéчивать, онемéчить *(вн.)* Germanize; **~ся** become* Germanized, turn German.

онемéчить(ся) *сов. см.* онемéчивать(ся).

они́ *личн. мест.* (*рд., вн.* их, них, *дт.* им, ним, *тв.* и́ми, ни́ми, *пр.* о них) they.

óникс *м. мин.* onyx.

онкóлог *м.* oncologist; **~и́ческий** oncologic.

онколóгия *ж.* oncology.

онкóль *м. фин.* call money; **~ный** on-call *attr.*; ~ный креди́т loan on call; ~ный счёт on-call account; ~ная сдéлка on-call transaction.

онó I *личн. мест.* (*рд., вн.* егó, негó, *дт.* емý, немý, *тв.* им, ним, *пр.* о нём) it.

оно́ II *с. нескл. разг.*: вот ~ что! oh, I see! ~и ви́дно that's evident; ~ и поня́тно it goes without saying.

онома́стика *ж. лингв.* onomastics.

онто|гене́з *м.* **~ге́ния** *ж. биол.* ontogenesis.

о́ный *уст.* that, the above-mentioned; ◇ во вре́мя о́но of yore; in olden days.

ООН (Организа́ция Объединённых На́ций) UNO (United Nations Organization)

опада́ть, опа́сть **1.** fall*; **2.** (*уменьшаться в объёме*) subside, go* down; **3.** *разг.* (*худеть, вваливаться*) shrink*.

опа́здывать, опозда́ть **1.** (на *вн.*; *прибывать позже, чем нужно*) be* late (for); он опозда́л на уро́к he was late for the lesson; ~ на полчаса́ be* half an hour late; он опозда́л на по́езд he missed the train; по́езд опозда́л на два часа́ the train was two hours late/overdue; **2.** (с *тв.*, + *инф.; не делать своевременно*) be* late with; опозда́ть с отчётом be* late with *one's* report.

опа́ивать, опои́ть *(вн.)* give* (*smb., smth.*) too much to drink; (*чем-л. хмельным тж.*) make* *(smb.)* drunk.

опа́л *м.* opal; **~овый** opal *attr.*; opal-like; opaline.

опа́л|а *ж.* disgrace; быть в ~е be* in disgrace.

опа́ливать, опали́ть *(вн.)* singe *(smth.)*.

опали́ть *сов. см.* опа́ливать, опаля́ть *и* пали́ть I 1.

опа́льный disgraced.

опаля́ть, опали́ть *(вн.)* sear *(smth.)*, scorch *(smth.)*.

опа́ра *ж.* leavened dough.

опарши́веть *сов. см.* парши́веть.

опас|а́ться *несов.* (*рд.*) **1.** (*бояться*) fear (*smb., smth.*); **2.** (*остерегаться*) be* careful (of); вам на́до ~ просту́ды be careful not to catch cold; **~е́ние** *с.* apprehension, misgiving; есть ~е́ние, что ... it is feared that ...; вы́звать ~е́ния cause misgivings.

опа́с|ка *ж. разг.*: с ~кой nervously, cautiously; без ~ки without any misgivings; **~ливый** cautious, wary.

опа́сн|о **1.** *нареч.* dangerously; **2.** *в знач. сказ.* it is dangerous; **~ость** *ж.* danger; в ~ости in danger/peril; с ~остью для жи́зни at the risk of *one's* life; отврати́ть ~ость avert a danger, ward off a danger; **~ый** dangerous; (*о путешествии и т.п. тж.*) perilous; ~ый уча́сток пути́ dangerous section of the road; ~ая перепра́ва perilous crossing; ~ый престу́пник dangerous criminal; ~ое заболева́ние dangerous illness; ~ая игра́ *спорт.* dangerous play; ~ые гру́зы *торг.* dangerous goods; пра́вила перево́зки ~ых гру́зов *торг.* dangerous goods regulation *sg.*

опа́сть *сов. см.*опада́ть.

опаха́ло *с. уст.* large fan.

опе́ка *ж.* **1.** guardianship, wardship; (*над имуществом*) trusteeship; **2.** *собир.* (*опекуны*) guardians *pl.*, board of guardians; **3.** (*забота*) care; surveillance; tutelage; **4.** *спорт.* mark, guard; пло́тная ~ close mark.

опека́ть *несов. (вн.)* **1.** be* the guardian (of); **2.** (*заботиться*) watch (over), take* care (of); **3.** *спорт.* mark, guard (*smb.*).

опеку́н *м.* guardian; ~ по вы́бору несовершеннолéтнего *юр.* guardian by election; ~ по назначе́нию суда́ *юр.* guardian by appointment of court.

о́пера *ж.* opera.

операти́вка *ж. разг.* briefing.

операти́вн|о: де́йствовать ~ act promptly; **~ость** *ж.* effectiveness, promptitude; **~ый** **1.** (*хирургический*) operative; ~ое вмеша́тельство surgical intervention; **2.** *воен.* operational; operation(s) *pl.*; ~ое иску́сство strategy, campaign tactics ~ая сво́дка operations summary; **3.** (*гибкий, действенный*) effective, prompt, efficient; **4.** (*практически осуществляющий что-л.*) operations *pl.*; ~ый отде́л operations section; ~ая гру́ппа (*штаба*) operations group; (*тактическая*) task force; ~ая па́мять *програм.* main memory.

опера́тор *м.* operator; (*в кино тж.*) cameraman*; ~ това́рных пу́лов *торг.* commodity pool operator.

операцио́нн|ая *ж.* operating room, operating theater; **~ый** operating; ~ый стол operating table; ~ый ли́зинг *эк.* operational leasing; ~ый зал би́ржи *бирж.* floor, pit.

опера́ци|я *ж.* operation; *воен.* (strategic) operation; *програм.* manipulation; провести́ ~ю perform an operation; деса́нтная ~ landing operation; ба́нковская ~ *фин.* banking operation; биржевы́е ~и *мн.* exchange business *sg.*; бухга́лтерская ~ accounting transaction; валю́тная ~ currency transaction; внедре́нческая ~ commissioning operation; внешнето́рговая ~ *торг.* foreign trade operation; де́нежная ~ monetary operation; ка́ссовая ~ cash payment; креди́тно-расчётная ~ crediting and settlement operation; ли́зинговая ~ leasing transaction; ме́лкая (торго́вая) ~ small-scale operation; онко́льная call transaction; посре́дническая ~ agency operation; това́рообме́нная ~ barter; тра́нспортно-экспеди́торская ~ forwarding operation; фина́нсовая ~ financial operation; хе́джевая ~ hedging; э́кспортно-и́мпортная ~ *торг.* export-import operation; объём усло́вных ~й *бирж.* volume of business; ~ фо́ндовой би́ржи stock exchange operation.

опереди́ть *сов. см.* опережа́ть.

опереж|а́ть, опереди́ть *(вн.)* **1.** (*обгонять*) overtake* (*smb., smth.*), leave* (*smb., smth.*) behind; **2.** (*делать что-л. раньше другого*) forestall *(smb.)*, anticipate *(smb.)*; get* *one's* blow in first *разг.*; **3.** (*превосходить*) surpass (*smb., smth.*), exel (*smb., smth.*); **~е́ние** *с.* outstripping; рабо́та с ~е́нием гра́фика work carried out ahead of schedule.

опере́ние *с.* plumage; ◇ хвостово́е ~ самолёта *ав.* tail unit, empennage.

опере́т|ка *ж. разг. см.* опере́тта; **~очный** musical-comedy *attr.*; ~очный актёр musical-comedy actor.

опере́тта *ж.* operetta; musical, musical comedy.

опере́ться *сов. см.* опира́ться.

опери́ровать *несов.* **1.** *тж. сов. (вн.)* operate (on); ~ больно́го operate on a patient; ~ желу́док operate on the stomach; **2.** (*тв.*; *пользоваться чем-л.*) use *(smth.)*; ~ фа́ктами use facts; ~ ци́фрами use figures.

опери́ться *сов. см.* оперя́ться.

о́перн|ый opera *attr.*, operatic; ~ая а́рия aria; ~ пев́ец opera singer; ~ теа́тр opera house; ~ая сце́на operatic stage.

оперя́ться, опери́ться feather, be* full-fledged; *перен.* mature, find* *one's* feet.

опеча́л|енный sad, despondent; (*тв.*) distressed (by); **~ить(ся)** *сов. см.* печа́лить(ся).

опеча́тать *сов. см.* опеча́тывать.

опеча́т|ка *ж.* misprint; спи́сок ~ок (list of) errata.

опеча́тывать, опеча́тать *(вн.)* seal *(smth.)*.

опе́шить *сов. разг.* be* taken aback.

опёнок *м.* honey agaric.

опива́ться, опи́ться (*тв.*) drink*/have* too much *(smth.)*.

опи́вки *мн. разг.* dregs.

о́пий *м.* opium.

опи́лки *мн.* sawdust *sg.*; (*металлические*) filings.

опира́ться, опере́ться (на *вн.*) **1.** lean* (on); ~ на *чью-л.* ру́ку lean* on *smb.'s* arm; **2.** (*находить себе поддержку в ком-л.*) rely (on); (*брать что-л. за основу своих рассуждений*) base *oneself* (on); ~ на ма́ссы rely upon the masses; ~ на фа́кты base *oneself* on facts.

описа́ни|е *с.* description; э́то не поддаётся ~ю it is beyond description; ~ изобрете́ния *юр.* specification of invention.

опи́санный *мат.* circumscribed.

описа́тель|ный descriptive; **~ство** *с.* (bare) description.

описа́ть *сов. см.* опи́сывать; **~ся** *сов.* make* a slip in writing.

опи́ска *ж.* slip (of the pen), mistake in writing.

опи́сывать, описа́ть *(вн.)* **1.** describe *(smth.)*; (*литературно тж.*) depict *(smth.)*; **2.** *мат.* circumscribe *(smth.)*; **3.** (*составлять перечень чего-л.*) make* an inventory (of); **4.** *юр.* (*имущество*) arrest *(smth.)*, seize *(smth.)*; distrain (*smth.*); **5.** (*совершать движение по кривой*) describe *(smth.)*; ~ круг describe a circle.

о́пись *ж.* **1.** (*действие*) seizure; ~ иму́щества (*за долги*) *юр.* distraint; seizure; **2.** (*перечень вещей, бумаг и т.п.*) inventory, schedule.

опи́ться *сов. см.* опива́ться.

о́пиум *м.* opium; кури́льщик ~а opium smoker.

опла́кать *сов. см.* опла́кивать.

опла́кивать, опла́кать *(вн.)* mourn (for, over), weep* (for), bewail the loss (of).

опла́т|а *ж.* defrayal, charge, quittance, pay, payment, paying; тре́бовать ~у charge; гаранти́рованная ~ *фин.* call-back pay, guaranteed payment; оконча́тельная ~ cancellation; ~ вперёд advanced charge; ~ издéржек payment of costs; ~ в срок (са́льдо) payment of balance; **~и́ть** *сов. см.* опла́чивать.

опла́ченн|ый paid for *после сущ.*; телегра́мма с ~ым отве́том reply-paid telegram; ~ая часть акционе́рного капита́ла *фин.* paid-in capital.

опла́чиваемый paid; ~ о́тпуск paid holiday, holiday with pay.

опла́чивать, оплатить *(вн.)* pay* (*smb., smth.*); ~ *чьи-л.* услу́ги pay* *smb.* for his, her services; ~ счёт pay* a bill, settle an account; оплати́ть расхо́ды по командиро́вке pay* travelling expenses; ~ в срок (*вексель*) *фин.* honor; ~ убы́тки pay* damage; ~ чек *фин.* cash a check.

оплеу́ха *ж. разг.* box on the ear; *перен.* slap in the face.

оплеши́веть *сов. см.* плеши́веть.

оплодотвор|е́ние *с.* impregnation; (*о почве*) fertilization; иску́сственное ~ artificial insemination; **~и́ть** *сов. см.* оплодотворя́ть.

оплодотворя́ть, оплодотвори́ть *(вн.)* fertilize *(smth.)*.

оплóт *м.* stronghold, bulwark.

оплош|а́ть *сов. разг.* make* a blunder; смотри́ не ~а́й! mind you don't slip up!

оплóшност|ь *ж.* carelessness, slip, inadvertence; допусти́ть ~ make* a slip; по ~ и out of carelessness.

оповести́ть *сов. см.* оповеща́ть.

оповещ|а́ть, оповести́ть *(вн.)* notify *(smb.)*, inform *(smb.)*; **~е́ние** *с.* notification.

опога́нить *сов.* (*вн.*) разг. befoul (*smth.*), defile (*smth.*).

опозда́ни|е *с.* lateness, being late; *мн.* unpunctuality *sg.*; без ~я punctually, on time; по́езд идёт без ~я the train is on time; с ~ем на 10 мину́т ten minutes late; идти́, прийти́ с больши́м ~ем be* (very) late; уйти́ с (больши́м) ~ем start (very) late.

опозда́ть *сов. см.* опа́здывать.

опознава́тельн|ый: ~ые огни́ recognition/identification lights; ~ знак marking.

опозн|ава́ть, опозна́ть *(вн.)* identify (*smb., smth.*); **~а́ние** *с.* identification.

опозна́ть *сов. см.* опознава́ть.

опозóрить(ся) *сов. см.* позóрить(ся).

опои́ть *сов. см.* опа́ивать.

ополáскивать, ополосну́ть *(вн.)* rinse *(smth.)*; **~ся,** ополосну́ться *разг.* have* (a bit of a) wash.

оползá ть, оползти́ (*оседать*) slip.

о́ползень *м.* landslip, landslide.

оползти́ *сов. см.* оползáть.

ополови́нить *сов. (вн.) разг.* eat*/drink* up half (of).

ополоу́меть *сов. разг.* go* crazy.

ополосну́ть(ся) *сов. см.* ополáскивать(ся).

ополча́ться, ополчи́ться (на *вн.*, про́тив *рд.*) be* up in arms (against).

ополче́н|ец *м.* member of the emergency volunteer corps; **~ие** *с.* emergency volunteer corps.

ополчи́ться *сов. см.* ополча́ться.

опо́мниться *сов.* **1.** (*прийти в сознание*) come* to *one's* senses; (*прийти в себя*) recover/gather *one's* wits; **2.** (*одуматься*) come* to *one's* senses; опо́мнитесь! think!

опо́р *м.*: мча́ться во весь ~ gallop at top speed.

опо́р|а *ж.* support; (*моста*) pier; *перен.* (*поддержка, помощь*) stand-by; то́чка ~ы (*рычага*) fulcrum; *перен.* basis, firm ground, foothold; ~ для съёмок с вертолёта *кино* copter mount; ~ киноаппара́та camera mount.

опора́жнивать, опорожни́ть *(вн.)* empty *(smth.)*, drain *(smth.)*.

опо́рн|ый supporting, bearing; ~ая плита́ base plate; ~ая пове́рхность bearing area/surface; ~ пункт *воен.* strong point; ~ая нога́ *спорт.* pivot foot; ~ая то́чка *кино* reference mark; ~ и́мпульс *кино* basic pulse.

опоро́жн|и́ть *сов. см.* опора́жнивать; **~я́ть** *несов. см.* опора́жнивать.

опоро́с *м. с.-х.* farrow; **~и́ться** *сов. см.* пороси́ться.

опоро́чить *сов. см.* поро́чить.

опо́ссум *м. зоол.* opossum, possum *амер.*

опохмели́ться *сов. см.* опохмеля́ться.

опохмеля́ться, опохмели́ться *разг.* take* a drink to cure a hangover; take* a hair of the dog that bit you *идиом.*

опо́шлить(ся) *сов. см.* опошля́ть(ся).

опошля́ть, опо́шлить*(вн.)* **1.** (*делать пошлым*) vulgarize (*smth., smb.*), trivialize (*smb., smth.*), cheapen (*smb., smth.*); **2.** (*делать избитым*) make* *(smth.)* trite, deface *(smth.)* by overuse, debase *(smth.)*; **~ся**, опо́шлиться **1.** become* vulgar/cheap; **2.** (*становиться избитым*) become* trite.

опоя́сать(ся) *сов. см.* опоя́сывать(ся).

опоя́сывать, опоя́сать **1.** (*надевать на кого-л. пояс*) belt *(smb.)*, girdle *(smb.)*; **2.** (*окружать собой*) encircle *(smth.)*, engirdle *(smth.)*; **~ся**, опоя́саться **1.** gird* *oneself* (with); опоя́саться ремнём put* on *one's* belt; **2.** (*окружать себя чем-л.*) acquire a circle (of), be* circled (by).

оппозици|оне́р *м.* member of the opposition; **~о́нный** opposition *attr.*; ~о́нная па́ртия opposition party; ~о́нные настрое́ния mood of opposition *sg.*, hostile attitudes.

оппози́ци|я *ж.* opposition; быть в ~и к *кому-л., чему-л.* be* opposed to *smb., smth.*; парла́ментская ~ the Opposition.

оппон|е́нт *м.* opponent, critic; **~и́ровать** (*дт.*) act as an opponent (to), oppose (*smb., smth.*).

оппортун|и́зм *м.* time-serving, opportunism; **~и́ст** *м.* time-server, opportunist; **~исти́ческий** oppportunist *attr.*

опра́в|а *ж.* mounting, setting; (*очков*) frame, rims *pl.*; *тех.* holder; вставля́ть *что-л.* в ~у mount *smth.*; в золото́й ~е set in gold; (*об очках*) gold-rimmed; ~ светофи́льтра *кино* filter-mount; ~ сме́нного объекти́ва *кино* interchangeable lens mount.

оправда́|ние *с.* **1.** justification; **2.** *юр.* acquittal, discharge; ~ по уголо́вному де́лу acquittal of crime; оконча́тельное ~ conclusive acquittal; **3.** (*объяснение, извинение*) excuse; что вы мо́жете сказа́ть в своё ~е? what have you to say for yourself? **~тельный:** ~тельный пригово́р verdict of not guilty; ~тельный докуме́нт covering voucher.

оправда́ть *сов. см.* опра́вдывать; **~ся** *сов. см.* опра́вдываться 1, 2, 4.

опра́вдыв|ать, оправда́ть *(вн.)* **1.** (*доказывать чью-л. правоту*) justify *(smb.)*; (*подсудимого*) acquit *(smb.)*, judge *(smb.)* not guilty; ~ за отсу́тствием/недоста́тком доказа́тельств acquit for a lack of evidence; **2.** (*извинять что-л.*) excuse *(smth.)*, justify *(smth.)*; **3.** (*быть достойным чего-л.*) warrant *(smth.)*; оправда́ть свою́ репута́цию live up to *one's* reputation; оправда́ть *чьи-л.* наде́жды come* up to *smb.'s* expectations; не оправда́ть *чьих-л.* наде́жд fall* short of *smb.'s* expectations; ~ *чьё-л.* дове́рие justify *smb.'s* confidence; **4.** (*возмещать*) cover *(smth.)*; оправда́ть расхо́ды cover expenses; **~аться**, оправда́ться **1.** clear *oneself*; **2.** (*подтверждаться на деле*) prove to be correct; (*сбываться*) come* true; **3.** *тк. несов.* (*объяснять свои поступки*) defend *oneself*; (*ссылаться*) make* excuses; он ~ался тем, что по́езд опозда́л he excused himself by saying the train was late; **4.** (*окупаться*) be* warranted.

опра́вить I, II *сов. см.* оправля́ть I, II.

опра́виться *сов. см.* оправля́ться.

оправля́ть I, опра́вить *(вн.)* (*платье*) adjust *(smth.)*, smooth *(smth.)*; (*постель*) make* *(smth.)*.

оправля́ть II, опра́вить *(вн.)* set* *(smth.)*, mount *(smth.)*; ~ драгоце́нный ка́мень set* a jewel.

оправля́ться, опра́виться **1.** (*приводить в порядок свой туалет, причёску*) make* *oneself* tidy; **2.** (*после болезни*) recover.

опра́шивать, опроси́ть *(вн.)* question *(smb.)*; (*население*) poll *(smb.)*.

определе́ние *с.* **1.** (*установление чего-л.*) determination; **2.** (*формулировка*) definition; **3.** *грам.* attribute; **4.** *юр.* ruling, decision; ~ суда́ court decision.

определённ|о definitely; он ~ придёт he is sure to come; я ~ зна́ю I know for a fact; **~ость** *ж.* clarity; definiteness; **~ый 1.** (*установленный*) appointed; в ~ое вре́мя at the appointed time; ~ая устано́вка на съёмочной площа́дке *кино* set up; **2.** (*отчётливый, ясный*) definite; **3.** (*некоторый*) certain; при ~ых усло́виях under certain conditions; **4.** *разг.* (*несомненный*) undoubted.

определя́ть(ся) *сов. см.* определи́ть(ся).

определя́ть, определи́ть *(вн.)* **1.** (*устанавливать, обусловливать*) determine *(smth.)*; ~ направле́ние ве́тра determine/tell* the direction of the wind; ~ боле́знь give* a diagnosis; ~ расстоя́ние на глаз judge the distance; ~ ме́ру наказа́ния *юр.* fix a punishment; **2.** (*давать определение*) define *(smth.)*; **3.** (*назначать*) appoint (*smb., smth.*), fix *(smth.)*; ◇ спрос определя́ет предложе́ние demand determines supply; **~ся**, определи́ться **1.** (*выявляться*) be* clearly defined; (*о характере*) form, take* shape; **2.** (*определять местонахождение*) find* *one's* position.

опресни́ть *сов. см.* опресня́ть.

опре́сноки *мн. церк.* unleavened bread *sg.*

опресня́ть, опресни́ть *(вн.)* distill *(smth.)*.

опро́бовать *сов. (вн.)* test *(smth.)*.

опроверга́ть, опрове́ргнуть *(вн.)* refute *(smth.)*.

опрове́ргнуть *сов. см.* опроверга́ть.

опроверже́ние *с.* refutation; (*отрицание*) denial, disclaimer; помести́ть ~ в газе́те publish a denial.

опроки́дывать, опроки́нуть *(вн.)* **1.** upset* *(smth.)*, overturn *(smth.)*; (*судно*) capsize *(smth.)*; (*сбивать с ног*) knock *(smb.)* over; **2.** (*заставлять беспорядочно отступать*) rout *(smth.)*, knock out *(smth.)*; **3.** (*лишать прежнего значения*) overthrow* *(smth.)*, do* away with *(smth.)*, explode *(smth.)*; **~ся**, опроки́нуться overturn; (*о судне*) capsize; (*падать*) fall* over backwards.

опроки́нуть(ся) *сов. см.* опроки́дывать(ся).

опроме́тчив|ость *ж.* **1.** (*необдуманность*) hastiness, impulsiveness; **2.** (*опрометчивый поступок*) blunder; **~ый** hasty, impulsive, rash, precipitate, ill-considered.

о́прометью headlong.

опро́с *м.* questioning; ~ свиде́телей questioning of witnesses; ~ населе́ния opinion poll.

опроси́ть *сов. см.* опра́шивать.

опро́сный: ~ лист questionnaire.

опротестова́ть *сов. см.* опротесто́вывать.

опротесто́вывать, опротестова́ть *(вн.)* **1.** *юр.* appeal (against); опротестова́ть реше́ние суда́ appeal against a court decision; **2.** *торг.* protest *(smth.)*; опротестова́ть ве́ксель protest a bill.

опроти́в|еть *сов.* (*дт.*) become* distasteful (to), pall (on); мне э́то ~ело I'm sick of it.

опры́скать *сов. см.* опры́скивать.

опры́скивать, опры́скать *(вн.)* (be)sprinkle *(smth.)*, spray *(smth.)*; ~ фрукто́вые дере́вья spray fruit trees.

опря́тн|ость *ж.* tidiness, neatness; **~ый** tidy, neat, clean.

о́птик *м.* optician.

о́птика *ж.* **1.** (*раздел физики*) optics; **2.** *собир.* (*приборы и т.п.*) optical apparatus.

оптима́льный optimum *attr.*, optimal.

оптим|и́зм *м.* optimism; **~и́ст** *м.* optimist; **~исти́ческий** optimistic.

опти́ческ|ий optical; ~ая аберра́ция *кино* optical aberration; ~ ая за́пись зву́ка optical recording; ~ая звукова́я голо́вка optical sound head; ~ая печа́ть с преры́вистым движе́нием плёнки step projection printing; ~ копирова́льный аппара́т optical printer; ~ трюк optical trick; ~ эффе́кт optical effect; ~ое изображе́ние optical image; ~ое уменьше́ние *кино* optical reduction.

оптови́к *м. торг.* wholesaler.

опто́в|ый wholesale; ~ая торго́вля wholesale trade; ~ые це́ны wholesale prices; ~ покупа́тель resident buyer; ~ торго́вец wholesale dealer; вести́ ~ую торго́влю be* engaged in wholesale trade.

о́птом wholesale; ~ и в ро́зницу wholesale and retail.

опубликов|а́ние *с.* publication; (*закона*) promulgation; ~ иде́и изобрете́ния *юр.* publication of inventive idea; **~а́ть** *сов. см.* опублико́вывать *и* публикова́ть.

опублико́вывать, опубликова́ть *(вн.)* publish *(smth.)*; (*закон*) promulgate *(smth.)*.

опуска́ть, опусти́ть **1.** *(вн.)* lower *(smth.)*; (*ставить*) put* *(smth.)* down; ~ глаза́ lower/drop *one's* eyes; опусти́в глаза́ with downcast eyes; ~ го́лову hang* *one's* head; опусти́в го́лову with *one's* head down; ~ што́ру pull down the blind; **2.** (*вн.* в *вн.*; *погружать*) put* (*smth.* into), lower (*smth.* into); ~ письмо́ в почто́вый я́щик drop/put* a letter into the box ~ гроб в моги́лу lower a coffin into a grave; **3.** (*вн.*; *пропускать*) omit *(smth.)*, leave* *(smth.)* out; **~ся**, опусти́ться **1.** go* down; (*о голове*) sink*; *перен.* fall* descend; ~ся на коле́ни kneel*, go* down on *one's* knees; **2.** (*перемещаться сверху вниз*) drop, come* down; **3.** (*морально*) let *oneself* go/slide; go* to seed; ◇ у него́ ру́ки опусти́лись he lost heart.

опусте́лый deserted.

опусте́ть *сов. см.* пусте́ть.

опусти́вшийся degraded; ~ челове́к a degraded person.

опусти́ть(ся) *сов. см.* опуска́ть(ся).

опустош|а́ть, опустоши́ть *(вн.)* **1.** (*разорять*) devastate *(smth.)*, ravage *(smth.)*, lay* *(smth.)* to waste; **2.** *разг.* (*опорожнять*) empty *(smth.)*; **3.** (*нравственно*) drain *smb.'s* spirit; **~е́ние** *с.* devastation; *мн.* ravages; **~ённость** *ж.* emptiness; вну́тренняя ~ённость spiritual emptiness; **~ённый** broken, dispirited; **~и́тельный** devastating.

опустоши́ть *сов. см.* опустоша́ть.

опу́тать *сов. см.* опу́тывать.

опу́тывать, опу́тать *(вн.)* entangle *(smth.)*; *перен. тж.* ensnare *(smb.)*.

опуха́ть, опу́хнуть swell*.

опу́хнуть *сов. см.* опуха́ть.

о́пухоль *ж.* swelling; (*внутренняя*) tumor.

опушённый trimmed; ~ ме́хом fur-trimmed; ~ сне́гом powdered with snow.

опу́шка I *ж.* (*леса*) edge (of the forest).

опу́шка II *ж.* (*отделка*) trimming.

опуще́ние *с.* **1.** (*пропуск*) omission; **2.** *мед.* prolapsus.

опцио́н *м. торг., бирж.* option, privilege, indemnity, advance guarantee, decline guarantee; америка́нский ~ Americal option; валю́тный ~ option of exchange; грузово́й ~ cargo option; двойно́й ~ double option, put and call option; европе́йский ~ European option; покры́тый ~ covered option; ~ без де́нег out-of-the-money option; ~ на заку́пку option to purchase; ~ на прода́жу option to sell; ~ покупа́теля call option; ~ при деньга́х in-the-money option; ~ при свои́х at-the-money option; ~продавца́ put option.

опыл|е́ние *с. бот.* pollination; **~и́ть** *сов. см.* опыля́ть.

опыля́ть, опыли́ть *(вн.) бот.* pollinate *(smth.)*.

о́пыт *м.* **1.** experience; (*знание дела*) know-how; жите́йский ~ knowledge of the world; убеди́ться на со́бственном ~е learn from *one's* own experience; управле́нческий ~ managerial experience; ~ нова́торов произво́дства the know-how of production innovators; чу́вственный ~ *филос.* sensory/sensual experience; **2.** (*эксперимент*) experiment; **3.** (*попытка*) attempt, try.

о́пытн|ость *ж.* experience; **~ый 1.** (*имеющий опыт*) experienced; **2.** (*служащий для опыта, основанный на опыте*) experimental; (*пробный*) test *attr.*; trial *attr.*, pilot *attr.*; доказа́ть *что-л.* ~ым путём prove *smth.* by means of experiment; ~ый уча́сток experimental plot.

опьяне́ние *с.* intoxication.

опьяне́ть *сов. см.* пьяне́ть.

опьяни́ть *сов. см.* опьяня́ть *и* пьяни́ть.

опьяня́ть, опьяни́ть *(вн.)* intoxicate *(smb.)*; *перен. тж.* exhilarate *(smb.)*.

опя́ть again; ◇ ~ два́дцать пять! the same old thing!

ора́ва *ж. разг.* mob, gang, horde.

ора́кул *м.* oracle.

орангута́нг *м.* orangutan(g).

ора́нжевый orange(-colored).

оранжере́йн|ый hothouse *attr.*; ~ые расте́ния hothouse plants.

оранжере́я *ж.* conservatory, hothouse, greenhouse.

ора́тор *м.* speaker, orator; предыду́щий ~ previous/last speaker.

орато́рия *ж. муз.* oratorio (*pl.* -os).

ора́торск|ий oratorical; ~ое иску́сство the art of public speaking; ~ тала́нт gift of oratory.

ора́торствовать *несов. разг. ирон.* hold* forth, orate; ~ пе́ред *кем-л.* harangue *smb.*

ора́ть *несов. разг.* **1.** yell, bawl; (*от боли тж.*) scream; (*о птицах*) shriek; (*о животных*) roar, snort; (*реветь — о ребёнке*) squawl, yell; (*говорить слишком громко*) shout; ~ во всё горло shout at the top of *one's* voice; **2.** (на *вн.*; *ругать кого-л.*) shout (at).

орби́т|а *ж.* orbit; на ~е in orbit; вы́вести кора́бль на ~у put* a spaceship into orbit; **~а́льный** orbital; ~а́льная ста́нция orbital station.

орг- *в сложн.* organizational, organizing.

о́рган *м.* **1.** organ; ~ы слу́ха organs of hearing; ~ы кровообраще́ния circulatory organs; **2.** (*учреждение*) body; agency *амер.*; законода́тельный ~ legislative body; компете́нтный ~ competent body; координацио́нный ~ coordinating organ; ~ управле́ния management body; ~ы вла́сти, руководя́щие ~ы the authorities; исполни́тельный ~ executive body; ~ы сле́дствия investigating bodies/agencies; **3.** (*печатное издание*) organ, publication.

орга́н *м. муз.* organ.

организа́тор *м.* organizer; (*инициатор тж.*) sponsor; **~ский** organizing; ~ский тала́нт gift for organizing; ~ские спосо́бности organizing ability *sg.*

организацио́нн|ый organizing; ~ комите́т organizing committee; ~ пери́од organization period; ~ые вопро́сы problems of organization, organizational matters.

организа́ция (*в разных значениях*) organization; внешнеторго́вая ~ *торг.* foreign trade organization; вышестоя́щая ~ overhead organization; головна́я ~ parent organization; госуда́рственная ~ state organization; неправи́тельственная ~ nongovernmental organization; прое́ктная ~ design organization; субподря́дная ~ subcontractor; ~-консигна́тор consignee organization; ~ ма́ркетинга market organization; ~ ма́ркетинга по ры́ночному при́нципу market principle of marketing; ~ ма́ркетинга по това́рному произво́дству marketing organization by production of commodities; ~ послепрода́жного обслу́живания *торг.* organization of aftersale service; Организа́ция Объединённых На́ций United Nations Organization.

органи́зм *м.* organism; (*человека тж.*) constitution.

организо́ванн|о in an organized fashion/manner, on a planned basis; ~ проводи́ть о́тдых have* a well-organized holiday, organize *one's* leisure; **~ость** *ж.* good organization; **~ый** organized; ~ые де́йствия organized actions *sg.*; ~ый челове́к efficient/well-organized person.

организов|а́ть *несов. и сов. (вн.)* organize (*smb., smth.*); ~ спорти́вное о́бщество organize a sports society; **~а́ться** *несов. и сов.* **1.** (*возникать*) be* organized; **2.** (*объединяться*) organize (*oneself*), get* organized.

органи́ст *м.* organist.

органи́чески organically; ~ неспосо́бный к *чему-л.* constitutionally incapable of *smth.*

органи́ческ|ий I (*живой*) organic; ~ мир the organic world; ~ие удобре́ния organic fertilizers; ◇ ~ая хи́мия organic chemistry.

органи́ческ|ий II (*касающийся внутреннего строения органов человека*) organic; *перен. тж.* fundamental; ~ поро́к се́рдца organic defect of the heart.

о́ргия *ж.* orgy.

орграбо́та *ж.* (организацио́нная рабо́та) organizational work.

орда́ *ж.* horde; Золота́я Орда́ *ист.* the Golden Horde.

о́рден *м.* **1.** (*мн.* ордена́) (*знак отличия*) order, decoration; ~ Кра́сного Зна́мени Order of the Red Banner; награди́ть *кого-л.* ~ом decorate *smb.*; предста́вить *кого-л.* к ~у recommend *smb.* for a decoration; **2.** (*мн.* о́рдены *и* ордена́) (*организация*) order; ~ иезуи́тов Order of Jesuits.

орденоно́с|ец *м.* holder of an order; **~ный** holding an order/decoration *после сущ.*

о́рденск|ий medal *attr.*; ~ая ле́нта medal ribbon.

о́рдер *м.* (*документ*) warrant, order, voucher; *юр.* writ; грузово́й ~ *торг.* shipping order; ка́ссовый ~ *бухг.* cash order; платёжный ~ payment order; прихо́дный ~ credit slip; расхо́дный ~ *бухг.* debit slip; фрахто́вый ~ *торг.* chartering order; ~ на аре́ст *юр.* warrant to arrest; ~ на жилпло́щадь warrant for a living accomodation; ~ на получе́ние това́ра order to receive goods; ~ на предъяви́теля order to the bearer; выдава́ть това́р по ~у transfer goods against an order; **~ный** order *attr.*; ~ный коноса́мент *торг.* bill of lading made out to order; ~ный чек *фин.* order check, check to order.

ордина́рец *м. воен.* orderly.

ордина́рн|ый ordinary; ~ое о́бщее собра́ние акционе́ров *юр.* ordinary general meeting.

ордина́та *ж. мат.* ordinate.

орео́л *м.* halo; *перен.* aura.

оре́х *м.* **1.** (*плод*) nut; (*грецкий*) walnut; **2.** *тк. ед.* (*дерево*) nut tree; **3.** *тк. ед.* (*древесина*) walnut; ◇ ему́ доста́лось на ~и he got it hot; разде́лать/отде́лать *кого-л.* под ~ *разг.* give* it someone hot.

оре́хов|ый **1.** nut *attr.*; ~ая ро́ща walnut grove; ~ торт walnut cake; **2.** (*из орехового дерева*) walnut *attr.*; ~ая ме́бель walnut furniture.

оре́шник *м.* **1.** (*растение*) hazel **2.** (*заросль*) hazel grove.

орёл *м.* eagle; ◇ ~ или ре́шка ≅ heads or tails.

оригина́л *м.* **1.** original; **2.** (*чудак*) crank, eccentric.

оригина́ль|ничать *несов. разг.* try to be original; **~ный** **1.** original; ~ный кинофи́льм *кино* original story; ~ный негати́в изображе́ния original picture negative; ~ный негати́в фонogра́ммы *кино* original sound negative; **2.** (*подлинный*) genuine.

ориента́ция *ж.* orientation; ~ изобра́жения *кино* image orientation; ~ на ры́нке сбы́та *эк.* market orientation.

ориенти́р *м.* landmark, reference point; **~ный:** ~ная ка́рта sketch map.

ориенти́рование *с.* orientation, sense of direction; *спорт.* orienteering.

ориенти́ровать *несов. и сов.* **1.** *(вн.)* tell* *(smb.)* his/her position/whereabouts; (*правильно направлять прибор*) orientate *(smth.)*; **2.** (*вн.*; *помогать разобраться*) orientate *(smb.)*, put* *(smb.)* on the right track, help *(smb.)* to find his, her bearings; **3.** (*вн.* на *вн.*; *нацеливать*) orientate (*smb.* towards + -ing), give* *(smb.)* a lead (towards + -ing); ~ *кого-л.* на испо́льзование ме́стных ресу́рсов orientate *smb.* towards using local resources; **~ся** *несов. и сов.* **1.** find* *one's* way; get* *one's* bearings (*тж. перен.*) хорошо́ ~ся в лесу́ be* good at finding *one's* way in the forest; **2.** (на *вн.*; *определять направление своей деятельности*) be* orientated (towards), lean* (towards); ~ся на ма́ссового чита́теля aim at the broad reading public.

ориентиро́вка *ж.* getting *one's* bearings.

ориентиро́вочн|о as a general guide; (*приблизительно*) approximately; **~ый** **1.** reference *attr.*; ~ый пункт reference point; **2.** (*приблизительный*) tentative; ~ые сро́ки tentative time limits; ~ая факту́ра *юр.* pro forma invoice.

орке́стр *м.* (*симфонический*) orchestra; (*духовой, джаз*) band.

оркестр|а́нт *м.* member of an orchestra, orchestral player; **~ова́ть** *несов. и сов. (вн.)* orchestrate *(smth.)*; **~о́вка** *ж.* orchestration.

орла́н *м. зоол.* bald eagle.

орлёнок *м.* eaglet.

орли́н|ый eagle's; *перен.* eagle *attr.*; ~ое гнездо́ eagle's nest, eyrie; ~ взгляд eagle eye; ◇ ~ нос aquiline nose.

орли́ца *ж.* female eagle.

орля́нк|а *ж.* pitch-and-toss; игра́ть в ~у play pitch-and-toss.

орна́мент *м.* ornament.

орнито́з *м. мед.* ornithosis (*pl.* -ses).

орнито́|лог *м.* ornithologist; **~логи́ческий** ornithological; **~ло́гия** *ж.* ornithology.

оробе́ть *сов.* get* shy, feel* intimidated.

ороси́тельн|ый irrigation *attr.*, irrigatory; ~ые рабо́ты irrigation work *sg.*; ~ кана́л irrigation canal; ~ая систе́ма irrigation system.

ороси́ть *сов. см.* орошáть.

орош|а́ть, ороси́ть *(вн.)* **1.** sprinkle *(smth.)*; **2.** (*почву*) water *(smth.)*, irrigate *(smth.)*; **~е́ние** *с.* watering, irrigation.

ортодо́кс *м.* orthodox person; **~а́льный** orthodox.

ортопеди́ческ|ий orthopedic; ~ая о́бувь orthopedic footwear.

ору́ди|е *с.* **1.** (*труда*) tool, instrument (*тж. перен.*); сельскохозя́йственные ~я agricultural implements/equipment *sg.*; ~я произво́дства instruments of production; послу́шное ~ в рука́х *кого-л.* convenient tool/instrument in the hands of *smb.*; **2.** (*артеллирийское*) gun, piece (for ordnance).

оруди́йный gun *attr.*; ~залп salvo; ~ расчёт gun screw.

ору́д|овать *несов. разг.* **1.** (*тв.*) use *(smth.)*; (*распоряжаться*) boss *(smth.)*; ~ топоро́м use/wield an axe; **2.** (*действовать*) be* at work; здесь ~овал о́пытный жу́лик an experienced thief has been at work here.

оруже́йник *м.* gunsmith, armorer.

ору́жи|е *с.* weapon; *собир.* arms *pl.*, weapons *pl.*; *перен.* weapon, instrument; холо́дное ~ cold steel; огнестре́льное ~ firearm(s) (*pl.*); ~ ма́ссового уничтоже́ния weapons of mass destruction/extermination; стрелко́вое ~ small arms *pl.*; спорти́вное ~ sporting arms *pl.*; бра́ться за ~ take* up arms; к ~ю! to arms!; бить проти́вника его́ же ~ем beat*/fight* an enemy with his own weapons.

орфографи́ческ|ий spelling *attr.*; ~ая оши́бка spelling mistake; ~ слова́рь spelling dictionary.

орфогра́фия *ж.* spelling.

орфоэпи́ческий orthoepic; ~ слова́рь pronouncing dictionary.

орфоэ́пия orthoepy.

орхиде́я *ж.* orchid.

оря́сина *ж. разг.* rod, pole; (*перен.*) tall and awkward fellow.

оса́ *ж.* wasp.

оса́д|а *ж.* siege; снять ~у raise the siege; вы́держать ~у stand* the siege.

осади́ть I *сов. см.* осажда́ть I.

осади́ть II *сов. см.* осажда́ть II.

осади́ть III *сов. см.* оса́живать.

оса́дк|а *ж.* **1.** (*почвы, сооружения*) subsidence; дать ~у subside; **2.** *мор.* draught; име́ть ~у 3 ме́тра draw* ten feet.

оса́дки *мн.* precipitation *sg.*; ожида́ются ~ в ви́де дождя́ и сне́га rain and some snow are expected.

оса́дн|ый siege *attr.*; ~ое положе́ние state of siege.

оса́док *м.* sediment, deposit; *перен.* (after)taste; у меня́ оста́лся неприя́тный ~ от на́шего разгово́ра our talk left an unpleasant aftertaste.

оса́дочный sedimentary; *метеор.* precipitation *attr.*

осажда́ть I, осади́ть (*вн.*; *подвергать осаде*) besiege *(smth.)*; lay* siege (to); *перен.* besiege (*smb., smth.*); ~ го́род besiege a town.

осажда́ть II, осади́ть *(вн.) хим.* precipitate *(smth.)*; **~ся** *несов. хим.* settle, be* deposited.

осажд|а́ющий *м.* besieger; **~ённый** beleaguered; besieged (*тж. перен.*).

оса́живать, осади́ть **1.** *(вн.)* rein in *(smth.)*, check *(smth.)*; **2.** (*резко остановиться — о лошади, звере*) stop; **3.** (*вн.*; *заставлять попятиться назад*) force (*smb., smth.*) back; **4.** (*вн.*; *одёргивать кого-л.*) rebuff *(smb.)*, snub *(smb.)*; put* *(smb.)* in his, her place.

оса́н|истый imposing, stately; **~ка** *ж.* carriage, bearing.

оса́нн|а *ж. церк.* hosanna; ◇ петь/восклица́ть ~у *кому-л.* sing* *smb.'s* praises.

осатане́|лый *разг.* rabid, possessed; **~ть** *сов. разг.* grow* rabid, be* possessed.

осва́ивать, осво́ить *(вн.)* **1.** master *(smth.)*; ~ о́пыт *кого-л.* profit by the experience of *smb.*; ~ но́вые ме́тоды произво́дства master new methods of production **2.** (*обживать*) develop *(smth.)*, pioneer *(smth.)*, settle *(smth.)*; ~ цели́нные зе́мли develop the virgin lands, bring* the virgin lands into cultivation; **~ся**, осво́иться settle down; (с *тв.*) get* used (to); (*постигать*) have* *(smth.)* at *one's* fingertips.

осведоми́тель *м.* informer; та́йный ~ intelligencer; **~ный** informative.

осве́домить(ся) *сов. см.* осведомля́ть(ся).

осведомл|е́ние *с.* information, notification; **~ённость** *ж.* knowledge, possesion of information; **~ённый** (well-)informed; пло́хо ~ ill-informed.

осведомля́ть, осве́домить (*вн.* о *пр.*) inform (*smb.* of), notify (*smb.* of); **~ся**, осве́домиться (о *пр.*) inquire (about), make* inquiries (about).

освежа́ть, освежи́ть *(вн.)* **1.** refresh (*smb., smth.*), freshen *(smth.)*; дождь освежи́л во́здух the rain has freshened the air; бы́страя езда́ освежи́ла его́ the fast ride cleared his head; ~ в па́мяти *что-л.* refresh *one's* memory of *smth.*; освежи́ть свои́ зна́ния rub/brush up *one's* knowledge; **2.** (*подновлять*) touch up *(smth.)*; **~ся**, освежи́ться **1.** be* refreshed; **2.** (*о человеке*) refresh *oneself*.

освежева́ть *сов. см.* свежева́ть.

освежи́ть(ся) *сов. см.* освежа́ть(ся).

освети́тель *м. кино, театр.* electrician, person in charge of lighting effects; **~ный** illuminating, lighting; ~ный прибо́р illuminator, lighting appliance; ~ная аппарату́ра для киносъёмки *кино* photographic lighting equipment; ~ное обору́дование lighting equipment; ~ное устро́йство копирова́льного аппара́та printer light; ~ный прибо́р на киносъёмочном аппара́те obie; ~ные раке́ты *воен.* flares.

освети́ть(ся) *сов. см.* освеща́ть(ся).

освещ|а́ть, освети́ть *(вн.)* **1.** light* up *(smth.)*, illuminate *(smth.)*, illumine *(smth.)*; *перен.* (*оживлять*) brighten *(smth.)*; взошло́ со́лнце и я́рко освети́ло сад the rising sun bathed the garden in light; освети́ть часы́ спи́чкой light* a match to look at *one's* watch; ~ у́лицы электри́чеством provide electric street-lighting; улы́бка освети́ла её лицо́ her face brightened with a smile; **2.** (*излагать, истолковывать*) elucidate *(smth.)*, illuminate *(smth.)*, interpret *(smth.)*; по-но́вому ~ вопро́с cast* a new light on a problem; **~а́ться**, освети́ть(ся) be* lighted, be* illumined; (*о лице*) light* up; **~е́ние** *с.* **1.** (*действие*) lighting; **2.** (*свет*) light; вече́рнее ~е́ние evening light; иску́сственное ~е́ние artificial lighting; ~е́ние кинотеа́тра theater lighting; ~е́ние ни́зкого у́ровня *кино* low level lighting; ~е́ние отражёнными луча́ми све́та *кино* indirect lighting; **3.** (*объяснение, толкование*) presentation, interpretation; **4.** (*оборудование*) lighting; электри́ческое ~е́ние electric light(ing); **~ённость** *ж.* illumination; ~ённость фо́на *кино* background illumination; ~ённость экра́на *кино* screen illumination.

освиде́тельствов|ание *с.* examination; **~ать** *сов.* *(вн.)* examine *(smb.)*.

освиста́ть *сов. см.* осви́стывать.

осви́стывать, освиста́ть *(вн.)* hiss *(smb.)*; ~ актёра hiss an actor.

освободи́тель *м.* liberator; **~ный** liberating; liberation *attr.*; ~ное движе́ние liberation movement; ~ная война́ war of liberation.

освободи́ть(ся) *сов. см.* освобожда́ть(ся).

освобожд|а́ть, освободи́ть **1.** (*вн.*; *предоставлять свободу*) free (*smb.*, *smth.*), liberate (*smb.*, *smth.*), set* (*smb.*, *smth.*) free, set* (*smb.*, *smth.*) at liberty; (*от рабства*) emancipate *(smb.)*; (*из тюрьмы*) discharge *(smb.)*; ~ военнопле́нных liberate/free prisoners of war; **2.** (*вн.*; *высвобождать*) release (*smb.*, *smth.*); *перен. тж.* give* *smb.* his, her freedom; освободи́ть зве́ря из капка́на release an animal from a trap; **3.** (*вн.* от *рд.*; *избавлять*) exempt (*smb.* from), release (*smb.* from); освободи́ть *кого-л.* от наказа́ния exempt *smb.* from punishment; освободи́ть от нало́гов exempt from taxes; освободи́ть от уголо́вной отве́тственности *юр.* exempt from criminal liability; освободи́ть от упла́ты dispense from paying; **4.** (*вн.*; *отстранять*) release *(smb.)*; **5.** (*вн.*; *очищать*) clear *(smth.)*; освободи́ть кни́жный шкаф clear a bookcase; освободи́ть помеще́ние от посторо́нних clear the premises of all unauthorized persons; **6.** (*вн.*; *покидать*) vacate *(smth.)*, leave* *(smth.)*; ~ ко́мнату vacate *one's* room; 7. (*вн.*; *время для чего-л.*) set* aside *(smth.)*; **~а́ться**, освободи́ться **1.** free *oneself*, liberate *oneself*; освободи́ться из пле́на be* released; **2.** (от *рд.*; *избавляться*) free *oneself* (from); **3.** (*становиться пустым*) be* empty; (*о помещении тж.*) be* vacant; (*очищаться от чего-л.*) clear, be* cleared; не́бо освободи́лось от туч the sky cleared; **4.** (*распологать временем*) be* free; я сейча́с освобожу́сь I'll be free in a minute; **~е́ние** *с.* liberation; (*от гнёта, эксплуатации тж.*) emancipation; (*из тюрьмы*) release, discharge; ~е́ние от нало́гов *эк.* exemption from taxes; ~е́ние от обяза́тельств *юр.* waiver of obligations; ~е́ние от упла́ты стахові́ых взно́сов *юр.* waiver of premium.

освое́ни|е *с.* **1.** mastering, assimilation; ~ совреме́нных маши́н mastering the use of up-to-date machinery; пери́од ~я breaking-in period; **2.** (*обживание*) development, pioneering, settling; ~ пусты́ни reclamation of the desert.

осво́ить(ся) *сов. см.* осва́ивать(ся).

освяти́ть *сов. см.* освяща́ть.

освя́щать, освяти́ть **1.** *церк.* consecrate *(smth.)*, bless *(smth.)*, sanctify *(smth.)*; **2.** *перен.* sanctify, hallow (*smth.*).

оседа́ть, осе́сть settle; (*о грунте*) subside.

оседла́ть *сов. см.* осёдлывать *и* седла́ть.

осе́длост|ь *ж.* settled way of life; черта́ ~и *ист.* the Pale of Settlement.

осе́дл|ый settled; вести́ ~ о́браз жи́зни lead* a settled life; ~ые племена́ tribes that have settled.

осека́ться, осе́чься stop short; (*о голосе*) fail, break* off.

осело́к *м.* **1.** (*точильный*) whetstone, hone; **2.** (*камень для испытания драгоценных металлов*) touchstone (*тж. перен.*).

осени́ть *сов. см.* осеня́ть.

осе́нний autumn *attr.*, autumnal *поэт.*

о́сень *ж.* autumn; fall *амер.*; ~ю in the autumn; in the fall *амер.*; глубо́кая ~ late autumn.

осеня́ть, осени́ть*(вн.)* **1.** (*покрывать*) shade (*smb.*, *smth.*); *перен.* shield (*smb.*, *smth.*); **2.** (*приходить в голову*) strike* *(smb.)*, occur (to); меня осени́ла мысль it dawned on me (that); меня́ осени́ло I had an inspiration.

осе́сть *сов. см.* оседа́ть.

осети́н *м.*, **~ка** *ж.* Osset(e); **~ский** Ossetic; ~ский язы́к Ossetic, the Ossetic language.

осетри́на *ж.* sturgeon (flesh).

осе́чк|а *ж.* misfire, failure to fire; дать ~у mis fire, fail to fire.

осе́чься *сов. см.* осека́ться.

осёдлывать, оседла́ть *(вн.)* saddle *(smth.)*; *разг.* (*садиться верхом на что-л.*) straddle *(smth.)*; *перен. разг.* (*подчинять себе*) dominate *(smb.)*, saddle *(smb.)*.

осёл *м.* donkey; ass (*тж. бран.*).

осётр *м.* sturgeon.

оси́ливать, оси́лить *(вн.)* **1.** overpower *(smb.)*; *перен.* master *(smth.)*, overcome* *(smth.)*; **2.** (*справляться с чем-л.*) manage *(smth.)*, cope (with); оси́лить кни́гу get* through a book.

оси́лить *сов. см.* оси́ливать.

оси́н|а *ж.* aspen; **~ник** *м.* aspen grove/wood; **~овый** aspen; ◇ дрожа́ть как ~овый лист tremble/shake* like an aspen leaf*.

оси́н|ый wasp's; ◇ ~ое гнездо́ hornets' nest; с ~ой та́лией wasp-waisted.

оси́плый *разг.* husky, hoarse.

оси́п|нуть *сов. разг.* become* hoarse; **~ший** *см.* оси́плый.

осирот|е́вший, ~е́лый orphaned; (*лишившийся близкого человека*) bereaved; *перен.* (*опустевший*) forsaken.

осироте́ть *сов.* be* orphaned, become* an orphan; (*потерять близкого человека*) be* bereaved; *перен.* (*опустеть*) become* desolate.

оска́л *м.*: ~ зубо́в bared teeth; **~ить** *сов.*: ~ить зу́бы bare/show* *one's* teeth; **~иться** *сов.* bare/show* *one's* teeth.

оскальпи́ровать *сов.* *(вн.)* scalp *(smb.)*.

осканда́литься *сов. разг.* disgrace *oneself*, look silly.

осквер|не́ние *с.* desecration; **~и́ть** *сов. см.* оскверня́ть.

оскверня́ть, оскверни́ть *(вн.)* **1.** *рел.* desecrate *(smth.)*; **2.** (*оскорблять чувства и т.п.*) defile *(smth.)*.

осклА́биться *сов. разг.* grin.

оско́л|ок *м.* splinter, fragment; ~ снаря́да shell-splinter; **~очный** shrapnel *attr.*; (*поражающий осколками*) fragmentation *attr.*; ~очная ра́-

на shrapnel wound; ~очная бóмба fragmentation bomb.

оскóмин|а *ж.* drawing/soreness of the mouth; ◇ набúть ~у set* *smb.'s* teeth on edge.

оскопúть *сов. см.* оскоплять.

оскоплять, оскопúть *(вн.)* castrate *(smth.)*.

оскорбúтель *м.* insulter; **~ный** insulting; ~ный тон insulting tone.

оскорбúть(ся) *сов. см.* оскорблять(ся); **~лéние** *с.* **1.** *(действие)* insulting; ~лéние дéйствием *юр.* assault and battery; ~лéние слóвом contumely; **2.** *(оскорбительное слово, поведение и т.п.)* insult; **~лённый** insulted; *(обиженный)* offended, injured, wounded; ~лённое достóинство wounded dignity; ~лённая невúнность injured innocence.

оскорблять, оскорбúть *(вн.)* insult *(smb.)*; *(обижать)* offend *(smb.)*, wound *(smb.)*, injure *(smb.)*; ~ *кого-л.* в лýчших чувствах outrage *smb.'s* feelings; ◇ ~ *чей-л.* слух offend *smb.'s* ears; оскорбúть *кого-л.* дéйствием physically insult *smb.*; **~ся**, оскорбúться take* offense, feel* insulted.

оскудевáть, оскудéть fall* into decline, be* depleted/impoverished.

оскудé|лый declining, depleted; **~ние** *с.* decline, depletion.

оскудéть *сов. см.* оскудевáть.

ослабевáть, ослабéть **1.** *(становиться физически слабым)* weaken, become* weaker, be*/become*/grow* weak; **2.** *(уменьшаться в степени проявления)* relax, slacken, ease; *(о шуме, ветре)* abate, subside; **3.** *(становиться менее тугим)* loosen, become* looser.

ослабéть *сов. см.* ослабевáть.

ослáб|ить *сов. см.* ослаблять; **~лéние** *с.* **1.** weakening, weakness; **2.** *(уменьшение степени проявления чего-л.)* relaxation, slackening, easing; *(шума, ветра)* abatement; ~лéние внимáния loss of attention; ~лéние ýмственных спосóбностей weakening of the intellect; ~лéние напряжённости в междунарóдных отношéниях detente.

ослаблять, ослáбить *(вн.)* **1.** weaken *(smb., smth.)*; make* *(smb., smth.)* weak(er); **2.** *(уменьшать силу, степень чего-л.)* relax *(smth.)*, ease *(smth.)*, reduce *(smth.)*; ~внимáние relax *one's* attention; **3.** *(делать менее тугим)* loosen *(smth.)*.

ослáвить *сов. (вн.) разг.* drag *smb.'s* name trough the mud; *(вн. тв.)* give* *(smb.)* a name (as; for + -ing); **~ся** *сов. разг.* get* a bad name.

ослепúтельн|ый blinding; dazzling *(тж. перен.)*; ~ая красотá dazzling beauty.

ослеп|úть *сов. см.* ослеплять; **~лéние** *с.* blinding; *перен.* blindness; *(от любви тж.)* infatuation; **~лённый** blinded; *(любовью и т. п.)* infatuated.

ослеплять, ослепúть *(вн.)* blind *(smb.)* *(тж. перен.)*; *(лишать на время способности видеть)* dazzle *(smb.)*; ~ красотóй blind/dazzle with beauty; ~ ярким лучáми dazzle with bright rays.

ослéпнуть *сов. см.* слéпнуть.

ослёнок *м.* young/little donkey.

ослúн|ый asses'; *перен.* mulish, asinine; ◇ ~ое упрямство mulish obstinacy.

ослúца *ж.* she-ass; валаáмова ~ *библ.* the ass of Balaam.

осложн|éние *с.* **1.** complication; **2.** *(после болезни)* complications *pl.*, aftereffects *pl.*; ~ пóсле грúппа aftereffects of influenza; **~úть(ся)** *сов. см.* осложнять(ся).

осложнять, осложнúть *(вн.)* **1.** complicate *(smth.)*, bedevil *(smth.)*; **2.** *(болезнь)* aggravate *(smth.)*, complicate *(smth.)*; **~ся**, осложнúться **1.** become* complicated **2.** *(тв.)* be* aggravated (by), be* complicated (by); болéзнь осложнúлась complications have set in.

ослýшаться *сов. разг.* *(чего-л.)* disregard *(smth.)*; *(кого-л.)* disobey *(smb.)*; disregard *smb.'s* orders/command.

ослýшни|к *м.*, **~ца** *ж. уст.* disobedient person.

ослышаться *сов.* mishear*, not hear properly.

осмáтривать, осмотрéть *(вн.)* examine *(smb., smth.)*; look *(smb.)* over; *(обходя, знакомиться)* see* *(smth.)*, visit *(smth.)*, inspect *(smth.)*, look round *(smth.)*; ~ *кого-л.* с головы до ног look *smb.* over from top to bottom; ~ больнóго examine a patient; ~ гóрод have* a look at the town; ~ достопримечáтельности go* sightseeing; ~ выставку go* to an exhibition; ~ музéй visit a museum; **~ся**, осмотрéться look round; take* a look round *(тж. перен.)*; ~ся по сторонáм look all round; я ужé осмотрéлся now I know the lie of the land.

осмéивать, осмеять *(вн.)* ridicule *(smb., smth.)* deride *(smb., smth)*.

осмелéвший emboldened, plucking up courage.

осмелéть *сов. см.* смелéть.

осмéливаться, осмéлиться dare; осмéлюсь сказáть I venture to say.

осмéлиться *сов. см.* осмéливаться.

осмеяние *с.* ridicule.

осмеять *сов. см.* осмéивать.

осмóтр *м.* survey, examination; *(учреждения и т. п.)* inspection; *(музея, выставки)* visit; ~достопримечáтельностей sightseeing; ~ больнóго examination of a patient; сюрвéйерный ~ *торг.* surveyor's inspection; тамóженный ~ *юр.* customs luggage inspection.

осмотрéть(ся) *сов. см.* осмáтривать(ся).

осмотрúтельн|ость *ж.* wariness, circumspection; **~ый** wary, circumspect.

осмыслéние *с.* comprehension; ~ происходящих событий comprehension of what is happening.

осмысленный intelligent.

осмысл|ивать, осмыслить *(вн.)* grasp the idea (of), comprehend *(smth.)*; **~ить** *сов. см.* осмысливать, **~ять** *несов. см.* осмысливать.

оснасти́ть *сов. см.* оснаща́ть.

осна́стка *ж. мор.* (*действие*) equipping, fitting out.

оснащ|а́ть, оснасти́ть (*вн.*) **1.** equip (*smth.*), fit out (*smth.*); **2.** (*судно*) rig (*smth.*); **~е́ние** *с.* **1.** (*действие*) equipping **2.** (*совокупность технических средств*) equipment.

оснащённ|ость *ж.* being equipped, being provided with equipment; техни́ческая ~промы́шленности equipment of industry with modern machinery and appliances; **~ый** equipped; *мор.* rigged.

осно́в|а *ж.* **1.** (*каркас, остов*) base, frame(work); *перен.* core; **2.** (*главное, на чём зиждется что-л.*) basis (*pl.* -ses); *мн.* principles, foundations; взаимовы́годная ~ *эк.* mutually beneficial basis; догово́рная ~ contract basis; долговре́менная ~ long-term basis; поза́казная ~ (*работы*) job basis; повреме́нная ~ (*оплаты*) time-rate-basis; сде́льная ~ (*оплаты*) piece-rate-basis; экономи́ческая ~ economic basis; на комиссио́нной ~е on a commission basis; на ~е твёрдой цены́ on a firm-fixed price; на ~е да́нных налогообложе́ния on a fiscal basis; **3.** *мн.* (*исходные положения какой-л. науки*) fundamentals, principles; **4.** *текст.* warp; **5.** *грам.* stem; ◇ брать *что-л.* за ~у, положи́ть *что-л.* в ~у take* *smth.* as a basis, base *smth.* upon; лежа́ть в ~е *чего-л.* form the basis of *smth.*; ~ осно́в bedrock.

основа́ни|е *с.* **1.** (*действие*) foundation, founding; **2.** (*фундамент*) foundation; (*нижняя часть чего-л.*) base, foot, bottom; *перен.* (*главное*) basis (*pl.* -ses); ~ кинопрое́ктора *кино* projector base; **3.** (*оправдание, причина*) reason, grounds *pl.*; без вся́ких ~й without the slightest grounds; лишённый вся́ких ~й unfounded; с по́лным ~ем with good reason; на како́м ~и? on what grounds?; есть ~я ду́мать there are reasons to believe; нет никаки́х ~й there are no reasons whatsoever, there are not the slightest grounds; ~ для предъявле́ния и́ска *юр.* cause of action; ~ для жа́лобы cause for complaint; ~ для заявле́ния проте́ста *юр.* grounds for announcing protest; **4.** *мат., хим.* base; ◇ на ~и *чего-л.* on the strength of *smth.*; разру́шить *что-л.* до ~я raze *smth.* to the ground; потрясённый до ~я shaken to the core.

основа́тель *м.* founder.

основа́тельн|о thoroughly; ~ закуси́ть have* a good meal; **~ый 1.** (*обоснованный*) well-founded; ~ые причи́ны good reasons; **2.** (*солидный, прочный*) solid; **3.** (*тщательный*) thorough.

основа́ть *сов. см.* осно́вывать; **~ся** *сов. см.* осно́вываться 2, 3.

основн|о́е *с.* the essential/main thing; ◇ в ~о́м on the whole.

основн|о́й basic, fundamental; (*главный*) main, principal; ~о́е изображе́ние *кино* basic image; ~ свет base light; ~ шум *кино* ground noise; ~ые да́нные *мн.* basic data; ~ должни́к *юр.* primary debtor; ~о́е заня́тие chief business; ~ зако́н *юр.* fundamental law; ~а́я зада́ча key/principal task; ◇ ~ капита́л basic/fixed capital; ~ны́е това́ры basic commodities, staple commodities; ~а́я цена́ basic price; ~ы́е фо́нды fixed assets.

основополо́жник *м.* founder.

осно́вывать, основа́ть **1.** (*вн.; создавать, учреждать*) found (*smth.*); **2.** (*вн.* на *пр.; обосновывать*) base (*smth.* on); **~ся,** основа́ться **1.** *тк. несов.* (на *пр.*) base *one's* arguments/theories (upon); take* up *one's* stand (upon); (*иметь что-л. своей основой*) be* based on; осно́вываясь на ... taking as a basis ...; **2.** (*возникать*) arise*, be* founded; **3.** (*поселяться*) settle down.

осо́б|а *ж.* person; *ирон.* personage.

осо́бенн|о 1. particulary, in particular; specially *разг.*; ~ люби́ть *что-л.* be* particularly fond of *smth.*; **2.** (*необычно*) in a special way; ◇ не ~ not specially/very; **~ость** *ж.* special feature; peculiarity; ~ость кни́ги состои́т в том, что ... what puts the book in a class by itself is that ...; ◇ в ~ости especially; **~ый 1.** particular, special; especial *книжн.*; **2.** (*своеобразный*) peculiar, unusual; ◇ ничего́ ~ого nothing special.

особня́к *м.* (private) house/mansion.

особняко́м apart; жить, держа́ться ~ hold* *oneself* aloof; стоя́ть ~ stand* by itself.

осо́бый special; (*особенный*) particular.

о́собь *ж.* specimen.

осознава́ть, осозна́ть (*вн.*) realize (*smth.*), become* aware (of).

осозна́ть *сов. см.* осознава́ть.

осо́ка *ж. бот.* sedge.

осоко́рь *м. бот.* black poplar.

о́сп|а *ж.* smallpox; изры́тый ~ой pockmarked, pitted; привива́ть ~у *кому-л.* vaccinate *smb.*

оспа́ривать, оспо́рить (*вн.*) **1.** contest (*smth.*), dispute (*smth.*); ~ завеща́ние *юр.* dispute a will; ~ *чьи-л.* права́ contest *smb.'s* rights; **2.** *тк. несов.* (*добиваться*) contend (for); ~ зва́ние чемпио́на contend for the championship, make* a bid for the championship.

о́спина *ж.* pockmark.

оспопривива́ние *с.* vaccination.

оспори́м|ый *юр.* challengeable, voidable; ~догово́р voidable contract; ~ая сде́лка voidable transaction; ~ое де́йствие voidable act.

оспо́рить *сов. см.* оспа́ривать 1.

осрами́ть *сов. см.* срами́ть 1; **~ся** *сов. см.* срами́ться.

оста|ва́ться, оста́ться **1.** remain; (*задерживаться*) stay; ~ ночева́ть stay (for) the night; ~ на второ́й год (*в школе*) not get *one's* remove, stay down; **2.** (*быть в наличии*) be* left; ~ётся 5 мину́т до отхо́да по́езда (закры́тия магази́на, нача́ла спекта́кля *и т. п.*) there are five minutes left before the train goes (the shop closes, the curtain rises, *etc.*); **3.** (*не переставать быть каким-л., находиться в каком-л. состоянии*) remain; ~ сидеть keep* *one's* seat, remain sitting; ~ в силе hold* good; remain in force (*тж. о приговоре, решении суда*); ~ при своём мнении remain of the same mind; **4.** (*оказываться в каком-л. состоянии, положении*) be*; (без *рд.*) be* left (without); ~ без работы be* out of work; ~ одному be* (left) alone; оставшись один ... when alone ...; остаться довольным be* pleased/delighted; остаться ни с чем be* left destitute, be* left with nothing; **5.** *безл.* (+ *инф.*; *следует лишь*) it only remains (+ to *inf.*); нам осталось дочитать всего три станицы we have only three pages left to read; ничего не ~ётся как there is nothing for it but (+ to *inf*); не ~ётся другого выбора, как ..., не ~ётся ничего другого, как ... the only alternative is ...; ◇ ~ должным *кому-л.* owe *smb.*; за ним осталось 20 рублей he still had twenty rubles to pay; остаться ни при чём achieve nothing; счастливо ~! good bye and good luck!

оставить *сов. см.* оставлять.

остав|лять, оставить (*вн.*) **1.** leave* (*smb., smth.*); (*покидать тж.*) abandon (*smb., smth.*); оставить по себе хорошую память leave* pleasant memories of *oneself*; оставить надежду give* up hope; эта мысль не ~ляла его this thought never left him; **2.** (*сохранять*) keep* (*smth.*), retain (*smth.*); ~ закон в силе *юр.* leave* the law in force; оставить место для *кого-л., чего-л.* keep* a place for *smb., smth.*; **3.** (*задерживать*) keep* (*smth.*); оставить *кого-л.* на второй год keep* *smb.* down, not give *smb.* his, her remove; **4.** (*переставать заниматься чем-л.*) give* up (*smth.*) (*тж. перен.*), leave* (*smth.*); (*откладывать в сторону*) put* down (*smth.*), lay* down (*smth.*); ◇ оставь (же)! stop that! оставить в покое leave* alone; leave* in peace; оставить за собой *что-л.* keep* *smth.*; камня на камне не оставить (от) raze to the ground (*smth.*); это ~ляет желать лучшего it leaves much to be desired.

остальн|ой *прил.* **1.** the remaining, the rest of, the other; **2.** *в знач. сущ. с.* the rest; всё ~ое everything else; в ~ом in other respects; **3.** *в знач. сущ. мн.* the rest *sg.*, the others; все ~ые all the others.

останавливать, остановить **1.** (*вн.*) stop (*smb., smth.*); make* (*smb.*) stop; (*машину, лошадей тж.*) pull up (*smth.*); остановить прохожего stop a passer-by; он резко остановил машину he pulled up sharply; ~ станок stop a lathe; ~ кровотечение stop the bleeding; ~ кадр *кино* stop frame; **2.** (*вн. удерживать от чего-л.*) check (*smb.*), restrain (*smb.*); **3.** (*вн.* на *пр.*; *задерживать взор, внимание и т. п.*) fix (*smth.* on); ~ взгляд на *ком-л., чём-л.* let* *one's* glance rest upon *smb., smth.*; остановить своё внимание на *чём-л.* pay* attention to *smth.*; **~ся,** остановиться **1.** stop, come* to a stop/standstill; (*о машине*) pull up; **2.** (*временно поселяться где-л.*) put* up (at), stay (at); (*у друзей, знакомых*) stay (with); **3.** (на *пр.*; *задерживаться*) rest (upon); fall* (upon); его выбор остановился на ... his choice fell upon ...; **4.** (на *пр.*; *задерживать своё внимание*) dwell* (upon); ~ся на вопросе dwell* upon the question, take* up the point; на чём мы остановились? where were we?, where did we stop?; ◇ ни перед чём не ~ся stop at nothing.

останки *мн.* remains.

остановить(ся) *сов. см.* останавливать(ся).

остановк|а *ж.* **1.** (*действие*) stopping, stop; ~на маршруте полёта *ав.* en-route stop; ~ с коммерческими целями revenue stop, traffic stop; ~ товара в пути *юр.* stoppage in transit; ~ мяча *спорт.* stopping the ball; **2.** (*перерыв, пауза*) pause; *спорт.* time-out; без ~и without (a) pause, without stopping; **3.** (*временное пребывание где-л.*) stop off, stay; **4.** (*пункт, место*) stopping place, stop; (*расстояние между пунктами*) stop, stage; ~ автобуса bus-stop; ◇ ~ только за ними it's only they who are holding us up.

остат|ок *м.* **1.** the remainder, the rest; the remains *pl.*; (*материи*) remnant; **2.** *обыкн. мн.* (*то, что уцелело от разрушения, гибели и т. п.*) the remains; (*следы чего-л. минувшего*) vestiges, traces; **3.** *тк. ед.* (*последняя часть чего-л.*) the rest, the remainder; ~ пути the rest of the journey; ~ долга the remainder of a debt; **4.** *фин.* (*сальдо счёта*) amount of balance, balance; неиспользованный ~ unused/unutilized balance; ~ на счёте balance of account; возвращать неиспользованный ~ cancel the unused balance; ~ средств (*на счёте клиента, сообщаемый в ежемесячном отчёте брокера*) *фин.* credit balance; cash balance, ledger credit; **5.** *мат.* remainder, residual; делиться без ~ка divide exactly; ◇ всё без ~ка absolutely everything (*one* has); ~ки сладки *погов.* ≅ the nearer the bone, the sweeter the meat.

остаточн|ый 1. remaining, residual; ~ая аберрация *кино* residual aberration; ~ая намагниченность remanence; ~ое изображение residual image, image retention; **2.** *физ.* residual; ~ магнетизм residual magnetism.

остаться *сов. см.* оставаться.

остекленеть *сов.* glaze.

остекление *с.* glazing.

остеклить *сов. см.* остеклять.

остеклять, остеклить (*вн.*) glaze (*smth.*), glass (*smth.*).

остепениться *сов.* sober/settle down; (*о молодом мужчине*) have* sown *one's* wild oats.

остервене|лый frenzied; **~ние** *с.* frenzy; прийти в ~ние fall* into a frenzy; ◇ с ~нием with complete abandon, like a maniac.

остерегаться, остеречься (*рд.*) be* careful (of); (*опасаться кого-л.*) beware (of).

остеречься *сов. см.* остерегаться.

остов *м.* frame(work) (*тж. перен.*); (*скелет*) skeleton.

остолбенеть *сов.* be* dumbfounded.

остолоп *м. разг. груб.* blockhead.

осторо́жн|о carefully; (*осторожно*) cautiously; ~! take care!, be careful!, look out!; **~ость** *ж.* care, carefulness; (*осмотрительность*) caution; с ~остью with care; забы́ть о вся́кой ~ости throw* caution to the winds; **~ый** careful; (*осмотрительный*) cautious; ~ый отве́т cautious/guarded reply.

осточерте́ть *сов.* (*дт.*) *разг.*: э́то ему́ осточерте́ло he is fed up with it.

остраки́зм *м.* ostracism; подверга́ть ~у *(вн.)* ostracize *(smb.)*.

остра́стк|а *ж. разг.* a taste of what might happen; для ~и as a warning; дать ~у *кому-л.* show* *smb.* what to expect.

остри́га́ть, остри́чь (*вн.*) cut* (*smth.*); (*ребёнка*) cut* *smb.'s* hair; (*овец и т. п.*) shear* (*smth.*); **~ся,** остри́чься cut* *one's* hair; (*в парикмахерской*) have* *one's* hair cut.

остриё *с.* **1.** (*кончик*) point; **2.** (*режущий край*) edge; *перен.* (*критики, сатиры*) sharp edge; быть напра́вленным свои́м ~м на *что-л.* be* spearheaded against *smth.*

остри́ть I *несов.* (*вн.*; *точить*) sharpen (*smth.*).

остр|и́ть II, состри́ть be* witty, make* jokes; (*об игре слов*) make* a pun; ~ на *чей-л.* счёт be* witty at *smb.'s* expense; не ~и́те! don't try to be funny!; неуда́чно ~ make* feeble jokes.

остри́чь(ся) *сов. см.* острига́ть(ся).

о́стров *м.* island; (*в географических названиях и поэт. тж.*) isle (of).

острове́рхий ridge-roofed.

островитя́н|ин *м.*, **~ка** *ж.* islander.

остров|но́й island *attr.*; **~о́к** islet.

остро́г *м.* **1.** *ист.* stockaded town; **2.** *уст.* (*тюрьма*) jail.

острог|а́ *ж.* harpoon; бить ры́бу ~о́й harpoon a fish.

остроконе́чный pointed.

остросовреме́нный highly contemporary, up-to-the-minute.

остро́т|а *ж.* witticism, quip, sally; wisecrack *амер.*; зла́я ~ malicious joke.

острота́ *ж.* **1.** sharpness; (*ощущения*) piquancy, keenness; (*положения*) acuteness; ~ го́ря poignancy of *one's* grief; ~ впечатле́ний freshness of impressions; ~ зре́ния keenness of sight; ~ кри́зиса acuteness of a crisis; **2.** (*пищи*) high seasoning, savoriness, hot flavor; ◇ утра́тить ~у́ lose* *one's* edge.

остроуго́льный acute-angled; ~ треуго́льник acute-angled triangle.

остроу́м|ие *с.* wit; **~ный** witty, sharp.

о́стр|ый sharp (*тж. перен.*); (*о чувствах*) poignant, acute, keen; (*о вкусе, запахе*) pungent, strong; ~ клино́к keen/sharp blade; ~ая боль acute/sharp pain; ~ое ощуще́ние, жела́ние violent sensation, desire; ~ое зре́ние keen eyesight; люби́тели ~ых ощуще́ний adventure-seekers; ~ со́ус pungent sauce; ~ сыр strong cheese; ~ое блю́до highly seasoned dish; ~ недоста́ток в *чём-л.* acute shortage of *smth.*; ~ кри́зис acute crisis; ◇ ~ у́гол *мат.* acute angle; ~ое словцо́ witticism; ~язы́к у *кого-л.* *smb.* has a sharp tongue.

остря́к *м.* wit.

остуди́ть *сов. см.* остужа́ть *и* студи́ть.

остужа́ть, остуди́ть (*вн.*) cool (*smth.*), chill (*smth.*).

оступа́ться, оступи́ться stumble; (*на лестнице*) miss a step; *перен.* trip up.

оступи́ться *сов. см.* оступа́ться.

остыва́ть, осты́ть cool off, get* cool/cold; *перен.* cool (down); суп осты́л the soup is cold; интере́с осты́л interest has waned.

осты́ть *сов. см.* остыва́ть.

осуди́ть *сов. см.* осужда́ть.

осужда́ть, осуди́ть **1.** (*вн.*; *приговаривать*) *юр.* convict *(smb.)*; (*вн.* на *вн.*) condemn (*smb.* to), sentence (*smb.* to); ~ престу́пника convict a perpetrator; ~ за совершённое преступле́ние convict of a crime; ~ на кра́ткий срок лише́ния свобо́ды short sentence (in prison); ~ на дли́тельный срок лише́ния свобо́ды long sentence (in prison); ~ *кого-л.* на два го́да sentence *smb.* to two years; ~ на пожи́зненое заключе́ние sentence to life; ~ на сме́ртную казнь *юр.* sentence to death; **2.** (*вн.* за *вн.*; *порицать*) blame (*smb.* for); **3.** (*вн.* на *вн.*; *обрекать на что-л.*) condemn (*smb.*, *smth.* to), doom (*smb.*, *smth.* to); **~е́ние** *с.* **1.** *юр.* conviction; ~е́ние по обвине́нию в преступле́нии conviction on a charge; ~е́ние за преступле́ние, вменённое по обвини́тельному а́кту conviction on indictment; ~е́ние за преступле́ние, вменённое по заявле́нию об обвине́нии conviction on information; добива́ться ~е́ния seek* conviction; подде́рживать ~е́ние *юр.* support conviction; **2.** (*порицание*) blame, censure; **~ённый** *м. юр.* convicted person, convict; ~ённый, бежа́вший из заключе́ния convict at large; ~ённый, освобождённый из мест лише́ния свобо́ды returned convict; ~ённый за соверше́ние наси́льственного преступле́ния violent convict.

осу́нуться *сов.* look* drawn/haggard, become* hollow-cheeked.

осуш|а́ть, осуши́ть (*вн.*) **1.** dry (*smth.*); (*отводить воду*) drain (*smth.*); ~ боло́то drain a marsh; **2.** (*выпивать содержимое чего-л.*) drain (*smth.*), empty (*smth.*); ~ бока́л drain/empty a glass; ◇ слёзы dry *one's* tears; **~е́ние** *с.* draining, drainage; ~е́ние и освое́ние боло́т reclaiming of marshes; **~и́тельный** drainage *attr.*; ~и́тельный кана́л drainage canal.

осуши́ть *сов. см.* осуша́ть.

осу́шка *ж.* drainage.

осуществи́м|ость *ж.* feasibility, practicability; **~ый** feasible, practicable; практи́чески ~ый practicable.

осуществ|и́ть(ся) *сов. см.* осуществля́ть(ся); **~ле́ние** *с.* realization; (*выполнение тж.*) fulfillment; ~ле́ние прое́кта the realization of a plan.

осуществля́ть, осуществи́ть (*вн.*) carry out (*smth.*), realize (*smth.*), put* (*smth.*) into effect/practice; ~ план carry out a plan; ~ за́мысел put* an idea into practice; ~ своё намéрение put* *one's* intention into effect; **~ся,** осуществи́ться be* fulfilled, be* realized; (*о планах, мечтах тж.*) come* true, materialize; (*о проекте*) be* put into effect.

осциллóграф *м.* oscillograph.

осчастли́вить *сов.* (*вн.*) make* (*smb.*) happy, gratify (*smb.*).

осы́пать *сов. см.* осыпáть.

осыпáть, осы́пать (*вн. тв.*) **1.** cover (*smb.*, *smth.* with), strew* (*smb.*, *smth.* with); *перен.* shower (*smb.* with); ~ *кого-л.* подáрками, похвалáми shower gifts, praises upon *smb.*; ~ *кого-л.* удáрами rain blows upon *smb.*; ~ *кого-л.* брáнью heap abuse on *smb.*; ~ *кого-л.* упрёками hurl reproaches at *smb.*; **2.** (*терять листву*) shed* (*smth.*); **3.** (*разваливаить*) scatter; ~ песóк scatter sand.

осы́паться *сов. см.* осыпáться.

осыпáться, осы́паться **1.** (*обваливаться*) fall*, peel off; (*о земле*) crumble, crumble away; **2.** (*опадать — о листьях, зерне*) fall*; **3.** (*покрываться множеством чего-л.*) be* strewn/scattered/sprinkled (with).

óсыпь *ж. геол.* scree, talus.

ось *ж.* axis (*pl.* axes); (*машины, механизма*) axle; *перен.* hub; ~ вращéния axis of revolution; опти́ческая ~ axis of vision; ~ собы́тий hub of events.

осьминóг *м.* octopus.

осязá|емый tangible, palpable; **~ние** *с.* sense of touch; **~тельный 1.** (*об органе*) tactile; **2.** (*ощутимый*) tangible, perceptible.

осязáть *несов* (*вн.*) feel* (*smth.*); *перен.* perceive (*smth.*), be* palpably aware (of).

от 1. (*указывает на исходную точку чего-л.*) from, away from; отъéхать от гóрода drive* away from the town; от гóрода до стáнции from the town to the station; от кáдра до кáдра *кино* frame to frame; **2.** (*при обозначении стороны*) of; с лéвой стороны́ от *чего-л.* on the left of *smth.*; **3.** (*указывает на источник чего-л.*) from; узнáть *что-л.* от дрýга hear* *smth.* from a friend; ребёнок от пéрвого брáка a child by *one's* first husband; **4.** (*указывает на связь счем-л.*) of; рабóчий от станкá the man* at the bench; **5.** (*указывает на целое, которому принадлежит часть*) of, off; ключ от замкá key of the lock; пýговица от пальтó button off an overcoat, overcoat button; кры́шка от корóбки the lid of a box; (*отделившаяся*) the lid off a box; **6.** (*указывает на что-л., подлежащее устранению, прекращению и т. п.*) from, for; срéдство от зубнóй бóли remedy for toothache; укры́тие от дождя́ shelter from the rain; **7.** (*указывает на причину, основание чего-л.*) for, from; петь от рáдости sing* for joy; глазá, крáсные от слёз eyes red from weeping; почернéвший от врéмени black with age; **8.** (*указывает на другой предмет, который противопоставляется первому*) from; отличáть добрó от зла know* good from evil; **9.** (*употр. при обозначении даты документа*) of; письмó от пéрвого октября́ *one's* letter of October 1; **10.**: врéмя от врéмени from time to time; день ото дня́ with every (passing) day; ◇ "от всех ри́сков" (*условие стахования в контрактах купли-продажи*) *юр.* all risks.

отáва *ж. с.-х.* aftermath.

отáпливать, отопи́ть (*вн.*) heat (*smth.*).

отáра *ж.* flock (of sheep).

отбáвить *сов. см.* отбавля́ть.

отбав|ля́ть, отбáвить (*вн. рд.; отнимать, вынимать*) take* out a little (*smth.*); (*отливать, отсыпать*) pour out a little (*smth.*); ◇ хоть ~ля́й galore, enough and to spare, more than enough.

отбарабáн|ить *сов.* **1.** finish drumming; **2.** (*вн.*) *разг.* (*небрежно сказать, сыграть и т.п.*) rattle off (*smth.*); мáльчик отбарабáнил заýченные стихи́ the boy rattled off a piece of poetry.

отбегáть, отбежáть run* away; ~ в стóрону run* a few steps off.

отбежáть *сов. см.* отбегáть.

отбéливать, отбели́ть (*вн.*) bleach (*smth.*).

отбели́ть *сов. см.* отбéливать.

отбéлка *ж.* bleaching.

отбивáть, отби́ть **1.** (*вн.; отламывать*) break* (*smth.*) off; ~ молоткóм hammer (*smth.*) off; **2.** (*вн.; отражать*) beat* (*smth.*) off, repulse (*smb.*, *smth.*); ~ мяч return a ball; ~ удар parry a blow; отби́ть нападéние beat* off an attack; **3.** (*вн.; отнимать силой*) take* (*smth.*) away; (*брать обратно*) get* (*smth.*) back, recapture (*smth.*); **4.** (*вн.; ушибать*): ~ себé рýку, нóгу hurt* *one's* arm, foot*; **5.** (*вн.* у *рд.*) *разг.* (*привлекать к себе*) win* (*smb.*, *smth.*) away (from), snatch (*smb.*, *smth.* from); **6.** (*вн.; выстукивать, выбивать*) beat* (*smth.*); ~ такт beat* time; ~ побýдку sound the reveille; **7.** (*вн.*) *разг.* (*делать незаметным*) take* away (*smth.*); ~вкус, зáпах take* away the taste, smell; **~ся,** отби́ться **1.** (*отламываться*) be* broken off; **2.** (*отражать удары, атаки*) resist, repell attacks; **3.** (*отставать от кого-л.*) stray; корóва отби́лась от стáда a cow has strayed from the herd; **4.** (от *рд.*) *разг.* (*переставать заниматься чем-л.*) give* up (*smth.*), get* out of the way (of); ◇ отби́ться от рук get* (quite) out of hand.

отбивнáя *ж.* cutlet; (*с косточкой*) chop; свинáя ~ pork chop.

отбирáть, отобрáть **1.** (*вн.* у *рд.; отнимать*) take* (*smth.*) away (from), confiscate (*smth.* from); (*билеты*) collect (*smth.* from); ~ мяч *спорт.* tackle a ball; **2.** (*вн.; выбирать*) select (*smth.*), pick (*smth.*).

отби́ть(ся) *сов. см.* отбивáть(ся).

отблагодари́ть *сов.* (*вн.; вознаградить*) repay* *smb.'s* kindness; (*вн.* за) show* (*smb.*) *one's* appreciation (of).

óтблеск *м.* reflection, gleam.

отбó|й *м.* (*после воздушной тревоги*) the all-clear (signal); (*к отступлению или в конце* *боя)* the retreat; ◇ бить ~ beat* the retreat; *перен.* beat* a retreat, back out; ~ю нет от *кого-л., чего-л.* there is no end to *smb., smth.*, there is no getting rid of *smb., smth.*; ~ю нет от покупа́телей the shop is besieged by customers.

отбо́йный: ~ молото́к pick, pickax.

отбо́р *м.* selection; ~ проб sampling; **~ый 1.** *(отличный, первосортный)* select(ed), choice; picked; ~ные семена́ selected seeds; ~ные войска́ picked/crack troops; ~ные това́ры *торг.* choice goods; **2.** *разг.* *(непристойный)*: в са́мых ~ных выраже́ниях in the choicest language; ~ная ру́гань the vilest abuse.

отбо́рочн|ый selection *attr.*; ~ая коми́ссия selection committee; ~ые соревнова́ния *спорт.* qualifying round *sg.*, knock-out competition *sg.*, trials; ~ матч elimination game.

отбоя́риваться, отбоя́риться (от) *разг.* get* rid (of), escape *(smth.)*.

отбоя́риться *сов. см.* отбоя́риваться.

отбра́сывать, отбро́сить (*вн.*) **1.** (*назад*) throw*/fling* (*smb., smth.*) back; (*в сторону*) throw*/fling* (*smb., smth.*) aside; *перен.* (*отвергать*) cast* (*smth.*) aside, reject (*smth.*), discard (*smth.*); ~ сомне́ния throw* aside *one's* doubts; отбро́сить мысль cast* aside the thought; ~ неве́рную тео́рию reject a false theory; **2.** (*врага*) repulse (*smb., smth.*), throw* back (*smb., smth.*); **3.**: ~ тень cast* a shadow.

отбреха́ться *сов. см.* отбрёхиваться.

отбрёхиваться, отбреха́ться *разг.* retort sharply.

отбрива́ть, отбри́ть *(вн.) разг.* (*резко обрывать*) rebuff *(smb.)*, tell* off *(smb.)*; он так его́ отбри́л! he gave him what for.

отбри́ть *сов. см.* отбрива́ть.

отбро́сить *сов. см.* отбра́сывать.

отбро́сы *мн.* (*ед.* отбро́с *м.*) refuse *sg.*; пищевы́е ~ garbage *sg.*, offal *sg.*; ◇ ~ о́бщества dregs of society, scum of society *sg.*

отбыва́ть, отбы́ть **1.** (*уезжать*) leave* (for); ~ из Москвы́ в Волгогра́д leave* Moscow for Volgograd; **2.**: ~ наказа́ние serve a sentence; отбы́ть наказа́ние complete *one's* term, finish *one's* term.

отбы́т|ие *с.* **1.** (*отъезд*) departure; **2.**: по ~ии наказа́ния on completion of *one's* term.

отбы́ть *сов. см.* отбыва́ть.

отва́га *ж.* gallantry; (*смелость*) audacity; pluck *разг.*

отва́дить *сов. см.* отва́живать.

отва́живать, отва́дить (*вн.*) *разг.* (*от дома*) choke (*smb.*) off; (*от привычки*) break* (*smb.*) of the habit (of).

отва́ж|иваться, отва́житься dare, venture; **~иться** *сов. см.* отва́живаться; **~ный** gallant; (*смелый*) audacious; plucky *разг.*

отва́л *м.* **1.** *мор.* (*отплытие*) sailing; **2.** (*плуга*) moldboard; ◇ нае́сться до ~а stuff *one*self; накорми́ть *кого-л.* до ~а stuff *smb.* to bursting point.

отва́ливать, отвали́ть **1.** (*вн.; отодвигать в сторону*) throw* (*smth.*) aside; **2.** (*вн.*) *разг.* (*расщедрившись, одаривать*) hand out (*smth.*); **3.** *мор.* (*отчаливать*) cast* off; **~ся,** отвали́ться **1.** fall* off, peel off; **2.** *разг.* (*откидывать назад корпус*) lean* back.

отвали́ть(ся) *сов. см.* отва́ливать(ся).

отва́льная *ж. разг. скл. как прил.* farewell party.

отва́р *м.* brew; мясно́й ~ (meat) broth; ри́совый ~ rice-water.

отва́ривать, отвари́ть (*вн.*) boil (*smth.*).

отвари́ть *сов. см.* отва́ривать.

отварн|о́й boiled; ~а́я ры́ба boiled fish.

отве́дать *сов. см.* отве́дывать.

отве́дывать, отве́дать (*вн., рд.*) *разг.* **1.** (*пробовать*) try (*smth.*), taste (*smth.*); **2.** (*узнавать что-л., испытывать*) taste (*smth.*), know* what (*smth.*) feels like.

отвезти́ *сов. см.* отвози́ть.

отверга́ть, отве́ргнуть (*вн.*) **1.** reject (*smb., smth.*); refuse (*smth.*); turn (*smth.*) down *разг.*; **2.** *тж. несов.* (*отрицать*) repudiate (*smth.*).

отве́ргнуть *сов. см.* отверга́ть I.

отверд|ева́ть, отверде́ть become* firm; (*о жидкости*) solidify; **~е́лый** firm; (*о почве тж.*) caked; **~е́ние** *с.* **1.** (*действие*) hardening; **2.** callosity.

отверде́ть *сов. см.* отвердева́ть.

отве́рженный *прил.* **1.** outcast; **2.** *в знач. сущ. м.* outcast.

отверну́ть(ся) *сов. см.* отвёртывать(ся).

отве́рстие *с.* opening, aperture; orifice *научн.*; (*дыра*) gap, hole; *анат., зоол.* foramen; заднепрохо́дное ~ *анат.* anus.

отве́с *м.* **1.** plumb, plumb-line, plummet; **2.** (*склон*) sheer/vertical face, precipice.

отве́сить *сов. см.* отве́шивать.

отве́сный sheer, vertical.

отвести́ *сов. см.* отводи́ть.

отве́т *м.* **1.** answer, reply; (*к арифметической задаче*) answer; дать ~ *кому-л.* на *что-л.* give* *smb.* an answer to *smth.*; **2.** (*ответное чувство*) response, answer; **3.** (*ответственность*) responsibility; призва́ть *кого-л.* к ~у call *smb.* to account; за э́то мо́жно вас призва́ть к ~у you can be made to answer for that; ◇ в ~ на *что-л.* in answer/reply to *smth.*; in response to *smth.*; улыбну́ться в ~ smile back; быть в ~е за *что-л.* be* responsible for *smth.*; семь бед — оди́н ~! *погов.* ≅ you might as well be hung for a sheep as for a lamb; in for a penny, in for a pound.

ответв|и́ться *сов. см.* ответвля́ться; **~ле́ние** *с.* branch, offshoot, ramification; ~ле́ние в це́нтре *кино* center tap.

ответвля́ться, ответви́ться branch off.

отве́т|тить *сов.* **1.** *см.* отвеча́ть 1; **2.** (за *вн.*; *понести наказание*) pay* (for); ты за э́то ~ишь you'll pay for that; ~ голово́й за *что-л.* answer with *one's* life for *smth.*; **~ный:** ~ный визи́т return visit; ~ное письмо́ letter in reply; ~ная речь answering speech; ~ное чу́вство response, reciprocal feeling; ~ный матч *спорт.* return game.

отве́тственн|ость *ж.* responsibility; *юр.* *тж.* amenability; нести́ ~ за *что-л.* bear* the responsibility for *smth.*; на свою́ ~ on *one's* own responsibility; гражда́нская ~ *юр.* civil liability; материа́льная ~ material responsibility; ограни́ченная ~ (*акционера*) limited liability; солида́рная ~ joint responsibility; компа́ния с ограни́ченной ~остью limited liability company, limited company; ~ за ка́чество проду́кции products liability; ~ по долга́м liability for debts; ~ покупа́теля buyer's responsibility; ~ продавца́ seller's responsibility; ~ производи́теля за уще́рб *юр.* liability of producer for damage; **~ый** responsible; ~ый пе́ред *кем-л.* за *что-л.* responsible/accountable/answerable to *smb.* for *smth.*; ~ый моме́нт crucial moment; ~ая рабо́та responsible work; ~ое поруче́ние important assignment; ~ый рабо́тник senior official; ~ый съёмщик кварти́ры responsible tenant.

отве́тч|ик *м.*, **~ица** *ж.* *юр.* defendant, respondent; ~, зако́нным интере́сам кото́рого/кото́рой нанесён уще́рб aggrieved defendant; корпора́ция — ~ corporate defendant; ~ в суде́ defendant before the court; ~ по апелля́ции defendant in error.

отвеча́ть, отве́тить **1.** (*дт.*) answer (*smb.*), reply (to); (*отзываться*) respond (to); ~ на вопро́с reply to a question; ~ на письмо́ answer/acknowledge a letter; ~ на ого́нь проти́вника return the enemy's fire; ~ *кому-л.* взаи́мностью, ~ на *чьи-л.* чу́вства reciprocate *smb.'s* feelings; ~ отка́зом на про́сьбу refuse a request; ~ уро́к answer the teacher's questions, give* an account of what *one* has learned; **2.** *тк. несов.* (за *вн.*; *быть ответственным*) answer (for), be* responsible (for); ~ за ка́чество be* responsible for quality; вы бу́дете ~ за э́то you will be held accountable for it; **3.** *тк. несов.* (*дт.*; *соответствовать*) answer (to), correspond (to); ~ тре́бованиям answer the requirements; ◇ ~ голово́й за *что-л.* stake *one's* life on *smth.*; ты мне за э́то голово́й отве́тишь you will answer for this with your life.

отве́шивать, отве́сить (*вн.*, *рд.*) weight out (*smth.*); ◇ ~ покло́н bow, make* a bow; ~ покло́ны bow; отве́сить пощёчину *кому-л.* *разг.* give* *smb.* a good slap in the face.

отвёртка *ж.* screwdriver.

отвёртывать, отверну́ть (*вн.*) **1.** (*отвинчивать*) screw (*smth.*) off; (*винт*) unscrew (*smth.*); **2.** (*кран и т. п.*) turn on (*smth.*); **3.** (*отгибать*) fold back (*smth.*), turn back (*smth.*); **4.** (*повёртывать в сторону*) turn (*smth.*) away; **~ся,** отверну́ться **1.** (*отвинчиваться*) come* unscrewed, unscrew; **2.** (*отгибаться*) fold back; **3.** (*в сторону*) turn away, look away, avert *one's* face; (от *рд.*) *перен.* turn away (from); все отверну́лись от него́ everyone turned away from him.

отви́ливать, отвильну́ть (от *рд.*) *разг.* dodge (*smth.*); *несов.* *тж.* try to wriggle out (of); ~ от отве́та hedge.

отвильну́ть *сов.* *см.* отви́ливать.

отвинти́ть(ся) *сов.* *см.* отви́нчивать(ся).

отви́нчивать, отвинти́ть (*вн.*) unscrew (*smth.*); **~ся,** отвинти́ться unscrew, come* unscrewed.

отвиса́ть, отви́снуть hang* down, droop.

отвисе́ться *сов.* *разг.* lose* its creases on the hanger.

отви́сл|ый sagging, drooping; с ~ыми уша́ми lop-eared.

отви́снуть *сов.* *см.* отвиса́ть.

отвлека́ть, отвле́чь (*вн.*) **1.** (*отрывать от чего-л.*) divert (*smb.*, *smth.*), distract (*smb.*, *smth.*); ~ внима́ние divert attention; ~ *кого-л.* от дел distract *smb.* from his, her work, take* *smb.'s* mind off his, her work; ~ *кого-л.* от мы́слей divert *smb.*, provide *smb.* with a diversion/distraction; **2.** (*заставлять изменить направление*) divert (*smb.*, *smth.*); ~ резе́рвы проти́вника на себя́ draw* the enemy's reserves; **~ся,** отвле́чься divert *one's* attention; (*при рассказе, изложении*) digress.

отвлече́ни|е *с.* distraction; diversion; для ~я внима́ния to divert attention.

отвлечённ|ый abstract; ~ое поня́тие abstract conception; ~ые иде́и abstract ideas; ◇ ~ое и́мя существи́тельное *грам.* abstract noun; ~ое число́ *мат.* abstract number.

отвле́чь(ся) *сов.* *см.* отвлека́ть(ся).

отво́д *м.* **1.** (*воды*) diversion; **2.** (*участка земли и т. п.*) allotment, grant; **3.** *юр.* challenge; rejection, objection; ~ по конкре́тному основа́нию challenge for cause; ~ со ссы́лкой на пристра́стность challenge proper affectum; ~ чле́ну колле́гии прися́жных challenge to individual juror; ~ всему́ соста́ву прися́жных challenge to the array; ~ без указа́ния причи́ны peremptory challenge; заяви́ть ~ свиде́телю *юр.* challenge a witness; **4.** (*войск*) withdrawal; **5.** *тех.* branch-pipe; **6.** *кино*, *эл.* tap, tapping; ◇ для ~а глаз to distract attention; as a blind *разг.*

отводи́ть, отвести́ (*вн.*) **1.** (*доставлять куда-л.*) take* (*smb.*), conduct (*smb.*); отвести́ ребёнка в де́тский сад take* a child* to a nursery school; **2.** (*уводить откуда-л.*) lead* (*smb.*) away, bring* (*smb.*) away, take* (*smb.*) away; ~ *кого-л.* от окна́ bring* *smb.* away from the window; полк отвели́ в тыл the regiment was withdrawn to the rear; **3.** (*направлять в сторону от*) divert* (*smth.*), draw* (*smth.*) aside; *перен.* avert (*smth.*), ward off (*smth.*); ~ ве́тви draw* aside the branches; отвести́ беду́ ward off disaster; отвести́ уда́р deflect a blow; **4.** (*отвергать*) reject (*smb.*, *smth.*); ~ кандидату́ру reject *smb.'s* candidacy; ~ обвине́ние *юр.* reject an accusation; ~ кандидату́ры прися́жных challenge the jurors; **5.** (*предназначать для чего-л.*) allot (*smth.*). assign (*smth.*); ~ уча́сток под сад set* aside a garden plot; ~ вре́мя на *что-л.* allow time for *smth.*; ◇ ~ ду́шу unbosom *oneself*, unload *one's* heart.

отводно́й, отво́дный: ~ кана́л drain, drainage canal.

отвоева́ть *сов.* **1.** *см.* отвоёвывать; **2.** *разг.* (*кончить воевать*) finish fighting; **3.** *разг.* (*провоевать*) fight*; ~ две войны́ go* through two wars.

отвоева́ться *сов. разг.* have* done (*one's*) fighting, *one's* fighting days are over.

отвоёвывать, отвоева́ть (*вн.* у *рд.; прям. и перен.*) win* (back) (*smth.* from).

отвози́ть, отвезти́ (*вн.*) take* (*smth.*); (*человека тж.*) drive* (*smb.*).

отвора́чивать, отвороти́ть (*вн.*) *разг.* **1.** (*ворочая, отодвигать*) pull (*smth.*) aside, heave* (*smth.*) aside; ~ ка́мень heave* aside a rock; **2.** (*в сторону*) turn (*smth.*) away; ~ нос turn up *one's* nose; **3.** (*отгибать*) fold (*smth.*) back; **~ся,** отвороти́ться *разг.* turn away.

отвори́ть(ся) *сов. см.* отворя́ть(ся).

отворо́т *м.* (*одежды*) lapel; (*рукава*) cuff; (*на брюках*) turnup.

отвороти́ть(ся) *сов. см.* отвора́чивать(ся).

отворя́ть, отвори́ть (*вн.*) open (*smth.*); **~ся,** отвори́ться open, come* open.

отврати́тельн|о disgustingly, abominably; ~ па́хнуть smell* disgusting; ~ себя́ чу́вствовать feel* awful; ~ вы́глядеть look awful; **~ый** disgusting; (*отталкивающий*) repulsive, loathsome; (*плохой*) abominable; ~ый за́пах foul/repulsive smell; ~ая пого́да foul weather; ~ое поведе́ние abominable behavior.

отврати́ть *сов. см.* отвраща́ть.

отвращ|а́ть, отврати́ть (*вн.*) avert (*smth.*), ward off (*smth.*); **~е́ние** *с.* disgust, repugnance, loathing, aversion; пита́ть ~е́ние к *кому-л.* feel* an aversion for *smb.*

отвыка́ть, отвы́кнуть (от *рд.*) **1.** (*отучаться*) lose* the habit (of); get* out of the way (of); *несов. тж.* try to give up (+ -ing); try to break *oneself* (of + -ing); **2.** (*забывать кого-л., что-л.*) lose* *one's* attachment (to); (*людей тж.*) become* estranged (from).

отвы́кнуть *сов. см.* отвыка́ть.

отвяза́ть(ся) *сов. см.* отвя́зывать(ся).

отвя́зывать, отвяза́ть (*вн.*) untie (*smth.*), unfasten (*smth.*); **~ся,** отвяза́ться **1.** come* untied/unfastened; **2.** (от *рд.*) *разг.* (*отделываться*) get* rid (of), shake* (*smb.*) off; **3.** (от *рд.*) *разг.* (*оставлять в покое*) leave* (*smb.*) alone.

отгада́ть *сов. см.* отга́дывать.

отга́д|ка *ж.* answer, solution; **~чик** *м.*, **~чица** *ж.* guesser, diviner.

отга́дывать, отгада́ть (*вн.*) guess (*smth.*); (*загадку*) solve (*smth.*).

отгиба́ть, отогну́ть (*вн.*) **1.** (*распрямлять*) straighten out (*smth.*), unbend* (*smth.*); **2.** (*завёртывать край чего-л.*) turn back (*smth.*), bend* back (*smth.*); ~ рукава́ turn back the sleeves.

отглаго́льн|ый *грам.* verbal; ~ое существи́тельное verbal noun.

отгла́дить(ся) *сов. см.* отгла́живать(ся).

отгла́живать, отгла́дить (*вн.*) press (*smth.*); (*небольшие вещи*) iron (*smth.*); **~ся,** отгла́диться press, iron.

отгова́ривать, отговори́ть (*вн.* от *рд.*) dissuade (*smb.* from), talk (*smb.*) out of it; *несов. тж.* try to talk (*smb.*) out of it; **~ся,** отговори́ться (*тв.*) plead (*smth.*), use (*smth.*) as an excuse; ~ся незна́нием, боле́знью *и т. п.* plead ignorance, illness *etc.*

отговори́ть(ся) *сов. см.* отгова́ривать(ся).

отгово́р|ка *ж.* excuse; без ~ок! no excuses!; отде́лываться ~ками try to get out of doing *smth.* with lame excuses.

отголо́сок *м.* (*прям. и перен.*) echo, reverberation.

отгоня́ть, отогна́ть (*вн.*) **1.** drive* (*smb., smth.*) away; **2.**: ~ мысль dismiss the thought, shake* off the thought.

отгора́живать, отгороди́ть (*вн.*) rail (*smth.*) off; (*верёвкой*) rope (*smth.*) off; (*перегородкой*) partition (*smth.*) off; (*земельный участок*) enclose (*smth.*), shut* (*smth.*) in; (*вн.* от *рд.*) *перен.* shut* (*smth.*) off (from), keep* (*smb.*) away (from); **~ся,** отгороди́ться be* fenced/railed off; (*ширмой*) be* screened off; *перен.* (*отстраняться*) hold* *one*self aloof.

отгора́ть, отгоре́ть burn* down/ out, be* exstinguished.

отгоре́ть *сов. см.* отгора́ть.

отгороди́ть(ся) *сов. см.* отгора́живать(ся).

отгреба́ть, отгрести́ **1.** (*вн.; граблями и т.п.*) rake (*smth.*) away/aside; **2.** (*вёслами*) row away.

отгреме́ть *сов.* (thunder and) die away.

отгрести́ *сов. см.* отгреба́ть.

отгро́хать *сов. разг.* (*построить, организовать*) ~особня́к erect a magnificent residence.

отгружа́ть, отгрузи́ть (*вн.*) dispatch (*smth.*), ship (*smth.*).

отгрузи́ть *сов. см.* отгружа́ть.

отгру́зк|а *ж.* dispatch, shipping, shipment; встре́чная ~ *торг.* counter shipment; досро́чная ~ prior shipment; ~, обусло́вленная соглаше́нием shipment specified by an agreement; заде́ржка ~и delay in shipment; оформле́ние ~и documentation of shipment; подтвержде́ние ~и confirmation of shipment.

отгрыза́ть, отгры́зть (*вн.*) bite* (*smth.*) off, gnaw (*smth.*) off.

отгры́зть *сов. см.* отгрыза́ть.

отгу́л *м.* compensatory leave/holiday.

отгул|я́ть *сов.*: я ~я́л свой о́тпуск I've had my holiday; ~ два дня за ночно́е дежу́рство take*/have* two days off to make up for night duty.

отдава́ть, отда́ть **1.** (*вн.; возвращать*) give* (*smth.*) back, return (*smth.*); ~ *кому-л.* долг pay* *smb.* a debt; **2.** (*вн.; давать*) give* (*smth.*), give* up (*smth.*); *перен.* (*посвящать чему-л.*) devote (*smth.*); ~ зе́млю в аре́нду rent land; ~ ту́фли в ремо́нт take* *one's* shoes to be repared; отда́ть статью́ на реце́нзию submit an article for review; ~ жизнь за *кого-л., что-л.* give* *one's* life for *smb., smth.*; **3.** (*вн.; отправлять куда-л. учиться*) put* (*smb.*), send* (*smb.*); ~ дете́й в шко́лу send* the children to school; **4.** *тк. несов.* (*тв.*) (*иметь привкус*) taste (of); (*иметь запах*) smell* (of); *перен. разг.* savor (of), smack (of); **5.** (*вн.* за *вн.*; *выдавать замуж*) marry (*smb.* to), give* (*smb.*) in marriage (to); **6.**: ~ прика́з issue an order; ~ распоряже́ние give* instructions; ~ предпочте́ние give* preference; ~ *кого-л.* под суд take* *smb.* to court; **7.** (*вн.* за *вн.*) *разг.* (*продавать*) let* (*smth.*) go (for); ~ за бесце́нок let* it go for next to nothing; **8.** (*об оружии*) kick, recoil; **9.** (*вн.*) *мор.* cast* (*smth.*); ~ концы́ cast* off; ~ я́корь cast*/drop anchor; ◇ не ~ себе́ отчёта в *чём-л.* fail to realize *smth.*; ~ до́лжное *кому-л.* give* *smb.* his, her due; ~ после́дний долг (*дт.*) pay* the last honors (to); ~ честь (*дт.*) *воен.* salute (*smb.*); **~ся,** отда́ться **1.** (*дт.*) give* *oneself* up (to), abandon *oneself* (to); **2.** (*дт.*; *посвящать себя*) devote *oneself* (to); **3.** (*раздаваться*) echo, ring*, reverberate.

отдави́ть *сов.*: ~ *кому-л.* но́гу tread* on *smb.'s* foot*.

отдале́ни|е *с.* (*отчуждение*) estrangement; ◇ в ~и in the distance; в ~и от *чего-л.* remote from *smth.*

отдалённ|ый remote, distant; (*имеющий большое протяжение тж.*) long; ~ райо́н remote area; ~ое схо́дство distant/faint likeness; ~ые пре́дки remote ancestors; в ~ые времена́ in far-off days; ~ое бу́дущее the distant future; ~ая причи́нная связь *юр.* (*в отношении ущерба, убытков*) remoteness; ~ая сро́чная пози́ция distant position; ~ые ко́свенные убы́тки *юр.* remote damages.

отдали́ть(ся) *сов. см.* отдаля́ть(ся).

отдаля́ть, отдали́ть **1.** (*вн.* от *рд.*) hold* (*smth.*) away (from); **2.** (*вн.*; *отсрочивать*) postpone (*smth.*), put* (*smth.*) off; **3.** (*вн.*; *вызвать отчуждение*) estrange (*smb.*); **~ся,** отдали́ться (от *рд.*) **1.** move away (from); бе́рег отдаля́лся the shore receded; **2.** (*переставать общаться с кем-л.*) shun (*smb.*); ◇ ~ся от те́мы stray from the subject.

отда́ть *сов. см.* отдава́ть 1, 2, 3, 5, 6, 7, 8, 9; **~ся** *сов. см.* отдава́ться.

отда́ч|а *ж.* **1.** giving; ~ в зало́г lending; ~ внаём letting; **2.** (*возвращение*) return; **3.** (*оружия*) recoil, kick; ◇ без ~и with no intention of repaying/returning; с по́лной ~ей to full effect.

отде́л *м.* **1.** (*в книге и т. п.*) section; **2.** (*науки*) branch; **3.** (*учреждения*) department; ~ ка́дров personnel department; спра́вочный ~ information bureau; ~ здравоохране́ния Board of Health; валю́тный ~ foreign exchange department; инка́ссовый ~ collection department; комме́рческий ~ sales department; ревизио́нно-контро́льный ~ auditing department; тра́стовый ~ trust department; хозя́йственный ~ general service department; ~ ави́зо advice department; ~ вкла́дов deposit department; ~ вну́тренней реви́зии internal auditing department; ~ контра́ктов contracts department; ~ контро́ля ка́чества quality control department; ~ котиро́вок quotation department; ~ разви́тия new-business department; ~ рекла́мы publicity department; ~ сберега́тельных вкла́дов savings department; ~ сбы́та distribution/sales department; ~ труда́ и зарпла́ты labor-and-wages department; ~ це́нных бума́г stock department; ~ ано́нсов для кинофи́льмов *кино* trailer department; ~ декорати́вно-техни́ческих сооруже́ний construction department; ~ зе́лени green department; ~ маке́тных съёмок miniature department; ~ на́йма киноактёров casting department; ~ передвиже́ния *кино* grip department; ~ ЗАГС *юр.* registry.

отде́лать(ся) *сов. см.* отде́лывать(ся).

отделе́ние *с.* **1.** (*действие*) separation; **2.** (*учреждения*) section; (*отдел*) department; (*филиал*) branch; ~ мили́ции branch office of the militia; **3.** (*помещения*) compartment; section; (*письменного стола*) pigeonhole; (*ящика*) partition; **4.** (*концерта и т. п.*) part; **5.** *воен.* section; squad *амер.*

отдели́мый detachable.

отдели́ть *сов. см.* отделя́ть 1, 2, 4,; **~ся** *сов. см.* отделя́ться.

отде́лк|а *ж.* **1.** (*действие*) finishing off; (*квартиры*) decoration, decorating; (*платья*) trimming; он заня́т оконча́тельной ~ой своей́ рабо́ты he is putting the finishing touches to his work; **2.** (*украшение — на платье*) trimmings *pl*; (*помещения*) decorations *pl*; (*поверхности материала*) finish; вну́тренняя ~ interior decoration.

отде́лочн|ый finishing; ~ые рабо́ты painting and decorating.

отде́лывать, отде́лать (*вн.*) **1.** (*придавать законченный вид чему-л.*) perfect (*smth.*), bring* (*smth.*) to perfection; **2.** (*украшать*) decorate (*smth.*); (*одежду*) trim (*smth.*); (*поверхность чего-л.*) put* a finish (on) **~ся,** отде́латься *разг.* **1.** (от *рд.*; *освобождаться, закончив что-л.*) finish (*smth.*), be* through (*smth.*) **2.** (от *рд.*; *избавляться*) get* rid (of), shake* (*smth.*) off; **3.** (*тв.*; *испытывать что-л. незначительное*) get* off (with); отде́латься испу́гом, просту́дой get* off with nothing more than a fright, a cold; легко́ отде́латься get* off lightly; **4.**: отде́латься отгово́рками avoid giving a direct answer.

отде́льн|о separately; (*в одиночку*) individually; singly; ~ запи́санная фоногра́мма кино wild track; жить ~ от *кого-л.* live apart from *smb.*; ~ стоя́щий detached; **~ость** *ж.*: ка́ждый в ~ости each separately; взя́тый в ~ости taken separately; **~ый** separate; ~ая кварти́ра a flat to *oneself*; self-contained flat; ~ый ход private entrance; ~ые ли́ца some individuals; в ка́ждом ~ом слу́чае in each individual case; ~ый счёт *фин.* special account; ~ая магни́тная доро́жка *кино, жарг.* separate magnetic track/sepmag; ~ая опти́ческая доро́жка *кино, жарг.* separate optical track/sepopt; ~ые съёмки сцен для гла́вной постано́вки *кино* second unit.

отделя́ть, отдели́ть (*вн.*) **1.** separate (*smb., smth.*); (*изолировать*) remove (*smb.*) from contact (with); (*разъединять*) cut off (*smb.*); ~ *что-л.* перегоро́дкой partition *smth.* off; ~ *что-л.* занаве́ской curtain *smth.* off; **2.** (*отличать*) distinguish (*smth.*); ~ пра́вду от лжи distinguish truth from falsehood; **3.** *тк. несов.* (*служить границей чего-л.*) divide (*smth.*), separate (*smth.*); **4.** (*выделять*) allot (*smth.*); ◇ отдели́ть ове́ц от ко́злищ *библ.* separate the sheep from the goats; **~ся,** отдели́ться **1.** (от *рд.*) (*отпадать от чего-л.*) come* off (*smth.*), part (from), detach itself (from), come* away (from); кора́ отдели́лась от ствола́ the bark came/peeled off the trunk; **2.** (*отходить, удаляться*) leave* (*smth.*), move away (from), detach *oneself* (from).

отдёргивать, отдёрнуть (*вн.*) draw* (*smth.*) back; (*резко*) jerk (*smth.*) back; (*занавеску*) draw* *smth.* aside.

отдёрнуть *сов. см.* отдёргивать.

отдира́ть, отодра́ть (*вн.*) tear* (*smth.*) off, rip (*smth.*) off.

отдохну́ть *сов. см.* отдыха́ть.

отдуба́сить *сов. см.* дуба́сить I.

отдува́ться *несов.* (*вн.*) **1.** blow*, pant; **2.** *разг.* (*нести ответственность за какие-л. ошибки*) take* the rap (for); мне прихо́дится ~ за всех everything is left to me, I have to stand the racket.

отду́шина *ж.* vent; *перен. тж.* safety valve.

о́тдых *м.* rest; (*в течение нескольких дней тж.*) holiday; (*развлечение*) recreation, relaxation; нужда́ться в ~е need rest; пра́во на ~ the right to rest; ◇ без ~а incessantly; не дава́ть *кому-л.* ни ~у ни сро́ку never give* *smb.* a moment's peace.

отдыха́ть, отдохну́ть (have* a) rest; (*брать отпуск*) take* a holiday; вам на́до отдохну́ть you need a rest.

отдыха́ющий *м.* holidaymaker; (*в доме отдыхы*) guest.

отдыша́ться *сов.* recover *one's* breath, get* *one's* breath back.

отека́ть, оте́чь **1.** swell*; (*о лице*) become* puffy; (*неметь*) become* numb; **2.** (*о свече*) drip.

отели́ться *сов. см.* тели́ться.

оте́ль *м.* hotel.

отепли́ть *сов. см.* отепля́ть.

отепля́ть, отепли́ть (*вн.*) make* (*smth.*) winterproof, winterize (*smth.*).

оте́ц *м.* father; приёмный ~ foster-father.

оте́ческ|ий paternal, fatherly; ~ая ла́ска paternal affection; ~ая забо́та о *ком-л.* paternal care for *smb.*

оте́чественн|ый domestic, home; ~ая нау́ка the science of our country; това́ры ~ого произво́дства home-produced goods; ◇ ~ая война́ patriotic war.

оте́чество *с.* native land, fatherland.

оте́чь *сов. см.* отека́ть.

отёк *м.* (dropsical) swelling; ~ лёгких edema of the lungs; ~и под глаза́ми puffiness under the eyes.

отёл *м.* calving.

отёчный dropsical.

отжа́ть *сов. см.* отжима́ть.

отжива́ть *несов.* **1.** pass the rest of *one's* life; **2.** (*устаревать*) be* falling into disuse, becoming a thing of the past, be* obsolescent.

отжи́вший 1. who has had his, her day *после сущ.* **2.** (*устарелый*) obsolete, out-of-date.

отжима́ть, отжа́ть (*вн.*) wring* (*smth.*) out; ~ бельё wring* (out) the washing; ~ во́ду из *чего-л.* wring* the water out of *smth.*

отжи́ть *сов.* **1.** have* had *one's* life; *перен.* pass, die away; ~ свой век have* had *one's* day; **2.** (*устареть*) become* obsolete, fall* into disuse, be* out-of-date.

отзвене́ть *сов.* finish ringing.

отзвони́ть *сов.* **1.** (*вн.; о часах*) strike* (*smth.*); **2.** (*перестать звонить*) finish ringing; (*о часах*) finish striking.

о́тзвук *м.* **1.** echo; (*доносящийся издалека звук*) reverberation; **2.** (*ответное чувство*) response; **3.** (*отражение, следствие чего-л.*) reverberation.

отзвуча́ть *сов.* sound, die away.

о́тзыв *м.* **1.** (*мнение*) report, opinion; (*характеристика*) testimonial; (*рецензия*) criticism, review; кни́га получи́ла благоприя́тные ~ы the book received favorable reviews; **2.** *воен.* reply (to the password).

отзы́в *м.* (*отозвание*) recall; ~ ве́кселя *эк.* withdrawal of a bill; ~ депози́та withdrawal of a deposit; ~ офе́рты *эк.* revocation; ~ посла́ recall of an ambassador.

отзыва́ть I, отозва́ть (*вн.*) **1.** (*позвав, заставлять отойти куда-л.*) take* (*smb.*) aside; (*собаку*) call of (*smth.*); отозва́ть *кого-л.* в сто́рону take* *smb.* aside; **2.** (*заставлять покинуть какой-л. пост*) recall (*smb.*); отозва́ть посла́ recall an ambassador.

отзыва́ть II *несов.* (*тв.*) *разг.* (*иметь привкус, запах*) taste (of); smell* faintly (of).

отзыва́ться, отозва́ться **1.** (*откликаться*) respond; никто́ не отозва́лся there was no response; **2.** (о *пр.; высказывать своё мнение*) speak* (of); хорошо́ ~ о *ком-л.* speak* well of *smb.*; пло́хо ~ о *ком-л.* give* a bad* report of *smb.*; как он о нём отзыва́ется? what does he say about him?; what report does he give about him?; **3.** (на *пр.; отражаться*) affect (*smb.*).

отзывн|о́й *дип.* recall *attr.*; ~ы́е гра́моты letters of recall.

отзы́вчив|ость *ж.* sympathy; responsiveness; **~ый 1.** sympathetic; ~ый челове́к sympathetic person; **2.** (*живо реагирующий на что-л.*) responsive.

отка́з *м.* refusal; (*отречение*) rejection, repudiation; ~ в про́сьбе refusal of *one*'s request; получи́ть ~ meet* with a refusal; не знать ни в чём ~а never have* had a single wish refused; (*от* *права, претензий*) waiver; ~ от протéста (*векселя*) *юр.* waiver of demand (*notice*), waiver of protest; ~ от акцéпта *юр.* dishonor; ~ в перевóзке (*авиапассажиру*) denied boarding; ◇ дéйствовать, рабóтать без ~а work faultlessly/perfectly; до ~а to capacity.

отказáть(ся) *сов. см.* откáзывать(ся).

откáзывать, отказáть **1.** (*дт.* в *пр.; отвечать отрицательно на просьбу и т. п.*) refuse (*smb., smth.*), deny (*smb., smth.*); отказáть *кому-л.* в пóмощи refuse/deny *smb.* assistance, refuse to help *smb.*; ~ *кому-л.* в деньгáх refuse *smb.'s* request for money; **2.** (*дт.* в *пр.; лишать чего-л.*) deny (*smb., smth.*), deprive (*smb.* of); отказáть себé в сáмом необходúмом deny *oneself* the barest necessities; не ~ себé ни в чём deny *oneself* nothing; **3.** (*дт.* в *пр.; не признавать наличия чего-л. у кого-л.*): емý нельзя́ отказáть в талáнте there is no denying he has talent; емý нельзя́ отказáть в остроýмии it cannot be denied that he is witty; **4.** *разг.* (*переставать действовать*) fail, go* belly up, pack up; мотóр отказáл the engine packed up; ◇ не откажúте в любéзности ... be so kind as to ...**~ся,** отказáться **1.** (от *рд.*, + *инф.; не соглашаться на что-л.*) decline (+ to *inf.*); **2.** (от *рд.; не принимать что-л., отвергать*) reject (*smth.*), decline (*smth.*), give* up (*smth.*); ~ся от своúх прав renounce/relinquish *one's* rights; **3.** (от *рд.; отрекаться от кого-л.*) disown (*smb.*), renounce (*smb.*), repudiate (*smb.*); **4.** (от *рд.*, + *инф.; не признавать своим*) renounce (*smth.*); ~ся от своúх слов renounce/withdraw* *one's* words; ~ся от своéй пóдписи refuse to acknowledge *one's* signature; **5.** (от *рд.; отступаться от чего-л.*) give* up (*smth.*); ~ся от мы́сли give* up the idea; ~ся от своúх убеждéний recant; ~ся от претéнзий *юр.* waive; **6.** (*переставать действовать, подчиняться*) fail, refuse to obey *one*; (*о механизмах*) fail; ◇ не откажýсь, не отказáлся бы (+ *инф.*) I wouldn't mind at all; I wouldn't mind (+ -ing); не откажýсь от чáшки чáя I wouldn't mind a cup of tea.

откáлывать I, отколóть (*вн.; отрубать*) chop (*smth.*) off; отколóть кусóк сáхара break* off a lump of sugar; ◇ откáлывать номерá play pranks.

откáлывать II, отколóть (*вн.; отшпиливать*) unpin (*smth.*); отколóть бант unpin a ribbon.

откáлываться I, отколóться break* off, break* away (*тж. перен.*).

откáлываться II, отколóться (*о чём-л. приколотом*) come* unpinned/unfastened; бант откóлóлся the ribbon came unpinned.

откáпывать, откопáть (*вн.*) dig* (*smth.*) up; (*тело*) exhume (*smth.*); *перен. разг.* dig* up (*smth.*); где вы э́то откопáли? where on earth did you get it?

откáрмливать, откормúть (*вн.*) fatten (*smth.*) (up); ~ свинью́ на убóй fatten a pig for slaughter.

откáт *м.* (*орудия*) recoil.

откатúть(ся) *сов. см.* откáтывать(ся).

откáтка *ж. горн.* haulage, hauling.

откáтчик *м.* hauler.

откáтывать, откатúть (*вн.*) roll (*smth.*) away; (*в сторону*) roll (*smth.*) aside; (*уголь*) truck (*smth.*); откатúть бревнó roll a log aside; **~ся,** откатúться **1.** roll away; (*в сторону*) roll aside; (*об орудии*) recoil; (*на коньках*) skate away; **2.** (*о войсках*) roll back.

откачáть *сов. см.* откáчивать.

откáчивать, откачáть (*вн.*) **1.** (*насосом*) pump (*smth.*) out; **2.** (*утопленника*) give* (*smb.*) artificial respiration.

откачнýться *сов.* swing* back; (*о человеке*) reel back.

откáшливаться, откáшляться clear *one's* throat.

откáшляться *сов. см.* откáшливаться.

откидн|óй folding; ~ борт flap; ~óе сидéнье hinged seat; ~ верх folding hood.

откúдывать, откúнуть (*вн.*) **1.** (*отбрасывать*) throw* (*smb., smth.*), fling* (*smb., smth.*), throw*/fling* (*smb., smth.*) aside; *перен.* cast* (*smth.*) aside, banish (*smth.*); рéзкий толчóк откúнул егó назáд the sharp jolt threw him back; откúнуть кáмень с дорóги throw* a stone off the road; откúнь все своú сомнéния cast aside all your doubts; **2.** (*отогнув, открывать*) raise (*smth.*), lower (*smth.*); откúнуть кры́шку роя́ля raise the lid of a piano; откúнуть борт грузовикá lower the side of a lorry; **3.** *разг.* (*заставлять отступить*) throw* back (*smb., smth.*); **~ся,** откúнуться lean* back.

откúнуть(ся) *сов. см.* откúдывать(ся).

отклáдывать, отложúть (*вн.*) **1.** (*в сторону*) lay* (*smth.*) aside, put* (*smth.*) aside; (*про запас*) lay* (*smth.*) up/by, put* (*smth.*) by; ~ дéньги save money, save up; **2.** (*отсрочивать*) put* (*smth.*) off, postpone (*smth.*), adjourn (*smth.*), shelve (*smth.*); ~ пáртию *шахм.* adjourn the game.

отклáняться *сов. уст.* take* *one's* leave.

отклéивать, отклéить (*вн.*) unstick* (*smth.*), unglue (*smth.*); **~ся,** отклéиться come* off, come* unstuck.

отклéить(ся) *сов. см.* отклéивать(ся).

óтклик *м.* **1.** (*ответ*) response (*тж. перен.*); (*отзвук, эхо*) echo, reverberation; ~ недáвних собы́тий echo of recent happenings; **2.** *обыкн. мн.* (*отзывы*) comment(s); reaction *sg.*; ~и в печáти press comments; ~и на статью́ reaction to an article.

откликáться, отклúкнуться (на *вн.*) respond (to); отклúкнуться на собы́тия show* an interest in what is going on; на э́ту прóсьбу отклúкнулись все everyone responded (to this request).

отклúкнуться *сов. см.* откликáться.

отклон|éние *с.* **1.** (*в сторону*) deflection, deviation; ~ стрéлки deflection of the needle; **2.**

(*предложения и т. п.*) rejection; (*просьбы*) refusal, denial; ~ и́ска *юр.* rejection of an action; ~ прете́нзии по причи́не необосно́ванности turning down a groundless claim; ~ това́ра из-за несоотве́тствия ка́чества rejection of offer because of inferior quality; ~ офе́рты из-за неприе́млемости усло́вий rejection of an offer because of unacceptable terms; ~ хода́тайства rejection of an application; обосно́ванность ~е́ния *юр.* grounds/basis for rejection; **3.** (от *рд.; отступление от чего-л.*) departure (from), deviation (from); ~ су́дна от ку́рса ship's deviation; ~ луча́ в электро́нно-лучево́й тру́бке *кино* time base; ~ от те́мы digression; ~ от но́рмы departure from the norm; **~и́ть(ся)** *сов. см.* отклоня́ть(ся).

отклоня́ть, отклони́ть (*вн.*) **1.** (*в сторону*) deflect (*smth.*); **2.** (*предложение и т. п.*) reject (*smth.*), turn (*smth.*) down; (*просьбу*) refuse (*smth.*), deny (*smth.*); **~ся,** отклони́ться **1.** deviate; стре́лка отклони́лась впра́во the needle swung to the right; **2.** (от *рд.; уклоняться от первоначального направления*) deviate (from); *перен.* (*отвлекаться*) digress (from); кора́бль отклони́лся от взя́того ку́рса the ship deviated from its course; отклони́ться от те́мы digress; stray from the subject.

отключа́ть, отключи́ть (*вн.*) disconnect (*smth.*); **~ся,** отключи́ться become* disconnected.

отключи́ть(ся) *сов. см.* отключа́ть(ся).

откозыря́ть *сов.* (*дт.*) *разг.* salute (*smb.*).

отколоти́ть *сов.* (*вн.*) *разг.* (*избить*) beat* (*smb.*) up, give* (*smb.*) a beating/hiding.

отколо́ть I, II *сов. см.* отка́лывать I, II.

отколо́ться I, II *сов. см.* отка́лываться I, II.

откомандирова́ть *сов.* (*вн.*) send* (*smb.*).

откопа́ть *сов. см.* отка́пывать.

отко́рм *м. с.-х.* fattening.

откорми́ть *сов. см.* отка́рмливать.

отко́рмленный well-nourished; (*для убоя*) fattened.

отко́с *м.* slope; ◇ пусти́ть по́езд под ~ derail a train.

откочева́ть *сов. см.* откочёвывать.

откочёвывать, откочева́ть move on (to a new place).

открепи́тельный transfer *attr.*

открепи́ть(ся) *сов. см.* открепля́ть(ся).

открепля́ть, открепи́ть (*вн.*) **1.** unfasten (*smth.*); **2.** (*снимать с учёта*) strike* (*smb.*) off the list; **~ся,** открепи́ться **1.** come* unfastened; **2.** (*сниматься с учёта*) be* struck off the list.

открове́ние́ *с.* revelation; ~ Иоа́нна Богосло́ва *библ.* the Revelation.

открове́нничать *несов.* (с *тв.*) *разг.* confide (in), speak* of private matters (to); open *one's* heart (to).

открове́нн|ость *ж.* frankness; **~ый 1.** (*чистосердечный, искренний*) frank, outspoken; ~ый челове́к outspoken person; ~ое призна́ние frank avowal; **2.** (*нескрываемый, явный*) undisguised, open; в его́ глаза́х вспы́хнуло ~ое презре́ние a gleam of undisguised contempt came into his eyes.

откромса́ть *сов. (вн.) разг.* cut* *(smth.)* off carelessly.

открути́ть, откру́чивать (*вн.; отвинчивать*) unscrew (*smth.*).

открыва́ть, откры́ть (*вн.*) **1.** open (*smth.*); ~ я́щик (стола́) (pull) open a drawer; откры́ть роя́ль open the piano; откры́ть кастрю́лю take* the lid off a sausepan; откры́ть грани́цу open the frontier; откры́ть но́вую шко́лу open a new school; **2.** (*освобождать от чего-л. покрывающего*) uncover (*smth.*); (*делать видимым*) disclose (*smth.*), reveal (*smth.*); show* (*smth.*); ~ лицо́, го́лову uncover *one's* face, head; ~ па́мятник unveil a statue/monument; **3.** *разг.* (*вводить в действие*) turn on (*smth.*); ~ кран turn on the tap; **4.** (*начинать что-л.*) start (*smth.*), launch (*smth.*); откры́ть собра́ние open a meeting; откры́ть сезо́н launch the season; **5.** (*тайну и т. п.*) reveal (*smth.*); **6.** (*находить, выявлять*) discover (*smth.*); откры́ть но́вую плане́ту discover a new planet; откры́ть нефть strike* oil; ◇ ~ *кому-л.* глаза́ на *что-л.* open *smb.'s* eyes to *smth.*; ~ ка́рты show *one*'s hand/game; ~ ду́шу *кому-л.* open *one*'s heart before *smb.*; *перен.* ~ Аме́рику — retail stale news; откры́ть счёт 1) *бухг.* open an account; 2) *спорт.* open the score; **~ся,** откры́ться **1.** open; *перен.* open up; чемода́н откры́лся the case opened; зо́нтик откры́лся the umbrella opened; **2.** (*показываться, представать взору*) be* revealed (to), open up (before); **3.** (*становиться понятным*) be* revealed, come* clear; **4.** (*становиться известным*) come* to light, come* out; **5.** (*об учреждениях и т. п.*) open; (*начинаться*) begin*; **6.** (*признаваться в чём-л.*) confide; ~ся во всём *кому-л.* tell* *smb.* everything; ◇ у меня́ откры́лись глаза́ my eyes were opened.

откры́ти|е *с.* **1.** opening: день ~я opening day; ~ диафра́гмы объекти́ва *кино* lens opening; ~ счёта *фин.* opening an account; **2.** (*то, что установлено в результате изысканий и т. п.*) discovery; *перен.* (*откровение*) revelation.

откры́тка *ж.* postcard; (*с художественным изображением*) picture postcard.

откры́т|о openly; (*откровенно*) frankly; **~ый 1.** (*доступный взору*) open, unrestricted; ~ая ме́стность open country; **2.** (*без навеса и покрытия*) open; ~ая платфо́рма open platform; **3.** (*доступный для нападения*) exposed; ~ые фла́нги exposed flanks; **4.** (*обнажённый*) bare; (*глубоко вырезанный — о платье*) low-necked; **5.** (*доступный для всех*) open; ~ый контра́кт *торг.* open contract, open position; ~ый счёт *фин.* open account; ~ые торги́ *мн.* public auction *sg.*; **6.** (*искренний*) open, candid; ~ый взгляд frank expression; **7.** (*нескрываемый, явный*) open, undisguised; **8.** *горн.* open, opencast; ~ая разрабо́тка месторожде́ний opencast working/mining of deposits; ◇ ~ая ра́на open wound; ~ый вопро́с open question; ~ое мо́ре open sea, *тж. юр.* high seas *pl.*; ~ое письмо́ (*публикуемое в газете*) open letter; ~ое голосова́ние voting by show of hands, open vote; объявля́ть заседа́ние ~ым declare the meeting open; под ~ым не́бом out-of-doors, in the open air; ~ым те́кстом in so many words; с ~ой душо́й open-hearted; в ~ую showing *one's* hand; с ~ыми глаза́ми with open eyes.

откры́ть(ся) *сов. см.* открыва́ть(ся).

отку́да 1. *вопр.* where ... from; ~ вы? where are you from?; (*о происхождении тж.*) where do you come from?; ~ вы (э́то) зна́ете? how do you know?; 2. *относ.* from which; го́род, ~ он прие́хал, о́чень большо́й the city he has come from is a very big one; ~ сле́дует, что ... from which it follows that ...; hence; ◇ ~ ни возьми́сь suddenly, out of the blue.

отку́да|-ли́бо, ~-нибу́дь from somewhere or other.

отку́да-то from somewhere.

о́ткуп *м. ист.* farming; брать на ~(*вн.*) farm *smth.*; *перен.* take* complete control (of); отдава́ть на ~ (*вн.*) farm out (*smth.*), *перен.* give* *smb.* complete control over *smth.*

откуп|а́ть, откупи́ть (*вн.*) buy*, farm (*smth.*) out; **~а́ть(ся),** откупи́ть(ся) pay* off; **~и́ть(ся)** *сов. см.* откупа́ться.

отку́поривать, отку́порить (*вн.*) (*бутылку*) open (*smth.*); (*бочку*) tap (*smth.*), broach (*smth.*).

отку́порить *сов. см.* отку́поривать.

откупщи́к *м. ист.* tax farmer.

откуси́ть *сов. см.* отку́сывать.

отку́сывать, откуси́ть (*вн., рд.*) 1. bite* (*smth.*) off; откуси́ть хле́ба bite* off a piece of bread, take* a piece of bread; 2. (*клещами, кусачками*) cut* off (*smth.*), nip off (*smth.*).

отлага́тельств|о *с.* delay, procrastination; де́ло не те́рпит ~а the matter is urgent.

отлага́ть, отложи́ть 1. *см.* откла́дывать 2; 2. (*вн.*) *геол.* deposit (*smth.*).

отла́мывать, отлома́ть, отломи́ть (*вн.*) break* (*smth.*) off; отлома́ть ру́чку две́ри pull/break* the handle of a door; отломи́ть кусо́к хле́ба break* off a piece of bread; **~ся,** отлома́ться, отломи́ться break* off.

отлежа́ть *сов.*: ~ себе́ бок get* stiff from lying.

отлежа́ться *сов. см.* отлёживаться I.

отлета́ть, отлете́ть 1. (*улетать*) fly* away, fly* off; 2. (*отскакивать*) reel back; (*о мяче*) rebound.

отлете́ть *сов. см.* отлета́ть.

отле́|чь *сов.*: у меня́ ~гло́ от се́рдца I felt very much relieved, it was a weight off my mind.

отлёживаться, отлежа́ться *разг.* 1. have* a thorough rest; 2. *тк. несов.* (*лежать, пережидая что-л.*) lie* low.

отлёт *м.* departure; ~ птиц на юг начина́ется в сентябре́ the birds begin to leave for the south in September; ◇ дом стои́т на ~е the house is in a very lonely situation; жить на ~е live far away from everywhere, live in a lonely spot.

отли́в *м.* 1. ebb, falling tide; *перен.* falling off, withdrawal; 2. (*оттенок*) tinge; с золоти́стым ~ом shot with gold.

отлива́ть, отли́ть 1. (*вн., рд.; выливать*) pour (*smth.*); отле́йте немно́го молока́ pour a little milk out; 2. (*вн.; откачивать*) pump (*smth.*) out; отли́ть во́ду из трю́ма pump water out of the hold; 3. (*вн.; изготовлять литьём*) cast* (*smth.*); 4. *тк. несов.* (*тв.; иметь какой-л. оттенок*) be* streaked (with); (*о материи и тж.*) be* shot (with).

отли́вка *ж. тех.* casting.

отлипа́ть, отли́пнуть come* off, come* unstuck.

отли́ть *сов. см.* отлива́ть 1, 2, 3.

отлич|а́ть, отличи́ть (*вн.*) 1. (*различать*) distinguish (*smb., smth.*), tell* (*smb., smth.*) from; я не ~а́ю их друг от дру́га I can't tell one from the other; 2. (*отмечать наградой*) honor (*smb.*); 3. *тк. несов.* (*быть характерной особенностью*) distinguish (*smb., smth.*); **~а́ться,** отличи́ться 1. *тк. несов.* (от *рд.; быть непохожим на других*) differ (from); чем ~а́ется ... от ...? what's the difference between ... and ...? 2. *тк. несов.* (*тв.; характеризоваться*) be* remarkable (for); не ~а́ться умо́м, та́ктом *и т. п.* be* in no way conspicuous for intellect, tact, *etc.*; 3. (*выделяться чем-л.*) distinguish *oneself*; отличи́ться в бою́ distinguish *oneself* in action; 4. *разг.* (*делать что-л., вызывающее удивление*) cause a stir.

отли́чи|е *с.* 1. distinguished feature, difference; вне́шние ~я external differences; незначи́тельные ~я minor differences; 2. (*награда, орден*) distinction; дипло́м с ~ем honors diploma; знак ~я decoration; ◇ в ~ от *чего-л.* unlike *smth.*, as distinct from *smth.*, in contradistinction to *smth.*

отличи́тельн|ый distinctive; ~ при́знак distinction; ~ая черта́ distinctive feature; ~ая осо́бенность peculiarity.

отличи́ть *сов. см.* отлича́ть 1, 2; **~ся** *сов. см.* отлича́ться 3, 4.

отли́чн|ик *м.,* **~ица** *ж.* 1. (*учащийся*) excellent pupil, student; 2. (*отлично выполняющий свои обязанности*) outstanding/excellent worker.

отли́чн|о 1. *нареч.* very well, splendidly; он ~ зна́ет he knows perfectly well; ~ знать своё де́ло be* very good at *one's* job; ~ нести́ слу́жбу give* splendid service; 2. *в знач. сказ.* it is fine/splendid; здесь мне ~ I'm going very well here; 3. *в знач. сущ. с. нескл.* (*отметка*) an excellent; учи́ться на ~ be* an excellent student; получи́ть ~ по исто́рии get*/gain an excellent mark for/in history; сдать все экза́мены на ~ get* top/excellent marks in all subjects; **~ый** 1. (*превосходный*) excellent, splendid; ~ая игра́ актёров splendid acting; проду́кция ~ого ка́чества top-quality production; ~ое обслуживание excellent service; **2.** (*отличающийся от кого-л., чего-л.*) different, unlike, dissimilar.

отло́гий sloping.

отложе́ние *с. геол., мед.* deposit, sedimentation.

отложи́ть *сов. см.* откла́дывать *и* отлага́ть.

отложно́й: ~ воротни́к turn-down collar.

отлома́ть(ся) *сов. см.* отла́мывать(ся).

отломи́ть(ся) *сов. см.* отла́мывать(ся).

отлупи́ть *сов. см.* лупи́ть 2.

отлуча́ть, отлучи́ть (*вн.*) (*от церкви*) excommunicate (*smb.*).

отлуча́ться, отлучи́ться absent *oneself*; ~ на час be* away for an hour; ~ из до́му leave* the house.

отлуче́ние *с.* (*от церкви*) excommunication.

отлучи́ться *сов. см.* отлуча́ться.

отлу́чк|а *ж.* absence; быть, находи́ться в ~е be* away.

отлы́нивать *несов.* (от *рд.*) *разг.* shirk (*smth.*); ~ от рабо́ты shirk (*one's* work); ~ от заня́тий slack; shirk *one's* studies.

отма́лчиваться, отмолча́ться maintain silence.

отма́тывать, отмота́ть (*вн., рд.*) wind* off (*smth.*); отмота́ть мото́к ше́рсти wind* off a ball of wool.

отма́хиваться, отмахну́ться **1.** (от *рд.*) wave (*smth.*) away; *перен. разг.* brush/wave the matter aside; отмахну́ться от реше́ния вопро́са turn *one's* back on a problem; **2.** (*махать рукой, отвергая что-л.*) make* a negative gesture, dismiss the matter with a wave of the hand.

отмахну́ться *сов. см.* отма́хиваться.

отма́чивать, отмочи́ть (*вн.*) **1.** soak (*smth.*) off; **2.** do*/say* *smth.* ludicrous; отмочи́ть шу́тку crack a joke.

отмежева́ть(ся) *сов. см.* отмежёвывать(ся).

отмежёвывать, отмежева́ть (*вн.*) mark off (*smth.*), draw* a boundary(line); **~ся,** отмежева́ться dissociate/isolate *oneself* (from).

о́тмель *ж.* sandbank, shallow.

отме́н|а *ж.* abolitition; (*закона*) abrogation, repeal; (*постановления, приказа*) cancellation; (*приговора*) repeal; *юр.* disaffirmation; ~ эмба́рго the lifting of the embargo; ~ ча́стной со́бственности abolitition of private property; ~ взыска́ния cancellation of a penalty; ~ са́нкции cancellation of a sanction; огово́рка об ~е *юр.* cancellation clause.

отмени́ть *сов. см.* отменя́ть.

отме́нный (*превосходный*) splendid; (*исключительный, необыкновенный*) exceptional.

отменя́ть, отмени́ть (*вн.*) abolish (*smth.*); (*закон*) abrogate (*smth.*), repeal (*smth.*); (*приказ, постановление*) rescind (*smth.*), cancel (*smth.*); (*приговор*) repeal (*smth.*).

отмере́ть *сов. см.* отмира́ть.

отмерза́ть, отмёрзнуть: у него́ отмёрзли ру́ки, у́ши his hands and ears are frozen.

отме́рить *сов. см.* отмеря́ть.

отмести́ *сов. см.* отмета́ть.

отме́стк|а *ж. разг.*: в ~у за *что-л.* in revenge for *smth.*; в ~у он ... he retaliated by (+ -ing).

отмета́ть, отмести́ (*вн.*) reject (*smth.*).

отме́тина *ж. разг.* mark; (*на лбу животного*) star.

отме́тить(ся) *сов. см.* отмеча́ть(ся).

отме́т|ка *ж.* **1.** mark; *спорт.* mark; ~ штрафно́го уда́ра penalty mark; (*запись в документе*) note; (*штамп*) stamp; ~ в коноса́менте *бухг.* clause in a bill of landing; ~ на кинофи́льме *кино* cue mark; **2.** (*оценка знаний*) mark; получи́ть хоро́шую отме́тку get* a good mark; **~чик** *м.* marker; *кино* notcher, punch; ~чик в киносъёмочном аппара́те camera marker; ~чик вре́мени *кино* timer.

отмеча́ть, отме́тить (*вн.*) **1.** (*обозначать какой-л. меткой*) mark (*smth.*); отме́тить ну́жное ме́сто в кни́ге mark the place in a book; **2.** (*записывать с целью учёта*) record (*smth.*); отме́тить отсу́тствующих в спи́ске tick off the absentees on the list **3.** (*обращать внимание*) note (*smb., smth.*), take* note (of); **4.** (*указывать на что-л.*) draw* attention (to); ~ досто́инства и недоста́тки рабо́ты draw* attention to the merits and demerits of the work; **5.** (*удостаивать похвалы, награды*) commend (*smb., smth.*); ~ *чьи-л.* достиже́ния commend *smb.'s* achievements; **6.** (*праздновать*) celebrate (*smth.*), mark (*smth.*); **~ся,** отме́титься register, get* *oneself* registered.

отмёрзнуть *сов. см.* отмерза́ть.

отмира́ние *с.*: ~ госуда́рства withering away of the state.

отмира́ть, отмере́ть **1.** (*утрачивать жизнеспособность*) die; (*о конечностях*) become* atrophied; **2.** (*исчезать*) die out, disappear.

отмолча́ться *сов. см.* отма́лчиваться.

отморо́женный frostbitten.

отморо́зить *сов.* (*вн.*): ~ себе́ нос, щёку get* *one's* nose, cheek frostbitten.

отмота́ть *сов. см.* отма́тывать.

отмочи́ть *сов. см.* отма́чивать.

отмыв|а́ть, отмы́ть **1.** (*вн.*) (*пятна и т. п.*) wash off (*smth.*); (*что-л. от грязи, пятен*) wash (*smth.*); ~ грязь wash off the dirt; ~ ру́ки wash *one's* hands; **2.** *разг.* "отмыва́ть" (*деньги, капиталы*) launder; ~ де́ньги, зарабо́танные торго́влей нарко́тиками launder drug money; **~а́ться,** отмы́ться (*о грязи, пятнах и т. п.*) wash out, come* off, wash off, come* out; (*становиться чистым*) wash clean, come* clean; пятно́ не ~а́ется , не отмо́ешь, не отмы́ть the spot won't wash/come out; кра́ска отмы́лась the paint washed off, the paint came off in the wash; ру́ки отмы́лись my hands came clean, I washed my hands clean.

отмы́ть(ся) *сов. см.* отмыва́ть(ся).

отмы́чка *ж.* skeleton key, master key, lock pick.

отне́кив|аться *несов. разг.* protest, make* excuses; (*отказываться*) refuse; не ~айся! don't shake your head at me! come on, no excuses!

отнести́ *сов. см.* относи́ться 4.

отнима́ть, отня́ть (*вн.*) **1.** take* away (*smth.*); (*вн.* у *рд.; лишать*) deprive (*smb.* of), rob (*smb.* of) (*тж. перен.*); отня́ть у *кого-л.* де́ньги rob *smb.* of his, her money; отня́ть у *кого-л.* наде́жду deprive *smb.* of hope; **2.** (*заставлять потратить время, энергию*) take* (*smth.*); ~ у *кого-л.* мно́го вре́мени take* *smb.* a lot of time; э́то отняло́ у нас три часа́ it took us three hours (to do that); я не хочу́ ~ у вас вре́мя I don't like to take up your time; **3.** *разг.* (*ампутировать*) amputate (*smth.*); **4.** *разг.* (*вычитать*) subtract (*smth.*), take* (*smth.*); от пяти́ отня́ть четы́ре остаётся оди́н four from five leaves one; ◇ отня́ть от груди́ wean; нельзя́ отня́ть_*чего-л.*_у *кого-л.* it cannot be denied that *smb.* has *smth.*; **~ся,** отня́ться be* paralyzed; *разг.* (*неметь*) go* numb; у него́ отняли́сь но́ги his legs were paralyzed; от смуще́ния у него́ отня́лся язы́к he was speechless with embarrassment.

относи́тельн|о 1. *нареч.* relatively, comparatively; день прошёл ~ споко́йно the day passed fairly quietly; **2.** *предлог* (*рд.*) about, of, concerning, in regard/respect to; (*что касается*) as to; **~ость** *ж.* relativity, relative nature; тео́рия ~ости theory of relativity; **~ый 1.** relative; ~ая и́стина relative truth; ~ая вла́жность relative humidity; ~ая обра́тная связь negative reaction; ~ое пра́во *юр.* right in personam; ~ое отве́рстие объекти́ва *кино* lens aperture; **2.** (*некоторый*) comparative; ~ый успе́х comparative/fair success; **3.** *грам.* relative; ~ое местоиме́ние relative pronoun.

относи́ть, отнести́ **1.** (*вн.; уносить*) take* (*smth.*); отнести́ письмо́ на по́чту take* a letter to the post; ~ *что-л.* на ме́сто put* *smth.* in its place; **2.** (*вн.; перемещать*) carry (*smth.*) away; drive* (*smth.*) (to, from); нас отно́сит ве́тром we are being driven off course by the wind; **3.** (*вн.* к *дт.; приписывать*) attribute (*smth.* to), ascribe (*smth.* to); (*причислять*) classify (*smth.* as, under); учёные отно́сят э́ти разва́лины к 12-му ве́ку scientists believe these ruins date from the 12th century; ◇ отнести́ *что-л.* на счёт *кого-л., чего-л.* attribute/ascribe *smth.* to *smb., smth.*; put* *smth.* down to *smb., smth.*

относи́ться, отнести́сь **1.** *тк. несов.* (к *дт.; иметь отношение*) be* related (to), have* to do (with), apply (to); не ~ к де́лу beside the point, be* neither here, nor there; э́то отно́сится к вам that applies to you; э́то ко мне не отно́сится that's nothing to do with me; **2.** *тк. несов. мат.* be*; ~ как 3 к 5 be* as three to five; **3.** *тк. несов.* (к *дт.; принадлежать*) belong (to); (*к году, эпохе*) date (from); ~ к тако́му-то кла́ссу, катего́рии fall* under the category (of), be* classified (as); **4.** (к *дт.; проявлять какое-л. отношение к кому-л., чему-л.*) be* disposed (to), treat (*smb., smth.*); скепти́чески ~ к *чему-л.* be* sceptical about *smth.*; ~ к *кому-л.* с дове́рием repose/put* *one's* trust in *smb.*; ~ к *кому-л.* с сочу́вствием be* in sympathy with *smb.*; хорошо́ (пло́хо) ~ к *кому-л.* be* well (ill) disposed to *smb.*, treat *smb.* well (badly); как он к ней отно́сится? how does he feel about her?, is he nice to her?

относя́щийся: не ~ к де́лу irrelevant.

отноше́ни|е *с.* **1.** (к *дт.; взгляд, образ действия*) attitude (to); (*обращение тж.*) treatment (of), care (of); добросо́вестное ~ к де́лу conscientious attitude to *one's* work; **2.** (*связь с чем-л.*) relation, relationship; иметь ~ *к чему-л.* concern *smth.*; э́то не име́ет никако́го ~я к де́лу it has nothing to do with the case; **3.** *мн.* relations; мы (с ним) в о́чень хоро́ших ~ях we are on the best of terms; we get on splendidly; в каки́х вы (с ним) ~ях? how do you (and he) get on?; быть в бли́зких ~ях с *кем-л.* be* intimate with *smb.*, be* on intimate terms with *smb.*; биржевы́е ~я *эк.* relations on the stock exchange; валю́тные ~я currency exchange relations; взаимовы́годные ~я mutually beneficial relations; внешнеэкономи́ческие ~я external economic relations; догово́рные ~я contractual relations; корреспонде́нтские ~я correspondence relations; креди́тные ~я credit relations; торго́вые ~я trade relations; фина́нсовые ~я financial relations; ~я партнёров relations of partners; урегули́ровать ~я normalize/settle/adjust relations; устана́вливать ~я establish relations; **4.** (*документ*) memorandum (*pl* -da); **5.** *мат.* ratio; ~ видеосигна́ла к и́мпульсу изображе́ния *кино* picture synchronization ratio; ~ видеосигна́ла к шу́му video signal to noise ratio; ~ изображе́ния к зву́ку picture to sound ratio; ~ сторо́н ка́дрового окна́ aperture ratio; ~ сторо́н кинока́дра aspect ratio; ~ я́ркостей *кино* brightness ratio; ~ дохо́да к изде́ржкам *эк.* benefit-cost ratio; ◇ в ~и *кого-л., чего-л.* по ~ю к *кому-л., чему-л.* as regards *smb., smth.*; regarding *smb., smth.* in respect of *smb., smth.*; в э́том ~и in this respect; в не́котором ~и in a (certain) sense, in a way; во всех ~ях in every respect.

отны́не henceforth; from now on.

отню́дь (*обыкн. с отрицанием не*) by no means, anything but.

отня́ть(ся) *сов. см.* отнима́ть(ся).

отобе́дать *сов.* **1.** have finished dinner; **2.** *уст.* dine.

отображ|а́ть, отобрази́ть (*вн.*) reflect (*smth.*); (*изображать*) depict (*smth.*); **~е́ние** *с.* reflection; (*описание*) picture.

отобрази́ть *сов. см.* отобража́ть.

отобра́ть *сов. см.* отбира́ть.

отова́ривать, отова́рить *(вн.) эк.* issue goods (against); ~ чек issue goods against a sale receipt.

отова́рить *сов. см.* отова́ривать.

отовсю́ду from everywhere, from all parts.

отогна́ть *сов. см.* отгоня́ть.

отогну́ть *сов. см.* отгиба́ть.

отогрева́ть, отогре́ть (*вн.*) warm (*smb., smth.*); ◇ отогре́ть змею́ на свое́й груди́ cherish a serpent in *one's* bosom; **~ся,** отогре́ться get* warm, warm *oneself.*

отогре́ть(ся) *сов. см.* отогрева́ть(ся).

отодвига́ть, отодви́нуть (*вн.*) **1.** push *smth.*; (*в сторону*) push *smth.* away/aside; ~ засо́в unbolt a door/gate; draw* a bolt; ~ *что-л.* на за́дний план relegate *smth.* to the background; **2.** *разг.* (*о сроке и т. п.*) put* (*smth.*) off, postpone (*smth.*); **~ся,** отодви́нуться **1.** (*назад*) draw* back; (*о сроке*) move aside, draw* aside; **2.** *разг.* (*о сроке*) be* postponed.

отодви́нуть(ся) *сов. см.* отодвига́ть(ся).

отодра́ть *сов.* **1.** *см.* отдира́ть; **2.** (*вн.*) *разг.* (*побить*) give* (*smb.*) a (good) thrashing; ~ *кого-л.* за́ волосы pull *smb.'s* hair; ~ *кого-л.* за́ уши tweak *smb.'s* ears.

отождестви́ть *сов. см.* отождествля́ть.

отождествл|е́ние *с.* identification; **~я́ть,** отождестви́ть (*вн.*) identify (*smth.*).

отожеств|и́ть, ~ле́ние, ~ля́ть *см.* отождестви́ть, отождествле́ние, отождествля́ть.

отозва́ние *с.* recall; ~ депута́та recall of a deputy.

отозва́ть *сов. см.* отзыва́ть I; **~ся** *сов. см.* отзыва́ться.

отойти́ *сов. см.* отходи́ть I.

отомсти́ть *сов. см.* мстить.

отопи́тельный heating; ~ прибо́р heater, heating appliance.

отопи́ть *сов. см.* ота́пливать.

отопле́ние *с.* heating.

ото́рванн|ость *ж.* isolation; **~ый** (от *рд.*) torn (from); *перен.* cut off (from); ~ый от жи́зни remote from real life.

оторва́ть *сов. см.* отрыва́ть I; **~ся** *сов. см.* отрыва́ться.

оторопе́ть *сов. разг.* be* struck dumb.

оторо́чка *ж.* edging.

отосла́ть *сов. см.* отсыла́ть.

отоспа́ться *сов. см.* отсыпа́ться.

отточи́ть *сов.* (*вн.*) *разг.* sharpen (*smth.*).

отоща́ть *сов. см.* тоща́ть.

отпад|а́ть, отпа́сть **1.** (*определяться*) come* off, peel off; **2.** (*терять смысл, силу*) lose* validity; (*исчезать*) pass, disappear; вопро́с ~а́ет the question no longer arises; необходи́мость в э́том ~а́ет there is no longer any necessity for this; жела́ние отпа́ло the desire disappeared.

отпари́ровать *сов.* (*вн.*; *прям. и перен.*) parry (*smth.*); ~ уда́р parry a blow.

отпа́рывать, отпоро́ть (*вн.*) unpick (*smth.*); ~ рука́в unpick a sleeve; **~ся,** отпоро́ться come* unstitched; воротни́к отпоро́лся the collar has come unstitched.

отпа́сть *сов. см.* отпада́ть.

отпева́ние *с. церк.* burial service.

отпева́ть, отпе́ть (*вн.*) *церк.* read* the burial service (over, for).

отпере́ть(ся) *сов. см.* отпира́ть(ся).

отпе́тый *разг.* (*отъявленный*) inveterate.

отпе́ть *сов. см.* отпева́ть.

отпеча́тать *сов.* (*вн.*) **1.** print (*smth.*); (*на пишущей машинке*) type (*smth.*); **2.** *фото* print (*smth.*); **3.** (*сняв печать, открыть*) unseal (*smth.*); **~ся** *сов.* leave* an impression; (*запечатлеться тж.*) make* an impression.

отпеча́т|ок *м.* (*прям. и перен.*) imprint; ~ па́льца fingerprint; снять ~ки па́льцев take* fingerprints; наложи́ть на *что-л.* ~ гру́сти leave* a mark of sorrow upon *smth.*

отпива́ть, отпи́ть (*вн.*; *рд.*) sip (*smth.*); отпи́ть глото́к ча́ю take* a sip of tea.

отпи́ливать, отпили́ть (*вн.*) saw* off (*smth.*).

отпили́ть *сов. см.* отпи́ливать.

отпира́тельство *с.* (stubborn) denial, disavowal.

отпира́ть, отпере́ть (*вн.*) unlock (*smth.*); (*открывать*) open (*smth.*); **~ся,** отпере́ться **1.** unlock; дверь отперла́сь the door unlocked, the door came unlocked; **2.** (от *дт.*) *разг.* (*не сознаваться в чём-л.*) deny (*smth.*); go* back on.

отписа́ться *сов. см.* отпи́сываться.

отпи́ска *ж.* formal/noncommittal reply.

отпи́сываться, отписа́ться *разг.* send* a formal/noncommittal reply.

отпи́ть *сов. см.* отпива́ть.

отпи́хивать, отпихну́ть (*вн.*) *разг.* (*назад*) push (*smb., smth.*) back; (*в сторону*) shove (*smb., smth.*) out of the way; **~ся,** отпихну́ться *разг.* push off.

отпихну́ть(ся) *сов. см.* отпи́хивать(ся).

отпла́та *ж.* repayment.

отплати́ть *сов. см.* отпла́чивать.

отпла́чивать, отплати́ть (*дт. тв.*) repay* (*smb.* with); (*дт.*; *мстить*) pay* (*smb.*) back; отплати́ть добро́м за зло return good for evil; ~ той же моне́той pay* *smb.* in his own coin.

отплёвываться *несов. разг.* spit* in disgust.

отплыва́ть, отплы́ть (*о судах*) sail; (*о людях, животных*) swim* away; отплы́ть от бе́рега реки́ swim* away from the shore.

отплы́тие *с.* sailing, departure.

отплы́ть *сов. см.* отплыва́ть.

отпля́сывать *несов. разг.* dance away.

о́тповедь *ж.* reproof, rebuke.

отполза́ть, отползти́ crawl away.

отползти́ *сов. см.* отполза́ть.

отполирова́ть *сов. см.* полирова́ть.

отпо́р *м.* repulse; *перен.* rebuff; дава́ть ~ *кому-л.* rebuff *smb.*, repulse *smb.*; получи́ть реши́тельный ~ be* decisively repulsed.

отпоро́ть(ся) *сов. см.* отпа́рывать(ся).

отпочкова́ться *сов.* gemmate; *перен.* detach *one*self, hive off.

отправи́тель *м.* sender, consignor; ~ авиагру́за air freight for warder; ~ гру́за shipper.

отпра́в|ить *сов. см.* отправля́ть; **~иться** *сов. см.* отправля́ться 1, 2; **~ка** *ж. разг.* dispatch; (*товаров тж.*) shipping; shipment; expedition of goods.

отправле́ни|е I *с.* **1.** (*отсылка*) dispatch; **2.** (*поезда*) departure; (*судна*) sailing; **3.** (*отправляемое по почте*) (item of) mail; ◇ то́чка ~я point of departure.

отправле́ние II *с.* (*исполнение*) exercise, performance; ~ обя́занностей exercise of *one's* duties; ~ религиóзных кýльтов performance of religious rites.

отправлéни|е III *с.*: ~я органи́зма body functions.

отправля́ть, отпрáвить (*вн.*) **1.** (*отсылать*) send* (*smth.*); dispatch (*smth.*); отпрáвить письмó, посы́лку send* a letter, parcel; **2.** (*снаряжать в дорогу*) send* (*smb.*) off, get* (*smb.*) ready for a journey; **3.** (*давать распоряжение к отходу*) send* (*smth.*) off; *несов. тж.* supervise the departure (of); отпрáвить пóезд send* off a train; ~ пароxóд supervise a ship's departure; ◇ отпрáвить *когó-л.* на тот свет do* away with *smb.*; send* *smb.* to kingdom come *шутл.*; **4.** (*вн.*) (*исполнять*) perform (*smth.*), exercise (*smth.*); ~ обя́занности exercise duties; ~ правосýдие administer justice; ◇ ~ естéственные потрéбности relieve nature; **~ся,** отпрáвиться **1.** leave* (for); ~ся в путь set* off; ~ся домóй пешкóм set* off for home on foot, walk home; **2.** (*отходить от станции*) leave*; пóезд отправля́ется в 9 часóв утрá the train leaves at nine A.M.; **3.** *тк. несов.* (от *рд.*; *основываться на чём-л.*) proceed (from).

отправн|óй 1. (*откуда отправляют что-л.*) dispatch *attr.*; ~ пункт place of dispatch; **2.** (*исходный*) initial; ~áя тóчка point of departure, starting-point.

отпрáздновать *сов. см.* прáздновать.

отпрáшиваться, отпроси́ться get* permission to absent *oneself*; он отпроси́лся на два часá he got two hours off.

отпроси́ться *сов. см.* отпрáшиваться.

óтпрыск *м.* shoot, offshoot; *перен.* offspring, scion.

отпря́нуть *сов.* recoil, shrink* back.

отпýгивать, отпугнýть (*вн.*) scare (*smb.*, *smth.*) off.

отпугнýть *сов. см.* отпýгивать.

óтпуск *м.* **1.** holiday, leave (of absence); vacation *амер.*; декрéтный ~ maternity leave; ~ по болéзни sick leave; ~ с сохранéнием содержáния holiday with pay; ~ без сохранéния содержáния holiday without pay; в ~е on leave; on *one's* holiday/vacation; éхать в ~ go* for a holiday; когдá вы идéте в ...? when do you go on holiday; **2.** (*выдача*) issue, selling.

отпускáть, отпусти́ть (*вн.*) **1.** (*разрешать уйти, уехать*) let* (*smb.*) go; отпусти́ть детéй гуля́ть let* the children go for a walk; **2.** (*освобождать*) release (*smb.*, *smth.*); let* (*smb.*, *smth.*) go; отпусти́ть пти́цу из клéтки let* a bird out of its cage; ~ *когó-л.* на вóлю set* *smb.* free, release *smb.*; **3.** (*выпускать из рук*) let* go (of); ~ верёвку let* go of a rope; **4.** (*ослаблять*) loosen (*smth.*); ~ пóвод slacken the rein(s); отпусти́ть ремéнь loosen *one's* belt; **5.** *разг.* (*о боли*) let* up for a bit, go* off; **6.** (*отращивать*) grow* (*smth.*), let* (*smth.*) grow; ~ бóроду grow* a beard, let* *one's* beard grow; **7.** (*выдавать, ассигновывать*) grant (*smth.*), allot (*smth.*), assign (*smth.*); отпусти́ть срéдства на строи́тельство grant funds for building; **8.** (*продавать*) sell* (*smth.*); отпусти́ть товáр sell* goods **9.** *разг.* (*обслуживать*) serve (*smth.*); deal* (with); отпусти́ть клиéнта deal* with a client; **10.** *разг.* (*говорúть что-л. неуместное*) come* out with (*smth.*);~ шýтки crack jokes; ~ комплимéнты offer compliments; **11.** *уст.* (*прощать*) remit/forgive (*smth.*); ~ грехи́ *комý-л. церк.* give* *smb.* absolution.

отпускн|и́к *м.* person on leave; **~óй:** ~ы́е дéньги holiday pay; ~áя ценá *эк.* sale price; ~óе свидéтельство authorization of leave, *воен.* leave pass.

отпусти́ть *сов. см.* отпускáть.

отпущéн|ие *с. уст.* remission, remitment; ~ грехóв *церк.* absolution; ◇ козёл ~ия *разг.* scapegoat.

отрабáтывать, отрабóтать (*вн.*) **1.** (*возмещать долг работой*) work (*smth.*) off; **2.** *разг.* (*совершенствовать*) polish (*smth.*), perfect (*smb.*), work out (*smth.*) to the last detail; **3.** (*упражняясь, добиваться искусного выполнения чего-л.*) perfect (*smth.*).

отрабóтанн|ый: ~ые гáзы exhaust fumes; ~ое мáсло used/waste oil.

отрабóтать *сов.* **1.** *см.* отрабáтывать; **2.** (*вн.*; *проработать какой-л. срок*) have* worked (*smth.*); **3.** *разг.* (*кончить работу*) finish work(ing).

отрабóтка *ж.* (*долга*) working off, paying by work.

отрабóточн|ый *эк.*: ~ая рéнта labor rent, corvee; ~ая систéма трудá statute labor.

отрáв|а *ж.* poison; **~и́тель** *м.*, **~и́тельница** *ж.* poisoner.

отрави́ть(ся) *сов. см.* отравля́ть(ся).

отравлéние *с.* poisoning; ~ свинцóм lead poisoning.

отравля́ть, отрави́ть (*вн.*) poison (*smb.*, *smth.*); ~ *комý-л.* существовáние be* the bane of *smb.'s* existence; всё удовóльствие бы́ло отрáвлено all pleasure was gone, it killed all the pleasure; **~ся,** отрави́ться **1.** (*принимать яд*) take* poison; **2.** (*случайно*) suffer from poisoning, get* poisoned; отрави́ться несвéжими продýктами get* food poisoning.

отравля́ющ|ий: ~ее веществó toxic agent; (*газ*) poison gas.

отрáд|а *ж.* delight; **~ный** gratifying, encouraging, cheerful; ~ное извéстие encouraging news; ~ное чýвство feeling of delight.

отражáтель *м.* reflector.

отраж|áть, отрази́ть (*вн.*) **1.** (*отбивать*) repulse (*smth.*), repel (*smth.*); *перен.* rebuff (*smth.*); ~ нападéние repulse an attack; ~ удáр parry a blow; ~ *чьи-л.* напáдки rebuff *smb.'s* attacks; **2.** (*свет, звук*) reflect (*smth.*), reflect back (*smth.*); **3.** (*воспроизводить*) reflect (*smth.*); зéркало отрази́ло егó улыбáющееся лицó he saw his smiling face reflected in the glass; **4.** (*выражать*) reflect (*smth.*); отрази́ть жизнь в искýсстве reflect life in art; **~áться,** отразúться **1.** (в *пр.*) be* reflected (in); **2.** (*проявляться*) show*, be* reflected; на егó лицé отразúлось то, что он дýмал his face reflected what he was thinking; **3.** (на *пр.*; *влиять*) affect (*smb.*, *smth.*); хорошó ~áться на здорóвье be* good for the health; дýрно ~áться на здорóвье be* detrimental to health; **~éние** *с.* **1.** reflection; **2.** (*нападения*) repulse, driving back; ◇ теóрия ~éния theory of reflection.

отражённ|ый reflected; ~ свет reflected light; ~ые радиовóлны reflected radio waves.

отразúть(ся) *сов. см.* отражáть(ся).

отрапортовáть *сов.* report.

отраслев|óй sectoral; ~óе объединéние trade association.

óтрасль *ж.* branch.

отрастáть, отрастú grow*.

отрастú *сов. см.* отрастáть.

отрастúть *сов. см.* отрáщивать.

отрáщивать, отрастúть (*вн.*) grow* (*smth.*); ◇ ~ брюхо *разг.* develop a paunch.

отреагúровать *сов.* (на *вн.*) react (to).

отрéбье *с. собир.* rabble.

отрегулúровать *сов.* (*вн.*) regulate (*smth.*).

отредактúровать *сов.* (*вн.*) edit (*smth.*).

отрéз *м.* (*материи*) length (of stuff); ~ на костюм suit length.

отрéзанность *ж.* (от *рд.*) isolation (from).

отрéзать *сов. см.* отрезáть.

отрезáть, отрéзать **1.** (*вн.*) cut* (*smth.*), cut* off (*smth.*); **2.** (*вн.*; *разъединять*) cut* off (*smb.*, *smth.*); отрéзать *кого-л.* от глáвных сил cut* *smb.* off from the main forces; **3.** (*вн.*; *доступ и т. п.*) cut* (*smth.*); все путú отрéзаны all escape routes are cut; **4.** *разг.* (*резко отвечать*) say* curtly, bark, snap out.

отрезвéть *сов. см.* трезвéть.

отрезвúть *сов. см.* отрезвля́ть.

отрезвля́ть, отрезвúть (*вн.*) sober (*smb.*); *перен. тж.* bring* (*smb.*) down to earth.

отрезвля́юще: дéйствовать ~ на *кого-л.* have* a sobering influence upon *smb.*

отрезн|óй 1. (*такой, который отрезается*) detachable; **2.:** ~óе плáтье dress with a bodice.

отрéзок *м.* **1.** (*небольшой кусок чего-л.*) length, piece; **2.** (*ограниченная часть чего-л.*) stretch, length, section; ~ дистáнции *тж. спорт.* leg; послéдний ~ путú the last stretch of the journey; ~ лúнии section of a line.

отрекáться, отрéчься (от *рд.*) renounce (*smb.*, *smth.*), disavow (*smb.*, *smth.*), repudiate (*smb.*, *smth.*); ~ от сóбственности renounce a property; ~ от мúра renounce the world; ~ от всех претéнзий renounce all claims; ~ от своúх слов deny *one's* words; ~ от своéй пóдписи disavow *one's* signature; ~ от своúх убеждéний recant; give* up *one's* beliefs; ◇ ~ от престóла abdicate.

отрекомендовáться *сов.* introduce *oneself*.

отремонтúровать *сов. см.* ремонтúровать.

отречéние *с.* (от *рд.*) renunciation (of), disavowal (of), repudiation (of); ◇ ~ от престóла abdication.

отрéчься *сов. см.* отрекáться.

отрешáться, отрешúться (от *рд.*) renounce (*smth.*), give* up (*smth.*).

отрешéние *с.*: ~ от дóлжности suspension, dismissal.

отрешённ|ость *ж.* isolation, aloofness, detachment; **~ый** aloof, remote; ~ый взгляд vacant stare.

отрешúться *сов. см.* отрешáться.

отрицáние *с.* **1.** denial; (*отказ от чего-л.*) rejection, repudiation; **2.** *филос.* negation; **3.** *грам.* negative.

отрицáтельн|о negatively; дéйствовать ~ на *кого-л.*, *что-л.* have* a bad effect on *smb.*, *smth.*; ~ относúться к *кому-л.*, *чему-л.* disapprove of *smb.*, *smth.*; ~ покачáть головóй shake* *one's* head; отвéтить ~ reply in the negative; **~ый** negative; (*неблагоприятный*) unfavorable; ~ый жест negative gesture; ~ое дéйствие на *что-л.* unfavorable effect on *smth.*; ~ое отношéние к ромáну unfavorable attitude to the novel; ~ые чéрты харáктера negative traits in *smb.'s* character; ~ый спрос *эк.* negative demand.

отрицáть *несов.* (*вн.*) deny (*smth.*).

отрóг *м.* spur.

óтроду *разг.*: ~ не never in *one's* life; емý шестóй деся́ток ~ he is on the shady side of fifty.

отрóдье *с. презр.* spawn.

óтрок *м. уст.* boy, lad, adolescent.

отроковúца *ж. уст.* girl, maiden.

отрóсток *м.* **1.** shoot, branch; **2.** (*ответвление*) branch; ~ слепóй кишкú appendix.

óтроче|ский adolescent; ~ вóзраст adolescence; teens; **~ство** *с.* adolescence.

отрубáть, отрубúть (*вн.*) chop off (*smth.*).

óтруби *мн.* bran *sg.*

отрубúть *сов.* **1.** *см.* отрубáть; **2.** *разг.* (*ответить резко*) bark, say* curtly.

отругáть *сов.* (*вн.*) *разг.* give* scolding/rating.

отрул|úть *сов. ав.* taxi aside; самолёт ~úл в стóрону the plane taxied aside.

отры́в *м.*: ~ от землú *ав.* takeoff; (*ракеты*) lift-off; ◇ без ~а от произвóдства without giving up *one's* work; в ~е от *чего-л.* in isolation from *smth.*; критиковáть *кого-л.* за ~ от действúтельности accuse *smb.* of being cut off from reality.

отрывáть I, оторвáть **1.** (*вн.*) pull off (*smth.*), break* off (*smth.*), tear* off (*smth.*); оторвáть пýговицу pull/tear* off a button; оторвáть нúтку break* off a thread; **2.** *обыкн. безл.*: снаря́дом емý оторвалó рýку his arm was torn off by a shell; **3.** (*вн.* от *рд.*; *отнимать, отстранять*) tear* (*smb.*, *smth.* from); *перен.* tear* (*smb.*, *smth.*) away (from); я не мог оторвáть глаз от картúны I could not tear myself away from the picture; **4.** (*вн.* от *рд.*; *разлучать*) separate (*smb.* from), tear* (*smb.*) away (from); ~ *кого-л.* от семьú tear* *smb.* away from (the bosom of) his, her family; **5.** (*вн.* от *рд.*; *отвлекать*) interrupt (*smb.* at), disturb (*smb.* at), take* (*smb.*)

away (from); ~ *кого-л.* от рабо́ты disturb *smb.* at his, her work; ◇ оторва́ть от себя́ *что-л.* deprive *oneself* of *smth.*; с рука́ми оторва́ть *что-л. разг.* jump at *smth.*

отрыва́ть II, отры́ть (*вн.*) **1.** (*откапывать*) dig* up (*smth.*); **2.** *воен.* dig* (*smth.*); ~ око́пы dig* trenches.

отрыва́ться, оторва́ться (от *рд.*) **1.** (*отделяться*) come* off (*smth.*); break* away (from); пу́говица оторвала́сь the button has come off; ~ от при́вязи break* loose; **2.** (*отходить, удаляться*) evade (*smb., smth.*), break* away (from); ему́ удало́сь оторва́ться от проти́вника he managed to give the enemy the slip; **3.** (*о летательном аппарате*) leave* (*smth.*); самолёт оторва́лся от земли́ the plain left the ground; **4.** (*утрачивать связь с кем-л., чем-л.*) lose* touch/contact (with); оторва́ться от масс lose* contact with the masses; оторва́ться от жи́зни live aloof from the world, lose* touch with everyone; **5.** (*переставать делать что-л.*) tear* *oneself* away (from); рабо́тать не отрыва́ясь work without stopping; смотре́ть не отрыва́ясь never take* *one*'s eyes off; он не мог оторва́ться от кни́ги he couldn't tear himself away from the book.

отры́вист|ый abrupt; ~ые замеча́ния disjointed remarks; ~ смех staccato laughter; ~ая речь curt speech.

отрывно́й detachable; ~ календа́рь tear-off calendar, block calendar.

отры́вок *м.* fragment, passage; (*рассказа, оперы и т. п.*) excerpt.

отры́вочн|ый 1. (*мало связанный*) fragmentary; ~ые све́дения scanty information *sg.*; **2.** (*прерываемый паузами*) disjointed.

отры́гивать, отрыгну́ть *(вн.)* belch *(smth.)*.

отры́жка *ж.* belch; *перен.* hangover.

отры́ть *сов. см.* отрыва́ть II.

отря́д *м.* **1.** *воен.* detachment, (detached) force; передово́й ~ advanced detachment; **2.** (*группа людей*) group; contingent; **3.** *зоол.* order.

отряди́ть *сов. см.* отряжа́ть.

отряжа́ть, отряди́ть (*вн.*) detail (*smb.*); отряди́ть *кого-л.* за *кем-л.* detail *smb.* to fetch *smb.*

отряса́ть, отрясти́ *(вн.) уст.* shake* (off) ◇ отрясти́ прах от свои́х ног shake the dust off *one's* feet.

отрясти́ *сов. см.* отряса́ть.

отря́хивать, отряхну́ть (*вн.*) shake* (*smth.*) off; **~ся,** отряхну́ться shake* *oneself*.

отряхну́ть(ся) *сов. см.* отря́хивать(ся).

отсади́ть *сов. см.* отса́живать.

отса́живать, отсади́ть (*вн.*) **1.** (*сажать отдельно*) seat (*smb.*) apart; **2.** (*о животных*) separate (*smth.*); **3.** (*о растениях*) transplant (*smth.*).

отса́сывать, отсоса́ть (*вн.*) draw* off (*smth.*); (*воду тж.*) drain (*smth.*).

о́тсве́т *м.* reflection; glimmer (*тж. перен.*).

отсве́чивать *несов.* **1.** (*давать отблеск*) reflect the light; ~ розова́тым бле́ском glow pink; **2.** (*отражаться*) be* reflected.

отсебя́тина *ж. разг.* concoction of *one's* own; (*слова тж.*) words of *one's* own, invention; (*поступки*) going it alone; *театр.* gag, adlibbing.

отсе́в *м.* **1.** sifting out; *перен. тж.* elimination; **2.** (*то, что отсеяно*) siftings *pl*; *перен.* throwouts *pl.*

отсе́ивать, отсе́ять (*вн.*) sift out (*smb., smth.*); *перен. тж.* eliminate (*smb.*); **~ся,** отсе́яться be* sifted out; *перен. тж.* be* eliminated, drop out.

отсе́к *м.* compartment, hold, bay; (*космического корабля*) module; грузово́й ~ cargo compartment.

отсека́ть, отсе́чь (*вн.*) cut* (*smth.*) off, chop (*smth.*) off.

отсече́ние *с.* cutting off; ◇ даю́ го́лову на ~ I'd stake my life on it.

отсе́чь *сов. см.* отсека́ть.

отсе́ять(ся) *сов. см.* отсе́ивать(ся).

отсиде́ть(ся) *сов. см.* отси́живать(ся).

отси́живать, отсиде́ть **1.** (*вн.*): отсиде́ть себе́ ногу get* pins and needles in *one's* leg (from sitting); **2.** *разг.* (*сидеть где-л. в течение какого-л. времени*) sit* it out; отсиде́ть два а́кта sit* out two acts; отсиде́ть весь спекта́кль sit* through the whole play; **3.** (*отбывать наказание*) serve *one's* time/term; **~ся,** отсиде́ться *разг.* shelter; (*скрываться*) lie* low.

отска́бливать, отскобли́ть (*вн.*)scrape (*smth.*) off.

отска́кивать, отскочи́ть **1.** (*назад*) jump back, leap* back; (*в сторону*) jump aside, leap* aside; **2.** (от *рд.; ударившись, отлетать обратно*) rebound (off); мяч отскочи́л от стены́ the ball bounced back off the wall; **3.** *разг.* (*отделяться*) come* off; пу́говица отскочи́ла a button came off.

отскобли́ть *сов. см.* отска́бливать.

отскочи́ть *сов. см.* отска́кивать.

отскреба́ть, отскрести́ *(вн.) разг.* scratch (off).

отскрести́ *сов. см.* отскреба́ть.

отсла́ивать, отслои́ть *(вн.)* take* off in scales or layers *(smth.)*, exfoliate *(smth.)*; **~ся,** отслои́ться exfoliate, come* off in scales or layers.

отслое́ние *с.* exfoliation.

отслужи́ть *сов.* (*вн.*) serve (*smth.*); ~ свой срок (*о вещах*) has* outlived its usefulness; *церк.* (*вн.*) finish a service.

отсня́ть *сов. (вн.) кино* : ~ фильм turn* out/make* a film.

отсове́тов|ать *сов.* (*дт.* + *инф.*) dissuade (*smb.* from + *-ing*); persuade (*smb.*) not (+ to *inf.*); talk (*smb.* out of + *-ing*) *разг.* ; ему́ ~али уезжа́ть he was persuaded not to leave.

отсортирова́ть *сов. см.* отсортиро́вывать.

отсортиро́вывать, отсортирова́ть *(вн.)* sort out *(smth.)*.

отсоса́ть *сов. см.* отса́сывать.

отсо́хнуть *сов. см.* отсыха́ть.

отсро́чивать, отсро́чить (*вн.*) **1.** (*переносить на более поздний срок*) postpone (*smth.*), put* (*smth.*) off; *юр.* adjourn (*smth.*); отсро́чить платёж defer payment; **2.** *разг.* (*продлевать срок действия документа*) extend (*smth.*); ~ па́спорт extend the validity of *one's* passport.

отсро́ч|ить *сов. см.* отсро́чивать; **~ка** *ж.* **1.** postponement; deferment; безоснова́тельная ~ка *юр.* groundless delay; зако́нная ~ка legal adjournment; зая́вленная ~ка stated delay; обусло́вленная ~ка stipulated deferment; предоста́вленная ~ка granted adjournment; ~ка вынесе́ния реше́ния (*суда*) suspension of judgement; ~ка на зако́нном основа́нии legal postponement; ~, предусмо́тренная догово́ром postponement stipulated in a contract; ~ка при наступле́нии обстоя́тельств непреодоли́мой си́лы postponement due to force majeure circumstances; ~ка ввиду́ чрезвыча́йных обстоя́тельств *юр.* postponement due to an emergency; ~ка исполне́ния платёжных обяза́тельств *фин.* moratorium, adjournment; ~ка нало́га *эк.* tax deferment; ~ка опла́ты *фин.* delay of payment; ~ка погаше́ния ссу́ды *фин.* deferment of repayment; ~ка поста́вки *торг.* postponement of delivery; получи́ть ~ку платежа́ *фин.* obtain a delay in payment; **2.** (*продление срока действия документа*) extension.

отстава́ние *с.* lagging behind, lag; ликвиди́ровать ~ catch* up the arrears, get* rid of the backlog.

отстава́ть, отста́ть **1.** (от *рд.; быть позади*) fall*/lag behind (*smb.*); (*в учении, работе*) lag behind (*smb., smth.*); не ~ от *кого-л.* keep* pace with *smb.*, keep* up with *smb.*; вы отста́ли! you're behind the times! ~ от по́езда get* left behind by *one's* train; ~ от кла́сса lag behind the rest of the class; ~ в разви́тии be* backward; ~ на 10 лет be* ten years behind; **2.** (*о часах*) be* slow; ~ на четы́ре мину́ты be* four minutes slow; ~ на две мину́ты в су́тки lose* two minutes a day; **3.** (*отделяться*) come* off; **4.** (от *рд.; оставлять в покое*) leave* (*smb.*) alone.

отста́вить *сов.* **1.** *см.* отставля́ть; **2.**: ~! (*команда*) as you were!; recover! *амер.*

отста́вк|а *ж.* retirement; в ~е retired; подава́ть в ~у apply for retirement, send* in *one's* papers; ◇ ~ прави́тельства resignation of the government.

отставля́ть, отста́вить (*вн.*) move (*smth.*) aside, move (*smth.*) to one side; отста́вить стул move a chair to one side; отста́вить мизи́нец raise *one's* little finger.

отстав|ни́к *м. разг.* retired serviceman*; **~но́й** retired.

отста́ивать, отстоя́ть (*вн.*) defend (*smb., smth.*), fight* (for); (*не давать в обиду*) stand* up (for); ~ свою́ незави́симость fight for *one's* independence; ~ свои́ права́ assert *one's* rights; ~ своё мне́ние maintain/uphold* *one's* opinion.

отста́иваться, отстоя́ться (*осаждаться*) settle.

отста́л|ость *ж.* backwardness; **~ый** backward; (*устарелый*) old-fashioned; ~ый челове́к backward person; ~ая страна́ backward country; ~ая те́хника old-fashioned / outmoded techniques / equipment; ~ый взгляд outdated view.

отста́ть *сов. см.* отстава́ть.

отстаю́щий backward.

отстегну́ть(ся) *сов. см.* отстёгивать(ся).

отстёгивать, отстегну́ть (*вн.*) unfasten (*smth.*), undo* (*smth.*); **~ся,** отстегну́ться come* undone.

отстира́ть(ся) *сов. см.* отсти́рывать(ся).

отсти́рывать, отстира́ть (*вн.*) wash (*smth.*) off; **~ся,** отстира́ться come* out (in the wash).

отстоя́ть I *сов. см.* отста́ивать.

отстоя́ть II *сов.* (*вн.; простоять*) stand through (*smth.*); ~ ва́хту keep*/finish *one's* watch.

отсто|я́ть III *несов.* (от *рд.; быть на расстоянии*): ~ на 25 киломе́тров от ... be* twenty-five kilometers (away) from; ~ друг от дру́га на 10 шаго́в be* ten paces apart; дере́вня ~и́т от ста́нции на де́сять киломе́тров the village is ten kilometers away from the station.

отстоя́ться *сов. см.* отста́иваться.

отстран|е́ние *с.* removal; **~и́ть(ся)** *сов. см.* отстраня́ть(ся).

отстраня́ть, отстрани́ть (*вн.*) **1.** (*отодвигать от себя в сторону*) push (*smb., smth.*) away (a little); **2.** (*освобождать от исполнения обязанностей*) remove (*smb.*); ~ *кого-л.* от до́лжности remove *smb.* from his, her post; **~ся,** отстрани́ться **1.** (*отодвигаться*) move aside, move away (from); **2.** (от *рд.; уклоняться от какого-л. дела*) hold* aloof (from), keep* away (from); отстрани́ться от уча́стия в *чём-л.* not participate in *smth.*

отстре́ливаться, отстреля́ться fire back, return the fire; (*отходить*) shoot* *one's* way out.

отстреля́ться *сов. см.* отстре́ливаться.

о́тступ *м.* indention, space.

отступ|а́ть, отступи́ть **1.** (*отодвигаться*) step back; *перен.* recede; отступа́ть на не́сколько шаго́в step back a pace or two; го́ры постепе́нно ~а́ли the mountains gradually receded into the distance; **2.** *воен.* retreat (*тж. перен.*); fall* back; ~ пе́ред тру́дностями retreat in the face of difficulties; отступи́ть пе́ред опа́сностью balk at danger; **3.** (от *рд.; изменять чему-л.*) abandon (*smth.*), deviate (from); отступи́ть от свои́х взгля́дов abandon *one's* views; **~а́ться,** отступи́ться (от *рд.*) give* up (*smb., smth.*); я не отступлю́сь! I won't give it up!

отступи́ть(ся) *сов. см.* отступа́ть(ся).

отступле́ние *с.* **1.** retreat; **2.** (*отказ от чего-л.*) deviation; ~ от пра́вил deviation from the rules; **3.** (*отклонение от основной темы*) digression; лири́ческое ~ *лит.* lyrical digression.

отсту́пник *м.* apostate, recanter.

отсту́пничество *с.* apostasy, recanting.

отступн|о́е *с. скл. как прил.* compensation; **~о́й**: ~ые (*деньги*) *эк.* compensation for termination of a contract; smart money.

отступя́ away, off; ~ два-три ша́га a few paces away; немно́го ~ a little way off.

отсу́тстви|е *с.* absence; (*недостаток тж.*) lack; быть в ~и be* absent; (*в отъезде*) be* away; ~ вку́са lack/absence of taste; ~ спро́са *эк.* lack of demand; ◇ в *чьё-л.* ~ in *smb.'s* absence; ~ вся́кого прису́тствия (*у кого-л.*) *разг., ирон.* completely off *one's* rocker.

отсу́тствовать *несов.* **1.** (*не присутствовать*) be* absent, fail to attend; ~ на ле́кции be* absent from a lecture; **2.** (*не иметься*) be* lacking/wanting; отсу́тствует аппети́т *one* has no appetite.

отсу́тствующ|ий *прил.* **1.** absent; ~ взгляд vacant glance; **2.** *в знач. сущ. м.* absentee; *мн.* those absent; спи́сок ~их list of absentees.

отсчёт *м.* marking off; counting out; (*по прибору*) reading; обра́тный ~ вре́мени countdown.

отсчита́ть *сов. см.* отсчи́тывать.

отсчи́тывать, отсчита́ть (*вн.*) mark (*smth.*) off, count (*smth.*) off; (*деньги*) count (*smth.*) out; отсчита́ть 10 шаго́в mark off ten paces.

отсыла́ть, отосла́ть **1.** (*вн.; посылать*) send* (*smth.*) away/off; ~ *что-л.* обра́тно send* *smth.* back; **2.** (*вн.; велеть выйти, уйти*) send* (*smb.*) away; **3.** (*вн. к дт.; к источнику и т. п.*) refer (*smb.* to).

отсы́лка *ж.* **1.** dispatch; **2.** (*к источнику и т. п.*) reference.

отсы́пать *сов. см.* отсыпа́ть.

отсыпа́ть, отсы́пать (*вн., рд.*) pour out (*smth.*); (*отмерять*) measure out (*smth.*); отсы́пать зерна́ из мешка́ pour some grain out of a sack; отсы́пать два стака́на я́год measure out two glasses of berries.

отсыпа́ться, отоспа́ться have* a good sleep; have* a lie-in *разг.*; ~ по́сле *чего-л.* sleep* off *smth.*; я отосплю́сь I'll sleep it off.

отсыре́ть *сов. см.* сыре́ть.

отсыха́ть, отсо́хнуть wither.

отсю́да **1.** (*из этого места*) from here; вон ~! get out (of here)! **2.** (*вследствии этого*) hence; ~ сле́дует hence it follows.

отта́ивать, оття́ть thaw.

отта́лкивание *с. физ.* repulsion; *спорт.* take-off, push-off.

отта́лкивать, оттолкну́ть (*вн.*) **1.** (*отодвигать толчком - назад*) push (*smb., smth.*) back, thrust* (*smb., smth.*) back; (*в сторону*) push (*smb., smth.*) aside, thrust* (*smb., smth.*) aside; *перен.* (*отказываться от чего-л.*) reject (*smth.*); оттолкну́ть ло́дку от бе́рега push the boat off; **2.** (*отдалять кого-л. от себя*) reject (*smb.*); **3.** (*внушать кому-л. неприязнь к себе*) repel (*smb.*); оттолкну́ть от себя́ друзе́й repel *one's* friends; **~ся,** оттолкну́ться **1.** (от *рд.*) push off (from); *перен.* depart (from), make* a start (from); оттолкну́ться от земли́ spring*; оттолкну́ться от бе́рега push off; **2.** *тк. несов. физ.* be* repelled.

отта́лкивающий repulsive, disgusting; ~ вид repulsive appearance.

отта́скивать, оттащи́ть **1.** (*вн.; в сторону*) drag (*smb., smth.*) to one side; **2.** (*вн.* от *рд.*) *разг.* pull (*smb.*) away (from).

отта́чивать, отточи́ть (*вн.*) sharpen (*smth.*); *перен.* turn (*smth.*), mold (*smth.*), polish (*smth.*); ~ ка́ждый стих polish every verse; его́ слова́ бы́ли отто́чены his words were perfectly phrased; ~ своё мастерство́ perfect *one's* skill.

оттащи́ть *сов. см.* отта́скивать.

отта́явш|ий thawed; сквозь ~ее окно́ through the window, now entirely free of frost.

отта́ять *сов. см.* отта́ивать.

оттени́ть *сов. см.* оттеня́ть.

отте́н|ок *м.* **1.** shade, tinge; (*о красках тж.*) tint, hue; с розова́тым ~ом tinged with pink; **2.** (*разновидность чего-л.*) subtlety, nuance ~ значе́ния shade of meaning; **3.** (*рд.; слабое проявление*) shade (of), hint (of), trace (of); без ~ка смуще́ния without a trace of embarrassment; с ~ом раздраже́ния with a shade/tinge/hint of irritation.

оттеня́ть, оттени́ть (*вн.*) shade (*smth.*), shade in (*smth.*); *перен.* emphasize (*smth.*), set* (*smth.*) off.

о́ттепель *ж.* thaw.

оттере́ть *сов. см.* оттира́ть.

оттесни́ть *сов. см.* оттесня́ть.

оттесня́ть, оттесни́ть (*вн.*) press (*smb.*) back, drive* (*smb.*) back; *перен.* oust (*smb., smth.*), supplant (*smb., smth.*).

оттира́ть, оттере́ть (*вн.*) **1.** (*удалять*) rub (*smth.*) off; оттере́ть пятно́ rub off a spot; **2.** (*возвращать чувствительность*) rub warmth back (into); оттере́ть замёрзшие ру́ки сне́гом rub warmth back into *one's* hands with snow; **3.** *разг.* (*оттеснять*) push (*smb.*) aside; *перен.* oust (*smb.*).

о́ттиск *м.* **1.** (*отпечаток, след чего-л.*) imprint, mark; ~ па́льца fingerprint; **2.** (*отпечаток текста, рисунка*) print, impressions *pl.*; (*гравюры*) proof; **3.** (*отдельно сброшюрованная статья*) offprint.

отти́скивать, отти́снуть (*вн.*) **1.** *разг.* (*оттеснять*) push (*smb., smth.*) aside; **2.** (*делать оттиск, отпечаток*) print (*smth.*).

отти́снуть *сов. см.* отти́скивать.

оттого́ that's why; ~ что because.

отто́к *м.* outflow.

оттолкну́ть *сов. см.* отта́лкивать; **~ся** *сов. см.* отта́лкиваться 1.

оттопы́ренн|ый protruding; ~ые у́ши prominent ears, jug ears; у него́ ~ые у́ши his ears stick out.

оттопы́риваться, оттопы́риться *разг.* (*об ушах*) stick* out; (*о кармане*) bulge.

оттопы́риться *сов. см.* оттопы́риваться.

отторга́ть, отто́ргнуть (*вн.*) seize (*smth.*).

отто́ргнуть *сов. см.* отторга́ть.

отторже́ние *с.* seizure.

отто́ченный sharp; *перен.* polished; о́стро ~ нож sharp knife*; ~ стиль polished/finished style.

отточи́ть *сов. см.* оттa̍чивать.

оттрепа́ть *сов. (вн.) разг.* give* (*smb.*) a good/sound thrashing; ~ *кого-л.* за́ уши pull *smb.'s* ears.

оттруби́ть *сов. (вн.)* **1.** *воен.* have beaten a retreat; **2.** *разг.* ~ де́сять лет в батрака́х have worked/slaved as a farm laborer for ten years.

отту́да from there.

оття́гивать, оттяну́ть (*вн.*) **1.** draw* (*smth.*) back, retract (*smth.*); **2.** *разг.* (*уводить силой*) pull (*smb., smth.*) back; **3.** (*отвлекать*) divert (*smb., smth.*); оттяну́ть войска́ draw* off troops, divert forces; **4.** (*тяжестью*) weigh (*smth.*) down; make* (*smth.*) sag; оттяну́ть карма́ны make* the pockets sag; вёдра оттяну́ли ру́ки *one's* hands were aching with the weight of the pails; **5.** (*затягивать, откладывать*) delay (*smth.*), put* off (*smth.*), drag (*smth.*) out; ~ реше́ние keep* putting off a decision; ◇ ~ вре́мя play for time.

оття́жка *ж.* **1.** (*отсрочка*) delay; **2.** (*трос, проволока*) stay.

оттяну́ть *сов. см.* оття́гивать.

отуп|е́лый *разг.* stupefied, dulled; **~е́ние** *с. разг.* stupefaction, dull stupor, torpor; **~е́ть** *сов. разг.* grow* dull.

отутю́жить *сов. см.* утю́жить.

отуча́ть, отучи́ть (*вн.* от *рд., вн.* + *инф.*) break* (*smb.*) of the habit (of + -ing), train (*smb.*) not (+ to *inf.*); **~ся,** отучи́ться (от *рд.,* + *инф.*) break* *oneself* of the habit (of + -ing); grow* unused (to + -ing).

отучи́ть(ся) *сов. см.* отуча́ть(ся).

отфутбо́ливать, отфутбо́лить *(вн.) разг.* get* rid of a petitioner by telling him to apply elsewhere.

отфутбо́лить *сов. см.* отфутбо́ливать.

отха́живать, отходи́ть *(вн.)* nurse back to health *(smb.)*; ~ больно́го nurse a sick man* back to health.

отха́ркив|ать, отха́ркнуть (*вн.*) expectorate (*smth.*), cough up (*smth.*); **~аться,** отха́ркнуться expectorate; **~ающее** *с. скл. как прил. мед.* expectorant.

отха́ркнуть(ся) *сов. см.* отха́ркивать(ся).

отхлебну́ть *сов. см.* отхлёбывать.

отхлеста́ть *сов.* (*вн.*) *разг.* give* (*smb., smth.*) a good whipping.

отхлёбывать, отхлебну́ть (*вн., рд.*) *разг.* take* a gulp (of).

отхлы́нуть *сов.* surge back, fall* back.

отхо́д *м.* **1.** (*отправление*) departure; (*судна и тж.*) sailing; до ~а по́езда оста́лось 5 мину́т there are five minutes to go before the train leaves; **2.** *воен.* withdrawal.

отходи́ть I, отойти́ **1.** (от *рд.*) move away (from); (*в сторону*) move aside (from); отойти́ от окна́ move away from the window; не ~ от телефо́на hold* the line; **2.** (*отбывать — о средствах передвижения*) leave*; по́езд отхо́дит в 7 утра́ the train leaves at 7 A.M., the train leaves at seven in the morning; по́езд отхо́дит от ста́нции the train is pulling out of the station; **3.** *воен.* withdraw*, fall* back; **4.** (от *рд.; отклоняться*) depart (from); (*от темы*) digress (from); ~ от оригина́ла depart from the original; **5.** (*отделяться, отставать*) come* off; (*об обоях и т. п.*) peel off; **6.** (*приходить в обычное состояние*) recover; **7.** (*переставать сердиться*) calm down; **8.** *уст.* (*умирать*) pass away, breathe *one's* last; ◇ отойти́ в о́бласть преда́ния be* consigned to legend.

отходи́ть II *сов. см.* отха́живать.

отхо́дн|ая *ж. скл. как прил. церк.* prayer for the dying; ◇ петь ~ую (*кому-л.*) write* *(smb.)* off; (*чему-л.*) give* up *smth.* as hopeless.

отхо́дчивый forgiving *attr.*; он ~ челове́к he has a forgiving nature, he soon gets over it.

отхо́ды *мн.* waste *sg.*; пищевы́е ~ garbage *sg.*, scraps; промы́шленные ~ industrial waste *sg.*

отхо́ж|ий: ~ про́мысел *уст.* seasonal work; ~ее ме́сто *разг.* latrine, earth closet.

отцвести́ *сов. см.* отцвета́ть.

отцвета́ть, отцвести́ (*о цветах*) finish blooming, fade; (*о деревьях*) shed* its blossom; *перен.* lose* *one's* bloom, fade.

отцепи́ть(ся) *сов. см.* отцепля́ть(ся).

отцепля́ть, отцепи́ть (*вн.*) unhook (*smth.*); *ж.-д.* uncouple (*smth.*); **~ся,** отцепи́ться **1.** *ж.-д.* come* unhooked; **2.** leave* *smb.* alone; отцепи́сь! leave me alone!

отцеуби́й|ство *с.* patricide; **~ца** *м. и ж.* patricide.

отцо́в|ский paternal; ~ дом *one's* father's house; **~ство** *с.* paternity, fatherhood.

отча́иваться, отча́яться be* in despair; (+ *инф.*, в *пр.*) despair (of + -ing); отча́яться спасти́ *чью-л.* жизнь despair of *smb.'s* life; я уже́ отча́ялся вас уви́деть I had given up hope of seeing you.

отча́ливать, отча́лить cast* off; парохо́д отча́лил от при́стани the ship cast off from the wharf.

отча́лить *сов. см.* отча́ливать.

отча́сти partly; to some extent.

отча́яни|е *с.* despair; в ~и in despair, in desperation; я в ~и I am at my wit's end.

отча́янн|о **1.** desperately; **2.** *разг.* (*очень*) awfully; **~ый** **1.** (*проникнутый отчаянием*) desperate; ~ый шаг desperate step; ~ое положе́ние desperate situation; **2.** *разг.* (*безрассудно смелый)* reckless, foolhardy; ~ый посту́пок reckless act; **3.** *разг.* (*увлекающийся каким-л. занятием*) madly keen; ~ый танцо́р reckless dancer; **4.** *разг.* (*неисправимый*) awful; ~ый лгун awful liar.

отча́яться *сов. см.* отча́иваться.

отчего́ why; ~ твой друг переста́л быва́ть у нас? why has your friend stopped coming to see us?; ~ же? why not?; я не зна́ю, ~ он не пришёл I don't know why he didn't come; он засмея́лся, ~ лицо́ его́ ста́ло гора́здо прия́тнее he laughed and this made his face far more pleasant.

отчего́|-либо, ~-нибудь, ~-то for some reason.

отчека́нивать, отчека́нить (*вн.*) **1.** (*изготовлять чеканкой*) coin (*smth.*); **2.** (*произносить чётко и раздельно*) rap out (smth.).

отчека́нить *сов. см.* отчека́нивать.

отчеркну́ть *сов. см.* отчёркивать.

о́тчество *с.* patronymic.

отчёркивать, отчеркну́ть (*вн.*) mark (*smth.*), mark round (*smth.*).

отчёт *м.* **1.** (*о работе и т. п.*) report; ~ о нау́чной рабо́те report on scientific work; бала́нсовый ~ *бухг.* balance sheet; бухга́лтерский ~ accounting balance sheet; годово́й ~ annual report; ликвидацио́нный ~ liquidation statement; ревизио́нный ~ auditor's report; сво́дный ~ consolidated report; статисти́ческий ~ returns *pl.*; стенографи́ческий ~ a verbatim record; фина́нсовый ~ *фин.* financial report; ~ о дохо́дах income statement; ~ об измене́ниях в фина́нсовом положе́нии statement of changes in financial position; ~ о при́былях и убы́тках profit and loss accounts *pl.*; ~ о распределе́нии при́былей statement of appropriation of profit; **2.** (*объяснение*) account, report; отдава́ть *кому-л.* ~ в *чём-л.* give* *smb.* an account of *smth.*; требова́ть ~а demand an explanation; ◇ брать *что-л.* под ~ take* *smth.* that has to be accounted for; отдава́ть себе́ ~ в *чём-л.* realize *smth.*; не отдава́я себе́ ~а not realizing.

отчётлив|ый clear, well-defined, distinct; ~ое произноше́ние clear diction; ~ые движе́ния well-defined/crisp movements; ~ое изображе́ние well-defined image/picture.

отчётно-вы́борн|ый: ~ое собра́ние election meeting, meeting to hear the report on the work of the organization and to elect new executives.

отчётность *ж.* **1.** reporting, accounting; accountability; **2.** (*документация*) reports *pl.*, accounts *pl.*; ~ предприя́тий reports of enterprises (*pl.*).

отчётный: ~ пери́од the period under review/survey; ~ год the year under review; (*финансовый*) financial year; ~ докла́д (summary) report.

отчи́зна *ж.* native land.

о́тчий *поэт. уст.* paternal.

о́тчим *м.* stepfather.

отчисле́ни|е *с.* **1.** (*вычет*) deduction; **2.** *обыкн. мн.* (*ассигнование*) allocations; амортизацио́нные ~я depreciation deductions; валю́тные ~я currency allocations; комиссио́нные ~я commission *sg.*; проце́нтные ~я percentage deductions; ~я в а́дрес поставщика́ allocations to the supplier; ~я в бюдже́т payments to the budget; ~я в резе́рвный фонд deductions to the reserve funds; ~я за страхо́вание deductions of expenses for insurance; ~я за транспортиро́вку deductions/charges for transportation; ~я за хране́ние гру́за deductions of expenses for storage; ~я от при́были deductions from profit; **3.** (*исключение*) discharge.

отчи́слить *сов. см.* отчисля́ть.

отчисля́ть, отчи́слить (*вн.*) **1.** (*вычитать*) deduct (*smth.*); **2.** (*ассигновать*) allocate (*smth.*); **3.** (*исключать*) discharge (*smth.*).

отчи́стить(ся) *сов. см.* отчища́ть(ся).

отчита́ть *сов. см.* отчи́тывать.

отчита́ться *сов. см.* отчи́тываться.

отчи́тывать, отчита́ть (*вн.*) *разг.* give* (*smb.*) a good talking to, tell* (*smb.*) off.

отчи́тываться, отчита́ться (перед *тв.*) report back (to); ~ пе́ред избира́телями report back to *one's* constituents.

отчища́ть, отчи́стить (*вн.*) clean (*smth.*); take* (*smth.*) out; (*щёткой*) brush (*smth.*) clean; отчи́стить пятно́ бензи́ном take* out a spot with petrol; **~ся,** отчи́ститься come* off.

отчужд|а́ть *несов.* (*вн.*) **1.** estrange (*smb.*); **2.** *юр.* (*собственность*) alienate (*smth.*); **~а́ться** *несов.* **1.** become* estranged; **2.** *юр.* (*о собственности*) be* alienated, become* alienated; **~е́ние** *с.* **1.** estrangement; **2.** *юр.* (*о собственности*) alienation.

отчуждённ|ость *ж.* estrangement; **~ый** **1.** estranged; (*выражающий отчуждение тж.*) forbidding, unwelcoming; **2.** *юр.* (*о собственности*) alienated.

отшатну́ться *сов. см.* отша́тываться.

отша́тываться, отшатну́ться stagger back; (от *рд.*) recoil (from); *перен. разг. тж.* turn away (from), turn *one's* back (on); все от него́ отшатну́лись everyone gave him the cold shoulder.

отшвы́ривать, отшвырну́ть (*вн.*) *разг.* fling* (*smth.*) away; (*назад*) fling* (*smth.*) back.

отшвырну́ть *сов. см.* отшвы́ривать.

отше́льни|к *м.* hermit; *перен.* recluse; жить ~ом lead* a secluded life; **~ческий** anachoritic; hermit *attr.*; **~чество** hermit's life.

отши́б *м.*: жить на ~е live on the outskirts.

отшиба́ть, отшиби́ть (*вн.*) **1.** *разг.* knock off; **2.** (*ушибить*) hurt* (*smb.*, *smth.*); **3.** (*отламывать*) strike* off (*smth.*); (*откалывать*) break* off (*smth.*); ◇ у неё па́мять отши́бло her memory failed her.

отшиби́ть *сов. см.* отшиба́ть.

отши́ть *сов.* (*вн.*) *разг.* (*прогнать от себя*) rebuff (*smb.*).

отшлёпать *сов.* (*вн.*) *разг.* spank (*smb.*).

отшлифова́ть *сов. см.* отшлифо́вывать.

отшлифо́вывать, отшлифова́ть (*вн.; прям. и перен.*) polish (*smth.*).

отшум|е́ть *сов.*: ~е́ли бой the uproar of the fights was over.

отшути́ться *сов. см.* отшу́чиваться.

отшу́чиваться, отшути́ться turn it all into a joke, come* back with a joke.

отщепе́нец *м.* (*ренегат*) renegade; (*изгнанник*) outcast.

отщепи́ть(ся) *сов. см.* отщепля́ть(ся).

отщепля́ть, отщепи́ть (*вн.*) split* (*smth.*) off, chip (*smth.*) off; **~ся,** отщепи́ться be* chipped off.

отщипну́ть *сов. см.* отщи́пывать.

отщи́пывать, отщипну́ть (*вн.*) nip (*smth.*) off, pinch (*smth.*) off.

отъеда́ться, отъе́сться (*после голода*) get* *one's* weight back; (*поправляться*) grow* sleek.

отъе́зд *м.* departure; ◇ быть в ~е be* away; ~ ка́меры *кино* track out.

отъезж|а́ть, отъе́хать drive* off/away; отъе́хать на во́семь киломе́тров от *чего-л.* get* eight kilometers away from *smth.*; **~а́ющий** *м.* one who is leaving.

отъе́сться *сов. см.* отъеда́ться.

отъе́хать *сов. см.* отъезжа́ть.

отъя́вленный arrant; ~ плут regular scoundrel.

отыгра́ть(ся) *сов. см.* оты́грывать(ся).

оты́грывать, отыгра́ть (*вн.*) win* (*smth.*) back; **~ся,** отыгра́ться **1.** win* it all back;' get* *one's* revenge; **2.** (*выходить из затруднительного положения*) make* up for it (by).

отыска́ть(ся) *сов. см.* оты́скивать(ся).

оты́скивать, отыска́ть (*вн.*) seek* out (*smth.*), find* (*smth.*), discover (*smth.*); **~ся,** отыска́ться be* found, be* discovered.

отягч|а́ть, отягчи́ть (*вн.*) aggravate (*smth.*); **~а́ющий** *юр.* aggravating; ~а́ющее вину́ обстоя́тельство aggravant; **~е́ние** (*вины, преступления*) *юр.* aggravation.

отягчи́ть *сов. см.* отягча́ть.

отяжеле́ть become*/grow* heavy.

офере́нт *м. торг., юр.* offerer, tenderer.

офе́рт|а *ж. торг., юр.* offer; ~ без обяза́тельств free offer; ~, обращённая к неопределённому кру́гу лиц offer to public in large; приня́ть ~у accept an offer.

офице́р *м.* officer; ~ запа́са reserve officer; ~ свя́зи liaison officer; ~ фло́та naval officer; **~ский** officer's; officers'; ~ское зва́ние commissioned rank.

официа́льн|ый official; (*с соблюдением формальностей тж.*) formal; ~ отчёт statement; ~ая учётная ста́вка *фин.* official discount rate; ~ая фо́ндовая би́ржа recognized stock exchange; ~ биржево́й ма́клер inside broker; ~ое извеще́ние formal notice; ~ое сообще́ние official communication; по ~ым да́нным according to the official data/figures/statistics; ~ое лицо́ official; ~ язы́к official language; ~ое приглаше́ние formal invitation; ~ тон formal tone.

официа́нт *м.* waiter; **~ка** *ж.* waitress; **~ский** waiter's; waitress's.

официо́з *м.* semiofficial organ/publication; **~ный** semiofficial; (*о статье*) inspired.

оформи́тель *м.* designer; (*сцены*) stage designer; худо́жник-~ layout artist.

офо́рм|ить(ся) *сов. см.* оформля́ть(ся); **~ле́ние** *с.* **1.** (*выполнение формальностей*) official registration; ~ле́ние на рабо́ту official registration as a member of the staff; ~ле́ние докуме́нтов official registration of papers, stamping of documents; тамо́женное ~ле́ние *юр.* customs clearing; **2.** (*внешний вид чего-л.*) design; (*газеты тж.*) layout; (*спектакля*) decor; sets *pl*; музыка́льное ~ле́ние musical setting; худо́жественное~ле́ние artistic arrangement.

оформля́ть, офо́рмить (*вн.*) **1.** (*придавать чему-л. законченную внешнюю форму*) design (*smth.*), arrange (*smth.*); ~ кни́гу design a book; ~ спекта́кль design the sets/decor for a play; **2.** (*придавать чему-л. законную форму*) put* (*smth.*) in order, legalize (*smth.*); ~ докуме́нты put* *smb.'s* papers in order; ~ соглаше́ние make* an agreement legal; ~ отноше́ния legalize relations; ~ догово́р *юр.* draw* up a contract; **3.** (*зачислять куда-л.*) put* (*smb.*) on the staff; **~ся,** офо́рмиться **1.** (*принимать форму*) take* shape; **2.** (*поступать куда-л.*) be* taken on the staff.

офо́рт *м.* etching.

оффшо́рн|ый *эк.* offshore; ~ая компа́ния offshore company.

ох oh, dear!

оха́ивать, оха́ять (*вн.*) *разг.* run* (*smth.*) down, speak* ill (of).

оха́пка *ж.* armful; ~ дров armful of wood; ◇ взять, схвати́ть в ~у gather up.

охарактеризова́ть *сов.* (*вн.*) characterize (*smb., smth.*), describe (*smb., smth.*).

о́хать, о́хнуть moan, sigh; *сов. тж.* gasp.

оха́ять *сов. см.* оха́ивать.

охвати́ть *сов. см.* охва́тывать.

охва́тывать, охвати́ть (*вн.*) **1.** (*обнимать*) put* *one's* arms round (*smb., smth.*), embrace (*smb., smth.*); **2.** (*окутывать*) envelop (*smth.*); пла́мя охвати́ло зда́ние flames enveloped the building; **3.** (*о чувствах*) seize (*smb.*), overcome* (*smb.*); он охва́чен ра́достью he is full of joy; **4.** (*распространяться на*) spread* all over (*smth.*); **5.** (*воспринимать многое*) take* in (*smth.*); embrace (*smth.*); **6.** *разг.* (*вовлекать*) draw* (*smb., smth.*) in; охвати́ть всех подпи́ской на газе́ты give* everyone the opportunity of subscribing to the newspapers; ◇ охвати́ть взгля́дом *что-л.* survey *smth.*, cast* a glance round *smth.*

охво́стье *с. тк. ед. собир.* **1.** *с.-х.* chaff; **2.** *разг.* (*приспешники*) yes-men* *pl.*; (*подонки*) riffraff.

о́хи *мн. разг.*: ~ и а́хи moans and sighs, gasps and groans.

охладева́ть, охладе́ть (к *дт.*) cool (towards), grow* cold (towards); охладе́ть к пре́жним друзья́м cool towards *one's* former friends.

охладе́ть *сов. см.* охладева́ть.

охлади́ть(ся) *сов. см.* охлажда́ть(ся).

охлажд|а́ть, охлади́ть (*вн.*) cool (*smth.*), chill (*smth.*); *перен.* deflate (*smb., smth.*), dampen (*smth.*); **~а́ться,** охлади́ться get* cool, cool; **~е́ние 1.** cooling; с водяны́м ~е́нием water-cooled; с возду́шным ~е́нием air-cooled **2.** (*о чувствах*) coolness.

охламо́н *м. разг. бран.* blockhead.

охмеле́ть *сов.* become* tipsy/tight.

охмури́ть *сов. см.* охмуря́ть.

охмуря́ть, охмури́ть *(вн.) разг.* swindle *(smb.)*, cheat *(smb.)*.

о́хнуть *сов. см.* о́хать.

охора́шиваться *разг.* smarten *oneself*.

охо́т|а I *ж.* hunting; (*с ружьём тж.*) shooting; ~ на волко́в wolf-hunting; ~ на у́ток duck shooting; ходи́ть на ~у go* shooting.

охо́т|а II *ж.* **1.** (*желание*) desire, fancy; по свое́й ~е of *one's* own free will; с большо́й ~ой with the utmost pleasure; **2.** *в знач. сказ. безл.* (*дт.* + *инф.*): ему́ ~ чита́ть he feels like reading; ◇ что вам за ~?, ~ вам (+ *инф.*) why should you bother (+ to *inf.*); ~ тебе́ спо́рить с ним! why argue with him!

охо́титься *несов.* (на *вн.*, за *тв.*) hunt (*smth.*); (*с ружьём*) go* shooting (*smth.*), shoot* (*smth.*); (за *тв.*) *перен.* look (for), hunt (for); ~ на медве́дя hunt bears, go* bear shooting; ~ за перепела́ми shoot* quails.

охо́тк|а *ж.*: в ~у eagerly.

охо́тник I *м.* hunter; (*непрофессионал*) sportsman*.

охо́тник II *м.* **1.** (*желающий*) volunteer; найти́ ~а (+ *инф.*) find* somebody keen (+ to *inf*); найти́ ~а на э́то find* somebody who wants to do it; **2.** (до *рд.*, + *инф.*; *любитель чего-л.*): быть больши́м ~ом до *чего-л.* be* very fond of *smth.*

охо́тни|чий hunting, sporting; ~ до́мик shootinglodge, huntinglodge; ~ фильм *кино* hunting film; ~ чье ружьё sporting gun; (*для мелкой дроби*) fowling piece; ~чья соба́ка hunting dog, gundog; (*гончая*) hound.

охо́тно gladly, willingly, readily; ~! with pleasure!

охо́чий (до *рд.*, на *вн.*, + *инф.*) *разг.* keen (to), having an urge (to).

о́хра *ж.* ochre.

охра́н|а *ж.* **1.** (*защита*) protection; ~ здоро́вья health protection; ~ здоро́вья ма́тери и ребёнка mother-and-child health institutions *pl.*; ~ поря́дка preservation of law and order; ~ приро́ды nature preservation; ~ окружа́ющей среды́ preservation of surroundings; под ~ой *кого-л.* guarded by *smb.*; **2.** (*стража*) guard; guards *pl.*; ли́чная ~ bodyguard; пограни́чная ~ frontier guards *pl.*; **~е́ние** *с.* protection; боево́е ~е́ние battle outposts *pl.*; похо́дное ~е́ние protection on the move; **~и́тельный:** ~и́тельные по́шлины *эк.* protective tariffs.

охра́нник *м.* guard.

охра́нн|ый security *attr.*; ◇ ~ая гра́мота, ~ лист safe conduct; ~ая зо́на *воен.* restricted area; ~ое отделе́ние *ист.* (*в царской России*) Secret Political Police Department.

охраня́ть *несов.* (*вн.*) guard (*smb.*, *smth.*), protect (*smb.*, *smth.*); (*интересы и т. п.*) safeguard (*smth.*); ~ зда́ние guard a building; ~ интере́сы трудя́щихся safeguard the interests of the working people.

охри́п|нуть *сов.* grow*/become* hoarse; **~ший** hoarse, husky.

охроме́ть *сов. разг.* go* lame, be* lame.

оху́лк|а *ж.*: он ~и на́ руку не поло́жит *разг.* ≅ he knows what is what.

оцара́пать, *сов.* (*вн.*) scratch (*smth.*); **~ся** *сов.* scratch *oneself*.

оце́нивать, оцени́ть **1.** (*вн.* в *вн.*) value (*smth.* at); оцени́ть кни́гу в два рубля́ value a book at two rubles; **2.** (*вн.*; *составлять представление, суждение*) appreciate (*smb.*, *smth.*), appraise (*smb.*, *smth.*); пра́вильно оцени́ть созда́вшееся положе́ние form a correct estimate of the situation.

оцени́ть *сов. см.* оце́нивать.

оце́нк|а *ж.* **1.** (*действие*) valuing, valuation; ~ това́ров valuing of goods; ~ иму́щества valuation of property; ба́нковская ~ *фин.* bank estimate; попозицио́нная ~ itemized assessment; ~ вкла́да evaluation of a contribution; ~ иму́щество предприя́тия evaluation of the property of an enterprise; ~ по состоя́нию на середи́ну го́да midyear estimate; ~ в це́лях налогообложе́ния assessment; ~ подря́дчика source evaluation; **2.** (*мнение, суждение о ком-л., чём-л.*) appraisal, appreciation; дава́ть ~у произведе́нию иску́сства give* an appraisal of a work of art; дава́ть высо́кую ~у *кому-л.* express a high opinion of *smb.*; дава́ть завы́шенную ~у overrate; ~ ка́чества изображе́ния *кино* picture appraisal; **3.** (*экзаменационная отметка*) mark(s); получи́ть хоро́шую ~у за сочине́ние receive good* marks for composition.

оце́ночн|ый: ~ая ве́домость appraisal.

оце́нщик *м.* valuer, appraiser; официа́льный ~ qualified appraiser.

оцепене́л|ый stunned, stupefied; ~ое состоя́ние stupefaction.

оцепене́ние *с.* stupor.

оцепене́ть *сов. см.* цепене́ть.

оцепи́ть *сов. см.* оцепля́ть.

оцепля́ть, оцепи́ть (*вн.*) surround (*smb.*, *smth.*); cordon (*smth.*) off.

оча́г *м.* **1.** hearth; дома́шний ~ the home; **2.** (*центр*) center, seat; ~ культу́ры cultural center; ~ инфе́кции center of infection; ~ войны́ hotbed/seat of war; ~ пожа́ра seat of the fire.

очарова́ние *с.* charm, fascination.

очаро́ванный charmed, fascinated.

очарова́тельный charming, fascinating.

очарова́ть *сов. см.* очаро́вывать.

очаро́вывать, очарова́ть (*вн.*) charm (*smth.*), fascinate (*smth.*).

очеви́дец *м.* eyewitness.

очеви́дн|о **1.** *нареч.* obviously; **2.** *в знач. сказ. безл.* it is obvious/evident; бы́ло ~, что он э́того не знал he obviously did not know it; э́то соверше́нно ~! that's (perfectly) obvious!; **3.** *в знач. вводн. сл.* evidently; он, ~, не придёт he is evidently not coming; вы, ~, счита́ете ... you apparently consider ..., you seem to think ...**~ый** obvious; ~ая вы́года obvious advantage; ~ый факт obvious fact.

очелове́ч|ение *с.* humanization; **~иваться,** очелове́читься become* a human being.

очелове́читься *сов. см.* очелове́чиваться.

о́чень (*при прил. и нареч.*) very; (*при гл.*) very much; ~ мно́го (*с сущ. в ед. ч.*) lots of, a lot of; (*с сущ. во мн. ч.*) a great many; с ~ дово́льным ви́дом looking very pleased; мне э́то ~ нра́вится I like it very much; не ~ not very; not much; ему́ э́то не ~ нра́вится he's not very pleased about it; он был ~ удивлён he was greatly/much surprised; он был ~ заинтересо́ван he was much interested.

очередни́к *м. разг.* person included on a waiting list.

очередн|о́й 1. (*ближайший*) next, immediate; ~а́я зада́ча the task at hand, immediate task; ~ы́е дела́ immediate affairs; **2.** (*следующий по порядку*) regular, ordinary; ~ о́тпуск *one's* (regular) leave; ~ съезд (ordinary) congress; **3.** (*повторяющийся*) recurrent; just another; ~ ска́ндал recurrent row, just another row.

о́черед|ь *ж.* **1.** (*порядок*) turn; соблюда́ть ~ wait *one's* turn; в поря́дке ~и in order of priority; ~ за ва́ми it is your turn; ~ на погру́зку *торг.* loading turn; **2.** (*группа людей, ожидающих чего-л.*) queue; line *амер.*; ~ за биле́тами ticket queue; ~ за хле́бом bread queue, bread line *амер.*; стоя́ть в ~и queue, stand* in a queue; stand* in line *амер.*; станови́ться в ~ за *кем-л.* queue up behind *smb.*, line up behind *smb.*; **3.** *воен.*: пулемётная ~ burst of machine-gun fire; ◇ на ~и next (in turn); по ~и 1) in turns; 2) (*сменяясь*) by turns, in rotation; в свою́ ~ in *one's* turn; в пе́рвую ~in the first place.

очерёдность *ж.* proper sequence, order of priority.

о́черк *м.* (*рассказ*) (feature) article, story; (*литературно-критический*) essay; ~ о жи́зни и тво́рчестве Пу́шкина an essay on the life and writings of Pushkin; вое́нный ~ article about army life; **~и́ст** *м.* essayist; (*в газете, журнале*) feature writer.

очерни́ть *сов. см.* черни́ть.

очерстве́лый hard, callous.

очерстве́ть *сов. см.* черстве́ть 2.

очерстви́ть *сов.* (*вн.*) harden (*smb., smth.*), deprive (*smb., smth.*) of feeling.

очерта́ния *мн.* (*ед.* очерта́ние *с.*) outlines, contours.

очёски *мн.* combings.

очёчник *м.* spectacle case.

о́чи *мн. см.* о́ко.

очини́ть *сов. см.* чини́ть I 2.

очисти́тельный cleaning.

очи́стить(ся) *сов. см.* очища́ть(ся).

очи́стк|а *ж.* clearing, cleaning; purification, refining; ◇ для ~и со́вести to set *one's* mind at ease; ~ от тамо́женных по́шлин *торг.* clearance.

очи́стки *мн.* peelings.

очи́ток *м. бот.* stonecrop.

очища́ть, очи́стить (*вн.*) **1.** clean (*smth.*), clear (*smth.*); *перен.* purge (*smb., smth.*), cleanse (*smth.*); ~ пруд clean a pond; ~ дно реки́ dredge a river; **2.** (*освобождать от примесей*) purify (*smth.*); *хим. тж.* refine (*smth.*); очи́стить спирт purify/refine spirit; **3.** (*удалять верхний покров, оболочку*) peel (*smth.*), skin (*smth.*); очи́стить карто́фель peel potatoes; очи́стить яйцо́ shell an egg; очи́стить ры́бу clean a fish; **4.** (*освобождать от присутствия*) clear the (*smth.*); (*освобождать от своего присутствия*) vacate (*smth.*); очи́стить помеще́ние clear premises; **~ся,** очи́ститься **1.** become* clean; be* purified; (*о воздухе*) become* clear/fresh; *перен.* be* purged; **2.** (*освобождаться*) clear, become* free; не́бо очи́стилось the sky cleared; река́ очи́стилась ото льда́ the river become free of ice.

очи́щенный 1. *хим.* refined; **2.** (*от кожи*) skinned; (*от кожуры*) peeled.

очка́рик *м. разг.* person, wearing spectacles.

очки́ *мн.* (pair of) spectacles; glasses; защи́тные ~ goggles; носи́ть ~ wear* glasses.

очк|о́ *с.* **1.** (*на картах, костях*) pip; **2.** (*в счёте*) point; набра́ть де́сять ~о́в score ten points; **3.** (*отверстие*) hole; (*глазок*) peephole; ◇ он мо́жет дать вам не́сколько ~о́в вперёд he can give you points; втира́ть ~и́ *кому-л.* throw* dust in *smb.'s* eyes.

очковтира́тель *м.* faker, humbug, bluffer; **~ство** *с.* eyewash; bluff.

очко́в|ый: ~ая змея́ cobra.

очну́ться *сов.* **1.** (*проснуться*) awaken; **2.** (*прийти в чувство*) come* to *oneself*, recover/regain consciousness.

о́чн|ый: ~ая ста́вка *юр.* confrontation; ~ая ста́вка обвиня́емого со свиде́телем обвине́ния *юр.* confrontation with a witness; ~ое обуче́ние full-time instruction.

очуме́лый *разг.* senseless, mad; бежа́ть как ~ run* like a mad thing.

очуме́|ть *сов. груб.* go* clean off *one's* head; ты что, ~л что ли? have you gone mad?

очут|и́ться *сов.* find* *oneself*, come* to be; как он здесь ~и́лся? how did he get here?

очу́хаться *сов. разг.* come* to *oneself*.

ошара́шить *сов.* (*вн.*) *разг.* dumbfound (*smb.*), flabbergast (*smb.*).

ошвартова́ть *сов.* (*вн.*) *мор.* make* fast (*smth.*); **~ся** *сов. мор.* make* fast (to/along).

оше́йник *м.* collar.

ошеломи́тельный *разг.* stunning.

ошеломи́ть *сов. см.* ошеломля́ть.

ошеломля́ть, ошеломи́ть (*вн.*) stun (*smb.*), stupefy (*smb.*).

ошельмова́ть *сов. см.* шельмова́ть.

ошиб|а́ться, ошиби́ться be* mistaken, be* wrong; make* mistakes; *сов. тж.* make* a mistake; ~ в *ком-л.* be* mistaken about *smb.*; ~ в *чём-л.* be* wrong about *smth.*; жесто́ко ~ be* sadly mistaken; вы ~а́етесь! you're quite mistaken!; е́сли я не ~а́юсь if I'm not mistaken; мо́жет быть, я ~áюсь I may be mistaken; не ошибýсь, éсли скажý I shan't be far out in saying; смотрú, не ошибúсь! mind you don't make a mistake!

ошибúться *сов. см.* ошибáться.

ошúбк|а *ж.* mistake; (*заблуждение*) error; грýбая ~ crude error; допустúмая ~ allowable error; канцелярская ~ clerical error; ~ прогнозúрования forecasting error; по ~е by mistake.

ошúбочн|о (*неправильно*) wrongly, mistakenly; (*по ошибке*) by mistake; **~ый** erroneous, mistaken; ~ое представлéние erroneous idea, misconception.

ошúкать *сов. (вн.) разг.* hiss (*smb.*) off the stage.

ошмётки *мн.* (*ед.* ошмёток *м.*) *разг.* rags.

ошпáривать, ошпáрить (*вн.*) *разг.* scald (*smb., smth.*);**~ся,** ошпáриться scald *oneself.*

ошпáрить(ся) *сов. см.* ошпáривать(ся).

оштрафовáть *сов. см.* штрафовáть.

оштукатýрить *сов. см.* штукатýрить.

ошýюю *уст.* to the left.

ощенúться *сов. см.* щенúться.

ощетúниться *сов. см.* щетúниться.

ощипáть *сов. см.* ощúпывать.

ощúпывать, ощипáть (*вн.*) pluck (*smth.*).

ощýпать *сов. см.* ощýпывать.

ощýпывать, ощýпать (*вн.*) feel* (*smb., smth.*) (all over).

óщупь *ж.*: на ~ to the touch, by touch.

óщупью: искáть *что-л.* ~ grope for *smth.*; ~ выбирáться из grope *one's* way out of; пробирáться ~ grope *one's* way.

ощутú|мый perceptible, palpable; (*значительный*) appreciable; ~мая рáзница appreciable difference.

ощутúть *сов. см.* ощущáть.

ощущ|áть, ощутúть (*вн.*) sense (*smth.*), feel* (*smth.*), become* aware of; ~ óстрое желáние experience a keen desire; **~áться** *несов.* make* itself felt, be* felt; во всём ~áлось, что ýтро блúзко everything seemed to suggest that morning was near; **~éние** *с.* sensation; у меня такóе ~éние, слóвно ... I feel as if ...

П

па *с. нескл.* step.

пáва *ж. зоол.* peahen.

павиáн *м. зоол.* baboon; cynocephalus (*pl.* -li) *научн.*

павильóн *м.* **1.** pavilion; **2.** (*для киносъёмок*) studio (*pl. -os*); ~ для синхрóнной киносъёмки sound film studio; ~ для трюковы́х киносъёмок trick room; вы́ставочный ~ exhibition pavilion.

павли́н *м. зоол.* peacock; **~ий** peacock *attr*; ◇ ~ий глаз (*бабочка*) peacock butterfly.

пáводок *м.* freshet, flood; весéнний ~ spring floods *pl.*

пáвшие *мн.* the fallen.

пáгода *ж.* pagoda.

пáгуб|а *ж. уст.* ruin; **~но**: ~но влия́ть, дéйствовать *и т. п.* на *кого-л., что-л.,* have* a disastrous influence/effect on *smb., smth.*; **~ный** (*губительный*) disastrous; (*вредный*) pernicious, harmful; ~ное влия́ние harmful influence.

пáдаль *ж. обыкн. собир.* carrion.

пáд|ать, пасть, упáсть **1.** fall*, drop, ~ на колéни go* down on *one's* knees, fall* on *one's* knees; упáсть на зéмлю fall*/drop to the ground; он упáл he fell over; упáсть со столá, с кры́ши *и т. п.* fall* off a table, roof *etc.;* упáсть с большóй высоты́ fall* from a great height; **2.** *тк. несов.* (*об атмосферных осадках*) fall*; ~ает снег snow is falling; **3.** *сов.* пасть (*низко опускаться*) fall*; егó головá ~ала на грудь his head began to nod; **4.** *тк. несов.* (*свисать, ниспадать*) fall*; с волосáми, ~авшими до плеч with hair down to *one's* shoulders; **5.** *сов.* пасть (*о росе, тумане*) fall*; **6.** (на *вн.; о свете, тени*) fall*, be* cast; *перен.* (*распространяться*) fall*; от полéй шля́пы ~ала тень на её лицó the brim of the hat cast a shadow on her face; **7.** *сов.* пасть (на *вн.; приходиться кому-л., чему-л.*) fall* (on); жрéбий ~ает на меня́ the choice is upon me; **8.** *тк. несов.* (на *вн.*) fall* (on); ударéние ~ает на послéдний слог the stress falls on the last syllable; **9.** *тк. несов. разг.* (*о волосах, зубах*) come* out, fall* out; **10.** (*уменьшаться, ослабевать*) fall*, drop; давлéние ~ает the pressure is falling; **11.** *сов.* пасть (*становиться слабее, ничтожнее*) decline, wane, be* on the decline; *перен.* (*портиться*) deteriorate; влия́ние его ~ает his influence is declining; настроéние больнóго ~ает the patient's morale is deteriorating; **12.** *сов.* пасть (*дохнуть — о скоте*) die off, perish; ◇ ~ в óбморок faint (away); ~ от устáлости be* ready to drop (with fatigue); цéны ~ают prices are dropping; ~ду́хом lose* courage/heart; пасть на пóле брáни be* killed in action, fall* in action; сéрдце ~ает *one's* heart sinks; упáсть в *чьих-л.* глазáх fall*/sink* in *smb.'s* estimation.

пáдающ|ий falling; (*ослабевающий*) declining, waning; ~спрос *торг.* sagging demand; ~ая валю́та *фин.* falling currency.

падéж *м. грам. case;* **~ный** *грам.* case *attr*; ~ное окончáние case ending.

падéни|е *с.* **1.** fall; ~ температу́ры drop in temperature; ~ цен drop/fall in prices; у́гол ~я angle of incidence; ~ку́рса валю́ты fall in the exchange; **2.** (*моральное*) degradation, downfall; ◇ ~ напряжéния в фи́льме *кино* anticlimax.

падёж *м.* cattle plague.

падишáх *м.* Padishah.

пáдк|ий (на *вн*, до *рд.*) avid (for, of), greedy (for, of); быть ~им до слáдкого have* a sweet tooth; ~ на лесть a sucker for flattery; ~ на дéньги greedy for money.

паду́чая *ж. скл. как прил. разг.* falling sickness.

пáдчерица *ж.* stepdaughter.

паевóй share *attr.*; ~ взнос share; ~ фонд *эк.* co-op share fund.

паенакоплéние *с. эк.* share-accumulation.

паёк *м.* ration.

паж *м.* page.

пáжить *ж. поэт.* pasture.

паз *м.* **1.** chink; **2.** *тех.* slot; (*жёлоб*) groove.

пáзух|а *ж.* **1.** bosom; положи́ть *что-л.* за ~у slip *smth.* into *one's* bosom; (*о мужчине*) slip *smth.* under *one's* shirt; **2.** *анат.* sinus; лóбные ~и frontal sinuses; ◇ держáть кáмень за ~ой harbor thoughts of revenge; жить, как у Христá за ~ой live in clover.

пáинька *м. и ж. разг.* good child*.

па|й *м.* share; вступи́тельный ~ initial shares *pl.;* ◇ товáрищество на ~я́х joint-stock company; на ~я́х on a sharing/co-operative basis.

пáйка I *ж. тех.* soldering.

пáйка II *ж. разг.* (*паёк*) ration; ~ хлéба bread ration.

пáйщик *м.* shareholder.

пак *м. тк. ед.* pack-ice.

пакгáуз *м.* warehouse; ~ при тамóжне bonded warehouse.

пакéт *м.* **1.** (small) parcel, packet; (*для продуктов*) paper-bag; (*упаковка*) pack; **2.** (*официальное письмо*) letter; **3.** (*комплект, совокупность*) package (*тж. перен.*); ~áкций *фин.* shareholding(s) (*pl.*); ~áкций у брóкера *бирж.* book; контрóльный ~ áкций *фин.* controlling interest, major shareholder; ~ докумéнтов folder of documents; ~ предложéний package offer; ◇ индивиду́альный перевя́зочный ~ *во-*

ен. field dressing; **~ик** *м.* bag; чай в ~иках tea bags; **~и́рование** *с.* packaging.

пакети́ровать *несов. и сов.* (*вн.*) pack (*smth.*).

пакиста́н|ец *м.*, **~ка** *ж.* Pakistani; **~ский** Pakistani.

па́кля *ж.* tow, fiber packing; (*из рассученных верёвок*) oakum.

паковáть, упаковáть (*вн.*) pack (*smth.*).

пáкостить *несов. разг.* **1.** (*вн.*; *грязнить*) dirty (*smth.*); (*о животных*) make* a mess; **2.** (*вн.*; *портить*) spoil* (*smth.*); **3.** (*дт. делать неприятности*) do* the dirty (on).

пáкостн|ик *м.*, **~ица** *ж. разг.* dirty dog, wretch, debauchee.

пáкостный *разг.* **1.** (*отвратительный*) disgusting, filthy; **2.** (*делающий пакости*) abominable.

пáкость *ж. разг.* **1.** filth, muck; **2.** (*гадкий поступок*) filthy/dirty trick; **3.** (*непристойное выражение*) obscenity.

пакт *м.* pact; ~ о взаимопóмощи mutual aid pact; ~ о ненападéнии nonaggression pact.

пал *м.* (*в лесу, в степи*) site of fire.

паланки́н *м.* palanquin.

паланти́н *м.* (fur) tippet.

палáт|а *ж.* **1.** (*в больнице*) ward; **2.** (*высшее законодательное учреждение*) house, chamber; вéрхняя ~ Upper House; Upper Chamber *амер.*; ни́жняя ~ Lower House; Lower Chamber *амер.*; ~лóрдов (*в Англии*) the House of Lords; ~ óбщин (*в Англии*) the House of Commons; ~ представи́телей (*в США*) the House of Representatives; ~ депутáтов (*во Франции*) the Chamber of Deputies; **3.** (*учреждение*) chamber, office; арбитрáжная ~ *юр.* arbitration chamber; кли́ринговая ~ *торг.* clearing office; расчётная ~ settlement house; торгóвая ~ chamber of commerce; ~ мер и весóв Board of Weights and Measures; **4.** *мн.* (*хоромы*) palace *sg.* ◇ Оружéйная ~ the Armory (*in the Kremlin*); Грановитая ~ the Hall of Facets (*in the Kremlin*); у негó умá ~ he has a wonderful mind.

палáтка *ж.* **1.** tent; **2.** (*ларёк*) stall, booth.

палáточн|ый **1.** tent *attr.*; ~ая жизнь life under canvas; ~ городóк encampment; **2.** (*ларёчный*) stall *attr.*

палáч *м.* executioner, hangman*; *перен.* butcher.

пáлевый straw-colored.

палáш *м.* broadsword.

палеоботáника *ж.* pal(a)eobotany.

палеóграф *м.* pal(a)eographer; **~и́ческий** pal(a)eographic.

палеогрáфия *ж.* pal(a)eography.

палеозóйск|ий *геол.* pal(a)eozoic; ~ая э́ра pal(a)eozoic era/period.

палеоли́т *м. археол.* pal(a)eolith.

палеонтó|лог *м.* pal(a)eontologist; **~логи́ческий** pal(a)eontological; **~лóгия** *ж.* pal(a)eontology.

пáлец *м.* **1.** (*на руке*) finger; (*на ноге*) toe; digit *научн.*; большóй ~ (*руки*) thumb; большóй ~ (*ноги*) big toe; срéдний ~ middle/second finger; безымя́нный ~ fourth finger, ring finger; **2.** *тех.* pin, cam; ◇ ~ о ~ не удáрить not stir/lift a finger; смотрéть на *что-л.* сквозь пáльцы turn a blind eye to *smth.*; wink/connive at *smth.*; знать как свой пять пáльцев know* *smth.* backwards; емý пáльца в рот не кладú watch your step with him; give him a ring and he'll take your whole arm; он и пáльцем никогó не трóнет he wouldn't hurt a fly; вы́сосать из пáльца dream* the whole thing up.

палёный scorched; (*о шерсти, волосах и т.п.*) singed.

палисáд *м.* paling (*тж. спорт.*), palisade.

палисáдник *м.* **1.** (*небольшой садик*) front garden; **2.** (*сквозной забор*) (stake) fence.

палисáндр *м.* rosewood.

пали́тра *ж.* palette; *перен. тж.* range of expression.

пали́ть I, опали́ть, спали́ть (*вн.*) **1.** *сов.* опали́ть (*обжигать*) singe (*smth.*); ~ гýся singe a goose*; **2.** *тк. несов.* (*обдавать жаром, зноем*) scorch (*smth*); сóлнце пали́т the sun is beating down; **3.** *сов.* спали́ть *разг.* (*жечь*) burn* (*smth.*), scorch (*smth.*).

пали́ть II. *несов. разг.* (*стрелять*) shoot*, fire.

пáлк|а *ж.* stick; (*для прогулок тж.*) walking-stick; (*посох*) staff; ◇ вставля́ть *кому-л.* ~и в колёса put* a spoke in *smb.'s* wheel; дéлать *что-л.* из-под ~и do* *smth.* under compulsion; как из-под ~и as if one were forced, as if under the lash; ~ о двух концáх ≅ two-edged weapon.

паллéт *м. торг.* pallet.

паллиати́в *м.* palliative.

палóмни|к *м.*, **~ца** *ж.* pilgrim; **~чать** go* on a pilgrimage; **~ческий** pilgrim *attr.*; **~чество** *с.* pilgrimage.

пáлоч|ка *ж.* **1.** small stick; (*дирижерская*) baton; эстафéтная ~ *спорт.* relay baton; передáча эстафéтной ~ки passing of a baton; **2.** (*предмет в виде маленького бруска*) stick; ~ мéла stick of chalk; **3.** *бакт.* bacillus (*pl.* -li); туберкулёзная ~ tubercle bacillus; **4.** *мн. анат.* rods; ◇ волшéбная ~ magic wand; **~ный** stick *attr.*; ◇ ~ная дисципли́на discipline of the rod.

пáлтус *м. зоол.* halibut, turbot.

пáлуб|а *ж.* deck; вéрхняя ~ upper deck; срéдняя ~ middle deck; ни́жняя ~ lower deck; вы́йти на ~у go* on deck; **~ный** deck *attr.*; ~ный груз *торг.* deck cargo.

пáлый (*о животных*) dead.

пальбá *ж. разг.* firing; (*пушечная*) cannonade.

пáльм|а *ж.* palm tree; ◇ ~ пéрвенства the palm; **~овые** *мн. скл. как прил. бот.* palmaceae; **~овый** palm *attr.*; ~овая ветвь palm branch.

пальтó *с. нескл.* coat, overcoat; **~вый** coat *attr.*; ~вые ткáни coat fabrics.

пальцеви́дный finger-shaped.

паля́щ|ий burning, scorching; под ~им со́лнцем in the broiling sun.

пампа́сы *мн. геогр.* pampas.

пампу́шка *ж. кул. разг.* (*род оладий*) pampushka.

памфле́т *м.* lampoon; **~и́ст** *м.* lampooner.

па́мятка *ж.* memorandum (*pl.* -da); (*свод правил*) (list of) instructions; (*книжка*) handbook.

па́мятлив|ость *ж.* retentive memory; **~ый** having a retentive memory.

па́мятник *м.* **1.** monument, memorial (*тж. перен.*); ~ Пу́шкину the Pushkin monument; **2.** (*на кладбище*) tombstone, tomb; **3.** (*произведение древней культуры, письменности*) monument; литерату́рный ~ literary monument; ~ старины́ monument to the past.

па́мятн|ый 1. memorable; ~ день memorable day; **2.** (*служащий для напоминания*): ~ая кни́жка notebook, memorandum book; ~ая запи́ска memorandum (*pl.* — da).

па́мят|ь *ж.* memory; хоро́шая ~ good*/retentive memory; плоха́я ~ bad* memory; свежо́ в ~и fresh in *one's* memory; лиши́ться ~и lose* *one's* memory; вре́заться в ~ be* engraved on the memory, stick* in *one's* memory; в ~ *кого-л.* in memory of *smb.*; ◇ на *чьей-л.* ~и within the memory of *smb.*; прийти́ *кому-л.* на ~ come* to *smb's* mind; игра́ть на ~ play from memory; выпада́ть из ~и escape/slip *one*'s memory; подари́ть *что-л.* на ~ give* *smth.* as a keepsake/souvenir; без ~и 1) (*без сознания*): быть без ~и be* unconscious; 2): люби́ть *кого-л.* без ~и be* madly in love with *smb.*; 3): быть без ~и от *кого-л.* adore *smb.*, be* passionately fond of *smb.*; ве́чная ему́ ~ *церк.* may his memory live forever; на па́мяти ны́нешнего поколе́ния within living memory; у лгуно́в должна́ быть дли́нная ~ *посл.* ≅ liars must have long memories.

Пан *м. миф.* Pan.

пан *м.* **1.** *ист.* (*польский помещик*) Polish landowner; **2.** (*обращение к мужчине в Польше и Чехословакии*) Mr, sir; ◇ ли́бо ~, ли́бо пропа́л *погов.* ≅ neck or nothing.

панаги́я *ж. церк.* (*нагрудная икона иерархов Православной церкви*) panagia.

пана́ма I *ж.* sun hat; (*из тонкой соломы*) panama.

пана́ма II *ж.* (*крупное мошенничество*) swindle.

панаце́я *ж.* panacea; ~ от всех зол universal panacea.

панба́рхат *м.* panne (velvet).

пандеми́я *ж. мед.* pandemic.

па́ндус *м.* ramp.

панеги́р|ик *м.* panegyric, eulogy; **~и́ст** *м.* panegyrist, eulogist; **~и́ческий** panegyrical, enlogistic.

пане́ль *ж.* **1.** (*тротуар*) pavement, footway; sidewalk *амер.*; **2.** (*деревянная обшивка стен*) panelling, wainscot(ing); **3.** *стр.* panel; **~ный** panel-construction *attr.*

панибра́т|ский *разг.* familiar, backslapping, hail-fellow-well-met *attr.*; **~ство** *с. разг.* familiarity.

па́ник|а *ж.* panic, scare; быть в ~е be* panic-stricken; наводи́ть ~у create/cause a panic; не поддава́ться ~е not give* way to panic.

паникади́ло *с. церк.* church chandelier.

паникёр *м.* panic monger, alarmist; **~ский** alarmist *attr.*; **~ство** *с.* panic mongering.

панихи́да *ж. церк.* the last offices *pl*; funeral service; ◇ гражда́нская ~ civil funeral rites *pl.*

пани́ческ|ий 1. (*проникнутый паникой*) panic-stricken; panic *attr.*; (*вызывающий панику*) alarmist *attr.*; ~ое настрое́ние panicky mood; ~ страх panic fear; **2.** *разг.* (*легко поддающийся панике*) panicky, timorous.

панк *м.* punk.

па́нкреас *м. анат.* pancreas.

па́нна *ж.* (*в Польше*) young lady.

панно́ *с. нескл.* panel.

панора́м|а *ж.* **1.** (*вид*) view; **2.** (*картина*) panorama; **~и́рование** *кино* panning; **~и́ровать** *несов. и сов.* pan; **~ный** panoramic; ◇ ~ная сце́на panoramic scene; ~ный киносъёмочный аппара́т panoramic camera; ~ная съёмка cinerama; ~ный кинотеа́тр cinerama theater; ~ный эффе́кт panoramic effect.

пансио́н *м.* **1.** (*учебное заведение*) boarding school; **2.** (*гостиница*) boarding house; **3.** (*полное содержание*) board and lodging.

пансиона́т *м.* holiday hotel.

пансионе́р *м.*, **~ка** *ж.* boarder; (*в гостинице*) guest.

панслави́зм *м. ист.* pan-Slavism.

пантало́ны *мн.* **1.** *уст.* (*брюки*) trousers; **2.** (*женские*) knickers, pants.

пантальы́к *м. разг.*: сби́ться с ~у get* into a muddle, go* wrong; сбить *кого-л.* с ~у put* *smb.* off his, her stroke, put* *smb.* out of his, her stride.

пантео́н *м.* pantheon.

панте́ра *ж. зоол.* panther; (*самка*) pantheress.

па́нты *мн.* antlers of young Siberian stag.

пантоми́м|а *ж.* pantomime; (*жесты, мимика как средство общения*) dumb show; **~и́ческий, ~ный** *театр.* pantomime *attr.*

па́нцирный 1. (*о доспехах*) chain mail *attr.*; **2.** (*о животных*) testacean, testaceous.

па́нцирь *м.* **1.** (*доспех*) coat of mail, cuirass; **2.** (*животных*) shell.

па́па I *м. разг.* dad(dy).

па́па II *м.* (*римский*) Pope.

папа́ха *ж.* papakha (*tall astrakhan hat*).

папа́ша *м. разг.* father.

па́перть *ж.* church porch, parvis.

папиро́с|а *ж.* cigarette (with a cardboard holder); **~ный** cigarette *attr.*; ◇ ~ная бума́га tissue paper; ~ная фа́брика cigarette factory.

папи́рус *м.* papyrus (*pl.* -ri).

папи́ст *м.* papist; **~ский** papistic(al).

па́пка *ж.* **1.** (*для бумаг*) folder; file; **2.** (*род портфеля*) underarm (document) case.

па́поротник *м.* fern, bracken; заро́сший ~ом ferny; **~овые** *мн. скл. как прил. бот.* filices; **~овый** fern *attr*.

па́п|ский papal; **~ство** *с.* papacy.

папуа́с *м.*, **~ка** *ж.*, **~ский** Papuan.

папье́-маше́ *с. нескл.* papier-mache.

пар I *м.* **1.** steam; разводи́ть ~ы get* up steam, raise steam; **2.** *мн.* (*испарения*) vapor *sg.*; ◇ под ~а́ми under steam; на всех ~а́х at the full steam, at full speed.

пар II *м. с.-х.* fallow; земля́ под ~ом fallow ground; лежа́ть под ~ом lie* fallow.

па́р|а *ж.* **1.** pair; ~ чуло́к pair of stockings; **2.** (*мужской костюм*) suit (of clothes); **3.** (*запряжка в две лошади*) two horses; **4.** (*двое*) couple; танцу́ющие ~ы dancing couples; влюблённая ~ two lovers, pair of lovers; **5.** *разг.* (*две штуки чего-л.*) two, a couple; **6.** *разг.* (*немного, несколько*) a few; **7.** *в знач. сказ.* (*дт.*) *разг.* match (for); она́ ему́ не ~ she's not good enough for him; ◇ постро́ить, встать в ~ы form up in pairs; в ~е together, as a pair; ~ пустяко́в *разг.* piece of cake; на ~у слов for a few words; два сапога́ ~ ≅ birds of a feather.

парабе́ллум *м.* automatic (pistol).

пара́бол|а *ж. мат.* parabola; **~и́ческий** parabolic; ~и́ческая анте́нна parabolic antenna; ~и́ческое зе́ркало parabolic mirror.

пара́граф *м.* paragraph, section, clause, article; ~ догово́ра *юр.* clause of a treaty; ~ контра́кта contract clause/article; ~ об усло́виях платежа́ article on terms of payment; дополне́ние к ~у supplement to an article; толкова́ние ~а article interpretation; включа́ть но́вый ~ include a new paragraph; включи́ть в ~ include *smth.* in a paragraph.

пара́д *м.* parade; *воен. тж.* review; принима́ть ~ *воен.* review the troops; ~ уча́стников (*соревнований*) *спорт.* march-in; ◇ в по́лном ~е in full dress; что э́то за ~? What's the big show?

паради́гма *ж. грам.* paradigm.

пара́дн|ое *с.* front door; **~ость** *ж.* magnificence; (*показная*) ostentation; **~ый 1.** ceremonial; ~ая фо́рма ceremonial dress, full dress; **2.** (*праздничный*) smart, festive; (*показной*) ostentatious, showy; ~ое пла́тье best/Sunday clothes; ~ый спекта́кль gala performance; **3.** (*главный*) main; ~ая дверь front door; ~ый подъе́зд main entrance.

парадо́кс *м.* paradox; **~а́льный** paradoxical.

парази́т *м.* parasite; *перен. тж.* drone.

паразит|и́зм *м.* parasitism; **~и́ровать** *несов.* live parasitically, parasitize; **~и́ческий** parasitic(al); **~ный** parasitic; ◇ ~ное изображе́ние *кино* ghost image; ~ный сигна́л *кино* spurious signal.

парализо́ванный paralyzed.

парализова́ть *несов. и сов.* (*вн.*) paralyze (*smb., smth.*) (*тж. перен.*); у него́ парализо́ваны о́бе ноги́ he is paralyzed in both legs; **~ся** *несов. и сов.* be* paralyzed.

парали́тик *м. разг.* paralytic.

паралити́ческий paralytic.

парали́ч *м.* paralysis (*pl* -ses) (*тж. перен.*); прогресси́рующий ~ creeping paralysis; разби́т ~о́м stricken with paralysis; **~ный** paralytic.

параллелепи́пед *м. мат.* parallelepiped.

параллели́зм *м.* parallelism; (*дублирование*) duplication, overlapping.

параллелогра́мм *м. мат.* parallelogram.

паралле́ль *ж.* parallel; провести́ ~ draw* a parallel; **~ный** parallel; ◇ ~ные бру́сья *спорт.* the parallel bars; ~ное де́йствие *кино* parallel action; ~ный кана́л *кино* parallel bypass; ~ное соедине́ние *эл.* connection in parallel.

пара́метр *м.* parameter; **~и́ческий** *тех., кино* parametric.

паранджа́ *ж.* paranja, horsehair veil.

парано́ик *м. мед.* paranoiac.

парано́йя *ж. мед.* paranoia.

парапе́т *м.* parapet.

парапсихо́лог *м.* parapsychologist.

парапсихоло́гия *ж.* parapsychology.

парафи́н *м.* paraffin (wax); **~овый** paraffin *attr.*; ~овое ма́сло paraffin oil.

парафи́ровать *несов. и сов.* (*вн.*) *дип.* initial (*smth.*); ~ соглаше́ние, догово́р initial an agreement, a treaty.

парафра́з|а *ж. лит., муз.* paraphrase; **~и́ровать** *несов. и сов.* (*вн.*) *лит., муз.* paraphrase (*smth.*).

парашю́т *м.* parachute; прыжо́к с ~ом parachute jump; спасти́сь, вы́бросившись с ~ом parachute to safety; вы́броситься с ~ом bale out; **~и́зм** *м. спорт.* parachute-jumping; **~и́ст** *м.* parachutist; (*спортсмен тж.*) sky diver.

парашю́тн|ый parachute *attr.*; ~ая вы́шка parachute tower; ~ десáнт 1) (*войска*) parachute troops *pl.*; 2) (*высадка*) parachute drop, landing of parachute troops.

паре́з *м. мед.* paresis.

паре́ние *с.* soaring.

па́рен|ый steamed; ◇ про́ще ~ой ре́пы ≅ as simple as porridge.

па́рень *м. разг.* fellow, lad, chap; guy *амер.*

пари́ *с. нескл.* bet, wager; ◇ держа́ть ~ bet*, lay* a bet.

парижа́н|ин *м.*, **~ка** *ж.* Parisian.

пари́жск|ий Parisian; ◇ ~ая зе́лень Paris green; ~ая лазу́рь Paris blue.

пари́к *м.* wig.

парикма́хер *м.* hairdresser; (*мужской*) barber; **~ская** *ж.* hairdresser's (shop); (*мужская*) barber's (shop); в ~ской at the hairdresser's/barber's.

пари́лка *ж.* (*в бане*) sweating room.

пари́ровать *несов. и сов.* (*вн.*) **1.** (*отбивать*) parry (*smth.*), ward off (*smth.*); ~ уда́р ward off a blow; **2.** (*опровергать*) parry (*smth.*); counter (*smth.*); ~ до́вод parry an argument.

парите́т *м.* **1.** *юр.* parity, equality; **2.** *эк.* par, parity; валю́тный ~ par of exchange; золото́й ~

gold parity; интервалю́тный ~ par of exchange; иску́сственно подде́рживаемый ~ pegged parity; обме́нный ~ exchange parity; официа́льный ~ official parity; скользя́щий ~ sliding parity; твёрдый ~ fixed parity; вы́ше ~а above par; ни́же ~а below par; по ~у at par; ~ покупа́тельной спосо́бности purchasing power parity; **~ный** *юр.* parity *attr.*, equal; на ~ных нача́лах on a parity basis.

па́р|ить *несов.* **1.** (*вн.; варить на пару*) steam (*smth.*); **2.** (*подвергать действию пара*) scald (*smth.*); (*прогревать паром*) soak (*smth.*) in hot water; **3.** *обыкн. безл.*: ~ит it is sultry; **4.** (*выделять пар*) steam, give* off vapor.

пари́ть *несов.* soar; (*о птицах тж.*) float, sail; ~ в облака́х *перен.* be*/live in the clouds.

па́риться *несов.* **1.** (*вариться на пару*) steam; **2.** (*в бане*) beat* *oneself* with birch twigs in a steam bath; **3.** *разг.* (*изнемогать от жары*) be* boiled, swelter.

па́рия *м. и ж.* pariah, outcast.

парк *м.* **1.** park; ~ культу́ры и о́тдыха recreation park; разби́ть ~ lay* out a park; **2.** (*место стоянки подвижного состава*) depot; (*автомашин тж.*) garage; **3.** (*совокупность средств передвижения, механизмов и т. п.*) stock; (*автомашин тж.*) fleet; ~ авиакомпа́нии airline fleet; ~ возду́шных судо́в aircraft fleet; подвижно́го соста́ва rolling stock; заме́на ~а fleet updating.

па́рка I *ж.* steaming.

па́рка II *ж.* (*верхняя одежда*) parka.

парке́т *м.* **1.** *собир.* parquetry; **2.** (*пол*) parquet (floor), inlaid floor; **~ный**: ~ный пол *см.* парке́т 2; **~чик** *м.* parquet floor layer.

Па́рки *мн. миф.* Parcae, the Weird Sisters, Fates.

парла́мент *м.* parliament; **~ари́зм** *м.* parliamentarianism, parliamentary system; **~а́рий** *м.* member of parliament, M. P.; **~а́рный** parliamentary.

парламентёр *м.* truce envoy; **~ский** truce *attr.*; ~ский флаг flag of truce.

парла́ментск|ий parliamentary; ~ая рефо́рма parliamentary reform; ~ие вы́боры parliamentary elections.

Парна́с *м.* Parnassus.

парни́к *м.* hotbed, forcing frame; **~о́вый** hotbed *attr.*; ~о́вые о́вощи forced vegetables; ~о́вое огоро́дничество raising vegetables under glass.

парн|о́й **1.** fresh; ~о́е молоко́ fresh milk, milk fresh from the cow; ~о́е мя́со fresh-killed meat; **2.** *разг.* (*душный*) sultry, stuffy, sticky.

парнокопы́тные *мн. скл. как прил. зоол.* Artiodactyla.

па́рн|ый **1.** (*составляющий пару*) twin; pair *attr.*; (*о листьях*) conjugate; ~ые светофи́льтры *кино* paired filters; **2.** (*об экипаже, санях*) for two horses *после сущ.*; **3.** (*производимый парой*) pair *attr.*; ~ая гре́бля double sculling; ~ая игра́ в те́ннис doubles; ~ое ката́ние на конька́х pair figure skating.

парово́з *м.* (steam) locomotive; **~ный** (steam) locomotive *attr.*

паров|о́й I steam *attr.;* ~ котёл steam boiler; дви́гатель steam engine; ~о́е отопле́ние steam-heating.

паров|о́й II *с.-х.* (*находящийся под паром*) fallow; ~о́е по́ле fallow land.

пароди́йн|ый burlesque *attr.*; ~ая пье́са burlesque.

пароди́ровать *несов. и сов.* (*вн.*) parody (*smb., smth.*), travesty (*smb., smth.*), burlesque (*smb., smth.*); (*представить в смешном виде*) take* off (*smb., smth*). on.

паро́дия *ж.* parody, travesty, burlesque; ~ на справедли́вость travesty of justice.

пароксизм *м.* paroxysm.

паро́ль *м.* password.

паро́м *м.* ferry(-boat); перепра́виться на ~е ferry across/over the river; перепра́ва на ~е ferrying across; **~ный** ferry *attr.;* ~ные перево́зки ferry transportation *sg.*

паро́мщик *м.* ferryman*.

парообра́зный vaporous.

парообразова́ние *с.* generation of steam, vaporization.

пароотво́дн|ый: ~ая труба́ *тех.* exhaust/steam pipe.

парохо́д *м.* steamer; (*речной, небольшой*) steamboat; (*морской*) steamship; **~ный** steamship *attr.*; **~ство** *с.* steamship line; Во́лжское ~ство the Volga steamship line.

па́рочка *ж.* pair, couple.

па́рт|а *ж.* (school) desk; за одно́й ~ой с *кем-л.* share the same desk (at school) with *smb.*; ◇ сесть за ~у begin* to learn.

парт|биле́т *м.* Party(membership) card; **~бюро́** *с. нескл.* Party bureau; **~взно́сы** *мн.* Party dues.

парте́р *м.* **1.** *театр.* (*передние ряды*) the stalls *pl.*; (*задние ряды*) the pit; ме́сто в ~е seat in the stalls; **2.** *спорт.* (*борьба*) “referee’s” position.

парте́сн|ый: ~ое пе́ние *церк.* part-singing.

парти́ец *м. разг.* Party man*/person.

партиза́н *м.* partisan, guerrilla (figther); **~ить** *несов. разг.* fight* as a partisan; **~ка** *ж. см.* партиза́н; **~ский** partisan *attr.*; ~ская война́ guerrilla war/warfare; ~ский отря́д partisan/ guerrilla detachment.

партиза́нщина *ж. пренебр.* arbitrariness.

парти́йн|ость *ж.* (*принадлежность к партии*) Party membership; **~ый** Party *attr.*; ~ый рабо́тник Party official; ~ое руково́дство Party leaders *pl.*

партиту́ра *ж. муз.* score.

па́рти|я *ж.* **1.** (*политическая организация*) party; **2.** (*группа лиц*) group, party; (*пленных и т. п.*) batch; поиско́вая ~ prospecting party; **3.** (*количество каких-л. предметов*) consignment, shipment; batch; lot; ме́лкая ~ *торг.* parcel; нестанда́ртная ~ odd lot; про́бная ~ trial consignment; сро́чная ~ urgent consignment; зака́з на нестанда́ртную ~ю odd lot order; минима́льная

~, явля́ющаяся едини́цей торго́вли trading unit; ~ това́ра consignment of goods; ~ гру́за shipment of freight; о́пытная ~ initial lot; ~ це́нных бума́г по еди́ной цене́ *бирж.* unit. **4.** (*часть музыкального произведения*) part; **5.** *спорт.* set; (*игра*) game; ~ в ша́хматы, ша́шки a game of chess, checkers.

партко́м *м.* (*партийный комитет*) Party Committee.

партконфере́нция *ж.* Party Conference.

партнёр *м.* partner; (*компаньон*) companion; (*противник в игре*) opponent; акти́вный ~ *торг.* general/working partner; делово́й ~ business partner; зарубе́жный ~ foreign partner; команди́тный ~ limited partner; надёжный ~ safe partner; пасси́вный ~ limited/special partner; пасси́вный ~ с неограни́ченной отве́тственностью silent partner; потенциа́льный ~ potential partner; ~ по совме́стному предприя́тию partner in joint venture; ~ по торго́вле partner in trade; партнёры-учреди́тели founding partners; ~ для трениро́вок (*бокс*) sparring partner; **~ство** *с.* partnership; ~ство по вложе́нию капита́ла с ри́ском venture capital partnership; ~ство с ограни́ченной отве́тственностью *юр.* limited partnership; **~ша** *ж. см.* партнёр.

парт|собра́ние *с.* Party meeting; **~съезд** *м.* Party Congress.

па́рус *м.* sail; подня́ть ~ hoist the sail; спусти́ть ~ lower the sail; убра́ть ~ take* in sail; идти́ под ~а́ми proceed under sail; нести́сь на всех ~а́х be* under full sail, have * all sails set; *перен.* go* full speed.

паруси́н|а *ж.* canvas; (*для парусов тж.*) sailcloth; **~овый** canvas *attr.*

па́русн|ик *м.* sailing ship; **~ый** sailing *attr.*; ~ая ло́дка sailboat; ~ый спорт sailing, yachting.

парфюме́р|ия *ж. собир.* perfume and cosmetics *pl.*; perfumery; **~ный** perfumery *attr.*; ~ный магази́н perfume and cosmetics shop.

па́рцель *м. торг.* parcel; **~ный**: ~ный груз parcels *pl.*

парч|а́ *ж.* brocade; **~о́вый** brocade *attr.*; brocaded.

парш|а́ *ж.* mange, scab; **~и́веть**, опарши́веть *разг.* get* the mange; **~и́вец** *м.*, **~и́вка** *ж. разг.* lousy creature; **~и́вый 1.** (*больной паршой*) scabby, mangy; **2.** *разг.* (*плохой, дрянной*) rotten; (*о человеке, поступке тж.*) mean, shabby; ~и́вая пого́да rotten weather; ~и́вое настрое́ние rotten mood; ◇ ~и́вая овца́ всё ста́до по́ртит *посл.* ≅ one black sheep will mar a whole flock.

пас I 1. *межд.* pass, no bid; **2.** *в знач. сказ.*: я ~ count me out.

пас II *м. спорт.* pass; то́чный ~ в центр accurate pass to the center.

па́сека *ж.* apiary.

па́сечник *м.* beekeeper.

па́сквил|ь lampoon, squib; писа́ть ~и на *кого-л.* write* lampoons against/about *smb.*; **~я́нт** *м.* lampooner, lampoonist.

паску́дный *бран.* foul, filthy.

па́смурн|о 1. *нареч.* cloudy, dull; **2.** *в знач. сказ. безл.* it is cloudy, it is dull; *перен.* it is gloomy; сего́дня ~ it is cloudy today; на душе́ у него́ станови́лось ~ he felt gloomy; **~ый** cloudy, overcast; *перен.* (*о человеке*) gloomy; ~ая пого́да dull/overcast weather; ~ый вид gloomy appearance; ~ое настрое́ние despondent mood.

пасова́ть I, спасова́ть **1.** (*в картах*) pass; **2.** (*перед тв.; сдаваться*) give* in (to), yield (to); спасова́ть пе́ред *кем-л.* be* unable to hold *one's* ground against *smb.*; спасова́ть пе́ред тру́дностями shrink* from difficulties, dodge difficulties.

пасова́ть II *несов. спорт.* pass.

пасо́вка *ж. спорт.* passing.

паспарту́ *с. нескл.* passe-partout.

па́спорт *м.* **1.** (*удостоверение личности*) passport; загрaни́чный ~ foreign passport; слу́жебный ~ service passport; **2.** (*регистрационное свидетельство оборудования и т. п.*) registration certificate; заводско́й ~ factory certificate; пате́нтный ~ patent form; техни́ческий ~ technical passport; **3.** *кино* card, timing tape; ~ выкопиро́вки copying out band; **~ный** passport *attr.*; ~ная систе́ма passport system; ~ный контро́ль passport control; ~ный стол passport office; ~нови́зовый режи́м passport and visa requirements; ◇ ~ная ле́нта *кино* light change band.

пасса́ж *м.* **1.** arcade; **2.** *муз.* passage; **3.** (*странный, неожиданный случай*) unexpected turn; како́й ~! what a turn-up!

пассажи́р *м.* passenger; безви́зовый ~ blacklisted passenger; доста́вка ~ов в аэропо́рт вы́лета pickup service; обслу́живание ~ов care of passengers; ~ по по́лному тари́фу adult; зал для ~ов waiting room; **~ский** passenger *attr.*; ~ский по́езд passenger train; ~ский ваго́н passenger carriage; passenger car *амер.*; ~ское движе́ние passenger traffic.

пасса́т *м.* trade wind.

пасси́в *м.* **1.** *фин.* liabilities *pl.*; ~ бала́нса liabilities and capital; **2.** *грам.* passive voice.

пасси́вн|ость *ж.* inertia, passivity, sluggishness; **~ый** passive; ~ые зри́тели unresponsive audience *sg.*; ~ое выжида́ние passive expectation; ~ый платёжный бала́нс *эк.* unfavorable pay balance; ~ый торго́вый бала́нс *эк.* unfavorable trade balance; ~ые ба́нковские опера́ции *фин.* passive banking operations; ~ый дохо́д unearned income; ◇ ~ая констру́кция *грам.* passive construction.

па́ссия *ж. уст.* flame, passion; бы́вшая ~ an old flame.

па́ста *ж.* paste; зубна́я ~ toothpaste.

па́стбищ|е *с.* pasture, pasture ground, grazing ground; (*для овец тж.*) sheep walk, sheep run; выгоня́ть скот на ~ take* cattle out to pasture, drive* cattle to pasture; **~ный** pasture *attr.*

па́ства *ж. церк.* flock, congregation.

пасте́ль *ж.* pastel; рисова́ть ~ю draw* in pastel; **~ный** pastel *attr.*; ~ная жи́вопись pastel (drawing); ~ные тона́ pastel shades.

пастеризо́ванный pasteurized.

пастеризова́ть *несов. и сов.* (*вн.*) pasteurize (*smth.*).

пастерна́к *м. бот.* parsnip.

пасти́ *несов.* (*вн.*) graze (*smth.*); (*птиц*) feed* (*smth.*).

пастила́ *ж.* pastila, fruit fudge.

пасти́сь *несов.* graze, pasture; (*о птицах*) feed*.

па́стор *м.* minister, pastor.

пастора́ль *ж.* **1.** *лит.* pastoral; **2.** *муз.* pastorale (*pl.* -li, -s).

пасту́|х *м.* herdsman*; (*пасущий овец*) shepherd; **~шеский** herdsman's; shepherd *attr.*; ~ший shepherd's; ~ший рожо́к shepherd's horn; **~шка** *ж.* shepherdess.

пастушо́к *м.* shepherd boy.

па́стырь *м. рел.* pastor.

пасть I *сов.* **1.**см. па́дать 1, 3, 5, 6, 7, 10, 11, 12; **2.** (*погибнуть на поле боя*) fall* **3.** (*быть свергнутым*) fall*, collapse; **4.** (*сдаться*) fall*.

пасть II *ж.* (*рот*) jaws *pl.*, maw.

па́сха *ж.* **1.** *рел.* (*христиаская*) Easter; (*еврейская*) the Passover; **2.** (*кушание*) paskha (*rich mixture of sweetened curds, butter and raisins eaten at Easter*).

пасха́лия *ж. церк.* paschal cycle, paschal tables *pl.*

пасха́льн|ый Easter *attr.*; ~ная неде́ля Easter week.

па́сынок *м.* **1.** stepson; **2.** *перен.* outcast; **3.** *бот.* side shoot.

пасья́нс *м.* (*карточная игра*) patience; раскла́дывать ~ play patience; play solitaire.

пат *м. шахм.* stalemate.

пате́нт *м.* patent; *перен.* title; де́йствующий ~ *юр.* patent in force; ~ на изобрете́ние patent for invention; ~ на промы́шленный образе́ц design patent; ~ на усоверше́нствование patent for improvement; ~-ана́лог corresponding patent; ро́дственный ~ related patent; ~ с исте́кшим сро́ком де́йствия expired/lapsed patent; владе́лец ~а patentee; бюро́ юри́ста по ~ам patent agency; зая́вка на ~ patent application; описа́ние ~а patent specification; получи́ть ~ take* out a patent; вы́дать ~ grant a patent; **~ный** patent *attr.*; ~ное бюро́ patent broker's office; ~ная зая́вка patent application; ~ные иссле́дования patent research *sg.*; ~ная лице́нзия patent license; ~ная по́шлина patent fee; ежего́дная ~ная по́шлина patent annuity; ~ное пра́во patent law; ~ный пул patent pool; ~ный сбор patent dues *pl.*; ~ная чистота́ noninfringement quality of an invention.

патентова́ние *с.* patenting.

патенто́ванн|ый patent *attr.*; ~ое сре́дство patent medicine.

патентова́ть *несов. и сов.* (*вн.*) patent (*smth.*), take* out a patent (for, on); ~ изобрете́ние patent an invention.

патенто|ве́дение *с.* science of theory and practice of patenting and protection of author's right; **~спосо́бность** *ж. юр.* patentability.

па́тер *м. церк.* (*католический священник*) Father.

пате́рик *м. церк., лит.* Lives of the Fathers.

пате́тика *ж.* (the) pathetic element.

патети́ческий fervent, passionate.

патефо́н *м. уст.* gramophone; заводи́ть ~ play the gramophone; **~ный** gramophone *attr.*; ~ная пласти́нка gramophone record.

па́тина *ж.* patina.

па́тлы *мн. разг.* locks of hair.

patова́ть *спорт.* (*в шахматах*) stalemate.

па́тока *ж.* treacle; (*очищенная*) syrup; све́тлая ~ golden syrup; (*чёрная*) molasses.

патологи́ческий pathological.

патоло́гия *ж.* pathology.

патриа́рх *м. тж. церк.* patriarch; **~а́льный** patriarchal; (*устарелый тж.*) antiquated; ~а́льные взгля́ды antiquated notions; **~а́т** *м.* **1.** (*строй*) patriarchy; **2.** *церк.* patriarchate; **~ия** *ж. церк.* patriarchate.

патриа́р|шество *с. церк. см.* патриарха́т 2; **~ший** *церк.* patriarch *attr.*

патрио́т *м.* **1.** patriot; **2.** (*преданный какому-л. делу человек*) devotee; **~и́зм** *м.* patriotism; **~и́ческий** patriotic; ~и́ческие чу́вства patriotic sentiments; **~ка** *ж.* patriot.

патри́стика *ж. церк., лит.* patristic studies *pl.*

патри́ций *м. ист.* patrician.

патро́н I *м.* **1.** *воен.* cartridge; охо́тничий ~ sporting cartridge; **2.** *тех.* chuck; **3.** *эл.* lamp-socket.

патро́н II *м.* **1.** (*покровитель*) patron; **2.** (*хозяин, начальник*) boss.

патрона́ж I *м.* (*покровительство*) patronage.

патрона́ж II *м.* home nursing; **~ный** home-nursing *attr.*; ~ная сестра́ visiting nurse.

патро́нник *м. воен.* (cartrige-)chamber.

патро́нн|ый cartridge *attr.*; ~ая су́мка cartridge pouch.

патронта́ш *м.* cartridge belt, bandolier.

патрули́ровать *несов.* be* on patrol; (*вн.*) patrol (*smth.*).

патру́ль *м.* patrol; ко́нный ~ mounted patrol; милице́йский ~ militia patrol; нача́льник патруля́ patrol leader; зелёный ~ forest patrol; **~ный** *прил.* **1.** patrol *attr.*; **2.** *в знач. сущ. м.* patrolman*.

па́уз|а *ж.* pause (*тж. муз.*); де́лать ~у pause; наступи́ла ~ в разгово́ре there was a pause in the conversation.

пау́к *м.* spider.

паукообра́зный spiderlike, spidery.

паути́на *ж.* cobweb, spider's web; (*осенняя*) gossamer; *перен.* web; ~ лжи web of lies.

пауша́ль|ный *фин.* lump sum; ~ное жа́лование lump-sum fee; ~ платёж lump sum; ~ная су́мма *см.* ~ платёж; ~ная страхова́я пре́мия lump-sum premium.

па́фос *м.* **1.** fervor, passion, inspiration, fire; (*излишняя приподнятость тона*) effusiveness, gush; говори́ть с ~ом speak* with inspiration; **2.**

(*воодушевление*) enthusiasm; (*источник воодушевления*) (source of) inspiration.

пах *м.* groin.

паха́н *м. жарг.* ringleader.

па́хан|ый ploughed; ~ая земля́ ploughed land.

па́харь *м.* ploughman*.

паха́ть *несов.* (*вн.*) plough (*smth.*), till (*smth.*); ~ зе́млю plough/till the soil.

па́хн|уть *несов.* (*тв.*) smell* (of); *перен. тж.* smack (of); си́льно ~ smell* strong; хорошо́ (плохо́) ~ smell* nice (nasty); ро́зы прия́тно ~ут roses smell sweet, roses have a sweet smell ; ~ет бедо́й there is trouble in store; э́то ~ет больши́ми убы́тками this may mean heavy losses; ◇ ~ет по́рохом war is in the air, war is brewing.

пахн|у́ть *сов.*: в ко́мнату ~у́ло арома́том цвето́в the fragrance of flowers wafted into the room; в лицо́ ему́ ~у́ло све́жестью he felt a puff of fresh air in his face; от реки́ ~у́ло хо́лодом a cold air drifted up from the river.

пахово́й groin *attr.*

па́хот|а *ж.* **1.** (*действие*) ploughing; **2.** (*вспаханное поле*) plough land, ploughed field; **~ный** arable; ~ная земля́ arable land.

па́хта *ж.* (*сыворотка*) buttermilk.

па́хтать *несов.* (*вн.*) churn (*smth.*).

паху́ч|есть *ж.* fragrance; aroma; **~ий** fragrant odorous, aromatic.

паца́н *м. разг.* boy, lad.

пацие́нт *м.*, **~ка** *ж.* patient.

пациф|и́зм *м.* pacifism; **~и́ст** *м.* pacifist; **~и́стский** pacifist.

па́че *уст.*: ~ ча́яния contrary to all expectations; тем ~! all the more! the more so!

па́чка I *ж.* bundle; (*в упаковке*) packet, package; ~ де́нег wad of notes; ~ газе́т bundle of newspapers; ~ папиро́с packet of cigarettes; ~ми in batches.

па́чка II *ж.* (*костюм балерины*) tutu.

па́чк|ать *несов.* (*вн.*) **1.** dirty (*smth.*), soil (*smth.*), (*чернилами*) blot (*smth.*); (*делать пятна*) stain (*smth.*); **2.** *разг.* (*плохо рисовать, писать*) scrawl (*smth.*); (*краской*) daub (*smth.*); ◇ ~ чьё-л. до́брое и́мя sully/tarnish/blemish *smb.'s* good name; **~аться** *несов.* get* dirty; бе́лые ту́фли бы́стро ~аются white shoes easily get dirty, white shoes show the dirt.

пачкотня́ *ж. разг.* (*плохо написанная картина*) daub; (*грязно написанное*) scrawl.

пачку́н *м.*, **~ья** *ж. разг.* **1.** sloven; **2.** *пренебр.* (*плохой художник*) dauber.

паша́ *м.* pasha.

па́шня *ж.* plough land, ploughed field.

паште́т *м.* paste; (*гусиный, из дичи*) pate.

па́юсн|ый: ~ая икра́ pressed caviar(e).

пая́ль|ник *м.* soldering iron; **~ный** soldering *attr.*; ~ная ла́мпа soldering lamp, blowlamp.

пая́сничать *несов. разг.* clown, fool about, act like an idiot.

пая́ть *несов.* (*вн.*) solder (*smth.*).

пая́ц *м.* buffoon, clown.

ПВО (противовозду́шная оборо́на) air defense.

пев|е́ц *м.* singer; *перен.* bard; **~и́ца** *ж.* singer.

певу́н *м. разг.* songster; **~ья** *ж.* songstress.

певу́ч|есть *ж.* melodiousness, lilt; **~ий 1.** (*мелодичный*) melodious, lilting; **2.** *разг.* (*любящий петь*) songful; given to song *после сущ.*; ~ий наро́д a people given to song.

пе́вч|ий *прил.* **1.** singing; ~ие пти́цы songbirds; **2.** *в знач. сущ. м.* chorister; choirboy.

Пега́с *м. миф.* Pegasus.

пе́гий skewbald, piebald.

педаго́г *м.* teacher; **~ика** *ж.* pedagogics.

педагоги́ческ|ий pedagogical; ~ сове́т masters'/teachers' council; ~ тала́нт gift for teaching; ~ие спосо́бности teaching ability; ~ институ́т teacher's college, pedagogical institute; ~ учи́лище primary-school teachers' course; ~ие ка́дры teachers; ~ая пра́ктика teaching practice, student teaching; ~ая литерату́ра literature on education; ~ое образова́ние pedagogical training; с ~ой то́чки зре́ния from the educational point of view.

педагоги́чный correct from the standpoint of pedagogics, educationally/pedagogically correct.

педа́ль *ж.* pedal; (*на швейной машине и т.п.*) treadle; нажа́ть ~ press the pedal; отпусти́ть ~ release the pedal; ◇ нажа́ть на все́ педа́ли *разг.* go* flat out; **~ный** pedal *attr.*; ~ная переда́ча pedal gear.

педа́нт *м.* pedant; **~и́зм** *м.* pedantry, hair splitting; **~и́чность** *ж.* pedantry; **~и́чный** pedantic, hypercritical, fastidious.

педера́ст *м.* pederast, sodomite; **~ия** *ж.* pederasty, sodomy.

педиа́тр *м.* children's doctor, pediatrician; **~и́я** *ж.* pediatrics.

педикю́р *м.* pedicure, chiropody; **~ша** *ж.* pedicurist, chiropodist.

пейза́ж *м.* **1.** (*вид местности*) landscape, scenery; **2.** (*картина*) landscape; **~и́ст** *м.*, **~и́стка** *ж.* landscape painter; **~ный** landscape *attr.*; ~ная жи́вопись landscape painting.

пека́рн|ый baking; ~ое де́ло the bakery trade; **~я** *ж.* bakery.

пе́карь *м.* baker.

пеклева́нный: finely ground; ~ хлеб fine rye bread.

пе́кл|о *с. разг.* scorching heat; *перен.* hell; в са́мом ~е бо́я in the trick of the fighting.

пелена́ *ж.* blanket, shroud; сне́жная ~ mantle of snow; ◇ сло́вно ~ с глаз упа́ла the scales fell from *one's* eyes.

пелена́ть, спелена́ть (*вн.*) swaddle (*smb.*).

пе́ленг *м.* bearing.

пеленга́тор *м.* direction finder.

пеленгова́ть *несов. и сов.* (*сов. тж.* запеленгова́ть) (*вн.*) take* bearings (on); ~ радиоста́нцию take* bearings on a radio station.

пелери́на *ж.* (*женская*) pelerine, mantle; (*мужская*) short hooded cape.

пелён|ка *ж.* wrap; *мн.* swaddling clothes; ◇ с ~ок from the cradle; вы́йти из ~ок be* out of swaddling clothes.

пелика́н *м.* pelican.

пельме́ни *мн.* (*ед.* пельме́нь *м.*) meat dumplings.

пе́мза *ж.* pumice(-stone).

пе́н|а *ж.* **1.** foam; (*в бокале вина, пива*) froth; (*на лошади*) lather; **2.** (*мыльная*) lather; (soap)suds *pl.*; ◇ с ~ой у рта in a great heat, vehemently.

пена́л *м.* pencil box.

пена́льти *м. и с. нескл. спорт.* penalty.

пена́т|ы *мн. миф., поэт.* Penates; ◇ верну́ться к свои́м ~ам ≅ return to one's hearth and home.

пенёк *м.* stump.

пе́ни|е *с.* singing; (*петуха*) crowing; учи́тель ~я singing teacher; учи́ться ~ю study singing; уро́ки ~я singing lessons.

пе́нист|ый foamy, foaming, frothy; ~ые во́лны foaming waves; ~ое мы́ло soap that makes a lot of foam/suds.

пе́нить *несов.* (*вн.*) make* (*smth.*) foam/froth; **~ся** *несов.* foam/froth.

пенитенциа́рный *юр.* penitentiary.

пеницилли́н *м.* penicillin.

пе́нк|а *ж.* coating, film, skin; (*накипь*) scum; ◇ снима́ть ~и skim the cream.

пенопла́ст *м.* (rigid) foam plastic; **~овый** foam plastic *attr.*

пе́ночка *ж.* (*птица*) chiffchaff.

пенсионе́р *м.*, **~ка** *ж.* pensioner.

пенсио́нн|ый pension *attr.*; ~ое обеспе́чение provision of pensions; ~ во́зраст pension/pensionable age; ~ая кни́жка pension book.

пе́нси|я *ж.* pension; персона́льная ~ merit pension; ~ за вы́слугу лет retirement pay; ~ по ста́рости old-age pension; ~ по инвали́дности disability pension; быть на ~и be* on a pension; вы́йти на ~ю retire on a pension.

пенсне́ *с. нескл.* pince-nez.

пе́нтюх *м. разг.* lout, bumpkin.

пень *м.* stump, stub; *перен.* blockhead; корчева́ть пни stub up tree stumps; ◇ стоя́ть как ~ stand* (there) like a stuffed dummy; через ~ коло́ду *разг.* ≅ in a slipshod manner.

пеньк|а́ *ж.* hemp; **~о́вый** hemp *attr.*

пе́н|я *ж.* fine, surcharge; начисля́ть ~ю (на *вн.*) set*/impose a fine (upon) (*smth., smb.*).

пен|я́ть, попеня́ть (на *вн.*) *разг.* blame (*smb.*); ◇ ~я́й на себя́! you have only yourself to blame! на зе́ркало не́чего пеня́ть, ко́ли ро́жа крива́ *посл.* ≅ don't lay your own faults at another person's door.

пе́пел *м.* ashes *pl.*; ◇ обраща́ть *что-л.* в ~ reduce/burn* *smth.* to ashes; подня́ть *что-л.* из пе́пла retrieve *smth.* from ashes, build* *smth.* anew; **~и́ще** *с. уст.* **1.** the site/scene of a fire; **2.** (*родной дом*) home; верну́ться на ста́рое ~и́ще return to *one's* old home.

пе́пельница *ж.* ashtray.

пе́пельн|ый ash-colored, ashen; ~ые ко́сы ash-blond tresses.

пе́рвен|ец *м.* first-born; *перен.* firstling; **~ство** *с.* the first place; *спорт.* championship; оспа́ривать ~ство compete for the championship; ли́чное ~ство personal/individual pre-eminence/primacy; кома́ндное ~ team championship; завоева́ть ~ство win* the first place; ~ство ми́ра по футбо́лу *спорт.* world football championship.

пе́рвенствовать *несов.* (над *тв.*, среди́ *рд.*) take* first place (among); rule the roost *идиом.*

перви́чн|ый **1.** (*первоначальный*) primary; initial; ~ая обрабо́тка мета́лла initial process in the treatment of metal; ~ые поро́ды *геол.* primary rocks; ~ пери́од боле́зни initial stage of a disease; ~ая обрати́мая плёнка *кино* reversal original; ~ монта́ж *кино* rough cut; **2.** (*низовой*) primary.

первобытнообщи́нный: ~ строй primitive communal system.

первобы́тн|ый **1.** primitive; ~ челове́к primitive man*; ~ые времена́ prehistoric times; ~ое о́бщество primitive society; ~ коммуни́зм tribal communism; **2.** (*нетронутый, невозделанный*) primeval; ~ лес primeval forest; **3.** (*некультурный*) savage; ~ые нра́вы savage customs; **4.** (*вымерший*) fossil; ~ые живо́тные fossil animals.

первого́док *м. разг.* **1.** regular *or* sailor in the first year of service; **2.** (*о животном*) young animal less then one year old.

пе́рвое *с. скл. как прил.* (*первое блюдо*) first course; что на ~? what is the first course?

первозда́нный *уст.* primordial; *тж. перен.* ~ ха́ос primordial chaos *тж. перен.*

первоисто́чник *м.* original work/source; рабо́тать с ~ами study the original works; черпа́ть све́дения из ~а get* *one's* information at first hand.

первокла́ссн|ик *м.* first-form boy; **~ица** first-form girl.

первокла́ссн|ый first-rate; ~ая те́хника first-rate machinery; ~ ве́ксель *фин.* fine bank bill, bank(able) paper; ~ое де́нежное обяза́тельство *фин.* prime paper.

первокурсн|ик *м.* first-year man*/student; freshman*; **~ица** *ж.* first-year student/girl.

первонача́льн|о originally, in the first place; **~ый** **1.** (*исходный*) original, initial; ~ый план original plan; ~ые устано́вки initial arrangements/set-up; ~ая сто́имость initial cost; **2.** (*являющийся первым этапом чего-л.*) primary; ~ое обуче́ние primary training/education; ~ое накопле́ние капита́ла primary accumulation of capital; **3.** (*элементарный*) elementary; ~ые све́дения из грамма́тики first elements of grammar.

первооткрыва́тель *м.* discoverer.

первоочередн|о́й urgent; ~а́я зада́ча urgent task; ~ы́е долги́ *юр.* preferential debts; ~ зака́з *торг.* top/first priority order.

первопеча́тн|ик *м.* pioneer of printing; **~ый** **1.** early printed books; **2.** (*изданный впервые*) first printed.

первопресто́льный being the oldest (first) capital; *в знач. сущ.* Первопресто́льная (*в противовес Санкт-Петербургу*) Moscow.

первопричи́на *ж. филос.* first cause.

первопрохо́дец *м.* explorer, pioneer, trailblazer.

первопу́ток *м. разг.* first-sledge road of winter.

перворазря́дн|ик *м.* first-grade sportsman*/player; **~ица** *ж.* first-grade sportswoman*/player.

перворо́д|ный *уст.* **1.** first-born; **2.** primal; ~ грех *библ.* original sin; **~ство** *с.* **1.** *юр.* primogeniture; **2.** *перен.* primacy.

первосвяще́нник *м. церк.* high priest, pontiff.

первосо́ртный first-rate, excellent.

первостепе́нн|ый paramount; ~ой ва́жности of paramount importance.

первоцве́т *м.* primrose.

пе́рв|ый *прил.* **1.** first, the first; ~ое (число́ ме́сяца) the first (day) of the month; ~ое января́ the first of January, New Year's day; в ~ых чи́слах сентября́ early in September; полови́на ~ого half past twelve; ~ экземпля́р ве́кселя *фин.* first of exchange; ~ая про́бная рабо́чая ко́пия *кино* first trial answer print; ~ая про́бная совмещённая ко́пия кинофи́льма first trial composite print; ~ая рабо́чая ко́пия кинофи́льма answer print; ~ помо́щник кинооперáтора first assistant cameraman*; ~ помо́щник режиссёра first assistant director; ~ оригина́л *кино* master; **2.** (*при перечислении — первый из двух*) the former; из э́тих двух ме́тодов я предпочита́ю ~ of the two methods I prefer the former; **3.** (*впервые совершённый, произнесённый и т.п.*) maiden; ~ая речь maiden speech; ~ полёт maiden flight; **4.** (*начальный, вступительный*) opening; ~ ход opening move; **5.** (*находящийся впереди*) front; ~ ряд first/front row; быть в ~ых ряда́х take* the lead; быть в ~ых ряда́х движе́ния сторо́нников ми́ра march in the vanguard of the peace movement; **6.** *в знач. сущ. с.* (*блюдо*) first course; ◇ Пе́рвое ма́я the First of May; ~ встре́чный the first comer; игра́ть ~ую скри́пку *тж. перен.* play first fiddle; не ~ой мо́лодости not in *one's* first youth; ~ блин ко́мом *погов.* ≅ practice makes perfect; после́дние бу́дут пе́рвыми (и пе́рвые после́дними) *библ.* the last shall be the first (and the first, last); пе́рвые впечатле́ния са́мые си́льные first impressions are most lasting; при ~ой возмо́жности at the first opportunity; вы́двинуть *что-л.* на ~ план bring* *smth.* to the fore (ground); из ~ых рук at first hand; быть ~ым в кла́ссе be* at the top of the class/form; ~ая по́мощь first aid.

перга́мент *м.* **1.** (*кожа*) parchment; **2.** (*рукопись*) parchment manuscript; **3.** (*бумага*) grease-proof paper; **~ный** parchment *attr.*; ~ая бума́га grease-proof paper.

переадресова́|ние *с.*: ~ гру́за *торг.* readdressing of cargo.

переадресова́ть *сов. см.* переадресо́вывать.

переадресо́вывать, переадресова́ть (*вн.*) readdress (*smth.*), forward (*smth.*); ~ письмо́ forward a letter.

переаттест|а́ция *ж.* reattestation; **~ова́ть** *сов. см.* переаттесто́вывать; **~о́вывать**, переаттестова́ть (*вн.*) reattest (*smb.*), reconfirm (*smb.*) in a post.

перебази́ровать *сов.* (*вн.*) transfer (*smth.*), move (*smth.*); **~ся** *сов.* move/transfer *one's* base.

переба́рщивать, переборщи́ть *разг.* go* too far, overdo* it.

перебега́ть, перебежа́ть **1.** (*вн.*, че́рез *вн.*) run* across (*smth.*); ~ че́рез доро́гу, у́лицу run* across the road, street; ~ мост run* across the bridge; **2.** (*бегом миновать что-л.*) run* across; ~ с ме́ста на ме́сто keep* running from one place to another; ~ на друго́е ме́сто run* across to another place; **3.** (*переходить на сторону противника*) desert; go* over to the enemy; **4.** *тк. несов.* (*быстро передвигаться — о свете, тени, взгляде*) dart, flit; ◇ ~ *кому-л.* доро́гу cross *smb.*, thwart *smb.*

перебежа́ть *сов. см.* перебега́ть 1, 2, 3.

перебе́ж|ка *ж.* dash, short run; **~чик** *м. воен.* deserter; *перен.* defector, turncoat.

перебеси́ться *сов.* **1.** go* mad; **2.** *разг.* (*остепениться*) steady down, have* sown *one's* wild oats.

перебива́ть, переби́ть (*вн.*) **1.** (*прерывать*) interrupt (*smb.*); ~ диало́г друго́го актёра/актри́сы *кино* overlap; **2.** (*нарушать*) spoil* (*smth.*), kill (*smth.*); ~ аппети́т spoil* *one's* appetite; переби́ть поку́пку offer/bid* a higher price for a thing and get* it; **~ся**, переби́ться *разг.* manage.

перебира́ть, перебра́ть (*вн.*) **1.** (*сортировать*) sort (*smth.*); ~ карто́фель sort potatoes; **2.** (*пересматривать*) examine (*smth.*), go* through (*smth.*); ~ пи́сьма go* through the letters; **3.** (*мысленно воспроизводить*) go* over (*smth.*); ~ *что-л.* в па́мяти go* over *smth.* in *one's* mind; **4.** (*касаться пальцами всего, многого*) run* *one's* fingers (over); ~ стру́ны гита́ры run* *one's* fingers over the strings of a guitar; **5.** (*тв.; делать частые движения чем-л.*) stir (*smth.*) restlessly; ~ ла́пками move its paws up and down; ~ нога́ми (*о лошади*) paw the ground; **6.** *полигр.* (*делать новый набор*) reset* (*smth.*); **7.** (*брать больше, чем нужно*) take* (*smth.*) in excess; **~ся**, перебра́ться *разг.* **1.** (*переправляться*) get* across, pass over; ~ся через ре́ку get* across a river; **2.** (*переселяться*) move; ~ся на но́вую кварти́ру move (to a new flat).

переби́ть *сов.* **1.** *см.* перебива́ть; **2.** (*вн.; убить многих*) kill (a lot of); **3.** (*вн.; разбить всё*) break* (*smth.*); ~ всю посу́ду break* all one's crockery/china; **~ся** *сов. см.* перебива́ться.

перебо́|й *м.* **1.** (*неравномерность биения сердца*) irregularity; пульс с ~ями irregular pulse; ~и се́рдца irregular heartbeat *sg*; **2.** (*в работе механизма*) misfire; мото́р рабо́тает с ~ями the engine keeps misfiring/backfiring; работать без ~ев work smoothly; **3.** (*в работе и т.п.*) stoppage, irregularity; **4.** *спорт.* (*фехтование*) barrage.

перебол|е́ть *сов.* (*тв.*) **1.** (*перенести какую-л. болезнь*) have* been ill (with); have* (*smth.*); go* through (*smth.*) *тж. перен.*; он то́лько что ~е́л воспале́нием лёгких he has just had pneumonia; **2.** (*перенести много болезней*) have* every (conceivable) illness; **3.** (*перенести какую-л. болезнь — о многих*): все де́ти ~е́ли ко́рью all children have had measles.

перебо́р *м.* **1.** *муз.* fingering; **2.** excess, surplus.

перебо́рка *ж.* **1.** (*действие*) sorting; ~ карто́феля sorting potatoes; **2.** (*перегородка*) partition; (*на корабле*) bulkhead.

переборо́ть *сов.* (*вн.*) overcome* (*smb., smth.*) *тж. перен.*; get* the better (of); ~ себя́ take* a grip on *oneself*; ~ страх overcome* fear.

переборщи́ть *сов. см.* перeба́рщивать.

перебра́нка *ж. разг.* squabble, wrangle.

перебра́сывать, перебро́сить (*вн.*) **1.** throw* (*smth.*) over; fling* (*smth.*) over; ~ *что-л.* че́рез плечо́ fling* *smth.* over *one's* shoulder; **2.**: ~ мост че́рез ре́ку build* a bridge over/across a river; **3.** (*переводить куда-л.*) send* (*smb.*); (*доставлять что-л.*) transport (*smth.*); **~ся**, перебро́ситься **1.** spring* across; rush across; **2.** (*распространяться*) spread*; ого́нь перебро́сился на сосе́дний дом the fire spread to the next house; **3.** (*тв.; бросать друг другу*) toss (*smth.*) about; ~ся мячо́м throw* a ball to one another; ~ся слова́ми exchange a few words; ~ся шу́тками bandy jokes.

перебра́ть(ся) *сов. см.* перебира́ть(ся).

переброди́ть *сов.* ferment.

перебро́сить(ся) *сов. см.* перебра́сывать(ся).

перебро́ска *ж.* (*перемещение куда-л.*) transfer, transference; (*доставка*) transportation.

перебыв|а́ть *сов.* make* the round (of); ~ у всех знако́мых make* the round of *one's* friends; он ~а́л у всех враче́й he has consulted all the doctors.

перева́л **1.** (*действие*) crossing; ~ че́рез го́ры прошёл успе́шно we (they *etc.*) crossed the mountains successfully; **2.** (*горный*) (mountain) pass.

перева́ливать, перевали́ть **1.** (*вн.; с трудом перемещать что-л.*) heave* (*smth.*); **2.** (*вн., че́рез вн.; перемещаться*) cross (*smth.*), top (*smth.*); перевали́ть че́рез го́ры cross the mountains; **3.** *разг.* (*переходить какие-л. пределы*) pass, top; *безл.* be* past; су́мма на теку́щем счету́ перевали́ла за 5000 рубле́й the account came to more than 5,000 roubles; перевали́ло за́ полночь it is past midnight; **4.** *безл.* (*дт., о возрасте*) be* past; ему́ перевали́ло за со́рок he is past forty; **~ся**, перевали́ться **1.** heave* *oneself* over, roll over; **2.** *тк. несов.* (*о походке*) waddle.

перевали́ть *сов. см.* перева́ливать; **~ся** *сов. см.* перевали́ться **1.**

перева́л|ка *ж.* (*грузов*) *торг.* transshipment, reloading, transfer; заплани́рованная ~ scheduled transshipment of cargo; ~ това́ра transshipment of goods; ~ в связи́ с ава́рией transshipment caused by an accident; ~ на друго́й тра́нспорт transshipment to another transport; **~очный**: ~очный пункт transshipment point.

перева́рив|ать, перевари́ть (*вн.*) **1.** (*портить*) overdo* (*smth.*); перевари́ть о́вощи overdo* the vegetables; **2.** (*усваивать*) digest (*smth.*) (*тж. перен.*); ~ прочи́танное digest what *one* has read; **3.** *разг.* (*переносить*): я его́ не ~аю I can't stand him; **~аться**, перевари́ться **1.** be* overdone; **2.** (*усваиваться в процессе пищеварения*) be* digested.

перевари́ть(ся) *сов. см.* перева́ривать(ся).

перевезти́ *сов. см.* перевози́ть.

переверну́ть(ся) *сов. см.* перевёртывать(ся).

переве́с *м.* **1.** (*излишек в весе*) overweight; **2.** (*превосходство*) superiority, preponderance; чи́сленный ~ numerical superiority; име́ть чи́сленный ~ над враго́м be* numerically superior to the enemy; ~ сил preponderance of forces.

переве́сить(ся) *сов. см.* переве́шивать(ся).

перевести́(сь) *сов. см.* переводи́ть(ся).

переве́шивать, переве́сить (*вн.*) **1.** (*на другое место*) rearrange (*smth.*), rehang* (*smth.*); **2.** (*превосходить весом*) outweigh (*smth.*) (*тж. перен.*); **~ся**, переве́ситься (че́рез *вн.*) hang* (over).

перевёртывать, переверну́ть (*вн.*) **1.** (*с одной стороны на другую*) turn (*smb., smth.*) over; (*вверх дном*) turn (*smth.*) upside-down; (*опрокидывать*) overturn (*smth.*); *разг.* (*перелицовывать*) turn (*smth.*); переверну́ть страни́цу turn a page; переверну́ть всё вверх дном turn everything upside-down; **2.** *разг.* (*перерывать всё, многое*) turn (*smth.*) upside-down; **3.** *разг.* (*делать совершенно другим*) make* a great change (in); **~ся**, переверну́ться turn; (*опрокидываться*) overturn; ◇ он в гробу́ перевернётся he would turn in his grave.

перевёртыш *м. разг.* double-dealing fellow, turncoat.

перевира́ть, перевра́ть (*вн.*) mix up (*smth.*); misquote (*smth.*); перевра́ть фами́лии mix up people's names; ~ *чьи-л.* слова́ misquote *smb.*; перевра́ть цита́ту misquote a passage, distort a quotation.

перево́д **1.** (*перемещение*) moving, transfer; ~ на другу́ю рабо́ту transfer to other work; **2.** (*на другой язык*) translation; (*устный*) oral translation; **3.** (*изменение, превращение*) conversion; **4.** (*денежное отправление*) remittance; ба́нковский ~ bank transfer; отправи́тель ~а remitter; получа́тель ~а remittee; систе́ма безнали́чных де́нежных ~ов credit transfer system; уплати́ть посре́дством ~а pay* by remittance/transfer; почто́вый ~ (*документ*) postal order; **5.** *разг.* (*бесполезная трата*): пусто́й ~ де́нег sheer waste of money.

переводи́ть, перевести́ 1. (*вн.* че́рез *вн.*) take* (*smth., smb.* across); перевести́ *кого-л.* че́рез у́лицу take* *smb.* across a street; 2. (*вн., перемещать*) transfer (*smb., smth.*), move (*smb., smth.*); ~ *кого-л.* на другу́ю рабо́ту transfer/move *smb.* to another post/job; ~ шко́лу в но́вое зда́ние move the school to new premises; ~ по́езд на друго́й путь shunt the train to another track; ~ часы́ вперёд (наза́д) put* a watch, clock on/forward (back); ~ *кого-л.* в сле́дующий класс move *smb.* up a class; 3. (*вн.* с *рд.* на *вн.; на другой язык*) translate (*smth.* from ... into); (*устно*) interpret (*smth.* from... into); ~ с англи́йского языка на ру́сский translate from English into Russian; ~ статью́ translate an article; ~ *чьи-л.* выступле́ния (*устно*) interpret for *smb.*; 4. (*вн.*; *ставить в другие условия*) transfer (*smth.*), put* (*smth.*); перевести́ предприя́тие на семичасово́й рабо́чий день put* the enterprise on a seven-hour day; 5. (*вн.*; *деньги и т.п.*) remit (*smth.*); transmit (*smth.*); 6. (*вн.* в *вн.*; *выражать в других величинах*) convert (*smth.* to); 7. (*вн.*) *разг.* (*истреблять*) exterminate (*smth.*); 8. (*вн.*) *разг.* (*попусту тратить*) waste (*smth.*); зря ~ де́ньги waste money; 9. (*вн.*; *рисунок*) transfer (*smth.*); ◇ перевести́ дыха́ние get* *one's* breath back; не переводя́ дыха́ния without pausing for breath; **~ся**, перевести́сь 1. (*в другое учреждение, другой город и т.п.*) be* transferred, be* moved; 2. *разг.* (*исчезать*) disappear; у него́ де́ньги никогда́ не перево́дятся he is never short of money.

переводн|о́й I: ~а́я карти́нка transfer.

переводн|о́й II *и* **перево́дн|ый** 1. (*переведённый с какого-л. языка*) translated; ~а́я литерату́ра translations *pl.*, translated literature; 2. *фин.* convertible, transferable; ~ ве́ксель bill of exchange; ~ая на́дпись (*на векселе*) endorsement; ~ы́е опера́ции *pl.* transfer of funds; ~ счёт *фин.* transferable account; ~ бланк money-order form.

перево́дческий translator's; ~ труд the work of a translator, translation work.

перево́дч|ик *м.*, ~ица *ж.* translator; (*устный*) interpreter.

перево́з *м.* 1. (*действие*) transportation, conveyance; 2. (*место переправы*) ferry.

перевози́ть, перевезти́ 1. (*вн.*; *из одного места в другое*) carry (*smb., smth.*), convey (*smb., smth.*), transport (*smb., smth.*); (*на другую квартиру*) move (*smb., smth.*); (*мебель*) remove (*smth.*); 2. (*вн.* че́рез *вн.*; *через какое-л. пространство*) transport (*smb., smth.* across), take* (*smb., smth.* across); перевезти́ *кого-л.* че́рез ре́ку ferry *smb.* across the river.

перево́з|ка *ж.* carriage, conveyance, transportation; внешнеторго́вая ~ foreign trade transportation; возду́шная ~ air transportation; грузова́я ~ transportation of cargo; железнодоро́жная ~ rail transportation; комме́рческая возду́шная ~ commercial air transportation; короткопробе́жная ~ short-distance run; ма́ссовая ~ bulk tour; междунаро́дная ~ international transportation; морска́я ~ sea transportation; ~ гру́зов на поддо́нах palletizing; ~ на да́льнее расстоя́ние long-distance run; ~ пассажи́ров по контра́кту contract tour; ~ по специа́льному тари́фу unit toll transportation; ~ с опла́той в креди́т collect transportation; дохо́дные ~ки revenue traffic *sg.*; комме́рческие ~ки commercial air transport operations, revenue traffic *sg.*; некомме́рческие ~ки noncommercial operations; нерегуля́рные ~ки nonscheduled operations; пассажи́рские ~ки passenger traffic sg; пу́льные ~ки pooled operations; совме́стные ~ки transit traffic *sg.*; ча́стные ~ки private operations; **~чик** *м.* carrier; авиацио́нный ~чик air carrier; вну́тренний ~чик domestic carrier; морско́й ~чик sea carrier;назе́мный ~чик overland carrier; фи́дерный ~чик feeder carrier.

переволнова́ться *сов. разг.* get* worked up, get* overexcited.

перевооруж|а́ть, перевооружи́ть (*вн.*) 1. (*снабжать новым вооружением*) rearm (*smth.*); 2. (*снабжать новыми орудиями труда*) reequip (*smth.*); техни́чески ~ промы́шленность equip industry with new plant; **~а́ться**, перевооружи́ться 1. (*заменять старое оружие новым*) rearm; 2. (*тв.*; *оснащаться новыми орудиями труда*) renew *one's* plant/ equipment; **~е́ние** *с.* 1. (*снабжение новым вооружением*) rearmament; 2. (*снабжение новыми орудиями труда*) reequipment.

перевооружи́ть(ся) *сов. см.* перевооружа́ть(ся).

перевоплоти́ть(ся) *сов. см.* перевоплоща́ть(ся).

перевоплощ|а́ть, перевоплоти́ть (*вн.*) embody (*smth.*), express (*smth.*); **~а́ться**, перевоплоти́ться transform *oneself*, be* transformed; **~е́ние** *с.* transformation; дар ~е́ния the power to change *oneself* completely.

перевора́чивать(ся) *несов. см.* перевёртывать(ся).

переворо́т *м.* 1. (*перелом*) radical change; ~ в нау́ке revolution in science; техни́ческий ~ technical revolution; 2. (*изменение общественно-политической системы*) revolution, upheaval; социа́льный ~ social upheaval; 3. *спорт.* turning over; carrying over.

переворош́ить *сов.* (*вн.*) *разг.* 1. (*сено*) ted (*smth.*), toss (*smth.*); 2. (*в памяти*) go* over (*smth.*) in *one's* mind; 3. (*приводить в беспорядок*) disarrange (*smth.*).

перевоспита́ть(ся) *сов. см.* перевоспи́тывать(ся).

перевоспи́тывать, перевоспита́ть (*вн.*) reeducate (*smb.*); (*исправлять*) reform (*smb.*); ~ся, перевоспита́ться reform, be* reformed.

переврáть *сов. см.* перевира́ть.

перевы́борн|ый election *attr.*; ~ая кампа́ния election(eering) campain; ~ое собра́ние election meeting.

перевы́боры *мн.* **1.** (*выборы*) election *sg*; **2.** (*повторные выборы*) reelection *sg*.

перевыполне́ние *с.* overfulfillment.

перевы́полнить *сов. см.* перевыполня́ть.

перевыполня́ть, перевы́полнить (*вн.*) overfulfill (*smth.*), exceed (*smth.*); ~ план на 15 проце́нтов exceed the plan (by) fifteen per cent.

перевяза́ть(ся) *сов. см.* перевя́зывать(ся).

перевя́зк|а *ж.* bandaging; сде́лать ~у apply a dressing, dress a wound.

перевя́зочный dressing *attr.*; ~ пункт dressing station; ~ материа́л bandaging material.

перевя́зывать, перевяза́ть (*вн.*) **1.** (*перебинтовывать*) bandage (*smb., smth.*); (*рану*) dress (*smth.*); **2.** (*обвязывать*) bind* (*smth.*), tie up (*smth.*); перевяза́ть чемода́н tie up a case; **3.** (*заново завязывать*) tie (*smth.*) up again; **4.** (*заново вязать спицами*) reknit (*smth.*); **~ся**, перевяза́ться **1.** bandage *oneself*, bandage/dress *one's* wound; **2.** (*тв.*) *разг.* (*обвязываться кругом*) tie (*smth.*) round *oneself*.

пе́ревязь *ж.* **1.** shoulder-belt; **2.** (*для больной руки*) sling.

переги́б *м.* bend; (*складка*) fold; *перен.* (*крайность*) excess, exaggeration, extreme; допуска́ть ~ в *чём-л.* carry *smth.* too far, carry *smth.* to extremes; не допуска́ть ~ов avoid extremes/excesses; э́то ~ that's going too far.

перегиба́ть, перегну́ть (*вн.*) bend* (*smth.*); (*вдвое*) fold (*smth.*); *перен.* go* to extremes, go* too far; ◇ перегну́ть па́лку overshoot* the mark, go* too far; **~ся**, перегну́ться bend* over, lean* over; ~ся попола́м bend* double.

перегласо́вка *ж. лингв.* vowel mutation.

перегля́дываться, переглянýться exchange glances.

переглянýться *сов. см.* перегля́дываться.

перегна́ть *сов. см.* перегоня́ть.

перегно́й *м.* (vegetable-)mold, humus, compost; **~ный:** ~ная по́чва humus, vegetable mold; ~ные горшо́чки compost pots/bricks.

перегну́ть(ся) *сов. см.* перегиба́ть(ся).

переговáривать(ся) *несов.* exchange remarks, talk.

переговори́ть *сов.* **1.** talk, have* a talk; ~ по телефо́ну speak* over the telephone; ~ о де́ле talk things over; **2.** (*вн.*) *разг.* (*поговорить обо всём*) talk (*smth.*) over, discuss (*smth.*); **3.** (*вн.*) *разг.* (*заставить других замолчать*) outtalk (*smb.*).

перегово́рн|ый: ~ пункт call office; ~ая бýдка telephone box.

перегово́р|ы *мн.* negotiations, talks; ~ на высо́ком ýровне high-level talks/negotiations at ministerial level; закры́тые ~ private negotiations; комме́рческие ~ commercial negotiations; многосторо́нние торго́вые ~ multilateral trade negotiations; прямы́е ~ explicit bargaining *sg.*; в хо́де ~ов in the course of negotiations; веде́ние ~ов о кýпле-продáже negotiating; искýсное веде́ние ~ов shrewd bargaining; лицо́, ведýщее ~ negotiator; ~ о разме́ре зарплáты wage bargaining *sg.*; терпе́ть неудáчу в ~ах fail in one's negotiations; вести́ ~ о заключе́нии догово́ра negotiate a treaty; де́ло нахо́дится в стáдии ~ов the matter is under negotiation.

перего́н *м.* (*участок пути между двумя станциями*) stage (between stations), run.

перего́н|ка *ж. хим. тех.* distillation; ~не́фти distillation of oil; **~ный** distillation *attr.*, distilling *attr.*; ~ный заво́д distillery; ~ный куб still.

перегоня́ть, перегнáть (*вн.*) **1.** (*обгонять*) outdistance (*smb., smth.*); (*в беге тж.*) outrun* (*smb.*); *перен.* (*превосходить в чём-л.*) outstrip (*smb., smth.*) leave* (*smb., smth.*) behind; **2.** (*на другое место*) drive* (*smth.*); (*самолёты*) ferry (*smth.*); **3.** *хим. тех.* distil (*smth.*).

перегорáживать, перегороди́ть (*вн.*) divide (*smth.*) with a partition; ~ ко́мнату divide a room with a partition, partition off part of a room.

перегорáть, перегоре́ть **1.** (*портиться от длительного горения*) burn* out; лáмпочка перегоре́ла the bulb has burnt out; про́бка перегоре́ла the fuse has blown; **2.** (*сгорать*) burn* down; *перен.* die down; **3.** (*гнить*) rot, decompose.

перегоре́ть *сов. см.* перегорáть.

перегороди́ть *сов. см.* перегорáживать.

перегоро́дка *ж.* partition; *перен.* barrier.

перегре́в *м.*, **~áние** *с.* overheating; (*пара и т. п.*) superheating.

перегревáть, перегре́ть (*вн.*) **1.** overheat (*smth.*); **~ся**, перегре́ться become* overheated; (*о людях тж.*) make* *oneself* too hot.

перегре́ть(ся) *сов.см.* перегревáть(ся).

перегружáть, перегрузи́ть (*вн.*) **1.** (*чрезмерно нагружать*) overload (*smth.*), overburden (*smth.*); *перен.* overburden (*smb., smth.*); (*работой тж.*) overwork (*smb.*); кни́га перегрýжена цитáтами the book is overburdened with quotations; **2.** (*перекладывать что-л. с одного места на другое*) transfer (*smth.*), move (*smth.*), load (*smth.*); ~ грýзы transfer cargo/load; **~ся**, перегрузи́ться **1.** become*/be* overloaded; **2.** (*перемещать груз*) transfer *one's* load/cargo.

перегрýженность *ж.* (*судна, вагона и т. п.*) overloading; ~по́рта port congestion; *перен.* overburdening.

перегрузи́ть(ся) *сов. см.* перегружáться.

перегрýзка *ж.* **1.** overload, overloading; (*двигателя тж.*) strain (on); *перен.* overburdening; (*работой тж.*) overwork; **2.** (*перемещение груза*) transfer/transshipment of cargo.

перегруппировáть(ся) *сов. см.* перегруппиро́вывать(ся).

перегруппиро́вка *ж.* regrouping.

перегруппиро́вывать, перегруппировáть (*вн.*) regroup (*smb., smth.*); **~ся**, перегруппировáться regroup.

перегрызáть, перегры́зть (*вн.*) gnaw (*smth.*), bite* (*smth.*); (*надвое*) bite* (*smth.*) in two, bite* through (*smth.*).

перегры́зть *сов. см.* перегрыза́ть; **~ся** *сов.разг.* (*о животных*) fight*; snap at each other (*тж. перен.*).

пе́ред, пе́редо **1.** (*о времени и т. п.*) before; (*о месте тж.*) in front of; ~ сно́м before going to bed; ~ обе́дом before dinner; ~ тем как before (+ -ing); ~ до́мом in front of the house; ~ гостя́ми, посторо́нними before visitors, strangers, in front of visitors, strangers; ~ но́сом under *one's* very nose; ~ ва́ми Кремль you see before you the Kremlin; предста́ть ~ судо́м appear before the court; **2.** (*по сравнению с кем-л., чем-л.*) compared (with, to); что он ~ тобо́й? he can't compare with you; **3.** (*по отношению к*): ~ лицо́м опа́сности in the face of danger; не отступа́ть ~ тру́дностями not shrink from difficulties.

передава́ть, переда́ть (*вн.*) **1.** pass (*smth.*); (*вручать*) hand (*smth.*); (*сидящему рядом*) pass (*smth.*) on; он переда́л ей письмо́ he handed her a letter; ~ поруче́ние deliver the instructions; прочти́те э́то и переда́йте други́м read this and pass it on; ~ *что-л.* из рук в ру́ки pass *smth.* on; **2.** (*представлять, отдавать в распоряжение*) hand over (*smth.*), turn over (*smth.*); ~ зе́млю крестья́нам turn over the land to the peasants; ~ *кого-л.* в ру́ки правосу́дия hand *smb.* over to justice; **3.** (*сообщать*) report (*smth.*); (*рассказывать*) tell* (*smth.*), give* (*smth.*); (*излагать*) convey (*smth.*); мысль а́втора convey the author's idea; ~ *кому-л.* ва́жное изве́стие tell* *smb.* an important piece of news; ~ *кому-л.* приве́т give *smb.'s* kind regards to *smb.*; ~ *что-л.* по телегра́фу transmit *smth.* by telegraph; ~ *что-л.* по ра́дио broadcast *smth.*; *тех.* transmit *smth.*; ~ *что-л.* по телеви́дению televise *smth.*, show* *smth.* on television; ~ конце́рт по ра́дио broadcast a concert; **4.** (*на рассмотрение*) submit (*smth.*), refer (*smth.*); ~ де́ло в суд submit the case to the court, take* the matter to court; ~ де́ло на реше́ние *кому-л.* refer the question to *smb.'s* decision; **5.** (*уступать*) hand over (*smth.*), transfer (*smth.*); ~ свои́ права́ *кому-л.* transfer *one's* rights to *smb.*; ~свои́ полномо́чия delegate *one's* authority; **6.** (*распространять*) spread* (*smth.*), pass on (*smth.*); ~ инфе́кцию spread* infection; **7.** (*воспроизводить изображать*) reproduce (*smth.*), portray (*smth.*), convey (*smth.*); **8.** (*переплачивать*) overpay* (*smth.*), pay* (*smth.*) too much; **~ся** по насле́дству be* hereditary.

переда́точн|ый 1. transmission *attr.*; ~ механи́зм driving gear, drive; ~ вал transmission shaft; **2.** *фин.* endorsement *attr.*; ~ая на́дпись (*на векселе, чеке*) endorsement; безоборо́тная ~ая на́дпись endorsement without recourse; бла́нковая ~ая на́дпись general/blank endorsement; именна́я ~ая на́дпись special endorsement; препоручи́тельская ~ая на́дпись endorsement; ~ая на́дпись "без оборо́та на меня́" endorsement "without recourse to me"; ~ая на́дпись без указа́ния лица́ blank endorsement; ~ая на́дпись в по́льзу ба́нка endorsement to the bank; ~ая на́дпись в по́льзу тре́тьего лица́ endorsement to a person; ~ая на́дпись держа́теля ве́кселя bill holder's endorsement; ~ая на́дпись на ве́кселе bill endorsment; де́лать ~ую на́дпись endorse.

переда́тчик *м.* transmitter; ~ изображе́ния *кино* picture transmitter.

переда́ть(ся) *сов. см.* передава́ть(ся).

переда́ч|а *ж.* **1.** (*вручение*) passing (*тж. спорт.*); handing; (*прав*) transfer, cession; безвозме́здная ~ gratuitous transfer; ~ владе́ния *юр.* livery of seisin; ~ гру́за в чьё-то распоряже́ние transfer of cargo to *smb.*; ~до́ли уча́стия transfer of *one's* share; ~ иму́щества assignation; ~ по насле́дству *юр.* descent; ~ о́пыта transfer of experience; ~ полномо́чий delegation of authority; ~ техноло́гии transfer of know-how; пра́во на ~у биле́та (*другому авиаперевозчику*) ticket transferability; ~ (*тепла, света и т. п.*) transmission; ~ электроэне́ргии transmission of power; ~ с рекла́мами commercial broadcasting; **2.** (*то, что передаётся по радио*) broadcast, transmission; (*то, что передаётся по телевидению*) telecast; **3.** (*образа, выразительности речи и т. п.*) rendering; **4.** (*в больницу и т. п.*) parcel; **5.** *тех.* transmission, gear, drive; ◇ без пра́ва ~и not transferable.

передвиг|а́ть, передви́нуть (*вн.*) **1.** move (*smth.*) shift (*smth.*); ~ме́бель move/shift furniture; ~войска́ move troops; он е́ле но́ги ~а́ет he can scarcely drag his feet; **2.** *разг.* (*переносить на другое время*) transfer (*smth.*), shift (*smth.*); передви́нуть сро́ки экза́менов shift the examination dates; **~а́ться**, передви́нуться **1.** move, shift; **2.** *разг.* (*о сроке*) change; **3.** *тк. несов.* move; больно́й с трудо́м ~а́ется the patient finds it difficult to move about.

передвиже́ние *с.* movement.

передви́ж|ка *ж. разг.* **1.** (*действие*) moving, shifting; **2.:** библиоте́ка-~ mobile library; **~ник** *м.* Peredvizhnik (*painter of nineteenth century Russian realist school with democratic tendencies*); **~но́й 1.** movable, adjustable; (*портативный*) portable; ~но́й за́дний план *кино* movable background; **2.** (*о выставке и т. п.*) travelling *attr.*, mobile; ~на́я киносту́дия cinemobile.

передви́нуть *сов. см.* передвига́ть; **~ся** *сов. см.* передвига́ться 1, 2.

переде́л *м.* redistribution, repartition.

переде́л|ать *сов.* **1.** *см.* переде́лывать; **2.** (*вн.*; *сделать всё, многое*) do* (*smth.*); всех дел не ~аешь can't do everything; **~ка** *ж.* **1.** alteration; (*полная*) conversion; (*литературного произведения*) adaptation; (*в пьесу*) dramatization; отда́ть костю́м в ~ку have* a suit altered; **2.** (*затруднительное положение*) awkward situation; попа́сть в ~ку get* into a mess/spot/jam.

переде́лывать, переде́лать (*вн.*) alter (*smth.*), remake* (*smth.*); *перен.* change (*smb., smth.*); ~ пальто́ alter a coat; ~ столо́вую в кабине́т make* the dining room into a study; ~ свой хара́ктер, себя́ change *one's* nature.

передержа́ть *сов. см.* передé́рживать.

передéрж|ивать, передержа́ть (*вн.*) keep* (*smth.*) in too long; (*фотоплёнку*) overexpose (*smth.*); **~ка** *ж.* (*фотоплёнки*) overexposure.

передёргивать, передёрнуть **1.** (*тв.*) twitch (*smth.*); **2.** *безл.* wince, writhe; его́ передёрнуло от бо́ли he winced/writhed with pain; меня́ передёрнуло it made me wince/writhe; **3.** (*вн.*) *разг.* (*подтасовывать*) distort (*smth.*), twist (*smth.*); ~ фа́кты distort facts, juggle with the facts; ~ся, передёрнуться shudder, shiver; (*о лице*) convulse.

передёрнуть(ся) *сов. см.* передёргивать(ся).

передн|ий front; ~ая часть forepart, front section; ~ие но́ги живо́тного forelegs; ~ее колесо́ front wheel; ◇ ~ край front line; ~ план *кино* foreground; ~ свет front light; ~ее расстоя́ние *кино* anterior focal length.

перéдник *м.* apron; (*детский*) pinafore.

перéдняя *ж.* hall, lobby, anteroom.

пéредо *см.* пéред.

передова́я *ж.* **1.** leader, leading, article, editorial; **2.** *воен.* front line.

передови́к *м.* advanced worker, leading worker; top-notch worker *разг.*

передови́ца *ж. разг. см.* передова́я 1.

передов|о́й **1.** (*движущийся, идущий впереди*) leading, foremost; (*расположенный впереди чего-л.*) foremost; in front *после сущ.*; ~ отря́д advanced guard, vanguard; **2.** (*превосходящий других в чём-л.*) advanced; (*прогрессивный тж.*) progressive; ~ые спо́собы произво́дства advanced production methods; ~ о́пыт advanced experience/know-how; ~а́я мысль advanced/progressive thinking; ~ые иде́и, взгля́ды progressive ideas, views; ~ые лю́ди progressive people; ◇ ~а́я статья́ leading article, editorial, leader; ~а́я пози́ция *воен.* forward position; ~а́я ли́ния *воен.* front line.

передохну́ть *сов.* **1.** (*перевести дух*) take* breath, breathe in; **2.** *разг.* (*немного отдохнуть*) get*/recover *one's* breath, take* a rest.

передра́знивать, передразни́ть (*вн.*) mimic (*smb.*), imitate (*smb.*), take* off (*smb.*) on.

передразни́ть *сов. см.* передра́знивать.

передра́ться *сов. разг.* have* a fight, have * a free-for-all, come* to blows.

передря́г|а *ж. разг.* scrape; попа́сть в ~у get* into a scrape.

передý́мать *сов.* **1.** (*изменить решение*) change *one's* mind; **2.** (*о пр.*) *разг.* (*обдумать всё, многое*) think* (about, over), meditate (upon).

переды́шк|а *ж.* rest, breathing space; без ~и 1) (*без отдыха*) without a respite, unremittingly; 2) (*непрерывно*) unceasingly.

переeда́ть, переéсть (*есть лишнее*) overeat*, have* too much to eat.

переéзд *м.* **1.** (*передвижение*) journey; (*по воде*) passage, crossing; **2.** (*на другую квартиру, в другой город*) move, removal; **3.** (*место, где можно переехать*) crossing; железнодоро́жный ~ level crossing.

переезжа́ть, переéхать **1.** (*вн.*, чéрез *вн.*) cross (*smth.*); **2.** (*переселяться*) move; ~ в го́род move into town.

переéсть *сов. см.* переeда́ть.

переéха|ть *сов.* **1.** *см.* переезжа́ть; **2.** (*вн.*; *задавить*) run* over (*smb.*, *smth.*); его́ ~ла маши́на he was run over by a car.

пережа́рить *сов.* (*вн.*) **1.** (*испортить*) overdo* (*smth.*); **2.** (*изжарить много*) fry plenty (of).

пережда́ть *сов. см.* пережида́ть.

пережева́ть *сов. см.* пережёвывать 1.

пережéчь *сов. см.* пережига́ть.

пережёвывать, пережева́ть (*вн.*) **1.** chew (*smth.*), masticate (*smth.*); **2.** *тк. несов.* (*надоедливо говорить одно и то же*) assert (*smth.*) at great length, drum (*smth.*) in; ~ всем извéстные и́стины grind* out platitudes.

пережива́ние *с.* experience; (*волнение*) emotion, excitement, emotional experience.

пережива́ть, пережи́ть (*вн.*) **1.** (*жить дольше кого-л., чего-л.*) outlive (*smb.*, *smth.*), survive (*smb.*, *smth.*); пережи́ть свою́ сла́ву outlive *one's* reputation; **2.** (*выживать*) survive (*smth.*); (*терпеть, выносить что-л.*) endure (*smth.*); он не переживёт э́того уда́ра he will never survive the blow; я э́того не переживу́ it will kill me; му́жественно пережи́ть несча́стье endure misfortune bravely; **3.** (*испытывать*) experience (*smth.*); go* through (*smth.*); (*огорчения, страдания*) undergo* (*smth.*); (*остро чувствовать*) feel* (*smth.*) keenly, take* (*smth.*) to heart.

пережига́ть, пережéчь (*вн.*) burn* (*smth.*); пережéчь ко́фе roast coffee too long; пережéчь ла́мпочку burn* out a bulb.

пережида́ть, пережда́ть wait; (*вн.*) wait for (*smth.*) to pass; sit* (*smth.*) out; ~ грозу́ wait for the storm to pass.

пережито́е *с.* what one went through; *one's* experiences *pl.*

пережи́ток *м.* survival, vestige; ~ про́шлого survival of the past.

переж|и́ть *сов.* **1.** *см.* пережива́ть; **2.** (*вн.*, *прожить какое-то время*) live through (*smth.*), last (*smth.*), survive (*smth.*); больно́й не ~ивёт э́ту ночь the patient will not last/survive the night.

перезаключа́ть, перезаключи́ть (*вн.*) renew (*smth.*); ~ догово́р renew a contract/treaty.

перезаключи́ть *сов. см.* перезаключа́ть.

перезаряди́ть *сов. см.* перезаряжа́ть.

перезаря́дка *ж.* *1.* (*оружия, фотоаппарата*) reloading; **2.**: ~ аккумуля́тора battery recharge.

перезаряжа́ть, перезаряди́ть (*вн.*) recharge (*smth.*); (*оружие*) reload (*smth.*).

перезво́н *м.* chiming.

перезимова́ть *сов.* **1.** (*провести зиму где-л.*) winter, pass the winter; **2.** (*выдержать зимние холода*) survive the winter/cold.

перезрева́ть, перезре́ть become* overripe; *перен.* be* past *one's* prime.

перезре́|лый overripe; **~ть** *сов. см.* перезрева́ть.

переигра́ть *сов.* **1.** *см.* переи́грывать; **2.** (*вн.; сыграть всё, многое*) play (*smth.*); ~ все сона́ты play all the sonatas.

переигро́вка *ж. спорт.* replay.

переи́грывать, переигра́ть **1.** (*вн.; играть повторно*) play (*smth.*) again; потре́бовать переигра́ть матч demand a replay; **2.** *театр.* (*играть роль ненатурально*) overact.

переизбира́ть, переизбра́ть (*вн.*) reelect (*smb., smth.*).

переизбр|а́ние *с.* reelection; **~а́ть** *сов. см.* переизбира́ть.

переиздава́ть, переизда́ть (*вн.*) republish (*smth.*), reissue (*smth.*).

переизд|а́ние *с.* **1.** (*действие*) republication, reissue; **2.** (*книга*) reissue; **~а́ть** *сов. см.* переиздава́ть.

переименов|а́ние *с.* renaming; **~а́ть** *сов.* (*вн.*) rename (*smth.*).

перейти́ *сов. см.* переходи́ть.

перека́пывать, перекопа́ть (*вн.*) **1.** (*вскапывать всё, многое*) dig* up (*smth.*); **2.** (*вскапывать заново*) dig* (*smth.*) again.

перека́рмливать, перекорми́ть (*вн.*) overfeed* (*smb., smth.*).

перека́т *м.* **1.** (*на реке*) shoal; shallows *pl.*; **2.** *мн.* (*продолжительный гул*) rumblings; rumble *sg.*; **3.** *спорт.* rollover.

перекати́-по́ле *с. бот.* tumbleweed; (*перен.; о человеке*) rolling stone.

перекати́ть(ся) *сов. см.* перека́тывать(ся).

перека́тывать, перекати́ть (*вн.*) roll (*smth.*), move (*smth.*); **~ся**, перекати́ться roll.

перекача́ть *сов. см.* перека́чивать.

перека́чивать, перекача́ть (*вн.*) pump (*smth.*).

перека́шивать, перекоси́ть **1.** (*вн.; делать кривым*) put* (*smth.*) out of shape, put* (smth.) awry/askew; ра́му перекоси́ло the frame was all askew; **2.** *обыкн. безл.* (*искажать*) distort; (*надолго*) deform; рот перекоси́ло the mouth was deformed/misshapen; его́ перекоси́ло his face was distorted; **~ся**, перекоси́ться **1.** (*о предметах*) get* out of shape; **2.** (*о лице и т.п.*) be* distorted; (*надолго*) be* deformed.

переквалифи|ка́ция *ж.* training for a new trade/profession, retraining; **~ци́ровать** *несов. и сов.* (*вн.*) train (*smb.*) for a new trade/profession, retrain (*smb.*); **~ци́роваться** *несов. и сов.* acquire a new trade/profession, requalify.

перекида́ть *сов. см.* переки́дывать 1.

переки́дывать, перекида́ть, переки́нуть (*вн.*) **1.** *сов.* перекида́ть (*бросать одно за другим*) throw* (*smth.*); перекида́ть зе́млю move earth; **2.** *сов.* переки́нуть throw (*smth.*) over; переки́нуть мяч че́рез забо́р throw*/toss a ball over a fence; переки́нуть полоте́нце че́рез плечо́ throw* a towel over *one's* shoulder; **~ся**, переки́нуться **1.** (*на вн.; распространяться*) spread* (to); ого́нь переки́нулся на сосе́дние постро́йки the fire spread to the neighboring buildings; **2.** (*тв.; кидать друг другу*) throw*/toss (*smth.*) to one another; *перен.* (*словами и т.п.*) exchange (*smth.*).

переки́нуть *сов. см.* переки́дывать 2; **~ся** *сов. см.* переки́дываться.

пе́рекись *ж. хим.* peroxide; ~ водоро́да hydrogen peroxide; ~ ма́рганца manganese peroxide.

перекла́дина *ж.* **1.** crossar, cross beam; (*лестницы*) rung; **2.** *спорт.* the horizontal bar.

перекла́дывать, переложи́ть **1.** (*вн.; перемещать*) shift (*smth.*); ~ *что-то* с ме́ста на ме́сто shift *smth.* from place to place; **2.** (*вн. на вн.; работу, вину и т.п.*) throw* (*smth. on to*), shift (*smth. on to*); переложи́ть отве́тственность на *кого-л.* throw*/shift the responsibility on to *smb.*; **3.** (*вн., тв.; прокладкой*) pack (*smth.* in, with); ~ я́блоки стру́жкой pack the apples in shavings; **4.** (*вн.; переделывать*) remake* (*smth.*), rebuild* (*smth.*); ~ печь reset* a stove; **5.** (*вн.; укладывать заново*) repack (*smth.*), rearrange (*smth.*); **6.** (*вн.; излагать в иной форме*) rearrange (*smth.*), transpose (*smth.*); переложи́ть *что-л.* на му́зыку set* *smth.* to music; **7.** (*вн., рд.*) *разг.* (*класть слишком много*) put* too much (*smth.*) in.

переклика́ться *несов.* call to one another; (*с тв.*) *перен.* have something in common (with).

перекли́чк|а *ж.* roll-call, call-over; де́лать ~у call the roll.

переключа́тель *м. тех.* switch; ~ изображе́ния *кино* vision/picture switcher; ~ с позити́ва на негати́в *кино* positive-negative switch; ~ скоросте́й gear lever/shift.

переключа́ть, переключи́ть (*вн.*) **1.** (*изменять направление, силу*) redirect (*smth.*), switch (*smth.*); ~ свет (*на автомашине*) dip *one's* lights; ~ телефо́н change the line; ~ *что-л.* на обра́тный ход put* *smth.* into reverse; ~ от одно́й ка́меры к друго́й *кино, тлв.* switch from camera to camera; **2.** (*переводить на иные формы работы*) transfer (*smb., smth.*), switch (*smth.*); *перен.* change (*smth.*); ~ цех на произво́дство холоди́льников switch the shop to refrigerator production; переключи́ть разгово́р на другу́ю те́му change for the subject, switch the conversation on to a new subject; **~ся**, переключи́ться (на *вн.*) go* over (to), be* put (on); *перен.* turn (to), switch (to); заво́д переключи́лся на произво́дство турби́н the factory has gone over to producing turbines.

переключе́ние *с.* switching (over); (*переход*) changeover; ~ све́та *кино, тлв.* light change; ~ диапазо́нов range switching; ~ кана́лов channel switching; ~ луча́ *кино, тлв.* beam switching.

переключи́ть(ся) *сов. см.* переключа́ть(ся).

перекова́ть *сов. см.* переко́вывать.

переко́вывать, перекова́ть (*вн.*) **1.** reforge (*smth.*); *перен.* reeducate (*smb.*), remold (*smb.*);

перекова́ть мечи́ на ора́ла beat*/hammer swords into ploughshares; **2.** (*лошадь*) reshoe (*smth.*).

переконструи́ровать *несов. и сов.* (*вн.*) redesign (*smth.*).

перекопа́ть *сов. см.* перека́пывать.

перекорми́ть *сов. см.* перека́рмливать.

перекоси́ть(ся) *сов. см.* перека́шивать(ся).

переко́с *м.* warp; misalignement; *перен. разг.* defect, fault; ~ ка́дра *кино* frame tilt.

перекошенный twisted; askew *predic.*; (*о лице*) distorted, contorted, twisted.

перекра́ивать, перекрои́ть (*вн.*) cut* (*smth.*) again, refashion (*smth.*); *перен.* (*переделывать*) reshape (*smth.*), recast* (*smth.*).

перекра́сить(ся) *сов. см.* перекра́шивать(ся).

перекра́шивать, перекра́сить (*вн.*) (*масляной краской*) repaint (*smth.*); (*о ткани*) redye (*smth.*), dye (*smth.*) again; **~ся**, перекра́ситься change color; *перен.* sail under false colors.

перекрести́ть *сов. см.* крести́ть 3 *и* перекре́щивать; **~ся** *сов. см.* крести́ться 2 *и* перекре́щиваться.

перекрёст|ок *м.* crossroads *pl.*; crossing; ◇ крича́ть о *чём-л.* на всех ~ках proclaim/cry *smth.* from the housetops, raise a hue and cry about *smth.*

перекре́щивать, перекрести́ть (*вн.*) (*о линиях и т. п.*) cross (*smth.*); **~ся**, перекрести́ться cross.

перекрёстн|ый cross *attr.*; ~ допро́с cross-examination; ~ое лицензи́рование *юр.* cross licensing; ~ое изображе́ние *кино, тлв.* cross view; ~ые поме́хи *кино, тлв.* sound spillover *sg.*; ~ ого́нь *воен.* cross fire; ~ое опыле́ние *бот.* cross-pollination.

перекрича́ть *сов.* (*вн.*) shout (*smb.*) down, outvoice (*smb.*).

перекрои́ть *сов. см.* перекра́ивать.

перекрути́ть *сов. см.* перекру́чивать.

перекру́чивать, перекрути́ть (*вн.*) *разг.* **1.** (*портить*) overwind*; перекрути́ть заво́д у часо́в overwind* a watch/clock; **2.** (*скручивать*) fasten up (*smth.*).

перекрыва́ть, перекры́ть (*вн.*) **1.** (*крыть заново*) re-cover (*smth.*); ~ кры́шу make* a new roof; **2.** (*превышать*) exceed (*smth.*); *разг.* (*превосходить в чём-л.*) break* (*smth.*), beat* (*smth.*); ~ ста́рые но́рмы вы́работки exceed the old rate of output; ~ пре́жний рекорд beat* the old record; **3.** (*делать преграду в чём-л.*) stop up (*smth.*), block (*smth.*); (*выключать*) cut* off (*smth.*); перекрыва́ть во́ду cut* off water; перекры́ть ру́сло реки́ dam a river; перекры́ть доро́ги block the roads, set* up roadblocks.

перекры́тие *с.* **1.** ceiling; (*междуэтажное*) floor; **2.** *кино* overlap.

перекры́ть *сов. см.* перекрыва́ть.

перекувы́ркиваться, перекувырну́ться *разг.* topple over; (*о воздухе*) turn a somersault.

перекувырну́ться *сов. см.* перекувы́ркиваться.

перекупа́ть I, перекупи́ть (*вн.*) *разг.* buy* (*smth.*) first, buy* (*smth.*) before anyone else.

перекупа́ть II *сов.* (*вн.*) *разг.* **1.** (*долго продержать в воде*) bath (*smb.*) too long, keep* (*smb.*) in the bath too long; ~ ребёнка keep* a baby in the bath too long; **2.** (*выкупать всех, многих*) bath (*smb.*); ~ всех дете́й bathe all the children; **~ся** *сов. разг.* bathe too much/long, stay/be* in the water too long.

перекупи́ть *сов. см.* перекупа́ть I.

переку́пщик *м.* middleman*, dealer.

переку́р *м. разг.* (smoke) break.

перекуси́ть *сов.* **1.** (*вн.; прокусить*) bite* (*smth.*) in two; (*кусачками*) cut* (*smth.*); ~ ни́тку bite* a thread in two; **2.** *разг.* (*закусить*) take* a quick bite, have* a snack.

перелага́ть *несов. см.* перекла́дывать 2, 6.

перела́мывать, переломи́ть (*вн.*) break* (*smth.*) in two; (*повреждать при падении, ударе*) break* (*smth.*); fracture (*smth.*) *научн.*; *перен.* (*преодолевать*) conquer (*smth.*); переломи́ть па́лку break* a stick in two; переломи́ть свой хара́ктер conquer *one's* temper; ◇ переломи́ть себя́ 1) (*стать иным*) change *oneself*; 2) (*преодолеть какое-л. чувство*) master/control *one's* feelings; **~ся**, переломи́ться break* (in two).

перелеза́ть, переле́зть **1.** climb over; **2.** (*вн.*, через *вн.*) climb over (*smth.*).

переле́зть *сов. см.* перелеза́ть.

переле́сок *м.* coppice, copse.

перелета́ть, перелете́ть **1.** (*вн.*, че́рез *вн.*) fly* (across); *перен. тж.* spring* (over); ~ че́рез океа́н fly* across the ocean; ~ че́рез забо́р spring* over a fence; **2.** (*перемещаться*) fly*; ~ с де́рева на де́рево fly*/flit from tree to tree; **3.** (*о снаряде и т. п.*) travel too far, overshoot*.

перелете́ть *сов. см.* перелета́ть.

перелёт *м.* **1.** flight; (*переселение птиц*) migration; **2.** (*снаряда*) overshot.

перелётн|ый migratory; ~ая пти́ца bird of passage.

перелива́ние *с.* pouring; ~ вина́ в графи́н decantation of wine; ~ кро́ви blood transfusion.

перелива́ть, перели́ть **1.** (*вн.; из одного места в другое*) pour (*smth.*); вино́ в графи́н decant the wine; во́ду из ведра́ в бак pour water from a pail into a tank; ~ *кому-л.* кровь give* *smb.* a blood transfusion; **2.** (*вн.; наливать больше, чем нужно*) pour (*smth.*) too much; **3.** (*вн.; переделывать литьём*) remelt (*smth.*), recast* (*smth.*); ~ из пусто́го в поро́жнее *погов.* ≅ beat* the air, mill the wind; **~ся**, перели́ться **1.** (*через край*) overflow, run* over; *тк. несов.* (*о красках*) gleam, glisten; (*о звуках*) rise* and fall*, modulate; ~ся все́ми цвета́ми ра́дуги shine* with all the colors of the rainbow.

перели́вы *мн.* (*красок*) play *sg.*; (*звуков*) modulation *sg.*, rise and fall.

перелиста́ть *сов. см.* перели́стывать.

перели́стывать, перелиста́ть (*вн.*) **1.** turn over the pages (of); **2.** (*бегло прочитывать*) glance through (*smth.*), skim through (*smth.*); ~ рома́н skim/leaf through a novel.

перели́ть *сов. см.* перелива́ть 1, 2, 3; **~ся** *сов. см.* перелива́ться 1.

перелицева́ть *сов. см.* перелицо́вывать.

перелицо́ванный turned.

перелицо́вывать, перелицева́ть (*вн.*) turn (*smth.*).

переложе́ние *с. муз.* arrangement.

переложи́ть *сов. см.* перекла́дывать.

перело́м *м.* **1.** break; **2.** (*кости*) fracture; **3.** (*крутой поворот в развитии*) change; crossroads *pl*; turning point; (*в болезни*) crisis (*pl.* -ses); вели́кий ~ great change; нра́вственный ~ moral turning point.

перелом|а́ть *сов.* (*вн.*) break* (*smth.*) (to bits); ~ все игру́шки break* all the toys; **~а́ться** *сов. разг.* be* broken (to bits); все карандаши́ ~а́лись all the pencils are broken.

переломи́ть(ся) *сов. см.* перела́мывать(ся).

перело́мный critical; ~ моме́нт critical/crucial moment, turning point.

перема́зать *сов.* (*вн.*) *разг.* (*перепачкать*) smear (*smth.*), dirty (*smth.*); ~ па́льцы черни́лами dirty *one's* fingers with ink, make* *one's* fingers inky; **~ся** *сов. разг.* get* dirty.

перема́лывать, перемоло́ть (*вн.*) mill (*smth.*), grind* (*smth.*); **~ся**, перемоло́ться be* milled, be* ground; ◇ переме́лется — мука́ бу́дет *посл.* ≅ it will all come right in the end.

перема́нивать, перемани́ть (*вн.*) entice (*smb.*), tempt (*smb.*) over to *one's* side; *несов. тж.* try to win (*smb.*) over.

перемани́ть *сов. см.* перема́нивать.

перема́тывать, перемота́ть (*вн.*) rewind* (*smth.*).

перемеж|а́ть *несов.* (*вн. тв.*) alternate (*smth.* with); ~ рабо́ту о́тдыхом alternate work with rest; **~а́ться** *несов.* be* intermittent; (с *тв.*) alternate (with); **~а́ющийся** intermittent; ~а́ющаяся лихора́дка intermittent fever.

переме́на *ж.* **1.** change; ~ обстано́вки change in the situation; ~ кли́мата change of climate; ~ ве́тра change in the wind; с ним произошла́ больша́я ~ a great change has come over him; **2.** *разг.* (*комплект белья*) change of underwear; (*постельного*) change of bed linen; **3.** (*перерыв между уроками*) break, interval; больша́я (ма́ленькая) ~ long (short) break.

перемен|и́ть *сов.* (*вн.*) change (*smth.*); ~ те́му разгово́ра change the subject; ~ тон change *one's* tune; **~и́ться** *сов.* change; ве́тер ~и́лся the wind changed; он ~и́лся ко мне he has changed towards me, his attitude towards me has changed.

переме́нн|ый changeable, variable; ~ая пого́да, ~ ве́тер changeable/variable weather, wind; ◇ ~ая величина́ *мат.* variable quantity; ~ капита́л *эк.* variable capital, ~ые изде́ржки *фин.* direct cost *sg.*/expences; ~ ток alternating current; с ~ым успе́хом with varying success.

переме́нчивый *разг.* changeable.

перемести́ть(ся) *сов. см.* перемеща́ть(ся).

переметну́ться *сов. разг.*: ~ на сто́рону врага́ go* over to the enemy, sneak off.

перемеша́ть(ся) *сов. см.* переме́шивать(ся).

переме́шивать, перемеша́ть (*вн.*) **1.** (*смешивать*) (inter)mix (*smth.*); ~ цеме́нт с песко́м mix cement with sand; **2.** (*перемещать*) mix (*smth.*) together, stir (*smth.*); перемеша́ть у́гли в пе́чке poke the fire; **3.** (*приводить в беспорядок*) confuse (*smth.*), mix (*smth.*) up; перемеша́ть бума́ги mix up the papers; **~ся**, перемеша́ться **1.** (*смешиваться*) be* mixed up; **2.** (*перепутываться*) be* confused, get* into a muddle; всё перемеша́лось everything is in confusion, everything is in a muddle.

перемещ|а́ть, перемести́ть (*вн.*) **1.** move (*smb., smth.*); **2.** (*по службе*) transfer (*smb.*); **~а́ться**, перемести́ться move, shift; **~е́ние** *с.* **1.** transference, motion, shift(ing); (*перемена должности*) transfer; **2.** *геол.* dislocation.

перемёт *м.* seine.

перемётный: ~ая сума́ saddlebag; ◇ сума́ ~ая ≅ weathercock.

перемещённ|ый: ~ые ли́ца displaced persons.

переми́гиваться, перемигну́ться (с *тв.*) exchange winks (with).

перемигну́ться *сов. см.* переми́гиваться.

перемина́ться *несов.*: ~ с ноги́ на́ ногу shift *one's* feet.

переми́рие *с.* armistice; (*короткое*) truce; заключи́ть ~ conclude/sign an armistice, make* a truce.

перемножа́ть, перемно́жить (*вн.*) multiply (*smth.*).

перемно́жить *сов. см.* перемножа́ть.

перемога́ть *несов.* (*вн.*) *разг.* fight* off (*smth.*); ~ боле́знь fight* off an illness; **~ся** *несов. разг.* brace *oneself*, try to keep going.

перемо́лвить *сов. разг.*: ~ сло́во с *кем-л.* exchange a word with *smb.*; ~ слове́чка не́ с кем there's not a soul to talk to; **~ся** *сов. разг.*: ~ся сло́вом с *кем-л.* have a word with *smb.*

перемоло́ть(ся) *сов. см.* перема́лывать(ся).

перемота́ть *сов. см.* перема́тывать.

перемы́чка *ж.* **1.** crosspiece; (*оконной рамы*) lintel; **2.** (*водонепроницаемая*) dam.

перенапряга́ть, перенапря́чь (*вн.*) overstrain (*smth.*); ~ся, перенапря́чься overstain *oneself.*

перенапряже́ние *с.* **1.** overstain, overexertion, **2.** *эл.* overvoltage.

перенапря́чь(ся) *сов. см.* перенапряга́ть(ся).

перенаселе́ние *с.* overpopulation.

перенаселённ|ость *ж.* overcrowding; overpopulation; ~ го́рода overcrowding in the city; **~ый** overcrowded; (*о городе и т. п. тж.*) overpopulated; ~ая страна́ overpopulated country; ~ый дом overcrowded house.

перенаселить *сов. см.* перенаселя́ть.

перенаселя́ть, перенасели́ть (*вн.*) overcrowd (*smth.*); (*город и т. п. тж.*) overpopulate (*smth.*).

перенесе́ние *с.* transference, removal; transfer, carry over; ~ зву́ка *кино* sound transfer; ~ изображе́ния image transfer; ~ краси́теля dye transfer; ~ фи́льма на ви́део *кино* film transfer; ~ собра́ния postponement of a meeting.

перенести́(сь) *сов. см.* переноси́ть(ся).

перенима́ть, переня́ть (*вн.*) take* (*smth.*), adopt (*smth.*); ~ привы́чку take*/catch* the habit; ~ мане́ру, мане́ры copy the style, manners; ~ ме́тод adopt a method.

перено́с *м.* **1.** carryng; (*перемещение*) transference, moving; **2.** (*на другую страницу*) carring over; ~ сло́ва division of a word; **3.** *разг.* (*знак переноса*) hyphen; **4.** *бухг.* (*суммы с одного бухгалтерского счета на другой*) transfer; (*в бухгалтерскую книгу*) posting.

переноси́ть, перенести́ (*вн.*) **1.** carry (*smb., smth.*); (*перемещать*) transfer (*smth.*); перенести́ ребёнка че́рез руче́й carry a child* across a stream; перенести́ столи́цу transfer the capital; **2.** (*откладывать*) put* off (*smth.*), postpone (*smth.*); ~ заседа́ние (на) postpone the meeting (to); **3.** (*на другую строку, страницу*) carry (*smth.*) over; **4.** (*выдерживать*) endure (*smth.*), bear* (*smth.*); ~ боль endure pain; ~ скарлати́ну get* over scarlet fever; перенести́ опера́цию come* through an operation; ◇ не ~ *кого-л., чего-л.* be* unable to stand/bear *smb., smth.*; find* *smb., smth.* unendurable; **~ся**, перенести́сь **1.** *разг.* (*стремительно двигаться*) rush; fly* (*тж. перен.*); **2.** (*мысленно*) transfer *oneself*, turn *one's* mind.

перено́сица *ж.* bridge of the nose.

перено́сн|ый **1.** (*портативный*) portable; ~ переда́тчик *кино* back pack transmitter, handy talkie; 2. (*иносказательный*) metaphorical, figurative; ~ое значе́ние figurative meaning; в ~ом значе́нии in the figurative sense, figuratively.

перено́счик *м.* carrier; ~ боле́зни carrier (of a disease).

переночева́ть *сов.* spend* the night.

перенумерова́ть *сов.* (*вн.*) **1.** (*пронумеровать заново*) renumber (*smth.*); **2.** (*всё, многое*) number (*smth.*).

переня́ть *сов. см.* перенима́ть.

переоборудование *с.* re-equipping, retooling.

переобору́довать *несов. и сов.* (*вн.*) reequip (*smth.*), retool (*smth.*), rejig (*smth.*).

переобува́ть, переобу́ть (*кого-л.*) change *smb.'s* shoes, boots; (*что-л.*) change (*smth.*); переобу́ть дете́й change the children's shoes; переобу́ть боти́нки change *one's* shoes, boots; **~ся**, переобу́ться change *one's* shoes, boots.

переобуче́ние *с.* conversion training.

переобу́ть(ся) *сов. см.* переобува́ть(ся).

переодева́ть, переоде́ть **1.** (*кого-л.*) change *smb.'s* clothes; (*что-л.*) change (*smth.*); переоде́ть ребёнка change the baby's clothes; переоде́ть пла́тье change (*one's* dress); **2.** (*вн. тв., в вн.; с целью маскировки*) dress (*smb.*) up (as), disguise (*smb.* as); **~ся**, переоде́ться **1.** change (*one's* clothes); переоде́ться в но́вое пла́тье change into a new dress; **2.** (*тв.; для маскировки*) dress up (as), disguise *oneself* (as).

переоде́тый (*тв*) dressed (up) (as), disguised (as).

переоде́ть(ся) *сов. см.* переодева́ть(ся).

переориента́ция *ж.* reorientation.

переосвиде́тельствование *с. мед.* reexamination.

переосвиде́тельствовать *несов. и сов.* (*вн.*) *мед.* reexamine (*smb.*).

переохлади́ть(ся) *сов. см.* переохлажда́ть(ся).

переохлажд|а́ть, переохлади́ть (*вн.*) make* (*smth.*) too cold; **~а́ться**, переохлади́ться become* too cold; **~е́ние** *с.* **1.** becoming too cold; **2.** *физ.* supercooling.

переоце́нивать, переоцени́ть (*вн.*) **1.** (*оценивать заново*) revalue (*smth.*), alter the price (of); переоцени́ть това́ры alter commodity prices; **2.** (*давать слишком высокую оценку*) overestimate (*smb., smth.*), overrate (*smb., smth.*); переоцени́ть свои́ си́лы overrate *one's* strength, bite* off more, than one can chew *идиом.*; тру́дно переоцени́ть значе́ние э́того фа́кта the importance of this fact can scarcely be exaggerated.

переоцени́ть *сов. см.* переоце́нивать.

переоце́нка *ж.* **1.** (*заново*) revaluation, reappraisal; ~ це́нностей revaluation/reappraisal of values; **2.** (*слишком высокая оценка*) overestimation, overrating.

перепада́|ть, перепа́сть **1.** (*изредка выпадать*); ~ют дожди́ it rains now and then; **2.** *чаще безл. разг.* (*доставаться на чью-л. долю*):ему́ немно́го перепа́ло he got/received very little, very little came his way.

перепа́лка *ж. разг.* heated argument, wrangle.

перепа́сть *сов. см.* перепада́ть.

перепаха́ть *сов. см.* перепа́хивать.

перепа́хивать, перепаха́ть (*вн.*) **1.** (*вспахивать заново*) plough (*smth.*) again; 2. (*вспахивать целиком*) plough (*smth.*).

перепа́шка *ж. разг.* second ploughing.

перепе́в *м.* **1.** (*действие*) repetition; **2.** (*то, что является повторением чего-л.*) rehash, echo.

перепева́ть *несов.* (*вн.*) rehash (*smth.*), echo (*smth.*).

пе́репел *м.* quail.

перепеча́т|ать *сов. см.* перепеча́тывать; **~ка** *ж.* **1.** (*действие*) (re)printing; (*на пишущей машинке*) (re)typing; **2.** (*перепечатанное*) reprint.

перепеча́тывать, перепеча́тать (*вн.*) **1.** (*печатать с печатного текста*) reprint (*smth.*), reproduce (*smth.*); **2.** (*переписывать на пишущей машинке*) type (*smth.*); (*вторично*) retype (*smth.*).

перепёлка *ж.* (hen-)quail.

перепи́ливать, перепили́ть (*вн.; пополам*) saw* (*smth.*) in two, saw* through *smth.*

перепили́ть *сов.* **1.** *см.* перепи́ливать; **2.**: ~ все дрова́ saw* up all the firewood.

переписа́ть *сов. см.* переписывать.

перепи́с|ка *ж.* **1.** (*действие*) copying; (*на пишущей машинке*) typing; **2.** (*обмен письмами*) correspondence, exchange of letters; деловая ~ business correspondense; вступа́ть в делову́ю ~ку enter into business correspondence; состоя́ть в ~ке с *кем-л.* correspond with *smb.*; **3.** (*собрание писем*) correspondence; **~чик** *м.*, **~чица** *ж.* copyist.

перепи́сывать, переписа́ть (*вн.*) **1.** (*списывать*) copy (*smth.*) out; (*на пишущей машинке*) type (*smth.*); ~ ру́копись на́бело make* a fair copy of a manuscript; **2.** (*писать заново, иначе*) rewrite* (*smth.*), write* (*smth.*) anew; **3.** (*делать список*) make* out a list (of), draw* up a list (of); (*имущество*) take* an inventory (of), draw* up an inventory (of); ~ прису́тствующих take* down the names of those present; **~ся** *несов.* (с *тв.*) correspond (with), keep* up a correspondence (with).

пе́репись *ж.* **1.** (*массовый учёт кого-л., чего-л.*) enumeration, listing; **2.** (*населения*) census; производи́ть ~ населе́ния take* a census (of the population).

перепи́ть *сов. разг.* have* too much to drink.

перепла́вить I, II *сов. см.* переплавля́ть I, II.

перепла́вка *ж.* remelting, melting down.

переплавля́ть I, перепла́вить (*вн.*) **1.** (*металл*) remelt (*smth.*), recast* (*smth.*); (*руду*) smelt (*smth.*); **2.** (*всё, многое*) melt (*smth.*).

переплавля́ть II, перепла́вить (*вн.; лес*) float (*smth.*).

перепланирова́ть *сов.* (*вн.*) replan (*smth.*).

перепланиро́вка *ж.* replanning; ~ городо́в replanning of towns.

переплати́ть *сов. см.* перепла́чивать.

перепла́чивать, переплати́ть (*вн. дт.*) overpay* (*smb., smth.*); (*дт. вн.* за *вн.*) pay* (*smb., smth.*) too much (for); pay* through the nose (for) *разг.*

переплести́(сь) *сов. см.* переплета́ть(ся).

переплета́ть, переплести́ (*вн.*) **1.** (*книги*) bind* (*smth.*); переплести́ два то́ма в оди́н make* two volumes into one; **2.** (*сплетать*) weave* (*smth.*) together; (*о пальцах и т.п.*) interlock (*smth.*); **3.** (*заплетая, перевить чем-л.*) twine (*smth.*), weave* (*smth.*); ~ ко́сы ле́нтами weave* ribbons into *one's* plaits; **~ся**, переплести́сь (*прям. и перен.*) interlace, intertwine, be* interwoven.

переплете́ние *с.* **1.** (*действие*) interweaving, interlacing; **2.** (*то, что сплетено между собой*) web, tangle; ~ обстоя́тельств tangle of circumstances; **3.** *текст.* weave.

переплёт *м.* **1.** (*действие*) binding; отда́ть кни́гу в ~ have* a book bound; **2.** (*крышка книги, тетради*) binding, cover, в ~е with a hard cover; **3.** (*оконный*) sash; ◇ попа́сть в ~ get* into a tight corner/spot.

переплёт|ный bookbinding *attr.*; ~ное де́ло bookbinding; ~ный цех binding department; **~чик** *м.* bookbinder.

переплыва́ть, переплы́ть (*вн.*, че́рез *вн.*) cross (*smth.*); (*вплавь тж.*) swim* (across); (*на вёслах тж.*) row (across).

переплы́ть *сов. см.* переплыва́ть.

перепля́с *м.* Russian folkdance.

переподгота́вливать, переподгото́вить (*вн.*) give* (*smb.*) a refresher course, give* (*smb.*) further training.

переподгото́в|ить *сов. см.* переподгота́вливать; **~ка** *ж.* further training, refresher course; ~ка ка́дров further training of staff; ~ка учителе́й teacher's refresher course.

переполза́ть, переползти́ **1.** (*вн.*, че́рез *вн.*) creep* (across), crawl (across); ~ че́рез доро́гу creep* across a road; **2.** (*перемещаться куда-л.*) creep*, crawl.

переползти́ *сов. см.* переполза́ть.

переполне́ние *с.* overcrowding; (*сосуда*) overfilling.

перепо́лн|енный filled to overflowing *после сущ.*; crammed; (*людьми тж.*) crowded; ~ зал crowded hall; ~ сунду́к crammed trunk; зал ~ен the hall is filled to overflowing; се́рдце ~ено ра́достью *one's* heart is overflowing with joy; ~енная дета́лями сце́на *кино* busy set; **~ить(ся)** *сов. см.* переполня́ть(ся).

переполня́ть, перепо́лнить (*вн.*) fill (*smth.*) to overflowing; *перен. тж.* overwhelm (*smb.*); **~ся**, перепо́лниться be* filled to overflowing; се́рдце перепо́лнилось ра́достью *one's* heart is overflowed with joy.

переполо́х *м.* panic, commotion; вы́звать ~ cause a panic/commotion; в до́ме подня́лся ~ the house was in a state of commotion.

переполоши́ть *сов.* (*вн.*) *разг.* throw* (*smb.*) into a panic; **~ся** *сов. разг.* be* thrown into a panic.

перепо́н|ка *ж.* membrane; (*у утки, лебедя и т.п.*) web; **~чатый** membraneous; (*об утках и т.п.*) webbed, web-footed.

перепоруча́ть, перепоручи́ть (*вн. дт.*) entrust (*smth.* to); ~ де́ло друго́му лицу́ entrust the matter to another person; ~ веде́ние де́ла друго́му защи́тнику *юр.* turn *one's* case over to another lawyer.

перепоручи́ть *сов. см.* перепоруча́ть.

перепра́ва *ж.* **1.** (*действие*) crossing; **2.** (*место*) crossing(-place); (*брод*) ford; (*временная*) temporary/floating bridge.

перепра́вить(ся) *сов. см.* переправля́ться.

переправля́ть, перепра́вить **1.** (*вн.* че́рез *вн.*) take* (*smb.* across, over), convey (*smb.* across, over); ~ *кого-л.* че́рез ре́ку на паро́ме ferry *smb.* over/across the river; **2.** (*вн.; пересылать*) forward (*smth.*); **3.** (*вн.*) *разг.* (*исправлять*) put* (*smth.*) to rights; **~ся**, перепра́виться (че́рез *вн.*) cross (*smth.*), get* across (*smth.*); ~ся че́рез ре́ку на паро́ме, ло́дке cross the river by ferry, boat; ~ся вплавь swim* (across) the river.

перепре́лый rotten, decayed.

перепро́бовать *сов.* (*вн.*) try (*smth.*).

перепрод|ава́ть, перепрода́ть (*вн.*) resell* (*smth.*); **~а́жа** *ж.* resale; **~а́ть** *сов. см.* перепродава́ть.

перепроизво́дство *с.* overproduction.

перепры́гивать, перепры́гнуть **1.** (*вн., че́рез вн.*) jump (over, across); ~ че́рез кана́ву jump across a ditch; ~ че́рез забо́р jump over a fence; **2.** (*перемещаться прыжками*) jump across, jump; ~ с ка́мня на ка́мень jump from stone to stone.

перепры́гнуть *сов. см.* перепры́гивать.

перепу́г *м. разг.*: с ~у он заболе́л the fright made him ill; с ~у он забы́л но́мер телефо́на in his fright he forgot the telephone number; **~анный** frightened; ~анное лицо́ frightened/scared face.

перепуга́ть *сов.* (*вн.*) frighten (*smb.*), scare (*smb.*); **~ся** *сов.* be* frightened/scared (to death).

перепу́танный tangled; (*о бумагах и т.п.*) mixed up; in confusion *predic.*

перепу́тать *сов.* (*вн.*) **1.** tangle (*smth.*); ~ ни́тки tangle the threads; **2.** (*привести в беспорядок*) muddle (*smth.*) (up); *перен.* confuse (*smth.*); ~ дела́ muddle things; **3.** (*спутать с чем-л.*) mix (*smth.*) up; ~ адреса́ mix up the addresses; **~ся** *сов.* (*о нитках и т.п.*) get* tangled; **2.** (*приходить в беспорядок*) be* mixed up; *перен. тж.* confuse; всё перепу́талось everything is mixed up.

перепу́тье *с.* crossroads *pl.*; ◇ на ~ at the crossroads.

перераба́тывать, перерабо́тать **1.** (*вн.; сырьё*) process (*smth.*), treat (*smth.*); ~ нефть refine oil; **2.** (*вн.; делать пригодным для усвоения*) digest (*smth.*), take* in (*smth.*); **3.** (*вн.; переделывать*) revise (*smth.*) thoroughly; make* radical changes (in); ~ кни́гу для ю́ношества adapt the book for young people; **4.** (*работать дольше положенного времени*) work/do* overtime.

перерабо́тать *сов. см.* перераба́тывать.

перерабо́тка *ж.* **1.** (*выделка*) conversion (into); ~ хло́пка в пря́жу the conversion of cotton into yarn; ~ не́фти oil refining; **2.** (*переделка*) thorough revision; **3.** *разг.* (*работа сверх нормы*) overtime (work).

перераспредел|е́ние *с.* redistribution; **~и́ть** *сов. см.* перераспределя́ть.

перераспределя́ть, перераспредели́ть (*вн.*) redistribute (*smth.*).

перераста́ние *с.* **1.** outgrowing; **2.** (*вн.; превращение*) development (into).

перераста́ть, перерасти́ **1.** (*вн.; стать выше ростом*) grow*/be* taller than (*smb.*); *перен.* outgrow* (*smb., smth.*), surpass (*smb., smth.*); произведе́ние переросло́ первонача́льный за́мысел а́втора the work developed beyond the author's original conception; **2.** (*по возрасту*) be* over age, pass the age limit; **3.** (*в вн.; превращаться*) develop (into).

перерасти́ *сов. см.* перераста́ть.

перерасхо́д *м.* **1.** (*действие*) overexpenditure; ~ электри́чества overconsumption of electricity; **2.** (*сумма*) overdraft; ~ средств про́тив сме́ты *бухг.* cost overrun; **~овать** *несов. и сов.* (*вн.*) use too much (*smth.*); ~овать электри́чество use/ consume too much electricity; ~овать креди́ты overdraw (on *one's* credit).

перерасчёт *м.* recalculation; сде́лать ~ revise an account.

перерва́ть *сов. см.* перерыва́ть I; **~ся** *сов. см.* перерыва́ться.

перерегистра́ция *ж.* reregistration.

перерегистри́ровать *несов. и сов.* (*вн.*) reregister (*smb., smth.*); **~ся** *несов. и сов.* reregister.

перере́зать *сов.* **1.** *см.* перереза́ть; **2.** (*вн.*) *разг.* (*убить всех, многих*) kill (*smb., smth.*), slaughter (*smb., smth.*).

перереза́ть, перере́зать **1.** (*вн.; разрезать надвое*) cut* (*smth.*), sever (*smth.*); перере́зать кана́т cut*/sever a rope; **2.** (*вн.; пересекать что-л. в каком-л. направлении*) traverse (*smth.*), score (*smth.*); **3.** (*вн. дт.; преграждать*) bar (*smth. to*), block (*smth. for*); перере́зать путь проти́внику block the enemy's path.

перере́заться *сов.* **1.** *см.* перереза́ться; **2.** *разг.* (*зарезаться*) kill *oneself*, stab *oneself*; (*в драке*) start knifing each other, knife each other.

перереза́ться, перере́заться part (under the knife*).

перереша́ть I, перереши́ть *разг.* **1.** (*менять решение*) change *one's* mind; **2.** (*вн.; решать иначе*) revise (*smth.*); перереши́ть зада́чу solve a problem in another way.

перереша́ть II *сов.* (*вн.*) *разг.* (*решить всё, многое*) solve (*smth.*); ~ все зада́чи solve all the problem.

перереши́ть *сов. см.* перереша́ть I.

перерисова́ть *сов. см.* перерисо́вывать.

перерисо́вка *ж.* copying.

перерисо́вывать, перерисова́ть (*вн.*) **1.** (*срисовывать*) copy (*smth.*); **2.** (*рисовать заново*) draw* (*smb., smth.*) afresh/anew.

перероди́ть(ся) *сов. см.* перерожда́ть(ся).

перерожда́ть, перероди́ть (*вн.*) make* a new man*, woman* (of); **~ся**, перероди́ться **1.** become* a new man*, woman*, be* (completely) regenerated; **2.** (*вырождаться*) degenerate.

перерожде́ние *с.* **1.** (*преображение*) regeneration; **2.** (*вырождение*) degeneration.

перерo\u0301сток *м.* overage child*; учени́к-~ overage pupil.

переруба́ть, переруби́ть (*вн.*) cut* (*smth.*) in/into two, chop (*smth.*) in/into two.

переруби́ть *сов.* **1.** *см.* перерубать; **2.** (*вн.*) *разг.* (*изрубить, срубить всё, многое*) cut* down (*smth.*).

переруга́ться *сов.* (*с тв.*) *разг.* quarrel, fall* out (with); fall* foul (of).

переру́гиваться *несов. разг.* call one another names.

переры́в *м.* break; (*временное прекращение чего-л. тж.*); *спорт.* time-out; interval, adjournment; с ~ами on and off; де́лать ~ на ле́тние кани́кулы (*о парламенте*) go* into summer; рабо́тать без ~а work without an intermission, work uninterruptedly; ~ на обе́д lunch hour/lunchtime/lunch break; ~ да́вности в си́лу зако́на *юр.* civil interruption.

перерыва́ть I, перерва́ть (*вн.; разрывать*) tear* (*smth.*), tear* (*smth.*) apart.

перерыва́ть II, переры́ть (*вн.*) **1.** (*перекапывать*) dig* up (*smth.*); turn over (*smth.*); **2.** *разг.* (*в поисках чего-л.*) ransack (*smth.*), rummage through (*smth.*); он переры́л всё в ко́мнате he ransacked the room.

перерыва́ться, перерва́ться come* apart, break*.

переры́ть *сов. см.* перерыва́ть II.

пересади́ть *сов. см.* переса́живать.

переса́дк|а *ж.* **1.** (*растений*) transplanting; (*ткани тж.*) grafting; ~ се́рдца heart transplant; **2.** (*на железной дороге и т.п.*) change; без ~и without changing, straight through.

переса́живать, пересади́ть (*вн.*) **1.** (*кого-л. на другое место*) give* (*smb.*) another seat, move (*smb.*); пересади́ть ученика́ на другу́ю па́рту move a pupil to another desk; ~ пассажи́ров в друго́й ваго́н move passengers to another carriage; **2.** (*растения*) transplant (*smth.*); (*комнатные растения*) repot (*smth.*); ~ огурцы́ из парника́ на гря́дки plant out cucumbers; **3.** *мед.* transplant (*smth.*); пересади́ть рогови́цу гла́за transplant the cornea; **~ся,** пересе́сть **1.** (*на другое место*) change one's seat; **2.** (*с одного транспорта на другой*) change; ~ся на друго́й по́езд change trains.

переса́ливать, пересоли́ть (*вн.*) put* too much salt (in), oversalt (*smth.*); *перен.* go* too far, overdo* it.

пересдава́ть, пересда́ть (*вн.*) **1.** (*помещение*) sublet (*smth.*); **2.:** ~ экза́мен resit* an examination.

пересда́ть *сов. см.* пересдава́ть.

пересека́ть, пересе́чь **1.** (*вн.; переходить, переезжать поперёк*) cross (*smth.*); **2.** (*вн.; проходить по поверхности*) run* across (*smth.*); traverse (*smth.*); **3.** (*вн. дт.; преграждать путь*) bar (*smth. to*); ~ путь неприя́телю bar the enemy's path; **~ся,** пересе́чься cross, intersect.

переселе́нец *м.* settler.

переселе́н|ие *с.* migration; (*устройство на новых землях*) resettlement; (*на новую квартиру*) move, removal; ◇ Вели́кое ~ наро́дов the great transmigration of peoples; **~ческий** resettlement *attr.*; (*относящийся к переселенцам*) settlers.

переселя́ть, пересели́ть (*вн.*) move (*smb.*); (*на новые земли тж.*) resettle (*smb.*); ~ся, пересели́ться move; (*на новые земли*) migrate.

пересе́сть *сов. см.* переса́живаться.

пересече́ни|е *с.* crossing, intersection; то́чка ~я point of intersection.

пересечённ|ый: ~ая ме́стность broken ground/country.

пересе́чь(ся) *сов. см.* пересека́ть(ся).

пересиде́ть *сов. см.* переси́живать.

переси́живать, пересиде́ть *разг.* **1.** (*вн.; сидеть где-л. дольше кого-л.*) outstay (*smb.*); **2.** (*просидеть дольше, чем следует*) stay too long; (*в гостях тж.*) outstay *one's* welcome; **3.** (*в ожидании конца чего-л.*) sit* it out.

переси́ливать, переси́лить (вн.) overpower (*smb.*); *перен.* overcome* (*smth.*); ~ себя́ force *oneself.*

переси́лить *сов. см.* переси́ливать.

переска́з *м.* **1.** (*действие*) retelling; **2.** (*изложение*) paraphrase, rendering; **~а́ть** *сов. см.* переска́зывать.

переска́зывать, пересказа́ть (*вн.*) retell* (*smth.*); paraphrase (*smth.*); пересказа́ть *что-л.* свои́ми слова́ми put* *smth.* into *one's* own words.

переска́кивать, перескочи́ть **1.** (*вн.*, че́рез *вн.*) jump (*smth.*, over), leap* (*smth.*, over); ~ че́рез забо́р jump over a fence; **2.** (*скачком перемещаться*) jump, leap*; перескочи́ть с ка́мня на ка́мень leap* from rock to rock; **3.** *разг.* (*не кончив одного, переключаться на другое*) skip; ~ с одно́й те́мы на другу́ю skip from one subject to another; перескочи́ть че́рез две главы́ skip (over) two chapters.

перескочи́ть *сов. см.* переска́кивать.

пересла́ть *сов. см.* пересыла́ть.

пересма́тривать, пересмотре́ть (*вн.*) **1.** (*заново просматривать*) revise (*smth.*), go* over (*smth.*) again; **2.** (*заново обсуждать*) revise (*smth.*), reconsider (*smth.*), review (*smth.*); ~ пригово́р review a sentence; ~ реше́ние revise a decision; ~ но́рмы вырабо́тки revise output quotas.

пересме́иваться *несов. разг.* glance at each other and chuckle/titter, exchange smiles.

пересме́шник *м.* **1.** *разг.* mocker; **2.** (*птица*) mockingbird

пересмо́тр *м.* revision, review, reconsideration.

пересмотре́ть *сов.* **1.** *см.* пересма́тривать; **2.** (*вн.; всё, многое*) see* (*smth.*); мно́го карти́н я пересмотре́л на своём веку́ I have seen a lot of pictures in my time.

переснима́ть, пересня́ть (*вн.*) **1.** (*снимать что-л. заново фотоаппаратом и т.п.*) retake* (*smth.*), take* (*smth.*) again; (*киноаппаратом тж.*) reshoot* (*smth.*), shoot* (*smth.*) again; **2.** (*делать новый снимок с уже имеющегося*) copy (*smth.*), make* a photographic copy (of); **3.** (*делать новую съёмку чего-л.*) remake* (*smth.*); ~ план доро́ги resurvey a road; **~ся,** пересня́ться *разг.* have* one photograph taken again; (*в кино*) do*/make* a retake.

пересня́ть(ся) *сов. см.* переснима́ть(ся).

пересоли́ть *сов. см.* переса́ливать.

пересортирова́ть *сов.* (*вн.*) **1.** (*заново*) resort (*smth.*); **2.** (*рассортировать всё, многое*) sort (*smth.*).

пересо́хнуть *сов. см.* пересыха́ть.

переспа́ть *сов. разг.* **1.** (*проспать долго*) oversleep*; **2.** (*переночевать*) spend* the night **3.** (*с кем-л.*) to fuck somebody.

переспе́лый overripe.

переспе́ть be* overripe.

переспо́р|ить *сов.* (*вн.*) beat* (*smb.*) in argument, out-argue (*smb.*); его́ не ~ишь ≅ it's no use arguing with him.

переспра́шивать, переспроси́ть (*вн.*) (*повторять вопрос*) ask (*smth.*) again; (*просить повторить*) ask (*smb.*) to repeat what he/she said.

переспроси́ть *сов. см.* переспра́шивать.

перессо́рить *сов.* (*вн.*) set* (*smb.*) at loggerheads, cause (*smb.*) to quarrel; **~ся** quarrel (with everybody), fall* out.

перестава́ть, переста́ть stop; cease; они́ переста́ли встреча́ться they don't meet any more; дождь переста́л the rain has stopped; переста́ньте шуме́ть! stop that noise! переста́ньте болта́ть! stop talking/chattering!

переста́вить *сов. см.* переставля́ть 1, 2.

переставля́ть, переста́вить (*вн.*) **1.** move (*smth.*); переста́вить стол к окну́ move the table to the window; **2.** (*изменять порядок*) rearrange (*smth.*); ~ ме́бель move the furniture about; rearrange the furniture; ~ слова́ во фра́зе transpose the words in a sentence; **3.** *тк. несов.*: е́ле но́ги ~ plod along.

переста́ивать, перестоя́ть **1.** (*вн.; пережидать*) wait until (*smth.*) passes, wait for (*smth.*) to pass; перестоя́ть бу́рю в порту́ wait in the harbor till the storm passes; **2.** (*портиться от долгого стояния*) stand* too long.

перестано́вка *ж.* **1.** rearrangement; (*слов в предложении*) transposition; в ко́мнате по́лная ~ the room has been completely rearranged; **2.** *мат.* permutation.

перестара́ться *сов. разг.* overdo* it, try too hard, be* overzealous.

переста́ть *сов. см.* перестава́ть.

перестила́ть, перестла́ть: ~ посте́ль make* a bed again; ~ пол lay* a new floor; ~ пол в ко́мнате refloor a room.

перестла́ть *сов. см.* перестила́ть.

перестоя́ть *сов. см.* переста́ивать.

перестрада́ть *сов.* (*вн.*) live through (*smth.*), suffer (*smth.*); (*вытерпеть*) bear* (*smth.*); (*понять*) come* to understand (*smth.*) through suffering.

перестра́ивать, перестро́ить (*вн.*) **1.** (*о постройке, сооружении*) rebuild* (*smth.*), reconstruct (*smth.*); **2.** (*переделывать*) change (*smth.*); перестро́ить всё на свой лад change everything to suit *one's* own ideas; перестро́ить расписа́ние поездо́в change/revise the train timetable; перестро́ить фра́зу recast* a sentence; **3.** (*реорганизовать*) reorganize (*smth.*); ~ систе́му управле́ния reorganize a system of management; ~ рабо́ту це́ха reorganize the work of a department; **4.** (*менять строй чего-л.*) reform (*smth.*); перестро́ить ро́ту reform a company; **5.** (*о рояле, приёмнике и т. п.*) retune (*smth.*); **~ся**, перестро́иться **1.** (*изменять свои взгляды*) adopt a new attitude/approach; (*в работе тж.*) change *one's* methods; **2.** (*располагаться в строю по-иному*) (re)form; перестро́иться в одну́ шере́нгу (re)form into single file; **3.** (*настраиваться на новую радиоволну*) change the wavelength.

перестрахова́ние *с. юр.* reinsurance; пауша́льное ~ lumpsum reinsurance; ~ с це́лью дробле́ния кру́пных ри́сков reinsurance to share large risk (cut losses).

перестрах|ова́ть(ся) *сов. см.* перестрахо́вывать(ся); **~о́вка** *ж.* **1.** reinsurance; **2.** *разг.* (*чрезмерная осторожность*) playing safe, double insurance; для ~о́вки to be on the safe side; **~о́вщик** *м. разг.* overcautious person, safety-first man*.

перестрахо́вывать, перестрахова́ть (*вн.*) reinsure (*smth.*); **~ся**, перестрахова́ться **1.** (*страховаться снова*) reinsure; **2.** *разг.* (*проявлять чрезмерную осторожность*) play safe, make* *oneself* safe.

перестре́л|иваться *несов.* exchange shots/fire; **~ка** *ж.* shooting, firing, exchange of shots/fire.

перестреля́ть *сов.* (*вн.*) **1.** (*убить всех, многих*) kill (*smb.*, *smth.*), shoot* down (*smb.*, *smth.*); **2.** *разг.* (*израсходовать стрельбой*) use up (*smth.*); ~ все патро́ны use up all the cartridges.

перестро́ить(ся) *сов. см.* перестра́ивать(ся).

перестро́йка *ж.* **1.** (*взглядов, направления деятельности*) perestroika, reformation; reorientation; changing *one's* attitude/approach; (*в работе*) changing *one's* methods; **2.** (*реорганизация*) reorganization; reshaping (process); ~ хозя́йства reorganization of the economy; **3.** (*здания и т. п.*) rebuilding, recontruction; **4.** (*переделка*) remolding, recasting, revision; **5.** (*приёмника, рояля*) retuning.

пересту́киваться *несов.* **1.** knock, tap; **2.** (*о заключённых*) communicate by rapping/tapping.

переступа́ть, переступи́ть **1.** (*вн.*, че́рез *вн.; перешагивать*) step (over), cross (*smth.*); ~ поро́г cross the threshold/doorstep; **2.** (*перемещаться*) step; ~ с ноги́ на́ ногу shift from one foot to another: **3.** *тк. несов.* (*идти, двигаться*) walk, step; **4.** (*вн.*; *нарушать*) overstep (*smth.*), transgress (*smth.*); ~ грани́цы прили́чия overstep the bounds of decency.

переступи́ть *сов. см.* переступа́ть 1, 2, 4.

пересу́ды *мн. разг.* gossip *sg.*

пересчёт *м.* **1.** recount, recalculation; **2.** conversion; ~ валю́ты conversion of currency; ~ по официа́льному ку́рсу conversion according to the official exchange rate.

пересчита́ть *сов. см.* пересчи́тывать.

пересчи́тывать, пересчита́ть (*вн.*) **1.** (*считать вторично*) count (*smth.*) again; recount (*smth.*); **2.** (*считать всё одно за другим*) count all (*smth.*).

пересъёмка *ж. кино* retake.

пересыла́ть, пересла́ть (*вн.*) send* (*smth.*); (*переадресовывать*) forward (*smth.*), send* on (*smth.*).

пересы́лк|а *ж.* sending; (*переадресовка*) forwarding; ~ де́нег transfer of money; ~ по по́чте transfer by post; уплати́ть за ~у pay* the postage.

пересы́пать *сов. см.* пересыпа́ть.

пересыпа́ть, пересы́пать **1.** (*вн.; в другое место*) pour (*smth.*); ~ зерно́ в мешо́к pour grain into a sack; **2.** (*вн.; насыпать слишком много*) put* in too much (*smth.*); **3.** (*вн. тв.; обсыпать*) sprinkle (*smth.* with); *перен. тж.* intersperse (*smth.* with); ~ ве́щи нафтали́ном sprinkle clothes with naphthalene; ~ речь остро́тами sprinkle/intersperse *one's* speech with witticisms.

пересыха́ть, пересо́хнуть **1.** (*становиться суше, чем нужно*) get* too dry (*о языке, губах и т. п.*) be* parched, be* dry; у меня́ в го́рле пересо́хло my throat is dry/parched; **2.** (*иссякать*) dry up, run* dry; коло́дец пересо́х the well has dried up.

перета́скивать, перетащи́ть **1.** (*вн.*, че́рез *вн.*) drag (*smb.*, *smth.* across); **2.** (*вн.*) carry (*smth.*) away, move (*smth.*); ~ дива́н в сосе́днюю ко́мнату move the sofa into the next room.

перетасова́ть *сов. см.* перетасо́вывать.

перетасо́вывать, перетасова́ть (*вн.*) reshuffle (*smth.*).

перетащи́ть *сов. м.* перета́скивать.

перетере́ть *сов.* **1.** *см.* перетира́ть; **2.** (*вн.; вытереть всё, многое*) wipe (*smth.*); ~ всю посу́ду wipe all the dishes; **~ся** *сов. см.* перетира́ться.

перетерпе́ть *сов.* (*вн.*) **1.** (*вытерпеть много*) suffer much (*smth.*); **2.** (*терпя, преодолеть*) endure (*smth.*), overcome*.

перетира́ть, перетере́ть (*вн.*) **1.** (*растирать*) grate (*smth.*); ~ минда́ль grate almonds; **2.** (*трением разорвать*) fray (*smth.*) through; **~ся**, перетере́ться break*, fray through.

перетолков|а́ть *сов.* **1.** (*вн.*) misinterpret (*smth.*); он ~а́л мои́ слова́ по-сво́ему he put his own interpretation on my words; **2.** *разг.* (*поговорить*) talk things over; (с *тв.*) discuss (with *smb.*).

перетру́сить *сов. разг.* get* frightened.

перетя́гивать, перетяну́ть **1.** (*вн.; перетаскивать*) drag (*smth.*); (*машину и т. п.*) coax (*smth.*); *перен. разг.* (*переманивать*) entice (*smb.*); перетяну́ть *кого-л.* на свою́ сто́рону win* *smb.* over to *one's* side; **2.** (*вн. тв.; туго перевязывать*) bind* (*smth.*) tightly (with), fasten (*smth.* with); ~ та́лию по́ясом fasten a belt tightly round *one's* waist; **3.** (*вн.*; *перевешивать*) outweigh (*smth.*); tip the balance; **4.** (*вн.*; *натягивать заново*) fasten (*smth.*) again, tighten up (*smth.*); **~ся**, перетяну́ться lace *oneself* too tightly.

перетяну́ть(ся) *сов. см.* перетя́гивать(ся).

переубеди́ть(ся) *сов. см.* переубежда́ть(ся).

переубежда́ть, переубеди́ть (*вн.*) make* (*smb.*) change his, her mind; **~ся**, переубеди́ться change *one's* mind.

переу́л|ок *м.* side street; (*узкий*) lane; (*с названием*) Lane; ходи́ть ~ками cut* through the side streets.

переустра́ивать, переустро́ить (*вн.*) reorganize (*smth.*), reconstruct (*smth.*).

переустро́ить *сов. см.* переустра́ивать.

переустро́йство *с.* reorganization, reconstruction.

переутом|и́ть(ся) *сов. см.* переутомля́ть(ся); **~ле́ние** *с.* exhaustion, overstrain; **~лённый** exhausted, overtired; у вас ~лённый вид you look exhausted/overtired.

переутомля́ть, переутоми́ть (*вн.*) exhaust (*smb.*), overtire (*smb.*); **~ся**, переутоми́ться be* exhausted, be* overtired.

переучёт *м.* **1.** (*о товарах и т. п.*) stocktaking, inventory; ~ ве́кселя rediscount of a bill; **2.** registration.

переу́чивать, переучи́ть **1.** (*что-л.; учить снова*) learn* (*smth.*) all over again; **2.** (*кого-л.; обучать заново*) teach* (*smb.*) all over again, retrain (*smb.*); **~ся**, переучи́ться learn* the job/subject all over again, retrain *oneself*.

переучи́ть(ся) *сов. см.* переу́чивать(ся).

перефрази́ровать *несов. и сов.* (*вн.*) paraphrase (*smth.*).

перехва́ливать, перехвали́ть (*вн.*) overpraise (*smb.*).

перехвали́ть *сов. см.* перехва́ливать.

перехва́т *м. спорт.* (*гимнастика*) regrasping.

перехва́тчик *м. ав.* interceptor.

перехвати́ть *сов. см.* перехва́тывать.

перехва́тывать, перехвати́ть (*вн.*) **1.** (*задерживать*) catch* (*smb.*, *smth.*); (*выйдя навстречу, натолкнуться*) intercept (*smb.*, *smth.*); он перехвати́л его́ по доро́ге на рабо́ту he intercepted/caught him on the way to work; **2.** (*записку и т. п.*) intercept (*smth.*), get* hold of (*smth.*) first; *перен.* (*взгляд и т. п.*) catch* (*smth.*), intercept (*smth.*); перехвати́ть письмо́ intercept a letter; **3.** (*схватывать другой рукой*) take* (*smth.*) in *one's* other hand; **4.** (*перевязывать поперёк*) tie (*smth.*) round; *перен.* (*преграждать чем-л.*) traverse (*smth.*); **5.** (*вызвав спазм, приостанавливать*) check (*smth.*) momentarily; ра́дость перехвати́ла ей дыха́ние she suddenly felt she could scarcely breathe for joy; **6.** *разг.* (*наскоро закусить*) have* a snack.

перехитри́ть *сов.* (*вн.*) outwit (*smb.*), be* too smart (for), get* the better (of).

перехо́д *м.* **1.** (*через что-л.*) crossing, going across; при ~е у́лицы... when crossing the street...; ~ че́рез грани́цу crossing a frontier; **2.** (*перемена места или рода занятий*) transfer; ~ игроко́в *спорт.* (*волейбол*) rotation; ~ пода́чи *спорт.* change of service; (*в следующий класс*) remove; ~ на другу́ю рабо́ту changing *one's* place of work; 3. (*из одного лагеря в другой*) going over; 4. (*перемена вероисповедания*) conversion; ~ в католи́чество conversion to Catholicism; 5. (*из одного состояния в другое*) transition; ~ на семичасово́й рабо́чий день the change to a seven-hour day; ~ зало́женной недви́жимости в со́бственность залогодержа́теля *юр.* foreclosure; ~ в со́бственность взя́того напрока́т предме́та *юр.* hire purchase; ~ наплы́вом *кино* lap dissolve; ~ с одно́й сце́ны кинофи́льма к друго́й transition shot; ~ в наступле́ние taking the offensive; 6. (*расстояние*) march; 7. (*место*) crossing; подзе́мный ~ underground pedestrian crossing; 8. (*коридор*) passage, gallery.

переходи́ть, перейти́ 1. (*вн.*, че́рез *вн.; переправляться*) cross (*smth.*); ~ че́рез мост cross a bridge; ~ у́лицу cross a street; 2. (*в другое место*) move, pass; ~ с ме́ста на ме́сто move/shift from place to place; 3. (*менять место или род занятий*) transfer; ~ на другу́ю рабо́ту take* up other work; 4. (*на следующий курс, в следующий класс*) move up; перейти́ в пя́тый класс move up to the fifth form; 5. (*в другой лагерь*) go* over; 6. (*дт.; поступать в собственность, распоряжение кого-л.*) *разг.* pass into the hands (of); (*передаваться кому-л.*) be* passed on (to); ~ из рук в ру́ки pass from hand to hand; 7. (*кончив одно, приступать к другому*) move on, proceed; ~ к друго́й те́ме move on to another subject; перейти́ к заключи́тельной ча́сти докла́да proceed to the final section of a report; разгово́р перешёл от археоло́гии к семе́йной жи́зни the conversation drifted from archeology to family life; 8. (*менять образ действий*) change/go* over (to), adopt; перейти́ на передовы́е ме́тоды рабо́ты go* over to advanced methods; ~ в наступле́ние take* the offensive; 9. (в *вн.*; *постепенно превращаться во что-л. другое*) turn (into), develop (into); (*о цвете, звуке*) merge (into); ◇ перейти́ от слов к де́лу stop talking and get* down to business.

перехо́дн|ый 1. (*служащий для перехода*); ~ тонне́ль pedestrian tunnel; 2. (*промежуточный*) transition(al); ~ пери́од transition period; ~ во́зраст transitional age; ~ая сце́на *кино* transition scene; ~ оста́ток средств *бухг.* carryover funds; 3. *грам.* transitive; ~ глаго́л transitive verb.

переходя́щ|ий 1. (*вручаемый новому победителю в соревновании, состязании*) challenge *attr.*; ~ ку́бок challenge cup; 2. *фин.* carried over *после сущ.*

пе́рец *м.* pepper; чёрный, кра́сный ~ black/red pepper; ◇ зада́ть пе́рцу *кому-л.* give* it *smb.* hot.

пе́реч|ень *м.* (*перечисление*) enumeration; (*список*) list; ~ това́ров inventory; прило́женный к докуме́нту ~ list enclosed with a document; ука́занный ~ indicated list; ~ в приложе́нии list in an addendum; ~ докуме́нтов list/enumeration of documents; ~ задо́лженных зака́зов ordered overdue list; ~ пе́реданных на инка́ссо вексе́ле́й list of bills for collection; утвержде́ние ~ня approval of a list.

перечеркну́ть *сов. см.* перечёркивать.

перечерти́ть *сов. см.* перече́рчивать.

перече́рчивать, перечерти́ть (*вн.*) 1. (*чертить заново*) draw* (*smth.*) again; 2. (*снимать копию с чертежа*) make*/take* a tracing (of).

перечёркивать, перечеркну́ть (*вн.*) cross out (*smth.*), strike* out (*smth.*); (*при редактировании*) blue-pencil (*smth.*).

перечисле́ние *с.* 1. enumeration; 2. *бухг.* transfer; безнали́чное ~ transfer by clearing; ~ в бюдже́т transfer of funds to the budget; ~ на счёт transfer to an account; ~ средств transfer of sums; 3. (*перечень*) list.

перечи́слить *сов. см.* перечисля́ть.

перечисля́ть, перечи́слить (*вн.*) 1. enumerate (*smth.*); (*людей*) mention (*smb.*); 2. *бухг.* transfer (*smth.*).

перечита́ть *сов.* 1. *см.* перечи́тывать; 2. (*вн.; всё, многое*) read* (*smth.*); ~ все кни́ги read* all the books.

перечи́тывать, перечита́ть (*вн.*) reread* (*smth.*).

пере́чить *несов.* (*дт.*) *разг.* contradict (*smb.*).

пе́речница *ж.* pepper pot; ста́рая ~ *бран.* old hag.

перечу́вствовать *сов.* (*вн.*) go* through (*smth.*), feel* (*smth.*).

переша́гивать, перешагну́ть 1. (*вн.*, че́рез *вн.*) step (over); *перен.* (*не поддаться какому-л. чувству*) overcome* (*smth.*), get* over (*smth.*); 2. (*вн.*, за *вн.*; *переходить за какой-л. предел*) be* past (*smth.*); перешагну́ть за со́рок be* past forty.

перешагну́ть *сов. см.* переша́гивать.

переше́ек *м.* isthmus.

перешёптываться *несов.* whisper (to one another).

перешива́ть, переши́ть (*вн.*) alter (*smth.*); ~ пла́тье alter a dress* (*отдавая в переделку*) have* *one's* dress altered.

переши́ть *сов. см.* перешива́ть.

перещеголя́ть *сов.* (*вн.*) *разг.* outdo* (*smb.*).

переэкзаменова́ть *сов.* (*вн.*) reexamine (*smb.*).

переэкзамено́вка *ж.* reexamination.

перёд *м.* front.

периге́й *м. астр.* perigee.

периге́лий *м. астр.* perihelion.

перика́рд *м. анат.* pericardium.

пери́ла *мн.* rail(ings), balustrade *sg.*; (*лестницы внутри дома*) banisters.

пери́метр *м. мат.* perimeter.

пери́на *ж.* feather bed.

пери́од *м.* period; в ~ *чего-л.* during *smth.*; в тече́ние дли́тельного ~а over a long period (of time); дли́тельный ~ дожде́й, хоро́шей пого́ды long spell of rain, of fine weather; дополни́тельный ~ *спорт.* extra/overtime period; ~ затемне́ния *кино* dark interval; леднико́вый ~ ice age, glacial period.

периодиза́ция *ж.* division into periods, periodization.

перио́дика *ж. собир.* periodical press; periodicals *pl.*

периоди́ческ|и periodically; **~ий** periodic(al); ~ие дожди́ intermittent rain *sg.*; ~ое изда́ние periodical; ~ая печа́ть periodical press; <> ~ая дробь *мат.* repeating decimal; ~ая систе́ма элеме́нтов *хим.* periodic system (of elements).

периоди́чность *ж.* periodicity, regularity.

периселе́ний *м. астр.* perilune.

периско́п *м.* periscope; **~и́ческий** periscopic(al); ~и́ческий объекти́в *кино* periscopic lens.

пе́ристо-кучев|о́й: ~ы́е облака́ cirrocumulus *sg.*, mackerel sky *sg.*

пе́рист|ый: ~ые облака́ cirrus *sg.*

перифери́йный outlying; in an outlying area/district *после сущ.*; ~ рабо́тник official in an outlying area/district.

перифери́ческ|ий peripheral; ~ое зре́ние peripheral vision.

перифери́|я *ж.* outlying area/district; (*местные организации*) outlying/local organizations *pl.*; жить, рабо́тать на ~и live, work in an outlying area; live, work in the provinces; прие́хать с ~и come* from an outlying area, come* up from an outlying area, come* up from the provinces.

перифра́з *м.*, **~а** *ж. лит.* periphrasis (*pl.* -ses), circumlocution.

перице́нтр *м. астр.* pericenter.

перл *м.* gem, pearl.

перламу́тр *м.* mother-of-pearl; **~овый** mother-of-pearl *attr.*

перло́в|ый: ~ая крупа́ pearl-barley; ~ суп pearl-barley soup; ~ая ка́ша pearl-barley porridge.

перлюстри́ровать *несов. и сов.* (*вн.*) open and inspect correspondence.

пермане́нт *м. разг.* (*завивка*) permanent wave.

пермане́нтный permanent.

перна́т|ый *прил.* **1.** feathered; ~ое ца́рство the feathered tribe; **2.** *в знач. сущ. мн.* birds.

перо́ *с.* **1.** (*птичье*) feather; (*для украшения*) plume; **2.** (*писчее*) pen, nib; **3.** (*зелёный лист чеснока, лука*) leaf*; <> взя́ться за ~ put*/set* pen to paper; ни в ска́зке сказа́ть, ни ~м описа́ть ≅ it defies all description; что напи́сано ~м, не вы́рубишь топоро́м *посл.* ≅ what is writ is writ.

перочи́нный: ~ но́ж(ик) penknife*.

перпендикуля́р *м.* perpendicular; опусти́ть ~ drop a perpendicular; **~ный** perpendicular; ~ная ли́ния perpendicular line.

перпе́туум-мо́биле *с. нескл.* perpetual motion.

перро́н *м.* platform; **~ный** platform *attr.*

перс *м.* Persian.

перси́дский Persian; ~ язы́к Persian, the Persian language.

пе́рсик *м.* **1.** (*плод*) peach; **2.** (*дерево*) peach tree; **~овый** peach *attr.*; ~ового цве́та peach-colored.

персия́нка *ж.* Persian (woman*).

персо́н|а *ж.* person; (*важная особа*) person of distinction, high personage; серви́з на шесть персо́н set for six; два рубля́ с ~ы two rubles per person; <> со́бственной ~ой in person; ~ нон гра́та *дип.* persona non grata; ~ гра́та *дип.* persona grata.

персона́ж *м.* character.

персона́л *м.* personnel, staff; обслу́живающий ~ service/maintenance personnel; техни́ческий ~ mechanical personnel; ~ слу́жбы перево́зок traffic personnel.

персона́льн|ый personal; ~ая пе́нсия special/merit pension; ~ пенсионе́р person recipient of a special/merit pension; ~ая опе́ка *спорт.* (*футбол, волейбол и т. д.*) man-to-man system.

перспекти́в|а *ж.* **1.** perspective; **2.** (*открывающийся вид*) vista; **3.** *обыкн. мн.* (*виды на будущее*) prospects; outlook *sg.*; ~ы на урожа́й отли́чные the outlook for the harvest is good, there is every prospect of an excellent harvest; <> в ~е in prospect; **~ный 1.** (*отражающий перспективу*) perspective; giving an impression of depth *после сущ.*; ~ное изображе́ние perspective drawing; **2.** (*предусматривающий будущее развитие*) long-term; for the future *после сущ.*; **3.** (*имеющий перспективы*) with good prospects *после сущ.*, worthwhile; ~ная рабо́та worthwhile work.

перст *м. уст.* finger; <> оди́н как ~ ≅ all alone in the world; ~ судьбы́ the finger of fate/God.

пе́рстень *м.* ring.

перуа́н|ец *м.*, **~ка** *ж.* Peruvian; **~ский** Peruvian.

перфока́рта *ж.* punched card.

перфоле́нта *ж.* punched tape.

перфора́|тор *м.* **1.** perforator, punch; **2.** (*машина для бурения*) drill, boring machine; **~ция** *ж.* perforation, punching; *кино* sprocket hole; ~ция Белл и Хауелла Bell and Howell perforations *pl.*; ~ция кинофи́льма film perforations *pl.*; ~ция киносту́дии "Фокс XX век" Fox hole.

перфори́ро|вать *несов. и сов.* (*вн.*) *тех.* perforate (*smth.*), punch (*smth.*); **~ванный**: ~ванный экра́н *кино* perforated screen; ~ванная плёнка *кино* perforated film.

пе́рхоть *ж.* dandruff; scurf *разг.*

перча́тк|а *ж.* glove; наде́ть ~и put* on *one's* gloves; боксёрские ~и boxing gloves; <> бро́сить ~у *кому-л.* throw* down the gauntlet to *smb.*; подня́ть ~у take* up the gauntlet, accept the challenge.

пе́рчить, попе́рчить (*вн.*) pepper (*smth.*).

перш|и́ть *несов. безл. разг.*: у меня́ ~и́т в го́рле I feel a tickle in my throat, I have a dry throat.

пе́сен|ка *ж.* ditty; ◇ его́ ~ спе́та he's done for, it's all up with him; чей хлеб ем, того́ и ~ки пою́ *посл.* ≅ who pays the piper, calls the tune; **~ник** *м.* **1.** (*певец*) singer, chorister; **2.** (*автор песен*) songwriter; **3.** (*сборник песен*) song-book; collection of songs.

песе́ц *м.* **1.** (*животное*) Arctic fox; бе́лый ~ white fox; голубо́й ~ blue fox; **2.** (*мех*) blue fox; white fox.

песка́рь *м.* gudgeon.

песнь *ж.* **1.** *лит.* canto; **2.** song; ◇ песнь Пе́сней *библ.* Canticles, the Song of Songs.

пе́сн|я *ж.* song; ◇ тяну́ть всё ту же ~ю harp on the same string; э́то ста́рая ~ it's the same old story.

пес|о́к *м.* sand; золото́й ~ gold dust; **2.** *мн.* sands; ◇ са́харный ~ granulated sugar; стро́ить на ~ке build* on sand.

песо́чн|ый **1.** sand *attr.*; ~ые часы́ sandglass *sg.*; **2.** *разг.* (*о цвете*) sand-colored; **3.** (*о тесте*) short; ~ торт fancy shortcake; ~ое пече́нье shortcake biscuits *pl.*

пессим|и́зм *м.* pessimism; **~и́ст** *м.* pessimist; **~исти́ческий** pessimistic.

пе́стик *м. бот.* pistil.

пестр|е́ть I *несов.* **1.** (*виднеться*) show* up colorfully; вдали́ ~е́ли цветы́ the flowers showed up colorfully in the distance, the flowers made a splash of color in the distance; **2.** (*тв.; быть пёстрым от чего-л.*) be* bright (with), be* spangled (with); **3.** (*становиться пёстрым*) become* multicolored.

пестре́ть II *несов.* **1.** (*тв.; изобиловать чем-л.*) be* dotted (with); *перен.* be* interspersed (with), be* larded (with); речь ~и́т цита́тами the speech is interspersed/larded with quotations; **2.** *разг.* (*быть слишком пёстрым*) be* gaudy.

пестри́ть *несов. безл.*: у меня́ ~и́т в глаза́х I am dazzled.

пестрот|а́ *ж.* variety of colors; *перен.* variety, diversity; толпа́ отлича́лась ~о́й it was a very mixed crowd.

песцо́вый white-fox *attr.*; blue-fox *attr.*

песча́н|ик *м.* sandstone; **~ый** sandy; ~ая по́чва sandy soil.

песчи́нка *ж.* grain of sand.

пета́рда *ж. ж.-д.* detonator; squib.

пети́т *м. полигр.* brevier.

пети́ция *ж.* petition.

петли́ца *ж.* **1.** buttonhole; **2.** (*на форменной одежде*) tab.

пе́тл|я *ж.* **1.** loop; **2.** (*в вязании*) stitch; **3.** (*круговое движение*) meander; доро́га ~ями шла по скло́ну the road snaked/meandered down the slope; **4.** *ав.* loop; де́лать ~ю loop the loop; **5.** *спорт.* somersault (in midair); **6.** *мн. охот.* (*следы зверя*) winding/meandering track *sg.*; **7.** (*для пуговицы*) buttonhole; (*для крючка*) eye; **8.** (*дверей, окон*) hinge; дверь соскочи́ла с пе́тель the door is off its hinges; **9.** ~ кинофи́льма *кино* film loop; ~ магни́тной плёнки magnetic tape loop; ◇ влезть в ~ю put* *one's* head in the noose; хоть в ~ю лезь it's enough to drive *one* mad.

петру́шка I *ж. бот.* parsley.

петру́шка II **1.** *м.* (*кукла*) Petrushka; Punch; **2.** *ж.* (*кукольный театр*) puppet show; **3.** *ж. разг.*: кака́я-то ~ вы́шла something has gone absurdly wrong; что за ~! what a mess!

пету́х *м.* **1.** cock, cockerel; rooster *разг.*; **2.** *мн.* (*пение петухов*) cockcrow *sg.*; встава́ть с ~а́ми rise* at cockcrow; сиде́ть до ~о́в sit* up till cockcrow; ◇ пусти́ть *кому-л.* кра́сного ~а́ set* fire to *smb.'s* home; кому́ сча́стье, у того́ и ~ несётся *посл.* ≅ whom God loves, his bitch brings him pigs; пусти́ть ~а́ (*при пении*) let* out a squeak.

пету́ш|ий, ~и́ный cock *attr.*; ~ гре́бень cock's comb; ~и́ный бой cock-fight, cockfighting; **~и́ться** *несов. разг.* get* on *one's* high horse, ride* the high horse.

петушо́к *м.* cock, cockerel.

петь, спеть, пропе́ть **1.** (*вн.*) sing* (*smth.*); ~ рома́нс sing* a song; ~ па́ртию Ле́нского sing* the part of Lensky; **2.** *тк. несов.* (*иметь голос*) sing*; (*профессионально заниматься пением тж.*) be* a singer; ~ ба́сом sing* bass; ~ в о́пере be* an opera singer; **3.** (*издавать мелодичные звуки*) hum; (*о муз. инструментах*) play/sound sweetly; слу́шать, как пою́т скри́пки listen to the sweet sound of violins; **4.** *сов.* пропе́ть (*о птицах*) sing*; (*о петухе*) crow; **5.** *тк. несов.* (*вн.*) (*воспевать*) praise (*smth.*), sing* (*smth.*).

пехо́т|а *ж.* infantry; **~и́нец** *м.* infantryman*, foot soldier; **~ный** infantry *attr.*; ~ный полк infantry regiment.

печа́лить, опеча́лить (*вн.*) grieve (for *smb.*), distress (*smb.*); **~ся**, опеча́литься be* sad, be* grieved/distressed.

печа́л|ь *ж.* **1.** grief, sadness, sorrow; **2.** *разг.* (*забота*) care, worry; ◇ бе́ды да ~и с ног скача́ли *посл.* ≅ care killed the cat; **~ьный** **1.** sad, sorrowful, sorrowing; ~ьный челове́к sorrowful person; ~ьный взгляд sorrowful/sad glance; **2.** (*вызывающий печаль*) somber, sad; ~ьные пусты́ни somber deserts; **3.** (*достойный сожаления*) regrettable, lamentable, deplorable, sorry; ~ьная сла́ва lamentable/sorry reputation.

печа́тание *с.* printing; (*на машинке*) typing; ~ схем *радио* etching.

печа́тать, напеча́тать (*вн.*) **1.** print (*smth.*); (*на машинке*) type (*smth.*); ~ насквозь *кино* print through; ~ с пропуска́нием *кино* skip printing; **2.** (*публиковать*) publish (*smth.*); **~ся** *несов.* **1.** be* printed; (*издаваться*) be* published; **2.** (*помещать свои произведения в печати*) have* *one's* works published; нача́ть ~ся get* into print.

печа́тн|ик *м.* printer; **~ый** **1.** printing; ~ый цех printing shop; ~ая маши́на printing machine;

2. (*напечатанный*) printed; ~ая продукция printed matter; **3.** (*опубликованный*) published; **4.** (*имеющий форму напечатанного*): ~ые буквы block letters; писать ~ыми буквами write* in block letters; ◇ ~ый лист signature, printer's sheet; (*сфальцованный*) quire; ~ая электронная схема *радио* printed electronic curcuit.

печат|ь *ж.* **1.** seal; stamp (*тж. перен.*); гербовая ~ official stamp; ведомственная ~ departmental stamp; круглая ~ round stamp; треугольная ~ three cornered stamp; фирменная ~ business stamp, seal of a company; ~ для платёжных документов stamp for payment documents; документ с ~ью stamped document; место ~и place for a stamp; заверить документ ~ью stamp a document; запечатать письмо ~ью seal (up) a letter; поставить ~ на *что-л.* put*/set*/affix a seal to *smth.*; наложить свою ~ на *что-л.* leave* an impress upon *smth.*; носить ~ *чего-л.* bear* the stamp of *smth.*; на его лице ~ благородства nobleness is written on his face; на его устах ~ молчания his lips are sealed; это для него книга за семью ~ями it is a sealed book for him; **2.** (*печатание*) print(ing), press; книга находится в ~и the book is in the press; книга готовится к ~и the book is being prepared for the press; выйти из ~и, появиться в ~и appear in print, come* out, come* off the press; ~ с уменьшением *фото, кино* reduction printing; **3.** (*отрасль производства*) printing; высокая ~ letterpress/relief printing; глубокая ~ intaglio printing; плоская ~ surface/planographic printing; цветная ~ color printing; **4.** (*внешний вид отпечатанного*) type, print; крупная ~ large type; мелкая small type; **5.** (*пресса*) the press; книга вызвала благоприятные отзывы в ~и the book had/received a good press.

печение *с.* baking.

печен|ь *ж.* liver; болезнь ~и liver disease/complaint.

печенье *с.* biscuits *pl.*; crackers *pl.*, cookies *pl. амер.*

печёнк|а *ж.* liver; ◇ сидеть в ~ах (*у кого-л.*) *разг.* ≅ be* a pain in the neck (to *smb.*).

печёный baked; ~ картофель baked potato(es).

печ|ка *ж.* stove; ◇ танцевать от ~ки begin* at the beginning; **~ник** *м.* stove maker, stove setter; **~ной** stove *attr.*; ~ная труба chimney; ~ное отопление stove heating.

печь I *ж.* stove; (*духовка*) oven, *тех.* furnace; ~ для обжига kiln, кремационная ~ incinerator.

печь II, испечь **1.** (*вн.*) bake (*smth.*); ~ пироги bake pies; **2.** *тк. несов.* (*обдавать жаром*) beat* down (on), scorch; солнце печёт the sun is scorching; сегодня сильно печёт it's scorching/blazing hot today.

печься I, испечься **1.** bake; **2.** *тк. несов. разг.* (*греться на солнце*) bask in the sun.

печься II *несов.* (о *пр.*; *заботиться*) take* care (of), look after (*smb., smth.*), worry about (*smb., smth.*).

пешеход *м.* pedestrian; тропа для ~ов footpath; **~ный 1.** (*для ходьбы пешком*) pedestrian; foot *attr.*; ~ный переход pedestrian crossing; **2.** (*совершаемый пешком*) walking *attr.*; on foot *после сущ.*; ~ная прогулка walk.

пеш|ий 1. foot *attr.*; on foot *после сущ.*; ~ие путешественники travellers on foot; **2.** *воен.* unmounted.

пешка *ж. шахм.* pawn; *перен. разг.* a mere pawn.

пешком on foot; ходить ~ walk, go* on foot.

пещер|а *ж.* cave, cavern; (*грот*) grotto (*pl.* -oes, -os); **~ный** cave *attr.*; ~ный человек cave dweller, caveman*; ~ное озеро subterranean lake.

пёрышко *с.* feather; лёгкий как ~ light as a feather.

пёс *м.* dog.

пёстр|ый particolored, variegated; *перен.* mixed, diverse; ~ые краски gay colors.

пианино *с. нескл.* (upright) piano; играть на ~ play the piano.

пианист *м.*, **~ка** *ж.* pianist.

пивн|ая *ж.* pub *разг.*; barroom *амер.*; **~ой** beer *attr.*; ~ой завод brewery; ~ая кружка beer mug.

пиво *с.* beer; варить ~ brew beer; **~вар** *м.* brewer; **~варение** *с.* brewing.

пивоваренный brewing *attr.*; ~ завод brewery.

пигмей *м.* pygmy (*тж. перен.*).

пигмент *м.* pigment; **~ация** *ж.* pigmentation.

пиджак *м.* coat, jacket.

пижама *ж.* pyjamas *pl.*; pajamas *pl. амер.*

пижон *м. разг. неодобр.* (young) fop; **~истый, ~ский** *разг., пренебр.* foppish; **~ство** *с. разг. неодобр.* foppishness.

пизд|а *ж. бран.* cant; ◇ пошёл в ~у go to the fucking hole.

пик *м.* (mountain) peak, crest; ◇ ~ белого *кино* peak white; ~ фактор *кино* peak factor; часы ~ rush hours; ~ формы *спорт.* peak form.

пика I *ж.* (*оружие*) lance; (*пехотная*) pike.

пик|а II *ж. разг.*: *карт.* spade (*см. тж.* пики); в ~у *кому-л.* to spite *smb.*

пикантн|ость *ж.* piquancy, savour; *перен.*. spice; (*соблазнительность*) fascination; **~ый** piquant, savoury; *перен.* spicy; (*соблазнительный*) fascinating, fetching.

пикап *м.* (light) van, pick-up.

пике I *с. нескл. ав.* dive.

пике II *с. нескл.* (*ткань*) pique.

пикейн|ый pique *attr.*; ~ая рубашка pique shirt.

пикет *м.* picket; стачечный ~ strike picket.

пикетировать *несов.* (*вн.*) picket (*smth.*); ~ завод picket a factory.

пики *мн. карт.* spades.

пикирование *с. ав.* dive, diving.

пикировать *несов. и сов. ав.* dive.

пикироваться *несов.* (с *тв.*) bicker over/about (with).

пикировка *ж.* (*перебранка*) bickering.

пикировщик *м. разг.* dive-bomber.

пикни́к *м.* picnic.

пи́кнуть *сов.* utter a sound; он и ~ не успе́л, как... before he could open his mouth..., before he could say knife...; попро́буй то́лько ~ don't you dare say a word, one squeak out of you and...

пи́ков|ый of spades *после сущ.*; ~ая да́ма queen of spades; ◇ ~ое положе́ние pretty mess; оста́ться при ~ом интере́се have all the trouble for nothing, get* nothing for *one's* pains.

пи́кули *мн. кул.* pickles.

пила́ *ж.* saw; *перен.* nagger; кру́глая ~ circular saw.

пилёный sawn; ~ лес sawn timber.

пили́ть *несов.* (*вн.*) saw* (*smth.*); *перен.* (*изводить*) nag (at); ~ дрова́ saw* wood.

пи́лка I *ж.* (*действие*) sawing.

пи́лка II *ж.* **1.** (*ручная пила*) small handsaw; **2.** (*напильник*) file; ~ для ногте́й nail file.

пило́т *м.* pilot; ~ комме́рческой авиа́ции commercial pilot; ~-люби́тель private pilot; ~-опера́тор system operator; ~-тра́нспортной авиа́ции transport pilot; шту́рман-~ pilot-navigator; **~а́ж** *м.* piloting, flying.

пилоти́ровать *несов.* (*вн.*) pilot (*smth.*).

пило́тка *ж.* field cap, forage cap.

пи́льщик *м.* sawyer.

пилю́л|я *ж.* pill; ◇ го́рькая ~ bitter pill; подсласти́ть ~ю sweeten/sugar the pill; проглоти́ть ~ю swallow the pill.

пина́ть, пнуть (*вн.*) *разг.* kick (*smb.*, *smth.*).

пингви́н *м.* penguin.

пино́к *м. разг.* kick.

пинце́т *м.* tweezers *pl.*, pincers *pl.*

пио́н *м. бот.* peony.

пионе́р I *м.* (*зачинатель чего-л.*) pioneer.

пионе́р II *м.* (*член детской организации*) Young Pioneer; **~вожа́тый** *м.* Young Pioneer leader.

пипе́тка *ж.* pipette, dropper.

пир *м.* feast, banquet; ◇ ~ горо́й sumptuous feast; в чужо́м ~у́ похме́лье ≅ shouldering other people's sin; ~ во вре́мя чумы́ ≅ dance on a volcano.

пирами́да *ж.* **1.** pyramid; **2.** *воен.* (rifle) stack.

пирамида́льный pyramidal, pyramid-shaped; ~ то́поль Lombardy poplar.

пира́т *м. ист.* pirate; **~ский** *ист.* pirate *attr.*; **~ство** *с. ист.* piracy.

пири́т *м.* pyrite.

пирова́ть *несов.* feast; (*в гостях*) banquet; (*шумно*) carouse.

пиро́г *м.* pie, pasty; (*сладкий открытый*) tart; ~ с мя́сом meat pie, meat pastry; ~ с ры́бой fish pie, fish pastry; ~ с я́блоками apple pie; (*открытый*) apple tart; ◇ лу́чше хлеб с водо́ю, чем ~ с бедо́ю *посл.* ≅ a cake in peace is worth a loaf in trouble.

пиро́жное *с.* (fancy) cake, pastry; слоёное ~ puff pastry.

пирож|о́к *м.* patty; ~ки́ с мя́сом meat patties.

пироксили́н *м.* pyroxylin, soluble guncotton.

пироте́хника *ж.* pyrotechnics.

пирс *м. мор.* pier, jetty.

писа́|ка *м. и ж. разг.* scribbler; прода́жный ~ hack; **~ние** *с.* **1.** writing; **2.**: свяще́нное ~ние *церк.* Holy Writ/Scripture.

писани́на *ж. разг.* scribble.

пи́сан|ый **1.** hand-written; **2.** (*разукрашенный*) painted; ◇ ~ое пра́во *юр.* written law; ~ая краса́вица picture of beauty; говори́ть как по ~ому speak* as from the book.

писа́тель *м.* writer, author, man* of letters; **~ница** *ж.* writer, authoress; **~ский**: ~кий труд writing, the work of a writer; ~ский тала́нт talent for writing.

писа́ть, написа́ть **1.** (*вн.*) write* (*smth.*); ~ бу́квы write* letters; ~ карандашо́м write* in pencil; ~ кру́пно, ме́лко write* large, small; ~ на маши́нке type; ~ расска́зы write* stories; **2.** (*дт.; письмо*) write* (to); он ей ча́сто пи́шет he often writes to her; **3.** *тк. несов.* (*быть писателем*) write*, be* a writer; он давно́ пи́шет he has been a writer for some time; **4.** *тк. несов.* (в *пр.; сотрудничать в периодическом издании*) write* (for); ~ в газе́тах write* for the papers; **5.** *тк. несов.* (*быть годным для письма*) write*; **6.** (*вн.*; *создавать произведения живописи*) paint (*smth.*); ~ портре́т ма́слом paint a portrait in oils; ~ акваре́лью paint in water colors; ◇ зако́н не пи́сан *кому-л.* *smb.* is a law unto himself; пиши́ пропа́ло you can say goodbye to it, it is as good as lost; **~ся** *несов.* **1.** be* written; (*о правописании*) be* spellled; как пи́шется э́то сло́во? how is that word spelled?; **2.** *безл. разг.*: мне сего́дня не пи́шется my writing goes very badly today.

писк *м.* squeak(ing); (*птенцов*) peep(ing), cheep(ing); **~ли́вый**, **~ля́вый** **1.** (*о голосе*) squeaky, high-pitched; **2.** (*обладающий тонким, высоким голосом*) squeaky-voiced; **3.** (*о предметах*) squeaky, scratchy; ~ли́вая скри́пка scratchy violin; **4.** (*плаксивый*) squealing, whining.

пи́скнуть *сов.* give* a squeak.

пистоле́т *м.* pistol; **~ный** pistol *attr.*

писто́н *м.* **1.** cap; **2.** (*металлическая оправа*) eyelet; **3.** *муз.* valve, piston.

писчебума́жн|ый stationery *attr.*; ~ магази́н stationer's shop; ~ые принадле́жности stationery *sg.*

пи́сч|ий writing *attr.*; ~ая бума́га writing paper.

письмена́ *мн.* characters, letters.

пи́сьменн|о in writing, in written form; **~ость** *ж.* **1.** (*система графических знаков*) writing; characters *pl.*, alphabet; **2.** (*совокупность письменных памятников*) literature; **~ый** **1.** (*написанный*) written; ~ая рабо́та written work; в ~ом ви́де in written form; ~ое возраже́ние отве́тчика по и́ску *юр.* statement of defense; ~ый запро́с letter of inquiry; ~ое извеще́ние *юр.* notice in writing; ~ое соглаше́ние written agreement; **2.** (*служащий для письма*) writing *attr.*; ~ый стол desk, writing table; ~ый прибо́р desk set, writing-set.

письм|о́ *с.* **1.** (*послание*) letter; заказно́е ~ registered letter; аккредити́вное ~ *фин.* letter of credit; гаранти́йное ~ letter of guarantee; зало́говое ~ letter of deposit; рекоменда́тельное ~ letter of introduction; сопроводи́тельное ~ covering letter; це́нное ~ registered letter with declared value; ~ авиапо́чтой letter by airmail; оригина́л ~а́ original letter; ~ с допла́той unstamped letter; ~ с нало́женным платежо́м letter to be paid on delivery; регистра́ция ~а́ registration of a letter; **2.** *тк. ед.* (*умение писать*) writing; иску́сство ~а calligraphy; **3.** *тк. ед.* (*система графических знаков*) writing, script: characters *pl.*; разви́тие ~а́ the evolution of writing; готи́ческое ~ Gothic script; **4.** *тк. ед. иск., лит.* manner.

письмоно́сец *м.* postman*.

пита́ние *с.* **1.** (*действие*) feeding; (*снабжение*) supplying; *перен.* nourishing; обще́ственное ~ public catering; **2.** (*пища*) food, nourishment, diet; недоста́точное ~ underfeeding; **3.** (*горючее*) fuel supply; (*рации*) power supply.

пита́тельн|ость *ж.* food value, nutritiousness; **~ый 1.** nutritious, nourishing; ~ое веществó nutritive; **2.** *тех.* feed *attr.*; supply *attr.*; ◇ ~ая среда́ *биол.* culture medium.

пита́ть *несов.* (*вн.*) **1.** feed* (*smb.*); **2.** (*снабжать чем-л. необходимым*) supply (*smth.*), keep* (*smth.*) supplied, *перен.* nourish (*smth.*); ~ го́род электроэне́ргией supply a city with power; ~ воображе́ние nourish/feed* the imagination; **3.** (*испытывать*) feel* (*smth.*); cherish (*smth.*), entertain (*smth.*); ~ отвраще́ние к *кому-л.* feel*/have* an aversion for *smb.*; ~ не́нависть nurse/nourish hatred; **~ся** *несов.* (*тв.*) **1.** (*есть*) eat* (*smth.*), live (on), feed* (on); хорошо́ ~ся be* well-fed, eat* well; пло́хо ~ся be* underfed; ~ся мя́сом, фру́ктами live/feed* on meat, fruit; **2.** (*получать что-л. необходимое*) be* fed (by); *перен.* be* nourished (by), draw* (on); ~ся ме́стным у́глем work on local coal.

пито́м|ец *м.* pupil; **~ник** *м.* nursery.

пить, вы́пить **1.** (*вн.*) drink* (*smth.*); (*лекарство, чай, кофе и т. п. тж.*) take* (*smth.*), have* (*smth.*); ~ ма́ленькими глотка́ми sip; ~ минера́льные во́ды take*/drink* the waters; **2.** *тк. несов.* (*пьянствовать*) drink*; **3.** (за *вн.*) drink* (to); ◇ как ~ дать as sure as fate; ешь вво́лю, пей в ме́ру *посл.* ≅ eat at pleasure, drink with measure.

пить|ё *с.* **1.** (*действие*) drinking; **2.** (*напиток*) drink, beverage; **~ево́й** drinking; ~ева́я вода́ drinking water; ~ева́я со́да bicarbonate of soda, baking/cooking soda.

пиха́ть, **пихну́ть** (*вн.*) *разг.* **1.** (*толкать*) push (*smb.*, *smth.*), shove (*smb.*, *smth.*); (*локтями*) elbow (*smb.*); **2.** (*засовывать*) thrust* (*smth.*) in.

пихну́ть *сов. см.* пиха́ть.

пи́хта *ж.* fir.

пи́чкать, напи́чкать (*вн. тв.*) *разг.* (*прям. и перен.*) cram (*smb.* with), stuff (*smb.* with); (*лекарствами*) dose (*smb.* with).

пи́шущ|ий writing; ~ луч *кино* writing beam; ~ая маши́нка typewriter.

пи́щ|а *ж.* food (*тж. перен.*), nourishment; ~ для ума́ food for thought; ◇ дава́ть ~у́ *чему-л.* provide food for *smth.*

пища́ть, пропища́ть squeak; (*о ребёнке*) squeal; (*о птенцах*) cheep, peep.

пищеваре́ни|е *с.* digestion; расстро́йство ~я indigestion; плохо́е ~ bad*/poor digestion.

пищевари́тельн|ый digestive; ~ые о́рганы digestive organs.

пищево́д *м.* gullet; esophagus (*pl.* -gi, -es) *научн.*

пищев|о́й food *attr.*; ~ы́е проду́кты foodstuffs; ~а́я промы́шленность food industry.

пия́вк|а *ж.* leech; ста́вить ~и apply leeches; пристава́ть как ~ *разг.* stick* like a leech.

пла́вани|е *с.* **1.** swimming; ко́мплексное ~ *спорт.* medley swimming; ~ баттерфля́ем butterfly; ~ бра́ссом breaststroke swimming; ~ во́льным сти́лем free-style swimming; ~ кро́лем crawl; ~ на боку́ sidestroke swimming; ~ на спине́ *спорт.* back-stroke swimming; ~ на ло́дках boating; **2.** (*путешествие на судне*) voyage, cruise; кругосве́тное ~ voyage round the world; быть в ~и be* at sea; отправля́ться в ~ set* out on a voyage; ◇ большо́му корабл́ю большо́е (и) ~ *посл.* ≅ great ships need deep waters.

пла́вательн|ый swimming *attr.*; natatory *научн.*; ~ бассе́йн swimming pool; ~ пузы́рь swimming-bladder, air bladder; ~ая перепо́нка (*у птиц*) web.

пла́вать *несов.* **1.** (*о человеке и животном*) swim*; (*о предметах; об облаках*) float, drift; (*о судне*) sail; (*о пароходе*) steam; **2.** (*держаться на поверхности жидкости*) float; **3.** (*на судне и т. п.*) sail, cruise, navigate; ~ на плоту́ float on a raft, raft; ~ на парохо́де по Байка́лу make* a boat trip on Lake Baikal; **4.** *разг.* (*служить на судне*) serve, sail; **5.** *разг.* (*отвечать сбивчиво и путано*) be* all at sea, be* out of *one's* depth.

плавба́за *ж.* floating fish factory.

плави́льн|ый smelting; ~ое произво́дство metal production; ~ая печь smelting furnace.

пла́в|ить *несов.* (*вн.*) melt (*smth.*), (*получать металл из руды*) smelt (*smth.*); **~иться** *несов.* melt; smelt; **~ка** *ж.* **1.** (*процесс*) smelting; **2.** (*один производственный цикл процесса плавления*) melt; скоростна́я ~ка high-speed melt(ing); **3.** (*продукт*) melt.

пла́вки *мн.* swimming trunks.

пла́вк|ий meltable, fusible; ~ предохрани́тель *радио* safety fuse; **~ость** *ж.* fusibility.

плавле́ние *с.* melting, fusion.

пла́вленый: ~ сыр processed cheese.

плавни́к *м.* fin; (*у тюленя, кита*) flipper.

пла́вн|ость *ж.* ease; (*речи*) fluency; **~ый** easy, smooth; (*о речи*) fluent; ~ая фокуси-ро́вка *кино, фото* vernier focusing; ~ое микши́рование ТВ-кана́лов с наплы́вом изоб-раже́ния cross fade; ~ая похо́дка graceful/ fine carriage; ◇ ~ые согла́сные *лингв.* liquid consonants.

плаву́ч|есть *ж.* buoyancy; **~ий 1.** floating; ~ий рыбообраба́тывающий заво́д floating fish factory; ~ая ба́за parent ship; ~ий док floating dock; ~ая льди́на ice floe; **2.** (*способный держаться на поверхности*) buoyant.

плагиа́т *м.* plagiarism; **~ор** *м.* plagiarist.

пла́зма *ж.* plasma.

плака́т *м.* poster.

пла́к|ать *несов.* **1.** cry: weep* *поэт.*; го́рько ~ cry bitterly; ~ от ра́дости weep* for joy; **2.** (о *пр.*) weep* (for, over), cry (for, over); ◇ ~али на́ши де́нежки it was good-bye to our money; что име́ем — не храни́м, потеря́вши — пла́чем *посл.* ≅ we never know the value of water till the well is dry; **~аться** *несов.* (на *вн.*) *разг.* moan (about), whimper (about).

пла́кс|а *м. и ж.* crybaby; sniveller; **~и́вый** tearful; ~и́вый ребёнок child* who is always crying, crybaby; ~и́вый го́лос whining/tearful voice.

плаку́ч|ий weeping; ~ая и́ва weeping willow.

пламене́ть *несов.* blaze, flame.

пла́менный fiery; *перен. тж.* ardent; ~ взгляд fiery glance; ~ приве́т heartfelt/warmest greeting.

пла́м|я *с.* (*прям. и перен.*) flame(s); вспы́хнуть ~енем burst*/break* into flame(s); go* up in flame(s); из и́скры возгори́тся ~ the spark will become a flame; ~ гне́ва the flames of anger/wrath.

план *м.* **1.** plan; schedule; ~ про-изво́дственный ~ production plan/program; раз-раба́тывать ~ draw* up a plan; выполня́ть ~ fulfill the plan; стро́ить ~ы на бу́дущее plan for the future; снять ~ ме́стности survey a district; ~ оборо́та *торг.* turnover plan; ~ поста́вок delivery plan; ~ при́были profit plan; ~ э́кспорта и и́мпорта export-import plan; дета́льный ка-ленда́рный ~ detail schedule; календа́рный ~ поста́вок *торг.* delivery schedule; календа́рный ~ рабо́ты job schedule; календа́рный ~ вы-полне́ния зада́ния task schedule; сво́дный ~ summary plan; скользя́щий календа́рный ~ rolling schedule; ~ соревнова́ний *спорт.* competition plan; ~ трениро́вок *спорт.* training plan; опережа́ть ~ be* ahead of schedule; отстава́ть от ~а be* behind schedule; ~ кинопавильо́на floor plan; **2.** (*расположение предмета в перспективе*): пере́дний ~ foreground; за́дний ~ background; кру́пный ~ *кино* closeup; о́бщий ~ *кино* long shot; ◇ отойти́ на за́дний ~ be* relegated to the background; здоро́вье у него́ на после́днем ~е he takes no care of his health; вопро́с обсужда́лся в теорети́ческом, о́бщем ~е the question was discussed on a theoretical, general plane.

планер|и́зм *м.* gliding; **~и́ст** *м.*, **~и́стка** *ж.* glider pilot.

плане́т|а *ж.* planet; больши́е ~ы major planets; ма́лые ~ы minor planets, asteroids.

планета́рий *м.* planetarium (*pl.* -ria).

плане́тный planetary.

планёр *м.* glider; (*спортивный тж.*) sailplane.

планиме́трия *ж.* plane geometry.

плани́рование I *с.* planning; ~ ассортиме́нта проду́кции *эк.* assortment planning; ~ проду́кции output planning; ~ товародвиже́ния *эк.* promotion planning; ~ городо́в town planning.

плани́рование II *с. ав.* gliding.

плани́ровать I, заплани́ровать, сплани́ровать (*вн.*) plan (*smth.*).

плани́ровать II, сплани́ровать *ав.* glide.

плани́ровать, распланировать (*вн.*) plan out (*smth.*).

планиро́в|ка *ж.* planning; (*расположение чего-л.*) layout; **~щик** *м.* planner.

планисфе́ра *ж. астр.* planisphere.

пла́нк|а *ж.* plank, lath; (*металлическая*) metal strip, plate; *спорт.* bar; сбива́ть ~у knock down the bar; поднима́ть ~у *спорт.* raise the bar.

планкто́н *м. биол.* plankton.

планови́к *м.* (production) planner.

пла́нов|ость *ж.* planned nature; **~ый 1.** planned; ~ая при́быль *эк.* target fee, target profit; ~ая рабо́та planned work; **2.** (*занимающийся составлением планов*) planning *attr.*; plan *attr.*; ~ый отде́л planning department.

планоме́рн|ость *ж.* planned systematic character, regularity; **~ый** planned, systematic, according to plan *после сущ.*

планта́|тор *м.* planter; **~ция** *ж.* plantation.

планше́т *м.* **1.** *геод.* plane table, drawing board; **2.** (*полевая сумка*) map case.

пласт *м.* **1.** (*плотный слой чего-л.*) layer; **2.** (*слой горной породы*) bed, stratum (*pl.* -ta); (*угля*) seam; ◇ лежа́ть ~о́м lie* prostrate, be* flat on *one's* back.

пла́стика *ж.* **1.** (*искусство ваяния*) plastic art; **2.** (*пластичность*) plasticity; **3.** (*искусство ритмических движений*) sense of rhythm.

пла́стики *мн.* (*ед.* пла́стик *м.*) plastics.

пла́стиков|ый plastic; ~ая бо́мба plastic bomb.

пластили́н *м.* plasticine.

пласти́нка *ж.* **1.** plate, strip of metal, tablet; **2.** (*патефонная*) record, recording, disc *разг.*; **3.** *фото* plate; **4.** *бот.* blade, lamina (*pl.* -nae); (*гриба*) gill.

пласти́ческ|ий plastic; ~ие движе́ния rhythmic/plastic movements; ~ая хирурги́я plastic surgery; ◇ ~ая ма́сса plastic.

пласти́чн|ость *ж.* plasticity; **~ый** plastic.

пластма́сс|а *ж.* plastic; **~овый** plastic.

пла́стырь *м.* plaster; вытяжно́й ~ blistering plaster; ли́пкий ~ sticking/adhesive plaster.

пла́т|а *ж.* **1.** (*вознаграждение за труд*) pay, payment; акко́рдная ~ lumpsum payment;

аре́ндная ~ rent; за́работная ~ wage, salary; провозна́я payment for carriage of goods; пошту́чная ~ payment by the piece; **2.** (*возмещение*) charge (for), cost (of); вноси́ть ~у за *что-л.* pay* for *smth.*; вноси́ть ~у за кварти́ру pay* the rent; ~ за прое́зд fare.

плате́льщик *м.* payer; аккура́тный ~ punctual payer; неаккура́тный ~ inaccurate payer.

платёж *м. бухг., торг.* paying, payment, defrayal; ава́нсовый ~ advanced payment; акце́птный ~ payment by acceptance; безнали́чный ~ payment on a clearing basis; дополни́тельный ~ extra/additional payment; единовре́менный ~ lumpsum payment; лицензио́нный ~ royalty; нали́чный ~ cash payment; нало́женный ~ payment forward; неме́дленный ~ prompt/immediate payment; ненало́говый ~ non-tax payment; неторго́вый ~ noncommercial payment; отсро́ченный ~ delayed/deffered payment; очередно́й ~ next payment; пауша́льный ~ lumpsum payment; первонача́льный ~ initial payment; просро́ченный ~ back/late/overdue payment; ра́зовый ~ single payment; ре́нтный ~ rental payment; своевре́менный ~ timely/prompt payment; страхово́й ~ insurance payment; части́чный ~ partial payment; в счёт платежа́ on account of payment; гара́нтия платежа́ security of payment; поря́док платежа́ procedure of payment; приостано́вка платежа́ stoppage/stopping/suspension of payment; свиде́тельство платежа́ voucher for payment; сре́дство платежа́ instrument of payment, medium of payment; срок платежа́ term of payment; взы́скивать ~ enforce payment; отсро́чить ~ postpone payment; приостанови́ть ~ stop payment; уско́рить ~ accelerate/speed up payment; ~ в счёт креди́та payment from credit; ~ в рассро́чку payment by installments; ~ в фо́рме инка́ссо payment on a collection basis; ~ нали́чными payment by/in cash, cash payment, down payment; ~ по аккредити́ву payment by letter of credit; ~ по откры́тому счёту payment on an open account; ~ про́тив докуме́нтов payment against documents; ~ тра́ттами payment by drafts; ~ че́ком payment by check; ◇ долг платежо́м кра́сен *посл.* ≅ one good turn deserves another.

платёжеспособн|ость *ж. фин.* solvency, paying capacity; ~ ба́нка the capacity of a bank to meet its liabilities; **~ый** *фин.* solvent; ~ый спрос effective/consumer demand.

платёжн|ый pay *attr.*; ~ день payday; ~ая ве́домость pay sheet, payroll; ~ бала́нс balance of payments; ~ое поруче́ние payment order; ~ое сре́дство medium of payment, instrument of payment; зако́нное ~ое сре́дство legal tender; вре́менное ~ое сре́дство scrip; ~ые соглаше́ния payments agreements; ~ое тре́бование request for payment.

пла́тина *ж.* platinum.

плати́ть *несов.* **1.** pay*; ~ нали́чными pay* in cash; ~ за кварти́ру pay* the rent; ~ за прое́зд pay* the fare; ~ по счёту pay* the bill; ~ в рассро́чку pay* in/by installments; ~ долги́ pay* *one's* debts; **2.** (*тв.* за *вн.*; *делать что-л. в ответ на чей-л. поступок*) repay* (*smth.* with); ~ добро́м за добро́ repay*/return (a) kindness; ~ *кому-л.* взаи́мностью return *smb.'s* love; ◇ кто пла́тит, тот зака́зывает му́зыку *посл.* ≅ he, who pays the piper, calls the tune; **~ся**, поплати́ться pay*; он поплати́лся жи́знью за свою́ неосторо́жность his carelessness cost him his life.

пла́тн|ый **1.** (*подлежащий оплате*) that is charged for *после сущ.*, paid; ~ вход paid admission; ~ груз payload; **2.** (*оплачиваемый*) paid; ~ рабо́тник wage laborer; **3.** (*оплачивающий*) paying.

плато́ *с. нескл. геогр.* plateau.

плато́к *м.* shawl; (*головной*) kerchief; носово́й ~ (pocket) handkerchief.

платони́ческий Platonic; ~ая любо́вь Platonic love.

платфо́рма *ж.* **1.** (*перрон*) platform; **2.** (*товарный вагон*) open truck, platform car; **3.** *кино* ~ для освети́тельных прибо́ров electrician's bridge; **4.** (*программа действий*) platform, program.

пла́ть|е *с.* **1.** *собир.* (*одежда*) clothes *pl.*, clothing; магази́н гото́вого ~я ready-made shop; **2.** (*женского*) dress, frock, gown.

платян|о́й: ~ шкаф wardrobe; ~а́я щётка clothes brush.

плау́н *м. бот.* lycopodium; wolf'sclaw.

плафо́н *м.* **1.** (*расписной или лепной потолок*) decorated ceiling; **2.** (*абажур*) lamp shade.

пла́ха *ж.* **1.** block; **2.** *ист.* executioner's block.

плацда́рм *м.* base (*тж. перен.*); springboard, jumping-off place; (*предмостное укрепление*) bridgehead.

плаце́нта *ж. анат.* placenta (*pl.* -ae).

плацка́рт|а *ж.* reserved-seat ticket; взять биле́т с ~ой reserve/book a seat, make* a reservation/booking; вы хоти́те биле́т с ~ой? do you wish to reserve/book your seat?; **~ный**: ~ный ваго́н carriage/car with reserved seats; ~ное ме́сто reserved seat.

плач *м.* weeping, wailing; ◇ ~ем го́рю не помо́жешь *посл.* ≅ it's no use crying over spilt milk.

плаче́вн|ый **1.** (*скорбный*) lamenting, wailing; **2.** (*бедственный*) deplorable, lamentable; (*ничтожный*) pitiful; ~ое состоя́ние deplorable condition/state; результа́ты бы́ли ~ые the results were lamentable/pitiful.

пла́чущий tearful; whining; ~ го́лос tearful voice.

плашко́ут *м. мор.* pontoon; **~ный** *мор.* pontoon *attr.*; ~ный мост pontoon bridge.

плашмя́ flat; упа́сть ~ fall* flat on the ground; уда́рить *кого-л.* ша́шкой ~ strike* *smb.* with the flat of *one's* sword.

плащ *м.* **1.** raincoat, mackintosh, waterproof; **2.** (*без рукавов*) cloak, mantle.

плащ-пала́тка *ж.* (tent-)cape.

плебисци́т *м.* plebiscite.

плева́ *ж.* membrane, film.

плева́тельница *ж.* spittoon; cuspidor *амер.*

плева́ть, плю́нуть spit*; (на *вн.*) *перен. разг.* shrug off (*smth.*); ~ мне на него́ I don't care a damn/hang for him; ему́ ~ на всё he doesn't care a fig for anything; ◇ ~ в потоло́к ~ sit* twiddling *one's* thumbs; **~ся** *несов. разг.* spit*; (*брызгать слюною*) splutter.

плево́к *м.* spittle; (*мокрота*) sputum (*pl.* -ta).

плёвра *ж. анат.* pleura (*pl.* -ae).

плеври́т *м. мед.* pleurisy.

плед *м.* plaid, (travelling-)rug.

плексигла́с *м.* perspex; **~овый** perspex *attr.*

племенн|о́й 1. (*о племени*) tribal; **2.** (*породистый*) pedigree, thoroughbred; ~ бык pedigree bull; ~о́е животново́дство pure-strain/pedigree stock-breeding.

пле́м|я *с.* **1.** tribe; кочевы́е ~ена́ nomad tribes; **2.** *тк. ед.* (*поколение, современники*) generation; ◇ на пле́мя *с.-х.* for breeding purposes.

племя́нн|ик *м.* nephew; **~ица** *ж.* niece.

плен *м.* captivity; *перен.* spell; находи́ться в ~у́ be* in captivity; быть в ~у́ у *кого-л. перен.* be* under *smb.'s* spell; быть в ~у́ предрассу́дков be* a slave to prejudice.

плена́рн|ый plenary; ~ое заседа́ние plenary session, full assembly.

плени́тельный charming, captivating, fascinating.

плени́ть(ся) *сов. см.* пленя́ть(ся).

пле́нн|ик *м.*, **~ица** *ж.* captive; prisoner (*тж. перен.*).

пле́нн|ый *прил.* **1.** captured, captive, **2.** *в знач. сущ. м.* prisoner, брать ~ых take* prisoners.

пле́нум *м.* plenum.

пленя́ть, плени́ть (*вн.*) captivate (*smb.*), fascinate (*smb.*); **~ся**, плени́ться (*тв.*) be* captivated (by), be* fascinated (by).

пле́сень *ж.* mold, mustiness (*тж. перен.*); (*о людях*) scum; покры́ться ~ю be* moldy.

плеск *м.* splash; (*волн о берег*) lapping.

плеска́ть, плесну́ть **1.** (*о волнах, море*) lap; **2.** (*брызгать водой*) splash; **~ся** *несов.* **1.** splash; **2.** (*переливаться через край*) splash over.

пле́сневеть, запле́сневеть grow*/get* moldy.

плесну́ть *сов. см.* плеска́ть.

плести́ *несов.* (*вн.*) **1.** weave* (*smth.*) (*тж. перен.*); (*косу*) plait (*smth.*), braid (*smth.*) *поэт.*; (*паутину*) spin* (*smth.*); ~ се́ти make* nets; ~ корзи́ну weave*/make* a basket; ~ интри́гу weave* a plot; **2.** *разг.* (*сочинять*) make* up (*smth.*), spin* (*smth.*); ~ вздор talk nonsense/rot.

плести́сь *несов. разг.* trudge along; ~ в хвосте́ lag/drag behind, be* at the tail-end.

плете́нь *м.* wattle fence.

плетён|ый wicker *attr.*; ~ стул wicker chair; ~ые изде́лия wickerwork *sg.*

плеть *ж.* lash.

плечев|о́й shoulder *attr.*; humeral *научн.*; ~а́я кость *анат.* humerus (*pl.* -ri).

пле́чики *мн.* (*вешалка для платья*) coat hanger *sg.*, clothes hanger *sg.*

плечи́стый broad shouldered.

плеч|о́ *с.* **1.** shoulder; **2.** *анат.* humerus (*pl.* -ri); **3.** *тех.* arm; ~о́м к ~у́ shoulder to shoulder; име́ть го́лову на ~а́х have* a head on *one's* shoulders; с плеч доло́й that's done, that's off my mind; э́то ему́ не по ~у́ it's beyond his powers, he's not up to it; с *чьего-л.* ~а́ passed on to *one* by *smb.*, inherited from *smb.*; с чужо́го ~а́ cast-off; у него́ за ~а́ми 40 лет трудово́й жи́зни forty years of toil lie behind him.

плеши́в|еть, оплеши́веть get*/grow* bald; **~ость** *ж.* baldness; **~ый** balding *attr.*, half-bald; (*лысый*) bald.

плешь *ж.* bald spot/patch.

плея́да *ж.* galaxy.

плёнк|а *ж.* **1.** film; ~ льда film of ice; **2.** (*фотографическая*) film, засня́ть *кого-л.* на ~у take* *smb.'s* picture; **3.** (*магнитофонная*) tape; записа́ть *что-л.* на ~у record *smth.*; ~ с двухобо́ротной перфора́цией *кино* double perforated stock.

плёс *м.* reach, stretch of open water.

плётка *ж. см.* плеть.

пли́нтус *м.* **1.** (*планка*) skirting(-board); **2.** *архит.* plinth.

плита́ *ж.* **1.** (*плоский кусок камня, металла и т. п.*) plate, slab; (*для мощения*) flagstone, paving-stone; мра́морная ~ marble slab; **2.** (*кухонная*) (kitchen-) range, stove; электри́ческая ~ electric cooker.

пли́тка *ж.* **1.** (*облицовочная*) tile; **2.** (*шоколада и т. п.*) bar; **3.** (*электрическая*) hot plate.

пли́точный: ~ пол tiled floor; ~ чай brick-tea; ~ шокола́д slab-chocolate.

плов|е́ц *м.*, **~чи́ха** *ж.* swimmer.

плод *м.* **1.** fruit; приноси́ть ~ы́ bear* fruit; **2.** *биол.* fetus; **3.** (*результат чего-л.*) fruit(s); ~ы на́ших трудо́в the fruit(s) of our labors; по ~а́м (их) узна́ете их *библ.* by their fruits ye shall know them; запре́тный ~ сла́док forbidden fruit is sweet.

плоди́ть *несов.* (*вн.*) breed* (*smth.*), bring* forth (*smth.*); *перен.* breed* (*smb.*, *smth.*); **~ся** *несов. разг.* (*прям. и перен.*) breed*, multiply.

плодови́т|ость *ж.* fertility; *перен.* productivity; **~ый** fertile; *перен.* prolific; productive; ~ый писа́тель prolific writer.

плодово́д *м.* fruit grower, fruit farmer; **~ство** *с.* fruit growing, fruit farming; **~ческий** fruit growing *attr.*

плодо́в|ый fruit *attr.*; ~ые дере́вья fruit-trees; ~ сад orchard.

плодоконсе́рвный: ~ заво́д fruit-tinning factory, fruit cannery.

плодоноси́ть *несов.* bear* fruit.

плодоно́сный fruit-bearing.

плодоовощно́й greengrocery *attr.*; fruit-and-vegetable *attr.*

плодоро́д|ие *с.* fertility; **~ный** fertile; ~ная по́чва fertile soil.

плодотво́рн|о fruitfully, productively; **~ый** fruitful; ~ая рабо́та fruitful work.

пло́мб|а *ж.* **1.** (*свинцовая*) (lead) seal; обжи́мная ~ crimp seal; со́рванная ~ broken seal; тамо́женная ~ customs seal; срыва́ть ~у break* the seal; **2.** (*зубная*) stopping, filling; поста́вить серебряную ~у stop/fill a tooth* with silver.

пломби́р *м.* icecream.

пломби́рование *с.* sealing; тамо́женное ~ customs sealing.

пломби́ровать, запломби́ровать (*вн.*) **1.** (*запечатывать*) seal (*smth.*), seal up (*smth.*); **2.** (*зубы*) stop (*smth.*), fill (*smth.*).

пло́ск|ий **1.** (*с ровной поверхностью*) flat; *мат.* plane; **2.** (*неглубокий*) shallow, flat; ~ я́щик shallow box; **3.** (*банальный*) feeble; ~ая шу́тка feeble/silly joke; ◇ ~ свет *кино* flat light; ~ая стопа́ flat foot.

плоского́рье *с.* plateau, tableland.

плоскогу́бцы *мн.* pliers.

плоскодо́н|ка *ж.* flat-bottomed boat; **~ный** flat-bottomed.

плоскосто́пие *с.* flat-footedness; у него́ ~ he is flat-footed.

пло́скост|ь *ж.* **1.** flatness; **2.** (*поверхность*) plane; ~ изображе́ния *кино* image plane; **3.** (*сфера каких-л. явлений, отношений*) sphere, plane; рассмотре́ть вопро́с в разли́чных ~я́х examine a problem from various angles; **4.** (*плоское замечание*) platitude; говори́ть ~и platitudinize.

плот *м.* raft.

плотва́ *ж.* roach.

плоти́на *ж.* dam.

пло́тни|к *м.* carpenter; **~чать** *несов.* carpenter, do* (a bit of) carpentry.

пло́тнич|ий, ~ный carpenter's.

пло́тн|о **1.** close(ly), tightly; ~ облега́ть (*о платье*) fit close (to), fit snugly (on); ~ закры́ть дверь close the door firmly; ~ прижа́ть(ся) к *чему-л.* press close up to/against *smth.*; **2.** *разг.*: ~ пое́сть, пообе́дать *и т. п.* have* a hearty meal; **~ость** *ж.* **1.** solidity, hardness; **2.** (*непроницаемость*) density; **3.** (*ткани*) thickness, closeness of texture; **4.** (*прочность*) strength; ◇ ~ость населе́ния density of the population; ~ость информа́ции *програм.* information density; **~ый** **1.** solid, compact, firm; **2.** (*густой, непроницаемый*) dense, thick; ~ые слои́ атмосфе́ры denser layers of the atmosphere; **3.** (*о ткани*) thick, close-woven; **4.** (*крепкий, прочный*) thick, strong; ~ая бума́га strong paper; **5.** (*упитанный, крепко сложённый*) thickset; **6.** *разг.* (*сытный*) substantial, hearty; ~ый обе́д hearty dinner/meal.

плотоя́дный carnivorous; *перен.* sensual, lascivious.

плот|ь *ж.* flesh; ◇ во ~и́ in the flesh; ~ и кровь *чья-л.* *one's* own flesh and blood; войти́ в ~ и кровь incarnate, embody in flesh; обле́чься в ~ и кровь become* a reality; обле́чь в ~ и кровь свою́ иде́ю embody *one's* idea.

пло́хо **1.** *нареч.* badly, not well; ~ себя чу́вствовать feel* unwell; ~ себя́ вести́ behave badly; ~ обраща́ться с *кем-л.* treat *smb.* badly; ill-treat *smb.*; ~ относи́ться к *кому-л.* dislike *smb.*; ~ па́хнуть smell* bad*; ~ вы́глядеть look ill*/bad*; ~ ко́нчить come* to a bad end; ~ ко́нчиться end badly; ~ знать язы́к not know the language well, have* a poor command of the language; **2.** *в знач. сказ. безл.* that's bad; одно́ ~ there is only one thing wrong; с деньга́ми бы́ло ~ money was short; **3.** *в знач. сказ. безл.* (*дт.; о тяжёлом состоянии*): ему́ о́чень ~ he is very ill; **4.** *в знач. сущ. с. нескл.* (*отметка*) bad mark.

плох|о́й bad*, poor; ~ обе́д poor/tasteless meal, rotten dinner; ~а́я пого́да bad*/nasty weather; ~а́я па́мять poor memory; ~ урожа́й poor harvest; ~и́е ве́сти bad* news; ~ при́знак bad* sign; ~а́я привы́чка bad* habit; ~о́е утеше́ние poor consolation; ~ актёр bad* actor; ~а́я репута́ция bad* name/reputation; ~о́е настрое́ние low spirits *pl.*; у него́ ~ хара́ктер he is a difficult person (to get on with); пло́хо твоё де́ло! things look bad for you!; на него́ ~а́я наде́жда it's no good relying on him; его́ дела́ пло́хи he's in a bad way; ◇ с ним шу́тки пло́хи he's not a man* to be trifled with, he's a tough customer.

площа́дка *ж.* **1.** ground; игрова́я ~ *спорт.* court, playing field; те́ннисная ~ tennis court; ~ вратаря́ *спорт.* goal area; ~ для хране́ния декора́ций *кино* scene dock; **2.** (*лестничная*) landing; **3.** (*вагона*) platform.

пло́щадь *ж.* **1.** (*пространство; тж. мат.*) area; ~ треуго́льника area of a triangle; ~ сече́ния sectional area; ~ в ка́дре для те́кста *кино* lettering area; **2.** (*в городе и т. п.*) square; база́рная ~ marketplace; **3.** (*помещение*) space/accommodation; жила́я ~ living space/accommodation; ◇ произво́дственная ~ productive area/space.

плуг *м.* plow; ◇ снегово́й ~ snow plow.

плут *м.* **1.** cheat, swindler; **2.** *разг.* (*хитрец*) rogue.

плута́ть *несов. разг.* be* lost, stray, wander.

плути́шка *м. разг.* little rogue/imp.

плутова́тый **1.** cunning, artful; **2.** (*выражающий плутовство*) roguish.

плутова́ть, сплутова́ть *разг.* cheat, swindle.

плуто́вка *ж.* cheat, swindler; **2.** *разг.* (*лукавая женщина*) rogue.

плутов|ско́й **1.** swindling; ~ски́е приёмы underhanded methods/tricks; **2.** *разг.* (*выражающий хитрость*) roguish; ~ско́е лицо́ roguish face; **~ство́** *с.* **1.** (*обман*) trickery; (*в игре*) cheating; **2.** *разг.* (*хитрость, лукавство*) artfulness.

плыть *несов. см.* пла́вать; ~ по не́бу float/drift across the sky; ◇ ~ по тече́нию drift; ~ про́тив тече́ния go* against the stream, contend with the tide.

плюга́вый *разг.* mean, shabby; undersized.

плю́нуть *сов. см.* плева́ть.

плюс *м.* **1.** plus; **2.** *разг.* (*преимущество*) advantage.

плю́х|аться, плю́хнуться *разг.* flop (down); плю́хнуться в кре́сло flop into a chair; **~нуться** *сов. см.* плю́хаться.

плюш *м.* plush; **~евый** plush *attr.*

плю́шка *ж.* bun.

плющ *м.* ivy.

пляж *м.* beach; **~ный** beach *attr.*

пляс *м. разг.* dance; пуска́ться в ~ fling* *oneself* into a dance.

плясáть, сплясáть *разг.* dance, do* folk dancing.

пля́с|ка *ж.* country/folk dance; **~ово́й** *прил.* **1.** country dancing *attr.*; **2.** *в знач. сущ. ж.* country dance (-tune); **~у́н** *м.*, **~у́нья** *ж. разг.* (folk) dancer.

пневмáт|ика *ж.* pneumatic tools/apparatus; **~и́ческий** pneumatic.

пнуть *сов. см.* пинáть.

по 1. (*на поверхности*) on, over; (*в пределах чего-л.*) through, about; (*вдоль*) along, down; идти́ по ковру́ walk on the carpet; идти́ по у́лице walk down/along the street; ходи́ть по у́лицам walk the streets; ходи́ть по го́роду walk through the town; ходи́ть по ко́мнате walk about the room; (*взад и вперёд*) pace up and down the room; броди́ть по све́ту wander about the world; по́лзать по́ полу crawl about the floor; кни́ги разбро́саны по всему́ столу́ the books are scattered all over the table; **2.** (*посредством чего-л.*) by, over; по желе́зной доро́ге by rail; по во́здуху by air; по су́ше by land; по телефо́ну, ра́дио over the telephone, the radio; посла́ть *что-л.* по по́чте send* *smth.* by post; **3.** (*согласно*) according to, by; по пра́ву by right: по мои́м часа́м by my watch; по его́ жела́нию according to his wish; по прика́зу by order (of); по ми́рному догово́ру under the peace treaty; по пла́ну according to plan; по со́бственному вы́бору of *one's* own choice; **4.** (*вследствие чего-л.*) due to, owing to; по боле́зни due/owing to illness; по любви́ for love; по рассе́янности through absent-mindedness, in a moment of absent-mindedness; **5.** (*при обозначении времени*) in, on; (*в течение*) for; по воскресе́ньям on Sundays; по вечера́м in the evening; не писа́ть по месяца́м not write* for months; **6.** (*в области чего-л., в сфере чего-л.*) in, on; специализи́роваться по фи́зике specialize in physics; кни́га по матема́тике a book on mathematics; рабо́тать по до́му do* housework; матч, встре́ча по те́ннису tennis match; **7.** (*на основании каких-л. признаков*) by, in; до́брый по хара́ктеру kind by nature; сапо́жник по профе́ссии shoemaker by trade; челове́к по и́мени Алекса́ндр a man* by the name of Alexander; крестья́нин по происхожде́нию a peasant by origin; пе́рвый по величине́ first in size; отли́чный по ка́честву of excellent quality; **8.** (*в сочетании с числительными*) in, by; по́ два in twos; по́ двое in twos, two by two, two and two; по́ три in/by threes; по де́сять in tens; **9.** (*указывает на количество чего-л. при распределении, обозначении цены и т. п.*): по десяти́ рубле́й шту́ка ten rubles each; дать де́тям по конфе́те give* the children a sweet each, give* each child* a sweet; **10.** (*вплоть до*) to, up to, inclusive; по по́яс up to the waist; с деся́того по двадца́тое ма́я from the tenth to the twentieth of May inclusive; **11.** (*после чего-л.*) on; по прибы́тии on arrival; ◇ по мне as for me, as far as I am concerned.

по-англи́йски in English; (*в английском стиле*) in the English way; говори́ть ~ speak* English.

побагрове́ть *сов. см.* багрове́ть.

поба́иваться *несов.* (*рд.*, + *инф.*) be* rather afraid (of).

поба́ливать *несов. разг.* ache, hurt*/ache a bit.

побе́г I *м.* (*бегство*) flight, escape; соверши́ть ~ make* an/*one's* escape.

побе́г II *м.* (*росток*) shoot, sprout.

побе́гать *сов.* run* a little, have* a run.

побегу́шк|и *мн.*: быть на ~ах у *кого-л.* be* *smb.'s* errand boy; *перен. тж.* be* at *smb.'s* beck and call.

побе́да *ж.* victory; (*торжество тж.*) triumph; ~ ввиду́ нея́вки и́ли отка́за сопе́рника *спорт.* (*бокс, борьба*) walkover; ~ ввиду́ дисквалифика́ции сопе́рника victory as a result of disqualification of the opponent; ~ ввиду́ я́вного преиму́щества victory on superiority; ~ в индивидуа́льном зачёте victory in individual events; ~ в кома́ндном зачёте victory in team events; ~ на своём (чужо́м) по́ле (*футбол, волейбол и т.д.*) home (away) victory; ~ по очка́м victory on points; ~ нока́утом (*бокс*) victory by knockout; ~ с сухи́м счётом whitewash victory; чи́стая ~ *спорт.* clear victory.

победи́тель *м.*, **~ница** *ж.* conqueror; (*в состязаниях*) winner, victor; ◇ победи́телей не су́дят ≅ success is never blamed.

победи́ть *сов. см.* побежда́ть.

побе́дн|ый 1. victory *attr.*; ~ клич victory cry; **2.** (*победоносный*) triumphant, victorious; ◇ до ~ого конца́ till final victory.

победоно́сный victorious; *перен. тж.* triumphant.

побежа́ть *сов.* run*, start running, break* into a run.

побежда́ть, победи́ть **1.** (*наносить поражение*) win*; (*вн.*) defeat (*smb.*, *smth.*); (*победить кого-л. в бою*) defeat *smb.* in battle; **2.** (*вн.*; *преодолевать*) conquer (*smth.*), overcome* (*smth.*); **3.** (*в состязаниях*) win*; победи́ть в бе́ге win* the running events; ◇ побежда́ет сильне́йший ≅ the best man* wins; побежда́й зло добро́м *библ.* ≅ overcome evil with good.

побеле́ть *сов. см.* беле́ть 1.

побели́ть *сов. см.* бели́ть 1.

побе́лка *ж.* whitewashing.

побере́жье *с.* coast, coastline, seaboard, littoral.

побере́чь *сов.* (*вн.*) **1.** (*сохранить*) keep* (*smth.*); **2.** (*проявить заботливость*) take* care (of); **~ся** *сов.* take* care of *oneself*.

побесе́довать *сов.* (с *тв.*) have* a talk (with).

побеспоко́ить *сов.* (*вн.*) disturb (*smb.*); **~ся** *сов. см.* беспоко́иться 2.

побира́ться *несов. разг.* beg, ask for alms.

поб|и́ть *сов.* (*вн.*) **1.** *см.* бить 2; **2.** (*нанести поражение*) beat* (*smb.*, *smth.*); defeat (*smb.*, *smth.*); **3.** (*убить всех, многих*) kill (smb, *smth.*), slaughter (*smb.*, *smth.*); **4.** (*повредить посевы и т. п.*) beat* down (*smth.*), knock (*smth.*) flat; гра́дом ~и́ло хлеб the grain was beaten down by hail: **5.** *разг.* (*разбить всё, многое*) smash (*smth.*); ~ всю посу́ду smash all the dishes; ◇ ~ реко́рд beat*/break* the record; **~и́ться** *сов.* **1.** (*оказаться повреждённым*) be* bruised/damaged; **2.** *разг.* (*о посуде*) get* smashed/broken.

поблагодари́ть *сов. см.* благодари́ть.

побла́жк|а *ж. разг.* allowance, indulgence; дава́ть ~у *кому-л.* show* indulgence towards *smb.*; без вся́ких побла́жек *кому-л.* making no allowances for *smb.*, without any featherbedding.

побледне́ть *сов. см.* бледне́ть.

поблёклый faded.

поблёкнуть *сов. см.* блёкнуть.

побли́зости close by; hereabouts; ~ от... close to...

побо́и *мн.* thrashing *sg.*, beating *sg.*; (*удары*) blows.

побо́ище *с.* **1.** *уст.* (*сражение*) battle, slaughter; **2.** *разг.* (*драка*) brawl.

побо́рн|ик *м.*, **~ица** *ж.* champion.

поборо́ть *сов.* (*вн.*) **1.** (*одержать верх*) beat* (*smb.*), defeat (*smb.*); (*на войне тж.*) conquer (*smb.*); ~ проти́вника defeat/beat* *one's* adversary; **2.** (*преодолеть, превозмочь что-л.*) overcome* (*smth.*), surmount (*smth.*), get* over (*smth.*); ~ чу́вство стра́ха overcome*/conquer *one's* fear; ~ тоску́ overcome* *one's* depression; ~ боле́знь fight* a disease, get* the better of a disease.

побо́ры *мн.* (*ед.* побо́р *м.*) exactions, extortions.

побо́чн|ый secondary, subordinate; side *attr.*; ~ые сигна́лы *кино* stray signals; ~ые явле́ния side effects; игра́ть ~ую роль play a subordinate/minor part; ~ проду́кт by-product.

побоя́ться *сов.* (*рд.*, + *инф.*) be* afraid (of + to *inf.*), not dare (+ to *inf.*).

побрата́ться *сов. см.* брата́ться.

побрати́м *м.* sworn friend/brother; города́-~ы sister-cities.

побре́згать *сов. см.* бре́згать.

побрести́ *сов.* wander off, plod.

побри́ть *сов. см.* брить; **~ся** *сов. см.* бри́ться.

поброди́ть *см. разг.* (*походить некоторое время*) stroll, roam, wander, rove; ~ по у́лицам roam (through) the streets; ~ по го́роду roam through the town; ~ по све́ту wander/rove about the world.

поброса́ть *сов.* (*вн.*) **1.** (*бросить в беспорядке*) throw* down (*smth.*); **3.** (*оставить*) abandon (*smb.*, *smth.*).

побры́зг|ать *сов.* spray в little, sprinkle a little; дождь ~ал и переста́л there was only a sprinkle of rain; **~аться** *сов.* splash one another.

побря́кивать *несов. разг.* rattle.

побряку́шка *ж. разг.* (*безделушка*) trinket, bauble, gewgaw; (*погремушка*) rattle.

побуди́ть *сов. см.* побужда́ть.

побужд|а́ть, побуди́ть (*вн.* к *дт.*, *вн.* + *инф.*) prompt (*smb.* to, *smb.* + to *inf.*), induce (*smb.* + to *inf.*), impel (*smb.* + to *inf.*); **~е́ние** *с.* urge, motive, stimulus (*pl.* -li), inducement.

побыв|а́ть *сов.* **1.** be*; он ~а́л в Индии he has been to India; **2.** *разг.* (*посетить*) look in, visit.

побы́вк|а *ж. разг.* short stay/visit; *воен.* short leave; он прие́хал на ~у he has come on a short stay/visit.

побы́ть *сов.* stay (for a while); он по́был у нас три дня he stayed with us for three days.

пова́д|иться *сов.* (+ *инф.*) *разг.* **1.** get* into the habit (of + -ing); **2.** (*часто ходить куда-л.*) make* a habit of going/coming; **~ка** *ж. разг.* habit, way.

пова́дно *разг.*: что́бы не́ было ~ *кому-л.* to put *smb.* off, to break *smb.* off the habit (of doing *smth.*).

повали́ть I *сов. см.* вали́ть I 1.

повали́ть II *сов. см.* вали́ть II.

повали́ться *сов. см.* вали́ться.

пова́льн|ый general; mass *attr.*; ~ое увлече́ние *чем-л.* general/mass enthusiasm for *smth.*; ~ о́быск general search.

поваля́ть *сов.* (*вн.*) roll (*smth.*); ~ в сухаря́х roll in breadcrumbs; **~ся** *сов.* **1.** roll; ~ся в снегу́ roll in the snow; ~ся на траве́ lie* in/on the grass; **2.** *разг.* (*в постели*) have* a lie-in, stay in bed.

по́вар *м.* cook.

пова́ренн|ый cookery *attr.*, cooking *attr.*; ~ая кни́га cookery book; ~ое иску́сство art of cooking; culinary arts *pl.*; ◇ ~ая соль common/table salt.

повар|и́ха *ж.* cook; **~ско́й** cook's.

по-ва́шему **1.** (*по вашему мнению*) to your mind, in your opinion; **2.** (*по вашему желанию*) as you wish; пусть бу́дет ~ have it your way.

поведе́н|ие *с.* behavior, conduct; ли́ния ~ия line of conduct; **~ческий** behavior *attr.*, conduct *attr.*; ~ческие стереоти́пы behavior slereotypes.

повезти́ *сов. см.* везти́ 2.

повелев|а́ть *несов.* **1.** (*тв.*, *править*) rule (*smb.*); **2.** (*дт.* + *инф.*; *приказывать*) bid* (*smb.* + to *inf.*); мой долг ~а́ет мне сде́лать э́то I am in duty bound to do it.

повели́тель *м.*, **~ница** *ж.* sovereign.

повели́тельн|ый imperative, peremptory, commanding; ~ го́лос commanding voice; ~ тон peremptory tone; ◇ ~ое наклоне́ние *грам.* imperative mood.

повенча́ть *сов. см.* венча́ть 1; **~ся** *сов. см.* венча́ться.

пове́ренный *м.* **1.** attorney; (*в суде*) lawyer, solicitor; пате́нтный ~ *юр.* patent attorney; **2.** confidant; ◇ ~ в дела́х *дип.* charge d'affaires.

пове́р|ить *сов.* **1.** (*дт.*) believe (*smb.*, *smth.*); **2.** *см.* поверя́ть; **~ка** *ж.* **1.** check, test; ~ка вре́мени time check; госуда́рственная ~ка сре́дств измере́ний state calibration of measuring instruments; **2.** (*перекличка*) roll call; ◇ на ~ку when it came to the test/point.

поверну́ть(ся) *сов. см.* повёртывать(ся) *и* повора́чивать(ся).

поверте́ть *сов.* (*вн.*) turn (*smth.*); (*тв.; повернуть несколько раз в разные стороны*) turn (*smth.*) this way and that; ~ *что-л.* в рука́х fiddle with *smth.*; **~ся** *сов.* **1.** turn, make* a few turns; (*покружиться в танце*) dance a little; **2.** *разг.* (*поворачиваться из стороны в сторону*) turn this way and that; ~ся пе́ред зе́ркалом pose in front of the (looking-)glass; **3.** *разг.* (*пробыть где-л.*) hang* about for a while.

пове́рх over.

пове́рхностн|о superficially; **~ый 1.** (*лежащий на поверхности*) surface *attr.*; ~ый слой по́чвы surface-soil; ~ый сев surface planting; ~ая ра́на superficial wound; **2.** (*несерьёзный, неглубокий*) superficial; (*о человеке тж.*) shallow, unperceptive; ~ые зна́ния superficial knowledge *sg.*

пове́рхност|ь *ж.* surface; ~ земно́го ша́ра the earth's surface; ◇ скользи́ть по ~и never go* below the surface; всплыть на ~ come* to the surface.

по́верху *разг.* on the top; *перен.* on the surface.

пове́рье *с.* popular belief; superstition.

поверя́ть, пове́рить **1.** (*вн. дт.*, *доверять*) confide (*smth.* to); ~ та́йну *кому-л.* confide a secret to *smb.*; **2.** (*вн.*) *уст.* (*проверять*) check (*smth.*), test (*smth.*).

пове́са *м. разг.* rake, scapegrace.

повеселе́ть *сов.* cheer up.

повесели́ться *сов.* enjoy *oneself*, have* a good time.

по-весе́ннему as in spring; пого́да была́ ~ тёплая the weather was warm and springlike.

пове́сить *сов. см.* ве́шать 1; **~ся** *сов. см.* ве́шаться.

повествова́|ние *с.* narration, narrative; **~тельный** narrative.

повествова́ть *несов.* (о *пр.*) describe (*smth.*), tell* (of), relate (*smth.*).

повести́ *сов.* **1.** (*вн.*) lead* (*smb.*, *smth.*), take* (*smb.*, *smth.*); **2.** *см.* поводи́ть II.

повести́сь *сов.* **1.** (*войти в обычай*) become* the custom; **2.** (с *тв.*) *разг.* (*начать дружить*) make* friends (with); ◇ с кем поведёшься, от того́ и наберёшься *посл.* ≅ tell me whom you live with and I will tell you who you are.

пове́стк|а *ж.* notice, notification; (*в суд*) summons, subpoena; (*в армию и т. п.*) call-up papers *pl.*; ~ истцу́/отве́тчику *юр.* summons to a claimant/defendant; ~ свиде́телю summons to a witness; ~ сторона́м *юр.* summons to the parties; вручи́ть serve with a summons; ◇ ~ дня agenda, business of the day; на ~е дня on the agenda; сле́дующий пункт ~ и дня next business; приня́ть пу́нкты ~и дня adopt points/items of the agenda.

по́весть *ж.* tale, story, novella.

пове́шен|ие *с.* (*тж. юр.*) (death by) hanging; **~ный** *м.* the hanged man*, the hanged; ◇ в до́ме ~ного о верёвке не говоря́т *посл.* ≅ name not a rope in the house of him that hanged himself; кому́ суждено́ быть ~ным, тот не уто́нет *посл.* ≅ he that was born to be hanged shall never be drowned.

пове́|ять *сов.* **1.** (*подуть*) begin* to blow; **2.** *обыкн. безл.* (*тв.*): ~яло прохла́дой it became/grew a little cooler; от реки́ ~яло прохла́дой cool air drifted up from the river.

повёртывать, поверну́ть **1.** (*вн.*) turn (*smth.*) (*тж. перен.*); ~ ключ в замке́ turn the key in the lock; поверну́ть разгово́р change the subject; **2.** (*менять направление*) turn; ~ наза́д turn back; ~ напра́во turn right; доро́га кру́то поверну́ла нале́во the road turned sharply to the left; **~ся**, поверну́ться turn; *перен.* turn out; де́ло поверну́лось не так, как он предполага́л things did not turn out as he intended; у меня́ язы́к не повернётся сказа́ть ему́ I can't bring myself to tell him.

повзросле́ть *сов.* mature, become* mature.

повида́ть *сов.* (*вн.*) *разг.* see* (*smb.*, *smth.*); мно́го ~ на своём веку́ see* a lot in *one's* lifetime; ~ друзе́й see* *one's* friends; **~ся** *сов.* (с *тв.*) *разг.* see* (*smb.*); see*/meet* each other.

по-ви́димому apparently, evidently, probably.

пови́дло *с.* jam.

пови́нн|ость *ж.* service; *перен.* duty, obligation; **~ый** guilty; ни в чём не ~ые лю́ди completely innocent people; он ни в чём не пови́нен he is perfectly innocent; ◇ прийти́ с ~ой (голово́й) confess *one's* guilt; (*явиться*) give* *oneself* up; ~ую го́лову меч не сечёт *посл.* ≅ a fault confessed is half redressed.

повинов|а́ться (*дт.*) obey (*smb.*, *smth.*); ~ распоряже́ниям obey orders; **~е́ние** *с.* obedience, submission.

повиса́ть, пови́снуть **1.** hang*, dangle, be* suspended; (на *пр.; хвататься*) cling* (to); пови́снуть на ше́е у *кого-л.* hang* on *smb.'s* neck, cling* to *smb.*; **2.** (*свешиваться*) droop; (*обвисать*) sag; **3.** (*представляться взору неподвижным*) hover, be* poised; ◇ пови́снуть в во́здухе remain poised in midair; *перен.* be* all in the air as yet, be* hanging in the air.

повисе́ть *сов.* hang* for a while.

пови́снуть *сов. см.* повиса́ть.

повле́чь *сов.* (*вн.*) cause (*smth.*), involve (*smth.*), entail (*smth.*); ~ за собо́й неприя́тности involve/entail trouble; ~ за собо́й пожа́р cause a fire.

повлия́ть *сов. см.* влия́ть.

по́вод I *м.* (*у лошади*) bridle rein; отда́ть пово́дья give* a horse the bridle, give* a horse its head; ◇ быть на ~у́ у *кого-л.* be* under *smb.'s* thumb.

по́вод II *м.* (*обстоятельство*) occasion, ground, reason; (*предлог*) pretext, excuse; без вся́кого ~а for no reason at all; for no earthly reason *разг.*; по любо́му ~у at the slightest pretext; ◇ ~ к войне́ casus belli; дать ~ для ссо́ры give* rise to dissension; по ~у *чего-л.* with regard to *smth.*, in connection with *smth.*, apropos of *smth.*; по э́тому ~у in this connection.

поводи́ть I *сов.* **1.** (*вн.*; *походить с кем-л.*). walk (*smb.*); ~ *кого-л.* по ко́мнате walk *smb.* round the room; **2.** (*тв.* по *дт.*) draw* (*smth.* over), pass (*smth.* over).

поводи́ть II, повести́ (*тв.*) move (*smth.*); ~ бровя́ми move *one's* eyebrows; ~ глаза́ми pass/cast* *one's* eyes (over); ◇ он и бро́вью не повёл he didn't even bat an eyelid.

поводо́к *м.* **1.** rein; **2.** (*для собак*) lead.

поводы́рь *м.* guide.

повоз|и́ть *сов.* (*вн.*) give* (*smb.*) a ride; (*в коляске, на машине*) take* (*smb.*) for a drive; (*вещи*) cart (*smth.*), do* some carting; **~и́ться** *сов.* **1.** (*поворочаться*) stir restlessly; **2.** (с *тв.*) *разг.* (*потратить время на что-л.*) spend* time/effort (on), have* trouble (with); мне пришло́сь с ним мно́го ~и́тъся he gave me a lot of trouble, I had my hands full with him.

пово́зка *ж.* horse-drawn vehicle; wagon, cart.

поволнова́ться *сов.* be* worried/uneasy.

повора́чивать(ся) *несов. см.* повёртывать(ся).

поворо́т *м.* **1.** (*действие*) turn; ~ круго́м (*конный спорт*) change through the circle; вы́полнить ~ *спорт.* execute a turn; **2.** (*место*) turn, turning; (*изгиб*) bend; пе́рвый ~ напра́во first turning on the right; **3.** (*изменение, перелом в чём-л.*) change, turn, turning point; круто́й ~ в поли́тике a radical/sharp change in policy; ◇ ле́гче на ~ах! watch your step!

поворо́тлив|ость *ж.* **1.** agility, nimbleness; **2.** (*о машинах, самолётах и т. п.*) maneuverability; **~ый** **1.** agile, nimble, quick; **2.** (*о машинах, самолётах*) maneuverable.

поворо́тн|ый **1.** rotating, turning; swivel *attr.*, swing *attr.*; ~ые механи́змы rotating mechanisms; ~ круг turntable; **2.** (*переломный*) turning, crucial; ~ пункт turning point.

поворча́ть *сов.* grumble (a bit); (*о собаке*) give* a growl.

повреди́ть *сов. см.* поврежда́ть *и* вреди́ть.

поврежд|а́ть, повреди́ть **1.** (*вн.*; *портить*) damage (*smth.*), spoil* (*smth.*); повреди́ть замо́к damage the lock; **2.** (*вн.*; *ранить*) injure (*smth.*), hurt* (*smth.*); он повреди́л себе́ но́гу при паде́нии he hurt his foot* in falling; **~е́ние** *с.* **1.** (*действие*) damaging; **2.** (*изъян, поломка и т. п.*) damage (*тк. sg.*); ~е́ние телефо́нного ка́беля fault in a telephone cable; ~е́ние киноплёнки *или* кинофи́льма film damage; ~е́ние гру́за damage of goods; акт о ~е́нии гру́за cargo damage report.

повремени́ть *сов. разг.* **1.** (с *тв.*, + *инф.*) (*помедлить*) wait a bit (before + -ing); **2.** (*подождать*) wait.

повреме́нн|ый; ~ая рабо́та time work; ~ая опла́та payment by the hour (day, week *etc.*).

повседне́вн|ый daily, everyday; ~ые ну́жды daily needs; ~ая жизнь everyday life.

повсеме́стн|о everywhere; **~ый** general; in all areas *после сущ.*; ~ые за́морозки frosts in all areas.

повста́н|ец *м.* insurgent, rebel; **~ческий** insurgent; rebel *attr.*; ~ческая а́рмия insurgent army.

повстреча́ть *сов.* (*вн.*) *разг.* meet* (*smb.*), run* into (*smb.*); **~ся** *сов.* (*дт.*, с *тв.*) *разг.* meet* (*smb.*).

повсю́ду everywhere, far and wide.

повтор|е́ние *с.* repetition; (*многократное*) reiteration; ~ переда́чи пропу́щенных рекла́м *тлв.* make good; ◇ ~ — мать уче́ния *посл.* ≅ practice makes perfect; **~и́ть(ся)** *сов. см.* повторя́ть(ся).

повто́рн|ый repeated, second; ~ зака́з *торг.* repeat order; ~ ана́лиз reanalysis; ~ые тре́бования repeated requests; ~ое счи́тывание *програм.* rescanning.

повторя́ть, повтори́ть (*вн.*) 1 repeat (*smth.*); (*многократно*) reiterate (*smth.*); ~ одно́ и то́ же go* on repeating the same thing; **2.** (*ранее заученное*) revise (*smth.*), go* over (*smth.*); **3.** (*воспроизводить*) copy (*smth.*); **~ся**, повтори́ться **1.** recur, be* repeated; **2.** (*о людях*) repeat *oneself*; он на́чал ~ся he is repeating himself.

повы́сить(ся) *сов. см.* повыша́ть(ся).

повыша́ть, повы́сить (*вн.*) **1.** (*делать более высоким*) raise (*smth.*); **2.** (*увеличивать, усиливать*) raise (*smth.*), increase (*smth.*); повы́сить продукти́вность скота́ make* cattle/herds more productive; повы́сить тре́бовательность к свое́й рабо́те raise the standard of *one's* work, adopt a more exacting attitude to *one's* (own) work; повы́сить це́ны raise prices, put* prices up; ~ зарпла́ту raise/increase wages; **3.** (*по службе*) promote (*smb.*); повы́сить *кого-л.* в чине promote *smb.*; **4.** (*усовершенствовать, улучшать*) improve (*smth.*); ◇ повы́сить го́лос raise *one's* voice; **~ся**, повы́ситься rise*; (*увеличиваться тж.*) increase; у́ровень воды́ повы́сился the water has risen; дохо́ды повы́сились income has increased; повы́ситься в *чьём-л.* мне́нии rise* in *smb.'s* esteem; ~ся по слу́жбе be* promoted.

повыше́ние *с.* **1.** (*действие*) rise; (*по службе*) promotion; ~ жи́зненного у́ровня rise/improvement in the standard of living; ~ зарпла́ты rise in wages; ~ квалифика́ции improvement of *one's* qualifications; ~ ре́зкости ко́нтуров *кино, тлв.* crispening; ~ квалифика́ции руководя́щих ка́дров management development; **2.** (*высокое место*) elevation.

повы́шенн|ый: ~ спрос *торг.* excessive demand; ~ая температу́ра (slight) temperature; ~ые це́ны increased prices; ~ые тре́бования increased demands/requirements; ~ интере́с к *чему-л.* heightened/increased interest in *smth.*; говори́ть в ~ом то́не raise *one's* voice, talk loud(ly).

повяза́ть(ся) *сов. см.* повя́зывать(ся).

повя́зка *ж.* **1.** (*бинт*) bandage; **2.** (*нарукавная*) armlet, armband; (*на голову*) headband, fillet.

повя́зывать, повяза́ть (*вн.*) tie (*smth.*); ~ га́лстук tie *one's* necktie; ~ го́лову cover *one's* head; **~ся**, повяза́ться (*тв.*) put* (*smth.*) on, tie (*smth.*) on; ~ся платко́м put* on *one's* kerchief.

погада́ть *сов. см.* гада́ть 1.

пога́нец *м. разг.* rascal.

пога́нить (*вн.*) pollute (*smth.*), defile (*smth.*).

пога́нка *ж.* (*гриб*) toadstool.

пога́н|ый **1.** (*о грибах*) poisonous; **2.** *разг.* (*предназначенный для отбросов*) slop *attr.*, rubbish *attr.*; ~ое ведро́ slop pail; **3.** *разг.* (*неприятный*) foul, nasty; rotten; ~ вкус во рту́ a bad/rotten taste in the mouth.

по́гань *ж. собир. разг.* filth, dregs *pl.*

погаса́ть, пога́снуть **1.** go*/burn* out; (*о глазах, взоре*) fade, grow* dim; **2.** (*о чувствах и т. п.*) die, fade; **3.** (*чахнуть*) die, fade away.

погаси́ть *сов. см.* погаша́ть *и* гаси́ть.

пога́снуть *сов. см.* га́снуть *и* погаса́ть.

погаш|а́ть, погаси́ть (*вн.*) (*долги*) liquidate (*smth.*), redeem (*smth.*), pay* off (*smth.*); (*марки*) cancel (*smth.*); ~ ве́ксель retire a bill; **~е́ние** *с.* (*долгов*) liquidation, redemption, paying off; sinking, payment, repaying; (*марок*) cancellation; тира́ж ~е́ния final draw; ~е́ние до́лга *фин.* settlement/repayment of a debt; ~е́ние до́лга в рассро́чку paying off by installments; ~е́ние долгосро́чных за́ймов repayment of long-term loans; ~е́ние ипоте́чного креди́та extinguishment of mortgage; ~е́ние креди́та/ссу́ды repayment of a credit/loan; подлежа́щий ~е́нию по пе́рвому тре́бованию (*о векселе*) *фин.* subject to call.

пога́шенн|ый cancelled; ~ые ма́рки used stamps.

погекта́рный per-hectare *attr.*

погиба́ть, поги́бнуть be* lost, perish; (*о людях тж.*) be* killed; поги́бнуть на войне́ be* killed in the war.

поги́бель I *ж. уст.* death, ruin, doom.

поги́бел|ь II *ж.*: согну́ться в три ~и bend* double; согну́ть *кого-л.* в три ~и get* *smb.* under *one's* thumb.

поги́бельный ruinous, disastrous.

поги́б|нуть *сов. см.* погиба́ть *и* ги́бнуть; **~ший** ruined, lost.

погла́дить *сов. см.* гла́дить 2.

погла́живать *несов.* (*вн.*) stroke (*smb.*, *smth.*).

поглоти́ть *сов. см.* поглоща́ть.

поглощ|а́ть, поглоти́ть (*вн.*) **1.** absorb (*smth.*), soak up (*smth.*); *перен.* (*усваивать многое*) absorb (*smth.*); он ~а́ет кни́гу за кни́гой he devours book after book; **2.** (*скрывать в своих недрах*) swallow up (*smb.*, *smth.*); **3.** (*всецело захватывать*) absorb (*smb.*), engross (*smb.*); он весь поглощён нау́кой he is completely engrossed/absorbed in science; **4.** (*требовать много затрат, времени и т. п.*) use up (*smth.*), consume (*smth.*); печь ~а́ет мно́го то́плива the stove eats up fuel; рабо́та ~а́ет у него́ мно́го вре́мени his work takes up much of his time; **~е́ние** *с.* absorption; *эк., юр.* takeover, merger; "агресси́вное" ~е́ние hostile takeover; "дру́жественное" ~е́ние friendly takeover; предложе́ние о ~е́нии takeover bid; **~ённый** absorbed, engrossed.

поглупе́ть *сов. см.* глупе́ть.

погляде́ть *сов. см.* гляде́ть 1, 2; **~ся** *сов. см.* гляде́ться.

погля́дывать *несов.* **1.** (на *вн.*) cast* a glance (at), look (at); **2.** (за *тв.*) *разг.* (*присматривать*) look* (after), keep* an eye (on).

погна́ть *сов.* (*вн.*) **1.** (*заставить двигаться*) drive* (*smth.*); set*/get* (*smth.*) moving; ~ ста́до в по́ле drive* the cattle to pasture; **2.** (*лошадь*) whip up (*smth.*); ~ ло́шадь вскачь put* a horse into a gallop; **~ся** *сов.* (за *тв.*) run* (after), pursue (*smb.*, *smth.*), chase (*smb.*, *smth.*); ◇ ~ся за двумя́ за́йцами *погов.* try to do two things at once.

погни́ть *сов. разг.* rot, decay.

погну́ть *сов.* (*вн.*) bend* (*smth.*); **~ся** *сов.* be* bent.

погова́рив|ать *несов.* (о *пр.*) *разг.* talk (of); ~ают о его́ возвраще́нии there is some talk of his returning.

поговор|и́ть *см.* **1.** talk; он лю́бит ~ he loves to talk; **2.** (о *пр.; обсудить*) talk over (*smth.*), discuss (*smth.*); мы ~и́ли о ва́шем де́ле we have discussed your case.

погово́рк|а *ж.* proverbial phrase, saying; by-work; войти́ в ~у become* proverbial.

пого́д|а *ж.* weather; ◇ ждать у мо́ря ~ы *погов.* ≅ wait in vain for *smth.*

погод|и́ть *сов. разг.* wait; ~и́те! you wait!; немно́го ~я́ a little later (on).

пого́жий fine; ~ день a fine day.

поголо́вн|о to a man; **~ый** general.

поголо́вье *с.* total number; ко́нское ~ total stock/number of horses; ~ кру́пного рога́того скота́ total number/head of cattle; ~ скота́ и пти́цы the cattle and poultry population.

пого́н *м.* shoulder strap.

пого́нный (*о метрах*) linear; ~ метр linear/long meter.

пого́нщик *м.* driver; (*скота*) drover.

погóн|я *ж.* **1.** (*действие*) pursuit; chase; **2.** (*группа преследующих*) pursuers *pl.*; **3.** (за *тв.*; *усиленное стремление к чему-л.*) pursuit of; в ~е за счáстьем in pursuit of happiness.

погоня́ть *несов.* (*вн.*) whip up (*smth.*); *перен.* urge on (*smb.*); ~ лошадéй кнутóм whip up the horses.

погорéлец *м.* homeless fire victim.

погорéть *сов.* lose* everything in a fire; (*о здании и вещах*) be* burnt; *перен. разг.* slip up.

погорячи́ться *сов.* lose* *one's* temper, get* excited.

погóст *м.* village/country churchyard.

погости́ть *сов.* be* on a short visit.

погранзастáва *ж.* (пограни́чная застáва) frontier post.

пограни́чник *м.* border/frontier guard; **~ый** border *attr.*, frontier *attr.*; ~ый райóн frontier area; ~ая стáнция border station; ~ый столб frontier post; ~ые войскá border/frontier troops.

пóгреб *м.* cellar; пороховóй ~ powder magazine; *перен.* gunpowder.

погреб|áльный funeral; ~ звон tolling of the funeral bell; **~áть**, погрести́ (*вн.*) bury (*smb.*); **~éние** *с.* burial.

погремýшка *ж.* rattle.

погрести́ *сов. см.* погребáть.

погрéть *сов.* (*вн.*) warm (*smth.*) for a while, give* (*smth.*) a warming; (*о солнце*) be* warm for a while; **~ся** *сов.* warm *oneself* for a while, get* warm (for a bit).

погреши́ть *сов. см.* греши́ть 2.

погрéшност|ь *ж.* error; ~и в вычислéнии errors of calculation; ~и в мотóре defects in an engine.

погрози́ть *сов. см.* грози́ть 2.

погрóм *м.* massacre, pogrom; **~ный 1.** (*призывающий к погрому*) rabble-rousing *attr.*; **2.** *разг.* (*содержащий резкие выпады*) devastating, slashing; ~ная статья́ devastating article; **~щик** *м.* pogrom maker, thug.

погруж|áть, погрузи́ть (*вн.* в *вн.*) dip (*smth.* into), immerse (*smth.* in); plunge (*smb.*, *smth.* into) (*тж. перен.*); **~áться**, погрузи́ться sink*, plunge; be* immersed (*тж. перен.*); (*о подводной лодке*) submerge; dive; ~áться в рабóту, размышлéния be* deep/immersed in *one's* work, thought; ~áться в чтéние be* immersed in *one's* reading; ~áться в глубóкий сон sink* into a deep sleep; **~éние** *с.* immersion, dipping; (*подводной лодки*) submergence.

погрузи́ть *сов. см.* погружáть *и* грузи́ть 2; **~ся** *сов. см.* погружáться *и* грузи́ться.

погрýзк|а *ж.* loading; (*на суда*) shipment, lading; *воен.* embarkation; автомати́ческая ~ *торг.* automatic loading; бескрáновая ~ roll on; контéйнерная ~ loading in containers; механизи́рованная ~ mechanized loading; немéдленная ~ prompt loading; ~ навáлом loading in bulk; ~ нали́вом loading in tanks; ~ за счёт продавцá/ покупáтеля loading at the seller's/buyer's expense; уведомлéние о ~е *торг.* loading notification.

погрýзочно-разгрýзочн|ый: ~ые рабóты loading and unloading operations.

погрýзочный loading *attr.*; ~ óрдер loading/shipping order, mate's receipt.

погрýзчик *м.* mechanical loader.

погрязáть, погря́знуть (в *пр.*) stick* (in); *перен.* be* steeped (in), wallow (in); погря́знуть в невéжестве be* steeped in ignorance; погря́знуть в разврáте wallow in vice; погря́знуть в долгáх be* up to the eyes/ears in debt.

погря́знуть *сов. см.* погрязáть.

погуби́ть *сов. см.* губи́ть.

погýливать *несов.* **1.** stroll; **2.** (*веселиться*) go* on the spree now and then.

погуля́ть *сов.* go* for a stroll/walk.

под, подо **1.** (*ниже чего-л.*) under, underneath; стоя́ть под дéревом stand* under a tree; постáвить чемодáн под кровáть put* a case under a bed; под водóй underwater; рабóтать под землёй work underground; пóд гору downhill; **2.** (*около, в непосредственной близости*) near, close to; жить под Москвóй live near Moscow; би́тва под Полтáвой the Battle of/at Poltava; **3.** (*в зоне действия чего-л.*) under; под огнём проти́вника under enemy fire; гуля́ть под дождём walk in the rain; **4.** (*указывает на состояние, положение*) under, под руковóдством under the leadership of, под наблюдéнием врачá under the doctor; под комáндой *кого-л.* under (the) command of *smb.*; под замкóм under lock and key; заключáть под стрáжу put* under arrest, take* into custody; быть под угрóзой be* under (a) threat; взять под свою́ защи́ту take* under *one's* protection; под влия́нием under the influence; отдáть *кого-л.* под суд bring* *smb.* to trial, put* *smb.* on trial; **5.** (*для какой-л. цели*) for, as; э́тот сарáй зáнят под сéно this barn is for hay; **6.** (*о времени*) towards; (*о возрасте тж.*) close on; (*накануне*) on the eve of; под вéчер towards evening; в ночь под Нóвый год on New Year's Eve, емý под шестьдеся́т he is close on sixty, he is nearly sixty, he is not far off sixty; **7.** (*похожий на*) in imitation of; под крáсное дéрево in imitation of mahogany; **8.** (*в обмен на какое-л. ручательство*) on; под залóг on security; под распи́ску giving a receipt; получи́ть *что-л.* под чéстное слóво take* *smth.* on *one's* word of honor (to return it); **9.** (*в сопровождении чего-л. звучащего*) with, to; под аккомпанемéнт роя́ля with a piano accompaniment; танцевáть под мýзыку dance to the music; **10.** (*при наличии признака, свойства*) with; дом под желéзной кры́шей house with an iron roof; **11.** (*при указании признака, выделяющего лицо, предмет, понятие*) under, by; писáть под псевдони́мом write* under an assumed name; ◇ "под ключ" (*метод и условие осуществления контрактного проекта*) turnkey.

подавáльщица *ж.* waitress.

подавáть, подáть **1.** (*вн. дт.*) give* (*smb.*, *smth.*); подáть *кому-л.* портфéль hand *smb.* his briefcase; подáть *кому-л.* стул give*/bring* *smb.*

a chair; ~ *кому-л.* пальто́ help *smb.* on with his, her coat; **2.** (*вн.; ставить на стол*) serve (*smth.*); ~ обе́д serve dinner; ко́фе был по́дан в кабине́т coffee was served in the study; **3.** (*давать милостыню*) give* alms; пода́ть ни́щему give* alms to a beggar; **4.** (*вн.; подводить для посадки, погрузки*) drive* (*smth.*) up; маши́ну по́дали к подъе́зду the car was sent up to the door; по́езд по́дан на тре́тью платфо́рму the train comes in at platform three; **5.** (*вн.; в письменном виде*) make* (*smth.*), file (*smth.*); ~ заявле́ние file an application; ~ жа́лобу на *кого-л.* make*/lodge a complaint against *smb.*; ~ в суд на *кого-л.* bring* an action against *smb.*; **6.** *програм.* feed*; ~ бума́гу feed* paper; **7.** (*вн.*) *спорт.* serve (*smth.*); ~ мяч serve (the ball); ◇ пода́ть сове́т give* advice; пода́ть по́мощь render assistance; пода́ть го́лос 1) make* *one's* presence known; 2) (за *вн.*; *проголосовать*) vote (for); ~ знак make* a sign, give* a signal; пода́ть мысль suggest an idea; пода́ть приме́р give*/set* an example; ~ ру́ку *кому-л.* 1) (*протягивать*) hold* out *one's* hand to *smb.*; 2) (*чтобы вести под руку*) offer *one's* arm to *smb.*; пода́ть друг дру́гу ру́ку shake* hands; пода́ть ру́ку по́мощи *кому-л.* give* *smb.* a helping hand; ~ при́знаки жи́зни show* signs of life; **~ся,** пода́ться yield (*тж. перен.*); (*изменять положение*) move, shift; lean*; дверь подала́сь под напо́ром the door yielded to a push; толпа́ подала́сь наза́д the crowd fell back; ~ся ту́ловищем назад lean* back; ◇ пода́ться не́куда there is no way out.

подави́ть *сов. см.* подавля́ть.

подави́ться *сов.* choke; ~ ко́стью get* a bone in *one's* throat.

подавле́ние *с.* suppression.

пода́вленн|ость *ж.* depression, despondency; **~ый 1.** (*угнетённый, мрачный*) depressed, despondent; ~ое настрое́ние low spirits *pl.*, dejection; **2.** (*приглушённый*) suppressed.

подавл|я́ть, подави́ть **1.** (*вн.*; *силой прекращать что-л.*) suppress (*smth.*), put* down (*smth.*), quell (*smth.*), *перен.* suppress (*smth.*); подави́ть мятёж put* down a rebellion; подави́ть улы́бку suppress/hide* a smile; **2.** (*вн.*; *получать перевес над кем-л. чем-л.*) overpower (*smb.*, *smth.*), overwhelm (*smb.*, *smth.*); **3.** (*вн. тв.; производить сильное впечатление*) overawe (*smb.* with, by), overpower (*smb.* with); ~ свои́м авторите́том overawe with *one's* authority; **4.** (*вн.*; *приводить в угнетённое состояние*) depress (*smb.*); **~я́ющий 1.** (*превосходящий*) overwhelming; ~я́ющим большинство́м голосо́в by an overwhelming majority; **2.** (*гнетущий*) depressing.

пода́вно *разг.* all the more, so much the more.

пода́гр|а *ж.* gout; **~и́ческий** gouty; ~и́ческая боль gouty pain.

пода́льше *разг.* a little further (away).

подари́ть *сов. см.* дари́ть.

пода́рок *м.* present; gift; сде́лать ~ *кому-л.* give*/make* *smb.* a present; ◇ не до́рог ~, дорога́ любо́вь ≅ the gift is small, but love is all.

пода́тель *м.*, **~ница** *ж.* (*письма*) bearer; (*заявления*) petitioner.

пода́тлив|ость *ж.* **1.** malleableness, softness; (*воздействию*) pliancy; **2.** (*уступчивость, сговорчивость*) pliancy, complaisance; **~ый 1.** malleable, soft; (*легко поддающийся воздействию*) pliable, pliant; **2.** (*уступчивый, сговорчивый*) pliable, complaisant; ~ый хара́ктер pliant character.

по́дать *ж. ист.* tax, duty.

пода́ть(ся) *сов. см.* подава́ть(ся).

пода́ч|а *ж.* **1.** (*действие*): ~ заявле́ния presenting of an application; ~ ваго́нов marshalling of trucks; ~ то́плива fuel supply; **2.** *спорт.* service, serve; ве́рхняя бокова́я ~ hook service; ве́рхняя пряма́я ~ overhead service; ни́жняя бокова́я ~ windmill service; поте́ря ~и loss of service; **3.** (*кинофильма*) film feed movement; *програм.* feed.

пода́чка *ж. разг.* scrap; sop (*тж. перен.*).

подая́ние *с.* alms; проси́ть ~ ask for alms.

подба́вить *сов. см.* подбавля́ть.

подбавля́ть, подба́вить (*вн.*, *рд.*) add (*smth.*); подба́вить са́хару в чай put* some more sugar in *one's* tea.

подба́дривать, подбодри́ть (*вн.*) cheer up (*smb.*); **~ся,** подбодри́ться cheer up, feel* more cheerful.

подбега́ть, подбежа́ть come* running up, run* up.

подбежа́ть *сов. см.* подбега́ть.

подберёзовик *м.* (*гриб*) brown-cap boletus.

подбива́ть, подби́ть **1.** (*вн.*; *прибивать подмётку и т. п.*) nail (*smth.*) on, fix (*smth.*) on; подби́ть каблуки́ tip the heels; **2.** (*вн. тв.*) *разг.* (*подшивать с изнанки*) line (*smth.* with); ~ шу́бу ме́хом line a coat with fur; **3.** (*вн.* на *вн.*, *вн.* + *инф.*) *разг.* (*подстрекать*) egg (*smb.*) on (+ to *inf.*), incite (*smb.* + to *inf.*); **4.** (*вн.*) *разг.* (*сбивать ударом снизу*) trip (*smb.*) (up); knock (*smth.*) over; (*повреждать*) damage (*smth.*); подби́ть глаз *кому-л.* give* *smb.* a black eye, blacken *smb.*'s eye; подби́ть танк cripple/damage a tank; подби́ть у́тку wing a duck.

подбира́ть, подобра́ть (*вн.*) **1.** (*поднимать*) pick up (*smb.*, *smth.*), gather (*smth.*); ~ ра́неных с по́ля сраже́ния bring* in the wounded (from the battlefield); ~ коло́сья glean; **2.** (*выбирать, отбирать*) choose* (*smb.*, *smth.*), select (*smb.*, *smth.*); ~ ключ к замку́ find* a key to fit the lock; ~ люде́й select/choose* people; ~ кни́ги collect books; ~ недостаю́щие номера́ журна́ла make* up the missing numbers of a magazine; ~ цвета́ match colors; ~ себе́ костю́м choose* *oneself* a suit; **3.** (*убирать, прятать подо что-л.*) tuck up (*smth.*), do* up (*smth.*); (*поджимать*) purse (*smth.*), pull in (*smth.*), (*делать туже*) tighten (*smth.*); ~ подо́л ю́бки tuck up *one's* skirt; ~ гу́бы purse *one's* lips; **~ся,** подобра́ться **1.** (*составляться*) be* selected; подобрала́сь хоро́шая компа́ния the company was well selected; **2.** *разг.* (*подкрадываться*) steal* up; **3.** *разг.*

(*принимать более строгий вид*) brace *oneself*, draw* *oneself* up.

подби́ть *сов. см.* подбива́ть.

подбодри́ть(ся) *сов. см.* подба́дривать(ся).

подбодря́ть(ся) *см.* подба́дривать(ся).

подбо́р *м.* selection; (*сочетание*) combination; ~ книг selection of books; ~ ка́дров selection of personnel; ~ мяча́ *спорт.* (*баскетбол*) rebound; ◇ как на ~ choice *attr.*; well-matched; (*о людях*) to a man; гру́ши как на ~ choice pears; брига́да вся как на ~ the team is the pick of the bunch; в ~ *полигр.* run on.

подбо́рка *ж.* **1.** (*действие*) selection; **2.** (*в газете*) box, section.

подборо́док *м.* chin.

подбоче́ниться *сов. разг.*: стоя́ть подбоче́нившись stand* with *one's* hands on *one's* hips.

подбра́сыв|ать, подбро́сить **1.** (*вн.*; *кидать вверх*) throw* (*smb.*, *smth.*) up, toss (*smb.*, *smth.*) (up); ~ мяч toss a ball into the air; **2.** *обыкн. безл.* (*сильно трясти во время движения*) jolt, shake*; маши́ну си́льно ~ало the car jolted violently; **3.** (*вн.*, *рд.; добавлять*) add (*smth.*); ~ дров в пе́чку put* some more wood in the stove; **4.** (*тайком подкладывать, подкидывать*) plant (*smth.*); (*ребёнка*) abandon (*smb.*); ~ докуме́нты plant documents (on).

подбро́сить *сов. см.* подбра́сывать.

подва́л *м.* **1.** basement; (*погреб*) cellar; **2.** (*в газете*) lower half of the page; (*статья*) article covering the whole lower half of the page.

подва́льный basement *attr.*; ~ эта́ж basement (floor).

подвести́ *сов. см.* подвози́ть.

подверга́ть, подве́ргнуть (*вн. дт.*) subject (*smb.*, *smth.* to); ~ *что-л.* кри́тике criticize *smth.*, subject *smth.* to criticism; ~ *что-л.* обсужде́нию discuss *smth.*; ~ *кого-л.* наказа́нию inflict a punishment on *smb.*; ~ *кого-л.* опа́сности expose *smb.* to danger; ~ *что-л.* сомне́нию call/bring* *smth.* in question; **~ся**, подве́ргнуться (*дт.*) be* subjected (to), be* exposed (to); ~ся обсужде́нию be* discussed, подве́ргнуться (серьёзной) кри́тике be* (severely) criticized; ~ся опа́сности be* exposed to danger; ~ся опера́ции undergo* an operation.

подве́р|гнуть(ся) *сов. см.* подверга́ть(ся); **~женный** (*дт.*) subject (to), liable (to), prone (to); ~женный ревмати́зму liable/prone to rheumatism; он ~жен просту́де he catches cold easily; ~женный оши́бкам *програм.* error-prone.

подверну́ть(ся) *сов. см.* подвёртывать(ся).

подве́с|ить *сов. см.* подве́шивать; **~ка** *ж.* **1.** (*действие*) hanging, hanging up; **2.** (*устройство для подвешивания*) bracket; (*автомашины*) suspension; **3.** (*украшение*) pendant; **~но́й** **1.** (*висящий*) hanging, suspended; ~на́я ко́йка hammock; **2.** (*устроенный для передвижения*) suspension *attr.*, overhead; ~но́й мост suspension bridge; ~но́й конве́йер overhead conveyor; ~на́я доро́га overhead trolley, cableway.

подвести́ *сов. см.* подводи́ть.

подве́тренн|ый lee *attr.*; leeward; ~ая сторона́ lee side.

подве́шивать, подве́сить (*вн.*) suspend (*smth.*), hang* (*smth.*), подве́сить ла́мпу к потолку́ hang* a lamp from the ceiling.

подвёртывать, подверну́ть (*вн.*) **1.** (*завинчивать*) screw (*smth.*); ~ га́йку screw (up) a nut; **2.** (*засучивать*) turn up (*smth.*), roll up (*smth.*); ~ брю́ки roll up *one's* trousers; **3.** (*подгибать края*) tuck in (*smth.*); ~ одея́ло tuck in the blanket; **4.** (*повреждать*) sprain (*smth.*), twist (*smth.*); подверну́ть себе́ но́гу sprain/twist *one's* ankle; **~ся**, подверну́ться **1.** (*о рукавах; брюках*) be* rolled up; **2.** (*о ноге*) get* twisted; **3.** (*случайно попадаться на глаза*) turn up.

по́двиг *м.* feat, achievement; (*связанный с большим риском*) exploit; трудово́й ~ feat of labor; герои́ческий ~ heroic deed; боево́й ~ feat of arms.

подвига́ть, подви́нуть (*вн.*) **1.** (*перемещать*) move (*smth.*); подви́ньте стул move up your chair; **2.** *разг.* (*содействовать развитию чего-л.*) advance (*smth.*), make* progress (in); make* headway (in); **~ся**, подви́нуться **1.** (*перемещаться*) move; **2.** (*двигаться вперёд в каком-л. отношении*) advance, make* progress; перегово́ры подви́нулись вперёд the negotiations have made some progress.

подви́д *м. биол.* subspcecies.

подви́жн|ик *м.*, **~ица** *ж. церк.* ascetic, hermit; *перен.* enthusiast; **~ический** self-sacrificing; **~ичество** *с.* heroism, self-sacrifice.

подвижн|о́й (*двигающийся*) travelling, mobile; ~ го́спиталь mobile hospital; ~ кран для освети́тельной аппарату́ры *кино* travelling light crane; ~ соста́в *авт.*, *ж.-д.* stock; *ж.-д.* rolling stock; ◇ ~ые и́гры outdoor games.

подви́жн|ость *ж.* **1.** mobility; ~ лица́ facial mobility; **2.** (*о человеке*) liveliness; отлича́ться ~остью be* very energetic/lively; **~ый** (*отличающийся живостью*) lively, quick; ~ый ребёнок lively child*; ~ое лицо́ mobile features *pl.*; ~ый ум quick/nimble mind.

подвинти́ть *сов. см.* подви́нчивать.

подви́нуть(ся) *сов. см.* подвига́ть(ся).

подви́нчивать, подвинти́ть **1.** (*вн.*) tighten up (*smth.*); **2.** (*вн.* к *дт.; привинчивать*) screw (*smth.* on).

подвла́стный (*дт.*) dependent (on), in the power (of).

подво́да *ж.* cart, dray.

подводи́ть, подвести́ (*вн.*) **1.** (*приближать*) lead* (*smb.*, *smth.*), (*доставлять*) bring* up (*smb.*, *smth.*); ему́ подвели́ друго́го коня́ they brought him another horse; подвести́ резе́рвы bring* up *one's* reserves; **2.** (*доводить до какого-л. места*) extend (*smth.*), take* (*smth.*) as far as; ~ доро́гу к бе́регу extend the road to the shore; **3.** (*подкладывать подо что-л. устраивать под чем-л.*) put* (*smth.*); *перен.* furnish (*smth.*); ~ фунда́мент под зда́ние underpin a building; ~ ми́ну под укрепле́ния (under)mine fortifications; **4.** *разг.* (*ставить в затруднительное положение*) let* (*smb.*) down; ◇ подвести́ черту́ под *чем-л.* round off *smth.*; подвести́ часы́ alter *one's* watch; ~ ито́ги sum up; живо́т подвело́ feel* empty; feel* hollow inside.

подво́дн|ик *м.* **1.** submariner: **2.** (*водолаз*) diver; **~ый** submarine; ~ая ло́дка submarine; ~ые расте́ния submarine plants; ~ое тече́ние undercurrent; ~ые киносъёмки *кино* underwater photography; ~ый киносъёмочный аппара́т underwater camera; ◇ ~ый ка́мень snag, hidden reef/rock.

подво́з *м.* supply, delivery; **~и́ть**, подвезти́ **1.** (*вн.*; *привозить куда-л.*) take* (*smb.*, *smth.*); (*попутно*) give* (*smb.*) a lift; подвезти́ *кого-л.* до дере́вни take* *smb.* to the village; мы тебя́ подвезём we'll give you a lift; **2.** (*вн.*, *рд.; доставлять, снабжать*) bring* in (*smth.*), deliver (*smth.*); (*дополнительно*) supply extra (*smth.*); подвезти́ дров bring* in wood.

подворотничо́к *м.* inside collar (*sewn in under the collar of a tunic*).

подворо́тня *ж.* **1.** (*щель*) space under a gate; **2.** (*доска*) underboard (of a gate); **3.** (*проём в стене дома*) gateway.

подво́х *м.* *разг.* dirty trick.

подвяза́ть(ся) *сов. см.* подвя́зывать(ся).

подвя́зка *ж.* **1.** (*действие*) tying up; **2.** (*резинка*) garter (*женская*); suspender (*мужская*).

подвя́зывать, подвяза́ть (*вн.*) tie (*smth.*); (*подвязывать*) tie up (*smth.*); **~ся**, подвяза́ться tie *smth.* round *one.*

подгиба́ть, подогну́ть (*вн.*) **1.** (*загибать края чего-л.*) turn (*smth.*) up; **2.** (*сгибать*) tuck (*smth.*) under; (*слегка сгибать в коленях*) bend* (*smth.*); подогну́ть под себя́ но́ги tuck *one's* legs under *one*; **~ся**, подогну́ться **1.** be* tucked in; **2.**: у него́ но́ги подогну́лись his legs are giving way.

подгляде́ть *сов.* **1.** *см.* подгля́дывать; **2.** (*вн.*; *случайно заметить*) notice (*smth.*), spot (*smth.*).

подгля́дывать, подгляде́ть peep at; ~ в замо́чную сква́жину peep through the keyhole; ~ за *кем-л.* spy on *smb.*

подгова́ривать, подговори́ть (*вн.* на *вн.*, *вн.* + *инф.*) instigate (*smb.* + to *inf.*), induce (*smb.* + to *inf.*), put* (*smb.*) up to (*smth.*).

подговори́ть *сов. см.* подгова́ривать.

подголо́сок *м.* supporting/second voice; *перен. презр.* yes-man*.

подгоня́ть, подогна́ть (*вн.*) **1.** (*пригонять*) drive* (*smth.*); подогна́ть плот к бе́регу steer a raft to the bank; **2.** (*торопить*) urge (*smb.*, *smth.*) on, drive* (*smb.*, *smth.*) on; ~ ло́шадь urge a horse forward, **3.** (*прилаживать*) adjust (*smth.*), fit (*smth.*), make* (*smth.*) fit; ~ ключ к замку́ make* the key fit the lock.

подгор|а́ть, подгоре́ть **1.** (*о пище*) get* burnt; **2.** (*гореть у основания*) burn* through (underneath); **~е́лый** burnt.

подгоре́ть *сов. см.* подгора́ть.

подгота́вливать, подгото́вить (*вн.*) prepare (*smb.*, *smth.*), get*/make* (*smth.*) ready; (*обучать*) train (*smb.*); ~ по́чву для перегово́ров prepare the way for negotiations; ~ *кого-л.* к экза́мену prepare *smb.* for an examination; ~ враче́й train doctors; ~ сце́ну для спекта́кля get* the stage ready for the performance; **~ся**, подгото́виться (к *дт.*) prepare (for), make* *oneself* ready (for).

подготови́тельн|ый preparatory; ~ пери́од preparatory period; ~ая рабо́та spade work; ~ая ста́дия preliminary stage; ~ые мероприя́тия preliminaries; ~ые ку́рсы preliminary course(s).

подгото́в|ить(ся) *сов. см.* подгота́вливать(ся); **~ка** *ж.* **1.** preparation; (*обучение*) training; вое́нная ~ка military training; ~ка ка́дров manpower training/personnel training/ training of specialists; без ~ки (экспро́мтом) without preparation, extempore; ~ка к киносъёмке *кино* lining up; **2.** (*запас знаний*) schooling, education, grounding; у него́ хоро́шая ~ка he has a food grounding; у него́ сла́бая ~ка he lacks training; ◇ артиллери́йская ~ка preparation fire, softening up.

подгото́вленн|ость *ж.* (degree of) training; всё зави́сит от ~ости на́ших ка́дров everything depends on how well our personnel are trained; **~ый** prepared.

подготовля́ть(ся) *несов. см.* подгота́вливать(ся).

подгру́ппа *ж.* subgroup.

подгу́зник *м.* nappy; diaper *амер.*

поддава́ть, подда́ть **1.** (*вн. тв.; подбрасывать ударом снизу*) knock (*smth.*) up; ~ мяч раке́ткой lob the ball, play a lob-shot; подда́ть мяч ного́й kick the ball in the air, punt the ball; **2.** (*вн.*) *разг.* (*шашку, карту и т. п.*) give* (*smth.*) away; ◇ подда́ть жа́ру, па́ру *разг.* put* on steam; **~ся**, подда́ться (*дт.*) **1.** give* way (to), yield (to); ~ся де́йствию огня́ yield to the flames, catch* fire; подда́ться искуше́нию give* way to temptation; он легко́ поддаётся уговóрам he is easily persuaded; мы не поддаёмся угро́зам we do not surrender to threats; **2.** *тк. несов.* respond (to); материа́л поддаётся обрабо́тке the material is good to work on; ◇ не ~ся описа́нию defy/beggar description; не ~ся никако́му сравне́нию defy (all) comparison.

подда́кивать, подда́кнуть (*дт.*) *разг.* signify assent (to), echo (*smb.*); *перен.* play up to (*smb.*).

подда́кнуть *сов. см.* подда́кивать.

по́ддан|ная *ж.* **~ный** *м.* subject, citizen; англи́йский ~ный British subject; **~ство** *с.* citizenship; приня́ть ~ство take* out citizenship.

подда́ть *сов. см.* поддава́ть, **~ся** *сов. см.* поддава́ться 1.

поддева́ть, подде́ть (*вн.*) **1.** lever (*smth.*) up; **2.** *разг.* (*говорить колкости*) bait, tease, have* a dig (at); ло́вко я его́ подде́л I got in a nice dig at him.

поддéл|ать(ся) *сов. см.* поддéлывать(ся); **~ка** *ж.* **1.** (*действие*) forging, forgery; ~ка банкнóт forgery of banknotes; ~ка векселéй forgery of bill of exchange; **2.** (*подделанная вещь, имитация*) imitation; fake; (*документа и т. п.*) forgery, counterfeit.

поддéлывать, поддéлать (*вн.*) forge (*smth.*), counterfeit (*smth.*); ~ чужýю пóдпись forge *smb.*'s signature, **~ся**, поддéлаться **1.** (под, подо *вн.*; *подражать*) imitate (*smb.*, *smth.*); **2.** (к *дт.*) *разг.* (*искать расположения*) play up to (*smb.*), ingratiate *oneself* (with), get* into *smb.'s* good books.

поддéльный 1. (*фальшивый*) false; fake *attr.*; faked; forged; **2.** (*искусственный*) artificial; imitation *attr.*

поддержáние *с.* maintenance; ~ порядка maintenance of order.

поддержáть *сов. см.* поддéрживать 1, 2, 3, 4.

поддéрж|ивать, поддержáть (*вн.*) **1.** (*не давать упасть*) support (*smb.*, *smth.*); ~ *кого-л.* пóд руку hold* *smb.'s* arm; **2.** (*оказывать помощь*) support (*smb.*, *smth.*), back (*smb.*, *smth.*) up; поддержáть наступлéние артиллерúйским огнём give* an offensive artillery support; **3.** (*выражать своё согласие*) support (*smb.*, *smth.*), second (*smb.*, *smth.*); back (*smb.*, *smth.*) *разг.*, поддержáть *чью-л.* кандидатýру support *smb.*'s candidature; ~ *чьё-л.* предложéние support/second *smb.*'s proposal; (*на собрании*) support a motion; **4.** (*не давать прекратиться*) keep* up (*smth.*), maintain (*smth.*); ~ перепúску keep* up a correspondence; ~ дисциплúну keep*/uphold* discipline; ~ огóнь keep* up a fire; ~ отношéния keep* in touch; ~ разговóр keep* up the conversation; ~ порядок maintain order; ~ дипломатúческие отношéния maintain diplomatic relations; **5.** *тк. несов.* (*служить опорой*) keep* up (*smth.*), hold* (*smth.*), support (*smth.*); колóнны ~ивают крышу the columns support the roof; **~ка** *ж.* **1.** (*помощь, одобрение*) support, backing; материáльная ~ка financial support; **2.** (*опора*) support, prop.

поддéть *сов. см.* поддевáть.

поддрáзнивать, поддразнúть (*вн.*) tease (*smb.*), chaff (*smb.*), taunt (*smb.*).

поддразнúть *сов. см.* поддрáзнивать.

поддувáло *с.* (*в печке*) ash-pan; (*в топке*) ash pit.

поддув|áть, поддýть **1.** *разг.* blow*; create a draft; **2.** *тк. несов. безл.*; ~áет it's rather drafty, there is a slight draft.

поддýть *сов. см.* поддувáть 1.

подéйствовать *сов. см.* дéйствовать 5.

подéлать *сов.* (*вн.*) *разг.* **1.** (*заняться чем-л. в течение некоторого времени*) do* a bit (of); **2.** (*сделать что-л.*) make* (*smth.*); ◇ ничегó не могý с ним ~ he is difficult to manage, I don't know how to manage him; ничегó не подéлаешь! it can't be helped!, no one can do anything about it; no way!

подел|úть *сов.* **1.** (*вн.*) divide (*smth.*), share (*smth.*); онú чегó-то не ~úли they have fallen out, they have had a quarrel; **2.** (*вн.* с *тв.*) share (*smth.* with); **~úться** *сов.* (*тв.* с *тв.*) **1.** (*уделить*) share (*smth.* with); ~úться кнúгами с *кем-л.* share *one's* books with *smb.*; **2.** (*сообщить*) tell* (*smb.*, *smth.*), share (*smth.* with); ~úться с *кем-л.* своúми впечатлéниями tell* *smb. one's* impressions; ~úться óпытом с *кем-л.* impart *one's* knowledge to *smb.*, share *one's* experience with *smb.*

подéлка *ж.* handmade article.

поделóм *разг.*: ~ емý (ей, вам *и т. д.*) it serves him (her, you, *etc.*) right.

подéлыв|ать *несов. разг.*: что ~аете? how are you getting along/on?; how are you doing?

подéржанн|ый secondhand; ~ое плáтье secondhand clothes *pl.*

подержáть *сов.* (*вн.*) keep* (*smth.*) for a time; **~ся** *сов.* **1.** (за *вн.*) hold* on (to); **2.** (*находиться в определенном положении*) stay for a while; **3.** (*сохраняться*) last for a while; **4.** (*не сдаваться*) hold* out for a while.

подешевéть *сов. см.* дешевéть.

подён|но by the day; платúть ~ pay* by the day; **~ный** by the day *после сущ.*; ~ная рабóта time work, day labor; ~ная оплáта payment by the day; ~ный рабóчий day laborer, time worker; **~щик** *м.*, **~щица** *ж.* day laborer, time worker.

подёргивание *с.* jerk, twitch, twitching; ~ изображéния *кино, тлв.* picture bounce.

подёргив|ать *несов.* **1.** (*тв.*) twitch (*smth.*); **2.** *безл.*: гýбы егó ~ало his lips were twitching; егó всегó ~ает he is twitching all over; **~аться** *несов.* twitch.

подёрн|уть *сов.* (*вн.*) cloud (*smth.*), cover (*smth.*); óзеро бы́ло ~уто льдом the lake was covered with a thin film of ice; **~уться** *сов.* be* clouded, be* covered; её глаза ~улись слезáми her eyes are clouded with tears.

поджáривать, поджáрить (*вн.*) (*на сковороде*) fry (*smth.*); (*на пламени*) grill (*smth.*), broil (*smth.*); (*хлеб*) toast (*smth.*); (*в духовке*) roast (*smth.*); (*обжаривать поверхность*) brown (*smth.*); **~ся**, поджáриться be* roasted, be* fried, be* toasted.

поджáристый nice and brown.

поджáрить(ся) *сов. см.* поджáривать(ся).

поджáть *сов. см.* поджимáть.

поджелýдочн|ый; ~ая железá *анат.* pancreas.

поджéчь *сов. см.* поджигáть.

поджигáтель *м.* arsonist, incendiary; *перен.* instigator.

поджигáть, поджéчь (*вн.*) set* (*smth.*) on fire, set* fire (to); поджéчь дом set* a house on fire.

поджидáть *несов.* (*вн.*, *рд.*) wait (for).

поджúлки *мн. разг.*: ~ трясýтся у *кого-л.* *smb.* is shaking at the knees with fear.

поджимáть, поджáть: ~ гýбы purse *one's* lips; ~ нóги cross *one's* legs; сидéть, поджáв нóги sit* cross-legged, sit* with *one's* legs tucked under *one*; поджáть хвост put* its tail between its legs; *перен.* sing* small; собáка убежáла, поджáв хвост the dog ran off with its tail between its legs.

поджóг *м.* arson.

подзаголóвок *м.* subtitle, subheading.

подзадóривать, подзадóрить (*вн.*) *разг.* encourage (*smb.*); (*подстрекать*) egg (*smb.*) on, incite (*smb.*).

подзадóрить *сов. см.* подзадóривать.

подзакóнный: ~ акт *юр.* by(e)-law.

подзатыльник *м. разг.* cuff, clip (on the back of the head).

подзащи́тн|ая *ж.*, **~ый** *м. юр.* client.

подземéлье *с.* vault; (*пещера*) cave; (*темница*) dungeon.

подзéмка *ж. разг.* tube, underground.

подзéмн|ый underground; subterranean *книжн.*; ~ ход underground passage; ~ взрыв underground explosion; ~ые испытáния underground tests.

подзóр *м.* **1.** cornice (of Russian wood buildings); 2. edging, trimming.

подзóрн|ый: ~ая трубá telescope, spyglass.

подзывáть, подозвáть (*вн.*) call (*smb.*), call up (to); (*жестом*) beckon (to).

подкáлывать, подколóть (*вн.*) pin (*smth.*) to, pin up (*smth.*); *перен. разг.* tease (*smb.*), have* a dig (at); (*о документе*) attach.

подкáпывать, подкопáть (*вн.*) undermine (*smth.*), sap (*smth.*); **~ся**, подкопáться (под *вн.*) dig* under (*smth.*), undermine (*smth.*); *воен.* sap (*smth.*); *перен.* intrigue (against).

подкараýливать, подкараýлить (*вн.*) *разг.* be* on the lookout (for), watch (for); (*находиться в засаде*) lie* in wait (for).

подкараýлить *сов. см.* подкараýливать.

подкáрмливать, подкорми́ть (*вн.*) **1.** feed* (*smb.*, *smth.*) up; **2.** *с.-х.* apply/give* (*smth.*) a top-dressing, give* (*smth.*) extra fertilizer, **~ся**, подкорми́ться *разг.* feed* *oneself*.

подкати́ть(ся) *сов. см.* подкáтывать(ся).

подкáтывать, подкати́ть **1.** (*вн.*; *катя, приближать к чему-л.*) push (*smth.*) up; (*помещать подо что-л.*) push (*smth.*) under, roll (*smth.*) under; **2.** *разг.* (*подъезжать*) roll up, drive* up; маши́на подкати́ла к подъéзду the car drove up to the entrance; **3.** (к *дт.*) *разг.* rise* (in); у негó подкати́ло к гóрлу he felt a lump in his throat; **~ся**, подкати́ться **1.** (к *дт.*, под *вн.*) roll (to, under); **2.** *разг.* (*приближаться — о поезде и т. п.*) run*.

подкáшивать, подкоси́ть (*вн.*) **1.** cut* (*smth.*); **2.** (*сваливать с ног*) cut* (*smb.*) down; **3.** (*лишать силы, бодрости*) sap/undermine *smb.'s* spirits/vigor; болéзнь подкоси́ла егó illness sapped his spirits; **~ся**, подкоси́ться give* way; bend*; у негó нóги подкáшиваются (*от усталости*) he is ready to drop.

подки́дывать, подки́нуть *см.* подбрáсывать 1, 3, 4.

подки́дыш *м.* foundling.

подки́нуть *сов. см.* подки́дывать.

подклáдка *ж.* **1.** lining; **2.** (*основа чего-л.*) foundation; какáя тут ~? what is behind all this?

подклáдочный lining *attr.*

подклáдывать, подложи́ть (*вн.*) **1.** put* (*smth.*) under; **2.** *разг.* (*подшивать подкладку*) line (*smth.*); ~ шёлк под пальтó have* a coat lined with silk; **3.** (*вн.*, *рд.*; *добавлять*) add (*smth.*), put* out some more (*smth.*), refill *smb.*'s plate; **4.** (*тайно*) plant (*smth.*); емý подложи́ли докумéнты the documents were planted on him; ◇ подложи́ть свинью́ *кому-л.* play *smb.* a mean trick, do* the dirty on *smb.*

подклáсс *м. биол.* subclass.

подклéивать, подклéить (*вн.*) paste up (*smth.*), glue up (*smth.*).

подклéить *сов. см.* подклéивать.

подключáть, подключи́ть (*вн.*) put* (*smth.*) in, (*вн.* к *дт.*) connect up (*smth.* to); **~ся**, подключи́ться be* connected up.

подключи́ть(ся) *сов. см.* подключáть(ся).

подкóва *ж.* horseshoe.

подковáть *сов. см.* подкóвывать.

подкóвывать, подковáть (*вн.*) shoe (*smth.*); *перен. разг.* train (*smb.*), prepare (*smb.*); быть подкóванным в *чём-л.* be* well up in *smth.*; он хорошó подкóван по математике he is well up in mathematics.

подкóжн|ый hypodermic; ~ое впры́скивание hypodermic injection.

подколóть *сов. см.* подкáлывать.

подкоми́ссия *ж.* subcommittee.

подконтрóльный under the control (of) *после сущ.*

подкóп *м.* **1.** (*действие*) undermining; **2.** (*подземный ход*) tunnel; **3.** *обыкн. мн. разг.* (*происки, козни*) intrigues; **~áть(ся)** *сов. см.* подкáпывать(ся).

подкóрм *м. с.-х.* extra feed.

подкорми́ть(ся) *сов. см.* подкáрмливать(ся).

подкóрмка *ж. с.-х.* top-dressing.

подкоси́ть(ся) *сов. см.* подкáшивать(ся).

подкóшенный: он упáл как ~ he went down like a ninepin.

подкрáдываться, подкрáсться steal* up, sneak up; stealthily approach (*тж. перен.*).

подкрáсить(ся) *сов. см.* подкрáшивать(ся).

подкрáсться *сов. см.* подкрáдываться.

подкрáшивать, подкрáсить (*вн.*) **1.** touch up (*smth.*) (*тж. перен.*); (*жидкость*) color (*smth.*); ~ гу́бы touch up *one's* lips; ~ щёки put* on a little rouge; **2.** (*подновлять окраску*) touch up (*smth.*), renew the paint work (of); подкрáсить окóнные рáмы touch up the window-frames; **~ся**, подкрáситься *разг.* put* on a little makeup.

подкреп|и́ть(ся) *сов. см.* подкрепля́ть(ся); **~лéние** *с.* **1.** (*действие*) support; (*пищей*) refreshing, refreshment; (*здоровья*) fortifying; **2.** *воен.* reinforcement.

подкрепля́ть, подкрепи́ть (*вн.*) **1.** (*придавать прочность*) prop (*smth.*), underpin (*smth.*); support (*smth.*) (*тж. перен.*); **2.** (*поддерживать*) support (*smb., smth.*); (*пищей и т. п.*) refresh (*smb.*); **~ся**, подкрепиться refresh *oneself*, have* a snack.

подкрутить *сов. см.* подкручивать.

подкручивать, подкрутить (*вн.*) *разг.* screw (up) (*smth.*) tight; ~ гайку screw (up) a nut tight.

подкуп *м.* bribery, graft.

подкуп|ать, подкупить **1.** (*вн.*) bribe (*smb.*), buy* (*smb.*); *перен.* appeal (to), captivate (*smb.*); ~ает его искренность his appeal lies in his sincerity; **2.** (*вн.*; *рд.; покупать дополнительно*) buy* more (*smth.*), buy* extra (*smth.*); **~ающий** appealing, captivating, attractive; ~ающая улыбка winning smile.

подкупить *сов. см.* подкупать.

подламывать, подломить (*вн.*) break* (*smth.*) underneath; *перен.* take* all the heart out of (*smb.*); **~ся**, подломиться crack; (*о ногах, коленях*) give* way.

подле **1.** *нареч.* near, close by; **2.** *предлог* (*рд.*) near, by the side of; он сидел ~ меня he was sitting by my side.

подлеж|ать *несов.* (*дт.*) be* subject (to); ~ обложению налогами be* subject to taxation; не ~ит оглашению not to be made public; ◇ это не ~ит сомнению it is not to be doubted, it is beyond doubt, it is indisputable.

подлежащее *с. грам.* subject.

подлезать, подлезть crawl/creep under.

подлезть *сов. см.* подлезать.

подлесок *м.* underwood, underbrush, undergrowth.

подлетать, подлететь **1.** fly* up; **2.** *разг.* (*быстро приближаться*) run* up.

подлететь *сов. см.* подлетать.

подлец *м.* scoundrel, villain.

подлечивать, подлечить (*вн.*) *разг.* give* some treatment (to), cure (*smb.*) temporarily; ~ся, подлечиться get* some treatment.

подлечить(ся) *сов. см.* подлечивать(ся).

подлёдный under the ice *после сущ.*; ~ рельеф subglacial relief; ~ лов рыбы ice fishing.

подливать, подлить (*рд.*) add (*smth.*); ◇ подлить масла в огонь add fuel to the flame/fire, pour oil on the flame.

подливка *ж.* sauce; (*мясная*) gravy.

подлиза *м. и ж. разг.* toady, wheedler.

подлизать(ся) *сов. см.* подлизывать(ся).

подлизывать, подлизать (*вн.*) lick (*smth.*) up; **~ся**, подлизаться (к *дт.*) *разг.* toady (to), make* up (to), fawn (on); lick *smb.*'s foot.

подлинник *м.* original; представить документы в ~ах produce the original documents; читать классиков в ~ах read* the classics in the original.

подлинн|ость *ж.* authenticity, truth; **~ый** **1.** (*являющийся оригиналом*) authentic, genuine, original; ~ый документ original document; ~ое письмо authentic letter; **2.** (*истинный*) real, true, genuine; ~ый художник real/true artist; ~ый героизм real heroism; с ~ым верно certified true copy.

подлить *сов. см.* подливать.

подличать *несов.* act meanly.

подлог *м.* forgery.

подложить *сов. см.* подкладывать.

подложный forged, counterfeit; fake *разг.*

подломить(ся) *сов. см.* подламывать(ся).

подл|ость *ж.* **1.** meanness, baseness; **2.** (*подлый поступок*) mean/vile/low action, foul thing; сделать ~ do* a foul thing; какая ~! what a foul thing to do!; **~ый** mean, foul, vile, underhand; ~ый поступок mean/low trick.

подмазать(ся) *сов. см.* подмазывать(ся).

подмазывать, подмазать (*вн.*) apply a little more (*smth.*); (*жиром, маслом*) grease (*smth.*); не подмажешь — не поедешь *посл.* ≅ who greases the way travels easy; **~ся**, подмазаться *разг.* **1.** (*подкрашивать губы*) put* on a little makeup; **2.** (к *дт.*) (try to) get* into *smb.'s* favor.

подмандатный mandated.

подмастерье *м.* apprentice.

подмачивать, подмочить (*вн.*) wet (*smth.*) slightly, moisten (*smth.*), dampen (*smth.*); (*давать подмокнуть*) get* (*smth.*) wet/damp.

подмен|а *ж.* substitute, substitution; **~ить** *сов. см.* подменять.

подменять, подменить (*вн.*) **1.** (*незаметно заменять что-л.*) quietly substitute (*smth.*), change (*smth.*) on the quiet; **2.** *разг.* (*временно заменять кого-л.*) replace (*smb.*), stand* in for (*smb.*).

подмерзать, подмёрзнуть freeze* slightly, tighten up (in the frost).

подмести *сов. см.* подметать.

подметальщ|ик *м.*, **~ица** *ж.* sweeper.

подметать, подмести (*вн.*) sweep* (*smth.*).

подметить *сов. см.* подмечать.

подмечать, подметить (*вн.*) notice (*smth.*), observe (*smth.*).

подмёрзнуть *сов. см.* подмерзать.

подмётк|а *ж.* sole; подбивать ~и (*о сапожнике*) resole boots; (*о заказчике*) have* *one's* boots resoled; ◇ в ~и не годиться *кому-л.* be* not fit to hold a candle to *smb.*, be* not a patch on *smb.*

подмигивать, подмигнуть (*дт.*) wink (at), give* (*smb.*) a wink (at).

подмигнуть *сов. см.* подмигивать.

подминать, подмять (*вн.*) crush (*smb., smth.*); press down (on).

подмокать, подмокнуть get* slightly wet.

подмокнуть *сов. см.* подмокать.

подмораж|ивать, подморозить **1.** (*вн.*) freeze* (*smth.*), touch (*smth.*) with frost; подморозить яблоки freeze* the apples; дорогу подморозило the road was filmed/coated with ice; **2.** *безл.*: ~ивает it is freezing; ночью сильно подморозило there was a hard frost during the night.

подморозить *сов. см.* подмораживать.

подмоско́вный near Moscow *после сущ.*, in the vicinity of Moscow *после сущ.*

подмо́стки *мн.* **1.** (*настил*) scaffold *sg.*, scaffolding *sg.*; **2.** (*сцена*) stage *sg.*

подмо́ченн|ый *разг.* damp, slightly wet; *перен.* damaged; ~ая репута́ция damaged reputation.

подмочи́ть *сов. см.* подма́чивать.

подмыв|а́ть, подмы́ть (*вн.*) **1.** give* (*smb.*, *smth.*) a wash; **2.** (*размывать*) undermine (*smth.*), erode (*smth.*); **3.** *тк. несов. безл. разг.* (*о непреодолимом желании что-л. делать*): меня́ ~а́ло сказа́ть ему́ I had a great mind to tell him; **~а́ться**, подмы́ться have* a wash, wash *oneself.*

подмы́ть *сов. см.* подмыва́ть 1, 2; **~ся** *сов. см.* подмыва́ться.

подмы́шка *ж.* (*в косв. падежах пишется раздельно*) armpit; под мы́шкой under *one's* arm.

подмы́шник *м.* dress preserver, dress shield.

подмя́ть *сов. см.* подмина́ть.

поднебе́сн|ый of the sky *после сущ.*, celestial; в ~ой вышине́ high in the heavens.

поднебе́сье *с.* skies *pl.*, heavens *pl.*; в ~ on high.

поднево́льный 1. (*зависимый*) dependent, bound; я челове́к ~ I am not my own master; **2.** (*принудительный*) forced; ~ труд forced labor.

поднести́ *сов. см.* подноси́ть.

поднима́ть, подня́ть (*вн.*) **1.** lift (*smth.*), raise (*smth.*); ~ ги́рю lift a weight; ~ проти́вника *спорт.* (*борьба*) lift off the opponent; ~ вес на грудь (*тяжёлая атлетика*) clean; ~ шта́нгу *спорт.* lift the bar; подня́ть бага́ж на ли́фте take* the luggage up in the elevator; подня́ть ру́ку raise *one's* hand; подня́ть го́лову lift up *one's* head; ~ флаг hoist a flag; **2.** (*подбирать с земли, с пола*) pick up (*smth.*); ~ плато́к pick up a handkerchief; **3.** (*заставлять встать*) get* (*smb.*) up; (*побуждать отправиться*) get* (*smb.*) to go; ~ *кого-л.* в ата́ку take* *smb.* over the top, lead* *smb.* in a charge; **4.** (*воодушевлять на что-л.*) rouse (*smb.*), stimulate (*smb.*), inspire (*smb.*); ~ *кого-л.* на по́двиг inspire *smb.* to heroic action; **5.** (*увеличивать, повышать*) raise (*smth.*); *перен.* enhance (*smth.*); ~ квалифика́цию рабо́чих train workers to a higher level; ~ це́ны на това́ры raise the price of goods; ~ настрое́ние *кому-л.* put* *smb.* in the right mood; ~ дух *кому-л.* raise *smb.'s* spirits; **6.** *в сочетании с некоторыми существительными*: подня́ть восста́ние start an uprising; raise the standard of revolt, ~ трево́гу raise the alarm; ~ хо́хот raise a laugh; **7.** (*вспахивать*) plow up (*smth.*); ~ целину́ break* new/fresh ground, cultivate virgin land; ◇ подня́ть глаза́ lift *one's* eyes; ~ пе́тли mend ladders; ~ ру́ку на *кого-л.* lift *one's* hand against *smb.*; подня́ть *кого-л.* на смех make* a laughingstock of *smb.*; **~ся**, подня́ться **1.** rise*; баро́метр подня́лся the barometer has risen; **2.** (*всходить*) go* up; (*на гору*) climb, ascend; ~ся по ле́стнице go* upstairs; ~ся на второ́й эта́ж go* up to the first floor; ~ся на самолёте go* up in an aeroplane; ~ся ввысь (*о птицах*) soar; **3.** (*вставать с постели*) get* up, rise*; **4.** (*возникать, начинаться*) arise*; подняла́сь вью́га a snowstorm arose; подня́лся шум there was a lot of noise; **5.** *тк. несов.* (*о дороге и т. п.*) climb, rise*; **6.** *тк. несов.* (*выделяться своей высотой*) tower.

поднови́ть *сов. см.* подновля́ть.

подновля́ть, поднови́ть (*вн.*) renovate (*smth.*), repair (*smth.*), freshen up (*smth.*).

подного́тн|ая *ж. разг.* carefully guarded secrets *pl.*, inside information; знать всю ~ую *кого-л.* know* every little thing about *smb.*

подно́жи|е *с.* **1.** foot*; у ~я горы́ at the foot of the mountain; **2.** (*пьедестал*) pedestal.

подно́жк|а *ж.* **1.** (*экипажа, трамвая*) step, footboard; (*автомобиля*) running-board; **2.** *разг.* (*удар ногой*) trip; подста́вить ~у *кому-л.* trip *smb.* up.

подно́жный: ~ корм forage crop, grazing; пусти́ть скот на ~ корм graze cattle.

подно́с *м.* tray; (*металлический тж.*) salver; ча́йный ~ tea-tray.

подноси́ть, поднести́ **1.** (*вн.*) lift (*smb.*, *smth.*), raise (*smb.*, *smth.*) (*приносить*) carry (*smth.*); bring* (*smth.*); поднести́ ло́жку ко рту́ lift a spoon to *one's* mouth; поднести́ ве́щи к по́езду carry the luggage to the rain; **2.** (*вн. дт.; дарить*) present (*smb.* with); **3.** (*вн., рд.; угощать*) give* (*smth.*), bring* (*smth.*).

подноше́ние *с.* (*подарок*) present.

подня́тие *с.* raising.

подня́ть *сов. см.* поднима́ть; **~ся** *сов. см.* поднима́ться 1, 2, 3, 4.

подо *см.* под.

подоб|а́ть *несов. обыкн. безл.* (*дт.*) become* (*smb.*), befit (*smb.*); так поступа́ть вам не ~а́ет it does not become you to act like that; **~а́ющий** proper, suitable; becoming *attr.*

подо́би|е *с.* **1.** similarity; resemblance, likeness; от него́ не оста́лось и ~я пре́жнего челове́ка he is a mere shadow of his former self; **2.** *мат.* similarity.

подо́бн|о 1. *нареч.* like; **2.** *в знач. предлога* (*дт.*) just as, like, **~ый 1.** (*дт.; сходный*) similar (to), like; поступа́ть ~ым же о́бразом act in a similar manner; **2.** (*такой*) such; of this/that kind *после сущ.*, like this/that *после сущ.*; ~ого ро́да фа́кты such facts; он ничего́ ~ого не говори́л he said nothing of the sort, he said no such thing; я ничего́ ~ого не ви́дел I have never seen anything like thin; **3.** *мат. м.* similar; ~ые треуго́льники similar triangles; ◇ ничего́ ~ого nothing of the kind; и тому́ ~ое (*сокр.* и т. п.) and so on, and so forth, et cetera (*сокр.* etc.).

подобостра́ст|ие *с.* servility, fawning; относи́ться с ~ием к *кому-л.* fawn upon *smb.*, kowtow to *smb.*; **~ный** servile, fawning.

подобра́ть(ся) *сов. см.* подбира́ть(ся).

подобре́ть *сов. см.* добре́ть.

подобру́-поздоро́ву: уходи́те ~! go while the going is good!

подогна́ть *сов. см.* подгоня́ть.

подогну́ть(ся) *сов. см.* подгиба́ть(ся).

подогре́в *м. тех.* warming up; (*специальным устройством*) preheating; **~а́ние** *с.* heating, warming up; **~а́тель** *м.* preheater.

подогрева́ть, подогре́ть (*вн.*) warm up (*smth.*); *перен.* stir up (*smb.*, *smth.*), rouse (*smb.*, *smth.*).

подогре́ть *сов. см.* подогрева́ть.

пододвига́ть, пододви́нуть (*вн.*) move up (*smth.*), push (*smth.*) nearer; ~ таре́лку *кому-л.* push a plate towards *smb.*; **~ся**, пододви́нуться come* nearer/closer, move up.

пододви́нуть(ся) *сов. см.* пододвига́ть(ся).

пододея́льник *м.* blanket cover/slip, quilt cover/slip.

подожд|а́ть *сов.* **1.** (*вн.*, *рд.*) wait (for); он немно́го ~а́л he waited for a little while; ~и́те! wait a moment!; **2.** (+ *инф.* с *тв.*) *разг.* (*повременить с чем-л.*) postpone (+ -ing, *smth.*).

подозва́ть *сов. см.* подзыва́ть.

подозрев|а́ть *несов.* (*вн.*, о *пр.*) suspect (*smb.*, *smth.*); ~ *кого-л.* в преступле́нии suspect *smb.* of a crime; он ничего́ не ~а́ет he suspects nothing.

подозре́н|ие *с.* suspicion; по ~ию on suspicion; вызыва́ть ~ arouse suspicion; навлека́ть на себя́ ~ incur *smb.'s* suspicion; относи́ться к *кому-л.* с ~ием be* suspicious of *smb.*; ◇ быть под ~ием be* under suspicion, be* suspected.

подозри́тельн|о **1.** *нареч.* suspiciously; **2.** *в знач. сказ. безл.* it is suspicious; **~ость** *ж.* suspiciousness, suspicion; **~ый** **1.** (*внушающий подозрение*) suspicious; ~ая ли́чность suspicious/shady character; **2.** (*недоверчивый*) suspicious, distrustful, mistrustful; он сде́лался ~ым he became suspicious.

подои́ть *сов. см.* дои́ть.

подо́йник *м.* milk pail.

подойти́ *сов. см.* подходи́ть.

подоко́нник *м.* windowsill.

подо́л *м.* skirt, hem of a skirt.

подо́лгу (for) a long time; ~ гости́ть у *кого-л.* pay* *smb.* long visits; ~ отсу́тствовать stay away for long intervals; я ~ проси́живал на берегу́ мо́ря I used to sit on the seashore for hours.

подо́нки *мн.* dregs; *перен. тж.* scum *sg.*, riff-raff *sg.*; ~ о́бщества the dregs of society.

подопе́чн|ый *прил.* **1.** under the care or a guardian *после сущ.*; ~ая террито́рия *полит.* trust territory; **2.** *в знач. сущ. м.* ward.

подоплёка *ж.* hidden motive, underlying reason.

подо́пытн|ый experimental; ~ое по́ле experimental plot; ~ые живо́тные experimental animals.

подорва́ть *сов. см.* подрыва́ть II; **~ся** *сов. см.* подрыва́ться.

подорожа́ть *сов.* rise* in price, become* more expensive.

подоро́жник *м.* plantain.

подоси́новик *м.* (*гриб*) orange-cap boletus.

подосла́ть *сов. см.* подсыла́ть.

подоспе́ть *сов. разг.* arrive/come* in time, be* in time.

подостла́ть *сов. см.* подстила́ть.

подоткну́ть *сов. см.* подтыка́ть.

подотря́д *м. зоол.* suborder.

подотчётн|ость *ж.* accountability; **~ый** **1.** (*выдаваемый с условием последующего отчёта*) to be accounted for *после сущ.*; ~ые де́ньги money to be accounted for; **2.** (*дт.*; *обязанный отчитываться*) accountable (to).

подо́хнуть *сов.* die; (*о человеке разг.*) croak.

подохо́дный: ~ нало́г income tax; ~ нало́г с за́работной пла́ты к опла́те withholding taxes payable.

подо́шва *ж.* **1.** (*обуви, ноги*) sole; **2.** (*горы*) foot*; (*фундамента, рельса*) base.

подпада́ть, подпа́сть (под *вн.*) fall* (under); ~ под *чьё-л.* влия́ние fall* under *smb.*'s influence.

подпа́ивать, подпои́ть (*вн.*) *разг.* make* (*smb.*) drunk/tipsy, ply (*smb.*) with drink.

подпа́ливать, подпали́ть (*вн.*) *разг.* **1.** (*поджигать*) set* fire (to); **2.** (*слегка обжигать*) scorch (*smth.*).

подпали́ть *сов. см.* подпа́ливать.

подпа́сть *сов. см.* подпада́ть.

подпева́ла *м. и ж. разг.* yes-man*, henchman*.

подпева́ть *несов.* (*дт.*) join in (with), accompany (*smb.*), pick up the tune; *перен. разг.* echo (*smb.*).

подпере́ть *сов. см.* подпира́ть.

подпи́ливать, подпили́ть (*вн.*) **1.** (*распиливать снизу не до конца*) make* a cut in/at the base (of); подпили́ть де́рево make* a cut at the base of a tree; **2.** (*срезая пилой, укорачивать*) shorten (*smth.*); ~ но́жки стола́ shorten the legs of a table.

подпили́ть *сов. см.* подпи́ливать.

подпира́ть, подпере́ть (*вн.*) prop up (*smth.*).

подписа́ть(ся) *сов. см.* подпи́сывать(ся).

подпи́с|ка *ж.* **1.** subscription; ~ на газе́ту subscription to a newspaper; получа́ть журна́лы по ~ке have* magazines sent to *one* (on subscription); **2.** (*письменное обязательство*) written undertaking; **~но́й** subscription *attr.*; ~но́е изда́ние subscribers' edition; ◇ ~но́й капита́л subscribed capital; ~но́й сертифика́т *фин.* warrant, subscription warrant; ~но́й лист subscription list.

подпи́счик *м.* subscriber; (*биржевого опциона*) *бирж.* writer of option; ~и газе́т subscribers to newspapers.

подпи́сывать, подписа́ть (*вн.*) **1.** (*ставить подпись*) sign (*smth.*); ~ докуме́нт sign a document; ~ догово́р sign a treaty; **2.** (*приписывать ещё что-л.*) add (*smth.*), write* (*smth.*); подписа́ть ещё не́сколько строк add a few more lines; **3.** (*включать в число подписчиков*) subscribe (*smb.*); подписа́ть *кого-л.* на газе́ту take* *smb.'s* subscription to a newspaper; **~ся**, подписа́ться **1.** (*ставить свою подпись*) sign; **2.** (на *вн.*) subscribe (to); подписа́ться на газе́ту subscribe to a newspaper; ◇ я гото́в обе́ими рука́ми подписа́ться под э́тим I fully endorse that.

по́дпис|ь *ж.* **1.** (*действие*) signing; докуме́нт на ~ document to be signed; **2.** (*фамилия*) signature; ста́вить свою́ ~ write*/affix *one's* signature; за ~ью *кого-л.* signed by *smb.*, bearing *smb.*'s signature; over *smb.*'s signature; ~ уполномо́ченного лица́ authorized signature; получи́ть пра́во ~и be* granted the authority to sign; скрепля́ть ~ью countersign; **3.** (*надпись*) inscription; (*в кино*) subtitle.

подплыва́ть, подплы́ть (к *дт.*) swim* up (to); (*о судах*) sail up (to), steam up (to); approach (*smth.*), near (*smth.*).

подплы́ть *сов. см.* подплыва́ть.

подпои́ть *сов. см.* подпа́ивать.

подполза́ть, подползти́ **1.** (к *дт.*) creep/crawl up (to); **2.** (под *вн.*) crawl under (*smth.*).

подползти́ *сов. см.* подполза́ть.

подполко́вник *м.* lieutenant-colonel.

подпо́ль|е *с.* **1.** (*подвал*) cellar; **2.** (*конспиративное положение*) the underground; уходи́ть в ~ go* underground; **~ный** under-ground; ~ная типогра́фия secret printing press; **~щик** *м.*, **~щица** *ж.* underground (political) worker.

подпо́р|а *ж.*, **~ка** *ж.* support, prop.

подпо́чв|а *ж.* subsoil, substratum; **~енный** subsoil *attr.*, subterranean; ~енная вода́ ground water.

подпоя́сать(ся) *сов. см.* подпоя́сывать(ся).

подпоя́сывать, подпоя́сать (*вн.*) belt (*smth.*), fasten (*smb.*'s) belt; **~ся**, подпоя́саться put* on *one's* belt; (*тв.*) tie (*smth.*) round *one's* waist.

подпра́вить *сов. см.* подправля́ть.

подправля́ть, подпра́вить (*вн.*) **1.** touch up (*smth.*), put* (*smth.*) right, adjust (*smth.*); (*приводить в порядок*) put* (*smth.*) to rights; **2.** *разг.* (*восстанавливать здоровье*) put* (*smb.*) right, make* (*smb.*) well.

подпру́га *ж.* saddle girth.

подпры́гивать *несов.* jump up and down; (*о лодке на волнах*) bob; (*о мяче и т. п.*) bounce.

подпры́гнуть *сов.* give* a jump.

подпуска́ть, подпусти́ть (*вн.*) let* (*smb.*, *smth.*) come near.

подпусти́ть *сов. см.* подпуска́ть.

подраба́тывать, подрабо́тать *разг.* **1.** (*вн.; проводить дополнительную работу*) work (*smth.*) up, elaborate (*smth.*); **2.** (*вн.*, *рд; зарабатывать дополнительно*) earn (*smth.*) on the side, earn a little extra.

подрабо́тать *сов. см.* подраба́тывать.

подра́внивать, подровня́ть (*вн.*) trim (*smth.*).

подра́гивать *разг.* shake*, tremble intermittently.

подража́|ние *с.* imitation; (*манерам, голосу и т. п.*) mimicry; **~тель** *м.*, **~тельница** *ж.* imitator; (*имитатор*) mimic, mimicker.

подража́тель|ный imitative; ~ная жи́вопись imitative painting; **~ство** *с.* imitation, tendency to imitate.

подража́ть *несов.* (*дт.*) imitate (*smb.*, *smth.*).

подразделе́ние *с.* **1.** subdivision; **2.** *воен.* subunit, smaller unit.

подраздели́ть *сов. см.* подразделя́ть.

подразделя́ть, подраздели́ть (*вн.*) subdivide (*smth.*); **~ся** *несов.* (на *вн.*) subdivide (into).

подразумева́ть *несов.* (*вн.*) imply (*smth.*), mean* (*smth.*); **~ся** *несов.* (под *тв.*) be* implied (by), be* meant (by); э́то само́ собо́й подразумева́лось that was understood.

подра́мник *м.* stretcher (frame for canvas).

подраст|а́ть, подрасти́ grow* up; (*о человеке тж.*) get* a little older; **~а́ющий**: ~а́ющее поколе́ние the rising generation.

подрасти́ *сов. см.* подраста́ть.

подра́ться *сов. см.* дра́ться 1.

подре́зать *сов. см.* подреза́ть.

подреза́ть, подре́зать (*вн.*) cut* (*smth.*), clip (*smth.*), trim (*smth.*); (*о деревьях тж.*) prune (*smth.*); подре́зать кры́лья *кому-л.* clip *smb.'s* wings.

подрисова́ть *сов. см.* подрисо́вывать.

подрисо́вывать, подрисова́ть (*вн.*) **1.** (*добавлять крисунку*) add (*smth.*); **2.** (*подправлять*) touch up (*smth.*).

подро́бн|ость *ж.* detail; **~ый** detailed, circumstantial; дать ~ый отчёт о *чём-л.* give* a detailed account of *smth.*; report on *smth.* in detail.

подровня́ть *сов. см.* подра́внивать.

подро́сток *м.* adolescent; teenager *разг.*

подруба́ть I, подруби́ть (*вн.*) **1.** (*дерево и т. п.*) undercut* (*smth.*), notch (*smth.*) at the base; **2.** (*укорачивать*) shorten (*smth.*), chop the end off (*smth.*).

подруба́ть II, подруби́ть (*вн.; подшивать*) hem (*smth.*).

подруби́ть I, II *сов. см.* подруба́ть I, II.

подру́га *ж.* (girl-)friend; (*по школе*) schoolmate; (*детских игр*) playmate; ◇ ~ жи́зни companion in life, helpmate, devoted wife*.

по-дру́жески in a friendly way.

подружи́ться *сов.* (с *тв.*) make* friends (with), strike* up a friendship (with), form a friendship (with).

подру́ливать, подрули́ть **1.** steer; **2.** *ав.* taxi.

подрули́ть *сов. см.* подру́ливать.

подрумя́нивать, подрумя́нить (*вн.*) **1.** redden (*smth.*); **2.** (*румянами*) rouge (*smth.*); **3.** (*делать поджаристым*) make* (*smth.*) (a golden) brown; **~ся**, подрумя́ниться **1.** be* flushed, be* red; **2.** (*румянами*) rouge *oneself*; **3.** (*о пирогах и т. п.*) get* brown.

подрумя́нить(ся) *сов. см.* подрумя́нивать(ся).

подру́чный *прил.* **1.** that comes to hand *после сущ.*; handy; **2.** *в знач. сущ. м.* assistant, apprentice.

подры́в *м.* blowing up, blasting; *перен.* undermining; ~ го́рной поро́ды rock blasting.

подрыва́ть I, подры́ть (*вн.*) dig* (*smth.*), dig* the earth from beneath (*smth.*); (*делать глубже*) deepen (*smth.*).

подрыва́ть II, подорва́ть (*вн.*) (*взрывать*) blow* up (*smth.*), dynamite (*smth.*); (*породу*) blast (*smth.*); *перен.* undermine (*smth.*); ~ мост blow* up a bridge: подорва́ть своё здоро́вье undermine *one's* health: подорва́ть авторитет *кого-л.* undermine *smb.'s* authority/prestige; **~ся**, подорва́ться be* blown up: *перен.* be* undermined.

подрывн|о́й blasting; *перен.* undermining, subversive; ~а́я де́ятельность subversive activity.

подры́ть *см.* подрыва́ть I.

подря́д I *нареч.* running; in succession; in a row; четы́ре дня, ра́за ~ four days, times running; прозвуча́ло ~ два вы́стрела two shots rang out in (quick) succession; три уро́ка ~ three lessons in a row.

подря́д II *м.* contract; брига́дный ~ contract services *pl.*; генера́льный ~ general contract; ~ на выполне́ние строи́тельных рабо́т contract for construction work; **~ный** *attr.*: ~ная документа́ция contract documentation; ~ные рабо́ты contractual work *sg.*

подря́дчик *м.* contractor; втори́чный ~ associate contractor; генера́льный ~ general/main/prime contractor; незави́симый ~ independent contractor; основно́й ~ main contractor.

подря́сник *м. церк.* cassock.

подса́живать, подсади́ть **1.** (*вн.: помогать сесть*) help (*smb.*), give* (*smb.*) a hand up; ~ *кого-л.* в ваго́н help *smb.* into a carriage; ~ *кого-л.* на ло́шадь help *smb.* into the saddle, help *smb.* on to a horse; **2.** (*вн.* к *дт.*, *сажать к кому-л.*) plant (*smb.* on); **3.** (*вн.*) *разг.* (*брать на телегу и т. п.*) give* (*smb.*) a lift; **4.** (*вн.*, *рд.; растение*) plant some more (*smth.*); подсади́ть (ещё) капу́сты plant some more cabbages.

подса́живаться, подсе́сть (к *дт.*) take* a seat (beside, by) sit* down (beside, by).

подса́ливать, подсоли́ть (*вн.*) put* some more salt (in, into).

подсве́чник *м.* candlestick.

подсви́нок *м. с.-х.* gilt.

подсеме́йство *с. биол.* subfamily.

подсе́сть *сов. см.* подса́живаться.

подсе́чка *ж. спорт.* ankle trip, back heel.

подсини́ть *сов. см.* сини́ть.

подска́бливать, подскобли́ть (*вн.*) scrape off (*smth.*); (*написанное*) scratch (*smth.*) out.

подсказа́ть *сов. см.* подска́зывать.

подска́зывать, подсказа́ть (*вн.*) **1.** (*незаметно шептать кому-л.*) prompt (*smth.*); не ~! no prompting!; **2.** (*наводить на мысль*) suggest (*smth.*).

подскака́ть *сов. см.* подска́кивать 1.

подска́кивать I, подскака́ть gallop up, come* galloping up.

подска́кивать II, подскочи́ть **1.** (к *дт.*; *быстро подбегать*) run* up (to); **2.** (*подпрыгивать*) jump up and down; *сов. тж.* give* a jump; *перен.* soar, leap*; подскочи́ть от ра́дости jump for joy; температу́ра подскочи́ла the temperature went up.

подскобли́ть *сов. см.* подска́бливать.

подскочи́ть *сов. см.* подска́кивать II.

подсласти́ть *сов. см.* подсла́щивать.

подсла́щивать, подсласти́ть (*вн.*) sweeten (*smth.*), sugar (*smth.*).

подсле́дственный *юр.* under investigation.

подслепова́тый weak-sighted.

подслу́шать *сов. см.* подслу́шивать.

подслу́шивать, подслу́шать (*вн.*) listen in (to); (*случайно*) overhear* (*smth.*); *несов. тж.* eavesdrop (on); ~ чужо́й разгово́р listen in to other people's conversation.

подсма́тривать, подсмотре́ть (*вн.*) watch (*smb.*, *smth.*); (за *тв.*) spy (on, upon).

подсме́иваться *несов.* (над *тв.*) laugh (at), make* fun (of).

подсмотре́ть *сов.* **1.** *см.* подсма́тривать; **2.** (*вн.: случайно увидеть*) spot (*smb.*, *smth.*), notice (*smb.*, *smth.*).

подсне́жник *м.* snowdrop.

подсо́бка *ж. разг.* storeroom.

подсо́бн|ый subsidiary; ли́чное ~ое хозя́йство personal subsidiary plot/holding; ~ рабо́чий assistant.

подсо́вывать, подсу́нуть **1.** (*вн.* под *вн.*) put* (*smth.* under), tuck (*smth.* under); **2.** (*вн. дт.*) *разг.* (*незаметно подкладывать*) slip (*smb. smth.*); он подсу́нул мне бума́гу на по́дпись he suddenly produced a paper for me to sign; **3.** (*вн. дт.*) *разг.* (*давать что-л. негодное*) palm off (*smth.* on).

подсозна́ние *с.* subconciousness.

подсозна́тельный subconscious.

подсоли́ть *сов. см.* подса́ливать.

подсо́лнечн|ик *м.* sunflower; **~ый** sunflower *attr.*; ~ое ма́сло sunflower oil.

подсо́лнух *м. разг.* **1.** *см.* подсо́лнечник; **2.** *мн.* (*семечки подсолнечника*) sunflower seeds.

подсо́хнуть *сов. см.* подсыха́ть.

подспо́рье *с. разг.* support, help.

подспу́дный latent, hidden.

подста́в|ить *сов. см.* подставля́ть; **~ка** *ж.* stand; (*подпорка*) support, prop; ~ка для затени́телей *кино* century stand; ~ка для ура́внивания высоты́ актёров apple box; ~ка под ме́бель *кино* cup blocks.

подстав|ля́ть, подста́вить **1.** (*вн.* под *вн.*) put* (*smth.* under), place (*smth.* under); **2.** (*вн.*; *придвигать*) move up (*smth.*); put* (*smth.*) near; ~ стул *кому-л.* move up a chair for *smb.*; **3.** (*вн.*; *делать доступным*) offer (*smth.*); ~ щёку offer *one's* cheek: **4.** (*вн.*; *открывать*) expose (*smth.*); ~ свой фланг проти́внику expose *one's* flank to the enemy; **5.** (*вн.*; *заменять чем-л.*) substitute (*smth.*); (*вн.*; *делать так, чтобы в преступлении обвинили невиновного*) *разг.* frame (*smb.*); ◇ подста́вить но́жку *кому-л.* trip *smb.* up; **~но́й** false; ~но́й свиде́тель false witness; ~но́е лицо́ agent, stooge; dummy *разг.*

подстака́нник *м.* glass-holder.

подстано́вка *ж.* substitution.

подста́нция *ж.* **1.** substation; **2.** (*телефонная*) local telephone exchange.

подстегну́ть *сов. см.* подстёгивать.

подстели́ть *сов. разг. см.* подстила́ть.

подстерега́ть, подстере́чь (*вн.*) lie* in wait (for), be* on the lookout (for), watch (for), waylay (*smb.*).

подстере́чь *сов. см.* подстерега́ть.

подстёгивать, подстегну́ть (*вн.*) whip up (*smth.*); *перен.* spur (*smb.*) on.

подстила́ть, подостла́ть, подстели́ть (*вн.*) spread* (*smth.*).

подсти́лка *ж.* floor covering; (*для скота*) litter.

подстра́ивать, подстро́ить **1.** (*вн.*) build* (*smth.*) on; **2.** (*вн.* под *вн.*) *муз.* tune (*smth.*) to the pitch (of); **3.** (*вн.; втайне делать что-л.*) rig (*smth.*), arrange (*smth.*); подстро́ить па́кость *кому-л.* play a dirty trick on *smb.*; э́то всё бы́ло подстро́ено it was a put-up job, the whole thing was rigged.

подстрека́тель *м.* instigator; the man* behind the scenes *разг.*; **~ство** *с.* instigation, incitement.

подстрека́ть, подстрекну́ть (*вн.*) **1.** incite (*smb.*), instigate (*smb.*); ~ *кого-л.* к преступле́нию incite *smb.* to crime; **2.** (*возбуждать*) excite (*smth.*); ~ *чьё-л.* любопы́тство excite *smb.'s* curiosity.

подстрекну́ть *сов. см.* подстрека́ть.

подстре́ливать, подстрели́ть (*вн.*) wing (*smth.*), wound (*smth.*).

подстрели́ть *сов. см.* подстре́ливать.

подстрига́ть, подстри́чь (*что-л.*) trim (*smth.*); (*кого-л.*) cut*/trim *smb.'s* hair; **~ся**, подстри́чься cut* *one's* hair* (*в парикмахерской*) have* *one's* hair cut; (*не коротко*) have* a trim.

подстри́чь(ся) *сов. см.* подстрига́ть(ся).

подстро́ить *сов. см.* подстра́ивать.

подстро́чн|ый: ~ое примеча́ние footnote; ~ перево́д word-for-word translation.

по́дступ *м.* approach; ~ы к го́роду the approaches to a town; ◇ к нему́ и ~а нет he is so difficult to approach.

подступ|а́ть, подступи́ть approach; слёзы подступи́ли к го́рлу tears came/rose to *one's* eyes; **~а́ться**, подступи́ться *разг.* get* near, approach.

подступи́ть(ся) *сов. см.* подступа́ть(ся).

подсуди́м|ый *м.* the accused, the defendant; (*в суде тж.*) prisoner at the bar; скамья́ ~ых the dock, the bar.

подсу́дн|ость *ж. юр.* jurisdiction, cognizance; **~ый** *юр.* within the jurisdiction *после сущ.*; де́ло ~о городско́му суду́ the case comes within the jurisdiction of the city court.

подсу́живать, подсуди́ть (*дт.*) *спорт. разг.* favor (*smb., smth.*).

подсу́нуть *сов. см.* подсо́вывать.

подсу́шивать, подсуши́ть (*вн.*) dry (*smth.*) a little; **~ся**, подсуши́ться dry a little, get* drier.

подсуши́ть(ся) *сов. см.* подсу́шивать(ся).

подсчёт *м.* **1.** (*действие*) counting; ~ очко́в *спорт.* scoring; ~ голосо́в poll, counting of the votes; **2.** *мн.* (*итог расчётов*) calculations; предвари́тельные ~ы preliminary calculations/estimates.

подсчита́ть *сов. см.* подсчи́тывать.

подсчи́тывать, подсчита́ть (*вн.*) count (*smth.*) up, calculate (*smth.*), reckon up (*smth.*); ~ голоса́ count the votes; ~ расхо́ды reckon up the expenses; (*заранее*) calculate/estimate expenses.

подсыла́ть, подосла́ть (*вн.*) send* (*smb.*) for a (secret) purpose.

подсы́пать *сов. см.* подсыпа́ть.

подсыпа́ть, подсы́пать **1.** (*вн., рд.*) (*прибавлять*) add (*smth.*); (*тайком*) slip (*smth.*) in secretly; **2.** (*вн.; делать выше*) bank up (*smth.*).

подсыха́ть, подсо́хнуть dry off a little.

подта́лкивать, подтолкну́ть (*вн.*) push (*smb., smth.*), shove (*smb., smth.*); (*локтем*) nudge (*smb.*); *перен.* prompt (*smb.*).

подта́скивать, подтащи́ть (*вн.*) drag (*smth.*), pull (*smth.*).

подтасова́ть *сов. см.* подтасо́вывать.

подтасо́вка *ж.* fiddling; *карт.* unfair/trick shuffling; *перен. тж.* garbling, juggling; ~ фа́ктов juggling with the facts.

подтасо́вывать, подтасова́ть (*вн.*) fiddle (*smth.*); *перен.* garble (*smth.*), juggle (with).

подта́чивать, подточи́ть (*вн.*) **1.** (*делать острее*) sharpen (*smth.*); **2.** (*разъедать*) eat* (*smth.*) away; (*размывать*) erode (*smth.*); undermine (*smth.*) *тж. перен.*; боле́знь подточи́ла его́ си́лы the illness undermined his strength.

подтащи́ть *сов. см.* подта́скивать.

подтверди́ть(ся) *сов. см.* подтвержда́ть(ся).

подтвержд|а́ть, подтверди́ть (*вн.*) confirm (*smth.*), corroborate (*smth.*), prove the truth (of), vouch (for); фа́кты подтверди́ли э́ту тео́рию the facts corroborated the theory; ~ прика́зание confirm an order; ~ получе́ние письма́ acknowledge (receipt of) a letter; **~а́ться**, подтверди́ться be* confirmed, prove correct; его́ предсказа́ние подтверди́лось his prediction proved correct; **~е́ние** *с.* confirmation, corroboration; ~е́ние получе́ния acknowledgement; ~е́ние зака́за *торг.* confirmation of order; ~е́ние предложе́ния *юр.* confirmation of offer; **~ённый** confirmed; ~ённый аккредити́в *фин.* confirmed letter of credit.

подтека́ть, подте́чь (под *вн.*) flow* (under), run* (under).

подте́кст *м.* underlying idea, implication.

подтере́ть *сов. см.* подтира́ть.

подте́чь *сов. см.* подтека́ть.

подтёк *м.* **1.** (*от удара*) bruise; **2.** (*на стене, обоях*) stain, damp patch.

подтира́ть, подтере́ть (*вн.*) wipe (*smth.*) up, mop (*smth.*) up.

подтолкну́ть *сов. см.* подта́лкивать.

подточи́ть *сов. см.* подта́чивать.

подтру́нивать, подтруни́ть (над *тв.*) chaff (*smb.*), banter (*smb.*).

подтруни́ть *сов. см.* подтру́нивать.

подтыка́ть, подоткну́ть (*вн.*) tuck up (*smth.*).

подтя́гивать, подтяну́ть (*вн.*) **1.** (*затягивать потуже*) tighten (*smth.*); ~ по́яс tighten *one's* belt; 2. (*подтаскивать*) pull (*smth.*), draw* (*smth.*); **3.** (*войска*) bring* up (*smth.*); **4.** *разг.* (*заставлять лучше работать и т.п.*) ginger up (*smb.*), pep up (*smb.*); ~ отстаю́щих ginger up the laggards/stragglers; **5.** (*подпевать*) join in; **~ся**, подтяну́ться **1.** (*на руках*) pull/haul *oneself* up; **2.** (*о войсках*) come* up, be* brought up; (*о колонне*) close its ranks; резе́рвы подтяну́лись reserves were brought up; **3.** *разг.* (*о работе и т.п.*) brace up; (*об отстающих*) catch* up with the rest.

подтя́жки *мн.* (*ед.* подтя́жка *ж.*) braces; suspenders *амер.*

подтя́нут|ость *ж.* bearing; *перен.* smartness, efficiency; **~ый** braced; *перен.* smart, efficient.

подтяну́ть(ся) *сов. см.* подтя́гивать(ся).

поду́м|ать *сов.* **1.** *см.* ду́мать 1, 4; **2.** (*некоторое время*) think* a moment; ~ав, он реши́л идти́ after a moment's thought he decided to go.

поду́мывать *несов. разг.* **1.** (о *пр.*) think* (of); 2. (+ *инф.*; *намереваться*) think* (of, about + -ing).

по-дура́цки *разг.* foolishly, like a fool.

подурне́ть *сов. см.* дурне́ть.

поду́ськать *сов. см.* поду́ськивать.

поду́ськивать, поду́ськать (*вн.*) *разг.* set* on (*smb.*, *smth.*); *перен.* egg on (*smb.*, *smth.*); ~ соба́ку на *кого-л.* set* a dog on *smb.*

под|у́ть *сов.* **1.** *см.* дуть; **2.** (*начать дуть*) begin* to blow; ~у́л холо́дный ве́тер a cold wind sprang up.

поду́чивать, подучи́ть (*вн.*) *разг.* **1.** teach* (*smb.*); (*заучивать*) learn* (*smth.*); **2.** (*подговаривать*) egg (*smb.*) on, put* (*smb.*) up to it; **~ся**, подучи́ться *разг.* learn*; ему́ необходи́мо ещё подучи́ться he needs to improve his knowledge/skill.

подучи́ть(ся) *сов. см.* поду́чивать(ся).

поду́шк|а *ж.* **1.** pillow; (*диванная*) cushion; **2.** *тех.* cushion; су́дно на возду́шной ~е hovercraft.

подфа́рник *м. авт.* sidelight.

подхали́м *м.* sycophant, toady; bootlicker, lickspittle *разг.*; **~ничать** *несов.* (пе́ред *тв.*) *разг.* cringe (to, before), fawn (upon), kowtow (to); **~ство** *с.* bootlicking, toadying.

подхвати́ть *сов. см.* подхва́тывать.

подхва́тывать, подхвати́ть (*вн.*) **1.** (*поднимать*) pick up (*smb.*, *smth.*), hold* up (*smth.*); ~ мешо́к pick up a sack; **2.** (*не давать упасть*) catch* (*smb.*, *smth.*); **3.** (*брать резким движением*) seize (*smb.*, *smth.*), snatch up (*smth.*); grab (*smb.*, *smth.*) *разг.*; **4.** *разг.* (*получать болезнь*) catch* (*smth.*); **5.** (*поддерживать, продолжать*) take* up (*smth.*), pick up (*smth.*); ~ инициати́ву follow up *smb.'s* initiative; ~ мысль take* up an idea; **6.** (*в пении*) take* up (*smth.*); подхвати́ть пе́сню take* up the song, join in.

подхлестну́ть *сов. см.* подхлёстывать.

подхлёстывать, подхлестну́ть (*вн.*) whip up (*smth.*); *перен. разг.* spur (*smb.*) on.

подхо́д *м.* approach; *спорт.* (*тяжёлая атлетика*) attempt; try; удо́бный ~ к реке́ convenient way down to the river; у неё нет никако́го ~а к ученика́м she doesn't know how to approach her pupils.

подходи́ть, подойти́ **1.** (к *дт.*, *приближаться*) come* up (to), approach (*smb.*, *smth.*), он подошёл к де́вушке he went up to the girl; по́езд подхо́дит к ста́нции the train is approaching a station; **2.** (*наступать — о событии, времени и т. п.*) draw* near, near; вре́мя подошло́ к полу́дню it was nearing midday; рабо́та подхо́дит к концу́ the work is nearing completion; **3.** (к *дт.*, *приниматься за что-л.*, *приступать к чему-л.*) proceed (to), approach (*smth.*); подойти́ к изуче́нию дробе́й proceed to the study of decimals; **4.** (*относиться как-либо*) approach; подойти́ объекти́вно к оце́нке рабо́ты take* an objective attitude/approach in judging the work; **5.** (*быть годным*) suit; (*по размеру*) fit; э́та рабо́та ему́ не подхо́дит it isn't the right work for him; ◇ ~ к концу́ be* nearly over, be* nearing its end, come* to an end.

подходя́щ|ий suitable, proper; ~ моме́нт the right moment; он са́мое ~ее лицо́ для э́той до́лжности he is the most suitable man for the job.

подча́с sometimes, at times.

подчеркну́ть *сов. см.* подчёркивать.

подчёркивать, подчеркну́ть (*вн.*) **1.** underline (*smth.*), underscore (*smth.*); **2.** (*особо выделять*) emphasize (*smth.*), stress (*smth.*), lay* emphasis (on).

подчине́н|ие *с.* subordination (*тж. грам.*); (*повиновение*) obedience, submission; быть в ~ии у *кого-л.* be* *smb.'s* subordinate.

подчинённ|ость *ж.* subordination; **~ый** *прил.* **1.** subordinate (*тж. грам.*); (*подвластный*) subject: **2.** *в знач. сущ. м.* subordinate.

подчини́ть(ся) *сов. см.* подчиня́ть(ся).

подчиня́ть, подчини́ть **1.** (*вн.*, *покорять*) subjugate (*smb.*), subdue (*smb.*), bring* (*smb.*) into subjection; **2.** (*вн. дт.*, *ставить в зависимость*) subordinate (*smb.*, *smth.* to), make* (*smb.*) obedient (to); ~ *кого-л.* своему́ влия́нию gain an influence over *smb.*; **3.** (*вн. дт.*, *ставить под чьё-л. руководство*) place (*smb.*, *smth.* under); подчинённые *кому-л.* войска́ the troops under *smb.'s* command; **4.** (*дт.*) *грам.* subordinate (to); **~ся**, подчини́ться (*дт.*) submit (to), yield (to), obey (*smb.*, *smth.*); ~ся зако́ну obey the law; ~ся рассу́дку yield to reason; ~ся си́ле submit/yield to force; ~ся чужо́му влия́нию submit to another's influence; ~ся чу́вству obey a feeling.

подчи́стить *сов. см.* подчища́ть.

подчисту́ю *разг.* without remainder.

подчища́ть, подчи́стить (*вн.*) **1.** clean up (*smth.*); **2.** (*соскабливать написанное*) erase (*smth.*), rub off (*smth.*).

подше́фный affiliated, adapted; sponsored by.

подшива́ть, подши́ть (*вн.*) **1.** (*пришивать с изнанки, снизу*) sew* (*smth.*) in/on; (*обувь*) sole (*smth.*); ~ подкла́дку к пальто́ sew*/put* a lining into a coat, line a coat; **2.** (*подол и т. п.*) hem (*smth.*); **3.** (*бумаги*) file (*smth.*); ~ докуме́нт к де́лу add a document to the file.

подши́вка *ж.* **1.** (*действие*) bordering, edging; (*обуви*) soling, (*бумаг*) filing; **2.** (*комплект газет и т. п.*) file.

подши́ть *сов. см.* подшива́ть.

подшта́нники *тк. мн. разг.* underpants.

подшути́ть *сов. см.* подшу́чивать.

подшу́чивать, подшути́ть (над *тв.*) make* fun of (*smb.*), play a practical joke (on).

подъе́зд *м.* **1.** (*вход в здание*) entrance, porch; **2.** (*путь к чему-л.*) approaches *pl.*

подъездн|о́й approach *attr.*; ~а́я алле́я driveway; ~ путь access road; автомоби́льный ~ путь motor access road; железнодоро́жный ~ путь spur track.

подъезжа́ть, подъе́хать (к *дт.*) drive* up (to); (*верхом*) ride* up (to); *перен. разг.* have* a go (at).

подъе́хать *сов. см.* подъезжа́ть.

подъём *м.* **1.** (*действие*) lifting, raising, hoisting; (*в гору*) ascent, climb; (*воды*) rising, rise; **2.** (*рост, развитие*) upswing, upsurge, rise; ~ промы́шленности expansion/upswing of industry; ~ нау́ки vigorous development of science; на ~е on the upgrade; **3.** (*воодушевление*) animation, enthusiasm; чу́вство ~а feeling of elevation; **4.** (*горы*) ascent, slope; **5.** (*ноги, обуви*) instep; ◇ тяжёл на ~ a slow starter, hard to budge; лёгок на ~ always ready, quick off the mark.

подъёмн|ик *м.* **1.** lift, elevator drag; (*в горах*) ski lift; **2.** (*кран*) hoist, crane; **~ый** lifting *attr.*; ~ая маши́на lift, elevator; ~ый кран crane; ~ая си́ла carrying/lifting capacity; ~ый мост drawbridge; ◇ ~ые де́ньги resettlement allowance *sg.*

подыма́ть *несов. см.* поднима́ть.

подыска́ть *сов. см.* поды́скивать.

поды́скивать, подыска́ть (*вн.*) seek* out (*smth.*); *сов. тж.* find* (*smth.*); *несов. тж.* try to find* (*smth.*), be* on the lookout (for).

подыто́живать, подыто́жить (*вн.*) **1.** (*вычислять общую сумму*) add up (*smth.*), total up (*smth.*); **2.** (*обобщать*) sum up (*smth.*); ~ свои́ впечатле́ния sum up *one's* impressions.

подыто́жить *сов. см.* подыто́живать.

подыша́ть *сов.* have* a breath of air; (на *вн.*) breathe (on).

поеди́нок *м.* duel.

поедо́м *разг.*: есть ~ *кого-л.* make* *smb.'s* life a misery by nagging.

по́езд *м.* train; е́здить ~ом go* by train; ◇ сва́дебный ~ wedding procession.

пое́здить *сов.* travel widely.

пое́здк|а *ж.* trip, journey; (*гастрольная*) tour; (*рейс*) trip; соверша́ть ~у go* for a trip/journey; make* a trip/journey; соверша́ть гастро́льную ~у по Фра́нции tour France.

пое́сть *сов.* **1.** eat*; (*вн., рд.*) have* (*smth.*) to eat, have* (*smth.*); ~ су́пу have* some soup; пло́тно ~ have* a good meal; **2.** (*вн.*) *разг.* (*съесть всё*) eat* all the (*smth.*), scoff (*smth.*).

пое́х|ать *сов.* **1.** go*; (*о средствах передвижения*) begin* to move; ~ по́ездом, трамва́ем *и т. п.* go* by train, tram *etc.*; ~ (со) сле́дующим по́ездом take* the next train; ~ напра́во turn off to the right; ну, ~али! let's start!; **3.** (*покатиться*) start moving; кни́ги ~али со стола́ the books slid off the table.

поёживаться *несов.* hunch *one's* shoulders, hunch up.

пожа́дничать *сов. см.* жа́дничать.

пожале́ть *сов. см.* жале́ть.

пожа́ловать *сов. см.* жа́ловать 1, 3.

пожа́ловаться *сов. см.* жа́ловаться.

пожа́луй (*вероятно*) perhaps, very likely; (*должно быть*) I daresay; ~, ты прав I daresay; I think so.

пожа́луйста **1.** please; да́йте мне ещё хле́ба, ~ may I have some more bread, please!; входи́те, ~ come in, please; сади́тесь, ~ won't you sit down?; **2.** (*при выражении согласия*) certainly; by all means; мо́жно войти́? — Пожа́луйста! may I come in? — Please, do!; мо́жно я возьму́ ва́шу кни́гу? — Пожа́луйста! may I take your book? — Certainly!, By all means; **3.** (*в ответ на выраженную благодарность*) not at all!, don't mention it!, you're welcome!

пожа́р *м.* fire; conflagration (*тж. перен.*); в до́ме ~ the house is on fire; ~ войны́ the fires of war; ◇ как на ~ in a flying hurry; не на ~ the place isn't on fire; ◇ и́скру туши́ до ~а (беду́ отведи́ до уда́ра) *посл.* ≅ a little fire is quickly trodden out; **~ище** *с.* site of a fire, destruction left by fire; fire-ravaged remains *pl.*; **~ник** *м.* fireman*; **~ный** *прил.* **1.** fire *attr.*; ~ная трево́га fire alarm; ~ная маши́на fire engine; ~ная кома́нда fire brigade, ~ная часть fire station; ~ная ле́стница fire escape; ~ный кран fire hydrant; **2.** *в знач. сущ. м.* fireman*; ◇ на вся́кий ~ный слу́чай just in case (of need); сде́лать *что-л.* в ~ном поря́дке do* *smth.* in great haste.

пожа́тие *с.* handshake, handclasp.

пожа́ть I *сов. см.* пожима́ть.

пожа́ть II *сов. см.* пожина́ть.

пожева́ть *сов.* chew.

пожела́ни|е *с.* wish; наилу́чшие ~я best wishes, all good wishes.

пожела́ть *сов. см.* жела́ть.

пожелте́лый yellow, yellowed.

пожелте́ть *сов. см.* желте́ть 1.

пожени́ться *сов. разг.* get* married.

поже́ртвование *с.* donation, contribution.

поже́ртвовать *сов. см.* же́ртвовать.

поже́чь *сов.* (*вн.*) burn* up (*smth.*), destroy by fire (*smth.*).

пожи́ва *ж. тк. ед. разг.* gain, profit.

пожив|а́ть *несов.*: как вы ~а́ете? how are you getting on?

поживи́ться *сов.* (*тв.*) *разг.* profit (by), reap a profit.

пожи́зненн|ый life *attr.*; for life *после сущ.*; ~ая аре́нда life hold; ~ аренда́тор life tenant; ~ая пе́нсия life pension; ~ая ре́нта (life) annuity; ~ое заключе́ние imprisonment for life; ~ая ка́торга penal servitude for life.

пожило́й elderly.

пожима́ть, пожа́ть (*вн.*) shake* (*smth.*), press (*smth.*); они́ пожа́ли друг дру́гу ру́ки they shook hands; ◇ пожа́ть плеча́ми shrug *one's* shoulders.

пожина́ть, пожа́ть (*вн.*) reap (*smth.*) (*тж. перен.*); ~ плоды́ свои́х трудо́в reap the fruits of *one's* labor; ◇ ~ ла́вры reap/win* the laurels; что посе́ешь, то и пожнёшь *посл.* ≅ we reap as we sow, we reap what we have sown; кто се́ет ве́тер, пожнёт бу́рю *библ.* he who sows the wind shall reap the whirlwind.

пожира́ть, пожра́ть (*вн.*) devour (*smb.*, *smth.*) (*тж. перен.*); ◇ ~ *кого-л.* глаза́ми devour *smb.* with *one's* eyes.

пожи́тк|и *мн. разг.* things, belongings; со все́ми ~ами bag and baggage.

пожи́ть *сов.* **1.** live; ~ год на ю́ге spend* a year in the south; поживём — уви́дим *погов.* we shall see what we shall see; **2.** *разг.* (*насладиться жизнью*) enjoy life; ~ в своё удово́льствие see* life, have* a good time.

пожра́ть *сов. см.* пожира́ть.

по́з|а *ж.* pose, posture, attitude (*тж. перен.*); приня́ть ~у assume a pose; э́то то́лько ~ it is a mere pose.

позаба́вить *сов.* (*вн.*) amuse (*smb.*), entertain (*smb.*); **~ся** *сов.* (*тв.*) amuse *oneself* (with).

позабо́титься *сов. см.* забо́титься.

позабы́ть *сов.* (*вн.*, о *пр.*) forget* (all about) (*smb.*, *smth.*).

позави́довать *сов. см.* зави́довать.

поза́втракать *сов. см.* за́втракать.

позавчера́ *разг.* the day before yesterday.

позади́ 1. *нареч.* behind, at the back; далеко́ ~ far behind; **2.** *нареч.* (*в прошлом*) behind, over; **3.** *предлог* (*рд.*) behind; сиде́ть ~ всех sit* behind everyone; ◇ оста́вить *кого-л.* ~ leave* *smb.* behind.

позаи́мствовать *сов.* (*вн.*) borrow (*smth.*).

позанима́ться *сов. разг.* work, do* some work.

позапро́шлый before last *после сущ.*; ~ год the year before last.

позва́ть *сов. см.* звать 1, 2.

по-зве́рски brutally, like a beast.

позволе́ни|е *с.* **1.** permission, leave; проси́ть ~я уйти́ ask permission to go; с ва́шего ~я with your permission/leave; ◇ с ~я сказа́ть an apology for; э́та, с ~я сказа́ть, пье́са this apology for a play, this play — if such it may be called.

позволи́тельный permissible.

позво́лить *сов. см.* позволя́ть.

позволя́ть, позво́лить **1.** (*дт. вн.*, *дт.* + *инф.*) allow (*smb. smth.*, + to *inf.*), permit (*smb. smth.*, *smb.* + to *inf.*); **2.** (*дт.* + *инф.*; *давать возможность*) make* it possible (for *smb.* + to *inf.*), enable (*smb.* + to *inf.*); но́вая те́хника позво́лит досро́чно вы́полнить план the new machinery will make it possible to fulfill the plan ahead of schedule; е́сли вре́мя позво́лит if there is time, if time allows; ◇ позво́лить себе́ *что-л.* 1) venture *smth.*, take* the liberty (of + -ing); 2) (*быть в состоянии сделать что-л.*) allow *oneself smth.*; он мно́гое себе́ позволя́ет he takes a good many liberties.

позвони́ть *сов. см.* звони́ть.

позвон|о́к *м.* vertebra (*pl.* -ae); **~о́чник** *м.* spine, backbone; **~о́чный** vertebral, spinal; ~о́чный столб vertebral/spinal column; ~о́чные живо́тные vertebrates.

по́здн|ий late; ~ прихо́д late arrival; ~ие цветы́ late flowers; ~ урожа́й late harvest; ~ей о́сенью in late autumn; до ~ей но́чи late into the night; са́мое ~ее в суббо́ту Saturday at the latest.

по́здно 1. *нареч.* late; ~ но́чью late at night; ~ ложи́ться go* to bed late, sit*/stay up late; ~ верну́ться домо́й come* home late; **2.** *в знач. сказ. безл.* it is too late; лу́чше ~, чем никогда́ better late than never (but better never late).

поздоро́ваться *сов. см.* здоро́ваться.

поздорове́ть *сов. см.* здорове́ть.

поздоро́в|иться *сов. разг.*: ему́ не ~ится he will get into trouble, he will be in for it.

поздрави́тель *м.*, **~ница** *ж.* bearer of congratulations, well-wisher; **~ный** congratulatory; ~ная телегра́мма greetings telegram.

поздра́в|ить *сов. см.* поздравля́ть; **~ле́ние** *с.* congratulation; принести́ ~ле́ния *кому-л.* offer *one's* congratulations to *smb.*

поздравля́ть, поздра́вить (*вн.* с *тв.*) congratulate (*smb.* on, upon); ~ *кого-л.* с днём рожде́ния wish *smb.* many happy returns (of the day); ~ *кого-л.* с Но́вым го́дом wish *smb.* a happy New Year.

позелене́ть *сов. см.* зелене́ть 2.

поземе́льный land *attr.*; ~ нало́г land-tax.

позёмка *ж.* blizzard accompanied by ground wind.

позёр *м.* play-actor, humbug, poseur.

по́зже (*сравнит. ст. нареч.* по́здно) later.

по-зи́мнему as in winter; одет ~ dressed in winter clothes.

пози́ровать *несов.* **1.** pose; ~ для портре́та sit* for *one's* portrait; **2.** (*рисоваться*) put* on airs, try for effect, strike* attitudes.

позити́в *м. фото, кино* positive; ~ изображе́ния picture print; ~ перезапи́санной фоногра́ммы prerecorded print; ~ фоногра́ммы sound track print; ~ фоногра́ммы звуковы́х эффе́ктов sound effects print; ~ фонограммы с записью музыки music print.

позитив|изм *м. филос.* positivism, positive philosophy; **~ист** *м.* positivist.

позитивн|ый positive; ~ая запись звука *кино* positive sound recording; ~ая киноплёнка direct positive film; ~ая киноплёнка с окрашенной основой tinted base film; ~ая копия positive print; ~ая светокопия blueprint; ~ая цветная копия positive color print; ~ое изображение positive image; ~ые перфорации positive perforations; ~ киноматериал *кино* positive material.

позитрон *м. физ.* positron.

позиционирование *с.*: ~ товара на рынке *торг.* commodity positioning.

позиционн|ый positional, position *attr.*; ~ая война positional/trench warfare.

позици|я *ж.* position; (*отношение тж.*) attitude; длинная ~ *торг.* long position; короткая ~ short position; открытая ~ *торг.* open position, open contracts *pl.*; срочная ~ *бирж.* position; торговая ~ commodity item; ~ судна *торг.* position of a vessel; *спорт.* stand, stance; (*фехтование*) первая ~ prime; вторая ~ second; третья ~ tierce; четвёртая ~ quarte; пятая ~ quinte; шестая ~ sixte; седьмая ~ septime; восьмая ~ octave; занять ~ю take* *one's* stand; *воен.* take* up a position; изменить ~ю shift *one's* ground; выжидательная ~ wait and see attitude; с ~и силы from (a position of) strength; исходная ~ initial position; огневая ~ *воен.* firing position.

позлить *сов.* (*вн.*) *разг.* tease a little (*smb.*, *smth.*).

познаваем|ость *ж.* cognoscibility; ~ мира the possibility of knowing the world; **~ый** knowable, cognoscible, cognizable.

познавательн|ый cognitive; ~ая способность cognition; ~ое значение искусства the informative value of art, the power of art to inform.

познавать, познать (*вн.*) **1.** (*приобретать знания*) perceive (*smth.*); *филос.* cognize (*smth.*); (*хорошо узнавать*) get* to know (*smb.*, *smth.*), get* acquainted (with); ~ законы природы perceive the laws of nature; **2.** (*испытывать, переживать*) know* (*smth.*), experience (*smth.*); ~ горечь отступления know* the bitterness of defeat; ~ радость свободы experience the joy of freedom; **~ся** *несов.* be* known; друзья познаются в беде *посл.* ≅ a friend in need is a friend indeed.

познакомить(ся) *сов. см.* знакомить(ся).

познани|е *с.* **1.** knowledge; *филос.* cognition; теория ~я theory of knowledge; **2.** *мн.* (*совокупность знаний*) knowledge *sg.*

познать *сов. см.* познавать.

позолот|а *ж.* gilt, gilding; **~ить** *сов. см.* золотить.

позолоченный gilded, gilt.

позор *м.* shame, disgrace, infamy; **~ить**, опозорить (*вн.*) disgrace (*smb.*, *smth.*), dishonor (*smb.*, *smth.*); (*срамить*) put* (*smb.*) to shame; **~иться**, опозориться disgrace *oneself*; **~ный** disgraceful, shameful; ◇ пригвоздить *кого-л.* к ~ному столбу pillory *smb.*, hold* *smb.* up to public scorn.

позумент *м.* galloon, braid.

позыв *м.* (к *дт.*) desire (for), inclination (for); ~ к рвоте feeling of nausea.

позывн|ой signal *attr.*; **~ые** *мн.* call sign *sg.*

поиграть *сов.* play a little; have* a game.

поиздержаться *сов. разг.* overspend*.

поименовать *сов.* (*вн.*) name (*smb.*, *smth.*).

поимённ|о by name; **~ый**: ~ый список list of names, nominal list/roll.

поимка *ж.* catching; capture; ~ на месте преступления catching in the act.

поимущественный: ~ налог property tax.

по-иному in a different way.

поинтересоваться *сов.* (*тв.*) show* an interest (in), be* interested (in).

поиск *м. воен.* reconnaissance raid; *мор. тж.* sweep; патентный ~ *юр.* patent search.

поискать *сов.* (*вн.*) have* a look (for).

поиски *мн.* **1.** search *sg.*, quest *sg.*, hunt *sg. разг.*; ~ новых форм the quest for new forms; отправиться на ~ *кого-л.* set* out in search of *smb.*; **2.** *геол.* prospecting *sg.*

поистине indeed, in truth, truly; ~ гигантские размеры корабля the truly gigantic size of the ship.

поистрати|ть *сов.* (*вн.*) *разг.* spend* (*smth.*); он ~л все деньги he spent all his money; **~ться** *сов. разг.* spend* all *one's* money.

поить *несов.* (*вн.*) give* (*smb.*) a drink; (*скот*) water (*smth.*); ~ *кого-л.* чаем give* (*smb.*) some tea; ~ *кого-л.* вином give* *smb.* wine to drink.

пойло *с.* swill, mash; (*для свиней*) hogwash; pigswill.

пойма *ж.* **1.** flood-lands *pl.*; **2.** water meadow.

поймать *сов. см.* ловить.

поймен|ый: ~ые луга flood lands.

пойти *сов.* **1.** *см.* идти 6, 7, 8, 13, 20-25; **2.** (*начать идти*) set* off, go* off; ~ пешком set* off on foot; **3.** (*начать двигаться*) begin* to move, start, поезд пошёл the train started; **4.** (*начать течь*) begin* to come/flow; **5.** (*об осадках*) begin* to fall, пошёл снег it began to snow; ◇ пошёл вон! *разг. груб.* off with you!; уж если на то пошло as far as that goes, for that matter; (так) не пойдёт! *разг.* that won't work!

пока **1.** *нареч.* (*в данный момент*) for the present; (*на некоторое время*) for the time being; (*тем временем*) meanwhile; (*до сих пор*) as yet; этого ~ достаточно that is enough for the time being; никаких новостей ~ нет no news as yet; **2.** *союз* (*в то время как*) while; **3.** *союз* (*до того времени как*) till, until; он не придёт, ~ вы его не пригласите he will not come till you invite him, he will not come till he is invited; ◇ ~ что so far; ~ что он не даёт ответа so far he gives no answer; ~! *разг.* bye for now!, bye-bye!, see you (soon)!, cheerio!

пока́дров|ый *кино*: ~ая за́пись single frame recording; ~ая киносъёмка stop motion; ~ая прое́кция single frame projection.

пока́з *м.* showing, demonstration, display; ~ това́ра display of goods; ~ но́вого кинофи́льма showing of a new film ; *спорт.* (*фехтование*) ~ уко́лом stretching the weapon.

показа́ни|е *с.* **1.** testimony, evidence; *юр.* (*письменное под присягой*) affidavit, deposition; ~ истца́ на предме́т наложе́ния аре́ста на иму́щество отве́тчика affidavit for attachment; ~ с обвине́нием в соверше́нии преступле́ния affidavit in criminal prosecution; ~ о задо́лженности отве́тчика истцу́ affidavit to hold to bail; ~ претенде́нта на изда́тельское пра́во affidavit of copyright claimant; ~ в по́льзу отве́тчика *или* обвиня́емого affidavit of defense; ~ о доста́точном основа́нии (*лишения гражданства*) affidavit of good cause; дава́ть ~я make* an affidavit; testify, bear* testimony, give* evidence; **2.** (*измерительных приборов*) reading.

показа́тель *м.* **1.** proof, indicator; *обыкн. мн.* (*наглядное выражение в цифрах*) index (*pl.* indices); ~ конкурентоспосо́бности *торг.* rate of competitiveness; ~ культу́рного у́ровня indicator of the cultural level; **2.** *мат.* exponent, index; **~ный 1.** (*характерный*) significant; **2.** (*организованный для всеобщего ознакомления*) demonstration *attr.*; **3.** (*образцовый*) model *attr.*

показ|а́ть *сов. см.* пока́зывать; **~а́ться** *сов. см.* пока́зываться *и* каза́ться; **~но́й** ostentatious, put on; for show *после сущ.*; ~но́е благополу́чие a show of prosperity.

показу́ха *ж. разг. неодобр.* window dressing.

пока́зыв|ать, показа́ть **1.** (*вн.*) show* (*smth.*), (*демонстрировать*) demonstrate (*smth.*), perform (*smth.*); ~ *кому-л.* доро́гу show* *smb.* the way; ~ фо́кус perform/demonstrate a trick; ~ пье́су show*/perform a play; **2.** (на *вн., указывать*) point (to), indicate (*smth.*); ~ глаза́ми на *что-л.* indicate *smth.* with *one's* eyes, indicate *smth.* with a look; ~ руко́й на окно́ point to the window; **3.** (*вн.; разъяснять*) explain (*smth.*); **4.** (*вн.; проявлять какие-л. качества*) display (*smth.*), show* (*smth.*); (*рекорд, время и т. п.*) achieve (*smth.*); ~ хра́брость display/show* courage; ~ лу́чший результа́т в бе́ге achieve the best result in the running events; ~ реко́рдную ско́рость beat*/ break*/top the speed record; **5.** (*вн.; об измерительных приборах*) show* (*smth.*), read* (*smth.*), indicate (*smth.*); **6.** (на *вн., давать показания*) testify (against), give* evidence (against); **7.** (*дт.*) *разг.* (*проучивать*) show* (*smb.*), teach* (*smb.*) a lesson; я вам покажу́! I'll teach you!; ◇ показа́ть себя́ show* *oneself*; но́са не ~ not show* *one's* face; показа́ть приме́р show* an example; показа́ть язы́к put* out *one's* tongue; **~а́ться,** показа́ться **1.** (*становиться видным, проявляться*) appear, come* in sight; наконе́ц показа́лся бе́рег the shore came in sight at last; **2.** (*являться, приходить куда-л.*) show* *oneself*, appear; он нигде́ не ~ается he never goes anywhere; он бои́тся показа́ться вам на глаза́ he is afraid to appear in front of you; ~а́ться врачу́ see* a doctor.

пока́лыв|ать *несов. разг.* **1.** prick; **2.** *безл.*: у меня́ ~ает в боку́ I have the stitch.

покапри́зничать be* troublesome, give* a little trouble.

покара́ть *сов. см.* кара́ть.

ката́ть *сов.* (*вн.*) **1.** roll (*smth.*) for a while; **2.** (*повозить*) take* (*smb.*) for a short ride/drive; **~ся** *сов.* take* a ride, go* for a short ride/drive.

покати́ть *сов.* **1.** (*вн.*) roll (*smth.*); **2.** *разг.* (*быстро поехать*) speed* away/off; **~ся** *сов.* **1.** roll; (*по наклонной плоскости*) roll (down); мя́чик покати́лся под стол the ball rolled under the table; ~ся с горы́ roll downhill; **2.** (*двинуться, поехать*) drive* off; drive*; **3.** (*о слезах, поте*) roll down; ◇ ~ся со́ смеху rock with laughter.

пока́т|ость *ж.* slope, incline; **~ый** sloping; ~ый лоб retreating forehead: ~ые пле́чи sloping shoulders.

покача́ть *сов.* **1.** (*вн.; некоторое время*) rock (*smb.*, *smth.*) for a while; ~ ребёнка dandle a child*; **2.** (*тв.; качнуть несколько раз*) shake* (*smth.*); ~ голово́й shake* *one's* head; **~ся** *сов.* rock; (*на качелях и т.п.*) swing*.

пока́чив|ать *несов.* **1.** (*вн., тв.*) rock slightly; **2.** *безл.*: ~ает it's rather rough; **~аться** *несов.* rock; (*пошатываться*) stagger, totter, be* unsteady on *one's* legs; ~аться на волна́х rock on the waves; ~аться в кре́сле rock *oneself* (in *one's* chair); идти́ пока́чиваясь walk unsteadily, roll/stump along.

покачн|у́ть *см.* (*вн.*) give* (*smth.*) a push; (*накренить*) tip (*smth.*), tip (*smth.*) up; **~у́ться** *сов.* sway, lurch; *перен.* take* a turn for the worse; дела́ ~у́лись things are looking bad/black.

пока́шливать *несов.* have* a slight cough.

покая́н|ие *с.* **1.** (*исповедь*) confession; *церк.* (*наказание*) penance; приноси́ть ~ (в *пр.*) repent (*smth.*); **2.** (*раскаяние*) repentance; ◇ ~ до́рого сто́ит repentance costs dear/is never too soon; призна́ние — сестра́ ~ия *погов.* ≅ confession is the first step to repentance; отпусти́ть ду́шу на ~ let* *smb.* alone, leave* *smb.* in peace; **~ный** repentant, penitent.

пока́яться *сов. см.* ка́яться I, 2.

покварта́льно every quarter, per quarter.

поквит|а́ться *сов. разг.* be* quits; (с *тв.*) be*/get* even (with); я ещё с тобо́й ~а́юсь! I'll be/get even with you yet!, I'll pay you out one day!

покида́ть, поки́нуть (*вн.*) (*уходить от кого-л.*) desert (*smb.*); abandon (*smb.*), forsake* (*smb.*); (*уходить откуда-л.*) leave* (*smth.*), quit (*smth.*); его́ все поки́нули he was abandoned by everyone; поки́нуть го́род leave* (the) town; поки́нуть сце́ну leave*/quit the stage; поки́нуть дру́га forsake* a friend; си́лы поки́нули меня́ my strength failed me.

поки́нуть *сов. см.* покида́ть.

поклада́я: рабо́тать не ~ рук work without respite, press on with *one's* work.

покла́дистый obliging, easygoing, compliant.

покла́жа *ж.* (*груз*) load; (*багаж*) luggage.

поклёп *м. разг.* slander, calumny; возводи́ть ~ на *кого-л.* slander *smb.*, smear *smb.*

покло́н *м.* **1.** bow; **2.** (*привет*) regards *pl.*, best wishes *pl.*; переда́ть ~ *кому-л.* send* *smb. one's* regards; переда́йте ва́шему бра́ту remember me to your brother; ◇ идти́ на ~ к *кому-л.* go* cap in hand to *smb.*; **~е́ние** *с.* **1.** worship; **2.** (*преклонение*) admiration, adoration.

поклони́ться *сов. см.* кла́няться.

покло́нн|ик *м.*, **~ица** *ж.* admirer.

поклоня́ться *несов.* (*дт.*) worship (*smb. smth.*), adore (*smb.*, *smth.*).

покля́сться *сов. см.* кля́сться.

поко́ит|ься *несов.* **1.** (на *пр.; опираться*) rest (on, upon), be* based (on), repose (upon, on); **2.** (*спокойно лежать*) repose, lie*; ◇ (*об умершем*) здесь ~ся прах (*рд.*) here lies the body (of).

поко́|й *м.* **1.** (*тишина*) quietness, stillness; **2.** (*неподвижность*) immobility; **3.** (*спокойствие*) peace, tranquility; больно́му необходи́м по́лный ~ the patient needs complete rest; **4.** *уст.* (*комната*) apartment; ◇ не дава́ть ~я *кому-л.* give* *smb.* no peace; оставля́ть *кого-л.* в ~е leave* *smb.* in peace; смути́ть *чей-л.* ~ disturb *smb.*'s peace of mind; уйти́ на ~ retire; ве́чный ~ rest eternal; приёмный ~ reception ward.

поко́йн|ик *м.* dead person; (*при упоминании об умершем*) the deceased; **~ица** *ж.* dead woman*.

поко́йницкая *ж.* mortuary.

поко́йн|ый *прил.* **1.** (*спокойный*) quiet, calm; **2.** (*умерший*) the late; **3.** *в знач. сущ. м. см.* поко́йник; ◇ ~ой но́чи good night; бу́дьте ~ы you may be sure.

поколеба́ть *сов. см.* колеба́ть; **~ся** *сов. см.* колеба́ться 2, 4.

поколе́ни|е *с.* generation; молодо́е ~ the younger/new/next generation; на́ше ~ the present generation; ◇ из ~я в ~ from generation to generation.

поколоти́ть *сов. разг.* **1.** (*вн.; побить*) beat* (*smb.*), give* (*smb.*) a beating/thrashing; **2.** (по *дт.; постучать*) hammer (on, at).

поко́нчить *сов.* (с *тв.*) **1.** (*довести до конца*) finish with (*smth.*); ~ с рабо́той be* through with *one's* work; **2.** (*прекратить*) put* an end (to), do* away (with); ◇ ~ с собо́й commit suicide.

покоре́ние *с.* conquest: *перен. тж.* taming; ~ ко́смоса the conquest of outer space.

покори́тель *м.* conqueror; ◇ ~ серде́ц lady-killer; **~ница** *ж.*: ~ница серде́ц charmer (of men).

покори́ть(ся) *сов. см.* покоря́ть(ся).

покорми́ть *сов.* (*вн.*) feed* (*smb.*, *smth.*).

поко́рн|о submissively, humbly; ~ благодарю́ thank you kindly; **~ость** *ж.* submissiveness; (*послушание*) submission, obedience; **~ый** submissive, obedient, humble; ◇ ваш ~ый слуга́ your obedient servant; слуга́ ~ый! *ирон.* I beg to differ!

покоро́бить(ся) *сов. см.* коро́бить(ся).

покоря́ть, покори́ть (*вн.*) **1.** (*силой подчинять*) conquer (*smb.*, *smth.*), subdue (*smb.*, *smth.*); *перен. тж.* tame (*smth.*), harness (*smth.*); **2.** (*пленять*) win* *smb.'s* heart, vanquish *smb.*; ◇ ~ сердца́ win* all hearts; **~ся**, покори́ться (*дт.*) submit (to), surrender (to); (*обстоятельствам тж.*) resign *oneself* (to); ~ся судьбе́ resign *oneself* to fate.

поко́с *м.* **1.** (*косьба*) mowing, hay harvest, haymaking; второ́й ~ second mowing; **2.** (*время косьбы*) haymaking time; **3.** (*луг*) hayfield, grassland, meadow(-land).

покоси́ться *сов.* **1.** *см.* коси́ться 1; **2.** (*искривиться*) be* leaning over/sideways; дом покоси́лся the house is leaning over.

покра́жа *ж. разг.* theft.

покра́сить *сов. см.* кра́сить 1.

покрасне́ть *сов. см.* красне́ть 1, 2.

покриви́ть *сов. см.* криви́ть.

покри́кивать *несов. разг.* call out, utter cries; (на *вн.; бранить*) tell* (*smb.*) off, reprimand (*smb.*).

покро́в *м.* **1.** cover; (*на гроб*) hearse cloth; *перен. тж.* cloak, shroud; сне́жный ~ blanket of snow; Покро́в *церк.* (Feast of) the Protection/Protective Veil; **2.** *анат.* integument; ◇ под ~ом темноты́, но́чи under cover of darkness, night.

покрови́тель *м.* patron, protector, sponsor; **~ница** *ж.* patroness, protectress.

покрови́тельственн|ый **1.** patronizing; ~ тон patronizing tone; **2.** *эк.*: ~ые по́шлины protective duties; ~ые по́шлины для веду́щих о́траслей промы́шленности key industry duties; ~ая систе́ма protectionism; ~ тари́ф protective tariff; ◇ ~ая окра́ска *биол.* protective coloring.

покрови́тельство *с.* patronage, protection; взять *кого-л.* под своё ~ take* *smb.* under *one's* protection/wing; **~вать** *несов.* (*дт.*) patronize (*smb. smth.*), protect (*smb.*, *smth.*).

покро́й *м.* style, cut, fashion; ◇ все на оди́н ~ all of the same pattern/style.

покроши́ть *сов.* (*вн.*, *рд.*) crumble a little (*smth.*); (*о хлебе*) crumb (*smth.*); (*порубить*) mince (*smth.*), chop (*smth.*).

покружи́ть *сов.* **1.** roam about/around; **2.** (*вн.*) spin* (*smth.*) round; **~ся** *сов.* turn round and round; (*о птицах и т. п.*) fly* around, circle, wheel.

покрути́ть *сов.* (*вн.*, *тв.*) twist (*smth.*); **~ся** *сов.* go* round.

покрыва́ло *с.* cloth; (*вуаль*) veil; (*для постели*) coverlet, counterpane, bedspread.

покрыва́ть, покры́ть (*вн.*) **1.** (*закрывать чем-л., накрывать*) cover (*smth.*); (*крышей*) roof (*smth.*); ~ желе́зом cover with iron; ~ дом черепи́цей roof a house with tiles; **2.** (*краской и *т. п.*) coat (*smth.*); paint (*smth.*); ~ *что-л.* ла́ком varnish *smth.*, cover *smth.* with varnish; **3.** (*усеивать поверхность чем-л., окутывать*) cover (*smth.*); ве́тер покры́л пруд ме́лкой ря́бью a breeze rippled the surface of the pond; ~ мглóю shroud in darkness; кра́сные пя́тна покры́ли её лицó her face broke out in red spots; **4.** (*заглушать*) drown (*smth.*); **5.** (*возмещать*) pay* off (*smth.*), discharge (*smth.*); ~ расхóды meet*/cover the expenses, defray expenses; ~ убы́тки cover *one's* losses, make* up for *one's* losses; **6.** (*скрывать, укрывать*) hush up (*smth.*); protect (*smb.*); покры́ть сообщников protect *one's* associates; **7.** (*расстояние*) cover (*smth.*); лы́жники покры́ли диста́нцию за 15 мину́т the skiers covered the distance in fifteen minutes; ◇ ~ сла́вой cover with glory; **~ся**, покры́ться (*тв.*) become*/be* covered (with); ~ся кóркой crust, get* crusted over; ~ся пе́ной scum; (*о вине тж.*) mantle; ~ся румя́нцем blush; ~ся ли́стьями be* covered with leaves; не́бо покры́лось ту́чами the sky became cloudy, heavy clouds gathered in the sky; егó лицó покры́лось пя́тнами his face became blotchy.

покры́тие *с.* **1.** (*действие*) covering; (*краской*) coating; (*дорог*) surfacing; (*крыши*) roofing; **2.** (*материал*) surface; дорóжное ~ road surface; **3.** (*обеспечение*) *фин.* payment, discharge, backing, cover, settlement; валю́тное ~ foreign exchange cover; золотóе ~ gold cover; пóлное ~ full cover; страховóе ~ insurance cover; ~ аккредити́ва cover of a letter of credit; ~ задóлженности по счёту settlement of an account; ~ платежéй cover of payments; ~ расхóдов *фин.* meeting the expenses; ~ спрóса *торг.* satisfying the demand; ~ счёта settlement of an account; ~ убы́тков *торг.* compensation for losses.

покры́ть *сов. см.* покрыва́ть *и* крыть; **~ся** *сов. см.* покрыва́ться.

покры́шка *ж.* **1.** *разг.* (*крышка*) lid; (*шины*) tyre(-cover); (*мяча*) outer cover.

покумéкать *сов. разг.* think* over, turn over in *one's* mind.

покупа́тель *м.* buyer, purchaser; (*в магазине тж.*) customer; *юр.* vendee; вы́годный ~ wrap-up; платёжеспособный ~ solvent purchaser; предполага́емый ~ prospect; обслу́живание ~я customer service; ~ векселéй на аукциóне tenderer; **~ница** *ж. см.* покупа́тель; **~ный** purchasing; ~ная спосóбность населе́ния the purchasing power of the population; ~ная си́ла дéнег the purchasing power of money; **~ский** buyer's, purchaser's.

покупа́ть, купи́ть (*вн.*) **1.** (*приобретать*) buy* (*smth.*), purchase (*smth.*); **2.** (*подкупать*) buy* (*smb.*), bribe (*smb.*).

поку́пк|а *ж.* **1.** (*действие*) buying, purchasing; ~ в рассрóчку *торг.* hire purchase, installment purchasing; ~ в рóзницу retail purchasing; ~ за нали́чные purchase for cash; ~ на вес purchase by weight; ~ на срок forward purchase; purchase for future delivery; ~ óптом bulk purchase; ~ по образца́м purchase by sample; ~ с немéдленной упла́той outright purchase; ~ со скла́да *торг.* purchase from stock; ~ с цéлью поддержа́ния ку́рса *бирж.* supporting purchase; ~ цéнных бума́г security purchase; ~ чéрез посрéдника *бирж.* purchase through a broker; *кино* booking; ~ фи́льмов вслепу́ю blind booking; ~ нéскольких фи́льмов block booking; **2.** (*приобретённая вещь*) purchase; вы́годная ~ a bargain; дéлать ~и go* shopping, do* the shopping, make* some purchases.

покупн|óй **1.** bought, purchased; **2.** (*покупательный*) purchasing; ~áя спосóбность purchasing power; ~áя ценá purchase price.

покури́ть *сов.* have* a smoke; дава́йте поку́рим! let's have a smoke.

покус|áть *сов.* (*вн.*) bite* (*smb.*, *smth.*) (*ужалить*) sting* (*smb.*, *smth.*); егó ~áли пчёлы he got badly stung by bees.

покуси́ться *сов. см.* покуша́ться.

поку́сыв|ать *несов.* (*вн.*) *разг.* bite* (*smth.*); морóз ~ает щёки the frost makes *one's* cheeks burn, the frost nips *one's* cheeks; ~ гу́бы от волнéния bite* *one's* lips with emotion.

поку́шать *сов.* eat*.

покуш|áться, покуси́ться (на *вн.*) attempt (*smth.*); (*посягать*) encroach (upon), try to take (*smth.*); ~ на самоуби́йство attempt suicide; ~ на *чью-л.* жизнь make* an attempt on *smb.*'s life; **~éние** *с.* attempt; (*посягательство*) encroachment; ~éние на *чью-л.* жизнь attempt on *smb.*'s life; ~éние на уби́йство по полити́ческим моти́вам *или* по на́йму *юр.* assasination attempt; ~éние на преступлéние criminal attempt; ~éние со злым у́мыслом malicious attempt; я́вно вы́раженное ~éние *юр.* unequivocal appearance of attempt; ~éние на свобóду attempt to restrict liberty.

пол I *м.* **1.** (*настил*) floor; настила́ть ~ lay* a floor; натира́ть ~ polish the floor; **2.** *бирж.* (*операционный зал, где разрешено заключение сделок*) floor.

пол II *м. биол.* sex; ребёнок мужскóго (жéнского) ~а male (female) child*; ◇ прекра́сный ~ *шутл.* fair sex; си́льный ~ *шутл.* the stronger/sterner sex.

пол- *в сложн.* half-.

пол|á *ж.* flap; ◇ из-под ~ы on the sly; продава́ть из-под ~ы sell* under the counter.

полаг|áть *несов.* think*, believe; ~áют, что он в Москвé he is supposed to be in Moscow; ◇ нáдо ~ *как вводн. сл.* suppose so, one would think so; нáдо ~, что он придёт it may be presumed that he will come, he will presumably come.

полаг|áться I *несов.* **1.**: так ~áется that's the way things are done; it is the customary/usual thing; здесь кури́ть не ~áется one is not supposed to smoke here; так поступа́ть не ~áется you shouldn't do that; **2.** (*дт.; причитаться*) be* due (to); за рабóту ему́ ~áется 200 рублéй he is to receive two hundred rubles for the work he has done; скóлько мне ~áется? how much is due to me?

полаг|а́ться II, положи́ться (на *вн.*) rely (upon), depend (upon); я ~а́юсь на вас I depend/rely upon you; ~ на *чьё-л.* мне́ние defer to *smb.*'s opinion; на него́ нельзя́ положи́ться you can't depend/rely on him, he is not to be relied on.

пола́д|ить *сов.* (с *тв.*) come* to an understanding (with); они́ не ~или ме́жду собо́й they didn't get on.

пола́комиться *сов. см.* ла́комиться.

полбеды́ *в знач. сказ.* a small loss; э́то ещё ~! it is not so very serious.

полве́ка *м.* half a century.

полго́да *ж.* half a year; six months *pl.*

полде́ла *с. разг.* half the work; э́то ещё ~! that's not all!; that's only half the battle!

по́лдень *м.* noon, midday, noonday; ро́вно в ~ at the stroke of noon; ◇ за́ ~ after/past midday; in the afternoon.

полдне́вный *поэт.* midday *attr.*, noon *attr.*

по́лдни|к *м.* (afternoon) tea; **~чать** *несов. разг.* have* *one's* afternoon tea.

полдоро́г|и *ж.* halfway; ◇ останови́ться на ~е stop halfway.

полдю́жины *ж.* half a dozen.

по́л|е *с.* **1.** field (*тж. перен.*); ~ под па́ром fallow field; спорти́вное ~ playing field(s); конку́рное ~ equestrian field; футбо́льное ~ football field/pitch; хокке́йное ~ hockey field/pitch; ~ де́ятельности sphere of activity, field of action; магни́тное ~ magnetic field; *кино* ~ изображе́ния picture area; ~ ре́зкости focal field; ~ съёмки *кино* shooting field; ~ да́нных *програм.* data field; **2.** (*фон*) ground; све́тлые цвета́ на тёмном ~ light colors on a dark ground; *3. обыкн. мн.* (*у книги и т. п.*) margin *sg.*; заме́тки на ~я́х marginal notes; **4.** *мн.* (*шляпы*) brim *sg.*; ◇ ~ зре́ния field of vision; ~ сраже́ния battlefield, field (of battle); оди́н в ~ не во́ин *посл.* ≅ one man is no man.

полеве́ть *сов. см.* леве́ть.

полеви́ца *м. бот.* spear grass.

полево́д *м.* field crop grower, cultivator; **~ство** *с.* field crop growing/cultivation; **~ческий** field-crop *attr.*

полев|о́й field *attr.*; ~ы́е цветы́ wild/field flowers; ~ы́е рабо́ты field work *sg.*; ~ стан field camp; ~ го́спиталь field hospital; ~а́я по́чта field post office; ~а́я артилле́рия field artillery; *спорт.* (*конный спорт*) ~ы́е испыта́ния endurance test *sg.*; ◇ ~ шпат fel(d)spar; ~а́я су́мка field bag; *кино* ~ы́е убо́рные honey wagon *sg.*

полего́ньку *разг.* little by little; by easy stages.

полегча́ть *сов. см.* легча́ть.

поле́гче **1.** (*о весе*) (somewhat) lighter; **2.** (*о трудности*) (just) a little easier.

полежа́ть *сов.* (*о человеке*) lie* down (for a while); (*о вещах*) remain, stay.

полезащи́тн|ый: ~ое лесонасажде́ние field-protective afforestation; ~ая лесна́я полоса́ afforestation belt, windbreak.

поле́зн|ый **1.** useful; (*для здоровья*) good*; ~ая пи́ща nourishing/wholesome food; сочета́ть ~ое с прия́тным combine business with pleasure; **2.** *тех.* useful, effective; ~ая нагру́зка payload; ~ая пло́щадь useful space; ~ое вре́мя *програм.* productive time; ◇ чем могу́ быть поле́зен? what can I do for you?

поле́зть *сов.* **1.** (*начать лезть*) begin* to climb; ~ в во́ду get* into the water; **2.** (в *вн.; в стол и т. п.*) put* *one's* hand (into); ~ в карма́н put* *one's* hand into *one's* pocket; ~ в шкаф rummage in a cupboard.

полемизи́ровать *несов.* (с *тв.*) argue (with), polemicize (with).

поле́мика *ж.* polemics *pl.*, dispute, controversy.

полеми́ч|еский, ~ный polemic(al).

полени́ться *сов.* (+ *инф.*) be* too lazy (+ to *inf.*).

поле́нница *ж.* stack (of firewood), pile (of logs).

поле́но *с.* log.

поле́сье *с.* wooded district, woodlands *pl.*

полета́ть *сов.* fly* (for a while).

полет|е́ть *сов.* **1.** fly* up, take* wing; (*о самолёте*) take* off, become* airborne; (*на самолёте*) fly*, make* a flight; **2.** *разг.* (*упасть*) tumble, fall*; всё ~е́ло со стола́ everything went flying off the table; **3.** (*стремительно двинуться*) dash off; go* dashing/rushing/speeding; **4.** (*о письмах, донесениях и т. п.*) flash, fly*, be* flashed; **5.** (*быстро распространяться*) flash round; **6.** (*о времени*) flash by; дни ~е́ли the days flashed by.

по-ле́тнему as in summer.

полечи́ть *сов.* (*вн.*) treat (*smb.*), give* (*smb.*) some treatment; **~ся** *сов.* take* a cure, have* some treatment.

поле́чь *сов.* **1.** *разг.* (*лечь*) lie* down; **2.** (*быть убитым*) be* killed; **3.** (*о растениях*) lie* flat, be* flattened, be* beaten down.

полёвка *ж. зоол.* field vole.

полёт *м.* flight (*тж. спорт.*); ~ на да́льнее расстоя́ние long-distance flight; ~ в ко́смос space flight; ~ на Луну́ flight to the Moon, Moon flight; самолёт про́был в ~е пять часо́в the aircraft was in the air for five hours; фигу́рные ~ы aerobatics, stunt flying *sg.*; недоста́точный ~ *спорт.* (*гимнастика*) lack of flight; ◇ ~ фанта́зии flight of imagination; вид с пти́чьего ~а bird's-eye view.

полжи́зни *ж.* half of *one's* life.

по́лзать *несов.* creep*, crawl; (пе́ред *тв.*) *перен.* cringe (to), fawn (upon); kowtow (to); ◇ ~ в нога́х у *кого-л.* gravel at *smb.*'s feet.

ползко́м on *one's* hands and knees, on all fours, crawling.

ползти́ *несов.* **1.** crawl; (*о насекомых и т.п. тж.*) creep*; **2.** (*медленно передвигаться, распространяться*) creep*, spread*; чёрные ту́чи ползли́ по не́бу black clouds spread across the sky; **3.** (*скользить*) slide* **4.** (*медленно литься, течь*) trickle, ooze; **5.** (*о времени*) creep* by; **6.** *разг.* (*расползаться — о ткани*) go* to pieces.

ползунки́ *мн.* (child's) romper suit *sg.*, crawlers.

ползуно́к *м. разг.* toddler.

ползу́ч|ий crawling; creeping; ~ие расте́ния creepers; ~ая на́дпись *кино* title crawl.

полиа́ндрия *ж.* polyandry.

полиартри́т *м. мед.* polyarthritis.

поли́в *м.* watering, sprinkling.

полив|а́ть, поли́ть **1.** (*вн.*) (*улицы, растения*) water (*smth.*); (*на руки*) pour (*smth.*) on; **2.**: дождь ~а́ет it is pouring; ◇ ~ гря́зью *кого-л.* fling*/throw* mud at *smb.*; **~а́ться**, поли́ться pour water over *oneself*.

поливинилхлори́д *м.* polyvinylchloride, PVC.

поливитами́ны *мн.* polyvitamin tablets.

поли́вка *ж.* watering.

поливно́й 1. (*применяющий искусственное орошение*) irrigation *attr.*; **2.** (*нуждающийся в поливке*) requiring irrigation *после сущ.*

поли́вочный watering *attr.*

полигами́я *ж.* polygamy.

полигло́т *м.* polyglot.

полиго́н *м. воен.* shooting range; (*для испытания оружия*) experimental range, proving ground; *спорт.* range; ~ для пулево́й стрельбы́ shooting range; ~ для стрельбы́ из лу́ка archery range.

полиграфи́ческ|ий printing *attr.*; ~ая промы́шленность printing industry; ~ комбина́т (multiple) printing plant.

полиграфи́я *ж.* printing industry.

поликли́ника *ж.* (out-patients') polyclinic.

полиме́ры *мн.* polymers.

полиневри́т *м. мед.* polyneuritis.

полинез|иец *м.*, **~ийка** *ж.*, **~ийский** Polynesian.

полиня́лый faded, discolored.

полиня́ть *сов. см.* линя́ть.

полиомиели́т *м. мед.* poliomyelitis.

поли́п *м.* **1.** *зоол.* polyp; **2.** *мед.* polypus (*pl.* -ses, -pi).

полирова́льн|ый polishing; ~ая маши́на polishing-machine; ~ая па́ста polish.

полиро́ванный polished.

полирова́ть, отполирова́ть (*вн.*) polish (*smth.*); (*металл*) burnish (*smth.*), buff (*smth.*).

полиро́в|ка *ж.* **1.** (*действие*) polishing; (*металла*) burnishing; **2.** (*глянец*) polish, gloss, burnish; **~очный** polishing; **~щик** *м.* polisher.

по́лис *м. юр., фин.* policy, (insurance) policy, policy of assurance; бла́нковый ~ blanket policy; генера́льный ~ general insurance policy; откры́тый ~ open policy; ре́йсовый ~ voyage policy; сме́шанный ~ mixed policy; сро́чный ~ time policy; фра́хтовый ~ freight policy; чи́стый ~ clean policy; ~ комбини́рованного страхова́ния comprehensive policy; ~ морско́го страхова́ния policy of marine insurance; ~ перестрахова́ния reinsurance policy; ~, покрыва́ющий страхова́ние ко́рпуса су́дна hull policy; ~ с ежеме́сячным уточне́нием страхово́й су́ммы adjustable policy; ~ с изменя́емой страхово́й отве́тственностью convertible policy; ~ страхова́ния insurance policy; ~ страхова́ния жи́зни life insurance policy; ~ страхова́ния от любо́го поврежде́ния и́ли утра́ты "all losses or damage" policy; ~ страхова́ния от огня́ fire policy; ~ страхова́ния фра́хта freight policy.

полисеми́я *ж. лингв.* polysemy.

полисодержа́тель *м.* policy holder.

политбюро́ *с. нескл. ист.* Political Bureau.

полите|и́зм *м.* polytheism; **~исти́ческий** polytheistic.

полите́хникум *м.* polytechnic school.

политехни́ческ|ий polytechnical; ~ое обуче́ние polytechnical training; ~ое образова́ние polytechnical education.

политзаключённый *м.* political prisoner.

поли́тик *м.* politician.

поли́тик|а *ж.* politics *pl.*; (*линия поведения*) policy; интересова́ться ~ой be* interested in politics; вну́тренняя ~ home/internal policy; вне́шняя ~ foreign policy; ~ невмеша́тельства policy of nonintervention; теку́щая ~ current politics; ~ с пози́ции си́лы big stick policy; ~ на гра́ни войны́ brinkmanship; *эк.* валю́тная ~ monetary policy; внешнеторго́вая ~ foreign trade policy; креди́тная ~ credit policy; торго́вая ~ trade policy; экономи́ческая ~ economic policy; ~ цен pricing policy.

политика́н *м. презр.* corrupt politician; wirepuller; (*интриган*) intriguer; **~ство** *с. презр.* wirepulling, political maneuvering; playing politics.

полити́ческ|ий political; ~ де́ятель politician, political leader/figure; ~ие права́ potitical rights; ~ая борьба́ political struggle; ~ая акти́вность масс mass political activity; ~ строй political system; ~ая ка́рта ми́ра political map of the world; ~ риск *эк., фин.* political risk.

полити́чный politic, sagacious, shrewd.

политрабо́тник *м. ист.* party man*.

политру́к *м. ист.* political instructor.

политу́ра *ж.* French polish.

поли́ть *сов.* **1.** *см.* полива́ть; **2.** (*начать лить*) begin* to pour; поли́л дождь it began to pour with rain; **~ся 1.** *см.* полива́ться; **2.** (*начать литься*) start/come* pouring; (*из крана*) start running.

политэконо́мия *ж.* political economy.

полице́йский *прил.* **1.** police *attr.*; ~ уча́сток police station; **2.** *в знач. сущ. м.* policeman*.

поли́ция *ж.* police; сыскна́я ~ *ист.* criminal investigation department.

поли́чн|ое *с.*: пойма́ть *кого-л.* с ~ым take*/catch* *smb.* red-handed.

полишине́л|ь *м.* Punch, Punchinello; ◇ секре́т ~я open secret.

полиэтиле́н *м. хим.* polyethylene; **~овый** polyethylene *attr.*, polythene *attr.*; ~овые изде́лия polyethylene articles.

полк *м.* **1.** regiment; **2.** *разг.* (*множество*) multitude; regiments *pl.*; ◇ на́шего ~у́ при́было *разг.* our numbers have grown.

по́лка I *ж.* **1.** shelf*; кни́жная ~ bookshelf*; **2.** (*в железнодорожном вагоне*) berth; ни́жняя ~ lower berth.

по́лка II *ж.* (*огорода*) weeding.

полко́вник *м.* colonel.

полково́дец *м.* general military leader.

полков|о́й regimental; ~о́е зна́мя regimental banner.

полне́ть, пополне́ть grow* stout, get* fat; put* on weight.

пол-ли́тра *м.* **1.** half liter; **2.** *разг.* half liter bottle (*of vodka*).

полни́ть *несов.* (*вн.*) make* (*smb.*) look fat.

по́лно *в знач. сказ.* **1.** (+ *инф.*) (*довольно*) that's enough!, that will do!; ~ вам рабо́тать you have done enough work; **2.** (*как возражение*) what an idea!, don't (be so silly)!, you shouldn't!

полно́ *разг.* (*много*) full; в ко́мнате бы́ло ~ наро́ду the room was full of people, the room was packed (to overflowing).

полнове́сн|ый full-weight *attr.*; (*крупный*) massive; *перен.* full-blooded, substantial; ~ое зерно́ heavy-eared grain; ~ые до́воды weighty arguments.

полновла́стный sovereign; ~ хозя́ин absolute master.

полново́дн|ый full-flowing; ~ая река́ full-flowing river.

полново́дье *с.* high water.

полнозву́чный sonorous.

полнокро́в|ие *с. мед.* plethora; **~ный** full-blooded (*тж. перен.*); (*здоровый, цветущий*) robust.

полнолу́ние *с.* full moon.

полнометра́жный full-length *attr.*; ~ фильм full-length film.

полномо́чи|е *с.* authority; plenary powers *pl.*; *юр.* proxy; ~ на заключе́ние сде́лки power/authority to conclude a deal; ~ на по́дпись authority to sign; ~ для фина́нсовых опера́ций authority for financial operations/dealings; сня́тие ~й taking away authority; предоста́вить *кому-л.* ~я furnish *smb.* with full powers; передава́ть свои́ ~я delegate *one's* powers; превыше́ние ~й exceeding one's commission.

полномо́чный plenipotentiary; ~ представи́тель plenipotentiary.

полнопра́в|ие *с.* equality; full rights *pl.*; **~ный** enjoying full rights *после сущ.*; ~ный член семьи́ an equal member of the family.

по́лностью fully, completely; ◇ целико́м и ~ completely, root and branch, from top to bottom; уничто́жить целико́м и ~ destroy root and branch.

полнот|а́ *ж.* **1.** (*тучность*) stoutness, corpulence; (*чрезмерная*) obesity; **2.** (*полная мера*) fullness, completeness; ~ вла́сти fullness of power; ◇ от ~ы́ се́рдца, души́ out of the fullness of *one's* heart.

полноце́нн|ый **1.** full-value; ~ая валю́та strong currency; ~ спрос filled demand; **2.** (*обладающий необходимыми качествами*) full-blooded, sound; ~ое произведе́ние work of real value, full-blooded work.

полно́чный midnight *attr.*

по́лночь *ж.* midnight, в ~ at midnight; ◇ за́ ~ after/past midnight.

по́лн|ый **1.** (*наполненный*) full; (*набитый тж.*) packed; у́лицы ~ы наро́ду the streets are crowded, the streets are full of people; я́щик по́лон книг (кни́гами) the box is full of books; **2.** (*исчерпывающий, доведённый до конца*) complete; ~ое собра́ние сочине́ний complete works *pl.*; ~ая побе́да complete victory; ~ отчёт complete account; ~ изно́с wear out; ~ срок креди́та *фин.* full term of credit; ~ое това́рищество *эк.* general/ordinary/unlimited partnership; ~ кадр *кино* full frame; ~ видеосигна́л composite video signal; ~ форма́т *кино* full format; ~ая ёмкость *програм.* unformatted capacity; **3.** (*тучный*) stout, plump; ◇ ~ое затме́ние total eclipse; в ~ом цвету́ in full bloom/blossom; в ~ом поря́дке in good/perfect order; ~ая луна́ full moon; ~ое неве́жество utter ignorance; ~ая тишина́ absolute stillness; у них дом — ~ая ча́ша they live in plenty.

по́лным-полно́ crammed full (of).

по́ло *с. нескл. спорт.* polo; во́дное ~ water polo.

пол-оборо́та *м. нескл.* half turn.

поло́ва *ж.* chaff.

полови́к *м.* mat.

полови́н|а *ж.* half*; ~ до́ма half (of) a house: в ~е ма́я in the middle of May; ~ седьмо́го half past six; в ~е седьмо́го at half past six; **~ка** *ж.* half*; **~ный** half; плати́ть в ~ном разме́ре pay* half (of) the sum; **~чатый** ambivalent, ambiguous, compromise *attr.*; приня́ть ~чатое реше́ние take* a compromise decision.

полови́ца *ж.* floorboard.

поло́вник *м.* ladle.

полово́дь|е *с.* freshet, flood; весе́ннее ~ the spring freshet(s); пери́од ~я flood time.

полов|о́й I (*для пола*) floor *attr.*; ~а́я тря́пка floorcloth; ~а́я щётка broom.

полов|о́й II *биол.* sex *attr.*, (*связанный с отношениями полов*) sexual; ~ы́е клётки sex cells; ~о́е чу́вство sexual feeling; ◇ ~а́я зре́лость puberty.

полово́й *м.* III *скл. как прил. уст.* (*слуга*) waiter.

по́ловцы *мн. ист.* Polovtsian, Polovtsians.

по́лог *м.* canopy, curtain (*тж. перен.*).

поло́г|ий sloping; ~ бе́рег sloping bank/shore; **~ость** *ж.* slope, declivity.

положе́ни|е *с.* **1.** (*местонахождение*) position; определи́ть ~ су́дна determine a ship's position, locate a ship; **2.** (*поза*) position, posture; в сидя́чем ~и in a sitting position/posture; *спорт.* исхо́дное ~ starting position; ста́ртовое ~ starting position; принима́ть ста́ртовое ~ take* up starting position; опа́сное ~ (*борьба и т.п.*) position of danger; **3.** (*состояние*) state; (*условия жизни*) condition; situation; быть на нелега́льном ~и be* in hiding, be* operating illegally; ~ вещéй state of things/affairs?; каковó ~ вещéй? what is the state of affairs?, how do things stand?; ~ рабóчих the condition of the workers; он нахóдится в тяжёлом ~и his position is serious, he is in a very serious position; быть в стеснённом ~и be* hard up, be* in straits; критúческое ~ critical situation; ~ "вне игры́" *спорт.* off-side position; ~ на ры́нке *эк.* market position; ~ тóчки съёмки camera viewpoint position; **4.** (*обстановка общественной жизни*) situation; междунарóдное ~ international situation; **5.** (*место в обществе*) status, position; служéбное ~ official status, status at work; ~ в óбществе place/role in society; **6.** (*режим*) state; чрезвычáйное ~ state of emergency; 7. (*свод правил*) regulations *pl.*, rule *pl.*; ~ о подохóдном налóге income tax regulations *pl.*; ~ о вы́борах election regulations *pl.*; **8.** (*тезис*) principle; основны́е ~я main principles; быть в ~и *разг.* (*о женщинах*) be* in the family way; быть на высотé ~я be* up to the mark; **9.** *програм.* location; ◇ хозя́ин ~я master of the situation.

полóженный (*установленный*) given, appointed, fixed; когдá ~ срок прошёл after the appointed time; в ~ час at the appointed/established hour.

полóжим let us say, let us assume; ~, что вы прáвы let's assume you are right.

положúтельн|о 1. (*утвердительно*) positively; ответúть ~ answer in the affirmative; ~ вы́раженное услóвие (*контракта*) *юр.* condition in deed; **2.** (*совершенно*) absolutely; он ~ ничегó не понимáет he understands absolutely nothing; **~ый 1.** (*утвердительный*) positive, affirmative; ~ый отвéт affirmative answer; ~ый óтзыв favorable response; **2.** (*полезный, заслуживающий одобрения*) positive; ~ый результáт positive result; ~ый герóй positive character; **3.** *мат., физ.* positive; ~ая величинá positive quantity; ~ое электрúчество positive electricity; ~ая оптúческая систéма *кино* positive optical system; ◇ ~ое сáльдо *бухг.* debit balance; ~ое квотúрование *програм.* positive acknowledge; ~ый нуль positive zero; ~ая стéпень сравнéния *грам.* positive degree.

положúть *сов. см.* класть 1; **~ся** *сов. см.* полагáться II.

пóлоз *м.* runner; **~óк** *м. спорт.* (*гребля*) slide runner.

полóк *м.* (*в бане*) (sweating) shelf*.

поломáть *сов.* (*вн.*) break*; **~ся** *сов.* **1.** break*; (*о машинах и т. п.*) break* down; **2.** *разг.* (*кривляться, ломаться некоторое время*) hedge (for a while), play hard-to-get.

полóмка *ж.* breakage.

поломóйка *ж. разг.* charwoman*.

полонéз *м.* polonaise.

полонúть *сов.* (*вн.*) *уст.* take* (*smb.*) captive.

полосá *ж.* **1.** (*ткани, металла и т. п.*) strip; **2.** (*широкая черта, линия*) stripe; ~ на негатúве *или* позитúве *кино, фото* streak; **3.** (*какого-л. пространства, земли*) strip, stretch; ~ лýнного свéта ribbon of moonlight, moonway; **4.** (*пояс, зона*) zone, belt; чернозёмная ~ black earth belt; леснáя ~ forest belt; ~ видеочастóт *кино, тлв.* video frequency band; ~ передáчи transmission band; ~ пропускáния pass band; ~ телевизиóнного сигнáла television band; **5.** (*промежуток времени*) period; сáмая счастлúвая ~ моéй жúзни the happiest period of my life; ~ ненáстной погóды spell of wet weather; **6.** *полигр.* page; **~тый** striped.

полóск|а *ж.*: в ~у striped.

полоскá|ние *с.* **1.** (*белья, рта*) rinsing; (*горла*) gargling; **2.** (*раствор*) gargle, mouthwash; **~тельница** *ж.* slop basin.

полоскáть *несов.* (*вн.*) rinse (*smth.*); (*горло*) gargle (*smth.*); ~ рот rinse (out) *one's* mouth; **~ся** *несов.* **1.** (*плескаться в воде*) splash about, flap about; **2.** (*колебаться от ветра*) flap.

полоснýть *сов.* (*вн. тв.*) *разг.* slash (*smb.* with).

полосовáть, исполосовáть (*кого-л.*) *разг.* (*избивать*) flog (*smb.*), welt (*smb.*).

пóлость I *ж. анат.* cavity; брюшнáя ~ abdominal cavity.

пóлость II *ж.* (*саней*) (sledge) rug, lap-robe, sleigh robe.

полотéнечн|ый: ~ая ткань towelling.

полотéнце *с.* towel.

полотёр *м.* floor-polisher.

полóтнищ|е *с.* width, cloth, breadth; пáрус в четы́ре ~a sail of four cloths.

полотн|ó *с.* **1.** (*ткань*) linen; **2.** (*картина художника*) canvas; **3.** (*дорожная насыпь*) roadbed; железнодорóжное ~ permanent way; **4.** (*конвейера и т. п.*) belt, ribbon; ◇ блéдный как ~ pale as death; **~я́ный** linen; ~я́ная простыня́ linen sheet; *кино* ~я́ный киноэкрáн cloth screen.

полóть *несов.* (*вн.*) weed (*smth.*).

полоýм|ие *с. разг.* imbecility; **~ный** *разг.* mentally deficient, moronic, half-witted.

полпрéд *м.* (полномóчный представúтель) (ambassador) plenipotentiary; **~ство** *с.* (полномóчное представúтельство) plenipotentiary representation, embassy.

полпутú *м.*: на ~ halfway; он встрéтил меня́ на ~ к вáшему дóму he met me halfway to your house; вернýться с ~ turn back halfway, turn back when the journey is half over.

полслóва *с.*: ни ~ от негó не услы́шишь you can never get a word out of him; вы мне нужны́ на ~ I would like a word with you.

полтúнник *м. разг.* fifty kopecks; (*монета*) fifty-kopeck piece.

полторá one and a half; ~ гóда a year and a half; в ~ рáза бóльше half as much again; в ~ рáза дáльше half as far again; ◇ ни два ни ~ neither here nor there.

полторáста one hundred and fifty.

пóлу- *в сложн.* half-, semi-.

полубáйт *м. програм.* nibble.

полубо́г *м.* demigod.

полуботи́нки *мн.* (*ед.* полуботи́нок *м.*) (walking) shoes; low shoes *амер.*

полувекoво́й semi-centennial.

полуво́льт *м. спорт.* half-volte.

полуго́д|ие *с.* half-year, half a year; six months *pl.*; учéбное ~ college half-year; semester *амер.*; **~и́чный** six months'; for a period of six months *после сущ.*

полугодов|а́лый six months old, half-year old; **~о́й** half-yearly; (*рассчитанный на полгода*) six-month *attr.*; ~о́й отчёт half-yearly report.

полуголо́дн|ый half-starved; ~ое существова́ние half-starved existence.

полугра́мотный semi-literate, ignorant.

полу́да *ж.* tinning.

полу́денн|ый **1.** midday *attr.*; ~ час the hour of noon; ~ зной the midday heat; **2.** *поэт.* (*южный*) southern; ◇ ~ая ли́ния *астр.* meridian line.

полуди́кий semi-barbarous, half-savage.

полуживо́й half-dead; ~ от го́лода half-dead with hunger; ~ от стра́ха more dead than alive with fright.

полузабы́тый half-forgotten.

полузабыть|ё *с.* semi-consciousness; он лежа́л в ~и́ he was lying in a state of semi-consciousness.

полузащи́т|а *ж. спорт.* halfbacks *pl.*; **~ник** *м. спорт.* halfback.

полуколониа́льный semi-colonial.

полуколо́ния *ж.* semi-colonial territory.

полукро́в|ка *ж. с.-х.* half-breed; **~ный** *с.-х.* half-breed; ~ная ло́шадь half-breed horse.

полукру́г *м.* semicircle; (*луны*) crescent; ~лый semicircular.

полукуста́рник *м. бот.* subshrub.

полулежа́ть *несов.* recline.

полулитро́вый half-liter *attr.*

полума́ска *ж.* half mask.

полуме́ра *ж.* half measure.

полуме́сяц *м.* half-moon; (*серп*) crescent.

полуме́сячный fortnight's; ~ окла́д two weeks' salary.

полумёртвый half-dead.

полумра́к *м.* gloom, semi-darkness.

полуно́чн|ик *м.*, **~ица** *ж. разг.* night owl; **~ичать** *разг.* burn* the midnight oil.

полу́но́чный **1.** midnight *attr.*; **2.** *поэт.* (*северный*) northern.

полуобнажённый half naked.

полуоборо́т *м.* half turn; ~ наза́д *спорт.* (*прыжки в воду*) back dive.

полуоде́ржка *ж. спорт.* (*конный спорт*) half halt.

полуоде́тый half dressed.

полуокру́жность *ж.* semi circumference.

полуосвещённый half-lighted, poorly lighted.

полуо́стров *м.* peninsula; **~но́й** peninsular.

полуоткры́тый half open, slightly open, ajar.

полуофициа́льный semiofficial.

полупальто́ *с. нескл.* short coat.

полупируэ́т *м. спорт.* half pirouette.

полуподва́л *м.* semibasement.

полуприседа́ние *с. спорт.* half squatting.

полупроводни́к *м. физ.* semiconductor.

полупроводнико́вый semiconductor *attr.*

полупрозра́чн|ый semitransparent, translucent; ~ая плёнка *кино* pellicle; ~ое зе́ркало *кино* pellicle mirror.

полупусты́ня *ж.* semidesert.

полупья́ный tipsy, half-seas-over *идиом.*, *разг.*

полуразде́тый half undressed.

полуразру́шенный half ruined, dilapidated.

полураспа́д *м. физ.* half-decay; пери́од ~а half-life, half-value period.

полусве́т I *м.* dim light, half light.

полусве́т II *м.* demimonde.

полусло́в|о *с. см.* полсло́ва; ◇ прерва́ть *кого-л.* на ~е not let* *smb.* finish; останови́ться на ~е break* off abruptly, not finish what one was saying; поня́ть *кого-л.* с ~а be* quick to understand *smb.*, grasp *smb.*'s meaning at once, take* the hint.

полусме́рт|ь *ж.*: испуга́ться до ~и be* frightened to death; изби́ть *кого-л.* до ~и beat* *smb.* within an inch of his, her life.

полу|со́н *м.* drowsiness, sleepiness, somnolence; в ~сне́ half asleep; **~со́нный** drowsy, sleepy, somnolent.

полуста́нок *м.* halt, wayside station.

полуте́нь *ж.* light shadow; penumbra.

полутёмн|ый poorly lighted, dim; ~ое освеще́ние *кино* low-key lighting.

полуто́н *м.* **1.** *муз.* semitone; **2.** (*о цвете, краске*) halftone, half tint; **~овый** half-tone *attr.*

полу́торка *ж. разг.* one-and-a-half-ton lorry, truck *амер.*

полутьма́ *ж.* semidarkness, gloom.

полуфабрика́т *м.* semifinished product *мн.* (*продукты*) prepared food *sg.*, convenience foods.

полуфеода́льный semifeudal; ~ строй semifeudal system.

полуфин|а́л *м. спорт.* semifinal; **~али́ст** *м.*, **~али́стка** *ж.* semifinalist; **~а́льный** *спорт.* semifinal *attr.*; ~а́льные встре́чи, и́гры semifinals.

получасов|о́й half hour *attr.*; half an hour's ~а́я бесе́да half an hour's conversation.

получа́тель *м.*, **~ница** *ж.* recipient; ~ гру́за consignee; ~ де́нег payee; ~ креди́та credit recipient; ~ лице́нзии licensee; ~ перево́да remittee; ~ платежа́ payee/transferee/beneficiary; ~ това́ра consignee; (*адресат*) addressee.

получ|а́ть, получи́ть (*вн.*) receive (*smth.*), get* (*smth.*); (*добиваться тж.*) obtain (*smth.*); получи́ть письмо́ receive a letter; ~ газе́ту take* a paper; ~ зарпла́ту receive *one's* wages; ~ до́ступ к *чему-л.* get* admission to *smth.*; получи́ть сре́днее, вы́сшее образова́ние receive/have* a secondary, higher education; получи́ть профессу́ру be* appointed to a professorship; ~ огла́ску receive publicity; ~ повыше́ние get* a promotion; получи́ть на́сморк catch*/get* a cold; получи́ть вы́говор be* reprimanded; ~ лице́нзию obtain a license; получи́ть *чьё-л.* согла́сие obtain/get* *smb.'s* consent; получи́ть призна́ние receive recognition; **~а́ться**, получи́ться come* out; что получи́лось? what was the result of it?, what came of it?; результа́ты получи́лись соверше́нно неожи́данные the results were quite unexpected; мо́жет быть, из него́ полу́чится хоро́ший музыка́нт he may make a fine musician, he may turn out to be a fine musician; **~е́ние** *с.* receipt; для ~е́ния in order to receive; подтверди́ть ~е́ние (*рд.*) acknowlege the receipt (of); распи́ска в ~е́нии receipt; по ~е́нии on receiving.

получи́ть(ся) *сов. см.* получа́ть(ся).

полу́чк|а *м. разг.* pay packet, sum paid; день ~и payday.

полуша́лок *м. разг.* kerchief.

полуша́ри|е *с.* hemisphere; ~я головно́го мо́зга the cerebral hemispheres; се́верное, ю́жное ~ northern, southern hemisphere.

полушерстяно́й half-woolen, wool-mixture *attr.*

полушёпотом: говори́ть ~ speak* in undertones.

полушу́бок *м.* short sheepskin coat, sheepskin jacket.

полцены́ *ж.* half-price; за ~ at half price, dirt-cheap.

полчаса́ *м.* half an hour; ка́ждые ~ every half hour, часы́ бьют ка́ждые ~ the clock strikes the half hours; че́рез ~ in half an hour; прийти́ за ~ до нача́ла come* half an hour before the beginning, сде́лать *что-л.* за ~ do* *smth.* in half an hour.

по́лчище *с.* horde; *перен. тж.* swarm.

по́л|ый **1.** (*пустой внутри*) hollow; **2.** (*разлившийся весной*) flood *attr.*; была́ ~ая вода́ the river was in full flood.

по́лымя *с.*: из огня́ да в ~ *погов.* ≅ out of the frying pan into the fire.

полы́нн|ый wormwood *attr.*; ~ая во́дка absinth.

полы́нь *ж. бот.* wormwood.

полынья́ *ж.* polynia, patch of open water in ice.

по́льз|а *ж.* profit, use; (*хороший результат*) benefit, good; для о́бщей ~ы for the public benefit/wealth/good; э́то принесёт большу́ю ~у that will be of great use; кака́я вам от э́того ~а? what good will that do you?; ◇ ~ в ~у *кого-л.*, *чего-л.* in favor of *smb.*, *smth.*; реша́ть вопро́с в *чью-л.* ~у decide a question in *smb.'s* favor; он говори́л в ва́шу ~у he spoke in your favor; э́то говори́т не в ва́шу ~у it is not to your credit; идти́ на ~у *кому-л.* do* *smb.* good; лече́ние пошло́ ему́ на ~у the cure did him good; 2:0 в ~у "Дина́мо" *спорт.* 2:0 to "Dynamo".

по́льзовани|е *с.* use; безвозме́здное ~ *юр.* free use; исключи́тельное ~ exclusive use; неисключи́тельное ~ nonexclusive use; пра́во ~я *юр.* usufruct; отда́ть *что-л.* во вре́менное ~ *кому-л.* allow *smb.* temporary use of *smth.*; предме́ты ли́чного ~я articles of personal use.

по́льзователь *м. торг., програм.* user; второ́й ~ *торг.* second user; добросо́вестный ~ bona fide user; коне́чный ~ end user; пе́рвый ~ first user; ~ вычисли́тельной систе́мы computer user; ~-непрограмми́ст nonprogrammer user.

по́льзоваться *несов.* (*тв.*) **1.** use (*smth.*), make* use (of); **2.** (*использовать*) take* advantage (of), profit (by), avail *oneself* (of); ~ слу́чаем avail *oneself* of the opportunity; **3.** (*обладать*) enjoy (*smth.*); ~ права́ми enjoy the rights; ~ подде́ржкой (*рд.*) enjoy the support (of); ~ уваже́нием be* held in respect; пье́са по́льзуется успе́хом the play is a success; ~ креди́том possess credit, be* in credit.

по́лька I *ж.* (*женщина*) Polish woman*, Pole.

по́лька II *ж.* (*танец*) polka.

по́льский Polish; ~ язы́к Polish, the Polish language.

польсти́ть *сов. см.* льсти́ть; **~ся** *сов.* (на *вн.*) be* tempted (by).

польщённый flattered.

полюби́ть *см.* **1.** (*вн.*) become* fond (of), take* a liking (to); (*влюбиться*) fall* in love (with); **2.** (*вн.* + *инф.*; *пристраститься*) grow*/become* fond (of + -ing), take* a liking (to), become* attached (to), take* a fancy (to), take* (to + ing); ~ му́зыку become* fond of music; ~ Москву́ become* attached to Moscow; ◇ полюби́те нас чёрненькими, а бе́ленькими нас всяк полю́бит *посл.* ≅ take us as you find us; **~ся** *сов.* (*дт.*) *разг.* catch* the fancy (of); он ей полю́бился he caught her fancy.

полюбова́ться *сов.* **1.** *см.* любова́ться; **2.** *разг. ирон.*: полюбу́йтесь на себя́ just look at yourself!

полюбо́вн|ый amicable; ~ое соглаше́ние amicable settlement.

полюбопы́тствовать *сов.* inquire: be* interested enough.

по-людски́ *разг.* as others do; жить ~ live like a human being.

по́люс *м.* pole; Се́верный ~ North Pole; Ю́жный ~ South Pole; положи́тельный, отрица́тельный ~ *эл.* positive, negative pole.

поля́к *м.* Pole.

поля́на *ж.* forest meadow, glade.

поляриза́ция *ж. физ.* polarization.

поля́рник *м.* polar explorer.

поля́рность *ж.* polarity.

поля́рн|ый polar; arctic; *перен.* diametrically opposed; ~ая ста́нция polar station; ~ая экспеди́ция polar expedition; ◇ ~ день, ~ая ночь polar day, night; Поля́рный круг polar circle; Поля́рная звезда́ the pole-star, the North Star.

поля́чка *ж. см.* по́лька.

пома́д|а *ж.* pomade; губна́я ~ lipstick; **~ить**, напома́дить (*вн.*) pomade (*smth.*), grease (*smth.*); **~ка** *ж.* (*конфеты*) pomadka, fruit candy.

пома́зан|ие *с. церк.* (*на царство*) anointing; **~ник** *м. церк.* (*на царство*) anointed sovereign.

пома́зать I *сов. см.* ма́зать 1; **~ся** *сов. см.* ма́заться 1, 3.

пома́зать II *сов.* (*вн.*) *церк.*: ~ на ца́рство anoint (*smb.*).

помазо́к *м.* little brush, shaving brush.

помале́ньку *разг.* little by little; (*о здоровье*) so-so.

пома́лкивать *несов. разг.* keep* quiet, hold* *one's* tongue, keep* mum.

по-мальчи́шечьи in a boyish way.

помани́ть *сов. см.* мани́ть 1.

пома́рка *ж.* blot; (*исправление*) correction.

помаха́ть *сов.* (*тв.*) wave (*smth.*); ~ шля́пой wave *one's* hat; ~ на проща́нье wave good-bye.

пома́хивать *несов.* (*тв.*) swing* (*smth.*); ~ тро́сточкой swing* *one's* stick; ~ хвосто́м (*о собаке*) wag its tail; (*о лошади*) swing*/swish its tail.

поме́длить *сов.* linger (on); wait (a little); ~ немно́го wait awhile; ~ с отве́том pause before answering, delay *one's* answer.

помело́ *с.* broom.

поме́ньше a little smaller.

поменя́ть *сов.* (*вн.*) *разг.* change (*smth.*); **~ся** *сов.* (*тв.*) exchange (*smth.*).

помере́щиться *сов. см.* мере́щиться.

поме́рить *сов.* (*вн.*) try on (*smth.*).

поме́риться *сов. см.* ме́риться.

поме́ркнуть *сов. см.* ме́ркнуть.

помертве́лый deathly pale.

помертве́ть *сов. см.* мертве́ть 2.

помести́ть *сов. см.* помеща́ть; **~ся** *сов. см.* помеща́ться 1, 2.

поме́стн|ый: ~ое дворя́нство *ист.* landed gentry; ~ собо́р *ист., церк.* local council.

поме́стье *с.* estate; (*родовое, наследственное*) patrimony.

по́месь *ж.* crossbreed, hybrid; *перен. разг.* mixture.

поме́сячн|о by the month, per month, monthly; **~ый** monthly; ~ дохо́д monthly returns *pl.*

поме́т|а *ж.* note; ~ в коноса́менте *торг.* detrimental clause; **~ить** *сов. см.* помеча́ть.

поме́х|а *ж.* **1.** hindrance, impediment, obstacle; быть ~ой be* in the way; **2.** *мн.* interference *sg.*; *кино* parasites.

помеча́ть, поме́тить (*вн.*) mark (*smth.*); (*о дате*) date (*smth.*); *програм.* label (*smth.*); ~ га́лочкой mark with a tick.

помечта́ть *сов.* dream* for a while, indulge in dreams.

поме́шанный *прил.* **1.** mad, crazy, insane; (на *пр.*) *перен.* mad about, crazy (about); он поме́шан на спо́рте he's mad about sport; **2.** *в знач. сущ. м.* madman*.

помеша́тельство *с.* insanity; madness; *перен. тж.* craziness.

помеша́ть I *сов. см.* меша́ть 1.

помеша́ть II *сов.* **1.** *см.* меша́ть II 1, 2; (*вн.*; *некоторое время, слегка*) stir (*smth.*) (a little, for a while).

помеша́ться *сов.* go* mad, (на *пр.*) *перен. разг.* be* mad (about, on), be* crazy (about, over).

помещ|а́ть, помести́ть (*вн.*) **1.** (*поставить, положить куда-л.*) put* (*smth.*), place (*smth.*); ~ кни́ги на по́лку put* the books on a shelf*; **2.** (*предоставлять помещение*) put* (*smb.*), accommodate (*smb.*); помести́ть тури́стов в гости́ницу accommodate/put* tourists in a hotel; **3.** (*вкладывать*) invest (*smth.*), deposit (*smth.*); ~ капита́л invest capital; ~ свой де́ньги в сбербанк deposit *one's* money with the savings bank; **4.** (*публиковать где-л.*) put* (*smth.*), publish (*smth.*); помести́ть статью́ в газе́те put* an article in a newspaper; помести́ть объявле́ние в газе́те place/put* an advertisement in a newspaper; **~а́ться**, помести́ться **1.** (*вмещаться*) get* in; (*о вещах*) go* in, fit in; здесь все не поме́стятся there is not enough room here for everybody; **2.** (*поселяться*) install *oneself*, take* up *one's* lodging; **3.** *тк. несов.* (*находиться*) be* situated; **~е́ние** *с.* **1.** (*капитала*) investment, investing; (*объявление и т. п.*) putting, placing; **2.** (*здание*) building, house: premises *pl.*; жило́е ~е́ние dwelling house; living quarters *pl.*; служе́бное ~е́ние office premises; вы́ставочное ~е́ние exhibition grounds *pl.*, showroom; снять ~е́ние rent/lease/take* on lease premises; ~е́ние для стати́стов *кино* extra's room.

поме́щи|к *м.* landowner, landlord; **~ца** *ж.* the mistress of the estates; **~чий** landowner's; ~чий дом manor(-house); ~чья со́бственность на зе́млю landed estates *pl.*

помёрзнуть *сов. разг.* **1.** (*о растениях*) be* killed by frost, be frostbitten; **2.** (*провести некоторое время на морозе*) be* out in the cold.

помёт *м.* **1.** droppings *pl.*; **2.** (*приплод*) brood; (*о поросятах*) farrow.

помидо́р *м.* tomato (*pl.* -oes).

поми́лов|ание *с.* pardon; forgiveness; про́сьба о ~ании appeal (for pardon); безусло́вное ~ *юр.* unconditional pardon; о́бщее ~ general pardon; посме́ртное ~ posthumous pardon; президе́нтское ~ presidential pardon; усло́вное ~ *юр.* conditional pardon; **~ать** *сов.* pardon (*smb.*), show* mercy (to, on); *разг.* поми́луйте! for pity's sake!; Го́споди, поми́луй! *церк.* Lord, have mercy (upon us).

поми́мо (*рд.*) **1.** (*кроме*) apart (from), besides; ~ други́х соображе́ний apart from other reasons, other reasons apart: **2.** (*без ведома*) without *smb.'s* knowledge; э́то бы́ло сде́лано ~ меня́ it was done without my knowledge, I had nothing to do with it.

поми́н *м.*: и в ~е нет there is no trace of it; и ~у нет о *ком-л.* о *чём-л.* one never mentions/speaks of *smb., smth.*; not a mention of *smb., smth.*; ◇ лёгок на ~е *погов.* ≅ talk of the devil (and he is sure to appear); **~а́льный** *церк.*: ~а́льный обря́д funeral rite.

помин|а́ть, помяну́ть (*вн.*) **1.** (*вспоминать*) recall (*smb., smth.*), mention (*smb., smth.*); **2.**

(*устраивать поминки*) commemorate (*smb.*); *церк.* pray (for); ◇ не ~а́й(те) меня́ ли́хом remember me kindly, think kindly of me; ~а́й, как зва́ли he has vanished into thin air, it's the last you'll see of him.

поми́нки *мн.* commemorative feast *sg.*

поминове́ние *с. церк.* prayer for the dead and sick; remembrance of the dead and sick in prayer.

помину́тн|о 1. every minute; **2.** (*часто, беспрестанно*) continually, constantly; **~ый 1.** (*исчисляемый по минутам*) per-minute; per minute *после сущ.*; **2.** (*частый*) constant, continual.

помира́ть, помере́ть *разг.* die; ◇ ~ со́ смеху ≅ die laughing.

помири́ть *сов. см.* мири́ть; **~ся** *сов. см.* мири́ться 1.

по́мнить *несов.* (*вн.*, о *пр.*) remember (*smb. smth.*); bear*/keep* in mind (*smb., smth.*); ◇ не ~ себя́ be* beside *oneself*; не ~ себя́ от ра́дости be* beside *oneself* with joy, be* transported with joy; **~ся** *несов.* **1.**: мне по́мнится э́тот день I remember that day; **2.**: по́мнится *в знач. вводн. сл.* I remember.

помно́гу *разг.* much, a good deal; in plenty, in large quantities/numbers.

помножа́ть, помно́жить (*вн.* на *вн.*) multiply (*smth.* by *smth.*); ~ четы́ре на пять multiply four by five.

помно́жить *сов. см.* помножа́ть *и* мно́жить 1.

помога́ть, помо́чь **1.** (*дт.*) help (*smb.*), assist (*smb.*), aid (*smb.*); ~ *кому-л.* деньга́ми assist *smb.* with money, give* *smb.* financial aid; ~ *кому-л.* в беде́ assist *smb.* in misfortune; ~ *кому-л.* сове́том help/assist *smb.* with *one's* advice, give* *smb.* the benefit of *one's* advice; помо́чь *кому-л.* перейти́ у́лицу help *smb.* across the street; ~ *кому-л.* в рабо́те help *smb.* in his, her work; э́то де́лу не помо́жет that won't do any good, that won't mend matters; **2.** (*оказывать нужное действие*) be* effective; лека́рство ему́ не помогло́ the medicine did him no good.

по-мо́ему 1. (*по моему мнению*) to my mind, in my opinion, as I see it; **2.** (*по моему желанию*) (in) my way.

помо́|и *мн.* slops; garbage *sg.*; ◇ облива́ть ~ями *кого-л. разг.* fling* mud at *smb.*

помо́й|ка *ж. разг.* rubbish heap; cesspit; **~ный**: ~ное ведро́ slop pail, garbage can, dustbin; ~ная я́ма cesspit, rubbish pit.

помо́л *м.* **1.** (*действие*) grinding, milling; **2.** (*качество размола*) grade; мука́ кру́пного, гру́бого ~а coarse-ground flour.

помо́лв|ить *сов.* betroth, announce engagement (of); **~ка** *ж.* betrothal, engagement.

помоли́ться *сов. см.* моли́ться 1.

помолоде́ть *сов. см.* молоде́ть.

помолча́ть *сов.* keep* quiet; be* silent (for a while).

помо́р *м.*, **~ка** *ж.* coast dweller (*Russian inhabitants of coast of White Sea*); **~ский** coast-dweller *attr.*

помо́рщить *сов.* (*вн.*) wrinkle (*smth.*) slightly; **~ся** *сов.* make* a (wry) face.

помо́рье *с.* seaboard; littoral region, coastal area.

помо́ст *м.* dais, platform; podium; (*эшафот*) scaffold; stage; (*настил*) planking.

по́моч|и *мн.* **1.** harness *sg.*; **2.** (*подтяжки*) braces; suspenders *амер.*; ◇ води́ть *кого-л.* на ~ах keep* *smb.* in leading-strings.

помочи́ть *сов.* (*вн.*) wet (*smth.*), soak (*smth.*).

помо́чь *сов. см.* помога́ть.

помо́щн|ик *м.*, **~ица** *ж.* assistant, helper; ~ дире́ктора associate director; ~ заве́дующего assistant manager; ~ капита́на (*в торговом флоте*) mate; ~ секунда́нта *спорт.* assistant second; ~ ста́ршего судьи́ *спорт.* assistant referee; ~ звукоопера́тора *кино* sound technician's assistant; ~ киномеха́ника assistant projectionist; ~ костюме́ра wardrobe assistant; ~ продю́сера *жарг.* gopher; assistant producer; ~ режиссёра *кино* assistant director.

по́мощ|ь *ж.* help, assistance, aid; ~ взыва́ть о ~и cry for help; оказа́ть ~ (ирд.) give* help, help (*smb.*), render assistance; ~ в ви́де субси́дий assistance in grant form; ~ в це́лях разви́тия development assistance; безвозме́здная ~ free aid; взаи́мная ~ mutual aid; иностра́нная ~ foreign aid; креди́тная ~ credit aid; медици́нская ~ medical aid; пе́рвая ~ first aid; ско́рая ~ (emergency) first aid; автомоби́ль ско́рой ~и ambulance car; ~ на дому́ out relief, home help; техни́ческая ~ technical aid; фина́нсовая ~ financial aid; юриди́ческая ~ legal assistance; ◇ с ~ью, при ~и *чего-л.* with (the aid of); пода́ть ру́ку ~и lend* a helping hand.

по́мпа I *ж.* (*торжественность*) pomp, state.

по́мпа II *ж.* (*насос*) pump.

помпе́зн|ость *ж.* pomposity; **~ый** pompous.

помпо́н *м.* pompon.

помрачне́ть *сов. см.* мрачне́ть.

помути́ться *сов. см.* мути́ться 2.

помутне́ние *с.* clouding, dimming; (*жидкости*) cloudiness, muddiness.

помутне́ть *сов. см.* мутне́ть.

пому́чить *сов.* (*вн.*) tease (*smb.*), torment (*smb.*), make* (*smb.*) suffer; **~ся** *сов.* suffer; (над *тв.*) have* trouble (with).

помча́ть *сов.* **1.** (*вн.*) carry (*smb.*) off; **2.** *разг. см.* помча́ться; **~ся** *сов.* run*, rush; ~ся стрело́й dart off.

помыка́ть (*тв.*) *разг.* order (*smb.*) about.

по́мысел *м.* thought; (*намерение*) design, intention.

помы́слить *сов. см.* помышля́ть.

помы́ть(ся) *сов. см.* мы́ть(ся).

помышле́ние *с. см.* по́мысел.

помышля́ть, помы́слить (о *пр.*) think* (about).

помяну́ть *сов. см.* помина́ть.

помя́тый crumpled, creased; *перен.* flabby, puffy.

помя́ть *сов.* (*вн.*) **1.** (*измять*) crumple (*smth.*), crush (*smth.*); (*траву*) trample (*smth.*); ~ пла́тье crumple a dress; **2.** (*повредить*) damage (*smth.*), knock (*smth.*), dent (*smth.*); **~ся** *сов.* **1.** (*измяться*) be* crumpled, be* crushed; *перен.* be* flabby, be* puffy; **2.** *разг.* (*поколебаться*) shift *one's* feet hesitantly; dither; *перен. тж.* hesitate.

понаблюда́ть *сов.* keep* watch (for a while); (*вн.*, за *тв.*) keep* an eye (on).

по-над (*тв.*) *поэт.* along, by.

понаде́яться *сов.* (на *вн.*) rely (on), count (on).

пона́добить|ся *сов.* be* necessary, be* needed; ему́ не ~ся э́та кни́га he will not need this book; де́нег мне бо́льше не ~ся I shall not need any more money; е́сли ~ся if necessary; ва́ше прису́тствие не ~ся your presence will not be required; на э́то ~ся мно́го вре́мени it will take a long time to do it.

понапра́сну *разг.* **1.** (*бесполезно*) in vain; **2.** (*зря*) for nothing.

понаро́шку *разг.* for fun, in pretense.

понаслы́шке *разг.* by hearsay.

по-настоя́щему properly, really, in the right way.

поначя́лу *разг.* at first, firstly.

по-на́шему **1.** (*по нашему мнению*) in our opinion, as we see it; **2.** (*по нашему желанию*) (in) our way.

понево́ле *разг.* willy-nilly, whether *one* likes it or not, against *one's* will.

понеде́льник *м.* Monday; ◇ ~ день тяжёлый ≅ that Monday morning feeling; today is the lost weekend.

понеде́льн|о per week; **~ый** weekly.

поне́житься *сов.* take* *one's* ease, luxuriate.

понемно́гу **1.** (*небольшими количествами*) a little; **2.** (*постепенно*) little by little, gradually; **3.** *разг.* (*сносно*) about the same, not so bad.

понести́ *сов. см.* нести́ I 1, 2, 3, 5, 6; **~сь** *сов. см.* нести́сь 1.

по́ни *м. нескл.* pony.

пониж|а́ть, пони́зить (*вн.*) **1.** lower (*smth.*), reduce (*smth.*); ~ давле́ние reduce/lessen pressure; ~ напряже́ние lower the voltage; **2.** *разг.* (*по службе*) degrade (*smb.*); demote (*smb.*), reduce (*smb.*) in rank; ◇ пони́зить го́лос lower *one's* voice; **~а́ться**, пони́зиться 1; (*стать более низким*) become* lower, come* lower, descend a little; 2. (*уменьшаться*) be* reduced; (*о ценах тж.*) fall*, drop: 3. (*звучать ниже, тише*) go* down, drop, sink*; **~е́ние** *с.* reduction, cut; (*падение*) drop, fall; (*показателя*) down drift, downturn; (*по службе*) demotion, reduction in rank; ~е́ние зарпла́ты wage cut; ~е́ние цен reduction/cut in prices; fall in prices; ~е́ние у́ровня воды́ fall/subsidence of the water level; ~е́ние видеошу́ма *тлв.*, *кино* video noise reduction; ~е́ние у́ровня шу́ма *кино*, *тлв.* noise level reduction.

пони́женн|ый below average, low; *перен.* depressed, despondent; ~ая температу́ра low temperature; ~ые тре́бования below-average requirements; у него́ ~ое настрое́ние he is in low spirits.

пони́зить(ся) *сов. см.* понижа́ть(ся).

понизо́вье *с.* lower reaches *pl.*

по́низу low; (*внизу*) below, beneath; (*снизу*) underneath.

поника́ть, пони́кнуть (*прям. и перен.*) droop, wilt; пони́кнуть голово́й hang* *one's* head.

пони́кнуть *сов. см.* поника́ть.

понима́ни|е *с.* **1.** (*способность осмыслять что-л.*) understanding, comprehension; (*осознание*) realization; э́то вы́ше моего́ ~я it is beyond my comprehension, it is beyond me; **2.** (*представление*) conception; упрощённое ~ *чего-л.* over-simplified conception of *smth.*; **3.** (*толкование*) interpretation; в моём ~и as I see it.

поним|а́ть, поня́ть (*вн.*) **1.** understand (*smb.*, *smth.*), comprehend (*smb.*, *smth.*); (*сознавать*) realize (*smth.*); я не совсе́м по́нял, что он сказа́л I didn't quite catch what he said; ~а́ю! I see!; **2.** *тк. несов.* (*вн.*, в *пр.*; *быть знатоком чего-л.*) understand* (*smth.*); be* a good judge (of); ~ му́зыку understand* music; ◇ дать *кому-л.* поня́ть, что... give* *smb.* to understand that...; не по́нял! I'm not with you; **~а́ющий** understanding; ~а́ющий взгляд understanding look.

по-но́вому in a new way; from a new angle; нача́ть жить ~ begin* a new life, start life afresh.

поножо́вщина *ж. разг.* knife fight.

понома́рь *м. церк.* sexton, sacristan.

поно́с *м.* diarrhea.

поноси́ть I *сов.* (*вн.*) **1.** (*носить некоторое время*) carry (*smb.*, *smth.*) (for a while); **2.** (*одежду*) wear* (*smth.*) (for a while); э́то пальто́ я ещё поношу́ I can go on wearing this coat a bit longer.

поноси́ть II *несов.* (*вн.*; *бранить*) curse (*smb.*, *smth.*), abuse (*smb.*, *smth.*), slander (*smb.*), defame (*smb.*, *smth.*).

поноше́ние *с.* abuse, defamation.

поно́шенный worn, shabby, threadbare; the worse for wear *predic.*; *перен.* dissipated; ~ вид haggard appearance, worn look; ~ костю́м shabby/thredbare suit.

понра́виться *сов. см.* нра́виться.

понто́н *м.* pontoon; (*мост*) pontoon bridge; **~ный** pontoon *attr.*; ~ный мост pontoon bridge.

пону́дить *сов. см.* понужда́ть.

понужд|а́ть, пону́дить (*вн.*) force (*smb.*), compel (*smb.*); impel (*smb.*); **~е́ние** *с.* compulsion.

понука́ть *несов.* (*вн.*) urge (*smth.*) on; *перен.* hurry (*smb.*), nag (*smb.*); ~ ло́шадь urge a horse forward.

пону́р|ить *сов.* (*вн.*) droop (*smth.*), bend* (*smth.*); ~ го́лову hang* *one's* head; **~иться** *сов.* hang* *one's* head, look dejected; (*склониться*) droop; **~ый** downcast, depressed, dejected, dismal; ~ый вид downcast appearance.

по́нчик *м.* doughnut.

поны́не *книжн.* up to now.

поню́|хать *сов. см.* ню́хать; **~шка** *ж.* a pinch of snuff; ◇ пропа́сть ни за ~шку табаку́ simply throw* *one's* life away.

поня́т|ие 1. *филос.* concept; ~ приба́вочной сто́имости the concept of surplus value; **2.** (*представление, осведомленность*) conception, notion, idea; ~ добра́ и зла idea of good and evil; име́ть я́сное ~ о *чём-л.* have* a clear idea/conception of *smth.*; растяжи́мое ~ loose concept; не име́ть ни мале́йшего ~ия о *чем-л.* have no idea/notion of *smth.*; have not the slightest/faintest/remotest idea of *smth.*; **3.** *обыкн. мн.* (*совокупность взглядов на что-л.*) outlook *sg.*, comprehension *sg.*; **~и́йный** conceptual; **~ливый** intelligent, bright, quick-witted.

поня́тн|о 1. *нареч.* clearly, plainly, intelligibly; **2.** *в знач. вводн. сл. разг.* of course, naturally; I see *разг.*; **~ый 1.** (*ясный, вразумительный*) clear, intelligible, comprehensible; **2.** (*имеющий основание*) understandable, justifiable; ◇ ~ое де́ло, ~ая вещь naturally; поня́тно? are you with me?

понято́й *м. скл. как прил.* witness at an official search.

поня́ть *сов. см.* понима́ть 1.

пообе́дать *сов. см.* обе́дать.

пообеща́ть *сов.* (*вн.*, + *инф.*) promise (*smth.* + to *inf.*).

пообноси́ться *сов. разг.* be* short of clothing.

по́одаль at a distance, further off.

поодино́чке one at a time, one by one.

по-осе́ннему as in autumn.

поочерёдн|о in turn, by turns; **~ый** in turns *после сущ.*

поощр|е́ние *с.* encouragement; (*награда*) award, reward; материа́льное ~ material incentives *pl.*; ~ э́кспорта *эк.* export promotion; **~и́тельный** encouragement *attr.*; stimulatory; (*выражающий поощрение*) encouraging.

поощри́ть *сов. см.* поощря́ть.

поощря́ть, поощри́ть (*вн.*) encourage (*smb.*, *smth.*).

поп I *м. разг.* priest; ◇ како́в поп, тако́в и прихо́д *погов.* ≅ like priest, like people; like master, like men.

поп II *м. спорт.* (*городки*) pin; ◇ поста́вить на ~а (*вн.*) *разг.* place *smth.* upright.

попада́ние *с.* hit; ~ в цель hitting the target, accurate shooting; прямо́е ~ direct hit.

попа́дать *сов.* fall* one after the other.

попада́ть, попа́сть **1.** (в *вн.*; *тв.* в *вн.*; *достигать чего-л.*) hit* (*smb., smth.*; *smb., smth.* with), strike* (*smb., smth.*; *smb., smth.* with); ка́мень попа́л в окно́ a stone struck/hit the window; попа́сть ка́мнем в окно́ hit* the window with a stone; попа́сть ного́й в стре́мя get* *one's* foot* into the stirrup; пу́ля попа́ла ему́ в плечо́ a bullet struck him in the shoulder; **2.** (в *вн.*; *проникать, пробираться куда-л.*) get* (into); попа́сть в дом get* into the house; **3.** (*достигать какого-л. места*) get* (to), reach; как туда́ попа́сть? how does one get there?; как попа́сть на ста́нцию? what's the best way (to get) to the station?; мы попа́ли домо́й то́лько ве́чером we didn't get home till evening; **4.** (в, на, под *вн.*; *оказываться в каких-л. обстоятельствах, условиях*) get* (into), come* to be (in); попа́сть под суд be* brought to trial; попа́сть в плен be* taken prisoner; попа́сть под маши́ну be* run over by a car; попа́сть в беду́ be* in trouble; **5.** (в, на *вн.*; *на работу, учёбу и т. п.*) get* (into); be* admitted (to); попа́сть в институ́т be* admitted to the institute; **6.** *безл.* (*дт.*) *разг.*: ему́ попадёт за э́то he'll get it; ◇ де́лать *что-л.* как попа́ло do* a thing anyhow; я попа́л, как кур в о́щип ≅ I am in the soup; I got into a jam; I have come to a pretty pass; **~ся**, попа́сться; **1.** get*; (*быть пойманным*) get* caught; **2.** *разг.* (*повстречаться*) come* across; (*о людях*) run* into; мне никогда́ не попада́лась така́я кни́га I have never come across a book of that sort; ◇ попа́сться на глаза́ *кому-л.* meet* *smb.'s* eye; что попадётся anything; пе́рвый попа́вшийся anybody; the first comer; попа́лся, кото́рый куса́лся *погов.* ≅ the biter bit; ду́маешь, пойма́л — ан сам попа́лся *погов.* ≅ a man* chases a woman* until she catches him.

попадья́ *м.* priest's wife*.

по́падя: чем (ни) ~ *разг.* with whatever comes to hand.

попа́рно in pairs, two and two, by two.

поп-а́рт *м.* pop art, popular art.

попа́сть(ся) *сов. см.* попада́ть(ся).

попа́хива|ть (*тв.*) *разг.* smell* slightly (of); здесь ~ет ды́мом there is a smell of smoke here.

попеня́ть *сов. см.* пеня́ть.

попереме́нно alternately, by turns, in turns.

попере́ч|ина *ж.* cross beam, crosspiece; **~ник** *м.* diameter; **~ный** transverse, cross-; ~ное сече́ние transverse section, cross section; ~ная ли́ния transverse line; ~ный контро́ль *програм.* horizontal redundancy check; ~ная ба́лка transverse beam; ◇ (ка́ждый) встре́чный и ~ный (every) Tom, Dick and Harry.

поперёк across; ◇ вдоль и ~ *разг.* far and wide; thoroughly; стать *кому-л.* ~ го́рла stick* in *one's* craw.

поперхну́ться *сов.* choke, have* a fit of spluttering; ~ ча́ем choke in *one's* tea.

попе́рчить *сов. см.* пе́рчить.

попече́ни|е *с.* charge, care; быть на *чьём-л.* ~и be* in *smb.'s* charge; ~ надзо́ром *юр.* supervisory care; находи́ться на ~и с лише́нием свобо́ды *юр.* be* under care and custody.

попечи́тель *м.*, **~ница** *ж.* guardian, trustee, fiduciary; **~ство** *с.* guardianship, trusteeship; роди́тельское ~ство *юр.* parental guardianship; совме́стное ~ство joint guardianship; социа́льное ~ство *юр.* social guardianship.

попира́ть *несов.* (*вн.*) violate (*smth.*), trample (on); ~ *чьи-л.* права́ violate *smb.'s* rights.

попи́ть *сов. разг.* have* a drink.

попла́вать *сов.* have*/take* a swim.

поплаво́к *м.* float.

попла́кать *сов.* have* a cry, shed* a few tears.

поплати́ться *сов. см.* плати́ться.

поплести́сь *сов.* trudge along; drag *oneself* along.

поплы́ть *сов.* begin* to swim; (*о лодке*) begin* to move.

попляса́ть *сов.* dance; ◇ ты у меня́ попля́шешь I'll make you hop.

попо́в|ич *м.* son of a priest; **~на** *ж.* daughter of a priest.

попо́йка *ж. разг.* drinking bout, spree.

попола́м in two, in half; разре́зать *что-л.* ~ cut* *smth.* in two/half; дели́ть с *кем-л.* расхо́ды ~ share expenses with *smb.*, go* halves/fifty-fifty with *smb.*; они́ де́лят при́были ~ they go halves in the profits; ◇ с грехо́м ~ after a fashion, so-so.

поползнове́ние *с.* inclination, hankering; feeble effort.

пополне́ние *с.* **1.** (*действие*) replenishment; ~ библиоте́ки но́выми кни́гами addition of new books to a library; **2.** (*о войсках*) reinforcements *pl.*, fresh forces *pl.*; (*о кадрах*) additional staff; fresh blood *идиом.*

пополне́ть *сов. см.* полне́ть.

попо́лнить(ся) *сов. см.* пополня́ть(ся).

пополня́ть, попо́лнить (*вн.*) replenish (*smth.*); (*людьми*) reinforce (*smth.*); ~ свои́ зна́ния add to *one's* knowledge; ~ соста́в слу́жащих engage additional staff; ~ библиоте́ку но́выми кни́гами add new books to a library; enrich a library; **~ся**, попо́лниться (*запасами*) be* replenished; (*людьми*) be* reinforced; (*знаниями*) be* enriched; (*о суммах*) be* added.

пополу́дни in the afternoon, p.m. (post meridiem); в три часа́ ~ at 3 p.m.

пополу́ночи after midnight, a.m. (ante meridiem); в три часа́ ~ at 3 a.m.

попо́мн|ить *сов.* (*вн.*) *разг.* remember (*smth.*); я тебе́ э́то ~ю! I'll be even with you yet!; I'll pay you back for that!; ~и(те) моё сло́во! mark my words!

попо́на *ж.* horse cloth.

попо́ртить *сов. разг. см.* по́ртить.

попо́тчевать *сов. см.* по́тчевать.

поправи́м|ый that can be put right *после сущ.*; amendable, remediable; ~ая оши́бка amendable error.

попра́в|ить(ся) *сов. см.* поправля́ть(ся); **~ка** *ж.* **1.** (*исправление*) correction; (*дополнение*) amendment (*програм. тж.*); вноси́ть ~ки (*в текст*) make* corrections; (*в законопроект и т. п.*) make* amendments; ~ка к законопрое́кту amendment to a bill; ~ка в цене́ *эк.* adjustment in the price; ~ка к контра́кту amendment to a contract; ~ка на сезо́нность *эк.* seasonal adjustment; ~ка экспози́ции *кино* exposure correction; **2.** (*здоровья*) recovery; де́ло у него́ идёт на ~ку he is on the mend, he is recovering.

поправля́ть, попра́вить (*вн.*) **1.** (*чинить*) mend (*smth.*), put* (*smth.*) right; **2.** (*исправлять*) correct (*smb.*, *smth.*); ~ ученика́ correct a pupil; ~ текст correct a text; **3.** (*приводить в порядок*) adjust (*smth.*), put*/set* (*smth.*) straight; ~ пла́тье adjust *one's* dress; ~ га́лстук set* *one's* tie straight; ~ во́лосы put* *one's* hair straight; **4.** (*улучшать, восстанавливать*) improve (*smth.*), put* (*smth.*) right; ~ здоро́вье improve *one's* health; дела́ попра́вить уже́ нельзя́ it's too late to remedy matters; **~ся**, попра́виться **1.** (*исправлять свою ошибку в сказанном*) correct *oneself*; **2.** (*улучшаться*) improve; дела́ поправля́ются things are improving, things are looking up; **3.** (*выздоравливать*) recover, get* well; **4.** *разг.* (*полнеть*) put* on weight, gain weight; вы о́чень попра́вились you have put on a lot of weight.

попрактикова́ться *сов.* practise a little, have* some practice.

попра́ть *сов. см.* попира́ть.

по-пре́жнему as before; (*как всегда*) as usual.

попрека́ть, попрекну́ть (*вн.*) *разг.* reproach (*smb.*), nag (*smb.*).

попрекну́ть *сов. см.* попрека́ть.

попрёк *м. разг.* reproach; ве́чные ~и eternal nagging.

по́прище *с.* field, walk of life; литерату́рное ~ literary pursuits *pl.*; на э́том ~ in this walk of life; вступи́ть на но́вое ~ embark on a new career.

по-прия́тельски as a friend, in a friendly manner.

попро́б|овать *сов.* **1.** *см.* про́бовать; **2.** *разг.*: ~уйте! just you try!

попроси́ть *сов. см.* проси́ть 1, 2. 3; **~ся** *сов. см.* проси́ться.

по́просту *разг.* simply; straight out; ~ говоря́ frankly speaking.

попроша́й|ка *м. и ж. разг.* cadger, beggar; **~ничать** *несов. разг.* cadge, beg; **~ничество** *с. разг.* begging.

попроща́ться *сов. см.* проща́ться.

попры́г|ать *сов.* jump, jump about; (*на одной ноге*) hop, hop about; **~у́н** *м.*, **~у́нья** *ж. разг.* fidget, restless spirit.

попры́скать *сов.* (*вн. тв.*) sprinkle (*smth.*, *smb.*) (with), spray (*smth.*).

попря́тать *сов.* (*вн.*) *разг.* hide* (*smth.*); **~ся** *сов. разг.* hide* *oneself*; ~ся от дождя́ take* cover from the rain.

попуга́й *м.* parrot; повторя́ть как ~ parrot (*smth.*); **~ничать** *разг.* parrot.

попуга́ть *сов.* (*вн.*) frighten (*smb.*) a little, scare (*smb.*).

попу́дрить *сов.* (*вн.*) powder (*smth.*); **~ся** *сов.* powder *one's* face.

популяриз|а́тор *м.* popularizer; **~а́ция** *ж.* popularization; **~и́ровать**, **~ова́ть** *несов. и сов.* (*вн.*) popularize (*smth.*).

популя́рн|ость *ж.* popularity; по́льзоваться широ́кой ~остью enjoy wide popularity, be* widely popular; он стяжа́л себе́ ~ среди́ студе́нтов he made himself popular with the students; **~ый** popular; ~ая пе́сня popular song; ~ые ле́кции popular lectures; ~ое изложе́ние popular presentation.

попурри́ *с. нескл.* potpourri.

попусти́тельство *с.* connivance; **~вать** *несов.* (*дт.*) connive (at), wink (at), shut*/close *one's* eyes (to).

по́пусту *разг.* in vain, to no purpose; вре́мя ~ тра́тить waste *one's* time.

попу́т|ать *сов. разг.*: чёрт ~ал it's the devil's work.

попу́тн|о while *one* is about it, in passing; on *one's* way; **~ый 1.** (*в одном и том же направлении*) in the same direction *после сущ.*; ~ый ве́тер fair wind; ~ая маши́на passing car; **2.** (*встречающийся на пути*) on the way *после сущ.*; **3.** (*производимый одновременно с чем-л.*) simultaneous; ~ый вопро́с incidental question.

попу́тч|ик *м.*, **~ица** *ж.* fellow traveler.

попыта́ть *сов.* (*вн.*) *разг.* try (*smth.*); ◇ ~ сча́стья try *one's* luck.

попыта́ться *сов. см.* пыта́ться.

попы́тк|а *ж.* attempt; (*усилие*) endeavor; отча́янная ~ desperate attempt; дополни́тельная ~ *спорт.* extra attempt; засчи́танная ~ valid attempt; лу́чшая ~ best attempt; неуда́чная ~ invalid trial; после́дняя ~ *спорт.* last try; ~и сближе́ния *дип.* approaches; тще́тные ~и vain endeavors; ◇ ~ не пы́тка *погов.* ≅ nothing ventured, nothing gained; there is no harm in trying.

попы́хивать *несов. разг.* (*тв.*) let* out puffs (at); ~ тру́бкой puff away (at) a pipe.

попя́т|иться *сов. см.* пя́титься; **~ный**: идти́ на ~ный go* back on *one's* word, back out.

по́ра *ж.* pore.

пор|а́ *ж.* **1.** time, period, season; ночна́я ~ nighttime; осе́нняя ~ autumn; сенoко́сная ~ haymaking time, hay time; дождли́вая ~ rainy season; **2.** *в знач. сказ.* it is time; давно́ ~ it is high time; ~ обе́дать it is time for dinner; ◇ до ~ы́ до вре́мени up to a certain time; for just so long; с каки́х пор? since when?; с да́вних пор from the earliest times, в ту по́ру at that time; в э́ту по́ру at this/that time; на пе́рвых ~а́х at first; с той ~ы́ from that time on; since then, ever since; до тех пор until; до ка́ких пор? how long?; с э́тих пор from now on, from then on; до сих пор 1) (*о времени*) up to now; 2) (*до этого места*) up to here; в са́мую по́ру in the nick of time, just at the right time; всё в по́ру да в срок, так и бу́дет толк *погов.* ≅ dig a well before you're thirsty.

порабо́та|ть *сов.* do* some work; сла́вно ~ли well done!

поработи́тель *м.*, **~ница** *ж.* enslaver; oppressor; (*завоеватель*) conqueror.

поработи́ть *сов. см.* порабоща́ть.

порабощ|а́ть, поработи́ть (*вн.*) enslave (*smb.*), subjugate (*smb.*); **~е́ние** *с.* enslavement, subjugation.

поравня́ться *сов.* (с *тв.*) come* up (to), draw* level (with).

пора́довать(ся) *сов. см.* ра́довать(ся).

пораж|а́ть, порази́ть (*вн.*) **1.** (*наносить удар*) strike* a blow (at); (*пулей и т. п.*) hit* (*smb., smth.*); (*кинжалом, ножом и т. п.*) stab (*smb., smth.*); (*разбивать*) defeat (*smb., smth.*); **2.** (*о болезни*) affect (*smth.*); не́которые га́зы ~а́ют лёгкие certain gases affect the lungs; **3.** (*удивлять*) strike* (*smb.*), astonish (*smb.*); ~ённый у́жасом terror stricken; ~ённый го́рем grief stricken; **~а́ться**, порази́ться be* struck/astonished.

пораже́н|ец *м.* defeatist; **~ие** *с.* **1.** (*разгром*) defeat, rout: нанести́ ~ие defeat, inflict a defeat; не име́ть ~ий *спорт.* be* unbeaten, have* an unbeaten record; **2.** (*болезненное повреждение*) affection, damage; ◇ ~ие в права́х *юр.* disfranchisement; **~чество** *с.* defeatism.

поражённый *см.* поража́ть.

порази́тельн|о strikingly; она́ ~ краси́ва she is strikingly beautiful; **~ый** wonderful, astonishing, amazing, striking; ~ая па́мять wonderful memory; ~ое схо́дство striking/wonderful likeness.

порази́ть(ся) *сов.* см пoража́ть(ся).

поразмы́слить *сов.* (о *пр.*) *разг.* think* (*smth.*) over, turn (*smth.*) over in *one's* mind.

по-ра́зному in different ways.

пора́нить *сов.* (*вн.*) wound (*smb.*); **~ся** *сов. разг.* wound *oneself.*

пораста́ть, порасти́ (*тв.*) become*/be* overgrown (with), be* dotted with clumps (of); порасти́ траво́й become* overgrown with grass, acquire a covering of grass.

порасти́ *сов. см.* пораста́ть.

порва́ть *сов.* **1.** *см.* порыва́ть; **2.** (*вн.*; *разорвать*) tear* (*smth.*); ~ пла́тье tear* *one's* dress; у меня́ по́рван чуло́к my stocking is running, **~ся** *сов.* **1.** (*разорваться*) tear*, be* torn; **2.** (*оборваться*) break*, snap: **3.** *разг.* (*прекратиться*) be* broken off.

пореде́ть *сов. см.* реде́ть.

поре́з *м.* cut.

поре́зать 1. (*вн.*; *поранить*) cut* (*smth.*); ~ ру́ку ножо́м cut* *one's* hand with a knife*; **2.** (*вн.*) *разг.* (*зарезать всех, многих*) kill (*smb., smth.*); **3.** (*вн., рд.*; *нарезать в каком-л. количестве*) cut* some (*smth.*); ~ колбасы́ cut* some sausage; **~ся** *сов.* cut* *one*self.

поре́й *м.* leek.

порекомендова́ть *сов.* (*вн.*) recommend (*smb., smth.*).

пореши́ть 1. (*вн.*) *уст.* decide (*smth.*), settle (*smth.*); **2.** (*вн.*) *разг.* (*убить, прикончить*) finish off (*smb.*).

по́рист|ость *ж.* porosity, porousness; **~ый** porous.

пориц|а́ние *с.* censure; blame; reproach; досто́йный ~а́ния reprehensible; заслужи́ть ~ merit censure; выно́сить ~ *кому-л.* pass censure on *smb.*; **~а́ть** *несов.* (*вн.*) censure (*smb., smth.*), blame (*smb., smth.*).

по́рка I *ж.* (*платья и т. п.*) unpicking.

по́рка II *ж. разг.* (*наказание*) flogging.

порногр|афи́ческий pornographic; **~а́фия** *ж.* pornography.

по́ровну equally, in equal shares/parts; дели́ть расхо́ды ~ share expenses equally.

поро́г *м.* **1.** threshold, doorstep; перешагну́ть че́рез ~ cross the threshold; **2.** (*речной*) rapids *pl.*; днепро́вские ~и the Dnieper rapids; **3.** (*наименьшая величина чего-л.*) threshold, cut-off; ~ созна́ния threshold of consciousness; ~ излуче́ния radiation cutoff; ◇ на ~ не пуска́ть *кого-л.* not allow *smb.* into *one's* house; обива́ть ~и у *кого-л.* haunt *smb.'s* threshold.

поро́да *ж.* **1.** (*домашних животных*) breed, stock; *разг.* (*породистость*) blood, breeding; **2.** (*растений*) type, sort; **3.** (*категория людей*) type, kind; э́та ~ люде́й this sort of people; **4.** *уст.* (*происхождение*) breed, stock; **5.** *геол.* rock.

поро́дист|ость *ж.* breeding, blood, race; **~ый** thoroughbred; pedigree *attr.*; ~ая ло́шадь blood-horse.

породи́ть *сов. см.* порожда́ть.

породни́ть *сов. см.* родни́ть 1; **~ся** *сов. см.* родни́ться 1.

порожд|а́ть, породи́ть (*вн.*) generate (*smth.*); give* rise to (*smth.*); (*о чувствах и т. п. тж.*) cause (*smth.*), evoke (*smth.*), give* rise (to); **~е́ние** *с.* outcome, result.

поро́жн|ий *разг.* empty; ~ рейс empty run; ◇ перелива́ть из пусто́го в ~ее ≅ waste words, waste time in useless debate; **~я́к** *м. ж.-д.* empties *pl.*; **~яко́м** *разг.* empty, not loaded

по́рознь separately; apart; жить ~ live separately; входи́ть ~ enter one by one.

порозове́ть *сов.* см розове́ть 1.

поро́й now and then; at times.

поро́к *м.* **1.** (*недостаток*) defect, fault; vice; бе́дность не ~ poverty is no crime/disgrace; ~ ка́чества *торг.* quality defect; ~ во́ли *юр.* flaw in the will; **2.** (*физический недостаток*) deformity; defect; ◇ ~ ре́чи speech defect/impediment; ~ се́рдца valvular disease of the heart; ◇ от за́пада до восто́ка нет челове́ка без ~а *погов.* ≅ every bean has its black.

поролóн *м.* (flexible polyurethane) foam; porolon; **~овый** foam *attr.*; porolon *attr.*; ~овая я́ма *спорт.* foam-filled area.

поросёнок *м.* piglet; жа́реный ~ roast pig.

пороси́ться, опороси́ться farrow.

по́росль *ж.* **1.** shoots *pl.*; young growth (*тж. перен.*); **2.** (*заросль*) thicket.

порося́|тина *ж.* pork; **~чий** pig's.

поро́тно *воен.* by companies.

поро́ть I, распоро́ть (*вн.*) (*платье и т. п.*) unpick (*smth.*); (*разрывать*) rip (*smth.*).

поро́ть II, вы́пороть (*вн.*) *разг.* (*бить*) flog (*smb.*), whip (*smb.*), give* (*smb.*) a thrashing/flogging.

поро́ть III *несов.*: ~ вздор, чушь talk nonsense/rot, talk through *one's* hat.

по́рох *м.* (gun)powder; охо́тничий ~ sporting powder; ◇ держа́ть ~ сухи́м keep* *one's* powder dry; не хвата́ет ~у *кому-л. smb.* lacks the energy; ~ тра́тить да́ром waste *one's* powder and shot; он ~а не вы́думает *разг.* ≅ he will never set the Thames on fire.

пороховни́ца *ж.* powder flask; ◇ есть ещё по́рох в ~х we are not licked yet.

порохов|о́й (gun)powder *attr.*; ◇ ~а́я бо́чка powder barrel.

поро́ч|ить, опоро́чить (*вн.*) **1.** (*позорить*) discredit (*smb., smth.*); bring* discredit/disrepute (upon), disgrace (*smb.*); ~ *чьё-л.* и́мя blast *smb.'s* reputation; **2.** (*признавать плохим*) disparage (*smth.*), run* (*smth.*) down; pull (*smth.*) to pieces *разг.*; **~ность** *ж.* **1.** (*безнравственность*) depravity, viciousness; **2.** (*неправильность*) fallaciousness; **~ный 1.** vicious, depraved; ~ный челове́к immoral person; ~ное поведе́ние vicious conduct; **2.** (*неправильный*) faulty, unsound; ◇ ~ный круг vicious circle.

поро́ша *ж.* fresh/loose snow; newly-fallen snow.

порошкообра́зный powdery, powder-like.

порошо́к *м.* powder; ◇ стере́ть *кого-л.* в ~ grind* *smb.* down.

поро́ю *см.* поро́й.

порт *м.* port; грузово́й ~ *торг.* cargo port; догово́рный ~ treaty port; конте́йнерный ~ container port; морско́й ~ seaport; речно́й ~ river port; торго́вый ~ commercial/trading port; ~ ввоза port of entry; ~ вы́грузки port of discharge; ~ захо́да port of call; ~ назначе́ния port of destination; ~ отгру́зки port of shipment; ~ перева́лки port of transshipment; ~ по вы́бору покупа́теля port of buyer's choice; ~ припи́ски port of hail; ~ происхожде́ния *торг.* port of origin; входи́ть в ~ come* into port.

порта́л *м. архит.* portal; **~ьный** portal *attr.*; ~ьный громкоговори́тель *кино* portal loud speaker.

портати́вн|ый portable; ~ая пи́шущая маши́нка portable typewriter; ~ компью́тер portable computer; ~ая аппарату́ра для звукоза́писи *кино* portable sound recording equipment; ~ая освети́тельная аппарату́ра portable light equipment; ~ киносъёмочный аппара́т *кино* portable motion picture camera.

портá́ч *м. разг. пренебр.* bungler, tinker; **~ить**, напорта́чить bungle, tinker.

портве́йн *м.* port.

по́ртик *м.* portico (*pl.* -oes, -os).

по́ртить, испо́ртить (*вн.*) **1.** (*приводить в негодность*) spoil* (*smth.*), ruin (*smth.*); ~ мото́р ruin an engine; ~ *чью-л.* рабо́ту spoil* *smb.'s* work; ~ здоро́вье ruin/impair *one's* health; ~ зре́ние spoil* *one's* eyes; испо́ртить свой желу́док ruin/upset* *one's* digestion; испо́ртить жизнь *кому-л.* ruin *smb.'s* life; **2.** (*делать неприятным*) spoil* (*smth.*); ~ настрое́ние *кому-л.* spoil*/upset* *smb.'s* mood; **3.** (*оказывать дурное влияние*) corrupt (*smb.*), have* a bad effect (on); (*баловать*) spoil* (*smb.*); ~ детей spoil*/indulge *one's* children; **~ся**, испортиться **1.** (*становиться негодным*) spoil*, get* spoiled; get* out of order; (*о пище*) go* off, go*/turn bad; мои часы испортились my watch is out of order; рыба легко портится fish easily goes bad; **2.** (*становиться неприятным*) decline, deteriorate; (*о погоде*) break* up; у него испортился характер his temper/disposition has changed for the worse; у меня испортилось настроение I'm upset/depressed; **3.** (*приобретать дурные наклонности*) degenerate, be* ruined, develop a flaw.

портки *мн. разг.* pants.

портмоне *с. нескл.* purse.

портниха *ж.* dressmaker.

портновский tailor's.

портной *м.* tailor; дамский ~ ladies' tailor.

портняжный tailor's.

портов|ый port *attr.*; ~ые сборы port charges; ~ город seaport; ~ые рабочие dockers.

порто-франко *с. нескл. торг.* free port.

портрет *м.* **1.** portrait; ~ во весь рост full-length portait; писать *чей-л.* ~ paint *smb.'s* portrait; **2.** *разг.* (*подобие кого-л.*) likeness, image; он ~ своего отца he is the living image of his father; **3.** (*описание персонажа в романе и т. п.*) picture; **~ист** *м.* portrait painter; **~ный** portrait *attr.*; ~ная живопись portrait painting, portraiture.

портсигар *м.* cigarette case; cigar case.

португал|ец *м.* Portuguese; **~ка** *ж.* Portuguese woman*.

португальский Portuguese; ~ язык Portuguese, the Portuguese language.

портупея *ж.* sword belt; (*плечевая*) shoulder belt.

портфел|ь *м.* **1.** (*сумка*) briefcase, bag; **2.** (*министерский*) portfolio (*pl.* -os), ministerial post; распределение ~ей appointment of ministers; **3.** *перен.*: редакционный ~ material in the editor's hands; ~ заказов *эк.* stock of orders, order book, work in hand; большой ~ заказов long order book; **~ьный**: ~ьные инвестиции *эк.* portfolio investments.

портье *м. нескл.* porter.

портьера *ж.* curtain, drapery; hangings *pl.*; (*над дверью тж.*) portiere.

портянка *ж.* footcloth.

порубить *сов.* (*вн.*) **1.** (*вырубить всё, многое*) fell (*smth.*); **2.** (*изрубить*) chip (*smth.*); (*зарубить*) cut* down (*smb., smth.*).

поруб|ка *ж.* illegal cutting/felling of timber; **~щик** *м.* wood thief.

поругание *с.* outrage, insult; (*осквернение*) profanation, desecration; отдать на ~ profane (*smth.*); (*святыню тж.*) violate the sanctity (of).

поруганн|ый outraged; (*осквернённый*) profaned, desecrated; ~ая честь outraged honor.

поругать *сов.* (*вн.*) scold (*smb.*). tell* (*smb.*) off, give* (*smb.*) a telling-off; **~ся** *сов.* **1.** (с *тв.*) quarrel (with), have* a quarrel/row/squabble (with); **2.** (*ругаться некоторое время*) make* a row/fuss.

порук|а *ж.* guarantee, pledge; ◇ взять *кого-л.* на ~и go* bail for *smb.*, bail *smb.* out; отпустить *кого-л.* на ~и let* *smb.* out on bail, admit *smb.* to bail; круговая ~ mutual responsibility, *разг.* cover-up.

по-русски in Russian; (*в русском стиле*) in the Russian way; Russian style; говорить ~ speak* Russian.

поруч|ать, поручить **1.** (*дт. вн., дт.* + *инф.*) charge (*smb.* with, *smb.* + to *inf.*), commission (*smb.* with, *smb.* + to *inf.*); ему было поручено это сделать he was charged with the task, he was charged/commissioned to do it; **2.** (*дт. вн.*; *вверять*) entrust (*smb.* with); ей было поручено воспитание ребёнка she was entrusted with the care of the child*; **~енец** *м.* special messenger; **~ение** *с.* mission, commission, assignment; (*мелкое*) errand; *бирж.* order; ~ение по наилучшей достижимой цене at best; ~ение по складывающейся рыночной цене market order; ~ение по определённой/более благоприятной цене limit order; ~ение "стоп-приказ" stop order, a stop; ~ение с указанием срока действия *бирж.* day order, open order; банковское ~ение *фин.* banker's order; импортное ~ение import assignment; инкассовое ~ение collection order; комиссионное ~ение commmision order; неоплаченное ~ение outstanding order; отгрузочное ~ение shipping instructions *pl.*; платёжное ~ение payment order; платёжное ~ение банка banker's order; ~ение на открытие аккредитива order for opening a letter of credit; ~ение на перевод remittance order; ~ение посреднику *фин.* comission contract; выполнять ~ение be* on a mission; по ~ению *кого-л.* on instructions from *smb.*, on the instructions of *smb.*

поручик *м. воен.* lieutenant.

поручител|ь *м.* guarantor, sponsor; ~ по векселю guarantor of a bill; выступать ~ем become* security; **~ьство** *с.* guarantee; (*залог*) bail; банковское ~ьство bank guarantee; кредитное ~ьство guarantee; ~ьство банка bank guarantee; ~ьство в платеже aval.

поручить *сов. см.* поручать.

поручиться *сов. см.* ручаться.

поручни *мн.* (*ед.* поручень *м.*) handrails.

порхать, порхнуть flutter, flit; fly* about.

порхнуть *сов. см.* порхать.

порционный a la carte.

порци|я *ж.* portion; (*кушанья тж.*) helping: две ~и салата salad for two; три ~и мороженого three ices.

порч|а *ж.* **1.** spoiling; (*повреждение*) damage; (*ухудшение*) deterioration; скрытая ~ груза *юр.* concealed damage of the cargo; **2.** wasting disease; навести ~у на *кого-л.* put* the evil eye on *smb.*

порченный *разг.* **1.** spoiled, bad; **2.** (*больной от порчи*) bewitched, under the evil eye.

по́ршень *м.* piston.

поршнев|о́й piston *attr.*; ~о́е кольцо́ piston ring.

поры́в *м.* **1.** (*ветра*) gust, blast; **2.** (*внезапное проявление чувства, настроения*) impulse, gust, burst, outburst; подда́ться мину́тному ~у give* way to a momentary impulse; ~ гне́ва gust/burst of anger; благоро́дный ~ noble impulse.

порыва́ть, порва́ть (*вн.*) break* off (*smth.*); порва́ть диплома́тические отноше́ния break* off diplomatic relations; порва́ть свя́зи с *кем-л.* break* off relations with *smb.*, break* with *smb.*

порыва́ться *несов.* (+ *инф.*) try (+ to *inf.*), endeavor (+ to *inf.*).

поры́вист|ость *ж.* **1.** (*ветра*) gustiness; **2.** (*человека*) impetuosity, impetuousness; **~ый 1.** (*неровный*) gusty; ~ый ве́тер gusty wind; **2.** (*резкий*) jerky, abrupt; ~ые движе́ния jerky movements; **3.** (*пылкий*) impetuous; ~ая нату́ра impetuous nature/character.

порыже́лый rusty-brown, reddish.

порыже́ть *сов. см.* рыже́ть.

поры́ться *сов. разг.* rummage; ~ в карма́нах rummage in *one's* pockets; ◇ ~ в па́мяти search *one's* memory.

по-ры́царски in a chivalrous manner.

поря́дков|ый ordinal; ~ но́мер ordinal number, index number; *грам.* ~ое числи́тельное ordinal numeral.

поря́дком *разг.* **1.** (*очень*) pretty, considerably, rather, a good deal; **2.** (*как следует*) properly, thoroughly.

поря́д|ок *м.* **1.** order; приводи́ть свои́ дела́ в ~ put*/set* *one's* affairs in order; **2.** (*система общественного устройства*) order, regime; ста́рый ~ old order of things, old regime; установи́ть но́вый ~ set* up a new order; **3.** (*обычай, обыкновение*) custom; по заведённому ~ку according to the established custom; **4.** (*последовательность*) order; алфави́тный ~ alphabetical order; в ~ке о́череди on the queue system; по ~ку in succession, one after another; **5.** (*способ, метод*) order, manner; (*правила*) rules *pl.*; в организо́ванном ~ке in an organized way; в ~ке обсужде́ния for purposes of discussion; в ~ке предложе́ния as a suggestion; ~ голосова́ния voting procedure; ~ утвержде́ния прое́ктов procedure to be followed before is a project sanctioned; суде́бным ~ком by order of the court; ~ маркиро́вки *торг.* marking procedure; ~ оформле́ния (*багажа*) handling technique; ~ платеже́й payments procedure; ~ поста́вок *торг.* order of deliveries; ~ страхова́ния *юр.* insurance procedure; ~ начисле́ния очко́в *спорт.* scoring system; ~ стрельбы́ (*стрелковый спорт*) firing discipline; ~ ста́рта *спорт.* starting order; **6.** (*построение, строй*) order; боево́й ~ order of battle; ◇ в ~ке in order; всё в ~ке everything is in order, everything is all right, everything is O.K. *амер.*; не в ~ке out of order; здесь что́-то не в ~ке there is something wrong here; у него́ го́рло не в ~ке there is something wrong with his throat; для ~ка for form's sake; ~ дня agenda; в обы́чном ~ке in the normal way; в ~ке веще́й in the nature of things; ~ком вы́ше, на ~ вы́ше a cut above, in a different world.

поря́дочн|о 1. (*честно, благородно*) decently, honestly; вести́ себя́ ~ behave decently; **2.** *разг.* (*довольно много*) a fair bit; идти́ ещё ~ it's a pretty long way yet; there is still a fair bit to go; ждать пришло́сь ~ we had to wait a fairly long time; **~ость** *ж.* decency, honesty; **~ый 1.** (*честный*) decent, honest; ~ый челове́к decent person; **2.** (*значительный*) considerable; ~ый моро́з hard frost; ~ое расстоя́ние quite a distance; ~ый кусо́к quite a large piece; ~ый дохо́д fairly good income, substantial income.

поса́д *м.* **1.** *ист.* trading quarter; **2.** *уст.* suburb.

посади́ть, *сов. см.* сади́ть *и* сажа́ть.

поса́дка *ж.* **1.** (*растений*) planting; **2.** *обыкн. мн.* (*посаженные растения*) beds, plantings; **3.** (*самолёта*) landing; слепа́я ~ blind landing; **4.** (*в поезд, самолёт*) boarding; (*на самолёт*) emplaning; (*на пароход*) embarkation; ~ ещё не начала́сь the passengers are not yet allowed to board the train; **5.** (*манера держаться в седле*) seat, posture; **6.** *тех.* (*пригонка*) fit.

поса́дочн|ый 1. *с.-х.* planting *attr.*; ~ карто́фель planting potato (*pl.* -oes); **2.** (*служащий для посадки на поезд и т. п.*) boarding *attr.*; ~ тало́н (*к билету*) boarding pass; ~ трап gangway; **3.** *ав.* landing *attr.*; ~ая площа́дка landing ground/place; ~ знак landing mark.

посажён|ый: ~ оте́ц, ~ая мать sponsor at a wedding.

посва́таться *сов. см.* сва́таться.

посвеже́ть *сов. см.* свеже́ть.

посвети́ть *сов.* **1.** *см.* свети́ть 2; **2.** (*светить некоторое время*) shine* (for a while), give* a little light.

посветле́ть *сов. см.* светле́ть 1.

посви́стывать *несов.* whistle (softly).

по-сво́ему in *one's* own way; поступа́йте ~ have it your own way.

по-сво́йски *разг.* **1.** in *one's* way; **2.** (*по-родственному*) in a familiar way.

посвяти́ть *сов. см.* посвяща́ть.

посвящ|а́ть, посвяти́ть **1.** (*вн.* в *вн.*; *осведомлять о чём-л. тайком*) initiate (*smb.* into), let* (*smb.* into); посвяти́ть дру́га в свою́ та́йну confide *one's* secret to a friend; **2.** (*вн. дт.*; *труд, время*) devote (*smth.* to), dedicate (*smth.* to), give* up (*smth.* to); ~ себя́ нау́ке devote *oneself* to science; заседа́ние бы́ло ~ено́ па́мяти Го́голя the meeting was held in memory/commemoration of Gogol; **3.** (*вн. дт.*; *литературное произведение и т. п.*) dedicate (*smth.* to); **~е́ние** *с.* **1.** (*в тайны и т. п.*) initiation (into); **2.** (*литературного произведения*) dedication.

посе́в *м.* **1.** (*действие*) sowing; **2.** (*то, что посеяно*) crop; ози́мые ~ы winter crops; яровы́е

~ы spring crops; **~но́й** sowing; ~на́я кампа́ния sowing campaign; ~на́я пло́щадь area under crops/cultivation, crop area.

поседе́лый grizzled, grown grey.

поседе́ть *сов. см.* седе́ть.

поселе́н|ец *м.* **1.** settler; **2.** (*сосланный*) exile, deportee; **~ие** *с.* **1.** settlement; **2.** (*высылка*) deportation.

посели́ть(ся) *сов. см.* поселя́ться.

поселко́вый village *attr.*

поселя́ть, посели́ть (*вн.*) (*на новые земли*) settle (*smb.*); (*в новые дома*) install (*smb.*); **~ся,** посели́ться (*на новых землях*) settle; (*в новой квартире*) move in.

посему́ *канц. см.* поэ́тому.

посеребрённый silver-plated.

посеребри́ть *сов. см.* серебри́ть.

посереди́не 1. *нареч.* in the middle: **2.** *предлог* (*рд.*) in the middle (of).

посере́ть *сов. см.* сере́ть 1.

посети́тель *м.*, **~ница** *ж.* visitor, caller; ча́стый ~ frequent visitor.

посети́ть *сов. см.* посеща́ть.

посе́товать *сов. см.* се́товать.

посеща́емость *ж.* attendance; хоро́шая ~ good* attendance.

посещ|а́ть, посети́ть (*вн.*) visit (*smb., smth.*) (*тж. перен.*); call on (*smb.*); (*лекции и т. п.*) attend; ча́сто ~ *кого-л.* be* a frequent visitor at *smb.'s* house; **~е́ние** *с.* visit; (*официальное*) call; (*лекции и т. п.*) attendance (at).

посе́ять *сов. см.* се́ять.

посёлок *м.* settlement; да́чный ~ suburban estate, summer-cottage community.

посиде́лки *мн.* (village) young people's gathering *sg.*

посиде́ть *сов.* sit* (for a while).

поси́льн|ый within *one's* powers *после сущ.*; э́та зада́ча ему́ вполне́ ~а the task is well within his powers; оказа́ть ~ую по́мощь do* what one can.

посине́ть *сов. см.* сине́ть 1.

поскака́ть *сов.* **1.** (*начать передвигаться скачками*) hop away; **2.** (*о лошади*) gallop away; **3.** (*скакать некоторое время*) gallop (for a while), have* a gallop.

поскользну́|ться *сов.* slip; он ~лся he slipped, his foot slipped.

поско́льку since, inasmuch as, so far as, as far as.

поско́нн|ый hempen; ~ая руба́ха hempen shirt.

послабле́н|ие *с.* relaxation, indulgence; никаки́х ~ий no leniency.

посла́н|ец *м.* messenger, envoy; **~ие** *с.* **1.** message; **2.** *лит.* epistle; Посла́ния *библ.* the Epistles; **~ник** *м. дип.* envoy; (*посольства, миссии*) the minister.

посла́ть *сов. см.* посыла́ть.

по́сле 1. *нареч.* afterwards, later; **2.** *предлог* (*рд.*) after; (*с тех пор как*) since; он придёт ~ рабо́ты he will come after work; мы не ви́дели его́ ~ его́ боле́зни we haven't seen him since he was ill; ~ всех last; он вы́ступил ~ всех he spoke last; ◇ ~ дра́ки кулака́ми не ма́шут *погов.* ≅ too late to spare when the bottom is bare.

послевое́нный postwar.

после́д *м. анат.* placenta (*pl.* -tae).

последи́ть *сов.* (за *тв.*) watch (*smb., smth.*) (for a while); ~ глаза́ми за *кем-л.* follow *smb.* with *one's* eyes.

после́дки *мн. разг.* remainder *sg.*; remnants, leftovers.

после́дн|ий *прил.* **1.** last; ~ день о́тпуска last day of a holiday; в ~ раз for the last time; в ~ие пять лет он о́чень постаре́л he has aged considerably over the last/past five years; в са́мый ~ моме́нт at the last moment; ~ покупа́тель *бирж.* last buyer; **2.** (*самый новый*) the latest; оде́т по ~ей мо́де (very) fashionably dressed; стро́ить по ~ему сло́ву те́хники build* on (extremely) modern lines; ~ие но́вости the latest news; **3.** (*только что упомянутый*) the latter; **4.** (*окончательный, решающий*) final; э́то моё ~ее сло́во that is all I have to say; **5.** (*плохой, худший*) worst; (*бранный*) vilest; ~ челове́к the lowest of the low; руга́ть *кого-л.* ~ими слова́ми call *smb.* the vilest names (one can think of); **6.** *в знач. сущ. с. one's* all; ◇ до ~его to the utmost; за ~ее вре́мя lately; ~яя ка́пля *перен.* ≅ last straw.

после́дователь *м.* follower, adherent; **~ность** *ж.* **1.** (*непрерывность*) succession, sequence; **2.** (*логичность*) consistency; **~ный 1.** (*непрерывно следующий один за другим*) successive, consecutive; **2.** (*логичный*) consistent; ~ный вы́вод consistent conclusion.

после́довать *сов. см.* сле́довать 1, 2, 3.

после́дстви|е *с.* consequence, result; ~ боле́зни the result of an illness; чрева́тый ~ями fraught/pregnant with consequences; ◇ оста́вить жа́лобу без ~й ignore a complaint.

после́дующи|й following, subsequent; ~е собы́тия subsequent events.

после́дыш *м.* the last-born child; *перен.* Epigonus (*pl.* -ni).

послеза́втра the day after tomorrow.

послело́г *м. лингв.* postposition.

послеобе́денный after-dinner *attr.*

послеотклоне́ние *с. тлв., кино* post deflection.

послеродово́й post-natal.

послесло́вие *с.* epilogue.

посло́виц|а *ж.* proverb; войти́ в ~у become* a proverb, become* proverbial; ◇ ~ да́ром не мо́лвится *погов.* ≅ a common proverb seldom lies; ~ да при́сказка бесе́ду кра́сят a good maxim is never out of season.

послужи́ть *сов.* **1.** *см.* служи́ть 5, 6, 7; **2.** (*служить некоторое время*) serve (for a time).

послужно́й: ~ спи́сок service records, statement of service.

послуша́ние с. **1.** obedience; **2.** (*в монастыре*) work of penance.

послу́ш|ать *сов.* **1.** *см.* слу́шать 1, 2, 5, 6, 7; **2.** (*вн.*; *некоторое время*) listen (to) (for a while); ~ ле́кцию attend a lecture; ~ певца́ listen to a singer; ~ больно́го sound a patient; **~аться** *сов. см.* слу́шаться 1, 2; **~ник** *м.* (*в монастыре*) novice, lay brother; **~ница** *ж.* (*в монастыре*) novice, lay sister; **~ный** obedient, docile.

послы́шаться *сов. см.* слы́шаться.

посма́тривать *несов.*: ~ по сторона́м glance/look round from time to time; ~ на часы́ glance/look at *one's* watch from time to time.

посме́иваться *несов.* chuckle; (над *тв.*) twit (*smb.*), chaff (*smb.*), make* gentle fun (of); pull *smb.'s* leg *идиом.*

посме́нн|о in shifts; рабо́тать ~ work in shifts; **~ый** shift *attr.*

посме́ртный posthumous.

посме́ть *сов. см.* сметь.

посме́шище *с.* laughingstock; быть всео́бщим ~м be* a laughingstock, be* a figure of fun; выставля́ть *кого-л.* на ~ make* a laughingstock of *smb.*, guy *smb.*

посмея́ться *сов.* **1.** (*некоторое время*) give* a (short) laugh; have* a laugh; **2.** (над *тв.*) laugh (at).

посмотре́ть *сов. см.* смотре́ть 1--10; **~ся** *сов. см.* смотре́ться 1.

по-соба́чьи like a dog.

посо́бие *с.* **1.** (*денежная помощь*) allowance, grant, benefit; ~ по вре́менной нетрудоспосо́бности temporary disability allowance; ~ по инвали́дности disability pension; госуда́рственное ~ (*по безработице, страхованию*) public welfare payments *pl.*; ~ по социа́льному обеспече́нию social welfare; ~ по боле́зни sick benefit/pay; ~ многоде́тным матеря́м grant/allowance to mothers of large families; **2.** (*учебник*) textbook, manual; **3.** (*предмет, необходимый при обучении*) aid.

пособи́ть *сов. см.* пособля́ть.

пособля́ть, пособи́ть (*дт.*) *разг.* aid (*smb.*), relieve (*smb.*); пособи́ть го́рю assuage grief.

посо́бни|к *м.*, **~ца** *ж.* *неодобр.* accomplice; **~чество** *с.* assisting; (*в преступлении*) complicity (in).

посове́товать(ся) *сов. см.* сове́товать(ся).

посоде́йствовать *сов.* *кому-л.* assist *smb.*, help *smb.*, make* (for *smth.*).

посо́л I *м.* ambassador; Чрезвыча́йный и Полномо́чный ~ Ambassador Extraodinary and Plenipotentiary.

посо́л II *м.* (*засол*) salting; пря́ного ~а pickled in brine.

посоли́ть *сов. см.* соли́ть.

посолове́лый *разг.* bleared, bleary.

посолове́ть *сов. разг.* become* dull and lifeless; у него́ посолове́ли глаза́ his eyes glazed over.

посо́ль|ский (*относящийся к послу*) ambassadorial; (*относящийся к посольству*) embassy *attr.*; **~ство** *с.* embassy.

по́сох *м.* staff*; (*епископский*) (bishop's) crozier; (*пастушеский*) crook.

посо́хнуть *сов.* dry up; (*о цветах, листьях тж.*) wither.

посошо́к *м.* **1.** *см.* по́сох; **2.** *разг.* one for the road (*final drink before departure*).

поспа́ть *сов.* sleep*, have* a sleep/nap; ~ по́сле обе́да have* an after-dinner nap.

поспева́ть I, поспе́ть **1.** (*созревать*) ripen; я́блоки поспе́ли the apples are ripe; **2.** *разг.* (*быть готовым для еды*) be* ready.

поспева́ть II, поспе́ть *разг.* (*успевать*) be* in time (for); не поспе́ть к по́езду miss the train; ~ за *кем-л.* keep* pace with *smb.*, keep* up with *smb.*

поспе́ть I, II *сов. см.* поспева́ть I, II.

поспеши́ть *сов. см.* спеши́ть 1.

поспе́шн|о in a hurry, hurriedly, hastily; **~ость** *ж.* haste, hurry; **~ый** hasty, precipitate; ~ое реше́ние hasty decision; ~ый отъе́зд abrupt departure.

посплетни́чать *сов.* (с *тв.*) *разг.* (*некоторое время и т.п.*) talk scandal (with), gossip (with).

поспо́рить *сов.* **1.** *см.* спо́рить; **2.** (*спорить некоторое время*) argue for a while; **3.** (с *тв.*; *вступить в соревнование*) compete (with); он мо́жет ~ с лу́чшими игрока́ми he can hold his own with the best players.

посрами́ть *сов. см.* посрамля́ть.

посрамля́ть, посрами́ть (*вн.*) shame (*smb.*), cover (*smb.*) with shame.

посреди́ **1.** *нареч.* in the middle; **2.** *предлог* (*рд.*) in the middle (of); ~ реки́ in the middle of the river, in midstream.

посреди́не *см.* посереди́не.

посре́дник *м.* **1.** (*торговый*) agent, middleman*; торго́вый ~ commercial agent; ~ в креди́те loan broker; ~ ме́жду потреби́телем и производи́телем dealer; **2.** (*в споре*) intermediary, go-between; (*в переговорах*) mediator, negotiator; **3.** *воен.* umpire.

посре́дни|чать *несов. разг.* mediate; **~ческий** mediatory; **~чество** *с.* mediation; (*содействие примирению тж.*) intercession; торго́вое ~чество intermediate trade.

посре́дственн|о *нареч.* **1.** indifferently; **2.** *в знач. сущ. с. нескл.* (*отметка*) fair; **~ость** *ж.* mediocrity; **~ый** mediocre, undistinguished; ~ые зна́ния mediocre/indifferent knowledge *sg.*

посре́дств|о *с.*: при ~е *кого-л.* че́рез ~ *кого-л.* through *smb.*, thanks to *smb.*; при ~е *чего-л.*, че́рез ~ *чего-л.* by means of *smth.*

посре́дством by means of, with the aid of.

поссо́рить(ся) *сов. см.* ссо́рить(ся).

пост I *м.* post; наблюда́тельный ~ observation post; прове́рка ~о́в inspection of the guard; ◇ на ~у́ at *one's* post; умере́ть на (своём) ~у́ die at *one's* post.

пост II *м. церк.* fast(ing); наруша́ть, соблюда́ть ~ break*, keep* the fast; вели́кий ~ Lent.

поста́вить I *сов. см.* ста́вить.

поста́вить II *сов. см.* поставля́ть.

поста́вк|а *ж.* delivery, supply; взаи́мные ~и *торг.* mutual deliveries; госуда́рственные ~и state deliveries; догово́рные ~и contractual deliveries; досро́чные ~и prior deliveries; и́мпортные ~и import deliveries; компенсацио́нные ~и compensation deliveries; неме́дленные ~и spot deliveries; обяза́тельные ~и obligatory deliveries; ра́зовая ~ single delivery; части́чная ~ partial delivery; э́кспорно-и́мпортные ~и export and import deliveries; э́кспортные ~и export deliveries; ~ гото́вой проду́кции ready delivery; ~ на усло́виях креди́та delivery on credit terms; ~ па́ртиями delivery by lots; ~ по тре́бованию delivery on call; ~ почто́вой посы́лкой delivery by parcel post; ~ на усло́виях фра́нко-ваго́н грани́ца страны́ продавца́ delivery FOR to the frontier of the seller's country; ~ на усло́виях фра́нко-вы́ставка delivery free exhibitions; ~ на усло́виях фра́нко-заво́д *торг.* delivery FOB plant; перви́чная ~ *бирж.* tender, delivery; втори́чная ~ *бирж.* retender, delivery.

постав|ля́ть, поста́вить (*вн.*) deliver (*smth.*), supply (*smth.*); "~лено до... без упла́ты по́шлины" *торг.* delivered duty unpaid... (DDU); "~лено до грани́цы..." delivered at frontier (DAF); "~лено до ... с упла́той по́шлины; delivered duty paid... (DDP); "~лено с прича́ла" delivered ex quay (DEQ); "~лено с су́дна" *торг.* delivered ex ship... (DES); **~щи́к** *м.* deliverer, supplier; (*продуктов тж.*) purveyor; генера́льный ~щи́к general supplier.

постаме́нт *м.* pedestal, base.

постанови́ть *сов. см.* постановля́ть.

постано́вка *ж.* **1.** (*театральная*) production, staging; **2.** (*проблемы и т. п.*) positing, propounding; ~ вопро́са the way a problem is stated/put/posed; **3.** (*дела и т. п.*) organization; **4.**: ~ го́лоса voice training; **5.** *торг.*: ~ на погру́зку-разгру́зку spotting; **6.** (*гребной спорт*): ~ ло́дки launching.

постановле́ние *с.* **1.** (*решение*) resolution, decision; ~ о́бщего собра́ния decision of a general meeting; ~ суда́ *юр.* court ruling; **2.** (*распоряжение*) decree.

постановля́ть, постанови́ть (*вн.*) **1.** (*решать*) decide (*smth.*), resolve (*smth.*); **2.** (*издавать постановление*) decree (*smth.*), enact (*smth.*).

постано́в|очный *театр.*: ~очная пье́са play, suitable for staging; ~очные эффе́кты (stage) effects; **~щик** *м. театр.* stage manager; producer, director *тж. кино.*

постара́ться *сов. см.* стара́ться.

постаре́ть *сов. см.* старе́ть 1.

по-ста́рому in the old way; as of old, as before.

постате́йный by paragraphs, paragraph after paragraph.

постели́ть *сов. см.* постила́ть.

посте́л|ь *ж.* **1.** (*кровать*) bed; лежа́ть в ~и be* in bed; лечь в ~ get* into bed; **2.** (*спальные принадлежности*) bedclothes, beddings; **~ьный** bed *attr.*; ~ьное бельё bed linen; sheets and pillow cases *pl.*; ~ьный режи́м confinement to bed.

постепе́нн|о gradually, little by little, bit by bit; **~ость** *ж.* gradualness; **~ый** gradual.

постесня́ться *сов. см.* стесня́ться 2.

постига́ть, пости́гнуть, пости́чь (*вн.*) **1.** (*понимать*) comprehend (*smth.*), understand* (*smth.*), grasp (*smth.*), пости́чь та́йны приро́ды learn* nature's secrets; **2.** (*случаться с кем-л.*) overtake* (*smb.*), befall* (*smb.*); его́ пости́гло несча́стье he has had a misfortune.

пости́гнуть *сов. см.* постига́ть.

постиж|е́ние *с.* comprehension, understanding; **~и́мый** comprehensible, understandable.

постила́ть, постла́ть, *разг.* постели́ть (*вн.*) spread* (*smth.*); постла́ть ска́терть на стол put* a cloth on the table; ~ посте́ль make* a bed.

постира́ть *сов.* (*вн.*) wash (*smth.*), do* some washing.

пости́ться *несов.* fast, keep* the fast.

пости́чь *сов. см.* постига́ть.

постла́ть *сов. см.* постила́ть *и* стлать 1.

по́стн|ик *м.* a person who fasts, observing fast; **~ичество** *с.* fasting; **~ый 1.** lenten; without meat or milk *после сущ.* ~ая еда́ lenten fare; ~ суп meatless soup; ~ое ма́сло vegetable oil; **2.** *разг.* (*нежирный*) lean; ~ое мя́со lean meat; **3.** *разг.* (*хмурый, скучный*) gloomy, dismal; ~ое лицо́ dismal face; **4.** *разг.* (*ханжеский*) sanctimonious, smug; ~ вид sanctimonious air.

постово́й *прил.* **1.** on point duty *после сущ.*; ~ милиционе́р militiaman* on point duty; **2.** *в знач. сущ. м.* pointsman*; (*о солдате*) sentry.

посто́льку inasmuch as, in so far as; ~ поско́льку so far as.

посторони́ться *сов. см.* сторони́ться 1.

посторо́нн|ий *прил.* **1.** (*чужой*) strange; ~ челове́к stranger, outsider; **2.** (*не собственный*) outside *attr.*; of others *после сущ.*; без ~ей по́мощи without any outside help; **3.** (*не имеющий прямого отношения к чему-л.*) incidental; ~ие разгово́ры incidental discussion *sg.*; **4.** *в знач. сущ. м.* stranger; при ~их in front of strangers; ~им вход воспрещён unauthorized persons not admitted.

постоя́лец *м. разг.* lodger; (*в гостинице*) guest.

постоя́нн|о always, constantly, continually; **~ый 1.** constant, steady, continuous; ~ые ве́тры constant winds; ~ое наблюде́ние constant observation; ~ый фо́кус *кино* fixed focus; ~ые изде́ржки *эк.* constant expenses; **2.** (*всегдашний*) regular, habitual; ~ые покупа́тели regular customers; ~ый посети́тель habitual visitor; **3.** (*не временный*) permanent, invariable; ~ый а́дрес permanent address; ~ое местожи́тельство permanent residence; **4.** (*верный*) steady; быть ~ым а свои́х взгля́дах hold* fast to *one's* opinions; ◇ ~ая а́рмия standing/regular army; ~ая величина́ *мат.* constant; ~ый капита́л *эк.* constant/fixed capital; ~ый ток direct current.

постоя́нство *с.* constancy, steadfastness; (*неизменность*) regularity.

постоя́ть *сов.* **1.** (*стоять некоторое время*) stand* (for a while); (*побыть где-л.*) stay; **2.** (за *вн.*; *защитить*) stand* up (for); ~ за себя́ stand* up for *oneself*, hold* *one's* own; **3.**: постой́(те)! just a minute!, wait a bit!

пострада́вший *м.* victim.

пострада́ть *сов. см.* страда́ть 3, 4, 5.

постранúчный paginal, by the page, per page.

постре́л *м. разг.* little rogue; ◇ наш ~ везде́ поспе́л *погов.* ≅ the scamp has a finger in every pie.

по́стриг *м.* taking of monastic vows; (*о женщине тж.*) taking the veil.

постригá́ть, постри́чь (*вн.*) (*в монахи*) make* a monk (*smb.*); (*в монахини*) make* a nun (*smb.*); admit to monastic vows (*smb.*); **~ся**, постри́чься (*в монахи*) take* monastic vows; (*в монахини*) take* the veil.

постриже́ние *с. церк.* admission to monastic vows; tonsure; taking of monastic vows.

постри́чь I *сов.* (*что-л.*) cut* (*smth.*); (*кого-л.*) cut* *smb.'s* hair, give* *smb.* a haircut.

постри́чь II *сов. см.* постригáть.

постри́чься I *сов.* have* *one's* hair cut.

постри́чься II *сов. см.* постригáться.

построе́ние *с.* **1.** construction; ~ треуго́льника drawing/construction of a triangle; ~ фра́зы construction of a sentence; ~ ромáна construction of a novel; **2.** *воен.* formation; **3.** *спорт.* lineup; ◇ *бирж.* ~ пирами́ды pyramiding.

постро́ить *сов. см.* стро́ить; **~ся** *сов. см.* стро́иться 1, 2, 5.

постро́йка *ж.* **1.** (*действие*) building, erecting, construction; **2.** (*место, где строят*) building site; **3.** (*здание*) building, structure.

постро́мка *ж.* trace.

постскри́птум *м.* postscript (*сокр.* P. S.).

посту́кивать *несов.* knock, tap, rap.

поступáтельн|ый onward, forward, progressive; ~ое разви́тие progressive development; ~ое движе́ние *физ.* translational motion.

поступáть, поступи́ть **1.** (*действовать*) act, do*; он не знал, как поступи́ть he didn't know how to act; **2.** (с *тв.*; *по отношению к кому-л., чему-л.*) treat (*smb., smth.*) behave (towards); она́ нехорошо́ поступи́ла с ним she treated him badly; **3.** (в *вн.*, *в учебное заведение, на службу*) enter (*smth.*); (*в армию*) enlist (in); ~ на рабо́ту take* a job; она поступи́ла секретарём she is employed as a secretary; **4.** (*доходить по назначению*) come*, be* received; поступи́ло заявле́ние an application has been received/filed; к нам поступи́ла жáлоба a complaint has been lodged with us; де́ло поступи́ло в суд the case has come before the court; в продáжу поступи́ла но́вая пáртия товáров there is some fresh stock on sale.

поступáться, поступи́ться (*тв.*) give* up (*smth.*), forgo* (*smth.*); ~ свои́м прáвом waive *one's* right; ~ свои́ми интере́сами go* against *one's* interests.

поступи́ть *сов. см.* поступáть.

поступи́ться *сов. см.* поступáться.

поступле́ни|е *с.* **1.** (*куда-л.*) entrance, entering, joining; **2.** (*денежное*) receipt; *бухг.* entry; ~я по бюдже́ту revenue *sg.*; валю́тные ~я currency earnings; кáссовые ~я cash receipts; чи́стые ~я net earnings; э́кспортные ~ returns from export; ~я от реализáции returns from sales; ~я от продáжи проду́кции sales, net sales, net turnover; ~ проце́нтов, дивиде́ндов, ре́нтных и лицензио́нных платеже́й *фин.* interests *pl.*; rents *pl.*, royalties *pl.*

посту́пок *м.* action, act, deed; сме́лый ~ brave deed, act of bravery.

по́ступь *ж.* walk, step; march (*тж. перен.*); плáвная ~ graceful walk; твёрдая ~ firm step; ~ вре́мени the march of time.

постучáть *сов.* tap, knock (at); (*громко*) bang, pound; **~ся** *сов.* knock.

постфáктум post factum, after the event.

постыди́ться *сов.* (*рд.*, + *инф.*) be* ashamed (in front of, + to *inf.*); ~ чужи́х люде́й be* ashamed in front of strangers.

посты́дный shameful, disgraceful.

посты́л|ый *разг.* hateful; ◇ в ~ом всё не ми́ло ≅ faults are thick where love is thin.

посу́да *ж.* **1.** *собир.* (plates and) dishes *pl.*; столо́вая ~ tableware; чáйная ~ tea things *pl.*; ку́хонная ~ kitchen utensils *pl.*; ме́дная ~ copperware; **2.** *разг.* (*сосуд*) container; bottle; ◇ би́тая ~ два ве́ка живёт *погов.* ≅ creaking doors hang the longest.

посу́дина *ж.* vessel, old tub.

посуди́ть *сов.*: посуди́ сам judge for yourself.

посу́дн|ый: ~ шкаф china closet, cupboard; ~ое полоте́нце dishcloth, tea/dish towel; ~ магази́н china shop.

посудомо́ечн|ый: ~ая маши́на dishwasher.

посудомо́йка *ж. разг. см.* посудомо́ечный.

посу́л *м. разг.* promise; не скупи́ться на ~ы be* lavish with promises.

посу́точно by the day, for every 24 hours.

по́суху *разг.* on dry land.

посчастли́в|иться *сов. безл.* (*дт.*): мне (нам *и т. д.*) ~илось (+ *инф.*) I was (we were, *etc.*) lucky/fortunate enough (+ to *inf.*); I (we, *etc.*) had the good luck/fortune (+ to *inf.*).

посчит|áть *сов.* (*вн.*) count (*smb.*, *smth.*); ~áй! work it out! **~áться** *сов.* (с *тв.*) **1.** (*свести счёты с кем-л.*) get* even (with); **2.** (*принять во внимание*) take* account (of).

посылáть, послáть (*вн.*) send* (*smb., smth.*); dispatch (*smth.*); ~ *кого-л.* за врачо́м send* *smb.* for the doctor; ~ *кого-л.* в командиро́вку send* *smb.* on a misson/business trip; ~ *что-л.* по по́чте send* *smth.* by post: ~ де́ньги по по́чте, по телегрáфу remit money; ◇ ~ возду́шные поцелу́и kiss *one's* hand (to), blow* kisses; ~ покло́н, приве́т send* *one's* (best) regards (to).

посы́лка *ж.* **1.** (*действие*) sending, dispatching; **2.** (*почтовая*) parcel; **3.** *филос.* premise; ◇ быть на ~х run* errands.

посы́льн|ый *прил.* **1.** dispatch *attr.*; ~ое су́дно dispatch boat, dispatch vessel; **2.** *в знач. сущ. м.* messenger.

посы́пать *сов. см.* посыпа́ть.

посыпа́ть, посы́пать (*вн.*) **1.** sprinkle (*smth.*); ~ хлеб со́лью sprinkle the bread with salt, sprinkle salt on the bread; ~ пиро́жное са́харом dust a cake with sugar; **2.** (*усеивать, покрывать*) strew* (*smth.*); ~ пол опи́лками strew* the floor with sawdust.

посы́п|аться *сов.* begin* to fall, fall*; *перен. разг.* rain; ли́стья ~ались leaves began to fall; на него́ ~ались уда́ры blows rained upon him; на меня́ ~ались вопро́сы I was showered with questions.

посяга́тельство *с.* (на *вн.*) encroachment (on, upon), infringement (on, upon); ~ на *чьи-л.* права́ encroachment upon *smb.'s* rights; ~ на свобо́ду infringement of liberty.

посяг|а́ть, посягну́ть (на *вн.*) encroach (on, upon), infringe (on, upon); ~ на *чьи-л.* права́ encroach/infringe upon *smb.'s* rights; **~ну́ть** *сов. см.* посяга́ть.

пот *м.* sweat, perspiration; ◇ ~ом и кро́вью by/with *one's* (own) sweat and blood.

потаённый *см.* потайно́й.

потайно́й secret, hidden; ~ ход secret passage.

потака́ть *несов.* (*дт.*) *разг.* indulge (*smb.*, *smth.*); pander (to), give* way (to); ~ *чьим-л.* капри́зам indulge *smb.'s* whims.

потанцева́ть *см.* have* a dance, dance.

пота́сканный *разг.* **1.** (*об одежде*) shabby; ~ костю́м frayed suit; **2.** (*о внешности*) seedy.

потаску́н *м. разг.* lecher, rake.

потаску́ха, постаску́шка *ж. разг.* strumpet, trollop.

потасо́вка *ж. разг.* (*драка*) brawl, fight.

пота́т|чик *м.*, **~чица** *ж. разг.* indulger.

пота́ш *м.* potash.

по-тво́ему **1.** (*по твоему мнению*) in your opinion, to your mind; как ~? what do you think?, what is your opinion?; **2.** (*по твоему желанию*) as you like, as you wish; (*по твоему совету*) as you advise; я сде́лал ~ I did as you told me; пусть бу́дет ~! be it your (own) way!

потво́р|ство *с.* indulgence, pandering, connivance; **~ствовать** *несов.* (*дт.*) connive (at), show* indulgence (towards), pander (to); **~щик** *м.*, **~щица** *ж. разг.* panderer.

потемне́ть *сов. см.* темне́ть 1, 2.

потенциа́л *м.* potential; экономи́ческий ~ economic potential; ра́зность ~ов potential difference.

потенциа́льный potential *attr.*; ~ ры́нок *эк.* potential market; ~ спрос *эк.* potential demand.

потепле́ние *с.* rise in temperature; наступи́ло ~ it grew warmer; насту́пит ~ it will be warmer, the cold snap will be over.

потепле́ть *сов. см.* тепле́ть.

потере́ться *сов. см.* тере́ться 1, 3.

потерпе́вший *прил.* **1.** *юр.* that has suffered loss, injury, *etc. после сущ.*; **2.** *в знач. сущ. м.* victim; ~ от пожа́ра victim of a fire; ~ от наводне́ния flood victim.

потерпе́ть *сов.* **1.** (*терпеливо выносить что-л.*) exercise patience, be* patient; **2.** (*вн.*; *испытать, перенести что-л.*) suffer (*smth.*); ~ убы́тки suffer losses; ~ круше́ние meet* with disaster.

поте́р|я *ж.* loss; ~ вре́мени loss/waste of time; ~и уби́тыми fatal casualties; ~ созна́ния swoon, fainting fit, loss of consciousness; ~ па́мяти loss of memory, amnesia; валю́тные ~и *фин.* currency losses; курсовы́е ~и exchange losses; материа́льные ~и loss of property; ожида́емые ~и expected losses; фина́нсовые ~и *фин.* financial losses; ~ контра́стности *тлв.*, *кино* loss of contrast; ~ све́та light loss; ~ си́лы сигна́ла *тлв.*, *кино* loss of signal strength; ~и скота́ от падежа́ livestock mortality *sg.*; **~янный** **1.** (*расстроенный*) dismayed, upset; **2.** (*смущённый*) confused, embarrassed; **3.** *разг.* (*опустившийся*) degraded, disreputable.

потеря́ть(ся) *сов. см.* теря́ть(ся).

потесни́ть *сов. см.* тесни́ть.

поте́ть, вспоте́ть, запоте́ть **1.** *сов.* вспоте́ть sweat, perspire, break* out in a sweat; **2.** *сов.* запоте́ть (*об окнах и т. п.*) be* damp, sweat, ooze moisture; **3.** *тк. несов.* (над *тв.*) *разг.* (*трудиться над чём-л.*) wrestle (with), sweat (at), labor (at); ~ над зада́чей wrestle with a problem.

поте́ха *ж.* fun, amusement; (*смешное происшествие*) funny thing; ◇ пошла́ ~ *разг.* the fun has begun.

поте́чь *сов.* begin* to flow; (*о бочке, лодке*) begin* to leak.

потеша́ть *несов.* (*вн.*) amuse (*smb.*), divert (*smb.*); **~ся** *несов.* **1.** amuse *oneself*; **2.** (над *тв.*; *насмехаться*) make* fun (of), mock (at) (*smb.*).

поте́ш|ить(ся) *сов. см.* те́шить(ся); **~ный** *разг.* funny, comical; ◇ ~ный полк *ист.* (*во времена Петра I*) poteshny regiment, "toy-soldiers".

потёк *м.* stain, damp patch.

потёмк|и *мн.* darkness *sg.*; ◇ быть в ~ах be* in the dark; чужа́я душа́ — ~ *посл.* the heart of another is a dark forest, the human heart is a mystery.

потёртый shabby, threadbare, washed-out.

поти́р *м. церк.* chalice.

потира́ть *несов.* (*вн.*) rub (*smth.*); ~ ру́ки rub *one's* hands.

потихо́ньку *разг.* **1.** (*медленно*) slowly; **2.** (*неслышно*) quietly; **3.** (*тайно*) secretly, on the sly.

потли́в|ость *ж.* disposition to sweat/perspire; **~ый** subject to sweating/perspiration.

по́тник *м.* sweat cloth.

по́тн|ый sweaty, perspiring; ~ые ру́ки sweaty/clammy hands.

по-това́рищески in a friendly way/manner.

потов|о́й *анат.*: ~ы́е же́лезы sweat glands.

потого́нн|ый sudorific, diaphoretic; ~ое (сре́дство) *мед.* sudorific, diaphoretic; ◇ ~ая систе́ма sweated labor system, speed-up (system).

пото́к *м.* **1.** flood, torrent; (*света и т. п.*) flow, stream (*тж. перен.*); весе́нние ~и spring torrents; ~ во́здуха air flow; ~ слов flow of words; ~ слёз flood of tears; ~ руга́тельств torrent/shower/stream of abuse; людско́й ~ stream of people; магни́тный ~ magnetic flux; **2.** (*непрерывное производство*) flow production; **3.** (*группа учащихся*) group; ◇ отда́ть на ~ и разграбле́ние give* over to wholesale pillage.

потолкова́ть *сов. разг.* talk, have* a talk.

потол|о́к *м.* ceiling (*тж. перен.*); ко́мната с высо́ким ~ко́м room with a high ceiling, high-ceilinged room; достига́ть ~ка́ *ав.* reach its ceiling; ◇ взять *что-л.* с ~ка́ cook/dream* *smth.* up.

потолсте́ть *сов. см.* толсте́ть.

пото́м (*после*) afterwards; (*позже*) later on; (*затем*) then.

пото́м|ок *м.* **1.** descendant, offspring; **2.** *мн.* (*люди будущих поколений*) descendants; posterity *sg.*; **~ственный** hereditary; **~ство** *с.* **1.** (*молодое поколение*) progeny; оста́вить многочи́сленное ~ство leave* many descendants; **2.** *собир.* (*потомки*) posterity.

потому́ **1.** *нареч.* therefore, that is why; **2.** *союз*: ~ что because; for *поэт.*

потону́ть *сов. см.* тону́ть.

пото́п *м.* flood, deluge; ◇ *библ.* Всеми́рный ~ the Flood, the Deluge; по́сле нас хоть ~ after us the deluge.

потопи́ть *сов. см.* топи́ть III.

потопта́ть *сов.* (*вн.*) trample down (*smth.*), tread* down (*smth.*).

потора́пливать *несов.* (*вн.*) *разг.* hurry (*smb.*) up, urge (*smb.*) on; **~ся** *несов. разг.* make* haste, get* a shift on.

поторгова́ться *сов.* (*некоторое время, немного*) bargain for a while, a little.

поторопи́ть(ся) *сов. см.* торопи́ть(ся).

пото́чн|ый: ~ое произво́дство mass/line production.

потра́ва *ж.* damage to crops.

потрави́ть *сов.* (*вн.*) **1.** (*посевы*) spoil* (*smth.*), damage (*smth.*); (*о скоте*) trample down (*smth.*); **2.** (*истребить*) poison (*smth.*), kill off (*smth.*).

потра́тить(ся) *сов. см.* тра́тить(ся).

потра́фить *сов. см.* потрафля́ть.

потрафля́ть, потра́фить (*дт.*) *разг.* please (*smb.*), satisfy (*smb.*).

потреби́тель *м.* user, consumer; комме́рческий ~ commercial user; коне́чный ~ final/ultimate consumer; отде́льный ~ individual consumer; опто́вый ~ large scale consumer; платёжеспосо́бный ~ solvent consumer; **~ница** *ж. см.* потреби́тель; **~ный**: ~ная сто́имость *эк.* use value.

потреби́тельск|ий consumer *attr.*; consumer's; ~ креди́т consumer credit; ~ая коопера́ция consumers' cooperatives *pl.*; ~ое о́бщество cooperative society; ~ие това́ры consumer goods.

потреби́ть *сов. см.* потребля́ть.

потребле́ни|е *с.* consumption; ли́чное ~ personal/private consumption; обще́ственное ~ social consumption; обще́ственные фо́нды ~я public consumption funds; произво́дственное ~ productive consumption; расточи́тельное ~ luxury/wasteful consumption; това́ры широ́кого ~я consumer goods.

потребля́ть, потреби́ть (*вн.*) consume (*smth.*).

потре́бност|ь *ж.* need, want, requirement; у него́ небольши́е ~и he is a man of few wants; ~ в сырье́ need for raw material; культу́рные ~и cultural needs/requirements/expectations.

потре́бовать *сов. см.* тре́бовать 1, 3, 4; **~ся** *сов. см.* тре́боваться.

потрево́жить *сов. см.* трево́жить 2.

потрепа́ть *сов. см.* трепа́ть 1, 2, 3; **~ся** *сов. см.* трепа́ться 2.

потре́скаться *сов. см.* тре́скаться.

потре́скивать *несов.* crackle.

потрёпанн|ый shabby, threadbare; *перен.* (*о войсках*) battered; (*о человеке*) seedy; ~ое пальто́ shabby coat; ~ая кни́га tattered book; име́ть ~ вид look worn out, look seedy.

потро́гать *сов.* (*вн.*) touch (*smb.*, *smth.*) once or twice, feel* (*smth.*).

потро|ха́ *мн.* entrails; (*гусиные*) giblets; суп с гуси́ными ~ха́ми giblet soup; ◇ со все́ми ~ха́ми bag and baggage, lock, stock and barrel; **~ши́ть,** вы́потрошить (*вн.*) (*птицу*) draw* (*smth.*); (*рыбу*) gut (*smth.*), clean (*smth.*).

потруд|и́ться *сов.* **1.** (*поработать*) do* some work, work; **2.** (+ *инф.*; *счесть нужным*) take* the trouble (+ to *inf.*); он даже́ не ~и́лся сообщи́ть мне he didn't even take the trouble to inform me; ~и́тесь закры́ть дверь! would you mind closing the door!

потряс|а́ть, потрясти́ **1.** (*вн. тв.*) shake* (*smth.*) (*оружием и т. п.*) brandish (*smth.*), flourish (*smth.*); **2.** (*вн.*; *заставлять дрожать*) shake* (*smth.*), make* (*smth.*) quiver/vibrate/tremble; уда́р гро́ма потря́с во́здух a clap of thunder made the air quiver; взрыв потря́с зда́ние an explosion shook the building; **3.** (*вн.*; *производить большое впечатление*) shake* (*smb.*), have* a deep effect (on), stagger (*smb.*); get* under *smb.'s* skin *идиом.*; он был потрясён тем, что услы́шал he was staggered by what he heard; ~ зри́телей impress an audience; **~а́ющий** staggering; ~а́ющие но́вости staggering news; ~а́ющее зре́лище astonishing spectacle; **~е́ние** *с.* **1.** shock; не́рвное ~е́ние nervous shock; **2.** (*коренная ломка*) upheaval.

потрясти́ *сов. см.* потряса́ть.

потря́хивать *несов.* (*вн.*, *тв.*) shake* (*smth.*).

поту́ги *мн.* **1.** (*родовые*) travail *sg.*; pangs of childbirth; labor *sg.*; **2.** (*бесплодные попытки*) vain attempts.

поту́пить *сов.*: ~ взор cast* down *one's* eyes, look down; ~ го́лову hang* *one's* head; **~ся** *сов.* lower *one's* eyes/head.

по-туре́цки in Turkish; in the Turkish fashion.

потускне́лый dimmed; (*о металлах тж.*) tarnished.

потускне́ть *сов. см.* тускне́ть.

потусторо́нний: ~ мир the other world, the beyond.

потуха́ние *с.* extinction.

потуха́ть, потýхнуть (*о свете, огне*) go* out; die out; (*об огне тж.*) burn* out.

потýхнуть *сов. см.* потуха́ть *и* тýхнуть 1.

потýхш|ий extinct; *перен.* lackluster; ~ вулка́н extinct volcano; ~ие глаза́ dim/lackluster eyes.

потучне́ть *сов. см.* тучне́ть.

потуши́ть I *сов. см.* туши́ть 1.

потуши́ть II *сов.* (*вн.*) *кул.* stew (for a while) (*smth.*).

по́тчевать, попо́тчевать (*вн. тв.*) regale (*smb.* with), treat (*smb.* to).

потяга́ться *сов.* (с *тв.*) *разг.* tussle (with), contend (with).

потя́гиваться, потяну́ться stretch *oneself*.

потян|у́ть *сов.* **1.** (*вн.*) pull (*smb., smth.*); ~ *кого-л.* за рука́в pluck (at) *smb.'s* sleeve; **2.** *безл.*: его́ ~у́ло домо́й he felt an urge/longing to go home; **~у́ться** *сов.* **1.** *см.* потя́гиваться; **2.**: он ~у́лся че́рез стол he leaned over the table; все за ним ~у́лись everybody followed him; ~у́лись до́лгие зи́мние вечера́ the long winter evenings have set in.

поу́жинать *сов. см.* у́жинать.

поумне́ть *сов. см.* умне́ть.

поутру́ *разг.* in the (early) morning.

поуч|а́ть *несов.* (*вн.*) lecture (*smb.*); **~е́ние** *с.* **1.** (*действие*) edification; **2.** (*наставление*) lecture, homily, sermon.

поучи́тельный instructive; (*назидательный*) edifying; ~ приме́р instructive example; ~ сове́т instructive advice; ~ тон edifying tone.

пофарт|и́ть *сов. разг.* be* lucky, be* in luck; нам ~и́ло we were in luck.

поха́б|ный *разг.* bawdy, filthy, dirty, obscene; **~щина** *ж. разг.* filth; obscenities *pl.*

похвал|а́ *ж.* praise; рассыпа́ться в ~а́х *кому-л.* sing* *smb.'s* praises.

похвали́ть(ся) *сов. см.* хвали́ть(ся).

похвальба́ *ж. разг.* bragging, boasting.

похва́льн|ый 1. (*содержащий в себе похвалу*) approving; of praise *после сущ.*; ~ая гра́мота certificate of approval; **2.** (*заслуживающий похвалы*) laudable, praiseworthy, commendable; ~ое усе́рдие commendable zeal.

похва́стать(ся) *сов. см.* хва́стать(ся).

похити́тель *м.*, **~ница** *ж.* thief*; (*вещей*) stealer; (*людей*) kidnapper; (*самолётов и т.п.*) hijacker.

похи́тить *сов. см.* похища́ть.

похищ|а́ть, похи́тить (*вн.*) (*вещи*) steal* (*smth.*); (*людей*) kidnap (*smb.*); (*самолёт и т. п.*) hijack (*smth.*); **~е́ние** *с.* (*вещей*) stealing, *юр.* larceny; ~е́ние иму́щества путём обма́на larceny by trick; ~е́ние иму́щества в кру́пных разме́рах grand larceny; ~е́ние иму́щества при отягча́ющих обстоя́тельствах aggravated larceny; ~е́ние иму́щества в ме́лких разме́рах *юр.* minor larceny; (*людей*) kidnapping; (*самолётов и т. п.*) hijacking.

похлёбка *ж.* (thick) soup.

похло́пать *сов. см.* хло́пать.

похлопота́ть *сов. см.* хлопота́ть 2, 3.

похло́пывать *несов.* (*вн.*) pat (*smb.*); ~ *кого-л.* по плечу́ pat *smb.* on the back.

похме́лье *с.* hangover; ◇ в чужо́м пиру́ ~ taking the rap for somebody else, shouldering other people's sins.

похо́д *м.* **1.** (*передвижение*) march; вы́ступить в ~ march out, take* the field; **2.** (*массовая организованная прогулка*) excursion, tour, outing; (*пешком тж.*) walking tour, hike; отпра́виться в двухдне́вный ~ go* off on a two-day excursion; **3.** (*военная кампания*) campaign; **4.** (*кампания*) drive; ~ за эконо́мию economy drive.

похода́тайствовать *сов. см.* хода́тайствовать.

походи́ть I *сов.* (*некоторое время*) walk (for a while); ~ по го́роду go* for a walk round town.

походи́ть II *несов.* (на *вн.*; *быть похожим*) resemble (*smb.*), look/be* like (*smb.*).

похо́дка *ж.* walk; у неё лёгкая ~ she is light-footed.

похо́дн|ый 1. march *attr.*, marching; ~ поря́док march order/formation; дви́гаться ~ым поря́дком march; **2.** (*предназначенный для похода*) field *attr.*; camp *attr.*; ~ая крова́ть camp-bed; ~ая фо́рма marching order, field dress; **3.** (*передвижной*) field *attr.*, mobile; ~ая ку́хня field kitchen; ~ го́спиталь field hospital.

по́ходя *разг.* (*торопливо*) in haste, on the move; (*заодно*) in passing; (*между прочим*) for no particular reason, offhandedly.

похожде́ние *с.* adventure; escapade.

похо́ж|ий resembling, like, similar; alike *predic.*; быть ~им друг на дру́га resemble *one* another, be* similar/alike; вы все друг на дру́га ~и you are all alike; он похо́ж на своего́ отца́ he takes after his father; на кого́ он похо́ж? who is he like?; он на себя́ не похо́ж you'd never recognize him; ◇ э́то совсе́м на вас не ~е that's not at all like you; э́то на него́ ~е it's just like him; э́то ни на что не ~е it's unthinkable; I never heard of such a thing; ~е на то, что... it looks as if...; ~ на то, что пойдёт дождь it looks like rain; на кого́ вы ~и! just look at yourself!; они́ ~и как две ка́пли воды́ they are as like as two peas.

по-хозя́йски thriftily; израсхо́довать насле́дство ~ spend* legacy wisely.

похолода́ние *с.* fall in temperature; наступи́ло ~ it has grown colder, a cold snap/spell has set in.

похолод|а́ть *сов. безл.*: ~а́ло it grew colder.

похолоде́ть *сов. см.* холоде́ть.

похорони́ть *сов. см.* хорони́ть.

похоро́нн|ый funeral; *перен. разг.* funereal, dismal; ~ая проце́ссия funeral procession; ~ое бюро́ undertaker's office; ~ марш funeral march; ~ное выраже́ние лица́ a funereal face.

по́хороны *мн.* funeral *sg.*, burial *sg.*

по-хоро́шему in an amicable way.

похороше́ть *сов. см.* хороше́ть.

похотли́в|ость *ж.* lust, lewdness, lasciviousness; **~ый** lustful, lewd, lascivious.

по́хоть *ж.* lust, carnality.

похохота́ть *сов.* laugh, have* a laugh.

похристо́соваться *сов. рел.* exchange a triple kiss (as Easter salutation).

похуде́ть *сов. см.* худе́ть.

поцелова́ть(ся) *сов. см.* целова́ть(ся).

поцелу́й *м.* kiss.

почасов|о́й hour-to-hour; by the hour *после сущ.*; ~ гра́фик рабо́ты hour-to-hour timetable of work; ~а́я опла́та payment by the hour.

поча́ток *м. бот.* ear; ~ кукуру́зы corncob.

по́чв|а *ж.* **1.** soil; обрабо́тка ~ы soil cultivition; плодоро́дие ~ы soil fertility; **2.** *горн.* bedrock; **3.** (*основание, основа*) ground, foundation; чу́вствовать под собо́й твёрдую ~у be* on sure/firm ground; выбива́ть ~у из-под ног cut* the ground from under *smb.'s* feet; подгото́вить ~у prepare the ground, pave the way; э́ти утвержде́ния не име́ют под собо́й никако́й ~ы these assertions are groundless; теря́ть под собо́й ~у be*/get* out of *one's* depth; ◇ на ~е *чего-л.* due to *smth.*, owing to *smth.*

по́чвенн|ый soil *attr.*; ~ слой soil layer; ~ая ка́рта soil map.

почвове́д *м.* soil scientist; **~ение** *с.* soil science.

почему́ **1.** *вопр.* why?; **2.** *относ.* that's why.

почему́|-либо, ~-нибу́дь for some reason (or other); е́сли он ~ не прие́дет if, for some reason, he doesn't come.

почему́-то for some reason; он ~ э́того не хо́чет for some reason he doesn't want it.

по́черк *м.* hand(writing); *перен.* manner; ме́лкий ~ small hand; писа́ть ме́лким ~ом write* (a) small (hand); у него́ о́чень хоро́ший ~ he writes a very good hand; неразбо́рчивый ~ illegible hand/handwriting.

почерне́ть *сов. см.* черне́ть 1.

почерпну́ть *сов.* (*вн.*) *разг.* scoop up (*smth.*); *перен.* draw* (*smth.*), take* (*smth.*), derive (*smth.*); ~ материа́л из первоисто́чников draw* on original sources.

почерстве́ть *сов. см.* черстве́ть 2.

почеса́ть *сов. см.* чеса́ть 1; **~ся** *сов. см.* чеса́ться 1.

по́чест|ь *ж.* honor; воздава́ть ~и *кому-л.* pay*/do* honor to *smb.*

почём *разг.* (*по какой цене*) how much?, how much is it?; ◇ ~ знать who knows?; ~ я зна́ю? how do I know?; ~ зря *разг.* whatever comes to mind.

почёсывать *несов.* (*вн.*) *разг.* scratch (*smth.*); **~ся** *несов. разг.* scratch *oneself*.

почёт *м.* honor, respect, esteem; по́льзоваться ~ом be* held in high esteem; учёные у нас в большо́м ~е scientists are held in great respect/honor in our country; **~ный** **1.** (*пользующийся почётом*) honored; ~ный гость guest of honor, honored guest; **2.** (*избираемый в знак почёта*) honorary; ~ное зва́ние honorary title; **3.** (*делающий честь кому-л.*) honorable; ~ная обя́занность honorable duty; **4.** (*не нарушающий достоинства*) honorable.

по́чечн|ый kidney *attr.*; nephritic; ~ ка́мень kidney stone; ~ое са́ло suet.

почи́н *м.* **1.** (*инициатива*) initiative; по со́бственному ~у on *one's* own initiative; **2.** *разг.* (*начало*) start, beginning; для ~а to start with.

почини́ть *сов. см.* чини́ть I 1.

почи́нка *ж.* repairing, mending; repair job.

почи́стить *сов.* (*вн.*) clean (*smth.*); (*щёткой*) brush (*smth.*); ~ сапоги́ polish *one's* boots; ~ зу́бы clean/brush *one's* teeth; **~ся** *сов.* have* a wash and brush-up, clean *oneself* up.

почита́тель *м.*, **~ница** *ж.* admirer.

почита́ть I *сов.* (*читать некоторое время*) read* (for a while).

почита́ть II *несов.* (*вн.*; *уважать*) honor (*smb.*, *smth.*), respect (*smb.*, *smth.*), esteem (*smb.*, *smth.*).

почита́ть III, поче́сть (*тв.*) consider (*smb.*, *smth.*), think* (*smth.*).

почи́тывать *несов.* (*вн.*) *разг.* read* (*smth.*) (now and then); ~ кни́жки browse over *one's* books.

по́чка I *ж.* **1.** *бот.* bud, shoot; **2.** *биол.* gemma (*pl.* -ae).

по́чка II *ж.* **1.** *анат.* kidney; **2.** *мн. кул.* kidneys.

по́чт|а *ж.* **1.** post; (*почтовое отделение*) post office; ~ рабо́тала пло́хо postal services were bad/erratic; пойти́ на ~у go* to the post office; **2.** (*почтовая служба*) post, mail; отпра́вить письмо́ по ~е send* a letter by post/mail, post/mail a letter; вече́рняя ~ the evening post; **3.** (*корреспонденция*) post, mail.

почтальо́н *м.* postman*.

почта́мт *м.* post office; гла́вный ~ Main Post-Office.

почте́н|ие *с.* respect; относи́ться с ~ием к *кому-л.* treat *smb.* with respect, have* respect for *smb.*, respect *smb.*; моё ~! *разг.* my compliments!; **~ный** **1.** worthy; (*о возрасте*) venerable; ~ная нару́жность worthy appearance; ~ный стари́к venerable old man*; **2.** *разг.* (*значительный*) considerable, respectable.

почти́ almost, nearly; э́то ~ то же са́мое it's almost the same thing; мы ~ до́ма we're nearly home; ~ всегда́ almost always; ~ никогда́ hardly ever; ~ ничего́ scarcely anything, next to nothing; ~ никого́ hardly anyone, next to nobody; рабо́та ~ зако́нчена the work is almost completed; э́то ~ невозмо́жно it is almost impossible.

почти́тельн|ость *ж.* respect, deference; **~ый** **1.** respectful, deferential; ~ый сын dutiful son; **2.** *разг.* (*значительный*) considerable; на ~ом расстоя́нии at a respectful distance.

почти́ть *сов.* (*вн.*) **1.** (*оказывать почёт*) pay*/do homage (to); ~ *чью-л.* па́мять встава́нием rise* in memory of *smb.*; **2.** (*оказать честь*) honor (*smb.*); ~ *кого-л.* свои́м прису́тствием honor *smb.* with/by *one's* presence.

почтови́к *м.* postal worker.

почто́в|ый postal; post *attr.*; ~ я́щик letter-box; ~ая бума́га notepaper, letter paper; ~ая откры́тка postcard; ~ая ма́рка (postage) stamp; ~ое отделе́ние (branch) post office; ~ перево́д postal (money) order; ~ по́езд mail train; ~ парохо́д mail boat; ~ые расхо́ды postage *sg.*

почу́вствовать *сов. см.* чу́вствовать.

почу́диться *сов. см.* чу́диться.

поша́лива|ть *разг.* **1.** play pranks, be* naughty; **2.** (*быть не совсем здоровым*): у него́ се́рдце ~ет he has trouble with his heart; **3.** (*разбойничать*): здесь ~ют there are robbers around here.

пошали́ть *сов.* (*немного*) gambol, play pranks (for a while).

пошатну́ть *сов.* (*вн.; прям. и перен.*) shake* (*smth.*); ~ *чьи-л.* убежде́ния shake* *smb.'s* convictions; **~ся** *сов.* (*наклониться*) lurch, give* a lurch; (*о людях тж.*) stagger; *перен.* be* shaken; его́ здоро́вье пошатну́лось his health is shaken.

поша́тыв|ать *несов. безл.*: его́ ~ает he is unsteady on his legs; **~аться** *несов.* stagger, reel to and fro; идти́ по у́лице ~аясь go* reeling down the street.

пошеве́ливать *несов.* (*вн.*, *тв.*) stir (*smth.*); **~ся** *несов.*: пошеве́ливайтесь! get a move on!

пошевели́ть *сов.* (*вн.*, *тв.*) stir (*smth.*); ~ ли́стья stir the leaves; ~ кры́льями stir *one's* wings; **~ся** *сов.* stir; не сметь ~ся not dare to stir.

пошевельну́ть *сов.* (*вн.*, *тв.*) stir (*smth.*); он и па́льцем не пошевельнёт, что́бы ей помо́чь he wouldn't stir/lift a finger to help her; **~ся** *сов.* stir.

поши́б *м. разг.* manner; они́ о́ба одного́ ~а they are both of the same breed/stamp.

по́шлин|а *ж.* duty, due, tariff, tax, toll; ~ "ад валóрем" ad valorem duty; акци́зная ~ excise duty; арбитра́жная ~ arbitration fee; валю́тная ~ currency protesting duty; ввозна́я ~ import duty; возвра́тная ~ drawback; вывозна́я ~ export duty; ге́рбовая ~ stamp duty; госуда́рственная ~ state tax; дискриминацио́нная ~ discriminatory duty; дифференциа́льная ~ differential duty; единовре́менная ~ final fee; запрети́тельная ~ prohibitive duty; кара́тельная ~ retaliatory duty; компенсацио́нная ~ compensatory duty; конвенцио́нная ~ conventional duty; лицензио́нная ~ license duty; льго́тная ~ preferential duty; пате́нтная ~ patent fee; покрови́тельственная ~ protective duty; порто́вая ~ port dues *pl.*, wharfage; преференциа́льная ~ preferential duty; регистрацио́нная ~ registration fee; сезо́нная ~ seasonal duty; специфи́ческая ~ specific duty; суде́бная ~ legal expenses *pl.*; тамо́женная ~ customs duty; транзи́тная ~ transit duty; фиска́льная ~ revenue duty; возвра́т ~ы drawback; облага́ть ~ой impose a duty (on *smth.*); опла́ченный ~ой duty paid; очи́стка от ~ы clearing.

по́шл|ость *ж.* **1.** shallowness; (*узость*) small-mindedness; (*банальность*) triteness, banality; **2.** (*замечание, выражение*) trite/commonplace remark; (*пошлый поступок*) low act; (*непристойность*) vulgarity; **~ый** **1.** (*низкий*) shallow, petty; ~ый челове́к shallow person; **2.** (*банальный*) trite, commonplace, banal; (*грубый, непристойный*) vulgar, low.

пошля́к *м. разг.* shallow person.

пошто́пать *сов.* (*вн.*) darn (*smth.*).

пошту́чн|ый by the piece *после сущ.*; ~ая опла́та payment by the piece; ~ая прода́жа loose sale.

пошуме́ть *сов.* make* a bit of noise.

пошути́ть *сов. см.* шути́ть.

поща́д|а *ж.* mercy; проси́ть ~ы cry/beg/ask for mercy; без ~ы without mercy.

пощади́ть *сов. см.* щади́ть.

пощекота́ть *сов. см.* щекота́ть.

пощёчин|а *ж.* slap in the face (*тж. перен.*); box on the ear; получи́ть ~у receive a slap in the face.

пощупа́ть *сов. см.* щупа́ть.

поэ́зия *ж.* poetry.

поэ́ма *ж.* poem.

поэ́т *м.* poet; **~е́сса** *ж.* poetess; **~ика** *ж.* poetics *pl.*

поэти́ческ|ий poetic(al); ~ая во́льность poetic license; ~ дар poetic talent; ~ое произведе́ние poetical work.

поэти́чный poetical.

поэ́тому therefore, that is why, consequently.

появи́ться *сов. см.* появля́ться.

появле́ние *с.* appearance; (*книги тж.*) publication; ~ актёра *или* актри́сы на одну́ сце́ну *кино* camao appearance.

появля́ться, появи́ться appear; (*о людях тж.*) put* in an apperance, show* up; (*на поверхности*) emerge; в темноте́ появи́лась фигу́ра a figure loomed up in the darkness; появи́лась наде́жда there was a hope.

по́яс *м.* **1.** belt, girdle; (*юбки, брюк*) waistband; **2.** (*талия*) waist; по ~ up to the waist; по ~ в воде́ waist deep in water; **3.** *геогр.* belt, zone; аркти́ческий ~ frigid zone; ◇ спаса́тельный ~ life-belt; кла́няться в ~ *кому-л.* make* a deep/low bow to *smb.*

поясн|е́ние *с.* explanation; **~и́тельный** explanatory.

поясни́ть *сов. см.* поясня́ть.

поясни́ц|а *ж.* loins *pl.*; small of the back; боль в ~е pains in the small of the back.

поясн|о́й: ~ реме́нь waist belt; (*портупея*) sword belt; ~ портре́т half-length portrait; ~а́я ва́нна hip bath; ~о́е вре́мя zone time.

поясня́ть, поясни́ть (*вн.*) explain (*smth.*).

праба́бушка *ж.* great-grandmother.

пра́вд|а *ж.* **1.** (*истина*) truth; говори́ть всю ~у speak* the whole truth; го́лая ~ naked/unvarnished truth; **2.** (*правдивость*) truthfulness, truth; **3.** *разг.* (*правота*) rightness; ~ на ва́шей стороне́ you are right; **4.** (*справедливость*) justice; **5.** *в знач. сказ.* be* true; ~ ли, что он отказа́лся пое́хать? is it true that he refused to go?; **6.** *в знач. вводн. сл.* true, admittedly; он, ~, не знал э́того admittedly he didn't know that; **7.** *в знач. союза* (*хотя*) though; ◇ по ~е говоря́, по ~е сказа́ть to tell the truth, the truth is; все́ми ~ами и непра́вдами by hook or by crook; не ~ ли? isn't it?; смотре́ть ~е в глаза́ face (up to) the truth; во вся́кой шу́тке есть до́ля ~ы *погов.* ≅ many a true word is spoken in jest; ~ глаза́ ко́лет *погов.* ≅ nothing stings like the truth; **~и́вость** *ж.* truthfulness, veracity; **~и́вый 1.** (*о человеке*) truthful; **2.** (*содержащий в себе правду*) true, truthful; ~и́вый расска́з true story.

правдоподо́бный plausible, probable.

пра́ведн|ик *м.* righteous person; **~ый** righteous; (*справедливый*) just.

пра́вил|о *с.* **1.** rule; граммати́ческое ~ rule of grammar; **2.** *обыкн. мн.* (*положения, служащие руководством*) regulations; ~а вну́треннего распоря́дка rules and regulations, standing order; ~а игры́ the rules of the game; соблюда́ть ~а игры́ observe the rules of the game; play according to the rules; ~а у́личного движе́ния traffic regulations, rules of the road; аукцио́нные ~а auction rules; валю́тные ~а currency regulations; метрологи́ческие ~а metrological regulations; ~ двадцати́ проце́нтов *фин.* twenty percent rule; ~ десяти́ проце́нтов *фин.* ten percent rule; ~ по́лного погаше́ния задо́лженности "clean-up" rule; ~ поста́вки на тре́тий день three-day delivery; ~а приёмки гото́вой проду́кции final acceptance procedures; ~а прове́рки check-out procedures; ~а эксплуата́ции и ремо́нта operation and maintenance rules; **3.** (*образ мыслей, норма поведения*) principle, maxim; взять себе́ за ~ make* it a rule; он взял себе́ за ~ ходи́ть в библиоте́ку ка́ждый день he made it a rule to go to the library every day; ◇ как (о́бщее) ~ as a (general) rule; по всем ~ам properly.

пра́вильн|о 1. *нареч.* (*без ошибок*) correctly; (*верно*) rightly; говори́ть ~ speak* correctly; поступа́ть ~ act rightly; **2.** *в знач. сказ. разг.* it is correct; (*как восклицание*) quite right!, that's right!; **~ый 1.** (*соответствующий правилам*) correct; (*закономерный*) regular; ~ое произноше́ние correct pronunciation; ~ый глаго́л regular verb; **2.** (*верный, точный*) right, correct; сде́лать ~ый вы́вод из *чего-л.* draw* the right conclusion from *smth.*; ~ый отве́т correct/right answer; ~ая экспози́ция *кино, фото* correct exposure; **3.** (*настоящий*) proper, real; **4.** (*равномерный*) regular; ~ое бие́ние се́рдца regular pulse; **5.** (*симметричный*) well-proportioned, symmetrical; ~ые черты́ лица́ regular features; **6.** *мат.* regular.

прави́тель *м.* ruler.

прави́тельственн|ый government *attr.*, governmental; ~ые учрежде́ния government offices; ~ые декре́ты orders in councils; ~ая делега́ция government delegation; ~ая награ́да government award; ~ое сообще́ние government statement.

прави́тельство *с.* government; administration *амер.*

пра́вить I *несов.* (*тв.*) **1.** (*руководить*) rule (*smb., smth.*), govern (*smb., smth.*); **2.** (*лошадьми, автомашиной*) drive* (*smth.*); (*судном, яхтой*) steer (*smth.*).

пра́вить II *несов.* (*вн.*) **1.** (*исправлять ошибки*) correct (*smth.*); ~ корректу́ру read* proofs; **2.** (*выпрямлять*) straighten (*smth.*); (*точить, острить*) sharpen (*smth.*), set* (*smth.*); ~ бри́тву sharpen/strop a razor; кто е́дет, тот и пра́вит *погов.* ≅ who pays the piper, calls the tune.

пра́вка *ж.* **1.** (*исправление ошибок*) correcting; ~ корректу́ры proof correcting, proof reading; **2.** (*бритвы*) stropping, sharpening, setting.

правле́ни|е *с.* **1.** (*управление государством*) government; о́браз ~я form of government; **2.** (*выборный орган*) (management) board; ~ акционе́рного о́бщества board (of directors); быть чле́ном ~я be* on the board.

пра́вну|к *м.* great-grandson; **~чка** *ж.* great-granddaughter.

пра́в|о I *с.* **1.** (*в разных значениях*) right; а́вторское ~ *юр.* copyright; аге́нтское ~ agency right; зако́нное ~ legal right; зало́говое ~ mortgage right; иму́щественное ~ property right; исключи́тельное ~ exclusive right; контро́льные ~а́ auditing rights; лицензио́нное ~ licensing right; монопо́льное ~ exclusive right; пате́нтное ~ patent right; преиму́щественное ~ priority right; юриди́ческое ~ legal right; ~ ве́то right of veto; ~ вы́хода на вне́шние ры́нки right of access to foreign markets; ~ да́вности (positive) prescription, prescriptive right; ~ на аннули́рование контра́кта right to cancel a contract; ~ на защи́ту right of defense; ~ на обжа́лование right of appeal; ~ на образова́ние right to education; ~ на промы́шленную со́бственность right to industrial property; ~ на публи́чное исполне́ние right of representation and performance; ~ на труд right to work; ~ пе́рвой руки́ first option; ~ переадресо́вки right of readdressing; ~ по́дписи authority to sign; ~ поселе́ния right of settlement; ~ по́льзования right to use; ~ преждепо́льзования right of prior use; ~ преиму́щественной поку́пки right of preemption; ~ приорите́та right of priority; ~ прода́жи right of sale; ~ проте́ста right of protest; ~ прохо́да right of way (*по суше*), right of passage (*по воде*); ~ распоряже́ния гру́зом right of disposal of goods; ~ регре́сса right of recourse; ~ со́бственности right of ownership; ~ со́бственности на това́р property in the goods; ~ спаса́теля на удержа́ние спасённого иму́щества salvage lien; ~ суброга́ции subrogation right; ~ удержа́ния гру́за general lien; ~ удержа́ния гру́за в обеспе́чение тре́бований перево́зчика по догово́ру морско́й перево́зки maritime lien; ~ юриди́ческого лица́ right of legal entity; име́ть ~ have* a right, be* entitled; име́ть ~ го́лоса have* the vote; **2.** *тк. ед.* (*наука*) law; уголо́вное ~ criminal law; обы́чное ~ common customary law; изобрета́тельское ~ invention law; лицензио́нное ~ license law; пате́нтное ~ patent law; торго́вое ~

commercial law; изучáть ~ study law; read* for the bar; **3.** *мн. разг.* (*свидетельство*) license; водúтельские ~á driving license *sg.*; ◇ по ~у by right; на ~áх *кого-л.* (in the exercise of *one's* rights) as *smb.*; на рáвных ~áх enjoying/exercising equal rights.

прáво II *вводн. сл.* really, truly, indeed; я, ~, не знáю, что мне дéлать I really don't know what to do.

правобережный right-bank *attr.*

правовéд *м.* lawyer, jurist; **~ение** *с.* science of law, jurisprudence.

правовéрный orthodox.

правов|óй legal; ~áя нóрма rule of law; ~ы́е отношéния relations governed by law; ~áя охрáна товáрного знáка protection of a trade mark.

правомéрный legitimate; ~ вы́вод legitimate conclusion; ~ держáтель (*векселя*) *юр.* holder in due course; ~ арéст *юр.* lawful arrest.

правомóч|ие *с. юр.* competence; **~ный** *юр.* competent, authorized.

правонаруш|éние *с. юр.* offense, infringement of the law; **~úтель** *м.* offender, delinquent.

правоотношéние *с. юр.* legal relation.

правопередáча *ж. юр.* assignment.

правописáние *с.* spelling, orthography.

правопоря́док *м.* law and order.

правопреéмник *м. юр.* assignee.

правослáв|ие *с.* the Orthodox/Greek Church, Orthodoxy; **~ный** *прил.* **1.** Orthodox; **2.** *в знач. сущ. м.* a member of the Orthodox Church.

правосознáние *с.* feeling for law and order.

правоспосóбность *ж. юр.* competence, legal capacity.

правосу́дие *с.* justice; отправля́ть ~ administer justice.

правот|á *ж.* rightness, soundness, correctness; доказáть *чью-л.* ~у́ prove that *smb.* is right.

правофлангóвый *прил.* **1.** right flank, right wing; **2.** *в знач. сущ. м.* right flank man*; (*передовик*) pacesetter, pacemaker.

прáв|ый I *прил.* **1.** right, right hand; ~ая рукá right hand; ~ая ногá right foot*; ~ бéрег рекú the right (-hand) bank of a river; ~ я́щик столá the right-hand drawer; на ~ой сторонé on the right(-hand) side; **2.** *полит.* right-wing *attr.*; ~ые лúдеры социáл-демокрáтии the Right Social-Democratic leaders; **3.** *в знач. сущ. м.* right-winger, rightist.

прáв|ый II 1. (*правильный*) right; вы ~ы you are right; **2.** (*справедливый*) just; стоя́ть за ~ое дéло uphold* a just cause.

прáвящ|ий ruling; ~ие клáссы the ruling classes; ~ая пáртия the party in power.

прáдед *м.*, **прадéдушка** *м.* great-grandfather.

прáзднеств|о *с.* celebration, festivity; (*пир*) feast; нарóдные ~а national celebrations.

прáздник *м.* **1.** holiday, festival; национáльный ~ national holiday/festival; поéхать домóй на ~и go* home for the holidays; **2.** (*веселье*) celebration, entertainment, festivity; семéйный ~ family celebration; ◇ бу́дет и на нáшей у́лице ~ we shall have our day, our day will come.

прáздничн|о festively; **~ый 1.** festival *attr.*; (*устраиваемый в честь праздника тж.*) in celebration of the festival *после сущ.*; ~ый салю́т salute in celebration of the festival; ~ый концéрт gala concert; **2.** (*нарядный*) festive; (*о людях*) celebrating; ~ое плáтье festive dress/attire; **3.** (*торжественно-радостный*) festive; holiday *attr.*, gala *attr.*; ~ое настроéние holiday/festive mood.

прáзднов|ание *с.* celebration; **~ать**, отпрáздновать (*вн.*) celebrate (*smth.*); ~ать день рождéния celebrate *one's* birthday.

прáздность *ж.* idleness.

праздношатáющийся *м. разг.* loafer, idler.

прáздн|ый idle; *перен. тж.* futile, pointless; ~ разговóр idle talk; ~ое любопы́тство idle curiosity.

прáктик *м.* practician, practical man*.

прáктик|а *ж.* **1.** practice; изучúть *что-л.* на ~е learn* *smth.* by practice; применúть *что-л.* на ~е put* *smth.* into practice; **2.** (*приёмы и навыки*) practical experience; у негó большáя ~ по строúтельству желéзных дорóг he has had long practical experience building railways; **3.** (*студенческая, учебная*) practical work; проходúть ~у do* practical work, take* *one's* practicals; **4.** *уст.* (*врачебная, юридическая*) practice; врач с большóй ~ой a doctor with a large practice; деловáя ~ business practice; деловáя огранúчительная ~ restrictive business practices *pl.*; **~áнт** *м.* trainee, practical student.

практиковáть *несов.* (*вн.*) practise (*smth.*); **~ся**, напрактиковáться **1.** (в *пр.; упражняться*) practise (*smth.*); ~ся в метáнии ядрá practise putting the shot; **2.** *тк. несов.* (*применяться на практике*) be* practised/used/applied; (*делаться*) be* done.

прáктикум *м.* practical work; practical studies *pl.*

практицúзм *м.* practicality, practicalness.

практúческ|ий practical; ~ая дéятельность practical activity; ~ое применéние знáний pratical application of (*one's*) knowledge; ~ óпыт practical experience; не имéть ~ой цéнности be* of no practical value.

практúчн|ость *ж.* practicality; ~ ткáни the practical advantages of a fabric; **~ый** practical; ~ый человéк practical person; ~ый цвет practical color.

прамáтерь *ж.* the first mother, mother of the human race.

прáот|ец *м.* forefather; ◇ отпрáвиться к ~ам *церк.* be* gathered to *one's* fathers; отпрáвить к ~цам kill (*smb.*).

прáпорщик *м.* **1.** praporschik (*intermediate rank approximating to warrant officer*); **2.** *ист.* ensign.

прародúтель *м.* primogenitor, forefather.

прах *м.* **1.** dust; **2.** (*останки*) remains *pl.*; (*после сожжения*) ashes *pl.*; ◇ мир ~у егó! may he rest in peace!; отрясти́ ~ от свои́х ног shake* the dust from *one's* feet; пойти́ ~ом go* to rack and ruin; разве́ять в ~ (*вн.*) reduce to dust (*smth.*); разби́ть в пух и ~ (*вн.*) ≅ defeat utterly (*smb.*); разнести́ в пух и ~ (*вн.*) give* a thorough rating (to); *разг.* ~ его́ (тебя́ *и т. д.*) побери́! *разг.* may he (you, *etc.*) rot!

пра́ч|ечная *ж.* laundry; **~ка** *ж.* laundress.

праща́ *ж.* sling.

пра́щур *м.* ancestor, forefather.

праязы́к *м. лингв.* parent language.

преа́мбула *ж.* preamble.

пребыва́ни|е *с.* stay; sojourn *книжн.*; ~ у вла́сти tenure of office; ме́сто постоя́нного ~я permanent residence/domicile; ме́сто ~я прави́тельства the seat of government.

пребыва́ть *несов.* be*; ~ в неве́дении относи́тельно *чего-л.* be*/remain in ignorance of *smth.*, be* in the dark about *smth.*

превали́ровать *несов.* (над *тв.*) preponderate (over), take* preference (over).

превенти́вн|ый preventive; ~ые ме́ры preventive measures.

превзойти́ *сов. см.* превосходи́ть.

превозмога́ть, превозмо́чь (*вн.*) overcome * (*smth.*).

превозмо́чь *сов. см.* превозмога́ть.

превознести́ *сов. см.* превозноси́ть.

превозноси́ть, превознести́ (*вн.*) praise (*smb.*, *smth.*) to the skies, extol (*smb.*, *smth.*), laud (*smb.*, *smth.*).

превосходи́тельство *с.* excellency.

превосходи́ть, превзойти́ **1.** (*вн. тв.*, *вн.* в *пр.; обнаруживать превосходство*) excel (in, at), surpass (*smb.* in), transcend (*smb.* in); ~ *кого-л.* тала́нтом surpass/transcend *smb.* in talent; ~ *кого-л.* чи́сленностью outnumber *smb.*, be* superior in numbers to *smb.*; **2.** (*вн.; превышать*) surpass (*smth.*), exceed (*smth.*); превзойти́ все ожида́ния surpass/exceed all expectations; превзойти́ самого́ себя́ surpass *oneself.*

превосхо́дн|о excellently; (*как восклицание*) splendid! **~ый** excellent, fine, splendid, first-rate *разг.*; ~ая пого́да splendid weather; <> ~ая сте́пень *грам.* superlative degree.

превосхо́дство *с.* superiority.

превратить(ся) *сов. см.* превращать(ся).

превра́тн|о wrongly; ~ истолко́вывать *что-л.* misinterpret *smth.*, put* a false construction on *smth.*; ~ понима́ть *что-л.* misunderstand* *smth.*; **~ость** *ж.* **1.** (*ложность*) wrongness. falsity; **2.** *мн.* (*изменчивость*) vicissitudes; ~ости судьбы́ the vicissitudes of life, the ups and downs of life; **~ый 1.** (*ложный*) wrong, false; ~ое толкова́ние misinterpretation; ~ое мне́ние false opinion; **2.** (*изменчивый*) changeable, fickle, inconstant.

превращ|а́ть, преврати́ть (*вн.* в *вн.*) change (*smb.*, *smth.* into), turn (*smb.*, *smth.* into), convert (*smth.* into); (*в порошок, в пыль*) reduce (*smth.* to); (*химически*) resolve (*smth.* into); ~ *что-л.* в шу́тку laugh *smth.* off, make* a joke of *smth.*; **~а́ться**, преврати́ться (в *вн.*) change (to, into), turn (to, into), be* converted (to, into); (в порошок, в пыль) be* reduced (to); <> преврати́ться в слух be* all ears; **~е́ние** *с.* **1.** (*действие*) turning, conversion; *биол.* transmutation; **2.** (*неожиданное изменение*) metamorphosis (*pl.* -ses), change.

превы́сить *сов. см.* превыша́ть.

превыша́ть, превы́сить (*вн.*) exceed (*smth.*); превы́сить реко́рд beat* the record; ~ власть, полномо́чия exceed *one's* powers, go* beyond *one's* powers; ~ свой креди́т overdraw* *one's* account.

превы́ше: ~ всего́ the highest consideration.

превыше́ние *с.* **1.** (*действие*) exceeding, overstepping; **2.** (*излишек*) excess; (*кредита*) overdraft.

прегра́да *ж.* obstacle, barrier; *перен. тж.* impediment, bar.

прегради́ть *сов. см.* прегражда́ть.

прегражда́ть, прегради́ть (*вн.*) bar (*smth.*), block (*smth.*); ~ путь bar the way; ~ до́ступ воде́ stop the water coming in.

прегреше́ние *с.* sin, transgression.

пред *см.* пе́ред.

предава́ть, преда́ть (*вн.*) **1.** (*изменять*) betray (*smb.*, *smth.*); (*выдавать тж.*) surrender* (*smb.*); **2.** (*подвергать чему-л.*) subject (*smb.*), commit (*smb.*), hand over (*smb.*); ~ *кого-л.* суду́ commit *smb.* for trial; <> ~ *кого-л.* земле́ commit/consign a body to the grave/earth; ~ огню́ commit to the flames; ~ го́род огню́ и мечу́ waste a city with fire and sword; **~ся**, преда́ться (*дт.*) give* *oneself* up (to), abandon *oneself* (to); ~ся мечта́м give* *oneself* up to reverie; ~ся печа́ли give* way to grief; ~ся поро́кам indulge in vice; ~ся пья́нству take* to drink.

преда́ние I *с.* (*действие*) committing; ~ суду́ committal for trial.

преда́ние II *с.* (*рассказ*) legend; (*поверье*) tradition.

пре́данн|ость *ж.* devotion, dedication; **~ый** devoted; он ему́ пре́дан всей душо́й he is wholly devoted to him; и́скренне ~ый вам (*в конце письма*) yours truly/sincerely.

преда́тель *м.* betrayer, traitor; **~ница** *ж.* traitress; **~ский** treacherous (*тж. перен.*); (*коварный*) traitorous, perfidious; ~ский уда́р treacherous blow; <> ~ский румя́нец telltale blush; **~ство** *с.* betrayal, treachery; (*измена родине*) treason.

преда́ть(ся) *сов. см.* предава́ть(ся).

предвари́тельн|о as a preliminary, first; (*заранее*) beforehand; **~ый 1.** preliminary; (*неокончательный тж.*) tentative; ~ые перегово́ры preliminary negotiations, preliminaries; ~ое сле́дствие *юр.* preliminary inquest; ~ое кинопроизво́дство preproduction; ~ое озву́чивание pre-scoring; **2.** (*заблаговременный*) advance *attr.*; in advance *после сущ.*; ~ая тамо́женная деклара́ция *юр.* sight entry; ~ая факту́ра *торг.* preliminary/provisional invoice; ~ое усло́вие condition precedent; ~ый догово́р *торг.* inchoate contract;

~ая продáжа билéтов advance booking; ~ый арéст *юр.* provisional arrest; ~ое слéдствие preliminary investigation; ~ое заключéние *юр.* imprisonment before trial; ~ая демонстрáция кинофи́льма sneak preview.

предвéстник *м.* precursor, forerunner, harbinger, herald; ~ бу́ри forerunner of a storm; ~ весны́ harbinger of spring.

предвещ|áть *несов.* (*вн.*) foretell* (*smth.*), presage (*smth.*), portend (*smth.*); (*быть признаком чего-л.*) betoken (*smth.*); тёмные ту́чи ~áли грозу́ the dark clouds presaged/threatened a storm; э́то ничегó хорóшего не ~áет it bodes no good; всё ~áло успéх everything betokened success.

предвзя́т|ость *ж.* **1.** preconceived nature; **2.** (*предубеждение*) prepossession, prejudice; **~ый** preconceived; ~ое мнéние preconceived opinion.

предви́дение *с.* prevision.

предви́деть *несов.* (*вн.*) foresee* (*smth.*); ~ собы́тия foresee* events; **~ся** *несов.* be* expected.

предвкуси́ть *сов. см.* предвкушáть.

предвкуш|áть, предвкуси́ть (*вн.*) look forward (to), anticipate (*smth.*); ~ удовóльствие anticipate the pleasure; **~éние** *с.* (pleasurable) anticipation; в ~éние *чего-л.* in pleasurable anticipation of *smth.*

предводи́тель *м.*, **~ница** *ж.* chief, leader; **~ство** *с.* command, leadership.

предвоéнный prewar.

предвосхи́тить *сов. см.* предвосхищáть.

предвосхищáть, предвосхи́тить (*вн.*) anticipate (*smth.*); ~ собы́тия anticipate events.

предвы́борн|ый election *attr.*, electoral; ~ая кампáния election campaign.

предгóрье *с.* foothills *pl.*

предéл *м.* **1.** (*граница*) limit; в ~ах гóрода within the city limits; в ~ах страны́ within the country; вы́ехать за ~ы страны́ leave* the country; ~ задóлженности *фин.* debt limit; ~ отвéтственности страховщикá по одномý сýдну *юр.* limit per bottom; ~ сýммы зáйма *фин.* loan size limit; ~ы рабóчего дня limits of working day; установленный ~ государственной задóлженности *фин.* national debt limit; ~ изменéния кýрсов цéнных бумáг *бирж.* price limit; **2.** *мн.* (*промежуток времени*): в ~ах трёх мéсяцев within three months; **3.** *мн.* (*границы, рамки дозволенного*) bounds *pl.*; в ~ах возмóжного within the bounds of possibility; в ~ах учти́вости within the bounds of politeness; **4.** (*последняя степень чего-л.*) limit; ~ высоты́ maximum height; ~ прóчности (ultimate) strength; ~ скóрости speed limit; всемý есть ~ there is a limit to everything; **5.** (*высшая ступень чего-л.*) height, acme, summit; ~ совершéнства acme of perfection; ~ желáний summit of *one's* desires; **6.** *мат.* limit.

предéльн|ый maximum *attr.*, limit *attr.*, limiting; ~ая страховáя сýмма *юр.* underwriting limit; ~ размéр креди́та *фин.* limit of credit; ~ спрос *эк.* limit of demand; ~ая ценá брóкерской оперáции *бирж.* limit; ~ая себестóимость *эк.* marginal cost; ~ые убы́тки *эк.* marginal damages; ~ вóзраст maximum age, age limit; ~ая скóрость maximum/top speed; ~ срок time limit; ~ые уси́лия utmost efforts; ~ая нагрýзка maximum load.

предержáщ|ий: *тк.* влáсти ~ие *уст., ирон.* the powers that be.

предзнаменовáние *с.* omen, presage, portent; дóброе ~ good omen; дурнóе ~ ill omen.

предикáт *м.* predicate; **~и́вный** predicative; ~и́вное прилагáтельное predicative adjective.

предисло́вие *с.* preface, foreword, introduction.

предлагáть, предложи́ть **1.** (*дт. вн., предоставлять*) offer (*smb. smth.*); предложи́ть *комý-л.* свои́ услýги offer *smb. one's* services; предложи́ть *комý-л.* чáю offer *smb.* tea; **2.** (*вн.; на рассмотрение, на выбор*) propose (*smth.*), suggest (*smth.*); ~ план дéйствий propose a course of action; ~ кандидатýру propose a candidate; put* forward a candidate; **3.** (*дт. + инф.; приглашать кого-л. заняться чем-л.*) invite (*smb.* + to *inf.*), suggest (that *smb.* should + *inf.*); он предложи́л ей танцевáть he invited her to dance; **4.** (*дт. вн.; задавать*) put* (*smth.* to), set* (*smb. smth.*); предложи́ть *комý-л.* вопрóс put* a question to *smb.*; предложи́ть *комý-л.* трýдную задáчу set* *smb.* a difficult problem; **5.** (*дт. + инф.; предписывать*) order (*smb.* + to *inf.*); ◇ ~ рýку и сéрдце (*дт.*) make* a proposal of marriage.

предлóг I *м.* (*повод*) pretext, excuse, plea: под ~ом *чего-л.* under/on the pretext of *smth.*, on the plea of *smth.*; искáть ~ look for an excuse; найти́ ~ find* a pretext.

предлóг II *м. грам.* preposition.

предложéни|е I *с.* **1.** (*действие*) offer, offering, suggestion; bid, bidding; альтернати́вное ~ alternative bid; бóлее вы́годное ~ higher bid; встрéчное ~ counter offer; инициати́вное ~ initiative offer; коммéрческое ~ commercial offer; ~ без обязáтельств offer without obligation; ~ на постáвку offer to supply; ~ покýпки за нали́чные cash tender offer; ~ о скýпке áкций stock tender offer; ~ о заключéнии контрáкта bid; ~я и запрóсы цен bids and offers; **2.** (*для обсуждения*) proposal, suggestion; (*на собрании*) motion; ми́рные ~я peace proposals; внести́ ~ propose/move a motion; поддержáть ~ support the motion; **3.** (*о браке*) proposal; сдéлать ~ *комý-л.* propose to *smb.*; **4.** *эк.* supply; спрос превышáет ~ demand exceeds supply; ~ трудá labor supply.

предложéние II *с. грам.* sentence; (*часть сложного предложения*) clause.

предложи́ть *сов. см.* предлагáть.

предлóжный *грам.* prepositional; ~ падéж locative/prepositional case.

предмáйск|ий before May Day *после сущ.*; in honor of May Day *после сущ.*

предмéстье *с.* suburb.

предме́т *м.* **1.** object/thing; **2.** (*вещь*) article; ~ы ро́скоши articles of luxury; ~ы пе́рвой необходи́мости the necessaries of life; ~ы дома́шнего обихо́да household articles; ~ы потребле́ния *эк.* consumer items; ~ы вы́воза articles of export; ~ дли́тельного по́льзования *эк.* durables; **3.** (*тема*) subject, topic; ~ы нау́чного иссле́дования subjects of research; ~ ле́кции subject/ theme of a lecture; ~ догово́ра matter/subject of contract; **4.** (*цикл знаний*) subject; каки́е ~ы он препода-ёт? what subjects does he teach?; **5.**: быть ~ом насме́шек be* an object of ridicule; ◇ на ~ *чего-л.* in order to/for; **~ный** subject *attr.*; ~ный указа́тель index (*pl.* -exes, -ices); ~ный катало́г subject catalogue.

предназнача́ть, предназна́чить (*вн.* для *рд.*) intend (*smb.*, *smth.* for), mean* (*smb.*, *smth.* for); (*суммы*) allot (*smth.* to), assign (*smth.* to), earmark (*smth.* for).

предназначе́ние *с.* destination, predestination.

предназна́чить *сов. см.* предназнача́ть.

преднаме́ренн|о intentionally, deliberately; **~ость** *ж.* premeditation, forethought; **~ый** premeditated, intentional; aforethought *после сущ.*; ~ое введе́ние в заблужде́ние *юр.* fraudulent (mis)representation.

предназначерта́ние *с.* outline, plan, design; ~ судьбы́ predestination.

пре́до *см.* пе́ред.

предобе́денный before dinner *после сущ.*

пре́док *м.* ancestor.

предоперацио́нный preoperative.

предопредели́ть *сов. см.* предопределя́ть.

предопределя́ть, предопредели́ть (*вн.*) predetermine (*smth.*).

предоста́вить *сов. см.* представля́ть.

предоставл|я́ть, предоста́вить **1.** (*вн. дт.; давать*) give* (*smb.*, *smth.*), let* (*smb.*) have (*smth.*); (*права и т. п.*) grant (*smb.*, *smth.*); ~ *что-л.* в *чьё-л.* распоряже́ние put*/place *smth.* at *smb.'s* disposal; ~ *кому-л.* о́тпуск grant *smb.* leave; **2.** (*дт. + инф.; давать возможность сделать*) leave* it (to *smb.* + to *inf.*), allow (*smb.* + to *inf.*); предоста́вьте реша́ть э́то мне leave* it to me to decide; я ~я́ю вам суди́ть, прав я и́ли нет I leave it to you to decide whether I am right; ~ *что-л.* на *чьё-л.* усмотре́ние leave* *smth.* to *smb.'s* discretion; ◇ ~ самому́ себе́ leave* *smb.* to his, her own devices, предоста́вить сло́во *кому-л.* give* *smb.* the floor, allow *smb.* to speak.

предостере|га́ть, предостере́чь (*вн.* от *рд.*) warn (*smb.* against), caution (*smb.* against); ~ *кого-л.* от опа́сности warn *smb.* of a danger; **~га́ющий** warning, cautionary, admonitory; ~га́ющий тон warning tone; **~же́ние** *с.* warning, caution.

предостере́чь *сов. см.* предостерега́ть.

предосторо́жност|ь *ж.* **1.** caution; ме́ры ~и precautionary measures; приня́ть все ме́ры ~и take* due precautions, take* every precaution; **2.** (*мера*) precaution; несмотря́ на все на́ши ~и in spite of all our precautions.

предосуди́тельный reprehensible, blameworthy.

предотврати́ть *сов. см.* предотвраща́ть.

предотвращ|а́ть, предотврати́ть (*вн.*) avert (*smth.*) prevent (*smth.*), ward off (*smth.*); ~ опа́сность avert a danger; **~е́ние** *с.* prevention; ~е́ние войны́ prevention of war.

предохран|е́ние *с.* protection, preservation; ~ фильмоко́пии *кино* film preservation; **~и́тель** *м.* safety device; руже́йный ~и́тель safety, catch; электри́ческий ~и́тель safety fuse.

предохрани́тельн|ый protective; safety *attr.*; *мед.* prophylactic, preventive; ~ая окра́ска живо́тных protective coloring of animals; ~ кла́пан safety valve; ~ые ме́ры preventive measures.

предохрани́ть *сов. см.* предохраня́ть.

предохраня́ть, предохрани́ть (*вн.*) protect (*smb.*, *smth.*), preserve (*smb.*, *smth.*).

предписа́ни|е *с.* order, instructions *pl.*, directions *pl.*, direction; (*врача*) prescription; ~ суда́ court order; валю́тные ~я *эк.* exchange regulations; правовы́е ~я *юр.* legal regulations; тамо́женные ~я *юр.* customs regulations.

предписа́ть *сов. см.* предпи́сывать.

предпи́сывать, предписа́ть (*вн.*) order (*smth.*).

предпле́чье *с. анат.* forearm.

предполага́ть, предположи́ть **1.** (*вн.*) suppose (*smth.*), presume (*smth.*); (*допускать тж.*) assume (*smth.*); предполо́жим, что э́то так let's assume that this is the case; **2.** *тк. несов.* (+ *инф.; иметь намерение*) intend (+ to *inf.*), contemplate (+ -ing), expect (+ to *inf.*); **3.** *тк. несов.* (*вн. иметь своим условием*) (pre)suppose (*smth.*); **~ся** *несов.* be* expected, be* supposed; (*намечаться*) be* contemplated.

предполож|е́ние *с.* **1.** (*догадка*) supposition. conjecture; стро́ить ~е́ния make* suppositions; **2.** (*намерение*) suggestion, plan; **~и́тельный** hypothetical.

предположи́ть *сов. см.* предполага́ть 1.

предпосле́дний last but one; penultimate *книжн.*; ~ но́мер газе́ты the last but one issue of the newspaper.

предпосы́лк|а *ж.* **1.** (*условие*) prerequisite, precondition; ~ успе́ха prerequisite of success; **2.** (*исходный пункт какого-л. рассуждения*) premise; теорети́ческие ~и theoretical premises.

предпоче́сть *сов. см.* предпочита́ть.

предпоч|ита́ть, предпоче́сть **1.** (*вн. дт.; признавать преимущество*) prefer (*smth.* to); **2.** (+ *инф.; выбирать*) prefer (+ to *inf.*), choose* (+ to inf); я предпочёл бы оста́ться до́ма I would rather stay at home; **~те́ние** *с.* preference; ~ покупа́теля *торг.* consumer's preference; **~ти́тельный** preferable.

предпра́здничный before the holiday *после сущ.*

предприи́мчив|ость *ж.* enterprise, initiative; **~ый** enterprising.

предпринима́тель *м.* **1.** owner/head of a firm, owner of a factory; (*работодатель*) employer; **2.**

(*делец*) businessman*, business operator; **~ский** owner's; employer's; (*свойственный предпринимателю*) businessman's; ~ская инициати́ва business initiative; ~ская при́быль entrepreneurial profit; **~ство** *с.* business, enterprising, enterprise, entrepreneurship; ча́стное ~ство private enterprise; систе́ма свобо́дного ~ства free enterprise system.

предпринима́ть, предприня́ть (*вн.*) undertake* (*smth.*).

предприня́ть *сов. см.* предпринима́ть.

предприя́ти|е *с.* **1.** (*предпринятое дело*) undertaking; (*рискованное*) venture; **2.** (*промышленное*) enterprise; (*завод тж.*) factory, works; авиацио́нное комме́рческое ~ airline; акционе́рное ~ incorporated enterprise; внешнеторго́вое ~ foreign trade company; высокорента́бельное ~ highly profitable enterprise; госуда́рственное ~ governmental/state-owned enterprise; де́йствующее ~ operating enterprise; делово́е ~ business enterprise; доче́рнее ~ subsidiary enterprise; единоли́чное ~ ownership; зави́симое ~ subsidiary enterprise; импортозамеща́ющее ~ import-substituting enterprise; комме́рческое ~ commercial undertaking; конкури́рующее ~ competitor enterprise; кооперати́вное ~ cooperative enterprise; ма́лое ~ small enterprise; опто́вое ~ wholesaler; промы́шленное ~ industrial undertaking; подве́домственное ~ subordinate enterprise; подконтро́льное ~ affiliated company; ремо́нтное ~ overhaul agency; совме́стное ~ joint venture; торго́вое ~ trading company; эксплуатацио́нное ~ operating agency; ча́стное ~ private enterprise; ~я партнёров partners, production facilities; ~ с уча́стием иностра́нного капита́ла joint venture with the participation of foreign capital; мо́щность ~я enterprise capacity; основа́ть ~ launch an enterprise, establish a business; руководи́ть ~ем conduct a business.

предрасполага́ть, предрасположи́ть (*вн.*) **1.** (*настраивать кого-л.*) dispose (*smb.*); **2.** *тк. несов.* (*способствовать чему-л.*) predispose (*smb.*).

предрасположе́ние *с.*, предрасполо́женность *ж.* predisposition.

предрасполо́женный predisposed; ~ к ревмати́зму predisposed to rheumatism.

предрасположи́ть *сов. см.* предрасполага́ть 1.

предрассве́тный of approaching dawn *после сущ.*, that precedes the dawn *после сущ.*

предрассу́док *м.* prejudice.

предреша́ть, предреши́ть (*вн.*) **1.** decide (*smth.*) in advance, decide (*smth.*) beforehand; **2.** (*заранее определять*) predetermine (*smth.*), determine (*smth.*) beforehand.

предреши́ть *сов. см.* предреша́ть.

председа́тель *м.* **1.** chairman*; ~ правле́ния chairman* of the board; ~ собра́ния chairman* of a meeting; ~ Арбитра́жного суда́ President of Arbitration Court; **2.** (П.) (*в составе названия главы государства, правительства*) Chairman*; **~ский** chairman's; заня́ть ~ское ме́сто take* the chair; **~ство** *с.* chairmanship; под ~ством *кого-л.* under the chairmanship of *smb.*

председа́тельствовать *несов.* **1.** (в *пр.*; *быть председателем колхоза и т. п.*) be* chairman* (of); **2.** (*на собрании*) preside, be* in the chair, take* the chair.

председа́тельствующий *м.* chairman*.

предсе́рдие *с. анат.* auricle.

предсказа́|ние *с.* **1.** (*действие*) predicting, foretelling; ~ пого́ды weather forecasting; **2.** (*то, что предсказано*) prediction, prophecy; **~тель** *м.*, **~тельница** *ж.* foreteller, prognosticator; soothsayer.

предсказа́ть *сов. см.* предска́зывать.

предска́зывать, предсказа́ть (*вн.*) foretell* (*smth.*), prophesy (*smth.*); predict (*smth.*), forecast* (*smth.*); ~ бу́дущее predict the future; ~ собы́тия predict/prophesy events; ~ пого́ду forecast* the weather; ~ со́лнечное затме́ние predict an eclipse.

предсме́ртн|ый death *attr.*; ~ая аго́ния death agony; ~ое жела́ние dying wish.

представа́ть, предста́ть (пе́ред *тв.*) appear (before); ~ пе́ред судо́м appear in court.

представи́тель *м.*, **~ница** *ж.* representative; (*фирмы тж.*) agent; (*выразитель чьих-л. интересов*) spokesman*; генера́льный ~ general agent; еди́нственный ~ sole representative; официа́льный ~ authorized agent; торго́вый ~ trade representative; уполномо́ченный ~ accredited/authorized representative; ~ авиакомпа́нии air agent; ~ зака́зчика accepting authority; ~ перево́зчика carrier's agent; ~ с исключи́тельными права́ми exclusive representative; ~ министе́рства иностра́нных дел representative of the Ministry for Foreign Affairs; (*в Англии*) Foreign Office spokesman*; **~ный 1.** representative; ~ные учрежде́ния representative institutions; **2.** (*солидный*) imposing, impressive, dignified; ~ная вне́шность imposing appearance.

представи́тельство *с.* **1.** representation; (*фирмы*) office, agency; ~ авиакомпа́нии air agency; монопо́льное ~ exclusive agency; ~ совме́стного предприя́тия representation of joint venture; **2.** (*учреждение*): торго́вое ~ Trade Delegation.

предста́вить *сов. см.* представля́ть 1--4, 8--11; **~ся** *сов. см.* представля́ться.

представле́ни|е *с.* **1.** (*предъявление*) presentation, production; **2.** (*театральное*) performance; дневно́е ~ matinee; **3.** (*понимание, знание*) idea, notion; име́ть сму́тное ~ о *чём-л.* have* a vague idea of *smth.*; не име́ть никако́го ~я о *чём-л.* have* not the faintest idea of *smth.*; соста́вить себе́ пра́вильное ~ о *чём-л.* form a true notion of *smth.*; **4.** *канц.* representation; бы́ли сде́ланы ~я representations were made.

предста́вленный represented *после сущ.*

представл|я́ть, предста́вить **1.** (*вн.*; *подавать куда-л.*) present (*smth.*), hand in (*smth.*); предста́вить отчёт present a report; **2.** (*вн.;*

представлять) produce (*smth.*); предста́вить спра́вку produce/show* a certificate; предста́вить удостовере́ние ли́чности produce identification papers; **3.** (*вн. дт.; знакомить*) introduce (*smb.* to), present (*smb.* to); **4.** (*вн.* к; *признав достойным чего-л., ходатайствовать о чём-л.*) recommend (*smb.*, *smth.* for); ~ *кого-л.* к награ́де recommend *smb.* for a decoration; **5.** *тк. несов.* (*вн.; быть, являться кем-л. чем-л.*) be* (*smb.*, *smth.*), что он собо́й ~я́ет? what kind of person is he?; **6.** *тк. несов.* (*вн.; быть представителем*) represent (*smb.*, *smth.*) **7.** *тк. несов.* (*вн.; выражать, защищать чьи-л. интересы*) represent (*smth.*); **8.** (*вн.; на сцене*) act (*smth.*) show* (*smth.*); **9.** (*вн.; изображать, копировать*) imitate (*smb.*, *smth.*); **10.** (*вн.; мысленно воспроизводить*) imagine (*smth.*), fancy (*smth.*); **11.** (*вн.; доставлять причинять*) present (*smth.*), offer (*smth.*); ~ больши́е затрудне́ния present great difficulties; **~я́ться**, предста́виться **1.** (*знакомиться*) introduce *oneself*; **2.** (*являться, возникать*) present itself, occur; слу́чай ско́ро предста́вился an opportunity soon presented itself; ему́ предста́вились у́жасы войны́ he imagined the horrors of war; **3.** (*тв.*) *разг.* (*притворяться*) pretend (+ to *inf.*); ~я́ться больны́м pretend to be ill, feign sickness.

предста́ть *сов. см.* представа́ть.

предсто|я́ть *несов.* (*дт.*) lie* ahead (of); нам ~и́т интере́сная рабо́та we are going to have some interesting work; ~и́т ещё мно́гое сде́лать there is a lot of work to do, a lot of work lies ahead of us; **~я́щий** forthcoming, impending.

предубежде́ние *с.* prejudice, bias; относи́ться к *кому-л.* с ~м be* prejudiced against *smb.*

предубеждённый prejudiced, bais(s)ed.

предугада́ть *сов. см.* предуга́дывать.

предуга́дывать, предугада́ть (*вн.*) foresee* (*smth.*).

предуда́рный *лингв.* pretonic; ~ слог, гла́сный pretone.

предупреди́тельн|ость *ж.* attentiveness, consideration, obligingness; **~ый 1.** (*предохраняющий*) preventive; ~ые ме́ры preventive measures; **2.** (*о человеке*) attentive, considerate, obliging; он всегда́ так предупреди́телен he is always so considerate.

предупреди́ть *сов. см.* предупрежда́ть.

предупрежд|а́ть, предупреди́ть (*вн.*) **1.** (*заранее извещать*) notify (*smb.*); give* (*smb.*) notice (of); (*предостерегать*) warn (*smb.*); ~ за две неде́ли give* two weeks' notice; ~ *кого-л.* об опа́сности warn *smb.* of a danger, give* warning of danger to *smb.*; **2.** (*предотвращать*) prevent (*smth.*); предупреди́ть несча́стные слу́чаи prevent accidents; **3.** (*опережать*) anticipate (*smb.*, *smth.*); ~ собы́тия anticipate events; ~ *чьи-л.* жела́ния anticipate *smb.*'s wishes; **~е́ние** *с.* **1.** (*действие*) notification, warning; prevention; anticipation; ~е́ние об опа́сности danger warning; **2.** (*предупреждающее замечание*) notice, warning; сде́лать *кому-л.* ~е́ние об увольне́нии give* *smb.* notice (of dismissal); *спорт.* caution; ◇ ~е́ние — то же береже́ние *погов.* ≅ forewarned, (is) forearmed.

предусма́тривать, предусмотре́ть (*вн.*) **1.** (*заранее учитывать возможность чего-л.*) foresee* (*smth.*); **2.** *тк. несов.* (*обусловливать*) provide (for), envisage (*smth.*), stipulate (*smth.*).

предусмотре́ть *сов. см.* предусма́тривать 1.

предусмотри́тельн|ость *ж.* foresight, forethought; **~ый** foreseeing, far-seeing; (*осторожный*) prudent; быть ~ым be* far-seeing.

предчу́вств|ие *с.* presentiment, premonition; (*тяжёлое*) foreboding, misgiving; ~ опа́сности presentiment of danger; ~ ро́ста цен на ры́нке/би́рже bullishness; **~овать** *несов.* (*вн.*) have* a presentiment/foreboding (of, about); он ~овал беду́ he had misgivings, he felt something terrible would happen; я ~ую, что мы бу́дем друзья́ми I have a feeling we are going to be friends.

предше́ственн|ик *м.*, **~ица** *ж.* **1.** forerunner, precursor; **2.** (*по должности*) predecessor.

предше́ств|овать *несов.* (*дт.*) precede (*smth.*); **~ующий** preceding.

предъяви́тел|ь *м.* bearer, holder; чек на ~я cheque payable to bearer; ~ и́ска plaintiff; докуме́нт на ~я bearer instrument; ~ че́ка/ве́кселя payee; **~ьский** bearer *attr.*; ~ьский чек *фин.* bearer check; ~ьская а́кция share to bearer; ~ский индосса́мент *фин.* blank endorsement.

предъяв|и́ть *сов. см.* предъявля́ть; **~ле́ние** *с.* (*документов билетов и т. п.*) presentation, production; по ~ле́нии on presentation; плати́ть по ~ле́нии pay* on demand; ~ле́ние и́ска bringing a suit; ~ле́ние тре́бований making of demands; ~ле́ние обвине́ния (в *пр.*) accusation (of), charge (of); ~ле́ние пра́ва assertion a claim.

предъявля́ть, предъяви́ть (*вн.*) **1.** (*показывать*) present (*smth.*), produce (*smth.*); ~ па́спорт present/produce/show* *one's* passport; **2.** (*заявлять о чём-л.*) bring* (*smth.*); ~ *кому-л.* обвине́ние bring* an accusation against *smb.*; ~ тре́бование к *кому-л.* make* a demand on *smb.*; ~ иск (к) bring* a suit (against).

предыду́щий preceding, previous; ~ ора́тор the previous speaker.

прее́м|ник *м.* successor; **~ственность** *ж.* succession, continuity; ~ственность в иску́сстве continuity in art; ~ственность в рабо́те continuity of work; **~ственный** successive, based on succession *после сущ.*

пре́жде 1. *нареч.* (*раньше*) before, formerly; (*сначала*) first; **2.** *предлог* (*рд.*) before; ◇ ~ всего́ first of all, to begin with; ~ чем before.

преждевре́менн|о prematurely, before the proper time; **~ый** premature, untimely, early; ~ая смерть untimely/premature death; ~ые ро́ды premature birth *sg.*

пре́жн|ий former; в ~ее вре́мя in former times.

президе́нт *м.* president; **~ский** presidential; ~ские вы́боры presidential elections.

прези́диум *м.* presidium; Прези́диум Акаде́мии нау́к Presidium of the Academy of Sciences; ~ собра́ния the chair; избра́ть ~ для веде́ния собра́ния elect a presidium to conduct a meeting.

презира́ть *несов.* (*вн.*) **1.** (*относиться с презрением*) despise (*smb.*, *smth.*), scorn (*smb.*, *smth.*), hold* (*smb.*, *smth.*) in contempt; он презира́ет тру́сов he despises cowards; **2.** (*пренебрегать*) disregard (*smb.*, *smth.*), disdain (*smb.*, *smth.*); ~ опа́сность disregard danger.

презре́н|ие *с.* **1.** (*чувство пренебрежения, неуважения*) contempt, scorn; относи́ться с ~ием к *кому-л.* hold* *smb.* in contempt; **2.** (к *дт.; пренебрежительное отношение*) disregard (for, of), disdain (for); **~ный** contemptible, despicable; ◇ ~ный мета́лл *шутл.* filthy lucre.

презри́тельн|ость *ж.* contempt, disdain; **~ый** contemptuous, scornful, disdainful.

презу́мпция *ж. юр.* presumption; правова́я ~ presumption in law; ~ по пра́ву справедли́вости presumption in equity; ~ невино́вности presumption of innocence; ~ вино́вности presumption of guilt.

преиму́щественн|о mainly, chiefly; **~ый** **1.** primary, principal; **2.** *юр.* preferential; priority *attr.*; ~ое пра́во preference; ~ое пра́во на поку́пку а́кций preemptive right.

преиму́ществ|о *с.* **1.** (*превосходство*) advantage; зна́ние языко́в — его́ большо́е ~ knowledge of languages is a great advantage/asset to him; **2.** (*привилегия*) *юр.* preference; ◇ по ~у chiefly, mainly, for the most part.

преиспо́дняя *ж. церк. в знач. сущ.* the nether regions *pl.*, the underworld, inferno.

преиспо́лненный (*рд.*) full (of); ~ бо́дрости full of mettle; ~ опа́сности fraught with danger; ~ ра́достью filled with joy; ~ реши́мости firmly resolved.

прейскура́нт *м.* price list, catalogue; (*в ресторане*) bill of fare; ~ы ро́зничных цен retail catalogues; ба́зисный ~ base price-list; рекла́мный ~ advertising price list; станда́ртный ~ standard price-list; ~ на това́ры price list for goods.

преклоне́ние *с.* (пе́ред *тв.*) worship (of), reverence (for), admiration (for).

прекло́нн|ый advanced; ~ во́зраст old age; челове́к ~ого во́зраста person of advanced years.

преклоня́ться *несов.* (пе́ред *тв.*) worship (*smb.*, *smth.*), revere (*smb.*, *smth.*), admire (*smb.*, *smth.*).

прекосло́вить *несов.* (*дт.*) contradict (*smb.*), talk back (at) *разг.*

прекра́сн|о **1.** *нареч.* beautifully; я всё э́то ~ зна́ю I know all that perfectly well, I am well aware of that; **2.** *в знач. сказ.* it is wonderful/splendid; **3.** *в знач. частицы* excellent, splendid; **~ый** *прил.* **1.** (*красивый*) beautiful, fine, lovely; **2.** (*отличный*) excellent, first rate; быть в ~ом настрое́нии be* in wonderful spirits; **3.** *в знач. сущ. с.* the beautiful; ◇ в оди́н ~ый день one fine day.

прекра|ти́ть(ся) *сов. см.* прекраща́ть(ся); **~ща́ть**, прекрати́ть (*вн.*) stop (*smth.*), end (*smth.*), cease (*smth.*); ~ща́ть рабо́ту cease work; прекрати́ть свя́зи с *кем-л.* break* off relations with *smb.*, cease *one's* connections with *smb.*; ~ща́ть платежи́ stop/suspend payments; прекрати́ть перегово́ры break* off negotiations; ~ща́ть пре́ния halt a debate; прекрати́ть де́ло в суде́ stop a case; прекрати́ть испыта́ния я́дерного ору́жия stop/cease testing nuclear weapons; ~ща́ть войну́ end/stop the war; ~ща́ть ого́нь *воен.* cease fire; **~ща́ться**, прекрати́ться stop, cease, end; **~ще́ние** *с.* cessation, stopping, ending; ~ще́ние вое́нных де́йствий cessation of hostilities; ~е́ние котиро́вки а́кций *бирж.* delisting; ~ще́ние офе́рты *юр.* termination of an offer; ~ще́ние обяза́тельств по фью́черсному контра́кту *юр.* closing out; ~ще́ние с истече́нием сро́ка (*аренды, партнёрства и т.п.*) *юр.* effluxion of time.

прела́т *м. церк.* prelate.

преле́стный charming, delightful.

пре́лесть *ж.* **1.** charm, fascination; **2.** *мн.* (*приятные явления*) delights; **3.** *в знач. сказ.*: э́то про́сто ~! it's simply lovely!; кака́я ~! it's exquisite!, how sweet!

прелом|и́ть(ся) *сов. см.* преломля́ть(ся); **~ле́ние** *с. физ.* refraction, bending; *перен.* interpretation; ~ле́ние луче́й refraction (of rays).

преломля́ть, преломи́ть (*вн.*) *физ.* refract (*smth.*); *перен.* interpret (*smth.*); **~ся**, преломи́ться *физ.* be* refracted; *перен.* be* interpreted.

пре́лый rotten; (*пропитанный гнилой сыростью*) musty.

прельсти́ть(ся) *сов. см.* прельща́ть(ся).

прельща́ть, прельсти́ть (*вн.*) **1.** (*очаровывать*) fascinate (*smb.*), captivate (*smb.*); **2.** (*соблазнять*) attract (*smb.*), tempt (*smb.*), entice (*smb.*), lure (*smb.*); ~ *кого-л.* обеща́ниями tempt *smb.* with promises; **~ся**, прельсти́ться be* enticed, be* allured, be* tempted.

прелю́дия *ж.* prelude.

премиа́льн|ый **1.** bonus *attr.*; ~ая систе́ма опла́ты труда́ bonus system; ~ые де́ньги bonus (money) *sg.*; ~ фонд bonus pool; но́рма ~ой вы́платы premium rate; **2.** *мн. как сущ.* bonus *sg.*; получи́ть ~ые get* a bonus.

премирова́ние *с.* **1.** (*выдача премии кому-л.*) giving bonuses; **2.** (*за выдающиеся качества*) awarding prizes.

премирова́ть *несов.* и *сов.* (*вн.*) **1.** (*выдавать премию кому-л.*) give* (*smb.*) a bonus; **2.** (*отмечать что-л. премией*) award (*smb.*) a prize.

пре́ми|я *ж.* **1.** prize; получи́ть пе́рвую ~ю get* the first prize; **2.** (*за перевыполнение плана*) bonus; premium; валю́тная ~ exchange premium; дополни́тельная ~ indirect bonus; единовре́менная ~ lumpsum premium; основна́я ~ direct bonus; пауша́льная ~ lumpsum premium; поощри́тельная ~ incentive bonus; целева́я ~ task bonus; ~ за вы́слугу лет long service bonus; ~ за ка́чество quality bonus; **3.** *фин.* (*страховая*) premium; с ~ей (*по более высокой цене*) at a premium, at a higher price; **4.** *эк.* (*экспортная*) bounty; **5.** *бирж.* option, option business, option deal; разме́р ~и rate of option.

прему́др|ость *ж.* **1.** *уст.* wisdom; **2.** *разг. ирон.* mysteries *pl.*; невелика́ ~ that's not very difficult; **~ый 1.** *уст.* wise; **2.** (*трудный*) abstruse, involved.

премье́р *м.* **1.** *см.* премье́р-мини́стр; **2.** *театр.* leading man*/actor, star actor, lead.

премье́ра *ж.* first performance, first night, premiere; ~ кинофи́льма first run.

премье́р-мини́стр *м.* prime minister, premier.

премье́рша *ж.* *театр.* *разг.* leading lady/actress, lead.

пренебре|га́ть, пренебре́чь (*тв.*) **1.** (*относиться с презрением*) ignore (*smb.*, *smth.*), scorn (*smb.*, *smth.*); look down (on); **2.** (*оставлять без внимания*) ignore (*smth.*), neglect (*smth.*); ~ сове́том neglect advice; ~ опа́сностью ignore danger; **~же́ние** *с.* **1.** (*презрительно-высокомерное отношение*) contempt, disrespect; вы́сказать своё ~же́ние к *кому-л.* show* *one's* disrespect for *smb.*; с ~же́нием упомина́ть о *ком-л.* speak* slightingly of *smb.*; **2.** (*отсутствие должного внимания*) contempt; отнести́сь с ~же́нием к *чему-л.* treat *smth.* with contempt.

пренебрежи́тельн|о scornfully, slightingly, disdainfully; ~ отзыва́ться о *чем-л.* refer slightingly to *smth.*; **~ый** scornful, disdainful; ~ый тон disdainful/disparaging tone; ~ый о́тзыв scornful comment.

пренебре́чь *сов.* *см.* пренебрега́ть.

пре́ния *мн.* discussion *sg.*, debate *sg.*; суде́бные ~ *юр.* pleadings; откры́ть ~ по докла́ду open the debate on the report; вы́ступить в ~х speak* in a debate, take* part in a debate.

преоблада́ние *с.* prevalence, predominance; (*перевес*) preponderance.

преоблад|а́ть *несов.* (над *тв.*, среди́ *рд.*) predominate (over), prevail (over); (*иметь перевес*) preponderate; **~а́ющий** predominant; prevailing.

преображ|а́ть, преобрази́ть (*вн.*) change (*smb.*, *smth.*), transform (*smb.*, *smth.*), transfigure (*smb.*, *smth.*); **~а́ться**, преобрази́ться change, be* transformed/transfigured; **~е́ние** *с.* **1.** transformation; transfiguration; **2.** *церк.*: Преображе́ние Госпо́дне the Transfiguration.

преобрази́ть(ся) *сов.* *см.* преобража́ть(ся).

преобразова́|ние *с.* **1.** (*действие*) transformation, reorganization; ~ приро́ды the remaking of nature; ~ постоя́нного то́ка в переме́нный conversion of direct current into alternating current; **2.** (*коренное изменение*) transformation, radical reform, fundamental change; революцио́нные ~ния revolutionary reforms/changes; *програм.* conversion; табли́ца ~ния conversion table; **~тель** *м.* **1.** transformer, remaker; (*реформатор*) reformer; **2.** *эл.*, *физ.* converter; *програм.* transducer; ~тель перено́са изображе́ния *кино* image transfer converter.

преобразова́ть(ся) *сов.* *см.* преобразо́вывать(ся).

преобразо́вывать, преобразова́ть (*вн.*) **1.** transform (*smth.*), change (*smth.*); (*реорганизовывать*) reorganize (*smth.*); ~ приро́ду remake* nature; **2.** *тех.* convert (*smth.*); *мат.* transpose (*smth.*); преобразова́ть переме́нный ток в постоя́нный convert alternating current into direct current; преобразова́ть алгебраи́ческое выраже́ние transpose an algebraical expression; **~ся**, преобразова́ться **1.** be* transformed, be* changed; (*реорганизовываться*) be* reorganized; **2.** *тех.* be* converted; *мат.* be* transposed.

преодол|ева́ть, преодоле́ть (*вн.*) overcome* (*smth.*), surmount (*smth.*), (*превозмогать*) master (*smth.*), get* the better (of), conquer (*smth.*), fight* down (*smth.*); ~ расстоя́ние overcome* distance; преодоле́ть тру́дности overcome* difficulties; преодоле́ть *чьё-л.* сопротивле́ние overcome* *smb.'s* resistance; **~е́ние** *с.* overcoming, surmounting; для ~е́ния тру́дностей to overcome difficulties.

преодоле́ть *сов.* *см.* преодолева́ть.

преодоли́м|ый surmountable; легко́ ~ое препя́тствие easily surmountable obstacle.

преосвящён|ный *м.* *скл.* *как прил.* *церк.* Right Reverend; **~ство** *с.* *церк.*: его́ ~ство His Grace.

препара́т *м.* preparation; витами́нные ~ы vitamin preparations.

препина́ни|е *с.*: зна́ки ~я punctuation marks; ста́вить зна́ки ~я punctuate.

препира́тельство *с.* altercation, dispute, wrangle, squabble.

препира́ться *несов.* (с *тв.*) altercate (with), wrangle (with), squabble (with); ~ из-за мелоче́й squabble over trifles.

преподава́ние *с.* teaching.

преподава́тель *м.*, **~ница** *ж.* teacher; **~ский** teacher's; ~ский коллекти́в teaching body.

преподава́ть *несов.* teach*; ~ хи́мию teach* chemistry; ~ в институ́те teach*/lecture at an institute.

препода́ть *сов.* (*вн.* *дт.*; *урок, совет*) give* (*smth.*).

преподнести́ *сов.* *см.* преподноси́ть.

преподноси́ть, преподнести́ **1.** (*вн.* *дт.*) present (*smth.* to, *smb.* with.); ~ *кому-л.* слова́рь present a dictionary to *smb.*, present *smb.* with a dictionary; **2.** (*вн.* *дт.*) *разг.* (*делать или сообщать что-л. неожиданное*) give* (*smb.* *smth.*); преподнести́ *кому-л.* сюрпри́з give* *smb.* a surprise; преподнести́ *кому-л.* неприя́тную но́вость break* the news to *smb.*; **3.** (*вн.*, *представлять, изображать в каком-л.*

виде) present (*smth.*), put* (*smth.*) across; преподнести́ материа́л жи́во и увлека́тельно put* *one's* material across in a lively, interesting form.

преподноше́ние *с.* **1.** (*действие*) presentation; **2.** (*подарок*) present, gift.

преподо́б|ие *с. церк.* Reverence; его́ ~ his Reverence, the Reverend; **~ный** *церк.* Saint, Venerable; (*титул священника*) Reverend.

препо́на *ж.* obstacle, impediment.

препроводи́тельн|ый: ~ое письмо́ letter of advice, covering letter.

препроводи́ть *сов. см.* препровожда́ть.

препровожд|а́ть, препроводи́ть (*вн.*) escort (*smb.*), send* (*smb.*) under escort; (*документы и т. п.*) forward (*smth.*); **~е́ние** *с.* **1.** escorting; (*документы и т. п.*) forwarding; **2.**: ~е́ние вре́мени pastime, diversion; для ~е́ния вре́мени to pass (away) the time.

препя́тств|ие *с.* **1.** obstacle, barrier; *перен. тж.* hindrance, impediment; преодоле́ть все ~ия surmount/overcome* all obstacles; **2.** *спорт.* obstacle; (*барьер*) hurdle; (*для скачек*) jump; бег с ~иями hurdle race; the hurdles *pl.*; ска́чки с ~ями steeplechase *sg.*; брать ~я *спорт.* clear obstacles; **~ова́ть** *несов.* (*дт.*) prevent (*smb.*, *smth.*); (*ставить препятствия*) hinder (*smb.*, *smth.*), block (*smth.*), create obstacles (to).

прерва́ть(ся) *сов. см.* прерыва́ть(ся).

пререка́ния *мн.* (*ед.* пререка́ние *с.*) altercation *sg.*, wrangle *sg.*, argument; вступи́ть в ~ с *кем-л.* start an argument with *smb.*

пререка́ться *несов.* (с *тв.*) altercate (with), wrangle (with).

пре́рии *мн.* (*ед.* пре́рия *ж.*) prairies.

прерыва́тель *м. тех.* interrupter, circuit-breaker.

прерыва́ть, прерва́ть (*вн.*) interrupt (*smb.*, *smth.*); (*связь, знакомство*) break* off (*smth.*); (*тишину, молчание*) break* (*smth.*); ~ перего́воры break* off negotiations; прерва́ть путеше́ствие break* *one's* journey; ~ молча́ние break* the silence; прерва́ть разгово́ры interrupt the conversation; (*перестать разговаривать*) stop talking; ~ выполне́ние програ́ммы *програм.* abort; ~ся, прерва́ться be* interrupted; (*о голосе*) break* off.

прерыва́ющийся choking, faltering; ~ го́лос faltering voice.

преры́вист|ый intermittent, interrupted, faltering; ~ые зву́ки intermittent sounds; ~ кинокопирова́льный аппара́т intermittent printer; ~ обтюра́тор intermittent shutter.

пресека́ть, пресе́чь (*вн.*) stop (*smth.*), curb (*smth.*), put* a stop (to); пресе́чь зло curb evil; пресе́чь злоупотребле́ния put* a stop to abuses; **~ся**, пресе́чься stop.

пресече́ни|е *с.* suppression; ме́ра ~я *юр.* preventive punishment.

пресе́чь(ся) *сов. см.* пресека́ть(ся).

пресле́довани|е *с.* **1.** (*погоня*) pursuit, chasing; **2.** (*гонение*) persecution; ма́ния ~я persecution mania; **3.** *юр.*: суде́бное ~ prosecution.

пресле́довать *несов.* (*вн.*) **1.** (*гнаться*) pursue (*smb.*, *smth.*), chase (*smb.*, *smth.*); **2.** (*подвергать гонениям*) persecute (*smb.*), hound (*smb.*); **3.** (*мучить*) haunt (*smb.*), obsess (*smb.*); его́ пресле́дует мысль he is haunted by the thought; **4.** (*стремится к чему-л.*) pursue (*smth.*); ~ цель pursue an aim/object; ~ свои́ интере́сы pursue *one's* own interests; **5.** *юр.* (*предавать суду*) prosecute (*smb.*); ~ *кого-л.* суде́бным поря́дком take* legal action against *smb.*, prosecute *smb.*

пресловýтый *ирон.* notorious.

пресмыка́ться *несов.* (пе́ред *тв.*) *презр.* cringe (to, before), fawn (on, upon), grovel (to, before).

пресмыка́ющееся *с. зоол.* reptile.

пресново́дны|й freshwater; ~е ры́бы freshwater fish.

пре́сный (*о воде*) fresh; (*о хлебе*) unleavened; (*о пище*) insipid, tasteless, flavorless; *перен.* insipid, vapid, bland.

пресс *м.* press; штампо́вочный ~ stamping/punching press; ~ для скле́йки *кино* film splicer.

пре́сс|а *ж.* **1.** the press; по о́тзывам ~ы judging from press comment, according to what the newspapers say; **2.** *собир.* (*журналисты*) the press, pressmen; места́ для ~ы pressbox *sg.*, press gallery *sg.*

пресс-атташе́ *м. нескл.* press attache.

пресс-бюро́ *с. нескл.* press office/center.

пре́ссинг *м. спорт.* pressing.

пресс-конфере́нция *ж.* press conference.

прессованн|ый pressed; ~ое се́но pressed hay.

прессова́ть, спрессова́ть (*вн.*) press (*smth.*).

пресс-папье́ *с. нескл.* blotter.

пресс-слу́жба *ж.* press service.

пресс-це́нтр *м.* press center.

престаре́лы|й aged; ~е лю́ди the aged.

прести́ж *м.* prestige; подня́ть ~ raise prestige; роня́ть ~ lose* prestige; **~ный** prestige *attr.*; of prestige *после сущ.*; ~ная цена́ *эк.* class price.

престо́л *м.* **1.** throne; взойти́ на ~ ascend the throne; све́ргнуть *кого-л.* с ~а depose *smb.*, dethrone *smb.*; **2.** (*в церкви*) altar, communion-table; ◇ па́пский ~ the Holy See.

престолонасле́д|ие *с.* succession to the throne; **~ник** *м.*, **~ница** *ж.* successor to the throne.

престо́льный **1.** *церк.*: ~ пра́здник patron saint's day, patronal festival; **2.** *ист.*: ~ го́род capital (city).

преступа́ть, преступи́ть (*вн.*) transgress (*smth.*), trespass (*smth.*), violate (*smth.*), break* (*smth.*); ~ зако́н transgress/violate/break* the law.

преступи́ть *сов. см.* преступа́ть.

преступле́ни|е *с.* crime (*тж. перен.*), *юр.* felony; ~ про́тив нра́вственности crime against morality; ~ про́тив теле́сной неприкоснове́нности crime against bodily security; ~ про́тив че́сти crime against reputation; ~ в результа́те безде́йствия crime of omission; ~ по небре́жности crime of negligence; ~я, пресле́дуемые в поря́дке сумма́рного произво́дства summary offenses; ~, пресле́дуемые по обвини́тельному а́кту indictable offenses; госуда́рственное ~ treason; должностно́е ~ criminal breach of trust, malfeasance; полити́ческое ~ political crime; уголо́вное ~ criminal offense; соста́в ~я corpus delicti; соверши́ть ~ commit a crime/felony.

престу́пн|ик *м.*, **~ица** *ж.* criminal; вое́нный ~ war criminal; **~ость** *ж.* **1.** criminality, criminal nature; ~ость за́мысла the criminal nature of the plan; **2.** (*наличие, количество преступлений*) crime; борьба́ с ~остью prevention of crime; **~ый** criminal; ~ая небре́жность criminal neglect; ~ый мир the underworld.

пресы́тить(ся) *сов. см.* пресыща́ть(ся).

пресыщ|а́ть, пресы́тить (*вн. тв.*) sate (*smb.* with), satiate (*smb.* with); *перен.* surfeit (*smb.* with), cloy (*smb.* with); **~а́ться**, пресы́титься (*тв.*) be* sated/satiated (with); *перен.* be* surfeited (with); be* fed up (with) *разг.*; **~е́ние** *с.* satiety, surfeit; есть до ~е́ния eat* to repletion.

пресы́щенный satiated; *перен.* surfeited, bloated.

претвори́ть(ся) *сов. см.* претворя́ть(ся).

претворя́ть, претвори́ть (*вн.* в *вн.*) convert (*smth.* into); ~ свои́ пла́ны в жизнь put* *one's* plans into practice/life; **~ся**, претвори́ться **1.** (в *вн.*, *перевоплощаться*) be* transformed; **2.** (*осуществляться на деле*) be* realized, materialize; его́ мечты́ претвори́лись в жизнь his dreams came true.

претенде́нт *м.* claimant (to); *спорт.* contender (for); ~ы на зва́ние чемпио́на the challengers for a champion title.

претендова́ть *несов.* (на *вн.*) **1.** (*домогаться чего-л.*) seek* (*smth.*), lay* claim (to), claim (*smth.*); ~ на получе́ние учёной сте́пени claim/seek* a degree; ~ на дру́жбу с *кем-л.* seek* *smb.'s* friendship; **2.** (*приписывая себе какое-л. качество, добиваться признания этого качества*) aspire (to), have* pretensions (to); ~ на остроу́мие aspire to wit; ~ на учёность have* pretensions to learning.

прете́нзи|я *ж.* **1.** (*требование*) claim; (*жалоба*) complaint; зако́нная ~ legal claim; ~ по ка́честву quality claim; ~ по коли́честву quantity claim; встре́чная ~ counterclaim; предъявля́ть ~ю express dissatisfaction; заявля́ть ~ю make* a claim, put* in a claim; **2.** (*стремление произвести впечатление*) pretension; челове́к без ~й unassuming person; челове́к с ~ями pretentious person; ◇ быть в ~и на *кого-л.* have* a grievance against *smb.*, have* a bone to pick with *smb. идиом.*

претерпева́ть, претерпе́ть (*вн.*) **1.** (*переживать, испытывать*) suffer (*smth.*); ~ лише́ния suffer hardships; **2.** (*подвергаться чему-л.*) undergo* (*smth.*); ~ измене́ния undergo* changes.

претерпе́ть *сов. см.* претерпева́ть.

прети́ть *несов.* (*дт.*) disgust (*smb.*), be* repugnant (to), make* (*smb.*) sick.

преткнове́ни|е *с.*: ка́мень ~я stumbling block.

преть, сопре́ть, упре́ть **1.** *сов.* сопре́ть (*гнить*) rot; **2.** *сов.* упре́ть *разг.* (*вариться*) stew.

преувеличе́ние *с.* exaggeration, overstatement.

преувели́ченный exaggerated.

преувели́чивать, преувели́чить (*вн.*) exaggerate (*smth.*), magnify (*smth.*), overstate (*smth.*); (*переоценивать*) overestimate (*smth.*), overrate (*smth.*); ~ *чьи-л.* досто́инства overestimate/overrate *smb.'s* merits.

преувели́чить *сов. см.* преувели́чивать.

преуменьша́ть, преуме́ньшить (*вн.*) minimize (*smth.*), (*недооценивать*) underestimate (*smth.*), underrate (*smth.*); **~е́ние** *с.* minimization, underestimation.

преуме́ньшить *сов. см.* преуменьша́ть.

преуспева́ть, преуспе́ть **1.** (в *пр.*, *добиваться успеха в чём-л.*) succeed (in), be* successful (in); **2.** *тк. несов.* (*процветать*) prosper.

преуспе́ть *сов. см.* преуспева́ть.

преференциа́льн|ый *эк.* preferential; ~ режи́м *эк.* preferential tariff; ~ые по́шлины *эк.* preferential duties.

префере́нция *ж. эк.* preference; торго́вая ~ trade preference.

пре́фикс *м. грам.* prefix; **~а́ция** *ж. грам.* prefixion.

преходя́щий transitory, transient, ephemeral, momentary.

прецеде́нт *м.* precedent; нет тако́го ~а there is no precedent for it; **~ный** *юр.*: ~ное пра́во case law; judge-made law; unwritten law.

при 1. (*около, возле*) at, near, by; ~ доро́ге by the road; ~ ста́нции near the station; **2.** (*в непосредственной связи с чем-л.*) attached to; гара́ж ~ до́ме garage attached to the house; я́сли ~ заво́де nursery at the factory; **3.** (*в присутствии кого-л.*) in the presence of, before, in front of; он сказа́л э́то ~ мне he said it in my presence; **4.** (*во время, в эпоху*) during; in the time of; (*о правительстве, политической системе и т.п.*) under; ~ жи́зни Пу́шкина during the life of Pushkin; ~ феодали́зме under feudalism; **5.** (*с собой*) with; у него́ все де́ньги ~ себе́ he has all the money with him; **6.** (*при обозначении обстоятельства образа действия*) by, on, when; чита́ть ~ дневно́м све́те read* by daylight; ~ вхо́де в помеще́ние when/on entering the premises; **7.** (*при наличии чего-л.; при ком-л.*) with; for; ~ всём моём уваже́нии к вам with all due respect to you; ~ всех его́ зна́ниях for all his learning; ~ по́мощи друзе́й with the help of *one's* friends; де́ти нахо́дятся ~ ма́тери the children are with their mother.

приба́в|ить(ся) *сов. см.* прибавля́ться; **~ка** *ж.* increase, augmentation; ~ка зарпла́ты increase/rise in wages; **~ле́ние** *с.* addition; (*увели-*

чение) increase; ~ле́ние в ве́се increase in weight; ~ле́ние семе́йства addition to *one's* family.

прибавля́ть, прибáвить **1.** (*вн., рд.*) add (*smth.*); прибáвить са́хару в чай put* some more sugar in *one's* tea; **2.** (*вн., рд.; увеличивать*) incease (*smth.*); ~ зарпла́ту *кому-л.* raise *smb.*'s salary; прибáвить ша́гу quicken *one's* pace, hurry up; **3.** *разг.*: ~ в ве́се gain weight, put* on weight; **~ся,** прибáвиться **1.** (*появляться в добавление к чему-л.*) be* added; прибáвились но́вые неприя́тности further troubles were at hand; **2.** *обыкн. безл.* increase; (*о воде*) rise*; день прибáвился the days are getting longer; рабо́ты прибáвилось there is more work to be done; **3.** *разг.*: ~ся в ве́се gain weight, put* on weight.

прибáвочн|ый *эк.* surplus *attr.*; ~ая сто́имость surplus value; но́рма ~ой сто́имости rate of surplus value; ~ проду́кт surplus product; ~ труд surplus labor.

прибалти́йский Baltic.

прибега́ть I, прибежа́ть come* running, run*; прибежа́ть пе́рвым get* there first.

прибега́ть II, прибе́гнуть (к *дт.*) resort (to), have* recourse (to); прибе́гнуть к реши́тельным ме́рам resort to strong tough measures; прибе́гнуть к сове́там друзе́й seek* the advice of *one's* friends.

прибе́гнуть *сов. см.* прибега́ть II.

прибежа́ть *сов. см.* прибега́ть I.

прибе́жище *с.* refuge; находи́ть ~ в *чем-л.* take* refuge in *smth.*

приберега́ть, прибере́чь (*вн.*) put* (*smth.*) by; прибере́чь де́ньги на поку́пку *чего-л.* put* some money by for (buying) *smth.*, save up for *smth.*

прибере́чь *сов. см.* приберега́ть.

прибива́ть, приби́ть (*вн.*) **1.** (*гвоздями*) nail (*smth.*), fasten (*smth.*) with nails; **2.** (*придавливать книзу*) flatten (*smth.*); (*о пыли*) lay* (*smth.*); град приби́л посе́вы к земле́ the hail flattened the crops; **3.** (*силой ветра, воды и т.п.*) carry (*smth.*); (*к берегу*) wash ashore; бо́чку приби́ло к бе́регу the barrel was washed ashore.

прибира́ть, прибра́ть (*вн.*) *разг.* **1.** (*приводить в порядок*) tidy (*smth.*), put*/set* things in order; прибра́ть ко́мнату tidy a room, put* a room in order; **2.** (*прятать*) put* (*smth.*) away; ◇ прибра́ть *кого-л.* к рука́м establish *one's* influence over *smb.*, take* *smb.* in hand; прибра́ть к рука́м *что-л.* get* a grip/hold of *smth.*; **~ся,** прибра́ться *разг.* put* things in order.

приби́ть *сов. см.* прибива́ть; **~ся** *сов.* (к) *разг.* attach *oneself* (to), latch (onto); ко мне приби́лся чужо́й щено́к *smb.'s* dog latched onto me.

приближ|а́ть, прибли́зить (*вн.* к *дт.*) bring* (*smb., smth.*) closer/nearer (to); *перен. тж.* put* (*smth.*) into closer contact (with), give* (*smth.*) closer ties (with); **~а́ться,** прибли́зиться **1.** (к *дт.*; *подходить ближе*) approach (*smb., smth.*), come*/draw* near(er) (to); мы ~а́емся к Москве́ we are approaching/nearing Moscow, we are getting near Moscow; мы ~а́емся к свое́й це́ли we are nearing our goal; **2.** (*по времени*) approach, draw* near/on; ночь ~а́ется night is drawing near/on; **3.** (к *дт.*; *приобретать сходство с чем-л.*) approximate (to), be* comparable (to); э́то ~а́ется к и́стине it approximates to the truth, it is somewhere near the truth; ~а́ться к лу́чшим образца́м be* comparable to the finest examples; **~е́ние** *с.* **1.** approach; ~е́ние весны́ the approach of spring; **2.** *мат.* approximation.

приближённость *ж. мат.* approximate nature.

приближённ|ый I *мат.* approximate; ~ое вычисле́ние approximate calculation.

приближённый II *прил.* **1.** (*о людях*) close; **2.** *в знач. сущ. м.* favorite.

приблизи́тельн|о approximately, roughly; (*о времени, количестве*) about; **~ый** approximate.

прибли́зить(ся) *сов. см.* приближа́ть(ся).

приблу́дный *разг.* (*о животном*) stray.

прибо́й *м.* surf, breakers *pl.*

прибо́р *м.* **1.** instrument, apparatus, device, appliance; опти́ческие ~ы optical instruments; измери́тельный ~ measuring instrument; **2.** (*комплект, набор предметов*) set.

приборострое́ние *с.* instrument making.

прибра́ть(ся) *сов. см.* прибира́ть(ся).

прибре́жный shore *attr.*; near the shore *после сущ.*; (*у моря тж.*) coastal; (*у реки*) riverside *attr.*

прибыва́ть, прибы́ть **1.** arrive, come*; по́езд при́был во́время the train got in on time; **2.** (*быть доставленным*) arrive, be* delivered; прибыла́ корреспонде́нция some mail has arrived; **3.** (*увеличиваться*) increase; (*о воде*) rise*; ◇ на́шего полку́ при́было *разг.* our numbers have grown.

при́был|ь *ж.* **1.** (*доход*) profit(s) (*pl.*), dividend, drawing, earnings *pl.*, gain(s) (*pl.*), income, overplus; бала́нсовая ~ balance profit; бухга́лтерская ~ book profit; валова́я ~ gross profit, gross margin; внутрифи́рменная ~ intercompany profit; доба́вочная ~ extra profit; избы́точная ~ surplus profit; минима́льная ~ minimum-survival profit; монопо́льная ~ monopoly profit; наивы́сшая ~ top gain(s) (*pl.*); непредви́денная ~ windfall profit; нераспределённая ~ undivided profit; облага́емая ~ taxable profit; объя́вленная ~ declared profit; ожида́емая ~ expected profit; оста́точная ~ net profit; относи́тельная ~ relative profit; пла́новая ~ planned profit; постоя́нная ~ fixed return; расчётная ~estimated profit; сверхпла́новая ~ above-plan profit; сме́тная ~ estimated profit; спекуляти́вная ~ speculative profit; сре́дняя ~ average profit; торго́вая ~ commercial/trading profit; упу́щенная ~ missed profit; усто́йчивая ~

sustained profit; фикти́вная ~ fictitious profit; цехова́я ~ interdepartment profit; чи́стая ~ net/pure profit; до́ля ~и в цене́ едини́цы това́ра profit margin per unit; коэффицие́нт валово́й ~и gross profit ratio; но́рма ~и rate of profit; отчёт о ~ях и убы́тках profit-and-loss report; пониже́ние но́рмы ~и fall of rate of profit; сверхпри́быль superprofit; уча́стие в ~ях profit sharing; ~ до упла́ты нало́га profit before tax; ~ за вы́четом нало́гов after-tax profit; ~ на бума́ге paper profit; ~ от реализа́ции нововведе́ния innovational profit; ~ от произво́дственной де́ятельности operating profit; ~ на едини́цу проду́кции unit profit; дава́ть ~ produce/yield profit; извлека́ть ~ derive/gain a profit; обеспе́чивать ~ ensure a profit; приноси́ть ~ produce a profit; распределя́ть ~ distribute/allot a profit; **2.** (*увеличение*) increase, increment; ~ населе́ния the increase of population; **~ьность** *ж. эк.* profitability, efficiency, lucrativeness; коэффицие́нт ~ьности margin of profit; ~ьность опера́ций operation profitability; **~ьный** profitable, lucrative, paying; ~ьное предприя́тие profitable enterprise; ~ьное де́ло profitable affair/business.

прибы́ти|е *с.* arrival; по ~и on arrival.

прибы́ть *сов. см.* прибыва́ть.

прива́л *м.* **1.** (*остановка*) stopping, stop, halt; сде́лать ~ make* a halt, bivouac; **2.** (*место отдыха*) stopping place, bivouac.

прива́ливать, привали́ть **1.** (*вн.* к *дт., прислонять*) lean* (*smth.* against); **2.** *мор.* (*причаливать*) moor; **3.**: како́е сча́стье ему́ привали́ло! what a stroke of luck for him!

привали́ть *сов. см.* прива́ливать.

приватиз|а́ция *ж. эк.* privatization; **~и́ровать** (*рд.*) privatize (*smth.*).

привезти́ *сов. см.* привози́ть.

привере́д|ливый *разг.* fastidious, finical, fussy; **~ник** *м.*, **~ница** *ж. разг.* fastidious person.

привере́дничать *сов. разг.* be* fastidious, be* hard to please.

приве́ржен|ец *м.* adherent, supporter, follower; ~ старины́ traditionalist; **~ность** *ж.* devotion; (*склонность, расположение*) predilection (for), enthusiasm (for), bent (for); **~ный** devoted, loyal; (*склонный, расположенный*) inclined (to).

привернýть *сов. см.* привёртывать.

приве́сить *сов. см.* приве́шивать.

привести́ *сов. см.* приводи́ть.

приве́т *м.* greetings *pl.*, regards *pl.*; переда́йте ~ ва́шему бра́ту remember me to your brother, my kind regards to your brother; с серде́чным ~ом yours sincerely.

приве́тлив|ость *ж.* affability, graciousness, friendliness; **~ый** affable, gracious, friendly; ~ый хозя́ин affable host.

приве́тственн|ый welcoming; ~ая речь speech of welcome, salutary address.

приве́тстви|е *с.* **1.** greeting; (*военных*) salute *тж. спорт.*; обменя́ться ~ями exchange greetings, greet one another; **2.** (*устное или письменное обращение*) message of greeting; greetings *pl.*; посла́ть юбиля́ру ~ send* greetings to *smb.* on his, her anniversary.

приве́тствовать *несов.* (*вн.*) **1.** greet (*smb.*), welcome (*smb.*), hail (*smb.*); (*шумными возгласами*) cheer (*smth.*); **2.** *воен.* salute (*smb.*); **3.** (*одобрять*) welcome (*smth.*), applaud (*smth.*); ~ чью-л. инициати́ву welcome *smb.'s* initiative.

приве́шивать, приве́сить (*вн.*) suspend (*smth.*), hang* (*smth.*) on.

привёртывать, привернýть (*вн.*) **1.** (*завинчивать*) screw (*smth.*); ~ га́йку screw (up) a nut; **2.** (*вертя, уменьшать*) turn (*smth.*) down; привернýть газ turn down the gas.

привива́ть, приви́ть **1.** (*вн.*) *с.-х.* graft (*smth.*); **2.** (*вн.*; *акклиматизировать растения*) acclimatize (*smth.*); **3.** (*дт. вн.*) *мед.* inoculate (*smb.* against); приви́ть *кому-л.* о́спу vaccinate *smb.*; **4.** (*вн. дт.*; *заставлять усвоить*) instill (*smth.* in); inculcate (*smth.* in, upon); implant (*smth.* in); приви́ть *кому-л.* культу́рные на́выки introduce *smb.* to art and culture; **~ся,** приви́ться **1.** *с.-х.* take*; **2.** (*акклиматизироваться*) become* acclimatized; **3.** (*о вакцине*) take* (effect); о́спа привила́сь the vaccination has taken effect; **4.** (*входить в привычку*) take* root, become* established; (*о моде*) catch* on; э́ти слова́ привили́сь в ру́сском языке́ these words have taken root in the Russian language.

приви́вка *ж.* **1.** *с.-х.* grafting; ~ плодо́вых дере́вьев grafting of fruit trees; **2.** *мед.* inoculation; (*оспы*) vaccination.

привиде́ние *с.* ghost, specter, apparition; spook *разг.*

привилегиро́ванн|ый privileged, favored; ~ые а́кции preferential shares, preferred stock(s); ~ые а́кции пе́рвого кла́сса debenture stock(s); ~ые а́кции, подлежа́щие вы́купу redeemable preference shares; ~ые а́кции с пра́вом уча́стия participating preference shares/stock(s); конверти́руемые ~ые а́кции convertible preferred stock(s); кумуляти́вные ~ые а́кции cumulative preferred stock(s); некумуляти́вные ~ые а́кции noncumulative preferred stock(s); отзывны́е ~ые а́кции callable preferred stock(s); ~ые а́кции с до́лей уча́стия participating preferred stock(s); ~ые а́кции с корректи́руемой ста́вкой дивиде́ндов adjustable-rate preferred stock(s).

привиле́гия *ж.* privilege, charter, immunity.

привинти́ть *сов. см.* приви́нчивать.

приви́нчивать, привинти́ть (*вн.*) screw (*smth.*) on.

приви́ть(ся) *сов. см.* привива́ться.

при́вкус *м.* (*прям. и перен.*) suggestion (of), touch (of).

привлека́тельный attractive; (*о человеке тж.*) engaging.

привлека́ть, привле́чь **1.** (*вн.*) attract (*smb., smth.*), draw* (*smb., smth.*); ~ *чьё-л.* внима́ние attract/draw* *smb.*'s attention; ~ инострáнные инвестúции attract foreign investments; **2.** (*вн.*; *к участию в чём-л.*) enlist (*smb.*), draw* (*smb.*); ~ *кого-л.* на свою стóрону win* *smb.* over to *one's* side; **3.**: ~ *кого-л.* к судý bring* to/put* on trial (*smb.*), take* (*smb.*) to court, take* (legal) action against *smb.*; ~ *кого-л.* к отвéтственности call *smb.* to account.

привлечённый: ~ капитáл *эк.* debt capital.

привлéчь *сов. см.* привлекáть.

привóд I *м. юр.* arrest, taking into custody.

привóд II *м. тех.* drive.

приводúть, привестú **1.** (*вн.*; *доставлять*) bring* (*smb.*, *smth.*), take* (*smb.*, *smth.*); привестú детéй домóй bring*/take* the children home; привестú сýдно в гáвань bring* a ship into harbor; **2.** (*вн.*; *указывать дорогу куда-л.*) lead* (*smb.*, *smth.*), bring* (*smb.*, *smth.*); следы́ привелú охóтников к норé the tracks led the hunters to a burrow; **3.** (*вн.*; *служить поводом для прихода куда-л.*) bring* (*smb.*); гóре привелó её сюдá it was misfortune that brought her here; **4.** (*вн.* к *дт.*; *к выводу, решению и т. п.*) lead* (*smb.* to); привестú к прáвильному заключéнию lead* to a correct conclusion; нóвые фáкты привелú к вáжному откры́тию new facts led to an important discovery; **5.**: ~ *кого-л.* в отчáяние drive* *smb.* to despair; ~ *кого-л.* в хорóшее настроéние put* *smb.* in a good* mood; **6.**: ~ *что-л.* в готóвность make* *smth.* ready; ~ *что-л.* в дéйствие set* *smth.* going, put* *smth.* into operation; ~ *что-л.* в исполнéние carry out *smth.*, put* *smth.* into effect; execute (*smth.*); **7.** (*вн.* к *дт.*; *быть причиной чего-л.*) lead* (*smb.* to), result (in), bring* about (*smth.*); привестú *кого-л.* к гúбели lead* *smb.* to destruction; result in *smb.*'s death; привестú к пýтанице cause confusion; **8.** (*вн.*, *ссылаться на что-л.*) cite (*smth.*), quote (*smth.*), adduce (*smth.*); ~ доказáтельства adduce proof; ~ цитáту quote a passage; ~ примéр give* an example; ~ *что-л.* в примéр quote *smth.* as an example/illustration; ~ *кого-л.* в примéр hold* *smb.* up as an example; ◇ привестú *кого-л.* в себя́ 1) (*из состояния обморока*) revive *smb.*, bring* *smb.* round; 2) (*из задумчивости*) bring* *smb.* back to reality, rouse *smb.*; привестú к одномý, к óбщему знаменáтелю reduce to a common denominator; э́то не приведёт ни к чемý хорóшему it will lead to no good, it will have no good result; ~ к прися́ге (*кого-л.*) administer the oath to *smb.*, swear* *smb.* in; **~ся**, привестúсь *безл.* (*дт.*) (*случаться*) happen, chance; емý привелóсь быть там he happened/chanced to be there.

приводнéние *с.* landing on water; (*космического корабля*) splashdown.

приводнúться *сов.* land/alight on water; (*о космическом корабле*) splashdown.

приводнóй *тех.* driving *attr.*; ~ ремéнь driving-belt; ~ шкив driver.

привóз *м.* **1.** bringing (in); **2.** (*то, что привезено*) delivery.

привозúть, привезтú (*вн.*) bring* (*smb.*, *smth.*) (in).

привозн|óй imported; ~ы́е товáры imported goods.

привóй *м. с.-х.* graft, scion.

привóль|е *с.* **1.** (*свободное пространство*) open space, vast expanse; степны́е ~я the vast expanses of the steppes; **2.** (*свобода*) freedom, spaciousness; **~ный 1.** (*о местности, пространстве*) open, spacious, far-flung; **2.** (*свободный*) free; ~ное житьё carefree life.

привoрáживать, приворожúть (*вн.*) bewitch (*smb.*), charm (*smb.*).

приворожúть *сов. см.* приворáживать.

приворóтн|ый: ~ое зéлье love philter; love potion.

приврáтн|ик *м.*, **~ица** *ж.* gatekeeper, doorkeeper.

привставáть, привстáть half rise* (to greet *smb.*), make* as if to rise.

привстáть *сов. см.* привставáть.

привходя́щи|й attendant; ~е обстоя́тельства attendant circumstances.

привыкáть, привы́кнуть (к *дт.*, + *инф.*) get* used to (*smb.*, *smth.*, + -ing), get*/grow* accustomed (to *smb.*, *smth.*, to + -ing); он привы́к рáно вставáть he is used/accustomed to rising early; ~ к дисциплúне accustom *oneself* to discipline; дéти скóро к нам привы́кли the children soon got used to us; я не привы́к к э́тому I'm not used to it.

привы́кнуть *сов. см.* привыкáть.

привы́ч|ка *ж.* habit; (*умение*) knack; сúла ~ки force of habit; дéлать *что-л.* по ~ке do* *smth.* from mere habit, do* *smth.* from sheer force of habit; приобрестú ~ку grow*/get* into the habit of doing *smth.*, fall* into the way of doing *smth.*; ◇ ~ — вторáя натýра *посл.* ≅ habits change into character; на ~ку есть отвы́чка *посл.* ≅ habit cures habit; **~ный 1.** (*вошедший в привычку*) habitual; (*обычный*) usual, customary; для меня́ э́то дéло ~ное I'm used to it; **2.** (*привыкший*) accustomed (to), used (to); (*умелый*) practised, trained.

привя́занн|ость *ж.* attachment, affection; (*тяготение, склонность*) inclination, bent; **~ый** (*преданный*) attached; быть ~ым к *кому-л.* be* deeply attached to *smb.*

привязáть(ся) *сов. см.* привя́зывать(ся).

привя́зчивый *разг.* **1.** (*любящий*) affectionate, loyal; **2.** (*надоедливый*) troublesome, tiresome.

привя́зывать, привязáть (*вн.*) **1.** fasten (*smb.*, *smth.*), bind* (*smb.*, *smth.*); tie (*smb.*, *smth.*) (*тж. перен.*); ~ лóшадь tether a horse; ~ собáку chain/tie up a dog; ~ лóдку к столбý fasten a boat to a post; **2.** (*внушать кому-л. чувство симпатии*) attach (*smb.*); привязáть к себé *кого-л.* win* *smb.*'s affections, gain *smb.*'s goodwill; **~ся**, привязáться (к *дт.*) **1.** (*чувствовать привязанность к кому-л.*) become* attached (to), become* fond (of); за лéто он óчень привязáлся к товáрищам by the time the summer was over he had become very much attached to his friends; **2.** *разг.* (*приставать к кому-л.*) pester (*smb.*), bother (*smb.*), make* a nuisance of *oneself* (to); **3.** *разг.* (*придираться к чему-л.*) pick on (*smth.*); **4.** *разг.* (*следовать*) start following (*smb.*), attach itself to, tag along (with); ко мне привязáлась какáя-то собáка a stray dog attached itself to me.

прúвяз|ь *ж.* (*для собаки*) leash, lead; (*для пасущегося животного*) tether; держáть собáку на ~и keep* a dog on the lead (*на поводке*); keep* a dog chained up (*у дома*).

пригвождáть, пригвоздúть (*вн.* к *дт.*) pin (*smth.* to); *перен.* rivet (*smb.* to); пригвоздúть *кого-л.* к мéсту rivet *smb.* to the spot.

пригвоздúть *сов. см.* пригвождáть.

пригибáть, пригнýть (*вн.*) bend* (*smth.*); **~ся**, пригнýться bend* down.

приглáдить *сов. см.* приглáживать.

приглáживать, приглáдить (*вн.*) smooth (*smth.*); ~ вóлосы smooth *one's* hair.

приглас|úтельный: ~ билéт invitation card; **~úть** *сов. см.* приглашáть.

приглаш|áть, пригласúть (*вн.*) **1.** (*просить прийти*) invite (*smb.*); пригласúть *кого-л.* на вéчер invite *smb.* to a party; пригласúть врачá call in a doclor, send* for a doctor; **2.** (*просить выполнить какую-л. работу*) request *smb.*'s services, bring* in (*smb.*), hire (*smb.*); пригласúть консультáнта ask for professional advice; пригласúть учúтеля request the services of a teacher, hire a teacher; **~éние** *с.* invitation; (на работу) offer; явúться по ~éнию come* by invitation.

приглуш|áть, приглушúть (*вн.*) **1.** (*слегка заглушать*) muffle (*smth.*); **2.** *разг.* (*огонь*) damp (*smth.*) down; **3.** *разг.* (*ослаблять, облегчать*) allay (*smth.*), deaden (*smth.*); **4.** *разг.* (*подавлять*) cramp (*smth.*); **~úть** *сов. см.* приглушáть.

приглядéть(ся) *сов. см.* пригля́дывать(ся).

пригля́дывать, приглядéть *разг.* **1.** (за *тв.*) look (after), watch (over); ~ за детьмú keep* an eye on the children; **2.** (*вн.*; *подыскивать*) spot (*smth.*), pick out (*smth.*); **~ся**, приглядéться *разг.* (к *дт.*) **1.** (*внимательно всматриваться*) stare (at), look hard/close (at); (*изучать*) observe (*smb.*, *smth.*); **2.** (*привыкать*) get* used to (*smth.*); (*становиться привычным*) pall (on).

приглян|ýться *сов.* (*дт.*) *разг.* take* a liking/fancy (to); онá мне ~ýлась I took a fancy to her.

пригнáть *сов. см.* пригоня́ть.

пригнýть(ся) *сов. см.* пригибáть(ся).

приговáривать, приговорúть **1.** (*вн.* к *дт.*; *выносить приговор*) sentence (*smb.* to), condemn (*smb.* to); ~ *кого-л.* к тюрéмному заключéнию sentence *smb.* to imprisonment; ~ *кого-л.* к смéртной кáзни sentence/condemn *smb.* to death; **2.** *тк. несов.* (*вн.*) *разг.* (*говорить*) keep* on saying (*smth.*), murmur (*smth.*).

пригово́р *м. юр.* (*присяжных*) verdict; (*суда*) judgement, sentence; мя́гкий ~ mild sentence; окончáтельный ~ decretory sentence; суро́вый ~ tough sentence; ~ воéнного судá military sentence; ~ к наказáнию, не свя́занному с лишéнием свобо́ды noncustodial sentence; ~ к долгосро́чному тюрéмному заключéнию prison sentence; ~ к краткосро́чному тюрéмному заключéнию jail sentence; ~ к пожúзненному тюрéмному заключéнию life sentence; ~ к смéртной кáзни death sentence; ~ по дéлу о престýпном уклонéнии от налогообложéния income tax sentence; ~ федерáльного судá federal sentence; ~ отсро́ченный исполнéнием suspended sentence; выносúть ~ pass sentence (on); приводúть ~ в исполнéние execute judgement, carry out the sentence.

приговорúть *сов. см.* приговáривать I.

пригодúться *сов.* be* of use, be* useful, come* in useful/handy.

приго́дн|ость *ж.* fitness, suitability, usefulness; (*о вещах тж.*) utility, usability; **~ый** fit, suitable; (*о вещах и тж.*) usable.

пригоня́ть, пригнáть **1.** (*вн.*) (*приводить, подгоняя*) drive* (*smb.*, *smth.*) in, herd (*smb.*, *smth.*) in; **2.** (*вн.* к *дт.; прилаживать*) adjust (*smth.* to), fit (*smth.* on).

пригор|áть, пригорéть be* (slightly) burnt; молоко́ пригорéло the milk is burnt; **~éлый** (slightly) burnt.

пригорéть *сов. см.* пригорáть.

прúгород *м.* suburb; **~ный** suburban; (*о транспорте тж.*) local; ~ная желéзная доро́га suburban line; ~ный по́езд local train; ~ное движéние local traffic.

пригóрок *м.* hillock.

прúгоршн|я *ж.* handful; **~ями** by the handful, in handfuls; по́лными ~ями lavishly, abundantly; набрáть в ~ю воды́ take* some water in *one's* cupped hands.

пригорю́ниться *сов. разг.* grow* sad.

приготáвливать, приготóвить (*вн.*) **1.** prepare (*smb.*, *smth.*), make* (*smb.*, *smth.*) ready, get* (*smb.*, *smth.*) ready; приготóвить *кого-л.* к экзáменам prepare/coach *smb.* for examinations; ~ постéль make* a bed; **2.** (*работая, осваивать что-л.*) learn* (*smth.*); ~ роль learn* a part; ~ урóки do* *one's* homework; **3.** (*стряпать*) make* (*smth.*), cook (*smth.*), приготóвить обéд make* dinner; **~ся**, приготóвиться get* ready, prepare; приготóвиться к отъéзду get* ready to leave; приготóвиться к прыжкý get* ready to jump/spring.

приготовúтельный preparatory, preliminary.

приготóвить(ся) *сов. см.* приготáвливать(ся).

приготов|лéние *с.* preparation; **~ля́ть(ся)** *несов. см.* приготáвливать(ся).

пригревáть, пригрéть (*вн.*) warm (*smb.*, *smth.*); *перен. разг.* (*приютить*) shelter (*smb.*); (*обласкать*) be* kind (to); ◇ пригрéть змею на грудú nourish a viper in *one's* bosom.

пригре́ть *сов. см.* пригрева́ть.

пригрози́ть *сов.* (*дт.*) threaten (*smb.*); ~ *кому-л.* судо́м threaten *smb.* with court proceedings; ~ *кому-л.* па́льцем wag/shake* *one's* finger at *smb.*

придава́ть, прида́ть **1.** (*вн.*, *прибавлять*) add (*smb.*, *smth.*), *воен.* attach (*smb.*, *smth.*); **2.** (*рд.*, *увеличивать, усиливать*) lend* (*smth.*); ~ бо́дрости и си́лы lend* vigor and energy; **3.** (*вн.*; *качество, форму и т. п.*) give* (*smth.*), impart (*smth.*), lend* (*smth.*); ~ вкус *чему-л.* give* relish to smth; ~ лицу́ стро́гое выраже́ние give* the face a severe expression, make* the face look severe; **4.** (*вн.*; *вкладывать тот или иной смысл*) attach (*smth.*); ~ *чему-л.* серьёзное значе́ние attach great importance to *smth.*

придави́ть *сов.* (*вн.*) weight (*smth.*) down, hold* (*smb.*, *smth.*) down, press (*smth.*) against; (*прищемить*) squeeze (*smth.*).

прида́ни|е *с.* giving, conferring, imparting, communication; для ~я зако́нной си́лы (*вн.*) *юр.* for the enforcing (of).

прида́ное *с.* **1.** (*имущество*) dowry; (*одежда, белье*) trousseau; **2.** (*комплект белья для новорождённого*) layette, set of baby clothes.

прида́ток *м.* **1.** appendage; **2.** *анат.* appendix.

прида́точн|ый *анат.*, *бот.* appendicular; ◇ ~ое предложе́ние *грам.* subordinate clause.

прида́ть *сов. см.* придава́ть.

прида́ч|а *ж.* **1.** (*действие*) giving, adding; *воен.* attaching, attachment; **2.** (*то, что прибавлено, придано*) addition; в ~у in addition; *перен.* into the bargain; дать *что-л.* в ~у give* *smth.* extra.

придвига́ть, придви́нуть (*вн.*) bring* up (*smth.*), draw* up (*smth.*); придви́нуть стул draw* up a chair; **~ся**, придви́нуться come* near, approach.

придви́нуть(ся) *сов. см.* придвига́ть(ся).

придво́рный *прил.* **1.** court *attr.*; ~ врач court physician; **2.** *м. в знач. сущ.* courtier.

приде́л *м.* (*в церкви*) side chapel, side altar.

приде́лать *сов. см.* приде́лывать.

приде́лывать, приде́лать (*вн.* к *дт.*) fix (*smth.* to); приде́лать ру́чку к корзи́нке fix a handle to a basket.

придержа́ть *сов. см.* приде́рживать.

приде́рживать, придержа́ть (*вн.*) **1.** hold* (*smth.*); (*замедлять, задерживать*) check (*smth.*); ~ ло́шадь hold*/rein in a horse; **2.** *разг.* (*не расходовать*) hold* (*smth.*) back, reserve (*smth.*); (*не пускать в оборот*) withhold* (*smth.*); ~ това́р withhold* goods.

приде́рживаться *несов.* **1.** (за *вн.*; *держаться за что-л.*) hold* on (to); **2.** (*рд. держаться ближе к чему-л.*) keep* (to); ~ пра́вой (ле́вой) стороны́ keep* to the right (left); **3.** (*рд; следовать чему-л.*) adhere (to), stick* (to), abide* (by); ~ мне́ния be* of the opinion, adhere/stick* to the opinion; ~ одного́ с *кем-л.* мне́ния be* of the same opinion as *smb.*; ~ поли́тики ми́ра adhere to a policy of peace; ~ те́кста stick* to the text.

приди́ра *м. и ж. разг.* faultfinder; captious fellow.

придира́ться, придра́ться (к *дт.*) find* fault (with), pick (on).

приди́р|ка *ж.* quibble, cavil; **~чивый** captious, carping, faultfinding; ~чивый кри́тик cavilling/fastidious critic; ~чивая кри́тика carping criticism.

придра́ться *сов. см.* придира́ться.

приду́мать *сов. см.* приду́мывать.

приду́мывать, приду́мать **1.** (*вн.*, + *инф.*; *изобретать, догадываться сделать что-л.*) invent (*smth.*); have* the idea (of + -ing); (*догадываться*) guess (*smth.*); э́то лу́чшее, что я мог приду́мать it's the best thing I can think of; э́то ты непло́хо приду́мал! that's not a bad idea of yours!; **2.** (*вн.*; *сочинять*) make* up (*smth.*), invent (*smth.*); приду́мать отгово́рку find*/invent an excuse.

придурковáт|ость *м. разг.* silliness, imbecility; **~ый** *разг.* silly, daft, imbecile, half-baked.

при́дурь *ж. разг.*: с ~ю (a bit) dotty; off *one's* head.

придуши́ть *сов.* (*вн.*) *разг.* strangle (*smb.*, *smth.*) throttle (*smb.*, *smth.*), choke (*smb.*, *smth.*).

придыха́|ние *с. лингв.* aspiration; **~тельный** *лингв.*: ~тельный согла́сный aspirate.

приеда́ться, прие́сться (*дт.*) *разг.* (*прям. и перен.*) pall (on); мне э́то прие́лось I'm fed up with it, I'm tired of it; всё приеда́ется ≅ butter to butter is no relish.

прие́зд *м.* arrival, coming.

приезж|а́ть, прие́хать arrive, come*; **~а́ющий** *м.* new arrival, newcomer, visitor.

прие́зж|ий *прил.* **1.**: ~ая тру́ппа touring company; **2.** *в знач. сущ. м.* newcomer, visitor.

прие́млем|ый acceptable; ~ое предложе́ние acceptable offer/proposition.

прие́сться *сов. см.* приеда́ться.

прие́хать *сов. см.* приезжа́ть.

приём *м.* **1.** (*в учебное заведение, профсоюз и т. п.*) admission (to), enrollment (in); **2.** (*гостей, посетителей, больных и т. п.*) reception; ~ по слу́чаю заключе́ния сде́лки reception to celebrate conclusion of a transaction; ~ в посо́льстве reception at an embassy; соблюда́ть протоко́л на ~е observe protocol at a reception; **3.** (*товаров*) acceptance; **4.** (*гостеприимство*) welcome, reception; ока́зывать *кому-л.* раду́шный ~ give* *smb.* a hearty welcome/reception; **5.** (*телеграмм, радиосообщений и т.п.*) receiving, reception; **6.** (*доза*) dose; у меня́ оста́лось аспири́на на оди́н ~ I have only one dose of aspirin left; **7.** (*способ*) method, way, technique; *спорт.* grip, action, hold; болево́й ~ painful hold; запрещённый ~ illegal hold; коро́нный ~ favorite technique; применя́ть ~ *спорт.* apply a hold/lock; ра́зные ~ы лече́ния different methods of treatment; ло́вкий ~ clever trick; **8.** (*отдельное действие*) go, sitting, stage; он прочёл пье́су в оди́н ~ he read the play at one sitting/go; сде́лать *что-л.* в не́сколько ~ов do* *smth.* in stages.

приёмник *м.* (*принимающее устройство*) receiver; (*радиоприёмник тж.*) radio; ~ излуче́ния radiation sensor/detector.

приёмн|ый *прил.* **1.** reception *attr.*; ~ день reception day; ~ые часы́ reception hours; (*врача*) consulting hours; ~ые экза́мены entrance examinations; ~ая коми́ссия examing body, the examiners; **2.** *тех.*, *радио* receiving *attr.*; ~ая радиоста́нция receiving station; **3.** *в знач. сущ. ж.* waiting room; (*кабинет врача*) consulting room, surgery; <> ~ сын adopted son; ~ая дочь adopted daughter; ~ оте́ц foster father; ~ая мать foster mother.

приём|очный receiving *attr.*; **~щик** *м.*, **~щица** *ж.* receiving clerk.

приёмыш *м. разг.* adopted child*; foster child*.

прижа́ть(ся) *сов. см.* прижима́ть(ся).

прижéчь *сов. см.* прижига́ть.

прижива́|лка *ж.*, **~льщик** *м.* dependant; *перен.* sponger.

прижива́ться, прижи́ться **1.** settle down, make* *oneself* at home; **2.** (*о растениях*) take*/strike* roots; **3.** (*привыкнуть*) become*/get* acclimatized.

прижига́ние *с.* cauterization, cauterizing, cautery.

прижига́ть, приже́чь (*вн.*) cauterize (*smth.*), sear (*smth.*); приже́чь ра́ну йо́дом disinfect a wound with iodine.

прижи́зненн|ый in *one's* lifetime; ~ое даре́ние *юр.* absolute gift.

прижима́ть, прижа́ть **1.** (*вн.* к *дт.*) press (*smb.*, *smth.* to), squeeze (*smb.*, *smth.* to), clasp (*smb.*, *smth.* to); ~ *кого-л.* к груди́ hug/press *smb.* to *one's* heart, hold* *smb.* tight; **2.** (*вн.*) *разг.* (*притеснять*) restrict (*smb.*), put* the screw on (*smb.*), clamp down (on); <> ~ *кого-л.* к сте́нке drive* *smb.* into a corner; **~ся**, прижа́ться (к *дт.*) cuddle up (to), snuggle up (to), cling* close (to); ~ся к стене́ stand* close to a wall, flatten *one's* back against a wall.

прижи́мистый *разг.*: closefisted, stingy.

прижи́ться *сов. см.* прижива́ться.

приз *м.* prize; де́нежный ~ money prize; кома́ндный ~ *спорт.* team award; взять пе́рвый ~ take*/win* the first prize; переходя́щий ~ challenge prize.

призаду́маться *сов.* be*/become* thoughtful, be* lost in thought.

призва́ни|е *с.* **1.** (*склонность*) vocation, calling, bent, inclination; име́ть ~ к жи́вописи have* an aptitude/taste/turn for painting; сле́довать своему́ ~ю follow *one's* bent; чу́вствовать ~ к нау́ке feel* a calling for science; он учи́тель по ~ю he is cut out to be a teacher, his vocation is teaching; **2.** (*предназначение*) mission, task.

призва́ть *сов. см.* призыва́ть.

призе́мист|ый **1.** thickset, squat, stocky; ~ па́рень stocky fellow; **2.** (*низкий*) low-built, squat; ~ые до́мики low-built houses.

приземле́ние *с.* touchdown, landing.

приземли́ться *сов. см.* приземля́ться.

приземля́ться, приземли́ться touch down, land, alight.

призёр *м. спорт.* prizewinner; ~ Олимпи́йских игр Olympic prizewinner.

при́зм|а *ж.* prism; <> сквозь ~у (*рд.*) in the light (of); **~ати́ческий** prismatic.

признава́ть, призна́ть (*вн.*) **1.** recognize (*smb.*, *smth.*); призна́ть нейтралите́т госуда́рства recognize a country's neutrality; **2.** (*соглашаться с чем-л.*) acknowledge (*smth.*), admit (*smth.*), own (*smth.*); ~ *чью-л.* правоту́ admit *smb.* is right; ~ свою́ оши́бку acknowledge *one's* mistake; ~ себя́ побеждённым acknowledge *one's* defeat; *спорт.* throw* inthe towel; **3.** (*приходить к заключению*) declare (*smb.*, *smth.*); ~ *чью-л.* рабо́ту отли́чной declare/consider *smb.*'s work excellent; призна́ть себя́ вино́вным plead guilty; ~ *что-л.* недействи́тельным *юр.* declare *smth.* invalid, nullify (*smth.*); ~ *кого-л.* (не) вино́вным *юр.* bring* in a verdict of (not) guilty; **~ся**, призна́ться (*дт.* в *пр.*) confess (*smth.* to), admit (*smth.* to); подсуди́мые призна́лись the accused pleaded guilty; призна́ться *кому-л.* в любви́ declare *one's* love to *smb.*; призна́ться во всём own up, make* a clean breast of it; <> призна́ться (сказа́ть)... I confess..., I must say...

при́знак *м.* sign, indication; не подава́ть ~ов жи́зни show* no sign of life; ~и отравле́ния symptoms of poisoning; ~и недово́льства signs of discontent; по всем ~ам everything goes to show.

призна́ни|е *с.* **1.** (*действие*) confession, avowal; ~ в любви́ declaration of love; **2.** (*выражение своего положительного отношения*) acknowledgement, admission; ~ *чьей-л.* правоты́ acknowledgement that *smb.* is right; **3.** (*слова признающегося в чем-л.*) confession; вы́слушать *чьё-л.* ~ listen to *smb.'s* confession; **4.** (*общественное уважение*) recognition, acknowledgement; он по́льзуется всео́бщим ~ем his reputation is generally recognized, he has a universal reputation; заслужи́ть всео́бщее ~ merit universal acknowledgement; <> за ~ — полови́на наказа́ния *посл.* ≅ a fault confessed is half redressed.

при́знанный recognized, acknowledged; ~ тала́нт recognized talent.

призна́тельн|ость *ж.* gratitude, gratefulness, thankfulness; **~ый** grateful, thankful.

призна́ть(ся) *сов. см.* признава́ть(ся).

призов|о́й prize *attr.*; ~ы́е места́ *спорт.* prizewinning places; ~ суд *мор.* prize court.

при́зра|к *м.* phantom, specter; (*привидение тж.*) ghost, apparition; гоня́ться за ~ками catch* at shadows; **~чный** **1.** phantasmal, ghostly; ~чное виде́ние ghostly vision; **2.** (*мнимый*) unreal, illusory; **3.** (*неясный, зыбкий*) illusive, shadowy.

призы́в *м.* **1.** (*действие*) call; ~ на действи́тельную вое́нную слу́жбу call-up (for active military service); **2.** (*просьба, мольба*) appeal, call; ~ на по́мощь call for help; **3.** (*лозунг*) appeal, slogan; **4.** *собир.* (*лица, одновременно призванные на военную службу*) call-up, draft.

призыв|а́ть, призва́ть **1.** (*вн., звать*) call (*smb.*); ~ на по́мощь call/appeal for help; **2.** (*вн.; на военную службу*) call (*smb.*) up, conscript (*smb.*); **3.** (*вн.* к *дт., вн. + инф., привлекать к важному делу*) call (upon *smb.* + to *inf.*); **4.** (*вн.* к *дт.*) call (*smb.* to), appeal (to *smb.* for); призва́ть *кого-л.* к поря́дку call *smb.* to order; призва́ть к споко́йствию appeal for calm; **~а́ться** *несов. разг.* be* called up; **~ни́к** *м.* person who has been called up; draftee *амер.*; **~но́й** call-up *attr.*; ~но́й во́зраст call-up age; ~но́й пункт call-up/enlistment office; ~на́я коми́ссия call-up commission.

призы́вный: ~ крик call.

при́иск *м.* mine; золоты́е ~и goldfields.

прииска́ть *сов. см.* прии́скивать.

прии́скивать, приискать (*вн.*) *разг.* find* (*smth.*); *несов. тж.* look (for).

прийти́ *сов. см.* приходи́ть.

прийти́сь *сов. см.* приходи́ться 1-5.

прика́з *м.* order; (*бумага с распоряжением*) printed order; по ~у *кого-л.* by order of *smb.*; ~ по войска́м order of the day; ~ о наступле́нии order to attack; ~ есть ~ orders are orders! ~ об обраще́нии взыска́ния на до́лю должника́ в акционе́рном о́бществе *юр.* charging order; ~ суда́ о ликвида́ции компа́нии *юр.* winding-up order.

приказа́|ние *с.* instruction, order; **~а́ть** *сов. см.* прика́зывать.

прика́з|ывать, приказа́ть (*дт. + инф.*) order (*smb.* + to *inf.*), command (*smb.* + to *inf.*); приказа́ть *кому-л.* сде́лать *что-л.* order *smb.* to do *smth.*; ему́ бы́ло прика́зано яви́ться на сле́дующий день he was ordered to report next day; как прика́жете вас понима́ть? how am I expected to take your remark?; что прика́жете? what can I do for you?; ◇ приказа́ть до́лго жить die, depart (from) this life.

прика́лывать, приколо́ть (*вн.*) pin (*smth.*), fasten (*smth.*) with a pin; приколо́ть цвето́к к пла́тью pin a flower to *one's* dress.

прикарма́нивать, прикарма́нить (*вн.*) *разг.* pocket (*smth.*).

прикарма́нить *сов. см.* прикарма́нивать.

прика́рмливать *несов.* (*вн.*) feed* (*smb., smth.*); ~ грудно́го ребёнка молоко́м supplement a baby's diet with milk.

прикаса́ться, прикосну́ться (к *дт.*) touch (*smb., smth.*); па́льцы его́ слегка́ прикосну́лись к стру́нам his fingers ran lightly over the strings.

прикати́ть *сов.* **1.** (*вн., катя, приблизить*) roll (*smth.*); **2.** *разг.* (*приехать*) drive* up; **~ся** *сов.* roll.

прики́дывать, прики́нуть *разг.* **1.** (*вн., рд., прибавлять*) add (*smth.*); **2.** (*вн., определять вес*) feel* (*smth.*); weigh (*smth.*) roughly, try the weight (of); ~ *что-л.* на руке́ heft *smth.*; **3.** (*вн., делать приблизительный подсчёт*) reckon (*smth.*) up; ~ *что-л.* в уме́ reckon up *smth.* in *one's* head.

прики́дываться, прики́нуться (*тв.*) *разг.* pretend (to be *smth.*), sham (*smth.*); ~ больны́м sham illness, pretend to be ill; ~ простачко́м play the simpleton.

прики́нуть *сов. см.* прики́дывать.

прики́нуться *сов. см.* прики́дываться.

прикла́д I *м.* (*оружия*) butt, buttstock.

прикла́д II *м.* (*в портновском деле*) trimmings *pl.*

прикладн|о́й applied; ~ы́е нау́ки applied sciences; ~о́е иску́сство applied art(s) (*pl.*); ~а́я кинематогра́фия applied motion picture photography.

прикла́дывать, приложи́ть (*вн.* к *дт.*) put* (*smth.* to); apply (*smth.* to); приложи́ть ру́ку ко лбу́ put* *one's* hand to *one's* forehead; приложи́ть к у́ху тру́бку put* the receiver to *one's* ear; **~ся**, приложи́ться **1.** (*тв.* к *дт., приближаться вплотную к чему-л.*) apply (*smth.* to); приложи́ться гла́зом к замо́чной сква́жине apply *one's* eye to the keyhole; **2.** (к *дт., почтительно целовать*) kiss (*smb., smth.*); **3.** (*нацеливаться*) take* aim.

прикле́ивать, прикле́ить (*вн.*) stick* (*smth.*), glue (*smth.*), paste (*smth.*); **~ся**, прикле́иться stick*, get* stuck, bond.

прикле́ить(ся) *сов. см.* прикле́ивать(ся).

приклепа́ть *сов. см.* приклёпывать.

приклёпывать, приклепа́ть (*вн.*) rivet (*smth.*).

приклони́ть *сов. см.* приклоня́ть.

приклоня́ть, приклони́ть: не́где го́лову приклони́ть have* nowhere to lay *one's* head.

приключе́н|ие *с.* adventure; (*происшествие*) incident; **~ческий** adventure *attr.*; ~ческий рома́н novel of adventure, adventure novel; ~ческий кинофи́льм adventure film.

прикова́ть *сов. см.* прико́вывать.

прико́вывать, прикова́ть (*вн.*) **1.** chain (*smb., smth.*); *перен.* tie (*smb., smth.*); страх прикова́л его́ к ме́сту fear rooted him to the spot, he was rooted to the spot by fear; быть прико́ванным к посте́ли be* tied to *one's* bed, be* bedridden; **2.** (*привлекать*) attract (*smth.*), rivet (*smth.*); ~ к себе́ всео́бщее внима́ние attract everybody's attention.

прико́л *м.* post; ◇ на ~е (*о судах*) tied up, at (their) moorings; стоя́ть на ~е 1) be* laid up; 2) (*бездействовать*) stand* idle.

прикола́чивать, приколоти́ть (*вн.*) nail (*smth.*) up/down, fasten (*smth.*) with nails.

приколоти́ть *сов. см.* прикола́чивать.

приколо́ть *сов. см.* прика́лывать.

прикомандирова́ть *сов.* (*вн.* к *дт.*) attach (*smb.* to).

прико́рм *м.* **1.** (*действие*) feeding; **2.** (*то, чем прикармливают*) extra feed; **~ка** *ж. см.* прико́рм.

прикорну́ть *сов. разг.* snuggle (up); (*вздремнуть*) take* a nap.

прикоснове́ние *с.* touch; лёгкое ~ light touch.

прикосну́ться *сов. см.* прикаса́ться.

прикра́сить *сов. см.* прикра́шивать.

прикра́сы *мн.* (*ед.* прикра́са *ж.*) *разг.* embellishment *sg.*, embroidery *sg.*; рассказа́ть *что-л.* без прикра́с tell* *smth.* without any embroidery.

прикра́шивать, прикра́сить (*вн.*) embellish (*smth.*), embroider (*smth.*).

прикреп|и́ть(ся) *сов. см.* прикрепля́ть(ся); **~е́ние** *с.* **1.** attachment; (*булавкой, кнопкой*) fastening; **2.** (*регистрация*) registration.

прикрепля́ть, прикрепи́ть (*вн.* к *дт.*) **1.** (*прикалывать*) fasten (*smth.* to), nail (*smth.* to); ~ *что-л.* була́вками pin *smth.*, fasten *smth.* with pins; **2.** (*передавать в чьё-л. ведение*) attach (*smth.* to); **3.** (*принимать на учёт*) register (*smb.* at); **~ся**, прикрепи́ться **1.** fasten; **2.** (*регистрироваться*) register; прикрепи́ться к поликли́нике register at a polyclinic.

прикри́кивать, прикри́кнуть (на *вн.*) shout (at).

прикри́кнуть *сов. см.* прикри́кивать.

прикрути́ть *сов. см.* прикру́чивать.

прикру́чивать, прикрути́ть **1.** (*вн.* к *дт.*) tie (*smth.* to), bind* (*smth.* to), fasten (*smth.* to); **2.** (*вн.*) *разг.* (*газ, фитиль в лампе и т. п.*) turn (*smth.*) down.

прикрыва́ть, прикры́ть (*вн.*) **1.** (*закрывать*) cover (*smth.*); **2.** (*скрывать*) cover up (*smth.*), disguise (*smth.*), conceal (*smth.*); **3.** (*заслонять*) screen (*smb.*, *smth.*), shield (*smb.*, *smth.*); **4.** (*защищать войсками*) cover (*smth.*); ~ отступле́ние cover a retreat; **5.** (*неплотно закрывать*) draw* (*smth.*) to, close (*smth.*) lightly, half close (*smth.*); **6.** *разг.* (*прекращать*) close (*smth.*) down, wind* up (*smth.*); **~ся**, прикры́ться **1.** (*тв.*) cover *oneself* (with); **2.** (*скрывать, маскировать*) conceal *one's* intentions; **3.** (*заслоняться*) shield *oneself*; **4.** (*неплотно закрываться*) close lightly; **5.** *разг.* (*ликвидироваться*) close down.

прикры́т|ие *с.* **1.** (*действие*) concealment, shielding, protection; для ~ия *чего-л.* to conceal/protect *smth.*; **2.** (*защита, охрана*) cover, protection; (*войска*) covering force; под ~ием *чего-л.* protected by *smth.*; **3.** (*сооружения, предметы, укрывающие от чего-л.*) shelter.

прикры́ть(ся) *сов. см.* прикрыва́ть(ся).

прикупа́ть, прикупи́ть (*вн.*, *рд.*) buy* (some more) (*smth.*), get* (some more) (*smth.*); прикупи́ть ещё метр тка́ни buy* another meter of cloth.

прикупи́ть *сов. см.* прикупа́ть.

прику́ривать, прикури́ть light* a cigarette; ~ у *кого-л.* take* a light from *smb.*; разреши́те прикури́ть! can you give me a light, please?

прикури́ть *сов. см.* прику́ривать.

прикуси́ть *сов. см.* прику́сывать.

прику́сывать, прикуси́ть (*вн.*) bite* (*smth.*); прикуси́ть язы́к bite* *one's* tongue; *перен.* keep* *one's* mouth shut.

прила́в|ок *м.* counter; рабо́тник ~ка shop assistant, counter-hand.

прилага́тельн|ый: и́мя ~ое *грам.* adjective.

прилага́ть, приложи́ть (*вн.*) **1.** (*присоединять к чему-л.*) append (*smth.*), attach (*smth.*); (*к письму тж.*) enclose (*smth.*); **2.** (*применять*) exert (*smth.*); ~ уси́лия make* every effort, do* all *one* can, exert all *one's* powers; он не приложи́л никако́го стара́ния he took no pains at all.

прила́дить *сов. см.* прила́живать.

прила́живать, прила́дить (*вн.* к *дт.*) fix (*smth.* to), fit (*smth.* to).

приласка́ть *сов.* (*вн.*) pet (*smb.*, *smth.*), caress (*smb.*, *smth.*), fondle (*smb.*, *smth.*); (*проявить нежность*) show* kindness (to), be* nice (to); **~ся** *сов.* (к *дт.*) make* up (to), coax affection (from).

прилег|а́ть (к *дт.*) **1.** (*примыкать*) adjoin (*smth.*); сад ~а́ет к реке́ the garden adjoins the river, the garden borders on the river; **2.** (*об одежде*) fit snugly (on), cling* (to).

прилежа́ние *с.* diligence, industry.

прилежа́щ|ий *мат.* adjacent; ~ие углы́ adjacent angles.

приле́жный diligent, industrious, assiduous.

прилеп|и́ть(ся) *сов. см.* прилепля́ть(ся); **~ля́ть**, прилепи́ть (*вн.* к *дт.*) stick* (*smth.* to, on); (*клеем тж.*) paste (*smth.* to, on), glue (*smth.* to, on); **~ля́ться**, прилепи́ться (к *дт.*) stick* (to).

прилёт *м.* arrival, coming.

прилета́ть, прилете́ть **1.** arrive, come*; **2.** *разг.* (*примчаться*) rush in/up, fly* in.

прилете́ть *сов. см.* прилета́ть.

приле́чь *см.* **1.** lie* down (for a while); (*привалиться*) lean* (on); **2.** (*пригнуться — о траве и т. п.*) droop; (*осесть — о пыли*) settle.

прили́в *м.* **1.** (*морской*) rising tide, flood tide; ~ и отли́в rise and fall of the tide, ebb and flow of the tide; **2.** (*поступление, приток*) influx; **3.** (*приток крови*) rush; afflux *научн.*; **4.** (*нарастание, усиление чего-л.*) surge, upsurge; ~ ра́дости surge of joy.

прилипа́ть, прили́пнуть (к *дт.*) stick* (to), adhere (to); *перен. разг.* glue/press *oneself* (to); (*приставать*) pester (*smb.*).

прили́п|нуть *сов. см.* прилипа́ть; **~чивый 1.** sticking, adhesive; *перен. разг.* (*заразительный*) infectious, catching; **2.** *разг.* (*надоедливый*) boring, tiresome; ~чивый челове́к pest, bore.

прили́стник *м. бот.* stipule.

прили́ч|ие *с.* decency, propriety, decorum; для ~ия for decency's/form's sake, for the sake of decency; соблюда́ть ~ия observe the proprieties; **~но** decently; он ~но вы́глядит he looks fairly well; **~ный 1.** (*пристойный*) decent, decorous, seemly; (*порядочный*) respectable; **2.** *разг.* (*хороший*) decent, passable, good enough *predic.*; (*изрядный*) fair; ~ная зарпла́та fair wages; ~ная су́мма tidy sum.

прилож|éние *с.* **1.** (*к журналу, газете*) supplement; (*к книге, докладу и т.п.*) appendix (*pl.* -ices); addendum, enclosure; ~ к контрáкту addendum to a contract; ~ к железнодорóжной накладнóй appendix to waybill; ~ к офéрте appendix to an offer; реклáмное ~ advertising supplement; нóмер ~éния appendix number; отпрáвить ~ письмóм send* enclosure by post; указáть номенклатýру товáра в ~éнии indicate the list of goods in an appendix; **2.** *грам.* apposition; **~úть** *сов. см.* приклáдывать *и* прилагáть; **~úться** *сов. см.* приклáдываться.

прилунéние *с.* landing on the moon, moon/lunar landing.

прилун|úться *сов. см.* прилунЯться; **~Яться,** прилунúться land on the moon.

прильнýть *сов. см.* льнуть 1.

прúма *ж.* **1.** *муз.* tonic; **2.** first string; **3.** first violin.

прúма-балерúна *ж. театр.* prima ballerina, first dancer.

прúма-вéксель *фин.* first bill.

примадóнна *ж. театр.* prima donna.

примáнивать, приманúть (*вн.*) entice (*smb., smth.*), lure (*smb., smth.*), attract (*smb., smth.*).

приманúть *сов. см.* примáнивать.

примáнка *ж.* bait; *перен.* allurement, lure, attraction.

примелькáться *см. разг.* become* familiar.

примен|éние *с.* **1.** application; (*употребление*) use, employment; ~ нóвых мéтодов произвóдства employment of new methods of production, достóйный лýчшего ~éния worthy of better application; **2.** (*к условиям, местности*) adaptation; ◇ ~ мáркетинга marketing realization; **~úмость** *ж.* applicability; ~úмость тéхники usefulness of the machinery; **~úмый** applicable; вполнé ~úмый спóсоб quite feasible method; **~úтельно** with/in reference to; **~úть(ся)** *сов. см.* применЯть(ся).

применЯть, применúть (*вн.*) apply (*smth.*); (*использовать*) use (*smth.*); **~ся,** применúться (к *дт.*) adapt *oneself* (to), conform (to).

примéр *м.* example; (*частный случай*) instance; (*образец*) model, ~ мýжества example of courage; ~ великодýшия example of generosity; слéдовать *чьему-л.* ~у follow *smb.*'s example; по ~у *кого-л.* following the example of *smb.*; для ~а as an example (to others); ◇ к ~у for example, for instance; не в ~ 1) (*в отличие*) unlike; 2) (*гораздо*): не в ~ умнéе much cleverer (than); дурнóй ~ заразúтелен ≅ bad lessons are soon learned and long remembered.

примерзáть, примёрзнуть (к *дт.*) freeze* on (to).

примéр|ить *сов. см.* примерЯть; ◇ семь раз примéрь, одúн отрéжь *посл.* ≅ look before you leap; **~ка** *ж.* trying on, fitting; сдéлать ~ку have* a fitting.

примéрн|о **1.** (*отлично*) exemplarily; **2.** (*приблизительно*) approximately, about; **~ый** **1.** (*образцовый*) model *attr.*; exemplary; ~ое поведéние exemplary conduct; **2.** (*приблизительный*) approximate; ~ый подсчёт расхóдов approximate estimate of expenditure.

примерЯть, примéрить (*вн.*) try (*smth.*) on.

прúмесь *ж.* admixture; *перен. тж.* touch, tinge.

примéт|а *ж.* **1.** sign, token; осóбые ~ы distinctive marks; **2.** (*предзнаменование*) omen, sign; дурнáя (хорóшая) ~ bad (good) omen; ◇ имéть *кого-л.* на ~е have* *smb.* in view.

приметáть *сов. см.* примётывать.

примéт|ить *сов. см.* примечáть; **~ный** **1.** (*заметный*) perceptible: **2.** (*выделяющийся среди других*) conspicuous; ~ный человéк conspicuous person.

примечáни|е *с.* note, annotation; (*сноска*) footnote; составлЯть ~я к тéксту annotate a text; снабдúть текст ~ями provide a text with notes, annotate a text.

примечáтельный outstanding, noteworthy.

примечáть, примéтить (*вн.*) *разг.* notice (*smb., smth.*), observe (*smb., smth.*), note (*smb., smth.*); (*запоминать*) make* a mental note (of).

примешáть *сов. см.* примéшивать.

примéшивать, примешáть (*вн., рд.* к *дт.*) mix (*smth.* into), add (*smth.* to).

примёрзнуть *сов. см.* примерзáть.

примётывать, приметáть (*вн.*; *пришивать*) tack (*smth.*), baste (*smth.*).

приминáть, примЯть (*вн.*) flatten (*smth.*), tread* (*smth.*) down; **~ся,** примЯться be* trampled down.

примирéн|ец *м.* conciliator; **~ие** *с.* conciliation, reconciliation, reconcilement; **~ческий** conciliatory; **~чество** *с.* spirit of conciliation.

примирúтель *м.* conciliator, reconciler, peacemaker; **~ный** reconciliatory, conciliating.

примир|úть *сов. см.* примирЯть; **~úться** *сов. см.* примирúться *и* мирúться 2; **~Ять,** примирúть (*вн.* в *тв.*) **1.** (*мирить*) reconcile (*smb.* with); примирúть сосéдей reconcile the neighbors, make* it up between the neighbors; **2.** (*заставлять терпимо относиться*) reconcile (*smb., smth.* to); ~Ять две тóчки зрéния reconcile two points of view; **~Яться,** примирúться (с *тв.*) **1.** *разг.* (*мириться*) make* it up (with), be* reconciled (with); **2.** (*свыкаться с чем-л.*) become* reconciled (to), reconcile *oneself* (to); примирúться с судьбóй reconcile *oneself* to *one's* fate/lot, make* the best of it.

примитúвный primitive.

примкнýть *сов. см.* примыкáть 2.

примóлкнуть *см. разг.* become*/fall* silent.

примóрский seaside *attr.*, coastal; maritime *научн.*; ~ гóрод seaside town.

примóрье *с.* coast; littoral *книжн.*

примостúться *сов. разг.* find* a place (on), perch *oneself* (on).

примóчк|а *ж.* wash, lotion; дéлать ~у apply lotion, bathe the affected part.

прúмула *ж. бот.* primula, primrose.

прúмус *м.* primus(-stove).

примча́ться *сов.* come* running, come* tearing along, rush in.

примыка́ть, примкну́ть (к *дт.*) **1.** *тк. несов.* (*находиться рядом*) adjoin (*smth.*), border (on, upon), be* adjacent (to); дом ~áет к шкóле the house adjoins the school; **2.** (*присоединяться*) join (*smb.*, *smth.*); *перен. тж.* become* associated (with), go* along (with).

примя́ть(ся) *сов. см.* примина́ть(ся).

принадлеж|а́ть *несов.* **1.** (*дт.; быть чьей-л. собственностью*) belong (to); **2.** (*дт., являться чьим-л. творением*) be* the work (of); э́та карти́на ~и́т ки́сти Ре́пина this picture is by Repin, this picture is the work of Repin; им ~и́т честь э́того откры́тия the credit for this discovery belongs to them; **3.** (*дт.; быть свойственным кому-л., чему-л.*) belong (to), be* a feature (of); хи́мии ~и́т большóе бýдущее the chemical industry has a great future; **4.** (к *дт.; входить в состав чего-л.*) belong (to); be* numbered (among); он ~и́т к числý лýчших писа́телей нáшей эпóхи he is one of the best writers of our time.

принадле́жност|ь *ж.* **1.** (*предмет*) article, accessory; ~и туале́та toilet articles/accessories; посте́льные ~и bedding *sg.*; рыболóвные ~и fishing tackle *sg.*; ~и к съёмочному объекти́ву *кино* lens accessories; **2.** (*неотъемлемое свойство*) element, essential quality; **3.** (*к организации и т. и.*) membership (of), belonging to; ◇ обрати́ться по ~и apply to the proper quarter.

принаряди́ть *сов.* (*вн.*) *разг.* dress (*smb.*) up, get* (*smb.*) up, deck (*smb.*) out; **~ся** *сов. разг.* dress/get* *oneself* up.

принести́ *сов. см.* приноси́ть.

принижа́ть, прини́зить (*вн.*) **1.** (*унижать*) lower (*smb.*), humble (*smb.*), humiliate (*smb.*); **2.** (*роль, значение*) belittle (*smth.*), disparage (*smth.*).

прини́женн|ость *ж.* humility, humbleness; **~ый 1.** (*выражающий смирение*) humiliated; **2.** (*унизительный*) humiliating.

прини́зить *сов. см.* принижа́ть.

принима́ть, приня́ть **1.** (*вн.; брать, получать*) accept (*smth.*), take* (*smth.*); ~ пода́рки accept gifts; ~ гражда́нство be* naturalized; **2.** (*вн.; брать под своё командование, вступать в управление предприятием и т. п.*) take* over (*smth.*); (*пост, должность*) assume (*smth.*); приня́ть рóту take* over a company; приня́ть завóд take* over a factory, take* charge of a factory; **3.** (*вн.; включать в состав чего-л.*) admit (*smb.*), accept (*smb.*); (*на работу*) engage (*smb.*), take* (*smb.*) on; егó при́няли в университе́т he was admitted to the university; приня́ть на рабóту пять челове́к engage five persons; **4.** (*вн; посетителей, гостей и т. п.*) receive (*smb.*, *smth.*); ~ делега́цию receive a delegation; приня́ть послá receive an ambassador; ~ гостéй receive guests; хорошó приня́ть *кого-л.* give* *smb.* a good reception; приня́ть больнóго receive a patient; **5.** (*вн.; проявлять какое-л. отношение к чему-л.*) receive (*smth.*) take* (*smth.*), treat (*smth.*); они́ с востóргом при́няли э́ту весть they received the news enthusiastically; **6.** (*вн., соглашаться с чем-л.*) accept (*smth.*); приня́ть предложе́ние accept an offer/proposal; ~ *чьи-л.* услóвия agree to *smb.*'s conditions, accept *smb.*'s terms; **7.** (*вн.; утверждать голосованием*) pass (*smth.*), carry (*smth.*), adopt (*smth.*); приня́ть резолю́цию pass/carry a resolution; **8.** (*вн.; по радио, телеграфу, телефону*) take* (down) (*smth.*); приня́ть телефонограмму take* (down) a telephone message; **9.** (*вн.*) *в сочетании с сущ.* take* (*smth.*); ~ учáстие в *чем-л.* take* part in *smth.*; **10.** (*вн.; учение, религию*) adopt (*smth.*), embrace (*smth.*); ~ христиа́нство adopt Christianity; **11.** (*вн.; вид, форму*) assume (*smth.*); гóрод при́нял прáздничный вид the town was decked out for the holiday, the town looked very festive; их отноше́ния при́няли чи́сто официа́льный харáктер their relations assumed a purely formal character; **12.** (*вн., рд.; какое-л. лекарство*) take* (*smth.*); ~ миксту́ру take* *one's* medicine; **13.** (*вн.; подвергаться какой-л. процедуре*) take* (*smth.*); ~ крещéние be* baptized; ~ монáшество take* monastic vows; (*о женщине*) take* the veil; ~ вáнну have* a bath; **14.** (*вн.* за *вн.; счесть по ошибке за другого, другое*) (mis)take* (*smb.*, *smth.*) for; егó при́няли за когó-то другóго he was (mis)taken for somebody else; ◇ ~ во внимáние *чьи-л.* мне́ние take* *smb.*'s opinion into consideration; ~ *что-л.* бли́зко к сéрдцу take* *smth.* to heart; ~ *что-л.* всерьёз take* *smth.* seriously; ~ на себя́ мнóго обя́занностей undertake* many duties, load *oneself* with responsibilities; ~ ребёнка (*при родах*) assist at the birth (of a child); **~ся**, приня́ться **1.** (за *вн.*, *приступать к чему-л.*) begin* (*smth.*); set* about (*smth.*); приня́ться за рабóту set* to work; **2.** (за *вн.*) *разг.* (*воздействовать*) take* (*smb.*) in hand, get* to work on (*smb.*); **3.** (*давать ростки*) take* root; (*о вакцине*) take*.

принора́вливать, принорови́ть (*вн.* к *дт.*) *разг.* **1.** adjust (*smth.* to), adopt (*smth.* to); **2.** (*приурочивать*) arrange (*smth.*) to, fit in (with); **~ся**, принорови́ться (к *дт.*) *разг.* adopt *oneself* (to), accommodate *oneself* (to); acquire/get* the knack (of).

принорови́ть(ся) *сов. см.* принора́вливать(ся).

приноси́ть, принести́ (*вн.*) **1.** bring* (*smb.*, *smth.*); (*в руках, на руках тж.*) carry (*smb.*, *smth.*); fetch (*smth.*); принести́ ве́щи домóй bring* the luggage home; принести́ отве́т bring* a reply; **2.** (*родить -о животных*) produce (*smth.*), have* (*smth.*); кóшка принеслá трёх котя́т the cat had three kittens; **3.** (*давать урожай*) bear* (*smth.*), yield (*smth.*); **4.** (*давать в результате*) yield (*smth.*), bring* (*smth.*); ~ дохóд yield a profit; ~ пóльзу *кому-л.* benefit *smb.*; ~ вред *кому-л.* bring*/do* *smb.* harm; **5.**: принести́ *что-л.* в дар present *smth.* as a gift;

принести́ благода́рность *кому-л.* thank *smb.*, express *one's* thanks/gratitude to *smb.*; принести́ кля́тву swear* an oath, make* a vow; <> ~ сча́стье *кому-л.* bring* *smb.* luck; ~ несча́стье *кому-л.* bring* *smb.* ill luck; ~ же́ртву make* a sacrifice; принесла́ тебя́ нелёгкая! why the devil did you have to turn up!

принуди́тельн|ый compulsory, forced; ~ труд forced labor; ~ая ликвида́ция *юр.* compulsory liquidation; winding-up by court; ~ая лице́нзия compulsory license; ~ курс *бирж.* forced rate of exchange.

прину́дить *сов. см.* принужда́ть.

принужд|а́ть, прину́дить (*вн.*) compel (*smb.*), force (*smb.*); **~е́ние** *с.* compulsion, coercion; де́лать *что-л.* по ~е́нию do* *smth.* under compulsion; де́лать *что-л.* без ~е́ния do* *smth.* of *one's* own free will.

принуждённ|ость *ж.* constraint; **~ый** constrained; (*о манерах*) stiff; ~ая улы́бка forced smile.

принц *м.* prince; **~е́сса** *ж.* princess.

при́нцип *м.* principle; основны́е ~ы геоме́трии first principles of geometry; ~ минимиза́ции затра́т *эк.* cost-minimizing rule; ~ материа́льной заинтересо́ванности principle of material incentive; ~ национа́льного режи́ма principle of national treatment; ~ льгот стра́нам с ни́зким дохо́дом на ду́шу населе́ния *эк.* principle of relief for low per capita income countries; <> из ~а on principle.

принципа́л *м. юр.* principal; поимено́ванный ~ disclosed/named principal; ~-граждани́н иностра́нного госуда́рства foreign principal; неназванный ~ undisclosed/unnamed principal; интере́сы ~а interests of the principal; обя́занности ~а duties/obligations of the principal; изыска́ть зака́з для ~а obtain order for principal.

принципиа́льн|о (*из принципа*) on principle; (*в принципе*) in principle; **~ость** *ж.* adherence to principle; **~ый 1.** (*вытекающий из принципов*) of principle *после сущ.*, concerning principle *после сущ.*; ~ый вопро́с a matter of principle; ~ые соображе́ния considerations of principle; **2.** (*руководствующийся принципами*) principled; ~ый челове́к principled person; man*, woman* of principle.

приня́тие *с.* acceptance, adoption; ~ гражда́нства naturalization; ~ предложе́ния о поку́пке це́нных бума́г *бирж.* acceptance of tender.

при́нятый accepted; ~ поря́док the accepted system, the usual way of doing things.

приня́ть(ся) *сов. см.* принима́ть(ся).

приободри́ть(ся) *сов. см.* приободря́ть(ся).

приободря́ть, приободри́ть (*вн.*) encourage (*smb.*), hearten (*smb.*); **~ся,** приободри́ться take* courage, take* heart, cheer up.

приобрести́ *сов. см.* приобрета́ть.

приобрет|а́ть, приобрести́ (*вн.*) acquire (*smth.*); (*покупать тж.*) buy* (*smth.*); ~ зна́ния acquire/attain knowledge; ~ о́пыт acquire/gain experience; ~ плоху́ю репута́цию acquire a bad* reputation; **~е́ние** *с.* acquirement; acquisition; (*покупка тж.*) purchase.

приобщ|а́ть, приобщи́ть (*вн.* к *дт.*) **1.** (*знакомить с чем-л.*) make* (*smb.*) familiar (with), acquaint (*smb.* with); **2.** (*присоединять*) annex (*smth.* to), append (*smth.* to), attach (*smth.* to); **3.** *церк.* (*вн.*) administer the sacrament (to), communicate (*smb.*); **~а́ться,** приобщи́ться (к *дт.*) be* drawn (into), become* familiar (with), get* to know (*smth.*); **~е́ние** *с.* (к *дт.*) familiarizing (with); drawing (into).

приобщи́ть(ся) *сов. см.* приобща́ть(ся).

приоде́ть *сов.* (*вн.*) *разг.* dress (*smb.*) up, get* (*smb.*) up; **~ся** *сов. разг.* dress/get* *oneself* up.

приорите́т *м.* priority; а́вторский ~ *юр.* priority of authorship; ~ зая́вки priority of an application; ~ изобрете́ния priority of an invention; вну́тренний ~ domestic priority; вы́ставочный ~ exhibition priority; конвенцио́нный ~ convention priority; законода́тельные ~ы *юр.* legislative priorities.

приостана́вливать, приостанови́ть (*вн.*) hold* up (*smth.*), check (*smth.*); (*откладывать*) suspend (*smth.*); шторм приостанови́л движе́ние эска́дры the squadron was held up by a storm; **~ся,** приостанови́ться stop (for a while), pause.

приостан|ови́ть(ся) *сов. см.* приостана́вливать(ся); **~о́вка** *ж.* stopping, checking; ~о́вка рабо́т stoppage of work; ~о́вка перегово́ров hitch in negotiations; (*смертного приговора*) *юр.* reprieve; (*приговора, решения*) suspension.

приотвори́ть(ся) *сов. см.* приотворя́ть(ся).

приотворя́ть, приотвори́ть (*вн.*) open (*smth.*) slightly; ~ дверь set* the door ajar; **~ся,** приотвори́ться half-open, open slightly.

приоткрыва́ть, приоткры́ть (*вн.*) open (*smth.*) a little (way); приоткры́ть окно́ open the window a little (way); **~ся,** приоткры́ться open a little (way).

приоткры́ть(ся) *сов. см.* приоткрыва́ть(ся).

припада́ть, припа́сть **1.** (к *дт.; прижиматься*) press close (to), cling* close (to); **2.** (на *вн.; опускаться*) drop (on); ~ на коле́но drop on one knee; **3.** *тк. несов. разг.* (*прихрамывать*) limp, be* lame.

припа́док *м.* fit, attack; (*очень сильный*) paroxysm; ~ гне́ва fit of anger, outburst of passion; серде́чный ~ heart attack; не́рвный ~ nervous attack.

припа́ивать, припая́ть (*вн.* к *дт.*) solder (*smth.* to); **~ся,** припая́ться join/fuse together.

припа́йка *ж.* **1.** (*действие*) soldering; **2.** (*припаянная часть*) soldered joint.

припасать, припасти́ (*вн.*) *разг.* lay* up (*smth.*) in store.

припасти́ *сов. см.* припаса́ть.

припа́сть *сов. см.* припада́ть 1, 2.

припа́сы *мн.* **1.** stores; supplies; (*съестные*) provisions; **2.** *воен.* ammunition *sg.*

припая́ть(ся) *сов. см.* припа́ивать(ся).

припе́в *м.* refrain.

припева́ючи *разг.*: жить ~ live in clover.

припека́ть, припе́чь (*о солнце*) be* beating down.

припере́ть *сов. см.* припира́ть.

припе́чь *сов. см.* припека́ть.

припёк *м.* the heat of the sun; на ~е right in the sun, in the heat of the sun.

припёка *ж.* *разг.*: сбо́ку ~ out of place; redundant.

припира́ть, припере́ть (*вн.*) *разг.* **1.** (*прижимать*) press (*smb.*, *smth.*), squeeze (*smb.*, *smth.*); **2.** (*закрывать*) block (*smth.*); ◇ припере́ть *кого-л.* к стене́ drive* *smb.* into a corner.

приписа́ть(ся) *сов. см.* припи́сывать(ся).

припи́ск|а *ж.* **1.** addition; (*к письму*) postscript; **2.** (*регистрация*) registration; порт ~и *мор.* port of registration; ~ к завеща́нию *юр.* codicil; **3.** *обыкн. мн.* (*ложные показатели выполнения плана*) upward distortion (of results achieved).

припи́сывать, приписа́ть **1.** (*вн.; к заранее написанному*) add (*smth.*); **2.** (*вн., причислять к чему-л.*) register (*smb.*); **3.** (*вн. дт.; считать следствием чего-л.*) attribute (*smth.*); **4.** (*вн. дт., считать принадлежащим кому-л.*) ascribe (*smth.* to), impute (*smth.* to).

припла́та *ж.* extra payment.

приплати́ть *сов. см.* припла́чивать.

припла́чивать, приплати́ть (*вн.*) pay* (*smth.*) extra.

приплести́сь *сов. разг.* stagger (there), drag *oneself*.

припло́д *м.* litter, offspring.

приплыва́ть, приплы́ть go* swimming; (*о корабле*) sail up, come* in; ~ к бе́регу reach the shore.

приплы́ть *сов. см.* приплыва́ть.

приплю́снутый flat.

припля́сывать *несов.* jig up and down; dance, hop.

приподнима́ть, приподня́ть (*вн.*) raise (*smb.*, *smth.*) a little, lift (*smb.*, *smth.*) a little; **~ся**, приподня́ться raise *oneself*, half-rise*; (*в кресле, постели*) sit* up; приподня́ться на цы́почках stand* on tiptoe.

припо́днят|ость *ж.* elation, (state of) excitement; **~ый** elated, excited; (*о стиле речи*) elevated; ~ое настрое́ние elation; быть в ~ом настрое́нии be* elated, be* in high spirits.

приподня́ть(ся) *сов. см.* приподнима́ть(ся).

приподыма́ть(ся) *несов. разг. см.* приподнима́ть(ся).

припо́й *м.* *тех.* solder.

приполза́ть, приползти́ crawl (there).

приползти́ *сов. см.* приполза́ть.

припомина́ть, припо́мнить (*вн.*) remember (*smb.*, *smth.*), recall (*smth.*).

припо́мнить *сов.* **1.** *см.* припомина́ть; **2.** (*вн. дт.*) *разг.* remind (*smb.* of).

припра́в|а *ж.* seasoning, flavoring; **~ить** *сов. см.* приправля́ть.

приправля́ть, припра́вить (*вн.; пищу*) season (*smth.*), flavor (*smth.*).

припря́тать *сов.* (*вн.*) *разг.* hide* (*smth.*); (*убрать на хранение*) put* (*smth.*) away; store (*smth.*) up.

припу́гивать, припугну́ть (*вн.*) *разг.* scare (*smb.*), intimidate (*smb.*).

припугну́ть *сов. см.* припу́гивать.

припу́дривать, припу́дрить (*вн.*) put* a little powder (on); **~ся**, припу́дриться put* on a little powder.

припу́дрить(ся) *сов. см.* припу́дривать(ся).

при́пуск *м.* *тех.* allowance.

припуска́ть, припусти́ть *разг.* **1.** (*вн.; заставлять бежать быстрее*) give* free rein (to); **2.** (*побежать быстрее*) mend *one's* pace; **3.** (*вн.; в шитье*) let* (*smth.*) out; припусти́ть *что-л.* на швы let* *smth.* out at the seams; **~ся**, припусти́ться put* on speed, speed* up, mend *one's* pace.

припусти́ть(ся) *сов. см.* припуска́ть(ся).

припух|а́ть, припу́хнуть swell*; **~лость** *ж.* swelling; **~лый** swollen; **~нуть** *сов. см.* припуха́ть.

прираба́тывать, прирабо́тать (*вн.*, *рд.*) make*/earn (*smth.*) extra.

прирабо́тать *сов. см.* прираба́тывать.

при́работок *м.* extra earnings *pl.*

прира́внивать I, приравня́ть (*вн.* к *дт.*, *уподоблять*) equate (*smb.*, *smth.* with), put*/place (*smb.*, *smth.*) on the same footing/level (as).

прира́внивать II, прировня́ть (*вн.; выравнивать*) level (*smth.*).

приравня́ть *сов. см.* прира́внивать I.

прираста́ть, прирасти́ **1.** (к *дт.*; *срастаться*) grow* (on to); *перен.* become* deeply attached (to); **2.** (*увеличиваться*) increase; (*о капитале тж.*) accrue.

прирасти́ *сов. см.* прираста́ть.

приращéние *с.* **1.** (*увеличение*) increase; **2.** *мат.* increment.

приревнова́ть *сов.* be* jealous.

прире́зать *сов. см.* прирезáть.

прире́зать, прирезáть (*вн.*) **1.** (*перерезать горло*) kill (*smb.*, *smth.*), cut* the throat (of); **2.** (*землю*) allot (*smth.*) additionally.

прировня́ть *сов. см.* прира́внивать II.

приро́д|а *ж.* **1.** nature; зако́н ~ы law of nature; **2.** (*совокупность естественных условий*) physico-geographical features, physical background, natural life; се́верная ~ the natural life of the North; northern scenery; **3.** (*места вне города*) landscape, scenery, country(side); **4.** (*сущность*) nature; (*характер тж.*) character, disposition; челове́ческая ~ human nature; он весёлый по ~е he is naturally cheerful; он до́брый по ~е he is of a kindly disposition; ◇ от ~ы from birth; слепо́й от ~ы blind from birth, born blind;

в ~е вещей in the nature of things; игрá ~ы freak of nature; ~ возьмёт своё nature will have its course; **~ный 1.** (*естественный*) natural; ~ные богáтства natural resources; **2.** (*врождённый*) native, natural, innate; ~ный талáнт natural/innate gift; ~ный ум mother wit.

прирождённый 1. (*врождённый*) innate, inborn; **2.** (*имеющий все данные для какой-л. деятельности*) born; ~ орáтор a born orator.

прирóст *м.* increment, increase; ~ населéния increment of population; ~ дохóдов от произвóдства increment of income from industry; ~ оборóтного капитáла increase in working capital.

прируч|áть, приручи́ть (*вн.*) tame (*smb.*, *smth.*), domesticate (*smth.*); **~éние** *с.* taming; **~и́ть** *сов. см.* приручáть.

присáживаться, присéсть take* a seat, sit* down.

присвáивать, присвóить **1.** (*вн.; завладевать*) appropriate (*smth.*), embezzle (*smth.*); take* possession (of); **2.** (*вн.; выдавать за своё*) arrogate (*smth.*) to *oneself*, lay* (false) claim (to), usurp (*smth.*); **3.** (*вн. дт.; предоставлять*) confer (*smth.* on); ~ *кому-л.* стéпень дóктора confer a doctor's degree on *smb.*

при́свист *м.* **1.** (*свист*) whistle; **2.** (*свистящий призвук*) sibilance; говори́ть с ~ом sibilate.

присви́стнуть *сов.* give* a whistle.

присви́стывать *несов.* **1.** whistle; **2.** (*говорить с присвистом*) sibilate.

присвоéние *с.* **1.** appropriation; (*денег, имущества*) юр. embezzlement; незакóнное ~ misappropriation; ~ прибáвочной стóимости the appropriation of surplus value; **2.** (*звания и т. п.*) awarding, conferment.

присвóить *сов. см.* присвáивать.

присéд *м. спорт.* squat stand.

приседáние *с.* bending down, squatting; (*упражнение*) knee bend.

приседáть, присéсть (*на корточки*) squat; (*от страха*) cower.

присéст *м.*: в оди́н ~, за оди́н ~ at a sitting, at a stretch, at one go.

присéсть *сов. см.* приседáть *и* присáживаться.

при́сказка *ж.* introduction to a tale.

прискак|áть *сов.* **1.** (*приблизиться скачками*) hop, come* hopping up; ~ на однóй ногé hop (on one leg); воробéй ~áл a sparrow came hopping up; **2.** (*приблизиться вскачь — о лошади, всаднике*) gallop up, come* galloping up; **3.** *разг.* (*быстро прибыть*) come* tearing over.

прискóрб|ие *с. уст.* sorrow, grief, woe; ◇ с глубóким ~ием with profound/deep regret; **~ный** sad, sorrowful, mournful; ~ный слу́чай sad/melancholy occasion.

прискýч|ить *сов.* (*дт.*) *разг.* bore (*smb.*), weary (*smb.*); емý всё э́то óчень ~ило he's sick and tired of it, he is bored with it.

прислáть *сов. см.* присылáть.

прислони́ть(ся) *сов. см.* прислоня́ть(ся).

прислоня́ть, прислони́ть (*вн.* к *дт.*) place (*smth.* against), lean* (*smth.* against), rest (*smth.* against); **~ся**, прислони́ться (к *дт.*) lean* (against), rest (against).

прислýга *ж.* **1.** *уст.* servant, maid; приходя́щая ~ charwoman*; **2.** *собир. уст.* (*слуги*) servants *pl.*, domestics *pl.*; **3.** *собир. воен.* crew.

прислýж|ивать *несов.* (*дт.*) *уст.* serve (*smb.*), wait on (*smb.*), attend (to); **~иваться** *несов. уст.* (к *дт.*) try to get into *smb.*'s good graces, be* subservient (to); **~ник** *м. разг.* lackey; **~ничество** *с. презр.* subservience.

прислýшаться *сов. см.* прислýшиваться.

прислýшиваться, прислýшаться (к *дт.*) **1.** (*вслушиваться*) listen attentively (to); **2.** (*принимать к сведению*) heed (*smth.*), listen (to), pay* attention (to), lend* an ear (to); прислýшаться к мнéнию специали́стов listen to an expert opinion.

присмáтривать, присмотрéть **1.** (за *тв.*) keep* an eye (on); (*проявлять заботу*) look (after), watch (over); ~ за детьми́ keep* an eye on the children; look after the children; **2.** (*вн.; подыскивать*) look (for), look out (for), *сов. тж.* find* (*smth.*); **~ся**, присмотрéться (к *дт.*) **1.** (*пристально всматриваться*) look attentively (at); watch (*smb.*, *smth.*) closely; ~ся к человéку see* what a man* is made of; **2.** (*осваиваться, привыкать*) get*/grow* accustomed (to), get* used (to).

присмирéть *сов.* sober up; (*притихнуть*) quiet down, subside, become* subdued, grow* quiet.

присмóтр *м.* care, attendance; (*надзор*) supervision, surveillance; ~ за детьми́ care of the children; быть под *чьим-л.* ~ом be* under *smb.*'s surveillance; остáвить *кого-л.* без ~а leave* *smb.* without attendance.

присмотрéть *сов.* **1.** *см.* присмáтривать 1; **2.** (*подыскать*) find* (*smth.*), spot (*smth.*); **~ся** *сов. см.* присмáтриваться.

присни́ться *сов. см.* сни́ться.

присоедин|éние *с.* **1.** adding; **2.** (*включение в состав*) joining; **3.** *эл.* connecting up, connection; **~и́ть(ся)** *сов. см.* присоединя́ть(ся).

присоединя́ть, присоедини́ть (*вн.*) **1.** (*прибавлять к чему-л.*) add (*smth.*); **2.** (*включать в состав кого-л., чего-л.*) join (*smth.*), make* (*smth.*) a part (of); **3.** *эл.* connect (*smth.*), link up (*smth.*); **~ся**, присоедини́ться (к *дт.*) **1.** join up (with); **2.** (*поддерживать мнение и т. п.*) support (*smb.*, *smth.*), back (*smb.*) up; ~ся к мнéнию *кого-л.* support *smb.*'s opinion.

присóхнуть *сов. см.* присыхáть.

приспéшни|к *м.*, **~ца** *ж.* myrmidon, accomplice.

приспосáбливать, приспосóбить (*вн.* к *дт.*) fit up (*smth.* for), adjust (*smth.* for), adapt (*smth.* for); **~ся**, приспосóбиться **1.** adapt *oneself*, adjust *oneself*; приспосóбиться к обстоя́тельствам adapt *oneself* to circumstances; **2.** *презр.* (*о политическом деятеле*) trim.

приспосо́бить(ся) *сов. см.* приспоса́бливать(ся).

приспособле́нец *м. презр.* timeserver, trimmer.

приспособле́ние *с.* **1.** (*действие*) adaptation, adjustment; (*к климату*) acclimatization; **2.** (*прибор, механизм*) device, appliance; ~ к зачи́стке кинофи́льма при скле́йке *кино* scraper block; ~ для крепле́ния мото́ра motor adapter; ~ к штати́вной голо́вке для накло́на *кино* tilt head adapter.

приспосо́бленность *ж.* fitness, suitability.

приспособле́нче|ский *презр.* timeserving *attr.*, ~ская поли́тика timeserving policy; **~ство** *с. презр.* timeserving.

приспособля́емость *ж.* adaptability.

приспособля́ть(ся) *несов. см.* приспоса́бливать(ся).

приспуска́ть, приспусти́ть (*вн.*) lower (*smth.*) a little; приспусти́ть флаг put* a flag at half mast.

приспусти́ть *сов. см.* приспуска́ть.

при́став *м. ист.* police officer; суде́бный ~ bailiff; станово́й ~ *ист.* district superintendent of police.

пристава́ние *с.* (*надоедание*) pestering, badgering.

пристава́ть, приста́ть (к *дт.*) **1.** (*прилипать*) stick* (to), adhere (to); **2.** *разг.* (*надоедать*) pester (*smth.*), badger (*smb.*), worry (*smb.*); **3.** *разг.* (*присоединяться с кому-л.*) join (*smb.*), take*/join up (with); **4.** (*причаливать*) come* in (to), put* in (to); ~ к бе́регу put* in to the shore.

приста́вить *сов. см.* приставля́ть.

приста́вка *ж.* **1.** *тех.* extension, adapter; **2.** *грам.* prefix.

пристав|ля́ть, приста́вить (*вн.* к *дт.*) **1.** (*вставать вплотную*) put* (*smth.* against); (*прислонять*) lean* (*smth.* against); ~ ле́стницу к стене́ lean*/prop a ladder against the wall; **2.** (*наставлять*) add on (*smth.* to); **3.** *разг.* (*назначать для ухода*) leave* in charge (of); **~но́й** attached; ~на́я ле́стница ladder.

приста́вочн|ый with a prefix *после сущ.*; ~ые глаго́лы verbs with prefixes.

при́стальн|о fixedly, intently; steadily; ~ смотре́ть на *что-л.* look hard/intently at *smth.*; **~ый** fixed, intent, steady; ~ый взгляд steady/intent gaze; ~ое внима́ние close attention.

приста́нище *с.* shelter, home, refuge, haven.

при́стань *ж.* pier, quay; (*грузовая*) wharf*; *перен.* haven; ти́хая ~ safe refuge.

приста́ть *сов. см.* пристава́ть.

пристегну́ть(ся) *сов. см.* пристёгиваться.

пристежно́й: ~ воротни́к detachable collar.

пристёгивать, пристегну́ть (*вн.*) fasten (*smth.*); (*на пуговицу*) button (*smth.*) (up); **~ся**, пристегну́ться be* fastened; fasten; (*на пуговицу*) be* buttoned up; button up.

присто́йн|о decently, properly, decorously; **~ый** decent, proper, decorous, seemly.

пристра́ивать, пристро́ить (*вн.*) **1.** (*к зданию*) add (*smth.*); **2.** *разг.* (*помещать куда-л.*) set* (*smth.*), fix (*smth.*); **3.** *разг.* (*на работу и т. п.*) find* a place; fix (*smb.*) up as; **~ся**, пристро́иться *разг.* (*помещаться, располагаться где-л.*) perch, find* a perch, find* a place for *oneself*.

пристра́стие *с.* **1.** (*сильная склонность, влечение*) bent, passion; liking for; ~ к му́зыке bent/passion for music; **2.** (*необъективное отношение*) partiality, bias; ◇ допро́с с ~м interrogation under torture.

пристрасти́ться *сов.* (к. *дт.*) become* passionately fond (of), conceive a liking (for); make* keen on.

пристра́стн|о unfairly, with partiality; суди́ть о *чём-л.* ~ take* a bia(s)sed view of *smth.*; **~ость** *ж.* bias, partiality; **~ый** partial; unfair, bias(s)ed; ~ое отноше́ние bias(s)ed attitude.

пристра́чивать, пристрочи́ть (*вн.*) stitch (*smth.*) on (with a sewing machine).

пристре́ливать I, пристрели́ть (*вн.; убивать*) shoot* (*smb., smth.*), kill (*smb., smth.*).

пристре́ливать II, пристреля́ть (*вн.; устанавливать правильный прицел*) find* the range (of); **~ся**, пристреля́ться find* the range.

пристрели́ть *сов. см.* пристре́ливать I.

пристре́лка *ж.* zeroing in.

пристре́лочный trial *attr.*; ~ вы́стрел trial shot.

пристреля́ть *сов. см.* пристре́ливать II; **~ся** *сов. см.* пристре́ливаться.

пристро́ить(ся) *сов. см.* пристра́ивать(ся).

пристро́йка *ж.* annex, wing, extention, outhouse.

пристрочи́ть *сов. см.* пристра́чивать.

пристру́нивать, приструни́ть (*вн.*) *разг.* put* *smb.* in order, clamp down (on), take* in hand.

приструни́ть *сов. см.* пристру́нивать.

присту́кивать, присту́кнуть (*тв.*) tap (*smth.*); (*каблуками*) click (*smth.*).

присту́кнуть *сов. см.* присту́кивать.

при́ступ *м.* **1.** (*припадок*) fit, attack; ~ ка́шля fit of coughing; ~ лихора́дки attack of fever; **2.** (*атака, штурм*) assault, storming; ◇ к нему́ ~у нет *разг.* he is inaccessible.

приступа́ть, приступи́ть (к *дт.*) (*начинать*) begin* (*smth.*), start (*smth.*), set* about (*smth.*); (*переходить к чему-л.*) proceed (to); приступи́ть к исполне́нию свои́х обя́занностей enter upon *one's* duties, take* up *one's* duties; приступи́ть к де́лу make* a start, get* down to work/business; **~ся**, приступи́ться *разг.* come* near; ◇ к нему́ не присту́пишься he's inaccesssible.

приступи́ть(ся) *сов. см.* приступа́ть(ся).

пристыди́ть *сов.* (*вн.*) shame (*smb.*), put* (*smb.*) to shame.

присуди́ть *сов. см.* присужда́ть.

присужда́ть, присуди́ть **1.** (*вн.* к *дт.*, *вн. дт.*) sentence (*smb.* to), condemn (*smb.* to); присуди́ть *кого-л.* к штра́фу sentence *smb.* to pay a fine; ~ к сме́ртной ка́зни condemn to death; **2.** (*вн. дт.; премию и т.п.*) award (*smb. smth.*); (*о степени*) confer (*smth.* on/upon); емý присудúли стéпень дóктора a doctorate/the degree of Doctor has been conferred upon him.

присýтстви|е *с.* presence; в ~и *кого-л.* in *smb.*'s presence; в ~и другúх in the presence of others; ◇ ~ дýха a presence of mind; сохранять (терять) ~ дýха retain (lose*) *one's* presence of mind; он потерял ~ дýха his presence of mind failed him.

присýтствов|ать *несов.* be* present, attend; на приёме ~ало 50 человéк fifty people attended the reception.

присýщи|й (*дт.*) inherent (in), intrinsic (in); с ~м емý юмором with the humor so characteristic of him.

присылáть, прислáть (*вн.*) send* (*smb.*, *smth.*).

присыпать *сов. см.* присыпáть.

присыпáть, присыпать (*вн. тв.*) sprinkle (*smth.* with), powder (*smth.* with), dust (*smth.* with).

присыпка *ж.* (*порошок*) powder.

присыхáть, присóхнуть (к *дт.*) stick* (to), dry (on).

присяг|а *ж.* oath; *воен.* oath of allegiance, oath of enlistment; ~ на Бúблии Bible/Book oath; (*в суде*) judicial oath; приводúть *кого-л.* к ~е put* *smb.* on (his) oath, swear* (*smb.*) in; принимáть ~у take* the oath; давáть ~у make* a vow; под ~ой on/under oath; давáть показáния под ~ой testify under oath; лóжная ~ perjury.

присягáть, присягнýть swear*, take*/make* an oath.

присягнýть *сов. см.* присягáть.

присяжный *прил.* **1.** *юр.* ~ повéренный *уст.* barrister; ~ заседáтель juror, juryman*; **2.** *ирон.* (*постоянный*) born, inveterate; ~ ворчýн born grumbler; ~ расскáзчик born storyteller; **3.** *м. как сущ. юр.* juror, juryman*.

притаúться *сов.* hide* (*oneself*), lie* hidden.

притáптывать, притоптáть (*вн.*) trample (*smth.*); (*каблуками*) tap with *one's* heels; ~ травý trample down the grass.

притáскивать, притащúть (*вн.*) **1.** bring* (*smth.*) in, fetch (*smth.*); (*с трудом*) drag (*smth.*) in, haul (*smth.*) in; **2.** *разг.* (*приводить с собой*) bring* (*smb.*) along; (*насильно*) drag (*smb.*) in; **~ся**, притащúться *разг.* come* along, totter in/up; drag *oneself* along.

притащúть(ся) *сов. см.* притáскивать(ся).

притворúть *сов. см.* притворять.

притворúться I, II *сов. см.* притворяться I, II.

притвóрн|о: ~ согласúться pretend to agree; ~ улыбáться feign a smile; **~ый** feigned, affected, pretended; ~ое равнодýшие feigned indifference; ~ая сдéлка *юр.* colorable transaction.

притвóр|ство *с.* sham, pretense; **~щик** *м.*, **~щица** *ж.* hypocrite.

притворять, притворúть (*вн.*) close (*smth.*), shut* (*smth.*).

притворяться I, притворúться (*закрываться*) close, shut*.

притворяться II, притворúться (*прикидываться*) feign, simulate, sham, pretend; ~ больны́м feign illness; ~ мёртвым pretend to be dead.

притерпéться *сов.* (к *дт.*) *разг.* get* accustomed (to), get* used (to).

притесн|éние *с.* oppression (*тж. мн.*), restriction; **~úтель** *м.* oppressor.

притеснúть *сов. см.* притеснять.

притеснять, притеснúть (*вн.*) oppress (*smb.*), deal* harshly (with); crack down (on) *разг.*

притёрт|ый ground, close fitting; ~ая прóбка ground stopper.

притихáть, притúхнуть **1.** (*умолкать*) grow* quiet, die down; **2.** (*становиться тише*) die down, abate, slacken.

притúхнуть *сов. см.* притихáть.

приткнýться *сов. разг.* find* a place; (*на ночь*) put* up.

притóк *м.* **1.** (*прибытие, поступление*) influx; ~ товáров influx of goods; ~ вóздуха (in)flow of air; ~ средств increase of funds; **2.** (*усиление чего-л., подъём*) surge, revival; ~ сил surge of strength, fresh vigor; **3.** (*реки*) tributary.

прúтолока *ж.* lintel.

притóм besides, moreover.

притóн *м.* den; haunt; dive; hangout *амер.*

притóпнуть *сов. см.* притóпывать 1.

притоптáть *сов. см.* притáптывать.

притóпывать, притóпнуть **1.** stamp; ~ ногóй stamp *one's* foot; **2.** *тк. несов.* (*стучать ногами а такт чему-л.*) tap *one's* foot*.

прúторн|ость *ж.* oversweetness, sickly sweetness; *перен.* saccharine; oiliness; **~ый** oversweet, sickly sweet, cloying; *перен.* sugary, oily; ~ая улы́бка sugary smile.

притрáгиваться, притрóнуться (к *дт.*) touch (*smth.*).

притрóнуться *сов. см.* притрáгиваться.

притупúть(ся) *сов. см.* притуплять(ся).

притуплять, притупúть (*вн.*) blunt (*smth.*), take* the edge off (*smth.*); *перен.* dull (*smth.*), blunt (*smth.*); **~ся**, притупúться lose* its edge/point; (*о лезвиях*) get* dull/blunt; *перен.* become* blunted/dull, become* less keen.

прúтча *ж.* parable; говорúть ~ми speak* in parables; что за ~! what a strange thing!; ◇ ~ во язы́цех the talk of the town.

притягáтельн|ый attractive, magnetic; ~ая сúла magnetic force.

притягивать, притянýть **1.** (*вн.*) draw* (*smb.*, *smth.*), pull (*smb.*, *smth.*); (*о магните*) attract (*smth.*); ~ *кого-л.* к себé hug/squeeze *smb.*; **2.** (*вн.* к *дт.*) *разг.* (*обязывать*) call (*smb.* to), summon (*smb.* to); ◇ э́тот дóвод притянут за вóлосы the argument is far-fetched.

притяжáтельн|ый *грам.* possessive; ~ое местоимéние possessive pronoun.

притяжéние *с.* attraction; земнóе ~ terrestrial gravity; лýнное ~ lunar gravity.

притяза́ние *с.* claim; пате́нтное ~ *юр.* patent claim; функциона́льное пате́нтное ~ *юр.* means claim; (*необоснованное*) pretension.

притяну́ть *сов. см.* притя́гивать.

приукра́сить(ся) *сов. см.* приукра́шивать(ся).

приукра́шивать, приукра́сить (*вн.*) *разг.* **1.** decorate (*smth.*), brighten up (*smth.*); приукра́сить ко́мнату brighten up a room; **2.** (*представлять в более красивом виде*) embroider (*smth.*), embellish (*smth.*); **~ся**, приукра́ситься *разг.* improve *one's* looks; (*становиться ярче*) take* on a brighter hue.

приуменьша́ть, приуме́ньшить (*вн.*) lessen (*smth.*), reduce (*smth.*) a little.

приуме́ньшить *сов. см.* приуменьша́ть.

приумножа́ть, приумно́жить (*вн.*) (further) increase (*smth.*), (further) augment (*smth.*); **~ся**, приумно́житься (further) increase.

приумно́жить(ся) *сов. см.* приумножа́ть(ся).

приуны́ть *сов. разг.* look downcast/glum, feel* dejected/upset, be*/become* dispirited.

приуро́чивать, приуро́чить (*вн.* к *дт.*) time (*smth.*) to coincide (with), arrange (*smth.* for); приуро́чить о́тпуск к нача́лу о́сени arrange *one's* holiday for the beginning of autumn.

приуро́чить *сов. см.* приуро́чивать.

приуса́дебный: ~ уча́сток земли́ plot of land attached to the house; orchard.

приути́хнуть *сов.* quiet down; (*о буре*) abate; (*о ветре*) fall*, drop; (*о разговоре*) stop, cease, flag.

приуча́ть, приучи́ть (*вн.* к *дт.*, *вн.* + *инф.*) accustom (*smb.* to), inure (*smb.* to); (*тренировать*) train (*smb.*, *smth.* + to *inf.*); ~ себя́ к хо́лоду inure *oneself* to cold; ~ *кого-л.* регуля́рно занима́ться get* *smb.* into the habit of studying/practising regularly; **~ся**, приучи́ться (+ *инф.*) get* used (to + -ing), get*/grow* accustomed (to + -ing).

приучи́ть(ся) *сов. см.* приуча́ть(ся).

прифранти́ться *сов. разг.* dress/get* *oneself* up, put* on *one's* best bib and tucker *идиом.*

прифронтов|о́й forward-area *attr.*; ~а́я полоса́ forward area.

прихва́рывать, прихворну́ть *разг.* feel* unwell, feel* out of sorts, feel* poorly.

прихвастну́ть *сов. разг.* boast a little, brag a little.

прихвати́ть *сов. см.* прихва́тывать.

прихва́тывать, прихвати́ть *разг.* **1.** (*вн.*, *зажимать*) grip (*smth.*); **2.** (*вн.; привязывать*) tie (*smth.*) up, fasten (*smth.*); **3.** (*вн.*, *рд.*, *брать с собой*) take* (*smb.*, *smth.* with); **4.** (*вн.; слегка подмораживать*) touch (*smth.*), nip (*smth.*).

прихворну́ть *сов. см.* прихва́рывать.

при́хвостень *м. презр.* toady, lickspittle.

прихлеба́тель *м. разг.* sponger, parasite; **~ский** *разг.* sponging *attr.*; **~ство** *с. разг.* sponging.

прихлёбывать *несов.* (*вн.*) *разг.* sip (*smth.*); ~ чай sip *one's* tea.

прихло́пнуть *сов. см.* прихло́пывать 1, 2, 3.

прихло́пывать, прихло́пнуть **1.** (по *дт.*, *ударять ладонью по чему-л.*) slap (*smth.*); **2.** (*вн.; закрывать со стуком*) slam (*smth.*); **3.** (*вн.*) *разг.* (*прищемлять*) nip (*smth.*), catch* (*smth.*), squeeze (*smth.*); **4.** *тк. несов.* (*сопровождать что-л. хлопками*) clap.

прихо́д *м.* **1.** (*действие*) coming, arrival; ~ к вла́сти coming to power; **2.** (*доход, поступление*) receipts *pl.*, returns *pl.*; ~ и расхо́д income and expenditure; **3.** *церк.* parish.

приходи́ть, прийти́ **1.** come*, arrive; прийти́ домо́й come* home; по́езд пришёл с небольши́м опозда́нием the train came in rather late; он пришёл прости́ться с ни́ми he came to say good-bye to them; посы́лка должна́ прийти́ че́рез неде́лю the parcel should arrive in a week's time; **2.** (*наступать*) come*, arrive; пришла́ весна́ spring has come; **3.** (*возникать, появляться*) appear; постепе́нно к нему́ пришла́ уве́ренность he gradually acquired confidence; **4.** (к *дт.*, *добиваться*) come* (to), arrive (at); ~ к заключе́нию, вы́воду arrive at the conclusion, come* to the conclusion; **5.** *в сочетании с существительными*: ~ в отча́яние fall*/sink* into despair; ~ в восхище́ние be* delighted; ~ в я́рость get*/fly* into a rage; ~ в негодова́ние be*/feel* indignant (at); ◇ прийти́ на ум come* to mind; прийти́ *кому-л.* в го́лову enter *smb.*'s head; прийти́ в себя́ come* to *one's* senses; (*опомниться*) recover *one's* wits; прийти́ в чу́вство come* to *oneself*; прийти́ на по́мощь come* to the rescue, come* to *smb.*'s aid/help; ~ к концу́ come* to an end; пришло́ ма́хом, ушло́ пра́хом *посл.* ≅ easily earned money is quickly spent; **~ся**, прийти́сь **1.** (*соответствовать чему-л.*) fit; боти́нки пришли́сь по ноге́ the shoes fitted well; **2.** (*совпадать с чем-л.*) fall*; Но́вый год пришёлся на четве́рг New Years Day fell on a Thursday; **3.** *безл.* (*быть необходимым*): мне пришло́сь э́то сде́лать I had to do it; **4.** *безл.* (*дт.; случаться*) *one* has occasion to; ему́ тяжело́ пришло́сь he had a hard time; мне приходи́лось с ни́ми встреча́ться I have had occasion to meet them; I have met them on occasions; **5.** *безл.* (*причитаться*): на ка́ждого пришло́сь по десяти́ рубле́й each *one* had to pay ten rubles; **6.** *тк. несов.* (*дт.; быть в родственных отношениях*) be* related (to); он мне прихо́дится дя́дей he is my uncle; они́ мне прихо́дятся бли́зкими ро́дственниками they are near relatives of mine; ◇ прийти́сь *кому-л.* по вку́су suit *smb.*'s taste; прийти́сь кста́ти prove useful, turn tip just at the right moment; где придётся where one can; как придётся how one can; что придётся what one can.

прихо́дн|ый: ~ о́рдер *бухг.* credit order; ~ая кни́га receipt book, ledger.

прихо́довать, заприхо́довать (*вн.*) credit (*smth.*); debit (*smth.*).

прихо́до-расхо́дн|ый: *бухг.* ~ая кни́га account book, ledger.

прихо́дск|ий parish *attr.*, parochial; ~ свяще́нник parish priest, parson, vicar; ~ая це́рковь parish church.

приходя́щ|ий nonresident; ~ая домрабо́тница a daily (woman*), home help.

прихожа́н|ин *м.*, **~ка** *ж. церк.* parishioner.

прихо́жая *ж.* anteroom, antechamber, hall.

прихора́шиваться *несов. разг.* smarten *oneself* up, preen *oneself*; doll *oneself* up.

прихотли́в|ость *ж.* **1.** capriciousness, fastidiousness; **2.** (*причудливость*) whimsicality; **~ый 1.** (*капризный*) capricious; finical, fastidious; ~ый ребёнок finical child*; **2.** (*причудливый*) fanciful, odd, bizarre, whimsical.

при́хоть *ж.* caprice, fancy, whim.

прихра́мыв|ать *несов.* hobble, limp; идти́ ~ая hobble along.

прице́л *м.* **1.** (*ружья*) sight; (*орудия*) sight; опти́ческий ~ telescopic sight; **2.** (*прицеливание*) aim; взять *кого-л.*, *что-л.* на ~ take* aim at *smb.*, *smth.*, get* *smb.*, *smth.* in *one's* sights (*тж. перен.*).

прице́ливаться, прице́литься (в *вн.*) take* aim (at), aim (at).

прице́литься *сов. см.* прице́ливаться.

прице́льн|ый aiming *attr.*; ~ое приспособле́ние aiming device.

прице́ниваться, прицени́ться (к *дт.*) *разг.* ask/inquire the price (of).

прицени́ться *сов. см.* прице́ниваться.

прице́п *м.* trailer; тяга́ч с ~ом tractor and trailer; устано́вленный на ~е trailer-mounted; ~ для перево́зки автомоби́лей auto-carrier; ~ к грузово́му автомоби́лю lorry trailer; откры́тый ~ open-top trailer; ~ с ку́зовом-фурго́ном van-type body trailer; ~-рефрижера́тор refrigerated trailer; ~-самосва́л tipping/tilt-deck/dump trailer; ~-фурго́н van-type trailer; ~-цисте́рна tank-trailer.

прицепи́ть(ся) *сов. см.* прицепля́ть(ся).

прицепля́ть, прицепи́ть **1.** (*вн.* к *дт.*; *сцеплять*) hook (*smth.* on to); *ж.-д.* couple (*smth.* to); прицепи́ть ваго́н к по́езду couple a carriage to a train; **2.** (*вн.*) *разг.* (*прикалывать*) pin on (*smth.*), fasten on (*smth.*); прицепи́ть бант pin on a ribbon; **~ся**, прицепи́ться (к *дт.*) **1.** (*к чему-л. движущимуся*) hang* on (to); attach *oneself* to (*тж. перен.*); **2.** (*приставать к чему-л., повисать*) catch* (on), cling* (to); *перен. разг.* (*о болезни*) infect (*smb.*); (*надоедать*) pester (*smb.*); **3.** *разг.* (*придираться*) pick on (*smth.*), pounce on (*smth.*); прицепи́ться к сло́ву pick on a chance remark; не́ к чему прицепи́ться there is nothing to find fault with.

прицепно́й trail-type *attr.*; ~ ваго́н trailer; ~но́й ваго́н trailer; ~но́й инвента́рь *с.-х.* tractor-drawn implements (*pl.*).

прича́л *м.* **1.** (*действие*) mooring, fastening; **2.** (*место*) moorage, berth; грузово́й ~ cargo berth; ~ с железнодоро́жными путя́ми railway berth; швартóвка к грузово́му ~у mooring to a cargo berth; **3.** (*канат*) mooring rope, mooring line.

прича́ливать, прича́лить **1.** (*вн.*) moor (*smth.*); (*большие корабли*) berth (*smth.*); **2.** (к *дт.*; *приставать*) tie up (at, to).

прича́лить *сов. см.* прича́ливать.

прича́льн|ый mooring *attr.*; ~ кана́т mooring rope; ~ые кана́ты moorings *pl.*; ~ сбор *эк.* berthage, berth charge, wharfage.

прича́стие I *с. рел.* the Eucharist; communion.

прича́стие II *с. грам.* participle; ~ настоя́щего вре́мени present participle; ~ проше́дшего вре́мени past participle.

причасти́ть(ся) *сов. см.* причаща́ть(ся).

прича́стность *ж.* participation (in), involvement (in); ~ к преступле́нию participation in a crime.

прича́стный I (к *дт.*) participating (in), involved (in); concerned (with); ~ к преступле́нию involved/implicated in a crime.

прича́стный II *грам.* participal; ~ оборо́т participial construction.

причащ|а́ть, причасти́ть (*вн.*) *рел.* give*/administer communion (to); **~а́ться**, причасти́ться *рел.* receive communion, make* *one's* communion; **~е́ние** *с. рел.* receiving communion, making *one's* communion.

причеса́ть(ся) *сов. см.* причёсывать(ся).

приче́тник *м. церк.* junior deacon.

причём 1. *нареч.* why; ~ тут э́то? what's that got to do with it?; **2.** *союз* moreover, and what's more; *передаётся тж. через present participle*; он не согласи́лся со мной, ~ тут же сказа́л, что передаёт де́ло в суд he did not agree with me, saying that he would refer the matter to the court.

причёсанный with tidy hair *после сущ.*

причёска *ж.* **1.** (*действие*) hairdressing; **2.** hairstyle: hairdo *разг.*; ему́ нра́вится её ~ he likes the way she does her hair.

причёсывать, причеса́ть (*вн.*) do* (*smth.*); ~ го́лову do* *one's* hair; причеса́ть *кого-л.* do* *smb.*'s hair; **~ся**, причеса́ться do* *one's* hair; (*у парикмахера*) have* *one's* hair done, have* a hair-do.

причи́н|а *ж.* **1.** cause; ~ и сле́дствие cause and effect; ~ пожа́ра cause of a fire; **2.** (*основание*) reason; без вся́кой ~ы for no reason whatsoever; не без ~ы not without reason; нет ~ы отка́зываться there is no reason to refuse; уважи́тельная ~ good*/plausible excuse; неуважи́тельная ~ poor/lame excuse; по неуважи́тельной ~е without valid excuse; ◇ по той (просто́й) ~е, что... for the simple reason that...; всё име́ет свои́ ~ы *посл.* ≅ every why has a wherefore.

причинда́лы *мн. разг.* belongings, goods and chattels.

причини́ть *сов. см.* причиня́ть.

причиня́ть, причини́ть (*вн.*) cause (*smth.*); ~ убы́тки cause losses; ~ вред *чему-л.* do* damage to *smth.*, do* injury to *smth.*; ~ вред *кому-л.* cause *smb.* damage, inflict injury on *smb.*, do* harm to *smb.*; причини́ть *кому-л.* неприя́тность make* trouble for *smb.*

причи́слить *сов. см.* причисля́ть.

причисля́ть, причи́слить (*вн.* к *дт.*) **1.** (*прибавлять*) add (*smth.* to); **2.** (*назначать*) attach (*smb.* to); **3.** (*относить к числу кого-л.*) rank (*smb.* among, in), number (*smb.* among); ~ *кого-л.* к вели́ким писа́телям rank *smb.* among the great writers; **~ся** *несов.* (к *дт.*) belong (to).

причита́ни|е *с.* lamentation.; похоро́нные ~я keen, keening.

причита́ть *несов.* **1.** complain, moan; **2.** (*исполнять обрядовые песни-плачи*) lament, wail, keen.

причит|а́ться *несов.* be* due; с вас ~а́ется пять рубле́й you are to pay five rubles.

причмо́кивать, причмо́кнуть smack *one's* lips.

причмо́кнуть *сов. см.* причмо́кивать.

причт *м. собир. церк.* the clergy of a parish.

причу́д|а *ж.* whim, fad, caprice, vagary; **~ливый** **1.** (*затейливый*) quaint, whimsical, fanciful; **2.** *разг.* (*капризный*) capricious, whimsical.

пришвартова́ть(ся) *сов. см.* пришварто́вывать(ся).

пришварто́вывать, пришвартова́ть (*вн.*) *мор., ав.* make* (*smth.*) fast, moor (*smth.*); **~ся,** пришвартова́ться *мор., ав.* moor; (*о больших кораблях*) berth.

прише́лец *м.* newcomer, stranger.

прише́стви|е *с. книжн.* advent; *рел.* второ́е ~ Христа́ Second Advent; <> до второ́го ~я *разг.* ≅ till doomsday.

пришепётывать *несов. разг.* lisp.

пришёптывать *несов.* whisper.

приши́бленный dejected; (*униженный*) downtrodden, humiliated.

пришива́ть, приши́ть (*вн.* к *дт.*) **1.** sew* (*smth.* on, to); **2.** (*приколачивать*) nail (*smth.* to), fix/fasten (*smth.*) with nails (to).

пришивно́й sewn on; ~ воротни́к attached collar.

приши́ть *сов. см.* пришива́ть.

пришко́льный school *attr.*; ~ уча́сток school grounds *pl.*

при́шлый strange; alien, newly come.

пришпи́ливать, пришпи́лить (*вн.*) pin (*smth.*), fasten (*smth.*).

пришпи́лить *сов. см.* пришпи́ливать.

пришпо́ривать, пришпо́рить (*вн.*) spur (*smth.*), put* spurs (to); *перен. разг.* spur (*smb.*) on, urge (*smb.*) on.

пришпо́рить *сов. см.* пришпо́ривать.

прищеми́ть *сов.* (*вн.*) pinch (*smth.*), nip (*smth.*); ~ себе́ па́лец две́рью pinch/catch*/squeeze *one's* finger in the door.

прищёлкивать, прищёлкнуть: ~ па́льцами snap *one's* fingers; ~ языко́м click *one's* tongue.

прищёлкнуть *сов. см.* прищёлкивать.

прищу́ривать, прищу́рить: ~ глаза́ *см.* прищу́риваться; **~ся,** прищу́риться screw up *one's* eyes, narrow *one's* eyes.

прищу́рить(ся) *сов. см.* прищу́ривать(ся).

прищу́чить *сов. см.* прищу́чивать.

прию́т *м.* shelter, asylum; refuge; де́тский ~ orphanage, orphan asylum; найти́ ~ find* shelter.

приюти́ть *см.* (*вн.*) give* shelter (to), shelter (*smb.*); **~ся** *сов.* find* shelter, take* shelter; (*поместиться*) find* a place, squeeze in; (*расположиться*) nestle.

прия́знь *ж. уст.* friendliness, goodwill.

прия́тель *м.* **1.** friend, pal, buddy; **2.** *разг.* (*обращение*) chum, old chap; **~ница** *ж.* (girl)-friend; **~ский** friendly; быть в ~ских отноше́ниях с *кем-л.* be* on friendly terms with *smb.*

прия́тн|о **1.** *нареч.* pleasantly, agreeably; **2.** *в знач. сказ. безл.* it is pleasant; it is pleasant; ему́ бы́ло ~, что... he was glad that...; **~ый** pleasant, agreeable; ~ый за́пах nice smell; ~ое воспомина́ние pleasing/gratifying memory; ~ые но́вости good* news; ~ое лицо́ nice face; ~ое зре́лище pleasing sight; ~ый на вкус palatable.

про *разг.* **1.** (*относительно, о*) about, of; говори́ть ~ друзе́й talk about friends; **2.** (*для*) for; <> ~ себя́ to *oneself*; он сказа́л э́то ~ себя́ he said it to himself.

проанализи́ровать *сов.* (*вн.*) analyze (*smth.*).

про́б|а *ж.* **1.** (*испытание*) trial; test; ~ на до́пинг *спорт.* drug test; ~ голосо́в voice trial; ~ сил trial of strength; ~ фи́льма в прока́те *кино* flop; ~ реа́кции на рекла́му *кино* commercial test; **2.** (*образец чего-л., взятый для анализа*) sample; взять ~у take* a sample; **3.** (*относительное содержание благородного металла*) carat; зо́лото 96-ой ~ы pure gold, 24-carat gold; **4.** (*клеймо*) hallmark; <> на ~у on trial; ~ пера́ literary debut; вы́сшей ~ы of the first water; ни́зкой ~ы of the lowest/worst type; ме́тод проб и оши́бок method of trial and error.

пробе́г *м.* **1.** run; ~ при поса́дке *ав.* landing run; **2.** *спорт.* race; лы́жный ~ ski race: **3.** (*расстояние, пройденное автомашиной и т. п.*) mileage; *ж.-д. тж.* run.

пробега́ть *сов.* **1.** run* about: **2.** (*вн.*) *разг.* (*пропустить что-л. из-за беготни*) miss (*smth.*) with all *one's* running about.

пробе́гать, пробежа́ть **1.** run*; пробежа́ть ми́мо до́ма run* past the house; **2.** (*вн., бегом преодолевать какое-л. расстояние*) run* (*smth.*), cover (*smth.*); (*о лошади*) trot (*smth.*); **3.** (*быстро проезжать, проплывать, проноситься*) pass; (*появившись, быстро исчезать*) go*, pass; дрожь пробежа́ла у него́ по спине́ a cold shiver went down his back; тень пробежа́ла по его́ лицу́ a shadow passed over his face; **4.** (*о времени*) fly* past; **5.** (*вн.*) *разг.* (*бегло прочитывать*) run* through (*smth.*), go* over (*smth.*), scan (*smth.*); пробежа́ть газе́ты glance/skim through newspapers.

пробежа́ть *сов. см.* пробега́ть.

пробежа́ться *сов.* **1.** have* a run, go* for a run; ~ по са́ду have* a run in the garden; **2.** *разг.* (*быстро провести пальцами по чему-л.*) run* (*one's* fingers) over.

пробе́жка *ж.* run; (*самолёта*) (take-off) run; *спорт.* (*волейбол*) travelling.

пробе́л *м.* **1.** (*пропуск*) blank, empty space; **2.** (*упущение*) gap, flaw; ~ы ассортиме́нта *торг.* gap of assortment; ~ы реализа́ции *торг.* gap of realization; восполнить ~ы своего́ образова́ния fill up the gaps in *one's* education.

пробива́ть, проби́ть (*вн.*) **1.** (*делать отверстие*) pierce (*smth.*), make* a hole/opening (in); проби́ть сте́ну make* a hole in a wall; ~ отве́рстие make* a hole; пу́ля проби́ла дверь a bullet pierced the door; **2.** *разг.* (*прокладывать*) make* (*smth.*); open up (*smth.*), clear (*smth.*); ◇ проби́ть себе́ доро́гу make* *one's* way in the world; **~ся**, проби́ться **1.** (*прокладывать себе путь*) force *one's* way, break* through; проби́ться сквозь толпу́ force/elbow/push/shoulder *one's* way through the crowd; полк проби́лся к реке́ the regiment broke through to the river; **2.** (*о растительности*) shoot* forth/out; ◇ проби́ться в лю́ди fight* *one's* way to the top.

пробивн|о́й **1.** penetrating; ~а́я си́ла penetrating power; **2.** *разг.* (*настойчивый*) go-ahead, go-getting; ~ па́рень go-getter.

пробира́ть, пробра́ть (*вн.*) *разг.* **1.** (*ругать*) rate (*smb.*), scold (*smb.*), give* (*smb.*) a good talking-to; **2.** (*о холоде*) freeze* (*smb.*), chill (*smb.*); моро́з пробра́л меня́ до косте́й I was chilled to the bone; **3.** (*о страхе*) overcome* (*smb.*); ◇ его́ ниче́м не проберёшь nothing makes the slightest impression on him.

пробира́ться, пробра́ться **1.** (*с трудом проходить*) make* *one's* way; ~ сквозь толпу́ struggle through a crowd; **2.** (*проходить тайком*) steal*/sneak in; пробра́ться в ко́мнату edge (*one's* way) into a room.

пробы́рка *ж.* test tube.

проби́р|ный: ~ное клеймо́ hallmark, mark of assay; ~ ка́мень touchstone; ~ное свиде́тельство assay certificate; ~ная пала́та assay office; **~щик** *м.* assayer.

проби́ть *сов. см.* бить 9 *и* пробива́ть; **~ся** *сов.* **1.** *см.* пробива́ться; **2.** *разг.* (*потратить много усилий*) struggle.

про́бк|а *ж.* **1.** *тк. ед.* (*материал*) cork; **2.** (*для бутылок*) cork; (*стеклянная*) stopper; *тех.* plug; **3.** *эл.* fuse, circuit breaker, cut-out; ~ перегоре́ла the fuse has blown; поста́вить но́вую ~у put* in a new fuse, change the fuse; **4.** (*затор*) jam; ◇ он глуп как ~ ≅ he's as stupid as an owl, he's an utter blockhead; **~овый** suberic *научн.*, cork *attr.*; ◇ ~овый дуб cork-oak.

пробле́м|а *ж.* problem; разреши́ть ~у solve a problem.

проблема́тика *ж.* problems *pl.*

проблемати́ч|еский, ~ный problematical.

про́блеск *м.* (*прям. и перен.*) gleam, glimmer; ~ наде́жды gleam/glimmer of hope; ~и созна́ния lucid intervals.

проблужда́ть *сов.* wander, roam, rove.

про́бн|ый trial *attr.*, test *attr.*; ~ полёт test flight; ~ пробе́г test run; (*автомобиля тж.*) road test; ~ уро́к trial lesson; ~ ма́ркетинг *эк.* test marketing; ~ая за́пись *кино* test recording; ~ая ко́пия check/trial/test print; ~ая совмещённая ко́пия иностра́нного вариа́нта foreign version trial composite print; ~ая съёмка exposure test; ~ позити́в фоногра́ммы sound check print; ~ фильм *кино* pilot film; ◇ ~ ка́мень touchstone; ~ шар feeler.

про́бовать, попро́бовать **1.** (*вн.; испытывать*) try (*smb.*, *smth.*), test (*smb.*, *smth.*); **2.** (*на вкус*) taste (*smth.*), sample (*smth.*); попро́бовать всего́ понемно́жку sample a little of everything; **3.** (+ *инф.*, *пытаться сделать что-л.*) try (+ to *inf.*), attempt (+ to *inf.*).

прободе́ние *с. мед.* perforation.

пробо́ин|а *ж.* hole, rent; (*в стене тж.*) breach, gap; (*от снаряда*) shothole; получи́ть ~у be* holed.

пробол|е́ть I *сов.* be* ill; он ~е́л три неде́ли he was ill for three weeks.

пробол́еть II *сов.* (*о какой-л. части тела*) give* trouble; ра́неная рука́ проболи́т недо́лго the injured hand will not give trouble for long.

проболта́ть *сов. разг.* (*провести какое-л. время в болтовне*) chatter (for a while); **~ся** *сов. разг.* (*проговориться*) blab, let* out a secret, blurt it out.

пробо́р *м.* parting; прямо́й ~ middle parting; косо́й ~ side parting; делать (себе) ~ part *one's* hair.

пробормота́ть *сов. см.* бормота́ть.

пробра́ть *сов. см.* пробира́ть.

пробра́ться *сов. см.* пробира́ться.

пробуди́ть(ся) *сов. см.* пробужда́ть(ся).

пробужд|а́ть, пробуди́ть (*вн.*) (a)rouse (*smb.*, *smth.*), awaken (*smb.*, *smth.*); (*чувства тж.*) awake* (*smth.*); ~ *кого-л.* к акти́вной де́ятельности rouse *smb.* to action; **~а́ться**, пробуди́ться (*о людях*) wake* up, awake*; (*о природе*) awaken, revive; *перен.* (*о чувствах, интересе и т. и.*) be* awakened, be* roused, be* stirred up; **~е́ние** *с.* awakening; ~е́ние приро́ды the awakening of Nature.

пробура́вить *сов. см.* пробура́вливать.

пробура́вливать, пробура́вить (*вн.*) bore (*smth.*), drill (*smth.*), perforate (*smth.*).

пробури́ть *сов. см.* бури́ть.

пробурча́ть *сов. см.* бурча́ть 1.

пробы́ть *сов.* stay, remain; ско́лько вре́мени вы здесь пробу́дете? how long will you be here?

прова́л *м.* **1.** (*действие*) collapse, falling in; **2.** (*углубление почвы*) depression; **3.** (*неудача*) failure, crash, fiasco; (*о фильме, спектакле*) flop *разг.*; обречён на ~ doomed to fail; **4.** (*памяти*) blank, blackout; у него́ по́лный ~ па́мяти his memory is a complete blank; **5.** (*раскрытие подпольной организации*) exposure, discovery.

прова́ливать, провали́ть (*вн.*) **1.** (*дело, предприятие и т. п.*) bring* about the failure (of), wreck (*smth.*); ruin (*smth.*); **2.** (*отвергать*) turn (*smb.*, *smth.*) down; провали́ть кандида́та turn down a candidate; провали́ть предложе́ние turn down a proposal; **3.** (*на экзамене*) fail (*smb.*); **4.** (*раскрывать подпольную организацию*) expose (*smb.*, *smth.*), give* away (*smb.*, *smth.*); **~ся**, провали́ться **1.** (*падать*) fall*, fall* down, tumble down; провали́ться в я́му fall* down a hole; **2.** (*обрушиваться*) collapse; (*о поле, потолке и т. п. тж.*) fall* in, cave in; кры́ша провали́лась the roof has fallen in; **3.** *разг.* (*терпеть неудачу*) fail, miscarry, fall* through; **4.** (*быть обнаруженным — о подпольной организации*) be* exposed; **5.** *разг.* (*на экзамене*) fail, flunk, not make* the grade; **6.** *разг.* (*исчезать*) disappear, vanish; ◇ как сквозь зе́млю провали́лся vanished into thin air; он был гото́в сквозь зе́млю провали́ться he wished the earth could swallow him up; провали́ться мне на э́том ме́сте, е́сли... I'll be shot/dammed if...

провали́ть(ся) *сов. см.* прова́ливать(ся).

прованса́ль *м.* (*соус*) mayonnaise; капу́ста ~ cabbage pickled with grapes and berries.

прова́нск|ий: ~ое ма́сло olive oil.

прова́ривать, провари́ть (*вн.*) boil (*smth.*) thoroughly; **~ся**, провари́ться boil, be* boiling.

прова́ривать(ся) *сов. см.* провари́вать(ся).

прове́дать *сов. см.* прове́дывать.

проведе́ние *с.* **1.** (*дорог*) construction, building; (*прокладка труб, кабеля*) laying; **2.** (*электричества, канализации в помещении*) installation; **3.** (*осуществление*) carrying out, realization; ~ в жизнь *чего-л.* putting *smth.* into effect; **4.** (*законопроекта*) carrying, adoption.

прове́дывать, прове́дать *разг.* **1.** (*вн., навещать*) call on (*smb.*), go* and see* (*smb.*); **2.** (*вн.*, о *пр.; узнавать*) learn* (*smth.*), find* (*smth.*) out.

провезти́ *сов. см.* провози́ть.

прове́ивать, прове́ять (*вн.*) winnow (*smth.*).

провентили́ровать *сов. см.* вентили́ровать.

прове́р|енный reliable; of proven reliability *после сущ.*; **~ить(ся)** *сов. см.* проверя́ть(ся); **~ка** *ж.* **1.** (*контроль*) checking, inspection, examination; checkup *разг.*; ~ка програ́ммы *тлв.* air check; ~ка веде́ния бухга́лтерского учёта check of accounts/records; ~ка веде́ния документа́ции check of documentation; ~ка ка́чества audit for quality, quality check; ~ка конце́пции (*маркетинга*) concept testing; ~ка коли́чества quantity check; ~ка кредитоспосо́бности verification of credit standing; ~ка на ме́сте verification on the spot; ~ка отчётности для наложе́ния взыска́ния punitive audit; ~ка патентоспосо́бности test of patentability; ~ка пра́вильности начисле́ния нало́гов tax audit; ~ка счето́в audit of accounts; ~ка фина́нсового положе́ния verification of financial position; ~ка хране́ния storage inspection; вы́борочная ~ка spot check; внепла́новая ~ка unscheduled audit; инспекцио́нная ~ка technical inspection; регла́ментная ~ка operational check; теку́щая ~ка current check; ~ка исполне́ния checking the execution of orders; **2.** (*испытание*) testing, examination; ~ка зна́ний уча́щихся examination of pupils; ~ка мото́ра testing of an engine; вы́держать ~ку вре́мени stand* the test of time.

проверну́ть *сов. см.* провёртывать.

проверя́ть, прове́рить (*вн.*) **1.** check (*smth.*), verify (*smth.*); ~ счета́ check/audit the accounts; ~ реше́ние зада́чи verify the solution; ~ биле́ты, про́пуск check/examine the tickets, pass; **2.** (*обследовать*) examine (*smth.*), inspect (*smth.*); check up (on) *разг.*; ~ рабо́ту examine the work; **3.** (*испытывать*) test (*smth.*), check (*smth.*); ~ часы́ check *one's* watch; ~ тормоза́ check the brakes; **~ся**, прове́риться *разг.* **1.** (*проходить проверку*) be* examined; прове́риться у врача́ be* examined by a doctor, go* and see* a doctor; **2.** (*в каком-л. списке*) check *one's* name; прове́риться в спи́ске избира́телей check *one's* name in the voting register.

провести́ *сов. см.* проводи́ть I 1-8, 10.

прове́тривать, прове́трить (*вн.*) (*помещение*) ventilate (*smth.*), air (*smth.*); (*вещи*) air (*smth.*); **~ся**, прове́триться **1.** (*о помещении, вещах*) be* aired; **2.** (*о людях*) have* a breath of fresh air; *перен.* have* a change of scene.

прове́трить(ся) *сов. см.* прове́тривать(ся).

прове́ять *сов. см.* прове́ивать.

провёртывать, проверну́ть (*вн.*) **1.** *разг.* (*пробуравливать*) bore through (*smth.*); **2.** (*перемалывать*) grind* (*smth.*); проверну́ть мя́со grind* meat.

прови́дени|е *с.* prevision, foresight; дар ~я prophetic gift.

прови́зия *ж.* foodstuffs *pl.*, provision *pl.*

прови́зор *м.* pharmacist, chemist.

провин|и́ться *сов.* (в пр.) be* guilty (of), be* at fault (in); в чём ты ~и́лся пе́ред ним? what has he got against you?; ~ пе́ред *кем-л.* owe *smb.* an apology.

провинциа́л *м.*, **~а́лка** *ж.* provincial; **~а́льный** provincial.

прови́нция *ж.* **1.** (*область*) province; **2.** (*местность вдалеке от крупных центров*) the provinces *pl.*

провиса́ть, прови́снуть sag, be* weighed down.

провисе́ть *сов.* hang* for a time, stay up.

прови́снуть *сов. см.* провиса́ть.

про́вод *м.* wire; телегра́фные ~а́ telegraph wires.

проводи́мость *ж. физ.* conductivity.

проводи́ть I, провести́ **1.** (*вн., направляя, помогать пройти*) take* (*smb.*), lead* (*smb.*), escort (*smb.*), conduct (*smb.*); провести́ ребёнка че́рез у́лицу take* a child* across the street; провести́ ло́дку че́рез поро́ги steer a boat through rapids; **2.** (*тв.*, по *дт.; делать скользящее движение*) pass (*smth.* over); провести́ ладо́нью по лбу pass *one's* hand over *one's* forehead; **3.** (*вн., обозначать*) draw* (*smth.*); провести́ черту́ draw* a line; провести́ грани́цу draw* a boundary: **4.** (*вн.; прокладывать, сооружать*) build* (*smth.*); install (*smth.*); ~

железную дорогу build* a railway; ~ водопровод, электричество lay* on water, electricity; **5.** (*вн., мысль, идею*) develop (*smth.*), propound (*smth.*); **6.** (*вн., добиваться утверждения*) carry through (*smth.*), get* (*smth.*) accepted; провести предложение get* a proposal accepted; **7.** (*вн., осуществлять*) carry out (*smth.*), conduct (*smth.*); ~ независимую внешнюю политику pursue independent foreign policy; ~ собрание hold* a meeting; ~ кампанию conduct a campaign; ~ опыт carry out an experiment; ~ испытание conduct a test; ~ репетицию hold*/have* a rehearsal; ~ уборку урожая bring* in a harvest; **8.** (*вн.; время*) spend* (*smth.*), pass (*smth.*); провести лето на юге spend* a summer in the south; весело провести праздники have* a good time on holidays; **9.** *тк. несов.* (*вн., быть проводником электрического тока и т. п.*) conduct (*smth.*); металлы проводят электричество metals conduct electricity; **10.** (*вн.*) *разг.* (*обманывать*) fool (*smb.*), cheat (*smb.*); его не проведёшь you can't fool him; ◇ провести *что-л.* в жизнь put* *smth.* into practice.

проводить II *сов. см.* провожать.

провод|ка *ж.* **1.** (*судов*) steering; (*железной дороги, канала*) construction, building; (*водопровода, электричества*) installation, laying-in; **2.** (*сеть проводов*) wires *pl.*, wiring; **3.** *бухг.* entry, item, accounting transaction; кредитовая ~ по счёту entry on the credit side; система двойных бухгалтерских ~ок dual posting system.

проводник I *м.* (*электрического тока, теплоты и т. п.*) conductor; *перен.* bearer; вода — прекрасный ~ звука water is an excellent conductor of sound.

проводник II *м.* **1.** (*провожатый*) guide; **2.** (*в поезде*) attendant; steward *амер.*

проводы *мн.* farewell *sg.*, leave-taking *sg.*, send-off *sg.*

провожатый *м.* escort, guide.

провожать, проводить (*вн.*) **1.** (*сопровождать*) accompany (*smth.*), go* (with); (*уезжающего*) see* (*smb.*) off; ~ *кого-л.* домой see*/accompany/take* *smb.* home; ~ *кого-л.* до дверей see* (*smb.*) out; ~ *кого-л.* на вокзал see* *smb.* to the station; **2.** (*отправлять куда-л.*) send* (*smb.*) off; проводить сына в армию send* *one's* son off to the army; **3.** (*выражать своё отношение к уходящему*) see* (*smb.*) off; проводить *кого-л.* аплодисментами clap *smb.* as he, she leaves; ◇ проводить *кого-л.* глазами follow *smb.* with *one's* eyes, watch *smb.* go.

провоз *м.* transport, carriage; платить за ~ pay* the carriage; ~ оплачен до... carriage paid to... (CPT).

провозгласить *сов. см.* провозглашать.

провозглаш|ать, провозгласить (*вн.*) proclaim (*smth.*); (*тост*) propose (*smth.*); ~ республику proclaim a republic; ~ *кого-л.* победителем proclaim *smb.* the winner; **~ение** *с.* proclamation; ~ение независимости declaration of independence; ~ение тоста proposing of a toast.

провозить, провезти (*вн.*) carry (*smb.*, *smth.*), get* (*smb.*, *smth.*) through; (*контрабанду и т. п.*) smuggle (*smth.*).

провоз|иться *сов. разг.* **1.** (с *тв.*) be* busy (with); весь день ~ с больным spend* all day looking after a sick person; **3.** (*провести время в возне, шалостях*) fool around; дети ~ились весь вечер the children fooled around all the evening.

провокатор *м.* agent provocateur; stool pigeon *разг.*

провокационный provocative.

провокация *ж.* provocation.

проволока *ж.* wire.

проволоч|ка *ж. разг.* delay, procrastination, holdup; без всяких ~ек without any delays/holdups.

проволочн|ый wire *attr.*; ~ое заграждение barbed-wire entanglements *pl.*

проворн|о **1.** (*быстро*) quickly; **2.** (*ловко*) dexterously, adroitly; **~ый** **1.** (*быстрый*) quick, brisk; ~ый шаг brisk walk; **2.** (*ловкий*) adroit, agile, dexterous, slick; ~ый парень agile fellow.

проворовaться *сов. разг.* be* caught embezzling/stealing; be* caught with *one's* hand in the till *идиом.*

проворство *с.* **1.** (*быстрота*) quickness, promptness; **2.** (*ловкость*) adroitness, agility.

проворчать *сов.* grumble, mutter; (*о собаке*) growl.

провоцировать *несов. и сов.* (*сов. тж.* спровоцировать) (*вн.*) provoke (*smb.*, *smth.*).

провялить *сов. см.* вялить.

прогадать *сов. см.* прогадывать.

прогадывать, прогадать *разг.* miscalculate, slip up; back the wrong horse *идиом.*; я прогадал I'm the loser.

прогалина *ж. разг.* **1.** clearing, glade; **2.** (*промежуток*) gap.

прогиб *м.* **1.** (*действие*) sagging; **2.** (*прогнувшееся место*) deflection, sag.

прогибаться, прогнуться sag, be* weighed down, cave in.

прогладить *сов.* **1.** *см.* проглаживать; **2.** (*гладить в течение какого-л. времени*) iron, be* ironing.

проглаживать, прогладить (*вн.*) iron (*smth.*).

проглатывать, проглотить (*вн.; прям. и перен.*) swallow (*smth.*); проглотить оскорбление swallow/stomach an affront/insult.

проглотить *сов. см.* проглатывать.

проглядеть *сов.* **1.** *см.* проглядывать 1; **2.** (*вн.*) *разг.* (*не заметить*) miss (*smb.*, *smth.*); (*пропустить*) overlook (*smth.*); ~ ошибку not notice a mistake; ~ в пьесе самое главное miss the whole point of the play.

проглядывать, проглядеть, проглянуть **1.** *см.* проглядеть (*вн.*) *разг.* (*просматривать*) glance (through), skim (through); ~ книгу glance/skim through a book; **2.** *сов.* проглянуть (*показы-

ваться) break*/peep through; со́лнце прогляну́ло сквозь облака́ the sun broke through the clouds.

прогляну́ть *сов. см.* прогля́дывать 2.

прогна́ть *сов. см.* прогоня́ть.

прогнива́ть, прогни́ть rot to pieces, be* rotten to the core.

прогни́ть *сов. см.* прогнива́ть.

прогно́з *м.* forecast, prediction; *мед.* prognosis; конъюнкту́рный ~ *эк.* marketing forecast; ~ пого́ды weather forecast.

прогнози́ров|ание *с.* forecasting; адапти́вное ~ adaptive forecasting; ~ путём экстраполя́ции forecasting by extrapolation; слу́жба хозя́йственного ~ания business forecasting service; ~ спро́са forecasting of demand; ~ спро́са и предложе́ния рабо́чей си́лы manpower forecasting; ~ това́рных ры́нков market forecasting; **~ать** *несов. и сов.* (*вн.*) forecast (*smth.*).

прогну́ться *сов. см.* прогиба́ться.

прогова́риваться, проговори́ться let* it out, blurt it out; let* the cat out of the bag *идиом.*

проговор|и́ть *сов.* **1.** (*вн.; сказать*) say* (*smth.*); **2.** (*долго разговаривать*) talk; мы ~и́ли це́лый ве́чер we talked all evening; **~и́ться** *сов. см.* прогова́риваться.

проголода́ться *сов.* be*/get* hungry.

проголосова́ть *сов. см.* голосова́ть.

прогоня́ть, прогна́ть (*вн.*) **1.** (*стадо*) drive* (*smth.*); **2.** (*заставлять уйти*) turn (*smb.*) out of doors, drive* (*smb.*) out/away; *перен.* banish (*smth.*), dispel (*smth.*); ве́тер прогна́л ту́чи the wind dispelled the clouds; прогна́ть ску́ку dispel boredom; **3.** *разг.* (*увольнять*) sack (*smb.*), dismiss (*smb.*).

прогора́ть, прогоре́ть **1.** (*обращаться в угли*) burn* away/out, burn* to ashes; дрова́ в пе́чке прогоре́ли the wood in the stove has burned out; **2.** (*портиться от огня*) get* (all) burnt; **3.** *разг.* (*разоряться*) fail, go* bankrupt.

прогоре́ть *сов. см.* прогора́ть.

прого́рклый rank, rancid.

прого́ркнуть *сов. см.* го́ркнуть.

програ́мм|а *ж.* **1.** program; (*курса тж.*) syllabus; (*в театре*) theater program; ~ игр. *спорт.* program of the games; ~ по матема́тике mathematics syllabus; ~ радиопереда́ч на сего́дня today's broadcasting program; ~ новосте́й news program; ко́мплексная ~ comprehensive program; целева́я ~ *эк.* purpose-oriented program; ~ диверсифика́ции diversification program; ~ заку́пок purchasing program; ~ марке́тинга marketing program; ~ финанси́рования program of financing; ~ хозя́йственной де́ятельности *эк.* program of economic activities; ~ расчёта реа́ктора reactor code; принима́ть ~у adopt a program; составля́ть ~у draw* up a program; **2.** *вчт.*; ~ для вычисли́тельной маши́ны computer program; ~ диагно́стики diagnostic program; паке́т програ́мм software package.

программи́ров|ание *с.* programming, software engineering; язы́к ~ания programming language; **~ать**, запрограмми́ровать (*вн.*) program (*smth.*) *амер.*

программи́ст *м.* programmer.

програ́ммн|ый 1. (*о политической программе*) programmatic, program *attr.*; ~ докуме́нт programmatic document; **2.** (*об учебной программе*) syllabus *attr.*; **3.** *програм.*: ~ое управле́ние programmed/computer control; ~ое обеспе́чение software; ~ая совмести́мость software compatibility; ~ая оши́бка software failure; ~ая среда́ software environment; ~ое обуче́ние programmed learning.

прогрева́ть, прогре́ть (*вн.*) warm (*smth.*), heat (*smth.*); **~ся**, прогре́ться get*/become* warm, warm up.

прогреме́ть *сов. см.* греме́ть.

прогре́сс *м.* progress; ~ нау́ки the progress of science; ~ в те́хнике progress in engineering, technical progress; **~и́вный** progressive; ~и́вные убежде́ния, взгля́ды progressive views; ~и́вное обложе́ние нало́гом *эк.* progressive/graduated tax.

прогресси́ровать *несов.* progress, advance, make* headway; (*о болезни*) develop.

прогре́ссия *ж. мат.* progression; арифмети́ческая ~ arithmetical progression; геометри́ческая ~ geometrical progression.

прогре́ть(ся) *сов. см.* прогрева́ть(ся).

прогрыза́ть, прогры́зть (*вн.*) gnaw through (*smth.*).

прогры́зть *сов. см.* прогрыза́ть.

прогуде́ть *сов. см.* гуде́ть.

прогу́л *м.* absence from work; ◇ вы́нужденный ~ enforced idleness.

прогу́л|ивать, прогуля́ть **1.** (*проводить какое-л. время гуляя*) walk; прогуля́ть всё у́тро be* out walking all the morning; **2.** (*не выходить на работу*) stay away from work; **3.** (*вн.; пропускать что-л.*) miss (*smth.*); ~ уро́ки play truant; прогуля́ть у́жин miss supper, come* in too late for supper; **~иваться**, прогуля́ться walk, stroll, take* a walk; **~ка** *ж.* outing; (*пешком тж.*) walk, stroll; (*верхом, на велосипеде*) ride; (*в автомобиле*) drive; (*в лодке*) row; (*под парусами*) sail.

прогу́лочн|ый excursion *attr.*; ~ ка́тер excursion launch; ~ая па́луба promenade deck.

прогу́льщ|ик *м.*, **~ица** *ж.* shirker; (*об учащихся*) truant, slacker.

прогуля́ть(ся) *сов. см.* прогу́ливать(ся).

продава́ть, прода́ть (*вн.*) **1.** sell* (*smth.*); прода́ть *что-л.* дёшево (до́рого) sell* *smth.* cheap (dear); ~ *что-л. кому-л.* sell* *smb. smth.*, sell* *smth.* to *smb.*; ~ *что-л.* в креди́т sell* *smth.* on credit; ~ *что-л.* за нали́чный расчёт sell* *smth.* for cash; ~ *что-л.* о́птом (в ро́зницу) sell* *smth.* wholesale (retail); ~ с аукцио́на sell* by public auction; **2.** (*предавать*) betray (*smb.*) for money; sell* (*smb.*) down the river *идиом.*; **~ся**, прода́ться **1.** *тк. несов.* be* on/for sale; дом продаётся the house is for sale; **3.** (*дт.; совершать предательство*) sell* *oneself* (to).

продав|éц *м.* seller, vendor; (*в магазине*) salesman*, shopman*; ~-"зазывáла" pavement salesman*; шофёр-~ автолáвки route salesman*; **~щи́ца** *ж.* seller; (*в магазине*) saleswoman*, shopgirl; ~щи́ца цветóв flower girl.

продáж|а *ж.* sale, sell, selling; аукциóнная ~ auction; биржевáя ~ exchange sale; дискóнтная ~ discount sale; комиссиóнная ~ sale by commission; мáссовая ~ bulk sale; оптóвая ~ bulk sale; посрéдническая ~ intermediate sale; принуди́тельная ~ compulsory sale; рóзничная ~ retail sale; рóзничная ~ по каталóгу catalogue sale; ~ без предвари́тельного осмóтра blind sale; ~ в креди́т credit sale; ~ в разнóс door-to-door selling; ~ в рассрóчку hire purchase sale; ~ за нали́чные cash sale; ~ на вес sale by weight; ~ на срок forward selling; ~ óптом в развéс bulk selling; ~ с зáписью на счёт покупáтеля и достáвкой change-and-delivery sale; ~ с немéдленной постáвкой spot sale, sale for prompt delivery; ~ с прáвом откáза от товáра sale on approval; ~ тóлько за нали́чные cash-only sale; поступи́ть в ~у come* on the market; быть в ~е be* on/for sale; увели́чить объём продáж push up sales; **~ный** 1. sale *attr.*, selling *attr.*; ~ная ценá sale price; 2. (*предназначенный для продажи*) for sale *после сущ.*; 3. (*подкупный*) mercenary, venal; ~ная печáть venal press.

продáлбливать, продолби́ть (*вн.*) pierce (*smth.*), perforate (*smth.*), make* a hole (in).

продáть *сов. см.* продавáть; **~ся** *сов. см.* продавáться 2.

продвиг|áть, продви́нуть (*вн.*) 1. (*двигать*) move (*smth.*) forward; 2. (*выдвигать, повышать*) promote (*smb.*), advance (*smb.*); 3. *разг.* (*содействовать скорейшему выполнению чего-л.*) help (*smth.*) forward, give* (*smth.*) a push; продви́нуть дéло help matters forward; **~áться**, продви́нуться 1. advance, move forward; ~áться вперёд make* headway/progress, get* on; 2. (*по службе*) rise* in *one's* profession; 3. *разг.* (*приближаться к завершению*) progress; рабóта ~áется the work is progressing.

продвижéние *с.* 1. advancement; progress; 2. (*по службе*) promotion, preferment; ◇ ~ товáра *эк.* sales promotion.

продви́нуть(ся) *сов. см.* продвигáть(ся).

продевáть, продéть (*вн.*) thread (*smth.*); ~ ни́тку в иróлку thread a needle.

продекламúровать *сов. см.* деклами́ровать I.

продéл|ать *сов. см.* продéлывать; **~ка** *ж.* trick; (*шаловливая*) prank; (*мошенническая*) swindle, trickery.

продéлывать, продéлать (*вн.*) 1. (*пробивать*) make* (*smth.*); продéлать небольшóе отвéрстие в стенé make* a small opening/hole in the wall; 2. (*выполнять, делать*) do* (*smth.*), perform (*smth.*), carry out (*smth.*); 3. (*совершать какую-л. проделку*) do* (*smth.*), play (*smth.*).

продемонстри́ровать *сов.* (*вн.*) display (*smth.*), show* (*smth.*).

продержáть *сов.* (*вн.*) keep* (*smb.*, *smth.*); (*на руках*) hold* (*smb.*, *smth.*); ~ oкнó откры́тым весь день keep* the window open all day; **~ся** *сов.* stay; (*не сдаваться*) hold* out; пóсле взры́ва корáбль продержáлся на плавý тóлько час after the explosion the ship stayed afloat for only an hour.

продéть *сов. см.* продевáть.

продешеви́ть *сов.* (*вн.*) sell* (*smth.*) cheap, make* a bad bargain.

продиктовáть *сов. см.* диктовáть.

продирáть, продрáть (*вн.*) *разг.* tear* (*smth.*), wear* (*smth.*) out; ◇ продрáть глазá *разг.* wake* up, get* *one's* eyes open; **~ся**, продрáться *разг.* 1. be* torn, be* worn out; 3. (*пробираться*) force/shoulder *one's* way.

продл|евáть, продли́ть (*вн.*) prolong (*smth.*), extend (*smth.*); ~ жизнь prolong life; продли́ть óтпуск extend *one's* leave; **~éние** *с.* prolongation, extension, renewal; ~éние аккредити́ва *фин.* extension of a letter of credit; ~éние гаранти́йного períода extension of a guarantee period; ~éние соглашéния extension of an agreement; ~éние срóка prolongation of term.

продлённ|ый: ~ день extended day; грýппа ~ого дня extended-day group/class.

продовóльств|енный food *attr.*; ~ магази́н food shop, grocery; **~ие** *с.* provisions *pl.*, foodstuffs *pl.*

продолби́ть *сов. см.* продáлбливать.

продолговáтый oblong.

продолжáтель *м.* continuer, successor.

продолж|áть, продóлжить 1. (*вн.*, + *инф.*) continue (*smth.*, + to *inf.*, + -ing), carry on (with, + -ing), go* on (with, + -ing); ~ рабóту carry on with *one's* work; ~ заня́тия carry on *one's* studies, go* on with *one's* studies; ~ путешéствие continue/pursue *one's* journey; ~ рабóтать continue working, go* on with *one's* work; ~ разговóр continue a conversation; он ~áл хохотáть he went on laughing; 2. (*вн.; продлевать, увеличивать*) extend (*smth.*), carry on (with), go* on (with); продóлжить курс лечéния go* on with the treatment; **~áться**, продóлжиться last, continue, go* on; переговóры всё ещё ~áются the negotiations are still going on; **~éние** *с.* continuation; (*книги тж.*) sequel; ~éние слéдует to be continued; ◇ в ~éние (*рд.*) during (*smth.*); в ~éние всегó дня all day long; в ~éние всей недéли (during) the whole week.

продолжи́тельн|ость *ж.* duration, continuance; ~ дня length of the day; ~ путешéствия duration of a journey; ~ человéческой жи́зни length of human life; ~ соревновáний *спорт.* duration of competition; **~ый** long; ~ая зимá long/protracted winter; на ~ое врéмя for a considerable length of time.

продóлжить(ся) *сов. см.* продолжáть(ся).

продóльн|ый longitudinal, lengthwise; ~ая пилá ripsaw; ~ разрéз (*на чертеже*) longitudinal section.

продрáть(ся) *сов. см.* продирáть(ся).

продро́гнуть *см.* be* chilled to the bone.

продув|а́ть, проду́ть (*вн.*) **1.** (*дуя, прочищать*) clean (*smth.*) with compressed air; *тех.* scavenge (*smth.*); **2.** *тк. несов. разг.* (*обдувать со всех сторон*) make* a draft (through); ве́тер ~а́л пала́тку the wind played freely through the tent; **3.** *безл.*: его́ проду́ло he has caught a chill.

проду́вка *ж. тех.* blowing, scavenging.

продувн|о́й *разг.* (*хитрый*) sly, sharp; ~а́я бе́стия *разг.* crafty devil, a sly fox.

проду́вочный *тех.* scavenging.

проду́кт *м.* **1.** product; ~ы се́льского хозя́йства agricultural produce *sg.*; **2.** *обыкн. мн.* (*съестные*) provisions, food products, foodstuffs; моло́чные ~ы dairy produce *sg.*

продукти́вн|ость *ж.* productivity; ~ труда́ productivity of labor; ~ се́льского хозя́йства productivity of agriculture; **~ый 1.** (*производительный*) productive, efficient; **2.** (*о сельскохозяйственных животных*) producing; **3.** *лингв.* productive; ~ый су́ффикс productive suffix.

продукто́вый: ~ магази́н food shop, grocery.

продуктообме́н *м.* exchange of products.

проду́кци|я *ж.* production, output, yield; годова́я ~ фа́брики annual production/output of a factory; гото́вая ~ finished products *pl.*; и́мпортная ~ imported products *pl.*; импортозамеща́ющая ~ import-substituting products *pl.*; конкурентоспосо́бная ~ competitive products *pl.*; наукоёмкая ~ high-technology products *pl.*; реализо́ванная ~ product sold; това́рная ~ marketable production; э́кспортная ~ exported products *pl.*; спрос на ~ю предприя́тия end-product demand; себесто́имость ~и cost of production; "~ на рука́х" *эк.* (*метод и условие осуществления контрактного проекта*) "product in hand".

проду́м|анный considered; ~ отве́т considered answer; **~ать** *сов. см.* проду́мывать.

проду́мывать, проду́мать (*вн.*) think* out (*smth.*), think* (*smth.*) over; проду́мывать вопро́с think* the matter over; проду́мать план think* out a plan.

проду́ть *сов. см.* продува́ть 1, 3.

продыря́вить *сов.* (*вн.*) *разг.* make* a hole (in); **~ся** *сов. разг.* **1.** (*стать дырявым — о лодке и т. п.*) get* holed; **2.** (*износиться*) wear* into holes.

продю́сер *м. кино, театр.* producer.

проеда́ть, прое́сть (*вн.*) **1.** (*грызя, поедая, проделать дыру*) eat* (*smth.*); (*о кислотах и т. п. тж.*) corrode (*smth.*), eat* away (*smth.*); **2.** *разг.* (*тратить на еду*) spend* (*smth.*) on food; мы прое́ли все свои́ де́ньги we spent all our money on food.

прое́зд *м.* **1.** (*действие*) drive, journey; пла́та за ~ fare; плати́ть за ~ pay* *one's* fare; **2.** (*место, где можно проехать*) passage, thoroughfare; нет ~а no thoroughfare, no through road.

прое́зд|ить *сов.* **1.** *см.* проезжа́ть 4; **2.** (*провести какое-л. время в езде*) travel; он ~ил всю неде́лю he travelled for a whole week, he spent a whole week travelling.

проездно́й: ~ биле́т ticket.

прое́здом on *one's* way (to), passing through.

проезжа́ть, прое́хать, прое́здить **1.** *сов.* прое́хать go*, pass; (*на машине, автобусе*) drive*; (*на лошади*) ride*; прое́хать у́лицу drive* the length of a street; прое́хать посёлком go* through a village; по́езд прое́хал че́рез тунне́ль the train passed through a tunnel; **2.** *сов.* прое́хать (*вн.; покрывать какое-л. расстояние*) do* (*smth.*), cover (*smth.*); две́сти киломе́тров он прое́хал за дво́е су́ток he did two hundred kilometers in two days; **3.** *сов.* прое́хать (*вн.; пропускать нужную остановку*) pass (*smth.*), miss (*smth.*); прое́хать ста́нцию miss *one's* station; **4.** *сов.* прое́здить (*вн.*) *разг.* (*тратить на поездку*) spend* (*smth.*) on the journey; прое́здить сто рубле́й spend* a hundred rubles on the journey.

прое́зж|ий *прил.* **1.** (*годный для езды*) fit for traffic *после сущ.*; ~ая доро́га road fit for traffic; ~ая часть у́лицы carriage way; **2.** *в знач. сущ. м.* traveller.

прое́кт *м.* **1.** (*план какого-л. сооружения*) design, plan; рабо́чий ~ basic engineering; совме́стный ~ joint project; техни́ческий ~ technical design; типово́й ~ standard design; эски́зный ~ conceptual design; ~ декора́ций *кино, театр.* projected set; разраба́тывать ~ draw* up a plan, map out a project; **2.** (*предварительный текст какого-л. документа*) draft; ~ соглаше́ния draft agreement; ~ зако́на bill; ~ контра́кта draft contract; ~ бюдже́та draft budget; ~ резолю́ции draft résolution; **3.** (*замысел*) scheme, project.

проекти́рование I *с.* designing, planning.

проекти́рование II *с.* (*изображения на экран*) projecting.

проекти́ровать I, спроекти́ровать **1.** (*вн.; составлять проект*) design (*smth.*), plan (*smth.*); **2.** *тк. несов.* (*вн.*, + *инф.*, *предполагать*) plan (*smth.*, + to *inf.*), contemplate (*smth.*, + -ing).

проекти́ровать II *несов.* (*вн.*, *чертить проекцию, передавать на экран проекцию*) project (*smth.*).

проектиро́в|ка *ж. см.* проекти́рование; **~щик** *м.* designer.

прое́ктн|ый design *attr.*; (*предусмотренный проектом*) projected; ~ые организа́ции design organizations; ~ая мо́щность projected capacity; ~ое зада́ние basic engineering; ~ое предложе́ние design offer; ~ое реше́ние design approach/solution; ~ые рабо́ты design works.

прое́ктор *м.* projector, projection apparatus; ~ светонепроница́емых тене́й *кино* telop.

проекцио́нн|ый projection *attr.*; ~ аппара́т projector; ~ фона́рь (*детский*) magic lantern; ~ объекти́в projection lens; ~ свет projection light; ~ое окно́ projection port; ~ая систе́ма projection system.

прое́кция *ж.* projection; ~ диапозити́вов slide projection.

проéсть *сов. см.* проедáть.

проéхать *сов. см.* проезжáть 1, 2, 3; **~ся** *сов. разг.* have* a ride, go* for a ride; <> ~ся на чей-нибýдь счёт *разг.* show* wit at *smb.'s* expense.

проём *м.* opening, aperture; двернóй ~ doorway; окóнный ~ window opening.

прожáривать, прожáрить (*вн.*) roast (*smth.*) well; (*на сковороде*) fry (*smth.*) well; **~ся**, прожáриться roast well; мя́со прожáрилось the meat is well roasted, the meat has roasted through.

прожáрить(ся) *сов. см.* прожáривать(ся).

прождáть *сов.* (*вн., рд.*) wait (for); он ~áл егó цéлый час he waited a whole hour for him.

прожевáть *сов. см.* прожёвывать.

прожёвывать, прожевáть (*вн.*) chew/masticate (*smth.*) thoroughly.

прожектёр *м. ирон.* concoctor of ideas/schemes, castle builder; **~ство** *с. ирон.* hare-brained schemes/plans *pl.*, building castles in the air *идиом.*

прожéктор *м.* searchlight; ~-"лилипýт" *кино* midget spot; ~ 1000-2000 ватт junior spot; ~ 5000 ватт *кино* senior spot.

прожéчь *сов. см.* прожигáть.

прожжённый *разг.* (*отъявленный*) arch; ~ плут crook, inveterate scoundrel.

проживáть, прожи́ть **1.** *тк. несов.* (*жить где-л.*) live, reside; **2.** (*вн.; тратить на существование*) spend* (*smth.*); **~ся**, прожи́ться *разг.* spend* all *one's* money.

прожигáтель *м.*: ~ жи́зни *разг.* fast liver, playboy.

прожигáть I, прожéчь (*вн.*) burn* (*smth.*); *перен.* sear (*smb., smth.*); ~ дырý в *чём-л.* burn* a hole in *smth.*

прожигáть II (*вн.*) *разг.*: ~ жизнь lead* a dissipated/fast life.

прожи́лка *ж.* vein; (*в камне, металле тж.*) streak.

прожит|ие *с.*: на ~ to live on; **~очный**: ~очный ми́нимум living wage, subsistence minimum wage.

прожи́ть *сов.* **1.** *см.* проживáть 2; **2.** (*просуществовать какое-л. время*) live; ~ 90 лет live ninety years; **3.** (*провести некоторое время где-л.*) spend* (*smth.*); ~ всё лéто на дáче spend* all the summer in the country; **~ся** *см.* проживáться.

прожóрлив|ость *ж.* voracity, voraciousness; **~ый** voracious.

прожужжáть *сов.* buzz, hum, drone; <> ~ ýши *комý-л.* tell* *smb.* over and over again, din *smth.* into *smb.*'s ears.

прóз|а *ж.* (*прям. и перен.*) prose; писáть ~ой write* prose; стихотворéние в ~е prose poem; poem in prose; ~ жи́зни the prose of life.

прозáик *м.* prose writer.

прозаи́ч|еский **1.** prose *attr.*; ~ перевóд prose translation; **2.** (*скучный*) prosaic, dull, uninteresting; **3.** (*практический*) practical, prosaic; **~ный** prosaic, commonplace.

прозвáние *с. см.* прóзвище.

прозвáть *сов. см.* прозывáть.

прозвен|éть *сов.* make* a tinkle; ring* (shrilly); (*послышаться*) sound; ~éл звонóк a bell rang shrilly, гнéвная нóтка ~éла в егó гóлосе there was a trace of anger in his voice.

прóзвищ|е *с.* nickname; дать ~ *комý-л.* nickname *smb.*; получи́ть ~ be* nicknamed; по ~у nicknamed.

прозвони́ть *сов.* ring* (out).

прозвучáть *сов. см.* звучáть.

прозевáть *сов. см.* прозёвывать *и* зевáть 3.

прозéктор *м.* prosector, dissector; **~ская** *ж. скл. как прил.* dissecting room.

прозёвывать, прозевáть (*вн.*) miss (*smth.*); прозевáть удóбный момéнт miss an opportunity, let* slip an opportunity.

прозимовáть *сов. см.* зимовáть.

прозорли́в|ость *ж.* clarity of vision, far-sightedness; **~ый** shrewd, far-sighted, sagacious.

прозрáчн|ость *ж.* transparence, transparency (*тж. перен.*); limpidity; (*о стиле*) lucidity; **~ый** transparent (*тж. перен.*); (*о воздухе, воде тж.*) limpid, pellucid; (*о стиле*) lucid; ~ое стеклó clear glass; ~ое плáтье flimsy dress; ~ намёк transparent hint/allusion; ~ые дáнные *програм.* transparant data.

прозревáть, прозрéть regain *one's* sight; *перен.* clearly understand*, see* things clearly.

прозрéние *с.* recovery of sight; *перен.* enlightenment, insight.

прозрéть *сов. см.* прозревáть.

прозывáть, прозвáть (*вн.*) nickname (*smb., smth.*), dub (*smb., smth.*).

прозябáние *с.* vegetation, vegetable life.

прозябáть *несов.* vegetate, lead* an aimless/uneventful life.

прозя́бнуть *сов. разг.* get* chilled (to the bone).

проигрáть *сов.* **1.** *см.* прои́грывать; **2.** (*провести какое-л. время, играя во что-л.*) play; ~ в футбóл цéлый день play foolball all day; **~ся** *сов. см.* прои́грываться.

прои́грыватель *м.* record player.

прои́грывать, проигрáть **1.** (*вн.; терпеть поражение в чём-л.*) lose* (*smth.*); проигрáть пáртию в шáхматы lose* a game of chess; проигрáть пари́ lose* a bet/wager; ~ в кáрты lose* at cards; комáнда проигрáла со счётом 2 : 0 the team lost two nothing; проигрáть судéбный процéсс lose* a court case; **2.** (*вн.; лишиться чего-л. в игре*) lose* (*smth.*); gamble away (*smth.*); проигрáть пéшку lose* a pawn; **3.** (*терпеть ущерб от чего-л.*) suffer, be* spoiled (by); ~ в *чьём-л.* мнéнии sink* in *smb.*'s (good) opinion; пьéса проигрáла от плохóй постанóвки the play was spoiled by poor production; **4.** (*вн.*) *разг.* (*исполнять*) play (*smth.*); ~ мýзыку с áвторским прáвом *кино, тлв.* needle drop; **~ся**, проигрáться *разг.* lose* all *one's* money.

прóигрыш *м.* loss; *спорт.* defeat; оставáться в ~е be* the loser; у негó ~ в сто рублéй he has lost a hundred rubles.

произведе́ни|е *с.* **1.** work; ~ иску́сства work of art; гениа́льное ~ brilliant work, work of genius; литерату́рное ~ literary work; и́збранные ~я selected works; **2.** *мат.* product.

произвести́ *сов. см.* производи́ть.

производи́тел|ь *м.* **1.** *эк.* producer; ме́лкие и сре́дние ~и small and medium producers; ~ сырья́ raw materials producer; отраслева́я ассоциа́ция ~ей producer's association; **2.** *с.-х.* sire; жеребе́ц-~ stud-horse; <> ~ рабо́т superintendent, clerk of the works.

производи́тельн|ость *ж.* productivity, productive capacity; (*машины тж.*) throughput; ~ труда́ labor productivity, productivity/efficiency of labor; **~ый** productive; ~ый труд productive work; ~ые си́лы *эк.* productive forces.

производи́ть, произвести́ (*вн.*) **1.** (*делать, совершать*) make* (*smth.*, carry out (*smth.*); ~ ремо́нт carry out repairs; ~ вычисле́ние make* a calculation; ~ о́пыт carry out an experiment; ~ киносъёмку film; ~ сле́дствие conduct an investigation; **2.** (*изготовлять, вырабатывать*) produce (*smth.*); ~ това́ры ма́ссового потребле́ния produce/make* consumer goods; ~ пшени́цу produce wheat; **3.** (*вызывать, делать*) produce (*smth.*), make* (*smth.*); ~ впечатле́ние на *кого-л.* make*/produce an impression on *smb.*; **4.** (*родить*) bring* forth (*smb.*), bear* (*smb.*); **5.** (*вн.* в *вн.; присваивать звание*) make* (*smb. smth.*); произвести́ *кого-л.* в офице́ры make* *smb.* an officer; <> произвести́ на свет bring* into the world; **~ся** *несов.* **1.** (*изготовляться*) be* produced, be* in production; **2.** (*происходить*) take* place, proceed.

произво́дн|ый *прил.* **1.** derivative; ~ое сло́во derivative; ~ая величина́ derived quantity; ~ спрос *эк.* derived demand; **2.** *в знач. сущ. ж. мат.* derivative.

произво́дственн|ик *м.*, **~ица** *ж.* production worker.

произво́дственн|ый production *attr.*; ~ план production program; ~ проце́сс process of production; <> ~ые отноше́ния эк. production relations; ~ая сфе́ра production sphere; ~ые запа́сы *эк.* inventories, stocks.

произво́дств|о *с.* (*процесс*) production; (*изготовление тж.*) manufacture; импортозамеща́ющее ~ import-substituting production; коопери́рованное ~ cooperative production; крупносери́йное ~ long/high-run production, large lot/large scale production; ма́ссовое ~ high-volume production; мелкосери́йное ~ short-run/job-lot/limited production; незавершённое ~ incomplete production; оте́чественное ~ domestic production; пото́чное ~ in line production; при́быльное ~ profitable production; сери́йное ~ production in bulk, gross production; совме́стное ~ joint production; э́кспортное ~ export production; ~ киноплёнки film manufacture; сре́дства ~а means of production; ~ ста́ли steel manufacture; ~ бума́ги paper production; **2.** (*отрасль промышленности*) industry; сталелите́йное ~ steel industry; **3.** (*фабрика, завод*) factory; рабо́тать на ~е work at a factory/plant; **4.** *воен.* (*присвоение звания*) promotion.

произво́л *м.* **1.** despotism, tyranny; **2.** (*необоснованность*) arbitrariness; <> оставля́ть *кого-л.* на ~ судьбы́ leave* *smb.* to the mercy of fate.

произво́льн|о **1.** (*по своему усмотрению*) at will, at *one's* own choosing; **2.** (*необоснованно, без доказательств*) arbitrarily; **~ый** **1.** (*свободный*) free; **2.** (*самовольный*) arbitrary; ~ые отступле́ния от тре́бований зако́на arbitrary departures from what is required by law; ~ый до́ступ *програм.* arbitrary access; **3.** (*лишённый доказательств*) arbitrary, unfounded; ~ое толкова́ние *чего-л.* arbitrary interpretation of *smth.*; ~ый вы́вод arbitrary conclusion.

произнести́ *сов. см.* произноси́ть.

произно|си́ть, произнести́ (*вн.*) **1.** (*артикулировать*) pronounce (*smth.*); (*отчётливо*) articulate (*smth.*); пра́вильно ~ *что-л.* pronounce *smth.* correctly; **2.** (*говорить*) say* (*smth.*), utter (*smth.*); ~ речь make*/deliver a speech; не произнести́ ни одного́ сло́ва not say*/utter a world; **3.** (*оглашать*) pronounce (*smth.*); **~ше́ние** *с.* pronunciation; (*артикуляция*) articulation; пра́вильное ~ше́ние correct pronunciation.

произойти́ *сов. см.* происходи́ть 1, 2.

проиллюстри́ровать *сов.* (*вн.; прям. и перен.*) illustrate (*smth.*).

проинструкти́ровать *сов.* (*вн.*) give* (*smb.*) instructions.

проинтервьюи́ровать *сов.* (*вн.*) interview (*smb.*).

проинформи́ровать *сов.* (*вн.*) inform (*smb.*).

про́иски *мн.* intrigues; wirepulling *sg.*; underhand practices; scheming *sg.*

происходи́ть, произойти́ **1.** (*случиться*) take* place, happen, occur; произошли́ больши́е измене́ния great changes have taken place; что там происхо́дит? what is going on there?; де́йствие происхо́дит в Волгогра́де the scene is set in Volgograd; **2.** (от *рд.*, *возникать как следствие чего-л.*) occur (through), result (from), be* due (to); **3.** *тк. несов.* (от, из *рд.; быть какого-л. происхождения*) come* (of), spring* (from); ~ из крестья́н come* of peasant stock.

происхожде́ни|е *с.* **1.** (*возникновение*) origin; ~ ви́дов origin of species; сло́во гре́ческого ~я word of Greek origin; **2.** (*принадлежность по рождению*) birth, origin, extraction; (*родословная*) lineage; (*о вещах*) provenance; ру́сский, англича́нин по ~ю Russian, English by birth.

происше́ств|ие *с.* event, incident; без ~ий uneventfully, without incident; отде́л ~ий (*в газете*) local news; ~ с возду́шным су́дном accident to an aircraft; предотвраща́ть ~ prevent an accident; приводи́ть к ~ю lead* to an accident.

пройдо́ха *м. и ж. разг.* old fox, crafty/wily/artful person.

про́йма *ж.* armhole.

пройти́ *сов. см.* проходи́ть I; **~сь** *сов. см.* прохаживаться.

прок *м. разг.* use; из э́того ~у не бу́дет it's no use, it won't do any good.

прокажённый *прил.* **1.** leprous; **2.** *м. как сущ.* leper.

прока́за I *ж.* (*шалость*) prank, trick, monkey-trick.

прока́за II *ж.* (*болезнь*) leprosy.

прока́з|ить, напрока́зить *разг. см.* прока́зничать; **~ник** *м.*, **~ница** *ж.* rascal; mischievous/roguish person; (*о ребёнке тж.*) naughty child*, young rascal.

прока́зничать, напрока́зничать play pranks, get* up to mischief.

прока́ливать, прокали́ть (*вн.*) calcine (*smth.*), anneal (*smth.*); **~ся**, прокали́ться be* calcined/annealed.

прокали́ть(ся) *сов. см.* прока́ливать(ся).

прока́лывать, проколо́ть (*вн.*) **1.** prick (*smth.*), pierce (*smth.*) through; (*продырявливать*) perforate (*smth.*); ~ нары́в lance/drain an abscess; **2.** (*колющим оружием*) pierce (*smb.*, *smth.*); проколо́ть *кого-л.* штыко́м run* *smb.* through with a bayonet.

прока́т I *м.* (*передача имущества во временное пользование*) hire; lease; взять на ~ take* on hire; пла́та за ~ hire; внести́ пла́ту за ~ роя́ля pay* for the hire of a piano.

прока́т II *м. тех.* **1.** (*действие*) rolling; **2.** (*изделие*) rolled goods *pl.*, rolled metal.

прока́т III *м. кино* distribution; ~ фи́льмов film distribution.

проката́ть *сов. см.* прока́тывать.

прокати́ть *сов.* **1.** (*вн.; в автомобиле и т. п.*) take* (*smb.*) for a drive; **2.** (*вн., шар, мяч и т. п.*) roll (*smth.*) (along, about); **3.** *разг.* (*промчаться мимо*) ride* by, flash by; **~ся** *сов.* **1.** (*проехаться*) go* for a ride/drive, take* a ride/drive; ~ся на парохо́де go* for a short trip by boat; **2.** (*о шаре, мяче и т. п.*) roll (along, about); **3.** (*о звуках*) roll, rumble, mutter.

прока́т|ка *ж. тех.* rolling; **~ный** *тех.* **1.** (*относящийся к изготовлению проката*) rolling; ~ный стан rolling mill; ~ный цех rolling shop/department; **2.** (*изготовленный путем проката*) rolled; ~ная сталь rolled steel; **3.** *кино* (*выпущенный в прокат*): ~ая ко́пия show copy, release print.

прока́тчик I *м.* rolling-mill operator, roller.

прока́тчик II *м. кино* distributor.

прока́тывать, проката́ть (*вн.*) *тех.* roll (*smth.*); (*в листы*) laminate (*smth.*).

прока́шляться *сов.* clear *one's* throat.

прокипе́ть *сов.* be* thoroughly boiled.

прокипяти́ть *сов.* (*вн.*) boil (*smth.*); (*стерилизовать*) sterilize (*smth.*); ~ молоко́ boil milk.

прокиса́ть, проки́снуть turn sour.

проки́снуть *сов. см.* прокиса́ть.

прокла́дка *ж.* **1.** (*действие*) laying; ~ труб laying of pipes; ~ ка́беля cable-laying; **2.** (*слой*) packing; gasket; washer; рези́новая ~ rubber washer.

прокла́дывать, проложи́ть (*вн.*) **1.** (*дорогу и т. п.*) build* (*smth.*), lay* (smth); ~ тропу́ че́рез лес open/cut* a path through a forest, blaze a trail through a forest; **2.** (*вкладывать что-л. между чем-л.*) interlay* (with *smth.*); pack (*smth.* with, in); проложи́ть стекля́нную посу́ду соло́мой pack glassware in straw; ~ копи́рку ме́жду листа́ми бума́ги insert carbon-paper between the sheets of paper; ◇ ~ себе́ доро́гу make* *one's* way (in life); проложи́ть доро́гу, путь *чему-л.* pave the way for *smth.*

проклама́ция *ж.* leaflet.

прокле́ивать, прокле́ить (*вн.*) smear/coat (*smth.*) with glue/paste.

прокле́ить *сов. см.* прокле́ивать.

проклина́ть, прокля́сть (*вн.*) curse (*smb.*, *smth.*); ◇ будь я про́клят, если I'll be/I'm dammed if; будь он про́клят! damn/curse him!

прокля́т|ие *с.* **1.** curse; **2.** *в знач. межд.*: ~! damn!, damnation!; **~ый** damned, accursed.

проко́л *м.* puncture, small hole.

проколо́ть *сов. см.* прока́лывать.

прокommentи́ровать *сов.* (*вн.*) comment (on).

прокомпости́ровать *сов. см.* компости́ровать.

проконспекти́ровать *сов. см.* конспекти́ровать.

проконсульти́ровать(ся) *сов. см.* консульти́ровать(ся).

проконтроли́ровать *сов. см.* контроли́ровать.

прокопа́ть *сов.* (*вн.*) dig* (*smth.*).

прокорми́ть *сов.* (*вн.*) feed* (*smb.*, *smth.*), keep* (*smb.*, *smth.*); **~ся** *сов. разг.* live (on), subsist (on).

прокорректи́ровать *сов. см.* корректи́ровать.

прокра́дываться, прокра́сться steal* in(to), creep* in(to); прокра́сться в ко́мнату steal* into a room.

прокра́сться *сов. см.* прокра́дываться.

прокрича́ть *сов.* **1.** shout; *перен.* trumpet; **2.** (*кричать какое-л. время*) shout (for a time); ◇ ~ у́ши *кому-л.* о *чем-л.* din *smth.* into *smb.'s* ears, tell* *smb.* about *smth.* over and over again.

прокурату́ра *ж.* public prosecutor's office/department.

прокуро́р *м.* public prosecutor; Генера́льный ~ Prosecutor-General; **~ский** public prosecutor's.

прокуси́ть *сов. см.* проку́сывать.

проку́сывать, прокуси́ть (*вн.*) bite* through (*smth.*).

прола́мывать, проломи́ть (*вн.*) break* (*smth.*); (*продырявливать*) make* a hole (in), hole (*smth.*); проломи́ть дверь make* a hole in a door; **~ся**, проломи́ться break*.

пролега́ть *несов.* pass, lie*/run* across.

пролеж|а́ть *сов.* lie*; ~ в посте́ли три ме́сяца stay in bed for three months; письмо́ ~а́ло на по́чте бо́льше ме́сяца the letter lay at the post-office for over a month.

про́лежень *м.* bedsore.

пролеза́ть, проле́зть (в *вн.*) get* through (*smth.*), squeeze through (*smth.*); *перен.* insinuate *oneself* (into), worm *oneself* (into); проле́зть в полуоткры́тую дверь get* through the half-open door.

проле́зть *сов. см.* пролеза́ть.

пролетариа́т *м.* proletariat.

пролета́рий *м.* proletarian; (*лозунг*) "пролета́рии всех стран, соединя́йтесь!" "workers of the world, unite!"

пролета́рский proletarian.

пролета́ть, пролете́ть **1.** (*летя, миновать что-л.*) fly* past/over/by; самолёт пролете́л над го́родом a jet flew over the town; пролете́ть че́рез пусты́ню fly* across a desert; **2.** (*вн., летя, продвинуться на какое-л. расстояние*) fly* (*smth.*); самолёт пролете́л ты́сячу киломе́тров the plane flew/covered a thousand kilometers; **3.** *разг.* (*быстро проезжать*) dash (along, through); поезд пролете́л ми́мо ста́нции the train dashed through the station; **4.** (*о времени*) fly* (by, along); дни пролете́ли the days flew by; он не заме́тил, как пролете́л ве́чер the evening was over before he noticed it.

пролете́ть *сов. см.* пролета́ть.

пролёт I *м.* (*самолёта, птиц*) flight.

пролёт II *м.* **1.** (*открытое пространство*) gap; **2.** (*лестницы*) well, well-hole; **3.** (*моста*) span; мост с одни́м ~ом single-span bridge; **4.** *архит.* bay, opening; **5.** *разг.* (*перегон*) distance between two stations, stage.

пролётка *ж.* (*экипаж*) (horse) cab.

проли́в *м.* strait; straits *pl.*; sound

пролива́ть, проли́ть (*вн.*) spill* (*smth.*); (*кровь, слёзы*) shed* (*smth.*); ~ слёзы (по *дт.*, *пр.*, о *пр.*) shed* tears (over); ~ свет (на *вн.*) shed*/throw* light (on); ~ свою́ кровь за *кого-л.*, *что-л.* shed* *one's* blood for *smb.*, *smth.*; **~ся**, проли́ться spill*; вода́ пролила́сь на ска́терть the water spilt over the tablecloth.

проливно́й: ~ дождь pouring/pelting rain.

проли́ть(ся) *сов. см.* пролива́ть(ся).

проло́г *м.* prologue.

проложи́ть *сов. см.* прокла́дывать.

проло́м *м.* break, gap, breach.

проломи́ть(ся) *сов. см.* прола́мывать(ся)

пролонг|а́ция *ж. юр., фин.* prolongation; ~ аккредити́ва prolongation of a letter of credit; ~ ве́кселя prolongation of a bill; ~ ве́кселя по зако́ну statutory prolongation of a bill; ~ креди́та prolongation of a credit; ~ страхова́ния renewal of insurance; ~ тра́тты renewal of a draft; **~и́ровать** *несов. и сов.* (*вн.*) *юр., фин.* prolong (*smth.*).

прома́зать *сов.* **1.** (*вн., маслом*) oil (*smth.*), lubricate (*smth.*), grease (*smth.*); **2.** (*вн.; замазкой*) putty (*smth.*); **3.** *разг.* (*промахнуться*) miss.

прома́лывать, промоло́ть (*вн.*) grind* (*smth.*).

прома́сленн|ый oiled, greased; (*запачканный маслом*) greasy; ~ая бума́га oiled paper.

про́мах *м.* **1.** (*при стрельбе, ударе*) miss; (*в футболе*) miss-kick; стреля́ть без ~а never miss; **2.** (*ошибка*) blunder, slip; сде́лать ~ make* a blunder; ◇ дать ~ come* to grief *идиом.*; он ма́лый не ~ he's got his wits about him, he has plenty of gumption.

промахну́ться *сов.* **1.** (*не попасть в цель*) miss (*one's* aim); (*при стрельбе тж.*) shoot* wide of the mark; **2.** *разг.* (*ошибиться*) make* a blunder, slip up, trip up.

прома́чивать, промочи́ть (*вн.*) wet (*smth.*), drench (*smth.*); промочи́ть но́ги get* *one's* feet wet.

промедле́ни|е *с.* delay, procrastination; без вся́ких ~й without a moment's delay; ~ сме́рти подо́бно delay may mean death.

проме́длить *сов.* linger, procrastinate; (*не сделать вовремя*) be* late.

проме́жность *ж. анат.* perineum.

промежу́т|ок *м.* **1.** (*пространство*) interval, distance, gap, space; **2.** (*время*) interval; ~ в де́сять лет interval of ten years; **~очный** intermediate; ~очная ста́дия intermediate stage; ~очный язы́к *програм.* intermediate language; ~очный запрети́тельный прика́з суда́ *юр.* interlocutory injunction; ~очная ко́пия *кино* master print; ~очная на́дпись caption; ~очный негати́в internegative; ~очный позити́в master positive, duplicating positive; ~очный позити́в изображе́ния picture master positive; ~очный позити́в фоногра́ммы *кино* sound master positive.

промелькн|у́ть *сов.* **1.** (*прям. и перен.*) flash; у меня́ ~у́ла мысль the thought flashed through my mind; **2.** (*о времени*) fly* by; ле́то ~уло the summer flew by; **3.** (*обнаружиться*): в его́ слова́х ~у́ла насме́шка there was a glimmer/tinge of sarcasm in his words.

промен|я́ть *сов.* (*вн.* на *вн.*) **1.** (*обменя*) exchange (*smth.* for), barter (*smth.* for); **2.** (*предпочесть*) change (*smb.* for); ни на кого́ тебя́ не ~я́ю I want nobody but you; I wouldn't exchange you for anyone in the world; ◇ ~ куку́шку на я́streба *погов.* ≅ exchange bad for worse.

промерза́ть, промёрзнуть **1.** (*покрываться льдом*) freeze*, be* frozen up; земля́ глубоко́ промёрзла the earth was frozen deep below the surface; **2.** *разг.* (*зябнуть*) be* chilled; он промёрз до косте́й he got chilled to the bone.

проме́шкать *сов. разг.* linger dawdle.

промёрз|лый frozen; **~нуть** *сов. см.* промерза́ть.

промо́зглый damp, dank; (*о погоде тж.*) raw.

промока́тельн|ый: ~ая бума́га blotting paper.

промок|а́ть I, промо́кнуть **1.** get* wet/soaked/drenched; промо́кнуть до косте́й get* wet to the skin/bones, get* wet through, be* drenched to the skin; пальто́ промо́кло насквО́зь the coat is soaking wet, the coat is wet through; у него́ промо́кли но́ги he got his feet wet; **2.** *тк. несов.* (*пропускать воду*) let* water through/in; э́то пальто́ ~а́ет this coat is not waterproof.

промока́ть II, промокну́ть (*вн.*) blot (*smth.*).
промо́кнуть *сов. см.* промока́ть I, 1.
промокну́ть *сов. см.* промока́ть II.
промо́лвить *сов.* (*вн.*) say* (*smth.*), utter (*smth.*).
промоло́ть *сов. см.* прома́лывать.
промолч|а́ть *сов.* **1.** (*не ответить, ничего не сказать*) give* no answer, hold* *one's* peace; **2.** (*молчать в течение какого-л. времени*) be* silent: он весь ве́чер ~а́л he didn't say a word all the evening.
промочи́ть *сов. см.* прома́чивать.
промпт *м. эк.* prompt; **~овый** prompt *attr.*; ~овое су́дно prompt ship.
промтова́рный: ~ магази́н clothing and general shop.
промтова́ры *мн.* manufactured (consumer) goods.
промульга́ция *ж. юр.* promulgation.
промча́ться *сов.* **1.** (*быстро проехать, проскакать и т. п.*) rush past, fly* past; ~ стрело́й dart/shoot* past; **2.** (*о времени*) fly* by, rush by.
промыва́ние *с.* washing; (*раны*) bathing; *фото, кино* rinse.
промыва́ть, промы́ть (*вн.*) wash (*smth.*); (*глаза, рану*) bathe (*smth.*); (*золото и т. п.*) pan (*smth.*).
про́мыс|ел I *м.* **1.** (*занятие*) trade, craft; куста́рный ~ handicraft/cottage industry; отхо́жий ~ seasonal work; охо́тничий ~ hunting; **2.** *обыкн. мн.* (*предприятие добывающего типа*) mine *sg.*, field *sg.*; золоты́е ~лы goldfields; нефтяны́е ~лы oil fields; соляны́е ~лы saltworks, salt mines; **~ло́вый**: ~о́вая коопера́ция producers' cooperative society; ~ло́вый зверь furbearing animals *pl.*; ~ло́вая ры́ба industrial fish; ~ло́вый флот fishing fleet; ~ло́вая пти́ца game bird; ~ло́вое свиде́тельство license.
про́мысел II, про́мысл *м. церк.* (Бо́жий) Providence.
промы́шленник *м.* manufacturer, industrialist.
промы́шленн|ость *ж.* industry; кру́пная ~ large scale industry; тяжёлая ~ heavy industry; лёгкая ~ light industry; добыва́ющая ~ extractive industry; обраба́тывающая ~ manufacturing/processing industry; основны́е о́трасли ~ости main/basic industries; **~ый** industrial; ~ое предприя́тие industrial establishment; ~ый центр industrial center; ~ый райо́н industrial area; ~ый потенциа́л страны́ the country's industrial potential; ~ый суд *юр.* industrial court; ~ая вы́ставка industrial exhibition; ~ая эксплуата́ция commercial operation; ~ые изде́лия manufactured goods; ~ый образе́ц industrial sample; ~ый цикл business cycle; ~ый ма́ркетинг industrial marketing; ~ый кинофи́льм industrial film; ~ое телеви́дение industrial television.
промышля́ть *несов.* (*тв., вн.*) make* a living (out of), engage in (*smth.*); ~ охо́той make* a living out of hunting.
промя́млить *сов. см.* мя́млить 1.
пронести́ *сов. см.* проноси́ть I; **~сь** *сов. см.* проноси́ться I.
пронза́ть, пронзи́ть (*вн.*) pierce (*smb.*, *smth.*), run* (*smb.*, *smth.*) through; ~ *кого-л.* мечо́м run* *smb.* through with *one's* sword; ◇ пронзи́ть *кого-л.* взгля́дом give* *smb.* a piercing glance.
пронзи́тельный 1. (*о звуке*) shrill, piercing; **2.** (*о взгляде*) penetrating, keen.
пронзи́ть *сов. см.* пронза́ть.
пронизáть *сов. см.* прони́зывать.
прони́зыв|ать, пронизáть (*вн.*) pierce (*smb.*, *smth.*), penetrate (*smb.*, *smth.*); **~ающий** penetrating; ~ающий хо́лод penetrating cold.
проника́ть, прони́кнуть (в *вн.*) **1.** penetrate (*smth.*); (*пробираться*) get* (into), луч све́та прони́к в ко́мнату a ray of light penetrated the room; прони́кнуть в дом get* into a house; **2.** (*распространяться*) spread* (among); **~ся**, прони́кнуться (*тв.*) be* imbued (with), be* filled (with); прони́кнуться реши́мостью be* filled with determination; ~ любо́вью be* inspired with love.
проникнове́н|ие *с.* **1.** (*действие*) penetration; (*распространение*) spread; **2.** *см.* проникнове́нность; **~ность** *ж.* emotion, moving sincerity; **~ный** penetrating, moving.
прони́кнутый imbued (with).
прони́кнуть(ся) *сов. см.* проника́ть(ся).
понима́ть, проня́ть (*вн.*) *разг.* (*производить большое впечатление*) move (*smb.*), make* an impression (on), get* under *smb.*'s skin; (*о страхе*) strike* (*smb.*); ◇ его́ ниче́м не проймёшь you can't get at him.
проница́ем|ость *ж.* permeability; **~ый** permeable, pervious.
проница́тельн|ость *ж.* insight, acumen, shrewdness; **~ый** acute, shrewd; (*о глазах тж.*) sharp; ~ый взор penetrating eye; ~ый ум acute brain.
проноси́ть I, пронести́ **1.** (*вн.*) carry (*smb.*, *smth.*); **2.** *обыкн. безл.* pass; ту́чу пронесло́ the cloud has blown over; беду́ пронесло́! the danger is over!
проноси́ть II *сов.* (*вн.*; *носить в течение какого-л. времени*) carry (*smb.*, *smth.*); (*одежду*) wear* (*smth.*); це́лый день ~ ребёнка на рука́х carry a child* about all day; ~ костю́м не́сколько сезо́нов wear* a suit several seasons, make* a suit last several seasons.
проноси́ться I, пронести́сь **1.** (*очень быстро проезжать, пролетать*) rush past/by, dash past/by, fly* past/by; *перен.* (*о мыслях и т. п.*) flash; маши́на пронесла́сь ми́мо до́ма a car dashed past the house; **2.** (*о времени*) fly* by; **3.** (*быстро распространяться*) spread* like wildfire; пронёсся слух there is a rumor, rumors are flying about.
проноси́ться II *сов.* **1.** (*прийти в ветхость от носки*) wear* out; **2.** (*пробыть в носке в течение какого-л. времени*) last; костю́м проноси́лся три го́да the suit lasted three years.

пронумерова́ть *сов. см.* нумерова́ть.

проны́р|а *м. и ж. разг.* pushy person, pusher; ~ливый pushing, crafty, sly.

проню́хать *сов.* (*вн.*, о *пр.*) *разг.* nose out (*smth.*), get* wind (of).

проня́ть *сов. см.* пронима́ть.

прообраз *м.* prototype.

пропага́нд|а *ж.* teaching, propagation, promotion; propaganda; техни́ческая ~ technical information; **~и́ровать** *несов.* (*вн.*) propagate (*smth.*), propagandize (*smth.*), spread* (*smth.*); **~и́ст** *м.*, **~и́стка** *ж.* propagandist; **~и́стский** propaganda *attr.*; ~и́стская рабо́та propaganda work; ~и́стский фильм propaganda film.

пропада́ть, пропа́сть **1.** (*теряться*) disappear, vanish, be* missing; пропа́ла кни́га со стола́ the book has disappeared from the desk; **2.** (*переставать появляться где-л.*) disappear, be* missing; он ушёл и пропа́л на неде́лю after he left he was missing for a week; куда́ он пропа́л? where has he disappeared to?; **3.** (*исчезать*) disappear; пропа́сть и́з виду disappear from view; голоса́ пропа́ли вдали́ the voices died away in the distance; **4.** (*погибать*) die, be* killed; come* to a bad end; я пропа́л! it's all up with me!, I've had it!; **5.** (*проходить бесполезно, безрезультатно*) be* wasted, come* to nothing; на́ши уси́лия не пропаду́т our efforts won't be wasted; все его́ уси́лия пропа́ли да́ром all his efforts went for nothing; весь день пропа́л the whole day has been wasted; ◇ пиши́ пропа́ло give up all hope; где вы пропада́ли? where on earth have you been?; пропади́ он про́падом! *разг.* the devil take him!

пропа́жа *ж.* **1.** (*действие*) loss; **2.** (*предмет*) missing thing.

пропа́лывать, пропо́ло́ть (*вн.*) weed (*smth.*).

про́паст|ь *ж.* **1.** (*обрыв*) precipice; (*бездна*) gulf, abyss; *перен.* gulf, yawning gap; на краю́ ~и on the brink of a precipice; *перен.* on the verge of disaster; **2.** (*рд.*) *разг.* (*множество*) a lot (of), lots (of), a great deal (of); у меня́ ~ дел I have lots/heaps of things lo do; ~ наро́ду any amount of people, lots of people.

пропа́сть *сов. см.* пропада́ть.

пропа́хнуть *сов.* **1.** (*тв.*) begin* to reek (of), pick up the smell (of); **2.** *разг.* (*испортиться*) begin* to smell (bad).

пропа́шка *ж. с.-х.* plowing.

пропашн|о́й *с.-х.*: ~о́й тра́ктор row-crop tractor; ~ы́е культу́ры tilled crops.

пропа́щ|ий *разг.* **1.** lost; **2.** (*неудавшийся*) hopeless; ~ее де́ло hopeless job; **3.** (*дурной, неисправимый*) hopeless, incurable; past redemption *после сущ.*; ~ челове́к lost soul.

пропека́ть, пропе́чь (*вн.*) bake (*smth.*) to a turn; **~ся**, пропе́чься be* baked to a turn, be* baked through.

пропе́ллер *м.* propeller.

пропесо́чивать, пропесо́чить (*вн.*) *разг.* criticize (*smb.*) severely, slate (*smb.*).

пропесо́чить *сов. см.* пропесо́чивать.

пропе́ть *сов.* I. *см.* петь 1, 3, 4; **2.** (*петь в течение какого-л. времени*) sing* (for a while).

пропеча́тать *сов.* (*вн.*) *разг.* write* a sharp criticism (of); make* it hot (for).

пропе́чь(ся) *сов. см.* пропека́ть(ся).

пропива́ть, пропи́ть (*вн.*) **1.** drink* (*smth.*) away, spend*/squander (*smth.*) on drink; **2.** *разг.* ruin through excessive drinking; ~ го́лос ruin *one's* voice through excessive drinking.

прописа́ть(ся) *сов. см.* прописывать(ся).

пропи́ск|а *ж.* (residence) registration; получи́ть (постоя́нную) ~у acquire the right of (permanent) residence; *перен.* become* (permanently) established.

прописн|о́й **1.** (*о буквах*) capital; **2.** (*общеизвестный*): ~ы́е и́стины copybook maxims, truisms.

прописывать, прописа́ть **1.** (*вн.; регистрировать*) register (*smb.*, *smth.*); ~ па́спорт register *one's* passport; прописа́ть но́вого жильца́ register a new tenant; **2.** (*вн.*, + *инф.; назначать лекарство, лечение*) prescribe (*smth.*), recommend (+ -ing); **~ся**, прописа́ться get* registered.

про́пись *ж.* handwriting sample.

про́писью written out (in words); написа́ть су́мму ~ю write* out the amount in words.

пропита́ние *с.* food, sustenance; зараба́тывать себе́ на ~ earn *one's* living, earn enough to buy food.

пропита́ть(ся) *сов. см.* пропи́тывать(ся).

пропи́тка *ж. тех.* impregnation, steep.

пропито́й *разг.*: ~ го́лос hoarse voice, ruined through excessive drinking.

пропи́тывать, пропита́ть (*вн. тв.*) saturate (*smth.* with), impregnate (*smth.* with), permeate (*smth.* with); во́здух пропи́тан за́пахом мо́ря the air has the tang of the sea in it; **~ся**, пропита́ться (*тв.*) be* saturated (with), be* impregnated (with), be* permeated (with).

пропи́ть *сов. см.* пропива́ть.

пропи́хивать, пропихну́ть (*вн.*) *разг.* push (*smth.*) through.

пропихну́ть *сов. см.* пропи́хивать.

пропища́ть *сов. см.* пища́ть.

пропла́вать *сов.* swim*; (*о судне*) sail; ~ це́лый час swim* for a whole hour; ~ всю жизнь матро́сом be* a sailor all *one's* life.

пропла́кать *сов.* weep* (for a time); ◇ ~ (все) глаза́ sob *one's* eyes out.

проплыва́ть, проплы́ть **1.** swim*; (*о судне*) sail; (*о предметах*) drift; проплы́ть до середи́ны реки́ swim* into midstream; ло́дка проплыла́ ещё немно́го и останови́лась the boat drifted a little further and stopped; **3.** (*вн.; преодолевать какое-л. расстояние*) swim* (*smth.*), do* (*smth.*), cover (*smth.*); (*о судне*) sail (*smth.*); проплы́ть ты́сячу ме́тров swim* a thousand meters; они́ проплы́ли на парохо́де 500 киломе́тров they did five hundred kilometers by boat; **3.** (*вн.; миновать что-л.*) swim* past (*smth.*); (*о судне*) sail past (*smth.*), pass (*smth.*); мы проплы́ли мая́к we sailed past a lighthouse; **4.** (*проходить*) float, flit; пе́ред его́ глаза́ми проплы́ли карти́ны далёкого де́тства childhood memories floated through his mind.

проплы́ть *сов. см.* проплыва́ть.

пропове́д|ник *м.* **1.** preacher; **2.** (*учения, теории*) advocate, exponent; **~овать** *несов.* (*вн.*) **1.** preach (*smth.*); **2.** (*учение, теорию*) expound (*smth.*), propagate (*smth.*).

про́поведь *ж.* **1.** homily, sermon (*тж. перен.*); **2.** (*распространение какого-л. учения, теории*) preaching, propagation, spreading, advocacy.

пропо́йца *м. разг.* drunkard.

пропола́скивать, прополоска́ть (*вн.*) rinse (*smth.*); прополоска́ть рот rinse (out) *one's* mouth; прополоска́ть бельё rinse the linen.

прополз|а́ть, проползти́ creep*, crawl; **~ти́** *сов. см.* прополза́ть.

пропо́лка *ж.* weeding.

прополоска́ть *сов. см.* пропола́скивать.

прополо́ть *сов. см.* пропа́лывать.

пропорциона́льн|ый **1.** proportional; ~ое обложе́ние (нало́гом) *фин.* flat/proportional taxation; пря́мо ~ ые величи́ны directly proportional quantities; обра́тно ~ые величи́ны inversely proportional quantities; сре́днее ~ое *мат.* the mean proportional; вес пря́мо пропорциона́лен объёму the weight is directly proportional to the volume; **2.** (*соразмерный чему-л.*) well-proportional; ~ая фигу́ра well-proportioned figure.

пропо́рция *ж.* proportion, ratio; арифмети́ческая ~ arithmetical proportion; геометри́ческая ~ geometrical proportion.

пропоте́ть *сов.* **1.** (*сильно вспотеть*) perspire/sweat freely; ~ от лека́рства be* put in a sweat by the medicine; **2.** *разг.* (*пропитаться потом*) be* soaked in sweat.

про́пуск *м.* **1.** (*документ*) pass, permit; **2.** (*пароль*) password: **3.** (*в тексте*) omission; (*незаполненное место*) gap; **4.** (*занятий и т. п.*) nonattendance, absence; он посеща́ет заня́тия без ~ов he never misses a lesson; **5.** (*действие*): ~ иму́щества по генера́льному разреше́нию *юр.* clearance based on a general license; ~ това́ров че́рез тамо́жню customs clearance; ~ транзи́тных това́ров transit of goods across the border; **6.** *програм.* skip.

пропуск|а́ть, пропусти́ть **1.** (*вн.; давать проникнуть*) let* in (*smth.*), admit (*smth.*); што́ра не ~а́ет све́та the blind keeps the light out; ~ во́ду let* in water; **2.** (*вн.; обслуживать, обрабатывать*) handle (*smb.*), cater (for), serve (*smb.*); столо́вая ~а́ет за день ты́сячу челове́к the cafeteria caters a thousand people a day; **3.** (*вн.* че́рез *вн.*) put* (*smth.* through); пропусти́ть ток че́рез реоста́т put* the current through the rheostat; **4.** (*вн.; давать пройти, проехать*) let* (*smb.*) pass, let* (*smb.*) go; (*давать дорогу*) make* way (for); (*впускать куда-л.*) admit (*smb.*), let* (*smb.*) in; пропусти́ть дете́й вперёд let* the children go first; пропусти́те же́нщину с ребёнком make way for a woman* with a child*; пропусти́ть *кого-л.* на вы́ставку admit *smb.* to an exhibition; **5.** (*вн.*) *разг.* (*разрешать к напечатанию, к постановке*) pass (*smth.*); **6.** (*вн.*) *спорт.* miss (*smth.*), let* (*smth.*) through; пропусти́ть мяч в воро́та let* the ball into the goal; **7.** (*вн.; упускать*) let* (*smth.*) pass, miss (*smth.*); пропусти́ть удо́бный слу́чай miss a good chance; пропусти́ть срок let* the time expire; **8.** (*вн.; при переписывании, исполнении*) omit (*smth.*), leave* (*smth.*) out; (*при чтении*) skip (*smth.*); он пропусти́л две стро́чки he left out two lines; **9.** (*вн.; не являться*) miss (*smth.*); ма́льчик пропусти́л два уро́ка the boy has missed two lessons; ◇ ~ ми́мо уше́й (*вн.*) *разг.* turn a deaf ear (to); ~ ста́канчик *и т.п.* toss off a glass *etc.*

пропускн|о́й: ~а́я спосо́бность capacity; (*о станке и т. п.*) through-put; ~а́я спосо́бность желе́зных доро́г carrying capacity of the railways; ~ая спосо́бность (*аэропорта*) acceptance rate; ~ая спосо́бность аэропо́рта по числу́ пассажи́ров airport capacity.

пропусти́ть *сов. см.* пропуска́ть.

прора́б *м.* work superintendent.

прораба́тывать, прорабо́тать (*вн.*) *разг.* **1.** (*подробно изучать*) examine (*smth.*); ~ вопро́с look into a question; **2.** (*подвергать суровой критике*) put* (*smb.*) through the mill.

прорабо́тать *сов.* **1.** *см.* праба́тывать; **2.** (*работать в течение какого-л. времени*) work; он прорабо́тал там два го́да he worked there for two years.

прораста́ть, прорасти́ sprout.

прорасти́ *сов. см.* прораста́ть.

про́рва *ж. груб.* **1.** (*рд.*) a lot (of), a mass (of); **2.** (*о человеке*) glutton.

прорва́ть *сов. см.* прорыва́ть I; **~ся** *сов. см.* прорыва́ться.

проре́зать *сов. см.* прореза́ть.

прореза́ть, проре́зать (*вн.*) cut* through (*smth.*); (*пропиливать*) cut* a hole (in), make* a slot (in).

проре́заться *сов. см.* прореза́ться.

прорез|а́ться, проре́заться (*о зубах*) cut*; у ребёнка ~а́ются зу́бы the child* is teething, the child* is cutting its teeth.

прорези́ненн|ый rubberized; ~ая ткань rubberized fabric.

про́резь *ж.* slit; slot; (*в оружии*) notch, aperture.

прорéктор *м.* prorector.

прорепети́ровать *сов. см.* репети́ровать.

прорецензи́ровать *сов. см.* рецензи́ровать.

проржа́веть *сов.* get* rusty.

прорица́|ние *с.* soothsaying, prophecy; **~тель** *м.* soothsayer, prophet; **~тельница** *ж.* soothsayer, prophetess.

прорица́ть (*вн.*) prophesy (*smth.*), soothsay* (that).

пророгацио́нн|ый: *юр.* ~ые соглаше́ния agreements to submit a foreign trade dispute to the courts of a given country.

проро́к *м.* prophet; ◇ нет ~а в своём оте́честве no man is a prophet in his own country.

προрони́ть *см.* (*вн.*) utter (*smth.*); не ~ ни сло́ва not utter/say* a word; ◇ не ~ (ни) слези́нки not shed* a (single) tear.

проро́че|ский prophetic; **~ство** *с.* prophecy; **~ствовать** *несов.* prophesy.

проро́ч|ить, напроро́чить (*вн.*) prophesy (*smth.*), predict (*smth.*); **~ица** *ж.* prophetess.

прорубá́ть, прорубить (*вн.*) cut* through (*smth.*), hew* through (*smth.*); ~ сте́ну cut* through a wall; ~ про́секу в лесу́ cut*/hew* a passage/ride through a wood.

прорубить *сов. см.* прорубá́ть.

про́рубь *ж.* opening/hole in the ice, ice hole.

прору́ха *ж. разг.* blunder, mistake; ◇ и на стару́ху быва́ет ~ *посл.* ≅ everybody makes mistakes; every man has a fool in his sleeve; *идиом.*

проры́в *м.* **1.** (*действие*): ~ плоти́ны bursting/breaching of a dam; ~ фро́нта breakthrough; **2.** (*прорванный участок*) breach; заде́лать ~ в плоти́не repair a breach in a dam; ~ в ли́нии оборо́ны проти́вника breach in the enemy's defenses; **3.** (*невыполнение плана и т. п.*) lag, bad patch; вы́вести цех из ~а get* the department over a bad patch; ~ в рабо́те lag.

прорыва́ть I, прорва́ть (*вн.*) **1.** tear* (*smth.*); прорва́ть чуло́к tear* *one's* stocking; **2.** (*разрушать преграду*) break* through (*smth.*); прорва́ть плоти́ну breach/burst* a dam.

прорыва́ть II, проры́ть (*вн.*) dig* (*smth.*); проры́ть кана́ву dig* a trench; проры́ть тонне́ль drive* a tunnel (through).

прорыва́ться, прорва́ться **1.** (*рваться*) tear*, break*; прорва́лся кулёк, и конфе́ты рассы́пались the bag broke and all the sweets fell out; **2.** (*лопаться*) break*, burst*; нары́в прорва́лся the abscess has burst; **3.**: плоти́на прорвала́сь the dam has burst; **4.** (*прокладывать себе путь*) break* through; прорва́ться из окруже́ния break* out of encirclement.

проры́ть *сов. см.* прорыва́ть II.

прорыча́ть *сов. см.* рыча́ть.

просади́ть *сов. см.* проса́живать.

проса́живать, просади́ть (*вн.*) *разг.* squander (*smth.*), lose* (*smth.*); просади́ть состоя́ние squander *one's* fortune.

проса́чиваться, просочи́ться (в *вн.*) percolate (into), seep through (into); infiltrate (*smth.*) (*тж. перен.*); ~ в пре́ссу filter into the press.

просва́тать *сов.* (*вн. дт.*) *разг.* (*о родителях невесты*) promise (*sms.*) in marriage to.

просве́рливать, просверли́ть (*вн.*) bore (*smth.*), drill (*smth.*), perforate (*smth.*); просверли́ть отве́рстие drill a hole; просверли́ть дверь drill (a hole) through/in a door.

просверли́ть *сов. см.* просве́рливать.

просве́т *м.* **1.** (*светлая полоса на тёмном фоне*) break, opening, rift; *перен.* gleam/glimmer of hope; **2.** (*промежуток между близко расположенными предметами*) gap; **3.** *архит.* bay, aperture.

просвети́тель *м.* enlightener, luminary; **~ный** educational; elucidative; ◇ ~ная филосо́фия *ист.* philosophy of the Enlightenment; **~ский** enlightener's; **~ство** *с.* **1.** educational activities *pl.*; **2.** *ист.* enlightenment.

просвети́ть I *сов. см.* просвеща́ть.

просвети́ть II *сов. см.* просве́чивать 1.

просвети́ться *сов. см.* просвеща́ться.

просветле́ние *с.* **1.** enlightenment, clarity; **2.** (*ясность сознания*) lucid interval.

просветле́ть *сов.* **1.** (*о погоде*) clear (up), become* bright(er); **2.** (*о сознании*) become* lucid/clear.

просве́чивание *с.* radiography; X-raying; ~ лёгких X-ray examination of the lungs.

просве́чивать, просвети́ть **1.** (*вн.*) X-ray (*smb.*, *smth.*); **2.** *тк. несов.* (*быть прозрачным*) be* translucent, show* the light (through it); **3.** *тк. несов.* (*виднеться сквозь что-л.*) be* seen.

просвещ|а́ть, просвети́ть (*вн.*) enlighten (*smb.*), inform (*smb.*); **~а́ться**, просвети́ться be* enlightened, be* informed; **~е́ние** *с.* enlightenment; (*образование*) education; ◇ эпо́ха Просвеще́ния Age of Enlightenment.

просвещённ|ость *ж.* culture; **~ый** enlightened, well-informed, cultivated.

просвира́ *ж. церк.* communion bread (in the Orthodox Church).

просви́рня *ж. церк.* woman* making communion bread.

просвисте́ть *сов.* whistle.

про́седь *ж.*: во́лосы с ~ю greying hair, hair tinged/streaked with grey.

просе́ивать, просе́ять (*вн.; муку, песок*) sift (*smth.*), screen (*smth.*); (*зерно*) winnow (*smth.*).

про́сека *ж.* ride, path.

просе́ять *сов. см.* просе́ивать.

просёло|к *м.* cart road, cart track; **~чный**: ~чная доро́га *см.* просёлок.

просигнализи́ровать *сов.* signal.

просигна́лить *сов. см.* сигна́лить.

просиде́ть *сов. см.* проси́живать.

проси́живать, просиде́ть **1.** (*в течение какого-л. времени*) sit*; ~ часа́ми sit* for hours; просиде́ть до́ма stay at home; просиде́ть весь ве́чер за кни́гами spend* the whole evening over *one's* books; просиде́ть с больны́м до по́зднего ве́чера sit* up (late) with a sick person; **2.** (*вн.*) *разг.* (*протирать, продавливать*) wear* out the seat (of).

про́синь *ж.* bluish tint/color.

проси́тель *м.*, **~ница** *ж.* applicant, suppliant; *юр.* petitioner; **~ный** pleading; ~ный взгляд pleading glance.

проси́ть, попроси́ть **1.** (*вн.*, *рд.*, о *пр.*, + *инф.; обращаться с просьбой*) ask (for); ~ по́мощи ask for help; ~ разреше́ния ask permission; ~ одолже́ния у *кого-л.* ask a favor of (*smb.*); ~ извине́ния у *кого-л.* beg *smb.*'s pardon; ~ совéта ask for advice; ~ мúлостыню beg, go* begging; **2.** (за *вн.; хлопотать, вступаться*) intercede (for); **3.** (*вн., приглашать, звать*) invite (*smb.*); ~ гостéй к столу́ invite *one's* guests to table; дирéктор вас прóсит к себé the director wants to see you; **4.** *тк. несов. разг.* (*нищенствовать*) beg; **~ся**, попросúться **1.** ask (for); дéти прóсятся на у́лицу the children want to go out; **2.** (*просить о зачислении куда-л.*) ask to be taken on; ~ся на рабóту ask to be given work; ◇ ~ся с языкá be* on the tip of *one's* tongue.

проси|я́ть *сов.* shine*; *перен.* beam, brighten, smile broadly; ~ от счáстья be* radiant with happiness; лицó егó ~я́ло от рáдости his face brightened with joy; он ~я́л от удовóльствия he beamed with pleasure.

проскакáть *сов.* gallop; ~ мúмо gallop by; ~ по у́лице gallop down the street.

проскáкивать, проскочúть **1.** (*быстро пробегать*) dart past; rush by; **2.** (*проникать, пробираться*) slip through, get* through.

проскáльзывать, проскользну́ть steal*, creep*, slip.

просквозúть: егó, их *и т. д.* просквозúло he has, they have, *etc.*, caught cold (by, from) sitting in a draft.

просклоня́ть *сов. см.* склоня́ть II.

проскользну́ть *сов.* slip, steal*; *перен.* flash; ~ по коридóру steal*/slip down the passage.

проскочúть *сов. см.* проскáкивать.

проскрипéть *сов. см.* скрипéть.

проскрипциóнный: ~ спúсок *ист.* proscription list.

проскучáть *сов.* have* a dull, boring time.

прослáв|ить(ся) *сов. см.* прославля́ть(ся); **~ленный** famous, celebrated; ~ленный герóй celebrated hero.

прославля́ть, прослáвить (*вн.*) glorify (*smb., smth.*), crown (*smb., smth.*) with glory, win* fame (for); **~ся**, прослáвиться (*тв.*) become* famous (for, through), win* fame/renown (by).

проследúть *сов.* **1.** (*вн., выследить*) get* on *smb.*'s track; **2.** (*вн.; исследовать, изучать*) trace (*smth.*); **3.** (за *тв.; проверить*) check up (on), keep* track (of).

прослезúться *сов.* shed* a few tears.

прослóйка *ж.* **1.** layer; **2.** *геол.* seam; **3.** (*часть общества*) section, stratum (*pl.* strata), layer.

прослужúть *сов.* **1.** (*в течение какого-л. времени*) work; (*в армии*) serve; **2.** (*об одежде, вещах и т. п.*) last; пальтó прослу́жит ещё однý зúму the overcoat will last another winter.

прослу́шать *сов. см.* прослу́шивать.

прослу́шивать, прослу́шать (*вн.*) **1.** (*воспринимать слухом*) listen (to); прослу́шать концéрт по рáдио listen to the (whole) concert over the radio; ~ магнитофóнные зáписи listen to tape recordings; **2.** *мед.* examine (*smb., smth.*); **3.** *разг.* (*не слышать*) not catch* (*smth.*), miss (*smth.*); я прослу́шал то, что вы сказáли I didn't catch what you said.

прослы́ть *сов. см.* слыть.

прослы́шать *сов.* (о *пр.*) *разг.* hear* (of).

просмáливать, просмолúть (*вн.*) tar (*smth.*) thoroughly; просмолúть верёвку tar a rope.

просмáтривать, просмотрéть (*вн.*) **1.** (*бегло прочитывать*) look over (*smth.*), look through (*smth.*), scan (*smth.*); ~ газéты look through the newspapers; ~ бéгло просмотрéть кнúгу glance/skim through a book; **2.** (*ознакамливаться*) run* through (*smth.*), go* through (*smth.*), examine (*smth.*), see* (*smth.*); ~ нóвый фильм see* a new film; **3.** (*пропускать, не замечать*) overlook (*smth.*); ~ ошúбку overlook an error; ◇ все глазá просмотрéть watch and wait; **~ся** *несов.* (*быть видимым*) be* visible.

просмолúть *сов. см.* просмáливать.

просмóтр *м.* **1.** viewing; (*рукописей и т. п.*) examination; предварúтельный ~ (*фильма, пьесы*) preview; закры́тый ~ private view; общéственный ~ public preview; **2.** *програм.* scan; ~ вперёд look ahead; **3.** (*пропущенная ошибка*) oversight, error; **~óвый**: ~óвый зал viewing room.

просмотрéть *сов. см.* просмáтривать.

просну́ться *сов. см.* просыпáться 1.

прóсо *с.* millet.

просóвывать, просу́нуть (*вн.* в *вн.*) thrust* (*smth.* through, out), push (*smth.* into, through); ~ гóлову в окнó thrust* *one's* head through/out of the window.

просóдия *ж. лит.* prosody.

просóхнуть *сов. см.* просыхáть.

просочúться *сов. см.* просáчиваться.

просп|áть *сов.* **1.** *см.* просыпáть 1; **2.** (*спать в течение какого-л. времени*) sleep* (for a time); он ~áл три часá he slept (for) there hours; **~áться** *сов. разг.* sleep* it off.

проспéкт I *м.* (*улица*) avenue; Нéвский ~ the Nevsky Prospekt.

проспéкт II *м.* (*план*) prospectus; booklet, folder; вы́ставочный ~ exhibition prospectus; реклáмный ~ advertising prospectus; рассы́лка ~а distribution of a prospectus; реклámировать товáр в ~е advertise goods in a prospectus.

проспиртовáть *сов.* (*вн.*) alcoholize (*smth.*); **~ся** *сов.* alcoholize.

преспóрить *сов.* **1.** (*вн.; проиграть*) lose* (*smth.*), lose* a bet/wager; **2.** (*в течение некоторого времени*) argue.

проспрягáть *сов.см.* спрягáть.

просрóченн|ый overdue, expired; ~ аллóнж *юр.* overdue allonge; ~ билéт expired ticket, ticket no longer valid; ~ пáспорт expired passport, out-of-date passport; ~ые платежú overdue payments; ~ые процéнты past due interest *sg.*

просрóч|ивать, просрóчить (*вн.*) delay (*smth.*); просрóчить платежú be* behind with *one's* payments; он ~ил пáспорт his passport is run out; **~ить** *сов. см.* просрóчивать; **~ка** *ж.* (*отпуска*) overstaying; (*документа*) expiration; ~ка в предъявлéнии úска *юр.* nonclaim; ~ка платежá delay in payment; ~ка постáвки delay in delivery.

проста́вить *сов. см.* проставля́ть.

проставля́ть, проста́вить (*вн.*) put* (*smth.*) down, write* (*smth.*); проста́вить да́ту на докуме́нте date a document; проста́вить в журна́ле оце́нки put* down the marks in the register.

проста́ивать, простоя́ть **1.** (*проводить какое-л. время стоя*) stand*, keep*/be* standing; он простоя́л неподви́жно ещё пять мину́т he stood motionless for another five minutes; **2.** (*быть на стоянке, в лагере и т. п.*) stay, stop; по́езд простоя́л у светофо́ра це́лый час the train was held up by the signals for a whole hour; **3.** (*бездействовать*) be* idle, lie* idle; (*о заводе, фабрике и т.п.*) be* at a standstill, stand* idle; **4.** (*оставаться без изменения*) stay, remain; хоро́шая пого́да до́лго не простои́т the good weather will not last long; **5.** (*сохраняться*) stand*; дом простои́т ещё лет сто the house will stand another century.

проста́к *м.* simpleton, noddy.

проста́та *ж. анат.* prostate (gland).

простега́ть *сов. см.* простёгивать.

просте́йшие *мн. зоол.* protozoa.

просте́нок *м.* pier, space between the windows.

простёгивать, простега́ть (*вн.*) quilt (*smth.*).

простир|а́ться *несов.* extend (*тж. перен.*); stretch; леса́ ~а́ются на ты́сячи киломе́тров the forests stretch for thousands of kilometers.

простирну́ть *сов.* (*вн.*) *разг.* give* a wash, wash (*smth.*).

прости́тельный pardonable, excusable.

проститу́|тка *ж.* prostitute, streetwalker; **~ция** *ж.* prostitution.

прост|и́ть *сов.* **1.** *см.* проща́ть; **2.**: ~и́те (меня́)! (*как вежливое предупреждение*) excuse me!, I beg your pardon!

прости́ться *сов. см.* проща́ться.

про́сто *нареч.* **1.** (*легко*) simply, easily; э́то де́лается о́чень ~ it is very easily done; **2.** *в знач. усил. частицы разг.* sheer, pure; э́то ~ безу́мие it's sheer madness; **3.** *в знач. ограничительной частицы разг.* simply; он ~ глуп he is simply stupid; ◇ ~-на́просто simply; ~ так 1) (*обыкновенно*) quite ordinarily; 2) (*бесцельно*) for no special reason; а ла́рчик ~ открыва́лся *посл.* ≅ the solution was quite simple.

простова́тый *разг.* simple-minded; (*бесхитростный*) guileless.

простоволо́сый *разг.* bare-headed, with head uncovered.

простоду́ш|ие *с.* open-heartedness, simple-heartedness; **~ный** open-hearted, simple-hearted, unsophisticated.

прост|о́й I 1. (*несложный*) simple, easy; ~а́я зада́ча simple problem; **2.** (*однородный, несоставной*): ~о́е предложе́ние *грам.* simple sentence; ~о́е число́ *мат.* prime number; **3.** (*безыскусственный*) unaffected, simple; ~о́е пла́тье simple dress; **4.** (*обыкновенный*) common, simple, plain, ordinary; ~ы́е лю́ди ordinary people; (*простодушные, нецеремонные*) plain/homely/unpretentious people; ~а́я пи́ща plain food; ~ сме́ртный ordinary mortal; **5.** (*недалёкий, наивный*) simple; ◇ ~ы́м гла́зом with the naked eye; ~о́е письмо́ letter sent by ordinary mail; ~а́я довери́тельная со́бственность *юр.* simple trust; ~а́я лотере́я simple lottery; ~а́я фо́рвардная сде́лка *юр.* outright/forward transaction; ~ догово́р parol/simple contract; ~ ве́ксель *фин.* ordinary bill, note, note of hand, promissory note; ~о́е това́рищество *юр.* joint adventure, society in participation.

просто́й II *м.* (*станков и т. п.*) stoppage, standing idle; (*рабочих*) idle time; (*судна, вагона, самолёта*) demurrage.

простоква́ша *ж.* sour clotted milk, yogurt.

простолюди́н *м. уст.* commoner, man* of the common people.

простонаро́дье *с.* the common people.

простона́ть *сов.* **1.** *см.* стона́ть 1; **2.** (*издать стон*) give*/utter a groan; **3.** (*стонать в течение какого-л. времени*) groan; ра́неный простона́л всю ночь the wounded man* groaned all night.

просто́р *м.* **1.** expanse, spaciousness; **2.** (*свобода, раздолье*) freedom, scope.

просторе́ч|ие *с.* common speech; **~ный** common, low-colloquial.

просто́рный roomy, wide, spacious.

простосерде́ч|ие *с.* open-heartedness, simple-heartedness; **~ный** open-hearted, simple-hearted, ingenuous, artless.

простот|а́ *ж.* simplicity; (*безыскусственность*) unaffectedness; ~ нра́вов simplicity of custom, simple way of life; ◇ свята́я ~ *разг.* a simple soul; по ~е́ серде́чной in *one's* innocence; на вся́кого мудреца́ дово́льно ~ы́ *посл.* ≅ even a wise man stumbles.

простофи́ля *м. и ж. разг.* simpleton, goof; duffer.

простоя́ть *сов. см.* проста́ивать.

простра́нный 1. (*обширный*) extensive, vast; **2.** (*подробный*) lengthy, long; (*многословный*) prolix, diffuse, verbose.

простра́нственный spatial.

простра́нств|о *с.* **1.** space; бесконе́чное ~ infinite space; **2.** (*большой участок поверхности*) territory, area; **3.** (*промежуток между чем-л.*) space; свобо́дное ~ ме́жду окно́м и две́рью the space between the window and the door; ◇ боя́знь ~а *мед.* agoraphobia.

простра́ция *ж.* prostration, mental and physical exhaustion.

простре́л *м. разг.* (*болезнь*) lumbago.

простре́ливать, прострели́ть (*вн.*) **1.** shoot* through (*smth.*); прострели́ть себе́ ру́ку put* a bullet through *one's* hand; **2.** *тк. несов.* (*поражать огнём какой-л. участок*) cover (*smth.*); **~ся** *несов.* be* in the line of fire, be* exposed to fire.

прострели́ть *сов. см.* простре́ливать 1.

простро́чи́ть *сов.* (*вн.*) stitch (*smth.*), back-stitch (*smth.*).

просту́д|а *ж.* cold, chill; **~и́ть(ся)** *сов. см.* простужа́ть(ся).

простужа́ть, простуди́ть (*вн.*) let* (*smb.*) catch cold; не простуди́те его́ take care he doesn't catch cold, don't let him get a cold; простуди́ть дете́й let* the children catch cold; простуди́ть го́рло give* *oneself* a sore throat; **~ся**, простуди́ться catch* cold, get* a cold.

проступа́ть, проступи́ть break* out, ooze out; (*становиться видимым*) show* through; на его́ лбу проступи́ла испа́рина small beads of perspiration broke out on his forehead; под си́льным зага́ром на его́ щека́х проступи́л румя́нец the flush in his cheeks showed through his deep sunburn.

проступи́ть *сов. см.* проступа́ть.

просту́пок *м.* misdeed, offense; *юр.* misdemeanor; ме́лкий ~ *юр.* petty misdemeanor; серьёзный ~ *юр.* considerable misdemeanor.

просту́шка *ж. разг.* simpleton, ninny.

простыва́ть, просты́ть *разг.* **1.** (*остывать*) get* cold; **2.** (*простужаться*) catch* a chill; ◇ а его́ и след просты́л he has vanished without a trace.

простыня́ *ж.* sheet; махро́вая ~ bath towel.

просты́ть *сов. см.* простыва́ть.

просу́нуть *сов. см.* просо́вывать.

просу́шивать, просуши́ть (*вн.*) dry (*smth.*); ~ оде́жду dry *one's* clothes; **~ся**, просуши́ться get* (quite) dry.

просуши́ть(ся) *сов. см.* просу́шивать(ся).

просу́шка *ж. разг.* drying; (*дров*) seasoning.

просуществова́ть *сов.* subsist; (*продлиться*) last, endure, continue.

просфора́ *ж. см.* просвира́.

просце́ниум *м. театр.* proscenium.

просчёт *м.* miscalculation, misreckoning; (*промах тж.*) blunder, error.

просчита́ть(ся) *сов. см.* просчи́тывать(ся).

просчи́тывать, просчита́ть (*вн.*) **1.** (*производить подсчёт*) count (*smth.*); **2.** (*делать ошибки при счёте*) make* a mistake (in counting), miscount (*smth.*), miscalculate (*smth.*); **~ся**, просчита́ться **1.** (*делать ошибки при счёте*) make* a mistake (in counting), miscalculate; он просчита́лся на де́сять рубле́й he is ten rubles out (in his reckoning); **2.** (*ошибаться в предположениях*) miscalculate, be* out in *one's* reckoning.

про́сып м.: без ~у *разг.* without waking; without stopping; спать без ~у sleep* soundly, sleep* the clock round.

просы́пать *сов. см.* просыпа́ть II.

просыпа́ть I, проспа́ть **1.** (*просыпаться позже, чем нужно*) oversleep*; он проспа́л и опозда́л на по́езд he overslept and missed his train; **2.** (*вн.*) *разг.* (*пропускать*) miss (*smth.*); проспа́ть ста́нцию go* past *one's* station while *one* is asleep.

просыпа́ть II, просы́пать (*вн.*) spill* (*smth.*).

просы́паться *сов. см.* просыпа́ться II.

просыпа́ться I, просну́ться wake* up; awake* (*тж. перен.*).

просыпа́ться II, просы́паться spill*, get* spilt.

просыха́ть, просо́хнуть dry, get* dry; доро́ги просо́хли the roads have dried.

про́сьб|а *ж.* request; (*мольба*) entreaty; по *чьей-л.* ~е at *smb.*'s request; ~ о поми́ловании *юр.* appeal for mercy; у меня́ к вам ~ I should like to ask you a favor; ~ не кури́ть! please, do not smoke!, you are requested not to smoke!; ~ не шуме́ть! silence!

прота́лина *ж.* thawed patch.

прота́лкивать, протолка́ть (*вн.*) push (*smb.*, *smth.*) through/into; *перен. разг.* speed* up (*smth.*), expedite (*smth.*); протолкну́ть де́ло give* things a push; **~ся**, протолкну́ться *разг.* force/elbow *one's* way through.

протанцева́ть *сов.* **1.** (*вн.; исполнить танец*) dance (*smth.*); **2.** (*танцевать в течение какого-л. времени*) dance; ~ до утра́ dance all night.

прота́пливать, протопи́ть (*вн.*) **1.** heat (*smth.*) properly, make* (*smth.*) really hot; **2.** *тк. несов.* (*топить иногда или понемногу*) heat (*smth.*) up a little, take* the chill (off).

прота́птывать, протопта́ть (*вн.*) tread* (*smth.*); протопта́ть доро́жку tread* a path.

протара́нить *сов.* (*вн.*) *воен.* ram (*smth.*); ~ оборо́ну break* the defenses.

протаска́ть *сов.* (*вн.*) *разг.* carry (*smth.*).

прота́скивать, протащи́ть (*вн.*) **1.** (*тащить*) drag (*smth.*), carry (*smth.*); **2.** (*проносить через что-л.*) maneuver (*smth.*), juggle (*smth.*); **3.** *разг.* (*подвергать критике*) pillory (*smb.*).

протащи́ть *сов. см.* прота́скивать.

проте́з *м.* prosthetic appliance; (*конечностей*) artificial limb; зубно́й ~ denture; (*отдельного зуба*) false tooth; **~и́ровать** *несов. и сов.* make* a prosthetic appliance.

протези́ст *м.* prosthetist; (*зубной*) dental mechanic.

протеи́н *м. хим.* protein.

протек|а́ть, проте́чь **1.** (*о реках*) flow, run*; **2.** (*просачиваться*) come* through; вода́ ~а́ет в трюм water is coming through into the hold; **3.** (*пропускать воду*) leak, spring* a leak; кры́ша ~а́ет the roof leaks; **4.** (*о времени, событиях*) pass, elapse, slip away; **5.** (*о процессе и т. п.*) go* on, proceed; боле́знь ~а́ет без осложне́ний the illness is taking a normal course.

проте́ктор *м.* **1.** protector; **2.** (*шины*) tread.

протектора́т *м.* protectorate.

протекцион|и́зм *м.* **1.** *эк.* protectionism; **2.** favoritism; **~и́ст** *м.* protectionist; **~и́стский** *эк.* protectionist.

протекцио́нный *эк.* protective.

проте́кция *ж.* patronage, influence.

протере́ть(ся) *сов. см.* протира́ть(ся).

проте́ст *м.* **1.** protest; заяви́ть ~ enter a protest; вы́ступить с ~ом make* a protest; реши́тельный ~ make* a strong protest; **2.**: ~ ве́кселя protest of a bill/promissory note; зако́нный ~ (*векселя*) *юр.* due protest; капита́нский ~ captain's protest; морско́й ~ captain's/sea protest; официа́льный ~ formal protest; "не подлежи́т ~у" (*надпись на чеке, посылаемом на инкассо*) "no protest"; ~ в неакце́пте ве́кселя protest of a bill for nonacceptance; ~ из-за неупла́ты protest for nonpayment; **3.** *юр.*: ~ прокуро́ра objection of the public prosecutor.

протеста́нт *м.*, **~ка** *ж.*, **~ский** Protestant; **~ство** *с.* Protestantism.

протестова́ть *несов.* (про́тив *рд.*) protest (against); come* out, remonstrate (against), object (to).

проте́чь *сов. см.* протека́ть.

про́тив *предлог* (*рд.*) **1.** (*напротив*) opposite, facing; сиде́ть друг ~ дру́га sit* opposite/facing one another; **2.** (*навстречу движению чего-л.*) against; плыть ~ тече́ния swim* against the current; ~ ве́тра against the wind, with a headwind; **3.** (*вопреки*) contrary to, against; ~ всех ожида́ний contrary to expectation; поступа́ть ~ пра́вил act contrary to the rules; де́лать *что-л.* ~ своего́ жела́ния do* *smth.* against *one's* will; поступи́ть ~ со́вести go* against *one's* conscience; **4.** (*враждебно по отношению к кому-л., чему-л.*) against; де́йствовать ~ неприя́теля operate against the enemy; он настро́ен ~ меня́ he has something against me; **5.** (*для борьбы с кем-л., чем-л.*) against; лека́рство ~ гри́ппа remedy for influenza; сре́дство ~ мо́ли moth killer; **6.** (*по отношению к чему-л.*) to; де́сять ша́нсов ~ одного́, что вы вы́играете па́ртию ten to one you'll win the game; **7.** (*по сравнению*) (as) compared with, as against; рост проду́кции ~ про́шлого го́да growth of output as against the previous year; **8.** *в знач. сказ.* (*не в пользу кого-л. чего-л.*) against; и совсе́м я не ~ I'm not against it by any means; **9.** *в знач. сущ. с.* con; знать все за и ~ know* all the pros and cons; ◇ ничего́ не име́ть ~ *чего-л.* have* nothing against *smth.*; я ничего́ не име́ю ~ э́того I have nothing against it, I have no objection, I don't mind; кто не со мно́ю, тот ~ меня́ *библ.* ≅ he that is not with me is against me; ~ ло́ма нет приёма *разг.* ≅ there is no arguing with a large fist.

про́тивень *м.* oven/roasting pan, griddle.

противи́тельный: ~ сою́з *грам.* adversative conjunction.

проти́виться, воспроти́виться (*дт.*) be* opposed (to), object (to); (*сопротивляться*) resist (*smb.*, *smth.*).

проти́вник *м.* **1.** opponent; (*враг*) enemy; (*в споре, состязании*) adversary, opponent, antagonist; **2.** *тк. ед. собир.* (*неприятельское войско*) enemy.

проти́вно **1.** *нареч.* disgusting; (*неприятно*) unpleasant; **3.** *в знач. сказ. безл.* it is disgusting; мне ~ говори́ть об э́том I can't bear to speak about it; ~ смотре́ть it is disgusting to watch.

проти́вн|ый I *прил.* **1.** (*противоположный*) contrary; ~ ве́тер adverse/contrary wind; **2.** (*враждебный*) opposite, adverse; ~ая сторона́ (*в суде*) the opposing/adverse party, the other side; **3.** *в знач. сущ. с.* the contrary; доказа́тельством от ~ого by the rule of contraries; ◇ в ~ом слу́чае otherwise.

проти́в|ный II (*отвратительный, гадкий*) disgusting, loathsome, offensive; ~ за́пах offensive/loathsome smell; он ей ~ен she can't bear (the sight of) him, she finds him repellent.

противоа́томн|ый antinuclear; ~ая защи́та antinuclear defense.

противове́с *м. тех.* counterweight, counterpoise; *перен.* counterbalance; ◇ в ~ *чему-л.* to counterbalance *smth.*

противовозду́шн|ый antiaircraft; ~ая оборо́на antiaircraft defense.

противога́з *м.* gas mask, respirator.

противоде́йств|ие *с.* counteraction; оказа́ть ~ *чему-л.* take* action against *smth.*; **~овать** *несов.* (*дт.*) counteract (*smth.*); act against (*smb.*).

противоесте́ственный unnatural, perverted.

противозако́нн|ость *ж. эк.* illegality; ~ в си́лу законода́тельства *юр.* statutory illegality; **~ый** illegal, unlawful; ~ый посту́пок *юр.* illegal action.

противозача́точн|ый contraceptive; ~ое сре́дство contraceptive, the pill.

противопожа́рный fire-prevention *attr.*

противопоказа́ние *с.* **1.** *юр.* contradictory evidence; **2.** *мед.* contraindication.

противопока́занный *мед.* counterindicative; contraindicated.

противополо́жност|ь *ж.* **1.** contrast, opposition; ~ мне́ний contrast of opinion(s); ~ интере́сов opposing interests; **2.** (*что-л. несходное, кто-л. несходный с другим по качествам, свойствам*) opposite, contrast; по́лная ~ quite the opposite; он по́лная ~ своему́ бра́ту he is the exact opposite of his brother; ~и схо́дятся extremes meet; **3.** *филос.* opposite; еди́нство ~ей the unity of opposites; ◇ в ~ *кому-л.*, *чему-л.* contary to *smb.*, *smth.*, unlike *smb.*, *smth.*

противополо́жн|ый **1.** (*расположенный напротив*) opposite: в ~ом направле́нии in the opposite direction; он шёл по ~ой стороне́ у́лицы he was passing on the opposite pavement; **2.** (*несходный*) opposite, opposing, contrary; ~ые взгля́ды opposite views.

противопоста́вить *сов. см.* противопоставля́ть.

противопоставля́ть, противопоста́вить (*вн. дт.*) **1.** (*сравнивать*) contrast (*smb.*, *smth.* with); **2.** (*направлять против*) set* (*smb.*, *smth.* against), counterpose (*smb.*, *smth.* to), oppose (*smb.*, *smth.* to).

противораке́тн|ый antimissile; ~ая оборо́на antimissile defense.

противоречи́в|ость *ж.* contradictoriness; ~ показа́ний contradictoriness of the evidence, conflicting evidence; **~ый** contradictory, conflicting; ~ые показа́ния conflicting evidence *sg.*, ~ые заявле́ния contradictory statements.

противоре́ч|ие *с.* contradiction; дух ~ия spirit of contradiction, contradictious spirit; ~ интере́сов clash of interests.

противоре́ч|ить *несов.* (*дт.*) **1.** (*возражать кому-л.*) contradict (*smb.*), gainsay* (*smb.*); **2.** (*не соответствовать чему-л.*) contradict (*smth.*), be* at variance (with), run* counter (to); э́ти заявле́ния ~ат друг дру́гу these statements contradict each other; ва́ши све́дения ~ат фа́ктам your information is at variance with the facts.

противосе́левый antimudflow *attr.*

противостолбня́чный *мед.* antitetanus, antitetanic.

противостоя́ние *с. астр.* opposition.

противосто|я́ть *несов.* (*дт.*) **1.** (*выдерживать*) withstand* (*smth.*), hold* out against (*smth.*); (*сопротивляться*) resist (*smth.*); ~ ве́тру withstand* the wind, stand* up to the wind; ~ ата́ке withstand* an attack; hold* out against an attack; **2.** (*находиться в противоречии с чем-л.*) be* opposed (to), stand* in opposition (to); э́тому мне́нию ~я́ло друго́е another opinion stood in opposition to this one.

противота́нков|ый antitank; ~ое ружьё antitank run; ~ая оборо́на antitank defense.

противотифо́зный antityphoid.

противотума́нн|ый: ~ые фа́ры fog lamps.

противохими́ческ|ий antigas; ~ая защи́та antigas protection.

противохоле́рный anticholeric.

противоцинго́тный antiscorbutic.

противочу́мный antiplague.

противошо́ковый antishock.

противоя́дие *с.* antidote (to, for).

протира́ть, протере́ть (*вн.*) **1.** (*продырявить трением*) wear* (*smth.*) out/through/away; **2.** (*вытирать*) rub (*smth.*) dry, wipe (*smth.*) clean; протере́ть окно́ тря́пкой wipe a window with a cloth; **3.** (*растирая, пропускать сквозь решето и т. п.*) rub (*smth.*) through, grate (*smth.*); ◇ протере́ть глаза́ *разг.* rub *one's* eyes; **~ся**, протере́ться wear* out/through; get* frayed.

проти́скивать, проти́снуть (*вн.*) squeeze (*smth.*) in, poke (*smth.*) in; **~ся**, проти́снуться squeeze *one's* way (through).

проти́снуть(ся) *сов. см.* проти́скивать(ся).

проткну́ть *сов. см.* протыка́ть.

протодья́кон *м. церк.* archdeacon.

протоиере́й *м. церк.* archpriest.

прото́к *м.* **1.** (*реки*) channel; **2.** *анат.* duct.

прото́ка *ж. см.* прото́к 1.

протоко́л *м.* **1.** minutes *pl.*; (*заседания суда*) record; (*заседания парламента*) the journals *pl.*; ~ допро́са *юр.* record of examination; (*переговоров*) protocol, minutes; ~ о наме́рениях *эк.* protocol of intentions; ~ о товарооборо́те protocol of trade turnover; ~ приёмки acceptance protocol; ~ приёмки оконча́тельного прое́кта final project acceptance protocol; ~ приёмки предвари́тельного прое́кта preliminary project acceptance protocol; ~ взве́шивания *спорт.* minutes of weighing in; межсетево́й ~ *програм.* internet protocol; **2.** (*документ, удостоверяющий какой-л. факт*) certificate; **3.** (*акт о нарушении общественного порядка*) (official) report; составля́ть ~ draw* up a report; **4.** *дип.* protocol.

протоколи́ровать *несов. и сов.* (*вн.*) keep* the minutes (of), minute (*smth.*), record (*smth.*).

протоко́льный **1.**: ~ отде́л *дип.* protocol department; **2.** (*о стиле*) legal.

протолкну́ть(ся) *сов. см.* прота́лкивать(ся).

прото́н *м. физ.* proton.

протопи́ть *сов. см.* прота́пливать 1.

протопла́зма *ж. биол.* protoplasm.

протопо́п *м. разг.* archpriest.

протопта́ть *сов. см.* прота́птывать.

проторгова́ть I *сов.* (*вн.*) *разг.* lose* (*smth.*) (in trading), make* a loss (of).

проторгова́ть II *сов.* (*некоторое время*) sell* (for a certain time).

проторгова́ться II *сов.* (*потерпеть убытки*) have* losses (in trading), be* ruined in trade.

проторгова́ться II *сов.* (*торговаться некоторое время*) bargain.

проторённ|ый beaten, driven-over; (*пропитанный*) well-trodden; ◇ идти́ по ~ой доро́жке keep* to the beaten track.

протори́ть *сов. см.* проторя́ть.

проторя́ть, протори́ть (*вн.*) beat* (*smth.*); blaze (*smth.*).

прототи́п *м.* prototype.

прото́чн|ый **1.** flowing, running; ~ая вода́ flowing water; **2.** (*не со стоячей водой*) well-drained, spring-fed; ~ пруд well-drained pond.

протрезви́ться *сов. см.* протрезвля́ться.

протрезвля́ться, протрезви́ться become* sober.

протруби́ть *сов. см.* труби́ть.

протуха́ть, проту́хнуть go* bad.

проту́хнуть *сов. см.* протуха́ть *и* ту́хнуть II.

проту́хший foul, rotten; bad*; (*о мясе тж.*) tainted.

протыка́ть, проткну́ть (*вн.*) pierce (through) (*smb.*, *smth.*); (*шпагой*) run* (*smb.*, *smth.*) through.

протя́гивать, протяну́ть (*вн.*) **1.** (*натягивать*) stretch (*smth.*); верёвку протяну́ли че́рез двор they stretched a rope across the yard; ~ телефо́нную ли́нию erect a telephone line; **2.** (*вытягивать*) stretch out (*smth.*); протяну́ть ру́ку за *чем-л.* stretch/hold* out *one's* hand for *smth.*; reach for *smth.*; ~ ру́ку *кому-л.* hold* out *one's* hand to *smb.*; ~ *кому-л.* ру́ку по́мощи offer *smb.* a helping hand; **3.** (*предлагать*) offer (*smth.*), hold* out (*smth.*); он протяну́л ей кошелёк he held out a purse to her; **4.** (*заставлять длительно звучать*) sustain (*smth.*), draw* out (*smth.*); (*говорить медленно*) drawl; протяну́ть но́ту hold*/sustain a note; **5.** *разг.* (*затягивать, задерживать*) prolong (*smth.*), drag out (*smth.*); протяну́ть де́ло drag out an affair; **6.** *разг.* (*существовать*) last; он до́лго не протя́нет he won't last long; ◇ протяну́ть но́ги kick the bucket; по одёжке протя́гивай но́жки *посл.* ≅ cut the coat according to *one's* cloth; **~ся**, протяну́ться **1.** (*в пространстве*) extend, stretch; доро́га протяну́лась на ты́сячи киломе́тров the road stretched for thousands of kilometers; **2.** (*о руках*) stretch out, reach out; (*о ногах*) stretch out; **3.** *разг.* (*продолжаться*) last, go* on.

протяже́ни|е *с.* extent; (*в длину тж.*) length; на ~и всего́ пути́ over the whole length of the road, all along the road; на всём ~и throughout (its) extent; ◇ на ~и *чего-л.* for *smth.*; на ~и мно́гих лет, веко́в for (the space of) many years, centuries.

протяжённость *ж.* **1.** *см.* протяже́ние; **2.** *филос.* extension.

протя́жны|й slow, lingering; (*о крике*) long, long drawn-out; (*о голосе*) drawling; ~ напе́в lingering melody; говори́ть ~м го́лосом talk in a drawling/singsong voice.

протяну́ть(ся) *сов. см.* протя́гивать(ся).

проучи́ть *сов.* (*вн.*) **1.** *разг.* (*наказать*) teach* (*smb.*) a good lesson; **2.** (*учить в течение какого-л времени*) (*что-л.*) study (*smth.*); (*кого-л.*) teach* (*smb.*); ~ уро́ки весь ве́чер spend* the whole evening over/at *one's* homework; всю жизнь ~ дете́й spend* *one's* whole life teaching children; **~ся** *сов.* study; ~ся в шко́ле не́сколько лет attend school for several years.

профа́н *м.* ignoramus; быть ~ом в *чем-л.* not know* the first thing about *smth.*

профан|а́ция *ж.* profanation, desecration; **~и́ровать** *несов. и сов.* (*вн.*) profane (*smth.*), desecrate (*smth.*).

профбиле́т *м.* trade-union card.

профбюро́ *с. нескл.* trade-union bureau.

профгрупо́рг *м.* (вы́борный руководи́тель профсою́зной гру́ппы) trade-union group organizer.

профгру́ппа *ж.* trade-union group.

профессиона́л *м.* professional.

профессиона́льн|ый professional; ~ спорт professional sport; ~ые боле́зни occupational/industrial diseases; ~ игро́к professional (player); ~ое мастерство professional skill; ~ое образова́ние vocational training; ◇ ~ сою́з trade union.

профе́сси|я *ж.* profession; (*людей физического труда тж.*) trade; врач по ~и doctor by profession.

профе́ссор *м.* professor; **~ский** professorial; ~ское зва́ние the title of professor; **~ство** *с.* professorship.

профессу́р|а *ж.* **1.** (*должность*) professorship; получи́ть ~у be* appointed to a professorship; **2.** *собир.* the professors *pl.*, the professorate.

профила́ктика *ж.* **1.** *мед.* prophylaxis, preventive treatment; **2.** *тех.* maintenance checkup.

профилакти́ческий prophylactic, preventive.

профилакто́рий *м.* preventorium.

про́филь *м.* **1.** (*лица*) profile; в ~ in profile; **2.** *тех.* profile; (*форма*) shape; **3.** (*совокупность типических черт*) type, character; ~ вýза type of college.

профильтрова́ть *сов.* (*вн.*) filter (*smth.*).

профко́м *м.* local trade-union committee.

профо́рг *м.* (вы́борный руководи́тель профсою́зной гру́ппы) trade-union group organizer.

профорганиза́ция *ж.* local trade-union organization.

профориента́ция *ж.* (ориента́ция в вы́боре профе́ссии) career guidance.

профо́рм|а *м. разг.* formality; для ~ы as a matter of form, for form's sake, for the sake of appearances; чи́стая ~ sheer/mere formality; *эк.* pro forma, form; ~ коноса́мента proforma bill of lading; ~ контра́кта contract form; ~ ча́ртера pro forma charter party.

профрабо́тник *м.* trade-union worker.

профсою́з *м.* trade union; **~ный** trade-union *attr.*;~ное собра́ние trade-union meeting; ~ный биле́т trade-union card.

профтехучи́лище *с.* (профессиона́льно-техни́ческое учи́лище) vocational technical school.

проха́живаться, пройти́сь walk, stroll; pace; ~ по у́лице walk up and down the street; ~ по ко́мнате pace up and down the room; ◇ пройти́сь на *чей-л.* счёт, пройти́сь по *чьему-л.* а́дресу have* a dig at *smb.*

прохво́ст *м. бран.* scoundrel.

прохинде́й *м. разг.* swindler, dodger, rogue.

прохла́да *ж.* cool, coolness, freshness; вече́рняя ~ the cool of evening; у́тренняя ~ the early morning cool, the coolness of the early morning air.

прохлади́тельны|й refreshing, cooling; ~е напи́тки nonalcoholic drinks, soft drinks.

прохлади́ться *сов. см.* прохлажда́ться 1.

прохла́дн|о **1.** *нареч.* coolly; *перен. разг.* unenthusiastically, unresponsively; **2.** *в знач. сказ. безл.* (*о погоде*) it is cool, it is chilly; сего́дня ~ it's cool today; **3.** *в знач. сказ. безл.* (*дт., об ощущении прохлады*): ему́ бы́ло ~ he felt chilly; **~ый** cool, fresh; *перен. разг.* cool, unresponsive; ~ый ве́тер cool wind, fresh breeze; ~ое отноше́ние к това́рищу cool attitude to a friend.

прохла́дц|а *ж.*: с ~ей 1) (*без усердия*) without caring; 2) (*равнодушно*) indifferently, coolly; де́лать *что-л.* с ~ей take* *one's* time over *smth.*, do* *smth.* without making much effort.

прохлажда́ться, прохлади́ться *разг.* **1.** (*освежаться*) take* the air; **2.** *тк. несов.* (*бездельничать*) take* things easy, idle *one's* time away; **3.** *тк. несов.* (*медленно делать что-л.*) loaf (about), take* *one's* time, dawdle.

прохо́д *м.* passage: (*в аудитории*) aisle, gangway; (*горный*) pass; оставля́ть ~ leave* a passageway; ◇ ~а нет от *кого-л.* *smb.* gives *one* no peace; ~а не дава́ть *кому-л.* pursue (*smb.*), give* *smb.* no peace; ни ~а, ни прое́зда not a chance of getting through.

проходи́мец *м. разг.* rogue, rascal, crook.

проходи́м|ость *ж.* **1.** (*дорог*) practicability; **2.** *мед.* permeability; **3.** (*транспорта*) cross-country ability; автомобиль повышенной ~ости cross-country vehicle; **~ый** passable, practicable.

проходи́ть I, пройти́ **1.** pass; ~ ми́мо pass by; ~ че́рез pass through; он прошёл незаме́тно he passed by unobserved; пройти́ по́ мосту cross a bridge; посети́тели прошли́ в кабине́т the visitors went/passed into the study; доро́га прохо́дит о́коло дере́вни the road passes close to the village; **2.** (*вн.; какое-л. расстояние*) cover (*smth.*), do* (*smth.*); (*о транспорте тж.*) travel (*smth.*); мы прошли́ два́дцать киломе́тров не остана́вливаясь we did twenty kilometers without stopping; за час по́езд прошёл то́лько 50 киломе́тров the train travelled only fifty kilometers in an hour; **3.** (*вн.; миновать, оставлять позади себя*) pass (*smth.*), pass through (*smth.*); (*по ошибке*) miss (*smth..*); заговори́вшись, пройти́ поворо́т доро́ги miss *one's* turning while talking; **4.** (*распространяться — о слухах и т. п.*) go* round, get* around; по дере́вне прошёл слух, что... a rumor went round the village that...; **5.** (*продвигаться через что-л.*) go* through; шкаф не пройдёт в дверь the wardrobe won't go through the door; **6.** (*просачиваться*) go* through, seep through; **7.** (*вн.*, че́рез *вн.*, *подвергаться чему-л.*) go* through, endure (*smth.*), experience (*smth.*); ~ че́рез тяжёлые испыта́ния go* through an ordeal; **8.** (*о времени*) pass, slip away, elapse; мно́го лет прошло́ с тех пор years have elapsed since then; дни прохо́дят незаме́тно the days slip by; как вре́мя бы́стро прохо́дит! how time does fly!; **9.** (*заканчиваться с каким-л. результатом*) go* off; докла́д прошёл уда́чно the lecture was a success, the lecture went off well; конце́рт прошёл хорошо́ the concert was a success; **10.** (*вн.; завершать какой-л. курс*) take* (*smth.*), do* (*smth.*); ~ пра́ктику do* *one's* practical training; пройти́ курс лече́ния undergo*/take* a course of treatment; **11.** (*прекращаться*) stop; (*о боли*) pass off, go* off; дождь прошёл it has stopped raining; головна́я боль у него́ прошла́ his headache has passed; **12.** (*быть утверждённым*) pass, be* adopted, be* approved; резолю́ция прошла́ the resolution has been passed/adopted; прое́кт прошёл the design has been accepted; **13.** *разг.* (*быть принятым, избранным*) be* accepted; его́ кандидату́ра прошла́ his candidature has been accepted/approved; **14.** (*вн.*) *разг.* (*изучать*) go* through (*smth.*), study (*smth.*); ~ теорети́ческую грамма́тику study theoretical grammar; ◇ э́то не пройдёт that won't do/work.

проход|и́ть II *сов.* (*провести какое-л. время в ходьбе*) walk, tramp; он пять часо́в ~и́л по́ лесу he tramped about in the forest for five hours.

прохо́дка *ж. горн.* (*вертикальная*) sinking; (*горизонтальная*) drifting, driving.

проходна́я *ж.* gatekeeper's office.

проходн|о́й communicating; ~ы́е ко́мнаты communicating rooms; ◇ ~а́я бу́дка entrance-gate; ~ двор communicating yard.

прохо́дчик *м.* cutter, drifter.

прохожде́ние *с.* passing, passage.

прохо́жий *прил.* **1.** passing; **2.** *в знач. сущ. м.* passerby.

прохрипе́ть *сов. см.* хрипе́ть.

процвета́ние *с.* flourishing/thriving state; (*благосостояние тж.*) prosperity.

процвета́ть *несов.* flourish, thrive*; (*экономически тж.*) prosper.

процеди́ть *сов. см.* проце́живать.

процеду́р|а *ж.* **1.** procedure; ~ голосова́ния voting procedure; ~ подписа́ния догово́ра procedure for signing a treaty; **2.** *мед.* (*процесс лечения*) treatment; ходи́ть на ~ы take* treatments, go* for treatment.

проце́живать, процеди́ть (*вн.*) **1.** filter (*smth.*), strain (*smth.*); **2.**: процеди́ть *что-л.* сквозь зу́бы mutter/say* between *one's* teeth.

проце́нт *м.* **1.** (*сотая доля*) per cent; три ~а three per cent; вы́полнить план на сто ~ов fulfill the plan one hundred per cent; **2.** (*доля целого без указания числа*) percentage; то́лько небольшо́й ~ студе́нтов отсу́тствовал only a small percentage of the students was absent; **3.** *мат.* interest; просты́е (сло́жные) ~ы simple (compound) interest *sg.*; **4.** (*доход с капитала*) interest; ба́нковский ~ bank interest; льго́тный ~ concessionary interest rate; ре́нтный ~ royalty interest; ссу́дный ~ loan interest, interest on loan capital; комиссио́нный ~ commission percentage; учётный ~ rate of discount; без ~а ex interest, interest free; наро́сшие ~ы accrued interest *sg.*/charges; начи́сленные ~ы accrued charges; но́рма ~а rate of interest; ры́ночная но́рма ~а market rate of interest; ~ по задо́лженности interest on debts; ~ по кре́дитовому/де́бетовому са́льдо interest on credit/debit balance; ~ по креди́ту interest on credit; ~ по облигацио́нным за́ймам interest on bonds; ~ годовы́х annual interest rate; ~ за рассро́чку interest on arrears; ~ы к вы́плате interest payable; ~ы к платежу́ accrued payroll *sg.*; ~ы к получе́нию interest receivable *sg.*; ~ы с ка́ждого рубля́ и́ли до́ллара до расхо́дов percentage of gross; ~ы с ка́ждого рубля́ и́ли до́ллара по́сле расхо́дов percentage of net; взима́ть ~ы collect interest; выпла́чивать ~ы pay interest; сберега́тельный банк пла́тит три ~а годовы́х the savings bank pays three per cent interest per annum; **~ный 1.** (*выраженный в процентах*) percentage *attr.*; **2.** (*приносящий проценты*) interest-bearing; ~ные бума́ги interest-bearing securities; ~ные начисле́ния interest charges; ~ный заём interest-bearing loan; ~ные облига́ции interest-bearing bonds; ◇ ~ная ста́вка *фин.* interest rate; ~ный пери́од interest time; ~ный риск *фин.* interest risk.

проце́сс *м.* **1.** (*ход развития чего-л.*) process; в ~е разви́тия in the process of development; хими́ческий ~ chemical process; в ~е игры́ in the course of the game; **2.** *мед.*: ~ в лёгких tuberculosis of the lungs; **3.** *юр.* legal proceedings *pl.*; (*судебное дело*) case; гражда́нский ~ lawsuit, suit; уголо́вный ~ (criminal) trial; нача́ть суде́бный ~ про́тив *кого-л.* bring*/enter an action against *smb.*, institute proceedings against *smb.*, sue *smb.*

проце́ссия *ж.* procession.

процессуа́льн|ый *юр.*: ~ые но́рмы judicial procedure *sg.*; legal procedure *sg.*; ~ое пра́во adjective law, law of procedure; ~ ко́декс *юр.* code of practice.

процити́ровать *сов. см.* цити́ровать.

прочеса́ть *сов. см.* прочёсывать.

проче́сть *сов. см.* чита́ть.

прочёсывать, прочеса́ть (*вн.*) **1.** comb (*smth.*) out; (*шерсть*) tease (*smth.*); **2.** *разг.* (*тщательно осматривать местность*) comb (*smth.*); прочеса́ть лес comb a wood.

про́ч|ий *прил.* **1.** other; ~ая долгосро́чная задо́лженность *фин.* other long-term loans *pl.*; ~ие дохо́ды other revenues; ~ие расхо́ды other expenses; **2.** *в знач. сущ. с.*: и ~ее et cetera, etc., and so on; и всё ~ее and everything else; поми́мо всего́ ~его on top of all this, apart from everything else; **3.** *в знач. сущ. мн.*: все ~ие all the others; ◇ ме́жду ~им by the by, by the way.

прочи́стить *сов. см.* прочища́ть.

прочита́ть *сов. см.* чита́ть.

прочища́ть, прочи́стить (*вн.*) **1.** clear (*smth.*), clear (*smth.*) out, clean (*smth.*) out; (*кишечник тж.*) purge (*smth.*); ~ тру́бку clean out *one's* pipe; **2.** (*делать более редким — лес, заросли и т. п.*) thin out (*smth.*).

про́чн|о solidly, firmly, securely; ~ устро́иться establish *oneself* firmly/securely; стро́ить ~ build* properly/solidly; **~ость** *ж.* strength, cohesion; (*здания тж.*) stability; (*одежды, обуви и т. п.*) durability; (*знаний*) soundness, reliability; (*дружбы*) strength, stability; **~ый** (*крепкий*) strong, durable; (*устойчивый*) stable; *перен.* enduring, lasting; ~ый фунда́мент solid/durable foundation; ~ая ме́бель substantial furniture; ~ая та́ра *торг.* strong packaging; ~ая о́бувь durable/strong shoes *pl.*; ~ая мате́рия durable cloth; ~ый мир lasting peace; ~ый сою́з stable alliance; ~ая семья́ united family; ~ые зна́ния sound knowledge.

прочу́вствовать *сов.* (*вн.*) **1.** (*воспринять чувствами что-л.*) feel* (*smth.*); **2.** (*пережить, испытать*) live (*smth.*), live through (*smth.*).

прочь away, off; ~ с доро́ги! get out of the way!; ру́ки ~ hands off; ~ отсю́да! get out of here! out with you!; ~ с глаз мои́х! get out of my sight!; ◇ не ~ (+ *инф.*) wouldn't mind (+ -ing), have* no objection to (+ -ing), be* not averse to (+ -ing); я не ~ I don't mind; он не ~ пойти́ he wouldn't mind going; он не ~ вы́пить ча́шку ко́фе he wouldn't mind a cup of coffee.

прошвырну́ться *сов. разг.* have* a stroll/walk.

проше́дш|ий *прил.* **1.** last; ~ей зимо́й last winter; **2.** *в знач. сущ. с.* the past; ◇ ~ее вре́мя *грам.* the past tense.

проше́ние *с. уст.* application, petition; подава́ть ~ submit an application, forward a petition.

прошепта́ть *сов. см.* шепта́ть.

проше́стви|е *с.*: по ~и (*рд.*) after the lapse (of); (*о сроке*) on expiry (of); по ~и сто́льких лет after the lapse of so many years; по ~и сро́ка on expiry of the term, when the term expires.

прошиб|а́ть, прошиби́ть (*вн.*) *разг.* **1.** break* through (*smth.*); **2.**: его́ пот проши́б he broke into a sweat; его́ слеза́ ~ла tears sprang to his eyes; **~и́ть** *сов. см.* прошиба́ть.

прошива́ть, проши́ть (*вн.*) sew* (*smth.*) on; (*делать швы*) stitch (*smth.*).

проши́ть *сов. см.* прошива́ть.

прошлого́дний last year's; of the year before *после сущ.*

про́шл|ое *с.* the past; далёкое ~ the remote past; неда́внее ~ the recent past; отойти́ в ~ pass away; **~ый** (*прошедший*) past; (*предыдущий*) last; в ~ые времена́ in bygone days; на ~ой неде́ле last week; в ~ом году́ last year; де́ло ~ a thing of the past; let bygones be bygones.

прошмыгну́ть *сов.* (*вн.*) *разг.* steal* (into), slip (into).

проштра́фиться *сов. разг.* make* a slip, be* at fault.

проштуди́ровать *сов. см.* штуди́ровать.

проща́й(те) good-bye!; farewell!

проща́льный parting; farewell *attr.*; ~ визи́т parting visit; ~ поцелу́й parting kiss; ~ обе́д farewell dinner; ~ спекта́кль farewell performance.

проща́ние *с.* parting, farewell, leave-taking; ◇ на ~ in parting; помаха́ть на ~ wave good-bye.

проща́ть, прости́ть **1.** (*вн.*) forgive* (*smb.*, *smth.*), pardon (*smb.*, *smth.*); **2.** (*вн. дт.*, *освобождать от обязательства*) release (*smb.* from), remit (*smth.* of); прости́ть долг *кому-л.* remit *smb.*'s debt; **3.** *церк.* (*о грехах*) absolve (*smth.*).

проща́ться, прости́ться, попроща́ться (с *тв.*) say* goodbye (to); take* *one's* leave (of), bid* farewell (to); bid* (*smb.*) farewell; он попроща́лся и ушёл he said goodbye and went away.

прощелы́га *м. и ж. бран.* knave, rogue.

проще́ни|е *с.* forgiveness, pardon; проси́ть ~я у *кого-л.* ask/beg *smb.*'s pardon; (*за что-л. серьёзное*) ask/beg *smb.*'s forgiveness; ◇ прошу́ ~ I beg your pardon.

прощу́пать *сов. см.* прощу́пывать.

прощу́пывать, прощу́пать (*вн.*) feel* (*smth.*), touch (*smth.*); *несов. тж.* grope for (*smth.*); *перен.* sound (*smb.*); ~ путь feel* the way; **~ся** *несов.* can* be felt, be* noticeable to the touch.

проэкзаменова́ть(ся) *сов. см.* экзаменова́ть(ся).

прояви́тель *м. фото* developer.

прояв|и́ть(ся) *сов. см.* проявля́ть(ся); **~ле́ние** *с.* **1.** manifestation, display; ~ле́ние хра́брости display of courage; **2.** *фото, кино* development; ~ле́ние плёнки film developing; ~ле́ние позити́вов positive developing; ~ле́ние с обраще́нием reversal developing.

проявля́ть, прояви́ть (*вн.*) **1.** show* (*smth.*), display (*smth.*); прояви́ть больши́е зна́ния evince great learning; прояви́ть большу́ю акти́вность display great activity; прояви́ть забо́ту о *ком-л.* show* concern for *smb.*; прояви́ть большу́ю хра́брость exhibit/display great courage; ~ нетерпе́ние show* impatience; ~ нереши́тельность hesitate; **2.** *фото* develop (*smth.*); ~ плёнку develop a film; ~ сни́мок develop a photo; ◇ прояви́ть себя́ show* *one's* worth; он прояви́л себя́ тала́нтливым руководи́телем he showed himself to be a first-rate leader; **~ся**, прояви́ться **1.** show* itself, manifest itself; **2.** *фото* be* developed, develop.

проя́вочн|ый *фото, кино*: ~ бак developing tank; ~ое веществó developing agent; ~ая (ко́мната) processing room; ~ая маши́на film processor; ~ая ра́ма developing rack.

проясни́ться *сов. см.* проясня́ться.

проясня́ться, проясни́ться **1.** (*становиться ясным, хорошо видимым*) show* up clearly/distinctly, become* distinct; **2.** (*о погоде*) clear (up); **3.** (*становиться понятным*) clarify, become* clear; положе́ние проясни́лось the situation has clarified; **4.** (*о лице*) light* up, brighten; **5.** (*о сознании*) clear, become* lucid/clear; постепе́нно мои́ мы́сли проясни́лись gradually my mind cleared.

пруд *м.* pond; **~и́ть** *несов.* (*вн.*) pond (*smth.*) back, pond (*smth.*) up; ◇ хоть пруд ~и́ *чего-л.* loads of *smth.*; де́нег у негó ~ хоть пруд ~и́ he's rolling in money, he has tons of money.

пружи́н|а *ж.* (*прям. и перен.*) spring; часова́я ~ watch spring; гла́вная ~ mainspring; ◇ нажа́ть на все ~ы pull every string, leave* no stone unturned; быть как на ~ах have* springs in *one's* heels; **~истый** springly, resilient; (*о движениях тела*) supple, lithe.

пружи́н|ить *несов.* **1.** be* resilient; **2.** (*вн., напрягать*) flex (*smth.*); ~ мы́шцы flex *one's* muscles; **~иться** *несов.* be* springy, yield springily; **~ный** spring *attr.*; ~ный матра́с spring mattress.

пруса́к *м.* (*таракан*) cockroach.

прусса́к *м.* Prussian.

пру́сский Prussian.

прут *м.* **1.** twig, switch, rod; **2.** (*металлический стержень*) rod.

пры́галка *ж. разг.* skipping-rope.

пры́г|ать *несов.* **1.** jump, leap*; (*о детях*) skip; (*на одной ноге*) hop; ~ с парашю́том make* parachute jumps; **2.** (*о мяче*) bounce, rebound; **3.** *разг.* (*вздрагивать*) twitch, jump; се́рдце егó ~ало от ра́дости his heart leaped for joy, his heart bounded with joy.

пры́гнуть *сов.* take* a leap/jump.

прыгу́н *м.*, **~ья** *ж.* **1.** *спорт.* jumper; ~ в длину́ long/broad jumper; ~ в высоту́ high jumper; ~ с шестóм pole vaulter; ~ тройны́м triple jumper; **2.** (*о ребёнке*) jumping jack, grasshopper.

прыж|óк *м.* jump, spring, leap, caper; ~ с парашю́том parachute jump(ing); ~ки́ в вóду *спорт.* diving *sg.*; ~ки́ с вы́шки high (board) diving *sg.*; ~ в длину́ long jump; ~ в высоту́ high jump; ~ с упóром vault(ing); ~ с шестóм pole-vault; ~ с ме́ста standing jump; ~ с разбе́га *спорт.* running jump; де́лать ~ки́ caper, cut* capers.

пры́ткий *разг.* lively, agile, nimble, prompt, smart.

прыт|ь *ж. разг.* **1.** (*быстрота*) speed, rapid pace; **2.** (*проворство*) energy, go, vim; ◇ бежа́ть во всю ~ go* for all one is worth; откýда ~ взяла́сь! where did the energy come from?; от негó не ожида́ли такóй ~и one would never have thought he would dare do such a thing.

прыщ *м.* pimple; pustule *мед.*; **~а́вый** *разг.* pimpled, pimply, spotty.

пряде́ние *с.* spinning.

пряди́льн|ый spinning *attr.*; ~ая маши́на spinning machine, spinning frame; ~ая фа́брика spinning mill, spinning factory.

пряди́льщ|ик *м.*, **~ица** *ж.* spinner.

прядь *ж.* lock; (*женских волос тж.*) tress.

пря́жа *ж.* yarn; кручёная ~ twist (yarn); шерстяна́я ~ woollen yarn.

пря́жка *ж.* buckle; (*застёжка*) clasp; ~ для по́яса belt buckle.

пря́лка *ж.* (*ручная*) distaff; (*с колесом*) spinning wheel.

прям|а́я *ж.* straight line; проводи́ть ~у́ю draw* a straight line; по ~óй in a beeline, as the crow flies; лете́ть по ~óй на юг make* a beeline for the south; коне́чная ~ *ав.* final leg.

пря́м|о *нареч.* **1.** straight; держа́ться ~ hold* *oneself* straight; идти́ ~ go* straight; **2.** (*непосредственно*) straight; идти́ ~ к це́ли go*/ fly* straight to the mark/target; приступи́ть ~ к де́лу come* straight to the point; спать ~ на полу́ sleep* on the bare floor; **3.** (*откровенно*) plainly, bluntly, frankly; говори́ть ~ talk straight; **4.** *в знач. усил. частицы разг.* (*совершенно — при сущ.*) real; (*при прил.*) really; э́то ~ наказа́ние! it's a downright ordeal/nuisance!; э́то ~ удиви́тельно it's really amazing; я ~ не зна́ю, что де́лать I really don't know what to do; **5.** *в знач. усил. частицы разг.* (*как раз*) right, directly; ~ напрóтив directly/right/just opposite; ~ в лоб right in the forehead; уда́рить *кого-л.* ~ в лицó hit* *smb.* full in the face; попада́ть ~ в цель hit* the mark, strike* home; **~óй 1.** straight; ~а́я ли́ния straight line; ~ые вóлосы straight hair *sg.*; **2.** (*обеспечивающий непосредственную связь*) through, direct; ~óе сообще́ние through traffic; ~óй пóезд through train; говори́ть по ~óму прóводу speak* by direct line; **3.** (*непосредственный*) direct; ~óй налóг *эк.* direct tax; ~а́я переда́ча *радио, тлв.* live, live program; ~а́я котирóвка *бирж.* direct quotation; ~ые расхóды, не свя́занные с зарпла́той *эк.* direct nonsalary expenses; ~ые хозя́йственные свя́зи direct economic connections; ~óй коноса́мент direct bill of lading; ~ые убы́тки *эк.* proximate damages; ~ые вы́боры direct elections; ~ые указа́ния direct instructions; **4.** (*откровенный, правдивый*) straightforward; ~ой человек straightforward person; ~ой ответ straightforward answer; **5.** (*явный, открытый*) open, obvious; ~ой вызов open challenge; ~ой обман obvious trickery; **6.** (*безусловный, действительный*) sheer; ~ая необходимость sheer necessity; ~ой смысл поступить так there is every reason to act like that; ◇ ~ой ворот upright collar; ~ая дорога, ~ой путь к *чему-л.* direct road to *smth.*, highroad to *smth.*; ~ая речь *грам.* direct speech; ~ой угол *мат.* right angle; ~ая кишка *анат.* rectum; ~ая наводка *воен.* direct laying; ~ой пробор parting in the middle; в ~ом смысле слова in the ordinary sense of the word; ~ая линия родства direct line of descent; ~ое попадание direct hit.

прямолинейн|ость *ж.* **1.** straightness of line; **2.** (*прямота*) straightforwardness; **3.** (*отсутствие гибкости*) rigidity; **~ый 1.** (*расположенный по прямой линии*) rectilineal, rectilinear; **2.** (*открытый, прямой*) straightforward; ~ый человек straightforward person; **3.** (*односторонний, негибкий*) rigid, inflexible.

прямота *ж.* straightforwardness, direct manner, plain dealing.

прямоугольн|ик *м.* rectangle; **~ый** rectangular; ~ый треугольник right-angled triangle.

пряник *м.* gingerbread; медовый ~ honey-cake.

прян|ость *ж.* spice; **~ый** spicy.

прясть, спрясть (*вн.*) spin* (*smth.*); ~ пряжу spin* yarn; ~ на прялке spin* on a spinning wheel.

прят|ать, спрятать (*вн.*) **1.** hide* (*smth.*), conceal (*smth.*); ~ ключи hide* the keys; ~ улыбку conceal a smile; **2.** (*класть для сохранности*) put* away (*smth.*); ~ шубу на лето put* away a fur coat for the summer; **~аться**, спрятаться hide*; (*укрываться от чего-л.*) keep* under cover; **~ки** *мн.* hide-and-seek *sg.*; играть в ~ки play hide-and-seek; *перен.* play a shifty game.

псалом *м. церк.* psalm; **~щик** *м. церк.* (psalm)-reader, sexton.

псалтырь *м. и ж. церк.* psalm book, Psalter.

псарня *ж.* kennel.

псарь *м. ист.* huntsman* (person in charge of hounds).

псевдо- *в сложн.* pseudo-.

псевдонаучный pseudo-scientific.

псевдоним *м.* pseudonym, assumed name; (*литературный*) pen name, nom de plume; под ~ом under the pen name.

псин|а *ж. разг.* **1.** (*собачье мясо*) dog's flesh; **2.** (*запах собаки*) doggy smell; **3.** (*большой пёс*) dog; **~ый** *разг.* dog *attr.*

псих *м. разг.* madman*, loony, nut(-case).

психиатр *м.* psychiatrist.

психиатрическ|ий psychiatric; ~ая больница mental hospital, lunatic asylum.

психиатрия *ж.* psychiatry.

психика *ж.* mentality, psychology, mind.

психическ|и mentally; ~ больной mental patient/case; **~ий** mental, psychological; ~ое расстройство mental derangement; ◇ ~ая атака psychological attack.

психоз *м.* psychosis; ◇ военный ~ war hysteria.

психолог *м.* psychologist.

психологическ|ий psychological; ◇ ~ роман psychological novel; ~ая война psychological war.

психология *ж.* psychology.

психопат *м.* psychopath, a mental case; nut-case *разг.*; **~ия** *ж.* psycopathy; **~ка** *ж.* psychopath.

псов|ый: ~ая охота hunting with hounds.

пташка *ж.* (small) bird; ◇ ранняя ~ early bird.

птенец *м.* fledgeling, nestling.

птица *ж.* bird; *собир.* birds *pl.*, fowl(s); перелётная ~ migrant bird; домашняя ~ *собир.* poultry; хищные ~ы birds of prey; ◇ видна ~ по полёту *погов.* ≅ a bird may be known by its song; как ~ небесная like a lily of the field.

птицевод *м.* poultry farmer; **~ство** *с.* poultry farming; **~ческий** poultry *attr.*; ~ческая ферма poultry farm.

птицелов *м.* fowler.

птицефабрика *ж.* integrated poultry farm.

пти|чий bird *attr.*; ~чье гнездо bird's nest; ~ корм birdseed; ◇ ~ двор poultry yard/run; жить на ~чьих правах live* a precarious existence; с ~чьего полёта from a bird's-eye view.

птичк|а *ж.* **1.** small bird; **2.** *разг.* (*пометка*) tick; пометить *что-л.* ~ой tick off *smth.*; ◇ коготок увяз — всей ~е пропасть *посл.* ≅ one link is broken, the whole chain is broken.

птичн|ик *м.* **1.** (*помещение*) poultry house; **2.** (*работник*) poultry keeper; **~ица** *ж.* poultry maid.

ПТУ *с. нескл. см.* профтехучилище.

пуант *м. театр.*: стоять на ~ах be* on points.

публика *ж. собир.* **1.** public; (*в театре и т. п. тж.*) audience; широкая ~ the general public, the public at large; **2.** *разг.* (*люди, народ*) people.

публикация *ж.* **1.** (*действие*) publication; **2.** (*то, что опубликовано*) published work; **3.** (*объявление*) advertisement; ~ для руководителей business publication.

публиковать, опубликовать (*вн.*) publish (*smth.*).

публицист *м.* publicist, journalist; **~ика** *ж.* journalism, publicity; **~ический** journalistic, publicistic.

публичн|о in public; (*открыто*) openly, publicly; **~ый** public; ~ая речь public speech; ~ые торги open/public auction *sg.*; ~ая акционерная компания public company; ~ая оферта *эк.* offer to public at large; ~ое право *юр.* public law; ~ый сервитут *юр.* public easement.

пу́гало *с.* (*в огороде и т. п.*) scarecrow; *перен.* bogy, bugbear.

пу́ган|ый frightened; ◇ ~ая воро́на и куста́ бои́тся *посл.* ≅ a burnt child dreads the fire, once bitten twice shy.

пуга́ть, испуга́ть (*вн.*) frighten (*smb.*), alarm (*smb.*); *сов. тж.* startle (*smb.*), give* (*smb.*) a fright; (*угрожать*) threaten (*smb.*); **~ся**, испуга́ться (*рд.*) be*/feel* frightened (of), take* fright (at); *сов. тж.* get* a fright; не пуга́йтесь! don't be frightened!; испуга́ться до́ смерти be* scared to death; ло́шади испуга́лись the horses took fright; испуга́ться *чьего-л.* ви́да be* shocked by *smb.*'s appearance.

пугли́вый timorous, timid; (*выражающий испуг*) apprehensive; (*о лошади*) nervous.

пу́гови|ца *ж.* button; застегну́ться на все ~цы button up *one's* coat; **~чный** button *attr.*; ~чное произво́дство button manufacture.

пуд *м.* (16,38 *кг*) pood.

пу́дель *м.* poodle.

пу́динг *м.* pudding.

пу́дра *ж.* powder; ◇ са́харная ~ confectioner's/powdered sugar.

пу́дреница *ж.* powder case.

пу́дрить, напу́дрить (*вн.*) powder (*smth.*); ~ лицо́ powder *one's* face; **~ся**, напу́дриться powder *oneself*, put* powder on *one's* face.

пуза́тый *разг.* potbellied, paunchy.

пу́зо *с. ед. разг.* belly, paunch; отрасти́ть ~ grow* a paunch; ◇ ~ па́руса *спорт., мор.* belly.

пузырёк *м.* **1.** (*в жидкости*) bibble, bead; **2.** (*бутылочка*) phial.

пузы́рь *м.* **1.** babble; **2.** (*волдырь*) blister; **3.** *анат.* bladder; ◇ ~ со льдо́м ice bag.

пук *м.* bundle; (*цветов*) bunch.

пул *м. эк.* pool; грузово́й ~ cargo pool; де́нежный ~ (*банковский консорциум*) money pool; лицензио́нный ~ licensing pool; пате́нтный ~ patent pool; судохо́дный ~ shipment pool; ~ авиакомпа́нии airlines pooling; ~ для техни́ческого обслу́живания technical pool; **~ьный** pool *attr.*, pooled; ~ьное обслу́живание pooled service.

пулемёт *м.* machine-gun, ручно́й ~ light machine-gun; **~ный** machine-gun *attr.*; ~ная ро́та machine-gun company; **~чик** *м.* machine-gunner.

пульвериза́тор *м.* spray, sprayer, pulverizer; ~ для духо́в scent-spray.

пульс *м.* pulse; пощу́пать ~ feel* *smb.'s* pulse; частота́ ~а pulse rate; **~а́ция** *ж.* pulsation, pulse; **~и́ровать** *несов.* pulsate, pulse, beat*; (*сильно*) throb.

пульт *м.* **1.** (*подставка для нот*) music-stand; **2.** *тех.* control desk/panel; console; ~ управле́ния шлю́зами sluice-gate console; ~ электроста́нции power-station control room; диспе́тчерский ~ control desk.

пу́л|я *ж.* bullet, projectile; трасси́рующая ~ tracer bullet; лить, отлива́ть ~и mold bullets; *перен.* tell* fibs/lies.

пуля́рка *ж.* fatted fowl.

пу́ма *ж. зоол.* puma, cougar.

пункт *м.* **1.** (*место в пространстве*) point, spot; са́мый восто́чный ~ на́шей страны́ the easternmost point of our country; стратеги́ческий ~ strategic point; ~ вы́грузки point of unloading; ~ вы́лета point of origin; ~ вы́лета и прилёта city-pair; ~ измене́ния тари́фа fare calculation point; ~ назначе́ния point of destination; ~ отправле́ния point of departure; ~ погру́зки point of loading; ~ прилёта point of arrival; **2.** (*место, помещение, приспособление для какой-л. работы и т.п.*) post office station; иммиграцио́нный ~ immigration check point; пограни́чный ~ border point; пропускно́й ~ crossing point; ~ ввоза point of entry; ~ вы́воза point of exit; ~ оформле́ния пассажи́ров и багажа́ check-in office; **3.** (*раздел документа*) paragraph, item, point; после́дний ~ пя́той статьи́ догово́ра the last paragraph of an article of the treaty; основны́е ~ы докла́да the main points in the report; изменённый ~ changed item; согласо́ванный ~ agreed item; утверждённый ~ approved item; ~ догово́ра item of a treaty/contract; ~ соглаше́ния item of an agreement; заме́на ~а replacement of an item; внести́ но́вый ~ introduce a new point; **4.** (*отдельный момент в развитии чего-л.*) point; нача́льный, исхо́дный ~ starting, initial point; кульминацио́нный ~ culmination, climax; коне́чный ~ terminal, terminus; **5.** *полигр.* point; **6.** (*колебание цены*) *бирж.* point; ◇ по ~ам point by point, in detail.

пункти́р *м.* dotted line; начерти́ть *что-л.* ~ом dot *smth.*; **~ный** dotted; ~ная ли́ния dotted line.

пунктуа́льн|ость *ж.* punctuality; **~ый** punctual.

пунктуа́ция *ж. грам.* punctuation, pointing.

пу́нкция *ж. мед.* puncture.

пунсо́н *ж. полигр.* punch; (engraver's) point.

пунцо́вый crimson.

пунш *м.* punch.

пуп *м.* navel, omphalos, *анат.* umbilicus; ◇ ~ земли́ the hub of the universe.

пуп|ови́на *ж. анат.* umbilical cord; **~о́к** *м.* navel.

пурга́ *ж.* blizzard, snowstorm.

пури́зм *м.* purism.

пурита́н|ин *м.*, **~ка** *ж.* Puritan; **~ство** *с.* Puritanism.

пу́рпур *м.* purple.

пурпу́р|ный, **~овый** purple.

пуск *м.* starting; (*машины тж.*) setting in motion; (*домны*) firing; (*ракеты*) launch(ing).

пуска́й *см.* пусть.

пуска́ть, пусти́ть (*вн.*) **1.** (*отпускать*) let* (*smb.*, *smth.*) go; (*давать свободу тж.*) set* (*smb.*, *smth.*) free; (*разрешать*) let* (*smb.*); пусти́ть пти́цу на во́лю set* a bird free; пусти́ть ребёнка гуля́ть let* a child* go out for a walk; **2.** (*впускать, пропускать*) let* (*smb.*) in; ~ *кого-л.* ночева́ть let* *smb.* stay the night; ~ жильцо́в take* in lodgers; **3.** (*приводить в действие*) start (*smth.*); (*машину тж.*) set* (*smth.*) going, put*/set* (*smth.*) in motion; ~ мотóр start an engine; ~ ракéту fire a rocket; (*космическую*) launch a rocket; **4.** (*пар, газ т. п.*) turn on (*smth.*); ~ фонтáны turn on the fountains; ~ вóду в вáнну turn on the bath; ~ вóду в канáл let* water into a canal; **5.** (*заставлять двигаться*) start (*smth.*) off, send* (*smth.*) off; ~ лóшадь галóпом start (off) *one's* horse at a gallop; **6.** (*бросать*) throw* (*smth.*); (*несильно*) toss (*smth.*); ~ кáмни в *кого-л.* throw* stones at *smb.*; 7. (*обращать для какой-л. надобности*) put* (*smth.*); ~ *что-л.* в продáжу put* *smth.* on sale, release *smth.* for sale; ~ в обращéние put* *smth.* into circulation; (*векселя, чеки*) negotiate; **8.** *разг.* (*распространять*) spread* (*smth.*); ~ слух spread* a rumor about/afloat; **9.** (*давать ростки*) put* out (*smth.*); ~ ростки́ put* out shoots; ◇ ~ кровь *кому-л.* bleed* *smb.*; ~ *что-л.* ко дну send* *smth.* to the bottom; ~ в ход все срéдства leave* no stone unturned, neglect no means; ~ пыль в глазá ≅ cut* a dash, show* off; пусти́ть козлá в огорóд *погов.* ≅ set* the wolf* to keep the sheep; **~ся**, пусти́ться **1.** (*отправляться*) start, set* out; пусти́ться в путь start/set* out on *one's* journey; пусти́ться бежáть take* to *one's* heels; пусти́ться вдогóнку за *кем-л.* set* off/out in pursuit of *smb.*; **2.** (в *вн., начинать что-л.*) start (*smth.*), embark (on); ~ся в подрóбности go*/enter into all the details; ~ся в пляс dance, fling* *oneself* into a dance; ~ся в рискóванное предприя́тие go* in for a risky undertaking; ~ся в объяснéния enter into explanations; **3.** (на *вн.; отваживаться*) resort (to), risk (*smth.*).

пусков|óй starting *attr.*; (*для запуска ракет*) launching *attr.*; ~ механи́зм starting mechanism/device, starter; ~óе ракéтное устрóйство rocket-launching device, launcher; ~áя площáдка launching pad.

пустельгá *ж.* windhover, kestrel.

пустéть, опустéть become* empty; (*становиться безлюдным*) become* deserted.

пусти́ть(ся) *сов. см.* пускáть(ся).

пу́сто *в знач. сказ. безл.* **1.** it is empty; (*безлюдно*) it is deserted; в кóмнате бы́ло ~ the room was empty; the room looked empty; **2.** (*о чувстве*): на душé у негó бы́ло ~ he felt used up, he felt void of all feeling; ◇ то гу́сто, то ~ either too much or too little, feast today and fast tomorrow.

пустобрёх *м. разг.* chatterbox, windbag.

пуст|овáть *несов.* be*/stand* empty; помещéние ~у́ет the building is standing empty.

пустоголóвый *разг.* empty-headed, shallow.

пустозвóн *м. разг.* windbag; **~ство** *с.* verbosity, verbiage, wordiness, mere talk.

пуст|óй *прил.* **1.** (*ничем не заполненный*) empty; (*полый*) hollow; (*незанятый*) vacant; (*безлюдный*) deserted; (*свободный от занятий*) free; ~áя корóбка empty box; ~ дом deserted house; ~ урóк free lesson; ~ы́е щи cabbage soup without any meat; **2.** (*несерьёзный, ограниченный*) shallow, empty; ~ человéк shallow person; **3.** (*бессодержательный*) empty, hollow; (*неосновательный*) unfounded; ~ы́е словá mere/empty words; ~ы́е обещáния hollow promises; ~áя отговóрка mere excuse; ~ы́е развлечéния futile amusements; **4.** (*ничтожный*) trivial, slight; **5.** *в знач. сущ. с.* nothing, a mere nothing; (*вздор*) rubbish; ◇ ~óе мéсто nonentity; с ~ы́ми рукáми empty-handed; переливáть из ~óго в порóжнее *погов.* ≅ beat* the air, mill the wind; labor in vain; ~áя бóчка пу́ще греми́т *посл.* ≅ the loudest are not the wisest.

пустомéля *м. и ж. разг.* twaddler, babbler, windbag.

пустослóв|ие *с.* empty chatter, twaddle; **~ить** *несов. разг.* chatter.

пустотá *ж.* emptiness (*тж. перен.*); (*незаполненное пространство*) hollowness; *физ.* vacuum.

пустоцвéт *м.* sterile flower; *перен.* failure.

пу́стошь *ж.* waste ground.

пусты́нн|ик *м. рел.* hermit, anchoret, anchorite; **~ый** desert, deserted, uninhabited.

пу́стынь *ж. рел.* hermitage.

пусты́ня *ж.* desert; wilderness *поэт.*

пусты́рь *м.* waste ground.

пусть **1.** *частица передается посредством гл.* let (+ *инф.*); ~ развлекáются let them amuse themselves; ~ бу́дет так! very well!; just as you like!, have it your own way!; ~ он идёт let him go; скажи́те ей, ~ помóет посу́ду tell her she had better wash the dishes; **2.** *частица* (*ладно, так и быть*) all right; ну ~, я соглáсен all right, I agree; **3.** *союз* (*допустим, хотя*) suppose, even though; ~ он оши́бся, но оши́бку мóжно испрáвить well, what if he is mistaken — can't the mistake be rectified?, he may be mistaken, but the mistake isn't irrevocable, is it?; **4.** *союз* (*хотя бы, даже*) even.

пустя́к *м.* **1.** trifle, bagatelle; занимáться ~áми waste time on trifles; ссóриться из-за ~óв quarrel over nothing, quarrel over a mere trifle; оби́деться из-за ~á take* offense at a mere trifle; **2.** *обыкн. мн.* (*вздор*) nonsense *sg.*; онá говори́ла ~и́, неумéстно смея́лась her talk was nonsensical, her laughter irrelevant; **3.** *обыкн. мн. в знач. сказ.* (*неважно*) never mind!; ~и́, все улáдится never mind, everything will be all right; ◇ для негó э́то пáра ~óв it's mere child's play for him.

пуст|якóвый, ~я́чный *разг.* trifling; ~якóвое дéло trifling matter.

пу́тан|ик *м. разг.* muddler, muddle-head; **~ица** *ж.* **1.** (*неразбериха*) muddle, confusion; у негó большáя ~ица в головé his mind is one big muddle; **3.** (*запутанность в расположении чего-л.*) maze.

пу́тан|ый **1.** (*запутанный*) meandering, winding, zigzag; ~ след зáйца the meandering tracks of a hare; ~ые вóлосы dishevelled/ruffled hair *sg.*; **2.** (*сбивчивый, нелогичный*) confused, stumbling, incoherent; он вы́слушал мою́ ~ую речь he let me tell my incoherent story.

пу́т|ать *несов.* **1.** (*вн.; приводить в беспорядок*) tangle (*smth.*); (*бумаги*) muddle (*smth.*) up, mix (*smth.*) up; ~ ни́тки tangle threads; ~ во́лосы ruffle hair; **2.** (*вн.; сбивать с толку*) confuse (*smb.*); **3.** (*говорить сбивчиво*) get* mixed up, mix things up; не ~ай, говори́ пря́мо! don't beat about the bush, out with it!; **4.** (*вн., смешивать с кем-л., чем-л.*) take* (*smb., smth.*) for; ~ имена́ confuse names, muddle up names; я ~аю вас с ва́шим бра́том I take you for your brother, I confuse you with your brother; **5.** (*вн. в вн.*) *разг.* (*вовлекать кого-л. в неприятное дело*) mix (*smb.*) up (in), implicate (*smb.* in), involve (*smb.* in); **6.** (*вн.; надевать путы на ноги лошади*) hobble (*smth.*); **~аться** *несов. разг.* **1.** (*приходить в беспорядок*) get* tangled; **2.** (*сбиваться, ошибаться*) get* confused, get* muddled, lose* the thread of *one's* thoughts; **3.** (*вмешиваться*) interfere, meddle; не ~айтесь не в своё де́ло *груб.* don't interfere in what does not concern you, don't meddle in other people's affairs; **4.** (*с тв.*) *разг.* keep* company (with), get* mixed up (with).

путеводи́тель *м.* guide(book); ~ по музе́ю museum guide.

путево́дн|ый guiding; ◇ ~ая звезда́ guiding star, lodestar.

путев|о́й **1.** railway *attr.*, line *attr.*; ~ обхо́дчик trackwalker; **2.** (*относящийся к путешествию*) travel *attr.*; travelling, itinerary; ~ы́е запи́ски travel notes; ~ лист motor waybill; ~ы́е расхо́ды travelling expenses; ~ аккредити́в traveller's check.

путе́ец *м.* **1.** (*инженер*) railway engineer; **2.** (*работник службы пути*) railwayman*.

путепрово́д *м.* (*на дорогах*) overpass, underpass; *ж.-д.* overbridge.

путеукла́дчик *м. тех.* tracklayer.

путеше́ственн|ик *м.*, **~ица** *ж.* traveller.

путеше́ствие *с.* journey; (*по морю*) voyage; (*экскурсия, поездка*) trip; кругосве́тное ~ world tour.

путеше́ствовать *несов.* travel; (*по морю тж.*) voyage; ~ по стране́ travel about/round the country; ~ вокру́г све́та go*/travel round the world.

путёвка *ж.* **1.** pass; voucher; ~ в санато́рий pass to a sanatorium; туристи́ческая ~ place in a tourist group; **2.** (*водителя транспорта*) itinerary, schedule; ◇ ~ в жизнь a start in life.

путём I *нареч. разг.* proper(ly); coherently; он никогда́ ~ не поёст he never sits down to a square meal.

путём II *предлог* (*рд.; посредством*) by means of, by.

пути́на *ж.* fishing season.

пу́тн|ик *м.*, **~ица** *ж.* traveller, wayfarer.

пу́тн|ый *прил. разг.* **1.** sensible, worthwhile, judicious; **2.** *в знач. сущ. с.*: ничего́ ~ого из него́ не вы́йдет he will never make good, he will never amount to much.

путч *м.* putsch, coup.

пу́ты *мн.* clot *sg.*, hobble *sg.*; *перен.* bonds, chains, fetters, trammels.

пут|ь *м.* **1.** (*дорога*) way, route; во́дный ~ waterway; морско́й ~ sea route; вели́кие торго́вые ~и́ the great trade routes; возду́шные ~и́ air-routes; **2.** (*железнодорожная колея*) railway track/line, permanent way; **3.** (*путешествие*) journey, way; счастли́вого ~и́! pleasant/good journey!; на обра́тном ~и́ on the way back; **4.** (*направление, маршрут*) way, course; их ~и́ разошли́сь each took his own course, their ways parted/separated; **5.** (*направление деятельности*) road, path; он на пра́вильном ~и́ he is on the right road; ~ до́ступа *програм.* access path; **6.** (*способ*) way; means *pl.*; ми́рным ~ём by peaceful means, peacefully; **7.** *вн. анат.* tract *sg.*, duct *sg.*; ◇ после́дний ~ last journey; ~и́ сообще́ния means of communication; ~ сле́дования route; на ~и́ к *чему-л.*, по ~и́ *чего-л.* on the road/way to *smth.*; быть на ~и́ к *чему-л.* be* on the road/way to *smth.*; по ~и́ on the way; нам с ва́ми не по ~и́ our ways are not yours; идти́ свои́м ~ём go* *one's* own way, take* *one's* own course; напра́вить *кого-л.* на ~ и́стины put* *smb.* on the right road.

пух *м.* **1.** down; (*на лице тж.*) fuzz; (*на материи*) fluff, nap; **2.** *бот.* down, pubescence; ◇ ни ~а ни пера́! ≅ good luck!; разби́ть в ~ и прах rout comptetely; разоде́ться в ~ и прах *разг.* be* dressed to kill, be* done up to the eyeballs.

пу́хлый plump, chubby.

пу́хнуть *несов.* swell*.

пухо́вка *ж.* powder puff.

пухо́вый down *attr.*; made of down *после сущ.*

пучегла́зый *разг.* goggle-eyed.

пучи́на *ж.* **1.** (*морская бездна*) the deep; **2.** (*в болоте*) the depths *pl.*; *перен.* abyss; ~ страда́ний abyss of misery.

пу́чить *разг.* 1: ~ глаза́ goggle; **2.** *безл.*: у него́ живо́т пу́чит he is troubled with wind.

пучо́к *м.* **1.** little bundle; (*цветов*) posy, bunch, nosegay; **2.** (*лучей*) pencil of (light-)rays, light-pencil; **3.** (*причёска*) bun, knot; **4.** *физ.* beam; ~ нейтро́нов neutron beam.

пу́шечн|ый gun *attr.*, cannon *attr.*; ~ая стрельба́ gunfire;; ◇ ~ое мя́со cannon fodder.

пуши́нка *ж.* bit of fluff; ~ сне́га feather of snow, feathery snowflake.

пуши́ст|ый fluffy, downy; ~ые во́лосы fluffy hair *sg.*; ~ котёнок fluffy (little) kitten.

пуши́ть, распуши́ть (*вн.*) **1.** fluff up (*smth.*); **2.** *разг.* give* (*smb.*) a good scolding.

пу́ш|ка *ж.* cannon, gun; ◇ стреля́ть из ~ек по воробья́м ≅ use a sledgehammer to crack a nut; взять *кого-л.* на ~ку deceive *smb.*, pull the wool over *smb.'s* eyes.

пушка́рь *м. ист.* **1.** gunner.

пушн|и́на *ж. собир.* furs *pl.*, pelts *pl.*; **~о́й** fur *attr.*; ~о́й зверь fur-bearing animal, fur-bearer; ~о́й про́мысел fur trade.

пушо́к *м.* fluff, down; (*на плодах*) bloom.

пу́ща *ж.* dense forest; (*заповедник*) forest preserve.

пу́щ|ий: для ~ей ва́жности to enhance the effect; to look important.

пчел|а́ *ж.* bee; рабо́чая ~ worker bee; **~и́ный** bee's; bee *attr.*; ~и́ный рой swarm of bees; ~и́ный мёд pure honey.

пчелово́д *м.* bee keeper, apiarist, apiculturist; **~ство** *с.* bee keeping, apiculture; **~ческий** bee-keeping *attr.*

пче́льник *м.* apiary.

пшени́|ца *ж.* wheat; **~чный** wheat; ~чная мука́ wheat flour; ~чный хлеб wheat bread.

пшено́ *с.* millet.

пшённ|ый millet *attr.*; ~ая ка́ша millet pudding; millet gruel.

пыж *м.* *охот.* wad.

пы́жик *м.* **1.** (*животное*) young reindeer; **2.** (*мех*) young reindeer skin, deerskin; **~овый**: ~овая ша́пка deerskin cap.

пы́житься, напы́житься *разг.* **1.** (*важничать*) be* puffed up, puff up; **2.** (*стараться*) make* efforts.

пыл *м.* fervor, ardor, mettle; охлади́ть *чей-л.* ~ cool *smb.*'s ardor; ◇ в ~у́ гне́ва in a fit of anger; в ~у́ сраже́ния, спо́ра *и т.п.* in the heat of the battle, of debate, *etc.*; с пы́лу, с жа́ру piping hot.

пыл|а́ть *несов.* **1.** flame, blaze; дом ~а́ет the house is on fire, the house is ablaze; **3.** (*светиться*) be* aglow/ablaze (with light); **3.** (*о лице*) glow; **4.**: ~ гне́вом blaze with anger; ~ негодова́нием burn* with indignation; ~ стра́стью be* consumed with passion.

пылесо́с *м.* vicuum cleaner; **~ить** (*вн.*) vacuum (*smth.*).

пыли́нка *ж.* speck/particle of dust.

пыли́ть, напыли́ть raise the dust; **~ся** *несов.* get* dusty, collect the dust.

пы́лк|ий ardent, fervent, fervid, impetuous; ~ое воображе́ние fervid imagination; ~ая любо́вь ardent love; ~ая речь fiery/vehement speech; **~ость** *ж.* ardor, fervor, fire, passion, impetuosity.

пыль *ж.* dust; (*водяная*) spray; выбива́ть ~ из *чего-л.* beat* the dust out of *smth.*; ◇ пуска́ть ~ в глаза́ throw* dust in *smb.*'s eyes, cut* a dash, show* off.

пы́льник I *м.* *бот.* anther.

пы́льник II *м.* *разг.* (*плащ*) light raincoat; duster *амер.*, smock.

пы́льн|ый dusty; ~ ковёр dusty carpet, carpet thick with dust; ~ая доро́га dusty road; ~ городо́к dusty town.

пыльца́ *ж.* *бот.* pollen.

пыре́й *м.* *бот.* couch grass.

пыта́ть *несов.* (*вн.*) **1.** torture (*smb.*), torment (*smb.*); **2.** (*пробовать*) try (*smth.*); ~ сча́стье try *one's* luck; **~ся**, попыта́ться try, endeavor, attempt.

пы́тк|а *ж.* torture, torment; *перен.* *тж.* anguish; подверга́ть *кого-л.*~е put* *smb.* to torture; ору́дие ~и instrument of torture.

пытли́вый curious, keen, searching; ~ ум keen/searching mind; ~ взгляд curious/searching look, keen/searching eyes *pl.*

пыхт|е́ть *несов.* *разг.* **1.** (*тяжело дышать*) pant; puff and blow; (над *тв.*) *перен.* sweat over (*smth.*); ~ над зада́чей sweat over a problem; **2.** (*о машинах*) puff; парово́з ~е́л, ме́дленно поднима́ясь в го́ру the engine puffed slowly up the hill.

пы́шет: он ~ здоро́вьем he's bursting with health, he's the picture of health; печь ~ жа́ром the stove is throwing out a tremendous heat.

пы́шка *ж.* **1.** (*булка*) doughnut, bun; **2.** *разг.* (*о женщине*) dumpling, plump person.

пы́шн|ость *ж.* splendor, sumptuousness; (*великолепие*) magnificence; **~ый** **1.** fluffy, fleecy, feathery; (*о волосах*) thick, splendid; (*о хлебе и т. п.*) light; (*полный*) plump; **2.** (*роскошный*) splendid, magnificent, resplendent; (*о растительности тж.*) luxuriant; **3.** (*высокопарный*) high-flown, inflated, vapid.

пьедеста́л *м.* pedestal; ~ почёта *спорт.* podium; олимпи́йский ~ *спорт.* Olympic podium.

пье́ксы *мн.* (*ед.* пье́кса *ж.*) ski boots.

пье́са *ж.* **1.** *театр.* play; **2.** *муз.* piece.

пьяне́ть, опьяне́ть be*/get* drunk/tipsy/fuddled; (от *рд.*) *перен.* be* intoxicated (with).

пьян|и́ть, опьяни́ть (*вн.*) make* (*smb.*) drunk/tipsy/fuddled; *перен.* intoxicate (*smb.*); его́ ~я́т успе́хи he is intoxicated/drunk with success.

пья́ниц|а *м. и ж.* drunkard, toper, tippler; быть ~ей be* a hard drinker, drink* like a fish; го́рький ~ confirmed drunkard, sot.

пья́нка *ж.* *разг.* binge, drink-up, spree, carousal.

пья́нство *с.* drunkenness, alcoholism; **~вать** *несов.* drink* (heavily).

пьянчу́|га *м.*, **~жка** *м.* *разг.* sot.

пья́н|ый *прил.* **1.** drunk, tipsy; ~ая похо́дка tipsy gait; ~ го́лос tipsy voice; он си́льно пьян he is drunk as a lord, he is well gone; **2.** *в знач. сущ. м.* drunk; ◇ по ~ой ла́вочке, с ~ых глаз while drunk, in *one's* cups; ~ому мо́ре по коле́но *посл.* ≅ Dutch courage; что у тре́звого на уме́, то у ~ого на языке́ *посл.* ≅ wine is in, truth is out.

пэр *м.*peer.

пюпи́тр *м.* music stand; (*для книг*) bookrest.

пюре́ *с. нескл.* puree, mash; карто́фельное ~ mashed potatoes; суп-~ potage, thick soup.

пяд|ь *ж.*: ни ~и not an inch; семи́ ~ей во лбу ≅ wise as Solomon.

пя́льцы *мн.* (*для вышивания*) tambour frame *sg.*; (*для кружев*) lace frame *sg.*

пясть *ж.* *анат.* metacarpus.

пят|а́ *ж.* **1.** *уст.* heel; **2.** (*опорная часть чего-л.*) abutment; ◇ до пят down to *one's* ankles; ходи́ть за *кем-л.* по ~а́м tread* on *smb.*'s heels; гна́ться за *кем-л.* по ~а́м follow hard/close/fast on *smb.*'s heels, be* at/upon the heels of *smb.*; быть под ~ой у *кого-л.* be* under the heel of *smb.*; с головы до пят from top to toe; ахиллесова ~ Achilles' heel.

пята́|к *м. разг.* five-kopeck piece; **~чо́к** *м. разг.* **1.** *см.* пята́к; **2.** (*тупой конец морды у свиньи*) snout; 3. (*небольшая площадка*) ring, patch.

пя́теро five; нас ~ there are five of us.

пятёрк|а *ж.* **1.** (*цифра*) a five; **2.** (*школьная отметка*) five, "excellent"; учени́к получи́л ~у the pupil got an "excellent"; **3.** *разг.* (*денежный знак*) five-ruble note; **4.** *карт.* five; козырна́я ~ five of trumps; ~ черве́й, пик *и т.п.* the five of hearts, spades, *etc.*

пятёрочн|ик *м.*, **~ица** *ж. разг.* excellent pupil.

пятибо́р|ец *м.* man* pentathlete; **~ка** *ж.* woman* pentathlete.

пятибо́рье *с. спорт.* pentathlon.

пятидесятиле́т|ие *с.* **1.** (*период*) fifty years *pl.*; **2.** (*годовщина*) fiftieth anniversary; **~ний 1.** (*о сроке*) fifty-year *attr.*; of fifty years *после сущ.*; врач с ~ним ста́жем doctor of fifty years' standing; **2.** (*о возрасте*) fifty-year-old; of fifty *после сущ.*; ~ний мужчи́на man* of fifty.

пятидеся́т|ый fiftieth; ~ые го́ды the fifties; в конце́ ~ых годо́в in the late fifties.

пятиконе́чн|ый pentagonal, five-pointed; ~ая звезда́ five-pointed star.

пятикра́тн|ый quintuple; (*увеличенный в пять раз*) fivefold; в ~ом разме́ре five times the amount, fivefold, five times over.

пятиле́т|ие *с.* **1.** (*период*) five-year period; **2.** (*годовщина*) fifth anniversary; **~ка** *ж.* **1.** (*пятилетие*) five-year period; **2.** *ист.* (*пятилетний план*) five-year plan; **~ний 1.** (*о сроке*) five-year *attr.*; of five years *после сущ.*; ~ний план five-year plan; **2.** (*о возрасте*) five-year-old; of five years *после сущ.*; ~ний ребёнок five-year-old child*.

пятиме́сячный 1. (*о сроке*) five months', five-month *attr.*; **2.** (*о возрасте*) five-month-old; of five months *после сущ.*; ~ ребёнок five-month-old child*.

пятисо́тый five-hundredth.

пятисто́пный *лит.* pentameter *attr.*; ~ ямб iambic pentameter; ~ стих pentameter.

пя́титься, попя́титься back away, move/step/draw* back, retreat; (*о лошади*) back, jib.

пятиуго́льн|ик *м.* pentagon; **~ый** pentagonal.

пятичасово́й 1. five-hour *attr.*, of five hours *после сущ.*; **2.** *разг.* (*назначанный на пять часов*) five-o'clock *attr.*; ~ по́езд five-o'clock train.

пя́тк|а *ж.* heel; ◇ у него́ ду́ша в ~и ушла́ his heart sank, his heart leapt into his mouth; лиза́ть ~и *кому-л.* lick *smb.'s* boots; пока́зывать ~и, удира́ть так, что ~ сверка́ют show* a clean pair of heels, take* to *one's* heels.

пятнадцатиле́тний 1. (*о сроке*) fifteen-year *attr.*; of fifteen years *после сущ.*; **2.** (*о возрасте*) fifteen-year-old; of fifteen *после сущ.*

пятна́дцатый fifteenth.

пятна́дцать fifteen.

пятна́ть, запятна́ть (*вн.*) stain (*smth.*), spot (*smth.*); *перен.* sully (*smb.*, *smth.*), soil (*smth.*), tarnish (*smth.*); ~ *чью-л.* репута́цию cast* a slur on *smb.*'s reputation; запятна́ть свою́ репута́цию soil *one's* reputation; запятна́ть свою́ честь, своё и́мя bring* dishonor upon *one's* name.

пятна́шки *мн. разг.* (*название игры*) tag *sg.*; "he" *sg.*

пя́тнерс: ~ ма́чты *мор.* mast hole.

пятни́ст|ый spotted, speckled, mottled; ~ая ко́шка tabby/brindled cat; ~ олень sika deer*.

пя́тниц|а *ж.* Friday; в ~у on Friday; по ~ам on Friday, every Friday; "Чёрная ~" *бирж.* Black Friday; Вели́кая ~ *церк.* Good Friday; ◇ у него́ семь пя́тниц на неде́ле he is incessantly changing his mind, he doesn't know his own mind; Пя́тница (*персонаж романа Д. Дефо "Робинзон Крузо"*) Man Friday.

пятно́ *с.* spot, stain; (*чернильное*) blot, blur, blotch; *перен.* blot, slur, stigma (*pl.* -mas, -mata); со́лнечные пя́тна sunspots; выводи́ть пя́тна remove stains; роди́мое ~ birthmark, mole; э́то ~ на его́ репута́ции that is a stain on his reputation; ◇ и на со́лнце есть пя́тна *посл.* ≅ there is nothing perfect in the world.

пятновыводи́тель *м.* spot remover.

пято́к *м. разг.* five.

пя́т|ый fifth, ~ое января́ the fifth of January; ~ но́мер number five; ему́ пошёл ~ деся́ток he is past forty; ◇ ~ая коло́нна Fifth Column; расска́зывать с ~ого на деся́тое tell* a story in snatches.

пять five.

пятьдеся́т fifty.

пятьсо́т five hundred.

пя́тью five times.

Р

раб *м.*, slave *тж перен.*, bondsman, **~а́** *ж.* slave, bondsman; Раб Бо́жий The servant of God.

раб- рабо́чий.

рабко́р *м.* worker correspondent, newspaper contributor.

рабовладе́лец *м.* slaveowner.

рабовладе́льческий slaveholder *attr.*; ~ строй slave-holging system.

раболе́п|ие *с.* servility; **~ный** servile; **~ство** *с.* servility.

раболе́пствовать *несов.* (перед *тв.*) cringe (to), truckle (to), fawn (upon), kowtow (to).

рабо́т|а *ж.* **1**. work, labor; (*механизма*) working, functioning; to go to work; физи́ческая ~ phisical work/labor; ~ дви́гателя functioning of an engine; ~ мы́сли what is going on in *smb.'s* mind; 2. (*занятие, труд на каком-л. предприятии*) labor; work, job; поступи́ть на ~у go* to work, take a job; дома́шняя ~ homework; ка́торжные ~ы (*obs.*) penal servitude; лепная ~ stucco work, plaster work; moldings; принуди́тельные ~ы forced labour; сельскохозя́йственные ~ы agricultural work; совме́стная ~ collaboration; у́мственная ~ mental work, brain work; взять в ~у *разг.* to take to task; постоя́нная ~ regular work; случа́йная ~ casual work, odd job(s); иска́ть ~у to look for a job; быть без ~ы, не име́ть ~ы to be out of work; снять *кого-л.* с ~ы dismiss *smb.*, discharge *smb.*; уйти́ с ~ы по со́бственному жела́нию quit the job at *one's* own will; вы́йти на ~у come* to work; без ~ы out of work, unemployed; 3. *мн.* (*деятельность по обработке чего-л.*) work *sg.* operations, (*принудительные*) labor *sg.*, строи́тельные ~ы building (work), building operations; 4. (*то, что подлежит обработке*) work, job; разда́ть всем ~у give* out work to everybody, give* everybody a job; 5. (*продукт труда*) work; печа́тные ~ы published works; вы́ставка рабо́т худо́жника exhibition of an artist's work; 6. (*качество, способ исполнения*) craftsmanship, quality; чья э́то ~? who was this made/done by?; вещь превосхо́дной ~ы piece of superb craftsmanship; ◇ взять *кого-л.* в ~ take* *smb.* to task.

рабо́т|ать *несов.* 1. (*трудиться, состоять где-л. на службе*) work; ~ в по́ле work in the fields; ~ на заво́де work at a factory; ~ сверхуро́чно to work overtime; ~ сдельно to do piecework; вре́мя ~ет на нас time is on our side; он ~ет над но́вым рома́ном he is working on a new novel; 2. (*тв.; выполнять обязанности кого-л.*) be* (*smth.*), work (as); ~ меха́ником be* a mechanic; 3. (над *тв.*) work (at, on); ~ над диссерта́цией work on *one's* thesis; 4. (с *тв.*; *воспитывать*) teach* (*smb.*), train (*smb.*); ~ с детьми́ teach* children; ~ с ка́драми train personnel; 5. (на *вн.*) work (for), work for the benefit (of); *перен.* be* on *smb.'s* side, be* working in *smb.'s* favor; 6.: (*тв.*; *действовать чем-л.*) use (*smth.*), work (with); ~ молотом use a hammer; ~ локтя́ми use *one's* elbows; 7. (*о механизмах, агрегатах*) operate, work; run*, go*; мото́р ~ает безотка́зно the engine works perfectly; телефо́н не ~ает the telephone is out of order; 8. (*действовать с помощью тех или иных материалов и т. п.*) work (on), operate (on) use (*smth.*), run* (on); заво́д ~ает на ме́стном сырье́ the factory uses local raw materials; мото́р ~ает на ди́зельном то́пливе the engine runs on diesel fuel; 9. (*действовать — об органах тела*) function, operate; его́ желу́док не ~ает his stomach is out of order, his stomach is not functioning properly; **10.** (*быть в действии, быть открытым*) operate, be* open; заво́д ~ает в три сме́ны the factory works/operates on a three-shift system; библиоте́ка ~ает с двух до восьми́ (часо́в) the library is open from two till eight; телегра́ф ~ает кру́глые су́тки the telegraph office is open day and night; ◇ ~ над собо́й strive* to improve, cultivate *one's* abilities; ~аться *несов. безл.*: по утра́м хорошо́ ~ается it's easier to work in the mornings; мне сего́дня не ~ается somehow I can't (get on with my) work today.

рабо́та|ться *несов.* сего́дня хорошо́ ~ется work is going well today; вчера́ мне не ~лось I didn't feel like working yesterday; I couldn't get on with my work yesterday.

рабо́таю|щий: ~ая температу́ра operating temperature; ~ без ава́рии trouble free; ~ не по на́йму freelancer.

рабо́тн|ик *м.* **1**. worker; ~ транспо́рта transport worker; ~ики у́мственного труда́ brainworkers; ~ посо́льства embassy employee; embassy official; 2. *уст.* (*батрак*) farm laborer, farmhand; hired man* *амер.*; **~ица** *ж.* worker; working woman*; ◇ дома́шняя ~ица housemaid, (domestic) servant; help *разг.*

работода́тель *м.* employer.

работорго́в|ец *м.* slave trader; **~ля** *ж.* slave trade.

работоспосо́бн|ость *ж.* capacity for work; **~ый** **1**. (*трудоспособный*) able-bodied; 2. (*усидчивый*) industrious.

работя́га *м.* и *ж.* *разг.* slogger, hard worker; (*перен. тж.*) workhorse.

работя́щий *разг.* hardworking, industrious.

рабо́че-крестья́нский Workers' and Peasants'.

рабо́ч|ий I *м.* worker; workman*; ~ие и слу́жащие industrial, office and professional workers.

рабо́ч|ий II *прил.* 1. working *attr.*; workers'; working-class *attr.*; ~ класс working class; ~ая молодёжь working/working-class youth; young workers *pl.*; ~ее движе́ние working-class movement; ~ посёлок workers' settlement; (*современный, благоустроенный*) factory housing estate; 2. (*производящий полезную работу*) work *attr.*, working *attr.*; ~ий бала́нс *кино* work sheet; ~ий материа́л одного́ съёмочного дня *кино* dailies; ~ий позити́в *кино* work print; ~ий прое́кт *кино* contractor design; ~чий режи́м *кино* operating mode; ~ скот draught animals *pl.*; ~чий сцена́рий *кино* working script; ~ая ко́пия фоногра́ммы *кино* sound work print; ~ая лошадь dray-horse; ~ая нагру́зка *кино* workload; ~чая на́дпись *кино* working title; ~ая то́чка *кино* operating point; ~ее напряже́ние *кино* working voltage; ~ее состоя́ние *кино* working distance; ~ие пчёлы worker bees; 3. (*предназначенный для работы*) working *attr.*; ~ день working day, workday; ~ее вре́мя working time; working hours *pl.*; ~ костю́м working clothes *pl.*; ~ее ме́сто place for work; 4. (*служащий руководством для проведения работы*) working *attr.*; ~ чертёж working drawing; 5. *тех.* working *attr.*; ~ие ча́сти маши́ны working parts of a machine; ~ие ру́ки hands, operatives; ~ая си́ла *эк.* manpower, labor power; в ~ем поря́дке in the course of the work, on the job.

рабселькóр *м.* (*abbr*, of рабо́че-се́льский корреспонде́нт) worker-peasant correspondent.

ра́бск|ий (*тяжелый, непосильный*) slave *attr.*; ~ труд slave labor; 2. (*свойственный рабу*) servile, slavish; ~ая поко́рность servile submission; ~ое подража́ние slavish imitation.

ра́бство *с.* slavery; (*состояние раба тж.*) servitude, bondage.

рабфа́к *м. ист.* (*abbr.* of рабо́чий факульте́т) rabfak; workers' school (*educational establishment in existence during the first years after the Russian Revolution, set up to prepare workers and peasants for higher education*).

рабфа́ков|ец *м.* "rabfak" student.

рабы́ня *ж.* slave, bondwoman*.

равви́н *м.* rabbi.

ра́венств|о *с.* equality; ~ очко́в tie; знак ~а sign of equality.

равне́ние *с.* dressing, alignment; ~ налéво, напра́во! left, right dress!

равни́на *ж.* plain.

равни́нный flat.

равно́ I *нареч.* 1. alike, in like manner; 2. (*as conj.*) ~ как (и), а ~ и as well as; and also; as also; (*after neg.*) nor; золото́й брасле́т, ~ как и други́е её драгоце́нности, пропа́л a gold bracelet, as well as other jewelry of hers, had disappeared.

равно́ II 1. *нареч.* equally; 2. *в знач. сказ.* (*чем.*) equal (*smth.*); три плюс два ~ пяти́ three and two equal/make five; 3. *в знач. союза*: а ~, ~ как (и) no less than; это каса́ется меня́, а ~ и вас this concerns you no less than me; ◇ все ~ all the same; (*во всяком случае*) anyhow; мне все ~ it's all the same to me; it's all one to me; it makes no difference to me: I don't care; я всё ~ приду́ I'll come in any case.

равнобе́дренный *мат.* isosceles; ~ треуго́льник isosceles triangle.

равнове́си|е *с.* balance *тж. перен.*; equilibrium; (*душевное*) poise, composure; сохраня́ть ~ keep* *one's* balance; be* in equilibrium; теря́ть ~ lose* *one's* balance; полити́ческое ~ balance of power; вы́вести *кого-л.* из состоя́ния ~я throw* *smb.* off his, her balance, destroy *smb.'s* poise/composure.

равноде́йствующ|ий: ~ая си́ла *физ.* resultant force.

равноде́нств|енный equinoctial; **~ие** *с.* equinox; весе́ннее ~ие vernal equinox; осе́ннее ~ие autumnal equinox; то́чка ~ия equinoctial point.

равноду́ш|ие *с.* indifference; **~но** indifferently; (*безучастно*) with indifference; **~ный** indifferent; остава́ться ~ым к *чему-л.* remain unmoved by *smth.*, be* indifferent to *smth.*

равнозна́ч|ащий, ~ный equivalent, equipollent.

равноме́р|ный even; (*ритмичный*) steady, rhythmical; ~ посту́кивание steady tapping; ~ шаг measured tread; ~ное движе́ние, ускоре́ние uniform motion, acceleration.

равнопра́в|ие *с.* equal rights *pl.*, equality; **~ный** equal; (*о людях тж.*) of equal standing *после сущ.*; having equal rights *после сущ.*; ~ догово́р equal treaty; быть ~ным с *кем-л.* enjoy equal rights with *smb.*

равноси́льн|ый 1. (*равной силы*) of equal strength *после сущ.*; 2. (*равнозначный*) equivalent; это ~о изме́не it amounts to treachery.

равносторо́нний *мат.* equilateral; ~ треуго́льник equilateral triangle.

равноуго́льный *мат.* equiangular.

равноце́нн|ый of equal value *после сущ.*; ~ые ве́щи aricles of equal value; ~ рабо́тники equally useful members of the staff.

равноэнергети́ческий *тех.* ~ исто́чник equal energy source.

ра́вн|ый equal; (*одинаковый тж.*) the same; с ~ой ско́ростью at the same speed; не име́ть себе́ ~ых по *чему-л.* be* unrivalled in *smth.*; на ~ых усло́виях on equal terms; при про́чих ~ых усло́виях other things being equal; относи́ться к *кому-л.* как к ~ому treat *smb.* as an equal; ◇ ~ым о́бразом, в ~ой мере equally, just as much, to the same extent; в ~ой ме́ре винова́т just as much to blame.

равня́ть, сравня́ть 1. (*вн.*; *делать равным*) make* (*smb.*, *smth.*) equal; сравня́ть счёт *спорт.* equalize; 2. (*вн.* с *тв.*; *считать одинаковым по качествам, достоинствам и т. п.*) equate (*smb.*, *smth.* with).

равня́ться *несов.* 1. (с *тв.*) *разг.* (*считать себя равным кому-л.*) compare (with), compete (with); никто́ не мо́жет ~ с ним nobody can compete with him, he has no rival; 2. (по *дт.; в строю*) dress (on); 3. (по *дт. ;стараться следовать чьему-л. примеру*) emulate (*smb.*); 4. (*дт.*; *быть равным*) be* equal (to); (*быть равносильным*) amount (to); три́жды три равня́ется девяти́ three threes are nine, three times three is nine.

рагу́ *с. нескл.* ragout, stew.

рад *в знач. сказ.* (что, *дт.* + *инф.*) glad (that, + to *inf*); (я) ~ вас ви́деть, я вам ~ (I am) glad to see you; я ~ его́ прие́зду I am glad he has come; он ~ слу́чаю he is glad of the opportunity; ◇ я и сам не ~ I regret it myself, I'm not happy about it myself; ~ стараться! it's a pleasure!; он и ~ стара́ться nothing pleases him better, he enjoys doing it; ~радёхонек, ~радёшенек enchanted, delighted.

рада́р *м.* radar; **~ный** radar *attr.*; ~ная ста́нция radar station; ~ная устано́вка radar installation.

ра́ди for the sake (of); ~ меня́, вас, него for my, your, his sake; ~ кого? who for? ; ~ кого стара́ться? is it worth while?; ~ чего? чего ~? what for? шу́тки ~ (just) for fun; ◇ ~ бога, бога ~, ~ всего́ свято́го for God's/goodness' sake.

радиа́льный radial.

радиа́тор *м.* radiator.

радиа́ция *ж.* radiation; а́томная, со́лнечная ~ nuclear, solar radiation.

радика́л I *м.* radical.

радика́л II *м. мат., хим.* radical.

радика́льн|ый radical; (*решительный тж.*) drastic; ~ые измене́ния radical changes; ~ ме́ры drastic measures.

ра́дио *с. нескл.* radio, wireless; передава́ть по ~ broadcast; слу́шать ~ listen to the radio; включи́ть ~ switch on the radio.

радиоакти́вн|ость *ж.* radioactivity; **~ый** radioactive; ~ые вещества́ radioactive materials; ~ые изото́пы radioactive isotopes, radioisotopes; ~ые оса́дки radioactive fall-out sg.; ~ые отхо́ды radioactive waste *sg*; ~ое зараже́ние radioactive contamination.

радио|веща́ние *с.* broadcasting; **~гра́мма** *ж.* wireless message, radiogram; **~журна́л** *м.* regular (radio) feature; **~зо́нд** *м.* radiosonde; **~коммента́тор** *м.* radio commentator; радиовеща́тельный: ~ная ста́нция broadcast station; комме́рческая ~ая ста́нция *комм.* commercial broadcast station.

радиодета́ли *мн. кино* radio components.

радиокана́л *м. кино* radio channel.

радио́ла *ж.* radiogram.

радиола́мпа *ж.* radio valve.

радио́лог *м.* radiologist.

радиоло́гия *ж.* radiology; медици́нская ~ nuclear medicine; физи́ческая ~ radiological physics.

радиолока́|тор *м.* radiolocator; **~цио́нный** radar *attr.*, radiolocation *attr.*; ~цио́нные прибо́ры radar devices; **~ция** *ж.* radiolocation, radar.

радио|люби́тель *м.* amateur radio operator; radio ham *разг.*; **~мачта** *ж.* radio mast, wireless mast; **~мая́к** *м.* radio beacon; **~метри́ст** *м.* radar operator; **~наведе́ние** *с.* radio guidance/control; **~обору́дование** *с.* wireless/radio equipment; **~о́черк** *м.* feature program; **~пе́ленг** *м.* radio directional bearing; **~пеленга́тор** *м.* radio direction-finder; **~пеленга́ция** *ж.* radio-homing; **~переда́тчик** *м.* transmitting set, (wireless) transmitter; **~переда́ча** *ж.* radio transmission, broadcast; **~перехва́т** *м.* radio interception; radio intercept; **~поме́хи** *мн.* radio interference *sg.*; **~полуко́мпас** *м.* radio compass; **~постано́вка** *ж.* broadcast/radio play, radio show; **~прибо́р** *м.* wireless(set), radio(set); **~приёмник** *м.* radio(-set), radio receiver, wireless (set), (wireless) receiver; **~репорта́ж** *м.* (wireless/radio) commentary; **~ру́бка** *ж.* (*naut, aeron.*) radio room, radio cabin; **~свя́зь** *ж.* wireless/radio communication/contact; **~се́ть** *ж.* radio net/network; **~слу́шатель** *м.* radio station, broadcasting station, (radio) listener; **~спекта́кль** *м.* radio play; **~ста́нция** *ж.* wireless/radio station; **~сту́дия** *ж.* broadcasting studio; **~телегра́ф** *м.* radiotelegraph; **~телеграфи́|я** *ж.* radiotelegraphy, wireless telegraphy; **~телеско́п** *м.* radio telescope; **~телефо́н** *м.* radiotelephone, radiophone; **~терапи́|я** *ж.* radiotherapy; **~те́хник** *м.* radio mechanic, radioman; **~те́хника** *ж.* radio engineering; **~техни́ческий** of ~техника; **~трансляцио́нный** broadcasting; **~у́зел** *м.* radio relay center, local broadcasting center.

радиофи|ка́ция *ж.* radio installation; **~ци́ровать** *несов. и сов.* (*вн.*) install radio (in).

радиоце́нтр *м.* radio broadcasting and communication center.

радиоэлектро́ника *ж.* radio electronics.

ради́ровать *несов. и сов.* radio; send* a radio message.

ради́ст *м.*, **~ка** *ж.* radio operator.

ра́диус *м.* radius (*pl.* -dii); ~ де́йствия range/radius of action.

ра́д|овать, обра́довать, пора́довать (*вн.*) gladden (*smb.*): make* (*smb.*) happy; ~ се́рдцу *кому-л.* gladden *smb.'s* heart; меня́ ~уют его́ успе́хи I rejoice at his success; меня́ э́то нисколько не ~ует that gives me no pleasure; ~оваться, обра́доваться, пора́доваться be* pleased/glad/delighted; (*дт.*) rejoice (at, over); ~оваться побе́де rejoice over victory; душа́ ~уется it is simply a pleasure.

ра́достн|ый joyful; glad; он шёл ~ и весёлый he strode along merry and rejoicing; ~ое изве́стие joyful/glad news; с ~ым лицо́м with joy in *one's* eyes, looking delighted.

ра́дост|ь *ж.* joy; вне себя́ от ~и beside oneself with joy; ~ жи́зни optimism, joy of life; пры́гать от ~и jump/leap* for joy; какая ~! how lovely!, how wonderful!; еди́нственная ~ в жи́зни the only joy (left) in *one's* life; ◇ с ~ью with pleasure; на ~ях in *one's* joy.

ра́дуга *ж.* rainbow.

ра́дужн|ый iridescent; *перен.* radiant, bright; ~ые перспекти́вы glowing prospects; быть в само́м ~ом настрое́нии be* in a heavenly/beatific mood; ви́деть, представля́ть *что-л.* в ~ом све́те have* a radiant/glowing picture of *smth.*; ◇ ~ая оболо́чка (*глаза*) iris.

раду́ш|ие *с.* cordiality; проявля́ть ~ display/show a cordial regard; **~ный** cordial; ~ный приём cordial reception.

раз I *м.* **1.** time; оди́н ~ once; два ~а twice; три ~а three times; ещё ~ once more, again; повтори́те ещё ~! say it again, please!; ка́ждый ~, как every time; whenever; **2.** *нескл.* (*при счёте*) one; ◇ (в) друго́й ~ some other time; до друго́го ~а for another time; ино́й ~ sometimes; не ~ more than once, repeatedly; ни ~у не... never; ~ и навсегда́ once and for all; как ~ just, exactly; в са́мый ~ 1) (*вовремя*) (it's) just (the) right (time); 2) (впору) it's just right; ~ на ~ не прихо́дится it's not always the same; you never know what may turn up; ~ от ~у лу́чше (хуже) better and better (worse and worse) every time; вот те(бе) раз! you don't say so!, well!, I never!

раз II *нареч.* one day; once; как-то ~ one day.

раз III *союз разг.* since; ~ вы так говори́те... since you say so...; ~ (э́то) так... this being so..., this being the case...

разба́вить *сов. см.* разбавлять.

разбавля́ть, разба́вить (*вн. тв.*) dilute (*smth.*, with).

разбаза́ривать, разбаза́рить (*вн.*) waste (*smth.*); squander (*smth.*) (*тж. перен.*).

разбаза́рить *сов. см.* разбаза́ривать.

разба́ливаться I, разболе́ться *разг.* (*о человеке*) be*/get* properly ill.

разба́ливаться II, разболе́ться *разг.* (*об органах, частях тела*) ache; у меня́ разболе́лась голова́ I have a headache.

разба́лтывать I, разболта́ть (*вн.*) *разг.* **1.** (*встряхивать*) shake* (*smth.*); (*размешивать*) stir (*smth.*); **2.** (*расшатывать*) work (*smth.*) loose; разболта́ть га́йку work a nut loose.

разба́лтывать II, разболта́ть (*вн.*) *разг.* (*разглашать*) let* (*smth.*) out, give* (*smth.*) away.

разба́лтываться, разболта́ться *разг.* get* loose; *перен.* (*о человеке*) get* slack.

разбе́г *м.* run; ~ при взлёте take-off run; де́лать ~ make*/take* *one's* run; с ~а перепры́гнуть че́рез *что-л.* take* a running jump over *smth.*; с ~у бро́ситься в во́ду take* a running jump into the water.

разбега́ться *сов. разг.* start running about.

разбег|а́ться, разбежа́ться **1.** (*в разные стороны*) scatter, disperse; де́ти разбежа́лись в ра́зные сто́роны children scattered in various directions; **2.** (*набирать скорость для прыжка*) make*/take* *one's* run; ; глаза́ ~аются one doesn't know what to look at first, it makes you dizzy.

разбежа́ться *сов. см.* разбега́ться.

разбереди́ть *сов. см.* береди́ть.

разбива́ть, разби́ть (*вн.*) **1.** (*раскалывать*) break* (*smth.*), shatter (*smth.*) (*тж. перен.*); разби́ть окно́, таре́лку break* a window, a plate; разби́ть *чью-л.* жизнь ruin *smb.'s* life; разби́ть *чьи-л.* наде́жды shatter *smb.'s* hopes; разби́ть се́рдце *кому-л.* break* *smb.'s* heart; **2.** (*повреждать, ушибать*) knock (*smth.*) hurt* (*smth.*); (*сильно*) fracture (*smth.*); разби́ть себе́ коле́но hurt* *one's* knee; разби́ть го́лову fracture *one's* skull; **3.** (*наносить поражение*) beat* (*smb., smth.*), defeat (*smb., smth.*); *перен.* shatter (*smb., smth.*); на́голову разби́ть врага́ rout the enemy; **4.** (*делить на части*) break* up (*smth.* into); divide (*smth.* into); (*распределять*) allot (*smth.*); **5.** (*распланировав, сажать*) lay* out (*smth.*); разби́ть сад, парк lay* out a garden, park; **6.**: разби́ть ла́герь make* a camp; разби́ть пала́тку pitch a tent; **7.** (*лишать движения*): его́ разби́л парали́ч he was struck down by paralysis; **~ся,** разби́ться **1.** (*раскалываться*) break*; (*о самолёте*) crash; (*о корабле*) be* wrecked; *перен.* be* wrecked/ shattered; стака́н разби́лся the glass broke; ~ся о бе́рег break* against the shore; **2.** (*ушибаться*) hurt* oneself (severely/badly), be* badly hurt; он упа́л с ло́шади и разби́лся he fell off his horse and was badly hurt; **3.** (на *вн.*; *делиться*) break* up (into); ~ся на гру́ппы break* up into groups.

разбинто́вывать, разбинто́вать (*вн.*) unbandage (*smb., smth.*); **~ся,** разбинто́ваться **1.** (*снимать с себя бинт*) unbandage oneself, take* off *one's* bandage(s); **2.** (*о бинте*) come* unbandaged.

разбира́тельство *с.* examination, investigation; суде́бное ~ hearing; proceedings at law, action at law.

разбир|а́ть, разобра́ть (*вн.*) **1.** (*брать все по частям, по одному*) sort out (*smth.*) among themselves; (*раскупать*) buy* up (*smth.*); весь това́р разобра́ли в како́й-нибу́дь час all the goods went in an hour or so; **2.** (*сортировать*) sort (*smth.*) out; разобра́ть сва́ленные кни́ги sort out the heap of books; **3.** (*на части*) disassemble (*smth.*), take* (*smth.*) to pieces; dismantle (*smth.*); (*разрушать*) pull (*smth.*) down; ~ часы; take* a watch to pieces; ~ кры́шу dismantle a roof; ~ мото́р, винто́вку strip an engine, rifle; **4.** (*рассматривать*) discuss (*smth.*), go* over/ into (*smth.*); ~ де́ло (*в суде*) try a case; **5.** *грам.* (*по частям речи*) parse (*smth.*); (*по членам предложения*) analyze (*smth.*); **6.** (*различать*) make* (*smth.*) out; (*написанное, сказанное тж.*) understand* (*smth.*); в темноте́ ничего́ нельзя́ бы́ло разобра́ть one could make out nothing in the darkness; ~ по склада́м spell* out; ~ но́ты read* music; хорошо́ ~ по́черки be* good* at reading handwriting; ничего́ не могу́ разобра́ть в э́том I can make nothing of it, I can't make head or tail of it; **7.** *разг.* (*о чувствах, страстях и т. п.*)

overcome*; меня́ ~а́ет смех I can't help laughing; 8. *тк. несов. разг.*: не ~ая indiscriminately, without stopping to choose; **~а́ться**, разобра́ться 1. *тк. несов.* (*разниматься на части*) disassemble, come* apart; 2. *разг.* (*раскладывать вещи*) unpack; 3. (в пр.; *анализировать что-л.*) go*/look into (*smth.*), examine (*smth.*); (*различать, понимать*) understand* (*smth.*); хорошо́ ~а́ться в *чем-л.* have* a good* understanding of *smth.*

разбитно́й *разг.* smart, wide awake; он па́рень ~ he's a smart chap.

разби́т|ый 1. (*расколотый на куски*) broken; ~ая ча́шка broken cup; 2. (*повреждённый, испорченный*) battered; ~ роя́ль battered/cracked piano; ~ го́лос cracked voice; ~ое лицо́ battered face; 3. (*побеждённый*) routed, shattered; 4. (*погибший*) ruined, shattered; ~ая жизнь ruined life; 5. (*усталый, ослабевший*) worn/whacked out *predic.*, out of sorts *predic.*

разби́ть *сов. см.* разбива́ть *и* бить; **~ся** *сов. см.* разбива́ться.

разблоки́рование *с.* ~ счёта release of a blocked account.

разбогате́ть *сов. см.* богате́ть.

разбо́й *м.* robbery, raiding; ~ на большо́й доро́ге (*прям.* и *перен.*) highway robbery; **~ник** *м.* 1. robber* *перен.* thug, cutthroat; ~ник с большо́й доро́ги highwayman*; 2. *разг.* (*сорванец*) scamp, rascal; **~ничать** *несов.* 1. (*грабить*) rob, loot, plunder; 2. (*бесчинствовать*) commit (all kinds of) outrages; **~ничий** robber's; (*свойственный разбойнику*) gangster-like, murderous; ~ничий прито́н den of thieves; ~ничье нападе́ние murderous attack.

разболе́ться I, II *сов. см.* разба́ливаться I, II.

разболта́ть I, II *сов. см.* разба́лтывать I, II.

разболта́ться I *сов. см.* разба́лтываться.

разболта́ться II *сов. см.* (*увлечься болтовнёй*) start chattering/talking nineteen to the dozen.

разбомби́ть *сов.* (*вн.*) bomb (*smth.*) to bits, destroy (*smth.*) from the air; (*город и т. п.*) blitz (*smth.*).

разбо́р *м.* 1. (*рассмотрение*) investigation, examination; (статьи и т. п.) review, analysis; ~ де́ла investigation of a case; 2. *грам.* (*по частям речи*) parsing; (*по членам предложения*) analysis; 3. *разг.*: без ~а indiscriminately, without distinction; с ~ом with discrimination; **~ка** *ж.* 1. (*на части*) disassembling; (*оружия тж.*) stripping; 2. (*сортировка*) sorting; **~ный** sectional; ~ная ме́бель sectional furniture; ~ный дом sectional/prefabricated house.

разбо́рчив|ость *ж.* 1. discrimination; 2. (*привередливость*) fastidiousness; 3. (*почерка и т. п.*) legibility; 4. *тех.* intelligibility; **~ый** 1. discriminating; 2. (*привередливый*) fastidious; ~ый покупа́тель fastidious customer; 3. (*чёткий*) legible.

разбрани́ть *сов.* (*вн.*) *разг.* give* (*smth.*) a sound scolding.

разбра́сывать, разброса́ть (*вн.*) 1. scatter (*smth.*); (*удобрение и т. п.*) spread* (*smth.*); 2. *разг.*: ~ ве́щи leave* *one's* things all over the place; **~ся** *несов.* go* in for too many things at once; squander *one's* energies.

разбреда́ться, разбрести́сь wander off (somewhere); *перен.* (*о мыслях*) wander, stray.

разбрести́сь *сов. см.* разбреда́ться.

разбро́д *м.* confusion.

разбро́санный 1. (по *дт.*) scattered (about, all over); 2. (*расположенный в беспорядке, без плана*) scattered; dotted here and there *после сущ.*; 3. *разг.* (*беспорядочный*) vague, scattered, confused.

разброса́ть *сов. см.* разбра́сывать.

разбры́згать *сов. см.* разбры́згивать.

разбры́згивать, разбры́згать (*вн.*) splash (*smth.*) about, sprinkle (*smth.*) about.

разбуди́ть *сов. см.* буди́ть.

разбуха́ние *с.* swelling.

разбуха́ть, разбу́хнуть swell*; *перен. разг.* become* inflated.

разбу́хнуть *сов. см.* разбуха́ть и бу́хнуть II.

разбушева́ться *сов.* 1. rage; (*о ветре тж.*) blow* like fury; (*о море тж.*) get* rough, run* high; 2. *разг.* (*о человеке*) get* violent, start lashing out.

разва́л *м.* 1. disintegration, decay, collapse; (*разруха*) wrecking/ruining of the work; 2. *разг.* (*беспорядок*) mess, turmoil.

разва́ливать, развали́ть (*вн.*) 1. (*рассыпать что-л. сложенное*) pull (*smth.*) apart, scatter (*smth.*); (*постройку*) pull (*smth.*) down; 2. (*приводить в упадок*) wreck (*smth.*), ruin (*smth.*); развали́ть де́ло let* everything go to rack and ruin; **~ся**, развалиться 1. (*разрушаться*) fall* apart, fall* to pieces; (*о постройке*) collapse, fall* down; 2. (*приходить в упадок*) go* to pieces, be* ruined; хозя́йство развали́лось the economy went to pieces; 3. *разг.* (*сидеть*) sprawl, lounge.

разва́лина *ж.* 1. *обыкн. мн.* ruin; 2. *разг.* (*о человеке*) wreck, ruin.

развали́ть(ся) *сов. см.* разва́ливать(ся).

разва́ривать, разва́ри́ть (*вн.*) boil (*smth.*) soft; **~ся**, развари́ться be* properly cooked; (*чрезмерно*) be* overcooked/overdone.

развари́ть(ся) *сов. см.* разва́ривать(ся).

ра́зве 1. *частица (правда?)* really?; ~ он прие́хал? oh, has he come?; ~ вы не зна́ете? didn't you know?; ~ мо́жно, how can you?; (да) ~ я могу́..? how can I possibly?; ~ его́ заста́вишь..? as if one could make him (+ *inf*); 2. *частица (может быть)* perhaps; ~ почита́ть что́-нибудь I might perhaps read something; 3. *союз (если не)* unless; ~ (что, только) заболею unless I fall ill.

развев|а́ть *несов.* (*вн.*) blow* (*smth.*) about; ве́тер ~ал знамёна the banners were streaming in the wind; **~а́ться** *несов.* flutter, fly*; с ~ющимися знамёнами with flying colors.

разве́дать *сов. см.* разве́дывать.

разведе́ние *с.* (*животных*) breeding, rearing; (*растений*) growing, cultivation; ~ ове́ц sheep-breeding; ~ садо́в garden-making.

разведённый *прил.* 1. divorced; 2. *в знач. сущ. м.* divorced person, divorcee.

разве́дк|а *ж.* 1. *геол.* exploring, prospecting; ~ буре́нием probing; вести́ ~у explore; 2. *воен.* reconnaissance; произвести́ ~у make* a reconnaissance; он посла́л двух бойцо́в в ~у he sent out two men on reconnaissance; 3. (*войсковая группа*) reconnaissance unit; patrol; 4. (*организация, учреждение*) intelligence/secret service.

разве́дочн|ый 1. exploring *attr.*, prospecting *attr.*; ~ые рабо́ты prospecting work *sg.*; 2. *воен.* reconnaissance *attr.*

разве́д|чик *м.* 1. *воен.* scout; 2. (*агент разведки*) secret service man*/agent; 3. (*специалист по разведке недр*) explorer, prospector; 4. (*самолёт*) reconnaissance aircraft/plane; **~чица** *ж.* 1. *воен.* (woman*) scout; 2. (*агент разведки*) secret service woman*/agent.

разве́дывательн|ый *прил. воен.* 1. reconnaissance; ~ бой probing attack; reconnaissance in force; ~ дозо́р reconnaissance patrol; ~ отря́д reconnaissance detachment; 2. ~ отде́л intelligence section; ~ая рабо́та intelligence work, secret-service work; ~ая слу́жба Intelligence Service (*corresponding to Intelligence Corps in British Army*); Гла́вное ~ое управле́ние Main Intelligence Directorate (*Ministry of Defence*).

разведы́вать, разве́дать 1. (*вн.*, о пр., про *вн.*) *разг.* (*разузнавать*) (try to) find* (*smth.*) out; 2. (*вн.*) *воен.* reconnoiter (*smth.*); 3. (*вн.*) *геол.* explore (*smth.*), prospect (*smth.*).

разверз|а́ть(ся) *см.* разве́рзнуть(ся).

разве́рз|нуть *сов. уст., поэт.* to open wide.

разве́рз|нуться *сов. уст., поэт.* to open wide, yawn, gape.

развести́ *сов. см.* разводи́ть.

разве́нчанный dethroned; debunked *разг.*; ~ геро́й cast-off hero; ~ куми́р broken idol.

развенча́ть *сов. см.* разве́нчивать.

разве́нчивать, развенча́ть (*вн.*) dethrone (*smb.*); deflate (*smth.*); debunk (*smb., smth.*) *разг.*

развер|ну́ть *сов.* 1. to unfold; to unroll; to unwrap; to unfurl; ~ ковёр to unroll a carpet; ~ зна́мя to unfurl a banner; 2. *воен.* to deploy; 3. *воен.* to expand (into); ~ батальо́н в полк to expand a battalion into a regiment; 4. *перен.* to show, display; 5. *перен.* to develop; to expand; ~ аргумента́цию to develop a line of argument; ~ торго́влю to expand trade; 6. to turn; to swing (about, around); 7. tech. to ream, broach; 8. (radar) to scan.

развер|ну́ться *несов.* 1. to unfold; to unroll; to come unwrapped. 2. *воен.* to deploy; 3. *воен.* to expand (into), be expanded (into); 4. *перен.* to show oneself, display oneself; 5. *перен.* to develop; to spread; to expand; 6. to turn, swing (about, around); *мор.* to slew (about).

развёрн|утый 1. extensive, large-scale, all-out; 2. detailed; ~утая програ́мма detailed program, comprehensive program; 3. *воен.* deployed; ~ строй extended line formation.

развёрстка *ж.* apportionment, allotment; (*налога*) assessment.

развёртка I *ж. мат.* evolvent; ~ криво́й evolution of curve.

развёртка II *ж.* (*инструмент*) reamer.

развёртывание *с.* 1. (*развитие*) development; 2. *воен.* deployment.

развёртывать, разверну́ть (*вн.*) 1. (*скатанное*) unroll (*smth.*); (*сложенное*) unfold (*smth.*); разверну́ть ковёр unroll a carpet; 2. (*завёрнутое*) unwrap (*smth.*); разверну́ть поку́пку unwrap a purchase; 3. *воен.* deploy (*smth.*); 4. (*проявлять в полной мере*) display (*smth.*); 5. (*осуществлять в широких размерах*) develop (*smth.*); разверну́ть строи́тельство launch a building drive, build* on a large scale; 6. (*повёртывать*) turn (*smth.*) round; разверну́ть маши́ну turn a car round; **~ся**, разверну́ться 1. (*о скатанном*) come* unrolled; (*о сложенном*) come* unfolded; ковёр разверну́лся the carpet came unrolled; 2. (*о завёрнутом*) come* undone; свёрток разверну́лся the roll came undone; 3. *воен.* deploy; 4. (*проявлять свои силы, способности и т. п.*) show* what one can do, launch out; 5. (*принимать широкий размах*) develop; 6. (*делать поворот*) turn round; самолёт разверну́лся над ле́сом the aircraft made a turn over the wood.

развесели́ть *сов.* (*вн.*) cheer (*smb.*) up; ~ *сов.* cheep up.

развесёлый *разг.* gay, rollickng, jolly.

разве́сист|ый spreading; ◇ ~ая клю́ква fantasy, fable.

разве́сить I, II *сов. см.* разве́шивать I, II.

развесно́й sold by weight *после сущ.*

развести́(сь) *сов. см.* разводи́ть(ся).

разве|сти́ *сов.* I 1. to take, conduct; ~ дете́й по дома́м to take the children to their homes; ~ войска́ по кварти́рам to disperse troops to their billets; ~ часовы́х to post sentries; 2. (*в разл. смысле*) to part, separate; ~ мост to raise a bridge, swing a bridge open; ~ пилу to set a saw; ~ рука́ми to spread *one's* hands (*in a gesture of helplessness*); 3. to divorce; 4. to dilute; to dissolve; ~ порошо́к водо́ю, в воде́ to dissolve powder in water.

разве|сти́ *сов.* II 1. to breed, rear; to cultivate; ~ сад to plant a garden; ~ парк to lay out a park; 2. to start (*a source of heat or power*); ~ костёр to make a camp fire; ~ ого́нь to light a fire, kindle a fire; ~ па́ры to raise steam, get up steam; 3. *перен.* to start; ~ чепуху́ to start talking nonsense.

разветви́ться *сов. см.* разветвля́ться.

разветвле́ние *с.* 1. branching; bifurcation *научн.*; 2. (*место*) fork; ~ доро́ги road fork; 3. (*ответвление, отрасль*) ramification, branch.

разветвлённый ramified.

разветвля́ться, разветви́ться 1. branch out; 2. (*о дороге и т. п.*) torn several branches, fork.

разве́шать *сов. см.* разве́шивать II.

разве́шивать I, разве́сить (*вн.*; *на весах*) weigh out (*smth.*); разве́сить муку́ weigh out flour.

разве́шивать II, разве́сить, разве́шать (*вн.*) hang* (*smth.*); ~ бельё hang* out clothes, hang* out the washing; разве́сить карти́ны put* up paintings; ; разве́сить у́ши listen open-mouthed, take* it all in.

разве́ять *сов.* (*вн.*) scatter (*smth.*); *перен.* dispel (*smth.*); ~ миф о *чем-л.* destroy the myth of *smth.*; **~ся** *сов.* be* scattered, drift away; *перен.* be* dispelled.

развива́ть, разви́ть (*вн.*) 1. develop (*smth.*); ~ го́лос develop *one's* voice; ~ мускулату́ру develop *one's* muscles; ~ па́мять develop *one's* memory; ~ интере́с к му́зыке develop an interest in music; ~ машинострое́ние expand machine-building; разви́ть бу́рную де́ятельность get* busy, make* things hum; ~ ско́рость pick up speed; ~ успе́х follow up *one's* success; *воен.* exploit a success; 2. (*раскручивать*) unwind* (*smth.*); разви́ть верёвку unravel a rope; **~ся**, разви́ться 1. develop; ребёнок о́чень разви́лся the child* has developed a great deal; при спу́ске развила́сь больша́я ско́рость speed was high going downhill; 2. (*раскручиваться*) come* unwound; (*о волосах*) come* out of curl.

развива́ющийся: ~ марке́тинг (*маркетинг на этапе превращения потенциального спроса на товар в реальный*) developing marketing.

разви́лина *ж.* fork.

разви́лка *ж.*: ~ доро́г road fork.

развинти́ть(ся) *сов. см.* разви́нчивать(ся).

разви́нченн|ый 1. unscrewed; 2. *разг.* (*неспокойный*) unrestrained; ~ ребёнок restive child*; 3. *разг.* (*нетвёрдый, вертлявый*) slouching; идти́ ~ой похо́дкой slouch along.

разви́нчивать, развинти́ть (*вн.*) unscrew (*smth.*); **~ся**, развинти́ться be*/come* unscrewed; work loose; *перен. разг.* lose* *one's* grip; у меня́ не́рвы развинти́лись my nerves are in a shocking condition; он совсе́м развинти́лся he has grown terribly slack, he has lost his grip entirely.

разви́тие *с.* 1. development; ~ собы́тий development of events; ~ наро́дного хозя́йства development of the (national) economy; ~ о́бщества social development, development of society; 2. (*степень зрелости*) maturity; о́бщее ~ general (intellectual) maturity; полити́ческое ~ political level.

развито́й 1. (*физически*) developed, mature; 2. (*достигший высокого уровня*) well/highly developed; 3. (*умственно*) cultivated, mature.

разви́ть(ся) *сов. см.* развива́ть(ся).

развлека́тельный trivial, superficial; purely for entertainment *после сущ.*

развлека́ть, развле́чь (*вн.*) 1. (*отвлекать*) distract (*smb.*); 2. (*забавлять*) amuse (*smb.*), entertain (*smb.*); **~ся**, развле́чься 1. (*отвлекаться от чего-л.*) seek* relaxation, amuse oneself; 2. (*веселиться*) enjoy oneself.

развлече́ние *с.* 1. (*занятие*) amusement, distraction; 2. (*зрелище и т. п.*) entertainment.

развле́чь(ся) *сов. см.* развлека́ть(ся).

разво́д I *м.* divorce; дать *кому-л.* ~ give someone a divorce, agree to a divorce; проце́сс о ~е divorce suit, divorce proceedings; они в ~е they are divorced.

разво́д II *м. воен.* ~ карау́лов guard mounting; ~ часовы́х posting of sentries.

разво́д III *м.* breeding; оста́вить на ~ to keep for breeding.

разводи́ть, развести́ (*вн.*) 1. (*куда-л.*) take* (*smth.*); 2. *воен.* mount (*smb., smth.*), post (*smb., smth.*); развести́ часовы́х post sentries; 3. (*отделять одно от другого, раздвигать*) part (*smth.*); (мост) raise (*smth.*) open; 4. (*расторгать брак*) grant *smb.* a divorce; 5. (*растворять*) dissolve (*smth.*); (*разбавлять*) dilute (*smth.*); 6. (*животных*) breed* (*smth.*), rear (*smth.*), raise (*smth.*); (*растения*) grow* (*smth.*); cultivate (*smth.*); (*сад и т. п.*) lay* out (*smth.*); 7. (*разжигать*) make* (*smth.*); ◇ ~ рука́ми throw* up *one's* hands, make* a helpless gesture; **~ся**, развести́сь get* divorced; (с *тв.*) divorce (*smb.*).

разво|ди́ть(ся) *несов. см.* развести́(сь).

разво́дка I separation; ~ моста́ raising of a bridge, swinging a bridge open; ~ пилы́ saw setting.

разво́дка II *тех.* saw set.

разводно́й: ~ мост opening bridge, drawbridge; ~ га́ечный ключ adjustable spanner.

разво́ды *мн.* (*узоры*) pattern *sg*; (*потёки*) streaks.

развози́ть, развести́ 1. (*вн.*) drive* (*smb.*), take* (*smb.*); (*товары*) deliver (*smth.*); развести́ дете́й по дома́м drive*/take* the children to their homes; 2. *безл. разг.* (*делать труднопроходимым*) доро́гу развезло́ от дождя́ rain had made the road impassable.

разволнова́ть *сов.* (*вн.*) *разг.* upset* (*smb.*); **~ся** *сов. разг.* get* worked up.

развора́чивать, разворoти́ть, разверну́ть (*вн.*) *разг.* 1. *сов.* разворoти́ть heave*/pull (*smth.*) apart; (*постройку*) shatter (*smth.*); разворoти́ть гру́ду камне́й scatter a heap of stones; 2. *сов.* разворoти́ть (*приводить в беспорядок*) turn (*smth.*) upside-down; 3. *сов.* разверну́ть *см.* развёртывать.

разворова́ть *сов. см.* разворо́вывать.

разворо́вывать, разворо́вать (*вн.*) *разг.* steal* (*smth.*), make* of (with).

разворо́т *м.* 1. *разг.* (*развитие*) development; 2. (*поворот*) (U-)turn; 3. (*внутренняя сторона листа, обложки и т. п.*) the inside.

разворoти́ть *сов. см.* развора́чивать 1, 2.

разворoши́ть *сов. см.* ворoши́ть.

разворча́ться *сов. разг.* get* into a grumbling mood.

развра́т *м.* 1. (*распущенность*) lechery, debauchery; 2. (*испорченность нравов*) depravity; 3. *разг.* (*избалованность*) vice.

разврати́ть(ся) *сов. см.* развраща́ть(ся).

развра́т|ник *м.* lecher, rake; **~ница** *ж.* lewd woman*; **~ничать** *несов.* lead* a depraved/dissolute life, debauch *oneself*; **~ный** dissolute, licentious.

развра́тность *ж.* depravity, profligacy; corruptness.

развра́тный debauched, depraved, profligate; corrupt.

развращ|а́ть, развратить (*вн.*) corrupt (*smb.*); **~а́ться**, развратиться 1. (*становиться развратным*) give* *oneself* up to debauchery; 2. (*морально разлагаться*) become* corrupted, go* to the bad; **~ённый** depraved, corrupt.

развращённость *ж.* corruptness.

развращённый corrupt.

разво́ться *сов.* to begin to howl, set up a howl.

развьюч|ивать, развьючить (*вн.*) unload (*smth.*); **~ить** *сов. см.* развьючивать.

развяза́ть(ся) *сов. см.* развя́зывать(ся).

развя́зк|а *ж.* 1. outcome; (*конец*) end; *лит.* denouement; наступа́ет ~ the end is in sight; идти́ к ~е reach the climax; де́ло идёт к ~е things are coming to a head; неожи́данная ~ unexpected outcome; 2. (*транспортная*) flyover (road junction).

развя́зн|о too freely; вести́ себя́ ~ be* too free; **~ость** *ж.* undue familiarity, offhandedness; **~ый** offhand, brash; ~ые мане́ры offhand manners; ~ый тон brash tone.

развя́зывать, развяза́ть (*вн.*) undo* (*smth.*), untie (*smth.*); *перен.* liberate (*smth.*); ~ у́зел untie a knot; ◇ развяза́ть ру́ки *кому-л.* give* *smb.* freedom, leave* *smb.* free; развяза́ть язы́к 1) (*дт.*) make* (*smb.*) talk; 2) (*разговориться*) give* rein to *one's* tongue; развяза́ть войну́ unleash a war; **~ся**, развяза́ться 1. (*о завязанном*) come* undone; 2. (с *тв.*) *разг.* (*освобождаться от кого-л., чего-л.*) get* rid (of); (*с чем-л. тж.*) get* (*smth.*) off *one's* hands.

разгада́ть *сов. см.* разга́дывать.

разга́дка *ж.* solution.

разга́дывать, разгада́ть (*вн.*) 1. (*отгадывать*) solve (*smth.*), guess (*smth.*); разгада́ть зага́дку solve a riddle; 2. (*понимать кого-л., что-л.*) puzzle (*smb., smth.*) out, get* to the bottom (of); разгада́ть *чьи-л.* наме́рения perceive *smb.'s* intentions.

разгар *м.* peak, height, climax; рабо́та в (по́лном) ~е work is in full swing; ле́то в са́мом ~е summer is at its height.

разгерметиза́ция *ж.* depressurization, depressurizing.

разгеметизи́ровать *сов.* (*вн.*) depressurize (*smth.*); **~ся** *сов.* become* depressurized.

разгиб|а́ть, разогну́ть (*вн.*) straighten (*smth.*); рабо́тать, не ~ая спины́ never look up from *one's* work; **~а́ться**, разогну́ться straighten up, stand* up straight.

разглаго́льствовать (о пр.) *разг.* hold* forth (on).

разгла́дить(ся) *сов. см.* разгла́живать(ся).

разгла́живать, разгла́дить (*вн.*) 1. smooth (*smth.*) out; 2. (*утюгом*) iron (*smth.*), press (*smth.*); **~ся**, разгла́диться: морщи́ны разгла́дились the wrinkles disappeared.

разгласи́ть *сов. см.* разглаша́ть.

разглаш|а́ть, разгласи́ть (*вн.*) divulge (*smth.*), make* (*smth.*) known; **~е́ние** *с.* divulgence, spreading.

разгляде́ть *сов.* (*вн.*) make* out (*smth.*); *перен.* perceive (*smth.*).

разгля́дывать *несов.* (*вн.*) examine (*smb., smth.*).

разгне́ванный enraged; furious; ~ челове́к enraged/wrathful person; ~ взгляд furious glance.

разгне́вать *сов.* (*вн.*) infuriate (*smb.*); **~ся** *сов.* fly* into a passion/rage.

разгова́рив|ать *несов.* 1. speak*, talk; (с *тв.*) speak* (to), talk (to); я не с ва́ми ~аю! I'm not speaking to you!; с кем (это) вы ~али? who's that you were talking to?; ~ с сами́м собо́й talk to oneself; он сли́шком мно́го ~ает he talks too much; ~ о му́зыке talk about music; 2. (с *тв.*) *разг.* (*поддерживать общение с кем-л.*) be* on speaking terms (with); мы с ним не ~аем we are not on speaking terms with him.

разгов|е́ться *сов.* to break a (period of) fast.

разговля́|ться *несов. см.* разгове́ться.

разгово́р *м.* 1. talk, conversation; име́ть кру́пный ~ с *кем-л.* have* words with *smb.*; перемени́ть те́му ~а change the subject; и никаки́х ~ов! and there's an end of it!; 2. *обыкн. мн. разг.* (*молва, пересуды*) gossip, tittle-tattle; ◇ без ли́шних ~ов without wasting words, without more ado.

разговор|и́ться *сов. разг.* 1. (с *тв.*) get* into talk (with); 2. (*увлечься разговором*) become* talkative; он наконе́ц ~ился at last he found his tongue.

разгово́рник *м.* conversation book, phasebook.

разгово́рн|ый colloquial; ~ые слова́ colloquialisms.

разгово́рчивый talkative, communicative.

разго́н *м.* 1. dispersal; (*парламента и т. п.*) dissolution; 2. (*разбег*) run, momentum; 2. с ~а full tilt.

разго́нист|ый (*coll.; of handwriting or type*) spaced-out.

разгоня́ть, разогна́ть 1. (*вн.*; *заставлять разойтись в разные стороны*) disperse (*smb., smth.*), break* up (*smb., smth.*); ~ демонстра́цию break* up a demonstration; 2. (*вн.; ликвидировать*) break* up (*smth.*), dissolve (*smth.*); 3. (*вн.; рассеивать*) disperse (*smth.*), drive* away (*smth.*); *перен. тж.* dispel (*smth.*); ве́тер разогна́л ту́чи the wind blew away the clouds; разогна́ть тоску́ drive* away *one's* distress; 4. (*ускорять ход*) get* up speed, speed* along; (*вн.*) speed* up (*smth.*); 5. (*вн.*) *разг.* (*уволь-*

нять) sack (*smb.*), get* rid (of); **~ся**, разогна́ться get* up speed, gain momentum; (*о бегуне*) get into *one's* stride.

разгора́живать, разгороди́ть (*вн.*) partition (*smth.*); **~ся**, разгороди́ться (с *тв.*) partition/divide oneself off (from).

разгора́ться, разгоре́ться 1. flare up, get* well alight; дрова́ разгоре́лись the wood began to burn well; 2. (*становиться красным от возбуждения*) begin* to glow; её щёки разгоре́лись her cheeks began to glow, her cheeks flushed; 3. (*увлекаться*) become* enthusiastic/eager; 4. (*становиться сильным, напряжённым*) become* intense/heated; спор разгоре́лся the discussion became heated; стра́сти разгоре́лись feeling ran high; ◇ у него глаза́ разгоре́лись his eyes shone, an eager look came into his eyes.

разгоре́ться *сов. см.* разгора́ться.

разгороди́ть(ся) *сов. см.* разгора́живать(ся).

разгорячённый (over)heated; (*о лице*) flushed.

разгорячи́ть *сов. см.* горячи́ть; **~ся** *сов.* 1. get* (too) hot, become* (over)heated; 2. *см.* горячи́ться.

разгра́б|ить *сов.* (*вн.*) rob (*smth.*), plunder (*smth.*); ~ склад rob a warehouse; **~ле́ние** *с.* plunder, pillage.

разгра|ди́ть *сов. воен.* to remove obstacles (from); to clear (of mines).

разгражда́ть *несов. см.* разгради́ть.

разгражде́ние *с. воен.* removal of obstacles.

разграниче́ние *с.* demarcation, delimitation.

разграни́чивать, разграни́чить (*вн.*) delimit (*smth.*); *перен. тж.* differentiate (between), draw* a line/distinction (between); ~ поня́тия differentiate between the conceptions; ~ обя́занности decide who is to be responsible for what.

разграни́чить *сов. см.* разграни́чивать.

разграфи́ть *сов. см.* разграфля́ть.

разграфля́ть, разграфи́ть (*вн.*) rule (*smth.*).

разгреба́ть, разгрести́ (*вн.*) rake (*smth.*) away/aside, scatter (*smth.*).

разгрести́ *сов. см.* разгреба́ть.

разгро́м *м.* 1. crushing defeat, rout; ~ врага́ rout of the enemy; 2. (*разорение, опустошение*) devastation, wrecking; ~ го́рода devastation of a city; 3. *разг.* (*беспорядок*) havoc, mess; в ко́мнате был по́лный ~ the room was in a state of utter havoc.

разгроми́ть *сов. см.* громи́ть.

разгружа́ть, разгрузи́ть (*вн.*) unload (*smth.*), discharge (*smth.*); *перен. разг.* reliever (*smb.*); **~ся**, разгрузи́ться be* unloaded; *перен. разг.* dispose of some of *one's* work.

разгрузи́ть(ся) *сов. см.* разгружа́ть(ся).

разгру́зка *ж.* unloading, discharging; ~ су́дна unloading of a vessel.

разгрыза́ть, разгры́зть (*вн.*) crunch (*smth.*), bite (*smth.*) in two; (*орех*) crack (*smth.*).

разгры́зть *сов. см.* разгрыза́ть.

разгу́л *м.* 1. (*ухарство*) escapades *pl.*; (*пьянство*) orgy, carousing, debauch; binge *разг.*; 2. (*безудержное проявление чего-л.*) orgy, onslaught; rampage; ~ реа́кции orgy of reaction.

разгу́лив|ать *несов. разг.* walk about; stroll about; ~аться, разгуля́ться *разг.* 1. (*давать себе волю*) get* going; (*о ветре и т. п.*) break* loose; разгуля́лась непого́да the storm broke loose; 2. (*становиться ясным, солнечным*) clear up; пого́да, день ~ается it's beginning to clear up; 3. (*переставать хотеть спать*) not feel like sleeping any more; ребёнок разгуля́лся the child* is over-excited.

разгу́льный *разг.* wild; ~ о́браз жи́зни wild/fast life.

разгул|я́ться *сов. разг.* 1. to spread oneself; to have free scope; 2. (*of children*) to wake up, stop feeling sleepy; 3. (*of weather*) to clear up, improve; день ~я́лся it has turned out a fine day; 4. (*увлечься развлечениями*) let* oneself go; (*кутить*) live it up, give* a real binge.

раздава́ть, разда́ть (*вн. дт.*) distribute (*smth.* among), hand out (*smth.* among); pass/hand (*smth.*) round.

раздава́ться I, разда́ться (*звучать*) be* heard; (*о выстрелах, криках тж.*) ring* out; разда́лся стук в дверь there was a knock at the door; разда́лся крик a cry was heard.

раздава́ться II, раздаться 1. (*расступаться*) make* way; 2. *разг.*: он разда́лся в плеча́х he has broadened out across the shoulders; она́ разда́ла́сь в та́лии her waistline has expanded.

раздави́ть *сов.* (*вн.*) crush (*smb., smth.*).

разда́ривать, раздари́ть (*вн.*) give* (*smth.*) away.

раздари́ть *сов. см.* разда́ривать.

разда́точный distributing; distribution *attr.*; ~ пункт distribution center.

раздать *сов. см.* раздава́ть.

разда́ться I, II *сов. см.* разда́ваться I, II.

разда́ча *ж.* distribution.

раздва́ивать, раздво́ить (*вн.*) divide (*smth.*) into two, split* (*smth.*) in two; **~ся**, раздво́иться fork; bifurcate *научн.*; *перен.* split* apart, suffer a split.

раздвиг|а́ть, раздви́нуть (*вн.*) 1. (*занавески, ветки и т. п.*) draw* (*smth.*), part (*smth.*); 2. (*отодвигать в стороны*) move (*smth.*) aside, move (*smth.*) back; раздви́нуть сту́лья move the chairs back; 3. (*заставлять расступиться*) clear a way through (*smth.*); ~ толпу́ push *one's* way through the crowd; **~а́ться**, раздви́нуться 1. part; 2. *тк. несов.* (*быть раздвижным*) expand; стол ~ается the table expands.

раздвижно́й: ~ за́навес draw curtain; ~ стол expanding table.

раздви́нуть *сов. см.* раздвига́ть; **~ся** *сов. см.* раздвига́ться 1.

раздво́ить(ся) *сов. см.* раздва́ивать(ся).

раздева́лка *ж. разг.* cloakroom, dressing-room *амер.*

раздева́ть, разде́ть (*вн.*) 1. undress (*smb.*); 2. *разг.* (*грабить*) strip (*smb.*) of his clothes; **~ся**, раздéться undress; раздéньтесь до пóяса strip (down) to the waist.

раздéл *м.* 1. (*действие*) division; 2. (*часть*) part, section; clause.

раздéлать(ся) *сов. см.* раздéлывать(ся).

разделéние *с.* division; ~ трудá division of labor; ~ по цветовóму тóну *кино* chroma key; ~ спéктров *кино* spectral separation; ~ я́ркости *кино* brightness separation.

раздели́тель *м. кино* separator; ~ видеоканá-лов *кино* video separator.

разделён|ный: ~ное пóле *кино* split field.

раздели́тельн|ый dividing, separative; ~ая чертá dividing line; <> ~ сою́з *грам.* disjunctive conjunction.

раздели́ть *сов. см.* разделя́ть, ся *сов. см.* разделя́ться 1, 2.

раздéлывать, раздéлать 1. (*вн.*; *обрабатывать каким-л. образом*) prepare (*smth.*), dress (*smth.*); ~ тýшу dress a carcass; 2.: раздéлать *что-л.* под дуб, под крáсное дéрево и *т. п.* give* *smth.* an oak, mahogany, *etc.* finish; <> раздé-лать *когó-л.* под орéх make* *smb.* smart; **~ся,** раздéлаться (с *тв.*) *разг.* 1. (*кончать с кем-л. какие-л. дела, освобождаться от чего-л.*) have* done (with); раздéлаться с долгáми settle *one's* debts; 2. (*расправляться*) get* even (with), fix (*smb.*); я с ним раздéлаюсь! I'll fix him!

раздéльн|о 1. separately; 2. (*отчётливо*) distinctly; **~ ый** 1. separate; 2. (*отчётливый*) distinct; 3. (*о правописании*) separate.

раздел|я́ть, раздели́ть (*вн.*) 1. (*делить*) divide (*smth.*); раздели́ть *что-л.* пополáм, на чáсти divide *smth.* in two, into parts; раздели́ть 12 на 3 divide twelve by three; 2. (*разобщать*) separate (*smb.*, *smth.*); толпá раздéлила нас the crowd came between us *или* crowd cut us off from each other; нас ~я́ет прóпасть there is a gulf (fixed) between us; 3. (*участь, мнение и т. п.*) share (*smth.*); ~ *чью-л.* рáдость share *smb.'s* joy; **~я́ться,** раздели́ться 1. break* up, split* up; отря́д раздели́лся пополáм the detachment split up into two groups; 2. (*расходиться в чём-л.*) be* divided; голосá раздели́лись the votes were divided; мнéния раздели́лись opinions differed; 3. *тк. несов.* (*распределяться по группам и т. п.*) fall* into (*smth.*).

раздéтый undressed; (*без пальто*) without a coat *после сущ.*

раздéть(ся) *сов. см.* раздевáть(ся).

раздир|áть, разодрáть (*вн.*) 1. *разг.* (*рвать на части*) tear* (*smth.*) up; tear* a hole (in); 2. *тк. несов.* (*вызывать внутренние противоречия*) tear* (*smth.*) apart, split* (*smth.*) from top to bottom; 3. *тк. несов.* (*причинять страдания*) tear*; (*smb.*, *smth.*); rend* (*smb.*, *smth.*); гóре ~áло егó сéрдце his heart was torn with grief/sorrow, grief was clawing at his heart.

раздобрéть *сов. разг.* (*располнеть*) grow* stout/corpulent.

раздобы́ть *сов.* (*вн.*) *разг.* get* (*smth.*), get* hold (of).

раздóль|е *с.* 1. (*простор*) spaciousness; open spaces *pl*, expanse; какóе ~! how spacious! 2. *разг.* (*полная свобода*) scope, freedom; **~ный** *разг.* 1. spacious, farflung; ~ная степь the wide and rolling steppe; 2. (*свободный*) great, carefree; ~ная жизнь carefree life.

раздóр *м.* discord, dissension; bickering *разг.*; сéять ~ sow* (the seeds of) dissension; прекрати́ть ~ы stop the bickering; <> я́блоко ~а the apple of discord.

раздосáдовать *сов.* (*вн.*) vex (*smb.*), annoy (*smb.*); ~ *сов. разг.* get* annoyed, lose* *one's* temper.

раздраж|áть, раздражи́ть (*вн.*) irritate (*smb.*, *smth.*). **~áться,** раздражи́ться be* irritated, lose *one's* temper; **~ющий** irritating; **~éние** *с.* irritation; крáйнее ~éние exasperation; ~ённый exasperated, irritated.

раздражи́тель *м.* irritant.

раздражи́тельн|ость *ж.* irritability; **~ый** irritable.

раздражи́ть(ся) *сов. см.* раздражáть(ся).

раздразни́ть *сов.* (*вн.*) tease (*smb.*, *smth.*), provoke (*smb.*, *smth.*); ~ собáку tease a dog; ~ аппети́т tickle/whet the appetite; ~ любопы́тство provoke *smb.'s* curiosity.

раздроби́ть(ся) *сов. см.* раздробля́ть(ся) и дроби́ть(ся).

раздрóбленн|ость *ж.* disunity, disruption, disunited state, separateness; **~ый** 1. crushed, broken; (*о кости*) splintered; 2. (*расчленённый*) disunited, parcelled up.

раздробля́ть, раздроби́ть (*вн.*) 1. break* (*smth.*), crush (*smth.*); (кость) splinter (*smth.*); емý раздроби́ло рýку his hand was crushed; 2. (*расчленять*) disunite (*smth.*), parcel (*smth.*) up; **~ся,** раздроби́ться 1. (*разбиваться*) fly* to pieces, crumble; кáмень раздроби́лся the rock flew to pieces; 2. (*делиться на части, группы*) split* up, be* split up.

раздувáть, раздýть (*вн.*) 1. (*огонь*) fan (*smth.*) (*тж. перен.*); 2. *безл.*: у негó раздýло щёку he has a swollen cheek/face; 2. *разг.* (*чрезмерно увеличивать*) inflate (*smth.*); 4. *разг.* (*преувеличивать*) enlarge upon (*smth.*), exaggerate (*smth.*); **~ся,** раздýться swell*; (*о парусе*), billow; кармáны раздýлись the pockets began to bulge.

раздýм|ать *сов.* (+ *инф.*) change *one's* mind (about + -ing); think* better of it; я ~ал идти́ I (have) decided not to go; I have changed my mind about going.

раздýмыв|ать *несов.* think*, ponder; (*колебаться*) hesitate; не ~ая without a moment's hesitation.

раздýмь|е *с.* meditation, thought; пóсле дóлгого ~ь after prolonged meditation; погрузи́ться в ~ be* lost in thought; в глубóком ~ deep/plunged in thought.

раздýт|ый *разг.* 1. (*вздутый*) swollen; 2. (*ветром*) billowing; 3. (*непомерно увеличенный*) inflated; ~ые штáты overstaffing.

разду́ть(ся) *сов. см.* раздува́ть(ся).

раздуш|и́ть *сов. разг.* to drench in perfume.

разева́ть, рази́нуть (*вн.*) *разг.* open (*smth.*) wide; ◇ рази́нуть рот от удивле́ния be* open-mouthed with astonishment; что ты рот рази́нул? what are you standing there gaping for?

разжа́лобить *сов.* (*вн.*) move (*smb.*) to pity; **~ся** *сов. разг.* give* in to pity, be* soft.

разжа́лоб|иться *сов.* to be moved to pity.

разжа́лование *с.* demotion, degrading.

разжа́лова|нный *воен.* demoted, degraded officer.

разжа́л|овать *сов. воен.* to demote, degrade; ~ в солда́ты to reduce to the ranks.

разжа́ть(ся) *сов. см.* разжима́ть(ся).

разжева́ть *сов. см.* разжёвывать.

разжёвывать, разжева́ть **1.** (*вн.*) chew (*smth.*), masticate (*smth.*); **2.** (*вн. дт.*) *нескл.* (*растолковывать*) spoonfeed* (*smth.* to), particularize (*smth.* to).

разже́чь *сов. см.* разжига́ть.

разжига́ть, разже́чь (*вн.*) light* (*smth.*), kindle (*smth.*); *перен.* inflame (*smth.*); разже́чь костёр get* the camp fire going; ~ не́нависть stir up hatred, foment hatred.

разжиж|а́ть *несов.* (*вн.*) dilute (*smth.*), water (*smth.*) down; **~е́ние** *с.* dilution.

разжима́ть, разжа́ть (*вн.*) open (*smth.*); (*губы, зубы*) part (*smth.*); ~ кула́к unclench *one's* fist; не ~ губ not open *one's* mouth; разжа́ть пружи́ну release a spring; **~ся**, разжа́ться (*о губах*) part, open; (*о пружине*) expand; (*о руке, кулаке*) relax, unclench.

разжире́ть *сов. см.* жире́ть.

раззадо́ривать, раззадо́рить (*вн.*) *разг.* rouse (*smb.*), egg (*smb.*) on.

раззадо́р|иться *сов. разг.* to get excited, get worked up.

раззадо́рить *сов. см.* раззадо́ривать.

раззва́нива|ть *несов. см.* раззвони́ть.

раззвони́ть *сов. разг.* trumpet (*smth.*); proclaim (*smth.*) from the housetops.

раззнако́м|ить *сов.* alienate.

раззнако́м|иться *сов.* break off one's acquaintance (with), break (with).

раззуд|е́ться *сов. разг.* begin to itch *тж перен.*

раззя́в|а = рази́ня.

рази́нуть *сов. см.* разева́ть.

рази́ня *м.* и *ж. разг.* daydreamer, goof.

рази́тельн|ый striking; ~ приме́р striking example; ~ые переме́ны striking changes.

рази́ть I, срази́ть (*вн.*; *ударить*) strike* (*smb., smth.*); *перен.* crush (*smb.*).

рази́|ть II *несов.* (*тв.*) *разг.* (*пахнуть*) reek (of); от него́ ~и́т во́дкой he reeks of vodka.

разлага́ть, разложи́ть **1.** (*вн.* на *вн.*) *хим.* decompose (*smth.* into); *физ.* (*силу*) resolve (*smth.* into); **2.** (*вн.*; *морально*) demoralize (*smb.*), corrupt (*smb.*); **~ся**, разложи́ться **1.** *хим.* decompose; *мат.* expand; *физ.* (*о силе*) be* revolved; **2.** (*гнить*) decay; (*о трупе*) decompose; **3.** (*морально*) degenerate.

разлага́ющ|е: де́йствовать ~ be* demoralizing, have* a demoralizing effect; ~ий demoralizing.

разла́д *м.* discord; (*отсутствие согласованности*) lack of coordination; вноси́ть ~ sow* dissension.

разла́диться *сов. см.* разла́живаться.

разла́живаться, разла́диться be* not going well; go* wrong; отноше́ния разла́дились relations are not what they were.

разла́мывать, разломи́ть, разлома́ть (*вн.*) **1.** *сов.* разломи́ть break* (*smth.*); **2.** *сов.* разлома́ть pull (*smth.*) down; **~ся**, разломи́ться, разлома́ться **1.** *сов.* разломи́ться break*; **2.** *сов.* разлома́ться fall* to pieces; **3.** *тк. несов. разг.* (*сильно болеть - о голове*) be* splitting.

разлени́ться *сов. разг.* become* lazy, get slack.

разлета́ться, разлете́ться **1.** (*улетать в разные стороны*) fly* away; (*рассеиваться*) disperse; бума́ги разлете́лись по всей ко́мнате the papers flew all over the room; **2.** (*расходиться, разъезжаться*) go* off; *перен. разг.* (*быстро распространяться*) flash round; **3.** *разг.* (*разбившись, рассыпаться на части*) fly to pieces; *перен.* (*исчезать*) dissolve; разлете́ться вдре́безги break* into smithereens; **4.** *разг.* rush.

разлете́ться *сов. см.* разлета́ться.

разле́чься *сов. разг.* stretch *oneself* out; sprawl.

разли́в *м.* (*половодье*) flood; (*вина*) bottling.

разлива́тельн|ый; ~ая ло́жка ladle, soup-ladle.

разлива́ть, разли́ть (*вн.*) **1.** (*проливать*) spill* (*smth.*); **2.** (*наливать*) put (*smth.*) out; (*по бутылкам*) bottle (*smth.*); ◇ их водо́й не разольёшь they are bosom friends, they are very thick with one another; **~ся**, разли́ться **1.** (*проливаться*) spill*; молоко́ разлило́сь the milk has run over; **2.** (*выходить из берегов*) overflow its banks; **3.** (*распространяться*) spread*, flood; сла́бый румя́нец разли́лся по его́ щека́м a faint flush spread over his cheeks; **4.** *тк. несов.* (*петь звонко*) pour out *one's* song; (*говорить много*) declaim; (*плакать*) sob.

разливн|о́й: ~ое пи́во draught beer; ~ое молоко́ unbottled milk.

разлинова́ть *сов.* about (*вн.*) rule (*smth.*).

разли́ть *сов. см.* разлива́ть; ~ *сов. см.* разлива́ться 1, 2, 3.

различа́ть, различи́ть (*вн.*) **1.** (*распознавать*) make* (*smb., smth.*) out, discern (*smb., smth.*); **2.** (*видеть разницу*) distinguish (between); tell* (*smb., smth.*) apart; ~ся *несов.* (*тв.*) differ (in), be* distinguished (by); **3.** *кино* discriminate.

разли́чи|е *с.* distinction; не де́лать ~я ме́жду *кем-л., чем-л.* not discriminate between *smb., smth.*, not make* distinctions between *smb., smth.*; ◇ зна́ки ~я badges of rank; без ~я irrespective of, regardless of.

различи́мый *кино* distinguishable.

различи́ть *сов. см.* различа́ть.

разли́чный 1. (*несходный*) differing, different; **2.** (*разнообразный*) various, diverse.

разложе́ние *с.* **1.** (*действие*) decomposition; (*трупа тж.*) putrefaction; **2.** *мат.* expansion; *физ.* (*сил*) resolution; **3.** (*моральное*) corruption, demoralization; **4.** *кино* disintegration, decomposition; ~ изображе́ния в телеви́дении scanning; ~ отражённым све́том reflected light scanning.

разложи́ть(ся) *сов. см.* разлага́ть(ся) и раскла́дывать(ся).

разло́м *м.* **1.** (*действие*) breaking; **2.** (*место разлома*) break, fracture.

разлома́ть *сов. см.* разла́мывать **2. ~ся** *сов. см.* разла́мываться 2.

разлом|и́ть *сов. см.* разла́мывать 1; ~и́ться *сов. см.* разла́мываться **1.**

разлу́к|а *ж.* (с *тв.*) **1.** separation (from); жить в ~ live apart; **2.** (*расставание*) parting (with).

разлучи́ть(ся) *сов. см.* разлуча́ть(ся).

разлюб|и́ть *сов.* (*вн.*) stop loving (*smb.*); get* tired (of); он меня́ ~и́л he no longer cares for me.

размагни|ти́ть(ся) *сов. см.* размагни́чивать(ся); ~и́чивать, размагни́тить (*вн.*) demagnetize (*smth.*); (*судно*) degauss (*smth.*); *перен. разг.* cool *smb.'s* enthusiasm; ~чивать, размагни́титься get*/become* demagnetized; *перен. разг.* cool off, have a feeling of let down.

размагни́чивание *с. кино* demagnetization.

размагни́чиватель *м. кино* demagnetizer.

размагни́чивать *кино* demagnetize.

разма́зать(ся) *сов. см.* разма́зывать(ся).

размазня́ *разг.* **1.** *ж.* (*жидкая каша*) thin gruel, pap; **2.** *м.* и *ж.* (*о человеке*) ditherer, sloppy creature, sap; *разг.* ninny, wishy-washy person.

разма́зывание *с. кино* smear.

разма́зывать, разма́зать (*вн.*) **1.** smear (*smth.*); **2.** *разг.* (*растягивать*) spread* (*smth.*) out, grad (*smth.*) out; **~ся,** разма́заться (по *дт.*) be* spread/smeared (over).

размалева́ть *сов.* (*вн.*) *разг.* daub (*smth.*).

разма́лывать, размоло́ть (*вн.*) grind* (*smth.*); **~ся,** размоло́ться be* ground.

разма́тывать, размота́ть (*вн.*) **1.** unwind* (*smth.*); **~ся,** размота́ться come* unwound; **2.** *кино* unwind.

разма́х *м.* **1.** (*колебание*) swing; **2.**: ~ кры́льев wingspread, wingspan; **3.** (*охват, масштаб*) scope, range, extent; челове́к широ́кого ~а man* of imagination, man* on a large scale; ◇ уда́рить *кого-л.* со всего́ ~у strike* *smb.* with all *one's* strength/might; уда́риться со всего́ ~у об *что-л.* cannon into *smth.*, hit* *smth.* at full speed; **4.** *перен.* scope, range, sweep, scale; широ́кий ~ wide range, grand scale; у них широ́кий ~ жи́зни they live in style, they do things in a big way.

разма́хивать *несов.* (*тв.*) swing* (*smth.*), brandish (*smth.*); ~ рука́ми wave *one's* hands about gesticulate.

размахну́ться *сов.* swing* back *one's* arm.

разма́чивание *с. кино* sperking.

разма́чивать, размочи́ть (*вн.*) soak (*smth.*), soften (*smth.*) by soaking/steeping; размо́чить сухари́ в молоке́ soak rusks in milk.

разма́шистый *разг.* swinging; ~ шаг powerful/swinging stride; ~ жест sweeping gesture; ~ по́черк bold hand (writing).

размежева́ние *с.* demarcation; delimitation (*тж. перен.*).

размежева́ть(ся) *сов. см.* размежёвывать(ся).

размежёвывать, размежева́ть (*вн.*) demarcate (*smth.*); delimit (*smth.*) (*тж. перен.*); ~ зе́млю demarcate lend; размежева́ть фу́нкции define the functions; **~ся,** размежева́ться (*прям.* и *перен.*) separate, demarcate *oneself.*

размельча́ть, размельчи́ть (*вн.*) crush (*smth.*) into pieces; размельчи́ть *что-л.* в порошо́к crush/pound *smth.* into powder, pulverize (*smth.*).

размельчи́ть *сов. см.* размельча́ть.

разме́н *м. эк.* ~ де́нег changing of money.

разме́нивать, разменя́ть (*вн.*) change (*smth.*); **~ся,** разменя́ться *разг.* exchange; *перен.* fritter away *one's* strength/resources.

разме́нн|ый: ~ая моне́та small change.

разменя́ть(ся) *сов. см.* разме́нивать(ся).

разме́р *м.* **1.** (*величина чего-л. в одном или нескольких измерениях*) size; dimensions *pl*; дом огро́мных ~ов house of enormous size; ~ уча́стка size/dimensions of a plot; **2.** (*величина денежной суммы*) amount; ~ зарпла́ты, проце́нта rate of wages, interest; ~ пе́нсии scale of pension; ~ капиталовложе́ний amount of capital invested; **3.** (*мерка, номер какого-л. изделия*) size; ~ о́буви, костю́ма size of footwear/suit; **4.** (*степень*) extent, scale; в небыва́лых ~ах on a large scale; ~ бе́дствия extent of a disaster; **5.** *лит.* meter; **6.** *муз.* measure, time; **7.** габари́тный ~ overall dimensions; **8.** *кино* dimension, size; ~ ка́дра frame size; ~ пятна́ spot size; ~ы ка́дрового окна́ aperture sizes; ~ы киноплёнки или кинофи́льма film dimensions.

разме́ренн|ый measured; regular; steady; ~ ритм regular rhythm; ~ шаг measured tread; ~ые движе́ния well-regulated movements.

размеси́ть *сов. см.* разме́шивать **1.**

размести́ *сов. см.* размета́ть **1.**

размести́ть(ся) *сов. см.* размеща́ть(ся).

размета́ть I размести́ (*вн.*) (*очищать от чего-л.*) sweep* (*smth.*); (*убирать что-л.*) sweep* (*smth.*) away* размести́ снег sweep* the snow away.

размета́ть II *сов.* **1.** (*вн.*; *разбросать*) scatter (*smth.*); **2.** (*широко раскинуть руки, ноги*) extend (*smth.*), spread* out (*smth.*).

разме|та́ться *сов.* **1.** *разг.* toss (*in sleep or delirium*); **2.** sprawl.

разме́|тить *сов.* mark; ~ курси́вный шрифт to mark italics.

размéт|ить *сов. см.* размечáть; **~ка** *ж.* marking; **~чик** *м.* marker.

размéточн|ый *прил. тех.* ~ая плитá layout block; ~о-сверлúльный станóк jig borer.

размечáть *сов. вн.* mark (*smth.*), mark (*smth.*) out.

размечтáться *сов.* (*о пр.*) *разг.* be* lost in dreams (about), give* *oneself* up to dreams (of).

размешáть *сов. см.* размéшивать II.

размéшивать I, размесúть (*вн.*) knead (*smth.*).

размéшивать II, размешáть (*вн.*) stir (*smth.*), mix (*smth.*); размешáть сáхар в чáе stir *one's* tea.

размещ|áть, разместúть (*вн.*) **1.** put* (*smth.*), place (*smth.*); (*кого-л. по комнатам*) assigning (to) rooms; (*войска*) quarter (*smb.*, *smth.*); **2.** (*распределять между многими*) place (*smth.*), assign (*smth.*); разместúть закáзы place orders; **~áться**, разместúться take* *one's* place; (*в каком-л. помещении*) be* quartered/ accommodated; **~éние** *с.* **1.** placing; (*по комнатам*) allocation; **2.** (*порядок, система расположения чего-л.*) arrangement; accomodation.

разминáть, размя́ть (*вн.*) **1.** knead (*smth.*); (*картофель*) mash (*smth.*); **2.** *разг.*: размя́ть нóги stretch *one's* legs; **~ся**, размя́ть **1.** (*делать мягким*) become* soft, soften up; **2.** *разг.* (*о человеке*) limber up.

размини́рование *с.* mine sweeping.

размини́ровать *несов.* и *сов.* (*вн.*) clear (*smth.*) of mines.

размúнка *ж. разг.* limbering up; workout *амер.*; *спорт.* warming-up.

разминýться *сов. разг.* **1.** (*разойтись в пути*) miss one another; **2.** (*с тв.; пройти мимо*) pass (*smb.*, *smth.*).

размнож|áть, размнóжить (*вн.*; *документ и т. п.*) make* copies; **~аться**, размнóжиться **1.** multiply; **2.** *тк. несов. биол.* reproduce; (*о животных*) breed*; (*о растениях*) propagate; (*о рыбах*) spawn; **~ение** *с.* **1.** (*документов и т. п.*) making copies of; (*на ксероксе*) xeroxing; **2.** *биол.* reproduction.

размнóжить *сов. см.* разножáть; **~ся** *сов. см.* размножáться 1.

размозжúть *сов.* (*вн.*) smash (*smth.*); ~ *кому-л.* гóлову smash *smb.'s* skull; ~ гóлову break* *one's* head.

размокáть, размóкнуть be* soaked through, become sodden.

размóкнуть *сов. см.* размокáть.

размóкший sodden, soggy.

размóл *м.* **1.** grinding; **2.** quality (of ground grain); мукá крýпного, мéлкого ~а coarse, coarse-ground flour; fine, finely, ground flour.

размóлвка *ж.* misunderstanding, tiff; мéжду нúми, у них произошлá ~ they have had a tiff.

раз|молóть *см.* размáлывать.

размолóть(ся) *сов. см.* размáлывать(ся).

разморáжива|ть(ся) *несов. см.* разморóзить(ся).

размор|úть *сов.* (*вн.*) *разг.* make* (*smb.*) feel dazed/bemused; меня́ ~úло от жары́ I feel quite dazed the heat.

размотáть(ся) *сов. см.* разматывать(ся).

размóтка *ж.* unwinding, unreeling.

размочúть *сов. см.* размáчивать.

размусóлива|ть *несов. см.* размусóлить.

размусóл|ить *сов. разг.* **1.** to slobber all over; **2.** *перен.* to relate in a drivelling fashion.

размы́в *м.* erosion.

размывáть, размы́ть **1.** (*вн.*) erode (*smth.*), wash (*smth.*) away; рекá размы́ла берегá the river has washed away its banks; **2.** *безл.*: дорóгу размы́ло the road is swamped/flooded.

размыкáть, разомкнýть (*вн.*) (*шлюзы и т. п.*) open (*smth.*); *эл.* break* (*smth.*); *воен.* extend (*smth.*), open (*smth.*); **~ся**, разомкнýться come* apart; open.

размы́ть *сов. см.* размывáть.

размышлéни|е *с.* reflection, meditation; по зрéлом ~и on mature consideration; погрузúться в ~я be* lost/deep in thought, be* plunged in meditation; э́то навóдит на ~я that makes one think.

размышля́ть *несов.* (о пр.) reflect (on), meditate (on), ponder (over, on), think* (*smth.*) over.

размягч|áть, размягчúть (*вн.*; *прям.* и *перен.*) soften (*smb.*, *smth.*); **~аться**, размягчúться, become* soft; soften (*тж. перен.*); **~éние** *с.* softening; ~éние мóзга softening of the brain; ~úть(ся) *сов. см.* размягчáть(ся).

размякáть, размя́кнуть grow* soft; *перен. разг.* (*о человеке*) be* softened, melt.

размя́кнуть *сов. см.* размякáть.

размя́ть(ся) *сов. см.* разминáть(ся).

разнаря́дка *ж.* order, warrant.

разнáшивать, разносúть (*вн.*) break* (*smth.*) in, wear* (*smth.*) in; нóвые ботúнки нáдо разносúть new boots need breaking in; ~ся, разносúться: ботúнки разносúлись the boots are quite comfortable now.

разнестú *сов. см.* разносúть I; ~сь *сов. см.* разносúться I.

разнимáть, разня́ть (*вн.*) **1.** (*разъединять*) part (*smth.*); **2.** (*дерущихся*) separate (*smb.*); **3.** *тех.* dismantle (*smth.*), take* (*smth.*) apart.

разнúться *несов.* differ; ~ во вкýсах differ in *one's* tastes.

рáзниц|а *ж.* difference; ~ лет difference in age; вся ~ в том, что... the only difference is that...; с той ~ей, что... the difference being that...; ◇ большáя ~ it makes a great difference; какáя ~? what difference does it make?, what's the difference?; без ~ы makes no difference; валю́тная ~ difference in currency rates; ~ в вéсе difference in weight; ~ в кáчестве difference in quality; ~ в цéнах difference in prices; курсовáя ~ difference in rates of exchange; налóговая ~ difference in taxes.

разнобóй *м. разг.* lack of coordination; inconsistency.

разнови́дность *ж.* variety.

разногла́сие *с.* **1.** dissension, difference, disagreement; **2.** (*противоречие*) discrepancy; ~ в показа́ниях conflicting evidence.

разноголо́с|ица *ж. разг.* **1.** (*нестройное пение*) discordance; **2.** (*разногласие*) difference; discrepancy; **~ый** discordant.

разнокали́берн|ый **1.** of different caliber(s) *после сущ.*; **2.** *разг.* (*неоднородный, разных размеров и т. п.*) heterogeneous, mixed.

разнома́стный different-colored, unmatched; (*о картах*) of different suits *после сущ.*

разнообра́зи|е *с.* variety, diversity; ~ форм variety of forms; вноси́ть ~ в жизнь break* the monotony of *one's* life; ◇ для ~я for a change.

разнообра́з|ить *несов.* (*вн.*) vary (*smth.*), diversify (*smth.*); **~ный** diverse; varied; ~ные расте́ния many sorts of plants.

разнорабо́чий *м.* general worker; odd-job man*.

разноречи́в|ый conflicting, contradictory; ~ые слу́хи conflicting rumors.

разноро́дный heterogeneous.

разно́с *м.* **1.** (*доставка*) delivery; **2.** *разг.* (*выговор*) dressing-down, slating.

разноси́ть I, разнести́ (*вн.*) **1.** (*доставлять*) deliver (*smth.*); разнести́ пи́сьма адреса́там deliver letters; **2.** (*обнося, раздавать что-л.*) distribute (*smth.*), hand round (*smth.*); **3.** (*записывать в разные места*) enter (*smth.*); ~ счета́ по кни́гам make* up the books; **4.** *разг.* (*рассеивать*) scatter (*smth.*), disperse (*smth.*); ~ но́вости, слу́хи spread* news, rumors; **6.** *разг.* (*разрывать, разбивать*) scatter (*smth.*), wreck (*smth.*); бу́ря разнесла́ ло́дку в щё́пки the storm knocked the boat to pieces; **7.** *разг.* (*разрушать*) destroy (*smth.*); **8.** *разг.* (*ругать*) slate (*smb.*, *smth.*), tear* (*smth.*) to pieces.

разноси́ть II *сов. см.* разна́шивать.

разноси́ться I, разнести́сь **1.** (*распространяться*) spread*; **2.** (*о звуке*) resound.

разноси́ться II *сов. см.* разна́шиваться.

разно́сн|ый **1.**: ~ая кни́га receipt book; **2.** *разг.* (*резко критикующий*) annihilating, slashing; ~ая статья́ в газе́те annihilating newspaper article.

разносо́л *м. кул.* **1.** pickle(s); **2.** (*pl.* only) *разг.* dainties, delicacies.

разноспряга́емый *грам.* irregularly conjugated.

разносторо́нн|ий **1.** many-sided; (*о человеке тж.*) versatile; ~ее образова́ние all-round education; **2.** *мат.*: ~ треуго́льник scalene triangle; **~ость** *ж.* many-sidedness; versatility; ~ость зна́ний varied/universal knowledge, wide-ranging erudition.

ра́зност|ь *ж. мат.* difference; ◇ ра́зные ~и all sorts of things.

разно́счик *м.* pedlar, hawker; ~ газе́т newsvendor, newsboy.

разнохара́ктер|ный diverse, varied.

разноцве́тный of different colors *после сущ.*; (*пёстрый*) particolored, patterned.

разночи́н|ец *м. ист.* raznochinets (*the 19th century, Russian intellectual not of gentle birth*).

разношёрстн|ый motley; *перен. разг.* mixed; ~ая толпа́ mixed crowd, ill-matched bunch.

разноязы́чный polyglot.

разну́зданный unbridled; *перен. разг.* wild, rowdy, ungovernable.

разнузда́ть(ся) *сов. см.* разну́здывать(ся).

разну́здывать, разнузда́ть (*вн.*) unbridle (*smth.*); *перен. разг.* unleash (*smb.*, *smth.*); **~ся**, разнузда́ться slip the bridle; *перен. разг.* run*, riot/wild.

ра́зн|ый *прил.* **1.** different; (*разнообразный*) various, varied, diverse; of all sorts *после сущ.*; мы с ним ~ые лю́ди we are simply different people; ~ые мне́ния conflicting opinions; в ~ое вре́мя at different times (of the day, year); ~ого ро́да слу́хи all sorts of rumors; ~ой величины́ of different sizes; мы говори́ли о соверше́нно ~ых веща́х we were not even talking about the same thing; **2.** *в знач. сущ. с.* various things *pl.*

разню́х|ать *сов. разг.* to smell out (*тж перен.*); *перен.* to nose out, ferret out.

разню́хива|ть *несов. см.* разню́хать.

разня́ть *сов. см.* разнима́ть.

разоби́деть *сов.* (*вн.*) *разг.* bitterly offend (*smb.*); **~ся** *сов. разг.* take* great offence, be* very much put out.

разоблач|а́ть, разоблачи́ть (*вн.*) expose (*smb.*, *smth.*), unmask (*smb.*); **~а́ться**, разоблачи́ться be* exposed, come* to light; **~е́ние** *с.* exposure; **~и́тель** *м.* denunciator; **~и́ть(ся)** *сов. см.* разоблача́ть(ся).

разобра́ть *сов. см.* разбира́ть 1--7; **~ся** *сов. см.* разбира́ться 2, 3.

разобщ|а́ть, разобщи́ть (*вн.*) **1.** break* up (*smb.*, *smth.*); *перен.* estrange (*smb.*); **2.** (*прерывать общение*) dissociate (*smb.*); **~а́ться**, разобщи́ться become* dissociated, get* out of touch; **~е́ние** *с.* **1.** breaking up; *перен.* estrangement; **2.** (*отсутствие связи, общения*) dissociation; **~ённость** *ж.* isolation, estrangement; **~ённый** isolated, estranged.

разобщи́ть(ся) *сов. см.* разобща́ть(ся).

ра́зовый single; ~ биле́т single ticket, one-way ticket; ~ про́пуск pass valid for on attendance only.

разогна́ть(ся) *сов. см.* разгоня́ть(ся).

разогну́ть(ся) *сов. см.* разгиба́ть(ся).

разогрева́ть, разогре́ть (*вн.*) heat (*smth.*) up; *разг.* (*вызывать ощущение тепла*) warm (*smb.*, *smth.*) up; **~ся**, разогре́ться become*/get* hot; *разг.* (*согреваться*) get* warm.

разогре́ть(ся) *бот.*разогрева́ть(ся).

разоде́тый *разг.* dressed up, dolled up.

разоде́ть *сов.* (*вн.*) *разг.* dress/doll (*smb.*) up; ~ся *сов. разг.* be* dressed/dolled/figged up.

разодолж|а́ть *несов. см.* разодолжи́ть.

разодолж|и́ть *разг.* give a nasty surprise.

разодра́ть *сов. см.* раздира́ть 1.

разодра́ться *сов. разг.* (*сильно подраться*) have* a proper scrap/fight.

разозли́ть *сов.* (*вн.*) make* (*smb.*) furious; **~ся** *сов.* (на *вн.*) get* furious (with); get* mad (with) *разг.*.

раз|**ойти́сь** *сов. см.* расходи́ться.

раз|**о́к** *разг.* dim. of ~; ещё ~ once more; ~ друго́й once or twice.

ра́зом *разг.* **1.** (*одновременно*) at once, together, at the same time; **2.** (*в один приём*) all at once, in one go; **3.** (*мгновенно*) in a flash.

разомкну́ть(ся) *сов. см.* размыка́ть(ся).

разонра́виться *сов.* (*дт.*) *разг.* lose* all *one's* attraction (for), cease to be attractive (to).

разо́рванный **1.** (*рваный*) torn; with a hole in it *после сущ.*; **2.** (*отрывочный*) disjointed, disconnected.

разорва́ть *сов. см.* разрыва́ть I; **~ся** *сов. см.* разрыва́ться.

разор|**е́ние** *с.* ruin; (*разрушение*) devastation, ravaging, pillaging; **~ённый** ruined; ~ённый войно́й war-ravaged, devastated; **~и́тельный** ruinos.

разори́ть(ся) *сов. см.* разоря́ть(ся).

разоруж|**а́ть**, разоружи́ть (*вн.*) disarm (*smb.*, *smth.*) (*тж. перен.*); **~а́ться**, разоружи́ться disarm; **~е́ние** *с.* disarmament; всео́бщее и по́лное ~е́ние general and complete disarmament; **~и́ть(ся)** *сов. см.* разоружа́ть(ся).

разоря́ть, разори́ть (*вн.*) **1.** (*разрушать*) devastate (*smth.*), ravage (*smth.*), pillage (*smth.*); **2.** (*лишать имущества*) ruin (*smb.*); **~ся**, разори́ться ruin *oneself*.

разосла́ть *сов. см.* рассыла́ть.

разостла́ть(ся) *сов. см.* расстила́ть(ся).

разохо́титься *сов.* (на *вн.*; + *инф.*) *разг.* take* a violent fancy (to; for + -ing).

разочарова́ние *с.* (*в пр.*) disillusionment (with), disenchantment (with); ~ в жи́зни disillusionment with life.

разочаро́ванный disillusioned, disappointed; ~ челове́к disillusioned/disappointed person; ~ тон tone of disappointment.

разочарова́ть(ся) *сов. см.* разочаро́вывать(ся).

разочаро́вывать, разочарова́ть (*вн.* в пр.) disappoint (*smb.* in); (*лишать иллюзий*) disillusion (*smb.* with, about), destroy *smb.'s* illusions (about); **~ся**, разочарова́ться (пр.) be* disappointed (in), be* disillusioned (with).

разраба́тывать, разрабо́тать (*вн.*) **1.** (*делать пригодны для чего-л.*) prepare (*smth.*); (*почву тж.*) cultivate (*smth.*); *перен.* develop (*smth.*), cultivate (*smth.*); **2.** (*подготавливать*) work (*smth.*) out, elaborate (*smth.*); **3.** (*усовершенствовать*) work up (*smth.*); train (*smth.*) (to perfection); разрабо́тать го́лос train the voice to perfection; **4.** *горн.* (*выбирать без остатка*) exhaust (*smth.*); рудни́к по́лностью разрабо́тан the mine is exhausted; **5.** *тк. несов. горн.* (*эксплуатировать*) mine (*smth.*), work (*smth.*).

разрабо́тать *сов. см.* разраба́тываться 1, 2, 3, 4.

разрабо́тк|**а** *ж.* **1.** (*вопроса и т. п.*) working out, elaboration; **2.** (*полезных ископаемых*) mining, extraction; ~ апати́тов mining of apatites; **3.** (*способ добычи*) mining; откры́тая ~ opencast mining; **4.** *обыкн. мн.* (*место добычи*) fields, workings; торфяны́е ~и peat workings; **5.** нау́чно-техни́ческая ~ research and development project; **6.** ~ прое́кта development of a project.

разра́внивание *с. тех.* (*насыпного груза*) trimming.

разра́внивать, разровня́ть (*вн.*) level (*smth.*).

разража́ться, разрази́ться **1.** break*; (*о беседе и т. п.*) descend upon; (*тв.*) break* loose (in), release (*smth.*); **2.** (*тв.*; *бурно выражать чувства*) burst* (into), burst* out (+ -ing); разрази́ться сме́хом burst* out laughing; разрази́ться слеза́ми burst* into tears; разрази́ться бра́нью deliver (oneself of) a stream of curses.

разрази́ться *сов. см.* разража́ться.

разраста́ться, разрасти́сь grow*, spread*; *перен. тж.* expand.

разрасти́сь *сов. см.* разраста́ться.

разреве́ться *сов. разг.* howl, start howling.

разреди́ть *сов. см.* разрежа́ть.

разрежа́ть, разреди́ть (*вн.*) **1.** (*растения*) ghin (*smth.*) out; **2.** (*воздух*) rarefy (*smth.*).

разрежённ|**ость** *ж.*: ~ во́здуха rarefied atmosphere; **~ый** **1.** (*менее частый*) thinned out; ~ые посе́вы thinned out crops; **2.** (*менее насыщенный*) rarefied; ~ый газ, во́здух rarefied gas, air.

разре́з *м.* **1.** (*надрез*) cut; (*вдоль*) slit; **2.** (*на чертеже*) section; ◇ ~ глаз set/shape of the eyes; в этом ~у taken from this aspect/angle.

разреза́ть *сов. см.* разреза́ть и ре́зать 1.

разрез|**а́ть**, разреза́ть (*вн.*) 1. cut* (*smth.*); (*вдоль*) slit* (*smth.*); **2.** (*вскрывать часть тела*) make* an incision (in); **~но́й**: ~но́й нож paper-knife*.

разреш|**а́ть**, разреши́ть **1**. (*вн. дт.*, *дт.* + *инф.*; *позволять*) allow (*smb.*, *smth.*, *smb.* + to *inf*), permit (*smb.*, *smth.*, *smb.* + to *inf*), let* (*smb.*, *smth.*, *smb.* + to *inf*); врач разреши́л ему́ встать с посте́ли the doctor allowed him to get up; оте́ц не ~а́ет ему́ ча́сто ходи́ть в кино́ his father does not let him go to the cinema often; **2.** (*вн.*; *допускать*) pass (*smth.*); ~ кни́гу к печа́ти pass a book for the press; **3.** (*вн.*; *находить правильный ответ*) solve (*smth.*); разреши́ть пробле́му solve a problem; **4.** (*вн.*; *устранять, разъяснять*) settle (*smth.*); разреши́ть спор settle an argument; разреши́ть сомне́ния settle doubts; **5.**: разреши́(те) мне (+ *инф.*) may I declare the meeting open; разреши́те пройти́! excuse me!, may I pass?; разреши́те закури́ть? do you mind if I smoke?; **~а́ться**, разреши́ться **1.** (*быть решённым*) be* solved, be* settled; вопро́с разреши́лся о́чень легко́ the matter was settled/solved quite easily; все его́ сомне́ния разреши́лись all his doubts disappeared; **2.** (*завершаться чем-л.*) be* settled; де́ло наконе́ц разреши́лось finally the matter was settled; **3.** *тк. несов. безл.* (*быть позволенным*) be* allowed; здесь кури́ть ~а́ется smoking is allowed here; **~е́ние** *с.* **1.** (*позволение*) permission; **2.** (*документ*) permit; ~е́ние на въезд в страну́ permit to enter the country; **3.** (*вопроса, спора, сомнения*) settlement, settling; валю́тное ~ exchange permit; генера́льное ~ general license; именно́е ~ personal license; ~ на ввоз import permit; ~ на вы́воз export permit; ~ на и́мпорт *см.* ~ на ввоз; ~ на поста́вку delivery permit; ~ на реэ́кспорт permit for reexport; ~ на транзи́т transit permit; ~ на э́кспорт *см.* ~ на вывоз; ра́зовое ~ single license; ~ тамо́жни customs permit.

разреши́ть *сов. см.* разреша́ть; ~ся *сов. см.* разреша́ться 1, 2.

разрисова́ть *сов. см.* разрисо́вывать.

разрисо́вывать, разрисова́ть (*вн.*) draw* all over (*smth.*); разрисова́ть все сте́ны цвета́ми draw* flowers all over the walls.

разровня́ть *сов. см.* разра́внивать.

разрозненн|ый **1.** (*неполный*) odd; incomplete; ~ые тома́ odd volumes; ~ компле́кт incomplete collection, odd set; **2.** (*разъединённый*) isolated.

разро́знить *сов.* (*вн.*) spoil* (*smth.*), break* (*smth.*).

разруб|а́ть, разруби́ть (*вн.*) (*вдоль*) split* (*smth.*); (*на части*) chop (*smth.*) up, cut* (*smth.*) up; ~ *что-л.* попола́м cut*/split* *smth.* in two/half; ~ить *сов. см.* разрубать.

разруга́ть *сов.* (*вн.*) *разг.* scold (*smb.*); (*дать неодобрительный отзыв*) attack (*smb.*, *smth.*), state (*smb.*, *smth.*); **~ся** *сов.* (с *тв.*) *разг.* quarrel (with), have* a row (with).

разруmя́н|ить *сов.* (*вн.*) redden (*smb.*, *smth.*); **~иться** *сов.* (*от рд.*) (*от стыда*) blush (with)* flush (with); (*от быстрого движения*) be* flushed (from); она ~илась от моро́за her face was glowing from the frost.

разру́ха *ж.* disorganization, disruption.

разруш|а́ть, разру́шить (*вн.*) **1.** destroy (*smth.*), demolish (*smth.*); wreck (*smth.*) (*тж. перен.*); разру́шить *что-л.* до основа́ния raze *smth.* to the ground; разру́шить госуда́рственный аппара́т wreck the machinery of State; **2.** (*портить*) ruin (*smth.*); ~ здоро́вье ruin *one's* health; **3.** (*губить, расстраивать*) wreck (*smth.*); разру́шить все его́ пла́ны wreck all his plans; разру́шить наде́жды shatter hopes; **~а́ться**, разру́шиться **1.** (*превращаться в развалины*) collapse, be* demolished; **2.** (*приходить в полный упадок*) collapse; **3.** (*не осуществляться*) be* ruined, be* wrecked; **~е́ние** *с.* destruction, demolition, collapse; *перен.* ruin.

разру́шен|ный wrecked; ~ое зда́ние wrecked building; зда́ние бы́ло ~о the building was destroyed.

разруши́тельный destructive.

разру́шить(ся) *сов. см.* разруша́ть(ся).

разры́в *м.* **1.** (*связей и т. п.*) rupture, breaking off; ~ дипломати́ческих отноше́ний rupture of diplomatic relations; ме́жду ни́ми произошёл ~ they have broken off their relations; **2.** (*действие*) breaking, fracture; (*снаряда, котла и т. п.*) burst, bursting; испыта́ние материа́лов на ~ tensile test; ~ се́рдца heart failure; **3.** (*промежуток*) gap; **4.** (*отсутствие связи*) gap: ~ ме́жду тео́рией и пра́ктикой gap between theory and practice; **5.** (*биржевых цен*) *эк.* break, gap.

разрыва́ть I, разорва́ть **1.** (*вн.*) tear* (*smth.*) up; (*твёрдое тело*) break* (*smth.*); *перен. тж.* shatter (*smth.*); разорва́ть письмо́ tear* up a letter; разорва́ть *что-л.* на куски́ tear*/rip *smth.* to pieces; **2.** (*вн.*; *прорывать что-л.*) tear* (*smth.*), rip (*smth.*); slit* (*smth.*); перча́тка была́ разо́рвана the glove was torn/slit; **3.** (*вн.*; *растерзать*) tear* (*smb.*, *smth.*) to pieces, maul (*smb.*); **4.** (*вн.*; *взрывом разносить на части*) blow* (*smth.*) to pieces, shatter (*smth.*); котёл разорвало́ the boiler blew up; **5.** (*вн.*; *прекращать действие чего-л.*) break* of (*smth.*); разорва́ть дипломати́ческие отноше́ния break* off diplomatic relations; **6.** (с *тв.*; *порывать*) sever relations (with), break* (with); разорва́ть с про́шлым break* with the past.

разрыва́ть II, разрыть (*вн.*) **1.** dig* (*smth.*) up; (*кучу*) scatter (*smth.*); (*могилу*) open (*smth.*); **2.** *разг.* (*в поисках чего-л.*) turn (*smth.*) upside-down, ransack (*smth.*).

разрыв|а́ться, разорва́ться **1.** be* torn; у меня́ разорвало́сь пальто my coat is torn; **2.** (*взрываться*) burst*; снаря́д разорва́лся the shell burst; **3.** (*прекращаться, нарушаться*) be* severed, cease (to exist); ◇ у меня́ се́рдце ~а́ется... it breaks my heart...

разрывн|о́й explosive; ~ая пу́ля explosive bullet; dum-dum.

разрыда́ться *сов.* burst* into sobs.

разры́ть *сов. см.* разрыва́ть II.

разрыхли́ть *сов. см.* разрыхля́ть.

разрыхля́ть, разрыхли́ть (*вн.*) loosen (*smth.*).

разря́д I *м.* **1.** (*группа, категория*) type, sort; он принадлежа́л к ~у люде́й о́чень до́брых he was a very kind sort of person; **2.** (*степень квалификации*) grade; то́карь третьего ~а third-grade turner; спортсме́н пе́рвого ~а first-grade athlete.

разря́д II *м. эл.* discharge.

разряди́ть I, II *сов. см.* разряжа́ть I, II.

разря́дка *ж.* **1.** (*действие*) discharge; **2.** (*ослабление напряжения*) relief of tension (in); ~ междунаро́дной напряжённости relaxation (in); ~ междунаро́дной напряжённости relaxation of international tension; detente; **3.** *полигр.* spacing.

разря́дник I *м. эл.* discharger, arrester.

разря́дник II *м. разг.* (*спортсмен, имеющий разряд*) person with a sports rating.

разряжа́ть I, разряди́ть (*вн.*) *разг.* (*наряжать*) dress (*smb.*) up, deck (*smb.*) out.

разряжа́ть II, разряди́ть (*вн.*) **1.** (*оружие*) unload (*smth.*); (*стрелять*) disharge (*smth.*); **2.**

физ. disharge (*smth.*); ~ аккумуля́тор use up a battery; **3.** (*уменьшать напряжённость*) relieve (*smth.*), relax (*smth.*), calm (*smth.*); take* the heat out of (*smth.*); разряди́ть напряжённость междунаро́дной обстано́вки relieve international tension.

разряжа́ться I, разряди́ться *разг.* (*наряжаться*) dress up.

разряжа́ться II, разряди́ться **1.** *физ.* run* down, be* used up; аккумуля́тор разряди́лся the battery has no current in it; **2.** (*ослабевать*) relax, be* relieved/reduced, abate; разряди́лось не́рвное напряже́ние the nervous tension was relieved.

разубеди́ть(ся) *сов. см.* разубежда́ть(ся).

разубежда́ть, разубеди́ть (*вн.*в пр.) dissuade (*smb.* from + -ing); **~ся**, разубеди́ться (в пр.) change *one's* mind (about).

разува́ть, разу́ть (*вн.*) take* off *smb.'s* shoes, boots; **~ся**, разу́ться take* off *one's* shoes, boots.

разуве́рить(ся) *сов. см.* разуверя́ть(ся).

разуверя́ть, разуве́рить (*вн.* в пр.) disillusion (*smb.* of); **~ся**, разувери́ться (*в пр.*) lose* *one's* faith (in).

разузнава́ть, разузна́ть (*вн.*) find* (*smth.*) out; *несов. тж.* take* inquiries (about).

разузна́ть *сов. см.* разузнава́ть.

разукра́сить *сов.* (*вн.*) *разг.* decorate (*smth.*).

разукрупни́ть *сов. см.* разукрупня́ть.

разукрупня́ть, разукрупни́ть (*вн.*) *разг.* break* (*smth.*) up into smaller units.

ра́зум *м.* reason; (ум) mind, intellect; челове́ческий ~ the (human) mind; ◇ у меня́ ум за ~ захо́дит I am at my wit's end (what to do).

разуме́ть *несов.* (*вн.*) mean* (*smth.*); **~ся** *несов.* **1.** be* understood/meant; **2.**: разуме́ется *в знач. ввод. сл.* of course, certainly; он, разуме́ется, придёт he is sure to come.

разу́мник *м.* clever chap, clever boy.

разу́мн|ый reasonable; (*о поступке*) wise; (*рациональный*) rational; ~ое существо́ rational being; ~ челове́к wise/reasonable person; ~ые до́воды reasonable arguments; ~ее всего́ бы́ло бы... the wisest course would be...

разу́т|ый shoeless, barefoot; ходи́ть ~ым go* about without shoes, go* about barefoot.

разу́ть(ся) *сов. см.* разува́ть(ся).

разу́чивать, разучи́ть (*вн.*) learn* (*smth.*); разучи́ть скрипи́чный этю́д learn* a violin étude; ~ся, разучи́ться (+ *инф.*) forget* (how + to *inf*); разучи́ться танцева́ть forget* how to dance.

разучи́ть(ся) *сов. см.* разу́чивать(ся).

разъеда́ть, разъе́сть (*вн.*) eat* (*smth.*) away; corrode (*smth.*) (*тж. перен.*).

разъедин|е́ние *с.* **1.** separation; **2.** *эл.* disconnection; **~и́ть(ся)** *сов. см.* разъединя́ть(ся).

разъединя́ть, разъедини́ть (*вн.*) **1.** separate (*smb.*, *smth.*), part (*smth.*); **2.** *эл.* disconnect (*smth.*), break* (*smth.*); нас разъедини́ли (*по телефону*) we were cut off; **~ся**, разъедини́ться come* apart; *эл.* become* disconnected.

разъе́зд *м.* **1.** (*отъезд*) departure; ~ делега́тов departure of delegates; **2.** *мн.* (*поездка*) travels; он всегда́ в ~ах he's always on the move; **3.** *ж.-д.* passing-track; double-track section; (*остановочный пункт*) small junction; **4.** *воен.* mounted patrol.

разъезж|а́ть *несов.* travel about; (*на машине*) drive* about; ~ по стране travel about the country; ~ по дела́м слу́жбы travel on business; **~а́ться**, разъе́хаться **1.** (*уезжать*) leave*, go* away; ~а́ться по дома́м leave* for *one's* respective homes; ~а́ться на кани́кулы go* away for the holidays; **2.** (с *тв.*; *разлучаться*) separate (from), part (from); **3.** *разг.* (*скользя, расходиться*) slide* apart; но́ги ~аются *one's* feet slide apart; **4.** (*рваться от ветхости*) wear* thin.

разъе́сть *сов. см.* разъеда́ть.

разъе́хаться *сов.* **1.** *см.* разъезжа́ться; **2.** (*тв.*; *проехать мимо*) pass (*smb.*, *smth.*); **3.** (*разминуться*) miss each other.

разъярённый infuriated, frenzied; turbulent, raging; ~и́ть(ся) *сов. см.* разъяря́ть(ся).

разъяри́ть *сов.* infuriate, rouse to fury.

разъяря́ть, разъяри́ть (*вн.*) stir (*smb.*) fury/frenzy; **~ся**, разъяри́ться become* furious/enraged, fly* into a rage.

разъясн|е́ние *с.* explanation, clarification; (*истолкование*) interpretation; **~и́тельный** explanatory.

разъясни́ть(ся) *сов. см.* разъясня́ть(ся).

разъясня́ть, разъясни́ть (*вн.*, *дт.*) explain (*smth.* to), make* (*smth.*) clear (to); **~ся**, разъясни́ться become* clear.

разыгра́ть(ся) *сов. см.* разы́грывать(ся).

разы́грывать, разыгра́ть (*вн.*) **1.** (*исполнить*) perform (*smth.*), play (*smth.*); разыгра́ть спекта́кль perform a play; *перен.* put* on an act; **2.** *спорт.* (*выполнять какую-л. комбинацию*) play (*smth.*); хорошо́ разыгра́ть мяч play the ball well; **3.** (*приводить игру к концу*) bring* (*smth.*) to a conclusion; round off (*smth.*); остроу́мно разыгра́ть па́ртию в шахматы bring* a game of chess to a masterly conclusion; **4.** (*в лотерею*) raffle (*smth.*); (*по жребию*) draw* lots (for); **5.** (*изображать собой кого-л., что-л.*) play the...; feign (*smth.*); разыгра́ть простачка́ play the simpleton; **6.** *разг.* (*одурачивать*) pull *smb.'s* leg; ◇ разыгра́ть дурака́ make* a fool of *oneself*; **~ся**, разыгра́ться **1.** (*о детях*) romp; (*о животных*) frisk, gambol; **2.** *разг.* (*начинать играть непринуждённо*) warm up, get* into *one's* stride; **3.** (*проявляться с силой*) be* raging; разыгра́лись собы́тия things began to happen; стра́сти разыгра́лись feelings ran high; бу́ря разыгра́лась the storm was raging.

разыска́ть(ся) *сов. см.* разы́скивать(ся).

разы́скивать, разыска́ть (*вн.*) look (for); search (for); *сов. тж.* find* (*smb.*, *smth.*); **~ся**, разыска́ться turn up, be* found; ~ся мили́цией be* wanted by militia/police.

рай- *abbr.* райо́нный; ~ко́м district committee.

рай *м.* heaven, paradise; здесь ~! this is heaven; мы живём как в раю this place is a paradise; ◇ земной ~ an earthly paradise.

райо́н *м.* **1.** (*местность*) area, region; промы́шленный ~ industrial area; земледе́льческий ~ agricultural area; ю́жные ~ы страны southern areas/regions of the country; **2.** (*часть населённого пункта*) district; рабо́чий ~ working-class district; **3.** (*рд.; место действия*) area (of); ~ вое́нных де́йствий operations area; ~ затопле́ния flooded area; **4.** (*административно-территориальная единица в России*) district; **5.** (*рд.; место, прилегающее к чему-л.*) region, locality.

райони́ров|ание *с.* division into districts; **~ать** *несов.* и *сов.* (*вн.*) divide (*smth.*) into districts.

райо́нный district *attr.*

ра́йск|ий heavenly; у них ~ая жизнь they gave a heavenly life, theirs is a blissful existence; ~ая пти́ца bird-of-paradise.

рак I *м. зоол.* crayfish, crawfish; ◇ кра́сный как ~ red as a lobster; покрасне́ть как ~ go* red as a lobster; я ему́ покажу́, где ~и зиму́ют I'll teach him!, I'll have his guts (for garters).

рак II *м.* **1.** (*злокачественная опухоль*) cancer; 2. (*болезнь растений*) canker.

ра́ка *ж. церк.* ~ с мо́щами shrine with the relics.

раке́та I *ж.* **1.** (*фейерверк*) rocket; (*для освещения местности*) flare; **2.** (*летательный аппарат*) rocket; косми́ческая ~ space rocket; трёхступенчатая ~ three-stage rocket; **3.** *воен.* (*боевой снаряд*) rocket, ballistic missile; крыла́тая ~ cruise missile; **4.** (*судно*) (passenger-carrying) hydrofoil.

раке́та II *ж. см.* раке́тка.

раке́тка *ж. спорт.* racket; (*для настольного тенниса*) bat.

раке́тница *ж.* flare/signal pistol.

раке́тно-косми́ческий space-rocket *attr.*

раке́тно-я́дерный nuclear-rocket *attr.*

раке́тн|ый I rocket *attr.*; (*с ракетным двигателем*) jet(-propelled), rocket-propelled; ~ая те́хника rocketry; ~ая ба́за rocket base; ~ дви́гатель jet engine; ~ые войска́ rocket troops/forces.

раке́тн|ый II *спорт.* racket *attr.*; ~ая се́тка strings of a racket.

ракетодро́м *м.* launching site; (*для космических ракет*) spacedrome.

ракетоноси́тель *м.* rocket carrier.

ракетоно́сный missile-carrying, rocket-armed; missile *attr.*

ракетострое́ние *с.* rocket building.

раке́тчик *м.* missileman.

раки́та *ж. бот.* brittle willow.

раки́тник *м. бот.* broom.

ра́ковина *ж.* **1.** shell; ~ ули́тки snail shell; **2.** ушна́я ~ external ear; ~ под кра́ном sink; умыва́льная ~ wash-bowl.

ра́ковый I crayfish *attr.*

ра́ковый II **1.** *мед.* cancerous; cancer *attr.*; **2.** *бот.* cankerous.

ра́курс *м.* foreshortening; в ~е foreshortened.

раку́шечник *м. геол.* coquina, shell rock.

раку́шка *ж.* cockle-shell.

ра́лли *с.* rally.

ра́м|а *ж.* frame; дверна́я ~ door-frame, door-casing; вну́тренняя ~ окна́ inner sash; вста́вить карти́ну в ~у frame a picture.

ра́мк|а *ж.* **1.** frame* *перен.* setting; в ~ framed; **2.** *мн.* (*пределы*) limits; framework *sg.*; в ~ах Организа́ции Объединённых На́ций within the framework of the United Nations; вы́йти за ~и exceed the limits (of); **3.** *радио (антенна)* frame aerial; **4.** ~ кинона́дписи *кино* title board.

ра́мочн|ый frame *attr.*; ◇ ~ая анте́нна *радио* frame aerial.

ра́мпа *ж. театр.* footlights *pl.*

ра́н|а *ж.* wound; перевяза́ть ~у dress a wound; душе́вная ~ wound (to *one's* feelings), emotional shock.

ранг *м.* rank; дипломати́ческие ~и diplomatic ranks; капита́н 1-го ~а captain.

рангоу́т *м. мор.* masts and spares *pl.*

ра́нее ~ *см.* ра́ньше 2, 4.

ране́ние *с.* **1.** (*действие*) wounding; **2.** (*рана*) wound; получи́ть тяжёлое ~ be* severely wounded.

ра́неный *прил.* **1.** wounded, injured; **2.** *после сущ. м.* wounded man*; *мн.* the wounded; casualties.

ра́нец *м.* (*солдатский*) haversack, knapsack; (*школьный*) satchel.

ра́нить *несов.* и *сов.* (*вн.*) wound (*smb.*); *перен. тж.* hurt* (*smb.*); ~ *кого-л.* в но́гу wound *smb.* in the leg.

ра́нн|ий early; ~яя о́сень early in the morning; ~ей весно́й in (the) early spring, early in spring; ~яя пшени́ца early-ripening wheat; ◇ из молоды́х, да ~! he's beginning early!

ра́но **1.** *нареч.* early; ~ у́тром early (in the morning); **2.** *в знач. сказ. безл.* it is early; ещё сли́шком ~ it is too early; обе́дать ещё ~ it is too early for dinner yet; ◇ ~ и́ли по́здно sooner or later.

рант *м.* welt; сапоги́ на ~у welted boots.

рантов|о́й welted; ~ая о́бувь welted foot-wear.

рантье́ *м. нескл.* rentier, stockholder, fundholder.

ра́нчо *с. кино* ranch.

рань *ж. разг.*: в таку́ю ~ at such an ungodly hour.

ра́ньше **1.** (*сравнит. ст. от нареч.* ра́но) earlier; как мо́жно ~ (*о часе*) as early as possible; (*о дате*) as soon as possible; **2.** (*до какого-л. момента, срока*) before, until; не верну́сь ~ ве́чера I shall not be back before evening; **3.** (*прежде другого*) before; он пришёл ~ всех he was the first to arrive, he arrived before anybody else; **4.** (*в прежнее время*) formerly, before; ~ здесь стоя́ли деревя́нные дома́ there used to be wooden houses here before; ◇ ~ вре́мени too soon/early; волнова́ться ~ вре́мени worry beforehand.

рапи́ра *ж.* foil.

ра́порт *м.* report; отдава́ть ~ report; принима́ть ~ receive a report.

рапортова́ть *несов. и сов.* (*дт.* о пр.) report (*smth.* to).

рапс *м. бот.* rape.

рапсо́дия *ж.* rhapsody.

ра́са *ж.* race.

рас|и́зм *м.* racialism; **~и́ст** *ж.* racist, racialist; **~и́стский** racialist *attr.*

раскабали́ть(ся) *сов. см.* раскабаля́ть(ся).

раскабаля́ть, раскабали́ться (*вн.*) emancipate (*smb.*); **~ся**, раскабали́ться emancipate *oneself.*

раска́иваться, раска́яться (*в пр.*) repent (*smth.*); (*испытывать сожаление*) regret (*smth.*); раска́яться в свои́х просту́пках repent *one's* misdeeds.

раскалённ|ый scorching, burning hot; (*от солнца тж.*) torrid; ~ая печь overheated/hot stove; ~ые у́гли red-hot coals.

раскали́ть(ся) *сов. см.* раскаля́ть(ся).

раска́лывать, расколо́ть (*вн.*) split* (*smth.*) (*тж. перен.*)* cleave* (*smth.*); (*орехи*) crack (*smth.*); **~ся**, расколо́ться split; (*тж. перен.*); (*об орехе*) crack.

раскаля́ть, раскали́ть (*вн.*) (*огнём*) heat (*smth.*); (*о солнце тж.*) make* (*smth.*) scorching hot; **~ся**, раскали́ться be* scorching hot.

раскапри́зничаться *сов.* become* very naughty, play up; act up *амер.*

раска́пывать, раскопа́ть (*вн.*) **1.** enlarge (*smth.*) (by digging); (*копая, обнаружить*) dig* (*smth.*) up, unearth (*smth.*); **2.** (*производить раскопки*) unearth (*smth.*), dig* up (*smth.*); где вы раскопа́ли э́ту ру́копись? where did you unearth that manuscript?

раска́рмливать *несов. см.* раскорми́ть.

раскасси́ровать *сов. воен.* disband; *перен.* wind up, liquidate.

раска́т *м.* **1.** peal; (*отражённый*) reverberation; **2.** *мн.* (*гул*) roar *sg.*, rumble *sg.*; peals.

раската́ть *сов. см.* раска́тывать 1.

раска́тистый resounding; ~ смех rumbling laugh; ~ уда́р гро́ма reverberating peal/clap of thunder.

раскати́ться *сов.* **1.** (*покатиться в разные стороны*) roll about; **2.** (*набрать скорость*) gather speed; 3. (*прозвучать*) boom.

раска́тывать, раската́ть **1.** (*вн.*) roll (*smth.*); **2.** *тк. несов. разг.* (*разъезжать*) drive* all over.

раскача́ть *сов. см.* раска́чивать 1, 2, 4; **~ся** *сов. см.* раска́чиваться 1, 3.

раска́чив|ать, раскача́ть **1.** (*вн.*; *заставлять качаться*) rock (*smth.*); swing* (*smb.*, *smth.*); раскача́ть каче́ли get* a swing going well; 2. (*вн.*; *расшатывать*) loosen, shake* loose; 3. *тк. несов.* (*тв.*; *производить колебательные движения*) swing* (*smth.*); **4.** (*вн.*) *разг.* (*пробуждать к действию*) stir (*smb.*) to action; его́ тру́дно раскача́ть he is hard to rouse; **~аться**, раска́чаться **1.** swing*; rock; каче́ли раскача́лись the swing began to move; **2.** *тк. несов. разг.* (*переваливаться с боку на бок*) be* swaying/swinging/rockins; ходи́ть ~аясь roll along, have* a rolling gait; 3. *разг.* (*выходить из состояния апатии*) get* started; он о́чень ме́дленно ~ается he can't get started, he's a slow starter.

раска́шляться *сов.* have* a fit of coughing.

раска́яние *с.* repentance.

раска́яться *сов. см.* раска́иваться.

расквартирова́ть *сов.* (*вн.*) quarter (*smb.*, *smth.*), billet (*smb.*, *smth.*).

расква́|сить *несов. разг.* punch (and draw blood from); ~ *кому-н.* нос give someone a bloody nose.

расква́шивать *несов. см.* расква́сить.

расквита́ться *сов.* (с *тв.*) *разг.* settle accounts (with); *перен. тж.* get* even (with), be* quits (with).

раскида́ть *сов. см.* раски́дывать 1.

раски́дистый spreading.

раски́дывать, раскида́ть, раски́нуть (*вн.*) **1.** *сов.* раскида́ть scatter (*smth.*); **2.** *сов.* раски́нуть spread* (*smth.*); (*палатку, лагерь*) hitch (*smth.*); ◇ раски́нуть умо́м think* it over; **~ся**, раски́нуться *разг.* sprawl; раски́нуться на дива́не sprawl on a sofa.

раски́нуть *сов. см.* раски́дывать 2; **~ся** *сов.* **1.** *см.* раски́дываться; **2.** be* spread (over); го́род раски́нулся широко́ the town is spread over a wide area.

раскладно́й folding, collapsible.

раскладу́шка *ж. разг.* camp bed.

раскла́дывать, разложи́ть (*вн.*) **1.** lay* (*smth.*) out; **2.** (*расстилать*) spread* (*smth.*); **3.**: ~ костёр make* a fire; **4.** (*распределять*) apportion (*smth.*), sort (*smth.*) out, distribute (*smth.*); **~ся**, разложи́ться (*распаковывать вещи*) unpack.

раскла́ниваться, раскла́няться bow.

раскланяться *сов. см.* раскла́ниваться.

раскле́ивать, раскле́ить (*вн.*) paste (*smth.*); (*афиши и т. п.*) stick up (*smth.*), post (up) (*smth.*); ~ листо́вки stick* up pamphlets; **~ся**, раскле́иться **1.** (*о склеенном*) come* unstuck; **2.** *разг.* (*о здоровье*) go* to pieces; я что-то совсе́м раскле́ился I've gone all to pieces.

раскле́ить(ся) *сов. см.* раскле́ивать(ся).

раско́ванн|о uninhibitedly; чу́вствовать себя́ ~ feel* uninhibited/relaxed; **~ость** *ж.* uninhibitedness; **~ый** uninhibited.

раскова́ть *сов.* (*вн.*) **1.** (*лошадь*) unshoe (*smth.*); **2.** (*освободить от цепей*) unshackle (*smb.*, *smth.*).

раско́л *м.* **1.** split, disunity; **2.** *рел.* schism.

расколо́ть(ся) *сов. см.* раска́лывать(ся).

раско́льни|к **1.** (*тот, кто вносит разлад*) splitter, dissident; **2.** *рел.* dissenter; **~ческий** **1.** (*вносящий разлад*) splitting, breakaway; **2.** *рел.* dissenters.

раскопа́ть *сов. см.* раска́пывать.

раско́пки *мн.* excavations.

раскорми́ть *сов.* (*вн.*) feed* up (*smb.*, *smth.*).

раско́сый slanting.

раскоше́л|иваться, раскоше́литься *разг.* loosen *one's* purse strings; fork out; **~иться** *сов. см.* раскоше́ливаться.

раскра́дывать, раскра́сть (*вн.*) steal* (*smth.*), plunder (*smth.*).

раскра́ивать, раскрои́ть (*вн.*) cut* (*smth.*) out; ~ мате́рию на костю́м cut* out a suit.

раскра́с|ить *сов. см.* раскра́шивать; **~ка** *ж.* **1.** (*действие*) painting, coloring; **2.** (*расцветка*) colors *pl.*, coloration.

раскрасне́вшийся flushed.

раскрасне́ться *сов.* flush, be* flushed, glow.

раскра́сть *сов. см.* раскра́дывать.

раскра́шенный colored; (brightly) painted.

раскра́шивать, раскра́сить (*вн.*) paint (*smth.*), color (*smth.*); ~ *что-л.* под де́рево grain (*smth.*); ~ *что-л.* под мра́мор marble (*smth.*).

раскрепости́ть(ся) *сов. см.* раскрепоща́ть(ся).

раскрепощ|а́ть, раскрепости́ть (*вн.*) emancipate (*smb.*); **~аться**, раскрепости́ться be* emancipated; **~е́ние** *с.* emancipation.

раскритикова́ть *сов.* (*вн.*) severely criticize (*smb.*, *smth.*); ~ статью́ slate an article, inveigh against an article.

раскрича́ться *сов. разг.* **1.** (*начать сильно кричать*) start shouting; **2.** (на *вн.*; *наброситься с бранью*) bawl (at), bellow (at).

раскрои́ть *сов. см.* раскра́ивать.

раскроши́ть *сов.* (*вн.*) crumble (*smth.*), pulverize (*smth.*); **~ся** *сов.* crumble.

раскрути́ть(ся) *сов. см.* раскру́чивать(ся).

раскру́чивать, раскрути́ть (*вн.*) untwist (*smth.*); **~ся**, раскрути́ться come* untwisted.

раскрыва́ть, раскры́ть (*вн.*) **1.** (*открывать*) open (*smth.*); раскры́ть шкаф open a cupboard; раскры́ть воро́та open a gate; раскры́ть паке́т open a parcel; ~ зо́нтик open an umbrella, put* up an umbrella; раскры́ть кни́гу open a book; **2.** (*обнажать*) expose (*smth.*); (*часть тела тж.*) bare (*smth.*); **3.** (*объяснять скрытый смысл чего-л.*) reveal (*smth.*); раскры́ть та́йну unravel a mystery; раскры́ть смысл вопро́са reveal the essence of the matter; **4.** (*обнаруживать*) discover (*smth.*), uncover (*smth.*), detect (*smth.*); ◇ раскры́ть *чью-л.* игру́ see* through *smb.'s* game; **~ся**, раскры́ться **1.** (*открываться*) open; (*случайно*) come* open; **2.** (*обнажаться*) expose *oneself*, uncover *oneself*; **3.** (*представать взору*) be* revealed; spread* out (before); **4.** (*обнаруживать свою сущность*) reveal *oneself*; tell* *one's* story; **5.** (*обнаруживаться*) come* out, come* to light.

раскры́тие *с.* **1.** opening; 2. (*тайны*) revelation, unfolding; 3. (*преступления и т. п.*) exposure; detection.

раскры́ть(ся) *сов. см.* раскрыва́ть(ся).

раскуда́хтаться *сов. разг.* set up a cackling.

раскула́чивание *с.* dispossession of the kulaks, dekulakization.

раскула́чивать *несов. см.* раскула́чить.

раскула́чить dispossess the kulaks, dekulakize.

раскуме́кать *сов. разг.* learn, find out.

раскупа́ть, раскупи́ть (*вн.*) buy* up (*smth.*); това́р неме́дленно раскупи́ли the goods were sold out in no time; **~ся** *несов.* sell* steadily; go* like hot cakes *разг.*

раскупи́ть *сов. см.* раскупа́ть.

раскупо́ривать, раскупо́рить (*вн.*) open (*smth.*); (*бутылки тж.*) uncork (*smth.*).

раскупо́рить *сов. см.* раскупо́ривать.

раску́рив|ать, раскури́ть **1.** (*вн.*; *разжигать папиросу и т. п.*) get* (*smth.*) properly lighted; раскури́ть тру́бку get* *one's* pipe going; **2.** *тк. несов. разг.* (*проводить время в курении*) pass the time smoking; дело ждёт, а он стои́т и ~ает! he stands there smoking when there's work to be done! ~аться, раскури́ться light properly, get* going.

раскури́ться *сов. см.* раску́ривать 1.; ~ся *сов. см.* раску́риваться.

раскуси́ть *сов.* **1.** *см.* раску́сывать; **2.** (*вн.*) *разг.* (*распознать*) get *smb.'s* measure, size (*smb.*) up, see* through (*smb.*).

раску́сывать, раскуси́ть (*вн.*) bite* (*smth.*), bite* through (*smth.*).

раску́тать(ся) *сов. см.* раска́тывать(ся).

раску́тывать, раску́тать (*вн.*) unwrap (*smb.*, *smth.*); **~ся**, раску́таться unwrap *oneself.*

ра́сов|ый racial; race *attr.*; ~ при́знак racial characteristic; ~ые предрассу́дки race prejudices.

распа́д *м.* disintegration, decay; ~ ядра́ nuclear disintegration.

распада́ться, распа́сться **1.** fall* apart; disintegrate; (*об атомах и т. п. тж.*) decay; 2. (*утрачивать целостность*) break* up, fall* apart, disintegrate; *перен.* break* down.

распа́ивать, распая́ть (*вн.*) unsolder (*smth.*); **~ся**, распая́ться come* unsoldered, melt apart.

распакова́ть(ся) *сов. см.* распако́вывать(ся).

распако́вывать, распакова́ть (*вн.*) unpack (*smth.*); **~ся**, распакова́ться unpack.

распали́ть(ся) *сов. см.* распаля́ть(ся).

распаля́ть, распали́ть (*вн.*) *разг.* make* (*smth.*) burn, fan (*smth.*) into a blaze; (*раскалять*) make* (*smth.*) burning hot, overheat (*smth.*); *перен.* fire (*smb.*, *smth.*), inflame (*smb.*, *smth.*), incite (*smb.*); **~ся**, распали́ться *разг.* be*/get* overheated, become* burning hot, *перен.* be* fired/roused; blaze (with).

распа́р *м. техн.* body (of blast furnace).

распа́ривать(ся) *несов. см.* распа́рить(ся).

распа́рить *сов.* 1. steam out; stew well; 2. cause to sweat.

распа́р|иться *сов.* **1.** steam out; be well stewed; **2.** break into a sweat.

распа́рывать, распоро́ть (*вн.*) rip (*smth.*) open; ~ пла́тье unpick a dress; **~ся**, распоро́ться come* undone; пла́тье распоро́лось the dress is going/splitting at the seams.

распа́сться *сов. см.* распада́ться.

распаха́ть *сов. см.* распа́хивать I.

распа́хивать I распаха́ть (*вн.*) plough (*smth.*) up; распаха́ть целину́ plough up virgin land.

распа́хивать II, распахну́ть (*вн.*) fling*/throw* (*smth.*) open; широко́ распахну́ть дверь fling* the door wide open; распахну́ть пальто́ throw* open *one's* coat; **~ся**, распахну́ться fly* open.

распахну́ть *сов. см.* распа́хивать II; **~ся** *сов. см.* распа́хиваться.

распа́шка *ж.* ploughing up.

распашо́нка *ж. разг.* baby's vest.

распая́ть(ся) *сов. см.* распа́ивать(ся).

распева́ть *несов. разг.* sing*, pass the time singing.

распека́ть, распе́чь (*вн.*) *разг.* scold (*smb.*), tell* (*smb.*) off, give* (*smb.*) a wigging.

распелена́ть *сов.* (*вн.*) unswaddle (*smb.*); **~ся** *сов.* come*/get* unwrapped.

распетуши́ться *сов. разг.* get into a paddy; have *one's* hackles up.

распе́ться *сов. разг.* **1.** (*увлечься пением*) sing* away; **2.** (*о птицах*) burst* into song; **3.** (*начать петь свободно, без затруднений*) warm up, get* into good voice.

распеча́тать(ся) *сов. см.* распеча́тывать(ся).

распеча́тывать, распеча́тать (*вн.*) (*запечатанное*) unseal (*smth.*), break* the seals (of); (*заклеенное*) open (*smth.*); распеча́таться come* unstuck/unsealed.

распе́чь *сов. см.* распека́ть.

распива́ть, распи́ть (*вн.*) *разг.* **1.** drink* (*smth.*) (together); распи́ть буты́лку вина́ empty a bottle of wine; **2.** *тк. несов.* (*пить долго, медленно*) linger over (*smth.*).

распи́ливать, распили́ть (*вн.*) saw* (*smth.*) up.

распили́ть *сов. см.* распи́ливать.

расписа́ни|е *с.* timetable, schedule; ~ програ́ммы *кино* program schedule, timetable; ~ съёмок *кино* shooting call; ~ движе́ния возду́шных судо́в flight schedule; ~полётов самолётов flight schedule; официа́льное ~ полётов published schedule; соста́вить ~ work out a timetable; по ~ю according to schedule; по́езд идёт по ~ю the train is running on time; шта́тное ~ list of staff.

расписа́ть *сов. см.* распи́сывать; **~ся** *сов.* **1.** *см.* распи́сываться; **2.** *разг.* (*писать с увлечением*) get*/be* absorbed in writing.

распи́ск|а *ж.* **1.** (*действие*): ~ стен decorating the walls; **2.** (*документ*) receipt (for); ломба́рдная ~pawn ticket; сохра́нная ~ *комм.* deposit receipt; ~ в получе́нии а́кций (*при их продаже*) stock receipt; ~ в получе́нии де́нег cash voucher; ~ в получе́нии за́йма loan receipt; сдать *что-л.* под ~у *кому-л.* make* *smb.* sign for *smth.*, дать *кому-л.* ~у give* *smb.* a receipt.

расписно́й *разг.* decorated, painted.

распи́сывать, расписа́ть (*вн.*) **1.** (*выписывать, переписывать*) copy out (*smth.*); **2.** (*распределять*) assign (*smth.*); (*записывать последовательность чего-л.*) schedule (*smth.*); ~ *что-л.* по кни́гам enter *smth.* in the books/ledgers; **3.** (*красками*) decorate (*smth.*), paint (*smth.*); **4.** *разг.* (*излагать что-л., приукрашивая*) give a glowing desription of *smth.*; **~ся**, расписа́ться **1.** (*давать подпись*) sign (*one's* name); *перен.* acknowledge; display; ~ся в поруче́нии чего-л. receipt *smth.*, sign for *smth.*; ~ся в своём неве́жестве display *one's* ignorance; 2. (с *тв.*) *разг.* (*регистрировать свой брак*) register *one's* marriage; он расписа́лся с не́ю they have registered their marriage.

распи́ть *сов. см.* распива́ть I.

распиха́ть *сов. см.* распи́хивать.

распи́хивать, распиха́ть (*вн.*) *разг.* **1.** (*расталкивать*) push *one's* way (through); 2. (*рассовывать*) shove (*smth.*).

распла́в|ить(ся) *сов. см.* расплавля́ть(ся); **~ленный** molten.

расплавля́ть, распла́вить (*вн.*) melt (*smth.*); **~ся**, распла́виться melt.

распла́каться *сов.* burst* into tears, burst* out crying.

распланиро́вать *сов.* (*вн.*) plan (*smth.*); (*сад и т. п.*) lay* out (*smth.*).

распланирова́ть *сов. см.* планирова́ть.

распласта́ться *сов.* throw* *oneself* flat.

распла́т|а *ж.* **1.** payment; **2.** (*кара, возмездие*) retribution, punishment; наста́л час ~ы the day of reckoning has come.

расплати́ться *сов. см.* распла́чиваться.

распла́чиваться, расплати́ться **1.** (с *тв.*) pay* (*smb.*); settle accounts (with) (*тж. перен.*); 2. (за *вн.*; *нести наказание*) pay* (for).

расплеска́ть(ся) *сов. см.* расплёскивать(ся).

расплёскивать, расплеска́ть (*вн.*) spill* (*smth.*); **~ся**, расплеска́ться spill*; spill* over.

расплести́(сь) *сов. см.* расплета́ть(ся).

расплета́ть, расплести́ (*вн.*) unplait (*smth.*); ~ косу́ unplait *one's* hair; **~ся**, расплести́сь come* unplaited.

расплод|и́ть *сов.* (*вн.*; *прям.* и *перен.*) breed* (*smth.*); **~и́ться** *сов.* (*прям.* и *перен.*) breed*; ~и́лось мно́го мыше́й и т. п. the place is overrun with mice etc.

расплыва́ться, расплы́ться **1.** (*растекаться*) flow, run*; **2.** (*утрачивать отчётливые очертания*) become* blurred, blur; **3.** *разг.* (*полнеть*) become* fat; **4.**: ~ в улы́бку smile broadly; его́ лицо́ расплыло́сь в улы́бке a broad smile spread over his face.

расплы́вчатый blurred, indistinct; *перен.* vague.

расплы́вшийся *разг.* flabby.

расплы́ться *сов. см.* расплыва́ться.

расплю́щивать, расплю́щить (*вн.*) flatten (*smth.*); **~ся**, расплю́щиться flatten.

расплю́щить(ся) *сов. см.* расплю́щивать(ся).

распознава́ть, распозна́ть (*вн.*) recognize (*smb.*, *smth.*); (*различать*) discern (*smb.*, *smth.*); ~ боле́знь diagnose a disease; ~ *чьи-л.*; наме́рения discover *smb.'s* intentions.

распозна́ть *сов. см.* распознава́ть.

располага́ть I, расположи́ть **1.** (*вн.*; *размещать*) dispose (*smth.*), arrange (*smth.*); дом располо́жен на горе́ the house is situated on a hill; ~ *что-л.* в алфави́тном поря́дке arrange *smth.* in alphabetical order; **2.** (*вн.* к *дт.*; *вызывать симпатию*) make* (*smb.*, *smth.*) well disposed (towards); ~ к себе́ make* a good impression, win* favor.

располага́ть II *несов.* **1.** (*тв.*; *иметь в распоряжении*) dispose (of); have* (*smb.*, *smth.*) (at *one's* disposal); ~ вре́менем have* time at *one's* disposal; мо́жете ~ мно́ю (как хоти́те) I am (completely) at your disposal; **2.** (*вн.* к *дт.*; *способствовать чему-л.*) make* (*smb.*) inclined (to), be* conducive (to).

располаг|а́ться, расположи́ться settle down; (*о войсках*) be* stationed; (*усаживаться, ложиться*) make* *oneself* comfortable; ~ ла́герем encamp, pitch camp; ~ писа́ть settle down to write; ~ на о́тдых sit* down for a rest; ~а́йтесь как до́ма make yourself at home.

располага́ющ|ий likeable, attractive; ~ая вне́шность likeable appearance.

располза́ться, расползти́сь **1.** (*в разные стороны*) crawl off (in different directions); **2.** *разг.* (*рваться от ветхости*) fall* to pieces; (*о материи тж.*) be* threadbare.

расползти́сь *сов. см.* располза́ться.

расположе́ни|е *с.* **1.** (*размещение*) arrangement; **2.** (*нахождение, пребывание*) situation; *воен.* position(s); **3.** (*порядок размещения чего-л.*) arrangement, layout; странное ~ ко́мнат strange layout of the rooms; **4.** (*симпатия*) sympathies *pl.*, regard; заслужи́ть, сниска́ть *чьё-л.* ~ win* *smb.'s* regard/sympathies; gain *smb.'s* favor; по́льзоваться *чьим-л.* ~ем be* in favor with *smb.*; **5.** (к *дт.*; *склонность*) liking (for), taste (for); inclination (toward); (*восприимчивость*) tendency (to); ~ к чтению liking for reading; ~ к боле́зни, полноте́ tendency to fall ill, to get fat; **6.** *разг.* (*настроение*) mood; не име́ть ~я (+ *инф.*) be* in no mood (+ to *inf.*); <> ~ духа frame of mind, mood; быть в хоро́шем ~и ду́ха be* in good spirits.

располо́ж|енный **1.** (*находящийся*) situated; *воен.* located, stationed, posted; **2.** (к *дт.*; *питающий симпатию*) disposed (to, towards); он к вам о́чень ~ен he is extremely well disposed towards you; **3.** (к *дт.*; + *инф.*; *склонный к чем-л.*) inclined (to, + to *inf.*); я соверше́нно не ~ен занима́ться э́тими дела́ми I have no inclination at all to deal with these matters.

расположи́ть *сов. см.* располага́ть I; **~ся** *сов. см.* располага́ться.

распо́р *м. тех.* thrust.

распо́рка *ж. тех.* crossbar, strut, tie-beam, tie-rod, spreader bar.

распоро́ть *сов. см.* распа́рывать и поро́ть I; **~ся** *сов. см.* распа́рываться.

распоряди́тель *м.* superintendent; (*на празднике*) master of ceremonies; ~ това́ра (*физическое или юридическое лицо, имеющее право распоряжения товаром по своему усмотрению или чьему-л. поручению*) *комм.* disposer of the goods; **~ный** practical, businesslike; (*об учреждении*) administrative.

распоряди́ться *сов. см.* распоряжа́ться 1, 3.

распоря́д|ок *м.* routine, procedure; ~ дня daily routine; пра́вила вну́треннего ~ка regulations.

распоряжа́ться, распоряди́ться **1.** (*отдавать распоряжение*) give* instructions; *сов. тж.* see* (that); распоряди́ться сде́лать, принести́, убра́ть *что-л.* have* *smth.* done, brought, taken away; распоряди́ться об упла́те де́нег see* that the money is paid; **2.** *тк. несов.* (*тв.*; *управлять, ведать*) be* in charge (of); manage (*smth.*), run* (*smth.*); всем ~ run* the whole show *разг.*; ~ как у себя́ до́ма behave as if the place belonged to one; **3.** (*тв.*; *находить применение чему-л.*) dispose (of), do* (with); распоряди́тесь мои́ми деньга́ми, как найдёте ну́жным dispose of my money as you think fit.

распоряже́ни|е *с.* (*приказание*) instruction; (*постановление, приказ*) order; по чьему-л. ~ю by order of *smb.*; до особого ~я pending special instructions; <> в ~ *кого-л.*, *что-л.* at *smb.'s*, *smth.'s* disposal; получи́ть *что-л.* в своё ~ have* smth. placed at *one's* disposal; предоста́вить *что-л.* в *чьё-л.* ~ place *smth.* at *smb.'s* disposal; име́ть в своём ~и have* at *one's* disposal.

распоя́с|аться *сов.* take* off *one's* belt; *перен. разг.* let* *oneself* go; он оконча́тельно ~ался he has got completely out of hand, he has passed all bounds.

распра́ва *ж.* harsh/savage treatment; reprisals *pl.*; крова́вая ~ massacre; <> у меня́ с ним ~ коротка́ I'll make short work of him.

распра́вить *сов. см.* расправля́ть; **~ся** I, II *сов. см.* расправля́ться I, II.

расправля́ть, распра́вить (*вн.*) **1.** (*разглаживать*) smooth out (*smth.*); **2.** (*распрямлять*) straighten (*smth.*); ~ пле́чи square *one's* shoulders.

расправля́ться I, распра́виться (*разглаживаться*) smooth out.

расправля́ться II, распра́виться (с *тв.*) deal* (with), make* short work (of).

распределе́ние *с.* **1.** distribution; (*размещение*) allocation, assignment; ~ обя́занностей, рабо́ты distribution/allocation of duties, work; ~ своего́ вре́мени planning *one's* timetable; ~ роле́й в пьесе casting; ~ хими́ческих элеме́нтов в земно́й коре́ distribution of chemical elements in the earth's crust; ~ специали́стов assignment of specialists; ~ ассигнова́ний *комм.* allocation of appropriations; ~ валю́тных ри́сков *комм.* sharing of currency risks; ~ дохо́дов *комм.* distribution of income; ~ накладны́х расхо́дов *комм.* overhead allocation; ~ о́бщей ава́рии *комм.* general average adjustment; ~ при́были *комм.* dsitribution of profit; ~ ри́ска *комм.* distribution of risk; 2. *кино* allocation; ~ кана́лов *кино* channel allocation.

распределённый *кино* distributed.

распредели́тель *м.* ~ видеосигна́ла *кино* video distributor.

распредели́тельн|ый distributive; distributing; ~ая доска́ switchboard; ~ пункт distributing center; ~ вал camshaft.

распредели́ть *сов. см.* распределя́ть.

распределя́ть, распредели́ть (*вн.*) 1. (*делить между кем-л.*) distribute (*smth.*); (*размещать*) allocate (*smb.*, *smth.*), assign (*smb.*); распредели́ть рабо́ту ме́жду чле́нами брига́ды divide up work among the team; ~ обя́занности allocate duties; ~ роли в пьесу cast* a play; распредели́ть рабо́чих по уча́сткам assign workers to the various sections; 2. (*систематизировать*) systematize (*smth.*); 3. *кино* distribute.

распродава́ть, распрода́ть (*вн.*) sell* (*smth.*); (*оставшееся*) sell* off (*smth.*).

распрода́жа *ж.* sale; selling off.

распрода́ть *сов. см.* распродава́ть.

распростере́ться *сов. см.* распростира́ться.

распростёртый 1. (*раскрытый*) outspread; с ~ыми объятия́ми with open arms; 2. (*лежащий*) prostrate.

распростира́ться, распростере́ться 1. (*падать, раскинув руки*) prostrate *oneself*; 2. (*занимать большое пространство*) spread*, stretch, extend.

распрости́ться *сов.* (с *тв.*) *разг.* take* leave (of); say* goodbye (to); *перен.* bid* farewell (to).

распростране́ние *с.* 1. (*действие*) spreading, dissemination; 2. (*распространённость*) prevalence; име́ть большо́е ~ be* widespread; (*о методах и т. п.*) be* widely practised; <> ~ я́дерного ору́жия proliferation of nuclear weapons; 3. circulation; 4. distribution 5. propagation; ~ свобо́дного простра́нства *кино* free space propagation.

распространённ|ый widespread; (*о животных, растениях*) widely distributed; ~ое мне́ние widespread opinion; <> ~ое предложе́ние *грам.* extended sentence.

распространи́ть(ся) *сов. см.* распространя́ть(ся).

распространя́ть, распространи́ть (*вн.*) 1. (*делать широко известным*) spread* (*smth.*); ~ слу́хи spread* rumors; 2. (*раздавать, продавать*) distribute (*smth.*); ~ кни́ги distribute books; 3. (*расширять круг действия чего-л.*) extend (*smth.*); ~ де́йствие зако́на на *что-л.* enlarge the scope of a law to cover *smth.*; **~ся**, распространи́ться 1. (до *рд.*; *достигать определённых пределов*) extend (to); 2. (*расширять круг своего действия*) spread*; (на *вн.*; *о законе и т. п.*) cover (*smb.*, *smth.*), apply (to); 3. (*становиться известным*) spread*; get* about *разг.*; 4. *разг.* (*пространно рассказывать*) expatiate, hold* forth.

распроща́ться *сов. см.* распрости́ться.

ра́спря *ж.* discord, strife.

распряга́ть, распря́чь (*вн.*) unharness (*smth.*).

распрями́ть(ся) *сов. см.* распрямля́ть(ся).

распря́чься *сов.* get unharnessed.

распубликова́ть *сов.* publish; promulgate.

распублико́вывать *несов. см.* распубликова́ть.

распуга́ть *сов.* scare away, frighten away.

распуска́ть, распусти́ть (*вн.*) 1. (*отпускать*) dismiss (*smb.*, *smth.*); (*об организациях, войсках*) disband (*smth.*), dissolve (*smth.*); ~ шко́льников на кани́кулы dismiss schoolchildren for the holidays; ~ собра́ние close a meeting; ~ коми́ссию disband a commission; ~ парла́мент dissolve parliament; 2. (*развязывать, ослаблять*) loosen (*smth.*); 3. (*развёртывать, расправлять*) spread* (*smth.*), unfurl (*smth.*); ~ паруса́ spread* its sails; ~ во́лосы let* *one's* hair down, undo* *one's* hair; ~ кры́лья, хвост spread* its wings, tail; 4. (*вязаную вещь*) undo* (*smth.*); 5. *разг.* (*ослаблять требовательность*) let* (*smb.*) get out of hand; распусти́ть ребёнка spoil* a child*; 6. *разг.* (*распространять*) set* (*smth.*) afloat; ~ слух set* a rumor afloat; 7. *разг.* (*растворять*) dissolve (*smth.*); <> распусти́ть ню́ни whine, start whining; **~ся**, распусти́ться 1. (*о растениях*) come* out; (*о цветах, листьях тж.*) open, unfold; сире́нь распусти́лась the lilac is out, the lilac has come out; 2. *разг.* (*о волосах*) come down; 3. *разг.* (*о вязаных вещах*) come undone; unravel; 4. *разг.* (*терять выдержку*) lose* *one's* grip; get* slack, go* to seed; 5. *разг.* (*в отношении дисциплины*) get* out of hand; его ученики́ распусти́лись his pupils have got quite out of hand.

распусти́ть(ся) *сов. см.* распуска́ть(ся).

распу́тать(ся) *сов. см.* распу́тывать(ся).

распу́тица *ж.* (time of) impassable/flooded roads, flood season.

распу́тывать, распутать (*вн.*; *прям.* и *перен.*) unravel (*smth.*); disentangle (*smth.*); распутать узел get* a knot undone; распу́тать де́ло unravel the affair, get* to the bottom of things; **~ся**, распу́таться 1. come* undone; *перен.* be* cleared up; де́ло в конце́ концо́в распу́талось the matter was eventually cleared up; 2. (с *тв.*) *разг.* (*освобождаться от кого-л., чего-л.*) get* rid (of), shake* off (*smth.*).

распу́тье *с.* crossroads *pl.*; <> на ~ at the cross-roads; at the parting of the ways.

распуха́ть, распу́хнуть swell*; *перен.* bulge.

распу́хнуть *сов. см.* распуха́ть.

распу́щенн|ость *ж.* 1. (*недисциплинированность*) lack of discipline, laxity; slackness; 2. (*безнравственность*) dissoluteness; decline, decadence; **~ый** 1.: ~ые во́лосы untidy hair; с ~ыми волоса́ми with *one's* hair down; 2. (*недис-*

циплинированный) undisciplined, wild; ~ые дéти undisciplined children; 3. (*безнравственный*) dissolute.

распылéние *с.* 1. (*превращение в пыль*) pulverization; 2. (*жидкости*) spraying, atomizing; 3. (*рассредоточивание*) dispersing, dispersal; (*своих сил, средств*) frittering away.

распыли́тель *м.* atomizer, spray.

распыли́ть(ся) *сов. см.* распыля́ть(ся).

распыля́ть, распыли́ть (*вн.*) 1. (*превращать в пыль*) powder (*smth.*), pulverize (*smth.*); 2. (*жидкость*) spray (*smth.*), atomize (*smth.*); 3. (*рассредоточивать*) disperse (*smb., smth.*), scatter (*smb., smth.*); **~ся**, распыли́ться 1. (*превращаться в пыль*) turn to dust/powder; 2. (*рассредоточиваться*) be* dispersed; (*о силах, средствах*) be* frittered away.

распя́тие *с. церк.* 1. (*крест*) Crucifix (*a model of the cross, bearing an image of the Crucified Lord*); 2. (*распинание*) crucifixion; ~ Иису́са Христá the crucifixion of Jesus Christ.

рассáд|а seedlings *pl.*; ~ цветнóй капу́сты cauliflower seedlings; сажáть ~у plant seedlings.

рассади́ть *сов. см.* рассáживать.

рассáдка *ж. с.-х.* transplanting, planting out.

рассáдник *м.* 1. *с.-х.* (*питомник*) seedbed, nursery; 2. (рд.; *средоточие чего-л.*) center (of); (*в отрицательном смысле тж.*) hotbed (of); ~ зарáзы notbed of infection.

рассáживать, рассадить (*вн.*) 1. (*по местам*) seat (*smb.*); рассади́ть гостéй seat *one's* guests; 2. (*сажать порознь*) separate (*smb.*); рассади́ть шалунóв separate the misbehavers; 3. (*растения*) plant out (*smth.*); рассади́ть клубни́ку plant out strawberries; **~ся**, рассéсться take* *one's* seats.

рассáсываться, рассосáться resolve; be* resolved; *перен. разг.* disperse.

рассвести́ *сов. см.* рассветáть.

рассвéт *м.* daybreak; dawn (*тж. перен.*); на ~е at dawn.

рассвет|áть, рассвести́: ~áет day is breaking; рассвелó it grew light; day came.

рассвирепéть *сов. см.* свирепéть.

расседлáть *сов.* (*вн.*) unsaddle (*smth.*).

рассéива|ть, рассéять (*вн.*) 1. disperse (*smth.*), scatter (*smth.*); рассéять свет diffuse/diffract light; 2. (*разгонять в разные стороны*) break* up (*smb., smth.*); *перен.* (*устранять что-л. неприятное*) dispel (*smth.*), clear up (*smth.*); рассéять толпу́ break* up a crowd; рассéять подозрéния, сомнéния clear up suspicions, doubts; 3. (*отвлекать от неприятных мыслей и т. п.*) divert (*smb.*), take* (*smb.*) out of himself; рассéять чьё-л. гóре take* *smb.'s* mind off his, her troubles/sorrows; **~ся**, рассéяться 1. disperse; (*о свете*) become* diffuse; 2. (*расходиться в разные стороны*) scatter; (*о тумане, дыме*) clear, lift; (*о тучах тж.*) be* blown away; *перен.* (*о неприятном чувстве и т. п.*) disappear, be* dispelled; тоскá рассéялась the sadness disappeared; рассéяться как дым vanish like smoke; 3. (*отвлекаться от чего-л. неприятного*) find* distraction; вам нáдо рассéяться you need distraction/diversion; ~ющаяповéрхность *кино* diffusing surface.

рассекáть, рассéчь (*вн.*) 1. cleave* (*smth.*), split* (*smth.*); 2. (*наносить рану*) cut* (*smth.*); 3. (*разделять, пересекать*) cut* (*smth.*) in two, split* (*smth.*).

рассéлина *ж.* cleft, fissure; ~ в скалé fissure in a cliff.

рассели́ть(ся) *сов. см.* расселя́ть(ся).

расселя́ть, рассели́ть (*вн.*) 1. (*размещать, поселив где-л.*) settle (*smb.*); 2. (*поселять порознь*) separate (*smb.*); **~ся**, рассели́ться 1. (*размещаться*) take* up *one's* quarters, settle; 2. (*поселяться порознь*) separate.

рассерд|и́ть *сов.* (*вн.*) make* (*smb.*) angry, annoy (*smb.*); **~и́ться** *сов.* (на *вн.*) be* angry (with); за что вы на негó ~и́лись? what makes you so angry with him?

рассéсться *сов. см.* рассáживаться.

рассéчь *сов. см.* рассекáть.

рассéяние *с. кино* dispersion; diffusion.

рассéянн|о absentmindedly, absently; **~ость** *ж.* 1. (*невнимательность*) absentmindedness, absence of mind; 2. (*разбросанность*) dispersedness, scatteredness; **~ый** 1. (*разбросанный, несосредоточенный*) scattered, dispersed; *кино* diffused; ~ый свет *кино* diffused light; 2. (*невнимательный*) absentminded; (*выражающий рассеянность*) abstracted, inattentive; ~ное освещéние *кино* scattered lighting.

рассéять(ся) *сов. см.* рассéивать(ся).

расскáз *м.* 1. story, tale; (*описание*) account, description; ~очеви́дца firsthand account; прервáть *чей-л.* ~ interrupt *smb.'s* story; 2. (*литературный жанр*) short story.

рассказáть *сов. см.* расскáзывать.

расскáзч|ик *м.*, **~ица** *ж.* narrator, talker; (*артист*) storyteller.

расскáзывать, рассказáть (*вн.*) tell* (*smth.*); relate (*smth.*), narrate (*smth.*); ~ *кому-л.* о случи́вшемся tell* *smb.* what happened; ~ дáльше go* on with *one's* story; рассказáть занимáтельную истóрию relate/describe an interesting incident.

расслáбить *сов. см.* расслабля́ть.

расслáбленн|ость *ж.* weakness; (*ненапряжённость*) relaxation; **~ый** weak, feeble, limp; (*ненапряжённый*) relaxed.

расслабля́ть, расслабить (*вн.*) weaken (*smb., smth.*); (*снимать напряжение*) relax (*smth.*); ~ мы́шцы relax (the muscles).

расслáивать, расслои́ть (*вн.*) stratify (*smth.*) (*тж. перен.*); separate (*smth.*); (*тесто*) arrange (*smth.*) in layers; **~ся**, расслои́ться be* stratified (*тж. перен.*); (*о тесте*) become flaky; *тех.* laminate.

расслéдование *с.* investigation, inquiry (into); назнáчить ~ set* up an investigation, appoint an inquiry; произвести́ ~ make*/carry out an investigation.

расслéдовать *несов.* и *сов.* (*вн.*) investigate (*smth.*), inquire (into), look (into), examine (*smth.*); ~ дéло investigate a case.

расслоéние *с.* stratification (*тж. перен.*); lamination; (*теста*) layering; *кино* delamination.

расслоúть(ся) *сов. см.* расслáивать(ся).

рассло́йка *ж.* **1**. stratification; **2**. *геол.* stratum.

расслу́шать *сов.* listen properly (to).

расслы́ш|ать *сов.* (*вн.*) hear* (*smth.*), catch* (*smth.*); я не ~ал, что он сказáл I didn't quite catch what he said; простúте, я не ~ал sorry ~ I didn't quite hear.

рассмáтривание *с. кино* viewing.

рассмáтривать, рассмотрéть **1**. *тк. несов.* (*вн.* как; *считать*) regard (*smth.* as), consider (*smth.* to be); 2. *тк. несов.* (*вн.*; *разглядывать*) look (at); внимáтельно, прúстально ~ *что-л.* scrutinize *smth.*; ~ иллюстрáции look at the pictures/illustrations; ~ *что-л.* в микроскóп look at *smth.* through a microscope, examine *smth.* under a microscope; 3. (*вн.*; *обсуждать*) consider (*smth.*), examine (*smth.*); ~ дéло (*в суде*) try* a case.

рассмешúть *сов.* (*вн.*) make* (*smb.*) laugh.

рассмеяться *сов.* laugh, burst* out laughing.

рассмотрéни|е *с.* examination; (*оценка тж.*) consideration; ~ дéла consideration of a case; (*в суде*) trial; вторúчное ~ *чего-л.* reconsideration; представлять *что-л.* на ~ submit *smth.* for consideration; при ближáйшем ~и on closer examination.

рассмотрéть *сов.* **1**. *см.* рассмáтривать 3; 2. (*вн.*; *различить*) discern (*smth.*), make* (*smth.*) out.

рассовáть *сов. см.* рассовывáть.

рассóвывать, рассовáть (*вн.* в *вн.*) *разг.* shove (*smth.* into); ~ *что-л.* по кармáнам shove *smth.* into *one's* various pockets.

рассол *м.* brine, pickle; огурéчный ~ juice of salted cucumbers.

рассóльник *м.* rassolnik (*meat or fish soup with salted cucumbers*).

рассóрить *сов.* (*вн.*) *разг.* make* mischief (between), set* (*smb.*) at loggerheads; **~ся** *сов. разг.* quarrel, fall* out.

рассортировáть *сов.* (*вн.*) sort (*smth.*) out, classify (*smth.*).

рассосáться *сов. см.* рассáсываться.

рассóхнуться *сов. см.* рассыхáться.

расспрáшивать, расспросúть *вн.* question (*smb.*).

расспросúть *сов. см.* расспрáшивать.

расспрóсы *мн.* cross-questioning *sg.*, questions.

рассредоточ|éние *с. воен.* dispersal; ~ивать, рассредóточить (*вн.*) *воен.* disperse (*smb.*, *smth.*); **~иваться**, рассредотóчиться *воен.* disperse, break* up (into small units).

рассредоточить(ся) *сов. см.* рассредотóчивать(ся).

рассрóч|ивать, рассрóчить: ~ платёж *кому-л.* (*за купленное*) allow *smb.* to pay by installments; рассрóчить платёж дóлга *кому-л.* allow *smb.* to pay back a debt gradually; **~ить** *сов. см.* рассрóчивать, **~ка** *ж.*: ~ка платежá consent to payment in installments; платúть в ~ку, с ~кой pay* in/by installments; покупáть *что-л.* в ~ку buy* *smth.* on the installment system; продавáть *что-л.* в ~ку sell* *smth.* on the installment system.

расставáни|е *с.* parting; при ~и at parting.

расставáться, расстáться (с *тв.*) **1**. part (with); расстáться с *кем-л.* навсегдá part with *smb.* forever; **2**. (*покидать какое-л. место*) leave* (*smth.*), quit (*smth.*); расставáться с родны́м гóродом quit *one's* home town; **3**. (*отказываться от чего-л.*) give* up (*smth.*), relinquish (*smth.*); ~ с мы́слью give* up the idea; ~ с привы́чкой relinquish a habit; он не расстаётся с кнúгой he is never without a book in his hands.

расстáвить *сов. см.* расставлять.

расставлять, расстáвить (*вн.*) **1**. (*ставить*) place (*smb.*, *smth.*), arrange (*smth.*); расстáвить кнúги в шкафу́ place/arrange books in a bookcase; ~ сéти set* nets; **2**. (*распределять для исполнения работы*) distribute (*smb.*, *smth.*); allocate (*smb.*, *smth.*); ~ сúлы distribute *one's* forces; ~ часовы́х post sentries; ~ людéй allocate (duties to) personnel; **3**. (*раздвигать*) extend (*smth.*); ~ нóги set* *one's* feet apart; ~ ру́ки extend *one's* arms horizontally; **4**. *разг.* (*платье и т. п.*) let* (*smth.*) out.

расстанóвк|а *ж.* **1**. arrangement; **2**. (*распределение для исполнение работы*) distribution, allocation; ~ сил distribution/lineup of forces; ~ кáдров distribution/placing of personnel/cadres; **3**. (*пауза*) pauses *pl.*; говорúть с ~ой make* proper pauses, speak* in measured tones.

расстáться *сов. см.* расставáться.

расстёгивать, расстегну́ть (*вн.*) undo* (*smth.*), unfasten (*smth.*); (*застёгнутое на пуговицы тж.*) unbutton (*smth.*); ~ся, расстегну́ться **1**. (*о чём-л.*) come* undone/unfastened/unbuttoned; **2**. (*о ком-л.*) unbutton *one's* coat etc.

расстегну́ть(ся) *сов. см.* растёгивать(ся).

расстилáть, разослáть (*вн.*) spread* (*smth.*), **~ся**, разостлáться spread* out.

расстояни|е *с.* 1. distance; *перен.* gap; на большóм ~и at a great distance; на небольшóм ~и a short way off; на ~и 10 километров ten kilometers away/distant; ◇ держáть *кого-л.* на почтúтельном ~и keep* *smb.* at arm's length, keep* *smb.* at a distance; **2**. *кино* distance, space; ~ до объéкта subject distance; ~ до экрáна screen distance; ~ мéжду микрофóнами distance between microphones; ~ мéжду несу́щими intercarrier distance; ~ мéжду номерáми edge numbering interval; ~ от изображéния sound separation; ~ от киносъёмочнго аппарáта до снимáемого объéкта camera to subject distance; ~ рассмáтривания viewing distance; ~ фокусúрования focusing distance.

расстра́ивать, расстро́ить (*вн.*) **1.** (*нарушать порядок чего-л.*) disorganize (*smth.*), throw* (*smth.*) into confusion, break* up (*smth.*); **2.** (*причинять ущерб*) ruin (*smth.*); wreck (*smth.*); **3.** (*мешать осуществлению чего-л.*) upset* (*smth.*), spoil* (*smth.*); расстро́ить *чьи-л.* пла́ны upset* *smb.'s* plans; **4.** (*приводить в болезненное состояние*) upset* (*smth.*); расстро́ить здоро́вье undermine *one's* health; **5.** (*музыкальный инструмент*) put*/make* (*smth.*) out of tune; ~ пиани́но make* a piano out of tune; **6.** (*огорчать*) upset (*smb.*); **7.** *кино* detune; **~ся**, расстро́иться **1.** (*терять правильность построения*) break* up, lose* formation, be* thrown into confusion; **2.** (*приходить в упадок*) go* to pieces; break* down, fail; хозя́йство расстро́илось the economy went to pieces; **3.** (*нарушаться, прерываться*) collapse, break* down; (*не осуществляться*) miscarry; игра́ расстро́илась the game was spoiled; пое́здка расстро́илась the trip went wrong, the trip miscarried/failed; **4.** (*приходить в болезненное состояние*) fail, collapse; его́ здоро́вье расстро́илось his health failed; **5.** (*о музыкальном инструменте*) get* out of tune; скри́пка расстро́илась the violin is out of tune; **6.** (*огорчаться*) be* upset, be* put out, be* discouraged.

расстре́л *м.* **1.** (*действие*) shooting down; **2.** (*казнь*) shooting; приговори́ть *кого-л.* к ~у sentence *smb.* to be shot.

расстре́ливать, расстреля́ть (*вн.*) **1.** (*казнить*) shoot* (*smb.*); **2.** (*подвергать сильному обстрелу*) rake (*smb.*, *smth.*) with fire; (*толпу*) shoot* down (*smb.*, *smth.*), fire (on); ~ кого-л. из пулемёта gun down *smb.*

расстреля́ть *сов. см.* расстре́ливать.

расстри́га *м.* unfrocked priest, unfrocked monk.

расстрига́ть *несов. см.* расстри́чь.

расстри́чь *сов. церк.* unfrock.

расстро́енн|ый **1.** (*беспорядочный*) disorganized, disordered; ~ые ряды broken ranks; **2.** (*приведённый в упадок*) ruined; ~ое хозя́йство ruined economy; **3.** (*приведённый в болезненное состояние*) disordered; ~ое здоро́вье disordered health; ~ые не́рвы disordered nerves; **4.** (*о музыкальном инструменте*) out of tune; роя́ль расстро́ен the piano is out of tune, the piano needs tuning; **5.** (*огорчённый*) upset; troubled, distressed; он о́чень расстро́ен he's terribly upset; **6.** *кино* untuned.

расстро́ить(ся) *сов. см.* расстра́ивать(ся).

расстро́йка *ж. кино* untuning.

расстро́йство disorder; upsetting; ~ желу́дка stomach disorder, indigestion.

расступ|а́ться, расступи́ться make* way (for); **~и́ться** *сов. см.* расступа́ться.

расстыко́вать(ся) *сов. см.* расстыко́вывать(ся).

расстыко́вка *ж.* undocking.

расстыко́вывать, расстыкова́ть (*вн.*) undock (*smth.*); ~ся, расстыкова́ться undock.

рассуди́тельн|ость *ж.* reasonableness; **~ый** rational, sober.

рассуд|и́ть *сов.* **1.** (*вн.*; *разрешить спор*) judge (*smb.*, *smth.*); ~ите нас be the judge between us; **2.** (*решить*) decide.

рассу́д|ок *м.* understanding, reason; (*здравый смысл*) common sense; в по́лном ~ке in full possession of *one's* faculties; голос ~ка the voice of reason; ~ку вопреки́ contrary to common sense.

рассу́дочный rational.

рассужд|а́ть *несов.* **1.** (*мыслить*) reason; **2.** (*приводить доводы*) discuss; **3.** (о пр.) *разг.* (*возражать*) argue (about); не ~а́я without word; не ~! don't argue!; **~е́ние** *с.* **1.** reasoning; пра́вильное ~е́ние correct reasoning; **2.** *обыкн. мн. разг.* (*высказывание*) discussion *sg.*; пусти́ться в ~е́ния start discussing matters, start a lengthy discussion; **3.** (*возражение*) argument; без ~е́ний! no arguing!

рассчи́танный (*умышленный*) deliberate; (*размеренный*) calculated, planned.

рассчита́ть *сов. см.* рассчи́тывать 1, 4; **~ся** *сов. см.* рассчитываться 1, 2, 3, 5.

рассчи́тыв|ать, рассчита́ть, расче́сть **1.** (*вн.*; *вычислять*) calculate (*smth.*); (*определять, задумывать*) *что-л.* plan (*smth.*); have* (*smth.*) taped *разг.*; (*правильно соразмерять*) time (*smth.*), gauge (*smth.*); не рассчита́ть свои́х сил overrate *one's* strength; **2.** *тк. несов.* (на *вн.* + *инф.*; *надеяться*) depend (upon), rely (on, upon), count (on); мо́жете ~ на меня́ you may depend upon me; я ~ал на его́ по́мощь I counted on his help; **3.** *тк. несов.* (*предполагать*) intend, mean*; **4.** (*вн.*; *увольнять*) discharge (*smb.*), pay* off (*smb.*); **~аться**, рассчита́ться, расче́сться **1.** (*в ресторане и т. п.*) pay* the bill; (с *тв.*) settle up (with); **2.** (с *тв.*) *разг.* (*сводить счёты, мстить*) be*/get* even (with); **3.** *разг.* (*увольняться*) leave*, give* up the job; **4.** *тк. несов.* (за *вн.*; *нести ответственность*) pay* (for); ~а́ться за свои́ просту́пки pay* for *one's* actions; **5.** *сов.* рассчита́ться (в строю) number; по поря́дку номеро́в рассчитайсь! number!

рассыла́ть, разослать (*вн.*) send* (*smb.*, *smth.*), send* out (*smb.*, *smth.*).

рассы́лка *ж.* distribution.

рассы́льный *м.* messenger.

рассыпа́ть *сов. см.* рассыпа́ть.

рассыпа́ть, рассы́пать (*вн.*) **1.** (*просыпать*) spill* (*smth.*); (*разбрасывать*) strew* (*smth.*); рассы́пать са́хар spill* the sugar; **2.** (*распределять, насыпая*) pour (*smth.*) out; рассы́пать муку́ по мешка́м pour the flour out into sacks.

рассы́паться *сов. см.* рассыпа́ться.

рассыпа́ться, рассы́паться **1.** (*о сыпучем, мелких предметах*) spill*, scatter; бу́сы рассы́пались по всему́ по́лу the beads scattered all over the floor; **2.** (*разваливаться*) go* to pieces, crumble; рассы́паться в пыль crumble to dust; **3.**

(*разбегаться*) scatter; 4. *разг.*: ~ в похвала́х кому-л. shower praises on *smb.*; ~ в любе́зностях be* effusively polite; ~ в извине́ниях be* profuse in *one's* apologies.

рассыпно́й loose.

рассы́пчатый crumbly, friable; (*о тесте*) short.

рассыха́ться, рассо́хнуться dry up, shrink*.

раста́лкивать, растолка́ть (*вн.*) *разг.* 1. push (*smb.*) apart, push (*smb.*) away; ~ толпу́ push *one's* way through a crowd; 2. (*спящего*) shake* (*smb.*).

раста́пливать I, растопи́ть (*вн.*; *печь и т. п.*) light* (*smth.*).

раста́пливать II, растопи́ть (*вн.*; *плавить*) melt (*smth.*).

раста́пливаться I, растопи́ться (*о печи*) light*.

раста́пливаться II, растопи́ться (*плавиться*) melt.

растаска́ть *сов. разг. см.* раста́скивать 1.

раста́скивать, растащи́ть, растаска́ть (*вн.*) 1. pull (*smth.*) apart, break* (*smth.*) up; (*разворовывать*) steal* (*smth.*); 2. *сов.* растащи́ть *разг.* (*разнимать кого-л.*) drag (*smb.*) apart.

растасова́ть *сов. разг.* shuffle (cards.).

растасо́вывать *несов. см.* растасова́ть.

раста́чивать, расточи́ть (*вн.*) bore (*smth.*) out; ~ отве́рстие bore the hole wider, deeper.

растащи́ть *сов. см.* раста́скивать.

раста́ять *сов.* thaw; melt (*тж. перен.*).

раство́р *м.* 1. solution; во́дный ~ aqueous solution; строи́тельный ~ mortar; **~е́ние** *с.* dissolving.

раствор|и́мый *хим.* soluble; **~и́тель** *м. хим.* solvent.

раствори́ть I, II *сов. см.* растворя́ть I, II.

раствори́ться I, II *сов. см.* растворя́ться I, II.

растворя́ть I, раствори́ть (*вн.*); (*открывать*) open (*smth.*).

растворя́ть II, раствори́ть (*вн.*) dissolve (*smth.*); (*разбавлять*) dilute (*smth.*), weaken (*smth.*); раствори́ть и́звесть в воде́ dissolve lime in water.

растворя́ться I, раствори́ться (*открываться*) open.

растворя́ться II, раствори́ться dissolve; *перен.* (*исчезать*) melt (away), dissolve.

растека́ться, расте́чься spread* (over); *перен.* drift away.

расте́ние *с.* plant.

растениево́дство *с.* plant growing, plant raising.

растере́ть(ся) *сов. см.* растира́ть(ся).

расте́рзанн|ый *разг.* battered, dishevelled; *перен.* tormented; в ~ом ви́де in a dishevelled state.

растерза́ть *сов.* (*вн.*) 1. tear* (*smb.*, *smth.*) to pieces, maul (*smb.*, *smth.*); 2. *разг.* (*растрепать*) dishevel (*smb.*); 3. (*нравственно измучить*) tear* (*smth.*), torment (*smb.*, *smth.*).

расте́рянн|о in bewilderment; **~ость** *ж.* bewilderment, perplexity; **~ый** bewildered, perplexed; с ~ым ви́дом looking bewildered/perplexed.

растеря́ть *сов.* (*вн.*) lose* (*smth.*); **~ся** *сов.* 1. (*потеряться*) be* lost; 2. (*от волнения и т. п.*) be* bewildered; ~ся от неожи́данности be* taken aback; не ~ся keep* *one's* head.

расте́чься *сов. см.* растека́ться.

расти́ *несов.* grow*; (*становиться старше*) grow* up; (*увеличиваться*) increase; (*совершенствоваться*) grow*, develop.

растира́ть, растере́ть (*вн.*) 1. (*превращать в порошок*) grind* (*smth.*) fine; 2. (*тереть, размазывать*) rub (*smth.*), spread* (*smth.*); 3. (*массажировать*) rub (*smb.*) down, massage (*smb.*, *smth.*); **~ся**, растере́ться 1. (*измельчаться*) be* ground to powder; 2. (*обтираться*) rub *oneself* (down).

расти́тельн|ость *ж.* 1. (*растения*) vegetation; ~ Кавка́за the vegetation of the Caucasus; 2. (*волосы*) hair; лишённый ~ости hairless; **~ый** plant *attr.*, vegetable; ~ый мир vegetable kingdom, plant life; ~ая пи́ща vegetable food; ~ое ма́сло vegetable oil.

расти́ть *несов.* (*вн.*) raise (*smb.*, *smth.*); grow* (*smth.*); ~ дете́й raise children, bring* up children; ~ ка́дры train personnel.

растолка́ть *сов. см.* раста́лкивать.

растолкова́ть *сов. см.* растолко́вывать.

растолко́вывать, растолкова́ть (*вн. дт.*) explain (*smth.* to).

растоло́чь *сов. см.* толо́чь.

растолсте́ть *сов.* grow* stout, put* on flesh.

растопи́ть I, II *сов. см.* раста́пливать I, II.

растопи́ться I, II *сов. см.* раста́пливаться I, II.

расто́пка *ж.* 1. (*действие*) lighting, kindling; 2. *собир. разг.* (*лучина и т. п.*) kindling.

растопта́ть *сов.* (*вн.*) crush (*smth.*) underfoot, trample (*smth.*).

растопы́р|ивать, растопы́рить (*вн.*) *разг.* spread* (*smth.*); растопы́ривать па́льцы spread* *one's* fingers; **~ить** *сов. см.* растопы́ривать.

расторга́ть, расто́ргнуть (*вн.*) cancel (*smth.*), dissolve (*smth.*), annul (*smth.*); ~ брак dissolve a marriage; ~ догово́р cancel a treaty.

расто́ргнуть *сов. см.* расторга́ть.

расторгова́ть *сов. разг.* to sell out.

расторгова́ться *сов. разг.* 1. begin to do a brisk trade; 2. have sold out.

расторже́ние *с.* dissolution, annulment, cancellation.

растормоши́ть *сов. разг.* 1. tug (*in order to awaken*); 2. *перен.* stir up, spur to activity.

расторо́п|ность *ж.* efficiency, promptitude; **~ный** efficient, prompt.

расточа́ть, расточи́ть (*вн.*) 1. (*растрачивать*) waste (*smth.*), squander (*smth.*); 2. (*щедро дарить*) lavish (*smth.*); be* lavish (of); ~ похвалы́ *кому-л.* lavish praises on *smb.*

расточи́тель *м.*, **~ница** *ж.* squanderer, spendthrift; **~ность** *ж.* extravagance, wastefulness;

~ный extravagant, wasteful; **~ство** *с. см.* расточи́тельность.

расточи́ть I *сов. см.* расточа́ть.

расточить II *сов. см.* раста́чивать.

растр *м. кино* raster.

растрави́ть *сов. см.* растравля́ть.

растравля́ть, растрави́ть (*вн.*) irritate (*smth.*); *перен. разг.* revive (*smth.*); растрави́ть ра́ну disturb/irritate the wound; *перен.* rub salt in a wound; растрави́ть *чьё-л.* го́ре revive *smb.'s* grief.

растра́т|а *ж.* squandering, waste; defalcation; (*кража*) embezzlement; **~ить** *сов. см.* растра́чивать; **~чик** *м.* embezzler.

растра́чивать, растра́тить (*вн.*) **1.** waste (*smth.*), squander (*smth.*) (*тж. перен.*); растра́тить все де́ньги squander all *one's* money; растра́тить си́лы waste *one's* strength/energy; **2.** (*чужие деньги*) embezzle (*smth.*).

растрезво́нить *сов. см.* трезво́нить 2.

растрёпанный **1.** dishevelled; **2.** (*о книгах и т. п.*) tattered, dog-eared.

растрепа́ть *сов.* (*вн.*) *разг.* **1.** (*приводить в беспорядок*) ruffle (*smth.*), disarrange (*smth.*); ~ *кому-л.* во́лосы rumple *smb.'s* hair; **2.** (*приводить в негодность*) make* a mess (of); **~ся** *сов.* **1.** (*о волосах*) be* dishevelled; **2.** (*о книге и т. п.*) be* tattered, be* falling to pieces.

растре́скаться *сов.* crack, be* cracked; (*о коже тж.*) be*/get* chapped.

растро́ганный touched, moved; ~ до слёз moved to tears.

растро́гать *сов.* (*вн.*) touch (*smb.*), move (*smb.*); ~ *кого-л.* до слёз move *smb.* to tears; **~ся** *сов.* be* moved/touched.

ра́струб *м.* funnel-shaped opening; bell, bell-mouth; socket (of pipe); с ~ом bell-shaped, bell-mouthed; брю́ки с ~ами bell-bottomed trousers; соедине́ние ~ом bell-and-spigot joint.

раструби́ть *сов. разг.* trumpet.

растряс|ти́ *сов.* **1.** (*вн.*; *раскидать*) strew* (*smth.*); **2.** *безл.*: его ~ло he is badly shaken, he has had a bad shaking.

растушева́ть *сов.* shade.

растушёвка *ж.* **1.** shading; **2.** stump (*for softening pencil-marks, etc., in drawing*).

растушёвывать *несов. см.* растушева́ть.

растя́гивать, растяну́ть (*вн.*) **1.** (*вытягивать*) stretch (*smth.*), растяну́ть перча́тки stretch a pair of gloves; **2.** (*лишать упругости*) wear* (*smth.*) out, strain (*smth.*); растяну́ть рези́ну wear* out the elastic; **3.** (*повреждать*) strain (*smth.*); растяну́ть свя́зки pull the ligaments; **4.** (*размещать на большом пространстве*) extend (*smb.*, *smth.*); (*цепочкой*) string* (*smb.*, *smth.*) out; **5.** (*затягивать, задерживать*) protract (*smth.*), prolong (*smth.*); spin* (*smth.*) out *разг.*; растяну́ть сро́ки се́ва delay the sowing, hold* up the sowing; растяну́ть докла́д make *one's* report too long; **6.** (*медленно произносить*) drawl (*smth.*); ~ слова́ drawl; **~ся**, растяну́ться **1.** (*удлиняться*) stretch; **2.** (*терять упругость*) be* worn out; **3.** (*о связках и т. п.*) be* strained/pulled; (*о кисти, щиколотке тж.*) be* strained; **4.** (*располагаться на большом пространстве*) extend; (*цепочкой*) be* strung out; **5.** *разг.* (*ложиться вытянувшись*) stretch out (full length); **6.** (*затягиваться*) drag on; рабо́та растяну́лась на неде́лю the work dragged on for a whole week.

растяже́ние *с.* strain; ~ свя́зок strained ligaments.

растяжи́мый stretchable, tensile; elastic (*тж. перен.*).

растя́нутый **1.** elongated, extended; (*об одежде*) stretched; **2.** (*излишне длинный и скучный*) long-winded, prolix, tedious; ~ расска́з long-winded story, tedious tale.

растяну́ть *сов. см.* растя́гивать; **~ся** *сов.* **1.** *см.* растя́гиваться; **2.** *разг.* (*упасть*) fall* (full length).

растя́па *м.* и *ж. разг.* muddler, blunderer.

расфасова́ть *сов. см.* расфасо́вывать.

расфасо́вка *ж.* packing, packaging; ~ това́ров packaging of goods.

расфасо́вывать, расфасова́ть (*вн.*) package (*smth.*); ~ муку́ package flour.

расфокуси́рованный *кино* defocused.

расформирова́ть *сов. см.* расформиро́вывать.

расформиро́вывать, расформирова́ть (*вн.*) disband (*smth.*), break* (*smth.*) up.

расфранти́ться *сов. разг.* dress up.

расфранчённый dressed/dolled up.

расфуфы́риться *сов. разг.* dress flashily.

расха́живать *несов.* stroll/saunter up and down; ~ по ко́мнате stroll up and down the room.

расхва́ливать, расхвали́ть (*вн.*) praise (*smb.*, *smth.*); расхва́лить до небе́с *кого-л.* laud *smb.* to the skies.

расхвали́ть *сов. см.* расхва́ливать.

расхва́рываться, расхвора́ться *разг.* be* thoroughly ill.

расхва́статься *сов. разг.* boast, brag.

расхвата́ть, расхвати́ть *сов. см.* расхва́тывать.

расхва́тывать, расхвата́ть, расхвати́ть (*вн.*) *разг.* snatch up (*smth.*); (*раскупать тж.*) buy* (*smth.*) up.

расхвора́ться *сов. см.* расхва́рываться.

расхити́тель *м.* plunderer.

расхити́ть *сов. см.* расхища́ть.

расхищ|а́ть, расхи́тить (*вн.*) plunder (*smth.*), misappropriate (*smth.*); **~е́ние** *с.* plundering, misappropriation.

расхлёбыва|ть *несов.* от расхлеба́ть; завари́л ка́шу, тепе́рь сам и ~й *разг.* you got yourself into this mess, now get yourself out of it.

расхля́банн|ость *ж. разг.* **1.** unsteadiness; **2.** (*недисциплинированность*) laxity; **~ый** *разг.* **1.** shaky; weak-jointed; ~ая похо́дка slouching walk; **2.** (*недисциплинированный*) lax.

расхо́д *м.* **1.** (*затрата, издержки*) expense; *мн. тж.* expenditure *sg.*, outlay *sg.*, госуда́рственные ~ы state expenditure; доро́жные ~ы travelling expenses; прихóд и ~ income and expenditure; **2.** (*потребление*) consumption; ~ мáсла oil consumption; **3.** (*графа в бухгалтерской книге*) expenditure; ◇ вводи́ть *кого-л.* в ~ put* *smb.* to expense; спи́сывать *что-л.* в ~ write* *smth.* off (as a loss).

расходи́ться, разойти́сь **1.** (*уходить в разные стороны*) disperse; (*о толпе, собрании и т. п. тж.*) break* up; ~ по домáм go* home; гóсти разошли́сь в 12 часóв the party broke up at twelve; **2.** (*рассеиваться, исчезать*) disperse; тýчи разошли́сь the clouds dispersed; **3.** (с *тв.*; *не встречаться в пути*) miss (*smb.*); **4.** (*встретившись, давать пройти*) pass (each other); **5.** (*прекращать общение, знакомство*) part; (с *тв.*) break* (with), separate (from); (*разводиться*) divorce (*smb.*); разойти́сь со стáрым дрýгом break* with an old friend; **6.** (с *тв.* в пр.; *не соглашаться*) disagree (with *smb.* in, over), differ (with, from *smb.* over, in); ~ с *кем-л.* во мнéниях disagree with *smb.*; ~ с *кем-л.* в оцéнке *чего-л.* differ from *smb.* in *one's* estimation of *smth.*; **7.** (*разветвляться*) diverge; (*о дорогах тж.*) fork; *перен.* (*не совпадать*) differ; за дерéвней дорóга разошлáсь the road forked outside the village; мнéния разошли́сь opinions differed; **8.** (*разъединяться*): пóлы пальтó расхóдятся the coat doesn't meet in front; полови́цы разошли́сь the floorboards have shrunk; **9.** (*распродаваться, раскупаться*) sell*; be* sold; **10.** (*тратиться*) go*; дéньги разошли́сь на рáзные мéлочи the money went on all kinds of trifles; **11.** dissolve; melt; **12.** *разг.* let *oneself* go, fly off the handle; *разг.* gather speed; бýря разошлáсь the storm raged.

расхóдн|ый expense *attr.*; ~ая кни́га account book.

расхóдование *с.* **1.** expenditure; **2.** (*потребление*) consumption.

расхóд|овать, израсхóдовать (*вн.*) **1.** (*тратить*) spend* (*smth.*), expend (*smth.*); outlay; **2.** *разг.* (*потреблять*) consume (*smth.*), use (*smth.*); мотóр ~ует мнóго горю́чего the engine uses a lot of fuel.

расходомéр *м. кино* flowmeter.

расхóд|ы *мн.* charges, costs, expenses, expenditure, outlay, spending; авари́йные ~ average disbursement; администрати́вные ~ administrative (organization) costs; амортизациóнные ~ amortization (depreciation) costs; арбитрáжные ~ arbitration costs; бюджéтные ~ budgetary expenditures; валю́тные ~ currency expenditures; дéнежные ~ cash expenditures; дисбурсмéнтские ~ disbursement expenses; дорóжные ~ travelling expenses; инвалю́тные ~ expenses in foreign exchange; командирóвочные ~ travelling expenses; комиссиóнные ~ commission expenses; компенсациóнные ~ compensation expenses; кóсвенные/прямы́е ~ indirect/direct expenses; накладны́е ~ burden costs, overhead charges; непредви́денные ~ unforeseen expenses; непроизводи́тельные ~ unproductive expenses; прóчие ~ miscellaneous costs; произведённые авáнсом ~ prepaid expenses; прямы́е трáнспортные ~ direct handling charges; перемéнные эксплуатациóнные ~ variable charges; путевы́е ~ travelling expenses; ремóнтные ~ repair expenses; смéтные ~ budgeted expenses; текýщие ~ carrying (current) expenses; торгóвые ~ trade expenses; трáнспортные ~ transportation expenses; управлéнческие ~ administrative expenses; факти́ческие ~ actual expenses; эксплуатациóнные ~ operational costs, operating expenses; running expenses; overall operating expenses; возмещéние ~ов reimbursement of expenses; обьём ~ов volume of expenditures; оплáта ~ов payment of expenses; прихóд и ~ receipts and expenditures; ~ по вы́грузке товáра unloading expenses; ~ по ли́зингу оборýдования expenses on leasing equipment; ~по перегрýзке transhipment expenses; ~ по перетáрке repacking expenses; ~ по погрýзке (товáра) loading expenses; ~ по стимули́рованию сбы́та promotional expenses; ~ по хранéнию товáра в пути́ expenses on storage of goods en route; смéта ~ов estimate of expenses; статья́ ~ов items of expenses; нести́ ~ bear expenses; оплáчивать ~ cover (pay) expenses; покрывáть ~ meet the expenses.

расхождéние *с.* 1. divergence; (*несоответствие*) discrepancy; ~ во мнéниях difference/divergence of opinion; **2** *кино* divergence; ~ лучá beam divergence.

расходя́щийся *кино* divergent.

расхолáживать, расхолоди́ть (*вн.*) disenchant (*smb.*), damp *smb.'s* enthusiasm.

расхолоди́ть *сов. см.* расхолáживать.

расхотé|ть *сов. разг.* no longer want (*smth.* + to *inf.*), lose* all desire (for, + to *inf*); он ~л спать he lost all desire to sleep; **~ться** *сов. безл. разг.*: мне ~лось спать, есть *и т. п.* I'm not sleepy, hungry, *etc.* any more.

расхохотáться *сов.* burst* out laughing; грóмко ~ roar with laughter, burst* into peals of laughter.

расхрабри́ться *сов. разг.* grow* bold.

расцарáп|ать *сов.* (*вн.*) scratch (*smth.*); он ~ал себé всё лицó he got his face all scratched.

расцвести́ *сов. см.* расцветáть.

расцвéт *м.* (*цветение*) blooming, blossoming; *перен.* blossoming forth, golden age; ~ литератýры, культýры blossoming forth of literature, culture; бýрный ~ vigorous/exuberant growth; в ~е сил in *one's* prime/heyday; в ~е твóрческих сил at the peak of *one's* creative ability.

расцвет|áть, расцвести́ bloom, blossom; *перен.* (*хорошеть*) blossom out; (*веселеть*) brighten up; become* radiant; (*достигать высокой степени развития*) flourish, blossom forth; рóзы ~áют the roses are just coming out; рóзы расцвели́ the roses are in full bloom.

расцвети́ть *сов.* (*вн.*) *разг.* make* (*smth.*) bright.

расцвéтка *ж. разг.* color scheme; пёстрая ~ brigh color scheme.

расцелова́ть *сов.* (*вн.*) kiss (*smb.*, *smth.*); **~ся** *сов.* kiss each other.

расце́нив|ать, расцени́ть (*вн.*) **1.** (*определять стоимость*) estimate (*smth.*), value (*smth.*); (*определять цену*) price (*smth.*); расцени́ть това́р price goods; **2.** (*относиться к чем-л. каким-л. образом*) appraise/regard (*smth.*); ~ *что-л.* как кру́пную оши́бку regard *smth.* as a grave error; как вы ~аете его́ поведе́ние? what do you make of his behavior?

расцени́ть *сов. см.* расце́нивать.

расце́нка *ж.* **1.** (*действие*) valuation; **2.** (*цена*) prices *pl.*; (*оплата*) rate.

расцепи́ть(ся) *сов. см.* расцепля́ть(ся).

расцепля́ть, расцепи́ть (*вн.*) unhook (*smth.*); (*вагоны*) uncouple (*smth.*); **~ся**, расцепи́ться get*/come* unhooked; (*о вагонах*) get* uncoupled.

расчеса́ть(ся) *сов. см.* расчёсывать(ся).

расчёска *ж. разг.* comb.

расче́сть *сов. разг. см.* рассчи́тывать 1, 4; **~ся** *сов. разг. см.* рассчи́тываться 1, 2, 3.

расчёсывать, расчеса́ть (*вн.*) **1.** (*волосы*) comb (*smth.*); (*лён, шерсть*) card (*smth.*); **2.** (*ногтями*) scratch (*smth.*) (till it is sore); **~ся**, расчеса́ться comb *one's* hair.

расчёт *м.* **1.** (*вычисление*) calculation, computation; ~ вре́мени timing; ~ про́чности calculation of the strength; приблизи́тельный ~ estimation, estimate; то́чный ~ accurate calculations *pl.*; (*о цене*) exact estimate; производи́ть ~ы make* calculations, compute; **2.** (*уплата денег*) payment, account; в оконча́тельный ~ in settlement; произвести́ ~ settle up; **3.** (*увольнение*): взять ~ resign; дать ~ *кому-л.* pay* off *smb.*; получи́ть ~ be* discharged; **4.** (*наказание, расплата*): с ним у меня́ бу́дет ~ коро́ткий he'll get short shrift from me; **5.** (*намерение, предположение*) expectation; ~ оказа́лся пра́вильным it worked out as expected; э́то не входи́ло в мои́ ~ы I had not allowed for that; в его́ ~ не входи́ло... he did not reckon with...; обману́ться в свои́х ~ах miscalculate; **6.** *разг.* (*польза, выгода*) advantage; мне нет никако́го ~а ждать I have nothing to gain by waiting; **7.** *воен.* (*люди*) crew, detachment; squad, (manning) detail *амер.*; ◇ из ~ counting, reckoning; из ~ по десяти́ рубле́й на челове́ка at the rate of ten rubles per head; из ~ сре́днего за́работка on a basis of the average earnings; быть в ~е с *кем-л.* have* settled accounts with *smb.*; be* quits with *smb.*; тепе́рь мы с ва́ми в ~е now we're quits; принима́ть *что-л.* в ~ take* *smth.* into consideration/account; **8.** *комм.* settlement; ~ хозя́йственный cost accounting; ~ аккредити́вами settlement by letters of credit; ~ безнали́чный clearing settlement; ~ы взаи́мные mutual settlements; ~ в креди́т commercial credit; ~ в фо́рме ава́нсовых платеже́й settlement in the form of advance payments; ~ в фо́рме ба́нковского перево́да settlement in the form of a bank transfer; ~ в фо́рме документа́рного аккредити́ва settlement in the form of a documentary letter of credit; ~ в фо́рме документа́рного инка́ссо settlement in form of collection of payments; ~ в фо́рме откры́того счёта settlement in the form of an open account; ~ в фо́рме че́ков settlement in the form of checks; междунаро́дные ~ international settlements, international clearing; многосторо́нние ~ multilateral settlements; нали́чный ~ payment in cash; ~ платёжными поруче́ниями settlements by payment orders; ~ платёжными тре́бованиями settlement by payment requests; ~ по лицензио́нным соглаше́ниям settlements under license agreements; ~ по э́кспортно-и́мпортным опера́циям settlements in export-import operations; ~ с осо́бых счето́в settlements by means of special accounts; ~ те́хнико-экономи́ческого обоснова́ния feasibility study; ~ ава́нсовыми платежа́ми settlement by advance payments, advance payments settlement; ~ ба́нковским перево́дом settlement by a bank transfer, bank transfer settlement; ~ в креди́т (*кредит экспортера импортеру, кредит поставщика*) commercial credit, on credit; ~ де́нежным аккредити́вом settlement by letter of credit; ~ документа́рным аккредити́вом (*почтовый или телеграфный товарный аккредитив — в отличие от денежного*) settlement by documentary letter of credit; ~ документа́рным инка́ссо (*инкассо коммерческих документов — счетов, отгрузочных и страховых документов*) settlement by collection of payments, collection settlement; ~ платёжным поруче́нием settlement by payment order; ~ платёжным тре́бованием settlement by payment request; ~ с откры́того счёта settlement by an open account, open account settlement; ~ чи́стым инка́ссо (*расчет посредством векселей, тратт, чеков и иных платежных документов*) settlement by clean encashment; ~ цены́ на осно́ве при́нципа безубы́точности price calculation without loss pricing; креди́тные ~ (*расчеты, связанные с предоставлением кредита, его погашением и уплатой процентов*) credit payment; ~ с осо́бых счето́в settlement by special accounts; ~ная де́нежная едини́ца money of account; ~ная пала́та (*осуществляет клиринговые расчеты за счет взаимных банковских требований, а также расчеты по биржевым сделкам*) clearing-house, settlement house, stock clearing, clearing agency; произво́дство расчётов че́рез расчётную пала́ту clearance; ~ная при́быль profit of payments; ~ная рента́бельность произво́дства payments production profitability; ~ная цена́ accounting price; ~ные докуме́нты (*платежные требования, платежные поручения, расчетные чеки*) payables; ~ные услу́ги (*ведение счетов физических и юридических лиц кредитными учреждениями*) payment services.

расчётлив|ость *ж.* (*бережливость*) thriftiness; (*осмотрительность*) prudence; **~ый** (*бережливый*) thrifty; (*осторожный*) prudent, calculating.

расчётн|ый 1.: ~ая ве́домость pay sheet; ~ кни́жка pay book; ~ бала́нс balance of payments; **2.** *тех.* rated; ~ мо́щность rated capacity.

расчи́стить(ся) *сов. см.* расчища́ть(ся).

расчи́стка *ж.* clearing.

расчиха́ться *сов. разг.* sneeze violently, have* a sneezing fit.

расчища́ть, расчи́стить (*вн.*) clear (*smth.*); **~ся**, расчи́ститься clear.

расчлени́ть *сов. см.* расчленя́ть.

расчленя́ть, расчлени́ть (*вн.*) divide (*smth.*); (*разбивать на составные элементы*) break* (*smth.*) down.

расчу́вствоваться *сов. разг.* give* way to *one's* feelings, become* effusive.

расшали́ться *сов.* get* very playful.

расша́ркаться *сов. см.* расша́ркиваться.

расша́ркиваться, расша́ркаться (перед *тв.*) bow (to); *перен.* bow and scrape (to), fawn (upon).

расша́танный (*о предмете*) rickety, shaky; *перен.* weakened, flagging, crippled; (*о здоровье, нервах*) debilitated.

расшата́ть(ся) *сов. см.* расша́тывать(ся).

расша́тывать, расшата́ть (*вн.*) loosen (*smth.*), shake* (*smth.*) loose; *перен.* cripple (*smth.*), weaken (*smth.*), undermine (*smth.*); расшата́ть стул make* a chair shaky; расшата́ть здоро́вье cripple *one's* health; **~ся**, расшата́ться get* loose; (*о мебели*) be* rickety/shaky; *перен.* be* weakened, be* undermined.

расшеве́ливать, расшевели́ть (*вн.*) *разг.* stir (*smb.*) up, rouse (*smb.*).

расшевели́ть *сов. см.* расшеве́ливать.

расшиба́ть, расшиби́ть (*вн.*) *разг.* hurt* (*smth.*), bruise (*smth.*); **~ся**, расшиби́ться *разг.* hurt*/bruise oneself; ◇ расшиби́ться в лепёшку lay* oneself out.

расшиби́ть(ся) *сов. см.* расшиба́ть(ся).

расшива́ть, расши́ть (*вн.*) **1.** *разг.* (*распарывать*) unpick (*smth.*); **2.** (*вышивать чем-л.*) embroider (in, with).

расшире́ние *с.* **1.** widening, broadening; (*увеличение в числе, объёме*) increase, expansion; ~ у́лицы widening of a street; ~ экономи́ческих свя́зей expansion of trade; ~ (объёма) произво́дства expansion of production; ~ кругозо́ра broadening of *one's* outlook; ~ се́рдца dilation/dilatation of the heart; **2.** (*расширенная часть чего-л.*) extension in width, enlarged section.

расши́ренн|ый extended, enlarged; ~ые зрачки dilated pupils; ~ое толкова́ние extended interpretation; ~ое воспроизво́дство extended reproduction.

расши́рить(ся) *сов. см.* расширя́ть(ся).

расширя́ть, расши́рить (*вн.*) **1.** widen (*smth.*), broaden (*smth.*); ~ доро́гу, у́лицу widen a road, a street; ~ отве́рстие enlarge an opening; **2.** (*увеличивать в числе, объёме*) increase (*smth.*), enlarge (*smth.*), expand (*smth.*); ~ ассортиме́нт хле́бных изде́лий increase the variety of breads; **3.** (*делать более обширным*) broaden (*smth.*), expand (*smth.*), extend (*smth.*); ~ кругозо́р broaden *one's* outlook; ~ сфе́ру влия́ния extend the sphere of influence; **~ся**, расши́риться **1.** widen; его́ глаза́ расши́рились his eyes widened; **2.** (*увеличиваться*) be* enlarged/expanded; **3.** (*становиться более обширным*) broaden, increase, become* wider; его́ кругозо́р расши́рился his outlook has broadened.

расши́тый embroidered.

расши́ть *сов. см.* расшива́ть.

расшифрова́ть *сов. см.* расшифро́вывать.

расшифро́вывать, расшифрова́ть (*вн.*) decipher (*smth.*), decode (*smth.*); *перен.* interpret (*smth.*).

расшнурова́ть *сов. см.* расшнуро́вывать.

расшнуро́вывать, расшнурова́ть (*вн.*) unlace (*smth.*).

расшуме́ться *сов. разг.* be*/get* noisy, make* an uproar.

расще́дри|ться *сов. разг.* show* *one's* generosity; он ~лся и... in a fit of generosity, he...

расще́лина *ж.* **1.** (*ущелье в горах*) crevice, fissure; **2.** (*трещина*) crack.

расщеп|и́ть(ся) *сов. см.* расщепля́ть(ся); **~ле́ние** *с.* disintegration, splitting; ~ле́ние а́тома atom fission/splitting, splitting of the atom; ~ луча́ *кино* beam splitting.

расщепля́ть, расщепи́ть (*вн.*) **1.** split* (*smth.*); (*раздроблять в щепы*) splinter (*smth.*); **2.** *хим.* decompose (*smth.*), break* (*smth.*) down; **3.** *физ.* split* (*smth.*); расщепи́ть а́том split* the atom; **~ся**, расщепи́ться **1.** split*, splinter; **2.** *хим.* decompose, break* down; **3.** *физ.* split*.

рата́й *фольк., поэт.* ploughman.

ратификацио́нн|ый: ~ые гра́моты *дип.* instruments of ratification.

ратифи|ка́ция *ж.* ratification; **~ци́ровать** *несов. и сов.* (*вн.*) ratify (*smth.*).

ра́тник *м.* **1.** *уст.* warrior; **2.** *уст.* militiaman.

ра́тный *поэт.* martial, warlike; ~ по́двиг feat of arms.

ра́товать *несов.* (за *вн.*, против рд.) fight* (for, against); (за *вн.*) advocate (*smth.*).

ра́туша *ж.* town hall.

ра́унд *м. спорт.* round.

рафина́д *м.* lump sugar; **~ный**: ~ный заво́д sugar refinery.

рафини́ровать *несов.* и *сов.* (*вн.*) refine (*smth.*).

рахи́т *м.* rickets.

рахити́ч|еский, ~ный rickety.

рацио́н *м.* ration; (*для скота*) daily diet.

рационализа́тор *м.* efficiency expert.

рационализа́торск|ий: ~ое предложе́ние rationalization proposal/suggestion.

рационализ|а́ция *ж.* rationalization.

рациона́льн|ый rational; ~ое испо́льзование обору́дования rational use of equipment; ~ые чи́сла *мат.* rational quantities.

ра́ция *ж. радио* transmitter-receiver, transceiver; radio *разг.*

рвану́ть *сов.* **1.** (*вн.*) jerk (*smth.*); **2.** *разг.* (*резко тронуться с места*) start with a jerk; **~ся** *сов. разг.* start with a jerk, give* a sudden plunge; (*броситься*) rush, dash.

рва́н|ый **1.** (*разорванный на части*) broken, slashed; **2.** (*порванный, с дырами*) torn; ~ые сапоги́ worn boots; **3.** (*с неровными краями*) jagged; ~ая ра́на lacerated wound.

рвать I *несов.* (*вн.*) **1.** (*выдёргивать*) pull (*smth.*); (*стаскивать*) pull (*smth.*) off; (*цветы и т. п.*) pick (*smth.*); ~ что-л. из чьих-л рук snatch/grab *smth.* from *smb.*; **2.** (*на части*) tear* (*smth.*), rend* (*smth.*); ~ письмо́ tear* up a letter; **3.** (*порывать связи и т. п.*) break* off (*smth.*); ~ отноше́ния с *кем-л.* break* off relations with *smb.*; <> ~ зу́бы *кому-л.* pull *smb.'s* teeth; ~ на себе́ во́лосы tear* *one's* hair; ~ и мета́ть storm and rage.

рвать II *несов. безл. разг.*: его рвёт he is vomiting, he is puking *амер. сленг.*

рва́ться *несов.* **1.** (*разрываться*) tear*; (*о нитке*) break*; ~ от одного́ прикоснове́ния tear* at a touch; **2.** (*нарушаться — о связях и т. п.*) be* broken; **3.** (*взрываться*) burst*; **4.** (*вырываться*) struggle to get free/loose; **5.** (*стремиться*) be* longing (for); ~ в бой be* eager/thirsting for battle.

рвач *ж. разг.* grabber.

рва́чество *с. разг.* grabbing, the grasping habit.

рве́ние *с.* zeal.

рво́т|а *ж.* vomiting; puke *амер. сленг.*; **~ный** emetic.

рдеть *несов.* glow.

ре *с. нескл. муз.* re, ray, D.

реабилита́ция *ж.* rehabilitation.

реабилити́ровать *несов.* и *сов.* (*вн.*) rehabilitate (*smb.*); **~ся** *несов.* и *сов.* be* rehabilitated.

реаги́ровать *несов.* **1.** (на *вн.*) react (to); (*проявлять своё отношение к чем-л. тж.*) respond (to); **2.** *хим.* react (to).

реакти́в *м. хим.* reagent.

реакти́вн|ый **1.** *хим.* reactive; **2.** *физиол.* responsive; **3.** *физ.* jet *attr.*; ~ движе́ние jet propulsion; ~ дви́гатель jet engine; ~ самолёт jet(-propelled) aircraft; ~ая кату́шка *кино* reactor; ~ая ла́мпа *кино* reactance tube.

реакти́вность *ж. кино* reactance.

реа́ктор *м.* **1.** *эл.* reactor, choking coil; **2.** *хим.* reaction vessel; **3.** *физ.* reactor; а́томный ~ atomic/nuclear reactor.

реакционе́р *м.* reactionary.

реа́кция I *ж.* reaction; backlash *разг.*; (*отклик*) response.

реа́кция II *ж. полит.* reaction; *собир.* (*о людях*) the reactionaries *pl.*

реализа́ция *ж.* realization; (*продажа тж.*) selling, sale; ~ проду́кции sale/realization of products.

реали́зм *м.* realism; крити́ческий ~ *иск.* critical realism.

реализова́ть *несов.* и *сов.* (*вн.*) realize (*smth.*); (*продавать тж.*) sell* (*smth.*); ~ це́нные бума́ги convert securities; ~ иму́щество sell* *one's* property.

реали́ст *м.* realist; **~и́ческий** **1.** realistic; **2.** (*основанный на принципах реализма*) realist.

реа́льн|ость *ж.* reality; объекти́вная ~ вне́шнего ми́ра the objective reality of the external world; **~ый** **1.** (*действительный*) concrete; (*подлинный*) real, genuine, actual; **2.** (*основанный на учёте реальных условий*) realistic; (*осуществимый*) practicable; <> ~ая зарпла́та real wages *pl.*

реанима́ция *ж. мед.* reanimation.

ребёнок *м.* child*; грудно́й ~ suckling; baby *разг.*

ребро́ *с.* **1.** rib; **2.** (*край, кромка*) edge; <> поста́вить вопро́с ~м put* the question squarely.

ре́бус *м.* rebus; *перен.* riddle.

ребя́т|а *мн.* **1.** children; **2.** *разг.* (*молодые люди*) boys, lads; guys; **~и́шки** *мн. разг.* kiddies.

ребя́че|ский child's, childish; (*незрелый, детский тж.*) puerile; ~ская вы́ходка childish trick; **~ство** *с.* childishness, puerility.

ребя́читься *несов. разг.* be* childish, act like a child*.

рёв *ж.* **1.** roar; (*звериный тж.*) bellow; ~ мото́ров roar of engines; ~ бу́ри roar of the storm; **2.** *разг.* (*плач*) howl; подня́ть ~ raise a howl.

рева́нш *м.* revenge; матч-~ *шахм.* return match; взять ~ have* *one's* revenge.

реванши́ст *м.* revenge-seeker; **~ский** revanchist, revenge-seeking.

реве́нь *м. бот.* rhubarb.

ревербера́ция *ж. кино* reverberation.

реверси́рование *с. кино* pull back, reverse.

рев|е́ть *несов.* **1.** roar; (*о зверях тж.*) bellow; всю ночь ~е́ла бу́ря the storm roared all night; **2.** *разг.* (*громко плакать*) howl.

ревизиони́зм *м.* revisionism.

ревизио́нн|ый inspection *attr.*, auditing; ~ая коми́ссия auditing commission.

ревизи|я *ж.* **1.** (*обследование*) inspection; (*бухгалтерская*) auditing; вне́шняя ~ independent audit, outside audit; вну́тренняя ~ internal audit; о́бщая ~ general audit; по́лная ~ detailed audit; предвари́тельная ~ preliminary audit; ~ бала́нса balance sheet audit; ~ ба́нковской отчётности bank audit; ~ ка́ссовых оста́тков cash audit; проведе́ние ~ии auditing; проводи́ть ~ю audit, make an audit; проводи́ть ~ю счето́в audit the accounts; **2.** (*пересмотр теории*) revision, revising; **~о́нный**: ~о́нный отчёт audit report, auditor's report.

ревизова́ть *несов.* и *сов.* (*вн.*) **1.** (*обследовать*) inspect (*smth.*); (*бухгалтерские книги*) audit (*smth.*); **2.** (*пересматривать теорию*) revise (*smth.*).

ревизо́р *м.* inspector, auditor; гла́вный ~ examiner in chief; Inspector-General.

ревмат|и́зм *м.* rheumatism, rheumatics; **~и́ческий** rheumatic.

ревмя́: ~ реве́ть *разг.* howl dismally.

ревни́вый jealous.

ревнова́ть *несов.* be* jealous; он ревну́ет жену́ к своему́ дру́гу he is jealous of his friend.

ре́вностный jealous.

ревно́сть *ж.* jealousy.

револьве́р *м.* revolver.

револьве́р|ный 1. revolver *attr.*; 2. *тех.* ~ная голо́вка capstan head, turret head; ~ стано́к capstan lathe, turret lathe.

револьве́рщик *м.* capstan, turret lathe operator.

революционе́р *м.* revolutionary, revolutionist.

революционизи́ровать *несов.* и *сов.* (*вн.*) revolutionize (*smb.*, *smth.*).

революцио́нн|о: ~ настро́енный revolutionary-minded, revolutionary; **~ый** revolutionary.

револю́ция *ж.* revolution; пролета́рская ~ proletarian revolution.

рега́лия *ж.* *обыкн.* *мн.* *разг.* regalia; быть при всех ~х be* in *one's* full regalia.

ре́гби *с.* *нескл.* *спорт.* rugby.

регби́ст *м.* rugby player.

регенерати́вный regenerative.

регенера́тор *м.* *кино* regenerator.

регенера́ция *ж.* 1. regeneration; (*резины*) reclaiming; 2. *кино* regeneration; ~ раство́ров regeneration of solutions.

ре́гент *м.* regent; ~ церко́вного хо́ра *церк.* precentor; **~ство** *с.* regency.

региона́льн|ый regional; ~ое соглаше́ние regional agreement; ~ пакт regional pact.

реги́стр *м.* заводско́й ~ factory journal; торго́вый ~ commercial register.

регистра́т|ор *м.* registering clerk; **~у́ра** *ж.* registry office.

регистра́ци|я *ж.* registering; ~ совме́стного предприя́тия registration of a joint venture; ~ това́рного зна́ка registration of a trademark; ме́сто ~и пассажи́ров check-in point (location); основна́я сто́йка ~и central check-in; сто́йка ~и (*пассажиров*) check-in, check-in counter (desk); сто́йка ~и у вы́хода на перро́н gate check-in; ~ (пассажи́ров) в за́ле ожида́ния concourse check; зака́нчивать ~ю (пассажи́ров) на рейс close the flight.

регистри́ровать *несов.* (*вн.*) 1. register (*smb.*, *smth.*); 2. (*брак, рождение и т. п.*) register (*smth.*); 3. (*отмечать какое-л. явление*) record (*smth.*); **~ся** *несов.* 1. register; 2. (*о браке*) register *one's* marriage.

регла́мент *м.* 1. time limit; устана́вливать ~ fix a time-limit; соблюда́ть ~ observe the time limit; 2. (*установленный порядок*) standing order, regulations; ~ собра́ния time limit; ~ суде́бный rules of court; ~ (*порядок обслуживания*) schedule, time limit; ~ техни́ческого обслу́живания (*напр., самолёта*) maintenance schedule; ~ные рабо́ты (*форма технического обслуживания*) maintenance check; внерегла́ментное обслу́живание incidental service.

регламента́ция *ж.* regulation.

регламенти́ровать *несов.* и *сов.* (*вн.*) regulate (*smth.*).

регре́сс *м.* regress, retrogression; **~и́ровать** *несов.* retrogress.

регули́рование *с.* regulation, adjustment; ~ движе́ния traffic control, handling of traffic.

регули́ровать *несов.* (*вн.*) regulate (*smth.*); (*механизм тж.*) adjust (*smth.*); (*уличное движение*) control (*smth.*).

регулиро́вщик *м.* adjuster; (*уличного движения*) traffic controller; traffic officer.

регуля́рн|ость *ж.* regularity; **~ый** regular; ~ая а́рмия regular/standard army; ~ые войска́ regular troops.

регуля́тор *м.* regulator, governor.

редактиров|ать *несов.* и *сов.* (*вн.*) (*сов. тж.* отредакти́ровать) (*вн.*) 1. (*проверять и исправлять текст*) edit (*smth.*); ~ ру́копись edit a manuscript; 2. *тк. несов.* (*руководить изданием*) edit (*smth.*); газе́ту ~ал изве́стный журнали́ст the paper was edited be a famous journalist; 3. (*формулировать*) word (*smth.*).

редакцио́н|ный editorial; ~ая колле́гия editorial board; ~ая статья́ editorial.

реда́ктор *м.* editor; гла́вный ~ editor-in-chief; отве́тственный ~ managing editor; **~ский** editorial.

реда́кци|я *ж.* 1. (*редактирование*) editing; 2. (*руководство изданием*) editorship; под ~ей *кого-л.* edited by *smb.*, under the editorship of *smb.*; 3. (*формулировка*) wording; но́вая ~ резолю́ции new wording of the resolution; 4. (*вариант произведения*) version, edition; новая ~ рома́на a new version of a novel; 5. (*коллектив работников*) the editors *pl.*; гла́вная ~ chief editorial board; письмо́ в ~ю letter to the editor; 6. (*помещение*) editorial office(s).

реде́ть, пореде́ть thin; (*о лесе, волосах*) get* thinner; (*о тучах и т. п.*) disperse, drift away; (*уменьшаться*) be* depleted, thin out.

реди́с *м.* garden radish; **~ка** *ж.* 1. *см.* реди́с; 2. (*отдельный корешок*) radish.

ре́дк|ий 1. (*нечастый, негустой*) thin, sparse; (*неплотный — о ткани*) gauzy; loosely-woven; ~ лес sparse woodland/forest; ~ие во́лосы sparse/thinning hair *sg.*; ~ие зу́бы widely-spaced teeth; 2. (*происходящий через большие промежутки времени*) rare, infrequent; ~ гость rare guest; ~ие вы́стрелы occasional shots; 3. (*исключительный*) exceptional, rare, unusual; ~ие спосо́бности exceptional abilities.

ре́дко seldom, rarely; ~ ви́деться seldom meet*, not often meet*.

ре́дкостный rare, exceptional.

ре́дкость *ж.* 1. (*редкое явление*) rarity; 2. (*редкая вещь*) rarity, curiosity; ◇ на ~ exceptionally, uncommonly; не ~ it is not unusual/uncommon.

редуци́рованный *лингв.* reduced.

рее́стр *м.* **1.** schedule; **2.** register, registry; ~ пате́нтов, принадлежа́щих фи́рме patent register; торго́вый ~ trade register; ~ опера́ций transaction register; ~ кредито́рской задо́лженности schedule of accounts payable; ~ дебито́рской задо́лженности schedule of accounts receivable; ~ суде́бных дел docket.

ре́дьк|а *ж.* (black) radish; ◇ э́то мне надое́ло ху́же го́рькой ~и I'm sick and tired of it.

режи́м *м.* **1.** (*государственный строй*) regime; **2.** (*распорядок жизни, труда и т. п.*) routine, regimen; ~ дня daily timetable; ~ питания diet; больни́чный ~ hospital regimen; **3.** (*условия*) regime, regimen; conditions *pl.*; ◇ ~ эконо́мии regime of economy, economy drive; ~ наибо́льшего благоприя́тствования most favored nation treatment; тамо́женный ~ customs regulations.

режиссёр *м.* director; (*в англ. театре тж.*) producer; помо́щник ~а stage manager, assistant producer; (*в кино*) deputy director; ~ отде́льных ка́дров для постано́вки second unit director; ~ по диало́гу dialogue director; **~ский**: ~ский киносцена́рий *кино* shooting script.

режиссу́ра *ж.* **1.** (*руководство постановкой спектакля, фильма*) direction; **2.** *собир.* (*руководители*) directors *pl.*

ре́жущ|ий cutting; ~ие инструме́нты cutting tools; ~ая боль acute pain.

ре́зать, разре́зать, зареза́ть, выреза́ть, среза́ть **1.** *сов.* разреза́ть (*вн.*) cut* (*smth.*); (*ломтями тж.*) slice (*smth.*); ~ пиро́г cut*/slice a pie; ~ мя́со carve meat; ~ мета́лл cut* metal; **2.** *тк. несов.* (*об острых предметах*) cut*; нож не ре́жет the knife* won't cut; **3.** *сов.* зареза́ть (*вн.*; *убивать*) kill (*smb.*, *smth.*); (*скот*) slaughter (*smth.*); **4.** *сов.* выреза́ть (по *дт.*, на пр.) carve (on), engrave (on); ~ по де́реву carve on/in wood; **5.** *тк. несов.* (*причинять боль*) cut*; верёвка ре́жет ру́ку the rope cuts *one's* hand; **6.** *сов.* среза́ть (*вн.*) *спорт.* slice (*smth.*); ~ мяч slice a ball; ; ~ глаз offend the eye; у́хо ре́жет it offends the ear; **~ся** *несов.*: у ребёнка ре́жутся зу́бы the baby is cutting its teeth.

резви́ться *несов.* gambol, frisk about.

ре́зв|ость *ж.* **1.** playfulness; **2.** (*скорость*) speed; показа́ть хоро́шую ~ (*о лошади*) show* a good time; **~ый 1.** playful, frisky; **2.** (*быстрый в беге*) fast.

резеда́ *ж. бот.* mignonette.

резе́рв *м.* reserve.

резерви́ровать *несов.* и *сов.* (*вн.*) reserve (*smth.*).

резе́рвн|ый reserve *attr.*; ~ фонд reserve fund; ~ экипа́ж by-crew; ~ые войска́ reserves *pl.*

резервуа́р *м.* reservoir; (*бак*) tank.

резе́рвы *м. мн.* валю́тные ~ foreign exchange reserves; госуда́рственные ~ government reserves; де́нежные ~ monetary reserves; материа́льные ~ material reserves; сырьевы́е ~ raw materials reserves; това́рные ~ commodity reserves; фина́нсовые ~ financial reserves; ~ для опла́ты проце́нтов reserve for interest; ~ на накладны́е расхо́ды reserve for overhead; ~ на покры́тие безнадёжных долго́в reserve for bad debts; ~ на покры́тие сомни́тельных счето́в reserve for doubtful accounts; ~ для предоставле́ния за́ймов reserve surplus.

резе́ц *м.* **1.** (*инструмент*) chisel; (*режущая часть*) cutter; **2.** (*зуб*) incisor.

резиде́н|т *м.* **1.** resident; **2.** (*иностранец*) foreign resident; **3.** (*тайный представитель разведки в иностранном государстве*) fixed-post spy; **~ция** *ж.* residence.

рези́н|а *ж.* rubber; **~ка** *ж.* **1.** (*для стирания*) eraser, rubber; **2.** (*тесёмка*) elastic; **~овый** rubber *attr.*; *перен.* elastic; ~овая о́бувь rubber footwear.

ре́зка *ж.* cutting.

ре́зк|ий 1. sharp; ~ ветер sharp/biting wind; **2.** (*неприятно действующий на органы чувств*): ~ го́лос harsh voice; ~ свет harsh/bright light; ~ за́пах pungent smell; **3.** (*отчётливый*) clean-cut, sharp; ~ие черты́ лица́ clean-cut features; **4.** (*внезапный*) sudden, unexpected; ~ое похолода́ние sudden/sharp drop in temperature; **5.** (*порывистый — о движениях*) quick, energetic; **6.** (*грубый, дерзкий*) blunt, abrupt, sharp; ~ отве́т blunt answer; ~ие возраже́ния sharp objections.

ре́зк|о sharply, harshly; (*грубо*) bluntly; ~ оче́рченный *кино* sharply defined; **~ость** *ж.* **1.** definition, clarity, *кино* sharpness; ~ость кра́сок intensity of color(s); **2.** (*грубость*) bluntness, abruptness; **3.** (*грубое слово*) harsh words *pl.*; наговори́ть ~остей *кому-л.* be* very sharp/blunt with *smb.*; **~ий** *кино* sharp; ~ая ма́ска *или* кашэ́ *кино* sharp mask; ~ое кашэ́ *кино* hard matte.

резно́й carved; (*сквозной*) fretted.

резня́ *ж.* slaughter, carnage, massacre.

резолю́ци|я *ж.* resolution; включи́ть попра́вку в ~ю incorporate an amendment; внести́ попра́вку в ~ю amend a resolution; голосова́ть за ~ю в це́лом vote for the resolution as it stands; приня́ть ~ю pass (adopt) a resolution.

резона́нс *м.* resonance; *перен.* effect; **~ный** *кино* resonant; ~ная анте́нна *кино* resonant antenna; ~ная частота́ *кино* resonant frequency.

резона́тор *м. физ. тех.* sounding-board; *кино* resonator.

резони́ровать *кино* resonate.

резо́нный *разг.* reasonable.

результа́т *м.* result, outcome; ◇ в ~е as a result; **~и́вный** effective.

ре́зус-фа́ктор *м. мед.* Rhesus factor.

ре́зчик *м.* carver.

резь *ж.* sharp pain/irritation; (*в желудке*) colic; gripping pains *pl.*

резьба́ *ж.* **1.** (*вырезывание*) carving; ~ по де́реву wood carving; **2.** (*рисунок, узор*) carving; **3.** (*нарезка*) thread.

резюм|é *с. нескл.* summary, resume; **~и́ровать** *несов. и сов.* (*вн.*) sum (*smth.*) up, summarize (*smth.*).

реи́мпорт *м.* reimport, reimportation.

реинвести́рование *с.* reinvestment.

реинвести́ции *ж. мн.* reinvestment(s).

рей *м. мор.* yard.

рейд I *м. мор.* road(stead).

рейд II *м.* **1.** *воен.* raid; **2.** (*обследование*) spot-check, swoop.

ре́йка *ж.* **1.** lath; **2.** (*брусок с делениями*) rod; землеме́рная ~ surveying rod; водоме́рная ~ depth gauge.

рейс *м.* trip, run; flight; *мор. тж.* voyage; грузово́й ~ cargo flight; заде́ржанный ~ delayed flight; комме́рческий ~ revenue (earning) flight; междунаро́дный ~ international flight; некомме́рческий ~ nonrevenue flight; обратный ~ return journey/voyage; первый ~ (*нового судна*) maiden trip/voyage; поро́жний ~ empty flight; прямо́й ~ (*без посадок*) direct flight; служе́бный ~ nontraffic flight; транзи́тный ~ transit flight; ча́ртерный ~ charter flight; ~ аэротакси́ taxi-class flight; ~ с обслу́живанием по пе́рвому кла́ссу first-class flight; ~ ти́па "инклюзи́в тур" (*с предоплатой обслуживания*) inclusive tour flight; ~ в оди́н коне́ц single trip; ~ туда́ и обра́тно round trip.

ре́йсовый regular-route; ~ автобус local/long-distance bus.

рейсфе́дер *м.* ruling-pen, contour-pen.

рейсши́на *ж.* T-square.

ре́йтинг *м.* rating.

рейту́зы *мн.* **1.** tights; **2.** (*для верховой езды*) close-fitting riding-breeches.

рейхста́г *м.* Reichstag.

рек|á *ж.* river; вверх (вниз) по ~е up (down) the river.

ре́квием *м.* requiem.

реквизи́ровать *несов.* и *сов.* (*вн.*) requisition (*smth.*); (*для военных целей тж.*) commandeer (*smth.*).

реквизи́т *м. театр.* properties *pl.*; props *pl. разг.*; ~ы докуме́нтов *мн.* requisites of documents; отгру́зочные ~ы *мн.* shipping requisites.

реквизи́тор *м.* property-man; ~ в киносту́дии *кино* prop hustler.

реквизи́торск|ая *ж. кино* prop room; ~ий отде́л prop department.

реквизи́ция *ж.* requisitioning; (*в военное время тж.*) commandeering.

рекла́ма *ж.* advertisement, advertising; (*мероприятие тж.*) publictity; а́удио-визуа́льная ~ audio-visual advertisement; внешнеторго́вая ~ foreign trade advertising; вну́тренняя ~ domestic advertising; ~ в пре́ссе press advertising; газе́тная ~ newspaper advertising; журна́льная ~ magazine advertising; изобрази́тельная ~display advertising; комме́рческая ~ commercial advertising; нару́жная ~ outdoor advertising; печа́тная ~ printed advertisement; светова́я ~ electric sign; ~ сре́дствами кино́ film advertising; ~ сре́дствами ра́дио radio advertising; ~ сре́дствами телеви́дения television advertising; театра́льная ~ theater bill; това́рная ~ commodity advertising; торго́вая ~ commercial advertising; э́кспортная ~ export advertising.

реклама́ция *ж.* claim; complaint.

реклами́ровать *несов.* и *сов.* (*вн.*) advertise (*smth.*); (*чрезмерно расхваливать тж.*) boost (*smb., smth.*), play up (*smth.*).

рекла́м|ный advertising; publicity *attr.*; ~ материа́л advertising material, publicity material (matter), sales material, promotion material (matter); ~ проспе́кт prospectus, leaflet; ~ проспе́кт возду́шного су́дна aircraft leaflet; ~ си́мвол (знак) sign; ~ное аге́нтство advertising agency; ~ное ме́сто space; ~ное объявле́ние advertisement; ~ная компа́ния advertising campaign.

рекогносци́р|овать *несов.* и *сов.* (*вн.*) *воен.* reconnoiter (*smth.*); **~о́вка** *ж. воен.* reconnaissance.

рекоменда́|тельный: ~тельное письмо́ letter of recommendation; credentials *pl.*; **~ция** *ж.* recommendation.

рекоменд|ова́ть *несов.* и *сов.* (*сов. тж. порекомендовать*) (*вн.*) recommend (*smb., smth.*); **~ова́ться** *несов.*: ~у́ется... it is advisable...; не ~у́ется it is not recommended.

реконструи́ровать *несов.* и *сов.* (*вн.*) reconstruct (*smth.*); (*воссоздавать что-л. по сохранившимся описаниям и т. п. тж.*) restore (*smth.*); **~ся** *несов.* и *сов.* be* reconstructed.

реконстру́кция *ж.* reconstruction; (*воссоздание по сохранившимся описаниям тж.*) restoration.

реко́рд *м.* record; поста́вить ~ make* a record, set* up a record.

рекорди́ст *м.*, **~ка** *ж.* **1.** champion; (*животное тж.*) prizewinner; **2.** (*тот, кто увлекается рекордами*) pot-hunter.

реко́рдный record *attr.*; в ~ срок in record time.

рекордсме́н *м.*, **~ка** *ж.* record holder, champion.

ре́ктор *м.* rector; ~ университе́та rector, head of a university.

ректора́т *м.* university administration; (*помещение*) rector's office.

реле́ *с. нескл. эл.* relay; **~йный**: ~йный конта́кт антисала́тника *кино* buckle switch; ~йная ста́нция *кино* relay station.

религио́зный religious.

рели́гия *ж.* religion.

рели́квия *ж.* relic.

релье́ф *м.* relief; **~но** vividly; clearly; ~но выделя́ться stand* out in relief; **~ный** raised, embossed; *перен.* vivid, striking.

рельс *м.* rail; сходи́ть с ~ов be* derailed; ◇ поста́вить *что-л.* на ~ы get* *smth.* started; **~овый** rail *attr.*; ~овый путь track.

рема́рка *ж.* note; *театр.* stage direction.

ремённый leather *attr.*; ~ при́вод belt drive.

реме́нь *м.* **1.** strap; (*пояс*) belt; **2.** *тех.* belt.

реме́сленник *м.* **1.** craftsman*; **2.** (*тот, кто работает по шаблону*) drudge, dabbler; (*о писателе*) hack writer.

реме́сленн|ый **1.** craft *attr.*; ~ое произво́дство craft industry; **2.** (*примитивный, неискусный*) botched-up; **3.** (*шаблонный*) soulless, uncreative, standardized; (*о литературной работе тж.*) hack *attr.*

ремесло́ *с.* craft; (*профессия*) trade; сапо́жное ~ shoemaking; пло́тничное ~ carpentry.

ремо́нт *м.* repairs *pl.*; (*побелка, окраска дома, квартиры*) decorating; decorations *pl.*; непла́новый ~ off-schedule repair (maintenace); восстанови́тельный ~ renovation; гаранти́йный ~ warranty repair; капита́льный ~ major repair, heavy repair, general (overhaul), top overhaul; ме́лкий ~ minor repair; о́бщий ~ complete overhaul; пла́ново-предупреди́тельный ~ planned (preventive, routine) maintenance; пла́новый ~ scheduled maintenance; профилакти́ческий ~ repair, maintenance; сре́дний ~ medium repair, running repair, maintenance, temporary repair; тре́бовать капита́льного ~а require major repair; находи́ться в ~е be* under repair; **~и́ровать**, отремонти́ровать (*вн.*) repair (*smth.*), maintain, overhaul; (*белить, красить дом, квартиру*) decorate (*smth.*); **~ный** repair *attr.*; ~ный фонд *тех.* repair stock; ~ная мастерска́я repair shop; авиацио́нная ~ная мастерска́я (*завод*) aircraft repair shop.

ремонти́рование *с. кино* reconditioning.

ремонтопригóдность *ж. тех.* repairability.

ренега́т *м.* renegade, turncoat; **~ство** *с.* defection, apostasy.

ре́нта *ж. эк.* rent; земе́льная ~ ground-rent.

рента́бельн|ость *ж.* profitableness; ~ проду́кции product profitability; сте́пень ~ости rate of profitability; коэффицие́нт ~и net profit ratio; **~ый** paying; ~ое хозя́йство going concern.

рентге́н *м.* **1.** (*просвечивание*) X ray photography; **2.** *физ.* röntgen.

рентге́нов: ~ы лучи́ X rays.

рентге́новский X ray; ~ кабине́т X-ray room; ~ сни́мок radiograph, X ray photograph.

рентгено́лог *м.* radiologist.

рентгеноплёнка *ж. кино* X Ray film.

рентгеноскопи́я *ж.* radioscopy, X ray examination.

реорганиз|а́ция *ж.* reorganization; **~ова́ть** *несов.* и *сов.* (*вн.*) reorganize (*smth.*); **~ова́ться** *несов.* и *сов.* reorganize.

реоста́т *м.* rheostat.

ре́па *ж.* turnip.

репара́ции *мн.* (*ед.* репара́ция *ж.*) reparations.

репарацио́нн|ый reparation *attr.*; ~ые платежи́ reparation payments.

репатри|а́нт *м.* repatriate; **~а́ция** *ж.* repatriation.

репатрии́ровать *несов.* и *сов.* (*вн.*) repatriate (*smb.*); **~ся** *несов.* и *сов.* be* repatriated.

репе́й *м.*, **~ник** *м.* agrimony, burdock.

репертуа́р *м.* repertoire.

репети́|ровать, прорепети́ровать (*вн.*) **1.** (*выступление*) rehearse (*smth.*); **2.** (*ученика*) coach (*smb.*); **~ция** *ж.* rehearsal; гене́ральная ~ция dress rehearsal.

ре́плика *ж.* **1.** remark, reply; (*возражение*) retort; **2.** *театр.* cue.

репорта́ж *м.* reporting; (*сообщение*) report; (*во время игры*) commentary; *кино* coverage; **~ный**: ~ная переда́ча *кино* live broadcast.

репортёр *м.* reporter.

репресс|и́вный repressive; **~и́ровать** *несов.* и *сов.* (*вн.*) take* repressive action (against).

репре́ссия *ж.* repression.

репроду́ктор *м.* loudspeaker.

репроду́кция *ж.* reproduction.

репс *ж. текст.* rep(p), reps.

репти́ли|я *ж.* **1.** reptile; **2.** mercenary person, mercenary newspaper, *etc.*

репти́л|ьный mercenary, venal.

репута́ци|я *ж.* reputation, name; безупре́чная ~ impeccable (spotless, stainless) reputation; высо́кая ~ fine reputation; отли́чная ~ excellent reputation; плоха́я ~ bad reputation; утра́та ~и loss of a reputation; по́льзоваться хоро́шей ~ей to have a good reputation, name; по́льзоваться ~ей (+ g.) to have a reputation, name (for); спасти́ свою́ ~ю to save *one's* face.

ре́пчатый turnip-shaped; ~ лук large onion.

ресни́цы *мн.* (*ед.* ресни́ца *ж.*) eyelashes.

респира́тор *м.* respirator, gas-mask.

респу́блика *ж.* republic; наро́дная демокра́тическая ~ People's Democratic Republic; буржуа́зная ~ bourgeouis republic.

республика́н|ец *м.* republican; **~ский** republican.

рессо́р|а *ж.* spring; **~ный** sprung, spring-supported.

реставра́тор *м.* restorer; ~ ста́рых карти́н restorer of old pictures.

реставра́ци|я *ж.* restoration; ~ кинофи́льма regeneration of film; **~о́нный**: ~ная маши́на *кино* regeneration equipment.

реставри́ровать *несов.* и *сов.* (*вн.*) restore (*smth.*).

рестора́н *м.* restaurant; ~ при киносту́дии *кино* commissary; **~ный** restaurant *attr.*

ресу́рсы *мн.* resources; валю́тные ~ foreign currency resources; де́нежные ~ cash resources; материа́льные ~ material resources; произво́дственные ~ industrial resources; сырьевы́е ~ raw materials resources; фина́нсовые ~ financial resources.

рети́вый zealous, ardent; (*резвый*) sprightly.

рето́рта *ж.* retort.

ретрансли́ровать *несов.* и *сов.* (*вн.*) *радио, кино* retransmit (*smth.*).

ретрансля́ци|я *ж.* *радио* retransmission; **~о́нный**: ~о́нный переда́тчик *кино* retransmitter.

ретроспекти́ва *ж.* **1.** retrospective review; **2.** *кино* retrospective show.

ретушёр *м.* retoucher.

ретушировать *несов.* и *сов.* (*вн.*) retouch (*smth.*).

ре́тушь *ж.* retouching.

рефера́т *м.* **1.** summary, synopsis (*pl.* -ses); **2.** (*доклад*) paper, essay.

рефере́ндум *м.* referendum.

рефере́нт *м.* adviser, expert, assistant.

рефле́кс *м.* reflex; коле́нные ~ knee jerks; patellar reflexes *научн.*; усло́вный ~ conditioned reflex.

рефле́ктор *м.* **1.** (*отражатель лучей*) reflector; **2.** (*обогревательный прибор*) bowl-fire, electric fire with a reflector.

рефо́рма *ж.* reform.

реформа́тор *м.* reformer.

реформа́ция ж. *ист.* Reformation.

реформи́зм *м.* reformism.

реформи́ровать *несов.* и *сов.* (*вн.*) reform (*smth.*).

реформи́ст *м.* reformist.

рефрижера́тор *м.* **1.** refrigerator; **2.** (*часть холодильной машины*) evaporator; **~ный** refrigerator *attr.*; ~ное су́дно refrigerator (ship).

реценз|е́нт *м.* (*книг*) reviewer; (*рукописей*) reader; **~и́ровать**, прорецензи́ровать (*вн.*) (*книги*) review (*smth.*); (*рукописи*) read* (*smth.*).

реце́нзия *ж.* review; (*на рукопись*) opinion.

реце́пт *м.* prescription; (*способ приготовления чего-л.*) recipe; *перен. тж.* formula (*pl.* -ae); гото́вый ~ ready-made formula; cut-and-dried instruction *pl.*

рециди́в *м.* **1.** set-back, recurrence; **2.** *мед.* relapse; **3.** *юр.* recidivation, second offence; backsliding *разг.*

рецидиви́ст *м.* recidivist, old offender, repeater.

речев|о́й speech *attr.*; ~ые на́выки speech habits.

рече́ние *с.* expression.

речи́стый *разг.* voluble; (*говорливый*) talkative.

речитати́в *м.* *муз.* recitative; ◇ говори́ть, чита́ть ~ом chant.

ре́чка *ж.* small river, stream.

речни́к *м.* river-transport worker.

речн|о́й river *attr.*; (*о живущих в реках тж.*) fluvial *научн.*; ~ое су́дно riverboat; ~ое сообще́ние river navigation; ~ые расте́ния fluvial plants.

реч|ь *ж.* **1.** (*способность говорить*) speech; о́рганы ~и organs of speech; разви́тие ~и speech training; **2.** (*язык*) speech; у́стная ~ oral speech; ру́сская ~ Russian speech, spoken Russian; **3.** (*произношение*) speech, way of speaking; о́кающая ~ manner of stressing the o's in *one's* speech; **4.** *разг.* (*беседа, разговор*) talk; ~ идёт о том, что́бы... it is a question/matter of...; слу́чай, о кото́ром идёт ~ the case in question; о чём ~? what are you talking about?; об э́том и ~и не бы́ло it was not even mentioned; не об э́том ~ that's not what we are talking about; об э́том не мо́жет быть и ~и that is out of the question; завести́ ~ о *чём-л.* begin* to speak of *smth.*; пусты́е ~и empty talk *sg.*; **5.** (*выступление*) speech; обличи́тельная ~ denunciation; вы́ступить с ~ью, произнести́ ~ make*/deliver a speech; обрати́ться с ~ью к *кому-л.* address *smb.*

реш|а́ть, реши́ть **1.** (+ *инф.*; *приходить к какому-л. выводу*) decide (+ to *inf*), make* up *one's* mind (+ to *inf*), resolve (+ to *inf*); он реши́л оста́ться до́ма he decided to stay at home; вы са́ми должны́ ~ it is for you to decide; **2.** (*вн.*, + *инф.*; *принимать решение*) decide (*smth.* + to *inf*); реши́ть де́ло в *чью-л.* по́льзу decide (the matter) in *smb.'s* favor; они́ реши́ли перевы́полнить план they decided to overfullfil the plan; **3.** (*вн.*; *определять искомое*) solve (*smth.*); work out (*smth.*); ~ зада́чи, приме́ры solve problems, examples; ~ кроссво́рд do* a crossword puzzle; **4.** (*вн.*; *выполнять*) solve (*smth.*); *несов. тж.* tackle (*smth.*), work on (*smth.*); реши́ть пробле́му solve a problem; реши́ть *чью-л.* судьбу́, у́часть decide *smb.'s* fate/future; реши́ть судьбу́, у́часть *чего-л.* decide the fate of *smth.*; **~аться**, реши́ться **1.** (на *вн.*, + *инф.*; *принимать решение*) decide (on,+ to *inf*), make* up *one's* mind (+ to *inf*); реши́ться на отча́янный посту́пок decide on a desperate course of action; реши́ться на тако́й шаг make* up *one's* mind to (take) such a step; не реши́ться на кра́йние ме́ры hesitate to take extreme measures; не могу́ реши́ться на э́то I can't bring myself to do it; не ~а́юсь сказа́ть *кому-л.* I can't bring myself to tell *smb.*; ~а́йтесь! make up you mind!; **2.** (*определяться*) be* decided; за́втра реши́тся его́ де́ло his case will be decided tomorrow; **3.** *тк. несов.* come* out, be* solved; зада́ча легко́ ~а́ется the problem is easily solved; зада́ча не ~а́ется the problem won't come out.

реша́ющ|ий decisive; ~ая си́ла decisive force; ~ моме́нт decisive/crucial moment; ~ее устро́йство *кино* resolver; ◇ с ~им го́лосом with the right to vote (at a congress, conference, *etc.*).

реше́ние *с.* **1.** decision; (*постановление тж.*) resolution; (*суда*) award, verdict, judg(e)ment; принима́ть ~ come* to a decision, arrive at a decision, make*/reach a decision; выноси́ть ~ pronounce judg(e)ment, pronounce it's verdict; **2.** (*ответ к задаче и т. п.*) solution (of), answer (to).

реше́тина *ж.* lath.

реше́тник I *м.* lathing.

реше́тник II *м.* sieve-maker.

решётк|а *ж.* (*в стене*) grille; (*ограда тж.*) railings *pl.*; (*деревянная*) lattice, trellis; (*на окне*) bars *pl.*; ◇ посади́ть, упря́тать *кого-л.* за ~у put* *smb.* behind bars.

решето́ *с.* sieve ◇ чудеса́ в ~е fantastic tale.

решётчат|ый, реше́тчатый lattice, latticed; trellised; ~ая ба́лка, ~ая фе́рма lattice girder; ~ая констру́кция latticework; ~ люк grating.

реши́мость *ж.* determination, resolution, resolve.

реши́тельн|о 1. (*смело*) resolutely; (*категорически*) categorically, positively; ~ возража́ть object categorically/flatly; ~ отрица́ть *что-л.* categorically deny *smth.*; быть ~ про́тив *чего-л.* be* utterly opposed to *smth.*; **2.** (*совершенно*) absolutely; ~ ничего́ не де́лать, не знать *и т. п.* do*, know* absolutely nothing; **~ость** *ж.* **1.** (*смелость в принятии решений*) determination, resolution; **2.** (*категоричность*) decisiveness, finality; **~ый 1.** (*смелый, энергичный*) resolute, decided, determined; ~ый челове́к resolute/determined person; ~ые ме́ры resolute measures; **2.** (*решающий, категорический*) decisive; (*окончательный*) final, ultimate; ~ый отве́т final reply; ~ый тон resolute tone; с са́мым ~ым ви́дом with an expression of the utmost determination; с ~ым наме́рением уе́хать with *one's* mind firmly made up to leave; ~ый бой decisive battle/action.

реши́ть *сов. см.* реша́ть; **~ся** *сов. см.* реша́ться 1, 2.

реэвакуа́ция *ж.* return from evacuation.

реэ́кспорт *м.* re-export.

ре́я *ж. см.* рей.

ре́ять *несов.* **1.** (*плавно двигаться*) glide along, drift along; **2.** (*парить*) hover; **3.** (*развеваться*) stream, fly*.

ржав|е́ть, заржаве́ть rust, be* rusty; **~чина** *ж.* rust; цве́та ~чины rust-colored; ~ый rusty.

ржа́ние *с.* neighing.

ржа́нк|а *ж. зоол.* plover; ~ глу́пая dotterel; золоти́стая ~ golden plover.

ржан|о́й rye *attr.*; ~ ко́лос ear of rye; ~ая мука rye flour; ~ хлеб rye bread.

ржать *несов.* neigh; *разг.* laugh loudly.

рибонуклеи́нов|ый: ~ая кислота́ (РНК) ribonucleic acid, RNA.

ри́га *ж.* threshing barn/floor.

ри́гел|ь *м. тех.* crossbar, collar beam.

ригори́зм *м.* rigorism.

ригористи́ческий rigorist.

ри́дер *м.* (microfiche) reader.

ридикю́ль *м. уст.* handbag.

ри́жский (of) Riga.

ри́з|а *ж. церк.* **1.** chasuble; (*царское одеяние*) robes *pl.*; vestments *pl.*; **2.** (*накладка на иконе*) metal mounting; **3.** *уст., поэт.* raiment, garments; напи́ться до положе́ния ~ drink *oneself* insensible.

ри́зничий *м. церк.* Sacristan.

ри́зница *ж. церк.* Sacristy, vestry (*a room in or attached to a church in which the vestments, vessels and other requisits for Divine worship are kept and in which the clergy* dress).

рикоше́т *м.* ricochet; ~ом: пу́ля попа́ла в него́ ~ом the bullet hit him on the rebound; **~и́ровать** *несов.* ricochet.

ри́кша *м.* rickshaw, jinricksha.

ри́млян|ин *м.* Roman.

ри́мск|ий Roman; ◇ ~ нос Roman nose; ~ое пра́во *юр.* Roman law; ~ая це́рковь Roman Church; ~ие ци́фры Roman numerals.

ринг *м. спорт.* ring.

ри́нуться *сов.* dash, hurl *oneself*, charge; ~ в ата́ку hurl *oneself* into the attack.

рир *м. кино* rear; ~ прое́ктор background projector, rear projector; ~ прое́кция rear projection; ~ проекцио́нная устано́вка rear projection equipment; ~ проекцио́нный экра́н transluscent screen, rear screen.

рис *м.* rice.

риск *м.* **1.** risk, hazard; с ~ом для жи́зни at the risk of *one's* life; идти́ на ~ risk it, take* a chance; подверга́ть ~у *кого-л.* endanger *smb.*, jeopardize *smb.*; гру́ппа ~а risk group; **2.** (*действие наудачу*) taking risks/chances; ◇ ~ - благоро́дное де́ло nothing ventured, nothing gained; на свой страх и ~ at *one's* own risk; **3.** ~ неакце́пта *комм.* risk of nonacceptance; ~ неплатежа́ *комм.* risk of nonpayment; **~овый**: ~овое предпринима́тельство risk business; ~вый капита́л venture capital.

рискн|у́ть *сов.* **1.** *см.* рискова́ть; **2.** (+ *инф.*, на *вн.*; отважиться) venture (+ to *inf*, *smth.*); он ~ул спроси́ть её об э́том he ventured to ask her about it.

риско́ванност|ь *ж.* riskiness.

риско́ванный risky; ~ шаг risky step.

рискова́ть, рискну́ть **1.** (*подвергаться риску*) take* a risk/chance; лу́чше не ~ better not risk it; не хоте́ть ~ be* unwilling to take risks; **2.** (*тв.*) risk (*smb.*, *smth.*); jeopardize (*smb.*, *smth.*); ~ жи́знью, голово́й risk *one's* life, neck; ~ здоро́вьем, репута́цией jeopardize *one's* health, reputation.

рисова́|льщик *м.* graphic artist; **~ние** *с.* drawing; учи́ться ~нию learn* how to draw; **~нный**: ~нный за́дник *кино* painted backgroud.

рисова́|ть, нарисова́ть (*вн.*) draw* (*smth.*); (*красками*) paint (*smth.*); *перен.* portray (*smth.*); depict (*smth.*); ~ карандашо́м, перо́м draw* in pencil, in ink; ~ с нату́ры draw*/paint from life; ~ мультипликацио́нный кинофи́льм animate; ~ портре́т draw*/paint a portrait; **~ся** *несов.* **1.** (*виднеться*) be* outlined/silhouetted; **2.** (*дт.*; *представляться*) present itself (to); **3.** (*тв.*; *стараться показать себя с выгодной стороны*) show* off (*smth.*).

рисо́вка *ж.* showing off.

ри́сов|ый rice *attr.*; ~ое по́ле rice field; ~ая ка́ша (thin) rice pudding; ~ая бума́га rice paper..

рису́н|ок *м.* drawing; (*очертание*) outline; (*узор*) design, pattern; ~ карандашо́м pencil-drawing; ~ перо́м pen-and-ink drawing; по ~кам *кого-л.* after the designs of *smb.*

ритм *м.* rhythm.

ри́тмика *ж.* **1.** (*система и характер ритма*) rhythms *pl.*, rhythmical pattern; **2.** (*учение о ритме*) rhythmics, theory of rhythm; **3.** (*система физических упражнений*) eurhythmics.

ритми́ч|еский rhythmical; **~ность** *ж.* rhythm; ~ный rhythmical.

рито́р|ика *ж.* rhetoric; ~и́ческий rhetorical; ◇ ~и́ческий вопро́с rhetoricial question.

ритуа́л *м.* ritual.

риф I *м.* (*подводная скала*) reef.

риф II *м.* *мор.* reef; брать ~ы take* in reefs.

рифлёный (*о железе*) corrugated.

ри́фма *ж.* rhyme; мужска́я, же́нская ~ masculine, feminine rhyme.

рифмо́вка *ж.* rhyming, rhyme system.

рифмоплёт *м.* *разг.* rhymer, rhymester.

рици́н *м.* **1.** *бот.* castor plant; **2.** *мед.* castor oil.

рици́нов|ый: ~овое ма́сло castor oil.

ро́ба *ж.* overalls *pl.*

ро́ббер *м.* (cards) rubber.

робе́ть *несов.* be* timid; (перед *тв.*) quail (before); не робе́й(те)! don't be shy!* don't be scared!

ро́бк|ий timid; (*застенчивый*) shy; ~ челове́к shy/timid person; ◇ он не ~ого деся́тка he has plenty of pluck, he's not easily scared.

ро́бост|ь *ж.* timidity; (*застенчивость*) shyness; от ~и он не мог говори́ть he was too shy to speak.

ро́бот *м.* robot.

робототе́хника *ж.* robot technology.

ров *м.* ditch; крепостно́й ~ moat, fosse; противота́нковый ~ antitank ditch.

рове́сн|ик *м.*, **~ица** *ж.* contemporary; они ~ики they are the same age; он мой ~ he's my age.

ро́вн|о *нареч.* **1.** (*равномерно*) evenly, regularly; (*одинаково*) equally; би́ться ~ (*о сердце*) beat* evenly; ~ дыша́ть breathe regularly/steadily; 2. (*гладко*) smoothly; **3.** *в знач. частицы* (*точно*) exactly, precisely; ~ в два, три *и т. п.* часа at two, three, *etc.* sharp; ~ де́сять рубле́й exactly ten rubles; **4.** *в знач. частицы разг.* (*совершенно*): он ~ ничего́ не понима́ет he doesn't understand a thing; э́то ничего́ не зна́чит that means nothing whatever; **~ый 1.** (*гладкий*) even, level, smooth; ~ая доро́га level/smooth road; 2. (*прямой*) straight; ~ая ли́ния straight line; 3. (*одинаковый*) equal, even; (*равномерный*) regular; ~ый зага́р even tan; ~ный кли́мат equable climate; ~ый го́лос level tones *pl.*; ~ым ша́гом with measured tread; **4.** (*уравновешенный*) equable, even; ~ый хара́ктер even disposition, equable temper; ◇ ~ый счёт round figures *pl.*; для ~ого счёта to make a round sum; ~ым счётом ничего́! nothing whatever!; не ро́вен, не ровён час you never know.

ро́вня *м.* и *ж.* *разг.* equal; он ей не ~ he's not good enough for her.

ровня́ть, сровня́ть (*вн.*) make* (*smth.*) even, level (*smth.*) off; ~ *что-л.* катко́м roll *smth.* smooth.

рог *м.* **1.** horn; (*олений*) antler; **2.** (*музыкальный инструмент*) horn; ◇ брать быка́ за ~а take* the bull by the horns.

рога́тк|а *ж.* **1.** (*на дороге*) barrier; *воен.* knife-rest; *перен.* (*препятствие*) obstacle; **2.** (*метательная*) catapult; стреля́ть из ~и shoot* *one's* catapult.

рога́тый horned; кру́пный ~ скот cattle; ме́лкий ~ скот goats and sheep.

рогови́ца *ж.* *анат.* cornea.

рогов|о́й horn *attr.*; ~ые очки́ horn-rimmed spectacles.

рого́жа *ж.* bast mat, matting.

рого́з *м.* *бот.* reed mace.

рогоно́сец *м.* *разг.*, *шутл.* cuckold.

рогу́лька *ж.* *кул.* croissant.

род *м.* **1.** (*семейный*) family, kin; **2.** (*происхождение, рождение*) birth, origin, stock; (*поколение*) generation; старого ~а of old stock; из ~ в ~ from one gentration to another; **3.** (*сорт, вид*) sort kind; **4.** *биол.* genus; **5.** *грам.* gender; мужско́й, же́нский, сре́дний ~ masculine, feminine, neuter (gender); существи́тельное мужско́го ~а masculine noun; ◇ ~ челове́ческий mankind, humanity, the human race; ему 30 лет от ~у he is thirty years of age; двадцати́ лет от ~ at the age of twenty; ему́ на ~у написано he was destined (to); без ~у, без пле́мени without kith or kin; ~ войск arm of the service; вся́кого ~а all sorts/kind (of); что-нибу́дь в э́том ~е something of the sort/kind; в своём ~е in *one's* way; своего́ ~а, в не́котором ~е a sort/kind (of).

родани́ды *мн.* *хим.* (*соли роданистой кислоты*) thiocyanate salts.

рода́нист|ый *хим.* thiocyanate (of), sulphocyanate (of); ~ая кислота́ thiocyanic acid, sulphocyanic acid.

роддо́м *м.* (*сокр.* от роди́льный дом) maternity home.

ро́дий *м.* *хим.* rhodium.

роди́льн|ица *ж.* woman* who has just had a baby; **~ый**: ~ый дом maternity hospital.

роди́мчик *м.* *разг.* convulsions (*of mother or child about time of birth*).

роди́м|ый *прил.* *см.* родно́й 1; ◇ ~ое пятно́ birthmark.

ро́дин|а *ж.* **1.** native land, motherland, mother country, homeland; (*место рождения*) birthplace; любо́вь к ~е love of country; **2.** (*место происхождения растения, животного*) land, home.

ро́динка *ж.* birthmark, mole.

роди́тели *мн.* parents.

роди́тельный: ~ паде́ж *грам.* genitive case.

роди́тельск|ий parents', parental; ~ комите́т parents' commitee; ~ое собра́ние parents' meeting; ~ дом *one's* parents' home/house.

род|и́ть *несов.* и *сов.* **1.** (*вн.*) give* birth (to); *перен. тж.* give* rise (to); ~ сы́на, дочь bear* a son, a daughter; она то́лько что ~ила́ she has just given birth; она ещё не ~ила́ the baby hasn't been born yet; **2.** *разг.* (*давать урожай*) yield; ◇ в чём мать ~ила́ stark-naked; **~и́ться** *несов* и *сов.* **1.** be* born; *перен.* (*возникать*) arise*, spring* up; ~и́ться слепы́м be* born blind; y негó ~и́лся сын his wife has just had a baby boy; у меня́ ~ила́сь мысль (+ *инф*) I had the idea (of + -ing); ~ило́сь подозре́ние a suspicion arose; 2. (*произрастать*) grow*.

родни́к *м.* spring; **~о́вый** spring *attr.*

родни́ть, породни́ть, сродни́ть (*вн.*) 1. *сов.* породни́ть unite (*smb.*); 2. *сов.* сродни́ть draw* (*smb.*) together, create a bond/affinity (between); 3. *тк. несов.* (*сближать*) make* (*smb.*) alike; **~ся**, породни́ться (с *тв.*) 1. mix (with), intermingle (with), become* related (to); 2. *тк. несов.* (*сближаться*) become* akin (with), grow*/draw* together.

родн|о́й *собир.* 1. (*по крови*) *one's* own; (*не приёмный, не двоюродный*) *one's* real; (*являющийся родственником*) of *one's* own family/blood *после сущ.*; ~а́я сестра́ *one's* own sister; ~ челове́к person of *one's* own family; 2. (*о месте*) native; ~ дом *one's* native/own home; ~ город *one's* home town; 3. (*дорогой, близкий сердцу*) dear, darling; 4. *в знач. сущ.* *one's* relatives/relations; (*домашние*) *one's* people; ◇ ~ язы́к native language, mother tongue.

родня́ *ж.* 1. *собир.* (*родственники*) relatives *pl.*, relations *pl.*; 2. *разг.* (*родственник*) relative, relation; он мне ~ we are related.

родови́тост|ь *ж.* blood; high birth, good birth.

родови́тый high-born, well born, of the blood.

родов|о́й I 1. family *attr.*; ~ строй tribal system; ~а́я месть vendetta, blood feud; 2. *биол.* generic; 3. *грам.* gender *attr.*; ~ы́е оконча́ния gender inflections.

родов|о́й II birth *attr.*; ~ы́е му́ки birth pains.

родовспомога́тельн|ый: ~ое учрежде́ние maternity home.

рододендро́н *м. бот.* rhododendron.

ро́дом by birth; он ~ из Москвы́, с Кавка́за he comes from Moscow, from the Caucasus.

родонача́льник *м.* progenitor, stock; *разг.* founder, father.

родосло́вная *ж.* pedigree.

ро́дственн|ик *м.*, **~ица** *ж.* relative, relation; ближа́йшие ~ики close relatives.

ро́дственн|ый 1. family *attr.*; of the family *после сущ.*; ~ые свя́зи family ties; 2. (*тёплый, сердечный*) cordial; 3. (*сходный*) kindred; akin *predic.*; ~ые нау́ки related/allied sciences; ~ые языки́ related languages.

родств|о́ *с.* 1. relationship; быть в ~е с *кем-л.* be* related to *smb.*; 2. *собир. разг.* (*родственники*) family; relatives *pl.*; 3. (*сходство*) affinity.

ро́д|ы *мн.* (child)birth *sg.*, having a child *sg.*, confinement *sg.*; у неё бы́ли тяжёлые ~ she had a difficult confinement; она́ о́чень похороше́ла по́сле ~ов she looks wonderful since she had her child.

ро́ж|а I *ж. разг.* face; ну и ~! what a mug! ◇ ко́рчить ~и *кому-л.* pull/make* faces at *smb.*

ро́ж|а II *ж.* (*болезнь*) erysipelas, Rose, St. Anthony's fire.

рожа́ть *несов. разг.* have* a baby, give* birth.

рожда́емость *ж.* birthrate.

рожд|а́ть *несов.* (*вн.*) give* birth (to); bear* (*smb.*); *перен.* give* rise (to); **~а́ться** *несов.* be* born; *перен.* arise*; spring* up; **~е́ние** *с.* birth; с са́мого моего́ ~е́ния ever since I was born; от ~е́ния from* birth; день ~е́ния birthday; ме́сто ~е́ния birthplace; да́та ~е́ния date of birth; ◇ по ~е́нию by birth.

рожде́ственский Christmas *attr.*, Xmas *attr.*

Рождество́ *с.* Christmas, Xmas.

роже́ница *ж.* (*женщина в период родов*) woman* in childbirth; (*родившая*) newly-made mother.

рожо́к *м.* 1. (*музыкальный инструмент*) horn; англи́йский ~ tenor oboe, cor anglais; 2. (*детский*) feeding-bottle; 3. (*для обуви*) shoehorn.

рожь *ж.* rye.

ро́з|а *ж.* rose; ◇ ~ ветро́в *метеор.* wind-rose; **~а́н** *м. разг.* rose; **~а́рий** *м.* rose garden, rosarium.

ро́зга *ж.* rod, birch.

розе́тка *ж.* 1. (*украшение*) rosette; 2. (*блюдце для варенья*) small jam dish; 3. *эл.*: ште́псельная ~ plug (receptacle).

розмари́н *м. бот.* rosemary.

ро́зни|ца *ж.* retail goods; ◇ продава́ть в ~цу sell* retail; **~чный** retail *attr.*; ~чная торго́вля retail trade; ~чные це́ны retail prices.

рознь *ж.* 1. (*вражда*) discord; 2. *в знач. сказ.* (*дт.*): челове́к челове́ку ~ all men are not alike.

розове́ть, порозове́ть 1. (*становиться розовым*) turn pink; (*покрываться румянцем*) blush pink, blush; 2. *тк. несов.* (*виднеться*) show* pink.

розовощёкий pink-cheeked, rosy-cheeked.

ро́зов|ый 1. (*о растении*) rose *attr.*; ~ куст rose bush; ~ое ма́сло attar of roses; 2. (*розового цвета*) pink; *перен.* rosy; ~ая ле́нточка pink ribbon; ~ые щёки rosy/pink cheeks; ~ свет rosy light; ~ые мечты́ rose-colored dreams; ◇ ви́деть всё в ~ом све́те, смотре́ть на всё сквозь ~ые очки́ see* everything through rose-colored spectacles.

ро́зыгрыш *м.* 1. (*лотереи*) drawing; draw; 2. (*состязание*) tournament, match(es) (for); ~ Ку́бка Росси́и по футбо́лу the Russian Football Cup competition.

ро́зыск *м.* 1. search, quest; 2. *юр.* investigation, search; ◇ уголо́вный ~ criminal investigation department.

рои́ться *несов.* swarm; *перен.* crowd; мы́сли роя́тся в голове́ thoughts crowd into *one's* mind.

рой *м.* swarm; *перен.* host; ~ воспомина́ний host of recollections.

рок *м.* fate.

роков|о́й fatal; ~а́я оши́бка fatal mistake.

ро́кот *м.* murmuring; (*раскатистый шум*) rumble, roar; ~ волн roar of the waves.

рокота́ть *несов.* murmur; (*раскатисто*) roar, crash; (*о голосе*) rumble, boom.

ро́лик *м.* **1.** roller; (*у мебели*) castor; **2.** (*для электропроводки*) block; **~овый** roller *attr.*; ~ый подши́пник roller bearing; ~овые коньки́ roller skates; ~овая доска́ skateboard; ~овая на́дпись *кино* rolling title; ~овое устро́йство для ре́плик *кино* prompter, teleprompter.

рол|ь *ж.* **1.** (*драматический образ*) role, part; в ~и Га́млета вы́ступил... the part of Hamlet was taken/acted by...; игра́ть ~ отца́ play the (part of the) father; **2.** (*текст*) part; lines *pl.*; забыва́ть свою́ ~ forget* *one's* lines/words; **3.** (рд.; *работа в качестве кого-л.*) job, role; вам придётся взять на себя́ ~ перево́дчика you will have to take on the job of interpreter; **4.** (*мера влияния, значения*) role; ~ ли́чности в исто́рии the role of the individual in history; ◇ выступа́ть в ~и *кого-л.* act as, play the part of; игра́ть ~ 1) (*иметь значение*) play a part; be* of importance, count; 2) (*рд.; быть кем-л., чем-л.*) be*; э́то обстоя́тельство не игра́ет большо́й ~и this circumstance hasn't much significance; войти́ в ~ get* into the way of things, begin* to cope.

ром *м.* rum.

рома́н *м.* **1.** (*произведение*) novel; (*героического жанра*) romance; **2.** *разг.* (*любовные отношения*) (love-)affair; ◇ он геро́й не моего́ ~а he's by no means my ideal.

романи́ст I *м.* (*писатель*) novelist.

романи́ст II *м.* (*филолог*) specialist in Romance philology; **~ика** *ж.* Romance philology.

рома́нс *м.* song; (*название инструментальной пьесы*) romance.

рома́нск|ий Romance, Romantic; ~ие языки́ Romance languages.

романти́зм *м.* romanticism.

рома́нтик *м.* romantic.

рома́нтика *ж.* romanticism; (*чего-л. тж.*) the romantic side (of).

романт|и́ческий, ~и́чный romantic.

рома́шк|а *ж. бот.* ox-eye daisy; (*аптечная*) camomile; **~овый**: ~ чай camomile tea.

ромб *м. мат.* rhomb(us); *воен.* diamond formation; *ав.* box of four; **~и́ческий** *мат.* rhombic.

ромште́кс *м. кул.* rump steak.

ро́ндо *с. нескл., муз.* rondo.

рондо́ *с. нескл. лит.* rondeau, rondel.

роня́ть, урони́ть (*вн.*) **1.** (*нечаянно выпускать из рук*) drop (*smth.*); let* (*smth.*) fall; (*сталкивать*) knock (*smth.*) off; ~ ве́щи из рук drop things; ~ кни́ги со стола́ knock books off a table; **2.** *тк. несов.* (*терять*) shed* (*smth.*), lose* (*smth.*); ~ ли́стья shed* its leaves; ~ пе́рья moult, shed* its feathers; **3.** (*бессильно опускать вниз*) drop (*smth.*), let* (*smth.*) fall; ~ го́лову на грудь let *one's* head fall on *one's* chest; **4.** (*небрежно произносить*) let* fall (*smth.*); ~ замеча́ние let* fall a remark; **5.** (*унижать, умалять*) lower (*smb.*, *smth.*); ~ своё досто́инство lower *one's* dignity; ~ себя́ в *чьих-л.* глаза́х lower *oneself* in *smb.'s* eyes/estimation; ◇ ~ слёзы shed* tears.

ро́пот *м.* murmur, murmur of discontent; ~ ручья́ murmur of a stream.

ропта́ть *несов.* (на *вн.*) murmur (against), grumble (at).

рос|а́ *ж.* dew; **~и́нка** *ж.* dew drop; ◇ у меня́ ма́ковой ~и́нки во рту не́ было I haven't had a bite all day; **~и́стый** dewy, dew-sprinkled.

роси́нк|а *ж.* dewdrop; (ни) ма́ковой ~и во рту не было neither food nor drink has passed (my) lips.

роси́стый dewy.

роско́шество *с.* **1.** extravagant taste, exotic taste; **2.** extravagance.

роско́шествовать *сов.* luxuriate, live in luxury.

роско́шничать *несов. см.* роско́шествовать.

роско́шный **1.** (*отличающийся роскошью*) magnificent, luxurious; **2.** *разг.* (*очень хороший*) splendid; **3.** *разг.* (*пышно растущий*) luxuriant, lush.

ро́скошь *ж.* **1.** (*внешнее великолепие*) magnificence, splendor; **2.** (*излишество в жизненных удобствах*) luxury; **3.** (*изобилие — о растительности*) luxuriance, lushness.

ро́слый tall, well-grown; ~ па́рень strapping/burly fellow.

росома́ха *ж. зоол.* wolverene, glutton.

ро́спись *ж.* **1.** (*действие*) painting; ~ потолка́ ceiling painting; **2.** (*стенная живопись*) murals *pl.*, frescoes *pl.*

ро́спуск *м.* dismissal; *воен.* disbandment; ~ парла́мента dissolution of Parliament; ~ на кани́кулы breaking up for the holidays.

росси́йский Russian.

ро́ссказни *мн. разг.* old wive's tale; cock-and-bull story.

ро́ссыпь *ж.* (*золота, алмазов и т. п.*) **1.** deposit; **2.** scattering; грузи́ть зерно́ ~ю to load grain loose; **3.** *мн.*; *мин.* placer.

рост *м.* **1.** growth; (*увеличение*) increase, rise; (*площади*) extension; (*совершенствование*) development; ~ населе́ния growth of population; ~ материа́льного благосостоя́ния increase in material well-being; творческий ~ артиста artist's development; **2.** (*вышина*) height; (*человека тж.*) stature; быть ~ом с *кого-л.* be* *smb.'s* height; высо́кого ~а tall; сре́днего ~а of a middle height; ма́ленького ~а short; в ~ челове́ка as high as a man; ◇ шить, покупа́ть на ~ allow for growth when making, buying; по ~у according to height; отдава́ть де́ньги в ~ lend* money on interest; во весь ~ 1) (*выпрямившись*) standing up straight; 2) (*на фотографии*) full length; встать во весь ~ stand* up, draw *oneself* up to *one's* full height.

ро́стбиф *м. кул.* roast beef.

ростовщи́|к *м.* usurer, moneylender; **~ческий** usurious; **~чество** *с.* usury.

рост|о́к *м.* sprout; shoot (*тж. перен.*); пуска́ть ~ки sprout.

ро́стор *м. ист.* beak (of war galley), rostrum.

ростра́льный *архит.* rostral.

ро́стры *только мн., мор.* booms.

ро́счерк *м.* flourish; ◇ одни́м ~ом пера́ with a stroke of the pen.

рот *м.* mouth; во рту бы́ло су́хо *one's* mouth felt dry; ~ до уше́й an enourmous mouth; с откры́тым ртом open-mouthed; рази́нув ~ agape; зева́ть во весь ~ yawn cavernously; ◇ не брать в ~ *чего-л.* never touch *smth.*; в ~ не возьмёшь it's uneatable; еда́ в ~ нейдёт the food sticks in my throat; не сметь рта откры́ть not dare to open *one's* mouth; разжева́ть и в ~ положи́ть spell* *smth.* out for *smb.*; хлопо́т по́лон ~ be* up to *one's* neck in worry.

ро́та *ж.* company.

рота́тор *м. тех.* (rotary stencil) duplicator.

ротаци́зм *м. лингв.* rhotacism.

ротацио́нн|ый: ~ая маши́на *тип.* rotary press.

рота́ци|я *ж.* 1. *см.* ~онная маши́на; 2. *с.-х.* rotation.

ро́тмистр *м. воен.* captain (*of cavalry in tsarist Russian army*).

ро́тный *прил.* 1. company *attr.*; 2. *в знач. сущ. м.* company commander.

ротозе́й *м. разг.* 1. (*зевака*) bystander; onlooker; 2. (*разиня*) daydreamer; **~ничать** *несов. разг.* stand* and gape; be scatter-brained; **~ство** *с. разг.* daydreaming, scatter-brainedness.

рото́нд|а *ж.* 1. *архит.* rotunda; 2. (lady's) cloak.

ротоно́г|ий n. *зоол.* Stomatopoda.

ро́тор *м. тех.* rotor.

ро́хля *м. и ж. разг.* dawdler.

ро́ща *ж.* grove, copse.

ро́ялти *комм.* (*вознаграждение владельцу за право использовать лицензию*) royalty; ~ в проце́нтах от прода́жной цены́ (*лицензионной продукции*) royalty stated as a percentage of selling price; ~ в проце́нтах от чи́стого дохо́да royalty stated as a percentage of net profits; ~ за "ноу-ха́у" know-how royalty; ~ с едини́цы проду́кции unit royalty.

роя́л|ь *м.* grand piano; игра́ть на ~е play the piano; сесть за ~ sit* down at the piano; у ~я at the piano.

РФ (Росси́йская Федера́ция) RF (Russian Federation).

рту́тн|ый mercury *attr.*; (*содержащий ртуть тж.*) mercuric; ~ термо́метр mercury thermometer; ~ое освеще́ние *кино* mercury vapor illumination.

ртуть *ж.* mercury, quicksilver; ◇ грему́чая ~ fulminate of mercury.

руба́нок *м.* plane.

руба́ха *ж.* shirt.

руба́шка *ж.* 1. (*мужская*) shirt; (*женская*) slip, chemise; ночна́я ~ (*мужская*) nightshirt; (*женская*) nightdress, nightgown; ни́жняя ~ underwear, pantislip; 2. *тех.* jacket.

рубе́ж *м.* 1. (*граница*) border, boundary; 2. *воен.* line; ◇ за ~ом abroad; выезжа́ть за ~ go* abroad.

рубе́ц *м.* 1. (*шрам*) scar; (*от удара хлыстом и т. п.*) weal; 2. (*шов*) hem; 3. (*отдел желудка жвачных животных*) paunch; (*кушанье*) (plain) tripe.

руби́льник *м. эл.* (knife-)switch, cut-out.

руби́н *м.* ruby; **~овый** 1. (*сделанный из рубина*) ruby *attr.*; 2. (*цвета рубина*) ruby(-colored).

руби́ть *несов.* (*вн.*) 1. (*разрубить*) chop (*smth.*); (*измельчать*) mince (*smth.*), chop (*smth.*) fine; ~ дрова chop wood; ~ капусту chop cabbage; 2. (*деревья*) fell (*smth.*); ~ строево́й лес fell timber; 3. (*поражать холодным оружием*) cut* (*smb.*) down, saber (*smb.*); 4. *горн.* cut* (*smth.*), hew* (*smth.*); ~ у́голь cut* coal; 5. *разг.* (*говорить, действовать резко*) give* it to *smb.* straight from the shoulder, not mince matters; ~ся *несов.* fight* (with cold stell).

ру́бище *с.* rags *pl.*, tatters *pl.*

ру́бка I *ж.* 1. (*на мелкие куски*) chopping (up), mincing; 2. (*деревьев*) felling.

ру́бка II *ж. мор.* deckhouse; рулевая ~ wheel-house; боева́я ~ conning tower.

рублёвый one-rouble *attr.*

ру́блен|ый chopped, minced; ~ бифште́кс hamburger.

рубл|ь *м.* roble; ~ инвалю́тный foreign currency equivalent roble; ~ перево́дный transferable roble; сто ~ей one hundred robles.

ру́брика *ж.* 1. (*заглавие*) heading; 2. (*раздел*) subdivision, column.

ру́гань *ж.* abuse, swearing, name-calling.

руга́тель|ный abusive; **~ство** *с.* curse, oath.

руга́ть, вы́ругать (*вн.*) swear* (at), curse (*smb.*), scold (*smb.*); (*порицать*) run* (*smb.*, *smth.*) down; **~ся** *несов.* 1. swear*; 2. (*с тв.*; *переругиваться*) hurl abuse at each other, call each other names.

руда *ж.* ore.

рудимента́рный rudimentary; ~ о́рган rudimentary/vestigial organ.

рудни́к *м.* mine, pit; **~о́вый** mine *attr.*, pit *attr.*

рудни́чный mining; ~ газ firedamp.

ру́дн|ый mining; (*содержащий руду*) ore *attr.*; ~ые месторожде́ния deposits of ore.

рудоно́сный ore-bearing.

руже́йный gun *attr.*, rifle *attr.*; ~ вы́стрел rifle shot.

ружьё *с.* gun; дробово́е ~ shotgun; двуство́льное ~ double-barrelled gun; ◇ под ~м under arms; ~обра́зный микрофо́н *кино* rifle mike; ~обра́зный проже́ктор *кино* rifle spot.

руи́на *ж.* 1. *мн.* ruins; 2. *разг.* (*немощный человек*) wreck.

рук|а́ *ж.* 1. (*кисть*) hand; (*от кисти до плеча*) arm; в ~е in *one's* hand; за́ руку by the hand; взять за́ руки join hands; ~а́ми не тро́гать! (please) do not touch!; брать *кого-л.* на́ руки take* *smb.* in *one's* arms; держа́ть *кого-л.* на ~ах hold tight to the arm; по пра́вую (ле́вую) ру́ку от *чего-л.* to the right (the left) of *smth.*; 2.

(*почерк*) hand, handwriting; э́то не его́ ~ that's not his hand; ◇ быть в *чьих-л.* ~ах be* at *smb.'s* mercy; э́то мне на́ руку that suits me down to the ground; у него́ на ~ах больша́я семья́ he has a large family on his hands; все кни́ги на ~ах the books are all out; по ~ам! done!, it's a bargain!; брать *кого-л.* по́д руку take* *smb.'s* arm; не говори́те под руку! don't put me off my stroke!; попа́сться *кому-л.* по́д руку come* in *smb.'s* way; что попадётся по́д руку anything one can lay hands upon; под ~ой, под ~ами at/to hand, handy, within easy reach; с ~и *кому-л.* convenient for *smb.*; ~ об руку hand in hand; руки вверх! hands up!; ру́ки прочь от *кого-л.*, *чего-л.*! hands off *smb.*, *smth.*!; ~ не дро́гнет у *кого-л.* (+ *инф.*) *smb.* wouldn't hesitate (+ to *inf*), *smb.* wouldn't think twice (about + -ing); руки опустились у *кого-л.* *smb.* (has) lost all interest; ~ не подни́мется у *кого-л.* (+ инф.) *smb.* cannot bring himself (+ to inf); ~ой подать a stone's throw (from); пода́ть ру́ку по́мощи *кому-л.* extend a helping hand to *smb.*; быть у *кого-л.* пра́вой ~ой be* *smb.'s* right hand; быть без *кого-л.*, *чего-л.* как без рук feel* helpless without *smb.*, *smth.*; брать *кого-л.* в ру́ки take* *smb.* in hand; брать себя в руки pull *oneself* together, control *oneself*; держа́ть себя́ в ~ах keep* *oneself* in hand; игра́ть в четы́ре ~и play duets; вы́дать *что-л.* на ру́ки *кому-л.* give* *smth.* to *smb.* to take away; получи́ть *что-л.* на руки receive *smth.* in person; в со́бственные ру́ки (*надпись*) for personal delivery only; дать по ~ам кому-л. rap *smb.* over the knuckles; отпуска́ть *что-л.* в одни́ ру́ки serve *smth.* per customer; в на́ших ~ах in our hands; передава́ть *что-л.* из рук в ру́ки, с рук на́ руки pass *smth.* from hand to hand; из рук вон пло́хо thoroughly bad; на ско́рую руку in a hurry; от ~и by hand; писа́ть *что-л.* от ~ write* *smth.* in long hand; ходи́ть по ~ам be* passed from hand to hand; с рук сбыть что-л. get* rid of *smth.*; э́то его́ рук де́ло that's his handiwork; ему́ и кни́ги в ру́ки that's his strong point; ма́стер на все руки Jack of all trades.

рука́в *м.* **1.** (*одежды*) sleeve; **2.** (*реки*) arm, branch; 3. (*шланг*) hose; ◇ спустя́ ~а in a slipshod manner.

рукави́ц|а *ж.* mitten; gauntlet; держа́ть в ежо́вых ~ах to rule with a rod of iron.

рукави́цы *мн.* (*ед.* рукави́ца *ж.*) mittens.

рука́вчик *м.* **1.** *уменьш.* от рука́в; **2.** cuff.

рукоби́тье *с.* *уст.* shaking hands on a bargain.

рукоблу́дие *с.* masturbation.

рукоблу́дник *м.* masturbator.

рукоблу́дничать *несов.* indulge in masturbation.

руководи́тель *м.* manager, leader, head; отве́тственный за ка́чество прое́кта ~ project quality manager; ~ отде́ла department/section head; худо́жественный ~ art-adviser; нау́чный ~ supervisor; кла́ссный ~ form master, (*о женщине*) form mistress; ~ иссле́довательской лабора́тории research manager; ~ ни́зшего звена́ управле́ния first-line manager; ~ предприя́тия general manager, factory manager; ~ прое́кта project manager; ~ произво́дства (*гл. инженер*) production manager; ~ сре́днего звена́ управле́ния middle manager; техни́ческий ~ engineering manager; ~ филиа́ла (отделе́ния) фи́рмы branch manager; ~ орке́стра artistic director.

руководи́ть *несов.* (*тв.*) **1.** lead* (*smb.*, *smth.*), guide (*smb.*, *smth.*); ~ заня́тиями, рабо́той conduct/supervise studies, work; ~ радиокружко́м run* an amateur radio group; **2.** (*управлять*) be* in charge (of), be* at the head (of), head (*smth.*); ~ отде́лом head a department.

руково́дств|о *с.* **1.** (*действие*) guidance, leadership; supervision; операти́вное ~ efficient management; **2.** (*то, чем следует руководствоваться*) guide; приня́ть *что-л.* к ~у take* *smth.* as a guiding principle; **3.** (*книга*) handbook, manual; 4. *собир.* (*руководители*) leaders *pl.*, leadership.

руково́дствоваться *несов.* (*тв.*) be* guided (by); ~ чьими-л. указа́ниями act in accordance with *smb.'s* instructions.

руководя́щ|ий **1.** leading; ~ рабо́тник executive; person in charge; **2.**: ~ие указа́ния general insructions.

рукоде́|лие *с.* needlework, fancywork; **~льница** *ж.* needlewoman*; **~льничать** *несов.* do needlework.

рукокры́лые *мн.* *зоол.* (*ед.* рукокры́лый) Cheiroptera.

рукомо́йник *м.* washstand.

рукопа́шн|ый *прил.* **1.** hand-to-hand; ~ бой hand-to-hand fight(ing); **2.** *в знач. сущ.* **~ая** *ж.* hand-to-hand fight.

рукопи́сн|ый manuscript; ~ые те́ксты handwritten texts, manuscripts.

ру́копись *ж.* manuscript; (*напечатанная на машинке тж.*) typescript; *полигр.* (*оригинал для набора*) copy.

рукоплеск|а́ния *мн.* clapping *sg.*, applause *sg.*; **~ать** *несов.* (*дт.*) clap (*smb.*, *smth.*), applaud (*smb.*, *smth.*).

рукопожа́ти|е *с.* handshake, handclasp; обменя́ться ~ями shake* hands.

рукоя́|тка *ж.*, **~ть** *ж.* handle; (*рычаг тж.*) lever; ~ кинжа́ла hilt; ~ револьве́ра butt of a revolver; ~ затво́ра operating lever; по са́мую ~тку to the hilt.

рулев|о́й *прил.* **1.** rudder *attr.*, steering *attr.*; ~ое устро́йство steering gear; **2.** *в знач. сущ.* *м.* helmsman*, man* at the wheel.

руле́т *м.* **1.** (*окорок*) boned ham/gammon; **2** (*кушанье*) roll; мясно́й ~ meat-roll; **3.** (*кондитерский*) swiss-roll.

руле́тка *ж.* 1. (*измерительная*) tape-measure; **2.** (*азартная игра*) roulette; "ру́сская" ~ Russian roulette.

рули́ть *несов.* *ав.* taxi.

рулóн *м.* roll.

рул|ь *м.* (*судна*) rudder; helm (*тж. перен.*); (*автомашины*) (steering)wheel; (*велосипеда*) handlebars *pl.*; ~ поворóта *ав.* rudder; ~ высоты́ *ав.* elevator; ~ трáктора tractor steering wheel; прáвить ~ём steer; стоя́ть, сидéть за ~ём be* at the wheel; стать за ~ take* the helm; ◇ без ~я и без ветри́л rudderless; without aim or direction.

румб *м. мор.* (compass) point.

румы́н *м.*, **~ка** *ж.* Rumanian; **~ский** Rumanian; ~ский язы́к Rumanian, the Rumanian language.

румя́на *мн.* rouge *sg.*

румя́нец *м.* (High) color; (*от стыда, волнения*) flush; зали́ться ~цем be suffused with color.

румя́н|ить, зарумя́нить, нарумя́нить (*вн.*) **1.** *сов.* зарумя́нить (*покрывать румянцем*) redden (*smth.*), flush (*smth.*); **2.** *сов.* нарумя́нить (*красить щёки*) rouge (*smth.*); **3.** *сов.* зарумя́нить (*окрашивать в алый цвет*) redden (*smth.*); ~иться, зарумя́ниться, нарумя́ниться **1.** *сов.* зарумя́ниться (*покрываться румянцем*) flush, turn red; **2.** *сов.* нарумя́ниться (*краситься*) use rouge; **3.** *сов.* зарумя́ниться (*окрашиваться в алый цвет*) turn red, be* suffused with red; **4.** *сов.* зарумя́ниться (*поджариваться*) get* brown.

румя́ный rosy, pink; (*о человеке*) pink-cheeked, ruddy-faced, rubicund.

рунó *с.* fleece; ◇ золотóе ~ golden fleece.

ру́ны *мн.* (*ед.* руна *ж.*) runes.

ру́пор *м.* loudhailer; megaphone; *перен.* mouthpiece, spokesman*.

русáк I *м.* (grey) hare.

русáк II *м. разг.* Russian.

русáлка *ж.* water nymph, mermaid.

руси́зм *м.* Russicism, borrowing from Russian.

руси́н *м.* Ruthenain.

руси́нский Ruthenian.

руси́ст *м.* specialist in Russian philology.

руси́стика *ж.* Russian philology.

русификáтор *м.* Russifier, Russianizer.

русификáция *ж.* Russification, Russianization.

русифици́ровать *несов.* Russify, Russianize.

ру́сло *с.* **1.** (river-)bed, channel; измени́ть ~ реки́ change the course of a river; **2.** *перен.* channel, course; мои́ делá пошли́ по нóвому ~у my affairs have taken a new turn.

русоволóсый having light-brown hair.

ру́сский I *м.* Russian; **~ая** *ж.* **1.** Russian (*woman*); 2. Russkaya (*Russian folk dance*).

ру́сский II *прил.* Russian; ~ язы́к Russian, the Russian language; ~ая литерату́ра Russian literature; ~ая истóрия Russian history; ◇ ~ое мáсло clarified butter; ~ая печь Russian stove; говори́ть, сказáть ~им языкóм speak*, say* plainly.

ру́сый light brown; (*о человеке тж.*) with light-brown hair *после сущ.*

рутéний *м. хим.* ruthenium.

рути́л *м. мин.* rutile.

рути́н|а *ж.* routine, stagnation; hidebound ways *pl.*; **~ный** stale.

рутинёр *м.* slave to routine, person in a rut, in a groove; **~ский**: ~ские взгля́ды rigid views; **~ство** *с.* slavery to routine.

ру́хлядь *ж. собир. разг.* lumber, junk; (одежда) old clothes *pl.*

ру́хну|ть *сов.* collapse (*тж. перен.*); (*о крыше, потолке тж.*) fall* in; он ~л на зéмлю как подкóшенный he collapsed in a heap on the ground; нáши надéжды ~ли our hopes were dashed to the ground.

ручáтельств|о *с.* guarantee, guaranty; с ~ом за испрáвность guaranteed in working order; с ~ом на два гóда with a two-year guarantee.

руч|áться, поручи́ться (*за кого-л.*) answer (for); (*за что-л.*) guarantee (*smth.*); ~áюсь, что сдéлаю э́то I'll do it; ~áюсь, что вам э́того не сдéлать I defy you to do it; дóктор не ~áлся за исхóд оперáции the doctor would give no guarantee as to the result of the operation.

ручеёк *м.* brooklet, streamlet.

руч|éй *м.* brook, rill; лить слёзы в три ~ья shed* floods of tears.

ру́чка *ж.* **1.** little hand; **2.** (*рукоятка*) handle; (*круглая*) knob; ~ двéри door handle; (*круглая*) doorknob; **3.** (*мебели*) arm; **4.** (*для пера*) penholder; (*с пером*) pen; **5.** ~ для фокуси́рования *кино* focusing knob; ~ панорами́рования *кино* panning handle.

ручн|óй **1.** (*для рук*) hand *attr.*; ~ багáж hand luggage; ~ые часы́ wristwatch *sg.*; **2.** (*производимый руками*) manual; ~ труд manual labor; это ~ая рабóта it's done by hand; 3. (*обслуживаемый вручную*) hand *attr.*; hand-operated; ~ тóрмоз hand-brake; ~ая пилá hand-saw; ~ая регулирóвка усили́теля *кино* manual volume control; ~ая съёмка *кино* hand shooting; ~ая телевизиóнная кáмера *жар.* creepie peepie, TV portable camera; ~ая телéжка *кино* hand truck; ~ой киносъёмочный аппарáт *кино* hand held camera; ~ой освети́тельный прибóр *кино* flash light; ~ой при́вод *кино* hand drive; ~ой прожéктор *кино* sun gun; ~ой сигнáл *кино* hand cue; **4.** (*приручённый*) tame; ◇ ~ая продáжа 1) (*в аптеке*) sale without prescription; 2) (*торговля с рук*) sale without weighing, sale of packaged goods.

ру́ш|иться *несов.* collapse, be* falling down; *перен.* be* shattered; дом ~ится the house is falling down; егó надéжды ~ились his hopes were shattered.

ры́ба *ж.* fish; ◇ ни ~ ни мя́со insipid; чу́вствовать себя́ как ~ в водé feel* quite at home.

рыбáк *м.* fisherman*.

рыбáлк|а *разг.* fishing (trip); поéхать на ~у go* fishing.

рыбá|цкий, ~чий fishing *attr.*; fisherman's; ~чья лóдка fishing boat; **~чить** *несов.* fish; **~чка** *ж.* **1.** fisherwoman*; **2.** (*жена рыбака*) fisherman's wife*.

рыбёшка *ж. разг.* small fry, little fish.

ры́б|ий fish *attr.*; *перен.* cold-blooded; ~ жир cod-liver oil; ~ клей fish glue; ~ьи глаза́ codlike glance; ~ный fish *attr.*; ~ная кость fish bone; ~ный про́мысел fishery; ~ная промы́шленность fish industry; ~ный садо́к fish pond; ~ные консе́рвы tinned/canned fish.

рыбово́д|ство *с.* fish-breeding; fish farming; ~ческий fish freeding *attr.*; fish-farming *attr.*; ~ческое хозя́йство fish farm.

рыболо́в *м.* fisherman*; (*с удочкой*) angler.

рыболове́цкий fishing *attr.*

рыболо́в|ный fishing *attr.*; ~ сезо́н fishing season; ~ные се́ти fishing nets; ~ флот fishing fleet; **~ство** *с.* fishing.

рыбообраба́тывающий fish processing; ~ комбина́т fish-processing plant/factory.

рыво́к *м.* **1.** jerk, tug; *перен.* spurt; **2.** *спорт.* (*в тяжёлой атлетике*) snatch.

рыга́ть, рыгну́ть belch.

рыгну́ть *сов. см.* рыга́ть.

рыда́ни|е *с.* sob; *мн.* sobs; sobbing *sg.*; разрази́ться ~ями burst* out sobbing.

рыда́ть *несов.* sob.

рыжеборо́дый red-bearded.

рыжеволо́сый red-haired, sandy(-haired).

рыже́ть, порыже́ть **1.** turn reddish-brown, get* rusty; **2.** *тк. несов.* (*видне́ться*) show* reddish-brown.

ры́жий *прил.* **1.** red-haired; (*о волосах*) red; (*о лошади*) chestnut; (*выцветший*) reddish-brown, rust-colored; **2.** *в знач. сущ. м. разг.* (*клоун*) clown.

ры́жик *м.* (*гриб*) saffron milk cap.

рык *м.* roar; льви́ный ~ the roar of a lion.

ры́ло *с.* **1.** snout; 2. *груб.* (*лицо*) mug; (*единица счёта*) head.

ры́н|ок *м.* market; (*место тж.*) market-place; вну́тренний ~ domestic market; ~ реа́льного това́ра (*рынок, на котором ведется торговля реальным товаром в противоположность фьючерсной бирже*) cash market, spot market, physical market, actual market; ~ сбы́та marketing outlet, sales market; ~ спот (*рынок, на котором ведется торговля реальным товаром с немедленной поставкой по заключенным контрактам*) spot market, cash market; ~ ссу́дного капита́ла loan market, loan capital market; ~ това́ров commodity market; ~, учи́тывающий затра́ты на хране́ние (*на таком рынке цены по сделкам на срок превышают цены на наличный товар*) carrying-charge market; ~ чи́стой конкуре́нции market of pure competition; ~ це́нных бума́г securities market; **~очный** market *attr.*; ~ая игра́ market game; ~ая конъюнкту́ра market condition; измене́ние ~очной конъюнкту́ры turn in the market; ~ная сто́имость (*продажная цена, курс*) market price (value); ~очная страте́гия (*система мер расширения сбытовой деятельности*) market strategy; ~очная торго́вля market trade; ~очная цена́ market price; ~очные фо́нды market funds; ~очный аге́нт marketeer, marketer.

рыса́к *м.* trotter.

рыси́ст|ый: ~ая ло́шадь trotter; ~ые испыта́ния trotting races.

ры́скать *несов.* **1.** (по *дт.*) hunt about (*smth.*), scour (*smth.*); (*бродить*) roam (*smth.*), rove (through); ~ по́ лесу scour the forest; ~ по бе́регу roam the shore; **2.** *мор.* swerve.

рысцо́й *разг.* at a jog-trot.

рыс|ь I *ж.* (*аллюр*) trot; ме́лкая (*крупная*) ~ light (long) trot; ◇ на ~ях at a trot.

рысь II *ж.* (*животное*) lynx.

ры́сью at a trot; идти́ ~ trot.

ры́твина *ж.* hollow.

рыть *несов.* (*вн.*) **1.** dig* *smth.*; (*рылом*) root (in); **2.** *разг.* (*разбрасывать, перемешивать что-л.*) rummage (*smth.*); ◇ ~ яму *кому-л.* make* trouble for *smb.*; **~ся** *несов.* dig*; root; (*в вещах*) rummage.

рыхле́ть *несов.* **1.** become* friable; **2.** *разг.* (*о человеке*) run* to seed, get* flabby.

рыхли́ть *несов.* (*вн.*) loosen (*smth.*), hoe (*smth.*).

ры́хлый **1.** crumbly, friable; (*о грунте тж.*) loose; ~ снег soft snow; 2. *разг.* (*о человеке*) flabby.

ры́цар|ский knightly; *перен.* chivalrous; ~ о́рден order of knighthood; ~ посту́пок chivalrous action; ◇ ~ рома́н romance; **~ство** *с.* knighthood; *перен.* chivalry; времена́ ~ства the age of chivalry.

ры́царь *м. ист.* knight (*тж. перен.*); стра́нствующий ~ knight errant.

рыча́|г *м.* lever (*тж. перен.*); ~ управле́ния control lever; **~жный**: ~жные весы́ beam balance; ~ мо́лот sledge hammer.

рыча́ние *с.* growling, snarling.

рыча́ть, прорыча́ть growl, snarl.

рья́ный zealous.

рэ́кет *м.* racket; занима́ться ~ом operate/run* a racket.

рэкети́р *м.* racketeer.

рюкза́к *м.* rucksack, knapsack.

рю́мка *ж.* glass.

ряби́на I *ж.* **1.** (*плод*) rowan, ashberry; 2. (*дерево*) rowan tree, mountain ash.

ряби́на II *ж.* (*щербина*) pit; (*от оспы*) pockmark.

ряб|и́ть *несов.* **1.** (*вн.*) ripple; ветеро́к ~и́т во́ду a breeze ripples the water; 2. *безл.*: у меня́ ~и́т в глаза́х I am dazzled.

рябо́й **1.** pitted; (*от оспы*) pockmarked; 2. (*с пятнами другого цвета*) dappled.

ря́бчик *м.* hazel hen.

рябь *ж.* (*на воде*) ripple.

ря́вкать *разг.* bellow (at), roar (at).

ряд *м.* **1.** row; ~ кре́сел row of chairs; ~ за ~ом row upon row; **2.** (*шеренга*) file; **3.** (*места в театре, кино и т. п.*) row; **4.** (*совокупность явлений*): дли́нный ~ дней days that dragged on one after the other; **5**. (*некоторое количество чего-л.*) series, number; в ~е стран in a number of countries; це́лый ~ причи́н a series ot causes; в це́лом ~ слу́чаев in a number of cases; ~ поколе́ний many generations; **6**. *мн.* (*состав, среда*) rank *sg.*; служи́ть в ~ах Росси́йской Армии serve in the Russian Army; **7**. (*ларьки, прилавки для торговли*) stalls *pl.*, row of stalls; моло́чный ~ milk stalls; ры́бный ~ fish stalls; ◇ из ~ вон выходя́щий outstanding; out of the general run; из ~а вон выходя́щий слу́чай a quite exceptional case; **8**. ~ включа́телей *кино* bank; ~ вспы́шек с разли́чными часто́тами *кино* multi-buret; ~ экспози́ций *кино* exposure range.

рядов|о́й *прил.* **1**. ordinary; ~ое явле́ние common/everyday occurrence; **2**. *воен.* rank-and-file; **3**. *с.-х.* row *attr.*; in rows *после сущ.*; **4**. *в знач. сущ. м. воен.* private (soldier); man*.

ря́дом **1**. (*возле, около*) beside; сесть ~ с *кем-л.* sit* down next to *smb.*; он сиде́л ~ he was sitting close by; они сиде́ли ~ they sat side by side; **2**. (*по соседству*) next door, next; дом ~ с теа́тром the house next door to the theater; он живёт ~ he lives next door; **3**. (*очень близко*) near, close by.

ря́женка *ж.* ryazhenka (*baked fermented milk*).

ря́са *ж. церк.* cassock, frock.

ря́ска *ж. бот.* duckweed.

С

с, со 1. from, off, встать со сту́ла rise from *one's* chair; сверну́ть с доро́ги turn off the road; ве́тер с мо́ря wind from/off the sea; прие́хать с Украи́ны arrive from the Ukraine; 2. (*при временных оборотах*) at, with, from; с утра́ до́ ночи from morning till night; вдыха́ть с рассве́том start out at dawn: с ка́ждым ча́сом (with) every hour; 3. (*при причинных оборотах*) from, with, through, out of, in; с испу́га out of fright; с непривы́чки through lack of practice; с позволе́ния роди́телей with *one's* parents' permission; уста́ть с доро́ги be* tired from the journey; 4. (*при обозначении лица, предмета, с которого получают, требуют*) from; on; (*при обозначении единиц*) per; получи́ть де́ньги с покупа́теля take* money from a customer; взима́ть по́шлину с това́ра charge duty on goods; 50 це́нтнеров с гекта́ра fifty centners per hectare; 5. (*при обозначении манеры, способа действия*) with, by; корми́ть с ло́жки feed* with a spoon; взять с бо́ю take* by storm; лете́ть со ско́ростью зву́ка fly* at the speed of sound; 6. (*при выражении совместности*) and, with; повида́ть отца́ с ма́терью see* *one's* father and mother; дождь со сне́гом rain mixed with snow; нас с детьми́ семь челове́к there are seven of us with the children; 7. (*при обозначении дополнительного количества*) and; два с полови́ной two and a half; 8. (*при обозначении содержимого*) of; буты́лка с молоко́м bottle of milk; 9. (*при обозначении обоюдного действия, взаимоотношения*) with; спо́рить с дру́гом argue with a friend: познако́мить *кого-л.* с де́вушкой introduce *smb.* to a girl; 10. (*при выражении цели действия*); яви́ться с докла́дом come in to report; обрати́ться с про́сьбой make* a request; 11. (*выражает приблизительную меру*) (for) about; отдохну́ть с полчаса́ rest (for) about half an hour; 12. (*при сравнении*) the size of; as much as; ма́льчик ро́стом с отца́ a boy tall as his father; о́пухоль величино́й с гре́цкий оре́х tumor the size of a walnut; 13. с автомати́ческой пода́чей *attr. техн.* self feeding; с видеоле́нты на кинофи́льм *тех.* video tape to film; с ле́нты на ка́рту *тех.* tape to card; с ле́нты на ле́нту *тех.* tape to tape; с одно́й боково́й полосо́й *attr. тех.* single side band; с одно́й кана́вкой *attr. тех.* single groove; с окси́дным покры́тием *attr. тех.* oxide coated; с ручны́м управле́нием *attr. тех.* manual.

са́бля *ж.* sabre.

сабота́ж *м.* sabotage; **~ник** *м.* saboteur.

саботи́ровать *несов. и сов.* 1. (*вн.*) sabotage (*smth.*); 2. *тк. несов.* (*заниматься саботажем*) commit sabotage.

са́ван *м.* shroud; сне́жный ~ blanket of snow.

са́га *ж.* saga.

сава́нн|а *ж.* savannah.

саврасый light brown with black mane and tail.

сагитта́льный sagittal.

сагити́ровать *сов. см.* агити́ровать 2.

сад *м.* garden, ◇ ботани́ческий ~ botanical gardens *pl.*; зоологи́ческий ~ zoological gardens *pl.*, zoo; зи́мний ~ winter garden, conservatory.

сади́ть, посади́ть (*вн.*) *разг.* plant (*smth.*).

сади́ться, сесть 1. sit* down, seat *oneself*; на стул sit* down on a chair;~ за стол sit* down at the/a table; сади́тесь! won't you sit down?, take a seat!, ся́дьте! sit down!; сесть верхо́м 1) (*на лошадь*) mount a horse, get* on a horse; 2) (*на стул и т. п.*) sit* astride a chair *etc.*; сесть в ва́нну get* into the bath, сесть в посте́ли sit* up in bed; 2. (*занимать место для поездки*): ~ в по́езд, трамва́й, авто́бус get* on a train, tram, bus; ~ в маши́ну get* into a car; ~ на парохо́д, самолёт board a ship, plane; 3. (за, на *вн.*, + *инф.*, *приступать к какому-л. делу*) settle down (to, + to *inf*, take* (*smth.*); ~ за рабо́ту settle down to work; ~ за руль take* the wheel; ~ на вёсла take* the oars; 4. *разг.* (*быть лишенным свободы*) be*/get* put away, be* imprisoned; сесть в тюрьму get* put in prison, be* jailed; сесть на гауптва́хту be* confined to the guardroom; 5. (*следовать какому-л. режиму*) start (*smth.*), take* up (*smth.*), сесть на дие́ту stall dieting; 6. (*о птице, насекомом*) alight, perch; (*о самолете, парашютисте*) land; 7. (*о светилах*) set*; 8. (*оседать*) settle; 9. (*суживаться, укорачиваться*) shrink*; мате́рия се́ла the material has shrunk; ◇ сесть на́ голову *кому-л.* jump on *smb.*; сесть на мель run* aground; *перен. тж.* come* unstuck; сесть на я́йца begin* to sit.

садни́ть *несов.* sting*.

садо́вник *м.* gardener.

садово́д *м.* gardener, horticulturist; **~ство** *с.* gardening, horticulture.

садо́вый 1. garden *attr.*, (*о растении тж.*) cultivated; 2. (*садоводческий*) horticultural.

садо́к *м.* 1. (*живорыбный*) fishpond, tank; 2. (*для животных*) pen; hatchery; 3. *охот.* trap.

са́ж|а *ж.* soot; в ~е sooty, smutty.

сажа́ть, посади́ть 1. (*вн.; просить занять место*) seat (*smb.*), ~ госте́й за стол seat *one's* guests at the/a table; 2. (*вн.; помогать сесть*) put* (*smb.*), ~ *кого-л.* на по́езд put* *smb.* on the train; *воен.* entrain *smb.*; ~ *кого-л.* на суда́ embark *smb.*; 3. (*вн., вести на посадку*) land (*smth.*), ~ самолёт land a plane; 4. (*вн.* за, на *вн.*, *вн.* + *инф.*, *заставлять что-л. делать*) put* (*smb.* to); make* (*smb.* + *inf*); ~ *кого-л.* за рабо́ту put* *smb.* to work; ~ *кого-л.* на вёсла make* *smb.* row; 5. (*вн.; помещать куда-л., лишая свободы*) put* (*smb.*, *smth.*), lock (*smb.*) up; ~ *кого-л.* под аре́ст place* *smb.* under arrest, ~ соба́ку на цепь chain up a dog; ~ пти́цу в кле́тку cage a bird; 6. (*вн., растения*) plant (*smth.*), ~ карто́фель plant potatoes; <> ~ ку́рицу на я́йца set* a hen on eggs.

са́женец *м. с.-х.* seedling; sapling.

са́же́нь *ж.* sazhen (*7 feet*), морская ~ fathom.

саза́н *м.* (*рыба*) wild carp, sazan.

са́йка *ж.* (*булка*) roll.

саквоя́ж *м.* traveling bag.

саксофо́н *м.* saxophone.

сала́зк|и *м.* 1. (hand)sleigh *sg.*, toboggan *sg.*, ката́ться на ~ах toboggan, go* tobogganing; 2. *тех.* slide rails, carrier *sg.*

сала́ка *ж.* (*рыба*) sprat.

сала́т *м.* 1. (*растение*) lettuce; 2. (*кушанье*) salad; ~ из све́жей капу́сты coleslaw, **~ник** *м.*, **~ница** *ж.* salad-bowl; **~ный, овый** (*о цвете*) light green.

са́ло *с.* fat; (*топленое свиное*) lard; (*нутряное говяжье и баранье*) suet.

сало́н *м.* 1. (*в гостинице, отеле*) lounge: (*на пароходе и т. п.*) saloon; 2. (*литературный*) salon; 3. (*зал для демонстрации и продажи одежды, обуви*) saleroom, showroom; 4.: худо́жественный ~ art gallery; <>! ~-вагон lounge car.

салфе́тка *ж.* (table)-napkin; (*скатерть*) small tablecloth; бума́жная ~ paper napkin.

са́льдо *с. нескл. бухг., фин.* balance, rest; акти́вное ~ active (favorable) balance, surplus; акти́вное ~ внешнеторго́вого бала́нса (*превышение вывоза над ввозом*) debit balance, balance due, debtor balance; акти́вное ~ по неви́димым статья́м э́кспорта и и́мпорта net invisible income; акти́вное ~ по теку́щим опера́циям current surplus; акти́вное ~ по теку́щим расчётам current surplus; акти́вное ~ торго́вого бала́нса (*активный торговый баланс*) trade surplus, positive balance of trade, active balance of trade; дебето́вое ~ debit balance, balance due; допуска́емое ~ (*предел взаимного кредитования по клиринговым расчетам*) swing credit; коне́чное ~ (на счёте) closing balance; кредито́вое ~ credit balance; кредито́вое ~ счёта в ба́нке bank balance; кредито́вое ~ credit balance; пасси́вное ~ passive (unfavorable, negative, adverse); ~ ба́нковского счёта bank balance; ~ движе́ния капита́лов net capital movement; ~ взаи́мных расчётов balance of mutual settlements; ~ вне́шней торго́вли balance of foreign trade; ~ кли́ринга clearing balance; ~ к перено́су balance carried forward; ~ по расчётам в до́лларах brought forward; определе́ние ~ closing entry; выво́дить ~ strike the balance; урегули́ровать ~ (по счёту) settle a balance.

са́льн|ый 1. (*из сала*) tallow; ~ая свеча́ tallow candle; 2. (*жирный*) greasy; 3. (*непристойный*) dirty, obscene; <> ~ые же́лезы *анат.* sebaceous glands.

салю́т *м.* salute; произвести́ ~ fire a salute.

салютова́ть *несов.* и *сов.* (*дт.*) salute (*smb.*); ~ *кому-л.* фла́гом dip the flag to *smb.*

сам, сама́, само́, са́ми *переводится в зависимости от лица, числа и рода* myself, *pl.* ourselves; yourself, *pl.* yourselves; himself, herself, itself, *pl.* themselves (*обыкн. ставится в конце предложения*), вы э́то ~и зна́ете you know that yourself; вы ~и зна́ете, что... you know very well that...; я ~ э́то сде́лаю I will do it myself; он ~ во всём винова́т it is all his own fault; опери́ровал ~ профе́ссор the operation was performed by the professor himself; он ~ учи́тель, а она́ врач he is a teacher, and she is a doctor; <> ~ по себе́ 1) (*самостоятельно*) independently, by *oneself*; 2) (*как таковой*) in himself, in itself; 3) *в знач. сказ.*, one thing... another; э́то говори́т ~о́ за себя́ it speaks for itself; ~о́ собо́й разуме́ется it goes without saying, it stands to reason; э́то уж ~о́ собо́й but, of course!; that goes without saying!

сама́ *см.* сам.

са́мбо *с. нескл.* unarmed self-defense.

саме́ц *м.* male; (*об олене, зайце, кролике*) buck; (*о слоне, ките*) bull; (*о птице*) cock, male bird.

са́ми *см.* сам.

са́мка *ж.* female; (*об олене, зайце, кролике*) doc; (*о слоне, ките, тюлене*) cow; (*о птице*) hen(-bird).

само́ *см.* сам.

само́- *в сложн.* self-, auto-.

самоана́лиз *м.* introspection, self-examination.

самобичева́ние *с.* self-condemnation, self-reproach, self-torture.

самобаланси́рующий *тех.* self adjusting.

самобы́тн|ость *ж.* originality; **~ый** original, distinctive, ~ая культу́ра distinctive culture, culture that is distinctly original.

самова́р *м.* samovar, поста́вить ~ heat the samovar.

самовла́ст|ие *с.* autocracy; **~ный** despotic, autocratic.

самовлюблённый conceited, self-satisfied.

самовнуше́ние *с.* autosuggestion.

самово́льн|о without permission; **~ый** 1. (*своенравный*) self-willed, willful; (*о поведении, поступках*) arbitrary; high-handed; 2. (*без разрешения*) unauthorized; wilhout permission *после сущ.*, ~ая отлу́чка absence without leave.

самовоспламене́ние *с.* 1. (*самовозгорание*) spontaneous combustion; 2. (*в двигателях и т. п.*) self-ignition, spontaneous ignition.

самовосхвале́ние *с.* self-glorification, self-praise.

самовыпрямляющийся *тех.* self-rectifying.

самого́н *м.*, **~ка** *ж.* illicit spirits *pl.*, home-brew.

самодви́жущийся automotive.

самоде́йствующий *тех.* self-acting.

самоде́льный homemade.

самодержа́в|ие *с.* autocracy; **~ный** autocratic.

самоде́ржец *м.* autocrat.

самоде́ятельн|ость *ж.* **1.** initiative; **2.** (*художественное, театральное и т. п. творчество*) amateur work/activity; худо́жественная ~ amateur artistic work; ве́чер ~ости amateur concert; кружо́к худо́жественной ~ости amateur group; выступле́ние худо́жественной ~ости amateur performance; **~ый 1.** amateur *attr.*, ~ое иску́сство amateur art; ~ый спекта́кль amateur performance (of a play); **2.** *эк.* independently employed.

самодисципли́на *ж.* self-discipline.

самодовле́ющий self-sufficing.

самодово́ль|ный self-satisfied, complacent, smug; ~ вид self-satisfied air; ~ая улы́бка complacent smile; **~ство** *с.* complacency, smugness, self-satisfaction.

самоду́р *м.* petty tyrant; **~ство** *с.* petty tyranny.

самозащи́та *ж.* self-defense.

самозва́н|ец *м.* impostor, pretender; **~ство** *с.* imposture; **~ный** self-styled.

самокри́т|ика *ж.* self-criticism; **~и́чный** self-critical.

самолёт *м.* aircraft, aeroplane; plane *разг.*; **~ный** aircraft *attr.*

самолёто-вы́лет *м.* flight.

самолётострое́ние *с.* aircraft construction.

самолюби́вый proud; (*обидчивый*) touchy.

самолю́бие *с.* pride, self-esteem; ло́жное ~ false pride; заде́ть *чье-л.* ~ wound *smb.'s* pride/vanity.

самомне́ние *с.* (self-)conceit; челове́к с больши́м ~м conceited person; person with a high opinion of himself.

самонаводя́щийся *воен.* self-guided, ~ снаря́д self-guided missile.

самонаде́янн|о conceitedly, presumptuously; **~ость** *ж.* conceit, presumption; **~ый** conceited, presumptuous, self-assertive, bumptious.

самооблада́ние *с.* self-command, self-control, self-possession.

самообма́н *м.* self-deception.

самообольще́ние *с.* delusion; (*ложная уверенность*) overconfidence.

самооборо́на *ж.* self-defence.

самообразова́ние *с.* self-education.

самообслу́живани|е *с.* helping *oneself*; (*в магазинах и т. п.*) self-service; столо́вая ~я self-service restaurant; магази́н ~я self-service shop, supermarket; (*гастроном*) food super market.

самоограниче́ние *с.* self-restraint.

самоокупа́емость *ж.* self-repayment, self-sufficiency.

самоопреле́ние *с.* self-determination; **~иться** *сов. см.* самоопределя́ться.

самоопределя́ться, самоопредели́ться **1.** (*в обществе*) find* a place for *oneself* in life; **2.** (*получать самостоятельмасть*) gain independence.

самоопроки́дывающийся tip *attr.*, tipping.

самоопыле́ние *с.* бот. self-fertilization.

самоотве́рженн|о dedicatedly, disinterestedly; selflessly; **~ость** *ж.* dedication; selflessness; **~ый** dedicated; selfless; ~ый труд dedicated/selfless work; ~ый по́двиг selfless achievement.

самоотво́д *м.* withdrawal of *one's* candidacy.

самоотрече́ние, *с.* self-denial, (self-) abnegation, renunciation.

самооце́нка *ж.* self-appraisal.

самопи́ска *ж. разг.* fountain pen.

самопи́шущий registering, (self-)recording.

самопоже́ртвование *с.* self-sacrifice.

самопозна́ние *с.* self-knowledge.

самопрозво́льный spontaneous.

саморекла́ма *ж.* self-advertisement.

саморо́док *м.* nugget; *перен.* original genius, native talent.

самосва́л *м.* (*автомашина*) tip/upper lorry; dumptruck *амер.*

самосветя́щийся *тех.* self luminous.

самосозна́ние *с.* self-awareness.

самосохране́ние *с.* self-preservation.

самостоя́тельн|ость *ж.* independence; **~ый** independent; (*совершаемый своими силами тж.*) original; ~ый челове́к independent person; ~я рабо́та original work.

самосу́д *м.* lynching, mob murder.

самотёк *м.* drift, laissez-faire; пусти́ть де́ло на ~ let* matters drift, let* matters take care of themselves; ~ом of its own accord, left to itself.

самоуби́й|ство *с.* suicide; поко́нчить жизнь ~ством commit suicide; **~ца**; *м.* и *ж.* suicide.

самоуваже́ние *с.* self-esteem.

самоуве́ренн|о over-confidence; with great self-confidence; **~ость** *ж.* (self-)assurance, over-confident; cocksure *разг.*; ~ый челове́к over-confident person; ~ый тон self-assured tone.

самоуниже́ние *с.* self-humiliation.

самоуправл|е́ние *с.* self-government; **~ящийся** self-governing.

самоупра́вство *с.* high-handedness, arbitrariness.

самоусоверше́нствование *с.* self-perfection, perfecting the self.

самоуспоко́енность *ж.* smugness, complacency.

самоустрани́ть *сов. см.* самоустраня́ться.

самоустраня́ться, самоустрани́ться (от *рд.*) abandon (*smth.*), shirk (*smth.*).

самоучи́тель *м.* textbook for self-instruction, teach-yourself book.

самоу́чк|а *м.* и *ж.* *разг.* self-educated/self-taught person; сле́сарь-~ practical mechanic; **~ой** *разг.*: научи́ться *чем-л.* ~ой learn* *smth.* by *oneself.*

самофинанси́рование *с.* *эк.* self-financing, self-finance; валю́тное ~ currency self-financing.

самофокуси́рующийся *кино* self-focusing.

самохва́льство *с. разг.* self-advertising, boasting.

самохо́дный self-propelled.

самоцве́т *м.* (*драгоценный камень*) precious stone; (*поделочный камень*) ornamental stone.

самоце́ль *ж.* end in itself.

самочу́вствие *с.* general condition; как ва́ше ~? how do you feel in general?

самши́т *м.* boxwood; **~овый** boxwood *attr.*

са́м|ый 1. the very (*тж.* тот ~); тот же ~ the same; ~ факт the very fact; на ~ом верху́ at the very top, right at the top; в ~ом низу́ at the very bottom, right at the bottom; на ~ом берегу́ реки́ (*о здании, деревьях и т. п.*) right on the river; (*о человеке, животном*) right on the bank of the river; на ~ом углу́ (*о здании, деревьях и т. п.*) right on the corner; (*о человеке, животном*) just at the corner; к ~ому берегу́ close to the bank, shore *etc.*; в ~ом нача́ле at the very beginning; с ~ого нача́ла from the very beginning, first; в ~ой середи́не, в ~ую середи́ну right in the middle; в ~ом де́ле! really!, indeed!; на ~ом де́ле in reality, really; в ~ раз (*вовремя*) in the nick of time: э́то вам в ~ раз (*впору*) it fits you perfectly; 2. (*служит для образования превосходной степени*) the most; ~ые высо́кие часто́ты *мн. тех.* high end of frequencies; ~ вну́тренний innermost; ~ высо́кий the highest; ~ тру́дный the most difficult; ~ лу́чший the very best; ~ое гла́вное... the great thing is...; э́то ~ое гла́вное that's the most important of all, that's the main thing.

сан *м.* rank, dignity; возведе́ние в ~ elevation to the rank.

санато́р|ий *м.* sanatorium, health center; **~ный** sanatorium *attr.*

санда́лии *мн.* (*ед.* санда́лия *ж.*) sandals.

са́ни *мн.* sledge *sg.*, sleigh *sg.*, sled *sg. амер.*

санита́р *м.* male nurse; *воен.* medical orderly.

санитари́я *ж.* sanitation.

санита́рка *ж.* junior nurse; *воен.* (girl) medical orderly.

санита́рн|ый 1. sanitary; ~ое состоя́ние го́рода sanitary conditions in a town, ~ врач health officer; 2. (*относящийся к медицинской службе в армии*) medical; ~ая маши́на ambulance; ~ самолёт ambulance plane; ~ по́езд hospital train; ~ батальо́н medical battalion; ~ инстру́ктор medical instructor; ~ая су́мка first-aid bag; ~ая часть medical unit.

са́нки *мн. разг.* 1. *см.* са́ни; 2. *см.* сала́зки 1.

санкциони́ровать *несов.* и *сов.* (*вн.*) sanction (*smth.*).

са́нкци|я *ж.* sanction; догово́рные ~и contractual sanctions; торго́вые ~и trade sanctions; фина́нсовые ~и financial sanctions; штрафны́е ~и fines; экономи́ческие ~и economic sanctions.

са́нный sleigh *attr.*; ~ путь sleigh road.

сано́вник *м.* dignitary.

санскри́т *м.* Sanscrit; **~ский** Sanscrit.

санскрито́лог *м. научн.* Sanscrit scholar.

санте́хника *ж.* sanitary equipment (and techniques).

сантигра́мм *м.* centigram.

сантиме́тр *м.* 1. centimeter; 2. (*лента для измерения*) tape(-measure).

сану́зел *м.* toilet facilities *pl.*, bathroom and lavatory.

сап *м. вет.* glanders *pl.*

са́п|а *ж.*: ти́хой ~ой on the sly, on the quiet.

сапёр *м.* engineer, sapper; **~ный** 1. engineer a sapper *attr.*, ~ный батальо́н engineer battalion; 2. (*относящийся к военно-инженерным работам*); engineering; ~ные лопа́тки digging tools: ~ные рабо́ты engineering works.

сапог|и́ *мн.* (*ед.* сапо́г *м.*) boots, top boots; ◇ быть под ~го́м у *кого-л.* be* under *smb.'s* heel.

сапо́жн|ик *м.* 1. shoemaker; 2. *разг.* (*о неумелом человеке*) bungler; **~ый** shoe *attr.*; ~ая щётка shoe brush; ~ый крем shoe polish.

сапфи́р *м.* sapphire.

сара́й *м.* 1. shed; 2. *разг.* (*о большой неуютной комнате*) barn.

саранча́ *ж.* locust.

сарафа́н *м.* 1. (*национальная женская одежда*) sarafan; 2. (*летнее платье*) sun frock, sun dress.

сарде́лька *ж.* sausage.

сарди́н(к)а *ж.* sardine.

са́ржа *ж. текст.* serge.

сарка́|зм *м.* sarcasm; **~сти́ческий** sarcastic.

сарко́ма *ж. мед.* sarcoma.

саркофа́г *м.* sacophagus.

сатан|а́ *ж.* Satan, **~и́нский** satanic.

сателли́т *м.* satellite.

сати́н *м.* sateen; **~овый** sateen *attr.*

сати́р|а *ж.* satire; **~ик** *м.* satirist; **~и́ческий** satirical; ~и́ческие купле́ты satirical couplets.

Сату́рн *м. астр.* Saturn.

сафья́н *м.* morocco; **~ный, ~овый** morocco *attr.*

са́хар *м.* sugar.

сахари́н *м.* saccharin.

сахари́стый saccharine.

са́харница *ж.* sugar bowl.

са́харный sugar *attr.*; (*сладкий*) sugary; (*приторный тж.*) saccharine; ~ заво́д sugar refinery.

сахароваре́ние *с.* sugar refining.

сахаро́за *ж. хим.* sucrose, saccharose.

сачо́к *м.* (*для ловли насекомых*) butterfly net; (*для ловли рыбы*) lading net.

сба́вить *сов. см.* сбавля́ть.

сбавля́ть, сба́вить (*вн.*) 1. (*отнимать часть от общего количества*) take* off (*smth.*), сба́вить 10 рубле́й take* off ten rubles; 2. (*уменьшать величину или количество чего-л.*) reduce (*smth.*); ~ в ве́се lose* weight; ~ це́ну reduce the price, сба́вить шаг slow down, slow *one's* pace.

сбаланси́ровать *сов.* regain *one's* balance.

сбега́ть, сбежа́ть 1. (*спускаться бегом*) run* down; 2. (*стекать — о жидкости*) run* down; flow down; (*исчезать — об улыбке и т. п.*) vanish, drain; 3. (*совершать побег*) run* away;

разг. (*избавиться от чего-л. неприятного*) dodge; сбежа́ть из тюрьмы́ break* out of jail, break* out of prison; сбежа́ть с уро́ков dodge lessons; 4. *тк. несов.* (*о дороге, тропинке и т. п.*) run* down; **~ся**, сбежа́ться 1. come* running (up); 2. *тк. несов.* (*сходиться в одном пункте*) join, link up.

сбежа́ть *сов. см.* сбега́ть 1, 2, 3; **~ся** *сов. см.* сбега́ться 1.

сберба́нк *м.* (сберега́тельный банк) savings bank.

сберега́тельн|ый: ~ый банк, ~ая ка́сса savings bank; ~ая кни́жка savings book; дове́рительно-~ банк mutual savings bank; вклад ~ savings deposit; ~ая бо́на savings bond; ~ счёт savings account; ссу́до-~ая ассоциа́ция savings loan association.

сбере|га́ть, сбере́чь (*вн.*) 1. (*сохранять в целости*) look after (*smth.*), save (*smth.*); ~ си́лы conserve *one's* strength/energies; 2. (*уберегать от ущерба, порчи*) protect (*smth.*); 3. (*ограждать от опасности*) save (*smb.*, *smth.*); 4. (*копить*) save (*smth.*) up; **~же́ние** *с. эк.* 1. savings; ~же́ния savings; ва́ловые ~же́ния gross savings; доброво́льные ~же́ния voluntary savings; ли́чные ~же́ния private savings; 2. *обыкн. мн.* (*накопленная сумма денег*) savings.

сбере́чь *сов. см.* сберега́ть.

сбер|ка́сса *ж.* savings bank; **~кни́жка** *ж.* savings book; положи́ть де́ньги на ~кни́жку put* money into the savings bank.

сбива́ть, сбить (*вн.*) 1. (*ударом*) knock (*smb.*, *smth.*) off/down ~ самолёт bring down a plane, ~ *кого-л.* с ног knock *smb.* down; 2. (*путать*) confuse (*smb.*), ~ *кого-л.* со сле́да put* *smb.* off the scent; 3. (*масло*) churn (*smth.*), (*сливки*) whip (*smth.*); (*яйца*) beat* (*smth.*) up; 4. (*сколачивать*) block (*smth.*) together; 5. (*стаптывать*): ~ каблуки́ run*/wear* *one's* heels down; **~ся**, сби́ться 1. (*сдвигаться с места*) be* awry; be*/get* pushed aside; 2. (*отклоняться от чего-л.*) lose* (*one's* way); сби́ться со сле́да lose* the trail; сби́ться со счёта lose* count; 3. (*ошибаться, путаться*) get* confused; (*в словах*) flounder; 4. (*собираться вместе*) huddle (up/together), ◇ сби́ться с пути́ go* astray; сби́ться с ног be* run off *one's* feet.

сби́вчивый muddled, incoherent; ~ отве́т muddled reply.

сби́т|ый 1. (*поврежденный ударом*) damaged, battered; 2. *разг.* (*стоптанный*) down-at-the-heel; ~ые сапоги́ down-at-the-heel boots; 3. (*вспененный*) whipped; ~ые сли́вки whipped cream *sg.*; ◇ кре́пко сбит well-knit.

сби́ть(ся) *сов. см.* сбива́ть(ся).

сближ|а́ть, сбли́зить 1. (*вн.*) bring* (*smb.*, *smth.*) closer (to each other); 2. (*вн.* с *тв.; находить сходство, подобие*) liken (*smb.*, *smth.* to); **~а́ться**, сбли́зиться 1. draw* closer to one another; *воен.* (*подходить*) approach; 2. (*с тв.: становиться друзьями*) become* friends (with), become intimate (with); **~е́ние** *с.* 1. (*личное*) growing intimacy; 2. *полит.* drawing closer; rapprochement; 3. *воен.* (*приближение*) approach; 4. (*сходство*) resemblance, growing similarity.

сбли́зить(ся) *сов. см.* сближа́ть(ся).

сбо́ку (*где-л.*) at/on one side; (*откуда-л.*) from the side; ~ от *кого-л.* little to the side of *smb.*

сболтну́ть *сов.* (*вн.*) *разг.* blurt (*smth.*) out.

сбор *м.* 1. (*собирание*) collection; ~ нало́гов collection of taxes; ~ све́дений collection of information; 2. (*урожая*) harvest, gathering, picking; ~ я́блок, табака́ apple, tobacco harvest/picking; ~ хло́пка, ча́я cotton, tea picking; ~ виногра́да grape gathering; 3. (*общее количество чего-л. собранного*) yield: валово́й ~ зерна́ gross grain yield; 4. (*взимаемые или собранные деньги*) charge, fee, tax, levy; duty; dues *pl.*; ~ за аннули́рование бро́ни *торг.* cancellation fee; ~ за аэронавигацио́нное обслу́живание на трассе *торг.* en route facility; ~ за бага́ж сверх но́рмы бесплáтного прово́за *торг.* excess baggage charge; ~ за вы́дачу номерно́го зна́ка и регистра́цию *торг.* vehicle license and registration fee; ~ за вы́дачу разреше́ния *торг.* permit fee; ~ за ка́ждую дополни́тельную то́нну (гру́за) *торг.* fee for each exceeding ton; ~ за конте́йнерную перево́зку *торг.* container charge; ~ за назе́мное обслу́живание (*в аэропорту*) *торг.* ground handling charge; ~ за обслу́живание *торг.* handling fee; ~ за перево́зку багажа́ (*пассажира*) *торг.* baggage charge; ~ за перево́зку гру́за *торг.* freight charge; ~ за поса́дку (*самолёта*) *торг.* parking charge; ~ за просто́й тра́нспортного сре́дства *торг.* fee per landing charge demurrage; ~ за стоя́нку возду́шного су́дна *торг.* parking charge; ~ за хране́ние гру́за *торг.* cargo storage charge; авиапочто́вый ~ *торг.* air mail fee; акци́зный ~ *торг.* excise, excise duty; арбитра́жный ~ *торг.* arbitration fee; аэронавигацио́нный ~ *торг.* air navigation charge; аэропорто́вый ~ *торг.* airport charge; весово́й ~ *торг.* weighing fee; ге́рбовый ~ *торг.* stamp duty; ге́рбовый ~ по векселя́м *торг.* stamp duty on bills of exchange; ге́рбовый ~ по це́нным бума́гам *торг.* stamp duty on securities; грузово́й ~ *торг.* cargo dues; до́ковый ~ *торг.* dock dues; дополни́тельный ~ за объя́вленную це́нность excess valuation charge; кана́льный ~ *торг.* canal toll (fee); каранти́нный ~ *торг.* quarantine dues (fee); комиссио́нный ~ *торг.* commission; ко́нсульский ~ *торг.* consulage, consular due (fee); корабе́льный ~ *торг.* tonnage dues; ли́хтерный ~ *торг.* lighterage; лицензио́нный ~ *торг.* license fee; ло́цманский ~ *торг.* pilotage, pilot dues; ма́клерский ~ *торг.* brokerage; мая́чный ~ *торг.* light dues; налого́вый ~ *торг.* tax levy; пате́нтный ~ *торг.* patent fee; порто́вый ~ *торг.* port dues, harbor dues; поса́дочный ~ (*аэропортом за посадку*) *торг.* landing fee; почто́вый ~ на авиали́ниях *торг.* air mail fee; прича́льный ~ *торг.* berthage; регистрацио́нный ~ *торг.* registraiton fee; складско́й ~ *торг.* warehouse fee; страхово́й ~ *торг.* insurance fee; сюрве́йерский ~ *торг.* surveyor due; тамо́женный ~ customs duties *pl.*; тонна́жный ~ *торг.* tonnage tax (due); фра́хтовый ~ *торг.* chartering fee; **5**. (*выручка от продажи билетов*) box-office takings *pl.*, (*на стадионе и т. п.*) gatemoney; по́лный ~ (*в театре и т. п.*) full house; де́лать ~ы (*о пьесе*) be* doing well; де́лать по́лные ~ы play to full houses; **6**. (*людей*) assembly; ~ на демонстра́цию assembly for those taking part in the demonstration; ме́сто ~а assembly point; вре́мя ~а time of assembly; **7**. (*собрание*) gathering, meeting; **8**. *мн.* (*приготовления*) preparations; **9**. *воен.* (periodical) training; ◇ все в ~е every *one's* here, all are assembled.

сбо́рище *с. разг.* **1**. crowd, assemblage; **2**. (*сходка*) gathering.

сбо́рка I *ж.* (*монтаж*) assembly; ~ станка́ assembly of a lathe; ~ домо́в assembly of buildings.

сбо́рка II *ж.* (*мелкая складка на одежде*) pleat; *мн.* gathers.

сбо́рная *ж.* combined team/side; ю́ношеская ~ Москвы́ combined Moscow youth team, all-Moscow youth team; ~ Украи́ны the Ukraine team.

сбо́рник *м.* collection; (*стихов*) anthology; ~ зада́ч book of (mathematical) problems.

сбо́рн|ый **1**. (*являющийся местом сбора*) assembly *attr.*, rallying; ~ пункт assembly point; **2**. (*состоящий из лиц, собранных из разных мест*) combined; ~ая кома́нда combined team/side; ~ отря́д combined detachment; **3**. (*состоящий из разнородных частей, элементов*) miscellaneous; scratch *разг.*; ~ая програ́мма miscellaneous program; **4**. (*собираемый из частей*) prefabricated; ~ дом prefabricated house; ~ые железобето́нные констру́кции prefabricated reinforced concrete elements.

сбо́рочн|ый assembly *attr.*; ~ые рабо́ты assembly work *sg.*; ~ конве́йер assembly line, ~ цех assembly shop/room.

сбо́рщик *м.* **1**. collector; ~ хло́пка cotton picker; ~ нало́гов *эк.* taxer, tax collector, fiscal; **2**. *тех.* fitter, assembly worker.

сбра́сывать, сбро́сить (*вн.*) **1**. (*бросать вниз*) throw* (*smth.*) down; ~ *что-л.* с грузовика́ на зе́млю throw* *smth.* out of a lorry onto the ground; ~ бо́мбы drop bombs; ~ снег с кры́ши clear a roof of snow; сбро́сить с себя́ но́шу throw*/fling down *one's* burden; сбро́сить седока́ (*о лошади*) throw* its rider; ~ проти́вника в ре́ку *воен.* hurl the enemy into the river; **2**. (*свергать*) overthrow* (*smb.*, *smth.*); сбро́сить и́го cast*/throw* off the yoke; **3**. *разг.* (*снимать с себя*) shed* (*smth.*), throw* off (*smth.*), сбро́сить пальто́ throw* off *one's* coat; сбро́сить с себя́ ко́жу (*о змее*) shed* its skin; ◇ сбро́сить со счето́в disregard; **~ся**, сбро́ситься throw* *oneself* down; (с *рд.*) throw* *oneself* (off).

сбрива́ть, сбрить (*вн.*) shave* off (*smth.*).

сбрить *сов. см.* сбрива́ть.

сброд *м. собир. разг.* riffraff, rabble.

сбро́сить(ся) *сов. см.* сбра́сывать(ся).

сброшюрова́ть *сов. см.* брошюрова́ть.

сбру́я *ж.* harness.

сбыва́ть, сбыть (*вн.*) **1**. (*продавать*) sell* (*smth.*); **2**. *разг.* (*отделываться от кого-л., чего-л.*) get* rid (of).

сбыва́ться, сбы́ться come* true; наде́жды сбыли́сь *one's* hopes came true.

сбыт *м.* sale; ~ проду́кции *торг.* sales of goods; ры́нок ~а market; находи́ть ~ find* a market, be* in demand.

сбыть *сов. см.* сбыва́ть.

сбы́ться *сов. см.* сбыва́ться.

сва́дебный wedding *attr.*

сва́дьба *ж.* wedding; сыгра́ть ~у celebrate a wedding.

сва́йн|ый pile *attr.*; ~ые опо́ры моста́ bridge piles; ~ мо́лот pile driver; ~ые постро́йки pile buildings.

сва́ливать, свали́ть (*вн.*) **1**. knock (*smb.*, *smth.*) down; ве́тер свали́л де́рево the wind knocked down a tree; свали́ть *кого-л.* с ног knock *smb.* off his her feet; пу́ля свали́ла его́ he was struck down by a bullet; **2**. (*сбрасывать что-л. тяжелое*) dump (*smth.*). throw* (*smth.*) down; *перен.* cast* aside (*smth.*); свали́ть но́шу с плеч throw* down *one's* burden; свали́ть дрова́ с грузовика́ throw* firewood out of a truck; свали́ть с себя́ хло́поты cast* aside *one's* worries; **3**. (*вн. на вн.*) *разг.* (*перекладывать на кого-л.*) shift (*smth.* onto), push (*smth.* onto): он свали́л все дела́ на меня́ he pushed all the work onto me; они́ свали́ли вину́ на него́ they threw/shifted the blame to him; **4**. (*беспорядочно складывать в одно место*) dump (*smth.*), chuck (*smth.*) down; ~ *что-л.* в ку́чу dump *smth.* in a heap, pile up *smth.*; ◇ свали́ть лес fell timber; свали́ть с больно́й головы́ на здоро́вую blame somebody else for *one's* own troubles; **~ся**, свали́ться **1**. (*падать*) fall*; (*валиться, обрушиваться*) collapse, topple; свали́ться с кры́ши fall* off a roof; де́рево мя́гко свали́лось в сугро́б the tree toppled gently into a snowdrift; **2**. *разг.* (*заболевать*) fall* ill.

свали́ть *сов. см.* сва́ливать и вали́ть 1; **~ся** *сов. см.* сва́ливаться.

сва́лка *ж.* **1**. (*мусора*) dustheap; **2**. *разг.* (*драка*) scuffle, tussle.

сваля́ть *сов. см.* валя́ть 3.

сваля́ться *сов.* be*/become* mitted.

сва́ривать, свари́ть (*вн.*) *тех.* weld (*smth.*); **~ся**, сва́риться *тех.* weld, be* welded.

свари́ть(ся) *сов. см.* вари́ть(ся) и сва́ривать(ся).

сва́рка *ж. тех.* welding.

сварли́вый cantankerous, quarrelsome: (*о женщине*) shrewish.

сварн|о́й *тех.* welded, ~а́я констру́кция welded structure.

сва́р|очный welding *attr.*; **~щик** *м.* welder.

сва́таться, посва́таться (к *дт.*, за *вн.*) propose (to), ask (*smb.*) to marry one.

сва́я *ж.* pile.

све́дени|е *с.* **1.** (*известие, сообщение о чем-л.*) piece/item of information; *мн.* information *sg.*; **2.** *мн.* (*знания*) knowledge *sg.*, элемента́рные ~я по фи́зике elementary knowledge of physics; **3.**: принима́ть *что-л.* к ~ю make* a note of *smth.*, до на́шего ~я дошло́... it has come to our notice...; доводи́ть до *чьего-л.* ~я bring* to *smb.'s* notice, notify *smb.*; довожу́ до ва́шего ~я, что... I have to inform you that..., ◇ к ва́шему ~ю в *знач. вводн. сл.* for your information.

све́дущий well-informed, (*в какой-л. области*) well-versed (in), experienced (in).

свежева́ть, освежева́ть (*вн.*) flay (smth), skin (*smth.*).

свежезаморо́женный quick-frozen.

свежеиспечённый *м.* newly-baked.

све́жесть *ж.* freshness; (*прохлада*) cool, coolness; ◇ не пе́рвой ~и 1) not very fresh; 2) (*об одежде*) not very clean.

свеж|е́ть, посвеже́ть **1.** get* chilly, на у́лице ~е́ет it is getting chilly, ве́тер ~е́ет the wind is freshening; **2.** (*о человеке*) look fresher/better, feel* better/fitter.

све́ж|ий **1.** fresh; ~ее мя́со fresh meat.; ~ хлеб new/fresh bread; ~ие но́вости fresh news; the latest news; со ~и́ми си́лами with renewed vigor; **2.** (*прохладный*) cool; (*холодный*) chilly, cold; ◇ ~о в па́мяти fresh in *smb's* memory; на ~ую го́лову сде́лать *что-л.* do* *smth.* when *one's* brain is fresh.

свежо́ **1.** *нареч.* fresh(ly); coolly; **2.** *в знач. сказ. безл.* it is cool; it is chilly; здесь ~ it is chilly (in) here.

свезти́ I *сов. см.* свози́ть 1.

свести́ II *сов.* (*вн.; отвезти и привезти обратно*) take (*smb.*) (and bring* him, her back).

свёкла *ж.* **1.** (*растение*) beet(s); **2.** *собир.* (*съедобные корни*) beetroot; ◇ кормова́я ~ mangel-wurzel; са́харная ~ sugar beet.

свеклови́|ца *ж.* beet, sugar beet; **~чный** beet *attr.*, (*относящая к разведению свекловицы*) beet-growing; ~чный са́хар beet sugar.

свеклово́д|ство *с.* (sugar-)beet growing; **~ческий** beet-growing *attr.*

свеклокопа́тель *м.* beet harvester.

свеклоубо́рочный beet-harvesting *attr.*; ~ комба́йн beet combine.

свеко́льн|ик *м.* **1.** (*ботва*) beet leaves *pl.*; **2.** (*суп*) beetroot soup (made from beetroot and beet leaves); **~ый** beetroot *attr.*

свёкор *м.* father-in-law (*pl.* fathers-) (husband's father).

свекро́вь *ж.* mother-in-law (*pl.* mothers-) (husband's mother).

сверга́ть, све́ргнуть (вн.) overthrow* (*smb.*, *smth.*); ◇ све́ргнуть и́го *чего-л.* throw*/cast* off the yoke of *smth.*

све́ргнуть *сов. см.* сверга́ть.

сверже́ние *с.* overthrow, ~ с престо́ла dethronement.

све́р|ить *сов. см.* сверя́ть, **~ка** *ж.* checking; (*текста тж.*) collation.

сверк|а́ть, сверкну́ть sparkle, flash; ослепи́тельно ~ glare; его́ глаза́ ~а́ют от ра́дости his eyes sparkle with joy; он гне́вно сверкну́л глаза́ми his eyes flashed angrily; мо́лния ~ну́ла there was a flash of lightning.

сверкну́ть *сов. см.* сверка́ть.

сверли́ль|ный drilling; ~ стано́к drilling machine; **~щик** *м.* driller.

сверл|и́ть *несов.* (*вн.*) **1.** drill (*smth.*), bore (*smth.*) ~ зуб *разг.* drill a tooth*; **2.** (*пристально вглядываться*): он ~и́л меня́ глаза́ми his eyes seemed to go right through me.

сверло́ *с. тех.* drill.

сверло́вщик *м.* driller.

сверля́щий **1.** (*о боли и т. п.*) gnawing; **2.** (*о звуке*) shrill, piercing.

сверну́ть(ся) *сов. см.* свёртывать(ся).

сверста́ть *сов. см.* верста́ть.

све́рстн|ик *м.*, **~ица** *ж.* он мой ~ he's just my age, мы, они́ ~ики, ~ицы we, they are just the same age.

свёрток *м.* bundle, packet.

свёртывание *с.* **1.** (*скатывание*) rolling up; **2.** (*ограничение производства и т. п.*) curtailment, discontinuing; (*временное прекращение*) temporary closure; **3.** (*молока*) turning, curdling; (*крови*) coagulation, curdling.

свёртывать, сверну́ть **1.** (*вн., скатывать трубкой*) roll (*smth.*) up; (*о листьях, лепестках*) close (*smth.*), fold (*smth.*), сверну́ть ковёр roll up a carpet; сверну́ть папиро́су roll a cigarette: **2.** (*вн.; сокращать, ограничивать*) curtail (*smth.*), discontinue (*smth.*), (*временно прекращать*) temporarily close (*smth.*); сверну́ть произво́дство cut* down production; **3.** (*повертывать куда-л.*) turn; сверну́ть с доро́ги turn off the road, сверну́ть нале́во turn left, ◇ сверну́ть го́лову, ше́ю *кому-л.* wring* *smb.'s* neck; **~ся**, сверну́ться **1.** curl up, roll up; (*о змее*) coil up; ~ся клубко́м roll *oneself* into a ball; curl up in a ball; **2.** (*о молоке*) turn, curdle; (*о крови*) coagulate, curdle; **3.** (*сокращаться*) be* reduced/curtailed/discontinued; (*временно прекращать свою деятельность*) temporarily close down.

сверх **1.** (*поверх чего-л.*) over; **2.** (*помимо, кроме чего-л.*) in addition to; ~ програ́ммы in addition to the program; **3.** (*выше, более чего-л.*) beyond; рабо́тать ~ сил work beyond *one's* strength; ~ пла́на over and above the plan; **4.** (*вопреки чему-л.*) contrary to; ~ ожида́ний beyond all expectation.

сверх- *в сложн.* super-, ultra-.

сверхвысо́к|ий extra high; ~ая частота́ extra high frequency; ~ое напряже́ние *физ.* extra high voltage.

сверхзвуков|о́й *физ.* supersonic; полёты на ~ых скоростя́х flights at supersonic speeds.

сверхмóщный superpowerful.

сверхни́зк|ий very/extra low; ~ие температýры very low temperatures.

сверхнóв|ый: ~ая звездá *астр.* supernova.

сверхплáнов|ый in excess of plan *после сущ.*, over and above the plan *после сущ.*; ~ые накоплéния accumulations in excess of the plan.

сверхпостáвка *ж.* excess delivery.

сверхпри́быль *ж. эк.* excess profits *pl.*

сверхсекрéтный top secret.

сверхскоростнóй ultra rapid; superfast.

сверхсрóчн|ый 1.: воéнная слýжба, reenlistment; остáться на ~ую (*военную*) слýжбу stay on as a reenlisted man*; 2. *разг.* (*крайне спешный*) extra urgent.

сверхтóнкий hyperfine.

свéрху 1. from above; (*считая сверху*) from the top: (*наверху*) on top; ◇ смотрéть на *кого-л.* ~ вниз look down on *smb.*; ~ дóнизу 1) from top to bottom; 2) (*от верховья до устья реки*) throughout its length.

сверхурóчн|о overtime; рабóтать ~ work overtime; **~ый** *прил.* 1. overtime *attr.*; 2. *в знач. сущ. мн.* overtime (pay) *sg.*

сверхчувстви́тельн|ый ultrasensitive; ~ая киноплёнка superspeed films; ~ые прибóры ultrasensitive instruments.

сверхштáтный supernumerary.

сверхъестéственный supernatural.

сверчóк *м.* cricket.

сверя́ть, свéрить (вн) check (*smth.*), (*текст тж.*) collate (*smth.*).

свéсить *сов.*: ~ нóги let* *one's* feet dangle; он сидéл свéсив нóги he sat there, his feet dangling.

свéситься *сов.* 1. (*повиснуть*) dangle; 2. (*наклониться*) overhang*; (*о человеке*) lean* over.

свести́ I *сов. см.* своди́ть I.

свести́ II *сов. разг. см.* своди́ть II.

свести́сь *сов. см.* своди́ться.

свет I *м.* light; ~ и тьма light and darkness; при ~е луны́, свечи́ by the light of the moon, candle; скóрость ~а velocity of light; встать спинóй к ~у stand* with *one's* back to the light; ◇ чуть, ни ~ ни заря́ at daybreak; проливáть ~ на *что-л.* throw*/shed* light on *smth.*; в ~е *чего-л.* in the light of *smth.*; ви́деть всё в другóм ~е take* *one's* own peculiar view of things, представи́ть *что-л.* в вы́годном ~е put* *smth.* in a favourable light, display *smth.* to advantage; невзви́деть ~а от *чего-л.* be* half blinded by *smth.*

свет II *м.* 1. (*мир*) the world: по всемý ~у all the world over, all over the world; 2. (*общество*) society, world; э́то всемý ~у извéстно everyone knows that; ◇ появля́ться на ~ be* born; вы́йти в ~ come* out, appear; всё на ~е the whole wide world; ни за что на ~е not for the world; на том ~е in the next world; сжить *когó-л.* со ~á, со ~у drive* *smb.* to his, her grave; ругáть *когó-л.* на чём ~ стои́т curse *smb.* like hell, swear blue murder at *smb.*, нет на ~е *когó-л.* *smb.* is gone.

свет|áть *несов. безл.*: ~áет day is breaking; ~áло day was breaking, daybreak came.

свети́ло *с.* 1. luminary; небéсное ~ celestial/heavenly body; 2. (*знаменитый человек*) luminary, a great/leading light; ~ медици́ны a leading light in medicine.

свети́льник *м.* lighting appliance.

свет|и́ть, посвети́ть 1. *тк. несов.* shine*; 2. (*дт.*) hold* a light (for); ~ *кому-л.* фонарём hold* a lantern for *smb.*; **~и́ться** *несов.* 1. shine* (*быть освещенным*) be* lighted; 2. (*выделяться белизной*) show*, show* through; 3. (*тв.; выражать ~ лице, глазах*) shine* (with), glow (with); её лицó ~и́лось рáдостью her face shone with joy.

светл|éть, посветлéть 1. brighten up; (*о небе*) get* lighter; (*после дождя*) clear up; егó взгляд ~éет his face clears; 2. *тк. несов.* (*виднеться*) show*.

светлó 1. *нареч.* brightly; 2. *в знач. сказ. безл.* it is light; мне ~ there's light enough for me.

свéтло- *в сложн.* light-; свéтло-голубóй light-blue.

светловолóсый fair(-haired).

свéтл|ый 1. bright, light; ~ день bright day; ~ая кóмната light/bright room; 2. (*немного цвета*) light-colored; (*о волосах*) fair; ~ое плáтье light-colored dress; 3. (*чистый, прозрачный*) clear*; 4. (*радостный*) glad, happy, radiant; ~ое чýвство buoyant feeling, feeling of gladness; ~ое бýдущее bright future; 5. (*умиротворенный, просветленный*) content, serene, untroubled; 6. (*прекрасный, благородный*) bright, fine; 7. (*ясный*) lucid, clear; ~ ум lucid mind; ~ая головá clear head; ◇ ~ шрифт *полигр.* light(-face) type.

светля́к *м. зоол.* firefly, glowworm.

светобаланси́рующий: ~ фильтр *физ.* light balancing filter.

светов|óй *физ.* light *attr.*; ~áя волнá light wave; ~áя вспы́шка light flash; ~áя вуáль light fog; ~áя заслóнка light shield; ~óе изображéние light pattern; ~óе пятнó highlight; ~óй балáнс balance of light; ~óй зáмок light lock; ~óй затвóр light trap; ~óй и́мпульс light flash; ~óй клáпан light valve; ~óй лабири́нт labyrinth; ~óй пáспорт light tape; ~óй потóк light flux, luminous flux.

светодели́тель *м. физ.* beam splitter.

светодиóды *мн. физ.* light diodes.

светозащи́тн|ый: ~ые очки́ protective glasses goggles; ~ая блéнда объекти́ва *физ.* lens shade; ~ые кры́шки *физ.* light proof lids.

светокóпия *ж.* print; си́няя ~ blueprint.

светолечéние *с.* phototherapy, light therapy.

светолюби́вый *бот.* light-demanding.

светомаскирóвка *ж.* blackout.

светопроницáемый lightproof.

светораспредели́тель *м. тех.* beam splitter.

светорасщепля́ющий: ~ блок *физ.* beam splitting device.

светоси́льный: ~ объекти́в *физ.* fast lens.

светоте́нь *ж. жив.* chiaroscuro.

светоте́хника *ж.* lighting engineering.

светофи́льтр *м. физ.* ray filter, light filter; ~ для выделе́ния спектра́льных ли́ний рту́ти mercury filter; ~ для изображе́ния не́ба sky filter; ~ для микрокиносъёмки microfilter; ~ для прорабо́тки облако́в cloud filter; ~ для специа́льных эффе́ктов effect filter; ~ для тума́на fog filter; ~ для цветоделе́ния color separation filters; ~ для противоатмосфе́рной ды́мки haze filter; ~ с у́зкой полосо́й поглоще́ния narrow cut filter.

светофо́р *м.* traffic lights *pl.*

све́точ *м. книжн.* luminary, leading light.

светочувстви́тельн|ый light-sensitive; ~ая бума́га photographic paper.

све́тск|ий 1. fashionable; ~ое о́бщество (high) society; ~ челове́к man* of fashion; ~ие мане́ры correct manners; ~ разгово́р polite conversation; 2. (*не церковный*) secular, lay.

светя́щийся luminous; ~ дио́д *физ.* light emitting diodes.

свеч|а́ *ж.* 1. candle; 2. (*единица измерения силы света*) candle(-power); ла́мпочка в пятьдеся́т ~ей fifty candle(-power) bulb; 3. *тех.* plug; запа́льная ~ spark(ing) plug; 4. *спорт.* (*взлёт мяча*) lob-shot, skyer.

свече́ние *с.* luminescence, phosphorhorescence; fluorescence; *кино* glow.

све́чка *ж. см.* свеча́ 1, 3.

све́шать *сов. см.* ве́шать II.

свива́ть, свить (*вн.*) 1. (*соединять, скручивая*) twist (*smth.*), plait (*smth.*); 2. (*изготовлять, скручивая*) make* *smth.*); свить гнездо́ build* a nest; 3. (*свёртывать трубкой*) roll (*smth.*), roll (*smth.*) up; **~ся**, сви́ться coil; roll up.

свида́ние *с.* 1. meeting, interview; (*влюблённый*) rendezvous; date *амер. разг.*; назнача́ть *кому-л.* ~ fix/make* an appointment with *smb.*; 2. (*в тюрьме и т. п.*) visit; ◇ до ~ия! goodbye!; до ско́рого ~ия! see you soon!

свиде́те|ль *м.*, **~льница** *ж.* witness; ~ защи́ты, обвине́ния witness for the defense, prosecution; брать, призыва́ть *кого-л.* в ~ли call *smb.* to witness; быть ~лем *чего-л.* witness *smth.*; be* the witness of *smth.*

свиде́тельск|ий: ~ие показа́ния testimony *sg.*

свидетельство *с.* 1. (*показание*) testimony; 2. (*доказательство*) evidence; 3. (*документ*) certificate; вре́менное ~ subscription certificate, interim certificate; депози́тное ~ depositary receipt; именно́е ~ на а́кцию и́ли а́кции share certificate; каранти́нное ~ quarantine certificate; ~ на до́лю уча́стия в акционе́рном капита́ле компа́нии stock certificate; ~ на получе́ние дивиде́нда dividend warrant; ~ о вакцина́ции certificate of vaccination; ~ на пра́во ввоза това́ров import entitlement; ~ на пра́во получе́ния валю́ты foreign exchange entitlement; ~ на часть а́кции stock scrip; ~ об осмо́тре certificate of survey; ~ о вы́плате проце́нтов (*процентный купон*) interest warrant; ~ о приёмке (*воздушного судна*) approval certificate; ~ о поврежде́нии, ава́рии damage certificate, certificate of damage; ~ о происхожде́нии това́ра certificate of origin; ~ о регистра́ции акционе́рной корпора́ции articles of incorporation; ~ о рожде́нии, сме́рти, бра́ке birth, death, marriage certificate; санита́рное ~ sanitary certificate; ~ чле́на экипа́жа crew member certificate; складско́е ~ warehouse certificate; сохра́нное ~ cerfiticate of deposit; страхо́вое ~ insurance policy.

свиде́тельствовать *несов.* 1. (*о пр.*) (*подтверждать*) testify (to); bear* testimony (to); (*рассказывать*) show* (*smth.*); 2. (*давать свидетельские показания*) give* evidence, testify; (*официально подтверждать*) affirm; 3. (*вн.; удостоверять подлинность чего-л.*) witness (*smth.*).

свина́рка *ж.* pig tender.

свина́рник *м.* pigsty; pigpen *амер.*

свине́ц *м.* lead.

свини́на *ж.* pork.

сви́нка I *ж.* small pig; ◇ морска́я ~ guinea-pig.

сви́нка II *ж.* (*болезнь*) mumps.

свиново́д *м.* pig breeder; **~ство** *с.* pig breeding; **~ческий** pig-breeding *attr.*; ~ческая фе́рма pig-breeding farm.

свин|о́й pig *attr.*, (*из свинины*) pork *attr.*, ~а́я ко́жа pigskin; ~о́е ры́ло snout; ~ хлев pigsty; ~а́я отбивна́я (котле́та) porkchop.

свинома́тка *ж. с.-х.* sow.

свинофе́рма *ж.* piggery.

сви́н|ский *разг.* 1. (*грязный, невежественный*) squalid; 2. (*низкий, подлый*) foul, disgusting, swinish; **~ство** *с. разг.* 1. (*грязь, беспорядок*) squalor, filth; 2. (*низкий поступок*) foul/swinish/dirty trick; како́е ~ство! how mean!

свинцо́в|ый 1. lead *attr.*; *перен.* leaden; ~ сли́ток bar of lead; ~ взгляд leaden/brooding stare; 2. (*о цвете*) leaden; ~ые ту́чи leaden clouds.

свинь|я́ *ж.* 1. pig; hot *амер.*, (*самка*) sow; 2. *разг.* (*о человеке*) pig, swine; ◇ подложи́ть ~ю *кому-л.* play a dirty/mean trick on *smb.*

свире́ль *ж.* reed(-pipe).

свирепе́ть, рассвирепе́ть grow* savage/furious; *сов. тж.* fly* into a rage.

свире́пость *ж.* ferocity, fierceness; (*бури и т. п.*) fury.

свире́пствовать 1. wreak *one's* fury, spread terror; 2. (*о стихийном бедствии и т. п.*) rage, play havoc; (*о болезнях и т. п. тж.*) be* rife, be* rampant.

свире́пый 1. (*кровожадный*) ferocious; 2. (*злобный, жестокий*) savage; 3. (*выражающий злобу*) ferocious; 4. (*очень сильный в своем проявлении*) fierce.

свиса́ть *несов.* hang* down; (*о полях шляпы, ветвях и т. п.*) droop.

свист *м.* whistle, whistling; ◇ худо́жественный ~ concert whistling.

свист|а́ть, свисте́ть *несов.*, whistle; (*о птицах тж.*) pipe; (*о пуле*) whistle, whine.

сви́стнуть *сов. см.* give* a whistle; **~я́щий**: ~ звук sibilant sound.

свисто́к *м.* whistle.

сви́та *ж.* suite, retinue.

сви́тер *м.* sweater, pullover.

сви́ток *м.* roll, scroll.

свить *сов. см.* вить и свива́ть; **~ся** *сов. см.* свива́ться.

свич *м. фин.* switch.

свихну́ться *сов. разг.* 1. (*помешаться*) be*/go* nuts; 2. (*сбиться с правильного пути*) go* astray.

свия́зь *ж. зоол.* widgeon.

свобо́д|а *ж.* freedom, liberty; ~ де́йствия freedom of action, discretion; ~ сло́ва, печа́ти, собра́ний, сою́зов freedom of speech, the press, assembly, association; ~ со́вести freedom of conscience; предоставля́ть *кому-л.* ~у вы́бора, де́йствий give* *smb.* a free hand; вы́пустить *кого-л.* на ~у release *smb.*, set* *smb.* free; на ~е at liberty, at large; (*на досуге*) at *one's* case, at *one's* leisure.

свобо́дно 1. *нареч.* freely; (*легко*) easily; ~ говори́ть по-францу́зски speak* French fluently; держа́ться ~ behave naturally; 2. *нареч.* (*просторно — об одежде*); сиде́ть ~ fit loosely, be* loose; 3. *в знач. сказ. безл.*: в ваго́не бы́ло ~ there was plenty of room in the carriage; 4. "~ вдоль бо́рта су́дна" *торг.* free alongside ship (FAS); "~ на борту́" *торг.* free on board (FOB); "~ от захва́та и аре́ста" *торг.* free of capture and arrest; "~ от погру́зки" *торг.* free in; "~ от погру́зки, выгру́зки" *торг.* free in and out (FIO); "~ от ча́стной ава́рии" *торг.* "free of particular average"; "~ у перево́зчика... назва́ние пу́нкта" *торг.* free carrier (named point) (FCA); ~ обрати́мые в нали́чные (це́нные бума́ги) *фин.* readily convertible into cash.

свобо́д|ный 1. free: (*находящийся в распоряжении*) disposable; (*непринужденный*) natural, easy; ~ наро́д free people; ~ная жизнь life of freedom; челове́к free man*; ~ное дыха́ние easy breathing: 2. (*незанятый*) free; ~ная экономи́ческая зо́на free economic zone (area); (*о месте и т. п. тж.*) vacant, disengaged; (*о деньгах, времени*) spare: ~ обме́н фу́нтов на до́ллары convertibility of the pound; ~ оста́ток *фин.* buying power, excess margin, free balance, gross power, free credit; ~ные резе́рвы free reserves; ~ный вы́пуск а́кций scrip issue; ~ный капита́л spare capital; ~ный от нало́га tax exempt, tax-free; to spare *после сущ.*; э́то ме́сто ~но? is this seat free?, is this seat engaged?; тут мно́го ~ных мест there are plenty of seats here; телефо́н ~ен no one is using the telephone; ~ные де́ньги spare cash *sg.*; ~ное от заня́тий вре́мя spare time; у меня́ не быва́ет ни одно́й ~ной мину́ты I never have a free moment; 3. (*не представляющий препятствий*) clear; ~ до́ступ free access; 4. (*незаполненный*) uncrowded; ~ трамва́й uncrowded tram; 5. (*об одежде*) loose, easy-fitting; 6. кни́га не ~на от недоста́тков the book is not without faults.

свободолюби́вый freedom-loving.

свод *м.* 1. (*совокупность текстов и т. п.*) summary; ~ зако́нов statute book; 2. *архит.* vault; (*моста*) arch; (*печи*) crown.

своди́ть I, свести́ (*вн.*) 1. (*вести вниз*) take* (*smb.*) down; (*поддерживая*) help (*smb.*) down; 2. bring* (*smth.*) together, ~ *что-л.* в табли́цу *smth.*; 3. (*доводить до чего-л.*) reduce (*smth.*); ~ *что-л.* к ми́нимуму reduce *smth.* to a minimum, bring* *smth.* down to a minimum; ~ разгово́р на *что-л.* к *чему-л.* turn the conversation to *smth.*; ~ всё к шу́тке treat everything as a joke; 4. (*удалять*) remove (*smth.*); (*пятно тж.*) take* (*smth.*) out; 5. (*судорогой*): у него́ свело́ но́гу he has a cramp in his leg; 6. *разг.* (*рисунок*) trace (*smth.*); ◇ ~ счёты с *кем-л.* settle scores with *smb.*, square accounts with *smb.*, ~ концы́ с конца́ми make* both ends meet; не ~ глаз с *кого-л. чего-л.* not take *one's* eyes off *smb.*, *smth.*, ~ *кого-л.* с ума́ drive *smb.* mad.

своди́ть II *сов.* (*вн.; отвести и привести обратно*) take* (*smb.*) (and bring* him, her back).

своди́ться, свести́сь (к *дт.*) come* (to); reduce (to) *разг.*; ~ к нулю́ come* to naught; ~ к одному́ и тому́ же come* to the same thing.

сво́дка *ж.* summary, report, survey; ~ пого́ды weather summary, weather report.

сво́дн|ый 1. (*объединяющий какие-л. данные*) consolidated; ~ отчёт consolidated report, summary (*составленный из нескольких самостоятельных страниц*) combined; ~ орке́стр combined orchestra; 2. (*о родстве*) step-; ~ брат stepbrother; ~ая сестра́ stepsister.

сво́дчатый vaulted.

сводя́щий converging *attr.*; ~ее де́йствие converging action.

своё *см.* сво́й.

своево́лие *с.* self-will.

своево́льный self-willed, headstrong.

своевре́менно in good time; **~ый** timely, opportune.

своенра́в|ие *с.* willfulness, waywardness, **~ный** self-willed, willful, wayward.

своеобра́з|ие *с.* peculiarity, distinguishing feature; (*оригинальность*) originality; **~ный** 1. peculiar, singular; (*оригинальный*) original; ~ная пре́лесть special/unique charm, charm of *one's*; 2. (*своего рода, как бы*) a kind of.

свози́ть I, свезти́ (*вн.*) 1. (*в одно место*) bring* (*smth.*) together; 2. (*вниз*) bring* (*smb.*, *smth.*) down (from); 3. (*увозить*) take* (*smth.*) away; свезти́ хлеб с по́ля cart the grain.

свози́ть II *сов. см.* свезти́ II.

свои́ *см.* сво́й.

сво́|й, своя́, своё, свои́ *притяж. мест.* 1. *переводится в зависимости от лица, числа и рода* ту, *pl.* our; your; his, her, its, *pl.* their; *неопр.* *one's*; (*собственный*) *one's* own; он признáл ~ю оши́бку he admitted his mistake; у меня́ есть ~ экземпля́р I have a copy of my own; 2. *в знач. сущ. с. one's* own; стоя́ть на ~ём stick* to *one's* guns *идиом.*; настоя́ть на ~ём insist on having *one's* own way; получи́ть ~ё get* *one's* due, (*по заслугам*) get* *one's* deserts; 3. *в знач. сущ. мн.* (*родные*) *one's* people; (*друзья*) friends; <> в ~ём ро́де in his, her, its way; сам не ~ not *oneself*; сам не ~ от *чего-л.* crazy with *smth.*, брать ~е have* its effect, take* its toll; го́ды беру́т ~е the years are taking their toll; сказа́ть ~ё сло́во make* *one's* mark; идти́ ~е́й доро́гой go* *one's* own way; рассказа́ть ~и́ми слова́ми tell* in *one's* own words: умере́ть ~е́й сме́ртью die a natural death.

сво́йственн|ый characteristic; ~ това́ру поро́к inherent vice; со ~ой емý и́скренностью он... with characteristic sincerity he...; э́то емý ~о that's his way; челове́ку ~ ошиба́ться to err is human; не ~ *кому-л.* uncharacteristic of *smb.*, unusual for *smb.*; э́то емý не ~о it's not like him; за́висть емý не ~а it's not in his nature to envy anyone.

сво́йство *с.* characteristic; (*достоинство тж.*) quality; *физ., хим.* property.

свойство́ *с.* marriage relationship; affinity.

своп *м. фин.* swap currency operations.

сво́ра *ж.* 1. *собир.* (*охотничьи собаки одного хозяина*) team; 2. *собир.* (*стая собак, волков и т. п.*) pack (*тж. перен.*).

свора́чивать, свороти́ть (*вн.*) *разг.* 1. (*сдвигать*) move (*smth.*), heave* (*smth.*); 2. *см.* свёртывать 1, 2.

свороти́ть *сов. см.* свора́чивать.

своя́ *см.* сво́й.

своя́к *м.* brother-in-law (*pl.* brothers-) (husband of wife's sister); **~ченица** *ж.* sister-in-law (*pl.* sisters-) (wife's sister)

свыка́ться, сви́кнуться (с *тв.*) get* accustomed/used (to), habituate *oneself* (to); сви́кнуться с мы́слью, что... get* used to the idea that...

сви́кнуться *сов. см.* свыка́ться.

свысока haughtily; смотре́ть на *кого-л.*, относи́ться к *кому-л.* ~ look down on *smb.*

свы́ше 1. *нареч.* from above; 2. *предлог* (*рд.*) over; (*сверх*) in excess of; ~ ста челове́к more than a hundred people; э́то ~ мои́х сил it is beyond my powers, it is more than I can do.

свя́занн|ый 1. (*соединённый*) connected, related; 2. *хим.* combined, fixed; 3. *физ.* latent.

связа́ть *сов. см.* свя́зывать и вяза́ть 1, 2; **~ся** *сов. см.* свя́зываться.

связи́ст *м.* communications engineer; *воен.* signaller.

свя́зка *ж.* 1. bundle; ~ ключе́й bunch of keys; ~ книг bundle of books; 2. *анат.* c(h)ord, copula; 3. *грам.* copula.

связни́к *м. разг. см.* связно́й 3.

связн|о́й *прил.* 1. liaison *attr.*, dispatch *attr.*; 2. *в знач. сущ. м.* messenger; 3. *в знач. сущ. м.* (*в разведке*) go-between, courier agent.

свя́зн|ость *ж.* coherence; **~ый** coherent: ~ая речь coherent speech.

связу́ющ|ий connecting; ~ее веществó bonding agent, adhesive; ~ее звенó connecting link; *кино* binger.

свя́зывать, связа́ть 1. (*вн., скреплять концы чего-л.*) tie (*smth.*) together, knot (*smth.*); ~ узло́м knot the ends together; 2. (*вн.; скреплять какие-л. предметы*) tie (*smth.*) up, bind* (*smth.*); ~ *что-л.* в у́зел make* a bundle of *smth.*; ~ свои́ ве́щи make* a bundle of *one's* things; ~ *что-л.* в оди́н паке́т make* one parcel of *smth.*; 3. (*вн.; спутывать*) bind* (*smb.*, *smth.*); *перен. тж.* tie (*smb.*) down, restrict (*smb. smth.*); связа́ть престу́пника bind* the criminal; связа́ть *кого-л.* обеща́нием extract* a promise from *smb.*; 4. (*вн., устанавливать сообщение*) link up (*smth.*), connect (*smth.*); 5. (*вн. с тв. устанавливать связь с кем-л., чем-л.*) put* (*smb.*) in touch (with); 6. (*вн.; сближать кого-л.*) bind* (*smb.*) together; судьба́ их связа́ла fate had bound them together; 7. (*вн.; объединять, соединять*) unite (*smth.*); 8. (*вн. с тв.; сочетать*) combine (*smth.* with); 9. (*вн., устанавливать зависимость*) connect (*smth.*), link (*smth.*); <> связа́ть свою́ судьбу́ с *кем-л.* throw* in *one's* lot with *smb.*; ~ *кого-л.* по рука́м и нога́м tie *smb.'s* hands, связа́ть себе́ ру́ки tie *one's* hands, tie *oneself*; **~ся**, связа́ться (с *тв.*) 1. tie themselves together; 2. (*устанавливать общение*) get* in touch/contact (with); (*по телефону, по радио*) get* through (to); ради́стка связа́лась с ба́зой и передала́ радиогра́мму the wireless operator contracted the base and sent a message; связа́ться с рабо́чими кру́пного заво́да get* in touch with workers at a big factory; 3. *разг.* (*сближаться*) take* up (with); лу́чше с ним не ~ся better have nothing whatever to do with him; 4. *разг.* (*браться за что-л. трудное*) get* involved (in, with).

связ|ь *ж.* 1. (*взаимная зависимость*) connection, contact; ~ тео́рии и пра́ктики the connection between theory and practice; 2. (*общение*) relation, contact; (*узы*) ties *pl.*, ~ с ма́ссами contact with the masses; внешнеторго́вые ~и *эк.* foreign trade ties; внешнеэкономи́ческие ~и foreign economic ties; дру́жеская ~ friendly relations *pl.*; делові́е ~и business relations, business contact; кооперацио́нные ~и *эк.* cooperation ties; мирохозя́йственные ~и *эк.* global economic cooperation; произво́дственные ~и *эк.* production ties; ~ со спу́тниками *тех.* satellite communication; торго́вые ~и *эк.* business relations; торго́вые ~и ме́жду стра́нами trade relations between countries; хозя́йственные ~и *эк.* economic ties; потеря́ть ~ с *кем-л.* lose* touch/contact with *smb.*; держа́ть ~ с *кем-л.* keep* in touch with *smb.*; 3. *мн.* (*знакомые*) connections; 4. (*любовная*) liaison; 5. (*средства общения*) communication; *воен.* intercommunication; signals *pl.*; министе́рство ~и Ministry of Communications; отделе́ние ~и post-and-telegraph office; 6. *тех.* tie; coupling; <> в ~и́ с *чем-л.* in connection with *smth.*; (*вследствие*) owing to smth; в ~и́ с э́тим, в э́той ~и́ in this connection; выходи́ть на ~ make* contact.

святи́лище *с.* (*рд.*) shrine (of).

свя́то reverently; ~ соблюда́ть *что-л.* scrupulously observe *smth.*, ~ храни́ть па́мять о *ком-л.* hold* the memory of *smb.* sacred.

свят|о́й *прил.* 1. holy; (*перед именем*) Saint; (*священный*) sacred; Свято́й Град *церк.* The Holy City, Jerusalem; Свята́я Гора *церк.* The Holy Mount, Athos; Свята́я Земля́ *церк.* The Holy Land, Palestine; для него́ нет ничего́ ~о́го nothing is sacred to him; 2. *в знач. сущ. м.* saint; ~ Дух *церк.* The Holy Spirit; семь даро́в Свято́го Ду́ха (*премудрости, разума, совести, крепости, ведения, благочестия, страха Господня*) seven gifts of the Holy Spirit (wisdom, understanding, counsel, fortitude, or might, knowledge, piety, fear of the Lord).

свя́тость *ж.* sanctity.

Святотатство *с.* церк. Sacrilege.

свя́точный Christmas *attr*; ~ расска́з Christmas story.

свято́ша *м.* hypocrite.

святы́ня *ж.* sacred thing; (*место*) sacred place; *перен. тж.* sacred possession.

свяще́нн|ик *м.* priest; (*протестантский*) clergyman*; **~ый** sacred; *рел.* holy; ~ая война́ holy war ~ый долг sacred, duty; Свяще́нное Писа́ние *церк.* The Holy Scriptures; Свяще́нное Преда́ние *церк.* The Holy Tradition.

сгиб *м.* bend; ~ ло́ктя crook of *one's* arm; ~ коле́на knee(-joint); ~ газе́ты crease/fold of a newspaper.

сгиба́ть, согну́ть (*вн.*) bend* (*smth.*); (*складывать*) fold (*smth.*); *перен.* bow (*smb.*); ~ па́льцы bend* *one's* fingers; го́ды согну́ли его́ the years have bowed his shoulders; несча́стья (не) согну́ли его́ his misfortunes have (not) brought him low; **~ся,** согну́ться bend*; ~ся под тя́жестью *чего-л.* bend*/sag beneath the weight of *smth.*, be* weighed down by *smth.*

сгла́дить(ся) *сов. см.* сгла́живаться(ся).

сгла́живать, сгла́дить (*вн.*) 1. (*делать гладким*) smooth (*smth.*) out; 2. (*уничтожать, разглаживая*) smooth away (*smth.*); ~ морщи́ны smooth away wrinkles; 3. (*смягчать, ослаблять*) smooth over (*smth.*); ~ противоре́чия smooth over contradictions; **~ся,** сгла́диться 1. (*становиться гладким*) smooth out; 2. (*становиться незаметным, исчезать*) wear* off.

сгнить *сов. см.* гнить.

сгнои́ть *сов. см.* гнои́ть.

сгова́риваться, сговори́ться (с *тв.*) 1. (*условливаться*) arrange (with), сговори́ться с *кем-л.* о встре́че arrange a meeting with *smb.*, arrange to meet *smb.*; 2. (*достигать взаимного понимания*) come* to an understanding (with), reach an understanding (with).

сго́вор *м.* (*договоренность*) understanding; (*тайный*) conspiracy; быть в ~е с *кем-л.* be* in league/collusion with *smb.*

сговори́ться *сов. см.* сгова́риваться.

сгово́рчивый compliant, pliable.

сгоня́ть, согна́ть (*вн.*) 1. (*с места*) drive* (*smb., smth.*) out/away; согна́ть му́ху brush away a fly; 2. (*удалять*) remove (*smth.*); согна́ть весну́шки remove freckles; 3. (*в одно место*) drive* (*smth.*) together, round up (*smth.*); согна́ть ста́до на опу́шку round up a herd on the edge of the wood.

сгора́ние *с.* combustion.

сгора́ть, сгоре́ть 1. burn*, wear* *oneself* out; дом сгоре́л the house was burned down; самолёт сгоре́л the plane burned up; дрова́ его́ сгоре́ли the wood burned out/away; 2. (*высыхать — о растительности*) wither, shrivel; 3. (*преть, гнить*) rot, be* ruined/spoiled; 4. (*от рд.; испытывать сильные чувства*) burn* (with); ~ со стыда́ burn* with shame.

сго́рб|ить(ся) *сов. см.* го́рбить(ся); **~ленный** hunched, crooked.

сгоре́ть *сов. см.* сгора́ть и горе́ть.

сгоряча́ in the heat of the moment.

сгреба́ть, сгрести́ (*вн.*) (*лопатой*) shovel (*smth.*); (*граблями*) rake (*smth.*), (*руками*) gather (*smth.*) up.

сгрести́ *сов. см.* сгреба́ть.

сгружа́ть, сгрузи́ть (*вн.*) unload (*smth.*).

сгрузи́ть *сов. см.* сгружа́ть.

сгруппирова́ть(ся) *сов. см.* группирова́ть(ся).

сгуби́л *сов. см.* губи́ть.

сгусти́ть(ся) *сов. см.* сгуща́ть(ся).

сгусток *м.* 1. clot; *перен.* concentration; 2. *физ.* cluster, bunch.

сгущ|а́ть, сгусти́ть (*вн.*) condense (*smth.*); ◇ ~ кра́ски pile it on, exaggerate; ~ атмосфе́ру create a strained atmosphere; **~ща́ться,** сгусти́ться 1. thicken; 2. (*о сумерках, темноте*) deepen; ◇ атмосфе́ра ~ется the plot thickens.

сгущённ|ый: ~ое молоко́ condensed milk.

сдава́ть, сдать 1. (*вн.; передавать*) hand (*smth.*) over; (*о продуктах труда*) hand (*smth.*) in, deliver (*smth.*); ~ дела́ *кому-л.* turn over *one's* duties to *smb.*; сдать стано́к в отли́чном состоя́нии hand over the lathe in excellent condition; ~ *что-л.* в эксплуата́цию make* *smth.* available; сдать хлеб госуда́рству deliver grain to the state; 2. (*вн.; отдавать, поместить куда-л.*) hand (*smth.*) in; (*возвращать тж.*) return (*smth.*); сдать пальто́ на ве́шалку put* *one's* coat in the cloakroom; сдать кни́гу в библиоте́ку return a book to the library; сдать ору́жие hand in *one's* weapons; он сдал ей три рубля́ he gave her three rubles change; 3. (*вн.; внаём*) let* (*smth.*), (*в аренду*) lease (*smth.*); 4. (*вн., проходить испытания в знаниях, умении что-л. делать*) take* (*smth.*); ~ экза́мены take* *one's* examinations; сдать экза́мены pass *one's* examinations; сдать матема́тику pass in mathematics; ~ но́рмы по пла́ванию take* a swimming test; 5. (*вн., отдавать неприятелю*) surrender (*smth.*); ~ го́род surrender a town; **6.** *разг.* (*слабеть*) weaken, begin* to fail; он си́льно сдал по́сле боле́зни he has been very weak since his illness; он си́льно сдал за после́днее вре́мя he has aged considerably of late; глаза́ на́чали ~ *one's* sight is failing, *one's* sight is beginning to fail; **7.** *разг.* (*портиться*) crack up; мото́р сдаёт the engine is beginning to crack up.

сдава́ться, сда́ться **1.** surrender, give* *oneself* up; **2.** (*отступать перед трудностями*) give* up, give* in; ~ пе́ред невзго́дами give* in when hard pressed; **3.** (*уступать*) give* in, give* way; (на *вн.*) give* in (to), yield (to).

сдави́ть *сов. см.* сда́вливать.

сда́вленный (*о голосе, крике*) choking.

сда́вливать, сдави́ть (*вн.*) squeeze (*smb.*, *smth.*), constrict (*smth.*).

сда́точный delivery *attr.*; ~ пункт delivery point.

сдать *сов. см.* сдава́ть.

сда́ться *сов. см.* сдава́ться.

сда́ч|а *ж.* **1.** (*передача*) handing over; delivery; **2.** (*внаём*) letting, leasing; **3.** (*капитуляция*) surrender; **4.** (*деньги*) change; получи́ть ~у get* *one's* change; дава́ть ~и give* change; *перен.* give* as good as one gets, answer in kind.

сдвиг *м.* **1.** (*перемещение*) displacement, shift; **2.** (*улучшение*) advance, positive move/development.

сдвига́ть, сдви́нуть (*вн.*) **1.** (*с места*) move (*smth.*), shift (*smth.*); сдви́нуть шля́пу на заты́лок push back *one's* hat; его́ с ме́ста не сдви́нешь *перен.* he won't budge; **2.** (*сближать*) bring*/push (*smth.*) together; ~ бро́ви knit* *one's* brows; **~ся**, сдви́нуться **1.** move, budge; не сдви́нуться с ме́ста make* no headway; **2.** (*приближаться друг к другу*) come*/draw* together, contract.

сдви́нуть(ся) *сов. см.* сдвига́ть(ся).

сде́лать(ся) *сов. см.* де́лать(ся).

сде́лк|а *ж.* **1.** *фин.* deal; transaction; аукцио́нная ~ auction sale; ба́нковская ~ banking transaction; ба́ртерная ~ barter transaction; биржева́я ~ exchange transaction; валю́тная ~ foreign exchange transaction; внешнеторго́вая ~ foreign trade transaction; встре́чная ~ reciprocal trade arrangement; двусторо́нняя ~ bilateral transaction; инка́ссовая ~ collection transaction; ка́ссовая ~ cash transaction; комме́рческая ~ commercial transaction; ~ за нали́чный расчёт pot business; ~ ку́пли-прода́жи purchase and sale; ~ на би́рже deal, trade, transaction; ~ на реа́льный това́р spot transaction; ~ на реа́льный това́р *см.* ~ на нали́чный това́р; ~ на срок (*фьючерская сделка*) forward transaction, futures, forward operation; ~ "оффсе́т" offset contract (deal); ~ с платежо́м в рассро́чку installment payment transaction; ~ с после́дующей фикса́цией цены́ price to be fixed transaction; сро́чная ~ forward contract; ~ "това́ры про́тив фью́черсов" cash; то́рговая ~ commercial transaction; учётная ~ discount transaction; фина́нсовая ~ financial transaction; фо́ндовая ~ stock exchange transaction; ◇ заключи́ть ~у do*/negotiate a deal; **2.** bargain *разг.*; ◇ ~ с со́вестью compromise with *one's* conscience.

сдельно: рабо́тать ~ do piecework.

сде́льно-прогресси́вный progressive piece rate(s).

сде́ль|ный: ~ная опла́та труда́ payment by the job/piece; ~ная рабо́та piecework; **~щик** *м.* *разг.* pieceworker; **~щина** *ж.* piecework.

сдёргивать, сдёрнуть (*вн.*) jerk (*smth.*) off, pull (*smth.*) off.

сде́ржанн|о in a reserved manner; (*холодно*) coldly; **~ость** *ж.* restraint, self-control; **~ый** **1.** reserved; (*владеющий собой*) self-controlled; **2.** (*подавляемый*) restrained; ~ое волне́ние restrained emotion/excitement.

сдержа́ть(ся) *сов. см.* сде́рживать(ся).

сде́рживать, сдержа́ть (*вн.*) **1.** (*противостоять чему-л.*) withstand* (*smth.*), stand* up (to); сдержа́ть напо́р проти́вника withstand* the enemy's pressure; **2.** (*останавливать*) restrain (*smb.*, *smth.*), hold* (*smb. smth.*) in check, contra (*smb.*, *smth.*); *перен. тж.* cut (*smth.*); ~ ло́шадь control a horse, hold* in a horse; сдержа́ть себя́ restrain/control *oneself*; сдержа́ть сло́во, обеща́ние keep* *one's* word, promise; **~ся**, сдержа́ться restrain/control/check *oneself*.

сдёрнуть *сов. см.* сдёргивать.

сдира́ть, содра́ть (*вн.*) **1.** (*снимать верхний слой чего-л.*) tear* (*smth.*) off, rip (*smth.*) off; содра́ть шку́ру с медве́дя flay a bear; содра́ть кору́ с де́рева bark/strip a tree; **2.** *разг.* (*царапать кожу*) graze (*smth.*); **3.** *разг.* (*срывать*) snatch (*smth.*) off.

сдо́б|а *ж.* **1.** (*в тесте*) shortening; **2.** *собир.* (*булки*) fancy bread; buns *pl.*; **~ный**: ~ная бу́лка bun; ~ное те́сто short pastry.

сдружи́ться *сов.* (с *тв.*) make*/become* friends (with).

сдува́ть, сдуть (*вн.*) blow* (*smth.*) off.

сду́ру *разг.*: он ~ согласи́лся *и т. д.* he was stupid/daft enough to agree *etc.*

сдуть *сов. см.* сдува́ть.

сё то и сё this and that; ни то ни сё neither one thing nor the other; ни с того́ ни с сего́ for no apparent reason.

сеа́нс *м.* **1.** show(ing); (*в кино тж.*) performance; (*у художника*) sitting; ~ одновреме́нной игры́ в ша́хматы display of multiboard chessplay; **2.** (*лечения и т. п.*) treatment, session.

себе́ *разг.* just; он ~ идёт вперёд he just walks on; ◇ ничего́ ~! not bad!, так ~! so-so!

себе́ *см.* себя́.

себесто́имост|ь *ж.* *эк.* (prime) cost, cost value, cost price, self-cost; калькуля́ция ~и costing; ни́же ~и below cost; по ~и at cost (price), почти́ по ~и near to cost; ~ едини́цы проду́кции unit cost; ~ проду́кции product cost; ~ реализо́ванной проду́кции cost of goods sold, cost of sales; сме́тная ~ estimated cost; сниже́ние ~и проду́кции cutting/reduction of production costs.

себя́ (*дт., пр.* себе́, *тв.* собо́й, собо́ю) *oneself*; заста́вить уважа́ть, люби́ть ~ make* *oneself* respected, loved: он о́чень дово́лен собо́й he is very pleased with himself; ◇ он о́чень хоро́ш собо́й he is very good-looking; сам собо́й (*самостоятельно*) of itself, про ~ 1) (*еле слышно*) to *oneself*; 2) (*мысленно*) inwardly; не в себе́ out of *one's* mind; от ~ (*лично*) personally; он у ~ (*дома*) he is in, he is at home; (*в комнате*) he is in his room; принима́ть *кого-л.* у ~ (*дома*) receive *smb.* in *one's* home; (*в комнате*) receive *smb.* in *one's* room; к себе́ (*домой*) home; (*в комнату*) to *one's* room; пригласи́ть *кого-л.* к себе́ invite *smb.* to come and see one, по себе́ (*по силам*) to suit *one*self; мне не по себе́ 1) (*нездоровится*) I am out of sorts; 2) (*неудобно, неловко*) I feel awkward; от э́того мне ста́ло не по себе́ it made me feel awkward/uneasy.

себялю́бие *с.* selfishness, self-love, egoism.

сев *м.* sowing; вре́мя ~ seedtime, sowing season.

се́вер *м.* the north; на ~ (to the) north; к ~у от (to the) north of; на ~е in the north, up north; **~ный** northern; в ~ном направле́нии in a northerly direction, northwards; ~ный ве́тер north wind. **североатланти́ческий** North Atlantic.

се́веро-восто́|к *м.* northeast; **~чный** northeastern; в ~чном направле́нии in a northeasterly direction; ~чный ве́тер northeast wind, northeaster.

се́веро-за́пад *м.* northwest; **~ный** northwestern; в ~ном направле́нии in a northwesterly direction; ~ный ве́тер north-west wind, northwester.

северя́нин *м.* northerner.

севооборо́т *м. с.-х.* rotation of crops, crop rotation.

севрю́га *ж.* sevruga, stellate sturgeon.

сегме́нт *м.* segment.

сего́дня *нареч.* 1. today; ~ у́тром this morning; ~ ве́чером this evening; (*после наступления темноты*) tonight; 2. *в знач. сущ. с. нескл.* today, the present day; на ~ for today; (*в настоящее время*) up to the present; ◇ не ~-за́втра any day now.

сего́дняшний *прил.* today's; present-day *attr.*; ◇ жить ~ днём 1) (*не отрываться от настоящего*) live in the present; 2) (*не думая о будущем*) live for the day.

седа́лищный *анат.* sciatic.

седе́ть, поседе́ть go*/turn grey.

седе́ющий greying; (*с проседью*) grizzled.

седина́ *ж.* 1. grey hair; 2. *тк. ед.* (*проседь в мехе*) grey flecks *pl.*; 3. *тк. ед.* (*серовато-белый налет на чем-л.*) film of grey.

седла́ть, оседла́ть (*вн.*) saddle (*smth.*).

седло́ *с.* saddle.

седлови́на *ж.* saddle.

Се́дмица (*неделя*) *ж. церк.* Week (*Великие понедельник, вторник, среда, четверг Great Monday, Tuesday, Wednesday, Thursday*); Све́тлая ~ Bright Week (after Easter); Сплошна́я ~ Compact Week (no fasting); Страстна́я ~ Holy Week (before Easter); Вели́кая пя́тница Good (Great) Friday; Вели́кая суббо́та Great Holy Saturday.

седоборо́дый grey-bearded.

сед|о́й (*о волосах*) white; (*о человеке*) grey-haired, white-haired; с ~ы́ми виска́ми grey about the temples; ◇ ~а́я старина́ hoary antiquity.

седо́к *м.* 1. (*всадник, верховой*) rider; 2. (*в экипаже*) fare, passenger.

седьм|о́й the seventh; ◇ быть на ~о́м не́бе be* in the seventh heaven.

сезо́н *м.* season; (*время созревания чего-л.*) time; быть оде́тым не по ~у be* unsuitably dressed for the time of year; **~ник** *м.* seasonal worker; **~ный** 1. seasonal; ~ные рабо́ты seasonal work *sg.*; ~ный рабо́чий seasonal worker; 2. (*годный на весь сезон*) season *attr.*, ~ный биле́т season ticket.

сей this; до сего́ вре́мени till this moment; до ~ поры́ up to now; по ~ день, по сию́ по́ру to this day; по сю сто́рону on the near side; ◇ сию́ мину́ту directly, just a second.

сейм *м.* Seym (*the Polish Senate*).

се́йнер *м.* seiner; **~ный** seiner *attr.*

се́йсмика *ж.* seismicity.

сейсми́ческий seismic.

сейсмо́граф *м.* seismograph.

сейсмогра́фия *ж.* seismography.

сейсмоло́гия *ж.* seismology.

сейф *м.* safe.

сейча́с 1. (*теперь*) now, at present, at the present moment; ~ я за́нят I'm busy now; 2. (*только что, недавно*) just now, a moment ago; он ~ здесь был he was here a moment ago; 3. (*скоро*) in a moment, just; ~ приду́ I'm just coming; 4. (*немедленно*) directly, at once.

се́канс *м. мат.* secant.

секре́т *м.* 1. secret; по ~у in confidence; под больши́м ~ом under the seal of secrecy, in strict confidence; не де́лать ~а из *чего-л.* make* no secret of *smth.*; держа́ть в ~е keep* a secret; 2. (*потайное устройство в механизме*) secret device.

секретариа́т *м.* secretariat; Секретариа́т по соде́йствию еди́нству христи́ан *церк.* Secretariat for Promoting Christian Unity (in the Roman Catholic church).

секрета́рский secretarial.

секрета́рь *м.* secretary; ~ собра́ния secretary to the meeting; госуда́рственный ~ Secretary of State.

секрете́р *м.* secretaire.

секре́тничать *несов. разг.* 1. (*держать в секрете*) keep* things secret, make* a secret of everything; 2. (*шептаться*) whisper.

секре́тно in confidence, confidential; соверше́нно ~ in strict confidence, strictly confidential.

секре́тн|ый secret; (*о сведениях, изданиях тж.*) classified; ~ докуме́нт secret/classified document; ~ая рабо́та secret work.

секре́ция *ж. физиол.* secretion.

секс *м.* sex.

сексоло́гия *ж.* sexology.

секста́нт *м. тех.* sextant.

сексте́т *м. муз.* sextet.

сексуа́льн|ый 1. (*половой*) sexual; ~ые отноше́ния sexual relations; 2. (*чувственный*) sexy *разг.*; ~ая де́вушка sexy girl; ~ая привлека́тельность sex appeal.

се́кта *ж.* sect.

секта́нт *м.* и *ж.* (*прям. и перен.*) sectarian, dissenter; **~ский** (*прям. и перен.*) sectarian; ~ство *с.* (*прям. и перен.*) sectarianism.

се́ктор *м.* 1. sector; 2. (*отдел учреждения*) (specialized) department.

секу́нд|а *ж.* second; ◇ в одну́ ~у in one/a second; ~ в ~у 1) (*точно в срок*) right on time; 2) (*одновременно*) at the same instant; одну́ ~у just a second/moment.

секунда́нт *м.* second.

секу́ндн|ый second *attr.*; ~ая стре́лка second hand.

секундоме́р *м.* stopwatch, seconds counter.

секу́щая *ж. мат.* secant.

секциони́рованн|ый: ~ая кату́шка *физ.* castelleted coil.

секцио́нн|ый section; ~ые заседа́ния section meetings; ~ инкуба́тор sectional incubator; ~ая постро́йка sectional construction.

се́кци|я *ж.* section; (*съезда, конференции*) committee; ~ ло́дочного спо́рта boating section; ~и жило́го до́ма sections of a block of flats; рабо́та совеща́ния по ~ям the committee work of a conference, a conference's work in committee; ~ изображе́ния *физ.* image section.

селёдка *ж. разг. см.* сельдь.

селёдочн|ица *ж.* long dish; **~ый** herring *attr.*

селезёнка *ж. анат.* spleen.

се́лезень *м.* drake.

селе́ктор *м. тех.* selector; ~ програ́ммы program selector.

селекци|оне́р *м.* selectionist, plant breeder; (*животных*) stock breeder; **~о́нный** selection *attr.*; plant-breeding *attr.*; ~о́нные семена́ selected seeds.

селе́кция *ж. с.-х.* selection, breeding.

селе́ние *с.* settlement; (*село, деревня*) village.

селе́новый *тех.* selenium; ~ выпрями́тель selenium rectifier.

селеноло́гия *ж.* selenology.

се́ли *мн.* (*ед.* сель *м.*) mud flows.

сели́тра *ж. хим.* saltpeter.

сели́ться *несов.* settle.

сел|о́ *с.* village, на ~е in the countryside, ◇ ни к ~у ни к го́роду quite irrelevantly.

сельдере́й *м. бот.* celery.

сельд|ь *ж.* herring; ◇ как ~и в бо́чке ~ (packed) like sardines.

селько́р *м.* rural correspondent.

се́льск|ий rural; ~ая ме́стность the country (side), country/rural locality, ~ая молодёжь young people of the countryside, young countryfolk; ~ учи́тель village teacher; ~ое хозя́йство agriculture, farming.

сельскохозя́йственн|ый agricultural, farm *attr.*, ~ое сырьё raw materials produced by agriculture; ~ые това́ры farm/agricultural produce *sg.*; ~ инвента́рь farm equipment.

сельсове́т *м.* (се́льский Сове́т наро́дных депута́тов) Village Soviet (of People's Deputies).

сема́нтика *ж. лингв.* 1. (*значение, смысл слова*) meaning; 2. (*наука*) semantics.

семафо́р *м.* semaphore; (*железнодорожный тж.*) signal.

сёмга *ж.* salmon.

семе́йн|ый family *attr.*, home *attr.*, ~ челове́к family man*, woman*; ~ое положе́ние family status; ~ая жизнь homelift; ~ круг family circle; ~ые дела́ family/private affairs.

семе́йственн|ость *ж.* (*порочный метод подбора кадров*) nepotism; **~ый** 1. family *attr.*, domesticated; 2. (*характеризующийся семейственностью*) nepotic.

семе́йство *с.* family.

семени́ть *несов.* разг. take* short steps, mince (*one's* steps), trip along.

семенно́й seed *attr.*; ~ фонд seed stock.

семенево́д *м.* seedsman*.

семенево́д|ство *с.* seed farming/growing; **~ческий** seed-growing.

семёрка *ж.* 1. (*цифра*) a seven; 2. *карт.* the seven (of).

се́меро seven, нас ~ there are seven of us.

семе́стр *м.* term; semester *амер.*

се́мечко *с.* 1. seed; 2. *мн.* (*семена подсолнечника*) sunflower seeds.

семидесятиле́тие *с.* 1. (*период*) seventy years *pl.*; 2. (*годовщина*) seventieth anniversary; **~ний** 1. (*о сроке*) seventy-year *attr.*, of seventy years *после сущ.*; 2. (*о возрасте*) seventy-year-old; of seventy *после сущ.*

семидеся́т|ый seventieth; ~ые го́ды the seventies.

семидне́вный seven-day *attr.*, a week's.

семикра́тный sevenfold.

семиле́тний 1. (*о сроке*) seven-year *attr.*, of seven years *после сущ.*; Семиле́тняя война́ the Seven Years' War; 2. (*о возрасте*) seven-year-old; of seven *после сущ.*

семиме́сячный 1. (*о сроке*) seven months; seven-month *attr.*; 2. (*о возрасте*) seven-month-old; of seven months *после сущ.*

семина́р *м.* seminar.

семина́рия *ж.* seminary.

семисо́тый seven-hundredth.

семистру́нный seven-stringed, heptachord.

семи́т *м.* Semite; **~и́ческий**, **~ский** Semitic, ~ский языки́ Semitic languages.

семиуго́льник *м.* heptagon.

семичасово́й 1. seven-hour *attr.*, of seven hours *после сущ.*; ~ рабо́чий день seven-hour working day; 2. *разг.* (*назначенный на семь часов*) seven-o'clock *attr.* ~ поезд seven-o'clock train.

семнадцатиле́тний 1. (*о сроке*) seventeen-year *attr.* of seventeen year *после сущ.*; 2. (*о возрасте*) seventeen-year-old, of seventeen *после сущ.*

семна́дцатый seventeenth.

семна́дцать seventeen.

семь seven, ◇ ~ раз отме́рь, оди́н отре́жь *посл.* ≅ look before you leap.

се́мьдесят seventy.

семьсо́т seven hundred.

семь|я́ *ж.* family, больша́я ~ large family; ◇ в ~е не без уро́да ~ there's a black sheep in every flock.

семьяни́н *м.* family man*; хоро́ший ~ devoted husband and father.

се́мя *с.* 1. seed (*тж. перен.*); семена́ для посе́ва sowing seeds; семена́ раздо́ра the seeds of discord; 2. *физиол.* semen, sperm.

сена́ж *м.* hayfage.

сена́т *м.* senate; **~ор** *м.* senator.

се́ни *мн.* (storm) porch *sg.*, lobby *sg.*

сенно́й hay *attr.*

се́но *с.* hay; коси́ть ~ mow* hay.

сено|ва́л *м.* hayloft, **~копни́тель** *м.* haystacker.

сеноко́с *м.* 1. haymaking; быть на ~е be* make hay; 2. (*время косьбы*) haymaking time, mowing time; (*луг, место косьбы*) hayfield.

сено|коси́лка *ж.* mowing machine; **~суши́лка** *ж.* hay drier.

сенсацио́нн|ый sensational; ~ые но́вости sensational news.

сенса́ци|я *ж.* sensation; вы́звать ~ю make a sensation.

сенте́нция *ж.* maxim, sententious utterance.

сентиментали́зм *м.* sentimentalism.

сегмента́льность *ж.* sentimentality, sentimental.

сенсибилиза́тор *м. тех.* sensitizer.

сенсибилизи́ровать *тех.* sensitize.

сенсибилизи́рующий *физ.*: ~ее веществó sensitizing agent.

сенситоме́тр *м. физ.* sensitometer; **~и́ческий** sensitometric; ~и́ческая крива́я sensitometric curve; ~и́ческая про́ба sensitometric test.

сенситоме́трия *ж. физ.* sensitometry; ~ цветны́х фотоматериа́лов sensitometry of color films.

сентя́брь *м.* September; в ~é э́того го́да September; в ~é про́шлого го́да last September; in September; в ~é бу́дущего го́да next September.

сентя́брьский September *attr.*

сень *ж. книж.* canopy; ◇ под ~ю *чего-л.* sheltered by *smth.*, in the shade of *smth.*; 2) (*под защитой*) under the protection of *smth.*

сепара́тный separate.

сепара́тор *м. с.-х.*, *тех.* separator.

се́пия *ж.* 1. (*моллюск*) cuttlefish; 2. (*краска*) sepia.

се́п|сис *м. мед.* septicemia, sepsis; **~ти́ческий** septic.

се́ра *ж.* 1. *хим.* sulphur; 2. (*ушная*) cerumen.

серб *м.*, **~ка** *ж.* Serb; **~кий** Serbian.

сербскохорва́тский Serbo-Croatian; ~язы́к Croatian, the Serbo-Croatian language.

серва́нт *м.* sideboard.

серви́з *м.* set, service; ча́йный ~ tea service; столо́вый ~ dinner set/service.

сервир|ова́ть *несов.* и *сов.* (*вн.*) lay* a table (*подавать*) serve (*smth.*); **~овка** *ж.* 1. (*действие*) laying, serving; 3. (*убранство стола*) arrangement.

сервомехани́зм *м.* физ. servo mechanism.

серде́чник I *м. разг.* 1. (*больной*) heart-case, heart-sufferer; 2. (*врач*) heart specialist.

серде́чник II *м. тех.* core.

серде́чно-сосу́дистый cardiovascular.

сердечн|ый 1. (*относящийся к сердцу*) huart *attr.*, cardiac; ~ая мы́шца heart muscle; ~ое сре́дство cardiac; 2. (*добрый, отзывчивый*) warmhearted, outgoing; 3. (*исполненный доброжелательства*) hearty, cordial; ~ приём cordial reception; ~ая встре́ча hearty welcome; 4. (*искренний*) sincere, heartfelt; 5. (*любовный*) of the heart *после сущ.* love *attr.*; ~ые дела́ love affairs ~ая дра́ма emotional crisis.

серди́т|ый 1. angry; (*о характере*) bad-tempered; ~ го́лос angry voice; ~ое лицо́ angry face; быть ~ым на *кого-л., что-л.* be* angry/cross with *smb.*, about *smth.*; 2. *разг.* (*о приправе и т. п.*) hot, strong.

серди́ть *несов.* (*вн.*) anger (*smb.*), make* (*smb.*) angry; **~ся** *несов.* (*на кого-л.*) be* angry/cross (with *smb.*); (*на что-л.*) be* angry/cross (about *smth.*).

сердобо́льный *разг.* tender-hearted.

се́рдц|е *с.* heart; больно́е ~ weak heart; прижа́ть ру́ки к ~у press/put* *one's* hands to *one's* heart; схвати́ться за ~ clutch at *one's* heart; чёрствое ~ heartless nature; ◇ ~ ра́дуется it gladdens *one's* heart, it's a joy; от всего́ ~а with all *one's* heart; всем ~ем with all *one's* heart, from the bottom of *one's* heart; ~ боли́т, но́ет I'm sick at heart; ~ оборвало́сь у *кого-л.* *smb's* heart missed a beat; он мне (пришёлся) по ~у I took a liking to him; он мне не по ~у he is not the sort of man I care for; в ~ах, с ~ем in a fit of anger/irritation; от чи́стого ~а sincerely; положа́ ру́ку на ~ quite frankly; брать *кого-л.* за ~ touch/move *smb.* deeply.

сердцебие́ние *с.* palpitation (of the heart).

сердцеви́на *ж.* 1. (*ствола или корня растения*) pith, marrow, heartwood; 2. (*ореха*) kernel; (*яблока, груши и т. п.*) core; 3. (*середина чего-л.*) middle, center; *перен.* heart; 4. (*сущность чего-л.*) core, heart.

серебре́ние *с.* silvering.

серебри́стый 1. silvery; ~ то́поль silver poplay; 2. (*мелодично-звонкий*) silvery.

серебри́ть, посеребри́ть (*вн.*) silver (*smth.*); **~ся** *несов.* 1. (*становиться серебристым*) be* silvered; **2**. (*выделяться своим блеском*) gleam silver.

серебро́ *с.* **1**. silver; *собир.* (*серебряные вещи тж.*) silverware; **2**. *собир.* (*разменная монета*) silver.

сере́брян|ый silver *attr.*, *перен.* silver; ~ая доро́жка *хим.* silver track; ~ сли́ток bar of silver; ~ая жи́ла silver vein; ~о-цинковые аккумуля́торы *тех.* silver zinc accumulators; ~ые изде́лия silver work: ~ые ло́жки silver spoons; ~ и́ней silver frost; ~ звон silvery peals *pl.*; ~ экра́н *тех.* silver screen; ◇ ~ая сва́дьба silver wedding.

середи́на *ж.* **1**. (*о месте*) middle, center; **2**. (*о времени*) middle; ~ лета middle of summer; **3**. (*промежуточная позиция в чем-л.*) middle way/course; halfway house *идиом.*; (*умеренность*) moderation.

середня́к *м.* middle peasant.

серёжка *ж.* **1**. earring; **2**. (*соцветие*) catkin; amentum *научн.*

серена́да *ж.* serenade.

сере́ть, посере́ть **1**. (*становиться серым*) turn grey; **2**. *тк. несов.* (*виднеться*) loom grey.

сержа́нт *м.* sergeant.

сери́йн|ый serial; ~ое произво́дство serial/mass production.

се́рия *ж.* series; (*фильма*) part; ~ кинока́дров *кино* sequence of pictures.

се́рна *ж. зоол.* chamois.

серни́ст|ый **1**. sulphur *attr.*; ~ые удобре́ния sulphur fertilizers; **2**. *хим.* sulphur *attr.*, sulphurous; ~ая кислота́ sulphurous acid.

се́р|ный **1**. sulphur *attr.*, ~ колчеда́н sulphur pyrite; **2**. *хим.* sulphurilc; ~ая кислота́ sulphuric acid.

сероводоро́д *м. хим.* hydrogen sulfide.

сероглазый grey-eyed.

сероуглеро́д *м. хим.* bisulphide of carbon.

серп *м.* sickle; ~ и мо́лот hammer and sickle; ◇ луны́ crescent.

серпанти́н *м.* **1**. (*бумажная лента*) streamer; (*извилистая дорога*) winding road; hairpin *pl.*

сертифика́т *ж.* certificate; авари́йный ~ average certificate; валю́тный ~ currency certificate; ветерина́рный ~ veterinary health certificate; вкладно́й ~ certificate of deposit; грузово́й ~ cargo certificate; ~ы де́нежного ры́нка money market certificates; депози́тный ~ см. вкладно́й ~; заводско́й ~ manufacturer's certificate; зало́говый ~ certificate of pledge; ~ испыта́ний test certificate; каранти́нный ~ quarantine certificate; нало́говый ~ tax certificate.

сертифика́ция *ж.* certification; ~ проду́кции certification of products.

се́р|ый grey; *перен.* (*бесцветный*) dull, drab colorless; (*необразованный*) ignorant; ~ые глаза́ grey eyes; ~ в я́блоках dapple-grey;~ день grey/dreary/dull day; ~ая жизнь dreary/dull life; ~ая литерату́ра colorless writing.

серьга́ *ж.* **1**. earring; **2**. *тех.* shackle, lug, link.

серьёзн|о *нареч.* **1**. seriously; (*важно*) gravely; поду́мать о *чем-л.* give* serious thought to *smth.*; ~ заболе́ть fall* seriously ill; я говорю́ ~ (*не шучу*) I mean it I'm in earnest; сказа́ть ~ say* gravely; **2**. *в знач. вводн. сл.* (*в самом деле*) really; ~? really?; вы э́то ~? are you serious?, do you mean it?; **~ость** *ж.* seriousness; (*важность, опасность*) gravity; **~ый** serious; (*важный опасный*) grave; ~ый челове́к serious person; ~ое отноше́ние к рабо́те serious attitude to *one's* work; ~ое де́ло matter of great importance; ~ые недоста́тки serious/major defects; э́то ~ый разгово́р! now you are talking!; ~ая боле́знь serious illness; ~ый вид, тон serious air, tone.

се́ссия *ж.* **1**. session; **2**.: экзаменацио́нная ~ examinations *pl.*

сестра́ *ж.* **1**. sister; **2**. (*в лечебных учреждениях*) (trained) nurse; ста́ршая ~ (nursing) sister.

сестра́-хозя́йка *ж.* matron.

сесть *сов. см.* сади́ться.

се́т|ка *ж.* **1**. net; (*металлическая*) screen; (*мелкая*) wire gauze, (*на кровати*) wire mattress; (*в вагоне*) rack; ~ для воло́с hair net; ~ из тю́ля scrim; ~ мише́ни target mesh; **2**. *разг.* (*сумка*) string bag; **3**. (*тарифная и т. п.*) scale; **~очный**: ~ое смеще́ние grid biss; ~очный эффе́кт mesh effect; **~чатый**: ~чатое по́ле и то́чки bar and dot.

се́товать, посе́товать (на *вн.*) complain (of), lament (*smth.*).

се́ттер *м.* (*собака*) setter.

сетча́тка *ж. анат.* retina.

сеть *ж.* **1**. net; **2**. (*дорог, линий связи, учреждений и т. п.*) network, system; ди́лерская ~ dealer network; железнодоро́жная ~ railway system; сбытова́я ~ marketing network; торго́вая ~ trading network; электри́ческая ~ electrical system.

сече́ние *с.* section, cross section, profile; (*проволоки*) gauge.

се́чка *ж.* **1**. (*нож*) chopper; **2**. (*нарубленная солома*) chopped straw.

сечь, вы́сечь (*вн.*) **1**. (*розгами, плетью и т. п.*) birch (*smb.*), flog (*smb.*), give* *smb.* a flogging/thrashing; **2**. *тк. несов.* (*рубить*) cut* (*smth.*); **3**. *разг.* (*понимать*) dig* (*smth.*), catch* on (to); **~ся** *несов.* **1**. (*о волосах*) split*; **2**. (*о ткани*) fray.

се́ялка *ж.* seeding machine, seeder, drill; рядова́я ~ seed drill.

се́янец *м. с.-х.* seedling.

се́ять, посе́ять (*вн.*) sow* (*smth.*) (*тж. перен.*); ~ рожь, овёс sow* rye, oats; ~ раздо́ры sow* discord; ◇ что посе́ешь, то и пожнёшь *погов.* we reap as we have sown.

сжа́литься *сов.* relent; (над *тв.*) take* pity (on).

сжа́тие *с.* compression; *физ.* squeeze, shrinking; ~ вре́мени time condensation; ~ ра́стра shrinking raster.

сжа́т|ый **1**. (*уплотненный давлением*) compressed; ~ во́здух compressed air; **2**.: ~ые кулакѝ clenched fists; **3.** (*краткий*) brief; (*об изложении и т. п.*) concise, pithy; в ~ые сро́ки in the shortest possible time.

сжать I *сов. см.* жать II.

сжать II *сов. см.* сжима́ть; **~ся** *сов. см.* сжима́ться.

сжечь *сов. см.* сжига́ть.

сжива́ть, сжить (*вн.*) oust (*smb.*); **~ся,** сжи́ться (с *тв.*) *разг.* get* used (to); сжи́ться с мы́слью get* used to the idea.

сжига́ние *с.* burning; *тех.* incineration; (*кремация*) cremation.

сжига́ть, сжечь (*вн.*) **1.** burn* (*smth.*); (*в крематории*) cremate (*smb.*); сжечь письмо́ burn* a letter; сжечь дом burn* the house down, сжечь спи́ну на со́лнце burn* *one's* back in the sun; сжечь пироги́ burn* the pies; **2.** (*сушить — о солнце*) scorch (*smth.*); ◇ сжечь свои корабли́ burn* *one's* boats.

сжим|а́ть, сжать (*вн.*) **1.** (*давлением уменьшать объём*) compress (*smth.*); squeeze (*smth.*), *перен.* cut* down (*smth.*), reduce (*smth.*); ~ пружи́ну compress a spring; сжать сро́ки tighten the schedule; **2.** (*сдавливать, стискивать*) press (*smb.*, *smth.*), squeeze (*smb.*, *smth.*), (*стеснять*) trap (*smth.*), сжать чью-л. руку press/squeeze *smb.'s* hand; ~ кого-л. в объя́тиях hug *smb.*, ~ кольцо́ окруже́ния воен. tighten the ring (of troops), close in; **3.** (*горло, грудь*) make* (*smth.*) contract/tighten; **4.** (*плотно соединять*) compress (*smth.*); ~ кулаки́ clench *one's* fists; **~а́ться,** сжа́ться **1.** (*уменьшаться в объёме*) be* compressed; (*сокращаться, сдвинувшись*) contract; **2.** (*ёжиться*) shrink*, huddle up, сжа́ться от испуга shrink* with fear; **3.** (*плотно соединяться*) compress; его́ рука́ сжа́лась в кула́к he clenched his fist involuntarily; **4.** (*о горле, груди*) tighten; *перен.* be* wrung; се́рдце ~а́ется от жа́лости *one's* heart is wrung with pity.

сжи́ть(ся) *сов. см.* сжива́ть(ся).

сза́ди 1. *нареч.* (*позади*) behind, at the back; (*с задней стороны*) from behind; вид ~ rear view; **2.** *предлог* (*рд.*) behind.

сзыва́ть, созва́ть (*вн.*) call (*smb.*), summon (*smb.*); (*гостей*) invite (*smb.*), ask (*smb.*).

си *с. нескл. муз.* sil, te, B.

сиби́рск|ий Siberian; ◇ ~ая я́зва anthrax; ~ая ко́шка Persian cat.

сибир|я́к *м.*, **~я́чка** *ж.* Siberian.

си́вый grey.

сиг *м.* lake whitefish.

сига́ра *ж.* cigar.

сигаре́та *ж.* cigarette.

сигна́л *м.* **1.** (*условный знак*) signal (*тж. перен.*); ~ автомати́ческого управле́ния *тех.* keying signal; ~ бе́дствия distress signal; ~ возду́шной трево́ги air raid alert/warning; ~ затемне́ния *тех.* blanking signal; ~ и́мпульс *тех.* burst signal;~ нуля́ *тех.* zero signal; ~ обра́тной свя́зи *тех.* feedbeck signal; ~ "переда́ча" *тех.* on the air; ~ сбо́ра signal to assemble; ~ свет *тех.* signal light; ~ синхро́нности *тех.* timing signal; ~ установле́ния опознава́ния *тех.* identification signal; ~ фон *тех.* signal to background; ~ цветово́й синхрониза́ции *тех.* color burst; ~ шум *тех.* signal to noise; ~ я́ркости *тех.* luminance signal; ~ы то́чного вре́мени time signals; доро́жные ~ы traffic signals; светово́й ~ light signal; дать ~ signal; (звуково́й) ~ sound *one's* horn; **2.** (*сообщение*) notification, warning; прислу́шиваться к ~ам с мест pay* attention to notifications from the provinces.

сигнализ|а́ция *ж.* **1.** signalling; ~ флажка́ми flag signalling; железнодоро́жная ~ railway signalling; **2.** (*приспособление*) alarm system; **3.** (*система сигналов*) signal system; **~и́ровать** *несов. и сов.* (*сов. тж. просигнализировать*) signal; *перен.* send* a message, warn.

сигна́лить, просигна́лить signal; notify, warn.

сигна́ль|ный signal *attr.*; ~ная пласти́нка *тех.* back plate, signal plate; ~ная раке́та *тех.* flare; ~ вы́стрел signal shot; ~ные раке́ты flares, Verey lights, signal rockets; ◇ ~ экземпля́р *полигр.* advance copy; **~щик** *м.* signaller, signaler *амер.*; bugler.

сиде́лка *ж.* (sick-)nurse.

сиде́нье *с.* seat.

сиде́ть *несов.* **1.** sit*, be* seated; (*о птицах*) perch, root; ~ на столе́ sit* on a chair; ~ в седле́ sit* in the saddle, sit* a horse; **2.** (за, над *тв.*, на *пр.*, *делать что-л.*) sit* (over, at); ~ над уро́ками sit* at *one's* lessons; ~ на вёслах take* the oars, row; **3.** (*находиться*) be*; ~ без де́ла have* nothing to do; ~ до́ма say at home; ~ под аре́стом be* under arrest; ~ на дие́ту be* on a diet; ~ без де́нег have* no money, be* short of money,~ по ноча́м sit* up (at night); **4.** (*об одежде*) fit; хорошо́ ~ sit* well; ~ мешко́м hang* badly; **5.** (*о судне*): глубоко́ (неглубоко́) ~ draw* much (little) water; ◇ ~ сложа́ ру́ки idle *one's* time away; ~ на я́йцах sit* (on eggs).

сид|е́ться *несов.* *безл.*: ему́ не ~и́тся на ме́сте 1) (*на стуле и т. п.*) he can't keep still; 2) (*в каком-л. месте*) he can't say in one place; ему́ не ~и́тся дома he can't stay at home.

сидр *м.* cider.

сидя́ч|ий sitting; (*о работе, жизни*) sedentary; ~ие места́ seats.

сие́ *см.* сей.

си́зый blue-grey, dove-colored; ~ го́лубь rock pigeon/dove; ~ нос blue nose; ~ тума́н blue-grey mist.

си́л|а *ж.* **1.** (*физическая энергия*) strength; облада́ть огро́мной ~ой be* enormously strong, напря́чь все ~ы strain every muscle; изо всех сил with all *one's* might; **2.** (*физическое воздействие, насилие*) force; ~ой ору́жия by force of arms; поли́тика с пози́ции ~ы position-of-strength policy; **3.** (*духовная*) power, strength energy; ~ во́ли strength of will, will-power; **4.** (*энергия, мощность*) power, capacity; ~ зву́ка *физ.* volume; ~ освеще́ния *физ.* illuminating power; ~ све́та *физ.* light intensity; ~ све́та в свечáх *физ.* candle power; ~ сигнáла *физ.* signal strength; ~ тя́жести gravity; подъёмная ~ крáна lifting capacity of a crane; **5.** (*правомочность*) force; имéть закóнную ~ be* valid; не имéть закóнной ~ы be* null and vold; вступáть в ~у come* into force; терять ~у become* invalid; **6.** (*могущество, авторитет*) power; (*способность влиять тж.*) force, ~ убеждéния force of conviction; ~ примéра the power of example; **7.** *разг.* (*сущность, смысл*) the point; the crux of the matter; **8.** (*интенсивность, напряженность*) force, power, intensity; ~ звýка volume of sound; ~ свéта intensity of light; ~ взры́ва force of an explosion; ~ талáнта power of talent; **9.** (*источник какой-л. деятельности, могущества*) force; **10.** *обыкн. мн.* (*материальное начало*) forces; ~ы прирóды natural forces; людскúе ~ы manpower *sg.*; **11.** *обыкн. мн.* (*часть общества*) forces; прогрессúвные ~ы progressive forces; реакциóнные ~ы reactionary forces; **12.** мн. (*войска*) forces; сухопýтные ~ы land forces; ~ы обóих протúвников, обéих сторóн the opposing forces; ◇ в ~у *чего-л.* owing to *smth.*, by virtue of *smth.*, от ~ы at the outside; в мéру сил, по мéре сил as much as one is able; э́то мне под ~у, э́то в моúх ~ах that I can do; все, что в моúх ~ах everything in my power; э́то мне не под ~у it is beyond my powers; быть в ~ах сдéлать *что-л.* be* able to do *smth.*; я не в ~ах расстáться с ним I can't bear to part with him; есть чéрез ~у force *oneself* to eat; всéми ~ами with all *one's* strength; прóбовать ~ы в *чем-л.* try *one's* hand at *smth.*, вы́ше *чьих-л.* сил too much for *smb.*, beyond *smb.*, что есть ~ы, что бы́ло сил for all *one's* is worth.

силáч *м.* strong man*; быть ~ом be* very strong; have* gigantic strength.

силикáты *мн.* silicates.

силикóновый silicone *attr.*

сúлиться *несов.* (+ *инф.*) *разг.* try (+ to *inf.*), strive (+ to *inf.*).

силлабúческий *лит.* syllabic.

силлогúзм *м.* syllogism.

силов|óй **1.** power *attr.*: **2.** *спорт.* involving strength *после сущ.*; ~ трансформáтор *физ.* power transformer; ~ые упражнéния weight-lifting exercises приём body check.

сúлой by force.

сил|óк *м.* snare; стáвить ~ки set* snares.

сúлос *м.* (*корм*) silage; **~ный** silage *attr.*, ~ные кормá silage *sg.*; ~ная я́ма silage pit, pit silo.

силосовáть *несов.* и *сов.* (*вн.*) *с.-х.* silo (*smth.*), silage (*smth.*).

силуэ́т *м.* silhouette.

сúльно **1.** powerfully; ~ болéть (*причинять*) hurt* badly, be* very painful; (*быть больным*) be* ill; ~ удáрить *кого-л.* hit* *smb.* hard; ~ удáрить кулакóм по столý thump the table; **2.** (*очень*) very; **~áться**, проголодáться *и т. д.*; **4.** be* very hungry *etc.*; ~ любúть love dearly, love very much.

сильнодéйствующий potent, powerful.

сúльн|ый **1.** strong; (*мощный*) powerful; ~ человéк strong man*; ~ая рукá strong arm; ~ удáр powerful blow; ~ ток powerful current; ~ая áрмия strong army; **2.** (*убедительный*) powerful; ~ые дóводы cogent arguments; ~ая пьéса powerful play; **3.** (*морально устойчивый*) strong; ~ая натýра strong chancter; человéк ~ ой вóли strong-willed person; **4.** (*значительный, большой*): ~ вéтер high wind; ~ дождь heavy rain; ~ морóз severe frost; ~ая боль violent pain, **5.** (*о чувствах, желаниях*) violent, intense; ~ое увлечéние *чем-л.* violent enthusiasm for *smth*; **6.** (*хорошо знающий, умеющий*) strong good*; ~ ученúк good* pupil; ~ пловéц strong swimmer; он силён в истóрии his forte is history; ◇ ~ые словá, выражéния strong words, expressions; ~ая сторонá *кого-л. one's* strong point.

сúмвол *м.* symbol.

символ|изúровать *несов.* и *сов.* (*вн.*) symbolize (*smth.*); **~úзм** *м.* symbolism; **~úческий** symbolic.

симметр|úчный symmetrical *attr.*; ~ анастигмáт *тех.* symmetrical anastigmat; ~ кáбель *тех.* balance cable; ~ трансформáтор *тех.* bazooka, balancing transformer; **~úя** *ж.* symmetry.

симпатизúр|овать *несов.* (*дт.*) like (*smb.*); я емý не ~ую I have not much liking for him.

симпатúчный nice, likable.

симпáти|я *ж.* **1.** (*чувство*) liking, affection; чýвствовать ~ю *кому-л.* have* for *smb.*, take* a liking (to); относúтся с ~ей к *кому-л.* like *smb.*; **2.** *разг.* (*предмет симпатии, любви*) *one's* sweetheart.

симпóзиум *м.* symposium (*pl.* -ums, -sia).

симптóм *м.* symptom; **~атúчный** symptomatic.

симул|úровать *несов. и сов.* (*вн.*) simulate (*smth.*); sham (*smth.*) *разг.*; ~ болéзнь malinger; ~ глухотý sham deafness, pretend to be deaf; **~я́нт** *м.* malinger; **~я́ция** *ж.* simulation.

симфонúческий symphonic; ~ие этю́ды symphonic studles; ~ концéрт symphony concert; ◇ ~ оркéстр symphony orchestra.

симфóния I *ж.* (*прям. и перен.*) symphony; ~ля мажóр symphony in A major.

симфóния II *ж.* (*алфавитный указатель к Священному Писанию*) *церк.* Concordance to the Bible.

синагóга *ж.* synagogue.

синдикáт *м.* syndicate.

синдрóм *м.* syndrome.

синевá *ж.* **1.** (*синий цвет*) (dark-)blue; **2.** (*синее пространство*) blue/azure expanse; ◇ ~ под глазáми blue shadows under *one's* eyes.

синеглáзый blue-eyed; with deep-blue eyes *после сущ.*

синемаскóп *м.* *тех.* cinemascope.

синéть, посинéть **1.** (*становиться синим*) become*/turn blue; **2.** *тк. несов.* (*виднеться*) show* blue.

сúн|ий (dark-)blue *attr.*; ~ая крáска dark blue paint; ~ее послесвечéние blue afterglow; ~е зелёный светофи́льтр *тех.* cyan filter; ~ костю́м navy-blue suit; ~ие глаза́ deep-blue eyes; ~яя осно́ва blue base; ◇ ~ чуло́к blue-stocking.

сини́льн|ый: ~ая кислота́ *хим.* hydrocyanic acid.

сини́ть, подсини́ть: ~ бельё blue the linen.

сини́ца *ж.* tit, titmouse*; tomtit *разг.*

сино́д *м.* synod; Свяще́нный Сино́д *церк.* The Holy Synod; Сино́д Епи́скопов *церк.* The Synod of Bishops.

сино́ним *м.* лингв. synonym; **~и́ческий, ~и́чный** *лингв.* synonymous.

сино́птик *м.* weather forecaster.

сино́птика *ж.* synoptic meteorology, weather forecasting.

синопти́ческ|ий weather *attr.*, meteorological; ~ие усло́вия meteorological condition;◇ ~ая ка́рта weather map.

си́нтакс|ис *м.* syntax; **~и́ческий** syntactic.

си́нтез *м.* synthesis (*pl.* -ses).

синteза́тор *м.* synthesizer.

синтези́ровать *несов.* и *сов.* (*вн.*) synthesize (*smth.*).

синте́тика *ж.* *собир.* synthetics *pl.*, synthetic goods *pl.*

синтети́ческ|ий; ~ ме́тод иссле́дования synthetic method of inquiry; ~ ка́учук synthetic rubber; ~ое волокно́ synthetic fiber; ~ие языки́ synthetic languages.

си́нус *м.* **1.** *мат.* sine; **2.** *анатом.* sinus.

синусоида́ль|ный *мат.* sinusoidal *attr.*; ~ная волна́ sine wave; ~ный и́мпульс sine squared pulse.

синфа́зный *тех.* in phase.

синхронiза́тор *м.* *тех.* synchronizer ~ видеосигна́ла video signal synchronizer; ~ для монтажа́ звуковы́х кинофи́льмов scoring equipment; ~ и метроме́р synchronizer and counter.

синхрогенера́тор *м.* *тех.* synchronizing generator.

синхрониза́ция *ж.* *тех.* synchronization; ~ губ lip synchronization; ~ изображе́ний image synchronization; ~ цвето́в color synchronization.

синхронизи́р|овать *несов. и сов. (вн.) тех.* synchronize (*smth.*), bring* (*smth.*) into step; ~ по фа́зе phase lock; **~ующий** synchronizing; ~ующее устро́йство synchronizing equipment; ~ующие и́мпульсные генера́торы synchronizing pulse generators; ~ующие и́мпульсы synchronizing pulses; ~ующий раздели́тель synchronizing separator.

синхрони́зм *м.* *тех.* synchronism.

синхро́нно in step.

синхро́нность *ж.* synchronism; ~ киносъёмочного аппара́та *кино* camera synchronism; ~ монтажа́ *кино* editorial synchronism; ~ ста́нции *тех.* station timing.

синхро́н|ный synchronous; ~ная за́пись зву́ка *тех.* direct sound recording; ~ная отме́тка изображе́ния и фоногра́ммы *тех.* picture and sound sync, mark; ~ная ско́рость *тех.* synchronous speed; ~ное пла́вание synchronized swimming; ~но-рабо́тающие кинопрое́кторы *тех.* synchronized projectors; ~но-синфа́зный электродви́гатель *тех.* interlock motor; ~ное воспроизведе́ние *тех.* interlocked playback; ~ бесшу́мный электродви́гатель *тех.* noiseless motor; ~ дете́ктор *тех.* synchronous detector; ~ отме́тчик *тех.* recording marker; ~ перево́д simultaneuous translation/interpreting; ~ при́вод *тех.* synchronous drive; ~ электродви́гатель *тех.* synchronous motor.

синхрофазотро́н *м.* proton synchrotron.

си́нька *ж.* **1.** (*краска*) (washing) blue; **2.** (*светокопия*) blue print.

синя́к *м.* bruise; ~ под гла́зом black eye; ◇ ~и под глаза́ми blue shadows under *one's* eyes.

сиони́зм *м.* Zionism; **~и́ст** *м.* Zionist.

сипе́ть *несов.* wheeze.

си́плый husky.

сире́на *ж.* siren.

сире́нев|ый lilac; ~ куст lilac bush; пла́тье ~ого цве́та lilac(-colored) dress.

сире́нь *ж.* lilac.

сир|и́ец *м.*, **~и́йка** *ж.* Syrian; **~и́йский** Syrian.

Си́риус *м.* *астр.* Sirius, Dog Star.

сиро́п *м.* syrup.

сирота́ *м.* и *ж.* orphan.

сиротли́вый lonely; *перен.* forlorn.

сиро́т|ский orphange; ~ дом orphanage; **~ство** *с.* orphanhood.

систе́м|а *ж.* system; (*техническое устройство тж.*) design; ~ воспита́ния system of education; ~ вы́зова че́рез громкоговори́тель *тех.* P. A. system, public address system; ~ изофази́рования *тех.* isophasing system; ~ интерло́к мото́ров *тех.* interlocking motors system; ~ пониже́ния шу́ма *тех.* noise reduction system; ~ при́вода за́мкнутой петли́ *тех.* closed loop drive system; ~ с промежу́точным фи́льмом *тех.* intermediate film system; ~ стереофони́ческой за́писи и воспроизведе́ния зву́ка *тех.* stereophonic sound system; ~ за́мкнутого кана́ла *тех.* closed circuit system; ~ звукоза́писи *тех.* sound recording system; привести́ в ~у свои́ наблюде́ния systematize/classify *one's* observations; ба́нковская ~ banking system; граммати́ческая ~ языка́ grammatical system of a language; корнева́я ~ расте́ния root system; креди́тная ~ credit system; лицензио́нная ~ вво́за и вы́воза license system of import and export; ~ о́рганов наро́дного образова́ния public education system; рабо́тать в ~е Акаде́мии нау́к work in one of the institutions of the Academy of Sciences; избира́тельная ~ electoral system; десяти́чная ~ счисле́ния decimal system; разреши́тельная ~ про́пуска това́ров че́рез грани́цу system of authorization of the passage of goods across the border; экономи́ческая, полити́ческая ~ economic, political system.

системат|изи́ровать *несов.* и *сов.* (*вн.*) systematize (*smth.*); **~и́ческий** systematic.

си́тец *м.* printed cotton; (*вощёный*) chintz; calico *амер.*

си́то *с.* sieve.

ситуа́ция *ж.* situation.

си́тцев|ый printed cotton *attr.*; ~ое пла́тье printed cotton dress.

си́филис *м.* syphilis.

сифо́н *м.* siphon.

сиюмину́тный momentary; (*немедленный*) instant.

сия́ *см.* сей.

сия́ни|е *с.* radiance; (*ореол*) halo; *перен.* (*величие*) brilliance; (*счастливое выражение глаз, лица*) brigthness; в ~и сла́вы in a blaze of glory; ◇ се́верное ~ northern lights *pl.*, Aurora Borealis.

сия́ть *несов.* **1.** shine*; (*сверкать тж.*) gleam; со́лнце сия́ет the sun is shining; **2.** (*о человеке*) beam, be* radiant; (*о глазах*) shine*; ~ от ра́дости beam with joy, be* radiant with joy; его́ глаза́ сия́ют his eyes are shining.

сказ *м. лит.* tale; ◇ вот тебе́ и весь ~ *разг.* that's the long and the short of it.

сказа́ние *с.* story, legend.

сказа́ть *сов. см.* говори́ть 2; ◇ тру́дно ~ it is hard to say; что он хо́чет э́тим ~? what does he mean by that?; скажи́те пожа́луйста! fancy!; не́чего ~! indeed!, there's no denying the fact; ничего́ не ска́жешь certainly, that's a fact; ска́зано ~ сде́лано no sooner said than done; не скажу́, что́бы... I wouldn't say...; так ~ so to speak.

сказа́ться *сов. см.* ска́зываться.

сказа́тель *м.*, **~ница** *ж.* storyteller.

ска́зк|а *ж.* fairy tale/story; наро́дные ~и folktales, расска́зывать ~и tell* fairy tales/stories; как в ~е (it's) like a fairy tale.

ска́зочн|ик *м.* teller of fairy tales, storyteller; **~ый** **1.** fairy-tale *attr.*; ~ый сюже́т fairy-tale theme; **2.** (*невероятный*) incredible, fabulous; ~ое бога́тство fabulous wealth; ~ая красота́ wondrous beauty; ~ая страна́ fairyland, enchanted land.

сказу́емое *с. грам.* predicate.

ска́зываться, сказа́ться **1.** (*на пр.; отражаться*) tell* (on); **2.** (*тв.*) *разг.* (*представляться*) make* *oneself* out to be (*smb.*, *smth.*), сказа́ться больны́м plead illness.

скака́лка *ж.* skipping-rope.

скак|а́ть *несов.* **1.** (*прыгать*) skip, jump; (*на одной ноге*) hop; (*отскакивать*) bounce; ~ че́рез верёвочку skip over a rope; **2.** (*верхом*) gallop; вса́дник ~ал во весь дух the horseman* galloped for all he was worth; **3.** *разг.* (*резко изменяться*) be* (very) unsteady, keep* chopping and changing; баро́метр ска́чет the glass is very unsteady.

скаков|о́й race *attr.*; ~ая ло́шадь racehorse; ~ ипподро́м racecourse.

скаку́н *м.* (*конь*) racer.

скал|а́ *ж.* rock; (*отжим, обыкн. прибрежная*) cliff; **~и́стый** rocky.

ска́лить *несов.*: ~ зу́бы 1) bare *one's* teeth; 2) *разг.* (*смеяться*) laugh, grin.

ска́лка *ж.* (*для теста*) rolling-pin.

ска́лывать, сколо́ть (*вн.*) **1.** (*сбивать*) chip (*smth.*) off, break* (*smth.*) off; сколо́ть лёд с тротуа́ра chip ice off the pavement; **2.** (*скреплять булавкой и т. п.*) pin (*smth.*) together.

скаме́йка *ж. см.* скамья́.

скамь|я́ *ж.* bench; ◇ со шко́льной ~и from *one's* school days, (ever) since one was at school; ~ подсуди́мых the dock; попа́сть на ~ю подсуди́мых find* *oneself* in the dock.

сканда́л *м.* **1.** scandal; **2.** (*ссора, сцена*) row; устро́ить ~ make* a row kick up a row.

скандали́ст *м.* troublemaker.

сканда́лить, насканда́лить kick up a row.

сканда́льн|ый **1.** scandalous, disgraceful; ~ое происше́ствие disgraceful occurrence; **2.** *разг.* (*любящий скандалить*) quarrelsome; ~ челове́к rowdy/quarrelsome person.

скандина́в *м.*, **~ка** *ж.* Scandinavian; **~ский** Scandinavian; ~ские языки́ Scandinavian languages.

сканди́ровать *несов.* (вн.) **1.** scan (*smth.*); **2.** (*громко и отчетливо произносить слова*) chant (*smth.*).

скани́рующий *тех.* scanning; ~ луч ни́зкой ско́рости low velocity scanning beam.

ска́пливать, скопи́ть (*вн.*) save (*smth.*), accumulate (*smth.*); **~ся**, скопи́ться accumulate; pile up; (*о людях*) gather; crowd round.

скарлати́на *ж.* scarlet fever.

ска́рмливать, скорми́ть (*вн.*) use up (*smth.*) (on feeding).

скат I *м.* **1.** (*пологий спуск*) slope; (*крыши*) pitch; **2.** (*приспособление для скатывания чего-л.*) ramp, slide.

скат II *м.* (*колесо автомобиля*) wheel.

скат III *м.* (*рыба*) skate.

ската́ть *сов. см.* ска́тывать I.

ска́терть *ж.* tablecloth; ◇ ~ю доро́га! good riddance!

скати́ть *сов. см.* ска́тывать II; **~ся** *сов. см.* ска́тываться.

ска́тывать I, ската́ть (*вн.*) roll (*smth.*) (up).

ска́тывать II, скати́ть (*вн.*) (*спускать вниз*) roll (*smth.*) down; **~ся**, скати́ться roll down; (*на санках*) silde* down; (*на велосипеде, машине*) run* down; *перен.* gravitate (towards).

скафа́ндр *м.* diving suit; (*космонавта*) full-pressure suit, space suit.

ска́чк|а *ж.* **1.** (*быстрый бег лошади*) (horse-race); **2.** *мн.* (*состязания верховых лошадей*) the races; ~и с препя́тствиями steeplechase *sg.*

скачкообра́зн|ость *ж.* spasmodic nature; **~ый** uneven, spasmodic development.

скач|о́к *м.* **1.** (*прыжок*) jump, leap, bound; **2** (*резкое изменение чего-л.*) sudden leap/change, **3.** *филос.* leap; **~ко́вый**: ~ко́вый механи́зм *тех* shuttle; ~кообра́зная настро́йка *тех.* skip tuning.

ска́шивать I, скоси́ть (*вн.*) **1.** (*траву*) mow* (*smth.*); *перен.* cut* down (*smb.*, *smth.*); **2** (*губить, убивать многих*) wipe* out (*smb.*).

ска́шивать II, **скоси́ть** (*вн.*) **1.** (*делать косым*) knock (*smth.*) sideways, twist (*smth.*); **2.** (*повёртывать вбок*) turn (*smth.*); ~ глаза́ squint.

сква́жина *ж.* **1.** (*щель*) chink, slit; **2.** (*буровая*) drill/bore hole, boring well; нефтяна́я ~ oil well; **3.** *физ., геол.* pore.

сквер *м.* (public) garden.

скверносло́вие *с.* foul language.

скверносло́вить *несов.* swear*, use foul language.

скве́рн|ый bad*; nasty, unpleasant; (*гладкий*) foul; ~ за́пах bad* smell; ~ая исто́рия unpleasant affair; ~ая пого́да foul weather.

сквоз|и́ть *несов.* **1.** *безл.*: здесь ~ит there's a draft here, it is drafty here; **2.** (*просвечивать*) come* peep; **3.** (*виднеться*) show*; *перен.* (*обнаруживаться*) can* be felt/detected; в его́ слова́х ~и́ло недово́льство a note of displeasure could be detected in his voice.

сквозн|о́й through; ~ое отве́рстие hole; ~ая ра́на perforating/punctured wound; ~ ве́тер draft; ~ по́езд through train; ~ гра́фик comprehensive timetable.

сквозня́к *м.* draft; сиде́ть на ~е sit* in draft.

сквозь through.

скворе́ц *м.* starling.

скворе́чник *м.* starling box.

скеле́т *м.* skeleton; *перен.* framework.

скéпт|ик *м.* sceptic; **~ици́зм** *м.* scepticism; **~и́ческий** sceptical.

скéрцо *с. нескл. муз.* scherzo.

ски́дк|а *ж.* **1.** (*уменьшение суммы*) discount, rebate; продава́ть *что-л.* со ~ой sell* *smth.* at a discount; прода́жа това́ров со ~ой на 20 проце́нтов allow a twenty per cent rebate on purchases; **2.** (*на вн.; снижение требований*) allowances *pl.*; де́лать ~у на *что-л.* make* allowances for *smth.*

ски́дывать, **ски́нуть** (*вн.*) **1.** throw* (*smth.*) down; *перен. разг.* (*свергать*) overthrow* (*smb., smth.*); **2.** *разг.* (*снимать*) throw* off (*smth.*), (*лишаться чего-л.*) shed* (*smth.*) (*тж. перен.*); **3.** *разг.* (*уменьшать*) cut* down (*smth.*); **4.** *разг.* (*сбавлять в цене*) knock (*smth.*) off.

ски́нуть *сов. см.* ски́дывать.

ски́петр *м.* scepter.

скипида́р *м.* turpentine.

скирд *м.*, **~а** *ж.* rick, stack.

скирдова́ть, заскирдова́ть (*вн.*) stack (*smth.*).

скиса́ть, **ски́снуть** turn sour; *перен. разг.* lose* heart, mope, get* down in the mouth.

ски́снуть *сов. см.* скиса́ть.

скита́|лец *м.* wanderer, roamer; **~ние** *с.* wandering, roaming.

скита́ться *несов.* wander (about), roam.

скиф *м.*, **~ский** Scythian.

склад I *м.* **1.** (*запас чего-л.*) store, stock; ~ ору́жия store of weapons; **2.** (*помещение*) warehouse, storehouse depot (*тж. воен.*), лесно́й ~ lumber yard; перева́лочный ~ *торг.* store for goods in transit; портóвый ~ *торг.* port warehouse; тамо́женный ~ *торг.* customs warehouse; ~ кинофи́льмов vault; ~ отправи́теля *торг.* shipper's warehouse; ~ получа́теля *торг.* consignee's warehouse.

склад II *м.* (*свойство*) kind; ~ жи́зни way of life; ума mentality; лю́ди осо́бого ~а people of a certain stamp.

скла́дк|а *ж.* **1.** fold; (*бантовая*) pleat; (*заглаженная*) crease; в ~у pleated; ю́бка в ~у pleated skirl; **2.** (*морщина*) wrinkle; **3.** *геол.* flexure, fold.

скла́дно smoothly; (*удачно тж.*) nicely.

складно́й folding; (*о мебели тж.*) collapsible; ~ нож clasp-knife*; ~ стул folding chair.

скла́дный **1.** *разг.* (*стройный*) well built, well-knit; **2.** (*о рассказе, тексте*) well rounded, smooth, neat.

скла́дчин|а *ж.* clubbing (together); устро́ить ~у club *one's* resources (together), купи́ть *что-л.* ~у club together for *smth.*, share the cost of *smth.*

скла́дывать, **сложи́ть** (*вн.*) **1.** (*класть что-л. в одно место*) pile (*smth.*) up; (*в чемодан и т. п.*) put* (*smth.*); (*вещи для отъезда*) pack (*smth.*); сложи́ть се́но в ко́пны rick the hay: сложи́ть ве́щи в рюкза́к pack *one's* things in a rucksack; сложи́ть чемода́н pack a case; **2.** *мат.* add (*smth.*) (up), сложи́ть два с пятью́ add two and five; **3.** (*собирать из частей*) assemble (*smth.*), put* (*smth.*) together; **4.** (*возводить путем кладки*) build* (*smth.*), сложи́ть печь build* a stove; **5.** (*сгибать*) fold (*smth.*); fold up (*smth.*); ~ *что-л.* вдво́е, попола́м fold *smth.* in two, half; положи́ть газе́ту fold up a newspaper; сложи́ть стул fold up a chair; сложи́ть ру́ки на груди́ fold *one's* arms on *one's* chest; **6.** (*сочинять*) compose (*smth.*), make* (*smth.*); сложи́ть пе́сню compose a song; ◇ сложи́ть го́лову lay* down *one's* life; сложи́ть ору́жие lay* down arms; сиде́ть сложа́ ру́ки sit* twiddling *one's* thumbs; **~ся**, **сложи́ться** **1.** form; у него́ ещё не сложи́лся хара́ктер his character hasn't formed yet; гу́бы его́ сложи́лись в улы́бку his lips formed a smile; **2.** (*принимать тот или иной оборот*) shape, turn out, develop, обстоя́тельства сложи́лись неблагоприя́тно circumstances took an unfavorable turn; **3.** *разг.* (*устраивать складчину*) club together.

скле́ивание *с.* splicing, petching; ~ кинофи́льма *кино* film splicing.

скле́ивать, скле́ить (вн.) stick* (*smth.*) together, glue (*smth.*) together; *перен.* patch up (*smth.*); **~ся**, скле́иться stick*, stick* together; *перен. разг.* work out, go*.

скле́ить(ся) *сов. см.* скле́ивать(ся).

скле́|йка *ж.* splice; ~ кинонегати́ва *кино* negative splice; ~ кинопозити́ва *кино* positive splice; ~ магни́тной ле́нты *кино* patch; **~ечный** splicing; ~ечная ле́нта *кино* splicing tape; ~ечный пресс *кино* splicer, splicing block.

склеп *м.* (burial) vault.

склепа́ть *сов. см.* скле́пывать.

склёпка *ж.* **1.** (*действие*) riveting; **2.** (*место*) rivet.

склёпывать, склепа́ть (*вн.*) rivet (*smth.*).

склеро́з *м. мед.* sclerosis; ~ сосу́дов hardening of the arteries.

скло́ка *ж.* squabble, squabbiing; petty intrigues *pl.*

склон *м.* slope; ~ горы́ mountainside; hillside; ◇ на ~е лет in *one's* declining years, in the evening of life.

склоне́ние *с. грам.* declension.

склони́ть *сов. см.* склоня́ть 1, 2; **~ся** *сов. см.* склоня́ться 1, 2, 3.

скло́нн|ость *ж.* **1.** (*одаренность*) bent, aptitude, inclination; ~ к му́зыке bent for music; ~ к жи́вописи aptitude for painting, turn for painting; **2.** (*предрасположенность к чему-л.*) tendency; у него́ ~ к полноте́ he is inclined to put on weight; **3.** (*симпатия*) fondness; **~ый** (к *дт.*) incliner (to).

склоня́ть, склони́ть **1.** (*вн.*, *наклонять*) bend* (*smth.*); ~ знамёна tower the standards/banners; **2.** (*вн. к дт.*, *на вн.*, + *инф.*; *уговаривать*) persuade (*smb.* + to *inf.*); urge (*smb.* + to *inf.*); ~ *кого-л.* на свою́ сто́рону win* *smb.* over.

склоня́ть II, просклоня́ть (*вн.*) *грам.* decline (*smth.*).

склон|я́ться I, склони́ться **1.** (*наклоняться*) bend* over; (*перед тв.*) *перен.* bow (before, to); **2.** (*к дт.; принимать, признавать чью-л.*) be* inclined (to), tend (towards); я ~я́юсь к мне́нию, мы́сли I am inclined to the opinion (that); **3.** (*о солнце*) go* down.

склоня́ться II *несов. грам.* be* declined.

скля́нка *ж.* phial.

ско́ба *ж.* **1.** staple, clamp; **2.** (*проволочная*) brace; **3.** (*на каблуке*) tip.

ско́бк|а *ж.* bracket; откры́ть ~и open the brackets; закры́ть ~и close the brackets, в ~ах in brackets; *перен.* in parenthesis; поста́вить, заключи́ть сло́во в ~и a put* a word between brackets, bracket a word; вы́нести за ~и о́бщий мно́житель take* the common multiplier out of the brackets; ◇ в ~ах заме́тим be it said parenthetically.

скобли́ть *несов.* (*вн.*) scrape (*smth.*); (*чистить тж.*) scour (*smth.*).

скобян|о́й: ~ые това́ры hardware *sg.*

ско́ванность *ж.* restraint, inhibition *pl.*; hang-up *разг.*

скова́ть *сов. см.* ско́вывать.

сковорода́ *ж.*, сковоро́дка *ж.* frying pan; skillet *амер.*

ско́вывать, скова́ть (*вн.*) **1.** (*соединять ковкой*) forge (*smth.*) together; **2.** (*надевать кандалы, оковы*) shackle (*smb.*, *smth.*), fetter (*smb.*, *smth.*), *перен. тж.* paralyze (*smb.*), страх скова́л его́ движе́ния he was paralyzed with fear; **3.** *воен.* paralyze (*smb.*), hold* down (*smb.*); ~ проти́вника paralyze the enemy; **4.** (*покрывать льдом*) bind* (*smth.*); лёд, моро́з скова́л ре́ку the river is icebound.

скола́чивать, сколоти́ть (*вн.*) knock (*smth.*) up; *перен. разг.* (*создавать*) get* (*smth.*) together.

сколоти́ть *сов. см.* скола́чивать.

сколо́ть *сов. см.* ска́лывать.

скольже́ние *с.* sliding.

скользи́ть, скользну́ть **1.** slide*: (*не иметь устойчивости*) slide* about; **2.** (*плавно двигаться*) glide; **3.** (*о взгляде и т. п.*) rove.

ско́льз|кий **1.** slippery; *перен. тж.* dangerous; вступи́ть на ~ путь be* on slippery ground; **2.** (*двусмысленный*) delicate, dubious; dicey *разг.*; **~ко** *в знач. сказ. безл.* it is slippery.

скользну́ть *сов. см.* **1.** *см.* скользи́ть; **2.** *см.* (*быстро, незаметно пройти*) slip. **3.** (*по дт.; слегка задеть — о пуле и т. п.*) graze (*smth.*).

скользя́щ|ий: ~ая цена́ *фин.* sliding price.

ско́лько **1.** *мест. и нареч.* (*какое количество?*) (*с сущ. в ед. ч.*) how much?; (*с сущ. во мн. ч.*) how many?; ~ э́то сто́ит? how much is it?, what does it cost?; ~ сто́ит каранда́ш *и т. д.*? what does the pencil, *etc.* cost?; ~ вре́мени? what's the time?; **2.** *мест.* и *нареч.* (*какое большое количество*) how many!; ~ раз я вам говори́л! how many times have I told you!; **3.** *нареч.* (*в какой мере, насколько*) of far as; ~ я зна́ю as far as I know; ◇ ~ ни... no matter how much...; не сто́лько... ~... not so much... as...; сто́лько... ~ и... as much... as...; ~ уго́дно as much, as many as you like; any amount (of).

ско́лько-нибу́дь **1.** *мест.* и *нареч.* (*некоторое количество*) some, just a few, just a little; не бу́дет ли у вас ~ ме́лочи? have you any small change?; can you let me have a few cents?; **2.** *нареч.* (*в той или иной мере*) to some extent, in any way, a little.

скомбини́ровать *сов. см.* комбини́ровать.

ско́мкать *сов. см.* ко́мкать.

скомпонова́ть *сов. см.* компонова́ть.

скомпромети́ровать *сов. см.* компромети́ровать.

сконструи́ровать *сов. см.* конструи́ровать.

сконфу́|женный embarrassed; **~изить(ся)** *сов. см.* конфу́зить(ся).

сконцентри́ровать(ся) *сов. см.* концентри́ровать(ся).

сконча́ться *сов.* die.

скопи́ровать *сов. см.* копи́ровать.

скоп|и́ть(ся) *сов. см.* ска́пливать(ся); **~ле́ние** *с.* **1.** (*действие*) accumulation; **2.** (*большое количество кого-л., чего-л.*) jam, congestion; ~ле́ние наро́да crowd; ~ грузов *торг.* congestion of cargo.

скорбе́ть *несов.* (*о пр.*) mourn (over, for).

ско́рбный mournful, solemn.

скорбь *ж.* grief, sorrow.

скоре́е **1.** (*сравнит. ст. при* ско́рый *и нареч.* ско́ро) more quickly; quicker; ~! hurry up!, be quick!; как мо́жно ~ as quickly as possible, as fast as you can; **2.** (*вернее, точнее*) rather; **3.** (*охотнее*) would rather; ~ умрём, чем сдади́мся we would rather/sooner die than surrender; **4.** (*больше*) (in fact,) rather; он ~ высо́кого ро́ста he is, in fact, rather tall; он ~ похо́ж на отца́ he is more like his father; ◇ ~ всего́ most likely.

скорлуп|а́ *ж.* shell; оре́ховая ~ nutshell; ◇ уйти́ в свою́ ~у retire into *one's* shell.

скорми́ть *сов. см.* ска́рмливать.

скорня́к *м.* furrier.

ско́ро 1. *нареч.* (*быстро*) fast, quickly; **2.** *нареч.* (*вскоре*) soon; я ~ приду́ I won't be long; не ~ not very soon, not for a long time; он не ~ вернётся he won't be back for a long time; **3.** *в знач. сказ.* it will soon be; ~ ночь it will soon be night; ~ весна́ soon it will be spring, spring will soon be here.

скорова́рка *ж.* pressure cooker.

скороговóрк|а *ж.* **1.** rapid speech; **2.** (*трудное сочетание слов*) tongue twister; **~ой**: говори́ть ~ой gabble.

скоропали́тельный *разг.* hasty, rash.

ско́ропись *ж.* cursive.

скоропо́ртящийся perishable.

скоропости́жн|о suddenly; сконча́ться ~ die suddenly; **~ый** sudden; ~ая смерть sudden death.

скороспе́л|ый 1. early maturing/ripe, early; ~ые я́блоки early apples; **2.** *разг.* (*поспешный*) hasty, premature; ~ое реше́ние hasty decision.

скоростн|о́й high-speed, fast; ~о́й бег на конька́х speed skiing; ~о́й спуск (*на лыжах*) downhill/alpine skiing; ~а́я пла́вка high-speed melting.

ско́рость *ж.* speed, rate; *тех., физ.* velocity; больша́я (небольша́я) ~ high (low) speed; ~ движе́ния ле́нты *тех.* tape speed; ~ заря́да *физ.* rate of charge; ~ зри́тельного восприя́тия perception speed; ~ измене́ния *физ.* rate of change; ~ и́ли частота́ киносъёмки *кино* camera speed; ~ нараста́ния *физ.* rate of rise; ~ немы́х кинофи́льмов *кино* silent film speed; ~ печа́ти *тех.* printing speed; ~ преры́вистого движе́ния *тех.* shuttle speed; ~ проявле́ния *тех.* development speed; ~ рабо́ты электродви́гателя *тех.* motor speed; ~ развёртки *тех.* scanning velocity; ~ разря́да *тех.* rate of discharge; ~ спада́ния *тех.* rate of fall; ~ фикси́рования *тех.* fixation speed; со ~ю... at the rate (of)...; развива́ть ~, е́хать с большо́й ~ю go*/drive* fast; ~ хода speed.

скоросшива́тель *м.* folder.

скорота́ть *сов. см.* корота́ть.

скорохо́д *м.* fast runner; (*о конькобежце*) speed-skater; (*о лыжнике*) racing skier.

скорпио́н *м.* **1.** *зоол.* scorpion; **2.** (*знак зодиака*) Scorpio.

скорректи́рованный *м. прил.* timed.

ско́рчить *сов. см.* ко́рчить 1; **~ся** *сов. см.* ко́рчиться.

ско́р|ый 1. (*быстрый*) fast; ~ым ша́гом at a brisk walk; ~ по́езд fast train; **2.** (*близкий по времени*) forthcoming, impending; в ~ом вре́мени soon, before long, shortly; до ~ого свида́ния! see you soon!; ◇ ~ая по́мощь 1) (*организация*) first aid; 2) (*автомобиль*) ambulance; на ~ую ру́ку in a rush; пое́сть на ~ую ру́ку snatch a bite; snatch a meal.

скос *м.* slope.

скоси́ть I, II *сов. см.* коси́ть I, II и ска́шивать 1, II.

скот *м. собир.* livestock, cattle; племенно́й ~ breeding stock, pedigree cattle; **~и́на** *ж.* **1.** *собир. разг.* animals *pl.*; (*об отдельном животном*) animal; **2.** *бран.* beast, brute.

ско́тн|ик *м.* cattleman*; **~ица** *ж.* cattlewoman*; ~ый! ~ый двор stockyard; (*возле дома*) farmyard.

скотобо́йня *ж.* slaughterhouse.

скотово́д *м.* cattle breeder, stockbreeder; **~ство** *с.* stock breeding, cattle breeding, stock raising, cattle raising; **~ческий** stock-breeding *attr.*, cattle-breeding *attr.*

ско́т|ский cattle *attr.*, *перен.* brutish, bestial; **~ство** *с.* **1.** brutishness, bestiality; **2.** *разг.* (*грубость, бескультурье*) barbarity, squalor; (*подлость*) boorishness, loutishness.

ско́шенный *прил.* chamfered; beveled.

скра́дывать *несов.* (*вн.*) conceal (*smth.*).

скра́сить *сов. см.* скра́шивать.

скра́шивать, скра́сить (*вн.*) soften (*smth.*), brighten (*smth.*).

скребо́к *м.* scraper.

скре́жет *м.* grinding; ~ зубо́вный gnashing of teeth; **~а́ть** *несов.* grind*; ~а́ть зуба́ми gnash *one's* teeth.

скрепи́ть *сов. см.* скрепля́ть.

скре́пка *ж.* clip (for paper), fastener.

скрепля́ть, скрепи́ть (*вн.*) **1.** fasten (*smth.*) (together); (*скобой*) cramp (*smth.*); (*болтами*) bolt (*smth.*); *перен.* consolidate (*smth.*); ~ у́зы дру́жбы tighten the bonds of friendship; **2.** (*удостоверять*) seal (*smth.*); ~ *что-л.* на́дписью sign *smth.*; ◇ скрепя́ се́рдце with the utmost reluctance.

скрести́ *несов.* (*вн.*) **1.** scatch (*smth.*); **2.** (*чистить*) scour (*smth.*), scrape (*smth.*); **3.** *разг.* (*беспокоить*) worry (*smth.*), nag (at), gnaw (at); у него́ на се́рдце скребёт he is worried at heart; **~сь** *несов.* scratch.

скрести́ть(ся) *сов. см.* скре́щивать(ся).

скреще́ние *с.* crossing; (*улиц тж.*) intersection.

скре́щивание *с. биол.* crossing, crossbreeding.

скре́щивать, скрести́ть (*вн.*) cross (*smth.*) (*тж. биол.*); скрести́ть ру́ки на груди́ fold *one's* arms; скрести́ть штыки́ cross bayonets; ◇ скрести́ть шпа́ги cross swords; **~ся**, скрести́ться **1.** (*пересекаться*) cross; *перен. тж.* come* into conflict; **2.** *биол.* interbreed*.

скриви́ть(ся) *сов. см.* криви́ть(ся).

скрип *м.* creak, creaking, squeak, squeaking (пера) scratch; (*снега, песка под ногами*) crunch.

скрипа́ч *м.* violinist; (*уличный*) fiddler.

скрипе́ть, проскрипе́ть, скри́пнуть **1.** creak, squeak; (*о пере, снеге под ногами*) crunch; ~

зуба́ми grind*/grit *one's* teeth; **2.** (*издавать скрипучие звуки*) utter harsh cries; (*говорить резким голосом*) rasp.

скрипичн|ый violin *attr.*; ~ые стру́ны violin strings; ~ конце́рт violin concerto; ◇ ~ ключ *муз.* treble/G clef.

скри́пк|а *ж.* violin; fiddle *разг.*; игра́ть на ~е play the violin; игра́ть пе́рвую ~у play first violin; *перен.* play a leading part; играть втору́ю ~у play second fiddle.

скри́пнуть *сов. см.* скрипе́ть.

скрипу́ч|ий *разг.* creaking; (*о голосе*) grating, squeaky; (*о сапогах*) squeaky; (*о пере*) scratchy; (*о снеге, песке*) crisp; ◇ ~ее де́рево два ве́ка стои́т ~ a creaking door/gate hangs longest.

скрои́ть *сов. см.* крои́ть.

скро́мн|ик *м.*, **~ица** *ж. разг.* modest person.

скро́мнич|ать *несов.* be* overmodest; не ~ай(-те)! don't be so modest!

скро́мн|о modestly; жить (о́чень) ~ live in a small way, live modestly; ~ одева́ться dress quietly; **~ость** *ж.* modesty; **~ый 1.** modest, unassuming; (*сдержанный в обращении, поведении тж.*) restraned; **2.** (*простой*) unpretentious, simple: (*о еде*) frugal; ~ый наря́д simple attire/clothes; ~ый о́браз жи́зни frugal life; **3.** (*умеренный*) moderate, modest; ~ая цена́ moderate price; у него́ ~ый за́работок he is not earning much.

скрупулёзн|ость *ж.* scrupulousness, scrupulosity; **~ный** scrupulous.

скрути́ть *сов. см.* скру́чивать.

скру́чивать, скрути́ть (*вн.*) **1.** (*свивать, свёртывать*) twist (*smth.*); (*папиросу*) roll (*smth.*); **2.** (*связывать*) bind* (*smb.*, *smth.*) tightly; скрути́ть *кому-л.* ру́ки fasten/bilnd* *smb.'s* hands tightly; **3.** *разг.* get* (*smb.*) down; боле́знь его́ скрути́ла his illness is getting him down.

скрыва́ть, скрыть (*вн.*) **1.** hide* (*smth.*), conceal (*smth.*); следы́ преступле́ния cover up all traces of the crime; ~ свои́ недоста́тки hide* *one's* faults; ~ свои́ чу́вства disguise *one's* feelings; ~ свою́ ра́дость hide* *one's* joy; **2.** (*утаивать*) keep* (*smth.*) back; ~ своё и́мя refuse to reveal *one's* name; ~ свои́ наме́рения conceal *one's* intentions; не ~ *чего-л.* make* no bones about *smth.*, frankly admit *smth.*; не скро́ю от вас... I will not conceal/keep from you...; не скрыть, что... not disguise the fact that...; нельзя́ скрыть there is no disguising; **3.** *тк. несов.* (*заключать в себе*) conceal (*smth.*); **~ся** *несов.* **1.** (*прятаться*) hide*, be* in hiding; (*избегать встречи*) keep* out of sight; **2.** *разг.* (*держать что-л. в тайне*) conceal the fact; **3.** (*о чем-л. внешне незаметном*) be* concealed; **4.** (*корениться в чем-л.*) lie*.

скры́тнич|ать *несов. разг.* be* secretive; не ~айте! out with it, don't be so secretive!

скры́тн|ость *ж.* **1.** secretiveness; **2.** *разг.* (*тайна*) secrecy, concealment, **~ый 1.** secretive; **2.** (*тайный*) secret.

скры́т|ый hidden, concealed; *физ.* latent; ~ая угро́за hidden/velled threat; ~ое изображе́ние *физ.* latent image; ~ые возмо́жности latent/hidden possibilities.

скрыть *сов. см.* скрыва́ть 1, 2; **~ся** *сов.* **1.** hide* conceal *oneself*; (*сбежать*) escape; (*уйти незаметно*) slip sway; **2.** (*исчезнуть*) vanish, disappear; со́лнце скры́лось за ту́чами clouds hid the sun; от него́ ничто́ не мо́жет ~ся nothing escapes his notice.

скрю́чить(ся) *сов. см.* крю́чить(ся).

скря́га *м. и ж.* miser/skinflint.

скря́жничать *несов. разг.* be* a miser/skinflint; pinch and screw.

скуде́ть *несов. см.* оскуде́ть.

ску́д|ный meager, scanty; (*бедный чем-л.*) poor (in); ~ное освеще́ние dim/wretched light; ~ные запа́сы *чего-л.* scanty stock of *smth.*; ~ные све́дения scant(y) information *sg.*; **~ость** *ж.* meagerness, scantiness; (*бедность*) poverty.

ску́к|а *ж.* boredom; (*однообразие*) tedium; от ~и from sheer boredom; кака́я ~! what a bore!; нагоня́ть ~у на *кого-л.* bore *smb.*

скула́ *ж.* cheekbone; выдаю́щиеся ~ы high/prominent cheekbones.

скула́ст|ый high cheekbones; ~ челове́к person with high cheekbones; ~ое лицо́ broad face.

скули́ть *несов.* whine, whimper.

ску́льпт|ор *м.* sculptor; **~у́ра** *ж.* sculpture; (*произведение скульптуры тж.*) statue, figure, piece of sculpture; **~у́рный** sculptural; ~у́рная мастерска́я sculptor's studio; ~у́рное изображе́ние statue.

ску́мбрия *ж.* (*рыба*) mackerel.

скунс *м.* (*животное и мех*) skunk.

скупа́ть, скупи́ть (*вн.*) buy* (*smth.*) up; ~ о́птом buy* up wholesale.

скупи́ть *сов. см.* скупа́ть.

скуп|и́ться *несов.* (на *вн.*, + *инф.*) stint *smth.*); ~ на де́ньги grudge the money; не ~ на похвалы́ not stint *one's* praises; не ~и́сь, не ~и́тесь! don't be mean/stingy!

ску́пка *ж.* buying up; ~ а́кций корпора́циями *фин.* stock buyback.

скуп|о́й *прил.* **1.** mean, miserly, stingy, close-fisted; **2.** (*скудный*) ungeneruous; ~а́я по́чва niggardly/ungenerous soil; ~ свет dim light; **3.** (*на вн., в пр., сдержанный*) restrained (in), sparing (of); ~ на слова́ reticent, taciturn; chary of *one's* words; ~ на похвалы́ restrained in *one's* praise, not given to praising; **4.** *в знач. сущ. м.* miser; skinflint.

ску́пость *ж.* **1.** meanness, miserliness, stinginess; **2.** (*необилие*) scantiness; ~ кра́сок sparing use of color.

ску́пщик *м.* buyer.

скуч|а́ть *несов.* **1.** be* bored; **2.** (о, *по пр.*, *по дт.*) miss (*smb.*, *smth.*); он о́чень ~а́ет обо мне he misses me very much; ~ по до́му be* homesick, miss *one's* home life; **~а́ющий** weary, bored; ~а́ющий вид weary air.

скýченн|о close together; жить ~ live in crowded conditions, **~ость** *ж.* congestion; (*населения тж.*) **~ый** dense, congested, crowded.

скýчиваться, скýчиться *разг.* huddle together; ~ вокрýг cluster round.

скýчиться *сов. см.* скýчиваться.

скýчн|о 1. *нареч.*: ~ говорúть be* a dull speaker; ~ говорúть, расскáзывать о *чем-л.* bore *smb.* to death talking about *smth.*; **2.** *в знач. сказ. безл.* it is boring; сидéть без дéла it is dull/boring doing nothing; как э́то ~! what a bore!; **3.** *в знач. сказ. безл.* (*дт.*): мне ~ I am bored; **~ый 1.** (*вызывающий скуку*) dull, boring, tedious; (*о занятии тж.*) tiresome; ~ый разговóр dull conversation; ~ый человéк bore; **2.** (*выражающий, испытывающий скуку*) bored; (*грустный*) sad; ~ое лицó bored expression.

скупúть *сов.* (*вн., рд.*) eat* (*smth.*) up; (*об обеде и т. п.*) have* (*smth.*).

слабáк *м. разг.* weakling, softy.

слаб|éть *несов.* weaken; grow*/get* weak(er); (*о ветре, буре*) subside, abate; мои сúлы ~éют I am getting weaker and weaker; **~éющий** falling, enfeebled; (*о ветре, буре*) slackening; abating; ~éющие рýки enfeebled hands; ~éющее зрéние failing sight.

слабúтельное *с.* laxative, purgative.

слáб|ить *несов. безл.*: егó ~ит he has diarrhea.

слáбо 1. weakly, feebly; (*о завязанном*) loosely; **2.** (*плохо*) poorly; ~ знать *что-л.* be* weak in *smth.*

слабовóлие *с.* weakness of will, weak will.

слабовóльный weak-willed.

слабосúльный 1. (*недостаточно сильный физически*) weak, feeble; **2.** (*небольшой мощности*) underpowered; low-power *attr.*

слáбость *ж.* **1.** weakness; (*физическая тж.*) feebleness; ~ зрéния weak eyesight; ~ вóли weakness/lack of will; чýвствовать (*какую-то*) ~ feel* (rather) weak/poorly; чýвствовать ~ в ногáх be* weak on *one's* legs; проявúть ~ show* a lack of determination; **2.** (*к дт.*) *разг.* (*мелочность, расположенность*) weakness (for); питáть ~ к *кому-л.* have *a soft spot in *one's* heart for *smb.*

слобоýм|ие *с.* feeblemindedness; стáрческое ~ dotage, senile dementia; **~ный** feebleminded, weak-minded.

слабохарáктерн|ость *ж.* lack of character; **~ый** weak-willed.

слáб|ый 1. weak; feeble; (*болезненный*) delicate; ~ое сéрдце weak heart* ~ ребёнок delicate child*; ~ые рýки feeble hands; ~ая вóля weak will; ~ая áрмия weak army; **2.** (*имеющий небольшую мощность — о моторах и т. п.*) low-power *attr.*; ~ приём сигнáлов *физ.* fringe reception; ~ сигнáл *физ.* weak signal; ~ ток *физ.* low current; **3.** (*некрепкий, ненасыщенный*) weak; ~ое лекáрство weak/mild medicine; ~ чай weak tea; **4.** (*небольшой по силе, неотчетливый*) faint; ~ свет dim light; ~ вéтер light/gentle breeze; ~ое течéние gentle current; ~ след faint mark/track; ~ая улы́бка faint smile; ~ая попы́тка feeble attempt; **5.** (*недостаточный, плохой*) weak, poor; ~ая пáмять bad*/poor memory; ~ ученúк weak pupil; **6.** (*малоубедительный, несовершенный*) feeble; ~ое доказáтельство feeble argument; **7.** (*нетугой*) slack, loose; ◇ ~ое мéсто, ~ая сторонá weak point; ~ая стрýнка weak spot.

слáв|а *ж.* **1.** glory; distinctions *pl.*; трудовáя ~ reputation for work; **2.** (*известность*) fame, reputation, name; **3.** *разг.* (*репутация*) reputation; пóльзоваться дурнóй ~ой have* a bad reputation, be* in bad repute; **4.** *разг.* (*слухи, толки, молва*) rumor; ходúл а ~, что... it was rumored that...; ◇ во ~у *кого-л.*, *чего-л.* for the glory of *smb.*, *smth.* ; однá ~, что... *разг.*, it's all talk that...; ~ бóгу! thank God/heavens/goodness!; на ~у splendidly, excellently.

славúст *м.* Slavist, Slavic scholar; **~ика** *ж.* slavonic studies *pl.*

слáвить *несов.* (*вн.*) glorify (*smb.*), do* honor (to), heap distinctions (on); **~ся** *несов.* (*тв.*) be* famous/famed (for); have* a reputation/name (for); слáвься! glory (to)!

слáвн|о splendidly, very well; ~ отдохнýть have* a splendid rest; провестú врéмя, óтпуск have* a lovely time, holiday; **~ый 1.** glorious; **2.** *разг.* (*хороший*) very nice; fine; ~ая дéвушка very nice girl; ~ый пáрень fine chap.

славословие *с. церкв.* Doxology (*Gk. "hymn of glory". The hymn of great antiquity at the end of Mattins, that opens with the words of the angels "Glory to God in the highest and on earth peace, good will among men' (Lk. 2:14). It takes two forms*); Велúкое ~ The Great Doxology sung on Great Feasts, Sunday and certain Saints' days; Мáлое ~ The Small Doxology, which is said — not sung — on ordinary days.

славянúзм *м.* **1.** (*заимствование неславянского языка из какого-л. славянского языка*) Slavism, borrowing from a Slavic language; **2.** (*заимствование в русском языке из церковнославянского языка*) word derived from Church Slavonic.

слав|янúн *м.*, **~úнка** *ж.* Slav.

славя́нск|ий Slavic, Slavonic; ~ие язы́ки Slavic languages.

слагáемое *с.* **1.** *мат.* item; **2.** (*составная часть*) component, constituent.

слагáть, сложúть (*вн.*) **1.** (*сочинять*) compose (*smth.*), make* (*smth.*); **2.** (*освобождать от чего-л.*): ~ с себя́ обя́занности resign; ~ с себя́ вся́кую ответ́ственность decline all responsibility; **~ся** *несов.* (из *рд.*) consist (of), be* made up (of).

слад *м. разг.*: с ним никакóго ~у нет he is quite unmanageable.

слáдить *сов. разг.* **1.** (*вн.*) arrange (*smth.*); **2.** (с *тв.; справиться*) manage (*smth.*), handle (*smb.*, *smth.*); cope (with); мне с ним не ~ I can't manage him; I can't cope with him; мне с э́тим не ~ it is too much for me.

сла́дк|ий *прил.* **1.** sweet; *перен.* (*льстивый, угодливый*) honeyed, sugary; ~ие я́блоки sweet apples; **2.** *разг.* (*о жизни, судье*) ease, soft; **3.** (*приятный*) sweet; ~ сон sound/sweet sleep; ~ звук sweet sound; **4.** *в знач. сущ. с.* sweets *pl.*, sweet things *pl.*; *разг.* (*десерт*) sweet course, desert; переста́ть есть ~ое stop eating sweet things.

сла́дко 1. *нареч.* sweetly; **2.** *в знач. сказ.* it is sweet/good; во рту ~ it tastes sweet.

сладкое́жка *м.* и *ж. разг.*: он ~ he has a sweet tooth.

сла́достный sweet.

сладостра́ст|ие *с.* sensuality; **~ный** sensual; (*томный*) voluptuous.

сла́дость *ж.* **1.** sweetness; **2.** *мн.* sweets, sweetmeats; candies *амер.*; **3.** (*наслаждение*) delights *pl.*

сла́женный coordinated; (*о пении*) harmonious.

сла́зить *сов.* (*вниз*) go* down (into); (*вверх*) climb up to; ~ в по́греб go* down into the cellar; ~ на черда́к climb up to the attic.

сла́лом *м. спорт.* slalom.

сла́н|ец *м.* shale, slate; горю́чие ~цы oil/bituminous shale *sg.*; **~цевый** shale *attr.*

сла́сти *мн. см.* сла́дость 2.

слать *несов.* (*вн.*) send* (*smb.*, *smth.*).

слаща́в|ый sugary, saccharine; ~ая улы́бка fulsome smile.

сле́ва (*откуда-л.*) from the left; (*где-л.*) on/to the left (of); ~ напра́во from left to right: ~ от него́ to his left, on his left side; ~ от доро́ги on the left (of the road).

слегка́ slightly, gently.

след *м.* **1.** (*отпечаток*) imprint; (*человека*) trace, footprint; (*колес, саней, животных*) trace, track; **2.** (*остаток чего-л.*) trace; (*характерный отпечаток*) sing; (*результат чего-л.*) mark; ~ы слез traces of tears; никако́го ~ а не оста́лось no trace remains; ни ~а not a vestige; **3.** (*раны, ожоги и т. п.*) mark, weal, scar; ◇ идти́ по *чьим-л.* ~а́м 1) follow in the tracks of *smb.*; 2) (*следовать учению и т. п.*) follow in *smb.'s* footsteps, follow in the wake of *smb.*; напа́сть на *чей-л.* ~ get* on the track of *smb.*; его́ и ~ просты́л he has vanished into thin air; пройти́ без ~а vanish completely.

следи́ть I *несов.* (за тв.) **1.** watch (*smb.*, *smth.*), follow (*smb.*, *smth.*); ~ глаза́ми за *кем-л.* watch *smb.*, follow *smb.* with *one's* eyes; при́стально ~ за *кем-л.* keep* a sharp eye on *smb.*; ~ за полётом птиц watch the birds flying; **2.** (*наблюдать за ходом чего-л.*) follow (*smth.*), keep* up (with); ~ за разви́тием собы́тий observe the course of events; ~ за успе́хами нау́ки keep* abreast of science; ~ за разгово́рами follow the conversation; ~ что́бы тень арти́стов не была́ видна́ в объекти́ве clean entrance; **3.** (*присматривать, заботиться*) see* (to); ~ за детьми́ see* to the children; ~ за рабо́той superintend the work; ~ за поря́дком maintain order; ~ за са́дом look after the garden; **4.** (*наблюдать с целью разоблачения*) keep* (*smb.*) under observation, surveil (*smb.*), spy (on); (*на улице*) shadow (*smb.*); ◇ ~ за собо́й look after *oneself* properly; (*заботиться о своем внешнем виде*) dress with care.

следи́ть II, наследи́ть *разг.* (*оставить следы*) leave* dirty footmaks; (*тв.*) make* a mess (with).

сле́довани|е *с.*: по́езд да́льнего ~я long-distance train.

сле́дователь *м.* examining magistrate, preliminary investigator.

сле́довательно consequently, hence.

сле́д|овать, после́довать **1.** (за *тв.*; *идти, ехать следом*) follow (*smb.*); *перен.* in *smb.'s* footsteps; ~ по пята́м за *кем-л.* dog *smb.'s* steps, follow *smb.* about; **2.** (за *тв.*; *наступать после чего-л.*) come* (after), follow (*smth.*); собы́тия ~овали одно́ за други́м events followed in quick succession; **3.** (*дт.*; *руководствоваться чем-л.*) foolow (*smb.*, *smth.*); ~ приме́ру *кого-л.* follow *smb.'s* example; ~ сове́там врача́ follow the doctor's advice; ~ мо́де keep* up with the fashion; **4.** *тк. несов.* (*двигаться*) proceed; ~ по назначе́нию proceed to *one's* destination; по́езд ~ует до Москвы the train goes as far as Moscow; **5.** *тк. несов.* (из *рд.*; *вытекать*) из э́того ~ует, что... it follows that...; из одного́ предположе́ния ~ует друго́е one assumption leads to another; **6.** *тк. несов.* (*дт.*; *причитаться*) be* due (to); ско́лько с меня́ (~ует)? how much have I to pay?; (*в магазине*) what will/does that come to?; ему́ заплати́ли, что ~овало he got what was due to him; **7.** *тк. несов. безл.* (*нужно*) it should be; ~ует по́мнить it should be borne in mind; вам ~овало бы... you ought (to)...; (*в прошлом*) you ought to have...; ~овало ожида́ть, что.. . it was to be expected that...; как и ~овало ожида́ть... as was to be expected...; э́того ~овало ожида́ть that was to be expected; не ~ует ду́мать... it should not be concluded..; кому́ ~ует to the proper person; обраща́ться куда́ ~ует apply to the proper quarter; ◇ как ~ует properly; отдохну́ть как ~ует have* a real rest.

сле́дом immediately after.

следопы́т *м.* **1.** (*охотник*) tracker; **2.** (*отыскивающий следы былых исторических событий*) pathfinder.

сле́дственн|ый investigatory; ~ материа́л evidence; ~ые о́рганы investigating authorities; ~ая коми́ссия committee of inquiry.

сле́дствие I *с.* (*результат*) consequence, result; ~м э́того было то, что... the consequence/result was that.

сле́дствие II *с.* (*расследование*) inquiry; ◇ он нахо́дится под ~ м his case is under investigation.

сле́дуем|ый due; ~ая мне су́мма the sum due to me.

сле́дующ|ий the following; (*из многих*) the next; ~им о́бразом as follows; (в) ~ раз next time; на ~ день the next day; ~! (*при вызове*) next (please)!

следя́щ|ий: ~ая систе́ма контро́ля ско́рости *тех.* velocity control servo; ~ая систе́ма фокуси-ро́вки *тех.* focus servo system; ~ий прибо́р *тех.* servo drive.

слежа́ться *сов.* become* firmly packed, settle.

сле́жка *ж.* shadowing.

слез|а́ tear; *перен.* drop; в ~ах in tears; зали́ться ~а́ми burst* into tears; залива́ться ~а́ми be* drowned in tears; пла́кать го́рькими ~а́ми weep* bitter tears; доводи́ть *кого-л.* до слёз reduce *smb.* to tears; говори́ть сквозь слёзы speak*/say* with tears in *one's* voice; смея́ться до слёз laugh till *one* cries; laugh till the tears come; до слёз бо́льно, оби́дно, что... it's heartrending that...; мне бы́ло оби́дно до слёз I could have cried; ~а́ми го́рю не помо́жешь it's no use crying (over spilt milk); смея́ться сквозь слёзы laugh and cry at the same time, smile through *one's* tears.

слеза́ть, слезть **1.** (*спускаться*) come* down, get* down, climb down; (*со стула и т. п.*) get* off; слеза́ть с де́рева climb down a tree; ~ с ло́шади dismount; **2.** *разг.* (*с поезда и т. п.*) get* off; **3.** *разг.* (*о краске, коже и т. п.*) come* off, peel.

слези́нка *ж.* teardrop.

слез|и́ться *несов.* water; его́ глаза́ ~я́тся от ве́тра the wind is making his eyes water; **~ли́вый** tearful; *перен.* sentimental.

слёзн|ый **1.** *анат.* lachrymal; **2.** *разг.* tearful; ~ая жа́лоба, мольба́ humble complaint, prayer.

слезотече́ние *с.* epiphora; вызыва́ть ~ make* one's eyes water.

слезоточи́вый **1.** (*слезящийся*) watery, rheumy; **2.** (*вызывающий слезы*) ~ газ tear-gas.

слепи́ть I *несов.* (*вн.*) (*мешать видеть*) blind (*smb.*); (*о свете*) dazzle (*smb.*).

слепи́ть II *сов. см.* лепи́ть 2.

сле́пнуть, осле́пнуть lose* *one's* sight, go*/become* blind.

сле́по blingly; ~ повинова́ться *кому-л.* obey *smb.* blindly; ~ сле́довать *чему-л.* follow *smth.* blindly.

слеп|о́й *прил.* **1.** blind; ~ на оди́н глаз blind in one eye; ~ от рожде́ния blind from birth; ~о́е повинове́ние blind/implicit obedience; ~ая любо́вь blind love; ~ слу́чай the merest chance; ~ ме́тод печа́тания на маши́нке touch-type system; ~ полёт blind flying; **2.** *в знач. сущ. м.* blind man*; *ж.* blind woman*; *мн. собир.* the blind; ◇ ~ая кишка́ *анат.* blind gut, caecum.

сле́пок *м.* cast; *перен.* replica; ~ с ключа́ impression of a key.

слепорождённый blind from birth *после сущ.*, born blind *после сущ.*

слепота́ *ж.* blindness.

слеса́рн|ый fitter's; ~ая мастерска́я tool shop.

сле́сарь *м.* fitter; ~-инструмента́льщик toolmaker; ~-санте́хник plumber.

слёт *м.* **1.** (*птиц*) flight; **2.** (*собрание*) rally.

слет|а́ть I *сов.* **1.** (*на самолёте*) fly*; **2.** *разг.* (*сбегать*) run*; ми́гом ~аю I'll be back in no time.

слет|а́ть II, слете́ть **1.** fly* down; **2.** (*падать*) fall* off; бума́ги слете́ли со стола́ the papers were blown off the table; **3.** (*улетать*) fly* away; **~а́ться**, слете́ться come* flying, fly* together; flock in (*тж. перен.*).

слете́ть *сов. см.* слета́ть II; **~ся** *сов. см.* слета́ться.

слечь *сов.* take* to *one's* bed, be* laid up.

сли́ва *ж.* **1.** (*плод*) plum; **2.** (*дерево*) plum-tree.

слива́ть, слить (*вн.*) **1.** (*смешивать*) mix (*smth.*); **2.** (*отливать*) pour (*smth.*) off; **3.** (*соединять посредством литься*) fuse (*smth.*); **4.** (*соединять в одно целое*) amalgamate (*smth.*), merge (*smth.*); (*неразрывно связывать*) merge (*smth.*), blend (*smth.*); **~ся**, сли́ться **1.** (*соединяться в один поток*) flow together; (*о реках*) join; **2.** (*о красках, звуках*) blend, merge; ~ся с фо́ном melt into the background; **3.** (*соединяться в одно целое*) amalgamate, merge; ~ся воеди́но become* one.

сли́вки *мн.* cream *sg.*; снять ~ с молока́ skim the milk, take* the cream off the milk; ◇ снима́ть ~ take* the cream.

сли́вочн|ик *м.* cream jug; **~ый** cream *attr.*; ~ое ма́сло butter; ~ое моро́женое ice cream.

слиза́ть *сов. см.* сли́зывать.

сли́зистый **1.** slimy; **2.** *анат.* mucous.

слизну́ть *сов. см.* сли́зывать.

слизня́к *м. зоол.* slug.

сли́зывать, слиза́ть, слизну́ть (*вн.*) lick (*smth.*) off.

слизь *ж.* slime, mucus.

слипа́ние *с.* ~ строк *тех.* merging of lines.

слип|а́ться, сли́пнуться **1.** stick* together; **2.**: глаза́ ~а́ются от сна *one* can hardly keep *one's* eyes open.

сли́пнуться *сов. см.* слипа́ться.

сли́тн|о as one word; together; **~ый** **1.** solid; ~ый гул confused hum, steady din; **2.** (*о написании слов*) as one word *после сущ.*, solid *predic.*

сли́ток *м.* ingot.

сли́ть(ся) *сов. см.* слива́ть(ся).

слич|а́ть, сличи́ть (*вн.*) compare (*smth.*), collate (*smth.*); **~е́ние** *с.* comparison, collation.

сличи́ть *сов. см.* слича́ть.

сли́шком too; ~ мно́го too much; не ~ умён no genius; ~ (си́льно) люби́ть *кого-л.* be* too fond of *smb.*; ~ си́льно нажа́ть press too hard; э́то уже́ ~! that really is too much!; I call that the limit! *разг.*

слия́ние *с.* **1.** (*рек*) confluence, junction; **2.** (*объединение*) amalgamation, merging.

слова́к *м.* Slovak, Slovakian.

слова́рн|ый lexical; dictionary *attr.*; ~ соста́в языка́ vocabulary, word stock; ~ запа́с vocabulary; ~ая рабо́та dictionary work.

слова́рь *м.* dictionary; (*специальных слов*) glossary; 2. *тк. уд. (запас слов)* vocabulary.

слова́|цкий Slovak, Slovakian; ~ язы́к Slovak; the Slovak language; **~чка** *ж.* Slovak, Slovakian.

слове́н|ец *м.*, **~ка** *ж.*, Slovene, Slovenian; **~ский** Slovenian; ~ский язы́к Slovenian, the Slovenian language.

слове́сный verbal, oral.

сло́вник *м.* word list.

сло́вно 1. *союз* (как) like; 2. *частица (как будто)* as if, as though.

сло́в|о *с.* 1. word; во́время ска́занное ~ a word in season; понима́ть без слов understand* without a word having been spoken; ни ~а! not a word!; моё ~ твёрдо when I say something, I mean it; ве́рить *кому-л.* на́ слово take* *smb.'s* word for it; take* it on trust; рома́нс на ~а́ Пу́шкина song to words from Pushkin; на два ~а! may I have a word with you?; мне на́до сказа́ть вам два ~а! word in your ear!; 2. (*речь, язык*) language; 3. проси́ть ~а как to speak, for the floor; ~ име́ет това́рищ Ивано́в Comrade Ivanov will now speak, Comrade Ivanov has the floor; ~ за ва́ми, тепе́рь за ва́ми ~ it is for you to decide; после́днее ~ за защи́той the defense has the last word; после́днее ~ оста́лось за ним be had the last word; 4. (*повествование*) tale, story; Сло́во о полку́ Игореве "The Song of Igor's Campaign"; ◇ ~ в ~ word for word; ~ за́ слово one thing led to another; на ~а́х (*устно*) by word of mouth, то́лько на ~а́х in word only; не на ~а́х, а на де́ле ~ ≅ not merely in words but with deeds; нет слов, что́бы вы́разить... words fail to express...; я не нахожу́ слов, что́бы... I have no words to...; слов нет (*правда, конечно*) there's no denying, of course; но́вое ~ в *чем-л.* fresh departure in *smth.*, milestone in *smth.*; advance in *smth.*; к ~у (сказа́ть) by the by; к ~у пришло́сь but that's by the way; заво́д обору́дован по после́днему ~у те́хники the plant has all the latest equipment; 5. Сло́во Бо́жие *церк.* The Word of God.

сло́вом in a word, in a word, in short.

словообразов|а́ние *с.* word formation; **~а́тельный** word-formative.

словоохо́тливый talkative, loquacious, garrulous.

словосочета́ние *с.* combination of words; усто́йчивое ~ set expression; свобо́дное ~ free combination of words.

слог I *м.* (*часть слова*) syllable.

слог II *м. уст.* (*стиль*) style.

слогово́й syllabic.

слоён|ный flaky; puff pastry *attr.*; ~ пиро́г puff pastry pie; ~ое те́сто puff paste.

сложе́ни|е *с.* 1. (*действие*) formation; 2. *мат.* addition; 3. (*тела*) bulld; челове́к кре́пкого ~я sturdy person.

сложи́ть I *сов. см.* скла́дывать и класть 2.

сложи́ть II *сов. см.* слага́ть.

сложи́ться *сов. см.* скла́дываться.

сло́жно intricately, in a complicated manner.

сложноподчинён|ный *лингв.*: ~ое предложе́ние complex sentence.

сложносочинён|ный *линг.*: ~е предложе́ние compound/coordinated sentence.

сло́жн|ость *ж.* intricacy, complexity; (*трудность*) difficulty; **~ый** 1. (*состоящий из нескольких частей*) compound, composite; ~ые вещества́ compounds; ~ое сло́во compound word; ~ое предложе́ние complex sentence; ~ое число́ compound number; ~ые проце́нты compound interest *sg.*; 2. (*многообразный*) complex; ~ая нау́ка complex science; ~ый хара́ктер complex character; 3. (*трудный*) difficult, involved, complicated; (*запутанный*) intricate; ~ый вопрос complicated question/matter; ~ая обстано́вка complicated situation; 4. (*замысловатый*) intricate; ~ый орна́мент intricate ornamentation.

слои́ст|ый flaky; ~ые облака́ layer cloud *sg.*; stratus *sg.*

сло|й *м.* 1. layer; (*краски*) coat; 2. *геол.* stratum (*pl.* -ta), layer (*тж. перен.*); разли́чные ~и о́бщества the various strata of society.

сло́йка *ж. разг.* puff (pastry).

слом *м.* (*машин и т. п.*) breaking, dismantling; (*домов*) pulling down, demolition; предназна́чено на ~ (*о машинах и т. п.*) to be used for scrap; (*о домах*) to be pulled down.

слома́ть *сов. см.* лома́ть 1, 3, 4, 5; **~ся** *сов. см.* лома́ться 1, 3, 4, 5.

сломи́ть *сов.* (*вн.*) break* (*smth.*); ~ сопротивле́ние *кого-л.* break* down *smb.'s* resistance.

слон *м.* 1. elephant; 2. *шахм.* bishop; ◇ ~а не приме́тить miss the obvious; **~ёнок** *м.* elephant-calf*; baby elephant *разг.*; **~и́ха** *ж.* cow-elephant; she-elephant *разг.*

слоно́в|ый elephant's; (*похожий на слона*) elephantine; ◇ ~ая кость ivory; ~ая боле́знь *мед.* elephantiasis.

слоня́ться *несов. разг.* (*тж.* ~ без де́ла) loaf about, loiter.

слуга́ *м.* servant (*тж. перен.*); (*лакей тж.*) manservant, man*.

служа́нка *ж.* servant-girl, housemaid.

слу́жащий *прил.* 1. office *attr.*; 2. *в знач. сущ. м.* employee, office worker, white-collar worker.

слу́жб|а *ж.* 1. (*действие*) service; ~ в а́рмии service in the army; срок ~ы (*аккумулятора станка и т. п.*) service life of a battery, lathe *etc.*; 2. (*работа, должность*) work, job; поступи́ть на ~у begin* working, take* a job; 3 (*исполнение воинских обязанностей*) military service; 4. (*специальная область работы*) service, department;назе́мная ~ по доста́вке (*грузов к самолетам*) *ав.* ground transfer service; перо́нная ~ *ж.-д.* apron management service; ~ возду́шного движе́ния *ав.* air traffic service; ~ возду́шных сообще́ний *ав.* airway and air communication; ~ информа́ции аэровокза́ла *ав.* terminal information service; ~ комме́рческой эксплуата́ции *ав.* commercial service; ~ носи́льщиков (*в аэропорту*) porterage; ~ обеспече́ния полётов *ав.* flight service; ~ перево́зок *ав.* operation division, transport service; ~ по изуче́нию ры́нка *эк.* marketing service; ~ полётной информа́ции *ав.* flight information service; ~ свя́зи signal service; communication service; ~ движе́ния *ж.-д.* traffic department; **5.** (*богослужение*) (divine) service; отстоя́ть ~у attend service; ◇ не в ~у, а в дру́жбу as a personal favor.

служе́бн|ый 1. official, office *attr.*; ~ые обя́занности official duties; ~ые помеще́ния office premises; ~ое вре́мя, ~ые часы́ office hours; ~ое положе́ние official position, position at work; ~ый телефо́н business telephone; **2.** (*вспомогательный*) auxillary; ◇ ~ое сло́во *лингв.* link word.

служе́ние *с.* service.

служи́тель *м.* attendant; ~ иску́сства votary of art; ~ ку́льта minister of religion.

служи́ть, послужи́ть **1.** *тк. несов.* (*работать по найму*) work; **2.** *тк. несов.* (*быть военным*) serve; **3.** *тк. несов.* (*дт.; выполнять чью-л. волю*) serve (*smb.*, *smth.*), work (for); ~ и на́шим и ва́шим run* with the hare and hunt with the hounds; **4.** *тк. несов.* (*дт.; работать на благо кого-л., чего-л.,*) serve (*smb.*, *smth.*); ~ Ро́дине serve *one's* country, devote/dedicate *oneself* to *one's* country; **5.** (*дт.; выполнять свое назначение*) be* useful (to); **6.** (*тв., для рд.; использоваться*) be* used (as, for), serve (as, for); **7.** (*тв.; быть, являться*) be*; ~ приме́ром be* an example; ~ предло́гом serve as a pretext; **8.** *тк. несов.* (*совершать богослужение*) officiate; **9.** *тк. несов.* (*о собаках*) beg.

слука́вить *сов. см.* лука́вить.

слух *м.* **1.** hearing; (*музыкальный*) ear (for music); о́стрый ~ keen hearing; у него́ хоро́ший ~ he has a good ear (for music); у него́ плохо́й ~ he has no ear (for music); игра́ть по ~у by ear; **2.** (*весть, известие*) news; **3.** *мн.* (*толки, молва*) rumor *sg.*; по ~ам according to rumor, rumour has it (that); хо́дят ~и it is rumored (that); но́сятся ~и (что) rumors are afloat (that); ◇ ~ом земля́ по́лнится *погов.* news flies quickly; он весь обрати́лся в ~ he became all ears.

слухов|о́й 1. auditory, acoustic; ~ нерв *анат.* auditory/acoustic nerve; ~ые восприя́тия aural impressions; **2.** (*служащий для слушания*): ~ аппара́т hearing aid; ◇ ~ое окно́ dormer window.

слу́ча|й *м.* **1.** (*происшествие*) occurrence, event, incident; несча́стный ~ accident; **2.** (*явление, факт, обстоятельство*) case; смерте́льный ~ fatal case; fatality; небыва́лый ~ remarkable case; в не́которых ~ях in some cases; **3.** (*возможность*) opportunity, chance, occasion; по́льзоваться вся́ким удо́бным ~ем never miss an opportunity; име́ть ~ get* a chance; **4.** (*случайность*) chance; ◇ в ~е *чего-л.* in case of *smth.*, in the event of *smth.*; в ~е войны́ in the event of war, if there is a war; в ~е сме́рти *кого-л.* in the event of *smb.'s* death; в ~е необходи́мости in case of need/necessity; в ~е кра́йней необходи́мости in an emergency; в ~е чего́ should anything happen; в э́том ~е in that case; ни в ко́ем ~е in no case, on no account, by no means, under no circumstances; по ~ю *чего-л.* on the occassion of *smth.*; при ~е when opportunity offers, should an opportunity arise; купи́ть *что-л.* по ~ю get* *smth.* by chance.

случа́йн|о *нареч.* **1.** by chance, by accident, accidentally; ~ быть *где-л.* happen to be somewhere; встре́титься с *кем-л.* happen to meet *smb.*; ~ найти́ *что-л.* ~ наткну́ться на *что-л.* chance upon *smth.*; **2.** *в знач. вводн. сл. разг.* by any chance; вы, ~, не зна́ете? do you by any chance know?; е́сли, ~, вы его́ уви́дите... if you (should) happen to see him...; ◇ не ~ (что) it is no mere chance (that); э́то не ~! ~ there is something behind it!; **~ость** *ж.* **1.** chance/accidental nature, fortuity; ~ость встре́чи accidental nature of an encounter; **2.** (*непредвиденное обстоятельство*) chance, coincidence; по счастли́вой ~ости luckily, by good fortune, by a happy/lucky chance; по несча́стной ~ости as ill luck would have it; чи́стая ~ость the merest chance, a pure chance/accident; **3.** *филос.* chance; accident, matter of chance, chance occurrence; **~ый 1.** (*возникший непредвиденно*) chance *attr.*, accidental; ~ая встре́ча chance/accidental meeting; ~ое знако́мство chance acquaintance; ~ый попу́тчик chance companion; ~ое совпаде́ние coincidence; ~ая оши́бка a mere slip; **2.** (*появляющийся от случая к случаю*) occasional, sporadic, casual; ~ый за́работок sporadic earnings *pl.*; ~ый посети́тель casual visitor; **3.** (*незакономерный*) fortuitous, accidental; ~ое явле́ние chance phenomenon, accident.

случа́ть, случи́ть (*вн.*) mate (*smth.*), pair (*smth.*), couple (*smth.*).

случ|а́ться, случи́ться **1.** happen; occur; ничего́ не случи́лось nothing has happened; что (с ва́ми) случи́лось? what's the matter (with you)?; с ним случи́лось несча́стье he has had a misfortune; **2.**: ~а́ется accidents will happen; ~а́ется, что он... he sometimes ...; случи́лось так, что... it so happened that. ..; ~а́лось ли вам (+ *инф.*)? did you ever happen (+ to *inf.*)?

случи́вш|ееся *с.* occurrence; сообщи́ть *кому-л.* о ~емся tell* *smb.* what has happened.

случи́ть *сов. см.* случа́ть.

случи́ться *сов. см.* случа́ться.

слу́чка *ж.* mating, pairing, coupling.

слу́шатель *м.*, **~ница** *ж.* **1.** (*слушающий*) listener, hearer; *мн. собир.* audience *sg.*; **3.** (*учащийся*) student; ~ вое́нной акаде́мии student at a military academy.

слу́ш|ать, послу́шать (*вн.*) **1.** listen (to); ~ му́зыку listen to music; ~ ле́кцию listen to a lecture; я ~аю! (*по телефону*) hullo!; вы ~аете? (*по телефону*) are you there?; **3.** (*о враче*) examine *smb.'s* chest; auscultate (*smb.*) *научн.*; **3.** *тк. несов.* (*разбирать судебное дело*) hear* (*smth.*), try (*smth.*); (*публично заслушивать чье-л. сообщение*) hear* (*smth.*); ~ де́ло о кра́же со взло́мом try hear a case of burglary; ~ отчёт hear* a report; **4.** *тк. несов.* (*присутствовать на лекциях*) attend (*smth.*), go* (to); ~ курс вы́сшей матема́тики attend/take* a course in higher mathematics; **5.** (*следовать чьим-л. советам, просьбам*) pay* attention (to), listen (to), listen to *smb.*'s advice, take* notice (of); он никого́ не ~ает he won't listen to anybody's advice, he takes* no notice of anyone; **6.** *разг.* (*повиноваться*) obey (*smb.*); (*об управляемых механизмах тж.*) respond (to); ~ руля́ (*о судне*) answer the helm; **7.** *повел.*: ~ай(те)! I say!; look here!; **8.** *тк. несов.*: ~аю! (*ответ подчиненного*) very good! **~аться**, послу́шаться (*рд.*) **1.** (*повиноваться*) obey (*smb.*); (*быть послушным*) be* obedient (to); не ~аться disobey; (*быть непослушным*) be* disobedient; **2.**: ~аться сове́тов *кого-л.* take* *smb.*'s advice; **3.** *тк. несов.* (*о судебном деле*) be* tried; де́ло бу́дет ~аться за́втра the case comes up for hearing tomorrow, the case comes on tomorrow.

слыть, прослы́ть (*тв., за вн.*) have* the reputation of being (*smth.*), be* considered (*smth.*), be* reputed to be (*smth.*); он слывёт хоро́шим рабо́тником he is reputed/said to be a good worker.

слыха́ть *несов.* (*о пр.*) *разг.* hear* (about, of).

слы́ш|ать, услы́шать **1.** (*вн.; воспринимать слухом*) hear* (*smth.*); ~ стук hear * a knock; ~ крик hear* a shout; ~ похвалы́ hear* praise; **2.** *тк. несов.* (*обладать слухом*) hear*; пло́хо ~ be* hard of hearing; не ~у вас I can't hear you; **3.** (*вн., о пр., про вн.; иметь какие-л. сведения*) hear* (of, about); **4.** *тк. несов.* (вн.) *разг.* (*ощущать*) feel* (*smth.*); ~ за́пах feel*/notice a smell, catch* a whiff; (*приятный*) smell* the fragrance; ◇ он об э́том и ~ не хо́чет he won't hear of it; **~аться**, послы́шаться **1.** be* heard; ~ится смех laughter can be heard; мне послы́шался чей-то го́лос I thought I heard a voice; послы́шался то́пот ног the stamping of feet was heard; **2.** *разг.* (*чувствоваться*) be* felt; в его́ слова́х ~ится ра́дость one can sense the joy in his words, there is joy in his voice.

слы́шим|ость *ж.* **1.** audibility; **2.** (*по телефону, радио*) reception; ~ плоха́я! (*по телефону*) the line is bad!; **~ый** audible.

слы́шно *в знач. сказ. безл.* **1.** (*можно слышать*) one can hear; ~, как шелестя́т ли́стья one can hear the leaves rustling; ~ бы́ло, как маши́на въе́хала во двор the car could be beard coming into the yard; ему ~ he can hear; мне ничего́ не ~ I can't hear a thing; **2.** (*о пр., про вн.; имеются известия*): о нём да́вно ничего́ не ~ nothing has been heard of him for ages, there has been no news of him for long time.

слы́ш|ный **1.** audible; едва́ ~ное пе́ние barely audible singing, the faint sound of singing; **2.** *в знач. сказ.*: ~ен го́лос, шум *и т. п.* a voice, a noise, *etc.* can be heard.

слюда́ *ж.* mica.

слюна́ *ж.* saliva, spittal; spit *разг.*

слю́нки *мн.*: у него́ ~ теку́т his mouth is watering; от э́того ~ теку́т it makes *one's* mouth water.

слюня́вый slobbery, dribbling, slavering.

сля́коть *ж.* slush, mire; на дворе́ ~ it's very slushy outside.

сма́з|ать(ся) *сов. см.* сма́зывать(ся); **~ка** *ж.* **1.** smearing; (*жиром*) greasing; (*маслом*) oiling, lubrication; **2.** (*вещество*) grease, lubricant, lubricator.

смазли́вый *разг.* pretty, cute.

сма́зочн|ый lubricating; ~ое вещество́, ~ материа́л lubricant.

сма́зчик *м.* greaser, lubricator.

сма́зыва|ние *с.* *тех.* smeering; **~ющий**: ~ющее сре́дство *тех.* wetting agent.

сма́зывать, сма́зать **1.** (*вн. тв.*) smear (*smth.* with); (*жиром*) grease (*smth.* with); (*маслом*) oil (*smth.* with), lubricate (*smth.* with); ~ *что-л.* йо́дом paint *smth.* with iodine; **2.** (*вн.; стирать, размазывать*) wipe (*smth.*) off; сма́зать кра́ску рукаво́м wipe the paint off on *one's* sleeve, smear the paint with *one's* sleeve; **3.** (*вн.*) *разг.* (*смягчить, лишать остроты, определенности*) slur (over); (*портить*) make* a mess (of); ~ недоста́тки gloss over the defects; **~ся**, сма́заться **1.** (*стираться*) be* smeared, get* rubbed/wiped off; кра́ска сма́залась the paint got rubbed off; **2.** *разг.* (*лишаться четкости, остроты*) be* blurred, be* glossed over, be* slurred (over).

смакова́ть *несов.* (*вн.*) *разг.* savor (*smth.*), smack *one's* lips (over); *перен.* relish (*smth.*), revel (in).

сма́лец *м.* lard.

сма́нивать, смани́ть (*вн.*) **1.** lure (*smb.*, *smth.*), entice (*smb.*, *smth.*); **2.** (*переманивать*) lure (*smb.*) away.

смани́ть *сов. см.* сма́нивать.

смастери́ть *сов. см.* мастери́ть.

сма́тывать, смота́ть (*вн.*) reel (*smth.*) in.

сма́хивать I, смахну́ть (*вн.*) brush (*smth.*) off, flick (*smth.*) off; (*отгонять*) brush (*smth.*) away, flick (*smth.*) away; смахну́ть пыль flick off the dust.

сма́хивать II *несов.* (*на вн.*) *разг.* (*быть похожим*) be*/look rather like (*smb.*, *smth.*).

смахну́ть *сов. см.* сма́хивать I.

сма́чивать, смочи́ть (*вн.*) moisten (*smth.*).

смежа́ть, сме́жить: ~ глаза́ shut* *one's* eyes, close *one's* eyes.

сме́жить *сов. см.* смежа́ть.

сме́жник *м.* accessory manufacturer, allied supplier, subcontractor.

сме́жн|ость *ж.* contiguity; **~ый** adjoining, adjacent, contiguous; ~ые ко́мнаты adjoining room;

~ые на́уки overlapping sciences; ~ые предприя́тия closely connected enterprises; ~ые о́трасли промы́шленности allied/related industries; ◇ ~ые углы́ *мат.* adjacent angles.

смека́листый *разг.* bright.

смека́лка *ж. разг.* aptitude; (*сообразительность*) quick wits *pl.*; gumption.

смека́ть, смекну́ть *разг.* see* (the point), catch* on, twig.

смекну́ть *сов. см.* смека́ть.

смеле́ть, осмеле́ть grow* bold, take* heart, be* emboldened.

сме́л|о boldly; (*без колебаний, сомнений*) safely; ~ могу́ сказа́ть I can safely say, I can say with confidence; ~ ска́зано! that's a bold statement!; э́то сли́шком ~ ска́зано that is going a little too far; **~ость** *ж.* boldness, audacity, courage; ◇ брать на себя́ ~ость сде́лать *что-л.* venture to do *smth.*, take* the liberty of doing *smth.*; ~ость города́ берёт *погов.* ≅ courage wins; **~ый** bold, daring, courageous; ~ый нае́здник daring horseman*/rider; ~ый взгляд bold glance; ~ое утвержде́ние daring/bold statement; быть ~ым в реше́ниях be* bold in taking decisions.

смельча́к *м.* daredevil, plucky fellow.

сме́на *ж.* **1.** change; (*замена*) replacement; ~ дня и но́чи alternation of night and day; ~ впечатле́ний ever-changing impressions *pl.*; ~ карау́ла *воен.* relief*/changing of the guard; ~ одного́ изображе́ния други́м *тех.* push over wipe; ~ све́та *тех.* light change; **2.** (*промежуток времени*) shift, spell, turn; *воен.* duty, watch; 3. (*группа людей, рабочих*) shift: (*отдыхающих*) newcomers *pl.*; **4.** (*подрастающее поколение*) replacement, young generation; (*свежие силы*) fresh blood; **5.** (*комплект одежды*) change, spareset; ~ белья́ change of underwear; ◇ приходи́ть на ~у *кому-л.* take* over from *smb.*, succeed *smb.*

смени́ть(ся) *сов. см.* сменя́ть(ся).

сме́нн|ый 1. (*связанный с работой по сменам*) shift *attr.*; ~ ма́стер foreman*; ~ое зада́ние stint, work for one shift; ~ая брига́да new shift; **2.** (*периодически сменяемый*) changeable; ~ое колесо́ removable wheel; ~ объекти́в *тех.* interchangeable lens.

сме́нщ|ик *м.*, **~ица** *ж.* relief, replacement.

сменя́емость *ж.* replaceability.

сменя́ть, смени́ть (*вн.*) **1.** (*заменить*) change (*smth.*); смени́ть бельё change *one's* underclothes; (*постельное*) change the bed linen; **2.** (*снимать с какого-л. поста*) change (*smb.*, *smth.*), replace (*smb.*, *smth.*); смени́ть руково́дство́ на строи́тельстве put* new men in charge of a building project; **3.** (*начинать действовать вместо кого-п.*) relieve (*smb.*), take* over (from); смени́ть часовы́х relieve the guard(s); смени́ть *кого-л.* на дежу́рстве take* over *smb.*'s watch; **4.** (*появляться на месте чего-л. исчезнувшего*) replace (*smth.*), supersede (*smth.*); ве́чер смени́л жа́ркий день the scorching day gave way to evening; **~ся**, смени́ться **1.** (*сменять друг друга на какой-л. должности*) be* changed/replaced; **2.** (*освобождать от населения каких-л. обязанностей*) be* relieved; смени́ться с дежу́рства come* off duty, я смени́лся то́лько к ве́черу I wasn't relieved till evening; **3.** (*тв.; заменяться чем-л.*) be* replaced (by); страх смени́лся наде́ждой fear turned to hope; день бы́стро смени́лся но́чью the day fled into night.

смерза́ться, смёрзнуться freeze* together.

смёрзнуться *сов. см.* смерза́ться.

сме́рить *сов.* **1.** *см.* ме́рить I; **2.**: ~ *что-л.* взгля́дом judge *smth.* by eye; ~ *кого-л.* взгля́дом eye *smb.* from head to foot.

смерк|а́ться, сме́ркнуться grow* dusk; **~а́ется** it is growing dusk.

сме́ркнуться *сов. см.* смерка́ться.

смерте́льно mortally; ~ ра́ненный mortally/fatally wounded; ~ **скуча́ть** be*, bored to death; ~ уста́ть be* dead tired.

смерте́льн|ый 1. fatal; (*об оружии, яде*), deadly; (*грозящий гибелью*) mortal; ~ая ра́на mortal wound; ~ уда́р fatal/mortal blow; находи́ться в ~ой опа́сности be* in danger of *one's* life; **2.** (*сопутствующий смерти*) death *attr.*, deathly; of death *после сущ.*; ~ая бле́дность deathly pallor; **3.** (*очень сильный*) mortal; ~ая оби́да mortal offense/insult; ~ая ску́ка utter boredom; ◇ ~ враг mortal enemy; ~ая вражда́ mortal enmity.

сме́ртн|ость *ж.* mortality; (*количество случаев смерти тж.*) death rate; **~ый** *прил.* **1.** death *attr.*, of death *после сущ.*; ~ грех deadly sin; Семь ~ых грехо́в Seven deadly sins (pride, covetousness, lust, envy, gluttony, anger, sloth); ~ый час mortal hour; ~ое ло́же deathbed; ~ый слу́чай fatal case; **3.** (*подверженный смерти*) mortal; все лю́ди ~ые all men are mortal; 3. (*приводящий к смерти*) death *attr.*, (*приводящий к гибели*) mortal; ~ый пригово́р sentence of death, death sentence; ~ая казнь capital punishment; ~ый бой mortal combat; **4.** (*крайний, предельный*) mortal; ~ая ску́ка killing boredom; **5.** *в знач. сущ. м.* mortal; просты́е ~ые mere mortals.

смертоно́сный lethal; (*гибельный*) deadly.

смерт|ь *ж.* death; идти́ на ве́рную ~ go* to *one's* death; умере́ть голо́дной ~ью die of starvation; до са́мой ~и till *one's* dying day; я э́того до са́мой ~и не забу́ду I'll remember it till my dying day; ◇ поги́бнуть ~ью геро́я die like a hero; пасть ~ью хра́брых die valiantly, до сме́рти to death; надоеда́ть *кому-л.* до ~и pester *smb.* to death; мне до ~и хо́чется спать, есть, пить I'm dying for some sleep, some food, a drink; смотре́ть, гляде́ть ~и в глаза́ face death; быть при ~и be* near to death; be* at death's door *идиом.*; как ~ бле́дный pale of death; как ~ побледне́ть go* white as a sheet, go* deathly pale.

смерч *м.* whirlwind; (*на суше тж.*) tornado; (*не большой*) dust devil; (*водяной*) waterspout.

смеси́ть *сов.* см меси́ть.

смести́ *сов. см.* смета́ть I.

смести́ть(ся) *сов. см.* смеща́ть(ся).

смесь *ж.* mixture; шокола́дная ~ (*конфеты*) assorted chocolates; ◇ горю́чая ~ mixture (of fuel and air).

сме́та *ж. бух.* estimate; администрати́вная фина́нсовая ~ administrative budget; фина́нсовая ~ budget, consolidated budget; ~ затра́т estimate of expenditures; ~ затра́т на произво́дство estimate of production cost; ~ на прое́ктные рабо́ты estimate of design costs; ~ расхо́да estimate of expenditure (cost), budget of expenditure, expense budget; сво́дная ~ consolidated budget; фина́нсовая ~ budget; составля́ть фина́нсовую ~ build up budget.

смета́на *ж.* sour cream.

смет|а́ть I, смести́ (*вн.*) (*рукой, щеткой и т. п.*) brush (*smth.*) off; (*метлой*) sweep* (*smth.*) up; (*о ветре*) blow* (*smth.*) off; *перен.* sweep* (*smth.*) aside; ~ая всё на своём пути́ carrying everything before it.

смета́ть II *сов. см.* смётывать и мета́ть II.

смётка *ж. разг.* aptitude, gumption, quick-wittedness.

сме́тлив|ость *ж.* resourcefulness, shrewdness; **~ый** resourceful, shrewd, keen-witted, ingenious.

сме́тн|ый: ~ая себесто́имость *бух.* estimated cost; ~ые ассигнова́ния budget allowances; ~ые предложе́ния estimated expense *sg.*

смётывать, смета́ть (*вн.*) paste (*smth.*), tack (*smth.*) together.

сметь, посме́ть (+ *инф.*) dare* (+ *inf.*); сме́ю сказа́ть I venture to say; не ~! don't you dare!; как вы сме́ете! how dare you!

смех *м.* laughter; (*один звук*) laugh; он не мог удержа́ться от ~а he couldn't help laughing; взрыв ~а burst of laughter; ◇ ~а ра́ди, для ~а just for fun; мне, ему́ не до ~а it is no laughning matter for me, him; I am/he is in no laughing mood; ~у бы́ло it was (very) funny; it was a scream *разг.*; и ~ и грех you couldn't help laughing, though it wasn't so funny; ~ да и то́лько it's perfectly ridiculous; как на ~ as if to mock us (them, me).

смехотво́рный ridiculous, laughable, absurd.

сме́шанн|ый mixed; (*о породе тж.*) crossed, mongrel; ~ креди́т *фин.* mixed credit; ~ репертуа́р mixed repertoire; ◇ ~ лес mixed forest; ~ цвет secondary color; ~ое о́бщество *фин.* mixed company; ~ое число́ *мат.* mixed number.

смеш|а́ть *сов. см.* сме́шивать; **~а́ться** *сов.* **1.** *см.* сме́шиваться; **2.** *разг.* (*смутиться*) be* embarrassed/confused; **~е́ние** *с.* **1.** (*действие*) mixing; **2.** (*путаница*) confusion; ~е́ние видеосигна́лов *тех.* video mixing; ~е́ние цвето́в *тех.* chromatic addition; **3.** (*смесь*) blend.

сме́шивать, смеша́ть (*вн.*) **1.** mix (*smth.*); (*сорта, краски и т. п.*) blend (*smth.*); **2.** (*нарушать порядок расположения чего-л.*) scatter (*smth.*); ~ ка́рты shuffle the cards; **3.** (*путать, не различать*) mix (*smb.*, *smth.*) up, confuse (*smb.*, *smth.*), muddle (*smb.*, *smth.*); **~ся**, смеша́ться **1.** (*о чем-л. разнородном*) mix, blend; спирт смеша́лся с водо́й the alcohol mixed with the water; **2.** (*располагаться беспорядочно, вперемешку*) mingle; (*путаться*) get* mixed up; (*скрываться, исчезать*) mingle, disappear; смеша́ться с толпо́й disappear/melt into the crowd: **3.** (*утрачивать стройность, ясность*) become* confused; его́ мы́сли смеша́лись his thoughts were in confusion, his mind was in a whirl; **4.** (*утрачивать боевой порядок*) break* ranks, be* thrown into disorder.

смеши́ть *несов.* (*вн.*) make* (*smb.*) laugh; (*забавлять*) amuse (*smb.*).

смешли́в|ость *ж.* desire/readiness to laugh, risibility; **~ый** risible, laughing; easily amused *после сущ.*

смешно́ **1.** *нареч.* funnily, funny; (*нелепо*) absurdly, comically; ~ вы́глядеть look funny; ~ говори́ть speak* funnily/amusingly; ~ одева́ться dress absurdly; ~ звуча́ть sound funny: **2.** *в знач. сказ. безл.* it is absurd/ridiculous; ~ ду́мать, что... it would be absurd to suppose...; ~ сказа́ть strange to say; ~ смотре́ть на него́ he looks ridiculous; мне ~ I am simply amused; мне (совсе́м) не ~ I don't find it at all funny.

смеш|но́й **1.** (*забавный*) funny; ~на́я исто́рия amusing story; **2.** (*нелепый*) ridiculous; он мне ~о́н he makes me laugh; выставля́ть *кого-л.* в ~но́м ви́де make* *smb.* look ridiculous; ста́вить *кого-л.* в ~но́е положе́ние place *smb.* in an absurd position; ~ до ~но́го ridiculously, absurdly.

смешо́к *м.* **1.** chuckle; **2.** *мн. разг.* (*насмешки, шутки*) jokes, jeers.

смещ|а́ть, смести́ть (*вн.*) **1.** displace (*smth.*); *перен.* confuse (*smth.*); **2.** (*увольняться*) discharge (*smth.*); **~а́ться**, смести́ться be* displaced; *перен.* change; **~е́ние** *с.* **1.** displacement; ~ в обра́тном направле́нии back bias; ~ по горизонта́ли horizontal shift; **2.** (*понятий*) confusion; **3.** (*с должности*) discharge; **4.** *радио* bias; **5.** *геол.* heave, dislocation; **~ённый**: ~ённый центр off center.

смея́ться *несов.* **1.** laugh; ~ шу́тке laugh at a joke; ~ исподтишка́, в кула́к laugh in *one's* sleeve; глаза́ её ве́село смея́лись her eyes were bright with laughter; **2.** (*над тв.; издеваться*) laugh (at); make* fun (of); над кем смеётесь? who are you laughing at?; **3.** *разг.* (*говорить несерьезно, шутить*) joke; ◇ хорошо́ смеётся тот, кто смеётся после́дним he laughs longest/best who laughs last.

смире́н|ие *с.* humility, meekness; (*покорность*) resignation; **~ный** humble, meek; (*покорный*) resigned.

смири́тельн|ый: ~ая руба́шка straitjacket; наде́ть ~ую руба́шку на *кого-л.* put * *smb.* into a straitjacket.

смири́ть(ся) *сов. см.* смиря́ть(ся).

сми́рн|о **1.** quietly; сиде́ть ~ sit* still; **2.** (*военная команда*): ~! (*после команды "вольно"*) attention!; shun! (*после команды "равняйся"*) eyes front!; 3. (*навытяжку*): стоя́ть ~ stand* at attention; **~ый** quiet; (*кроткий*) mild, submissive, meek.

смир|я́ть, смири́ть (*вн.*) subdue (*smth.*), ~ го́рдость humble/conquer *one's* pride; ~ гнев subdue *one's* anger, **~я́ться**, смири́ться 1. (*покоряться обстоятельствам*) submit; 2. (*с тв.; примиряться с чем-л.*) resign *oneself* (to), acquiesce (in); мири́ться с мы́слью о сме́рти resign *oneself* to the thought of death.

смодели́ровать *сов.* (*вн.*) make* a model (of), model (*smth.*).

смо́ква *ж.* fig.

смо́кинг *м.* dinner jacket; tuxedo *амер.*, tux *разг.*

смоко́вница *ж.* fig tree.

смол|а́ *ж.* 1. resin; сосно́вая ~ pine resin; 2. (*получаемая синтетически*) tar, pitch; каменноу́гольная ~ coal tar; синтети́ческие ~ы synthetic resins; **~ёный** tarred; **~и́стый** resnious; ~и́стое де́рево resiniferous tree; ~и́стый за́пах resinous smell; **~и́ть** *несов.* (*вн.*) tar (*smth.*).

смолк|а́ть, смо́лкнуть 1. (*о звуках*) die away; пе́сня смо́лкла the song died away; не ~ая incessantly, uninterruptedly; 2. (*переставать говорить, петь и т. п.*) relapse into silence; be* hushed; пти́цы смо́лкли the birds stopped singing.

смо́лкнуть *сов. см.* смолка́ть.

смо́лоду *разг.* 1. (*с юных лет*) from *one's* youth; 2. (*в молодости*) in *one's* youth.

смолоти́ть *сов. см.* молоти́ть.

смоло́ть *сов. см.* моло́ть.

смолча́ть *сов. разг.* hold* *one's* tongue, not answer, make* no reply.

смоль *ж.*: чёрный как ~ jet black.

смолян|о́й 1. resin *attr.*; (*смолистый*) resinous; 2. (*относящийся к производству смолы, получаемый из смолы*) tar *attr.*; ~ые масла́ far oils; 3. (*о волосах*) jet black.

смонти́рованный *кино* mounted.

смонти́ровать *сов. см.* монти́ровать.

сморка́ться, вы́сморкаться blow* *one's* nose.

сморо́дин|а *ж.* 1. *собир.* currants *pl.*; бе́лая, кра́сная, чёрная ~ white, red, black currants; 2. (*об отдельной ягоде*) currant; 3. (*кустарник*) currant (bush); куст ~ы currant bush.

сморчо́к *м.* (*гриб*) morel.

смо́рщенный wrinkled; (*о яблоке и т. п.*) shrivelled; (*об одежде*) crumpled.

смо́рщить *сов. см.* мо́рщить 2, 3; **~ся** *сов. см.* мо́рщиться 2, 3.

смота́ть *сов. см.* сма́тывать.

смотр *м.* review; ~ де́тской худо́жественной самоде́ятельности children's amateur talent review.

смотре́ть, посмотре́ть 1. (на, в *вн.*) look (at, into) (*тж. перен.*); (*пристально*) gaze (at, into); ~ в окно́ (*изнутри*) look out of the window; (*снаружи*) look through the window; ~ на часы́ look at *one's* watch; ~ вдаль gaze/stare into the distance; ~ *кому-л.* (*прямо*) в глаза́ look *smb.*, (straight) in the eye, face *smb.*; ~ под но́ги look where one is going; ~ вперёд look ahead; ~ в бу́дущее face the future, look ahead; 3. (в *вн.; пользоваться оптическими приборами*) look (through), use (*smth.*); ~ в телеско́п look through a telescope; 3. (на *вн.; относиться каким-л. образом*) regard (*smth.*), look (at); как вы смо́трите на э́то? what is your opinion?, what do you think of it?; 4. (*на вн.; обращать внимание*) take* notice (of); что на него́ ~! never mind him!; 5. (*на вн.; принимать за кого-л., что-л.*) regard (*smb.*, *smth.*), treat (*smb.*, *smth.*); ~ на *кого-л.* как на... regard *smb.* as...; смотри́те на меня́ тепе́рь как на ва́шего отца́ treat me as your father; 6. (*за тв.; заботиться*) look (after), take* care (of); ~ поря́дком keep* order; ~ за рабо́тами superintend the work; ~ за до́мом look after the house; ~ за детьми́ look after the children; 7. (*вн.; осматривать с целью ознакомления*) look over (*smth.*), have* a look (at); ~ но́вую кварти́ру look over a new flat; 8. (*вн.; знакомиться с со держанием чего-л.*) look (at, through); ~ ру́копись look through a manuscript; ~ кни́гу look at a book; 9. (*вн.; быть зрителем*) see* (*smth.*); ~ но́вый фильм see* a new film; 10. (*вн.; больных*) examine (*smb.*, *smth.*); 11. *тк. несов.* (на, *в вн.; быть обращенным*) look out (on), look on (to), overlook (*smth.*); 12. тк. *несов.*: ~ во́лком scowl; 13. *тк. несов.*: смотри́(те)! look!; (*берегитесь*) look out!; (*будьте осторожны*) take care; смотри́(те) не забу́дь(те), не упади́(те) *и т. д.* mind you don't forget, fall, *etc.*; ◇ на́до бы́ло ра́ньше ~ you should have thought about that before; ~ в о́ба keep* *one's* eyes open; ~е на что it (he, she, *etc.*) is not worth looking at; ~ с наде́ждой на *кого-л.*, *что-л.* place *one's* hopes in *smb.*, *smth.*; ~ опа́сности в глаза look danger in the face; смотри́ как it depends; смотря́ где, когда́ it depends where, when; смотря́ по *чему-л.* according to *smth.*; смотря́ по обстоя́тельствам that depends on the circumstances; куда́ он смо́трит? what's he thinking of? **~ся**, посмотре́ться 1. (*в вн.*) look at *oneself* (in), examine *oneself* (in); ~ся в зе́ркало look at *oneself* in the glass; 2. *тк. несов. безл.* be* acceptable to the eye; фильм хорошо́ смо́трится the film is visually effective; 3. *тк. несов. разг.* (*производить впечатление*) produce an effect, look effective.

смотри́тель *м.* watchman*, keeper; ~ мая́ка lighthouse keeper.

смотров|о́й 1. (*служащий для наблюдения*) observation *attr.*; ~о́е окно́ peephole; 2. (*относящийся к смотру*) inspection *attr.*, review *attr.*

смочи́ть *сов. см.* сма́чивать.

смочь *сов. см.* мочь.

смоше́нничать *сов. см.* моше́нничать.

смрад *м.* stench, stink.

смра́дный stinking.

смуглоли́цый dusky(-faced).

смугл|ый brown, dark, dusky; (*о человеке*) dark-skinned; ~ цвет лица́ dark complexion; ~ые ру́ки brown arms.

сму́та *ж.* **1.** trouble, strife; **2.** *разг.* (*раздоры*) discord; **3.** (*тревога*) anxiety, confusion.

смути́ть(ся) *сов. см.* смуща́ть(ся).

сму́тн|о **1.** *нареч.* vaguely; ~ представля́ть себе́ *что-л.* have* a vague/hazy idea of *smth.*; **2.** *в знач. сказ. безл.*: ~ у меня́ на душе́ I feel troubled/depressed; **~ый** **1.** (*мятежный*) troubled; ~ая пора́ troubled days/times *pl.*; (*тревожный, беспокойный*) anxious, disturbing; **3.** (*неясный, неопределенный*) vague, hazy, dim; ~ое представле́ние vague/dim/hazy idea.

смутья́н *м.. разг.* troublemaker.

смущ|а́ть, смути́ть (*вн.*) **1.** (*вызывать волнение, тревогу*) upset; (*smb.*); disturb (*smb.*); ~ *чей-л.* душе́вный поко́й disturb *smb.*'s peace of mind; **2.** (*приводить в замешательство*) embarrass (*smb.*), confuse (*smb.*), disconcert (*smb.*); (*вызывать сомнения*) worry (*smb.*); смути́ть *кого-л.* похвало́й embarrass *smb.* with praise; э́то изве́стие смути́ло всех everyone was disconcerted at the news; **~а́ться**, смути́ться be* embarrassed, be* confused; ниско́лько, ничу́ть не ~а́ясь not a bit embarrassed, quite/all unabashed; **~е́ние** *с.* embarassment, confusion; в ~е́нии in embarassment; от ~е́ния in *one's* confusion, приводи́ть *кого-л.* в ~е́ние embarrass *smb.*; (*волновать*) upset* *smb.*; приходи́ть в ~е́ние be* embarrassed/confused.

смущённый embarrassed, uncomfortable.

смыва́ть, смыть (*вн.*) **1.** wash (*smth.*) away/off, wash out (*smth.*); *перен.* remove (*smth.*), expunge (*smth.*); ~ пятно́ wash out/off a stain, смыть с себя́ позо́р cleanse *oneself* of the shame/disgrace; **2.** (*сносить водой*) wash (*smb.*, *smth.*) off/away, его́ смы́ло волно́й (*с судна*) he was washed overboard; (*с берега*) he was washed into the water by a wave; **~ся**, смы́ться come* off, wash out; *перен.* be* removed.

смык|а́ть, сомкну́ть (*вн.*) close (*smth.*); *воен., спорт.* close up (*smth.*); ~ ве́ки close *one's* eyes; ◇ не сомкну́ть глаз not sleep a wink, not have a wink of sleep; сомкну́ть ряды́ close *one's* ranks; **~а́ться**, сомкну́ться **1.** (*соприкасаться, соединяться*) join, link up, make* contact; (*становиться вплотную друг к другу*) close up, gather round, *перен.* rally, unite; **2.** (*закрываться*) close; у меня́ глаза́ ~а́ются от уста́лости I can hardly keep my eyes open.

смысл *м.* **1.** sense; (*значение тж.*) meaning, в перено́сном ~е in a figurative sense, в изве́стном ~е in a sense; улови́ть ~ grasp the sense; **2.** (*основание, цель*) point; ~ жи́зни meaning of life; есть ~ съе́здить туда́ it might be worthwhile to go there; нет ~а, не име́ет ~а проси́ть об э́том there's no point in asking for that; нам нет никако́го ~а е́хать туда́ there's no point in our going there; ◇ в по́лном ~е сло́ва in the true/full sense of the word; в ~е *чего-л.* as regards *smth.*

смы́сл|ить *несов. разг.* **1.** understand*; дитя́ ещё ничего́ не ~ит the child*' doesn't yet understand; **2.** (в *пр.*, *разбираться*) understand* (*smth.*), be* versed (in); ~ в те́хнике be* technically minded.

смыслов|о́й semantic; ~ы́е отте́нки shades of meaning.

смы́ть(ся) *сов. см.* смыва́ть(ся).

смы́тые *мн.* washed out.

смы́чка *ж.* **1.** *тех.* joint, coupling; **2.** *союз* contact, alliance, fellowship.

смычко́в|ый bow *attr.*; ~ые музыка́льные инструме́нты bow instruments; (*в оркестре*) the strings.

смычо́к *м.* bow.

смышлёный *разг.* bright.

смягч|а́ть, смягчи́ть (*вн.*) **1.** (*лишать твердости*) make* (*smth.*) soft, soften (*smth.*); **2.** (*делать менее суровым, строгим*) mollify (*smb.*), soften (*smb.*, *smth.*); **3.** (*ослаблять, умерять*) moderate (*smth.*), (*делать менее грубым, резким*) tone (*smth.*) down; ~ *чей-л.* гнев mollify *smb.*, ~ уда́р deaden/cushion the blow; *перен.* soften/temper the blow; смягчи́ть пригово́р mitigate the sentence; **4.** *лингв.* palatalize (*smth.*); **~а́ться**, смягчи́ться **1.** (*делаться эластичным*) become* soft; **2.** (*делаться менее суровым, строгим*) relent, soften; **3.** (*ослабевать, уменьшаться*) diminish, abate; **4.** (*о погоде, климате*) grow* milder; **5.** *лингв.* be* palatalized, **~а́ющие** softening; ~а́ющие вещества́ emollients, softening agents; ~а́ющее вину́ обстоя́тельство extenuating/mitigating circumstance.

смягче́ние *с.* **1.** softening; **2.** (*гнева и т. п.*) mollification; **3.** (*ослабление*) moderating; ~ пригово́ра mitigation of the sentence; ~ междунаро́дной напряжённости relaxation of international tension; **4.** *лингв.* palataliazation.

смягчи́тель *м.* attenuator.

смягчи́ть(ся) *сов. см.* смягча́ть(ся).

смяте́ние *с.* **1.** confusion, perturbation ~ чувств perturbation; приходи́ть в ~ be* perturbed; приводи́ть *кого-л.* в ~ perturb *smb.*; **2.** (*паника*) panic, disarray.

смять *сов.* (*вн.*) **1.** crumple (*smth.*) (up), crush (*smth.*), crease (*smth.*); ~ пла́тье rumple/crumple a dress; ~ письмо́ crumple up a letter; **2.** (*растения*) crush (*smth.*), flatten (*smth.*); ~ траву́ trample/tread* down the grass; ~ овёс flatten the oats; **3.** (*сломить чье-л. сопротивление*) crush (*smb.*, *smth.*), smash (*smb.*, *smth.*); **~ся** *сов.* **1.** be* crumpled; **2.** (*превратиться в комок*) be* smashed/crushed.

снабди́ть *сов. см.* снабжа́ть.

снабжа́ть, снабди́ть (*вн. тв.*) supply (*smb.*, *smth.* wigh), furnish (*smb.*, *smth.* with), provide (*smb.*, *smth.* with); ~ *кого-л.* деньга́ми provide *smb.* with money ; ~ *кого-л.* всем необходи́мым furnish *smb.* with what he, she needs; supply *smb.*'s needs; ~ а́рмию продово́льствием supply an army with provisions, furnish an army with supplies, ~ фа́брику электри́чеством supply a factory with current; deliver power to a factory; ~ кни́гу примеча́ниями annotate a book; снабди́ть стано́к автомати́ческим управле́нием automate a lathe.

снабже́нец *м.* supply agent.

снабже́ние *с.* supply, provision; материа́льно-техни́ческое ~ material and technical supply; ~ продово́льствием food supply.

сна́добье *с.* remedy; stuff *разг.*

сна́йпер *м.* sniper, sharpshooter.

снару́жи **1.** on the outside; **2.** (*по внешнему виду*) outwardly; **3.** (*извне*) from the outside; (*вне пределов чего-л.*) outside.

снаря́д *м.* **1.** *воен.* projectile; (*артиллерийский тж.*) shell; разры́вы ~ов shell bursts; **2.** (*техническое устройство, машина*) machine, apparatus; букрово́й ~ drilling machine; **3.** *спорт.* apparatus; упражне́ния на ~ах apparatus work *sg.*

снаряди́ть(ся) *сов. см.* снаряжа́ть(ся).

снаряж|а́ть, снаряди́ть (*вн.*) **1.** fit out (*smb., smth.*), equip (*smb., smth.*); снаряди́ть экспеди́цию на Се́вер fit out an expedition to the North; снаряди́ть су́дно fit out a ship; **2.** *разг.* (*посылать*) send* (*smb.*), pack (*smb.*) off; **~а́ться**, снаряди́ться *разг.* fit *oneself* out; **~е́ние** *с.* **1.** (*действие*) equipping; **2.** *собир.* (*совокупность необходимых приспособлений*) equipment, gear, ouifit; ло́жное ~е́ние skiing outfit.

снасть *ж.* **1.** *собир.* gear, tackle; рыболо́вная ~ fishing tackle; **2.** *мор.* rope; *мн. собир. тж.* rigging *sg.*

снача́ла **1.** (*сперва*) first; (*первое время*) at first; ~ на́до... (you must) first...; **2.** (*снова*) all over again.

снег *м.* snow; мо́крый ~ sleet; ~ идёт it is snowing, it snows; занесённый ~ом snowbound; покры́тый ~ом snow-covered; оде́тый ~ом snow-clad; ◇ (свали́ться) как ~ на го́лову (come*) like a bolt from the blue.

снеги́рь *м.* bullfinch.

снегови́к *м.* snowman.

снегово́й snow *attr.*; (*о горах*) snowcapped; ~ покро́в layer of snow; ~ая ли́ния snowline.

снегозадержа́ние *с.* snow retention.

снегоочисти́тель *м.* (*машина*) snowplow.

снегопа́д *м.* snowfall.

снегу́рочка *ж.* the Snow Maiden.

снежи́нка *ж.* snowflake.

сне́жн|ый **1.** snow *attr.*; (*обильный снегом*) snowy; (*покрытый снегом*) snow-covered, snow-laden, snowy; ~ая зима́ snowy winter; ~ая поля́на snow-covered/snowy field; **2.** (*похожий на снег*) snow; ~ая белизна́ snowy white; ◇ ~ая ба́ба *см.* снегови́к; ~ый челове́к yeti.

снеж|о́к **1.** light snow; идёт ~ it is snowing a little; **2.** (*снежный ком*) snowball; **3.** *мн.* (*игра*) snowballs; игра́ть в ~ки snowball, throw* snowballs.

снести́ I *сов.* (*вн.*) **1.** *см.* сноси́ть I; **2.** (*отнести куда-л.*) take* (*smth.*), carry (*smth.*); **3.** (*в одно место*) bring* (*smth.*).

снести́ II *сов. см.* нести́ II.

снести́сь I *сов. см.* сноси́ться.

снести́сь II *сов. см.* нести́сь II.

снето́к *м.* (*рыба*) smelt.

сниж|а́ть, сни́зить (*вн.*) **1.** reduce (*smth.*), bring* (*smth.*) down, lower (*smth.*); (*о ценах тж.*) cut* (*smth.*); ~ давле́ние reduce pressure; ~ ско́рость reduce speed; ~ себесто́имость продукции reduce production costs; ~ тре́бования к *чему-л.* be* less exacting with regard to *smth.*; ~ тре́бования к *кому-л.* demand less of *smb.*; **2.** (*самолёт*) bring* (*smth.*) lower; **~а́ться**, сни́зиться **1.** (*уменьшаться*) drop, fall*; (*о ценах*) fall*, come* down; температу́ра сни́зилась the temperature has fallen; **2.** (*спускаться*) come* down, descend; (*о самолёте тж.*) reduce altitude; **~е́ние** *с.* **1.** lowering; (*температуры*) fall; (*уменьшение*) reduction; ~е́ние цен drop (decline, decrease) in prices, cut price, downturn in prices, reduction of prices, price cut, reduction/cut in prices; ~е́ние делово́й акти́вности *эк.* contraction of business conditions; ~е́ние зарпла́ты wage cut; ~е́ние нало́гов *эк.* tax cut; ~е́ние себесто́имости проду́кции lowering (of) production costs; ~е́ние сто́имости перево́зок *эк.* downgrading; ~е́ние те́мпов slowdown, slowing down; **2.** (*самолёта*) descent, letdown; вести́ самолёт на ~е́ние bring* in a plane to land.

сни́женн|ый reduced; ~ые це́ны reduced prices.

сни́зить(ся) *сов. см.* снижа́ть(ся).

снизойти́ *сов. см.* снисходи́ть.

сни́зу **1.** (*с нижней стороны*) from below; (*считая снизу*) from the bottom; (*внизу*) underneath; ~ вверх upwards; **2.** (*со стороны народных масс*) from below; ◇ ~ до́верху from top to bottom; смотре́ть на *кого-л.* вверх look up to *smb.*

снима́ть, снять (*вн.*) **1.** take* off (*smth.*), remove (*smth.*); ~ кни́гу с по́лки take* a book off the shelf*; ~ карти́ну со стены́ take* down a picture; ~ телефо́нную тру́бку lift the receiver; ~ ска́терть со стола́ take* off the tablecloth; снять ча́йник с плиты́ take* the kettle off the stove; ~ дверь с пете́ль remove a door from its hinges; букси́рный парохо́д снял их с ме́ли they were taken off the sandbank by a tug; снять с произво́дства take out of production; снять строи́тельные леса́ take* down the scaffolding; снять с эксплуата́ции remove (take out) of service; **2.** (*одежду, покров и т. п.*) take* (*smth.*) off; снять пальто́ take* off *one's* coat; снять ту́фли take* off *one's* shoes; снять очки́ take* off *one's* glasses; **3.** (*избавлять от чего-л.*): снять блока́ду, оса́ду raise a blockade siege; снять вы́говор с *кого-л.* cancel *smb.'s* reprimand; снять обвине́ние с *кого-л.* exonerate *smb.*; **4.** (*освобождать себя от чего-л.*) discard (*smth.*), free *oneself* (of); снять с себя́ отве́тственность free *oneself* of responsibility; **5.** (*стирая, срезая, удалять что-л.*) remove (*smth.*), rub off (*smth.*); снять грим remove *one's* makeup; ~

шку́ру с медве́дя skin a bear; **6.** (*собирать, убирать*) gather (*smth.*), pick (*smth.*); ~ урожа́й gather in the harvest; ~ я́блоки pick apples; **7.** *воен.* (*отводить, отзывать*) remove (*smb.*), recall (*smb.*); (*убив, связав, удалять откуда-л.*) get* rid (of); (*выстрелом*) pick (*smb.*) off; ~ часово́го (*своего*) remove a sentry; (*вражеского*) carry off a sentry; **8.** (*освобождать от какого-л. дела*) dismiss (*smb.*); ~ *кого-л.* с рабо́ты relieve *smb.* of his duties/office; dismiss *smb.*; **9.** (*отменять*) withdraw* (*smth.*); снять своё предложе́ние withdraw* *one's* proposal, withdraw a proposal; (*в законодательном органе*) withdraw* *one's* motion; ~ пье́су с репертуа́ра take* off a play; **10.** (*точно воспроизводить*) copy (*smth.*); ~ ко́пию с докуме́нта make* a copy of a document; ~ план кре́пости make* a plan of a fortress; **11.** (*фотографировать*) <> photograph (*smb.*, *smth.*), take* *smb.'s* photograph; ~ фильм shoot* a film; **12.** (*брать внаём*) take* (*smth.*), rent (*smth.*); ~ да́чу rent a place in the country; <> снять го́лову с *кого-л.* 1) (*строго наказать*) give* *smb.* hell, have* *smb.'s* head; 2) (*ставить в неловкое положение*) put* *smb.* in a (terrible) spot; снять показа́ния take* *smb.*'s evidence; снять допро́с make* an interrogation; ~ показа́ние счётчика take* a reading of the meter; как руко́й сняло́ it vanished as if by magic; **13.** *церк.* снять с креста́ Descent from the Cross; **~ся**, сня́ться **1.** (*отделяться*) come* off; дверь сняла́сь с пете́ль the door came off its hinges; **2.** (*об одежде*) come* off; перча́тка легко́ сняла́сь the glove came off easily; капюшо́н легко́ снима́ется the hood is easy to take off; **3.** (*о судне*): ~ся с я́коря weigh anchor; **4.** (*покидать какое-л. место*): ~ся с бива́ка break* camp; **5.** (*принимать участие в киносъёмке*) act in a film, appear before the camera; **6.** (*фотографироваться*) be* photographed, have* *one's* photograph taken; <> ~ся с учёта take* *one's* name off the register.

сни́мок *м.* photo(graph); люби́тельский ~ snapshot, picture.

сниска́ть *сов.* (вн.) win* (*smth.*), gain (*smth.*); ~ уваже́ние win*/gain respect.

снисходи́тельн|о **1.** (*нестрого*) indulgently, leniently; with forbearance *после сущ.*; **2.** (*свысока*) condescendingly; ~ разгова́ривать с *кем-л.* talk down to *smb.*; **~ость** *ж.* **1.** (*отсутствие строгости*) leniency, indulgence; **2.** (*покровительственное высокомерие*) condescension; **~ый** **1.** (*нестрогий*) lenient, indulgent; бу́дьте ~ы к нему́ don't be too hard on him, let him down lightly; **2.** (*относящийся свысока*) condescending, patronizing.

снисходи́ть, снизойти́ (к *дт.*) show* condescension (to), condescend (to), stoop (to); ~ к *чьей-л.* про́сьбе graciously concede *smb.'s* request; ~ до разгово́ров с *кем-л.* deign to speak to *smb.*

снисхожде́ние *с.* **1.** (к *дт.*) leniency (towards); име́ть ~ к нео́пытности *кого-л.* show* indugence for *smb.'s* inexperience; **2.** (*высокомерное отношение*) condescension.

сни́ться, присни́ться dream*, have* a dream; мне сня́тся стра́нные сны I have strange dreams; мне сни́лось, что... I dreamed...; вы мне сни́лись I dreamed about you, I had a dream about you.

сно́ва again; once again, once more; anew *поэт.*; ~ встре́титься meet* again; ~ посети́ть *кого-л.*, *что-л.* revisit *smb.*, *smth.*; ~ отпра́виться в путь resume *one's* journey.

снова́ть *несов.* (*двигаться*) scurry.

сновиде́ние *с.* dream.

сногсшиба́тельный *разг.* stunning; (*поразительный*) staggering, astounding, fabulous.

сноп *м.*sheaf*; *перен.* shaft, beam; ~ искр shower of sparks; ~ луче́й shaft of light; <> как ~ повали́ться, упа́сть go* down like a tenpin.

сноповяза́лка *ж.* binder.

сноро́вка *ж.* knack, skiil.

снос I *м.* **1.** (*ветром, течением*) drift; ~ ве́тром *мор.* leeway; **2.** (*разрушение*) demolition; дом предназна́чен к ~у the house is to be pulled down.

снос II *м.* (*износ*): э́тому ~у нет *разг.* it will last forever.

сноси́ть I, снести́ (*вн.*) **1.** (*вниз*) bring* (*smb.*, *smth.*) down; **2.** (*относить*) carry (*smth.*); кора́бль сно́сит ве́тром, тече́нием на юг the ship is being carried south by the wind, current; **3.** (*срывать, сбивать*) carry/sweep* away (*smb.*, *smth.*); (*ветром*) blow* (*smb.*, *smth.*) off; бу́рей снесло́ кры́шу the roof was blown off by the storm; ме́льницу снесло́ водо́й the mill was swept away by the flood; **4.** (*срезать, срубать*) cut* (*smth.*) off, sever (*smth.*); снести́ *кому-л.* голову cut* off *smb.'s* head; **5.** (*разрушать*) demolish (*smth.*), pull (*smth.*) down; **6.** (*терпеть*) bear* (*smth.*); <> ему́ не ~ головы́ he'll come to grief.

сноси́ть II *сов.* (*вн.*) *разг.* (*износить*) wear* (*smth.*) out.

сноси́ться, снести́сь (с *тв.*) communicate (with); ~ пи́сьменно communicate by letter; ~ ме́жду собо́й, друг с дру́гом keep* in touch (with one another); ~ с *кем-л.* по телефо́ну speak* to *smb.* over the telephone.

сно́ска *ж.* footnote.

сно́сн|о tolerably; fairly well; (*как ответ*) so-so, fair to middling; ~ пообе́дать have* a fairly decent dinner; ~ провести́ вре́мя have* a fairly good time; **~ый** (*терпимый*) tolerable; (*неплохой*) fairly good.

снотво́рн|ый *прил.* **1.** soporific: ~ое сре́дство soporific, sleeping draught; **2.** *в знач. сущ. с.* soporific, sleeping pill.

сноха́ *ж.* daughter-in-law (*pl.* daughters-).

сноше́ния *мн.* dealings, relations.

сня́тие *с.* removal; ~ взыска́ния remission of penalty; ~ блока́ды raising of the blockade; ~ "сли́вок" *фин.* skim the cream; ~ (со счёта) *фин.* withdrawal; ~ де́нег со счёта withdrawal of money from an account; ~ де́нег со счёта без предуведомле́ния check-like withdrawal; ~ эмульсио́нного сло́я *тех.* stripping of emulsion layer.

снят|о́й: ~о́е молоко́ skim milk.

сня́ть(ся) *сов. см.* снима́ть(ся).

со *см.* с.

соа́втор *м.* collaborator, coauthor; *мн. тж.* joint authors; **~ство** *с.* collaboration, coauthorship.

соба́к|а *ж.* dog; (*гончая*) hound; дворо́вая, цепна́я ~ watchdog; ◇ ~ на се́не dog in the manger; уста́ть как ~ be* dog tired; он на э́том ~у съел he knows the subject inside out, he knows all there is to know about that; вот где ~ зары́та that's when the trouble lies; ~е соба́чья смерть *погов.* the dog shall die a dog's death; с ~ами не сы́щешь *кого-л.* you can't find *smb.* anywhere.

собаково́д *м.* dog breeder; **~ство** *с.* dog breeding.

соба́|чий 1. canine; dog *attr.*; ~ лай barking (of a dog); ~чья пре́данность canine devotion; ~чья конура́ dog kennel; ~ оше́йник dog collar; **2.** *разг.* (*тяжелый*) dog's, rotten; ~чья жизнь dog's life; ◇ ~ хо́лод perishing/beastly cold.

соба́чка *ж.* **1.** little dog; **2.** *тех.* pawl, catch: **3.** (*оружия*) trigger.

собезья́нничать *сов. см.* обезья́нничать I.

собесе́дник *м.* interlocutor; the person *smb.* is talking to; *мн.* the speakers; он интере́сный ~ he's interesting to talk to, he's exellent company; он ску́чный ~ he is a bore, he has no conversation.

собесе́дование *с.* interview.

собира́тель *м.* collector; ~ ма́рок stamp collector; **~ный** *грам.* collective; ~ные имена́ существи́тельные collective nouns.

собир|а́ть, собра́ть (*вн.*) **1.** (*сосредоточивать в одном месте*) gather (*smb.*, *smth.*), collect (*smb.*, *smth.*); (*животных*) round up (*smth.*); (*созывать*) assemble (*smb.*, *smth.*); собра́ть уча́стников экску́рсии assemble a party of sightseers, get* together the people for the excursion; **2.** (*складывать в одно место*) put* (*smth.*) together, pack (*smth.*); (*о чём-л. упавшем*) pick (*smth.*) up; ~ кни́ги в портфе́ль pack the books into *one's* briefcase; ~ с по́лу бума́ги pick some papers up off the floor; **3.** *разг.* (*упаковывать*) pack (*smth.*); собра́ть чемода́н pack a suitcase; **4.** *разг.* (*приготовлять, снаряжать кого-л.*) prepare (*smb.*); ~ *кого-л.* в доро́гу get* *smb.* ready for a journey; **5.** *разг.* собра́ть на стол lay* the table; **6.** (*соединять*) gather (*smth.*) up; ~ воло́сы в ко́су braid/plait *one's* hair; **7.** (*делать сборки*) pleat (*smth.*), take* (*smth.*) in; собра́ть пла́тье в та́лии take* a skirt in at the waist; **8.** (*соединять и скреплять отдельные части чего-л.*) assemble (*smth.*); ~ стано́к assemble a lathe; ~ дом из кру́пных бло́ков assemble a building out of large precast structural elements; **9.** (*коллекционировать*) collect (*smth.*); (*копить деньги*) save (*smth.*) up; собра́ть библиоте́ку collect a library; собра́ть колле́кцию ма́рок make* a collection of stamps; **10.** (*вн.; получать в каком-л. количестве*) collect (*smth.*); ~ чле́нские взно́сы collect dues; ~ све́дения collect/gather information; **11.** (*вн.; подбирать, срывать*) pick (*smth.*), gather (*smth.*); (*снимать с полей и т. п.*) harvest (*smth.*); ~ я́годы pick berries; собра́ть корзи́ну грибо́в pick/gather a basketful of mushrooms; ~ хво́рост gather twigs/sticks; ~ лека́рственные расте́ния gather medicinal herds; ~ урожа́й take*/bring in the harvest; **12.** (*напрягать силы, способность*) concentrate (*smth.*), muster (*smth.*); собра́ть после́дние си́лы rally *one's* flagging strength; собра́ть всё своё му́жество screw up *one's* courage; **~а́ться**, собра́ться **1.** (*сходиться и т. п.*) gather, get* together; мы собрали́сь здесь, что́бы... we are assembled here to...; we are gathered together here to...; мы ~а́емся ка́ждую сре́ду we meet every Wednesday; не все ещё собрали́сь they haven't all come yet; подождём, пока́ все соберу́тся let us wait till everyone is here; **2.** (*готовиться*) get* ready; ~а́ться в доро́гу get* ready for a journey; **3.** (*надвигаться*) be* coming/approaching; ~а́ется гроза́ thunder is approaching, a storm is gathering: **4.** (+ *инф.; намереваться*) intend (+ to *inf.*, + -ing), be* going (+ to *inf.*); be* about (+ to *inf.*); я ~а́юсь (е́хать) в Москву́ I am thinking of going to Moscow; он не ~а́ется здесь остава́ться he does not contemplate/intend staying here; я и не ~а́лся е́хать туда́ I had no intention of going there; я как раз ~а́лся позвони́ть вам I was just about to telephone you; **5**: ~а́ться с мы́слями collect *one's* thoughts; ~а́ться с си́лами summon (up) *one's* strength; ◇ собра́ться с ду́хом pluck/screw up *one's* courage.

соблаговоли́ть *сов.* (+ *инф.*) ирон. deign (+ to *inf.*).

собла́зн *м.* temptation; вводи́ть *кого-л.* в ~ lead* *smb.* into temptation.

соблазни́тель *м.* tempter; (*обольститель*) seducer; **~ный 1.** (*заманчивый*) tempting; **2.** (*возбуждающий чувственность*) seductive.

соблазни́ть(ся) *сов. см.* соблазня́ть(ся).

соблазня́ть, соблазни́ть **1.** (*вн. тв.; прельщать*) tempt (*smb.* with); ~ *кого-л.* лёгким за́работком tempt *smb.* with easy wages; **2.** (*вн. на вн., вн. + инф.; склонять к чему-л.*) tempt (*smb.* into, *smb.* + -ing); **~ся**, соблазни́ться **1.** (*тв.*, на *вн.; прельщаться чем-л.*) be* tempted (by); **2.** (+ *инф.*; *не устоять перед чем-л.*) be* tempted (into + -ing).

соблюд|а́ть, соблюсти́ (*вн.*) observe (*smth.*), keep* (*smth.*, to). adhere (to); ~ зако́н observe the law; ~ о́чередь wait *one's* turn; ~ поря́док act in an orderly fashion; ~ пра́вила keep (to) the rules; ~ эконо́мию practise economy; **~е́ние** *с.* observance (of), adherence (to).

соблюсти́ *сов. см.* блюсти́ и соблюда́ть.

собо́й *см.* себя́.

соболе́знование *с.* condolence; выража́ть ~ *кому-л.* offer *smb. one's* condolences.

соболе́зновать *несов.* (*дт.*) condole (with), sympathize (with).

собо́лий sable *attr.*; ~ мех sable.

соболи́ный sable *attr.*; ~ запове́дник sable reserve.

со́боль *м.* (*животное и мех*) sable.

собо́р *м.* **1.** (*храм*) cathedral; **2.** *церк.* (*собрание*) council.

собо́ю *см.* себя́.

собра́ние *с.* **1.** meeting, gathering: assembly (*тж. государственный орган*); ~ акционе́ров stockholders meeting; веде́ние ~я conducting a meeting; провести́ ~ conduct a meeting; закрыть ~ adjourn a meeting; председа́тель ~я chairman; прези́диум ~я the Chair; пове́стка дня ~я the agenda; вести́ протоко́л ~я keep the minutes; внести́ попра́вку в резолю́цию ~я amend a resolution; возобнови́ть ~ resume meeting; **2.** (*коллекция*) collection; **3.** (*произведений*): по́лное ~ сочине́ний Пу́шкина the complete works of Pushkin; **4.** ~ для за́писи зву́ка и́ли дубляжа́ *тех.* session.

со́бранн|ый assembled; ~ое устро́йство *тех.* assembly.

собра́т *м.* fellow; ~ по профе́ссии colleague; ~ по ору́жию brother-in-arms; ~ по перу́ fellow writer.

собра́ть(ся) *сов. см.* собира́ть(ся).

со́бственн|ик *м.* owner, proprietor; земе́льный ~ landowner, landed proprietor; ~ капита́ла *эк.* owner of capital; ме́лкий земе́льный ~ small holder; неограни́ченный ~ *эк.* outright owner; ~ не принима́ющий уча́стия в управле́нии (*мелкий держатель акций*) *эк.* absentee owner; полнопра́вный ~ *эк.* rightful owner; ~ това́ра *эк.* owner of the goods; он так ой ~! *разг.* he's very acquisitive!; **~ица** *ж.* proprietress, owner.

со́бственническ|ий **1.** owner's; of ownership *после сущ.*; ~ие права́ rights of ownership; **2.** (*свойственный собственнику*) acquisitive; ~ инсти́нкт proprietary instinct.

со́бственно **1.** *вводн. сл.* actually; ~ говоря́ strictly speaking; в чём, ~, де́ло? what is actually the matter?; **2.** *в знач. частицы* proper, in the full sense.

собственнору́чн|о with *one's* own hand(s); ~ постро́ить дом build* a house with *one's* own hands; **~ый** made/done with *one's* own hand(s) *после сущ.*; (*о написанном*) autograph *attr.*; ~ая по́дпись autograph.

со́бственн|ость *ж.* **1.** (*имущество*) property; госуда́рственная ~ government property, State property; property of the State; ча́стная ~ private property; **2.** (*на вн.; принадлежность кого-л.*) ownership (of); акционе́рная ~ *эк.* corporate property; аренду́емая ~ *эк.* rented property; ~ в це́нных бума́гах *эк.* financial property, property in placements, property in securities; группова́я ~ group property; земе́льная ~ *эк.* land property, leasehold property; индивидуа́льная ~ *эк.* individual (personal) property; коллекти́вная ~ *эк.* collective property; кооперати́вная ~ *эк.* cooperative property; крестья́нская ~ peasant's property; ли́чная ~ *эк.* personal (individual) property; ~ на зе́млю ownership of land; недви́жимая ~ *эк.* fixed property; обще́ственная ~ *эк.* socialized property, public property; по́лная земе́льная ~ (*в отличие от арендной*) *эк.* freehold; совме́стная ~ *эк.* joint venture; предпринима́тельская ~ *эк.* enterpreneur's property; ~ принося́щая дохо́д *эк.* income-yielding property; переда́ча пра́ва ~и transfer of ownership; пра́во ~ости на *что-л.* property rights to *smth.*, right of ownership of *smth.*; **~ый** own; свой ~ый *one's* own; ~ый дом *one's* own house, a private house; ~ капита́л *эк.* equity, stockholders equity, shareowners equity, capital and reserves; спра́виться ~ыми си́лами manage on *one's* own (resources); по ~ому жела́нию as one wishes; в ~ом смы́сле in the true sense; ◇ ~ый корреспонде́нт our own correspondent; и́мя ~ое *грам.* proper name.

собы́ти|е *с.* event; междунаро́дные ~я world events; следи́ть за ~ями follow the course of events, keep* up with events; э́то це́лое ~ it's quite an event.

сова́ *ж.* owl.

сова́ть, су́нуть (*вн.*) *разг.* **1.** (*вкладывать внутрь*) push (*smth.*), put* (*smth.*); ~ ру́ки в карма́ны push/put* *one's* hands in *one's* pockets; **2.** (*класть что-л. небрежно, торопливо*) push (*smth.*), shove (*smth.*); ~ кни́ги на по́лку shove books on to a shelf*; **3.** (*подавать кому-л. небрежно, торопливо*) thrust* (*smth.*); ~ ру́ку offer *one's* hand casually; thrust* out *one's* hand; ~ *что-л. кому-л.* в ру́ки thrust* *smth.* into *smb.'s* hands; **~ся**, су́нуться *разг.* **1.** plunge; **2.** (*приниматься*) try; **3.** (в *вн.; вмешиваться*) intrude (in), poke *one's* nose (into); ~ся не в своё де́ло poke *one's* nose into other people's business; не су́йся, куда́ не про́сят! don't go where you are not wanted; **4.** (к *дт.* с *тв.; приставать*) bother (*smb.* with).

соверша́ть, соверши́ть (*вн.*) **1.** accomplish (*smth.*); (*преступление*) commit (*smth.*), perpetrate (*smth.*), соверши́ть (боево́й) по́двиг perform a feat (of arms); ~ оши́бку make* a mistake, commit an error; (*грубую*) commit/perpetrate a blunder; ~ поса́дку (*о самолёте*) make* a landing; ~ чудеса́ work wonders; **2.** (*оформлять*) conclude (*smth.*), make* (*smth.*); ~ сде́лку make*/strike* a bargain; **~ся**, соверши́ться take* place, occur, happen.

соверше́нно quite, perfectly; ~ ве́рно! quite right!; ~ го́лый stark naked; ~ неожи́данно quite unexpectedly.

совершеннолéт|ие *с.* coming of age, majority; до его́ ~ия till he comes of age; till his coming of age; till he attains his majority; **~ний** of age *после сущ.*

соверше́нн|ый I **1.** (*превосходный*) perfect; **2.** (*полный*) absolute, utter; ~ая пра́вда absolute truth; ~ идио́т utter fool, perfect idiot.

соверше́нный II: ~ вид *грам.* perfective aspect.

соверше́нств|о *с.* perfection; дости́гнуть ~а attain perfection; в ~е perfectly.

соверше́нствование *с.* improvement.

соверше́нствовать, усоверше́нствовать (*вн.*) improve (*smth.*); ~ свои́ зна́ния improve *one's* knowledge; ~ но́вую маши́ну make* improvements to a new car, perfect a new model; **~ся**, усоверше́нствоваться improve *oneself*; усоверше́нствоваться в англи́йском языке́ improve *one's* English.

соверши́ть(ся) *сов. см.* соверша́ть(ся).

со́вестно: ~ сказа́ть I am ashamed to say; ему́ ~ призна́ться he is ashamed to admit; мне ~ за него́ I am ashamed of him; как вам не ~! you ought to be ashamed of yourself; мне ~ ста́ло I felt ashamed/sorry.

со́вест|ь *ж.* conscience; чи́стая ~ good/clear conscience; ~ му́чает *кого-л.* *smb.* has pangs of conscience; у него́ ~ нечиста́ he has a bad/guilty conscience; потеря́ть ~ abandon conscience; ◇ для успокое́ния ~и to make quite sure; по (чи́стой) ~и frankly; по ~и говоря́ to tell the truth; на ~ 1) (*добросовестно*) conscientiously well; 2) (*на верху*) on trust; не за страх, а за ~ not as an obligation but for love of *one's* work/job; со споко́йной ~ью with an easy/clear conscience; поступа́ть про́тив свое́й ~и go* against *one's* conscience; на́до, пора́ и ~ знать there's a limit ~ заговори́ла у *кого-л.* *smb.'s* conscience began to prick him; ~и хвати́ло у *кого-л.* (+ *инф.*) *smb.* had the cheek/gall/nerve (+ to inf.).

сове́т I *м.* (*орган государственной власти в СССР*) Soviet; Сове́т наро́дных депута́тов Soviet of People's Deputies.

совет II *м.* **1.** (*административный или общественный орган*) council; Сове́т Мини́стров Council of Ministers; Сове́т по дела́м рели́гий The Council for Religious Affairs; **2.** (*совещание*) council; семе́йный ~ family council; держа́ть ~ hold* a meeting.

сове́т III *м.* (*наставление*) advice; по ~у *кого-л.* on *smb.*'s advice; сле́довать ~у *кого-л.* follow *smb.*'s advice.

сове́тник *м.* **1.** adviser; **2.** (*должность, чин*) counsellor; ~ посо́льства, ми́ссии Counsellor of the Embassy, Legation; вое́нный ~ military adviser; ~ по гражда́нской авиа́ции civil aviation adviser.

сове́тов|ать, посове́товать **1.** (*вн. дт, дт.* + *инф.*) advise (*smb.*, *smth.*, *smb.* + to *inf.*); **2.** *с отриц.* (*дт.* + *инф.*) *разг.* (*предостерегать от чего-л.*) advise (*smb.* not + to *inf.*), warn (*smb.* against + -ing); он нам не ~ал ходи́ть туда́ he warned us against going there; **~аться**, посове́товаться **1.** (с *тв.*) consult (*smb.*), ask the advice (of); ~аться с юри́стом consult a solicitor, take* legal advice; **2.** (*совещаться*) discuss, go* into council.

сове́тск|ий Soviet; Сове́тский Сою́з the Soviet Union; ~ая систе́ма Soviet system.

сове́тчик *м.* adviser.

совеща́ние *с.* conference.

совеща́тельный deliberative, consultative; ~ го́лос deliberative voice; ~ о́рган consultative body.

совеща́ться *несов.* (о *пр.*) deliberate (on, over); (с *тв.*) confer (with), hold* a conference (with).

сови́ный owl's; (*как у совы*) owlish.

совколо́р *м.* *кино* sovcolor.

совлада́ть *сов.* (с *тв.*) *разг.* control (*smb.*, *smth.*); get* the better (of); ~ с собо́й control *oneself*; он не смог ~ с собо́й he was unable to control himself.

совладе́|лец *м.*, **~лица** *ж.* joint owner; **~ние** *с.* joint ownership.

совмести́м|ость *ж.* compatibility; **~ый** compatible, consistent; ~ый цвет compatible color.

совмести́тельств|о *с.* pluralism; рабо́тать по ~ pluralize; рабо́тать секретарём по ~у combine the job of secretary with other work.

совмести́ть(ся) *сов. см.* совмеща́ть(ся).

совме́стн|о jointly, in common, together with; ~ владе́ть *чем-л.* have* joint ownership of *smth.*; де́йствовать ~ cooperate, act in combination; ~ с *кем-л.* together with *smb.*; **~ый** joint, combined; ~ое обуче́ние coeducation; ~ое предприя́тие joint venture; ~ая рабо́та collaboration, work together; ~ое заседа́ние joint session; ~ое владе́ние *чем-л.* joint ownership of *smth.*; ~ое финанси́рование *эк.* joint support, joint financing; ~ая жизнь life together; ~ые де́йствия joint action *sg.*; *воен.* combined operations; ~ые уси́лия combined/joint efforts; ~ые фо́нды *эк.* mutual funds.

совме́стность *ж.* compatibility.

совмещ|а́ть, совмести́ть (*вн.*) **1.** combine (*smth.*); в себе́ combine; ~ рабо́ту с учёбой combine work and study; **2.** *мат.* superpose (*smth.*); **~а́ться**, совмести́ться **1.** (*сочетаться с чем-л.*) combine, be* combined; **2.** (*совпадать по времени*) coincide; **3.** *мат.* (*совпадать*) be* superposed, match; **~е́ние** *с.* **1.** combination; ~е́ние не́скольких до́лжностей holding several jobs; ~е́ние не́скольких профе́ссий combining of several professions; **2.** *мат.* superposition, matching; **~ённый**: ~ённый досмотр (*при паспортном и таможенном контроле*) one-step inspection; ~ённая ко́пия *фото* composite print; ~ённая перви́чная обрати́мая плёнка *фото* composite reversal original; ~ённый дубль негати́в *фото* composite dupe negative; ~ённый контрати́п *фото* combined dupe; ~ённый негати́в *фото* composite negaive; ~ённый обращённый дубль позити́в *фото* composite reversal dupe print; ~ённый позити́в теку́щей печа́ти *фото* composite daily print; ~ённый промежу́точный позити́в *фото* composite master positive; ~ённый цветнóй дубль позити́в *фото* composite color dupe print; ~ённый цветнóй позити́в на обрáтной плёнке *фото* composite original color positive.

совóк *м.* scoop; (для сора) dustpan.

совокýпн|ость *ж.* totality, aggregate, total combination; в ~ости in the aggregate; ~ фáктов total combination of facts, the facts taken of a whole; ~ доказáтельств the totality of evidence; **~ый** point, combined.

совпад|áть, совпáсть (с *тв.*) **1.** coincide (with); **2.** (*оказываться общим*) concur (with); (*о данных и т. п. тж.*) tally (with); **3.** (*соединяться*) unite (with); **~éние** *с.* **1.** (*одновременность*) coincidence; **2.** (*общность*) concurrence; ~éние интерéсов concurrence of interests; **3.** (*сочетание*) combination; ~éние обстоя́тельств combination of events.

совпáсть *сов. см.* совпадáть.

совратить *сов. см.* совращáть.

соврáть *сов. см.* врать.

совращáть, совратить (*вн.*) pervert (*smth.*), seduce (*smb.*); ◇ ~ *кого-л.* с пути́ и́стинного lead* *smb.* astray.

совремéнн|ик *м.* contemporary; **~ость** *ж.* **1.** modernity, contemporaneity; **2.** (*эпоха*) our/modern times *pl.*, modern life; ~ый **1.** (*дт., того же времени*) contemporary (with); **2.** (*теперешний*) modern; of today *после сущ.*; ~ая эпóха our/modern times *pl.*; ~ая молодёжь the young people of today; **3.** (*отвечающий требованиям своего времени*) modern, contemporary, up-to-date; ~ое оборýдование up-to-date equipment.

совсéм quite; (*полностью*) totally, entirely; (*навсегда*) for good; ~ мáло a very little; ~ нóвый brand-new; ~ молодóй quite young; ~ другóй quite a different; ~ другóе something quite different; ~ не... not at all...; он ~ не гóрдый he is not at all proud ; он ~ не врач he is not a doctor at all; я егó ~ не знáю I don't know him at all; я э́того ~ не ожидáл I did not expect that in the least, that was the last thing I expected; у меня́ ~ нет врéмени I haven't a moment to spare; э́то ~ не то that's not it; вы ~ не то говори́те (, что нáдо) that is not what you ought to say; ~ не такóй, как... quite unlike...; он ~ не такóй глýпый he is by no means so stupid.

совхóз *м.* state farm, sovkhoz; **~ный** state-farm *attr.*, sovkhoz *attr.*

сóбственный bowed.

соглáси|е **1.** (*разрешение*) consent, assent; ~ сторóн consent of the parties; ~ на заключéние сдéлки consent to conclude a deal; ~ на оплáту неустóйки consent to pay damages; получить ~ кого-л. obtain *smb.*'s consent; с óбщего ~я by common consent; кивнýть (головóй) в знак ~я nod assent; **2.** (*единомыслие*) agreement; **3.** (*единодушие*) harmony, accord; жить в пóлном ~и live in perfect harmony.

согласи́ться *сов. см.* соглашáться.

соглáсно **1.** *нареч.* in harmony; петь ~ sing* harmoniously; **2.** *предлог (дт.)* according to; ~ предписáнию according to the instruction; ◇ ~ с *чем-л.* in accordance with *smth.*

соглáсный I *прил. лингв.* **1.** consonant; **2.** *в знач. сущ. м.* consonant.

соглáс|ный II **1.**: быть ~ным на *что-л.* agree to *smth.*; вы ~ны идти́? are you willing to go?; быть ~ным с *кем-л. чем-л.* agree with *smb.*, *smth.*, be* in agreement with *smb.*, *smth.*; я (вполнé) с вáми ~ен I (fully) agree wlth you; я ~ен с егó мнéнием I am quite in agreement with his opinion; все с э́тим ~ны everyone agrees on this point; все ~ны? does everybody agree?; ~ен! agreed!; ~ен, но... granted, but..; **2.** (*гармоничный*) harmonious.

согласовáние *с.* **1.** coordination; ~ дéйствий co-ordination; **2.** *грам.* agreement, concord; ~ времён sequence of tenses.

согласóванн|о in coordination; **~ость** *ж.* co-ordination; **~ый** coordinated, concerted; ~ые дéйствия concerted action *sg.*; ~ая рабóта teamwork; *кино* matched.

согласовáть *сов.* (*вн. с тв.*) **1.** coordinate (*smth.* with); ~ расписáние движéния поездóв с прибы́тием парохóдов coordinate the train timetable with the arrival of ships; **2.** (*выработать единое мнение*) get* agreement (on *smth.* with), fix (*smth.* with); ~ план дéйствий get* agreement on a plan of action; **3.** *грам.* make* (*smth.*) agree (with); **~ся** *несов.* и *сов.* (с *тв.*) **1.** (*сообразоваться*) be* in conformity (with); **2.** *тк. несов. грам.* agree (with).

соглашáтель *м.* class collaborator; *перен.* conciliator, compromiser; **~ский** of class collaboration *после сущ.*; ~ская поли́тика policy of class collaboration; **~ство** *с.* class collaboration; *перен.* compromise.

соглаш|áться, согласи́ться **1.** (на *вн.* + *инф.*; *давать согласие*) agree (to, + to *inf.*), consent (to + to *inf.*), assent (to, + to *inf.*); ~ на операцию agree to an operation; он дóлго не ~ался it was a long time before he would agree, he held out for a long time; ~áйтесь скорéе! make up your mind!; он согласи́лся поéхать с нáми he agreed/consented to go with us; согласи́тесь, что... you will admit that...; **3.** (*с тв.*; *признавать правильным*) agree (with), согласи́ться с мнéнием товáрищей agree with *one's* friends' opinion.

соглашéни|е *с.* agreement; авиациóнное ~ air agreement; агéнтское ~ *эк.* agency agreement; арбитрáжное ~ *эк.* arbitration agreement; арéндное ~ *эк.* leasing agreement; бáртерное ~ *эк.* barter agreement; валю́тное ~ *эк.* monetary agreement; внешнеторгóвое ~ *эк.* foreign trade agreement; двусторóннее ~ *эк.* bilateral agreement; дéйствующее ~ *эк.* agreement in force; деловóе ~ *эк.* business agreement; джентльмéнское ~ *разг.* gentleman's agreement; долгосрóчное ~ *эк.* long-term agreement; кли́ринговое ~ *фин.* clearing agreement; компенсациóнное ~ *фин.*

compensation agreement; консигнацио́нное ~ *фин.* consignment agreement; кооперацио́нное ~ *фин.* cooperation agreement; краткосро́чное ~ *фин.* short-term agreement; креди́тное ~ *фин.* credit agreement; лицензио́нное ~ *фин.* license agreement; межба́нковское ~ *фин.* interbank agreement; междунаро́дное ~ *фин.* international agreement; мирово́е ~ *эк.* amicable settlement; многосторо́ннее ~ *эк.* multilateral agreement; ~ об обме́не возду́шными суда́ми на усло́виях взаи́мной опла́ты *торг.* interchanged aircraft agreement; ~ о взаи́мной комме́рческой де́ятельности *торг.* pool (pooling) agreement; ~ о наме́рениях *торг.* agreement of intent; ~ о пе́рвом предложе́нии *торг.* firsthand agreement; ~ о разде́ле ры́нка *торг.* market-sharing agreement; ~ о совме́стной эксплуата́ции авиали́ний *торг.* interline agreement; ~ о совме́стном произво́дстве *торг.* coproduction agreement; ~ о сотру́дничестве на компенсацио́нной осно́ве *торг.* compensation agreement; пате́нтное ~ *эк.* patent agreement; платёжное ~ *эк.* payment agreement; ~ по пассажи́рским и грузовы́м тари́фам *торг.* fares and rates agreement; ~по прямо́му транзи́ту direct-transit agreement; ~ по тари́фам с ограни́ченной отве́тственностью (об акционе́рных о́бществах) *торг.* limited tariff agreement; с ~ и уме́ньшенным капита́лом limited and reduced; пу́льное ~ *эк.* pooling agreement; типово́е ~ *эк.* standard agreement; товарообме́нное ~ *эк.* barter agreement; торго́во-экономи́ческое ~ *эк.* trade and economic agreement; фина́нсовое ~ *фин.* financial agreement; ча́стное ~ *фин.* private agreement; эмиссио́нное ~ *фин.* underwriting agreement; срок де́йствия ~я term of agreement; статья́ ~я article of agreement; аннули́ровать ~ cancel an agreement; заключи́ть ~ conclude (enter into) an agreement; парафи́ровать ~ initial an agreement; подпи́сывать ~ sign an agreement; прекраща́ть де́йствие ~я terminate an agreement; ратифици́ровать ~ ratify an agreement; по ~ю с *кем-л.* by agreement with *smb.*; по взаи́мному ~ю by mutual agreement/consent; прийти́ к ~ю come* to an agreement/understandings; arrive at an agreement/understanding; ~е о товарообме́не barter agreement.

согна́ть *сов. см.* сгоня́ть.

со́гнутый crooked, bent; (*сго́рбленный*) stooped.

согну́ть(ся) *сов. см.* сгиба́ть(ся).

согрева́ть, согре́ть (*вн.*) warm (*smb., smth.*), heat (*smth.*); *перен.* (*утешать*) comfort (*smb.*); (*оживлять*) inspire (*smth.*); ~ ру́ки make* *one's* hands warm; ~ во́ду heat the water; **~ся**, согре́ться get* warm; ко́мната ещё не согре́лась the room hasn't got warm yet.

согрева́ющий: ~ компре́сс hot compress.

согре́ть(ся) *сов. см.* согрева́ть(ся).

согреши́ть *сов. см.* греши́ть 1.

со́да *ж.* soda; питьева́я ~ baking soda; ~ для сти́рки washing soda; каусти́ческая ~ caustic soda.

соде́йстви|е *с.* assistance; при ~и *кого-л.* with *smb.*'s assistance.

соде́йствовать *несов. и сов.* (*кому-л.*) assist (*smb.*); (*чему-л.*) further (*smth.*), contribute (to), promote (*smth.*).

содержа́ни|е *с.* **1.** (*действие*) maintenance, upkeep; ~ аппарату́ры в испра́вности maintenance of equipment; ~ а́рмии maintenance of an army; расхо́ды по ~ю maintenance costs, expenses of upkeep; **1.** (*зарплата*) pay, salary; **1.** (*ассигнование*) allowance; **4.** (*тема*) theme, subject; ~ кни́ги subject of a book; ~ о́перы theme of an opera; ~ разгово́ра what the conversation is/was about; кра́ткое ~ summary; **5.** (*оглавление*) contents *pl.*; **6.** (*смысл, сущность чего-л.*) substance, content, essence; еди́нство фо́рмы и ~я unity of form and content; **7.** *разг.* (*содержимое*) contents *pl.*; (*то, из чего состоит что-л.*) substance, stuff; essential ingredients *pl.*; **8.** (*наличие какого-л. вещества*) content; ~ вла́ги в атмосфе́ре moisture content of the atmosphere.

содержа́тельн|ость *ж.* richness of content; pithiness; **~ый** profound, serious, pithy; ~ый челове́к interesting man*, woman*; ~ая кни́га pithy/substantial book.

содержа́ть *несов.* (*вн.*) **1.** (*обеспечивать*) maintain (*smb.*), support (*smb.*), keep* (*smb.*); ~ се́мьи support a family; он до́лжен ~ свои́х роди́телей he has his parents to keep, he has to maintain his parents; **2.** (*держать*) keep* (*smb., smth.*); ~ *что-л.* в испра́вности keep* *smth.* in (working) order; ~ *кого-л.* под стра́жей hold*/keep* *smth.* under arrest; **3.** (*заключать в себе*) contain (*smth.*); о́вощи содержа́т витами́ны vegetables contain vitamins; **~ся** *несов.* **1.** be* kept; **2.** (*входить в состав чего-л.*); в э́той го́рной поро́де соде́ржится мно́го желе́за there is a high percentage of iron in this rock; в э́той кни́ге соде́ржатся ну́жные све́дения this book contains the information we need.

содержи́мое *с.* contents *pl.*

со́дов|ый soda *attr.*; ~ вода́ soda(-water).

содокла́д *м.* supporting paper, second report; **~чик** *м.* second speaker.

содо́м *м. разг..* uproar, row.

содра́ть *сов. см.* сдира́ть.

содрог|а́ние *с.* shudder; приводи́ть *кого-л.* в ~ make* *smb.* shudder; **~а́ться**, содрогну́ться shudder; земля́ ~а́лась от взры́вов the earth rocked with the explosions; ~а́ться от у́жаса shudder with horror; ~ну́ться *сов. см.* содрога́ться.

содру́жество *с.* **1.** concord, harmony; (*сотрудничество*) co-operation; ~ на́ций co-operation between nations; Брита́нское ~ на́ций British Commonwealth (of Nations); **2.** (*общество, объединение*) association; ~ худо́жников artists' association.

со́ев|ый soya *attr.*; soybean *attr.*; ~ые бобы́ soya beans, soybeans; ~ая мука́ soya flour; ~ые конфе́ты soya sweets; ~ое ма́сло soybean oil; ~ый со́ус soy sauce.

соедине́ни|е *с.* **1.** (*действие*) joining, connecting; ~ проводо́в connecting of lines/wires; ~ фо́рмы Т *кино* Т connection; **2.** (*место*) junction, connection; (*стык, шов*) join; **3.** (*крупная войсковая единица*) formation; та́нковые ~я tank formations; **4.** *хим.* combination, compound.

соединённ|ы й united, joint, combined; ~ые си́лы combined forces.

соедини́тел|ь *м. кино* connector; ~ у́льтра высо́ких часто́т UHF connector; ~и на за́дней пане́ли rear panel connectors.

соедини́тельн|ый 1. connecting, coupling; ~ая пла́нка connecting plate; ~ая му́фта *тех.* connector, sleeve; **2.** *лингв.* connecting; ~ гла́сный connecting vowel; **3.** *грам.* connective; ~ сою́з copulative conjuction; ◇ ~ая ткань *биол.* connective tissue.

соедини́ть(ся) *сов. см.* соединя́ть(ся).

соединя́ть, соедини́ть (*вн.*) **1.** (*скреплять*) join/connect (*smth.*) (together), couple (*smth.*), link (*smth.*); *перен.* bind* (*smb.*, *smth.*); ~ провода́ connect wires/lines; **2.** (*устанавливать сообщение*) connect (*smth.*), link up (*smth.*); (*при телефонных переговорах*) put* (*smb.*) through; ~ два го́рода автостра́дой link up two towns with a motorway/highway; **3.** (*объединять*) connect (*smb.*, *smth.*); соедини́ть си́лы join forces; **4.** (*сочетать*) combine (*smth.*), link (*smth.*); ~ тео́рию с пра́ктикой combine theory with practice; **~ся**, соедини́ться **1.** (*скрепляться*) join, connect; (*о металлах*) fuse; *перен.* be* joined/bound; провода́ соедини́лись the wires/lines joined; **2.** (*при помощи средств связи*) get* through, make* contact; соедини́ться с *кем-л.* по телефо́ну get* *smb.* on the telephone; **3.** (*объединяться*) unite, combine; (*о войсках*) link up, join up; **4.** (*сочетаться*) be* combined; **5.** *хим.* combine, unite.

соединя́ющий: ~ ка́бель *кино* patch cord.

сожале́ни|е *с.* **1.** (о *пр.; чувство печали, огорчения*) regret (for); с ~ем regretfully; **2.** (*к дт.; жалость, сострадание*) pity (for): из ~ к *кому-л.* out of pity for *smb.*; досто́йный ~я (*внушающий жалость*) (greatly) to be pitied; (*прискорбный*) to be deplored; ◇ к ~ю unfortunately.

сожале́ть *несов.* (о *пр.*) **1.** (*испытывать сожаление*) regret (*smth.*), be* sorry (about); ~ о случи́вшемся regret the incident; **2.** (*испытывать жалость*) pity (*smb.*), be* sorry (for).

сожра́ть *сов. см.* жрать.

созва́ниваться, созвони́ться *разг.* call (one another) up, get* in touch by phone.

созва́ть *сов. см.* созыва́ть и сзыва́ть.

созве́здие *с.* constellation; *перен.* galaxy.

созвони́ться *сов. см.* созва́ниваться.

созву́ч|ие *с.* consonance; **~ный** consonant; in harmony *после сущ.*; ~ный эпо́хе in tune with the times.

создава́ть, созда́ть (*вн.*) create (*smb.*, *smth.*), make* (*smb.*, *smth.*); (*вызывать появление чего-л.*) cause (*smth.*); ~ симфо́нию compose/write* a symphony; ~ спекта́кль produce a play; ~ коми́ссию set up a committee; ~ усло́вия для рабо́ты create conditions for work; ~ впечатле́ние create/produce an impression; **~ся**, созда́ться be* created; (*возникать*) arise*; создаётся впечатле́ние, что.... there seems to be an impression that...; у меня́ создало́сь впечатле́ние...I am under the impression...

созда́ние *с.* **1.** (*действие*) creation; making; **2.** (*произведение*) (piece of) work, creation; ~ ге́ния the work of a genius; **3.** (*существо*) creature.

созда́тель *м.* creator; (*учения, теории*) founder, originator.

созда́ть(ся) *сов. см.* создава́ть(ся).

созерца́|ние *с.* contemplation; **~тельный** contemplative.

созерца́ть *несов.* (*вн.*) contemplate (*smb.*, *smth.*).

созида́|ние *с.* creation; па́фос ~ния creative inspiration; **~тель** *м.* creator; **~тельный** creative, constructive; ~тельный труд creative work.

созида́ть *несов.*(вн.) create (*smth.*).

сознава́ть, созна́ть (*вн.*) **1.** realize (*smth.*), be* aware/conscious (of), be* alive (to); ~ сво́й долг be* aware of *one's* duty; ~ свою́ оши́бку reallze *one's* mistake; ~ опа́сность be* alive to the danger; **2.** *тк. несов.* (*воспринимать окружающее*) be* conscious; больно́й ничего́ не сознаёт the patient is unconscious; **~ся**, созна́ться confess; (в *пр.*) acknowledge (*smth.*), admit (*smth.*); вино́вный созна́лся the culprit has confessed; на́до сознава́ться, нельзя́ не созна́ться it must be confessed.

созна́ни|е *с.* **1.** consciousness; (*мыслительная деятельность*) awareness, mind, mentality; кла́ссовое ~ class consciousness; потеря́ть ~ lose* consciousness; приводи́ть *кого-л.* в ~ restore *smb.* consciousness; bring* *smb.'s* to, bring* *smb.* round *разг.*; приходи́ть в ~ regain consciousness; come* to *разг.* па́дать без ~я faint; он без ~я he is unconscious; больно́й в ~и the patient is conscious; **2.** (*ясное понимание чего-л.*) awareness, realization; в ~и своего́ превосхо́дства conscious of *one's* superiority; ~ опа́сности realization of danger; ~ до́лга awareness of duty; ◇ до поте́ри ~я till one is blue in the face; жить в *чьём-л.* ~и live in *smb.*'s mind.

созна́тельн|о 1. consciously; (*добросовестно*) conscientiously; он ~ пошёл на риск he took the risk consciously; **2.** (*обдуманно*) deliberately; **~ость** *ж.* **1.** consciousness, awareness; **2.** (*понимание*) (fullness of) understanding, wisdom; **~ый 1.** conscious; (*осмысленный*) mature; ~ый во́зраст the age of maturity; го́ды ~ой жи́зни mature years; **2.** (*правильно понимающий окружающее*): ~ое отноше́ние к *чему-л.* reasoned attitude to *smth.*; **3.** (*обдуманный*) deliberate; ~ый посту́пок deliberate action.

созна́ть *сов. см.* сознава́ть 1; **~ся** *сов. см.* сознава́ться.

созрева́ние *с.* ripening, maturing.

созрева́ть, созре́ть ripen; mature (*тж. перен.*).

созре́ть *сов. см.* созрева́ть.

созы́в *м.* calling, convocation.

созыва́ть, созва́ть (*вн.*) **1.** (*приглашать*) call (*smb.*) together, summon (*smb.*); (*гостей*) invite (*smb.*); созва́ть друзе́й invite *one's* friends; **2.** (*съезд и т. п.*) call (*smth.*), convene (*smth.*), hold* (*smth.*); созва́ть конфере́нцию call/convene a conference; созва́ть конси́лиум hold* a consultation.

соизво́лить *сов.* (+ *инф.*) ирон. deign (+ to *inf.*), be* pleased (+ to *inf.*).

соизмери́м|ый commensurable; *перен. тж.* comparable; ~ые величи́ны commensurable quantities; ~ые поня́тия comparable conceptions.

соиска́ние с.: предста́вить диссерта́цию на ~ учёной сте́пени до́ктора наук present/submit *one's* thesis for a doctor's degree.

со́йка *ж. зоол.* jay.

сойти́ *сов. см.* сходи́ть I.

сойти́сь *сов. см.* сходи́ться.

сок *м.* juice; (*деревьев*) sap; берёзовый ~ birch sap; <> выжима́ть все ~и из *кого-л.* sweat *smb.*, work *smb.* to death; в са́мом ~у in the prime of life, in *one's* prime.

соковыжима́лка *ж.* squeezer, juicer.

со́кол *м.* **1.** falcon; **2.** *мн.* (*о лётчиках*) eagles, hawks; **3.** (*о красивом, смелом человеке*) prodigy; <> гол как соко́л ~ poor as a church mouse, poor as a rat, poor as Job.

соколи́ный **1.** falcon's; **2.** (*гордый, смелый*) eagle *attr.*

сократи́ть(ся) *сов. см.* сокраща́ть(ся).

сокращ|а́ть, сократи́ть (вн.) **1.** (*укорачивать*) shorten (*smth.*), cut* down (*smth.*); (*слово*) abbreviate (*smth.*); (*текст*) abridge (*smth.*), сократи́ть путь shorten the journey; сократи́ть сро́ки строи́тельства cut* down building time; **2.** (*уменьшать*) reduce (*smth.*), curtail (*smth.*); ~ расхо́ды cut*/keep* down expenditure; reduce/curtail expenditure/expenses; retrench; ~ шта́т(ы) reduce staff; **3.** *разг.* (*увольнять*) make* (*smb.*) redundant, discharge (*smb.*); **4.** *мат.* cancel (*smth.*) out, eliminate (*smth.*); **~а́ться**, сократи́ться **1.** (*делаться короче*) shorten, short(er), be* shortened; путь сократи́тся на две́сти киломе́тров the journey will be shortened by two hundred kilometers; **2.** (*уменьшаться*) be* reduced, diminished; расхо́ды ~а́ются expenses are being reduced; **3.** *физиол.* (*сжиматься*) contract; **4.** *мат.* cancel out.

сокраще́ни|е *с.* **1.** (*укорочение*) shortening; (*в тесте*) abridgment; для ~я вре́мени to save time; для ~я пути́ to reduce the journey; **2.** (*уменьшение*) reduction, curtailment; ~ на де́сять проце́нтов reduction of ten per cent; всео́бщее ~ вооруже́ний general reduction of armaments; ~ шта́тов staff reduction; cutting down (of) the establishment; по ~ю шта́тов owing to reduction of staff; **3.** (*сокращенное обозначение*) abbreviation; **4.** (*пропуск в тексте*) abridgment; изда́ние с ~ями abridged edition; **5.** *разг.* (*увольнение*) redundancy, discharge; **6.** *физиол.* contraction; ~ се́рдца systole; **7.** *мат.* cancellation.

сокращённ|о in abbreviated form; **~ый** **1.** shortened, reduced, curtailed; ~ый рабо́чий день shortened working day; ~ое изда́ние abridged edition; ~ое изложе́ние digest, shortened version; **2.** (*обозначенный начальными буквами*) abbreviated; ~ое сло́во abbreviated word.

сокрове́нн|ый innermost, secret; (*дорогой*) cherished; ~ая мечта́ cherished dream.

сокро́вищ|е *с.* treasure; (*богатства земных недр, лесов и т. п.*) riches *pl.*; ~а мирово́й культу́ры treasures/riches of world culture; <> ни за каки́е ~а not for the world; **~ница** *ж.* treasury; ~ница зна́ний treasury of knowledge.

сокруша́ть, сокруши́ть (*вн.*) **1.** (*разбивать*) smash (*smth.*), shatter (*smth.*); *перен. тж.* destroy (*smb.*, *smth.*); **2.** (*печалить*) distress (*smb.*); **~ся** *несов.* (о *пр.*) grieve (for, over); be* distressed (about).

сокрушённ|о mournfully; ~ый sad, grieving.

сокруши́тельный crushing, shattering, crippling; ~ уда́р crushing blow.

сокруши́ть *сов. см.* сокруша́ть.

сокры́тие *с.* concealment.

соку́рсн|ик *м.*, **~ица** *ж.* fellow student; он был мои́м ~иком he was in my year at college.

солга́ть *сов. см.* лгать.

солда́т *м.* soldier (*тж. перен.*); private (soldier); *мн. тж.* the men.

солда́тик *м.* (*игрушечный*) tin soldier, toy soldier.

солено́ид *м. научн.* solenoid.

соле́ние *с.* (*действие*) salting, pickling.

солериз|а́ция *ж. тех.* solarization; ~ изображе́ния solarization of image; **~и́рованный** solerized.

солён|ый **1.** salt; (*о воздухе, ветре*) salty, briny, brackish; ~ое о́зеро salt lake; **2.** (*обладающий вкусом соли*) salty; ~ые слёзы salty tears; **3.** (*засоленный*) salted, pickled; ~ые грибы mushrooms in brine: ~ая капу́ста pickled cabbage, sauerkraut; ~ые огурцы́ pickled cucumbers; ~ое мя́со salt/corned beef.

соле́нье *с. обык. мн.* pickles.

солидаризи́ровать *несов.* и *сов.* (с *тв.*) join (with), make* common cause (with).

солида́рн|ость *ж.* solidarity; из ~ости as a demonstration of solidarity; чу́вство ~ости sense of solidarity, fellow-feeling; **~ый** **1.** united; быть ~ым с *кем-л.* agree with *smb.*, be* in agreement with *smb.*; **3.** *юр.*: ~ая отве́тственность joint liability.

соли́дн|ый **1.** (*прочный, крепкий*) solid, substantial; ~ое зда́ние substantial building; **2.** (*основательный, глубокий*) thorough, extensive, considerable; ~ые зна́ния thorough/wide knowledge *sg.*; ~ журна́л serious magazine; **3.** (*серьезный, значительный*) established, serious, recognized; ~ учёный serious/established scientist; ~ое учреждéние recognized institution; **4.** (*важный, представительный*) impressive, imposing, weighty; ~ человéк impressive person; ~ тон lofty tone; **5.** (*крупный, полный*) massive, big; **6.** (*не очень молодой*); ~ вóзраст fair age; **7.** *разг.* (*значительный по величине*) fair-sized, considerable; ~ая сýмма sizeable amount, considerable sum of money.

солúст *м.*, **~ка** *ж.* soloist.

солúть, посолúть (*вн.*) salt (*smth.*); (*консервировать тж.*) pickle (*smth.*); ~ суп salt *one's* soup; ~ огурцы́ salt/pickle cucumbers.

солнечн|ый 1. sun *attr.*; solar *научн.*; ~ спектр *астр.* solar spectrum; ~ое затмéние eclipse of the sun, solar eclipse; ~ луч sunbeam; ~ свет sunlight, sunshine; ~ая корóна *астр.* solar corona, the sun's corona; **2.** (*освещённый, согретый солнцем*) sunny; ~ая погóда sunny weather; ~ день sunny day; ~ая сторонá the sunny side: ◇ ~ая систéма solar system; ~ое сплетéние *анат.* solar plexus; ~ые сýтки solar day; ~ удáр sunstroke; ~ые часы́ sundial *sg.*; ~ая клéтка *кино* solar cell; ~ щит *кино* sun shield.

сóлнц|е *с.* sun; на ~ in the sun; грéться на ~ bask in the sun, sun *oneself*; ◇ по ~у by the sun; до ~а before sunrise; мéсто под ~ем a place in the sun.

солнцепёк *м.* heat of the sun; на ~е right in the sun, in the heat of the sun.

солнцестоя́ние *с. астр.* solstice; лéтнее (зúмнее) ~ summer (winter) solstice.

сóло *с. нескл.* **1.** solo; ~ для скрúпки violin solo; **2.** *в знач. нареч.* solo; петь ~ sing* solo.

солов|éй *м.* nightingale; ◇ ~ья бáснями не кóрмят *посл.* ≅ fine words utter no parsnips, it is no use preaching to a hungry man.

сóло-вéксель *м. фин.* single-name paper.

соловьúный nightingale's.

солóм|а *ж.* straw*, (*для крыш*) thatch; **~енный 1.** straw *attr.*; ~енная шля́па straw hat: ~енная кры́ша thatched roof; **2.** (*о цвете*) straw-colored; ◇ ~енная вдовá grass widow.

солóминк|а *ж.* straw; ◇ хватáться за ~у clutch at a straw; утопáющий и за ~у хватается *посл.* a drowning man catches/clutches at a straw.

солонúна *ж.* corned beef; *мор.* (salt) junk.

солóнка *ж.* saltcellar, saltshaker амер.

сóлоно: емý ~ пришлóсь he had a (pretty) hard time, he has been through the mill.

солончакóв|ый saline; ~ая пóчва saline soil.

соль I *ж.* salt (*тж. перен.*); столóвая ~ table salt; кáменная ~ rock salt; в э́том вся ~!, that's the whole point!, that's the beauty of it; ◇ аттúческая ~ Attic salt/wit; ~ землú the salt of the earth.

соль II *с. нескл. муз.* soh, sol, G.

сóльн|ый solo *attr.*; ~ нóмер a solo; ~ая пáртия solo part.

сольфéджио *с. нескл. муз.* solfeggio.

соля́нка *ж.* solyanka (meat or fish soup with salted cucumbers and olives).

солянóй salt *attr.*; ~ые пласты́ saline deposits; ~ раствóр salt solution; ~ые разрабóтки salt workings.

соля́н|ый: ~ая кислотá *хим.* hydrochloric acid.

соля́рий *м.* solarium (*pl.* -ia).

сом *м.* (*рыба*) sheatfish, silurus.

сóмкнут|ый: ~ строй *воен.* close order; ~ыми ряда́ми in serried ranks.

сомкнýть(ся) *сов. см.* смыкáть(ся).

сомнев|áться *несов.* **1.** (в *пр.*) doubt (*smb.*, *smth.*), have* doubts (about), question (*smth.*); ~юсь I have my doubts; ~аюсь, что... I don't believe (that)...; не ~ в *чём-л.* have* no doubts as to *smth.*, not question *smth.*; мóжете не ~! don't worry!; **2.** (*испытывать затруднения, колебания*) be* in doubt.

сомнéни|е *с.* **1.** (*неуверенность в истинности чего-л.*) doubt; нет ~я, что он придёт he is sure to come; в э́том не мóжет быть никакóго ~я there can be no doubt about that; **2.** (*затруднение, недоумение*) doubtful point, problem; разрешúть все ~я solve all problems; ◇ без ~я no doubt, undoubtedly: вне вся́кого ~я beyond all manner of doubt.

сомнúтельн|о 1. *нареч.* doubtfully, dubiously; **2.** *в знач. сказ. безл.* it is doubtful; **~ый 1.** (*недостоверный*) questionable, dubious; ~ая теóрия questionable theory; **2.** (*двусмысленный*) dubious; ambiguous; ~ый комплимéнт ambiguous compliment; **3.** (*подозрительный*) dubious, shady; ~ые делá dubious transactions; ~ая лúчность shady character.

сомнóжитель *м. мат.* factor.

сон *м.* **1.** (*состояние*) sleep; slumber *поэт.*; во сне in *one's* sleep; меня́ клóнит ко сну I am sleepy; он со сна ничегó не пóнял he was too sleepy to understand anything; погрузúться в глубóкий ~ fall* into a deep/sound sleep; **2.** (*сновидение*) dream; вúдеть ~ have* a dream; вúдеть во сне *что-л.* dream* about/of *smth.*; как во сне as in a dream; ◇ сквозь ~ half-asleep, in a doze; спать сном прáведника sleep* the sleep of the just; сна ни в однóм глазý нет couldn't feel less like sleep; заснýть вéчным сном go* to eternal rest.

сонаслéдник *м. юр.* coheir; *мн.* joint heirs.

сонáта *ж. муз.* sonata.

сонéт *м. лит.* sonnet.

сонлúв|ость *ж.* sleepiness, drowsiness; somnolence *книжн.*; **~ый** sleepy; (*сонный тж.*) drowsy.

сонм *м.* multitude.

сóнн|ый 1. sleepy, drowsy; *перен.* sluggish, somnolent, listless; в ~ом состоя́нии in a sleepy state, half asleep; ~ вид drowsy appearance; **2.** (*спящий*) sleeping; разбудúть ~ых детéй wake* up the sleeping children; ◇ ~ая болéзнь *мед.* sleeping-sickness; ~ая артéрия *анат.* carotid (artery); как ~ая мýха ~ like a tired batterfly.

сóня 1. *м.* и *ж. разг.* sleepyhead; **2.** *ж.* (*животное*) dormouse.

соображ|а́ть *несов.* (*вн.*) **1.** (*понимать*) understand* (*smth.*); (*быть сведущим в чём-л.*) know* (*smth.*); бы́стро (ме́дленно) ~ be* quick (show) in the uptake; пло́хо ~ not be very bright; я что-то пло́хо ~аю I don't quite grasp the point; **2.** (*стараться понять что-л.*) try to think out (*smth.*); (*рассуждать*) think*.

соображе́ни|е *с.* **1.** (*способность соображать*) wit, sense; **2.** (*мнение, суждение*) opinion, view; вы́сказать свои́ ~я state *one's* opinions; **3.** *обыкн. мн.* (*мысленные планы, расчеты*) consideration, reason; такти́ческие ~я tactical considerations; из э́тих ~й for these reasons; по тем или ины́м ~ям for one reason or another.

сообрази́тельн|ость *ж.* quick thinking; quick wits *pl.*, ingenuity; у него́ не хвата́ет ~ости сде́лать э́то he hasn't got the wit/sense to do it; ~ый quick-witted, bright.

сообраз|и́ть *сов.* realize; (*придумать*) think* out; да́йте мне ~! let me think!; он бы́стро ~ил, что... he realized instantly that...

сообра́зн|о: ~ с (*тв.*) in conformity (with), in accordance (with); **~ый** (с *тв.*) in keeping (with); ◇ ни с чем не ~ый absurd; э́то ни с чем не ~о! it just doesn't make sense!

сообраз|ова́ть *несов.* и *сов.* (*вн.* с *тв.*) coordinate (*smth.* with); **~ова́ться** *несов. и сов.* (с *тв.*) conform (to); (*считаться*) take* (*smth.*) into account; де́йствовать, ~у́ясь с обстоя́тельствами, усло́виями act in accordance with circumstances, conclusion.

сообща́ jointly, together; ~ с *кем-л.* together with *smb.*, conjointly with *smb.*; де́йствовать ~ act in unison; рабо́тать ~ work together, work as a group/team; мы ~ реши́ли we have come to the joint conclusion.

сообщ|а́ть, сообщи́ть **1.** (*вн. дт.*, *дт.* о *пр.*; *уведомлять*) inform (*smb.*, about), let* (*smb.*) know (*smth.*), communicate (*smth.* to), report (*smth.* to); (*по радио*) announce (*smth.*); сообщи́ть свой а́дрес знако́мым let* *one's* friends know *one's* address; ~ изве́стие give the news; (*неприятное*) break* the news; ~ све́дения give*/send* information; газе́ты ~а́ют, что... the papers say...; как ~а́ют газе́ты according to the papers; нам ~а́ют из... according to information received (from)...; **2.** (*вн. дт.*; *придавать*) impart (*smth.* to); ~ магни́тное сво́йство magnetize; **~а́ться** *несов.* **1.**: как уже́ ~а́лось as previously reported; **2.** (с *тв.*; *быть соединенным*) communicate (with), be* in communication (with); ~а́ться ме́жду собо́й communicate; **3.** (*поддерживать сношение*) communicate.

сообще́ни|е *с.* **1.** communication; (*известие тж.*) announcement, report; (*официальное*) communiqué; по ~ю, согла́сно ~ю as reported; **2.** (*связь*) communication; железнодоро́жное ~ rail communication; прямо́е железнодоро́жное ~ direct rail communication.

соо́бществ|о *с.* association; ◇ в ~е с *кем-л.* in conjuction with *smb.*

сообщи́ть *сов. см.* сообща́ть.

соо́бщни|к *м.*, **~ца** *ж.* accomplice, confederate; **~чество** *с.* complicity.

сооруди́ть *сов. см.* сооружа́ть.

сооруж|а́ть, сооруди́ть (*вн.*) **1.** erect (*smth.*); **2.** *разг.* (*мастерить*) fix up (*smth.*); **~е́ние** *с.* **1.** (*действие*) erection, construction; **2.** (*строение*) edifice, structure.

соотве́тственн|о **1.** *нареч.* correspondingly, accordingly; **2.** *предлог* (*дт.*) according (to), in conformity (with); **~ый** **1.** (*дт.*; *соответствующий*) proper (to), corresponding (to); **2.** (*подоходящий*) proper, suitable.

соотве́тстви|е *с.* conformity, correspondence, harmony, accord; ~ ме́жду частя́ми harmony of the various parts; ◇ в ~и с *чем-л.* in conformity with *smth.*; в ~и с э́тим accordingly; приводи́ть *что-л.* в ~ с *чем-л.* bring* *smth.* into line with *smth.*

соотве́тств|овать *несов.* (*дт.*) correspond (to, with), conform (to, with), be* in accordance/harmony/keeping (with); (*требованиям, цели*) meet* (*smth.*), answer (*smth.*); ~ действи́тельности correspond to reality, be* true э́то не ~ует действи́тельности it is not in accordance with the facts; ~ описа́нию answer the description; ~ тре́бованиям meet* the requirements; ~ эпо́хе be* in keeping with the period.

соотве́тствующ|ий corresponding; (*пригодный*) suitable; (*надлежащий*) appropriate, proper; ~ие ка́меры *кино* camera match; ~им о́бразом accordingly; принимать ~ие ме́ры take* due/proper measures, take* appropriate action.

соotéчественн|ик *м.* compatriot, countryman*; **~ица** *ж.* compatriot, countrywoman*.

соотноше́ние *с.* correlation, alignment, ratio, relation; ~ ахромати́ческих тоно́в кинока́дра *кино* tonal balance; ~ коли́чества желати́на и серебра́ *кино* gelatine — silver ratio; ~ освеще́ния *кино* lighting ratio; ~ сторо́н широкоэкра́нного изображе́ния *кино* wide aspect ratio; ~ съёмок с переда́чей *кино* shooting ratio; ~ фотографи́ческих разме́ров *кино* photographic proportion.

сопе́рн|ик *м.*, **~ица** *ж.* rival; не име́ть ~иков be* unrivalled, have* no rival.

сопе́рнич|ать *несов.* (с *тв.*) **1.** (*стремиться превзойти кого-л.*) compete (with), contend (with), vie (with); ~ с *кем-л.* в иску́сстве ша́хматной игры́ compete with *smb.* in the art of chess; **2.** (*быть равным по достоинству*) compete (with), rival (*smth.*); **~ество** *с.* rivalry.

сопе́ть *несов.* breathe hard (through *one's* nose), snuffle.

со́пка *ж.* (cone-shaped) hill; (*вулкан*) volcano.

со́пли *мн. груб.* snot *sg.*

со́пло *с. тех.* nozzle.

соподчине́ние *с. грам.* coordination.

сопостави́м|ый: ~ая цена́ comparable price.

сопоста́вить *сов. см.* сопоставля́ть.

сопоставле́ние *с.* comparison, correlation, collation.

сопоставля́ть, сопоста́вить (*вн.*) compare (*smth.*), correlate (*smth.*), collate (*smth.*); ~ показа́ния свиде́телей compare the evidence.

сопра́но *с. нескл.* soprano.

сопре́ть *сов. см.* преть 1.

соприкас|а́ться, соприкосну́ться (с *тв.*) **1.** (*дотрагиваться*) touch (*smth.*), come* into contact (with); **2.** *тк. несов.* (*иметь смежные границы*) be* contiguous (to), border (on), *перен.* be* on the verge (of); земе́льные уча́стки ~а́ются the plots border on each other; **3.** *тк. несов.* (*иметь отношение к чему-л.*) concern (*smth.*), have* a bearing (on); на́ши интере́сы ни в чём не ~а́ются we have no interests in common; **4.** (*общаться*) come* into contact (with), have* to do with, be* involved (with).

соприкоснове́ние *с.* **1.** contiguity; **2.** (*взаимная связь*) contact; входи́ть в ~ с *кем-л., чем-л.* make* contact with *smb., smth.*; **3.** *воен.* contact; вступа́ть в ~ с проти́вником establish contact with the enemy; ◇ то́чки ~я points of contact; у нас нет никаки́х то́чек ~я there is no common point between us, there is no contact between us.

соприкосну́ться *сов. см.* соприкаса́ться 1, 4.

сопроводи́тельн|ый 1. (*о документе и т. п.*) accompanying; ~ое письмо́ cover letter; **2.** (*сопровождающий кого-л., что-л.*) escorting.

сопроводи́ть *сов. см.* сопровожда́ть.

сопровожд|а́ть, сопроводи́ть (*вн.*) accompany (*smb., smth.*); (*для охраны*) escort (*smb.*); **~а́ться** *несов.* (*тв.*) **1.** be* accompanied (by); **2.** (*быть снабженным чем-л.*) be* provided (with), be* furnished (with); **~а́ющий** *прил.* **1.** accompanying; ~а́ющее лицо́ accompanying person; **2.** *в знач. сущ. м.* escort; **~ение** *с.* **1.**: в ~е́нии *кого-л.* accompanied by *smb.*; (*для охраны*) escorted, by *smb.*; **2.** *муз.* accompaniment; в ~е́нии скри́пки, роя́ля to the accompaniment of a violin, piano, with violin, piano accompaniment.

сопрома́т *м. разг.* (сопротивле́ние материа́лов) study of strength of materials.

сопротивле́ни|е *с.* **1.** resistance, opposition, ~ проти́вника enemy resistance; встреча́ть ~ со стороны́ *кого-л.* encounter opposition from *smb.*; ока́зывать ~ offer resistance; **2.** *физ.* resistance; ~ во́здуха air resistance; ~/ёмкость *физ.* resistance — capacitence; ~ излуче́ния *физ.* radiation resistance; ~ изоля́ции *физ.* insulation resistance; ~ материа́лов 1) *тех.* strength of materials; 2) (*наука*) study of strength of materials; ◇ идти́ по ли́нии наиме́ньшего ~я take* the line of least resistance.

сопротивля́ться *несов.* (*дт.*) resist (*smb., smth.*); ~ на́тиску врага́ stand* up to the enemy's onslaught; ~ боле́зни resist disease; не ~ offer/make* no resistance.

сопряже́ние *с. физ.* gang, coupling.

сопряж|ённый 1. (с *тв.; связанный*) attended (by); ~ дальноме́р *тех.* coupled range finder; э́то ~ено́ с больши́ми затрудне́ниями that will entail great difficulties; **2.** *мат., хим.* conjugate; *тех.* coupled, connected.

сопу́тств|овать *несов.* (*дт.; прям.* и *перен.*) accompany (*smb., smth.*), attend (*smb., smth.*); ему́ ~овала уда́ча success attended his efforts; **~ующий** attendant; ~ующие обстоя́тельства attendant circumstances.

сор *м.* rubbish, litter; вы́мести ~ из ко́мнаты sweep* a room clean; ◇ выноси́ть ~ из избы́ ≅ wash *one's* dirty linen in public.

соразме́р|ить *сов. см.* соразмеря́ть; **~но** (*дт.*) in proportion (to), **~ность** *ж.* proportionally; **~ный** proportionate.

соразмеря́ть, соразме́рить (*вн.* с *тв.*) regulate (*smth.*) in proportion (to), adjust (*smth.* to).

сора́тник *м.* brother-in-arms; (*товарищ по какой-л. деятельности тж.*) associate.

сорване́ц *м. разг.* madcap; (*о девочке тж.*) romp, tomboy, hoyden.

сорва́ть *сов. см.* срыва́ть I.

сорва́ться *сов. см.* срыва́ться.

сорвиголова́ *м.* и *ж. разг.* daredevil.

соревнова́ни|е *с.* **1.** competition, contest; **2.** (*спортивная встреча*) tournament *sg.*; ~я по пла́ванию swimming tournament.

соревнова́ться *несов.* (с *тв.*) compete (with), contend (with), vie (with).

сориенти́ровать *сов.* (*вн.*) orientate (*smth.*), control the attitude (of); *перен.* give* *smb.* guidance; **~ся** *сов.* (*прям. и перен.*) get*/find* *one's* bearing.

сори́нка *ж.* speck of dust.

сор|и́ть *несов.* (*тв.*) **1.** make* a mess (with); не ~и́(те) на пол don't litter the floor; **2.** *разг.* (*тратить безрассудно*) squander (*smth.*); ~ деньга́ми throw* *one's* money about.

со́рн|ый: ~ая ку́ча heap of sweepings; ~ая трава́ weed; **~я́к** *м.* weed.

со́рок forty.

соро́ка *ж.* (*птица*) magpie.

сорокале́т|ие *с.* **1.** (*период*) forty years *pl.*; **2.** (*годовщина*) fortieth anniversary; **~ний 1.** (*о сроке*) forty-year *attr.*; of forty years *после сущ.*; **2.** (*о возрасте*) forty-year-old; of forty *после сущ.*

сороков|о́й fortieth; ~ы́е го́ды the forties.

сороконо́жка *ж. разг.* centipede.

соро́чк|а *ж.* (*мужская*) shirt; (*женская*) slip, chemise; ночна́я ~ (*мужская*) nightshirt; (*женская*) nightgown; ◇ роди́ться в ~е ≅ be* born with a silver spoon in *one's* mouth.

сорт *м.* **1.** (*категория товара*) grade, quality; (*разновидность*) kind; мука́ пе́рвого ~а high-grade flour; сукно́ вы́сшего ~а top-quality cloth; конфе́ты двух ~ов sweets of two kinds; **2.** (*разновидность растения*) variety; скороспе́лые ~а я́блок early-ripening variety of apple; **3.** *разг.* (*вид, род*) kind, sort; ◇ пе́рвый ~ first-rate.

сортирова́ть *несов.* (*вн.*) sort (*smth.*), grade (*smth.*); classify (*smth.*) (*тж. перен.*); ~ зерно́ sort grain.

сортиро́в|ка *ж.* (*действие*) sorting, grading classifying; **~очный** sorting; ~очный цех sorting shop; ~очная ста́нция *ж.-д.* marshalling yard; **~щик** *м.*, **~щица** *ж.* sorter.

сортов|о́й high-guality *attr.*, special-quality *attr.*; ~о́е стекло́ special-quality glass; ~а́я мука́ high-quality flour; ~ы́е семена́ selected seeds; ~о́е зерно́ high-quality grain; ◇ ~о́е желе́зо section/profile/structural iron.

сос|а́ть *несов.* **1.** (*вн.*) suck (*smth.*); **2.** *безл.*: у меня́ ~ёт под ло́жечкой I have a sinking sensation in the pit of my stomach; **3.** (*вн.; причинять душевную боль*) gnaw (*smb.*), nag (*smb.*); тоска́ ~ёт меня́ grief is gnawing at my heart.

сосе́д *м.*, **~ка** *ж.* neighbor; ~ сле́ва, спра́ва *one's* neighbor on the left, right; **~ний** neighboring; the next; ~ний дом the next-door house; он живёт в ~нем до́ме he lives next door; ~ний кана́л *кино* adjacent channel; ~няя ко́мната the next room; ~няя фе́рма neighboring farm; **~ский** the neighbors'; ~ская дочь the girl next door; ~ский огоро́д the neighbors' allotment; **~ство** *ж.* neighborhood; прия́тное ~ство pleasant neighbor(s); in ~ству in the neighborhood.

соси́ска *ж.* (chippolata) sausage; frankfurter *амер.*

со́ска *ж.* comforter; baby's dummy; (*надеваемая на бутылочку*) nipple.

соска́кивать, соскочи́ть (с *рд.*) **1.** (*прыгать*) jump off (*smth.*), jump down (from); соскочи́ть с ло́шади jump off *one's* horse; ~ со сту́ла leap* up from *one's* chair; **2.** (*падать*) come* off (*smth.*).

соска́льзывать, соскользну́ть slide* (down); (*быстро сходить с чего-л.*) slip off.

соскользну́ть *сов. см.* соска́льзывать.

соскочи́ть *сов. см.* соска́кивать.

соску́читься сов. **1.** (+ *инф.; почувствовать скуку*) get* bored (with); grow* weary (of + -ing); **2.** (о *пр.*, по *дт.; затосковать*) miss (*smb.*, *smth.*); ~ по родны́м miss *one's* family, feel* homesick; ~ по рабо́те miss *one's* work.

сослага́тельн|ый: ~ наклоне́ние *грам.* subjunctive mood.

сосла́ть *сов. см.* ссыла́ть.

сосла́ться *сов. см.* ссыла́ться.

со́слепу in *one's* blindness.

сосло́в|ие *с. ист.* estate; order, тре́тье ~ third estate; купе́ческое ~ the merchants *pl.*; **~ный** group *attr.*; ~ные предрассу́дки group prejudices.

сослужи́в|ец *м.*, **~ица** *ж.* colleague.

сослужи́ть *сов.*: ~ слу́жбу 1) (*оказать услугу*) do* a service/favor; 2) (*принести пользу*) play a useful role.

сосн|а́ *ж.* pine(-tree); **~о́вый** pine *attr.*; (*из сосны*) pinewood *attr.*; ~о́вый бор pine forest; ~о́вый стол deal table.

сосня́к *м.* **1.** (*лес*), pine wood, stand of pines; **2.** *собир.* (*брёвна*) pine logs *pl.*

сосо́к *м.* nipple.

сосредоточе́н|ние *с.*, concentration; **~но** with concentration, intently; ~но слу́шать listen intently; **~ность** *ж.* concentration; **~ный** **1.** (*напряжённый*) concentrated, intense, intent; ~ное внима́ние concentrated attention; **2.** (*погружённый в мысли*) attentive, absorbed; ~ный взгляд absorbed expression; ◇ ~ный ого́нь *воен.* concentrated fire.

сосредото́чивать, сосредото́чить (*вн.*) concentrate (*smth.*); (*о внимании, взгляде тж.*) focus (*smth.*); сосредото́чить внима́ние на *чем-л.* focus/concentrate attention, on *smth.*; **~ся**, сосредото́читься **1.** (*о войсках, огне*) be* concentrated; **2.** (на *пр.*) concentrate (on).

сосредото́чить(ся) *сов. см.* сосоедото́чивать(ся).

соста́в *м.* **1.** (*совокупность элементов*) composition; ~ по́чвы soil composition; ~ све́та color of light; определи́ть ~ миксту́ры analyze a mixture; входи́ть в ~ *чего-л.* be*/form part of *smth.*; **2.** (*соединение, смесь*) mixture, compound; **3.** (*совокупность людей*) complement; входи́ть в ~ делега́ции be* a member of the delegation; вводи́ть *кого-л.* в ~ коми́ссии make* *smb.* a member of a commission; include *smb.* in a commission; гру́ппа, в ~ кото́рой вхо́дят... a group including...; быть в по́лном ~е have* a full complement; ~ исполни́телей *театр.* cast; **4.** (*лица, составляющие какую-л. категорию*) staff; руководя́щий ~ managerial staff/personnel; офице́рский ~ officer personnel, commissioned staff; рядово́й и сержа́нтский ~ noncommisioned officers and other ranks *pl.*; enlisted men/personnel *амер.*; профе́ссорско-преподава́тельский ~ teaching staff; **5.** *ж.-д.* (*поезд*) train; пода́ть ~ на ста́нцию shunt a train into a station; ◇ подвижно́й ~ rolling-stock; в ~е (consisting) of; коми́ссия в ~е трёх челове́к a commission (consisting) of three people; ~ преступле́ния *юр.* corpus delicti; the tacts of the crime.

состави́тель *м.* compiler.

соста́вить(ся) *сов. см.* составля́ть(ся).

составле́ние *с.* **1.** (*из частей*) formation; ~ по́езда marshalling of a train; ~ програ́ммы programming; ~ расписа́ния scheduling; **2.** (*сочинение*) making, composition; (*словаря, учебника*) compiling; (*плана, проекта*) working out.

составля́ть, соста́вить (*вн.*) **1.** (*ставить вместе*) put* (*smth.*) together; соста́вить сту́лья в у́гол put* the chairs together in the corner; **2.** (*образовывать что-л.*) make* (*smth.*); form (*smth.*); ~ уравне́ние make* an equation; ~ предложе́ние *грам.* form/construct a sentence; ~ по́езд marshal a train; **3.** (*создавать*) make* (*smth.*), compose (*smth.*); (*словарь, учебник*) compile (*smth.*); ~ план make* a plan, draw* up a plan; ~ пи́сьма compose a letter; ~ протоко́л draw* up a statement; ~ спи́сок make* a list; **4.** (*группу, коллектив*) form (*smth.*); ~ тру́ппу form a company; вы должны́ соста́вить мне компа́нию you must keep me company; **5.** (*собирать, приобретать постепенно*) build* up (*smth.*), collect (*smth.*); ~ библиоте́ку build* up a library; **6.** (*создавать путем наблюдений*) form (*smth.*); ~ мне́ние form an opinion; ~ себе́ представлéние form a conception, get* an idea; 7. (*давать в итоге*) total (*smth.*), make* (*smth.*), come* to (*smth.*); ~ в срéднем average; э́то состáвит значи́тельную сýмму it will come to a considerable sum; 8. (*являться*) be*; э́то не состáвит трудá that will be no trouble; **~ся**, состáвиться **1.** (*образовываться, организовываться*) be* formed; **2.** (*скапливаться постепенно*) accumulate; **3.** (*получаться в итоге, в сумме*) amount to.

составн|óй 1. (*сложный*) composite, compound; ~ сигнáл *кино* composite signal; (*о мечтах и т. п.*) sectional; **2.** (*входящий в состав чего-л.*) constituent, component; ~ая часть, ~ элемéнт component/constituent (part); (*смеси*) ingredient; ~ые элемéнты воды́ constituent elements of water.

состáрить(ся) *сов. см.* стáрить(ся).

состоя́ни|е *с.* **1.** condition, state; ~ войны́ state of war; ~ здорóвья state of health; в хорóшем ~и in good* condition; (*о больном*) doing well; в плохóм ~и in a bad* state; прийти́ в негóдное ~ be* in bad repair, be* out of repair; **2.** *физ.* state; газообрáзное ~ gaseous state; **3.** (*богатство*) fortune; ◇ быть в ~и сдéлать *что-л.* be* capable of doing *smth.*

состоя́тельн|ость *ж.* **1.** (*обеспеченность*) prosperity; (*платёжеспособность*) solvency; **2.** (*обоснованность*) solidity, strength, reliability; **~ый 1.** (*обеспеченный*) well-to-do; (*платёжеспособный*) solvent; **2.** (*обоснованный*) well-founded, reliable.

состо|я́ть *несов.* **1.** (из *рд.; иметь в своём составе*) consist (of), кварти́ра ~и́т из трёх кóмнат the flat consists of three rooms; семья́ ~и́т из четырёх человéк there are four people in the family; **2.** (в *пр.; заключаться*) consist (in); be*; рáзница ~и́т в том, что... the difference is that...; **3.** (*быть в составе*) be*; ~ в профсою́зе belong to a trade union; ~ при *ком-л.* be* attached to *smb.*; ~ на действи́тельной слýжбе be*/serve on the active list; **~я́ться** *сов.* take* place, held; (*о сделке*) come* off; не ~я́ться not come off, not take place.

сострадá|ние *с.* compassion; испы́тывать ~ к *кому-л.* have* compassion for *smb.*; из ~ния к *кому-л.* out of compassion for *smb.*; вызывáть ~ arouse compassion; **~тельный** compassionate.

состраховáние *с.* coinsurance.

состри́ть *сов. см.* óстрить II.

сострýпать *сов. см.* стря́пать.

состыковáть *сов.* (*вн.*) join (*smth.*); (*о космических кораблях*) dock (*smth.*); **~ся** *сов.* join; (*о космических кораблях*) dock, be* docked.

состязáние *с.* contest, competition; (*спортивное тж.*) match; ~ в остроýмии contest of wit; ~ в бéге race; ~ в плáвании swimming contest/race; ~ на пéрвенство страны́ по футбóлу match for the national football championship.

состязáться *несов.* compete; ~ в бéге race; ~ в остроýмии try to outjest/outshine one another.

сосýд *м.* vessel.

сосýдистый vascular.

сосýлька *ж.* icicle.

сосунóк *м.* suckling.

сосуществов|áние *с.* coexistence; ми́рное ~ peaceful coexistence; **~áть** *несов.* coexist.

сосчитáть *сов. см.* считáть I 1, 2; **~ся** *сов. см.* считáться 1.

сотворéни|е *с.* creation; от ~я ми́ра since the world began, since the beginning of time.

сотвори́ть *сов. см.* твори́ть.

соткáть *сов. см.* ткать.

сóтня *ж.* **1.** a hundred; **2.** *мн. разг.* (*множество*) hundreds; **3.** *ист.* (*казачья*) squadron (of Cossacks).

сотовáрищ *м.* colleague, associate partner.

сотови́дный honeycomb *attr.*, cellular.

сóто|вый 1. honeycomb *attr.*; ~ мёд combhoney; **2.** (*сотовидный*) honeycomb *attr.*, cellular; ~ экрáн *кино* honeycomb projection screen.

сотрýдн|ик *м.*, **~ица** *ж.* **1.** (*тот, кто работает совместно с кем-л.*) collaborator, helper; **2.** (*служащий*) employee, member of the staff; ◇ наýчный ~ scientific/research worker.

сотрýднич|ать *несов.* **1.** (с *тв.*) cooperate (with), collaborate (with); **2.** (*быть сотрудником*) work; ~ в газéте work on a paper; **~ество** *с.* **1.** cooperation, collaboration; экономи́ческое, культýрное ~ество economic, cultural cooperation; взаимовы́годное ~ mutually benefitial cooperation; внешнеторгóвое ~ foreign trade cooperation; внешнеэкономи́ческое ~ foreign economic cooperation; деловóе ~ business cooperation; долгосрóчное ~ long-term cooperation; многосторóннее ~ multilateral cooperation; ~ на бáзе реализáции лицéнзий cooperation on the basis of license realization; ~ на компенсациóнной оснóве cooperation on a compensation basis; произвóдственное ~ industrial cooperation; **2.** (*работа где-л.*) work; (*в газете*) contributing; contributions *pl.*

сотряс|áть *несов.* (*вн.*) shake* (*smth.*); **~áться** *несов.* shake*; **~éние** *с.* shaking, vibration; (*от одного удара*) shock; ◇ ~éние мóзга concussion of the brain.

сóты *мн.* honeycomb *sg.*

сóт|ый hundredth; ~ киломéтр the hundredth kilometer; ~ая дóля *чего-л.* a hundredth part of *smth.*; однá ~ая one hundredth.

сóус *м.* sauce; (*мясная подливка*) gravy; ◇ под други́м ~ом with a different dressing, in a different wrapper; **~ник** *м.* sauce boat.

соучáст|ие *с.* participation; (*в преступлении*) complicity; **~ник** *м.*, **~ница** *ж.* collaborator, coworker; (*преступления*) accomplice.

софá *ж.* sofa.

сохá *ж.* wooden plow.

сóхнуть *несов.* **1.** dry, get* dry; **2.** (*пересыхать*) dry up, become* parched; **3.** (*испаряться*) dry up, evaporate; **4.** (*погибать — о растениях*) wither, shrivel; **5.** *разг.* (*худеть, чахнуть*) pine, waste away; (по *пр.*) pine (for).

сохране́ние *с.* conservation; preservation; ~ эне́ргии conservation of energy; ~ ми́ра preservation of peace; взять *что-л.* на ~ take* *smth.* for safekeeping; дать *что-л.* на ~ *кому-л.* give* *smb. smth.* for safekeeping.

сохрани́вшийся surviving, extant; хорошо́ ~ (*о человеке*) well-preserved.

сохрани́ть *сов. см.* сохраня́ть 1, 2, 3, 4; **~ся** *сов. см.* сохраня́ться 1, 2, 3.

сохра́нн|ость *ж.* safety, safekeeping, preservation; в по́лной ~ости perfectly safe; **~ый** save.

сохраня́ть, сохрани́ть (*вн.*) **1.** (*не давать чему-л. пропасть*) preserve (*smth.*); *несов. тж.* look after (*smth.*); **2.** (*не нарушать*) maintain (*smth.*) keep* up (*smth.*); ~ поря́док maintain order; ~ мир preserve/maintain peace; ~ хоро́шие отноше́ния maintain good relations; **3.** (*не лишаться чего-л.*) preserve (*smth.*), keep* (*smth.*), retain (*smth.*) (*тж. перен.*); сохрани́ть своё здоро́вье preserve *one's* health, keep* fit; ~ споко́йствие preserve *one's* calm; ~ за собо́й пра́во reserve the right; ~ си́лу (*о законе и т. п.*) remain in force; сохрани́ть лу́чшие воспомина́ния о *ком-л.*, *чём-л.* have* the pleasantest memories of *smb.*, *smth.*; ~ па́мять о *ком-л.* preserve/retain a memory of *smb.*; ~ *что-л.* на па́мять о *ком-л.* keep* *smth.* in memory of *smb.*, keep* *smth.* as a souvenir of *smb.*; **4.** (*беречь от порчи, уничтожения, опасности*) protect (*smb.*, *smth.*); сохрани́ть оде́жду от мо́ли protect clothes from the moth; **5.** *тк. несов. разг.* (*помещать для хранения*) keep* (*smth.*); ~ проду́кты в холоди́льнике keep* food in the refrigerator; **~ся**, сохрани́ться **1.** remain, be* preserved; стари́нное зда́ние хорошо́ сохрани́лось the ancient building was well preserved, the ancient building had lasted well; **2.** (*не портить — о продуктах*) keep*; **3.** *разг.* (*о человеке*) wear* well; он хорошо́ сохрани́лся he is/looks young for his age; **4.** *тк. несов.* (*храниться где-л.*) be* kept.

соцве́тие *с. бот.* raceme.

социа́л-демокра́т *м.* Social Democrat; **~и́ческий** social-democratic; **~ия** *ж.* Social Democracy.

социализ|а́ция *ж.* socialization.

социали́|зм *м.* socialism; **~и́ст** *м.* socialist.

социалисти́ческ|ий socialist; ~ая систе́ма, ~ строй socialist system.

социа́льно-бытов|о́й: ~ые усло́вия conditions of daily life.

социа́льно-экономи́ческий socioeconomic, social and economic.

социа́льн|ый social; ~ые нау́ки social sciences; ~ое положе́ние social position/status/standing; ~ое происхожде́ние social origin; ◇ ~ обеспече́ние social security.

социо́|лог *м.* sociologist; **~ло́гия** *ж.* sociology.

соцстра́х *м.* social insurance.

соче́льник *м.* (*рождественский*) Christmas Eve; в ~ on Christmas Eve.

сочета́ни|е *с.* combination; ~ кра́сок color combination; ~ слов word combination phrase; ~ тео́рии и пра́ктики combining/wedding of theory and practice; ~ цвето́в color match; в ~и с *чем-л.* coupled with *smth.*, in combination with *smth.*

сочет|а́ть *несов. и сов.* (*вн.*) combine (*smth.*); ~ в себе́ be* a combination of; ~ тео́рию с пра́ктикой combine/wed theory and practice; **~а́ться** *несов.* и *сов.* **1.** combine; в нём ~а́ются эне́ргия и ум he combines energy with brains; **2.** *тк. несов.* (*гармонировать*) match, blend.

сочине́ние *с.* **1.** (*действие*) composing, composition; **2.** (*литературное произведение*) work; **3.** (*школьное*) composition, essay; **4.** *грам.* coordination.

сочини́тельн|ый *грам.* coordinating; ~ сою́з coordinating conjunction.

сочини́ть *сов. см.* сочиня́ть.

сочиня́ть, сочини́ть (*вн.*) **1.** write* (*smth.*); (*музыку*) compose (*smth.*); ~ стихи́ write* poetry; **2.** (*выдумывать*) invent (*smth.*), make* up (*smth.*); (*о детях*) tell* stories/fibs; *разг.* (*лгать*) make* it up.

сочи́ться *несов.* ooze (out), trickle; ~ кро́вью bleed*, ooze blood.

со́чн|ость *ж.* juiciness, succulence; **~ый 1.** juicy, succulent; **2.** (*о рте, губах*) full, blooming; **3.** (*о красках*) rich; (*о растительности*) lush; **4.** (*о стиле, языке*) full-blooded, rich.

сочу́вственн|о sympathetically, with sympathy; отнести́сь ~ к *кому-л.* be* kind to *smb.*; отнести́сь ~ к го́рю *кого-л.* sympathize with *smb.* in his, her grief; **~ый** sympathetic; ~ый взгляд sympathetic glance; ~ый о́тклик sympathetic response.

сочу́встви|е *с.* sympathy; ~ чужо́му го́рю sympathy for another's grief; из ~я out of sympathy (for); не встреча́ть, не находи́ть ~я meet* with no sympathy.

сочу́вствовать *несов.* (*дт.*) sympathize (with), feel* (for); ~ *чьему-л.* го́рю feel* for *smb.*'s grief, sympathize with *smb.* in his, her grief; ~ *чьим-л.* взгля́дам be* in sympathy with *smb.*'s ideas; не ~ *кому-л.*, *чему-л.* have* no sympathy for *smb.*, *smth.*

сочу́вствующий *прил.* **1.** sympathetic; **2.** *в знач. сущ. м.* sympathizer.

сощу́рить *сов.*: ~ глаза́ screw up *one's* eyes; **~ся** *сов.* screw up *one's* eyes.

сою́з *м.* **1.** (*единение*) union, alliance; **2.** (*объединение для совместных действий*) alliance; заключи́ть ~ enter into an alliance; **3.** (*государственное объединение*) union; Сою́з Сове́тских Социалисти́ческих Респу́блик the Union of Soviet Soclalist Republics; **4.** (*общественная организация*) union; ~ писа́телей writers' union; **5.** *грам.* conjunction.

сою́зн|ик *м.*, **~ица** *ж.* ally; **~ический** allied; ~ические обяза́тельства *one's* undertakings/pledges as an ally.

сою́зно-республика́нский Union-Republic *attr.*

сою́зн|ый 1. allied; ~ые держа́вы allied powers; **2.** (*относящийся к СССР*) Union *attr.*; of the Union *после сущ.*; ~ая респу́блика Union Republic.

со́я *ж.* soybean, soya bean.

спад *м.* abatement; ~ произво́дства falling-off of production.

спада́ть, спасть **1.** (*с рд.; падать*) fall* (from); **2.** (*уменьшаться*) abate; (*о воде тж.*) sink*; жара́ спа́ла the heat abated; о́пухоль спа́ла the swelling went down; **3.** *тк. несов.* (*свисать*) hang* down.

спазм *м.*, спа́зма *ж. мед.* spasm.

спазмати́ческий spasmodic.

спа́ивать I, спая́ть (*вн.*) solder (*smth.*); *перен.* unite (*smb.*), weld (*smb.*) together.

спа́ивать II, споить (*вн.*) *разг.* **1.** (*поить допьяна*) make* (*smb.*) drunk; **2.** (*приучать к пьянству*) make* a drinker/drunkard (of).

спа́йка *ж.* **1.** (*действие*) soldering; **2.** (*место соединения*) soldered joint, seam; **3.** *мед.* commissure, adhesion.

спали́ть *сов. см.* пали́ть I 3.

спа́льник *м. разг.* (спа́льный мешо́к) sleeping bag.

спа́льн|ый sleeping; ~ ваго́н sleeping car, sleeper; ~ое ме́сто sleeping berth.

спа́льня *ж.* bedroom.

спаньё *с. разг.* sleep(ing).

спа́ренный coupled, paired, twin, dupiex.

спа́ржа *ж.* asparagus.

спа́ривание *с.* pairing.

спа́ривать, спа́рить (*вн.*) couple (*smth.*), pair (*smth.*).

спа́рить *сов. см.* спа́ривать.

спартакиа́да *ж.* sports festival.

спарта́н|ец *м.*, **~ка** *ж.*, **~ский** Spartan.

спа́рывать, споро́ть (*вн.*) cut* off (*smth.*), unpick (*smth.*).

спаса́тель *м.* rescuer; **~ный** life(-saving); rescue *attr.*, escape *attr.*; ~ круг life buoy; ~ная шлю́пка lifeboat; (*на корабле*) sea boat; ~ные сре́дства life rafts; ~ный жиле́т life jacket; ~ный кана́т emergence exit tipe; ~ный плот lifesaving raft.

спас|а́ть, спасти́ (*вн.*) save (*smb.*, *smth.*), rescue (*smb.*, *smth.*); ~ жизнь *кому-л.* save *smb.'s* life; ~ утопа́ющего rescue a drowning person; rescue/save *smb.* from drowning; ~и́те! help!; ~ люде́й (*во время бедствия*) save people's lives; ~ иму́щество rescue/salvage property; ◇ ~ положе́ние save the situation; ~а́ться, спасти́сь escape; ~а́ться бе́гством flee* to safety, take* refuge in flight; спасти́сь от пресле́дования succeed in escaping, get* away; ~а́ться, вы́бросившись с парашю́том parachute to safety; он едва́ спа́сся he had a narrow escape; ~а́йся, кто мо́жет! flee for your lives!

спасе́ни|е *с.* **1.** (*действие*) rescuing, saving; lifesaving, rescue work; ~ возду́шного су́дна retirement of aircraft; **2.** (*возможность спастись*) escape, safety; иска́ть ~я в бе́гстве seek* safety in flight; быть обя́занным свои́м ~ем *кому-л.*, *чему-л.* owe *one's* safety to *smb.*, *smth.*; ~я нет there is no escape; **3.** (*то, что спасает*) salvation; в э́том на́ше еди́нственное ~ that is our sole salvation; ◇ ложь во ~ white/saving lie; **4.** *церк.* Salvation.

спасённый *прил.* **1.** rescued; (*об имуществе тж.*) salvaged; **2.** *в знач. сущ. м.* the rescued man*; мн. the rescued, the survivors.

спаси́бо thank you, thanks; большо́е (вам) ~! thank you very much!; большо́е ~ (за) many thanks (for); и на том ~ let us be thankful for small mercies; and thank goodness for that; ◇ де́лать *что-л.* за ~ do* *smth.* for nothing.

спаси́тель *м.* rescuer, deliverer, savior; **~ный** salutary, salvific; ~ное сре́дство sure remedy, wonder-working remedy.

Спаси́тель *м. церк.* Savior.

спасова́ть *сов. см.* пасова́ть I.

спасти́(сь) *сов. см.* спаса́ть(ся).

спасть *сов. см.* спада́ть 1, 2.

спать *несов.* sleep* (*тж. перен.*); slumber *поэт.*; идти́, ложи́ться ~ go* to bed; укла́дывать *кого-л.* ~ put* *smb.* to bed; он спит как уби́тый he sleeps like a log; спи́те споко́йно! sleep well!; **~ся** *несов. безл. разг.*: мне не спи́тся I can't get to sleep; на во́здухе хорошо́ спи́тся one sleeps well in the open air; хорошо́ спи́тся под у́тро the best sleep comes just before morning.

спа́янн|ость *ж.* unity, cohesion, team spirit; **~ый** united.

спая́ть *сов. см.* спа́ивать 1.

спева́ться, спе́ться **1.** get* used to singing together; **2.** *разг.* (*достигать согласия в чем-л.*) fit in with each other; спе́ться с *кем-л.* fit in well with *smb.*; они́ отли́чно спе́лись they fit perfectly.

спе́вка *ж.* choir practice.

спейси́стор *м. тех.* spacistor.

спека́ться, спе́чься *тех.* coagulate; (*об угле*) cake.

спекта́кль *м.* performance, show; *перен.* sight, display.

спектр *м.* spectrum (*pl.* -ra); ~ видеосигна́ла *тех.* video spectrum; **~а́льный** *физ.* spectral; ~а́льный ана́лиз spectrum analysis; ~а́льное поглоще́ние *тех.* spectral absorption; ~а́льный коэффицие́нт *тех.* spectral coefficient; ~а́льный соста́в све́та *тех.* spectral composition of light.

спектрогра́мма *ж. тех.* spectrogram.

спектрогра́фия *ж. тех.* spectrography.

спектро́метр *м. тех.* spectrometer.

спектрорадио́метр *м. тех.* spectroradiometer; **~ри́ческий** *тех.* spectroradiometric.

спектроско́п *м. тех.* spectroscope.

спектрофото́метр *м. тех.* spectrophotometer.

спекули́ровать *несов.* (*тв.*, на *пр.*) **1.** speculate (in, on); gamble; ~и́ровать на повыше́ние gamble on a rise in prices; ~и́ровать на ра́знице в ку́рсах (*ценных бумаг*) speculate on margin; ~и́ровать с небольшо́й при́былью scalp; **2.** (*использовать в своих целях*) take* advantage (of), exploit (*smth.*); cash in (on) *разг.*

спекуля́нт *м.*, **~ка** *ж.* speculator, profiteer; (*на чёрном рынке*) black marketeer.

спекуляти́вн|ый black-market *attr.*; ~ая валю́та *фин.* currency speculation; ~ая при́быль *фин.* velvet *амер.*; ~ая цена́ black-market price.

спекуля́ция *ж.* **1.** speculation, black marketing, profiteering; (на *пр.*) *перен.* exploiting (*smth.*); cashing-in (on) *разг.*; **2.** (*биржевые сделки, совершаемые с целью извлечения прибыли из колебания цен*) gambling, jobbing, venture, speculation, profiteering.

спелена́ть *сов. см.* пелена́ть.

спелео́лог *м.* speleologist; (*спортсмен*) spelunker *амер.*

спелеол|оги́ческий speleological; **~о́гия** *ж.* speleology.

спе́л|ость *ж.* ripeness; **~ый** ripe.

сперва́ *разг.* at first.

спе́реди *разг.* (*с передней стороны*) from the front; (*впереди*) in front; вид ~ front view.

спе́рма *ж.* *физиол.* sperm; ~тозо́ид *м.* *физиол.* spermatozoon.

спёртый *разг.* bad*, foul; здесь о́чень ~ во́здух it's very stuffy/close in here.

спеси́вый arrogant, haughty.

спесь *ж.* arrogance, haughtiness; сбить ~ с *кого-л.* take* *smb.* down a peg.

спеть I *сов. см.* петь 1, 3.

спеть II *несов.* (*созревать*) ripen.

спе́ться *сов. см.* спева́ться.

спех *м. разг.*; мне не к ~у I'm in no hurry; э́то не к ~у there's no hurry.

специализ|а́ция *ж.* specialization; **~и́ровать** *несов. и сов.* (*вн.*) **1.** (*обучать какой-л. специальности*) give* (*smb.*) specialized training; **2.** (*предназначать для работы в какой-л. специальной области*) concentrate (*smth.*); **~и́роваться** *несов. и сов.* (*вн. дт.*, в, на *пр.*) specialize (in).

специали́ст *м.*, **~ка** *ж.* expert, specialist.

специа́льн|о 1. professionally; занима́ться *чем-л.* ~ make* a special study of *smth.*, go* in for *smth.* professionally; **2.** *разг.* (*намеренно*) specially; ~ для вас for your special benefit; я пришёл ~ для того́, что́бы уви́деть вас I came specially to see you; **~ость** *ж.* (specialized) field; (*профессия тж.*) profession, line; рабо́тать не по ~ости not be doing the job one was trained for; ~ый special; (*требующий профессиональных знаний тж.*) specialized; ~ый вы́пуск газе́ты special/extra edition; ~ый негати́в фотогра́ммы для печа́ти ма́ссовых ко́пий special sound release negative; по ~ому зака́зу to order; ~ые те́рмины special/technical terms; ~ые уче́бные заведе́ния special/specialized schools; э́тот вопро́с сли́шком специа́лен this question is too specialized.

специ́фика *ж.* specific features *pl.*, specific character.

спецификá́ция *ж.* specification; весова́я ~ weight specification; ~ гру́за specification of cargo; отгру́зочная ~ shipping specification; поме́стная ~ packing list; расце́ночная ~ price specification; тари́фная ~ tariff specification; това́рная ~ specification of products.

специфи́ческ|ий specific, characteristic; ~ие осо́бенности иску́сства characteristic features of art.

спе́ция *ж.* spice.

спецо́вка *ж. см.* спецоде́жда.

спецоде́жда *ж.* working clothes *pl.*, overalls *pl.*, boiler suit.

спечь *сов.* (*вн.*) *разг.* bake (*smth.*).

спе́чься *сов. см.* спека́ться.

спе́шивать, спе́шить (*вн.*) dismount (*smb.*, *smth.*); **~ся**, спе́шиться dismount.

спе́шить *сов. см.* спе́шивать.

спеш|и́ть, поспеши́ть **1.** hurry, hasten, ~ вперёд hurry/push on; ~ на по́мощь *кому-л.* hasten to help of *smb.*; ~ на по́езд hurry to the station; (*бояться опоздать*) be* afraid of missing *one's* train; ве́чно ~ be* always in a hurry; не ~и́те! don't be in a hurry!; он поспеши́л домо́й he hurried home; он поспеши́л вниз he ran quickly downstairs; **2.** *тк. несов.* (*о часах*) be* fast; ~ на де́сять мину́т be* ten minutes fast; ◇ поспеши́шь — люде́й насмеши́шь *посл.* ≅ haste makes waste; more haste less speed; не ~а unhurriedly, deliberately.

спе́шиться *сов. см.* спе́шиваться.

спе́шк|а *ж. разг.* hurry, rush; в ~е in *one's* haste; в ~е о нём забы́ли in the hurry he was overlooked.

спе́шн|о in a hurry, urgently, without delay; ~ вы́ехать leave* in a great hurry; **~ый 1.** (*срочный*) pressing, urgent; (*о времени тж.*) busy; ~ая рабо́та rush job, urgent work; ~ое де́ло pressing/urgent business; ~ый зака́з urgent order; **2.** (*торопливый*) hurried, rapid.

спива́ться, спи́ться become* a habitual drunkard, take* to the bottle.

спидо́метр *м.* speedometer.

спики́ровать *сов.* ав. dive, go* into a dive: ~ на цель dive on the target.

спи́ливать, спили́ть (*вн.*) **1.** saw* (*smth.*) off, спили́ть верху́шку де́рева saw* off the top of a tree; **3.** (*напильником*) file down (*smth.*).

спили́ть *сов. см.* спи́ливать.

спин|а́ *ж.* back; согну́ть спи́ну bend* *one's* back; на ~е on *one's* back; стоя́ть, сиде́ть ~о́й к све́ту stand*, sit* with *one's* back to the light; нанести́ *кому-л.* уда́р в спи́ну stab *smb.* in the back; ◇ за ~о́й у *кого-л.* behind *smb.'s* back; испыта́ть *что-л.* на со́бственной ~е have* been through *smth.* *oneself*; рабо́тать не разгиба́я ~ы work all the hours that are made; поверну́ться ~о́й к *кому-л.*, *чему-л.* turn *one's* back on *smb.*, *smth.*

спи́нк|а *ж.* back; с прямо́й ~о́й (*о мебели*) straight-backed.

спи́ннинг *м.* **1.** (*способ ужения рыбы*) spinning; **2.** (*снасть*) spinning tackle.

спиннинги́ст *м.* spinner.

спинно́й spinal, dorsal; ~ плавни́к dorsal fin; ~ мозг spinal cord; ~ хребе́т spine, spinal column.

спинномозгово́й of the spinal cord *после сущ.*

спира́ль *ж.* spiral; (*пружина*) spiral spring; **~ый** spiral; ~ная ли́ния spiral; ~ная пружи́на spiral/coil spring.

спирт *м.* alcohol, spirit; денатури́рованный ~ methylated spirit; **~ное** *в знач. сущ. с. разг.* spirits *pl.*, hard liquor; **~ной** *прил.* alcoholic; ~ные напи́тки alcoholic drinks.

спирто́вка *ж.* spirit-lamp.

спиртово́й alcoholic, spirituous; (*приготовленный со спиртом*) spirit *attr.*, alcohol *attr.*

списа́ние *с.* writing; ~ сумм со счёта *фин.* writing sums off an account.

списа́ть(ся) *сов. см.* спи́сывать(ся).

спи́сок *м.* **1.** (*перечень*) list, listing, roll; послужно́й ~ employment sheet; ~ абоне́нтов (*телефонной сети*) telephone directory/book; ~ адресо́в mailing list; ~ акционе́ров register of shareholders; ~ владе́льцев долговы́х обяза́тельств register of debentures; ~ декора́ций *кино жар.* prop, list of props; ~ запрещённых това́ров banned list; ~ избира́телей register of voters; ~ кандида́тов slate; ~ креди́тов при разде́ле иму́щества банкро́та list of creditors of a bankrupt; ~ лиц, уполномо́ченных подпи́сывать ба́нковские докуме́нты list of authorized signatures; ~ ли́чного соста́ва *воен.* muster roll; ~ мест, нату́рных и выездны́х съёмок *кино* location list; ~ не облага́емых по́шлиной това́ров free list; ~ подпи́счиков (*на акции*) list of subscribers; ~ уби́тых и ра́неных casulty list; зна́читься в спи́сках be* on the books/list; быть в ~ке (*компаний, банков*) сомни́тельной надёжности be on a "problem list"; соста́вить ~ draw* up a list, make* out a list; list; **2.** (*документ*) record; **3.** (*рукописная копия*) copy.

спи́сывать, списа́ть **1.** (*вн.; переписывать*) copy (*smth.*) out; списа́ть расписа́ние ле́кций copy out the lecture timetable; **2.** (*вн.; что-л. у кого-л.*) copy (*smth.*); crib (*smth.*) *разг.*; списа́ть сочине́ние у това́рища crib a friend's essay; **3.** (с *рд.; воспользоваться как прототипом*) use (*smb.*, *smth.*) as a model; **4.** (*вн.; записывать как израсходованное*) write* (*smth.*) off; списа́ть задо́лженность write* off a debt; списа́ть устаре́лое обору́дование write* off obsolete equipment; **5.** (*вн.*) *мор.* discharge (*smb.*); **~ся**, списа́ться **1.** (с *тв.*) write* (to), get* in touch (with) by letter, **2.** *мор.* be* discharged.

спи́ться *сов. см.* спива́ться.

спи́хивать, спихну́ть (*вн.*) *разг.* push (*smth.*), shove (*smth.*); *перен.* get* rid (of), kick (*smb.*) out.

спихну́ть *сов. см.* спи́хивать.

спи́ца *ж.* **1.** (*вязальная*) knitting-needle; **2.** (*колеса*) spoke; ◇ он после́дняя, пя́тая ~ в колесни́це he doesn't count; he is the fifth wheel of the coach.

спи́чечн|ый match *attr.*; ~ая коро́бка matchbox.

спи́чк|а *ж.* match; заже́чь ~у light* a match; ◇ худо́й как ~ as thin as a match stick.

сплав I *м.* (*металлов*) alloy; ~ ме́ди с зо́лотом alloy of copper and gold; ~ной транзи́стор *тех.* alloy transistor.

сплав II *м.* (*леса*) floating; (*в плотах*) rafting; ~ ле́са по реке́ the floating/rafting of timber.

спла́вить I, II *сов. см.* сплавля́ть I, II.

сплавля́ть I, спла́вить (*вн.*; *металлы*) fuse (*smth.*), alloy (*smth.*) (*тж. перен.*), спла́вить желе́зо с хро́мом alloy iron and chromium.

сплавля́ть II, спла́вить (*вн.*) (*лес*) float (*smth.*); (*в плотах*) raft (*smth.*); *перен. разг.* get* rid (of).

сплавн|о́й 1. floated, rafted; ~ лес floated/rafting timber; **2.** (*пригодный для сплава*) floatable; ~ая река́ floatable river.

спла́вщик *м.* (*леса*) rafter.

сплани́ровать I, II *сов. см.* плани́ровать I, II.

спла́чивать, сплоти́ть (*вн.*) **1.** (*скреплять*) join (*smth.*), bind* (*smth.*); (*сбивать в плоты*) raft (*smth.*); **2.** (*смыкать*) close up (*smth.*); **3.** (*объединять*) unite (*smb.*, *smth.*), rally (*smb.*, *smth.*); **~ся**, сплоти́ться (*объединяться*) rally, unite.

сплести́(сь) *сов. см.* сплета́ть(ся).

сплета́ть, сплести́ (*вн.*) **1.** weave* (*smth.*); сплести́ вено́к make* a wreath; **2.** (*соединять*) splice (*smth.*); (*руки*) lock (*smth.*); (*волосы*) plait (*smth.*); *перен.* interweave* (*smth.*), interlock (*smth.*); **~ся**, сплести́сь be* interwoven, be* interlaced (*тж. перен.*); (*о ветвях тж.*) be* tangled; (*о руках, пальцах*) be* locked, lock.

сплете́ние *с.* **1.** junction; *анат.* plexus; ~ арте́рий knot of arteries; **2.** (*ветвей, корней*) tangle; *перен.* blending; mixture; ~ обстоя́тельств mixture/combination of circumstances.

сплётн|ик *м.*, **~ица** *ж.* gossip, talebearer; зло́стный ~ inveterate gossip, scandalmonger; **~ичать**, наспле́тничать gossip, talk scandal.

спле́тн|я *ж.* piece of gossip; *мн.* gossip *sg.*, tittle-tattle *sg.*, злы́е ~и scandal *sg.*, backbiting *sg.*

сплеча́ straight from the shoulder; *перен.* carelessly, in an offhand manner.

сплоти́ть(ся) *сов. см.* спла́чивать(ся).

сплохов|а́ть *сов. разг.* make* a blunder; slip up; ~а́л на э́тот раз! slipped up that time!

сплоче́ние *с.* uniting, rallying (round), stiffening.

сплочённ|ость *ж.* cohesion, solidarity; **~ый 1.** (*сомкнутый*) close-packed interlocking; ~ыми ряда́ми shoulder to shoulder; **2.** (*дружный*) united; ~ый коллекти́в united collective.

сплошн|о́й 1. solid; (*распространяющийся на все*) all-round, overall; (*непрерывный*) continuous, unbroken; ~ая стена́ solid wall; ~ая ма́сса solid mass; ~ лёд solid ice; ~ лес unbroken forest; ~ая электрифика́ция hundred per cent electrification; **2.** *разг.* (*не содержащий ничего другого*) sheer, pure; ~ бред sheer delirium; ~

вздор sheer nonsense; ~ые неприя́тности nothing but trouble, incessant trouble.

сплошь completely, entirely; (*без перерыва*) uninterruptedly; ~ усе́янный чем-л. thickly strewn with *smth.*; ◇ ~ да рядом on every hand, at every step.

сплутова́ть *сов. см.* плутова́ть.

сплы|ть *сов. разг.*: бы́ло да ~ло there was ~ once upon a time; it's no more.

сплю́щенный flattened; (*о пальцах, носе*) flat; ~ болт flattened bolt; ~ че́реп narrow skull.

сплю́щивать, сплю́щить (*вн.*) flatten (*smth.*); **~ся**, сплю́щиться become* flat.

сплю́щить(ся) *сов.* см. сплю́щивать(ся).

спляса́ть *сов. см.* пляса́ть.

сподви́жник *м.* fellow campaigner.

спозара́нку *разг.* (*рано утром*) early in the morning; (*очень рано*) so early.

спои́ть *сов. см.* спа́ивать II.

споко́йно 1. *нареч.* calmly, quietly, peacefully; (*о душевном состоянии тж.*) serenely, tranquilly, ~! steady!; ~ спать sleep* peacefully; спи́те ~! sleep well!; **2.** *в знач. сказ. безл.* (*об обстановке*) it is quiet/peaceful; **3.** *в знач. сказ. безл.*: на душе́ ~ *one's* mind is at rest.

споко́йн|ый 1. (*тихий, небурный*) calm, tranquil; ~ое мо́ре calm sea; **2.** (*не испытывающий волнения*) at ease *predic.*, easy in *one's* mind *predic.*; быть ~ым feel* at ease; бу́дьте ~ы! don't worry!; за него́ я споко́ен I have no fears for him, I'm quite easy in my mind about him; **3.** (*выражающий спокойствие*) calm, quiet; ~ тон calm voice; ~ые движе́ния calm movements; **4.** (*отличающийся спокойствием*) peaceful, quiet; ~ая бесе́да peaceful conversation, quiet chat; **5.** (*уравновешенный, сдержанный*) placid, quiet; ~ ребёнок placid/serene child*; ~ая ло́шадь placid/quiet horse; **6.** (*ничем не тревожимый*) peaceful, tranquil; ~ая жизнь peaceful life; ~ сон tranquil/peaceful sleep; **7.** (*приятный для глаза*) restful, soothing; ~ цвет restful/soothing color; **8.** *разг.* (*удобный*) comfortable; ~а о́бувь comfortable shoes; ◇ ~ой но́чи! good night!

споко́йстви|е *с.* **1.** (*покой и тишина*) quiet, repose, calm, stillness; tranquillity; тишина́ и ~ calm and tranquillity; **2.** (*порядок*) peace, public order; наруша́ть ~ break*/disturb the peace; наруше́ние обще́ственного ~я breach of the peace; **3.** (*отсутствие волнений, тревог*) serenity, tranquillity; ~ ду́ха, душе́вное ~ peace of mind.

споко́н: ~ веко́в *разг.* from time immemorial.

спола́скивать, сполосну́ть (*вн.*) rinse (*smth.*), rinse out (*smth.*).

сполза́ть, сползти́ **1.** come* down; **2.** *разг.* (*с трудом спускаться*) scramble down/out; **3.** (*медленно стекать*) roll down, trickle down; **4.** (*постепенно сдвигаться, смещаться*) slip down; ша́пка у него́ сползла́ на заты́лок his hat slipped back off his forehead.

сполза́ющий *прил.* crawling.

сползти́ *сов. см.* сполза́ть.

сполна́ in full.

сполосну́ть *сов. см.* спола́скивать.

спо́нсор *м.* sponsor.

спор *м.* argument, dispute; (*обсуждение*) discussion; валю́тно-фина́нсовый ~ monetary dispute; внешнеторго́вый ~ foreign trade dispute; пате́нтный ~ patent dispute; ~ по контра́кту contractual dispute; ~ по прете́нзии dispute over a claim; торго́вый ~ commercial dispute; ◇ ~у нет undoubtedly, of course, it is self-evident.

спо́ра *ж. биол.* spore.

споради́ческий sporadic.

спо́р|ить, поспо́рить **1.** (с *тв.* о *пр.*) argue (with *smb.* about), dispute (with *smb.* over, about); have* an argument (with *smb.* about); они́ до́лго ~или they had long argument; о вку́сах не ~ят there's no accounting for taste, tastes differ, everyone to his taste; **2.** (с *тв.; заключать пари*) bet* (*smb.*), have* a bet (with); **3.** (*сопротивляться*) contend; (*состязаться тж.*) compete.

спо́рит|ься *несов. разг.* (*удаваться*) come* off, turn out well; рабо́та ~ся the work is going fine; у него́ всё ~ся everything he puts his hand to turns out well.

спо́рный disputable, debatable, controversial; ~ вопро́с controversial question; ~ пункт disputable/moot point.

споро́ть *сов. см.* спа́рывать.

спорт *м.* sport (*тж. перен.*); sports *pl.*; зи́мний ~ winter sports; ~ в за́лах indoor sports; ~ на откры́том во́здухе outdoor sports; студе́нческий ~ university sports; занима́ться ~ом go* in for sport.

спорти́вн|ый 1. sports *attr.*; ~ые и́гры games; ~ая классифика́ция sports grading; ~ая обще́ственность public sports; ~ая площа́дка sports ground; ~ая пре́сса sports press; ~ная фо́рма sports dress; ~ый журнали́ст sports writer; ~ый зал sports hall; ~ костю́м sports kit; ~ инвента́рь sports equipment; ~ый пра́здник sports festival; ~ое движе́ние sports movement; ~ое состяза́ние sporting contest, match; **2.** (*похожий на спортсмена*) athletic(-looking), outdoor; име́ть ~ вид look athletic, have* an outdoor look; ◇ из ~ого интере́са for the fun of the thing, to test *one's* prowess.

спортсме́н *м.* sportsman*, athlete; **~ка** *ж.* sportswoman* athlete.

спорхну́ть *сов.* flutter, flutter down; *перен.* dart, spring*.

спо́рщ|ик *м.*, **~ица** *ж.* разг. arguer, disputant: он ужа́сный ~ he loves arguing.

спо́рый *разг.* quick; profitable.

спо́соб *м.* way, method, mode; ~ выраже́ния mode of expression; ~ перено́са краси́теля гидроти́пной печа́ти *тех.* imbibition transfer process; ~ поли́ва и́ли нанесе́ния сло́я *тех.* coating process; ~ псевдостереофони́и *тех.* pan pot; ~ рир прое́кции *тех.* background projection process; ~ "Техниколо́р" *тех.* technicolor process; ~ употребле́ния way to use; (*надпись*) directions for use; ~ произво́дства mode/method of production; ~ цветно́го контро́ля *тех.* color separation process; ~ широ́кого экра́на *тех.* wide screen processes; таки́м ~ом in this way; други́м ~ом in a different way, differently; каки́м бы то ни́ было ~ом one way or another.

спосо́б|ность *ж.* **1.** ability, power; ~ переда́чи *кино* transmissiom ability; ~ по́лного монтажа́ *кино* full editing capability; ~ опла́ты краткосро́чных обяза́тельств *фин.* liquidity ratio; ~ дви́гаться ability/power to move; **2.** *обыкн. мн.* (*природные дарования*) capability; ability *sg.*, aptitude *sg.*; ~ности к языка́м language ability *sg.*, a talent for languages *sg.*, ~ к матема́тике aptitude/gift for mathematics; челове́к с больши́ми ~ностями extremely able person, man* of great ability/abilities; **~ный 1.** (к *дт.*, на *вн.*) capable (of); ~ый к труду́ able-bodied; ~ный на же́ртвы capable of sacrifice; он ~ен рабо́тать день и ночь he is capable of working day and night; он ~ен на всё he is capable of anything; **2.** (*одарённый*) clever, able; ~ный студе́нт gifted student; о́чень ~ная де́вочка very clever/bright little girl; **3.** capability.

спосо́бствовать *несов.* (*дт.*) contribute (to), conduce (to), be* conducive (to), promote (*smth.*); ~ распростране́нию зна́ний promote learning; ~ разви́тию aid/facilitate development; ~ сча́стью *кого-л.* contribute to *smb.'s* happiness; be* conducive to *smb.'s* happiness; ~ *кому-л.* в его́ начина́ниях further *smb.'s* aspirations; о́чень ~ *чему-л.* be* greatly conducive to *smth.*, do* much to promote *smth.*

спот *м.* **1.** *фин.* (*сделка на наличные товары с немедленной оплатой*) spot; **2.** (*краткий рекламный ролик*) spot, spot announcement.

споткну́ться *сов. см.* спотыка́ться 1, 2, 3.

спот-промпт *м. фин.* spot prompt.

спотык|а́ться, споткну́ться **1.** (о *вн.*) stumble (over), trip (over); **2.** *разг.* (*встречать препятствие, затруднение*) hesitate, stop short; **3.** *разг.* (*допускать ошибку*) go* wrong, trip up; **4.** *тк. несов.* (*идти с трудом*) lurch along, stagger along; идти ~ясь stumble along.

спохвати́ться *сов. см.* спохва́тываться.

спохва́тываться, спохвати́ться *разг.* realize, remember; спохвати́лись on second thought; он во́время спохвати́лся he realized before it was too late.

спра́ва (*откуда-л.*) from the right; (*где-л.*) on/to the right (of); ~ от него́ to his right, on the right side; ~ от доро́ги on the right (of the road).

справедли́в|о justly; (*беспристрастно тж.*) fairly, impartially; поступа́ть ~ be* just/fair, do* the right thing; суди́ть ~ be* fair in *one's* judgements; **~ость** *ж.* **1.** justice; (*беспристрастие тж.*) fairness, impartiality; чу́вство ~ости sense of justice; ~ости ра́ди for fairness sake; **2.** (*правильность*) correctness; ◇ на́до отда́ть ему́ ~ость to give him his due, to do him justice; **~ый 1.** just; (*беспристрастный тж.*) fair; impartial; он стро́гий, но ~ый челове́к he is a stern but just man*; ~ый судья fair/impartial judge; ~ый суд fair trial; ~ое тре́бование just demand; **2.** (*имеющий законное основание*) justifiable, warranted, just; ~ый гнев justifiable anger; **3.** (*соответствующий истине*) correct, justified, right; ~ое замеча́ние justified remark; ~ое сужде́ние correct reasoning/argument.

спра́вить *сов. см.* справля́ть.

спра́виться *сов. см.* справля́ться.

спра́вк|а *ж.* **1.** (*действие*) reference; **2.** (*сведения*) information; обраща́ться за ~ами apply for information; **3.** (*документ*) reference, certificate; ~ с ме́ста рабо́ты reference from (*one's* place of) work.

справля́ть, спра́вить (*вн.*) *разг.* celebrate (*smth.*), keep* (*smth.*); ~ день рожде́ния celebrate *one's* birthday; ~ новосе́лье hold* a house-warming party.

справл|я́ться, спра́виться **1.** (с *тв.*; *выполнять, осуществлять*) manage (*smth.*), cope (with); ~ с рабо́той cope with *one's* work; он хорошо́ ~я́ется со свои́м де́лом he is doing well; бы́стро, легко́ ~ с *чем-л.* make* short work of *smth.*; я сам спра́влюсь I can do it alone/myself; он с э́тим не спра́вится he'll never be able to manage it; **2.** (с *тв.*; *быть в состоянии побороть*) control (*smth.*); (*заставлять слушаться*) manage (*smb.*, *smth.*); с ним тру́дно спра́виться he is hard to manage; **3.** (о *пр.*; *осведомляться*) inquire (after); ~ о здоро́вье inquire after *smb.*'s health; ~ в словаре́ consult a dictionary; ~ у *кого-л.*, *о чём-л.* find* out *smth.* from *smb.*; ◇ спра́виться с собо́й control *oneself* get* a grip on *oneself*.

спра́вочн|ик *м.* reference book; железнодоро́жный ~ railway guide; телефо́нный ~ telephone directory; **~ый** reference *attr.*; ~ое бюро́ inquiry bureau (office), information bureau; ~ая литерату́ра reference books *pl.*; ~ые да́нные с при́стани (*с оплатой пошлины*) reference date ex quay (EXQ).

спра́шив|ать, спроси́ть **1.** (*вн.*) ask (*smb.*, *smth.*); (о *пр.*; *осведомляться*) inquire (about, after), ask (about, after); спроси́ть фами́лию ask *smb.'s* name; спроси́ть о по́езде ask about a train; вас не ~ают? who asked you?: **2.** (*вн.*; *вызывать учащегося*) question (*smb.*, *smth.*); ~ уро́к ask questions on the work (that was) set; стро́го ~ be* very exacting; **3.** (*вн.*; *рд.*; *просить*) ask (for); ~ у *кого-л.* разреше́ния, сове́та ask *smb.'s* permission, advice; **4.** (*вн.*; *желать видеть*) ask (for); меня́ никто́ не ~ал? were there any calls for me?; **5.** (*вн.*) *разг.* (*требовать какую-л. плату*) charge (*smth.*), ask (*smth.*); ~ с *кого-л.* де́сять рубле́й за *что-л.* charge *smb.* ten rubles for *smth.*; **6.** (с *рд.*; *требовать ответственности*) make* (*smb.*) answer; с вас за это спросят you will have to answer for that; **~аться**, спроси́ться *разг.* **1.** (у *рд.*, *просить разрешения*) ask *smb.'s* permission/leave; уйти́, ни у кого не спрося́сь leave* without asking *anyone's* permission; **2.** *тк.*

несов.: ~ается *в знач. вводн. сл.* one would like to know; **3.** *безл.* (с *рд.; будет потребован ответ*): за э́то с тебя́ спро́сится you will have to answer for that.

спрессова́ть *сов. см.* прессова́ть.

спринт *м. спорт.* sprint; dash.

спри́нтер *м. спорт.* sprinter.

спринц|ева́ть *несов.* (*вн.*) syringe (*smth.*); **~о́вка** *ж.* syringe.

спрова́дить *сов.* (*вн.*) get* rid (of), pack (*smb.*) off.

спровоци́ровать *сов.* (*вн.*) provoke (*smb.*, *smth.*).

спроекти́ровать *сов. см.* проекти́ровать.

спрос *м.* **1.** (*требование*) demand; ~, зави́сящий от цены́ *эк.* price-dependent demand; избы́точный ~ *эк.* excessive demand; интенси́вный ~ *эк.* keen demand; ~ на ба́нковский креди́т *эк.* demand for bank funds; ~ на креди́т *эк.* demand for credit, demand for advance; ~ на рабо́чие места́ *эк.* job demand; ~ на ры́нке *эк.* market demand; ~ на сре́дства потребле́ния *эк.* direct demand; ~ на това́ры *эк.* demand for goods; неудовлетворённый ~ *эк.* unsatisfied (back log) demand; ограни́ченный ~ *эк.* scanty demand; отло́женный ~ *эк.* deferred demand; платёжеспособный ~ *эк.* effective demand, effective consumer demand; покупа́тельский ~ *эк.* consumer demand; совоку́пный ~ *эк.* aggregate demand; усто́йчивый ~ *эк.* fixed (stable, steady) demand; чрезме́рный ~ *эк.* excess demand; изме́нчивость ~а variability of demand; ~ не отстаёт от предложе́ния demand keeps pace with supply; ~ опережа́ет предложе́ние demand outdistance supply; по́льзоваться ~ом be on demand; удовлетворя́ть ~ meet (satisfy) demand; ~ и предложе́ние supply and demand; в большо́м ~е there is a great demand; на э́ти това́ры большо́й ~ there is a great demand for these goods; **2.** *разг.* (*ответственность*): с вас ~у бо́льше all the more is expected of you; ◇ без ~а, без ~у without asking (leave).

спроси́ть *сов. см.* спра́шивать; **~ся** *сов. см.* спра́шиваться 1, 3.

спросо́нок *разг.* not fully avake; ~он не разобра́л, в чём де́ло he was too heavy with sleep to make out (what was going on).

спрут *м. зоол.* octopus.

спры́гивать, спры́гнуть (с *рд.*) jump off (*smth.*), jump down (from); спры́гнуть со ступе́ньки jump down the steps; спры́гнуть в кана́ву jump into a ditch.

спры́гнуть *сов. см.* спры́гивать.

спры́скивать, спры́снуть (*вн.*) *разг.* sprinkle (*smth.*).

спры́снуть *сов. см.* спры́скивать.

спрэд *м. фин.* spread.

спряга́ть, проспряга́ть *грам.* conjugate; **~ся** *несов. грам.* be* conjugated.

спряже́ние *с. грам.* conjugation.

спрясть *сов. см.* прясть.

спря́тать(ся) *сов. см.* пря́тать(ся).

спу́гивать, спугну́ть (*вн.*) *разг.* **1.** frighten (*smb.*, *smth.*) away; спугну́ть оле́ня frighten deer* away; **2.** (*испугав, помешать чему-л.*) put* (*smb.*) on his, her guard.

спугну́ть *сов. см.* спу́гивать.

спуд *м.*: держа́ть *что-л.* под ~ом keep* *smth.* hidden away; извле́чь, вы́гнуть *что-л.* из-под ~а unearth *smth.*, rescue *smth.* from obscurity; положи́ть *что-л.* под ~ bury *smth.*

спуск *м.* **1.** (*движение вниз*) descent; (*опускание*) lowering; ~ с горы́ descent of the mountain, the way down; ~ корабля́ на во́ду launching; **2.** (*воды*) draining; **3.** (*наклонная плоскость*) slope; ◇ не дава́ть ~а, ~у *кому-л.* permit *smb.* no liberties; be* tough with *smb.*, crack down on *smb.*

спуска́ть, спусти́ть (*вн.*) **1.** (*перемещать вниз*) lower (*smb.*, *smth.*), put* (*smth.*) down, let* (*smth.*) down; ~ рабо́чих в ша́хту lower workers down the shaft; ~ флаг lower the flag; ~ схо́дни put* down the gangway; ~ за́навес pull/let* down the curtain/blind; спусти́ть *кого-л.* с ле́стницы kick *smb.* downfstairs; **2.** (*на воду — о корабле*) launch (*smth.*); (*о шлюпке*) lower (*smth.*); **3.** (*пересылать нижестоящим организациям*) send* (*smth.*) out; спусти́ть директи́ву send* out a directive; **4.** (*выпускать, освободив от чего-л.*) release (*smth.*); ~ соба́ку с поводка́ unleash a dog; ~ соба́к с цепи́ let the dogs lose; **5.** (*жидкость, газ*) let* (*smth.*) out; ~ во́ду drain the water off; (*из ванны*) let* out the water, take* out the plug; **6.** (*освобождать от жидкости, из-за*) empty (*smth.*); ~ пруд drain a pond; ~ балло́н let* down a tire; **7.**: ши́на спусти́ла the tire has gone down, the tire is flat; **8.** *разг.* (*мерять в весе*) reduce *one's* weight; спусти́ть пять килогра́ммов lose* five kilograms; **9.** *разг.* (*прочить*) pardon (*smth.*); ◇ спусти́ть куро́к pull the trigger; спусти́ть пе́тлю (*в вязании*) drop a stich; спустя́ рукава́ in a slipshod manner, anyhow; **~ся**, спусти́ться **1.** come* down, go* down, descend; (*в нижний этаж*) come*/go* downstairs; ~ся по ле́стнице, ступе́нькам come*/go* down the stairs descend the stairs, steps; ~ся в по́греб go* down to the cellar; ~ся с горы́ come* down a hill; ~ся с де́рева climb down a tree; ~ся по верёвке let* *oneself* down by a rope; ~ся вниз по реке́ go* downstream; чуло́к спусти́лся *one's* stocking was coming down; **2.** (на *вн.; о птицах, насекомых*) settle (on), alight (on); (*о самолёте*) land (on); *перен.* (*о тумане и т. п.*) descend, spread* over; ночь спусти́лась на зе́млю night descended upon the earth; **3.** *тк. несов.* (*быть расположенным наклонно*) slope down (towards); бе́рег обры́вом спуска́лся к мо́рю the shore sloped/ran down to the sea; **4.** *тк. несов.* (*висеть*) bang*, hang* down; ◇ спусти́ться с облако́в come* down to earth.

спускно́й drain *attr.*

спусково́й ~ крючо́к trigger; ~ механи́зм trigger mechanism; ~а́я пружи́на sear-spring.

спусти́ть *сов. см.* спуска́ть; **~ся** *сов. см.* спуска́ться 1, 2.

спустя́ after, later; немно́го ~ not long after; ~ не́сколько дней a few days later.

спу́танн|ый tangled, disarranged; *перен.* muddled; (*о речи*) incoherent; ~ые во́лосы untidy hair *sg.*; ~ые ни́тки tangled threads.

спу́тать *сов.* **1.** (*вн.; привести в беспорядок*) (en)tangle (*smth.*); *перен.* muddle (*smth.*), confuse (*smth.*); ~ ни́тки tangle threads; ~ во́лосы *кому-л.* disarrange *smb.'s* hair; **2.** (*вн.*) *разг.* (*сбить с толку*) confuse (*smb.*); **3.** (*вн. с тв.*) take* (*smth.*, *smb.* for); **4.** (*вн.; лошадь*) hobble (*smth.*); ◇ ~ *чьи-л.* ка́рты, расчёты, пла́ны upset* *smb.'s* calculations, plans; **~ся** *сов.* **1.** become* entangled; *перен.* become* confused/muddled, be* in a muddle; **2.** *разг.* (*сбиться*) be* mixed up, be* in a muddle; **3.** *разг.* (*ошибиться*) make* a mistake, get* into a muddle.

спу́тн|ик *м.* **1.** companion; (*по путешествию тж.*) fellow traveller; **2.** (*рд.; то, что сопутствует чему-л.*) companion (of); **3.** (*небесное тело*) satellite; **4.** (*искусственный*) sputnik, artificial satellite; **~ица** *ж. см.* спу́тник 1.

спя́чка *ж.* **1.** (*у животных*): зи́мняя ~ hibernation; **2.** (*у людей*) lethargy, sleepiness.

спя́щ|ий *прил.* **1.** sleeping; притворя́ться ~им feign sleep, pretend to be asleep; **2.** *в знач. сущ. м.* sleeper, sleeping man*.

сраба́тывать, срабо́тать *разг.* work.

сраба́тываться, срабо́таться (*достигать согласованности в работе*) fall* into step; work in harmony; они́ не срабо́тались they are not working as team, they haven't got into step.

срабо́танность *ж.* (*согласованность в работе*) good teamwork, coordination.

срабо́танный (*изношенный*) worn, worn-out; ~ мото́р worn-out engine.

срабо́тать *сов. см.* сраба́тывать.

срабо́таться I, II *сов. см.* сраба́тываться I, II.

сравне́ни|е *с.* **1.** comparison; **2.** (*фигура речи*) simile; ~ сте́пени ~я грам. degrees of comparison; в ~и, по ~ю с *кем-л.*, *чем-л.* in comparison with *smb.*, *smth.*; значи́тельное увеличе́ние по ~ю с про́шлым го́дом considerable increase compared with last year; не идёт ни в како́е ~ с *кем-л.*, *чем-л.* it cannot be compared with *smb.*, *smth.*, there can be no comparison between *smb.*, *smth.*; вне вся́кого ~я beyond/out of all comparison.

сра́внивать I, сравни́ть (*вн.* с *тв.; сопоставлять*) compare (*smb.*, *smth.* with).

сра́внивать II, сравня́ть (*вн.* с *тв.; делать разным*) make* (*smb.*, *smth.*) equal; сравня́ть расхо́д с дохо́дом balance income and expenditure.

сра́внивать III, сровня́ть (*вн.; делать ровным*) level (*smth.*) off; make* (*smth.*) flush/level; ◇ сровня́ть *что-л.* с землёй raze *smth.* to the ground.

сра́вниваться, сровня́ться (с *тв.*) **1.** merge (with); **2.** *разг.* (*оказываться рядом*) draw* level (with).

сравни́тельн|о comparatively; ~ с *кем-л.*, *чем-л.* compared with *smb.*, *smth.*; **~ый** comparative; ~ый ме́тод иссле́дования comparative method of inquiry; ◇ ~ая сте́пень *грам.* comparative degree.

сравни́ть *сов. см.* сра́внивать 1; **~ся** *сов.* (с *тв.*) be* compared (with); не мо́жет ~ся с *кем-л.*, *чем-л.* bears no comparison with *smb.*, *smth.*

сравня́ть *сов. см.* сра́внивать II и равня́ть; **~ся** *сов.* (с *тв.*) be* the equal (of).

сраж|а́ть, срази́ть (*вн.*) **1.** (*убивать*) strike* (*smb.*, *smth.*) down; *перен.* overcome* (*smb.*); пу́ля срази́ла бойца́ the soldier was downed by a bullet; боле́знь его́ срази́ла he was laid low by a bullet; **2.** (*поражать*) astound (*smb.*); **~а́ться**, срази́ться fight*; (в *вн.*) *разг.* (*играть*) have* a battle; ~а́ться с врага́ми fight* the enemy; срази́ться в ша́хматы have* a battle at chess; **~е́ние** *с.* battle; ~е́ние на, под... battle of...; дать ~е́ние give* battle; проигра́ть ~е́ние lose* a battle.

срази́ть *сов. см.* сража́ть и рази́ть 1; **~ся** *сов. см.* сража́ться.

сра́зу **1.** (*немедленно*) at once, immediately, instantly; у него́ ~ измени́лось настрое́ние his mood changed at once; **2.** (*рядом*) just; наш ла́герь ~ за ре́чкой our camp is just across the river; **3.** (*в один приём*) all at once; мо́жете заплати́ть не всё ~ you needn't pay it all at once; **4.** (*одновременно*) simultaneously; все ~ all together; говори́те не все ~! don't all speak at once; one at time, please!

срам *м. разг.* shame.

срами́ть, осрами́ть (*вн.*) *разг.* **1.** (*позорить*) disgrace (*smb.*); **2.** *тк. несов.* (*стыдить*) tell* (*smb.*) off, rate (*smb.*) soundly; **~ся** осрами́ться *разг.* disgrace *oneself.*

среста́ться, срасти́сь **1.** grow* together; (*о кости*) knit*, mead; **2.** (с *тв.; неразрывно соединяться*) become* a part (of).

срасти́сь *сов. см.* сраста́ться.

срасти́ть *сов. см.* сра́щивать.

сра́щивание *с.* **1.** joining; (*деревянных частей*) jointing; (*тросов, проводов*) splicing; (*костей*) knitting; **2.** (*слияние*) fusing, amalgamation.

сред|а́ I *ж.* **1.** (*окружение*) environment; surroundings *pl.*; географи́ческая ~ geographical environment; рабо́чая ~ working-class environment/surroundings; литерату́рная, худо́жественная ~ literary, artistic environment; в на́шей ~е in our circle(s)/set; в ~е учёных among scientists, in the scientific world; охра́на окружа́ющей ~ы protection of the environment; **3.** *физ. хим.* medium.

среда́ II *ж.* (*день недели*) Wednesday; по ~м on Wednesdays.

среди́ **1.** (*в окружении*) among; amid, amidst *книж.*; ~ нас, вас among us, you; in our, your midst; **2.** (*в середине*) in the middle (of); стоя́ть ~ ко́мнаты stand* in the middle of the room; встать ~ но́чи get* up in the middle of the night.

средиземномо́рски|й Mediterraneaan; ~е стра́ны the Mediterranean countries.

сре́дне *разг.* fair to middling, so-so; (*скромно*) moderately.

среднеазиа́тский Central Asiatic.

средневеко́вый medieval; of the Middle Ages *после сущ.*

средневеко́вье *с.* the Middle Ages *pl.*

среднегодов|о́й average annual; ~ая температу́ра average annual temperature; ~ сбор зерна́ average annual grain yield/harvest.

сре́дн|ее *с.*: не́что ~ something in between; в ~ем on an average; составля́ть в ~ем average, come* to; вы́ше (ни́же) ~его above (below) the average.

среднеквадрати́чный: ~ое значе́ние root mean square.

среднеме́сячный average monthly; ~ за́работок average monthly wage.

среднесу́точный average daily.

сре́дн|ий **1.** (*по месту, времени*) middle; ~ ключ *тех.* middle key; ~ план *тех.* medium shot; ~ у́ровень изображе́ния *тех.* mean picture level; ~яя волна́ *тех.* medium wave; ~яя длина́ витка́ *тех.* mean length of turn; ~яя ли́нза *тех.* center lens; ~яя ско́рость *тех.* medium spead; ~яя частота́ *тех.* medium frequency; ~ее окно́ middle window; **2.** (*о размере, весе и т. п.*) middle, medium, average; ~ей величины́, ~его разме́ра medium-size(d) *attr.*; боксёр ~его ве́са middle-weight boxer; ~ рост medium/average height; челове́к ~его ро́ста a man* of average/medium height; **3.** *мат.* mean; (*в статистике*) average; ~яя ско́рость average speed; ~яя температу́ра average/mean temperature; ~яя но́рма вы́работки average output quota; **4.** *разг.* (*посредственный*) ordinary, average; ~ие спосо́бности average abilities; ~ие актёры ordinary actors; ◇ Сре́дний Восто́к the Middle East; ~ие века́ the Middle Ages; ~ па́лец middle finger; ~ее у́хо *анат.* the middle ear; ~ее образова́ние secondary education; ~яя шко́ла secondary school; high school *амер.*; челове́к ~их лет middle-aged person.

средото́чие *с.* center, hub.

сре́дств|о *с.* **1.** means *pl.*; перево́зочные ~а *фин.* means of conveyance, transportation means; ~а ма́ссовой информа́ции mass media; ~а пе́рвой по́мощи (*на транспортном средстве*) first-aid equipment; ~а передвиже́ния conveyance *sg.*; means of conveyance; раке́тно-я́дерные ~а передвиже́ния сре́дней да́льности medium-range nuclear weapons/missiles; тра́нспортные ~а means of conveyance; все́ми ~ами by every means; для него́ все ~а хороши́ he'll stop at nothing; **2.** (*лекарство*) remedy; перевя́зочные ~а dressings; dressing material *sg.*; **3.** *фин.* (*деньги, материальные ценности*) means; валю́тные ~а *фин.* currency resources; ~а в рубля́х и иностра́нной валю́те *фин.* funds in rubles and foreign currency; вы́рученные ~а *фин.* earnings, returns, receipts, proceeds; де́нежные ~а *фин.* money (resources); депони́рованные ~а на счёте *фин.* sums deposited on an account; заёмные ~а *фин.* borrowed funds; заморо́женные ~а *фин.* frozen funds; креди́тные ~а *фин.* credit funds; ликви́дные ~а *фин.* liquid funds; оборотные ~а *фин.* circulating funds; ~а платежа́ *фин.* instrument of payment, means of payment; ~а предприя́тия *фин.* assets, means of payment; привлечённые ~а *фин.* borrowed funds; ~а произво́дства *фин.* capital (investment, producer's) goods; со́бственные ~а *фин.* internal funds; ~а уста́вного фо́нда *фин.* authorized capital; ~а хозрасчётных организа́ций *фин.* funds of self-supporting organizations; ~а, храня́щиеся на счета́х *мн. фин.* sums deposited on accounts; ~а существова́ния means of subsistence/livelihood; отпуска́ть больши́е де́нежные ~а assign large sums (of money); по ~ам (well) within *one's* means; не по ~ам beyond *one's* means* **4.** agent; **5.** medium.

средь *см.* среди́.

срез *м.* **1.** cut; **2.** (*для микроанализа*) microscopic section.

среза́ние *с.*: ~ высо́ких часто́т *кино* dulling.

среза́ть *сов. см.* сре́зать и реза́ть 6.

среза́ть, сре́зать (*вн.*) **1.** cut* (*smth.*); (*отрезать*) cut* (*smth.*) off/away; (*ветви тж.*) lop (*smth.*); **2.** *разг.* (*на экзамене*) fail (*smb.*); **3.** (*резко обрывать чью-л. речь*) shut* (*smb.*) up; ◇ сре́зать мяч *спорт.* slice a ball; сре́зать у́гол take* a short cut.

сре́заться *сов. разг.* (*на экзамене*) fail, flunk.

срисова́ть *сов. см.* срисо́вывать.

срисо́вывать, срисова́ть (*вн.*) copy (*smth.*).

сровня́ть *сов. см.* сра́внивать III и ровня́ть; **~ся** *сов. см.* сра́вниваться.

сродни́ (*дт.*) *разг.* related (to); *перен.* akin (to); он мне ~ we are related; he is a relation of mine.

сродни́ть *сов. см.* родни́ть 2; **~ся** *сов.* (с *тв.*) become very close (to), take* (to); (*свыкнуться*) get* fond (of).

сродство́ *с.* affinity.

срок *м.* **1.** (*промежуток времени*) period; term; (*тюремного заключения тж.*) stretch *разг.*; ~ опла́ты пять дней to be paid within five days; в кратча́йший ~ within the shortest possible time, in a very short (space of) time; по истече́нии ~а when the term expires; даю́ им ~у три часа́ you have three hours; **2.** (*предельный момент*) deadline, date, time; амортизацио́нный ~ слу́жбы service life; безопа́сный ~ слу́жбы возду́шного су́дна aircraft safe life; гаранти́йный ~ *эк.* guarantee period; гаранти́йный ~ слу́жбы warranty life; до́лгий, коро́ткий ~ *эк.* long/short term; ~ исполне́ния deadline, time allowed; календа́рный ~ слу́жбы (*воздушного судна*) calendar time; коне́чный ~ де́йствия *эк.* expiry date; льго́тный ~ *эк.* grace period; межремóнтный ~ слýжбы turnaround time; нормати́вный ~ *эк.* normative period; (óбщий) ~ слýжбы service life; ~ окупáемости *фин.* payback time (period); ~ оплáты due date; ~ опротестовáния *фин.* time for protecting; остаю́щийся ~ слýжбы remaining (expected) life; ~ платежá *фин.* date of payment, due date, payment period, date fixed for payment; ~ погашéния креди́тного обязáтельства *фин.* due date, credit payments period, term of payment; ~ подáчи налóговой декларáции *фин.* tax-filing date; ~ подпи́ски subscription period; ~ постáвки delivery time (date); предéльный ~ слýжбы time limit; расчётный ~ слýжбы design life; срéдний ~ слýжбы average service life; ~ слýжбы durability, endurance, life, lifetime, service life, time limit, working time; ~ акцéпта *эк.* term of acceptance; ~ амортизáции *эк.* depreciable life; ~ капиталовложéний *эк.* life of investments; ~ вéкселя *эк.* term of a bill; ~ гóдности *эк.* serviceable life, applicable time; ~ дéйствия (*документа*) *эк.* duration; ~ дéйствия патéнта *эк.* license term; ~ дéйствия соглашéния *эк.* period of validity of an agreement; ~ достáвки *эк.* delivery date; ~ испóльзования креди́та *эк.* credit use period; ~ креди́та *эк.* credit period, term of credit; ~ кредитовáния *эк.* crediting period; ~ налóгового платежá *эк.* tax payment date; эксплуатациóнный ~ слýжбы useful life; продлевáть ~ слýжбы extend service; ~ слýжбы в часáх налёта flying life; ~ слýжбы до капитáльного ремóнта overhaul life; ~ слýжбы до списáния life until discarded; ~ хранéния storage (shelf) life; в ~ in/on time; до ~а before (its) time, early; к ~у to time; яви́ться к ~у arrive on time; пришёл ~ the moment has arrived: представи́ть рабóту в ~ do* the work in time; все ~и прошли́ time ran out long ago; ◇ на ~ for a certain period; дай(те) ~! give me time!; (*как угроза*) just you wait!

срóчн|о urgently, promptly; ~ вы́ехать leave* in a hurry; емý ~ понáдобился э́тот учéбник he needs this textbook urgently, he is in urgent need of this textbook; нáдо ~ искáть срéдства и т. п. a means, etc. must be found without delay; э́то нáдо ~ сдéлать it must be done without delay; **~ый 1.** (*спешный*) pressing, urgent; ~ый вклад time deposit; ~ое дéло urgent business; ~ый закáз pressing order; ~ая достáвка express delivery; ~ая кóпия rush print, quick print; ~ая телегрáмма express telegram; ~ая достáвка prompt delivery; в ~ом поря́дке without delay; приня́ть ~ые мéры take* urgent measures; **2.** (*производимый в определённый срок*) fixed-term *attr.*; fixed-date *attr.*; ~ый платёж fixed-date payment; ~ый вклад deposit account.

сруб *м.* **1.** (*действие*) felling; **2.** (*деревянное сооружение*) frame of logs; (*шахты*) crib; (*бревенчатая постройка*) log house/cabin.

срубáть, сруби́ть (*вн.*) (*деревья*) fell (*smth.*); cut* (*smth.*) down; (*ветки, сучья*) chop (*smth.*) off; (*голову тж.*) cut* (*smth.*) off.

сруби́ть *сов. см.* срубáть.

срыв *м.* upsetting; wrecking; (*неудача*) breakdown; failure; ~ плáна, рабóты upsetting/wrecking of the plan, work; ~ переговóров breakdown of negotiations.

срывáть I, сорвáть **1.** (*вн.; что-л. растущее*) pick (*smth.*); сорвáть цветы́ pick a flower; сорвáть вéтку сирéни break* off a sprig of lilac; сорвáть я́блоко pick an apple; **2.** (*вн.; сдёргивать*) tear* (*smth.*) off; break* (*smth.*) off; сорвáть замóк tear* off a lock; сорвáть с себя́, с *кого-л.* шáпку snatch *one's smb.'s* hat off; **3.** (*вн.; повреждать*) strip (*smth.*); сорвáть резьбý strip a thread; **4.** (*вн.; мешать осуществлению чего-л.*) upset* (*smth.*), wreck (*smth.*); (*что-л. плохое*) frustrate (*smth.*), foil (*smth.*); сорвáть рабóту upset* the work; сорвáть урóк upset* a lesson; ~ переговóры wreck the negotiations; сорвáть зáговор foil/frustrate a plot, render a plot abortive; **5.** (*вн.* на *пр.*) *разг.* (*вымещать*) vent (*smth.* on); сорвáть зло на ком-л. blow* off at *smb.*; ◇ сорвáть гóлос strain/lose* *one's* voice; сорвáть завéсу с *чего-л.* rip the trappings/covers off *smth.*, take* the lid off *smth.*

срывáть II, срыть (*вн.; разрывая, уничтожать*) level (*smth.*).

срывáться, сорвáться **1.** (*о чём-л. прикреплённом или висящем*) come* off; дверь сорвалáсь с пéтель the door has come off its hinges; **2.** (*обрушиваться*) break* off, dislodge itself; **3.** (*подать, потеряв опору*) lose* *one's* grip/foothold, slip off; **4.** (*разрывать привязь, путы*) break* loose; собáка сорвалáсь с цепи́ the dog broke loose from its chain; **5.** (*поспешно покидать своё место*) spring* up from; сорвáться с мéста start up; **6.**: сорвáться с языкá escape *one's* lips; **7.** *разг.* (*не удаваться*) miscarry, break* down, fail; сорвалóсь! it's all up!; ◇ егó гóлос сорвáлся his voice broke; как с цепи́ сорвáлся ~ like a bull at a gate.

срыть *сов. см.* срывáть II.

ссáдина *ж.* scratch, graze, abrasion.

ссади́ть I *сов. см.* ссáживать.

ссади́ть II *сов.* (*вн.; поцарапать*) scratch (*smth.*); ~ себé рýку scratch *one's* hand.

ссáживать, ссади́ть (*вн.*) **1.** (*помогать сойти вниз*) lift (*smb.*) down, help (*smb.*) down; **2.** (*высаживать с поезда и т. п.*) put* (*smb.*) off.

ссóр|а *ж.* quarrel; (*мелочная*) tiff, squabble; быть в ~е с *кем-л.* have* quarreled with *smb.*; мéжду ни́ми произошлá ~ из-за *чего-то* they quarrelled over *smth.*

ссóрить, поссóрить (*вн.*) set* (*smb.*) at loggerheads, put* (*smb.*) against each other, cause a quarrel between (*smb.*); **~ся**, поссóриться (с *тв.*) quarrel (with); (*из-за мелочей*) squabble (with).

ссóхнуться *сов. см.* ссыхáться.

СССР (Сою́з Совéтских Социалисти́ческих Респýблик) USSR (Union of Soviet Socialist Republics).

ссу́д|а *ж. фин.* loan; де́нежная ~ loan of money; долгосро́чная ~ long-term loan; краткосро́чная ~ short-term loan; онко́льная ~ call loan; просро́ченная ~ bad loan; проце́нтная ~ interest bearing loan; ра́зовая ~ single loan; сро́чная ~ fixed-date loan; ~ бро́керу фо́ндовой би́ржи stock exchange loans; ~ без обеспече́ния uncovered advance; ~ в иностра́нной валю́те loan in foreign currency; ~ до востре́бования call money, loan on call, on call loan; ~ под гара́нтию loan against a guarantee; ~ под двойно́е обеспече́ние collateral loan; ~ под дополни́тельное обеспече́ние collateral loan; ~ под зало́г loan against security; ~ под недви́жимость real estate loan; ~ под обеспече́ние advance against securities; ~ под обяза́тельство loan against borrower's note; ~ под ока́занные услу́ги loan against rendered service; ~ под платёжные докуме́нты loan against payment documents; ~ под поручи́тельство loan against a pledge; ~ под проце́нты loan at interest; ~ под това́рно-материа́льные це́нности loan against commodities and materials; ~ под це́нные бума́ги loan against securities; ~ с определённым сро́ком погаше́ния time loan; ~ с погаше́нием в рассро́чку installment loan; целева́я ~ purpose-oriented loan; ~ы и учётные векселя́ loans and discounts; **~и́ть** *сов. см.* ссужа́ть; **~ный** loan; ~ный капита́л loan capital; ~ный проце́нт loan interest, interest on loan capital.

ссудода́тель *м. фин.* lender.

ссужа́ть, ссуди́ть (*вн. тв.*, *вн. дт.*) lend* (*smb.*, *smth.*), loan (*smb.*, *smth.*).

ссыла́ть, сосла́ть (*вн.*) expell (*smb.*), deport (*smb.*).

ссыла́ться, сосла́ться (на *вн.*) quote (*smb.*, *smth.*) as an authority; cite (*smth.*); (*оправдываться*) plead (*smth.*); ~ на боле́знь, головну́ю боль, уста́лость plead illness, headache, fatigue.

ссы́лк|а I *ж.* (*изгнание*) exile, transportation; в ~е in exile.

ссы́лка II *ж.* (*указание источника*) reference (to).

ссы́льный *прил.* **1.** exiled; **2.** *в знач. сущ. м.* exile, deportee.

ссы́пать *сов. см.* ссыпа́ть.

ссып|а́ть, ссы́пать (*вн.*) pour (*smth.*); ~ зерно́ в мешки́ pour/put* corn into sacks, sack corn.

ссыха́ться, ссо́хнуться shrink.

стабилиз|а́тор *м. тех.* stabilizer; вертика́льный ~ *ав.* fin; ~ изображе́ния image stabilizer; ~ напряже́ния voltage stabilizer; **~а́ция** *ж.* stabilization; ~а́ция валю́ты stabilization of currency; **~и́ровать** *несов.* и *сов.* (*вн.*) stabilize (*smth.*); **~и́роваться** *несов.* и *сов.* be* stabilized, become* stable; **~ова́ть(ся)** *несов.* и *сов. см.* стабилизи́ровать(ся).

стабилизи́р|ованный *м. тех.* balanced, stabilized; ~ исто́чник пита́ния regulated power supply; **~ующий** stabilizing; ~ующая систе́ма ка́меры camera stabilizing system; ~ующий усили́тель stabilizing amplifier.

стаби́льн|ость *ж.* stability; ~ усиле́ния кана́ла *тех.* channel gain stability; **~ый** stable.

ста́вень *м. см.* ста́вни.

ста́вить, поста́вить (*вн.*) **1.** (*заставлять кого-л. принять стоячее положение*) stand* (*smb.*), make* (*smb.*) stand up; поста́вить ребёнка на стул stand* the child* on a chair; **2.** (*назначать для выполнения чего-л.*) put* (*smb.*); *разг.* (*назначать на должность*) appoint (*smb.*); ~ *кого-л.* на пост put* *smb.* on duty, ~ *кого-л.* к станку́ put*/set* *smb.* to work at a lathe; **3.** (*располагать, размещать*) put* (*smb.*), station (*smb.*); ~ *кого-л.* в ряд make* *smb.* stand in a row; **4.** (*приводить кого-л. в какое-л. состояние*) put* (*smb.*); ~ *кого-л.* в нело́вкое, безвы́ходное положе́ние put* *smb.* in an awkward, a hopeless position; **5.** (*помещать, устанавливать что-л.*) put* (*smth.*), place (*smth.*), set* (*smth.*); (*вертикально тж.*) stand* (*smth.*); ~ *что-л.* в шкаф put* *smth.* in a cupboard; ~ ча́йник put* the kettle on; ~ цветы́ в во́ду put* the flowers in water; ~ столб plant/fix a post; ~ па́мятник *кому-л.* put* up a monument to *smb.*, erect a monument to *smb.*; **6.** (*делать ставку — в азартных играх*) stake (*smth.*), bet* (*smth.*); ~ на ло́шадь back a horse; ~ на ло́шадь де́сять рубле́й put* ten rubles on a horse; **7.** (*приводить в нужное положение*) set* (*smth.*); ~ часы́ set* a clock/watch; ~ го́лос *кому-л.* place *smb.'s* voice; **8.** (*устанавливать*) install (*smth.*), fix (*smth.*); ~ телефо́н, ва́нну *и т. п.* install a telephone, bath *etc.*; ~ ми́ны lay* mines; **9.** (*о лечебном средстве и т. п.*) apply (*smth.*), ~ ба́нки *кому-л.* cup *smb.*; ~ пия́вки apply leeches; **10.** (*прикреплять*) put* (*smth.*) on; ~ подмётку put* a sole on; ~ подкла́дку put*/fit a lining in; **11.** (*изображать на письме*) put* (*smth.*); (*об отметках*) give* (*smth.*); ~ то́чку put* a full stop; **12.** *разг.* (*строить*) put* (*smth.*) up, build* (*smth.*); **13.** (*налаживать, организовывать*) organize (*smth.*); (*осуществлять*) make* (*smth.*); ~ о́пыты make* experiments; **14.** (*осуществлять постановку на сцене*) stage (*smth.*); put* (*smth.*) on the stage, direct (*smth.*); ~ пье́су direct a play; **15.** (*выдвигать, предлагать*) propose (*smth.*), move (*smth.*); ~ вопро́с на голосова́ние put* the question to the vote; **16.**: ~ *что-л. кому-л.* в вину́ place/put* the blame for *smth.* on *smb.*; ~ *кому-л.* зада́чу set* *smb.* a tack; ~ *кого-л.* в приме́р hold* *smb.* up as an example; ~ усло́вия lay* down conditions; поста́вить себе́ цель set* one*self* the aim; ◇ ~ реко́рд set* a record; ~ на вид *кому-л.* officially criticize/admonish *smb.*; ~ всё на ка́рту stake *one's* all; ни в грош не ~, ни во что не ~ *что-л.* attach not the slightest importance to *smth.*; (*кого-л.*) have* no regard for *smb.*; ~ *что-л.* вы́ше всего́ rate *smth.* above everything; ~ *кого-л.* на́ ноги set* *smb.*; on his, her feet; ~ вопро́с state/posit/propound a question.

ста́вк|а I *ж.* **1.** (*оклад*) rate; ~ зарпла́ты rate of wages; по вы́сшей ~е at the highest rate; **2.** (*в азартных играх*) stake; **3.** (на *вн.; расчёт, ориентация*) reliance (on); де́лать ~у на *кого-л.*, *что-л.* rely/count on *smb.*, *smth.*; **4.** *фин.* ба́нковская учётная ~ bank discount rate; двойна́я ~ dual rate; де́йствующая ~ current rate, going rate; еди́ные ~и uniform rates; проце́нтная ~ за креди́т rate of interest on credit; льго́тная ~ preferential rate; ~и мирово́го де́нежного ры́нка rates on the world money market; нало́говая ~ taxation rate; пла́вающая ~ floating rate; ~ тамо́женных по́шлин rates of duties; проце́нтная ~ rate of interest; ры́ночная ~ market rate; тари́фные ~и tariff rates; акко́рдная ~ blanket rate; ба́зисная ~ basic rate; минима́льная ~ minimum rate; сде́льная ~ piece rate; сре́дняя ~ average rate; ~ аре́ндной пла́ты rent rates; ~ за́работной пла́ты labor (wage) rate; ~ накладны́х расхо́дов overhead rate; ~ сбо́ров за страхова́ние insurance rate; ~ сбо́ров за хране́ние rate of storage charges; ~ ссу́дного проце́нта loan (lending) rate; существу́ющая ~ prevailing rate; ~ тамо́женной по́шлины customs rate; учётная ~ discount rate; учётная проце́нтная ~ rate of interest; фра́хтовая ~ freight rates.

ста́вка II *ж. воен.* headquaters; ~ главнокома́ндующего General Headquarters, G.H.Q.

ста́вк|а III *ж.*: о́чная ~ confrontation; устро́ить *кому-л.* о́чную ~у с... confront *smb.* with...

ста́вленник *м.* creature, protege.

ста́вни *мн.* (*ед.* ста́вень *м.*, ста́вня *ж.*) shutters.

ставри́да *ж.* (*рыба*) horse mackerel.

стадио́н *м.* stadium (*pl.* -dia).

ста́дия *ж.* stage.

ста́дный gregarious; ~ инсти́нкт herd/gregarious instinct.

ста́до *с.* herd; (*овец, коз*) flock; ~ коро́в herd of cows.

стаж *м.* (length of) service; трудово́й ~ length of service; ~ нау́чной рабо́ты time spent on scientific work; пятиле́тний ~ five years service.

стажёр *м.* practical student, fieldworker; (*в университете*) special student.

стажирова́ться *несов.* be* on trial; (*для приобретения опыта*) do* fieldwork, be* on a special) course.

стажиро́в|ка *ж.* **1.** (*проверочный период*) period of trial; **2.** (*приобретение опыта*) practical study, fieldwork; ~ на предприя́тии training at plants; отчёт о хо́де ~ки report on the process of training; срок ~ки period of training; ход ~ки process of training; проводи́ть ~ку conduct training; ~а́ться undergo qualification.

ста́йер *м.* long-distance man*; (*в беге*) long-distance runner; **~ский** long-distance *attr.*; ~ская диста́нция long-distance event.

стака́н *м.* glass, tumbler; ~ воды́ glass of water.

сталева́р *м.* steelworker.

сталелите́йный: ~заво́д steel foundry, steelworks; ~ цех steel foundry.

сталепрока́тный steel-rolling *attr.*

ста́лия *ж. торг.* (*время, необходимое для погрузки товара на судно*) lay days.

ста́лкивать, столкну́ть **1.** (*вн.*) push (*smb.*, *smth.*) (off); столкну́ть *кого-л.*, *что-л.* в во́ду push *smb.*, *smth.* into the water; столкну́ть *кого-л.* с ме́ста push *smb.* away; **2.** (*вн.; заставлять удариться*) knock (*smb.*, *smth.*) together; *перен.* cause a clash (between); столкну́ть билья́рдные шары́ make* one billiard ball hit another столкну́ть *кого-л.* лбами knock *smb.'s* heads together; *перен.* set* *smb.* at loggerheads; **3.** (*вн. с тв.; заставлять встретиться*) bring* (*smb.*) into contact (with); *перен.* bring* (*smb.*) up against (*smth.*) **~ся**, столкну́ться (с *тв.*) **1** (*ударяться друг о друга*) collide (with) run*/cannon into each other; *перен.* (*вступать в конфликт*) clash (with); льди́ны столкну́лись the floes collided; их интере́сы столкну́лись their interests clashed; **2.** (*встречаться*) come across one another, run* into each other, run into (*smb.*); *перен.* be* confronted/faced (with) run* into (*smth.*); мы столкну́лись в дверя́х we ran into each other in the doorway; столкну́ться с действи́тельностью be* faced with reality, be confronted with the facts of life.

сталь *ж.* steel; высокока́чественная ~ high grade steel; **~ной** steel *attr.*; (*о цвете*) steel grey; *перен.* of steel *после сущ.*; ~ные констру́кции steel construction *sg.*; ~ной челове́ man* of steel; ~ная во́ля will of iron, iron wi ~ные не́рвы nerves of steel.

стаме́ска *ж.* chisel.

стан I *м. книжн.* (*туловища человека*) figure.

стан II *м.* **1.** (*место стоянки полевых бригад*) camp; **2.** (*воюющая сторона*) camp (*тж. перен.*)

стан III *м. тех.* mill.

станда́рт *м.* **1.** standard; (*типовая форма организации чего-л.*) standard method; (*шаблон, трафарет*) cliché, stereotype; stoc tricks *pl.*; госуда́рственный ~ state standard; заводско́й ~ manufacturing standard; междунаро́дный ~ international standard; междунаро́дный авиацио́нный ~ international aircra standard; отраслево́й ~ branch standard; сертификацио́нный ~ по шу́му noise certificati standard; ~ товародвиже́ния *торг.* sales promotion standard; экологи́ческий ~ ecological standard; эксплуатацио́нный ~ operational standar ~ы акаде́мии academy standards; ~ы ACA AS standards; ~ы АФНОР AFNOR standards; ~ БСИ BSI standards; ~ы ГОСТ GOST standard ~ы ДИН DIN standards; ~ы ИСО IS standards; ~ы институ́та США USA Standar Institute.

стандартиз|а́ция *ж.* standardizatio **~и́ровать** *несов.* и *сов.* (*вн.*) standardi (*smth.*).

стандáртн|ый 1. standard *attr.*; (*о предметах широкого потребления*) mass-produced, standardized; ~ые строи́тельные детáли unified structural elements; ~ дом standard/standardized house; ~ формáт standard format; ~ая девиáция *кино* standard deviation; ~ая киноплёнка или кинофи́льм *кино* standard film; ~ая мéбель mass-produced furniture; ~ая перфорáция *кино* standard perforation; ~ая систéма standard system; ~ое кáдровое окнó *кино* academy aperture; ~ый 8-ми миллиметрóвый фильм *кино* standard 8mm film; **2.** *разг.* (*шаблонный*) trite, commonplace.

стани́ца *ж.* stanitsa (large Cossack village).

станкóв|ый 1. lathe *attr.*; machine-tool *attr.*; **2.** *воен.*: ~ пулемёт (medium/heavy) machine-gun; ~ орýжие heavy weapons *pl.*; **3.** *иск.*: ~ая жи́вопись easel painting.

станкостро|éние *с.* machine-tool construction; **~и́тельный** machine-tool *attr.*

станови́ться I, стать **1.** (*располагаться стоя*) stand*; стать у стены́ stand* by the wall; стать в ряд form a row; стать на своё мéсто go* back to *one's* place; *перен.* fall* into place; стать в óчередь за *чем-л.* form a queue (for), queue up (for); стать на стул get* up on a chair; **2.** (*приступать к какой-л. работе*) take* up *one's* position; стать за прилáвок go* behind the counter; стать на пост take* up *one's* post; **3.** (*размещаться*): стать лáгерем pitch camp; **4.** (*вставать*) stand*; ~ на колéни kneel* down; ~ на цы́почки poise *oneself* on tiptoe; ~ нá руки do* a handstand; <> стать во главé *чего-л.* become leader of *smth.*, take* over the leadership of *smth.*; стать в пóзу strike* an attitude; стать на лёд go* on the ice; стать на лы́жи start skiing; стать на учёт register; стать на я́корь drop anchor; стать у влáсти take* power.

станови́ться II, стать (*делаться*) become*; (*кем-л.*, *чем-л.*, *каким-л. тж.*) get*, grow*; ~ учи́телем *и т. п.* become* a teacher, *etc.*; ~ подозри́тельным *и т. п.* become*/get*/grow* suspicious *etc.*; всем стáло скýчно everyone was bored; опя́ть стáло ти́хо silence reigned/fell once more; нам стáло жáлко егó we were/felt sorry for him; емý стáло хóлодно (*теперь*) he is cold; (*в прошлом*) he felt cold; стано́вится темнó, хóлодно, жáрко it is becoming/getting/growing dark, cold, hot.

становлéни|е *с.* formation; ~ харáктера molding/formation of character; в процéссе ~я in the making.

становóй: ~ хребéт *перен.* backbone.

станóк *м.* **1.** (*для работы*) bench; (*механический*) machine(-tool); печáтный ~ printing-press; столя́рный ~ joiner's bench; **2.** (*опора*) mount(ing).

станциóнн|ый station *attr.*; ~ая грузовáя платфóрма freight dock.

стáнция *ж.* station; óпытная ~ *с.-х.* experimental station; автозаправóчная ~ gas station; грузовáя ~ goods (freight) station; ~ назначéния station of destination; ~ на перегóне wayside station; ~ техни́ческого обслýживания и ремóнта maintenance (service) shop; узловáя ~ junction station, terminal; <> электри́ческая ~ power station, power plant.

стáпел|ь *м.* building-berth; stocks *pl.*; на ~е on the stocks; сходи́ть со ~я, ~ей come* off the stocks.

стáптывать, стоптáть (*вн.*) wear* out (*smth.*); ~ каблуки́ wear* the heels down.

старáни|е *с.* effort, endeavor; приложи́ть все ~я do* *one's* best, exert *one's* best efforts.

старáтель *м.* gold-digger.

старáтельн|о carefully, painstakingly; **~ость** *ж.* application; (*прилежание*) diligence; **~ый** painstaking; (*прилежный*) diligent.

старáться, постарáться **1.** (*делать что-л. с усердием*) try, do* *one's* best; ~ изо всех сил do* *one's* very best, try with all *one's* might; **2.** (+ *инф.*; *прилагать усилия*) try (+ to ing), endeavor (+ to ing), do* *one's* best (+ to ing); ~ вы́играть врéмя play for time.

старéйшина *м. ист.* elder.

старéние *с.* aging.

старéть, постарéть, устарéть **1.** *сов.* постарéть age; grow*/get* old; **2.** *сов.* устарéть be*/become* obsolete.

стáрец *м.* **1.** old man*; elder; **2.** *уст.* staretz, elder (a spiritual counsellor, usually a monk).

старéющий aging, ageing.

стари́к *м.* old man*.

старикáн *м.* old boy/chap/fellow.

стариковск|ий old man's; ~ая похóдка old-mannish walk.

старин|á 1. *ж.* (*о времени*) old times *pl.*; в ~у in times past, in olden days; in the old days; **2.** *ж.* (*старинные вещи, обычаи*) relic of the past; **3.** *м. разг.* (*в обращении*) old man*/fellow/chap; <> тряхнýть ~ой bring* back *one's* young days.

стари́нк|а *ж.*: по ~е in the old way, as in the old times.

стари́нн|ый old; (*древний*) ancient; ~ые вéщи antiques; ~ая мéбель antique/period furniture; ~ая одéжда period/historical costume.

стáрить, состáрить (*вн.*) age (*smb.*); (*делать старообразным*) make* (*smb.*) look old; ~ состáриться get*/grow*/become* old.

старичóк *м.* (little) old man*.

старожи́л *м.* old resident.

старомóдный old-fashioned.

старообрáзный old-looking.

стáроста *м.* leader; ~ клáсса form captain; ~ кýрса course leader; церкóвный ~ *церк.* church warden.

стáрост|ь *ж.* **1.** old age; к ~и, под ~ when one is getting old; в ~и in *one's* age; **2.** (*ветхость, изношенность*) age; <> ~ не рáдость *посл.* it's not much pleasure to be old.

старт *м.* **1.** start; (*ракеты тж.*) blast-off; (*самолёта*) take-off; брать ~ start; *перен.* (*начинать что-л. удачно*) make* a (good) start; дать

~ give* the signal to start; **2.** (*место*) starting line, start; ни́зкий ~ *спорт.* crouch (low) start; жёсткий ~ *спорт.* fixed start; ~ с хо́да *спорт.* flying start; высо́кий ~ *спорт.* high start; разде́льный ~ *спорт.* individual start; о́бщий ~ *спорт.* massed start; ~ с ме́ста standing start; выходи́ть на ~ go* to the starting line; ме́сто ~а starting mark; поря́док ~а starting order.

стартёр *м. спорт. тех.* starter.

стартова́ть *несов. и сов.* start; (*о ракете тж.*) blast off; (*о самолёте*) take* off; *перен.* (*начинаться*) open, start.

ста́ртов|ый 1. *спорт.* starting *attr.*; ~ая отме́тка start mark; ~ ключ start key; ~ ко́локол starting bell; ~ сигна́л starting signal; ~ пистоле́т starting/starter's pistol; ~ соста́в starting lineup; ~ые доро́жки starting lanes; ~ые коло́дки starting blocks (athletics); ~ ту́мбочки starting blocks (swimming); **2.** *ав.* launching *attr.*; ~ая площа́дка для за́пуска раке́т rocket launching pad.

стару́|ха *ж.* old woman*; **~шечий** old woman's; **~шка** *ж.* (little) old woman*, old soul.

ста́рческий senile.

ста́рш|ий *прил.* **1.** (*по возрасту*) older; (*из всех*) oldest; (*о детях*) elder; (*из всех*) eldest; ~ брат elder brother; ~ сын the eldest son; **2.** (*по положению*) senior; ~ая медици́нская сестра́ senior nurse; ~ офице́р senior officer; ~ лейтена́нт first lieutenant; **3.** (*близкий к концу обучения*) senior; ~ие кла́ссы senior/upper forms; ~ курс senior year; **4.** *в знач. сущ. м.* (*начальник*) chief, man* in charge; кто здесь ~? who is in charge here?; **5.** *в знач. сущ. мн.* (*взрослые*) adults, *one's* elders.

старшина́ *м.* **1.** *воен.* sergeant major; first sergeant *амер.*; **2.** *мор.* petty officer.

старшинств|о́ *с.* seniority; по ~у by seniority.

ста́р|ый *прил.* **1.** old; по ~ой па́мяти for the sake of old times; **2.** *в знач. сущ. с.* (the) old; борьба́ ~ого с но́вым the struggle between the old and the new; приня́ться за ~ое fall* back into *one's* old ways; ◇ кто ~ое помя́нет, тому́ глаз вон ~ let bygones be bygones; челове́к ~ого зака́ла a man* of the old school; Ста́рый Свет the Old World; ~ стиль Old Style.

старьё *с. собир. разг.* old stuff/junk; (*старое платье*) old clothes *pl.*

старьёвщик *м.* rag-and-bone man*.

ста́скивать, стащи́ть (*вн.*) pull (*smth.*) (off); (*силой тж.*) drag (*smth.*) (off); ~ перча́тку pull/draw* off a glove; ~ *кого-л.* с крова́ти pull/drag *smb.* out of bed.

ста́тика *ж.* static.

стати́ст *м. театр.* super, walker-on; *кино* extra.

стати́ст|ик *м.* statistician; **~ика** *ж.* statistics; ~ика вне́шней торго́вли foreign trade statistics.

статисти́ческ|ий statistic(al); ~ие да́нные statistics, statistical data; ~ отчёт statistical report.

стати́ческий static.

ста́тн|ый well-proportioned, shapely; ~ая фигу́ра shapely figure.

статс-да́ма *ж. уст.* lady-in-waiting.

ста́тус *м.* status; правово́й ~ legal status; ~ незави́симого госуда́рства status of independent state.

ста́тус-кво *м. нескл.* status quo.

статуэ́тка *ж.* statuette, figurine.

ста́туя *ж.* statue.

стать I *сов.* **1.** *см.* станови́ться 1; **2.** (*остановиться*) stop; ло́шадь ста́ла the horse stopped; часы́ ста́ли the watch/clock has stopped; река́ ста́ла the river is frozen over, the river is icebound.

стать II *сов.* **1.** *см.* станови́ться II; **2.** (+ *инф.*; *начать*) begin* (+ to *inf.*, + -ing); (*приобрести привычку*) have* taken (to + -ing); он стал чита́ть письмо́ he began reading the letter; он стал чита́ть в посте́ли he has taken to reading in bed; **3.** (+ *инф.*; *для образования будущего времени*): не ста́ну чита́ть I won't read; что ты ста́нешь де́лать? what will you do?; **4.** (*с тв.*; *случиться*): что с ним ста́ло? what has happened to him?; **5.** *безл.* (*рд.*): его́ не ста́ло he is no more; ◇ ста́ло быть (итак) so, thus; (*следовательно*) consequently, it follows that.

стат|ь III *ж.* (*телосложение*) physique, build; ◇ под ~ 1) (*подобен чем-л.*) like *smth.*; 2) (*в соответствии с кем-л., чем-л.*) be* fitting to *smb.*, *smth.*; с како́й ~и? what on earth for?, why should I, he *etc.*?; с како́й ~и мне, ему́ *и т. п.* идти́ туда́? why (on earth) should I, he, *etc.* go there?

ста́ться *сов. разг.* happen; что с ним ста́лось? what happened of him? ◇ мо́жет я задержу́сь I may be delayed; всё мо́жет ~ anything may happen.

стать|я́ *ж.* **1.** (*газетная и т. п.*) article; **2.** (*пункт*) paragraph, item, clause; (*закона, устава*) clause; ~ догово́ра article/clause of a treaty; **3.** (*раздел бюджета*) item; ~ акти́ва asset; ~ бала́нса item; ~ и́мпорта item of import; ~ бюдже́та item in the budget; ~ контра́кта contract clause; ~ басси́ва liability; ~ расхо́дов expense item; ~ э́кспорта item of export; ~и догово́ра ку́пли-прода́жи *торг.* contract articles, clauses; ~и расхо́да items of expenditure; прихо́дная ~ credit item; ~ дохо́да source of income; ◇ по всем ~м on all counts; э́то осо́бая ~ that belongs to quite another category/heading.

стациона́р *м.* **1.** permanent establishment; **2.** (*лечебное учреждение*) hospital, in-patient department; **~ный 1.** permanent; **2.** (*в больнице*) in-patient *attr.*; **~ный** больно́й in-patient; **3.** *тех.* stationary, fixed, static; ~ная ка́мера *кино* stationary camera.

стача́ть *сов. см.* тача́ть.

ста́чечный strike *attr.*

ста́чка *ж.* strike.

стащи́|ть *сов.* **1.** *см.* ста́скивать; **2.** (*вн.*) *разг.* (*украсть*) pilfer (*smth.*), filch (*smth.*), steal* (*smth.*); *шутл.* bag (*smth.*); кто ~л мой каранда́ш? who's bagged my pencil?

ста́я *ж.* (*птиц*) flock; (*животных*) pack; (*рыб*) shoal, school; *перен.* flock.

ста́ять *сов.* melt.

ствол *м.* **1.** (*дерева*) trunk; (*тонкий тж.*) stem; **2.** (*стрелкового орудия*) barrel; (*миномёта*) tube.

ство́рка *ж.* leaf*; (*буфета и т. п.*) door.

ство́рчат|ый folding; ~ые две́ри folding doors.

стеари́н *м.* stearin; **~овый** stearin *attr.*; ~овые свечи stearin candles.

сте́бель *м.* (*травы*) stalk; (*цветка*) stem.

стёган|ый quilted, wadded; ~ая ку́ртка wadded jacket; ~ое одея́ло quilt.

стега́ть I, стегну́ть (*вн.; хлестать*) lash (*smb.*, *smth.*).

стега́ть II *несов.* (*вн.; прошивать*) quilt (*smth.*).

стегну́ть *сов. см.* стега́ть I.

стеж|о́к *м.* stitch; де́лать ~ки take* stitches.

стека́ть, **стечь** **1.** pour down; (*каплями*) trickle down; ~ с кры́ши pour down from the roof; ~ по скло́ну pour/flow down a slope/hillside; дать воде́ стечь let* the water drain off; **2.** *тк. несов.* (*о реке, ручье*) flow down, run* down; **~ся**, сте́чься join; *перен.* come* together, gather; мно́го наро́ду стекло́сь на пло́щадь a large crowd gathered in the square.

стекло́ *с.* glass; *собир.* (*изделия*) glassware; ветрово́е ~ (*в автомашине*) windscreen, windshield; <> увеличи́тельное ~ magnifing glass.

стекловолокно́ *с.* glass fiber, fiberglass.

стеклоду́в *м.* glassblower.

стеклопла́стики *мн.* (*ед.* стеклопла́стик *м.*) glass-fiber plastics.

стёклышко *с.* bit/fragment of glass; <> как ~ чи́стый spic and span, bright as a new pin.

стекля́нн|ый **1.** glass *attr.*; ~ая ва́за glass vase; ~ое волокно́ *тех.* fiberglass; ~ впай *тех.* glass bead; ~ светофи́льтр *тех.* glass filter; ~ шкаф cabinet with glass doors; **2.** (*похожий на стекло*) crystalline; (*о звуках*) clear, crystal-clear; 3. (*о глазах, взгляде*) glassy.

стеко́ль|ный glass *attr.*; ~ заво́д glassworks; ~ная промы́шленнсть glass industry/manufacture; **~щик** *м.* glazier.

стели́ть(ся) *несов. разг. см.* стла́ть(ся).

стелла́ж *м.* **1.** shelves *pl.*, stand; **2.** (*приспособление для хранения чего-л. в стоячем положении*) rack.

сте́лька *ж.* insole, sock.

сте́льная: ~ коро́ва cow in/with calf.

сте́лющийся prostrate, trailing; ~ кедр prostrate cedar.

стемне́ть *сов. см.* темне́ть 1, 2.

стен|а́ *ж.* wall; за ~ой the other side of the wall; в ~ах within the walls; ме́жду ни́ми вы́росла ~ they became estranged; <> в четырёх ~ах within four walls; встать ~ой rise* like one man; как за ка́менной ~ой safe of houses; положи́ться на *кого-л.* как на ка́менную сте́ну know* *smb.* to be utterly trustworthy, have* absolute trust in *smb.*

стенгазе́та *ж.* (стенна́я газе́та) wall newspaper.

стенд *м.* **1.** stand; **2.** (*установка для испытания машин*) test bench; испыта́ть *что-л.* на ~е bench-test *smth.*

сте́нк|а *ж.* **1.** wall; **2.** (*боковая сторона*) ride; ~и я́щика sides of a box/drawer; ~и кровено́сных сосу́дов walls of the blood vessels; <> гимнасти́ческая ~ the wall bars *pl.*

стенн|о́й wall *attr.*, mural; ~ шкаф built-in cupboard/closet; wall cupboard; ~а́я жи́вопись mural painting; murals *pl.*; ~ы́е часы́ wall clock *sg.*

стеногра́мма *ж.* verbatim record/report; ~ докла́да verbatim record of a speech.

стенографи́ровать *несов.* (*вн.*) take* (*smth.*) down in shorthand.

стенограф|и́ст *м.*, **~и́стка** *ж.* stenographer; **~и́ческий** shorthand *attr.*, stenographic; ~и́ческий счёт shorthand/verbatim report.

стеногра́фия *ж.* stenography, shorthand.

сте́нопись *ж.* mural painting.

степе́нный staid, sedate, grave.

сте́пен|ь *ж.* **1.** (*сравнительная величина*) degree; ~ инъе́кции ды́рок *тех.* hole injection rate; ~ контра́стности *тех.* contrast grade; ~ увеличе́ния *тех.* degree of magnification; ~ сжа́тия га́за compression; **2.** *тк. ед.* (*мера, предел, отношение*) degree; extent; до изве́стной ~и, до не́которой ~и to a certain extent; в той и́ли ино́й ~и one way or another; в значи́тельной ~и to a considerable extent; до како́й ~и? to what exent?; **3.** (*ученое звание*) degree; ~ до́ктора Doctor's degree; ~ кандида́та нау́к Master's degree; присужда́ть учёную ~ *кому-л.* confer a degree on *smb.*; **4.** (*разряд, категория*) class; **5.** *мат.* power; возводи́ть *что-л.* в тре́тью *и т. д.* ~ raise *smth.* to the third, *etc.* power; <> ~ родства́ relation; в вы́сшей ~и 1) (*очень*) extremely, most; 2) (*совсем*) utterly; ни в мале́йшей ~и not in the least.

степно́й steppe *attr.*

степь *ж.* steppe.

стервя́тник *м. зоол.* vulture.

сте́рео *с.* stereo.

стереоголгра́мма *ж. тех.* stereo hologram.

стереокино́ *с. нескл.* (стереоскопи́ческое кино́) three-dimensional cinema, 3-D (cinema).

стереомагнитофо́н *м.* stereo tape recorder.

стереоме́трия *ж.* stereometry, solid geometry.

стереосисте́ма *ж. разг.* stereo hi-fi.

стереоско́п *м.* stereoscope.

стереоскопи́ческ|ий *тех.* stereoscopic; ~ая кинематогра́фия stereoscopic cinematography; ~ая прое́кция stereoscopic projection; ~ий кинофи́льм stereoscopic film; ~ пара́ллакс stereoscopic parallax; ~ое изображе́ние stereoscopic image; ~ эффе́кт stereoscopic effect; ~ое телеви́дение stereo television.

стереоти́п *м. полигр.* stereotype; **~ный** *полигр.* stereotype *attr.*, stereotyped; *перен. тж.* stock *attr.*; ~ное изда́ние stereotype edition; ~ная фра́за stock/stereotyped/hackneyed phrase.

стереофи́льм *м.* (стереоскопи́ческий фильм) 3-D film.

стереофони́ческий stereophonic; ~ звук stereo(phonic) sound.

стереоцветно́й: ~ кинеско́п *тех.* stereocolor kinescopoe.

стере́ть *сов. см.* стира́ть 1; **~ся** *сов. см.* стира́ться 1.

стере́чь *несов.* (*вн.*) **1.** (*охранять*) guard (*smb.*, *smth.*); watch (over); **3.** (*подкарауливать*) watch (for).

сте́рж|ень *м.* **1.** rod, shaft; (*опорный*) pivot, spindle; **2.** (*растения*) core, heart; **3.** (*главная часть чего-л.*) core, pivot; **~нево́й** pivotal; ~нево́й вопро́с pivotal question, key issue.

стерилиза́ция *ж.* sterilization.

стерилизова́ть *несов. и сов.* (*вн.*) sterilize (*smth.*).

стери́льный **1.** (*обеззараженный*) sterilized; **2.** (*бесплодный*) sterile.

сте́рлинг *м.* sterling; **~овый** sterling *attr.*

сте́рлядь *ж.* (*рыба*) sterlet.

стерня́ *ж. с.-х.* stubble (field).

стерпе́ть *сов.* (*вн.*) bear* (*smth.*), endure (*smth.*); не ~ lose* patience; ~ оби́ду endure an insult; он не стерпе́л оби́ды he rebelled at the insult.

стёртый effaced, obliterated.

стесне́ни|е *с.* **1.** restraint; **2.** (*затруднённость дыхания*) constriction; **3.** (*неловкость*) constraint; говори́ть без ~я speak* quite freely; пожа́луйста, без ~й! make yourself quite at home!, don't stand on ceremony!

стеснённ|ый **1.** (*о дыхании*) constricted; (*о движениях*) cramped; **2.** (*тяжёлый*) difficult; в ~ых обстоя́тельствах in straitened/reduced circumstances.

стесни́тельн|ость *ж.* shyness, awkwardness; **~ый** **1.** (*застенчивый*) shy, awkward; **2.** (*затруднительный*) difficult, restricted.

стесни́ть *сов. см.* стесня́ть.

стесня́ть, стесни́ть (*вн.*) **1.** (*лишать простора*) confine (*smth.*); *перен.* restrict (*smth.*); **2.** (*заставлять потесниться*) cramp (*smb.*); вы нас ниско́лько не стесни́те you won't inconvenience us in the least, you won't be a bit in the way; я вас не стесню́? won't I be in the way?; **3.** (*лишать свободы действий*) hamper (*smb.*), hinder (*smb.*), impede (*smb.*); (*ограничивать кого-л. в чём-л.*) restrict (*smb.*); ~ *кого-л.* в сре́дствах stint *smb.* for money; **4.** (*лишать непринужденности*) embarrass (*smb.*); **5.** *разг.* (*сдавливать*) squeeze (*smb.*); **6.** (*горло, грудь*) constrict (*smth.*); *перен.* oppress (*smb.*).

стесн|я́ться, постесня́ться **1.** *тк. несов.* feel* shy (in front of); не ~я́йтесь! don't be shy/nervous!; **2.** (*кого-л.*) be* shy (of); (*чего-л.; стыдиться*) be* ashamed (of); (+ *инф.*) be* too shy (+ to *inf.*); он вас ~я́ется you make him shy; он ~я́ется пу́блики an audience makes him nervous, he suffers from stage fright; он никого́ не ~я́ется he's as bold as brass, nobody can make him nervous; не ~я́йтесь говори́ть пра́вду don't be afraid to tell the truth; не ~ в выраже́ниях not be over-nice in *one's* expressions, not mince *one's* words.

стетоско́п *м.* stethoscope.

стече́ни|е *с.* confluence; ~ наро́да concourse; при большо́м ~и наро́да before a vast concourse/assembly; ◇ ~ обстоя́тельств coincidence; the circumstances *pl.*; счастливое ~ обстоя́тельств fortunate coincidence; неожи́данное ~ обстоя́тельств unforeseen coincidence.

стечь *сов. см.* стека́ть 1; **~ся** *сов. см.* стека́ться.

стилиза́ция *ж.* stylization; **~о́ванный** stylized, conventionalized; (*манерный*) affected.

стили́стика *ж.* stylistics, (study of) style.

стилисти́ческ|ий stylistic; ~ая оши́бка error of style.

стиль I *м.* style; ~и в жи́вописи styles in painting; в ру́сском, италья́нском *и т. д.* ~е in the Russian, Italian, *etc.* style; ~ фельето́на satirical style; рабо́тать над ~ем improve *one's* style; ~ руково́дства style of leadership/management; э́то не в моём ~е that's not my way of doing things.

стил|ь II *м.* (*способ летоисчисления*) style; по но́вому (ста́рому) ~ю New (Old) Style.

сти́льный **1.** stylish; **2.** *разг.* (*утрированно модный*) oversmart.

стиля́га *ж. разг.* (*в 1950-х годах*) teddy boy.

сти́мул *м.* stimulus (*pl.* -li); incentive.

стимули́ровать *несов.* и *сов.* (*вн.*) stimulate (*smth.*).

стимули́рующий: ~ спрос *эк.* stimulating demand.

стимуля́тор *м. тех.* stimulator.

стимуля́ция *ж. тех.* stimulaltion.

стипендиа́т *м.* grant-holder, scholarship holder.

стипе́ндия *ж.* grant, allowance; получа́ть ~ю get* a grant; получи́ть ~ю за ме́сяц receive *one's* monthly allowance.

стира́льн|ый washing; ~ая маши́на washing machine; ~ порошо́к soap powder.

стира́ние *с. кино* erasing.

стира́ть I, стере́ть (*вн.*) **1.** (*вытирать*) wipe (*smth.*); (*пыль*) dust (*smth.*); (*написанное*) rub (*smth.*) out; erase (*smth.*); *перен.* obliterate (*smth.*); *кино* erase; **2.** (*повреждать кожу*) abrade (*smth.*), rub (*smth.*) sore; стере́ть но́гу rub/make* *one's* foot sore; ◇ ~ *кого-л.* с лица́ земли́ wipe *smb.* out, obliterate *smb.*; ~ *кого-л.* в порошо́к make* mincemeat of *smb.*

стира́ть II, вы́стирать (*вн.*) (*бельё*) wash (*smth.*), launder (*smth.*).

стира́ться I, стере́ться **1.** be* rubbed off; (*о написанном*) be* rubbed out, be* obliterated/effaced; *перен.* disappear; **2.** (*изнашиваться*) wear* smooth, wear* down; (*становиться тонким*) wear* thin.

стира́ться II *несов.* wash; хорошо́ ~ well.

стира́ющ|ий: ~ая голо́вка *тех.* eraser head.

сти́рк|а *ж.* washing; день ~и washing day; отдава́ть бельё в ~у give* out *one's* laundry; брать бельё в ~у take* in washing.

сти́скивать, сти́снуть (*вн.*) **1.** squeeze (*smb.*, *smth.*); **стиснуть** *кого-л.* в объя́тиях hold* *smb.* close, hug *smb.*; ~ *что-л.* зуба́ми bite* *smth.*; **2.** (*стеснять горло, грудь*) constrict (*smth.*), seize (*smth.*), grip (*smth.*) (*тж. перен.*); **3.** (*плотно соединять*) clench (*smth.*); сти́снуть зу́бы grit/set* *one's* teeth; сти́снув зу́бы gritting *one's* teeth.

сти́снуть *сов. см.* сти́скивать.

стих *м.* **1.** verse; в ~ах in verse; **2.** *мн.* *(стихотворения)* poetry *sg.*, verse *sg.*; писа́ть ~и write* poetry; ~и Пу́шкина Pushkin's verse.

стиха́ть, сти́хнуть **1.** (*о звуках, шуме*) die away; кри́ки, шаги́ сти́хли the shouts, footsteps died away; **2.** (*замолкать, умолкать*) become quiet; (*прекращать стрельбу*) stop firing; всё стихло a hush fell, all was quiet; **3.** (*становиться слабее*) subside, abate; ве́тер стих the wind dropped.

стихи́йн|о spontaneously; **~ость** *ж.* spontaneity; **~ый 1.** elemental, natural; ~ое бе́дствие natural disaster; ~ая си́ла elemental/primordial force; **2.** (*неорганизованный*) spontaneous; ~ое движе́ние spontaneous movement.

стихи́|я *ж.* **1.** element; **2.** (*инстинкт*) blind impulse, urge; **3.** (*не поддающееся регулированию явление*) chaos, anarchy; ~ конкуре́нции the chaos of market competition; **4.** (*привычная среда*) element; в свое́й ~и in *one's* element.

сти́хнуть *сов. см.* стиха́ть.

стихосложе́ние *с.* versification, prosody.

стихотворе́ние *с.* poem; ~ в про́зе poem in prose.

стихотво́рн|ый poetical; ~ разме́р meter; в ~ой фо́рме in verse.

стлать, постла́ть, настла́ть (*вн.*) **1.** *сов.* постла́ть spread* (*smth.*); постла́ть ска́терть на стол spread* a tablecloth; постла́ть посте́ль make* up a bed; **2.** *сов.* настла́ть lay* (*smth.*); ~ парке́т lay* parquet flooring; **~ся** *несов.* **1.** spread*, spread* out; **2.** (*о животных, птицах*) skim along, go* skimming.

сто 1. a hundred; one hundred; счита́ть до ста coun up to a hundred; ~ рубле́й a hundred rubles; ~ два́дцать a hundred and twenty; **2.** *разг.*: ~ раз вам говори́ how many times have I told you; ~ раз вам говори́ть, повторя́ть? how many times do you have to be told?

стог *м.* stack, rick; ~ се́на haystack, hayrick; ~ соло́мы strawrick.

сто́ик *м.* stoic.

сто́имост|ь *ж.* **1.** cost; бала́нсовая ~ balance cost; ~ вкла́да value of a deposit; доба́вленная ~ added value; доба́вочная ~ extra cost; догово́рная ~ agreed cost; ~ капита́льного ремо́нта cost of overhaul; коне́чная ~ final cost; контра́ктная ~ contract cost (value); ~ креди́та loan value; ликвидацио́нная ~ liquidation value; ме́новая ~ exchange value; ~ ме́ста (*на рейс*) unit seat price; нарица́тельная ~ nominal value; номина́льная ~ nominal value; нормати́вная ~ standard cost; о́бщая ~ total cost (value); ориентиро́вочная ~ estimated (tentative) cost; оста́точная ~ residual value; оце́ночная ~ assessed value; ~ по оце́нке appraised value; ~ прово́за freight charge; ~ произво́дства fabrication cost, cost of production; приба́вочная ~ surplus value; расце́ночная ~ estimated value; реа́льная ~ real cost; ры́ночная ~ market value; сме́тная ~ estimate of cost, estimated cost; совоку́пная ~ aggregate cost; сре́дняя ~ average cost; ~ с вы́грузкой CAF landed; ~ с вы́грузкой CIF landed; ~ това́ров и услу́г cost of goods and services; ~ транспортиро́вки cost of transportation; ~ произво́дства кинофи́льма negative cost; страхова́я ~ insured value; теку́щая ~ present value; устано́вленная ~ fixed limit of cost; факту́рная ~ invoice value; чи́стая ~ net cost; калькуля́ция ~и calculation of cost; оце́нка ~и estimation of cost; завыша́ть ~ (*напр. акций*) overrate; себесто́имость ~и cost, cost value; ~ то́нны зерна́ cost of grain per ton, cut of a ton of grain; о́бщей ~ью в ты́сячу рубле́й to a total value of one thousand roubles; "~ и фрахт" cost and freight (CAF); "~, страхова́ние и фрахт" cost, insurance and freight (CIF); **2.** *эк.* value; зако́н ~и law of value.

сто́|ить *несов.* **1.** (*о цене, затрате*) cost*; ~ *кому-л.* больши́х де́нег cost* *smb.* a lot of money; дёшево ~ be* cheap; до́рого ~ be* expensive, be* dear; ничего́ не ~ be* worthless; кни́га ~ит два рубля́ the book costs two rubles; **2.** (*рд.; обладать какой-л. ценностью, значимостью*) be* worth (*smth.*); он ~ит семеры́х ~ he's worth a dozen others; оди́н друго́го ~ит there's nothing to choose between them; **3.** (*рд., быть достойным*) be* worthy (of); (*заслуживать*) deserve (*smth.*); **4.** (*рд.; требовать усилий*) take* (*smth.*); никако́го труда́ не ~ило (+ *инф.*) it was no trouble (+ to ing), it was the work of a moment (+ to *inf.*); **5.** *безл.* (+ *инф.*; *имеет смысл*) it is (well) worth (+ -ing); э́ту кни́гу ~ит проче́сть this book is (well) worth reading; туда́ ~ит съе́здить the place is well worth a visit; не ~ит беспоко́ить его́ it's not worth bothering him; ~ит ли? is it worth it?; **6.** *безл.* (+ *инф.*; *достаточно*) one has only (+ to *inf.*); ~ит то́лько захоте́ть и... if you really wanted to, you...; ◇ э́то де́нег ~ит 1) (*оправдывает затраченное*) it is worth the money; 2) (*даром не дадут*) it costs money; ничего́ не ~ит (+ *инф.*) it's a simple matter (+ to *inf.*).

стои́ческий stoical.

сто́йбище *с.* nomad encampment, nomad camp.

сто́йка I *ж.* **1.** (*подпорка*) upright, stanchion, strut; **2.** (*прилавок в столовой, буфете и т. п.*) counter, bar.

сто́йк|а II *ж.* **1.** *воен., спорт.* position at attention; **2.** *спорт.* *(на руках)* handstand; (*на голове*) headstand; **3.** *охот.* *(о собаке)* set; де́лать ~у point.

сто́йк|ий **1.** stable; (*твёрдый*) firm; (*об отравляющих веществах*) persistent; ~ая кра́ска fast color; **2.** (*непоколебимый*) steadfast, staunch; ~ хара́ктер strong character; ~ая оборо́на stubborn defense.

сто́йк|о steadfastly, firmly; ~ переноси́ть невзго́ды be* steadfast in adversity; ~ обороня́ться put* up a stubborn defense; **~ость** *ж.* **1.** stability; **2.** (*непоколебимость*) tenacity, endurance, staying power.

сто́йло *с.* stall.

стойми́я upright.

сток *м.* **1.** (*действие*) flow; **2.** (*канава, желоб*) gutter; (*труба*) waste pipe.

стол *м.* **1.** table; за обе́денным ~о́м around the dinner table; **2.** (*приём пищи*) meal; за ~о́м (*за едой*) at table, at/during meals; сади́ться за ~ take* *one's* seat/place at the table; встава́ть из-за ~а́ rise* from the table; пригласи́ть *кого-л.* к ~у́ invite *smb.* to table; **3.** (*пища, еда*) board; (*диета*) diet; дома́шний ~ home cooking; моло́чный, вегетариа́нский ~ vegetarian diet; **4.** (*отдел в учреждении*) department, desk; ~ зака́зов order desk/counter.

столб *м.* post, pole; (*каменный*) pillar; (*воды, ртути*) column; ~ ды́ма, пы́ли column/pillar of smoke, dust; пыль стои́т ~ом the air is full of dust; ◇ стоять ~ом, стоя́ть как ~ stand* stock-still.

столб|е́ц *м.* column; газе́тные ~цы newspaper columns.

столбня́к *м.* **1.** *мед.* tetanus, lockjaw; **2.** *разг.* (*состояние оцепенения*) trance; в како́м-то ~е́ in a kind of trance.

столбов|о́й: ~а́я доро́га highroad.

столе́т|ие *с.* **1.** (*период*) century; **2.** (*годовщина*) centenary, centennial, hundredth anniversary; ~ со дня рожде́ния Толсто́го the Tolstoy centenary; **~ний** hundred-year-old, centenarian; ~ние дубы́ century-old/centenarian oaks; ~ний стари́к old man* of a hundred, centenarian; ~ний юбиле́й centenary; **~ник** *м.* бот. agave, century plant.

столи́|ца *ж.* capital; **~чный** capital *attr.*; metropolitan; ~чный го́род capital (city); ~чный жи́тель inhabitant of the capital; metropolitan.

столкнове́ние *с.* **1.** collision; ~ поездо́в train collision/crash; **2.** (*противоречие, конфликт*) conflict, clash; ~ интере́сов clash of interests; **3.** (*стычка, бой*) clash; вооружённое ~ armed conflict/clash.

столкну́ть(ся) *сов. см.* ста́лкивать(ся).

столкова́ться *сов. разг.* come* to an understanding.

столова́ться *несов.* (у *рд.*) board (with).

столо́вая *ж.* dining-room; (*в учреждении, на предприятии и т. п. тж.*) cafeteria; canteen; студе́нческая ~ student's dining room.

столо́в|ый I **1.** tablet *attr.*; ~ая ло́жка tablespoon; ~ое серебро́ silver plate; ~ прибо́р dinner service/set; ~ое бельё table linen; **2.** *геогр.* table *attr.*; ~ая гора́ tableland, mesa.

столо́вый II dining-room *attr.*; ~ гарниту́р ме́бели dining-room suite.

столп *м. архит.* pillar (*тж. перен.*); ~ы́ о́бщества the Establishment, pillars of society.

столпи́ться *сов.* crowd.

столпотворе́ние *с.* turmoil; babel; там настоя́щее ~ the place is in a turmoil.

столь so; ~ ва́жный, мо́щный, незначи́тельный *и т. д.* so important, powerful, insignificant *etc.*; ~ опа́сное предприя́тие so perilous an undertaking; э́то не ~ ва́жно that's not so important.

сто́лько **1.** (*с сущ. в ед. ч.*) so much; (*с сущ. во мн. ч.*) so many; ~ раз, ско́лько ну́жно as often as required; не ~, ско́лько про́шлый раз not so much/many as last time; ещё ~ (же) the same number/quantity as before; оста́лось ещё ~ же сде́лать there is still as much again to do; мне оста́лось ещё ~ же пройти́ I still have as far again to go; **2.**: он не ~ силён, ско́лько ло́вок he is not so much strong as agile; он не ~ бо́лен, ско́лько уста́л he is more tired than ill.

сто́лько-то so much, so many.

сто́ляр *м.* joiner; carpenter *разг.*; **~ничать** *несов.* go* in for making furniture; **~ный** joiner's; carpenter's *разг.*; ~ное де́ло joinery, furniture-making; ~ный инструме́нт joiner's tools *pl.*; ◇ ~ый клей joiner's glue.

стомато́лог *м.* stomatologist; dentist.

стоматоло́гия *ж.* stomatology; dentistry.

стометро́вка *ж. спорт.* (hundred-meter) sprint.

стон *м.* moan, groan.

стона́ть, простона́ть **1.** moan, groan; **2.** *тк. несов.* (*страдать под игом кого-л., чего-л.*) groan under the yoke.

стоп stop.

стоп|а́ I *ж.* (*ноги*) foot*; ◇ направля́ть свои́ ~ы wend *one's* way; идти́ по ~ам *кого-л.* follow in *smb.'s* footsteps.

стопа́ II *ж. лит.* foot*.

стопа́ III *ж.* **1.** (*ряд, кучка*) pile; **2.** (*мера бумаги*) ream.

сто́пка I *ж.* (*кучка*) pile; ~ тетра́дей pile of exercise books.

сто́пка II *ж.* (*стаканчик для водки*) small (straight) glass, thimble glass.

сто́пор *м.* stop, detainer; *мор.* stopper.

стопроце́нтн|ый hundred-per-cent *attr.*; ~ая я́вка full attendance.

сто́птанн|ый worn-out; ~ые каблуки́ broken-down heels.

стопта́ть *сов. см.* ста́птывать.

сторгова́ться *сов.* agee upon the price; come* to an agreement; ~ на ста рубля́х agree upon one hundred rubles, settle for one hundred rubles.

стори́цею: возда́ть *кому-л.* ~ repay* *smb.* a hundredfold.

сто́рож *м.* watchman*; э́та соба́ка — хоро́ший ~ it is a good watchdog.

сторожев|о́й watch *attr.*; ~ая соба́ка watchdog; ~ая бу́дка watchman's shelter; *воен.* sentry-box; ~ая watchtower; ~ ка́тер patrol launch; ~ое охране́ние *воен.* outposts *pl.*; ~ пост sentry post.

сторожи́ть *несов.* **1.** be* on watch; **2.** (*вн.*) guard (*smb.*, *smth.*), keep* watch (over).

сторо́жка *ж.* **1.** lodge; лесна́я ~ forest warden's hut.

сторон|а́ *ж.* **1.** side; (*направление*) way; сто́роны горизо́нта cardinal points; сверну́ть в ~сто́рону ле́са turn in the direction of the forest; разойти́сь в ра́зные сто́роны go* off in different directions; со всех сторо́н on all sides, on every hand; в ту сто́рону in that direction; в каку́ю сто́рону он пошёл? which way did he go?; вам в каку́ю сто́рону? which way are you going?; в на́шу сто́рону our way; смотре́ть в другу́ю сто́рону look the other way; смотре́ть в сто́рону *кого-л.*, *чего-л.* look in the direction of *smb.*, *smth.*; look towards *smb.*, *smth.*; из ~ы в сто́рону from side to side; по ту сто́рону *чего-л.*, the other side of *smth.*, beyond *smth.*, на той ~е́ on the other side; по ~а́м, по о́бе ~ы́ on either side; по обе ~ы́ доро́ги on/along both sides of the road; смотре́ть по ~а́м look about *one's*; со ~ы *чего-л.* from the direction of *smth.*; дом не защищён со ~ы́ мо́ря the house is unprotected on the side nearest/facing the sea; в ~е́ от доро́ги at a certain distance from the road; лес оста́нется в ~е́ you will see the woods in the distance; сверну́ть в сто́рону turn aside; с ра́зных сторо́н from all/different directions; (*из разных источников*) from various sources с вну́тренней, нару́жной ~ы́ on the inside, outside; посмотре́ть на *что-л.* со ~ы́ regard *smth.* in a detached spirit; ~ звуково́й доро́жки *кино* sound track side; ~ осно́вы *кино* blank side, base side; ~ осно́вы киноматериа́ла *кино* film base side; ~ светочувстви́тельного сло́я *кино* gelatine side; **2.** (*страна*) land: родна́я ~ native land, *one's* own country; на чужо́й ~е́ on foreign soil, in foreign parts; **3.** (*вопроса, дела*) aspect; рассма́тривать вопро́с со всех сторо́н consider a question in all its aspects; си́льные и сла́бые сто́роны докла́да the strong and weak sides/aspects of a report; с како́й бы ~ы́ ни посмотре́ть whatever way you look at it; **4.** (*в переговорах, споре, на суде*) side, party; быть на ~е́ *кого-л.* be* on the side of *smb.*; приня́ть сто́рону *кого-л.*; стать на сто́рону *кого-л.* take* *smb.'s* side, side with *smb.*; ◇ остава́ться в ~е́ hold* *oneself* aloof, keep* aloof; держа́ться в ~е́ stand* aside; на ~е́ elsewhere; прода́ть *что-л.* на ~у sell* *smth.* on the side; с *чьей-л.* ~ы on *smb.'s* part; о́чень ми́ло с ва́шей ~ы it is very kind of you; с одно́й ~ы́..., с друго́й ~ы... on the one hand... on the other hand...

сторони́ться, посторони́ться **1.** stand*/step aside; посторони́сь! make way there!; **2.** *тк. несов.* (*рд.*, *чуждаться*) shun (*smb.*, *smth.*), keep* away (from); ~ друзе́й shun/avoid *one's* friends.

сторо́нник *м.* supporter, adherent; (*чего-л.*) advocate, champion, upholder; ~и ми́ра advocates/champions of peace; его́ немногочи́сленные ~и his small following.

сторonóй to one side; *перен.* in a roundabout way; идти́ ~ turn aside; пройти́ ~ pass at a distance.

сторублёвый hundred-ruble *attr.*

стоскова́ться *сов.* (по *дт.*, *пр.*) *разг.* pine (for); be* longing to see (*smb.*, *smth.*).

сто́чн|ый: ~ые во́ды sewage *sg.*; ~ая труба́ drainpipe; ~ая кана́ва ditch.

стошн|и́ть *сов. безл.*; его́ ~и́ло he was sick, he vomited.

стоя́нка *ж.* **1.** (*остановка*) stop; десятимину́тная ~ ten-minute stop; **2.** (*место временного пребывания*) camp, encampment; ~ зимо́вщиков winter camp; **3.** (*стояние автотранспорта*) parking; (*место, где стоят автомашины*) car park; parking lot *амер.*; ~ автомоби́лей воспреща́ется! no parking!, ~ такси́ taxi rank, taxi stand *амер.*

сто|я́ть *несов.* **1.** stand*; (*находиться*) be*; приказа́ть *кому-л.* ~ на ме́сте tell* *smb.* to stand still; стул ~и́т на ме́сте the chair is in its usual place; ~ на нога́х, рука́х, голове́ stand* on *one's* feet, hands, head; ~ на посту́, на часа́х be* on sentry duty; ~ и смотре́ть, кури́ть, разгова́ривать *и т. д.* stand* looking, smoking, talking, *etc.*; ~ на я́коре lie* at anchor; по́езд ~и́т у пе́рвой платфо́рмы the train is at platform one; таре́лки, стака́ны, ча́шки *и т. п.* ~я́т на столе́, в шкафу́ the plates, glasses, cups, *etc.* are on the table, in the cupboard; ~ на *чьём-л.* пути́ stand* in *smb.'s* way; **2.** (*бездействовать*) be* at a standstill; часы́ ~я́т the clock/watch has stopped; рабо́та ~и́т work is at a standstill; заво́д, маши́на ~и́т the factory, the machine is not working, the factory, the machine is idle; **3.** (*быть неподвижным, не двигаться*) stop; по́езд ~и́т де́сять мину́т the train stops (for) ten minutes; **4.** (*быть расположенным*) be* situated, stand*, lie*; го́род ~и́т на горе́ the town stands on a hill; дом ~и́т с XVIII ве́ка the house has been standing since the XVIII century; **5.** (перед *тв.*, *о задаче и т. п.*) confront (*smb.*); пере́д на́ми ~и́т зада́ча we are faced/confronted with the problem/task, we have before us the problem/task; **6.** (*быть*) be*; ~я́т си́льные моро́зы there are constant severe frosts, the severe frosts continue; ~и́т хоро́шая пого́да the weather is good; ~я́л тяжёлый за́пах, стра́шный шум *и т. п.* there was an awful smell, a frightful noise, *etc.*; **7.** (*быть отмеченным, значиться*) be*; ~ в спи́ске be* on the list; внизу́ ~и́т по́дпись there is a signature at the end; на пове́стке ~я́т два вопро́са there are two questions on the agenda; **8.** (за *вн.*; *защищать*) stand* up (for); ~ за пра́вду stand* up for the truth; ◇ ~ во главе́ head, be* at the head (of); ~ у вла́сти be* in power, have* the power; ~ на своём insist; stand* *one's* ground; ~ на стра́же ми́ра defend the cause of peace; ~ над *чьей-л.* душо́й stand* over *smb.*, breathe down *smb.'s* neck; ~ за спино́й у *кого-л.*, ~ за *кем-л.* 1) (*быть, иметься*) have* *smth.* behind one; 2) (*тайно покровительствовать*) be* behind *smb.*

стоя́ч|ий **1.** standing; ~ воротни́к stand-up collar; **2.** (*о воде*) stagnant; ~ая волна́ standing wave; ~ие пруды́ stagnant ponds.

сто́ящ|ий *разг.* worthwhile; ~ая вещь, ~ее де́ло something worthwhile, a good thing.

страда́ *ж.* harvesttime.

страда́л|ец *м.*, **~ица** *ж.* sufferer.

страда́льческ|ий of suffering *после сущ.*; ~ая жизнь life of suffering/woe; ~ вид look of suffering.

страда́ни|е *с.* suffering (*тж. мн.*); причиня́ть ~я cause/inflict suffering.

страда́тельный *грам.*: ~ зало́г passive voice; ~ оборо́т passive construction.

страда́ть, пострада́ть **1.** *тк. несов.* (*тв.; какой-л. болезнью*) suffer (from), be* troubled (by); ~ головны́ми бо́лями suffer from headaches; ~ самомне́нием suffer from vanity; **2.** *тк. несов.* (от *рд.*, *мучиться*) suffer (from); ~ от зубно́й бо́ли suffer from a toothache; ~ от любви́ suffer the torments of love; **3.** (за *вн.*, из-за *рд.; претерпевать муки из-за кого-л., чего-л.*) suffer (for); ~ за пра́вду suffer for the truth; **4.** (от *рд.; испытывать лишения*) suffer (through, because of), experience trouble/difficulties/hardship (because of); **5.** (от, из-за *рд.*, *терпеть ущерб*) be* damaged (by), be* impaired (by); **6.** *тк. несов. разг.* (*быть плохим*) be* weak; у него́ страда́ет орфогра́фия he is weak in spelling.

страж *м.* guard.

стра́ж|а *ж.* watch, guard; ◇ быть, стоя́ть на ~е *чего-л.* watch over *smth.*, stand* guard over *smth.*; быть, находи́ться под ~ей be* under guard, be* in custody брать *кого-л.* под ~у take* *smb.* into custody.

стран|а́ *ж.* country, land; Страна́ Сове́тов the Land or the Soviet; ~ назначе́ния country of destination; ~ отпра́вки country of origin; во всей ~е throughout the country; положе́ние в ~е the internal situation; в чужо́й ~е foreign parts; ◇ стра́ны све́та the cardinal points (of the compass).

страни́ц|а *ж.* **1.** page; ~ пе́рвая, втора́я, деся́тая *и т. д.* page one, two, ten, *etc.*; на пе́рвой ~е on the first page; откры́ть кни́гу на деся́той ~е open the book at page ten; **2.** (*чего-л., в чём-л.*) leaf*, chapter; лу́чшая ~ *чьей-л.* жи́зни the finest chapter of *smb.'s* life; ◇ ~ах на́шей газе́ты in our columns; вписа́ть но́вую ~у во *что-л.* add a fresh page to *smth.*

стра́нник *м.*, **~ица** *ж.* **1.** wanderer; **2.** *уст.* pilgrim.

стра́нн|о **1.** *нареч.* strangely; он ~ ведёт себя́ he is acting stangely; **2.** *в знач. сказ. безл.* it is strange/curious/odd; мне ~, что... it strikes me as curious that...; ~, что никто́ не зна́ет об э́том it's strange/odd that no one should know about it; мне ~ э́то that strikes me as strange; как э́то ни ~ strange though it may seem; **~ость** *ж.* strangeness; (*странная черта*) oddity; (*странное явление*) strange thing; ~ость взгля́дов strange opinions; челове́к со ~остями rather eccentric person; queer fish *разг.*; что за ~ость! how queer/funny/strange! **~ый** strange, curious, odd; queer, funny *разг.*; ~ый вы челове́к you're a strange person; (*о мужчине тж.*) you're a queer chap; мне ка́жется ~ым, что... it strikes me as curious that...; са́мое ~ в э́том то, что... the strangest part of it is that..; ◇ ~ое де́ло! queer!, funny!, strange; ~ое де́ло, я э́того не заме́тил strange to say, I didn't notice it.

странове́дение *с.* regional geography; area studies *pl.*

стра́нств|ие *с.*, **~ование** *с.* wandering; **~овать** *несов.* wander.

стра́нствующий wandering; ~ие музыка́нты strolling musicians.

стра́стно passionately, with passion; (*пылко*) ardently, enthusiastically; ~ люби́ть *что-л.* be* intensely/passionately fond of *smth.*

страстн|о́й *церк.*: ~а́я неде́ля Holy Week.

стра́стн|ость *ж.* passion, ardor; ~ нату́ры, хара́ктера passionate/ardent temperament; **~ый** **1.** (*пылкий*) impassioned, ardent; ~ая речь impassioned speech; ~ый ора́тор impassioned speaker; **2.** (*увлечённый чем-л.*) enthusiastic; ~ый люби́тель му́зыки a music enthusiast; **3.** (*способный к сильной любви*) passionate, ardent.

страст|ь I *ж.* passion; разжига́ть ~и fire the passions; ~ к теа́тру passion for the theatre; цветы́ — моя́ ~ I adore flowers; мгнове́нная ~ fleeting passion.

страст|ь II *ж. обыкн. мн. разг.* (*ужас*) horrors; каки́е ~и! how terrible/horrible/ghastly!

страте́г *м.* strategist.

стратеги́ческ|ий strategic(al); ~ие това́ры strategic goods.

страте́гия *ж.* (grand) strategy (*тж. перен.*); ~ акти́вного де́йствия *эк.* strategy of active influence; ~ вертика́льной интегра́ции *эк.* strategy of vertical integration; ~ в отноше́нии проду́кта *эк.* product strategy; ~ в отноше́нии ры́нка *эк.* market strategy; ~ диверсифика́ции *эк.* strategy of differential marketing; ~ марке́тинга *эк.* strategy of marketing; ~ ни́зких изде́ржек *эк.* low expenses strategy; ~ поддержа́ния у́ровня сбы́та *эк.* sales strategy; ~ разрабо́тки това́ра *эк.* strategy of product elaboration; (*наука тж.*) strategics.

стратона́вт *м.* stratosphere pilot/flier.

страто|ста́т *м.* stratospheric balloon; **~сфе́ра** *ж.* stratosphere.

стра́ус *м. зоол.* ostrich.

страх *м.* fear; (*перед будущим тж.*) dread; (*ужас*) terror; ~ Бо́жий *церк.* Fear of God; ~ сме́рти fear of death; смерте́льный ~ mortal fear; ~ пе́ред неизве́стностью fear/dread of the unknown; быть в ~е be* terrified; из ~а пе́ред *кем-л.*, *чем-л.* for fear of *smb.*, *smth.*; от ~а with fear; от ~а у него́ отня́лся язы́к he was speechless with terror; натерпе́ться ~у be* terrified, have* a terrible fright; испы́тывать ~ пе́ред *кем-л.* be* terrified of *smb.*, dread *smb.*; ◇ под ~ом сме́рти under pain of death; под ~ом суро́вых наказа́ний under pain of severe penalties; у ~а глаза́ велики́ *погов.* fear sees danger everywhere; на свой ~ (и риск) at *one's* own risk, on *one's* own responsibility.

страхова́|ние *с.* insurance; ~ багажа́ luggage insurance; ~ без уча́стия в при́былях insurance without bonus; ~ вое́нного ри́ска war risk insurance; ~ гру́зов insurance of cargo, cargo insurance; ~ жи́зни life insurance; ~ иму́щества insurance of property; ~ креди́тов credit insurance; ~ на слу́чай боле́зни sickness insurance; ~ от ава́рий average insurance; ~ от всех ри́сков all risks insurance, insurance against all risks; ~ отка́за покупа́теля от упла́ты по́лной покупно́й сто́имости приобретённого това́ра claim right insurance; ~ от кра́жи insurance against robbery; ~ от кра́жи со взло́мом insurance against burglary; ~ от несча́стных слу́чаев accident insurance, casualty (catastrophe) insurance; ~ от неупла́ты до́лга credit insurance; ~ от огня́ и стихи́йных бе́дствий insurance against fire and natural calamities; ~ от по́лной ги́бели total loss insurance; ~ от поло́мок insurance against breakage; ~ от ри́ска неплатежа́ insurance against nonpayment; ~ от стихи́йных бе́дствий insurance against natural hazards; ~ полити́ческих ри́сков insurance against political risks; ~ ри́сков insurance against risks; ~ средств тра́нспорта insurance of means of conveyance; ~ строе́ний insurance of building; ~ строи́тельно-монта́жных ри́сков insurance against construction and assembly risks; ~ техни́ческих ри́сков technical risk insurance; ~ убы́тков insurance against losses; ~ упу́щенной вы́годы loss of profit insurance; ~ фра́хта freight insurance; ~ э́кспортно-и́мпортных гру́зов insurance of export and import cargoes; госуда́рственное ~ State insurance; социа́льное ~ social insurance; **~а́тель** *м.* assurant, insurant, assured (insured) person, the insured, insured (person), policyholder.

страх|ова́ть, застрахова́ть **1.** (*вн.* от *рд.*) insure (*smb.*, *smth.* against) (*тж. перен.*); **2.** *тк. несов.* (*вн.; предохранять*) provide safety measures (for), ensure to safety (of); ~ гимна́ста ensure the safety of a gymnast; **~ова́ться**, застрахова́ться **1.** insure *one's* life; **2.** (*быть крайне осторожным*) keep* on the safe side; **~о́вка** *ж.* insurance; (*страховая премия тж.*) compensation, indemnity; **~ово́й** insurance *attr.*; ~ово́й интере́с insurable interest; ~ово́й по́лис insurance policy; ~ово́й сбор insurance fee; ~ово́й слу́чай insured case (accident, occurence), loss; ~ово́й счёт underwriting account; ~ово́й фонд insurance fund; ~ова́я отве́тственность insurance liability; ~ова́я пре́мия insurance premium; ~ова́я сто́имость insurance value; ~ово́е аге́нтство insurance agency; ~ово́е возмеще́ние insurance; ~ово́е о́бщество insurer; заявле́ние о вы́плате ~о́вого возмеще́ния insurance claim; **~овщи́к** *м.* assuser, insurer, underwriter; **~у́емый** insurable; ~у́емый риск insurable risk.

страши́лище *с. разг.* fright.

страш|и́ть *несов.* (*вн.*) frighten (*smb.*), appall (*smb.*); меня́ ~и́т мысль об э́том I am appalled at the thought of it, I tremble to think of it; **~и́ться** *несов.* fear (*smb.*, *smth.*), ~ dread (*smb.*, *smth.*).

стра́шн|о **1.** *нареч.* terribly, awfully; ~ боя́ться *чего-л.* be* terribly afraid of *smth.*; ~ испуга́ться get* a terrible fright; ~ обра́доваться be* awfully glad; мне ~ хо́чется (+ *инф.*) I'm simply longing (+ to *inf.*); **2.** *в знач. сказ. безл.* (*дт.*): мне ~! I'm afraid! I'm frightened; I'm simply terrified; ~ поду́мать, что... it is an awful thought that..., it is awful to think that..; мне ~ поду́мать, что... I can't bear to think...; здесь ~ остава́ться it is dangerous to remain here; **~ый** *прил.* **1.** terrible; (*ужасный тж.*) frightful, dreadful; ~ый расска́з blood-curdling tale; (*детский*) frightening story; ~ый путь terrible journey; **2.** *разг.* (*очень сильный*) terrible; ~ый хо́лод terrible cold; ~ая ску́ка dreadful boredom; ~ый на́сморк frightful cold; ~ая боль agonizing/terrible pain; **3.** *в знач. сущ. с.*: са́мое ~ое what one dreads most; ◇ сде́лать ~ые глаза́ give* a warning look.

стрекоза́ *ж.* dragonfly.

стрекота́ние *с.* (*насекомых*) chirping; (*сороки*) chatter (*тж. перен.*); (*мотора*) chugging.

стрекота́ть *несов.* (*о насекомых*) chirp, chirrup; (*о сороке*) chatter (*тж. перен.*); (*о моторе*) chug.

стрел|а́ *ж.* **1.** arrow; *перен. тж.* shaft: пусти́ть ~у́ в *кого-л.* shoot* an arrow at *smb.*; **2.** (*весов и т. п.*) arm; **3.** (*подъёмного крана*) jib, crane arm, boom; (*приспособление для подъёма тяжестей*) derrick.

стре́лк|а *ж.* **1.** (*часов*) hand; (*компаса*) needle; (*прибора*) pointer; магни́тная ~ magnetic/dipping needle; **2.** *ж.-д.* points *pl.*; switch; переводи́ть ~у switch over the points; **3.** (*на чертеже, указательная*) arrow; **4.** (*чулка*) clock.

стрелко́в|ый shooting; *воен.* rifle *attr.*; (*пехотный*) infantry *attr.*; ~ая ро́та infantry company.

стрело́к *м.* **1.** marksman*; хоро́ший, отли́чный ~ good/crack shot; **2.** *воен.* infantryman*; *ав.* gunner; **3.** *спорт.* shooter.

стре́лочник *м.* pointsman*; switchman* *амер.*

стрельб|а́ *ж.* **1.** shooting, firing; откры́ть ~у́ open fire; ~ прямо́й наво́дкой direct fire, fire over open sights; ~ непрямо́й наво́дкой indirect fire; **2.** *мн. воен.* (*учебные выстрелы*) shooting practice *sg.*

стре́льбище *с.* shooting range.

стрельну́ть *сов. см.* стреля́ть 1, 3.

стрел|я́ть, стрельну́ть **1.** shoot* (at), fire (at); ~ в цель shoot* at a target; do* target practice; ~ из винто́вки, пу́шки *и т. д.* fire a rifle, gun, *etc.*; стой, ~ бу́ду! halt, or I fire!; **2.** *тк. несов.* (*вн.; убивать на охоте*) shoot* (*smth.*); ~ у́ток shoot* duck; **3.** *безл. разг.* (*о боли*); у меня́ ~я́ет в у́хе I have shooting pains in my ear; <> ~ из пу́шки по воробья́м ~ break* a butterfly on the wheel; ~ глаза́ми make* eyes; **~я́ться** *несов. разг.* **1.** (*стрелять в себя*) shoot* *oneself*; **2.** *уст.* (*на дуэли*) fight* a duel.

стремгла́в headlong.

стреми́тельн|о rapidly, vehemently, impetuously; ~ развива́ющаяся жизнь impetuous life; **~ость** *ж.* (lightning) speed, impetuosity; (*речи, характере*) vehemence; **~ый 1.** (*очень быстрый*) rapid, fast-moving, impetuous; ~ый на́тиск violent onslaught; ~ый поры́в irrepressible impulse; **2.** (*энергичный*) impetuous, dynamic, energetic; ~ый челове́к energetic person, dynamic personality; **3.** (*выражающий устремлённость к чему-л.*) thrilling, stirring.

стрем|и́ться *несов.* **1.** (*стараться попасть куда-л.*) long to go, have* an urge to go, feel* drawn; ~ на юг long to go south; ~ на сце́ну fell* drawn to the stage; **2.** (к *дт.*, + *инф.*) try to attain (*smth.*), strive* (for, after); (*к славе, свободе и т. п.*) aspire (to); ~ к це́ли try to attain *one's* object; ~ к свобо́де strive* for freedom; **~ле́ние** *с.* **1.** (к *дт.*) aspiration (for), desire (for); в своём ~ле́нии к... in his strivings after...; ~ле́ние к сча́стью desire for happiness; **2.** *мн.* (*помыслы, желания*) aspirations.

стремни́на *ж.* (*реки*) mainstream, fast water.

стре́мя *с.* stirrup; вдеть но́гу в ~ put* *one's* foot in the stirrup.

стремя́нка *ж.* (step-) ladder; stand; передвижна́я ~ portable maintenance stand.

стрено́жить *сов. см.* трено́жить.

стресс *м.* stress.

стре́ссовый stress *attr.*

стриж *м.* swift.

стри́жен|ый cut, cropped; (*о деревьях*) cupped; (*об овцах*) sheared, shorn; ~ые во́лосы short hair; ~ая голова́ cropped head.

стри́жк|а *ж.* **1.** (*действие*) cutting; (*овец*) shearing; (*собак, деревьев*) clipping; маши́нка для ~и clippers *pl.*; shears *pl.*; **2.** (*способ подстригания волос*) haircut; мо́дная ~ fashionable haircut.

стрипти́з *м.* striptease, strip show.

стричь *несов.* (*вн.*) cut* (*smth.*); (*собак, деревья*) clip (*smth.*); (*овец*) shear* (*smth.*); ~ *кого-л.* cut* *smb.'s* hair; **~ся** have* a haircut, have* *one's* hair cut.

строб *м. тех.* strobe.

строби́рование *с. тех.* strobing; ~ и́мпульса gating pulse.

стробоско́п *м. тех.* stroboscope; **~и́ческий** stroboscopic; ~и́ческая иллю́зия stroboscopic illusion; ~и́ческая съёмка stroboscopic photography; ~и́ческие эффе́кты stroboscopic effects; ~и́ческий свет stroboscopic light.

строга́ть *несов.* (*вн.*) plant (*smth.*); (*изготовлять*) make* (*smth.*).

стро́г|ий 1. (*требовательный*) strict; (*суровый тж.*) severe, stern, rigorous; ~ учи́тель stern/severe teacher; ~ кри́тик severe critic; ~ая кри́тика severe criticism; ~ тон severe tone/voice; ~ вы́говор severe reprimand; ~ие ме́ры rigorous/stern measures; ~ зако́н strict/stringent law; ~ая дисципли́на strict discipline; **2.** (*выполняемый точно*) strict; ~ая дие́та strict diet; ~ая эконо́мия strict/rigid economy; ~ поря́док, надзо́р strict order, supervision; ~ая после́довательность absolute consistency, strict sequence; в ~ом соотве́тствии с *чем-л.* in strict accordance with *smth.*, в ~ом смы́сле сло́ва in the strict sense of the term; **3.** (*морально чистый*) strict, austere, unbending; ~ие взгля́ды (*на жизнь*) strict views; austere code *sg.*; ~ие нра́вы strict morals; ~ое поведе́ние austerity of *one's* conduct; **4.** (*правильный*) austere, clean, clean-cut; ~ие ли́нии clean/cool lines; ~ие черты́ лица́ austere features; ~ про́филь clean-cut profile; **5.** (*без украшений*) severe, restrained, unadorned; ~ костю́м quiet suit; ~ая причёска severe hairstyle.

строг|о 1. (*сурово*) severely, sternly; ~ наказа́ть *кого-л.* punish *smb.* severely; ~ поговори́ть с *кем-л.* speak* severely to *smb.*, ~ обраща́ться с *кем-л.* treat *smb.* rigorously; **2.** (*точно*) strictly; ~ вы́держанный стиль consistency of style; **3.** (*классически правильно*) severely, austerely; ~ одева́ться dress severely; <> ~ воспреща́ется strictly forbidden; ~ говоря́ strictly speaking; ~-на́строго strictly; **~ость** *ж.* **1.** strictness, severity; держа́ть *кого-л.* в ~ости keep* *smb.* well in hand; keep* a strict hand over *smb.*; поступа́ть с *кем-л.* по всей ~ости зако́на apply all the rigors of the law to *smb.*; **2.** *мн. разг.* (*строгие меры*) rigorous/severe measures.

строево́й I: ~ лес (standing) timber; ~ материа́л building material.

строев|о́й II *воен.* **1.** drill *attr.*; ~ая подгото́вка drill; ~ое уче́ние formal drill; ~ уста́в drill regulations/manual; **2.** (*предназначенный для ведения боевых действий*) combatant, front-line *attr.*; ~ офице́р combatant officer; ~ая слу́жба front-line service.

строе́ние *с.* **1.** (*здание, постройка*) building; **2.** (*структура*) structure.

строи́тель *м.* builder (*тж. перен.*); **~ный** building *attr.*, construction *attr.*; ~ные материа́лы building materials; ~ный инжини́ринг general engineering; ~ная площа́дка building site; ~ная те́хника construction engineering; **~ство** *с.* **1.** (*процесс*) building (*тж. перен.*); construction; гражда́нское ~ civil engineering; ~ство жилы́х домо́в building/erection of (dwelling) houses, housing; жили́щное ~ house construction; капита́льное ~ capital construction; ~ доро́г road making; ~ доро́г и мосто́в road and bridge constriction; ~ "под ключ" turnkey contract; **2.** (*объект*) project, development.

стро́ить, постро́ить **1.** (*вн.*) build* (*smth.*) (*тж. перен.*); (*машины и т. п.*) make* (*smth.*); bridge; ~ турби́ны make* turbines; **2.** (*вн.*) *мат.* construct (*smth.*); ~ треуго́льник construct a triangle; ~ у́гол plot an angle; **3.** (*вн.; создавать,* *составлять что-л.*) construct (*smth.*), build* up (*smth.*), make* up (*smth.*); (*организовать*) organize (*smth.*); ~ предложе́ние, фра́зу construct a sentence; ~ ле́кцию plan a lecture; **4.** (*вн.; намечать мысленно*) devise (*smth.*), make* (*smth.*); ~ пла́ны build*/make* plans; **5.** (*вн.* на *пр.; основывать на чём-л.*) base (*smth.* on); ~ свои́ расчёты на *чём-л.* base *one's* calculations on *smth.*, bank on *smth.*; **6.** (*вн.; ставить в строй*) form (*smth.*), form up (*smb.*, *smth.*), draw* up (*smb.*, *smth.*); ~ взвод в две шере́нги form up a platoon in double file; ◇ ~ возду́шные за́мки build* castles in the air; ~ ро́жи make* faces; ~ из себя́ *кого-л.* make* *oneself* out to be *smb.*; **~ся**, постро́иться **1.** (*строить себе что-л.*) build* *oneself* a house; **2.** (*воздвигаться*) be* under construction, be* going up; *перен.* (*созидаться*) be* being built, be* in the making; **3.** *тк. несов.* (*намечаться в уме*) be* made; стро́ились предположе́ния guesses were made (as to), there was much speculation (as to); **4.** *тк. несов.* (на *пр.; основываться*) be* built (on), be* founded (on), rest (on); **5.** (*становиться в строй*) form, take* up formation, draw* up.

стро|й *м.* **1.** (*ряд, шеренга*) formation; встать в ~ form up; **2.** (*система построения чего-л.*) structure, pattern; граммати́ческий ~ языка́ grammatical structure of a language; ~ мышле́ния pattern of thinking; **3.** (*система общественного устройства*) system, order; **4.** *муз.* pitch; ◇ вводи́ть *что-л.* в ~ put* *smth.* into service, put* *smth.* into operation; start operating *smth.*; выводи́ть *что-л.* из ~ put* *smth.* out of action; вступа́ть в ~ (*о предприятии*) be* put into operation; вы́йти из ~я break* down, be* put out of action.

стро́йка *ж.* **1.** (*действие*) building, construction; **2.** (*объект строительства*) (building) project.

стройматериа́лы *мн.* (строи́тельные материа́лы) building materials, building's supplies.

стро́йн|ость *ж.* **1.** (*фигуры*) gracefulness, slenderness; (*рядом*) orderliness, symmetry; **2.** (*мысли, изложения*) symmetry, grace; **3.** (*гармоничность*) harmony, melodiousness; ~ пе́ния the perfect harmony of the singing; **~ый 1.** graceful, shapely, well-proportioned; (*тонкий*) slender; ~ая фигу́ра shapely figure; ~ая де́вушка slender girl; ~ый то́поль graceful poplar; **2.** (*правильно расположенный*) symmetrical, regular; ~ые ряды regular columns; **3.** (*чёткий, последовательный*) well-balanced, orderly; ~ая тео́рия well-balanced theory; **4.** (*о звучании*) harmonious; ~ое пе́ние harmonious singing.

строка́ *ж.* line; но́вая ~ (new) paragraph.

стро́нций *м. хим.* strontium.

строп *м.* **1.** (*аэростата, парашюта*) (stroud) line; **2.** (*петля для захвата груза*) sling.

стропи́ло *с.* rafter.

стропти́вый refractory, willful, obstinate.

строфа́ *ж. лит.* stanza.

строчи́ть, настрочи́ть **1.** *тк. несов.* (*вн.; шить*) stitch (*smth.*); **2.** *разг.* (*писать*) scribble; **3.** *тк. несов. разг.* (*стрелять*) blaze away.

стро́чка I *ж. см.* строка́.

стро́чка II *ж.* **1.** (*действие*) stitching; **2.** (*шов*) seam.

строчн|о́й: **1.** ~ая бу́ква small letter; *полигр.* lower case letter; **2.** *тех.* ~а́я развёртка line scanning; ~а́я синхрониза́ция horizontal synchronization; ~а́я частота́ line frequence, horizontal frequency; ~о́е отклоне́ние line deflection; ~ы́й веду́щий и́мпульс line drive pulse; ~ы́й выходно́й трансформа́тор horizontal putout transformer.

стро́ящийся under construction *после сущ.*

стру́жка *ж.* **1.** shaving; **2.** *собир.* shavings *pl.*

струи́ться *несов.* stream (*тж. перен.*); run* down.

стру́йка *ж. см.* струя́ 1.

стру́йн|ый: ~ое травле́ние jet etching; ~ая обрабо́тка spray processing.

структу́р|а *ж.* structure; организацио́нная ~ scheme of organization; ~ ли́нии line structure; ~ фо́на background texture; ~ марке́тинга *эк.* marketing structure; ~ продвиже́ния това́ра promotion structure; **~ный** structural; ~ная валю́тная поли́тика structural exchange policy.

струна́ *ж.* string; уда́рить по стру́нам run* *one's* fingers over the strings, pluck the strings.

стру́нк|а *ж.*: чувстви́тельная ~ tender spot; задева́ть сла́бую ~у *кого-л.* touch *smb.* on a tender spot; вы́тянулся в ~у stand* (stiffly) erect; ходи́ть по ~е toe the line.

стру́нный stringed; string *attr.*; ~ инструме́нт stringed instrument; *мн. тж.*, the strings; ~ кварте́т string quartet; ~ орке́стр string orchestra.

струп *м.* scab.

стру́сить *сов. см.* тру́сить.

стручко́в|ый leguminous; ~ пе́рец capsicum; ~ая фасо́ль French beans *pl.*

стручо́к *м.* pod.

стру|я́ *ж.* **1.** (*текущая*) stream; (*бьющая*) jet, spurt; ~ све́жего во́здуха current of fresh air; ~ па́ра steam jet; ~ от винта́ *ав.* (propeller) slipstream; бить ~ёй spurt; **2.** (*направление, черта*) current; све́жая ~ fresh current; вноси́ть све́жую ~ю во *что-л.* inject new life into *smth.*; попа́сть в ~ю swim with with the current.

стря́п|ать, состря́пать (*вн.*) *разг.* cook (*smth.*); *перен.* concoct (*smth.*), fabricate (*smth.*); **~ня** *ж. разг.* cooking; *перен.* concoction.

стряс|ти́сь *сов.* (с *тв.*) *разг.* happen (to); с ним ~ла́сь беда́ he is in trouble; (*в прошлом*) he got into trouble, trouble overtook him; что тут ~ло́сь? what's up?, what's the matter?

стря́хивать, стряхну́ть (*вн.*) shake* (*smth.*) off (*тж. перен.*); ~ пе́пел с папиро́сы flick the ash off *one's* cigarette.

стряхну́ть *сов. см.* стря́хивать.

студе́нт *м.*, **~ка** *ж.* student; (*в университете тж.*) undergraduate; ~-ме́дик medical student; ~-юри́ст law student.

студе́нче|ский student's; ~кие го́ды *one's* college days; ~кое общежи́тие students' hostel; **~ство** *с.* **1.** *собир.* the students *pl.*, the undergraduates *pl.*; the student body; **2.** (*пребывание в вузе*) *one's* student years *pl.*, *one's* time at the university; в го́ды моего́ ~ства in my college days.

студёный *разг.* ice, chill; ~ го́рный руче́й icy mountain stream.

сту́день *м.* aspic jelly; (*из рыбы тж.*) fish jelly; (*из телячьих ножек*) calves' foot jelly.

студи́ть, остуди́ть (*вн.*) *разг.* cool (*smth.*), chill (*smth.*); let* (*smth.*) get cold; вы́студить ко́мнату make* the room cold.

сту́ди|я *ж.* **1.** (*мастерская*) studio; ~ без реверберáции *кино* dead studio; ~ для передáчи живы́х сцен *кино* live studio; ~ зáписи *кино* recording studio; **2.** (*школа*) school; балéтная ~ ballet school; худо́жественная ~ art school; **3.** (*творческий коллектив*) school; **~йный** studio; ~йная ко́пия *кино* studio print; ~йная рабо́чая ко́пия кинофи́льма *кино* studio workprint; ~йное вещáние *кино* studio broadcasting; ~йные застáвки stills; ~йный электромонтёр *кино* rigger.

сту́жа *ж. разг.* icy cold.

стук *м.* knocking; (*один удар*) knock; (*лёгкий*) tap; ~ в дверь knock(ing) at the door; войти́ без ~а come* in without knocking; ~ колёс clatter of wheels; ~ копы́т beat of hoofs; ~ пи́шущих маши́нок tapping of typewriters; ~ посу́ды, ноже́й rattle of plates, cutlery; ~ се́рдца throbbing/beating of the heart.

сту́кать, сту́кнуть **1.** knock; (*тихо*) tap; сту́кнуть по столу́ bang on the table; в окно́ ти́хо сту́кнули somebody tapped on the window; **2.** (*вн.; ударять*) hit* (*smb.*, *smth.*), strike* (*smb.*, *smth.*); **~ся**, сту́кнуться (о, обо *вн.*) knock (against), bang (against); сту́кнуться голово́й обо *что-л.* bang/bump *one's* head against *smth.*

сту́кнуть(ся) *сов. см.* сту́кать(ся).

стул *м.* **1.** chair; **2.** *мед.* stool; ◇ сиде́ть ме́жду двух ~ьев fall* between two stools.

стульча́к *м.* lavatory seat.

сту́п|а *ж.* mortar; ◇ толо́чь во́ду в ~е mill the air.

ступ|а́ть, ступи́ть **1.** tread*; **2.** *тк. несов.* (*делать шаги, идти*) tread*, walk; **3.** *тк. несов. повел.*: ~а́й(те)! go!; ~а́й(те) прочь! take yourself off!; off with you!; ~а́й(те) за ним! follow him!; ◇ шáгу ступи́ть нельзя́ без *кого-л. чего-л.* you daren't take a step without *smb.*, *smth.*

ступе́нчатый stepped; (*о ракетах*) stage *attr.*, multistage *attr.*

ступе́нь *ж.* **1.** (*лестницы*) step; **2.** (*этап в развитии чего-л.*) stage; **3.** (*степень, уровень*) degree, grade, level; вы́сшая ~ the highest level; подня́ть *что-л.* на бо́лее высо́кую ~ raise *smth.* to a higher level; **4.** *муз.* degree; ◇ ~ раке́ты stage (of a rocket).

ступе́нька *ж.* step; (*приставной лестницы тж.*) rung; поднимáться (спускáться) по ~м go* up (go* down) the step.

ступи́ть *сов.* **1.** *см.* ступáть I; **2.** (на *вн.*; *войти куда-л.*) enter (*smth.*), set* foot (on).

сту́пица *ж.* hub, boss; ~ колесá hub of a wheel, wheel boss.

сту́пка *ж. см.* сту́па.

ступня́ *ж.* foot*.

стуч|а́ть *несов.* knock; (*громко*) bang, pound; (*о копытах, колёсах*) clatter; (*о зубах*) chatter; (*о сердце*) throb, thud; ~ в дверь knock at the door; ~ кулакáми в дверь bang/pound on the door with *one's* fists; ~ молотко́м hammer; ~ на маши́нке pound away at the typewriter, bang the typewriter; он ~и́т зубáми от хо́лода his teeth are chattering with cold; дождь ~и́т в окно́ the rain is beating against the window; у меня́ ~и́т в вискáх I have a throbbing in my temples; **~áться** *несов.* knock; ~áться в дверь knock at the door; (*обращаться с просьбой тж.*) make* the rounds (of).

стушевáться *сов. разг.* **1.** (*сгладиться*) melt away; (*отступить на задний план*) keep* *oneself* in the background; **2.** (*смутиться, оробеть*) lose* *one's* nerve.

стыд *м.* shame; ~ и позо́р! it's a disgrace!; ~ и позо́р ему́! shame on him!; ~ и срам! for shame!; к вели́кому моему́ ~у́ до́лжен признáться... I have to confess to my shame..., to my shame be it said...; не имéть ни ~á ни со́вести be* dead to shame; потеря́ть вся́кий ~ lose* all sense of shame.

стыд|и́ть *несов.* (*вн.*) try to bring (*smb.*) to a sense of shame, put* (*smb.*) to shame; ~ *кого-л.* за *что-л.* reproach *smb.* for *smth.*, scold *smb.* for *smth.*; **~и́ться** (*рд.* + *инф.*) be* ashamed (of, + to *inf.*); (*стесняться тж.*) be* shy (of); ~и́(те)сь! shame!, you ought to be ashamed of yourself!

стыдли́в|ость *ж.* bashfulness, modesty; **~ый** bashful, modest.

сты́дно *в знач. сказ. безл.*: ~ так поступáть, говори́ть you ought to be ashamed of behaving, talking like that; мне ~ (за себя́) I am ashamed of myself; мне ~ за вас I am ashamed of you; мне ~ пе́ред людьми́ I am ashamed to face the world, I am ashamed to look people in the face; как вам не ~! you ought to be ashamed of yourself!, aren't you ashamed (of yourself)?; ему́ ничу́ть не ~ he is not a bit ashamed.

стык *м.* **1.** joint; (*линия соприкосновения*) junction, boundary (between); **2.** *тех.* butt, seam.

стыковáться *несов.* join; (*о космических кораблях*) dock, rendezvous.

стыко́вка *ж.* joining, linkup; (*о космических кораблях*) docking, rendezvous.

сты́нуть, стыть *несов.* **1.** be* getting cold cool; *перен.* be.* cooling down; **2.** (*замерзать*) freeze*, be* frozen.

сты́чка *ж.* **1.** (*бой*) skirmish, brush; **2.** (*ссора*) tiff.

стю́ард *м.* steward.

стюарде́сса *ж.* stewardess; (*на самолёте тж.*) air hostess.

стяг *м.* banner.

стя́гивать, стяну́ть (*вн.*) **1.** (*затягивать, завязывать*) fasten (*smth.*), make* (*smth.*) fast; ~ та́лию ремнём fasten *one's* belt tightly; ~ мешо́к верёвкой tie up a sack; **2.** (*соединять концы, края чего-л.*) join (*smth.*), gather (*smth.*), draw* (*smth.*) together; стяну́ть концы́ обо́рванного про́вода join the broken ends of wire; **3.** (*собирать в одно место*) concentrate (*smb.*, *smth.*), assemble (*smb.*, *smth.*); **4.** (*тащa, снимать*) pull off (*smth.*), draw* off (*smth.*); (*вниз*) pull down (*smth.*); (*сдвигать с места*) move (*smth.*); стяну́ть ска́терть со стола́ pull the cloth off the table; стяну́ть сапоги́ pull off *one's* boots; **~ся,** стяну́ться **1.** (*туго затягиваться*) draw* tight; (*поясом и т. п.*) tighten *one's* belt; **2.** (*смыкаться концами*) join, mend; (*собираться, морщиться*) gather, crimp, wrinkle; **3.** (*собираться в одно место*) concentrate.

стяжа́тель *м.* money grubber, grabber; **~ство** *с.* money grubbing.

стяжа́ть *несов.* и *сов.* (*вн.*) acquire (*smth.*); (*славу, любовь и т. п.*) win* (*smth.*); ~ изве́стность win*, gain renown.

стяну́ть *сов.* **1.** *см.* стя́гивать; **2.** (*вн.*) *разг.* (*украсть*) take (*smth.*), pinch (*smth.*); **~ся** *сов. см.* стя́гиваться.

субаге́нт *м. эк.* subagent; сеть ~ов по прода́же network of sales subagents, distributive network; сеть ~ов по техни́ческому обслу́живанию after-sale service subagents network; созда́ть сеть ~ов find subagents.

субаре́нд|а *ж. эк.* sublease; передача в ~у subletting; заключа́ть догово́р ~ы sublease; передавать в ~у sublet, sublease; сдающий в ~у sublessor; **~а́тор** *м.* sublessee.

суббо́т|а ж. Saturday; **~ник** *м.*. subbotnik (voluntary, unpaid work performed collectively).

сублима́ция *ж.* sublimation.

сублицензиа́р *м. эк.* sublicensor.

сублицензиа́т *м. эк.* sublicensee.

субордина́ция *ж.* (system of) seniority.

субподря́д *ж. эк.* subcontract

субподря́дчик *м.* subcontractor.

субсиди́ровать *несов. и сов.* (*вн.*) subsidize (*smb.*, *smth.*); ~ строительство subsidize building.

субси́дия *ж.* subsidy.

субти́тр *м. кино* subtitle; ~о́вочная маши́на superimposing title machine.

субтитри́рование *с. кино* title making.

субтрактúвн|ый *кино* subtractive; ~ая печа́ть subtractive printing; ~ый цветно́й спо́соб subtractive color process.

субтро́п|ики *мн.* subtropical zone *sg.*; **~и́ческий** subtropical.

субъе́кт *м.* **1.** subject; **2.** *разг.* (*о человеке*) individual, type.

субъект|иви́зм *м.* subjectivism; **~ивный** subjective.

сувени́р *м.* souvenir, keepsake.

суверените́т *м.* sovereignty.

сувере́нн|ый sovereign; ~ое госуда́рство sovereign state.

суво́ров|ец *м.* pupil at the Suvorov Military College; **~ский**: ~ское учи́лище Suvorov Military College.

сугли́нист|ый loamy; ~ая по́чва loamy/loam soil.

сугли́нок *м.* loam.

сугро́б *м.* snowdrift.

сугу́бо especially, particularly; exclusively.

сугу́бый particular, special.

суд *м.* **1.** (*государственный орган*) (law-) court, court of law, court of justice; ~ ни́зшей инста́нции minor court; зда́ние ~а courthouse; зал ~а court(room); **2.** (*разбирательство дел*) trial; на ~е́ in court, at/during the trial; попа́сть под ~ be* brought to trial; идти́ под ~ be* prosecuted, be* tried; быть под ~о́м be* under trial; **3.** (*общественный орган*) court; ~ че́сти court of honor; **4.** (*суждение*) judgment; (*заключение, оценка*) verdict; ~ наро́да popular verdict; ~ пото́мства the verdict of posterity; **5.** третейский ~ arbitration court*; **6.** Стра́шный Суд *церк.* The Last Judgement.

суда́к *м.* (*рыба*) pike-perch, zander.

суда́н|ец *м.*, **~ка** *ж.* Sudanese; **~ский** Sudanese.

суде́бн|ый **1.** court *attr.*; (*подлежащий ведению суда тж.*) legal, judicial; ~ые о́рганы judicial bodies; ~ое заседа́ние court session; ~ое дело case; ~ проце́сс trial; ~ое сле́дствие judicial inquiry/investigation; ~ пригово́р court verdict; ~ая пра́ктика judicial practice; ~ые изде́ржки (law-)costs; **2.** (*связанный с ведением следствия и суда*) forensic; ~ая медици́на medical jurisprudence, forensic medicine; ~ая хи́мия forensic chemistry.

суде́йск|ий **1.** judge's; ~ая колле́гия judiciary board; **2.** *спорт.* referee's, umpire's.

суди́мост|ь *ж.* previous conviction criminal record; име́ть две ~и have* two previous convictions; снять ~ с *кого-л.* strike* all previous convictions off *smb.'s* record, ignore *smb.*'s previous convictions.

суд|и́ть *несов.* **1.** (*вн.*) try (*smb.*), judge (*smb.*); **2.** (о *пр.; составлять себе мнение*) judge (*smb.*, *smth.*); ~ по вне́шнему ви́ду judge by appearances; е́сли ~ по его́ слова́м.... to judge from what he says...; я не могу́ ~ об этом I'm no judge of that; наско́лько я могу́ ~ as far as I can judge; не вам ~ меня́ it is not for you to pass judgement on me; **3.** (*вн.*) *спорт.* referee (*smth.*), umpire (*smth.*); ~ футбо́льный матч referee (at) a football match; ◇ су́дя по *чему-л.* judging by *smth.*; су́дя по всему́ everything seems to indicate that; су́дя по его́ слова́м according to him; **~и́ться** *несов.* **1.** go* to law; (с *тв.*) have* legal proceedings (with), litigate (with); **2.** (*иметь судимость*) have* a criminal record, have* been convicted in court.

су́дно I *с.* vessel; (*морское тж.*) ship; (*малое тж.*) craft (*тж. pl.*); (*речное тж.*) boat; грузово́е ~ cargo ship; зафрахто́ванное ~ contract carrier, chartered ship; кабота́жное ~ coasting vessel, coasting tonnage; наливно́е ~ tank vessel; про́мптовое ~ (*готовое стать под погрузку в короткий срок*) prompt ship; сухогру́зное ~ dry-cargo ship; торго́вое ~ merchant ship.

су́дно II *с.* (*для больного*) bedpan.

судове́рфь *ж.* shipyard.

судовладе́лец *м.* shipowner.

судовожде́ние *с.* navigation.

судово́й ship's.

судо́к *м.* **1.** (*столовый прибор*) cruet (stand); **2.** (*для соусов*) sauce boat; **3.** *мн.* (*для переноски кушаний*) lunch pail *sg.*

судомо́йка *ж.* kitchen-help.

судопроизво́дство *с. юр.* legal procedure; legal proceedings *pl.*

судоремо́нтн|ый ship-repair *attr.*; ~ые мастерски́е ship-repair shops.

су́доро|га *ж.* convulsion, cramp; его́ лицо́ ста́ло своди́ть ~гой his face was seized by a convulsion; **~жный** convulsive (*тж. перен.*); (*беспокойный, лихорадочный*) hectic.

судостро|е́ние *с.* shipbuilding; **~и́тель** *м.* shipbuilder; **~и́тельный** shipbuilding *attr.*; ~и́тельная верфь shipyard; ~и́тельная промы́шленность shipbuilding industry.

судоустро́йство *с. юр.* judicial system.

судохо́д|ность *ж.* navigability; **~ный** navigate; ~ный кана́л canal; ~ная река́ navigable river; **~ство** *с.* navigation.

судьб|а́ *ж.* **1.** fate; благодари́ть ~у́ thank fate; thank *one's* lucky stars *разг.*; **2.** (*участь, доля*) lot, life*; связа́ть свою́ ~у́ с *кем-л.* throw* in *one's* lot with *smb.*; устро́ить свою́ ~у́ arrange *one's* life; **3.** *обыкн. мн.* (*будущность*) future *sg.*; су́дьбы челове́чества future of humanity/man; ◇ ви́дно, не ~! it was not to be!; не ~ нам встре́титься we are not destined to meet; каки́ми ~ами? what brings you here?; во́лею суде́б it is *one's* fate.

судья́ *м.* **1.** judge; наро́дный ~ judge of the People's Court; я не ~ в э́том де́ле I am no judge (of such matters); вы мне не ~ who are you to judge me?; он вам не ~ it is not him to judge you; **2.** *спорт.* referee, umpire.

суеве́р|ие *с.* superstition; **~ный** superstitious.

суета́ *ж.* fuss; (*беготня тж.*) bustle; подняла́сь ~ there was a great fuss/bustle.

суети́ться *несов.* fuss about, bustle.

суетли́в|ость *ж.* restlessness, fussiness; bustle; **~ый 1.** (*беспокойный*) restless, fussy; **2.** (*торопливый*) bustling flurried.

сужа́ть(ся) *несов. см.* су́живать(ся).

сужде́ние *с.* **1.** (*мнение*) opinion; (*решение*) judgement; **2.** *лог.* statement proposition.

суже́ние *с.***1.** (*действие*) narrowing, contraction; ~ и́мпульса *кино* pulse narrowing; ~ пищево́да contraction of the gullet; **2.** (*узкое место*) narrow spot.

су́живать, су́зить (*вн.*) contract (*smth.*), make* (*smth.*) narrow, narrow (*smth.*); *перен. тж.* restrict (*smth.*); су́зить глаза́ narrow *one's* eyes; **~ся**, су́зиться narrow;, get*/become*/grow* narrow(er); *перен.* be* narrowed down, be* rastricted; ~ся к концу́ taper.

су́зить(ся) *сов. см.* су́живать(ся).

сук *м.* **1.** branch; bough; **2.** (*в бревне, доске*) knot.

су́ка *ж.* bitch.

сукно́ *с.* smooth woollen cloth; ◇ положи́ть *что-л.* под ~ shelve (*smth.*), pigeonhole (*smth.*).

сукова́тый knotty, gnarled.

суко́н|ка *ж.* (piece of) cloth; **~ный** woollen cloth *attr.*; ~ное пальто́ woolen overcoat; ~ная фа́брика cloth mill; ◇ ~ный язы́к dull/clumsy style.

сулема́ *ж. хим.* (corrosive) sublimate.

сул|и́ть *несов.* (*вн. дт.*) promise (*smb.*, *smth.*), hold* out (*smth.* to); э́то не ~и́т ничего́ хоро́шего it is not (a) very hopeful (sign); ~ золоты́е го́ры hold* out alluring prospects, promise the moon.

султа́н I *м.* (*титул*) sultan.

султа́н II *м.* (*украшение*) plume.

сульфа́т *м. хим.* sulphate.

сульфи́д *м. хим.* sulphide; ~ная доро́жка *кино* sulphide track.

сум|а́ *ж.* bag; ходи́ть с ~ой beg *one's* bread.

сумасбро́д *м.* madcap, crazy/scatterbrained fellow; **~ка** *ж.* scatterbrained creature, crazy woman*.

сумасбро́д|ничать *несов.* behave wildy, go* in for madcap adventures; **~ный** crazy, mad; (*о плане и т. п. тж.*) madcap *attr.*, wild; **~ство** *с.* madcap/wild behavior.

сумасше́дший *прил.* **1.** mad, crazy; ~ дом lunatic asylum; **2.** *в знач. сущ. м.* madman*; *ж.* madwoman*; как ~ like a madman.

сумасше́стви|е *с.* madness, insanity, lunacy; ◇ до ~я to distraction; доводи́ть *кого-л.* до ~я drive* *smb.* mad.

сумато́ха *ж.* bustle, hurly-burly, confusion.

сумбу́р *м.* muddle, turmoil, confusion; **~ный** confused, muddled; ~ные мы́сли muddled thoughts; ~ный челове́к muddle-headed person.

су́меречн|ый 1. dim, dark; *перен.* (*мрачный*) gloomy; ~ свет, ~ое вре́мя, ~ая пора́ the twilight, duck; **2.** *зоол.* crepuscular; ~ые живо́тные Crepuscularia.

су́мерки *мн.* the twilight *sg.*; предрассве́тные ~ the half-light of dawn.

суме́|ть *сов.* (+ *инф.*) be* able (+ to *inf.*), manage (+ to *inf.*); он ~ет э́то сде́лать he can do it, he will be able to do it, he'll manage it, не ~ fail (+ to *inf.*); be* unable (+ to *inf.*); не ~ю вам сказа́ть I'm afraid I can't tell you.

су́мка *ж.* **1.** bag; (*для покупок*) shopping bag; ~ почтальо́на postman's bag; **2.** *анат.*: серде́чная ~ pericardium; **3.** *зоол.* pouch.

сýмм|а *ж.* **1.** sum, total; ~ трёх чи́сел the sum of the three figures; в ~е as a whole; составля́ть в ~е *что-л.* total *smth.*, come* to *smth.*; ~ впечатле́ний the total/net impression; **2.** (*количество денег*) sum, amount; вкладна́я ~ deposited sum; гаранти́йная ~ guarantee amount; изли́шне упла́ченная ~ overpayment; искова́я ~ amount claimed; итóговая ~ total; нарица́тельная ~ face amount; номина́льная ~ nominal amount; отступна́я ~ amount of compensation; пауша́льная ~ lump sum; подотчётная ~ imprest; ~ вкла́да sum of deposit; ~ в нали́чии available amount; ~ задóлженности amount of indebtedness; ~ к вы́плате sum payable; ~ к получе́нию amount due; ~ нали́чными amount in cash; ~ недоимки arrears; ~ облага́емой при́были amount of taxable profit; ~ опла́ченного акционе́рного капита́ла paid-in capital; ~ при́были sum of profits; причита́ющаяся *кому-л.* ~ amount due to *smb.*; ~ прóписью sum in words; страхова́я ~ insured sum; ~ счёта amount of invoice, invoiced amount; чи́стая ~ net amount; **~а́рный 1.** total; ~а́рное числó оборóтов total number of revolutions; **2.** (*обобщённый*) general, overall; ~а́рные све́дения general information *sg.*

сумма́тор *м. тех.* adder.

сумми́ровать *несов.* и *сов.* (*вн.*) **1.** (*вычислять сумму*) add up (*smth.*); **2.** (*обобщать*) sum up (*smth.*), summarize (*smth.*).

сумми́рующий *м. тех.* summing; ~ счётчик adding counter; ~ усили́тель adder, amplifier.

сýмочка *ж.* (*дамская*) handbag.

сýмрак *м.* dusk, gloom.

сýмрачный gloomy, somber; *перен.* *тж.* dreary.

сумя́тица *ж. разг.* confusion, turmoil.

сундýк *м.* chest; (*дорожный*) trunk.

сýнуть(ся) *сов. см.* сова́ть(ся).

суп *м.* soup.

сýпер: ~ 8 мм кинoплёнка и́ли кинофи́льм *кино* super 8mm film; ~ 8 мм проéкторы *кино* super 8mm projectors.

супергетероди́н *м. кино* superheterodyne.

суперкардиóидный: ~ микрофóн *кино* super cardioid microphone.

супероблóжка *ж.* jacket; book cover.

суперортикóны *мн. тех.* super orticons.

суперскóп *м. тех.* super scope.

суперфосфа́т *м. хим.* superphosphate.

суперэмитрóн *м. тех.* super emitron.

супесóк *м.* sandy loam.

супесча́н|ый sandy-loam *attr.*; ~ая пóчва sandy loam.

супина́тор *м.* arch support.

супов|óй soup *attr.*; ~а́я ми́ска (soup) tureen.

супрýг *м.* husband; **~а** *ж.* married couple *sg.*, husband and wife.

супрýже|ский matrimonial, conjugal; **~ство** *с.* matrimony, married life.

сургýч *м.* sealing wax; **~ный**: ~ная печа́ть (wax-)seal.

сурди́нк|а *ж.* (*у рояля*) damper; (*у скрипки*) mute; ~ под ~у on the sly.

суре́пка *ж. бот.* winter cress.

сурóвость *ж.* severity, austerity.

сурóв|ый I 1. severe, austere; *перен.* somber, grim; ~ человéк harsh/austere person; ~ взгляд severe look; **2.** (*крайне строгий*) rigorous, harsh; ~ пригóвор harsh/severe sentence; **3.** (*тяжёлый*) grim; ~ая борьба́ grim struggle; **4.** (*трудный для жизни*) harsh, rigorous, cruel, tough; ~ое мóре cruel sea; ~ая зима́ severe/hard winter; ~ кли́мат rigorous climate.

сурóв|ый II (*грубый, небелёный*) unbleached, brown; ~ое полотнó brown Holland.

сурóк *м. зоол.* marmot; спать как ~ sleep* like a top.

суррога́т *м.* substitute (for); **~ный** ersatz; ~ный кóфе ersatz coffee.

сурьма́ *ж. хим.* antimony.

сýслик *м. зоол.* gopher, ground squirrel.

суспе́нзия *ж.* suspension.

суста́в *м.* joint; **~нóй**: ~нóй ревмати́зм rheumatic river.

сýтки *мн.* day *sg.*, twenty-four hours; на трéтьи ~ on the third day.

сýтолока *ж.* commotion, hurly-burly.

сýточный *прил.* **1.** daily; diurnal *научн.*; **2.** *в знач. сущ. мн.* daily allowance *sg.*

сутýлить *несов.* (*вн.*) give* (*smth.*) a stoop; **~ся** *несов.* have* a stoop, stoop, be* round-shouldered.

сутýлый round-shouldered.

сут|ь *ж.* essence, substance; gist; ~ дéла the gist of the matter; дойти́ до ~и come* to the point; добра́ться до ~и дéла get* at the root of things, get* down to bedrock; ◇ по ~и дéла in reality; as a matter of fact.

суфлёр *м.* prompter; **~ский**: ~ская бýдка prompter's box, prompt-box.

суфли́ровать *несов.* prompt.

сýффикс *м. грам.* suffix.

суха́рь *м.* **1.** piece of dried bread; (*сладкий*) rusk; **2.** *разг.* (*о человеке*) dry (old) stick.

сýхо 1. *нареч.* dryly, stiffly; ~ поклони́ться *кому-л.* bow stuffly to *smb.* l ~ разгова́ривать с *кем-л.* converse dryly with *smb.*; **2.** *в знач. сказ. безл.* it is dry; бы́ло ~ и вéтрено it was dry and windy.

суховéй *м.* dry wind.

сухожи́лие *с.* tendon.

сух|óй 1. dry; ~ие дрова́ dry wood *sg.*; ~ое сéно dry nay; ~ хлеб stale bread; **2.** (*пересохший*) dry, dried-up; (*о почве*) arid; ~ое рýсло dried-up watercourse; ~ие гýбы parched lips; **3.** (*лишённый влажности*) dry; ~ая кóмната dry room; ~ вéтер dry wind; ~ вóздух dry air; ~ кли́мат dry climate; ~ое лéто dry summer; **4.** (*сушёный*) dried; ~ие фрýкты dried fruits; **5.** *мед.* dry; ~ ка́шель dry cough; ~ плеври́т dry pleurisy; **6.** (*о коже вояках*) dry; **7.** (*о растениях*) dry, withered; ~ие ли́стья dead leaves; ~ая вéтка withered branch; **8.** (*сухощавый*) lean, skinny; **9.** (*неласковый, холодный*) aloof, stiff; ~

человéк ungracious person; ~ приём cold reception; ~ тон aloof tone; **10.** (*неинтересный*) dry, dull, dreary; ~ расскáз dull story; ◇ ~ое винó dry wine; ~ закóн prohibiton; ~ паёк dry rations *pl.*; ~им путём by land; на нём ~ нúтки не остáлось he hadn't a dry stitch on.

сухопáрый *разг.* spare, lean.

сухопýтн|ый land *attr.*, ground *attr.*; ~ая границa land frontier; ~ые войскá land/ground forces; ~ трáнспорт land transport.

сухостóй *м. собир.* dead (standing) wood.

сýхость *ж.* dryness; (*засушливость тж.*) aridity.

сухощáвый spare, lean.

сучúть *несов.* **1.** (*вн.; нитку*) spin* (*smth.*), twist (*smth.*); **2.** (*тв.; двигать, перебирать*) jerk (*smth.*), work (*smth.*); ~ нóжками (*о ребёнке*) kick.

сучковáтый 1. (*о дереве*) gnarled; **2.** (*о палке*) knotty.

суч|óк *м.* **1.** twig; **2.** (*в древесине*) knot; ◇ без ~ка без задóринки without a hitch.

сýш|а *ж.* (dry) land; на ~е и на мóре on land and sea.

сýше (*сравнит. ст. при* сухóй *и нареч.* сýхо) drier.

сушёный dried.

сушúлка *ж.* **1.** (*аппарат*) dryer; **2.** (*помещение*) drying room.

сушúльн|ый drying *attr.*; ~ая рáма drying rack; ~ое помещéние drying room; ~ аппарáт dryer; ~ шкаф drying cabinet.

сушúть, высушить (*вн.*) **1.** dry (*smth.*); ~ бельё dry the washing; ~ малúну dry raspberries; **2.** (*делать чрезмерно сухим*) dry up (*smth.*), parch (*smth.*); **3.** (*мучить*) gnaw (*smb.*); **4.** (*делать черствым, неотзывчивым*) harden (*smb., smth.*), **~ся,** высушиться **1.** dry; **2.** (*сушить на себе мокрую одежду*) get* *one's* wet clothes dry (without taking them off).

сýшка *ж.* **1.** (*действие*) drying; **2.** (*баранка*) dry bread-ring; **3.** (*для посуды*) draining board.

сушь *ж. разг.* **1.** (*засуха*) drought; **2.** (*сухое место*) dry spot; **3.** (*что-л. неинтересное*) dry/boring stuff.

сущéственн|ый essential, intrinsic, material, vital; (*крупный*) substantial; ~ые изменéния material changes; ~ое значéние vital importance; имéть ~ое значéние be* of vital importance; э́то не имéет ~ого значéния it is not so very important; нет ~ой рáзницы there is no essential/intrinsic difference.

существúтельн|ый: úмя ~ое *грам.* noun, substantive.

существó I *с.* (*сущность*) essence, substance; gist *разг.*; ~ дéла the point; ~ вопрóса the essence/gist of the problem; ◇ по ~ý (говоря́) as a matter of fact; говорúть по ~ý stick* to the facts; отвечáть по ~ý give* a straight answer.

существó II *с.* (*живое*) being, creature; любúмое ~ *one's* best-loved, *one's* beloved; чýвствовать всем своúм ~м felt* it in *one's* bones.

существовáни|е *с.* existence; (*жизнь тж.*) life; фóрмы ~я матéрии form of the existence of matter; борьбá за ~ the battle for survival.

существ|овáть *несов.* exist; (*жить тж.*) live; ~ýют, лю́ди, котóрые... there are people who...; ~ýет мнéние, что... some people think...; не ~ be* nonexistent; для негó не ~ýет никакúх препя́тствий obstacles do not exist for him.

существýющ|ий *прил.* **1.** existing, existent; in existence *после сущ.*, лýчший из ~их the best in existence; **2.** *в знач. сущ. с.*: всё ~ее everything that/which exists.

сýщ|ий: ~ая прáвда the (very) truth; ~ие пустякú the merest trifles; ~ее наказáние a regular pest; ~ вздор utter/downright nonsense.

сýщност|ь *ж.* essence; ~ произведéния the essence of a work; по сáмой своéй ~и by its very nature; ◇ в ~и (говоря́) as a matter of fact; он в ~и не злой человéк he is not really unkind.

сфабрикóванный trumper-up.

сфабриковáть *сов. см.* фабриковáть.

сфальцевáть *сов. см.* фальцевáть.

сфальшúвить *сов. см.* фальшúвить.

сфéр|а *ж.* sphere; (*область тж.*) field, realm, domain, line; ~ дéятельности sphere/field of activity/action; э́то не егó ~ дéятельности that is not his province/line; в своéй ~е on familiar ground, in *one's* element; вне своéй ~ы out of *one's* sphere/element; ◇ ~ влия́ния sphere of influence.

сферúческ|ий 1. spherical, globular, ball-shaped; ~ая аберрáция *кино* spherical aberration; ~ отражáтель spherical reflector; ~ое зéркало *кино* spherical mirror; ~ое отражáтельное зéркало *кино* spherical reflecting mirror; **2.** *мат.* spherical.

сфинкс *м.* sphinx.

сформировáть(ся) *сов. см.* формировáть(ся).

сформовáть *сов. см.* формовáть.

сформулировать *сов.* (*вн.*) formulate (*smth.*).

сфотографúровать(ся) *сов. см.* фотографúровать(ся)

схватúть *сов. см.* схвáтывать; **~ся** *сов. см.* схвáтываться и хватáться 1.

схвáтк|а *ж.* **1.** (*бой*) engagement; рукопáшная ~ hand-to-hand struggle/fighting; **2.** (*спор, ссора*) tussle, fight; **3.** *мн. (боли)* spasms; родовы́е ~и labor (pains); **4.** (*приспособление для крепления*) brace.

схвáтывать, схватúть (*вн.*) **1.** (*взять, поймать*) seize (*smth.*), grasp (*smth.*), grip (*smth.*); схватúть *кого-л.* зá руку seize *smb.'s* hand; **2.** (*силой задерживать*) seize (*smb.*); **3.** *разг.* (*болезнь*) catch* (*smth.*); **4.** *разг.* (*подмечать и запечатлевать*) catch* (*smth.*), reproduce (*smth.*); **5.** *разг.* (*быстро понимать*) grasp (*smth.*); ~ смысл grasp the meaning; **~ся,** схватúться **1.** (за *вн.*) catch* hold (of); **2.** (*вступать в борьбу*) grapple; (*вступать в драку*) come* to blows.

схéма *ж.* **1.** (*чертёж*) diagram; (*план*) scheme, layout; ~ радиоприёмника receiver circuit; ~ организáции organization chart; ~ отклонéния *кино* deflection circuit; ~ сведéния *кино* convergence circuit; ~ электропровóдки wiring diagram; **2.** (*описание чего-л. в общих чертах*) plan, outline; ~ пьéсы outline of a play; **3.** (*трафаретная формула*) stereotyped pattern, set of symbols, the bare bones *pl.*; мы́слить ~ми think* in stereotyped images.

схемати́ческий **1.** (*представленный в виде схемы*) schematic, diagrammatic; outline *attr.*; **2.** (*представленный в упрощённом виде*) primitive, oversimplified.

схемати́чн|ость *ж.* schematic character; **~ый** *см.* схемати́ческий 2.

схитри́ть *сов. см.* хитри́ть.

схлы́нуть *сов.* **1.** recede/withdraw* with a rush, flow back, fall* back; *перен.* rush, stream; **2.** (*ослабеть, исчезнуть — о чувстве*) pass off, disappear.

сходи́ть I, сойти́ **1.** (с *рд.*, *спускаться*) go* down (*smth.*), come* down (*smth.*), descend (*smth.*); (*слезать*) get* off (*smth.*); ~ с лéстницы go* down the stairs; сойти́ с лóшади get* off a horse; **2.** (с *рд.*; *о пассажирах*) get* off; ~ с пóезда get* off a train; ~ с трамвáя get* off a tram; ~ на бéрег go* ashore; **3.** (с *рд.*; *отходить, уходить*) leave* (*smth.*); (*сдвигаться с места тж.*) go* off (*smth.*); ~ с дорóги leave* the road, go* off the road; ~ с пути́ get* out of the way; ~ с рéльсов run* off the rails, leave* the rails, be* derailed; **4.** (с *рд.*; *о краске, грязи, коже и т. п.*) come* off (*smth.*); (*о кожице, шелухе*) peel off (*smth.*); (*о снеге*) vanish (from), melt (off); загáр сошёл с егó лицá his face lost its tan; **5.** *разг.* (*заканчиваться успешно*) go* off well, turn out all right; сойдёт! It will do!; **6.** (за *вн.*) pass (for): он сойдёт за молодóго he'll pass for a young man*; ◇ сойти́ на нет 1) (*исчезнуть*) fade away; 2) (*потерять значение*) come* to nought/nothing; ~ с умá go* mad; ~ с умá по *ком-л.* be* madly in love with *smb.*; емý всё схóдит с рук he can get away with anything.

сходи́ть II *сов.* (*пойти*) go*; (*за кем-л.*) go* and fetch; (*за чем-л.*) go* and get*.

сходи́ться, сойти́сь **1.** (*встречаться, соединяться*) meet*; (*о направлениях*) converge; они́ сошли́сь на полдорóге they met half way; пóяс не схóдится the belt won't fasten; **2.** (*собираться*) gather, come* together; сошли́сь знакóмые и друзья́ it was a gathering of *one's* friends and acquaintances; **3.** (*встречаться для состязания, боя*) meet*; (*об армиях тж.*) close, engage each other; **4.** (с *тв.*; *сближаться*) become* friends (with); (*вступать в связь*) take* up (with); start living (with), live together; **5.** (в *пр.*, *тв.*; *быть единодушным, сходным*) agree (in), be* at one (in), have* the same (*smth.*); ~ во взгля́дах agree in *one's* views; все схóдятся на том, что... everyone agrees that...; не ~ харáктерами be* unsuited to each other, not get on; **6.** (*совпадать*) tally; **7.** *разг.* (*приходить к соглашению*) agree; не ~ в ценé disagree about the price.

схóдка *ж.* meeting.

схóдни *мн.* (*ед.* схóдня *ж.*) ramp *sg.*; *мор.* gangplank *sg.*, gangway *sg.*

схóд|ный **1.** (*похожий*) similar; ~ная чертá (one) feature in common; **2.** *разг.* (*подходящий*) reasonable, acceptable; купи́ть *что-л.* по ~ной ценé buy* *smth.* at a reasonable price; **~ство** *с.* similarity, likeness, resemblance.

схолáст|ика *ж.* **1.** *филос.* scholasticism; **3.** (*буквоедство*) pedantry; **~ический** **1.** *филос.* scholastic; **2.** (*формальный*) pedantic.

схорони́ть *сов. см.* хорони́ть.

сцéн|а *ж.* **1.** (*театральные подмостки театр*) stage; вращáющаяся ~ revolving stage; **2.** (*отдельная часть действия*) scene; дéйствие пéрвое, ~ вторáя act one, scene two; ~, снимáемая с большóго расстоя́ния *кино* distant scene; **3.** (*эпизод*) scene; **4.** *разг.* (*ссора*) scene; ~ рéвности scene of jealousy; устрóить ~у *кому-л.* stage a row with *smb.*; ◇ игрáть на ~у act in the theatre; яви́ться, появи́ться на ~е appear on the scene; сойти́ со ~ы pass from the scene; **~рный**: ~рный отдéл *кино* story department.

сценáрий *м.* scenario (*pl.* -os), script; scenarist.

сценари́ст *м.* scenario/script writer.

сцени́ческ|ий **1.** (*относящийся к сцене*) scenic; stage *attr.*; ~ие эффéкты scenic effects; **2.** (*относящийся к представлению в театре*) theatrical; stage *attr.*, *перен. тж.* histrionic; ~ое искýсство dramatic art.

сцениско́п *м. кино* scenioscope.

сцени́чн|ый actor's; suitable for the stage *после сущ.*; ~ая внéшность stage appearance, actor's presence; э́та пьéса óчень ~а this play stages very well, this play is very good theatre.

сцепи́ть(ся) *сов. см.* сцепля́ть(ся).

сцеплéние *с.* **1.** (*действие*) coupling; **2.** (*механизм*) clutch; включáть (*выключать*) ~ engage (disengage) the clutch; **3.** (*состояние*) cohesion, adhesion; ~ молéкул cohesion of molecules.

сцепля́ть, сцепи́ть (*вн.*) couple (*smth.*); **~ся**, сцепи́ться **1.** (*соединяться*) be* coupled up; (*о шестернях*) engage, mesh; **2.** (*случайно зацепляться*) get* caught up together; **3.** (*о пальцах, руках*) lock, interlock; (*о зубах*) be* clenched; **4.** *разг.* (*вступать в драку, спор, перебранку*) pitch into each other, have* a set-to.

сцéпщик *м.* coupler, brakeman*.

сцинтилля́ция *ж. кино* scintillation.

счастли́в|ец *м.* lucky man*; **~ица** *ж.* lucky woman*, girl.

счастли́в|о happily; ~ отдéлаться get* off lightly; **~чик** *м. разг. см.* счастли́вец; **~ый** happy; (*удачливый*) fortunate, lucky; ~ый взгляд happy glance/look; ~ое дéтство happy childhood; ~ая мысль happy thought; ~ый билéт lucky/winning ticket; ~ый слýчай lucky chance.

счáсть|е *с.* **1.** happiness; семéйное ~ family happiness; **2.** (*удача*) (good) luck, good fortune; ◇ к ~ю, по ~ю fortunately, luckily; на ~ for luck; на моё ~ fortunately/luckily for me; иметь ~ (+ *инф.*) have* the good fortune (+ to *inf.*); ваше ~ (вам повезло́) you were lucky; како́е ~, что... how fortunate/lucky that...

счесть *сов. см.* счита́ть I 6.

счёт *м.* **1.** (*действие*) calculation, reckoning; ~ в уме́ mental arithmetic; ~ ли́ний *кино* line count; **2.** (*результат подсчётов*) result, total; *спорт.* score; матч зако́нчился со ~ом 3:1 the match ended with the score at 3:1; **3.** (*документ*) bill, ~ за газ и электри́чество gas and electricity bill; **4.** *бух.* account; ава́нсовый ~ advance account; акцепто́ванный ~ accepted invoice; бала́нсовый ~ balance account; ба́нковский ~ bank account; беспроце́нтный ~ noninterest bearing account; блоки́рованный ~ blocked account; валю́тный ~ foreign currency account; депози́тный ~ deposit account; дисбурсме́нтский ~ disbursement account; инвалю́тный ~ foreign exchange account; кли́ринговый ~ clearing account; ко́нсульский ~ consular invoice; контокорре́нтный ~ current account; корреспонде́нтский ~ correspondent account; креди́тный ~ credit account; лицево́й ~ personal account; онко́льный ~ on-call account; осо́бый ~ special account; откры́тый ~ open account; расчётный ~ settlement account; расхо́дный ~ expense account; рублёвый ~ ruble account; сберегательный ~ savings account; специфици́рованный ~ specified account; ссу́дный ~ loan account; теку́щий ~ current account; ~ в банке bank account; ~ в гроссбу́хе ledger (general) account; ~ "во́стро" vostro account; ~ движе́ния капита́лов (*в платежном балансе*) capital account; ~ дивиде́ндов dividend account; ~ дохо́дов revenue account; ~ за перево́зку гру́зов freight account; ~ изде́ржек cost account; ~ капита́ла stock account; ~ капита́ла предприя́тия capital account; ~ клие́нта би́ржи у бро́кера по сде́лкам с ма́ржей margin account; ~ к получе́нию (расчётов с покупа́телями) collection account; ~ "ло́ро" loro account; ~ накладны́х расхо́дов account of charges; ~ на приобрете́ние материа́лов purchase invoice; ~ недви́жимого иму́щества property account; ~ "но́стро" nostro account; ~ покупа́теля buyer's account; ~ поставщи́ка supplier's account; ~ по иму́ществу, о́тданному в довери́тельное управле́ние trust account; ~ при́былей и убы́тков profit and loss account; ~ произво́дственных изде́ржек manufacturing account; ~ просро́ченных ссуд overdue payments account; ~ расхо́дов account of expenses; ~ расчётов с покупа́телями trade account receivable; ~ расчётов с поставщика́ми trade account payable; ~ ссуд loan account; ~ це́нных бума́г securities (stock) account; ~а к опла́те accounts payable, bills payable; ~а к получе́нию bills receivable; **5.** *обыкн. мн.* (*взаимные денежные расчёты*) the account *sg.*; **6.** *обыкн. мн.* (*взаимные претензии, обиды*) accounts, scores; ли́чные ~ы private grudges; своди́ть ста́рые ~ы pay* off old scores; ◇ без ~у lavishly, freely; в коне́чном ~е when all is said and done; в ~ *чего-л.* to the account of *smth.*; в ~ бу́дущего го́да towards next year's production; на *чей-л.*, *за чей-л.* ~ at *smb.'s* expense; на *чей-л.* ~ (*в чей-л.* адрес) at *smb.'s* expense, aimed at *smb.*; он принима́ет э́то на свой ~ he thinks it refers to him; за ~ *чего-л.* at the expense of *smth.*; за ~ сниже́ния себесто́имости by lowering production costs; за ~ мобилиза́ции вну́тренних ресу́рсов by mobilizing internal resources; за ~ повыше́ния производи́тельности труда́ by increasing labor productivity; на э́тот ~ мо́жно быть споко́йным there is no need for anxiety on that score; э́то не в ~ that doesn't count; не знать ~а деньга́м be* rolling in money; знать ~ деньга́м know* the value of money; поко́нчить ~ы с *кем-л.*, *чем-л.* settle accounts with *smb.*, *smth.*; предъяви́ть ~ *кому-л.*, *чему-л.* make* a claim on *smb.*, *smth.*; быть у *кого-л.* на хоро́шем (плохо́м) счету́ be* in good (bad) repute with *smb.*, be* in *smb.'s* good (bad, black) books; сбра́сывать со счето́в not take into consideration, ignore, ~а, ~у нет *кому-л.*, *чему-л.* there is no end of/to *smb.*, *smth.*

счётн|ый account *attr.*, accounting; ~ая лине́йка slide rule; ~но-реша́ющая маши́на *кино* analog computer.

счетово́д *м.* bookkeeper, ledger clerk; **~ство** *с.* bookkeeping.

счёт-профо́рма *м. бух.* pro forma bill.

счёт-факту́р|а *м. бух.* invoice; неопла́ченный ~ unpaid invoice; опла́ченный ~ voucher, paid invoice; ~ подпи́санный countersigned invoice; предвари́тельный ~ preliminary (pro forma, provisional) invoice; ~ на сумму invoice amounting to..., invoice to the sum of..., invoice totalling; акцептова́ть ~у accept an invoice; выпи́сывать ~у invoice; выставля́ть ~у make out an invoice; опла́чивать ~у pay an invoice; прикла́дывать к ~е attach *smth.* to an invoice, invoice *smth.*

счётчик *м.* **1.** (*человек*) counter; **2.** (*аппарат*) meter; counter; ~ ка́дров *кино* frame counter, frame indicator; ~ ме́тров и́ли фу́тов *кино* footage counter, meter; электри́ческий ~ electric meter; ~ Ге́йгера Geiger counter.

счёт|ы *мн.* abacus *sg.*, counting-frame *sg.*; счита́ть на ~ах use an abacus.

счисле́ни|е *с.* **1.** *мат.* numeration; десяти́чная систе́ма ~я decimal numeration; **2.** *мор.*, *ав.* reckoning, calculation; ~ пути́ *мор.* dead reckoning.

счи́стить(ся) *сов. см.* счища́ть(ся).

счит|а́ть I, сосчита́ть, счесть **1.** *сов.* сосчита́ть (*вести счёт*) count; ~ до десяти́ count (up) to ten; ~на па́льцах count on *one's* fingers; **2.** *сов.* сосчита́ть (*вн.*; *определять количество, сумму чего-л.*) count (*smth.*); add up (*smth.*), compute (*smth.*); (*производить бухгалтерские подсчёты*) do* the/*one's* accounts; ~ де́ньги count money; ~ пульс count *smb.*'s pulse; **3.** *тк. несов.* (*пользоваться какими-л. единицами измерения*) reckon, calculate, ~ в килогра́ммах reckon in kilograms; **4.** *тк. несов.* (*принимать за начало отсчёта*) count; пя́тое окно́, ~а́я от угла́ the fifth window, counting from the corner; **5.** *тк. несов.* (*вн.; принимать в расчёт при исчислении*) count (*smb.*, *smth.*) ~ая в том числе́ including; не ~ая not counting; **6.** *сов.* счесть (*вн. тв.; полагать*) consider (*smb. smth.*), regard (*smb.*, *smth.* as); ~ вопро́с исче́рпанным consider the question closed; ~ себя́ впра́ве... consider *oneself* entitled to...; ~ себя́ пра́вым believe *oneself* to be in the right; ~ себя́ оби́женным feel* injured; он ~а́ет вас свои́м дру́гом he regards you as his friend; ~ свои́м до́лгом consider it *one's* duty; ~ необходи́мым, ну́жным (+ *инф.*) consider it essential, necessary (+ to *inf.*); ◇ не ~ де́нег have* plenty of money, be* rolling in money; ~ дни, часы́, мину́ты count the days, hours, minutes.

счита́ть II *сов. см.* счи́тывать.

счит|а́ться, сосчита́ться **1.** (с *тв.*) *разг.* (*производить денежные расчёты*) settle (with), count it up; **2.** *тк. несов.* (с *тв.; принимать во внимание*) take* (*smb.*, *smth.*) into consideration, consider (*smb.*, *smth.*); с его́ мне́нием о́чень ~а́ются his opinion carries much weight; мы о́чень ~а́емся с его́ мне́нием his opinion carries great weight with us; с ним о́чень ~а́ются he is a great authority for them; с э́тим на́до ~ that must be taken into consideration; не ~ с *кем-л.* ignore *smb.*, not consider *smb.*; не ~ ни с кем have* no consideration for anyone; ни с чем не ~ stick* at nothing; с ним, с э́тим мо́жно не ~ he, that can be ignored; **3.** *тк. несов.* (*слыть*) be* considered; он ~а́лся хоро́шим стрелко́м he was considered a good* shot; ~а́ется, что... it is considered that...

счи́тывание *с.* ~ ле́нты *кино* tape readout.

счи́тыва|тель *м. кино* reader; ~ за́писи с магни́тной ле́нты magnetic tape reader; **~ающий**: ~ающее обору́дование readout equipment; ~ающее устро́йство reader, tape reader.

счи́тывать, считáть (*вн.*) collate (*smth.*), check (*smth.*); *кино* readout.

счища́ть, счи́стить (*вн.*) clear (*smth.*) away, clean (*smth.*) off; (*щёткой, рукой*) brush off (*smth.*); ~ лёд с тротуа́ров clear the pavement of ice; **~ся**, счи́ститься come* off.

сшиба́ть, сшиби́ть (*вн.*) *разг.* knock (*smb.*, *smth.*) down; ~ *кого-л.* с ног knock *smb.* down, knock *smb.* off his, her feet.

сшиби́ть *сов. см.* сшиба́ть.

сшива́ть, сшить (*вн.*) **1.** stitch (*smth.*), sew* (*smth.*) together; **2.** *мед.* suture (*smth.*); **3.** (*доски, листы металла и т. п.*) join (*smth.*), put* (*smth.*) together; ~ ло́дку из до́сок make* a boat out of planks.

сши́тый sewn; хорошо́ ~ костю́м well-made suit.

сшить *сов. см.* сшива́ть и шить 1.

съеда́ть, съесть (*вн.*) eat* (*smth.*); (*всё без остатка*) eat* up (*smth.*); *перен. тж.* gobble up (*smb.*, *smth.*), swallow up (*smb.*, *smth.*).

съеде́ние *с.*: отдава́ть *кого-л.*, *что-л.* на ~ *кому-л.* deliver *smb.*, *smth.* into the hands of *smb.*, leave* *smb.*, *smth.* at the mercy of *smb.*

съедо́бн|ый edible; вполне́ ~ (quite) eatable; ~ые грибы́ edible fungi; mushrooms.

съёжиться *сов.* **1.** (*сжаться, сморщиться*) shrivel; **2.** (*скорчиться*) huddle up; **3.** (*стать скрюченным, сморщенным*) shrink*, become* shrunken.

съезд *м.* **1.** (*прибытие*) arrival; на́чался ~ госте́й the guests began to arrive; **2.** (*собрание*) congress; съезд Сове́тов Congress of Soviets; ~ профсою́зов trade-union congress; **3.** (*спуск*) driveway, place where one can get off the road; (*у автострады*) lay-by.

съе́здить *сов.* go*, make* a trip; ~ за го́род make* a trip out of town; мне надо ~ в Москву по делу I have to go to Moscow on business.

съе́здовский *разг.* congress *attr.*

съезжа́ть, съе́хать **1.** descend; go* down, come* down; (*скользя*) slide* down; ~ с доро́ги get* off the road; ~ с горы́ go* downhill; **2.**: ~ с кварти́ры move; **3.** *разг.* (*сползать*) slide*, slip; ~ на́бок slip sideways, slip to one side; **~ся**, съе́хаться **1.** (*встречаться*) meet*; **2.** (*собираться*) gather, assemble, come* together; го́сти съезжа́ются the guests are arriving.

съём|ка *ж.* **1.** (*планов*) survey; глазоме́рная ~ field sketching; производи́ть ~ку *чего-л.* survey *smth.*, make* a survey of *smth.*; **2.** (*фотографирование*) photography; **3.** (*фильма*) shooting; **4.** *кино* filming; ~ кру́пных пла́нов close up work; ~ наклонённой ка́мерой canter shot; ~ с измене́нием фо́куса follow shot; ~ с каши́рованием ка́дра masked exposure; ~ с плеча́ over shoulder; ~ с теле́жки dolly shot; ~ с экра́на кинескопа kinescope recording; ~ трансформа́тором zoom shot; ~и в гора́х mountain photography; ~и в тро́пиках tropical photography; ~и в холо́дном кли́мате cold climate cinematography; ~и живо́тных animal photography; ~и на нату́рной площа́дке exterior filming; ~и на си́нем фо́не blue back shot; ~и ночно́го ка́дра при дневно́м све́те day for night; ~и одновреме́нно не́сколькими аппара́тами multicam; ~и с большо́го расстоя́ния long distance photography; ~и с движе́нием running shot, trucking; ~и с передвиже́нием travelling shot; ~и с промежу́тками time lapse cinematography.

съёмный detachable, removable; ~ замо́к padlock.

съёмочн|ый **1.** *кино*: ~ аппара́т (movie) camera; ~ материа́л не воше́дший в кинофи́льм outtakes; ~ павильо́н camera room; ~ план shooting schedule; ~ проце́сс shooting, filming; ~ светофи́льтр зелёного цве́та green filter; ~ая гру́ппа production unit, production staff; ~ая площа́дка stage, set; ~ое ка́дровое окно́ negative aperture; ~ое расстоя́ние shooting range; **2.** *геод.* survey *attr.*; ~ые рабо́ты на ме́стности field surveying.

съёмщик *м.* tenant.

съестн|о́й *прил.* **1.**: ~ые припа́сы provisions, foodstuffs; **2.** *в знач. сущ. с.* edibles *pl.*

съесть *сов. см.* есть I 1, 4 и съеда́ть; <> соба́ку ~ на *чём-л.* be* a past master at *smth.*, know* *smth.* inside out.

съе́хать(ся) *сов. см.* съезжа́ть(ся).

съехи́дничать *сов. см.* ехи́дничать.

съязви́ть *сов. см.* язви́ть.

сы́воротка *ж.* **1.** (*молочная*) whey; **2.** *биол.*, *мед.* serum.

сы́гранность *ж. спорт.* composure.

сыгра́ть *сов. см.* игра́ть 2, 3, 4; <> ~ шу́тку с *кем-л.* play a trick on *smb.*, ~ся *сов.* муз. be* perfectly coordinated, make* a good ensemble; *спорт.* achieve good teamwork.

сы́знова *разг.* all over again; начина́ть ~ begin* all over again, start afresh, make* a fresh start.

сын *м.* son; Сын Бо́жий *церк.* Son of God; Сын Челове́ческий *церк.* Son of Man; ~ своего́ наро́да his country's son ~ своего́ вре́мени child* of the epoch/age; **~и́шка** *м.* little boy; **~о́вний** filial; ~о́вняя привя́занность filial affection; **~ок** *м. разг.* sonny.

Сыно́вство *с. церк.*: ~ Бо́жие Sonship of God.

сы́пать *несов.* (*вн.*) pour (*smth.*); (*посыпать*) strew* (*smth.*); (*вн.*, *тв.*) *перен.* pour out (*smth.*); ~ слова́ми pour out words; ~ остро́тами rain witticisms; <> ~ деньга́ми squander money; **~ся** *несов.* **1.** pour; (*просыпаться*) run* out; (*о штукатурке и т. п.*) crumble; **2.** (*идти — о дожде, снеге*) sprinkle down, fall*; **3.** (*обрушиваться, поступать во множестве*) rain down; (*звучать отовсюду*) pour out, be* heard on all sides.

сыпно́й: ~ тиф *мед.* typhus, spotted fever.

сыпу́ч|ий loose, free-flowing; ~ грунт loose/friable soil; ~ песо́к quicksand; ~ие тела́ dry substances; ме́ры ~их тел dry (capacity) measures.

сыпь *ж.* rash, eruption; показа́лась ~ a rash broke out.

сыр *м.* cheese; <> как ~ в ма́сле ката́ться live in clover.

сыр-бор: вот отчего́ ~ загоре́лся! so that's what all the fuss is about!

сыре́ть, отсыре́ть grow*/become* damp.

сыре́ц *м.*: хло́пок-~ raw cotton; шёлк-~ raw silk; кирпи́ч-~ brick clay.

сы́рник *м. кул.* curd fritter.

сы́ро *в знач сказ. безл.* it is damp.

сырова́р *м.* cheesemaker; **~е́ние** *с.* cheesemaking; **~енный** cheesemaking *attr.*; **~ня** *ж.* cheesedairy.

сырое́жка *ж.* (*гриб*) russula.

сыр|о́й **1.** (*влажный*) damp; ~ое бельё damp linen, ~ые дрова́ damp firewood *sg.*; **3.** (*имеющий значительную влажность*) damp, moist, humid; ~ое помеще́ние damp room; ~ во́здух damp air; ~ ве́тер moist wind; ~ая пого́да damp weather; ~ое ле́то wet summer; **3.** (*не подвергшийся варке, кипячению*) raw, uncooked; ~ое мя́со raw meat; ~ые о́вощи raw vegetables; пить ~ую во́ду drink* unboiled water; **4.** (*недоварившийся, недопечённый*) half-done, soggy; ~ хлеб soggy bread; **5.** (*необработанный*) raw; *перен.* in an unfinished state *после сущ.*, shoddy.

сыро́к *м.* **1.** cream cheese; processed cheese; **2.** (*творожный*) sweetened cottage cheese.

сы́рость *ж.* dampness; (*воздуха, климата тж.*) humidity.

сырьё *с.* raw material(s).

сыска́ть *сов.* (*вн.*) *разг.* find* (*smth.*).

сы́тн|о: ~ корми́ть *кого-л.* feed* *smb.* well; ~ накорми́ть *кого-л.* give* *smb.* a good meal; ~ пое́сть have* a substantial meal; **~ый** (*питательный*) nutritious, nourishing; (*об обеде и т. п.*) satisfying.

сы́т|ость *ж.* satiety, satiation; **~ый** **1.** satisfied sated; я сыт I've had enough, I'm full up; **2.** *разг.* (*упитанный*) well-nourished, well-fed; ~ая физионо́мия well-nourished countenance; **3** *разг.* (*богатый*) rich, well-heeled; (*о жизни*) comfortable: **4.** (*богатый едой*) abundant, fat; **5** *разг.* (*сытый*) filling; <> я сыт по го́рло I'm fed up (with).

сы́щик *м.* detective.

сэконо́мить *сов. см.* эконо́мить 1, 3.

сэмпли́рование *с. кино* sampling; ~ цвето́ color sampling.

сэ́тлмент *м. эк.* (*расчёты по биржевым операциям*) settlement.

сюда́ here; (*как указание*) this way; иди́те ~ come here; (*как указание*) come this way.

сюже́т *м.* **1.** plot, story; **2.** *разг.* (*тема*) topic subject; **~ный** **1.** plot *attr.*; **2.** (*имеющий сюжет*) intriguing; with a strong plot *после сущ.* that tells a story *после сущ.*

сюи́та *ж. муз.* suite.

сюрве́йер *м. эк.* surveyor.

сюрпри́з *м.* surprise; ах, како́й ~! what a surprise!

сюрту́к *м.* frock coat.

сюсю́канье *с. разг.* lisping; (*с детьми*) baby talk.

сюсю́кать *несов. разг.* lisp; (*с детьми*) use baby talk.

сяк и так и ~ this way and that; то так, то ~ sometimes one way, sometimes another.

Т

та *см.* тот.

таба́к *м.* tobacco; ню́хательный ~ snuff; ◇ де́ло ~ *диал.* things are in a bad way.

табака́: цыплёнок ~ chicken tabak (*chicken flatted and grilled in charcoal*).

табаке́рка *ж.* snuffbox.

табаково́д *м.* tobacco grower; **~ство** *с.* tobacco growing.

табакома́н *м.* smoker; зая́длый ~ inveterate smoker.

таба́нить *несов.* (*вёслами*) back water (in rowing).

таба́чни|к *м.*, **~ца** *ж.* **1.** tobacco worker; **2.** tobacco user.

табачо́к *м. уменьш. диал.* baccy; ◇ дру́жба дру́жбой, а ~ врозь any friendship has its limits; доро́жка вме́сте и ~ попола́м to share difficulties.

таба́чн|ый **1.** tobacco *attr.*; **2.** ~ дёготь tar (deposit on the teeth resulting esp. from cigarette smoking); **3.** ~ кисе́т tobacco pouch; ~ лист tobacco-leaf; **4.** ~ая жва́чка *разг.* chewing tobacco; **5.** (*о цвете*) snuff-colored.

та́бель *м.* **1.** (*список*) table; **2.** (*доска для контроля*) time board; **~ный:** ~ная доска́ time board; **~щик** *м.*, **~щица** *ж.* time keeper; **3.** теку́щий ~ monthly time table; **4.** ~ о ра́нгах *ист.* table of ranks (introduced by Peter I the Great); ~ учётный листо́к *эк.* time sheet; ~ гра́фик *эк.* schedule; ~ная ка́рточка time card; ~ные часы́ time clock; ~ные электро́нные часы́ electronic time clock.

табле́тка *ж.* tablet, pill; ~ от головно́й бо́ли headache tablet; ~ возбужда́ющая аппети́т pep pill; со́левая salt tablet; успока́ивающая ~ tranquillizer; ~ для похуде́ния slimming or diet pills; противозача́точная ~ birth-control pill.

табли́|ца *ж.* table; ~ умноже́ния multiplication table; ~ логари́фмов logarithm table; периоди́ческая ~ Менделе́ева *хим.* periodic table; ~ прили́вов *мор.* tide table; ~ вы́игрышей (*по внутренним займам, лотереям*) prize list; ~ ро́зыгрыша пе́рвенства (*чемпионата*) в спо́рте scoring table; пе́рвый (после́дний) в ~е top (bottom) of the table; внести́ в ~у (*организовать информацию в форме ~ы*) to tabulate; ~ для прове́рки ки́нофотоо́птики *кино* focusing chart; ~ светочувстви́тельности *кино* sensitivity chart; ~ экспози́ции *кино* exposure chart; ~ тра́нспортных надба́вок к тари́фу за расстоя́ние *фин.* excess mileage table; ~ ускоре́нного списа́ния сто́имости основно́го капита́ла rapid depreciation table; ~ весо́в и мер *эк.* table of weights and measures; детализи́рованная ~ individual table; ~ затра́т и вы́пуска input-output table; ~ контро́ля ка́чества quality control table; ~ биржевы́х ку́рсов stock exchange; ~ нало́говая tax table; однoти́пная ~ table in single tabulation; ~ определя́ющая разме́р зака́за в зави́симости от ме́сячного спро́са month-of-stock table; ~ перево́да (пересчёта) мер conversion table; ~ проце́нтов table of interest; разрабо́точная ~ spread sheet; расчётная ~ computational table; ~ результа́тов проверки table of test results; сво́дная ~ condensed; summary table; сокращённая ~ abridged table; ~ сокраще́ний table of abbreviations; спра́вочная ~ reference table; сравни́тельная ~ comparison table; ~ сро́ка слу́жбы (*людей, механизмов, одежды и пр.*) time service table; ~ тари́фных ста́вок tariff (rate) table; ~ тари́фных ста́вок для грузовы́х перево́зок freight tariff schedule; ~ цен price schedule; ~ приёмки (и брако́вки) *комм.* acceptance(-and-rejection) table; прове́рочная ~ checking table; ~ затра́т (поте́рь) cost (loss) table; основна́я ~ master table; ~ значе́ний value table; ~ и́стинности *програм.* truth table; ито́говая ~ *спорт.* the rankings; калориметри́ческая ~ caloric table (chart); крупноформа́тная электро́нная ~ (КЭТ), цифрова́я *комп.* spreadsheet; ~ распределе́ния allocation map; телевизио́нная, испыта́тельная ~ television test pattern; **~чный** tabular.

табло́ *с. нескл.* indicator panel; светово́е ~ illuminated indicator panel; информацио́нное ~ information board; ~ кратковре́менной информа́ции (*напр., о рейсах транспорта*) flip board; индика́торное ~ (*напр., электронных часов*) indicator on a digital device; электро́нное ~ *спорт.* scoreboard; электро́нное ~ с бегу́щей строко́й electronic moving text display; цифрово́е ~ digital readout on watches? pocket calculators *etc.*

та́бор *м.* **1.** (*цыганский*) band; **2.** *разг.* (*лагерь*) camp.

табу́н *м.* (*лошадей, оленей и т.п.*) herd; (*уток, гусей*) flock (*тж. перен.*); **~щик** *м.* herdsman*.

табуре́т *м.*, **~ка** *ж.* stool.

тавро́ *с.* **1.** (*клеймо*) brand; **2.** (*орудие для клеймения*) branding iron.

тавтоло́гия *ж.* tautology.

тага́н *м.* trivet.

таджи́к *м.* Tadjik; **~ский** Tadjik; ~ский язы́к Tadjik, the Tadjik language.

таджи́чка *ж.* Tadjik woman*.

таёжный taiga *attr.*; of the taiga *после сущ.*, in the taiga *после сущ.*

таз I *м.* (*посуда*) basin; (*умывальный*) washbasin; (*для варенья*) pan.

таз II *м. анат.* pelvis.

таи́нственность *ж.* mysteriousness, mystery; **~ный** 1. mysterious; ~ый посети́тель mysterious visitor; 2. (*секретный*) secret; 3. (*скрывающий что-л.*) mysterious, secretive; с ~ым ви́дом with a mysterious air.

таи́ть *несов.* (*вн.*) 1. conceal (*smth.*); (*хранить в себе*) harbor (*smth.*); 2. (*заключать в себе*) hold* (*smth.*); (*обычно что-л. плохое*) be* fraught (with); ~ в себе́ огро́мные возмо́жности have* enormous latent possibilities; <> не́чего греха́ ~ there's no concealing the fact (that); **~ся** *несов.* 1. (*скрывать что-л. от других*) dissemble, hide* things; не тая́сь frankly; 2. (*прятаться, скрываться*) hide*; lie* hidden, lie* concealed; lurk; ~ся во тьме lurk in the darkness; 3. (*быть скрытным, невидимым*) be* hidden, be* concealed; 4. (*быть, иметься где-л.*) be*, be* hidden, be* latent.

тайга́ *ж.* taiga.

тайко́м secretly, surreptitiously; on the quiet *разг.*; уйти́ ~ steal* away; ~ от *кого-л.* without telling *smb.*

тайм *м. спорт.* half; period.

та́йн|а *ж.* 1. (*секрет*) secret; (*секретность*) secrecy; раскры́ть чужу́ю ~ betray a secret; в ~е от *кого-л.* without telling *smb.*; храни́ть *что-л.* в ~е keep* *smth.* secret; доверя́ть *кому-л.* свои́ ~ы take* *smb.* into *one's* confidence; посвяти́ть *кого-л.* в ~у let* *smb.* into a secret; быть посвящённым в ~у be* in the secret; ~ успе́ха secret of success; ~ ремесла́ secret/trick of the trade; ~ перепи́ски secrecy/privacy of correspondence; служе́бная ~ professional secrecy; 2. (*что-л. неразгаданное, неясное*) mystery; ~ы приро́ды the mysteries/secrets of nature; ~ы ко́смоса the mysteries of outer space; <> не ~, что... it is no secret that...; покры́то ~ой wrapped in mystery; 3. коммерческая ~ commercial secret.

тайни́к *м.* hiding-place; secret recess; *перен. тж.* hidden region; в ~а́х души́, се́рдца in *one's* heart of hearts, in the secrecy of *one's* heart.

та́йно secretly, in secret; ~ от *кого-л.* without *smb.'s* knowledge; unknown to *smb. разг.*

та́йн|ый 1. secret; (*скрытый тж.*) clandestine; ~ сове́тник *ист.* privy councillor; ~ ход secret passage; ~ое о́бщество secret society; ~ враг secret enemy; ~ая мысль secret thought; ~ое жела́ние secret desire; ~ая поли́ция secret police; ~ая агенту́ра secret agents *pl.*; 2. (*смутный, таинственный*) mysterious, strange; <> ~ое голосова́ние ballot, secret voting; ~ое ста́ло я́вным the secret is out.

тайфу́н *м.* typhoon.

так 1. *нареч.* (*таким образом*) like this/that, in such a way; thus; (*в сравнительных предложениях*) so; де́ло обстои́т ~ the facts are as follows; ~ прошёл день and thus the day passed; мы сде́лаем ~ this is what we'll do; э́то не ~ де́лается that's not the way to do it; вы э́то не ~ де́лаете you're doing it wrong; он не ~ де́лал э́то he did it differently; де́лать *что-л.* не ~ (*как надо*) not do *smth.* properly, do* *smth.* wrong; ~, что́бы не опозда́ть so as not to be late; случи́лось ~, что ... it so happened that...; 2. *нареч.* (*без последствий, даром*) like that; э́то тебе́ ~ не пройдёт you won't get away with it like that; 3. *нареч.* (*без особых намерений*) just; сказа́л про́сто ~ he just said it; 4. *нареч.* (*до такой степени, настолько*) so; он ~ мно́го ходи́л, что уста́л he walked so much that it made him tired; ~ давно́ such a long time ago, so long ago; ~ ти́хо so quiet; ~ ско́ро so soon; 5. *нареч.* (*в таком случае, тогда*) then; вы не хоти́те, ~ я пойду́ if you don't want to go, then I will; 6. *частица* (*ничего, ничего особенного*) nothing (much); (*при оценке чьих-л. качеств*) just; э́та кни́га ~, ничего́ осо́бенного it's just a rather mediocre book; 7. *частица* (*следовательно, значит*) so, then; (*в начале реплики, возобновляющий прерванный разговор*) well, now, so; ~ вы его́ зна́ете? so you know him?; ~ о чём я говори́л? now, what was I saying?; ~ вы придёте? well, are you coming?; 8. *союз* (*вследствие этого, потому*) so; сего́дня хо́лодно, ~ ты оде́нься потепле́й it's cold today, so dress up warmly; 9. *союз* (*но, однако*) but; говори́ла я, ~ ты слу́шать не хоте́л I told you, but you wouldn't listen; 10. *усил. частица* that is; вот э́то ло́шадь ~ ло́шадь! that's a horse, that is!; 11. *частица* (*указывает на приблизительное количество*) about; лет ~ де́сять тому́ наза́д about ten years ago; 12. *частица* (*например, к примеру*) for instance; ~, наприме́р (thus,) for example; <> ~ и есть! just as I thought!; ~ и быть! very well, then!; так себе́ so-so; чу́вствовать себя́ так себе́ not feel very well; ~ и не never; он ~ и не пришёл and he never came; ~ ли (это)? indeed?; не ~ ли? didn't (wasn't. *etc.*) he, *etc.*?; ~-то all right, then; ~-то (оно) ~, но... that's true of course, but...; мы и ~ (уж) опа́здываем we're late as it is; давно́ бы ~! and high time!; как бы не ~! no fear!; ~... как as... as; ~ как as, because, since; ~ что so that; ~ и зна́йте now understand me; get this straight *разг.* как на рабо́те, ~ и до́ма both at work and at home, at home as well as at work; 13. *простореч.* не ~ что́бы о́чень not all that much; 14. *простореч.* обменя́ть ~ на ~ to make an even trade; 15. ~ и́ли ина́че any way at any rate; nevertheless; anyhow; 16. ~ на ~ *диал.* identical; 17. ~ вот well (used parenthetically at the beginning of an utterance); 18. ~ держа́ть! *диал.* keep it up!

такела́ж *м.* 1. *мор.* rigging; 2. (*для подъёма тяжестей*) lifting gear; **~ник** *м.* rigger; (*строящий леса*) scaffolder.

та́кже too, also; (*в приветствиях*) the same; вас ~ the same to you, I wish you the same; ~... не not... either; а ~ (и) and also; as well, too (*в конце фразы*).

тако́в such; like that; ~ы́ фа́кты such are the facts; все они́ ~ы́ they are all alike; он не ~, как вы ду́маете he is not what you think him; *шутл.*-

ирон. разг. ~а́ жизнь се ля ви c'est la vie; ◇ и был ~ and that was the last we heard of him, and he was gone.

таково́й 1. such (*вышеозначенный*) the same; е́сли ~ые име́ются if any; **2.** как ~ as such.

так|о́й *мест.* **1.** (*с сущ.*) such a, that kind (of); like this *после сущ.*, of that kind *после сущ.*; (*с прил.*) such a; so.. a; нам ну́жен ~ рабо́тник that's the kind of worker we need; нам ну́жен тако́й челове́к, кото́рый... we need a person who...; **2.** (*с мест.* кто, что, како́й) just, exactly; (*с мест.* кто-то, что-то) of that kind; кто они́ ~и́е just who are they? who are they exactly?; **3.** *в знач. сущ. с.* such a thing; и всё ~о́е and all that sort of thing; ◇ ~-то such-and-such a person, so-and-so; ~и́м о́бразом 1) in this way; 2) *в знач. вводн. сл.* thus, so; в ~о́м слу́чае in that case; до ~ сте́пени to such an extent; что ~ое *что-л., кто-л.*? what (actually) is *smth., smb.*?; что ж ~о́го? what of it? ещё и не ~о́е быва́ет it's nothing to what happens sometimes; *шутл.* ~и́м мака́ром in this way; *диал.* ~и́м уж уроди́лся that's just way I am, I was born that way.

та́кс|а I *ж.* (*расценка*) (fixed) rate; пла́та по ~е fixed-rate payment, по чёрной ~е at the black-market rate; ~ за пересы́лку по по́чте *эк.* postal rate; ~ за разгово́р по телефо́ну *эк.* telephone rate per call; **~а́тор** *м.* **1.** price-fixer; valuer; **2.** afforestation inspector; **~а́ция** *ж.* **1.** price-fixing; valuation; **2.** afforestation inspection.

та́кса II *ж.* (*собака*) dachshund.

такси́ *нескл.* taxi(-cab); грузово́е ~ hire van; радиофици́рованное ~ radio-equipped taxi; пойма́ть ~ to catch a cab or a taxi.

такси́ст *м.* taxi driver; **~ёр** *м. разг.* taxi driver, cabbie, cabby; **~и́рник** *м. сленг* taxi; **~и́шник** *м. простореч.* taxi driver; **~и-гёрл** *ж. сленг* taxi-girl, prostitute who works together with a taxi-driver, who cruises in search of clients.

таксо́метр *м.* taximeter.

таксомото́р *м.* taxi.

таксомото́р|ный: ~парк fleet of taxis; **~щик** *м. разг.* taxi-driver.

таксофо́н *м.* public telephone.

такт I *м.* **1.** *муз.* bar; попада́ть не в ~ miss the bar, come* in on the wrong bar; **2.** *разг.* (*ритм движения*) rhythm, the beat; сби́ться с ~а get* out of time, lose* the beat; **3.** *тех.* cycle; **4.** *кино* ~овая частота́ timing frequency; ◇ в ~ in time; не в ~ out of time; держа́ть ~ keep* time; выбива́ть ~ stamp/drum in time (with the music).

такт II *м.* (*о поведении*) tact; челове́к с больши́м ~ом a very tactful person; отсу́тствие ~а tactlessness; держа́ть себя́ с ~ом behave tactfully, be* tactful; *мед.* враче́бный ~ (good) bed side manner.

та́к-таки *разг.* after all.

та́ктик *м.* tactician.

та́ктика *ж.* tactics. *воен.* ~ "вы́жженной земли́" scorched earth policy; *воен.* ~ вы́хода и́з-под уда́ра evasion tactics; ~ очерне́ния smear tactics; *юр.* ~ процеду́рных затя́жек procedural delaying tactics; ◇ ~ выкру́чивания рук arm-twisting or strong-arm tactics.

такти́ческ|ий tactical; ~ая зада́ча tactical problem; ~ие разногла́сия disagreement on tactics.

такти́чн|о tactfully, with tact; **~ость** *ж.* tact; ~ость поведе́ния tactful behavior; **~ый** tactful; быть ~ым be* tactful, have* tact; ~ый посту́пок tactful action.

тала́нт *м.* **1.** talent, gift; у него большо́й ~ he is extremely talented; у него́ большо́й математи́ческий ~ he has a real talent for mathematics; **2.** (*человек*) brilliant/gifted person; ◇ зарыва́ть ~ в зе́млю to let *one's* talents go to waste.

тала́нтлив|ость *ж.* talent, brilliance; **~ый 1.** talented, gifted; ~ый арти́ст gifted artist; **2.** (*о произведении*) talented.

талисма́н I *м.* talisman, charm.

талисма́н II *м. фин.* Transfer Accounting, Lodgment for Investors, Stock Management for Jobbers.

та́ли|я I *ж.* waist; пла́тье в ~ю dress fitting at the waist; без ~и (*о платье*) straight; обня́ть *кого-л.* за ~ю to put *one's* arm round *someone's* waist.

та́лия II *ж.* two packs of playing cards.

талму́д *м. рел.* Talmud; **~и́ст** Talmudist; **~и́стский** *перен.* pedant, doctrinaire; **~и́ческий, ~и́стский** Talmudistic.

тало́н *м.* **1.** coupon; поса́дочный ~ boarding card; **2.** (*в корешке чековой книжки*) counterfoil **3.** гаранти́йный ~ guarantee (in general); ~ к води́тельскому удостовере́нию ownership papers, registration (for a motor vehicle); **4.** ~ на обе́д luncheon voucher, meal ticket; **5.** абонеме́нтный ~ coupon; **6.** отрывно́й ~ detachable coupon, tear-off portion; **7.** страхово́й ~ insurance note (slip); отрыва́ть ~ы detach coupons; **~чик** *уменьш.* от ~; ~ная систе́ма (*распределения продовольственных товаров*) rationing (of food-stuffs).

та́льман *м. комм.* (*счётчик, отметчик, контролёр при погрузке и выгрузке*) tallyman, tallyclerk; берегово́й ~ shore tallyman *амер.* shore checker; судово́й ~ tallyman; ~ский счёт tallyman's count.

та́лый 1. (*оттаявший*) melting, thawing; ~ снег melting snow; (*грязный*) slush; **2.** (*о воде*) thaw *attr.*

тальк *м.* (*минерал*) talc; (*порошок*) talcum powder; ~овый сла́нец *мин.* talc schist.

там *нареч.* **1.** (*о месте*) there; я бу́ду ~ за́втра I shall be there tomorrow; ~ есть телефо́н there's a telephone there; ~ жа́рко it's hot there; ~ же at the same place; (*в ссылке на произведение и т. п.*) ibid; ~, где where; **2.** (*потом, затем*) then; ~ ви́дно бу́дет, что де́лать then we'll know what to do; **3.** *в знач. частицы разг.* (*выражает пренебрежение*) *обычно не переводится*; вся́кие ~ глу́пости all that kind of rot;

какóе ~!, кудá ~! not likely; <> ~ и тут here and there; то тут, то ~ now here, now there; ни ~ ни сям in neither in one place nor the other.

тамадá *м.* toastmaster.

тáмбур I *м.* **1.** (*пристройка у входных дверей*) lobby; **2.** (*вагона*) (end of the) corridor.

тáмбур II *м. полигр.* chain stich.

тáмбур III *м. муз.* tambourine.

тамóженн|ик *м.* customs official/officer; **~ный**: *фин.* ~ая декларáция customs declaration, entry; ~ая классификáция customs schedule; ~ая оцéнка ввози́мых товáров customs valuation; ~ая очи́стка (*грузов*) custom clearance, clearing; докумéнты для ~ой очи́стки documents on customs clearance; производи́ть ~ую очи́стку carry out customs clearance; ~ая очи́стка имýщества customs clearance of property; ~ая пóшлина customs duty; возврáтная ~ая пóшлина drawback duty; квитáнция об уплáте ~ой пóшлины docket; очи́стка от ~ой пóшлины customs clearance of property; стáвка ~ой пóшлины rate of duty; ~ая процедýра customs procedure; ~ая стóимость customs value; ~ая террито́рия customs area; ~ое разрешéние на провóз (*багажа*) clearance (baggage clearance); ~ое удостоверéние на возврáт тамóженных пóшлин debenture; ~ные льгóты customs privileges; ~ые прáвила customs regulations; в рáмках тамóженных прáвил, выполня́ть ~ые прáвила within customs regulations observe customs regulations; ~ые формáльности customs formalities; ~ый досмóтр survey, inspection, customs clearance (inspection), clearance control; зал ~ого досмóтра passenger customs hall; порядок ~ого досмóтра customs procedure; проходи́ть ~ый досмóтр go through the customs (inspections); ~ый инспéктор surveyor, surveyor of customs, surveyor of the port, examiner; ~ый контрóль customs surveillance; ~ый протекциони́зм customs protectionism; ~ый сбор customs collection (fee); ~ные сбóры customs (duties); ~ый сертификáт clearance; ~ый склад customs warehouse; ~ый склад для хранéния неоплáченных пóшлиной грýзов bonded warehouse, bonded store; ~ый сою́з customs union; ~ый тари́ф customs tariff; ~ое управлéние the Customs, customs office, customs board.

тамóжня *ж.* custom-house; железнодорóжная ~ railway custom-house; морскáя ~ maritime custom-house; акт о конфискáции груза ~ей seizure note; óрдер ~и на вы́пуск груза customs warrant; печáть ~и customs seal; разрешéние ~и на ввоз или вы́воз товáра customs permit, customs clearance; разрешéние ~и на вы́дачу грýза со склáда warehouse(-keeper's) order, bond note; разрешéние ~и на погрýзку permit to load (*амер.* lade); разрешéние ~и на разгрýзку permit to unload (*амер.* unlace); сотрýдник ~и customs officer; товáры, пломби́рованные ~ей goods under customs seal; удостоверéние ~и на возврáт тамóженной пóшлины customs debenture; оформля́ть вы́воз с ~и obtain a bond note; предъявля́ть разрешéние ~и present a customs permit; провози́ть чéрез ~ю bring (take) through the customs.

тáмошн|ий *разг.* local; ~ие жи́тели the people there.

тампóн *м.* tampon; wad, pad; ушнóй ~ earplug.

тампонáж *м. тех.* tamping.

тампонáция *ж. мед.* tamponade.

тампони́ровать *несов. мед.* to tampon, plug.

тáнгенс *м. мат.* tangent.

тангенциáльный *мат.* tangential.

тандéм *м.* tandem; они́ рабóтают в ~е they work in tandem; *фин.* ~ креди́т tandem loan; *разг.* ~ кассéтник twin-blade, safety razor with pivoting head.

тáн|ец *м.* **1.** dance; учи́тель ~цев dancing master; урóк ~цев dancing lesson; **2.** бéлый ~ ladies, choice; ladies excuse-me (dance); **3.** ~ животá belly dance; **4.** ~ с сáблями saber dance; **5.** *мн.* dancing *sg*; пойти́ на ~цы go* dancing, go* to a dance; *спорт.* аэроби́ческие ~цы, гимнасти́ческие ~цы aerobics, aerobic exercises or dancin[g]

танк I *м. воен.* tank; *разг.* нáглый как ~ as pushy as a tank (i.e.) stopping at nothing to get *one's* way; ~истый *разг.* destructive, like a bull in a china shop; harmful.

танк II *м.* container (for transportation of liquids).

танк-паровóз *м.* (railways) tank (engine).

тáнкер *м.* tanker; *торг.* ~ для перевóзки грýза нáсыпью, навáлом или нали́вом bulk carrier, bulker; ~ для перевóзки тёмных нефтепродýктов, нефтегрýзов dirty tanker; ~ для перевóзки хими́ческих продýктов chemical tanker; крупнотоннáжный ~ large tanker; нефтянóй ~ oil tanker, oil carrier (ship), oiler; ~, принадлежáщий нефтянóй компáнии и́ли чáстному владéльцу privately-owned tanker; ~, сдавáемый внаём public tanker; загружáть ~ load a tanker; перевози́ть в ~ах carry in tankers; ~-бункерóвщик bunkering tanker; ~-заправщик refuelling oiler, fleet replenishment tanker; ~-рудовóз ore(-bulk) carrier.

танкéтка *ж.* **1.** (*подошва*) wedge sole; **2.** *мн.* (*обувь*) wedge-soled shoes.

танки́ст *м.* tankman*, tank soldier; (*офицер*) tank-officer.

тáнков|ый tank *attr.*; armored; ~овое подразделéние tank unit.

танкодрóм *м.* tank training area.

танкостроéние *с.* tank building/construction.

тантьема *ж. фин.* (*дополнительное вознаграждение из чистой прибыли фирмы её руководителям и высшим категориям служащих*) bonus.

танцевáбельный *шутл.* pleasant to dance to, danceable.

танцевáльн|ый dance *attr.*; ~ое искýсство the art of dancing; ~ая мýзыка dance-music; ~ зал dance hall; ~ вéчер dance, dancing-party.

танцевáть *несов.* dance; хорошó ~ dance well; ~ вальс waltz.

танц|кла́сс *м.* school of dancing; dancing-classes; ~**ме́йстер** *м.* dancing master; *разг.* ~**у́лька** dance, hop; *мн. шутл.-ирон.* ~**ы-шма́нцы** dance (event).

танцовщи́к *м.*, ~**и́ца** *ж.* dancer.

танцо́р *м.*, ~**ка** *ж.* dancer; **1.** ~ на кана́те rope or tightrope dancer, tightrope walker; **2.** ~ на льду ice dancer; **3.** *посл.* у плохо́го ~а ту́фли жмут a bad workman always blames his tools.

та́почк|и *мн.* (*ед.* та́почка *ж.*) *разг.* slippers; (*спортивные*) gym shoes.

та́ра *ж. торг.* container; tare; (*упаковка*) packing (materials), package covering; аркти́ческая ~ arctic container; возвра́тная ~ reusable container; закры́тая ~ closed container; инвента́рная ~ returnable (reusable) container; индивидуа́льная ~ unit pack; карто́нная ~ cardboard packaging (packing); cardboard container; крупногабари́тная ~ large size container; маркиро́ванная ~ marked container; ме́лкая ~ small packages; металли́ческая ~ metallic packing; metallic container; многооборо́тная ~ reusable tare; returnable container; невозвращённая ~ unreturned tare; ~, не подлежа́щая возвра́ту nonreturnable (throwaway) tare; ~, не подлежа́щая дальне́йшему испо́льзованию throwaway tare; damaged container; оборо́тная ~ returnable tare; откры́тая ~ open-top container; повреждённая ~ damage tare; ~, подлежа́щая возвра́ту returnable tare; полиме́рная ~ plastic packing; plastic container; полиэтиле́новая ~ polyethylene container; поро́жняя ~ empties; приго́дная ~ suitable container; про́чная ~ strong container; strong packaging (packing); ра́зовая ~ disposable, (throwaway) container; решётчатая ~ crate; тра́нспортная ~ shipping (transit) container; тропи́ческая ~ tropical container; tropical packing; улу́чшенная ~ improved tare; вес ~ы tare (weight); действи́тельный вес ~ы real (actual) tare; вес ~ы, действи́тельный для всех мест па́ртии това́ра clear (net) tare; вес ~ы по та́ра-тари́фу customs (legal, schedule) tare; вес ~ы, превыша́ющий норма́льный super tare; предполага́емый вес ~ы computed (estimated) tare; сре́дний вес ~ы average tare; вес ~ы, устано́вленный до отгру́зки това́ра original tare; устано́вленный обы́чаем вес ~ы customary (usual) tare; факти́ческий вес ~ы real (actual) tare; факту́рный вес ~ы invoice tare; габари́ты ~ы size of a container; дефе́кты ~ы defect in tare; маркиро́вка ~ы marking of packaging (packing); marking on a (packing) container; определе́ние сре́днего ве́са ~ы taring for average; перево́зка пусто́й ~ы tare carriage; погру́зка без ~ы loading (shipment) in bulk, bulk stowage; погру́зка в ~е loading in package; пра́вила определе́ния ве́са ~ы taring regulations; ски́дка на ~у tare allowance; ски́дка на ~у и уте́чку tare and tret; склад ~ы empties store; сто́имость ~ы value (cost) of tare; packing (packaging) cost (charge), cost of packing (packaging); хране́ние ~ы на скла́де warehousing of tare; хране́ние пусто́й ~ы storing of empty cases (empties); возвраща́ть ~у return containers (empties); грузи́ть без ~ы load (ship) in bulk; де́лать ски́дку на ~у tare; маркирова́ть ~у mark packaging (packing); определя́ть вес ~ы tare; получа́ть ~у obtain tare; упако́вывать в ~у pack in tare; упако́вывать в деревя́нную ~у pack in wood.

тараба́нить *несов. разг.* to clatter.

тараба́р|ский **1.** cryptographic; **2.** ~ская гра́мота *разг.* double Dutch; **3.** ~**щина** *разг.* double Dutch, gibberish.

тарака́н *м.* cockroach; (*чёрный тж.*) black-beetle; с ~ми *разг.* crazy, buggy, insane.

тара́н *м.* **1.** (*орудие, предмет*) ram; **2.** *воен.* (*удар по самолёту и т. п.*) ramming attack; идти́ на ~ ram; **3.** *воен.* (*атака*) breakthrough (operation); ~**ить** *несов.* (*вн.*) ram (*smth.*).

тара́нтул *м. зоол.* tarantula.

тара́нь *ж.* roach (Rutilus rutilus Hecheli).

тарато́р|а *м.* и *ж.* ~**ы** *мн. разг.* chatterbox, gabbler.

тарато́рить *несов. разг.* chatter, rattle on, jabber away.

тарахте́лка *ж. разг.* **1.** banger, (old) bomb, rattletrap, tin lizzie, old crock (=old decrepit car); **2.** rickety (old) plane.

тарахте́ть *несов. разг.* **1.** rattle; **2.** (*вн.*; *болтать*) rattle (*smth.*) off.

тара́щить, вы́таращить *разг.*: ~ глаза́ stare with bulging eyes; испу́ганно ~а глаза́ eyes wide with fright; ~ глаза́ на *кого-л.* stare at *smb.*

таре́лка *ж.* **1.** (*посуда*) plate; **2.** (*рд.*; *содержимое*) plate (of); по́лная ~ *чего-л.* a plateful of *smth.*; **3.** *мн. муз.* cymbals; **4.** *тех.* disk; ◇ быть не в свое́й ~е be* not quite *oneself*; be* off form; feel* ill at ease, feel* out of place; лета́ющая ~ flying saucer.

таре́л|очный plate *attr.*; ~ бу́фер plate buffer; ~очная ми́на *воен.* flat antitank mine; ~очная печь *тех.* revolving hearth.

тари́ф *м. эк.* tariff, table of rates, rate; автоно́мный ~ autonomous tariff; аге́нтский ~ agency tariff; ~ акко́рдных ста́вок flat-rate tariff; бага́жный ~ baggage rate; ба́зисный ~ basing (basic) rate; боево́й ~ tariff decombat; ~ возду́шных грузовы́х перево́зок airfreight rates; высо́кий ~ high rate (charge); ги́бкий ~ flexible tariff; госуда́рственный ~ state (government) tariff; грузово́й ~ freight rates, cargo tariff; группово́й ~ group rate; двухколо́нный ~ (double-column) tariff; де́йствующий ~ current rate; дискриминацио́нный ~ discriminatory (discriminating) tariff; дифференциа́льный ~ differential (sliding-scale) tariff; ~ для гру́зов, обраба́тываемых в пути́ сле́дования transit rate; ~ для любы́х гру́зов all-commodity rate; ~ для ма́ссовых гру́зов volume rate; ~ для перево́зки поро́жней та́ры tariff for tare carriage; ~ для стран, по́льзующихся режи́мом наибо́льшего благоприя́тствования most-favored-nation tariff; еди́ный ~ blanket tariff (rates); agency tariff;

железнодоро́жный ~ railway tariff (rate); жёсткий ~ basing (basic) tariff; запрети́тельный ~ prohibitive tariff; ~ы за публика́цию рекла́мы advertising rates; зона́льный ~ zone (area) (freight) rate, zone tariff; и́мпортный ~ (*для импортных грузов*) import rate; кара́тельный ~ penalty (retaliation, retaliatory) tariff; кла́ссный ~ (*ставка в соответствии с классификацией грузов*) class rate; комбини́рованный ~ combination rate; конвенцио́нный conventional tariff; конференциа́льный ~ conference tariff; лине́йный ~ liner rates; льго́тный ~ (*для массовых грузов*) commodity rate; льго́тный, железнодоро́жный ~ preferential railway (*амер.* railroad) rate; максима́льный ~ maximum tariff; ~ы междунаро́дного судохо́дства international navigation tariff; междунаро́дный ~ international tariff; ~ ме́лких отпра́вок tariff for single consignments; less-than-carload rate; ме́стный ~ local rate; минима́льный ~ minimum tariff; многоколо́нный ~ multiple (multilinear) tariff; морско́й ~ marine transport rate; ~ на перево́зку гру́за до транзи́тного пу́нкта cutback rate; ~ на перево́зку па́лубного гру́за deck cargo rate; ~ на сбо́рные гру́зы less-than-carload rate; ~ на транзи́тные гру́зы transit tariff (rate); tariff for the transit of goods; нача́льный ~ basing rate; незапрети́тельный ~ nonprohibitive tariff; ни́зкий ~ low rate; общий ~ blanket rate, general tariff; unified (consolidated) tariff; одноколо́нный ~ single-line (single-schedule, unilinear, general) tariff; однора́зовый ~ one-time rate; основно́й ~ standard rate; осо́бый ~ special tariff (rate); перево́зочные ~ы freight rates; покрови́тельственный ~ protection (protective) tariff; почто́вый ~ postal tariff; промежу́точный ~ bridge rate; пропорциона́льный ~ proportional (straight-line) rate; просто́й ~ single-line (single-schedule, unilinear, general) tariff; протекциони́стский ~ protection (protective) tariff; рекла́мный ~ advertising rate; сквозно́й ~ through rate; комбини́рованный combination through rate; скользя́щий ~ sliding-scale tariff; сло́жный ~ multiple (multi-linear) tariff; ~ ста́вок комиссио́нного вознагражде́ния schedule of commission charges; ~ страхово́й пре́мии rate of insurance; тамо́женный ~ customs tariff, *амер.* customs schedule; ~ тамо́женного иностра́нного госуда́рства foreign tariff; тарный ~ tariff for tare carriage; транзи́тный ~ transit tariff (rate), tariff for the transit of goods; тра́нспортный ~ transportation (traffic) rate, transport (transportation) tariff; трёхколо́нный ~ three-tier tariff; унифици́рованный ~ unified tariff; ~, устано́вленный зако́ном statutory tariff; э́кспортный ~ (*для экспортных грузов*) export rate; отме́на ~а abolition (abolishment) of a tariff; повыше́ние ~ов rate increase, increase in (of) rates; прейскура́нт ~ов rate schedule; прейскура́нт еди́ных ~ов joint tariff; прейскура́нт кла́ссных ~ов class tariff; расхожде́ние ме́жду ~ами disparity in rates; расчёт ~ов rate making; регули́рование ~ов rate regulation (management); систе́ма мно́жественных ~ов multiple tariff; сниже́ние ~ов rate reduction, reduction in (of) rates; соглаше́ние о ~ах tariff agreement; ста́вки ~ов tariff rates; ста́вки железнодоро́жных ~ов rail rates; оконча́тельные ста́вки ~а end rates; установле́ние ~а establishment of a tariff; включа́ть в ~ tariff; изменя́ть ~ change (adapt) a tariff; опла́чивать по ~ам pay according to the rates; отменя́ть ~ abolish a tariff; поднима́ть ~ raise a tariff (rate); применя́ть ~ к apply a tariff to; снижа́ть ~ reduce a tariff (rate); устана́вливать ~ы establish tariffs, prescribe rates; в соотве́тствии с железнодоро́жным ~ом according to railway tariff.

тарифика́ция *ж.* (*установление тарифа на основе той или иной классификации объектов*) rating.

тарифици́ровать *несов.* (*вн.*) rate, tariff.

тари́фн|ый tariff *attr.*; ~ая се́тка distribution/scale of wage rates; ~ые ста́вки basic wage rates.

таск|а́ть *несов.* (*вн.*) **1.** *см.* тащи́ть 1, 2, 3, 4; ~ во́ду fetch water; ~ мешки́ heave* sacks; **2.** *разг.* (*воровать*) steal* (*smth.*); **3.** *разг.* (*носить долгое время*) wear* (*smth.*); он уже́ три го́да ~а́ет э́тот костю́м he has been wearing suit for three years; **4.** *разг.* (*носить с собой*) carry (*smth.*) about (with *one*); ~ письмо́ в карма́не carry a letter about in *one's* pocket; **5.** *разг.* ~ *кого-л.* за́ волосы, за́ уши pull *smb.'s* hair, ears; pull *smb.* by the hair, ears; ◇ он е́ле но́ги ~а́ет he can hardly drag himself along; **~а́ться** *несов.* *разг.* **1.** (*ходить, ездить куда-л.*) traipse, tramp; ~а́ться по го́роду traipse/tramp about town; ~а́ться по знако́мым make* the weary round of *one's* acquaintances; **2.** (*странствовать*) roam, wander; **3.** (*с тв.*; *носить с собой*) keep* (*smth.*) with *one*, carry (*smth.*) about.

тасова́ть *несов.* (*вн.*; *карты*) shuffle (*smth.*).

тасо́вка *ж.* shuffle, shuffling (of playing cards).

ТАСС *м.* (Телегра́фное аге́нтство Сове́тского Сою́за) *ист.* TASS (Telegraph Agency of the Soviet Union).

та́ссовец *м.* TASS correspondent.

тата́р|ин *м.*, **~ка** *ж.* Tatar; **~ский** Tatar; ~ский язы́к Tatar, the Tatar language.

татарва́ *ж.* *собир.* *разг.* the Tatars.

тата́рник *м.* thistle.

татуиро́в|анный tattooed; **~ать** *несов. и сов.* (*вн.*) tattoo (*smth.*); ~аться to tattoo *oneself*.

татуиро́вка *ж.* **1.** (*действие*) tattooing; **2.** (*узоры*) tattoo.

тахикарди́я *ж.* *мед.* tachycardia.

тахо́метр *м.* *кино* tachometer.

тахта́ *ж.* ottoman.

тача́нка *ж.*: пулемётная ~ machine-gun cart.

тача́ть, стача́ть (*вн.*) stitch (*smth.*).

та́чка *ж.* **1.** wheelbarrow; **2.** *вульг.* car; old car; вот э́то ~! now that's what I call a car!, some snazzy wheels!; **3.** taxi.

тащи́ть *несов.* (*вн.*) **1.** (*волочить*) pull (*smth.*), drag (*smth.*); ~ ло́дку в во́ду drag a boat into the water; ~ *что-л.* за собо́й drag *smth.* along; **2.** *разг.* (*нести что-л. тяжёлое*) haul (*smth.*) about; lug (*smth.*) about; с трудо́м ~ чемода́н lug a suitcase about; **3.** (*тянуть за собой*) haul (*smth.*), tow (*smth.*); букси́р та́щит ба́ржу the tug is towing the barge; ~ *кого-л.* за́ руку pull *smb.* along by the arm; **4.** (*извлекать, вытаскивать*) pull (*smth.*); ~ ведро́ из коло́дца pull a bucket out of a well, pull up the bucket; ~ зуб pull out a tooth*; **5.** *разг.* (*красть*) steal* (*smth.*), lift (*smth.*); **~ся** *несов.* **1.** (*волочиться*) trail along; **2.** *разг.* (*идти, ехать медленно*) proceed slowly; (*о человеке тж.*) trudge, totter, (*о животных*) plod, labor; **3.** *разг.* (*идти, ехать куда-л. без охоты*) traipse, make* a journey, trek.

та́яние *с.* melting, thawing; ~ снего́в melting of the snow.

та́|ять *несов.* **1.** melt; (*о снеге, льде тж.*) thaw; **2.** *безл.*: та́ет it is thawing; **3.** (*уменьшаться, исчезать*) melt away; (*о силах*) dwindle; *перен.* наде́жда ~ет hope is dwindlingor fading; **4.** (*чахнуть*) waste away; **5.** (от *рд.*; *умиляться*) melt (with); ◇ так (и) та́ет во рту it melts in your mouth.

ТВ *с.* телеви́дение, телевизио́нный TV, t. v. (television); ТВ-програ́мма TV program.

тварь *ж. уст., разг.* creature (*тж. бран.*); **~и** *мн.* creatures; *разг.* вся́кой ~и по па́ре all sorts and kinds of people.

тверде́ние *с.* hardening.

тверде́ть *несов.* harden, become* hard, set*.

тверди́ть *несов.* (*вн.* о *пр.*) keep* saying (*smth.*); (*дт.*) keep* telling (*smb.*); ~ одно́ и то же say* the same thing over and over again.

твёрдо firm(ly); ~ держа́ться stand* firm/fast; ~ (за)по́мнить *что-л.* never forget *smth.*; ~ заучи́ть *что-л.* learn *smth.* thoroughly; ~ реши́ть сде́лать *что-л.* be* firmly determined/resolved to do *smth.*; ~ стоя́ть на нога́х be* quite steady on one's feet; ~ стоя́ть на своём be* firm; stick to one's guns *разг.*; ~ знать to know (*smth.*) for a fact.

твердока́менный unyielding; steadfast, staunch.

твердоло́б|ый dull; thick *разг.*; ~ые консерва́торы diehard conservatives.

твёрдость *ж.* **1.** hardness; **2.** (*решительность*) firmness; **3.** (*стойкость*) steadfastness; ~ ду́ха (moral) fortitude; **4.** ~ хара́ктера backbone, strength of character.

твёрд|ый **1.** (*нежидкий*) solid; ~ое те́ло solid; **2.** (*немягкий*) hard; ~ грунт yard, ground; ~ое я́блоко hard apple; *мед.* ~ая мы́шца tight musle; ~ как ка́мень hard as a rock, iron-hard; **3.** (*стойкий, непоколебимый*) steadfast; (*непреклонный*) firm, well-balanced, steady; ~ ду́хом челове́к steadfast person; он оста́лся твёрд he remained firm/unshaken; ~ая во́ля strong will; ~ хара́ктер firm/balanced character; ~ая похо́дка resolute/purposeful walk; **4.** (*устойчивый, прочный*) firm, strong; (*прочно установившийся*) stable, established; (*установленный*) fixed; *перен.* firm; ~ая опо́ра firm support; ~ая власть stable government; ~ поря́док established order; ~ые це́ны stable prices; ~ гра́фик firm time-table; ~ое наме́рение, реше́ние firm intention, decision; ~ое убежде́ние firm conviction; ~ое обеща́ние firm promise; **5.** (*ясный, отчётливый*) sound; (*сведущий*) strong; в здра́вом уме́ и ~ой па́мяти of sound mind, sound in mind; ~ые зна́ния solid learning/knowledge *sg.*; он не о́чень твёрд в матема́тике и *т. п.* he's not very strong in mathematics *etc.*; ◇ ~ знак hard sing; ~ые согла́сные зву́ки *лингв.* hard consonants; стоя́ть ~ой ного́й have* a firm footing; име́ть ~ую по́чву под нога́ми be* on firm ground; ~ая заква́ска grit (= indomitable courage, toughness, or resolution).

тверды́ня *ж.* stronghold.

твердь *ж.* *церк.* земна́я ~ the earth; небе́сная ~ the firmament, the heavens.

твид *м.* tweed; **~овый** tweed *attr.*; ~овый костю́м tweed suit; я люблю́ ве́щи из ~а I like tweeds.

твоё *притяж. мест. с. см.* твой.

тво|й *притяж. мест.* **1.** (*перед сущ.*) your; (*без сущ.*) yours; ~ дом your house; ~ё пальто́ your overcoat; ~я кни́га your book; э́то ме́сто моё, а это ~ё this is my place, and that is yours; **2.** *в знач. сущ. с. разг.* (what is) yours; ~его́ мне не на́до I want nothing is yours; что ~ just like; гора́ — что ~ Эльбру́с the mountain is just like Mt. Elbruz; **3.** *в. знач. сущ. мн.* (*родные*) your folk, your people; приве́т всем ~и́м my regards to your people; ◇ (не) ~ё дело it's (none of) your business.

творе́ние *с.* **1.** creation; (*произведение тж.*) masterpiece, work; **2.** creature, being.

творе́ц *м.* creator.

твори́тельный: ~ паде́ж *грам.* instrumental (case).

твор|и́ть, сотвори́ть (*вн.*) **1.** (*создавать*) create (*smth.*); **2.** (*делать, совершать*) do* (*smth.*), perform (*smth.*); ~ беззако́ния violate justice; ~ чудеса́ work wonders; **~и́ться** *несов.* be* going on; что здесь ~и́тся? what is going on here?; с ним ста́ло ~и́ться что-то нела́дное a disturbing change came over him, something queer is happening to him.

творо́г *м.* curds *pl*, cottage cheese; нежи́рный ~ low-fat cottage cheese.

творо́ж|ник м. кул. curd fritter; **~истый** curdled, clotted; **~ный** curd; ~ая ма́сса curds; ~ сыро́к cottage-cheese.

тво́рчески creatively; ~ испо́льзовать *что-л.* make* creative use of *smth.*

тво́рческ|ий creative, constructive; ~ие иска́ния creative search *sg.*, quest for inspiration *sg.*, artistic explorations; ~ путь худо́жника development of an artist; ~ ве́чер, отчёт (*музыканта*) recital; (*писателя*) reading; ~ая мысль creative thought; ~ая де́ятельность creative activities *pl.*; ~ коллекти́в (creative) group/team; ~ая командиро́вка trip to gather material for creative work; ~ о́тпуск time-off (from official duties) to work in *one's* own artistic, scientific field; ~ая си́ла creative power; ~ успе́х artistic success; ~ое озаре́ние (burst or flash of) inspiration; brainwave; brainstorm; ~ие го́ды писа́теля a writer's productive period.

тво́рчество *с.* 1. (*деятельность*) creation, creative, work; нау́чное ~ scientific work; 2. (*созданное*) work.

твоя́ *притяж. мест. ж. см.* твой.

те *мест. мн.* those; те же the same.

теа́тр *м.* 1. (*род искусства*) the theater; исто́рия ру́сского ~а the history of the Russian theater; драмати́ческий ~ the drama; ~ миниатю́р revue theater; эстра́дный ~ music-hall; ~ ку́кол the puppet theater; ~ тене́й, тенево́й ~ shadow play; 2. (*учреждение*) the theater; the stage; рабо́тать в ~е work in the theater; (*об актёре тж.*) be* on the stage; ~ одного́ актёра one-man show; solo-performance; 3. (*здание*) theater, playhouse; theater *амер.*; 4. (*место, где происходить что-л.*) theater; ~ вое́нных де́йствий theater of operations; плаву́чий ~ showboat.

театра́л *м.*, **~ка** *ж.* lover of the theater, theatergoer, playgoer; theatergoer *амер.*

театра́льн|ый 1. theater *attr.*; ~ое иску́сство the art of the theater; ~ая кри́тика dramatic/theater criticism; ~ые костю́мы theater costumes; ~ая афи́ша playbill; ~ая ка́сса box office; ticket-office *амер.*; ~ биле́т theater ticket; 2. (*характерный для театра*) stage *attr.*; of the stage/theater *после сущ.*; ~ые усло́вности stage conventions, conventions of the theater; 3. (*наигранный*) histrionic, theatrical; ~ жест theatrical gesture; *кино* ~ кинофи́льм theatrical film; ~ прое́ктор theatrical projector.

театрове́дение *с.* drama study.

теа́тр-сту́дия *м.* experimental theater; fringe theater *разг.*

тебе́ (*дт., пр. от личн. мест.* ты) you, to you; ~ ну́жно быть там в пять часо́в you've got be there at five; к ~ пришли́ това́рищи some friends have come to see you.

тебя́ (*рд., вн. от личн. мест.* ты) you.

теза́урус *м.* thesaurus.

те́зис *м.* 1. *лог., филос.* thesis (*pl.* theses) (in Hegelian philosophy); 2. (*основные положения*) main propositions/points; ~ы докла́да heads of an address/speech/report; вы́двинуть ~ы to advance a thesis.

тёзка *м. и ж.* namesake.

тей|зм *м.* религио́зное-филосо́фское уче́ние о Бо́ге как о существе́, созда́вшем мир и управля́ющем им theism; **~ст** *м.* theist; **~сти́ческий** theistic.

текст *м.* 1. text; (*отрывок тж.*) passage; 2. (*к музыке*) words *pl*; (*оперы*) libretto; 3. *кино* ~ субти́тров list of subtitles; 4. ~ к фи́льму spoken commentary; 5. (*рекламы*) copy, text; основно́й ~ body copy, body text; подрису́ночный ~ general text caption; рекла́мный ~ advertising text; 6. *эк.* испра́вленный ~ amended (altered) text; ~ контра́кта text of a contract; обяза́тельный ~ mandatory text; первонача́льный ~ original text (wording); по́длинный ~ authentic text; по́лный ~ full text; согласо́ванный ~ agreed text; ~ те́лекса text of a telex; вста́вка в ~ insertion; дополне́ние к ~у supplement to a text; исправле́ние ~а amendment (alteration) of a text; одобря́ть ~ approve a text; печа́тать ~ print a text; снабжа́ть ~ом furnish a text.

тексти́ль *м. собир.* textiles *pl.*; **~ный** textile; ~ная фа́брика textile mill; ~ные изде́лия textiles; **~щик** *м.*, **~щица** *ж.* textile worker.

текстов|ой *комп.* 1. ~ая обрабо́тка text or word processing; 2. ~ компью́тер (dedicated) word processor; 3. ~ проце́ссор text editor, word processor; 4. ~ реда́ктор word processor (program), word processing program, text editor (program), text editing program.

текстообрабо́тка *ж. комп.* word processing.

тексту́альный textual.

теку́ч|есть *ж.* 1. *физ.* fluidity; (*металла*) yield; 2. (*непостоянство*) fluctuation(s); ~ ка́дров fluctuation in the supply of trained personnel; **~ий** 1. *физ.* fluid; 2. (*проточный — о воде*) flowing, running; 3. (*непостоянный*) fluctuating, unstable; **~ка** *ж. разг.* business routine, chores *pl*; life's trivia; его ~ заеда́ет life's trivia really gets to him.

теку́щ|ий 1. flowing, running; 2. (*настоящий*) current; (*современный*) present-day; в ~ем году́ in the current year; ~ моме́нт the present situation; ~ие собы́тия current events/affairs; ~ие зада́чи present-day problems; 3. (*повседневный*) everyday; routine *attr.*; ~ие дела́ routine/everyday matters; 4. *фин.* ~ая валю́тная поли́тика current exchange policy; ~ая зада́ча current task; ~ая задо́лженность floating debt; ~ие дела́ current problems; ~ие затра́ты current expenditure; ~ие обяза́тельства current liabilities; 5. *кино* ~ий позити́в изображе́ния picture daily print; ~ий позити́в кинофи́льма daily print; ~ий позити́в фоногра́ммы sound daily print; 6. *фин.* ~ий спрос current demand; ~ий счёт current account, running account; ◇ ~ ремо́нт routine/ running repairs *pl.*; ~ счёт current account.

телеавтома́т *м.* video games machine.

телеателье́ *с. нескл.* television repair shop.

телеба́шня *ж.* television tower.

телевертолёт *кино.* telecopter.

телевеща́ние *с.* television, broadcasting.

телевидение *с.* television, TV; абоне́нтское ~, ка́бельное ~ cable or subscription television; за́мкнутое ~ closed-circuit television; кассе́тное ~ (video) cassette television; косми́ческое ~ sattelite television broadcasting; объёмное ~ three-dimensional television; уче́бное ~ educational television.

телевизио́нн|ый television *attr.*; ~ая анте́нна TV aerial; ~ая переда́ча telecast; *кино* ~ая ба́шня television tower; ~ая гра́фика television graphics; ~ая ка́мера television camera; ~ая ко́пия television print; ~ая ле́нта television tape; ~ая развёртка television scanning; ~ая сту́дия television studio; ~ое веща́ние television broadcasting; ~ое проекцио́нное устро́йство projection television; ~ое развёртывание кинофи́льма film scanning; ~ые станда́рты television standards; ~ый диапазо́н television broadcast band; ~ый кана́л television channel; ~ кинофи́льм television film; ~ый контро́льный прибо́р television monitor; ~ый опера́тор television cameraman; ~ый растр television raster; ~ый сигна́л television signal; ~ая карти́нка television picture; ~ое ателье́ television repairs (indicates shop); ~ый ма́стер television repairman; ~ый фильм made-for-television movie, movie (made) for television.

телеви́зор *м.* television set; telly *разг.*; **~ный** television *attr.*; ~ный сто́лик television table; ~ цветно́го, чёрно-бе́лого изображе́ния color, black-and-white television set; пло́ский ~ flat-screen television; ~ в компле́кте с напо́льной подста́вкой console (television); ~ насто́льного исполне́ния tabletop television set.

теле́га *ж.* cart, wagon; *сленг* (official written) denunciation, complaint; кати́ть ~у (на) to speak badly or maliciously (about); на тебя́ пришла́ ~ a complaint has been made against you.

телегени́чный telegenic.

телегра́мм|а *ж.* telegram, wire; (*каблограмма*) cable; ~-мо́лния express- telegram; ~ с опла́ченным отве́том reply-paid telegram; дать ~у send* a telegram/wire; заве́ренная ~ certified cable; служе́бная ~ official cable; сро́чная ~ urgent cable.

телегра́ф *м.* **1.** (*система*) telegraph; **2.** (*учреждение*) telegraph-office; **3.** (*аппарат*) telegraph.

телеграфи́р|овать *несов. и сов.* (*вн.*, о *пр.*) telegraph (*smth.*), wire (*smth.*); (*по подводному кабелю*) cable (*smth.*); он не ~овал домо́й he didn't send any wire to his home; ~ день выезда wire *one's* day of departure.

телеграфи́ст *м.*, **~ка** *ж.* telegrapher.

телеграфи́я *ж.* telegraphy.

телегра́фн|ый telegraphic; telegraph *attr.*; ~ аппара́т telegraphic device; ~ая ле́нта (telegraph) tape; ~ое сообще́ние telegraphic message, cable; ~ столб telegraph pole, telegraph post; ~ая связь communication by telegraph, cable linkup; ◇ ~ое аге́нтство news/telegraph agency; ~ перево́д cable transfer.

теледокументали́ст *м.* maker of television documentaries.

теледрамату́рг *м.* screenwriter, scenarist.

теле́жка *ж.* **1.** light cart; (*ручная*) handcart; **2.** *тех.* trolley; (*вагонная*) bogie; бага́жная ~ baggage trolley; ~ для самообслу́живания (*при перевозке багажа*) self-help trolley; ~ для грузовы́х поддо́нов pallet dolly; монта́жная ~ на ро́ликах creeper, cradle; ~ для поку́пок (shopping) trolley or trundler; (*хозяйственная*) складна́я ~ collapsible shopping trolley or trundler; *кино* ~ dolly.

тележурна́л *м.* (television) current affairs program; **~и́ст** *м.* member of a (television) current affairs team.

телезри́тель *м.* televiewer; *мн.* TV audiences.

телеигра́ *ж.* game show (on television); video game (on television).

телеизмере́ние *с.* telemetry.

те́лек *м.* *сленг* (телеви́зор) *разг.* telly, TV, tube, boob tube, idiot box, the box.

телекине́з *м.* telekinesis.

телекомпа́ния (телевизио́нная компа́ния) *ж.* broadcasting corporation or company, television network.

телеконференцсвя́зь *ж.* teleconferencing.

те́лекс *м.* telex; посла́ть ~ в Пари́ж telex to Paris; у нас свой ~ we have own telex facilities; *эк.* дати́рованный ~ telex dated; служе́бный ~ official telex; сро́чный ~ urgent telex; отве́т на ~ reply to a telex; отве́т по ~у telex reply; отпра́вка ~а dispatch of a telex; сообще́ние по ~у telex message; уведомле́ние по ~у telex notification; информи́ровать по ~у inform by telex; ~ о недопоста́вке telex about short delivery; направля́ть ~ forward a telex; отвеча́ть на ~ reply to a telex; отправля́ть ~ send (dispatch) a telex; подтвержда́ть ~ confirm a telex; посыла́ть ~ send (dispatch) a telex; посыла́ть по ~у send by telex; сообща́ть по ~у (-ом) telex, inform by telex; ~ы, по-ви́димому, разошли́сь с телегра́ммами telexes and cables seem to have crossed; **~ный** telex *attr.*

телемагнито́ла *ж.* combination television set, radio receiver and cassette recorder;

телема́н *м.* television addict.

телемарафо́н (благотвори́тельный) telethon.

телема́стер *м.* (телевизио́нный ма́стер) t.v. repairman.

телеметри́ческий telemetric; ~ие назе́мные ста́нции telemetry ground stations.

телемеха́н|ика *ж.* **1.** (*управление производственными процессами*) telecontrol; **2.** (*отрасль науки*) telemechanics; **~и́ческий** telecontrol *attr.*

телемиссионе́р *м.* *рел.* (телепропове́дник, радиомиссионе́р, радиопропове́дник) televangelist, TV evangelist, television evangelist.

телемонито́р *м.* (television) monitor.

телемо́ст *м.* (сеа́нс прямо́й телевизио́нной косми́ческой свя́зи) (television) space bridge (satellite linkup between two distant countries, esp. the USA and Russia.

телепри́нтер *м.* *кино.* teleprinter.

телеприста́вка *ж.* (television) video games hookup.

телёнок *м.* calf*; (*бычок*) bull-calf*.

телеобъекти́в *м.* telescopic lens.

телепа́т|ия *ж.* telepathy; **~и́ческий** telepathic.

телеп|а́ть *несов.* to be telepathic; мы с тобо́й ~ем you and I must be telepathic, on the same wavelength; *вульг.* ~й отсю́да go back and forth.

телепереда́ча *ж.* telecast; прямая ~ live television coverage.

телеперсона́ж *м.* TV personality.

телеповто́р *м.* (action) replay.

телеприёмник *м.* television receiver.

телепроповéдник *м.* евангелисти́ческий ~ televangelist; TV evangelist, television evangelist.

телепьéска *ж.* душещипа́тельная ~ soap opera (on television).

телера́н *м. кино* teleran.

телеремо́нт *м.*: слу́жба ~а television repairs.

телерепорта́ж *м.* telereporting.

телеско́п *м.* telescope; **~и́ческий** telescopic.

телескопи́я *ж.* telescopy.

телеско́п-рефлéктор *м. астр.* reflecting telescope, reflector.

телескоп-рефра́ктор *м. астр.* reflecting telescope, refractor.

телéсн|ый 1. corporal, bodily; ~ое наказа́ние corporal punishment; ~ые поврежде́ния bodily injuries; ~ого цвéта flesh-coloured; 2. (*материальный*) corporeal.

телета́ймерный: ~ое устро́йство timer (for a TV, VCR, *etc.*)

телета́йп *м.* teletype, teletype written; teleprinter; ~ назéмной ли́нии свя́зи landline teletype writer; *эк.* передава́ть по ~у teletype; **~ный** teletype *attr.*; ~ная лéнта teletype.

телеуправл|éние *с.* remote control; **~я́емый** remote-control *attr.*; (*о движущихся объектах*) guided; ~я́емый снаря́д guided missle.

телефи́льм *м. кино.* telefilm.

телефо́н *м.* telephone; phone *разг.*; провести́ ~ install the telephone; по ~у on/over the (tele)-phone; говори́ть по ~у с *кем-л.* speak* to *smb.* over the telephone; вызыва́ть *кого-л.* к ~у call *smb.* to the (tele)phone; звони́ть *кому-л.* по ~у ring* *smb.* up; подойти́ к ~у answer the (tele)-phone; *эк.* ~ для спра́вок telephone for information; запро́с по ~у telephone inquiry; но́мер ~а telephone number; но́мер ~а, доба́вочный extension (line); сообщéние по ~у telephone message; уведомлéние по ~у telephone notification; устано́вка ~а telephone installation; звони́ть по ~у с опла́той абонéнтом phone collect; звони́ть *кому-л.* по междунаро́дному ~у с отнесéнием расхо́дов за счёт вызыва́емого абонéнта call collect; make a reverse charge call *англ.*, call toll free *амер.*; связа́ться по ~у get in touch (contact) by telephone; соедини́ть *кого-л.* по ~у put *smb.* through; по ~у by (over) telephone; беспроводно́й ~ cordless telephone; кно́почный ~ puch button telephone; конта́ктный ~ contact (telephone) number; миниатю́рный головно́й ~ (stereo) ear plugs; перено́сно́й ~ mobile telephone; прави́тельственный ~ hot line; ~ довéрия hotline.

телефо́н-автома́т *м.* 1. (*связь*) public telephone; 2. (*на улице*) (tele)phone booth/box; call box; (*в помещении*) pay phone *амер.*

телефон|и́ровать *несов. и сов.* (*дт., о пр.*) telephone (*smb.*, about); **~и́ст** *м.* 1. telephone-operator; 2. (*военный связист*) signaller; **~и́стка** *ж.* telephone operator.

телефони́я *ж.* telephony.

телефо́нн|ый telephone *attr.*; telephonic; ~ аппара́т telephone (set); ~ая ста́нция telephone-exchange; ~ая тру́бка receiver; ~ая бу́дка (tele)phone/call box; pay station *амер.* ~ разгово́р telephone conversation; ~ое сообщéние telephonic communication; ~ый вы́зов telephone call; ~ый звоно́к telephone call; *кино* ~ая па́ра проводо́в telephone pair; ~ый кана́л telephone channel; ~ый отдéл telephone department; ~ый переключа́тель uni-selector; ~ый штéкер telephone plug; ~ая проститу́тка call girl; ~ый код го́рода area code; ~ый отвéтчик answerphone, (automatic) telephone answering machine; ~ый у́зел telephone exchange; ◇ ~ая книга telephone book/directory.

телефонogra´мма *ж.* (tele)phone telegram.

телецéнтр *м.* (телевизио́нный центр) television center, TV station.

телеэкра́н *м.* television screen.

тели́ться, отели́ться calve.

тёлка *ж.* heifer; *сленг.* piece; bit-girl; prostitute.

тéл|о *с.* body; геометри́ческие ~á geometrical solids; температу́ра ~а body temperature; быть в ~е be* sleek and well-nourished; дрожа́ть всем ~ом tremble all over, tremble in every limb; *разг.* войти́ в ~ to put on weight; спасть с ~а to grow thin; дезодора́нт для ~а body deodorant; ◇ посторо́ннее ~ foreign body; прéданный душо́й и ~ом devoted body and soul; держа́ть *кого-л.* в чёрном ~е treat *smb.* rough.

телогрéйка *ж. разг.* wadded jacket.

телодвижéние *с.* movement of the body; (*жест*) gesture.

телосложéние *с.* build, physique.

телохрани́тель *м.* bodyguard.

тельня́шка *ж. разг.* sailor's vest.

тéльце *с.* 1. small body; 2. *обыкн. мн.* corpuscle *sg.*

теля́тина *ж.* veal.

теля́тник *м.* (*хлев для телят*) calf house, calf pen.

теля́тница *ж.* calf tender.

теля́|чий 1. calf *attr.*; calve's; ~чьи но́жки calve's foot *sg*; 2. (*из телятины*) veal *attr.*; ~чья отбивна́я veal cutlet; ◇ в ~чьем восто́рге in childish glee*; *разг.* ~чьи нéжности sloppy sentimentality.

тем I *мест.*: ~ са́мым thereby; с ~, что́бы... in order to..., for the purpose (of + -ing).

тем II 1. *нареч.* so much the; ~ лу́чше (ху́же) so much the better (the worse); **2.** *в составе сложного союза* the; чем скорéе, ~ лу́чше the sooner, the better; ◇ ~ бо́лее, что... the more so, that...; especially/particularly as...; ~ не мéнее nevertheless, nonetheless.

тéм|а *ж.* 1. subject, theme; (*разговора*) topic; ~ докла́да subject of a report; на ~ы дня on topical subjects; э́то егó излю́бленная ~ it is a favorite topic of his; 2. *муз.* theme; ~ с вариа́циями theme with variations; запре́тная ~ taboo subject; *разг.* он буква́льно закли́нен на э́той ~е that's all he can talk about; сквозна́я ~ thread (= continuous link of theme).

тема́тика *ж.* subjects *pl.*, themes *pl.*

темати́ческий 1. subject *attr.*; concerning a particular subject *после сущ.*; ~ план (subject) program; 2. *муз.* thematic; of the theme *после сущ.*

тембр *м.* timber, quality.

теменно́й parietal; ~а́я кость parietal bone.

те́мень *ж.* *разг.*: кака́я здесь ~! how dark it is here! *вульг.* ignoramus, idiot.

темн|е́ть, потемне́ть, стемне́ть 1. grow* dark(er); (*о красках, небе*) darken; 2. *безл.*: ~е́ет it's growing dark, the day is closing in, the light is failing; 3. *тк. несов.* (*видне́ться*) loom dark; вдали́ что-то ~е́ет there's a dark shape in the distance; ◇ у меня́ ~е́ет в глаза́х everything is going dark before my eyes.

темни́тель *м.* *кино.* dimmer.

темни́ть *несов.* 1. (*вн.*) darken (*smth.*); 2. (*обманывать*) dodge, hide* something; чего́ тут ~ I'll be honest with you, I'll give it to you straight; не ~и́! say what you mean! don't beat around the bush!

темни́ца *ж.* dungeon.

темно́ *в знач. сказ. безл.* it is dark.

темно́- *в сложн.* dark-.

темноволо́сый dark(-haired).

темногла́зый dark-eyed.

темно-зелёный dark-green.

темноко́жий dark-skinned.

темно-кра́сный dark-red.

темноли́цый, dusky, dusky-complexioned.

темно-си́ний dark-blue, deep-blue; (*о материи*) navy-blue.

темнот|а́ *ж.* 1. darkness, dark; в ~е in the dark; до (наступле́ния) ~ы before dark; 2. *разг.* (*невежество*) ignorance, backwardness.

тёмная *ж.* *уст.* (police) cell.

тёмн|ый 1. dark; (*о цвете тж.*) deep; дегтя́рно ~ pitch-dark; jet-black, black as coal or tar; ~ая ночь dark night; *фото* ~ая ко́мната dark room; ~ые во́лосы dark hair; 2. (*мрачный*) gloomy; 3. (*подозрительный*) shady; ~ая ли́чность shady/dubious character; ~ое де́ло shady business; *перен.* ~ая лоша́дка dark horse; 4. (*неясный*) obscure, vague; ~ое ме́сто (*в тексте*) obscure passage; 5. (*невежественный*) ignorant, benighted; ◇ ~ое пятно́ stain.

темны́м-темно́ it is pitch-dark.

темп *м.* pace, rate; tempo (*тж. муз.*); ~ а́рии tempo of an aria; ~ бе́га speed; ~ы разви́тия промы́шленности rate of industrial development; ускоря́ть ~ы quicken the pace; замедля́ть ~ы slacken the pace, slow down.

темпера́мент *м.* 1. temperament; 2. (*внутренний подъём*) zest, intensity, verve; ◇ с ~ом with tremendous dash; **~ный** forceful, spirited; ~ное исполне́ние spirited/impassioned performance; ~ный актёр forceful actor.

температу́р|а *ж.* temperature; ~ во́здуха air temperature; ~ кипе́ния воды́ boiling point; за́данная ~ present or preselected temperature; *тех.* ~ окружа́ющей среды́ ambient temperature; изме́рить больно́му ~у take* a patient's temperature; **~ить** *несов. разг.* run* a temperature; **~ный** temperature *attr.*; *тех.* ~ный шов heat crack, expansion joint; ~ная крива́я temperature curve.

те́мя *с.* *анат.* sinciput; (*макушка*) crown/top of the head.

тенденцио́зн|ость *ж.* tendentiousness; ~ый tendentious; (*предвзятый*) bias(s)ed.

тенде́нц|ия *ж.* 1. (*к дт.*; *склонность*) tendency (to, towards); име́ть ~ию have* a tendency, tend; 2. (*основная идея*) message, theme; 3. (*предвзятая мысль*) bias; ~ мо́ды fashion trend; изуча́ть наме́тившуюся ~ю to study trends; ~и спро́са (на легковы́е автомоби́ли) consumer (car) preference trends; *эк.* ~ в эконо́мике development; о́бщая ~ия general trend; ~ долговре́менная long term (run) trend; ~ии в разви́тии те́хники trends in technology; ~ к повыше́нию upward (stronger, rising) tendency (trend); ~ к повыше́нию цен stronger tendency in prices; ~ к пониже́нию downward (weaker, falling) tendency (trend); ~ к пониже́нию цен weaker tendency in prices; кратковре́менная ~ short-term tendency (trend); определённая ~ definite trend; основна́я ~ basic tendency; повыша́тельная ~ (*о ценах, курсах*) upward tendency (trend), upward adjustment; buoyancy; понижа́тельная ~ (*о ценах, курсах*) downward tendency (trend), downward adjustment; преоблада́ющая ~ prevailing trend; ~ии протекциони́стские protectionist tendencies; ры́ночная ~, ~ ры́нка market trend (tendency); усто́йчивая ~ stable trend, flat trend; ~ цен trend (tendency) in (of) prices, price trend (tendency); ~ цен к бо́льшей усто́йчивости stronger tendency in prices; ~ цен ры́ночных (состоя́ние ры́нка) run of the market; ана́лиз ~ии trend analysis; ана́лиз ~ии ры́нка market trend analysis; нараста́ние протекциони́стских ~ий rise in protectionist tendencies; усиле́ние протекциони́стских ~ий growing protectionist tendencies; име́ть ~ию tend; име́ть ~ию к улучше́нию tend to improve; проявля́ть ~ию к exhibit a tendency to, tend to; проявля́ть ~ию к повыше́нию tend upwards; проявля́ть ~ию к пониже́нию tend downwards.

те́ндер *м.* *ж.-д.* tender; *мор.* cutter; *эк.* зако́нный ~ legal tender; изоли́рованные ~ы separate tenders; междунаро́дные ~ы international tenders; объя́вленный ~ invited bids (tenders); ~ на получе́ние подря́да tender (bid) for a contract; ~ на поста́вку обору́дования tender for the delivery of equipment; по́лный ~ full tender; документа́ция ~а tender documents; но́мер ~а tender number; пери́од пода́чи ~ов tendering period; проведе́ние ~ов holding tenders; срок де́йствия ~а tender validity period;

усло́вия ~а terms of a tender; направля́ть ~ forward a tender; объявля́ть ~ invite tenders (bids); представля́ть ~ submit a tender (bid) ~ый комите́т tender committee.

тенев|о́й 1. shady; ~ая сторо́на у́лицы shady side of a street; *кино* ~ая ма́ска shadow mask; ~ая эконо́мика black-market economy; shadow economy; ~ой партнёр sleeping or silent partner (пасси́вный партнёр); ~ой теа́тр shadow play; 2. *иск.* dark; ◇ ~ая сторона́ *чего-л.* dark side of *smth.*

тенелюби́в|ый shade-requiring; ~ые расте́ния shade-requiring plants.

тени́стый shady; ~ сад shady garden.

те́ннис *м.* tennis; ◇ насто́льный ~ table tennis; ping-pong *разг.*; **~ист** *м.*, **~истка** *ж.* tennis-player; **~ный** tennis *attr.*; ~ный мяч tennis-ball; ~ный корт tennis-court.

те́нор *м.* 1. tenor; петь ~ом sing* tenor; 2. (*певец*) tenor.

те́нор-саксофо́н *м. муз.* tenor saxophone.

тент *м.* awning.

тен|ь *ж.* 1. *тк. ед.* (*неосвещённое пространство*) shade; в ~и in the shade; в саду́ бы́ло мно́го ~и the garden was well shaded; 2. *иск.* shade; свет и ~ light and shade; 3. (*отбрасываемая*) shadow (*тж. перен.*); ~и со́сен shadows of pine-trees; ~ неудово́льствия shadow of displeasure; 4. (*слабый след, ничтожная доля чего-л.*) shadow; ~ улы́бки the shadow of a smile; ни ~и пра́вды not a particle/vestige of truth; ни ~и сомне́ния not a shadow of doubt; 5. (*силуэт*) figure, shape; 6. (*призрак*) ghost; бле́ден как ~ pale as a ghost; 7. (*подозрение*) suspicion; бро́сить ~ на *кого-л.* to cast suspicion on someone; ◇ наводи́ть ~ на плете́нь или на я́сный день to (try to) pull the wool over *smb.'s* eyes; bullshit. ~и для век eye shadow, eyeliner; ◇ ночны́е ~и nocturnal shadows; броса́ть ~ на *кого-л.*, *что-л.* put* *smb.*, *smth.* in a bad light; держа́ться, быть в ~и́ remain in the background; ходи́ть, сле́довать за *кем-л.* как ~ follow *smb.* about like his, her shadow; от него́ оста́лась одна́ ~ he is the mere shadow of his former self, he is worn to a shadow; ~и под глаза́ми у *кого-л.* shadows under *smb's* eyes.

теоло́гия *ж.* theology.

теоре́ма *ж.* theorem.

теоре́тик *м.* theorist.

теорети́ческий theoretical; ~ие иссле́дования theoretical research *sg*; ~ум theoretical/speculative mind; ~ая фи́зика theoretical physics; ~ие расчёты theoretical calculations.

тео́рия *ж.* theory; *полит.* ~ домино́ domino theory; *астр.* ~ "большо́го взры́ва" the Big-Bang theory; *мат.* ~ игр game(s) theory, theory of games; *астр.* ~ о разбега́нии гала́ктик, ~ расширя́ющейся Вселе́нной expanding universe theory, theory of the recession of galaxies; в ~и theory, theoretically.

тепе́решний *разг.* present; в ~ее вре́мя nowadays.

тепе́рь now; (*в настоящее время*) at present; (*в настоящее время*) nowadays; ~, когда́... now that...

тёпленький *шутл.* (*быть под газом, подвыпивши*) hot off the press.

тепле́ть, потепле́ть grow* warm(er).

те́плиться *несов.* glimmer (*тж. перен.*), gleam; в нём ещё ~тся надежда he still cherishes a faint hope.

тепли́ца *ж.* hothouse; **~чный** hothouse *attr.*; ~чная температу́ра hothouse temperature; ~чные огурцы́ hothouse cucumbers; ◇ ~чное расте́ние hothouse plant, tender creature.

тепло́ I *с.* 1. warmth; *перен. тж.* cordiality, affection; держа́ть но́ги в ~е́ keep* *one's* feet warm; сиде́ть ~е́ be* in the warm; серде́чное ~ sincere affection; *разг.* никому́ не бу́дет ни ~, ни хо́лодно no one can be indifferent (to); 2. *физ.* heat; 15 гра́дусов ~а́ fifteen degrees above zero.

тепло́ II 1. *нареч.* warmly; (*сердечно тж.*) cordially; ~ одева́ться dress warmly; ~ встре́тить *кого-л.* greet *smb.* warmly/cordially; ~ отзыва́ться о *ком-л.* be* enthusiastic about *smb.*, give* a glowing account of *smb.*; 2. *в знач. безл.* it is warm; сего́дня ~ it is warm today; в ко́мнате ~ the room is warm; 3. *в знач. сказ. безл.* (*дт.*) мне ~ I am warm.

теплово́з *м.* diesel locomotive.

теплово́й *физ.* heat *attr.*; *тех.* thermal; ~а́я эне́ргия heat/thermal energy; ~ дви́гатель heat engine; ◇ ~ая сеть (district) central heating system; ~ уда́р heatstroke.

теплоёмкость *ж. физ.* heat/thermal capacity.

теплоизоляцио́нный heat-insulation *attr.*, heat-insulating; **~я́ция** *ж.* heat insulation.

теплопрово́дность *ж. физ.* thermal conductivity; **~ый** *физ.* heat-conducting.

теплосто́йкий heatproof, heat-resistant; ~ие материа́лы heat-resistant materials.

теплота́ *ж.* 1. warmth (*тж. перен.*); серде́чная ~ cordiality; с ~о́й (*говорить, вспоминать*) with warm feelings; 2. *физ.* скры́тая ~ latent heat; едини́ца измере́ния ~ы thermal unit.

теплотво́рный calorific, heat-producing; ~ая спосо́бность heat value, heating power.

теплоте́хника *ж.* thermotechnics.

теплотра́сса *ж.* heating main.

теплофика́ция *ж.* central heating (of districts, towns).

теплохо́д *м.* motor vessel; (*морской тж.*) motor ship; *эк.* наливно́й ~ motor tanker, *сокр.* M.T; колёсный ~ paddle boat.

теплоцентра́ль *ж.* heating plant.

теплоэлектроста́нция *ж.* thermal/heat station.

теплу́шка *ж. разг.* 1. (stove-)heated goods van; 2. (*тёплое помещение на стадионах и т. п.*) (heated) shelter.

тёплый warm; (*сердечный тж.*) cordial; ~ дождь warm rain; ~ая пого́да warm weather; ~ая зима́ mild winter; ~ приём warm/cordial reception; ~ые слова́ cordial words; чуть ~ lukewarm;

◇ ~ая компа́ния close circle; э́то ~ая компа́ния they're as thick as thieves, they are a bunch of rogues; *шутл.* косо́й в до́ску drunk.

теплы́нь *ж. разг.* mild weather; кака́я ~! how warm it is!

терапе́вт *м.* therapeutist, specialist in internal diseases. **~и́ческий** therapeutic, therapeutical.

терапи́я *ж.* **1.** (*лечение*) therapy; **2.** (*раздел медицины*) therapeutics; интенси́вная ~ intensive care (in a hospital); ману́альная ~ manipulation, электрошо́ковая ~ electroshock or electroconvulsive therapy.

тереби́ть *несов.* (*вн.*) **1.** (*дёргать*) keep* pulling/tugging (at); *перен.* pester (*smb.*); **2.** *с.-х.* ~ лён pull flax.

тере́ть *несов.* (*вн.*) **1.** rub (*smb.*, *smth.*); **2.** (*размельчать*) grind* (*smth.*); **3.** (*причинять боль — об одежде, обуви*) chafe (*smth.*); **~ся**, потере́ться **1.** (*тереть себя*) rub *oneself*; **2.** *тк. несов.* (о *пр.*; *при движении*) rub (*smth.*), chafe (*smth.*); **3.** (о *пр.*; *прикасаться головой, спиной*) rub up (against); ~ся об но́ги (*о собаке, кошке*) rub up against *smb.'s* knees; **4.** *тк. несов. разг.* (*находиться среди кого-л.*) hang* about.

терза́ние *с.* torment, agony.

терза́ть *несов.* (*вн.*) **1.** (*рвать*) tear* (*smth.*), maul (*smth.*); **2.** (*мучить*) torment (*smb.*), torture (*smb.*), rack (*smb.*); **~ся** *несов.* be* in torment; (*тв.*) be* racked (with).

тёрк|а *ж.* grater; тере́ть *что-л.* на ~е grate *smth.*

те́рмин *м.* term.

термина́л *м. эк.* ~ для грузовы́х судо́в freightliner terminal; *програм.* интеллектуа́льный ~ intelligent terminal; *эк.* контейнерный ~ container terminal; многоцелево́й ~ multipurpose terminal; морско́й ~ marine terminal; ~, сдава́емый в аре́нду for-hire terminal; специализи́рованный ~ specialized terminal; *програм.* ~ ЭВМ (выносно́й блок ЭВМ) terminal; (диспле́й) display; (печа́тающее устро́йство) printer; зона ~а terminal area; обору́дование ~а terminal facilities; хране́ние ~а terminal storage; прибыва́ть на ~ arrive at the terminal.

терминологи́ческий terminological.

терминоло́гия *ж. эк.* terminology, nomenclature; нау́чная ~ scientific terminology; техни́ческая ~ technical terminology.

терми́стор *м. кино* thermistor.

терми́т I *м. зоол.* termite.

терми́т II *м. хим.* thermite.

терми́тн|ый thermite *attr.*; ~ая сва́рка thermite welding; ~ая бо́мба thermite bomb.

терми́ческий *физ.*, *тех.* thermal; ~ая обрабо́тка мета́лла thermal treatment of metal, heat-treatment of metal.

термова́куумный: ~ая упако́вка shrink wrapping; в ~ой упако́вке shrink-wrapped.

термодина́мика *ж.* thermodynamics.

термока́мера *ж.* heat chamber.

термо́метр *м.* thermometer; медици́нский ~ clinical thermometer; поста́вить *кому-л.* ~ take* *smb.'s* temperature.

терморегуля́тор *м.* temperature-control device, thermoregulator.

термопа́ра *ж. кино.* thermocouple.

термопеча́ть *ж. програм.* устро́йство ~и thermal printer.

термопласти́ческий *кино.* thermoplastic.

те́рмос *м.* thermos flask/bottle, flask *амер.*

термоэлектро́нный *кино.* thermionic.

термоя́дерн|ый thermonuclear; ~ая реа́кция thermonuclear reaction; ~ая эне́ргия thermonuclear energy; ~ое ору́жие thermonuclear weapons *pl.*; ~ая бо́мба thermonuclear bomb; ~ая война́ thermonuclear war.

тёрн *м.* **1.** *собир.* (*ягоды*) sloes *pl.*; **2.** (*куст*) blackthorn.

терни́стый thorny; ~ путь thorny path.

терно́в|ник *м.* blackthorn; **~ый** blackthorn *attr.*; ~ый куст blackthorn bush; ~ое варе́нье sloe jam.

терпели́в|о patiently, with patience; **~ый** patient; (*выражающий терпение тж.*) resigned, long-suffering.

терпе́ни|е *с.* patience; вооружи́ться ~ем arm *oneself* with patience; вы́йти из ~я, потеря́ть ~ lose* patience, get* out of patience; ~ и труд всё перетру́т patience and hard work can do anything; вы́вести из ~я to exasperate; вся́кому ~ю есть преде́л there are limits to (*one's*) patience; *посл.* есть ~ бу́дет и уме́ние everything comes to him who waits; ~ у него́ на преде́ле his patience is being tried or is (being) stretched to the limit.

терпе́ть *несов.* (*вн.*) **1.** (*безропотно переносить*) suffer (*smth.*); бы́ло бо́льно, но пришло́сь ~ it was painful but *one* had put up with it; ~ лише́ния suffer privations/hardships; прихо́дится ~ it must be borne; **2.** (*мириться с кем-л., чем-л.*) bear* (*smb.*, *smth.*), tolerate (*smb.*, *smth.*); ~ не могу́ э́того I can't stand/bear/tolerate it, I hate it; ~ не могу́, когда́ мне противоре́чат I hate being contradicted; он не те́рпит возраже́ния he won't be contradicted; как его то́лько те́рпят здесь? how do they put up with him?; **3.** (*испытывать*) suffer (*smth.*); endure (*smth.*), to have patience; (*подвергаться*) ~ пораже́ние suffer defeat, be* defeated; ~ круше́ние meet* disaster; (*о корабле*) be* wrecked; ~ убы́тки sustain/suffer losses, undergo* losses; ◇ вре́мя те́рпит there is still time; вре́мя не те́рпит time presses; де́ло не те́рпит отлага́тельства there must be no delay, the matter is urgent; *посл.* ~ишь, ~ишь, да и ло́пнешь everyone has his breaking point, there comes a moment when you can't stand any more; *посл.* сте́рпится — слю́бится you will like it (him, her) when you get used to it (him, her).

терпи́м|о: относи́ться к *кому-л.*, *чему-л.* be* tolerant of *smb.*, *smth;* это ещё ~ that's still bearable; **~ость** *ж.* tolerance; ~ость к чужи́м мне́ниям tolerance towards other people's views;

~ый 1. (*допустимый*) tolerable, bearable; 2. (*снисходительный*) tolerant.

тéрпк|ий astringent; (*о запахе*) pungent (*тж. перен.*); **~ость** *ж.* astringency, pungency.

террáрий *м.* animal case; (for keeping small animals, esp. reptiles and amphibians).

террáриум *м.* = террáрий.

террáс|а *ж.* 1. terrace; располóженный ~ами terraced; 2. (*часть дома*) verandah; porch *амер.*

террикóн *м.* pit heap.

территориáльн|ый territorial; ◇ ~ые вóды territorial waters.

территóрия *ж.* territory.

террóр *м.* terrorism.

террор|изúровать *несов. и сов.* (*вн.*) terrorize (*smb.*); **~úст** *м.*, **~úстка** *ж.* terrorist; **~úзм** *м.* terrorism; воздýшный ~ hijacking; **~истúческий** terroristic; ~истúческий акт act of terrorism.

тёрт|ый 1. ground, grated; ~ые крáски ground paints; ~ая рéдька grated radish; 2. *разг.* (*бывалый*) hard-bitten; *перен. разг.* hardened, experienced; ~ калáч old stager, old hand.

тéрция *ж.* 1. third; большáя, мáлая ~ *муз.* major, minor third; 2. *мат.* third (= one sixtieth of a second); 3. (*в книгопечатании*) 16-point type.

тер|я́ть, потеря́ть (*вн.*, в *пр.*) lose* (*smb.*, *smth.*); (*листья, рога и т. п.*) shed* (*smth.*) ~зрéние, слух lose* *one's* sight, hearing; ~ сúлы become* weak; *юр.* ~ сúлу за дáвностью to be lost by limitation; ~ врéмя на *что-л.* waste time on *smth.*; не ~я́я врéмени without loss of time; не ~я́я врéмени принимáться за дéло, рабóту lose* no time in setting to work; ~ мýжество lose* heart; ~ надéжду lose* hope; ~ сúлу become* invalid, lose* its force; ~ в вéсе lose* weight; ~ в *чьих-л.* глазáх lower *oneself* in *smb.'s* eyes; ~ в *чьём-л.* мнéнии sink* in *smb.'s* estimation; ничегó не ~ (от) lose* nothing (by); егó стихú ~я́ют в перевóде his poetry loses a lot in translation; ◇ ~ гóлову lose* *one's* head/wits; не ~ головы́ keep* *one's* head; ~ пóчву под ногáми feel* the ground slipping away form under *one's* feet; ~ *кого-л.* из вúду lose* sight of *smb.*; нéчего ~ *кому-л.* *smb.* has nothing to lose; **~я́ться**, потеря́ться 1. (*пропадать*) get lost; 2. (*делаться незаметным*) disappear; merge; 3. (*о звуках, запахах*) fade; 4. (*переставать прослеживаться*) be* lost; to fail, decline, decrease, weaken; пáмять у негó ~я́ется his memory is failing, is going; 5. (*становиться слабее*) flag, fail, give* out; 6. (*терять присутствие духа*) get* flustered; ◇ ~я́ться в догáдках be* lost in conjecture; ~я́юсь to lose *one's* self-possession; to become flustrated; умá не приложý I am at my wits' end.

тёс *м. собир.* boards *pl.*

тесáк *м.* 1. (*меч*) broadsword; 2. (*топор*) hatchet.

тесáть *несов.* (*вн.*) 1. cut* (*smth.*), hew* (*smth.*); ~ дóски cut* planks; 2. (*изготовлять*) rough-hew (*smth.*), shape (*smth.*); ◇ емý хоть кол на головé тешú there's no getting it into his head, he is so pig-headed.

тесёмка *ж.* tape; (*плетёная*) braid.

теснúна *ж.* gorge, defile.

теснúть, потеснúть (*вн.*) 1. (*лишать простора*) restrict (*smb.*, *smth.*), be* in the way (of); 2. (*заставлять отходить*) drive* (*smb.*) back; *перен.* squeeze out (*smb.*, *smth.*); ~ протúвника drive* the enemy back; 3. (*об одежде*) constrict; to be too tight; мне грудь теснúт I have a tightness in my chest; **~ся** *несов.* 1. (*толпиться*) throng, crowd; 2. (*жить, работать в тесноте*) be* crowded together, be* overcrowded, endure a lack of space; *перен.* (*переполнять — о чувствах и т. п.*) seethe; 3. (*толкать*) jostle.

тéсно 1. *нареч.* closely, intimately; *перен.* tightly; narrowly; идтú ~ в ряд to march shoulder to shoulder; ~ прижимáться к *чему-л.* press close against *smth.*; ~ свя́занный с *кем-л.* closely/intimately connected with *smb.*; ~ сидéть not have enough room; 2. *в знач. сказ. безл.* it is cramped; здесь óчень ~ it's very cramped here; в вагóне бы́ло ~ the carriage was packed/crowded; 3. *в знач. сказ. безл.* (*дт.*): емý ~ (*мало места*) he hasn't enough room; (*мало свободы*) he feels restricted, there is no scope for him.

теснот|á *ж.* lack of space; (*чего-л.*) smallness, inadequacy; какáя ~! how crowded it is here!; жить в ~é live in crowded conditions, be* cooped up; в ~é, да не в обúде *погов.* the more, the merrier.

тéсный 1. small, poky; *перен.* (*ограниченный*) narrow, tight; ~ая квартúра poky flat; ~ круг друзéй narrow circle of friends; craved, cramped; мир ~ен! it's a small world; ~ прохóд narrow passage; 2. (*расположенный близко друг к другу*) tight-packed, crowded, compact; ~ыми рядáми in close order, in serried ranks; 3. (*близкий*) close, intimate; ~ое соприкосновéние close contact; ~ое сотрýдничество close cooperation; ~ контáкт close contact; ~ая связь close connection; 4. (*об одежде*) tight, small.

тесóв|ый board *attr.*; ~ые ворóта board gates.

тест *м.* test; *эк.* выдéрживать ~ stand (bear) the test; квалификациóнный ~ aptitude test; ~ на пáмять memory test; *мед.* ~ на налúчие берéменности beta HCG (human chorionic gonadotropin) or pregnancy test; ~ на стресс stress test; *эк.* подвергáть ~у put (bring) to the test; ~ по провéрке ýровня интеллéкта intelligence or I. Q. test; *эк.* проводúть ~ test; *кино* тест таблúца test card; тестфúльм test reel, test film; тестфúльм для измерéния ýровня звýка signal level test film; *програм.* эталóнный ~ benchmark (test); **~úрованный** participant in a pool or survey; **~ые** people or those who took part in a pool or survey; the people surveyed; **~úровать** *несов.* test.

тéстер *м.* диагностúческий ~ diagnostic tester (for motor vehicles).

те́ст|о *с.* paste; (*для хлеба*) dough; ◇ из одного́ ~а the same breed; из друго́го ~а quite a different breed/stamp; ~обра́зный doughy, dough-like.

тестомеша́лка *ж.* dough mixer.

тесторе́зка *ж.* dough cutter.

тесть *м.* father-in-law (*pl.* fathers-) (*wife's father*).

тесьма́ *ж.* braid.

те́терев *м.* black cock, heath cock.

тетёря *ж.* black cock, heath cock; *перен.* unwary, slow-witted, clumsy person *разг. шутл.* chap, fellow, глуха́я ~ deaf fellow; лени́вая ~ lazy bones; со́нная ~ sleepyhead.

тетёрка *ж.* grey hen.

тетёха *ж. разг.* rude woman.

тетива́ *ж.* **1.** (*лука*) bowstring; **2.** (*лестницы*) string(er), string piece.

те́ти-ме́ти, тетей-метей *сленг.* "bread", "brass", "dough" (= money) ба́бки.

тётка *ж* **1.** aunt; **2.** *разг.* (*женщина*) woman*.

тётушка *ж. уменьшит.* aunty.

тетра́дка *ж. см.* тетра́дь.

тетра́дь *ж.* notebook; exercise book (*тж. школьная*); ~ в лине́йку lined exercise book; ~ для рисова́ния drawing book, sketchbook.

тетро́д *м. кино.* tetrode.

тётя *ж.* aunt; (*в обращении* тж.) aunty.

тефло́н *м.* teflon; ~овая сковородка teflon frying pan.

тефте́ли *мн. кул.* meat balls.

техми́нимум *м.* required minimum of technical knowledge; сдава́ть ~ qualify in the required minimum of technical knowledge.

техна́рь *м. разг.* student of the natural sciences; person who works in one of the areas of the natural sciences; *спорт.* virtuoso sportsman (football player, rugby player).

те́хник *м.* technician; ◇ зубно́й ~ dental mechanic.

те́хник|а *ж.* **1.** (*область человеческой деятельности*) engineering technology, industrial arts; передова́я ~ advanced technology; *эк.* мора́льно устаре́вшая ~ morally obsolete equipment; ~ но́вых поколе́ний new generations of equipment; ~ обрабо́тки processing technique; осо́бо то́чная ~ high-precision equipment; ~ произво́дства manufacturing technique; ~ рабо́ты work (operation) technique; разгру́зочная ~ unloading facilities; ~ руково́дства management technique; ~ свя́зи communication technologies; сло́жная ~ sophisticated equipment; судострои́тельная ~ marine engineering; ~ упако́вки packaging technique; ~ эксплуата́ции и монтажа́ обору́дования engineering of a plant; внедре́ние но́вой ~и и техноло́гии introduction of the latest machinery and technology; достиже́ния ~и technical achievements, achievements in technology; наруше́ние пра́вил ~и безопа́сности violation (neglect) of safety regulations; safety hazard; но́рмы ~и безопа́сности safety standard; обла́сть ~и field of technology; оце́нка ~и technology assessment; пра́вила ~и безопа́сности factory safety rules; пра́вила ~и безопа́сности и охра́ны труда́ occupational safety and health regulations; превосхо́дство в ~е technical excellence; тенде́нции в разви́тии ~и trends in technology; выполня́ть инстру́кции по ~е безопа́сности observe engineering safety instructions; соблюда́ть пра́вила ~и безопа́сности observe safety rules and regulations; **2.** *собир.* (*оборудование*) equipment, machinery, plant; бере́чь ~у look after machinery; боевая ~ fighting equipment; material; **3.** (*приёмы исполнения*) technique(s); ~ ша́хматной игры́ chess technique; музыка́льная ~ musical technique; ~ рабо́ты operational techniques *pl.*; **4.** *программ.* вычисли́тельная ~ computer science; счётно-вычисли́тельная ~ computer technology; **5.** *кино* ~ за́писи зву́ка recording technique; ~ кинопрое́кции projection technique; ~ мультипликáции animation technique; ~ освеще́ния lighting technique; ~ синхрониза́ции изображе́ния picture locking technique; ◇ ~ безопа́сности safety devices, accident prevention.

те́хнико-экономи́ческ|ий: ~ое обоснова́ние (ТЭО) feasibility study or report.

те́хник-смотри́тель *м.* caretaker.

те́хникум *м.* technical secondary school; строи́тельный ~ building-trade secondary school.

техниско́п *м. кино* techniscope.

техни́чески *нареч. эк.* technically; ~ возмо́жный (выполни́мый) technically realizable (feasible), technologically possible; ~ но́вый проду́кт innovative product; ~ оптима́льное реше́ние technically optimum solution; ~ пра́вильный technically correct; ~ прие́млемый technically acceptable (accepted); ~ сло́жные това́ры technically sophisticated goods; ~ то́чная информа́ция technically detailed information; ~ то́чный technically accurate; ~ улу́чшенная проду́кция technically improved products; ~ усоверше́нствованный прое́кт technically advanced design.

техни́ческ|ий 1. technical; ~ие усоверше́нствования technical improvements; ~ая документа́ция technical documentation; ~ие на́выки technical skills; **2.** (*используемый в промышленности*) industrial; ~ие культу́ры industrial crops; **3.** (*связанный с обслуживанием производства*) technical; ~ реда́ктор technical editor; (*в газете*) make-up editor; **4.** (*не ответственный*) subordinate, junior.

техно́лог *м.* technologist; *эк.* гла́вный ~ chief process engineer; chief technologist; **~и́ческий** technological; ~и́ческий инжини́ринг process engineering; ~ое прогнози́рование technological forecast; ~и́ческие тре́бования technological requirements; ~и́ческий проце́сс technological process; *эк.* ~ие да́нные technical data; ~ая диагно́стика maintenance or diagnostics; *кино* ~ кинофи́льм technical film; ~ контролёр quality controller; quality control inspector; *кино* ~ консульта́нт technical advisor; *програм.* ~ая неиспра́вность technical fault, malfunction or hitch; *эк.* ~ обслу́живание (ТО) maintenance, maintenance work; ба́за ТО и ремо́нта maintenance depot; операти́вная фо́рма ТО line maintenance check; периоди́ческая форма ТО periodic maintenance check; продолжи́тельность ТО servicing time; просто́й на ТО (*воздушного судна*) maintenance ground time; прямы́е расхо́ды на ТО direct maintenance cost; рабо́ты по ТО maintenance operations; разреше́ние на вы́лет по́сле ТО maintenance release; теку́щее ТО routine maintenance; техноло́гия ТО возду́шного су́дна aircraft maintenance practice; *кино* ~ показа́тель technical data; ~ помо́щник technical assistant; *эк.* ~ проект detail design; ~ая поли́тика development policy; *програм.* ~ие сре́дства, ~ое обеспе́чение hardware; ~ ро́бот industrial robot.

технологи́чность *собир.* adaptability to manufacture, productability.

техноло́гия *ж.* technology; *эк.* ба́зовая ~ basic technology; безотхо́дная ~ waste-free technology; nonwaste production methods; име́ющаяся ~ available technology; интенси́вная ~ intensive technology; капиталоёмкая ~ capital-intensive technology; ко́мплексная ~ package(d) technology; *програм.* компью́терная ~ computer technology; *кино* ~ микропроце́ссора microprocessor technology; *эк.* наукоёмкая ~ high technology; неда́вно разрабо́танная ~ newly developed knowhow; но́вая ~ new (novel) technology; о́бщая ~ general technology; пото́чная ~ continuous method in working; ~ произво́дства manufacturing (production) technology; production engineering; ресурсосберега́ющая ~ resource-saving technology; трудоёмкая ~ labor-intensive technology; трудосберега́ющая ~ labor saving technology; энергосберега́ющая ~ energy-saving techniques; внедре́ние новой ~и introduction of new technology; монопо́лия на ~ю technological monopoly; переда́ча ~и transfer of technology; technology transfer; предоставле́ние ~и provision of technology; привлече́ние передово́й иностра́нной ~и obtaining advanced foreign technology; utilization of advanced foreign machines (equipment) and technologies; примене́ние ~и utilization of technology; руково́дство по ~и произво́дства process technology manual; тенде́нции в разви́тии ~и trends in technology; уте́чка ~и leakage of technology; обновля́ть ~ю update technology; опи́сывать ~ю произво́дства describe knowhow; применя́ть ~ю в разли́чных усло́виях apply technology to different conditions; приобрета́ть ~ю acquire technology; развива́ть ~ю develop technology.

техобслу́живани|е *с.* maintenance; ста́нция ~я service station; *эк.* ба́за ~я maintenance base (depot).

техре́д *м.* technical editor.

тече́ни|е *с.* **1.** (*действие*) flow; (*времени, событий*) course; **2.** (*струя, поток*) current, stream; ве́рхнее ~ headwaters; бы́строе ~ swift current; тёплое (холо́дное) ~ warm (cold) current; по ~ю with the stream; вверх по ~ю upstream; вниз по ~ю downstream; про́тив ~я against the current; боро́ться с ~ем fight* the current; **3.** (*направление*) trend, tendency; ~я в иску́сстве trends in art; ◇ в ~ (*рд.*) in the course (of); during (*smth.*); в ~ неде́ли, ме́сяца, года in the course of a week, month, year, within a week, month, year; в ~ до́лгого вре́мени for a long time; в ~ не́которого вре́мени for a while; в ~ всего, всей... throughout the...; в ~ всего́ года all the year; с ~ем вре́мени in due course.

те́чка *ж.* heat.

течь I *ж.* *несов.* **1.** (*литься*) flow, run*; с кры́ши течёт the roof is dripping; из её глаз текли́ слёзы her eyes were streaming with tears; **2.** (*пропускать воду*) leak, be* leaky, be* leaking; ло́дка течёт the boat is leaking; **3.** (*проходить, совершаться*) pass, pass on; вре́мя течёт бы́стро time passes quickly; **4.** (*двигаться сплошным потоком*) flow.

течь II *ж.* leak; дать ~ (*о судне*) spring* a leak; заде́лать ~ plug a leak.

те́ш|ить, потéшить (*вн.*) **1.** *разг.* (*забавлять, развлекать*) amuse (*smb.*), entertain (*smb.*); (*доставлять удовольствие*) flatter (*smb.*); ~ взор please the eye; **2.** (*утешать*) console (*smb.*), soothe (*smb.*); ~ себя́ наде́ждами console *oneself* with hopes; **~иться,** потéшиться (*тв.*) **1.** *разг.* (*развлекаться*) amuse *oneself* (with, at), enjoy (*smth.*); чем бы дитя́ ни ~лось, лишь бы не пла́кало *посл.* anything to keep him, her quiet; **2.** (*утешаться*) console *oneself* (with).

тёща ж. mother-in-law (*pl.* mothers-) (*wife's mother*); *шутл.* не к ~е на блины́ пришёл I've come to work — not to twiddle my thumbs.

тибе́тец Tibetan; **~ка** *ж.* Tibetan (woman); **~ский** Tibetan *adj.*

ти́гель *м.* crucible.

тигр *м.* tiger; **~ёнок** *м.* tiger cub; **~и́ца** *ж.* tigress; **~о́вый** tiger *attr.*

тигр-людое́д м. man-eating tiger; man-eater.

тик I *м.* (*болезнь*) tic.

тик II *м.* (*ткань*) ticking.

тик III *м.* (*дерево*) teak.

ти́канье *с.* tick, ticking.

ти́кать *несов.* tick.

ти́кер *м.* (*аппарат, передающий биржевые котировки ценных бумаг*) ticker.

тики-та́к *нареч.* *разг.* hunky-dory, A-OK.

тимофе́евка *ж.* *бот.* timothy, herd's grass.

ти́н|а *ж.* slime, ooze; **~истый** slimy, oozy,

тине́йджер *м.* teenager; **~ский** teenage(d).

тип *м.* **1.** type; ~ корабля́ class of ship; самолёт но́вого ~а a new type of aircraft; **2.** *разг.* (*человек*) fellow; подозри́тельный ~ suspicious character; *пренебр.* мо́дный ~ the fashionable (of man or a woman); **3.** *полигр.*, *програм.* ~ шри́фта font, fount; **4.** фронта́льного ~а front-loading; linear-loading (e. g. of a VCR or CD player); **5.** *эк.* (*конфиденциальная информация о состоянии курсов акций на бирже*) tip, stock exchange tip; **6.** *кино* ~ы объекти́вов lens types.

типа́ж *м.* **1.** *тех.* range (of models), types; **2.** *иск.* type(s); **3.** *кино* (right) type.

типи́ч|еский typical; **~ность** *ж.* typicalness; *иск.* *тж.* representative/typical nature; **~ный** typical; *иск.* *тж.* representative; ~ный ю́жный го́род typical southern town; ~ный слу́чай typical case; э́то ~но для него́ it's just like him.

типов|о́й **1.** (*являющийся образцом*) sample *attr.*, model *attr.*; standard; ~ догово́р model contract; **2.** (*стандартный*) standard, standardized; ~ое строи́тельство standardized building.

типогра́ф|ия *ж.* printing house, printing office; the printer's *разг.*; **~ский** typographical, printer's; ~ская оши́бка printer's error; ~ская кра́ска printer's ink.

ти́пстер *м.* (*лицо, дающее секретную информацию о биржевых операциях и часто намеренно вводящее в заблуждение*) tipster.

типу́н *м.* the pip; ◇ ~ тебе́ на язы́к ◇ curse the tongue that says it.

тип-топ *нареч.* *сленг* a-ok, fine, very good, great.

тир *м.* shooting-gallery.

тира́да ж. tirade.

тира́ж I *м.* (*займа*) draw; вы́йти в ~ (*об облигации*) be* drawn; *перен.* be* on the shelf, be* a back number.

тира́ж II *м.* printing, number of copies printed, print run; кла́ссики издаю́тся больши́ми ~а́ми the classics are published in large editions; ~ газе́ты 4,000,000 the newspaper is printed in four million copies; весь ~ газе́ты распро́дан the whole issue of the paper is sold out; весь ~ кни́ги распро́дан the whole edition/printing of the book is sold out; *эк.* большо́й ~ large (wide) circulation; бро́совый ~ waste circulation; догово́рный ~ franchise circulation; ма́ссовый ~ mass circulation; ~ печа́тных изда́ний press run; *эк.* повто́рный ~ reprint; предполага́емый ~ projected circulation; име́ть большо́й ~ have a wide circulation; увели́чивать ~ increase circulation; уменьша́ть ~ cut circulation.

тира́н *м.* tyrant; **~ить** *несов.* (*вн.*) *разг.* bully (*smb.*).

тирани́я ж. tyranny.

тире́ *с.* *нескл.* dash.

тис *м.* yew (tree).

ти́скать, ти́снуть (*вн.*) **1.** *тк.* *несов.* *разг.* (*жать, сжимать*) squeeze (*smb.*, *smth.*); **2.** *полигр.* pull (*smth.*).

тиск|и́ *мн.* vice *sg.*; *перен.* grip *sg.*; зажа́ть в ~ grip in a vice; в ~а́х *чего-л.* in the grip of *smth.*

ти́снуть *сов.* *см.* ти́скать 2.

тита́н *м.* **1.** titan; ~ы нау́чной мы́сли the titans of science; **2.** *хим.* titanium; **3.** (*кипятильник*) urn; **~и́ческий** titanic.

титр *м.* *кино* subtitle; (*перед началом фильма*) credit title, credit; *кино* ~ова́льная маши́на title printer; ~овая му́зыка title music.

ти́тул *м.* title; *эк.* зако́нный ~ good title; ~ на дви́жимое иму́щество title in (to) personal property; ~ на недви́жимое иму́щество title in (to) real property; оспори́мый ~ voidable title; правово́й ~ (legal) title; переда́ча правово́го ~а conveyance of title; спра́вка о ~е abstract of title; доказа́ть зако́нный ~ make a good title; показа́ть зако́нный ~ show a good title; *спорт.* защити́ть (чемпио́нский) ~ to defend *one's* title (esp. in boxing).

титуло́ванный titled.

титу́льны|й *полигр.* title *attr.*; ~ лист title page; ~е спи́ски itemized lists (of approved building projects).

тиф *м.* *мед.* typhus.

ти́х|ий **1.** (*о звуках*) soft; (*о голосе*) low; ~ стон, шёпот low groan, whisper; ~ смех soft laughter; **2.** (*погружённый в тишину*) still, quiet; ~ая ночь still night; **3.** (*без шума, суеты*) quiet, tranquil; (*мирный*) peaceful calm; ~ая у́лица quiet/secluded street; у ~ой при́стани in a quiet haven; ~ая жизнь peaceful/quiet life; uneventful life; **4.** (*смирный, кроткий*) placid, gentle; ~ ребёнок quiet child*; ~ нрав placid disposition; ~ая грусть gentle grief; **5.** (*спокойный*) calm, still, peaceful; ~ая пого́да calm weather; ~ая вода́ still water; ~ая река́ peaceful stream; **6.** (*медленный*) slow; ~ ход slow speed; ~им хо́дом at slow speed; ~ шаг slow steps *pl*; **7.** *диал.* в ~ом о́муте че́рти во́дятся still waters run deep; **8.** ~ая торго́вля slack trade.

ти́хо **1.** *нареч.* (*негромко*) softly; **2.** *нареч.* (*без шума*) silently, noiselessly; (*без движения, спокойно*) still; ~! quiet! ~ сиде́ть *и т. п.* sit*, *etc.* still; ~ жить live peacefully; ~ постуча́ть to knock gently; ~ на съёмочной площа́дке quiet on the set; **3.** *нареч.* (*медленно*) slowly; дела́ иду́т ~ things are moving slowly; (*в торговле и т. п.*) business is slack; **4.** *в знач.* *сказ.* *безл.* it is quiet; здесь ~ it's quiet here; в до́ме ~ it's quiet in the house; **5.** *в знач.* *сказ.* *безл.* (*о погоде*) it is (very) still; сего́дня ~ there's no wind today; на мо́ре ~ the sea is calm.

тихомо́лком *нареч.* *разг.* quietly, without a sound.

тихо́ня *м.* *и* *ж.* *разг.* timid/retiring creature; (*о девочке*) demure little thing.

тихоокеа́нский Pacific.

тихохо́дный slow; low-speed *attr.*

ти́ше **1.** *сравнит.* *ст.* *прил.* тихий *и* *нареч.* тихо **2.** *в знач.* *повел.* *накл.* (*не шумите*) sh!, hush!, quiet there!; (*осторожно*) (be) careful!

тишин|а́ *ж.* silence, stillness; (*спокойствие*) calm, peace; ночна́я ~ the silence of the night; в ~е in the silence; наруша́ть ~у́ break* the silence; про́сят соблюда́ть ~у́ silence, please!

тиш|ь *ж.* **1.** *см.* тишина́; **2.** (*безветренная погода*) calm; ◇ в ~и 1) (*в тихое время*) when it is quiet, during a lull; 2) (*в тихом месте*) in the quiet/sheltered spot; ~ да гладь peace and harmony, sweetness and light.

ткан|ь *ж.* 1. (*материя*) fabric, material; шёлковая ~ silk; льняны́е ~и linen(s); 2. *биол.* tissue.

ткать, соткáть (*вн.*) weave* (*smth.*).

тка́цк|ий weaver's; weaving *attr.*; ~ая фа́брика weaving mill; ~ стано́к (weaving) loom; ~ое де́ло weaving; ~ челно́к shuttle.

ткач *м.*, **~и́ха** *ж.* weaver.

ткнуть *сов. см.* ты́кать.

тле́ние *с.* 1. (*гниение*) decay; decomposition; 2. (*слабое горение*) smoldering.

тле́нн|ость *ж.* ephemerality; **~ый** ephemeral.

тлетво́рный pernicious, baleful.

тлеть *несов.* 1. (*гнить*) decay, rot, molder; 2. (*гореть без пламени*) smolder (*тж. перен.*); ещё ~ет наде́жда there is still a glimmer of hope; **~ся** *несов. разг.* smolder.

тля *ж. зоол.* plant louse*; aphis (*pl.* aphides) *научн.*

тмин *м.* 1. (*растение*) caraway; 2. *собир.* (*семена*) caraway seeds *pl.*

тми́нный: ~ная во́дка Kummel.

то I *мест. см.* тот.

то II *союз* 1. (*тогда*) then; *обычно не переводится*; е́сли вы не идёте, то я пойду́ if you don't go, I will; е́сли вы не пойдёте, то я то́же не пойду́ if you don't go I won't either; 2.: то..., то... now..., now...; то впра́во, то вле́во now right, now left, alternately right and left; то оди́н, то друго́й first one, then another; не то..., не то... either... or...; идёт не то снег, не то град it might be snowing or hailing, it's something between snow and hail; то ли..., то ли either... or.

-то: в то́м-то и де́ло that's just the point; э́того-то я и добива́лся that is just what I wanted; я-то согла́сен, но он нет I agree. He's the one who doesn't; обеща́ть-то он обеща́л, но сде́лает ли он? he said he would, but will he? тут-то он и... at this, he...

тобо́й, тобо́ю (*тв. от личн. мест.* ты) you; мы с ~ you and I.

това́р *м. эк.* commodity; goods *pl.*, wares *pl.*; article, merchandise, produce; аукцио́нный ~ auction goods; бакале́йные ~ы groceries; ~ без упако́вки unpacked (unpackaged, uncovered, unwrapped, unprotected) goods; goods in bulk, bulk (loose) goods; беспо́шлинные ~ы free imports; беста́рный ~ loose goods; би́ржевые ~ы exchange goods; бо́ндовый ~ goods in (under) bond; брако́ванные ~ы rejected goods; бью́щиеся ~ы fragile goods; бы́стро продаю́щийся ~ fast-selling goods; бы́стро реализу́емый ~ marketable goods; бытовы́е ~ы (household) appliances; важне́йшие ~ы staple goods, goods of first priority; ввози́мые ~ы imported goods, imports; ~, вре́менно ввози́мые/вывози́мые в страну́/из страны́ commodities temporarily taken into/out of the country; взаимозаменя́емые ~ substitutional goods; ~ в пути́ goods in transit, transit goods; ~ в свя́зках bundle(d) goods; всевозмо́жные ~ goods of every description (every sort and kind); второсо́ртные ~ы second-rate goods, seconds; второстепе́нные ~ы nonessential goods, nonessentials; ~ в тюка́х bale goods, goods in bales; ~ в упако́вке packed (covered, wrapped, protected) goods; вы́годный для прода́жи ~ merchantable sales product; ~ высо́кого ка́чества goods in high quality; высокока́чественный ~ high-quality goods; высокосо́ртный ~ high grade goods; высокотехнологи́чный ~ high-technology products (goods); вы́ставочный ~ exhibition goods; ~ вы́сшего ка́чества goods of superior quality, superior goods, top-quality goods; галантере́йные ~ы small ware, haberdashery; гото́вый к отпра́вке ~ goods ready for shipment; гото́вый к сда́че ~ goods ready for delivery (handing over, turning over); spot goods; ~ы гражда́нского назначе́ния civilian goods; громо́здкие ~ы bulky goods; да́нный ~ goods in question, subject (said, named) goods; дефе́ктный ~ defective (faulty) goods; дефици́тный ~ scarce commodities (goods), *амер.* commodities in short supply *амер.* critical goods; ~ы дли́тельного по́льзования durable (hard) goods, durables; ~ы для дипломати́ческого ко́рпуса diplomatic goods; ~ы для отпра́вки нава́лом goods for bulk shipment; доброка́чественный ~ goods of good (sound) quality; ~, доста́вленный с опозда́нием late goods; животново́дческие ~ы livestock produce; жи́дкий ~ liquid goods; закупа́емые на срок ~ы futures; забрако́ванный ~ rejected goods; rejects; заграни́чные ~ы foreign (-made) goods (products); ~ы, загрязня́ющие окружа́ющую среду́ contaminating materials; заде́ржанный ~ delayed goods; заказно́й ~ ordered goods; залежа́лый ~ state goods, old stock; зало́женный ~ pledged goods; ~ы, запрещённые для э́кспорта prohibited exports, goods forbidden for export; ~ы, запрещённые к обраще́нию restricted articles; застрахо́ванные ~ы insured goods; импорти́руемые ~ы imports, import goods, articles of import; и́мпортные ~ы imports, imported goods (commodities); инвестицио́нный ~ investment goods; ~ы иностра́нного происхожде́ния goods of foreign origin; иностра́нные ~ы foreign (-made) goods (products); испо́рченный ~ damaged goods; spoilage; ~ы к весе́ннему сезо́ну spring goods; конкуре́нтные (конкурентоспосо́бные) ~ы competitive goods (products), competitively priced goods; консигнацио́нный ~ consignment goods; контраба́ндный ~ contraband goods; ~ы кратковре́менного по́льзования non-durable goods; nondurables; ~ы культу́рно-бытово́го назначе́ния cultural and household goods; лесобума́жные ~ы timber and paper products; любы́е ~ы goods of every description (every sort and kind); малоце́нный ~ not valuable goods; ма́ссовые ~ы bulk commodities (materials), stable goods; ~ы ма́ссового потребле́ния large-scale goods; ~ы ма́ссового произво́дства mass production goods; мо́дные ~ы style goods, fancy articles; ~ наивы́сшего ка́чества goods of the best quality; нали́чный ~ inventories, goods on hand; stock; *бирж.* sport goods, spot(s); ~ы наро́дного потребле́ния consumer goods; насыпно́й ~ (на́сыпью) goods in bulk, loose goods; ~ы на тамо́женном скла́де, не опла́ченные по́шлиной bonded goods; наукоёмкие ~ы high-technology (science-intensive) products; небьющиеся ~ы nonfragile goods; невы́годный ~ nonmerchantable goods; недоброка́чественный ~ goods of bad quality, substandard goods; недопоста́вленный ~ short-delivered goods; недостаю́щий ~ missing goods; неистре́бованный ~ unclaimed goods; неконкурентоспосо́бные ~ы noncompetitive goods; неопа́сный ~ nonhazardous goods; ~, не подве́рженный конъюнкту́рным колеба́ниям nonsensitive goods (commodities, items); ~, не по́льзующийся спро́сом badly selling lines; ~, неприго́дный для торго́вли unmerchantable (nonmerchantable, unsal(e)able, unmerchantable) goods; несезо́нные ~ы goods out of season; неупако́ванные ~ы unpacked (unwrapped, uncovered) goods; низкосо́ртный ~ goods of poor (low, inferior) quality, low-grade goods; новоприбы́вшие ~ы (fresh) arrivals; огнеопа́сный ~ hazardous goods, item of hazardous nature; опа́сный ~ dangerous goods (cargo), goods of a dangerous character, goods of damaging nature; основны́е ~ы stable (basic) goods (commodities, articles), staple (-ware); остродефици́тные ~ы goods in short supply; ~ы оте́чественного произво́дства domestic products, home produce, homemade goods; отгру́женный ~ shipped goods; отправля́емый за грани́цу ~ export(ed) (outward, outbound) goods (cargo, freight) freight outwards; патенто́ванные ~ы patent goods; ~ы пе́рвой необходи́мости goods of prime necessity, prime necessities, essential goods, essentials, staple (primary) commodities; перспекти́вный ~ promising product; ~ы, пломби́рованные тамо́жней goods under customs seal; попо́рченный ~ damaged (spoiled) goods; потреби́тельские ~ы consumer goods (commodities, lines, products), consumption goods, articles of consumption, items of mass consumption, essential commodities; потреби́тельские ~ы дли́тельного по́льзования consumer durables; потеря́вший това́рный вид ~ shopworn; представи́тельские ~ы official goods, item of official expenses, souvenirs and refreshment goods; ~, продава́емый с усту́пкой в цене́ (*для целей рекламы*) giveaway (goods); про́данный ~ sold goods; ~, продаю́щийся по сни́женным це́нам cut-price goods; просро́ченный ~ delayed (out of time) goods; равноце́нные ~ы goods of equal worth (value); расфасо́ванный ~ prepackaged goods; реализу́емый ~ sal(e)able goods; easy-to-sell goods; рeэ́кспортные ~ы reexport goods, reexports; ро́зничные ~ы retail goods; ~ы ро́ссыпью loose goods (merchandise), goods in bulk; ~ы сери́йного произво́дства serially produced goods (items); скоропо́ртящийся ~ perishable goods (product); ~ы с ограни́ченным сро́ком по́льзования semidurable goods; semidurables; спорти́вные ~ы sport articles; сыпу́чий ~ granular goods; сыро́й ~ unseasoned goods; сырьево́й ~ primary goods, raw materials; ~ы традицио́нного э́кспорта traditional export goods; транзи́тные ~ы transit goods; трудоёмкий ~ labor-intensive goods; трю́мный ~ under deck goods (cargo); ~, упако́ванный для перево́зки на маши́не truck-packaged (bundled) goods; уценённый ~ marked-down goods; фи́рменный ~ branded (trade-marked) article, speciality; хо́дкий ~ marketable (sal(e)able, fast-moving, popular) goods; ~ы широ́кого потребле́ния consumer (consumption) goods; consumer commodities; шту́чный ~ piece goods; эквивале́нтный ~ parity goods; э́кспортные ~ы, находя́щиеся в порта́х на склада́х export commodities in port and warehouses; э́кспортные ~ы, находя́щиеся в пути́ export commodities in transit; ~ы широ́кого потребле́ния consumer goods; ~ дли́тельного по́льзования consumer durables; показа́ть ~ лицо́м show* everything at its best.

това́рищ *м.* 1. friend, comrade; ~ по рабо́те fellow worker, mate; ~ по ору́жию companion-in arms; ~ по пла́ванию shipmate; 2. (*в обращении*) Comrade; ◇ ~ по несча́стью fellow sufferer.

това́рищеск|ий friendly, comradely; ~ая взаимопо́мощь friendly mutual assistance; ~ матч friendly match.

това́рищество *с.* 1. (*отношения*) comradeship, companionship; 2. (*объединение*) association; (*фирма*) company.

това́рка *ж. разг.* friend.

това́рно-де́нежный: ~ые отноше́ния commodity-money relations.

това́рн|ый 1. goods *attr.*; freight *attr. амер.*; ~ые запа́сы stock (of goods) *sg.*; ~ го́лод goods shortage; ~ знак trade mark; ~ склад warehouse; ~ая ста́нция goods station; freight yard *амер.*; ~ ваго́н goods wagon, goods truck; freight car *амер.*; ~ по́езд goods train; freight train *амер.*; 2. *эк.* marketable; market *attr.*; ~ хлеб, ~ое зерно́ marketable/merchantable grain; ~ая проду́кция commodity output; ◇ ~ое произво́дство commodity production.

товарове́д *м.* expert on merchandise; **~ение** *с.* the study of merchandise.

товарообме́н *м.* exchange of commodities.

товарооборо́т *м.* commodity circulation, trade.

товароотправи́тель *м.* consignor, forwarder of goods.

това́ро-пассажи́рский: ~ по́езд mixed train.

товарополуча́тель *м.* consignee.

товаропроводя́щий: ~ая сеть commodity distribution network.

тогда́ 1. (*в то время, не теперь*) then; ~ же then, at the time; ~, когда́ when; 2. (*в таком случае*) then; *часто не переводится*: уста́л? Тогда́ отдохни́ are you tired? Have a rest, then;

◇ ~ как 1) (*наоборот*) whereas; 2) (*хотя*) although.

тогда́шн|ий *разг.* at that time *после сущ.*, of those days *после сущ.*; (*о должностных лицах*) the then; ~яя обстано́вка the situation at that time, the situation then obtaining; ~ие обы́чаи the customs of those days; ~ мини́стр the then minister.

то́ есть 1. that is to say; (*как поправка, уточнение*) I (you, etc.) mean; ~ вы оши́блись you mean, you made a mistake; **2.** (*выражает удивление*) what do you mean?; ~, как — не зна́ешь? what do you mean, you don't know?

тожде́ственн|ость *ж.* identity; **~ый** identical (with).

то́ждество *с.* identity.

то́же too, also; я ~ пойду́ I'm going, too; я ~ мно́го испыта́л I too have suffered greatly; я ~! so am I! so do I! (*при отрицании*) nor/neither am, do I! он ~! so is, does, *etc.* he; (*при отрицании*) nor/neither is, does, *etc.* he!; ~ не not... either; он ~ не глуп he's no fool either; он ~ не зна́ет he doesn't know either.

ток I *м. физ. эл.* current; ~ во́здуха air current; ~ высо́кого (ни́зкого) напряже́ния high-tension (low-tension) current; ~ высо́кой (ни́зкой) частоты́ high-frequency (low-requency) current.

ток II *м.* (*для молотьбы*) threshing floor, barnyard.

ток III *м. охот.* courting place.

тока́рн|ый turning; ~ая мастерска́я turner's shop; ~ стано́к lathe.

то́карь *м.* turner; ~ по де́реву wood turner; ~ по мета́ллу metal turner.

токова́ть *несов.* utter the mating call.

токоприёмник *м. тех.* current collector, trolley.

токсикологи́ческий toxicological.

токсиколо́гия *м.* toxicology.

токси́н *м.* toxin.

токси́ны мн. toxins.

тол *м.* tolite, T.N.T.

то́лика *ж. разг.* ма́лая ~, не́которая ~ a little, a small quantity; a few.

толк *м.* **1.** (*смысл*) sense, point; от него ~у не добьёшься you can't get any sense out of him; **2.** (*польза*) use, point; из э́той пое́здки не вы́йдет никако́го ~у there's no point in this journey, nothing will come out of this journey; **3.** *обыкн. мн.* (*пересуды, разговоры*) talk *sg*; rumors; (*сплетни*) gossip *sg*; вы́звать мно́го ~ов cause a great deal of talk; иду́т ~и о том, что... it is rumored that...; ◇ бе́з толку (*напрасно*) uselessly; и всё бе́з толку and all for nothing; с ~ом efficiently; (*со смыслом*) intelligently; сбить *кого-л.* с ~у confuse *smb.*; знать, понима́ть ~ в *чём-л.* be* a good judge of *smth.*; be* a connoisseur of *smth.*; сби́ться с ~у get* confused; не возьму́ в ~ I can't see, I can't make out.

толка́ть, толкну́ть **1.** (*вн.*) push (*smb.*, *smth.*), shove (*smb.*, *smth.*); *сов. тж.* give* (*smb.*, *smth.*) a push/shove; толкну́ть *кого-л.* ло́ктем nudge *smb.*; **2.** (*вн.* на *вн.*, к *дт.*; *побуждать*) instigate (*smb.* to), incite (*smb.* to); кто вас толкну́л на э́то? who put you up to it?; что вас толкну́ло на э́то? what made you do that?; **3.** (*вн.*) *спорт.* (*кидать*) put (*smth.*); ~ ядро́ put* the shot; **~а́ться** *несов.* **1.** (*толкать друг друга*) push one another, jostle; **2.** *разг.* (*быть, находиться где-л.*) be* around, be* knocking about; (*без особого дела*) hang* about; **~ну́ть** *сов. см.* толка́ть.

толка́ч *м.* **1.** (*поезда, судна*) pusher; **2.** (*пробивной человек*) fixer, go-getter.

то́лки talk, rumors, gossip; иду́т ~ о том, что it is said that, it is rumored that.

толкова́ние *с.* **1.** interpretation; (*текста тж.*) reading; дать непра́вильное ~ *чего-л.* misinterpret *smth.*; **2.** (*объяснительный текст*) explanation; (*на полях*) gloss; **3.** (*античного или библейского текста*) exegesis.

толкова́тель *м.* interpreter, commentator, expounder.

толкова́ть *несов.* **1.** (*вн.*; *истолковать*) give* an interpretation (of); непра́вильно, ло́жно ~ *что-л.* interpret *smth.* wrongly, misinterpret *smth.*; (*поступки, слова тж.*) put* a wrong construction on *smth.*; **2.** (*вн. дт.*; *объяснять*) explain (*smth.* to); **3.** (*разговаривать*) talk, converse; что тут мно́го ~! what's the good of talking!

толко́вый 1. (*о человеке*) clever, intelligent, sensible, capable; **2.** (*понятный*) clear; ~ приме́р clear example; **3.**: ~ слова́рь explanatory dictionary.

то́лком *разг.* **1.** (*ясно*) clearly, plainly; я вас ~ не пойму́ I can't make out what you're trying to say; говори́те ~ speak so that you can be understood; **2.** (*серьёзно*) straight; я ~ вам говорю́ I'm telling you straight; take it from me!; **3.** (*как следует*) properly, thoroughly.

толкотня́ *ж. разг.* crush, scrum, squash; crowding.

толку́чий *разг.* ~ ры́нок second-hand goods market.

толку́чка *ж. разг.* **1.** crush, scrum, squash; crowded place; **2.** *разг.* flea market.

толку́шка *ж.* **1.** pounder, crusher, pestle; **2.** potato masher.

толма́ч *м.* interpreter.

толокно́ *с.* oatmeal, oat flour.

толо́чь, растоло́чь (*вн.*) pound (*smth.*); ◇ ~ во́ду в сту́пе ≅ beat* the air, mill the wind, carry water in a sieve.

толпа́ *ж.* crowd; throng.

толпи́ться *несов.* (на, в *пр.*) throng (*smth.*), pack (*smth.*); (в *пр.*; вокруг *рд.*) crowd (in, around); ~ в за́ле pack the hall; ~ в дверя́х crowd in the doorway; ~ у вхо́да crowd in front of the entrance; ~ на пло́щади, у́лицах и *т. п.* throng the square, streets, *etc.*

толпо́й in a body (*в конце фразы*); ~ вы́йти на у́лицу flock into the street.

толсте́ть, потолсте́ть get* fat/stout, put* on weight.

толсти́ть *несов.* (*вн.*) *разг.* make* (*smb.*) look fat.

толстобрю́хий *разг.* fatbellied; ~гу́бый thick-lipped; ~мо́рдый *разг.* fat-faced.

толстоко́жий (*прям. и перен.*) thick-skinned; ~ее живо́тное pachyderm; ~ апельси́н thick-skinned orange.

толстосу́м *разг.* moneybags.

то́лст|ый 1. thick; (*о материале тж.*) heavy; **2.** (*о человеке*) fat, stout; ◇ ~ журна́л monthly, literary and political magazine; ~ая кишка́ *анат.* large intestine.

толстя́к *м. разг.* fat/portly fellow.

толсту́ха *ж. разг.* fat woman; fat girl.

толчёный pounded, crushed; ground.

толче́ние *с.* pounding, crushing.

толчея́ *ж. разг.* crowd, crush; (*суета*) hurry-scurry.

толчо́к *м.* **1.** push, jab; (*при езде*) jolt, bump; (*при землетрясении*) shock, tremor; **2.** (*побуждение*) stimulus, incitement, jolt; **3.** (*резкое отталкивающее движение*) push-off, spring; **4.** *спорт.* clean and jerk.

то́лщ|а *ж.* thickness, thick layer; *перен.* the bulk.

то́лще (*сравнит. ст. прил.* то́лстый) thicker; (*о человеке*) fatter, stouter.

толщина́ *ж.* **1.** thickness; **2.** (*о человеке*) corpulence.

толь *м.* tap-paper; кро́вельный ~ tarred/roofing felt.

то́лько 1. *частица* only; я ви́дел его́ ~ на днях I saw him only a few days ago; ~ на э́тот раз just for once; (сейча́с) ещё ~ пять часо́в it's only five o'clock (now); ~ за 1950 год... in 1950 alone...; ~ в э́том слу́чае in this case only; ~ потому́, что... just/merely because...; он вспо́мнил об э́том ~ тогда́, когда́ пришёл в шко́лу he didn't remember it until he got to school; **2.** *усил. частица*: кого́ ~ там не́ было! simply everyone was there!; каки́х ~ звере́й я там не ви́дел! I saw such a lot of animals there! чего́ ~ он не испыта́л! what that man* has been through!; ~ бы if only; ~ бы он пришёл! if only he would come! ~ бы не опозда́ть! we simply mustn't be late!; ~ не опа́здывай(те) whatever you do, don't be late!; ~ попро́буй(те) (э́то сде́лать)! (*с угрозой*) just you try (to do it)!; отку́да ~ э́то берётся? where can it possibly come from?; **3.** *союз* (*однако, но*) but; я согла́сен пойти́, ~ не сейча́с I agree to go but not now; ра́зве ~ (что)... unless...; **4.** *союз* (*едва*) no sooner than, as soon, as; **5.** *нареч.* just; ◇ смеётся, да и ~ all he does is laugh; ~-~ only just; ~ что just (now); я его ~ что ви́дел I saw him just now; он ~ что пришёл he has just come; как ~ as soon as, the moment; как ~ он придёт as soon as he comes, the moment he comes; ~ его́ и ви́дели he was gone in a flash.

том I *м.* volume; пе́рвый ~ volume one.

том II *пр. от мест.* тот.

томага́вк *м.* tomahawk.

тома́т *м.* tomato; **~ный** tomato *attr.*; ~ный со́ус tomato sauce; ~ный сок tomato juice.

томи́тельн|о: ~ до́лго with agonizing slowness; там бы́ло ~ ску́чно it was terribly boring there; **~ый** wearisome; (*мучительный*) agonizing; ~ая жа́жда agonies of thirst; ~ая жара́ oppressive heat; ~ое ожида́ние 1) wearisome wait; 2) (*неизвестность*) agonizing suspense; ~ая ску́ка agonies of boredom; ~ая тоска́ intense longing.

том|и́ть *несов.* (*вн.*) **1.** torture (*smb.*), exhaust (*smb.*); (*тяготить*) oppress (*smb.*); его́ ~и́т жа́жда, жара́ *и т. п.* he is tortured by thirst, heat, *etc.*; не ~и́(те) меня́! don't keep me in suspense; **2.** *кул.* stew (*smth.*); **~и́ться** *несов.* **1.** languish, pine; ~и́ться от жа́жды be* parched with thirst, suffer agonies of thirst; ~и́ться жа́ждой *чего-л.* thirst for *smth.*; ~и́ться в заключе́нии, в тюрьме́ languish in prison; ~и́ться в ожида́нии be* in agony of suspense; **2.** *кул.* stew.

томлёный *прил. кул.* **1.** stewed; braised; **2.** *тех.* malleablized; ~ сталь converted steel, cement steel.

то́мн|ость *ж.* languor; **~ый** languorous, languid; ~ый взор languid look, langourous.

томогра́мма *ж. мед.* scan.

томо́граф *м. мед.* scanner.

тон *м.* **1.** (*о звуках, цвете*) tone; ни́зкий ~ low tone; высо́кие ~а́ high tones; све́тлые ~а́ light tones/shades; **2.** (*о речи*) tone of voice; tones *pl.*; вла́стный ~ commanding tones; ла́сковый ~ affectionate tone of voice; говори́ть споко́йным ~ом speak* calmly; **3.** (*манера, стиль повествования*) tone, style, manner; полеми́ческий ~ polemical style; **4.** (*характер, стиль поведения*) style; э́то счита́ется хоро́шим (плохи́м) ~ом it's considered good (bad) form-style; ◇ ~ом вы́ше, ни́же *муз.* a tone higher, lower; *перен.* raising, lowering *one's* voice; зада́ть ~ 1) *муз.* set* the pitch, give* the note; 2) (*показать пример*) lead*/set* the fashion; 3) (*дать направление*) give* a lead; повы́сить ~ raise *one's* voice; сба́вить ~ quiet down; (*говорить менее заносчиво*) pipe down, sing* small; в ~ 1) (*одинакового цвета*) to match; 2) (*с той же интонацией*) in tune; не в ~ out of tune (with).

тон-ателье́ *с. кино* scoring stage; ~ бие́ния beet rate; ~ лица́ face tone.

тона́льность *ж.* **1.** *муз.* key; переходи́ть в другу́ю ~ (into another key), change key; **2.** *кино* tonality.

тонва́ген *м. кино* sound recording van, sound truck.

тон-зал *м.* recording studio.

то́ненький 1. slim, slender; **2.** (*о голосе*) squeaky; (*о голосе ребёнка, птенца*) piping.

тонизи́ровать *несов. и сов.* (*вн.*) tone up (*smb.*, *smth.*).

то́ник *м.* tonic (water); джин с ~ом gin and tonic.

тони́ческий tonic.

то́нк|ий 1. thin (*тж. худой*); (*о материале*) fine; ~ие ни́тки fine/thin thread *sg*; ~ая бума́га thin paper; ~ая кни́га slim volume; *кино* ~ая киноплёнка thin film; ~ое бельё fine underwear; **2.** (*о фигуре, частях тела*) slender, slim; (*о чертах лица*) refined, fine; ~ая та́лия slim waist; ~ая ше́я slender neck; ~ие па́льцы slender fingers; ~ про́филь delicate profile; **3.** (*узкий*) fine, thin; ~ая ли́ния thin line; **4.** (*высокий — о звуках*) thin, high-pitched; ~ го́лос thin/high-pitched voice; ~ свист high-pitched whistle; **5.** (*состоящий из мельчайших частиц*) fine; ~ая пыль fine dust; **6.** (*сложный*) ingenious, intricate, exquisite; (*требующий умелого подхода*) delicate, tricky; (*детальный*) exact; ~ механи́зм ingenious device; ~ая рабо́та fine/exquisite work; ~ое зна́ние *чего-л.* exact knowledge of *smth.*; **7.** (*малозаметный*) subtle, fine; ~ отте́нок subtle shade, nuance; ~ое разли́чие subtle/fine distinction; **8.** (*о вкусе, запахе*) delicate; (*о пище*) dainty; ~ие ви́на delicate wines; ~ие духи́ subtle perfumes; ~ие блю́да dainty dishes; **9.** (*изящно-остроумный*) subtle, delicate; ~ намёк gentle hint; ~ ю́мор subtle humor; **10.** (*чувствительный, восприимчивый*) keen, acute; ~ слух ear/hearing; ~ое зре́ние keen sight; ~ ум perceptive/subtle mind; ~ худо́жественный вкус refined/discriminating artistic taste; **11.** (*о человеке*) perceptive, keen-witted; ~ кри́тик perceptive critic; ~ диплома́т astute/keen-witted diplomat; ~ наблюда́тель subtle observer; **12.** (*верный, точный*) exact, subtle, precise; ~ая кри́тика subtle criticism; ~ие наблюде́ния precise observations; **13.** *разг.* (*хитрый*) sly, crafty; ◇ где ~о, там и рвётся *погов.* the thread breaks where it is weakest; ~ая кишка́ *анат.* small intestine.

то́нко 1. finely; ~ наре́занный thinly sliced; ~ очи́ненный well-sharpened, sharp-pointed; **2.** (*утончённо*) subtly, delicately, finely; ~ подмеча́ть *что-л.* have* a keen eye for *smth.*; ~ разбира́ться в *чём-л.* have* a fine understanding of *smth.*

то́нко-волокни́стый fine-fiberd.

то́нко-зерни́стый fine-grained.

тонкоко́жий thin-skinned.

тонколистово́й *тех.* sheet; ~ое желе́зо sheet iron; ~ стан sheet rolling mill.

тонконо́гий slim-legged.

тонкоконтро́ль *м. радио* tone control.

тонкопряди́льн|ый: ~ая маши́на fine-spinning frame.

тонкору́нный fine-fleeced.

то́нкост|ь *ж.* **1.** fineness; (*фигуры*) slenderness; *перен.* subtlety; **2.** *мн.* (*подробности*) niceties, fine points; refinements; все э́ти ~и all these niceties/subtleties; знать *что-л.* до ~ей know* all the ins and outs of *smth.*

тонкошёрстный 1. (*об овцах*) fine-fleeced; **2.** (*сделанный из тонкой шерсти*) fine-wool *attr.*

тонме́йстер *м. радио.* sound director.

то́нна *ж.* ton, tonne.

тонна́ж *м.* tonnage; (*судна*) shipping.

тонне́ль *м. см.* тунне́ль.

то́нус *м.* tone.

тон|у́ть, потону́ть, утону́ть **1.** sink*, go* down; (*о живом существе тж.*) drown; здесь то́нет мно́го наро́да many people are drowned here; я два ра́за в жи́зни ~у́л I was almost drowned twice in my life; **2.** (в *пр.*; *вязнуть, утопать*) be* plunged (in); *перен.* be* lost (in); ~ в снегу́ sink* into the snow; дома́ то́нут в зе́лени the houses are buried in greenery.

тонфи́льм *м.* soundtrack.

то́ньше *сравнит. ст. прил.* то́нкий *и нареч.* то́нко.

то́ня *ж.* **1.** (*место ловли рыбы*) fishing-ground; **2.** (*невод с уловом*) haul.

топа́з *м. мин.* topaz.

то́п|ать, то́пнуть **1.** (*тв.*) stamp (*smth.*); ~ нога́ми stamp *one's* feet; **2.** (*при ходьбе, танцах и т. п.*) tramp.; **3.** *разг.* вам ещё ~ть и ~ть you have miles and miles; ~й спать! off with you to bed!

топи́ть I *несов.* (*вн.*) **1.** (*печи и т. п.*) keep* (*smth.*) going; **2.** (*отапливать помещение*) heat *(smth.)*.

топи́ть II *несов.* (*вн.*) **1.** (*плавить*) melt (*smth.*); (*сало и т. п.*) melt down (*smth.*), reduce (*smth.*); **2.**: ~ молоко́ heat milk in the oven, bake milk.

топи́ть III, потопи́ть, утопи́ть (*вн.*) **1.** (*суда*) sink* (*smth.*); **2.** (*людей, животных*) drown (*smb.*, *smth.*); *перен.* (*губить*) ruin (*smb.*).

топи́ться I *несов.* (*о печах*) burn*.

топи́ться II *несов.* (*плавиться*) melt.

топи́ться III, утопи́ться drown *oneself.*

то́пка *ж.* **1.** (*действие*) heating; **2.** (*часть котла*) furnace, firebox.

то́пкий boggy, marshy, swampy.

топлён|ый 1. (*перетопленный*) clarified; melted; ~ое ма́сло clarified butter; **2.** (*кипячёный*) baked; ~ое молоко́ baked milk.

то́пливн|ый fuel *attr.*; ~ые ресу́рсы страны́ the country fuel resources; ~ кри́зис fuel crisis.

то́плив|о *с.* fuel; жи́дкое ~ fuel oil; твёрдое ~ solid oil; алкого́льное ~ alcohol fuel; впрыск ~а *тех.* fuel injection; расхо́ды ~а fuel consumption.

топливозапра́вщик *м.* petrol tanker.

то́пнуть *сов. см.* то́пать.

топо́граф *м.* topographer; **~и́ческий** topographical; ~и́ческая съёмка topographical survey (work).

топогра́фия *ж.* topography.

то́поль *м. бот.* poplar.

топо́р *м.* axe, **~ик.** *м.* hatchet.

топори́ще *с.* axe-helve.

топо́рн|ый 1. axe *attr.*; **2.** (*грубый, неуклюжий*) clumsy, rough, crude; (*о человеке*) uncouth; ~ая рабо́та clumsy work.

топо́рщиться *несов.* bristle; (*о материи*) pucker.

то́пот *м.* tramp; ко́нский ~ thud(ding)/clatter of hoofs; hoofbeats *pl*; ~ ног tramp of feet.

топота́ть *несов. разг.* 1. tramp, make* a clatter, thud along; 2. (*топать*) stamp vigorously.

топта́ть *несов.* (*вн.*) trample (*smth.*); ~ траву́ trample down the grass; ~ нога́ми *что-л.* trample *smth.* underfoot; ~ ого́нь stamp out a fire; ◇ ~ в грязь *кого-л.* trample *smb.'s* reputation under foot. ~ся *несов.* 1. shift *one's* feet; (*о лошади*) stamp; 2. *разг.* (*быть, находиться где-л.*) hang* about, linger; ◇ ~ся на ме́сте mark time, make* no progress.

топь *ж.* bog, morass.

то́рб|а *ж.* nosebag, bag; ◇ носи́ться как (дура́к) с пи́саной ~ой to make a great song and dance (about).

торг 1. bargaining, haggling, trading; 2. *мн.* (*аукцион*) (public) sale *sg.*; продава́ть *что-л.* с ~о́в sell* *smth.* by auction; tenders, bid; закры́тые ~и́ closed tenders, auction by tender, closed (negotiated) bidding, sealed bid; междунаро́дные ~и́ international bid (tenders); объя́вленные ~и́ invited (announced) tenders; откры́тые ~и́ open tenders, advertised bidding; переквалификацио́нные ~и́ qualification tenders; публи́чные ~и́ public auction (sale); open tenders; выступле́ние в ~а́х, совме́стное joint bids; зая́вка на уча́стие в ~а́х bid, application for participation in tenders; извеще́ние о ~а́х announcement about (of) tenders; объявле́ние о ~а́х advertisement of bids; организа́ция ~о́в organization of tenders; приглаше́ние на уча́стие в ~а́х invitation to tender; присужде́ние зака́за по ~а́м awarding a contract; процеду́ра ~о́в bidding procedure; спи́сок уча́стников ~о́в tender list; усло́вия ~о́в conditions of bids (tenders); уча́стие в ~а́х participation in tenders, bid.

торга́ш *м. разг.* huckster (*тж. перен.*) wheeler-dealer; mercenary-minded person.

торга́шество *с.* 1. small trading; 2. mercenary-mindedness; открове́нное ~ high-pressure selling.

торг|ова́ть *несов.* 1. (*тв.*) deal* (in); (с *тв.*) trade (with); (*тв.*) *перен.* peddle (*smth.*); ~ промы́шленными това́рами deal* in industrial goods; ~ свое́й со́вестью, че́стью sell* *one's* honor; 2. (*заниматься торговлей*) buy* and sell* trade; (*отпускать товары покупателям*) serve; ~ вразно́с peddle; 3. (*быть открытым для торговли*) be* open; магази́н ~у́ет до семи́ часо́в the shop is open till seven; магази́н сего́дня не ~у́ет the shop is closed today. ~ова́ться *несов.* 1. (с *тв.*) bargain (with), haggle over the price (with); 2. *разг.* (*спорить*) argue, wrangle.

торго́в|ец *м.* tradesman*, merchant; vender; (*чем-л.*) dealer (in); ~ка *ж.* (*рыночная*) market woman; ~ автомоби́лями car dealer; биржево́й ~ dealer; ~ драгоце́нностями gem dealer; ~, занима́ющийся нелега́льной торго́влей illicit dealer; индивидуа́льный ~ independent trader; ~ контраба́ндой smuggler; ме́лкий ~ petty trader (dealer), small dealer; ~ нарко́тиками (drug) pusher; о́птовый ~ merchant, wholesale dealer, wholesaler, distributer; ~ поде́ржанными маши́нами used-car dealer; ~ продово́льственными това́рами produce merchant; разъездно́й ~ travelling agent (salesman, buyer); ро́зничный ~ retail (petty) dealer, retailer; ры́ночный ~ market trader; ~, скупа́ющий това́ры по зака́зу кру́пных потреби́телей order buyer; ~ сме́ртью death merchants; ~ това́рами dealer in commodities (products, articles); невыполне́ние обяза́тельств ~цем merchant's default; ски́дка ро́зничным ~цам trade discount (allowance).

торго́вля *ж.* trade; (*крупная*) commerce; госуда́рственная (ро́зничная) ~ State (retail) trade; ча́стная ~ private trade; sale; marketing; ба́ртерная ~ barter (trade), trade of exchange; беспо́шлинная ~ free trade; би́ржевая ~ exchange business; бо́йкая ~ active market; "ви́димая" ~ visible trade; взаи́мная ~ mutual (two-way) trade; взаимовы́годная ~ mutually beneficial (advantageous, profitable) trade; вне́шняя ~ foreign (external, oversea(s)) trade; вну́тренняя ~ home (domestic, inland, interior, internal) trade (commerce); встре́чная ~ countertrade; вы́годная ~ profitable business; вя́лая ~ dull market, stagnant trade; slack business; годова́я ~ annual business; госуда́рственная ~ state trade (trading); двусторо́нняя ~ bilateral (two-way) trade; дипломати́ческая ~ diplomatic trade; зако́нная ~ lawful trade; ~ за нали́чные cash trade; значи́тельная ~ substantial trade (business); кабота́жная ~ coastal (coasting, coastwise) trade (traffic); компенсацио́нная ~ compensatory (compensation, buyback) trade; контраба́ндная ~ contraband (illicit) trade; коопера́ти́вная ~ cooperative trade; лицензио́нная ~ trade in licenses, license trade; межгосуда́рственная ~ interstate trade; межрегиона́льная ~ interregional trade; ме́новая ~ barter, trade of exchange; ~ мета́ллами marketing in metals; мирова́я ~ world trade (commerce), world-wide business; многосторо́нняя ~ multilateral trade; монопо́льная ~ sole (exclusive) trade; морска́я ~ carrying trade; maritime (sea-borne) trade (commerce); ~ на осно́ве взаи́мной вы́годы trade on the basis of mutual advantage (benefit), fair trade; ~ на осно́ве взаи́мности reciprocal trade; национа́льная ~ national trade; незако́нная ~ illicit trade (traffic); оживлённая ~ brisk trade; о́птовая ~ wholesale, trade (business), distributing trade; о́птово-ро́зничная ~ wholesale and retail trade; организацио́нная ~ organized (orderly) marketing; ~ пате́нтами patent marketing, trade in patents; посре́дническая ~ intermediate trade; посы́лочная ~ mail-order trade (selling), mail order; преференциа́льная ~ preferential trade; пригрannи́чная ~ frontier trade (traffic) border trade; развозна́я ~ retail delivery trade; региона́льная ~ regional trade; реэ́кспортная ~ reexport trade; ро́зничная ~ retail trade (business), retailing, retailment; свобо́дная ~ free trade; сезо́нная ~ seasonal trade; ~ с зарубе́жными стра́нами trade with foreign (other) countries; специализи́рованная ~ specialized trade; ~ с рассро́чкой платежа́ tally trade; сухопу́тная ~ land trade; ~ това́рами trade in commodities (products); ~ това́рами весе́ннего (осе́ннего) сезо́на spring (autumn) trade; транзи́тная ~ transit trade; тра́нспортная carrying trade; ~ услу́гами service trade; ча́стная ~ private trade; ~ че́рез аге́нтов business (trade) through agents; веде́ние ~и trading, carrying on trade, performance of trade; возмо́жности ~и trade (marketing) opportunities; possibility of trading; возобновле́ние ~и revival of trade; вы́ручка от ~и receipts from trade; диверсифика́ция ~и diversification of trade; дисбала́нс в ~е imbalances in trade; дискримина́ция в ~е trade ~ discrimination, discrimination in trade; догово́р о ~е treaty on commerce; засто́й в ~е business depression, stagnation of business, depressed trade; ка́чество това́ра, приго́дное для ~и merchantable quality; комите́т по ~е committee on trade; либерализа́ция ~и liberalization of trade; министе́рство ~и Ministry of Trade, *амер.* Department (Ministry) of Commerce, *англ.* Board of Trade; Министе́рство вну́тренней ~и Ministry of Internal Trade; несбаланси́рованность ~и imbalances in trade; объём ~и volume of trade (business), trade volume; ограниче́ние ~и restriction (restraint) of trade, trade barriers (restrictions), limitation on trade, restrictive trade practices; оживле́ние ~и revival of trade, recovery of business; о́трасль ~и line (kind) of business (activity); партнёры по ~е market partners; перспекти́вы ~и prospects of trade, trade prospects; поли́тика расшире́ния ~и policy of trade expansion; поме́хи в ~е business obstacles (disturbance); предме́ты ~и commercial goods, items of trade; програ́мма ~и marketing program; развёртывание ~и expansion of trade; разви́тие ~и development (expansion, extension) of trade, trade development (expansion, extension); расшире́ние ~и development (expansion, extension) of trade, trade development (expansion, extension); рост ~и growth of trade (business); состоя́ние ~и state of trade (business), trade position; спад в ~е trade recession; стимули́рование ~и promotion (boosting, expanding) of trade; структу́ра ~и, това́рная structure (pattern) of trade, trade pattern; това́р, не приго́дный для ~и unmerchantable (nonmerchantable, unsal(e)able, unmarketable) goods; това́р, приго́дный для ~и merchantable (marketable) goods, goods of merchantable quality; убы́ток от ~и trading loss; усло́вия ~и trade (trading) conditions; terms of trade; marketing facilities; финанси́рование ~и financing of trade, trade financing; баланси́ровать ~ю balance trade; вести́ ~ю trade, carry on (do) trade (traffic, business); вести́ большу́ю ~ю do much business; вести́ морску́ю ~ю traffic on the seas; возобновля́ть ~ю revive trade, reestablish business; занима́ться ~ей be in (go into) business; *амер.*, be engaged in business; монополизи́ровать ~ю monopolize trade; начина́ть ~ю open trade; ограни́чивать ~ю restrict trade; организо́вывать ~ю handle business, organize trade; осуществля́ть ~ю trade, carry on trade (traffic, business); поощря́ть ~ю encourage trade; препя́тствовать разви́тию ~и hinder trade; развива́ть ~ю develop (expand, extend, increase) trade; соде́йствовать разви́тию ~и promote (encourage, further) trade; устана́вливать (территориа́льные) ограниче́ния на ~ю place (territorial) restrictions on marketing.

торго́во-промы́шленный commercial and industrial.

торго́во-экономи́ческий trade (commercial) and economic.

торго́в|ый commercial, trade *attr.*; ~ аге́нт commercial agent; ~ое аге́нтство manufacturer's representative; ~ атташе́ commercial attaché; ~ бала́нс balance of trade, trade balance; ~ое де́ло merchanting; ~ догово́р commercial treaty; ~ дом trade house; trading/commercial firm; ~ знак brand, trademark; ~ые изде́ржки cost of marketing, selling (business) express; ~ капита́л traiding capital; ~ контра́кт bill, trade contract; ~ая ма́рка trademark; ~ая монопо́лия trade monopoly; ~ое наименова́ние trade name; ~ обы́чай commercial custom; ~ оборо́т trade turnover, volume of business; ~ые ограниче́ния trade barriers; ~о-операцио́нная эффекти́вность trade and operation efficiency; ~ая поли́тика trade policy; ~ое посре́дничество intermediate trade; ~о-промы́шленная пала́та chamber of commerce and industry; ~ое пра́во commercial law; ~ сове́тник commercial counsellor; ~ая сеть commercial network; ~ое соглаше́ние trade agreement; ~ое су́дно merchant vessel/shop; ~ флот mercantile marine, merchant navy; merchant shipping; ~ центр business center.

торгпре́д *м.* (торго́вый представи́тель) trade representative; **~ство** *с.* (торго́вое представи́тельство) Trade Delegation.

торе́ц *м.* **1.** (*грань*) butt end; **2.** (*брусок*) (wooden) paving block.

торже́ственн|ость *ж.* solemnity; **~ый 1.** (*праздничный*) festive; gala *attr.*; (*пышный*) ceremonial, grand; ~ый день gala day; ~ое заседа́ние grand meeting; ~ая часть official part; the ceremonies *pl.*; **2.** (*величественный, важный*) solemn; (*приподнятый*) uplifted; ~ый слу́чай solemn occasion; ~ая кля́тва solemn oath.

торжеств|о́ *с.* **1.** (*полная победа*) triumph; **2.** (*празднество*) festival; *мн.* celebrations; семе́йное ~ family celebration; ~а́ по слу́чаю *чего-л.* the celebrations on the occasion of *smth.*; **3.** (*радость*) triumph, exultation; с ~о́м сказа́ть *что-л.* announce *smth.* triumphantly/exultantly.

торжеств|ова́ть *несов.* **1.** (над *тв.*; *брать верх*) triumph (over); **2.** (*вн.*; *радоваться, ли-*

ковать) rejoice (over, at); ~ побе́ду rejoice over a victory; **~у́ющий** triumphant; (*ликующий*) exultant; с ~у́ющим ви́дом with an air of triumph.

торма́шк|и: полете́ть вверх ~ами fall* head over heels.

торможе́ние *с.* 1. braking; 2. *физиол.* inhibition; ~ рефле́ксов inhibition of reflexes.

то́рмоз *м.* 1. (*мн.* тормоза́) brake; автомати́ческий ~ automatic brake; ручно́й ~ handbrake; 2. (*мн.* то́рмозы) (*торможение*) braking; 3. (*мн.* то́рмозы) (*препятствие, помеха*) obstacle, hindrance; ~в рабо́те hindrance to work; ◇ на ~а́х with the brakes on; спусти́ть *что-л.* на ~а́х let* *smth.* drop quietly, drop *smth.*; нажа́ть на ~а́ to apply (step on) the brakes.

тормози́ть *несов.* 1. (*вн.*) brake (*smth.*); apply the brakes (to); 2. (*останавливаться — о машинах*) brake, pull up; 3. (*вн.*; *задерживать движение*) slow down (*smth.*); *перен. тж.* retard (*smth.*), hold* up (*smth.*), act as a brake (on); ~ рабо́ту hinder/hamper/impede work.

тормозн|о́й brake *attr.*, braking *attr.*; ~ башма́к brake shoe; ~а́я жи́дкость *тех.* brake fluid; ~а́я коло́дка brake block; ~о́й бараба́н brake drum; ~о́й путь braking distance; ~нуть to stop, come to a stop; *ирон.* to pull up.

тормоши́ть *несов.* (*вн.*) *разг.* tug (at), shake* (*smb.*); *перен.* worry (*smb.*), pester (*smb.*).

то́рн|ый *разг.* beaten, smooth; ~ая доро́га beaten track.

тороп|и́ть, поторопи́ть (*вн.*) hurry (*smb.*), hasten (*smb.*, *smth.*); (с *тв.*) press (for); ~ *кого-л.* с отве́том press *smb.* for a reply, precipitate; ~ *кого-л.* с отъе́здом hasten *smb.'s* departure; меня́ торо́пят с отъе́здом I am being urged to leave immediately; не ~и́те меня́! don't hurry me!; **~и́ться,** поторопи́ться be* in a hurry; ~и́ться на рабо́ту be* in a hurry to get to *one's* work; ~и́ться на по́езд hurry to catch the train; я о́чень ~лю́сь I'm in a great hurry; ~и́тесь! make haste! hurry up!, get a move on!; не ~и́ться be* in no hurry; не ~и́(те)сь! don't (be in a) hurry, take your time!; он не (о́чень) торо́пится отвеча́ть he is no hurry to reply; ◇ не ~я́сь deliberately, without haste.

тороплив|о hurriedly, hastily; **~ость** *ж.* haste; **~ый** hurried; (*совершённый быстро*) hasty.

торо́с *м.* ice hummock; **~истый** hummocky; ~истый лёд pack ice.

торпе́да *ж.* torpedo.

торпеди́ровать *несов. и сов.* (*вн.*) torpedo (*smth.*) (*тж. перен.*).

торпе́дный torpedo *attr.*

торпе́довец *м. спорт.* member of the "Torpedo" soccer club.

торпедоно́сец *м.* torpedo bomber.

торс *м.* 1. (*туловище*) trunk; 2. (*статуи*) torso.

торт *м.* cake.

торф *м.* peat.

торфоразрабо́тки *мн.* peatery *sg.*

торфя́н|ик *м.* (*залежь торфа*) peatbog; **~о́й** peat *attr.*; ~о́е боло́то peatbog; ~о́й брике́т peat-block.

торч|а́ть *несов.* 1. stick* up; (*выдаваться*) protrude, jut out; (*топорщиться, высовываться откуда-л.*) stick* out; ~ в ра́зные сто́роны stick* out in all directions; 2. *разг.* (*находиться где-л.*) hang* about, stick* around; он ве́чно ~и́т у меня́ пе́ред глаза́ми he always seems to be there; ~ *где-л.* це́лый день hang* about somewhere all day.

торчко́м *разг.* on end, erect.

торше́р *м.* standard lamp, floor lamp.

тоск|а́ *ж.* 1. anguish, distress; на се́рдце ~ *one* feels melancholy; наводи́ть ~у́ на *кого-л.* make* *smb.* depressed; ~ по ро́дине homesickness, nostalgia; с ~о́й wistfully; 2. (*скука*) boredom, tedium; (*уныние*) misery; кака́я ~! how dreary!; там така́я ~! it's sheer misery there!; ◇ ~ зелёная (соба́чья) indescribable (unimaginable) boredom.

тоскли́в|о 1. *нареч.* (*уныло*) drearily; 2. *в знач. сказ. безл.*: ~ бы́ло в пусты́х ко́мнатах the empty rooms were depressing; 3. *в знач. сказ.* (*дт.*): ему́ бы́ло о́чень ~ he felt utterly depressed, he felt very dreary; **~ый** 1. (*грустный*) melancholy; (*унылый тж.*) dreary; ~ый взгляд melancholy glance; ~ые глаза́ sad/wistful eyes; ~ое настрое́ние mood of depression; 2. (*наводящий тоску*) depressing.

тоскова́ть *несов.* 1. (*грустить*) be* sad/melancholy; 2. (по *дт.*) *разг.* long (for), pine (for), ~ по до́му be* homesick.

тост *м.* toast; предлага́ть, провозглаша́ть ~ за *кого-л.* propose *smb.'s* health; провозглаша́ть ~ за *что-л.* raise one's glass to *smth.*

то́стер *м.* toaster.

тот, та, то, те 1. *мн.* those; that one (*без сущ.*); и ~ и друго́й both; тем или други́м спо́собом one way or another, не ~, так друго́й one or the other, any; ни ~ ни друго́й neither; ~, кото́рый the one; ~..., кото́рый the... who, which; ~ же the same; ~ са́мый the one; он тепе́рь не ~ he's quite changed; 2. (*другой*) the other; that one; 3. (*какой нужен*) the right; не ~ the wrong; я сел не на ~ по́езд I took the wrong train; ◇ ~ или друго́й either; на том све́те in the next world; то да сё one thing and another; то, что what; я узна́л то, что хоте́л I learned what I wanted to know; то, что я узна́л, обра́довало меня́ what I learned made me very glad; (да) и то and that; and... at that; то́лько оди́н костю́м, да и то ста́рый only one suit, and that an old one, only one suit and an old one at that; не то, что not what; э́то не то, что мне на́до that is not what I wanted; не то что(бы) (it is) not that; не то что́бы я хоте́л it's not that I want to; он не то что бо́лен, а про́сто уста́л he's not exactly ill, he's just tired; (а) не то or else; всё э́то то, да не то it's not quite what is wanted.

тотализа́тор *м.* TAB (Totalizator Agency Board), tote, pari-mutuel.

тоталитари́зм *м. полит.* totalitarianism.

тоталита́рный *полит.* totalitarian.

тота́льный total.

тоте́м *м.* totem.

тотеми́зм *м. собир.* totemism.

то́-то **1.** (*в том-то и дело*) that's just it; **2.** (*вот видите*) aha!, there you are!, what did I tell you!; **3.** (*так вот почему*) so that's why; **4.** (*вот уж подлинно*) indeed (*в конце фразы*).

то́тчас at once; immediately.

точён|ый **1.** sharpened, shaped; *перен.* chiselled; ~ые но́ги shapely legs; ~ое лицо́ chiselled features *pl.*; **2.** *тех.* turned.

то́чечный **1.** *мед.* ~ масса́ж acupressure, finger, finger pressure, pressure point, compression massage, shiatsu; **2.** *кино* ~ растр polka dot raster.

точи́ло *с.* (*камень*) whetstone; (*станок*) grindstone.

точи́льщик *м.* knife grinder.

точи́ть, наточи́ть (*вн.*) **1.** (*делать острым*) sharpen (*smth.*); (*на круге тж.*) grind* (*smth.*); **2.** *тк. несов.* (*изготовлять*) shape (*smth.*) on a lathe, turn (*smth.*) out of lathe; **3.** *тк. несов.* (*разъедать*) eat* away (*smth.*); (*металл*) corrode (*smth.*); вода́ то́чит ка́мень continual dripping wears away a stone; **4.** *тк. несов.* (*мучить*) gnaw (*smb.*); (*бранить*) nag (*smb.*).

то́чк|а I *ж.* **1.** point; (*пятнышко, значок*) dot; пункти́р из то́чек dotted line; наивы́сшая ~ го́рного хребта́ highest point of mountain chain; радиотрансляцио́нная ~ radio relay station; торго́вая ~ trade outlet; ~ кипе́ния boiling point; ~ плавле́ния melting point; ~ отсчёта starting point; горя́чая ~ hot spot, trouble spot; high point; **2.** (*знак препинания*) full stop, period; ~ с запято́й semicolon; **3.** *в знач. сказ. разг.* (*конец, довольно*) that'll do!; **4.** *тех.* ~ вы́хода emergence point; ~ запира́ния cut off point; ~ измере́ния test point; ~ конта́кта point of contact; ~ перехо́да transition point; ~ размыка́ния breaking point; ~ фо́куса focal point; **5.** *эк.* ~и нулево́й при́были break-even points; ◇ сдви́нуть *что-л.* с мёртвой ~и set* *smth.* in motion; ~и соприкоснове́ния points of contact; ста́вить ~у, ~и над "и" dot the "I'" and cross the "t's"; дойти́ до ~и be at the end of *one's* tether; ~ в ~у exactly, precisely; попа́сть в ~у hit* the nail on the head; смотре́ть в одну́ ~у stare fixedly in front of one; отстоя́ть свою́ ~у зре́ния to stick to *one's* guns; бить в одну́ ~у to make a concerted action (effort).

то́чка II *ж.* **1.** (*точение*) sharpening; (*на круге тж.*) grinding; **2.** (*на токарном станке*) turning.

то́чно I *нареч.* exactly, precisely; (*правильно*) accurately; (*по времени*) punctually; ~ определи́ть *что-л.* define *smth.* precisely; ~ перевести́ *что-л.* make* a faithful/accurate translation of *smth.*, translate *smth.* accurately; прибыва́ть ~ по расписа́нию arrive exactly on time; прийти́ ~ в назна́ченное вре́мя come*/arrive punctually; ~ так же, как just as, exactly as.

то́чно II *союз* (*как*) like; (*будто, словно*) as if, as though; глаза́ ~ у́гли eyes like coals; ~ он не понима́ет as if he didn't understand; стоя́л ~ окамене́лый he stood there as if turned to stone.

то́чн|ость *ж.* precision, exactness; (*правильность*) accuracy; (*пунктуальность*) punctuality; абсолю́тная ~ absolute accuracy; возмо́жная ~ possible accuracy; ~ докуме́нтов accuracy of documents (records); максима́льная ~ maximum accuracy; необходи́мая ~ requisite accuracy; с ~остью до... to an approximation of...; с ~остью до одного́ гра́дуса to the nearest degree; с ~остью часово́го механи́зма with clock-like precision; ◇ в ~ости exactly; (*буквально*) to the letter; в ~ости испо́лнить carry out to the letter; **~ый** **1.** precise, exact; (*правильный*) accurate; ~ое вре́мя exact time; ~ые весы́ accurate scales; ~ые прибо́ры precision instruments; ~ая ко́пия exact copy; ~ый перево́д accurate translation; ~ый расчёт времени accurate timing; ~ый а́дрес exact address; ~ые инстру́кции precise instructions; что́бы быть ~ым... to be precise...; **2.** (*о человеке*) punctual; ◇ ~ые нау́ки exact sciences.

точь-в-то́чь exactly.

точня́к *нареч.* **1.** *диал.* that's the truth, you better believe it, I know what I'm talking about, really, truly; **2.** *жар.* dead cert, sure thing.

тошни́ловка *ж. разг.* "greasy spoon", "The Greasy Spoon", "dive" (shabby, cheep and often unsanitary eating house).

тошн|и́ть *несов. безл.*: меня́, его́ *и т. д.*; ~и́т I feel, he feels, *etc.* sick; меня́ ~и́т от одно́й мы́сли (об э́том) the very thought (of it) makes me sick.

то́шно *в знач. сказ. безл. разг.*: мне, ему́ *и т. д.* ~ I feel, he feels, *etc.* sick (at heart); it's sickening.

тошнот|а́ *ж.* sickness, nausea; вызыва́ть ~у́ у *кого-л.* make* *smb.* sick; э́то мне надое́ло до ~ы́ I'm sick to death of it.

то́шный **1.** *разг.* (*скучный*) tiresome, tedious; **2.** (*тошнотворный*) sickening, nauseating.

тоща́ть, отоща́ть *разг.* waste away, become* gaunt/emaciated.

то́щий **1.** emaciated, scraggy; (*о человеке тж.*) hollow-cheeked, gaunt; **2.** (*скудный*) poor, feeble; meager; ~ая по́чва poor soil; ~ая расти́тельность scanty vegetation; ~ее мя́со lean meat; ◇ на ~ желу́док on an empty stomach.

трав|а́ *ж.* grass; *мед.* herb; морска́я ~ seaweed; со́рная ~ weed; ◇ ~ ~ой it has no taste at all; хоть ~ не расти́ everything else can go to hell; как ~ ≅ tasteless as paper.

тра́верс *м.* **1.** *воен.* traverse; **2.** *тех.* traverse, crossbeam, crossarm, cross head.

трави́нка *ж.* blade of grass.

трави́ть I *несов.* (*вн.*) **1.** (*умерщвлять*) poison (*smb., smth.*); ~ мыше́й destroy mice; **2.** (*изъязвлять кислотой и т. п.*) make* (*smth.*) sore; poison (*smb., smth.*); *перен. разг.* (*мучить*) torment (*smb., smth.*); **3.** *тех.* etch (*smth.*); **4.** (*производить потраву*) damage (*smth.*); ~ посéвы damage young crops; **5.** (*на охоте*) hunt (*smth.*); *перен.* hound (*smb.*), victimize (*smb.*), persecute (*smb.*).

травúть II *несов.* (*вн.*) *мор.* ease out (*smth.*), slacken out (*smth.*), slack away (*smth.*).

травúться *несов. разг.* poison *oneself*, take* poison.

травлéние *с. тех.* etching.

трáвля *ж.* hunting; *перен.* hounding, victimization, persecution.

трáвма *ж. мед.* trauma, injury; психúческая (emotional) shock; **~úческий** traumatic.

травматúзм *м. мед.* traumatism; *разг.* injuries; произвóдственный ~ industrial injuries.

травматолóгия *ж.* traumatology.

травмúровать *несов. и сов.* (*вн.*) injure (*smb.*), damage (*smth.*).

травокосúлка *ж.* lawn mower.

травопóль|е *с.* grassland agriculture/farming; **~ный:** ~ный севооборóт grass rotation.

траво|сéяние *с.* grass cultivation; **~стой** *м.* stand/crop of grass.

травоя́дный *зоол.* herbivorous.

травян|úстый grassy; grass *attr.*; *перен. разг.* wishy-washy, watery; **~óй** grassy; grass *attr.*; ~óй покрóв herbage; ~ы́е растéния grasses; ~óго цвéта grass-green *attr.*; ~áя настóйка herb tea.

трагéд|ия *ж.* tragedy; ◇ дéлать ~ию из *чего-л.* make* a tragedy of *smth.*

трагúзм *м.* **1.** (*трагический элемент в произведении*) the spirit of tragedy; **2.** (*ужас, безысходность*) the tragedy (of); (*трагическое выражение*) tragedy.

трáгик *м.* **1.** tragedian; **2.** tragic actor.

трагикомéдия *ж.* tragicomedy.

трагúческ|и tragically; окóнчиться ~ end in tragedy; относúться ~ к *чему-л.* see* *smth.* in a tragic light; не относúтесь к этому так ~! don't be so tragic about it!; **~ий** tragic; ~ая актрúса tragic actress; ~ая гúбель tragic death; (*корабля и т. п.*) tragic loss/destruction; ~ое зрéлище tragic sight; принять ~ий оборóт take* a tragic turn.

трагúчн|ость *ж.* tragedy; **~ый** *см.* трагúческий.

традициóнный traditional.

традúци|я *ж.* tradition; по ~и to keep* up the tradition; войтú в ~ю become a tradition; оснóвываться на ~ях be based on traditions.

траектóрия *ж.* trajectory, path.

тракт *м.* highway; ◇ желýдочно-кишéчный ~ alimentary canal.

трактáт *м.* **1.** (*научное сочинение*) treatise; **2.** (*договор*) treaty.

трактáция *ж.* (*переговоры, предшествующие заключению контракта*) making a contract.

трактовáть *несов.* **1.** (о *пр.*; *излагать*) treat (of) deal* (with); discuss (*smth.*); **2.** (*вн.*; *истолковывать*) interpret (*smth.*); **~овáться** *несов.* be* treated; о чём ~ýется в э́той кнúге? what is this book about?

тракт|óвка *ж.* interpretation, reading.

трáктор *м.* tractor; колёсный ~ wheeled tractor.

трактори́ст *м.*, **~ка** *ж.* tractor driver.

трáкторн|ый tractor *attr.*; ~ завóд tractor works; ~ая колóнна column of tractors.

трал *м.* **1.** (*рыболовный*) trawl; **2.** (*минный*) sweep; **3.** (*для исследования дна*) trawl.

трáлить *несов.* (*вн.*) **1.** trawl (*smth.*); **2.** *воен. мор.* sweep* (*smth.*); **3.** (*исследовать дно*) trawl (*smth.*).

трáльщик *м.* **1.** (*рыболовное судно*) trawler; **2.** (*рыболов*) trawlerman*; **3.** *воен. мор.* minesweeper.

трамб|овáть *несов.* (*вн.*) ram (*smth.*). **~óвка** *ж.* **1.** (*действие*) ramming; **2.** (*машина*) rammer, beetle; (*инструмент*) ram.

трамвá|й *м.* **1.** (*городская электрическая дорога*) tramway, tram service; **2.** (*вагон*) tram, tramcar; streetcar *амер.*; éхать на ~е take* the tram, tram; садúться в ~ get* on the tram; ◇ речнóй ~ river launch.

трамвáйн|ый tram *attr.*; ~ая остановка tram stop; ~ парк tram depot.

трамп *м. мор.* tramp, tramp vessel (steamer); cargo tramp.

трáмповый *мор.* tramping, tramp.

трамплúн *м. спорт.* springboard; (*лыжный*) ski jump; *перен.* jumping-off place.

трамтарарáм *м. разг.* row, racket; устрóить ~ из-за пустякóв to blow *smth.* out of (all) proportion.

транжúр|а *м. и ж. разг.* spendthrift, wastrel; **~ить** *несов.* (*вн.*) *разг.* squander (*smth.*).

транзúстор *м.* **1.** (*полупроводник*) transistor; **2.** (*приёмник*) transistor radio; **~ный** transistor *attr.*

транзúт *м.* transit; **~ный** transit *attr.*; ~ная вúза transit visa; ~ные перевóзки goods in transit; ~ный билéт transit ticket; стрáна ~а transit country; ~ом in transit, on passage; ~ом чéрез территóрию in transit via the territory.

транквилизáтор *м.* tranquilizer.

транс *м.* trans; по ~у against trans; номéр ~а trans number.

трансагéнство removal or moving company.

трансáкция *ж. фин.* transaction; бáнковская ~ bank transaction; бúржевая ~ stock exchange transaction; валю́тная ~ currency (exchange) transaction; финáнсовая ~ financial transaction.

трансатлантúческий transatlantic.

трансивер *м. радио* transceiver.

трансконтинентáльный transcontinental.

транскрибúровать *несов. и сов.* (*вн.*) *лингв.* transcribe (*smth.*).

транскрúпция *ж. лингв.* transcription.

транслúровать *несов. и сов.* (*вн.*) transmit (*smth.*), broadcast (*smth.*); ~ концéрт broadcast a concert.

транслитерáция *ж. лингв.* transliteration.

трансляциóнн|ый transmitting; ~ая сеть transmitting/broadcasting system.

трансля́ция *ж.* 1. transmitting, broadcasting; ~ футбо́льного ма́тча broadcasting of a football match; 2. *разг.* (*то, что передаётся*) broadcast, transmission.

трансми́ссия *ж.* transmission.

транспара́нт *м.* 1. streamer, placard; 2. (*разлинованная бумага*) lined paper.

тра́нспорт *м.* 1. (*отрасль народного хозяйства*) transport; железнодоро́жный ~ rail transport; городско́й ~ urban transport; вид ~а type (kind, form) of transportation, transportation means; грузооборо́т ~а freight turnover; загру́зка ~а в обра́тном направле́нии provision of return loads; зато́р ~а traffic congestion; пото́к ~а traffic flow; пропускна́я спосо́бность ~а traffic capacity; систе́ма ~а transport system; отправля́ть железнодоро́жным ~ом dispatch by rail; перевози́ть железнодоро́жным ~ом carry (move, transport) by rail (railway, railroad); 2. (*перевозка*) transport, transportation; 3. (*партия грузов*) consignment; 4. *воен.* transport, train; 5. (*судно*) supply ship; (*с войсками*) troop transport, troopship.

транспортёр *м.* 1. *тех.* conveyer; 2. *воен.* carrier.

транспорти́р *м.* protractor.

транспорти́ровать *несов. и сов.* (*вн.*) transport (*smb.*, *smth.*); convey (*smb.*, *smth.*).

транспортиро́вка *ж.* transportation; автомоби́льная ~ transportation by road; ~ внутри́ страны́ internal transportation; ~ в обо́их направле́ниях transportation in both directions; возду́шная ~ air carriage, transportation by air; ~ гру́зов carriage (transport, convergence, shipment) of cargo, carriage (transport) of freight, freight (transport), freightage; ~ иностра́нных гру́зов транзи́том carriage of foreign transit cargoes; конте́йнерная ~ container transportation; ~ к предприя́тию carriage inwards; морска́я ~ transportation by sea, sea transportation; ~ от предприя́тия carriage outwards; ~ пусты́х конте́йнеров обра́тная back haul of empty containers; ~ ра́зными ви́дами тра́нспорта transportation by combined transport; сухопу́тная ~ overland transportation; вид ~и type (mode) of conveyance (transportation); вре́мя ~и period of transportation; изде́ржки по ~е transportation expenses (costs), transfer (haulage) costs; пла́та за ~у transportation charges; расхо́ды на ~у transportation expenses (costs), transfer (haulage) costs; риск при ~е transport risk; спо́соб ~и method (mode, way) of transportation (conveyance); сто́имость ~и carriage, freight (charges), transport charges, cost of transportation (haulage); страхова́ние от ри́сков при ~е transport insurance; усло́вия ~и terms of transportation, transport conditions, transport clause; обеспе́чивать ~у provide (secure) transportation; упако́вывать для возду́шной ~и pack for air freight (airshipment); при ~е in transit, during transportation.

тра́нспортник *м.* transport worker.

тра́нспортный transport *attr.*; ~ые сре́дства means transportation; ~ая авиа́ция air transport service; transport aircraft *собир. pl.*

трансфе́рт *м. фин.* (*перевод денежных сумм*) transfer; (*документ*) transfer (deed), deed of transfer; ба́нковский ~ bank transfer; креди́тный ~ credit transfer; ~ при́были transfer of profit; получа́тель по ~у transferee; прекраще́ние регистра́ции ~ов closing (of) the transfer books; **~ный**: ~ная цена́ (*цена, используемая при взаимообмене товарами и услугами*) transfer price; ~ные платежи́ transfer payments.

трансформа́тор *м.* 1. *эл.* transformer; ~ с пла́вной регулиро́вкой variance control; ~ то́ка current transformer; 2. (*актёр*) quick-change artist; **~ный** transformational *attr.*

трансформа́ция *ж.* transformation, conversion.

трансформи́рова|ть *несов. и сов.* (*вн.*) transform (*smth.*), convert (*smth.*); **~ние** *с.*: ~ние виделе́нты на кинофи́льм image transform.

транше́я *ж.* trench.

трап *м. мор.* ladder; авиацио́нный ~ air stairs; бага́жный ~ baggage ramp; бортово́й ~ jetway ramp; встро́енный ~ internal stairs; входно́й ~ entrance stairs, boarding ramp; грузово́й ~ loading ramp; пассажи́рский ~ boarding bridge, passenger bridge (steps); передвижно́й ~ mobile stairway.

тра́пеза *ж.* meal; дели́ть ~у to share a meal.

трапе́ция *ж.* 1. (*фигура*) trapezium; 2. (*гимнастический снаряд*) trapeze.

тра́сса *ж.* 1. (*направление*) route; ~ нефтепро́вода route of a pipeline; 2. (*дорога, путь*) road; автомоби́льная ~ motor road; возду́шная ~ airway.

трасса́нт *м. фин.* drawer.

трасса́т *м. фин.* drawee.

трасси́рующ|ий *воен.* tracer *attr.*; ~ая пу́ля tracer (bullet).

тра́та *ж.* 1. (*действие*) spending; ~ де́нег spending (of money); ~ вре́мени spending of time; 2. *обыкн. мн.* (*расход*) expenditure(s); spending *sg.*, expense *sg.*; напра́сная ~ waste, unnecessary expenditure.

тра́тить, истра́тить, потра́тить (*вн.*) spend* (*smth.*); (*о времени, энергии тж.*) expend (*smth.*); ~ напра́сно waste; не ~ слов waste no words; **~ся**, истра́титься, потра́титься 1. (*расходовать свои деньги*) spend* money; 2. (*расходоваться*) be* spent, be* used.

тра́тта *м. фин.* bill of exchange, draft; acceptance; ба́нковская ~ bank draft; встре́чная ~ redraft; комме́рческая ~ commercial draft; сро́чная ~ time draft; срок платежа́ по ~е maturity of a draft; плати́ть ~ой pay by draft.

тра́улер *м.* trawler.

тра́ур *м.* mourning; в глубо́ком ~е in deep mourning; носи́ть ~ по *ком-л.* be* in mourning for *smb.*; **~ный** mourning *attr.*; (*похоронный*) funeral; (*скорбный*) mournful; ~ный марш funeral/dead march; ~ная повя́зка crape band; ~ная ра́мка black border.

трафаре́т *м.* stencil; *перен.* routine, set/stereotyped pattern; (*литературный*) cliche; распи́сывать по ~у stencil; **~ный** stencilled; *перен.* conventional, stereotyped; hackneyed; ~ная улы́бка artificial/conventional smile; ~ные фра́зы set phrases.

трах bang!

трахе́я *ж. анат.* trachea.

тра́хнуть *сов. разг.* knock, bang; fuck; ~ *кого-л.* по голове́ knock *smb.* on the head; ~ кулако́м по столу́ bang *one's* fist on the table; что́-то ~ло there was a bang; ~ из ружья́ loose* off with a gun.

трахо́ма *ж. мед.* trachoma.

тре́бование *с.* **1.** demand; по пе́рвому ~ю as soon as demanded; по ~ю суда́ by order of the court; по ~ю пу́блики by public demand; по настоя́тельному ~ю *кого-л.* at the urgent request of *smb.*; остано́вка по ~ю (tram, bus) request stop; **2.** *обыкн. мн.* (*норма*) requirements, standards; технологи́ческие ~я technological standards; отвеча́ть ~ям *чего-л.* meet* the requirements of *smth.*; предъявля́ть высо́кие ~я к *кому-л.* place exacting demands upon *smb.*; **3.** *обыкн. мн.* (*обязательные правила*) standards, demands; ~я ве́жливости standards of courtesy; **4.** *обыкн. мн.* (*потребности, запросы*) requirements, demands; культу́рные ~я о́бщества cultural requirements/needs of society; **5.** (*документ*) requisition, order, claim, request.

тре́бовательность *ж.* insistence (on high standard); ~ к себе́ self-discipline; **~ый** exacting, demanding; он сли́шком тре́бователен he is too exacting/demanding.

тре́б|овать, потре́бовать **1.** (*вн.*, *рд.* от *рд.*, + *инф.*, + что́бы) demand (*smth.* from, of); (*по праву*) claim (*smth.* from); (*ожидать*) require (*smth.* of); ~ про́пуск demand *smb.'s* pass; ~ повыше́ния зарпла́ты demand wage increases; ~ объясне́ния от *кого-л.* demand an explanation from *smb.*; он ~овал сократи́ть объём рабо́т he demanded that the amount of work should be reduced; он ~овал, что́бы племя́нник оста́лся в Москве́ he demanded that his nephew should stay in Moscow, he insisted on his nephew's staying in Moscow; вы сли́шком мно́го ~уете от ребёнка you ask too much of the child*; **2.** *тк. несов.* (*рд.*, + *инф.*, + что́бы; *обязывать к чему-л.*) demand (*smth.*), require (*smth.*); справедли́вость ~ует сказа́ть, что... it must be said in justice that...; этике́т ~овал, что́бы... etiquette required that...; **3.** (*рд.*; *нуждаться*) need (*smth.*), require (*smth.*); э́ти расте́ния ~уют мно́го воды́ these plants require/need of water; э́та рабо́та тре́бует большо́го иску́сства this work demands/requires great skill; **4.** (*вн.*; *вызывать*) ask (for), call (*smb.*) in; вас ~ует дире́ктор the director wants to see you; **~оваться**, потре́боваться be* required/needed; ~уется бо́льшое му́жество, что́бы... much courage is required to...; ~уется машини́стка typist wanted/required; на э́то ~уется мно́го вре́мени this takes a lot of time.

требуха́ *ж.* offal, tripe.

трево́г|а *ж.* **1.** (*беспокойство*) alarm, anxiety; быть в ~е be* in state of anxiety; **2.** (*сигнал опасности*) alarm, alert; подня́ть ~у raise the alarm; боева́я ~ battle alert; *мор.* general quarters; возду́шная ~ air-raid warning/alert.

трево́жить, встрево́жить, потрево́жить (*вн.*) **1.** *сов.* встрево́жить (*вызывать беспокойство*) alarm (*smb.*), worry (*smb.*), make* (*smb.*) uneasy; **2.** *сов.* потрево́жить (*нарушать покой*) disturb (*smb.*, *smth.*); **~ся**, встрево́житься be* uneasy/worried about; become*/get* anxious/nervous.

трево́жн|ый **1.** (*неспокойный*) uneasy, anxious, disturbed, troubled; ~ые мы́сли troubled/anxious thoughts; ~ая ночь anxious night; ~ моме́нт anxious moment; ~ сон troubled sleep; ~ взгляд uneasy look; **2.** (*тревожащий*) alarming, disquieting, disturbing; ~ые слу́хи alarming rumors; ~ые ве́сти disturbing news; **3.** (*исполненный опасности*) critical, anxious; **4.** (*предупреждающий*) alarm *attr.*; ~ые гудки́ warning hoots/blasts.

треволне́ние *с.* trouble, bother.

трегла́вый **1.** with three cupolas; **2.** three-headed.

тред-юнио́н *м.* trade union.

тре́звенник *м. разг.* teetotaller, total abstainer.

трезве́ть, отрезве́ть become* sober, sober down.

тре́зво soberly; ~ относи́ться к *чему-л.* take* a sober/common-sense view of *smth.*

трезво́н *м.* peal (of bells).

трезво́нить, растрезво́нить **1.** *тк. несов.* (*о колоколах*) peal; **2.** (*вн.*) *разг.* (*разглашать*) trumpet (*smth.*), proclaim (*smth.*); **3.** (о *пр.*; *распускать слухи*) gossip (about); ~ по всему́ го́роду to proclaim from the rooftops.

тре́зв|ость *ж.* **1.** sobriety, sober state, soberness; **2.** (*воздержание*) abstinence; **3.** (*взглядов и т. п.*) balance, clarity, soberness; ~ ума́ coolheadedness; **~ый** **1.** (*не пьяный*) sober; быть в ~ом состоя́нии be* sober; **2.** *разг.* (*непьющий*) abstinent; **3.** (*здравый, рассудительный*) sober, sober-minded, sane; ~ое отноше́ние к *чему-л.* matter-of-fact attitude to *smth.*; челове́к ~ого ума́ sober-minded individual; ~ый взгляд на ве́щи sober/sensible view of things.

трезу́бец *м.* trident.

трек *м. спорт.* track; (*для бега тж.*) cinder-track.

треклятый *разг.* accursed.

трель *ж.* trill; ~и соловья́ trilling/jugging of the nightingale.

трелья́ж *м.* **1.** trellis; **2.** three-leaved mirror.

тренажёр *м.* **1.** training apparatus (device); **2.** гребно́й ~ rowing machine.

тре́нер *м.* trainer; (*спортивной команды тж.*) coach; по лёгкой атле́тике track coach.

тре́ние *с.* **1.** friction; **2.** *мн.* (*разногласия*) friction *sg.*; **3.** rubbing.

тренирова́ть, натренирова́ть (*вн.*) train (*smb.*, *smth.*); (*спортсменов, спортивную команду тж.*) coach (*smb.*, *smth.*); ~ па́мять train *one's* memory; **~ся**, натренирова́ться (в *пр.*) train *oneself* (in), practise (*smth.*), go into training.

трениро́вк|а *ж.* training, work out; провести́ ~у hold* practice; проходи́ть ~у be* in training; дневни́к ~ок training diary, personal training log; ме́тод ~и training program; психомы́шечная ~ biofeedback training.

трениро́вочн|ый training *attr.*, practice; ~ матч practice-match; ~ костю́м track-suit; ~ое заня́тие training session, workout.

трено́га *ж.* tripod.

трено́жить, стрено́жить (*вн.*) hobble (*smth.*).

трено́жник *м. см.* тренога.

тре́нькать *несов. разг.* strum.

трёп *м. разг.* talk, twaddle; без ~а seriously.

трепа́к *м. жар.* clap (gonorrhoea).

трепан|а́ция *ж. мед.* trepanation; ~ че́репа trepanation of the skull; **~и́ровать** *несов. и сов.* (*вн.*) *мед.* trepan (*smth.*).

трепану́ть *сов. разг.* ravage.

трепа́ть, потрепа́ть (*вн.*) 1. pull (*smth.*) about, tumble (*smth.*), rumple (*smth.*); (*волосы тж.*) tousle (*smth.*); (*о ветре*) make* (*smth.*) flutter; 2. (по *дт.*; *похлопывать*) pat (*smb.*, *smth.*); ~ *кого-л.* по плечу́, щеке́ pat *smb.'s* shoulder, cheek; pat *smb.* on the shoulder, cheek; 3. *разг.* (*одежду, обувь*) wear* out (*smth.*); (*книгу*) knock (*smth.*) about; 4. *тк. несов.* (*волокно*) scutch (*smth.*), swingle (*smth.*); ◇ ~ *кому-л.* не́рвы jar on *smb.'s* nerves, fray *smb.'s* nerves; ~ языко́м jabber; **~ся**, потрепа́ться 1. *тк. несов.* (*развеваться*) flutter, wave; 2. *разг.* (*изнашиваться*) wear* out; be* the worse for wear; (*о книгах*) be*/become tattered.

трепа́ч *м. разг.* blabbermouth, blatherskite, blatherer.

тре́пет *м.* 1. (*мелкая дрожь*) quivering, trembling; (*подёргивание*) twitching; (*о биении сердца*) palpitation; 2. (*волнение от какого-л. сильного чувства*) excitement; *перен.* (*проявление чего-л.*) throb, throbbing, pulsation; с ~ом eagerly; приводи́ть *кого-л.* в ~ throw* *smb.* into a state of anxiety; приводи́ть *кого-л.* в ра́достный ~ put* *smb.* into a flutter of joy; 3. (*страх*) trepidation; приходи́ть в ~ be* seizes with trepidation.

трепета́ть *несов.* 1. (*дрожать*) flutter, quiver; (*биться, содрогаться*) twitch, be* convulsed; (*о сердце*) palpitate; (*мерцать*) flicker; 2. (*быть охваченным волнением*) tremble, quiver; *перен.* (*пробиваться, проявляться*) throb, pulsate; ~ от сча́стья quiver with joy; 3. (*перед тв.*, при *пр.*; за *вн.*; *испытывать страх*) tremble (before, for); за *кого-л.* tremble for *smb.*; ~ при мы́сли о *чём-л.* tremble at the thought of *smth.*

тре́петн|ый 1. quivering; 2. (*тревожный*) anxious; (*взволнованный*) vibrant; ~ое ожида́ние breathless expectation; 3. (*робкий, боязливый*) fearful.

трёпк|а *ж.* 1. (*волокна*) scutching; 2. *разг.* (*порка*) thrashing, trouncing; зада́ть ~у *кому-л.* give* *smb.* a thrashing/trouncing; ◇ ~ не́рвов strain on the nerves.

трепало́гия *ж. разг.* boasting, bragging; idle talk, bullshit.

трепыха́ться *сов. разг.* flutter, quiver.

треск *м.* 1. cracking, crackle; (*шум от резких ударов*) crash; ~ огня́ crackling of the flames; ~ су́чьев cracking of twigs; 2. *разг.* (*шумиха*) flourish, noise, fuss, ballyhoo; без шума и ~а without any fuss; ◇ с ~ом ignominiously; пьеса провали́лась с ~ом the play was a complete flop.

треска́ *ж.* cod(-fish).

тре́скать *сов. жарг.* guzzle.

тре́скаться, потре́скаться crack; (*о коже тж.*) chap.

трескотня́ *ж. разг.* crackle, crackling; *перен.* (*болтовня*) chatter, cackle; ~ пулемётов rattle of machine-gun fire.

треску́ч|ий *разг.* 1. crackling; (*о звуках тж.*) staccato; (*о голосе*) grating, harsh; 2. (*высокопарный*) high-flown, pompous, pretentious; ~ая фра́за high-sounding phrase; ◇ ~ моро́з ringing/hard frost.

тре́сн|уть *сов.* 1. (*дать трещину*) crack; (*лопнуть*) burst*; 2. (*издать звук*): что-то ~уло there was a cracking sound.

трест *м.* 1. trust; 2. мозгово́й ~ brain trust.

трете́йский: ~ суд court of arbitration; ~ судья́ arbiter.

тре́т|ий the third; ◇ ~ьего дня the day before yesterday; ~ звоно́к third/final bell; в ~ьем лице in the third person; из ~ьих рук at third-hand; стра́ны "~ьего ми́ра" Third-World countries; ~ье сосло́вие *ист.* third estate; ~ья сторона́ third party.

трети́ровать *несов.* (*вн.*) treat (*smb.*) slightingly, snub (*smb.*).

трети́чный *геол. мед.* tertiary, ternary.

трет|ь *ж.* a third, one third; две ~и two-thirds.

тре́тье *с.* (*блюдо*) third course, the sweet; на ~ for the sweet/desert; for afters *разг.*

третьекла́ссн|ик *м.* third-form boy; **~ица** *ж.* third-form girl.

третье|со́ртный third-rate; **~степе́нный** trivial; (*низкосортный*) third-rate.

треуго́лка *ж.* cocked hat.

треуго́льник *м.* triangle. **~ый** triangular.

трефо́вый *карт.* of clubs *после сущ.*

тре́фы *мн. карт.* clubs.

трёхгоди́чный three-year *attr.*

трёхгодова́лый three-year-old; of three *после сущ.*

трёхгра́нный 1. triple-edged; 2. *мат.* trihedral.

трёхдне́вный three-day *attr.*; в ~ срок (with) three days.

трёхколёска *ж. разг.* tricycle.

трёхколёсный three-wheeled; ~ велосипе́д tricycle.

трёхко́мнатный three-room *attr.*; ~ кварти́ра three-room flat.

трёхле́тний 1. (*о сроке*) three-year *attr.*; of three years *после сущ.*; **2.** (*о возрасте*) three-year-old; of three *после сущ.*; ~ ребёнок three-year-old child*, child* of three.

трёхлине́й|ка *ж.*: ~ная винто́вка 375 rifle.

трёхли́стный *бот.* trifoliate.

трёхме́рный three-dimensional.

трёхме́стный three-seater *attr.*

трёхме́сячный 1. (*о сроке*) three months'; three-month *attr.*; **2.** (*о возрасте*) three-month-old; of three months *после сущ.*; ~ ребёнок three-month-old baby, baby of three months.

трёхнеде́льный 1. (*о сроке*) three-week *attr.*; ~ о́тпуск three-weeks' holiday; **2.** (*о возрасте*) three-weeks-old; of three weeks *после сущ.*; ~ ребёнок baby of three weeks.

трёхо́сный triaxial.

трёхпа́л|ый *зоол.* tridactylous; ~ая ча́йка kittiwake.

трёхпроце́нтный three-per-cent *attr.*

трёхра́зов|ый: ~ое пита́ние three meals a day.

трёхсло́жн|ый trisyllabic; ~ое сло́во trisyllable.

трёхсо́тый three-hundredth.

трёхство́льный three-barrelled.

трёхство́рчатый three-leaved.

трёхсторо́нн|ий 1. three-sided, trilateral; **2.** *дип.* tripartite, three-party *attr.*; ~ догово́р three-power treaty; ~ее соглаше́ние tripartite agreement.

трёхто́нка *ж. разг.* three-ton truck.

трёхступе́нчат|ый three-stage *attr.*

трёхцве́тный three-color *attr.*; (*о флаге*) tricolor.

трёхчасово́й 1. three-hour *attr.*; of three hours *после сущ.*; **2.** (*назначенный на три часа*) three-o-clock *attr.*

трёхчле́н *м. мат.* trinomial.

трёхэта́жный three-story *attr.*; ~ дом three-story house.

трещ|а́ть *несов.* **1.** crackle; (*о будильнике*) buzz; (*о льде*) crack; (*о барабане*) rattle; roll; (*о кузнечиках*) chirp; **2.** *разг.* (*болтать*) chatter, jabber; **3.** *разг.*: у меня́ голова́ ~и́т I have a splitting headache; ◇ ~ по всем швам to go to pieces; ~а́т моро́зы there is a ringing frost.

тре́щин|а *ж.* crack; (*в земле, скале и т. п. тж.*) fissure, rift; *перен.* (*неблагополучие в чём-л.*) defect, something wrong; (*разлад, расхождения*) rift; дать ~у be* cracked; их дру́жба дала́ ~у their friendship began to show signs of strain; *мед.* ~ кости stress fracture.

трещо́тка *ж.* **1.** rattle; **2.** *разг.* (*болтун*) chatterbox; **3.** *мех.* ratchet; ручна́я ~ ratchet drill.

три three.

триа́да *ж.* triad.

триангуля́ция *ж. мат.* triangulation.

трибу́н *м.* tribune.

трибу́н|а *ж.* **1.** (*для оратора*) rostrum (*pl.* -ra, -rams), tribune, (speaker's) platform, podium; *перен.* forum; подня́ться на ~у mount the rostrum/platform; **2.** (*для зрителей*) stand; ~ы стадио́на the stands.

трибуна́л *м.* tribunal; вое́нный ~ military tribunal.

тривиа́льность *ж.* triviality, banality, triteness.

тривиа́льный trivial, banal, trite.

тригонометри́ческ|ий trigonometric(al); trigonometry *attr.*; ~ие фу́нкции trigonometrical functions; ~ие табли́цы trigonometrical tables.

тригономе́трия *ж.* trigonometry.

три́девять: за ~ земе́ль far, far away, in far distant lands; at the other end of the world.

тридцатиле́т|ие *с.* **1.** (*период*) thirty years *pl.*; **2.** (*годовщина*) thirtieth anniversary; **~ний 1.** (*о сроке*) thirty-years *attr.*; of thirty years *после сущ.*; **2.** (*о возрасте*) thirty-years-old; of thirty *после сущ.*

тридца́т|ый thirtieth; ~ые го́ды thirties.

три́дцать thirty; в ~и́ киломе́трах within thirty kilometers.

триеди́ный *библейск.*: ~ Бог The Triune God.

три́ер *м. с.-х.* grain cleaner, grader; separater.

три́жды three times; thrice *поэт.*; ~ два три *и т. д.* three twos, threes, *etc.*

три́зна *ж. ист.* funeral feast.

трико́ *с. нескл.* **1.** (*шерстяная ткань*) tricot; **2.** (*одежда*) tights *pl.*; **3.** (*женские панталоны*) knickers *pl.*

трикота́ж *м.* **1.** (*ткань*) knitted fabric; (*шерстяной*) jersey; **2.** *собир.* (*изделия*) knitted goods *pl.*, knitwear; **~ный** (machine-) knitted; (*из шерсти*) jersey *attr.*; ~ная фа́брика knitted goods factory; ~ная ко́фточка knitted jumper.

трили́стник *м.* **1.** trefoil; *бот. тж.* red clover; ~ ползу́чий white clover; **2.** (*на эмблемах*) trefoil.

три́ллер *м.* thriller.

триллио́н *м.* billion; trillion *амер.*

трило́гия *ж.* trilogy.

триме́стр *м.* term.

тримминг *м. торг.* trimming.

тринадцатиле́тний 1. (*о сроке*) thirteen-year *attr.*; the thirteen years *после сущ.*; **2.** (*о возрасте*) thirteen-year-old; of thirteen *после сущ.*

трина́дцатый thirteenth.

трина́дцать thirteen.

трино́м *м. мат.* trinomial.

три́о *с. нескл.* trio.

трио́ль *ж. муз.* triplet.

три́плекс *м. стр.* triplex.

три́ппер *м. мед.* gonorrhoea.

трисвято́е Trisagion Gk. 'thrice-holy'. The words 'Holy God, Holy and Mighty, Holy and Immortal, have mercy upon us'. They are usually repeated three or more times.

три́ста three hundred.

трито́н *м. зоол.* newt.

триу́мф *м.* triumph.

триумфа́льн|ый triumphal; (*победный тж.*) triumphant; ~ая а́рка arch of triumph; ~ое ше́ствие triumphal procession.

тро́гательн|о touchingly, movingly; **~ый** touching, moving, pathetic; ~ая по́весть moving story; ~ая забо́тливость touching consideration.

тро́г|ать, тро́нуть (*вн.*) 1. touch (*smb.*, *smth.*); рука́ми не ~! do not touch!; не ~ *кого-л.* leave* *smb.* alone; 2. (*вызывать сочувствие*) affect (*smb.*); (*умилять*) touch (*smb.*), move (*smb.*); ~ *кого-л.* до слёз move (*smb.*) to tears; э́то меня́ не ~ет it leaves me cold; 3. (*начинать движение*) *см.* тро́гаться; тро́гай! you can start!; get going! *разг.*; **~аться**, тро́нуться start, begin* to move; ~аться в путь set* out; по́езд тро́нулся the train started; он не тро́нулся с ме́ста he didn't budge; ◇ ну ~ай! go ahead! get going.

тро́е three; нас ~ there are three of us.

троебо́рье *с. спорт.* triple event, triple combination.

троекра́тн|о three times; **~ый** triple; thrice-repeated.

Тро́иц|а *ж.* 1. *библ.* Trinity; ~ын день Trinity; Whitsun (day); 2. *разг.* trio.

тро́йк|а *ж.* 1. (*цифра, игральная карта*) a three; (*отметка*) "fair," three (out of five); получи́ть ~у по исто́рии get* a "fair" for/in history; 2. (*лошадей*) troika; (*об экипаже тж.*) carriage and three; 3. (*костюм*) three-piece suit.

тройни́к *м.* 1. object or measure containing three units; 2. *тех.* tee; T-joint, T-pipe, T-bend; 3. *эл.* branch box, T-junction box.

тройн|о́й triple; штраф в ~о́м разме́ре triple fine; ◇ ~о́е пра́вило *мат.* rule of three; ~ прыжо́к *спорт.* triple jump.

тро́йня *ж.* triplets *pl.*

тро́йственный triple.

тролле́йбус *м.* trolleybus; **~ный** trolleybus *attr.*

тромб *м. мед.* thrombus, blood clot.

тромбо́з *м. мед.* корона́рный ~ coronary thrombosis.

тромбо́н *м.* trombone.

трон *м.* throne; вступи́ть на ~ ascend/mount the throne.

тро́н|уть *сов.* 1. *см.* тро́гать; 2. (*вн.*; *о морозе и т. п.*) touch (*smth.*), affect (*smth.*); моро́зом ~уло цветы́ the flowers have been touched/nipped by the frost; **~уться** *сов.* 1. *см.* тро́гаться; 2. *разг.* (*помешаться*) be* touched; он немно́го ~улся he is slightly touched; 3. *разг.* (*испортиться*) turn, go* off; go to bad.

тропа́ *ж.* path; (*глухая*) trail.

Тропа́рь *м.* Troparion (hymn); пасха́льный ~ Easter (Paschal); *Христос воскресе из мертвых смертию смерть поправ и сущим во гробех живот даровав* Christ is risen from the dead, trampling down Death by death, and upon those in the tomb bestowing life; Поклоне́ния *Кресту Твоему поклоняемся, Владыко, и святое воскресение Твое славим* Thy Cross do we adore, O master, and thy holy Resurrection do we glorify; Креста́: *Спаси, Господи, люди Твоя и благослови достояние Твое...* O Lord, save thy people, and bless thine inheritance...

тро́пик *м.* 1. tropic; ~ Ра́ка tropic of Cancer; ~ Козеро́га tropic of Capricorn; 2. *мн.* (*жаркий пояс*) the tropics.

тропи́нка *ж.* path.

тропи́ческ|ий tropical; ~ая лихора́дка jungle fever; ~ по́яс torrid zone; ~ая жара́ tropical heat.

тропосфе́ра *ж.* troposphere.

трос *м. мор. тех.* rope, cable, hawser; букси́рный ~ towrope, towline.

тости́нка *ж.* thin reed.

тростни́к *м.* reed; (*камыш*) bulrush; ◇ са́харный ~ sugarcane.

тро́сточка *ж.*, **трость** *ж.* (walking) stick.

трость *ж.* 1. *муз.* reed; 2. walking stick.

тротуа́р *м.* pavement; sidewalk *амер.*; дви́жущийся ~ moving pavement.

трофе́й *м.* 1. *чаще мн.* (*военная добыча*) spoils of war; booty *sg.*; 2. (*вещественная память о какой-л. победе*) trophy; **~ный** captured.

троюро́дн|ый: ~ брат, ~ая сестра́ second cousin.

троя́к|ий triple, threefold; ~им о́бразом in three ways.

труб|а́ *ж.* 1. pipe; (*дымовая*) chimney; (*фабричная тж.*) stack; (*паровоза, парохода*) funnel, stack; тру́бы парово́го отопле́ния steam-heating pipes; ~ телеско́па telescope tube; 2. *муз.* trumpet; 3. *анат.* tube; ◇ вы́лететь в ~у́ go* bust, go* smash; crumple; де́ло ~ things are in a bad way; it's a wash-out; пусти́ть в ~у́ blow, squander.

трубаду́р *м.* troubadour.

труба́ч *м.* trumpeter; trumpet player.

труб|и́ть, протруби́ть 1. blow*, trumpet; ~ в трубу́ blow*/sound the trumpet; 2. (*звучать*) sound; тру́бы ~я́т the trumpets are sounding; 3. (*вн.*; *подавать сигнал*) sound (*smth.*); ~ трево́гу sound the alarm; 4. (*о пр.*; *разглашать*) trumpet (*smth.*); proclaim (*smth.*) (from the rooftops), blare out (*smth.*).

тру́бк|а *ж.* 1. tube; (*зажигательная*) fuse; рези́новая ~ rubber tube; рентге́новская ~ X-ray (focus) tube; электро́нно-лучева́я ~ (*телевизора*) electron-ray tube; cathod-ray tube; 2. (*телефонная*) receiver; положи́ть (пове́сить) ~у hang up; возьми́ паралле́льную ~у listen on the (telephone) extension; *разг.* я возьму́ ~у I'll get it; I'll go; 3. (*курительная*) pipe; 4. (*свёрток*) roll; сверну́ть *что-л.* в ~у roll *smth.* up; 5. алкого́льно-респирато́рная breathalyser, breathtester.

тру́бный trumpet *attr.*; of a trumpet *посл. сущ.*

трубопрово́д *м.* pipeline, conduct.

трубопрока́тный tube-rolling, pipe-rolling; стан tube(-rolling) mill.

трубочи́ст *м.* chimney sweep.

трубочи́стка *ж.* smoke's companion.

тру́бчатый tubular.

труд *м.* 1. work, labor; (*тяжёлый, однообразный*) toil; *мн.* (*занятия, хлопоты*) affairs; охра́на ~а́ protection of labor; высококвалифици́рованный ~ highly skilled labor; непроизводи́тельный ~ inefficient labor; ~ порто́вых рабо́чих dock labor; продукти́вный ~ productive labor; ручно́й ~ manual labor; затра́ты ~а́ labor input; интенси́вность ~а́ labor intensity; норми́рование ~а́ rate (work quota) setting; опла́та ~а́ remuneration of labor; организа́ция ~а́ на предприя́тии organization of labor at an enterprise; охра́на ~а́ labor protection, working safety; производи́тельность ~а́ productivity (efficiency) of labor; разделе́ние ~а́ division of labor; 2. (*усилие*) effort; с ~о́м with difficulty, with an effort; не сто́ило никако́го ~а́ сде́лать э́то it was no trouble to do it; все мои́ ~ы остава́лись тще́тными all my efforts were in vain; 3. (*произведение*) work; литерату́рный ~ writing; *мн.* (*название научных сборников*) transactions; ◇ дава́ть себе́ ~ (+ *инф.*) take* the trouble (+ *inf.*); без ~а without difficulty, effortlessly; взять на себя́ ~ (+ *инф.*) take* the trouble (+ *inf.*); *разг.* марты́шкин ~ a mug's game, chasing *one's* tail; barking at, baying the moon.

труди́ться *несов.* 1. work; (*тяжело*) toil, labor; (над *тв.*) be* working (on); 2. *разг.* (*затруднять себя*) bother, take* the trouble; он напра́сно тру́дится he is wasting his time; не труди́тесь don't trouble; (*не пытайтесь*) don't try.

тру́дно 1. *нареч.* with difficulty; ~ пове́рить it is difficult/hard to believe; ~ поня́ть it is hard to understand; э́ту кни́гу ~ купи́ть this book is very difficult to get; ему́ ~ прихо́дится he has a hard time; 2. *в знач. сказ. безл.* it is difficult/hard; 3. *в знач. сказ. безл.* (*дт.*) it is hard (for); мне ~ (+ *инф.*) I have difficulty (in + -ing), I find it difficult (+ to *inf.*).

трудновосполни́мый difficult to replace.

труднодосту́пный remote, out-of-the way.

труднообъясни́мый difficult to explain.

труднопроизноси́мый (this is) hard to pronounce *после сущ.*; unpronounceable.

труднопроходи́мый almost impassable, difficult (to pass).

тру́дн|ость *ж.* difficulty; snag, pitfall *разг.*; **~ый** 1. difficult, hard; (*тяжёлый, изнурительный*) arduous; ~ая рабо́та hard/uphill work; tough job *разг.*; ~ая зада́ча difficult task; ~ая жизнь hard life; ~ое вре́мя difficult times *pl.*; ~ые времена́ hard times; в ~ую мину́ту in time of need, in a tight corner, in trouble; 2. (*с трудом поддающийся воспитанию*) difficult; ~ый ребёнок difficult child*; име́ть ~ый хара́ктер be* difficult to get on with; 3. (*мучительный*) painful; (*о болезни*) dangerous; 4. *эк.* ~ости в котиро́вке difficulty in quoting; ~ в нахожде́нии исто́чников финанси́рования difficulty of locating financing sources; ~ости платёжные payment difficulties; ~ости экономи́ческие economic difficulties; преодолева́ть ~ости overcome difficulties; разреша́ть ~ости settle difficulties.

трудов|о́й 1. labor *attr.*, working, work *attr.*; ~ы́е на́выки (work) skills; ~о́е воспита́ние working education, education based on work; ~а́я дисципли́на labor discipline; ~ стаж length of service; ~о́е законода́тельство labor legislation; ~ по́двиг feat of labor; ~ подъём (labor) enthusiasm; 2. (*приобретённый трудом*) earned; ~ы́е дохо́ды earned income *sg.*, income from work; 3. (*живущий своим трудом*) working; ◇ ~а́я кни́жка work-record card; индивидуа́льная ~а́я де́ятельность individual labor activity, individual enterprise, self-employment.

трудо|де́нь *м.* workday (*unit of work in collective farming*); он вы́работал со́рок пять ~дней в э́том ме́сяце he has forty-five workdays to his credit for this month.

трудоёмк|ий labor-intensive, laborious.

трудоизбы́точный labor-abundant.

трудо|люби́вый industrious, diligent; **~лю́бие** *с.* industry, diligence.

трудолю́бие *с.* capacity for work.

трудоспосо́бн|ость *ж.* 1. (*физическая способность к труду*) ability to work; поте́ря ~ости disability incapacity, disablement; 2. (*способность много работать*) capacity for work; **~ый** able-bodied; всё ~ое населе́ние the whole able-bodied population.

трудоустро́йство *с.* provision of employment.

трудя́га *разг.* workaholic.

трудя́щи|йся *прил.* 1. working; ~иеся ма́ссы the working people/masses; 2. *в знач. сущ. мн.* the working people.

тру́женик *м.* worker; toiler *поэт.*

труни́ть *несов.* (над *тв.*) chaff (*smb.*), pull *smb.*'s leg, kid (*smb.*); make fun, mock.

труп *м.* dead body, corpse, body; (*животного*) carcass; **~ный:** ~ный за́пах smell of putrefaction, putrid smell; ~ный яд ptomaine poison.

тру́ппа *ж.* company, troupe.

трус *м.* coward.

тру́сики *мн. см.* трусы́.

тру́сить, стру́сить be* afraid; have*/get* the jitters разг.; (перед *тв.*) be* scared (of), snake* in *one's* shoes (before); не трусь! don't be scared!

труси́ть *несов. разг.* jog along, trot; ~ ме́лкой рысцо́й go* at jogtrot.

труси́ха *ж. разг.* funk, coward.

трусли́в|ый cowardly; ~ое чу́вство cowardly feeling; ~ взгляд timorous/abject glance.

тру́сость *ж.* cowardice.

трусы́ *мн.* shorts; (*для купания*) swimming trunks; (*нижнее бельё*) pants.

трут *м.* tinder.

тру́тень *м.* drone.

труха́ *ж.* dust; (*измельчившееся сено, солома*) bits of hay; straw; *перен. разг.* rubbish.

труха́ч *м. вульг.* jerk-off, wanker.

трухля́вый moldering, rotten.

трущо́б|а *ж.* **1.** (*лесная и т. п.*) thicket; **2.** (*захолустье*) hole; **3.** (*бедная, грязная окраина*) slum; (*жилище*) hovel; городски́е ~ы urban slums.

трюк *м.* trick, stunt; *перен. тж.* ruse, dodge; акробати́ческий ~ acrobatic feat; рекла́мный ~ advertising gimmick; sales play; (marketing) hype; ~ профе́ссии trick of the trade; ~, осно́ванный на ло́вкости conjuring trick; ◇ э́то ста́рый-преста́рый ~, а до сих пор срабо́тывает it's the oldest trick in the book — but it still works; **~а́ч** *м. кино* stuntman, stand-in; **~а́чество** *с. разг.* **1.** stunting; **2.** (*в искусстве*) gimmickry; **3.** (*в политике*) political exercise or maneuvre.

трюм *м.* hold; bilge; укла́дка гру́зов в ~ stowage; выгружа́ть из ~а discharge from the hold, unload from the hold; размеща́ть груз в ~е load in (stow) the hold; stow down; trim the hold.

трю́мный: ~ая вода́ bilge water.

трю́фель *м.* **1.** (*гриб*) truffle; **2.** *мн.* (*шоколадные конфеты*) truffle chocolates.

тряпи́чн|ица *ж.* woman who is mad about clothes; **~ый** rag *attr.*

тря́пка *ж.* **1.** rag; полова́я ~ floor cloth; пы́льная ~ duster; **2.** *мн. разг. ирон.* (*женские наряды*) clothes; **3.** *разг. ирон.* (*о человеке*) wet rag, softy, jellyfish; ◇ де́йствовать как кра́сная ~ на быка́ make* *smb.* see red.

тряпьё *с. собир.* **1.** (*тряпки, ветошь*) rags *pl.*; **2.** *разг.* (*рваная одежда*) rags.

тряси́на *ж.* bog, quagmire (*тж. перен.*).

тря́ск|а *ж.* shaking, jolting; **~ий** (*о повозке*) jolty; (*о дороге*) bumpy.

трясогу́зка *ж. зоол.* wagtail.

тряс|ти́ *несов.* (*вн., тв.*) **1.** shake* (*smth.*); ~ де́рево shake* a tree; ~ *кому-л.* ру́ку shake* *smb.'s* hand; ~ ковры́ shake* rugs; ~ голово́й shake* *one's* head; **2.** (*при езде*) jolt (*smb., smth.*), give* (*smb.*) a shaking; **3.** *безл.* (*вызывать дрожь*): его́ ~ёт от хо́лода he is shaking with cold; **~тись** *несов.* **1.** (*дрожать*) shake*, tremble; ста́вни ~ли́сь и стуча́ли the shutters shook and rattled; у него́ ~у́тся ру́ки his hands shake; ~ти́сь от стра́ха shake*/tremble with fear; ~ти́сь от хо́лода shiver with cold; **2.** (пе́ред *тв.*; *бояться*) tremble (before), live in fear (of), dread (*smb.*); **3.** (за *вн.*; *опасаться*) worry (about), be* worried (about); **4.** (над *тв.*; *оберегать*) dote (upon); (*беречь что-л.*) watch (*smth.*); ~ти́сь над ка́ждой копе́йкой watch every penny; **5.** (*при езде*) be* jolted, have* a shaking.

тряхн|у́ть *сов. разг.* give* a jolt; нас ~у́ло felt a sudden jolt.

тсс! hush!, sh!; hits! *поэт.*

туале́т *м.* **1.** (*платье*) dress; **2.** (*стол*) dressing table; **3.** (*уборная*) lavatory, toilet; обще́ственный ~ public convenience, rest room; **~ный** toilet *attr.*; ~ный сто́лик dressing table; ~ное мы́ло toilet soap.

тубзик *м. жар.* head, john, crapper.

туберкулёз *м.* tuberculosis; ~ лёгких pulmonary tuberculosis; **~ный** tubercular, tuberculous; ~ный проце́сс tuberculous process; ~ный диспа́нсер TB prophylactic center.

туви́н|ец *м.*, **~ка** *ж.* Tuvinian; **~ский** Tuva, Tuvinian; ~ский язы́к Tuvinian, the Tuvinian language.

ту́г|о 1. *нареч.* tight, tightly; ~ натяну́ть *что-л.* stretch/pull *smth.* taut; ~ затяну́ть по́яс pull *one's* belt tight; ~ наби́ть мешо́к fill a bag to overflowing; ~ наби́тый tightly packed; ~ затя́нутый tightly drawn; ~ натя́нутый кана́т taut rope/cable; **2.** *нареч.* (*с трудом*): ~ подвига́ться вперёд make* slow progress; **3.** *в знач. сказ. безл.*: ему́ ~ прихо́дится he is in a tight corner; he is in straits, he is in a spot; у него́ ~ с де́ньгами he is hard-pressed for money, he is hard up (for money); **~о́й 1.** tight; (*туго натянутый*) taut; ~ой пояс tight belt; **2.** (*с трудом поддающийся какому-л. воздействию*) stiff; ~а́я пружи́на powerful/stiff spring; **3.** (*о мыслительных способностях*) slow; ◇ ~о́й на́ ухо hard of hearing; *разг.* slow-witted.

тугопла́вкий refractory.

тугоу́хий rather deaf, hard of hearing.

ту́грики *мн. жар.* "bread," "brass," "dough" (money).

туда́ there; (*по тому направлению*) in that direction; мы идём не ~ we're going in the wrong direction; ◇ ~ и обра́тно there and back; ~-сюда́ everywhere; и ~ и сюда́ 1) to and fro; 2) (*и так и сяк*) first one way, then another; то ~, то сюда́ back and forth, to and fro; ни ~ ни сюда́ neither back nor forward, stuck fast; ~ ему́ и доро́га! ≅ serve(s) him right!

тужи́ть *несов.* (о, по *пр.*) *разг.* grieve (over).

ту́житься *несов. разг.* make an effort.

тужу́рка *ж.* (double-breasted) jacket.

туз *м.* **1.** ace; *перен. разг.* bigwig, big noise, celebrity; **2.** (*биллиард*) cue ball; **3.** (*карты*) ace; пойти́ с ~а́ lead an ace; ◇ ~ к ма́сти just the job.

тузе́м|ец *м.*, **~ка** *ж.* native; **~ный** native.

тузи́ть *несов. разг.* punch; pummel.

тук-ту́к *разг.* rat-tat(-tat).

ту́ловище *с.* trunk, torso.

тулу́п *м.* sheepskin coat.

ту́лья *ж.* crown (*of a hat*).

тума́н *м.* mist; (*густой*) fog; сего́дня ~ it is misty/foggy today; ◇ как в ~е 1) (*неясно, смутно*) hazily; 2) (*неясно воспринимая окружающее*) in a fog; напусти́ть ~у obscure the issue; **~ить** *несов.* (*вн.*) **1.** (*затемнять собой — о пыли и т. п.*) smudge (*smth.*), obscure (*smth.*); **2.** (*заволакивать глаза*) dim (*smth.*); *перен.* (*мутить сознание*) fuddle (*smth.*), befog (*smth.*); **~иться** *несов.* **1.** (*застилаться туманом*) be* dimmed, be* obscured; **2** (*видеться как в тумане*) loom; **3.** (*о глазах*) be* dimmed; *перен.* (*о мыслях, сознании*) be* confused/fuddled/clouded; у него́ был ~ в глаза́х there was a mist before his eyes; у меня́ ~

в голове́ I see no light, I am groping in the dark; 4. (*делаться печальным*) cloud.

тума́нн|о 1. *нареч.* (*неясно*) hazily, vaguely; 2. *в знач. сказ. безл.*: сего́дня ~ it is misty/foggy today; **~ость** *ж.* 1. *астр.* nebula; 2. (*неясность*) obscurity, haziness; **~ый** 1. misty, foggy; *перен.* (*расплывчатый*) hazy, vague; 2. (*неопределённый, неясный*) vague, hazy; он име́ет весьма́ ~ое представле́ние об э́том he has a very vague conception of it, his ideas on it are extremely nebulous; ~ намекну́ть make an oblique *or* indirect suggestion (of, about), refer obliquely (to); 3. (*о глазах, взгляде*) misty; (*о голове*) fuddled, dazed.

ту́мб|а *ж.* 1. (*у тротуара*) post; 2. (*подставка*) pedestal; 3. (*афишная*) advertising pillar, kiosk; **~очка** *ж.* (*ночной столик*) bedside table.

ту́ндра *ж.* tundra.

тунея́д|ец *м.* parasite, drone, sponger; **~ство** *с.* parasitism, living on other people.

тунне́ль *м.* tunnel; пешехо́дный ~ subway.

тупе́ть *несов.* 1. *см.* тупи́ться; 2. (*глупеть*) become* dull/sluggish, grow dull.

тупи́к *м.* 1. (*улица*) blind alley, cul-de-sac; 2. *ж.-д.* dead end; 3. (*безвыходное положение*) deadlock, impasse; зайти́ в ~ be* at a deadlock; ◇ ста́вить *кого-л.* в ~ put* *smb.* in a spot; стать в ~ пе́ред *чем-л.* be* put in a spot by *smth.*; вы́вести из ~а́ перегово́ры break the deadlock in (the) negotiations (talks).

тупи́ть *несов.* (*вн.*) blunt (*smth.*); **~ся** *несов.* become* blunt, lose* its edge.

тупи́ца *м. и ж. разг.* dunce, dolt, blockhead.

ту́по dully; ~ смотре́ть look vacantly.

тупоголо́вый *разг.* dimwitted, pigheaded; blind.

туп|о́й 1. blunt; ~а́я пила́ blunt saw; 2. (*широкий*) broad, blunt; 3. (*умственно ограниченный*) dull, dimwitted, obtuse, stolid; ~ челове́к obtuse person; ~о́е высокоме́рие impenetrable arrogance; 4. (*невыразительный*) dull, obtuse; ~ взгляд dull/vacant glance; ~а́я улы́бка uncomprehending smile, vacant smile; 5. (*о чувствах, переживаниях и т. п.*) apathetic, lethargic, sluggish; ~ страх nagging fear; ~о́е упря́мство lethargic obstinacy; 6. (*безропотный*) submissive; ~о́е повинове́ние dull obedience; 7. (*нерезкий, ноющий*) dull; ~а́я боль dull ache; ◇ ~ у́гол *мат.* obtuse angle.

тупоконе́чный blunt.

тупоно́с|ый blunt-nosed; ~ые боти́нки square-toed shoes.

ту́пость *ж.* (*глупость, бессмысленность*) dullness, obtuseness; bluntness; vacancy.

тупоуго́льный obtuse(angled).

тупоу́м|ие *с.* stupidity; obtuseness; **~ный** stupid, obtuse, dull.

тур I *м.* 1. (*один круг танца*) turn (round the room); 2. (*состязания*) round; 3. (*отдельный этап чего-л.*) round, stage; но́вый ~ го́нки раке́тно-я́дерных вооруже́ний a new round in the nuclear arms race.

тур II *м.* 1. (*вымерший бык*) aurochs; 2. (*горный козёл*) ibex (*pl. тж.* ibices).

тура́ *ж. разг. см.* ладья.

тураге́нт *м.* (туристи́ческий аге́нт) *разг.* travel agent.

турба́за *ж.* tourist hostel; camping site.

турби́н|а *ж.* turbine; **~ный** turbine *attr.*

турбовинтово́й *ав.* turboprop *attr.*; ~ самолёт turboprop aircraft; ~ дви́гатель turboprop engine.

турбогенера́тор *м.* turbogenerator.

турбореакти́вный *ав.* turbojet *attr.*; ~ самолёт turbojet aircraft; ~ дви́гатель turbojet engine.

туре́цкий Turkish; ~ язы́к Turkish, the Turkish language; ◇ ~ бараба́н bass/big drum; ~ий горо́х chick pea; ~ая му́зыка percussion instruments; ~ая пшени́ца maize.

тури́зм *м.* tourism, touring, outdoor pursuits; (*вид спорта*) walking, hiking; го́рный ~ mountain walking.

тури́ст *м.* tourist; (*участник пеших походов*) hiker, walker; **~и́ческий** hiking, walking; ~и́ческий похо́д hiking expedition, walking tour; **~ка** *ж.* tourist; (*участница пеших походов*) hiker, walker; **~ский** tourist *attr.*; ~ский ла́герь tourist camp.

туркме́н *м.*, **~ка** *ж.* Turkmen; **~ский** Turkmen; ~ский язы́к Turkmen, the Turkmen language.

ту́рман *м.* tumbler(pigeon).

турне́ *с. нескл.* tour; ознакоми́тельное ~ study tour.

турне́пс *м.* turnip.

турни́к *м.* 1. horizontal bar; 2. (*бильярд*) butt, hilt of a cue; 3. выжима́ться на ~е́ chin *oneself* on the bar.

турнике́т *м.* turnstile.

турни́р *м.* tournament; ~ по хокке́ю с ша́йбой ice-hockey tournament; **~ный** tournament *attr.*; ~ная табли́ца tournament list.

турну́ть *сов. разг.* chuck out.

ту́рок *м.* Turk.

турпое́здка *ж.* trip.

турча́нка *ж.* Turkish woman*.

ту́скл|о 1. *нареч.* dimly; ~ свети́ть give* a poor light; 2. *в знач. сказ. безл.* it is dark/murky; **~ый 1.** (*непрозрачный*) dingy, bleary; grimy; (*потерявший блеск*) dull, tarnished; (*поблёкший*) faded; ~ое стекло́ grimy window; ~ое серебро́ tarnished silver; ~ые кра́ски faded colors; 2. (*о свете*) dim; ~ый фона́рь dim lamp; ~ый день pallid day; 3. (*невыразительный*) dull, vacant; (*о глазах тж.*) lusterless, glassy; ~ый взгляд dull glance; ~ый го́лос flat voice, ~ый стиль colorless style; 4. (*бессодержательный*) dreary; ~ая жизнь dreary life.

тускн|е́ть, потускне́ть 1. dim, grow* dim; (*о металле*) tarnish; *перен.* wane, lose* its luster;

2. (пе́ред *тв.*; *меркнуть*) pale (beside); всё это ~е́ет пе́ред... all this pales beside...

тусова́ться *несов. жарг.* gather together (in a group); spend time together; mix, mix with.

тусо́вка *ж. жарг.* gathering together (in a group); ро́ликовая ~ gathering of roller skaters.

тут 1. (*о месте*) here; 2. (*о времени*) then; ◇ ~ же then and there; он ~ как ~! there he is! и всё ~! and that's that!; не ~-то бы́ло! but that's not how it turned out!, but no such luck!

ту́тов|ый mulberry *attr.*; ~ое де́рево mulberry tree; ~ая я́года mulberry; ~ шелкопря́д silkworm.

туф *м.* tufa.

ту́фли *мн.* (*ед.* ту́фля *ж.*) shoes; дома́шние ~ (bedroom) slippers.

ту́хлый putrid, bad*, rotten; (*о масле*) rancid; (*о мясе*) tainted; ~ое яйцо́ rotten/bad* egg.

тухля́тина *ж. разг.* bad food; tained meat.

ту́хнуть I, потýхнуть (*гаснуть*) go* out.

ту́хнуть II, протýхнуть (*портиться*) go* bad, spoil*, become rotten.

ту́ч|а *ж.* cloud (*тж. перен.*); ~ пы́ли cloud of dust; ~ комаро́в swarm of mosquitoes; ◇ мра́чный как ~ like a thundercloud; ~ей like a thundercloud; сгусти́лись ~и над *кем-л.*, *чем-л.* *smb.*, *smth.* was under a threatening cloud; ◇ не из ~и гром a bolt from the blue; смотре́ть ~ей look black, scowl, lour; сиде́ть ~ей be in a black mood.

тучне́ть, потучне́ть get* fat/stout, put* on flesh.

ту́чн|ость *ж.* 1. (*полнота*) corpulence, obesity; 2. (*земли*) richness, fertility; 3. (*сочность*) luxuriance; **~ый** 1. (*полный*) plump; (*о человеке тж.*) corpulent, stout; 2. (*о земле*) rich, fertile; 3. (*сочный, густой*) lush; ~ые луга́ lush meadows.

туш *м. муз.* flourish.

ту́ша *ж.* carcass; коро́вья ~ cow's carcass.

тушева́ть *несов.* (*вн.*) shade (*smth.*); *перен.* tone (*smth.*) down.

тушёвка *ж.* shading.

тушён|ый stewed; ~ое мя́со stewed/braised meat.

туши́ть I, потуши́ть (*вн.*; *гасить*) put* out (*smth.*), extinguish (*smth.*); ~ ого́нь put* out a fare; ~ свечу́ blow* out a candle; ~ ла́мпу extinguish a lamp; ~ свет turn out the light, switch off the light.

туши́ть II *несов.* (*вн.*) *кул.* stew (*smth.*), braise (*smth.*); ~ бара́нину stew mutton; **~ся** *несов.* stew.

тушь *ж.* India ink.

ту́я *ж. бот.* thuya, thuja.

тща́тельно *нареч.* carefully, thoroughly; ~ изуча́ть study thoroughly; make a close study; ~ осма́тривать inspect thoroughly; ~ разраба́тывать elaborate.

тща́тельн|ость *ж.* thoroughness, care, carefulness; **~ный** thorough, careful, painstaking.

тщеду́ш|ие *с.* feebleness, puniness, frailty; debility; **~ный** puny, weakly, feeble, frail.

тщесла́в|ие *с.* conceit, vanity, vainglory; **~ный** conceited, vain.

тще́тн|о vainly, in vain; ~ ждать wait in vain; **~ость** *ж.* futility, uselessness; **~ый** vain, futile, unavailing; ~ые наде́жды vain hopes.

ты (*рд.*, *вн*, тебя́, *дт.*, *пр.* тебе́, *тв.* тобо́й, тобо́ю) you; thou *уст.*, *поэт.*; ◇ быть с *кем-л.* на ты be* on close terms with *smb*.

ты́кать, ткнуть (*тв.* в *вн.*) 1. thrust* (*smth.* into), poke (*smth.* into), stick* (*smth.* into); ~ па́льцем во *что-л.* thrust*/point a finger in the direction of *smth.*; ~ нос в stick, poke *one's* nose (into); ~ в нос *кому-л.* *чем-л.* cast something in someone's teeth; ~ *кого-л.* но́сом во *что-л.* rub someone's nose in something; 2. *диал.* go on about, nag, needle endlessly (about).

ты́ква *ж.* pumpkin; gourd.

ты́квенны|й pumpkin *attr.*; gourd *attr.*; семе́йство ~х gourd family.

тыл *м.* 1. rear, back; глубо́кий ~ the home front; зайти́ в ~ take* in the rear; 2. *обыкн. мн.* (*совокупность вспомогательных войсковых частей*) rear units.

тылови́к *м. воен.* man serving in rear.

тылово́|й rear attr.; logistic; ~ го́спиталь hospital in the rear, base hospital; ~е снабже́ние logistics.

ты́льн|ый rear *attr.*; ~ая сторона́ ру́ки the back of the hand.

тын *м.* palings *pl.*, palisade, stockade.

ты́ся|ча 1. a thousand; пять, де́сять *и т. д.* ~ч five, ten *etc.* thousand; ~ рубле́й thousand rubles; 2. *обыкн. мн.* (*множество*) thousands.

тысячеле́т|ие *с.* 1. (*срок*) a thousand years *pl*; 2. (*годовщина*) thousandth anniversary; **~ний** thousand-year *attr.*; of a thousand years *после сущ.* ◇ ~ Креще́ния Руси́ Millennium of the Baptism of Russia.

ты́сячн|ый 1. the thousandth; 2. (*о части*) thousandth; 3. (*насчитывающий тысячи*): ~ая толпа́ a crowd thousands strong, a crowd several thousand strong, thousand of people.

тычи́нка *ж. бот.* stamen.

тьма I *ж.* darkness (*тж. перен.*), the dark; кака́я здесь ~! how dark it is here! ◇ ~ кроме́шная outer darkness, pitch darkness.

тьма II *ж. разг.* (*множество*) masses *pl*; (*сколько угодно*) heaps (of); ~ наро́ду hordes of people; ◇ ~ тьму́щая countless multitudes.

тьфу pah!, ugh!; ~ про́пасть! damn! confound it!

тюбете́йка *ж.* tyubeteika (*skull-cap worn in Central Asia*).

тю́бик *м.* tube.

тюк *м.* bale; (*узел*) bundle; кре́пкие ~и́ sound bundless; па́ртия в ~а́х bale lot; быть упако́ванным в ~и́ be strapped in bundles; в ~а́х in bales.

тю́кнуть *сов. разг.* chop, hack.

тю́лев|ый tulle *attr*,; ~ые занаве́ски lace curtains.

тюле́ний seal *attr*,; ~ про́мысел seal hunting.

тюле́нь *м.* 1. seal; 2. *разг.* (*увалень*) lump, oaf.

тюль *м.* tulle.

тюльпа́н *м.* tulip.

тюрба́н *м.* turban.

тюре́м|ный prison *attr.*; ~ное заключе́ние imprisonment; ~ое про́шлое police, criminal or prison record; ~ надзира́тель warder, jailer, gaoler; **~щик** *м.* warder; *перен.* oppressor.

тю́рк|и *мн.* Turkey; **~ский** Turkic; ~ские языки́ Turkic languages.

тюрьма́ *ж.* prison, jail.

тюря́га *ж.* *жарг.* clink, nick, slammer, can; загреме́ть в ~у land (up) in the clink.

тюфя́к *м.* 1. mattress; 2. *разг.* (*безвольный человек*) flabby fellow.

тя́вкать, тя́вкнуть yap.

тя́вкнуть *сов. см.* тя́вкать.

тя́г|а *ж.* 1. (*тянущая сила*) draught, traction; ~ винта́ *ав.* propeller thrust; на ко́нной ~е horse-drawn; на тра́кторной ~е tractor-drawn; электри́ческая ~ electric traction; 2. (*в печи и т. п.*) draught; 3. (к *дт.*; *стремление*) longing (for); (*тяготение*) thirst (for), craving (for); ~ к зна́ниям thirst/craving for knowledge; ◇ дать ~у show a clean pair of heels.

тяга́ться *несов.* (с *тв.*) *разг.* take* on (*smb.*), compete (with), measure one's strength (with), tussle (with), content (with).

тяга́ч *м.* tractor, mechanical horse.

тягло *с.*: живо́е ~ draught animals *pl.*

тя́гостн|ый 1. (*трудный*) hard, arduous; ~ труд back-breaking work; 2. (*мучительный*) painful, distressing; ~ое молча́ние painful silence; ~ые ощуще́ния withdrawal symptoms.

тя́гость *ж.* burden; быть в ~ *кому-л.* be* a burden on *smb.*; мне э́то в ~ I find it great nuisance.

тяготе́ни|е *с.* 1. *физ.* gravity, gravitation; земно́е ~ gravity; зако́н всеми́рного ~я the law of gravitation; 2. (*связь*) gravitation; 3. (к *дт.*, *влечение*) leaning (towards); ~ к му́зыке bent for music; ~ к зна́ниям thirst for knowledge.

тяготе́ть *несов.* 1. (к *дт.*) gravitate (towards); 2. (к *дт.*; *быть связанным*) gravitate (towards), be* dependent (on); 3. (к *дт.*; *испытывать влечение*) be* drawn (to); 4. (над *тв.*; *угнетать, подавлять*) tower (over).

тягот|и́ть *несов.* (*вн.*; *обременять*) be* irksome (to); его ~и́т созна́ние свое́й вины́, бесси́лия *и т. п.* he is oppressed by a sense of guilt, inadequacy, *etc.*; **~и́ться** *несов.* (*тв.*) be* oppressed (by); ~и́ться одино́чеством be* oppressed by *one's* loneliness.

тягу́ч|есть *ж.* (*жидкостей*) viscosity; (*металлов*) ductility; **~ий** 1. (*способный растягиваться*) elastic; 2. (*густой, вязкий*) clinging; (*о жидкости*) viscous; (*о металле*) ductile; 3. (*томительно*) long-drawn-out; 4. (*о голосе и п.п.*) slow; ~ая речь drawling speech, slow way of speaking.

тяж *м.* 1. *тех.* drawing rod; ~ тормозно́го ва́ла brake rod; 2. shaft brace.

тя́жба *ж.* *уст.* litigation; suit, lawsuit.

тяжеле́ть *несов.* 1. grow* heavy; (*о частях тела, голове тж.*) begin* to feet heavy; 2. (*о глазах*) become heavy with sleep.

тяжело́ 1. *нареч.* heavily; ~ нагружённыый heavily loaded; 2. *нареч.* (*серьёзно*) seriously; severely; ~ бо́лен seriously ill; ~ ра́нен severely wounded; ~ поплати́ться за *что-л.* pay* dearly/heavily for *smth.*; 3. *в знач. сказ. безл.* (*дт.*; *трудно*): больно́му ~ the patient is having a hard time; мне ~ поднима́ться по ле́стнице it is hard for me to go upstairs; 4. *в знач. сказ. безл.* (*дт.*; *о мрачном настроении*): мне ~ I am sad; у меня́ ~ на душе́ I am sad/heavy at heart; I feel miserable, wretched.

тяжелоатле́т *м.* weight lifter.

тяжелоатлети́ческий: ~ое соревнова́ние meeting, competition comprising weightlifting and/or wresting.

тяжелове́с *м.* *спорт.* heavyweight; **~ный** 1. heavy; 2. (*о человеке*) ponderous; 3. (*о зданиях*) massive; 4. (*о грузе*) heavy (bulky) goods, heavy cargo, heavy-lift, extra weight.

тяжелово́з *м.* draft horse.

тяжёл|ый 1. heavy; ~ чемода́н heavy suitcase; ~ые портье́ры heavy curtain; ~ые ту́чи heavy clouds; ~ые шаги́ heavy footsteps; ponderous tread *sg.*; ~ стиль heavy style; 2. (*трудный*) hard, difficult (*тж. о ребёнке*); ~ая рабо́та hard work; ~ая доро́га difficult road; 3. (*затруднённый*) labored; ~ое дыха́ние labored breathing; 4. (*затруднительный*) difficult; (*полный лишений, забот*) stressful, hard; (*мучительный*) painful; ~ые усло́вия difficult conditions; ~ая жизнь hard life; ~ое вре́мя time of trouble/stress; stressful days *pl.*; ~ая обя́занность painful duty; ~ая смерть painful death; 5. (*сильный, глубокий*) grievous; (*серьёзный, опасный*) grave; (*суровый, жестокий*) severe; ~ уда́р grievous/serious blow; ~ вздох deep sigh; ~ое наказа́ние severe/heavy punishment; он в ~ом состоя́нии his condition is grave; 6. (*тягостный, гнетущий*) painful, distressing; (*о мыслях и т. п. тж.*) sad; (*о взгляде*) sullen; ~ое зре́лище distressing sight; ~ое настрое́ние depressed state of mind; 7. (*неуживчивый*) difficult; ~ челове́к difficult person; 8. (*удушливый*) heavy, close; ~ за́пах heavy smell/fragrance; ~ во́здух close/fetid air. 9.: ~ые та́нки heavy tanks; ~ое машинострое́ние heavy engineering; ~ая промы́шленность heavy industry; ~ая вода́ heavy water; ◇ ~вес *спорт.* heavy- weight; ~ая голова́ у *кого-л.* *smb.* has a dull headache; ~ день hard day; ~ая рука́ heavy hand; быть ~ым на подъём be* hard to move; ~ рок *муз.* hard rock.

тя́жест|ь *м.* 1. *физ.* gravity; си́ла ~и gravity; центр ~и center of gravity (*тж. перен.*); 2. (*большой вес*) weight; 3. (*тяжёлый предмет*) heavy load; 4. (*серьёзность*) gravity; ~ забо́т weight of cares, heavy load of cares; ~ обвинéния, преступлéния gravity of the charge, offence; ~ улúк weight of evidence; **5**. (*что-л. обременительное*) burden, encumbrance.

тя́жк|ий heavy; ~ая дóля hard lot; ~ая болéзнь serious/dangerous illness; ~ое преступлéние grave/serious offense/crime; ◇ пустúться во все ~ие plunge into dissipation.

тяжкоду́м *м. разг.* slow-witted person.

тян|у́ть *несов.* **1**. (*вн.*; *перемещать силой*) pull (*smth.*); (*прокладывать*) lay* (*smth.*); ~ канáт pull a rope; ~ прóвод lay* a wire; ~ *что-л.* в рáзные стóроны tug/pull *smth.* in opposite direction; **2**. (*вн.*; *руку, шею*) stretch (*smth.*); ~ рýку к звонкý reach out for the bell; **3**. (*вн.*; *вытягивать*) stretch (*smth.*); (*изготовлять путём вытягивания*) draw* (*smth.*); ~ прóволоку draw* (*smth.*); **4**. (*вн.*; *вести за собой силой*) pull (*smb., smth.*); haul (*smth.*); ~ на букси́ре tow; ~ *кого-л.* зá руку pull/tug at *smb.'s* hand; **5**. (*вн.*) *разг.* (*заставлять делать что-л.*) make* (*smb.*) go; *перен.* (*склонять к чему-л.*) lead* (*smb.*); ~ *кого-л.* в кинó make* *smb.* go to the cinema; никтó егó сúлой не ~ýл nobody made him go; **6**. (*вн.*; *влечь*) меня́ тя́нет на вóздух I'm longing for a breath of air; егó тя́нет к мóрю he feels drawn to the sea, the sea calls him; **7**. (*вн.*; *доставать, вынимать*) pull (*smth.*) out, take* (*smth.*) out; ~ жрéбий draw* lots; **8**.(*вн.*; *всасывать — жидкость*) suck (*smth.*); **9**. (*обладать тягой*) draw*; трубá хорошó тя́нет the chimney draws well; *10*. (*слабо дуть*): с мóря тя́нет свéжестью cool air drifts in from the sea; от окнá тя́нет хóлодом there is cold draft from the window; **11**. (*медлить*) delay; (*вн.*; *медленно делать что-л.*) take* a long time over (*smth.*); ~ с отвéтом delay *one's* reply. **12**. (*вн.*; *медленно говорить*) drawl (*smth.*); (*протяжно петь*) intone (*smth.*); drag out (*smth.*); не ~и́(те)! speak up!; ~ и мя́млить hem and haw; **13**. (*вн.*; *экономно расходовать что-л.*) spin* (*smth.*) out; **14**. (*продолжать что-л.*) go on* (with), prolong (*smth.*); ◇ ~ врéмя take/bide* *one's* time; ~ *кого-л.* зá душу pester the life out of *smb.*; ~ *кого-л.* за язы́к pump *smb.*, make *smb.* talk; кто вас ~ýл за язы́к? what on earth possessed you to say that?

тяну́ться *несов.* **1**. (*растягиваться*) stretch; **2**. (*простираться*) extend, stretch out; на горизóнте тя́нутся гóры mountains line the horizon; **3**. (*двигаться*) move slowly; (*о тучах, дыме тж.*) drift; **4**. (за *тв.*; к *дт.*; *руками, корпусом*) reach (for); ~ рукáми к *кому-л.* stretch out *one's* hands towards *smb.*; **5**. (к *дт.*; *стремиться*) strive* (for); (*стараться сравняться*) try to keep up (with); цветóк тя́нется к сóлнцу the flower turns towards the sun; **6**. (*длиться*) drag on, be* going on; (*о времени*) pass; creep* (by).

тяну́чка *ж.* toffee, caramel.

тя́пка *ж.* **1**. (*сечка*) chopper; **2**. (*мотыга*) mattock.

тяп-ля́п *разг.* anyhow, in a slipshod way, shoddy.

тя́тя *м. диал.* dad, daddy.

У

у **1.** (*около, возле*) at; (*рядом*) by, beside; у окна́ by the window; у две́ри at/by the door; поста́вить часово́го у двере́й post a sentry at the door; у две́ри стои́т шкаф there is a cupboard by/beside the door; сиде́ть у окна́ sit* at the window; не сиди́те у окна́ don't sit by the window; у посте́ли больно́го at/by the patient's bedside; у подно́жия горы́ at the foot of the mountain; у са́мой реки́ right on the river; **2.** (*при обозначении орудия чьей-л. деятельности*) at; у руля́ at the wheel; **3.** (*при обозначении обладателя, владельца чего-л.*): у меня́, у них I, they have; у него́, у неё he, she has; у меня́ мно́го книг I have a lot of books; но́ги у него́ бы́ли мо́крые his feet were wet; у меня́ нет вре́мени I have no time; **4.** (*при обозначении принадлежности*) of; у сту́ла сло́мана но́жка the leg of the chair is broken; у э́того сту́ла сло́мана но́жка that chair has a broken leg; **5.** (*при обозначении лица или объекта, у которых что-л. происходит или имеется*) with; at; in; жить, останови́ться у родны́х live, stay with relatives; у кого́ он живёт? who is he staying with?; роя́ль стои́т у него́ в ко́мнате the piano is in his room; встре́титься у *кого-л.* meet* at *smb.'s* house/place; у *кого* нам встре́титься? where are we to meet?; у нас в стране́ in our/this country; у нас на заво́де at our factory; у нас так не при́нято it is not the custom in our country; **6.** (*при указании на источник приобретения чего-л.*) from; взять кни́гу у това́рища get* the book from a friend.

уба́вить(ся) *сов. см.* убавля́ть(ся).

убавля́ть, уба́вить **1.** (*вн., рд.*) reduce (*smth.*); (*укорачивать*) make* it shorter; (*суживать*) take* it in ~ ско́рость reduce speed, slow down; уба́вить ша́гу shorten ones stride; ~ себе́ го́ды make* *oneself* out to be younger that one is; нельзя́ ни уба́вить, ни приба́вить ни сло́ва it's perfect just as it is; ~ в та́лии take* it in at the waist; **2.** *разг.*: ~ в ве́се reduce *one's* weight; она́ уба́вила в ве́се she reduced; ~ся, уба́виться be* reduced; (*становиться меньше*) dwindle, wane; (*о днях*) get* shorter; (*о луне*) (be* on the) wane; ~ся наполови́ну be* halved; воды́ (в реке́) уба́вилось the river is low, the water level has dropped; ◇ убавить спеси take down a peg (or two).

убаю́кать *сов. см.* убаю́кивать *и* баю́кать.

убаю́кивать, убаю́кать (*вн., прям. и перен.*) lull (*smb., smth.*).

убега́ть, убежа́ть **1.** run* away, make* off; **2.** (*совершать побег*) escape, make* a getaway; (*из тюрьмы*) break* out of jail; **3.** (*о кипящей жидкости*) boil over; **4.** *тк. несов.* (*быстро удаляться*) flee*; (*проноситься*) stream away; **5.** *тк. несов.* (*простираться вдаль*) stretch, run*.

убеди́тельн|о **1.** convincingly, persuasively; ~ говори́ть speak* convincingly, be* very persuasive; **2.** (*настоятельно*) earnestly, seriouslty; ~ прошу́ this is a very serious request; **~ость** *ж.* persuasiveness; **~ый** **1.** (*доказательный*) convincing; conclusive; ~ые фа́кты convincing facts; ~ый тон persuasive tone; ~ое доказа́тельство conclusive evidence; его́ слова́ о́чень ~ы his words carry conviction; **2.** (*настоятельный*) earnest; ~ая про́сьба earnest request.

убеди́ть(ся) *сов. см.* убежда́ть(ся).

убежа́ть *сов. см.* убега́ть 1, 2, 3.

убежд|а́ть, убеди́ть **1.** (*вн., в пр.; уверять в чём-л.*) convince (*smb.* of); убеди́ть *кого-л.* что... convince *smb.* that...; убеди́ть *кого-л.* в необходи́мости пое́здки convince *smb.* that the journey is necessary; **2.** (*вн. + инф.; уговаривать*) persuade (*smb.* + to *inf*); *несов. тж.* try to persuade (*smb.* + to *inf*), urge (*smb.* + to *inf*); я убеди́л его́ пое́хать со мной I persuaded him to go with me; **~а́ться,** убеди́ться (*в пр.*) be* convinced (of); (*удостоверяться*) satisfy *oneself* (that, as to), make* sure (that), make certain (of); убеди́ться в несостоя́тельности подозре́ний satisfy *oneself* that *one's* suspicions are unfounded; тепе́рь вы са́ми убеди́лись now you have seen for yourself; **~ени|е** *с.* **1.** (*действие*) persuasion; никаки́е ~е́ния не помогли́ persuasion was unavailing; де́йствовать ~е́нием, а не си́лой use persuasion rather than force; поддава́ться ~е́нию be* open to persuasion; путём ~я by means of persuasion; **2.** (*твёрдое мнение*) conviction, belief; э́то моё глубо́кое ~е́ние it is my firm conviction; **3.** *мн.* (*мировоззрение*) convictions, beliefs; полити́ческие ~е́ния political convictions; меня́ть свои́ ~е́ния alter *one's* convictions.

убеждённ|о with conviction; **~ость** *ж.* conviction, sureness; **~ый** convinced (of); (*стойкий*) firm, staunch; ~ый проти́вник determined opponent; он убеждён в свое́й правоте́ he is quite sure he is right.

убе́жищ|е *с.* **1.** refuge; shelter; haven *поэт.;* полити́ческое ~ political asylum; та́йное ~ hideout; пра́во ~а right of asylum/sanctuary; иска́ть ~а take* sanctuary, seek* asylum; **2.** *воен.* dugout, shelter; противоя́дерное ~ nuclear fallout shelter; **3.** *эк.* нало́говое ~ tax haven.

убелённый: ~ седино́й hoary with age.

убели́ть *сов.* to whiten.

убере́чь *сов.* (*вн.* от *рд.*) preserve (*smth.* from), guard (*smth.* against), keep* (*smb., smth.*) safe (from); (*избавить от чего-л. неприятного*) protect (*smb./smth.* against/from); **~ся**

сов. (от *рд.*) keep* *oneself* safe (from), avoid (*smth.*); ~ся от волнéний avoid excitement/anxiety.

убивáть, убúть (*вн.*) **1.** kill (*smb., smth.*); (*злодейски*) murder (*smb.*); (*при помощи наёмных убийц*) assassinate (*smb.*); **2.** (*уничтожать*) destroy (*smth.*), kill (smth.); убúть надéжду destroy a hope; **3.** (*приводить в отчаяние*) knock (*smb.*) flat, annihilate (*smb., smth.*); вы меня́ убúли своúм откáзом your refusal is a great blow to me; **4.** (*тратить без пользы*) waste (*smth.*), throw* away (*smth.*); ◇ убúть врéмя kill/waste time; убить надéжды smash hopes; хоть убéй, не поймý! I'll be hanged/damned if I know what it's about! ~ся *несов.* (о *пр.*; из-за *рд.*) *разг.* lament (over), upset* *oneself* (over); **5.** *спорт., разг.* ~ врéмя (*сохран'ять преимущество над противником*) stall.

убúйственн|ый 1. (*губительный*) murderous, devastating, deadly; **2.** (*непереносимый*) dreadful; ~ые послéдствия dreadful/disastrous consequences; ~ клúмат pernicious climate; **3.** *разг.* (*поразительный*) killing, devastating; ~ая жарá killing heat; ~ая тоскá agonizing/consuming grief.

убúй|ство *с.* murder, homicide, killing; (*политическое т.ж.*) assassination; непредумы́шленное ~ *юр.* manslaughter; excusable; умы́шленное ~ felonious; **~ца** *м. и ж.* murder, killer, assassin; (*женщина*) murderess; ~-маньяк homicidal maniac; ~-одинóчка lone killer.

убирáть, убрáть (*вн.*) **1.** take* away (*smth.*), clear away (*smth.*); ~со столá clear away; **2.** (*изымать, устранять*) remove (*smth.*); **3.** (*собирать урожай*) gather (in) (*smth.*); ~ зерновы́е harvest the grain crops, bring* in the grain; **4.**: ~ парусá take* in the sail; ~ вёсла ship the oars; **5.** (*прятать, укладывать*) put* away (*smth.*); ~ бумáги в я́щик put* away the papers in the drawer; **6.** (*приводить в порядок*); ~кóмнату do*/tidy a room; ~ постéль do*/make* a bed; **7.** (*вн. тв.; украшать*) adorn (*smth.* with), decorate (*smth.* with); **~ся**, убрáться *разг.* **1.** (*удаляться*) clear out; make* *oneself* scarce; убирáйся! убирáйтесь! get out!, clear out; **2.** (*приводить в порядок*) tidy up.

убúт|ый *прил.* **1.** dead; (*злодейски*) murdered; **2.** (*подавленный*) brokenhearted; ~ гóрем heartbroken; **3.** *в знач. сущ. м.* the dead man*; *мн.* the killed; (*при аварии*) fatal casualties; потеря́ть 1000 человéк ~ыми lose* a thousand killed; ◇ спать как ~ sleep* like a log/top.

убúть *сов. см.* убивáть.

ублажáть, ублажúть (*вн.*) *разг.* please (*smb.*), gratify (*smb.*), indulge.

ублажúть *сов. см.* ублажáть.

ублю́док *м. вульг.* mongrel, bastard.

ублю́дочный *вульг.* mongrel, crossbred, be* fast/sound asleep.

убóг|ий *прил.* **1.** (*имеющий увечье*) crippled; **2.** (*жалкий, нищенский*) poor, wretched; (*о жилище т.ж.*) squalid, shabby; poverty-stricken, beggarly; ~ое воображéние poverty-stricken imagination; **3.** (*малосодержательный*) mediocre, flat, colorless, shoddy; **4.** *в знач. сущ. м.* (*калека*) cripple.

убóгость *ж.* poverty, penury, wretchedness; squalor.

убóжество *с.* **1.** (*уродство*) deformity, disablement; **2.** (*бедность, нищета*) poverty, wretchedness; (*жилища тж.*) squalor, shabbiness; **3.** (*ничтожность*) mediocrity, limitation; ~ мы́сли poverty of mind (ideas).

убóй *м.* slaughter; вестú на ~ lead* to the slaughter; ◇ кормúть *кого-л.* на ~ stuff *smb.* with food, feed* *smb.* like a prize turkey, stuff with food.

убóйность *ж. воен.* effectiveness, destructive power.

убóйный 1. ~ скот livestock for slaughter; **2.** *воен.* killing, destructive lethal; ~ая дистáнция killing range.

убóр *м.* attire; ◇ головнóй ~ hat, headdress, head gear.

убóрист|ый close; ~ шрифт close print; напúсанный ~ым пóчерком closely written.

убóрка *ж.* **1.** (*урожая*) harvesting, reaping, gathering in; picking; **2.** (*помещения*) clearing; ~ кóмнаты doing the room, clearing up, tidyng up.

убóрная *ж.* **1.** *театр.* dressing room; **2.** lavatory, water closet (*скор.* W. C.), toilet.

убóрочн|ый harvesting; ~ая кампáния harvest drive; ~ая машúна harvester.

убóрщ|ик *м.* cleaner, sweeper, janitor; **~ица** *ж.* cleaner, charwoman*.

убрáнство *с.* **1.** decoration(s); **2.** (*одежда*) attire (*тж. перен.*).

убрáть(ся) *сов. см.* убирáть(ся).

убывáть, убы́ть (*уменьшаться*) be* diminishing, decrease; (*о воде в реке*) subside, sink, fall, go down; (*о луне*) wane; (*уход'ить, уезж'ать*) ~ в командирóвку go away on business; ~ в óтпуск go on leave.

ýбыль *ж.* decrease, diminution; (*о воде*) subsidence, abatement; *эк.* loss(es) ~ вéса во врéмя морскóй перевóзки loss of weight during sea transportation; естéственная ~ natural loss (decrease, wastage); нормáльная ~ и нормáльный изнóс normal wear and tear; идтú на ~ subside, fall, go down.

убы́т|ок *м.* loss; damage; disadvantage; sacrifice; *эк.* аварúйные ~ки average losses; большúе ~ки heavy (serious) losses, high wastage; возмещáемый ~ loss to be made good; возмещённый ~ compensated loss; возмóжные ~ки possible (eventual, potential) losses; ~ произвóдства production losses; ~ в процéнтном выражéнии percentage of damage; дéнежный ~ financial loss; единúчные ~ки single losses; значúтельные ~ки substantial losses; материáльный ~ loss of property; ~ по зáймам loss on loans; ~ при разгрýзке loss during discharge; страховóй ~ indemnified loss; финáнсовый ~ financial loss; чúстый ~

dead loss; ана́лиз ~ков loss analysis; возмеще́ние ~ков compensation for damages (losses); оце́нивать ~ки по о́бщей ава́рии adjust general average; рабо́тать с ~ком operate at a loss, be in the red.

убы́точн|ый unprofitable; ~ое де́ло unprofitable business; ~ая торго́вля trading at a loss.

убы́ть *сов. см.* убыва́ть.

уважа́емый respected; honored; (*в обращении*) dear; *ирон.* my dear man, my dear woman.

уваж|а́ть *несов.* (*вн.*) respect (*smb., smth.*), esteem (*smb., smth.*); honor (*smb.*); глубоко́ ~ *кого-л.* have* the greatest respect for *smb.*; ~ ста́рших respect *one's* elders; **~е́ние** *с.* respect; по́льзоваться всео́бщим ~е́нием win* the respect of all; пита́ть глубо́кое ~е́ние к *кому-л.* hold* *smb.* in the greatest/deepest respect; относи́ться к *кому-л.* без ~е́ния have* no respect for *smb.;* досто́йный ~е́ния worthy of respect; с ~е́нием (*в письмах*) yours truly.

уважи́тельн|ый **1**. valid; good; ~ая причи́на valid excuse/reason; без ~ых причи́н without valid excuse; **2**. respectful, deferential.

ува́жить *сов.* (*вн.*) *разг.* **1.** (*исполнить, выполнить*) comply (with); ~ про́сьбу *кого-л.* comply with *smb.'s* request; **2.** (*проявить внимание к кому-л.*) be* nice (to).

у́валень *м. разг.* lump, bumpkin, clodhopper.

ува́листый steeply sloping.

ува́риваться,увари́ться **1**. *разг.* (*доходить до полной готовности*) cook properly; be thoroughly cooked; **2.** (*уменьшаться в объёме*) cook down.

увари́ться *сов. см.* ува́риваться.

уведоми́тельн|ый: ~ое письмо́ letter of advice, notice.

уве́домить *сов. см.* уведомля́ть.

уведомл|е́ние *с.* notice, notification; advice, letter of advice; ба́нковское ~ *фин.* bank notification; заблаговре́менное ~ advance notice; надлежа́щее ~ due notice; ~ об аккредити́ве notification of a L/C; ~ об и́ске statement of claim; ~ об истече́нии сро́ка notice of termination; ~ об отгру́зке advice (notification) of shipment, shipping advice; ~ о дебетова́нии debit note (advice); ~ о де́нежном перево́де remittance advice; ~ о платеже́ advice of payment; ~ по по́чте advice by mail, mail notification; ~ по те́лексу telex notification; предвари́тельное ~ preliminary (advance) notification; ~, предпи́санное зако́ном statutory notice; вклад с ~ем deposit at notice; направля́ть ~ forward a notification (notice); получа́ть ~ receive a notification (notice); посыла́ть ~ give (send) a notification; до ~я pending notification; до дальне́йшего ~я until further notice; по ~ю on notification; при ~и under advice; счита́йте э́то письмо́ официа́льным ~ем please treat this letter as our formal notice (notification); **~я́ть**, уве́домить (*вн.*) notify (*smb.*), inform (*smb.*); give notice, keep *smb.*, notified; ~ официа́льно give notice in writing, give formal notice; ~ предвари́тельно give prior notice.

увезти́ *сов. см.* увози́ть.

увекове́чивать, увекове́чить (*вн.*) immortalize (*smb., smth.*), perpetuate (*smth.*); ~ *чью-л.* па́мять perpetuate *smb.'s* name.

увекове́чить *сов. см.* увекове́чивать.

увеличе́ние *с.* **1.** increase, extension, growth, expansion, rise; ~ вкла́дов expansion of deposits; ~ вы́ставочной пло́щади extension of space; ~ до ... (*величина*) increase to ...; ~ дохо́дов growth of income; ~ зарпла́ты pay (wage) increase/rise; ~ и́мпорта increase in import; ~ капиталовложе́ний increase in capital investments; ~ кво́ты enlargement of a quota; ~ на ... % increase by ... percent, a ... percent increase; ~ надба́вки к цене́ (*на аукционе*) price increase; ~ поста́вок delivery, expansion; ~ поступле́ний валю́ты increase of the foreign currency inflow; ~ произво́дства output expansion; ~ проце́нтов increase of interest, percentage increase; ~ сбы́та increase of (in) sales; ~ цен increase in prices; ~ чи́сленного соста́ва increase in manpower; обеспе́чивать ~ оборо́та provide for increasing turnover; соде́йствовать ~ю запрода́ж promote sales. **2.** (*при помощи оптического прибора*) magnification; *фото* enlargement.

увели́чивать, увели́чить (*вн.*) **1.** increase (*smth.*), augment (*smth.*); (*расширять*) extend (*smth.*); ~ вы́пуск проду́кции increase/boost output; ~ поголо́вье ста́да increase the head of cattle, increase the herd; **2.** (*оптическим прибором*) magnify (*smth.*); *фото* enlarge (*smth.*) ~ся, увели́читься increase, grow*, augment; (*расширяться*) extend.

увеличи́тель *м. фото* enlarger.

увеличи́тельн|ый **1.** magnifying; ~ое стекло́ magnifying glass; **2.** *грам.* augmentative.

увели́чить(ся) *сов. см.* увели́чивать(ся).

увенча́ть *сов. см.* венча́ть 2, 3, 4; **~ся** *сов.* (*тв.*) be* crowned (with); ~ся успе́хом be* crowned with success.

увере́ние *с.* (в *пр.*) assurance (of), protestation (of).

уве́ренн|о with confidence, confidently; ~ смотре́ть вперёд look ahead with confidence; ~ говори́ть, отвеча́ть speak*, reply with confidence; **~ость** *ж.* confidence, assurance, certitude; ~ость в свое́й правоте́ certitude of being in the right; ~ость в себе́, в свои́х си́лах self-confidence; ~ость в за́втрашнем дне confidence in the future, sense of security; ~ость в успе́хе assurance of success; быть в по́лной ~ости be* fully confident (that); мо́жно с ~остью сказа́ть, что ... it is safe to say that ...; **~ый** confident; (*твёрдый т.ж.*) sure; ~ые движе́ния confident movements; ~ая рука́ sure hand; ~ый шаг resolute step; ~ый отве́т firm answer; ~ый в себе́ sure of *oneself*; self-assured, self-reliant; ◇ бу́дьте уве́рены! you may be sure, you may rely on it!

уве́рить *сов. см.* уверя́ть.

уверну́ться *сов. см.* увёртываться.

уве́ровать *сов.* (в *вн.*) bevieve (in).

увёрт|ка *ж.* evasion, dodge; subterfuge; ~**ливый** agile; *перен.* slippery, crafty; (*уклончивый*) evasive, shifty.

увёртываться, увернýться (от *рд.*) dodge (*smth.*); evade (*smth.*); (*из рук*) escape from *smb.'s* grasp; (*избегать*) give* (*smb.*) the slip; *перен.* evade the issue; увернýться от удáра dodge a blow.

увертю́ра *ж. муз.* overture.

уверя́ть, увéрить (*вн.* в *пр.*) assure (*smb.* of); convince, persuade; он хóчет нас увéрить,,, he would have us believe...; ~ *когó-л.* в своéй правотé assure *smb.* that *one* is right.

увеселéни|е *с.* **1.** (*действие*) amusement; **2.** *обыкн. мн.* (*развлечение, зрелище*) amusement(s); мáссовые ~я public enterainment(s).

увеселúтельн|ый pleasure *attr.*, entertainment, amusement; ~ая поéздка pleasure trip, jaunt.

увеселя́ть *несов.* (*вн.*) entertain (*smb.*), amuse (*smb.*).

увéсистый **1.** (*тяжёлый*) massive, weighty; **2.** *разг.* (*сильный*) hefty; ~ удáр heavy blow.

увестú *сов. см.* уводúть.

увéчить *несов.* (*вн.*) maim (*smb.*), cripple (*smb.*), mutilate (*smb.*); *перен.* spoil* (*smth.*); ~**ся** *несов.* main *oneself*, cripple *oneself*.

увéчье *с.* injury, maiming, mutilation.

увéшать *сов.* (*вн. тв.*) hang* (*smth.* with), cover (with); ~ стéны картúнами hang* pictures all over the walls.

увещ|áние *с.* exhortation; (*назидание*) admonition; ~**áть**, ~**евáть** *несов.* (*вн.*) exhort (*smb.*), admonish.

увивáть *см.* увúть.

увивáться *несов.* (*постоянно быть где-то, добиваясь чего-то*) try to get round.

увидáть *сов.* (*вн.*) *разг.* see* (*smb., smth.*); ~**ся** *сов. разг.* see* each other.

увúдеть *сов. см.* вúдеть; ~**ся** *сов. см.* вúдеться.

увúливать, увильнýть (от *рд.*) *разг.* dodge (*smb., smth.*), evade (*smb., smth.*).

увильнýть *сов. см.* увúливать.

увúть *сов.* (*обвить*) twine all over.

увлажнúть *сов. см.* увлажня́ть.

увлажнúтель *м.* humidifier; ~ вóздуха air humidifier or moisturizer.

увлажня́ть, увлажнúть (*вн.*) moisten (*smth.*), damp, wet.

увлекáтельн|ый fascinating, absorbing; ~ое зрéлище enthralling sight.

увлек|áть, увлéчь (*вн.*) **1.** (*уводить, уносить с собой*) carry (*smb., smth.*) away; ~ за собóй lead*; **2.** (*каким-л. делом и т.п.*) carry (*smb.*) away, absorb (*smb.*); (*захватывать*) enthrall (*smb.*); рабóта увлеклá егó he was carried away by his work; **3.** (*заставлять влюбиться*) fascinate (*smb.*), infatuate (*smb.*); ~**áться**, увлéчься (*тв.*) **1.** be* carried away (by), be* enthusiastic (about); be keen (on *smth.*), be captivated (by), be enamored (of); ~áться жúвописью have*/acquire a passion for painting; ~áться футбóлом be*/get* keen on soccer; вы слúшком увлеклúсь you are exaggerating; **2.** (*влюбляться*) fall* (for), take* a fancy (to); он легкó ~áется he is easily infatuated; ~**ающийся**: **1.** ~áющийся человéк enthusiast; **2.** (*влюбчивый*) impressionable, amorous.

увлечéн|ие *с.* **1.** (*воодушевление, пыл*) exhilaration, rapture; **2.** (*повышенный интерес к чему-л.*) enthusiasm, passion, animation, hobby, crush(on); ~ рабóтой passion for work; рабóтать с ~ием work enthusiastically; ~ спóртом love of sport; **3.** (*тв.*: *влюблённость в когó-л.*) infatuation (for); ◇ стáрое ~ old flame.

увлечённый enthusiastic.

увлéчь(ся) *сов. см.* увлекáть(ся).

увóд *м.* **1.** taking away; ~ войск withdrawal of troops; **2.** *разг.* carrying off; lifting.

уводúть, увестú (*вн.*) **1.** (*прочь*) take* (*smb.*) away, lead* (*smb.*) away; (*куда-л.*) take* (*smb.* to); *перен. тж.* divert (*smb.*); ~ войскá withdraw* *one's* troops; ~ *когó-л.* домóй take* *smb.* home; **2.** (*похищать*) steal* (*smb., smth.*); *разг.* walk off (with), carry off.

увóз *м. разг.* abduction; carrying off.

увозúть, увестú (*вн.*) **1.** take* (*smb., smth.*) away; увезтú детéй к мóрю take* the children away to the seaside; увезтú свои кнúги take *one's* books away; **2.** (*похищать*) carry off (*smb., smth.*); (*человека т.ж.*) kidnap (*smb.*).

уволáкивать *см.* уволóчь.

увóлить *сов* **1.** *см.* увольня́ть; **2.** (*вн.* от *рд.*; *избавлять от чего-л. неприятного*) spare (*smb., smth.*); увóльте меня́ от э́того! spare me that, please!; ~**ся** *сов. см.* увольня́ться.

уволóчь *сов. разг.* drag away; carry off, make off with; ◇ еле нóги ~ have a narrow escape.

увольнéни|е *с.* discharge, dismissal, quit, lay off (*амер.*); ~ в запáс *воен.* transfer to the reserve; предварúтельное уведомлéние об ~и advance notice of lay off; предупреждáть об ~и give notice.

увольнúтельная *ж. воен.* leave warrant.

уволь|ня́ть, увóлить (*вн.*) discharge (*smb.*), dismiss (*smb.*); sack (*smb.*), give* (*smb.*) the sack *разг.*; fire (*smb.*) *амер.*; увóлить *когó-л.* по сокращéнию штáтов discharge *smb.* because of staff reduction, declare *smb.* redundant; ~ в запáс *воен.* transfer to the reserve; ~**ся**, увóлиться get* *one's* discharge, be* discharged; ~ся в отстáвку retire; pension off.

уворовáть *сов. разг.* pinch, wipe.

увы́ alas!

увядáть, увя́нуть **1.** (*о растениях*) wither, fade, wilt; **2.** (*утрачивать свежесть, молодость*) lose* its bloom, lose* *one's* freshness/youth; **3.** (*терять бодрость*) droop, sag; (*утрачивать яркость*) fade.

увя́дший faded (*т.ж. перен.*); (*высохший*) withered.

увязáть I *сов. см.* увя́зывать.

увяза́ть II, увя́знуть (в *пр.*) get* stuck (in); *перен.* get* in a rut (with, over), flounder (in).

увяза́ться *сов. см.* увя́зываться.

увя́зка *ж.* **1.** tying up, roping, strapping; **2.** coordination.

увя́знуть *сов. см.* увяза́ть II.

увя́зывать, увяза́ть (*вн.*) **1.** (*верёвками*) pack up; tie up (*smth.*); **2.** (*согласовывать*) tie in (*smth.*), coordinate (*smth.*); **~ся**, увяза́ться **1.** (с *тв.; огласовываться*) tie in (with), be* coordinated (with); **2.** (за *тв.*) *разг.* (*неотступно следовать*) follow (*smb.*) about, tag along (with); за ним увяза́лась соба́ка a dog tagged along with him; ◇ ~ тео́рию с пра́ктикой combine theory and practice.

увя́нуть *сов. см.* увяда́ть.

угада́ть *сов. см.* уга́дывать.

уга́дывать, угада́ть (*вн.*) **1.** guess (*smth.*); вы угада́ли! quite right!; (*в прошедшем*) you were right; **2.** *разг.* (*узнавать*) tell* (*smth.*).

уга́р *м.* **I. 1.** (*угарный газ*) (carbon monoxide) fumes *pl.*; **2.** (*болезненное состояние*) carbon monoxide poisoning, charcoal poisoning; у него́ ~ he is suffering from charcoal poisoning; **3.** (*состояние безудержности*) intoxication, ecstasy; **~ный 1.** choking; (*содержащий угар*) polluted; **2.** (*безудержный*) frenzied; ◇ ~ный газ carbon monoxide; в пья́ном ~е in a besotted state; в ~е страсте́й in the heat of passion; в наркоти́ческом ~е be on a trip, be stoned.

уга́р *м.* **II.** (*отходы при обработке металла, волокна*) waste.

угас|а́ние *с.* fading, fading away; **~а́ть**, уга́снуть go* out; become* extinct; *перен.* fade, die away.

уга́снуть *сов. см.* угаса́ть.

углево́д *м. биол., хим.* carbohydrate.

углево́д|ый *спорт.*: ~ая нагру́зка carbohydrate loading.

углеводоро́д *м. хим.* hydrocarbon.

углево́з *м.* coaler, coal ship.

углекислота́ *ж. хим.* carbon dioxide.

углеки́сл|ый *хим.* carbonic-acid *attr.*; ~ газ carbon dioxide; ~ые со́ли carbonates.

углеко́п *м. уст.* coal miner, collier.

углепромы́шленность *ж.* coal mining, coal industry.

углеро́д *м. хим.* carbon.

углеро́дист|ый carbon *attr.*, carbonic; rich in carbon *после сущ.*; ~ая сталь carbonic steel.

углова́тый angular; *перен.* awkward.

углово́й 1. (*имеющий форму угла*) angle *attr.*; **2.** (*находящийся на углу, в углу*) corner *attr.*; **3.** *мат. физ.* angular; ◇ ~ уда́р *спорт.* corner (kick).

угломе́р *м.* goniometer, angle gauge.

углуби́ть(ся) *сов. см.* углубля́ть(ся).

углубле́н|ие *с.* **1.** (*действие*) deepening, making deeper; *перен. т.ж.* intensification, extending; для ~я свои́х зна́ний in order to extend *one's* knowledge; **2.** (*впадина*) depression, hollow, cavity, dip; (*небольшое*) recess; **3.** *мор.* (*осадка судна*) draught.

углублённ|ый 1. sunken; **2.** (*основательный, серьёзный*) fundamental, profound; in depth *attr.*; ~ое изуче́ние литерату́ры profound study of literature; **3.** (в *вн.*; *занятый чем-л.*) absorbed (in), engrossed (in).

углубля́ть, углуби́ть (*вн.*) make* deeper; deepen (*smth.*) (*т.ж. перен.*); *перен.* (*усиливать*) intensify (*smth.*); ~ противоре́чия intensify contradictions; углуби́ть свой зна́ния deepen/extend *one's* knowledge; **~ся**, углуби́ться **1.** (*становиться более глубоким*) become*/get* deeper, deepen; *перен.* be* intensified; **2.** (*погружаться*) go* down, sink*; **3.** (в *вн.; проникать в глубь чего-л.*) get* deeper (into); *перен.* become* absorbed (in).

угляд|е́ть *сов.* (за *тв.*) *разг.* take* proper care (of), espy, spot; не ~ за *кем-л.* not take proper care of *smb.*; за всем не ~и́шь you can't keep track of everything.

угна́ть *сов. см.* угоня́ть; **~ся** *сов.* (за *тв.*) keep* up (with); ◇ за всем сра́зу не уго́нишься one can't do everything at once.

угнета́тель *м.* oppressor.

угнет|а́ть *несов.* (*вн.*) oppress (*smb.*); (*удручать тж.*) depress (*smb.*); его́ ~а́ли мра́чные мы́сли black thoughts oppressed him; **~а́ющий** oppressive; (*удручающий*) depressing; ~а́ющее впечатле́ние depressing effect; **~е́ние** *с.* **1.** oppression; depression, low spirits. **2.** (*подавленное состояние*) dispirit, depression; **~ённый 1.** oppressed, depressed; ~ённый наро́д oppressed people; **2.** (*удручённый*) depressed; ~ённое настрое́ние depressed state of mind; быть в ~ённом состоя́нии be depressed, be in low spirits.

угова́ривать, уговори́ть (*вн.* + *инф.*) persuade (*smb.* + to *inf.*), prevail (upon + to *inf.*); *несов. тж.* urge (*smb.* + to *inf.*), try to persuade (*smb.* + to *inf.*); он уговори́л меня́ пойти́ в теа́тр he persuaded me to go to the theatre; **~ся**, уговори́ться (с *тв.* + *инф.*) *разг.* arrange (with, + to *inf.*), come* to an agreement/understanding (with, + *inf.*).

угово́р *м.* **1.** (*взаимное соглашение*) agreement, understanding; **2.** (*убеждение кого-л. в чём-л.*) persuasion; по́сле до́лгих ~ов он согласи́лся after much persuasion he agreed; ◇ ~ доро́же де́нег *погов.* ≅ a promise is a promise; a deal's a deal; с ~ом ... on condition ..., with the proviso ... .

уговори́ть(ся) *сов. см.* угова́ривать(ся).

уго́д|а *ж.*: в ~у *кому-л.* to satistfy *smb.*, *smth.*; for the benefit of *smb.*, to please.

угоди́ть *сов.* **1.** *см.* угожда́ть; **2.** (в *вн.*) *разг.* (*попасть*) stumble (into), step (into); (*удариться обо что-л.*) bump (into); (*попасть в какие-л. условия*) find* *oneself* (in), land (in); ~ под колёса get* run over; ~ в лу́жу step into a puddle; **3.** (*тв.* в *вн.*; *дт.* в *вн.*) *разг.* (*бросая, стреляя, попасть*) hit* (*smth.* with; *smb.* in, on) get* (*smb.* in, on); ~ *кому-л.* прямо в глаз give *smb.* a slap in the eye; ~ камнем в стекло hit* a window with a stone; ~ в западню fall into a trap; ~ в тюрьму land in prison.

угодливый obsequious.

угодник *м.* **1.** *разг.* person anxious to please; **2.** святой ~ saint.

угодничать *несов. разг.* cringe (before).

угодничество *с.* subservience, servility.

угодно **1.** *в знач. сказ.* (*дт.*): как вам (будет) ~ just as you like; что вам ~? what can I do for you?; **2.** *частица*: кого ~ anyone, anybody (you like); где, куда ~ wherever you like; когда ~ whenever you like; сколько ~ plenty (of), any amount (of); всё что ~ anything you like; пойти на что ~, чтобы ... go* all lengths to ...; ◇ если ~ perhaps; не ~ ли ... won't you ..., perhaps you will ...

угодный (*дт.*) pleasing (to), in accordance with the wishes (of), welcome.

угодь|е *с. обыкн. мн.* land, area; лесные ~я forests.

угождать, угодить (*дт.*, на *вн.*) please (*smb.*); на него не угодишь there's no pleasing him; на всех не угодишь you can't satisfy everybody; ◇ угодить на *чей-л.* вкус cater to *smb.*'s taste, satisfy *smb.*

угол *м.* **1.** corner; удариться об ~ стола knock *oneself* on the corner of the table; завернуть за ~ turn the corner; за углом round the corner; на углу on the corner; **2.** (*часть дома, комнаты*) corner, nook; все разбрелись по своим углам they all dispersed to their chosen corners; **3.** (*приют, пристанище*): иметь свой ~ have* a home of *one's* own; не иметь угла have* no home of *one's* own; **4.** *мат.* angle; под прямым углом at right angles (to), perpendicular (to); внешний ~ треугольника external angle of a trangle; ◇ из-за угла (*убить, напасть*) underhandedly; убийство из-за угла surreptitious killing; под этим углом зрения from this point of view; сгладить острые углы smooth things over; ходить из угла в ~ pace about, stride* about; медвежий ~ remote part, God-forsaken spot.

уголёк *м.* small piece of coal.

уголовник *м.* (*преступник*) criminal.

уголов|ный criminal; ~ное преступление felony, criminal offence; ~ кодекс criminal code; ~ое прошлое police, criminal or prison record; ~ый процесс criminal proceeding; ~ое дело criminal case; ~ый розыск Criminal Investigation Department; ◇ возбуждать ~ое дело take/initiate legal proccedings; **~щина** *ж. разг.* **1.** (*преступление*) criminal affair, law-breaking, shady activity; **2.** *собир.* (*преступник*) criminals *pl.*, the underworld.

уголок *м.* corner; ◇ красный ~ information room; живой ~ pets corner; ~ природы nature study corner; райский ~ heavenly spot.

уголь *м.* coal; ◇ древесный ~ charcoal; каменный ~ coal; бурый ~ lignite; сидеть как на углях, угольях be* on tenterhooks, be on thorns.

угольник *м.* **1.** (*для черчения*) set square; **2.** *тех.* angle-bar; elbow.

угольн|ый coal *attr.*; ~ бассейн coal field; ~ая промышленность coal(-mining) industry; ◇ ~ая кислота carbonic acid.

угомонить *сов.* (*вн.*) *разг.* quiet (*smb.*); **~ся** *сов. разг.* quiet down, calm down.

угон *м.* **1.** driving away; **2.** *разг.* (*похищение*) lifting, stealing; hijacking; ~ машины auto theft, car conversion; ~ воздушного транспорта hijacking; **3.** *ж.-д.* ~ пути creep.

угонщик *м.* **1.** (*машины*) car thief; **2.** (*самолёта*) hijacker.

угонять, угнать (*вн.*) **1.** drive* (*smth.*) (away); **2.** *разг.* (*похищать скот*) steal* (*smth.*).

угоразд|ить *сов. разг.*; как вас ~ло пойти туда? what possessed you to go there?; и чёрт его ~л! what the devil made him do it!

угорать, угореть be* affected by (the) fumes; (*до смерти*) die from carbon monoxide poisoning.

угорелый *разг.*; как ~ like a madman*; бежать как ~ run* like blazes/hell.

угореть *сов. см.* угорать.

угорь I *м.* (*рыба*) eel; ◇ живой как ~ as lively as a cricket.

угорь II *м.* (*на коже*) blackhead.

угостить *сов. см.* угощать.

уготованный prepared, in store.

уготовить *сов.* prepare.

угощ|ать, угостить (*вн. тв.*) entertain (*smb.* to), treat (*smb.* to), regale (*smb.* with); ~ *кого-л.* обедом entertain *smb.* to dinner; я ~аю this is on me, I'm standing treat; **~ение** *с.* **1.** (*действие*) hospitality, regaling; **2.** (*то, чем угощают*) fare: refreshments *pl.*

угреватый covered with blackheads; pimply.

угробить *сов. разг.* do in; ruin, wreck; ◇ ~ *чью-н.* репутацию ruin *smb.'s* reputation.

угрож|ать *несов.* (*дт. тв.*) threaten (*smb.* with), menace (*smb.* with); ему ~ает опасность he is in danger; ему ничто не ~ает he is in no danger; ~ войной threaten war, carry the threat of war; **~ающий** threatening, menacing; ~ающее положение perilous situation.

угроз|а *ж.* threat; (*опасность т.ж.*) menace; поставить *что-л.* под ~у endanger *smth.*, create a threat to *smth.*; находиться под ~ой вымирания/исчезновения be on the endangered species/list.

угрохать *сов.* **1.** *вульг.* (*убить*) knock off; **2.** *разг.* (*деньги, время*) blow, fritter away, squander, throw away, wash down the drain.

угрызен|ие *с.*; ~ия совести remorse *sg.*, compunction *sg.*, pricks of conscience.

угрюмый gloomy, somber; (*о человеке т.ж.*) morose, sullen.

удав *м. зоол.* boa constrictor, python.

уда|ваться, удаться **1.** be* a success, turn out well; не ~ fail, be* abortive, turn out badly; операция удалась the operation was a success; **2.**

безл. (*дт.* + *инф.*): ему́ всё ~ётся everything he does turns out well, everything he puts his hand to turns out well; мне удало́сь доста́ть э́ту кни́гу I succeeded in getting the book; мне не удало́сь пое́хать туда́ I was unable to go there, I couldn't go.

удави́ть *сов.* (*вн.*) strangle (*smb., smth.*), throttle (*smb., smth.*); **~ся** *сов. разг.* hang *oneself*.

уда́вка *ж.* running knot, half hitch, timber hitch.

удале́ни|е *с.* **1.** withdrawal, sending away; по ме́ре ~я от... the further *one* gets from...; *спорт.* ~ с по́ля sending off the field; **2.** (*устранение*) removal, disposal; **3.** (*зуба*) extraction.

удалённость *ж.* remoteness, distance.

удалённый remote, distant.

удале́ц *м.* darling person.

удали́ть(ся) *сов. см.* удаля́ть(ся).

удал|о́й daring, bold; конь ~ mettlesome horse/steed; тро́йка ~а́я dashing troika; пе́сня ~а́я stirring song.

у́даль *ж.* dash, audacity, daring.

удаля́ть, удали́ть (*вн.*) **1.** (*отдалять*) take* (*smth.*) away, remove (*smth.*); **2.** (*устранять*) remove (*smth.*); (*вырывать*) take* out (*smth.*), extract (*smth.*); ~ пятно́ remove a stain; ~ зуб extract a tooth*; **3.** (*заставлять уйти*) send* (*smb.*) away/out, have* (*smb.*) removed; он был удалён с по́ля he was sent off; **~ся**, удали́ться **1.** (*отдаляться*) move away (from); бе́рег постепе́нно удаля́лся the shore receded; ~ся от те́мы wander from the subject; **2.** (*уходить*) retire.

уда́р *м.* **1.** blow (*т.ж. перен.*); (*рубящий*) chop; (*колющий*) stab, thrust; (*столкновение*) impact; (*звук от толчка, сотрясения*) crash, thud; ~ ного́й kick; наноси́ть ~ *кому-л.* deal*/strike* *smb.* a blow; ~ в спи́ну stab in the back; ~ судьбы́ stroke of fate; одни́м ~ом with one stroke; ~ гро́ма clap of thunder; ~ ко́локола stroke of a bell; **2.** *воен.* attack, thrust, blow; ~ в штыки́ bayonet charge; ~ с во́здуха air strike; под ~ом exposed; масси́рованный отве́тный ~ massive retaliation; отве́тный ~ retalitation, response; отвлека́ющий ~ diversionary attack; пе́рвый ~ first strike; упрежда́ющий ~ preemptive strike/ attack; **3.** *мед.* stroke, seizure; со́лнечный ~ sun-stroke. **4.** *спорт.* (*в боксе*) lead; боково́й ~ hook; голево́й ~ scoring shot; (*в регби*) conversion/kick; запрещённый ~ foul; (*в бильярде*) faulty stroke, miscue; (*в футболе*) одиннадцатиметро́вый ~ penalty (kick, shot); ~ с лёта volley; ~ с отско́ком half volley. **5.** *тех.* теплово́й ~ thermal shock; ◇ быть в ~е be* in from, be* at *one's* best; быть под ~ом be* in danger; ста́вить *кого-л.*, *что-л.* под ~ endanger *smb., smth.*; одни́м ~ом двух за́йцев уби́ть ≅ kill two birds with one stone.

ударе́ние *с.* stress, accent; де́лать ~ на *чём-л.* stress *smth.*; *перен. т.ж.* lay* stress on *smth.*, emphasize *smth.*

уда́рить(ся) *сов. см.* ударя́ть(ся).

уда́рник *м.* (*музыкант*) drummer; (*в симфоническом оркестре*) tympanist.

уда́рн|ый I 1. (*действующий ударом*) percussion *attr.*; ~ые музыка́льные инструме́нты percussion instruments; ~ое буре́ние percussion boring; **2.** (*наносящий решающий удар*) shock *attr.*; ~ батальо́н shock battalion; ~ая гру́ппа striking force, main attack force; ~ые ча́сти shock troops; **3.** *лигв.*: ~ гла́сный stressed vowel.

уда́рн|ый II 1. (*важный, срочный*) urgent, pressing; ~ое зада́ние top-priority task; ~ые те́мпы high tempo *sg.*; **2.** (*передовой*) shock *attr.*, top-notch.

ударя́ть, уда́рить **1.** (*вн.*, в *вн.*, по *дт.*) hit* (*smb., smth.*); strike* (*smb., smth.*) (*т.ж. перен.*); уда́рить *кого-л.* по лицу́ strike*/hit* *smb.* in the face; уда́рить по́ столу bang on the table; **2.** (*вн.; причинять страдания*) be* a blow (to); **3.** (в *вн.; ударом производить звук*) strike* (*smth.*), beat* (*smth.*); уда́рить в ко́локол ring* a bell; **4.** (*вн.; подавать сигнал*) sound (*smth.*); уда́рить в наба́т sound the alarm; **5.** (*раздаваться*) sound; (*громко*) crash; уда́рил гром thunder crashed, there was a great clap of thunder; **6.** (*внезапно атаковать*) pounce, strike*; ◇ уда́рить по карма́ну make* a hole in *one's* pocket; уда́рить в го́лову (*опьянить*) go* to *one's* head; уда́рить по рука́м shake* hands on it; **~ся**, уда́риться **1.** (о, в *вн.*) strike* (*smth.*), hit* (*smth.*); bump into (*smth.*); (*ушибаться*) knock *oneself*; уда́риться голово́й обо *что-л.* knock/hit* *one's* head against *smth.*; мяч уда́рился о сте́ну the ball hit the wall; **2.** (в *вн.*) *разг.* (*с увлечением предаваться чему-л.*) plunge (into); ~ся из одно́й кра́йности в другу́ю go* from one extreme to the other; run to an extreme.

уда́ться *сов. см.* удава́ться.

уда́ча *ж.* luck, piece of luck; (*достижение*) success, achievement; тво́рческая ~ artistic achievement/triumph, жела́ть ~и wish good luck; полага́ться на ~у take a chance; солда́т ~и solder of fortune.

уда́чн|о successfully, well; **~ый 1.** (*успешный*) successful; (*подходящий*) apt; **2.** (*хороший*) good*; ~ый вы́бор happy choice.

удва́ивать, удво́ить (*вн.*) double (*smth.*), increase (*smth.*) a hundred per cent; ~ уси́лия redouble *one's* efforts; ~ це́ну double the price, raise the price a hundred per cent; **~ся**, удво́иться double, increase twofold.

удво́енн|ый 1. (*вдвое больший*) double; **2.** (*усиленный, увеличенный*) redoubled; с ~ой эне́ргией with redoubled zeal.

удво́ить(ся) *сов. см.* удва́ивать(ся).

уде́л *м.* (*участь*) lot, fate, destiny; доста́ться в ~ *кому-н.* fall to one's lot; **2.** *ист.* appanage principality (in Kievan Russia); crown domain, crown Landed property.

удели́ть *сов. см.* уделя́ть.

уде́льн|ый *физ.* specific; ~ вес specific gravity; *перен.* share; ~ая теплоёмкость specific heat.

уделя́ть, удели́ть (*вн.*) (*выделять*) allot (*smth.*); (*время и т.п.*) spare (*smth.*); ~ *кому-л.* внима́ние give*/grant attention to *smb.*

у́держ *м.;* без ~у *разг.* unrestrainedly; не знать (*ни в чём*) ~у know* no restraint, always go* the whole hog.

удержа́ние *с.* **1.** holding; **2.** *эк.* deduction; ~ из платежéй withholding deduction from payments; ~ нало́гов deduction of taxes; прогресси́вное ~ progressive deduction; пра́во ~я *юр.* lien; right of retention; производи́ть ~ deduct; до ~ я нало́га before tax, pretax.

удержа́ть(ся) *сов. см.* удéрживать(ся).

удéрживать, удержа́ть (*вн.*) **1.** (*от падения*) hold* (*smb., smth.*); hold* up (*smb., smth.*); **2.** (*сдерживать*) keep* back (*smb., smth.*), hold* back (*smb., smth.*); ~ ло́шадь hold*/rein in *one's* horse; **3.** (*не отпускать*) keep* (*smb.*); **4.** (*не давать сделать что-л.*) restrain (*smb.*); **5.** (*не давать проявиться*) hold* back (*smth.*), restrain (*smth.*), repress (*smth.*); ~ крик stifle a cry; **6.** (*сохранять*) keep* (*smth.*); (*не сдавать противнику*) hold* (*smth.*); он удержа́л за собо́й пéрвое мéсто he kept the first place; ~ пози́ции hold* *one's* ground, stand* firm; ~ в па́мяти retain in *one's* memory; **7.** (*не выплачивать*) deduct (*smth.*), keep* back (*smth.*), withhold (*smth.*); **~ся**, удержа́ться **1.** (*устоять*) hold* out, hold* *one's* ground; удержа́ться на нога́х keep* *one's* footing, keep* *one's* feel; **2.** (от *рд.*) keep* (from), refrain (from); удержа́ться от слёз keep* back *one's* tears, restrain *one's* tears; он не мог удержа́ться от слёз he couldn't refrain from tears; ~ся от собла́зна resist a temptation.

удесятери́ть(ся) *сов. см.* удесятеря́ть(ся).

удесятеря́ть, удесятери́ть (*вн.*) increase (*smth.*) tenfold; **~ся**, удесятери́ться increase tenfold.

удешеви́ть *сов. см.* удешевля́ть.

удешевлéние *с.* reduction in price; price reduction; ~ сто́имости креди́тов *эк.* cheaper prices for credits.

удешевля́ть, удешеви́ть (*вн.*) make* (*smth.*) cheaper; (*понижать в цене*) lower/reduce the price (of).

удиви́тельн|о **1.** *нареч.* remarkable, extraordinary; (*очень*) extremely; **2.** *в знач. сказ. безл.* it is astonishing/funny/strange; ~! extraordinary!; ~, что... it's surprising that...; I'm astonished/surprised that...; не ~, что... no wonder...; **~ый** **1.** (*странный*) surprising, astonishing, amazing, remarkable; **2.** (*необыкновенный*) wonderful, marvellous, remarkable; **3.** (*чрезвычайный*) extraordinary.

удиви́ть(ся) *сов. см.* удивля́ть(ся).

удивлéни|е *с.* astonishment, surprise, amazement; к моему́ вели́кому ~ю much to my astonishment/surprise; к о́бщему ~ю to everyone's astonishment; ◇ на ~ splendidly; (*дт.*) to *smb.'s* deilght; вызвать ~ be* amazing/astonishing.

удивл|я́ть, удиви́ть (*вн.*) astonish (*smb.*), amaze (*smb.*); surprise (*smb.*); меня́ э́то ниско́лько не ~я́ет I'm not a bit surprised; э́то не должно́ никого́ ~ this will come as a surprise to nobody; э́тим вы никого́ не удиви́те that won't make much of an impression; **~я́ться**, удиви́ться (*дт.*) be* surprised (at), be* astonished (at), be* amazed (at).

удила́ *мн.* bit *sg.*

уди́лище *с.* (fishing) rod.

удира́ть, удра́ть *разг.* run* away.

уди́ть *несов.* (*вн.*) fish (for).

удлинéние *с.* **1.** lengthening; **2.** (*продление*) extension.

удлинённый long.

удлини́тель *м.* **1.** extension lead/cord; **2.** extension bar.

удлини́тельн|ый: ~ая тру́бка extension tube/wand.

удлини́ть(ся) *сов. см.* удлиня́ть(ся).

удлиня́ть, удлини́ть (*вн.*) **1.** (*увеличивать в длину*) make* (*smth.*) longer, lengthen (*smth.*); **2.** (*продлевать*) extend (*smth.*); **~ся**, удлини́ться **1.** (*увеличиваться в длину*) lengthen, get*/grow* longer; **2.** (*становиться более длительным*) lengthen; дни удлини́лись the days lengthened.

удму́рт *м.*, **~ка** *ж.* Udmurt; **~ский** Udmurt; ~ский язы́к Udmurt, the Udmurt language.

удо́бн|о **1.** *нареч.* comfortably; **2.** *в знач. сказ. безл.* it is comfortable; вам ~ здесь? are you comfortable here?; **3.** *в знач. сказ. безл.* (*подходит*) it is convenient; ~ ли вам прийти́? is it convenient for you to come?; э́то вам ~? does that suit you?, will it be convenient for you?; **4.** *в знач. сказ. безл.* (*уместно, прилично*) it is possible; ~ ли спроси́ть его́ об э́том? can he be asked about that?; **~ый** **1.** comfortable; (*для пользования*) handy; (*пригодный*) suitable; ~ое крéсло comfortable chair; ~ая по́за comfortable position; устра́ивайтесь ~ее make yourself quite comfortable; **2.** (*подходящий*) convenient; ~ый момéнт opportune moment; ~ый слу́чай (good) opportunity; назна́чить ~ое для всех врéмя fix a time that suits everybody.

удобовари́мый digestible.

удобочита́емый readable; easy to read, legible *predic.*

удобрéние **1.** (*действие*) fertilizing, dressi[ng] (with fertilizers); (*навозом*) manuring; **2** (*вещество*) fertilizer; (*навоз*) manure.

удо́брить *сов. см.* удобря́ть.

удобря́ть, удо́брить (*вн.*) fertilize (*smth.*) (*навозом*) manure (*smth.*).

удо́бств|о *с.* convenience, comfort; кварти́ра со всéми ~ами flat with all modern conveniences.

удовлетворéни|е *с.* **1.** satisfaction, gratification; ~ жела́ний gratification of *one's* desires; трéбовать ~я у *кого-л.* demand satisfaction from *smb.*; отмеча́ть с ~ем note with satisfaction; **2** *эк.* satisfaction, settlement, consideration; встрéчное ~ consideration; встрéчное действи́тельное ~ valid consideration; встрéчное надлежа́щее ~ valuable consideration; ~ и́ска satisfaction, settlement of a claim; pronouncing judgement for the plaintiff; ~ кредито́ра satisfaction of a creditor; ~ потре́бностей satisfaction of needs/requirements; ~ про́сьбы meeting a request; части́чное ~ partial settlement/satisfaction; да́ть ~ give satisfaction; отка́зываться от ~я refuse to satisfy/settle; получи́ть по́лное ~ be fully/completely satisfied; в ~ in/to satisfaction; к взаи́мному ~ю to mutual satisfaction; к ~ю всех сторо́н to the satisfaction of all parties; предложе́ние встре́чено с ~ем proposal meets with satisfaction.

удовлетворённ|ость *ж.* contentment; **~ый 1.** (*довольный*) contented; **2.** (*осуществлённый*) satisfied.

удовлетвори́тельн|о 1. *нареч.* satisfactorily; **2.** *в знач. сущ. с нескл.* a satisfactory (mark); **~ый** satisfactory.

удовлетвори́ть(ся) *сов. см.* удовлетворя́ть(ся).

удовлетворя́ть, удовлетвори́ть **1.** (*вн.; исполнять, осуществлять*) satisfy (*smth.*); meet* (*smth.*); ~ потре́бности населе́ния satisfy/meet* the public's needs/requirements; удовлетвори́ть *чью-л.* про́сьбу comply with *smb.'s* request; **2.** (*вн.; делать довольным*) content (*smb.*), satisfy (*smb.*); успе́х не удовлетвори́л её she was not content with her success; **3.** (*дт.; соответствовать*) meet* (*smth.*), answer (*smth.*), satisfy (*smth.*); ~ *чьим-л.* тре́бованиям answer *smb.'s* demands, come* up to *smb.'s* standards/requirements; **4.** (*вн. тв.; снабжать*) keep* (*smb., smth.*) supplied (with); **~ся**, удовлетвори́ться (*тв.*) be* satisfied (with), be* content(ed) (with).

удово́льстви|е *с* **1.** pleasure; (*радость*) delight; с ~ем with pleasure; к о́бщему ~ю to everybody's delight; доставля́ть ~ *кому-л.* give* *smb.* pleasure; *2.* (*развлечение*) amusement; diversion; ◇ все три́дцать три ~я everything you could possibly wish for; everything the heart desires, every conceivable joy; жить в своё ~ enjoy life.

удо́д *м.* (*птица*) hoopoe.

удо́|й *м.* **1.** (*количество*) milk yield; су́точный ~ daily milk yield; **2.** (*доение*) milking; молоко́ у́треннего ~я morning milk.

удо́йность *ж.* milk-yielding capacity.

удорожа́ние *с.* increase in cost, rise in price.

удорож|а́ть, удорожи́ть (*вн.*) increase the cost (of); **~и́ть** *сов. см.* удорожа́ть.

удоста́ивать, удосто́ить **1.** (*вн. рд.; звания, степени и т.п.*) confer (*smth.* on), award (*smb. smth.*); **2.** (*вн. тв.*) *часто ирон.* (*оказывать внимание*) favour (*smb.* with), honor (*smb.* with); не ~ *кого-л.* отве́том vouchsafe *smb.* no answer; **~ся**, удосто́иться **1.** (*рд.; звания, награды*) be* awarded (*smth.*); **2.** (*рд., + инф.*) *часто ирон.* be* favored (with), have* the good fortune (+ to *inf*).

удостовере́ние *с.* **1.** (*действие*) attestation, certification; **2.** (*документ*) card, certificate; ~ для специали́стов professional card; ~ ли́чности identification/identity card, credentials; надлежа́щее ~ ли́чности proper credentials; ~ по́дписи attestation of a signature; санита́рное ~ hospital bill; ~ тамо́жни на возвра́т тамо́женной по́шлины customs debenture; по пи́сьменному ~ю certified in writing; с це́лью ~я ли́чности for purposes of identification; ~ журнали́ста press card; ~ пра́ва вожде́ния автомоби́ля driving license.

удостове́рить(ся) *сов. см.* удостоверя́ть(ся).

удостоверя́ть, удостове́рить (*вн.*) certify (*smth.*); ~ по́дпись witness a signature; ~ ли́чность *кого-л.* identify *smb.*; **~ся**, удостове́риться satisfy *oneself*, make* sure, ascertain; attest; ~ в по́длинности докуме́нта assure *oneself* of the genuineness of a document.

удосто́ить(ся) *сов. см.* удоста́ивать(ся).

удосу́житься *сов.* (+ *инф.*) *разг.* have*/find* time (for + -ing.), get* around (to + ing), manage.

удочер|и́ть *сов. см.* удочеря́ть; **~я́ть**, удочери́ть (*вн.*) adopt (*smb.*) (as *one's* daughter).

у́дочк|а *ж.* (fishing) rod and line; ◇ пойма́ть *кого-л.* на ~у catch* *smb.* neatly; попа́сться на ~у swallow the bait; заки́нуть ~у cast a line; put a line out (try to discover *smth.*).

удра́ть *сов. см.* удира́ть.

удружи́ть *сов.* (*дт.*) *разг.* **1.** (*оказать услугу*) do* (*smb.*) a (good) turn; **2.** *ирон.* (*причинить вред*) do* (*smb.*) a bad turn.

удруч|а́ть, удручи́ть (*вн.*) depress (*smb.*); demoralize (*smb.*); **~а́ющий** depressing; **~ённый** depressed, dejected, dispirited, low-spirited; ~ённое состоя́ние state of depression/dejection, depressed state; ~ённый вид dejected air/look; **~и́ть** *сов. см.* удруча́ть.

удуше́ние *с.* smothering, suffocation; asphyxiation.

удуши́ть *сов.* (*вн.*) stifle (*smb., smth.*) (*тж. перен.*); suffocate (*smb.*); (*верёвкой, руками*) strangle (*smb.*), throttle (*smb.*), choke (*smb.*).

уду́шлив|ый 1. suffocating, stifling (*тж. перен.*); ~ая жара́ stifling/sweltering heat; **2.** (*сопровождающийся удушьем*) choking; **3.** *хим.* asphyxiating.

уду́шье *с.* suffocation; asphyxia.

уедине́ние *с.* **1.** (*пребывание в одиночестве*) solitude, seclusion; **2.** (*уединённость*) seclusion, isolation.

уедин|ённый secluded, isolated; **~и́ться** *сов. см.* уединя́ться.

уединя́ться, уедини́ться seek* solitude; isolate *oneself*; ~ от о́бщества retire from society; withdraw (from); go off (be, *oneself*); ~ в свою́ ко́мнату retire to *one's* room.

уезжа́ть, уе́хать go* away, leave*; (из *рд.; откуда-л.*) leave* (*smth.*); (в, на *вн.; куда-л.*) leave* (for), go* (to); он уе́хал he's away; она́ уе́хала из Москвы́ she has left Moscow; он уе́хал в дере́вню he's gone to the country.

уе́хать *сов. см.* уезжа́ть.

уж I *м. зоол.* grass snake.

уж II **1.** *нареч. см.* ужé 1, 2, 3; **2.** *усил. частица* really; *часто не переводится*; уж я не знáю I really don't know; уж éсли if; уж éсли так if that is the case; ну, э́то уж... but that's...; не так уж плóхо it's not so bad after all.

ужáлить *сов. см.* жáлить.

ужáриться *сов. разг.* **1.** thoroughly roasted, fried; **2.** roast away, roasted up, shrink.

ýжас *м.* **1.** (*сильный страх*) terror, horror; приходи́ть в ~ от *чего-л.* be* horrified/appalled by *smth.*; приводи́ть *кого-л.* в ~ horrify *smb.*; к моемý ~у to my horror; объя́тый ~ом terror-stricken, terror-struck; содрогáться от ~а shudder with horror; **2.** (*обыкн. рд.; трагичность*) horror (of); мы сознавáли весь ~ нáшего положéния we realized the full horror of the situation we were in; **3.** *обыкн. мн.* (*страшное явление*) horror; ~ы войны́ horrors of war; **4.** (*изумление, негодование*) horror; **5.** *в знач. нареч. разг.* terribly; ~ как хóлодно! it's horribly cold; ◇ какóй ~! what a horrible thing!; how awful!; horrors!; ти́хий ~! horror of horrors!, perish the thought! фильм ~ов horror film.

ужас|áть, ужаснýть (*вн.*) horrify (*smb.*), appal (*smb.*); **~áться**, ужаснýться be* horrified/appalled; **~áющий** appalling; (*плохой тж.*) awful, ghastly *разг.*

ужáсно **1.** *нареч.* awfully, terribly; **2.** *в знач. сказ. разг.* it is terrible.

ужаснýть(ся) *сов. см.* ужасáть(ся).

ужáсн|ый terrible; awful *разг.*; ~ое гóре, несчáстье terrible grief, misfortune; ~ слýчай sad case; terrible incident; ~ лгун, трус awful liar, coward; ~о! awful!

ужáться *сов. разг.* become (more) compact, reduced in size, shrink, packed down.

ýже *сравнит. ст. прил.* ýзкий *и нареч.* ýзко.

ужé **1.** *нареч.* (*указывает на окончание действия*) *не переводится*; я ~ пообéдал I've had (my) dinner; вы ~ обéдали? have you had dinner?; когдá мы пришли́, он ~ уéхал he had gone when we arrived; **2.** *нареч.* (*при словах, обозначающих отрезок времени*) quite, very; он ~ минýты три говори́л he had been speaking for quite three minutes; он ~ давнó живёт в Москвé he has been living in Moscow a very long time; **3.** *нареч.* (*указывает на более ранний срок наступления чего-л. ожидаемого*) already, by, even; ~ в концé февраля́ by the end of February; ~ в 1960 годý already in 1960; ~ тепéрь even now; already; **4.** *усил. частица не переводится*; ~ порá éхать, начинáть *и т.д.* (it's) time to go, begin, *etc.*; он ~ давнó кóнчил рабóту he finished the job long ago; ~ не раз again and again, more than once.

уживáться, ужи́ться (с *тв.*) get* on (with); мы с ней так и не ужи́лись she and I simply couldn't get on.

ужи́вчивый accommodating, easy-going; easy to deal with *после сущ.*

ужи́мки *мн.* (*ед.* ужи́мка *ж.*) grimaces.

ýжин *м.* supper; **~ать**, поýжинать have* supper.

ужи́ться *сов. см.* уживáться.

ужрáться *сов. вульг.* get drunk.

узаконéние *с.* legalization, legitimization; statute.

узакóнить *сов.* (*вн.*) legalize (*smth.*); (*признавать правильным*) acknowledge (*smth.*).

узбéк *м.* Uzbek; **~ский** Uzbek; ~ский язы́к Uzbek, the Uzbek language.

узбéчка *ж.* Uzbek woman*.

узд|á *ж.* bridle; ◇ держáть *кого-л.* в ~é keep* *smb.* under *one's* thumb, keep in check, restrain.

уздéчка *ж.* **1.** bridle; **2.** *мед.* fraenum.

уздцы́: под ~ by the bridle.

ýзел I *м.* **1.** (*на верёвке и т. п.*) knot; *перен. тж.* tangle; завя́зывать ~ tie a knot; развя́зывать ~ untie a knot; ~ противорéчий tangle of contradictions; **2.** (*место скрещения чего-л.*) junction, center; **3.** (*совокупность сооружений*) complex, center; радиотрансляциóнный ~ broadcasting center; **4.** *анат.* knot, protuberance; нéрвный ~ ganglion; **5.** *тех.* assembly, unit, pack; сбóрка узлóв комбáйна assembly of combine-harvester units; силовóй ~ power pack/unit; **6.** (*свёрток*) bundle; ◇ морскóй ~ seaman's knot; мёртвый ~ slipknot.

ýзел II *м. мор.* (*мера скорости*) knot.

узел|óк *м.* **1.** ~ки для пáмяти list of/things to do, things to be done; **2.** ~ на пáмять reminder.

ýзк|ий **1.** (*неширокий*) narrow; ~ая колея́ narrow gauge; **2.** (*тесный*) tight; **3.** (*ограниченный*) narrow, limited, close; ~ круг знакóмых close circle of acquaintances; ~ая специáльность highly specialized profession; в ~ом смы́сле слóва in the narrow sense; **4.** (*недалёкий*) narrow-minded, limited; ◇ ~ое мéсто в *чём-л.* weakest point in *smth.*; (*в производстве*) bottleneck.

ýзко narrowly; tightly.

узкоглáзый narrow-eyed; *разг.* oriental (person).

узковéдомственный narrow departmental; ~ подхóд narrow departmental approach.

узкоколéй|ка *ж. разг.* narrow-gauge railway; **~ный** narrow-gauge *attr.*

узкокоры́стный purely selfish.

узколóбый low-browed; *перен. разг.* narrow-minded.

узкоплёночный miniature-film *attr.*; ~ фотоаппарáт miniature-film camera.

узкоспециáльный strictly/highly specialized.

узлов|óй **1.** (*являющийся центром*): ~áя стáнция (railway-)junction; **2.** (*основной*) key *attr.*, nodal; ~ пункт key/focal point; ~ вопрóс central question.

узнавáть, узнáть **1.** (*вн.*, о *пр.*; *получать сведения*) hear* (*smth.*); (*из газет, писем*) learn* (*smth.*); я тóлько что узнáл об э́том I have just heard about it; **2.** (о *пр.*; *осведом-*

ляться) find* out (*smth.*), inquire (about); **3.** (*вн.; обнаруживать, раскрывать*) find* out (*smth.*), discover (*smth.*); **4.** (*вн.; получать истинное представление о ком-л., чём-л.*) get* to know (*smb., smth.*); become familiar with; **5.** (*вн.; испытывать: переживать*) experience (*smth.*); **6.** (*вн.; признавать*) recognize (*smb., smth.*); он узна́л меня́ по похо́дке he recognized me by my walk; его́ нельзя́ бы́ло узна́ть *one* would never have recognized/known him; **7.** (*определять*) realize.

узна́ть *сов. см.* узнава́ть.

у́зник *м.* prisoner.

узо́р *м.* pattern, design; *мн.* tracery *sg.*, pattern *sg.*; **~чатый** patterned, decorated, with a pattern.

у́зость *ж.* **1.** narrowness; tightness; **2.** (*ограниченность*) narrow-mindedness, pettiness.

узурп|а́тор *м. книж.* usurper; **~и́ровать** *несов. и сов.* (*вн.*) usurp (*smth.*).

у́зы *мн.* bonds, ties.

уи́к-э́нд **1.** weekend; **2.** *мужской* ~ stag weekend party.

уйгу́р *м.*, **~ка** *ж.* Uigur; **~ский** Uigur, Uigurian, Uiguric; ~ский язы́к Uigur, the Uigur language.

у́йма *ж. разг.* lots (of) *pl.*, heaps (of) *pl.*

уйти́ *сов. см.* уходи́ть 1-8.

ука́з *м.* **1.** decree, edict, ukase; **2.** *в знач. сказ.* (*дт.*): э́то мне не ~ that carries no weight with me; ты мне не ~ you can't order me about.

указа́ни|е *с.* **1.** (*сведение о чём-л.*) indication; **2.** (*замечание, разъясняющее что-л.*) instructions *pl.*, directions; ~я аге́нтской фи́рмы agency's instructions; ~я директи́вное directions, directives, quidelines; ~ сро́ка time indication; ~я техни́ческие technical instructions; ~ це́лей (*изобретения*) statement of objects; ~ цен indication of prices; выполне́ние ~й execution of instructions; несоблюде́ние ~й disregard of instructions; выполня́ть ~я carry out instruction; дава́ть ~я, пи́сьменные direct in writing; в соотве́тствие с ~ями in compliance with the instructions; в упако́вке и с маркиро́вкой согла́сно ~ям packed and marked as specified; согла́сно ~ю as per instruction.

ука́занный specified, indicated.

указа́тель *м.* **1.** (*в книге*) index (*pl.* -kes, indices); **2.** (*справочник*): библиографи́ческий ~ bibliographical list; железнодоро́жный ~ railway guide; 3. (*дорожный*) road sign); **4.** *тех.* indicator; (*стрелка*) pointer; **5.** *эк.* ~ кла́ссов classification manual; ~ лице́нзий index of licenses; ~ ме́тодов manual of methods; сво́дный ~ consolidated index; ~ това́рных зна́ков index of trademarks; ~ цен index of prices, price index; занос́ить в ~ index.

указа́тельн|ый indicatory; ~ая стре́лка pointer, arrow; ~ое местоиме́ние *грам.* demonstrative pronoun; ◇ ~ па́лец index finger, forefinger.

указа́ть *сов. см.* ука́зывать.

ука́зк|а *ж.* **1.** (*палочка*) pointer, fescue; **2.** *разг.* (*указание*) orders *pl.*; де́йствовать по чьей-л. ~е carry out *smb.'s* orders; по чужо́й ~е at someone else's bidding.

ука́зывать, указа́ть **1.** (*вн.*, на *вн.; показывать*) show* (*smb., smth.*), indicate (*smb., smth.*), point out (*smb., smth.*) (*т.ж. перен.*); ~ па́льцем на *кого-л.* point at *smb.; перен.*; point the finger at *smb.*; указа́ть *кому л.* доро́гу show* *smb.* the way; ~ на се́вер point (to the) north; ~ на недоста́тки point out the defects; **2.** (*на ког'о-л.; ссылаться*) point (to *smb.*), cite (*smb.*), refer (to *smb.*); **3.** (*давать указания*) give* instructions, explain; как ука́зано according to instructions, as directed; **4.** (*заявлять, сообщать*) state; ~ ни́же state below; как ука́зано ни́же as stated below.

ука́зчик *м. разг.* person who gives orders; ты нам не ~ you can't give us orders.

уката́ть *сов. см.* ука́тывать.

укати́ть *сов.* **1.** (*вн.*) roll (*smth.*) away, push (*smth.*) away; **2.** *разг.* (*уехать*) go* off, drive* off; **~ся** *сов.* roll away.

ука́тывать,уката́ть (*вн.*) roll (*smth.*).

укача́ть *сов. см.* ука́чивать.

ука́чив|ать, укача́ть (*вн.*) **1.** (*ребёнка*) rock (*smb.*); **2.** *обыкн. безл.*: его́ укача́ло he was sick; меня́ ~ает I get sick, I suffer from car (sea, air) sickness.

укипе́ть *сов. разг.* boil away.

укла́д *м.* **1.** (*жизни*) structure, lifestyle, organization; setup *разг.*; **2.** *эк.* mode of production.

укла́дк|а *ж.* **1.** (*фундамента, рельсов*) laying; (*сена, брёвен*) stacking; (*волос*) arranging, setting; **2.** (*причёска*) set*; **3.** *эк.* (*товаров*) stacking, stowing, stowage, heaping; ~ верх дном stacking upside down; ~ внизу́ bottom stow; ~ в я́щики stowage in boxes; опера́ция по ~е (*груза*) stevedoring operation; расхо́ды по ~е (*груза в трюм*) stowage.

укла́дывать, уложи́ть (*вн.*) **1.** lay* (*smb.*) on, make* (*smb.*) lie down; (*в постель*) put* (*smb.*) to bed; врач уложи́л его́ в посте́ль the doctor ordered him to bed; **2.** (*класть в определённом порядке*) lay* (*smth.*); (*дрова, брёвна*) stack (*smth.*); 3. (*делать причёску*) arrange (*smth.*); (*о парикмахере*) style (*smth.*); **4.** (*вещи в дорогу*) pack (*smth.*); уложи́ть ве́щи в чемода́н pack *one's* things in a case; уложи́ть чемода́н pack a case.

укла́дыв|аться I, уложи́ться **1.** (*в дорогу*) pack; **2.** (*умещаться*) go* in; (*о написанном*) go* into; **3.** (*успевать*) get*/be* through; уложи́ться в полчаса́ get* through in half an hour; вы уло́житесь в полчаса́? will half an hour be long enough?; ◇ э́то не ~ается в голове́ one can hardly take it in, it just doesn't make sense, it's beyond belief.

укла́дываться II, уле́чься lie* down; уле́чься в посте́ль get* into bed; уле́чься спать go* to bed.

укло́н *м.* **1.** incline, slope, gradient; под ~ downhill; **2.** *полит.* deviation; **3.** (*направлен-*

ность) bias, emphasis; с техни́ческим ~ом with a technical bias/emphasis.

уклон|е́ние *с.* deviation; *(от обязанностей)* evasion; *(от темы)* digression; **~и́ться** *сов. см.* уклоня́ться; ~ от вое́нной слу́жбы evasion of military service.

укло́нчивый evasive; ~ отве́т evasive answer.

уклон|я́ться, уклони́ться (от *рд.*) **1.** *(отстраняться)* dodge *(smth.)*, sidestep *(smth.)*; ~ от уда́ра dodge a blow; **2.** *(избегать)* evade *(smb., smth.)*, shirk *(smth.)*; он ~я́ется от встре́чи со мной he avoids me; ~ от отве́тственности, обя́занностей evade/shirk one's responsibilities, obligations; ~ от отве́та evade a question; **3.** *(отклоняться от прежнего пути)* deviate (from), veer (off); кре́йсер уклони́лся от за́данного ку́рса the cruiser was off course; **4.** *(отвлекаться)* digress (from); ~ от те́мы wander from the point/subject.

уклю́чина *ж.* rowlock.

укоко́шить *сов.* bump off.

уко́л *м* **1.** prick; *перен. тж.* pinprick; **2.** *(вспрыскивание)* injection; jab *разг.*; сде́лать ~ *кому-л.* give* *smb.* an injection; **3.** *воен.* thrust.

уколо́ть *сов.* *(вн.)* **1.** prick *(smb., smth.)*; **2.** *(обидеть)* sting* *(smb.)*; have* a dig (at); **~ся** *сов.* prick *oneself.*

укомплектова́ть *сов.* *(вн.)* **1.** *(составить комплект)* complete *(smth.)*, make* up *(smth.)*; **2.** *(заполнить до комплекта)* bring* *(smth.)* up to full strength; ~ ли́чным соста́вом man, furnish personnel.

уко́р *м.* reproach; смотре́ть с ~ом look reproachfully, have* a look of reproach in *one's* eyes; ◇ ~ы со́вести pangs/twinges of conscience; sting of remorse *sg.*; ста́вить *что-л.* в ~ *кому-л.* hold* *smth.* against *smb.*

укора́чивать, укороти́ть *(вн.)* shorten *(smth.)*, reduce *(smth.)*.

укорени́вшийся (deep-)rooted, deep-seated, ingrained.

укорени́ться *сов. см.* укореня́ться.

укореня́ться, укорени́ться take* root.

укори́зн|а *ж.* reproach; **~енный** reproachful.

укори́ть *сов. см.* укоря́ть.

укороти́ть *сов. см.* укора́чивать.

укоро́ченный shortened, reduced; ~ рабо́чий день reduced working day.

укоря́ть, укори́ть *(вн. в пр.)* reproach *(smb.* with).

уко́с *м. с.-х.* hay-harvest, hay crop.

укра́дкой furtively, stealthily, by stealth; ~ бро́сить взгляд на *кого-л.* steal* a furtive glance at *smb.*; смотре́ть на *кого-л.* ~ look at *smb.* stealthily, steal* a look at *smb.*

украи́н|ец *м.*, **~ка** *ж.* Ukrainian; **~ский** Ukrainian; ~ский язы́к Ukrainian, the Ukrainian language.

укра́сить(ся) *сов. см.* украша́ть(ся).

укра́сть *сов. см.* красть I.

украша́тельство *с.* overembellishment, overdecoration; *(вычурность)* affectation; frills.

украш|а́ть, укра́сить *(вн.)* adorn *(smb., smth.)*, decorate *(smth.)*; *(речь, слог)* embellish *(smth.)*; *перен.* enrich *(smth.)*; **~а́ться**, укра́ситься be* decorated; *(о речи, слоге)* be* embellished; *перен.* be* enriched; **~е́ние** *с.* **1.** *(действие)* decoration, embellishment; **2.** *(предмет)* ornament; *перен.* adornment; ~ ёлку dress the New Year's tree.

укреп|и́ть(ся) *сов. см.* укрепля́ть(ся); **~ле́ние** *с.* **1.** *(действие)* strengthening, reinforcement; *(власти, положения и т. п.)* consolidation; **2.** *воен.* *(вооружение)* fortification; ли́ния ~ле́ний line of fortifications/defenses; **~лённый** *воен.* fortified; ~лённая ли́ния fortified defense line.

укрепля́ть, укрепи́ть *(вн.)* **1.** *(делать более прочным)* strengthen *(smth.)* *(тж. перен.)*; shore *(smth.)* up; *(делать устойчивым)* fix *(smth.)*; **2.** *(делать более выносливым)* fortify *(smth.)*; ~ здоро́вье fortify/improve *one's* health; **3.** *(поддерживать морально)* brace *(smb.)* up; **4.** *(делать более мощным, сильным)* consolidate *(smth.)*, fortify *(smth.)*; **~ся**, укрепи́ться **1.** *(делаться более прочным)* be*/become* stronger; *(принимать устойчивое положение)* be* fixed; **2.** *(становиться более сильным физически и духовно)* be* strengthened; укрепи́ться в свои́х убежде́ниях be* confirmed in *one's* belief; укрепи́ться в свои́х наме́рениях be* still more determined to carry out *one's* intentions; **3.** *(прочно устанавливаться)* be* established; **4.** *(становиться более мощным, влиятельным)* establish *itself*; **5.** *воен.* consolidate *one's* positions, entrench *oneself.*

укро́мн|ый hidden, secluded, sheltered; cosy; ~ое ме́сте́чко secluded spot, hook.

укро́п *м. бот.* dill.

укроти́тель *м.*, **~ница** *ж.* (animal) tamer.

укроти́ть *сов. см.* укроща́ть.

укрощ|а́ть, укроти́ть *(вн.)* **1.** *(животное, строптивого человека)* tame *(smb., smth.)*; **2.** *(сдерживать)* curb *(smth.)*, subdue *(smth.)*; укроти́ть гнев curb *one's* anger; **~е́ние** *с.* **1.** *(животного)* taming; **2.** *(гнева и т.п.)* curbing.

укрупне́ние *с.* integration, enlargment, extension, amalgamation, merging; ~ предприя́тий integration of factories/enterprises.

укрупнённый integrated; ~ план *эк.* outline plan.

укрупни́ть *сов. см.* укрупня́ть.

укрупня́ть, укрупни́ть *(вн.)* integrate *(smth.)*, enlarge, extend, amalgamate *(smth.)*.

укрыва́тель *м.*, **~ница** *ж.* concealer, harborer; *(краденого)* receiver; **~ство** *с.* concealment; *(краденого)* receiving.

укрыва́ть, укры́ть *(вн.)* **1.** *(укутывать)* cover *(smb., smth.)*; **2.** *(прятать, предохранять)* conceal *(smb., smth.)*; shelter *(smb.)*; **~ся**, укры́ться **1.** *(укутываться)* cover *oneself* up; **2.** *(прятаться)* take* shelter; be* protected; *воен.* take* cover; **3.** *(оставаться незамечен-*

ным) escape; ничтó не укрылось от егó взгля́да nothing escaped his eye.

укры́ти|е *с.* **1.** cover; *(защита)* protection; shelter; **2.** *(сооружение)* shelter; в ~и under cover.

укры́тый sheltered, covered.

укры́ть(ся) *сов. см.* укрывáть(ся).

ýксус *м.* vinegar; **~ный** acetic; ~ная кислотá acetic acid; ~ная эссéнция vinegar essence.

укýс *м.* bite; *(пчелы)* sting; ~ комарá mosquito bite; ~ змей snakebite; ~ собáки dog's bite; ◇ для негó такóй штраф, как ~ комарá fine like that is no more than a minor irritation to him.

укуси́|ть *сов.* *(вн.)* bite* *(smb., smth.)*; *(о пчеле)* sting* *(smb., smth.)*; ◇ какáя тебя́ мýха ~ла? what's bitten you?

укýтать(ся) *сов. см.* укýтывать(ся).

укýтывать, укýтать *(вн. в вн.)* wrap *(smb.)* up (in); **~ся**, укýтаться wrap *oneself* up.

улáвливать, улови́ть *(вн.)* catch* *(smth.)*; улови́ть нóтку *чего-л.* catch* a note of *smth.*; улови́ть удóбный момéнт strike* the right moment; улови́ть смысл catch* the meaning.

улáдить(ся) *сов. см.* улáживать(ся).

улáженность *ж.* peace of mind.

улáживани|е *с.* уполномóченный по ~ю конфли́ктов troubleshooter.

улáживать, улáдить *(вн.)* settle *(smth.)*; *(отношения, ссору)* patch *(smth.)*; ~ дéло settle an affair; **~ся**, улáдиться get* settled; дéло улáдилось the affair is settled.

улáмывать, уломáть *(вн.)* *разг.* talk *(smb.)* round; *несов. тж.* try to persuade *(smb.)*; егó пришлóсь дóлго ~, прéжде чем он согласи́лся it took a lot of persuasion to get him to agree.

улáн *м. воен.* lancer; uhlan.

улáр *м. зоол.* snow-cock.

ýлей *м.* (bee) hive.

улепётыва|ть *несов. разг.* make off, bolt; ~й! hop it!

улетáть, улетéть fly* away; пти́цы улетéли на юг the birds have flown away to the south.

улетéть *сов. см.* улетáть.

улетýчиваться, улетýчиться **1.** *(о жидкости)* evaporate; *(о запахе)* go*; **2.** *разг.* *(исчезать)* vanish.

улетýчиться *сов. см.* улетýчиваться.

улéчься *сов.* **1.** *см.* уклáдываться II; **2.** *(о пыли)* settle; **3.** *(стихнуть)* subside, abate, die down.

улизнýть *сов. разг.* slip away.

ули́к|а *ж.* evidence; прямы́е ~и direct evidence *sg.*

ули́тка *ж. зоол.* snail.

ýлиц|а *ж.* street; на ~е in the street; *(вне помещения)* outside, out of doors; outdoors; вы́йти на ~у go* out/outside; войти́ с ~ы come* in (from outdoors); по ~е along the street; жить на ~е Ки́рова в дóме 12 live at 12 Kirov Street; ◇ вы́гнать *когó-л.* на ~у turn *smb.* out; очути́ться на ~е be* thrown out on the street.

уличáть, уличи́ть *(вн.)* catch* *(smb.)* out; *(вн. в пр.)* prove *(smb.)* guilty (of); ~ *когó-л.* во лжи prove *smb.* a liar, catch* *smb.* in a lie; ~ *когó-л.* в крáже prove *smb.* a thief, expose *smb.* as a thief.

уличи́ть *сов. см.* уличáть.

ýличн|ый street *attr.*; ~ое движéние traffic; ~ шум the noise of the street.

улóв *м.* catch.

улови́мый: едвá ~ almost imperceptible, scarcely perceptible.

улови́тель *м. тех.* detector, locator.

улови́ть *сов. см.* улáвливать.

улóвк|а *ж.* trick, subterfuge, ruse, device; dodge *разг.*: ~и не помоглú tricks were of no avail

уложéние *с. юр. ист.* code, *(the Russian Law Code of 1649)*.

уложи́ть *сов. см.* уклáдывать; **~ся** *сов. см.* уклáдываться I.

уломáть *сов. см.* улáмывать.

улучáть, улучи́ть *(вн.)* find* seize *(smth.)*; улучи́ть момéнт choose*/catch* the moment; ~ удóбный слýчай seize an opportunity.

улучи́ть *сов. см.* улучáть.

улучш|áть, улýчшить *(вн.)* improve *(smth.)*; **~áться**, улýчшиться improve; **~éние** *с.* improvement, amelioration.

улýчш|енный improved, ameliorate, make better; to better; **~ить(ся)** *сов. см.* улучшáть(ся).

улыб|áться, улыбнýться **1.** smile; *(дт.)* smile (at); **2.** *(дт.: благоприятствовать)* smile (upon), favor *(smb.)*; жизнь емý ~áется life is kind to him; счáстье емý улыбнýлось fortune smiled upon him; **3.** *тк. несов.* *(дт.)* *разг.* *(нравиться)* appeal (to); мне э́то (совсéм) не ~áется it doesn't appeal to me a bit; мне совсéм не ~áется идти́ тудá I am not at all keen on going there.

улы́бка *ж.* smile.

улыбнýться *сов. см.* улыбáться 1, 2.

улы́бчивый *разг.* smiling; happy.

ультимати́вный categorical, ultimatum-like, take-it-or-leave it *attr.*, having the nature of an ultimatum.

ультимáтум *м.* ultimatum; предъяви́ть ~ *комý-л.* present *smb.* with an ultimatum.

ýльтра *м. неск.* *(о политическом деятеле и т.п.)* ultra.

ýльтра- *в сложн.* ultra-.

ультразвýк *м.* ultrasound.

ультразвуковóй ultrasonic.

ультракорóтк|ий *радио* ultrashort; ~е вóлны VHF waveband.

ультрамари́н *м.* ultramarine.

ультраправы́й *прил.* **1.** far right; of the far right *после сущ.*; **2.** *в знач. сущ. мн.* ultras, far rightists.

ультрасовремéнный ultramodern.

ультрафиолéтовый ultraviolet.

улюлю́кать *несов.* **1.** *(охота)* halloo; **2.** *разг.* whoop.

ум *м.* mind, intellect; *(сообразительность)* intelligence; brains *pl.*, sense *разг.*; он человéк большóго умá he has a splendid mind/intellect; ◇ быть без умá от *когó-л., чегó-л.* be* crazy/mad about *smb., smth.*; (*быть влюблённым*) be* wildly in live with *smb.*: брáться за ум come* to *one's* senses; в умé mentally; считáть в умé reckon in *one's* head; решáть задáчи в умé do* sums in *one's* head, do* mental arithmetic; оди́н в умé carry one; в своём умé in *one's* right mind; быть не в своём умé be* out of *one's* mind/senses; в своём ли ты умé? are you in your right mind/senses?; у меня́ и в умé нé было... it never entered my head...; из умá вон! I quite forgot!; у меня́ э́то из умá нейдёт I can't forget it!; у негó на умé ничегó, крóме... he thinks of nothing but...; он себé на умé he is very shrewd/canny; he knows how many beans make five; скóлько голóв — стóлько умóв so many men so many minds; there are as many different opinions as there are people in this world; ум хорошó, а два лýчше two heads are better than one; учи́ть *когó-л.* умý-рáзуму teach* *smb.* in the way he, she should go; не вáшего умá дéло! that's beyond you!; довести́ до умá get* *smth.* into shape; утéчка ~óв за грани́цу brain drain.

умали́ть *сов. см.* умаля́ть.

умалишённый *прил.* **1.** mad, lunatic; **2.** *в знач. сущ. м.* madman* lunatic.

умáлчив|ать, умолчáть (о *пр.*) ignore (*smth.*), pass (*smth.*) over in silence; (*скрывать*) conceal (*smth.*); ◇ об э́том истóрия ~ает history is silent on this point.

умаля́ть, умали́ть (*вн.*) belittle (*smth.*), decrease, lessen; belittle, disparage; ~ *чьи-л.* заслýги belittle *smb.'s* services.

умáслить *сов. разг.* butter up.

умасти́ть *сов.* anoint.

ýмбра *ж.* umber.

умéлец *м.* master of *one.'s* trade, skilled craftsman*.

умéл|о skillfully, ably; **~ый** able, skillful, efficient; (*квалифицированный*) skilled, capable, expert; ~ые рýки skillful hands; ~ые дéйствия efficient measures; ~ая поли́тика astute policy.

умéние *с.* ability, skill; know-how.

уменьшáемое *с. мат.* minuend.

уменьш|áть, умéньшить (*вн.*) diminish (*smth.*), decrease (*smth.*); ~ расхóды cut*/lower costs; (*личные*) reduce *one's* expenses; ~ скóрость reduce speed, slow down; **~áться**, умéньшиться diminish, decrease; (*о ветре и т.п.*) drop, abate; (*об опухоли*) go* down; опáсность ~áется the danger grows less; боль ~áется the pain diminishes/decreases; **~éние** *с.* reduction, decrease; (*размера*) diminution; (*ветра и т. п.*) abatement; ~ акционéрного капитáла reduction of share capital; ~ арéндной плáты reduction of rent; ~ to decrease to; ~ на decrease by; ~ расхóдов cut in expenditure; ~ цен decrease in prices.

уменьши́тельн|ый 1. diminishing; ~ое стеклó diminishing glass; **2.** *лингв.* diminutive; ~ое и́мя существи́тельное diminutive; ~ сýффикс diminutive suffix; **3.**: ~ое и́мя pet name, familiar variant at first name.

умéньшить(ся) *сов. см.* уменьшáть(ся).

умéренн|о moderately; (*бережливо*) sparingly; **~ость** *ж.* moderateness, moderation; **~ый 1.** moderate; ~ая скóрость moderate speed; **2.** *геогр.* temperate; ~ый кли́мат temperate climate; ~ый пóяс temperate zone; ~ый вéтер moderate breeze.

умерéть *сов. см.* умирáть.

умéрить *сов. см.* умеря́ть.

умертви́ть *сов. см.* умерщвля́ть.

умéрший *м.* the deceased, the dead man*.

умерщвля́ть, умертви́ть (*вн.*) kill (*smb., smth.*), destroy, mortify; (*злодейски*) murder (*smb.*), go* away (with); *перен.* choke (*smth.*); ◇ ~ все свои́ твóрческие побуждéния stifle all *one's* creative impulses.

умеря́ть, умéрить (*вн.*) moderate (*smth.*); ~ трéбования moderate one's demands.

умести́ть(ся) *сов. см.* умещáть(ся).

умéстн|о 1. *нареч.* opportunely; appropriately; **2.** *в знач. сказ. безл.* (+ *инф.*) it may not be out of place (+ to *inf.*); **~ый** opportune; appropriate, pertinent; to the point *predic.*; ~ый вопрóс pertinent question; э́то вполнé ~ое замечáние this remark is very much to the point.

умé|ть *несов.* (+ *инф.*) be* able (+ to *inf.*); *в личн. формах* can; know* how (+ to *inf*); не ~ (+ *инф.*) be* unable (+ to *inf.*); *в личн. формах* cannot; not know how (+ to *inf.*); он ~ет нрáвиться he knows how to please; он ~ет читáть стихи́ he reads poetry very well; онá ~ет дéлать печéнье, вари́ть кóфе и *т.д.* she knows how to make pastry, coffee, *etc.*; отли́чно ~ дéлать *что-л.* be* a past master at doing *smth.*

умещáть, умести́ть (*вн.*) get* (*smth.*) in/on, fit in, find room (for); **~ся**, умести́ться go* in.

умил|éние *с.* tenderness, (sentimental) affection; прийти́ в ~ be* very touched; ли́ть слёзы ~лéния shed tears of emotion, weep with emotion; **~ённый** deeply touched; (*выражающий умиление*) affectionate; **~и́ть(ся)** *сов. см.* умиля́ть(ся).

уми́лостивить *сов.* propitiate, mollify.

уми́льный 1. sweet; (*трогательный*) touching; **2.** (*угодливый*) ingratiating.

умиля́ть, умили́ть (*вн.*) touch (*smb.*), move (*smb.*); **~ся**, умили́ться be* touched/ moved, be moved.

умирáние *с.* dying; (*смерть*) death; мéдленное ~ slow death.

умир|áть, умерéть **1.** die; *сов. тж.* be* dead; *перен.* die, disappear; он ~áет he is dying; он ýмер he is dead, he is no more; умерéть смéртью герóя die a hero's death; умерéть естéственной смéртью die a natural death; **2.**: ~óсмеху die of/with laughing; ~ от скýки be* bored to death; ◇ ~áю есть хочý! I'm dying for something to eat!; **~áющий** *м.* the dying man*.

умиротвор|éние *с.* reconciliation, pacification; appeasement; **~и́ть(ся)** *сов. см.* умиротворя́ть(ся); **~я́ть**, умиротвори́ть (*вн.*) pacify (*smb.*), appease (*smb.*); **~я́ться**, умиротвори́ться be* reconciled.

умне́ть, поумне́ть grow* wiser, become* more intelligent.

у́мник *м. разг.* **1.** smart fellow/chap; **2.** *ирон.* bright spart; wise guy, smart guy, smart-ass, know-it-all; **3.** (*о мальчике*) good boy.

у́мниц|а *разг.* **1.** *м. и ж.* clever man*, woman*; **2.** *ж.* (*о девочке*) good girl; будь ~ей! be a good girl!

у́мнича|ть *несов. разг.* try to be clever; show off *one's* inteligence; ◇ ты со мной не ~ай don't get smart with me.

умнож|а́ть, умно́жить **1.** (*вн.* на *вн.*) *мат.* multiply (*smth.* by); **2.** (*вн.; увеличивать*) increase (*smth.*), augment (*smth.*); **~а́ться**, умно́житься (*увеличиваться*) increase; **~е́ние** *с.* **1.** *мат.* multiplication; табли́ца ~е́ния multiplication table; 2. (*увеличение*) increase, raise.

умножи́тель *м. радио* ~ частоты́ frequency multiplier.

умно́жить *сов. см.* умножа́ть и мно́жить; **~ся** *знач. сов. см.* умножа́ться.

у́мно **1.** *нареч.* cleverly, wisely; sensibly; **2.** *в. сказ.* it is wise; it is sensible.

у́мн|ый intelligent; (*способный*) clever; (*толковый*) sensible, wise, smart, fancy; *разг.* (*послушный — о детях*) good*; ◇ ~ая голова́ man* of sense, clever person.

умозаключе́ние deduction; conclusion, inference.

умозре́ние *с. филос.* speculation.

умозри́тельный *книжн.* speculative, abstract.

умоли́ть *сов.* (*вн.*) prevail (upon), persuade (*smb.*), move by entreaties.

у́молк *м.*: без ~у incessantly, increasingly.

умолка́ть, умо́лкнуть become* silent; fall silent, lapse into silence; (*о шуме, звуке и т.п.*) stop; *перен.* cease; не умо́лкнет их сла́ва their glory will never cease.

умо́лкнуть *сов. см.* умолка́ть.

умолча́ние *с.* **1.** passing over in silence, failure to mention, suppression; **2.** *стил.* aposiopesis.

умолча́ть *сов. см.* ума́лчивать.

умоля́ть *несов.* (*вн.*) beg (*smb.*), implore (*smb.*), entreat (*smb.*); ~ *кого-л.* о проще́нии implore *smb.'s* forgiveness.

умонастрое́ние *с.* frame of mind.

умопомеша́тельств|о *с.* insanity, derangement of mind; находи́ться в состоя́нии ~а be* mentally deranged.

умопомраче́ние *с.* derangement of mind; fit of insanity; до ~я stupendously, tremendously.

умопомрачи́тельный stupendous, tremendous, terrific.

умо́ра *ж. в знач. сказ. разг.* it's killing, it's incredibly funny.

умори́тельный *разг.* hilarious, killingly funny.

умори́ть *сов.* (*вн.*) *разг.* **1.** kill (*smb.*); ~ *кого-л.* го́лодом starve *smb.*; **2.** (*утомить*) tire (*smb.*) out; **3.:** ~ *кого-л.* со́ смеху make *smb.* nearly die of laughing.

у́мствование *с.* theorizing, philosophizing.

у́мст венн|ый mental; ~ые спосо́бности mental abilities; intellingence *sg.*; ~ труд brainwork.

умудрённый made wise; ~ о́пытом made wise by experience.

умудри́ться *сов. см.* умудря́ться.

умудря́ться, умудри́ться (+ *инф.*) *разг.* contrive (+ to *inf.*), manage (+ to *inf.*) (*тж. ирон.*).

умча́ть *сов.* (*вн.*) carry (*smb., smth.*) rapidly away; **~ся** *сов* **1.** dash away/off; (*о лошади, всаднике*) gallop off; (*об автомобиле, велосипеде, поезде*) set* off at full speed; **2.** (*быстро пройти — о времени*) fly* past.

умыва́льник *м.* (*раковина*) washbasin, washbowl; (*без крана*) washstand.

умыва́ть, умы́ть (*вн.*) wash (*smb., smth.*); ~ ру́ки wash *one's* hands of it; **~ся**, умы́ться wash (*one's* hands and face), have* a wash.

у́мыс|ел *м.* intention, design; с ~лом intentionally; без вся́кого ~ла quite unintentionally.

умы́ть(ся) *сов. см.* умыва́ть(ся).

умы́шленн|о intentionally, deliberately; purposely, designedly; **~ый** intentional, deliberate; ~ое уби́йство premeditated murder.

умя́ть *сов.* **1.** knead well; **2.** *разг.* press down; treat down; **3.** *жар.* stuff down (eat).

унасле́довать *сов.* (*вн.*) (*прям. и перен.*) inherit (*smth.*).

унести́(сь) *сов. см.* уноси́ть(ся).

Униа́ты *мн.* Uniates (members of the Uniat Churches).

универма́г *м.* department store.

универса́л *м.* **1.** (*работник*) all-rounder; **2.** (*тип машины*) estate-car; station wagon *амер.*

универса́льн|ый **1.** (*всеобъемлющий*) universal; all-round *attr.*; ~ые зна́ния encyclopedic knowledge *sg.*; **2.** (*пригодный для многих целей*) multipurpose, convertible; ~ое сре́дство universal remedy; **3.** *тех.* multipurpose, all-purpose; ~ инструме́нт theodolite; ~ ключ universal wrench; ~ое пита́ние main-or-battery power supply.

универса́м *м.* supermarket.

универсиа́да *ж.* student games *pl.*

университе́т *м.* university; **~ский** university *attr.*

униж|а́ть, уни́зить (*вн.*) humiliate (*smb.*); (*умалять*) belittle (*smth.*), lower (*smth.*); **~а́ться**, уни́зиться abase *oneself*; ~а́ться до лжи, про́сьбы stoop to lie, to a beg; **~е́ние** *с.* humiliation, abasement; дойти́ до тако́го ~е́ния (что...) sink* so low (as to...).

уни́женн|о abjectly; **~ый** **1.** (*о человеке*) humiliated; **2.** (*выражающий унижение*) abject; ~ая про́сьба abject entreaty.

унизи́тельный humiliating, degrading.

уни́зить(ся) *сов. см.* унижа́ть(ся).

уника́льный exceptional, rare; (*единственный в своём роде*) unique.

унима́ть, уня́ть (*вн.*) **1.** (*успокаивать*) soothe (*smb.*), quieten (*smb.*); **2.** (*прекращать*) stop (*smth.*); (*сдерживать*) restrain (*smth.*), curb (*smth.*); **~ся**, уня́ться **1.** (*успокаиваться*) grow*/be* quiet; (*о буре, боли*) abate, die down; **2.** (*прекращаться*) stop; **3.** (*о чувствах*) cease, be* relieved; pass/go* off *разг.*

унисо́н *м.* unison; ◇ в ~ in unison; петь в ~ sing* in unison.

унита́з *м.* lavatory pan.

унита́рный unitary; *воен*; ~ патро́н fixed round.

унифика́ция *ж.* unification; ~ докуме́нтации unification of documentation; ~ изде́лий unification of goods.

унифици́ровать *несов. и сов.* (*вн.*) unify (*smth.*), bring* (*smth.*) into line; standardize.

унифо́рма *ж.* uniform.

уничтож|а́ть, уничто́жить (*вн.*) **1.** destroy (*smb., smth.*) (*тж. перен.*); (*полностью*) annihilate (*smb., smth.*), wipe out (*smb., smth.*); (*истреблять*) exterminate (*smb., smth.*); ~ следы́ obliterate the traces; ~ зло eradicate an evil; **2.** (*упразднять*) abolish (*smth.*); **3.** *разг.* (*съедать, выпивать*) dispose (of); **4.** (*унижать*) crush (*smb.*); **~а́ющий 1.** (*губительный*) destructive; **2.** (*беспощадный*) scathing, slashing, annihilating; ~а́ющая кри́тика scathing criticism; **3.** (*выражающий презрение*) scornful, withering; ~а́ющий взгляд withering look; **~е́ние** *с.* **1.** destruction; (*истребление*) extermination; по́лное ~е́ние utter destruction; annihilation; **2.** (*упразднение*) abolition, removal.

уничто́жить *сов. см.* уничтожа́ть.

уноси́ть, унести́ (*вн.*) **1.** take* (*smb., smth.*) away; ~ *что-л.* с собо́й take* *smth.* with one; **2.** *разг.* (*похищать*) carry (*smth.*) off; **3.** (*увлекать течением и т.п.*) bear* (*smb., smth.*) away, carry (*smb., smth.*) away; (*ветром*) blow* (*smth.*) away; ◇ е́ле но́ги унести́ escape by the skin of *one's* teeth; **~ся**, унести́сь **1.** (*быстро удаляться*) speed* away; (*быстро убегать*) race off; **2.** (*о мечтах и т.п.*) be* carried away; мои́ мы́сли унесли́сь в про́шлое my thoughts went back to the past; **3.** (*о времени*) fly* past/by.

унты́ *мн.* (*ед.* унт *м.*) fur boots.

у́нция *ж.* ounce.

уныв|а́ть *несов.* lose* heart, feel*/be* glum, be depressed, be dejected; не ~а́й! cheer up!, don't give up!

уны́л|о 1. *нареч.* mournfully, dolefully; **2.** *в знач. сказ. безл.* it is dreary; **~ый 1.** (*грустный: мрачный*) melancholy, doleful, cheerless; (*о выражении лица тж.*) woebegone; **2.** (*наводящий уныние*) depressing, dreary, dismal; ~ый ландша́фт depressing landscape.

уны́ние *с.* despondency, dejection, gloom, downcast mood; впада́ть в ~ become* despondent, give* way to despair.

уня́ть(ся) *сов. см.* унима́ть(ся).

упа́д *м.*: до ~у till *one* is ready to drop, to the point of exhaustion.

упада́ть *несов.* fall.

упа́док *м.* decline; (*разложение, оскудение тж.*) decay; ~ ду́ха depression; ~ сил weakness, debility; приходи́ть в ~ fall* into decay.

упа́дочниче|ский decadent; **~ство** *с.* decadence.

упа́дочн|ый depressed; (*об искусстве, культуре и т. п.*) decadent; ~ое настрое́ние despondency; low spirits *pl.*

упакова́ть *сов. см.* упако́вывать *и* пакова́ть.

упако́вк|а *ж.* **1.** (*действие*) packing; **2.** (*материал*) packaging, cover; аэрозо́льная ~ aerosol packing; ва́куумная ~ vacuum pack; в изя́щной ~е nicely packaged; ~ в полиэтиле́новую плёнку polyethylene wrapping; обыкнове́нная ~ standard/normal packing; ~ по контра́кту packing on the contract; без ~и unprotected, exposed, unwrapped; в отде́льной ~е under separate cover.

упако́вочный packing *attr.*

упако́вывать, упакова́ть (*вн.*) pack (*smth.*), pack (*smth.*) up.

упа́сть *сов. см.* па́дать 1, 6, 10.

упере́ть *сов. см.* упира́ть 1; **~ся** *сов. см.* упира́ться.

упива́ться, упи́ться **1.** *разг.* (*допьяна*) get* drunk; **2.** (*тв.; наслаждаться*) revel (in), be* intoxicated (by).

упира́ть, упере́ть **1.** (*вн.* в *вн.*) set* (*smth.* on, against); **2.** *т.к. несов.* (на *вн.*; *подчёркивать*) emphasize (*smth.*), stress (*smth.*), lay* stress (on); **~ся**, упере́ться **1.** (*тв.* в *вн.*) lean* (*smth.* against); ~ся нога́ми во *что-л.* plant *one's* feet against *smth.*; ~ся нога́ми в зе́млю dig* *one's* heels in, plant *one's* feet firmly; **2.** *разг.* (*сопротивляться*) refuse to budge; (*упрямиться*) stubbornly refuse; **3.** (в *вн.*) (*подходить вплотную к чему-л.*) stop (at), come* (to); (*зависеть*) rest on, turn on.

упи́танн|ость *ж.* state of nourishment; nutritional state; **~ый** well-nourished; well-fed, fattened, fatted.

упи́ться *сов. см.* упива́ться.

упла́та *ж.* payment, pay; repayment; (*по счёту*) cover, settlement; ~ арбитра́жного сбо́ра payment of the arbitration fee; ~ до́лга payment of a debt; оконча́тельная ~ до́лга final repayment of a debt; по́лная ~ до́лга complete discharge of a debt; досро́чная ~ early settlement; ~ за́йма redemption/repayment of a loan; ~ нало́гов payment of taxes; ~ нату́рой payment in kind; ~ первонача́льного взно́са payment of the initial fee; ~ проце́нтов payment of interest; ~ кру́пной су́ммы substantial payment; освобожде́ние от ~ы exemption from payment; освобожде́ние от ~ы штра́фа remission of a penalty; распи́ска об ~е до́лга acquittance; уклоне́ние от ~ы нало́гов tax evasion/dodging; производи́ть ~у make/effect payment; с ~ой вперёд prepaid; с ~ой при доста́вке payable on delivery.

уплати́ть *сов. см.* упла́чивать.

упла́чивать, уплати́ть (*вн.*) pay* (*smth.*); уплати́ть по счёту pay* the bill.

уплотн|е́ние *с.* **1.** consolidation, compression; (*рядов*) tightening up; **2.** (*заполнение времени*) filling up; ~ рабо́чего дня filling up of the working day; **3.** *мед.* infiltration; **~и́ть(ся)** *сов. см.* уплотня́ть(ся); **4.** *тех.* sealing, luting.

уплотня́ть, уплотни́ть (*вн.*) **1.** (*делать более плотным*) compress (*smth.*), pack (*smth.*) down, consolidate (*smth.*); (*ряды*) tighten up (*smth.*); **2.** (*заполнять целиком*) fill up (*smth.*); уплотни́ть рабо́чий день fill up the working day; **~ся**, уплотни́ться **1.** (*становиться плотнее, твёрже*) set* firm; be* packed firmly, become* compact; **2.** (*о рабочем времени*) be* filled up.

уплы|ва́ть, уплы́ть *1.* swim* away/off; (*о судне*) sail away; (*о моторной лодке*) move away; (*о предметах*) float/drift away; **2.** (*медленно, плавно удаляться*) glide away, float away; ◇ нема́ло вре́мени ~ло much water has flowed beneath the bridges; наде́жда ~ла́ hope faded.

уплы́ть *сов, см.* уплыва́ть.

упова́н|ие *с.* hope; возлага́ть все ~я set all *one's* hopes (upon).

упова́ть *несов.* (на *вн.*, + *инф.*) *уст.* hope (+ to *inf.*), count (on); (*полагаться на кого-л.*) place *one's* trust (in), put *one's* trust (in).

уподо́бить(ся) *сов. см.* уподобля́ть(ся).

уподобле́ние *с.* **1.** likening, comparison. **2.** *лингв.* assimilation.

уподобля́ть, уподо́бить (*вн. дт.*) liken (*smb., smth.* to); **~ся**, уподо́биться (*дт.*) be*/look like (*smb., smth.*), resemble (*smb., smth.*).

упое́ни|е *с.* ecstasies *pl.*, raptures *pl.*; в ~и успе́ха flushed with success.

упои́тельный ravishing, entrancing, intoxicating.

уполза́ть, уползти́ crawl away, creep.

уползти́ *сов. см.* уполза́ть.

уполномо́ч|енный **1.** *м.* representative; ~ по вопро́сам сбы́та marketing representative; **2.** *прич.* authorized, empowered; ~ представи́тель фи́рмы authorized representative of a firm; **~ивать**, уполномо́чить (*вн.* на *вн.* + *инф.*) authorize (*smb.* + to *inf.*), empower (*smb.* + *inf.*).

уполномо́чить *сов. см.* уполномо́чивать.

упомина́ние *с.* mention; (*замечание тж.*) remark, reference.

упомина́ть, упомяну́ть (*вн.* о *пр.*) mention (*smb., smth.*).

упо́мн|ить *сов.* (*вн.*) *разг.* remember (*smth.*); всего́ не ~ишь! you can't remember everything!

упомяну́ть *сов. см.* упомина́ть.

упо́р *м.* support; (*предмет тж.*) rest; ◇ де́лать ~ на *кого-л.*, на *ком-л.*, *чём-л.* lay* stress on *smb., smth.*; сказа́ть *что-л.* в ~ say* to *smb.'s* face; смотре́ть на *кого-л.* в ~ gaze fixedly at *smb.*; в ~ не ви́деть not to want to know; стреля́ть в ~ fire at close/point-blank range, fire point blank.

упо́р|ный (*настойчивый*) persistent, determined, stubborn; (*упрямый*) obstinate; ~ные по́иски persistent search *sg.*; ~ труд hard work; ~ное молча́ние stubborn silence; ~ взгляд steady glance; ~ное сопротивле́ние determined/stout/stubborn resistance; **~ство** *с.* (*настойчивость*) persistence, stubbornness; (*упрямство*) obstinacy, doggedness.

упо́рствовать *несов.* be* stubborn; (в *пр.*) persist (in).

упорхну́ть *сов.* flit away, fly.

упоря́дочение *с.* regulation, streamlining.

упоря́дочить *сов.* (*вн.*) regulate (*smth.*), put in order, put* (*smth.*) straight, streamline (*smth.*); **~ся** *сов.* acquire a system.

употреби́тельн|ый common, frequently used; ~ые слова́ words in common/everyday use.

употреб|и́ть *сов. см.* употребля́ть; **~ле́ние** *с.* use; в большо́м ~ле́нии widely used; входи́ть в ~ле́ние come* into use; лёгкий в ~ле́нии user-friendly; бы́вший в ~ле́нии used, secondhand pre-owned.

употребля́ть, употреби́ть (*вн.*) use (*smth.*); (*применять тж.*) apply (*smth.*); ~ все уси́лия exert every effort; ◇ ~ во зло *чьё-л.* дове́рие abuse *smb.'s* confidence.

упра́в|а *ж.* **1.** *разг.* control; justice; ◇ иска́ть ~ы seek justice; найти́ на *кого-л.* ~у obtain satisfaction from someone; **2.** *ист.* office, board, authority.

управдо́м *м.* manager of block of flats.

управи́тель *м.* manager; bailiff; steward.

упра́виться *сов. см.* управля́ться.

управле́ни|е *с.* **1.** (*действие*) operation, control; (*руководство*) management, administration, direction; ко́мплексный подхо́д к ~ю comprehensive approach to management; ме́тоды ~я и техобслу́живания operational and maintenance techniques; (*государством*) government; ~ на расстоя́нии remote control; **2.** (*оркестром, хором*) conducting; под ~ем *кого-л.* conducted by *smb*; **3.** (*административный орган*) board, administration; (*здание тж.*) head office; ~ желе́зной доро́ги railway administration; **4.** (*совокупность приборов*) controls *pl.*; рулево́е ~ steering gear; ~, числово́е програ́ммное numerical control. **5.** *грам.* government; ◇ теря́ть ~ lose* control.

управле́нческ|ий administrative; managerial; ~ие расхо́ды administrative expenses; ~ аппара́т administrative personnel.

управля́емый guided; ~ снаря́д guided missile.

управля́ть *несов.* (*тв.*) **1.** (*регулировать движение, работу чего-л.*) operate (*smth.*); ~ автомоби́лем drive* a car; ~ кораблём steer a ship; ~ комба́йном operate a combine; **2.** (*руководить*) direct (*smb., smth.*), manage (*smb., smth.*); administer (*smth.*), run* (*smth.*); (*государством*) govern (*smth.*), rule (*smth.*); **3.** (*направлять чьи-л. поступки*) guide (*smb.*); **4.** (*оркестром, хором*) conduct (*smth.*); **5.** *грам.* govern (*smth.*); **~ся**, упра́виться (с *тв.*) *разг.* cope (with).

управля́ющ|ий *м.* manager; managing head, managing director; гла́вный ~ general manager; ~

дела́ми business manager; ~ заво́дом plant manager; ~ отде́лом марке́тинга marketing manager; ~ по и́мпорту import manager; ~ по ка́драм personnel/staff manager/director; помо́щник ~его assistant manager.

упражне́ни|е *с.* **1.** (*действие*) exercising; **2.** (*задание*) exercise; **3.** *спорт.* обяза́тельные ~я compulsory exercises; оздорови́тельные ~я keep-fit exercises, разми́ночные ~я warm-up exercises, stretching; ~я на выно́сливость endurance exercises; физи́ческие ~я с большо́й сте́пенью интенси́вности strenuous/physical exercise.

упражн|я́ть *несов.* (*вн.*) train (*smth.*), exercise (*smth.*); ~я́ться в францу́зском языке́ practise *one's* French; ~я́ться на роя́ле practise the piano.

упраздн|е́ние *с.* abolition; cancellation, annulment; (*учреждения*) closing; **~и́ть** *сов. см.* упраздня́ть.

упраздня́ть, упраздни́ть (*вн.*) abolish (*smth.*), do* away (with); (*учреждение*) close (*smth.*).

упра́шивать, упроси́ть (*вн.*) beg (*smb.*), entreat (*smb.*); *сов. тж.* persuade (*smb.*).

упреди́ть *сов.* warn; forestall, anticipate.

упрежде́ние *с.* **1.** warning, forestalling, anticipation; **2.** *воен.* range correction; lead.

упрёк *м.* reproach; *мн. тж.* recriminations; с ~ом reproachfully; осыпа́ть *кого-л.* ~ами heap reproaches on *smb.*, hurl reproaches at *smb.*; ◇ бро́сить ~ *кому-л.* reproach *smb.*; ста́вить *что-л.* в ~ *кому-л.* hold* *smth.* against *smb.*

упрека́ть, упрекну́ть (*вн.* в *пр.*) reproach (*smb.* with); ~ *кого-л.* в небре́жности reproach *smb.* with neglect.

упрекну́ть *сов. см.* упрека́ть.

упре́ть *сов. см.* преть 2.

упроси́ть *сов. см.* упра́шивать.

упроси́ть(ся) эр. *см.* упроща́ть(ся).

упро́чение *с.* consolidation, strengthening, securing; reinforcing.

упро́чить *сов.* (*вн.*) consolidate (*smth.*), make* (*smth.*) stronger; reinforce (*smth.*); ~ своё положе́ние consolidate *one's* position.

упрощ|а́ть, упрости́ть (*вн.*) simplify (*smth.*); (*делать примитивным, обеднять*) oversimplify (*smth.*); **~а́ться,** упрости́ться become* simpler; **~е́ние** *с.* simplification; (*обеднение*) oversimplification.

упру́г|ий elastic, resilient; *перен.* springy; ~ шаг springy stride/walk; ~ое те́ло resilient body; ~ость *ж.* elasticity, resilience; преде́л ~ости *физ.* elastic limit.

упря́жка *ж.* **1.** team, relay; **2.** *см.* у́пряжь.

упряжн|о́й: ~а́я ло́шадь carriage horse; (*ломовая*) cart horse.

у́пряжь *ж.* harness, gear.

упря́мец *м. разг.* stubborn/obstinate fellow/person.

упря́миться *несов.* be* stubborn; be obstinate; pesist (in); не упря́мься! don't be (so) stubborn!

упря́м|ство *с.* obstinacy, stubbornness; **~ый** **1.** obstinate, stubborn; **2.** (*настойчивый*) persistent.

упря́тать *сов.* (*вн.*) *разг.* (*тщательно спрятать*) hide* (*smth.*), put* (*smth.*) away; *перен.* put* (*smb.*) away, conceal, banish; ~ *кого-л.* в тюрьму́ send* *smb.* to prison.

упуска́ть, упусти́ть (*вн.*) **1.** (*давать убежать*) let* (*smb., smth.*) go; (*не удержав, выпускать, терять*) lose* hold (of); (*не замечать*) miss (*smth.*), pass over (*smth.*); упусти́ть коне́ц верёвки let* go of the rope; **2.** (*не воспользоваться чем-л. вовремя*) miss (*smth.*); упусти́ть вре́мя let* the moment pass; miss the boat *идиом.*; упусти́ть возмо́жность, слу́чай miss the opportunity; не ~ слу́чая let* pass no occasion; ◇ упусти́ть *что-л.* и́з виду lose* sight of *smth.*, overlook *smth.*, neglect.

упусти́ть *сов. см.* упуска́ть.

упуще́ние *с.* oversight; (*пропуск тж.*) omission; (*ошибка тж.*) slip; negligence; ◇ ~ по слу́жбе neglect of duty, dereliction of duty.

упы́рь *м. разг.* vampire.

ура́ hurrah!, hurray!

уравне́ние *с.* **1.** (*действие*) equalization, balancing; **2.** *мат.* equation.

ура́внивать I. уравня́ть (*вн.; делать равным*) make* (*smb.*) equal; level (*smth.*), equalize (*smth.*); ~ *кого-л.* в права́х give* equal rights to *smb.*

ура́внивать II, уровня́ть (*вн.; делать ровным*) smooth (*smth.*), level (*smth.*).

уравни́ловка *ж. разг.* egalitarianism; ~ в оплате труда wage-levelling.

уравни́тель *м.* **1.** *тех.* equalizer, leveller; regulator; ~ хо́да governor; **2.** *полит.* egalitarian.

уравнове́сить *сов. см.* уравнове́шивать.

уравнове́шенн|ость *ж.* balance, poise, steadness; even temper; **~ый** (*о человеке*) well-balanced.

уравнове́шивать, уравнове́сить (*вн.*) balance (*smth.*); *перен.* offset* (*smth.*), counterbalance (*smth.*).

уравня́ть *сов. см.* ура́внивать I.

ураган *м.* (*прям. и перен.*) hurricane; ~ный hurricane *attr.*; ~ный ого́нь withering/concentrated fire.

уразуме́ть *сов.* (*вн.*) understand* (*smth.*), comprehend (*smth.*).

ура́н *м.* uranium; **~овый** uranium *attr.;* ~овая руда́ uranium ore.

урва́ть *сов.* (*вн.*) *разг.* snatch (*smth.*) (*тж. перен.*); grab; ~ мину́ту-две для бесе́ды snatch a minute or two for a chat.

урду́ *м. нескл.* Urdu.

урегули́ровани|е *с.* settlement; settling; adjustment; ~ долго́в settlement of debts; ~, дру́жественное amicable settlement; ~ прете́нзии settlement/adjustment of a claim; ~ спо́ра settlement of a dispute; ~ цен price adjustment; перего́воры по ~ю negotiations towards settlement.

урегули́ровать *сов.* (*вн.*) regulate (*smth.*), settle, adjust.

уреза́ть *сов. см.* уреза́ть.

урез́ать, уре́зать (*вн.*) **1.** (*укорачивать*) shorten (*smth.*); **2.** (*сокращать, убавлять*) reduce (*smth.*); ~ пра́ва́ *кого-л.* curtail *smb.'s* rights; ~ расхо́ды cut* down expenses.

урезо́нивать, урезо́нить (*вн.*) make* (*smb.*) see reason, bring* (*smb.*) to reason.

урезо́нить *сов. см.* урезо́нивать.

урка́ *м. жарг.* professional criminal; gangster, thug.

у́рна *ж.* **1.** urn; **2.** (*для избирательных бюллетеней*) ballot box; **3.** (*для мусора*) rubbish bin.

у́ров|ень *м.* level; (*степень величины, значимости тж.*) standard; над ~нем мо́ря above sea level; ~ зарпла́ты standard of wages; довое́нный ~ prewar level; ◇ быть на ~не be* up to standard; совеща́ние на вы́сшем ~не summit conference, top-level conference, summit; на ~не посло́в, мини́стров at ambassador, minister level; на высо́ком худо́жественном ~не at a high level of artistic excellence; на ~не лу́чших мировы́х стандартов on a level with the highest world standards, conforming to the highest world standards; подня́ть *что-л.* на до́лжный ~ bring* *smth.* up to standard; довести́ предприя́тие до совреме́нного ~ня bring a plant up-to-date; дости́чь са́мого ни́зкого ~ня reach/touch bottom; поднима́ть ~ цен increase the price level; сохраня́ть ~ цен maintain the price level.

уровня́ть *сов. см.* ура́внивать II.

уро́д *м.* **1.** freak, deformed/disfigured person; **2.** (*безобразный человек*) ugly creature; он ~! he's hideous!; **3.** (*нравственный*) pervert, monster.

уроди́|ться *сов.* **1.** yield, ripen; хлеб хорошо́ (пло́хо) ~лся the grain crop was good (poor); **2.** *разг.* (*появиться на свет*) be* born; (*в вн.; родиться похожим на кого-л.*) take* after (*smb.*); в кого́ он ~лся? where does he get it from?

уро́длив|ый **1.** (*с физическим недостатком*) deformed; **2.** (безобразный) ugly, freakish; ~ наря́д freakish attire; **3.** (*искажённый, извращённый*) distorted, twisted; ~ое воспита́ние crippling education; принима́ть ~ые фо́рмы assume abnormal forms.

уро́довать, изуро́довать (*вн.*) **1.** disfigure (*smb., smth.*), make ugly, deform; **2.** (*калечить*) cripple (*smb.*), mutilate (*smb.*); **3.** (*портить*) spoil* (*smb., smth.*); **4.** (*нравственно*) demoralize (*smb.*), corrupt (*smb.*).

уро́дство *с.* **1.** (*физический недостаток*) deformity; **2.** (*безобразие*) ugliness; **3.** (*искажение, извращение*) abnormality.

урожа́й *м.* harvest; (*количество собранного тж.*) crop, yield; ~ овса́ oat crop/yield; ~ я́блок apple crop; небыва́лый ~ bumper crop; вы́растить хоро́ший ~ grow* a good crop; ◇ продава́ть ~ на корню́ sell the crop.

урожа́йн|ость *ж.* yield capacity, productivity; ~ый high-yielding; ~ый год good year; ~ый сорт high-yielding species.

урожéн|ец *м.,* **~ка** *ж.* native (of).

уро́к *м.* **1.** (*прям. и перен.*) lesson; ~ литерату́ры literature lesson; извле́чь ~ из *чего-л.* learn* a lesson from *smth.*; **2.** (*задание*) task, exercise; гото́вить ~и do* *one's* lessons/homework; ◇ брать ~и *чего-л.* take* lessons in *smth.*; дава́ть ~и give* (private) lessons; дать ~ *кому-л.* teach* *smb.* a lesson; ~и исто́рии the lessons of history.

уро́лог *м. мед.* urologist.

урон *м.* losses *pl.*, casualties; нанести́ ~ inflict casualties.

урони́ть *сов. см.* роня́ть 1, 3, 4, 5.

уро́чн|ый appointed, fixed, determined; ~ая рабо́та set task; ~ час the appointed hour.

урча́ть *несов.* rumble.

уры́вками *разг.* in snatches; at odd moments.

урю́к *м. собир.* dried apricot.

ус *м.* **1.** *см.* усы́ moustache hair; ◇ и в ~ себе́ не ду́ть not to give a damn; мота́ть себе́ на ~ take good note; **2.** (*у животных*) whisker; **3.** *тех.* antenna, feeler.

усади́ть *сов. см.* уса́живать.

уса́дк|а *ж.* shrinking; shrinkage; constraction; ◇ не дава́ть ~у not to shrink.

уса́дьба *ж.* **1.** farmstead; **2.** (*помещичья*) country-seat; **3.** (*колхоза, совхоза*) the (central) buildings *pl.*; **4.** (*земля, занятая строениями*) grounds *pl.*, estate; **5.** *разг.* (*приусадебный участок*) allotment.

уса́живать, усади́ть **1.** (*вн.; предлагать сесть*) seat (*smb.*); **2.** (*вн. за вн.; заставлять заняться чем-л.*) set* (*smb.* to); ~ *кого-л.* за рабо́ту set* *smb.* to work; ~ *кого-л.* за шитьё *и т.п.* set* *smb.* to work sewing, *etc.*; **3.** (*вн. тв.; цветами и т.п.*) plant (*smth.* with).

уса́живаться, усе́сться **1.** seat *oneself*, take* *one's* seat; усе́сться на дива́н sit* down on the sofa; **2.** (за *вн.*, + *инф.; приниматься за что-л.*) sit* down (to); усе́сться за рабо́ту sit*/get* down to work; усе́сться за кни́гу settle down with a book

уса́тый moustached; (*о животном*) bewhiskered; ~ кот cat with a fine set of whiskers.

уса́ч *м.* **1.** *разг.* man with a (big) moustache; **2.** (*рыба*) barbel.

усва́ивать, усво́ить (*вн.*) **1.** (*делать привычным для себя*) acquire (*smth.*); adopt (*smth.*); усво́ить дурну́ю привы́чку acquire a bad habit, get* into a bad habit; **2.** (*воспринимать*) master (*smth.*); learn* (*smth.*), assimilate (*smth.*); усво́ить уро́к know* *one's* lesson; пло́хо ~ *что-л.* have* a poor grasp of *smth.*; **3.** (*о пище и т. п.*) digest (*smth.*), assimilate (*smth.*).

усвое́ние *с.* assimilation; (*понимание тж.*) understanding; (*обычаев и т. п.*) acquiring.

усво́ить *сов. см.* усва́ивать.

усвоя́емость *ж.* **1.** comprehensibility; хоро́шая ~ ease of comprehension, easiness; **2.** *хим.* assimilability.

усе́ивать, усе́ять (*вн. тв.*) strew* (*smth.* with), dot (*smth.* with), stud (*smth.* with); (*разбрасывать*) litter (*smth.* with); луга́ усе́яны цветами the meadows are dotted with flowers; небо усеяно звёздами the sky is strewn/studded with stars.

усе́рд|ие *с.* zeal; (*прилежание*) diligence, assiduity; с ~ием zealously; **~ный** zealous; (*прилежный*) diligent, assiduous, painstaking.

усе́рдствовать *несов.* work hard, show* great zeal.

усе́сться *сов. см.* уса́живаться.

усечённый **1.** *мат.* truncated; ~ ко́нус truncated cone; **2.** (*о рифме*) imperfect; ~ да́ктиль imperfect dactyl.

ус|е́чь *сов. жар.* (*понимать*) savvy; ты ~ёк? you get it?

усе́ять *сов. см.* усе́ивать.

усиде́ть *сов.* **1.** keep* *one's* seat, remain sitting; тру́дно ~ на ме́сте it is hard to sit still; **2.** (*остаться, пробыть где-л.*) stay.

уси́дчив|ость *ж.* diligence, perseverance; **~ый** diligent, persevering; assiduous; painstaking.

у́сики *мн.* (*ед.* у́сик *м.*) **1.** little moustache *sg.*; **2.** (*у насекомых*) feelers, antennae; **3.** (*у растений*) runners, tendrils.

усиле́ние *с.* **1.** intensification; strengthening; reinforcement; **2.** *радио, эл.* amplification.

уси́ленн|ый **1.** (*увеличенный*) concentrated; ~ая до́за *чего-л.* large/double dose of *smth.*; ~ая рабо́та concentrated work; ~ое пита́ние abundant diet; **2.** (*неотступный*) persistent; ~ые про́сьбы persistent requests.

уси́ливать, уси́лить (*вн.*) strengthen (*smth.*); (*повысить интенсивность*) intensify (*smth.*); уси́лить внима́ние redouble *one's* attention; уси́лить страда́ния, жа́жду intensify/aggravate *one's* sufferings, thirst; уси́лить звук increase volume; **~ся**, уси́литься increase, intensify; (*о звуке*) grow* louder, swell*; (*о ветре, буре*) increase in violence, mount; дождь уси́лился it began to rain even harder.

уси́лие *с.* effort, exertion; сде́лать над собо́й ~ make* an effort; ~ во́ли effort of will.

усили́тель *м. эл.* booster; *радио* amplifier; *фото* intensifier; **~ный** booster *attr.*, boosting; *радио* amplifying; *фото* intensifying.

уси́лить(ся) *сов. см.* уси́ливать(ся).

ускака́ть *сов.* **1.** hop/scamper away; **2.** (*на лошади*) gallop away.

ускольза́ть, ускользну́ть slip out, slip away; *перен.* slip through *one's* fingers; ускользну́ть из ко́мнаты slip out of the room; ~ из рук slip out of *one's* hands; slip through *one's* fingers; ускользну́ть от *кого-л.* give* *smb.* the slip; ускользну́ть от внима́ния *кого-л.* escape *smb.'s* notice/attention; ~ от прямо́го отве́та avoid giving a direct answer.

ускользну́ть *сов. см.* ускольза́ть.

ускоре́ние *с.* acceleration, speedup; ~ социа́льно-экономи́ческого разви́тия accelaration/speedup of socioeconomic development.

уско́ренный rapid; ~ курс intensive course.

ускори́тель *м.* accelerator; раке́тный ~ rocket booster; ~ части́ц particle accelerator.

уско́рить(ся) *сов. см.* ускоря́ть(ся).

ускоря́ть, уско́рить (*вн.*) **1.** (*делать более скорым, быстрым*) speed* up (*smth.*); accelerate (*smth.*); уско́рить шаг quicken/mend one's pace; **2.** (*приближать наступление чего-л.*) hasten (*smth.*), precipitate (*smth.*); уско́рить собы́тия precipitate the course of events; уско́рить отъе́зд hasten *one's* departure; **~ся**, уско́риться **1.** (*становиться более быстрым*) speed* up, be* accelerated, pick up speed; **2.** (*приближаться во времени*) be* hastened, be* precipitated.

услажда́ть, услади́ть (*вн.*) delight, charm; soften, miligate.

усла́ть *сов.* (*вн.*) send* (*smb.*) away.

услед|и́ть *сов.* (за *тв.*) keep* an eye on (*smb., smth.*); keep* track (of); за всем не ~и́шь you can't keep track of everything; она́ не ~и́ла за ребёнком she didn't keep an eye on the child*.

усло́ви|е *с.* condition; *мн.* (*договора и т. п.*) terms; ба́зисные ~я basic terms; комме́рческие ~я commercial terms; льго́тные ~я easy terms; о́бщие ~я general conditions; ~я контра́кта terms of contract; ~я отгру́зки terms of shipment; ~я поста́вки terms of delivery; ~я расчёта terms of payment; ~я торго́вли trading conditions; при ~и, что... on condition that..., provided...; при таки́х ~ях in/under such circumstances; жить в хоро́ших ~ях have* good living conditions; жить в плохи́х ~ях have* bad living conditions, be* badly off for accommodation; создава́ть *кому-л.* все ~я для *чего-л.* give* *smb.* everything necessary for *smth.*; при существу́ющих ~ях under existing conditions.

усло́в|иться *сов. см.* усло́вливаться; **~ленный** appointed; (*сигнал и т.п.*) prearranged, agreed; ~ленный час appointed hour/ time.

усло́вливаться, усло́виться (с *тв.* о *пр.*, с *тв.* + *инф.*) arrange (with *smb.* about, with *smb.* + to *inf.*); agree upon (*smth.*), settle; мы усло́вились встре́титься в де́сять часо́в we arranged to meet at ten; ~ о вре́мени fix the time.

усло́вн|о conditionally, provisionally; symbolically; ~ приговори́ть *кого-л.* sentence *smb.* conditionally; **~ость** *ж.* convention; **~ый** **1.** (*понятный только условившимся*) secret, agreed; ~ый знак secret sign; ~ый стук agreed knock; ~ое место agreed/secret spot; **2.** (*ограниченный условием*) conditional, provisional; ~ое согла́сие provisional agreement; ~ый пригово́р suspended sentence; ~ая сто́имость деловых связей goodwill; **3.** (*не существующий в действительности*) conventional, symbolic, theoretical; ~ая ли́ния conventional line; **4.** *иск.* symbolic; ~ая декора́ция symbolic scenery; **5.** *грам.* conditional; ~ое предложе́ние conditional sentence.

усложне́ние *с.* **1.** complication; **2.** *воен.* ~ хара́ктера и констру́кции боево́й те́хники sophistication.

усложни́ть(ся) *сов. см.* усложня́ть(ся).

усложня́ть, усложни́ть (*вн.*) complicate (*smth.*); **~ся**, усложни́ться become* complicated.

услу́г|а *ж.* **1.** service; плоха́я ~ disservice, bad turn; беспла́тные ~и free services; взаи́мные ~и reciprocal services; внешнеторго́вые ~и foreign trade services; консультацио́нные ~и consulting services; ко́мплекс услу́г package/complex of services; объём услу́г scope/amount, range of services; опера́ции по торго́вле ~ами sales of services; опла́та услу́г payment for services; пла́та за ~и free for services; пла́та за тамо́женные ~и customs fee; предоставля́ть ~и render services; окажи́те мне ~у! do me a favor!; к ~ам *кого-л.* at *smb.'s* disposal; ~ за ~у *one* good turn deserves another; **2.** *мн.* services; небольши́е ~и odd jobs; ◇ я к ва́шим ~ам I'm at you service; ко́мната со все́ми ~ами room with service; коммуна́льные ~и public utilities.

услуже́ни|е *с.* service; быть в ~и be in service (with); be a lackey (of).

услужи́ть *сов.* (*дт.*) do* (*smb.*) a good turn, help (*smb.*), act as a servant.

услу́жливый obliging, accommodating, helpful.

услы́шать *сов. см.* слы́шать 1, 3.

усма́трив|ать, усмотре́ть (*вн.* в *пр.*) see* (*smth.* in); (*обнаруживать*) notice (*smth.* in); regard (as), interpret (as); ~ угро́зу в заявле́нии interpret the statement as a threat; я не ~аю в э́том ничего́ осо́бенного I see nothing in that.

усмеха́ться, усмехну́ться give* a short laugh, smile slightly/ironically, grin; ◇ кри́во ~ give a twisted grin.

усмехну́ться *сов. см.* усмеха́ться.

усме́шк|а *ж.* slight/ironic/wry smile, grin; (*презрительная*) sneer, smirk; посмотре́ть на *кого-л.* с ~ой regard *smb.* quizzically.

усмир|е́ние *с.* (*мятежа и т. п.*) suppression, putting down; pacification; **~и́ть(ся)** *сов. см.* усмиря́ть(ся).

усмиря́ть, усмири́ть (*вн.*) **1.** (*делать смирным*) restrain (*smb., smth.*); (*ребёнка*) make* (*smb.*) be quiet; **2.** (*мятеж и т.п.*) quell (*smth.*), suppress (*smth.*), put* (*smth.*) down; **~ся,** усмири́ться quiet down, quieten down.

усмотре́ни|е *с.*: по ~ю *кого-л.* at *smb.'s* discretion; де́йствовать по своему́ ~ю use *one's* discretion, act as *one* thinks best.

усмотре́ть *сов. см.* усма́тривать.

усну́ть *сов.* **1.** fall* asleep; go to sleep; ~ ве́чным сно́м pass to *one's* eternal rest; **2.** (*о рыбе*) die.

усо́бица *ж. ист.* intestine strife.

усоверше́нствов|ание *с.* improvement; ~ания те́хнико-экономи́ческие improvement of engineering and economic services; пате́нт на ~ patent for improvement; рабо́та по ~анию work on the development of; сде́лать ~ make an improvement; refresher course *sg.*; **~анный** improved.

усоверше́нствовать(ся) *сов. см.* соверше́нствовать(ся).

усовести́ть *сов.* appeal to the conscience, make ashamed.

усомни́ться *сов.* (в *пр.*) doubt (*smth.*), feed*/have* some doubts (about).

усо́хнуть *сов. см.* усыха́ть.

успева́емость *ж.* progress.

успев|а́ть, успе́ть **1.** (+ *инф.*) have* time (+ to *inf.*); успе́ть всё сде́лать find* time for everything; я не ~а́ю де́лать э́то I never have/get time to do it; успе́ете! you have plenty of time!; **2.** (в *дт.*, на *вн.*) *разг.* (*прибавить к сроку*) be* in time (for); успе́ть на по́езд be* in time to catch the train; не успе́ть на по́езд miss the train; **3.** *т.к. несов.* (в *пр.*, по *дт.*; *хорошо учиться*) get* on (in), make* progress (in); ~ по матема́тике get* on well in mathematics, make* good progress in mathematics, do* very well in mathematics; не ~ по фи́зике make* poor progress in physics; **~а́ющий** god; ~а́ющие ученики́ good pupils.

успе́ется *сов. безл. разг.* there's plenty of time.

успе́ть *сов. см.* успева́ть 1, 2.

успе́х *м.* success; (*достижение*) achievement; *мн.* (*хорошие результаты*) progress *sg.*; име́ть ~ be* successful, meet* with success; (*у публики*) be* a success; (*о пьесе тж.*) be* a hit; по́льзоваться ~ом у *кого-л.* be* popular with *smb.*; жела́ю (вам) ~а! good luck (to you)!; как ва́ши ~и? how are you getting on?; ◇ с ~ом обходи́ться без *чего-л.* get* on very well without *smth.*; с тем же ~ом я мог бы сиде́ть до́ма *ирон.* I might just as well have stayed at home; име́ть шу́мный ~ be a roaring success; уве́ренный в ~е confident of success, full of confidence.

успе́шн|о successfully, well; ~ учи́ться make* good progress in *one's* studies; де́йствовать ~ operate effectively; **~ый** successful.

успока́ив|ать, успоко́ить (*вн.*) **1.** soothe (*smb.*), calm (*smb.*) down; (*ободрять*) ressure (*smb.*); могу́ вас успоко́ить I can set your mind at rest; **2.** (*смягчать — боль, горе*) assuage (*smth.*), relieve (*smth.*); (*заглушать, устранять*) allay (*smth.*); э́то о́чень ~ает it is very soothing; ~ подозре́ние allay suspicion; **~аться,** успоко́иться **1.** (*подавлять волнение, тревогу*) regain/recover *one's* composure, calm *oneself*, calm down; успоко́йтесь! calm yourself!; (*не беспокойтесь*) don't worry!; **2.** (*становиться спокойным*) settle down; де́ти успоко́ились и усну́ли the children settled down and went to sleep; **3.** *разг.* (*удовлетворяться достигнутым*) be* satisfied, leave* it at that; ~аться на дости́гнутом rest on *one's* laurels; я не успоко́юсь, пока́ не сде́лаю э́того I shall not rest till I have done it; **4.** (*о боле*) go* off, relax, be* relieved; (*о ветре, море*) calm down, abate.

успокое́ни|е *с.* reassurance, relief, calming, quieting; для ~я (не́рвов) for the sake of *one's* peace of mind.

успоко́енность *ж.* complacency.

успокои́тельн|ый soothing, reassuring; ~ое изве́стие reassuring news; ~ тон reassuring tone; ~ое сре́дство sedative, tranquilizer.

успоко́ить(ся) *сов. см.* успока́ивать(ся).

уста́ *мн. уст.* lips; mouth *sg.*; ◇ из уст в ~ from mouth to mouth; у всех на ~х on everybody's lips; вложи́ть в чьи-н.~ put into someone's mouth; узна́ть из пе́рвых у́ст learn at first hand; ◇ твои́ми ~а́ми мёд пи́ть it only you were right.

уста́в *м.* regulations *pl.*; *воен. тж.* manual; Устав ООН Charter of the United Nations; ~ акционе́рного о́бщества articles of association; ~ корпора́ции *амер.* articles of incorporation, corporation bylaws; ~ совме́стного предприя́тия charter of a joint venture.

устав|а́ть, уста́ть get* tired; уста́ть с доро́ги be* tired after *one's* journey; ◇ не ~а́я де́лать *что-л.* do* *smth.* tirelessly.

уста́вить *сов.* **1.** *см.* уставля́ть; **2.** *разг.:* ~ глаза́ на *кого-л.* stare at *smb.*; **~ся** *сов* **1.** *см.* уставля́ться; **2.** (на *вн.; устремить взгляд*) stare (at).

уставля́ть, уста́вить **1.** (*вн.; размещать*) place (*smth.*); уста́вить все кни́ги в шкаф put* all the books in the bookcase; **2.** (*вн. тв.; занимать всю поверхность*) cram (*smth.* with), fill (*smth.* with); уста́вить по́лку кни́гами cram a shelf* with books; **~ся**, уста́виться (*размещаться*) have* room; все кни́ги уста́вились в шкафу́ there was enough room for all the books in the bookcase.

уста́л|ость *ж.* fatigue, tiredness, weariness; ~ый tired, weary.

у́стал|ь *ж.*: без ~и indefatigably, tirelessly; не знать ~и be* indefatigable/tireless; ощуща́ть прия́тную ~ feel pleasantly tired.

устана́вливать, установи́ть (*вн.*) **1.** (*ставить, помещать*) install (*smth.*); (*налаживать*) set* (*smth.*); ~ турби́ну install a turbine; **2.** (*осуществлять*) organize (*smth.*), arrange (*smth.*); установи́ть наблюде́ние set* up a watch; **3.** (*вводить в действие*) establish (*smth.*), fix (*smth.*); (*правила тж.*) lay* down (*smth.*); установи́ть це́ны fix prices; установи́ть расписа́ние make* up a timetable; **4.** (*добиваться осуществления чего-л.*) establish (*smth.*), achieve (*smth.*); установи́ть тишину́ achieve silence; **5.** (*определять, доказывать*) establish (*smth.*); (*выяснять тж.*) ascertain (*smth.*); установи́ть фа́кты establish/ascertain the facts; установи́ть и́стину establish the truth; **~ся**, установи́ться **1.** (*укрепляться, входить в силу*) become* established, take* root; **2.** (*о погоде*) become* settled, set* in; **3.** (*формироваться, складываться*) take* shape.

установи́ть(ся) *сов. см.* устана́вливать(ся).

устано́вка *ж.* **1.** (*действие*) installation; setting; arranging; establishing; **2.** (*устройство, механизм*) installation; mounting, rigging; ~ централизо́ванной запра́вки central refuelling installation; **3.** (*направленность*) orientation, precept, maxim; **4.** (*директива, указание*) directive; instructions *pl.* guidelines.

установле́ние *с.* establishment; (*определение*) determination; ~ дискриминацио́нных цен *эк.* discriminatory pricing; ~ зона́льных цен zone pricing.

устано́в|ленный established, fixed, prescribed, regulation; в ~ленном поря́дке in a prescribed manner; по ~ленной фо́рме in due form, in accordance with set form.

устано́вочн|ый **1.** *тех.* ~ винт adjusting screw; ~ кронште́йн mounting bracket.

устарева́ть, устаре́ть be*/become* obsolete.

устаре́лый obsolete.

устаре́ть *сов. см.* устарева́ть *и* старе́ть 2.

уста́ть *сов. см.* устава́ть.

устере́чь *сов. см.* устерега́ть.

устерега́ть, устере́чь (*вн.*) *разг.* guard (against); keep watch over.

устила́ть, устла́ть (*вн. тв.*) cover (*smth.*, with); (*коврами, цверами*) carpet (*smth.* with), strew* (*smth.* with); pave (with).

устла́ть *сов. см.* устила́ть.

у́стн|о orally, by word of mouth; **~ый** oral, verbal; ~ый экза́мен oral examination; ~ые указа́ния verbal instructions; ~ая речь spoken language; ~ый счёт counting in *one's* head.

усто́|й *с.* **1.** (*опора моста*) pile, pier; **2.** (*опора, подпорка*) foundation; **3.** *мн.* (*основы*) foundations; нра́вственные ~и moral principles.

усто́йчив|ость *ж.* stability, steadiness, firmness; **~ый** **1.** (*способный твёрдо стоять*) steady; сде́лать стол ~ым make* a table steady; **2.** (*постоянный*) stable, steady; (*неизменный*) established; ~ое равнове́сие stable equilibrium; ~ая валю́та stable currency; ~ые це́ны steady prices; ~ая пого́да settled/steady weather; ~ые урожа́и stable harvests; **3.** (*стойкий*) stable, steady; ~ые взгля́ды stable/settled opinions.

устоя́ть *сов.* keep* *one's* feet; *перен.* hold* out; stand *one's* ground; (про́тив *рд.*) resist (*smb.*, *smth.*); withstand* (*smb.*, *smth.*), hold* out (against); не ~ перед *чем-л.* succumb to *smth.*, not be* able to resist *smth.*; **~ся** *сов.* settle.

устоя́ться *сов.* **1.** (*о жидкости*) settle; **2.** *разг.* have good time; become fixed, become permanent.

устра́ив|ать, устро́ить (*вн.*) **1.** build* (*smth.*), make* (*smth.*); **2.** (*организовывать*) arrange (*smth.*), hold* (*smth.*); have* (*smth.*) *разг.*; устро́ить вы́ставку hold* an exhibition; устро́ить обе́д give* a dinner; я всё устро́ю I'll see to everything; **3.** (*налаживать*) arrange (*smth.*), settle (*smth.*); устро́ить свои́ дела́ arrange *one's* affairs; **4.** *разг.* (*учинять*) make* (*smth.*); устро́ить сце́ну make* a scene; **5.** (*помещать, определять*) fix (*smb.*) up; устро́ить *кого-л.* на рабо́ту get* *smb.* a job; **6.** *разг.* (*содействовать кому-л. в чём-л.*) get* (*smth.*); я вам устро́ю встре́чу с ним I'll arrange for you to meet him; устро́ить *кому-л.* биле́т в теа́тр get* *smb.* a theater ticket; **7.** *разг.* (*быть удобным, подходящим*) suit (*smb.*), be* convenient (for); меня́ э́то ~ает that suits me; **~аться**, устро́иться **1.** (*налаживаться*) come* right; всё устро́иться it will all come right; всё устро́илось, как мы хоте́ли everything turned out the way we wanted it; **2.** (*обосновываться*) set* *oneself* up, establish *oneself*, be* fixed up; как вы устрóились на нóвом мéсте? how do you like your new place?; он хорошó устрóился he's doing well; **3.** (*располагаться, размещаться*) make* *oneself* comfortable, fit in, find* a place, find* room; **4.** (*поступать на работу*) get* work.

устранéние *с.* removal; (*уничтожение*) elimination; cleaning.

устранúть(ся) *сов. см.* устранять(ся).

устранять, устранúть (*вн.*) remove (*smth.*), eliminate (*smth.*), dismiss; get* rid of (*smth.*); устранúть недостáтки eliminate/eradicate defects; ~ прегрáды remove obstacles; **~ся**, устранúться (от *рд.*) hold* aloof (from), withdraw* (from), retire (from), resign.

устрашáть, устрашúть (*вн.*) intimidate (*smb.*), frighten (*smb.*); **~ся**, устрашúться (*рд.*) be* frightened (of), appalling.

устрашéни|е *с.* **1.** freightening; срéдство ~я *полит.* deterrent; **2.** fright, fear.

устрашúть(ся) *сов. см.* устрашáть(ся).

устрем|úть(ся) *сов. см.* устремлять(ся); **~лéние** *с.* aspiration.

устремлять, устремúть (*вн.*) direct (*smth.*) (*тж. перен.*); fix (*smth.*); ~ взгляд на *кого-л., что-л.* fix *one's* eye/gaze on *smb., smth.*; ~ внимáние на *что-л.* concentrate *one's* attention on *smth.*; **~ся**, устремúться **1.** (*ринуться*) rush, dash; (*сверху*) swoop down (on); **2.** (к *дт.*; на *вн.*; *иметь направление*) point (at); (*о взгляде*) be* directed (towards), be* fixed (upon); *перен. тж.* be* concentrated (on), aspire (to); head (for).

устремлéние *с.* **1.** rush; **2.** striving, aspiration.

устремлённость *ж.* tendency.

ýстрица *ж.* oyster.

устрóитель *м.* organizer; ~ ярмарки organizer/promoter of a fair.

устрóить(ся) *сов. см.* устрáивать(ся).

устрóйств|о *с.* **1.** (*действие*) arranging; для ~а своих дел to see to *one's* affairs; **2.** (*строй*) system, setup; structure; **3.** (*конструкция*) construction, design; (*планировка*) arrangement, layout; **4.** (*механизм, сооружение*) device, appliance, apparatus; акустúческое сопрягáющее ~ acoustic coupler; быстропечáтающее ~ high-speed printer; переговóрное ~ intercom, walkie-talkie; противоугóнное ~ antitheft device.

устýп *м.* **1.** (*стены, скалы*) shelf, ledge, terrace; *геол.* bench; располóженный ~ами terraced; **2.** *воен.* echelon formation.

уступáть, уступúть **1.** (*вн. дт.; отдавать*) let* (*smb.*) have (*smth.*); (*отдавать при отступлении*) cede (*smth.* to), yield (*smth.* to); ~ дорóгу *кому-л.* let* *smb.* pass, make* way for *smb.*; ~ мéсто *кому-л.* give* up *one's* place to *smb.*; он уступúл свой билéт дрýгу he let his friend have his ticket; ~ территóрию себé territory; **2.** (*дт.* в *пр.*; *поддаваться*) yield (to *smb.* over), give* in (to *smb.* over), give way (to *smb.* over); ~ сúле, давлéнию yield to force, pressure; он никомý ни в чём не устýпит he never makes concessions to anyone; **3.** (*быть не в состоянии сравняться*): не ~ *кому-л.* be* just as good as *smb.*, be* in no way inferior to *smb.*; ~ *кому-л.* в сúле, умé и т.п. not be as strong, clever, *etc.* as *smb.*; не ~ *кому-л.* в сúле, умé *и т. п.* be* just as strong, clever, *etc.* as *smb.*, be* a match for *smb.*

уступúтельный *грам.* concessive; сою́з concessive conjunction.

уступúть *сов. см.* уступáть.

устýпк|а *ж.* **1.** (*действие*) yielding; (*территории*) cession; **2.** (*компромисс*) concession; идтú на ~и make* concessions; взаúмные ~и mutual concessions; give-and-take *sg.*; **3.** (*в цене*) reduction in price; **4.** (*скидка*) rebate, discount; ~ в цене price concession; нетарúфные ~ nontariff concession; добивáться устýпок seek concessions.

устýпчив|ость *ж.* compliance, pliance; **~ый** yielding, pliant, compliant; он ~ый человéк he's very compliant, he is always ready to yield.

устыдúть *сов.* (*вн.*) shame (*smb.*); **~ся** *сов.* (*рд.*) be* ashamed (of).

ýстье *с.* mouth; (*отверстие тж.*) orifice, opening.

усугубúть(ся) *сов. см.* усугублять(ся).

усугублять, усугубúть (*вн.*) intensify (*smth.*), redouble (*smth.*); **~ся**, усугубúться increase, intensify.

усýшка *ж.* shrinkage; evaporation; loss of weight, wastage.

усы́ *мн.* (*ед.* ус *м.*) **1.** moustache; **2.** (*животного*) whiskers; ◇ мы сáми с усáми we weren't born yesterday.

усынов|úть *сов. см.* усыновлять; **~лéние** *с.* adoption; **~лять**, усыновúть (*вн.*) adopt (*smb.*).

усыпáльница *ж.* burial vault.

усы́пать *сов. см.* усыпáть.

усыпáть, усы́пать (*вн. тв.; прям. и перен.*) strew* (*smth.* with), cover (*smth.* with).

усыпúть *сов. см.* усыплять.

усыплéние *с.* **1.** putting to sleep; lulling (to sleep). **2.** sleep.

усыплять, усыпúть (*вн.*) **1.** lull (*smb.*) to sleep; *перен.* lull (*smth.*); ~ подозрéния allay/ lull suspicions; **2.** (*наркозом*) put* (*smb.*) to sleep.

усыхáть, усóхнуть shriver up (*тж. перен.*); (*о листве тж.*) wither.

утáивать, утаúть (*вн.*) **1.** (*скрывать*) conceal (*smth.*); (*умалчивать*) keep* back (*smth.*); ~ фáкты keep* back the facts; **2.** (*прятать*) hide* (*smth.*); **3.** (*присваивать*) steal* (*smth.*).

утаúть *сов. см.* утáивать.

утáйк|а *ж. разг.:* **1.** concealment; без ~и without keeping anything back, frankly, openly; **2.** appropriation.

утáптывать, утоптáть (*вн.*) stamp (*smth.*) down, flatten (*smth.*).

утáскивать *см.* утащúть.

утащúть *сов.* (*вн.*) **1.** take* (*smth.*) away, carry (*smth.*) off; (*волоча*) drag (*smth.*) away; **2.** *разг.* (*украсть*) walk off (with), pinch (*smth.*), make off with.

у́тварь *ж. собир.* utensils *pl.*, equipment.

утверди́тельн|о in the affirmative; ~ кивну́ть голово́й nod assent; **~ый** affirmative.

утверди́ть *сов. см.* утвержда́ть 2, 3, 4; **~ся** *сов. см.* утвержда́ться.

утвержд|а́ть, утверди́ть **1** *т.к. несов.* (*вн.; настойчиво говорить*) assert (*smth.*), affirm (*smth.*), maintain (*smth.*); (*в споре тж.*) contend (*smth.*); (*необоснованно*) allege (*smth.*); категори́чески ~ flatly assert, maintain positively; **2.** (*вн.; устанавливать, укреплять*) firmly establish (*smth.*); утверди́ть своё госпо́дство secure *one's* power/predominance; **3.** (*вн.* в *пр.; убеждать*) strengthen (*smb.* in), confirm (*smb.* in); **4.** (*вн.; принимать окончательное решение*) confirm (*smth.*), pass (*smth.*); okay (*smth.*) *разг.*; (*санкционировать*) confirm (*smth.*); утверди́ть прое́кт pass a design; утверди́ть пове́стку дня pass an agenda; утверди́ть реко́рд register a record; утверди́ть *кого-л.* в до́лжности дире́ктора confirm *smb.'s* appointment as director; **~а́ться**, утверди́ться **1.** (*укрепляться*) be* firmly established; **2.** (в *пр.; убеждаться*) be* convinced (in); утверди́ться в наме́рении *книжн.* be* confirmed in *one's* intention.

утвержде́ние *с.* **1.** (*действие*) confirmation; ~ *кого-либо* в до́лжности confirmation of *smb.'s* appointment; ~ пла́на confirmation of a plan; **2.** (*мысль, положение*) affirmation, assertion; (*голословное*) allegation; **3.** (*одобрение*) approval, validation; ~ бюдже́та approval of a budget, ~ докуме́нтов validation of documents.

утека́ть, уте́чь (*о жидкости*) escape; ◇ мно́го воды́ утекло́ с тех пор much water has flowed under the bridges since then.

утёнок *м.* duckling.

утепл|е́ние *с.* making (*smth.*) coldproof, warming, heating, winterization; **~и́ть** *сов. см.* утепля́ть.

утепля́ть, утепли́ть (*вн.*) make* (*smth.*) coldproof, winterize (*smth.*).

утере́ть(ся) *сов. см.* утира́ть(ся).

утерпе́|ть *сов.* stop *oneself*, hold* out; restrain *oneself*; я едва́ ~л, что́бы не рассмея́ться I could hardly restrain myself from laughing; тру́дно ~! how could *one* resist?

уте́ря *ж.* loss.

утеря́ть *сов.* (*вн.*) lose* (*smth.*), mislay; **~ся** *сов.* get* lost.

утёс *м.* rock; (*прибрежный*) cliff, crag.

утёсистый steep, precipitous.

утесне́ние *с.* oppression.

утесни́ть *сов. см.* утесня́ть.

утесня́ть, утесни́ть **1.** *разг.* stuff (into), squeeze (into); **2.** oppress, persecute.

утéх|а *ж. разг.* **1.** pleasure; delight; для ~и for fun; **2.** comform, consolation.

уте́чка *ж.* leak, leakage; loss; ~ информа́ции information leak; ~ га́за escape.

уте́чь *сов. см.* утека́ть.

утеш|а́ть, уте́шить (*вн.*) comfort (*smb.*), console (*smb.*); **~а́ться**, уте́шиться console *oneself*; уте́шиться мы́слью о том, что... derive consolation from the thought that...; **~е́ние** *с.* comfort, consolation; solace *поэт.*; сла́бое ~е́ние! that's not much consolation! пу́сть э́то бу́дет для вас ~м if it's any consolidation to you; **~и́тельный** consoling, comforting, forting.

уте́шить(ся) *сов. см.* утеша́ть(ся).

утилиза́ция *ж.* **1.** utilization; **2.** salvaging; melting-down.

утилизи́ровать *несов. и сов.* (*вн.*) utilize (*smth.*), find* a use (for).

утилита́рность *ж.* utilitarian attitude.

утилита́рный utilitarian.

ути́ль *м.*, **утильсырьё** *с. собир.* scrap, salvage, utility waste.

ути́н|ый duck's; ~ые ла́пы duck's feet.

утира́ть, утере́ть (*вн.*) wipe (*smth.*); ~ слёзы wipe away *one's* tears; ◇ утере́ть нос *кому-л.* score off *smb.*; **~ся**, утере́ться wipe *one's* face.

утиха́ть, ути́хнуть **1.** die down, subside (*тж. перен.*); (*о звуке*) die away; (*о боли*) abate, grow* less; **2.** (*успокаиваться — о человеке*) become* quiet, still, become calm, calm down.

ути́хнуть *сов. см.* утиха́ть.

утихоми́рить *сов.* (*вн.*) *разг.* pacify (*smb.*, *smth.*); calm (*smb.*, *smth.*) down; **~ся** *сов. разг.* calm down; (*ослабеть — о действии чего-л.*) die down, slacken off.

у́тк|а *ж.* **1.** duck; **2.** (*ложный слух*) canard; false report; газе́тная ~ newspaper hoax; пусти́ть ~у start a canard, put* out a false report.

уткну́ть *сов.* (*вн.*) *разг.* bury (*smth.*), fix; ~ нос в кни́гу bury *one's* nose in a book; ~ глаза́ fix one's gaze (upon), stare steadily (at); **~ся** *разг.* plunge; bury (*тж. перен.*); bump (into), come to rest (upon), come up (against); ~ся голово́й в поду́шку bury *one's* head in *one's* pillow; ~ся в кни́гу bury *oneself* in a book.

утконо́с *м. зоол.* duck-billed platypus.

у́тлый frail, unsound, unseaworthly.

утоли́ть *сов. см.* утоля́ть.

утолще́ние *с.* thickening, bulge.

утоля́ть, утоли́ть (*вн.*) (*жажду*) quench (*smth.*), slake (*smth.*); (*голод*) assuage (*smth.*); *перен.* allay (*smth.*), alleviate (*smth.*), soothe.

утолще́ние *с.* **1.** thickening, **2.** thickened part, bulge; *тех.* reinforcement, rib, boss.

утоми́тельн|ый exhausting, tiring; ~ая рабо́та exhausting work.

утом|и́ть(ся) *сов. см.* утомля́ть(ся); **~ле́ние** *с.* fatigue, weariness; **~лённый** tired, weary.

утомл|я́ть, утоми́ть (*вн.*) tire (*smb.*); (*сильно*) exhaust (*smb.*); **~я́ться**, утоми́ться tire (*oneself*); get* tired; он бы́стро ~я́ется he tires easily.

утону́ть *сов. см.* тону́ть *и* утопа́ть 1.

утончённость *ж.* refinement.

утончённый refined; ~ вкус sophisticated taste.

утопа́ть, утону́ть (в *пр.*) **1.** (*погружаться*) sink* (into); *перен.* be* buried (in); ~ в снегу́ sink* waist deep into the snow, be* up to *one's* neck in snow; *перен.* be* buried in snow; ~ в зéлени, цветáх be* buried in foliage, flowers; **2.** *т.к. несов.* (*пользоваться чем-л. в излишестве*) wallow (in), roll (in); ~ в богáтстве be* rolling in wealth; ~ в рóскоши be* wallowing in luxury; ◇ ~ в кровú wallow in blood.

утопáющий *м.* drowning man*.

утоп|úзм *м.* Utopianism, Utopism; **~úст** *м.* Utopian.

утопúть *сов. см.* топúть III; **~ся** *сов. см.* топúться III.

утопúческий Utopian.

утóпия *ж.* Utopia.

утóпленн|ик *м.* drowned man; **~ица** *ж.* drowned woman*.

утоптáть *сов. см.* утáптывать.

уточн|éние *с.* closer definition, more precise definition, amplification, elaboration; (*выяснение*) verification; вносúть ~éния в формулирóвку make* the wording/definition more precise; **~úть** *сов. см.* уточнять.

уточнять, уточнúть (*вн.*) make* (*smth.*) more accurate/precise; (*выяснять*) find* out (*smth.*) exactly, verify (*smth.*), make more precise.

утрáивать, утрóить (*вн.*) treble (*smth.*); **~ся**, утрóиться treble, increase threefold.

утрамбовáть *сов.* (*вн.*) pound (*smth.*) flat; (*ногами*) stamp (*smth.*) down, tread* (*smth.*) smooth.

утрáт|а *ж.* loss; ~ грýза loss of cargo; фактúческая ~ actual loss; **~ить** *сов. см.* утрáчивать.

утрáчивать, утрáтить (*вн.*) lose* (*smth.*).

ýтренн|ий morning *attr.*; ~яя зарá dawn; ~ие зáморозки morning frosts; ~яя зарядка morning exercises *pl.*; *воен.* reveille.

ýтренник *м.* **1.** (*спектакль*) matinee; **2.** (*мороз*) morning frost.

ýтреня *ж. рел.* matins.

ýтречком *прил. разг.* in the morning.

утрúрованный exaggerated.

утрúровать *несов. и сов.* (*вн.*) exaggerate (*smth.*); (*роль*) overact (*smth.*).

ýтр|о *с.* morning; пять часóв ~á five in the morning, 5 a.m.; по ~áм in the morning; (*каждое утро*) every morning; на (слéдующее) ~ the next morning; ◇ дóброе ~! good morning!; с ~á since morning; (*очень рано*) first thing in the morning; он рабóтал с ~á he had been working since morning; нáдо пойтú на рынок с ~á you must go to the market first thing in the morning.

утрóб|а *ж.* belly; ~ мáтери womb; **~ный** uterine; ◇ *разг.* напихáть свою ~у stuff *one's* belly.

утрóить(ся) *сов. см.* утрáивать(ся).

ýтром in the morning; сегóдня ~ this morning; вчéра, зáвтра~ yesterday, tomorrow morning.

утруждáть *несов.* (*вн.*) trouble (*smb.*).

утрýска *ж. торг.* scattering, dissipation, spillage, wantage, outage; ~ грýза scattering of cargo.

утрясáть *сов.*, утрястú *разг.* **1.** shake down; **2.** shake up, give a shaking; **3.** settle; ~ вопрóс have a matter out.

утрястú *сов. см.* утрясáть.

уткнýть *сов. см.* утыкáть.

утыкáть *сов. разг.* **1.** stick (in) all over; **2.** stop up, caulk.

утю|г *м.* iron; **~жить**, отутю́жить (*вн.*) iron (*smth.*); (*костюм и т.п. тж.*) press (*smth.*).

уф phew!

ух oh!; (*при обозначении звука*) thump!; (*о взрывах*) crump!, boom!.

ухá *ж.* fish soup.

ухáб *м.* pothole; **~истый** pitted, bumpy.

ухáживать *несов.* (за *тв.*) **1.** (*заботиться*) look (after); (*за больным тж.*) nurse (*smb.*); **2.** (*за женщиной*) court (*smb.*); woo (*smb.*) *поэт.*

ухвáт *м.* **1.** oven fork; **2.** *тех.* clip.

ухватúть *сов.* (*вн.*) seize (*smth.*); *перен.* grasp (*smth.*); **~ся** *сов.* (за *вн.*) **1.** (*взяться за что-л.*) grasp (*smth.*), seize (*smth.*), clutch (*smth.*), get* hold (of); ~ся за перúла grasp the rail; **2.** *разг.* (*быстро приняться за что-л.*) set* about (*smth.*), get* down (to); **3.** *разг.* (*воспользоваться*) jump at (*smb., smth.*); ~ся за мысль jump at the idea.

ухвáтка *ж. разг.* **1.** (*ловкость*) knack, skill; trick, grip; **2.** (*повадка*) manner.

ухитрúться *сов. см.* ухитряться.

ухитряться, ухитрúться (+ *инф.*) *разг.* manage (+ to *inf.*), contrive (+ to *inf.*).

ухищр|éние *с.* trick, device; **~яться** *несов.* contrive, scheme; wangle *разг.*; (*хитрить*) bluff, dodge; ~яться всéми спóсобами try every trick.

ухлóпать *сов. разг.* **1.** kill, do for; **2.** squander.

ухмылка *ж. разг.* smirk, grin.

ухмыльнýться *сов. см.* ухмыляться.

ухмыляться, ухмыльнýться *разг.* smirk, grin.

ýх|о *с.* ear; ◇ говорúть нá ухо *кому-л.* whisper in *smb.'s* ear; заткнýть ýши stop *one's* ears; в ушáх звенúт there is a ringing in *one's* ears; слышать *что-л.* своими ушáми hear* *smth.* with *one's* own ears; во все ýши слýшать listen all ears; он и ~ом не ведёт he doesn't turn a hair; в однó ~ вошлó, в другóе вышло it went in at one ear and out the other; пó уши влюбúться fall* head over heels in love, fall* madly in love.

ухóд I *м.* departure, leaving; (*с должности*) retiring, resignation; пéред (сáмым) ~ом (just) before leaving; ~ из семьú leaving *one's* family; ~ со сцéны leaving the stage.

ухóд II *м.* **1.** (*заботы*) care; ~ за посéвами care of crops; ~ за рáнеными care of the wounded; **2.** (*технический*) maintenance; ~ за оборýдованием maintenance of equipment; инструкция по ~у и эксплуатáции operation and maintenance instructions.

уходúть, уйтú **1.** (*отправляться куда-л.*) go* (away), depart; (из, от, с *рд.*) leave* (*smth.*); уйтú домóй leave* for home; go* home; уйтú на рабóту leave* for work; go* off to work;

пóезд ужé ушёл the train has left; ~ в мóре put* out to sea; уйтú на вёслах row away; **2.** (от *рд.; скрываться, спасаться*) escape (from), get* away (from); **3.** (от когó-л.; *покидать*) leave* (*smb.*); (*от чего-л.*) *перен.* rid* *oneself* (of); **4.** (*переставать заниматься чем-л.*) leave*; уйтú с рабóты leave* *one's* job; уйтú в óтпуск go* on leave; уйтú на пéнсию retire; ~ со сцéны leave* the stage; **5.** (*проходить — о времени*) pass; врéмя ещё не ушлó it's not too late; **6.** (на *вн.*; *расходоваться*) go* (on), be* spent (on); на э́то ухóдит мнóго врéмени that takes a lot of time; все сúлы ухóдят на э́то *one's* whole energy goes on that; **7.**: часы́ ушлú вперёд the watch/clock is fact; за недéлю часы́ ушлú на пять минýт the watch/clock has gained five minutes in the last week; **8.** (в *вн.*; *увлекаться чем-л.*) give* *oneself* up (to), devote *oneself* (to); уйтú в наýку devote *oneself* to science; с головóй уйтú во *что-л.* be* engrossed in *smth.*; **9.** *т.к. несов.* (*простираться*) stretch, extend; дорóга ухóдит вдаль the road disappears into the distance; ◇ с э́тим далекó не уйдёшь that won't get you very far; уйтú ни с чем get* no satisfaction, leave* empty-handed; уйтú в себя́ withdraw* into *oneself*; уйтú вперёд forge ahead; пóчва ушлá из-под *кого-либо* the ground disappeared under *smb.'s* feet.

ухудш|áть, ухýдшить (*вн.*) make* (*smth.*) worse; worsen (*smth.*); (*состояние тж.*) aggravate (*smth.*); ~ дéло make* matters worse; ~ состоя́ние здорóвья have* a bad effect on *smb.'s* health; **~áться**, ухýдшиться be* (getting) worse; (*о положении, состоянии тж.*) be* aggravated; (*о качестве*) deteriorate; **~éние** *с.* change for the worse; (*положения, состояния*) aggravation; (*качество*) deterioration; ~ кáчества deterioration/lowering of quality; ~ отношéний deterioration/falling-off (in) of relations, aggravation in(of) relations; ~ услóвий worsening of conditions.

ухýдшить(ся) *сов. см.* ухудшáть(ся).

уцел|éть *сов.* not be injured; (*о предметах тж.*) be* undamaged; (*остаться в живых*) survive; ~ при пожáре survive a fire, come* through a fire undamaged; пять человéк ~éло five persons escaped with their lives; никтó не ~éл there were no survivors; ~ тóлько чýдом have* a miraculous escape.

уцéнк|а *ж.* price reduction, allowance; marking down; ~ товáра price reduction; размéр ~и rate of reduction, extent of reduction; предостáвить ~у grant/give a price reduction, grant an allowance.

уценённ|ый cut-price *attr.*; reduced in price *после сущ.*; ~ые товáры goods at reduced prices.

уцепúться *сов.* (за *вн.*) **1.** (*зацепиться*) catch* hold (of); (*схватиться*) hold* on (to); cling* (to); **2.** *разг.* (*воспользоваться*) make* use (of), turn (*smth.*) to account.

учáствовать *несов.* (в *пр.*) take* part (in); participate (in).

учáсти|е *с.* **1.** participation, share, partnership; **2.** (*сочувствие*) sympathy (for); отнестúсь с ~ем к *кому-л.*, приня́ть дрýжеское ~ в *ком-л.* be* kind to *smb.*, befriend *smb.*, take* an interest in *smb.*; ~ в акционéрном капитáле shareholding(s); ~ в аукциóне participation in an auction; ~ в предприя́тии interest in business, participation in a venture; ~ в прúбылях profit sharing; зая́вка на ~е application/request for participation; итóги ~я в вы́ставке exhibit performance; commercial impact; откáз экспонéнта от ~я withdrawal of an exhibitor; принимáть ~ в торгáх bid.

участúться *сов. см.* учащáться.

участкóв|ый *прил.* **1.** divisional; ~ая избирáтельная комúссия divisional election committee; **2.** *в знач. сущ. м. разг.* (*милиционер*) district militia officer.

учáстлив|о with sympathy; **~ый** sympathetic, kind.

учáстник *м.* participant; (*член*) member; ~ состязáния competitor; (*страховой*) contributor; ~ договóра contractor, party to an agreement; коллектúвный ~ collective exhibitor; основнóй ~ major/main participant; ~ переговóров parties to talks/negotiations; ~ торгóв bidder, tenderer, participant in tenders.

учáст|ок *м.* **1.** (*часть земельной площади*) plot; строúтельный ~ building plot; ~ обрабóтанной землú plot of cultivated land; **2.** (*часть поверхности чего-л.*) area; поражённые ~ки ткáни affected areas (of tissue); **3.** (*часть фронта*) sector; **4.** (*сфера деятельности*) field, department; ответственный ~ рабóты responsible field; **5.** (*административно-территориальное или производственное подразделение*) sector, division; precinct *амер.*

ýчасть *ж.* fate, lot, portion.

учащáться, участúться become* more frequent, increase in frequency; (*о пульсе*) become* more rapid, beat* faster.

учащённ|ый: ~ пульс high pulse rate, rapid pulse; ~ темп heightened rate; ~ое дыхáние rapid breathing.

учáщийся *м.* student; (*школьник*) pupil.

учёб|а *ж.* studies *pl.*; (*специальная*) training; послáть *кого-л.* на ~у send* *smb.* to study; (*для получения специальности*) send* *smb.* for special training.

учéбник *м.* textbook; ~ истóрии textbook on history, history book.

учéбн|ый **1.** educational; (*школьный тж.*) school *attr.*; *воен.* training *attr.*; ~ год school year; (*в вузе*) academic year; ~ое врéмя school hours *pl.*; ~ое заведéние school, educational establishment; ~ые посóбия teaching aids; educational equipment *sg.*; ~ план curriculum; **2.** *воен.* training, practice; ~ патрóн dummy cartridge; ~ пóле training ground; ~ самолёт training aircraft; ~ сбор reserve training period; ~ая стрельбá practice shoot.

учéни|е *с.* **1.** (*теория*) theory, doctrine, teaching; **2.** *обыкн. мн. воен.* exercies *sg.*;

training *sg.*; **3.** studies *pl.*; (*ремеслу*) apprenticeship.

учен|ик *м.*, **~ица** *ж.* **1.** pupil; **2.** (*обучающийся какой-л. профессии у кого-л.*) apprentice; ~ то́каря turner's apprentice; **3.** (*последователь*) disciple, follower; **~и́ческий** instruction *attr.*, school *attr.*; *перен.* (*незрелый*) immature, beginner's; **~и́чество** *с.* **1.** time as a pupil; го́ды ~и́чества school years; **2.** (*обучение ремеслу*) apprenticeship.

учени́чество *с.* **1.** period spent as a pupil, student; **2.** apprenticeship; **3.** rawness, immature.

учён|ость *ж.* erudition, learning; **~ый** *прил.* **1.** learned, erudite; **2.** (*научный*) scientific; ~ый сове́т academic board; ~ая сте́пень degree; **3.** (*выученный чему-л.*) trained; (*о животных*) performing; *перен. разг.* wiser (from experience); **4.** *в знач. сущ. м.* learned man, scientist, man* of science; scholar (*гл. образом в области гуманитарных наук*).

уче́сть *сов. см.* учи́тывать.

учёт *м.* **1.** (*действие*) accounting, calculation; (*принятие во внимание*) consideration, appreciation; ~ това́ров inventary; магази́н закры́т на ~ the shop is closed for inventary; **2.** (*регистрация*) registration; брать *кого-л.* на ~ register *smb.*; снима́ть *кого-л.* с ~а strike* *smb.* off the register; ◇ ~ векселе́й discounting; де́нежный ~ money accounting; ~ де́нежных поступле́ний entry of payments received; ~ произво́дственных затра́т determination of costs, cost accounting; ~ ка́дров personnel records; ~ тратт discounting of drafts; к ~у bank paper; вести́ ~ keep records; снима́ть с ~а write off; **~ый 1.** record *attr.*; ~ная ка́рточка record card; **2.** *фин.* discount *attr.*; ~ проце́нт rate of discount.

учётч|ик *м.*, **~ица** *ж.*, record-keeper.

учи́лище *с.* (specialized) school, college; вое́нное ~ military school.

учини́ть *сов. см.* учиня́ть.

учиня́ть, учини́ть (*вн.*) *разг.* make* (*smth.*); учини́ть распра́ву над *кем-л.* inflict reprisals on *smb.*; учини́ть сканда́л create a row, make a scene.

учи́тель *м.*, **~ница** *ж.* teacher; шко́льный ~ schoolmaster; шко́льная ~ница schoolmistress; ~ геогра́фии geography teacher; ~ англи́йского языка English teacher; **~ская** *ж.* teachers' common room; **~ский** teachers'; **~ство** *с.* **1.** (*профессия*) teaching; **2.** *собир.* (*учителя*) teachers *pl.*

учи́тельствовать *несов.* be* a teacher, teach*.

учи́тывать, уче́сть (*вн.*) **1.** (*производить учёт*) take* stock (of), count up (*smth.*); **2.** (*принимать во внимание*) take* (*smth.*) into consideration/account, bear* (*smth.*) in mind, appreciate (*smth.*); уче́сть о́пыт предше́ственников take* into account the experience of *one's* predecessors; ◇ уче́сть ве́ксель discount a bill.

учи́ть *несов.* **1.** (кого́-л. *дт.*, кого́-л. + *инф.*) teach* (*smb., smth.*); ~ *кого-л.* гра́моте teach* *smb.* to read and write; чему́ вас там у́чат? what do they teach you there?; **2.** (*с союзом* что; *развивать теорию*) teach*; **3.** (*что-л.; запоминать, усваивать*) learn* (*smth.*); (*роль тж.*) study (*smth.*); ~ уро́ки do* *one's* lessons; ~ стихотворе́ние learn* a poem; **~ся** *несов.* **1.** (*дт.; приобретать знания*) learn* (*smth.*), study (*smth.*); ~ся му́зыке study music; ~ся англи́йскому языку́ learn* English; **2.** (*быть учащимся*): ~ся в шко́ле go* to school; ~ся в университе́те study/be* at a university, be* in/at college; ~ся на шофёра train to be a driver.

учреди́тель *м.* founder.

учреди́тельн|ый constituent; ~ое собра́ние Constituent Assembly.

учреди́ть *сов. см.* учрежда́ть.

учрежд|а́ть, учреди́ть (*вн.*) **1.** found (*smth.*), establish, form, set* up (*smth.*); **2.** (*вводить*) institute (*smth.*), introduce (*smth.*); **~е́ние** *с.* **1.** (*действие*) founding; **2.** (*организация*) institution, organization; agency, office; госуда́рственное ~е́ние state institution; страхово́е ~ insurance enterprise; фина́нсовое ~ finance institute; снять помеще́ние под ~ rent an office.

учти́вый courteous, polite.

учу́ять *сов.* (*вн.*) *разг.* scent (*smth.*); *перен. тж.* sense (*smth.*), smell, nose out.

уша́нка *ж. разг.* cap with carflaps.

уша́стый *разг.* big-eared.

уша́т *м.* tub.

уши́б *м.* **1.** injury; knock; bruise; (*мед.*) contusion; **2.** injured place.

ушиба́ть, ушиби́ть (*вн.*) hurt* (*smth.*); **~ся**, ушиби́ться hurt* *oneself.*

ушиби́ть(ся) *сов. см.* ушиба́ть(ся).

ушива́ть, уши́ть (*вн.*) take* in (*smth.*).

уши́ть *сов. см.* ушива́ть.

у́шко *с.* **1.** *см.* у́хо; **2.** (*иголки*) eye; **3.** (*сапога*) tab.

ушн|о́й ear *attr.*; ~а́я се́ра earwax.

уще́листый abounding in ravines.

уще́лье *с.* ravine, gorge, canyon.

ущеми́ть *сов. см.* ущемля́ть.

ущемле́ние *с.* **1.** pinching, jamming, nipping; ~ гры́жи (*мед.*) strangulation of hernia; **2.** *перен.* limitation.

ущемля́ть, ущеми́ть (*вн.*) **1.** (*зажимать*) pinch (*smth.*), squeeze (*smth.*); ущеми́ть па́лец две́рью pinch *one's* finger in the door; **2.** (*ограничивать*) restrict (*smb., smth.*), interfere (with); (*оскорблять*) wound (*smth.*), hurt* (*smth.*); ~ *чьё-л.* самолю́бие wound *smb.'s* pride.

ущёрб *м.* damage; detriment harm, loss, disadvantage; без ~а для де́ла without detriment to *one's* work; большо́й ~ great (extensive, major) damage; де́нежный ~ monetary damage; части́чный ~ partial loss; возмеще́ние ~а damages, compensation for damages; доказа́тельство ~а proot of loss; понести́ ~ suffer damage; причиня́ть ~ damage, cause damage; без ~а without detriment; ◇ в ~ *кому-л., чему-л.* to the detriment of *smb., smth.*; луна́ на ~е the moon is on the wane; **~ный 1.** (*о луне*) waning; **2.** (*о характере и т. п.*) deficient, unbalanced.

ущипну́ть *сов.* (*вн.*) pinch (*smb., smth.*), tweak.

уэ́льский Welsh.

ую́т *м.* comfort, cosiness; **~ный** cosy; (*с удобствами*) comfortable.

уязви́м|ость *ж.* vulnerability; **~ый** vulnerable; ~ое ме́сто vulnerable/weak spot.

уязви́ть *сов. см.* уязвля́ть.

уязвля́ть, уязви́ть (*вн.*) wound (*smb., smth.*), sting* (*smb., smth.*); э́то замеча́ние уязви́ло его́ he was stung by this remark.

уясне́ние *с.* explanation, elucidation.

уясни́ть *сов. см.* уясня́ть.

уясня́ть, уясни́ть (*вн.*) get* (*smth.*) clear, understand (*smth.*); make out; ~ себе́ положе́ние size up the situation.

Ф

фа *с. нескл. муз.* fa, F.

фа́бри|ка *ж.* factory, mill, plant; бума́жная ~ paper mill, консе́рвная ~ cannery packer; обогати́тельная ~ concentrator; о́пытная ~ pilot factory.

фабрика́нт *м* manufacturer, factory owner.

фабрика́т *м.* manufactured article/product, finished product.

фабрика́ция *ж.* fabrication.

фабрикова́ть, сфабрикова́ть (*вн.*) *разг. ирон.* churn (*smth.*) out by the thousand; manufacture (*smth.*) (*тк. перен.*) forge.

фабри́чн|ый factory *attr.*; (*промышленный*) factory,; ~ гудо́к factory whistle; ~ая ма́рка trademark; ~ райо́н industrial district; ~ городо́к factory estate.

фа́була *ж.* plot.

фаво́р *м.*: быть в ~е у *кого-л. be** in *smb's* good graces; быть не в ~е у *кого-л.* be* out of favor with *smb.*, *.be** in *smb's* bad books.

фавори́т *м.*, **~ка** *ж.* favorite.

фаго́т *м. муз.* bassoon.

фа́за *ж.* phase; stage.

фаза́н *м.* pheasant; **~ий** pheasant's.

фазотро́н *м. физ.* synchrocyclotron, phasotron.

фа́кел *м.* 1. torch; 2. (*конусообразное пламя*) jet, tongue.

фа́кельщик *м.* (*участник процессии*) torchbearer.

факси́мил|е *с. нескл.* 1. facsimile, replica; 2. (*клише, печатка*) signature stamp; 3. *в знач. неизм. прил. и нареч.* in facsimile; **~ьный** facsimile *attr.*; ~ьное изда́ние facsimile edition.

факт *м.* 1. fact; достове́рный ~ established fact; ~ы — упря́мая вещь there is no getting away from the facts; соверши́вшийся ~ accomplished fact; отде́льный ~ instance; 2. *в знач. сказ. разг.*: ~! that's fact!; ◇ поста́вить *кого-л.* пе́ред соверши́вшимся ~ом present *smb.* with a fait accompli; в соотве́тствии с ~ами under the facts; ~ы говоря́т, что facts show that.

факти́ческ|и actually; **~ий** actual; ~ие да́нные the facts; ~ая сторона́ де́ла the factual aspect of the case; ~ое положе́ние де́ла the actual state of affairs; ~ое призна́ние de facto recognition.

фа́ктор *м.* factor; благоприя́тный ~ positive/favorable factor; ~ вре́мени time factor; побуди́тельный ~ incentive; реша́ющий ~ decisive factor; *торг.* ~ сбы́та market factor; ~ сто́имости cost factor.

факто́рия *ж.* trading station.

факту́р|а *ж.* 1. *иск.* texture; style; 2. (*характер обработки*) finish; 3. *торг.* invoice; bill of parcels, note of charges; ~ на су́мму invoice in the amount; ~ комме́рческая commercial invoice; выпи́сывание ~ы invoicing, billing; су́мма ~ы invoice amount.

факультати́вный optional, elective *амер.*

факульте́т *м.* faculty, department; school *амер.*; я учу́сь на юриди́ческом ~е I am in the law department, I am reading law; **~ский** faculty *attr.*; ~ское собра́ние faculty meeting.

фал *м. мор.* halyard.

фала́нга *ж.* 1. phalanx (*pl.* -xes, -nges); *перен.* ranks *pl.*; 2. *анат.* phalanx, phalange.

фаланги́ст *м. полит.* Falangist.

фаланстёр *м. полит.* phalanstery.

фа́лда *ж.* tail, skirt.

фа́линь *м. мор.* painter.

фа́ллос *м.* phallus.

фалре́п *м. мор.* bulwark, rails.

фальсифик|а́тор *м.* falsifier; ~а́торы исто́рии falsifiers of history; **~а́ция** *ж.* 1. (*действие*) forging; (*продуктов*) adulteration; ~а́ция докуме́нтов forging of documents; 2. (*искажение*) falsification, distortion; ~а́ция истори́ческих фа́ктов distortion of the historical facts; 3. (*подделанная вещь*) fake.

фальсифици́ровать *несов. и сов.* (*вн.*) falsify (*smth.*), twist (*smth.*), distort (*smth.*).

фальц *м.* 1. (*выемка*) rabbet; 2. (*паз*) groove, slot; 3. (*место сгиба листа*) fold.

фальцева́ть сфальцева́ть (*вн.*) 1. *тех.* rabbet (*smth.*); 2. (*сгибать бумажный лист*) fold (*smth.*), crease.

фальце́т *м. муз.* falsetto; ~ом in a falsetto voice.

фальшбо́рт *м. мор.* bulwark, rails.

фальши́вить, сфальши́вить 1. (*притворяться*) be* insincere, be* hypocritical, pretend; 2. (*фальшиво играть, петь*) sing*, play out tune; (*на рояле*) play wrong notes.

фальши́вка *ж. разг.* forgery, forged document.

фальши́в|ый 1, (*поддельный*) false, forged; ~ая моне́та false/dud coin; ~ые докуме́нты forged papers; 2. (*сделанный наподобие подлинного*) imitation *attr.*; ~ карма́н imitation pocket; 3. (*неискренний, неестественный*) false, insincere; ~ челове́к insincere person; ~ая улы́бка false smile; 4. (*искажающий мелодию*) false; ~ая но́та false/wrong note; 5. *мор.* temporary, jury; ~ ая ма́чта jury-mast.

фальшки́ль *м. мор.* false keel.

фальшь *ж.* 1. (*неискренность*) pretence, insincerity; (*надуманность*) falsity; 2. (*в пении и игре на музыкальном инструменте*) singing, playing out of tune.

фами́лия *ж.* 1. surname, name; как ва́ша ~? what is your surname?; 2. (*род*) family.

фами́льн|ый family *attr.*; ~ ые портре́ты family portraits; ~ое схо́дство family likeness.

фамилья́рничать *несов.* (*с тв.*) *разг.* be* too familiar (with).

фамилья́рн|о without ceremony, unceremoniously **~ость** *ж.* familiarity, unceremoniousness; не допуска́ть ~остей allow no familiarity, stand* on *one's* dignity; позволя́ть себе́ ~ости be* unduly familiar; offhand.

фана́т *м. разг.* fun, devotee; футбо́льный ~ football fan; музыка́льный ~ devotee of music.

фанате́ть *несов. жар.* go* wild, be* wild about/of.

фанати́зм *м.* fanaticism.

фана́т|ик *м.* fanatic; **~и́ческий, ~и́чный** fanatical.

фане́р|а *ж.* 1. veneer, veneering; лист ~ы leaf*/sheet of veneer; 2. (*многослойная*) plywood; **~ный** veneer *attr.*; (*сделанный из фанеры*) plywood box.

фант *м.* forfeit; игра́ть в ~ы play forfeits.

фантазёр *м.* **~ка** *ж.* romancer, dreamer, fantasist.

фантази́ровать *несов.* romance; (*выдумывать тж.*) make* things up, dream, indulge in fantasies.

фанта́з|ия *ж.* 1. (*воображение*) imagination, fancy; 2. (*мечта*) dreams *pl*; 3. *разг.* (*причуда*) caprice, whim, fancy, fantasy; жить в ми́ре ~ий live in a fantasy world; придёт же в го́лову така́я ~! extraordinary ideas sometimes pass through *one's* mind; 4. *муз.* fantasia.

фантасмаго́рия *ж.* phantasmagoria.

фанта́ст *м.* (*о писателе*) science fiction writer; fantasy-monger; person with powerful imagination; dreamer; visionary.

фанта́стик|а *ж.* 1. make-believe, fantasy, flight of fancy; на гра́ни ~и almost unreal/unbelievable, bordering on fantasy; 2. *собир. разг.* (*литературные произведения*) fantasies *pl.*, fantasy fiction; нау́чная ~ science fiction.

фантасти́ч|еский 1. (*основанный на фантастике*) fantastic; ~ рома́н fantastic novel, romance; 2. (*причудливый, нелепый, странный*) fanciful; fantastic(al), absurd; ~ вид fanciful appearance; 3. (*исключительный*) excellent; fantastic; он ~ пееве́ц he's a fantastic singer; 4. (*огромный*) fantastic; ~ ущéрб fantastic damage; 5. (*невероятный, несбыточный*) fantastic, wild, improbable; ~ прое́кт fantastic/wild project; **~ность** *ж.* incredibility; absurdity; improbability; imaginary/make-believe quality.

фантóм *м.* phantom.

фантóмный 1. *филос.* imaginary, false; 2. *эл.* phantom.

фанфа́ра *ж.* 1. (*музыкальный инструмент*) trumpet; 2. (*сигнал*) trumpet-call; 3. *муз.* fanfare (of trumpets), flourish of trumpets.

фанфарóн *м. разг.* braggart.

фанфарóнить *несов. разг.* brag.

фа́ра *ж.* headlight, headlamp; противотума́нная ~ antifog headlight/ headlamp; ~ы да́льнего све́та high/main beam.

фара́да *ж. эл.* farad.

фараóн *м.* 1. *ист.* Pharaoh; 2. *карт.* faro.

фарва́тер *м.* (navigating) channel, fairway; ◇ плыть, идти́, находи́ться в ~е *кого-л. чего-л.* follow *smb's, smth's* lead, go* along with *smb., smth.*

Фаренге́йт *м.*: термóметр ~а Fahrenheit thermometer.

фаринги́т *м. мед.* pharyngitis.

фарисе́й Pharisee; **~ский** Pharisaical; ~ские фра́зы hypocritical phrases; **~ство** *с.* hypocrisy.

фармакóлог *м.* pharmacologist.

фармаколóгия *ж.* pharmacology.

фармакопе́я *ж.* pharmacopoeia.

фармаце́вт *м.* pharmaceutist, pharmacist.

фармацевти́ческий pharmaceutical.

фарс *м.* farce (*тж. перен.*).

фа́ртук *м.* apron.

фарфóр *м.* 1. china, porcelain; 2. *собир.* (*изделия*) china (ware); **~овый** china *attr.*, porcelain *attr.*; ~овая посу́да china (ware).

фарцева́ть *несов. разг.* speculate (in currency, foreign clothes *etc.*).

фарцóвщик *м. разг.* spiv, black-marketeer.

фарш *м.* stuffing; (*мясной*) force-meat; (*колбасный*) sausage meat.

фарширо́ванный stuffed.

фарширова́ть *несов.* (*вн.*) stuff (*smth.*).

фас *м.* 1. *разг.* front, façade; в ~ in face; 2. *воен.* face; ~ прóволочного загражде́ния straight leg of barbed-wire entanglement.

фаса́д *м.* façade, front; фальши́вый ~ false front.

фасóванный packaged.

фасова́ть *несов.* (*вн.*) package (*smth.*), prepack.

фасóвка *ж.* packing, prepacking; filling; ~ това́ра custom-size package.

фасóвочн|ый packaging; ~ ая фа́брика packaging factory.

фасóлевый bean *attr.*

фасóль *ж.* 1. (*растение*) haricot bean; зелёная ~ runner bean; 2. *собир.* (*семена*) beans *pl.*

фасóн *м.* style; (*платья тж.*) cut; **~ный** shaped.

фат *м.* fop.

фатали́зм *м.* fatalism.

фатали́ст *м.* fatalist.

фата́льный 1. fatal; 2. (*обреченный*) resigned; ~ вид air of resignation.

фа́уна *ж.* fauna.

фаш|и́зм *м.* fascism; **~и́ст** *м.* fascist, Nazi; **~и́стский** fascist.

фаэтóн *м.* phaeton.

фая́нс *м. собир.* (*изделия*) faience, glazed pottery.

февра́л|ь *м.* February; в ~é э́того го́да this/in February; в ~é прóшлого го́да last February; last year in February; в ~é бу́дущего го́да next February.

февра́льский February *attr.*; ◇ Февра́льская револю́ция the February Revolution.

федера́льный federal.

федерати́вный federative.

федера́ция *ж.* federation.

феери́ч|еский, ~ный enchanting, magical.

фее́рия *ж.* fairy-tale play, pantomime; *перен.* enchanting spectacle/sight.

фейерве́рк *м.* fireworks *pl.*

фека́лии *мн.*, **~ия** *ж.* faeces.

фелла́х *м.* fellah.

фельдма́ршал *м.* Field Marshal.

фе́льдшер *м.* doctor's assistant, medical attendant.

фельдъе́герск|ий state messenger's; ~ая связь courier service.

фельдъе́герь *м. ист.* state messenger, courier.

фельето́н *м.* satirical article, newspaper satire; **~ист** *м.* newspaper satirist; **~ный** of newspaper satire *после сущ.*; *перен. разг.* knockabout *attr.*

фемини́ст *м.* feminist.

фен *м.* hair-dryer, hair-drier.

фе́никс *м.* 1. *миф.* phoenix; 2. *уст.* marvel, prodigy.

фено́л *м. хим.* phenol, carbolic acid.

фено́мен *м.* phenomenon.

феномена́льн|ый phenomenal, exceptional.

феода́л *м. ист.* feudal lord; **~и́зм** *м.* feudalism.

феода́льный feudal; ~ое владе́ние fief, fiefdom, fee, feudal estate.

ферзь *м шахм.* queen.

фе́рма I 1. farm; 2. (*часть хозяйства*) department; моло́чная ~ dairy department.

фе́рма II *ж.* (*конструкция*) truss, (compound) girder.

ферма́т *ж. муз.* fermata.

фе́рменный lattice.

ферме́нт *м. биол. хим.* enzyme, ferment.

фе́рмер *м.* farmer. **~ство** *с.* 1. (*занятие*) farming; 2. *собир.* (*фермеры*) the farmers.

фернамбу́к *м. бот.* Brazil wood.

ферроспла́в *м.* ferro-alloy.

фестива́ль *м.* festival; **~ный** festival *attr.*

фесто́н *м.* 1. *архит.* festoon; 2. (*зубчатая кайма*) scallop.

фети́ш *м.* fetish.

фетр *м.* felt; **~овый** felt *attr.*

фехтова́ль|ный fencing; **~щик** *м.* fencer.

фехтов|а́ние *с.* fencing; **~а́ть** *несов.* fence.

фе́я *ж.* fairy.

фиа́лка *ж. бот.* violet; соба́чья ~ dogtooth/dog's tooth violet, fawn lily.

фиа́ско *с. нескл.* fiasco; потерпе́ть ~ be* a failure.

фи́бр|а *ж.* fiber; ◇ все́ми ~ами души́ in all the fibers of *one's* being; **~овый** fiber *attr.*; ~овый чемода́н fiber suitcase.

фибро́ма *ж. мед.* fibroid.

фиг *м. вульг.*: ~а с два! like hell!, not bloody likely; ни ~а! not a bloody things!; иди́ ты на ~! get stuffed! get knotted!; ~ с тобо́й! I've had it with you!

фи́га *ж.* 1. *бот.* fig(tree); 2. *вульг.* получи́ть фиг с ма́слом get bagger all.

фиго́вина *ж. вульг.* поро́ть ~у bullshit.

фигу́ра *ж.* 1. figure; 2. (*в танце*) step; (*в полёте*) evolution; (*на коньках*) figure; 3. *шахм.* piece; *разг.* chessman*; 4. *карт.* facecard.

фигура́льный figurative.

фигури́ровать *несов.* appear, figure.

фигури́ст *м.*, **~ка** *ж.* figure skater.

фигу́рн|ый 1. shaped; 2. (*об инструменте*) form *attr.*; 3. (*с узором, тиснением*) figured, ornamental; 4. (*исполняемый с фигурами*) fancy; ~ое ката́ние на конька́х figure skating.

фидеи́зм *м. филос.* fideism.

фи́зик *м.* physicist.

фи́зика *ж.* physics; я́дерная ~ nuclear physics.

физиогно́мика *ж.* physiognomics, physiognomy.

физио́|лог *м.* physiologist; **~логи́ческий** physiological; ◇ ~логи́ческий раство́р physiological solution.

физионо́мия *ж.* face; *перен. тж.* shape.

физиотерапе́вт *м.* physiotherapist; physio *разг.*

физиотерапи́я *ж.* physiotherapy.

физи́ческ|ий 1. physical; ~ие сво́йства по́чвы physical properties of the soil; ~ труд physical work; ~ая си́ла physical strength; ~ая сла́бость physical weakness; 2. (*предназначенный для занятий физикой*) physics *attr.*: ~ кабине́т physics room/laboratory; ◇ ~ ая геогра́фия physical geography; ~ая хи́мия physical chemistry; ~ая культу́ра physical culture.

физкульту́р|а *ж.* physical culture; **~ник** *м.*, **~ница** *ж.* athlete, spottsman*; **~ный** physical culture *attr.*; ~ный пара́д physical culture parade; ~ный костю́м track suit.

фикс *м.* 1. fixed price; 2. fixed sum.

фи́кса *ж разг.* false gold tooth-capping.

викса́ж *м. фото. разг.* hypo.

фикса́ция *ж.* fixation, fixing; ~ цен fixing of prices.

фикси́рова|ть *несов. и сов.* (*сов. тж.* зафиксировать) (*вн.*) 1. fix (*smth.*); ~ фотоплёнку fix a film; 2. (*сосредоточивать*): ~ внима́ние concentrate/fix attention; 3. (*отмечать, регистрировать*) record (*smth.*); ~ собы́тия record events; **~ся** *несов. и сов.* concentrate; (*закрепляться*) remain fixed lodge; **~нный** fixed.

фикти́вный fictitious; (*поддельный*) forged, bogus.

фи́кус *м. бот.* rubber plant, ficus.

фи́кция *ж.* fiction; (*вымышленное положение тж.*) illusion.

филантро́п *м.* philanthropist; **~и́ческий** philanthropic; **~ия** *ж.* philanthropy; занима́ться ~ией philanthropize.

филармо́ни|я *ж.* Philharmonic Society; орке́стр ~и philharmonic orchestra.

филатели́ст *м.* philatelist, stamp collector; **~и́ческий** philately *attr.*; ~и́ческое о́бщество philately society.

филе́ *с. нескл.* **1**. sirloin; **2**. (*кусок мяса, рыбы, очищенный от костей*) fillet.

филёнка *ж.* panel.

филиа́л *м.* branch, subsidiary, affiliate; ~ институ́та branch of an institute; ~ Ма́лого теа́тра second stage of the Maly Theatre; руководи́тель ~а фи́рмы branch manager.

фи́лин *м.* (*птица*) eagle-owl (Bobo bubo).

фило́|лог *м.* philologist; **~логи́ческий** philological; **~ло́гия** *ж.* philology.

фило́соф *м.* philosopher.

филосо́ф|ия *ж.* philosophy; ~ матема́тики philosophy of mathematics; **~ский** philosophic(al); ~ский тракта́т philosophical treatise; ~ская по́весть philosophical tale; ~ские размышле́ния philosophical meditations. ◇ ~ский ка́мень philosopher's stone; **~ствовать** *несов.* philosophize.

фильм *м.* film, (motion) picture; монта́ж ~а editing of a film.

фильтр *м.* filter; **~а́ция** *ж.* filtering, filtration; (*просачивание*) seepage; **~ова́ть** *несов.* (*вн.*) filter (*smth.*) *перен. разг.* screen (*smb.*).

фимиа́м *м.* incense; *перен.* adulation; ◇ кури́ть ~ *кому-л.* laud *smb.* to the skies, sing* the praises of *smb.*

фина́|л *м.* **1.** ending; end; (*симфонии, оперы*) finale; **2**. *спорт.* final; вы́йти в ~ reach the final; игра́ть в ~ле play in the final; **~ли́ст** *м.* finalist; **~льный** final ; ~льный матч the final; ~льный свисто́к final whistle, no side; ~льный акко́рд final/concluding chord.

финанси́ровани|е *с.* financing, financial backing, finance; ~ ассигнова́ний financing of appropriations; бюдже́тное ~ budgetary financing; исто́чники ~я sources of finance; прекрати́ть ~ cut off funding.

финанс|и́ровать *несов. и сов.* (*вн.*) finance (*smb., smth.*); ~ строи́тельство finance building; **~и́ст** *м.* financier.

фина́нсов|ый financial; ~ год financial year, fiscal year *амер.*; ~ые затрудне́ния financial difficulties; ~ кри́зис financial crisis.

фина́нсы *мн.* finances, finance; госуда́рственные ~ public finance; Министе́рство ~ов Ministry of Finance, Board of Exchequer; *амер.* the Treasury Department; Мини́стр ~ов Minister of Finance, *англ.* Chancellor of the Exchequer, *амер.* Secretary of the Treasury.

фи́ник *м.* date; **~овый**: ~овая па́льма date palm.

фи́ниш *м.* finish; у ~а at the finish; пе́рвым прийти́ к ~у finish first, come* in first; **~и́ровать** *несов. и сов.* finish; **~ный**: ~ный столб winning-post; ~ная ле́нта (finishing) tape; ~ная черта́ finishing line.

фи́нка I *ж.* Finn, Finnish woman*.

фи́нка II *ж. разг.* (*нож*) Finnish knife, sheath knife*.

финн *м.* Finn

фи́нский Finnish; ~ язы́к Finnish, the Finnish language; ◇ нож Finnish knife*, sheath knife*.

фиоле́товый violet; ~ цвет violet; ~ые черни́ла violet ink *sg.*

фио́рд *м.* fiord.

фи́рм|а *ж.* firm, company, concern, house; аре́ндная ~ leasing company, lessor; ауди́торская ~ auditor firm; внешнеторго́вая ~ foreign trading company; госуда́рственная ~ state firm; доче́рняя ~ affiliated firm, subsidiary; страхова́я ~ insurance company; строи́тельная ~ civil engineering firm, constructors; субподря́дная ~ subcontractor; туристи́ческая ~ travel company; э́кспортная ~ export firm; бланк ~ы form of a company; глава́ ~ы executive director; principal of a firm; senior partner; де́ятельность ~ы firm's/company's operations/activity; капита́л ~ы capital of a firm; ликвида́ция ~ы liquidation/closing down/of a firm/company; структу́ра ~ы setup/structure of a company; ште́мпель ~ы business stamp; осно́вывать ~у establish/set up, found a company/firm; сотру́дничать с ~ой cooperate/do business with a firm; **~енный** the firm's own; ~енное блю́до specialty of the house; ~енный бланк letterhead; ~енная этике́тка proprietary label.

фисгармо́ния *ж. муз.* harmonium.

фиска́л *м.* **1**. *ист.* fiscal, finance inspector; **2**. *разг.* sneak, tale-bearer.

фиста́шка *ж.* **1**. (*плод*) pistachio(-nut); **2**. (*дерево*) pistachio-tree; **~овый 1**. pistachio *attr.*; **2**. (*о цвете*) pistachio (green).

фити́ль *м.* wick; (*шнур*) fuse.

фитю́лька *ж. разг.* little thing; (*о человеке*) midget.

фи́фа *ж. разг* flibbertigibbet.

фи́шка *ж.***1**. counter, chip; **2**. *жарг.* face.

флаг *м.* flag; подня́ть, спусти́ть ~ raise, lower the flag; кора́бль под росси́йским ~ом ship flying the Russian flag; ◇ под ~ом *чего-л.* under the flag of *smth.*: вы́кинуть ~ unfurl a flag; оста́ться за ~ом get* left behind (in the race).

фла́гман *м.* **1**. (*командующий*) flag-captain; **2**. (*корабль*) flagship; (*самолёт*) leading aircraft; **3**. (*ведущий*) leader; **~ский** flag *attr.*; ◇ ~ский кора́бль flagship.

флагшто́к *м.* flagstaff.

флажо́к *м.* small flag; (*paper*) flag; ста́ртовый ~ starting flag.

флако́н *м.* bottle; ~ духо́в bottle of scent.

флама́нд|ец *м.*, **~ка** *ж.* Fleming; **~ский** Flemish; ~ская шко́ла (жи́вописи) Flemish school; ~ский язы́к Flemish, the Flemish language.

фланг *м.* flank; (*бок, сторона тж.*) side **~овый** *прил.* **1**. flank *attr.*; **2**. *в знач. сущ. м* the man* on the flank, flanker.

флане́левый flannel; (*из бумажной фланели*) flannelette.

флане́ль *ж.* flannet; (*бумажная*) flannelette.

флеби́т *м. мед.* phlebitis.

фла́нец *м.* flange

фле́гм|а *ж.* phlegm; **~а́тик** *м.* phlegmatic person; apathetic person.

флегмат|и́ческий, ~и́чный phlegmatic; apathetic.

фле́йт|а *ж.* flute; **~и́ст** *м.* flautist, flutist.

фле́ксия *ж. лингв.* inflection.

флекти́вный *лингв.* inflected, inflectional; ~язы́к inflected language.

флёр *м.* crepe; наки́нуть ~ draw a veil (over).

флибусть́ер *м.* filibuster.

фли́гель *м.* wing; (*стоящий отдельно*) annex, outhouse, outbuilding.

фли́гель-адъюта́нт *м. ист.* aide-de-camp.

флирт *м.* flirtation; **~ова́ть** *несов.* flirt.

флокс *м. бот.* phlox.

флома́стер *м.* felt(-tip) pen; (*тонкий*) fineliner.

фло́ра *ж.* flora.

флот *м.* fleet; (*часть вооруженных сил*) navy; прико́льный ~ inactive fleet; речно́й ~ river fleet, inland water transport; торго́вый ~ merchant marine/fleet, service; вое́нно-морско́й ~ Navy; Балти́йский ~ Baltic Fleet; служи́ть во ~е, на ~е serve in the Navy; <> возду́шный ~ air fleet.

флоти́лия *ж.* fleet; китобо́йная ~ whaling fleet.

флотово́дец *м.* sea captain.

фло́тский naval.

флю́гер *м.* weather vane; weathercock; (*о человеке тж.*) trimmer, timeserver.

флюорогра́фия *м.* fluorography, photofluorography.

флюс I *м.* (*опухоль*) gumboil, swollen cheek.

флюс II *м. тех.* flux, fusing agent.

фля́га *ж.* flask, water bottle; churn.

фля́жка *ж. см.* фля́га.

фойе́ *с. нескл.* foyer; <> артисти́ческое ~ artists' room.

фок-ма́чта *ж. мор.* foremast.

фокстерье́р *м.* fox terrier.

фокстро́т *м.* foxtrot, quick-step.

фо́кус I *м. физ. мед.* focus; не в ~е out of focus.

фо́кус II *м.* **1.** (*трюк*) trick; **2.** (*секрет в устройстве чего-л.*) secret device; **3.** *разг.* (*увёртка*) double-dealing, trickery; **4.** *обыкн. мн. разг.* (*капризы*) fads *pl.*; без ~ов! none of your fads!

фокуси́ровать *несов.* focus.

фо́кусни|к *м.* **1.** (*артист*) conjurer; **2.** *разг.* (*ловкач*) trickster; **3.** разг. (*капризный человек*) faddist; **~чать** *несов. разг.* be* faddy, have* fads, play tricks.

фолиа́нт *м.* large volume, folio.

фоли́ть *несов. спорт.* foul.

фолли́кул *м. анат.* follicle.

фольга́ *ж.* foil.

фолькло́р *м.* folklore.

фольклори́ст *м.* folklorist; **~ика** *ж.* folklore studies *pl.*

фо́мка *ж. разг.* jemmy.

фон *м.* background; (*задний план тж.*) backcloth, backdrop; на ~е вечéрнего нéба against (the backcloth of) the evening sky.

фона́рик *м.* small lamp; torch, flashlight.

фона́рный lamp attr.; ~ столб lamppost.

фона́рь *м.* **1.** lantern; (*сигнальный*) signalling lamp; карма́нный электри́ческий ~ flashlight, electric torch; у́личный ~ streetlight; **2.** *архит.* bay window; (*просвет в крыше*) lantern (light); **3.** *разг.* black eye.

фонд *м.* **1.** fund; ~ за́работной пла́ты wage(s)- fund; валю́тный ~ currency reserve/ fund; **2.** (*запас*) stock, reserve; жили́щный ~ available housing, reserve of accommodation; **3.** *мн.* (*ценные бумаги*) stocks; **~овый 1.** reserve *attr.*, funded; **2.** (*относящийся к совершению сделок*) stock-exchange *attr.*; ~овая би́ржа stock exchange; ба́нковские ~ы funds of a bank; валю́тный ~ currency/money fund, currency reserve(s); де́нежный ~ cash fund; заморо́женные ~ы frozen capital; ~ за́работной пла́ты wage(s)/payroll fund, wage bill; креди́тные ~ы credit resources; ликви́дные ~ы liquid funds; основны́е ~ы capital/fixed, key assets; ~ по́мощи relief fund; произво́дственные ~ы production assets/facilities; привлека́ть ~ы attract funds.

фонди́рование *собир.* state funding.

фондоотда́ча *ж.* capital productivity, yield of capital investment, yield per unit of assets; увели́чивать ~у raise/inerease the returns on assets.

фоне́ма *ж. лингв.* phoneme.

фоне́т|ика *ж.* phonetics; **~и́ческий** phonetic; ~и́ческая транскри́пция phonetic transcription.

фоно́граф *м.* phonograph.

фоноло́г|ия *ж. лингв.* phonology; **~и́ческий** phonological.

фоноте́ка *ж.* record library.

фонта́н *м.* fountain; (*нефти*) gusher; **~и́ровать** *несов.* gush, spout.

фо́р|а *ж.*: дать ~у give* smb/ a start/odds.

фо́рвард *м. спорт.* forward.

фо́рель *м.* trout.

фо́рзац *м. полигр.* flyleaf*.

фо́рм|а *ж.* **1.** form; (*очертания*) shape; ~ и содержа́ние form and content; в ~е ша́ра ball-shaped; **2.** (*одежда*) uniform; ~ оде́жда *воен.* dress; оде́тый не по ~е not properly dressed; **3.** *тех.* (*для отливки*) mold, cast; **4.** *эк.* (*образец*) form; ~ докумéнтов form of documents; ~ контра́кта contract form; ~ платежа́ form/ method of payment; ~ расчёта manner/method, mode, way of payment; ~ расчёта, аккредити́вная payment by a L/C; ~ сотру́дничества form of cooperation; в надлежа́щей ~е in due form; в пи́сьменной ~е in written form; в устано́вленной ~е in accordance with a set form; <> в ~ in good form; не в ~е off form.

формал|и́зм *м.* formalism; **~и́ст** *м.* formalist; **~и́стский, ~исти́ческий** formalistic; ~ое отноше́ние к де́лу formalistic attitude; ~ое иску́сство formalistic art.

форма́льн|о formally; ~ он прав conventionally speaking, he is right; подходи́ть к де́лу ~ adopt a bureaucratic attitude to the case; **~ость**

ж. formality; (*условие тж.*) technicality; пустáя ~ость mere formality; бáнковские ~сти bank formalities; вступи́тельные ~сти admission formalities; ~сти, свя́занные с поку́пкой purchasing arrangements; тамóженные ~сти customs regulations; выполне́ние ~стей execution/fulfillment of formalities; проходи́ть тамóженные ~ости (*о грузе*) be* cleared through customs; (*о грузополучателе*) obtain clearance; урегули́ровать ~ости settle formalities; пренебрегáть ~остями brush aside technicalities. ~ый formal; ~ое отноше́ние official/conventional attitude; **~ый** ме́тод formal method.

формáт *м.* format; большóго ~а large-size; мáлого ~а small-size.

формáция *ж.* 1. formation; stage; (*структура*) structure; 2. *геол.* formation, stratum; <> общéственно-экономи́ческая ~ socio-economic formation.

фóрменный 1. (*об одежде*) uniform *attr.*; 2. *разг.* (*самый настоящий*) regular, downright, proper.

формировáние *с.* 1. (*действие*) forming, formation; ~ поездóв making up of trains; ~ прави́тельства formation of government; ~ харáктера formation of character; 2. (*воинское соединение*) unit, formation.

формировáть, сформировáть (*вн.*) form (*smth.*) *воен. тж.* raise (*smth.*), ~ прави́тельство form a government; ~ полк form a regiment; ~ железнодорóжный состáв make* up a train; ~ харáктер form/mold the character; **~ся**, сформировáться 1. (*приобретать какую-л. форму*) form; (*физически развиваться тж.*) grow* up; *перен.* take* shape; 2. (*организовываться*) be* formed; (*о войсках тж.*) form into units.

формовáть, сформовáть (*вн.*) *тех.* 1. shape (*smth.*), mold (*smth.*); ~ гли́ну model clay; 2. (*изготовлять форму для отливки*) make* a mold.

формóв|ка *ж.* forming, shaping; *тех.* molding, casting; **~очный** molding.

фóрмула *ж.* formula (*pl.* -ae, as); ~ изобрете́ния formula of invention, claim; *банк.* ~ начисле́ния процéнтов interest accrual formula; ~ эскалáции цен price escalation formula.

формули́ровать *несов.* *и* *сов.* (*сов. тж.* сформули́ровать) (*вн.*) formulate (*smth.*), word, phrase.

формулирóвка *ж.* formulation, wording; ~ закáза wording of an order; нóвая ~ fresh wording; окончáтельная ~ final wording; тóчная ~ exact wording.

формуля́р *м.* 1. (*библиотечный*) ticket, card; 2. *тех.* logbook.

форпóст *м.* outpost (*тж. перен.*); advanced post.

форс *м. разг.* для ~а show off; сбить *комý-л.* ~ take someone down a peg.

форси́рованн|ый intensive; рабóтать ~ыми тéмпами work at high pressure/speed; <> ~ марш *воен.* forced march.

форси́ровать *несов.* *и* *сов.* (*вн.*) 1. (*ускорять*) speed* up (*smth.*); ~ строи́тельство speed* up building; 2. *воен.* ~ рéку force a river, force a crossing.

форси́ть *несов. разг.* swank, show off.

форс-мажóр *м. юр.* force majeur.

форсу́нка *ж. тех.* sprayer, atomizer, jet; fuel injector.

форт *м. воен.* fort.

фортепья́нный piano *attr.*

фортепья́но *с. нескл.* piano; игрáть на ~ play the piano.

фортификáция *ж. воен.* fortification.

фóрточка *ж.* ventilation pane; откры́ть ~у open the window.

фóрум *м.* forum.

фосфáт *м. хим.* phosphate.

фóсфор *м. хим.* phosphorus; **~ный** 1. *хим.* phosphoric, phosphorous; ~ный зáпах smell of phosphorus; 2. (*подобный фосфору*) phosphorescent.

фóто *с. нескл. разг.* (*снимок*) photo.

фото|аппарáт *м.* camera; **~ателье́** *с. нескл.* photographer's (studio); **~бумáга** *ж.* photographic paper; **~вы́ставка** *ж.* photographic exhibition, exhibition of photographs.

фотогени́чный photogenic.

фотóграф *м.* photographer.

фотограф|и́ровать, сфотографи́ровать (*вн.*) photograph (*smb., smth.*), take* a photograph (of); **~и́роваться**, сфотографи́роваться *разг.* have* *one's* picture taken, have* a snapshot taken of *oneself*; **~и́ческий** photographic; с ~и́ческой тóчностью with photographic precision.

фотогрáфи|я *ж.* 1. (*искусство*) photography; занимáться ~ей go* in for photography; цветнáя ~я color photography; 2. (*снимок*) photograph; 3. (*ателье*) photographer's (studio).

фото|докумéнт *м.* documentary photograph; **~кáрточка** *ж.* photograph; photo *разг.*; **~кóнкурс** *м.* photographic competition; **~кóпия** *ж.* photocopy; **~корреспондéнт** *м.* (newspaper) photographer; **~лабораторóрия** *ж.* photographic laboratory; **~люби́тель** *м.* amateur photographer; **~монтáж** *м.* photomontage; **~офсéт** *м.* photo-offset; **~плас-ти́нка** *ж.* photographic plate; **~плёнка** *ж.* film; **~репортёр** *м.* photographer; **~рóбот** *м.* photofit., identikit (picture); **~ружьё** *с.* camera gun; **~си́нтез** *м.* photosynthesis; **~сни́мок** *м.* photo(graph); **~сту́дия** *ж.* photographic studio; **~телегрáмма** *ж.* picture telegram, wirephoto; **~телегрáф** *м.* phototelegraph; **~фи́ниш** *м.* photo finish; **~хи́мия** *ж.* photochemistry; **~хрóника** *ж.* pictorial review, news in pictures; **~элемéнт** м. photocell, photoelectric cell.

фрагмéнт *м.* fragment.

фрáер *м. жар.* 1. trendy chap, guy; 2. boyfriend.

фрáз|а *ж.* phrase; *грам.* sentence; пусты́е ~ы empty/mere words.

фразеологи́ческий phraseological.

фразеолóгия *ж.* phraseology.

фразёр *м.* phrasemonger.

фразёрство *с.* verbiage, phrase spinning, phrasemongering.

фрак *м.* dress coat, tailcoat, tails *разг.*; во ~е in evening dress.

фракту́ра *ж.* Gothic type, black letter.

фракцио́нный fractional; (*раскольнический тж.*) splitting.

фра́кция I *ж.* **1.** (*организованная группа в парламенте и т. п.*) group; **2.** (*обособившаяся часть политической партии*) faction.

фра́кция II *ж. хим.* fraction.

фраму́га *ж.* (*окна*) upper windowpane; (*над дверью*) transom.

франк *м.* franc.

франки́ровать *несов.* (*ставить отметку на письме*) frank; prepay; ~ письмо́ frank a letter.

фра́нко *ком.* ~-ба́ржа free into barge; ~-борт *сокр.* ФОБ free on board, *сокр.* FOB; ~-вы́ставка free exhibition; ~-заво́д продавца́ ex vendor's mill/factory, works; ~-порт назначе́ния ex ship (*named port*); ~-доста́вка free delivery.

франт *м.* dandy, fop.

францу́женка *ж.* Frenchwoman*; она́ ~ she is French.

францу́з *м.* Frenchman*; он ~ he is French; **~ский** French; ~ский язы́к (the) French, the French language.

фрахт *м. мор. торг.* **1.** (*груз*) freight; **2.** (*плата за провоз*) freight, freight charge, freightage; ба́зисный ~ basic rate of freight, base freight; ~ в о́ба конца́ out-and-home freight; ~ в оди́н коне́ц outgoing freight; э́кспортный ~ outbound freight; ава́нс ~а advance of freight, freight advance; дохо́ды от ~а freight revenues; опла́та ~а collection of freight; пла́та за ~ по ча́ртеру charter hire; разме́р ~а amount of freight; усло́вия ~а terms of freight.

фрахтова́ние *собир. ком.* chartering, freightage; (*сделка*) fixture; ~ в тайм-ча́ртер time chartering; ре́йсовое ~ voyage chartering; догово́р о ~и су́дна charter, freight contract; производи́ть ~ судо́в perform chartering of vessels.

фрахто́вщик *м.* (*перевозчик*) carrier, shipowner.

фрега́т *м.* frigate.

фреза́ *ж. тех.* milling cutter.

фре́зерный *тех.* milling; ~ стано́к milling machine.

фрезер|ова́ть *несов. и сов.* (*вн.*) *тех.* cut* (*smth.*), mill (*smth.*); **~о́вщик** *м.* milling-machine operator.

френч *м.* tunic.

фре́ска *ж. иск.* fresco (*pl.* -os, -oes).

фрикаде́лька *ж.* (*usually meat balls*) frikkadel; ры́бная ~ fish frikkadel.

фритю́рница *ж.* deep fryer.

фронт *м.* front; еди́ный ~ united/common front, на ~е at the front; ~ рабо́т field of operations; ◇ на два ~а on two fronts.

фронта́льн|ый frontal; ~ ая ата́ка frontal/direct attack.

фронтов|и́к *м.* front-line soldier; **~о́й** front *attr.*; front-line *attr.*; **~а́я** полоса́ front line; ~а́я доро́га front-line road.

фронто́н *м. архит.* pediment.

фрукт *м. обыкн. мн.* fruit; **~о́вый** fruit *attr.*; ~овый нож fruit knife*; ~о́вый сезо́н fruit season; ~о́вый сад orchard.

фтор *м. хим.* fluorine.

фу 1. (*для выражения досады*) oh!; **2.** (*для выражения отвращения*) ugh!; **3.** (*для выражения усталости, облегчения*) phew!

фу́га *ж. муз.* fugue.

фуга́с *м. воен.* land mine; **~ка** *ж. разг.* **1.** *см.* фуга́с; **2.** (*бомба*) (high-explosive) bomb; **~ный** high-explosive *attr.*; ~ный снаря́д high-explosive projectile/shell.

фуже́р *м.* tall wine glass.

фузе́я *ж. ист.* flintlock rifle.

фунда́мент *м.* foundation; *перен. тж.* basis.

фундамента́льн|ый 1. (*прочный, крепкий*) solid, proper; *перен.* (*глубокий, солидный*) through, sound; ~ая постро́йка proper/solid building; ~ые зна́ния through knowledge *sg.*; ~ труд great/major work; **2.** (*основной, главный*) main; key *attr.*; ~ая библиоте́ка main library; **3.** *разг.* (*обильный*) prodigious.

фуникулёр м. funicular, cable railway.

функциона́льный functional.

функциони́ровать *несов.* function.

фу́нкци|я *ж.* function; *мед.* жи́зненные ~и vital signs; выступа́ть в ~и *ког'о-л., чег'о-л.* perform the function of *smb., smth.*

фунт I *м.* (*мера веса*) pound.

фунт II *м.* (*денежная единица*) pound; ~ сте́рлингов pound sterling.

фура́ж *м.* forage, fodder.

фура́жка *ж.* (peaked) cap; *воен.* service cap.

фура́жн|ый forage *attr.*; fodder *attr*,; ~ые фо́нды forage reserves; ~ое зерно́ fodder grain.

фурго́н *м.* **1.** (*повозка*) (covered) wag(g)on; **2.** (*грузовая машина*) van; ме́бельный ~ furniture van.

фу́рия *ж.* fury.

фуро́р *м.* furor; произвести́ ~ create a furor.

фуру́нкул *м.* boil, furuncle.

фурункулёз *м. мед.* furunculosis.

фурше́т *м.* table.

фуры́кать *несов. жар.* savvy.

фут *м.* foot*.

футбо́л *м.* (association) football; soccer; **~и́ст** *м.* footballer.

футбо́лка *ж.* football jersey.

футбо́льн|ый football *attr.*; ~ое по́ле football field; ~ мяч football; ~ые состяза́ния football matches; ~ая кома́нда football team.

футля́р *м.* case; ~ для очко́в eyeglass case; ◇ челове́к в ~е man* who keeps himself in cotton wool.

футури́зм *м.* futurism.

футшто́к *м. мор.* sounding rod.

фуфа́йка *ж.* **1.** (*вязаная*) sweater, jersey; **2.** (*стеганая куртка*) padded jacket.

фуфло́ *с.* **1.** *жар.* bum, bull; nonsense, rubbish; shit; **2.** *жар.* ugly or worthless person.

фы́ркать, фы́ркнуть **1.** snort; **2.** *разг.* (*смеяться*) give* (little) shorts of laughter; **3.** (*с шумом выпускать дым, пар и т.п.*) belch, hiss; **4.** *тк. несов.* (на *вн.*) *разг.* (*брюзжать*) sniff (at), snort (at).

фы́ркнуть *сов.* **1.** *см.* фы́ркать 1, 2, 3; **2.** *разг.* (*выразить недовольство*) short.

фюзеля́ж *м. ав.* fuselage, hull.

фью́черский (*срочный, на срок*) *бирж.* future.

Х

хавро́нья *ж. разг.* sow.

хай *м. вульг.* noise, commotion; подня́ть ~ raise hell, a din, a row.

ха́йринг *м.* hiring.

хака́с *м.* Khakas (*indigenous inhabitant of Khakas Oblast in Siberia*).

ха́ки *прил. неизм. и с. нескл.* khaki.

ха́ла *ж.* challah, hallah (plaited loaf).

хала́т *м.* **1.** (*восточный*) robe; **2.** (*домашний*) dressing gown; (*купальный*) bathrobe; (*рабочий, детский*) overall; (*врача, художника*) smock; (*хирургический*) surgeon's coat.

хала́тн|ость *ж.* negligence, carelessness, laxity; **~ый** negligent, careless, slipshod; ~ое отноше́ние к де́лу don't-care attitude to *one's* work.

халва́ *ж.* halva; ◇ ско́лько ни говори́ ~, а от э́того во рту сла́ще не бу́дет (*prov.*) that's just wishful thinking.

хали́ф *м. ист.* caliph.

халту́р|а *ж. разг.* **1.** (*небрежная работа*) slapdash/careless work; *разг.* moonlighting; **2.** (*побочная работа для заработка*) odd jobs *pl.* catchpenny job; (*побочный легкий заработок*) easy money, money made* on the side; **3.** (*продукт небрежной работы*) trash; (*о литературной работе*) potboiler; *собир.* hackwork; **~ить** *несов. разг.* **1.** (*плохо работать*) do* careless work; **2.** (*иметь побочный легкий заработок*) do* catchpenny jobs; (*в литературе*) produce potboilers, do* hackwork; **~ный** *разг.* catchpenny; (*небрежный тж.*) slapdash, slipshod; **~щик** *м. разг.* botcher, moonlighter (*в литературе тж.*) hack.

халя́ва *ж. вульг.* freebie, "meal ticker," free lunch; жить на ~у be* a scrounger, sponger, bludger, freeloader.

хам *м. разг.* boor, lout.

хамелео́н *м.* chameleon; (*о человеке тж.*) turncoat.

хами́ть *несов.* be* rude (to).

ха́мский *разг.* boorish, loutish; **~ство** *с. разг.* boorishness, loutishness.

хан *м. ист.* khan.

хандр|а́ *ж.* (fit of) depression; dejection, gloom; **~и́ть** *несов.* mope, have* a fit of depression.

ханжа́ *м. и ж. разг.* hypocrite; sanctimonious person.

ха́нж|еский hypocritical, sanctimonious; **~ство** *с.* hypocrisy, sanctimoniousness.

ха́ос *м.* Chaos.

хао́с *м.* (*беспорядок*) chaos, utter confusion.

хаоти́ч|еский chaotic; **~ность** *ж.* confusion; **~ный** chaotic.

ха́пать, ха́пнуть (*вн.*) *разг.* **1.** grab (*smth.*), snatch (*smth.*), nab, pinch; **2.** (*воровать*) filch (*smth.*).

ха́пнуть *сов. см.* ха́пать.

хапу́га *м. и ж. разг.* thief, scrounger.

хара́ктер *м.* **1.** nature, disposition, character; мя́гкий ~ gentle disposition/nature/character; тяжёлый ~ difficult/disagreeable nature/disposition; дурно́й, плохо́й ~ bad* temper; си́льные ~ы strong natures; не в его́ ~е not like him; уж тако́й у него́ ~! that's the sort of person he is!; **2.** (*твердая, сильная воля*) character, will; челове́к с ~ом strong-willed person; **3.** (*свойства предметов, явлений и т. п.*) nature, character; ~ ме́стности nature/character of the locality; **4.** *лит. иск.* character; ◇ они́ не сошли́сь ~ами they could not get on (together).

характеризова́ть *несов. и сов.* (*сов. тж.* охарактеризова́ть) (*вн.*) **1.** (*давать характеристику*) describe (*smb., smth.*); delineate (*smth.*); **2.** (*быть характерным*) characterize (*smth.*) be* characteristic (of); **~ся** *несов.* (*тв.*) be* characterized (by).

характери́стик|а *ж.* **1.** description, delineation; для ~и *кого-л., чего-л.* to describe *smb., smth*; ка́чественная ~ qualitative characteristics; подро́бная ~ detailed characteristics; техни́ческая ~ technical characteristics; эксплуатацио́нные ~и operational/running characteristics; **2.** (*официальный документ*) reference, testimonial; ~ с ме́ста рабо́ты reference from *one's* place of work; **3.** *мат.* characteristic.

характе́рн|о *в знач. сказ. безл.* ~, что... it is significant that...; **~ый** **1.** (*с резко выраженными особенностями*) distinctive, striking; ~ое лицо́ distinctive face; **2.** (*свойственный кому-л., чему-л.*) characteristic, typical; ~ые черты́ typical features; э́то для него́ ~о! It's just like him!; **3.** *иск.* character *attr.*; ~ый актёр character actor.

хари́зма *ж.* charismat (*gift of grace*).

ха́рканье *с. разг.* expectoration.

ха́ркать, ха́ркнуть *разг.* hawk; spit clear *one's* throat; ~ кро́вью spit blood.

ха́ркнуть *сов. см.* ха́ркать.

ха́ртия *ж.* charter.

харче́вня *ж. уст.* eating house.

харчи́ *мн. разг.* grub.

харчо́ *с.* Kharcho (Caucasian mutton soup).

ха́ря *ж. жар.* mug (face).

ха́та *ж.* cottage; ◇ моя́ ~ с кра́ю that is nothing to do with me, it's no business of mine.

ха́тха-йо́га *ж.* hatha yoga.

хачапу́ри *с. кул.* Khachapuri (Georgian cheese pastry).

ха́ять *несов.* (*вн.*) *разг.* run* (*smth.*) down.

хвала́ *ж.* praise; ~ и честь ему́ за то, что... he deserves all possible praise for.

хвале́бн|ый laudatory; ~ая реце́нзия enthusiastic review; ~ая песнь hymn/paean of praise.

хвалёный *ирон.* vaunted, boasted, celebrated.

хвали́ть, похвали́ть (*вн.*) praise (*smb.*, *smth.*); он ре́дко кого́ хва́лит he seldom praises anyone, he is sparing of praise; **~ся**, похвали́ться (*тв.*) boast (of); не могу́ похвали́ться больши́ми зна́ниями в хи́мии I can't claim any great knowledge of chemistry.

хва́стать, похва́стать *разг. см.* хва́статься, похва́статься (*тв.*) boast (of), brag (of).

хвастли́вость *ж.* boastfulness, vaingloriousness.

хвастли́вый boastful, vainglorious, bragging.

хвастовство́ *с.* boasting, bragging.

хвасту́н *м.*, **~ья** *ж.* boaster; show-off *разг.*

хват|а́ть, хвати́ть 1. (*вн. брать, захватывать*) seize (*smb.*, *smth.*); snatch (*smb.*, *smth.*); grab (*smb.*, *smth.*); (*зубами*) snag (*smb.*, *smth.*); ~ *ког'о-л.* за́ руку seize/grab *smb.* by the hand; 2. *тк. несов.* (*вн.*) *разг.* (*ловить, задерживать*) stop (*smb.*), grab (*smb.*), seize (*smb.*); 3. *тк. несов. вн. разг.* (*без разбора приобретать*) grab (*smth.*); ~ что попа́ло grab the first thing that comes to hand, grab what one can; 4. *безл.* (*рд.; быть достаточным*) be* enough, be* sufficient, suffice; ~ *кому-л.* на ме́сяц, неде́лю *и т.д.* last *smb.* a month, a week, *etc.*; не ~ be* lacking, not enough; ему́, ей не ~а́ет сил, ума́ (+ *инф.*) he, she hasn't the strength, wit (+ to *inf.*); не ~а́ет вре́мени there is not enough time; мне не хвати́ло вре́мени сде́лать э́то I had no time to do it; не ~а́ет рабо́чих рук there are not enough workers; у меня́ не ~а́ет ду́ха пойти́ туда́ I can't bring myself to go there; вас о́чень не ~а́ло you were greatly missed; 5. *безл. разг.*; на э́то меня́ хва́тит I can stand that; ◇ ~ во́здух gasp for air, take* a great breath of air; э́того ещё не ~а́ло! as if that wasn't enough!, that's the limit!; **~а́ться**, схвати́ться (за *вн.*) 1. *разг.* (*брать, хватать рукой*) snatch* (at), catch* (at); 2. *тк. несов.* (*приниматься*) seize (upon); он ~а́ется за любо́е де́ло he has a go at everything; ◇ ~а́ться за го́лову clutch *one's* head.

хват|и́ть *сов.* 1. хвата́ть 1, 4, 5; 2. (*рд.*) *разг.* (*перенести, испытать*) go* through (*smth.*), have* to put up with (*smth.*); они́ ~и́ли нема́ло го́ря they have had a lot of put up with; 3. (*вн. тв.*) *разг.* (*ударить*) hit* (*smb*, *smth.*); ◇ ~ че́рез край go* too far; ~ ли́шнего have* had a drop too much; с него́ ~ит he has had enough; его́ ~и́л уда́р he has had a stroke.

хвати́ться *сов.* (*рд.*) *разг.* (suddenly) miss (*smb*, *smth.*).

хва́тка *ж.* grasp, grip; clutch; (*способ, манера действия*) technique; (*уменье*) efficiency; ◇ мёртвая ~ 1) (*у собак*) iron grip; 2) (*упорство*) bulldog determination.

хва́ткий *разг.* 1. strong; tenacious; 2. skillful, crafty.

хво́йн|ый coniferous; (*добываемый из хвои*) pine attr.; ~ое де́рево conifer; ~ за́пах resinous smell; ~ая ва́нна pine-scented bath.

хвора́ть *несов. разг.* be* ill/poorly, sick.

хво́рост *м. собир.* 1. (*сухие ветви*) brushwood; топи́ть ~ом use brushwood as fuel; 2. (*печенье*) straw(s), twiglets.

хворости́на *ж.* switch, branch, stick

хворь *ж. разг.* illness, ailment.

хвост *м.* 1.tail (*павлина*) train; (*лисицы*) brush; маха́ть ~о́м wag its tail; (*о лошади, корове*) swish its tail; 2. (*самолета и т. п.*) tail; 3. (*процессии, поезда и т.п.*) tail end; ~ эшело́на back of train; коло́нны tail end of a/the column; 4. *разг.* (*очередь*) queue; line *амер.*; 5. *разг.* (*невыполненная часть какой-л. работы*) arrears *pl.* odds and ends; ◇ быть, плести́сь в ~е́ lag behind, trail at the back; задра́ть ~ get on one's high horse; поджа́ть ~ draw in one's horns; показа́ть ~ show a clean pair of heels; и в ~ и в гри́ву neck and crop.

хвоста́тый 1. having a tail; caudal; 2. having a large tail.

хво́стик *м.* small tail; с ~ом and a little more; сто с ~ом a hundred odd.

хвости́ст *м.* 1. *полит.* "tailist"; 2. *разг.* student failing to obtain required number of passes in examination.

хвостово́й 1. tail *attr.*; *анат.* caudal; 2. (*находящийся в конце чего-л.*) rear *attr.*, hindmost.

хво́я *ж.* 1. pine needles *pl.*; 2. *собир.* (*ветки*) pine branches *pl.*

хеджи́рование *с. бирж.* hedging; ~ поку́пкой buying hedge; ~ прода́жей selling hedge.

хек *м.* (*рыба*) hake.

хе́рес *м.* sherry.

хе́рить *несов. разг.* cross out.

херуви́м *м.* cherub.

хиба́рка *ж.* shanty, hovel; shack *амер.*

хи́жина *ж.* hut, cabin, shack.

хи́лый *разг.* ailing, puny, sickly, weak.

химиза́ция *ж.* chemicalization.

хи́мик *м.* 1. chemist; 2. (*работник химической промышленности*) chemical (industry) worker.

химика́лии, химика́ты *мн.* chemicals.

химиотерапи́я *ж.* chemotherapy.

хими́ческ|ий chemical; (*предназначенный для занятий химией тж.*) chemistry *attr.*; ~ие элеме́нты chemical elements; ~ая реа́кция chemical reaction; ~ая лаборато́рия chemical/chemistry laboratory; ~ие удобре́ния chemical fertilizers; ◇ ~ каранда́ш indelible pencil; ~ие черни́ла violet ink. *sg.*

хи́мия *ж.* chemistry; бытова́я ~ household chemical goods *pl.*

химчи́стка *ж.* dry cleaning; (*приемный пункт*) dry cleaner's.

хи́на *ж. см.* хини́н.

хи́нди *м. нескл.* Hindi.

хини́н *м* quinine.

хи́нн|ый quinine *attr.*; cinchona *attr.*; ~ое де́рево cinchona.

хи́ппи *мн.* hippies.

хире́ть, захире́ть *разг.* lose* *one's* health droop; languish (*тж. перен.*); grow* sickly (*тж. о растениях*).

хирома́нт *м.* chiromancer, palmist.

хирома́нтия *ж.* chiromancy, palmistry.

хиру́рг *м.* surgeon; **~и́ческий** surgical; ~и́ческий больно́й surgical case; ~и́ческая сестра́ surgeon's assistant; ~и́ческая опера́ция surgical operation; **~и́я** *ж.* surgery.

хито́н *м.* tunic.

хитре́ц *м.* cunning person; он ~ he's very cunning, he's a crafty fellow, he's a sly one.

хитрец|а́ *ж. разг.* cunning, shrewdness; с ~о́й with a knowledge of the world, speak disingenuously.

хитри́ть, схитри́ть **1.** bluff; (с *тв.*) try to outwit (*smb.*); fool (*smb.*); он схитри́л he pulled a fast one; **2.** *разг.* (*проявлять ловкость в чём-л.*) maneuver, contrive, be* ingenious.

хитросплете́ние *с.* **1.** (*сложное построение*) complexity; **2.** (*уловка*) machination, cunning trick, stratagem.

хи́тр|ость *ж.* **1.** cunning, slyness; **2.** *разг.* (*изобретательность*) ingenuity; **3.** (*уловка*) trick, ruse; **4.** *разг.* (*скрытый смысл чего-л.*) catch; **~ый 1.** cunning, sly, crafty; ~ая улы́бка cunning smile; **2.** *разг.* (*изобретательный*) ingenious; **3.** *разг.* (*замысловатый, сложный*) intricate, involved, subtle.

хитроу́мие *с.* cunning; resourcefulness.

хихи́кать, хихи́кнуть giggle; (*ехидно, злобно*) snigger, titter.

хихи́кнуть *сов. см.* хихи́кать.

хище́ние *с.* misappropriation; plunder; (*денежное тж.*) embezzlement; ~ из отде́льных мест гру́за *комм.* pilferage; страхова́ть това́р про́тив ~ия ensure goods against pilferage.

хи́щник *м.* (*о звере*) beast of prey; (*о птице*) bird of pray; *перен.* predator, shark, plunderer, despoiler.

хи́щническ|ий 1. predatory; ~ие инсти́нкты predatory instincts; **2.** (*эксплуататорский*) rapacious; **3.** (*бесхозяйственный*) depredatory; ~ая вы́рубка лесо́в depredation/despoliation of forests; ~ лов ры́бы robbing the sea of fish, ruthless overfishing.

хи́щничество *с.* **1.** preying on others; **2.** (*эксплуатация*) rapacity; **3.** (*бесхозяйственность*) depredation, despoliation.

хи́щн|ый predatory; (*о человеке тж.*) rapacious; ~ые зве́ри predatory animals; beasts of prey; ~ые пти́цы birds of prey; ~ взгляд rapacious gaze.

хлад *м. поэт.* cold.

хладнокро́в|ие *с.* equanimity, composure; coolness, presence of mind, sangfroid; сохранять ~ keep* one's head; **~ный** cool, composed; (*совершаемый спокойно*) cold-blooded.

хладосто́йкий *тех.* cold-resistant; ~ соста́в antifreeze.

хлам *м. собир.* lumber, junk, rubbish, trash.

хлеб *м.* **1.** bread; (*каравай*) loaf*; ~ с ма́слом bread and butter; зараба́тывать себе́ на ~ earn *one's* living, make* a living; кусо́к ~а crust; **2.** (*на корню*) corn; **3.** (*зерно*) grain; <> насу́щный ~ daily bread; ~-соль hospitality; встреча́ть *кого-л.* ~ом-со́лью give* *smb.* a hospitable welcome; отбива́ть ~ у *кого-л.* take* the bread out of *smb's* mouth; с ~а на квас перебива́ться live from hand to mouth.

хлеба́ть *несов.* (*вн.*) sup (*smth.*).

хле́бец *м.* small loaf; хрустя́щие хле́бцы crispbread.

хлебну́ть *сов.* (*рд.*) *разг.* have* a drop (of); *перен.* have* a taste (of); ~ го́ря have* know much sorrow.

хле́бница *ж.* bread box.

хле́бн|ый 1. bread *attr.*; (*о зерне*) grain *attr.*; ~ые запа́сы stocks of grain; ~ая торго́вля corn trade; **2.** (*обильный хлебом*) rich in grain *после сущ.*, abundant; ~ год abundant/good year for grain; **3.** *разг.* (*доходный*) paying, profitable.

хлебозаво́д *м.* (mechanical) bakery; bread-baking plant.

хлебозаготóвки *мн.* (*ед.* хлебозаго́товка *ж.*) (State) grain procurement.

хлебозаку́пка *ж.* (State) grain purchase.

хлебопа́шество *с.* grain growing, grain farming.

хлебопа́шец *м.* (grain) farmer.

хлебопёк *м.* baker.

хлебопе|ка́рный baking, bread making; (*выпеченный из муки*) bread *attr.*; **~че́ние** *с.* making/baking of bread.

хлебопоста́вки *мн.* (*ед.* хлебопоста́вка *ж.*) (State) grain deliveries.

хлебоприёмный: ~ пункт grain reception center.

хлеборе́зка *ж.* **1.** bread slicer, bread slicing machine; *жарг.* "job," mouth; **3.** *арм. жарг.* "bread house."

хлеборо́б *м.* farmer.

хлеборо́дный fertile; ~ край rich grain-producing area; ~ год good year for corn.

хлебосо́л *м.*, **~ка** *ж.* good host.

хлебосо́ль|ный hospitable; **~ство** *с.* hospitality.

хлебоубо́рка *ж.* (corn) harvest.

хлебоубо́рочн|ый harvesting; ~ые маши́ны harvesting machines; ~ комба́йн combine harvester.

хлеб-соль, хле́ба-со́ли bread and salt (offered to guest as symbol of hospitality); hospitality.

хлев *м.* barn; *разг.* (*о комнате*) pigsty.

хлест|а́ть *несов.* **1.** (*вн.*, по *дт.*: *бить, ударять*) lash (*smb., smth.*), whip (*smb., smth.*); дождь ~а́л в окно́ the rain beat against the windowpane; ве́тер хле́щет в лицо́ the wind lashes *one's* face; **2.** (*литься*) gush (from): ~а́л дождь the rain came in torrents. **3.** *разг.* swill (drink in large quantities.)

хлёстк|ий 1. stinging, biting; *перен.* ~ая статья́ scathing article; 2. (*звучный*) ringing, sharp.

хлестну́ть *сов.* (*вн.*, по *дт.*) lash (*smb.*, *smth.*), lash out (at).

хли́пкий *разг.* 1. rickety, shaky; 2. weak, fragile; 3. watery, slushy.

хлобыста́ть *несов. разг.* lash.

хло́пать, хло́пнуть, похло́пать 1. clap; ~ в ладо́ши clap (*one's* hands); ~ крыльями flap its wings loudly; ~ дверьми́ slam/bang the doors; 2. (*вн.*, по *дт.*: *ударять*) slap (*smb.*); bang (*smth.*); ~ *кого-л.* по спине́ slap *smb.* on the back; ◇ ~ глаза́ми look blank; blink; **~ся**, хло́пнуться *разг.* flop down.

хло́пец *м. разг.* или *диал.* lad.

хлопково́д *м.* cotton grower; **~ство** cotton growing; **~ческий** cotton-growing *attr.*; ~ческий райо́н cotton-growing area.

хло́пков|ый cotton *attr.*; ~вые поля́ cotton fields; ~ое ма́сло cotton-seed oil, ~ая пря́жа cotton yarn.

хлопкоочисти́тельный ginning; ~ заво́д ginning house.

хлопкопряди́льн|ый cotton-spinning *attr*,; ~ое произво́дство cotton-spinning industry; ~ая маши́на spinning machine.

хлопкосе́ющий cotton growing.

хлопкоубо́рочн|ый cotton-picking *attr.*; ~ая маши́на mechanical cotton picker.

хло́пнуть(ся) *сов. см.* хло́пать(ся).

хло́пок *м.* cotton; ~ сыре́ц cotton wool.

хлопо́к *м.* 1. crack, clap; (*легкий*) pop; 2. *мн.* (*аплодисменты*) applause *sg.*, clapping *sg.*

хлопота́ть, похлопота́ть 1. *тк. несов.* (*усердно заниматься чем-л.*) bustle/hustle about; 2. (о *пр.*, *с союзом* что́бы; *добиваться чего-л.*) make* arrangements (for); see* to it that; 3. (за *вн. просить за кого-л.*) put* in a word (for); give* (*smb.*) a leg up *разг.*

хлопотли́вый 1. (*о человеке*) fussy; 2. (*затруднительный*) troublesome, tricky.

хло́потный *разг.* involving (much) trouble, exacting.

хлопотня́ *ж. разг.* efforts, labor, toil.

хло́поты *мн.* trouble *sg.* (*заботы о ком-л.*) efforts; без хлопо́т without any fuss.

хлопу́шка *ж.* 1.(*для уничтожения мух*) fly-swatter; 2. (*игрушка*) cracker; 3. *тех.* gate valve.

хлопча́тник *м. бот.* cotton plant.

хлопчатобума́жн|ый cotton *attr.*; ~ая фа́брика cotton mill.

хло́пья *мн.* 1. (*снега*) flakes; (*шерсти*) flocks; 2. (*из зерен*) flakes; кукуру́зные ~ cornflakes.

хлор *м. хим.* chlorine.

хлорвини́ловый vinyl chloride.

хлоре́лла ж. chlorella.

хлори́ровать *сов.* и *несов.* (*вн.*) chlorinate (*smth.*); ~анная вода́ chlorinated water.

хло́ристый *хим.* chloride; ~ ка́льций calcium chloride.

хло́рка *ж. разг.* bleaching powder.

хло́рн|ый: **~ая** и́звесть chloride of lime, chlorinated lime.

хлорофи́лл *м.* chlorophyll.

хлорофо́рм *м.* chloroform.

хлы́н|уть *сов.* 1. (*политься с силой*) pour; gush forth; pour down; *перен.* rush; ~ул дождь rain poured down; 2. (*устремиться — о людях*) stream, rush, come* pouring in; на пло́щадь ~ула толпа́ наро́ду a crowd poured into the square.

хлыст *м.* hunting crop, switch; (*плётка*) whip.

хлыщ *м. разг.* fop.

хлю́пать *несов.* 1. *разг.* squelch; 2. (*по лужам и т.п.*) flounder; ◇ ~ но́сом sniff.

хлю́пик *м. разг.* sniveller, milksop.

хлю́пкий *разг.* 1. soggy; 2. feeble.

хлябь *ж. разг.* mud, muddy ground.

хля́стик *м.* belt (at back of coat).

хмеле́ть *несов. разг.* get* tipsy.

хмель *м.* 1. (*растение*) hop; 2. (*опьянение*) headiness, intoxication; **~но́й** 1. (*опьяняющий*) heady, intoxicating; 2. (*пьяный*) intoxicated, tipsy; ~ны́е ре́чи drunken/tipsy speech *sg.*

хму́р|ить, нахму́рить; бро́ви knit* *one's* brows, frown; ~иться, нахму́риться 1. (*о человеке*) knit* *one's* brows, frown; 2. (*о небе, погоде*) be* overcast, be* lowering; **~ый** 1. gloomy, somber, sullen; 2. (*о погоде, небе*) gloomy, overcast.

хна *ж.* henna.

хны́к|анье *с. разг.* whimpering, whining; *перен. тж.* complaining; **~ать** *несов. разг.* whimper, snivel, whine; *перен. тж.* complain.

хо́бби *с. нескл.* hobby.

хо́бот *м.* 1. *зоол.* trunk; 2. ~ лафе́та (*воен.*) trail of a gun carriage.

хобото́к *м.* (*у насекомых*) proboscis, feeler.

ход *м.* 1. (*движение*) motion; (*скорость*) speed, pace; уско́рить ~ increase speed, go* faster, по́езд заме́длил ~ the train slowed down; вскочи́ть (спры́гнуть) на ~у́ jump on (jump off) a train, *etc.* while it is moving; по́лный ~ full speed; дать по́лный ~ go* at full speed; оста́лось де́сять киломе́тров ~у there are ten more kilometers to go; туда́ три часа́ ~у it will take three hours to get there; весе́нний ~ ры́бы run/running of fish in spring; рабо́та идёт по́лным ~ом work is going full swing; свои́м ~ом under its own power; 2. (*развитие, течение чего-л.*) course; собы́тий course of events; ~ мы́слей train of thought; 3. (*в игре*) move; (*в картах*) turn, lead; ~ пе́шкой pawn move; 4. (*прием, маневр*) move; диплома́тический ~ diplomatic maneuver; 5. *тех.* travel, stroke; (*рабочая часть машины*) movement; ~ по́ршня piston travel/stroke; ~ руля́ wheel travel; рабо́чий ~ дви́гателя working of an engine; 6. (*вход*) entrance, entry; ~ со двора́ entrance through yard; чёрный ~ back way; ◇ на ~у́ 1) (*попутно, мимоходом*) on the move, in passing; 2) (*в движении*) on the go; 3) (*в порядке*) in operation; с ~у 1) (*не останавливаясь*) without a pause; 2) (*без подготовки*) straight off; дать ~ де́лу get* things going, set* matters moving; *юр.* take* proceedings; не дать ~у *кому́-л.* not give *smb.* a chance; быть в большо́м ~у́ be* in great demand, be* in wide use, be* extremely popular; пусти́ть *что-л.* в ~ set* *smth.* going.

хода́тай *м.* intercessor, mediator; **~ство** *с.* (*о чём-л.*) application (for); (*за кого-л.*) intercession (for *smb.*, on *smb.'s* behalf), petition, request; ~ об аннули́ровании petition for cancellation; ~ об отсро́чке application for postponement; ~ о проведе́нии эксперти́зы request for examination; ~ о регистра́ции application for registration; обраща́ться с ~ом о *чём-л.* к *кому-л.* petition to *smb.* for *smth.*; удовлетворя́ть ~ grant a petition.

ходата́йствовать, походата́йствовать (*о чём-л.*) apply (for); (*за кого-л.*) intercede (for *smb.*, on *smb.'s* behalf), petition, plead (for).

хо́дики *мн. разг.* wall clock *sg.*, weight-driven clock *sg.*

ходи́ть *несов.* **1.** go* (*ступать*) walk; ребёнок на́чал ~ с девяти́ ме́сяцев the baby began to walk at nine months; ~ из угла́ в у́гол walk to and fro; ~ в но́гу march in step; ~ гуля́ть go* for a walk; ~ по магази́нам go* shopping; ~ на охо́ту go* hunting; ~ в шко́лу, на рабо́ту go* to school, to work; ~ на лы́жах ski; **2.** (в *пр. носить*) wear* (*smth.*); ~ в чёрном wear* black; он всегда́ хо́дит без шля́пы he never wears a hat; **3.** (в, на *вн.*: *посещать*) go* (to), attend (*smth.*); (к *дт.*) visit (*smb.*), go* to see (*smb.*); ~ в теа́тр go* to the theatre; ~ в го́сти go* visiting; **4.** (*о поездах, пароходах и т.п.*) run*; **5.** (*о часах*) go*; часы́ хорошо́ хо́дят the watch keeps good time; **6.** (*делать ход в игре*) move; (*в картах*) play, lead*; ~ королём *шахм.* move the king; **7.** (за *тв.*: *ухаживать*) look (after); ~ за больны́м look after a sick person.

хо́дкий *разг.* **1.** (*часто употребляемый*) current; **2.** (*имеющий большой спрос*) marketable, popular; ~ товар saleable commodity; **3.** (*быстроходный*) fast.

ходов|о́й **1.** (*связанный с движением*) operational; ~ы́е ка́чества автомаши́ны performance of a car; **2.** *тех.* (*рабочий*) travelling *attr.*; ~о́е колесо́ travelling wheel; ~ винт lead/guide screw; **3.** *разг.* (*имеющий наибольший спрос*) popular; ~ разме́р о́буви popular size of shoe; **4.** *разг.* (*широко распространенный*) current, popular, smart.

ходо́к *м.* **1.** (*пешеход*) walker; хоро́ший (плохо́й) good* (bad*) walker; **2.** (*выборный представитель*) delegate; **3.** *тех.* passage; ◇ бо́льше я сюда́ не ~ that's the last you'll (ever) see of me here.

ходу́|ли *мн.* (*ед.* ходу́ля *ж.*) stilts; **~льный** stilted.

ходу́н *м. разг.*; ~о́м ходи́ть 1) (*сотрясаться*) shake*; (*о здании и т.п. тж.*) rock; 2) (*о наличии суеты, беспорядка*) be* in a flurry/whirl; 3) (*о человеке*) be* all of a dither.

ходьб|а́ *ж.* walking; в пяти́ мину́тах ~ы five minutes, walk; спорти́вная ~ *спорт.* race, speed *or* stride walking; recreational walking.

ходя́ч|ий **1.** walking; ~ больно́й walking patient; **2.** (*распространённый*) current; ~ее выраже́ние current expression; ~ее мне́ние prevailing/general opinion; ~ая рекла́ма sandwich man.

хожде́ние *с.* walking; (*посещение*) attending; ◇ име́ть ~ be* in circulation.

хозрасчёт *м.* operation on a self-supporting basis; **~ный** self-supporting, self-sustaining (*not supported by funds from the state budget*;) ~ное предприя́тие self-supporting enterprise.

хозя́ин *м.* **1.** (*собственник, владелец*) owner, proprietor; (*сдающий в аренду*) landlord; (*частный наниматель*) employer; boss *разг.*; **2.** (*человек, ведущий хозяйство*) manager; он плохой ~ he's* a bad* manager; хоро́ший ~ good* manager; **3.** (*глава дома, семьи*) head of the house; (*по отношению к гостю*) host; хозя́ева по́ля *спорт.* the home player/team; **4.** (*тот, кто имеет власть над кем-л., чем-л.*) master; ~ положе́ния master of the situation; **5.** быть самому́ себе́ ~ом be* *one's* own master.

хозя́йка *ж.* **1.** (*собственница, владелица*) proprietress, owner; (*сдающая в аренду*) landlady; (*частная нанимательница*) employer, mistress; **2.** (*ведущая хозяйство*) manager; хоро́шая ~ good* manager; **3.** (*глава дома, семьи*) mistress of the house; (*по отношению к гостю*) hostess; дома́шняя ~ housewife*.

хозя́йничать *несов.* **1.** (*вести хозяйство*) keep* house; **2.** (*распоряжаться по-своему*) do* as one likes, boss the show; **3.** (*руководить заводом, цехом и т.п.*) manage.

хозяйск|ий **1.** master's; employer's; **2.** (*заботливый*) proprietary, practical; ~ глаз the eye of master; ~им гла́зом with a thrifty eye; **3.** (*властный*) masterful; сказа́ть *что-л.* ~им то́ном say* *smth.* in a tone of authority; ◇ де́ло ~ое do as you please, it is for you to decide.

хозя́йственник *м.* business manager.

хозя́йственн|ость *ж.* good management, managerial efficiency, thrift; **~ый** **1.** (*относящийся к экономике*) economic; ~ая жизнь страны́ the economic life of the country; **2.** (*ведающий хозяйством учреждения и т. п.*) managerial; **3.** (*служащий для ведения хозяйства*) household *attr.*; ~ый инвента́рь household implements *pl.* /hardware; ~ые това́ры household goods; ~ый магази́н ironmonger's, household shop; ~ое мы́ло laundry/household soap; **4.** (*расчётливый*) practical, thrifty.

хозя́йств|о *с.* **1.** *эк.* (*способ производства*) economy; просто́е това́рное ~ simple commodity economy; **2.** (*производство, экономика*) economy; **3.** (*отрасль производства*) branch of production; (*производственная единица*) production unit; лесно́е ~ forestry; **4.** (*оборудование, инвентарь*) equipment, property; ~ це́ха equipment of a shop; ~ фе́рмы property of a farm; **5.** (*производственная единица*) farm; веде́ние фе́рмерского ~ farming; ли́чное подсо́бное ~ private garden plot; 6. (*круг обязанностей по дому*) household duties *pl*ю, housekeeping; 7. (*предметы, продукты, необходимые в быту*) household, housekeeping equipment; помога́ть по ~у be busy about the house.

хозя́йствовани|е *с.* managing, economic management; ме́тоды ~я methods of management.

хозя́йствовать *несов.* manage.

хоккеи́ст *м.* hockey player; (*на льду*) ice-hockey player.

хокке́й *м. спорт.* (*с шайбой*) ice hockey; (*на траве*) hockey; ~ с мячо́м Russian hockey, bandy; **~ный** hockey *attr.*; ice-hockey *attr.*; ~ная кома́нда ice-hockey team.

хо́лдинг-компа́ния *ж. эк.* holding company.

холёный well-groomed; (*о руках*) well-kept; carefully tended; sleek.

холе́ра *ж. мед* cholera; person suffering from cholera.

холестери́н *м.* cholesterol; **~овый** cholesteric.

хо́лить *несов.* (*вн.*) tend (*smb.*, *smth.*).

хо́лка *ж.* withers *pl*; (*грива*) mane, crest.

холл *м.* hall, vestibule, foyer.

холм *м.* hill; (*низкий*) mound; **~ик** *м.* hillock, knoll; **~и́стый** hilly, rolling, undulating.

хо́лод *м.* 1. *тк. ед.* cold; *перен.* (*приёма, манер и т.п.*) coldness; де́сять гра́дусов ~а ten degrees below zero; на ~е in the cold; ~ пробежа́л по его́ спине́ a cold shudder passed down his spine; 2. *мн* cold weather *sg.*

холода́ть *несов. безл.* grow* cold; become cold, turn cold; начина́ет ~ it is beginning to grow cold, the cold weather is coming.

холоде́ть, похолоде́ть 1. be*/get* cold; grow* cold; 2. (*от страха и т.п.*) freeze*; ~ от у́жаса freeze* with horror.

холоде́ц *м. разг.* meat *or* fish in jelly.

холоди́льн|ик *м.* 1. refrigerator; fridge *разг.* icebox *амер.*; (*склад*) cold store; ваго́н-~ refrigerator car; 2. (*в паровой машине*) condenser; **~ый** refrigerating, cooling; ~ое обору́дование refrigerating machinery; ~ая устано́вка refrigerating plant, cold storage plant.

холоди́ть *несов.* 1. (*вн.*; *охлаждать*) make* (*smb.*, *smth.*) cold, chill (*smb.*, *smth.*); 2. (*вн.*; *приводить в состояние оцепенения*) chill (*smth.*), freeze* (*smth.*), cause a cold sensation; ~ кровь make* the blood run cold.

хо́лодно 1. *нареч.* coldly; 2. *в знач. сказ. безл.* it is cold; сего́дня о́чень ~ it is very cold today; 3. *в знач. сказ.* (*дт.*) ему́ ~ he feels cold.

холоднова́тый rather cold, chilly.

холоднокро́вный *зоол.* cold-blooded.

хо́лодность *ж.* coldness.

холо́дн|ый 1. cold (*тж. перен.*); ~ая вода́ cold water; ~ая о́сень cold autumn; ~ая заку́ска cold snack; ~ кли́мат cold climate; ~ое се́рдце cold heart; 2. (*об одежде*) thin; ~ое пальто́ thin overcoat; 3. (*не имеющий отопления*) unheated; ~ая да́ча unheated dacha; 4. (*хладнокровный*) cool; (*суровый, недоброжелательный*) cold, frigid; оказа́ть *кому́-л.* ~ приём receive *smb.* coldly; ◇ ~ое ору́жие cold steel.

холодо́к *м. разг.* 1. coolness, chill (*тж. перен.*); 2. (*прохладное место, нежаркое время дня*) the cool; 3. (*озноб*) shiver.

холодосто́йкий *с.-х.* cold-resistant.

холо́п *м.* 1. *ист.* villein, bond slave; 2. serf; 3. lackey; **~ский** servile.

холости́ть *несов.* (*вн.*) castrate (*smth.*), geld (*smth.*).

холост|о́й 1. (*неженатый*) unmarried, single; (*свойственный неженатому*) bachelor *attr.*; ~а́я жизнь bachelor('s) life; 2. *тех.* idle; ~ ход idling; 3. *воен.* blank; ~ патро́н blank cartridge; ~ вы́стрел blank shot.

холостя́к м. bachelor.

холостя́цк|ий *разг.* bachelor's; ~ая кварти́ра bachelor flat.

холст *м.* 1. linen; (*небелёный*) holland; 2. (*для живописи, тж. картина*) canvas; упако́вочный ~ packing canvas.

холоще́ние *с.* castration, gelding.

холщо́вый unbleached linen *attr.*

холу́й *м.* lackey.

холу́йствовать *несов.* cringe (to).

хому́т *м.* horse collar; *перен. разг.* drudgery.

хомя́к *м.* hamster.

хор *м.* chorus; (*певческий коллектив тж.*) choir; ~ом all together.

хора́л *м. муз.* chorale.

хорва́т *м.*, **~ка** *ж.* Croatian.

хо́рда *ж. мат.* chord.

хоре́й *м. лит.* trochee.

хорёк *м. зоол.* polecat, ferret.

хорео́граф *м.* choreographer.

хореографи́ческий choreographic.

хореогра́фия *ж.* choreography.

хоре́я *ж. мед.* chorea.

хори́ст *м.* member of a chorus, chorister; **~ка** *ж.* chorister, chorus girl, chorine *амер.*

хорме́йстер *м.* chorus leader, choir master.

хорово́д *м.* round dance.

хоров|о́й choral; ~о́е пе́ние choral singing; ~а́я пе́сня choral piece; ~ кружо́к singing circle.

хо́ром in chorus.

хоро́мы *мн.* mansion.

хорони́ть, схорони́ть, похорони́ть (*вн.*) bury (*smb.*, *smth.*) (*тж. перен.*); inter (*smb.*) ~ концы́ cover up *one's* tracks.

хорохо́риться *несов. разг.* bluster; be* cock-a-hoop, swagger.

хоро́шенький 1. pretty; (*о предметах*) nice; 2. *разг.* (*хороший*) good*; 3. *разг. ирон.* nice.

хороше́нько *разг.* properly; thoroughly, well and truly; я и сам ~ не зна́ю I myself don't quite know.

хорош|е́ть, похороше́ть grow* more beautiful, improve (in appearance); (*о девушке тж.*) get* prettier; она́ ~е́ет с ка́ждым днём she gets prettier every day.

хоро́ш|ий *прил.* 1. good*; (*о погоде тж.*) fine; ~ая жизнь agreeable life; ~ее сукно́ good* cloth; ~ая пе́сня good* song; ~ сове́т sound advice; ~ коне́ц happy ending; ~ее ле́то good*/fine summer; он ~ специали́ст he knows his job; 2. (*о человеке*) good*; 3. (*близкий интимный*) close; ~ знако́мый close acquaintance; 4. *тк. кратк. ф.* (*красивый*) lovely, beautiful, good-looking; она́ ~а́ собо́й she is (very) beautiful; 5. *обыкн. кратк. ф.*: хоро́ш друг! a nice friend!; хоро́ш бы ты был, е́сли... where would you have been if...; 6. *разг.* (*достаточно большой*) good*; ~ие проце́нты good* interest sg; у него́ ~ рост he is a good* height; 7. *разг.* (*любимый*) dear, darling; мой ~, моя́ ~ая darling; 8. *в знач. сущ. с.*: всего́ ~его! good-bye!; не ждать ничего́ ~его от *кого-л.* not expect anything much from *smb.*; ничего́ ~его тут нет! there's nothing good about it!; что ~его? what's your news?; <> ~ее де́ло 1) a good thing; 2) *ирон.* I like that!

хорошо́ 1. *нареч.* well*; ~ ви́деть, слы́шать see*, hear* well; ~ понима́ть understand* perfectly; ~ па́хнуть smell* nice/good; ~ закуси́ть have a good meal; всем ~ изве́стно it is common knowledge, everyone knows; вы ~ сде́лаете, е́сли придёте you would do well to come; и ~ сде́лал! and a good thing he did!; 2. *в знач. сказ. безл.* it's nice, it's a good thing; вот ~!, как ~! how nice!.; о́чень ~! splendid!; вам бу́дет ~ там you'll like it there, you'll be quite happy/comfortable there; ~ на у́лице it's lovely outdoors; ~ бы вам повида́ться с ним it would be a good thing for you to see him; (как) ~, что вы пришли́ it's a good thing you come; э́то ~! that's good!, that's a good thing!; всё ~, что ~ конча́ется all's well that ends well; вам ~ говори́ть! it's all very well for you to talk!; 3. *в знач. частицы* (*да, ладно*) all right, very well; ~, ~! all right; 4. *в знач. сущ. с. нескл.* (*отметка*) a good (mark).

хорт *м.* greyhound.

хору́гвь *ж.* 1. *воен. уст.* ensign, standard; 2. banner.

хорунжий *м. ист.* 1. *воен.* standard-bearer; 2. cornet.

хо́ры *мн.* gallery *sg.*

хорь м. polecat.

хоте́ние *с.* desire, wish; где ~, там и уме́ние *посл.* where there's a will there's a way; 2. на вся́кое ~ есть терпе́ние *посл.* if one wants *smth.* badly enough, it's worth waiting for.

хоте́ть, захоте́ть 1. (*рд.*, + *инф.*) want (*smth.*, + to *inf.*); о́чень ~ be* longing (for, + to *inf*); ~ ча́ю want tea; ~ пить be* thirsty; ~ есть be* hungry; не ~ (*отказываться*) refuse, be* unwilling; ~ спать be* sleepy, be* ready for bed; мне хо́чется спать I am sleepy; ~ ви́деть *кого-л.* want to see *smb.*; ~ учи́ться want to study; хочу́ в дере́вню, на конце́рт I want to go to the country, to a concert; хочу́ домо́й I want to go home; он придёт, е́сли захо́чет he'll come if he wants to: захочу́, приду́ I'll come, if I feel like it; что вы от меня́ хоти́те? what do you want me to do? что вы хоти́те э́тим сказа́ть? what do you mean (to say) by that? он никого́ слу́шать не хо́чет! he won't listen to anyone; он об э́том и слы́шать не хо́чет he won't hear of it; хоте́л бы я ви́деть, прису́тствовать и *т. д.* I should like to see, be present, *etc.*; хоте́л бы я знать I wonder; 2. (+ *инф.*; *иметь намерение*) be* about (+ to *inf.*), mean* (+ to *inf.*); <> как хоти́те just as you like; е́сли хоти́те if you like; что, куда́, когда́ хоти́те whatever, wherever, whenever you like; хоти́те — иди́те, хоти́те — оставáйтесь go or stay, as you like; хо́чешь не хо́чешь willy-nilly, whether you like it or not; **~ся**, захоте́ться *безл.* (*рд.*, + *инф.*) want (*smth.* + to *inf.*), feel* like (*smth.* + to *inf.*), feel* inclined (+ to *inf.*); мне не хо́чется I don't feel like it; ему́ не хо́чется идти́ he doesn't want to go; he doesn't feel inclined to go; he doesn't feel like doing; мне, ему́ хоте́лось бы... I should, he would like to...; мне захоте́лось пить, есть I felt thirsty, hungry; мне хо́чется домо́й I want to go home; мне хоте́лось бы быть до́ма в шесть часо́в I shoud like to be* home at six; спаси́бо, мне бо́льше ничего́ не хо́чется no more for me, thank you; не (совсе́м) так, как хоте́лось бы not (quite) as one could have wished; чего́ же тебе́ хо́чется? what do you want then?

хоть 1. *союз см.* хотя́; 2. *союз* (*если хотите*) if you like (*в конце фразы*); ~ сейча́с! now, if you like; ~ на ме́сяц for a month, if you like; приходи́те ~ сего́дня, ~ за́втра you can come today or tomorrow, whichever suits you; 3. *частица* (*только*) just; (*по крайней мере*) at least; подожди́те ~ мину́ту! won't you wait just a minute?; да́йте ~ пальто́ снять! you might let me take my coat off first!; скажи́те ~ сло́во! do say something!, won't you say a word to me? да́йте мне ~ ма́ленький слова́рь quite a small dictionary will do for me; I only ask for a small dictionary; 4. *частица* (*например*) for example; взять ~ э́тот слу́чай here's an example of what I mean; take this, for example; ~ э́тот ма́льчик this boy, now; 5. *частица* (*даже*) even; жди ~ це́лый день — не дождёшься nothing will come of it, even if you wait all day; you can wait all day and nothing will come of it; <> ~ пове́ситься one might as well hang *oneself*; ~ начина́й всё снача́ла it makes one want to start all over again; туда́ ~ не ходи́ть! it's not worth going there!; ~ бы поскоре́е коне́ц! if only the end would come!; ~ бы ча́ю где напи́ться! if only one could get a cup of tea somewhere!; ~ бы была́ причи́на кака́я it's not as if there were any real cause; ~ бы что! no effect!, like water off a duck's back.

хотя́ although, though; (*однако тж.*) but; ~ по́здно, но он... late as it was, he...; он ~ стар, но соверше́нно здоро́в he may be old, but he is perfectly healthy; ~ и if; гру́бый, ~ и остроу́мный rude, if witty; <> ~ бы 1) (*даже если*) even if; ~ бы ты и захоте́л е́хать, тебе́ не позво́лят they would't let you go even if you wanted to; 2) (*даже, например*) for example; if only; ~ бы на не́сколько мину́т if only for a few minutes; ~ бы и так! (*ну и что ж!*) well, what of it! supposing I am, do *etc*,; what if it is?

хохла́тый crested, tufted; cristate.

хо́хма *ж. разг.* joke, quip, gag.

хохма́ч *м. разг.* jokester, teller of anecdotes.

хохми́ть *несов. разг.* tell jokes.

хохо́л I *м.* (*у птиц*) crest; (*у людей*) topknot, tuft.

хохо́л II *м. разг.* Ukrainian.

хо́хот *м.* (loud) laughter, guffaw.

хохота́ть *несов.* roar with laughter, guffaw, laugh loudly; ~ до слёз laugh till *one* cries, laugh till the tears run down *one's* face, laugh till the tears come; ~ до упа́ду laugh till *one's* sides ache.

хохоту́н *м. разг.* laughter, joker.

храбре́ц *м.* brave man*, man* of courage.

храбри́ться *несов. разг.* put* a bold face on it; (*подбадривать себя*) screw up *one's* courage, try to appear afraid.

хра́бр|ость *ж.* courage, bravery; для ~сти to keep *one's* spirits up; набра́ться ~ости summon/pluck up *one's* courage; **~ый** *прил.* **1.** brave, courageous; **2.** *в знач. сущ. м.* brave man*; *мн.* the brave; ◇ не из ~ого деся́тка no hero.

храм *м.* temple, church, place of worship *перен. тж.* shrine; ~овый пра́здник Dedication day.

хramо́вник *м. ист.* Knight Templar.

хране́ние *с.* custody, keeping; (*товаров*) storage, storage arrangement, storing, keeping; ~ в мешка́х storage in bags; вре́менное ~ temporary storage; ~ в холоди́льнике cold storage; ~ гото́вой проду́кции на скла́де shelf storage; ~ проду́кции storage of goods; ~ проду́кции ма́лыми па́ртиями small-lot storage; догово́р ~я storage agreement; ме́сто для ~я storage space; (*на судне*) stowage; пла́та за ~ storage charge, storage fee; сдава́ть на ~ store, put in storage, turn in for storage; deposit; на ~и у перево́зчика in carrier's custody.

храни́лище *с.* repository; (*для жидкостей*) reservoir.

храни́тель *м.* **1.** guardian, keeper, custodian; **2.** (*музея, библиотеки*) curator.

храни́ть *несов.* (*вн.*) **1.** (*беречь, содержать в целости*) keep* (*smb.*, *smth.*), preserve (*smth.*) (*тж. перен.*); (*от опасности*) guard (*smb.*, *smth.*), preserve (*smth.*); ~ *что-л* в холо́дном ме́сте keep* *smth.* in a cold place; ~ *что-л.* в чистоте́ preserve (*smth.*) unblemished; ~ та́йну keep* a secret; ~ *что-л.* в та́йне keep* *smth.* secret; ~ глубо́кое молча́ние maintain a profound silence; ~ *что-л.* в па́мяти remember *smth.*; **2.** (*соблюдать*) keep* up (*smth.*); ~ тради́ции keep* up traditions.

храп *м.* snore; (*лошади*) snort.

храпану́ть *сов. разг.* have a good sleep/nap.

храпе́ть *несов.* snore; (*о лошади*) snort.

храпо́вник *м. тех.* ratchet.

хребе́т *м.* **1.** (*позвоночник животного*) spine, backbone; **2.** (*горный*) range; (*возвышенности*) ridge.

хрен *м.* **1.** horseradish; ◇ ~ ре́дьки не сла́ще it's six of one to half a dozen of the other; **2.** old fogey, old sod; оди́н ~ *вульг.* there's no difference in all; ~ с ним hell (with).

хрено́вина *ж. вульг.* bullshit, utter nonsense, поро́ть ~у to bullshit.

хрено́вый *жарг.* rotten, lousy.

хрестома́т|ия *ж.* reader, selections of literature, *etc.* for study; ~ по дре́вней ру́сской литерату́ре medieval Russian literature reader; ~йный axiomatic, self-evident; ~йная и́стина axiom, general; obvious.

хризанте́ма *ж. бот.* chrysanthemum.

хрип *м.* wheeze; *мед.* crepitation; предсме́ртный ~ death rattle.

хрипе́ть, прохрипе́ть **1.** wheeze; **2.** *разг.* (*хрипло говорить*) be* hoarse, croak.

хри́п|лый hoarse, husky; **~нуть** *несов.* grow*/become* hoarse, lose* *one's* voice; **~ота́** *ж.* hoarseness, huskiness; спо́рить до ~ы argue *oneself* hoarse.

христара́дничать *несов. уст.* beg, be* a beggar, mendicant.

христиани́н *м.* Christian.

христиа́н|ский Christian; **~ство** *с.* Christianity.

христиа́нско-демократи́ческий *полит.* Christian-Democrat; ~ая па́ртия Christian Democrat Party.

Христо́с *м. библ.* Christ; ◇ жить Христа́ ра́ди live on alms; жить как у Христа́ за па́зухой be* *or* live without a worry; Христо́м-Бо́гом молю́ for Christ's-God's sake.

христо́соваться *несов.* exchange a triple kiss (*as Easter salutation*).

хром *м.* **1.** (*металл*) chromium; **2.** (*кожа*) boxcalf; **3.** (*краска*) chrome.

хром|а́ть *несов.* limp; *перен. разг.* be* weak, be* *one's* weak point; ~ на пра́вую, ле́вую но́гу be* lame in the right, left leg; у него́ ~а́ет правописа́ние *разг.* his spelling is weak.

хроми́ров|ание *с. тех.* chromium plating; **~анный** chromium-plated; chromium *attr*,; часы́ в ~анном ко́рпусе chromium-plated watch; **~ать** *несов. и сов.* (*вн.*) *тех.* **1.** chromium-plate (*smth.*); plate (*smth.*) with chromium, chrome (*smth.*); **2.** (*кожу*) chrom-tan (*smth.*).

хро́мов|ый **1.** *хим.* chrome *attr*,, chromic; **2.** (*о коже*) boxcalf *attr.*; ~ые сапоги́ boxcalf boots.

хром|о́й *прил.* **1.** lame; ~а́я нога́ lame leg; **2.** *в знач. сущ. м.* cripple.

хромоно́гий lame, limping.

хромосо́ма *ж. биол.* chromosome.

хромота́ *ж.* lameness.

хро́ник *м.* chronic invalid.

хро́ника *ж.* **1.** *ист.* chronicle; **2.** (*газетная*) news items *pl.*; *кино* newsreel, news film; све́тская ~ society column, gossip column.

хроника́льный factual; ~ фильм newsreel, news film.

хроникёр *м.* news-snippets man*.

хрони́ческий chronic.

хронологи́ческий chronological.

хроноло́гия *ж.* chronology.

хроно́метр *м.* chronometer; **~а́ж** *м.* time study.

хру́пк|ий 1. (*ломкий*) fragile, brittle; 2. (*слабый, болезненный*) frail; **~ость** *ж.* 1. (*ломкость*) fragility; 2. (*болезненность*) infirmity; ~ость здоро́вья delicate/frail health, delicate constitution.

хруст *м.* crunching (sound), crunch.

хруста́лик *м. анат.* crystalline lens.

хруста́ль *м.* 1. (*стекло*) crystal (glass), cut-glass; 2. (*изделие*) cut-glass (ware); 3. (*горный*) rock crystal; **~ный** 1. crystal; *перен.* crystalline, crystal-clear; 2. (*о посуде*) cut-glass *attr*.

хрусте́ть, хру́стнуть crunch.

хру́стнуть *сов. см.* хрусте́ть.

хрустя́щ|ий: ~ие хле́бцы crispbread *sg*.

хрущ *м.* cockchafer, may bug.

хрущёвка *ж. разг.* "Khrushchev" block of flats (*five-story building without a lift*).

хрыч *м. разг.* ста́рый ~ old fogey, old sod.

хрю́кать, хрю́кнуть grunt.

хрю́кнуть *сов. см.* хрю́кать.

хрящ *м. анат.* cartilage; gristle.

худе́ть, похуде́ть get* thin, lose weight.

ху́д|о I *с. уст.* harm; нет ~а без добра́ *посл.* every cloud has a silver lining; it's an ill wind blows nobody any good.

ху́до II 1. *нареч.* badly, ill*; ~ отзыва́ться о *ком-л.* speak* ill* of *smb.*; 2. *в знач. сказ. безл.*: ему́ пришло́сь ~ he had a bad* time of it; ему́ ~ he's very bad, he is in a bad* state; больно́му ста́ло ху́же the patient is worse.

худоба́ *ж.* leanness, gauntness.

худо́жественн|ый artistic; ~ о́браз image, character; ~ое произведе́ние work of art; ~ая литерату́ра belles-lettres; fiction and poetry; ~ фильм feature film; ~ая гимна́стика *спорт.* rhythmic gymnastics (for women only); ~ое конструи́рование design; ~ руководи́тель artistic director; ~ая самоде́ятельность amateur theatricals.

худо́жество *с.* 1. art; Акаде́мия худо́жеств Academy of Arts; 2. *разг.* trick, escapade.

худо́жник *м.*, **~ица** *ж.* artist; (*живописец тж.*) painter; ~ по интерье́ру interior decorator; ~ по костю́му fashion designer; ~ по макия́жам *or* макия́жу make-up artist.

худо́жник-витражи́ст *м.* stained-glass artist.

худо́жник-диза́йнер *м.* design artist.

худо́жник-констру́ктор *м.* designer.

худо́жник-постано́вщик *м. кино* art director.

худо́жник-сцено́граф *театр.* set designer.

худо́й I (*худощавый*) thin, lean.

худ|о́й II 1. (*плохой*) bad*; 2. *разг.* (*дырявый, ветхий*) holey; ~ы́е сапоги́ worn boots; сапоги́ ~ы́е the boots are in holes; ~о́е ведро́ pail with holes in it; ◇ на ~ коне́ц if the worst comes to the worst; at a pinch; in the last resort; ~ мир лу́чше до́брой ссо́ры *посл.* a bad peace is better than a good quarrel; ~ there never was a good war or a bad peace.

худоща́вый lean, spare, thin.

ху́дш|ий 1. (*превосх. ст. прил.* худо́й II 1 *и* плохо́й) the worst; в ~ем слу́чае at the worst; 2. *в знач. сущ. с.* the worst; пригото́виться ~ему be* prepared for the worst.

хуёвый *вульг.* shitty, crappy, crummy.

ху|й *м. вульг.* prick, penis; иди́ ты на ~! fuck off, get fucked; ~ моржо́вый dirty old man, lecher; ни ~я не знать not to know a fucking thing, not to know shit; ни ~я not a bloody thing.

ху́же (*сравнит. ст. прил.* худо́й II 1 *и плохой, нареч.* ху́до и пло́хо) worse; (*не так хорошо, как кто-л.*) not so well as (*smb.*): он игра́ет ~ сестры́ he doesn't play so well as his sister; тем ~ so much the worse; (от э́того) ~ не бу́дет it can't do any harm; ~ всего́ то, что...the worst of it is that...

хула́ *ж.* abuse, detraction.

хулига́н *м.* hooligan, rowdy, rough; hoodlum *амер.*; (*о ребенке*) little hooligan, naughty child*; **~ить** *несов.* act like a hooligan, make* a public nuisance of *oneself*; **~ство** *с.* hooliganism.

хули́тель *м.* detractor, abuser, decrier.

хули́ть *несов.* (*вн.*) abuse (*smb.*, *smth.*), decry (*smb.*, *smth.*); run* down (*smb.*, *smth.*) *разг.*

ху́нта *ж.* junta.

хурма́ *ж.* (*плод и дерево*) date plum, persimmon.

ху́тор *м.* farmstead; (*казачий*) hamlet, small village, separated farm.

Ц

ца́нги *мн. тех.* pliers, tongs.

ца́нговый *тех.* ~ патро́н draw-in attachment.

ца́пать *несов. разг.* seize, snatch, grab; scratch.

ца́паться *несов. разг.* scratch one another; bicker, squabble.

ца́пка *ж.* hoe.

ца́пля *ж. зоол.* heron.

ца́пфа *ж. тех.* pin, pivot; *воен.* trunnion.

цара́п|ать, цара́пнуть (*вн.*) scratch (*smth.*); **~аться** *несов.* scratch: (*царапать друг друга*) scratch each other; **~ина** *ж.* scratch; abrasion *научн.*; **~нуть** *сов. см.* цара́пать.

царе́вич *м.* tsarevich, czarevich (*son of tsar*).

царе́вна *ж.* tsarevna, czarevna (*daughter of tsar*).

царедво́рец *м. уст.* courtier.

царёк *м.* princeling, ruler.

цари́зм *м.* tsarism.

цари́|ть *несов.* reign; *перен. тж.* prevail; в лесу́ ~т тишина́ silence reigns in the forest.

цари́ца *ж.* queen (*тж. перен.*); (*русская*) tsarina.

ца́рский **1.** tsar's; ~ ука́з decree of the tsar; **2.** (*относящийся к монархии*) tsarist; ~ режи́м tsarist government; **3.** (*роскошный*) regal, royal.

ца́рственный kingly, regal.

ца́рство *с.* **1.** kingdom, realm (*тж. перен.*); расти́тельное, живо́тное ~ vegetable, animal kingdom; **2.** (*царствование*) reign, may he rest in peace, God rest his soul.

ца́рствов|ание *с.* reign; **~ать** *несов.* reign.

ца́рствующий reigning.

царь *м.* king, ruler (*тж. перен.*); (*русский*) tsar, czar; ◇ он с ~ём (без ~я) в голове́ he is wise (stupid).

ца́ца *ж. разг.* big-head.

ца́цкаться *несов. разг.* make a fuss (of someone).

цвести́ *несов.* **1.** bloom, flower, blossom, be* in bloom/blossom; **2.** (*процветать*) flourish; **3.** (*быть здоровым, красивым*) be* in blooming health; **4.** (*о стоячей воде*) be* covered with duckweed.

цвет I *м.* (*окраска*) color; ~ лица́ complection; кра́сного, си́него *и т.д.* ~а red, blue, *etc*,; кра́сить *что-л.* в жёлтый, зелёный и *т.д.* ~ paint *smth.* yellow, green, *etc.*; основно́й ~ elementary (fundamental, primary) color; измене́ние ~а discoloration; отлича́ться по ~у differ in color; в ~е in color.

цвет II *м.* **1.** *обыкн. мн.* blossom *sg.*; *собир.* flowers; живы́е ~ы flowers; ~ я́блони, ви́шни apple, cherry blossom; **2.** (*рд.*; *лучшая часть*) the flower (of); **3.** (*период цветения*) bloom, blossom; в (по́лном) ~у in (full) bloom; ◇ во ~е лет in the prime of life, at the height of *one's* powers.

цвета́стый *разг.* gaudy, garish.

цвете́ние *с.* flowering, blossoming; florescence *научн.*

цвети́стый **1.** (*покрытый цветами*) flower-covered; **2.** (*пёстрый*) floral, gaily-patterned; **3.** (*о стиле*) florid; flowery.

цветко́вый: **~ые** расте́ния *бот.* flowering plants, phanerogams.

цветни́к *м.* flowerbed, small flower garden, *перен.* garden.

цветн|о́й **1.** colored; color *attr.*; (*о стекле тж.*) stained; ~а́я фотогра́фия color photography; ~ фильм color film; ~о́е телеви́дение color television; **2.** (*о людях*) colored; ◇ ~ы́е мета́ллы nonferrous metals; ~а́я капу́ста cauliflower.

цветово́д *м.* florist; **~ство** *с.* floriculture, flower growing.

цветово́й color *attr.*; ~а́я га́мма colour spectrum; ~а́я слепота́ color blindness.

цвето́к *м.* flower; (*на дереве*) blossom.

цветому́зыка *ж.* colour music.

цвето́ч|ек *м.* (little) flower; ◇ э́то ~ки, а я́годки впереди́ *погов.* there is worse to come.

цвето́чница м. flower girl, flower seller.

цвето́чн|ый flower *attr.*; ~ые семена́ flower seeds; ~ горшо́к flowerpot; ~ магази́н florist's (shop); ~ая вы́ставка flower show; ~ одеколо́н flower-scented Eau-de-Cologne.

цвету́щ|ий **1.** in (full) bloom *после сущ.*; ~ сад garden in full bloom; **2.** (*полный сил*) lusty; (*о девушке*) blooming; ~ ю́ноша lusty youth; у него́ ~ вид he looks marvellous/blooming, he looks a picture of heath; **3.** (*процветающий*) flourishing; ~ая страна́ prosperous country.

цеди́ть *несов.* (*вн.*) **1.** strain (*smth.*); (*фильтровать*) filter (*smth.*); **2.** (*наливать медленно*) pour (*smth.*) drop by drop; (*пить медленно*) sip (*smth.*); **3.** *разг.*: ~ сквозь зу́бы, ~ слова́ grind* out the words; speaking through set teeth; mutter.

це́дра *ж.* peel; (*высушенная*) dried peel; лимо́нная ~ (dried) lemon peel.

це́зий *ж. хим.* caesium.

цезу́ра *ж. лит.* caesura.

цейтно́т *м.* time trouble; попасть в ~ get* into time trouble; находи́ться ~е *шах.* exceed the time permitted for a move.

целе́бн|ый medicinal; curative; (*о климате и т.п.*) healthy, ~ое сре́дство remedy.

целев|ой special-purpose *attr.*; goal-oriented, target, purpose-oriented; ~ая устано́вка clear-cut goal, definite orientation.

целенапра́вленность *ж.* purposefulness, single-mindedness.

целенапра́вленный goal-directed, goal-oriented, purposive, single-minded.

целесообра́зн|ость *ж.* **1.** expediency; **2.** *филос.* purposefulness; **~ый 1.** expedient, reasonable; ~ое испо́льзование средств sensible use of resources; **2.** *филос.* purposeful.

целеустремлённ|ость *ж.* purposefulness, singleness of purpose, consistency of aim; **~ый** purposeful.

целико́м 1. (*в целом виде*) whole, as a whole; проглоти́ть *что-л.* ~ swallow *smth.* whole; **2.** (*совершенно*) entirely; ~ отдава́ться *чему-л.* devote *oneself* entirely to *smth.*

целин|а́ *ж.* virgin land/soil; (*нетронутая поверхность чего-л.*) unbroken/untrodden expanse; освое́ние ~ы cultivation of virgin land; распаха́ть ~у plough up virgin soil; по́днятая ~ upturned soil; ~о́й, по ~е́ across country.

цели́нн|ый virgin; ~ые зе́мли virgin land(s).

цели́тельн|ость *ж.* healing properties *pl*, benefit to health; **~ый** healing, medicinal.

це́лить, ~ся *несов.* (в *вн.*) aim (at), take* aim (at).

цели́тель *м.* healer; наро́дный ~ folk healer.

цели́тельство *с.* healing; духо́вное ~ spiritual healing.

це́лка *ж. разг.* **1.** "cherry"; лома́ть ~у pop, cop, prick/take a girl's "cherry"; **2.** virginity.

целлофа́н *м.* cellophane; **~овый** cellophane *attr.*, plastic.

целлуло́ид *м.* celluloid.

целлюло́за *ж.* cellulose.

целлюло́зно-бума́жн|ый pulp and paper *attr.*; ~ая промы́шленность pulp and paper industry.

целова́ть, поцелова́ть kiss (*smb.*, *smth*); ~ *кого-л.* в гу́бы, в щёку kiss *smb's* lips, cheek, kiss *smb.* on the lips, cheek. **~ся,** поцелова́ться kiss (each other).

це́лое *с.* **1.** the whole; еди́ное ~ a single whole; **2.** *мат.* integer.

целому́др|енный chaste; **~ие** *с.* chastity, virtue.

цело́стный integrated, whole.

це́лост|ь *ж.* **1.** (*неповреждённость*) safety; в ~и intact; сохрани́ть *что-л.* в ~и keep* *smth.* safe/intact; **2.** (*внутреннее единство*) integrity, wholeness, unity; ◇ в ~и и сохра́нности safe and sound, perfectly safe.

це́л|ый 1. (*полный*) whole; ~ день all day, the whole day; ~ыми днями, часа́ми и *т.д.* for days (and days), hours (and hours), *etc.*; ~ час a whole hour; ~ых два, три и *т.д.* часа́, дня, го́да two, three, *etc.* whole hours, days, years; ~ых три ча́шки three whole cups; по ~ым дням, неде́лям и *т.д.* for days, weeks, *etc.* on end; ~ ряд a series; **2.** (*неповреждённый*) safe, unharmed; (*о вещах тж.*) intact; оста́ться ~ым be* unharmed; уходи́, поку́да цел go before you get hurt; у вас ещё ~а́ э́та ча́шка? is that cup of yours still intact?; ◇ цел и невреди́м safe and sound.

цель *ж.* **1.** (*для стрельбы*) target; ло́жная ~ *воен.* decoy; попа́сть в ~ hit* the mark; не попа́сть в ~ be* wide of the mark, miss *one's* aim; **2.** (*то, к чему стремятся*) aim, purpose, object, goal, end; благоро́дная ~ noble purpose; отвеча́ть це́ли answer the purpose; дости́чь свое́й це́ли achieve/attain *one's* object; ◇ име́ть ~ю aim (at); с како́й ~ю? what for?; с ~ю (+ *инф.*) with the purpose (of + *-ing*); с еди́нственной ~ю with the sole purpose/object (of); с э́той ~ю with that end in view.

цельнометалли́ческий all-metal.

це́льн|ый 1. (*состоящий из одного куска*) one-piece *attr.*, solid; **2.** (*нетронутый — о снеге*) untrodden, virgin; **3.** (*обладающий единством*) sound, balanced; ~ челове́к balanced person; ~ая нату́ра balanced/sound nature; **4.** (*законченный*) complete; **5.** (*неразбавленный*) undiluted; ~ое молоко́ unskimmed milk.

Це́льси|й Celsius, centigrade; 10^0 по ~ю 10^0 centigrade, 10^0C.

цеме́нт *м.* cement.

цементи́ровать *несов. и сов.* (*вн.*) cement (*smth.*); (*сталь*) case-harden (*smth.*).

цеме́нтн|ый cement *attr.*; ~ заво́д cement factory; ~ая плита́ cement slab.

цена́ *ж.* **1.** price; (*стоимость*) cost; charge; *перен.* worth, value; ~ авиабиле́та туда́ и обра́тно return air fare; ба́зисная ~ basis/base price; ~ без включе́ния *чего-л.* price excluding; би́ржевая ~ quotation, stock/exchange price; бро́совая ~ dumping price; действи́тельная ~ real price; де́йствующая ~ current/ruling price; ~, де́йствующая на день отпра́вки price ruling/in force at the date of dispatch; ~ для о́птовых покупа́телей wholesale price; дополни́тельная ~ extra price; заку́почная ~ purchase/purchasing price; ~ на рекла́му charge for advertising; оконча́тельная ~ close/final, last, end price; ~ покупа́теля buyer's price; ~ поста́вки supply price; сре́дняя ры́ночная ~ market average; усло́вная ~ price of services; да́нные о ~ах pricing data; завыше́ние цен overcharge; замора́живание цен price freeze, freezing of prices; заниже́ние цен undercharge; колеба́ния цен на ры́нке market fluctuations; паде́ние цен fall/decline in prices; указа́тель цен index of prices; ука́зывать ~у indicate/quote, charge, set out, show a price; уступа́ть в ~е́ give a discount on a price; по ~е́ дня at value; по любо́й ~е́ at any cost; по ука́занной ~е́ at the price quoted; **2.**: *~о́й чего-л.* at the cost of *smth.*; ~о́й жи́зни at the cost of *one's* life; ◇ любо́й ~о́й at any price, at all cost; ~ы нет 1) (*чему-л.*) it is priceless/invaluable; 2) (*кому-л.*) he, she is worth his, her weight in gold; в ~е́ in price.

ценз *м.* qualification; возрастно́й ~ age qualification; образова́тельный ~ educational qualification.

це́нзор *м.* censor.

цензу́ра *ж.* censorship.

цени́тель *м.* judge, connoisseur; ~ жи́вописи connoisseur of painting.

цени́ть *несов.* (*вн.*) 1. (*назначать цену*) value (*smth.*); *перен.* (*давать оценку*) appraise (*smb., smth.*); 2. (*признавать значение кого-л.*) appreciate (*smb., smth.*); (*дорожить*) prize (*smb., smth.*); ~ся *несов.* be* valued.

це́нник *м.* price list.

це́нност|ь *ж.* value; (*ценный предмет*) valuable; *эк.* валю́тные ~ currency values/securities; зало́женные ~и mortgaged valuables; материа́льная ~ material value; реа́льная ~ real value; едини́ца ~и unit of value; депони́ровать ~и в ба́нке deposit valuables with a bank; представля́ть большу́ю ~ be* of great value; не представля́ть никако́й ~и be* utterly worthless; культу́рные ~и cultural values; ~ный value *attr.*; ~ный ана́лиз value analysis; ~ная ориента́ция value orientation.

це́нн|ый 1. (*о почтовых отправлениях*) registered; ~ая бандеро́ль registered packet; 2. (*дорогой*) expensive; ~ые пода́рки expensive presents; 3. (*имеющий важное значение*) valuable; ~ое предложе́ние valuable suggestion/proposal; ~ое указа́ние valuable instruction.

ценообразова́ние *с.* pricing, price formation; конкуре́нтное ~ competitive pricing; мето́дика ~я methods of price formation; при́нципы ~я principles of price formation.

цент *м.* (*монета*) cent.

це́нтнер *м.* double/metric centner (*100 kilograms*).

центр *м.* center; *амер.* center; вы́ставочный ~ exhibition center; вычисли́тельный ~ computer center; делово́й ~ business center; информацио́нно-вычисли́тельный ~ data-processing center; комме́рческий ~ commercial/trade center; center of commerce; нау́чно-иссле́довательский ~ research center; ~ обуче́ния training center; фина́нсовый ~ financial center; в ~е го́рода in town; идти́ в ~ (го́рода) go* into town; быть в ~е внима́ния be* the center of attention, be* in the limelight.

централиза́ция *ж.* centralization.

централи́зм *м.* centralism.

централизо́ванный centralized; ~ое плани́рование centralized planning.

централизова́ть *несов. и сов.* (*вн.*) centralize (*smth.*).

центра́льн|ый central; main, principal; Центра́льная Азия Central Asia; ~ райо́н central district/area; центра́льный комите́т Central Committee; ~ая телефо́нная ста́нция telephone exchange, central *амер.*; ~ая печа́ть leading newspapers; ~ напада́ющий *спорт.* center-forward; ~ая па́ра feature event, main bout (*in boxing.*); ~ое отопле́ние central heating; ◇ ~ая не́рвная систе́ма central nervous system.

центрифу́га *ж.* centrifuge; spin drier.

центробе́жн|ый centrifugal; ~ая си́ла centrifugal force; ~ насо́с rotary pump.

центростреми́тельн|ый centripetal; ~ая си́ла centripetal force.

цеп *м. с.-х.* flail.

цепене́ть, оцепене́ть (от *рд.*) go* numb (with); (*от сильного чувства тж.*) stiffen (with); ~ от у́жаса stiffen with horror, go* numb with horror.

це́пк|ий 1. (*о пальцах, когтях*) strong, tenacious; prehensile *зоол.*; 2. (*вязкий*) clinging, cohesive; 3. (*быстро схватывающий*) keen; (*о памяти*) retentive; 4. *разг.* (*упорно добивающийся чего-л.*) dogged, stubborn, tenacious; ~ость *ж.* (*пальцев, когтей*) prehensility; *перен.* tenacity.

цепля́ться *несов.* (за *вн.*) cling* (to) (*тж. перен.*); (*зацепляться*) catch* (on).

цепн|о́й chain *attr.*; ~а́я переда́ча chain drive; ◇ ~а́я ли́ния *мат.* catenary; ~а́я реа́кция chain reaction.

цепо́чка *ж.* chain.

цепо́чкой in line.

цеп|ь *ж.* 1. chain; соба́ка на ~и́ chained dog; 2. *мн.* (*оковы*) fetters, shackles (*тж. перен.*); 3. (*ряд, вереница*) chain; ~ озёр chain/series of lakes; го́рная ~ mountain range/chain; 4. *воен.* line; стрелко́вая ~ line of infantry; 5. (*рд.*; *непрерывное следование*) chain, sequence, series; ~ собы́тий sequence of events; 6. *физ.* chain; *эл.* circuit; ввести́ в ~ connect.

це́пью in line.

Це́рбер *м. миф.* Cerberus.

церемониа́л *м.* 1. ceremonial, ritual; order, procedure; 2. пройти́ ~ом *воен.* march past.

церемо́ниться *несов.* be* polite, stand* on ceremony; не́чего с ним ~ there's no need to stand on ceremony with him.

церемо́н|ия *ж.* ceremony; *мн.* formalities; ~ вруче́ния меда́лей *спорт.* presentation ceremony; без ~ий informally; прошу́ без ~ий! make yourself at home!, don't stand on ceremony.

церемо́нный (*утонченно вежливый*) punctilious; (*отвечающий требованиям этикета*) formal; (*чопорный*) ceremonious, stiff.

церковноприходско́й *рел.* parish.

церковнослужи́тель *м.* clergyman.

церковнославя́нский Church Slavonic; ~ язы́к Church Slavonic language.

церко́вный ecclesiastical; (*принадлежащий церкви*) church *attr.*

це́рковь *ж.* church; межконфессиона́льная ~ interdenominational church; Покро́вская ~ Church of the Intercession; реформи́стская ~ Reformed Church; ри́мско-католи́ческая ~ (Roman) Catholic Chirch, Church of Rome; ~ святы́х после́днего дня Church of Jesus Christ of Latter-Day Saints (Mormon Church).

це́ссия *ж. юр.* (*уступка*) cession, assignment, transfer.

цеса́рка *ж.* guinea-fowl.

цеце́ *ж. зоол.* tsetse (fly).

цех *м.* 1. (*завода*) shop; (*мастерской*) division, department; 2. *ист.* guild, corporation.

цехово́й shop *attr.*; ~ комите́т shop (trade-union) committee.

циа́н *м.* *хим.* cyanogen; **~истый** cyanic; ~истый ка́лий potassium cyanide, cyanide of potassium.

цивилиз|а́ция *ж.* civilization; **~о́ванный** civilized; **~ова́ть** *несов. и сов.* (*вн.*) civilize (*smb.*).

цивили́ст *м.* *юр.* specialist in civil law.

циви́льный *уст.* civil, civilian.

цига́рка *ж.* *разг.* fag, home-rolled cigarette.

цигéйка *ж.* beaver lamb.

цика́да *ж.* *зоол.* cicada.

цикл *м.* cycle; произво́дственный ~ production cycle; ~ ле́кций course of lectures; ~ конце́ртов series of concerts.

цикламе́н *м.* *бот.* cyclamen, sowbread.

циклева́ть *несов.* (*вн.*) scrape (*smth.*), shave (*smth.*).

цикли́ч|еский cyclic; **~ный** cyclic; ~ное разви́тие development in cycles; ~ная организа́ция произво́дства cyclic organization of production.

цикло́ида *ж.* *мат.* cycloid.

цикло́н *м.* *метеор.* cyclone.

циклотро́н *м.* cyclotron.

ци́кля *ж.* *тех.* scraper.

цико́р|ий *м.* chicory; ко́фе с ~ем coffee with chicory.

цику́та *ж.* *бот.* water hemlock (*Cicuta virosa*).

цили́ндр *м.* 1. *мат.* *тех.* cylinder; 2. (*шляпа*) top hat, silk hat.

цилиндри́ческ|ий cylindrical; ~ая фо́рма cylindrical shape.

цимба́лы *мн.* dulcimer *sg.*

цинга́ *ж.* *мед.* scurvy.

цини́зм *м.* cynicism.

ци́ник *м.* cynic.

цини́ч|еский, ~ный 1. cynical; (*наглый*) callous; 2. (*непристойный*) indecent, obscene.

цинк *м.* zinc.

ци́нков|ый zinc *attr.*; ~ купоро́с zinc vitril; ~ое ведро́ zinc pail.

цино́вка *ж.* rush mat; straw mat(ing).

цирк *м.* circus; **~а́ч** *м.* *разг.* circus performer; **~ово́й** circus *attr.*

цирко́ний *м.* *хим.* zirconium.

циркули́ровать *несов.* circulate; *разг.* pass, go to and fro.

ци́ркуль *м.* (pair of) compasses; дели́тельный ~ dividers *pl.*

циркуля́р *м.* circular, instruction; **~ный** circular; ~ное письмо́ circular letter.

циркуля́ция *ж.* circulation; ~ нагре́того во́здуха circulation of warm air; ~ де́нег circulation of money.

цирю́льник *м.* *уст.* barber.

цисте́рна *ж.* 1. tank; (*автомашина*) tanker; (*вагон*) tank wagon; 2. (*водохранилище*) reservoir.

цитаде́ль *ж.* citadel; *перен.* *тж.* stronghold, bulwark.

цита́та *ж.* quotation.

цитва́рн|ый: ~ное се́мя worm-seed, santonica.

цити́ровать, процити́ровать (*вн.*) quote (*smth.*).

ци́тра *ж.* *муз.* cittern, cithern, zither.

ци́трус *м.* citrus; **~овый** *прил.* 1. citrus *attr.*; 2. *в знач. сущ.* *мн.* *бот.* citrus plants.

цифербла́т *м.* dial; (*часовой тж.*) face.

ци́фра *ж.* figure; (*сумма тж.*) amount; ва́ловые ~ы gross figures; вышеука́занные ~ы above figures; контро́льные ~ы target/control figures; малодостове́рные ~ы not well-founded figures; малоубеди́тельные ~ы unconvincing figures; предвари́тельная ~ provisional figure; ~ы с попра́вкой на сезо́нные колеба́ния adjusted figures; су́мма ~ами amount in figures, value in numbers; дать то́чную ~у give an accurate/exact figure; предста́вить ~ы в ви́де табли́цы tabulate; в кру́глых ~ах in round numbers; ~ами in figures.

цифров|о́й: digital, numeral; ~а́я вычисли́тельная маши́на digital computer; в ~о́м выраже́нии expressed in figures.

ци́церо *с.* *нескл.* *полигр.* pica.

ЦК (Центра́льный Комите́т) Central Committee.

цо́канье *с.*: ~ копы́т clatter of hoofs.

цо́кать, цо́кнуть 1. click, clatter; 2. (*о птицах*) jug.

цо́кнуть *сов.* *см.* цо́кать.

цо́коль *м.* 1. *архит.* plinth, socle; 2. (*лампочки и т.п.*) base; **~ный**: ~ный эта́ж ground floor.

цо́кот *м.* (*копыт*) clatter, beat; (*колёс*) rattle.

цу́гом tandem, one behind the other.

цука́т *м.* candied peel/fruit.

цыга́н *м.*, **~ка** *ж.* Gypsy; **~ский** Gypsy; ~ский язы́к Gypsy, Romany, the Gypsy language.

цы́кать *несов.* (*на кого-л.*) *разг.* shut up.

цы́пка *ж.* *разг.* chicken, chick.

цы́пки *мн.* (*ед.* цы́пка *ж.*) rash *sg.*

цыплёнок *м.* chicken.

цы́почк|и *мн.*: на ~ах on tiptoe; ходи́ть на ~ах (go* on) tiptoe.

цыц sh!; Hush!

Ч

чаба́н *м.* shepherd.

чабёр *м. бот.* savory (Satureia).

чабре́ц *м. бот.* thyme (Satureia hortensis).

ча́вкать *несов.* **1.** (*причмокивать*) champ, munch noisily; smack *one's* lips; **2.** (*при ходьбе*) squelch.

чад *м.* fumes *pl.*, fug; *перен.* headiness, быть как в ~у be* in a daze.

чади́ть, начади́ть smoke, make* a smoke, emit fumes.

ча́д|о *с.* child*, offspring, progeny; ~а и домоча́дцы the whole family.

чадра́ *ж.* yishmak, veil.

чаёвник *м. разг.* tea drinker.

чаёвничать *несов. разг.* drink*/have* tea, linger over *one's* tea, indulge in tea drinking.

чаево́д *м.* tea-grower; **~ство** *с.* tea-growing; ~ческий tea-growing *attr.*

чаево́дство *с.* tea growing.

чаевы́е *мн. разг.* tip *sg.*, gratuity; (*для нескольких*) tips.

чаепи́тие *с. разг.* tea drinking, (*во время перерыва на работе*) tea break, teatime.

чаеубо́рочн|ый tea-picking *attr.*; ~ая маши́на tea-picking machine, mechanical tea picker.

чаи́нка *ж.* tea leaf*.

чай *м.* **1.** tea; завари́ть ~ make* tea; **2.** (*чаепитие*) tea; за ча́ем over tea; за ча́шкой ча́я over a cup of tea; приглаша́ть, звать *кого-л.* на ~, на ча́шку ча́я invite *smb.* to tea party, ask *smb.* in for a cup of tea; ◇ дава́ть *кому-л.* на ~ tip *smb.*

ча́йка *ж.* seagull.

ча́йная *ж.* tearoom, teashop.

ча́йн|ик *м.* I (*для кипячения*) kettle; (*для заварки*) teapot; **~ица** *ж.* tea caddy.

ча́йник II *м. разг. ирон.* simpleminded person; kook.

ча́йн|ый tea *attr.*; ~ куст tea plant; ~ые планта́ции tea plantations; ~ серви́з tea set/service; ~ая ло́жка teaspoon; ~ое полоте́нце tea towel, dish towel *амер.*; ~ый паке́тик tea bag; ~ое си́течко tea strainer, ◇ ~ая ро́за tea-rose.

чайхана́ *ж.* chaikhana (tea-drinking establishment in Central Asia).

чако́на *ж. муз.* chaconne.

чалдо́н *м.* native of Siberia.

чалма́ *ж.* turban.

ча́лый (*о лошади*) roan.

чан *м.* vat, tub, tank.

ча́рдаш *м.* (*танец*) czardas.

ча́ры *ж.* cup, goblet.

чарова́ть *несов.* (*вн.*) charm (*smb.*), bewitch (*smb.*), cast* a spell (over), enchant (*smb.*).

чароде́й *м.* wizard, magician, enchanter; **~ка** *ж.* enchantress.

ча́ртер *м. эк.* charter, charter party; ба́нковский ~ bank charter; долгосро́чный ~ long term, time charter; аннули́рование ~а cancellation of a charter; усло́вия ~ terms of a charter, charter terms/conditions; фо́рма ~а charter form; брать су́дно в ~ charter a vessel; подпи́сывать ~ sign a charter.

ча́ртерный charter; ~ рейс charter trip/flight.

чару́ющ|ий bewitching, enchanting, charming, delightful; производи́ть ~ее впечатле́ние make* a delightful impression; ~ го́лос enchanting voice.

ча́ры *мн.* spell(s); magic *sg.*; (*обаяние*) charms; ~ любви́ charms of love.

час *м.* **1.** (*60 минут*) hour, в ~ (in) an hour, за ~ до an hour before; в тече́ние ча́са for an hour; на ~ for an hour; на два ~а for two hours; с ~ (for) about an hour; че́рез ~ in an hour; (*с промежутками в один час*) every hour; це́лыми ~а́ми for hours, by the hour; **2.** (*время по часам*): тепе́рь ~, два ~а́, пять ~о́в it is one, two, five (o'clock); в ~ два ~а́, пять ~о́в at one, two, five (o'clock); кото́рый ~? what is the time?, what time is it?; в кото́ром ~у́? what time?, when?, at what time?; до кото́рого ~а? till when?; (*теперь*) пе́рвый, второ́й, тре́тий *и т. д.* ~ it is past twelve, one, two, *etc.*; **3.** (*время, пора*) time, hour; (*время, отводимое на урок*) period; ~ о́тдыха rest-hour; обе́денный ~ lunchtime, lunch hour; служе́бные ~ы office hours; ~ы заня́тий working hours; ~ы досу́га leisure time *sg.*, leisure hours; дневны́е ~ы the day (time) *sg.*, ночны́е ~ы the night (hours); ~ы простоя idle hours; ~ы сверхуро́чные overtime, hours; вне рабо́чих ~о́в ба́нка outside banking hours; the hour of reckoning; **4.**: стоя́ть на ~а́х be* on sentry duty, ◇ ~ от ~у with every hour; ~ от ~у не ле́гче! things are going from bad to worse; не в до́брый ~ in an evil hour; с ~у на час 1) any moment; 2) (*с каждым часом*) hourly; по ~а́м dead on time; звёздный ~ finest hours; moment of glory; heyday.

часа́ми for hours.

часо́вня *ж.* chapel, shrine.

часов|о́й I *прил.* **1.** (*длящийся час*) hour's; ~а́я бесе́да an hour's talk; **2.** *разг.* (*назначенный на час*) the one o'clock; ~ по́езд the one o'clock train; ◇ ~ по́яс time zone; ~ая бо́мба time bomb.

часов|о́й II *прил.* **1.** (*относящийся к часам*) clock *attr.*, watch *attr.*; ~ механи́зм clockwork; ~ые стре́лки hands of a clock/watch; по ~ стре́лке clockwise; про́тив ~ стре́лки counterclockwise; ~ по́яс time zone; **2.** (*связанный с производством часов*) clock *attr.*, watch *attr.*; ~ заво́д clock factory; ~áя мастерскáя watch-repair shop; ◇ ~ мáстер ~ы́х дел watchmaker.

часов|óй III *м.* sentry, sentinel; постáвить ~ы́х post sentries.

часовщи́к *м.* watchmaker.

часóк *м.* hour; на ~ for an hour or so.

чáсом *нареч. разг.* **1.** sometimes, at times; **2.** by chance, by the way.

частéнько *разг.* fairly often, quit often.

части́ца I *ж.* particle; *перен. тж.* grain; *тех.* ускори́тель части́ц particle accelerator.

части́ца II *ж. грам.* particle.

части́чн|о partly; in part, partially; ~ зáнятые слу́жащие part-time employees; ~ принадлежáщий *кому-л.* partly owned by; ~ оплáченные áкции partly paid/part-paid shares/stock; выполня́ть обязáтельства ~ fulfill engagements partly/partialliy; удовлетворя́ть ~ meet/satisfy in part/partly; **~ый** partial, part.

чáстник *м. разг.* private trader; (*ремесленник*) private craftsman*.

частновладéльческий private, privately owned.

чáстн|ое *с.* **1.** *мат.* quotient; **2.**: от ~ого к óбщему from the particular to the general.

частнопрактику́ющий practising privately, in private practice *после сущ.*

частносóбственническ|ий based on private ownership *после сущ.*; (*свойственный частному владельцу*) private-owner *attr.*, ~ая психолóгия private-owner psychology.

чáстност|ь *ж.* detail; ◇ в ~и specifically, in particular; among their number; я, в ~и I, personally.

чáстн|ый **1.** (*отдельный*) individual; (*нехарактерный, исключительный*) special, exceptional; ~ вы́вод partial conclusion; ~ слу́чай special case; **2.** (*личный*) private; ~ое лицó private person/individual; ~ая сóбственность private property; ~ым óбразом privately; э́то егó ~ое дéло that's his own business/affair.

чáсто **1.** often, frequently; ~ дышáть breathe rapidly; ~ бывáть в теáтре often go* to the theater; **2.** (*густо, плотно*) thickly, densely, closely.

частокóл *м.* fence, palisade, paling.

частотá *ж.* frequency; ~ пу́льса pulse rate; *радио* полосá частóт frequency band.

частóтный frequent.

часту́шка *ж.* chastushka (*ditty on topical, humorous or lyrical theme*).

чáст|ый **1.** (*быстро сменяющийся*) rapid; ~ пульс quick/frequent pulse; **2.** (*повторяющийся*) frequent; ~ые удáры repeated knocking *sg.*, rain of blows *sg.*; ~ посети́тель frequent visitor; **3.** (*густой, плотный*) thick, dense; ~ые зу́бы close-set teeth; ~ грéбень small-tooth comb, fine comb.

част|ь *ж.* **1.** (*доля целого*) part; *разг.* (*пай, доля*) share; однá пя́тая ~ one fifth; мéньшая ~ the smaller part; по ~я́м in parts; плати́ть по ~я́м pay* in installments; **2.** (*составной элемент*) part, component; сбóрка ~ей assembly (of parts); ~и тéла parts of the body; **3.** (*раздел какого-л. произведения*) part, (*симфонии и т. п.*) movement; **4.** (*войсковая единица*) unit; авиациóнная ~ air unit; **5.** *эк.* part; partition; allotment; lot; installment; платёж ~я́ми payment by/in installments; сдáча по ~я́м delivery by installments; перевози́ть ~ гру́за transport part of the goods; разбирáть на ~и take to pieces; ◇ ~и рéчи *грам.* parts of speech; ~и свéта parts of the world, не по моéй ~и not in my line; по э́той ~и in this respect; бóльшей ~ью, по бóльшей ~и 1) (*главным образом*) for the greater part; 2) (*обычно*) usually; разрывáться на ~и try to do ten different jobs at once, рвать *кого-л.* на ~и pester *smb.*

чáстью partly, in part (or).

часы́ *мн.* clock *sg.*, (*карманные, ручные*) watch *sg.*; заводи́ть ~ set* a watch/clock; ◇ биологи́ческие ~ biological rhythm; противоудáрные ~ shockproof watch; самозаводя́щиеся ~ self-winding watch.

чáхлый **1.** (*о растительности*) wilted, sickly; **2.** (*о человеке*) puny, sickly.

чáхнуть, зачáхнуть **1.** (*о растениях*) wither away, wilt, droop; **2.** (*о человеке*) pine away, grow* weak, become exhausted.

чахóтка *ж. уст.* consumption.

чахóточный *уст.* consumptive; poor, feeble.

чáш|а *ж.* cup, bowl; ◇ переполнить ~у терпéния exhaust all patience; ~ егó терпéния переполнилась he reached the limit of his endurance, he reached the end of his tether; **~ечка** *ж.* **1.** (small) cup; **2.** *бот.* calyx; ◇ колéнная ~ечка kneecap; сия́ ~ егó миновáла he has survived the ordeal.

чашели́стник *м. бот.* sepal.

чáшка *ж.* **1.** cup, (*чайная*) teacup; **2.** (*предмет округлой формы*): ~ весóв pan.

чáщ|а *ж.* thicket; в ~е лéса in the heart of the forest.

чáще more often; ~ всегó usually, more often than not.

чáяни|е *с.* expectation, hope; (*мечта*) dream; ◇ пáче ~я to *one's* surprise, contrary to *one's* expectations.

чáять *несов. уст.* expect, hope; ◇ души́ не ~ в *ком-л.* worship *smb.*, dote upon *smb.*

чвáн|иться *несов.* show* off, swank, put* on airs; **~ный** supercilious, pretentious; **~ство** *с.* superciliousness, conceit, pretensions *pl.*

чегó *рд. см.* что I.

чей, чья, чьё, чьи whose; ~ э́то нож? whose knife* is this?; ◇ ~ бы то ни был whoever it belongs to, no matter whose it is; чья взялá? whose side won?

чек *м.* **1.** (*банковский*) check; check *амер.*; бáнковский ~ bank/treasure's cashier's check; ~ без прáва передáчи nonnegotiable check; валю́тный ~ currency check; ~ вы́писанный на банк check drawn on a bank; ~ вы́писанный на предъяви́теля check to bearer, bearer check; ~

для получе́ния нали́чных де́нег open check; именно́й ~ check payable to; просро́ченный ~ stale check; расчётный ~ check in settlement, clearing house check; вы́плата по ~у negotiation of a check; опла́та ~ом payment by/on check; подде́лка ~а forgery of a check, *амер.* raising a check; выпи́сывать ~ в су́мме draw a check for the sum of; выставля́ть ~ draw/issue, write out, make out a check; подпи́сывать ~ sign a check; получа́ть де́ньги по ~у change (cash, collect, negotiate) a check; упла́чивать ~ом pay by check; ~ на 900 рубле́й check for nine hundred rubles; **2.** (*от продавца*) bill; (*талон из кассы*) receipt, ticket; вы́писать ~ на това́р write* *smb.* a bill for his, her parchases; вы́бить ~ в ка́ссе get* a receipt/ticket at the cash desk.

чека́ *ж. тех.* cotter pin; (*оси*) linchpin.

чека́н *м.* stamp.

чека́нить *несов.* (*вн.*) **1.** (*изготовлять монеты и т. п.*) coin (*smth.*), (*вн.* на *пр.*, *наносить рисунки*) engrave (*smth.* on), stamp (*smth.* on), chase (*smth.* on); **2.** rap out; ~ ка́ждое сло́во pronounce every word clearly; ~ шаг march smartly; **3.** *тех.* (*швы, заклепки*) caulk (*smth.*).

чека́нка *ж.* engraving, chasing.

чека́нный 1. (*служащий для чеканки*) engraving, chasing; **2.** (*изготовленный чеканкой*) engraved, chased; **3.** (*чёткий*) clear; firm; ~ шаг firm/measured tread; ~ слог clear-cut/crisp style.

че́ков|ый: cheque, *амер.* check; ~ая кни́жка bank/chequebook, checkbook *амер.*

чекода́тель *м.* drawer of a check.

чекодержа́тель *м.* holder of a check.

чёлка *ж.* forelock; (*подстриженная*) fringe.

чёлн *м.* (dugout) canoe, boat; *поэт.* bark.

челно́к *м.* **1.** *см.* чёлн; **2.** *тех.* shuttle.

челове́к *м.* man*, human being; (*лицо*) person; (*мужчина тж.*) man*; (*женщина тж.*) woman*; молодо́й ~ young man*; он хоро́ший ~ he is a nice man*/person; она́ хоро́ший ~ she is a nice woman/person; ру́сский ~ a person of Russian blood; у́мный ~ wise man*, woman*; пять ~ five persons/people; ~ пять about five persons/people; шесть ~ дете́й six children; нас бы́ло семь ~ there were seven of us; по десяти́ рубле́й на, с ~а ten rubles a head; ни оди́н ~, ни одного́ ~а no one, nobody, not a single person; для неприв́ычного ~а to one not accustomed; ◇ права́ ~а human rights; ~ предполага́ет, а Бог располага́ет *посл.* man proposes, God disposes.

челове́ко-день *м. эк.* man-day.

человеколюби́вый benevolent, philanthropic.

человеколю́бие *с.* benevolence, good will, philanthropy.

человеконенави́стн|ик *м.* misanthropist, misanthrope, man hater; **~ический** misanthropic, man hating; **~ичество** *с.* misanthropy.

человекообра́зн|ый anthropoid; ~ые обезья́ны anthropoid apes.

человекоподо́бный resembling a human being.

челове́ко-час *м. эк.* man-hour.

челове́чек *м.* little man.

челове́ч|еский 1. human; **2.** (*гуманный*) humane, considerate; ~еское обраще́ние humane/considerate treatment; ◇ ~ фа́ктор human factor/element; **~ество** *с.* humanity, mankind; **~ность** *ж.* humanity, humaneness; **~ный** humane.

че́люсть *ж.* jaw, jawbone.

че́лядь *ж. разг. ист.* servants, retainers, men.

чем I *мест. тв. от* что 1.

чем II *союз* **1.** (*при сравнит. ст.*) than; лу́чше, бли́же, вы́ше, ~ better, nearer, taller than; **2.**: ~..., тем... the. the....; ~ скоре́е, тем лу́чше the sooner the better; **3.** (*вместо того, чтобы*) instead of; ~ сиде́ть без де́ла, ты бы пошёл гуля́ть why don't you go out for a walk instead of hanging about doing nothing?

чём *пр. от* что I.

чемода́н *м.* suitcase; **~чик** *м.* small suitcase.

чемпио́н *м.* champion; ~ ми́ра по те́ннису world tennis champion.

чемпиона́т *м.* championship; ~ Евро́пы по футбо́лу European football championship.

чемпио́нство *с.* champion's title.

чему́ *дт. от* что I.

чепе́ц *м.* cap.

чепуха́ *ж. разг.* **1.** (*вздор*) nonsense; **2.** (*пустяк*) a mere trifle/nothing, nothing to speak of; trifles *pl.*; (*хлам*) rubbish.

че́пчик *м.* cap.

черви́в|ый maggoty, worm-eaten; ~ое я́блоко maggoty apple.

черви́тель *несов.* become worm-eaten.

черво́нн|ый I: ~ое зо́лото high-carat gold, pure gold.

черво́нный II *карт.* of hearts *после сущ.*; ~ вале́т knave of hearts.

червото́чина *ж.* wormhole, maggot hole; *перен.* flaw, rottenness.

че́рвы *мн. карт.* hearts.

червь *м.*, червя́к *м.* worm; maggot; *перен.* bug, virus, germ; ◇ его́ то́чит ~ сомне́ний he's nagged by doubts.

червя́чн|ый 1. *прил.* от червя́к; **2.** *тех.* ~ое колесо́, ~ая шестерня́ worm wheel; ~ая переда́ча worm gearing.

червячо́к *м.* small worm; ◇ замори́ть ~ка́ have a bite to eat.

черда́к *м.* attic (*комната тж.*) garret.

черёд *м. разг.* turn; наста́л его́ ~ his time/turn has come; тепе́рь ваш ~ it is your turn now; ◇ идти́ свои́м чередо́м take* its course.

чередова́ние *с.* alternation, rotation, interchange.

чередова́ть *несов.* (*вн.* с *тв.*) alternate (*smth.* with); **~ся** *несов.* alternate, interchange; ~ся ме́жду собо́й alternate with each other.

че́рез 1. across, over; (*сквозь*) through; by way of, via; перейти́ ~ мост go* over/across the bridge, cross the bridge; ~ окно́ through the window; ~ лес, го́род *и т. д.* through the forest, the town, *etc.*; е́хать, на юг ~ Москву travel south via Moscow; **2.** (*при помощи, при посредстве*) through; (*применяя что-л.*) with; оповести́ть о *чём-л.* ~ газе́ту make* *smth.* known through the press; писа́ть сло́во ~ дефи́с write* the word with a hyphen; **3.** (*минуя какой-л. промежуток пространства или времени*) every other; (*перед числом*) every; ~ день every other day; ~ два, три дня every two, three days; ~ две ступе́ньки two steps at a time; писа́ть ~ стро́чку write* on every other line; (*на пишущей машинке*) use double spacing; **4.** (*по истечении какого-л. срока*) in, later (*с гл. в прошедшем времени*); ~ год in a year, он прие́хал ~ год he arrived a year later; ~ ты́сячу лет in a thousand years, a thousand years hence; ~ не́которое вре́мя (some time) later.

черемша́ *ж. бот.* ramson.

черёмуха *ж.* **1.** (*ягода*) bird cherry; **2.** (*дерево*) bird-cherry tree.

черено́к *м.* **1.** (*рукоятка*) haft; **2.** *сад.* graft, cutting.

че́реп *м.* skull.

черепа́х|а *ж.* **1.** tortoise; (*морская*) turtle; **2.** *собир.* (*роговые пластинки панциря*) tortoise-shell; **~овый 1.** (*из черепахи*) turtle *attr.*; ~овый суп turtle soup; **2.** (*из панциря черепахи*) tortoise-shell *attr.*

черепа́|ший tortoise *attr.*; *перен.* snail's; ~шьим ша́гом at a snail's pace, very slow.

черепи́|ца *ж.* **1.** *собир.* tiles *pl.*; кры́тый ~цей tiled; (*отдельная плитка*) tile; **~чный** tile *attr.*; (*сделанный из черепицы*) tiled; ~чная кры́ша tiled roof.

черепн|о́й cranial; ~а́я коро́бка *анат.* cranium (*pl.* -nia), skull.

череп|о́к *м.* broken piece of pottery, crock; разлете́ться в ~ки fly* to bits/ pieces.

чересчу́р (much) too; ~ добросо́вестный much too conscientious, conscientious to a fault; э́то уж ~! that's (a little) too much!

чере́шня *ж.* cherry; (*дерево тж.*) cherry tree.

черкану́ть *сов. разг.* dash off, scribble down.

черке́с *м.* Circassian; **~ский** Circassian; ~ский язы́к Circassian, the Circassian language.

черке́шенка *ж.* Circassian.

черкну́ть *сов.* (*вн.*) *разг.* **1.** scratch (*smth.*); leave a line on; **2.** (*быстро написать*) scribble (*smth.*); dash off; ~ не́сколько слов, слове́чко *кому-л.* drop *smb.* a line.

чернёный nielloed.

черне́ть, почерне́ть **1.** (*становиться чёрным*) get* black; blacken; **2.** *тк. несов.* (*виднеться*) show* black.

черне́ц *м. ист.* monk.

черни́ка *ж.* **1.** *собир.* bilberries *pl.*, whortleberries *pl.*; **2.** (*об отдельной ягоде и растении*) bilberry, whortleberry.

черни́ла *мн.* ink *sg.*; писа́ть ~ми write* in ink.

черни́льн|ица *ж.* inkpot; (*на подставке*) inkstand; **~ый** ink *attr.*; ~ое пятно́ ink spot, ink stain; ~ый прибо́р inkstand.

черни́ть, очерни́ть (*вн.*) blacken (*smb.*, *smth.*); slander (*smb.*, *smth.*), smear (*smb.*, *smth.*).

чёрно-бе́л|ый black-and-white *attr.*; ~ое изображе́ние black-and-white picture.

чёрно|бо́родый black-bearded, with a black beard *после сущ.*; ~бро́вый buck-browed.

черноб́у́рка *ж. разг.* silver fox (fur).

чёрно-бу́р|ый black-brown; ~ая лиси́ца silver fox.

черно́ви́к *м.* rough draft/copy.

чернов|о́й rough; draft *attr.*; preparatory; ◇ ~а́я рабо́та heavy, rough, dirty work.

черно|воло́сый black-haired; **~гла́зый** black-eyed, dark-eyed.

черногоро́дец *м.*, **~ка** *ж.* Montenegrin.

чернозём *м.* black soil, chernozem; **~ный** black-soil *attr.*, chernozem *attr.*

чернокни́жие *с. уст.* black magic.

черноко́жий *прил.* **1.** black-skinned; **2.** *в знач. сущ. м.* Black.

черноле́сье *с.* deciduous forest.

черномa´зый *разг.* swarthy.

черномо́рец *м.* sailor of the Black Sea fleet.

черномо́рский Black Sea *attr.*

чернорабо́чий *м.* unskilled laborer.

черносли́в *м. собир.* prunes *pl.*

черносморо́динный black current.

черносо́тенец *м.* member of "Black Hundred" (name of armed groups).

чернота́ *м.* blackness; darkness.

черното́л *м.* bay/laurel willow.

чёрн|ый *прил.* **1.** black; *перен.* dark; ~ая кра́ска black paint; ~ая неблагода́рность, за́висть black ingratitude, envy; **2.** (*неглавный, подсобный*) back *attr.*; ~ ход backdoor, back entrance; ~ая ле́стница backstairs; **3.** (*неквалифицированный*) rough; ~ая рабо́та rough/unskilled work; spade work *идиом.*; **4.** *в знач. сущ. с.* black (*без артикля*); оде́тый в ~ое, в ~ом dressed in black; вам идёт ~ое black suits you; **5.** *в знач. сущ. мн. шахм.* Black *sg.*; ◇ ~ хлеб black/rye bread; ~ ко́фе black coffee; ~ая икра́ black caviar; ~ая сморо́дина blackcurrant; ~ая ма́гия black art/magic; ~ый ры́нок black market; ~ ые мета́ллы ferrous metals; ~ым по бе́лому in black and white; быть в ~ом спи́ске be on the blacklist; отложи́ть на ~ день put by for a rainy day; держа́ть в ~ом те́ле ill-treat.

чернь *ж.* I mob, common people.

чернь *ж.* II niello; black enamel.

черпа́к *м.* (*ковшик*) scoop; (*экскаватора и т. п.*) bucket.

черпа́ть *несов.* (*вн.*) scoop (*smth.*); ladle; (*ведром из колодца, пруда и т. п.*) draw* (*smth.*); *перен.* derive (*smth.*); ~ си́лы, зна́ния derive strength, knowledge.

черстве́ть, зачерстве́ть, очерстве́ть, почерстве́ть **1.** *сов.* зачерстве́ть, почерстве́ть get* stale; **2.** *сов.* очерстве́ть, почерстве́ть (*о человеке*) grow* callous, harden, become hard.

чёрствый 1. (*о хлебе*) stale; **2.** (*бездушный*) callous, hard; ~ челове́к callous/hard person; ~ приём harsh reception.

чёрт *м.* devil ~! oh, damn/hell!; к ~у! to hell with it!; иди́те к ~у go to hell!; go to the devil!; како́го ~а what the devil/blazes/hell!; чем ~ не шу́тит! you never know!, you never can tell; сам ~ не разберётся there's no making head or tail of it; ~ зна́ет что тако́е! outrageous!; ни чёрта не понима́ю! I don't understand a thing!; что за ~! what the devil!; не так стра́шен ~, как его́ малю́ют *посл.* the devil is not so terrible as he is painted, (не так плох) the devil is not so black as he is painted.

черт|а́ *ж.* **1.** (*линия*) line, **2.** (*граница, предел*) boundary; (*города*) limits *pl.*; **3.** *обыкн. мн.*; ~ы лица́ features, traits; **4.** (*свойство, особенность*) feature, trait, characteristic; ~ хара́ктера trait; отличи́тельная ~ distinctive feature; семе́йная, фами́льная ~ family trait; ◇ в о́бщих ~а́х in outline, without going into details; за ~о́й бе́дности below the poverty line; подвести́ ~у́ draw a line (under).

чертёж *м.* drawing; draft, sketch; ~ на ка́льке tracing.

чертёжн|ик *м.*, **~ица** *ж.* draftsman*; **~ый** drawing *attr.*, ~ая доска́ drawing board; ~а я бума́га drawing paper.

чертёнок *м. разг.* imp.

черти́ть, начерти́ть (*вн.*) draw* (*smth.*); ~ план draw* a plan.

чёртов **1.** devil's; ~а дю́жина baker's dozen; **2.** *разг.* devilish, hellish.

черто́вск|и *разг.* devilishly, hellishly; ~ далеко́ it's a hell of a long way; я ~ го́лоден I'm devilishly hungry; **~ий** *разг.* devilish, hellish.

чертовщи́на *ж. разг.* devils, demons; *перен. разг.* devilry; idiocy.

чертополо́х *м. бот.* thistle(s).

чёрточка *ж.* **1.** line; **2.** (*дефис*) hyphen; **3.** (*характера*) feature, trait.

чертыха́ться *несов. разг.* swear*.

черче́ние *с.* drawing; техни́ческое ~ mechanical/technical drawing.

чеса́лка *ж. текст.* comb, combing machine.

чёсаный *текст.* combed, carded.

чеса́ть, почеса́ть (*вн.*) **1.** (*скрести*) scratch (*smth.*); **2.** *тк. несов.* (*причёсывать*) comb (*smth.*); **3.** *тк. несов.* (*лён, хлопок*) card (*smth.*); ◇ ~ язы́к (~о́м) chatter; **~ся**, почеса́ться **1.** scratch *oneself*; **2.** *тк. несов.* (*зудеть*) itch, **3.** *тк. несов. разг.* (*причёсываться*) do* *one's* hair; ◇ у него́ ру́ки че́шутся (+ *инф.*) he's itching (+ to *inf.*).

чесно́к *м. бот.* garlic.

чесо́тка *ж.* the itch: (*у животных*) the mange.

че́ствование *с.* (*рд.*) celebration (in honour of).

че́ствовать *несов.* (*вн.*) fete (*smb.*); celebrate in *smb.'s* honor, arrange a celebration in honor (of).

че́стн|о honestly; ~ отвеча́ть на вопро́с ans wer a question honestly; он ~ призна́л, что... he frankly admitted that...; поступи́ть ~ do* the honest thing; поступа́ть ~ по отноше́нию к *кому-л.* act fairly by *smb.*; **~о́й** *уст.* sanctified, sainted, saintly; мать ~а́я! *разг.* my sainted aunt!; **~ость** *ж.* honesty, (*правдивость тж.*) integrity; **~ый** honest; ~ые лю́ди fair-minded people; ~ые глаза́ honest eyes; ~ые наме́рения honest intentions; ~ый за́работок honest wage; ~ое и́мя good name; ◇ ~ое сло́во! honestly!, upon my word!, honest (it is) *разг.*; дава́ть ~ое сло́во give* one's word.

честолю́бец *м.* ambitious person.

честолюби́вый ambitious.

честолю́бие *с.* ambition.

чест|ь *ж.* honor; де́ло ~и matter of honor; ◇ в ~ *кого-л.*, *чего-л.* in honor of *smb.*, *smth.*, с ~ью вы́полнить *что-л.* honorably fulfil *smth.*, вы́йти с ~ью из *чего-л.* emerge with flying colors; счита́ю за ~ I consider it an honor; э́то де́лает вам ~ it does you credit: пора и ~ знать it's time to stop; (*о гостях*) it's time to be going; отдава́ть ~ *кому-л.* salute *smb.*

чёт *м.* even number.

чета́ *ж.* couple. pair; супру́жеская ~ married couple: ◇ не ~ *кому-л.* not *smb.'s* kind (at all), not in *smb.'s* style.

четве́рг *м.* Thursday; ◇ по́сле до́ждичка в ~ one fine day.

четвере́ньк|и *мн. разг.*: на ~ах on all fours; стать на ~ get* down on all fours.

четвёрка *ж.* **1.** (*цифра*) a four; **2.** (*отметка*) four out of five, a "good"; **3.** (*лодка*) four(-oar boat); **4.** (*лошадей*) four-in-hand; **5.** (*игральная карта*) the four (of).

че́тверо four; нас ~ there are four of us.

четвероно́гий *прил.* **1.** four-footed. **2.** *в знач. сущ. с.* quadruped.

четверости́шие *с.* quatrain.

четверти́нка *ж. разг.* quarter-liter bottle (of vodka or wine).

четверти́чный *геол.* quaternary.

четвертно́й **1.** quarter; **2.** *уст.* costing, worth 25 rubles.

четвертова́ть *несов.* quarter.

четвёртый the fourth.

че́тверт|ь *ж.* **1.** quarter; ~ ве́ка quarter of a century; ~ сто́имости quarter of the cost; ~ я́блока quarter of an apple; ~ ча́са quarter of an hour; ~ пе́рвого a quarter past twelve; без ~и ча́с a quarter to one; **2.** (*часть учебного года*) term; **3.** *муз.* (*нота*) crotchet, quarter note.

четвертьфина́л *м. спорт.* the quarter finals *pl.*

чётки *мн.* rosary *sg.*

чётк|ий **1.** (*отчётливый*) clear, distinct; (*разборчивый*) legible; ~ое изображе́ние clear image; ~ по́черк clear/legible handwriting; **2.** (*о звуках*) distinct; **3.** (*точный*) precise; ~ая формулиро́вка precise wording; **4.** (*хорошо организованный*) punctual, efficient; ~ое исполне́ние распоряже́ний prompt fulfillment of instructions; **~ость** *ж.* **1.** (*отчётливость*) clarity; (*разборчивость*) legibility; **2.** (*звуков*) distinctness; ~ость произноше́ния clear articulation; **3.** (*точность*) precision; (*точность исполнения*) efficiency, promptitude.

чётн|ый even; ~ые чи́сла even numbers.

четы́ре four; ◇ на все ~ сто́роны wherever one likes.

четыредеся́тница (*Великий Пост*) *ж.* Lent, the Great Fast.

четы́режды four times; ~ пять — два́дцать four times five is twenty; four fives are/make twenty.

четы́реста four hundred.

четырёхгоди́чный four-year *attr.*

четырёхгодова́лый four-year-old; of four *после сущ.*

четырёхголо́сый *муз.* four-part.

четырёхгра́нн|ик *м.* tetrahedron; **~ый** tetrahedral.

четырехдне́вный four-day *attr.*

четырёхкра́тн|ый fourfold; в ~ом разме́ре four times the amount.

четырёхле́т|ие *с.* **1.** (*период*) four years *pl.*, four-year period; **2.** (*годовщина*) fourth anniversary; **~ний 1.** (*о сроке*) four-year *attr.*; of four years *после сущ.*;, **2.** (*о возрасте*) four-year-old; of four *после сущ.*

четырёхме́стн|ый four-seater *attr.*; ~ая каю́та four-berth cabin/stateroom; ~ое купе́ compartment for four.

четырёхме́сячный 1. (*о сроке*) four month's; four-month *attr.*; **2.** (*о возрасте*) four-month-old; of four months *после сущ.*

четырёхмото́рный four-engined.

четырёхсо́тый four hundredth.

четырёхсто́пный *лит.*: ~ ямб iambic tetrameter.

четырёхсторо́нний quadrilateral.

четырёхта́ктный 1. *тех.* four-stroke; **2.** *муз.* four-beat.

четырёхуго́льн|ик *м.* quadrangle; **~ый** quadrangular.

четырёхэта́жный four-story *attr.*

четырнадцатиле́тний 1. (*о сроке*) fourteen-year *attr.*; of fourteen years *после сущ.*; **2.** (*о возрасте*) fourteen-year-old; of fourteen *после сущ.*

четы́рнадцатый fourteenth.

четы́рнадцать fourteen.

чех *м.* Czech.

чехарда́ *ж.* leapfrog; *перен. разг.* chapping and changing; министе́рская ~ cabinet reshuffling.

чехли́ть *несов.* cover.

чехо́л *м.* cover; covering, sheeting; брезе́нтовый ~ tarpaulin canvas cover; (*футляр*) case; (*для мебели*) slipcover, dustcover.

чехослова́цкий Czechoslovak(ian).

чечеви́|ца *ж.* lentil; **~чный** lentil *attr.*

чече́н|ец *м.*, **~ка** *ж.* Chechen; ~ский язы́к Chechen, the Chechen language.

чечётка *ж.* chechotka (kind of tap dance).

че́ш|ка *ж.* Czech woman*; **~ский** Czech; ~ский язы́к Czech, the Czech language.

чешу́йчатый scaly; squamose, lamellar.

чи́бис *м.* (*птица*) pewit, lapwing.

чиж *м.* (*птица*) siskin.

чи́жик *м.* **1.** *м.* чиж; **2.** (*детская игра*) tip-cat.

чили́ец *м.* Chilean.

чили́йский Chilean.

чин *м.* rank; быть в ~а́х hold, be of high rank; official; ◇ ~ом properly, fittingly; без ~о́в without ceremony.

чина́ра *ж.* plane tree.

чини́ть I, очини́ть, почини́ть (*вн.*) **1.** *сов.* почини́ть (*исправлять*) repair (*smth.*), mend (*smth.*); **2.** *сов.* очини́ть (*делать острым*) sharpen (*smth.*); ~ каранда́ш sharpen a pencil.

чини́ть II *несов.* (*устраивать*); ~ *кому-л.* препя́тствия put* obstacles in *smb.*'s way; ~ суд и распра́ву administer justice.

чи́нн|о decorously, ceremoniously, in a dignified manner; **~ый** dignified, decorous, ceremonious, well-ordered, proper.

чино́вни|к *м.* **1.** (government) official; **2.** (*бюрократ*) bureaucrat; **~ческий** official('s); **3.** (*бюрократический*) bureaucratic; **~чество** *с. разг.* officials, officialoom.

чину́ша *м. разг.* bureaucrat.

чи́псы *мн.* potato chips.

чи́рей *м. разг.* boil.

чири́к|ать *несов.* chirp, twitter; **~нуть** *сов.* give* a chirp.

чи́рк|ать, чи́ркнуть; strike sharply (against, on); ~ спи́чкой strike* a match; **~нуть** *сов. см.* чи́ркать.

чиро́к *м.* (*птица*) teal.

чи́сленн|ость *ж.* size; number, quatity; (*о войсках*) strength; о́бщая ~ total number; факти́ческая ~ actual number; шта́тная ~ number of regular staff; ~ населе́ния size of the population; ~остью в сто челове́к numbering a hundred persons, one hundred strong; **~ый** numerical; име́ть ~ое превосхо́дство (над) be* superior in numbers (to), have* numerical superiority (over).

числи́тель *м.* numerator; **~ное** *с. грам.* numeral; коли́чественное ~ное cardinal number: поря́дковое ~ное ordinal number; **~ный**: и́мя числи́тельное *грам.* numeral.

чи́слит|ься *несов.* **1.** (*иметься*) be*; (за *тв.*, *считаться за кем-л.*) be* to *smb.*'s account; кни́га ~ся за мной the book is in my name; **2.** (*значиться, состоять*) be* registered (as); ~ больны́м be* on the sick list/leave; ~ в спи́ске be* on the list, be* listed; **3.** (*считаться*) be* considered.

числ|о́ *с.* **1.** number; (*тж. грам.*); дро́бное ~ fractional number; нечётное ~ odd number; округлённое ~ round figure/number; дати́ровать за́дним ~о́м, date back, predate, antedate; полу́ченный бо́лее по́здним число́м post-dated; це́лое ~ whole number; ~ мест (*в аудитории, театре и т. п.*) seating capacity; в ~е́ прису́тствующих among those present; в ~е́ про́чих among others, в том ~é including; он не из ~á тех, котóрые... he is not one (+ to *inf.*); 2. (*дата*) date; пéрвое, вторóе *и т. д.* ~ (мéсяца) the first, second, *etc.* (day of the month); в пéрвых, послéдних чи́слах октября́ *и т. д.* early, late in October, *etc.*; какóе сегóдня ~? what is the day of the month?; ◇ без ~а in countless numbers.

числовóй numerical.

чисти́лище *с. церк.* Purgatory.

чисти́льщик *м.* cleaner; ~ сапóг boothlack, shoeblack.

чи́стить *несов.* (*вн.*) **1.** clean (*smth.*), (*щёткой*) brush (*smth.*); (*посуду, металл*) scour (*smth.*), scrub (*smth.*); (*лошадь*) curry (*smth.*); ~ башмаки́ shine*/polish *one's* shoes; ~ (*себе*) зу́бы clean/do* *one's* teeth; **2.** (*фрукты, овощи*) peel (*smth.*); (*орехи*) shell (*smth.*); (*рыбу*) scale (*smth.*); **~ся** *несов.* **1.** clean *oneself* up: **2.**: хорошó ~ся clean well.

чи́стк|а *ж.* **1.** cleaning; (*щёткой*) brushing; (*посуды, металла*) scouring, scrubbing; ~ óбуви boot polishing; отдавáть *что-л.* в ~у send* *smth.* to the cleaner's; **2.** (*фруктов, овощей*) peeling; (*орехов*) shelling; **3.** *полит.* purge.

чи́сто 1. *нареч.* (*опрятно, аккуратно*) neatly; ~ вы́мытый well-washed; ~ у́бранная кóмната neat/clean room; ~ сдéланный neatly done; 2. *нареч.* (*подлинно*) truly, purely; ~ по-матери́нски just like a mother; ~ матери́нское отношéние a truly maternal attitude; **3.** *в знач. сказ. безл.* it is clean.

чистови́к *м. разг.* fair copy.

чистовóй fair, clean; ~ экземпля́р fair copy.

чистогáн *м. разг.* cash, ready money.

чистокрóвный thoroughbred, purebred, pure blooded.

чистописáние *с.* calligraphy.

чистоплóтный clean; *перен.* pure, decent, upright.

чистоплю́й *м. разг.* sissy; fastidious person.

чи́стополь *с. разг.* open country.

чистопорóдный thoroughbred.

чистопрóбный pure (of gold or silver).

чистосердéчие *с.* frankness, sincerity, candor.

чистосердéчный frank, sincere, open-hearted, candid.

чистотá *ж.* cleanliness; *перен.* purity; ~ крáсок, ли́ний purity of color, line.

чи́ст|ый 1. clean; **2.** (*неразбавленный, без примеси*) pure; ~ спирт raw spirits *pl.*, pure alcohol; **3.** (*пустой, свободный*) clear; (*о пространстве*) open; (*неиспользованный*) new, fresh; ~ое пóле open fields *pl.*; ~ая страни́ца clean/fresh page; **4.** (*нравственно безупречный*) pure, high-minded, honest; **5.** *разг.* (*совершенный, подлинный*) sheer; ~ая прáвда the simple truth; ~ое мучéние sheer torture; **6.** (*о доходе и т. п.*) net, clear; ~ая при́быль clear/net profit; ~ вес net weight; ~ая при́быль текýщего гóда *эк.* current year profit, net income; ~ое инкáссо net encashment; ~ые издéржки обращéния pure costs of circulation; ◇ принимáть *что-л.* за ~ую монéту take* *smth.* at its face value, accept *smth.* in all good faith.

чистю́ля *м., ж. разг.* person with passion for cleanliness or tidiness.

читáемость *ж.* popularity, wide circulation (of literature).

читáемый widely-read, popular.

читáль|ный: ~ зал reading room; **~ня** *ж.* reading room.

читáтель *м.* reader; **~ский** reader's; ~ская конферéнция reader's conference.

читáть, прочéсть, прочитáть (*вн.*) read* (*smth.*); ~ про себя́ read* to *oneself*; ~ вслух read* aloud; ~ лéкцию give* a lecture; ~ лéкции lecture; ~ истóрию США lecture on the history of the USA; ~ доклáд read* a paper; ~ стихи́ recite poetry; ◇ ~ наставлéния *кому-л.* lecture *smb.*; ~ в *чьих-л.* сердцáх read* *smb.*'s heart; ~ мéжду строк read* between the lines.

читáться *несов.* read*; легкó ~ be*/make* easy reading, read* easily.

чи́тка *ж.* reading.

чих *м. разг.* sneeze.

чихáнье *с.* sneezing.

чихáть, чихнýть sneeze; ◇ ~ мне на негó! I don't give a damn for him!

чихнýть *сов. см.* чихáть.

чи́ще *сравнит. ст. прил.* чи́стый *и нареч.* чи́сто.

член *м.* **1.** (*часть тела*) limb; **2.** (*часть какого-л. целого*) part; глáвные ~ы предложéния main parts of a sentence; ~ пропóрции term of a proportion; **3.** (*организации и т. п.*) member: (*учёного общества тж.*) fellow; ~ профсою́за trade-union member; ~ пáртии Party member; ~ без прáва гóлоса non-voting member; ~ коллéгии collegium member, member of board; действи́тельный ~ member; почётный ~ honorary member; ~ы семьи́ members of the family; **4.** *грам.* (*артикль*) article.

членистонóгие *собир. зоол.* arthropoda.

члéнистый *зоол.* articulated, segmented.

члени́ть *несов.* divide into parts, articulate.

член-корреспондéнт *м.* corresponding member.

членовреди́тельство *с.* maiming, mutilation; self-mutilation.

членораздéльн|о clearly, distinctly; **~ый** articulate, distinct; ~ая речь articulate speech.

члéнский membership *attr.*; ~ билéт membership card; ~ взнос dues *pl.*

члéнство *с.* membership.

чмóк|ать, чмóкнуть 1. make* a sucking sound; (*губами от удовольствия*) smack *one's* lips; (*понукая лошадь*) chuck; **2.** (*издавать хлюпающие звуки*) squelch; грязь ~ала под ногáми the mud squelched underfoot; **3.** (*вн.*) *разг.* (*звучно целовать*) kiss (*smb.*); ~ *кого-л.* в щёку give* *smb.* a smacking kiss on the cheek; **~нуть** *сов. см.* чмóкать.

чо́каться, чо́кнуться clink glasses.

чо́кнутый odd, rum.

чо́кнуться *сов. см.* чо́каться.

чо́порность *ж.* primness; standoffishness, stiffness.

чо́порный prim, punctilious; (*напыщенный*) stiff, conventional.

чрева́тый pregnant, fraught; ~ тяжёлыми после́дствиями fraught with grave consequences; ~ опа́сностью fraught with danger.

чревовеща́ние *с.* ventriloquism, ventriloquy.

чревоуго́дник *м.* glutton, gourmand.

чрезвыча́йн|о extremely; **~ый 1.** extraordinary, exceptional; ~ое происше́ствие emergency; **2.** (*экстренный*) emergency *attr.*; ~ые ме́ры emergency measures; ~ое положе́ние state of emergency; ~ые полномо́чия emergency powers.

чрезме́рн|о too excessively; **~ый** excessive, inordinate, exorbitant.

чте́ние *с.* **1.** (*действие*) reading; **2.** (*читаемый текст*) reading matter; ~ ле́кций lecturing.

чтец *м.* reader; (*артист тж.*) reciter.

чти́во *с. разг.* reading matter.

чтить *сов.* (*вн.*) hold* (*smb.*, *smth.*) in esteem, revere (*smb.*, smth.); свя́то ~ па́мять *кого-л.* hold* the memory of *smb.* sacred.

что I *мест.* (*рд.* чего́, *дт.* чему́, *вн.* что, *тв.* чем, *пр.* о чём) **1.** what; ~ вы сказа́ли, купи́ли? what did you say, buy?; ~ с ва́ми? what's the matter with you?; а э́то ~ тако́е? and what is this?; чем вы нас пора́дуете? what's your good news?; чем объясни́ть э́то? what's the explanation of it?; чем могу́ служи́ть?; чем я могу́ быть вам поле́зен? what can I do for you?; в чём его́ обвиня́ли? what is he accused of?; за ~? what for?, why?; за ~ вы его́ оби́дели? why did you hurt his feelings?; на ~ вы наде́етесь? what are you counting on?; ~ то́лку, по́льзы в э́том? what's the good/use of that?; **2.** *в знач. нареч.* (*почему*) why?, what... for?; ~ он так кричи́т? why is he shouting?, what is he shouting for?; **3.** (*сколько*) what?; ~ сто́ит э́та кни́га? what does that book cost? **4.** *разг.* (*что-нибудь*) something, anything; е́сли ~ случи́тся if anything should happen; **5.** *относ.* what; (*который*) that; (и это) which; он зна́ет, ~ ему́ ну́жно he knows what he wants; я зна́ю, ~ вы име́ете в виду́ I know what you mean; я не зна́ю, ~ взять и ~ оста́вить I don't know what to take and what to leave; э́то всё, ~ я могу́ сказа́ть that is all (that) I can say; всё (то) ~ everything (that); всё то, ~ ну́жно everything *one* needs; дом, ~ сто́ит на берегу́ the house that stands on the bank; он не отве́тил, ~ меня́ удиви́ло he did not answer, which surprised me; ◇ ~ уго́дно, ~ попа́ло, ~ придётся anything; ~ бы́ло сил with all *one's* might; бежа́ть ~ есть ду́ху run* as fast as *one* can; ни за ~ never; not for the world; ни за ~ не догада́етесь you'll never guess; ни за ~ не пойду́ туда́ I wouldn't go there for the world; ~ вы! 1) (*неужели?*) you don't say so!; 2) (*отнюдь нет!*) not a bit of it!, oh, come!; ~ до меня́, ~ каса́ется меня́... as far as I am concerned...; ну и ~ ж(е)! all right!, way not?; ~ говори́ть! of course!; oh, yes!; ~ э́то за де́рево? what is (the name of) that tree?; ~ э́то за кни́ги? what books are those?; ~ (там) за шум? what is that noise?; ~ ли perhaps; пойти́ в кино́, ~ ли? what shall I do? go to the cinema?; взять такси́, ~ ли? suppose I take a taxi?; ~ ни стро́чка, то оши́бка there is not a single line without a mistake; ~ ни день, пого́да меня́ется the weather is never the same two days running; ~ бы ни случи́лось whatever happens; ни при чём nothing to do with it; ни за ~ ни про ~ (all) for nothing; здесь не́ на ~ сесть, не́ на чем сиде́ть there is nothing to sit on here; на ~ (уж), уж на ~ though; уж на ~ до́брый, а рассерди́лся kind though he is, he lost his temper; с чего́ бы ему́...? why should he...?; с чего́ вы взя́ли, ~ я бо́лен? what put it into your head that I was ill?

что II *союз* **1.** that (*часто опускается*); он сказа́л, ~ придёт he said he would come; я слы́шал, ~ он хоро́ший специали́ст I understand (that) he is an expert; я наде́юсь, ~ вы не отка́жете I trust/hope you will not refuse; чемода́н тако́й тяжёлый, ~ я не могу́ подня́ть его́ the case is so heavy I can't lift it; то, ~ он спосо́бный, никто́ не отрица́ет no one denies his ability; меня́ не удивля́ет, ~ он простуди́лся I am not surprised that he caught cold; **2.** (ли... ли) whether... or; ~ ты пойдёшь, ~ я — всё равно́ it makes no difference whether you go or I do.

чтоб *см.* что́бы.

что́бы 1. *союз* (*цели*) so as to, in order to; so that; он наде́л очки́, ~ лу́чше ви́деть he put on his spectacles so as to see better; встать ра́но, ~ попа́сть на по́езд get* up early (in order) to catch the train; ~ не разбуди́ть его́ so as not to wake him: я подви́нусь, ~ вам бы́ло лу́чше ви́дно I'll move so that you can see better; **2.** *союз* (*изъяснительный*) that (*smb.*) should, *передаётся тж. оборотом с инфинитивом*, я предполага́ю, ~ докла́д сде́лал он I suggest that he should give the lecture; я хоте́л бы, ~ докла́д сде́лал он I should like him to give the lecture; скажи́те ему́, ~ он ушёл tell him to go away; он наста́ивает на том, ~ пойти́ he insists on going; не мо́жет быть, ~ он э́то сказа́л! he couldn't have said that!; **3.** *частица*: ~ э́того бо́льше не́ бы́ло! it must never happen again!; ◇ без того́ ~ without (+ -ing); для того́ ~, с тем ~, так ~ so that; вме́сто того́ ~ instead of (+ -ing).

что-ли́бо, что-нибу́дь something; (*в вопросе и при отрицании*) anything; два часа́ с чем-нибу́дь over two hours; нет ли чего́-нибу́дь почита́ть? have you anything for me to read?

что́-то I *мест.* something.

что́-то II *нареч. разг.* **1.** (*в некоторой степени*) rather, a bit: quite; мне ~ нездоро́вится I don't feel quite well somehow; вы ~ неве́селы you seem (a bit) depressed; **2.** (*почему-то*) somehow, for some reason; мне ~ не ве́рится somehow I can't believe; ~ не по́мню I don't seem to remember, I'm afraid I don't remember; **3.** (*приблизительно*) about, something like.

чу hark!, listen!

чуб *м.* forelock.

чубу́к *м.* **1.** stem (of smoking pipe); chibouk; **2.** grape stalk.

чува́к *м. уст. жарг.* boy, kid, young man; boy friend.

чува́ш *м.*, **~ка** *ж.* Chuvash; **~ский** Chuvash; ~ский язы́к Chuvash, the Chuvash language.

чуви́ха *ж. уст. жарг.* girl, young woman; girl friend.

чу́вственн|ость *ж.* sensuality; **~ый** sensual; sense *attr.*; ~ое восприя́тие sense perception.

чувстви́тельн|ость *ж.* **1.** (*восприимчивость*) sensitivity; **2.** (*впечатлительность*) sensitiveness, sensibility; **3.** (*сентиментальность*) sentimentality; **~ый 1.** (*восприимчивый*) sensitive; ~ая ко́жа sensitive skin; ~ый прибо́р sensitive apparatus; ~ое место tender spot; **2.** (*впечатлительный*) sensitive; **3.** (*сентиментальный*) sentimental; **4.** *разг.* (*ощутимый*) appreciable; ~ый уда́р severe/body blow; ~ая утра́та deeply-felt loss.

чу́вств|о *с.* **1.** sense; (*ощущение*) sensation; (*переживание, отношение*) feeling; (*эмоция*) emotion; пять чувств the five senses; о́рганы чувств sense organs; ~ бо́ли, хо́лода, го́лода sensation of pain, cold, hunger; ~ го́рдости feeling of pride; ~ оби́ды sense of injury; ~ до́лга, отве́тственности, че́сти, ю́мора, ме́ры sense of duty, responsibility, honor, humor, proportion; ~ но́вого sense of the new ~ со́бственного досто́инства (feeling of) self-respect; зло́е ~ resentment; пода́вленные ~а a pent-up, repressed feelings; **2.** (*сознание*) consciousness; приходи́ть в ~ recover consciousness; приводи́ть *кого-л.* в ~ bring* *smb.* round; быть без чувств be* unconscious; па́дать без чувств fall* unconscious to the ground; faint; лиша́ться чувств lose* consciousness; **3.** (*любовь*) feeling, love.

чу́вств|овать, почу́вствовать (*вн.*) **1.** feel* (*smth.*); (*воспринимать чутьём тж.*) sense (*smth.*); ~ го́лод, уста́лость, ра́дость *и т. д.* feel* hunger, exhaustion, joy *etc.*; он ~овал, как к нему́ возвраща́ются си́лы he felt his strength returning; ~ отве́тственность за *что-л.* feel* responsibility for *smth.*; ~ прису́тствие *кого-л.* sense *smb.*'s presence; **2.** (*осознавать*) feel* (*smth.*), be* aware (of); ◇ ~ себя́ feel*; ~ себя́ больны́м feel* ill; как вы себя́ ~уете? how do you feel?; дава́ть *кому-л.* ~ *что-л.* make* *smb.* feel *smth.*; дава́ть себя́ ~ make* itself felt; **~оваться** *несов.* be* noticeable, one can feel; в его́ слова́х ~уется уве́ренность one can feel the confidence in his words; ~уется влия́ние среды́ the influence of *smb.*'s surroundings is noticeable.

чувя́ки *ед.* slippers.

чугу́н *м.* **1.** cast iron; **2.** (*сосуд*) cast-iron kettle/pot; **~ный** cast-iron *attr.*, iron *attr.*

чугунолите́йн|ый iron *attr.*; ~ое произво́дство iron production; ~ цех iron foundry.

чуда́к *м.* eccentric, crank, strange person: како́й вы ~! how cranky you are!

чуда́чество *с.* eccentricity; strangeness; *мн.* funny ways.

чуда́чка *ж. см.* чуда́к.

чуде́сный 1. (*сверхъестественный*) miraculous; **2.** (*замечательный*) wonderful, marvellous, splendid; ~ наро́д splendid/wonderful people.

чуди́ла *м., ж. жарг.* kook, oddball, screwball.

чуди́ть *несов. разг.* behave eccentrically, oddly; clown, act the fool.

чу́д|иться, почу́диться *обыкн. безл.*: мне ~ится (*зрелище, звук*) I seem to see, hear; (*представляется*) I imagine myself; мне почу́дилось it seemed to me; мне почу́дилось, что кто-то идёт I thought I heard somebody come in.

чу́дн|о *разг.* **1.** *нареч.* strangely; **2.** *в знач. сказ. безл.* it is funny/strange; ~! funny!; it's odd, queer! ~ой *разг.* queer, strange; (*смешной*) funny; ~ наро́д funny/strange/lot.

чу́дный wonderful, marvelous, splendid.

чу́д|о *с.* miracle; (*что-л. небывалое тж.*) wonder; (*о человеке*) prodigy, paragon; ~еса́ герои́зма, те́хники miracles of heroism, technical achievement; он спа́сся каки́м-то ~ом he had a miraculous escape; твори́ть ~еса́ work wonders; она́ ~ как хороша́! she's divinely beautiful!

чу́до-богаты́рь *м.* hero.

чудо́вищ|е *с.* monster (*тж. о человеке*); monstrosity; **~ный** monstrous; (*огромный, гигантский*) huge, enormous; ~ое преступле́ние abominable crime/offense; ~ный аппети́т tremendous appetite.

чудоде́й *м.* **1.** *уст.* miracle worker; **2.** *разг.* crank.

чудоде́йственный miraculous.

чу́дом *нареч.* miraculously; ~ спасти́сь be saved by a miracle.

чу́до-ю́до *с. фолькл.* monster.

чужа́к *м. разг.* stranger; alien; interloper.

чужби́н|а *ж.* strange/alein land; foreign parts *pl.*; на ~е in a strange land; in foreign parts.

чужда́ться *несов.* (*рд.*) shun (*smb.*, *smth.*), avoid (*smb.*, *smth.*).

чу́жд|ый 1. (*дт.*, для *рд.; противоположный по духу, сущности*) alien (to), foreign (to); ~ая идеоло́гия alien ideology; он ~ нам челове́к he is not one of us; он мне соверше́нно чужд we have nothing whatever in common; честолю́бие ему́ ~о ambition is alien/foreign to his nature; **2.** (*рд.; лишённый чего-л.*) devoid (of), free (from); челове́к, ~ честолю́бие a man* devoid of ambition.

чужезе́мец *м.* foreigner, stranger.

чужезе́мный *уст.* foreign.

чужеро́дный alien, foreign.

чужестра́нец *уст. см.* чужезе́мец.

чуж|о́й *прил.* **1.** (*принадлежащий другому*) other people's; another's; belonging to someone else *после сущ.*; ~а́я со́бственность other people's property; э́то ~а́я кни́га this book is not mine, this book doesn't belong to me; под ~и́м и́менем under an assumed name; на ~ счёт at someone else's expense; ще́дрость за ~ счёт vicarious generosity; **2.** (*чуждый, посторонний*) strange, unfamiliar; ~и́е лю́ди strangers; он нам ~ he is not one of us; ~ мужчи́на, ~а́я же́нщина stranger, strange man*, woman*; **3.** (*не являющийся родиной*) strange, foreign, alien; (*иностранный*) foreign; ~ язы́к foreign language; ~и́е обы́чаи strange/alien customs; **4.** *в знач. сущ. с.* other people's property; **5.** *в знач. сущ. м.* strangers; ◇ знать *что-л.* с ~и́х слов learn* *smth.* from hearsay; повторя́ть, расска́зывать с ~и́х слов repeat what *one* has heard, repeat what *one* has been told; ~и́ми рука́ми де́лать *что-л.* get* *smth.* done for *one*.

чуко́тский 1. Chukotka *attr.*; **2.** Chukchi; ~ язы́к Chukchi language.

чу́кча *м.* и *ж.* Chukchi.

чула́н *м.* storeroom, box room; closet, lumber room.

чулки́ *мн.* (*ед.* чуло́к *м.*) stockings; ажу́рные ~ fishnet stockings.

чуло́чн|ый: ~ые изде́лия hosiery *sg.*; ~ая фа́брика stocking factory.

чум *м.* rawhide tent.

чума́ *ж.* plague; (*у собак*) distemper.

чума́зый *разг.* grimy, grubby, dirty.

чумно́й 1. plague *attr.*; **2.** (*заражённый чумой*) plague-infected.

чумово́й *жарг.* crazy, half-witted.

чур: ~ я пе́рвый! *дет.* bags I or I bags first place!

чура́ться *несов.* (*ед.*) shun (*smb.*), fight* shy (of), avoid, steer clear (of), avoid, steer clear (of).

чурба́н *м.* **1.** block; **2.** *бран.* blockhead.

чу́рка *ж.* small block, bilet.

чу́ткий 1. (*восприимчивый*) keen, sensitive; **2.** (*чувствительный, быстро реагирующий*) sensitive; **3.** (*отзывчивый*) sympathetic, responsive; ~ това́рищ sympathetic friend; ~ подхо́д sympathetic approach; ◇ ~ сон light sleep/slumber.

чу́тк|о (*внимательно*) keenly; ~ относи́ться к *кому-л.* treat *smb.* with sympathy/understanding; **~ость** *ж.* **1.** (*восприимчивость*) sensitivity; (*слуха и т. п. тж.*) keenness; **2.** (*отзывчивость*) sympathy, understanding; проявля́ть ~ость show* consideration.

чуто́к *нареч. разг.* a little.

чу́точк|а *ж. разг.*: ни ~и (не) not a bit, not in the least; ~у a little, a tiny bit; подожди́(те) ~у! wait just a moment!

чуть 1. *нареч.* (*едва*) scarcely, hardly; (*еле*) barely; (*немного*) a little; ~ ви́дно barely visible; ~ живо́й half-dead; ~ заме́тный barely perceptible; ~ заме́тная улы́бка the ghost of a smile; **2.** *союз* (*как только*) hardly, scarcely; ◇ ~ бы́ло не... almost; ~ (ли) не very nearly; ~ не весь almost the whole; ~ что 1) (*если что-л. случится*) on the slightest pretext; 2) (*почти*) nearly.

чутьё *с.* (*у животных*) scent, nose; *перен.* intuition, instinct, flair; вну́треннее ~ gut feeling.

чуть-чуть just a little, a tiny bit.

чухо́нец *м.* уст. Finn.

чу́чело *с.* **1.** (*животного*) stuffed animal; (*птицы*) stuffed bird; **2.** (*пугало*) scarecrow (*тж. перен.*).

чу́шка 1. *разг.* piglet; **2.** *тех.* pig, ingot, bar.

чушь *ж. разг.* nonsense, rubbish.

чу́|ять *несов.* (*вн.*) **1.** (*о животных*) scent (*smth.*); **2.** *разг.* (*чувствовать, ощущать*) feel* (*smth.*); **3.** *разг.* (*чувствовать, ощущать*) feel* (*smth.*); (*догадываться*) guess (*smth.*), suspect (*smth.*); ~яло моё се́рдце! my heart told me!; ~ет моё се́рдце, что... I have a presentiment that...; ◇ ног под собо́й не ~ 1) (*от радости, волнения*) be* walking on air; 2) (*от усталости*) be* whacked out.

чьё, **чьи**, **чья** *см.* чей.

Ш

ша́баш I *м.* **1.** *рел.* Sabbath; **2.** witches' sabbath; *перен. тж.* orgy.

шаба́ш II *II.* **1.** *уст. разг.* end of work, knocking-off time; **2.** *в знач. сказ.* that's enough!, that'll do!

шаба́шить *несов. разг.* moonlight, make a bit on the side.

ша́бер *м. тех.* scraper.

шабло́н *м.* template; (*трафарет*) stencil: pattern (*тж. перен.*); по ~у on conventional lines, according to pattern; **~ность** *ж. перен.* triteness, banality; **~ный** standard; *перен. тж.* conventional, trite, banal; ◇ рабо́тать по ~у work by rote, work mechanically.

шаг *м.* **1.** step; (*крупный*) stride; (*как мера длины*) pace; *мн.* (*звук шагов*) (foot)steps; больши́ми ~а́ми with long strides; идти́ больши́ми ~а́ми stride*/swing* along; **2.** (*действие, поступок*) step; необду́манный ~ thoughtless step; де́лать, предпринима́ть ~и́ take* steps; **3.** *тех.* (*винта, нарезки*) pitch; ~ перфора́ции perforation pitch; **4.** прыжо́к ~ом *спорт.* running jump; ◇ первые ~и́ first steps; early stage *sg.*; сде́лать ~ take* a step; ~ за ~ом step by step; на ка́ждом ~у at every step; два ~а (*очень близко*) it is only a step; в двух ~а́х от *чего-л.* a few steps away from *smth.*; не отходи́ть ни на ~ от *кого-л.* never move from *smb.*'s side; ни ~у! stay where you are!; ни ~у да́льше! not another step!; ~у не сде́лать для *кого-л.*, *чего-л.* ~ not lift a finger to help *smb.*, *smth.*; ~ом марш! quick march!

шаг|а́ть *несов.* **1.** (*делать шаги*) step; walk, stride; **2.** (*ходить размеренным шагом*) stride*, pace; **3.** (*развиваться*) make* progress; бы́стро ~ по пути́ прогре́сса make* rapid strides along the road of progress; **4.** (че́рез *вн.*; *переступать*) step (across, over); **~а́ющий** *тех.* self-propelled; **~ну́ть** *сов.* step, take* a step; ~нуть че́рез поро́г step across the threshold; ◇ далеко́ ~нуть go* far.

шага́ющий: ~ экскава́тор self-propelled excavator.

ша́гом at a walk; (*о лошади*) at a walking pace; slowly; идти́ ~ proceed at a walk; ~ марш! *воен.* quick march!

шагоме́р *м.* pedometer.

шагре́невый shagreen leather.

шагре́нь *ж.* shagreen leather.

шажко́м *нареч. разг.* taking short steps.

ша́йба *ж.* **1.** *тех.* washer; (*прокладка*) spacer; **2.** *спорт.* puck; хокке́й с ~ой ice hockey.

ша́йка I *ж.* (*группа*) gang.

ша́йка II *ж.* (*для воды*) small tub.

шайта́н *м.* evil spirit.

шака́л *м. зоол.* jackal.

шала́нда *ж.* **1.** scow; **2.** shalanda (flat-bottomed Black Sea fishing boat).

шала́ш *м.* tent/shelter of branches, cabin.

шал|и́ть *несов.* **1.** fool about; (*о детях тж.*) be* naughty; **2.** *разг.* (*неправильно действовать*) give* trouble, be* troublesome; go crazy; ◇ нет, ~и́шь! no, you don't!

шаловли́вый mischievous, prankish, playful.

шалопа́й *м. разг.* good-for-nothing, ne'er-do-well, idler.

ша́лость *ж.* prank, mischief, naughtiness.

шалу́н *м.* scamp; (*о ребёнке тж.*) imp, naughty child.

шалу́нья *ж. см.* шалу́н.

шалфе́й *м. бот.* sage.

ша́лый *разг.* mad, crazy.

шаль *ж.* shawl.

шальн|о́й **1.** mad, crazy, wild; **2.**: ~а́я пу́ля stray bullet; ~ы́е де́ньги easy money.

шама́н *м.* shaman, medicine man*.

шама́ть *несов. жар.* eat.

ша́мкать *несов. разг.* mumble.

шамо́т *м. тех.* fireclay.

шампа́нское *с.* champagne.

шампиньо́н *м.* field mushroom.

шампу́нь *м.* shampoo.

шанкр *м. мед.* chancre.

шанс *м.* chance; ~ы на успе́х every prospect of success; ма́ло ~ов на успе́х not much hope of success; не име́ть никаки́х ~ов not have the slightest chance.

шансоне́тка *ж.* **1.** song; **2.** singer.

шанта́ж *м.* blackmail.

шантаж|и́ровать *несов.* (*вн.*) blackmail (*smb.*); **~и́ст** *м.* blackmailer.

шантрапа́ *м., ж. разг.* worthless individual; scrum, riffraff.

ша́пка *ж.* **1.** hat; ~ воло́с mop/shock of hair; ~-уша́нка hat with earflaps; мехова́я ~ fur hat; **2.** (*заголовок в газете*) headline; **3.** (*верх чего-л.*) crown, top; ◇ ~-невиди́мка cap of invisibility; ~ми закида́ем it'll be a walk-over; на воре́ ~ гори́т guilty conscience gives itself away; получи́ть по ~е receive a blow, be sacked, fired.

шапокля́к *м.* opera hat.

ша́почка *ж.* cap; ◇ Кра́сная ~ Little Red Riding Hood.

ша́почн|ый hat attr.; ◇ ~ое знако́мство bowing acquaintance; прийти́ к ~ому разбо́ру arrive when the show/party is over.

шар *м.* **1.** ball; бильярдный ~ billiard-ball; **2.** *мат.* sphere, globe; ◇ земно́й ~ the globe; хоть ~о́м покати́ bare as a bone, not a thing (in the house).

шара́да *ж.* charade.

шара́хаться, шара́хнуться *разг.* **1.** start, recoil; (*о лошади тж.*) shy: ~ в сто́рону plunge to the side; ~ из стороны́ в сто́рону plunge from side to side: **2.** *тк. несов.* (от *рд; сторониться, избегать*) shun (*smb.*), keep* away (from).

шара́хнуться *сов. см.* шара́хаться 1.

шарж *м.* caricature; дру́жеский ~ harmless, well-meant caricature; **~и́ровать** *несов.* caricature; exaggerate; (*об актере*) overact.

шар-зонд *м.* sounding balloon.

ша́рик *м.* ball; globule *научн.*; ◇ кровяны́е ~и blood corpuscles; **~овый**: ~овая ру́чка ballpoint (pen), biro.

шарикоподши́пник *м.* ball bearing; **~овый** ball bearing *attr.*

ша́рить *несов.* fumble, rummage; ~ в карма́не feel/fumble in *one's* pocket.

ша́рканье *с.* shuffing.

ша́рк|ать, ша́ркнуть: ~ нога́ми shuffle (*one's* feet), click *one's* heels; **~нуть** *сов. см.* ша́ркать.

шарлата́н *м.* charlatan, impostor; (*о докторе тж.*) quack; **~ство** *с.* imposture, hocus-pocus; (*в медицине тж.*) quackery.

шарло́тка *ж. кул.* charlotte.

шарма́н|ка *ж.* barrel organ, hand organ; **~щик** *м.* organ-grinder.

шарни́р *м. тех.* hinge, join; на ~ах hinged; быть как на ~ах be on edge, be restless, fidget; ~ный болт link bold; ~ кла́пан flap valve.

шарова́ры *мн.* wide trousers; (*спортивные*) track-suit trousers.

шарови́дный globe-shaped.

шаров|о́й spherical, globular, ball-shaped; ~а́я мо́лния ball lightning; ~ово́е соедине́ние ball and socket join.

шаромы́га *м., ж. разг.* parasite; rogue, scoundrel.

шаромы́жник *м. см.* шаромыга.

шарообра́зный globe-shaped.

шарф *м.* scarf*, muffler.

ша́сси *с. нескл. тех.* **1.** carriage, underframe; ~ автомоби́ля chassis; **2.** (*самолёта*) undercarriage.

ша́стать *несов. разг.* roam, hang about.

шата́ние *с.* **1.** (*качание*) swaying, swinging; **2.** *разг.* (*бесцельная ходьба*) roaming; **3.** (*непостоянство, колебание*) vacillation, wavering; shilly-shallying *разг.*

шат|а́ть *несов.* **1.** (*вн.*) sway (*smth.*), rock (*smth.*); **2.** *без.*: его́ ~а́ет he is reeling/staggering; **~а́ться** *несов.* **1.** (*качаться из стороны в сторону*) sway, swing*, rock; **2.** (*покачиваться при ходьбе*) stagger; ~а́ясь встать (*на ноги*) stagger to *one's* feet; **3.** (*о мебели и т. п.*) be* shaky; (*о зубе*) be* loose, be* coming out; *перен.* be* shaken, be* rocking on its foundations; **4.** *разг.* (*бродить без дела*) roam; где ты ~а́ешься? where do you spend your time?

шате́н *м.* brown-haired man*; **~ка** *ж.* woman* with brown/auburn hair.

шатёр *м.* tent, marquee.

ша́тк|ий unstable; (*неустойчивый*) rickety; (*о походке*) unsteady; *перен.* (*неосновательный*) shaky; (*непостоянный*) wavering, unstable; ~ая ле́стница rickety stairs; ~ до́вод shaky argument; ~ое положе́ние precarious position; ~е убежде́ния lacking the courage of *one's* convictions; **~ость** *ж.* unsteadiness; shakiness; *перен.* instability; vacillation.

шату́н *м. тех.* connecting-rod.

ша́фер *м.* best man (at wedding).

шафра́н *м. бот.* saffron.

шах I *м.* (*титул*) shah.

шах II *м. шахм.* check.

ша́хер-ма́хер *м. разг.* shady deal.

шахмати́ст *м.* chess player.

ша́хматн|ый chess attr.; ~ая доска́ chessboard; ~ые фигу́ры chessmen; ~ турни́р chess tournament; в ~ом поря́дке arranged chessboard fashion, staggered.

ша́хматы *мн.* **1.** (*игра*) chess *sg.*; **2.** (*фигуры*) chessmen; (*полный комплект*) set of chessmen.

ша́хта *ж.* **1.** (*предприятие*) mine, pit; у́гольная ~ coal mine; **2.** (*колодец, ствол*) shaft.

шахтёр *м.* miner; **~ский** miner's, miners'.

ша́шечн|ый checkers *attr.*; ~ая доска́ checker-board.

ша́шк|а I *ж.* **1.** checker (piece)*; **2.** *мн.* (*игра*) checkers; игра́ть в ~и play checkers.

ша́шка II *ж.* (*оружие*) sword.

шашлы́к *м.* shashlik, mutton grilled on a spit.

ша́шни *собир. разг.* tricks; amorous intrigues; affair; завести́ ~ take up with.

шва́бра *ж.* mop.

шварто́в *м. мор.* mooring line; отда́ть ~ы́ cast* off.

швартова́ться *несов.* moor, berth, tie up.

шварто́вк|а *ж.* mooring, berthing; ме́сто ~и berthing place.

швед *м.*, **~ка** *ж.* Swede; **~ский** Swedish; ~ский язы́к Swedish, the Swedish language.

шве́йн|ик *м.* clothing-industry worker; **~ый** sewing *attr.*; ~ая маши́на sewing machine; ~ая фа́брика clothing factory; ~ые изде́лия clothing sg.

швейца́р *м.* doorkeeper, hall porter.

швейца́р|ец *м.*, **~ка** *ж.* Swiss; **~ский** Swiss; ~ский сыр gruyere.

швея́ *ж.* seamstress; **~-мотори́стка** *ж.* electric sewing-machine operator.

швырну́ть *сов. см.* швыря́ть.

швыр|я́ть, швырну́ть **1.** (*вн., тв.; бросать*) fling* (*smth.*); **2.** *обыкн. безл.*: ло́дку ~я́ло на волна́х the boat was tossing/rocking on the waves; ◇ ~ деньга́ми squander *one's* money, throw* *one's* money away; **~я́ться** *несов.* (*тв.*) *разг.* **1.** (*бросаться*) fling* (*smth.*) (at one another); **2.** (*не дорожить*) throw* (*smth.*) away; ~ деньга́ми fling *one's* money about.

шевел|и́ть, шевельну́ть **1.** (*вн.; приводить в лёгкое движение*) move (*smth.*), stir (*smth.*) (*тж. перен.*); **2.** (*тв.; слегка двигать*) stir (*smth.*); **3.** *тк. несов.* (*шуршать*) rustle; **4.** *тк.*

несов.: ~ сéно turn/tend hay; ◇ он пáльцем не шевельнёт he wouldn't lift a finger; шевелú вёслами! get a move on!; **~úться**, шевельнýться **1.** stir (*тж. перен.*); move; не ~я́сь without stirring/moving; motionless; лúстья шевéлятся от вéтра the leaves stir in the breeze; **2.** *тк. несов.*: ~úсь! look lively!

шевельнýть *сов. см.* шевелúть 1, 2; **~ся** *сов. см.* шевелúться 1.

шевелю́ра *ж.* head of hair; пы́шная ~ fine head of hair.

шевиóт *м. текст.* cheviot.

шеврó *с. нескл.* kid; **~вый** kid *attr.*

шедéвр *м.* masterpiece.

шезлóнг *м.* deck chair.

шéйка *ж.* neck; *тех.* pin.

шéйный neck *attr.*; ~ позвонóк jugular vertebra.

шéйпинг *м.* working out, shaping-up, keeping-fit.

шейх *м.* sheikh.

шéкель *м.* chekel.

шéлест *м.* rustle.

шелестéть *несов.* rustle.

шёлк *м.* silk; *перен.* velvet; (*о человеке*) gentleness itself; ~ сырéц raw silk; искýсственный ~ artificial/rayon silk; на шелкý silk-lined; ◇ в долгý как в шелкý up to *one's* neck in debt.

шелковúнка *ж.* silk thread.

шелковúстый silky.

шелковúчный: ~ червь silkworm.

шелковóд *м.* silkworm breeder, silk grower; **~ство** *с.* silkworm breeding, silk culture, sericulture; **~ческий** sericulture *attr.*

шёлковый 1. silk *attr.*; **2.** (*напоминающий шёлк*) silky; silken *поэт.*; **3.** *разг.* (*кроткий, послушный*) sweet-tempered.

шелкопря́д *м.* **1.** silkworm, silkworm moth; bombyx *зоол.*; **2.** (*вредитель деревьев*): соснóвый ~ pine moth; непáрный ~ Gypsy moth.

шёлкоткацк|ий silk-weaving; ~ая фáбрика silk-weaving factory.

шелохн|ýться *сов.* stir; стоя́ть не ~ýвшись stand* motionless, stand* very still.

шелудúвый *разг.* mangy.

шелухá *ж.* husk(s); *перен.* rubbish; картóфельная ~ potato peeling *pl.*

шелушéние *с.* peeling, shelling.

шелушúть *несов.* (*вн.*) **1.** husk (*smth.*), peel (*smth.*); **2.** (*заставлять шелушиться*) make* (*smth.*) peel; **~ся** *несов.* peel off, come off.

шéльма *м., ж. разг.* rascal, scoundrel.

шельмовáть, ошельмовáть (*вн.*) *разг.* throw* mud (at), blackguard (*smb.*), blacken.

шепеля́в|ить *несов.* lisp; **~ый** lisping, hissing.

шепнýть *сов. см.* шептáть.

шёпот *м.* whisper.

шёпотом in a whisper; говорúть ~ speak* in a whisper; (*о нескольких людях*) speak*/talk in whispers; сказáть *что-л.* ~ whisper *smth.*

шептáть, шепнýть, прошептáть (*вн.*) whisper (*smth.*); ~ нá ухо *кому-л.* whisper in *smb.*'s ear; **~ся** *несов.* whisper.

шептýн *м. разг.* **1.** one who speaks in a whisper; **2.** *перен.* whisperer, tell-tale, informer.

шербéт *м.* sherbet.

шерéнг|а *ж.* **1.** rank; в две ~и in two ranks; **2.** (*длинный ряд предметов*) line, row; ◇ стоя́ть в однóй ~е с *кем-л.* 1) take* part with *smb.*; 2) (*иметь одинаковое достоинство*) rank with *smb.*

шерúф *м.* sheriff.

шероховáт|ость *ж.* roughness; *перен.* unevenness, blemish; **~ый** rough; *перен.* (*о стиле*) unpolished, inadequate.

шерстúнка *ж.* woollen thread; strand of wool; (*волосок*) hair.

шерстопрядúльн|ый wool-spinning; ~ая фáбрика wool-spinning factory.

шерст|ь *ж.* **1.** (*овцы*) wool; (*собаки*) hai (*кошки*) fur; **2.** (*пряжа*) wool; **3.** (*ткань*) cloth, woollen material/stuff; worsted; ◇ глáдить *кого-н.* прóтив ~и rub someone up the wrong way.

шерстян|óй woollen; ~ые ткáни woollens, woollen goods; ~óе плáтье woollen dress.

шершáв|ый rough; ~ые рýки rough hands; ~ая ткань coarse-textured/tweedy cloth.

шéршень *м. зоол.* hornet.

шест *м.* pole; пры́жок с ~ом pole jump.

шéствие *с.* procession; *перен.* march, progress.

шéствовать *несов.* march (solemnly), walk.

шестерёнка *ж. см.* шестерня́.

шестерúть *несов. жарг.* be at *smb.*'s beck and call; try to pick up brownie points.

шестёрка *ж.* **1.** (*цифра*) a six; **2.** *ав.* flight of six (planes); **3.** (*упряжка*) team of six horses; **4.** (*лодка*) six-oar boat; **5.** (*игральная карта*) the six (of); **6.** *жарг.* obsequious behavior.

шестерня́ *ж. тех.* gear, cogwheel; (*меньшее колесо из пары*) pinion; (*велосипеда*) chain-wheel.

шéстеро six; нас ~ there are six of us.

шестигрáнник *м.* hexahedron.

шестидесятилéт|ие *с.* **1.** (*период*) sixty years *pl.*; **2.** (*годовщина*) sixtieth anniversary; **~ний 1.** (*о сроке*) sixty-year *attr.*; of sixty years *после сущ.*; **2.** (*о возрасте*) sixty-year-old; of sixty *после сущ.*

шестидеся́тник *м. ист.* man of the sixties.

шестидеся́т|ый sixtieth; ~ые гóды the sixties.

шестикрáтн|ый sixfold; в ~ом размéре sixfold.

шестилéтний 1. (*о сроке*) six-year *attr.*; of six years *после сущ.*; **2.** (*о возрасте*) six-year-old; of six *после сущ.*

шестимéсячный 1. (*о сроке*) six months'; six-month *attr.*; **2.** (*о возрасте*) six-month-old; of six months *после сущ.*

шестинедéльный 1. (*о сроке*) six-week *attr.*; **2.** (*о возрасте*) six-week-old; of six weeks *после сущ.*

шестисóтый six-hundredth.

шестистóпный: ~ ямб *лит.* alexandrine.

шестиуго́льный *м.* hexagon; ~ый hexagonal.

шестнадцатиле́тний **1.** (*о сроке*) sixteen-year *attr.*; of sixteen years *после сущ.*; **2.** (*о возрасте*) sixteen-year-old; of sixteen *после сущ.*

шестна́дцатый sixteenth.

шестна́дцать sixteen.

шесто́й sixth.

шестопса́лмие *с. рел.* The Six Psalms.

шесть six.

шестьдеся́т sixty.

шестьсо́т six hundred.

шеф *м.* **1.** *разг.* chief, boss; **2.**: ~-по́вар chef, head cook; **3.** (*предприятие, взявшее шефство*) sponsor, patron.

шефмонта́ж *м. стр.* supervision of erection, contract supervision; по́лный ~ complete supervision of erection work.

шефперсона́л *м.* supervisory personnel.

ше́ф|ский voluntary-assistance *attr.*; **~ство** *с.* sponsorship, patronage; взять ~ство над *кем-л.* give* voluntary assistance to *smb.*; **~ствовать** *несов.* (над *тв.*) be* patron (of), give* voluntary assistance (to), sponsor (*smb.*, *smth.*), act as patron/sponser.

ше́я *ж.* neck; ◇ броситься на ше́ю *кому-л.* throw*/fling* *one's* arms round *smb.*'s neck; fall* on *smb.*'s neck; дать *кому-л.* по ше́е give* *smb.* a thrashing; гнать *кого-л.* в ше́ю, в три ше́и kick *smb.* out; получи́ть по ше́е get* it in the neck, слома́ть себе́ ше́ю break* *one's* neck; сиде́ть у *кого-л.* на ше́е live at *smb.*'s expense, live on *smb.*

ши́бко *нареч. разг.* hard; much, very; ~ испуга́ться be scared stiff.

ши́ворот *м.*: взять *кого-л.* за ~ take* *smb.* by the scruff of the neck; ~-навы́ворот the wrong way round, topsy-turvy, upside down, haywire.

ши́зик *м. жарг. мед.* schizophrenic.

шизофрени́я *ж. мед.* schizophrenia.

шик *м.* smartness; (*ловкий приём*) special touch/way; с ~ом in style; како́й ~! how smart!

шика́рный smart; (*превосходный*) splendid, magnificent; done for effect.

ши́кать, ши́кнуть *разг.* **1.** (на *вн.*) hush (*smb.*) down, silence (*smb.*); **2.** (на *вн.*; на птиц, животных) shoo (*smth.*); **3.** (*дт.; выражать неодобрение*) hiss (*smb.*), boo, catcall.

ши́кнуть *сов. см.* ши́кать.

шикова́ть *несов.* parade, show off.

ши́л|о *с.* awl; ◇ ~а в мешке́ не утаи́шь ≅ murder will out.

шимпанзе́ *с. нескл. зоол.* chimpanzee.

ши́на *ж.* **1.** (*на колесо*) tire; **2.** *мед.* splint; **3.** *эл.* bus bar.

шине́ль *ж.* greatcoat, overcoat.

шинкова́ть *несов.* (*вн.*) slice (*smth.*), shred* (*smth.*); ~ капу́сту shred* cabbage.

шиньо́н *м.* chignon, hairpiece.

шип *м.* **1.** (*колючка*) thorn; spine; **2.** (*на подковах, обуви и т. п.*) stud; spike, crampon, nail; **3.** *тех.* tenon, pin; lug.

шипе́ние *с.* hissing, sizzling; sputtering.

шипе́ть *несов.* hiss; (*о жарящемся*) sizzle; (*о напитке*) fizz.

шипо́вник *м.* dog rose, wild rose; (*ягоды*) hips *pl.*

шипу́ч|ий (*о напитках*) fizzy, sparkling, **~ка** *ж. разг.* fizz, fizzy drink.

шипя́щий hissing; (*о жарящемся*) sizzling; ◇ ~ звук, ~ согла́сный *лингв.* sibilant.

ши́ре (*сравнит. см. прил.* широ́кий *и нареч.* широко́) wider, broader; ~ шаг *см.* шаг.

ширин|а́ *ж.* width; ~о́й в два ме́тра two meters wide; име́ть два ме́тра в ~у́ be* two meters wide; ~ фро́нта *воен.* frontage.

шири́нка *ж. разг.* fly (of trousers).

ши́рит|ься *несов.* spread* (out); *перен. тж.* increase its scope, spread, expand.

ши́рма *ж.* screen; *перен.* cloak, cover.

широ́к|ий **1.** wide, broad; *перен. тж.* extensive; ~ие пле́чи broad shoulders; ~ просто́р wide expanse; ~ая колея́ broad gauge; ~ая улы́бка broad smile; ~ие поля́ spacious/wide fields; (*шляпы*) broad brim *sg.*; ~ие пла́ны extensive plans; ~ кругозо́р wide outlook; в ~ом масшта́бе on a lavish/broad scale; в ~ом смы́сле сло́ва in the broad sense of the word; **2.** (*просторный — об одежде*) loose; too wide; ~ пиджа́к loose jacket: пальто́ ~о в плеча́х the coat is too wide on/in the shoulders; **3.** (*размашистый*) vigorous; *перен.* (*ничем не стесненный*) lavish, generous; ~ шаг vigorous/swinging stride; ~ая нату́ра expansive/generous nature; ~ое гостеприи́мство lavish/liberal hospitality; **4.** (*массовый, охватывающий многое*) broad, extensive, general; ~ое обобще́ние sweeping statement/generalization; ~ие ма́ссы the broad masses; ~ие круги́ (*населения*) wide sections of the population; ~ая пу́блика the general public, the public at large; ~ое распростране́ние wide circulation; (*метода*) extensive application; получи́ть ~ое распростране́ние be* in wide use; (*о книге*) be* widely read; (*о методе*) be* widely applied; ◇ ~ экра́н wide screen; ~им фро́нтом on a broad front; сде́лать ~ жест make* a grand gesture.

широко́ widely, broadly; extensively, on a large scale; ~ откры́тый, раскры́тый wide open; ~ распространённый widespread; ~ изве́стный widely known; ~ раскры́ть глаза́ open *one's* eyes wide; жить ~ live on a lavish scale; ~ толкова́ть, понима́ть *что-л.* interpret *smth.* loosely; ~ образо́ванный челове́к person of wide learning; ~ смотре́ть на вещи take* a broad view of things.

широковеща́тельн|ый **1.** *радио* broadcasting *attr.*; **2.** *ирон.* (*обещающий многое*) high-sounding; ~ая деклара́ция high-sounding declaration.

ширококоле́йный *ж.-д.* broad-gauge.

ширококо́стный big-boned.

широколи́цый broad-faced.

широкопле́чий broad-shouldered.

широкопо́лый **1.** full-skirted; **2.** (*о шляпе*) broad-brimmed.

широкоформа́тный wide-frame *attr.*; ~ фильм wide-frame film.

широкоэкра́нный wide-screen *attr.*; ~ кинотеа́тр wide-screen cinema; ~ фильм wide-screen film.

широта́ *ж.* **1.** breadth, width, wideness; ~ взгля́дов broadmindedness; ~ кругозо́ра wide range of interests; ~ охва́та (wide) scope, span, sweep; **2.** *геогр.* latitude.

широ́тный *геогр.* latitudinal, of latitude.

ширь *ж.* expanse; ◇ разверну́ться во всю ~ develop to its full extent.

ши́то-кры́то *нареч. разг.*: всё ~ it's all being kept dark.

ши́тый **1.** (*сшитый*) sewn; **2.** (*вышитый*) embroidered; ~ зо́лотом embroidered in gold.

шить, сшить **1.** (*вн.*) sew* (*smth.*); (*одежду*) make* (*smth.*); ~ себе́ костю́м 1) (*в ателье*) have* a suit made; 2) (*самой*) make* *oneself* a suit; ~ сапоги́ make* boots; ~ на маши́нке (*что-л.*) do* it on the (sewing) machine; (*работать*) use a sewing machine; **2.** *тк. несов.* (*тв.; вышивать*) embroider (in).

шитьё *с.* **1.** sewing; (*рукоделие тж.*) needlework; **2.** (*вышивка*) embroidery.

ши́фер *м.* **1.** slate; **2.** (*кровельный материал*) asbestos cement; **~ный** **1.** slate *attr.*; **2.** asbestos-cement *attr.*

шифо́н *м. текст.* chiffon.

шифонье́рка *ж.* chest of drawers.

шифр *м.* **1.** (*тайнопись*) code, cipher; (*написанный*) ~ом (written) in code/cipher; **2.** (*библиотечный*) pressmark; ~ едини́цы обору́дования machine code; ключ к ~у cipher key to a cipher.

шифро́ванный code *attr.*, cipher *attr.*, coded.

шифрова́ть *несов.* (*вн.*) cipher (*smth.*).

шифро́вка *ж.* **1.** (*действие*) cipher work; **2.** *разг.* (*текст*) code; coding; ciphered message; coded message.

шиш *м. разг.* **1.** fig; показа́ть ~ pull a long nose; **2.** nothing; ни ~а damn all.

ши́шка *ж.* **1.** (*хвойных деревьев*) cone; ело́вая ~ fir-cone; **2.** (*округлая выпуклость*) bump, lump; **3.** *разг.* (*важная особа*) big noise/pot; VIP; *ирон.* bigwig.

шкала́ *ж.* **1.** (*система чисел*) scale; **2.** (*циферблат в различных приборах*) dial, indicator panel; **3.** *эк.* scale, escalation; ~ вмести́мости tonnage scale; ~ водоизмеще́ния displacement scale; ~ вы́грузки discharge scale; ~ за́работной пла́ты wage scale; ~ надба́вок и ски́док escalation; ~ распределе́ния schedule of apportionment; ~ ски́док scale of discounts.

шкату́лка *ж.* box, casket.

шкаф *м.* cupboard, closet.

шквал *м.* squall; (*орудийный*) barrage; **~истый** gusty.

шква́рки *мн. кул.* cracklings.

шкво́рень *м.* pin; (*автомобиля*) king pin.

шкет *м. жарг.* boy, lad.

шкив *м.* pulley; (*блока*) sheave.

шки́пер *м.* **1.** barge skipper; **2.** (*на морских судах*) boatswain, bo'sun.

шко́л|а *ж.* school; (*здание тж.*) school building; schoolhouse; воскре́сная ~ Sunday school; сре́дняя ~ secondary school; нача́льная ~ elementary/primary school; ~-интерна́т boarding school; ходи́ть в ~у attend school, go* to school; пройти́ хоро́шую ~у have* been well trained; *перен.* have* learned in the school of experience; пройти́ суро́вую ~у have* learned by bitter/hard experience; ру́сская ~ жи́вописи Russian school of painting; ◇ вы́сшая ~ higher school, higher educational institution; university, college.

шко́лить *несов. разг.* train, discipline.

шко́льн|ик *м.* schoolboy; *мн.* schoolchildren; **~ица** *ж.* schoolgirl; *мн.* schoolchildren.

шко́льн|ый school *attr.*; ~ това́рищ schoolmate, schoolfellow; ~ые принадле́жности school appliances; де́ти ~ого во́зраста children of school age; ~ учи́тель schollteacher, schoolmaster.

школя́р *ж. уст.* schoolboy.

шкот *м. мор.* sheet.

шку́ра *ж.* skin; (*скота, лошадей тж.*) hide; (*с мехом тж.*) pelt; медве́жья ~ bearskin; **2.** *разг.* (*кожура*) peel; ◇ спаса́ть свою́ ~у save *one's* skin; я не хоте́л бы быть в его́ ~е I wouldn't be in his shoes for anything; дрожа́ть за свою́ ~у think* of *one's* own skin; спуска́ть ~у с *кого-л.* skin *smb.* alive; на свое́й ~е узна́ть, почу́вствовать *что-л.* know* *smth.* from experience.

шку́рка *ж.* **1.** skin; **2.** *разг.* rind; **3.** emery paper, sand paper.

шку́рн|ик *м. разг.* self-seeker, careerist; **~ый** *разг.* selfish, sordid; ~ые интере́сы selfish interests.

шлагба́ум м. barrier.

шлак *м.* **1.** (*расплавленная масса*) slag, dross: **2.** (*окалина*) clinker; **3.** *мн. мед.* residue(s).

шлакобето́н *м.* slag concrete.

шлакобло́к *м.* breeze block.

шланг *м.* hose.

шлейф *м.* train (*of dress*).

шлем *м.* helmet.

шлемофо́н *м.* earphone helmet, intercom headset.

шлёпанцы *мн.* (*ед.* шлёпанец *м.*) *разг.* bedroom slippers.

шлёп|ать, шлёпнуть **1.** (*вн.*, по *дт.*) slap (*smth.*), smack (*smth.*); **2.** (*тв.; хлопать*) flap (*smth.*), make* a flapping sound (with); **3.** *тк. несов. разг.*: ~ по воде́, гря́зи splash through the water, mud, **~аться**, шлёпнуться *разг.* flop/plop down; **~нуть** *сов. см.* шлёпать 1, 2; **~нуться** *сов. см.* шлёпаться.

шлепо́к *м.* slap, smack.

шлея́ *ж.* breech cloth, breeching.

шлифова́ль|ный grinding; (*полирующий*) polishing; **~щик** *м.* grinder; (*алмазов*) polisher.

шлифова́ние *с. тех.* polishing, burnishing; grinding.

шлифова́ть *несов.* (*вн.*) grind* (*smth.*); (*шкуркой*) sandpaper (*smth.*); (*полировать*) polish (*smth.*) (*тж. перен.*).

шлихтова́ть *несов. тех.* smooth, finish; size, dress.

шлюз *м.* lock, sluice; floodgate; проходи́ть че́рез ~ы go* through the locks.

шлюзова́ть *несов. и сов.* (*вн.*) **1.** (*реку*) build* locks (on); **2.** (*суда*) pass (*smth.*) through a lock.

шлю́пка *ж.* (ship's) boat, launch;

шлю́ха *ж. вульг.* streetwalker tart.

шля́п|а *ж.* **1.** hat; в ~е with *one's* hat on; быть в ~е have* *one's* hat on; без ~ы without a hat; hatless, bareheaded; наде́ть ~у put* on *one's* hat; снять ~у take* off *one's* hat; **2.** (*о человеке*) duffer, booby.

шля́пка **1.** (*дамская*) hat; **2.** (*гвоздя*) (nail-)head; **3.** (*гриба*) cap.

шля́ться *несов.* loaf about.

шмель *м.* bumblebee.

шмо́тки *мн. разг.* togs, gear.

шмато́к *м. разг.* bit, piece.

шмон *м. жарг.* search.

шмона́ть *несов. жарг.* frisk.

шмы́гать, шмы́гнуть *разг.* **1.** dart, nip, sneak, run* about; **2.** rub, brush; ~ но́сом sniff.

шмы́гнуть *сов. разг.* **1.** *см.* шмы́гать; **2.** (*быстро проскользнуть, проскочить*) dart, slip.

шни́цель *м. кул.* shnitzel (fillet of pork or veal).

шнур *м.* cord; (*провод тж.*) flex, cable.

шнурова́ть *несов.* (*вн.*) lace up (*smth.*), tie.

шнуро́вка *ж.* lacing, tying.

шнуро́к *м.* lace; ~ для боти́нок shoelace, bootlace.

шныря́ть *несов. разг.* dart about; dart in and out; (*высматривать*) snoop around, prowl, be* on the prowl; ◇ ~ глаза́ми peer this way and that.

шов *м.* **1.** seam; без шва seamless; **2.** (*хирургический*) stitch; **3.** *тех.* seam, joint, junction; ◇ наложи́ть ~ put* in stitches: снять швы take* out the stitches; стоя́ть ру́ки по швам stand* at attention; треща́ть по всем швам go*/fall* to pieces.

шовин|и́зм *м.* chauvinism, jingoism; **~и́ст** *м.* chauvinist; **~исти́ческий** chauvinistic.

шок *м. мед.* shock.

шоки́ровать *несов.* (*вн.*) shock (*smb.*).

шокола́д *м.* chocolate; **~ка** *ж. разг.* bar of chocolate; **~ный** **1.** chocolate *attr.*; ~ные конфе́ты chocolates; **2.** (*о цвете*) dark-brown, chocolate-brown.

шо́мпол *м.* (*для чистки*) cleaning rod; (*для забивки*) ramrod.

шо́рник *м.* saddler, harness maker.

шо́рня м. saddler's shop, saddle-maker's, harness-maker's.

шо́рох *м.* rustle.

шо́рты *мн.* shorts.

шо́р|ы *мн.* blinders, blinkers; ◇ взять *кого-л.* в ~ put* blinders, on *smb.*; держа́ть *кого-л.* в ~ах keep *someone* in blinders.

шоссе́ *с. нескл.* (high-)road, highway.

шоссе́йн|ый road *attr.*; ~ая доро́га macadamized road.

шотла́ндец *м.* Scot, Scotsman*.

шотла́ндка I *ж.* Scotswoman*.

шотла́ндка II *ж.* (*ткань*) tartan.

шотла́ндский Scottish; Scotch *разг.*

шо́у *нескл.* show; рекла́мное ~ advertising show, marketing program, marketing push; **~-би́знес** *м.* show business; showbiz *разг.*

шофёр *м.* driver; (*служебной легковой машины тж.*) chauffeur; ~ такси́ taxi driver; **~ский** driver's.

шпа́г|а *ж.* (small) sword; обнажа́ть ~у draw *one's* sword.

шпага́т *м.* **1.** twine, string; cord; увя́зочный ~ binder twine; **2.** *спорт.* the splits *pl.*

шпаклева́ть *несов.* (*вн.*) putty (*smth.*).

шпаклёвка *ж.* putty, filler, filling, puttying, stopping up.

шпа́ла *ж. ж.-д.* sleeper, tie.

шпале́р|ы *мн.* (*ед.* шпале́ра *ж.*) **1.** (*для вьющихся растений*) trellis; (*для деревьев*) espalier; **2.** (*ряды деревьев*) lines of trees; **3.**: стоя́ть ~ами be* lined up.

шпана́ *ж. разг.* hooligan, ruffian; rabble.

шпанго́ут *м. мор. ав.* frame.

шпарга́лка *ж. разг.* crib.

шпа́рить *несов. разг.* **1.** scald, pour boiling water in; **2.** go, speak in a rush.

шпат *м. мин.* spar.

шпа́тель *м.* **1.** *тех.* palette knife; **2.** *мед.* spatula.

шпенёк *м.* prong.

шпигова́ть *несов.* **1.** *кул.* lard; **2.** *разг.* ~ *кого-н.* suggest to *someone*, work upon *someone*, put it into *someone's* head.

шпик I *м.* (*сало*) fatback, lard.

шпик II *м. разг.* (*шпион*) police spy, snooper.

шпиль *м.* **1.** steeple, spire; **2.** *мор.* capstan.

шпи́льк|а *ж.* (*для волос*) hairpin; *перен.* dig; подпусти́ть ~у *кому-л.* have* a sly dig at *smb.*

шпина́т *м.* spinach.

шпингале́т *м.* **1.** window bolt, latch; **2.** *разг.* urchin, boy.

шпио́н *м.* spy.

шпиона́ж *м.* espionage.

шпио́н|ить *несов.* spy; **~ский** spy *attr.*; ~ский за́говор espionage plot.

шпиц *м.* (*собака*) Pomeranian.

шпо́р|а *ж.* spur; дать ло́шади ~ы spur *one's* horse.

шприц *м.* syringe.

шпро́ты *мн.* (*консервы*) sprats in oil.

шпу́лька *ж.* spool, bobbin.

шрам *м.* scar.

шрапне́ль *м. воен.* shrapnel (shell).

шрифт *м.* type, print; кру́пный ~ large print/type; ме́лкий ~ small print/type.

штаб *м.* **1.** headquarters *pl.*, H. Q.; (*личный состав*) staff; ~ а́рмии army headquarters; начáльник ~а chief of staff; **2.** (*руководящий орган чего-л.*) headquarters, command.

штабелúровать *несов.* stack, pile up.

штáбель *м.* stack, pile; уклáдывать в ~я stack, pile up.

штаб-квартúра *ж.* headquarters *pl.*

штабнóй staff *attr.*

штамп *м.* **1.** (*печать*) stamp; постáвить ~ stamp it; гарантúйный ~ guarantee stamp; крýглый ~ round stamp; заверя́ть ~ом certify with a stamp; **2.** *тех.* punch; **3.** (*шаблон*) cliche; (*литературный тж.*) stock phrase.

штампóванный **1.** press work *attr.*; ~ая детáль pressed component; **2.** (*избитый, шаблонный*) trite, stereotyped.

штамповáть *несов.* (*вн.*) **1.** (*ставить штамп*) stamp (*smth.*); **2.** *тех.* punch (*smth.*), stamp (*smth.*); (*большие детали*) press (*smth.*); **3.** *разг.* (*делать что-л. по готовым образцам*) produce (*smth.*) mechanically, churn (*smth.*) out.

штáнга *ж.* **1.** *тех.* bar; **2.** (*в тяжёлой атлетике*) barbell; **3.** *спорт. разг.* (*боковая стойка ворот*) goal post.

штангúст *м.* weight lifter.

штанúна *ж. разг.* trouser leg.

штаны́ *мн. разг.* trousers.

штáпель *м.* **1.** staple; **2.** (*волокно*) staple fiber; **3.** *разг.* (*ткать*) staple-fiber fabric; **~ный** staple *attr.*; ~ное волокнó staple fiber; ~ные ткáни staple-fiber fabrics.

штат I *м.* (*административно-территориальная единица*) state.

штат II *м.* **1.** (*личный состав*) staff, personnel/establishment; состоя́ть в ~е be* on the staff; высококвалифицúрованный ~ highly skilled/qualified, efficient staff; основнóй ~ basic staff; набóр ~а personnel recruitment; быть в ~е be on the staff; зачисля́ть в ~ take on the staff; сокращáть ~ reduce the staff; **2.** *мн.* (*штатное расписание*) list of staff.

штатúв *м.* support; (*треножник*) tripod.

штáтн|ый regular, permanent; on the staff *после сущ.*; он ~ сотрýдник he is on the staff; ~ая дóлжность permanent appointment.

штáтский *прил.* **1.** civilian; **2.** *в знач. сущ. м.* civilian.

штемпелевáть *несов.* (*вн.*) (rubber-)stamp (*smth.*); (*письмо, бандероль и т. п.*) postmark (*smth.*).

штéмпель м. stamp; impress; ~ бáнка stamp of a bank; ~ о вéсе weight stamp; ~ перевóзчика reception stamp of a carrier; почтóвый ~ postmark, postage stamp; дáта почтóвого ~я date of a postmark.

штéпсель *м.* (electric) plug; **~ный** plug *attr.*; ~ная вúлка two-pin plug.

штúвка *ж. эк.* stowage, stowdown, stowing; свидéтельство о ~е stowage certificate; производúть ~у stow.

штиль *м.* calm.

штифт *м. тех.* pin.

штóльня *ж. горн.* adit.

штóпан|ый darned; ~ые чулкú darned stockings.

штóпать *несов.* (*вн.*) darn (*smth.*), mend (*smth.*); ~ чулкú darn stockings.

штóпка *ж.* **1.** (*действие*) darning; **2.** *разг.* (*нитки*) darning thread; (*шерстяные нитки*) darning wool; **3.** *разг.* (*заштопанное место*) darn.

штóпор *м.* **1.** corkscrew; **2.** *ав.* spin; tailspin; входúть в ~ go* into a spin; ~ом in a spin.

штóра *ж.* blind.

шторм *м.* gale, storm.

штормóвка *ж.* anorak, weatherproof jacket.

штормовóй gale *attr.*, storm *attr.*; (*бывающий при шторме*) stormy.

штраф *м.* fine, penalty; penalty charges; surcharge; дéнежный ~ fine, pecuniary penalty; договорнóй ~ contractual fine; ~ за задéржку penalty for delay, delay penalty; ~ за невыполнéние договóра penalty for nonperformance of a contract; наложéние ~а imposition of a penalty fine, penalizing; освобождéние от уплáты ~а relief from a fine, remission of a penalty; уплáта ~а payment of a penalty; взы́скивать ~ enforce payment of a penalty, collect a penalty; налагáть ~ impose a fine/penalty, fine, penalize.

штрафнóй penalty *attr.*; ~ удáр *спорт.* penalty kick; ~ батальóн penal battalion.

штрафовáть, оштрафовáть (*вн.*) fine. (*smb.*), penalize, surcharge.

штрейхбрéхер *м.* strikebreaker; scab, blackleg *разг.*; **~ство** *с.* strikebreaking.

штрек *м. горн.* drift.

штрих *м.* stroke; (*на карте*) hachure; *перен.* (*черта*) touch, detail, feature.

штриховáть, заштриховáть (*вн.*) shade (*smth.*); (*карту*) hatch (*smth.*).

штрихóвка *ж.* shading.

штудúровать, проштудúровать (*вн.*) study (*smth.*) thoroughly, learn* (smth).

штýк|а *ж.* **1.** piece, unit, individual item; (*в счёте*) *не переводится*; дéсять штук ten; штук дéсять about ten; дéсять штук яиц ten eggs; по рублю́ за ~у one ruble each; **2.** *разг.* (*выходка, проделка и т. п.*) trick; в том-то и ~ that's just it!; вот так ~! look at that now!; tut-tut!; э́то всё егó ~и it's all his doing; **3.** *разг.* (*предмет, дело*) thing; что э́то за ~ там лежúт? what's that (thing) over there?; что э́то за ~? what's that?

штукатýр *м.* plasterer.

штукатур|úть, оштукатýрить (*вн.*) plaster (*smth.*); **~ка** *ж.* **1.** (*действие*) plastering; **2.** (*материал*) plaster; ◇ сухáя ~ка plasterboard; **~ный** plaster *attr.*; ~ные рабóты plastering *sg.*

штуковáть *несов.* (*вн.*) mend invisibly.

штурвáл *м.* steering wheel; *ав.* control column; стоя́ть за ~ом be at the whell, helm, controls.

штурвáльный *прил.* **1.** wheel *attr.*, storing; **2.** *в знач. сущ. м.* helmsman*, wheelsman*.

штурм *м.* (*рд.*) assault (on); взять ~ом take* by storm/assault.

шту́рман *м.* navigator, navigating officer; (*на речном теплоходе*) mate.

штурмова́ть *несов.* (*вн.*) **1.** storm (*smth.*); **2.** *разг.* (*беспорядочно осаждать*) rush (*smth.*); **3.** (*упорно овладевать*) conquer (*smth.*).

штурмови́к *м.* assault plane.

штурмов|о́й assault *attr.*; ~а́я авиа́ция ground support aircraft; ~ы́е де́йствия ground support action.

штурмовщи́на *ж.* rushed work, production spurt, sporadic effort.

штуф *м. мин.* piece of ore.

шту́чн|ый: ~ая прода́жа sale over the counter; ~ това́р goods sold separately, goods sold by the piece; ~ая опла́та payment by the piece.

шту́цер *м. тех.* connecting pipe.

штык м. bayonet; ◇ идти́ в ~и make* a bayonet charge; встреча́ть *кого-л. что-л.* в ~и give* *smb.*, *smth.* a hostile reception; **~ово́й** bayonet *attr.*; ~ова́я ата́ка bayonet charge.

штырь *м. тех.* pin, dowel, pintle.

шу́ба *ж.* fur coat; (*на меху*) fur-lined coat.

шу́га *ж.* sludge ice.

шу́лер м. card sharper; *разг.* (*мошенник*) swindler, cheat.

шу́лерство *с.* card-sharping, sharp practice.

шум *м.* **1.** noise; (*чего-л. тж.*) sound (of); без ~а noiselessly; подня́ть ~ make* a noise; ~ ле́са murmur of the forest; ~ ве́тра sound of the wind; **2.** *разг.* (*оживленное обсуждение*) stir; подня́ть ~ вокру́г *чего-л.* make* a fuss about *smth.*; наде́лать мно́го ~а cause a stir/sensation; **3.** *разг.* (*громкая ссора*) row, bawling; **4.** *мед.*: ~ в се́рдце cardiac murmur; ◇ ~ в уша́х buzzing in the ears; мно́го ~а из ничего́ much ado about nothing.

шум|е́ть *несов.* **1.** make* a noise; (*о деревьях*) murmur, rulstle; (*о море*) roar; murmur; **2.** *разг.* (*излишне много говорить о чём-л.*) make* a song/fuss, talk a lot; **3.** *разг.* (*вызывать толки*) cause a stir; **4.** *разг.* (*браниться*) kick up a row; ◇ у меня́ ~и́т в голове́, уша́х there is a buzzing in my ears, I have noises in my ears.

шуми́х|а *ж.* *разг.* fuss, ballyhoo; sensation, stir; поднима́ть, создава́ть ~у вокру́г *чего-л.* make* a racket about *smth.*, raise a hue-and-cry over *smth.*

шумли́вый **1.** noisy; **2.** (*оживленный*) bustling; **3.** *разг.* (*напыщенный*) high-sounding.

шу́мн|о **1.** *нареч.* noisily; ~ обсужда́ть *что-л.* discuss *smth.* noisily; **2.** *в знач. сказ. безл.* it is noisy; на у́лице уже́ ~ и лю́дно the street is noisy and crowded already; **~ый** **1.** noisy; (*восторженный*) uproarious; ~ая компа́ния noisy group; **2.** (*оживлённый*) bustling; ~ая у́лица bustling street; **3.** (*производящий сенсацию*) impressive, sensational; ~ый успе́х sensational/tremendous success.

шумови́к *м. театр.* sound effects man.

шумо́вка *ж.* skimmer; perforated spoon.

шумово́й sound *attr.*; ~ орке́стр percussion band; ~ фон *радио* background noise; ~ые эффе́кты sound effects.

шумо́к *м. разг.*: под ~ on the quiet.

шу́рин *м.* brother-in-law (*pl.* brothers-) (*wife's brother*).

шурова́ть *несов.* stoke, poke.

шуру́п *м.* screw.

шурф *м. горн.* prospecting pit, bore pit.

шурш|а́ть *несов.* rustle; ли́стья ~а́т под нога́ми the leaves rustle underfoot; ~ бума́гой rustle paper.

шу́ры-му́ры *мн. разг.* love affairs.

шу́стрый *разг.* bright, smart, clever, sharp.

шут *м.* **1.** jester, fool; *перен.* buffoon; **2.** *разг.*: на кой ~? why the devil?

шути́ть, пошути́ть **1.** (*весело говорить, поступать*) joke, jest, have* fun; **2.** (над *тв.; насмехаться*) play a joke (on), pull (*smb.*'s) leg; **3.** (*говорить, поступать не всерьёз*) joke; вы шу́тите! you're joking!; я не шучу́ I'm serious, I'm not joking/fooling; **4.** (*тв.; относиться несерьёзно, пренебрегать*) trifle (with); ◇ ~ с огнём play with fire.

шу́тк|а *ж.* joke; ◇ в ~у, ~и ра́ди for fun; не на ~у рассерди́ться be* downright angry; ~и в сто́рону joking apart; кро́ме шу́ток seriously, now!; с ним ~и пло́хи he's an ill man to quarrel with; сыгра́ть ~у play a trick (on); во вся́кой ~е есть до́ля пра́вды *посл.* there's many a true word said in jest.

шутли́вый **1.** jocular, facetious; **2.** (*имеющий характер шутки*) humorous, witty; **3.** (*совершаемый ради шутки*) facetious, flippant.

шутни́к *м.* wag, joker.

шутов|ско́й jester's; ~ска́я вы́ходка a piece of buffoonery; **~ство́** *с.* clowning, buffoonery.

шу́точн|ый comic, facetious; ~ая пе́сня comic song; ◇ де́ло не ~ое no trifling matier, no trifle.

шутя́ **1.** (*ради шутки*) jokingly; facetiously; **2.** (*легко*) easily; ◇ ~ in all seriousness; ~ отде́латься get off lightly.

шу́шера *ж. разг.* rubbish; riffraff.

шушу́каться *несов. разг.* whisper; ~ по угла́м whisper in the background.

шхе́ры *мн.* skerries.

шху́на *ж.* schooner.

шш hush!

Щ

щаве́лев|ый sorrel *attr.*; ~ые щи sorrel soup; ◇ ~ая кислота́ *хим.* oxalic acid.

ща́вель *м.* sorrel.

щаве́льник *м. разг.* sorrel soup.

щад|и́ть, пощади́ть (*вн.*) spare (*smb.*, *smth.*); let* (*smb.*) off *разг.*; не ~(свои́х) сил (чтобы)... spare no effort/pains to...; ~ *чьё-л.* самолю́бие spare *smb's* vanity; пощади́ть *чью-л.* жизнь spare *smb's* life; не ~я́ жи́зни careless of *one's* life.

ще́бень *м.* 1. broken/crushed stone, road-metal; 2. *геол.* detritus.

щебёнка *ж. см.* ще́бень.

ще́бет *м.* twitter, twittering, chirp.

щебета́ние *с.* twittering, twitter, chirping.

щебета́ть *несов.* twitter, chirp.

щеглёнок *м.* young goldfinch.

щего́л *м.* (*птица*) goldfinch.

щеголева́тый modish; (*о человеке тж.*) dandified, dapper, foppish.

щёголь *м.* dandy, fop.

щегольну́ть *сов. см.* щеголя́ть 2, 3.

щеголь|ско́й 1. (*очень нарядный*) elegant, smart; swish, *разг.*; ~ костю́м elegant suit; 2. (*молодцеватый*) stylish, dashing, jaunty; **~ство́** *с.* 1. (*пристрастие к изысканным вещам*) toppishness; 2. (*хвастовство*) showing off, (love of) display.

щеголя́ть, щегольну́ть 1. *тк. несов.* (*нарядно одеваться*) dress smartly, dress up; 2. (в *пр.*) *разг.* (*ходить щегольски одетым*) make* a splash, cut* a dash; ~ в но́вом костю́ме sport a new suit; 3. (*тв.*) *разг.* (*хвастаться*) show* off (*smth.*), flaunt (*smth.*); ~ свои́ми зна́ниями parade *one's* knowledge.

ще́др|о generously, lavishly; ~ вознагражда́ть *кого-л.* reward *smb.* handsomely; ~ одари́ть *кого-л.* be* lavish in *one's* gifts to *smb.*; **~ость** *ж.* generosity, liberality; (*обилие*) lavishness; **~ый** generous, open-handed; ~ый челове́к open-handed person; ~ые дары́ rich/splendid gifts; ~ый на обеща́ния generous with *one's* promises; ~ый на похвалы́ lavish in/of praises; ◇ ~ой руко́й with a bountiful hand.

щек|а́ *ж.* 1. cheek; за о́бе ~и́ уплета́ть *что-л.* stuff *oneself* with *smth.*, put it away, scoff, guzzle (*of eating large amount of food*); уда́рить *кого-л.* по ~е́ slap *someone's* face; 2. *тех.* side, sidepiece, stock.

щеко́лда *ж.* latch; catch, pawl.

щекота́ть, пощекота́ть 1. (*вн.*) tickle (*smb.*, *smth.*) (*тж. перен.*); ~ чьё-л. самолю́бие tickle *smb's* vanity; 2. *безл.* у меня́ щеко́чет в го́рле there is a tickling in my throat.

щеко́тк|а *ж.* tickling; боя́ться ~и be* ticklish.

щекотли́вый ticklish, delicate; ~ вопро́с ticklish problem, delicate issue.

щёлк *м.* snap, crack.

щёлка *ж.* chink.

щёлканье *с.* flicking; clicking, snapping, cracking, popping.

щёлк|ать, щёлкнуть 1. (*вн.*; *давать кому-л. щелчки*) flick (*smb.*), flip (*smb.*); ~ *кого-л.* по́ носу flick/flip *smb.* on the nose; 2. (*производить отрывистый звук*) click, snap; ~ па́льцами snap *one's* fingers; ~ языко́м click *one's* tongue; ~али вы́стрелы there was a rattle of firing/shots; ~ зуба́ми (*о животном*) snap its teeth; он ~ает зуба́ми от хо́лода his teeth are chattering with cold; ~ ключо́м turn the key with a click; 3. (*вн.*; *орехи, семечки*) crack; 4. (*о птицах*) trill.

щёлкнуть *сов. см.* щёлкать.

щелку́нчик *м.* nutcracker.

щёлок *м.* alkaline solution.

щелочно́й alkaline; ~ раство́р alkaline solution.

щёлочь *ж. хим.* alkali.

щелчо́к *м.* click; (*пальцами*) snap; (*выстрела*) crack; *перен. разг.* insult, slight, blow; ~ по́ носу flick/flip on the nose.

щель *ж.* 1. chick, crack, fissure; (*расщелина*) crevice; 2. *анат.* glottis; 3. *тех.* aperture; 4. *воен.* slit trench.

щем|и́ть *несов.* 1. (*вн.*; *сжимать*) constrict (*smth.*); press, pinch; 2. *безл.* (*болеть, ныть*) ache, feel* constricted; ◇ ~ ду́шу, се́рдце, грудь oppress/wring* the heart; **~я́щий** oppressive, painful, melancholy; ~я́щая боль ache.

щени́ться, ощени́ться whelp; (*о собаках*) pup, have* puppies.

щено́к *м.* puppy (*тж. перен.*); (*у диких зверей*) cub, whelp.

щепа́ *ж.* chips *pl.*, shavings *pl.*; splinter; (*кровельная*) shingles *pl.*

щепа́ть *несов.* chip, chop.

щепети́льн|ость *ж.* 1. punctiliousness, scrupulousness; 2. (*деликатность*) trickiness, delicacy; **~ый** 1. punctilious scrupulous; ~ый челове́к scrupulous/punctilious person, fussy, finicky; 2. (*деликатный*) tricky, delicate; ~ое положе́ние delicate situation.

ще́пк|а *м.* chip, splinter; худо́й как ~ as thin as a lath/rake; ◇ лес ру́бят — ~ летя́т you can't make an omelet without breaking eggs.

щепо́тка *ж.*, **щепо́ть** *ж.* pinch; ~ табаку́ pinch of tobacco; ~ со́ли pinch of salt.

щерба́тый chipped, pitted; dented; pock-marked; ~ рот mouth with several teeth missing.

щерби́н|а *ж.* 1. pit, scratch; 2. (*рябинка на лице*) scar, pockmark; 3. (*отверстие вместо зуба*) gap.

щети́н|а *ж.* bristles *pl*; *перен.* spiky/bristly surface; **~истый** bristly, **~иться**, ощети́ниться bristle up.

щётка *ж.* **1.** brush; (*головная*) (hair)brush; **2.** (*над копытом у лошади*) fetlock; **3.** *эл.* brush.

щи *мн.* cabbage soup *sg.*; ◇ попа́сть как кур во́ щи *посл.* get into hot water.

щи́колотк|а *ж.* ankle; по ~у ankle-deep.

щипа́ть, щипну́ть (*вн.*) **1.** pinch (*smb.*, *smth.*); **2.** (*вызывать ощущение боли, жжения*) burn* (*smth.*), make* (*smth.*) smart/sing; (*о морозе*) nip (*smth.*); **3.** (*дёргать, теребить*) pluck (*smth.*); ~ ус, у́хо tug/pull at *one's* mustache, ear; **4.** *тк. несов.* (*траву, листья*) nibble (*smth.*); **5.** *тк. несов.* (*птицу*) pluck (*smth.*); **~ся** *несов.* **1.** pinch; **2.** (*щипать друг друга*) pinch one another.

щипе́ц *м.* **1.** *архит.* gable; **2.** *охота* muzzle.

щипко́вый: ~ые музыка́льные инструме́нты stringed instrument's played by plucking.

щипну́ть *сов. см.* щипа́ть.

щипо́к *м.* pinch, nip.

щипцы́ *мн.* pincers; tongs; (*для завивки*) curling tongs/irons; (*для сахара*) (sugar) tongs.

щи́пчики *мн.* tweezers.

щит *м.* **1.** *ист.* shield; **2.** (*для предохранения, ограждения*) shield, screen; (*для построек, настила*) sheet; фане́рный ~ sheet of plywood; **3.** *зоол.* shell; scutum; **4.** (*доска, стенд*) board; (*для рекламы*) billboard, hoarding; сигна́льный ~ *ж.-д.* target; **5.** *тех.* panel; ~ управле́ния control panel; распредели́тельный ~ switchboard; ◇ подня́ть *кого-л.* на ~ laud *smb.* to the skies; верну́ться на ~е́ return home defeated; верну́ться со ~о́м return home victorious.

щитови́дн|ый: ~ая железа́ *анат.* thyroid gland.

щито́к *м.* **1.** *тех.* dashboard; **2.** *зоол.* thorax; **3.** *бот.* cyme, corymb; **4.** *спорт.* shin pad.

щу́ка *ж.* (*рыба*) pike.

щуп *м.* **1.** *тех.* probe, sounding borer; **2.** *воен.* probing rod; **3.** clearing gauge; **4.** *разг.* dipstick.

щу́пальца *мн.* (*ед.* щу́пальце *с.*) tentacles; (*усики*) feelers, antennae.

щу́пать, пощу́пать (*вн.*) feel* (*smth.*); ~ пульс feel* *smb.'s* pulse; ~ карма́н pat *one's* pocket.

щу́плый *разг.* puny, weak, frail.

щур I *м.* ancestor.

щур II *м.* *зоол.* pine grosbeak.

щу́рить *несов.*: ~ глаза́ narrow *one's* eyes, screw up *one's* eyes; **~ся** *несов.* **1.** (*о человеке*) screw up *one's* eyes; ~ся от со́лнца screw up *one's* eyes in the sunlight, squint in the sunlight; **2.** (*о глазах*) narrow.

щу́рка *ж.* *зоол.* bee-eater.

щу́ч|ий *прил.* от щу́ка; как по ~ьему веле́нию as if of its own volition, as if by m

Э

э eh!

эбе́новый ebony.

эбони́т *м.* ebonite; **~овый** ebonite *attr.*

эвакуацио́нный evacuation *attr.*; ~ пункт evacuation center, ~ райо́н evacuation area.

эваку́аци|я *ж.* evacuation; проводи́ть ма́ссовую ~ю населе́ния carry out mass evacuation of the population.

эваку́ировать *несов. и сов.* (*вн.*) evacuate (*smb.*, *smth.*); **~ся** *несов. и сов.* evacuate.

эвкали́пт *м.* eucalyptus; **~овый** eucalyptus *attr.*

ЭВМ (электро́нно-вычисли́тельная маши́на) (electronic) computer.

эволюцио́нн|ый evolutionary; ~ое уче́ние doctrine of evolution.

эволю́ция *ж.* evolution.

эвфеми́зм *м.* euphemism.

эвфони́ческий euphonious.

эвфони́я *ж.* euphony.

эге́ oho!

эги́д|а *ж.* aegis; под ~ой *чего-л.*, *кого-л.* under the aegis of *smth.*, *smb.*

эгои́зм *м.* ego(t)ism; selfishness.

эгои́ст *м.* ego(t)ist.

эгоисти́ч|еский, ~ный selfish, ego(t)isical, self-centerd.

эгои́стка *ж.* selfish woman*, girl.

эгре́т *м.* egret-plume.

эдельве́йс *м. бот.* edelweiss.

эзо́повский Aesopian; ~ язы́к "Aesopian language."

эй! hi!

эква́тор *м.* equator; *мор. тж.* the Line; к се́веру от ~а north of the equator; ◇ небе́сный ~ *астр.* celestial equator; **~иа́льный** equatorial; ~иа́льный круг equatorial circle; ~иа́льные стра́ны equatorial counties.

эквивале́нт *м.* equivalent; **~ный** (*дт.*) equivalent (to).

эквилибри́ст *м.* equilibrist, ropewalker; **~ика** *ж.* balancing tricks *pl.*, ropewalker; *перен. ирон.* balancing act.

экзальта́ция *ж.* exaltation; excitement.

экзальти́рованный in a state of exaltation, exalt, excited.

экза́мен *м.* examination; exam *разг.*; *перен.* test; ~ на аттеста́т зре́лости final school examination; school finals *pl. разг.*; ~ по матема́тике examination in mathematics; госуда́рственные ~ы finals; graduation examination; сдава́ть ~ take an examination; сдать ~ pass an examination; провали́ться на ~е fail an examination.

экзамена́тор *м.* examiner.

экзаменацио́нн|ый examination *attr.*; ~ биле́т examination paper; ~ая се́ссия examination period.

экзаменова́ть, проэкзаменова́ть (*вн.* по *дт.*) examine (*smb.* in); **~ся**, проэкзаменова́ться (по *дт.*) be* examined (in); take* an examination (in).

экзеку́ция *ж.* 1. *уст.* corporal punishment; 2. *юр.* execution.

экзе́ма *ж.* eczema.

экземпля́р *м.* 1. (*книги, документа и т. п.*) copy; ~ ве́кселя copy of a bill; контро́льный ~ checking/control copy; ~ переводно́го ве́кселя first bill of exchange; рекла́мный ~ complimentary copy; коли́чество ~ов number of copies; в двух ~ах in duplicate; в трёх ~ах in triplicate; в четырёх ~ах in quadruplicate; 2. (*отдельный представитель*) specimen, representative; 3. (*о человеке*) specimen.

экзо́т|ика *ж.* exotica, exotic objects, local colour; **~и́ческий, ~и́чный** exotic.

экиво́к *м.* 1. ambiguity, double-edged remark; 2. (*тонкость, замысловатость*) subtlety, intricacy.

э́к|ий *разг.* what a: ~ шалу́н! what an imp!; ~а не́видаль! nothing marvellous about that!

экипа́ж I *м.* (*коляска*) carriage.

экипа́ж II *м.* (*личный состав*) crew; ~ корабля́ ship's complement; ~ та́нка tank crew.

экипир|ова́ть *несов. и сов.* (*вн.*) equip (*smb.*, *smth.*), fit (*smb.*, *smth.*) out; **~ова́ться** *несов. и сов* fit *oneself* out; **~о́вка** *ж.* 1. (*действие*) fitting out; 2. (*снаряжение*) equipment.

экле́кт|ик *м.* eclectic; **~и́ческий, ~и́чный** eclectical.

экли́пт|ика *м. астр.* ecliptic; **~и́ческий** *астр.* ecliptic.

эко́лог *м.* ecologist.

экологи́ческий ecological.

эколо́гия *ж.* ecology.

эконо́мик|а *ж.* 1. (*совокупность производственных отношений*) economy; вну́тренняя ~ domestic/home economy; засто́йная ~ stagnant/sick economy; мирова́я ~ world economy; неусто́йчивая ~ unstable economy; пла́новая ~ planned economy; ры́ночная ~ market economy; перестро́йка ~и restructuring of the economy; госуда́рственный се́ктор ~и public/state sector of the economy; се́ктор ~и ча́стный private sector of the economy; тенева́я ~ black-market economy; shadow economy; оживля́ть ~у revive the economy; перестра́ивать ~у reorganize/reconstruct the economy; 2. (*структура хозяйственной жизни*) economics; ~ тра́нспорта economist of transport; 3. (*научная дисциплина*) economics.

экономи́ст *м.* economist; гла́вный ~ group economist; промы́шленный ~ business economist; ста́рший ~ senior economist.

эконо́мить, сэконо́мить 1. (*вн.*; *разумно расходовать*) be* economical (with), economize (*smth.*); ~ вре́мя и труд save time and labor; 2. *тк. несов.* (*максимально сокращать расходы*) economize; 3. (на, в *пр.*; *получать выгоду*) economize (on); ~ на материа́лах economize/save on materials.

экономи́ческ|ий economic; ~ие зако́ны economic laws; ~ райо́н economic area; ~ая геогра́фия economic geography; ~ журна́л magazine on economics; ~ кри́зис economic crisis; ~ое стимули́рование provision of economic/financial incentives.

экономи́чно *нареч.* economically.

экономи́чност|ь *ж.* economical efficiency, profitability; определе́ние ~и calculation of profitability; повыше́ние ~и improvement of economy.

экономи́чн|ый economical; ~ое строи́тельство economical building.

эконо́ми|я *ж.* economy; (*выгода*) saving (in, of); валю́тная ~ currency saving; ~ в расхо́дах saving of expense; ~ материа́ла saving of/in material, economizing on material; ~ ме́ста space saving; ~ фина́нсовых ресу́рсов saving of financial resources; режи́м ~и policy/regime of economy, economy regime/drive; получа́ть ~ю achieve a savings on; ◇ полити́ческая ~ political economy.

эконо́мный economical; (*о человеке*) thrifty.

экра́н *м.* 1. (*для защиты*) screen, shield; теплозащи́тный ~ heat shield; 2. (*для изображения*) screen; *перен.* (*киноискусство*) the screen.

экраниз|а́ция *ж.* filming, screening; film version; ~´оперы filming of an opera; **~и́ровать** *несов. и сов.* (*вн.*) film (*smth.*), make* a film version (of).

экска́ватор *м.* excavator; шага́ющий ~ self-propelled/dragline excavator; **~ный** excavator *attr.*; ~ный ковш excavator bucket; **~щик** *м.* excavator man*.

э́кскурс *м.* digression, excursus.

экскурса́нт *м.*, **~ка** *ж.* excursionist.

экскурсио́нн|ый excursion *attr.*; ~ое бюро́ excursion(s) office.

экску́рсия *ж.* 1. excursion; ~ в музе́й excursion to a museum; 2. (*группа туристов*) excursion party, tourist group.

экскурсово́д *м.* guide.

экспанси́вн|ость *ж.* expansiveness, effusiveness; **~ый** expansive, effusive.

экспа́нсия *ж.* expansion; внешнеторго́вая ~ foreign trade expansion; креди́тная ~ credit expansion.

экспеди́тор *м.* shipping/forwarding agent; генера́льный ~ general forwarding agent; ~ гру́за freight forwarder; распи́ска ~а forwarding agent's certificate of receipt; выступа́ть в ка́честве ~а act as forwarder.

экспеди́ция *ж.* 1. (*поездка с заданием*) expedition; 2. (*группа лиц*) expedition, party; спаса́тельная ~ rescue party; 3. (*отправка чего-л.*) dispatch; 4. (*отдел доставки*) dispatch office; dispatches *pl.*

экспериме́нт *м.* experiment.

эксперимента́льн|ый experimental; ~ые да́нные experimental data; ~ые живо́тные experimental animals; ~ая медици́на experimental medicine.

эксперимент|а́тор *м.* experimenter; **~и́рование** *с.* experimentation; **~и́ровать** *несов.* experiment.

экспе́рт *м.* expert; (*на суде*) expert witness; consultant, specialist, examiner; гла́вный ~ primary examiner, examiner-in-chief; комме́рческий ~ commercial expert; ~ по экономи́ческим вопро́сам economic expert; возраже́ния ~а examiner's objections; гру́ппа ~ов panel of exports; заключе́ние ~а expert's report/opinion/conclusion; консульти́роваться с ~ом consult an expert/a specialist.

эксперти́з|а *ж.* 1. examination/appraisal by experts; 2 (*комиссия*) (commission of) experts; госуда́рственная ~ state examination; незави́симая ~ independent examination; техни́ческая ~ technical expertise/examination; акт ~ы examiners'/experts', experts's statement/report; проведе́ние ~ы execution of an examination; затре́бовать ~у request an expert's opinion; назнача́ть ~у appoint experts; проводи́ть ~у make* conduct an examination, give an expert's opinion.

экспе́ртн|ый expert *attr.*; ~ая коми́ссия commission of experts.

эксплуата́тор *м.* exploiter; **~ский** exploiting, parasitical.

эксплуатацио́нный operating; maintenance *attr.*

эксплуат|а́ция *ж.* 1. exploitation; 2. (*природных богатств*) exploitation; (*железных дорог, машин и т.п.*) operation; (*домов, квартир*) maintenance; бесперебо́йная ~ trouble-free operation/running; ~ заво́да maintenance of a plant; непра́вильная ~ misuse; ввод в ~ю putting into operation/service, commissioning; вы́вод из ~и removal from service; пра́вила ~и service regulations, operating rules; надёжный в ~и reliable in operation.

эксплуати́рование *с.* exploiting, exploitation.

эксплуати́ровать *несов.* (*вн.*) 1. exploit (*smb.*); 2. (*использовать природные богатства*) exploit (*smth.*), use (*smth.*); (*машины и т. п.*) operate (*smth.*), run* (*smth.*), work, maintain, service.

экспози́ци|я *ж.* 1. *лит. муз.* exposition; 2. (*показ*) display, layout; 3. *фото.* exposure; ~ витри́ны window display; вы́ставочная ~ exposition of an exhibition; организова́ть ~ю arrange an exposition; осма́тривать ~ю inspect an exposition.

экспон|а́т *м.* exhibit; **~и́ровать** *несов. и сов.* (*вн.*) 1. exhibit (*smth.*); 2. *фото* expose (*smth.*); вы́ставочный ~ display unit, exhibit; гла́вный ~ major exhibit; де́йствующий ~ working exhibit; ~ы на вы́ставке displays/exhibits at an exhibition; ассортиме́нт ~ов range of exhibits; отбо́р ~ов selection/choosing of exhibits; прода́жа ~ов со стенда sale ex-stand, off-the-floor sale; представля́ть ~ы present exhibits.

экспоне́нт *м.* exhibitor, exhibitioner; ~ вы́ставки exhibitor, exhibitioner, participant in the exhibition; выставля́ющий впервые ~ first-time exhibitor; гла́вный ~ major/main exhibitor; постоя́нный ~ permanent regular exhibitor.

экспони́рование *с.* exhibiting, displaying, presenting, demonstrating, showing.

экспони́руемый on display, on show.

э́кспорт *м.* export; exportation; (*стоимость или количество вывезенных товаров*) exports; беспо́шлинный ~ duty-free export/exportation; малопри́быльный ~ exports bringing little profit; обра́тный ~ reexport; о́бщий ~ total exports; ~ продово́льствия food exports, export of foodstuffs; оборо́т по ~у export turnover; объём ~а export volume, total exports; ограниче́ние ~а export restriction; поступле́ние от ~а proceeds from export, export proceeds/earnings/income; превыше́ние ~а над и́мпортом surplus of exports, export surplus, excess of exports, export balance; спрос на ~ export demand; статьи ~а exports, items of export; эмба́рго на ~ export embargo; занима́ться ~ом be* engaged in the export, handle export matters.

экспортёр *м.* exporter, еди́нственный ~ sole exporter; ~ продово́льственных това́ров exporter of foodstuffs; ~ промышленных това́ров exporter of industrial products; ~ сырьевы́х това́ров exporter of raw materials.

экспорти́ровать *несов. и сов.* (*вн.*) export (*smth.*).

э́кспортный export *attr.*, exportable.

экспре́сс *м.* express; ~ по́чта urgent mail; express delivery.

экспресси́вный expressive.

экспре́сси|я *ж.* expression, expressiveness; чита́ть с ~ей read* with expression.

экспро́мт *м.* impromptu, improvisation; **~ом** impromptu, on the spur of the moment; произнести́ речь ~ом make* an impromptu speech, speak* extempore, extemporize.

экспропри|а́тор *м.* expropriator; **~а́ция** *ж.* expropriation; **~и́ровать** *несов. и сов.* (*вн.*) expropriate (*smth.*).

экста́з *м.* ecstasy; впада́ть, приходи́ть в ~ go* into ecstasies.

экстенси́вный extensive.

экстéрн *м.* external student; держа́ть экза́мены ~ом sit* for *one's* examinations as an external student.

экстерриториа́льн|ость *ж.* *юр.* extraterritoriality; **~ый** *юр.* extraterritorial.

экстерье́р *м.* form, figure (*животных*).

экстравага́нтный eccentric, bizarre, preposterous.

экстра́кт *м.* extract.

экстраордина́рный extraordinary.

экстреми́ст *м.* extremist; **~ский** extremist.

э́кстренн|о urgently; **~ый** 1. (*спешный*) urgent; ~ый отъе́зд urgent departure; ~ая телегра́мма urgent telegram; 2. (*чрезвычайный, непредвиденный*) special; ~ый вы́пуск газе́ты special edition of a newspaper; ~ый слу́чай emergency; в ~ых слу́чаях in an emergency, in case of emergency.

эксце́нтрик I *м.* (*артист*) clown, comic (actor).

эксце́нтрик II *м.* *тех.* eccentric, cam.

эксцентри́ч|еский eccentric; *театр.* comic; **~ный** eccentric.

эксце́сс *м.* excess; (*нарушение порядка тж.*) outrage.

эласти́чн|ость *ж.* elasticity, resilience; *перен.* flexibility; **~ый** elastic, resilient, supple; springy; *перен.* flexible; ~ая пружи́на resilient spring; ~ые движе́ния supple movements; ~ые носки́ stretch socks.

элева́тор *м.* elevator.

элега́нтн|ость *ж.* elegance; **~ый** elegant, smart.

эле́гия *ж.* elegy; *перен. тж.* melancholy.

электриз|а́ция *ж.* 1. *физ.* electrification; 2. *мед.* electrical treatment; **~ова́ть** *несов. и сов.* (*вн.*) 1. *физ.* electrify (*smth.*) (*тж. перен.*); 2. *мед.* treat (*smb., smth.*) with electricity, give* (*smb., smth.*) electrical treatment; **~ова́ться** *несов. и сов. физ.* be* electrified.

эле́ктрик *м.* *разг.* electrician; инжене́р-~ electrical engineer.

электри́к *прил. неизм.*: цвет ~ electric blue.

электрифи|ка́ция *ж.* electrification; ~ всей страны́ electrification of the whole country; **~ци́ровать** *несов. и сов.* (*вн.*) electrify (*smth.*).

электри́ческ|ий electric; ~ заря́д electric charge; ~ ток electric current, electricity; ~ая батаре́я electric battery; ~ая цепь electric(al) circuit; ~ мото́р electric motor.

электри́чество *с.* 1. electricity; 2. (*освещение*) electric light.

электри́чка *ж.* *разг.* (*железная дорога*) electric railway; (*поезд*) (electric) train; *разг.* suburban train.

эле́ктро- *в сложн.* electric, electro-.

электроакусти́ческий electro-acoustic.

электробри́тва *ж.* electric razor/shaver.

электрово́з *м.* electric locomotive.

электрогита́ра *ж.* electric guitar.

электро́д *м.* electrode.

электродви́гатель *м.* electric motor.

электродви́жущ|ий electromotive; ~ая си́ла electromotive force.

электродина́мика *ж.* electrodynamics.

электродо́илка *ж.* electric milker.

электродо́йка *ж.* electric milking.

электроёмкость *ж.* *физ.* capacity.

электроизмери́тельный electrometric; ~ые прибо́ры electric meters.

электрока́р *м.* electric trolley, float.

электрокардиогра́мма *ж.* electrocardiogram.

электрола́мповый electric-bulb *attr.*

электролечéбный electrical-treatment *attr.*, electrotherapy *attr.*

электролечéние *с.* electrical treatment, electrotherapy.

электро́лиз *м. хим.* electrolysis.

электромагни́т *м.* electromagnet; **~ный** electromagnetic.

электромеха́ника *ж.* electromechanics.

электромехани́ческий electromechanical.

электромонтёр *м.* electrician.

электромото́р *м.* electric motor.

электромузыка́льный: ~ инструмéнт electric musical instrument.

электро́н *м. физ.* electron.

электронагрева́тельный: ~ые прибо́ры electric heaters.

электро́ника *ж.* electronics.

электро́нно-вычисли́тельный electronic computer *attr.*

электро́нн|ый electron *attr.*, electronic; ~ая ла́мпа electron tube; ~ая му́зыка electronic music; ~ая па́мять electronic memory, memory tube; ~ мозг electronic brain; ~ые счётно-реша́ющие и управля́ющие устро́йства computers and control systems.

электрооборýдование *с.* electrical equipment.

электропереда́ч|а *ж.* electrical transmission; ма́чта ~и electric pylon.

электропéчь *ж.* electric furnace.

электропли́тка *ж.* electric hotplate.

электропо́езд *м.* electric train.

электрополотёр *м.* electric floor polisher.

электроприбо́р *м.* electrical appliance.

электропро́вод *м.* electricity cable.

электропрово́дка *ж.* (electric) wiring.

электропрово́дность *ж.* electrical conductivity.

электропромы́шленность *ж.* electrical industry.

электросва́р|ка *ж.* electric welding; **~щик** *м.* electric welder.

электросéть *ж.* electrical transmission network, grid; (*в доме*) wiring.

электросиловóй electric power.

электроста́нция *ж.* electric powerstation.

электроста́ль *ж.* electric steel.

электротабло́ *с. нескл.* annunciator panel.

электротéхн|ик *м.* electrician; **~ика** *ж.* electrical engineering; **~и́ческий** electrical, electrotechnical; ~и́ческая промы́шленность electrical industry

электротя́га *ж.* electric traction.

электрохи́мия *ж.* electrochemistry.

электроцентра́ль *ж.* electric power plant.

электроча́йник *м.* electric kettle.

электрошо́к *м.* electroshock (therapy).

электроэнéргия *ж.* electric power.

элемéнт *м.* **1.** element; **2.** *собир. или мн. представители какой-л. общественной среды*) elements; прогресси́вные ~ы о́бщества the progressive elements of society; *разг.* type, character; подозри́тельный ~ suspicious type; **3.** *эл.* cell.

элемента́рн|ый **1.** elementary; ~ая матема́тика elementary mathematics; он не мог поня́ть ~ых вещéй the simplest things were a mystery to him; ~ые пра́вила вéжливости elementary rules of politeness; **2.** (*поверхностный*) superficial; ~ взгляд на вещи́ shallow outlook; **3.** *хим.* element *attr.*; **4.** *физ.* elementary; ~ые части́цы elementary particles.

эликси́р *м.* elixir; зубно́й ~ mouthwash; грудно́й~ cough mixture.

эли́та *ж. собир.* **1.** (*лучшие растения, животные и т.п.*) best specimens; ~ карто́феля highest-quality potatoes; **2.** (*лучшие представители общества*) elite.

э́ллинг *м.* **1.** *мор.* slipway; **2.** *ав.* hangar; **3.** *спорт.* boathouse.

эллини́зм *м.* **1.** Hellenism; **2.** *ист.* the Hellenistic period.

э́ллипс *м.* **1.** *мат.* ellipse; **2.** *лингв.* ellipsis (*pl.* -ses).

эллипти́ческий elliptic(al).

эльф *м. миф.* elf*.

эма́лев|ый enamel *attr.*; ~ые кра́ски enamels.

эмалиро́ванн|ый enamel(led); ~ая посýда enamelware.

эмалирова́ть *несов.* (*вн.*) enamel (*smth.*).

эма́ль *ж.* enamel.

эмансип|а́ция *ж.* emancipation; **~и́рованный** emancipated.

эмба́рго *с. нескл. юр.* embargo; ~ на э́кспорт export embargo; поли́тика ~ embargo policy; наложи́ть ~ enbargo, lay/place/put an embargo; снима́ть ~ lift/raise/take off embargo.

эмблéма *ж.* emblem.

эмбриоло́гия *ж.* embryology.

эмбрио́н *ж. биол.* embryo (*pl.* -os).

эмбриона́льн|ый *биол.* embryonic; в ~ом состоя́нии in embryo.

эмигра́нт *м.*, **~ка** *ж.* emigrant; (*политический тж.*) emigre.

эмигра́ц|ия *ж.* **1.** emigration; (*вынужденная*) exile; находи́ться в ~ии live in exile; **2.** *собир.* (*эмигранты*) emigrants; (*политические тж.*) emigres.

эмигри́ровать *несов. и сов.* emigrate.

эмисса́р *м.* emissary.

эмиссио́нный issuing.

эми́ссия I *ж. фин.* issue, emission; ~ банкно́т issue of (bank)note's; ~ дéнег issue of money/currency, currency issue; ~ цéнных бума́г issue of securities.

эми́ссия II *ж. физ.* emission.

эмоциона́льн|ый emotional.

эмо́ция *ж.* emotion.

эмпирé|й *м.* empyrean; вита́ть в ~ях have *one's* head in the clouds.

эмпири́зм *м. филос.* empiricism.

эмпириокритици́зм *м. филос.* empirio-criticism.

эмпири́ческий empirical.

эму́льсия *ж.* emulsion.

эмфа́за *ж. лит. лингв.* emphasis.

эмфати́ческий *лит. лингв.* emphatic.

эндокри́нн|ый: ~ые железы endocrine glands, ductless glands.

эндокриноло́гия *ж.* endocrinology.

э́ндшпиль *м. шахм.* end game.

энерге́т|ик *м.* power engineer; **~ика** *ж.* energetics, power engineering; **~и́ческий** power *attr.*

энерги́чный energetic, vigorous, forcful.

эне́рги|я *ж.* energy; (*способность производить работу*) power; затра́та ~и expenditure of energy; взя́ться за *что-л.* с ~ей devote/direct all *one's* energy to *smth.*; put* *one's* back into *smth.*

энергоёмкость *ж.* power/energy consumption, power intensity.

энергосисте́мы *мн.* (*ед.* энергосисте́ма *ж.*) power grids.

э́нный N, x; ~ое число́ a certain number, x; ~ го́род the town of N; ~ая су́мма a certain sum.

энтомо́лог *м.* entomologist.

энтомоло́гия *ж.* entomology.

энтузиа́зм *м.* enthusiasm; **~а́ст** *м.*, **~а́стка** *ж.* enthusiast.

энцефали́т *м. мед.* encephalitis.

энциклопеди́ст *м.* 1. *ист.* Encyclopedist; 2. (*всесторонне образованный человек*) person of encyclopedic knowledge.

энциклопеди́ческ|ий encyclopedic; ~ие позна́ния universal/encyclopedic knowledge *sg*; ~ слова́рь encyclopedic dictionary.

энциклопе́дия *ж.* encyclopedia; ◇ ходячая ~ walking encyclopedia, mine of information.

эоли́т *м. геол.* eolithic period.

эоце́н *м. геол.* eocene period.

эпиго́н *м.* (mere) imitator.

эпиго́нство *с.* imitation, unoriginal following.

эпигра́мма *ж.* epigram.

эпи́граф *м.* epigraph.

эпидемиоло́гия *ж.* epidemiology.

эпидеми́ческий epidemic.

эпиде́мия *ж.* epidemic.

эпизо́д *м.* episode; (*случай*) incident.

эпизоди́ческий episodical; occasional, sporadic.

эпиле́п|сия *ж. мед.* epilepsy; **~тик** *м.* epileptic.

эпило́г *м.* epilogue.

эпистоля́рный epistolary.

эпита́фия *ж.* epitaph.

эпи́тет *м.* epithet.

эпице́нтр *м.* epicentre.

эпици́кл *м. мат.* epicycle.

эпи́ческ|ий epic; ~ая поэ́ма epic.

эпокси́дн|ый epoxy *attr.*, epoxide; ~ая смола́ epoxy resin.

эполе́ты *мн.* (*ед.* эполе́т *м.*) epaulet(te)s.

эпопе́я *ж.*epic.

э́пос *м.* 1. (*повествовательный род литературы*) narrative literature; 2. (*совокупность народных героических песен, легенд*) epos.

эпо́х|а *ж.* 1. (*большой промежуток времени*) age; ~ Возрожде́ния the Age of the Renaissance; 2. (*период существования чего-л.*) period; 3. (*момент, связанный с переломом в развитии чего-л.*) epoch; соста́вить, сде́лать ~у constitute an epoch, be*/represent a landmark.

эпоха́льн|ый epochal, epoch-marking; ~ое собы́тие epoch-marking event.

э́ра *ж.* era; в пе́рвом ве́ке до на́шей э́ры in the first century B.C.; в пе́рвом ве́ке на́шей э́ры in the first century A.D.

эре́кция *ж. физиол.* erection.

эрза́ц *м.* ersatz.

эритроци́ты *мн.* (*ед.* эритроци́т *м.*) erythrocytes.

э́ркер *м. архит.* oriel (window).

эро́зия *ж.* erosion; ~ по́чвы soil erosion.

эроди́ровать *несов.* erode.

эро́тика *ж* sensuality.

эроти́ч|еский, ~ный erotic.

эрома́н *м.* erotomaniac, sexual maniac.

эротома́ния *ж.* erotomania.

эруди́рованный well-read, well-informed, erudite.

эруди́ция *ж.* erudition, learning.

эска́др|а *ж. мор.* squadron; **~енный** *мор.* squadron *attr.*

эскадри́лья *ж. ав.* squadron.

эскадро́н *м. воен.* troop of cavalry, squadron.

эскала́тор *м.* escalator, moving stairway.

эскала́ци|я escalation; ~ цен price escalation; фо́рмула ~и цен price escalation formula; подлежа́ть ~и be subject to escalation.

эски́з *м.* sketch; (*скульптуры*) model; (*литературного, музыкального произведения*) draft, preliminary version; **~ный** rough, preliminary; ~ный прое́кт rough draft.

эскимо́ *с. нескл.* ice cream (on a stick).

эскимо́с *м.* Eskimo; **~ка** *ж.* Eskimo woman*; **~ский** Eskimo *attr.*

экско́рт *м.* escort; **~и́ровать** *несов.* (*вн.*) escort (*smb., smth.*).

эсми́нец *м.* destroyer.

эспаньо́лка *ж.* imperial (*beard*).

эспарце́т *м. бот.* sainfoin.

эспера́нто *с. нескл.* Esperanto.

эссе́ *с. нескл.* essay.

эссе́нция *ж.* essence.

эстака́да *ж.* 1. viaduct, platform; gantry; trestle; 2. flyover; 3. *мор.* pier; 4. *мор.* boom.

эста́мп *м.* print, engraving, plate.

эстафе́та *ж. спорт.* relay race; приня́ть ~у у *кого-л.* take* up the torch from *smb.*; **~ный** relay *attr.*; ~ная па́лочка baton.

эсте́т *м.* aesthete.

эстети́зм *м.* aestheticism.

эсте́т|ика *ж.* 1. aesthetics; 2. (*красота чего-л.*) aesthetic/artistic beauty; **~и́ческий** aesthetic; **~и́чный** aesthetically beautiful.

эсто́н|ец *м.*, **~ка** *ж.* Estonian; **~ский** Estonian; ~ский язы́к Estonian, the Estonian language.

эстраго́н *м. бот.* tarragon.

эстра́д|а *ж.* 1. (*помост*) platform; 2. (*вид искусства*) variety; **~ный** variety *attr.*

эсэ́совец *м. ист.* SS-man.

э́та *см.* этот.

эта́ж *м.* 1. story; (*с порядковым числительным*) floor; ни́жний, пе́рвый ~ ground floor; второ́й, тре́тий *и т. д.* ~ first, second, *etc.* floor; дом в 20 ~ей twenty-story building; 2. (*ряд предметов, расположенных горизонтально*) tier, layer.

этаже́рка *ж.* bookstand.

-эта́жный *в сложн.* — storied, story(ed); семиэта́жный seven-story, seven-storied.

э́так *разг.* in this way, like this, и так и ~ either way; ни так ни ~ neither way.

э́такий *разг.* such a; (*такой*) what a.

эတало́н *м.* standard; *перен.* model; ~ ме́тра standard meter.

эта́п *м.* stage; на совреме́нном ~е at the present stage.

э́ти *мест. мн.* these, those.

э́тика *ж.* ethics.

этике́т *м.* etiquette.

этике́тка *ж.* (*товарная*) label; (*привязываемая к предмету*) tag; ~ багажа́ luggage tag; бума́жная ~ paper label/tag; ~ с ценóй price ticket/tag; накле́ивать ~у label, attach a label to.

эти́л *м. хим.* ethyl.

этиле́н *м. хим.* ethylene.

этимологи́ческий etymological; ~ слова́рь etymological dictionary.

этимоло́гия *ж.* etymology.

эти́ческий, эти́чный ethical.

этни́ческий ethnic.

этнографи́ческ|ий ethnographic(al); ~ая ка́рта ethnographical map.

этногра́фия *ж.* ethnography.

э́то I *частица* 1. *передается оборотом* it's... who; ~ он написа́л тако́е хоро́шее сочине́ние? was he the one who wrote such a good essay?; ~ вас я заста́л с папиро́сой? was it you (whom) I saw smoking a cigarette?; ~ он вас име́ет в виду́ he means you; 2. *усил.* что ~ вы? what's come over you?; как ~ всё случи́лось? how did it all happen?; что ~ он несёт? I wonder what's keeping him; как ~ мо́жно! how can you!

это II *мест. см.* это́т.

э́тот, э́та, э́то, э́ти *мест.* 1. this; *мн.* these; ~ или тот дом? this house or that one over there?; в ~м году this year; э́то са́мое гла́вное that's the great thing; на ~м са́мом ме́сте on this very spot; я возьму́ себе́ вот э́ту карти́ну I'll take this picture; 2. *в знач. сущ.* this one; 3. (*указывает на предмет, лицо и т. п., названные в предыдущем повествовании*) the, this, that; 4. *в знач. сущ.* (*последний из названных*) the latter; 5. *в знач. сущ. с. нескл.* that, this; it; это не он that isn't him, it's not him; это его сестра this/that is his sister; (*в ответе*) it's his sister; э́то хорошо́ that's a good thing; э́то бы́ло так неожи́данно it was all so sudden; ◇ при ~м incidentally, besides, in addition.

этру́ск *м.* Etruscan; **~ий** Etruscan.

этю́д *м.* 1. (*рисунок*) sketch; 2. *лит.* essay; 3. *муз.* study, etude; 4. (*упражнение*) exercises *pl.*

этю́дник *м.* painter's case.

эфемери́ды *мн.* 1. *зоол.* ephemeridae; 2. *астр.* ephemerides.

эфеме́рный ephemeral.

эфе́с *м.* sword-hilt, handle.

эфио́п *м.*, **~ка** *ж.* Ethiopian.

эфи́р *м.* 1. ether; в ~е on the air; передава́ть *что-л.* в ~ broadcast *smth.*; 2. *хим.* ether; **~ный** ethereal (*тж. перен.*); ~ное ма́сло essential/volatle oil.

эфироно́с *м.* volatile-oil-bearing plant.

эффе́кт *м.* 1. effect; производи́ть ~ produce an effect; 2. *мн.* effects *pl.*; шумовы́е ~ы sound effects; 3. (*результат*) effect, result, gain; ~ искаже́ния цены́ price distorting effect; положи́тельный ~ positive effect; дава́ть экономи́ческий ~ be* ecomomically effective.

эффекти́вн|ость *ж.* effectiveness; *эк.* efficiency; ~ капиталовложе́ний efficiency of investments; комме́рческая ~ commercial effectiveness; ~ произво́дства efficiency of production, production efficiency; повыше́ние ~ости increase in/of efficiency; **~ый** effective, effectual; *эк.* efficient; ~ая мо́щность effective power; ~ые ме́ры effectual measures.

эффе́ктный effective, striking; (*рассчитанный на эффект*) showy.

эх oh!; эх ты! what a fellow (woman, *etc.*); (*укоризненно*) you're a fine one, you are!

э́хо *с.* echo.

эхоло́т *м.* echo (depth) sounder.

эшафо́т *м.* scaffold; взойти́ на ~ mount the scaffold.

эшело́н *м.* 1. echelon; *ав.* level; 2. (*поезд*) train; (*автоколонна*) column, convoy.

эякуля́ция *ж. физиол.* ejaculation.

Ю

юа́нь *м.* yuan (*Chines currency unit*).

юбиле́й *м.* anniversary; (*празднование*) celebration; пятидесятиле́тний ~ jubilee, fiftieth anniversary; столе́тний ~ centenary; **~ный:** ~ная да́та anniversary; ~ное изда́ние anniversary/birthday edition; jubilee edition; ~ная се́ссия anniversary session.

юбиля́р *м.* hero of the day, person (institution) whose anniversary is celebrated.

ю́бк|а *ж.* skirt; ◇ держа́ться за *чью-л.* ~у *шутл.* be* tied to *smb.'s* apron-strings.

ю́бочка *ж.* short skirt.

ю́бочник *м. разг.* womanizer, skirt chaser.

ювели́р *м.* jeweller; **~ный** jewelry *attr.*; jeweller's; *перен.* exquisite; ~ные изде́лия jewelry; ~ный магази́н jeweller's (shop); ~ная рабо́та exquisite workmanship.

юг *м.* the south; на юг (to the) south; к ~у от... (to the) south of...; на ~е in the south, down south.

ю́го-восто́к *м.* southeast.

ю́го-восто́чн|ый southeast; ~ ве́тер south-east wind, southeaster; ~ое направле́ние south-east direction.

ю́го-за́пад *м.* southwest.

ю́го-за́падн|ый southwest; ~ ве́тер south-west wind, southwester; ~ое направле́ние south-west direction.

югосла́в *м.* Jugoslav; **~ский** Jugoslav.

юдофо́б *м.* anti-Semite.

юдофо́бство *с.* anti-Semitism.

южа́н|ин *м.*, **~ка** *ж.* southerner.

южне́е farther south.

ю́жн|ый south, southern*; ~ бе́рег south coast; ~ ве́тер south wind; ~ кли́мат southern climate; ~ое со́лнце southern sun; ~ темпера́мент the southern fire; ◇ ~ по́люс магни́та *физ.* south-seeking pole of a magnet.

ю́зом *разг.* in (to) a skid, skidding.

ю́кка *ж. бот.* yucca.

юла́ *ж.* **1.** (*волчок*) top; **2.** *разг.* (*о вертлявом человеке*) fidget.

юли́ть *несов. разг.* **1.** (*вертеться*) dance about, jig around; **2.** (пе́ред *тв.*; *лебезить*) dance attendance (on); **3.** (*ловчить, хитрить*) wriggle.

ю́мор *м.* humor, чу́вство ~а sense of humor; **~и́ст** *м.* humorist; **~исти́ческий** humorous; ~исти́ческие расска́зы humorous stories; ~исти́ческая но́та в го́лосе a humorous note in *smb.*'s voice.

юморе́ска *ж. лит.* humoresque.

юмори́стика *ж.* **1.** humor; **2.** *разг.* something funny.

юмори́ть *несов.* play practical jokes *или* tricks.

юморно́й funny.

ю́нга *м.* ship's boy.

юне́ц *м.* youth.

юнио́р *м.* junior, age-group competitor; соревнова́ния среди́ ~ов age-group competitions/events, junior events.

ю́нкер *м. ист.* officer cadet.

юнна́т *м.* young naturalist.

ю́ност|ь *ж.* **1.** youth; в дни ~и in *one's* youth, in the days of *one's* youth; **2.** *собир.* young people, youth.

ю́нош|а *м.* youth; **~еский** youthful; **~ество** *с.* **1.** *собир.* young people, youth; **2.** (*юность*) youth.

ю́н|ый young; (*свойственный юности*) youthful; ~ во́зраст youth; с ~ых лет (ever) since *one* was a child*; теа́тр ~ого зри́теля young people's theater.

Юпи́тер *м.* Jupiter.

юпи́тер *м. разг.* (*осветительный прибор*) Jupiter lamp, floodlight.

юр *м.:* на ~у́ in a prominent situation/place.

юриди́чески *нареч.* juristically.

юриди́ческ|ий legal; (*связанный с правовыми нормами тж.*) juridical, legal, juristic(al), law; ~ институ́т law school/institute; ~ факульте́т department of law, law faculty; до́ктор ~их нау́к Doctor of Laws; ◇ ~ая консульта́ция legal advice bureau; ~ое лицо́ juridical person; с ~ой то́чки зре́ния from a legal standpoint.

юрисди́кция *ж.* jurisdiction; госуда́рственная ~ state jurisdiction; гражда́нская ~ civil jurisdiction; попада́ть под ~ю fall within jurisdiction.

юриско́нсульт *м.* legal adviser, expert on legal questions; company lawyer; вне́шний ~ outside counsellor, counsellor outside the company; ~ генера́льный по пате́нтам general patent counsellor.

юриспруде́нция *ж.* jurisprudence, law.

юри́ст *м.* lawyer; консульта́ция ~а legal advice.

ю́рк|ий nimble, adroit; *перен. разг.* sharp, enterprising; ~ая мышь nimble mouse*; ~ как бе́лка nimble as a squirrel.

юркну́ть *сов.* dart; (*о мыши тж.*) whisk.

юро́д|ивый *прил.* **1.** mad, feebleminded; **2.** *в знач. сущ. м.* God's/holy fool; **~ство** *с.* **1.** feeblemindedness, madness; **2.** (*поступок*) aberration, idiocy; **~ствовать** *несов.* **1.** (*быть юродивым*) beg; **2.** (*совершать нелепые поступки*) act like a madman*.

ю́рский *геол.* Jurassic.

ю́рта *ж.* yurt (*nomad tent*).

Ю́рьев: ~ день ST. George's Day; вот тебе́ и ~ день! here's a fine how d'ye do!

юс *м. лингв.* yus.

юсти́ровать *несов.* adjust, regulate.

юсти́ция *ж.* justice.

ют *м. мор.* quarterdeck.

юти́ться *несов.* **1.** (*помещаться на небольшой площади — о доме, селении*) perch, nestle; **2.** (*тесниться — о людях*) huddle; **3.** (*иметь пристанище*) make* *one's* quarters, live cooped up; ~ у знако́мых take* shelter in a friend's house.

юфть *ж.* yuft, Russian leather.

Я

я *личн. мест.* 1. (*рд., вн.* меня, *дт.* мне, *тв.* мной, мнóю, *пр.* обо мне́) I; э́то я! it's me! э́то я сде́лал I did it/that; э́то я ему́ сказа́л it was I who told him: 2. *в знач. сущ. с. нескл.* the self, the ego; ◇ не я бу́ду, е́сли не добью́сь своего́! I'll get my way — you see if I don't! я тебя́, его́ и *т. д.*! I'll give it to you, him, *etc.*!

я́бед|а *м. и ж. разг. см.* я́бедник; **~ник** *м.* sneak; (*у детей тж.*) telltale; **~ничать** *несов.* (на *вн.*) inform (on); (*о детях*) tell* tales (about), sneak (about).

я́блок|о *с.* apple; ◇ ада́мово ~ Adam's apple; глазно́е ~ eyeball; ~ раздо́ра apple of discord, bone of contention; ~у не́где упа́сть there is hardly room to move; ~ от я́блони недалеко́ па́дает *посл.* like mother, like daughter; в ~ах dappled.

я́блонев|ый apple *attr.*; ~ая ве́тка apple bough; ~ сад apple orchard.

я́блоня *ж.* apple tree.

я́блочко *с.* yablochko (*salor's dance*).

я́блочн|ый apple *attr.*; ~ое варе́нье apple jam; ~ пиро́г apple pie, apple tart.

яви́ть *сов. см.* явля́ть; **~ся** *сов. см.* явля́ться 1, 2, 3.

я́вка *ж.* 1. presence, attendance, appearance; ~ в суд presence in court; ~ обяза́тельна compulsory attendance; 2. (*место*) secret address, safe house; (*конспиративная встреча*) secret meeting.

явле́ние *с.* 1. phenomenon (*pl.* -na); thing *разг.*; (*событие*) occurrence; ~ приро́ды natural phenomenon; отра́дное ~ encouraging symptom/phenomenon; ре́дкое ~ unusual occurrence/phenomenon; стра́нное ~ strange thing; 2. (*появление*) appearance; 3. *театр.* scene; ~ пе́рвое, второ́е и *т. д.* scene one, two, *etc.*; 4. *филос.* phenomenon (*pl.* -na).

Явле́ние Христа́ *рел.* The Appearance of Christ.

явля́ть, яви́ть (*вн.*; *показывать*) show* (*smth.*); ~ собо́й приме́р му́жества be* an example of courage; **~ся**, яви́ться 1. (*приходить, прибывать*) come*, turn up; (*по официальному вызову*) appear, report; заче́м вы сюда́ яви́лись? why did you come here? ~ в суд appear in court; 2. (*появляться*) appear; (*рождаться*) come* into the world; у меня́ яви́лась мысль it occurred to me; у меня́ яви́лось жела́ние I felt a desire; 3. (*оказываться*) be*; просту́да яви́лась причи́ной его́ боле́зни the cause of his illness was a chill, his illness was caused by a chill; 4. *тк. несов.* (*быть, представлять собой*) be*.

я́вн|о obviously, manifestly, patently; **~ый** 1. (*открытый, не тайный*) open, overt; ~ая вражда́ open enmity; 2. (*очевидный для всех*) obvious, patent; ~ая ложь obvious lie.

яво́р *м. бот.* sycamore.

я́вочн|ый secret *attr.*; ~ая кварти́ра secret address; *воен.* reporting; recruiting; ~ пункт reporting point; ◇ ~ым поря́дком without previous permission.

я́вственный clear, district.

я́вств|овать *несов.* be* obvious, appear, be clear, apparent; из всех пока́заний ~ует... the evidence shows clearly..., it is obvious from the evidence given; как ~ует из его́ слов as his words clearly prove.

явь *ж.* reality.

ягдта́ш *м.* game bag.

я́гель *м. бот.* reindeer moss, Iceland moss.

ягнёнок *м.* lamb; кро́ткий как ~ meek as a lamb.

ягни́ться *несов.* lamb, yean.

я́год|а *ж.* berry; *собир.* small fruit; собира́ть ~ы go* berrying; ◇ одного́ по́ля ~ birds of a feather, a soulmate.

ягоди́ца *ж.* buttock.

я́годн|ик *м.* 1. (*место*) patch of berries; (*культивированный*) small-fruit plantation; 2. (*ягодный куст*) berry, fruit bush; 3. *разг.* (*о человеке*) berry gatherer; **~ый** berry *attr.*; ~ый сок berry juice.

ягуа́р *м.* jaguar.

яд *м.* 1. poison (*тж. перен.*); (*змеиный тж.*) venom; ~ сомне́ния the poison of doubt; 2. (*злость, ехидство*) venom; ~ его́ слов the venom of his words.

я́дерн|ый nuclear; ~ая реа́кция nuclear reaction; ~ая эне́ргия nuclear energy; ~ое ору́жие nuclear weapons *pl.*; ~ое горю́чее nuclear fuel; ◇ ~ реа́ктор nuclear reactor; ~ая фи́зика nuclear physics; ~ая держа́ва nuclear power.

ядови́то-зелёный acid-green.

ядови́т|ый 1. poisonous, venomous; ~ гриб toadstool, poisonous fungus; ~ое расте́ние poison(ous) plant; ~ая змея́ venomous/poisonous snake; ~ газ poison/toxic gas; 2. (*злобный*) venomous; ~ язы́к venomous tongue.

ядохимика́т *м. с.-х.* chemical weed-and/or pest killer.

ядрёный *разг.* 1. (*о плодах*) fine, juicy; 2. (*здоровый, крепкий*) lusty, robust; 3. (*свежий, бодрящий*) invigorating, boisterous, healthy.

я́дрица *ж.* buckwheat.

ядр|о́ *с.* 1. (*плода*) kernel; ~ оре́ха kernel of a nut; 2. (*внутренняя часть чего-л.*) core, heart; (*клетки и т. п.*) nucleus; ~ древеси́ны heart of timber, heartwood; ~ а́тома atomic nucleus; 3. (*наиболее важная часть чего-л.*) gist, substance; **4.** (*пушечное*) round-shot, cannon-ball; **5.** *спорт.* shot; толка́ние ~а putting the shot; толка́тель ~а shot-putter.

я́дрышко *с.* **1.** *уменьшительное* от ядро́; **2.** *биол.* nucleolus.

я́зва *ж.* **1.** ulcer; *перен.* (*бич*) pest; **2.** *разг.* (*ехидный человек*) viper, malicious person, curse; <> ~ желу́дка gastric ulcer.

язви́тельн|ый caustic, biting; ~ отве́т stinging retort; ~ челове́к caustic/sarcastic person; ~ая кри́тика biting criticism; ~ое замеча́ние biting remark.

язви́ть, съязви́ть sneer, say* sneeringly; ~ на *чей-л.* счёт take* the rise out of *smb.*

язы́к *м.* **1.** tongue; показа́ть ~ *кому-л.* 1) (*врачу*) show* *smb. one's* tongue; 2) (*дразня*) stick out *one's* tongue at *smb.*; злой ~ wicked/bitter tongue; **2.** (*кушанье*) tongue; **3.** (*речь*) language; родно́й ~ mother-tongue, *one's* language; разгово́рный ~ colloquial speech; но́вые ~и́ modern languages; дре́вние ~и́ ancient languages; **4.** (*стиль*) style, language; кни́га напи́сана хоро́шим ~о́м the book is well written; **5.** (*пленный*) information prisoner; <> ~ к горта́ни прили́п у *кого-л.* *smb's* tongue stuck/cleaved to the roof of his, her mouth; ~ хорошо́ подве́шен у *кого-л.* *smb.* has a ready tongue; ~ че́шется у *кого-л.* *smb.* is itching to speak; держа́ть ~ за зуба́ми keep* a still tongue in *one's* head; придержа́ть ~ hold* *one's* tongue; сорвало́сь (сло́во) с ~а́ one never meant to say it; я вам ру́сским ~о́м говорю́ let me spell it out (for you).

языкове́д *м.* linguist; **~е́ние** *с.* linguistics; ~ческий linguistic, linguistics *attr.*

языково́й linguistic.

языко́вый tongue *attr.*

языкозна́ние *с.* linguistics.

язы́ч|еский pagan, heathen; **~ество** *с.* paganism; ~ник *с.* pagan, heathen.

язычо́к *м.* **1.** *анат.* uvula (*pl.* -ae); **2.**: ~ боти́нка boot tongue; ~ пла́мени tongue of flame; **3.** *тех.* catch, lug, tab.

язь *м.* ide.

яи́чко *с.* *анат.* testicle.

яи́чники *мн.* (*ед.* яи́чник *м.*) *анат.* ovaries.

яи́чница *ж.* (*глазунья*) fried eggs *pl.*; (*болтунья*) scrambled eggs *pl.*

яи́чн|ый egg *attr.*; ~ порошо́к egg-powder; ~ая скорлупа́ eggshell.

я́йца *мн.* *вульг.* balls, nuts, bollocks, pills (*testicles*).

яйцеви́дный egg-shaped; oval, oviform, ovoid.

яйцекле́тка *ж.* egg cell; ovule.

яйцено́сность *ж.* *с.-х.* qualities.

яйцеро́дный *зоол.* oviparous.

яйц|о́ *с.* egg; *биол.* ovum (*pl.* ova); <> носи́ться с *кем-л.*, *чем-л.* как ку́рица с ~о́м fuss over *smb.*, *smth.* like an old hen; вые́денного ~а́ не сто́ит not worth a rap; я́йца ку́рицу не у́чат *посл.* don't teach your grandmother to suck eggs.

як *м.* yak.

якоби́нец *ист.* Jacobin.

я́кобы ostensibly; он ~ по́нял he seemed to understand, he said he understood; оди́н из них ~ инжене́р one of them is supposed to be an engineer; он пришёл ~ для того́, что́бы рабо́тать he came here ostensibly to work.

я́корн|ый anchor *attr.*; ~ая цепь anchor chain; ~ая стоя́нка anchorage.

я́кор|ь *м.* **1.** *мор.* anchor; стоя́ть на ~е lie* at anchor; **2.** *эл.* armature, rotor; <> ~ спасе́ния *one's* sheet anchor.

яку́т *м.*, **~ка** *ж.* Yakut; **~ский** Yakut; ~ский язы́к Yakut, the Yakut language.

якша́ться *несов.* (с *тв.*) *разг.* hobnob (with), consort (with).

ял *м.* whaler, pinnace; yawl.

я́лик *м.* skiff.

я́ловая: коро́ва dry cow, barren cow.

ям *м.* *ист.* mail staging post.

я́м|а *ж.* pit; hole (*тж. перен.*); (*низина*) hollow; у́гольная ~ coal bunker; <> во́лчья ~ trap hole; рыть *кому-л.* ~у lay a trap for *smb.*

ямб *м.* *лит.* iambus; **~и́ческий** iambic.

я́мка *ж.* *анат.* armpit (*подмышечная*).

я́мочк|а *ж.* dimple; с ~ой dimpled.

ямщи́к *м.* coachman*.

янва́рский January *attr.*; ~ хо́лод the cold of January.

янва́р|ь *м.* January; в ~е́ э́того го́да this/in January; в ~е́ про́шлого го́да last January, last year in January; в ~е́ бу́дущего го́да next January.

я́нки мн. нескл. Yankee.

янта́рный **1.** amber *attr.*; **2.** (*о цвете*) amber(-colored).

янта́рь *м.* amber.

япо́н|ец *м.*, **~ка** *ж.* Japanese; **~ский** Japanese; ~ский язы́к Japanese, the Japanese language.

я́ркий **1.** (*о свете*) bright, powerful; ~ая ла́мпа powerful/bright lamp; **2.** (*о цвете*) bright, vivid; ~ие ле́нты bright ribbons; **3.** (*выдающийся*) striking, brilliant; ~ тала́нт brilliant talents *pl.*; **4.** (*убедительный*) vivid, impressive; ~ приме́р striking/vivid example.

я́рко brilliantly, brightly; ~ вы́раженный pronounced; ~ раскра́шенный highly colored; ~ свиде́тельствовать о *чём-л.* afford striking evidence of *smth.*; **~ость** *ж.* brilliance, brightness; *перен.* vividness.

я́рко-кра́сный ruddy.

ярлы́к *м.* (*прям. и перен.*) label; (*привязанный к предмету*) tag, tally; бума́жный ~ paper label; металли́ческий ~ metal tag, tin plate; отрывно́й ~ tear tag; накле́ивать ~ tag, label, apply/attach a label.

я́рмарка *ж.* fair; всеми́рная ~ world's fair; ежего́дная ~ annual fair; междунаро́дная ~ international fair; о́птовая ~ wholesale fair; торго́вая ~ trade fair; осмо́тр ~и four of a fair; откры́тие ~и opening of a fair; уча́стие в ~е participation in a fair; устра́ивать ~у arrange a fair; на ~е at a fair.

ярмо́ *с.* yoke; (*бремя*) burden.

яровиз|а́ция *ж. с.-х.* vernalization; **~и́ровать** *несов. и сов.* (*вн.*) *с.-х.* vernalize (*smth.*).

ярово́й *прил.* **1.** spring *attr.*; ~ сев spring sowing; ~а́я пшени́ца spring wheat; ~о́е по́ле spring-sown field; **2.** *в знач. сущ. мн.* spring crops.

я́ростный 1. furious, fierce; **2.** (*о стихиях*) violent; ~ые во́лны relentless waves; **3.** (*чрезмерный, крайний в своем проявлении*) frenzied, frantic.

я́рость *ж.* rage, fury; (*бешенство*) frenzy; вне себя́ от ~и beside *oneself* with rage.

я́рус *м.* **1.** story; (*в театре*) circle; второ́й ~ upper circle; **2.** (*один из горизонтальных рядов чего-л.*) tier, layer.

я́рый 1. (*яростный*) violent, furious; **2.** (*крайний в своём проявлении*) fierce; **3.** (*страстно преданный чему-л.*) zealous, rabid.

я́сельный day-nursery *attr.*; ~ ребёнок day-nursery child*; де́ти ~ого во́зраста children of day-nursery age.

я́сень *м.* ash(tree).

я́сли *мн.* **1.** manger *sg.*; **2.** (*учреждение*) (day) nursery *sg*; creche *sg.*

ясне́ть *несов.* become clear(er).

я́сно 1. *нареч.* clearly, distinctly; ~ ви́деть, сознава́ть see*/realize clearly; ~ вы́раженный clearly expressed; ко́ротко и ~! so that's that! ~ представля́ть себе́ *что-л.* see* *smth.* with utmost clarity; **2.** *в знач. сказ. безл.* (*о безоблачной погоде*) the sky is clear; сего́дня ~ и тепло́ today it is bright and warm; **3.** *в знач. сказ. безл.* (*понятно*) it is clear; бы́ло ~, что... it was clear that...; ~! I see!; ~? is that clear?

ясновид|ение *с.* **1.** clairvoyance; second sight; **2.** (*тонкая проницательность*) insight; **~ящий** clairvoyant, intuitive.

я́сн|ость *ж.* clearness, clarity; (*мысли, выражения, слога*) lucidity; вноси́ть ~ во *что-л.* clear up *smth.*, sort out *smth.*; вноси́ть ~ в обстано́вку clear up the situation; **~ый 1.** (*яркий*) bright; **2.** (*безоблачный, светлый*) clear; (*о погоде*) fine; ~ая ночь clear night; ~ый день fine day; **3.** (*спокойный, чистый*) serene; ~ый взгляд clear/serene glance; **4.** (*отчётливый*) clear, district; **5.** (*понятный*) lucid, clear; **6.** (*логичный, очевидный*) clear; (*способный логично мыслить*) lucid; ◇ ~ее ~ого it is clear as daylight.

я́ства *мн.* feast *sg*, viands, victuals.

я́стреб *м.* hawk; следи́ть как ~ watch like a hawk.

ястреби́ный 1. hawk's; hawk *attr.*; **2.** (*как у ястреба*) hawklike; ~ взгляд piercing glance; ~ нос hawk nose.

ятры́шник *м. бот.* orchid.

ять *м.* yat (*name of old Russian letter replaced by "e" in 1918*).

я́хонт *м. уст.* **1.** (*рубин*) ruby; **2.** (*сапфир*) sapphire.

я́хта *ж.* yacht.

яхт-клу́б *м.* yacht-club.

яхтсме́н *м.* yachtsman.

яче́йка *ж.* **1.** *биол., полит.* cell; **2.** *воен.* foxhole; slit trench.

ячме́нн|ый barley *attr.*; ~ое зерно́ grain of barley, barleycorn; ~ая крупа́ barley; ~ая ка́ша barley milk.

ячме́нь I *м.* (*злак*) barley.

ячме́нь II *м.* (*на глазу*) sty.

я́чневый fine-barley *attr.*

я́шма *ж.* jasper.

я́щерица *ж.* lizard.

я́щик *м.* **1.** box; (*упаковочный*) packing-case; почто́вый ~ letter box, pillar box; **2.** (*выдвижной*) drawer; ◇ чёрный ~ black box; откла́дывать в до́лгий ~ shelve, put off.

я́щур *м. мед.* foot-and-mouth disease.

СПИСОК ИМЕН
COMMON GIVEN NAMES

Мужские имена*

Абаку́м (Абаку́мович, Абаку́мовна)
Абра́м (Абра́мович, Абра́мовна)
Абро́сим (Абро́симович, Абро́симовна)
Аввaку́м (Аввaку́мович, Аввaку́мовна)
А́вгуст (А́вгустович, А́вгустовна)
Авде́й (Авде́евич, Авде́евна)
А́вдий (А́вдиевич, А́вдиевна)
А́вель (А́велевич, А́велевна)
Авени́р (Авени́рович, Авени́ровна)
Аве́рий (Аве́риевич, Аве́риевна)
Аве́ркий (Аве́ркиевич, Аве́ркиевна)
Аверья́н (Аверья́нович, Аверья́новна)
Авксе́нтий (Авксе́нтиевич, Авксе́нтиевна и Авксе́нтьевич, Авксе́нтьевна)
Авра́м (Авра́мович, Авра́мовна)
Аврелиа́н (Аврелиа́нович, Аврелиа́новна)
Автоно́м (Автоно́мович, Автоно́мовна)
Ага́п (Ага́пович, Ага́повна)
Ага́пий (Ага́пиевич, Ага́пиевна и Ага́пьевич, Ага́пьевна)
Агапи́т (Агапи́тович, Агапи́товна)
Агафа́нгел (Агафа́нгелович, Агафа́нгеловна)
Агафо́н (Агафо́нович, Агафо́новна)
Агге́й (Агге́евич, Агге́евна)
Ада́м (Ада́мович, Ада́мовна)
Адриа́н (Адриа́нович, Адриа́новна)
Аза́р (Аза́рович, Аза́ровна)
Аза́рий (Аза́риевич, Аза́риевна и Аза́рьевич, Аза́рьевна)
Ака́кий (Ака́киевич, Ака́киевна)
Аки́ла (Аки́лич, Аки́лична)
Аки́м (Аки́мович, Аки́мовна)
Акинди́н (Акинди́нович, Акинди́новна)
Аки́нф (Аки́нфович, Аки́нфовна)
Аки́нфий (Аки́нфиевич, Аки́нфиевна и Аки́нфьевич, Аки́нфьевна)
Аксён (Аксёнович, Аксёновна)
Аксе́нтий (Аксе́нтиевич, Аксе́нтиевна и Аксе́нтьевич, Аксе́нтьевна)
Алекса́ндр (Алекса́ндрович, Алекса́ндровна)
Алексе́й (Алексе́евич, Алексе́евна)
Альбе́рт (Альбе́ртович, Альбе́ртовна)
Альфре́д (Альфре́дович, Альфре́довна)
Амвро́сий (Амвро́сиевич, Амвро́сиевна и Амвро́сьевич, Амвро́сьевна)
Амо́с (Амо́сович, Амо́совна)
Амфило́хий (Амфило́хиевич, Амфило́хиевна и Амфило́хьевич, Амфило́хьевна)
Ана́ний (Ана́ниевич, Ана́ниевна и Ана́ньевич, Ана́ньевна)
Анаста́сий (Анаста́сиевич, Анаста́сиевна и Анаста́сьевич, Анаста́сьевна)
Анато́лий (Анато́лиевич, Анато́лиевна и Анато́льевич, Анато́льевна)
Андре́й (Андре́евич, Андре́евна)
Андриа́н (Андриа́нович, Андриа́новна)
Андро́н (Андро́нович, Андро́новна)
Андро́ний (Андро́ниевич, Андро́ниевна и Андро́ньевич, Андро́ньевна)
Андро́ник (Андро́никович, Андро́никовна)
Ане́кт (Ане́ктович, Ане́ктовна)
Анемподи́ст (Анемподи́стович, Анемподи́стовна)
Анике́й (Анике́евич, Анике́евна)
Ани́кий (Ани́киевич, Ани́киевна)
Аники́та (Аники́тич, Аники́тична)
Ани́сий (Ани́сиевич, Ани́сиевна и Ани́сьевич, Ани́сьевна)
Ани́сим (Ани́симович, Ани́симовна)
Антио́х (Антио́хович, Антио́ховна)
Анти́п (Анти́пович, Анти́повна)
Анти́па (Анти́пич, Анти́пична)
Анти́пий (Анти́пиевич, Анти́пиевна и Анти́пьевич, Анти́пьевна)
Анто́н (Анто́нович, Анто́новна)
Антони́н (Антони́нович, Антони́новна)
Антро́п (Антро́пович, Антро́повна)
Антро́пий (Антро́пиевич, Антро́пиевна и Антро́пьевич, Антро́пьевна)
Ану́фрий (Ану́фриевич, Ану́фриевна)
Аполлина́рий (Аполлина́риевич, Аполлина́риевна и Аполлина́рьевич, Аполлина́рьевна)
Аполло́н (Аполло́нович, Аполло́новна)
Аполло́с (Аполло́сович, Аполло́совна)
Ардалио́н (Ардалио́нович, Ардалио́новна)
Ардальо́н (Ардальо́нович, Ардальо́новна)
Аре́ф (Аре́фович, Аре́фовна)
Аре́фий (Аре́фиевич, Аре́фиевна и Аре́фьевич, Аре́фьевна)
А́рий (А́риевич, А́риевна и А́рьевич, А́рьевна)
Арistáрх (Арistáрхович, Арistáрховна)

* Patronimics (first men's and then women's) are given in brackets.

Аристи́д (Аристи́дович, Аристи́довна)
Арка́дий (Арка́диевич, Арка́диевна и Арка́дьевич, Арка́дьевна)
Арно́льд (Арно́льдович, Арно́льдовна)
Аро́н (Аро́нович, Аро́новна)
Арсе́ний (Арсе́ниевич, Арсе́ниевна и Арсе́ньевич, Арсе́ньевна)
Артамо́н (Артамо́нович, Артамо́новна)
Артём (Артёмович, Артёмовна)
Арте́мий (Арте́миевич, Арте́миевна и Арте́мьевич, Арте́мьевна)
Арту́р (Арту́рович, Арту́ровна)
Архи́п (Архи́пович, Архи́повна)
Аса́ф (Аса́фович, Аса́фовна)
Аса́фий (Аса́фиевич, Аса́фиевна и Аса́фьевич, Аса́фьевна)
Аско́льд (Аско́льдович, Аско́льдовна)
Афана́сий (Афана́сиевич, Афана́сиевна и Афана́сьевич, Афана́сьевна)
Афиноге́н (Афиноге́нович, Афиноге́новна)
Афинодо́р (Афинодо́рович, Афинодо́ровна)
Африка́н (Африка́нович, Африка́новна)

Баже́н (Баже́нович, Баже́новна)
Бенеди́кт (Бенеди́ктович, Бенеди́ктовна)
Богда́н (Богда́нович, Богда́новна)
Болесла́в (Болесла́вович, Болесла́вовна и Болесла́вич, Болесла́вна)
Бонифа́т (Бонифа́тович, Бонифа́товна)
Бонифа́тий (Бонифа́тиевич, Бонифа́тиевна и Бонифа́тьевич, Бонифа́тьевна)
Бори́с (Бори́сович, Бори́совна)
Борисла́в (Борисла́вович, Борисла́вовна и Борисла́вич, Борисла́вна)
Бронисла́в (Бронисла́вович, Бронисла́вовна и Бронисла́вич, Бронисла́вна)
Будими́р (Будими́рович, Будими́ровна)

Вави́ла (Вави́лич, Вави́лична и Вави́лович, Вави́ловна)
Вади́м (Вади́мович, Вади́мовна)
Валенти́н (Валенти́нович, Валенти́новна)
Валериа́н (Валериа́нович, Валериа́новна)
Вале́рий (Вале́риевич, Вале́риевна и Вале́рьевич, Вале́рьевна)
Валерья́н (Валерья́нович, Валерья́новна)
Варла́м (Варла́мович, Варла́мовна)
Варла́мий (Варла́миевич, Варла́миевна и Варла́мьевич, Варла́мьевна)
Варна́ва (Варна́вич, Варна́вична)
Варсоно́ф (Варсоно́фович, Варсоно́фовна)
Варсоно́фий (Варсоно́фиевич, Варсоно́фиевна и Варсоно́фьевич, Варсоно́фьевна)
Варфоломе́й (Варфоломе́евич, Варфоломе́евна)
Васи́лий (Васи́льевич, Васи́льевна)
Вассиа́н (Вассиа́нович, Вассиа́новна)
Велиза́р (Велиза́рович, Велиза́ровна)
Велими́р (Велими́рович, Велими́ровна)
Венеди́кт (Венеди́ктович, Венеди́ктовна)
Вениами́н (Вениами́нович, Вениами́новна)
Веньями́н (Веньями́нович, Веньями́новна)
Венцесла́в (Венцесла́вович, Венцесла́вовна и Венцесла́вич, Венцесла́вна)
Вике́нтий (Вике́нтиевич, Вике́нтиевна и Вике́нтьевич, Вике́нтьевна)
Ви́ктор (Ви́кторович, Ви́кторовна)
Викто́рий (Викто́риевич, Викто́риевна)
Виктори́н (Виктори́нович, Виктори́новна)
Вику́л (Вику́лович, Вику́ловна)
Вику́ла (Вику́лич, Вику́лична)
Виле́н (Виле́нович, Виле́новна)
Вилени́н (Вилени́нович, Вилени́новна)
Вильге́льм (Вильге́льмович, Вильге́льмовна)
Виссарио́н (Виссарио́нович, Виссарио́новна)
Вит (Ви́тович, Ви́товна)
Вита́лий (Вита́лиевич, Вита́лиевна и Вита́льевич, Вита́льевна)
Вито́вт (Вито́втович, Вито́втовна)
Вито́льд (Вито́льдович, Вито́льдовна)
Владиле́н (Владиле́нович, Владиле́новна)
Влади́мир (Влади́мирович, Влади́мировна)
Владисла́в (Владисла́вович, Владисла́вовна и Владисла́вич, Владисла́вна)
Владле́н (Владле́нович, Владле́новна)
Влас (Вла́сович, Вла́совна)
Вла́сий (Вла́сиевич, Вла́сиевна и Вла́сьевич, Вла́сьевна)
Вонифа́т (Вонифа́тович, Вонифа́товна)
Вонифа́тий (Вонифа́тиевич, Вонифа́тиевна и Вонифа́тьевич, Вонифа́тьевна)
Все́волод (Все́володович, Все́володовна)
Всесла́в (Всесла́вович, Всесла́вовна и Всесла́вич, Всесла́вна)
Вуко́л (Вуко́лович, Вуко́ловна)
Вышесла́в (Вышесла́вович, Вышесла́вовна и Вышесла́вич, Вышесла́вна)
Вячесла́в (Вячесла́вович, Вячесла́вовна и Вячесла́вич, Вячесла́вна)
Гаври́ил (Гаври́илович, Гаври́иловна)
Гаври́л, Гаври́ла (Гаври́лович, Гаври́ловна)
Галактио́н (Галактио́нович, Галактио́новна)
Гедео́н (Гедео́нович, Гедео́новна)
Гедими́н (Гедими́нович, Гедими́новна)
Гела́сий (Гела́сиевич, Гела́сиевна и Гела́сьевич, Гела́сьевна)
Ге́лий (Ге́лиевич, Ге́лиевна)
Генна́дий (Генна́диевич, Генна́диевна и Генна́дьевич, Генна́дьевна)
Ге́нрих (Ге́нрихович, Ге́нриховна)
Гео́ргий (Гео́ргиевич, Гео́ргиевна)
Гера́сим (Гера́симович, Гера́симовна)
Герва́сий (Герва́сиевич, Герва́сиевна и Герва́сьевич, Герва́сьевна)
Ге́рман (Ге́рманович, Ге́рмановна)
Гермоге́н (Гермоге́нович, Гермоге́новна)
Геро́нтий (Геро́нтиевич, Геро́нтиевна и Геро́нтьевич, Геро́нтьевна)

Гиаци́нт (Гиаци́нтович, Гиаци́нтовна)
Глеб (Гле́бович, Гле́бовна)
Гора́ций (Гора́циевич, Гора́циевна)
Горго́ний (Горго́ниевич, Горго́ниевна и Горго́ньевич, Горго́ньевна)
Горде́й (Горде́евич, Горде́евна)
Гостомы́сл (Гостомы́слович, Гостомы́словна)
Гремисла́в (Гремисла́вович, Гремисла́вовна и Гремисла́вич, Гремисла́вна)
Григо́рий (Григо́рьевич, Григо́рьевна)
Гу́рий (Гу́риевич, Гу́риевна и Гу́рьевич, Гу́рьевна)
Гурья́н (Гурья́нович, Гурья́новна)

Дави́д (Дави́дович, Дави́довна)
Давы́д (Давы́дович, Давы́довна)
Далма́т (Далма́тович, Далма́товна)
Дании́л (Дании́лович, Дании́ловна)
Дани́л, Дани́ла (Дани́лович, Дани́ловна)
Деме́нтий (Деме́нтиевич, Деме́нтиевна и Деме́нтьевич, Деме́нтьевна)
Деми́д (Деми́дович, Деми́довна)
Демья́н (Демья́нович, Демья́новна)
Дени́с (Дени́сович, Дени́совна)
Дени́сий (Дени́сиевич, Дени́сиевна и Дени́сьевич, Дени́сьевна)
Дими́трий (Дими́триевич, Дими́триевна)
Диоми́д (Диоми́дович, Диоми́довна)
Диони́сий (Диони́сиевич, Диони́сиевна)
Дми́трий (Дми́триевич, Дми́триевна)
Добромы́сл (Добромы́слович, Добромы́словна)
Добры́ня (Добры́нич, Добры́нична)
Довмо́нт (Довмо́нтович, Довмо́нтовна)
Домини́к (Домини́кович, Домини́ковна)
Дона́т (Дона́тович, Дона́товна)
Дормедо́нт (Дормедо́нтович, Дормедо́нтовна)
Дормидо́нт (Дормидо́нтович, Дормидо́нтовна)
Дорофе́й (Дорофе́евич, Дорофе́евна)
Досифе́й (Досифе́евич, Досифе́евна)

Евге́ний (Евге́ниевич, Евге́ниевна и Евге́ньевич, Евге́ньевна)
Евгра́ф (Евгра́фович, Евгра́фовна)
Евгра́фий (Евгра́фьевич, Евгра́фьевна)
Евдоки́м (Евдоки́мович, Евдоки́мовна)
Евла́мпий (Евла́мпиевич, Евла́мпиевна и Евла́мпьевич, Евла́мпьевна)
Евло́гий (Евло́гиевич, Евло́гиевна)
Евме́н (Евме́нович, Евме́новна)
Евме́ний (Евме́ниевич, Евме́ниевна и Евме́ньевич, Евме́ньевна)
Евсе́й (Евсе́евич, Евсе́евна)
Евста́фий (Евста́фиевич, Евста́фиевна и Евста́фьевич, Евста́фьевна)
Евста́хий (Евста́хиевич, Евста́хиевна и Евста́хьевич, Евста́хьевна)
Евстигне́й (Евстигне́евич, Евстигне́евна)
Евстра́т (Евстра́тович, Евстра́товна)
Евстра́тий (Евстра́тиевич, Евстра́тиевна и Евстра́тьевич, Евстра́тьевна)
Евти́хий (Евти́хиевич, Евти́хиевна и Евти́хьевич, Евти́хьевна)
Евфи́мий (Евфи́миевич, Евфи́миевна и Евфи́мьевич и Евфи́мьевна)
Его́р (Его́рович, Его́ровна)
Его́рий (Его́риевич, Его́риевна и Его́рьевич, Его́рьевна)
Елиза́р (Елиза́рович, Елиза́ровна)
Елисе́й (Елисе́евич, Елисе́евна)
Елистра́т (Елистра́тович, Елистра́товна)
Елпидифо́р (Елпидифо́рович, Елпидифо́ровна)
Емелья́н (Емелья́нович, Емелья́новна)
Епифа́н (Епифа́нович, Епифа́новна)
Епифа́ний (Епифа́ниевич, Епифа́ниевна и Епифа́ньевич, Епифа́ньевна)
Ереме́й (Ереме́евич, Ереме́евна)
Е́рмий (Ермиевич, Е́рмиевна)
Ерми́л (Ерми́лович, Ерми́ловна)
Ерми́ла (Ерми́лич, Ерми́лична)
Ерми́лий (Ерми́льевич, Ерми́льевна)
Ермола́й (Ермола́евич, Ермола́евна)
Ерофе́й (Ерофе́евич, Ерофе́евна)
Ефи́м (Ефи́мович, Ефи́мовна)
Ефи́мий (Ефи́миевич, Ефи́миевна и Ефи́мьевич, Ефи́мьевна)
Ефре́м (Ефре́мович, Ефре́мовна)
Ефре́мий (Ефре́миевич, Ефре́миевна и Ефре́мьевич, Ефре́мьевна)

Заха́р (Заха́рович, Заха́ровна)
Заха́рий (Заха́риевич, Заха́риевна и Заха́рьевич, Заха́рьевна)
Зено́н (Зено́нович, Зено́новна)
Зино́вий (Зино́виевич, Зино́виевна и Зино́вьевич, Зино́вьевна)
Зо́сим (Зо́симович, Зо́симовна)
Зоси́ма (Зоси́мич, Зоси́мична)

Иаки́м (Иаки́мович, Иаки́мовна)
Иаки́нф (Иаки́нфович, Иаки́нфовна)
Ива́н (Ива́нович, Ива́новна)
Игна́т (Игна́тович, Игна́товна)
Игна́тий (Игна́тиевич, Игна́тиевна и Игна́тьевич, Игна́тьевна)
И́горь (Игоревич, Игоревна)
Иерони́м (Иерони́мович, Иерони́мовна)
Измаи́л (Измаи́лович, Измаи́ловна и Изма́йлович, Изма́йловна)
Измара́гд (Измара́гдович, Измара́гдовна)
Изо́сим (Изо́симович, Изо́симовна)
Изо́т (Изо́тович, Изо́товна)
Изясла́в (Изясла́вович, Изясла́вовна и Изясла́вич, Изясла́вна)
Иларио́н (Иларио́нович, Иларио́новна)
Илиодо́р (Илиодо́рович, Илиодо́ровна)
Илья́ (Ильи́ч, тв. Ильичо́м, Ильи́нична)
Иннокe͏́нтий (Иннокe͏́нтиевич, Иннокe͏́нтиевна и Иннокe͏́нтьевич, Иннокe͏́нтьевна)
Ио́анн (Ио́аннович, Ио́анновна)

Иов (Иович, Иовна)
Ио́на (Ио́нич, Ио́нична)
Иосафа́т (Иосафа́тович, Иосафа́товна)
Ио́сиф (Ио́сифович, Ио́сифовна)
Ипа́т (Ипа́тович, Ипа́товна)
Ипа́тий (Ипа́тиевич, Ипа́тиевна и Ипа́тьевич, Ипа́тьевна)
Ипполи́т (Ипполи́тович, Ипполи́товна)
Ира́клий (Ира́клиевич, Ира́клиевна)
Ирина́рх (Ирина́рхович, Ирина́рховна)
Ирине́й (Ирине́евич, Ирине́евна)
Иродио́н (Иродио́нович, Иродио́новна)
Исаа́к (Исаа́кович, Исаа́ковна)
Исаа́кий (Исаа́киевич, Исаа́киевна)
Иса́й (Иса́евич, Иса́евна)
Иса́к (Иса́кович, Иса́ковна)
Иса́кий (Иса́киевич, Иса́киевна)
Иси́дор (Иси́дорович, Иси́доровна)
Иусти́н (Иусти́нович, Иусти́новна)

Казими́р (Казими́рович, Казими́ровна)
Каллима́х (Каллима́хович, Каллима́ховна)
Калли́ник (Калли́никович, Калли́никовна)
Каллио́пий (Каллио́пиевич, Каллио́пиевна)
Ка́ллист (Ка́ллистович, Ка́ллистовна)
Каллистра́т (Каллистра́тович, Каллистра́товна)
Каллисфе́н (Каллисфе́нович, Каллисфе́новна)
Калу́ф (Калу́фович, Калу́фовна)
Канди́дий (Канди́диевич, Канди́диевна и Канди́дьевич, Канди́дьевна)
Кантидиа́н (Кантидиа́нович, Кантидиа́новна)
Ка́пик (Ка́пикович, Ка́пиковна)
Капито́н (Капито́нович, Капито́новна)
Карио́н (Карио́нович, Карио́новна)
Карл (Ка́рлович, Ка́рловна)
Карп (Ка́рпович, Ка́рповна)
Кастри́хий (Кастри́хиевич, Кастри́хиевна и Кастри́хьевич, Кастри́хьевна)
Касья́н (Касья́нович, Касья́новна)
Ким (Ки́мович, Ки́мовна)
Киприа́н (Киприа́нович, Киприа́новна)
Кир (Ки́рович, Ки́ровна)
Кириа́к (Кириа́кович, Кириа́ковна)
Кирья́к (Кирья́кович, Кирья́ковна)
Ки́рик (Ки́риакович, Ки́риаковна)
Кири́лл (Кири́ллович, Кири́лловна)
Кирса́н (Кирса́нович, Кирса́новна)
Кла́вдий (Кла́вдиевич, Кла́вдиевна)
Клим (Кли́мович, Кли́мовна)
Кли́ме́нт (Кли́ме́нтович, Кли́ме́нтовна)
Климе́нтий (Климе́нтиевич, Климе́нтиевна и Климе́нтьевич, Климе́нтьевна)
Кондра́т (Кондра́тович, Кондра́товна)
Кондра́тий (Кондра́тьевич, Кондра́тьевна)
Ко́нон (Ко́нонович, Ко́ноновна)
Ко́нрад (Ко́нрадович, Ко́нрадовна)
Константи́н (Константи́нович, Константи́новна)
Корне́й (Корне́евич, Корне́евна)
Корне́лий (Корне́лиевич, Корне́лиевна и Корне́льевич, Корне́льевна)
Корни́л (Корни́лович, Корни́ловна)
Корни́лий (Корни́лиевич, Корни́лиевна и Корни́льевич, Корни́льевна)
Ксенофо́нт (Ксенофо́нтович, Ксенофо́нтовна)
Кузьма́ (Кузьми́ч, Кузьми́нична)
Куприя́н (Куприя́нович, Куприя́новна)

Лавр (Ла́врович, Ла́вровна)
Лавре́нтий (Лавре́нтиевич, Лавре́нтиевна и Лавре́нтьевич, Лавре́нтьевна)
Ладими́р (Ладими́рович, Ладими́ровна)
Ла́зарь (Ла́заревич, Ла́заревна)
Ларио́н (Лаорио́нович, Ларио́новна)
Лев (Льво́вич, Льво́вна)
Лео́н (Лео́нович, Лео́новна)
Леона́рд (Леона́рдович, Леона́рдовна)
Леони́д (Леони́дович, Леони́довна)
Лео́нтий (Лео́нтиевич, Лео́нтиевна и Лео́нтьевич, Лео́нтьевна)
Леопо́льд (Леопо́льдович, Леопо́льдовна)
Ло́гвин (Ло́гвинович, Ло́гвиновна)
Ло́нгин (Ло́нгинович, Ло́нгиновна)
Лука́ (Луки́ч, Луки́нична)
Лука́н (Лука́нович, Лука́новна)
Лукья́н (Лукья́нович, Лукья́новна)
Люби́м (Люби́мович, Люби́мовна)
Любоми́р (Любоми́рович, Любоми́ровна)
Любомы́сл (Любомы́слович, Любомы́словна)
Люциа́н (Люциа́нович, Люциа́новна)

Мавр (Ма́врович, Ма́вровна)
Маври́кий (Маври́киевич, Маври́киевна и Маври́кьевич, Маври́кьевна)
Мавро́дий (Мавро́диевич, Мавро́диевна и Мавро́дьевич, Мавро́дьевна)
Май (Ма́евич, Ма́евна)
Мака́р (Мака́рович, Мака́ровна)
Мака́рий (Мака́риевич, Мака́риевна и Мака́рьевич, Мака́рьевна)
Макед́он (Макед́онович, Макед́оновна)
Македо́ний (Македо́ниевич, Македо́ниевна и Македо́ньевич, Македо́ньевна)
Макси́м (Макси́мович, Макси́мовна)
Максимиа́н (Максимиа́нович, Максимиа́новна)
Максимилиа́н (Максимилиа́нович, Максимилиа́новна)
Максимилья́н (Максимилья́нович, Максимилья́новна)
Малх (Ма́лхович, Ма́лховна)
Ману́ил (Ману́илович, Ману́иловна)
Мара́т (Мара́тович, Мара́товна)
Марда́рий (Марда́риевич, Марда́риевна и Марда́рьевич, Марда́рьевна)
Мариа́н (Мариа́нович, Мариа́новна)

Мари́н (Мари́нович, Мари́новна)
Марк (Ма́ркович, Ма́рковна)
Марке́л (Марке́лович, Марке́ловна)
Маркиа́н (Маркиа́нович, Маркиа́новна)
Марле́н (Марле́нович, Марле́новна)
Мартимья́н (Мартимья́нович, Мартимья́новна)
Марти́н (Марти́нович, Марти́новна)
Мартиниа́н (Мартиниа́нович, Мартиниа́новна)
Марти́рий (Марти́риевич, Марти́риевна и Марти́рьевич, Марти́рьевна)
Марты́н (Марты́нович, Марты́новна)
Мартья́н (Мартья́нович, Мартья́новна)
Матве́й (Матве́евич, Матве́евна)
Меле́нтий (Меле́нтиевич, Меле́нтиевна и Меле́нтьевич, Меле́нтьевна)
Меле́тий (Меле́тиевич, Меле́тиевна и Меле́тьевич, Меле́тьевна)
Меркý л (Меркý лович, Меркý ловна)
Меркý рий (Меркý риевич, Меркý риевна и Меркý рьевич, Меркý рьевна)
Мефо́дий (Мефо́диевич, Мефо́диевна и Мефо́дьевич, Мефо́дьевна)
Мечисла́в (Мечисла́вович, Мечисла́вовна и Мечисла́вич, Мечисла́вна)
Мила́н (Мила́нович, Мила́новна)
Миле́н (Миле́нович, Миле́новна)
Ми́лий (Ми́лиевич, Ми́лиевна)
Ми́на (Ми́нич, Ми́нична)
Мина́й (Мина́евич, Мина́евна)
Миро́н (Миро́нович, Миро́новна)
Мирослá в (Мирослá вович, Мирослá вовна и Мирослá вич, Мирослá вна)
Мисаи́л (Мисаи́лович, Мисаи́ловна)
Митрофа́н (Митрофа́нович, Митрофа́новна)
Митрофа́ний (Митрофа́ниевич, Митрофа́ниевна, Митрофа́ньевич, Митрофа́ньевна)
Михаи́л (Михаи́лович, Михаи́ловна и Миха́йлович, Миха́йловна)
Михе́й (Михе́евич, Михе́евна)
Моде́ст (Моде́стович, Моде́стовна)
Моисе́й (Моисе́евич, Моисе́евна)
Моке́й (Моке́евич, Моке́евна)
Мо́кий (Мо́киевич, Мо́киевна)
Мстисла́в (Мстисла́вович, Мстисла́вовна и Мстисла́вич, Мстисла́вовна)

Наза́р (Наза́рович, Наза́ровна)
Наза́рий (Наза́риевич, Наза́риевна и Наза́рьевич, Наза́рьевна)
Нарки́с (Нарки́сович, Нарки́совна)
Ната́н (Ната́нович, Ната́новна)
Наý м (Наý мович, Наý мовна)
Не́стер (Не́стерович, Не́стеровна)
Не́стор (Не́сторович, Не́сторовна)
Нефёд (Нефёдович, Нефёдовна)
Ника́ндр (Ника́ндрович, Ника́ндровна)
Никано́р (Никано́рович, Никано́ровна)
Ники́та (Ники́тич, Ники́тична)
Ники́фор (Ники́форович, Ники́форовна)
Никоди́м (Никоди́мович, Никоди́мовна)
Никола́й (Никола́евич, Никола́евна)
Ни́кон (Ни́конович, Ни́коновна)
Нил (Ни́лович, Ни́ловна)
Ни́фонт (Ни́фонтович, Ни́фонтовна)

Оле́г (Оле́гович, Оле́говна)
Оли́мпий (Оли́мпиевич, Оли́мпиевна)
Они́сим (Они́симович, Они́симовна)
Онисифо́р (Онисифо́рович, Онисифо́ровна)
Онý фрий (Онý фриевич, Онý фриевна)
Оре́ст (Оре́стович, Оре́стовна)
Осип (Осипович, Осиповна)
Оска́р (Оска́рович, Оска́ровна)
Оста́п (Оста́пович, Оста́повна)
Остроми́р (Остроми́рович, Остроми́ровна)

Па́вел (Па́влович, Па́вловна)
Павли́н (Павли́нович, Павли́новна)
Паи́сий (Паи́сиевич, Паи́сиевна и Паи́сьевич, Паи́сьевна)
Палла́дий (Палла́диевич, Палла́диевна и Палла́дьевич, Палла́дьевна)
Памфи́л (Памфи́лович, Памфи́ловна)
Памфи́лий (Памфи́лиевич, Памфи́лиевна и Памфи́льевич, Памфи́льевна)
Панкра́т (Панкра́тович, Панкра́товна)
Панкра́тий (Панкра́тиевич, Панкра́тиевна и Панкра́тьевич, Панкра́тьевна)
Пантеле́й (Пантеле́евич, Пантеле́евна)
Пантелеймо́н (Пантелеймо́нович, Пантелеймо́новна)
Панфи́л (Панфи́лович, Панфи́ловна)
Парамо́н (Парамо́нович, Парамо́новна)
Парме́н (Парме́нович, Парме́новна)
Пармён (Пармёнович, Пармёновна)
Парфён (Парфёнович, Панфёновна)
Парфе́ний (Парфе́ниевич, Парфе́ниевна и Парфе́ньевич, Парфе́ньевна)
Парфе́нтий (Парфе́нтьевич, Парфе́нтьевна)
Патрике́й (Патрике́евич, Патрике́евна)
Патри́кий (Патри́киевич, Патри́киевна)
Пафнý тий (Пафнý тиевич, Пафнý тиевна и Пафнý тьевич, Пафнý тьевна)
Пахо́м (Пахо́мович, Пахо́мовна)
Пахо́мий (Пахо́миевич, Пахо́миевна и Пахо́мьевич, Пахо́мьевна)
Перфи́лий (Перфи́лиевич, Перфи́лиевна и Перфи́льевич, Перфи́льевна)
Пётр (Петро́вич, Петро́вна)
Пи́мен (Пи́менович, Пи́меновна)
Питири́м (Питири́мович, Питири́мовна)
Плато́н (Плато́нович, Плато́новна)
Полие́вкт (Полие́вктович, Полие́вктовна)
Полие́кт (Полие́ктович, Полие́ктовна)
Полика́рп (Полика́рпович, Полика́рповна)
Полика́рпий (Полика́рпиевич, Полика́рпиевна и Полика́рпьевич, Полика́рпьевна)
Порфи́р (Порфи́рович, Порфи́ровна)

Порфи́рий (Порфи́риевич, Порфи́риевна и Порфи́рьевич, Порфи́рьевна)
Пота́п (Пота́пович, Пота́повна)
Пота́пий (Пота́пиевич, Пота́пиевна и Пота́пьевич, Пота́пьевна)
Пров (Про́вич, Про́вна)
Прокл (Про́клович, Про́кловна)
Проко́п (Проко́пович, Проко́повна)
Проко́пий (Проко́пиевич, Проко́пиевна и Проко́пьевич, Проко́пьевна)
Проко́фий (Проко́фиевич, Проко́фиевна и Проко́фьевич, Проко́фьевна)
Прота́с (Прота́сович, Прота́совна)
Прота́сий (Прота́сиевич, Прота́сиевна и Прота́сьевич, Прота́сьевна)
Про́хор (Про́хорович, Про́хоровна)

Ра́дий (Ра́диевич, Ра́диевна)
Ради́м (Ради́мович, Ради́мовна)
Радисла́в (Радисла́вович, Радисла́вовна и Радисла́вич, Радисла́вна)
Радова́н (Радова́нович, Радова́новна)
Ратибо́р (Ратибо́рович, Ратибо́ровна)
Ратми́р (Ратми́рович, Ратми́ровна)
Рафаи́л (Рафаи́лович, Рафаи́ловна)
Ро́берт (Ро́бертович, Ро́бертовна)
Родио́н (Родио́нович, Родио́новна)
Рома́н (Рома́нович, Рома́новна)
Ростисла́в (Ростисла́вович, Ростисла́вовна и Ростисла́вич, Ростила́вна)
Рубе́н (Рубе́нович, Рубе́новна)
Руви́м (Руви́мович, Руви́мовна)
Рудо́льф (Рудо́льфович, Рудо́льфовна)
Русла́н (Русла́нович, Русла́новна)
Рю́рик (Рю́рикович, Рю́риковна)

Са́вва (Са́ввич, Са́ввична)
Саввате́й (Саввате́евич, Савватее́вна)
Савва́тий (Савва́тиевич, Савва́тиевна и Савва́тьевич, Савва́тьевна)
Савёл (Савёлович, Савёловна)
Саве́лий (Саве́лиевич, Саве́лиевна и Саве́льевич, Саве́льевна)
Саве́рий (Саве́риевич, Саве́риевна и Саве́рьевич, Саве́рьевна)
Сави́н (Сави́нович, Сави́новна)
Савиниа́н (Савиниа́нович, Савиниа́новна)
Сакердо́н (Сакердо́нович, Сакердо́новна)
Салта́н (Салта́нович, Салта́новна)
Само́йла (Само́йлович, Само́йловна)
Самсо́н (Самсо́нович, Самсо́новна)
Самсо́ний (Самсо́ниевич, Самсо́ниевна и Самсо́ньевич, Самсо́ньевна)
Самуи́л (Самуи́лович, Самуи́ловна)
Светоза́р (Светоза́рович, Светоза́ровна)
Свири́д (Свири́дович, Свири́довна)
Святопо́лк (Святопо́лкович, Святопо́лковна)
Святосла́в (Святосла́вович, Святосла́вовна и Святосла́вич, Святосла́вна)
Себастья́н (Себастья́нович, Себастья́новна)
Севастья́н (Севастья́нович, Севастья́новна)
Севери́н (Севери́нович, Севери́новна)
Северья́н (Северья́нович, Северья́новна)
Селива́н (Селива́нович, Селива́новна)
Селивёрст (Селивёрстович, Селивёрстовна)
Селифа́н (Селифа́нович, Селифа́новна)
Семён (Семёнович, Семёновна)
Семио́н (Семио́нович, Семио́новна)
Серапио́н (Серапио́нович, Серапио́новна)
Серафи́м (Серафи́мович, Серафи́мовна)
Серге́й (Серге́евич, Серге́евна)
Сигизму́нд (Сигизму́ндович, Сигизму́ндовна)
Си́дор (Си́дорович, Си́доровна)
Си́ла (Си́лич, Си́лична)
Сила́н (Сила́нович, Сила́новна)
Сила́нтий (Сила́нтиевич, Сила́нтиевна и Сила́нтьевич, Сила́нтьевна)
Силуя́н (Силуя́нович, Силуя́новна)
Сильва́н (Сильва́нович, Сильва́новна)
Сильве́стр (Сильве́строvич, Сильве́стровна)
Си́мон (Си́монович, Си́моновна)
Смара́гд (Смара́гдович, Смара́гдовна)
Созо́н (Созо́нович, Созо́новна)
Созо́нт (Созо́нтович, Созо́нтовна)
Созо́нтий (Созо́нтьевич, Созо́нтьевна)
Сокра́т (Сокра́тович, Сокра́товна)
Соломо́н (Соломо́нович, Соломо́новна)
Сосипа́тр (Сосипа́трович, Сосипа́тровна)
Софо́н (Софо́нович, Софо́новна)
Софо́ний (Софо́ниевич, Софо́ниевна и Софо́ньевич, Софо́ньевна)
Софро́н (Софро́нович, Софро́новна)
Софро́ний (Софро́ниевич, Софро́ниевна и Софро́ньевич, Софро́ньевна)
Спарта́к (Спарта́кович, Спарта́ковна)
Спиридо́н (Спиридо́нович, Спиридо́новна)
Спиридо́ний (Спиридо́ниевич, Спиридо́ниевна и Спиридо́ньевич, Спиридо́ньевна)
Станими́р (Станими́рович, Станими́ровна)
Ста́хий (Ста́хиевич, Ста́хиевна)
Станисла́в (Станисла́вович, Станисла́вовна и Станисла́вич, Станисла́вна)
Степа́н (Степа́нович, Степа́новна)
Стоя́н (Стоя́нович, Стоя́новна)
Страто́ник (Страто́никович, Страто́никовна)
Сысо́й (Сысо́евич, Сысо́евна)

Тара́с (Тара́сович, Тара́совна)
Твердисла́в (Твердисла́вович, Твердисла́вовна и Твердисла́вич, Твердисла́вна)
Творими́р (Творими́рович, Творими́ровна)
Тере́нтий (Тере́нтиевич, Тере́нтиевна и Тере́нтьевич, Тере́нтьевна)
Те́ртий (Те́ртиевич, Те́ртиевна)
Тигра́н (Тигра́нович, Тигра́новна)

Ти́грий (Ти́гриевич, Ти́гриевна)
Тимофе́й (Тимофе́евич, Тимофе́евна)
Тиму́р (Тиму́рович, Тиму́ровна)
Тит (Ти́тович, Ти́товна)
Ти́хон (Ти́хонович, Ти́хоновна)
Триста́н (Триста́нович, Триста́новна)
Трифи́лий (Трифи́лиевич, Трифи́лиевна и Трифи́льевич, Трифи́льевна)
Три́фон (Три́фонович, Три́фоновна)
Трофи́м (Трофи́мович, Трофи́мовна)

Уа́р (Уа́рович, Уа́ровна)
Ува́р (Ува́рович, Ува́ровна)
Улья́н (Улья́нович, Улья́новна)
Усти́н (Усти́нович, Усти́новна)

Фабиа́н (Фабиа́нович, Фабиа́новна)
Фаде́й (Фаде́евич, Фаде́евна)
Фалале́й (Фалале́евич, Фалале́евна)
Фатья́н (Фатья́нович, Фатья́новна)
Фёдор (Фёдорович, Фёдоровна)
Федо́с (Федо́сович, Федо́совна)
Федосе́й (Федосе́евич, Федосе́евна)
Федо́сий (Федо́сиевич, Федо́сиевна и Федо́сьевич, Федо́сьевна)
Федо́т (Федо́тович, Федо́товна)
Федо́тий (Федо́тиевич, Федо́тиевна и Федо́тьевич, Федо́тьевна)
Феду́л (Феду́лович, Феду́ловна)
Фе́ликс (Фе́ликсович, Фе́ликсовна)
Фемисто́кл (Фемисто́клович, Фемисто́кловна)
Феогно́ст (Феогно́стович, Феогно́стовна)
Феокти́ст (Феокти́стович, Феокти́стовна)
Феофа́н (Феофа́нович, Феофа́новна)
Феофи́л (Феофи́лович, Феофи́ловна)
Феофила́кт (Феофила́ктович, Феофила́ктовна)
Ферапо́нт (Ферапо́нтович, Ферапо́нтовна)
Филаре́т (Филаре́тович, Филаре́товна)
Фила́т (Фила́тович, Фила́товна)
Филимо́н (Филимо́нович, Филимо́новна)
Фили́пий (Фили́пьевич, Фили́пьевна)
Фили́пп (Фили́ппович, Фили́пповна)
Филофе́й (Филофе́евич, Филофе́евна)
Фирс (Фи́рсович, Фи́рсовна)
Флавиа́н (Флавиа́нович, Флавиа́новна)
Фла́вий (Фла́виевич, Фла́виевна)
Флего́нт (Флего́нтович, Флего́нтовна)
Флоре́нтий (Флоре́нтиевич, Флоре́нтиевна)
Флоренти́н (Флоренти́нович, Флоренти́новна)
Фо́ка (Фо́кич, Фо́кична)
Фома́ (Фоми́ч, Фоми́нична)
Фортуна́т (Фортуна́тович, Фортуна́товна)
Фо́тий (Фо́тиевич, Фо́тиевна и Фо́тьевич, Фо́тьевна)
Фри́дрих (Фри́дрихович, Фри́дриховна)
Фрол (Фро́лович, Фро́ловна)

Харито́н (Харито́нович, Харито́новна)
Харито́ний (Харито́ниевич, Харито́ниевна и Харито́ньевич, Харито́ньевна)
Харла́м (Харла́мович, Харла́мовна)
Харла́мп (Харла́мпович, Харла́мповна)
Харла́мпий (Харла́мпиевич, Харла́мпиевна и Харла́мпьевич, Харла́мпьевна)
Хриса́нф (Хриса́нфович, Хриса́нфовна)

Христофо́р (Христофо́рович, Христофо́новна)

Эдуа́рд (Эдуа́рдович, Эдуа́рдовна)
Эми́лий (Эми́лиевич, Эми́лиевна и Эми́льевич, Эми́льевна)
Эми́ль (Эми́льевич, Эми́льевна)
Эммануи́л (Эммануи́лович, Эммануи́ловна)
Эра́зм (Эра́змович, Эра́змовна)
Эра́ст (Эра́стович, Эра́стовна)
Эрне́ст (Эрне́стович, Эрне́стовна)
Эрнст (Эрнстович, Эрнстовна)

Ювена́лий (Ювена́лиевич, Ювена́лиевна и Ювена́льевич, Ювена́льевна)
Юлиа́н (Юлиа́нович, Юлиа́новна)
Ю́лий (Юлиевич, Юлиевна и Юльевич, Юльевна)
Ю́рий (Юрьевич, Юрьевна)
Юстиниа́н (Юстиниа́нович, Юстиниа́новна)

Яки́м (Яки́мович, Яки́мовна)
Я́ков (Яковлевич, Яковлевна)
Яку́б (Яку́бович, Яку́бовна)
Ян (Янович, Яновна)
Януа́рий (Януа́риевич, Януа́риевна и Януа́рьевич, Януа́рьевна)
Яропо́лк (Яропо́лкович, Яропо́лковна)
Яросла́в (Яросла́вович, Яросла́вовна и Яросла́вич, Яросла́вна)

Женские имена

Августа
Августи́на
Авдо́тья
Авре́лия
Авроея
Авро́ра
Ага́па
Ага́пия
Ага́рь
Ага́та
Ага́фа
Агафо́клия
Агафо́ника
Ага́фья, Ага́фия
Аглаи́да
Агла́я
Агна
Агне́сса
Агния
Аграфе́на
Агри́ппина

Ада
Аделаи́да
Адели́на
Аде́лла
Аде́ль
Адельфи́на
Ади́на
Адо́лия
Адриа́на
Аза
Аза́лия
Азе́лла
Аи́да
Акили́на
Акси́нья
Акули́на
Алевти́на
Алекса́ндра
Александри́на
Алекси́на
Алёна
Али́на
Али́са
Алла
Алфе́я
Альбе́рта
Альберти́на
Альби́на
Альви́на
Альфия
Ама́лия
Ама́та
Аме́лфа
Анастаси́я
Анато́лия
Анге́ла
Ангели́ка
Ангели́на
Андже́ла
Андре́я
Андро́на
Андро́ника
Анже́лика
Ани́сья, Ани́сия
Анна
Антиго́на
Антониа́на
Антони́да
Антони́на
Анто́ния
Анфи́ма
Анфи́са
Анфия
Анфу́са
Аполлина́рия
Аполло́ния
Апра́ксия
Апре́лия
Апфия
Аргенте́я
Ариа́дна
Ари́на
Ария
Арми́ния
Арсе́ния
Артеми́да
Арте́мия
Аста
Астра
Афана́сия
Аэли́та

Беа́та
Беатри́са
Бе́лла
Бенеди́кта
Бе́рта
Бланди́на
Богда́на
Боже́на
Болесла́ва
Борисла́ва
Боя́на
Бронисла́ва

Валенти́на
Вале́нсия
Вале́рия
Ва́нда
Варва́ра
Васёна
Васили́да
Васили́са
Васи́лия
Васи́лла
Ва́сса
Вацла́ва
Веве́я
Велими́ра
Велисла́ва
Венеди́кта
Вену́ста
Венцесла́ва
Ве́ра
Верени́ка
Верони́ка
Весели́на
Ве́ста
Вести́та
Ви́ва
Виве́я
Вивиа́на
Вида́на
Вике́нтия
Виктори́на
Викто́рия
Ви́ла
Виле́на
Вилени́на
Вильгельми́на
Виоле́тта
Вирги́ния
Вирине́я
Ви́та
Вита́лика
Витали́на
Вита́лия
Вито́льда
Вла́да
Владиле́на
Владими́ра
Владисла́ва
Владле́на
Воисла́ва
Во́ля
Всесла́ва

Гаа́фа
Га́ла
Гала́та
Галате́я
Гали́
Гали́на
Га́лла
Га́ля (Гали́)
Га́я
Гела́сия
Геме́лла
Геми́на
Ге́ния
Генна́дия
Генове́фа
Генрие́тта
Георги́на
Ге́ра
Глафи́ра
Глике́рия
Глорио́за
Голинду́ха
Гоне́ста
Гонора́та
Горго́ния
Горисла́ва
Горте́нзия
Градисла́ва
Гре́та

Дали́ла
Дана́я
Да́рья
Дебо́ра
Деи́на
Декабри́на
Дени́сия
Денни́ца
Де́я
Диа́на
Ди́гна
Ди́на
Диодо́ра
Диони́на
Ди́я
Доброгне́ва
Доброми́ла
Доброми́ра
Добросла́ва

Домини́ка
Домити́лла
До́мна
Домни́ка
Домни́кия
Домни́на
Дона́ра
Дона́та
До́ра
Дорофе́я
До́са
Досифе́я
Дроси́да
Дукли́да

Ева
Евангели́на
Ева́нфия
Евге́ния
Евдоки́я
Евдо́ксия
Евла́лия
Евла́мпия
Евме́ния
Евми́ния
Евни́ка
Евни́кия
Евно́мия
Евпра́ксия
Евсе́вия
Евста́фия
Евсто́лия
Евти́хия
Евтро́пия
Евфа́лия
Евфи́мия
Евфроси́ния
Екатери́на
Еле́на
Елизаве́та
Еликони́да
Епистима
Епистимия
Ермио́ния
Ефи́мия, Ефи́мья
Ефроси́ния, Ефроси́нья

Жа́нна
Жозефи́на

За́ра
Заре́ма
Зари́на
Заря́
Заря́на
Звезда́
Земфи́ра
Зено́на
Зи́на
Зинаи́да
Зино́вия
Злата
Зоя

Ива
Ива́нна
Ида
Иде́я
Изабе́лла
Изи́да
Изо́льда
Ила́рия
Или́я
Ильи́на
Инга
Ине́сса
Инна
Иоа́нна
Иови́лла
Ио́ла
Иола́нта
Ипполи́та
Ираи́да
Ири́на
Ирма
Исидо́ра
Ифиге́ния
Ия

Каздо́я
Казими́ра
Кале́рия
Кали́да
Кали́са
Каллини́кия
Калли́ста
Каллисфе́ния
Ка́ма
Ками́лла
Канди́да
Капитоли́на
Кари́на
Кароли́на
Каси́ния
Келести́на
Керки́ра
Кетева́нь
Кики́лия
Ки́ма
Ки́ра
Кириа́кия
Кириа́на, Кирья́на
Кири́лла
Кла́вдия
Кла́ра
Клари́са
Клементи́на
Клеопа́тра
Конко́рдия
Конста́нция
Корне́лия
Кристи́на
Ксанфи́ппа
Ксе́ния
Купа́ва

Лави́ния
Ла́вра
Ла́да
Лари́са
Лау́ра
Ле́да
Ле́йла
Леми́ра
Лени́на
Леока́дия
Леони́да
Леони́ла
Леони́на
Лео́ния
Ле́я
Лиа́на
Ли́вия
Ли́дия
Лилиа́на
Ли́лия
Ли́на
Ли́ра
Ли́я
Ло́лия
Лонги́на
Ло́рна
Ло́та
Луи́за
Луке́рья
Лукиа́на
Луки́я
Лукре́ция
Люба́ва
Любо́вь
Любоми́ла
Любоми́ра
Людми́ла
Люци́на
Лю́ция

Ма́вра
Ма́гда
Магдали́на
Ма́гна
Маи́на
Ма́йя
Макри́на
Макси́ма
Мала́ния, Мала́нья
Мали́на
Мальви́на
Маме́лфа
Мане́фа
Маргари́та
Мариа́м
Мариа́мна
Мариа́на
Мариа́нна, Марья́на
Марие́тта
Мари́на

Марионилла
Мария, Марья
Марка
Маркеллина
Маркиана
Марксина
Марлена
Марта
Мартина
Мартиниана
Марьяна, Марианна
Мастридия
Матильда
Матрёна
Матрона
Мая
Медея
Мелания, Меланья
Мелитина
Меркурия
Мерона
Милана
Милена
Милица
Милия
Милослава
Милютина
Мина
Минна
Минодора
Мира
Миропия
Мирослава
Мирра
Митродора
Михайлина
Млада
Модеста
Моика
Моника
Мстислава
Муза

Нада
Надежда
Нана
Наркисса
Настасия, Настасья
Наталия, Наталья
Нелли
Ненила
Неонила
Нида
Ника
Нила
Нимфа
Нимфодора
Нина
Нинель
Новелла
Нонна
Ноэми
Ноябрина
Нунехия

Оксана
Октавия
Октябрина
Олдама
Оливия
Олимпиада
Олимпиодора
Олимпия
Ольга
Ольда
Офелия

Павла
Павлина
Паисия
Паллада
Палладия
Пальмира
Параскева
Патрикия
Пелагея
Перегрина
Перпетуя
Петра
Петрина
Петронилла
Петрония
Пиама
Пинна
Плакида
Плакилла
Платонида
Победа
Полактия
Поликсена
Поликсения
Полина
Поплия
Правдина
Прасковья
Препедигна
Прискилла
Просдока
Пульхерия

Рада
Радана
Радислава
Радмила
Радомира
Радосвета
Радослава
Радость
Раиса
Рафаила
Рахиль
Ревекка
Ревмира
Регина
Рема
Рената
Римма
Рипсимия
Роберта
Рогнеда
Роза
Розалинда
Розалия
Розина
Роксана
Романа
Ростислава
Русана
Руслана
Руфина
Руфиниана
Руфь

Сабина
Савватия
Савелла
Савина
Саломея
Сальвия
Самона
Сарра
Сатира
Светислава
Светлана
Светозара
Святослава
Севастьяна
Северина
Секлетея
Секлетинья
Селена
Селестина
Селина
Серафима
Сибилла
Сильва
Сильвана
Сильвестра
Сильвия
Симона
Синклитикия
Сира
Слава
Снандулия
Снежана
Сола
Соломонида
Сосипатра
Софрония
Софья
Станислава
Стелла
Степанида
Стефанида
Стефания
Сусанна

Сюза́нна

Тави́фа
Таи́сия, Таи́сья
Тама́ра
Тара́сия
Татья́на
Теку́са
Тере́за
Ти́грия
Тихоми́ра
Тихосла́ва
То́ма
Томи́ла
Транквилли́на
Трифе́на
Трофи́ма

Ули́та
Улья́на
Урба́на
Урсу́ла
Усти́на
Усти́ния, Усти́нья

Фабиа́на
Фа́вста
Фавсти́на
Фаи́на
Фанти́на
Февро́ния, Февро́нья
Федо́за
Федо́ра
Федо́сия, Федо́сья
Федо́тия, Федо́тья
Феду́ла
Фёкла
Феку́са
Фели́кса
Фели́ца
Фелица́та
Фелициа́на
Фелицита́та
Фели́ция
Фео́гния
Феодо́ра
Феодо́сия
Феодо́та
Феодо́тия
Феоду́ла
Феоду́лия
Фео́зва
Феокти́ста
Фео́на
Феони́лла
Фео́ния
Феопи́стия
Феосе́вия
Феофа́ния
Феофи́ла
Ферву́фа
Фессалони́ка
Фессалони́кия
Фети́ния, Фети́нья
Фе́я
Фи́ва
Фиве́я
Филаре́та
Фили́ппа
Фили́ппия
Филоме́на
Филони́ла
Филофе́я
Фи́ста
Фла́вия
Флёна
Фло́ра
Флоренти́на
Флоре́нция
Флориа́на
Флори́да
Фомаи́да
Фортуна́та
Фоти́на
Фоти́ния, Фоти́нья
Франци́ска
Фри́да
Фридери́ка

Хавро́ния
Харие́сса
Хари́са
Хари́та
Хfamiliarity

Хио́ния
Хри́са
Хри́сия
Христиа́на
Христи́на

Цве́та
Цвета́на
Целести́на
Цеци́ллия

Шарло́тта
Шуша́ника

Эвели́на
Эги́на
Эди́т
Элео́нора
Эли́сса
Элла
Элла́да
Элли́на
Элои́за
Эльви́ра
Эмилиа́на
Эми́лия
Эмма
Энна́фа
Эра
Эрне́ста
Эрнести́на
Эсмера́льда
Эсфи́рь

Юди́фь
Юлиа́на
Юлиа́ния
Юлия
Юния
Юно́на
Юрия
Юсти́на

Ядви́га
Яна
Яни́на
Яросла́ва

ГЕОГРАФИЧЕСКИЕ НАЗВАНИЯ
GAZETTEER

Абу́-Да́би (*capital of United Arab Emirates*) Abu Dhabi
Австра́лия Australia
А́встрия Austria
Адди́с-Абе́ба (*capital of Ethiopia*) Addis Ababa
А́ден Aden
Адриати́ческое мо́ре Adriatic Sea
Азербайджа́н Azerbaijan
А́зия Asia
А́ккра (*capital of Ghana*) Accra
Алба́ния Albania
Алжи́р (*capital of Algeria*) Algiers
Алжи́р Algeria
Алма́-Ата́ (*capital of Kazakhstan*) Alma-Ata
Амазо́нка Amazon
Аме́рика America
Амма́н (*capital of Jordan*) Amman
Амстерда́м Amsterdam
А́нглия England
Анго́ла Angola
А́нды Andes
Анкара́ (*capital of Turkey*) Ankara
Антананари́ву (*capital of Madagascar*) Antananarivo
Антаркти́да Antarctic, Antarctic Continent
Апенни́ны Apennines
А́пиа (*capital of Western Samoa*) Apia
Аппала́чские го́ры Appalachian Mountains
Аргенти́на Argentina
Арме́ния Armenia
Арха́нгельск Arkhangelsk
Асунсьо́н (*capital of Paraguay*) Asunción
Атланти́ческий океа́н Atlantic Ocean
Афганиста́н Afghanistan
Афи́ны Athens
А́фрика Africa
Ашхаба́д (*capital of Turkmenistan*) Ashkhabad

Баб-эль-Мандебский проли́в Bab el Mandeb
Бага́мские острова́ Bahamas, the
Багда́д (*capital of Iraq*) Baghdad
Байка́л Baikal
Баку́ (*capital of Azerbaijan*) Baku
Балка́ны Balkans
Балти́йское мо́ре Baltic Sea
Бамако́ (*capital of Mali*) Bamako
Бан(д)жу́л (*capital of Gambia*) Banjul
Банги́ (*capital of Central African Republic*) Bangui
Бангко́к (*capital of Thailand*) Bangkok
Бангладе́ш Bangladesh
Барба́дос Barbados
Бахре́йн Bahrain
Бейру́т (*capital of Lebanon*) Beirut
Белгра́д (*capital of Yugoslavia*) Belgrade
Белору́ссия Byelorussia
Бе́льгия Belgium
Бенга́льский зали́в Bengal, Bay of
Бени́н Benin
Берли́н Berlin
Берн Bern
Би́рмингем Birmingham
Биса́у (*capital of Guinea-Bissau*) Bissau
Бишкек (*capital of Kirghizia*) Bishkek
Богота́ (*capital of Colombia*) Bogotá
Болга́рия Bulgaria
Боли́вия Bolivia
Бомбе́й Bombay
Бонн (*capital of Germany*) Bonn
Босфо́р Bosp(h)orus
Ботсва́на Botswana
Браззави́ль (*capital of the Congo*) Brazzaville
Брази́лиа (*capital of Brazil*) Brasília
Брази́лия Brazil
Братисла́ва (*capital of Slovakia*) Bratislava
Бри́джтаун (*capital of Barbados*) Bridgetown
Брюссе́ль (*capital of Belgium*) Brussels
Будапе́шт Budapest
Бужумбу́ра (*capital of Burundi*) Bujumbura
Буркина́ Фасо́ Burkina Faso
Буру́нди Burundi
Бута́н Bhutan
Бухаре́ст (*capital of Rumania*) Bucharest
Буэ́нос-А́йрес (*capital of Argentina*) Buenos Aires

Ваду́ц (*capital of Liechtenstein*) Vaduz
Валле́тта (*capital of Malta*) Valletta
Варша́ва (*capital of Poland*) Warsaw
Ватика́н Vatican
Вашингто́н (*capital of USA*) Washington
Великобрита́ния Great Britain
Ве́ллингтон (*capital of New Zealand*) Wellington
Ве́на (*capital of Austria*) Vienna
Ве́нгрия Hungary
Венесу́эла Venezuela
Ве́рхнее *оз.* Superior, Lake
Викто́рия (*capital of Seychells*) Victoria
Ви́льнюс (*capital of Lithuania*) Vilnius
Ви́ндхук (*capital of Namibia*) Windhoek
Ви́сла Vistula
Во́лга Volga
Вьентья́н (*capital of Laos*) Vientianne
Вьетна́м Viet Nam

Гаа́га Hague, the
Габо́н Gabon
Габоро́не (*capital of Botswana*) Gaborone
Гава́йские острова́ Hawaiian Islands
Гава́на (*capital of Cuba*) Havana
Гаи́ти Haiti
Гайа́на Guyana
Га́мбия Gambia
Га́на Ghana
Ганг Ganges

Гваделу́па Guadeloupe
Гватема́ла (*state and capital*) Guatemala
Гвине́я Guinea
Гвине́я-Биссау́ Guinea-Bissau
Гебри́дские острова́ Hebrides
Герма́ния Germany
Гибралта́р, Гибралта́рский проли́в Gibraltar
Гимала́и Himalaya(s)
Гла́зго Glasgow
Голландия Holland
Гондура́с Honduras
Грена́да Grenada
Гренла́ндия Greenland
Гре́ция Greece
Гри́нвич Greenwich
Гру́зия Georgia
Гудзо́н Hudson
Гудзо́нов зали́в Hudson Bay
Гуро́н Huron, Lake

Дака́р (*capital of Senegal*) Dakar
Да́кка (*capital of Bangladesh*) Dacca
Дама́ск (*capital of Syria*) Damascus
Да́ния Denmark
Дар-эс-Сала́м (*capital of Tanzania*) Dar es Salaam
Дардане́ллы, Дардане́лльский проли́в Dardanelles
Де́ли (*capital of India*) Delhi
Детро́йт Detroit
Джака́рта (*capital of Indonesia*) Djakarta
Джибу́ти (*state and capital*) Djibouti
Джо́рджтаун (*capital of Guyana*) Georgetown
Днепр Dnieper
Доминика́нская Респу́блика Dominican Republic
До́ха (*capital of Qatar*) Doha
Ду́блин (*capital of Republic of Ireland*) Dublin
Дуна́й Danube
Душанбе́ (*capital of Tadjikistan*) Dushambe

Евро́па Europe
Еги́пет Egypt
Ереван (*capital of Armenia*) Yerevan

Жене́ва (*capital of Switzerland*) Geneva

Заи́р Zaire
За́мбия Zambia
За́падное Само́а Western Samoa
Зимба́бве Zimbabwe

Иерусали́м Jerusalem
Изра́иль Israel
Инд Indus
Инди́йский океа́н Indian Ocean
И́ндия India
Индоне́зия Indonesia
Иорда́ния Jordan
Ира́к Iraq
Ира́н Iran
Ирла́ндия Ireland
Исламаба́д (*capital of Pakistan*) Islamabad
Исла́ндия Iceland
Испа́ния Spain
Ита́лия Italy
Йе́менская респу́блика Republic of Yemen

Ка́бо-Ве́рде Cabo Verde
Кабу́л (*capital of Afghanistan*) Kabul
Кавка́з Caucasus
Казахста́н Kazakhstan
Каи́р Cairo
Кальку́тта Calcutta
Камбо́джа Cambodia
Камеру́н Cameroon
Кана́да Canada
Ка́нберра (*capital of Australia*) Canberra
Кара́кас (*capital of Venezuela*) Caracas
Кари́бское мо́ре Caribbean Sea
Карпа́ты Carpathians
Каска́дные го́ры Cascade Range
Каспи́йское мо́ре Caspian Sea
Ката́р Qatar
Катманду́ (*capital of Nepal*) Katmandu
Квебе́к Quebec
Ке́мбридж Cambridge
Ке́ния Kenya
Кига́ли (*capital of Rwanda*) Kigali
Ки́ев (*capital of Ukraine*) Kiev
Ки́нгстон (*capital of Jamaica*) Kingston
Кинша́са (*capital of Zaire*) Kinshasa
Кипр Cyprus
Кирги́зия Kirghizia
Кита́й China
Ки́то (*capital of Ecuador*) Quito
Кишинёв (*capital of Moldova*) Kishinev
Ко́вентри Coventry
Коло́мбо (*capital of Sri Lanka*) Colombo
Колора́до Colorado
Колу́мбия Colombia
Комо́рские острова́ Comoros, the
Ко́накри (*capital of Guinea*) Conakry
Ко́нго Congo
Копенга́ген Copenhagen
Коре́я Korea
Ко́ста-Ри́ка Costa Rica
Кот-д'Ивуа́р Côte d'Ivore
Кра́сное мо́ре Red Sea
Крит Crete
Крым Crimea
Куа́ла-Лумпу́р (*capital of Malaysia*) Kuala Lumpur
Ку́ба Cuba
Куве́йт Kuwait

Ла-Ма́нш English Channel
Ла-Па́с (*capital of Bolivia*) La Paz
Ла́гос (*capital of Nigeria*) Lagos
Лао́с Laos
Ла́твия Latvia
Ле́йпциг Leipzig
Лесо́то Lesotho
Либе́рия Liberia

Либреви́ль (*capital of Gabon*) Libreville
Лива́н Lebanon
Ливерпу́ль Liverpool
Ли́вия Libya
Лило́нгве (*capital of Malawi*) Lilongwe
Ли́ма (*capital of Peru*) Lima
Лиссабо́н Lisbon
Литва́ Lithuania
Лихтенште́йн Liechtenstein
Ломе́ (*capital of Togo*) Lome
Ло́ндон (*capital of Great Britain*) London
Лос-А́нджелес Los Angeles
Луа́нда (*capital of Angola*) Luanda
Луса́ка (*capital of Zambia*) Lusaka
Люксембу́рг (*state and capital*) Luxemburg

Маври́кий Mauritus
Маврита́ния Mauritania
Магелла́нов проли́в Magellan, Strait of
Мадагаска́р Madagascar
Мадри́д (*capital of Spain*) Madrid
Мала́бо (*capital of Equatorial Guinea*) Malabo
Мала́ви Malawi
Мала́йзия Malaysia
Ма́лая А́зия Asia Minor
Ма́ле (*capital of Maldives*) Male
Мали́ Mali
Мальди́вские острова́ Maldives
Ма́льта Malta
Мана́гуа (*capital of Nicaragua*) Managua
Мана́ма (*capital of Bahrain*) Manama
Мани́ла (*capital of Philippines*) Manila
Манче́стер Manchester
Мапу́ту (*capital of Mozambique*) Maputo
Маро́кко Morocco
Ма́серу (*capital of Lesoto*) Maseru
Маска́т (*capital of Oman*) Muscat
Мбаба́не (*capital of Swaziland*) Mbabane
Ме́ксика Mexico
Мексика́нский зали́в Gulf of Mexico
Ме́льбурн Melbourne
Ме́хико (*capital of Mexico*) Mexico City
Минск (*capital of Byelorussia*) Minsk
Миссиси́пи Mississippi
Миссу́ри Missouri
Мичига́н Michigan
Могади́шо (*capital of Somalia*) Mogadishu
Мозамби́к Mozambique
Молдо́ва Moldova
Мона́ко (*state and capital*) Monaco
Монго́лия Mongolia
Монреа́ль Montreal
Монро́вия (*capital of Liberia*) Monrovia
Монтевиде́о (*capital of Uruguay*) Montevideo
Моро́ни (*capital of Comoros*) Moroni
Москва́ (*capital of Russian Federation*) Moscow
Му́рманск Murmansk
Мья́нма Myanma
Мю́нхен Munich

Найро́би (*capital of Kenya*) Nairobi
Нами́бия Namibia
Насса́у (*capital of Bahamas*) Nassau
Нджаме́на (*capital of Chad*) N'Djamena
Непа́л Nepal
Ниаме́й (*capital of Niger*) Niamey
Ни́гер Niger
Ниге́рия Nigeria
Нидерла́нды the Netherlands
Никара́гуа Nicaragua
Никоси́я (*capital of Cyprus*) Nicosia
Нил the Nile
Но́вая Гвине́я New Guinea
Но́вая Зела́ндия New Zealand
Норве́гия Norway
Нуакшо́т (*capital of Mauritania*) Nouakchott
Нью-Йо́рк New York
Ньюфа́ундленд Newfoundland

Объединённые Ара́бские Эмира́ты United Arab Emirates
О́дер Oder
Оде́сса Odessa
О́ксфорд Oxford
Ома́н Oman
Онта́рио Ontario
О́сло (*capital of Norway*) Oslo
Отта́ва (*capital of Canada*) Ottawa

Па-де-Кале́, Ду́врский проли́в Dover, Strait of
Пакиста́н Pakistan
Пами́р Pamirs
Пана́ма (*state and capital*) Panama
Пана́мский кана́л Panama Canal
Па́пуа Но́вая Гвине́я Papua New Guinea
Парагва́й Paraguay
Пари́ж (*capital of France*) Paris
Пеки́н (*capital of China*) Peking, Beijing
Перу́ Peru
Пирене́и Pyrenees
Пномпе́нь (*capital of Cambodia*) Phnom Penh
Полине́зия Polynesia
По́льша Poland
Порт-Луи́ (*capital of Mauritus*) Port Louis
Порт-Мо́рсби (*capital of Papua New Guinea*) Port Moresby
Порт-о-Пре́нс (*capital of Haiti*) Port-au-Prince
Порт-оф-Спе́йн (*capital of Trinidad and Tobago*) Port-of-Spain
Порт-Са́йд Port Said
По́рто-Но́во (*capital of Benin*) Porto-Novo
Португа́лия Portugal
Пра́га (*capital of Czechia*) Prague
Пра́я (*capital of Cabo Verde*) Praia
Прето́рия (*capital of Republic of South Africa*) Pretoria
Пуэ́рто-Ри́ко Puerto Rico
Пхенья́н (*capital of Democratic People's Republic of Korea*) Pyongyang

Раба́т (*capital of Morocco*) Rabat
Рангу́н (*capital of Myanma*) Rangoon
Рейкья́вик (*capital of Island*) Reykjavik
Рейн Rhine

Ри́га (*capital of Latvia*) Riga
Рим (*capital of Italy*) Rome
Ри́о-де-Жане́йро Rio de Janeiro
Росси́я Russia
Руа́нда Rwanda
Румы́ния Ro(u)mania

Сальвадо́р El Salvador
Сан-Мари́но San Marino
Сан-Сальвадо́р (*capital of El Salvador*) San Salvador
Сан-Томе́ (*capital of São Tomé and Principle*) São Tomé
Сан-Томе́ и При́нсипи São Tomé and Principe
Сан-Франци́ско San Francisco
Сан-Хосе́ (*capital of Costa Rica*) San José
Сан-Хуа́н (*Puerto Rico*) San Juan
Сана́ (*capital of Republic of Yemen*) Sana
Санкт-Петербург Saint Petersburg
Са́нто-Доми́нго (*capital of Dominican Republic*) Santo Domingo
Сантья́го (*capital of Chile*) Santiago
Сау́довская Ара́вия Saudi Arabia
Сва́зиленд Swaziland
Се́верное мо́ре North Sea
Се́верный Ледови́тый Океа́н Arctic Ocean
Сейше́льские острова́ Seychelles
Сенега́л Senegal
Сент-Джо́рджес (*capital of Grenada*) Saint George's
Сеу́л (*capital of Republic of Korea*) Seoul
Сиби́рь Siberia
Си́дней Sydney
Сингапу́р (*state and capital*) Singapore
Си́рия Syria
Скали́стые го́ры Rockies, Rocky Mountains
Слова́кия Slovakia
Соединённое Королéвство Великобрита́нии и Се́верной Ирла́ндии United Kingdom of Great Britain and Nothern Ireland
Соединённые Шта́ты Аме́рики (США) United States of America (USA)
Сомали́ Somalia
Софи́я Sofia
Средизе́мное мо́ре Mediterranean (Sea)
Стамбу́л Istanbul
Стокго́льм (*capital of Sweden*) Stockholm
Су́ва (*capital of Fiji*) Suva
Суда́н Sudan
Су́кре (*capital of Bolivia*) Sucre
Суэ́цкий кана́л Suez Canal
Сье́рра-Лео́не Sierra Leone

Таджикиста́н Tadjikistan
Таила́нд Thailand
Тайва́нь Taiwan
Талли́нн (*capital of Estonia*) Tallinn
Танганьи́ка Tanganyika
Танза́ния Tanzania
Ташке́нт (*capital of Uzbekistan*) Tashkent
Тбили́си (*capital of Georgia*) Tbilisi
Тегера́н (*capital of Iran*) Teh(e)ran
Тегусига́льпа (*capital of Honduras*) Tegucigalpa
Тель-Ави́в (*capital of Israel*) Tel Aviv
Те́мза Thames
Тира́на (*capital of Albania*) Tirana
Ти́хий океа́н Pacific Ocean
То́го Togo
То́кио Tokyo
Тринида́д и Тоба́го Trinidad and Tobago
Три́поли (*capital of Libya*) Tripoli
Туни́с (*capital of Tunisia*) Tunis
Туни́с Tunisia
Туркмениста́н Turkmenistan
Ту́рция Turkey
Тхи́мпху (*capital of Bhutan*) Thimbu
Тянь-Шань Tian Shan

Уагаду́гу (*capital of Burkina Faso*) Ouagadougou
Уга́нда Uganda
Узбекиста́н Uzbekistan
Украи́на Ukraine
Ула́н-Ба́тор (*capital of Mongolia*) Ulan Bator
Ура́л Urals
Уругва́й Uruguay
Уэ́льс Wales

Фи́джи Fiji
Филаде́льфия Philadelphia
Филиппи́ны Philippines
Финля́ндия Finland
Фра́нция France
Фрита́ун (*capital of Sierra Leone*) Freetown

Хано́й (*capital of Viet Nam*) Hanoi
Хара́ре (*capital of Zimbabwe*) Harare
Харту́м (*capital of Sudan*) Khartoum
Хе́льсинки (*capital of Finland*) Helsinki
Хуанхэ́ Hwang Ho

Центральноафрика́нская Респу́блика Central African Republic

Чад Chad
Че́хия Czechia
Чехосло-ва́кия Czechoslovakia
Чика́го Chicago
Чи́ли Chile
Чёрное мо́ре Black Sea

Швейца́рия Switzerland
Шве́ция Sweden
Ше́ффилд Sheffield
Шотла́ндия Scotland
Шри Ла́нка Sri Lanka

Эквадо́р Ecuador
Эквато-риа́льная Гвине́я Equatorial Guinea
Эль-Куве́йт (*capital of Kuwait*) Al Kuwait
Эр-Рия́д (*capital of Saudi Arabia*) Riyadh
Э́ри Erie, Lake
Эсто́ния Estonia
Эфио́пия Ethiopia

Ю́го-За́падная А́фрика (*то же, что Namibia*) South-West Africa, Namibia

Югосла́вия Yugoslavia

Ю́жно-Африка́нская Респу́блика Republic of South Africa

Я́ва Java

Яма́йка Jamaica

Ямуссукро (*capital of Côte d'Ivore*) Yamoussoukro

Янцзы(цзян) Yangtze (Kiang)

Япо́ния Japan

Япо́нское мо́ре Japan, Sea of

Яунде (*capital of Cameroon*) Yaoundé

ТАБЛИЦА ЧИСЕЛ
TABLE OF NUMBERS

Числа Numbers

КОЛИЧЕСТВЕННЫЕ CARDINAL		ПОРЯДКОВЫЕ ORDINAL	
1 один	one	1-й первый	first
2 два	two	2-й второй	second
3 три	three	3-й третий	third
4 четыре	four	4-й четвертый	fourth
5 пять	five	5-й пятый	fifth
6 шесть	six	6-й шестой	sixth
7 семь	seven	7-й седьмой	seventh
8 восемь	eight	8-й восьмой	eighth
9 девять	nine	9-й девятый	ninth
10 десять	ten	10-й десятый	tenth
11 одиннадцать	eleven	11-й одиннадцатый	eleventh
12 двенадцать	twelve	12-й двенадцатый	twelfth
13 тринадцать	thirteen	13-й тринадцатый	thirteenth
14 четырнадцать	fourteen	14-й четырнадцатый	fourteenth
15 пятнадцать	fifteen	15-й пятнадцатый	fifteenth
16 шестнадцать	sixteen	16-й шестнадцатый	sixteenth
17 семнадцать	seventeen	17-й семнадцатый	seventeenth
18 восемнадцать	eighteen	18-й восемнадцатый	eighteenth
19 девятнадцать	nineteen	19-й девятнадцатый	nineteenth
20 двадцать	twenty	20-й двадцатый	twentieth
21 двадцать один	twenty-one	21-й двадцать первый	twenty-first
30 тридцать	thirty	30-й тридцатый	thirtieth
40 сорок	forty	40-й сороковой	fortieth
50 пятьдесят	fifty	50-й пятидесятый	fiftieth
60 шестьдесят	sixty	60-й шестдесятый	sixtieth
70 семьдесят	seventy	70-й семидесятый	seventieth
80 восемьдесят	eighty	80-й восьмидесятый	eightieth
90 девяносто	ninety	90-й девяностый	ninetieth
100 сто	a/one hundred	100-й сотый	a/one hundredth
1000 тысяча	a/one thousand	1000-й тысячный	a/one thousandth
10 000 десять тысяч	ten thousand	10 000-й десятитысячный	ten thousandth
100 000 сто тысяч	a/one hundred thousand	100 000-й стотысячный	a/one hundred thousandth
1 000 000 миллион	a/one million	1 000 000-й миллионный	a/one millionth

Denominations above one million

1 000 000 000	один миллиард	a/one billion
1 000 000 000 000	один триллион	a/one trillion
1 000 000 000 000 000	один квадрильон	a/one quadrillion
1 000 000 000 000 000 000	один квинтильон	a/one quintillion

МЕТРИЧЕСКАЯ СИСТЕМА ИЗМЕРЕНИЙ

TABLES OF METRIC SYSTEM OF MEASUREMENT

Линейные меры
Linear Measure

1 kilometer (km) километр = 10 hectometers = 1,000 meters

1 hectometer (hm) гектометр = 100 dekameters = 100 meters

1 dekameter (dam) дикаметр = 10 meters

1 meter (m) метр = 10 decimeters = 1,000 millimeters

1 decimeter (dm) дециметр — 10 centimeters = 100 millimeters

1 centimeter (cm) сантиметр = 10 millimeters

1 millimeter (mm) миллиметр = 0.1 centimeter

Меры площади
Square Measure

1 square kilometer (km^2) = 100 hectares = 1,000,000 square meters

a hectare (ha) = 100 ares = 10,000 square meters

1 are = 100 square meters

1 square meter (m^2) = 10,000 square centimeters

1 square centimeter (cm^2) = 100 square millimeters

1 square millimeter (mm^2) = 0.01 square centimeter

Меры объема
Cubic Measure

1 cubic meter (m^3) = 1,000 cubic decimeters = 1,000,000 cubic centimeters

1 cubic decimeter (dm^3) = 1,000 cubic centimeters = 1,000,000 cubic millimeters

1 cubic centimeter (cm^3) = 1,000 cubic millimeters

1 cubic millimeter (mm^3) = 0.001 cubic centimeter

Меры жидкостей
Liquid Measure

1 kiloliter (kl) килолитр = 10 hectoliters = 1,000 liters

1 hectoliter (hl) гектолитр = 10 decaliters = 100 liters

1 dekaliter (dal) декалитр = 10 liters

1 liter (l) литр = 10 deciliters

1 deciliter (dl) децилитр = 10 centiliters = 100 milliliters

1 centiliter (cl) сантилитр = 10 milliliters

1 milliliter (ml) миллилитр = 0.1 centiliter

Меры массы (веса)
Weight Measure

1 metric ton(ne) (t) метрическая тонна = 1,000 kilogram(mes)

1 kilogram (kg) килограмм = 10 hectogram = 1,000 grams

1 hectogram (hg) гектограмм = 10 dekagram = 100 grams

1 dekagram (dag) декаграмм = 10 grams

1 gram (g) грамм = 10 decigrams = 1,000 milligrams

1 decigram (dg) дециграмм = 10 centigrams = 100 milligrams

1 centigram (cg) сантиграмм = 10 milligrams

1 milligram(mer) (mg) миллиграмм = 0.1 centigram

ТАБЛИЦЫ ПЕРЕВОДА АНГЛО-АМЕРИКАНСКИХ ЕДИНИЦ ИЗМЕРЕНИЙ В МЕТРИЧЕСКУЮ СИСТЕМУ

TABLES OF EQUIVALENTS BRITISH-AMERICAN UNITS OF MEASUREMENTS TO METRIC SYSTEM

Линейные меры
Linear Measure

1 league (nautical, sea) лига морская = 3 utical miles = 5.58 kilometers

1 league (land, statute) лига (уставная, статут-ая) = 3 (land, statute) miles = 4.83 kilometers

1 International Nautical Mile (INM) морская иля = 10 cable's lengths = 6,076 feet = 1.852 lometers

1 mile (land, statute) (ml) миля (уставная, статная) = 8 furlongs = 1,760 yards = 5,280 feet 1.609 kilometers

1 cable's length кабельтов

British = 100 fathoms = 600 feet = 183 eters

U.S. = 120 fathoms = 720 feet = 219.5 meters

1 furlong (fur) фарлонг = 10 chains urveyor's) = 40 rods = 660 feet = 220 yards =)1.17 meters

1 chain (Gunter's-surveyor's (ch) чейн (геодеческий) = 4 rods = 66 feet = 20.12 meters

1 chain (engineer's) (ch) чейн (строительій) = 100 feet = 30.48 meters

1 rod (pole, perch) (rd) род (поль, перч) = .5 feet = 5.5 yards = 5.03 meters

1 fathom (f) фатом, морская сажень = 6 feet 2 yards = 8 spans = 1.83 meters

1 ell эль *ист.* = 45 inches = 1.14 meters

1 yard (yd) ярд = 3 feet = 16 nails = 91.44 ntimeters

1 foot (ft) фут = 3 hands = 12 inches = 30.48 ntimeters

1 pace пейс = 0.5—0.7 rod = 2.5 feet = 76.2 ntimeters

1 cubit кубит *ист.* 18—22 inches = 0.5 meter

1 span спен = 4 nails = 9 inches = 22.86 ntimeters

1 link (Gunter's surveyor's) линк (геодезичеий) = 7.92 inches = 20 centimeters

1 link (engineer's) линк (строительный) = 1 ot = 30 centimeters

1 finger фингер = 4.5 inches = 11.4 ntimeters

1 hand хенд = 4 inches = 10.16 centimeters

1 nail нейл = $2^1/_4$ inches = 5.7 centimeters

1 inch (in) дюйм = 12 lines = 2.54 centimeters

1 barleycorn барликорн = 4 lines = $^1/_3$ inch = 5 millimeters

1 line линия = 6 points = 2.1 millimeters

1 point точка = $^1/_{12}$ inch = 0.351 millimeter

1 mil мил = 0.001 inch = 0.025 millimeter

Меры площади
Square Measure

1 township тауншип U.S. = 36 square miles = 36 sections = 93.24 square kilometers

1 square mile (ml^2) (land, statute) кв. миля (уставная, статутная) = 640 acres = 259 hectares = 2.59 square kilometers

1 hide хайда British *уст.* 80—120 acres = 32.4—48.6 hectares

1 acre (a.) акр = 4 roots = 43.6 square feet = 4.8 square yards = 0.405 hectare

1 rood руд = 40 square rods = 2.5 square chains = 0.101 hectare

1 square chain кв. чейн = 16 square rods = 404.7 square meters

1 are (a.) ар U.S. = 119.6 square yards = 3.34 square fathoms

1 square fathom (f^2) кв. фатом = 4 square yards = 3.34 square meters

1 square rod (rd^2) (pole, perch) кв. род (поль, печ) = 30.25 square yards = 25.29 square meters

1 square yard (yd^2) кв. ярд = 9 square feet = 0.836 square meter

1 square foot (ft^2) кв. фут = 144 square inches = 929 square centimeters

1 square inch (in^2) = кв. дюйм = 6.45 square centimeters

1 square line кв. линия = 4.4 square millimeters

Меры объема
Cubic Measure

1 rod род = 10 register ton = 1,000 cubic feet = 28.3 cubic meters

1 register ton тонна регистровая = 100 cubic feet = 2.83 cubic meters

1 freight ton тонна фрахтовая (корабельная) = 40 cubic feet — 1.13 cubic meters

1 cubic fathom куб. фатом (для круглого леса) = 216 cubic feet = 6.116 cubic meters

1 standard стандарт (для пиломатериалов) = 165 cubic feet = 4.672 cubic meters

1 cord (gross) корд (большой) (для дров) = 128 cubic feet = 3.624 cubic meters

1 cord (short) корд (малый) (для круглого леса) = 126 cubic feet = 3.568 cubic meters

1 stack стек = 108 cubic feet = 4 cubic yards = 3.04 cubic meters

1 load лоуд (для круглого леса) = 40 cubic feet = 1.12 cubic meters

1 load лоуд (для пиломатериалов) = 50 cubic feet = 1.416 cubic meters

1 cubic yard (yd^3) куб. ярд = 27 cubic feet = 0.76 cubic meter

1 barrel, bulk баррель, балк *уст.* = 5—8 cubic feet = 0.14—0.224 cubic meter

1 cubic foot (ft^3) куб. фут = 0.028 cubic meter

1 board foot бортфут = $^1/_{12}$ cubic foot = 0.00236 cubic meter

1 cubic inch (in^3) куб. дюйм = 16.39 cubic centimeters

1 pennyweight (dwt) пеннивейт = 24 grains = 1.555 grams

1 carat (c) карат = 3.086 grains = 200 milligrams

1 grain гран = 64.8 milligrams

1 mite майт = 24 doits = 3.24 milligrams

1 doit дойт = 24 periots = 0.135 milligram

1 periot пириот = 24 blanks = 0.00675 milligram

1 blank блэнк = 0.00028 milligram

Меры веса
Weight Measure

Avoirdupois Measure

1 ton (tn) (gross, long) тонна (большая, длинная) = 20 hundredweights (long) = 2,240 pounds = 1,016 kilograms

1 ton (sh. tn) (net, short) тонна (малая, короткая) = 20,000 pounds = 907.18 kilograms

1 ton (t) (metric, millier) тонна (метрическая, мильер) = 2,204.6 pounds = 0.984 gross ton = 1,000 kilograms

1 quintal квинтал
British = 112 pounds
U.S. = 1 pounds
1 hundredweight

1 wey вей = 2—3 hundredweights = 101.6—152.4 kilograms

1 hundredweight (cwt) (gross, long) хандредвейт (большой, длинный) = 112 pounds = 50.8 kilograms

1 hundredweight (cwt) (net, short) хандредвейт (малый, короткий) = 100 pounds = 45.36 kilograms

1 cental центал = 1 hundredweght (short) = 100 pounds = 456.36 kilograms

1 quarter (gross) квартер (длинный) = 0.25 hundredweight = 28 pounds = 2 stones = 12.7 kilograms

1 quarter (short) квартер (короткий) = 25 pounds = 11.34 kilograms

1 tod тод British *ист.* = 28 pounds = 2 stones = 12.7 kilograms

1 stone стоун, стон = 14 pounds = 6.35 kilograms

1 clove клов British *ист.* = 8 pounds = 3.175 kilograms

1 quartern квартерн British *ист.* = 0.25 stone = 3.6 pounds = 1.58 kilograms

1 pound (lb) фунт = 16 ounces = 7,000 grains = 453.59 grams

1 ounce (oz) унция = 16 drams — 437.5 grains = 28.35 grams

1 drachm, dram (dr) драхма = 27.344 grains = 1.772 grams

1 grain гран = 64.9 milligrams

Тройские меры
Troy Measure

1 pound (lb) фунт = 12 ounces = 373.2 grams

1 ounce (oz) унция = 8 drams = 480 grains = 31.1 grams

Аптекарские меры
Apothecaries' Measure

1 pound (lb) фунт = 12 ounces = 5,760 grains = 373.2 grams

1 ounce (oz) унция = 8 drams = 480 grains = 31.1 grams

1 drachm, dram (dr) драхма = 3 scruples = 3.89 grams

1 scruple скрупул = 20 grains = 1.3 grams

1 grain гран = 64.8 milligrams

Меры жидкостей
Liquid Measure

1 butt бат = 108—140 gallons = 490.97—636.44 liters

1 pipe пайп = 105 gallons = 477.33 liters

1 hogshead (hhd) хогэхед = 52.5 Imperial gallons = 238.67 liters

1 barrel (bbl) баррель = 31—42 gallons = 140.6—190.9 liters

1 barrel (for liquids)
British — 36 Imperial gallons = 163.6 liters
U.S. = 31.5 gallons = 119.2 liters

1 barrel (for crude oil)
British = 34.97 gallons = 158.988 liters
U.S. = 42.2 gallons = 138.97 liters

1 kilderkin килдеркин = 2 firkins = 16—18 gallons = 72.7—81.8 liters

1 firkin фиркин = 8—9 gallons = 36.3—40.9 liters

1 gallon (gal) галлон
British Imperial = 4 Imperial quarts = 8 pints = 4.546 liters
U.S. = 0.833 British gallon = 3.785 liters

1 pottle потл *уст.* 0.5 gallon = 2 quarts = 2.27 liters

1 quart (qt) кварта
British Imperial = 0.25 gallon = 2 pints = 1.14 liters
U.S. = 0.125 gallon = 4 gills = 0.57 liter

1 pint (pt) пинта
British = 0.125 gallon = 4 gills = 0.57 liter
U.S. 0.333 U.S. gallon = 0.47 liter

1 gill джилл, гилл = 0.25 pint
British = 0.142 liter
U.S. = 0.118 liter

1 fluid drachm, dram (fl dr) драхма жидкая = 0.125 British liquid ounce = 3.55 milliliter

1 fluid drachm, dram (fl dr) драхма жидкая = 0.125 U.S. liquid ounce = 2.96 milliliters

1 fluid ounce (fl oz) унция жидкая
British = = 8 fluid drams = 28.4 milliliters

U.S. = 1.041 British fluid ounce = 29.57 milliliters

1 wineglass рюмка = 16 fluid drams = 2 ounces = 56.8 milliliters

1 table-spoon столовая ложка = 3 tea-spoons = 4 fluid drams = 0.5 fluid ounce = 14.2 milliliters

1 tea-spoon чайная ложка = 0.333 table-spoon = 1.333 fluid drams = 4.4 milliliters

1 minim миним = 0.0166 fluid dram = 0.06 milliliter

Меры сыпучих тел
Dry Measure

1 chaldron челдрон British *ucm.* = 32—36 bushels = 1,268—1,309 liters

1 quarter квартер = 2 coombs = 8 bushels = 219 liters

1 coomb коум British *ucm.* = 4 bushels = 1.45 British gallons = 145.5 liters

1 coomb коум British *ucm.* = 4 bushels — 1.41 U.S. gallons = 141 liters

1 sac сак British *ucm.* = 3 bushels = 109.1 liters

1 strike страйк British *ucm.* = 2 bushels = 72.73 liters

1 bushel (bu) бушель British Imperial = 4 pecks = 8 gallons = 1.032 U.S. bushels = 36.35 liters

1 bushel (bu) бушель U.S. = 0.9689 Imperial bushel = 35.2 liters

1 peck (pk) пек British Imperial = 2 gallons = 1.032 U.S. peck = 8.81 liters

1 peck (pk) пек U.S. = 0.9689 Imperial peck = 7.7 liters

1 gallon (gal) галлон
British Imperial = 4.546 liters
U.S. = 0.83267 Imperial gallon = 3.785 liters

1 quart (qt) кварта
British Imperial = 2 pints = 1.032 U.S. quarts = 1.14 liters
U.S. = 1.101 liters

1 pint пинта
British Imperial = 0.568 liter
U.S. = 0.551 liter

1 barrel (bbl) баррель
British Imperial = 163.6—181.7 liters
U.S. = 117.3—158.98 liters

ДЕНЕЖНЫЕ ЕДИНИЦЫ
MONETARY UNITS

Название	Разменная единица	Name	Subdivisions	Country
австралийский доллар	цент	Australian dollar	100 cents	Australia
азербайджанский манат		manat		Azerbaijan
алжирский динар	сантим	Algerian dinar	100 centimes	Algeria
песо	сентаво	peso	100 centavos	Argentina
афгани	пул	afghani	100 puls	Afghanistan
багамский доллар	цент	Bahamian dollar	100 cents	Bahamas
бальбоа	сентесимо	balboa	100 cent'esimos	Panama
барбадосский доллар	цент	Barbados dollar	100 cents	Barbados
бат	сатанг	baht	100 satangs	Thailand
бахрейнский динар	филс	Bahrain dinar	1000 fils	Bahrain
бельгийский франк	сантим	Belgian franc	100 centimes	Belgium
бермудский доллар	цент	Bermuda dollar	100 cents	Bermuda
боливиано	сентаво	boliviano	100 centavos	Bolivia
брунейский доллар	сен	Brunei dollar	100 sen	Brunei
быр	цент	birr	100 cents	Ethiopia
вату		vatu		Vanuatu
вона	чон(а)	won	100 chen	Democratic People's Republic of Korea, Republic of Korea
восточнокарибский доллар	цент	East Caribbean dollar	100 cents	Anguilla
восточнокарибский доллар	цент	East Caribbean dollar	100 cents	Antigua and Barbuda
восточнокарибский доллар	цент	East Caribbean dollar	100 cents	Dominica
восточнокарибский доллар	цент	East Caribbean dollar	100 cents	Grenada
восточнокарибский доллар	цент	East Caribbean dollar	100 cents	Montserrat
восточнокарибский доллар	цент	East Caribbean dollar	100 cents	Saint Lucia
восточнокарибский доллар	цент	East Caribbean dollar	100 cents	Saint Vincent and the Grena-dines
восточнокарибский доллар	цент	East Caribbean dollar	100 cents	St. Kitts and Nevis
гайанский доллар	цент	Guyana dollar	100 cents	Guyana
гварани		guarani	100 centimos	Paraguay
гвинейский франк		Guinea franc	100 centimos	Guinea
гонконгский доллар	цент	Hong Kong dollar	100 cents	Hong Kong
гривна		grivna		Ukraine
гульден (флорин)	цент	gulden (guilder, florin)	100 cents	Netherlands
гульден (флорин) Суринама	цент	Suriname gulden (guilder, florin)	100 cents	Surinam
гульден Арубы	цент	Aruban gulden (guilder, florin)	100 cents	Aruba
гульден Нидерландских Антильских Островов		Netherlands Antilles gulden		Netherlands Antilles
гурд	сентимо	gourde	100 centimes	Haiti
даласи	бутут	dalasi	100 bututs	Gambia

датская крона	эре	Danish Krone	100 ore	Denmark
дирхам ОАЭ	филс	UAE dirham	100 fils	United Arab Emirates
добра	сентимо	dobra	100 c'entimos	Sao Tome and Principe
доллар Белиза	цент	Belizean dollar	100 cents	Belize
доллар Зимбабве	цент	Zimbabwe dollar	100 cents	Zimbabwe
доллар Каймановых Островов	цент	Cayman Islands dollar	100 cents	Cayman Islands
доллар Соломоновых Островов	цент	Solomon Islands dollar	100 cents	Solomon Islands
доллар США	цент	US dollar	100 cents	British Virgin Islands
доллар США	цент	US dollar	100 cents	US
доллар Тринидада и Тобаго	цент	T&T dollar	100 cents	Trinidad and Tobago
доллар Тувалу	цент	Tuvaluan dollar	100 cents	Tuvalu
доллар Фиджи	цент	Fiji dollar	100 cents	Fiji
доминиканское песо	сентаво	Dominican Republic peso	100 centavos	Dominican Republic
донг	хао, су	dong	10 hao = 100 xu	Vietnam
драм		drum		Armenia
драхма	лепта	drachma	100 lepta	Greece
египетский фунт	пиастр	Egyptian pound	100 piastres	Egypt
заир		zaire	100 makuta	Zaire
замбийская квача	нгве	Zambian kwacha	100 ngwee	Zambia
злотый		zloty	100 groszy	Poland
иена		yen	100 sen	Japan
индийская рупия	пайса	Indian rupee	100 paise (Sg paisa)	India
индонезийская рупия	сен	rupiah	100 sen	Indonesia
иорданский динар	филс	Jordanian dinar	1000 fils	Jordan
иракский динар	филс	Iraqi dinar	1000 fils	Iraq
иранский риал		Iranian rial	100 dinars	Iran
ирландский фунт	пенс	Irish pound (punt)	100 pence	Ireland
исландская крона	эйре	krona	100 aurar (Sg eyrir)	Iceland
итальянская лира		Italian lira		Italy
йеменский риял	филс	Yemeni riyal	100 fils	Yemen
канадский доллар	цент	Canadian dollar	100 cents	Canada
кванза	лвей	kwanza	100 lwei	Angola
кенийский шиллинг	цент	Kenya shilling	100 cents	Kenya
кетсаль	сентаво	quetzal	100 centavos	Guatemala
кина	тойя	kina	100 toea	Papua New Guinea
кип		kip	100 at	Laos
кипрский фунт	цент	Cyprus pound	100 cents	Cyprus
колон	сентимо	Costa Rican colon	100 centimos	Costa Rica
колумбийское песо	сентаво	Colombian peso	100 centavos	Colombia
кордоба		cordoba	100 centavos	Nicaragua
кубинское песо	сентаво	Cuban peso	100 centavos	Cuba
кувейтский динар	филс	Kuwaiti dinar	1000 fils	Kuwait
кьят	пья	kyat	100 pyas	Myanmar
лат	сантим	lat	100 santims	Latvia

лев	стотинка	lev	100 stotinki	Bulgaria
лей		leu		Moldavia
лей	бань	leu	100 bani	Ro(u)mania
лек	киндарка	lek	100 qintar	Albania
лемпира	сентаво	lempira	100 centavos	Honduras
леоне	цент	leone	100 cents	Sierra Leone
либерийский доллар	цент	Liberian dollar	100 cents	Liberia
ливанский фунт	пиастр	Lebanese pound	100 piastres	Lebanon
ливийский динар	дирхам	Libyan dinar	1000 dirhams	Libya
лилангени	цент	lilangeni	100 cents	Swaziland
лит	цент	litas	100 cents	Lithuania
лоти	(ли)сенте	loti (*pl.* maloti)	100 lisente	Lesotho
люксембургский франк	сантим	Luxembourg franc	100 centimes	Luxembourg
маврикийская рупия	цент	Mauritian rupee	100 cents	Mauritius
малавийская квача	тамбала	kwacha	100 tambala	Malawi
малагасийский франк		Malagasy franc	100 centimos	Madagascar
мальтийская лира	цент	Maltese lira	100 cents	Malta
манат		manat		Turkmenistan
марка ФРГ	пфеннинг	Deutsche mark	100 pfennigs	Germany
марокканский дирхам	сантим	Moroccan dirham	100 centimes	Morocco
мексиканское песо		Mexican peso	100 centavos	Mexico
метикаль	сентаво	metical	100 centavos	Mozambique
найра	кобо	naira	100 kobo	Nigeria
нгултрум	четрум	ngultrum	100 chetrums	Bhutan
непальская рупия	пайса	Nepalese rupee	100 paisa	Nepal
новозеландский доллар	цент	New Zealand dollar	100 cents	New Zealand
новый тайваньский доллар	цент	New Taiwan dollar	100 cents	Taiwan
норвежская крона	эре	Norwegian krone	100 ore	Norway
паанга	сенити	pa'anga	100 seniti	Tonga
пакистанская рупия	пайса	Pakistani rupee	100 paisa	Pakistan
патака	аво	pataca	100 avos	Macao
песета		peseta		Spain
песо Гвинеи-Бисау	сентаво	Guinea peso	100 centavos	Guinea-Bissau
португальское эскудо	сентаво	Portuguese escudo	100 centavos	Portugal
пула	тхебе	pula	100 thebe	Botswana
ранд	цент	rand	100 cents	Republic of South Africa
реал	сентаво	real	100 centavos	Brazil
риал Омана	байза	rial Omani	1000 baiza	Oman
риель	сен	riel	100 sen	Cambodia
ринггит	сен	ringgit	100 sen	Malaysia
риял Катара	дирхам	Qatar riyal	100 dirhams	Qatar
риял Саудовской Аравии	керш (куруш), халал	Saudi riyal	20 qurush = = 100 halala(h)	Saudi Arabia
руандийский франк		Rwanda franc	100 centimes	Rwanda
рубель	копейка	ruble	100 kopecks	Belorussia

рубль	копейка	ruble	100 kopecks	Russia
рубль	копейка	ruble	100 kopecks	Tajikistan
рубль, купон	копейка	ruble, coupon	100 kopecks	Georgia
рупия Шри Ланки	цент	Sri Lanka rupee	100 cents	Sri Lanka
руфия		rufiya		Maldives
сальвадорский колон	сентаво	Salvadorean colon	100 centavos	El Salvador
седи	песева	cedi	100 pesewas	Ghana
сейшельская рупия	цент	Seychelles rupee	100 cents	Seychelles
сингапурский доллар	цент	Singapore dollar	100 cents	Singapore
сирийский фунт	пиастр	Syrian pound	100 piastres	Syria
сол	сентимо	sol	100 centimos	Peru
сом		som		Kirghizia
сомалийский шиллинг	цент	Somali shilling	100 cents	Somalia
суданский фунт	пиастр, милльем	Sudanese pound	100 piastes = = 1000 milliemes	Sudan
сукре	сентаво	sucre	100 centavos	Ecuador
сум		sum		Uzbekistan
така	пайса	taka	100 paisa	Bangladesh
тала	сене	tala	100 sene	Western Samoa
танзанийский шиллинг	цент	Tanzanian shilling	100 cents	Tanzania
теньга		tenga		Kazakhstan
толар		tolar		Slovenia
тугрик	мунгу	tugrik (togrog)	100 mongo	Mongolia
тунисский динар	миллим	Tunisian dinar	1000 millimes	Tunisia
турецкая лира		Turkish lira	100 kurus	Turkey
угандийский шиллинг	цент	Uganda shilling	100 cents	Uganda
угия	хумса	ouguiya	5 khoums	Mauritania
уругвайское песо	сентесимо	Uruguayan peso	100 centesimos	Uruguay
филиппинское песо	сентаво	Philippine peso	100 centavos	Philippines
финляндская марка	пенни	markka	100 pennia	Finland
форинт	филлер	forint	100 filler	Hungary
франк Бурунди		Burundi franc	100 centimes	Burundi
франк Джибути		Djibouti franc	100 centimes	Djibouti
франк Коморских Островов		Comoros franc		Comoros
франк КФА		CFA franc		Senegal
франк КФА	сантим	CFA franc	100 centimes	Benin
франк КФА	сантим	CFA franc	100 centimes	Burkina Faso
франк КФА	сантим	CFA franc	100 centimes	Cameroon
франк КФА	сантим	CFA franc	100 centimes	Central African Republic
франк КФА	сантим	CFA franc	100 centimes	Chad
франк КФА	сантим	CFA franc	100 centimes	Congo
франк КФа	сантим	CFA franc	100 centimes	Cote d'Ivoire
франк КФА	сантим	CFA franc	100 centimes	Equatorial Guinea
франк КФА	сантим	CFA franc	100 centimes	Gabon
франк КФА	сантим	CFA franc	100 centimes	Mali

франк КФА	сантим	CFA franc	100 centimes	Niger
франк КФА	сантим	CFA franc	100 centimes	Togo
франк КФА	сантим	CFG franc	100 centimes	New Caledonia
франк КФА	сантим	CFP franc	100 centimes	French Polynesia
французский франк	сантим	French franc	100 centimes	France
фунт стерлингов	пенс	pound sterling	100 pence	Great Britain
чешская крона	геллер	koruna	100 haleru	Czech Republic
чешская крона	геллер	koruna	100 haleru	Slovakia
чилийское песо		Chilean peso	100 centavos	Chile
шведская крона	эре	Swedish krona	100 ore	Sweden
швейцарский франк	сантим	Swiss franc	100 centimes	Switzerland
шекель	агорот	shekel	100 agorot (Sg agora)	Israel
шиллинг	грош	schilling	100 groschen	Austria
экю		ECU (European currency unit)	(European Economic Community)	
эскудо Кабо-Верде	сентаво	Cape Verde escudo	100 centavos	Cape Verde
эстонская крона	сент	kroon	100 cents	Estonia
юань	цзяо, фынь	yuan (renminbi)	10 jiao = 100 fen	China
югославский динар	пара	dinar	100 paras	Yugoslavia
ямайский доллар	цент	Jamaican dollar	100 cents	Jamaica

ВРЕМЕННЫЕ ЗОНЫ МИРА

WORLD TIME ZONES

Greenwich Mean Time (GMT) compared with local times (daylight savings periods are noted where applicable)

Afghanistan.. +04.30
Algeria .... +01.00
Angola... +01.00
Argentina...-03.00
Armenia.. +04.00
Australia .... +10.00
Austria... +01.00
    31.03-26.10............................... +02.00
Azerbaijan .... +04.00
Bangladesh .... +06.00
Belgium .... +01.00
    31.03-26.10............................... +02.00
Benin.. +01.00
Brazil ....-03.00
    20.10-16.02...............................-02.00
Bulgaria.. +02.00
    31.03-26.10............................... +03.00
Burkina Faso.......................................GMT
Burundi .... +02.00
Cambodia .... +07.00
Cameroon .... +01.00
Canada (Montreal, Toronto) ....-05.00
    07.04-05.10...............................-04.00
Cape Verde ....-01.00
Chile ....-04.00
    13.10-09.03...............................-03.00
China (Beijing) .... +08.00
Congo... +01.00
    31.03-26.10............................... +02.00
Croatia .... +01.00
Cuba ....-05.00
    07.04-05.10...............................-04.00
Cyprus .... +02.00
    31.03-26.10............................... +03.00
Czech Republic .... +01.00
    31.03-26.10............................... +02.00
Denmark... +01.00
    31.03-26.10............................... +02.00
Djibouti .... +03.00
Egypt .... +02.00
    25.04-26.09............................... +03.00
Estonia .... +02.00
    31.03-26.10............................... +03.00
Ethiopia.. +03.00
Finland... +02.00
    31.03-26.10............................... +03.00
France.. +01.00
    31.03-26.10............................... +02.00
Georgia .... +04.00
    31.03-26.10............................... +05.00
Germany .... +01.00
    31.03-26.10............................... +02.00
Ghana ....GMT

Great Britain .... GMT
    31.03-26.10 ....+01.00
Greece ....+02.00
    31.03-26.10 ....+03.00
Hong Kong...+08.00
Hungary ....+01.00
    31.03-26.10 ....+02.00
India...+05.30
Indonesia ....+07.00
Iran ....+03.30
    20.03-21.09 ....+04.30
Ireland.. GMT
    31.03-26.10 ....+01.00
Israel ....+02.00
    14.03-15.09 ....+03.00
Italy..+01.00
    31.03-26.10 ....+02.00
Japan..+09.00
Jordan ....+02.00
    04.04-19.09 ....+03.00
Kazakhstan..+06.00
    31.03-26.10 ....+07.00
Kenya ....+03.00
Kuwait ....+03.00
Laos..+07.00
Latvia ....+02.00
    31.03-26.10 ....+03.00
Lebanon..+02.00
    31.03-26.10 ....+03.00
Lithuania...+02.00
    31.03-26.10 ....+03.00
Luxembourg ....+01.00
    31.03-26.10 ....+02.00
Macedonia...+01.00
    31.03-26.10 ....+02.00
Madagascar ....+03.00
Malaysia ....+08.00
Maldives..+05.00
Mali .... GMT
Malta ....+01.00
    31.03-26.10 ....+02.00
Mexico .... -06.00
    07.04-27.10 .... -05.00
Mongolia ....+08.00
    31.03-26.10 ....+09.00
Morocco .... GMT
Nepal..+05.45
Netherlands.......................................+01.00
    31.03-26.10 ....+02.00
Nicaragua... -06.00
North Korea ....+09.00
Norway ....+01.00
    31.03-26.10 ....+02.00

Pakistan	+05.00
Panama	-05.00
Peru	-05.00
Poland	+01.00
31.03-26.10	+02.00
Portugal	+01.00
31.03-26.10	+02.00
Romania	+02.00
31.03-26.10	+03.00
Russia (Moscow)	+03.00
31.03-26.10	+04.00
Senegal	GMT
Seychelles	+04.00
Sierra Leone	GMT
Singapore	+08.00
Slovakia	+01.00
31.03-26.10	+02.00
Slovenia	+01.00
31.03-26.10	+02.00
South Africa	+02.00
South Korea	+09.00
Spain	+01.00
31.03-26.10	+02.00
Sri Lanka	+05.30
Sweden	+01.00
31.03-26.10	+02.00
Switzerland	+01.00
31.03-26.10	+02.00
Syria	+02.00
31.03-30.09	+03.00
Tanzania	+03.00
Thailand	+07.00
Tunisia	+01.00
Turkey	+02.00
31.03-26.10	+03.00
United Arab Emirates	+04.00
USA	
Miami, New York, Washington D.C.	-05.00
07.04-27.10	-04.00
Anchorage	-09.00
07.04-27.10	-08.00
Los Angeles, San Francisco, Seattle	-08.00
07.04-27.10	-07.00
Chicago	-06.00
07.04-27.10	-05.00
Uzbekistan	+05.00
Vietnam	+07.00
Yemen	+03.00
Yugoslavia	+01.00
31.03-26.10	+02.00
Zambia	+02.00

РУССКИЕ ПОСЛОВИЦЫ И ИХ АНГЛИЙСКИЙ ЭКВИВАЛЕНТ
RUSSIAN PROVERBS AND THEIR ENGLISH EQUIVALENT

Аппетит приходит во время еды The appetite comes with eating

Ахал бы дядя, на себя глядя The cat shuts its eyes when it steals the cream

Беда, коль пироги начнет печи сапожник The cobbler should stick to his last

Без кота мышам раздолье When the cat is away, the mice will play

Без топора — не плотник, без иглы — не портной What is a workman without his tools?

Без труда не вытащишь и рыбку из пруда A cat in gloves catches no mice

Без труда нет плода He that will eat the kernel must crack the nut

Берегись тихой собаки да тихой воды Beware of a silent man and still water

Береженного бог бережет Discretion is the better part of valor

Бери быка за рога The bull must be taken by the horns

Благими намерениями дорога в ад вымощена The road to hell is paved with good intentions

Бог-то бог, да и сам не будь плох God helps those who help themselves

Бодливой корове бог рог не дает Curst cows have curt horns

Болен — лечись, а здоров — берегись Prevention is better than cure

Бочку в наперсток не выльешь You cannot get a quart into a pint pot

Будет и на нашей улице праздник Every dog has his day

Бывает, что и курица петухом поет Pigs might fly if they have wings

В гостях хорошо, а дома лучше East or West, home is best

В закрытый рот и муха не влетит A closed mouth catches no flies

В семье не без урода There is a black sheep in every flock

В тихом омуте черти водятся Still waters run deep

В Тулу со своим самоваром не ездят Don't carry coals to Newcastle

В чужой монастырь со своим уставом не ходлят When in Rome, do as the Romans do

Век живи, век учись Live and learn

Взойдет солнышко и к нам во двор After a storm comes a calm

Видна птица по полету A bird may be known by its song

Волк волка не съест Dog doesn't eat dog

Волк и каждый год линяет, а все сер бывает The fox may grow grey but never good

Волков бояться — в лес не ходить He that fears every bush must never go a-birding

Ворон ворону глаз не выклюет Hawk will not pick out hawk's eyes

Время — деньги Time is money

Время не ждет Time and tide wait for no man

Все дороги ведут в Рим All roads lead to Rome

Все хорошо, что хорошо кончается All that glitters is not gold

Всего вдруг не сделаешь First creep, then go

Всему свой черед Learn to walk before you run

Всяк кулик на своем болоте велик A cock is bold on his own dunghill

Всяк кулик свое болото хвалит Every bird likes its own nest best

Всякая рыба хороша, коль на удочку пошла All is fish that comes to the net

Всякий бык теленком был Grasp all, lose all

Всякий человек своему счастью кузнец Every man is an architect of his own fortune

Всякое семя знает свое время All in good time

Всякому овощу свое время Everything is good in its season

Всякому терпению бьывает конец Tread on a worm and it will turn

Выше головы не прыгнешь A man can do no more than he can

Где двое, там третий лишний Two's company, three's a crowd

Где смелость, там победа Grasp a nettle hard, and it will not sting you

Где тонко, там и рвется A chain is no stronger than its weakest link

Гора родила мышь The mountain has brought forth a mouse

Гора с горою не сходится, а человек с человеком всегда сойдется Men may meet but mountains never greet

Гром не грянет — мужик не перекреститься Don't have thy cloak to make when it begins to rain

Грязью играть — руки марать You cannot touch pitch and not be defiled

Дай ему палец, а он всю руку откусит Give him an inch and he'll take a yard

Дареному коню в зубы не смотрят Don't look a gift horse in the mouth

Два арбуза в одной руке не удержишь A man cannot whistle and drink at the same time

Два медведя в одной берлоге не уживутся Two dogs over one bone seldom agree

Двум господам не служат No man can serve two masters

Дерево смотри в плодах, а человека в делах A tree is known by its fruit

Держи уши пошире, а рот поуже Keep your mouth shut and your ears open

Для милого дружка и сережку из ушка Among friends all things are common

Доброе слово и кошке приятно Honey catches more flies than vinegar

Долг платежом красен One good turn deserves another

Дома и солома едома There is no place like home

Дорого яичко к Христову дню A stitch in time saves nine

Другие времена — другие нравы Other times, other manners

Дружно не грузно, а врозь хоть брось Many hands make light work

Друзья познаются в беде A friend in need is a friend indeed

Дурак в воду кинет камень, а десять умных не вынут A fool may throw a stone into a well which a hundred wise men cannot pull out

Дуракам закон не писан Fools rush in where angels fear to tread

Дураков не сеют, не жнут, они сами родяться Fools grow without watering

Если бы да кабы, да во рту росли грибы, тогда был бы не рот, а целый огород If the sky falls, we shall catch larks

Если гора не идет к Магомету, то Магомет идет к горе If the mountain will not come to Mahomet, Mahomet must go to the mountain

Ешь пирог с грибами, а язык держи за зубами Keep your breath to cool your porridge

Живи и жить давай другим Live and let live

Живой пес лучше мертвого льва A living dog is better than a dead lion

Жизнь прожить — не поле перейти Life is not all beer and skittles

За большим погонишься и малого не увидишь The grass is always greener on the other side of the fence

За все браться — ничего не сделать Jack of all trades, master of none

За двумя зайцами погонишься ни одного не поймаешь If you run after two hares, you'll catch none

За погляд денег не берут A cat may look at a king

Завтраками сыт не будешь Jam tomorrow and jam yesterday — but never jam today

Задним умом дело не поправишь It is easy to be wise after the event

Запретный плод сладок Forbidden fruit is sweetest

И в мое оконце засветит солнце It is a long road that has no turning

И все люди, да всяк человек по себе It takes all sorts to make a world

И зрячий глаз, да не видит нас It takes all sorts to make a world

И на солнце есть пятна Homer sometimes nods

И стены имеют уши Walls have ears

Игра не стоит свеч The game is not worth the candle

Из двух зол выбирай меньшее Of two evils choose the less

Из спасиба шапки не сошьешь Mere words will not fill a bushel

Исправиться никогда не поздно It is never too late to mend

Кабы знать, где упасть, так соломки б подостлал The unexpected always happens

Каждый купец свой товар хвалит Every cook praises his own broth

Как волка ни корми, он все в лес смотрит The leopard cannot change his spots

Как постелишь, так и поспишь As you make your bed, so you must lie in it

Капля и камень долбит Constant dropping wears away a stone

Катучий камень мохнат не будет A rolling stone gathers no moss

Клевета что уголь: не обожжет, так замарает Throw dirt enough, and some will stick

Клин клином вышибают One nail drives out another

Кого медведь драл, тот и пня боиться The scalded cat fears cold water

Коли хочешь себе добра, никому не делай зла Those who live in glass houses should not throw stones

Кому надо собаку ударить, тот и палку сыщет If you want a pretense to whip a dog, say that he ate the frying pan

Конец — делу венец The end crowns the work

Конь о четырех ногах, да и тот спотыкается A horse stumbles that has four legs

Коню брод, а курице потоп One man's meat is another man's poison

Коси, коса, пока роса Make hay while the sun shines

Косой кривого не учит If the blind lead the blind, both shall fall into the ditch

Кривое веретено не выправишь You cannot make a silk purse out of a sow's ear

Кривой среди слепых — король In the country of the blind the one-eyed man is a king

Кто везет, того и погоняют All's well that ends well

Кто едет, тот и правит He that pays the piper calls the tune

Кто много грозит, тот мало вредит His bark is worse than his bite

Кто первый пришел, первый молол He that comes first to the hill, may sit where he will
Кто рано встает, тому Бог дает The early bird catches the worm
Кто старое помянет, тому глаз вон Let bygones be bygones
Куй железо пока горячо Strike while the iron is hot
Лежачего не бьют Don't strike a man when he is down
Ломать — не делать It is easier to pull down than to build
Лошадей на переправе не меняют Don't swap horses in the middle of the stream
Лук семь недугов лечит An apple a day keeps the doctor away
Лучше воробей в руке чем петух на кровле A bird in a hand is worth two in the bush
Лучше голубь в тарелке, чем глухарь на току Better an egg today than a hen tomorrow
Лучше поздно, чем никогда Better late than never
Лучше синица в руках, чем журавель в небе Half a loaf is better than no bread
Любишь кататься, люби и саночки возить He that would have eggs must endure the cackling of hens
Любовь на замок не закроешь Love laughs at locksmiths
Любопытной Варваре нос оторвали Curiosity killed the cat
Медленно, но верно Slow and steady wins the race
Меньше говори, да больше делай Least said, soonest mended
Меня любишь, так и собаку мою не бей Love me, love my dog
Мера — всякому делу вера Too much water drowned the miller
Мир тесен It's a small world
Муравей не велик, а горы копает Little strokes fell great oaks
Мягко стелет, да жестко спать The bait hides the hook
На Бога надейся, а сам не плошай Every tub must stand on its own bottom
На воре шапка горит He that has a great nose thinks everybody is speaking of it
На всякого мудреца довольно простоты Every man has a fool in his sleeve
На крепкий сук — острый топор Desperate diseases call for desperate remedies
На послушного коня и кнута не надо Do not spur a willing horse
На своей печи — сам себе голова A man's home is his castle
На тяжелый воз и руковицы положи — так заметно будет The last straw breaks the camel's back
Назвался груздем — полезай в кузов In for a penny, in for a pound
Насильно мил не будешь You can take a horse to water, but you cannot make him drink
Нашла коса на камень Diamond cut diamond
Не боги горшки обжигают What man has done, man can do
Не бойся собаки брехливой, а бойся молчаливой Barking dogs seldom bite
Не верь чужим речам, а верь своим очам Seeing is believing
Не все коту масленница, будет и великий пост Every day is not Sunday
Не все ненастье, проглянет и красное солнышко The darkest hour is that before the dawn
Не все те повара, что с длинными ножами ходят All are not thieves that dogs bark at
Не все то золото, что блестит All lay loads on a willing horse
Не всяк монах, на ком клобук The cowl does not make the monk
Не выноси сор из избы Do not wash your dirty linen in public
Не говори "гоп" пока не перепрыгнешь There is many a slip between the cup and the lip
Не говори, что делал, а говори, что сделал Never do things by halves
Не делай из мухи слона Don't make a mountain out of a molehill
Не дразни собаки, так и не укусит Let sleeping dogs lie
Не за свое делог не берись, а за своим не ленись Let each tailor mend his own coat
Не зная броду, не суйся в воду Look before you leap; think befor you drink
Не кивай на соседа, а погляди на себя Sweep before your own door
Не лови рыбу в мутной воде Never fish in troubled water
Не меряй на свой аршин Don't measure other people's corn by your own bushel
Не место красит человека, а человек место It is not the places that grace the men, but the men the places
Не откладывай на завтра то, что можно сделать сегодня Never put off till tomorrow what you can do today
Не ошибается тот, кто ничего не делает He that never climbed never fell
Не плюй в колодец — пригодиться воды напиться Let every man praise the bridge he goes over
Не по словам судят, а поделам All's well that ends well
Не покупай кота в мешке Never buy a pig in a poke
Не пускай козла в огород Never give the wolf the wether to keep
Не разбив яиц, не сделаешь яичницы You cannot make an omelette without breaking eggs
Не рой яму другому — сам в нее попадешь Curses like chickens come home to roost

Не руби сук, на котором сидишь Don't cut the bough you are standing on

Не сади дерево корнем кверху Don't put the cart before the horse

Не скор Бог, да меток The mills of God grind slowly but they grind exceedingly small

Не сразу Москва строилась Rome was not build in a day

Не суди об арбузе по корке, а о человеке по платью you cannot judge a tree by its bark

Не так страшен черт, как его малюют The devil is not so black as he is painted

Не тот хорош, кто лицом пригож, а тот кто на дело гож Handsome is as handsome does

Не убив медведя, шкуры не делят First catch your hare, then cook him

Не учи плавать щуку, щука знает свою науку Don't teach a fish to swim

Не хвались, идучи на рать, а хвались, идучи с рати Do not cry till you are out of the wood

Не шути с огнем — обожжешься Don't play with fire

Нет дыма без огня There is no smoke without fire

Нет розы без шипов There is no rose without a thorn

Нет худа без добра Every cloud has a silver lining

Ничто не ново под луной There is nothing new under the sun

Новая метла чисто метет A new broom sweeps clean

Ночью все кошки серы All cats are grey in the dark

Нужда заставит и кузнеца сапоги тачать Need makes the old wife trot

Нужда заставит мышей ловить Needs must go when the devil drives

Нужда научит горшки обжигать Necessity is the mother of invention

Нужно наклониться, чтобы из ручья напиться No gain without pain

Обед узнают по кушанию, а ум по слушанию The proof of the pudding is in the eating

Обжегшись на молоке, будешь дуть и на воду The burnt child dreads the fire

Один в поле не воин One man no man

Один дурак может больше спрашивать, чем десять умных ответить A fool may ask more questions in an hour than a wise man can answer in seven years

Одна голова хорошо, а две лучше Two heads are better than one

Одна ласточка весны не делает One swallow doesn't make a summer

Он сух из воды выдет He knows how many beans make five

От добра добра не ищут The best is often the enemy of the good

От малой искры, да большой пожар A small leak will sink a great ship

От одного порченного яблока целый воз загнивает The rotten apple spoils the barrel

Паршивая овца все стадо портит The road to the hell is paved with good intentions

Первому гостю первое место и красная ложка First come, first served

Первый блин комом You must spoil before you spin

По капле и море собирается Many a little makes a mickle

По одежке протягивай ножки Cut your coat according to your cloth

По приходу и расход держать Stretch your arm no futher than your sleeve's reach

По работе и работника знать Such carpenters, such chips

Повадился кувшин по воду ходить The pitcher goes too often to the well

Повинную голову меч не сечет A soft answer turneth away wrath

Под лежачий камень вода не течет Nothing seek, nothing find

Понравился сатана лучше ясного сокола Love is blind

Попытка не пытка You never know what you can do till you try

Посеешь ветер — пожнешь бурю Sow the wind and reap the whirlwind

После драки кулаками не машут It is too late to lock the stable door when the horse has bolted

После ненастья — вёдро, после горя — радость After rain comes fair weather

После поры не точат топоры After meat comes mustard

После свадьбы в барабаны не бьют It is too late to call back yesterday

Последняя капля переполняет чашу The last drop makes the cup run over

Поспешишь — людей насмешишь Haste makes waste

Праздность — мать всех пороков By doing nothing we learn to do ill

Придет время, прорастет и семя Don't cross a bridge before you come to it

Пришла беда — отворяй ворота It never rains but it pours

Про волка речь, а он навстречь Talk of the devil and he appears

Прытко бегают, да часто падают Hasty climbers have sudden falls

Пуганная ворона куста боиться Once bitten, twice shy

Пустая бочка пуще гремит Empty vessels make the greatest sound

Решетом воду не черпают It's no use pumping a dry well

Риск — благородное дело Nothing ventured, nothing gained

Руби дерево по себе Don't bite off more than you can chew

Рыбак рыбака видит издалека Birds of a feather flock together

С волками жить — по волчьи выть Who keeps company with the wolf will learn to howl

С кем поведешься, от того и наберешься If you lie down with dogs, you will get up with fleas

С одного удара дуба не свалишь An oak is not felled with one stroke

Сам заварил кашу, сам и расхлебывай As you brew, so you must drink

Сам смекай, где омут, где край Paddle your own canoe

Сапожник ходит без сапог The shoemaker's son always goes barefoot

Свет не клином сошелся There are as good fish in the sea as ever came out of it

Своя рубашка ближе к телу The parson always christens his own child first

Связался с чертом — пеняй на себя He that sups with the devil must have a long spoon

Семь раз отмерь, один раз отрежь Score twice before you cut once

Скажи мне, кто твой друг, и я скажу тебе, кто ты A man is known by the company he keeps

Сколько голов — столько умов So many men, so many minds

Слезами горю не поможешь It is no use crying over spilt milk

Слово не воробей, вылетит — не поймаешь A word spoken is past recalling

Смелость города берет None but the brave deserve the fair

Со стороны виднее Lookers-on see most of the game

Соловья баснями не кормят Fine words butter no parsnips

Сорная трава хорошо растет Ill weeds grow apace

Старого воробья на мякине не проведешь Old birds are not caught with chaff

Стену лбом не прошибешь Better bend the neck than bruise the forehead

Счастье с бессчастьем на одних санях ездят Every flow has its ebb

Терпишь, терпишь, да и лопнешь One must draw the line somewhere

Тише едешь, дальше будешь More haste, less speed

Тот, кто сидит между двух стульев, легко может упасть Between two stools you fall to the ground

Ты — мне, я — тебе Roll my log, and I'll roll yours

У других в глазу сучок примечает, а у себя бревна не видит You can see a mote in another's eye but cannot see a beam in your own

У каждой избушки есть погремушки Every family has a skeleton in the cupboard

У кого свербит, тот и чешись If the cap fits, wear it

У медали две стороны Every medal has its reverse

У плохого мастера плохая пила A bad workman always blames his tools

У семи нянек дитя без глазу Too many cooks spoil the broth

У страха глаза велики Fear has magnifying eyes

Ум хорошо, а два лучше Four eyes see more than two

Услуга за услугу Scratch my back and I'll scratch yours

Утопающий и за соломинку хватается A drowning man will clutch at a straw

Утро вечера мудренее An hour in the morning is worth two in the evening

Учиться никогда не поздно It is never too late to learn

Хорош цветок, да остер шипок There is no garden without its weeds

Хорошее начало — половина дела Well begun is half done; a good beginning is half of the battle

Хорошо нагребешь — домой не донесешь Too much pudding will choke a dog

Хорошо смеется тот, кто смеется последним He laughs best who laughs last

Хорошо там, где нас нет Great oaks from little acorns grow

Хочется рыбку съесть, да не хочется в воду лезть The cat would eat fish and would not wet her feet

Хрен редьки не слаще There is small choice in rotten apples

Худа та мышь, которая одну лазейку знает The mouse that has one hole is quickly taken

Худа та птица, которой гнездо свое не мило It's a foolish bird that fouls its own nest

Цену вещи узнаешь, как потеряешь You never miss the water till the well runs dry

ЛАТИНСКИЕ СЛОВА И ВЫРАЖЕНИЯ
LATIN WORDS AND EXPRESSIONS

ab incunabulis — с колыбели; с самого начала.

ab initio — с начала.

ab ovo — *букв.* "с яйца"; с самого начала; ab ovo usque as mala — "от яйца до яблок" (у древних римлян обед начинался с яиц и кончался фруктами); с начала до конца.

acidum — кислота.

ad calendas graecas — *букв.* "до греческих календ"; никогда.

ad exemplum — по образцу.

ad hoc — *букв.* "к этому"; для данного случая, для этой цели; кстати.

ad hominem — применительно к человеку; argumentum ad hominem — доказательство, основанное не на объективных данных, а рассчитанное на чувства убеждаемого.

ad honores — ради чести; даром, безвозмездно.

a die — от сего дня.

ad infinitum — до бесконечности.

ad libitum — как угодно, по желанию; на выбор.

ad litteram — буквально.

ad modum — наподобие.

ad notam — к сведению.

ad notanda — следует заметить.

ad notata — примечание.

ad patres — к праотцам (отправиться), т. е. умереть.

ad rem — к делу.

ad unguem — *букв.* "до ногтя"; до совершенства.

ad usum — к употреблению; для употребления; ad usum internum — для внутреннего употребления.

ad valorem — по стоимости, сообразно цене.

ad vocem — к слову (сказать); по поводу, что касается.

aequio animo — равнодушно; спокойно.

a fortiori — тем более.

alea jasta est — "жребий брошен" (слова, приписываемые Юлию Цезарю).

alias — в другое время, в другом месте; иначе.

alibi — алиби.

a limine — *букв.* "с порога"; сразу.

alma mater — см. *альма-матер.*

altera pars — другая (противная) сторона.

alter ego — *букв.* "другой я"; близкий друг и единомышленник.

amicus plato, sed magis amica (est) veritas — "Платон — друг, но истина еще больший друг", истина дороже всего (слова, приписываемые Аристотелю).

anni currentis (A.C.) — сего года.

ante christum (A.C.) — до христианской эры.

a posteriori — апостериори.

a priori — априори.

aqua — вода.

aqua vitae — водка.

ars longa, vita brevis — искусство долговечно, а жизнь коротка.

artes liberales — "свободные искусства" (средневековое название семи светских наук: грамматики, риторики, диалектики, арифметики, геометрии, астрономии и музыки).

audiatur et altera pars — следует выслушать и другую сторону (в споре и т.п.).

aut Caesar, aut nihil — или Цезарь, или ничто; или всё, или ничего.

ave, Ceasar, morituri te salutant — "здравствуй, Цезарь, идущие на смерть тебя приветствуют" (обращение римских гладиаторов к императору перед боем).

beati possidentes — счастливы обладающие.

bellum omnium contra omnes — "война всех против всех".

bis dat, qui cito dat — вдвойне дает тот, кто дает скоро.

bona fide — *букв.* "по доброй вере"; чистосердечно, вполне искренне; честно.

caper diem — *букв.* "срывай день", т. е. пользуйся настоящим днем, лови мгновение (из Горация).

casus belli — казус белли.

ceteris paribus — при прочих равных условиях.

ceterum censeo carthaginem esse delendam — "кроме того, я думаю, что Карфаген должен быть разрушен" (слова римского сенатора Катона Старшего).

circulus vitiosus — порочный круг, безвыходное положение.

cito — быстро, срочно (на рецептах).

cogito, ergo sum — я мыслю, следовательно, существую.

conditio sine qua non — непременное условие.

consensus omnium — согласие всех.

contra — против.

contradictio in adjecto — внутреннее противоречие.

corpus delicti — состав преступления; основные улики.

credo — кредо.

cui bono? — кому на пользу?; в чьих интересах?

cui prodest? — кому выгодно?

cuique suum — каждому свое.
cum grano salis — остроумно; с иронией, язвительно.
currente calamo — быстро и не очень обдуманно (писать что-л.).
curriculum vitae — жизнеописание, краткие сведения о чьей-л. жизни.

de facto — де-факто.
de gustibus non (est) disputandum — о вкусах не спорят.
de jure — де-юре.
de mortuis aut bene, aut nihil — о мертвых или хорошо или ничего.
desiderata — дезидераты.
deus ex machina — развязка вследствие вмешательства непредвиденного обстоятельства.
de visu — воочию, как очевидец.
differentia specifica — отличительный признак; характерная особенность.
divide et impera — разделяй и властвуй.
dixi — я сказал, я высказался; я кончил.
dixi et animam levavi — я сказал и облегчил тем душу.
docendo discimus — уча, мы сами учимся.
do ut des — даю, чтобы и ты мне дал.
dum spiro, spero — пока дышу, надеюсь (из Овидия).
dura lex, sed lex — закон суров, но это закон.

ecce homo! — вот человек!
editio princeps — первое издание.
ego — я.
eo ipso — тем самым.
ergo — следовательно.
errare humanum est — человеку свойственно ошибаться.
errata — ошибки.
et caetera, et cetera (etc.) — и прочее, и так далее.
ex- — экс-.
ex abrupto — сразу, внезапно; без подготовки.
ex adverso — (доказательство) от противного.
ex cathedra — *букв.* "с кафедры"; авторитетно, непререкаемо (обычно иронически).
exceptis excipiendis — за исключением того, что следует исключить.
exegi monumentum — "я памятник воздвиг" (из Горация).
ex libris — из книг (такого-то).
ex nihilo nihil — *букв.* "ничего — ничто"; из ничего ничего не получается.
ex officio — по должности, по обязанности.
ex oriente lux — с Востока свет.
explicite — развернуто, ясно.
ex professo — по своей специальности, профессии; со знанием дела, обстоятельно.
ex ungue leonen — видна птица по полету.
ex voto — по обету.

fac simile — факсимиле.
factotum — фактотум.
feci quod potui, faciant meliora potentes — я сделал, что мог, кто может, пусть сделает лучше.
fecit — "сделал".
feminimum — женский род (в грамматике).
festina lente — *букв.* "торопись медленно"; не делай наспех.
fiat lux! — да будет свет!
finis — конец.
finis coronat opus — конец - делу венец.
folio verso — на следующей странице.
folium — лист, страница.

gaudeamus — название старинной студенческой песни (по первому слову песни).
gratis — бесплатно.
grosso modo — в общих чертах, приблизительно.
gutta cavat lapidem — капля камень точит (из Овидия).

habeas corpus — начальные слова закона о неприкосновенности личности, принятого английским парламентом в 1679 г.
habeat sibi — "пусть себе владеет"; ну и на здоровье!; поделом ему!
habent sua fata libelli — книги имеют свою судьбу.
habitus — габитус.
hic jacet — здесь покоится.
homo homini lupus est — "человек человеку волк".
homo novus — *букв.* "новый человек"; выскочка.
homo sapiens — "человек разумный".
homo sum, humani nihil a me alienum puto — я человек, ничто человеческое мне не чуждо.
honoris causa — *букв.* "ради почета"; за заслуги.
horribile dictu — страшно сказать.

ibidem (ib., ibid.) — там же.
idem (id.) — то же самое; так же, равным образом; тот же (об авторе книги).
idem per idem — то же посредством того же; определение через определяемое.
id est — то есть.
igni et ferro — огнем и мечом.
implicite — запутанно.
in abstracto — отвлеченно, в абстракции, вообще.
in brevi — вкратце.
incognito — инкогнито.
in corpore — в полном составе.

incredibile dictu — невероятно (сказать); трудно поверить.

inde — отсюда (вытекает).

inde irae — отсюда гнев.

in deposito — на хранение.

index — индекс.

in extenso — полностью, дословно (о цитате).

in extremis — в крайнем случае.

in favorem — в пользу кого-л.; в честь кого-л.

in fine — в конце.

in folio — ин-фолио.

in loco — на месте.

in medias res — *букв.* "в середину вещей"; в самую суть дела (из Горация).

in natura — в действительности, в натуре.

in octavo — ин-октаво.

in optima forma — *букв.* "в наилучшей форме"; по всем правилам.

in pace — в мире, в покое.

in pleno — в полном составе.

in quarto — ин-кварто.

in re — на деле.

in saecula saeculorum — во веки веков.

in situ — в месте нахождения.

in spe — *букв.* "в надежде"; в будущем.

in statu nascendi — в состоянии зарождения; в момент образования.

in statu quo ante — в прежнем положении.

ipso facto — в силу самого факта.

ipso jure — в силу закона.

item — так же.

junior — младший.

jurare in verba magistri — *букв.* "клясться словами учителя"; слепо следовать словам учителя (из Горация).

jus gentium — международное право.

jus publicum — публичное право.

lapsus — промах, ляпсус.

lapsus calami — описка.

lapsus linguae — ошибка в речи.

lege artis — по всем правилам искусства.

lex — закон.

libertas — свобода.

licentia poetica — поэтическая вольность.

littera scripta manet — что написано пером, того не вырубишь топором.

loco citato — в упомянутом месте (книги, документа).

magister dixit — так сказал учитель.

magna charta libertatum — Великая хартия вольностей.

mala fide — нечестно, недобросовестно.

manu proptia — собственноручно.

manus manum lavat — рука руку моет.

masculinum — мужской род (в грамматике).

mea culpa — моя вина; по моей вине.

memento mori — помни о смерти.

mens sana in corpore sano — в здоровом теле здоровый дух.

mirabile dictu — странно сказать, удивительно.

misce — смешай (на рецептах).

modus vivendi — модус вивенди.

more majorum — по обычаю предков.

motu proprio — по собственному побуждению.

multa paucis — многое в немногих словах.

multum, non multa — *букв.* "много, но не многое", т. е. много по содержанию, но в немногих словах.

mutatis mutandis — изменив то, что следует изменить.

nascuntur poetae, fiunt oratores — поэтами рождаются, ораторами делаются.

nec plus ultra — до крайних пределов; самый лучший, непревзойденный.

ne quid nimis — ничего лишнего.

neutrum — средний род (в грамматике).

nihil — ничто.

nil admirari — ничему не (следует) удивляться.

noli me tangere — не тронь меня.

nomina sunt odiosa — не будем называть имен.

non bis in idem — *букв.* "не дважды за то же"; нельзя взыскивать дважды за одно и то же.

non liquet — неясно.

non possumus — *букв.* "не можем"; формула категорического отказа.

nosce te ipsum — познай самого себя.

nota bene (NB) — нотабене.

nulla dies sine linea — ни дня без занятий.

omnia mea mecum porto — все мое ношу с собой.

omnium consensu — с общего согласия.

o tempora, o mores! — "о времена, о нравы!"

panem et circenses — хлеба и зрелищ.

pars pro toto — часть вместо целого.

passim — повсюду, в различных местах.

pater familias — отец семейства.

per aspera ad astra — через тернии к звездам.

pereat mundus et fiat justitia — правосудие должно совершиться, хотя бы погиб мир.

per fas et nefas — правдами и неправдами.

periculum in mora — опасность в промедлении.

perpetuum mobile — перпетуум-мобиле.

per se — само по себе.

persona (non) grata — персона (нон) грата.

petitio principii — аргумент, основанный на выводе из положения, которое само еще требует доказательства.

pia desideria — благие пожелания; благие намерения.

post factum — постфактум.

post hominum memoriam — с незапамятных времен.

post scriptum — постскриптум.

primus inter pares — первый между равными.

pro aris et focis — "за алтари и очаги", т. е. (сражаться) за самое важное, самое дорогое (Цицерон).

pro domo sua — в защиту себя и своих дел.

pro et contra — за и против.

pro forma — ради формы; для видимости.

pro memoria — для памяти; в память о ком-л.

pro tanto — соответственно.

pro tempore — временно.

punctum saliens — самое главное, суть.

quantum satis — сколько нужно.

quasi — квази...

quid pro quo — путаница; недоразумение.

quod erat demonstrandum — что и требовалось доказать.

quod licet jovi, non licet bovi — что дозволено Юпитеру, то не дозволено быку.

quousque tandem! до каких же пор, наконец!

quo vadis? куда идешь?

reductio ad absurdum — доведение до нелепости.

repetitio est mater stutiorum — повторение - мать учения.

res judicata — решенное дело.

res nullius — вещь, никому не принадлежащая.

restitio in integrum — восстановление в прежних правах.

salus populi suprema lex — благо народа — высший закон.

salve! — здравствуй!

sancta sanctorum — святая святых.

sapienti sat — умный поймет.

scilicet (sc., scil.) — разумеется, конечно! а именно, то есть.

semper idem — всегда тот же; всегда то же самое.

senior — старший.

sensus — ощущение, чувство.

sic transit gloria mundi — так проходит земная слава.

silentium — молчание, безмолвие.

sine anno (s.a.) — без указания года.

sine cura — синекура.

sine ira et studio — без гнева и пристрастия.

sine loco (s.l.) — без указания места.

sit venia verbo — да простится мне это выражение.

si vis pacem, para bellum — если хочешь мира, готовься к войне.

spiritus — спирт.

sponte sua, sine lege — добровольно, по собственному желанию.

status in statu — государство в государстве.

status quo — существующее положение, статус-кво.

status quo ante bellum — положение, существовавшее до войны.

sub conditione — под условием.

sub specie aeternitatis — с точки зрения вечности.

sui generis — в своем роде.

summa summarum — окончательный итог.

tabula rasa — чистый лист; нечто чистое, нетронутое.

tacito consensu — с молчаливого согласия.

taedium vitae — отвращение к жизни, пресыщенность.

tempora mutantur, et nos mutamur in illis — времена меняются, и мы меняемся с ними.

terra incognita — незнакомая область; что-л. непонятное, непостижимое.

tertium non datur — третьего не дано; одно из двух; или — или.

tertius gaudens — третье лицо. извлекающее пользу из борьбы двух противников.

testimonium paupertatis — *букв.* "свидетельство о бедности"; признание слабости, несостоятельности в чем-л.; свидетельство чьего-л. скудоумия.

timeo danaos et dona ferentes — "боюсь данайцев (греков), даже приносящих дары" (из Вергилия).

tres faciunt collegium — трое составляют коллегию.

ultima ratio — последний, решительный довод.

unum et idem — одно и то же.

urbi et orbi — *букв.* "городу и миру"; ко всеобщему сведению.

utile dulci miscere — соединять приятное с полезным.

vade mecum — вадемекум.

vae victis! — горе побежденным!

vale! — будь здоров!, прощай!

varia — разное.

veni, vidi, vici — "пришел, увидел, победил".

verba magistri — *букв.* “слова учителя”; слова авторитетного человека.

verba volant, scripta manent — слова улетают, написанное остается.

veto — вето.

via — *букв.* “путем”; через (на письмах и грузах для указания направления).

vice versa — в обратном направлении; наоборот.

viribus initis — соединенными усилиями.

volens nolens — волей-неволей.

vox populi — vox dei — глас народа — глас божий (изречение римского философа Сенеки).

vulgo — обыкновенно, в просторечии.

Other Hippocrene Dictionaries and Language Books of Interest . . .

ARMENIAN-ENGLISH/ ENGLISH-ARMENIAN CONCISE DICTIONARY
378 pages 4 x 6 10,000 entries
0-7818-0150-8 $11.95pb (490)

ELEMENTARY MODERN ARMENIAN GRAMMAR
196 pages 5½ x 8¼
0-87052-811-4 $8.95pb (172)

ARMENIAN-ENGLISH/ ENGLISH-ARMENIAN COMPACT DICTIONARY
379 pages 3½ x 4¾ 9,000 entries
0-7818-0500-7 $8.95pb (608)

WESTERN ARMENIAN DICTIONARY IN TRANSLITERATION
139 pages 6 x 9 4,000 entries
0-7818-0207-5 $11.95pb (59)

BOSNIAN-ENGLISH/ ENGLISH-BOSNIAN CONCISE DICTIONARY
331 pages 4 x 6 8,500 entries
0-7818-0276-8 $14.95pb (329)

BOSNIAN-ENGLISH/ ENGLISH-BOSNIAN COMPACT DICTIONARY
332 pages. 3½ x 4¾ 8,500 entries
0-7818-0499-X $8.95pb (204)

BEGINNER'S BULGARIAN
207 pages 5½ x 8½
0-7818-0300-4 $9.95pb (76)

BULGARIAN-ENGLISH/ENGLISH-BULGARIAN PRACTICAL DICTIONARY
323 pages 4⅜ x 7 6,500 entries
0-87052-145-4 $14.95pb (331)

BULGARIAN-ENGLISH/ ENGLISH-BULGARIAN COMPACT DICTIONARY
323 pages 3½ x 4¾ 6,500 entries
0-7818 0535-X $8.95pb 623)

GEORGIAN-ENGLISH/ ENGLISH-GEORGIAN CONCISE DICTIONARY
346 pages 4 x 6 8,000 entries
0-87052-121-7 $8.95pb (392)

GEORGIAN-ENGLISH/ENGLISH-GEORGIAN DICTIONARY AND PHRASEBOOK
150 pages 3¾ x 7 1300 entries
0-7818-0542-2 $11.95pb (630)

LATVIAN-ENGLISH/ ENGLISH-LATVIAN PRACTICAL DICTIONARY
474 pages 4⅜ x 7 16,000 entries
0-7818-0059-5 $16.95pb (194)

LITHUANIAN-ENGLISH/ ENGLISH LITHUANIAN CONCISE DICTIONARY
382 pages 4 x 6 10,000 entries
0-7818-0151-6 $14.95pb (489)

LITHUANIAN-ENGLISH/ ENGLISH LITHUANIAN COMPACT DICTIONARY
400 pages 3½ x 4¾ 10,000 entries
0-7818-0536-8 $8.95pb (624)

**MACEDONIAN-ENGLISH/
ENGLISH-MACEDONIAN
CONCISE DICTIONARY**
400 pages 4 x 6 14,000 entries
0-7818-0516-3 $14.95pb (619)

**POLISH-ENGLISH
UNABRIDGED DICTIONARY**
3,800 pages 250,000 entries 2-volume set
0-7818-0441-8 $150.00hc (526)

BEGINNER'S POLISH
200 pages 5½ x 8½
0-7818-0299-7 $9.95pb (82)

BEGINNER'S POLISH CASSETTES
2 Cassettes:
0-7818-0330-6 $12.95 (56)

**POLISH
HANDY EXTRA DICTIONARY**
125 pages 4 x 6
0-7818-0504-X $11.95pb (607)

ENGLISH-RUSSIAN
STANDARD DICTIONARY
214 pages 5½ x 8½ 16,000 entries
0-87052-100-4 $11.95pb (239)

RUSSIAN-ENGLISH/ ENGLISH-RUSSIAN
CONCISE DICTIONARY
400 pages 4½ x 6 10,000 entries
0-7818-0132-X $11.95pb (262)

DICTIONARY OF RUSSIAN VERBS
750 pages 5½ x 8½ 20,000 fully declined verbs
0-7818-0371-3 $45.00hc (572)
0-88254-420-9 $35.00pb (10)

RUSSIAN
HANDY DICTIONARY
120 pages 5 x 7¾
0-7818-0013-7 $8.95pb (371)

DICTIONARY OF RUSSIAN PROVERBS
Bilingual
477 pages 8½ x 11 5,335 entries index
0-7818-0424-8 $35.00pb (555)

RUSSIAN PHRASEBOOK AND DICTIONARY, Revised
256 pages 5½ x 8½ 3,000 entries, subway maps of Moscow and St. Petersburg
0-7818-0190-7 $9.95pb (597)

RUSSIAN PHRASEBOOK AND DICTIONARY CASSETTES
2 cassettes: 120 minutes
0-7818-0192-3 $12.95 (432)

RUSSIAN-ENGLISH/ ENGLISH-RUSSIAN DICTIONARY OF BUSINESS AND LEGAL TERMS
800 pages 5½ x 8½ 40,000 entries
0-7818-0163-X $50.00hc (66)
0-7818-0505-8 $35.00pb (480)

SERBIAN-ENGLISH/ENGLISH-SERBIAN CONCISE DICTIONARY
400 pages 4 x 6 14,000 entries
0-7818-0556-2 $14.95pb (326)

SERBO-CROATIAN HANDY DICTIONARY
120 pages 5 x 7¾
0-87052-051-2 $8.95pb (328)

SERBO-CROATIAN-ENGLISH/ENGLISH-SERBO-CROATIAN PRACTICAL DICTIONARY
400 pages 5⅜ x 7 24,000 entries
0-7818-0445-0 $16.95pb (130)

UKRAINIAN-ENGLISH/ ENGLISH-UKRAINIAN STANDARD DICTIONARY
590 pages 5½ x 8½ 32,000 entries
0-7818-0374-8 $24.95pb (193)

UKRAINIAN-ENGLISH STANDARD DICTIONARY
286 pages 5½ x 8½ 16,000 entries
0-7818-0189-3 $14.95pb (6)

UKRAINIAN-ENGLISH/ ENGLISH-UKRAINIAN PRACTICAL DICTIONARY
Revised Edition With Menu Terms
406 pages 4¼ x 7 16,000 entries
0-7818-0306-3 $14.95pb (343)

BEGINNER'S UKRAINIAN
130 pages 5½ 8½
0-7818-0443-4 $11.95pb (88)